TEN MAL
RLEBT?

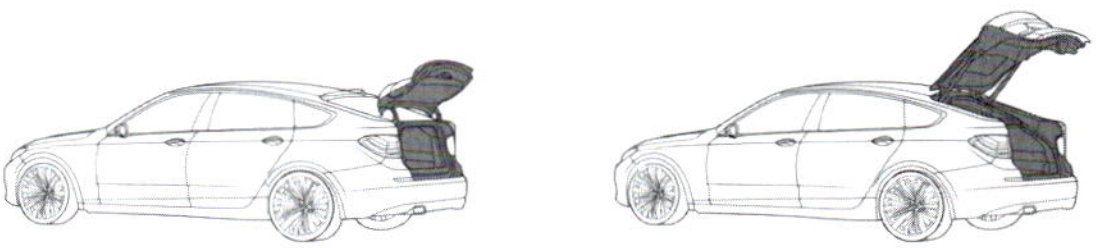

Die zweigeteilte Gepäckraumklappe ermöglicht ein flexibles und bequemes Beladen.

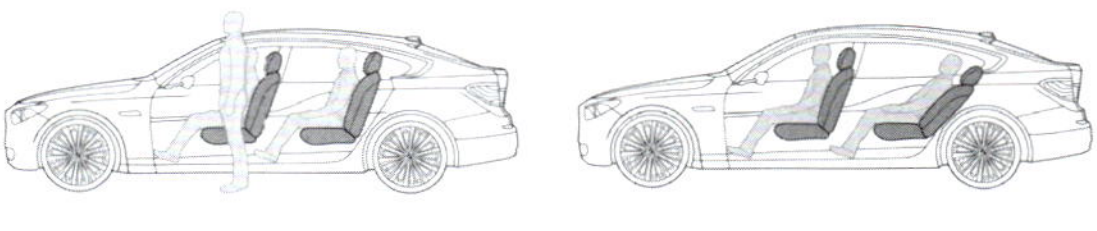

Der First Class Sitzkomfort lässt Sie außergewöhnlich entspannt reisen.

Eichelmann

2010

Deutschlands Weine

Gerhard Eichelmann

Eichelmann

2010

Deutschlands Weine

949 Weingüter und 10.081 Weine

mondo Heidelberg

Der Verlag übernimmt keine Gewähr für die angegebenen Preise oder die Verfügbarkeit der Weine bei den Weinerzeugern.

Verantwortlicher Redakteur für die Regionen Mosel und Rheingau:
Wolfgang Faßbender

Redaktion:
Jutta Eichelmann
Ulrike Klein-Debiasi
Dr. Matthias Leistler
Stefanie Boos

Umschlaggestaltung: www.ultrabold.com
Karte Seite 39: Deutsches Weininstitut
Herstellung, Satz: Mondo Heidelberg
Druck: Druck Partner Rübelmann

Anschrift des Verlages:
Mondo Heidelberg
Bachstraße 27
69121 Heidelberg
info@mondo-heidelberg.de

ISBN 978-3-938839-08-9

mondo Heidelberg

Inhalt

Vorwort

Es war richtig wohltuend im vergangenen Jahr, dass nicht von einem Jahrhundertjahrgang die Rede war. 2008 blieb verschont, wie vorher schon 2004. Alle anderen sechs Jahrgänge in diesem Jahrhundert aber wurden mehr oder weniger heftig in den Himmel gejubelt. Sind Jahrgänge wie 2004 und 2008 zu „normal", zu „schwierig", zu „typisch" für das, was Winzer von vorausgegangenen Jahrzehnten gewohnt waren?

Aber sind es nicht die normalen, die typischen Jahrgänge die eine Weinbauregion prägt, ein Weinland Deutschland? Baut man nicht aufgrund der normalen, typischen Jahrgänge bestimmte Rebsorten an, weil diese nämlich gerade in den normalen Jahren in einer Region die besten Ergebnisse bringen?

Und gibt es denn so etwas wie „Jahrhundertjahrgänge" überhaupt? Und falls ja, wer entscheidet das, anhand welcher Kriterien und vor allem: Wann? 2003 war ein gefühlter Jahrhundertjahrgang, für alle Sonnenanbeter. Aber für alle, die Sonne nicht so sehr mögen? Wer hat die Reben gefragt, ob sie soviel Sonne mögen? Mögen Rieslingreben so viel Sonne, mögen Silvanerreben so viel Sonne? Vielleicht würden sie sich dann ja woanders wohler fühlen?

Und wann wird darüber entschieden, welcher Jahrgang denn mit einem solchen Prädikat versehen wird? Schon vor der Ernte, wie 2003 geschehen, oder im Jahr nach der Ernte? Nach zehn Jahren, nach zwanzig Jahren oder nach fünfzig Jahren? Und wenn man nach zwanzig Jahren die Weine eines Jahrhundertjahrgangs verkosten würde, wie viele davon wären noch trinkbar, geschweige denn groß? Wir folgern daraus: Es gibt keine Jahrhundertjahrgänge, bestenfalls einzelne „Jahrhundertweine", wenn man denn in Superlativen sprechen muss.

2008 ist kein wirklich guter Jahrgang, betrachtet man die Gesamtheit der Weine, die wir verkosten mussten. Ja: Mussten. Eine Freude war das wirklich nicht immer. Von den Spitzenweinen aber waren wir begeistert, wie in all den letzten Jahren. Und wir fragen uns, ob nicht gerade 2004 und 2008 mehr „Jahrhundertweine" erzeugt wurden als in all den vermeintlichen Jahrhundertjahrgängen.

Als vermeintlicher Einzeltäter danke ich vor allem meiner Frau Jutta, die inzwischen genauso viel Zeit und Energie in dieses Buch investiert wie ich. Mein Dank gilt den Redakteuren dieser Ausgabe, ebenso allen, die kritisch mitverkostet haben, und den Winzern natürlich, die uns ihre Weine zur Verfügung stellten. Zu guter Letzt Frederic, der ab und an hilft beim Entsorgen des Leerguts.

Gerhard Eichelmann

Zum richtigen Gebrauch

In diesem Buch werden die besten deutschen Weinerzeuger und ihre Weine vorgestellt. Das Verzeichnis ist alphabetisch nach den Namen der Erzeuger geordnet, wobei der für die Alphabetisierung relevante Teil des Namens durch rote Schrift gekennzeichnet ist.

1. Im Namensfeld, mit dem jeder Eintrag beginnt, finden Sie die Angaben, in welcher Region der Betrieb Weine erzeugt, und eine Qualitätseinstufung in Form von Sternen (neue Betriebe erhalten maximal 2 Sterne).
Grundlage der Beurteilung ist die Gesamtleistung des Erzeugerbetriebs in den letzten drei Jahren. Es bedeuten:

★★★★★	Weltklasse, internationale Spitzenerzeuger
★★★★	Hervorragende Erzeuger
★★★	Sehr gute Erzeuger
★★	Gute Erzeuger
★	Überdurchschnittliche, zuverlässige Erzeuger
☆	Ein weißer Stern hinter den schwarzen Sternen zeigt die Zwischenstufe zwischen zwei Kategorien an.

2. Nach dem Namensfeld folgen weitere Angaben zum Erzeugerbetrieb wie Adresse, Telefon- und Faxnummer, ggf. E-Mail-Adresse und Webseite im Internet. Dazu der Name des Inhabers, ggf. Geschäftsführer und Mitgliederzahl einer Genossenschaft, Größe der Rebfläche in Hektar, sowie zusätzliche Informationen, die für einen Besucher von Interesse sind (Öffnungszeiten, Weinstube, Gästezimmer u. a.).

Darüber hinaus bedeuten die Symbole

- zertifiziert biologisch arbeitender Erzeugerbetrieb
- Erzeugerbetrieb ist in diesem Jahr neu im Buch

3. Die Weine eines Erzeugers werden aufgeführt in der Reihenfolge
   Sekte
   Weißweine (in der Abfolge trocken, halbtrocken, süß)
   Rosés/Weißherbste
   Rotweine

4. Die Vorstellung der einzelnen Weine folgt dem Schema
   Jahrgang und Rebsorte (oder „Name“) des Weins
   Ausbauart (trocken, halbtrocken)
   Prädikatsstufe (Kabinett, Spätlese, Auslese, Beerenauslese, Trockenbeerenauslese, Eiswein) oder weitere gesetzlich geregelte Bezeichnungen wie Classic, Selection,

Erstes Gewächs
Zusatzbezeichnung (z.B. Goldkapsel)
Lage

Der Übersichtlichkeit zuliebe wird auf die Bezeichnung „Qualitätswein" oder „QbA" verzichtet. Ebenso wird bei roten Rebsorten auf den Zusatz „Rotwein" verzichtet.

Hinweis: Bisweilen ist eine betriebsinterne Klassifikation in Form von Sternen Bestandteil eines Weinnamens. Diese Sterne haben nichts mit einer Bewertung unsererseits zu tun.

5. Bei den Weinbeschreibungen wird zunächst der Eindruck im Bouquet geschildert, dann, mit einem Strichpunkt getrennt, der Eindruck im Mund. Aus Platzgründen werden nur Weine beschrieben, die mindestens mit 85 Punkten bewertet wurden. Haben Winzer überproportional viele Weine eingeschickt, kann diese Grenze auch höher liegen.

6. Die Weinbewertung erfolgt nach dem international üblichen 100-Punkte-System:

95 bis **100**	großartig, Weltklasse
94 bis **90**	hervorragend
85 bis **89**	sehr gut
80 bis **84**	gut
75 bis **79**	durchschnittlich
70 bis **74**	unterdurchschnittlich
60 bis **69**	deutliche Mängel
50 bis **59**	völlig ungenügend

88+	Wein mit Entwicklungspotenzial
88+?	Wein womöglich mit Entwicklungspotenzial
88*	Unseres Erachtens hatte der Wein zum Zeitpunkt der Verkostung seinen Höhepunkt bereits überschritten
(88)	Fass- oder Tankprobe, keine endgültige Bewertung

Bei ausgesuchten Weinen finden sich am Ende der Weinbeschreibung die Bewertungen früherer Jahrgänge; „np" steht für nicht produziert, d.h. das Weingut hat diesen Wein im entsprechenden Jahrgang nicht erzeugt.

7. Preise

5,20 €	Die angegebenen Preise sind Endverbraucherpreise ab Weingut, so wie sie uns von den Weinerzeugern übermittelt wurden.
4,70 €	Schnäppchen
ohne Preis	uns wurde kein Endverbraucherpreis mitgeteilt

Die Weingüter des Jahres

Wie in den vergangenen Jahren zeichnen wir wieder einige Weingüter besonders aus, die mit außergewöhnlichen Kollektionen auf sich aufmerksam machten.

In vier Kategorien wählen wir Weingüter des Jahres aus:

- Beste Rotweinkollektion des Jahres
- Beste Weißweinkollektion des Jahres
- Beste edelsüße Kollektion des Jahres
- Aufsteiger des Jahres

Dazu gibt es

- Klassiker des Jahres
- Bester Rotwein 1998

Die Preisträger 2010

Beste Weißweinkollektion:	**Weingut Wittmann**
Beste Rotweinkollektion:	**Weingut Franz Keller**
Beste edelsüße Kollektion:	**Weingut Horst Sauer**
Aufsteiger des Jahres:	**Weingut Raumland**
Klassiker:	**Riesling Berg Schlossberg** **Weingut Georg Breuer**
Bester Rotwein 1998:	**Spätburgunder***** **Weingut Siegrist**

Der Charakter edler Weine zeigt sich erst, wenn sie mit dem richtigen Mineralwasser in Szene gesetzt werden*
„Deshalb ist Original SELTERS der ideale Partner für deutsche Weine, denn SELTERS bietet mit seinen Varietäten immer den perfekten Begleiter für jeden Geschmack.“
DEUTSCHES WEININSTITUT
*Detailinformationen entnehmen Sie bitte dem neuen SELTERS-Genießerrad. Bei Interesse erhältlich unter: info@selters.de
SELTERS
Der Ursprung guten Geschmacks
SELTERS Classic
Mit seinem ausgewogenen Kohlensäuregehalt ideal zu milderen Rebsorten wie z.B. Gutedel, Silvaner, Grauburgunder und edelsüßen Weinen
SELTERS Leicht
Dezent feinperlend der perfekte Begleiter zu trockenen Weißweinen mit ausgeprägter Säure, aus z.B. Riesling, Weißburgunder und leichten Rotweinen aus z.B. Pinot Noir
SELTERS Naturell
Lässt mit zurückhaltender Stille kraftvolle, körperreiche Weiß- und Rotweine, wie z.B. Barrique-Weine bestens zur Geltung kommen
SELTERS
Original SELTERS ist exklusiver Partner des Deutschen Weininstitutes und des Rheingauer Weinbauverbandes
www.selters.de

Beste Rotweinkollektion

Weingut

Franz Keller

Oberbergen

Die Preisträger der Vorjahre

2009	Weingut Jean Stodden (Ahr)
2008	Weingut Jürgen Ellwanger (Württemberg)
2007	Weingut Bernhard Huber (Baden)
2006	Weingut Seeger (Baden)
2005	Weingut Jacob Duijn (Baden)
2004	Weingut Knipser (Pfalz)
2003	Weingut Bercher (Baden)

Eichelmann 2010

WEINGUT DES JAHRES

BESTE ROTWEINKOLLEKTION

Weingut
Franz Keller
Oberbergen

Die Spätburgunder von Fritz Keller sind reintönig und konzentriert, elegant und komplex, besitzen Kraft und Finesse, faszinierende Länge und Nachhaltigkeit: Große Burgunder vom Kaiserstuhl!

mondo Heidelberg

Beste Weißweinkollektion

Weingut

Wittmann

Westhofen

Die Preisträger der Vorjahre

2009	Weingut Luckert Zehnthof (Franken)
2008	Weingut Emrich-Schönleber (Nahe)
2007	Weingut Josef Leitz (Rheingau)
2006	Weingut Klaus Keller (Rheinhessen)
2005	Weingut Wittmann (Rheinhessen)
2004	Weingut Andreas Laible (Baden)
2003	Weingut Clüsserath-Weiler (Mosel)

Eichelmann 2010

WEINGUT DES JAHRES

BESTE WEISSWEINKOLLEKTION

Weingut
Wittmann
Westhofen

Eine grandiose Kollektion: Tolle Gutsweine, tolle Ortsweine – und was für großartige Große Gewächse! Der Morstein strahlt, das Brunnenhäuschen ist gewaltig, Aulerde und Kirchspiel sind komplex und nachhaltig. Riesling pur!

mondo Heidelberg

Beste edelsüße Kollektion

Weingut

Horst Sauer

Escherndorf

Die Preisträger der Vorjahre

2009	Weingut Robert Weil (Rhaingau)
2008	Weingut Clemens Busch (Mosel)
2007	Weingut Zilliken (Mosel)
2006	Weingut Markus Molitor (Mosel)
2005	Weingut Peter Jakob Kühn (Rheingau)
2004	Weingut Klaus Keller (Rheinhessen)
2003	Weingut Klaus Keller (Rheinhessen)

Eichelmann 2010

WEINGUT DES JAHRES

BESTE EDELSÜSSE KOLLEKTION

Weingut
Horst Sauer
Escherndorf

Ohne Horst Sauer würde man gar nicht wissen, wie großartig edelsüßer Silvaner sein kann. Wer in Deutschland erzeugt in dieser Zuverlässigkeit und Menge edelsüße Rieslinge und Silvaner auf solch hohem Niveau?

mondo Heidelberg

Aufsteiger des Jahres

Weingut

Raumland

Flörsheim-Dalsheim

Die Preisträger der Vorjahre

2009	Weingut Kühling-Gillot (Rheinhessen)
2008	Weingut Melsheimer (Mosel)
2007	Weingut Wagner-Stempel (Rheinhessen)
2006	Weingut Philipp Kuhn (Pfalz)
2005	Weingut Sybille Kuntz (Mosel)
2004	Weingut Schnaitmann (Württemberg)
2003	Weingut Flick (Rheingau)

Eichelmann 2010

WEINGUT DES JAHRES

AUFSTEIGER DES JAHRES

Weingut
Raumland
Flörsheim-Dalsheim

Jede Kollektion ist ein Schritt voran, jedes Jahr gewinnen Volker Raumlands Sekte an Finesse und Nachhaltigkeit, werden großen Champagnern immer ähnlicher, ohne diese zu kopieren, sie sind durch und durch eigenständig.

mondo Heidelberg

Klassiker

Berg Schlossberg Rüdesheim

Weingut Georg Breuer, Rüdesheim

Die Preisträger der Vorjahre

2009	Riesling Spätlese Niederhäuser Hermannshöhle Weingut Hermann Dönnhoff (Nahe)
2008	Grauburgunder Spätlese*** trocken Achkarrer Schlossberg Weingut Michel (Baden)
2007	Riesling Auslese „R“ trocken Kallstadter Saumagen Weingut Koehler-Ruprecht (Pfalz)
2006	Spätburgunder „R“ Centgrafenberg Weingut Rudolf Fürst (Franken)
2005	Weißburgunder Mandelberg Kirrweiler Weingut Bergdolt St. Lamprecht (Pfalz)
2004	Riesling Erstes Gewächs Kiedrich Gräfenberg Weingut Robert Weil (Rheingau)

Eichelmann 2010

KLASSIKER

BERG SCHLOSSBERG RÜDESHEIM
RIESLING TROCKEN
Weingut
Georg Breuer
Rüdesheim

So beeindruckend sind die Weine vom Rüdesheimer Berg, dass sie den „Berg“ gleich doppelt im Namen führen: Berg Schlossberg. Fülle und Kraft, Frucht und Komplexität, Mineralität und Nachhaltigkeit, und das alles in einem Wein.

Bester Rotwein 1998

Spätburgunder***

Weingut Siegrist

Die weiteren bestplazierten Weine

Spätburgunder** , Weingut Siegrist

Spätburgunder Barrique, Weingut Hans Haidle

Spätburgunder „J" Centgrafenberg, Weingut Josef Walter

Lemberger Barrique, Weingut Hans Haidle

Spätburgunder „S", Weingut Seeger

Spätburgunder Barrique, Weingut Schales

Cuvée „M" Barrique, Weingut Aldinger

Cabernet Sauvignon Malscher Rotsteig, Weingut Hummel

Spätburgunder Spätlese Selektion W.B., Weingut Bernhart

Spätburgunder Barrique, Weingut Arndt Werner

Kreation Rot, Weingut Dautel

Lemberger Gündelbacher Stromberg, Weingut Sonnenhof

Dornfelder, Weingut Deutzerhof

Die Jury: Heinz Feller, Michael Schmidt, Martin Schwegler, Thomas Veigel, Jens Wagner und Gerhard Eichelmann

Eichelmann 2010

BESTER
ROTWEIN 1998

Spätburgunder***

Weingut
Siegrist
Leinsweiler

Die Weine von Thomas Siegrist und Bruno Schimpf brauchen Zeit, und man tut gut daran, ihnen diese Zeit zu geben. Nach zehn Jahren ist alles noch präsent, Frucht und Finesse, Fülle und Kraft.

mondo Heidelberg

Zur Entstehung dieses Buches

Auswahl der Weingüter

Bei in Deutschland etwa 14.000 Betrieben mit eigener Vermarktung, kann ein Buch über deutschen Wein natürlich nur eine kleine Auswahl der Weinerzeuger vorstellen. Wie kam also die Auswahl der hier vorgestellten Betriebe zustande?

Natürlich orientieren wir uns zunächst am Vorjahr, alle Erzeuger, die im Vorjahr vorgestellt wurden, werden wieder gebeten Weine einzureichen. Ergänzt werden diese Betriebe durch Erzeuger, die von Freunden, aber auch von Lesern empfohlen wurden. Dazu kommen Betriebe, von denen wir auf verschiedenen Veranstaltungen, wie zum Beispiel Weinmessen, einzelne interessante Weine verkostet haben. So sind über 1100 Weinerzeuger in die Vorauswahl gekommen.

Von diesen Betrieben haben wir jeweils einen Querschnitt ihrer Kollektion verkostet, das heißt meist zwischen sechs und zwölf Weine je Erzeuger. Aufgrund der Verkostungsergebnisse werden alle diejenigen Betriebe für dieses Buch ausgewählt, die eine deutlich überdurchschnittliche Gesamtleistung boten. Die Betonung liegt auf Gesamtleistung. Denn es gibt immer auch Betriebe mit allzu großen Schwankungen, die zwar einzelne sehr gute Weine haben, aber auch allzu viele unbefriedigende Weine. Bei den in diesem Buch aufgeführten Betrieben werden alle verkosteten Weine vorgestellt, auch Weine mit schwächerer Bewertung. Es wird also keine Betriebsleistung durch Weglassen einzelner Weine „beschönigt". Schon im Vorjahr vorgestellte Weine sind nur dann wieder aufgeführt, wenn sie in diesem Jahr erneut verkostet wurden.

Verkostung der Weine

Das Gros der Weine wird von Ende April bis Anfang Oktober in Blindproben verkostet. Dabei werden die Weine nicht nach Erzeugern, sondern nach Rebsorten und Weintypen (z.B. trocken, halbtrocken, süß) gruppiert und verkostet, ohne dass der Erzeuger erkenntlich ist. Der Preis der Weine spielt für die Gruppierung keine Rolle. Bei allen so verkosteten Weinen werden die AP-Nummern (amtliche Prüfnummern) erfasst. Ein kleiner Teil der Weine wird „offen" verkostet bei Besuchen bei Winzern. Von diesen solchermaßen verkosteten Weinen werden einige dann ein zweites Mal „blind" verkostet.

Es werden aktuelle Weine vorgestellt. Dies heißt nicht zwangsläufig den letzten Jahrgang, sondern Weine, die aktuell im Verkauf sind. Ganz bewusst stellen wir darüberhinaus von Erzeugern, die ihre Weine auf längere Reifung anlegen oder spät in den Verkauf bringen, auch Weine aus zurückliegenden Jahrgängen vor. Einzelne Fass- oder Tankproben werden vorgestellt, sind aber als solche gekennzeichnet.

Zusammenstellung der Verkostungen

Wenn die Weine bei uns eintreffen, werden sie ausgepackt. Anhand des – meist – beiliegenden Datenblattes wird jeder einzelne Wein überprüft ob Jahrgang stimmt, Lagenbezeichnung, AP-Nummer etc. (auf dem Datenblatt fragen wir auch die erzeugte Menge der Weine ab, die wir aber ebenso wie die AP-Nummern zwar erfassen, aber aus Gründen der Übersichtlichkeit nicht mit den Weinbeschreibungen und -bewertungen veröffentlichen). Dann wird der Restzucker auf dem Etikett vermerkt und der Wein kommt in eine „Box" zu anderen, vergleichbaren Weinen. Entscheidend für die Zuordnung der Weine sind zunächst Region, Rebsorte und Ausbauart. Beispiel: Wir erhalten eine trockene Riesling Spätlese aus der Pfalz. Die Zuordnung ist klar. Region: Pfalz. Rebsorte: Riesling. Ausbauart: Trocken. Nun wissen wir aber, dass wir mehr trockene Rieslinge aus der Pfalz erhalten, als wir in einer Verkostung probieren können. Deshalb erfolgt in einem solchen Fall eine weitere Unterscheidung. Hier, im Falle des trockenen Rieslings, anhand des Alkoholgehaltes, nicht anhand der Prädikatsstufe. Auch in einer Verkostung von trockenen Weinen werden die Proben immer nach aufsteigendem Alkoholgehalt gestellt. Das heißt ein Qualitätswein mit 12,5 Prozent Alkohol kann neben einer trockenen Auslese mit gleichem Alkoholgehalt stehen. Anders bei süßen Weinen. Bei süßen Weinen ist der Restzucker der Weine maßgeblich für die Anordnung in der Probe.

Betriebsbeurteilung

Die Betriebsbeurteilung in diesem Buch nimmt eine Bewertung der aktuellen Leistungsfähigkeit der Weingüter anhand ihres Gesamtprogramms vor. Von den meisten aufgeführten Weingütern konnten nur mehr oder weniger große Teile des Gesamtprogramms verkostet werden. Vom Gros der Betriebe werden zwischen 6 und 12 Weine verkostet, das heißt nur ein Ausschnitt der Produktion. Diesen Ausschnitt ihrer Produktion haben die Betriebe selbst ausgewählt und zugeschickt (ein kleiner Teil der Weine, weniger als ein Prozent, wird von uns am Markt zugekauft). Bei jeder Gesamtbeurteilung muss also berücksichtigt werden, inwieweit die verkosteten Weine tatsächlich – wie gewünscht – einen Querschnitt des Gesamtprogramms der Weinerzeuger darstellen.

Da dieses Buch als Einkaufshilfe für Weinfreunde gedacht ist, geht es um die aktuelle Leistungsfähigkeit der Weinerzeuger, nicht um historische Verdienste oder frühere große Weine, die schon lange nicht mehr im Verkauf sind. Für diese Betriebsbeurteilung werden folglich nur die drei letzten Jahrgänge herangezogen, wobei die Leistung im aktuellen Jahrgang am stärksten gewichtet wird. Sicherlich kann ein Winzer mit einem schwierigen Jahrgang einmal weniger gut zurechtkommen. Aber wer drei Jahrgänge hintereinander „verhaut", der hat nichts in einem Buch der besten deutschen Erzeuger verloren.

Das heißt dann selbstverständlich auch, dass es von Jahr zu Jahr Veränderungen in der Betriebsbeurteilung geben kann, ja muss. Eine solche Betriebsbeurteilung will aktuell sein und stellt folglich nicht den Anspruch, eine auf Jahre hinaus gültige, starre Klassifikation zu sein, wie beispielsweise die berühmte Klassifikation der Weingüter in Bordeaux.

Neben der aktuellen Leistungsfähigkeit ist es wichtig, das Gesamtprogramm der Erzeuger zu betrachten, nicht einzelne Weine oder Weintypen. Leider befasst sich die Weinkritik in letzter Zeit immer mehr nur mit einzelnen Spitzenweinen, die herausgestellt werden (meist edelsüße Weine oder aber Barriqueweine). Ohne darauf zu achten, ob es diese Weine wirklich auch in „vernünftigen" Mengen gibt, und ob sie auch tatsächlich im Verkauf sind. Der Trend hin zu solchen „Mikrovinifikationen" ist Augenwischerei. Aber solange die gewünschte Wirkung erzielt wird, kann man es den Winzern nicht verdenken, dass sie versuchen mit solchen Weinen bekannt zu werden und Auszeichnungen zu gewinnen. Immer, wenn wir eindrucksvolle Weine verkosten, versuchen wir vom Winzer zu erfahren, wie viele Flaschen es davon gibt. Und leider allzu oft bekommen wir Antworten wie „...ein Barrique".

Das Gesamtprogramm eines Weinerzeugers zu beurteilen heißt ein Urteil über seine sämtlichen Weine abzugeben, über trockene und süße, halbtrockene und edelsüße Weine. Wenn einer nur edelsüße Weine macht, und diese Weine sind alle Top – Spitze! Wenn einer aber zehn edelsüße Weine in Kleinstmengen erzeugt, die nicht einmal 5 Prozent seiner Produktion ausmachen, diese zehn alle verkosten lässt – Spitze? Das lässt sich wohl erst dann sagen, wenn man auch den Rest des Programms kennt.

Wir haben dieses Problem sehr oft mit Weinkennern diskutiert, die uns einzelne Winzer als die Topwinzer in einer Region empfohlen haben. Wenn wir dann einwarfen, dass aber – als Beispiel – die trockenen Weine dieses Winzers alles andere als großartig seien, kam sehr häufig die Entgegnung: „ja klar, die trockenen, die kann man vergessen, aber die Auslesen sind großartig!" Worauf wir meist entgegneten: „Aber wenn man 60 Prozent der Weine dieses Winzers „vergessen" kann, kann dies denn dann ein Top-Winzer sein?" Beurteilt man einen Betrieb nun nach seinen Spitzen oder nach dem gesamten Programm? Wir beurteilen das Gesamtprogramm, auch wenn nicht jedem Winzer dies gefallen wird. Aber die Größe eines Winzers zeigt sich an seinem kleinsten Wein.

In diesem Buch wird die Gesamtleistung der Erzeuger mit Sternen bewertet. Bei Betrieben, bei denen Zweifel bestehen, ob die vorgestellten Weine tatsächlich einen Querschnitt des Programms darstellen, wird sehr „vorsichtig" und zurückhaltend bewertet (wenn beispielsweise ein Weingut zu 90 Prozent trockene Weine erzeugt, aber zu 90 Prozent edelsüße Weine eingeschickt werden).

Weinbeschreibungen

Bei den einzelnen Weinen wird zunächst der Eindruck im Bouquet beschrieben, dann – mit einem Semikolon getrennt – der Eindruck im Mund. Diese Eindrücke ändern sich mit der Entwicklung des Weines. Gerade der Eindruck im Bouquet kann zum Beispiel ein Jahr nach der Verkostung ein völlig anderer sein. Trotzdem halte ich Weinbeschreibungen für unverzichtbar, weil nur so dem, der sie liest, ein Anhalt dafür gegeben wird, ob der Wein ihm schmecken könnte. Nur durch Weinbeschreibungen bleibt Weinkritik nachvollziehbar. Und dadurch selbst „kritisierbar". Ein bloßes Bewerten gibt keinerlei

Möglichkeit, sich mit dieser Bewertung auseinander zusetzen. So wie auch eine Filmkritik, die nur eine numerische Bewertung gibt, sinnlos ist, und dem Leser keine Information darüber bietet, ob es sich lohnen könnte, den Film anzusehen.

Auf Angaben zur Lagerfähigkeit der einzelnen Weine verzichten wir ganz bewusst, da wir glauben, dass jeder Weinfreund selbst am besten weiß, in welchem Reifestadium er welchen Wein bevorzugt. Kauft man größere Mengen eines Weines, so empfiehlt es sich, hin und wieder eine Flasche davon zu öffnen, um die Entwicklung zu verfolgen und für sich entscheiden zu können, ob und wann der optimale Trinkzeitpunkt gekommen ist.

Weinkritik

Weinkritik hat zwei Kriterien zu erfüllen: Sie muss in sich konsistent und sie muss nachvollziehbar sein. Konsistenz des Urteils heißt, dass man beispielsweise zwei sehr ähnliche Weine auch ähnlich bewertet, unabhängig vom Namen des Erzeugers. Konsistenz des Urteils heißt aber auch, dass man in zeitnahen Verkostungen den selben Wein identisch oder weitestgehend identisch bewertet. Alles andere ist Scharlatanerie. Abweichungen können sich ergeben, wenn man den selben Wein in einem größeren zeitlichen Abstand, zum Beispiel nach zwei Jahren, erneut verkostet. Das zweite Kriterium, die Nachvollziehbarkeit des Urteils, kann nur dadurch gewährleistet sein, dass man das Urteil begründet in dem man die Weine beschreibt. Der Umfang und die Sprache der Weinbeschreibung hängen prinzipiell von zwei Kriterien ab: Für wen schreibe ich und wie viel Platz steht zur Verfügung. Für Önologen oder Sommeliers kann man Weine anders beschreiben als für Weinliebhaber ohne fachliche Vorkenntnisse. Genauso muss man danach differenzieren, ob man beispielsweise auf einer Buchseite nur einen Wein vorstellt, oder aber zwanzig Weine.

Warum Blindproben?

Blindproben sind keine notwendige Bedingung für seriöse Weinkritik, dies sind allein Konsistenz und Nachvollziehbarkeit des Urteils. Bei allen Weinwettbewerben weltweit haben sie sich aber als probates Mittel etabliert, um zu gewährleisten, dass jeder Wein die gleiche Chance hat. Aber vielleicht ist dies ja manchmal nicht erwünscht, so dass es immer noch Weinkritiker gibt, die lieber offen verkosten. Vielleicht ist der Grund dafür auch nur ein Mangel an Vertrauen in die eigenen Fähigkeiten als Verkoster. Wann immer wir die Wahl haben entscheiden wir uns für Blindproben, weil uns das Verkosten dadurch einfacher wird: Man kann sich ganz auf den Wein konzentrieren. Verkostet man „offen", muss man sich viel mehr darauf konzentrieren, dass nichts von dem, was man über den Wein weiß – z.B. wie der Wein im letzten Jahr geschmeckt hatte und bewertet wurde – das Urteil beeinflusst.

Große Gewächse, Erste Gewächse, Erste Lage, GG........

Anmerkungen

Als vor zehn Jahren ein amerikanischer Journalist mir die Frage stellte „What the hell is Großes Gewächs", da kam nicht nur ihm das „Große Gewächs" schwer über die Zunge. Die Frage war damals relativ einfach zu beantworten, mit Verweis auf das französische „Grand Cru", und an den Begriff „Großes Gewächs" hat man sich inzwischen gewöhnt in Deutschland.

In diesem Jahr habe ich mit einem Freund aus Südtirol, Weinjournalist, verschiedene Winzer besucht, in verschiedenen Anbaugebieten. Und wir wurden konfrontiert mit allen möglichen Begriffen, mit Großes Gewächs und Erstes Gewächs, mit Erster Lage, mit GG und Bernkasteler Ring-GG, mit Logos und mit speziellen Flaschen, und das alles in den unterschiedlichsten Kombinationen. „Wenn ich, der ich mich täglich mit Wein befasse, schon Schwierigkeiten habe, dies zu verstehen, wie soll das denn erst der Verbraucher verstehen?", fragte meine Freund. Versteht er ja auch nicht, der normale Verbraucher, entgegnete ich, und vielleicht braucht er es auch nicht zu verstehen, denn man ist gerade dabei, wieder einmal etwas, das vernünftig und klar begonnen hatte, derart zu verbiegen, dass man es bald wieder geschafft hat einen Begriff, nämlich das Große Gewächs, zu entwerten.

Wie alles begann

Aber schauen wir einmal zurück, wie alles begann. In den neunziger Jahren haben sich deutsche Winzer, im Rheingau, in der Pfalz und in Rheinhessen vor allem, allen voran der verstorbene Bernhard Breuer, Gedanken darüber gemacht, wie man das französische Grand Cru-System auf Deutschland übertragen könne. In Bordeaux gibt es eine funktionierende Klassifikation seit dem 19. Jahrhundert, in Burgund wurde sie in der ersten Hälfte des 20. Jahrhunderts gefestigt und festgeschrieben. In Bordeaux gibt es in der Regel arrondierte Flächen, d.h. ein Weingut besitzt genau eine Lage. In Deutschland ist dies die Ausnahme, die Regel ist die, dass ein Weingut viele verschiedene Parzellen in unterschiedlichen Lagen besitzt. Eine Situation vergleichbar der in Burgund. Warum sollte es also nicht möglich sein wie in Burgund Lagen zu klassifizieren? Dort gibt es verschiedene Stufen: Es gibt den „einfachen" Burgunder (Bourgogne AOC), dann Ortsweine (teils mit dem Zusatz einer Kleinlagenbezeichnung) und schließlich die Premier Crus und Grand Crus. Dieses System in Burgund ist akzeptiert, die besten Weine tragen die Bezeichnung Grand Cru, auch wenn es natürlich auch schwache Weine gibt, die diese Bezeichnung tragen, und sehr gute Premier Crus, die manchem Grand Cru nahekommen.

EUROCAVE: OPTIMALES WEINKLIMA FÜR JEDEN ANSPRUCH ...

Seit über 30 Jahren bieten wir mit Klimaschränken und Lagersystemen die besten Lösungen, um Weine optimal zu lagern, zu temperieren und so den Genuss zu steigern. Dabei erfüllt das umfangreiche Sortiment alle Anforderungen und Ansprüche von Weinliebhabern. Die ausgereifte Technik, das anspruchsvolle Design und die herausragende Qualität passen harmonisch in jedes Ambiente.

Ideal für Gastronomie und Handel

DUALZONE

Zweitemperatur-Weinklimaschrank für bis zu 162 Flaschen. Die Temperaturzonen sind unabhängig einstellbar.
Mit neuer, exclusiv patentierter Technologie „NEOFRESH" für noch bessere Luftfeuchtigkeit!

S 283 Multitemperatur-Weinklimaschrank für optimale Trinktemperaturen von Rot-, Rosé-, Weißwein, Sekt/Champagner.

Der erste Weinkeller mit integriertem Konservierungssystem

LA PETITE

Multitemperatur-Weinklimaschrank für 12 Flaschen.
Das innovative System hält zudem den Wein in zwei geöffneten Flaschen bis zu 10 Tage in erstklassiger Trinkqualität.
Bestens geeignet für Hotelzimmer, Suiten, Restaurants, Bistros und Cafés!

Glas für Glas maximaler Weingenuss

SOWINE PROFESSIONELL

Sowine Professionell ist die Ideallösung für den glasweisen Weinausschank Ihrer hochpreisigen Weine. Rot- und Weißweine - in optimaler Trinktemperatur - repräsentativ in der Flasche am Tisch des Gastes ausgeschenkt. Das integrierte Vakuum-System hält zudem die geöffneten Flaschen bis zu 10 Tagen in bester Trinkqualität.

Die erste mobile Weinbar

SOWINE

Die erste mobile Weinbar mit einem integrierten Vakuumsystem für 2 entkorkte Flaschen, die Ihren Wein bis zu 10 Tage in TOP-Qualität wie beim ersten Schluck und in der optimalen Trinktemperatur hält!
Das ideale Geschenk für jeden Anlass und auch für sich selbst!

EuroCave findet die richtige Lösung für den optimalen Trinkgenuss!

Fragen Sie nach unseren supergünstigen Finanzierungsmöglichkeiten!

Große Auswahl an weiteren Modellen und Produkten, sowie Weinregalsysteme in Eiche, Buche und Ton. Verlangen Sie unter Kennziffer WFEI09 unverbindlich unseren Hauptkatalog – gratis und portofrei.

EuroCave 30 Jahre Weinklima

EuroCave®

AUS LIEBE ZUM WEIN

EuroCave AG
Sophienstraße 20, 76530 Baden-Baden
FreeCall 0800. 9155 777, FreeFax 0800. 9155 888
info@eurocave.de, www.eurocave.de

Sind die besten trockenen deutschen Weine Große Gewächse?

Dieses System aus Burgund kennt jeder, der sich mit Wein befasst, und ein Begriff wie das „Große Gewächs" ist ja direkt aus dem Französischen übernommen, denn das Grand Cru lässt sich mit Großes Gewächs übersetzen, oder Große Lage. „Sind denn die besten trockenen deutschen Weine nicht alle Große Gewächse?", will mein Freund aus Südtirol wissen, nachdem wir bei Winzern tolle Weine verkostet haben, die keinerlei Logo, „GG" oder was auch immer auf dem Etikett führen. Der Idee nach müsste es natürlich so sein, so wie in Burgund die Spitzenweine Grand Crus (oder wenigstens Premier Crus) sind, sollten auch in Deutschland die Spitzenweine Große Gewächse sein. Dass dem nicht so ist, hat vor allem zwei Gründe.

VDP. Mitglieder, Nicht-Mitglieder

Der erste Grund ist der, dass der Begriff Großes Gewächs von einem Verband von etwa 200 Weingütern etabliert wurde, dem VDP. Viele der besten deutschen Weingüter sind Mitglieder im VDP, aber nicht alle. Der VDP vermittelt zwar gerne, dass die besten deutschen Winzer Mitglieder seien, dem ist aber in Wirklichkeit nicht so. Es gibt VDP-Mitglieder, die grottenschlechte Weine erzeugen, und es gibt Nicht-Mitglieder, die Jahr für Jahr grandiose Kollektionen auf die Flasche bringen. Wenn also ein Weinhändler nur VDP-Weine ins Programm nimmt, ein Restaurant nur VDP-Weine auf die Karte setzt, dann mag dies vielleicht bequem sein, klug ist es nicht. Wenn aber Weinjournalisten nur die Weine von VDP-Winzern verkosten, oder gar, wie mir zu Ohren kam, sich weigern Weine von Nicht-VDP-Winzern zu verkosten, dann ist das schlichtweg dumm.

Kollegen, Konkurrenten

Der VDP ist regional organisiert und viele Regionalverbände leisten eine sehr gute Arbeit, sind bestrebt, die besten Weingüter der Region als Mitglieder zu gewinnen. Zwei Verbände, bei denen dies gar nicht funktioniert, sind der Regionalverband Mosel und der Regionalverband Baden. Bei letzterem kann man gerade Anzeichen der Besserung erkennen (mit der Aufnahme von Konrad Schlör und Thomas Seeger), bleibt zu hoffen, dass man diesen Weg weiter verfolgt, auch am Kaiserstuhl. Was den Regionalverband Mosel betrifft, da scheint Hopfen und Malz verloren, dort scheint man gute Winzer als Konkurrenten zu sehen, und diese Konkurrenz scheint man zu fürchten wie der Teufel das Weihwasser.

Es fehlt der Glaube an die eigene Sache

Der zweite und bei weitem noch beängstigendere Grund, warum viele Topweine keine Großen Gewächse sind, ist der, dass viele VDP-Mitglieder anscheinend selbst nicht an das Große Gewächs glauben. Wenn sie dann keine Großen Gewächse erzeugen, dann ist das ja in Ordnung. Wenn sie aber auf den Zug aufspringen – um im Nachsatz sofort zu erklären, dass das ganze Große Gewächs-Gerede ja doch bald wieder verschwinden wird, dann muss man sich wundern (an der Mosel hört man das besonders häufig). Genauso wundern muss man sich über die Winzer, die zwar Große Gewächse erzeugen, aber auch andere Weine, die sie preislich über den Großen Gewächsen ansiedeln, also für wertvoller erachten. Man stelle sich einmal vor in Burgund würde ein Winzer einen Wein erzeugen, den er über seinen Chambertin Grand Cru stellt, für den er nicht die Bezeichnung Chambertin Grand Cru verwendet. Undenkbar, natürlich, weil es ja unsinnig ist. In Deutschland aber gibt es fast zwei Dutzend Winzer, die genau dieses tun, jährlich werden es mehr. VDP-Winzer, wohlgemerkt. Und was unternimmt der VDP? Nichts, er toleriert dieses Verhalten, statt es zu sanktionieren. Der Anfang vom Ende?

Sanktionen?

Sanktionen sind nicht die Stärke des Verbandes. Als im vergangenen Jahr im Mai in der Schweiz die zukünftigen Großen Gewächse gezeigt wurden, die offiziell immer erstmals Ende August in Wiesbaden präsentiert werden und vor September nicht in den Verkauf kommen dürfen, hat man auch nichts dagegen unternommen. Ja, in der Schweiz, da will man sie natürlich verkaufen, die teuren Weine; der „Adler ist gierig" habe ich dies spöttisch in einer Kolumne getitelt.

Begriffsvielfalt

Dass die eigenen Mitglieder nicht an das Konzept zu glauben scheinen, ist das eine grundlegende Problem der Großen Gewächse. Das andere ist die verwirrende Vielfalt an Begriffen und Logos, die nach den klaren Anfängen den Konsumenten inzwischen verwirren. „GG" ist die jüngste Errungenschaft, und sie steht nicht für „gaga", sondern für „Großes Gewächs". Weil Großes Gewächs nicht auf dem Etikett stehen darf, die Weinkontrolle lehnt dies ab. Was aber ein Weingut in Baden nicht daran hindert, dies Jahr für Jahr auf seine Etiketten zu drucken. Auch der Bernkasteler Ring, neben dem Großen Ring (dem Regionalverband Mosel des VDP) die zweite große Vereinigung von Moselweingütern, nutzt ebenfalls ein eigenes Logo und ebenfalls ein „GG", wobei die Vorschriften für die Erzeugung eines Bernkasteler Ring-„GG" von denen des VDP-„GG" etwas abweichen. Jeder behauptet „GG" für sich als Marke geschützt zu haben. Ein Vertreter der Weinkontrolle Rheinland-Pfalz allerdings erklärte, dass man sich Kürzel wie „GG" gar nicht schützen lassen könne.

Logo, Flasche

Lange Zeit hatte man das Logo 1 zur Kennzeichnung der Großen Gewächse verwendet, inzwischen findet man es bei manchen Weingütern (speziell an der Mosel) auf fast allen Flaschen, trocken wie süß und bei allen Prädikaten. Die „Große Gewächs-Flasche" mit dem Logo war lange Zeit noch ein Garant für ein trockenes Großes Gewächs, inzwischen aber gibt es auch schon halbtrockene Weine mit der Bezeichnung Spätlese in dieser Flasche.

Erste Lage

Diese Verwirrung hat der VDP selbst heraufbeschworen, als er nach dem Begriff Großes Gewächs den Begriff „Erste Lage“ einführte. Nach ersten Erfolgen der Großen Gewächse ist den Moselwinzern, die anfangs so gar nichts mit dem neuen Konzept zu tun haben wollten, eingefallen, dass sie doch auch gerne partizipieren möchten, aber eigentlich nicht mit trockenen Weinen, sondern eher mit süßen, denn gerade die Moselwinzer, die im VDP organisiert sind, sind alles andere als Experten für trockenen Riesling, sie sind exportorientiert, und Export heißt süß. Also hat man die Bezeichnung „Erste Lage“ geschaffen, um auch süßen Riesling in das Konzept zu integrieren. Anders aber als bei den Großen Gewächsen darf bei diesen „Ersten Lagen“ nicht nur der süße Spitzenriesling aus einer Lage des Winzers diese Bezeichnung tragen, sondern praktisch jeder Wein, ob Kabinett oder Spätlese, Auslese oder Beerenauslese. So dass, wie oben schon angeführt, bei manchem Winzer fast auf jedem Etikett das „Erste-Lage“-Logo steht und gleichzeitig der VDP-Adler auf der Kapsel. Wozu das? Das weiß nur der Adler.

Verwirrung

Das Konzept passt nicht für die Mosel, weil an der Mosel die Wertigkeit der süßen Rieslinge primär am Prädikatssystem festgemacht wird. Der Verband aber wollte es allen recht machen, das Ergebnis ist: Totale Konfusion. In den Unterlagen des VDP findet man die Erklärung, die Weine der „Ersten Lage“ seien vergleichbar mit den „Grand Crus“ in Burgund. Selbst wer nur rudimentäre Französischkenntnisse besitzt wird da stutzig, würde man doch „Erste Lage“ als „Premier Cru“ übersetzen und nicht mit „Grand Cru“, und Premier Crus bilden im Burgund die zweite Stufe der Hierarchie, hinter den Grand Crus. Die Großen Gewächse aber, die man mit „Grand Cru“ übersetzen würde, sollen Teil der Ersten Lage sein, die Bezeichnung für die trockenen Weine? Rückübersetzt ins Französische heißt dies: Die Grand Crus sind die trockenen Premier Crus. Der Adler ist verwirrt.

Nur große Weine?

Ein weiteres grundlegendes Problem gibt es mit den vom VDP definierten Großen Gewächsen. Diesem Problem nähert man sich am besten vom Ergebnis her, vom Wein in der Flasche. Wenn jedes Jahr Ende August in Wiesbaden die Großen Gewächse zur Verkostung anstehen, bekommt man es allzu deutlich gezeigt: Viele Weine sind alles andere als „Großes Gewächs“-würdig. Natürlich, auch in Burgund gibt es Grand Crus, die nur mittelmäßig sind. Dort aber haben die als Grand Cru definierten Lagen unter Beweis gestellt, dass sie große Weine hervorbringen können. Natürlich gibt es viele mittelprächtige Clos de Vougeot Grand Cru, aber es gibt gleichzeitig auch großartige Weine. Im VDP-Deutschland aber gibt es eine Inflation an Großen Gewächsen, jeder Winzer nennt eine oder mehrere (bis zu 6) Große-Gewächs-Lagen sein eigen, und es finden sich Große Gewächse aus Lagen, die bisher noch nicht unter Beweis gestellt haben, dass sie große Weine erzeugen können, gute und sehr gute Weine ja, aber eben nicht große.

Wer bestimmt, was eine große Lage ist?

Die prinzipielle Frage ist natürlich die: Wer definiert, was eine große Lage ist. Die Winzer natürlich, wer denn sonst, bekommt man von VDP-Winzern unisono zur Antwort. Ist das nicht so, als würde man der Automobilindustrie erlauben die Straßenverkehrsordnung festzulegen oder der Tabakindustrie die Tabaksteuer? Wie werden die Interessen der Verbraucher berücksichtigt?

Mittlerrolle

Blickt man nach Frankreich, auf die bis heute funktionierenden Systeme in Burgund und Bordeaux, dann sieht man einen entscheidenden Unterschied. Dort gab es zwischen Winzer und Endverbraucher den Handel, der quasi als Vermittler diente und dem daran gelegen war, ein wirksames, am potentiellen Wert der Lagen orientiertes System zu schaffen. Dieser Vermittler fehlt in Deutschland, es gibt kein Korrektiv zu dem, was die VDP-Winzer entscheiden. Natürlich kann man sich auf den Standpunkt stellen, dass der Markt schon von allein entscheidet, welche Weine als Großes Gewächs akzeptiert werden. Das wird er auch, nur bis dahin wird der Begriff Großes Gewächs keine Bedeutung mehr haben, wenn es denn so weitergeht wie bisher.

Das Erste Gewächs

Natürlich wäre es auch wünschenswert, dass der Begriff „Großes Gewächs" gesetzlich geregelt würde und allen Winzern, nicht nur den VDP-Mitgliedern, die Möglichkeit gegeben wird Große Gewächse zu erzeugen. Dies ist in einer deutschen Anbauregion, im Rheingau, geschehen, dort wurden die „Ersten Gewächse" definiert. Was dabei herausgekommen ist, das macht angst und bange, so dass man besser darauf hofft, dass nicht andere Regionen diesem Beispiel folgen. Nicht nur das Ergebnis in der Flasche ist beängstigend (zu viele mittelmäßige Weine, zu hohe Restsüße bis 13 Gramm), auch die Vorgehensweise zur Ermittlung der Lagen, aus denen diese Ersten Gewächse erzeugt werden dürfen. Man hat Geisenheim beauftragt, und dort hat man ermittelt, in welchen Weinbergen zu einem bestimmten Stichtag ein bestimmtes Mostgewicht erreicht war.

Mostgewicht über alles?

Man hat also genau das gemacht, was jahrzehntelang gelehrt wurde: Mostgewicht ist alles. Dass die Qualität eines Weines aber von ganz anderen Faktoren abhängt, das schien zumindest damals noch nicht bis Geisenheim vorgedrungen zu sein. Mehr als 30 Prozent der Lagen wurde „Erstes Gewächs"-würdig, aber einige der anerkannt besten Lagen wurden es nicht, weil sie höher liegen und die Trauben später ausreifen. Die hohergelgenen Teile des Rüdesheimer Bergs beispielsweise, oder der Nonnenberg.

Verbrauchersicht

Einige der anerkannt besten Lagen, habe ich ganz bewusst formuliert, denn ist die Anerkennung durch den Verbraucher nicht aussagekräftiger als die Auswertung eines Geisenheimer Wetterprofessors? Der organoleptische Beweis bekommt keine Chance in Deutschland, da gelten nur wissenschaftliche Daten.

Ist das Große Gewächs zu retten?

Zurück zum „Großen Gewächs“: Ist es zu retten? Durch eine gesetzliche Regelung sicherlich nicht. Meine Hoffnung ruht auf dem VDP, der im letzten Jahrzehnt so viel für die deutschen Weine und für das Bild vom deutschen Wein in der Welt bewirkt hat. Mehr Klarheit ist gefordert – und Geduld. Wissen wir denn wirklich, welche Lagen tatsächlich groß sind? Sollen die Steuerkarten preußischer oder bayerischer Beamter aus dem 19. Jahrhundert ausschlaggebend sein? Natürlich war damals schon, um ein Beispiel zu nennen, der Scharzhofberg in der höchsten Klasse, weil die Müllers damals schon hervorragende Weine erzeugt haben. Aber man stelle sich einmal vor, die Müllers hätten statt im Scharzhofberg ihre Weinberge ein paar Kilometer entfernt in Oberemmel gehabt, würde dann nicht vielleicht die ganze Welt von Oberemmel schwärmen und niemand würde den Scharzhofberg kennen? Oder man nehme einmal Rheinhessen, das im letzten Jahrzehnt so für Furore gesorgt hat. Wenn nun die Kellers und Wittmanns ihre Weinberge nicht in Westhofen und Dalsheim hätten, sondern in Dittelsheim und Hessloch, würden wir dann heute ehrfürchtig „vom Morstein“ und „vom Hubacker“ sprechen? Oder mit derselben Ehrfurcht von den Dittelsheimer und Hesslocher Lagen?

Geduld

Historische Lagen sind nicht zwangsläufig große Lagen. Lagen werden von Winzern groß gemacht, indem sie große Weine daraus erzeugen. Man wird einsehen müssen, dass die Lagen, die heute als „Große Gewächs“-Lagen oder „Erste Lagen“ festgelegt sind, nicht die Grand Crus sind wie in Burgund, sondern bestenfalls Premier Crus. Und in zehn Jahren sollte man Vertikalproben all der Großen Gewächse (und aller anderen potentiell großen Weine) durchführen und dann entscheiden, welche der Weine wirklich groß sind. Große Weine lassen zwangsläufig auf die Güte der Lage schließen, man wird sehen, welche Lagen wirklich Grand Crus sind. Nur: Dieses Urteil darf man nicht den Winzern überlassen.

Was ein Weinkritiker so erlebt....

Gerhard Eichelmann

Trinken wie Goethe

Wer würde nicht gerne trinken wie Goethe? Aber dies geht heute nicht mehr, wie der Autor erklärt. Viele lustige und manchmal nachdenkliche Dinge rund um das Thema Wein erfährt man in diesem Band: Was der Autor macht, wenn es Nacht wird in Verona, was mit den englischen Genen nicht in Ordnung zu sein scheint, was man nicht alles für seine Gesundheit tut, dass Fußballer sich als Weinkritiker hervortun und Winzer liebe Menschen sind.

Gerhard Eichelmann:
Trinken wie Goethe

139 Seiten,
Hardcover, Leinen,,
mit Zeichnungen von
Susanne von Bülow
Format 12,5 x 21,5 cm
ISBN: 978-3-938839-31-7
19,90 €

Mondo55
Gerhard Eichelmanns Weinzeitschrift
Loire/Spanien/Chile/Argentinien
mondo Heidelberg

Mondo56
Gerhard Eichelmanns Weinzeitschrift
Brunello 2004/Chianti Classico/Portugal
SALVIONI
mondo Heidelberg

Mondo57
Gerhard Eichelmanns Weinzeitschrift
Roussillon/Barolo 2005/Barbaresco 2006/Trentino (Sekt)
Bollicine in Osteria
Bollicine in Osteria
Mostra
mondo Heidelberg

Mondo58
Gerhard Eichelmanns Weinzeitschrift
Champagne: Côte des Blancs/Ahr/Silvaner/Loire (Sekt)
mondo Heidelberg

Die deutschen Weinregionen

In diesem Kapitel werden die deutschen Weinregionen in alphabetischer Reihenfolge vorgestellt. Zu jeder Region werden am Ende des jeweiligen Teilkapitels die in diesem Buch vorgestellten Betriebe aufgeführt. Erzeuger, die Weine aus mehr als einer Weinbauregion erzeugen, finden sich unter der Region wieder, aus der die meisten der von ihnen produzierten Weine stammen. Im Anhang sind die Erzeuger nochmals alphabetisch nach Regionen gelistet.

Dreizehn Weinregionen gibt es in Deutschland, ihrer Rebfläche nach geordnet sind dies:

Rheinhessen	26.444 ha
Pfalz	23.461 ha
Baden	15.906 ha
Württemberg	11.511 ha
Mosel	9.034 ha
Franken	6.063 ha
Nahe	4.155 ha
Rheingau	3.125 ha
Saale-Unstrut	685 ha
Ahr	558 ha
Sachsen	462 ha
Mittelrhein	461 ha
Hessische Bergstraße	439 ha

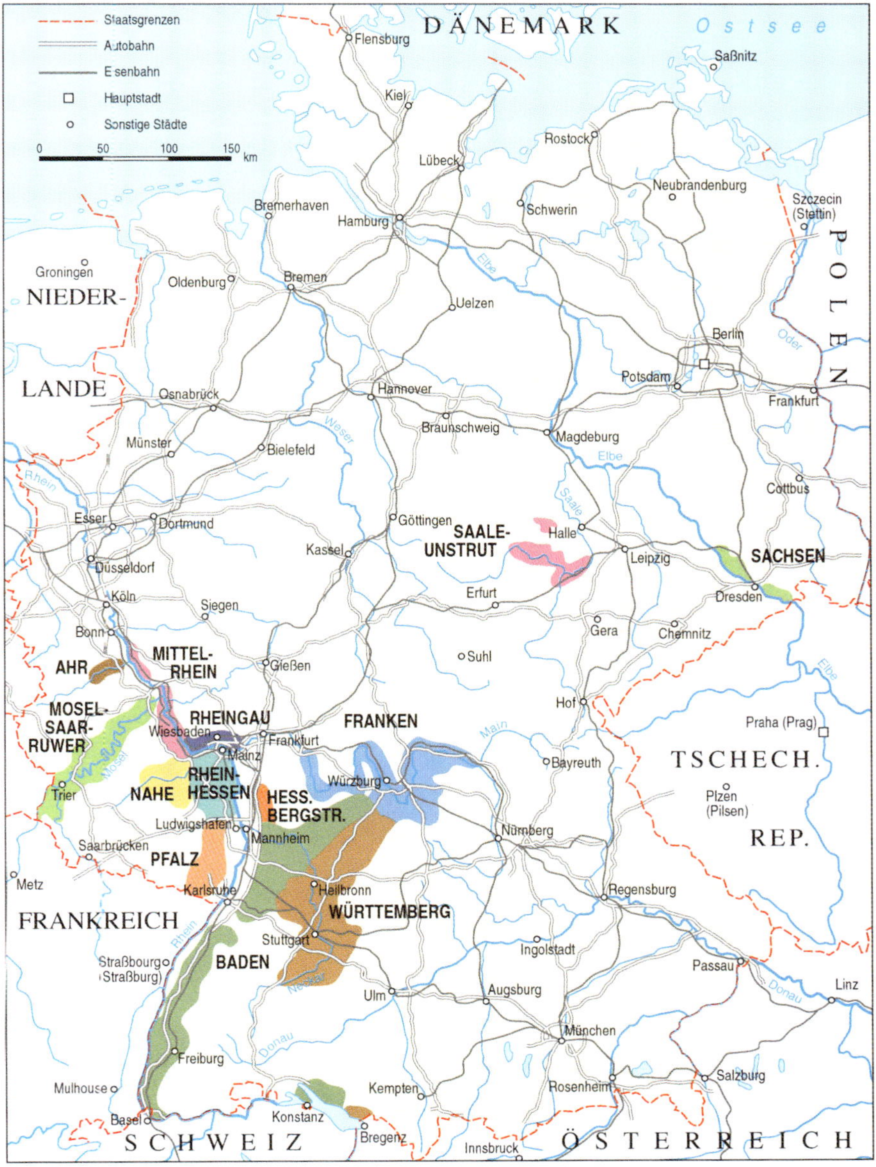

Staatsgrenzen
Autobahn
Eisenbahn
Hauptstadt
Sonstige Städte
0 50 100 150 km
DÄNEMARK
Ostsee
Flensburg
Kiel
Saßnitz
Rostock
Lübeck
Neubrandenburg
Schwerin
Szczecin (Stettin)
POLEN
Bremerhaven
Hamburg
Groningen
NIEDER-
LANDE
Oldenburg
Bremen
Elbe
Uelzen
Berlin
Oder
Potsdam
Frankfurt
Osnabrück
Hannover
Braunschweig
Magdeburg
Weser
Münster
Bielefeld
Cottbus
Rhein
Essen
Dortmund
Göttingen
SAALE-
UNSTRUT
Halle
Saale
Leipzig
SACHSEN
Kassel
Düsseldorf
Erfurt
Dresden
Köln
Siegen
Gera
Chemnitz
Bonn
Suhl
AHR
MITTEL-
RHEIN
Gießen
MOSEL-
SAAR-
RUWER
RHEINGAU
FRANKEN
Hof
Praha (Prag)
Wiesbaden
Frankfurt
Main
Mainz
Mosel
Bayreuth
TSCHECH.
REP.
Trier
NAHE
RHEIN-
HESSEN
HESS.
BERGSTR.
Würzburg
Plzen (Pilsen)
Ludwigshafen
Mannheim
Nürnberg
Saarbrücken
PFALZ
Metz
Karlsruhe
Heilbronn
Regensburg
FRANKREICH
WÜRTTEMBERG
Stuttgart
Ingolstadt
Straßbourg (Straßburg)
BADEN
Passau
Neckar
Ulm
Augsburg
Donau
Linz
München
Freiburg
Salzburg
Mulhouse
Kempten
Rosenheim
Basel
Konstanz
Bregenz
Innsbruck
SCHWEIZ
ÖSTERREICH

Ahr 558 ha

Mit gut 550 Hektar Rebfläche ist die Weinbauregion Ahr recht klein. Die Weinberge erstrecken sich auf knapp 30 Kilometer zwischen Altenahr und Heimersheim. In den Weinbergen wachsen vor allem rote Reben, 86 Prozent. Womit die Ahr die deutsche Weinregion mit dem höchsten Rotweinanteil ist. Wichtigste Rebsorte ist der Spätburgunder, der mehr als 61 Prozent der Fläche einnimmt, dann folgt mit weitem Abstand Portugieser und an dritter Stelle ist schließlich Riesling zu finden, die wichtigste Weißweinsorte an der Ahr. In den letzten Jahren legte der Frühburgunder kräftig zu. Die frühreifende Sorte wird immer mehr zur regionalen Spezialität.

Junges Anbaugebiet mit großem Potenzial

Die Ahr ist ein junges Anbaugebiet. Natürlich hat das Tal eine lange Weinbaugeschichte, aber alles, was für Weininteressierte wichtig ist, passierte in den letzten zwei Jahrzehnten. Werner Näkel war der Erste, der das Potenzial nutzte, um eigenständige, große deutsche Spätburgunder zu produzieren. Näkel fing in den achtziger Jahren an, seit Anfang der neunziger Jahre sind die Ergebnisse immer wieder großartig. Seitdem hat er – und mit ihm immer mehr Winzer – sich kontinuierlich gesteigert. Barriqueausbau bei den Spitzenweinen ist heute die Regel.

Längerer Fassausbau

Viele Weingüter füllen ihre Weine sehr früh ab, schon im Jahr nach der Ernte. Auch die Spitzenweine. Bisher lassen vor allem Gerhard Stodden, Wolfgang Hehle und Toni Nelles die Weine länger im Fass und zeigen, dass sich dies positiv auf die Lagerfähigkeit der Weine auswirkt. Auch bei anderen Erzeuger wie Werner Näkel, Ludwig Kreuzberg und den Brüdern Adeneuer zeichnet sich der gleiche Trend ab.

Die letzten Jahrgänge

2006 war ein guter Jahrgang an der Ahr, anders als sonst in Deutschland. 2007 ist vom Typ her anders, die Weine sind filigraner, teils aber auch mineralischer und nachhaltiger – ebenfalls ein guter Jahrgang. Und 2008 gefiel uns die Aromatik der jungen Weine gut, so dass wir uns freuen auf das kommende Jahr.

Die besten Erzeuger

Weltklasse

★★★★☆

Weingut Jean **Stodden**

Hervorragende Erzeuger

★★★★

Weingut J.J. **Adeneuer**
Weingut **Meyer-Näkel**

★★★☆

Weingut **Deutzerhof** – Cossmann-Hehle

Sehr gute Erzeuger

★★★

Weingut **Burggarten**
Weingut **Kreuzberg**
Weingut **Nelles**

★★☆

Weingut **Maibachfarm**
Weingut Peter **Kriechel**

Gute Erzeuger

★★

Brogsitter Weinguter und Privat-Sektkellerei
Winzergenossenschaft **Mayschoß-Altenahr**
Weingut **Sonnenberg**

★☆

Weingut Peter **Lingen**
Weingut Paul **Schumacher** ↑
Weingut **Sermann-Kreuzberg** ↑

Zuverlässige Erzeuger

★

Weingut Jakob **Sebastian**

Baden 15.906 ha

Mit knapp 16.000 Hektar Weinbergen ist Baden der Fläche nach das drittgrößte deutsche Anbaugebiet. Keine andere deutsche Weinbauregion ist aber so heterogen wie Baden: Schließlich liegen ja auch 400 Kilometer zwischen Tauberfranken im Norden und dem Bodensee oder dem Markgräflerland im Süden. Im Vergleich zu manchen anderen deutschen Anbaugebieten ist Baden „von der Sonne verwöhnt". Die Trauben erreichen einen höheren Zuckergehalt, die daraus entstehenden Weine sind etwas höher im Alkohol. Die Region Baden ist in insgesamt neun Bereiche eingeteilt, die sich sowohl hinsichtlich der angebauten Rebsorten, als auch hinsichtlich der Böden und der Weine, die sie erzeugen, deutlich voneinander unterscheiden.

Rebsorten

Wichtigste Rebsorte in Baden ist der Spätburgunder, der inzwischen 37 Prozent der gesamten Fläche einnimmt und weiter zulegt. Danach folgt Müller-Thurgau und dann erst – mit gehörigem Abstand – Grauburgunder, Riesling, Weißburgunder und Gutedel. Wobei die einzelnen badischen Weinbaubereiche jeweils eigene Spezialitäten haben. Im Markgräflerland ist dies der Gutedel, aber auch Rebsorten wie Nobling oder Freisamer findet man hier. Am Kaiserstuhl findet man neben den Burgundersorten auch Silvaner, Gewürztraminer und Muskateller als Spezialitäten. Im Kraichgau schließlich gibt es den Auxerrois und viele aus dem benachbarten Württemberg bekannte Rebsorten wie Lemberger oder Schwarzriesling.

Tauberfranken

Ganz im Nordosten des Anbaugebiets liegt der Bereich Tauberfranken mit etwa 700 Hektar Weinbergen. Er umfasst den badischen Teil des Taubertals zwischen Wertheim und Bad Mergentheim, dessen andere Teile zu den Regionen Franken und Württemberg zählen. Die Böden hier bestehen meist aus Muschelkalk und Buntsandstein. Die Weine hier sind sehr „fränkisch" in ihrer Art, gleichen in ihrem Geschmacksprofil eher Frankenweinen, denn badischen Weinen. Wichtigste Rebsorte ist – wie im benachbarten Franken – der Müller-Thurgau. Auch die weiteren wichtigen Rebsorten erinnern mehr an Franken als an Baden, Silvaner und Bacchus vor allem. Dazu gibt es Kerner, Riesling und als wichtigste Rotweinsorte Schwarzriesling. Eine Spezialität hier ist die alte Rebsorte Tauberschwarz, die nur noch im Taubertal auf wenigen Hektar zu finden ist. Qualitativ hat der badische Teil des Taubertals erst in den letzten Jahren auf sich aufmerksam gemacht, vor allem durch einen Winzer, Konrad Schlör in Reicholzheim.

fmk-foodfactory.de
Was macht
Badischen Wein
so einzigartig?
Katja Bohnert
Badische Weinkönigin '09/'10
Genießer finden Ihn auf der Weinkarte
aller 31 Sternerestaurants Badens.
Baden ist nicht nur Deutschlands südlichstes Weinland – wo die Sonne öfter und wärmer scheint, als in jeder anderen Region – sondern auch das Anbaugebiet mit den meisten Sternerestaurants. Und alle setzen auf den wahren Genuss. Unsere Weine sind mit Liebe gemacht und vereinen die ganze badische Lebensart in sich: die Freude an gutem Essen, feinen Spezialitäten, höchster Qualität und echter Gastfreundschaft.
www.badischerwein.de
B
BADISCHER WEIN
Von der Sonne verwöhnt

Badische Bergstraße

Der Bereich Badische Bergstraße war früher mit dem Kraichgau in einem gemeinsamen Bereich zusammengefasst. Zu ihm zählen die Weinberge südlich und nördlich von Heidelberg. Im Norden schließt sich die Weinbauregion Hessische Bergstraße an. Der Bereich umfasst knapp 400 Hektar Weinberge. Bundesweite Bekanntheit hat hier das Weingut Seeger in Leimen erlangt, vor allem mit seinen barriqueausgebauten Rotweinen. Aber auch weiße Sorten, Grauburgunder, Weißburgunder oder Riesling, können hier bemerkenswerte Weine ergeben.

Kraichgau

Im Süden der Badischen Bergstraße liegt das Kraichgau mit etwa 1.300 Hektar Weinbergen. Aufgrund unterschiedlicher Böden im Kraichgau sind die Weine hier heterogener als in den anderen badischen Weinbaubereichen. Im Kraichgau wird recht viel Riesling angebaut, aber auch Müller-Thurgau, Grauburgunder und Weiß-burgunder sind weit verbreitet. Kraichgauer Spezialität ist der Auxerrois, der heute auch außerhalb des Kraichgaus immer häufiger zu finden ist. Anders als in Südbaden bietet das Kraichgau eine Vielfalt an roten Sorten: Neben Spätburgunder findet man Lemberger, Portugieser, Schwarzriesling und Trollinger, in den letzten Jahren aber auch immer häufiger Sorten wie Regent oder Cabernet Sauvignon. Hummel, Burg Ravensburg und Klumpp sind derzeit die Spitzenbetriebe im Kraichgau.

Ortenau

In der Ortenau, zwischen Baden-Baden und Lahr, gibt es etwa 2.600 Hektar Weinberge. Die Reben hier wachsen im Schutze des Schwarzwalds und sind – anders als sonst in Baden – von Urgesteinsverwitterungsböden durchsetzt. Der Riesling, der hier traditionell auch Klingelberger genannt wird, ist die dominierende Rebsorte. Neben Riesling gibt es recht viel Spätburgunder, die wichtigste Rotweinsorte der Ortenau. Gerade die Rieslinge aber mit ihrem eigenständigen Profil haben in den letzten Jahren für Aufsehen gesorgt. An erster Stelle ist Andreas Laible zu nennen, der jedes Jahr eine Vielzahl an bewundernswerten Rieslingen (und nicht nur Riesling!) erzeugt. Aber auch Schloss Neuweier macht seit einigen Jahren beeindruckende, herrlich mineralische Weine. Mit Rotwein haben sich in der Ortenau seit den neunziger Jahren vor allem Heinrich Männle und Schloss Ortenberg einen Namen gemacht. Und inzwischen natürlich Jacob Duijn und Ewald Kopp.

Breisgau

Im Breisgau, zwischen Lahr und Freiburg, gibt es etwa 1.800 Hektar Weinberge. Die wichtigsten Rebsorten hier sind Müller-Thurgau, Grauburgunder und Spätburgunder. Anders als in den benachbarten Bereichen Kaiserstuhl und Ortenau, haben sich hier noch keine Weintypen mit „Wiedererkennungswert" etabliert. Während Bernhard Huber vor allem mit seinen Spätburgundern bekannt geworden ist, sind bei der Familie Wöhrle vom Weingut der Stadt Lahr meist Chardonnay und die weißen Burgunder die interessantesten Weine. Faszinierende Spätburgunder macht auch Fritz Waßmer, der zwar aus dem Markgräflerland kommt, seine Weinberge aber im Breisgau hat: Eine Region mit viel Potenzial!

Kaiserstuhl

Der Kaiserstuhl ist der größte und sicherlich auch bekannteste badische Bereich. Die Burgunder vom Kaiserstuhl gehören regelmäßig zu den Spitzenweinen in Deutschland. Egal ob Grauburgunder, Weißburgunder oder Spätburgunder, nirgendwo sonst in Deutschland gibt es eine solche Dichte an Topburgundern wie am Kaiserstuhl. Aber auch Riesling, Silvaner oder Muskateller sind hier immer wieder ganz hervorragend. In keinem anderen badischen Weinbaubereich gibt es eine solche Vielzahl an Spitzenwinzern wie am Kaiserstuhl. Joachim Heger und die Brüder Bercher gehören schon seit langem zur deutschen Winzerelite, ebenso Wolf-Dietrich Salwey. Josef Michel ist noch immer erstaunlich wenig bekannt, gehört aber seit Ende der neunziger Jahre zur absoluten Spitze, ebenso Fritz Keller, dessen Name für durchgegorene Weine steht. Andere haben sich erst in den letzten Jahren in den Vordergrund geschoben, wie Thomas Rinker vom Weingut Knab, Holger Koch oder Klaus Hermann, die Weine von Andreas Stigler werden stetig interessanter. Und Reinhold Pix und Manfred Schmidt (Hofgut Consequence) zeigen, dass auch erstklassige Öko-Weine am Kaiserstuhl entstehen können.

Tuniberg

Der Tuniberg war bis 1990 ein Teil des Bereichs Kaiserstuhl. Spätburgunder spielt hier die wichtigste Rolle – mit immer besseren Ergebnissen. Grauburgunder, Chardonnay und Weißburgunder werden von Jahr zu Jahr interessanter. Wobei der Tuniberg – anders wie der Kaiserstuhl – bisher noch kein klares Profil zeigt, zu wenige Spitzenerzeuger gibt es bisher hier.

Markgräflerland

Das Markgräflerland macht immer noch rasante Fortschritte. Die Spätburgunder werden immer besser. Gleiches gilt für Weißburgunder und Grauburgunder. Und in der Liste der besten Chardonnay in Deutschland findet sich jedes Jahr eine Reihe von Markgräfler Weinen mit vorne dabei. Die Nummer Eins unter den Rebsorten ist aber nach wie vor die Markgräfler Spezialität schlechthin, der Gutedel. Er hat in den letzten Jahren sehr gewonnen, vor allem durch die kühlere Vergärung. Mehr und mehr nutzen die Winzer inzwischen Gutedel auch für edelsüße Weine. Immer mehr Winzer schicken sich an den besten Weingütern vom Kaiserstuhl Paroli zu bieten. Ulrich Bernhardt vom Privatweingut H. Schlumberger ist da zu nennen, Lothar Heinemann, Gerd Schindler (Weingut Lämmlin-Schindler) und Hermann Dörflinger, auch Achim Jähnisch und das Schlossgut Ebringen sind hier zu nennen.

Bodensee

Die Weinberge am Bodensee sind die südlichsten in Deutschland. Vor allem Müller-Thurgau und Spätburgunder gibt es hier, aber auch Silvaner, Gutedel, Kerner, Bacchus und andere mehr. Während man lange Spätburgunder vor allem für Weißherbste oder leichte Rotweine nutzte, zeigen inzwischen erste Betriebe, dass man am Bodensee sehr gute und gehaltvolle barriqueausgebaute Spätburgunder erzeugen kann. Aber auch bei den weißen Burgundern und beim Chardonnay gibt es inzwischen einzelne bemerkenswerte Weine.

Strukturwandel

Allerdings ist Baden auch eine Region, die derzeit mit vielen Problemen zu kämpfen hat. Man hat es, anders als in Württemberg, nicht verstanden, dass man im genossenschaftlichen Sektor geschlossen auftreten muss: Die Erträge sind gesunken, Investitionen unterbleiben, die Qualität stagniert oder sinkt, die Auszahlungspreise sind niedrig. Viele Feierabendwinzer haben ihre Rebflächen auf- oder abgegeben, dies wird sich in den kommenden Jahren noch verstärken. Dem stehen nur relativ wenige Betriebsneugründungen gegenüber.

Spitzenweine, unabhängig vom Jahrgang

Bei all den regionalen Differenzen in Baden ist es natürlich schwierig, allgemeine Aussagen über die Jahre zu treffen. Generell und für alle Regionen kann man sagen, dass es schon lange kein Spitzenjahr mehr gegeben hat. Was aber die badischen Winzer nicht daran hindert Spitzenweine in bisher nicht gekannter Zahl zu erzeugen. Bei Weiß- und Grauburgunder, Spätburgunder und Chardonnay findet man Jahr für Jahr mehr Spitzenweine als in jeder anderen deutschen Weinbauregion.

Die letzten Jahrgänge

2006 ist schwierig gewesen, einige Winzer aber, allen voran Bernhard Huber und Martin Waßmer, sind hervorragende Spätburgunder gelungen. Auch für Weißwein war 2006 äußerst problematisch, in ganz Baden: Kein gutes Jahr. 2007 war da natürlich deutlich interessanter, brachte Spitzenweine bei allen Rebsorten – bei den Spitzenwinzern. Angesichts der Durchschnittsqualität aber fällt es schwer von einem wirklich guten Jahr zu sprechen. Gleiches gilt auch 2008: In der Spitze faszinieren die Weine, in der Breite aber bleiben viel Wünsche offen. Was genauso für den Spätburgunder-Jahrgang 2007 gilt. In der Spitze aber sind Badens Spätburgunder wieder ganz stark vertreten im bundesweiten Spätburgunder-Vergleich.

Die besten Erzeuger

Weltklasse

★★★★★

Weingut **Bercher**
Weingut Jacob **Duijn**
Weingut Dr. **Heger**
Weingut Bernhard **Huber**
Weingut Schwarzer Adler. Franz **Keller**
Weingut **Michel**
Weingut **Seeger**

★★★★☆

Weingut **Salwey**
Privat-Weingut H. **Schlumberger**

Hervorragende Erzeuger

★★★★

Wein- und Sektgut Bernd **Hummel**
Weingut **Knab**
Weingut Andreas **Laibe**
Weingut Konrad **Schlör**
Weingut Fritz **Waßmer**
Weingut Martin **Waßmer**
Weingut Stadt Lahr – Familie **Wöhrle**

★★★☆

Weingut Hermann **Dörflinger**
Weingut Freiherr von **Gleichenstein**
Weingut Achim **Jähnisch**
Weingut **Klumpp**
Weingut Holger **Koch**
Weingut Schloss **Ortenberg**
Weingut **Pix**

Sehr gute Erzeuger

★★★

Weingut **Aufricht**
Schlossgut **Ebringen**
Weingut **Fischer**
Weingut Ernst **Heinemann** & Sohn
Weingut Klaus **Hermann**
Biologisches Weingut **Höfflin**
Weingut **Kopp**
Weingut **Lämmlin-Schindler**
Gut **Nägelsförst**
Weingut Schloss **Neuweier**
Weingut Burg **Ravensburg**
Weingut **Stigler**

★★☆

Hofgut **CONSEQUENCE**
Weingut **Holub**
Weingut **Konstanzer**
Shelter Winery
Weingut Schloss **Staufenberg**

Gute Erzeuger

★★

Winzergenossenschaft **Britzingen**
Weingut **danner – zöllin**
Weingut Schloss **Eberstein**
Weingut **Engist**
Weingut Freiherr von und zu **Franckenstein**
Weingut Otto und Martin **Frey**
Weingut **Frick**
Weingut Thomas **Hagenbucher**
Weingut Reichsgraf und Marquis zu **Hoensbroech**
Weingut Ludwig **Honold**
Kalkbödele - Weingut der Gebrüder Mathis
Weingut Friedrich **Kiefer**
Weingut **Landmann**
Weingut Andreas **Männle**
Weingut Heinrich **Männle**
Weingut Edwin **Menges**
Weingut Gebr. **Müller** ↑
Weingut **Plag** ↑
Weingut **St. Remigius**
Weingut Gregor und Thomas **Schätzle** ↑
Weinbau Frank **Schiele**
Weingut Rainer **Schlumberger**
Weingut Claus **Schneider**
Weingut - Weinhaus **Schwörer**
Weingut Lothar **Schwörer**
Weingut **Weber**
Weingut **Zalwander**
Weingut Julius **Zotz**

★☆

Weingut **Abril** ↑
Winzergenossenschaft **Auggen**
Weingut **Benz** Beckstein
Weingut Peter **Briem**
Weingut Susanne u. Berthold **Clauß**
Weingut Holger **Dütsch**
Weingut **Engelhof**
Staatsweingut **Freiburg** & Blankenhornsberg
Weingut **Ihle**
Weingut Arndt **Köbelin** ↑
Weingut **Moosmann**
Weingut Adam **Müller**
Weingut Leopold **Schätzle**
Weingut **Schindler**
Weingut Dr. **Schneider**
Winzergenossenschaft **Varnhalt**
Weingut Hans **Winter**
Weingut **Zimmermann**

Zuverlässige Erzeuger

★

Winzergenossenschaft **Achkarren**
Affentaler Winzergenossenschaft Bühl
Weingut L. **Bastian**
Weingut Michael **Baumer**
Weingut **Becker**
Weingut Dr. **Benz** – Kirchberghof
BiAn Weingut Bieselin Andreas
Weingut **Bielig**
Weingut **Bös**
Winzergenossenschaft **Burkheim**
Weingut **Clauer**
Durbacher Winzergenossenschaft
Weinkeller **Ehrenkirchen**
Weingut Hans **Engler**
Weingut **Englert**
Weingut Elisabeth & Norbert **Geier**
Weingut **Göring**
Wein- und Sektgut **Harteneck**
Weingut **Hauser-Bühler**
Weingut Albert **Heitlinger**
Winzerkeller **Hex vom Dasenstein**
Weingut **Huck-Wagner**
Weingut Felix und Kilian **Hunn**
Wein- und Sektgut Gerhard **Karle**
Weingut **Kaufmann**
Winzergenossenschaft **Kiechlinsbergen**
Weingut **Koch**
Weingut **Köninger**
Winzergenossenschaft **Königschaffhausen**
Spitalkellerei **Konstanz**
Weingut **Krebs**
Seegut **Kress**
Weingut Alexander **Laible**
Weingut Thomas **Landerer**
Staatsweingut **Meersburg**
Weingut Ludwig **Mißbach**
Winzergenossenschaft **Oberbergen**
Pfaffenweiler Weinhaus
Weingut Friedhelm **Rinklin**
Weingut Stefan **Rinklin**
Weingut **Trautwein**
Villa Heynburg
Winzergenossenschaft **Waldulm**
Winzergenossenschaft **Wasenweiler**
Weingut Michael **Wiesler**
Weingut R. **Zimmerlin**
Zeller Abtsberg Winzer

Franken 6.063 ha

Fränkisch trocken war früher einmal jedem Weinfreund in Deutschland ein Begriff. Als „fränkisch trocken" bezeichnete Weine hatten nicht einmal halb so viel Restzucker, wie es im deutschen Weingesetz für trockene Weine erlaubt ist. Heute aber findet man nur noch wenige Winzer in Franken, die ihre trockenen Weine grundsätzlich durchgegoren ausbauen. „Fränkisch trocken" hat praktisch keine Bedeutung mehr. Eine Chance vertan, sich am deutschen Markt zu profilieren. Also setzte man ganz auf den Bocksbeutel, der wieder einmal dahin kommen soll, wo er einmal war, nämlich als Wahrzeichen des Frankenweins für Qualität zu stehen. Aber auch den Bocksbeutel wollen viele nicht mehr haben, immer öfter findet man Frankenwein in Bordeaux- oder Burgunderflaschen.

Bocksbeutel

Nicht nur die Flaschenform ist in Franken anders als in den anderen deutschen Anbaugebieten, auch die klimatischen Bedingungen in Franken sind anders. Franken hat ein ausgeprägteres Kontinentalklima als die weiter westlich gelegenen deutschen Anbaugebiete. Die Unterschiede zwischen relativ kalten Wintern und heißen Sommern sind hier ausgeprägter.

Mainviereck

Franken ist in drei Weinbaubereiche eingeteilt. Zum westlichsten Bereich, dem so genannten Mainviereck, gehören nicht nur die Weinberge von Kreuzwertheim über Miltenberg bis Erlenbach, sondern auch die Weinberge nördlich von Aschaffenburg, in der Gegend von Alzenau. Hier herrschen Buntsandsteinböden vor. Einige Winzer hier haben auch im benachbarten badischen Tauberfranken Weinberge. Bekannt geworden ist dieser Teil Frankens in den letzten Jahren vor allem durch die Rotweine, die von hier kommen. Letztendlich vor allem durch einen Mann, Paul Fürst, der in Bürgstadt vom Centgrafenberg Jahr für Jahr Rotweine – und Weißweine – erzeugt, die zu den besten Rotweinen Deutschlands zählen. Als zweite Lage wird man sich demnächst den Klingenberger Schlossberg merken müssen, denn auch dort ist Paul Fürst inzwischen aktiv, das Potenzial anderer vielversprechender Lagen wird leider wenig genutzt.

Maindreieck

Der bekannteste fränkische Weinbaubereich ist das so genannte Maindreieck. Das Maindreieck reicht von Schweinfurt im Osten über Volkach und Würzburg bis Karlstadt und bezieht auch die Weinberge an Nebenflüssen des Mains, wie Saale und Wern, mit ein. Der Buntsandstein weicht nach Osten hin immer mehr Lehm-, Löss- und Muschelkalkböden. Hier liegen die bekanntesten fränkischen Weinbauorte: Neben Würzburg als Mittelpunkt sind Orte wie Escherndorf, Randersacker, Sommerhausen, Sommerach oder Volkach jedem Weinliebhaber ein Begriff.

Steigerwald

Der dritte fränkische Weinbaubereich ist der Bereich Steigerwald. Im Steigerwald herrschen Keuperböden vor. Die bekannteste Weinbaugemeinde hier ist Iphofen. Die Rieslinge und Silvaner vom Steigerwald sind bekannt, aber auch eine Reihe von Neuzüchtungen wie Rieslaner oder Scheurebe bringen hier immer sehr gute Ergebnisse. Und seit einigen Jahren findet man hier immer öfter auch rote Sorten und die weißen Burgunder.

Rebsorten

Wichtigste Rebsorte in Franken ist der Müller-Thurgau mit einem Anteil über 30 Prozent. Auch wenn dieser Anteil stetig zurückgeht stehen die Franken zu ihrem „Müller". Es folgt die Rebsorte, für die Franken bekannt ist, der Silvaner, der sich derzeit wieder großer Beliebtheit erfreut und inzwischen wieder auf 21 Prozent der Fläche angebaut wird, Tendeznz steigend. An dritter Stelle kommt Bacchus. Ergänzt wird der Sortenspiegel mit Riesling, den Burgundersorten, Kerner, Scheurebe oder Rieslaner. Rote Sorten, traditionell am Untermain (Bereich Mainviereck) angebaut, erfreuen sich steigender Beliebtheit und nehmen inzwischen 20 Prozent der Rebfläche ein. Neben Spätburgunder und Frühburgunder ergibt Domina, sortenrein aber auch in Cuvées, dabei die interessantesten Ergebnisse.

Im Kommen: Silvaner

Der traditionelle „fränkische Stil", die erdigen, recht bodengeprägten Weine, sind heute wenig gefragt. Dass es auch anders geht, zeigen viele aufstrebende Betriebe in ganz Franken, die heute wunderschön klare, fruchtbetonte Weine erzeugen. Nicht nur aus Silvaner und Riesling, nein, auch Müller-Thurgau, Bacchus, Kerner oder Scheurebe ergeben hier erstaunlich interessante Weine. Der Silvaner aber ist derzeit doch am meisten gefragt, bringt immer mehr komplexe und ausdrucksstarke Weine hervor.

Die letzten Jahrgänge

Nein, solche Jahre braucht man nicht, solche Jahre wie 2006. Auch wenn es andere deutsche Weinbauregionen gab, die es noch schlimmer erwischt hatte. Da war 2007 deutlich interessanter, vor allem die Silvaner bereiteten viel Freude, bei den guten Winzern. Und 2008 gefällt uns sehr gut in Franken, die Region ist der Gewinner im Vergleich der deutschen Anbaugebiete. Und Silvaner ist der Gewinner unter den Rebsorten, passend zum Silvanerjahr. Wir mögen die Säure beim Silvaner, wir gestehen es, kann sie doch die immer noch reichlich bemessene Restsüße austarieren. Denn Restsüße braucht Silvaner gar nicht. Früher wusste man das, deswegen gab es nämlich und gibt es hoffentlich bald wieder: Fränkisch trocken!

Die besten Erzeuger

Weltklasse

★★★★★

Weingut Rudolf **Fürst**
Weingut **Luckert** – Zehnthof
Weingut Horst **Sauer**

★★★★☆

Weingut Rainer **Sauer**

Hervorragende Erzeuger

★★★★

Weingut **Glaser-Himmelstoß**
Weingut Am Stein – Ludwig **Knoll**
Weingut Johann **Ruck**
Weingut **Schmitt's Kinder**
Weingut Josef **Störrlein**
Weingut Hans **Wirsching**

★★★☆

Weingut **Brügel**
Weingut Michael **Fröhlich** ↑
Weingut **Juliusspital** Würzburg
Weingut Wolfgang **Weltner** ↑

Sehr gute Erzeuger

★★★

Weingut **Bickel-Stumpf**
Weingut **Brennfleck**
Bürgerspital zum Heiligen Geist
Weingut Clemens **Fröhlich**
Weingut Dr. **Heigel**
Weingut **Hofmann**
Weingut Fürst **Löwenstein**
Weingut Max **Markert**
Weingut Rudolf **May**
Weingut Max **Müller I**
Weingut **Roth** ↑
Weingut Graf von **Schönborn**
Weingut Schloss **Sommerhausen**

★★☆

Weingut **Baldauf**
Fürstlich **Castell'sches** Domänenamt
Weingut Walter **Erhard**
Weingut Ernst **Popp** ↑
Weingut Werner **Probst**
Winzerhof **Stahl** ↑
Weingut **Stich**

Gute Erzeuger

★★

Weingut & Winzerhof Johann **Arnold**
Weingut **Augustin**
Weingut Günther **Bardorf**
Weingut Michael **Blendel**
Weingut Waldemar **Braun**
Winzerhof **Burrlein**
Weingut & Gästehaus **Felshof**
Weingut Klaus **Giegerich**
Weingut Bernd **Höfler**
Weingut Werner **Höfling**
Staatlicher **Hofkeller** Würzburg
Weingut Helmut u. Bernd **Hofmann**
Weingut Wolfgang **Kühn**
LandArt Weinbau ↑
Weingut **Meier**
Weingut Richard **Östreicher**
Weingut **Römmert**
Weingut **Rudloff**
Weingut Egon **Schäffer**
Weingut **Schwab**
Weingut **Trockene Schmitts**
Weingut Josef **Walter**
Weingut **Zehntkeller**

★☆

Weingut Wilhelm **Arnold** ↑
Weingut Herbert **Düll**
Weingut **Heilmann** ↑
Ökologischer Weinbau **Krämer** ↑
Weingut Ewald **Neder**
Weingut **Neuberger**
Weingut A. & E. **Rippstein**
Weinbau **Rumpel & Schömig** ↑
Weingut Zur **Schwane**
Weingut Christoph **Steinmann**
Weinbau **Stritzinger** ↑

Zuverlässige Erzeuger

★

Weingut **Bausewein** ◈
Weingut **Behringer**
Bocksbeutel-Hof Escherndorf
Weingut Heinz **Braun**
Weingut Ignaz **Bunzelt**
Weingut H. **Deppisch**
Weingut Udo **Engelhardt**
Weingut Schloss **Frankenberg** ◈
Weingut Richard **Glaser**
Weingut Martin **Göbel**
Weingut **Grebner** ◈
Weingut Harald **Gunther**
Weingut Roland **Hemberger** ◈
Wein- und Obstbau **Hofmann**
Weinbau **Hofmann-Herkert** ◈
Weingut O. **Knapp**
Kremers Winzerhof ◈
Weingut Am **Lump**
Weingut **Rothe** ◈
Weingut **Ruppert**
Weingut **Scheuring** ◈
Weingut Berthold **Schmachtenberger**
Weingut Friedel **Simon**
Weingut Artur **Steinman** ◈
Weingut Otmar **Zang**

Hessische Bergstraße 439 ha

Der Großteil der Weinberge an der Hessischen Bergstraße liegt zwischen Heppenheim und Zwingenberg an den Hängen des Odenwaldes. In Zwingenberg, Auerbach und Bensheim herrschen Granitverwitterungsböden vor, während in einigen Heppenheimer Lagen auch gelber Buntsandstein zu finden ist. Dazu gibt es aber auch bei Groß-Umstadt (Quarzporphyrböden) und Roßdorf einige Weinberge, die ebenfalls zur Region Hessische Bergstraße zählen.

Dominierender Riesling

Die meisten Trauben an der Hessischen Bergstraße werden von der Genossenschaft in Heppenheim, Bergsträsser Winzer genannt, verarbeitet. Wichtigste Rebsorte ist der Riesling, der 48 Prozent der Fläche einnimmt, in den letzten Jahren aber zurückgegangen ist. Es folgen Spätburgunder und Grauburgunder, dann Müller-Thurgau und Silvaner. Daneben gibt es nennenswerte Mengen an Kerner, Weißburgunder, Dornfelder, Ehrenfelser, Scheurebe und Gewürztraminer. Rote Sorten nehmen inzwischen 21 Prozent der Rebfläche ein. Bisher war die Hessische Bergstraße für ihre Rieslinge bekannt, vor allem die edelsüßen. Weiß- und Grauburgunder haben in den letzten Jahren deutlich an Kontur gewonnen. Gleiches gilt für Rotweine, die nicht nur der Fläche nach immer mehr an Bedeutung gewinnen, sondern auch Jahr für Jahr interessantere Ergebnisse bringen.

Die besten Erzeuger

Sehr gute Erzeuger

★★★

Weingut **Simon-Bürkle**

Gute Erzeuger

★☆

Weingut **Edling**

Weingut **Rothweiler**

Zuverlässige Erzeuger

★

Bergsträsser Winzer

Domaine **Bergstraße**

Mittelrhein 461 ha

Nur das benachbarte Rheingau hat einen ähnlich hohen Rieslinganteil wie der Mittelrhein. Auch wenn der Rieslinganteil stark rückläufig ist, so liegt er doch immer noch bei 67 Prozent. Es folgen Spätburgunder, Müller-Thurgau und Kerner. Auch am Mittelrhein ist der Trend hin zu den Burgundersorten und zu Rotwein augenfällig. Gerade die Hinwendung zu Rotweinsorten finden wir bedenklich, denn die Stärke des Mittelrheins sind die vielen guten Rieslinge, zu meist moderaten Preisen. Bislang ist die Region noch den Beweis schuldig geblieben, dass sie hervorragende Rotweine erzeugen kann.

Flächenrückgang

Viele der Weinberge befinden sich in schwer zu bewirtschaftenden Steillagen. Mit ein Grund dafür, dass die Rebfläche stetig abgenommen hat. Da muss man gar nicht fünfzig Jahre zurückgehen, als es noch 1.200 Hektar Weinberge am Mittelrhein gab. Oder ins 19. Jahrhundert, als über 2.000 Hektar mit Reben bepflanzt waren. Allein der Rückgang in den letzten Jahren ist sehr bedenklich. Viele der Feierabendwinzer bewirtschaften ihre Weinberge nicht mehr und finden weder Käufer noch Pächter für ihre kleinen Parzellen in Steillagen. In den letzten Jahren wurden jeweils über 20 Hektar Weinberge aufgegeben und diese bedenkliche Entwicklung hält weiter an. Was in absoluten Zahlen vernachlässigbar zu sein scheint, ist bei prozentualer Betrachtung dramatisch. Allein in den letzten zehn Jahren sind so fast 200 Hektar Weinberge verschwunden. Der Rückgang scheint inzwischen gestoppt.

Unterschiedliche Böden

Im südlichen Teil des Anbaugebietes, bei Bacharach, herrschen Schieferböden vor. Der größte Teil der Reben findet sich auf der linken Seite des Rheins, meist an Südhängen in den Seitentälern. Nördlich von Oberwesel, von St. Goarshausen bis auf die Höhe von Boppard, findet man die meisten Reben am rechten Rheinufer. Beim Rheinknick oberhalb von Boppard liegt, linksrheinisch als Südlage, der Bopparder Hamm, der größte zusammenhängende Weinberg am Mittelrhein. Hier herrschen wie in Bacharach Schieferböden vor. Nördlich von Koblenz, ganz im Norden des Anbaugebietes, wachsen die Reben an Südhängen am rechten Ufer des Rheins. Hier, z.B. bei Hammerstein und Leutesdorf, gibt es schwere Lössböden.

Jahrgang 2008

In Spay sitzen die beiden Winzer, die in den letzten Jahren am meisten für Furore gesorgt haben: Matthias Müller und Florian Weingart. Ein weiterer Aufsteiger der letzten Jahre hat ebenfalls seine Weinberge im Bopparder Hamm, nämlich Jens Didinger. Alle drei haben 2008 ganz starke Kollektionen. Im südlichen Teil des Anbaugebietes ist Peter Jost,stark, Jörg Lanius hat wie gehabt eigenwillige, eigenständige Weine, auch Rudolf Schoeneberger (Weinhaus Heilig Grab) überzeugt.

Die besten Erzeuger

Hervorragende Erzeuger

★★★★

Weingut **Weingart**
Weingut Toni **Jost** – Hahnenhof
Weingut Matthias **Müller**

★★★☆

Weingut Bernhard **Didinger**

Sehr gute Erzeuger

★★★

Weingut **Lanius-Knab**

★★☆

Weingut **Heilig Grab**

Gute Erzeuger

★★

Weingut Martina & Dr. Randolf **Kauer**
Weingut **Ratzenberger**

★☆

Weingut **Scheidgen**

Zuverlässige Erzeuger

★

Weingut Karl **Heidrich**
Weingut **Philipps-Mühle**
Weingut Bernhard **Praß**
Schneider das weingut
Weingut **Selt**
Weingut **Volk**
Weingut Rugard **Zahn**

ohne Bewertung:
Weingut **Villa Riesling**

Mosel 9.034 ha

Denkt man an die Mosel, denkt man an Riesling. Schaut man in die Rebsortenstatistik, dann ist man ganz überrascht zu sehen, dass es an Mosel, Saar und Ruwer nicht einmal 60 Prozent Riesling gibt. Dazu 14 Prozent Müller-Thurgau, 6 Prozent Elbling und über 4 Prozent Kerner. Bei Neuanpflanzungen derzeit besonders beliebt sind aber Weißburgunder und Chardonnay – und natürlich rote Sorten wie Dornfelder oder Spätburgunder, rote Sorten nehmen inzwischen 9 Prozent der Fläche ein.

Flächenzuwachs, Flächenrückgang

Schaut man in der Statistik die Flächenentwicklung innerhalb des letzten Jahres an, dann ist man noch mehr überrascht, denn da ist ein Flächenzuwachs verzeichnet. Die Statistik hinkt der Wirklichkeit hinterher, denn wer in diesem Jahr an der Mosel war, der hat gesehen, wieviele Weinberge nicht mehr bearbeitet werden. Man muss Schlimmes fürchten für die kommenden Jahre.

Obermosel

An der Obermosel ist Elbling die wichtigste Rebsorte. Aber auch Riesling, Müller-Thurgau und die Burgundersorten (speziell auch Auxerrois) sind hier zu finden. Doch anders als im benachbarten Luxemburg findet man so gut wie keine bemerkenswerten weißen Burgunder hier. Der Elbling wird nach wie vor als Rebsorte der Obermosel propagiert – auch wenn niemand bisher den Beweis erbringen konnte, dass aus Elbling tolle Weine entstehen können.

Saar

Ganz anders an der Saar, wo viele renommierte Weingüter zuhause sind. Auch hier werden immer mehr gute Steillagen aufgegeben. Es gibt aber Lichtblicke: Roman Niewodniczanski mit seinem Weingut Van Volxem oder Jochen Siemens, der das Weingut Herrenberg übernommen hat. Von Othegraven ist stark wie nie, ebenso Lauer, das Weingut Reverchon ist wieder da, Johann Peter Mertes, Helmut Plunien (Vols) – die Saar macht Freude! Und es gibt natürlich den „Klassiker“: Hans-Joachim Zilliken hat Jahr für Jahr grandiose Kollektionen.

Ruwer

An der Ruwer geht die Rebfläche ebenfalls zurück. Auch hier gibt es aber Lichtblicke: Herbert Weis vom Weingut Erben von Beulwitz hat in den letzten Jahren immer wieder faszinierende Kollektionen, aber auch Schubert, Karthäuserhof und Karlsmühle sind seit vielen Jahren enorm zuverlässig.

Mittelmosel

An der Mittelmosel sind in den letzten Jahren so viele beeindruckende Rieslinge entstanden wie noch nie zuvor. Der Druck ist groß – vom Markt, der Konkurrenz – und je größer der Druck, desto mehr müssen die Winzer sich anstrengen – und umso bessere Weine produzieren sie. Das funktioniert nicht nur hier so. In Gemeinden wie Trittenheim und Leiwen gibt es eine Vielzahl von Winzern, die erstaunliche Rieslinge erzeugen. Sehr gute Kollektionen gab es sowohl 2006 als auch 2007, nur die Schwankungen sind etwas größer als in den Jahren zuvor, die edelsüßen Rieslinge sind in beiden Jahren leicht im Vorteil. 2008 ist das anders, edelsüß war schwierig, trocken nicht minder. Trotzdem gibt es trocken wie süß Highlights.

Untermosel

Auch die Untermosel hat im letzten Jahrzehnt erstaunliche Fortschritte gemacht und produziert Jahr für Jahr – und inzwischen auch in problematischen Jahren – Rieslinge, die zu den besten in der Region zählen. Trocken wie edelsüß. 2006 war ein gutes Jahr, auch 2007 ist gut; nirgendwo sonst in Deutschland kam man den Vorjahren so nahe wie hier. Auch 2008 stellt in der Spitze zufrieden, denn ungeachtet von Jahrgangsschwankungen machen immer mehr Betriebe stetig bessere Weine, wie Clemens Busch, Reinhard & Beate Knebel und Ulrich Franzen, Rüdiger Kröber, der Lubentiushof, Thorsten Melsheimer oder Steffens-Keß.

Jahrgang 2008

Der Jahrgang 2008 bescherte den Winzer an Mosel, Saar und Ruwer nach einigen sehr reifen Jahren wieder einigermaßen „normale" Oechsle- und Säurewerte. Manche Erzeuger schienen durch diese Bedingungen überfordert zu sein: Bei ihnen wirken die Rieslinge schlicht unharmonisch. Bei anderen wiederum hat 2008 eine Fülle an kompakten Weinen mit wenig Alkohol, aber viel Frische und Frucht hervorgebracht. Klassiker, die eben keine 12,5 oder 13 Volumenprozente Alkohol aufweisen, sondern vielleicht nur 11 oder 11,5.

Die besten Erzeuger

Weltklasse

★★★★★

Weingut Clemens **Busch**
Weingut **Clüsserath-Weiler**
Weingut Markus **Molitor**
Weingut Martin **Müllen**
Weingut Josef **Rosch**
Weingut Willi **Schaefer**
Weingut **Selbach-Oster**
Weingut **Vollenweider**

★★★★☆

Weingut Erben von **Beulwitz**
Weingut Joh. Jos. **Christoffel**-Erben
Weingut Reinhold **Franzen**
Weingut Forstmeister **Geltz-Zilliken**
Weingut **Grans-Fassian**
Weingut Reinhold **Haart**
Weingut Carl **Loewen**
Weingut **Van Volxem**

Hervorragende Erzeuger

★★★★

Weingut Ansgar **Clüsserath**
Galerie - Riesling Weingut **Clüsserath-Eifel**
Weingut Bernhard **Eifel**
Weingut Franz-Josef **Eifel**
Weingut Fritz **Haag**
Weingut Willi **Haag**
Weingut Kurt **Hain**
Weingut Dr. **Hermann**
Weingut **Karthäuserhof**
Weingut **Kees-Kieren**
Weingut Heribert **Kerpen**
Weingut **Kirsten**
Weingut Reinhard & Beate **Knebel**
Weingut Rüdiger **Kroeber**
Weingut Schloss **Lieser** ↑
Lubentiushof – Weingut Andreas Barth
Weingut **Melsheimer**
Weingut **Milz-Laurentiushof**
Weingut Dr. **Pauly-Bergweiler**
Weingut Joh. Jos. **Prüm**
Weingut S. A. **Prüm**
Weingut **Reh**
Weingut **Sankt Urbans-Hof**
Weingut Heinz **Schmitt**
C.v. **Schubert'sche** Gutsverwaltung Grünhaus
Weingut Wwe Dr. H. **Thanisch**, Erben Thanisch
Weingut Dr. F. **Weins-Prüm**

★★★☆

Weingut A. J. **Adam** ↑
Weingut **Becker-Steinhauer**
Weinhof **Herrenberg**
Weingut **Heymann-Löwenstein**
Weingut von **Hövel**
Weingut **Karlsmühle**
Weingut Peter **Lauer** ↑
Weingut **Mönchhof**, Robert Eymael
Weingut von **Othegraven**
Weingut **Paulinshof**
Weingut Max Ferd. **Richter**
Weingut Richard **Richter**
Weingut **Römerhof**
Weingut **Steffens-Keß**
Weingut **Studert-Prüm** - Maximinhof

Sehr gute Erzeuger

★★★

Weingut Frank **Brohl**
Weingut **Conrad**
Weingut **Eifel-Pfeiffer**
Riesling-Weingut Karl **Erbes**
Weingut Reiner **Fries**
Weingut Albert **Gessinger**
Weingut Joh. **Haart**
Weingut Albert **Kallfelz**
Weingut **Kanzlerhof**
Weingut Sybille **Kuntz**
Weingut **Lehnert-Veit**
Weingut Dr. **Loosen**
Weingut **Philipps-Eckstein**
Weingut Walter **Rauen**
Weingut **Rebenhof**, Johannes Schmitz
Weingut Schloss **Saarstein**
Weingut Andreas **Schmitges**
Weingut Martin **Schömann**
Weingut **Staffelter Hof**
Wein-Erbhof **Stein**
Weingut Ludwig **Thanisch** & Sohn
Geheimrat J. **Wegeler** Erben
Weingut **Weiser-Künstler**
Weingut O. **Werner** & Sohn
Weingut **Willems-Willems**

★★☆

Weingut **Bastgen**
Weingut **Bauer**
Weingut **Bernard-Kieren**
Weingut C.H. **Berres**
Weingut Klaus **Berweiler-Merges**
Weingut **Caspari-Kappel** ↑
Weingut Ernst **Clüsserath**
Sekt- und Weingut Stephan **Fischer**
Weingut Leo **Fuchs**
Weingut Freiherr von **Heddesdorff**
Weingut **Henrichs + Friderichs**
Weingut **Hoffmann-Simon**
Wein- und Sektgut Günter **Leitzgen**
Weingut **Loersch-Eifel**
Weingut **Lotz**
Weingut Dr. **Siemens** ↑
Weingut **Vereinigte Hospitien**
Weingut **Vols** ↑

Gute Erzeuger

★★

Weingut **Ackermann**
Wein- und Gästehaus **Baum**
Bischöfliche Weingüter Trier
Weingut Heribert **Boch**
Weingut **Bollig** - Mühlenhof
Weingut Manfred **Breit**
Weingut **Deutschherrenhof**
Weingut Stefan **Ehlen**
Weingut Reinhold **Fuchs**
Weingut Theo **Grumbach**
Weingut **Jakoby-Mathy**
Weingut Klaus **Junk**
Weingut **Köwerich**
Weingut **Laurentiushof**
Weingut **Lorenz**
Weingut Gebr. **Ludwig**
Weingut **Meulenhof**
Weingut Familie **Rauen**
Weingut Franz-Josef **Regnery**
Weingut Johann Peter **Reinert**
Weingut Hans **Resch**
Weingut **Reuscher-Haart**
Öko-Weingut Zur **Römerkelter**
Weingut **St. Nikolaus-Hof**
Weingut Claes **Schmitt** Erben
Gebrüder **Simon** - Weingut -
Weingut **Später-Veit**
Riesling Weingut Alfons **Stoffel**
Weingut Rita und Rudolf **Trossen**
Weingut Dr. Heinz **Wagner** ◆

★☆

Weingut **Agritiushof**
Weingut Markus **Busch**
Vereinigte Weingüter **Dötsch-Haupt**
Weingut Ernst **Eifel**
Weingut Lothar **Kettern**
Weingut Christian Klein
Weingut Theo **Loosen**
Weingut Dr. **Melsheimer**
Weingut Ingo **Norwig**
Weinhof **Sankt Anna**
Weingut Freiherr von **Schleinitz**
Wein- und Sektgut Heinz **Schneider**
Weingut Ulrich **Schumann**
Weingut Christian **Steinmetz**
Weingut Günther **Steinmetz**
Weingut Stephan **Steinmetz**
Weingut Peter **Terges**

Zuverlässige Erzeuger

★

Weingut Hubertus M. **Apel**
Weingut **Blees-Ferber**
Weingut **Dostert**
Weingut **Gerlachs Mühle**
Weingut Bernd **Hermes**
Weingut **Jungblut**
Weingut Benedikt **Kiebel**
Weingut **Lenz-Dahm**
Weingut **Losen-Bockstanz**
Weingut Johann Peter **Mertes**
Weingut **O.**
Weingut **Ollinger-Gelz**
Weingut Rudolf **Pauly**
Weingut Johannes **Peters**
Weingut Karl O. **Pohl**
Weingut **Reverchon**
Weingut **Rosenhof**
Weingut Walter **Roth**
Weingut **Schmitt-Rodermund**
Weingut **Schunk**
Weingut Albert **Schwaab**
Weingut **Steffen-Prüm**
Weingut Christian **Steinmetz**
Weingut **Thanisch**-Müller-Burggraef
Weingut **Vanelkan**
Kirchenweingut **Wolf**
Weingut Ewald **Zenzen**

Nahe 4.155 ha

Es ist schon erstaunlich, welchen Aufschwung die Weine von der Nahe in den letzten zwei Jahrzehnten genommen haben. Noch in den achtziger Jahren gab es nur eine Handvoll Erzeuger mit guten Qualitäten. Helmut Dönnhoff war dann der Erste, der große Weine erzeugt hat. Heute brauchen die Top-Weine von hier den Vergleich mit keinem anderen deutschen Anbaugebiet zu scheuen, die besten edelsüßen Rieslinge gehören ebenso wie die besten trockenen Jahr für Jahr zur Spitze in Deutschland.

Vielfalt an Böden

Aber gibt es ein klares Profil? Weiß der Verbraucher, was einen Nahewein ausmacht? Es gibt unterschiedliche Böden: Rotliegendes, Lehm, Porphyr, Quarzit, Schiefer, Kies, Löss. Alles auf kleinstem Raum. Am Boden also kann man den Nahewein nicht festmachen. Aber an den Rebsorten: Riesling.

Rebsorten

Aus Riesling werden die besten Naheweine gemacht, auch wenn Riesling erst seit kurzem auf Platz eins der Rebsortenstatistik steht und „nur" ein gutes Viertel der Rebfläche einnimmt. In der Statistik folgen Müller-Thurgau und neuerdings Dornfelder, noch vor Silvaner. Die weißen Burgunder kommen erst weit dahinter, noch abgeschlagener die weiteren roten Sorten. Aber auch hier boomt Rotwein, wie überall in Deutschland, ein Viertel der Rebfläche an der Nahe nehmen inzwischen rote Sorten ein.

Edelsüße Spitzen, trockene Spitzen

Vor allem die edelsüßen Rieslinge einer Handvoll Erzeuger zählen seit einigen Jahren zur deutschen Spitze. 2006 war die Spitze nicht ganz so dicht: Dönnhoff, Emrich-Schönleber und Schäfer-Fröhlich aber gehörten einmal mehr zur deutschen Winzerelite. Auch 2007 hatten sie wieder hervorragende edelsüße Weine erzeugt, ebenso 2008, wenn auch nicht in vergleichbarem Maße. Allerdings: „trocken" wird immer spannender.

Die letzten Jahrgänge

Apropos trocken. Es gibt immer noch renommierte Winzer in der Region, die der Ansicht sind, dass man hervorragende trockene Rieslinge nur in zwei von zehn Jahren erzeugen könne. Das ist Unfug. Werner Schönleber erzeugt Jahr für Jahr hervorragende trockene Rieslinge. Tesch, Kruger-Rumpf und die Hahnmühle haben seit vielen Jahren immer tolle trockene Rieslinge im Programm. Und die trockenen Rieslinge von Helmut Dönnhoff waren noch nie so großartig wie seit 2005. Auch Tim Fröhlich hat einmal mehr eine bärenstarke Kollektion, trocken wie süß. Die Spitzenwinzer der Nahe gehören heute unumstritten zur deutschen Winzerelite. Die Durchschnittsqualitäten aber überzeugen nicht, weder 2006 noch 2007 noch 2008, denn alles waren keine wirklich guten Jahrgänge. Hinter den Spitzen passiert nicht allzu viel, wirkt die Nahe beinahe etwas statisch. Das Weingut von Racknitz ist hier die löbliche Ausnahme, in den vorausgegangenen Jahren hatten Betriebe wie Lindenhof oder Montigny zugelegt.

Die besten Erzeuger

Weltklasse

★★★★★

Weingut Hermann **Dönnhoff**
Weingut **Emrich-Schönleber**
Weingut **Schäfer-Fröhlich**

Hervorragende Erzeuger

★★★★

Weingut Dr. **Crusius**
Weingut **Hahnmühle**
Weingut **Kruger-Rumpf**
Weingut Bgm. Willi **Schweinhardt** Nachf.
Weingut **Tesch**

★★★☆

Schlossgut **Diel**
Weingut **Göttelmann**
Weingut **Korrell** – Johanneshof
Weingut Joh. Bapt. **Schäfer**

Sehr gute Erzeuger

★★★

Wein- und Sektgut Karl-Kurt **Bamberger** & Sohn
Weingut **Lindenhof**
Weingut **Montigny**

★★☆

Weingut Gebr. **Kauer**
Weingut **Poss**
Weingut von **Racknitz** ↑
Weingut Meinolf **Schömehl**

Gute Erzeuger

★★

Weingut Carl **Adelseck**
Staatsweingut **Bad Kreuznach**
Weingut Theo **Enk**
Gutsverwaltung **Niederhausen**-Schloßböckelheim
Weingut **Rohr**
Weingut **Schauß** & Sohn
Weingut Heinrich **Schmidt**
Weingut Jakob **Schneider**
Weingut Rudolf **Sinß**
Weingut Wilhelm **Sitzius**

★☆

Weingut Reinhold **Barth** ↑
Weingut Konrad **Closheim** ↑
Weingut **Edelberg** ↑
Weingut **Emrich-Montigny**
Weingut Werner **Marx**
Weingut **Mathern**
Prinz zu **Salm**-Dalberg'sches Weingut
Weingut Karlheinz **Schneider** & Sohn
Weingut Wolfgang **Schneider**

Zuverlässige Erzeuger

★

Weingut **Alt**
Weingut **Emmerich-Koebernik**
Weingut **Gälweiler**
Weingut **Genheimer-Kilz**
Weingut **Graf-Binzel**
Weingut Johannes **Haas**
Weingut **Hees**
Weingut **Klostermühle** Odernheim
Weingut St. **Meinhard**
Weingut **Rapp**
Sekthof **Siben**
Weingut Karl **Stein**
Weingut Udo **Weber**
Weingut **Welker-Emmerich**
Weingut **Wilhelmy**

Pfalz 23.461 ha

Die Pfalz ist nach Rheinhessen das zweitgrößte deutsche Anbaugebiet mit etwa einem Viertel der gesamten deutschen Rebfläche. In der Pfalz spiegelte sich in den letzten Jahren sehr deutlich der Umbruch wider, der in Deutschland in den Weinbergen stattfand: weg von weißen Sorten und hin zu roten Sorten.

Rebsorten

Mit Ausnahme von Weißburgunder, Grauburgunder und Chardonnay, sowie einiger Spezialitäten wie Rieslaner oder Auxerrois, nehmen alle weißen Sorten im Anbau ab. Alle roten Sorten hatten in den letzten Jahren starke Zuwachsraten, allen voran der Dornfelder. Über 3.000 Hektar Dornfelder gibt es inzwischen in der Pfalz. Damit ist Dornfelder mit fast 14 Prozent nach Riesling (23 Prozent) die meistangebaute Rebsorte. In der Pfalz gibt es inzwischen 39 Prozent rote Sorten in den Weinbergen. Nicht nur Dornfelder, selbst der oft geschmähte Portugieser gewinnt dazu, aber auch Spätburgunder und internationale Sorten wie Cabernet Sauvignon oder Merlot. Recht häufig findet man reinsortige Dunkelfelder (auch barriqueausgebaut) in der Pfalz, eine Sorte, die einst als Deckrotwein eingesetzt wurde. Sehr interessant und beachtenswert ist der Sankt Laurent, einst eine Südpfälzer Spezialität, heute aber auch im Norden der Pfalz, sowie in Rheinhessen und anderen deutschen Anbaugebieten immer häufiger zu finden. Immer öfter findet man auch die Württemberger Spezialität Lemberger.

Weiße Vielfalt

Bei den weißen Sorten führt in der Anbaustatistik Riesling. Es folgen Müller-Thurgau, Kerner, Grauburgunder und Weißburgunder. Bei allen nimmt der Anbau ab. Das betrifft auch andere einst vielangebaute Neuzüchtungen wie Morio-Muskat, Huxelrebe, Bacchus, Optima oder Faberrebe, aber auch den Silvaner. Hingegen versuchen immer mehr Winzer sich mit Weiß- und Grauburgunder, sowie Chardonnay zu profilieren. Als Spezialität immer beliebter ist Auxerrois, und auch der Gelbe Muskateller findet neue Anhänger. Und jeder Winzer in der Pfalz scheint inzwischen Sauvignon Blanc anzubauen!

Leiningerland

Das Leiningerland, der nördlichste Teil der Pfalz, hat bisher noch kein klares Profil. Was kein Nachteil sein muss, im Gegenteil. Es ist eine Chance, nämlich die, sich von der Mittelhaardt abzugrenzen. Ob mit Weiß- oder Rotwein, Riesling oder eher den Burgundersorten, wird die Zukunft zeigen. Wobei vieles für Riesling spricht, die Weine werden immer spannender. Und für Rotwein natürlich.

Mittelhaardt

Die Weine der Mittelhaardt waren lange Zeit für das Renommee der ganzen Region Pfalz maßgeblich. Von Herxheim über Kallstadt nach Bad Dürkheim und dann weiter über Wachenheim, Forst, Deidesheim und Ruppertsberg bis nach Bad Neustadt reihen sich weltberühmte Weinorte und Lagen aneinander. Die Mittelhaardt und die Weingüter hier stehen für Riesling. Viele der renommierten Betriebe waren Anfang der neunziger Jahre nur noch ein Schatten ihrer selbst. Dann setzten sie konsequent auf Qualität und seither produzierten sie wieder Weine, die zu den besten in der Pfalz gehören.

Südpfalz

In der Südpfalz geht es seit mehr als einem Jahrzehnt stetig bergauf. Früher haben die meisten Winzer in der Südpfalz vom Fassweinverkauf gelebt. Inzwischen aber kommen Jahr für Jahr mehr Spitzenweine aus diesem Teil der Pfalz. Jedes Jahr gibt es mehr bemerkenswerte Weißburgunder und Grauburgunder, Spätburgunder und Chardonnay, aber auch Rieslinge. Neben den genannten Sorten gibt es als Spezialitäten – das Elsass lässt grüßen – Muskateller, Gewürztraminer und Auxerrois.

Die letzten Jahrgänge

Die Pfalz hatte es nicht leicht in den letzten Jahren. 2006 war ein äußerst schwieriges Jahr, man fand aber Spitzenweine, beim Riesling, beim Weißburgunder, auch bei anderen Rebsorten. Die Durchschnittsqualitäten allerdings waren schwach. Auch 2006 gab es hervorragende Spätburgunder in der Pfalz, was aber den Winzern zu verdanken ist, nicht dem Jahrgang: Knipser, Kuhn, Bernhart und Schumacher führen die Pfälzer Pinot Noir-Fraktion an. Weißburgunder und Riesling waren 2007 in der Spitze stark: Bernd Philippi mit seinem gewohnt eigenständigen Stil, Knipser, Buhl, Bassermann-Jordan, Christmann, Kuhn, Wehrheim, Rebholz.

Jahrgang 2008

2008 stellt einmal mehr nur in der Spitze zufrieden. Wie schon im Vorjahr mussten wir uns von einigen seit langem von uns empfohlenen Weingütern verabschieden. Die Spitze aber macht Freude. Rebholz ist ganz stark, mit Riesling, Weißburgunder und Chardonnay, Christmann hat eine stimmige, hochklassige Kollektion, die Knipsers und Bernd Philippi faszinieren immer, Siegrist ist stark, Schumacher, Pfleger mit seinen Barriqueweinen, Becker und Kuhn, Bassermann-Jordan und Buhl, Deinhard/von Winning ist im Kommen, die Reihe ließe sich fortsetzen.

Die besten Erzeuger

Weltklasse

★★★★★

Weingut **Knipser**
Weingut **Koehler-Ruprecht**

★★★★☆

Weingut Reichsrat von **Buhl**
Weingut **Christmann**
Weingut Philipp **Kuhn**
Weingut Georg **Mosbacher**
Weingut Ökonomierat **Rebholz**
Weingut **Schumacher**
Weingut Dr. **Wehrheim**

Hervorragende Erzeuger

★★★★

Weingut Geh. Rat Dr. v. **Bassermann-Jordan**
Weingut Friedrich **Becker**
Weingut **Bergdolt** St. Lamprecht
Wein- und Sektgut **Bernhart**
Weingut Herbert **Meßmer**
Weingut Theo **Minges**
Weingut **Müller-Catoir**
Weingut **Pfeffingen** – Fuhrmann-Eymael
Weingut Jakob **Pfleger**
Weingut **Schneider**
Weingut **Siegrist**

★★★☆

Weingut **Gies-Düppel**
Weingut Frank **John** Hirschhorner Hof ↑
Weingut **Münzberg**
Weinhof **Scheu**
Weingut Heiner **Sauer**
Weingut Heinrich **Spindler**

Sehr gute Erzeuger

★★★

Sektkellerei **Andres & Mugler**
Weingut Dr. **Bürklin-Wolf**
Weingut **Corbet**
Weingut Dr. **Deinhard** / von Winning ↑
Weingut Familie **Gnägy**
Weingut **Jülg**
Weingut Jürgen **Leiner**
Weingut **Lergenmüller**
Weingut **Lucashof**
Weingut **Petri**
Weingut Karl **Pfaffmann**
Weingut **Pfirmann** ↑
Weingut Egon **Schmitt**
Weingut **Siener**
Weingut **Wageck-Pfaffmann**
Weingut Karl **Wegner** & Sohn

★★☆

Weingut **Benderhof**
Weingut **Brenneis-Koch**
Weingut **Eymann**
Weingut **Fader** – Kastanienhof
Weingut Matthias **Gaul**, St. Stephanshof
Weingut **Gehrig**
Wein- und Sektgut **Immengarten Hof**
Benzinger – Weingut im **Leiningerhof**
Weingut Eugen **Müller**
Weingut Ludi **Neiss**
Weingut **Rings**
Weingut **St. Annaberg**
Sekt- und Weingut **Winterling** ↑
Weingut **Zelt** ↑
Weingut Emil **Zimmermann** ↑

Gute Erzeuger

★★

Weingut **Ackermann**
Weingut Michael **Andres**
Weingut Josef **Biffar**
Weingut **Borell-Diehl**
Weingut **Dengler-Seyler**
Wein- und Sektgut-Destillerie **Diehl**
Weingut **Fitz-Ritter**
Weingut Karl-Heinz **Gaul**
Wein- und Sektgut **HolzWeisbrodt**
Weingut **Jesuitenhof**
Weingut Gerhard **Klein**
Wein- und Sektgut Bernhard **Koch**
Weingut Familie **Kranz**
Weingut **Krieger**
Weingut **Langenwalter**
Weingut **Manderschied**
Weingut Georg **Naegele**
Weingut Castel **Peter**
Weingut Klaus & Susanne **Rummel**
Weingut **Scholler**
Weingut Gerhard **Schwarztrauber**
Weingut **Siener**, Dr. Wettstein
Weingut Erich **Stachel**
Weingut Jürgen **Stentz**
Weingut Wolfgang **Stern**
Weingut **Weik**
Weingut Pirmin **Wilhelm**
Weingut **Wilhelmshof**
Weingut J.L. **Wolf**
Weingut Oliver **Zeter** ↑

★☆

Weingut Gerhard **Beck**
Weingut Fred **Becker**
Weingut Christian **Heußler**
Weingut **Hollerith**
Weingut **Horcher** ↑
Weingut **Janson Bernhard**
Weingut Ernst **Karst** & Sohn
Weingut Jul. Ferd. **Kimich**
Weingut Rudi **Möwes**
Weingut **Nauerth**
Fritz **Völcker'sche** Gutsverwaltung
Weingut Eugen **Wambsganß**
Weingut **Wilker**

Zuverlässige Erzeuger

★

Weingut Werner **Anselmann**
Weingut Peter **Argus**
Weingut **Bärenhof**
Weingut Gebrüder **Bart**
Weingut Karlheinz **Becker**
Wein- und Sektgut **Bergdolt-Reif & Nett**
Weingut **Bohnenstiel**
Christmann Wein
Weingut **Dicker** – Achim Doll
Weingut **Dietrich**
Weingut **Fippinger-Wick**
Sektkellerei **Fitz**
Weingut Winfried **Frey** & Söhne
Weingut **Gabel-Eger**
Weingut Peter **Graeber**
Weingut Otmar **Graf**
Weingut Bernd **Grimm**
Weingut Bruno **Grimm** & Sohn
Weingut Lothar **Hagenbuch**
Weingut Alfons **Hormuth**
Weingut **Isegrim-Hof**
Weingut **Kaiserberghof**
Weingut **Kaßner-Simon**
Weingut Karl-Heinz **Kaub**
Weingut **Kirchner**
Wein- u. Sektgut **Kissel**
Weingut Alfred **Knauff** Erben
Weingut Dr. **Kopf**
Weingut Lukas **Krauß**
Weingut **Krebs**
Bioland Weingut Stefan **Kuntz**
Weingut Bruno **Leiner**
Weingut **Lidy**
Wein- und Sektgut **Marienfelder Hof**
Wein- und Sektgut **Meyer**
Weingut **Meyer** & Sohn
Weingut Fritz u. Andreas **Müller**
Weingut Herbert **Müller** Erben
Weingut Hubert **Müller**
Weingut **Müller-Ruprecht**
Weingut Johann F. **Ohler**
Weingut Rolf + Tina **Pfaffmann**
Weingut Theobald **Pfaffmann**
Weingut **Pflüger**
Weingut **Porzelt**
Weingut **Rössler-Schneider**
Weingut M. **Schädler**
Weingut Karl **Schaefer**
Weingut **Schäffer** (Schloss Geispitz)
Weingut **Schäffer & Zeter**
Weingut Martin **Schwab**
Weingut Dominik **Sona**
Weingut **Sonnenberg**
Weingut **Stortz-Nicolaus**
Weingut **Theodorus**
Wein- und Sektgut **Wendel**
Wein- und Sektgut **Wind-Rabold**
Weingut **Wöhrle**
Weingut **Wolf**
Weingut August **Ziegler**

Rheingau 3.125 ha

Denkt man an das Rheingau, fallen einem nur zwei Rebsorten ein: Riesling und Spätburgunder. Mit 79 bzw. 12 Prozent Anteil dominieren sie die Weinberge. Neben Riesling und Spätburgunder bringt es allein der Müller-Thurgau auf mehr als ein Prozent der Rheingauer Rebfläche. Immer häufiger angepflanzt wird derzeit Weißburgunder.

Erstes Gewächs: Trend zur Restsüße

Im letzten Jahrzehnt hat man im Rheingau am meisten mit edelsüßem Riesling von sich reden gemacht. Und mit dem Begriff „Erstes Gewächs". Bei dem sich ebenfalls der Rheingauer Trend hin zu mehr Süße zeigt. Denn in der Praxis handelt es sich bei den Ersten Gewächsen meistens um – nach bisherigem Verständnis – halbtrockene Weine. Oft weisen diese vorgeblich „trockenen" Weine ganz deutlich edelsüßen Charakter auf. 2006 gab es grandiose Spitzen, trocken wie edelsüß, aber auch viele einfache Weine, die keinerlei Spaß machten. Ähnlich ist das Bild auch 2007: Faszinierende Spitzen-Rieslinge, trocken wie edelsüß, aber auch viel Banales.

Spitzenwinzer Jahr für Jahr auf hohem Niveau

Peter Jakob Kühn erzeugt seit einigen Jahren sowohl trockene als auch edelsüße Spitzenweine, Weine mit Charakter. Wilhelm Weil bietet großartige Leistungen, trocken und edelsüß. Auch Breuer präsentiert immer wieder hervorragende trockene und edelsüße Weine. Leitz ist immer Spitze, ebenso Querbach, auch Schloss Johannisberg, Langwerth von Simmern und Spreitzer sind zuverlässig stark.

Jahrgang 2008

Im Rheingau ist der Jahrgang 2008 alles andere als begeisternd ausgefallen. Vor allem die Basisweine lassen zu wünschen übrig – egal, ob es sich um Riesling, um Weißburgunder oder um Sauvignon blanc handelt. Grüne Noten sind zwar die Ausnahme, aber oft fehlt den Weinen einfach Substanz, sie wirken säuerlich-harmlos, und selbst viele namhafte Betriebe sind von dieser Problematik nicht verschont geblieben. Auf der anderen Seite stehen komplexe, rassige Erste Gewächse und einige vergleichbare Spitzen, die in einigen Fällen sogar eleganter, finessenreicher und spannender wirken als in den Jahrgängen 2007 und 2006.

Die besten Erzeuger

Weltklasse

★★★★★

Weingut Georg **Breuer**
Weingut Peter Jakob **Kühn**
Weingut Josef **Leitz**
Weingut Robert **Weil**

★★★★☆

Weingut **Querbach**

Hervorragende Erzeuger

★★★★

Weingut Joachim **Flick**
Weinbaudomäne Schloss **Johannisberg**
Weingut Freiherr **Langwerth** von Simmern
Weingut **Prinz**
Domänenweingut Schloss **Schönborn**
Weingut Josef **Spreitzer**

★★★☆

Weingut Jakob **Jung**

Sehr gute Erzeuger

★★★

Wein- und Sektgut **Barth**
Weingut Carl **Ehrhard**
Weingut August **Eser**
Weingut Emmerich **Himmel**
Weingut **Johannishof**
Weingut Graf von **Kanitz**
Weingut August **Kesseler**
Weingut Robert **König**
Weingut Hans **Lang**
Geheimrat J. **Wegeler** Erben

★★☆

Weinbau J.B. **Becker**
Weingut Dr. **Corvers-Kauter**
Diefenhardt'sches Weingut
Weingut J. **Kögler**
Weingut Franz **Künstler**
Weingut Wilhelm **Mohr** Erben
Weingut Heinz **Nikolai**
Schloss **Reinhartshausen**
Wein- und Sektgut F.B. **Schönleber**
Domdechant **Werner'sches** Weingut

Gute Erzeuger

★★

Domaine **Assmannshausen**
Weingut **Bott**
Staatsweingüter Kloster **Eberbach**
Weingut Friedr. **Fendel** Erben
Weingut Alexander **Freimuth**
Weingut **George**
Weingut Stefan **Gerhard**
Weingut Prinz von **Hessen**
Weingut **Krone** ◆
Weingut Paul **Laquai**
Weingut G.H. von **Mumm**
Weingut Johannes **Ohlig**
Weingut Karl **Ottes**
Weingut Balthasar **Ress**
Weingut W. J. **Schäfer**
Weingut **Schamari-Mühle**
Sektmanufaktur Schloss **Vaux**
Weingut Schloss **Vollrads**

★☆

Weingut **Altenkirch**
Weingut Stefan **Breuer**
Weingut **Egert**
Weinhof **Goldatzel**
Weingut Josef **Hirschmann**
Klosterweingut Abtei **St. Hildegard**
Weingut **Sohns**
das **weinwerk**

Zuverlässige Erzeuger

★

Weingut Manfred **Bickelmaier**
Weingut Karlo **Dillmann**
Weingut H.T. **Eser** ◆
Garage Winery
Weingut **Mehl**
Weingut Karl-Joh. **Molitor**
Weingut Georg-**Müller**-Stiftung
Weingut **Rebenhof**
Weingut Fritz **Rothenbach**
Weingut Ernst-Peter **Schilling**
Sekthaus **Solter** ◆
Weingut **Speicher-Schuth** ◆
Weingut **Trenz** ◆

Rheinhessen 26.444 ha

Der schlafende Riese ist erwacht. Rheinhessen ist das größte deutsche Anbaugebiet mit über einem Viertel der gesamten deutschen Rebfläche. Viele Jahre als Fassweinlieferant verschrien (auch heute verkaufen viele Winzer ihre Weine noch als Fassware), hat sich in den letzten Jahren ein dramatischer Wandel – hin zu mehr Qualität – in Rheinhessen vollzogen. Der Anstoß dazu ging aber nicht von den wenigen etablierten Winzern an der Rheinfront aus, sondern von vordem unbekannten Winzern und Gemeinden im rheinhessischen „Niemandsland".

Selbstbewusstein

Zwei Faktoren scheinen maßgeblich für diesen erfolgreichen Wandel. Einmal der Erfolg von Klaus Keller in Flörsheim-Dalsheim, der vielen Winzern gezeigt hat, dass rheinhessischer Wein in Deutschland Spitze sein kann, Wittmann und andere bestätigen dies. Wichtig war aber auch die Initiative der „Selection Rheinhessen": Die Winzer haben gesehen und geschmeckt, dass man bei Ertragsbeschränkung bessere Weine machen kann. Und sie haben gemerkt, dass man diese bessere Qualität auch besser bezahlt bekommt.

Restrukturierung der Weinberge

Der Wandel in Rheinhessen hat sich auch in den Weinbergen vollzogen. Hier, wie in anderen deutschen Regionen auch, hat man in den letzten Jahren begonnen, viele der Neuzüchtungen wieder nach und nach aus den Rebgärten zu eliminieren. Der Trend zu internationalen Sorten und Rotweinsorten brachte neue Rebsorten ins Land. In den nächsten Jahren werden sicherlich innerhalb Rheinhessens einzelne Regionen sich mit speziellen Weintypen und/oder Rebsorten stärker profilieren.

Rebsorten

Wichtigste Rebsorte mit einem Anteil von 16 Prozent ist Müller-Thurgau, aber den zweiten Platz nimmt mittlerweile Riesling ein mit 14 Prozent, der Dornfelder (13 Prozent) überholt hat. Dornfelder boomte in Rheinhessen wie nirgendwo in Deutschland. Der Boom ist vorbei, und das ist gut so. Der Silvaneranbau ist weiter zurückgegangen, nur noch 9,3 Prozent der Fläche nimmt die einst in Rheinhessen so populäre Rebsorte ein. Auf den nächsten Plätzen folgen Portugieser, Spätburgunder, Kerner, Grauburgunder (legt kräftig zu!) und Scheurebe. Hinzu kommen Huxelrebe, die fast schon etwas wie eine rheinhessische Spezialität geworden ist, Faberrebe, Bacchus und immer öfter auch Weißburgunder. Chardonnay, Gewürztraminer, Riesling und die Burgundersorten legen zu, alle anderen weißen Sorten nehmen im Anbau ab. Anders die roten Sorten, die alle, teils dramatisch, zulegen. Stärker noch als Dornfelder haben Regent und St. Laurent zugelegt. Immer häufiger findet man auch Frühburgunder, Cabernet Sauvignon und Merlot. Die Rotweinfläche in Rheinhessen hat sich in den letzten zehn Jahren mehr als verdoppelt, der Anteil an der gesamten Rebfläche beträgt heute 32 Prozent.

Junge Talente

Bei der Vielzahl von fast 3000 Erzeugern, die in Rheinhessen selbst Wein vermarkten, ist es nicht einfach, alle interessanten Winzer zu finden. Wie schon in den Vorjahren hatten wir Weine von recht vielen uns zuvor nicht bekannten Winzern probiert. Und wie in den vergangenen Jahren war dies nicht immer eine Freude. Aber wir fanden doch auch wieder einige schöne Überraschungen darunter, Weingüter mit zuverlässigen und in der Regel sehr preiswerten Weinen. Man kann gar nicht oft genug darauf hinweisen: Eine Vielzahl junger Talente wächst in der Region heran.

Stabile Spitze

An der Spitze in Rheinhessen: Klaus Peter Keller und Philipp Wittmann. Wagner-Stempel ist in den vergangenen Jahren stetig besser geworden hat wie schon im Vorjahr auch eine tolle Kollektion. Dahinter etablieren sich Kühling-Gillot & Battenfeld-Spanier und viele mehr.

Die besten Erzeuger

Weltklasse

★★★★★

Weingut Klaus **Keller**
Weingut **Wittmann**

★★★★☆

Weingut **Wagner-Stempel**

Hervorragende Erzeuger

★★★★

Weingut **Battenfeld-Spanier** ↑
Weingut Destillerie **Gutzler**
Weingut **Kühling-Gillot**
Weingut **Manz**
Sekthaus **Raumland** ↑
Weingut **St. Antony**

★★★☆

Weingut Adolf **Schembs** Erben
Weingut Arndt F. **Werner**

Sehr gute Erzeuger

★★★

Weingut **Becker-Landgraf** ↑
Weingut **Bischel** ↑
Weingut Kurt & Karin **Dautermann**
Weingut Frieder **Dreißigacker**
Geil's Sekt- und Weingut
Weingut K. F. **Groebe**
Weingut Eckehart **Gröhl**
Weingut Heinrich **Groh**
Weingut **Gunderloch**
Weingut Freiherr **Heyl zu Herrnsheim**
Wein- und Sektgut **Hofmann**
Weingut Karlheinz **Keller**
Weingut Georg Jakob + Matthias **Keth**
Weingut **Kissinger**
Weingut Klaus **Knobloch**
Weingut **Landgraf**
Weingut **Michel-Pfannebecker**
Weingut Karl-Hermann **Milch**
Weingut **Riffel**
Weingut **Seehof**, Ernst Fauth
Weingut **Spiess**, Riederbacherhof
Weingut **Stallmann-Hiestand**
Weingut Eckhard **Weitzel**
Weingut **Winter**

★★☆

Weingut **Gysler** ↑
Weingut **Hedesheimer Hof**
Weingut **Peth-Wetz**
Weingut **Sander** ↑
Weingut **Steitz** ↑

Gute Erzeuger

★★

Weingut Brüder Dr. **Becker**
Weingut **Burgunderhof**
Weingut Jean **Buscher**
Weingut Kurt **Erbeldinger** und Sohn
Weingut **Fleischer** & Weingut der Stadt Mainz
Weingut **Fogt**
Weingut **Gallé**
Weingut Johann **Geil** I Erben
Weingut **Göhring**
Weingut **Goldschmidt**
Weingut **Gres**
Weingut **Hirschhof**
Weingut Georg Gustav **Huff**
Wein- und Sektgut Axel **Kreichgauer**
Weingut **Liebenauer Hof**
Weingut **Liebfrauenstift**
Weingut **Meiser**
Weingut **Neef-Emmich**
Weingut **Posthof** - Doll & Göth
Weingut **Raddeck**
Weingut **Scherner-Kleinhanss**
Weingut Lothar **Schneider** & Tochter ↑
Weingut Eugen **Schönhals**
Weingut Heinrich **Seebrich**
Weingut **Strohm**
Weingut Dirk **Wendel**
Weingut Hans **Wernersbach**
Weingut Schloss **Westerhaus**

★☆

Weingut J. **Bettenheimer** ↑
Weingut **Espenhof** ↑
Weingut **Hess**
Weingut **Hiestand**
Weingut **Julius**
Weingut **Lorch** - Westerheymer Hof
Bioweingut **Lorenz**
Weingut J. **Mett**
Cisterzienser Weingut **Michel**
Weingut Axel **Müller** ↑
Weingut **Rollanderhof**
Weingut **Schales**
Weingut Gerold **Spies**
Weingut **Wagner**
Weingut **Weedenbornhof**

Zuverlässige Erzeuger

★

Weingut **Achenbach**
Weingut **Ahnenhof** Hermann Müller Erben
Weingut **Bäder**
Weingut **Becker**
Weingut **Beiser**
Weingut **Blümel**
Weingut Dr. **Booß**
Weingut **Braunewell**
Brenner'sches Weingut
Weingut Ernst **Bretz**
Marcus **Clauß** Weinkollektion
Weingut **Diel**
Weingut Udo & Timo **Eppelmann**
Weingut **Fischborn-Schenk**
Weingut **Gehring**
Weingut Helmut **Geil**
Weingut **Groebe** am Bergkloster
Weingut Louis **Guntrum**
Weingut **Hauck**
Weingut Franz-Josef **Heinz**
Weingut Frank **Hemmes**
Weingut Dr. **Heyden**
Weingut Fritz Ekkehard **Huff**
Weingut **Huff-Doll**
Huster Ökologischer Weinbau
Weingut Georg **Jung**
Weingut **Kapellenhof**
Weingut **Klieber**
Weingut **Koehler**
Weingut Dr. **Koehler**
Weingut **Kronenhof**
Weingut **Kühling**
Weingut **Lamberth**
Weingut **Leonhard**
Weingut **Machmer**
Weingut **Martinshof**
Weingut **Marx**
Weingut **Merl**
Weingut Hans **Metzler**
Weingut **Müller-Dr. Becker**
Staatliche Weinbaudomäne **Oppenheim**
Weingut Andreas U. Heinfried **Peth**
Weingut **Roll**
Weingut **Schätzel**
Weingut **Schick**
Schlossgut **Schmitt**
Weingut Georg Albrecht **Schneider**
Weingut **Schoeneck-Schnell**
Weingut Dr. **Schreiber**
Weingut **Schweickardt**
Weingut **Scultetus-Brüssel**
Weingut **Singer-Fischer**
Weingut **Sommer**
Weingut **Spohr**
Winzerhof **Thörle**
Weingut Julius **Wasem** & Söhne
Weingut Klaus **Wendel**
Weingut Wilfried **Weinbach**

Saale-Unstrut 685 ha

Weinbau ist urkundlich seit dem 10. Jahrhundert in der Region belegt. Mit der Gründung des Klosters Pforta 1138 wurde der Weinanbau forciert, die erste Weinlage der Mönche, der Pfortenser Köppelberg, ist seit 1154 urkundlich belegt.

Weinbau an Saale und Unstrut

Die meisten Weinberge im Weinbaugebiet Saale-Unstrut liegen in den Tälern der beiden gleichnamigen Flüsse. Daneben gibt es noch nennenswerten Weinbau an den Mansfelder Seen (dem Süßen See, sowie den kleineren Bruder- und Kernersee, zwischen Halle und Lutherstadt Eisleben). Das Gros der Weinberge liegt im Bundesland Sachsen-Anhalt, aber auch die bisher 66 Hektar Weinberge in Thüringen, wo ebenfalls seit tausend Jahren Wein angebaut wird, gehören zum Anbaugebiet Saale-Unstrut. Die wichtigsten Weinbauorte sind Naumburg und Freyburg.

Klima und Böden

Die Region besitzt ein eher kontinental geprägtes Klima mit kalten Wintern und recht warmen Sommern. Die Böden an Saale und Unstrut bestehen häufig aus Muschelkalk, teils auch aus Buntsandstein. Im Bereich der Mansfelder Seen wachsen die Reben auf Kupferschiefer.

Drei Dutzend Selbstvermarkter

Die Rebfläche hat sich in den letzten Jahren stetig erweitert, neue Weingüter wurden gegründet. Das Weingut Schloss Proschwitz aus Sachsen hat in Kromsdorf bei Weimar neue Weinberge angelegt in der historischen Lage Weimarer Poetenweg, wo der Boden aus Muschelkalk und Lössmergel besteht. Die Mitglieder der Freyburger Genossenschaft bewirtschaften mehr als die Hälfte der gesamten Rebfläche. Dazu gibt es etwa drei Dutzend selbstvermarktende Betriebe. Absatzprobleme gibt es nicht, folglich sind die Preise auch für sehr einfache Weine recht hoch. Was aber sicherlich eine gute Ausgangsposition für neugegründete Weingüter ist und die Chance bietet, sich über Qualität zu profilieren. Viele der kleinen privaten Betriebe haben erst in den letzten Jahren ihre ersten Weine auf den Markt gebracht.

Rebsorten

Die Rebfläche im Anbaugebiet Saale-Unstrut nimmt stetig zu, hat sich seit 1990 nahezu verdoppelt. Wichtigste Rebsorte ist Müller-Thurgau, gefolgt von Weißburgunder und Silvaner. Während aber Müller-Thurgau und Weißburgunder zulegen, nimmt der Anteil des Silvaners ab. Dazu gibt es vor allem noch Riesling, Bacchus, Kerner, Grauburgunder, Gutedel und Traminer. An roten Sorten, die auf 26 Prozent der Fläche angebaut werden, gibt es insbesondere Portugieser (Portugieser war noch vor 30 Jahren quasi die einzige angebaute rote Rebsorte), Dornfelder, Spätburgunder, Regent, Zweigelt und Lemberger. Die Erträge im Anbaugebiet Saale-Unstrut sind auf Grund des Kontinentalklimas mit oft strengen Frösten recht starken Schwankungen unterworfen. Die Weine werden überwiegend trocken ausgebaut.

Jahrgänge

Die Jahrgänge an Saale und Unstrut unterliegen quantitativ großen Schwankungen. 2008 war ein Jahr mit hohen Erträgen, aber guter Qualität. 2009 werden die Erträge aufgrund von Frostschäden deutlich niedriger sein. Große Rotweine waren bisher nur in warmen Jahren wie 2000, 2003 oder 2006 möglich.

Die besten Erzeuger

Gute Erzeuger

★★

Winzerhof **Gussek**
Weingut **Pawis**

Zuverlässige Erzeuger

★

Weingut Klaus **Böhme**
Winzervereinigung **Freyburg**
Weingut **Fröhlich-Hake**
Weingut **Herzer**
Weingut U. **Lützkendorf**
Landesweingut Kloster **Pforta**
Thüringer Weingut Bad Sulza
Thüringer Weingut **Zahn**

Sachsen 462 ha

Weinbau in Sachsen wurde urkundlich erstmals 1161 erwähnt. Im ausgehenden Mittelalter waren etwa 4.000 Hektar mit Reben bepflanzt, 1840 gab es noch 1636 Hektar Reben, doch nach dem Reblausbefall 1888 ging die Rebfläche dramatisch zurück, so dass es nach dem Zweiten Weltkrieg nur noch ganze 60 Hektar Reben in Sachsen gab. Seit den Fünfziger Jahren aber haben Nebenerwerbswinzer dafür gesorgt, dass die Rebfläche nach und nach bis auf die heutige Größe anwuchs.

Kontinentalklima

Das Haupt-Weinanbaugebiet in Sachsen liegt entlang der Elbe, flussabwärts von Pirna bis Diesbar. Die wichtigsten Weinbauzentren sind Radebeul (mit den Einzellagen Johannisberg, Goldener Wagen und Steinrücken) und Meißen (Einzellagen Kapitelberg, Ratsweinberg, Rosengründchen und Klausenberg, dazu Schloss Proschwitz und Proschwitzer Katzensprung). Daneben gibt es kleinere Weinbauflächen an der Schwarzen Elster (bei Jessen, Kleindröben im Bundesland Sachsen-Anhalt und bei Schlieben im Bundesland Brandenburg), die weinbaupolitisch zur Region Sachsen zählen, ebenso wie weitere neu angelegte Flächen in Brandenburg (Luckau, Ortrand, Neuzelle, Schenkendöbern). Sachsen besitzt ein Kontinentalklima mit kalten Wintern und der Gefahr von Frühjahrsfrösten, aber recht heißen Sommern mit warmen Tagen und kühlen Nächten.

Unterschiedliche Böden

Das Elbtal ist geprägt von einer Vielzahl unterschiedlicher geologischer Formationen. Hauptsächlich herrschen Granit-Syenit-Verwitterungsböden vor, aber man findet auch Sandstein, Löss, verschiedene Tonarten und Flusssand. Der größte Teil der Weinberge wird von Nebenerwerbswinzern bewirtschaftet, die in der Winzergenossenschaft Meißen zusammengeschlossen sind. Gut die Hälfte der Weinberge befindet sich in Hang- und Steillagen, wo die Weinberge oft in Terrassen angelegt sind.

Rebsorten

Die wichtigsten Rebsorten sind Müller-Thurgau, Riesling und Weißburgunder. Es folgen an weißen Sorten Grauburgunder, Traminer, Kerner, Goldriesling, Scheurebe, Bacchus, Elbling, Solaris und Gutedel, etwas Kernling und Morio-Muskat. Aber auch rote Sorten (19 Prozent der Fläche) findet man immer häufiger, allen voran Spätburgunder und Dornfelder, aber auch Regent, Frühburgunder, Portugieser, Domina, Dunkelfelder und Schwarzriesling. Es zeichnet sich ein Trend ab hin zu den Burgundersorten. Die Weine werden überwiegend trocken ausgebaut. Absatzprobleme gibt es keine, und so ist es nicht verwunderlich, dass man für sächsischen Wein hohe Preise zahlen muss und man ihn selten außerhalb der Region findet. Drei große Betriebe zeichnen zusammen für drei Viertel allen sächsischen Weins verantwortlich: Die Sächsische Winzergenossenschaft in Meißen, das Sächsische Staatsweingut Schloss Wackerbarth und Schloss Proschwitz.

Jahrgänge

Die letzten Jahrgänge in Sachsen waren ordentliche bis gute Jahrgänge, keine wirklich sehr guten. 2008 war die Ernte von Niederschlägen geprägt, die Qualität ist aber zufriedenstellend.

Die besten Erzeuger

Gute Erzeuger

★★

Weingut Schloss **Proschwitz** – Prinz zur Lippe
Weingut Vincenz **Richter**
Weinbau Martin **Schwarz**
Weingut Schloss **Wackerbarth**
Weingut Klaus **Zimmerling**

Zuverlässige Erzeuger

★

Weingut **Drei Herren**

Württemberg 11.511 ha

Württemberg ist der Fläche nach das viertgrößte deutsche Weinbaugebiet. Hier werden drei Viertel der Ernte über Genossenschaften vermarktet. Neben der Ahr ist Württemberg das einzige deutsche Anbaugebiet, in dem mehr rote als weiße Trauben angebaut werden, 71 Prozent. Wichtigste rote Rebsorte und Württemberger Spezialität ist der Trollinger, der 21 Prozent der Fläche einnimmt. Weitere bedeutende Rotweinsorten sind Lemberger (in Österreich Blaufränkisch genannt), Schwarzriesling (der „Pinot Meunier" der Champagne) und Spätburgunder. Hinzu kommen Spezialitäten wie Samtrot, Clevner oder Muskattrollinger. Vor allem im Remstal findet man immer häufiger auch Zweigelt und Merlot.

Weißwein: Riesling dominiert

Bei den weißen Sorten dominiert der Riesling, der 18 Prozent der gesamten Rebfläche einnimmt, aber in den letzten Jahren etwas an Boden verloren hat. Hinzu kommen, mit weitem Abstand, Kerner, Müller-Thurgau und Silvaner. In letzter Zeit findet man auch immer häufiger Weiß- und Grauburgunder, sowie Chardonnay. Auch Sauvignon Blanc wird inzwischen von einigen Weingütern angebaut, vor allem im Remstal. Während alle roten Sorten zulegen, nimmt der Anteil der meisten weißen Sorten ab.

Furore mit Rotwein

Vor allem mit ihren Rotweinen haben Württemberger Winzer in den vergangenen Jahren für Furore gesorgt. Mit Spätburgunder und Lemberger, mehr noch aber mit Cuvées. Dazu kristallisieren sich Zweigelt und Merlot immer mehr als interessante Spezialitäten heraus. Bei den Weißweinen haben Württemberger Rieslinge es schwer. Nicht wegen ihrer Qualität, sondern vor allem deshalb, weil sie nicht dem von Rhein und Mosel geprägten Geschmacksbild entsprechen. Außerhalb Württembergs wenig bekannt sind edelsüße Weine aus Württemberg, die immer wieder ganz hervorragend ausfallen.

Starkes Remstal

Vor allem im Remstal haben die Winzer in den letzten Jahren stark zugelegt. Hans Haidle in Stetten, Gert Aldinger, Rainer Schnaitmann und Markus Heid in Fellbach, Albrecht Schwegler in Korb und Jürgen Ellwanger in Winterbach gehören zur Elite in Württemberg. Weitere rücken nach wie Beurer, oder bieten seit Jahren gutes Niveau wie Medinger, Klopfer, Siglinger, Kuhnle, Zimmerle und Bader. Alle aus dem Remstal. Im „Rest"-Württemberg tut Ernst Dautel sich einmal mehr hervor, ebenso Graf Adelmann und Rainer Wachtstetter, Hans Hengerer, Fritz Funk und das Weingut Herzog zu Württemberg haben zugelegt.

Die letzten Jahrgänge

2006 war ein ordentliches Jahr, nur die Basisqualitäten waren oft etwas schwächer als gewohnt. Die Spitzenweine überzeugten, wie auch 2007, das sicher etwas einfachere Jahr. 2005 war wie schon 2004 ein sehr guter Rotweinjahrgang in Württemberg. 2006 ist weniger gleichmäßig, in der Spitze aber gibt es faszinierende Weine. 2008 ist ein gutes Weißweinjahr, sowie 2007 dem Weinfreund viele sehr gute Württemberger beschert, Cuvées, aber auch Lemberger, Zweigelt und Spätburgunder.

Die besten Erzeuger

Weltklasse

★★★★☆

Weingut Gerhard **Aldinger**
Weingut **Dautel**
Weingut Karl **Haidle**, Inh. H. Haidle
Weingut Rainer **Schnaitmann**

Hervorragende Erzeuger

★★★★

Weingut Jürgen **Ellwanger**
Weingut **Heid**

★★★☆

Weingut Graf **Adelmann**
Weingut Fürst zu **Hohenlohe-Öhringen**
Weingut **Kistenmacher-Hengerer** ↑
Weingut Albrecht **Schwegler**
Weingut **Wachtstetter**
Staatsweingut **Weinsberg**
Weingut **Zimmerle**

Sehr gute Erzeuger

★★★

Weingut **Beurer**
Weingut **Drautz-Able**
Weingut Bernhard **Ellwanger**
Weingut Fritz **Funk** ↑
Schlossgut **Hohenbeilstein**
Weingut Wolfgang **Klopfer**
Weingut **Kuhnle**
Weingut **Medinger**
Weinmanufaktur **Untertürkheim**
Weingut Herzog von **Württemberg** ↑

★★☆

Weingut G.A. **Heinrich**
Weingut **Kusterer**
Weingut **Sonnenhof**, Bezner-Fischer

Gute Erzeuger

★★

Weingut **Amalienhof** – Gerhard Strecker
Weingut H. **Bader**
Weingut Robert **Bauer** ◆
Weingut **Baumgärtner**
Weingut Graf v. **Bentzel-Sturmfeder**
Weingärtner **Bad Cannstatt**
Weingut **Birkert**
Weingut Fritz **Currle**
Fellbacher Weingärtner ↑
Weingut **Leiss**
Weingut des Grafen **Neipperg**
Weingut **Sankt Annagarten**
Weingut **Schäfer-Heinrich**
Weingut Michael **Schiefer**
Weingut **Siglinger**
Weingut **Ungerer**
Weingut **Zipf**

★☆

Weingut **Albrecht-Gurrath**
Weinhaus Helmut **Dolde** ↑
Weingut **Doreas**
Weingut **Forsthof**
Weingut Frank J. **Haller** ↑
Weingut „Wo der **Hahn** kräht"
Weingut Schloss **Lehrensteinsfeld**
Privatkellerei Weinbau Rolf **Willy**
Weingut Walter **Zimmer**

Zuverlässige Erzeuger

★

Weingut **Albrecht-Kießling**
Weingut **Beck** ◆
Weingut **Borth**
Weingut **Bruker**
Weingut Karl **Busch**
Weingärtner **Cleebronn-Güglingen** ◆
Weingut **Diehl** ◆
Weingut **Drautz-Hengerer**
Weingut **Eberbach-Schäfer**
Weingärtner **Dürrenzimmern-Stockheim**
Weingut **Friedauer**
Weingut **Gemmrich**
Weingut **Gruber**
Weingut W. **Haidle**
Weingut Alexander **Heinrich**
Weingut Helmuth **Hirth**
Hohenloher Weinkontor ◆
Weingut **Keil** ◆
Weingut **Knauß** ◆
Weingut **Kurz-Wagner**
Weingut **Maier** ◆
Weingut Reinhard **Schäfer**
Weingut Karl **Seyffer**
Weingut **Siegloch-Klöpfer** ◆
Weingut **Steinbachhof**
Weingut der Stadt **Stuttgart**
Ökoweingut **Stutz**
Weingut **Supp**
Collegium **Wirtemberg**
Weingut **Zaiß**
Weingut Manfred **Zaiß** ◆

mondo Heidelberg

Die besten deutschen Weinerzeuger und ihre Weine

von A-Z

★☆

Abril

Weingut

Baden

Talstraße 9, 79235 Vogtsburg-Bischoffingen
Tel: 07662-255 Fax: 07662-6076
www.weingut-abril.de
weingut@weingut-abril.de
Besuchszeiten: Mo. bis Fr. 8–12 u. 14–18 Uhr, Sa. nach Vereinbarung

Inhaber .... Weingut Abril GbR
Betriebsleiter .... Armin Sütterlin
Rebfläche .... 8,5 Hektar

Die Familie Abril betreibt seit dem Jahr 1740 Weinbau in Bischoffingen am Kaiserstuhl. Hans-Friedrich Abril führte in achter Generation den Betrieb. Nach 37 Ernten haben er und Ehefrau Gabi das Weingut 2007 an Cousine Helga und ihren Mann Erivan Haub, den Seniorchef von Tengelmann, abgegeben, die das Weingut unter dem alten Namen weiterführen, das Gut soll jedoch nicht Teil der Tengelmann-Gruppe werden. Die Rebfläche, bei Übernahme 6,5 Hektar, soll auf 15 Hektar erweitert werden. Das alte Weingut wurde abgerissen, der Neubau soll im Mai 2010 fertig gestellt sein, die alte Fassade wird wieder aufgebaut. Spätburgunder nimmt 40 Prozent der Rebfläche ein, Grauburgunder 25 Prozent. Hinzu kommen Weißburgunder, Müller-Thurgau, Chardonnay, Riesling und Scheurebe, aber auch Spezialitäten wie Auxerrois und Blauer Silvaner.

Die Weine von Hans-Friedrich Abril waren immer sehr vom jeweiligen Jahrgang geprägt. In warmen Jahren waren sie üppig und alkoholreich, in kühlen Jahren schlank und säurebetont. Wie sich der Stil unter der Regie des neuen Kellermeisters und Betriebsleiters Armin Sütterlin entwickeln wird, werden die kommenden Jahre zeigen.

Die letztjährige Kollektion bot klare, wenn auch etwas verhaltene Weißweine, die Spätburgunder Auslese trocken aus dem Jahrgang 2006 überzeugte mit Fülle und Substanz. Die neue Kollektion gefällt uns bedeutend besser, die Weine besitzen Frucht und Substanz: So darf es weitergehen!

Weinbewertung

86 ... 2008 Grauburgunder Spätlese trocken
gute Konzentration, klare reife Frucht, jugendlich und zurückhaltend; füllig, kraftvoll, reife Frucht, gute Substanz und Länge **10,80 €**

86 ... 2008 Grauburgunder Auslese trocken Barrique
würzig, eindringlich, zurückhaltende Frucht; füllig, stoffig, viel reife Frucht und Substanz **17,50 €**

85 ... 2008 Blanc de Noirs Auslese trocken Barrique
gute Konzentration, feine Würze, dezenter Toast, reife Frucht; füllig, stoffig, kraftvoll, Wärme, dezente Bitternoten **17,50 €**

87 ... 2007 Ruländer Trockenbeerenauslese
würzig, konzentriert, feiner Duft, etwas kandierte Früchte; süß, konzentriert, dominant **48,- €/0,5l**

85 ... 2007 Spätburgunder Auslese trocken Barrique Bischoffinger Steinbuck
gute Konzentration, feine Würze, eindringlich; füllig, kraftvoll, reife Frucht, gute Substanz **28,- €**

83 2008 Blauer Sylvaner Kabinett trocken **6,70 €**
83 2008 Chardonnay Kabinett trocken **7,- €**
83 2008 Weißburgunder Kabinett trocken **7,90 €**
82 2008 Scheurebe Kabinett trocken **7,20 €**
84 2008 Spätburgunder Weißherbst Spätlese trocken Bischoffinger Steinbuck **10,- €**
81 2007 Spätburgunder trocken Bischoffinger Enselberg **7,90 €**
81 2007 Spätburgunder Spätlese trocken Bischoffinger Steinbuck **13,90 €**

Achenbach ★

Weingut

Rheinhessen

Kirchgasse 1, 55599 Wonsheim
Tel. 06703-707, Fax: 06703-3627
www.weingut-achenbach.de
info@weingut-achenbach.de
Besuchszeiten: nach Vereinbarung

Inhaber .... Gernot Achenbach
Rebfläche .... 19 Hektar

Gernot Achenbach baut neben traditionellen Rebsorten und etablierten Neuzüchtungen auch Spezialitäten wie Frühburgunder, Auxerrois, St. Laurent und Muskatsilvaner (Sauvignon Blanc) an. Die Rotweine werden 5 bis 10 Tage auf der Maische vergoren und in Holzfässern ausgebaut.

Weinbewertung

85 . . . 2007 Frühburgunder Spätlese trocken
feine rauchige Noten, herrlich reintönige Frucht; klar, harmonisch, elegant, feine Frucht und Biss **6,20 €**

78	2008 Grauburgunder trocken **4,- €**
82	2008 Weißburgunder Spätlese trocken **5,20 €**
81	2008 Scheurebe „feinherb" **5,20 €**
81	2008 Auxerrois „feinherb" **7,- €**
84	2007 Riesling Auslese „feinherb" **7,50 €**
84	2008 Huxelrebe Auslese **7,- €**

Achkarren ★

Winzergenossenschaft

Baden

Schlossbergstraße 2, 79235 Vogtsburg-Achkarren
Tel: 07662-93040 Fax: 07662-930493
www.achkarrer-wein.com
info@winzergenossenschaft-achkarren.de
Besuchszeiten: Mo. bis Fr. 8–12 + 13:30–18 Uhr, April bis Dez. Sa. 9–13 Uhr
Weinproben nach Voranmeldung (bis 250 Personen) oder Mi. 10 Uhr für Einzelpersonen

Geschäftsführer .... Waldemar Isele
Verkaufsleiter .... Florian Graner
Kellermeister .... Christoph Rombach
Rebfläche .... 150 Hektar
Mitglieder 365

Wichtigste Rebsorten bei den Mitgliedern der 1929 gegründeten Genossenschaft von Achkarren am Kaiserstuhl sind Grauburgunder und Spätburgunder. Hinzu kommen insbesondere Müller-Thurgau, Weißburgunder und Silvaner, aber auch etwas Muskateller, Riesling, Scheurebe, Gewürztraminer und Chardonnay. Die Weinberge liegen in den beiden Achkarrer Einzellagen Schlossberg (Vulkanverwitterungsböden) und Castellberg (Löss-und Lehmböden). Ausgewählte Weine werden in der Reihe „Bestes Fass" vermarktet.

In den letzten Jahren überzeugten die Kollektionen mehr durch ihre Geschlossenheit denn durch einzelne Spitzen, wobei meist Spätburgunder und Grauburgunder besonders gefielen.

Vor zwei Jahren waren die edelsüßen Weine die Highlights im Programm. Fast identisch war das Bild im vergangenen Jahr, der im Barrique ausgebaute Gewürztraminer Eiswein war unser Favorit in einer gleichmäßigen Kollektion. Auch die neue Kollektion ist sehr homogen, bietet aber leider keine Spitzen wie in früheren Jahren.

Weinbewertung

79 2008 Rivaner trocken Achkarrer **3,80 €**
78 2008 Weißburgunder Kabinett trocken Achkarrer Castellberg **5,70 €**
81 2008 Grauburgunder Kabinett trocken Achkarrer Castellberg **5,70 €**
79 2008 Weißburgunder Kabinett trocken „Bestes Fass" Achkarrer Schlossberg **8,50 €**
82 2008 Chardonnay trocken „Bestes Fass" Achkarrer Schlossberg **8,50 €**
83 2008 Grauburgunder Spätlese trocken „Bestes Fass" Achkarrer Schlossberg **9,50 €**
80 2008 Gewürztraminer Spätlese trocken „Bestes Fass" Achkarrer Schlossberg **9,50 €**
79 2008 Gewürztraminer Kabinett Achkarrer Schlossberg **6,20 €**
82 2008 Rosé trocken Achkarrer **5,25 €**
81 2008 Spätburgunder Spätlese trocken „Bestes Fass" Achkarrer Schlossberg **10,25 €**
84 2007 Spätburgunder trocken Barrique „Bestes Fass" Achkarrer Schlossberg **9,95 €**

★★

Ackermann

Weingut

Pfalz

Oberdorfstraße 40, 76831 Ilbesheim
***Tel.** 06341-30664, **Fax:** 06341-32547*
www.weingut-ackermann.de
info@weingut-ackermann.de
***Besuchszeiten:** nach Vereinbarung*
Ferienwohnung

Inhaber .... Familie Ackermann
Rebfläche .... 14 Hektar

Das Weingut Ackermann war ursprünglich ein landwirtschaftlicher Gemischtbetrieb, der sich Mitte der sechziger Jahre auf Weinbau spezialisierte. Mit der Aussiedelung an den Ortsrand von Ilbesheim 1972 begann man die Selbstvermarktung zu forcieren. Aus dem Ertrag von einem Hektar Obst werden in der eigenen Brennerei Edelbrände hergestellt. Neben Weinbergen an der Kleinen Kalmit in Ilbesheim (Landschneckenkalk) besitzt die Familie Ackermann auch Weinberge in Eschbach und in Leinsweiler Sonnenberg (Buntsandsteinverwitterung). Riesling, Weißburgunder und Spätburgunder stehen im Vordergrund, aber auch internationale Rebsorten wie Chardonnay, Sauvignon Blanc, Merlot und Cabernet Franc wurden gepflanzt. Die Weißweine werden reduktiv im Edelstahl ausgebaut und bleiben teils sehr lange auf der Feinhefe, lediglich der Chardonnay wird auch im Holzfass – in der Regel zu einem Drittel – ausgebaut. Die Rotweine kommen nach der Maischegärung ins Holzfass. Seit Beendigung seiner Weinbautechnikerausbildung in Bad Kreuznach ist Frank Ackermann im Betrieb tätig. Während er für den Keller verantwortlich ist (seit 1996), kümmert sich Vater Karl-Heinz um den Außenbetrieb.

Auch im schwierigen Jahrgang 2006 behaupteten sich Karl-Heinz und Frank Ackermann: Die Weine vereinten Frucht und Kraft und waren dabei alle wunderschön klar. Eine überzeugende Kollektion folgte nach: Die trockenen Weißweine waren im vergangenen Jahr von gutem, gleichmäßigen Niveau, dazu gab es zwei feine edelsüße Weine und einen kraftvollen Spätburgunder „No. 1". Eine vergleichbare Kollektion präsentierte das Weingut in diesem Jahr, jeder Wein überzeugt. Der Riesling aus dem Sonnenberg hat uns besonders gut gefallen, auch Weißburgunder und Sauvignon Blanc konnten überzeugen, ebenso wie der eigenwillige, kraftvolle Dornfelder aus dem Jahrgang 2005.

Weinbewertung

85 . . . 2008 Sauvignon Blanc trocken Eschbacher Hasen
gute Konzentration, reintönige Frucht, herrlich eindringlich; kraftvoll, klar, reife Frucht, gute Substanz **7,50 €**

85 . . . 2008 Weißburgunder Spätlese trocken Ilbesheimer Rittersberg
gute Konzentration, reintönige Frucht, feine Würze; füllig, harmonisch, reife Frucht, gute Substanz und Länge **7,- €**

85 . . . 2008 Riesling Spätlese trocken „Kalkmergel" Ilbesheimer Rittersberg
feine Würze, klare reife Frucht, eindringlich; füllig, harmonisch, reife Frucht **7,70 €**

87 . . . 2008 Riesling Spätlese trocken „Buntsandstein" Leinsweiler Sonnenberg
gute Konzentration, faszinierend viel Frucht, herrlich eindringlich, etwas mineralische Noten; füllig, harmonisch, kraftvoll, reife Frucht, Substanz und Länge **7,50 €**
2004: **86**; 2005: **86**; 2006: **85**; 2007: **85**.

86 . . . 2005 Dornfelder trocken „No. 1" Ilbesheimer Rittersberg
gute Konzentration, etwas Gewürze, dunkle Früchte, herrlich eindringlich; füllig, kraftvoll, reife Frucht, gute Substanz **8,- €**

83 2007 Chardonnay Sekt brut **8,80 €**
83 2008 Sylvaner Kabinett trocken Eschbacher Hasen **5,50 €**
81 2008 Riesling Kabinett trocken **4,90 €**
83 2008 Riesling Kabinett trocken „Buntsandstein" Leinsweiler Sonnenberg **6,- €**
84 2008 Chardonnay Spätlese trocken Ilbesheimer Rittersberg **7,- €**
80 2008 „Free Run" Blanc de Noir **4,90 €**
82 2007 Spätburgunder trocken **5,30 €**

★★

Ackermann

Weingut

Mosel

Chur-Kölnerstraße 19, 54492 Zeltingen-Rachtig
***Tel.** 06532-2763, **Fax**: 06532-1617*
www.ackermann-weingut.de
weingut-ackermann@t-online.de
***Besuchszeiten**: nach Vereinbarung*
Ferienwohnung

Inhaber .... Harald und Anne Junglen
Rebfläche .... 2,5 Hektar

Das Weingut Ackermann wird von Harald Junglen und Anne Junglen, geborene Ackermann, geführt. Weinberge befinden sich zum großen Teil in Steillagen, im Zeltinger Deutschherrenberg, Himmelreich, Schlossberg und in der Sonnenuhr. Moderne Kellertechnik wird hier mit dem Ausbau in Eichenholzfässern kombiniert. Im Angebot sind, neben den jüngsten Jahrgängen, auch reifere Spät- und Auslesen sowie edelsüße Spezialitäten. Die Rieslinge besitzen einen ruhigen Stil, sind würzig und alterungsfähig.

Die 2006er waren erstaunlich klar, die 2007er präsentierten sich anschließend sehr saftig und gut strukturiert. Die 2008er kommen da nicht ganz heran, besitzen aber Frucht und pikante Säure. Die 2006er Auslese hat sich gut entwickelt.

Weinbewertung

85 . . . 2008 Riesling Spätlese Zeltinger Sonnenuhr
duftig, zarte Frucht; saftig, viel Würze, zurückhaltende Süße, wirkt sehr erfrischend **6,80 €**

88 . . . 2006 Riesling Auslese Zeltinger Sonnenuhr
reife Frucht, reintönig, Pfirsich, etwas Aprikose; sehr saftig, leicht kräuterwürzig **11,- €/0,5l**

82 2008 Riesling Spätlese trocken Zeltinger Schlossberg **6,- €**
80 2008 Riesling Hochgewächs halbtrocken **5,- €**
83 2008 Riesling Spätlese halbtrocken Zeltinger Schlossberg **6,- €**
81 2008 Riesling Kabinett „feinherb" Zeltinger Schlossberg **4,80 €**
83 2008 Riesling Spätlese „feinherb" Zeltinger Himmelreich **6,- €**
78 2008 Riesling Zeltinger Himmelreich **4,-€/1l**

★★★☆

A. J. Adam

Weingut

Mosel

Brückenstraße 51, 54347 Neumagen-Dhron
Tel. 06507-2115, Fax: 06507-702865
www.aj-adam.com
dhronhofberger@gmx.de
Besuchszeiten: nach Vereinbarung

Inhaber .... Andreas Adam
Rebfläche .... 2,7 Hektar

Andreas Adam übernahm das zwischenzeitlich stillgelegte Weingut des Großvaters und etwa einen Hektar Rebfläche. 2000 wurden die ersten Weine gekeltert, inzwischen hat man die Fläche auf 2,7 Hektar erweitert. Andreas Adam geht einen extrem traditionellen Weg, arbeitet mit einer alten Korbpresse, vergärt die Rieslinge mit eigenen Hefen und baut sie mit langer Lagerung auf der Feinhefe im Holzfass aus. Dazu passen die großen, antikgrünen Flaschen, die das vorletzte Jahrhundert heraufbeschwören, und die historischen, sehr geschmackvollen Etiketten. Binnen weniger Jahre haben sich die kraftvollen, bisweilen üppigen, aber sehr komplexen und animierenden Weine einen guten Ruf verschafft – auch im Export.

Den 2006ern merkte man den Lesestress nicht an, sie waren in der Spitze nochmals besser als die Vorgänger. Eine „Reserve" aus 2005 – sie lag bis März 2007 auf der Feinhefe – zeigte sich eindrucksvoll. Die sehr saftigen 2007er mussten sich anschließend nicht verstecken. Aus dem Jahrgang 2008 stellt Andreas Adam rassige, dichte und gleichzeitig finessenreiche Weine vor, die deutlich, aber nie unangenehm von Spontangäraromen geprägt werden. Bereits der Kabinett begeistert, und die komplexe Auslese lässt das Fehlen noch höherer Prädikate verschmerzen.

Weinbewertung

86 . . . 2008 Riesling Dhroner
klare Frucht, jugendlich, etwas Stachelbeere; betont würzig, saftig, bereits zugänglich, wirkt fast trocken **9,80 €**

87 . . . 2008 Riesling „feinherb" Hofberg
noch sehr unruhig, Zitrus, Stachelbeere, Pfirsich, leichte Hefenote; saftig, fest, viel Frucht, mineralische Noten, viel Potenzial **14,50 €**

89 . . . 2008 Riesling Kabinett Hofberg
eindringliche Frucht, Spontangärnoten, Stachelbeere, Pfirsich; saftig, fast opulente Frucht, rassig, sehr animierend, nachhaltig **9,50 €**
2005: 86; 2006: 90; 2007: 87.

90 . . . 2008 Riesling Spätlese Hofberg
reife Frucht, noch etwas unruhig, Steinobst, etwas Kräuter; saftig, Süße-Säure-Spiel, kandierter Apfel, leicht cremig, üppige Frucht, dicht, gleichzeitig sehr elegant, pikante Säure, animierend und lang **15,50 €**
2005: 88; 2006: 93; 2007: 88.

91 . . . 2008 Riesling Auslese Hofberg
reife Frucht, Pfirsich, Kräuter, noch unruhig; saftig, fast opulent, dicht, leicht cremig, rassig und lang, hat viel Zukunft **15,- €/0,375l**
2005: 91; 2006: 93; 2007: 90

★★★☆

Graf Adelmann

Weingut

Württemberg

Burg Schaubeck, 71711 Steinheim-Kleinbottwar
Tel. 07148-92122-0, Fax: 07148-92122-25
www.graf-adelmann.com
weingut@graf-adelmann.com
Besuchszeiten: Mo.-Fr. 9-12 + 14-18 Uhr, Sa. 9-13 Uhr

Inhaber .... Michael Graf Adelmann
Rebfläche .... 20 Hektar

1914 haben die Grafen Adelmann das Gut erworben, das heute von Michael Graf Adelmann geführt wird, der es 1978 von seinem Vater Raban übernahm. Weinbau aber ist auf der Burg Schaubeck bereits im 13. Jahrhundert nachgewiesen. Das Gros der Weinberge von Graf Adelmann, 16 Hektar, liegt in Kleinbottwar (roter Keuperboden), 1 Hektar in Großbottwar und 3 Hektar in Ludwigsburg-Hoheneck am Neckar, wo die Reben auf Muschelkalkböden wachsen. In Kleinbottwar gehören dem Weingut zwei Weinbergslagen in Alleinbesitz: Oberer Berg und Süßmund. Knapp zwei Drittel der Weinberge sind mit roten Reben bestockt: vor allem Lemberger, Spätburgunder, Trollinger und Samtrot, aber auch etwas Frühburgunder, Muskattrollinger, Urban und andere Sorten. Rotweine werden maischevergoren und im Holzfass ausgebaut. Bei den weißen Rebsorten dominiert Riesling, es folgen Grauburgunder und Weißburgunder, dazu gibt es etwas Muskateller und Traminer. Die Weißweine werden, oft nach Ganztraubenpressung, kühl vergoren.

Die besten Rieslinge, Burgunder und Lemberger werden als „Brüssele'r Spitze mit eigenem Etikett vermarktet, benannt nach den Vorbesitzern des Gutes, den Freiherren von Brüssele, denen Burg Schaubeck von 1853 bis zum Verkauf an die Grafen Adelmann im Jahr 1914 gehörte. Bei den Rotweinen setzte Michael Graf Adelmann verstärkt auf Cuvées. Nach ersten Versuchen ab 1981 lancierte man im Jahr 1989 die Cuvée „Vignette" als roten Spitzenwein, Graf Adelmann gehört damit zu den Pionieren roter Cuvées in Deutschland. Die weiteren Spitzenweine wurden 1996 eingeführt, der „Löwe von Schaubeck" (als Lemberger und als Weißweincuvée) und die rote Cuvée „Herbst im Park". Die Cuvée „Carpe Diem" wurde erstmals 1999 erzeugt.

Im schwierigen Jahrgang 2006 überzeugten die Weißweine, allerdings hatten in dieser Kollektion die Rotweine aus dem Jahrgang 2005 die Nase vorne. Viel Spaß bereitete der Muskattrollinger-Sekt. Eine starke Kollektion folgte im vergangenen Jahr nach. Die Weißweine besaßen Frucht und Kraft genauso wie die Rotweine. Noch ein klein wenig besser gefällt uns nun die neue Kollektion: Die Rotweine sind kraftvoll wie gewohnt, besitzen Ecken und Kanten, die Weißweine sind klar und füllig, der neue trockene Spitzenriesling „Das Lied von der Erde" zählt zur Württemberger Spitzenklasse. Tolle Kollektion!

Weinbewertung

86 . . . 2007 Muskateller Sekt trocken Hohenecker Oberer Berg
würzig, eindringlich, feine Muskatnote; klar, zupackend, feine süße Frucht **13,50 €**

86 . . . 2008 Grauburgunder trocken „Brüssele"
gute Konzentration, reintönige Frucht, etwas gelbe Früchte; weich, füllig, harmonisch, feine Frische, gute Struktur **7,75 €**
2001: 83; 2002: 86; 2005: 87; 2006: 85; 2007: 87.

87 . . . 2008 „Löwe von Schaubeck" Weißwein trocken

Riesling, Weißburgunder und Grauburgunder; frisch, fruchtbetont, klar, herrlich eindringlich; füllig, harmonisch, viel reife Frucht, Substanz und Biss **9,- €**
2005: 85; 2006: 86; 2007: 87.

87 . . . 2008 Riesling „Brüssele S" trocken Kleinbottwarer
würzig, eindringlich, klare reife Frucht; füllig, harmonisch, viel reife süße Frucht, feine Frische und Biss **12,50 €**

91 . . . 2007 Riesling „Brüssele'r Spitze" „GG" Kleinbottwarer Süßmund „Das Lied von der Erde"
gute Konzentration, viel reife Frucht, herrlich eindringlich, gelbe Früchte, faszinierend klar und dominant; füllig, stoffig, viel reife Frucht, feine Frische, ganz feine Bitternote, mineralisch, nachhaltig **21,- €**

88 . . . 2006 „Herbst im Park" Rotwein trocken
Lemberger, Burgunder, Dornfelder und Cabernet; feine Frische, Würze, rote Früchte, gute Konzentration; kraftvoll, stoffig, klar und frisch, gute Struktur, jugendliche Tannine **16,50 €**
1999: 83; 2000: 86; 2001: 85; 2002: 86; 2003: 87; 2005: 86.

86 . . . 2007 „Der Löwe von Schaubeck" Lemberger trocken Barrique
würzig, eindringlich, dezenter Toast, reife Frucht; klar, füllig, kraftvoll, Tannine und Biss **16,90 €**
1999: 86; 2000: 88; 2001: 87; 2002: 88; 2003: 88; 2004: 87; 2005: 88; 2006: 87.

86 . . . 2006 „Der schwarze Löwe" Lemberger „GG" Barrique
würzig, eindringlich, feiner Toast; füllig, kraftvoll, gute Struktur und Tannine **27,- €**

88 . . . 2007 „Der schwarze Löwe" Lemberger „GG" Barrique Kleinbottwarer Oberer Berg
würzig, eindringlich, viel reife Frucht, feiner Duft; füllig, kraftvoll, reife Frucht, gute Struktur und Biss, jugendlich **27,- €**

---

84 2008 Riesling Kabinett trocken Kleinbottwarer **8,70 €**
82 2007 „Brüssele B" Rotwein trocken **9,10 €**

★★

Carl Adelseck

Weingut

Nahe

Saarstraße 41, 55424 Münster-Sarmsheim
Tel. *06721-97440,* ***Fax:*** *06721-974422*
www.adelseck.de
info@adelseck.de
Besuchszeiten: *nach Vereinbarung*

Inhaber .... Carl und Jens Adelseck
Rebfläche .... 10 Hektar

Die Weinberge von Carl und Jens Adelseck liegen unter anderem im Münsterer Dautenpflänzer (Quarzit), im Münsterer Pittersberg (Schiefer) und im Laubenheimer Karthäuser (Sandstein), wo sie jeweils etwa einen Hektar besitzen. Zuletzt wurden weitere Flächen im Pittersberg und im Karthäuser zugekauft, minderwertige Lagen abgegeben, die Rebfläche reduziert. 70 Prozent der Weinberge befinden sich in Steil- oder Hanglagen. Wichtigste Rebsorte ist Riesling mit einem Anteil von 55 Prozent, gefolgt von Spätburgunder mit einem Anteil von 20 Prozent. Dazu gibt es etwas Silvaner, Müller-Thurgau, Weißburgunder, Grauburgunder, Chardonnay und Cabernet Sauvignon. Etwa 80 Prozent der Weine werden trocken oder halbtrocken ausgebaut. Aus Riesling und Scheurebe wird auch Sekt erzeugt.

Vor zwei Jahren gefielen die beiden kraftvollen Selectionsweine, Riesling und Spätburgunder, besonders gut. 2007 präsentierte sich wieder sehr homogen mit durchgängig schönen Rieslingen vom Sekt bis zur Auslese. In der neuen Kollektion gefallen uns wie vor zwei Jahren die beiden Selectionsweine, aber auch die Riesling Auslese aus dem Karthäuser überzeugt.

Weinbewertung

85 . . . 2008 Riesling trocken „Mendelson-Bartholdy“
gute Konzentration, klare reife Frucht; füllig und klar, frisch und zupackend

87 . . . 2008 Riesling Selection Laubenheimer Karthäuser
gute Konzentration, feine Würze, reife Frucht; kraftvoll, klar, reife Frucht, ganz dezent mineralische Noten **12,90 €**
2001: **88**; 2002: **88**; 2004: **85**; 2005: **84**; 2006: **85**; 2008: **86**.

87 . . . 2008 Riesling Auslese Laubenheimer Karthäuser
würzig, klar, fruchtbetont, jugendlich; frisch, klar, geradlinig, zupackend, viel Biss **12,90 €**

86 . . . 2006 Spätburgunder Selection Münsterer Dautenpflänzer
rauchige Noten, feiner Toast, etwas rote Früchte, herrlich eindringlich; gute Fülle und Substanz, weich, reife Frucht **12,90 €**

---

82 2008 Riesling trocken
84 2008 Riesling trocken Münsterer Pittersberg **5,40 €**
82 2008 Weißburgunder trocken **5,40 €**
83 2008 Grauburgunder Spätlese trocken Laubenheimer Karthäuser **7,10 €**
82 2008 Riesling Classic **5,40 €**
84 2008 Riesling halbtrocken Laubenheimer Vogelsang **5,40 €**
82 2008 „Ebbes“ Rotling
82 2008 Spätburgunder trocken Münsterer Dautenpflänzer **5,40 €**

★★★★

J.J. Adeneuer

Weingut

Ahr

Max-Planck-Straße 8
53474 Bad Neuenahr-Ahrweiler
***Tel.** 02641-34473, **Fax**: 02641-37379*
www.adeneuer.de
jjadeneuer@t-online.de
***Besuchszeiten**: Mo.-Fr. 9-12 + 13:30-18 Uhr, Sa. 10-15 Uhr*

Inhaber .... Frank und Marc Adeneuer
Rebfläche .... 12 Hektar

Seit über 500 Jahren betreiben die Adeneuers Weinbau an der Ahr. Seit 1984 wird das Weingut von den Brüdern Frank und Marc Adeneuer geführt. Sie bauen ausschließlich rote Sorten an. Neben dem dominierenden Spätburgunder, der 90 Prozent der Fläche einnimmt, gibt es etwas Frühburgunder und ein klein wenig Dornfelder. Die nach Süden ausgerichtete steil terrassierte Lage Walporzheimer Gärkammer (0,64 Hektar), zwischen Kräuterberg und Pfaffenberg gelegen, eine der kleinsten Einzellagen Deutschlands, gehört dem Weingut Adeneuer seit 1714 in Alleinbesitz. Aber auch in anderen Spitzenlagen ist das Weingut vertreten, so im Ahrweiler Rosenthal und im Neuenahrer Sonnenberg, aus denen ebenfalls Große Gewächse erzeugt werden. Prädikatsbezeichnungen verwendet man seit dem Jahrgang 2004 nicht mehr. Die Weine werden nach Kaltmaceration möglichst spontanvergoren. Die Spitzenweine kommen 18 bis 20 Monate ins Barrique, ab dem „No. 1“ werden ausschließlich neue Fässer verwendet.

Vor zwei Jahren brachte die Kollektion eine weitere Steigerung, sowohl an der

Basis wie in der Spitze waren die Weine nochmal spannender. Der Spätburgunder aus dem Sonnenberg faszinierete, Gärkammer, Rosenthal und „J.J. Adeneuer No. 1" standen ihm nur wenig nach: Die beste Kollektion des Jahrgangs an der Ahr. Auch die letztjährige Kollektion war bärenstark, betörte mit fülligen, reintönigen Weinen. Die Weine aus Gärkammer und Sonnenberg gefielen uns besonders gut. Eine vergleichbare Kollektion schließt sich in diesem Jahr an, die 2008er Weine bestechen durch ihre Reintönigkeit, die 2007er Großen Gewächse – Gärkammer und Rosenthal, den Wein aus dem Sonnenberg gibt es im kommenden Jahr als Versteigerungswein – besitzen Fülle und Substanz, werden noch übertroffen vom mächtigen 2006er Versteigerungswein, dem Spätburgunder „R". Tolle Kollektion!

Weinbewertung

86 . . . 2008 Spätburgunder trocken „J.J. Adeneuer"
klar, fruchtbetont, etwas Erdbeeren und Kirschen; reintönig, gute Struktur und Frische **9,90 €**
1998: 84; 1999: 84; 2001: 86; 2002: 84; 2005: 87; 2006: 86; 2007: 86.

88 . . . 2008 Spätburgunder trocken „J.J. Adeneuer N°2"
frisch, fruchtbetont, etwas Veilchen und Vanille; klar, harmonisch, elegant, gute Struktur **13,80 €**
1998: 85; 2000: 84; 2001: 86; 2002: 86; 2003: 86; 2004: 86; 2005: 87; 2006: 86; 2007: 87.

88 . . . 2008 Spätburgunder trocken Walporzheimer Gärkammer
frisch, fruchtbetont, herrlich reintönig, etwas Kirschen, Erdbeeren; frisch, zupackend, reintönige Frucht, feiner Biss **22,- €**

89 . . . 2004 Spätburgunder trocken „J.J. Adeneuer N°1"
fruchtbetont, feine Frische, wunderschön reintönige Frucht; herrlich elegant und frisch, fruchtbetont und reintönig (kein aktueller Jahrgang)

89 . . . 2007 Spätburgunder trocken „J.J. Adeneuer N°1"
gute Konzentration, feiner Toast, herrlich eindringlich, reintönig, ganz dezente Kräuterwürze im Hintergrund; klar, präzise, kraftvoll, gute Struktur, jugendlich **22,- €**
1998: 85; 1999: 85; 2000: 87; 2001: 87; 2003: 87; 2005: 89; 2006: 88.

90 . . . 2007 Spätburgunder „GG" Ahrweiler Rosenthal
gute Konzentration, rauchige Noten, wunderschön reintönige Frucht; gute Struktur, Kraft und Tannine, feine Bitternote, Nachhall, jugendlich **33,- €**
2004: 89; 2005: 90; 2006: 89.

91 . . . 2005 Spätburgunder „GG" Neuenahrer Sonnenberg
feiner Toast, herrlich eindringlich und konzentriert, reintönig und eindringlich; füllig, stoffig, viel reife Frucht und Substanz, reintönige Frucht, jugendliche Tannine, gute Struktur (kein aktueller Jahrgang)

91 . . . 2006 Spätburgunder „GG" Neuenahrer Sonnenberg
gute Konzentration, viel reife Frucht, feiner Duft, reife rote Früchte, herrlich eindringlich und klar; füllig, harmonisch, viel reife Frucht und Substanz, etwas Schokolade, gute Struktur **52,40 €**
2004: 89; 2005: 93.

91 . . . 2004 Spätburgunder „GG" Walporzheimer Gärkammer
gute Konzentration, rauchige Noten, herrlich viel Frucht, feiner dezenter Toast; füllig, stoffig, gute Konzentration, herrlich viel Frucht, konzentriert, reife Frucht, jugendlich, nachhaltig (kein aktueller Jahrgang)

91 . . . 2007 Spätburgunder „GG" Walporzheimer Gärkammer
konzentriert, herrlich viel Frucht, reintönig, reife rote Früchte, feiner dezenter Toast; füllig, harmonisch, elegant, gute Struktur, reife reintönige Frucht, feiner Nachhall **54,- €**
(Auslese trocken) 2001: 89; 2002: 87; 2003: 88; 2004: 91; 2005: 91; 2006: 90.

92 . . . 2006 Spätburgunder „R"

aus der Gärkammer; gute Konzentration, viel reife Frucht, herrlich eindringlich, etwas Schokolade, rauchige Noten, füllig, stoffig, reife Frucht, Substanz, gute Struktur, viel Kraft und Tannine, enorm mächtig (Versteigerungswein)

84 2008 Blanc de Noirs trocken **7,90 €**
84 2008 Spätburgunder trocken **7,90 €**

Affentaler ★

Winzergenossenschaft Bühl

Baden

Betschgräblerplatz, 77815 Bühl-Eisental
Tel. 07223-9898-0, Fax: 07223-9898-30
www.affentaler.de
info@affentaler.de
Besuchszeiten: Mo.-Fr. 8-18 Uhr, Sa. 9-13 Uhr, So. 10-14 Uhr

Geschäftsführer .... Dr. Ralf Schäfer
Kellermeister .... Leo Klär
Rebfläche .... 245 Hektar
Mitglieder 950

1973 haben sich die Genossenschaften von Eisental, Altschweier und Bühl-Kappelwindeck mit dem 1908 gegründeten „Naturweinbauverein Affental" zur Affentaler Winzergenossenschaft zusammengeschlossen. Mit dem Weinbau in Affental begonnen aber haben im 13. Jahrhundert die Schwestern des Zisterzienserklosters Lichtental bei Baden-Baden. In der Nähe der Reben stand eine Kapelle und in Anlehnung an das „Ave Maria" wurde das Tal im Volksmund „Ave Tal" genannt, woraus sich der Name Affental entwickelte. Riesling nimmt die Hälfte der Rebfläche der Affentaler Genossen ein, hinzu kommt über ein Drittel an Spätburgunder. Daneben gibt es noch Müller-Thurgau, Weißburgunder, Grauburgunder und Traminer. Die Weinberge der Mitglieder befinden sich in den Lagen Eisentaler Betschgräbler, Altschweierer Sternenberg, Bühler Wolfhag und Huber Althof. Die Reben wachsen an den Hängen des Schwarzwalds auf Granitverwitterungsböden, auf den Vorbergen herrschen Lössböden vor, im südlichen Einzugsbereich gibt es verwitterten Buntsandstein. 80 Prozent der Weinberge liegen in Steillagen mit bis zu 65 Prozent Hangneigung. Bereits 1977 wurden, als erste badische Genossenschaft, erste Versuche mit Barriqueausbau begonnen.

Vor zwei Jahren war die 2005er Spätburgunder Auslese unser Favorit. Die letztjährige Kollektion war sehr gleichmäßig, der Eiswein dick und füllig, Spätburgunder und Weißweine kompakt, boten Substanz. Sehr homogen ist auch die neue Kollektion, weiß wie rot, trocken wie süß.

Weinbewertung

85 . . . 2007 Spätburgunder Auslese „SLK" trocken Barrique Affentaler

rauchige Noten, reife Frucht; füllig, harmonisch, viel reife Frucht, süffig, leider zu süß **21,50 €**

85 . . . 2008 Spätburgunder Weißherbst Beerenauslese

viel Duft, rote Früchte, gute Konzentration; süß, dick, reife Frucht, feine Frische **25,- €/0,375l**

80 2008 Rivaner trocken „Primus" **4,30 €**
83 2008 Riesling Spätlese trocken „Primus" **5,80 €**
81 2008 Riesling „SLK" Spätlese trocken **7,30 €**
81 2008 Grauburgunder Spätlese trocken „Primus" **7,30 €**
81 2008 Grauburgunder „SLK" Spätlese trocken **9,60 €**
81 2008 Traminer Spätlese **7,30 €**
84 2008 Riesling Auslese **10,- €**

80 2008 Spätburgunder Spätlese trocken „Edition“ Affentaler **8,80 €**

79 2007 Spätburgunder Spätlese trocken „Edition“ Affentaler **8,80 €**

83 2007 Spätburgunder „SLK“ trocken Barrique Affentaler **12,- €**

★☆

Agritiushof

Weingut

Mosel

Agritiushof, 54329 Konz-Oberemmel
Tel. 06501-14350, Fax: 06501-150611
www.weingut-agritiushof.de
weingut-agritiushof@t-online.de
Besuchszeiten: nach Vereinbarung

Inhaber .... Alfred Kirchen
Rebfläche .... 8,5 Hektar

Embilaco, den alten römischen Namen Oberemmels, nutzt Alfred Kirchen für einige seiner Weine. Außer Riesling baut er auch Weißburgunder (ein Zehntel), Spätburgunder, Chardonnay (immerhin sieben Prozent der Rebfläche) und Müller-Thurgau sowie ein wenig Dornfelder an. Gärung und Ausbau erfolgen zum Großteil in traditionellen Holzfässern, die Spontangärung spielt eine große Rolle; ein Teil der Weine wird erst Anfang September gefüllt.

Aus dem Jahrgang 2006 wurden nur wenige Weine vorgestellt – allesamt saftig, zugänglich und mit pikanter Säure ausgestattet. Die 2007er fielen frisch und saftig aus. Aus dem Jahrgang 2008 wurden bis Redaktionsschluss nur drei Weine vorgestellt; einige 2007er haben sich ausgezeichnet entwickelt, auch der 2006er Dornfelder macht Spaß.

Weinbewertung

86 . . . 2007 Riesling trocken „Embilaco“ Oberemmeler Karlsberg
frisch, sehr feine Frucht; klar, stoffig, schöne Reife, hat Substanz **7,20 €**

86 . . . 2007 Riesling Spätlese Oberemmeler Altenberg
duftig, leichte Kräuternote; saftig, rassig, viel Frucht, sehr animierend **8,50 €**

87 . . . 2007 Riesling Spätlese Oberemmeler Karlsberg
duftig, klar, feine Frucht; saftig, viel Würze, herrlich feingliedrig, pikante Säure, gute Länge **10,80 €**

---

79 2008 Riesling trocken Oberemmeler Altenberg **5,80 €/1l**

80 2008 Weißer Burgunder Oberemmeler Karlsberg **5,40 €/1l**

78 2008 Riesling „feinherb“ Oberemmeler Altenberg **5,80 €/1l**

84 2006 Dornfelder Barrique trocken Oberemmeler Rosenberg **8,90 €**

★

Ahnenhof

Weingut Hermann Müller Erben

Rheinhessen

Walther-Rathenau-Straße 33, 67574 Osthofen
Tel. 06242-1448, Fax: 06242-6908,
www.ahnenhofwein.de
ahnenhofwein@t-online.de
Besuchszeiten: Mo.-Fr. 8-12 + 13-18 Uhr, Sa. 8-17 Uhr

Inhaber .... Hermann Müller
Rebfläche .... 9 Hektar

Hermann Müller erwarb 1918 das Gut, das seine Vorfahren bis exakt hundert Jahre zuvor bewirtschaftet hatten, weshalb es mit dem Reichserbhofgesetz 1933 den Namen Ahnenhof erhielt. Heute wird es von seinem Enkel Hermann Müller geführt, der das Weingut 1988 von seinem Vater Ernst übernommen hat. Als typischer rheinhessischer Betrieb gibt es auf dem Ahnenhof Riesling, Burgunder, Gewürztraminer und St. Laurent, aber auch verschiedene Neuzüchtungen im Programm.

In den vergangenen Jahren hatte Hermann Müller sehr gleichmäßige Kollektionen, immer mit Stärken im restsüßen Bereich. Vor zwei Jahren überzeugte uns vor allem der barriqueausgebaute 2005er Spätburgunder. Mit dem St. Laurent gefiel uns im vergangenen Jahr einmal mehr ein Barriquerotwein besonders, aber auch die dicke Huxelrebe Trockenbeerenauslese aus dem Jahrgang 1999 vermochte zu beeindrucken. Die neue Kollektion ist nun deutlich verhaltener, lässt solche Spitzen vermissen.

Weinbewertung

74 2008 Weißburgunder trocken **4,- €/1l**
79 2008 Weißburgunder Spätlese trocken **5,- €**
82 2008 Riesling Spätlese trocken Osthofen Goldberg **5,50 €**
77 2008 Spätburgunder Blanc de Noir halbtrocken **6,- €**
79 2008 Grauburgunder Spätlese halbtrocken **5,- €**
82 2008 Riesling Spätlese Osthofen Hasenbiss **5,50 €**
82 2008 Gewürztraminer Spätlese Osthofen Hasenbiss **5,- €**
80 2008 Spätburgunder Weißherbst trocken **4,50 €**
79 2008 „Hoppler" Portugieser trocken Osthofen Hasenbiss **5,- €**
79 2007 Portugieser trocken **5,- €**
81 2008 St. Laurent trocken **5,10 €**
83 „Cuvée 2007" Rotwein trocken **6,- €**

★☆

Albrecht-Gurrath

Weingut

Württemberg

Äußere Mausklinge 2, 74074 Heilbronn
Tel. 07131-507194, Fax: 07131-578075
www.weingut-albrecht-gurrath.de
info@weingut-albrecht-gurrath.de
Besuchszeiten: Mo.-Fr. nach Vereinbarung, Sa. 8-16 Uhr

Inhaber .... Peter und Gabriele Gurrath
Rebfläche .... 9 Hektar

Peter und Gabriele Gurrath übernahmen im Jahr 1990 das Heilbronner Weingut und siedelten alsbald in die Äußere Mausklinge aus. Ihre Weinberge liegen in Heilbronn (Stiftsberg, Wartberg, Stahlbühl, Staufenberg), aber auch in Weinsberg, Neckarsulm und Flein (Eselsberg). Die Reben wachsen hauptsächlich auf Keuperböden. Sohn Dennis hat 2008 seine Winzerlehre abgeschlossen und mit der Ausbildung zum Weinbautechniker in Weinsberg begonnen.

In der überzeugenden 2006er Kollektion lagen die Vorteile im roten Segment. Eine vergleichbare Kollektion folgte im vergangenen Jahr nach, wiederum mit Vorteilen bei den Rotweinen. Gleiches gilt für die neue Kollektion, in der die Weißweine überzeugen, die aber angeführt wird von der beeindruckenden roten Cuvée „Supremus B".

Weinbewertung

85 ... 2007 Spätburgunder „S" Spätlese trocken Heilbronner Stiftsberg
feine Würze, klar, jugendlich, dezent rote Früchte; klar, harmonisch, reife Frucht, gute Struktur **11.40 €**

88 ... 2007 „Supremus B" Rotwein trocken Barrique
gute Konzentration, etwas Gewürze und Toast, reife

Frucht, rote Früchte; füllig, kraftvoll, viel reife Frucht, gute Harmonie, etwas Schokolade, Struktur **16,50 €**

82 2008 Chardonnay Kabinett trocken Heilbronner Stiftsberg **6,30 €**
84 2008 Riesling Spätlese trocken Heilbronner Stiftsberg **9,50 €**
81 2008 Spätburgunder Blanc de Noirs trocken Heilbronner Stiftsberg **5,80 €**
80 2008 Frühburgunder Weißherbst Kabinett Heilbronner Stiftsberg **6,30 €**
82 2008 Muskat-Trollinger Rosé Heilbronner Stiftsberg **5,90 €**
82 2008 Trollinger trocken Heilbronner Wartberg **5,60 €**
80 2008 Dornfelder trocken Heilbronner Stiftsberg **6,- €**
81 2008 Lemberger trocken Heilbronner Staufenberg **6,50 €**
82 2007 „Viteus G" Rotwein trocken **6,50 €**
82 2007 Acolon „S" trocken **9,80 €**

Albrecht-Kiessling ★

Weingut

Württemberg

Im Breitenloch 37, 74076 Heilbronn
Tel. *07131-178947,* **Fax:** *07131-166825*
www.albrecht-kiessling.de
weingut@albrecht-kiessling.de
Besuchszeiten: *Do. + Fr. 9-18:30 Uhr, Sa. 9-16 Uhr, oder nach Vereinbarung*

Inhaber .... Annette und Peter Albrecht
Rebfläche .... 15 Hektar

Das Weingut Albrecht-Kiessling ist hervorgegangen aus den Weinbergen von Gerhard Kiessling und Walter Albrecht, die beide aus Familien stammen, die seit Jahrhunderten Wein anbauen. Die Weinberge von Annette und Peter Albrecht befinden sich fast ganz in den Heilbronner Lagen Wartberg, Stiftsberg und Stahlbühl. Rote Rebsorten nehmen 60 Prozent der Rebfläche ein. Wichtigste rote Rebsorten sind Lemberger, Trollinger und Samtrot, dazu gibt es einige Cabernet-Kreuzungen und Merlot. Drei Viertel der Weißweinfläche nimmt Riesling ein, dazu gibt es Grauburgunder, Weißburgunder, Kerner und Muskateller. Alle Weine durchlaufen die malolaktische Gärung und bleiben vier Monate auf der Feinhefe. Gut die Hälfte der Produktion wird trocken ausgebaut.

Beim guten Debüt im vergangenen Jahr wurde eine sehr gleichmäßige Kollektion angeführt vom fülligen Lemberger „Löwenherz" aus dem Jahrgang 2006. Auch die neue Kollektion präsentiert sich geschlossen auf gutem Niveau, weiß wie rot, wird angeführt von der kraftvollen Cabernetcuvée.

Weinbewertung

85 . . . 2008 Grauburgunder Spätlese trocken Heilbronner Stiftsberg
gute Konzentration, klare Frucht, gelbe Früchte; füllig, kraftvoll, reife Frucht, Substanz **5,30 €**

85 . . . 2006 Lemberger Spätlese trocken Heilbronner Wartberg
reintönige Frucht, feine Frische; klar, harmonisch, kraftvoll, reife Frucht **8,80 €**

87 . . . 2005 Cuvée Cabernet trocken Barrique
würzig, eindringlich, gute Konzentration, dezenter Toast; füllig, kraftvoll, reife Frucht, gute Substanz, etwas Schokolade **17,50 €**

81 2008 Riesling Kabinett trocken Heilbronner Stahlbühl **5,10 €**
81 2008 Grauburgunder Kabinett trocken Heilbronner Stiftsberg **5,30 €**
84 2008 Riesling Spätlese trocken Heilbronner Stiftsberg **6,30 €**

83 2008 „Justinus K." Weißwein trocken **6,70 €**
82 2008 Gelber Muskateller Kabinett 5,40 €
82 2007 Spätburgunder trocken **7,70 €**
81 2007 Merlot trocken **7,70 €**
82 2007 Dornfelder trocken „alte Rebe" **7,70 €**
81 2007 Samtrot Spätlese trocken Heilbronner Stiftsberg **7,80 €**

★★★★☆

Gerhard **Aldinger**

Weingut

Württemberg

Schmerstraße 25 / Ecke Lutherstraße, 70734 Fellbach
Tel. 0711-581417, Fax: 0711-581488
www.weingut-aldinger.de
info@weingut-aldinger.de
Besuchszeiten: Mo.-Fr. 9-12 + 15-18 Uhr

Inhaber .... Gert Aldinger
Rebfläche .... 24 Hektar

Von seinen 24 Hektar Weinbergen hat Gert Aldinger knapp die Hälfte – 9,5 Hektar – in der Lage Untertürkheimer Gips, die ihm allein gehört. Hinzu kommen vor allem Weinberge im Fellbacher Lämmler, aber auch in Stetten, Rotenberg, Uhlbach und Hanweiler. Über 30 Prozent der Weinberge nimmt Riesling ein. An roten Sorten gibt es vor allem Trollinger, Spätburgunder und Lemberger. Wobei Gert Aldinger auch internationale Sorten anbaut: Cabernet Sauvignon und Merlot gibt es bereits seit 1990, auch Sauvignon Blanc stehet schon länger in Ertrag.

Die roten 2005er bestachen mit ihrer reintönigen Frucht. Auch 2006 überzeugte, Spätburgunder Gips und Lemberger Lämmler waren bärenstark, auch die anderen 2006er gefielen uns sehr gut, allerdings erschien uns manchmal doch die Vanillenote ein wenig zu intensiv und vordergründig. Viel Freude bereiteten die 2007er 2-Sterne-Rotweine, betörten mit reintöniger Frucht. Die nun präsentierten 2007er Barriqueweine bieten ein Mehr an Fülle und Konzentration, der Gips-Spätburgunder hat uns besonders gut gefallen, unter den internationalen Rebsorten der Cabernet.

Im weißen Segment erwies sich 2006 der Sauvignon Blanc nochmals besser, auch die Rieslinge boten eine prächtige Vorstellung. 2007 präferierten wir eindeutig den Sauvignon Blanc, der weiter zugelegt hatte. Aber auch die restliche Weißweinkollektion überzeugte, schon die Basiscuvée Bentz machte Spaß. Eine ganz starke weiße Kollektion folgt nun in diesem Jahr nach, allen voran der Riesling aus dem Lämmler und der faszinierende Sauvignon Blanc.

Wir stellen insgesamt eine weitere Steigerung fest – und freuen uns auf die Kollektion im kommenden Jahr!

Weinbewertung

88 . . . 2008 Riesling trocken Untertürkheimer Gips**
fruchtbetont, klar, gute Konzentration, feine Frische; füllig, harmonisch, klare reife Frucht, gute Länge **10,60 €**
2006: 88; 2007: 88.

89 . . . 2008 Weißburgunder* trocken Untertürkheimer Gips**
gute Konzentration, viel reife Frucht, weiße Früchte, herrlich eindringlich; füllig, stoffig, konzentriert, viel reife Frucht, gute Substanz und Länge **21,66 €**

90 . . . 2008 Sauvignon Blanc* trocken**
gute Konzentration, viel reife Frucht, herrlich eindringlich und dominant; füllig, kraftvoll, konzentriert, viel reife Frucht, viel Substanz und Länge **17,61 €**
1999: 85, 2000: 84, 2001: 86, 2002: 87, 2003: 87, 2004: 88, 2005: 88, 2006: 89; 2007: 90.

91 . . . 2008 Riesling „GG" Fellbacher Lämmler
würzig, eindringlich, reintönige Frucht; füllig, kraftvoll, viel reife Frucht, Substanz und Biss, wunderschön nachhaltig **25,23 €**
2002: 92, 2003: 89, 2004: 92, 2005: 91, 2006: 89; 2007: 88.

89 . . . 2008 Riesling Eiswein
würzig, eindringlich, gute Konzentration, etwas Aprikosen; konzentriert, dominant, herrlich viel Frucht und Stoff, Biss **33,23 €/0,375l**

87 . . . 2008 Spätburgunder Rosé* trocken Untertürkheimer Gips**
fruchtbetont, konzentriert, wunderschön klar und eindringlich; füllig kraftvoll, reife Frucht, viel Substanz **16,18 €**
2007: 87.

87 . . . 2008 Trollinger trocken Fellbacher Lämmler**
herrlich fruchtbetont, reintönige reife Frucht, feine Frische; klar, harmonisch, reife Frucht, gute Struktur und Frische **6,90 €**
2004: 85; 2005: 85; 2006: 86; 2007: 85.

88 . . . 2008 Spätburgunder trocken Untertürkheimer Gips**
frisch, fruchtbetont, rote Früchte, herrlich eindringlich; klar, harmonisch, reife Frucht, gute Struktur und Substanz **14,05 €**
2004: 87; 2005: 85; 2006: 87; 2007: 88.

89 . . . 2007 Lemberger* „GG" Fellbacher Lämmler**
würzig, eindringlich, gute Konzentration, reife reintönige Frucht, Herzkirschen; weich, schmeichelnd, viel reife Frucht, Substanz, dezent Schokolade, Kraft und Struktur, jugendliche Tannine **25,23 €**
1999: 89; 2001: 87; 2002: 90; 2003: 90; 2004: 90; 2004: 91; 2006: 90.

91 . . . 2007 Spätburgunder* „GG" Untertürkheimer Gips**
würzig, konzentriert, herrlich viel Frucht, feiner Toast; füllig, stoffig, viel reife Frucht, gute Substanz und Länge, jugendlich **25,23 €**
1999: 88; 2000: 88; 2001: 87; 2002: 91; 2003: 90; 2004: 90; 2005: 89; 2006: 90.

89 . . . 2007 Merlot***
gute Konzentration, viel reife Frucht, Vanille und Schokolade; füllig, harmonisch, konzentriert, viel reife Frucht, viel Vanille **25,23 €**
1998: 90; 2000: np; 2001: 88; 2002: 90; 2003: 90; 2004: 89; 2005: 88; 2006: 88.

89 . . . 2007 „Cuvée V"***
75 % Lemberger, 20 % Cabernet Sauvignon, 3 % Cabernet Franc und 2 % Merlot; viel Konzentration, viel reife Frucht, etwas Schokolade, Vanille; füllig, kraftvoll, viel reife Frucht, Vanille, gute Harmonie und Länge **25,23 €**
2003 (1. Jg.): 90; 2004: 88; 2005: 89; 2006: 88.

90 . . . 2007 „Cuvée C"***
Cabernet Sauvignon, Cabernet Franc und Merlot; gute Konzentration, viel reife Frucht, herrlich eindringlich, etwas Vanille und Schokolade; füllig, kraftvoll, konzentriert, viel reife Frucht, gute Substanz, Länge **25,23 €**
1999: 88; 2000: np; 2001: 87; 2002: 89; 2003: 91; 2004: 88; 2005: 89; 2006: 88.

★

Alt
Weingut

Nahe

Hauptstraße 67, 55569 Monzingen
Tel. 06751-94560, Fax: 06751-94561
www.weingut-alt.de
info@weingut-alt.de
Besuchszeiten: Mo.-Sa. 8-18 Uhr, sonst nach Vereinbarung; Weinstube (bis 50 Personen) Fremdenzimmer, Ferienwohnung

Inhaber .... Eckhard und Holger Alt
Kellermeister .... Holger Alt
Rebfläche .... 7,7 Hektar

Das Weingut Alt ist ein Familienbetrieb, der seit über 100 Jahren besteht. Die Weinberge liegen in den Monzinger Lagen Frühlingsplätzchen und Halenberg. 70 Prozent der Rebfläche nehmen weiße Rebsorten ein, vor allem Riesling, aber auch Müller-Thurgau, Weißburgunder, Grauburgunder und andere Sorten. Wichtigste rote Rebsorten sind Dornfelder und Spätburgunder. Die Weine werden zu 90 Prozent an Privatkunden verkauft.

Beim guten Debüt vor zwei Jahren gefiel uns die rote Cuvée „A" besonders gut. Auch in der letztjährigen Kollektion überzeugten die Rotweine, die Weißweine boten gutes, gleichmäßiges Niveau. Sehr gleichmäßig präsentiert sich auch die neue Kollektion, überraschend einmal mehr die interessanten Rotweine.

Weinbewertung

81 2008 Weißburgunder trocken Monzinger Frühlingsplätzchen **4,20 €**

81 2008 Riesling trocken Monzinger Halenberg **4,40 €**

83 2008 Riesling „S" trocken Monzinger Halenberg **6,20 €**

80 2008 Riesling halbtrocken Monzinger Frühlingsplätzchen **4,40 €**

82 2008 Kerner Spätlese Monzinger Frühlingsplätzchen **5,- €**

82 2007 Cabernet Dorsa trocken Holzfass **7,- €**

84 2007 Spätburgunder „S" trocken Monzinger Rosenberg **7,50 €**

★☆

Altenkirch

Weingut

Rheingau

Binger Weg 2, 65391 Lorch

Tel. 06726-830012, Fax: 06726-2483

www.weingut-altenkirch.de

info@weingut-altenkirch.de

Besuchszeiten: Mo.-Sa. 10-17 Uhr

Inhaber .... Franziska Breuer-Hadwiger

Rebfläche .... 20 Hektar

Franziska Breuer-Hadwiger und Andreas Rosen wollen offenbar, unterstützt von der Kellermeisterin und Önologin Tomoko Kuriyama-Ederer, den Ruf des Weinguts auf alte Höhen bringen. Bereits im 19. Jahrhundert war der Betrieb berühmt, belieferte sogar den kaiserlichen Hof in Berlin. Bewirtschaftet werden Parzellen in den Lorcher Lagen Schlossberg, Krone oder Bodental-Steinberg. Die Weine werden teilweise mit natürlichen Hefen vergoren, sind geradlinig, frisch und teilweise mineralisch. Angeboten werden auch Rebstockpartnerschaften, regelmäßig finden Kunstausstellungen im Weingut statt, abgeschafft wurden dagegen die Prädikate wie Kabinett und Spätlese zugunsten von Bezeichnungen wie „Löss", „Grauschiefer" oder „Quarzschiefer". Man experimentiert sogar mit dem gemischten Satz aus Riesling und Traminer.

Die 2007er fielen sehr gleichmäßig aus, die 2008er müssen sich da nicht verstecken – auch wenn der Spitzenwein aus alten Reben des Bodental-Steinberg noch sehr verschlossen wirkt. Der Basisriesling namens „Steillage" macht Spaß, der 2007er „Quarzschiefer R" mit deutlichen cremigen Noten wirkt dagegen sehr eigenwillig.

Weinbewertung

85 . . . 2008 Riesling trocken „Alte Reben" Lorcher Bodental-Steinberg
sehr verhalten, deutliche Hefenoten, Melone; stoffig, rassig, feine Säure, noch etwas kantig, könnte sich noch entwickeln (85+? Punkte) **16,50 €**

86 . . . 2008 Riesling trocken Lorcher Schlossberg
sehr klare Frucht, Mirabellen; würzig, straff, feine Frucht, leicht mineralisch **14,50 €**

86 . . . 2008 Riesling trocken Lorcher Krone
duftig, leichte Hefenote, Steinobst; klare Frucht, elegant, fest, erfreulich trocken, gute Länge **13,50 €**

83 2008 Riesling trocken „Steillage" **6,25 €**
84 2008 Riesling „Grauschiefer" trocken **8,- €**
82 2008 Riesling „Löss" trocken **7,- €**
82 2008 Riesling „Steillage feinherb" **6,25 €**
84 2008 Riesling „Quarzschiefer feinherb" **8,- €**
83 2007 Riesling „Quarzschiefer R feinherb" **9,- €**

★★

Amalienhof

Weingut Gerhard Strecker

Württemberg

Lukas-Cranach-Weg 5, 74074 Heilbronn
***Tel.** 07131-251735, **Fax**: 07131-572010*
www.weingut-amalienhof.de
info@amalienhof.de
info@weingut-amalienhof.de
***Besuchszeiten**: Mo.-Fr. 9-18 Uhr, Sa. 8-16 Uhr, So. nach Vereinbarung*

Inhaber .... Martin Strecker
.... Regine Böhringer
Rebfläche .... 29 Hektar

Gerhard Strecker hat 1971 den Steinberg in Beilstein erworben und im Jahr darauf begonnen Weinreben zu pflanzen. Hier gehören den Streckers heute 25 Hektar Weinberge in Alleinbesitz. Bereits 1954, noch während seiner Tätigkeit an der Weinbauschule in Weinsberg, hatte er sein eigenes Weingut gegründet. Die Reben wachsen am Steinberg auf rotem Keuper und Mergelboden. Riesling ist die wichtigste Rebsorte. Es folgen Trollinger, Samtrot und Lemberger. Nicht nur die Rotweine, sondern auch die Rieslinge reifen relativ lange im Fass. Gerhard Strecker war auch als Rebzüchter tätig, wobei er nicht durch Kreuzung, sondern über Aussaat und Selektion besseres Rebmaterial entwickelte. Bei dem Versuch, bessere Lemberger-Sämlinge zu selektionieren, ist der vielleicht faszinierendste Wein des Amalienhofs entstanden, der Muskat-Lemberger, der inzwischen unter dem Namen „Wildmuskat" auftritt. Genauso, durch Aussaat und Selektion von Cabernet Franc- und Cabernet Sauvignon-Sämlingen, ist der „Bariton" entstanden.

Seit einem Jahrzehnt empfehlen wir die Weine des Amalienhofs. Sie sind immer zuverlässig, manchmal überraschen die Rieslinge, ob edelsüß oder mineralisch-trocken ausgebaut, und immer fasziniert der Wildmuskat.

Vor zwei Jahren lagen die Stärken ganz klar im roten Segment – und Wildmuskat fasziniert immer. Dies galt auch im vergangenen Jahr, die Kollektion war wie schon in den letzten Jahren sehr ausgewogen – und auch in diesem Jahr sind wieder die Wildmuskat-Weine unsere Favoriten in einer homogenen Kollektion.

Weinbewertung

85 . . . 2008 „AAA" Riesling Auslese Beilsteiner Steinberg
feiner Duft, etwas Gewürze; füllig und schmeichelnd, viel reife süße Frucht **9,67 €/0,5l**

86 . . . 2007 Wildmuskat „A" trocken Beilsteiner Steinberg
konzentriert, herrlich viel Frucht; füllig, kraftvoll, reife Frucht, gute Struktur, Substanz **7,74 €/0,5l**

86 . . . 2007 Wildmuskat Spätlese trocken Beilsteiner Steinberg
würzig, enorm eindringlich, reife Frucht, feine Muskatnote; füllig, harmonisch, reife süße Frucht, gute Struktur und Biss **10,95 €**

85 . . . 2006 „Troika" Rotwein trocken Beilsteiner Steinberg
Spätburgunder, Dornfelder und Cabernet-Kreuzungen; konzentriert, würzig, herrlich eindringlich, reife rote Früchte; füllig, harmonisch, reife Frucht, feine Süße und Frische **8,69 €**

85 . . . 2007 „Wild S" Beilsteiner Steinberg
Spätburgunder und Wildmuskat; würzig, eindringlich, herrlich klar und dominant; füllig, stoffig, viel reife süße Frucht, Substanz **7,26 €**

80 2008 Sauvignon Blanc trocken Beilsteiner Steinberg **6,19 €**
83 2008 Weißburgunder trocken Beilsteiner Steinberg **6,19 €**
80 2008 „Troika" Weißwein trocken Beilsteiner Steinberg **6,49 €**
83 2008 Riesling Spätlese trocken Beilsteiner Steinberg **7,74 €**
79 2008 „AAA" Riesling „feinherb" Beilsteiner Steinberg **6,49 €/0,5l**
83 2006 „AAA" Cabernet Sauvignon trocken Beilsteiner Steinberg **7,74 €**
84 2007 Wildmuskat Spätlese Beilsteiner Steinberg **10,95 €**

★★

Michael **Andres**
Weingut

Pfalz

Hauptstraße 33a, 67152 Ruppertsberg
Tel. *06326-8667,* ***Fax:*** *06326-981596*
Mobil: 0177-7738313
www.andres-weine.de
weingut.michael.andres@t-online.de
Besuchszeiten*: nach Vereinbarung*

Inhaber .... Michael Andres
Rebfläche .... 6,5 Hektar

Michael Andres war nach seiner Winzerlehre bei Reichsrat von Buhl und seinem Weinbaustudium in Geisenheim mehrere Jahre für andere Pfälzer Betriebe tätig (Müller-Erben, Meßmer), bevor er mit einem Freund 1989 eine eigene Sektmanufaktur, Andres & Mugler, gründete (siehe nachstehenden Eintrag). 1993 gründete er sein eigenes Weingut. Neben seiner Tätigkeit im eigenen Betrieb war er lange Zeit Kellermeister bei einem anderen Weingut in Forst. Seit 2006 konzentriert er sich ganz auf den eigenen Betrieb. Im gleichen Jahr hat er auf organisch-biologische Bewirtschaftung umgestellt und die Rebfläche um knapp zwei Hektar – alles ältere Rieslinganlagen – erweitert. Seine Weinberge liegen in Deidesheim, Ruppertsberg und Niederkirchen. Riesling und die Burgundersorten baut er an, auch Sauvignon Blanc und Muskateller.

Mit Reintönigkeit bestachen die Weine im problematischen Jahrgang 2006. Frisch und reintönig präsentierten sich auch die 2007er Weine, allerdings waren viele doch ein klein wenig verhaltener als in den Vorjahren. Das gilt auch für den Jahrgang 2008: Die Weine sind klar und frisch, weisen aber nicht die Komplexität und Länge früherer Jahrgänge auf.

Weinbewertung

85 . . . 2007 Spätburgunder trocken
gute Konzentration, rauchige Noten, reife Frucht; füllig, harmonisch, klare reife Frucht **12,50 €**

82 2008 Weißburgunder trocken **6,20 €**
81 2008 Grauburgunder trocken **6,40 €**
82 2008 Chardonnay-Auxerrois trocken **6,70 €**
83 2008 Muskateller trocken **7,20 €**
80 2008 Sauvignon Blanc trocken **8,20 €**
83 2008 Riesling Kabinett trocken Ruppertsberger Reiterpfad **6,50 €**
81 2008 Riesling Kabinett trocken Deidesheimer Herrgottsacker **6,50 €**
84 2008 Riesling Kabinett trocken Deidesheimer Mäushöhle **6,50 €**
80 2008 Blanc de Noir Spätburgunder trocken **6,70 €**

A

★★★

Andres & Mugler

Sektkellerei

Pfalz

Hauptstraße 33a, 67152 Ruppertsberg
Tel. 06326-8667, Fax: 06326-981596
Funk 0177-7738313, 0177-2940993
www.andresundmugler.de
info@andresundmugler.de
Weine werden vom Weingut M. Andres bezogen
Besuchszeiten: nach Vereinbarung
Weitere Verkaufsstelle: Weingut Schädler, Maikammer (siehe Eintrag)

Inhaber . . . Michael Andres und Steffen Mugler

Michael Andres (siehe den vorherigen Eintrag) und Steffen Mugler (siehe Weingut M. Schädler) haben 1989 die kleine Sektmanufaktur Andres & Mugler gegründet, versekteten in diesem Jahr 1000 Liter Riesling Spätlese von zugekauften Trauben. Heute beziehen sie die Trauben aus den eigenen Weinbergen von Michael Andres. Neben Rieslingsekt erzeugen sie vor allem Sekte aus den Burgundersorten, dazu eine Cuvée aus Muskateller und Sauvignon Blanc, versekten aber auch Weine für befreundete Winzer.

Die 2005er gefielen uns sehr gut, allen voran die Cuvée Elena und der Neuzugang im Programm, „Fleur d'Emily", eine Cuvée aus Muskateller und Sauvignon Blanc. 2006 reichte da nicht ganz heran, die Sekte waren füllig und süffig. Die neue Kollektion gefällt uns gut, bietet sehr gleichmäßige Qualität – die Cuvée Elena ist zusammen mit der Cuvée aus Chardonnay und Auxerrois unser knapper Favorit.

Weinbewertung

85 . . . 2007 Riesling Sekt Brut
frisch, fruchtbetont, feine Würze, etwas weiße Früchte; klar, füllig, harmonisch, feiner Biss **12,- €**
1997: 88; 2000: 88; 2001: 89; 2003: 87; 2004: 86.

86 . . . 2007 Blanc de Noir Sekt Brut
frisch, fruchtbetont, würzig; klar, füllig, harmonisch, wunderschön süffig **12,50 €**
1999: 86; 2000: 88; 2001: 87; 2002: 88; 2003: 87; 2004: 87; 2005: 85; 2006: 85.

87 . . . 2007 „Cuvée Elena" Sekt Brut
gute Konzentration, ganz dezenz rauchige Noten, reife Frucht; füllig, harmonisch, gute Substanz und Länge **15,50 €**
1999: 88; 2001: 88; 2003: 87; 2004: 87; 2005: 88; 2006: 86.

85 . . . 2006 „Cuvée Louis" Sekt Brut
würzig, eindringlich, verhaltene Frucht; klar, frisch, zupackend, gute Fülle und Frucht **12,50 €**
2002: 88; 2004: 86; 2005: 87.

87 . . . 2007 Chardonnay Auxerrois Sekt Brut
fruchtbetont, klar, dezent Ananas; gute Fülle und Substanz, feine süße Frucht, süffig **14,50 €**
1999: 89; 2000: 87; 2001: 89; 2002: 87; 2003: 88; 2004: 87; 2005: 87.

86 . . . 2007 „Fleur d'Emely" Sekt Brut
frisch, fruchtbetont, feine Würze, klar, harmonisch, feine süße Frucht und Biss **15,50 €**
2005: 88; 2006: 85.

★

Hubertus M. Apel

Weingut

Mosel

Weinstraße 26, 54453 Nittel
Tel. 06584-314, Fax: 06584-1263
www.apel-weingut.de
info@apel-weingut.de
Besuchszeiten: Mo.-So. durchgehend geöffnet
Gästehaus (15 Doppelzimmer, 5 Appartements)
Weinstube, Gartenterrasse

Inhaber . . . . Harald und Hubert Apel
Rebfläche . . . . 16 Hektar

Die Brüder Harald und Hubert Apel haben sich ganz auf Elbling und Burgundersorten spezialisiert – 40 Prozent der Rebfläche sind mit Elbling, weitere 40 Prozent mit Burgundersorten von Auxerrois bis zu Spätburgunder bepflanzt. Vater und Großvater hatten schon in den fünfziger Jahren Auxerrois und Grauburgunder gepflanzt. 80 Prozent der Erzeugung werden an Privatkunden verkauft. Die Weine spiegeln das Terroir der Obermosel wider, sie erhalten durch die Muschelkalkböden viel Struktur und Schmelz. In manchen Jahren werden auch süße Weine erzeugt, das Schwergewicht liegt aber auf den trockenen und den „feinherben" Varianten.

Die 2006er hatten beachtliche Substanz, 2007 ragten eine Burgundercuvée und gleich zwei edelsüße Elblingweine aus dem Sortiment heraus. Die 2008er sind frisch und spritzig, für den Jahrgang tadellos ausgefallen, selbst der rassige, sehr preiswerte Elbling macht viel Spaß.

Weinbewertung

81	2008 Elbling trocken „Tradition" **3,90 €**
82	2008 Elbling trocken Classic **4,40 €**
82	2008 Auxerrois trocken **4,80 €**
81	2008 Weißer Burgunder trocken **4,80 €**
81	2008 Grauer Burgunder trocken **5,- €**
82	2008 Chardonnay trocken **7,- €**
78?	2008 Grauburgunder Spätlese trocken **8,- €**
83	2008 Roter Elbling „feinherb" **4,30 €**
80	2008 Riesling Kabinett „feinherb" Ayler Kupp **6,50 €**
81	2008 Weißer Burgunder „feinherb" **5,40 €**
82	2008 Auxerrois „feinherb" **5,80 €**
81	2008 Blauer Spätburgunder Blanc de Noir **6,- €**

★

Peter Argus

Weingut

Pfalz

Hauptstraße 23, 76835 Gleisweiler
Tel. 06345-919424, Fax: 06345-919425
www.argus-wein.de, mail@argus-wein.de
Besuchszeiten: Mo.-Fr. nach Vereinbarung, Sa. 14-17 Uhr, So. 10-12 Uhr

Inhaber .... Peter Argus
Rebfläche .... 7 Hektar

Seit Generationen betreibt die Familie Weinbau in Gleisweiler, 1954 wurden die ersten Weine in Flaschen verkauft. Heute führen Peter und Eva Argus das Gut, das als einziges Weingut in Gleisweiler noch im alten Ortskern angesiedelt ist, wo die Weine in einem alten Gewölbekeller aus dem Jahr 1610 ausgebaut werden. Die Weinberge von Peter Argus liegen in Gleisweiler und Umgebung, die Reben wachsen teils auf Buntsandsteinverwitterungsböden, auf denen vor allem Riesling steht, teils auf kalkhaltigen Lehmböden, wo vor allem die weißen und roten Burgunder angebaut werden. Spezialität des Hauses sind neben den barriqueausgebauten Weinen die eigenen, bereits seit 1988 erzeugten Sekte.

Seit über einem Jahrzehnt kennen wir die Weine von Peter Argus, die uns immer überzeugten mit ihrem guten und gleichmäßigen Niveau. Mit einigen Spätlesen, auch im Barrique ausgebaut, ließ er immer wieder aufhorchen, in den letzten Jahren aber überwiegen frische und fruchtbetonte Qualitäts- und Kabinettweine.

Die letztjährige Kollektion überzeugte, alle Weine waren frisch und reintönig, schlank und fruchtbetont. Eine vergleichbare Kollektion hat Peter Argus in diesem Jahr nun präsentiert, alle Weine sind reintönig, frisch und fruchtbetont, der Frühburgunder ist unser Favorit in der sehr gleichmäßigen Kollektion.

Weinbewertung

80 2008 Riesling trocken Gleisweiler Hölle **3,90 €/1l**
80 2008 Chardonnay Kabinett trocken **4,20 €**
80 2008 Grauburgunder Kabinett trocken Frankweiler Kalkgrube **4,40 €**
81 2008 Sauvignon Blanc Kabinett trocken Gleisweiler Hölle **5,80 €**
82 2008 Riesling Classic **4,30 €**
81 2008 Weißburgunder Classic **4,- €**
80 2008 Spätburgunder Rosé trocken **4,50 €**
80 2008 Spätburgunder trocken **4,50 €**
82 2007 Regent trocken **4,- €**
81 2007 Cabernet Dorsa trocken Böchinger Rosenkranz **5,- €**
84 2007 Frühburgunder Spätlese trocken Burrweiler Bischofsfelsen **7,- €**

Johann Arnold ★★
Weingut & Winzerhof

Franken

Lange Gasse 26/28, 97346 Iphofen
Tel. 09323-89833, Fax: 09323-89834
www.weingut-arnold.de
mail@weingut-arnold.de
Besuchszeiten: Mo.-Sa. 8-19 Uhr, So. 9-18 Uhr
Gästezimmer, Ferienwohnungen

Inhaber .... Johannes Arnold jr.
Rebfläche .... 6,5 Hektar

Als 1959 Johann Arnold mit der Selbstvermarktung begann, war das heutige Weingut ein landwirtschaftlicher Gemischtbetrieb mit 1,5 Hektar Weinbergen, 10 Hektar Ackerland und eigener Viehhaltung. Nach und nach hat er sich ganz auf Weinbau konzentriert, die Rebfläche kontinuierlich auf die heutige Größe erweitert, 1974 das benachbarte damalige Gasthaus Zum Lamm erworben und in den eigenen Betrieb integriert. Seit 2000 führen Johannes Arnold jr. und Ehefrau Claudia das Gut. Ihre Weinberge liegen in Iphofen in den Lagen Kalb, Kronsberg und Julius-Echter-Berg (mit dem Filetstück „Im Frohntal") und in den Rödelseer Lagen Schwanleite und Küchenmeister. Silvaner ist mit einem Anteil von 35 Prozent die wichtigste Rebsorte im Weingut. Hinzu kommen Riesling, Domina, Scheurebe, Müller-Thurgau, Bacchus, Spätburgunder, Weißburgunder und Dornfelder.

2006 präsentierte Johannes Arnold reintönige Weine mit Frucht und Substanz. Reintönig und frisch waren die Weine auch im Jahrgang 2007, wenn auch vielleicht ein wenig schlanker als in den vorausgegangenen Jahren. Unser Favorit war die Silvaner Spätlese „Im Frohntal". Auch die neue Kollektion bietet gewohnt zuverlässige Qualität auf gutem Niveau, an der Spitze zeigen Silvaner und Weißburgunder als trockene Spätlesen aus dem Julius-Echter-Berg Kraft und Struktur.

Weinbewertung

85 . . . 2008 Silvaner Spätlese trocken Iphöfer Julius-Echter-Berg
gute Konzentration, herrlich viel Frucht, klar und eindringlich; füllig, harmonisch, viel reife Frucht, Substanz **8,50 €**

86 . . . 2008 Weißburgunder Spätlese trocken Iphöfer Julius-Echter-Berg
gute Konzentration, feine Würze und Frucht, eindringlich; füllig, harmonisch, viel reife Frucht, gute Struktur und Biss **9,- €**

87 . . . 2008 Silvaner „GG" Iphöfer Julius-Echter-Berg
gute Konzentration, klare Frucht, Birnen, weiße Früchte, Frische; füllig, harmonisch, viel reife Frucht, Substanz und Frische **15,- €**

78	2008 Müller-Thurgau trocken **4,50 €/1l**
79	2008 Silvaner trocken **5,- €/1l**
83	2008 Silvaner Kabinett trocken Rödelseer Küchenmeister **6,- €**
82	2008 Bacchus **5,- €**
83	2008 Scheurebe Kabinett Iphöfer Kalb **6,- €**
82	2008 Domina Rosé Kabinett trocken **5,- €**
82	2007 Domina trocken **6,50 €**

★☆

Wilhelm Arnold
Weingut

Franken

Friedenstraße 4-6, 97236 Randersacker
Tel. 0931-708326, Fax: 0931-700903
www.arnoldwein.de
info@arnoldwein.de
Besuchszeiten: Mo.-Sa. 8-18 Uhr, sonst nach Vereinbarung

Inhaber .... Bruno Arnold
Rebfläche .... 8,5 Hektar

Seit 1673 baut die Familie Arnold Wein in Randersacker an. Heute wird das Gut von Bruno und Diana Arnold geführt. Großvater Wilhelm, Namensgeber des Weingutes, war Gründungsmitglied des Verbandes Fränkischer Weingüter und Selbstvermarkter, dem Vorgänger des fränkischen VDP. Die Weinberge von Bruno Arnold liegen in Randersacker in den Lagen Pfülben, Teufelskeller, Marsberg und Sonnenstuhl, sowie im benachbarten Eibelstadt. Er baut Silvaner, Müller-Thurgau und Riesling an, aber auch Bacchus, Scheurebe, Weißburgunder, Kerner, Rieslaner und Morio-Muskat. An roten Sorten gibt es Domina, Zweigelt und Blaufränkisch. Die Weißweine werden im Edelstahl recht lange auf der Feinhefe ausgebaut, die Rotweine kommen nach der Maischegärung in Eichenholzfässer.

Mit einer gleichmäßigen Kollektion im problematischen Jahrgang 2006 hatte sich Bruno Arnold gut behauptet. Eine ähnliche Kollektion folgte im vergangenen Jahr nach, angeführt von der Rieslaner Spätlese aus dem Pfülben. Die neue Kollektion gefällt uns deutlich besser: Die Kabinettweine sind klar und frisch, die Spätlesen besitzen Fülle und Substanz, die Rieslaner Beerenauslese ist kraftvoll und reintönig. Weiter so!

Weinbewertung

86 . . . 2008 Silvaner Spätlese trocken Randersacker Sonnenstuhl
würzig, konzentriert, reife Frucht, Birnen, reintönig; füllig, harmonisch, viel reife Frucht, gute Substanz und Länge **9,50 €**

86 . . . 2008 Riesling Spätlese trocken Randersacker Pfülben
feine Würze, reife Frucht, gute Konzentration, etwas Pfirsiche; füllig, harmonisch, viel reife Frucht und Substanz **12,- €**

89 . . . 2008 Silvaner „GG" Randersacker Sonnenstuhl
gute Konzentration, klare reife Frucht, weiße und gelbe Früchte, Birnen, herrlich eindringlich; füllig, kraftvoll, harmonisch, reife Frucht, gute Struktur und Frische **15,- €**

85 . . . 2008 Kerner Spätlese Randersacker Pfülben
würzig, frisch, klare Frucht; frisch, harmonisch, feine süße Frucht, süffig **6,70 €**

88 . . . 2008 Rieslaner Beerenauslese Randersacker Pfülben
viel Konzentration, Würze, süße Aprikosen, Litschi, herrlich eindringlich und dominant; füllig und

schmeichelnd, viel Substanz und Kraft, gute Struktur **19,- €/0,5l**

---

82 2008 Silvaner Kabinett trocken Randersacker Ewig Leben **5,40 €**
80 2008 Müller-Thurgau Kabinett trocken Randersacker Ewig Leben **4,50 €**
82 2008 Weißburgunder Kabinett trocken **6,20 €**
82 2008 Scheurebe Kabinett trocken **5,- €**
82 2008 Riesling Kabinett trocken Randersacker Sonnenstuhl **6,50 €**
83 2008 Morio-Muskat Eibelstadt Kapellenberg **5,- €**
82 2008 Scheurebe Kabinett Eibelstadt Kapellenberg **5,- €**
82 2008 Silvaner Kabinett Randersacker Sonnenstuhl **5,40 €**

★★

Assmannshausen

Domaine

Rheingau

Hessische Staatsweingüter GmbH Kloster Eberbach,
Höllenbergstraße 10, 65385 Rüdesheim
Tel. 06722-2273, Fax: 06722-48121
www.weingut-kloster-eberbach.de
info@weingut-kloster-eberbach.de
Besuchszeiten: Fr./Sa. 12-18 Uhr, Jan. geschlossen

Inhaber .... Land Hessen
Direktor .... Dieter Greiner
Betriebsleiter .... Ralf Bengel
Rebfläche .... 32 Hektar

Die Assmannshäuser Weine der Hessischen Staatsweingüter werden traditionell in der Domäne in Assmannshausen ausgebaut (die anderen Rheingauer Weine finden sich unter Staatsweingüter Kloster Eberbach). Fast die gesamte Rebfläche ist mit Spätburgunder bestockt. Die Weine wachsen im Höllenberg an Südhängen mit Steigungen bis zu 60 Prozent. Sie werden im Gewölbekeller des Gutes nach der Maischegärung in Eichenholzfässern ausgebaut. An der Spitze steht meist der sogenannte Mauerwein, gekeltert aus Trauben, die im Schutze der Weinbergsmauern wachsen. Auch beim Rotwein wird, sofern noch nicht geschehen, der bei den Hessischen Staatsweingütern im Weißweinbereich bereits etablierte Schraubverschluss Einzug halten. Die als Pinot noir bezeichneten Weine fallen etwas rauchiger aus als die fruchtigen, sehr eleganten Pendants, die als Spätburgunder verkauft werden.

Aus dem Jahrgang 2006 wurden im vergangenen Jahr einige beachtliche Spätburgunder vorgestellt – gut strukturiert, wenngleich teilweise noch allzu deutlich vom Holz geprägt. Die 2007er überzeugen mit Eleganz und feiner Frucht. Das Holz ist bei den Spitzenweinen merkbar, aber vergleichsweise gut integriert. Mit solchen Leistungen scheint die Domäne auf dem richtigen Weg!

Weinbewertung

86 . . . 2007 Pinot Noir „Edition" Kloster Eberbach
feine Frucht, Kirsche, leicht rauchig; gute Struktur, saftig, pikante Säure, bereits zugänglich **14,- €**

86 . . . 2007 Spätburgunder Spätlese trocken Assmannshäuser Höllenberg
etwas verhalten, leicht rauchig, Kräuter, Beeren; würzig, kompakt, gute Struktur, saftig **16,80 €**

88 . . . 2007 Spätburgunder Spätlese trocken „Steigwein" Assmannshäuser Höllenberg
reintönige Frucht; saftig, viel Substanz und Frucht, saftig, stoffig, feine Frucht, gute Länge **30,80 €**

88 . . . 2007 Spätburgunder Auslese trocken Assmannshäuser Höllenberg
kühle Frucht, frisch, jugendlich, etwas Kirsche; saftig, viel Würze, pikante Säure, viel Frucht, straff **40,80 €**

87 . . . 2007 Kloster Eberbach Pinot Noir „R"
leicht rauchig, etwas Schokolade, reife Frucht; deutlich würzig, feste Struktur, saftig, noch etwas kantig, Potenzial (87+ Punkte) **45,- €**

89 . . . 2007 Spätburgunder Auslese trocken „Steigwein/Mauerwein" Assmannshäuser Höllenberg
sehr feine Frucht, duftig, Kirsche, rauchig, Kräuter; kraftvoll, viel Würze, gut integriertes Holz, langer Nachhall, Potenzial (89+? Punkte) **64,30 €**

84 2007 Spätburgunder trocken Assmannshäuser Höllenberg **12,80 €**

★★★

Aufricht

Weingut

Baden

Weinkundeweg 8, 88709 Meersburg
Tel. 07532-2427 oder -6123, Fax: 07532-2421
www.aufricht.de
info@aufricht.de
Besuchszeiten: täglich 10-12 + 14-18 Uhr

Inhaber .... Robert und Manfred Aufricht
Rebfläche .... 28 Hektar

Die Brüder Robert und Manfred Aufricht haben 1985 den Betrieb von ihren Eltern übernommen. Das Gros ihrer Weinberge ist in einer Lage – Meersburger Sängerhalde – rund um das Weingut arrondiert, die sich durch besonders schwere Böden mit hohem Kalkgehalt auszeichnet. Sie bauen hauptsächlich die Burgundersorten an, wobei allein Spätburgunder 40 Prozent ihrer Weinberge einnimmt. Neben Grau- und Weißburgunder haben sie auch Auxerrois und Chardonnay im Anbau. Hinzu kommen Spezialitäten wie Frühburgunder, Lemberger, Sauvignon Blanc oder Riesling.

Vor zwei Jahren bot die Kollektion füllige Weißweine. Die letztjährige Kollektion hatte ebenfalls einige füllige Weißweine vorzuweisen, der Riesling überraschte, die Spätburgunder allerdings gefielen uns etwas weniger als in den vorausgegangenen Jahren. Auch 2007 sind sie etwas geprägt von Bitternoten. Die Weißweine des Jahrgangs 2008 überzeugen voll und ganz, sie sind gewohnt füllig und konzentriert, meist von deutlicher Restsüße geprägt. Wie schon im Vorjahr hat uns der Riesling „1 Lilie" besonders gut gefallen, auch Auxerrois und Sauvignon Blanc machen viel Freude.

Weinbewertung

85 . . . 2007 Pinot Rosé Sekt extra trocken
frisch, fruchtbetont, etwas Erdbeeren, Kirschen; klar, füllig, harmonisch, feine süße Frucht, Biss **14,40 €**

87 . . . 2008 Sauvignon Blanc trocken Meersburger Sängerhalde
konzentriert, herrlich eindringlich, reintönige Frucht, etwas grasige Noten, Stachelbeeren; füllig, harmonisch, viel reife Frucht, Substanz und Frische **15,30 €**

86 . . . 2008 Riesling trocken Meersburger Sängerhalde
würzig, eindringlich, klare Frucht; weich, füllig, harmonisch, reife süße Frucht **13,40 €**

86 . . . 2008 Weißburgunder „1 Lilie" Meersburger Sängerhalde
gute Konzentration, feine Würze, reife Frucht; füllig, kraftvoll, klare reife Frucht, Substanz **17,40 €**

87 . . . 2008 Auxerrois „1 Lilie" Meersburger Sängerhalde
gute Konzentration, reife Frucht, gelbe Früchte, herrlich eindringlich; füllig, stoffig, reife süße Frucht, Substanz **17,40 €**

86 . . . 2008 Grauburgunder „1 Lilie" Meersburger Sängerhalde
gute Konzentration, reife Frucht, etwas gelbe Früchte, herrlich eindringlich; füllig, harmonisch, Substanz und Frische **17,40 €**

87 . . . 2008 Sauvignon Blanc „1 Lilie" Meersburger Sängerhalde
gute Konzentration, viel reife Frucht, herrlich eindringlich und dominant; cremig, füllig, viel reife süße Frucht, Substanz **17,40 €**

85 . . . 2008 Grauburgunder & Chardonnay Meersburger Sängerhalde
gute Konzentration, reife Frucht, gelbe Früchte; füllig, harmonisch, reife süße Frucht **17,40 €**

88 . . . 2008 Riesling „1 Lilie" Meersburger Sängerhalde
gute Konzentration, faszinierend viel Frucht, etwas Limone, herrlich eindringlich; füllig, kraftvoll, viel reife Frucht, gute Substanz und Länge **17,40 €**

85 . . . 2007 Spätburgunder Barrique Meersburger Sängerhalde
rauchige Noten, dezent Gewürze und Toast, klare reife Frucht; füllig, harmonisch, kraftvoll, reife Frucht, gute Struktur, Bitternote **17,40 €**
2000: 88; 2002: 86; 2003: 88; 2004: 87; 2005: 85; 2006: 85.

87 . . . 2007 „Isabel 3 Lilien"" Spätburgunder Meersburger Sängerhalde
würzig, eindringlich, reife Frucht, feiner Toast; füllig, harmonisch, reife süße Frucht, Substanz und Biss, jugendliche Bitternote **30,50 €**
1999: 88; 2001: 90; 2002: 88; 2004: 88; 2004: 88; 2005: 85.

---

84 2007 Pinot Noir Sekt **14,40 €**
84 2008 Grauburgunder trocken Meersburger Sängerhalde **10,40 €**
83 2008 Weißburgunder trocken Meersburger Sonnenufer **10,40 €**
82 2008 Auxerrois trocken Meersburger Sängerhalde **11,10 €**
84 2008 Chardonnay & Grauburgunder trocken Meersburger Sängerhalde **17,40 €**
84 2008 Spätburgunder Rosé Meersburger Sonnenufer **7,90 €**

★☆

Auggener Schäf

Winzerkeller

Baden

An der B 3, 79424 Auggen
Tel. 07631-36800, Fax: 07631-368080
www.auggener-wein.de
info@auggener-wein.de
Besuchszeiten: Mo.-Fr. 8-18 Uhr, Sa. 9-13, So. 10-13 Uhr

Handlungsbevollmächtigter ... Thomas Basler
Kellermeister ... Andreas Philipp
Rebfläche ... 328 Hektar
Mitglieder ... 322

In den Weinbergen der Auggener Genossen ist Gutedel mit einem Anteil von 50 Prozent die dominierende Rebsorte. Danach folgen Spätburgunder und Weißburgunder mit jeweils 10 Prozent, sowie Müller-Thurgau, aber auch Chardonnay und Sauvignon Blanc. Rotweine nehmen inzwischen 12 Prozent ein, wobei vor allem Regent auf dem Vormarsch ist. Drei Viertel der Rebfläche entfällt auf die Lage Auggener Schäf, ein Viertel auf die Lage Auggener Letten. Der Letten ist eine 60 Hektar große steile Südlage mit schweren, fruchtbaren Böden (Lehm). Im Letten werden Sorten wie Chardonnay, Gewürztraminer und Grauburgunder angebaut. Der 180 Hektar große Auggener Schäf besteht aus fünf Hügeln mit bis zu 50-prozentigen Steillagen. Im Schäf wächst auf Kalkschieferböden vor allem die Rebsorte, für die Auggen und der Auggener Schäf bundesweit bekannt ist: Der Gutedel. Trockene, hochwertige Weine werden mit Künstleretiketten des Auggener Heimatmalers Julius Kibiger ausgestattet.

Der Name Auggen steht für Gutedel, die Gutedel sind meist die Stärke der Auggener Genossen. Aber auch mit Rotweinen und im edelsüßen Segment lassen sie immer wieder aufhorchen.

Vor zwei Jahren gefielen uns die edelsüßen Weine, aber auch die Barriqueweine besonders gut. Ähnlich zeigte sich das Bild in der letztjährigen Kollektion, allerdings wussten auch die trockenen Gutedel zu gefallen, allen voran die Spätlese. Die 2008er Kollektion, angeführt von zwei edelsüßen Weinen, präsentiert sich sehr gleichmäßig.

Weinbewertung

87 . . . 2008 Gutedel Eiswein Auggener Schäf
viel Würze, Konzentration, reife Frucht, Marzipan; süß, konzentriert, herrlich viel Stoff **15,- €/0,5l**

86 . . . 2008 Chardonnay Beerenauslese Auggener Schäf
viel Duft, viel reife Frucht, Ananas; süß, konzentriert, herrlich viel Stoff **22,50 €/0,5l**

81 2008 Weißer Gutedel trocken Auggener Schäf **3,95 €**
79 2008 Rivaner Kabinett trocken Auggener Schäf **4,- €**
82 2008 Gutedel Kabinett trocken Auggener Schäf **4,90 €**
83 2008 Sauvignon Blanc trocken Auggener Schäf **5,50 €**
82 2008 Chardonnay Kabinett trocken Auggener Schäf **5,70 €**
84 2008 Gutedel Spätlese trocken Auggener Schäf **6,30 €**
81 2008 Müller-Thurgau Kabinett Auggener Schäf **4,- €**
83 2008 Muskateller Kabinett Auggener Schäf **5,50 €**
82 2008 Gewürztraminer Spätlese Auggener Letten **7,40 €**
84 2008 Chardonnay Trockenbeerenauslese Barrique Auggener Schäf **30,-/0,5l €**

★★

Augustin

Weingut

Franken

Raiffeisenstraße 5, 97320 Sulzfeld
Tel. *09321-5663,* ***Fax:*** *09321-24704*
www.weingut-augustin.de
info@weingut-augustin.de
Besuchszeiten: *Mo.-Sa. 8-18 Uhr, So. 10-12 Uhr und nach Vereinbarung*
Probierstube, Vinotel Augustin

Inhaber .... Arno Augustin
Rebfläche .... 10,5 Hektar

Das 1988 gegründete Weingut wird seit 2001 von Geisenheim-Absolvent Arno Augustin geführt. Die Weinberge liegen alle in den Sulzfelder Lagen Maustal und Cyriakusberg, wo die Reben auf schweren Muschelkalkböden wachsen. Wichtigste Rebsorten sind Müller-Thurgau, Silvaner und Bacchus. Dazu gibt es Weißburgunder und Kerner. Die Rotweinfläche wurde mit Spätburgunder, Schwarzriesling und Merlot ausgeweitet. Die Weine werden überwiegend trocken angeboten. Erstmals mit dem Jahrgang 2003 hat Arno Augustin Weine im Barrique ausgebaut.

Bacchus gab es 2006 als Trockenbeerenauslese, die Barriqueweine ragten vor zwei Jahren aus einer ansonsten gleichmäßigen Kollektion heraus. Auch die letztjährige Kollektion überzeugte voll und ganz, darunter auch die Neulinge im Programm, Riesling und Sauvignon Blanc. Eine starke Kollektion präsentiert Arno Augustin auch in diesem Jahr, angefangen von reintönigen Weißburgundern, mit und ohne Barrique, über einen wunderschön reintönigen Silvaner Kabinett und eine dicke Silvaner Auslese bis hin zum noch recht jugendlichen Merlot: Im Auge behalten!

Weinbewertung

85 . . . 2008 Silvaner Kabinett trocken Sulzfeld Maustal
gute Konzentration, reintönige Frucht, etwas Birnen; füllig, harmonisch, reintönige Frucht, gute Struktur **6,90 €**

85 . . . 2008 Weißburgunder trocken Sulzfeld
gute Konzentration, faszinierend viel Frucht, reintönig; füllig, harmonisch, viel reife Frucht, Struktur und Frische **7,30 €**

87 . . . 2007 Weißburgunder Spätlese trocken Barrique Sulzfeld
würzig, eindringlich, reife Frucht, gute Konzentration; weich, füllig, harmonisch, viel reife Frucht, Vanille, Substanz **17,- €**
2006: 87.

87 . . . 2008 Silvaner Auslese Sulzfeld Cyriakusberg
viel Konzentration, Litschi, süße Aprikosen; süß, konzentriert, feine Frische, reintönige Frucht, Biss **17,- €**

85 . . . 2007 Spätburgunder trocken Sulzfeld
würzig, eindringlich, klare Frucht; füllig, kraftvoll, reife Frucht, gute Struktur **9,- €**

87 . . . 2007 Merlot trocken Barrique Sulzfeld
gute Konzentration, etwas rote Früchte, Gewürze; füllig, kraftvoll, reife Frucht, gute Struktur, jugendliche Tannine **25,- €**

82 2008 Rivaner trocken Sulzfeld Maustal **6,- €**
82 2008 Riesling Kabinett trocken Sulzfeld Maustal **8,20 €**
82 2008 „Faszination" Weißwein **5,50 €**
81 2008 Spätburgunder Blanc de Noir trocken Sulzfeld **8,20 €**

★★

Bad Cannstatt

Weingärtner

Württemberg

Rommelstraße 20, 70376 Stuttgart
Tel. 0711-542266, Fax: 0711-557291
www.badcannstatt-weine.de
info@badcannstatt-weine.de
Besuchszeiten: Mo.-Fr. 8-12 + 13:30-18 Uhr, Sa. 9:30-13 Uhr

Geschäftsführer .... Günter Hübner
Kellermeister .... Thomas Zerweck
Mitglieder 70
Rebfläche .... 45 Hektar

Die Mitglieder der 1923 gegründeten Genossenschaft von Bad Cannstatt bewirtschaften Weinberge in den nördlichen Teilen der Landeshauptstadt Stuttgart, und zwar in den Lagen Berg und Kriegsberg (Keuperböden mit Löss), sowie Steinhalde und Zuckerle, wo der Wein auf Muschelkalkböden wächst. Gut ein Drittel der Weinberge befinden sich in terrassierten Steillagen. Der Trollinger nimmt über die Hälfte der Rebfläche ein, Riesling ein knappes Viertel. Es folgen Dornfelder, Müller-Thurgau und Kerner. Dazu gibt es ein wenig Lemberger, Spätburgunder, Samtrot und Muskat-Trollinger. 15 der Mitglieder sind Vollerwerbswinzer, die etwa 90 Prozent der verarbeiteten Trauben abliefern. Seit 2005 werden keine Prädikatsbezeichnungen mehr verwendet, alle Weine werden betriebsintern mit bis zu 3 Sternen gekennzeichnet. Die Weine der Premiumserie stammen von alten, ertragsreduzierten Anlagen.

Auch im schwierigen Jahrgang 2006 behaupteten die Weingärtner Bad Cannstatt sich gut, vor allem die Rieslinge überzeugten. Noch besser allerdings gefiel uns vor zwei Jahren der barriqueausgebaute 2005er Samtrot. Sein Nachfolger aus dem Jahrgang 2006 war ihm ebenbürtig, ebenso der Spätburgunder aus dem gleichen Jahrgang. Sie führten im vergangenen Jahr eine gute, einmal mehr überzeugende Kollektion an. Eine vergleichbare Kollektion präsentieren die Bad Cannstatter Genossen nun in diesem Jahr. Vor allem die barriqueausgebauten Rotweine überzeugen, sie schmeicheln mit reifer Frucht und feinen Vanillenoten.

Weinbewertung

88 . . . 2007 Lemberger* trocken Cannstatter Zuckerle**
feiner Duft, Vanille, gute Konzentration; weich, füllig und schmeichelnd, viel reife Frucht, Vanille **13,30 €**

87 . . . 2007 Samtrot* trocken**
reintönige Frucht, gute Konzentration, rote Früchte, etwas Vanille; füllig, harmonisch, klare reife Frucht, gute Substanz und Länge **14,30 €**
2004: 87; 2005: 88; 2006: 88.

87 . . . 2006 „Comdistat"* Rotwein trocken**
viel reife Frucht, gute Konzentration, Vanille; füllig, harmonisch, viel reife Frucht, etwas Vanille und Schokolade, gute Substanz und Länge **23,- €**

80 „Secco" Blanc de Noir Perlwein trocken **6,70 €**
82 2008 „Travertin" Weißwein trocken **6,70 €**
82 2008 „Justinus K." Weißwein trocken **6,90 €**
81 2008 Riesling** trocken Cannstatter Zuckerle **7,10 €**
84 2007 Grauburgunder*** trocken **12,40 €**
79 2008 Trollinger Weißherbst* Cannstatter Zuckerle **5,- €**
82 2008 Trollinger** trocken Cannstatter Zuckerle **6,80 €**
82 2007 Lemberger** trocken Cannstatter Zuckerle **7,70 €**
82 2007 „Travertin"** Rotwein trocken **7,20 €**

★★

H. Bader

Weingut

Württemberg

Albert-Moser-Straße 100, 71394 Kernen
Tel. 07151-42828, Fax: 07151-45497
www.weingut-bader.de
info@weingut-bader.de
Besuchszeiten: Mo.-Fr. (außer Mi.) 16-18 Uhr, Sa. 9-13 Uhr oder nach Vereinbarung

Inhaber .... Hans Bader
Rebfläche .... 6 Hektar

Die Weinberge von Hans Bader verteilen sich auf die Stettener Lagen Pulvermächer, Mönchberg, Lindhälder und Häder. Wichtigste Rebsorte bei Hans Bader ist der Riesling, der 44 Prozent der Rebfläche einnimmt. Mit weitem Abstand folgen Trollinger und Spätburgunder. Hinzu kommen weitere rote Sorten wie Dornfelder, Heroldrebe, Portugieser, Lemberger, Zweigelt und Hegel. An weißen Sorten gibt es neben Weißburgunder noch ein klein wenig Müller-Thurgau, Sauvignon Blanc und Saphira.

Die letztjährige Kollektion war beeindruckend, die Cuvée Iris hatte an Komplexität gewonnen, die Weißweine besaßen Kraft und Substanz. Eine vergleichbare Kollektion präsentiert Hans Bader in diesem Jahr mit sehr eigenständigen, kraftvollen Weiß- und Rotweinen.

Weinbewertung

85 . . . 2008 „Visavis" Sauvignon Blanc
gute Konzentration, klare reife Frucht, eindringlich; weich, füllig, harmonisch, reife Frucht **10,50 €**

86 . . . 2008 Riesling Auslese Stettener Häder
gute Konzentration, eingelegte süße Aprikosen, Litschi; süß, dick, herrlich viel Frucht und Substanz, Biss **12,50 €**

86 . . . 2007 Spätburgunder trocken Stettener Lindhälder
gute Konzentration, reintönige reife Frucht, herrlich eindringlich; füllig, harmonisch, kraftvoll, klare reife Frucht, gute Struktur und Frische **7,20 €**

87 . . . 2005 Spätburgunder trocken Barrique
rauchige Noten, reintönige Frucht, herrlich eindringlich; füllig, harmonisch, viel reife Frucht und Substanz, dezent Schokolade, gute Struktur **16,- €**

85 . . . 2006 „Iris" Rotwein trocken
viel Duft, etwas Gewürze, rote und dunkle Früchte; füllig, harmonisch, viel reife Frucht, Substanz **18,- €**

---

83 2008 Weißburgunder Kabinett trocken Stettener Pulvermächer **7,10 €**
82 2008 Riesling Kabinett trocken Stettener Pulvermächer **6,50 €**
82 2008 „Slow" Riesling trocken Stettener **6,80 €**
83 2008 Riesling „Y" Spätlese trocken Stettener Pulvermächer **8,50 €**
81 2007 „Donar" Rotwein trocken **6,50 €**
81 2007 Zweigelt trocken **7,20 €**

★★

Bad Kreuznach

Staatsweingut

Nahe

Rüdesheimer Straße 68, 55545 Bad Kreuznach
Tel. 0671-820330, Fax: 0671-820301
www.staatsweingut.de
info@staatsweingut.de
Besuchszeiten: Mo.-Do. 9-12:30 + 14-17 Uhr, Fr. 9-14:30 Uhr

Inhaber .... Land Rheinland-Pfalz
Betriebsleiter .... Günter Schenkel
Kellermeister .... Rainer Gies
Rebfläche .... 20 Hektar

Im Jahr 1900 wurde die „Provinziale Weinbauschule" gegründet, aus der das heutige Staatsweingut Bad Kreuznach hervorgegangen ist. Neben Weinbergen in Bad Kreuznach (Kahlenberg, Forst, Hinkelstein, Vogelsang) besitzt das Staatsweingut auch Weinberge im Norheimer Kafels. Auf knapp der Hälfte der Rebfläche wird Riesling angebaut. Hinzu kommen Silvaner, Müller-Thurgau, Weißburgunder und Scheurebe, sowie 20 Prozent Rotweinsorten: Spätburgunder, Frühburgunder, Schwarzriesling, Dornfelder, Portugieser und Domina, eine Sorte die sonst an der Nahe nicht zu finden ist.

Im schwierigen Jahrgang 2006 hatte sich Kellermeister Gies gut behauptet, schloss nahtlos an die Vorjahre an. Die letztjährige Kollektion war stärker, vor allem im edelsüßen Segment, das angeführt wurde von einer hervorragenden Trockenbeerenauslese, aber auch die rote Cuvée vermochte zu überzeugen. In diesem Jahr nun wollten uns die Rotweine nicht so recht überzeugen, das weiße Segment wird angeführt von einem stoffigen Riesling Eiswein.

Weinbewertung

86 . . . 2008 Riesling Spätlese trocken Kreuznacher Kahlenberg
würzig, klar, reife Frucht; füllig, harmonisch, feine süße Frucht und Biss **9,50 €**

85 . . . 2008 Riesling Spätlese trocken Norheimer Kafels
viel Würze, Duft, gute Konzentration; füllig, harmonisch, reife Frucht, Substanz und Biss **10,50 €**

85 . . . 2008 Gewürztraminer Spätlese trocken Kreuznacher Kahlenberg
feiner Duft, Rosen, reintönige Frucht; füllig, harmonisch, feine süße Frucht, Frische und Biss **6,30 €**

86 . . . 2008 Riesling Auslese Norheimer Kafels
würzig, klar, reife Frucht, feine Frische; klar, frisch, elegant, feine süße Frucht und Biss **11,50 €/0,5l**

2000: 87; 2001: 88; 2002: 87; 2003: 87; 2004: 88; 2005: 87; 2006: 87; 2007: 87.

88 . . . 2008 Riesling Eiswein Norheimer Kafels
würzig, eindringlich, gute Konzentration; süß, dick, konzentriert, herrlich viel Stoff **29,50 €/0,5l**

83 2008 Riesling Spätlese halbtrocken Norheimer Kafels **10,50 €**
82 2007 Spätburgunder Spätlese trocken Kreuznacher Hinkelsteins **9,20 €**
81 2006 „PRESTIGE" Rotwein trocken Barrique **12,70 €**
81 2006 „DUETT" Rotwein trocken Barrique **12,70 €**

Bäder ★

Weingut

Rheinhessen

Unterwendelsheim 15, 55234 Wendelsheim
Tel. 06734-9140900 / 0160-7439462
www.weingutbaeder.de
katja@weingutbaeder.de
Besuchszeiten: jeden 2. Sa. im Monat, Christi Himmelfahrt und 3. Oktober Tage der offenen Tür, sonst nach Vereinbarung

Inhaber .... Jens Bäder
Rebfläche .... 2,5 Hektar

Das 2009 gegründete Weingut ist hervorgegangen aus dem Weingut Villa Bäder in Eckelsheim. Katja und Jens Bäder haben beide in Geisenheim studiert. Sie konzentrierten sich auf Riesling, Spätburgunder, Grauburgunder und Silvaner. Ihre wichtigste Lage ist La Roche in Uffhofen, wo die Reben auf rotliegendem Sandsteinverwitterungsboden wachsen. Das Weingut befindet sich in der Umstellungsphase zum biologischen Weinbau. Die Weine werden alle spontanvergoren.

Im vergangenen Jahr gefielen uns der Riesling La Roche und der Eiswein am besten, und diese beiden – der Eiswein ist derselbe wie im vergangenen Jahr – sind auch unsere Favoriten in der aktuellen Kollektion, die ein gutes, deutlich verbessertes Basisniveau aufweist.

Weinbewertung

86 . . . 2008 La Roche Riesling trocken
gute Konzentration, feine Würze und Frucht, dezent gelbe Früchte; füllig, kraftvoll, reife Frucht, gute Substanz und Frische **12,50 €**

87 . . . 2007 Eiswein
feiner Duft, viel reife Frucht, Frische; weich, füllig, harmonisch, feine süße Frucht Frische **15,- €**

81 2008 Silvaner trocken **6,- €**
82 2008 Riesling trocken **6,- €**
83 2008 Grauburgunder trocken **6,- €**
82 2008 Spätburgunder Blanc de Noirs trocken **6,- €**
84 2005 Frühburgunder trocken **12,50 €**

Bärenhof ★

Weingut

Pfalz

Weinstraße 4, 67098 Bad Dürkheim-Ungstein
Tel. 06322-4137, Fax: 06322-8212
www.weingut-baerenhof.de
weingut-baerenhof@t-online.de
Besuchszeiten: Mo.-Fr. 8-12 + 13-18 Uhr, Sa. 9-16 Uhr, So. 10-12 Uhr

Inhaber .... Günther Bähr
Rebfläche .... 24,6 Hektar

Günther Bähr baut in seinen Weinbergen 18 verschiedene Rebsorten an. Mit Abstand die wichtigste ist Riesling, die über 40 Prozent der Rebfläche einnimmt. Es folgen die roten Sorten Portugieser und

Dornfelder. Die Weißweine werden reduktiv ausgebaut und im März oder April, auf die Flasche gefüllt, die Rotweine nach der Maischegärung zum Teil im Holzfass ausgebaut. Das Gros der Weine verkauft Günther Bähr an Privatkunden. Mit dem Jahrgang 2000 wurden die Weine der Collection „JB" eingeführt. Hinter dem Kürzel „JB" verbergen sich die Weine, die Sohn Jürgen aus stark ertragsreduzierten Anlagen nach eigenen Vorstellungen ausbaut.

2006 war jahrgangsbedingt schwächer, unser Favorit vor zwei Jahren war einmal mehr die Ursus genannte Rotweincuvée (aus dem Jahrgang 2005). Die beiden 2006er Ursus-Rotweine überzeugten im vergangenen Jahr, die Weißweine aber präsentierten sich etwas weniger gleichmäßig. Die neue Kollektion gefällt uns deutlich besser, an der Spitze diesmal gleich drei Weine der „JB Collection". So darf es weitergehen!

Weinbewertung

86 . . . 2008 „JB Collection" Riesling Spätlese trocken Holzfass
gute Konzentration, herrlich viel Frucht, würzig und eindringlich; füllig, kraftvoll, reife Frucht, gute Substanz, Struktur **7,80 €**

86 . . . 2008 Huxelrebe Beerenauslese Ungsteiner Weilberg
würzig, eindringlich, klare Frucht, dezent Rhabarber; füllig, konzentriert, viel Substanz **7,20 €/0,375l**

86 . . . 2007 „JB Collection" „Cuvée Ursus" Rotwein trocken Barrique
zwölf Monate Barriqueausbau; jeweils ein Drittel Cabernet Sauvignon, Spätburgunder und Merlot; gute Konzentration, Schokolade, viel reife Frucht, etwas Cassis; füllig, harmonisch, viel reife Frucht, Vanille und Schokolade **8,40 €**
1999: 84; 2000: 86; 2001: 85; 2002: 85; 2003: 86; 2004: 86; 2005: 86; 2006: 85.

87 . . . 2008 „JB Collection" St. Laurent trocken Holzfass
viel reife Frucht, gute Konzentration, Schokolade, Vanille, Gewürze, herrlich eindringlich; füllig, stoffig, reife Frucht, Substanz, gute Struktur, Frische **9,80 €**

---

80 2008 Riesling trocken Dürkheimer Steinberg **3,30 €**
79 2008 Riesling Kabinett trocken Ungsteiner Nußriegel **3,65 €**
82 2008 Riesling Spätlese trocken Dürkheimer Rittergarten **4,60 €**
83 2008 Riesling Spätlese trocken Ungsteiner Weilberg **5.60 €**
81 2008 Chardonnay Spätlese trocken Ungsteiner Osterberg **5,30 €**
82 2008 Weißburgunder Spätlese trocken Ungsteiner Osterberg **5,30 €**
84 2008 „JB Collection" Weißburgunder Spätlese trocken Holzfass Ungsteiner Osterberg **7,80 €**
83 2008 Huxelrebe Auslese Ungsteiner Weilberg **7,20 €/0,5l**

★★☆

Baldauf
Weingut

Franken

Hauptstrasse 42, 97729 Ramsthal
Tel. 09704-1595, Fax: 09704-7655
www.baldaufwein.de
info@baldaufwein.de
Besuchszeiten: Mo.-Fr. 9-12 + 13-18 Uhr, Sa. 9-12 + 13-16 Uhr, So. kein Verkauf

Inhaber . . . . Gerald und Ralf Baldauf
Rebfläche . . . . .18 Hektar

Das 1966 von Karl-Heinz Baldauf in Ramsthal im Saaletal gegründete Weingut wird seit 1991 von seinen Söhnen Gerald und Ralf geführt, die beide in Veitshöchheim zum Weinbautechniker ausgebildet wurden. Ihre Weinberge befinden sich in den Lagen Ramsthaler St. Klausen und Hammelburger Trautlestal. Die Weißweine werden im Edelstahl, die Rotweine – immerhin ein Viertel der Produktion – werden in großen oder kleinen Holzfässern ausgebaut. 2008 wurde eine neue Vinothek eröffnet. Die besten Weine eines Jahrgangs werden in der Linie Clees vermarktet, einer sehr alten Ramsthaler Weinlagenbezeichnung (St. Clees).

Gerald und Ralf Baldauf zeigen immer wieder, dass auch ganz im Norden des fränkischen Anbaugebietes Spitzenweine erzeugt werden können. Sie setzen auf Fülle und Frucht und erzeugen mustergültig reintönige Weine.

Die 2006er Kollektion war enorm beeindruckend, angesichts des Jahrgangs, überzeugte gleichermaßen trocken wie süß. Eine vergleichbar starke Kollektion folgte im vergangenen Jahr nach: Jeder Wein überzeugte, die Spätlesen zeigten viel Fülle und reintönige Frucht, der Weißburgunder gehörte zu den Besten in Franken. Sehr homogen präsentiert sich nun der Jahrgang 2008 mit fülligen, fruchtbetonten Weinen, wird angeführt vom stoffigen Silvaner aus dem Pfarrwengert.

Weinbewertung

87 . . . 2008 „CLEES" „Pfarrwengert" Silvaner Spätlese trocken Ramsthaler St. Klausen
gute Konzentration, klare reife Frucht, weiße und gelbe Früchte; füllig, harmonisch, viel reife Frucht und Substanz **12,- €**

85 . . . 2008 „CLEES" Riesling Spätlese trocken
gute Konzentration, reintönige Frucht, feine Würze, etwas Aprikosen; weich, füllig, harmonisch, reife süße Frucht **9,50 €**

85 . . . 2008 „CLEES" Bacchus Spätlese „feinherb" Ramsthaler St. Klausen
gute Konzentration, feine Würze, etwas Cassis; süß, klar, harmonisch, feine Frucht und Frische **9,- €**

85 . . . 2008 „CLEES" Rieslaner Spätlese „feinsüß" Ramsthaler St. Klausen
gute Konzentration, etwas Grapefruit und Orangen; füllig und schmeichelnd, reife süße Frucht, Substanz und Länge **9,50 €**

84 2007 „CLEES" Silvaner Sekt brut **11,- €**
82 2008 Müller-Thurgau trocken „Frank & Frei" **5,50 €**
81 2008 Riesling trocken **5,90 €**
83 2008 Silvaner Kabinett trocken Ramsthaler St. Klausen **5,50 €**
83 2008 Gewürztraminer Kabinett trocken Ramsthaler St. Klausen **5,90 €**
82 2008 Bacchus Kabinett „feinfruchtig" Ramsthaler St. Klausen **5,10 €**
84 2006 „CLEES" Spätburgunder trocken Hammelburger Trautlestal **13,- €**

Karl-Kurt ★★★

Bamberger & Sohn

Wein- und Sektgut

Nahe

Römerstraße 10, 55566 Meddersheim
Tel. 06751-2624, Fax: 06751-2141
www.weingut-bamberger.de
kontakt@weingut-bamberger.de
Besuchszeiten: täglich 8-19 Uhr, So. nach Vereinbarung

Inhaber .... Familie Bamberger
Rebfläche .... 11 Hektar

Karl-Kurt Bamberger hatte sich in den sechziger Jahren entschieden, den landwirtschaftlichen Gemischtbetrieb aufzugeben und ganz auf Weinbau zu setzen. Seit 1993 ist Sohn Heiko für den Weinausbau verantwortlich. Die Weinberge liegen in Meddersheim (Rheingrafenberg, Altenberg), sowie in Monzingen (Frühlingsplätzchen), Schlossböckelheim (Königsfels) und Sobernheim (Marbach). Riesling nimmt fast die Hälfte der Rebfläche ein. Es folgen Weiß- und Grauburgunder, Müller-Thurgau, Spät- und Frühburgunder, Gewürztraminer, sowie Dornfelder. Eine Spezialität des Weinguts sind die nach der traditionellen Methode hergestellten Winzersekte. 2007 wurde noch etwas Weißburgunder angelegt und 2008 eine Steilstlage im Frühlingsplätzchen rekultiviert und mit Riesling bestockt.

Seit einem Jahrzehnt schon loben wir das immer überzeugende Programm der Bambergers. Die Sekte sind Jahr für Jahr Spitze an der Nahe, aber auch die Weine halten trocken wie edelsüß den Anschluss an die Spitze in der Region.

2006 überzeugte, wobei ausnahmsweise einmal ein trockener Wein unser Favorit war. Sehr geschlossen präsentierte sich die letztjährige Kollektion: Die Sekte gefielen wie gewohnt, Riesling mehr im halbtrockenen und süßen Segment, der Frühburgunder aus dem Jahrgang 2005 bestach durch Kraft und Fülle. Eine vergleichbar starke Kollektion folgt nach, einmal mehr mit wunderschönen Sekten und feinen edelsüßen Rieslingen, aber auch im trockenen Segment wissen vor allem die beiden Goldkapsel-Weine aus Altenberg und Frühlingsplätzchen zu überzeugen.

Weinbewertung

87 . . . 2006 Riesling Sekt brut
würzig, eindringlich, klare Rieslingfrucht; gute Fülle und Substanz, reife süße Frucht **9,90 €**
1998: 87/88; 1999: 86; 2001: 84; 2002: 86; 2003: 87; 2004: 85.

86 . . . 2007 Cuvée Pinot Sekt brut
frisch, klar, gute Konzentration, etwas würzig, cremige Noten; weich, füllig, harmonisch, süffig **9,90 €**

86 . . . 2007 Rosé Sekt trocken
rauchig-würzige Noten, feine Frucht; füllig, harmonisch, elegant, feine süße Frucht **9,- €**

88 . . . 2008 Riesling „S" trocken (Goldkapsel) Meddersheimer Altenberg
gute Konzentration, feine Würze, viel reife Frucht; füllig, kraftvoll, viel reife Frucht, Substanz, gute Struktur **11,90 €**

87 . . . 2008 Riesling „S" trocken (Goldkapsel) Monzinger Frühlingsplätzchen
gute Konzentration, feine Würze, reife klare Frucht, herrlich eindringlich; füllig, kraftvoll, reife Frucht, viel Substanz **11,90 €**

87 . . . 2008 Riesling Auslese* (Goldkapsel) Meddersheimer Rheingrafenberg
konzentriert, eindringlich, klare reife Frucht; füllig und schmeichelnd, reife süße Frucht, süffig, etwas eingelegte süße Aprikosen **17,- €/0,375l**

89 . . . 2008 Riesling Eiswein Meddersheimer Rheingrafenberg
konzentriert, reintönig, eindringlich, etwas Orangenschalen, kandierte Früchte, Marzipan; süß, dick, konzentriert, viel Stoff **27,- €/0,375l**

86 . . . 2006 Spätburgunder trocken (Goldkapsel) Meddersheimer Altenberg
reife Frucht, Vanille, rote Früchte, etwas Gewürze; füllig, kraftvoll, viel reife Frucht **19,- €**

---

80 2008 Weißburgunder trocken Meddersheim **8,90 €**

84 2008 Riesling trocken Monzinger Frühlingsplätzchen **7,90 €**

82 2008 Riesling „feinherb" Monzinger Frühlingsplätzchen **7,90 €**

83 2008 Riesling Spätlese Meddersheimer Altenberg **7,90 €**

★★

Bardorf

Weingut Gasthof Löwen

Franken

Ochsenfurter Straße 4, 97236 Randersacker
Tel. 0931-70550, Fax: 0931-7055222
www.loewen-randersacker.de
info@loewen-randersacker.de
Besuchszeiten: Mo.-So. 9-22 Uhr
Hotel-Gasthof „Löwen"

Inhaber .... Günther Bardorf
Rebfläche .... 2,8 Hektar

Das Weingut Bardorf wurde 1965 gegründet. Seit Abschluss seiner Winzerlehre arbeitet Sohn Stefan im Weinbaubetrieb mit und ist für den Weinausbau verantwortlich. Die Weinberge von Günther Bardorf liegen in den Randersackerer Lagen Marsberg, Sonnenstuhl, Teufelskeller und Dabug, sowie im Eibelstadter Kapellenberg. Er baut Silvaner, Riesling, Bacchus, Müller-Thurgau, Scheurebe und Kerner, sowie Schwarzriesling und Spätburgunder an. Neu angepflanzt wurden Domina, Blaufränkisch, Zweigelt und Weißburgunder. Die Weine werden kühl vergoren und einige Monate auf der Feinhefe ausgebaut.

2006 war jahrgangsbedingt etwas schwächer, brachte aber zwei sehr schöne edelsüße Weine. Fast identisch zeigte sich das Bild im vergangenen Jahr: Zwei mächtige edelsüße Weine führten eine ansonsten etwas verhaltene Kollektion an. Auch in der neuen Kollektion setzen die edelsüßen Weine die Glanzlichter, aber auch die rote Cuvée aus dem Jahrgang 2006 gefällt uns gut. Die trockenen Weißweine sind wie schon in den Vorjahren ein wenig verhalten.

Weinbewertung

87 . . . 2008 Silvaner Auslese Randersackerer Marsberg
würzig, konzentriert, herrlich eindringlich, etwas Litschi; süß, schmeichelnd, ganz dezente Kaffeenoten **8,80 €/0,375l**

88 . . . 2008 Silvaner Eiswein Randersackerer Dabug
gute Konzentration, eingelegte süße Aprikosen, feiner Duft; süß, schmeichelnd, dick, konzentriert, eingelegte süße Aprikosen **39,- €/0,375l**

89 . . . 2008 Riesling Eiswein Randersackerer Sonnenstuhl
viel Duft und Konzentration, feine Frische; dick, dominant, viel Stoff, Litschi und eingelegte süße Aprikosen **46,- €/0,375l**

86 . . . 2006 „SL" Rotwein Spätlese trocken Randersackerer Ewig Leben
Spätburgunder und Blaufränkisch; fruchtbetont, intensiv, jugendlich; klar, kraftvoll, reife Frucht, gute Struktur, dezent Vanille und Schokolade **12,20 €**

79 2008 Silvaner Kabinett trocken Randersackerer Ewig Leben **5,80 €**
81 2008 Silvaner Kabinett trocken Randersackerer Dabug **6,50 €**
80 2008 Riesling Kabinett trocken Randersackerer Sonnenstuhl **6,50 €**
81 2008 Riesling Kabinett trocken Randersackerer Marsberg **6,50 €**
82 2008 Silvaner Spätlese trocken „Alte Reben" Randersackerer Marsberg **13,30 €**
82 2008 Scheurebe Kabinett Eibelstadter Kapellenberg **5,50 €**
79 2008 Pinot Cuvée Rosé Kabinett Randersackerer Ewig Leben **6,50 €**
81 2007 Domina trocken Randersackerer Teufelskeller **6,50 €**

B

★

Gebrüder **Bart**

Weingut

Pfalz

Kaiserslauterner Straße 42, 67098 Bad Dürkheim
Tel. 06322-1854, Fax: 06322-1888
www.weingut-bart.de
weingut-bart@t-online.de
Besuchszeiten: nach Vereinbarung

Inhaber .... Rolf Bart
Rebfläche .... 10 Hektar

Das Weingut Gebrüder Bart ist seit 1777 in Familienbesitz und wird heute in sechster Generation von Rolf und Ruth Bart geführt. Vor allem Spätburgunder und Riesling bauen sie an. Dazu gibt es unter anderem Weißburgunder, Gewürztraminer und Chardonnay, sowie Schwarzriesling und St. Laurent.

2006 war jahrgangsbedingt schwächer, die letztjährige Kollektion aber präsentierte sich geschlossen auf gutem Niveau. Sehr homogen ist auch die neue Kollektion, ohne aber Spitzen wie in früheren Jahren aufzuweisen. ▬

Weinbewertung

81 2008 Riesling Kabinett trocken Dürkheimer Michelsberg **5,- €**

81 2008 Riesling Kabinett trocken Dürkheimer Hochmess **5,- €**

82 2008 Weißburgunder Kabinett trocken Dürkheimer Hochbenn **5,10 €**

80 2008 Spätburgunder Blanc de Noir Dürkheimer Schenkenböhl **5,20 €**

83 2008 Riesling Spätlese trocken Dürkheimer Spielberg **6,40 €**

80 2008 Riesling und Gewürztraminer Kabinett Ungsteiner Honigsäckel **5,- €**

80 2008 Scheurebe Spätlese Ungsteiner Herrenberg **6,20 €**

83 2008 Gewürztraminer Spätlese Ungsteiner Honigsäckel **6,40 €**

80 2007 Spätburgunder trocken Dürkheimer Feuerberg **5,20 €**

82 2007 Spätburgunder trocken „Qercus" Dürkheimer Feuerberg **8,80 €**

★★★

Barth

Wein- und Sektgut

Rheingau

Bergweg 20, 65347 Hattenheim
Tel. 06723-2514, Fax: 06723-4375
www.weingut-barth.de
barth.weingut@t-online.de
Besuchszeiten: Mo.-Fr. 14-18 Uhr, Sa. 10-17 Uhr

Inhaber .... Norbert Barth
Rebfläche .... 10,5 Hektar

Das Weingut, das seit einigen Jahren offiziell als „Wein- und Sektgut Barth" firmiert, hat sich für Schaumwein einen Namen gemacht. Riesling ist die wichtigste Rebsorte bei Norbert Barth, hinzu kommt ein für Hattenheim hoher Spätburgunderanteil, auch Weißburgunder und Cabernet Sauvignon werden ausgebaut. Norbert Barth lässt seine Schaumweine teilweise sehr lange auf der Hefe reifen (auch schon mal sechs Jahre für einen Rotsekt!), keltert aus Riesling der Erste-Gewächs-Lage Hattenheimer Hassel einen sehr komplexen, eleganten Schaumwein und experimentiert auch bei den stillen Weinen gern und viel. Der deutlich vom Holz geprägte Riesling aus dem Barrique namens „Singularis" gehört dazu. Barth ist ein Anhänger des Vinolok-Glasverschlusses, mit dem er selbst edelsüße Spitzen verschließt.

Unter den 2006ern ragte die üppige Beerenauslese heraus, die 2007er sind sehr klare Weine, die sich gut entwickeln: Die erst jetzt vorgestellten Ersten Gewächse und der saftige Charta-Riesling beweisen das. Für 2008 lässt sich angesichts von bisher lediglich zwei verkosteten Weinen (darunter ein erfreulich trockener Classic) noch kein Fazit ziehen.

Weinbewertung

87 . . . Sekt Pinot blanc brut
klare Frucht, cremig, Hefenoten; saftig, cremige Frucht, wirkt erfreulich trocken, animierend **10,50 €**

89 . . . Riesling Sekt „Primus" brut Hattenheimer Hassel
ganz leichte Reifenoten, Kräuter; saftig, enorm viel Frucht, sehr elegant, individuell **29,- €**

87 . . . 2007 Riesling CHARTA
prägnante Frucht, Steinobst, Kräuter, etwas Pfirsichschalen; enorm saftig, Schmelz, Struktur, Biss **8,- €**

87 . . . 2007 Riesling Erstes Gewächs Hattenheim Wisselbrunnen
frisch, jugendlich, Zitrus, Mirabellen; gute Struktur, viel Frucht, eher elegant, Schmelz, hat viel Biss **19,- €**

89 . . . 2007 Riesling Erstes Gewächs Hattenheim Hassel
jugendlich, Zitrus, etwas Mirabelle und Melone; saftig, würzig, straff, viel Struktur, wirkt erfreulich trocken und präzise **24,- €**

90 . . . 2007 Riesling Beerenauslese Rüdesheimer Magdalenenkreuz
reife Frucht, Pfirsich, Zitrusschalen, Ananas; sehr saftig, opulent, leicht tropische Frucht, deutliche Süße, rassige Säure, noch unentwickelt

85 . . . 2006 Spätburgunder Barrique trocken
rauchig, viel Frucht, gekochte Kirschen; saftig, viel Würze, ganz leichter Bitterton 13,- €

---

82 2008 Riesling Kabinett trocken **7,40 €**
83 2007 Riesling trocken „Singularis" Barrique **19,60 €**
84 2008 Riesling Classic **5,90 €**
83 2005 Cabernet Sauvignon trocken **23,- €**

★☆

Reinhold **Barth**

Weingut

Nahe

Lindenallee 23, 55590 Meisenheim
Tel. *06753-5477,* ***Fax:*** *06753-124849*
www.hotelweingut-barth.de
hotelweingut-barth@t-online.de
Besuchszeiten: *durchgehend*
Hotel mit Restaurant

Inhaber . . . . Reinhold Barth
Rebfläche . . . . 6 Hektar

1895 begann Jakob Sottong mit dem Anbau von Wein in Meisenheim. Sein Sohn führte den Betrieb mit Landwirtschaft und Weinbau weiter, Enkelin Anna heiratete 1955 den Winzer Alois Barth aus Wallhausen. Ihr Sohn Reinhold Barth übernahm 1989 den elterlichen Betrieb und weitete den Weinanbau aus, 1991 errichtete er ein Hotel mit 11 Doppelzimmern und einem Apartment. Seine Weinberge befinden sich in den Raumbacher Lagen Schwalbennest und Schlossberg und in der Meisenheimer Obere Heimbach. Er baut Riesling, Weißburgunder, Grauburgunder, Müller-Thurgau, Auxerrois, Dornfelder, Spätburgunder und Frühburgunder an. Die Weine werden komplett über die Flasche vermarktet.

Im Jahrgang 2006 gefiel uns die trockene Weißburgunder Spätlese besonders gut, der Grauburgunder allerdings noch ein klein wenig besser. Die 2007er Kollektion präsentierte sich sehr homogen, alle Weine überzeugten, allen voran die Kerner Auslese. Sehr geschlossen präsentiert sich der Jahrgang 2008, die Weine besitzen Fülle und Kraft.

Weinbewertung

85 . . . 2008 Riesling Spätlese trocken Raumbacher Schwalbennest
gute Konzentration, feine Würze und Frucht, herrlich eindringlich; füllig, harmonisch, kraftvoll, reife Frucht, Substanz **6,50 €**

86 . . . 2008 Weißburgunder Spätlese trocken Raumbacher Schwalbennest
konzentriert, feine Würze, klare reife Frucht; füllig, kraftvoll, reife Frucht, gute Substanz, Länge **6,90 €**

86 . . . 2008 Grauburgunder Spätlese trocken Meisenheimer
gute Konzentration, klare reife Frucht, gelbe Früchte; füllig, harmonisch, reintönige reife Frucht, Substanz und Frische **7,50 €**

---

84 2008 Riesling Spätlese „feinherb" Raumbacher Schwalbennest **6,50 €**
84 2008 Riesling Spätlese Raumbacher Schwalbennest **6,50 €**
82 2008 Auxerrois „feinherb" Meisenheimer Obere Heimbach **4,90 €**

★★★★

Bassermann-Jordan

Weingut Geh. Rat Dr. v.

Pfalz

Kirchgasse 10, 67146 Deidesheim
Tel. 06326-6006, Fax: 06326-6008
www.bassermann-jordan.de
hauck@bassermann-jordan.de
Besuchszeiten: Mo.-Fr. 8-12 + 13-18 Uhr, Sa./So. 10-15 Uhr

Inhaber .... Achim Niederberger
Kaufm. Geschäftsführer .... Gunther Hauck
Technischer Geschäftsführer .... Ulrich Mell
Rebfläche .... 49 Hektar

Bassermann-Jordan ist eines der traditionsreichsten und bekanntesten Weingüter in Deutschland. Seit 2002 gehört es Achim Niederberger. Die Weinberge verteilen sich auf 16 Einzellagen in Forst (Ungeheuer, Grainhübel, Kirchenstück, Jesuitengarten, Pechstein, Stift), Deidesheim (Paradiesgarten, Leinhöhle, Hohenmorgen, Kieselberg, Grainhübel, Langenmorgen, Kalkofen, Herrgottsacker) und Ruppertsberg (Reiterpfad, Hoheburg). Im Anbau dominiert Riesling mit einem Anteil von 90 Prozent, hinzu kommen je 2 Prozent Chardonnay, Weißburgunder, Grauburgunder, Spätburgunder und Merlot. Die Weine werden teils in Holzfässern (sehr sehenswerter Gewölbekeller!), teils im Edelstahl ausgebaut. Das Programm ist gegliedert in Rebsortenweine, die Linie „von Bassermann-Jordan", klassifizierte Lagen und Große Gewächse (Hohenmorgen, Kalkofen, Pechstein, Jesuitengarten und Kirchenstück), das Programm ergänzen edelsüße Weine und Sekte.

2006 war das Große Gewächs aus dem Kalkofen unser Favorit in einer stimmigen, überzeugenden Kollektion. 2007 fiel nochmals klar besser aus. Gleich fünf Große Gewächse präsentierte Ulrich Mell, alle fünf waren hervorragend, unsere leichte Präferenz galt dem Wein aus dem Jesuitengarten. Aber auch der Rest der Kollektion zeigte sich stimmig und überzeugte, vom trockenen Kabinett bis hin zur Trockenbeerenauslese. Auch 2008 präsentiert das Weingut eine prächtige Phalanx an Großen Gewächsen – unsere Präferenz gilt dem Kirchenstück – den Gutsriesling hat man uns leider nicht gezeigt.

Weinbewertung

91 . . . 2008 KIRCHENSTÜCK „GG" Riesling trocken
viel Konzentration, viel reife Frucht, herrlich eindringlich und dominant; füllig, kraftvoll, klare reife Frucht, viel Substanz und Länge
2003: **89**; 2005: **90**; 2006: **89**; 2007: **90**.

90 . . . 2008 HOHENMORGEN „GG" Riesling trocken
viel Konzentration, viel reife Frucht, reintönig, herrlich eindringlich; füllig, kraftvoll, stoffig, saftig, reintönige reife Frucht, Substanz **32,- €**
2003: 89; 2005: 89; 2006: 88; 2007: 90.

90 . . . 2008 JESUITENGARTEN „GG" Riesling trocken
würzig, konzentriert, herrlich eindringlich und dominant; füllig, stoffig, reife süße Frucht, wunderschön reintönig, viel Substanz und Länge **35,- €**
2006: 88; 2007: 91.

90 . . . 2008 PECHSTEIN „GG" Riesling trocken
reife Frucht, feine Frische und Würze, gute Konzentration, eindringlich; füllig, stoffig, viel reife Frucht und Substanz, gute Harmonie und Länge **32,- €**
2003: 88; 2005: 87; 2007: 90.

89 . . . 2008 Riesling Auslese Forster Ungeheuer
würzig, eindringlich, herrlich viel Frucht; füllig, stoffig, viel Substanz, reife Frucht **24,50 €/0,375l**

84 2008 Riesling Kabinett trocken Deidesheimer Herrgottsacker **8,90 €**
84 2008 Riesling Kabinett trocken Forster Ungeheuer **10,20 €**

★★☆

Bastgen
Weingut

Mosel

Hofstraße 18, 54518 Monzel
Tel. 06535-933092, Fax: 06535-1579
www.weingut-bastgen.de
info@weingut-bastgen.de
Besuchszeiten: nach Vereinbarung

Inhaber .... Armin Vogel und Mona Bastgen
Rebfläche .... 5 Hektar

Mona Bastgen und Armin Vogel, beide diplomierte Önologen, führen das Weingut Bastgen und versuchen, die Tradition der langsam vergorenen klassischen Rieslingweine zu erhalten. Der „Blauschiefer" genannte Gutsriesling ist eine Cuvée aus verschiedenen Lagen. Als Lagenweine werden nur Selektionsweine aus den Spitzenlagen Kestener Paulinshofberg, Brauneberger Juffer Sonnenuhr und Bernkastel-Cueser Weisenstein vermarktet. Bei den Lagenweinen ist die Spontanvergärung Standard, trockene Weine werden weitgehend ohne Botrytis-Trauben gekeltert und sind entsprechend klar und frisch – wenngleich sie im jugendlichen Stadium oft etwas unzugänglich wirken.

Die 2006er waren sehr gelungen, die straff gewirkten 2007er entwickelten sich im Glas ausgezeichnet. Die 2008er präsentieren sich auf einem sehr gleichmäßigen Niveau: Teilweise noch etwas hefebetont, aber nachhaltig.

Weinbewertung

85 . . . 2008 Riesling trocken „Blauschiefer"
deutliche Hefenote, noch unzugänglich; saftig, würzig, gute Balance, Biss **7,- €**

87 . . . 2008 Riesling trocken Bernkastel-Cueser Weisenstein
sehr verhalten, deutliche Hefenote; kompakt, rassige Säure, viel Würze, Substanz **10,- €**

87 . . . 2008 Riesling Kabinett Brauneberger Juffer-Sonnenuhr
duftig, Kräuter, Mirabelle; rassig, würzig, nur ganz zarte Süße, animierend **8,50 €**

87 . . . 2008 Riesling Spätlese Kestener Paulinshofberg
klare Frucht, Boskoop, Kräuter, noch deutliche Hefenote; jugendliche Frucht, saftig, frisch **12,- €**

87 . . . 2008 Riesling Spätlese Brauneberger Juffer-Sonnenuhr
jugendlich, hefebetont, Stachelbeeren, etwas Kräuter; rassig, viel Würze, kraftvoll, Substanz **12,- €**

83 2008 Riesling „feinherb Goldmund" **7,- €**

B

★

L. Bastian
Weingut & Weinhaus

Baden

Königschaffhauser Straße 8, 79346 Endingen
Tel. 07642-6009, Fax: 07642-3862
www.weingut-bastian.de
service@weingut-bastian.de
Besuchszeiten: Mo.-Fr. 8-12 + 14-17 Uhr, Sa. 9-12 Uhr

Inhaber .... Andreas Neymeyer
Rebfläche .... 9 Hektar

Das Weingut wurde 1868 von Lepold Bastian gegründet, der es zum größten traubenverarbeitenden Betrieb am Kaiserstuhl aufbaute. Seit 2001 wird es in fünfter Generation von Geisenheim-Absolvent Andreas Neymeyer geführt. Seine Weinberge liegen vor allem in Endingen in den Lagen Engelsberg sowie Tannacker, einer 1,8 Hektar großen Einzellage in Alleinbesitz. Seit 1901 gehört dem Weingut auch die Schlossruine Burkheim, in deren Innenhof sich die mit nur 0,44 Hektar kleinste Kaiserstühler Einzellage, der Burkheimer Schlossberg, befindet. Spätburgunder nimmt ein Viertel der Rebfläche ein, hinzu kommen je 20 Prozent Riesling und Grauburgunder, aber auch Weißburgunder, St. Laurent und Neuzüchtungen wie Cabernet Mitos, Cabernet Carol oder Prior. Zum Weingut gehört ein Kellereibetrieb (Weinhaus L. Bastian), der die Trauben von 130 Nebenerwerbswinzern mit über 20 Hektar Rebfläche verarbeitet. Zur Unterscheidung von den Weinen des Weinhauses werden die Weine des eigenen Weingutes in der Reihe „Bastian SL" vermarktet.

Vor zwei Jahren hatten die Rotweine die Nase vorne. Die letztjährige Kollektion war homogen, vor allem die trockene Grauburgunder Spätlese überzeugte. Die neue Kollektion präsentiert sich ebenfalls sehr geschlossen, bietet zuverlässige Qualität.

Weinbewertung

83 „Ambiente Secco" Rosé trocken 6,- €
81 2008 Grauburgunder Kabinett trocken **5,70 €**
83 2008 Weißburgunder „SL" Spätlese trocken Endinger Engelsberg **8,10 €**
83 2008 Chardonnay „SL" Spätlese trocken Endinger Engelsberg **8,10 €**
82 2008 Grauburgunder „SL" Spätlese trocken Endinger Engelsberg **8,20 €**
84 2008 Riesling „SL" Spätlese trocken Endinger Tannacker **8,20 €**
80 2008 Pinot Noir Blanc de Noir trocken Endinger Engelsberg **6,50 €**
83 2008 Riesling „SL" Endinger Tannacker **6,50 €**
82 2008 Scheurebe „SL" Endinger Engelsberg **6,20 €**
84 2008 Chardonnay „SL" Auslese Endinger Engelsberg **8,10 €/0,375l**
80 2007 „Novum" Spätburgunder „SL" trocken Endinger Engelsberg **7,40 €**
84 2007 Spätburgunder „SL" trocken Barrique Endinger Engelsberg **13,90 €**

★★★★

Battenfeld-Spanier
Weingut

Rheinhessen

Bahnhofstraße 33, 67591 Hohen-Sülzen
Tel. 06243-906515, Fax: 06243-906529
www.battenfeld-spanier.de
kontakt@battenfeld-spanier.de
Besuchszeiten: Weinverkauf aus organisatorischen Gründen nur beim Weingut Kühling-Gillot in Bodenheim, Mo.-Fr. 9-12 + 14-17 Uhr, Sa. 10-14 Uhr und nach Vereinbarung (Tel. 06135-2333)

Inhaber .... Carolin Spanier-Gillot
.... H.O. Spanier
Rebfläche .... 28 Hektar

Die Wein- und Sektmanufaktur Battenfeld-Spanier entstand aus dem Zusammenschluss von Hans Oliver Spanier und dem benachbarten Weingut Battenfeld. 18 Hektar Weinberge liegen in Hohen-Sülzen und im benachbarten Nieder-Flörsheim, 10 Hektar in Mölsheim. Wichtigste Rebsorte ist der Riesling, der über die Hälfte der Rebfläche einnimmt. Es folgen Spätburgunder, Weißburgunder, Silvaner, Chardonnay und Portugieser. Basis des Sortiments bilden die Gutsweine, dann kommen die Ortsweine und an der Spitze stehen die Großen Gewächse aus den Lagen Hohen-Sülzer Kirchenstück und Nieder-Flörsheimer Frauenberg. In besonders guten Jahren gibt es noch den Spitzenriesling „CO" und die rote Cuvée „Sinope". Seit 1996 ist Hans Oliver Spanier Mitglied bei Ecovin, 2007 hat er begonnen die Weinberge biodynamisch zu bewirtschaften.

Ganz stark war die 2006er Kollektion, die Rieslinge hatten Saft und Kraft, schon der Gutsriesling machte viel Spaß, ebenso die gekonnt vinifizierten Rotweine. Auch 2007 präsentierte Hans Oliver Spanier eine bärenstarke Kollektion, angeführt von den beiden Großen Gewächsen aus Frauenberg und Kirchenstück. Aber schon die Gutsweine machten viel Spaß, die Ortsweine brachten eine klare Steigerung, die Spitzenweine präsentierten sich füllig und fett, fast zu üppig. Da gefällt uns nun der Jahrgang 2008 bei den Großen Gewächsen besser, sie sind etwas weniger üppig, dafür nachhaltiger. Sie führen eine starke Kollektion mit kraftvollen und reintönigen Weinen ins Feld.

Weinbewertung

85 . . . 2008 Riesling trocken
frisch, würzig, klare Frucht; klar, frisch, zupackend, feine Frucht und Biss **7,90 €**

86 . . . 2008 Grüner Sylvaner Hohen-Sülzen
gute Konzentration, reife Frucht, reintönig, etwas weiße Früchte; klar, harmonisch, reife Frucht, gute Länge **11,50 €**

87 . . . 2008 Weißburgunder Hohen-Sülzen
gute Konzentration, klare reife Frucht, herrlich eindringlich; füllig, harmonisch, viel reife Frucht, wunderschön reintönig und lang **11,50 €**

87 . . . 2008 Riesling Hohen-Sülzen
konzentriert, mineralisch, herrlich eindringlich; füllig, kraftvoll, reife Frucht, Substanz, ganz feine Bitternote, Mineralität **12,90 €**
2004: 85; 2005: 87; 2006: 88; 2007: 87.

88 . . . 2008 Riesling Mölsheim
gute Konzentration, faszinierend viel Frucht, gelbe Früchte, herrlich eindringlich; füllig, kraftvoll, klare reife Frucht, gute Struktur und Substanz **12,90 €**
2007: 87.

91 . . . 2008 Frauenberg Nieder-Flörsheim Riesling „GG"
eindringlich, konzentriert, faszinierend viel Frucht, feine Frische und Würze, dominant; füllig, stoffig, viel reife Frucht, viel Substanz, jugendlich, dezent mineralische Noten, Nachhall **29,- €**
2004: 89; 2005: 87; 2006: 89; 2007: 90.

90 . . . 2008 Kirchenstück Hohensülzen Riesling „GG"
würzig, dominant, konzentriert, herrlich viel Frucht, ganz dezent Marzipan im Hintergrund, auch Zitrusfrüchte und Orangen; weich, füllig, viel reife süße Frucht, feine Bitternote, nachhaltig **23,- €**
2004: 88; 2005: 87; 2006: 88; 2007: 89.

(90+) . . . 2008 Riesling „CO"
konzentriert, klare reife Frucht, enorm eindringlich und dominant; füllig, stoffig, kraftvoll, viel Substanz, noch jugendlich **78,- €**

89 . . . 2005 Riesling „CO"
viel Konzentration, viel reife Frucht, gelbe Früchte, herrlich eindringlich und dominant; konzentriert. üppig, schmeichelnd, viel Substanz und reife süße Frucht (kein aktueller Jahrgang)

B

Die besten deutschen Weinerzeuger und ihre Weine

★★☆

Bauer
Weingut

Mosel

Moselstraße 3, 54486 Mülheim
Tel. 06534-571, Fax: 06534-570
www.weingut-bauer.de
info@weingut-bauer.de
Besuchszeiten: Mo.-Sa. 8-12 + 13-18 Uhr oder nach Vereinbarung; Probierstube

Inhaber .... Jörg und Thomas Bauer
Rebfläche .... 8,1 Hektar

Jörg und Thomas Bauer besitzen Weinberge in den Lagen Mülheimer Sonnenlay, Veldenzer Kirchberg und Brauneberger Juffer – vor allem aber verfügen sie über einen Teil der ebenso legendären wie guten Lage Elisenberg (der andere Teil gehört dem Weingut Max Ferd. Richter). Neben Riesling haben die Bauers auch ein wenig Müller-Thurgau, Kerner, Spätburgunder und Dornfelder im Programm. Sie bauen ihre Weine in Holzfässern oder in Edelstahltanks aus, sie werden kühl und langsam vergoren und bleiben lange auf der Feinhefe. Am eindrucksvollsten zeigt sich dieser Weinstil bei der „Maison Elise", einem Riesling, der in jedem Jahr viel Schmelz besitzt.

2006 gelang selbst im trockenen Bereich gut, 2007 beeindruckten vor allem die Spät- und Auslesen mit Eleganz. Die 2008er sind durchweg gelungen; die im Vorjahr etwas füllige „Maison Elise" ist diesmal sehr straff und animierend ausgefallen. Die Stärke des Betriebes scheinen immer deutlicher die feinherben Weine zu sein.

Weinbewertung

85 . . . 2008 Riesling Spätlese trocken Mülheimer Elisenberg
verhalten, Hefenoten, würzig, stoffig, Biss **8,80 €**

87 . . . 2008 Riesling „Maison Elise"
klar, feine Frucht, leichte Kräuternoten, Hefenoten; würzig, stoffig, zeigt Schmelz, gute Länge **9,80 €**

87 . . . 2008 Riesling Spätlese „feinherb" Mülheimer Elisenberg
leichte Hefenote, feine Frucht; würzig, Schmelz, cremige Frucht, gute Länge **8,80 €**

85 . . . 2008 Riesling Spätlese Veldenzer Elisenberg
frisch, duftig, getrockneter Apfel; würzig, saftig, animierend **8,- €**

86 . . . 2008 Riesling Auslese Veldenzer Elisenberg
eher verhalten, reife Frucht, kandierter Apfel, etwas Steinobst; saftig, viel Schmelz **13,50 €**

80 2008 Riesling trocken **4,50 €**
82 2008 Riesling trocken Brauneberger Juffer **5,- €**
84 2008 Riesling Spätlese trocken Mülheimer Sonnenlay **7,- €**
80 2008 Riesling „feinherb" **4,50 €**
83 2008 Riesling Kabinett Mülheimer Sonnenlay **5,- €**

★★

Robert Bauer
Weingut

Württemberg

Heilbronner Straße 56, 74233 Flein
Tel. 07131-251662, Fax: 07131-573288
www.robertbauerflein.de
info@robertbauerflein.de
Besuchszeiten: Mo.-Fr. 9-12 + 14-17 Uhr, Sa. 9-12 Uhr oder nach Vereinbarung

Inhaber .... Martin und Ingrid Albrecht
Rebfläche .... 8,5 Hektar

Die Geschichte des Weinguts lässt sich bis ins Jahr 1587 zurückverfolgen. Robert Bauer hatte den Betrieb Ende der sechziger Jahre übernommen und ihn zur heutigen Größe und Bekanntheit geführt. Der Name

Robert Bauer steht für durchgegorene Weine, und Martin Albrecht, der das Weingut 2004 erwarb, führt es im selben klassischen Stil weiter. Hauptrebsorten sind Riesling, Weißburgunder, Chardonnay, Sauvignon Blanc, Spätburgunder und Schwarzriesling. Die Burgundersorten stehen auf Lösslehm, Riesling, Muskateller und internationale Rebsorten wie Syrah oder Cabernet Sauvignon stehen auf Muschelkalk. Das Weingut besitzt bis zu 70 Jahre alte Reben. Die Weine werden überwiegend spontanvergoren, ohne jede Schönung und ohne Restzucker abgefüllt.

Weinbewertung

85 . . . 2008 Gelber Muskateller
frisch, würzig herrlich reintönig; frisch, zupackend, reintönige Frucht **9,50 €**

86 . . . 2008 Sauvignon Blanc
faszinierend klar, würzig, dezent Feigen und Cassis; klar, kraftvoll, reife Frucht, gute Struktur **10,50 €**

86 . . . 2007 Riesling „Alte Reben Pflanzjahr 1934"
würzig, eindringlich, ganz dezent Honig im Hintergrund; füllig, kraftvoll, reife Frucht, viel Substanz und Struktur **16,- €**

85 . . . 2008 Muskateller Beerenauslese
viel Konzentration, feiner Duft, etwas Orangenschalen, Zimt; konzentriert, dick, dominant, viel Stoff, dezente Bitternote **27,- €/0,375l**

87 . . . 2007 Spätburgunder „Alte Reben Pflanzjahr 1949"
konzentriert, herrlich eindringlich und reintönig, feine Würze, etwas florale Noten; kraftvoll, klar, reife Frucht, gute Substanz und Länge **18,- €**

★★

Baum

Wein- und Gästehaus

Mosel

Weingartenstraße 54, 54492 Zeltingen-Rachtig
Tel. 06532-1438
www.wein-und-gaestehaus-baum.de
wein-undgaestehausbaum@web.de
Besuchszeiten: jederzeit, ganzjährig
Gästehaus

Inhaber .... Peter Baum
Rebfläche .... 0,7 Hektar

Auf seiner kleinen Fläche baut Peter Baum ausschließlich Riesling an. Seine Weinberge befinden sich alle in Steillagen, wo teils wurzelechte, alte Reben stehen. Im mit Holzfässern ausgestatteten Gewölbekeller arbeitet man traditionell.

Die Rieslinge des kleinen Betriebes sind stets klar, fruchtig, frisch und leicht verständlich. 2006 fiel beachtlich aus, und 2007 war nochmals eine Steigerung zu konstatieren. Die 2008er können da nicht ganz mithalten, die „Alten Reben" wirken eher unzugänglich. Der Kabinett aber ist fein, und die 2003er Auslese hat sich gut entwickelt.

Weinbewertung

87 . . . 2003 Riesling Auslese Wehlener Sonnenuhr
reife Frucht, Steinobst, ganz leicht tropisch; saftig, viel Würze, nicht allzu süß, würzig **5,50 €/0,5l**

83 2008 Riesling Spätlese trocken „Selection Alte Reben" Wehlener Sonnenuhr **5,- €**
80 2008 Riesling Hochgewächs „feinherb" Wehlener Sonnenuhr **4,50 €**
83 2007 Riesling Spätlese „feinherb" Wehlener Sonnenuhr **4,80 €**
84 2008 Riesling Kabinett Wehlener Sonnenuhr **4,50 €**

★

Michael **Baumer**

Weingut

Baden

Kapellenstraße 16, 79235 Oberbergen
Verkauf: Badbergstraße 1
Tel. 07662-949191, Fax: 07662-949192
weingut-michael-baumer@t-online.de
Besuchszeiten: nach Vereinbarung

Inhaber... Michael Baumer u. Melanie Sommer
Rebfläche............................. 1,8 Hektar

Michael Baumer und Melanie Sommer bewirtschaften ihr 1999 gegründetes Weingut derzeit noch im Nebenerwerb. Ihre Weinberge befinden sich in den Kaiserstühler Lagen Oberbergener Bassgeige (mit Vulkan und Lössböden), Kiechlinsbergener Ölberg (Vulkan) und Bahlinger Silberberg (Löss). Fast die Hälfte der Rebfläche nimmt Grauburgunder ein. Es folgen Weiß- und Spätburgunder, sowie Riesling, Gewürztraminer und Lemberger.

2006 gefiel gut, die interessantesten Weine von Michael Baumer und Melanie Sommer waren vor zwei Jahren einmal mehr die barriqueausgebauten Rotweine, Jahrgang 2005. Diese fehlten 2006, die 2007er Weine waren frisch und klar, konnten in der Spitze aber nicht an frühere Jahrgänge heranreichen. Die neue Kollektion ist gut und gleichmäßig, am besten gefällt uns die Gewürztraminer Spätlese aus der Bassgeige.

Weinbewertung

85 . . . 2008 Gewürztraminer Spätlese Oberbergener Bassgeige
gute Konzentration, etwas Rosen, Gewürze, reintönige Frucht; weich, füllig und schmeichelnd, reife süße Frucht **13,80 €**

82 2008 Weißburgunder Kabinett trocken Bahlinger Silberberg **6,- €**
81 2008 „Weißer Sommer" Weißwein Kabinett Oberbergener Bassgeige **5,40 €**
82 2008 Lemberger Rosé Kabinett trocken **7,20 €**
81 2008 Lemberger Kabinett trocken **8,50 €**
83 2007 „Marvin" Spätburgunder Spätlese trocken Barrique Oberbergener Bassgeige **17,50 €**

★★

Baumgärtner

Weingut

Württemberg

An der Steige 94 / Freudentaler Straße 32
74343 Hohenhaslach
Tel. 07147-6298, Fax: 07147-13151
www.weingut-baumgaertner.de
reinhard@weingut-baumgaertner.de
Besuchszeiten: Mo.- Sa. 8-12 + 13-18 Uhr

Inhaber.... Reinhard u. Friedrich Baumgärtner
Rebfläche........................... 18,5 Hektar

Das von den Brüdern Gottlieb und Ernst Baumgärtner gegründete Weingut wird heute von deren Söhnen Reinhard und Friedrich geführt. Die Weinberge liegen an den Hängen des Strombergs von Häfnerhaslach über Hohenhaslach bis nach Bönnigheim. Wichtigste Rebsorten sind Trollinger, Lemberger, Spätburgunder und Riesling, zuletzt kamen Chardonnay und Muskat-Trollinger hinzu. Alle Rotweine werden maischevergoren.

2006 hatte sich das Weingut behauptet, die Kollektion war ausgewogen, überzeugte weiß wie rot. Die letztjährige Kollektion gefiel uns nochmals besser, sie präsentierte sich sehr gleichmäßig, jeder Wein überzeugte. Vergleichbar stark ist die neue Kollektion, bietet gutes Niveau und interessante Spitzen in der betriebsinternen 4-Sterne-Kategorie.

Weinbewertung

86... 2008 Riesling** trocken Hohenhaslacher Kirchberg**
gute Konzentration, feine Würze und Frucht, herrlich eindringlich; füllig, kraftvoll, reife Frucht, gute Substanz und Frische **9,30 €**

87 ... 2007 Spätburgunder** trocken Holzfass**
gute Konzentration, viel reife Frucht, herrlich eindringlich, feine rauchige Noten; füllig, kraftvoll, reife Frucht, Substanz, wunderschön reintönig **10,30 €**

85 ... 2007 Lemberger** trocken Holzfass**
konzentriert, klar, reife Frucht, herrlich eindringlich; füllig, kraftvoll, reife Frucht, Substanz **11,30 €**

84 2008 Chardonnay**** trocken Holzfass Hohenhaslacher Kirchberg **8,30 €**
83 2008 Riesling Spätlese Hohenhaslacher Kirchberg **7,80 €**
83 2008 Muskattrollinger Rosé Hohenhaslacher Kirchberg **7,20 €**
83 2007 Trollinger trocken Hohenhaslacher Kirchberg **4,10 €**
83 2007 Lemberger*** trocken Hohenhaslacher Kirchberg **7,20 €**
79 2007 Trollinger mit Lemberger **4,- €/1l**
83 2007 Lemberger Spätlese Hohenhaslacher Kirchberg **7,20 €**

★

Bausewein

Weingut

Franken

Breite Gasse 1, 97346 Iphofen
Tel. 09323-876670, Fax: 09323-804090
www.altstadthotel-bausewein.de
bausewein@t-online.de
Besuchszeiten: nach Vereinbarung
Weinstube (Mo.-Sa. ab 18 Uhr, Sonn- und feiertags 10-13 + ab 17 Uhr, Mi. Ruhetag); Hotel

Inhaber .... Familie Bausewein
Rebfläche .... 4 Hektar

Die Weinberge der Familie Bausewein liegen in den Iphöfer Lagen Julius-Echter-Berg, Kronsberg und Kalb, sowie im Dettelbacher Berg-Rondell. Angebaut werden Silvaner, Müller-Thurgau, Scheurebe, Bacchus und Kerner, dazu gibt es die roten Sorten Spätburgunder und Regent. Die Weine werden überwiegend trocken und halbtrocken ausgebaut. Die Weinberge werden seit 1995 biologisch bewirtschaftet, das Weingut ist Mitglied bei Naturland.

Weinbewertung

86 ... 2007 Spätburgunder Spätlese trocken Iphöfer Kalb
rauchige Noten, wunderschön reintönige Frucht; füllig, harmonisch,, reintönig, elegant, Struktur **7,90 €**

82 „Bausewein Secco" **5,90 €**
81 2008 Müller-Thurgau Kabinett trocken Iphöfer Kalb **5,80 €/1l**
81 2008 Silvaner Kabinett trocken Iphöfer Kronsberg **5,90 €/1l**
83 2007 Scheurebe Kabinett trocken Iphöfer Kronsberg **4,30 €**
84 2006 Regent Spätlese trocken Dettelbacher Berg-Rondell **9,60 €**

B

★

Beck
Weingut

Württemberg

Winzerstraße 3, 74336 Brackenheim-Neipperg
Tel. 07135-8131, Fax: 07135-8131
www.beck-weingut.de
beck.weingutt-online.de
Besuchszeiten: Mo.- Fr. 17-20 Uhr, Sa. 8-16 Uhr oder nach Vereinbarung

Inhaber .... Regina Beck
Kellermeister .... Sebastian Beck
Rebfläche .... 4,5 Hektar

Das Weingut Beck wird heute in dritter Generation von Regina Beck geführt. Ihre Weinberge liegen in Neipperg (Steingrube), Brackenheim (Zweifelberg) und Haberschlacht (Dachsberg). 70 Prozent der Rebfläche nehmen rote Sorten ein. Wichtigste Rebsorte ist Lemberger, gefolgt von Riesling, Sauvignon Blanc, Spätburgunder, Trollinger, Merlot und Hegel. Dazu gibt es Dornfelder, Weißburgunder, Chardonnay, Frühburgunder, Portugieser, Cabernet Cubin und Muskateller. Die Weißweine werden gezügelt vergoren, teils spontan, alle Rotweine vergären auf der Maische.

Weinbewertung

85 ... 2007 Spätburgunder Auslese trocken Barrique
konzentriert, reife rote Früchte, Vanille, Gewürze; füllig, kraftvoll, reife Frucht, Substanz, Vanille **12,- €**

- **79** 2008 Chardonnay Spätlese trocken **6,50 €**
- **81** 2008 Sauvignon Blanc Spätlese (halbtrocken) Neipperger Steingrube **8,- €**
- **82** 2007 Lemberger trocken Neipperger Steingrube **8,- €**
- **84** 2005 „MCS" Auslese trocken Barrique **15,- €**
- **81** 2008 Lemberger mit Trollinger **5,20 €/1l**

★☆

Gerhard Beck
Weingut

Pfalz

Paulinerstraße 5, 76889 Schweigen-Rechtenbach
Tel. 06342-535, Fax: 06342-7448
www.weingut-beck.de
weingut.beck@t-online.de
Besuchszeiten: Mo.-Sa. ab 14 Uhr (möglichst nach Voranmeldung)

Inhaber .... Gerhard Beck
Rebfläche .... 12 Hektar

Das Weingut Beck ist ein Familienbetrieb ganz im Süden des Pfälzer Anbaugebietes, der von Gerhard und Daniela Beck geführt wird. Ihre Weinberge liegen alle im Schweigener Sonnenberg. Ihr Neffe Daniel Scheib ist in den Betrieb eingetreten, er soll das Weingut in einigen Jahren übernehmen.

Im letzten Jahrzehnt hatte Gerhard Beck immer überzeugende, sehr gleichmäßige Kollektionen, oft mit Weinen von Gewürztraminer oder Muskateller an der Spitze, aber auch Spät- und Frühburgunder wissen immer wieder zu gefallen.

Vor zwei Jahren waren die Gewürztraminer besonders gut, wurden aber noch übertroffen von der Riesling Beerenauslese. 2007 erwies sich Gerhard Beck als Spezialist für aromatische Rebsorten, für Gewürztraminer und Muskateller. Der Jahrgangsnachfolger des Muskateller, wiederum als Spätlese trocken ausgebaut, ist nun in diesem Jahr unser eindeutiger Favorit in einer ansonsten gleichmäßigen Kollektion.

Weinbewertung

86 ... 2008 Muskateller Spätlese trocken
würzig, eindringlich, herrlich viel Frucht; füllig, harmonisch, viel reife Frucht und Substanz **6,50 €**

82 2008 Weißburgunder Kabinett trocken **4,20 €**
81 2008 Auxerrois Kabinett trocken **4,50 €**
82 2008 Weißburgunder Spätlese trocken **5,70 €**
80 2008 Riesling Classic **4,30 €**
80 2008 Grauburgunder Spätlese „feinherb" **6,50 €**
81 2008 Gewürztraminer Spätlese „feinherb" **6,50 €**
83 2008 Gewürztraminer Spätlese **6,50 €**
81 2008 Merlot Syrah Rosé **5,- €**
81 2008 Frühburgunder Spätlese trocken Schweigener Sonnenberg **8,50 €**

★★

Brüder Dr. Becker

Weingut

Rheinhessen

Mainzer Straße 3-7, 55278 Ludwigshöhe
Tel. 06249-8430, Fax: 06249-7639
www.brueder-dr-becker.de
lotte.pfeffer@brueder-dr-becker.de
Besuchszeiten: nach Vereinbarung & jeden ersten Samstag im Monat

Inhaber ..... Lotte Pfeffer-Müller u. Hans Müller
Rebfläche .... 11 Hektar

Das Weingut erhielt seinen Namen um die Jahrhundertwende von den beiden Brüdern Johann und Jakob Becker. Seither ist es über drei Generationen von der Mutter auf die Tochter vererbt worden. Heute wird das Weingut von Lotte Pfeffer-Müller und Hans Müller geführt. Bereits seit Mitte der achtziger Jahre bewirtschaften sie die Weinberge nach ökologischen Gesichtspunkten und sind Mitglied bei Ecovin. Riesling ist mit 40 Prozent die wichtigste Rebsorte, gefolgt von Silvaner mit 20 Prozent, sowie Scheurebe. Hinzu kommen Spätburgunder, Müller-Thurgau und die weißen Burgundersorten. Der Ausbau der Weine erfolgt teils im Edelstahl, teils in traditionellen Holzfässern, beim Spätburgunder manchmal auch im Barrique.

Seit einem Jahrzehnt nun präsentieren Lotte Pfeffer-Müller und Hans Müller sehr gleichmäßige Kollektionen auf stets zuverlässigem Niveau. Die fülligen, saftigen Großen Gewächse haben sich in den letzten Jahren als Zugpferde herauskristallisiert, immer wieder aber trumpfen auch die Silvaner auf, und auch mit süßen Weinen, ob von Riesling oder Scheurebe, weiß das Weingut immer wieder zu überzeugen.

Vor zwei Jahren gefiel die (halbtrockene) 2006er Spätlese aus dem Tafelstein, ein Großes Gewächs gab es nur aus dem Falkenberg, ein Wein, der ebenfalls beeindruckte. Die letztjährige Kollektion präsentierte sich sehr geschlossen, alle Weine waren wunderschön reintönig und füllig. Geschlossen präsentiert sich nun auch der Jahrgang 2008, an der Spitze die beiden fülligen, saftigen Großen Gewächse aus Tafelstein und Falkenberg.

Weinbewertung

87 ... 2008 TAFELSTEIN Riesling „GG"
würzig, eindringlich, klare reife Rieslingfrucht; weich, füllig, saftig, klare reife Frucht **18,- €**
2002: 87; 2003: 89; 2004: 90; 2005: 90; 2007: 87.

87 ... 2008 FALKENBERG Riesling „GG"
reife Frucht, gelbe Früchte, Zitrus und Grapefruit; frisch, fruchtbetont, klar, zupackend, jugendlich **21,- €**

85 ... 2008 Scheurebe Spätlese Dienheimer
frisch, fruchtbetont, etwas Cassis; frisch, zupackend, reintönige Frucht **12,- €**

80 2008 Müller-Thurgau trocken **5,- €/1l**
83 2008 Riesling trocken Dienheimer **8,- €**
83 2008 Weißburgunder trocken Dienheimer **8,- €**
84 2008 Silvaner trocken Ludwigshöher **9,- €**
80 2008 Riesling Classic **6,- €**
81? 2008 Riesling Spätlese Dienheimer **12,- €**

★☆

Fred **Becker**

Weingut

Pfalz

Heißbühlerhof, 76831 Ilbesheim
Tel. 06341-3595, Fax: 06341-33992
www.wein-gut-becker.de
info@wein-gut-becker.de
Besuchszeiten: Sa. 8-12 + 13-18 Uhr oder nach Vereinbarung
Gästehaus mit Ferienwohnungen, Weinstube (bis 50 Personen)

Inhaber .... Fred Becker
Rebfläche .... 14 Hektar

Das Weingut Becker ist 1983 in den Heißbühlerhof ausgesiedelt und hat mit der Selbstvermarktung begonnen. Die Reben wachsen rund um Ilbesheim in Teillagen wie Kalmit (Landschneckenkalk), Heissbühl (Schwerer Lehm-Löss), Heiligenbaum (Muschelkalk) und Rosenkranz (Pliozänsande). Fred Becker hat knapp die Hälfte seiner Weinberge mit roten Reben bepflanzt. Zukünftig will er sich noch stärker auf rote Sorten und die klassischen Weißweinsorten konzentrieren. In den letzten Jahren hat er Frühburgunder, Gewürztraminer, Sankt Laurent, Sauvignon Blanc und Merlot angelegt, zuletzt Auxerrois. Wichtigste Rebsorten bleiben aber Dornfelder und die Burgundersorten, Riesling nimmt 15 Prozent der Rebfläche ein. Die Weißweine werden kühl vergoren, die Rotweine alle maischevergoren. Ausgesuchte Weine werden auch im Barrique ausgebaut oder im traditionellen Verfahren zu Sekt verarbeitet. Zum Weingut gehört auch eine Brennerei. Seit dem Jahrgang 2002 ist Sohn Peter für den Ausbau der Weine verantwortlich.

2006 war jahrgangsbedingt schwächer, der Merlot allerdings gefiel vor zwei Jahren sehr gut. Auch 2007 präsentierte sich gleichmäßig, an der Spitze der Riesling Kalmit. Ebenso gleichmäßig ist nun die neue Kollektion, bietet frische, fruchtbetonte Weine für wenig Geld: Darauf kann man aufbauen!

Weinbewertung

78 2008 Riesling trocken *K* **3,40 €/1l**
79 2008 Riesling Kabinett trocken **4,10 €**
81 2008 Muskateller Kabinett trocken **3,60 €**
81 2008 Sauvignon Blanc Kabinett trocken **4,10 €**
80 2008 Chardonnay Kabinett trocken **4,10 €**
79 2008 Weißburgunder Kabinett trocken **3,60 €**
79 2008 Grauburgunder Kabinett trocken **3,60 €**
82 2008 Gewürztraminer Kabinett **3,60 €**
80 2008 Dornfelder Rosé trocken **3,40 €**
80 2008 Spätburgunder Rosé Kabinett trocken **3,60 €**
83 2007 St. Laurent trocken Holzfass **6,- €**

★★★★

Friedrich **Becker**

Weingut

Pfalz

Hauptstraße 29, 76889 Schweigen
Tel. 06342-290, Fax: 06342-6148
www.friedrichbecker.de
wein@friedrichbecker.de
Besuchszeiten: nach Vereinbarung

Inhaber .... Friedrich Becker
Rebfläche .... 18,5 Hektar

Friedrich Becker hat 1973 mit der Selbstvermarktung begonnen. Die Burgundersorten (einschließlich Chardonnay) nehmen 60 Prozent seiner Weinberge ein, Riesling 22 Prozent, hinzu kommen Silvaner, Muskateller, Gewürztraminer, Müller-

Thurgau, Portugieser, Schwarzriesling, Cabernet Sauvignon und Merlot. Seine Weinberge liegen in Schweigen, teils jenseits der Grenze in Frankreich. Das Weingesetz sieht für Schweigen nur eine Lage – Sonnenberg – vor, aber innerhalb dieser großen Lage Sonnenberg gibt es klar unterscheidbare kleinere Lagen. Friedrich Becker erzeugt drei Große Gewächse, einen Riesling und zwei Spätburgunder. Der Riesling kommt aus der ursprünglichen Kernlage des Sonnenbergs. Die Spätburgunder kommen aus den Lagen Kammerberg und Sankt Paul. Im Kammerberg stehen 1,2 Hektar Spätburgunder, 1967 gepflanzt, aus denen er das Große Gewächs erzeugt, die jüngeren, 20 Jahre alten Reben ergeben den Spätburgunder „Kalkstein", der erstmals 2007 erzeugt wurde. Sankt Paul lag lange brach, wurde in den neunziger Jahren gerodet und neu bepflanzt. Preislich über den beiden Großen Gewächsen angesiedelt sind Spätburgunder „Res" und Pinot Noir Tafelwein. Seit einigen Jahren ist Friedrich Becker jun. im Betrieb, hat nach und nach die Verantwortung im Keller übernommen.

Unter den beiden roten Großen Gewächsen hat uns immer der Wein aus dem Kammerberg besser gefallen. Bei einem Besuch vor Ort konnten wir zusammen mit Friedrich Becker jun. der Frage auf den Grund gehen, warum dies so ist. Es ist eine eigenwillige Duftigkeit im Bouquet des Sankt Paul, die uns immer ein wenig irritiert, und diese rührt anscheinend von einem Teil des dort gepflanzten Rebmaterials her. Auch im „Res" und im Pinot Noir haben uns diese Noten im Bouquet in den letzten Jahren, vor allem 2006, irritiert. 2003 war der Pinot Noir großartig – und wie Friedrich Becker jun. erklärte, kam der 2003er Pinot Noir aus dem Kammerberg, die nachfolgenden Jahrgänge aber aus dem Weinberg Sankt Paul.

2006 hatte sich Friedrich Becker gut behauptet, die Weißweine besaßen Struktur und Charakter, die beiden weißen Barriqueweine des Jahrgangs 2005 hatten viel Substanz. Hinzu kamen drei starke Spätburgunder, angeführt vom Pinot Noir. Die 2006er Spätburgunder reichten da nicht ganz heran, dafür entschädigten die 2007er Weißweine: Grau- und Weißburgunder machten viele Freude, waren reintönig und kraftvoll, die Rieslinge, trocken wie süß, besaßen Saftigkeit und Fülle. Die neue Kollektion überzeugt voll und ganz: Die Weißweine präsentieren sich sehr stimmig, angefangen von den Literweinen bis hin zu den beiden im Holz ausgebauten Tafelweinen, Weißburgunder und Chardonnay. Der Pinot Noir besticht durch seine Nachhaltigkeit, der „Res" mutet fast burgundisch an, nur vom Bouquet her blieb eine kleine Irritation. Beeidruckt haben uns auch die beiden neuen Spätburgunder „Herrschaftswingert", die von einem Weinberg aus Eschbach stammen. Und dass Cabernet Sauvignon und Merlot in der Hand von Könnern auch in der Pfalz beeindrucken können, das ist eben – leider? – so.

Weinbewertung

86 . . . 2008 Weißburgunder trocken Schweigen
frisch, fruchtbetont, reintönig, weiße Früchte; reintönige Frucht, weiße Früchte, präzise, gute Substanz **7,- €**

86 . . . 2008 Grauburgunder trocken Schweigen
würzig, klar, gelbe Früchte, fruchtbetont; frisch, füllig, reintönige Frucht **7,- €**

88 . . . 2008 Grauburgunder „Kalkmergel"
gute Konzentration, reife klare Frucht; füllig, kraftvoll, reife Frucht, gute Struktur, jugendlich **14,- €**
2005: 88; 2006: 87; 2007: 89.

B

87 . . . 2008 Weißburgunder „Kalkstein"
klare reife Frucht, etwas weiße und gelbe Früchte; weich, füllig, harmonisch, reife Frucht, gute Struktur und Frische **14,- €**
2005: 89.; 2006: 88; 2007: 88.

88 . . . 2007 „In der Enggasse" Weißburgunder trocken
gute Konzentration, klare reife Frucht, weiße Früchte; füllig, harmonisch, viel reife Frucht, gute Substanz **15,- €**

88 . . . 2008 „In der Enggasse" Weißburgunder trocken
würzig, eindringlich, viel reife Frucht, weiße Früchte, dominant; füllig, kraftvoll, reife Frucht, gute Struktur, dezent Tannine, Kraft und Substanz **15,- €**

88 . . . 2007 Riesling „GG" Sonnenberg
gute Konzentration, feine Würze, viel reife Frucht, herrlich eindringlich; füllig, stoffig, kraftvoll, reife Frucht und gute Substanz **19,50 €**

90 . . . 2007 Weißburgunder Tafelwein
in 600-Liter-Fässern ausgebaut; gute Konzentration, viel reife Frucht, etwas gelbe Früchte, ganz dezent Vanille im Hintergrund; opulent, füllig, reife Frucht, gute Harmonie und Länge

90 . . . 2007 Chardonnay Tafelwein
in neuen Barriques ausgebaut; würzig, konzentriert, feiner Toast, herrlich viel Frucht; weich, füllig, harmonisch, viel reife Frucht und Substanz

87 . . . 2007 Spätburgunder „B"
fruchtbetont, frisch, etwasrote Früchte, ganz dezenter Toast; füllig, reife klare Frucht, dezent Vanille, feiner Biss **15,- €**

87 . . . 2007 Spätburgunder „Kalkstein"
gute Konzentration, reife Frucht, etwas rote und dunkle Früchte, dezent Kräuter im Hintergrund; klar, geradlinig, feine Frucht und Biss, Tannine **25,- €**

88 . . . 2007 Spätburgunder „Steinmergel"
frisch, fruchtbetont, dezente Kräuternote, rote Früchte; füllig, harmonisch, kraftvoll, gute Struktur, dezent Kräuter und Biss, jugendliche Tannine **ca. 30,- €**

90 . . . 2007 Spätburgunder „Herrschaftswingert"
gute Konzentration, feiner Toast, reife Frucht; gute Fülle und Substanz, viel Kraft und Stoff, gute Struktur (noch nicht im Verkauf)

92 . . . 2007 Spätburgunder „Herrschaftswingert SL"
gute Konzentration, viel reife Frucht, herrlich eindringlich, dominant; füllig, stoffig, viel reife Frucht, Substanz und Kraft, jugendlich, feiner Nachhall (noch nicht im Verkauf)

89 . . . 2006 Spätburgunder „GG" „Kammerberg"
gute Konzentration, reife Frucht, dezent rauchige Noten, herrlich eindringlich; füllig, harmonisch, reife Frucht, rote und dunkle Früchte, gute Länge **35,- €**

90 . . . 2007 Spätburgunder „GG" „Kammerberg"
würzig, eindringlich, reife klare Frucht, gute Konzentration; weich, füllig, harmonisch, schmeichelnd, reife Frucht, gute Harmonie und Länge (noch nicht im Verkauf)
2003: 89; 2004: 90; 2005: 89.

88 . . . 2007 Spätburgunder „GG" „Sankt Paul"
feiner Duft, viel reife Frucht, rote und dunkle Früchte, recht duftig; füllig, harmonisch, viel reife Frucht, Kraft und Substanz (noch nicht im Verkauf)

90 . . . 2007 Spätburgunder RES
konzentriert, würzig, viel reife Frucht, dominant, dezent florale Noten, Kräuter; weich, füllig, herrlich viel Konzentration und Kraft, Substanz und Länge (auf Anfrage)

92 . . . 2007 Pinot Noir Tafelwein
würzig, eindringlich, konzentriert, viel reife Frucht, rote Früchte; füllig, stoffig, kraftvoll, viel reife Frucht und Substanz, gute Struktur, jugendlich, enorm nachhaltig **85,- €**

89 . . . 2004 „Die verbotenen Früchte" Cabernet + Merlot
konzentriert, eindringlich, reife Frucht, dezent Cassis und Kräuter; kraftvoll, konzentriert, herrlich stoffig, dominant, jugendliche Tannine **45,- €**

90 . . . 2005 „Die verbotenen Früchte" Cabernet + Merlot
viel Konzentration, reife Frucht, rote und dunkle Früchte, etwas Johannisbeeren, herrlich eindringlich; füllig, kraftvoll, herrlich konzentriert und stoffig, viel Substanz, jugendlich **45,- €**

---

84 2008 Silvaner trocken **5,- €/1l**

83 2008 Riesling trocken **5,- €/1l**
85 2008 „Petit" Rosé trocken **7,- €**
85 2007 Spätburgunder trocken **8,- €**
85 2007 „Guillaume" Rotwein trocken **7,80 €**

Becker

Weingut ★

Rheinhessen

Hauptstraße 10, 67582 Mettenheim
Tel. 06242-2845, Fax: 06242-6460
www.beckerwein.de
beckerwein@t-online.de
Besuchszeiten: nach Vereinbarung

Inhaber .... Gosia und Gernot Becker
Rebfläche .... 5,2 Hektar

Die Familie Becker betreibt seit Generationen Weinbau in Mettenheim. Dort wachsen die Reben in den Lagen Michelsberg und Schlossberg vorwiegend auf Löss- und Lehmböden, die aber teils mit Muschelkalk durchsetzt sind. Gosia und Gernot Becker besitzen aber auch Weinberge im Bechtheimer Geyersberg (Lehm) und im Mettenheimer Goldberg, wo auf Sandböden überwiegend rote Rebsorten stehen wie Spätburgunder, Dornfelder und Cabernet Dorsa. An weißen Rebsorten bauen sie Riesling, Grauburgunder, Weißburgunder, Sauvignon Blanc, Scheurebe und Bacchus an.

Weinbewertung

81 2008 Weißburgunder trocken Mettenheimer Michelsberg **4,50 €**
82 2008 Scheurebe Kabinett trocken Mettenheimer Schlossberg **4,50 €**
84 2008 Sauvignon Blanc Spätlese trocken Mettenheimer Schlossberg **5,- €**
83 2008 Grauburgunder Spätlese trocken Mettenheimer Michelsberg **5,90 €**
83 2007 Riesling Auslese trocken „Muschelkalk" Mettenheimer Schlossberg **6,- €**
80 2008 Gutsriesling **4,60 €**

Becker

Weingut ★

Baden

Oberer Jagdweg 13, 69254 Malsch
Tel. 07253-25189, Fax: 07253-270533
www.weingutbecker.de
info@weingutbecker.de
Besuchszeiten: Di.-Fr. 17:30-19 Uhr, Sa. 10-13 Uhr
Probierstube (bis 50 Personen)

Inhaber .... Herbert Becker
Rebfläche .... 5,5 Hektar

Herbert Becker hat 1981 die elterlichen Weinberge übernommen und zusammen mit Ehefrau Marliese das Weingut gegründet. Die Weinberge liegen alle am Letzenberg in den Lagen Ölbaum und Rotsteig. Wichtigste Rebsorten sind Weißburgunder, Spätburgunder und Grauburgunder, die jeweils über 20 Prozent der Rebfläche einnehmen. Es folgen Portugieser, Auxerrois, Regent und Gewürztraminer, dazu gibt es etwas Chardonnay, Müller-Thurgau und Riesling. Zuletzt hat er Sauvignon Blanc gepflanzt, sowie im Versuchsanbau Cabernet Cortis und Cabernet Carbon.

Nach einer gleichmäßigen Kollektion vor zwei Jahren präsentierte Herbert Becker im vergangenen Jahr wunderschön reintönige, frische Weißweine – und als Überraschung einen feinen „Secco" und einen noch besseren Sekt. In der ansonsten sehr gleichmäßigen 2008er Kollektion ist der kraftvolle Sauvignon Blanc unser eindeutiger Favorit.

Weinbewertung

86 . . . 2008 Sauvignon Blanc Spätlese trocken Malscher Ölbaum
würzig, eindringlich, klare Frucht; füllig, kraftvoll, reife klare Frucht, gute Substanz und Länge **10,- €**

83 2008 „Secco" Perlwein trocken **5,50 €**
81 2008 Auxerrois Kabinett trocken Malscher Ölbaum **5,80 €**
82 2008 Grauburgunder Kabinett trocken Malscher Ölbaum **6,- €**
83 2008 Chardonnay Spätlese trocken Malscher Ölbaum **9,50 €**
84 2008 „Cuvée Trias" Rotwein trocken **6,40 €**

J.B. Becker

★★☆

Weinbau

Rheingau

Rheinstraße 6, 65396 Walluf
***Tel.** 06123-72523, **Fax:** 06123-75335*
h.j.becker@justmail.de
***Besuchszeiten:** Mo.-Fr. 9-12 und 14-17 Uhr oder nach Vereinbarung*
Weingarten von Mai bis Oktober täglich ab 17 Uhr, am Wochenende ab 15 Uhr; Glashaus November bis April Mo., Di., Mi. von 17.30-23, So. von 15-23 Uhr

Inhaber........... Maria und Hans-Josef Becker
Rebfläche..............................11 Hektar

Hans-Josef Becker gehört zu den charismatischsten Winzern im Rheingau. Der Mann mit dem markanten Schnurrbart füllt seine Weine so spät ab wie kaum ein Zweiter in der Region, Riesling und Spätburgunder reifen gemächlich im Holzfass. Doch in die traditionalistische Schublade sollte man den Winzer nicht stecken – denn beim Thema Verschluss war er einer der Vorreiter in Deutschland. Konsequent stellte Becker seine Produktion seit 2003 auf Glasverschluss um, selbst die Rotweine sind auf diese Weise abgedichtet. Viele der betont würzig, altmodischen Rieslinge sind in der Jugend nicht strahlend, sondern eher verschlossen, entwickeln sich aber umso besser. Selbst noch nach 15 oder mehr Jahren können die Weine – selbst die trockenen – viel Spaß machen. Überzeugen kann man sich davon vor Ort: Auf der Raritätenliste sind noch reichlich alte Flaschen verzeichnet.

Die Weine des Jahrgangs 2005 zeigten viel Charakter; in diesem Jahr entstanden Rieslinge, die vermutlich erst in ein paar Jahren ihre beste Form erreichen dürften. Eigenwillig, aber extraktreich und nachhaltig präsentierten sich die 2006er: reif, würzig, komplex – in diesem Jahrgang eine beachtliche Leistung. Die 2007er sind einfacher zu verstehen, aber in der Spitze nicht weniger faszinierend. Und dieses Fazit gilt nicht nur für die trockenen Weine, sondern auch für die Auslesen oder die tabakwürzigen, spannenden Rotweine aus den Jahrgängen 2003 und 2004.

Weinbewertung

85 . . . 2007 Riesling Kabinett trocken Wallufer Walkenberg
reintönige Frucht, jugendlich, etwas unruhig; straff, fest, pikante Säure, sehr erfrischend **8,- €**

87 . . . 2007 Riesling Spätlese trocken Wallufer Walkenberg
jugendliche Frucht, vielschichtig, etwas Stachelbeere; saftig, viel Würze, stoffig, kompakt **12,50 €**

90 . . . 2007 Riesling Spätlese trocken „Alte Reben" Wallufer Walkenberg
zunächst verhalten, öffnet sich dann, mineralisch, gelbe Früchte, Kräuter; saftig, dicht, mineralische No-

ter, kompromisslos trocken, sehr präzise **16,- €**

89 . . . 2007 Riesling Auslese trocken Wallufer Walkenberg
duftig, Kräuter, reife Frucht, ganz leicht Stachelbeere; feste Struktur, reife Säure, enorm würzig, deutlich mineralisch, kann noch reifen **19,- €**

85 . . . 2007 Riesling Kabinett halbtrocken Wallufer Oberberg
sehr klare Frucht, jugendlich, Ananas, dezente Kräuternoten; viel Struktur, saftig, rassige Säure **7,80 €**

87 . . . 2007 Riesling Spätlese Eltviller Sonnenberg
reife Frucht, etwas Orange, Kräuter; reife Frucht, ruhig, dezente Süße, individuell, nachhaltig **12,50 €**

89 . . . 2007 Riesling Auslese Wallufer Berg Bildstock
klar, saftige Frucht, reife Stachelbeeren, Zitrus; enorm saftig, würzig rassig, entwickelt sich gut, eher verhaltene Süße **17,- €**

89 . . . 2007 Riesling Auslese Wallufer Oberberg
erst verhalten, später reife Frucht, mineralisch, dezent Kräuter; würzig, saftig, vergleichsweise verhaltene Süße, hat Struktur, klingt gut nach **17,- €**

87 . . . 2004 Spätburgunder Spätlese trocken „Alte Reben" Wallufer Walkenberg
klare Frucht, Sauerkirsche, etwas Cassis, ganz leicht getrocknete Beeren; stoffig, leicht rauchig, wirkt noch sehr jugendlich **13,- €**

89 . . . 2003 Spätburgunder Auslese trocken Wallufer Walkenberg
rauchig, getrocknete Beeren, Kräuter, etwas Tabak; üppige Frucht, leichte reife Noten, markanter Alkohol, noch nicht wirklich harmonisch, aber dicht und mineralisch **33,- €**

82 2007 Riesling trocken Eltviller Rheinberg **7,- €**
84 2007 Riesling Kabinett Wallufer Berg Bildstock **7,80 €**

★

Karlheinz **Becker**
Weingut

Pfalz

Hauptstraße 34, 76831 Heuchelheim-Klingen
Tel. 06349-5328, Fax: 06349-8056
wgkhbecker@gmx.de
Besuchszeiten: nach Vereinbarung

Inhaber .... Karlheinz Becker
Rebfläche .... 10 Hektar

Das Weingut war früher ein landwirtschaftlicher Gemischtbetrieb mit Fassweinvermarktung. Seit Karlheinz Becker den Betrieb übernommen hat forciert er die Flaschenweinvermarktung, heute werden zwei Drittel der Produktion über die Flasche verkauft. Riesling, Weißburgunder und Grauburgunder sind die wichtigsten weißen Rebsorten, dazu gibt es Gewürztraminer, Muskateller und Silvaner. Rotweine nehmen 30 Prozent der Rebfläche ein. Spätburgunder ist die wichtigste rote Sorte, zuletzt hat Karlheinz Becker etwas Frühburgunder und Merlot gepflanzt. Die Weine bleiben recht lange auf der Hefe und werden überwiegend trocken ausgebaut.

Vor zwei Jahren gefielen die Weißweine von Karlheinz Becker besonders gut. In der letztjährigen Kollektion überzeugten vor allem die beiden Chardonnay, aber auch die Spätburgunder Auslese trocken aus dem Jahrgang 2005. Sehr ähnlich ist das Bild in diesem Jahr, mit dem Unterschied, dass zwei Weißburgunder die Stelle der Chardonnay einnehmen.

Weinbewertung

85 . . . 2008 Weißburgunder Spätlese trocken Nr. 11/09 Heuchelheimer Herrenpfad
klar, würzig, eindringlich, reife Frucht, weiße Früchte;

füllig, harmonisch, reife süße Frucht, gute Substanz und Frische **7,50 €**

85 . . . 2008 Weißburgunder Spätlese trocken Nr. 9/09 Heuchelheimer Herrenpfad
gute Konzentration, feine Würze, klare Frucht; weich, füllig, harmonisch, reife süße Frucht **6,75 €**

85 . . . 2007 Spätburgunder Auslese trocken Heuchelheimer Herrenpfad
viel Konzentration, Gewürze, eindringliche reife Frucht; füllig, stoffig, kraftvoll, gute Substanz, jugendliche Bitternote **16,- €**

---

81 2008 Weißburgunder Kabinett trocken **5,- €**
81 2008 Grauburgunder Kabinett trocken **5,60 €**
82 2008 Chardonnay Kabinett trocken **6,- €**
80 2008 Riesling Kabinett trocken **5,30 €**
83 2008 Grauburgunder Spätlese trocken Appenheimer Steingebiss **6,70 €**
83 2008 Riesling Spätlese trocken Appenheimer Steingebiss **6,85 €**
82 2008 Muskateller halbtrocken **5,- €**
81 2008 St. Laurent trocken **5,70 €**

★★★

Becker-Landgraf

Weingut

Rheinhessen

Im Felsenkeller 1, 55239 Gau-Odernheim
Tel. 06733-7449, Fax: 06733-1847
www.weingut-beckerlandgraf.de
weingut@beckerlandgraf.de
Besuchszeiten: nach Vereinbarung

Inhaber . . . . Julia und Johannes Landgraf
Rebfläche . . . . 8 Hektar

2005 entstand das Weingut in seiner heutigen Form durch die Heirat von Julia und Johannes Landgraf. Johannes Landgraf war bis dahin für den Weinausbau im elterlichen Weingut in Saulheim verantwortlich. Ihre Weinberge liegen überwiegend am Petersberg in Gau-Odernheim, wo der Boden aus Ton, Kalkmergel und Muschelkalk besteht. Hinzu kommt jeweils ein Weinberg in Framersheim und Biebelnheim. Sie bauen vor allem Riesling, Weißburgunder, Spätburgunder und St. Laurent an. Das Sortiment ist klar gegliedert in Gutsweine, Ortsweine und Lagenweine. Nur die Spitzen-Rieslinge und -Spätburgunder tragen die Namen ihrer besten Lagen: Herrgottspfad, Ölberg und Rosenberg. Die Weine werden bisher schon größtenteils spontanvergoren, zukünftig sollen alle Weine, auch die Gutsweine mit den natürlichen Hefen vergären. Die Rotweine werden unfiltriert und ungeschönt abgefüllt, der Spitzenwein aus dem Rosenberg soll zukünftig erst im dritten Jahr nach der Ernte in den Verkauf kommen.

Es ist immer erfreulich, wenn neue Weingüter schon mit ihrem ersten Jahrgang für Furore sorgen, besonders dann, wenn sie in Gau-Odernheim Spitzenweine erzeugen, in Lagen, die bisher noch nicht mit hervorragenden Weinen aufgefallen sind. Man wird sich daran gewöhnen müssen, dass in den kommenden Jahren noch mehr bisher unbekannte Lagen in Rheinhessen in den Blickpunkt rücken. Die Weine von Julia und Johannes Landgraf sind wunderschön reintönig, die Gliederung in Guts-, Orts- und Lagenweine ist absolut schlüssig und nachvollziehbar.

Nach dem tollen Debüt vor zwei Jahren bestätigten Julia und Johannes Landgraf mit der letztjährigen Kollektion den sehr guten Eindruck, alle Weine waren wieder wunderschön reintönig und harmonisch. Sehr geschlossen präsentiert sich der neue Jahrgang, schon die Gutsweine bestechen durch ihr hohes Niveau, Orts- und Lagenweine bringen eine weitere Steigerung: Starke Kollektion! ➡

Weinbewertung

85 . . . 2008 Riesling trocken
frisch, fruchtbetont, herrlich reintönig; klar, frisch, zupackend, feine süße Frucht, ganz dezente Zitrusnote **6,40 €**
2006: 85; 2007: 85.

86 . . . 2008 Grauburgunder trocken
gute Konzentration, reife Frucht, etwas gelbe Früchte; füllig, kraftvoll, reife Frucht, gute Struktur **5,40 €**

88 . . . 2008 Weißburgunder trocken Gau-Odernheimer
knapp die Hälfte des Weines wurde im Holzfass ausgebaut; gute Konzentration, reife Frucht, etwas weiße und gelbe Früchte; füllig, kraftvoll, reife Frucht, gute Substanz, ganz feine Bitternote **8,60 €**
2006: 88; 2007: 86.

87 . . . 2007 Riesling trocken Gau-Odernheimer
gute Konzentration, viel reife Frucht, etwas gelbe Früchte; Kraft, Struktur, feiner Biss, noch jugendlich **9,20 €**

88 . . . 2008 Riesling trocken Gau-Odernheimer
feine Würze, reife Frucht, jugendlich; kraftvoll, geradlinig, klare reife Frucht, gute Struktur **9,20 €**
2006: 88; 2007: 87.

89 . . . 2005 Riesling trocken Herrgottspfad
gute Konzentration, faszinierend viel Frucht, feine Reifenoten, etwas gelbe Früchte, ganz dezent Kamille im Hintergrund; Kraft, Struktur, reife Frucht, Substanz, feine Länge (kein aktueller Jahrgang)

88 . . . 2007 Riesling trocken Herrgottspfad
gute Konzentration, reife Frucht, gelbe Früchte, herrlich eindringlich; gute Fülle und Kraft, reife Frucht, gelbe Früchte, feine Mineralität **15,- €**

87 . . . 2008 Riesling Spätlese Ölberg
reintönige Frucht, feine Würze, Mineralität; füllig und schmeichelnd, herrlich viel Frucht, wunderschön reintönig **6,80 €**

85 . . . 2007 Spätburgunder trocken
frisch, fruchtbetont, zurückhaltend; gute Harmonie und Kraft, feine Frucht, Biss **5,60 €**

86 . . . 2007 „Luca1“ St. Laurent trocken Gau-Odernheimer
rauchig, klar, reife Frucht, rote Früchte; weich, füllig, kraftvoll, reintönige Frucht, dezent Vanille **8,60 €**

87 . . . 2007 Spätburgunder trocken Gau-Odernheimer
gute Konzentration, rauchige Noten, reintönige Frucht, etwas rote Früchte; weich, füllig, harmonisch, reife Frucht, dezent Vanille **9,20 €**

88 . . . 2005 Spätburgunder trocken Gau-Odernheimer
rauchig, herrlich reintönig und eindringlich; wunderschön reintönig auch im Mund, herrlich viel Frucht, zupackend, kraftvoll (kein aktueller Jahrgang)

87 . . . 2006 Spätburgunder trocken Rosenberg
rauchig-würzige Noten, viel Konzentration, reife Frucht; weich, füllig, gute Substanz, reife Frucht und Biss **17,- €**

---

84 2008 Weißburgunder & Chardonnay trocken **5,40 €**

★★★☆

Becker-Steinhauer

Weingut **Mosel**

Hauptstraße 72, 54486 Mülheim/Mosel
Tel. 06534-521, Fax: 06534-18378
www.becker-steinhauer.de
info@becker-steinhauer.de
Besuchszeiten: nach Vereinbarung
Gästehaus

Inhaber .... Karsten Becker
Rebfläche .... 8 Hektar

Die Familie Becker betreibt seit etwa drei Jahrhunderten Weinbau. Heute wird das Weingut Becker-Steinhauer von Karsten Becker geführt, der die zum Großteil von Mauern umfasste Lage Carlsberg erworben und zu neuer Bedeutung geführt hat. Von dem 1850 erbauten und liebevoll restaurierten Weinbergshäuschen heraus hat man einen prächtigen Ausblick auf Veldenz, wo die Hälfte der Weinberge liegen. Becker besitzt außerdem Parzellen in den Gemeinden Brauneberg, Mülheim, Zeltingen und Bernkastel. Neben dem dominierenden Riesling, der 90 Prozent der Rebfläche einnimmt, spielt auch der Spätburgunder eine nicht zu unterschätzende Rolle. Die Weine werden im Edelstahl ausgebaut und meist spontan vergoren; der Spätburgunder wird teilweise unfiltriert abgefüllt.

2007 brachte nochmals eine Steigerung. 2008 besitzen alle Weine enorme Frische und Substanz. Das Preisniveau ist vergleichsweise niedrig.

Weinbewertung

88 . . . 2007 Riesling Sekt brut
prägnante Frucht, Kräuter, Melone, kandierter Apfel; viel Würze, kompromisslos trocken, wunderschön präzise **11,- €**

85 . . . 2008 Riesling Kabinett trocken Veldenzer Kirchberg
klare Frucht, leichte Hefenote, etwas unruhig; sehr würzig, straff, Biss **6,- €**

86 . . . 2008 Riesling trocken „1890"
sehr klar, leichte Hefenote, jugendlich; straff, viel Würze, hat Substanz, animierend **7,- €**

88 . . . 2008 Riesling trocken „Die Steinmauer" Zeltinger Schlossberg
hefewürzige Noten, prägnante Frucht; sehr würzig, fest, kompromisslos trocken, deutlich mineralisch, Potenzial **7,50 €**
2006: 89; 2007: 89.

89 . . . 2008 Riesling Veldenzer Kirchberg „Alte Reben"
etwas verhalten, hefewürzig, deutlich Kräuter, Stachelbeere; würzig, mineralisch, viel Substanz **11,- €**

87 . . . 2008 Riesling Spätlese „feinherb" Veldenzer Carlsberg
etwas unzugänglich, Hefenoten; würzig, stoffig, viel Schmelz, könnte sich noch besser entwickeln **7,50 €**

88 . . . 2008 Riesling Spätlese Veldenzer Carlsberg
sehr frisch, jugendliche Frucht; geradlinig, viel Frucht, rassige Säure, guter Nachhall **7,50 €**
2004: 87; 2005: 89; 2006: 89.; 2007: 88.

88 . . . 2008 Riesling Spätlese Brauneberger Juffer
frisch, jugendliche Frucht; zugänglich, saftig, rassig, feines Süße-Säure-Spiel, gute Länge, Biss **7,50 €**

89 . . . 2008 Riesling Auslese Brauneberger Juffer
frisch, duftig, etwas schweflig, kandierter Apfel, Mirabelle; saftig, rassig, feine Säure, guter Nachhall **13,- €**

88 . . . 1983 Riesling Auslese Brauneberger Juffer
klar, Kräuter, zarte Reifenoten; sehr frisch, feine Frucht, zarte Süße, sehr elegant, animierend (kein aktueller Jahrgang)

87? . . . 2008 Riesling Auslese* Veldenzer Carlsberg**
reife Frucht, Pfirsich, etwas Karamell; saftig, etwas Karamell, füllig **14,- €/0,375l**

90 . . . 1999 Riesling Auslese Veldenzer Kirchberg
vergleichsweise dunkle Farbe, Kräuter, etwas Kandis; saftig, viel Frucht, markante Säure, leichter Eisweintouch (kein aktueller Jahrgang)

91 . . . 2007 Riesling Trockenbeerenauslese Veldenzer Carlsberg
dunkles Gold, absolut reintönig, Schwarztee, ganz leicht kandierte Früchte; cremig, opulente Frucht, dicht, Schokoladentrüffel, nachhaltig, viel Potenzial **65,- €/0,375l**

88 . . . 2007 Spätburgunder trocken „unfiltriert"
feine Frucht, deutlich Sauerkirsche; straff, würzig, bestens integriertes Holz, sehr elegant, feiner Nachhall **13,- €**

84 2007 Spätburgunder trocken **7,50 €**

Behringer ★
Weingut

Franken

Rehweilerstraße 7, 97355 Abtswind
Tel. 09383-97370, Fax: 09383-973724
www.weingut-behringer.de
info@weingut-behringer.de
Besuchszeiten: täglich 9-18 Uhr

Inhaber .... Thomas Behringer
Rebfläche .... 45 Hektar

Das Weingut Behringer wird seit 1990 von Ingrid und Thomas Behringer geführt. Ihre wichtigsten Weinlagen sind Abtswinder Altenberg, Greuther Bastel und Wiebelsberger Dachs. Sie vermarkten den Ertrag einer Erzeugergemeinschaft von ca. 60 Winzern.

Die letzten Kollektionen präsentierten sich sehr gleichmäßig, weiß wie rot. Gleiches galt auch 2007. Die neue Kollektion gefällt uns besser, bietet homogene Qualität auf gutem Niveau, mit Vorteilen im roten Segment.

Weinbewertung

88 . . . 2008 „AS" Rotwein trocken
Acolon und Spätburgunder; reife Frucht, rote Früchte, feiner Duft; füllig, harmonisch, reife Frucht, gute Struktur und Frische **13,- €**

81 2008 Silvaner Kabinett trocken Wiebelsberger Dachs **6,50 €**
81 2008 Riesling Kabinett trocken Abtswinder Altenberg **6,50 €**
82 2008 Weißburgunder Kabinett trocken Abtswinder Altenberg **6,50 €**
82 2008 Gewürztraminer Kabinett Abtswinder Altenberg **6,50 €**
80 2008 Müller-Thurgau halbtrocken **4,30 €**
82 2008 Riesling Kabinett Abtswinder Altenberg **6,50 €**
84 2008 Bacchus Spätlese Wiebelsberger Dachs **7,- €**
81 2008 Rosé **6,30 €**
83 2008 Domina trocken **8,50 €**
83 2008 Domina Wiebelsberger Dachs **6,80 €**

Beiser ★
Weingut

Rheinhessen

Außerhalb 1, 55578 Vendersheim
Tel. 06732-8732, Fax: 06732-5061
www.weingut-beiser.de
weingutbeiser@t-online.de
Besuchszeiten: täglich 9-12 + 13-19 Uhr und nach Vereinbarung
Gutsschänke

Inhaber .... Otto und Simon Beiser
Rebfläche .... 19 Hektar

Otto Beiser hat 1971 mit der Selbstvermarktung begonnen, 1979 mit dem Neubau den Grundstein für das heutige Weingut gelegt. Sohn Simon hat 2002 sein Geisenheim-Studium abgeschlossen und ist für den Weinausbau verantwortlich. Ihre Weinberge befinden sich in der Vendersheimer Lage Sonnenberg, in den Sprendlinger Lagen Honigberg, Klostergarten, Geyersberg, Hölle und Wissberg, sowie in der Wallertheimer Heil. 60 Prozent nehmen weiße Sorten ein. Wichtigste Rebsorten sind Riesling, Weißburgunder, Grauburgunder, Müller-Thurgau und Chardonnay, aber auch Sauvignon Blanc, Gewürztraminer, Scheurebe, Silvaner und Saphira bauen Otto und Simon Beiser an. Hinzu kommen die roten Sorten Spätburgunder, Portugieser, Frühburgunder, Dornfelder, Merlot und Cabernet Sauvignon. Die Weißweine werden nach 6 bis 24

Stunden Kaltmazeration im Edelstahl vergoren und ausgebaut. Die roten Trauben werden entrappt und maischevergoren (5 bis 35 Tage) und dann im Edelstahl ausgebaut, die Spitzenweine kommen für mindestens zwölf Monate ins Barrique.

Die 2006er Weißweine waren jahrgangsbedingt etwas schwächer, die vor zwei Jahren verkosteten Rotweine aus den Jahrgängen 2003 bis 2005 gefielen. In der gleichmäßigen letztjährigen Kollektion lagen die Vorteile wiederum im roten Segment. Auch die neue Kollektion ist sehr gleichmäßig, bleibt aber in der Spitze ein wenig hinter den vorausgegangenen Kollektionen zurück.

Weinbewertung

79 2008 Riesling trocken Vendersheimer Sonnenberg **4,45 €/1l**

80 2008 Riesling trocken Vendersheimer Sonnenberg **4,80 €**

82 2008 RS-Silvaner trocken Vendersheimer Sonnenberg **5,20 €**

82 2008 Riesling „S" Spätlese trocken Sprendlinger Hölle **5,70 €**

83 2008 Weißburgunder „S" Spätlese trocken Sprendlinger Klostergarten **5,50 €**

83 2008 Grauburgunder „S" Spätlese trocken Sprendlinger Honigberg **5,70 €**

82 2008 Chardonnay „S" trocken Vendersheimer Sonnenberg **5,70 €**

81 2007 Spätburgunder „S" trocken Vendersheimer Sonnenberg **6,90 €**

80 2007 Frühburgunder „S" trocken Vendersheimer Sonnenberg **7,- €**

78 2007 Cabernet Sauvignon „S" trocken Vendersheimer Sonnenberg **7,10 €**

80 2007 Merlot „S" trocken Vendersheimer Sonnenberg **7,30 €**

83 2005 Frühburgunder „S" trocken Barrique Vendersheimer Sonnenberg **11,40 €**

★★☆

Benderhof

Weingut

Pfalz

Neugasse 45, 67169 Kallstadt
Tel. 06322-1520, Fax: 06322-980775
www.weingut-benderhof.de
weingut-benderhof@t-online.de
Besuchszeiten: Mo.-Sa. 8-11 + 13-19 Uhr (mit Bitte um Anmeldung)

Inhaber .... Otto Haaß, Karola Bender-Haaß
Rebfläche .... 9 Hektar

Riesling ist die wichtigste Rebsorte beim Benderhof, nimmt ein Drittel der Rebfläche ein. Zweitwichtigste Weißweinsorte ist Weißburgunder, gefolgt von Scheurebe, Silvaner und Grauburgunder. Rote Sorten nehmen 35 Prozent der Rebfläche ein: Spätburgunder, Saint Laurent, Schwarzriesling, Regent und Dornfelder. Die Weinberge befinden sich in den Kallstadter Lagen Steinacker, Kreidkeller und Saumagen, sowie im Herxheimer Himmelreich. Die Rotweine werden in Holzfässern ausgebaut, teilweise in Barriques.

2006 behauptete sich der Benderhof gut, der Riesling „S" aus dem Himmelreich gefiel uns besonders gut. Eine vergleichbare Kollektion folgte mit dem Jahrgang 2007, in der manche der trockenen Weine etwas verhalten und verschlossen wirkten und die Scheurebe Trockenbeerenauslese herausragte. Auch 2008 präsentiert der Benderhof eine Kollektion auf hohem Niveau, jeder Wein überzeugt. Unter den Rieslingen gefällt uns in diesem Jahrgang der Wein von alten Reben aus dem Kreidkeller besonders, auch der Gewürztraminer gehört zu den besten seiner Sorte in der Pfalz.

Weinbewertung

85 ... 2008 Grauburgunder Spätlese trocken
frisch, fruchtbetont, reintönig; klar, harmonisch, reife süße Frucht **7,- €**

88 ... 2008 Riesling Spätlese trocken „Alte Reben" Kallstadter Kreidkeller
gute Konzentration, herrlich viel Frucht, feine mineralische Noten, füllig, kraftvoll, reife Frucht, gute Substanz **9,- €**

85 ... 2008 Riesling Spätlese trocken Herxheimer Himmelreich
feine Würze, reintönige Frucht; füllig, harmonisch, viel reife Frucht **8,50 €**

86 ... 2008 Riesling Spätlese trocken Kallstadter Saumagen
feine Würze, reife Frucht, eindringlich; füllig, harmonisch, klare Frucht und gute Substanz **8,50 €**

86 ... 2008 Gewürztraminer Spätlese trocken
reintönige Frucht, gute Konzentration, etwas Rosen; harmonisch, wunderschön reintönige Frucht, Substanz und Fülle **7,- €**

82 2008 „Kreidefelsen" Riesling Kabinett trocken **6,- €**
84 2008 „Mergel" Riesling Kabinett trocken **6,- €**
83 2008 Silvaner Spätlese trocken Kallstadter Saumagen **7,- €**
83 2008 Weißburgunder Spätlese trocken Kallstadter Steinacker **7,- €**
84 2008 Spätburgunder blanc de noir Spätlese trocken **7,- €**

Graf von Bentzel-Sturmfeder ★★

Weingut

Württemberg

Sturmfederstraße 4, 74360 Schozach
Tel. 07133-960894, Fax: 07133-960895
www.sturmfeder.de
weingut@sturmfeder.de
Besuchszeiten: Mo.-Fr. 8-18 Uhr, Sa. 9-15 Uhr

Inhaber .... Kilian Graf von Bentzel-Sturmfeder
Kellermeister .... Holger Matz
Rebfläche .... 17 Hektar

Die Geschichte des Sturmfederschen Weingutes reicht bis 1396 zurück, als Ritter Friedrich Sturmfeder von Graf Eberhard von Württemberg ein Gut in Schozach zu Lehen erhielt. Die Süd-Südost-Lage Schozacher Roter Berg mit ihren schweren Lehmkeuperböden gehört dem Weingut seit dem 19. Jahrhundert in Alleinbesitz. Seit 1995 leitet Kilian Graf von Bentzel-Sturmfeder den Betrieb, seit 2001 ist er auch Eigentümer des Weinguts. Drei Viertel der Rebfläche nehmen rote Sorten ein, hauptsächlich Burgundersorten wie Spätburgunder, Samtrot, Clevner und Schwarzriesling, aber auch Lemberger, St. Laurent, Acolon, Cabernet Dorsa und Dornfelder. Alle Rotweine werden in Eichenholzfässern ausgebaut. Wichtigste weiße Rebsorte ist der Riesling, es folgen Weiß- und Grauburgunder.

Vor zwei Jahren ragten zwei Rotweine – Cuvée Grand Phillipp und Lemberger, Jahrgang 2003 respektive 2004 – hervor. Eine überzeugende Kollektion folgte im vergangenen Jahr nach, wieder angeführt vom Lemberger aus dem Schozacher Roten Berg. Der gefällt uns auch dieses Jahr gut in einer stimmigen Kollektion, die einmal mehr leichte Vorteile im roten Segment aufweist.

Weinbewertung

86 ... 2008 Riesling „GG" Schozacher Roter Berg
gute Konzentration, viel Würze, reife Frucht; weich, füllig und schmeichelnd, reife süße Frucht **16,90 €**

85 ... 2007 Samtrot trocken Schozacher Roter Berg
feine Würze, klare Frucht, dezent Vanille; gute Fülle, reife Frucht, Vanille **9,90 €**

85 ... 2007 Lemberger trocken Roter Berg

feine Würze, rote Früchte, etwas Vanille; klar, füllig, gute Substanz, reife Frucht **9,90 €**

87 . . . 2007 Lemberger „GG" Schozacher Roter Berg
gute Konzentration, Gewürze, Toast, klare reife Frucht; klar, frisch, zupackend, jugendliche Tannine **19,90 €**

86 . . . 2005 „Grand Philipp" Rotwein trocken Schozacher Roter Berg
reife Frucht, Gewürze, viel Duft; füllig, stoffig, reife süße Frucht, Vanille und Schokolade **19,90 €**

---

78 2008 Riesling trocken Schozacher **5,30 €/1l**
81 2008 Riesling Kabinett trocken **6,60 €**
81 2008 Grauburgunder Kabinett trocken **6,60 €**
81 2007 Spätburgunder Kabinett trocken **7,90 €**
83 2007 St. Laurent trocken **6,30 €**
83 2007 Cabernet Dorsa trocken Schozacher Roter Berg **11,90 €**
79 2008 Trrollinger Lemberger Schozacher **5,80 €/1l**

★☆

Benz

Weingut

Baden

Im Walterstal 1, 97922 Lauda-Königshofen
Tel. 09343-4523, Fax: 09343-58388
www.weingut-benz.de
weingut.benz@t-online.de
Besuchszeiten: Di.-Fr. 8-18 Uhr, Sa. 9-16 Uhr, So. 10-12 Uhr
Weinproben (15 bis 80 Personen)

Inhaber .... Hubert und Renate Benz
Rebfläche .... 35 Hektar

Hubert und Renate Benz kamen 1994 aus der Ortenau ins mittlere Taubertal. Sie erwarben am Rande von Beckstein ein Weingut mit über 250-jähriger Tradition. Heute besitzen sie 35 Hektar Weinberge und 2 Hektar Streuobstwiesen. Die Reben wachsen vor allem an ihrem Hausberg, dem Königshöfer Walterstal, einem Seitental der Tauber. Weitere Lagen sind – in Alleinbesitz – der Oberschüpfer Herrenberg, eine sehr muschelkalkhaltige Steillage mit 70 Prozent Hangneigung, und der teilweise terrassierte Becksteiner Kirchberg. Neben den klassischen tauberfränkischen Rebsorten setzen Hubert und Renate Benz verstärkt auf pilzresistente Sorten, bauen aber auch Tauberschwarz und Cabernet Sauvignon an. Die Weißweine werden lange auf der Hefe ausgebaut, Rotweine kommen nach der Maischegärung ins Holzfass oder Barrique, wobei ausschließlich Fässer aus heimischer Eiche verwendet werden. Tochter Corinna studiert in Geisenheim, Sohn Michael unterstützt seit Abschluss seiner Winzerlehre seine Eltern im Betrieb.

Eigenwillige Weine, mit Ecken und Kanten, erzeugen Hubert und Renate Benz. Eine interessante Kollektion konnten wir vor zwei Jahren verkosten, die letztjährige Kollektion gefiel uns nochmals besser, weiß wie rot, allen voran der kraftvolle Cabernet Sauvignon. Sehr gleichmäßig präsentiert sich nun die neue Kollektion mit kraftvollen, fülligen Weinen, weiß wie rot. Der Auxerrois gefällt uns einmal mehr besonders gut, ebenso die Gewürztraminer Spätlese und der barriqueausgebaute Spätburgunder.

Weinbewertung

85 . . . 2008 Auxerrois Spätlese trocken Becksteiner Kirchberg
gute Konzentration, reife Frucht, gelbe Früchte; füllig, harmonisch, kraftvoll, reife Frucht **7,- €**

86 . . . 2008 Gewürztraminer Spätlese Oberschüpfer Herrenberg
viel Konzentration, Rosen, Gewürze, etwas Litschi; süß, konzentriert, herrlich viel Frucht und Substanz **8,- €**

85 . . . 2005 Spätburgunder trocken Barrique Oberschüpfer Herrenberg
gute Konzentration, reife Frucht, etwas Gewürze; füllig, kraftvoll, reife Frucht, Substanz **17,50 €**

84 2007 Pinot Rosé Crémant Sekt brut **11,- €**
81 2008 Weißburgunder Kabinett trocken Becksteiner Kirchberg **5,50 €**
82 2008 Grauburgunder Kabinett trocken Becksteiner Kirchberg **5,50 €**
83 2008 Johanniter Spätlese trocken Unterschüpfer Mühlberg **7,- €**
83 2008 Silvaner Spätlese trocken „Alte Reben" Oberschüpfer Herrenberg **8,- €**
84 2008 Pinot Noir Blanc de Noir Spätlese trocken Oberschüpfer Herrenberg **7,- €**
83 2008 Riesling Spätlese „feinherb" Becksteiner Kirchberg **8,- €**
82 2008 Schwarzriesling Rosé Kabinett trocken Becksteiner Kirchberg **5,50 €**
83 2008 Tauberschwarz trocken Holzfass Oberschüpfer Herrenberg **7,- €**
81 2007 Regent Spätlese trocken Holzfass Becksteiner Kirchberg **8,50 €**

Dr. Benz Kirchberghof ★
Weingut

Baden

Pfadweg 5, 79341 Kenzingen-Bombach
Tel. 07644-1261, Fax: 07644-4054
www.weingut-dr-benz.de
info@weingut-dr-benz.de
Besuchszeiten: Di.-Fr. 9-12 + 14-17:30 Uhr, Sa. nach Vereinbarung

Inhaber .... Dr. Eribert Benz
Rebfläche .... 19 Hektar

Der Kirchberghof liegt in Bombach, etwa 20 Kilometer nördlich von Freiburg, und besitzt Weinberge in den Lagen Kenzinger Hummelberg, Bombacher Sommerhalde und Riegeler St. Michaelsberg. Sortenschwerpunkt sind die Burgundersorten, ergänzt mit Chardonnay, Müller-Thurgau, Cabernet Sauvignon und Merlot. Daneben gibt es verschiedene pilzwiderstandsfähige Sorten wie Léon Millot und Maréchal Foch, Johanniter und Helios, Prior, Monarch, Cabernet Cortis, Cabernet Carol und Cabernet Carbon. Nach zehn Jahren organisch-biologischen Weinbaus wird das Gut seit 2002 nach den Grundsätzen des biologisch-dynamischen Weinbaus bewirtschaftet. Die Weine werden verstärkt spontanvergoren, viele im Holzfass ausgebaut.

Vor zwei Jahren war die Kollektion sehr gleichmäßig, blieb aber in der Spitze hinter den Vorjahren zurück. Gleiches galt auch für die letztjährige Kollektion. Auch die neue Kollektion ist ein wenig verhalten, die rote Cuvée „Resumé" vermag an frühere Jahrgänge anzuknüpfen.

Weinbewertung

85 . . . 2007 „Resumé" Rotwein trocken Barrique
Cabernet Sauvignon, Merlot und Regent; gute Konzentration, reife Frucht, Vanille; füllig, harmonisch, reife Frucht, feine Frische, gute Substanz **14,90 €**

81 2008 „Crystall" Weißwein trocken **5,65 €**
82 2008 Weißburgunder trocken Bombacher Sommerhalde **8,20 €**
81 2008 Grauburgunder trocken Bombacher Sommerhalde **8,20 €**
81 2008 Chardonnay trocken **9,- €**
79 2007 Spätburgunder trocken **6,30 €/1l**
80 2007 Spätburgunder trocken Kenzinger Hummelberg **8,20 €**
82 2007 Spätburgunder trocken Holzfass **8,40 €**
82 2007 Spätburgunder trocken Barrique **13,50 €**

★★★★★

Bercher

Weingut

Baden

Mittelstadt 13, 79235 Burkheim
Tel. *07662-9076-0,* ***Fax:*** *07662-8279*
www.weingutbercher.de
info@weingutbercher.de
Besuchszeiten: *Mo.-Sa. 9-11:30 + 13:30-17 Uhr*

Inhaber .... Arne und Martin Bercher
Rebfläche .... 24 Hektar

Die aus der Schweiz stammende Familie ließ sich nach dem 30jährigen Krieg am Kaiserstuhl nieder. 1756 erbaute Franz-Michael Bercher das Gutshaus in Burkheim, das noch heute Sitz des Weinguts ist. Rainer und Eckhardt Bercher haben das Weingut in den siebziger Jahren mit damals 4 Hektar übernommen und zur heutigen Größe und zum heutigen Renommee geführt. Inzwischen hat die nächste Generation das Gut übernommen: Rainers Sohn Arne, der für den Weinausbau verantwortlich zeichnet, und Eckhardts Sohn Martin, der sich um den Außenbetrieb kümmert. Ihre Weinberge befinden sich in den Lagen Burkheimer Feuerberg (dunkles Vulkanverwitterungsgestein) und Schlossgarten (Lössterrassen), Sasbacher Limburg (Vulkangestein „Limburgit"), Jechtinger Eichert (Vulkanboden) und Steingrube, Königschaffhausener Hasenberg und Leiselheimer Gestühl. Über 40 Prozent sind mit Spätburgunder bestockt, dazu gibt es neben Weiß- und Grauburgunder vor allem noch Riesling, Müller-Thurgau und Chardonnay. Als Spezialitäten bauen sie Muskateller, Gewürztraminer, Scheurebe und Cabernet Sauvignon an. Über 90 Prozent der Weine werden trocken ausgebaut.

Seit der ersten Ausgabe dieses Buches zählen wir das Weingut zu den besten Weingütern Deutschlands. Unsere Wertschätzung für die Bercherschen Weine ist in diesem Jahrzehnt stetig gestiegen, die letzten Kollektionen waren grandios, angefangen von den Kabinettweinen bis hin zu den Großen Gewächsen.

Die Grauburgunder gehören Jahr für Jahr zur Spitze in Deutschland. Schon die Kabinettweine sind immer sehr gut, sind füllig, frisch und fruchtbetont. Die Spätlesen haben Kraft und Substanz bei herrlich viel Frucht. In allen letzten Jahrgängen gehörten sie zu den Spitzenweinen in Deutschland, so wie 2006 das Große Gewächs aus dem Schlossgarten. Ganz toll war die Grauburgunderriege auch im Jahrgang 2007, vom Kabinett bis hin zum Großen Gewächs aus dem Feuerberg, und vergleichbar stark präsentiert sich der Jahrgang 2008, der einmal mehr angeführt wird vom Großen Gewächs.

Was für Grauburgunder gilt, das gilt auch für Weißburgunder. Jahr für Jahr gehört der Wein aus dem Feuerberg zu den großen deutschen Weißburgundern. Das war 2005 und 2006 der Fall, und auch 2007 ist es nicht anders. Wie beim Grauburgunder bereiten auch beim Weißburgunder die fruchtbetonten und doch komplexen Kabinettweine viel Freude, die Spätlesen sind fülliger und kraftvoller. 2008 beeindruckt die ganze Weißburgunder-Riege, das Große Gewächs aus dem Feuerberg aber hat uns begeistert: Ein faszinierender Wein. Da reicht der Chardonnay, der uns seit vielen Jahren sehr gefällt, nicht ganz heran, wobei 2008 das Holz nur ganz dezent im Hintergrund zu erkennen ist.

Auch die Rotweine der Berchers präsentieren sich Jahr für Jahr auf hohem Niveau. Angeführt wird die rote Phalanx regelmäßig vom Großen Gewächs aus dem Feuerberg. Der 2005er war elegant und lang, auch der 2006er war vom Typ her ähnlich, besaß Eleganz und jugendliche Tannine. Der 2007er ist noch schöner, vereint Fülle und Kraft mit Eleganz und Nachhaltigkeit, führt eine stimmige rote Kollektion an, in der die Cuvée Limburg sich so prächtig präsentiert wie noch nie.

Tolle Kollektion, Gratulation!

Weinbewertung

88 . . . 2007 Pinot Sekt Extra Brut
würzig, feine rauchige Noten, gute Konzentration, herrlich eindringlich; füllig, harmonisch, gute Substanz und Länge **12,50 €**

86 . . . 2008 Muskateller Kabinett trocken „SE" Burkheimer Schlossgarten
frisch, reintönig, etwas Muskat und Zitrus; klar, frisch, zupackend, feiner Frucht und Biss **13,50 €**

88 . . . 2008 Weißer Burgunder Kabinett trocken Burkheimer Feuerberg
reintönig, fruchtbetont, weiße Früchte, feine Frische; klar, frisch, feine Frucht, Frische und Biss **8,50 €**
1999: 88; 2000: 87; 2001: 89; 2002: 89; 2003: 86; 2004: 86; 2005: 86; 2006: 86; 2007: 87.

87 . . . 2008 Grauer Burgunder Kabinett trocken Jechtinger Eichert
frisch, fruchtbetont, gelbe Früchte, gute Konzentration; harmonisch, klar, reife Frucht **7,90 €**

87 . . . 2008 Grauer Burgunder Kabinett trocken Burkheimer Schlossgarten
frisch, fruchtbetont, etwas gelbe Früchte; klar, frisch, geradlinig, feiner Frucht und Biss **8,50 €**
1999: 87; 2000: 87; 2001: 87; 2002: 87; 2003: 88; 2004: 87; 2005: 86, 2007: 87.

89 . . . 2008 Weißburgunder Spätlese trocken Sasbacher Limburg
gute Konzentration, viel reife Frucht, weiße Früchte, herrlich eindringlich und reintönig; füllig, harmonisch, reintönige Frucht, gute Substanz und Länge **12,50 €**
2003: 90; 2005: 89; 2006: 89; 2007: 87.

89 . . . 2008 Grauer Burgunder Spätlese trocken Burkheimer Feuerberg
gute Konzentration, viel reife Frucht, gelbe Früchte, herrlich eindringlich, reintönig; füllig, kraftvoll, reife Frucht, gute Substanz, harmonisch und lang **13,10 €**

93 . . . 2008 Weißer Burgunder „GG" Burkheimer Feuerberg
viel Konzentration, faszinierend viel Frucht, herrlich reintönig, dominant; füllig, stoffig, komplex, konzentriert, reife Frucht, Substanz, Länge, Nachhall **18,- €**
1999: 91; 2000: 89; 2001: 92; 2002: 91; 2003: 91; 2004: 90; 2005: 90; 2006: 90; 2007: 91.

89 . . . 2008 Grauer Burgunder „GG" Burkheimer Schlossgarten
viel Würze, feiner Duft, reife Frucht, gelbe Früchte; füllig, stoffig, viel reife Frucht, gelbe Früchte, gute Harmonie und Länge **18,- €**
2004 (1. Jg.): 90; 2006: 90; 2007: 89.

91 . . . 2008 Grauer Burgunder „GG" Burkheimer Feuerberg
viel Konzentration, viel reife Frucht, feine mineralische Noten, gelbe Früchte, faszinierend klar, ganz dezent Vanille im Hintergrund; füllig, stoffig, viel reife Frucht, Substanz, Nachhall, jugendlich **20,- €**
1999: 89; 2000: 89; 2001: 89; 2003: 91; 2004: 90+; 2007: 90.

90 . . . 2008 Chardonnay Spätlese trocken „SE" Barrique
fruchtbetont, klar, konzentriert, dezent gelbe Früchte und Ananas, feine Frische; reintönige reife Frucht, gute Fülle und Harmonie, Substanz, feine Frische und Biss, Länge **17,- €**
1999: 89; 2000: 90; 2001: 91; 2004: 90; 2005: 90; 2007: 90.

88 . . . 2008 Spätburgunder Blanc de Noirs Kabinett trocken Burkheimer Feuerberg
feine Frische, fruchtbetont, wunderschön reintönig; klar, frisch, harmonisch, feine Frucht und Biss **8,50 €**

87 . . . 2008 Spätburgunder Weißherbst Kabinett trocken Burkheimer Feuerberg
frisch, fruchtbetont, etwas, rote Früchte, jugendlich; klar, frisch, zupackend, feiner Frucht und Biss **7,80 €**

85 . . . 2007 Berchers Spätburgunder trocken
frisch, fruchtbetont, reintönig; klar, frisch, elegant, feine Frucht und Biss **8,90 €**

B

Die besten deutschen Weinerzeuger und ihre Weine

85 . . . 2007 Spätburgunder Kabinett trocken Burkheimer Feuerberg
gute Konzentration, reintönige Frucht; klar, frisch, feine Frucht und Biss, elegant **9,50 €**

87 . . . 2007 Spätburgunder Spätlese trocken Jechtinger Eichert
gute Konzentration, klare Frucht, rote Früchte, eindringlich; füllig, harmonisch, viel reife Frucht, Substanz und Frische **15,- €**
1999: 86; 2000: 88; 2001: 87; 2002: 88; 2003: 88; 2004: 87; 2006: 86.

92 . . . 2007 Spätburgunder „GG" Burkheimer Feuerberg
Gewürze, Toast, viel reife Frucht, herrlich eindringlich und konzentriert; klar, harmonisch, elegant, gute Struktur, reife Frucht, enorm reintönig, viel Länge und Nachhall **33,- €**
1998: 89; 1999: 89; 1999: 92; 2001: 89; 2002: 90; 2003: 91; 2004: 91; 2005: 92; 2006: 89.

90 . . . 2007 Cuvée „LIMBERG VII" trocken Barrique
gute Konzentration, viel reife Frucht, rote und dunkle Früchte, etwas Cassis, Schokolade, herrlich eindringlich; füllig, kraftvoll, reife Frucht, gute Substanz und Struktur, jugendlich **18,- €**
2001 (1. Jg.): 87; 2002: 87; 2003: 88; 2004: 88; 2005: 89; 2006: 88.

---

84 2007 Berchers Spätburgunder trocken **8,90 €**

★★★★

Bergdolt St. Lamprecht
Weingut

Pfalz

Dudostraße 17, 67435 Neustadt-Duttweiler
Tel. 06327-5027, Fax: 06327-1784
www.weingut-bergdolt.de
weingut-bergdolt-st.lamprecht@t-online.de
Besuchszeiten: Mo.-Fr. 8-12 + 14-18 Uhr, Sa. 10-16 Uhr

Inhaber .... Rainer und Günther Bergdolt
Rebfläche .... 24 Hektar

Das ehemalige Hofgut des Klosters St. Lamprecht wurde 1754 von Jakob Bergdolt erworben. Im 19. Jahrhundert hat die Familie die Rebfläche erweitert und Riesling und Silvaner im Fass an Händler verkauft. Friedrich Bergdolt begann 1911 mit der Flaschenabfüllung und Selbstvermarktung. Die Weinberge liegen vor allem in Duttweiler (Kalberg, Mandelberg, Kreuzberg) und Ruppertsberg (Reiterpfad, Nussbien), in Kirrweiler (Mandelberg), Mussbach (Eselshaut) und Deidesheim (Mäushöhle). Wichtigste Rebsorten bei den heutigen Besitzern, den Brüdern Rainer und Günther Bergdolt, sind Weißburgunder und Riesling mit einem Anteil von jeweils etwa einem Drittel. Hinzu kommen vor allem rote Sorten wie Spätburgunder, aber auch Dornfelder und dazu ein wenig Cabernet Dorio und Cabernet Dorsa.

Seit einem Jahrzehnt nun empfehlen wir die Weine der Bergdolts, gehört das Weingut zu den Spitzenbetrieben der Pfalz. Früher als Weißburgunder-Spezialist bekannt, besticht heute die gesamte Kollektion durch ihr hohes Niveau. Der Weißburgunder aus dem Kirrweiler Mandelberg gehört regelmäßig zu den besten Weißburgundern in Deutschland. Die Rieslinge haben in den vergangenen Jahren deutlich an Format gewonnen, aber auch die Spätburgunder und die edelsüßen Weine sind stetig besser geworden, ebenso die Sekte. Die Weine haben sich in den letzten Jahren stilistisch ein klein wenig verändert, sie sind präziser und feiner geworden.

Auch im schwierigen Jahrgang 2006 war die Kollektion ohne Fehl und Tadel. Das Glanzlicht setzte einmal mehr der Weißburgunder aus dem Mandelberg. So verwundert es nicht weiter, dass der Weißburgunder aus dem Mandelberg uns auch in der letztjährigen Kollektion wieder besonders gut gefiel. Aber auch die restliche Riege war stark: Zwei Tolle Weißburgunder Spätlesen, ein fülliger Chardonnay – und schließlich der kraftvolle Spätburgunder. Die neue Kollektion gefällt uns nochmals ein klein wenig besser. Vor allem die Weißburgunder bestechen wieder auf ganzer Front, angeführt vom Großen Gewächs aus dem Mandelberg, aber auch die Rieslinge stehen ihnen nur wenig nach, der Chardonnay ist wie immer eine sichere Bank: Schöne Stilistik, tolle Kollektion!

Weinbewertung

88 . . . 2007 „FLUXUS" Sekt extra brut
weiße und gelbe Früchte, ganz dezent rauchige Noten; füllig, fruchtbetont, klar, feine Frische, gute Länge **12,- €**

86 . . . 2008 Weißburgunder Kabinett trocken Duttweiler Kreuzberg
frisch, fruchtbetont, weiße Früchte, wunderschön klar; frisch, harmonisch, elegant, reintönig **7,- €**

86 . . . 2008 Weißburgunder Kabinett trocken St. Lamprecht
gute Konzentration, klare reife Frucht, weiße Früchte; füllig, frisch, reintönige Frucht, gute Harmonie und Länge **7,20 €**

89 . . . 2008 Weißburgunder Spätlese trocken St. Lamprecht
reintönige reife Frucht, weiße Früchte, gute Konzentration, herrlich eindringlich; füllig, harmonisch, wunderschön reintönig und lang **11,- €**

89 . . . 2008 Weißburgunder Spätlese trocken „Lössriedel"
herrlich reintönig, konzentriert, viel reife Frucht, weiße Früchte; harmonisch, elegant, reintönige Frucht, gute Struktur und Frische **12,- €**

85 . . . 2008 Riesling Kabinett trocken Deidesheimer Mäushöhle
würzig, eindringlich, dezent mineralische Noten; kraftvoll, klar, reife Frucht, gute Struktur **7,20 €**

87 . . . 2008 Riesling Spätlese trocken „Buntsandstein"
würzig, klar, viel reife Frucht, gute Konzentration, Frische; klar, füllig, reife Frucht, gute Struktur und Biss **12,- €**

87 . . . 2008 Riesling Spätlese trocken „Kalkmergel"
frisch, fruchtbetont, gute Konzentration, ganz dezent Zitrus; kraftvoll, klar, zupackend, feine süße Frucht und Biss **12,- €**

89 . . . 2008 Chardonnay Spätlese trocken
gute Konzentration, viel reife Frucht, weiße und gelbe Früchte; füllig, harmonisch, klare reife Frucht, gute Struktur, Länge und Frische **12,- €**
2003: 90; 2004: 88; 2005: 89; 2006: 88; 2007: 89.

91 . . . 2008 Weißburgunder „GG" Mandelberg Kirrweiler
gute Konzentration, feine mineralische Noten, reintönige reife Frucht, weiße Früchte, faszinierend klar; füllig, harmonisch, viel Substanz, reintönige reife Frucht, klar und lang **19,- €**
1997: 91; 1999: 90; 2000: 89; 2001: 90; 2002: 91; 2003: 91; 2004: 92; 2005: 91; 2006: 91; 2007: 90.

89 . . . 2008 Riesling „GG" Reiterpfad Ruppertsberg
konzentriert, herrlich würzig und dominant, viel reife Frucht; weich, füllig, harmonisch, viel reife Frucht, viel Substanz und Stoff, Länge **19,- €**
1999: 89; 2000: 89; 2001: 89; 2002: 90; 2003: 90; 2004: 89; 2005: 90; 2007: 88.

85 . . . 2007 Spätburgunder „S" trocken
feine Würze, dezent rauchige Noten, klare Frucht; füllig, kraftvoll, klar, gute Struktur **12,- €**

88 . . . 2007 Spätburgunder „GG" Kalkberg Duttweiler
viel reife Frucht, rote Früchte, gute Konzentration, etwas Vanille, feiner Duft; klar, füllig, viel reife Frucht, gute Struktur, Substanz und Länge **26,50 €**
2006: 88.

---

84 2008 Riesling Kabinett trocken Duttweiler Mandelberg **6,90 €**

★

Bergdolt-Reif & Nett

Wein- und Sektgut

Pfalz

Dudostraße 24, 67435 Neustadt-Duttweiler
Tel. *06327-2803,* ***Fax:*** *06327-1485*
www.weingut-brn.de
info@weingut-brn.de
Besuchszeiten: *8-18 Uhr*

Geschäftsführer .... Bernhard Nett
Betriebsleiter/Kellermeister .... Christian Nett
Rebfläche .... 30 Hektar

Bergdolt-Reif & Nett vermarktet die Weine in drei Linien: „Tradition" für Weine aus traditionellen Rebsorten für den täglichen Genuss, „Avantgarde" für Weine aus modernen Rebsorten bei niedrigen Erträgen, sowie „Prestige" für die besten Weine und Jahrgänge. 70 Prozent der Weinberge nehmen weiße Rebsorten ein, vor allem Riesling, Weißburgunder, Grauburgunder und Müller-Thurgau, aber auch Sauvignon Blanc, Scheurebe, Silvaner, Muskateller, Gewürztraminer und Bacchus. An roten Sorten gibt es Spätburgunder, Dornfelder, Merlot und Lagrein. Für den Ausbau der Weine ist Christian Nett verantwortlich, der seine Ausbildung bei den Weingütern August Ziegler, Dr. Deinhard und Müller-Catoir absolvierte.

2006 blieb etwas verhaltener, die letztjährige Kollektion war sehr gleichmäßig. Eine vergleichbare Kollektion präsentiert Christian Nett in diesem Jahr, der Gewürztraminer gefällt uns am besten.

Weinbewertung

85 . . . 2008 Gewürztraminer „Avantgarde" „Am alten Sträßchen"
viel Konzentration, reintönige Frucht, eindringlich; weich, füllig, harmonisch, reife süße Frucht **10,50 €**

81 2008 Riesling trocken „Tradition" **5,50 €**
80 2008 Grauburgunder trocken „Avantgarde" „Im Heilhansen" **10,50 €**
82 2008 Chardonnay trocken „Avantgarde" „Auf dem Plateau" **11,- €**
82 2008 Sauvignon Blanc trocken „Avantgarde" „In der Höhe" **10,75 €**
81 2008 Weißburgunder „Avantgarde" „In den Elfmorgen" **10,- €**
83 2008 Rieslaner Auslese Duttweiler Mandelberg **15,- €**
79 2008 „1838" Rotwein trocken **6,90 €**
80 2007 Spätburgunder trocken „Avantgarde" „In der Hölle" **10,75 €**
79 2007 Dornfelder trocken „Avantgarde" **10,50 €**
81 2007 Lagrein trocken „Avantgarde" „Im Kolbenstein" **13,- €**
79 2007 Merlot trocken „Avantgarde" „Am Kreuzpfad" **12,50 €**

★

Bergsträsser

Winzer

Hessische Bergstraße/Baden

Darmstädter Straße 56, 64646 Heppenheim
Tel. *06252-79940,* ***Fax:*** *06252-799450*
bergstraesser-winzer@t-online.de
Besuchszeiten: *Mo.-Fr. 8-19 Uhr*
Wein- und Speiselokal „Winzerkeller"

Geschäftsführer .... Otto Guthier
Mitglieder 501
Rebfläche .... 263 Hektar

Die Bergsträsser Winzer sind mit Abstand der größte Erzeuger an der Hessischen Bergstraße. Sie erzeugen mit etwa 1,8 Millionen Flaschen im Jahr mehr als die Hälfte des insgesamt in der Region produzierten Weins. Wichtigste Rebsorte ist Riesling mit einem Anteil von über 50 Prozent. Es folgen

Müller-Thurgau, Grauburgunder, Spätburgunder und Silvaner, aber auch Sorten wie St. Laurent, Weißburgunder, Gewürztraminer, Scheurebe und Kerner. Die Weinberge verteilen sich auf 17 Einzellagen. Da auch Winzer aus den badischen Nachbargemeinden („Badische Bergstraße") ihre Trauben in Heppenheim anliefern, führen die Bergsträsser Winzer auch einige badische Weine im Programm. 60 Prozent der Weine werden trocken ausgebaut.

Vor zwei Jahren hatten die Genossen interessante Rotweine, edelsüß überzeugte wie gehabt. Die letztjährige Kollektion war etwas verhaltener, aber von gleichmäßiger, guter Qualität. Auch 2008 sind die Weine etwas verhalten, wir haben Spitzen wie in früheren Jahrgängen vermisst.

Weinbewertung

85 . . . 2008 Spätburgunder Eiswein Heppenheimer Stemmler
würzig, duftig, viel Konzentration; süß, dick, klebrig, viel Substanz und Konzentration **69 €/0,375l**

81 2008 Grauburgunder trocken **4,20 €**
78 2008 Grauburgunder trocken Heppenheimer Schlossberg **4,70 €/1l**
80 2008 Chardonnay trocken Auerbacher Höllberg **6,70 €**
80 2008 Riesling Kabinett trocken Heppenheimer Stemmler **4,85 €**
79 2008 Riesling Spätlese trocken Heppenheimer Stemmler **7,50 €**
82 2008 Grauburgunder Spätlese trocken Heppenheimer Schlossberg **7,60 €**
81 2008 Sauvignon Blanc trocken Heppenheimer Steinkopf **10,90 €**
77 2008 Weißburgunder „feinherb" **4,70 €**
80 2008 Frühburgunder trocken **5,20 €**
82 2007 Cuvée Cabernet trocken **12,90 €**

★

Bergstraße

Domaine

Hessische Bergstraße

Hessische Staatsweingüter GmbH
Kloster Eberbach Domaine Bergstrasse
Grieselstraße 34-36, 64625 Bensheim
Tel. 06251-3107, Fax: 06251-690057
www.weingut-kloster-eberbach.de
schoenherr@weingut-kloster-eberbach.de
Besuchszeiten: Mo.-Fr. 8-18, Sa. 9:30-13 Uhr
Weinpavillon im Rebmuttergarten mit Ausschank + Verkauf (1.5. - 31.10. geöffnet, Sa. ab 16 Uhr, Sonn- und feiertags ab 11 Uhr, zusätzlich vom 1.6.-31.8. Fr. ab 16 Uhr

Inhaber .... Land Hessen
Direktor .... Dieter Greiner
Rebfläche .... 35 Hektar

Die Weinbaudomäne entstand aus dem Kammerbesitz des Großherzogs von Hessen-Darmstadt. Die beiden Lagen Heppenheimer Centgericht und Schönberger Herrnwingert befinden sich in Alleinbesitz der Domäne. Knapp zwei Drittel der Rebfläche ist mit Riesling bestockt. Hinzu kommen Weißburgunder und Chardonnay, Grauburgunder, Spätburgunder, Müller-Thurgau, Traminer und Dornfelder. Eine Spezialität des Weingutes ist die Erzeugung edelsüßer Weine.

In den letzten Jahren waren die Kollektionen stetig schwächer geworden. Die 2008er Weine vermögen diesen Trend nicht aufzuhalten. Schade.

Weinbewertung

81 2007 Riesling Sekt brut Heppenheimer Centgericht **12,- €**
82 2007 Weißburgunder Sekt brut Schönberger Herrnwingert **13,- €**
83 2008 Riesling trocken Heppenheimer Centge-

richt **6,- €**

79 2008 Riesling Kabinett trocken Heppenheimer Centgericht **7,60 €**

78 2008 Weißburgunder Kabinett trocken Schönberger Herrnwingert

80 2008 Grauburgunder Spätlese trocken Heppenheimer Centgericht **9,30 €**

81 2008 Riesling Spätlese trocken Heppenheimer Steinkopf

82 2008 Riesling Spätlese trocken Heppenheimer Centgericht

83 2008 Grauburgunder „GG" Heppenheimer Centgericht

77 2008 „Vividus" Weißwein **6,20 €**

77 2008 Riesling „feinherb" Bensheimer Streichling **6,- €/1l**

81 2008 Riesling „feinherb" Heppenheimer Centgericht **6,- €**

76 2008 Riesling Kabinett „feinherb" Bensheimer Streichling **7,20 €**

78 2008 Spätburgunder Rosé trocken **6,20 €**

★★☆

Josef Bernard-Kieren

Weingut

Mosel

Hauptstraße 101, 54470 Graach
***Tel.** 06531-2183, **Fax:** 06531-2090*
www.bernard-kieren.de
info@bernard-kieren.de
***Besuchszeiten:** täglich nach Vereinbarung*
offener Keller: Pfingst- und Fronleichnamwochenende; Straußwirtschaft (Juli bis Ende Oktober täglich geöffnet); Gästezimmer

Inhaber .... Josef Bernard
Rebfläche .... 3,2 Hektar

Jutta und Josef Bernard führen einen traditionellen Winzerbetrieb mit zahlreichen Stammkunden, die sich hier auch mit älteren Jahrgängen eindecken können. Die Weinberge von Josef Bernard liegen in den Graacher Lagen Domprobst und Himmelreich, sowie im Lösnicher Burgberg. Neben Riesling gibt es ein wenig Müller-Thurgau und Spätburgunder. Die Weine werden langsam vergoren, überwiegend in Holzfässern, allerdings kommen auch Stahltanks zum Einsatz. Die Rieslinge von Josef Bernard besitzen immer Finesse und Frucht, wirken nie aufdringlich. Die trockenen Weine stehen oft ein wenig im Schatten der saftigen Spät- und Auslesen, die meist mit ein bis drei Sternen gekennzeichnet werden und auf diese Weise an die bis 1970 gültigen Bezeichnungen „feine",, „hochfeine" und „feinste" Spät- bzw. Auslese erinnern.

Die 2006er überzeugten vor allem mit den restsüßen und feinherben Spätlesen. Die 2007er waren enorm saftig, und die jetzt präsentierten 2008er zeigen sich vor allem im süßen Bereich überzeugend, vom enorm saftigen „M" bis zur Dreisterne-Auslese.

Weinbewertung

85 . . . 2008 Riesling Spätlese halbtrocken Graacher Dompropst
eher verhalten, zarte Frucht, leichte Hefenoten; stoffig, reife Säure, gute Balance, Biss **6,- €**

86 . . . 2008 Riesling Kabinett „M" Graacher Himmelreich
leichte Hefenoten, eindringliche Frucht, Steinobst, etwas Ananas; saftig, feine Süße, rassig, animierend **5,50 €**

86 . . . 2008 Riesling Spätlese Graacher Dompropst**
frisch, jugendlich, etwas Ananas, Apfel; würzig, stoffig, feine Frucht **6,50 €**

86 . . . 2008 Riesling Spätlese* Graacher Dompropst**
eher verhalten, leichte Hefenoten, ganz zarte Frucht;

würzig, saftig, gut eingebundene Süße **7,- €**

88 . . . 2006 Riesling Auslese Graacher Dompropst**

klar, reife Frucht; würzig, saftig, viel Frucht und Substanz, rassige Säure **9,- €**

---

80 2008 Riesling Kabinett trocken Graacher Dompropst **4,50 €**

82 2008 Riesling Spätlese trocken Graacher Himmelreich **6,- €**

83 2008 Riesling Spätlese* trocken Graacher Dompropst **6,50 €**

79 2008 Riesling Hochgewächs halbtrocken Graacher Himmelreich **4,50 €/1l**

84 2008 Riesling Spätlese „feinherb" Graacher Himmelreich **6,- €**

83 2008 Riesling Kabinett Graacher Himmelreich **4,50 €**

84 2008 Riesling Kabinett Graacher Dompropst **4,50 €**

★★★★

Bernhart

Wein- und Sektgut

Pfalz

Hauptstraße 8, 76889 Schweigen-Rechtenbach
Tel. 06342-7202, Fax: 06342-6396
www.weingut-bernhart.de
weingut-bernhart@t-online.de
Besuchszeiten: Fr./Sa. 9-12 + 13-17 Uhr und nach Voranmeldung

Inhaber .... Willi und Gerd Bernhart
Rebfläche .... 14 Hektar

Das Weingut Bernhart in Schweigen an der Grenze zum Elsass wird heute geführt von Willi Bernhart und seinem Sohn Gerd, der für den Keller verantwortlich ist. Spezialität des Weingutes sind trockene Weine aus den Burgundersorten. Neben den Burgundersorten (etwa 40 Prozent) und Chardonnay bauen Willi und Gerd Bernhart auch Riesling, Portugieser, Gewürztraminer, Silvaner und Müller-Thurgau, sowie Cabernet Sauvignon und Merlot an. Immer häufiger findet man barriqueausgebaute Weine im Programm. Bereits seit 1985 stellt man hier auch eigenen Sekt her. 90 Prozent der Weine werden an Privatkunden verkauft. Mit dem Jahrgang 2006 tragen Weißburgunder und Grauburgunder Spätlese den Zusatz „Kalkmergel".

Seit einem Jahrzehnt nun empfehlen wir schon die Weine der Bernharts. Sie waren immer schon reintönig und frisch – und sind es auch heute noch. In diesem Jahrzehnt aber haben sie in der Spitze stetig zugelegt, sowohl die Weißweine wie auch die Roten haben an Konzentration und Kraft, an Fülle und Nachhaltigkeit gewonnen – der erstmals 2004 erzeugte Rädling Spätburgunder besitzt das Format zu den großen Spätburgundern Deutschlands zu zählen.

Der 2005er Rädling Spätburgunder war toll, erinnerte ein wenig an Burgund – viel Pinot! Aber auch die anderen Rotweine zeigten Klasse, vor allem die Spätburgunder. Die Weißweine behaupteten sich 2006 gut, auch wenn jahrgangsbedingt das Niveau der Vorjahre nicht ganz erreicht wurde. 2007 machte wieder viel Freude, angefangen vom feinen Weißburgunder in der Literflasche. Kabinett und Spätlesen zeigten sich wunderschön reintönig und fruchtbetont, der Weißburgunder Rädling gehörte ebenso zur Spitze in der Pfalz wie der Riesling aus dem Sonnenberg. Auch die Rotweine präsentierten sich stark – Jahrgang 2006! Der Spätburgunder Rädling gehörte einmal mehr zu den Jahrgangsbesten in Deutschland, aber auch „S" und „R" waren wunderschön

B

Die besten deutschen Weinerzeuger und ihre Weine

reintönig, wie auch der St. Laurent. Nach dieser stimmigen Kollektion auf hohem Niveau kann auch der neue Jahrgang überzeugen. Die 2008er Weißweine sind klar und frisch, der Raedling-Weißburgunder gehört zur deutschen Spitzenklasse. Dies gilt auch für sein Pendant im roten Segment, den Spätburgunder, der eine einmal mehr ganz starke rote Kollektion ins Feld führt.

Weinbewertung

85 . . . 2008 Riesling trocken „Kalkmergel"
gute Konzentration, feine Würze, klare Frucht; füllig, harmonisch, feine süße Frucht und Biss **8,80 €**

86 . . . 2008 Weißburgunder trocken „Kalkmergel"
frisch, klar, weiße Früchte; füllig, harmonisch, reintönige reife Frucht **8,80 €**

85 . . . 2008 Weißburgunder trocken „Tonmergel"
frisch, reintönig, herrlich eindringlich, weiße Früchte; füllig, harmonisch, viel reife Frucht, Substanz, **8,80 €**

85 . . . 2008 Auxerrois trocken „Tonmergel"
frisch, würzig, reintönig; klar, füllig, gute Harmonie und Biss **8,80 €**
bis 2007 Spätlese trocken; 2000: 85; 2001: 89; 2002: 88; 2003: 87; 2004: 85; 2005: 86; 2006: 85; 2007: 87.

87 . . . 2008 Grauburgunder trocken „Kalkmergel"
reife Frucht, herrlich eindringlich, etwas gelbe Früchte, reintönig; füllig, harmonisch, saftig, gute Substanz **8,80 €**
2005: 86; 2006: 87; 2007: 87.

85 . . . 2008 Sauvignon Blanc trocken
frisch, fruchtbetont, herrlich reintönig; klar, frisch, feine süße Frucht und Biss **9,- €**

90 . . . 2008 „Rädling" Weißburgunder „GG"
viel Konzentration, viel Würze, reife Frucht, eigenwillig eindringlich; füllig, stoffig, viel reife Frucht und Substanz, feiner Nachhall **18,- €**
2005: 89; 2006: 87; 2007: 89.

87 . . . 2008 Spätburgunder „S" trocken
rauchige Noten, reintönige Frucht, feine Frische und Würze; klar, harmonisch, elegant, gute Struktur und Frische **18,- €**
2000: 90; 2001: 87; 2002: 88; 2003: 89; 2004: 89; 2005: 89; 2006: 87.

89 . . . 2007 Spätburgunder „R" trocken
gute Konzentration, reintönige Frucht, feine rauchige Noten, rote Früchte, Frische; harmonisch, reintönig, elegant, gute Struktur und Frische **25,- €**
2004: 89; 2005: 89; 2006: 88.

91 . . . 2007 „Rädling" Spätburgunder „GG"
herrlich eindringlich, faszinierend viel Frucht, wunderschön reintönig, dezenter Toast im Hintergrund; füllig, kraftvoll, viel reife Frucht, feine Frische, wunderschön lang **37,- €**
2004: 91; 2005: 93; 2006: 90.

88 . . . 2007 Cabernet/Merlot trocken „S"
würzig, eindringlich, dezent Cassis und Kräuter; füllig, kraftvoll, klar, gute Struktur und Frische **15,50 €**
2001: 87; 2002: 90; 2003: 90; 2004: 88; 2005: 88; 2006: 86.

83	2008 Weißburgunder Kabinett trocken	6,- €
83	2008 Grauburgunder Kabinett trocken	6,- €

★★☆

C.H. Berres
Weingut

Mosel

Würzgartenstraße 41, 54539 Ürzig / Mosel
Tel. 06532-2513, Fax: 06532-4442
www.berres.de
info@berres.de
Besuchszeiten: Mo-Fr 8.30-12.30 + 14-18 Uhr, sonst nach Vereinbarung

Inhaber .... Markus Berres
Rebfläche .... 3,5 Hektar

Bis ins Jahr 1510 lässt sich die Geschichte der Familie Berres zurückverfolgen. C.H. Berres ist heute ein reines Rieslingweingut mit Weinbergen in besten Lagen von Kinheim, Erden, Ürzig, Zeltingen und Wehlen, allesamt in Steillagen. Markus Berres –

Weinbauingenieur mit praktischen Erfahrungen unter anderem beim Weingut Chard Farm in Neuseeland – fühlt sich wie sein Vater Alfred dem traditionellen Moselriesling verpflichtet. Alle Weine werden in Eichenholzfässern ausgebaut und niemals entsäuert. Die mit dem Jahrgang 2004 eingeführte konsequente Abfüllung mit Schraubverschluss – selbst die edelsüßen Weine werden auf diese Art abgedichtet – kommt den Weinen entgegen. Die „IMPULSE"-Weine und die eleganteren Lagengewächse wirken klar und elegant, sind saftig und leicht zugänglich.

Nach einer überzeugenden Kollektion 2006 war auch 2007 gelungen; vor allem die fruchtigen Weine bis hin zur Trockenbeerenauslese beeindruckten sehr. 2008 fiel verhaltener aus, aber das Qualitätsniveau ist sehr gleichmäßig.

Weinbewertung

86 . . . 2008 Riesling Ürziger Goldwingert
reife Frucht, Melone, Apfel; saftig, würzig, viel Schmelz, wirkt beinah trocken, Potenzial **14,- €**

86 . . . 2008 Ürziger Würzgarten Riesling Spätlese
jugendlich, frisch, Apfel, Steinobst; rassige Säure, viel Frucht, zurückhaltende Süße, gute Länge **9,80 €**

81 2008 Riesling Kabinett trocken Erdener Treppchen **7,90 €**
83 2008 Riesling Spätlese trocken Ürziger Würzgarten **9,80 €**
82 2008 Pinot blanc Kabinett Ürziger Würzgarten **6,50 €**
81 2008 Riesling „IMPULSE" **6,90 €**
83 2008 Riesling Kabinett „feinherb" Ürziger Würzgarten **7,90 €**
84 2008 Riesling Kabinett Ürziger Würzgarten **7,90 €**

★★☆

Klaus Berweiler-Merges
Weingut

Mosel

Euchariusstraße 35, 54340 Leiwen
Tel. 06507-3285, Fax: 06507-80175
www.weingutberweiler.de
weingutberweiler@t-online.de
Besuchszeiten: Mo.-Sa. 8-18 Uhr und nach Vereinbarung

Inhaber . . . . Klaus und Edith Berweiler
Kellermeisterin . . . . Sandra Berweiler
Rebfläche . . . . 4 Hektar

Das Weingut Berweiler-Merges gehört seit Jahren zu denjenigen in Leiwen mit den konstantesten Leistungen und den günstigsten Preisen. Sandra Berweiler, die bis Anfang 2009 Vorsitzende der Leiwener Jungwinzer war, vinifiziert seit 2001 Weine nach ihren Vorstellungen. Diese werden spontan vergoren und nach einer langen, kühlen Gärung erst sehr spät abgefüllt. Die Rieslinge sind würzig und bereits jung zugänglich, aber nie vordergründig.

2006 fiel etwas verhalten aus, aber 2007 überzeugte wieder auf ganzer Linie. Auch 2008 ist gelungen, die Weine sind süffig und würzig, wenngleich es etwas an Komplexität fehlt.

Weinbewertung

85 . . . 2008 Riesling Spätlese „Alte Reben" Pölicher Held
klare Frucht, frisch, leichte Hefenoten; würzig, viel Frucht, ausgewogen, hat Biss **6,80 €**

85 . . .2008 Riesling Spätlese „Alte Reben" Pölicher Held
duftig, frisch, etwas Cassis, Apfel; saftig, würzig, sehr süffig, elegant **6,80 €**

85 . . . 2008 Riesling Auslese Neumagener Rosengärtchen

zarte Frucht, Apfel, Melone, etwas Zitrus; zurückhaltende Süße, feine Frucht, sehr süffig **7,80 €**

---

78 2008 Riesling trocken Leiwener St. Michael **4,- €/1l**
83 2008 Sandra's Riesling trocken **5,80 €**
81 2008 Weißer Burgunder **5,50 €**
83 2008 Sandra's Riesling halbtrocken **5,80 €**
82 2008 Riesling Spätlese „feinherb" Leiwener Klostergarten **5,80 €**
81 2008 Spätburgunder Rosé trocken **5,50 €**

★☆

J. Bettenheimer

Weingut

Rheinhessen

Stiegelgasse 32, 55218 Ingelheim
***Tel.** 06132-3041, **Fax**: 06132-786795*
www.weingut-bettenheimer.de
info@weingut-bettenheimer.de
***Besuchszeiten**: nach Vereinbarung*
Gutsausschank „Zum Kuhstall"
Gästezimmer

Inhaber .... Joachim und Jens Bettenheimer
Rebfläche .... 10 Hektar

Nach Geisenheim-Diplom und achtmonatigem Auslandspraktikum in Neuseeland (Fromm Winery) übernahm Jens Bettenheimer das elterliche Weingut. Die klassischen Rebsorten möchte er forcieren: Spät- und Frühburgunder, Grau- und Weißburgunder, Riesling und Silvaner.

Beim guten Debüt vor zwei Jahren hatten uns zwei Spätburgunder am besten gefallen. Der 2006er Spätburgunder Selection Rheinhessen überzeugte im vergangenen Jahr besonders, ebenso die Huxelrebe Spätlese. Eine überzeugende Kollektion folgt in diesem Jahr nach: Gutes Basisniveau, kraftvolle Selektionsweine. So darf es weitergehen!

Weinbewertung

87 . . . 2008 Sylvaner Selection Rheinhessen
gute Konzentration, viel reife Frucht, reife Birnen; füllig, stoffig, viel Substanz und reife Frucht **9,50 €**

86 . . . 2007 Frühburgunder Selection Rheinhessen
gute Konzentration, reife reintönige Frucht, rote Früchte; frisch, klar und zupackend, gute Struktur **13,50 €**

85 . . . 2007 Frühburgunder Selection Rheinhessen
würzig, eindringlich, rauchige Noten; weich, füllig, harmonisch, reife Frucht, Vanille **11,50 €**

---

82 2008 Silvaner trocken **3,50 €/1l**
83 2008 Grüner Silvaner Spätlese trocken **6,- €**
82 2008 Grauburgunder „Aureus" **9,50 €**
84 2008 Weißer Riesling „Illumino" **9,50 €**
82 2008 Weißburgunder Spätlese halbtrocken **6,- €**

★★★★☆

Erben von Beulwitz

Weingut

Mosel

Eitelsbacher Straße 4, 54318 Mertesdorf
***Tel.** 0651-95610, **Fax**: 0651-9561150*
www.von-beulwitz.de
info@von-beulwitz.de
***Besuchszeiten**: jederzeit*
Hotel Weis, Restaurant „Vinum", Weinstube

Inhaber .... Herbert Weis
Rebfläche .... 5,2 Hektar

1982 erwarb Herbert Weis das traditionsreiche Weingut Erben von Beulwitz und gliederte es seinem eigenen Betrieb an. Seine Weinberge liegen in Steillagen über der Ruwer. Ein großer Teil der Weinberge ist mit wurzelechten Reben bestockt, die teilweise noch im 19. Jahrhundert gepflanzt wurden. Neben Riesling baut Weis ein wenig Weiß- und Spätburgunder an. Herbert Weis kümmert sich allerdings nicht nur um das Weingut, sondern betreibt auch ein Hotel und ein Restaurant. Umso bemerkenswerter ist, dass er auch in schwierigen Jahren immer eine der besten Leistungen an der Ruwer zeigt. Die Weine sind feingliedrig, präzise und elegant, sie reifen ausgezeichnet – wie man vor Ort feststellen kann: Auf der Weinkarte des Lokals finden sich immer ältere Rieslinge.

Selbst 2006, an der Ruwer wahrlich nicht einfach, gelangen Herbert Weis würzige, mineralische Weine. Die 2007er waren ein weiterer Höhepunkt in der Geschichte des Gutes. 2008 ist verblüffend gut ausgefallen – die Weine haben Frische und Würze. Das Große Gewächs setzt wieder mal Maßstäbe in Bezug auf Präzision.

Weinbewertung

85 . . . 2008 Weißer Burgunder trocken
feine, klare Frucht, sehr frisch; würzig, cremige Struktur, hat Biss **7,50 €**

85 . . . 2008 Riesling Kabinett trocken Kaseler Nies'chen
duftig, zarte Frucht; würzig, feingliedrig, pikante Säure, ausgewogen **6,50 €**

86 . . . 2008 Riesling Spätlese trocken Kaseler Nies'chen
frisch, etwas Zitrus, Kräuter; würzig, stoffig, viel Frucht, hat Biss **7,50 €**

88 . . . 2008 Riesling Spätlese trocken „S" Kaseler Nies'chen
etwas verhalten, dann Hefenoten, Kräuter; stoffig, viel Würze, sehr ausgewogen, rassige Säure **9,50 €**
2000: 85; 2001: 87; 2002: 86; 2003: 89; 2004: 87; 2005: 87; 2006: 87; 2007: 88.

91 . . . 2008 Riesling Kaseler Nies'chen Großes Gewächs
leichte Hefenoten, Kräuter, zarte Frucht; saftig, würzig, sehr feine Säure, ausgezeichnete Balance, Biss, Nachhall **15,- €**
2005: 87; 2006: 90; 2007: 90.

85 . . . 2008 Riesling Kabinett „feinherb" Kaseler Nies'chen
klar, duftig, feine Frucht; würzig, feste Struktur, feine Säure, hat Biss **6,50 €**

87 . . . 2008 Riesling Kabinett Kaseler Nies'chen
sehr klare Frucht, leichte Kräuternoten; würzig, feingliedrig, pikante Säure, hat Biss und Länge **6,50 €**
2005: 88; 2006: 87; 2007: 88.

89 . . . 2008 Riesling Spätlese „Alte Reben" Kaseler Nies'chen
eindringliche Frucht, etwas Apfel, Kräuter; feingliedrig, elegant, sehr feine Frucht, mineralisch, animierend **9,50 €**

91 . . . 2008 Riesling Auslese Kaseler Nies'chen
eindringliche Frucht, kandierter Apfel, Mirabellen, Kräuter; Finesse, feine Frucht, leicht mineralisch, hat Biss **16,50 €**

92 . . . 2008 Riesling Auslese „Alte Reben" Kaseler Nies'chen
kandierter Apfel, Kräuter, etwas Mirabelle; würzig, rassig, leicht mineralisch, komplex, Zukunft
2005: 93; 2006: 91; 2007: 92.

94 . . . 2008 Riesling Eiswein Kaseler Nies'chen
reintönig, Aprikose, kandierter Pfirsich, Kräuter; rassig, hoch elegant, viel Struktur, animierend, lang

---

83 2008 Riesling trocken **5,50 €**
84 2008 Blanc de Noir „feinherb" **7,50 €**

★★★

Beurer

Weingut

Württemberg

Lange Straße 67, 71394 Kernen-Stetten
Tel. *07151-42190,* **Fax:** *07151-41878*
www.weingut-beurer.de
info@weingut-beurer.de
Besuchszeiten: *Fr. 14-19 Uhr, Sa. 9-14 Uhr und nach Vereinbarung*

Inhaber .... Jochen Beurer
Rebfläche .... 9 Hektar

Die Familie Beurer ist eine alteingesessene Winzerfamilie in Stetten im Remstal, die seit Generationen Wein- und Obstbau betreibt. Nachdem Sohn Jochen seine Ausbildung in Weinsberg beendet hatte, gründete er mit Vater Siegfried das Weingut Beurer (zuvor hatte Siegfried Beurer die Trauben an die Genossenschaft abgeliefert). 1997 war der erste Jahrgang im eigenen Betrieb. Im Gegensatz zu vielen anderen Württemberger Weingütern setzt Jochen Beurer auf Weißwein. Riesling ist seine wichtigste Rebsorte und da die Weinberge in Stetten (in Lagen wie Pulvermächer, Häder oder Mönchberg), auf kleinem Raum unterschiedliche Böden aufweisen, hat er nach diesen Bodenformationen sein Rieslingsortiment gegliedert. An der Spitze aber steht der Riesling „Junges Schwaben", der erst im zweiten Jahr nach der Ernte in den Verkauf kommt. Dazu gibt es Kerner, Grauburgunder, Gewürztraminer und Sauvignon Blanc, aber auch rote Sorten wie Trollinger, Portugieser und Dornfelder. In den letzten Jahren hat er auf tiefgründigeren, schweren Böden auch rote Sorten wie Spätburgunder, Lemberger und Zweigelt gepflanzt, die bis zu zwei Jahre ins Holzfass kommen. Die Weinberge werden biologisch bewirtschaftet, seit 2006 ein Hektar biodynamisch. Seit dem Jahrgang 2003 werden alle Weine mit ihren natürlichen Hefen vergoren. Auch bei den Weißweinen arbeitet Jochen Beurer mit je nach Jahrgang mehr oder weniger langen Maischestandzeiten.

Schon in der ersten Ausgabe dieses Weinführers war ich erstaunt und angenehm überrascht vom guten Niveau der Weine Jochen Beurers. Seither hat er eine interessante Entwicklung genommen. Durch Spontangärung und Maischestandzeiten sind seine Weine eigenwilliger und eigenständiger geworden, durch die lange Gärdauer brauchen sie auch längere Zeit auf der Flasche bis sie zeigen, was in ihnen steckt. Das wird nicht jedem Kunden gefallen, wer fruchtbetonte und jung konsumreife Weine sucht ist bei Jochen Beurer fehl am Platz. Spannend ist es aber allemal, was er macht, nach einer etwas „wilden" Übergangsphase haben die Weine zuletzt an Komplexität zugelegt.

Im schwierigen Jahrgang 2006 waren die Weine sehr eigenständig, kraftvoll und füllig. Noch besser war die letztjährige Kollektion von Jochen Beurer. Die Rieslinge besaßen Kraft und Substanz, der Sauvignon Blanc gehörte zu den Jahrgangsbesten, die Rotweine hatten Struktur und Kraft. Alle Weine waren sehr eigenständig und charaktervoll. Eine vergleichbar starke, sehr eigenständige Kollektion präsentiert Jochen Beurer in diesem Jahr, angeführt vom Riesling „Junges Schwaben" und einem immer besser werdenden „Secundus". Wenn es ihm gelingt, dass seine Weine Fülle, Kraft und Substanz mit Finesse vereinen, dann wird er in die Württemberger Spitze aufsteigen.

Weinbewertung

86 . . . 2008 Riesling „Gipskeuper" Stettener Häder
klar, würzig, herrlich eindringlich; frisch, direkt, gute Substanz und Struktur **8,50 €**
2005: 86; 2006: 84; 2007: 86.

86 . . . 2008 Riesling „Schilfsandstein" Stettener Pulvermächer
viel Konzentration, feine Würze, jugendlich; frisch, klar, zupackend, viel Biss **9,50 €**
2005: 86; 2006: 86; 2007: 87.

87 . . . 2007 Riesling „Kieselsandstein" Stettener Pulvermächer
gute Konzentration, reife Frucht, eindringlich, feine Würze, dezent mineralische Noten; füllig, harmonisch, viel reife süße Frucht, Substanz **14,- €**
2004: 87; 2005: 88; 2006: 86.

89 . . . 2007 Riesling „Junges Schwaben"
gute Konzentration, viel reife Frucht, enorm eindringlich; füllig, harmonisch, viel Substanz, viel reife Frucht **20,- €**
2003: 88; 2004: 88; 2005: 89; 2006: 89.

87 . . . 2008 Sauvignon Blanc
würzig, eindringlich, dominant, faszinierend viel Frucht; füllig, stoffig, kraftvoll, reife Frucht, Substanz **17,- €**
2002: 88; 2003: 85; 2004: 87; 2005: 87; 2006: 80; 2007: 88.

85 . . . 2008 Grauburgunder
gute Konzentration, reife Frucht, herrlich eindringlich; füllig, stoffig, viel reife Frucht, Substanz **16,- €**
2004: 87; 2005: 87; 2006: 85; 2007: 87.

85 . . . 2008 Gewürztraminer Spätlese
viel Konzentration, reintönige Frucht, herrlich eindringlich, Rosen und Gewürze; füllig, harmonisch, reife süße Frucht, feine Frische **15,- €**

85 . . . 2008 Portugieser
frisch, reintönige Frucht, gute Konzentration, feine Würze; füllig, harmonisch, feine Frische, reintönige Frucht **7,50 €**

85 . . . 2008 Zweigelt
reintönige Frucht, rote Früchte, jugendlich; frisch, zupackend, reintönige Frucht, Biss **9,80 €**

86 . . . 2008 Lemberger
gute Konzentration, viel reife Frucht, herrlich reintönig, rote Früchte; füllig, klar, kraftvoll, geradlinig, feine Frucht und Biss **10,50 €**

89 . . . 2006 „Secundus" Rotwein
konzentriert, rauchige Noten, herrlich eindringlich, reife Frucht, rote Früchte; kraftvoll, konzentriert, viel reife Frucht, gute Substanz, Länge, feiner Nachhall **20,- €**
2001: 86; 2002: 86; 2003: 88; 2004: 88; 2005: 88.

84 2008 Riesling Gutswein **6,50 €**

BiAn ★
Weingut Bieselin Andreas

Baden

Im Brünnelinsgraben 1, 77955 Ettenheim
Tel. 07822-446319, Handy 0710912292
Fax: 07822-446320
www.weingut-bian.de
info@weingut-bian.de
Besuchszeiten: nach Vereinbarung

Inhaber .... Andreas Bieselin
Rebfläche .... 4,5 Hektar

Andreas Bieselin arbeitete unter anderem bei Bernhard Huber und beim Weingut Poggio al Sole (Toskana). 2002 erzeugte er seinen ersten eigenen Wein. Er baut vor allem die Burgundersorten an, aber auch Riesling, Muskateller, Chardonnay, Cabernet Franc und Merlot.

Beim guten Debüt im vergangenen Jahr hatten uns vor allem die Weißweine gut gefallen. In der neuen Kollektion sind sie sehr gleichmäßig, doch würden wir uns etwas mehr Frucht und Länge wünschen. Die Rotweine sind für unseren Geschmack etwas zu oxidativ geprägt.

Weinbewertung

82 2008 Riesling **8,- €**

80 2008 Auxerrois trocken **7,40 €**
81 2008 Weißburgunder trocken **7,60 €**
82 2007 Grauburgunder trocken **7,80 €**
82 2007 Chardonnay trocken **7,80 €**
83 2007 Chardonnay „S" Barrique **12,60 €**
80 2007 Spätburgunder „S" **9,80 €**
82 2007 Spätburgunder „R" **19,50 €**
83 2002 Spätburgunder Jubiläumsedition **32,- €**
79 2007 Cabernet Franc Merlot **19,50 €**

★

Manfred **Bickelmaier**

Weingut

Rheingau

Rheingaustraße 7, 65375 Oestrich-Winkel
Tel. 06723-3573, Fax: 06723-88257
www.bickelmaier.de
weingut@bickelmaier.de
Besuchszeiten: Mo.-Sa. 8-18 Uhr oder nach Vereinbarung

Inhaber.................... Manfred Bickelmaier
Rebfläche.............................. 15 Hektar

Die Weinbautradition der Familie Bickelmaier ist bis zurück ins 17. Jahrhundert belegt. Heute wird das Gut in elfter Generation von Manfred und Annemarie Bickelmaier geführt, unterstützt von den Kindern Christine und Andreas, die nach ihrer Winzerlehre ihre Ausbildung als Diplom-Ingenieur Weinbau und Weinbautechniker absolvierten und seit Sommer 2004 im Betrieb mitarbeiten. 90 Prozent der Weinberge in Oestrich-Winkel nimmt Riesling ein, hinzukommen zehn Prozent Spätburgunder. Die Rieslinge werden im Edelstahl ausgebaut, die Spätburgunder im großen oder kleinen Holzfass.

Die 2007er waren sehr gleichmäßig in der Qualität, beginnend bei den sehr zuverlässigen Basisweinen. Die gefallen auch 2008 – alle sind schlank und erfrischend.

Weinbewertung

85 . . . 2007 Riesling Erstes Gewächs Oestrich Lenchen
reintönige Frucht, frisch, etwas Melone; geradlinig, feine Frucht, animierend **13,- €**

85 . . . 2007 Riesling Spätlese Oestricher Lenchen
zarte Frucht, noch jugendlich; viel Würze, geradlinig, feine Süße, saftig, elegant **6,90 €**

81 2008 Riesling trocken **4,- €**
82 2008 Riesling trocken Oestricher Doosberg
81 2008 Riesling trocken Oestricher Klosterberg **4,- €**
82 2008 Riesling Kabinett trocken Oestricher Gottesthal **4,70 €**
84 2008 Riesling Spätlese trocken Oestricher Gottesthal **6,90 €**
82 2008 Riesling Classic **4,90 €**
79 2008 Riesling „feinherb" **4,- €**
79 2008 Weißburgunder „feinherb" **5,20 €**
82 2008 Riesling Kabinett Oestricher Lenchen **4,70 €**
83 2004 Spätburgunder trocken „THEODORUS" **10,80 €**

★★★

Bickel-Stumpf

Weingut

Franken

Kirchgasse 5, 97252 Frickenhausen
Tel. 09331-2847, Fax: 09331-7176
www.bickel-stumpf.de
info@bickel-stumpf.de
Besuchszeiten: Vinothek Mo.-Sa. 8-17 Uhr, So. nach Vereinbarung

Inhaber.......... Reimund und Carmen Stumpf
Rebfläche............................ 11,2 Hektar

Das Weingut Bickel-Stumpf entstand 1976 mit der Heirat der beiden Winzermeister Carmen Bickel aus Frickenhausen und Reimund Stumpf aus Thüngersheim, die ihre gleich großen elterlichen Weinbaubetriebe unter dem neuen Namen zusammenlegten. Während die Reben im Frickenhäuser Kapellenberg auf Muschelkalk wachsen, findet man im 200 bis 330 Meter hoch gelegenen Johannisberg im so genannten Thüngersheimer Sattel den Übergang vom Buntsandstein zum Muschelkalk, der auch als Wellenkalk bezeichnet wird. Mit Abstand wichtigste Rebsorte ist Silvaner, es folgen Müller-Thurgau und Riesling. Den Anbau roter Sorten forcierte Reimund Stumpf, Spätburgunder, Portugieser und Domina, sowie inzwischen auch Cabernet Dorsa nehmen zusammen ein Viertel der Rebfläche ein. Seit 1994 baut er ausgesuchte Weine auch im Barrique aus. Im Juni 2004 wurde die neue Vinothek eröffnet. Als Große Gewächse führt Reimund Stumpf aus dem Johannisberg einen Riesling (Rothlauf) und einen Spätburgunder (Freiberg) im Programm, aus dem Kapellenberg den Silvaner Mönchshof. Mit dem Jahrgang 2005 kam der Silvaner „Crossover" neu ins Programm, der erste spontanvergorene Wein von Junior Matthias Stumpf.

Seit einem Jahrzehnt schon empfehlen wir die Weine von Reimund Stumpf, Jahr für Jahr erzeugt er zuverlässige Kollektionen mit fruchtbetonten, fülligen trockenen Weinen, hin und wieder ergänzt um edelsüße Spitzen.

Vor zwei Jahren war die Kollektion jahrgangsbedingt etwas verhaltener, überzeugte durch ihr gleichmäßiges Niveau. Der Jahrgang 2007 gefiel uns sehr gut. Die Basisweine waren knackig und frisch, die Kabinettweine besaßen Reintönigkeit und Frucht. Die Großen Gewächse überzeugten: Der Spätburgunder Freiberg war füllig und kraftvoll, der Riesling Rothlauf saftig und klar, noch besser aber hatte uns der Silvaner Mönchshof gefallen, der wie auch der „Crossover"-Silvaner zu den Jahrgangsbesten in Franken und Deutschland gehörte. Eine vergleichbare Kollektion schließt sich 2008 an, wieder mit fülligen Großen Gewächsen und frischen, fruchtbetonten Basisweinen.

Weinbewertung

85 . . . 2008 Silvaner „Buntsandstein" Kabinett trocken Thüngersheimer
klar, konzentriert, viel reife Frucht; frisch, reintönig, feine süße Frucht, gute Harmonie **7,40 €**

85 . . . 2008 Silvaner „Muschelkalk" Kabinett trocken Frickenhäuser
gute Konzentration, reife Frucht, Birnen, herrlich eindringlich; füllig, klar, frisch, zupackend, feine süße Frucht **7,90 €**

87 . . . 2008 Riesling „Muschelkalk" Kabinett trocken
gute Konzentration, herrlich viel Frucht, klar und eindringlich, etwas gelbe Früchte, dezent Orangen im Hintergrund; füllig, kraftvoll, viel reife süße Frucht, gute Substanz **8,40 €**

86 . . . 2008 Silvaner Spätlese trocken „Herzkapellenberg"
gute Konzentration, viel reife Frucht, herrlich eindringlich und würzig; füllig, harmonisch, viel reife Frucht und Substanz **11,- €**

89 . . . 2008 Silvaner „GG" „Mönchshof" Frickenhäuser Kapellenberg
klare reife Frucht, reife Birnen, feine Würze, herrlich eindringlich; weich, füllig, harmonisch, reife Frucht, gute Struktur und feine Frische
2000 (Selection): 89; 2001: 87; 2002: 86; 2003: 87; 2004: 89; 2005: 89; 2006: 87; 2007: 89.

88 . . . 2008 Riesling „GG" „Mönchshof" Kapellenberg Frickenhausen
würzig, eindringlich, viel reife Frucht, gute Konzen-

tration, etwas gelbe Früchte, Pfirsiche; weich, füllig, reife süße Frucht, Substanz

89 . . . 2007 Silvaner „Crossover" Frickenhäuser Kapellenberg

viel Konzentration, feine Würze, herrlich viel Frucht, eindringlich; füllig, stoffig, kraftvoll, viel reife Frucht, Substanz **21,50 €**

2005: 89; 2006: 87.

---

84 Spätburgunder Rosé Sekt brut **18,50 €**

82 2008 Silvaner trocken **5,50 €/1l**

83 2008 Müller-Thurgau trocken **5,- €**

83 2008 Silvaner trocken **6,30 €**

83 2008 Riesling trocken **6,80 €**

83 2007 Portugieser trocken „Buntsandstein" Thüngersheimer **6,80 €**

84 2006 „Vom rot Hügl" Rotwein trocken Thüngersheimer Johannisberg **10,- €**

Bielig ★

Weingut

Baden

Aussiedlerhof 5a, 69198 Schriesheim

Tel. 06203-925198, Fax: 06203-925199

weingut-bieligarcor.de

Besuchszeiten: Mi.-Fr. 14-18 Uhr, Sa. 9-15 Uhr

Inhaber .... Eva und Georg Bielig

Rebfläche .... 4 Hektar

Georg Bielig gründete 1994 mit 18 Jahren sein eigenes Weingut und bewirtschaftet es heute im Nebenerwerb zusammen mit seiner Frau Eva. Seine Weinberge liegen in Schriesheim (Kuhberg, Staudenberg), Dossenheim (Oelberg) und Heidelberg (Heiligenberg). Er baut Riesling, Spätburgunder, Müller-Thurgau und Weißburgunder an, aber auch Grauburgunder, Silvaner, Cabernet Sauvignon, Dornfelder, Cabernet Mitos, Roten Muskateller und Gewürztraminer.

Weinbewertung

88 . . . 2008 „HannaH" Riesling Eiswein Schriesheimer

viel Konzentration, feiner Duft, etwas kandierte Früchte; süß, konzentriert, herrlich viel Stoff, dominant **35,- €/0,375l**

85 . . . 2005 Dornfelder trocken Barrique

gute Konzentration, feine Würze, reife Frucht; füllig, kraftvoll, reife Frucht, gute Substanz **9,50 €**

---

81 2008 Riesling Kabinett trocken **4,- €**

81 2008 Weißburgunder Kabinett trocken Schriesheimer **4,- €**

83 2008 Weißwein Spätlese „feinherb" **5,50 €**

80 „Etzel" Rotwein trocken **5,50 €**

Josef Biffar ★★

Weingut

Pfalz

Niederkircher Straße 13, 67146 Deidesheim

Tel. 06326-70130-0, Fax: 06326-70130-11

www.josef-biffar.de

info@josef-biffar.de

Besuchszeiten: Mo.-Fr. 9-12 + 13-17:30 Uhr, Sa. 10-16 Uhr oder nach Vereinbarung

Inhaber .... Familie Biffar

Geschäftsleitung .... Lilli Biffar-Hirschbil

Rebfläche .... 12 Hektar

Die aus der Gegend von Lyon stammende Familie Biffar kam 1723 nach Deidesheim und baut seither dort Wein an. Die Weinberge liegen vor allem in Deidesheim, aber auch in Ruppertsberg, Wachenheim und Niederkirchen. 79 Prozent der Fläche nimmt Riesling ein, 14 Prozent Weißburgunder. Dazu gibt es ein klein wenig Spätburgunder, Sauvignon Blanc und Auxerrois. Die Weine werden überwiegend im Edelstahl ausgebaut, zwei Drittel trocken. 2006 hat das Weingut mit der Umstellung auf ökologischen Weinbau begonnen, die ersten EU-zertfizierten Bioweine wird es im Jahrgang 2010 geben. Aus den Deidesheimer Lagen Kalkofen, Grainhübel und Kieselberg werden Große Gewächse erzeugt.

Mit kraftvollen, eigenständigen Rieslingen, trocken wie süß, vermochte das Weingut im schwierigen Jahrgang 2006 zu überzeugen. Kraftvoll und konzentriert präsentierten sich auch die trockenen Spätlesen und Großen Gewächse des Jahrgangs 2007, besaßen viel reife Frucht und viel Substanz. 2008 kommt da nicht ganz heran, die Weine haben Ecken und Kanten, die Großen Gewächse sind recht jugendlich und bissig.

Weinbewertung

86 ... 2008 GRAINHÜBEL Riesling „GG"
viel Konzentration, reife Frucht, etwas Orangen; weich, füllig, reife Frucht, Biss **23,- €**

86 ... 2008 KIESELBERG Riesling „GG"
würzig, klar, eindringlich; weich, füllig, klare reife Frucht, dann Biss, jugendlich **23,- €**

87 ... 2008 Riesling Auslese Deidesheimer Kieselberg
würzig, konzentriert, herrlich eindringlich und dominant; füllig, reintönige reife Frucht, Substanz **15,- €**

(85) ... 2008 Riesling Trockenbeerenauslese Deidesheimer Grainhübel
duftig, intensiv, fruchtbetont; konzentriert, noch gärig, unfertig **45,- €/0,375l**

80 2008 Riesling trocken **6,- €**
79 2008 Riesling Kabinett trocken Deidesheimer Herrgottsacker **8,- €**
77 2008 Riesling Kabinett trocken Deidesheimer Mäushöhle **8,50 €**
78 2008 Riesling Spätlese trocken Wachenheimer Goldbächel **14,8 €**
80 2007 Spätburgunder trocken **11,- €**

★★

Birkert

Weingut

Württemberg

Unterheimbacher Straße 28, 74626 Adolzfurt
Tel. 07946-484, Fax: 07946-3378
www.weingut-birkert.com
info@weingut-birkert.com
Besuchszeiten: nach Vereinbarung
Besenwirtschaft (Öffnungszeiten siehe Webseite)

Inhaber ...... Manfred Birkert und Boris Birkert
Rebfläche .... 11 Hektar

Manfred und Boris Birkert bauen neben den in Württemberg üblichen Rebsorten auch Sorten wie Chardonnay, Muskateller, Gewürztraminer, Bacchus und Rotberger an. Die Weine aus den Lagen Adolzfurter Schneckenhof und Bretzfelder Goldberg reifen in einem alten Weinkeller aus dem Jahr 1748. In der hauseigenen Brennerei brennt Manfred Birkert die eigenen Mirabellen, Kirschen, Himbeeren und Brombeeren zu Schnäpsen. Im Sommer 2000 ist Sohn Boris in den Betrieb eingestiegen. Er hat sein Vorpraktikum beim Weingut G.A. Heinrich in Heilbronn gemacht. Nach Erfahrungen in Südafrika bei Nederburg und in Burgund bei der Domaine Taupenot-Merme hat er nach vier Semestern seines Geisenheim-Studiums ein Stipendium der University of California in Davis erhalten. Seit dem Abschluss in Geisenheim kümmert er sich im väterlichen Weingut vor allem um den Barriqueausbau der Weine. Seit dem Jahrgang 2000 gibt es die Barrique-Serie „roburis". Der Name rührt von der botanischen Bezeichnung für die Stieleiche her, aus der die Fässer gemacht werden, quercius robur, und den letzten beiden Buchstaben des Vornamen von Boris Birkert. Hinzu gefügt wird der Buchstabe für die Rebsorte.

Seit einem Jahrzehnt nun überzeugt uns das Weingut immer wieder mit homogenen Kollektionen. In den letzten Jahren waren meist die kraftvollen und konzentrierten Barriquerotweine unsere Favoriten. Die Weißweine sind ebenfalls füllig und kraftvoll, Chardonnay und Sauvignon Blanc gefallen uns immer wieder besonders gut, aber auch die Rieslinge.

Der barriqueausgebaute Merlot aus dem Jahrgang 2004 gefiel uns vor zwei Jahren besonders gut, sein Nachfolger aus dem Jahrgang 2005 war ganz folgerichtig auch im vergangenen Jahr unser Favorit in einer guten Kollektion, in der die stärksten Weine einmal mehr aus dem Rotweinsegment stammten. Mit dem Jahrgang 2006 nun hat er starke betriebsinterne Konkurrenz durch die Cuvée „CM" bekommen, die noch stoffiger und konzentrierter ist. Im weißen Segment gefällt uns der Sauvignon Blanc am besten. Die Kollektion insgesamt ist stark: So darf es weitergehen!

Weinbewertung

86 . . . 2008 Sauvignon Blanc Auslese trocken Adolzfurter Schneckenhof
würzig, eindringlich, klare reife Frucht; füllig, harmonisch, viel reife Frucht, gute Substanz und Frische **7,50 €**

86 . . . 2006 Rotweincuvée trocken Barrique Adolzfurter Schneckenhof
würzig, reife Frucht, rote Früchte; füllig, harmonisch, kraftvoll, gute Struktur, dezent Schokolade **13,50 €**

88 . . . 2006 „Roburis M" Merlot trocken Barrique Adolzfurter Schneckenhof
gute Konzentration, reife Frucht, etwas Gewürze, reintönig; füllig, kraftvoll, reife Frucht, gute Struktur und Substanz **14,- €**
2003: 89; 2004: 86; 2005: 88.

89 . . . 2006 „CM" Rotwein trocken Barrique Adolzfurter Schneckenhof
viel Konzentration, reife Frucht, Schokolade, Toast, dominant; füllig, stoffig, kraftvoll, viel reife Frucht, Tannine **20,- €**

84 2007 Riesling Sekt extra trocken **9.30 €**
82 2008 Weißburgunder Spätlese trocken Bretzfelder Goldberg **6,80 €**
84 2008 Chardonnay Spätlese trocken Adolzfurter Schneckenhof **6,80 €**
83 2008 Riesling Spätlese „feinherb" Adolzfurter Schneckenhof **5,50 €**
82 2008 Gewürztraminer Spätlese „feinherb" Adolzfurter Schneckenhof **6,80 €**
84 2008 Riesling Spätlese Adolzfurter Schneckenhof **5,50 €**
80 2007 Spätburgunder trocken Adolzfurter Schneckenhof **4,30 €/1l**
83 2006 Lemberger Spätlese trocken Adolzfurter Schneckenhof **7,50 €**

★★★

Bischel
Weingut

Rheinhessen

Sonnenhof, 55437 Appenheim
Tel. 06725-2683, Fax: 06725-5127
www.weingut-bischel.de
info@weingut-bischel.de
Besuchszeiten: Mo.-Fr. 9-18 Uhr und nach Vereinbarung

Inhaber .... Heike & Hartmut Runkel
Kellermeister ...... Christian & Matthias Runkel
Rebfläche .... 14 Hektar

Seit fünf Generationen baut die Familie Wein in Appenheim an. Heute wird der Sonnenhof von Hartmut und Heike Runkel geführt, unterstützt von den Söhnen Christian und Matthias, die beide Önologie studiert haben bzw. noch studieren. Die Weinberge liegen vor allem in der an Kalkstein reichen Gau-Algesheimer St. Laurenzikapelle. Seit 2004 besitzt man auch eine Parzelle mit alten Rieslingreben im Binger Scharlachberg. Wichtigste Rebsorten sind Riesling, Grauburgunder, Weißburgunder, Silvaner, Chardonnay, Spätburgunder, Frühburgunder und Huxelrebe. Zuletzt wurden Merlot, Cabernet Sauvignon und Sauvignon Blanc neu gepflanzt. Die Rotweine werden maischevergoren und kommen dann ins Holzfass, die Weißweine werden in Edelstahltanks recht lange auf der Hefe ausgebaut. Seit dem Jahrgang 2006 gibt es die „Quarzit" (Binger Scharlachberg) und „Terra Fusca" (St. Laurenzikapelle) genannten Weine. Diese bilden zusammen mit den „S"-Weinen den mittleren Teil des Sortiments, zwischen den Gutsweinen als Basis und den Lagenweinen aus Scharlachberg (Riesling) und Johannisberg (Spätburgunder). Dazu gibt es süße und edelsüße Weine, die als einzige Weine Prädikatsbezeichnungen tragen.

Auch im schwierigen Jahrgang 2006 hatte die Familie Bischel durch die Bank reintönige, fruchtbetonte Weißweine auf die Flasche gebracht, war einer der Aufsteiger des Jahres in Rheinhessen. Die letztjährige Kollektion gefiel uns nochmals besser, bot reintönige, kraftvolle Weißweine, allen voran der saftig-stoffige Riesling aus dem Scharlachberg, hinzu kamen feine edelsüße Weine. Auch mit der neuen Kollektion hält der Aufwärtstrend an. Die Weine zeigen eine klare Handschrift, sie sind reintönig, besitzen Frucht, Kraft und Struktur. Der Riesling aus dem Scharlachberg hat uns erneut besonders gut gefallen, und der Spätburgunder aus dem Johannisberg beweist eindrucksvoll, dass man sich auch auf Rotwein und den Barriqueausbau versteht. Einmal mehr ist das Weingut einer der Aufsteiger des Jahres in Rheinhessen!

Weinbewertung

85 . . . 2008 Weißburgunder „S" trocken
gute Konzentration, reintönige Frucht, eindringlich; weich, harmonisch, feine süße Frucht, süffig **8,- €**

86 . . . 2008 Chardonnay „S" trocken
gute Konzentration, viel reife Frucht, dezent Vanille, herrlich eindringlich und klar; füllig, frisch, harmonisch, feine süße Frucht, Vanille **8,- €**

86 . . . 2008 Riesling „Quarzit" trocken
würzig, konzentriert, herrlich eindringlich und reintönig; füllig, harmonisch, viel reife Frucht und Substanz **8,- €**
2006: 87; 2007: 87.

86 . . . 2008 Riesling „Terra Fusca" trocken
würzig, konzentriert, jugendlich, eindringlich; füllig, harmonisch, reife Frucht, gute Substanz und Länge **8,- €**
2006: 85; 2007: 85.

88 . . . 2008 Scharlachberg Riesling trocken
faszinierend viel Frucht, gute Konzentration, gelbe Früchte, herrlich reintönig; füllig, harmonisch, viel reife Frucht, Substanz und Länge **13,50 €**
2004: 84; 2005: 87; 2007: 88.

85 . . . 2008 Riesling Spätlese Binger Scharlachberg
feine Würze, reintönige Frucht; füllig, harmonisch, reintönig, viel reife süße Frucht **5,90 €**

87 . . . 2007 Johannisberg Spätburgunder trocken
rauchige Noten, reintönige Frucht, herrlich eindringlich und klar; harmonisch, reintönig, reife Frucht, gute Struktur und Frische **13,50 €**

83 2008 Riesling trocken **5,- €**
83 2008 Riesling Spätlese Gau-Algesheimer St. Laurenzikapelle **5,90 €**

★★

Bischöfliche
Weingüter Trier

Mosel

Gervasiusstraße 1, 54290 Trier
Tel. 0651-14576-0, Fax: 0651-40253
www.bwgtrier.de
info@bwgtrier.de
Besuchszeiten: Mo.-Fr. 8-18 Uhr; Sa. 10-14 Uhr

Inhaber ..... Bischöfliches Priesterseminar Trier
.... Hohe Domkirche Trier
.... Bischöfliches Konvikt Trier
Güterdirektor .... Helmut Plunien
Rebfläche .... 130 Hektar

Die Bischöflichen Weingüter in Trier verfügen über umfangreichen Weinbergbesitz in besten Lagen, sowohl an Mosel, als auch an Saar (darunter die Lage Scharzhofberger, die sich bis zur Säkularisation als Klostergut ganz im Besitz der Hohen Domkirche befand) und Ruwer. Neben dem dominierenden Riesling gibt es ein klein wenig Weißburgunder, Spätburgunder, Frühburgunder und St. Laurent. Nirgendwo sonst kann man so viele Rieslinge mit ihren lagenspezifischen Besonderheiten aus dem gesamten Anbaugebiet verkosten. Der Ausbau im traditionellen großen Holzfass spielt nach wie vor eine große Rolle – unter dem Pflaster der Trierer Altstadt reihen sich mehr als 750 Fässer aneinander. Die Rieslinge sind von ebenso traditionellem Charakter, feingliedrig und elegant.

Selbst 2006 zeigten die Rieslinge Eleganz, zarte Frucht und Würze. Die 2007er waren mit ihrer pikanten Säure und der feinen Frucht gelungen. Die 2008er sind frisch und fruchtig ausgefallen, echte Spitzen waren nur eingeschränkt möglich. ▬

Weinbewertung

85 . . . 2008 Riesling Spätlese trocken Kanzemer Altenberg
jugendlich, frisch, sehr saartypisch; feingliedrig, würzig, feine Frucht, gute Länge; **9,70 €**

85 . . . 2008 Riesling Kabinett Ürziger Würzgarten
klare Frucht, etwas Apfel, leichte Kräuternoten; straff, saftig, nur leichte Süße, hat Biss **8,70 €**

87 . . . 2008 Riesling Spätlese Scharzhofberger
prägnante Frucht, Apfel, Cassis, leichte Hefenoten; straff, saftig, rassig, viel Frucht, gute Länge, sehr animierend **10,30 €**

87 . . . 2008 Riesling Spätlese Piesporter Goldtröpfchen
reife Frucht, kandierter Apfel, Mirabellen; saftig, feine Frucht, eher zurückhaltende Süße, hat Biss **9,50 €**

---

79 2008 Riesling trocken „DOM" **5,50 €**
82 2008 Riesling Spätlese trocken Kaseler Nies'chen **9,30 €**
84 2008 Riesling Kabinett trocken Dhron Hofberger **7,90 €**
82 2008 Riesling Kabinett „feinherb" Bernkasteler Badstube **7,70 €**
82 2008 Riesling Kabinett „feinherb" Wiltinger Kupp **7,80 €**
84 2008 Riesling Spätlese „feinherb" Kupp **9,20 €**
84 2008 Riesling Spätlese Ayler Kupp **9,20 €**

★

Blees-Ferber
Weingut

Mosel

Liviastraße 1a, 54340 Leiwen
Tel. 06507-3152, Fax: 06507-8406
www.blees-ferber.de
weingut-blees-ferber@t-online.de
Besuchszeiten: nach Vereinbarung (auch Sa./So.)

Inhaber .... Stefan Blees
Rebfläche .... 8 Hektar

In der dritten Generation bewirtschaftet Stefan Blees ein Weingut am Ortsrand von Leiwen, mit fantastischem Blick über die Weinberge auf beiden Seiten der Mosel. Die Rieslinge werden bevorzugt im Stahltank ausgebaut und wirken in jedem Jahrgang klar und reintönig. Riesling spielt die Hauptrolle, es wurden aber auch Rivaner- und Weißburgunderreben angepflanzt. Die Lage Piesporter Gärtchen befindet sich im Alleinbesitz.

Nach gelungenen 2006ern präsentierten sich die 2007er sehr gleichmäßig und frisch. Auch die 2008er überzeugen mit Frische und einer reintönigen Art. An der Spitze stehen die beiden Eisweine aus dem Klostergarten.

Weinbewertung

86 . . . 2008 Riesling Spätlese* Piesporter Goldtröpfchen**
klare Frucht, duftig, leichte Hefenote, kandierter Apfel; eher schlank, viel Frucht, geradlinig **7,50 €**

85 . . . 2008 Riesling Auslese Piesporter Gärtchen
reife Frucht, Apfelschalen, etwas gelbe Früchte; saftig, rassig, etwas spitze Säure, könnte sich noch harmonisieren **9,- €**

86 . . . 2008 Riesling Auslese Trittenheimer Apotheke
sehr frisch, reife Frucht, kandierter Apfel, Mirabelle; schlank, saftig, elegant, gute Länge **10,- €**

87 . . . 2008 Riesling Eiswein Leiwener Klostergarten
klare Frucht, etwas Konfitüre; straff, saftig, gut integrierte Süße, sehr süffig, zugänglich **25,- €/0,375l**

91 . . . 2008 Riesling Eiswein Goldkapsel Leiwener Klostergarten
üppige Frucht, Mango, reife Zitrusnoten; betont saftig, rassig, beinah opulent, komplex, bereits zugänglich **40,- €/0,375l**

79 2008 Riesling Hochgewächs trocken Leiwener Klostergarten **4,- €**
82 2008 Riesling Spätlese*** trocken Piesporter Goldtröpfchen **7,50 €**
80 2008 Riesling Kabinett „feinherb" Leiwener Laurentiuslay **5,- €**
83 2008 Riesling Spätlese „feinherb" Piesporter Gärtchen **6,50 €**
84 2008 Riesling Spätlese Trittenheimer Apotheke **6,50 €**

★★

Michael **Blendel**
Weingut

Franken

Bocksbeutelstraße 13, 97332 Escherndorf
Tel. 09381-9130, Fax: 09381-6936
www.weingut-blendel.de
infopost@weingut-blendel.de
Besuchszeiten: Mo.-Fr. 8-18 Uhr, Sa. 8-17 Uhr, So. 10-12 Uhr oder nach Vereinbarung
2 Gästezimmer

Inhaber . . . . Michael Blendel
Rebfläche . . . . 6,5 Hektar

Seit zehn Generationen baut die Familie Wein in Escherndorf an, seit 1908 betreibt sie eine Brennerei. 1975 wurde die erste eigene Kelter gekauft, 1982 mit der Selbstvermarktung begonnen, 1989 konzentrierte man sich dann ganz auf Weinbau. Die Weinberge von Michael Blendel liegen überwiegend in Escherndorf, in den Lagen Lump, Fürstenberg und Berg, hinzu kommen zwei Weinberge in Sommerach. An weißen Rebsorten gibt es Silvaner, Müller-Thurgau, Bacchus, Traminer und Riesling, aber auch Scheurebe und Kerner. Hinzu kommen die roten Sorten Dornfelder, Domina, Spätburgunder und Regent. Die Weißweine werden in Edelstahltanks ausgebaut, die Rotweine in Holzfässern, auch im Barrique.

Eine stimmige Kollektion präsentierte Michael Blendel im Jahrgang 2006, die Weine hatten in der Spitze weiter zugelegt. Sehr homogen zeigte sich auch der Jahrgang 2007 mit reintönigen Kabinettweinen und Spätlesen. Eine vergleichbare Kollektion folgt mit dem Jahrgang 2008 nach, alle Weine sind frisch und reintönig, die trockenen Spätlesen besitzen Klasse, die Preise sind nachwievor recht moderat.

Weinbewertung

85 . . . 2008 Silvaner Kabinett trocken Escherndorfer Lump
frisch, fruchtbetont, Birnen; frisch, reintönig, reife Frucht, gute Fülle **5,90 €**

85 . . . 2008 Riesling Kabinett trocken Escherndorfer Lump
frisch, fruchtbetont, etwas Limone, feine Würze; frisch, zupackend, viel Biss, jugendlich **5,90 €**
2005: 86; 2006: 85; 2007: 85.

87 . . . 2008 Silvaner Spätlese trocken Escherndorfer Lump
gute Konzentration, viel reife Frucht, Birnen, herrlich eindringlich; kraftvoll, zupackend, jugendlich, viel Biss, reintönige Frucht **7,30 €**
2006: 87; 2007: 86.

88 . . . 2008 Riesling Spätlese trocken Escherndorfer Lump
gute Konzentration, viel Würze, klare reife Frucht; füllig, kraftvoll, reife Frucht, Substanz, feiner Biss und Mineralität, jugendlich **7,50 €**
2005: 87; 2006: 88; 2007: 86.

85 . . . 2008 Scheurebe Kabinett Escherndorfer Fürstenberg
frisch, fruchtbetont, herrlich eindringlich, etwas Cassis; füllig, harmonisch, feine süße Frucht **5,90 €**

87 . . . 2008 Riesling Spätlese Escherndorfer Lump
gute Konzentration, reife Frucht, feine Frische, herrlich reintönig; frisch, klar, zupackend, jugendlich, feiner Nachhall **7,50 €**

85 . . . 2008 Traminer Spätlese Escherndorfer Lump
fruchtbetont, klar, frisch, dezent Rosen; füllig, frisch, klare Frucht und **7,50 €**

---

84 2008 Silvaner Kabinett trocken Escherndorfer Lump **5,10 €/1l**
81 2008 Müller-Thurgau trocken Escherndorfer Berg **3,90 €/1l**
82 2008 Kerner Kabinett trocken Escherndorfer Fürstenberg **4,70 €/1l**
82 2008 Riesling Kabinett trocken Sommeracher Katzenkopf **4,90 €/1l**
83 2008 „der Franke" Müller-Thurgau trocken **4,80 €**
84 2008 „der Franke" Silvaner trocken **4,80 €**
84 2008 Weißburgunder Kabinett trocken Sommeracher Katzenkopf **6,90 €**
83 2008 Bacchus Kabinett Escherndorfer Fürstenberg **4,40 €**
84 2008 Riesling Kabinett Escherndorfer Lump **5,90 €**

Blümel Magdalenenhof ★
Weingut
Rheinhessen

Friedrich-Ebert-Straße 58, 67574 Osthofen
***Tel.** 06242-1300, **Fax:** 06242-914368*
www.magdalenenhof-bluemel.de
info@magdalenenhof-bluemel.de
***Besuchszeiten:** Mo.-Fr. 8:30-18 Uhr oder nach Vereinbarung*
Gutsschänke (ganzjährig Do.+ Fr. geöffnet)

Inhaber . . . . Erich-Matthias Blümel
Kellermeister . . . . Sebastian Blümel
Rebfläche . . . . 11 Hektar

Der Magdalenenhof in der Ortsmitte von Osthofen ist seit 1616 in Familienbesitz. Erich-Matthias Blümel führt heute den Betrieb, Sohn Sebastian ist seit 2003 für den Weinausbau verantwortlich. Neben traditionellen Rebsorten wie Riesling, Grauburgunder, Weißburgunder, Silvaner, Müller-Thurgau, Portugieser und Spätburgunder werden heute auch Sorten wie Regent, Schwarzriesling und Sauvignon Blanc angebaut.

Beim Debüt im vergangenen Jahr hatten es uns in einer sehr gleichmäßigen Kollektion der Grauburgunder und der Riesling Michelsberg besonders angetan. Der Regent wollte uns nun so gar nicht gefallen in diesem Jahr, ansonsten aber überzeugt die Kollektion, allen voran der Grauburgunder.

Weinbewertung

85 . . . 2008 Grauburgunder trocken

gute Konzentration, viel reife Frucht, feine Frische; kraftvoll, klar, harmonisch **8,35 €**

84 2008 Sauvignon Blanc trocken **10,85 €**
81 2008 Riesling „Schnapp" **5,95 €**
82 2008 Cuvée Blanc de noir trocken **6,70 €**
82 2008 Kerner **6,20 €**
76 2007 Regent „unfiltered" **8,50 €**
81 2007 Spätburgunder trocken

★★

Heribert Boch

Weingut

Mosel

Moselweinstraße 62, 54349 Trittenheim
Tel. 06507-2713, Fax: 06507-6795
weingut.boch@t-online.de
Besuchszeiten: täglich 9-19 Uhr, So. 14-19 Uhr
4 Doppelzimmer, 1 Ferienwohnung

Inhaber .... Michael Boch
Rebfläche .... 5,4 Hektar

Das Weingut Heribert Boch in Trittenheim wird seit 1989 von Michael Boch geführt, seit 1999 unterstützt ihn seine Frau Anne. Nach der Übernahme des Betriebes kaufte Boch etwa 6000 Stock Riesling mit wurzelechten, 100 Jahre alten Reben in den besten Trittenheimer Steillagen hinzu. Die heute 5,4 Hektar Weinberge liegen in den Trittenheimer Lagen Apotheke und Altärchen. Michael Boch hat sich nach und nach mehr auf Steillagen und auf Riesling konzentriert, der heute 65 Prozent seiner Weinberge einnimmt. Neben Riesling baut er allerdings noch Spätburgunder sowie etwas Müller-Thurgau, Kerner, Bacchus und Cabernet Sauvignon an. Die Moste werden nach kurzer Maischestandzeit kühl vergoren und reifen in Edelstahltanks, die Jungweine bleiben einige Zeit auf der Vollhefe liegen. In den letzten Jahren scheinen die Weine noch an Substanz und Frucht gewonnen zu haben; sie sind saftig und reintönig – und nach wie vor günstig.

2006 fiel zwar nicht überragend, aber doch zuverlässig aus. Die 2007er waren überraschend gut gelungen, und auch die 2008er beweisen, dass es hier weiter aufwärts geht: Eine herrlich saftige Auslese krönt das Sortiment.

Weinbewertung

85 . . . 2008 Riesling Spätlese trocken Trittenheimer Apotheke

leicht unruhig, Hefenoten; stoffig, viel Würze, wirkt noch etwas kantig und unausgeglichen **6,40 €**

86 . . . 2008 Riesling Spätlese halbtrocken Trittenheimer Apotheke

reife Frucht, klar, etwas Pfirsichschalen; saftig, würzig, gute Balance, hat Biss **6,40 €**

86 . . . 2008 Riesling Spätlese Trittenheimer Apotheke

sehr feine Frucht, duftig; reife Frucht, rassig, deutliche Süße, herrlich saftig **6,40 €**

89 . . . 2008 Riesling Auslese Trittenheimer Apotheke

eindringliche Frucht, Melone, Pfirsich; sehr saftig, rassig, reife Säure, Nachhall **16,- €**

---

81 2008 Riesling Kabinett trocken Trittenheimer Apotheke **4,50 €**

83 2008 Riesling Kabinett halbtrocken Trittenheimer Apotheke **4,50 €**

83 2008 Riesling Kabinett Trittenheimer Altärchen **4,50 €**

Bocksbeutel-Hof ★

Escherndorf

Franken

Astheimer Straße 6, 97332 Escherndorf
Tel. *09381-803310,* ***Fax:*** *09381-803311*
www.bocksbeutel-hof.de
info@bocksbeutel-hof.de
Besuchszeiten: *Apr.-Okt.: Mo.-Fr. 9-18 Uhr, Sa. 9-12:30 + 14-17 Uhr, So. 14-17 Uhr*
Nov.-März: Mo.-Fr. 9-17 Uhr, Sa. 9-12:30 Uhr, im Nov. + Dez. auch Sa./So. 14-17 Uhr,
Jan. bis Mitte März Sa. nachm. / So. geschlossen
Verkostungs- und Erlebnisraum, Weinprobierstube

Verkaufsleiter .... Thomas Römmelt
Mitglieder 37
Rebfläche .... 28,5 Hektar

Der 1913 gegründete Escherndorfer Winzerverein verlor 1970 seine Selbstständigkeit und wurde als Kelterstation einer Zentralkellerei (GWF) angegliedert. 1997 haben sich neun Winzer zusammengetan und die Winzergenossenschaft Escherndorf wieder gegründet. Neben Weinbergen in Escherndorf bewirtschaften die Mitglieder des Bocksbeutel-Hofs auch Weinberge in Neuses, Nordheim, Volkach und Dettelbach. Gut ein Drittel der Weinberge liegt in Steillagen. Wichtigste Rebsorten sind Müller-Thurgau und Silvaner. Es folgen Riesling, Bacchus, Spätburgunder und Domina.

2006 gefiel gut, vor allem die fülligen trockenen Spätlesen, die 2007er Kollektion war deutlich verhaltener. Die neue Kollektion präsentiert sich geschlossen auf gutem Niveau, ohne aber Spitzen wie in früheren Jahren zu bieten.

Weinbewertung

85 . . . 2007 Silvaner Beerenauslese Escherndorfer Lump

viel Duft, dezent getrocknete Orangenschalen, etwas Gewürze; süß, dick, konzentriert, viel Stoff, Biss **20,- €/0,5l**

---

78 2008 Silvaner trocken Escherndorfer Fürstenberg **4,50 €/1l**

80 2008 Silvaner Kabinett trocken Escherndorfer Lump **5,90 €**

81 2008 Riesling Kabinett trocken Escherndorfer Lump **6,50 €**

83 2008 Silvaner Spätlese trocken Escherndorfer Lump **8,50 €**

84 2008 Weißer Burgunder Spätlese trocken Escherndorfer Fürstenberg **7,50 €**

82 2008 Silvaner Spätlese Escherndorfer Lump **7,50 €**

83 2008 Riesling Auslese Escherndorfer Lump **15,- €/0,5l**

82 2008 Blaufränkisch trocken Escherndorfer **6,50 €**

★

Klaus **Böhme**

Weingut

Saale-Unstrut

Lindenstraße 42, 06636 Kirchscheidungen
Tel. 034462-20395, Fax: 034462-22794
www.weingut-klaus-boehme.de
weingut.boehme@t-online.de
Besuchszeiten: nach Vereinbarung

Inhaber .... Klaus Böhme
Rebfläche .... 10 Hektar

Klaus Böhme entschied sich nach seiner landwirtschaftlichen Ausbildung für den Weinbau – die Familie hatte immer schon Weinberge bewirtschaftet aber die Trauben an die Genossenschaft abgeliefert – und begann 1993 mit der Flaschenweinvermarktung. Seither hat er die Rebfläche erweitert und einen neuen Keller gebaut. Seine Reben stehen auf Muschelkalkböden in verschiedenen Variationen in den Lagen Burgscheidunger Veitsgrube, Freyburger Mühlberg und Schweigenberg (der einstigen Kernlage), sowie im Dorndorfer Rappental. Müller-Thurgau, Silvaner, Weißburgunder und Riesling sind die wichtigsten Rebsorten, hinzu kommen Kerner, Traminer und Gutedel, sowie fast 20 Prozent rote Sorten: Spätburgunder, Portugieser und Dornfelder, zuletzt pflanzte er Frühburgunder. Die Rotweine werden maischevergoren, durchgegoren und teilweise in 600-Liter-Fässern ausgebaut, die Weißweine gekühlt im Edelstahl vergoren und ausgebaut und mit natürlicher Restsüße abgefüllt.

Weinbewertung

86 . . . 2008 Riesling trocken Freyburger Schweigenberg
frisch, fruchtbetont, feine Würze, reintönig, etwas Limone; gute Fülle und Substanz, reife Frucht und Biss, süffig **7,50 €**

86 . . . 2008 Weißburgunder Spätlese trocken Dorndorfer Rappental
gute Konzentration, viel Würze, reife Frucht; füllig, harmonisch, süffig, reife süße Frucht, viel Substanz **8,50 €**

85 . . . 2008 Traminer Spätlese („feinherb") Dorndorfer Rappental
würzig, reintönig, reife Frucht; weich, füllig, harmonisch, reife süße Frucht, klar und zupackend, feine Frische und Biss **9,50 €**

83 2008 Müller-Thurgau trocken Burgscheidunger Veitsgrube **6,50 €**
83 2008 Silvaner trocken Burgscheidunger Veitsgrube **6,20 €**
83 2008 Weißburgunder trocken „Schloss Neuenburg" **7,30 €**
83 2008 Portugieser Rosé trocken „Schloss Neuenburg" **7,30 €**
83 2008 Portugieser Rosé trocken „Schloss Neuenburg" **7,30 €**

★

Bös

Weingut

Wiesenäcker 2, 69254 Malsch
Tel. 07253-278818, Fax: 07253-278819
www.weingut-boes.de
info@weingut-boes.de
Besuchszeiten: Di. + Do. 17-19 Uhr, Fr. 15-19 Uhr, Sa. 9-14 Uhr und nach Vereinbarung
Besenwirtschaft „Reblaus", Weinwanderungen

Inhaber .... Rüdiger Bös
Rebfläche .... 12,5 Hektar

Rüdiger Bös' Eltern besaßen einen landwirtschaftlichen Mischbetrieb mit 3 Hektar Weinbergen. Im Laufe der Zeit wurde die Rebfläche vergrößert und der Keller ausgebaut. Nach dem Studienabschluss von Rüdiger Bös in Geisenheim wurde aus dem Genossenschaftsbetrieb ein Weingut mit Selbstvermarktung. 1999 übernahm Rüdiger Bös den Betrieb. Im Anbau dominieren die Burgundersorten, dazu gibt es Gewürztraminer, Chardonnay, Portugieser und Lemberger. 2001 wurde Dornfelder, Merlot und Cabernet Sauvignon gepflanzt.

Vor zwei Jahren lagen die Stärken eindeutig im roten Segment. Die letztjährige Kollektion war wieder sehr gleichmäßig, am besten gefiel uns der Gewürztraminer. Der überzeugt auch wieder im Jahrgang 2008, wie insgesamt die Kollektion, angeführt von gekonnt vinifizierten Rotweinen: So darf es weitergehen!

Weinbewertung

85 . . . 2008 Gewürztraminer Spätlese trocken Malscher Ölbaum
reintönige Frucht, Rosen, Gewürze; füllig, harmonisch, reife süße Frucht **8,- €**

85 . . . 2007 Spätburgunder Spätlese trocken Malscher Rotsteig
herrlich viel Frucht, eindringlich und dominant; füllig, harmonisch, reife Frucht, feine Frische **9,50 €**

86 . . . 2006 Spätburgunder Spätlese trocken Barrique Malscher Rotsteig
gute Konzentration, Gewürze, reife Frucht; füllig, harmonisch, reife Frucht, gute Substanz, Vanille, dezente Bitternote **18,- €**

82 2008 Auxerrois trocken Malscher Ölbaum **5,- €**
83 2008 Weißburgunder Kabinett trocken Malscher Ölbaum **5,- €**
84 2008 Weißburgunder „CL" **4,50 €**
81 2008 Spätburgunder Classic **4,50 €**
84 2008 Merlot trocken Malscher Rotsteig **8,- €**

★

Bohnenstiel

Weingut

Pfalz

Weinstraße 77, 67273 Herxheim am Berg
Tel. *06353-91186,* ***Fax:*** *06353-91196*
www.weingut-bohnenstiel.de
weingut.bohnenstiel@t-online.de
Besuchszeiten: *9-18 Uhr wochentags möglichst nach Vereinbarung, Sa. 9-17 Uhr, So. 10-12 Uhr nach Voranmeldung*
Probierstube, Ferienwohnung

Inhaber .... Edwin und Martina Bohnenstiel
Rebfläche .... 12 Hektar

Seit Ende des 17. Jahrhunderts betreibt die Familie Bohnenstiel Weinbau in Herxheim am Berg. Neben den traditionellen Weißweinsorten wie Riesling, Weiß- und Grauburgunder und Silvaner baut Edwin Bohnenstiel inzwischen auch Chardonnay und Sauvignon Blanc an. An roten Sorten gibt es Portugieser, Dornfelder, Spätburgunder, St. Laurent, Acolon, Cabernet Sauvignon und Merlot.

Die 2006er waren wie überall in der Pfalz etwas schwächer. Eine gleichmäßige Kollektion folgte im vergangenen Jahr nach, der Sekt gefiel uns am besten. Die neue Kollektion bietet saubere, aber allzu verhaltene Weine.

Weinbewertung

79 2008 Riesling trocken **3,70 €/1l**
81 2008 Riesling Kabinett trocken Herxheimer Honigsack **4,- €**
80 2008 Spätburgunder Blanc de Noir Kabinett trocken **4,10 €**
80 2008 Sauvignon Blanc Kabinett trocken **6,10 €**
82 2008 Riesling Spätlese trocken Herxheimer Honigsack **5,20 €**
82 2008 Chardonnay Spätlese trocken **5,10 €**

82 2007 Spätburgunder Spätlese trocken Herxheimer Honigsack **5,70 €**
81 2007 St. Laurent trocken **4,90 €**
81 2007 Merlot trocken **5,20 €**

★★

Bollig – Mühlenhof

Weingut

Mosel

Mühlenhof, Brunnenstraße 69
54484 Maring-Noviand
Tel. 06535-490, Fax: 06535-7639
www.bollig-muehlenhof.de
info@bollig-muehlenhof.de
Besuchszeiten: nach Vereinbarung
5 Ferienwohnungen (4 Sterne)

Inhaber .... Hans Dieter und Carsten Bollig
Rebfläche .... 6 Hektar

Die Weinberge von Hans Dieter Bollig und Sohn Carsten, der für den Weinausbau verantwortlich ist, werden „kontrolliert umweltschonend" bewirtschaftet. Seit dem Jahrgang 2001 verzichten sie auf Prädikatsbegriffe bei trockenen Weinen. Riesling nimmt 50 Prozent der Rebfläche ein. Hinzu kommen 20 Prozent Spätburgunder, sowie Chardonnay, Grauburgunder, Auxerrois, Müller-Thurgau, Kerner, Bacchus, Regent, Frühburgunder und Dornfelder – was für eine erstaunliche Vielfalt für ein Weingut von der Mosel! Die Bolligs erzeugen immer wieder auch Kuriositäten wie eine Frühburgunder Beerenauslese, bringen sogar hin und wieder sehr reife Rieslinge auf den Markt. Viele Weine wirken hier über alle Jahrgangsunterschiede hinweg recht füllig, was kein Nachteil sein muss.

Die 2006er machten viel Spaß und beeindruckten mit Frische, die 2007er gefielen auf Anhieb. Die 2008er sind gelungen, die gutstypische Fülle wird durch die pikante Säure des Jahrgangs ausgeglichen. Erstaunlich frisch wirkt die Auslese aus dem Jahrgang 1990.

Weinbewertung

85 . . . 2008 Riesling trocken Honigberg
reife Frucht, etwas Melone und Honig; würzig, saftig, pikante Säure, recht füllig, eigenständig **9,- €**

85 . . . 2008 Riesling „feinherb" Sonnenuhr
reife Frucht, etwas verhalten, Melone; würzig, füllig, rassige Säure, ausgewogen, gute Länge **9,50 €**

85 . . . 2008 Riesling Spätlese Honigberg
klar, Apfel, Hefenoten, etwas Steinobst; saftig, rassige Säure, gut integrierte Süße, sehr erfrischend **7,- €**

86 . . . 1990 Riesling Auslese Maring-Noviander Klosterberg
erstaunlich frisch, erdige Noten, Kräuter; würzig, rassig, eher verhaltene Süße, altmodisch, erdige Noten **8,50 €**

85 . . . 2007 Frühburgunder Rosé Beerenauslese
reife Frucht, Backpflaumen, Kräuter; würzig, deutlich süß, eigenwillig, recht füllig **12,- €/0,375l**

80 2008 Gutsriesling trocken **4,80 €**
82 2008 Riesling trocken Laymühle **7,- €**
80 2008 Gutsriesling „feinherb" **4,80 €**
83 2008 Riesling „feinherb" Laymühle **7,- €**
84 2008 Riesling „feinherb" Honigberg 9,50 €
78 2008 Rivaner **4,20 €**
78 2008 Villa Molina Rotwein trocken **6,60 €/1l**
81 2008 Spätburgunder trocken **7,- €**

B

Die besten deutschen Weinerzeuger und ihre Weine

Dr. Booss ★

Weingut

Rheinhessen

Waaggasse 2-4, 67574 Osthofen/Rhein
Tel. 06242-2354, Fax: 06242-2566
www.dr-booss.de
info@dr-booss.de
Besuchszeiten: nach Vereinbarung

Inhaber .... Dr. Hermann Booß
Rebfläche .... 16 Hektar

Der Liebfrauen-Stiftshof im Ortskern von Osthofen befindet sich seit über 300 Jahren in Familienbesitz. Heute wird das Weingut von Annette und Hermann Booß geführt. Anbauschwerpunkte sind die Burgundersorten: Weiß- und Grauburgunder, Chardonnay, Spätburgunder und Schwarzriesling. Hinzu kommen weitere Rotweinsorten wie Domina, Regent, Dornfelder, Portugieser, Merlot oder Cabernet Sauvignon und die weißen Sorten Müller-Thurgau, Riesling, Silvaner, Huxelrebe und Scheurebe. Das Sortiment ist unterteilt in die Linien „Aperçu" (Literweine), „Privat" bzw. „Emotion" für das weiße bzw. rote Mittelsegment, und „Noblesse" für die Spitzenweine.

Die 2006er Kollektion war sehr gleichmäßig, die 2007er Kollektion brachte viele süffige, süße Weine. In diesem Jahr nun führt die Trockenbeerenauslese eine ansonsten etwas verhaltene Kollektion an.

Weinbewertung

85 . . . 2008 „Noblesse Elixier de Vie"
Huxelrebe Trockenbeerenauslese; würzig, duftig, Litschi, Rhabarber; süß, dick, konzentriert, dominant
49,50 €

76 2008 „Aperçu Weiß No. 1" **7,50 €/1l**
82 2008 „Privat" Pinot Blanc **7,90 €**
80 2008 „Privat" Pinot Gris **8,50 €**
78 2008 „Emotion Entre Deux" Rotling **7,90 €**
80 2008 „Emotion" Merlot **9,50 €**

Borell-Diehl ★★

Weingut

Pfalz

Weinstraße 47, 76835 Hainfeld
Tel. 06323-980530, Fax: 06323-980570
www.borell-diehl.de
info@borell-diehl.de
Besuchszeiten: Mo.-Sa. 8-12 + 13-18 Uhr

Inhaber .... Thomas Diehl
.... Annette Borell-Diehl
Rebfläche .... 28 Hektar

Die Familie Borell ist seit dem 17. Jahrhundert in Hainfeld ansässig. In seiner heutigen Form entstand das Weingut aber erst 1990 durch die Heirat von Annette Borell mit Thomas Diehl, der ebenfalls aus einer Winzerfamilie (im benachbarten Edesheim) stammt. Wichtigste Rebsorten sind Dornfelder, Riesling und die Burgundersorten. Dazu gibt es Silvaner und Müller-Thurgau, Sauvignon Blanc und Gewürztraminer, aber auch Chardonnay, Sankt Laurent, Schwarzriesling, Merlot und Cabernet Sauvignon. Die Weißweine werden langsam und temperaturkontrolliert im Edelstahl vergoren, die roten Trauben werden entrappt und maischevergoren, Spitzenweine kommen für mindestens 18 Monate ins Barrique.

Nach starken Kollektionen in den vergangenen Jahren vermochten die Weine auch im schwierigen Jahrgang 2006 zu überzeugen. Die Weißweine präsentierten sich reintönig und fruchtbetont, die Rotweine aus den Jahrgängen 2004 und 2005 besaßen Kraft und Struktur. Bedingt durch größere Hagelschäden war im vergangenen Jahr die Auswahl an 2006er Rotweinen geringer als in früheren Jahren. Der Spätburgunder aus dem Hainfelder Letten gefiel uns besonders gut, die Weißweine allerdings blieben hinter den Vorjahren zurück. In der neuen Kollektion nun ragen die Spätburgunder hervor, im weißen Segment hat uns der Grauburgunder von alten Reben aus dem Hainfelder Letten am besten gefallen.

Weinbewertung

86 . . . 2008 Grauburgunder Spätlese trocken „Alte Reben" Hainfelder Letten
gute Konzentration, reife Frucht, gelbe Früchte, herrlich eindringlich; weich, füllig, harmonisch, viel reife Frucht und Substanz **6,40 €**

85 . . . 2007 Spätburgunder Spätlese trocken Flemlinger Herrenbuckel
feine rauchige Noten, reintönige Frucht; füllig, harmonisch, reintönige Frucht **8,40 €**

87 . . . 2007 Spätburgunder Spätlese trocken „Alte Reben" Flemlinger Herrenbuckel
Barriqueausbau; gute Konzentration, rauchige Noten, reife Frucht, herrlich eindringlich und reintönig; füllig, harmonisch, reife Frucht, gute Substanz und Länge **11,- €**

87 . . . 2007 Spätburgunder Spätlese trocken „Georg Nr. V" Hainfelder Letten
Barriqueausbau; reintönige Frucht, rauchige Noten, herrlich eindringlich; klar, frisch, elegant, reife Frucht, gute Struktur und Länge **13,20 €**

78 2008 Riesling trocken **3,60 €/1l**
80 2008 Riesling Kabinett trocken „Buntsandstein" **4,20 €**
81 2008 Riesling Kabinett trocken „Muschelkalk" **4,50 €**
83 2008 Riesling Kabinett trocken „Alte Reben" Hainfelder Kapelle **5,- €**
84 2008 Riesling Spätlese trocken Edesheimer Forst **5,60 €**
83 2008 Sauvignon Blanc trocken **5,50 €**
81 2008 Weißburgunder Spätlese trocken „Alte Reben" Hainfelder Kapelle **6,40 €**
84 2007 Cabernet Sauvignon trocken Barrique **8,80 €**

Borth ★

Weingut

Württemberg

Unterheimbacher Straße 35, 74626 Bretzfeld-Adolzfurt
Tel. 07946-2139, Fax: 07946-942533
www.weingut-borth.de
info@weingut-borth.de
Besuchszeiten: täglich nach Vereinbarung
Weinstube (60-80 Personen), einmal monatlich für eine Woche geöffnet

Inhaber .... Michael Borth
Rebfläche .... 6,0 Hektar

Seit 1993 bewirtschaften Andrea und Michael Borth ihr Weingut in Adolzfurt. Ihre Weinberge befinden sich in der Adolzfurter Lage Schneckenhof und im Cleversulzbacher Eberfürst. Die Reben wachsen auf Keuperverwitterungsböden. Drei Viertel der Fläche nehmen rote Sorten ein: Trollinger, Lemberger, Spätburgunder, Schwarzriesling, Samtrot, Muskattrollinger und Dornfelder, inzwischen auch Merlot und Cabernet Cubin. An weißen Sorten gibt es Riesling, Traminer und Silvaner, sowie Weißburgunder.

In einer gleichmäßigen Kollektion 2006 lagen leichte Vorteile beim Riesling. Eine ähnliche Kollektion folgte im vergangenen Jahr, mit dem Unterschied, dass mit dem barriqueausgebauten Lemberger dieses Mal ein Rotwein unser Favorit war. Die neue Kollektion gefällt uns deutlich besser, sie ist sehr gleichmäßig, die rote Cuvée aus Merlot, Cabernet Cubin und Lemberger besitzt Struktur und Kraft.

Weinbewertung

85 . . . 2007 Cuvée Rotwein trocken „im Eichenfass gereift"
Merlot, Cabernet Cubin, Lemberger; reife Frucht, rote Früchte; füllig, harmonisch, gute Struktur und reife Frucht **8,60 €**

79 2008 Riesling trocken Adolzfurter Lindelberg **3,60 €/1l**
82 2008 Silvaner trocken Adolzfurter Schneckenhof **5,40 €**
82 2008 Weißburgunder trocken Adolzfurter Schneckenhof **5,40 €**
83 2008 Riesling Spätlese Adolzfurter Lindelberg **5,40 €**
83 2008 Muskattrollinger Weißherbst Adolzfurter Schneckenhof **5,40 €**
82 2008 Muskattrollinger Schneckenhof **5,40 €**
83 2007 Lemberger trocken „im Eichenfass gereift" Adolzfurter Schneckenhof **5,60 €**

★★

Bott

Weingut

Rheingau

Frohnseestraße 24, 65474 Bischofsheim
Tel. 06144-1365, Fax: 06144-1365
www.weingut-bott.de
riesling@weingut-bott.de
Besuchszeiten: Mo.-Fr. 16-19 Uhr, Sa. 10-14 Uhr

Inhaber .... Michael Bott
Rebfläche .... 3,2 Hektar

Michael Bott baut neben Riesling etwas Spätburgunder und Grauburgunder an. Seine Weinberge liegen am Hochheimer Berg, vor allem in den Lagen Kostheimer St. Kiliansberg und Hochheimer Reichestal. Die spannendsten Weine stammen oft aus der Lage Reichestal (viel Löss) und aus der Kisselgass (viel Kalk im Unterboden). Die Reduktion auf das Wesentliche ist das Bestreben von Michael Bott, seine Rieslinge sollen nicht nach tropischer, sondern nach heimischer Frucht schmecken; der Terroir-Charakter wird mehr und mehr herausgearbeitet.

2006 lag jahrgangsbedingt auf einem etwas niedrigeren Niveau. 2007 dagegen überzeugte durch die Bank, sogar schon mit dem Literriesling. Die 2008er sind zuverlässig ausgefallen, bereits der saftige, erfreulich trocken wirkende Classic ist sehr gelungen. Die Rotweine aus 2007 haben Substanz, wirken aber etwas rau.

Weinbewertung

80 2008 Riesling Kabinett trocken **5,20 €**
82 2008 Riesling trocken Hochheimer Reichestal **6,- €**
84 2008 Riesling trocken „Kisselgass" Kostheimer St. Kiliansberg **6,- €**
84 2008 Riesling Classic
81 2007 Spätburgunder trocken **6,20 €**
81+? 2007 Spätburgunder trocken „Kisselgass" Kostheimer St. Kiliansberg **8,20 €**
82 2007 Merlot trocken **8,20 €**

Heinz **Braun** ★

Weingut

Franken

Blütenstraße 22, 97332 Fahr
Tel. 09381-80730, Fax: 09381-807320
www.weingut-braun.de
info@weingut-braun.de
Besuchszeiten: Di.-So. 8-19 Uhr
Gästehaus, Häckerstuben

Inhaber .... Thomas und Heike Braun
Rebfläche .... 25 Hektar

Die Weinberge von Thomas Braun liegen in Fahr, Neuses, Obereisenheim, Volkach, Obervolkach, Nordheim, Sommerach, Stammheim, Escherndorf und Astheim. Die Sortenvielfalt ist beeindruckend: Müller-Thurgau, Bacchus, Scheurebe, Chardonnay, Traminer, Ortega, Kerner, Riesling, Silvaner, Weißburgunder, Grauburgunder, Muskateller und Sauvignon Blanc baut er an. Dazu die roten Sorten Schwarzriesling, Spätburgunder, Dornfelder und Merlot.

Die 2006er Kollektion war jahrgangsbedingt schwächer, die Bacchus Auslese aber gefiel sehr gut. Auch die letztjährige Kollektion war etwas verhalten, wir vermissten die Spitzen früherer Jahre. Ähnlich präsentiert sich die neue Kollektion: Gleichmäßiges Niveau, darauf kann man aufbauen!

Weinbewertung

82 2008 Bacchus trocken **4,70 €/1l**
80 2008 Blanc de noir trocken **6,50 €**
81 2008 Silvaner Kabinett trocken Volkacher Ratsherr **6,- €**
81 2008 Silvaner Spätlese trocken Volkacher Ratsherr **8,- €**
79 2008 Riesling Kabinett trocken Volkacher Kirchberg **6,- €**
82 2008 Sauvignon Blanc trocken **7,50 €**
82 2008 Gelber Muskateller trocken **6,50 €**
84 2008 Chardonnay Spätlese trocken **8,50 €**
81 2008 Traminer Spätlese trocken Sommeracher Rosenberg **8,- €**
81 2008 Scheurebe halbtrocken **4,70 €/1l**
84 2008 Traminer Auslese Stammheimer Eselsberg **9,- €**
78 2008 Schwarzriesling trocken **5,90 €/1l**

Waldemar **Braun** ★★

Weingut

Franken

Langgasse 10, 97334 Nordheim
Tel. 09381-9061, Fax: 09381-71179
www.weingut-waldemar-braun.de
info@weingut-waldemar-braun.de
Besuchszeiten: Mo.-Sa. 9-18 Uhr, So. 10-13 Uhr

Inhaber .... Waldemar Braun
Rebfläche .... 14,4 Hektar

Waldemar Braun hat 1985 sein eigenes Weingut gegründet. An weißen Rebsorten baut er Müller-Thurgau, Silvaner, Bacchus, Riesling, Kerner, Scheurebe, Rieslaner, Chardonnay, sowie Grau- und Weißburgunder an. Hinzu kommen die roten Sorten Domina, Spätburgunder und Schwarzriesling.

2006 überzeugte voll und ganz, alle Weine waren wunderschön klar und fruchtbetont. 2007 waren in einer gleichmäßigen Kollektion vor allem die trockenen Weine ein wenig verhaltener. Eine vergleichbare, sehr gleichmäßige Kollektion folgt in diesem Jahr nach, angeführt vom herrlich stoffigen Silvaner „Am starken Holz“.

Weinbewertung

86 . . . 2008 Silvaner trocken „Mandelbrecht" Escherndorfer Lump
von 50 Jahre alten Reben; würzig, eindringlich, viel reife Frucht, dominant; füllig, reife Frucht, gute Substanz **15,- €**

88 . . . 2008 Silvaner trocken „Am starken Holz" Nordheimer Vögelein
würzig, eindringlich, konzentriert, reintönige Frucht; füllig, stoffig, viel reife Frucht und Substanz **15,- €**

85 . . . 2008 Rieslaner Spätlese Nordheimer Vögelein
würzig, etwas streng, dezent Grapefruit; weich, füllig, reife süße Frucht, Substanz **12,50 €**

83 2007 Scheurebe Sekt extra dry **13,90 €**
81 2008 Silvaner trocken Nordheimer Vögelein **5,70 €/1l**
82 2008 Silvaner Kabinett trocken Nordheimer Vögelein **7,50 €**
83 2008 Weißburgunder Kabinett trocken Nordheimer Vögelein **9,50 €**
83 2008 Grauburgunder Kabinett trocken Nordheimer Vögelein **8,50 €**
82 2008 Blanc de noir Kabinett trocken **9,- €**
81 2008 Riesling Kabinett Nordheimer Vögelein **8,50 €**
81 2008 Scheurebe Kabinett Sommeracher Rosenberg **8,- €**
84 2008 Scheurebe Spätlese Nordheimer Vögelein **11,50 €**

Braunewell ★

Weingut

Rheinhessen

Am Römerberg 34, 55270 Essenheim
Tel. 06136-88917, Fax: 06136-81226
www.weingut-braunewell.de
stefan@weingut-braunewell.de
Besuchszeiten: Mo.-Fr. 13-19 Uhr, Sa. 9-18 Uhr

Inhaber . . . . Axel Braunewell
Rebfläche . . . . 17 Hektar

Seit über 350 Jahren bewirtschaften die Braunewells Weinberge in Essenheim. Heute wird das Weingut von Axel Braunewell und seinem Sohn Stefan geführt, der zweite Sohn Christian absolviert derzeit seine Winzerlehre beim Weingut Knipser. Die wichtigsten Rebsorten sind Riesling, Grauburgunder, Chardonnay, Sauvignon Blanc, Silvaner und Scheurebe, im roten Segment Spätburgunder, Portugieser, St. Laurent und Merlot; die wichtigsten Lagen sind Teufelspfad in Essenheim und Blume in Elsheim. Das Sortiment ist gegliedert in Gutsweine, Ortsweine und Lagenweine („Braunewell François", benannt nach François Braunewell, der im Zuge der Hugenottenverfolgung 1655 aus Frankreich nach Essenheim kam).

Ein überzeugendes Debüt mit fruchtbetonten, reintönigen Weißweinen und auch die Rotweine haben uns gefallen, wenn auch der Merlot etwas zu sehr von überreifen Noten geprägt war: Im Auge behalten!

Weinbewertung

86 . . . 2008 Riesling Spätlese halbtrocken Blume „Braunewell François"
gute Konzentration, klare reife Frucht, herrlich eindringlich; füllig, harmonisch, reife süße Frucht **7,80 €**

83 2008 Riesling trocken **4,20 €/1l**
83 2008 Grauburgunder Kabinett trocken Essenheim **4,50 €**
84 2008 Sauvignon Blanc trocken Essenheim **5,30 €**
82 2007 Spätburgunder trocken Essenheim **4,80 €**
82 2006 Merlot trocken Blume „Braunewell François" **12,80 €**

★★

Manfred Breit

Weingut

Mosel

Bahnhofstraße 31, 54498 Piesport
Tel. 06507-99033, Fax: 06507-99034
www.manfredbreit.de
info@manfredbreit.de
Besuchszeiten: täglich 10-18 Uhr, So. mit Anmeldung

Inhaber .... Holger Breit
Rebfläche .... 5,9 Hektar

Das Weingut Breit ist ein traditioneller, seit mehreren Generationen bewirtschafteter Betrieb. Holger Breit hat sich der Winzergruppe „Moseljünger" angeschlossen, sein Hauptaugenmerk gehört den restsüßen Rieslingen, allerdings werden auch trockene Spät- oder Auslesen ausgebaut, und es gibt etwas Spätburgunder.

Im Jahrgang 2006 überzeugten vor allem die ungemein saftigen Auslesen. Die 2007er konnten sich ebenfalls sehen lassen, allen voran die süßen Auslesen. Im Jahrgang 2008 ist es vor allem die restsüße Spätlese, die überzeugt; die übrigen Weine des kleinen Sortiments weisen ein sehr gleichmäßiges Qualitätsniveau auf. Der 2007er Spätburgunder gefällt mit klarer Frucht.

Weinbewertung

86 . . . 2007 Riesling Auslese trocken Piesporter Goldtröpfchen
reife Frucht, etwas Melone, Kräuter; straff, feste Struktur, etwas vom Alkohol geprägt, Substanz **10,50 €**

86 . . . 2008 Riesling Spätlese Piesporter Goldtröpfchen
frisch, duftig, Boskoop, gelbe Früchte; sehr saftig, gut eingebundene Süße, rassig **8,- €**

80 2008 Riesling trocken **4,20 €/1l**
83 2008 Riesling Spätlese trocken Piesporter Goldtröpfchen **7,90 €**
82 2008 Riesling Kabinett Piesporter Goldtröpfchen **5,50 €**
84 2007 Spätburgunder trocken **7,- €**

★★☆

Brenneis-Koch

Weingut

Pfalz

Freinsheimer Straße 2, 67098 Bad Dürkheim
Tel. 06322-1898, Fax: 06322-7241
www.brenneis-koch.de,
matthias.koch@brenneis-koch.de
Besuchszeiten: nach Vereinbarung

Inhaber ..... Matthias Koch und Verena Suratny
Rebfläche .... 8,7 Hektar

Das Weingut Brenneis-Koch entstand 1993 aus dem Zusammenschluss der Weingüter Emil Brenneis in Leistadt und Erhard Koch in Ellerstadt und wird von den Diplom-Biologen Matthias Koch und Verena Suratny geführt. Neben Weinbergen in Bad Dürkheim, Leistadt und Ellerstadt besitzen Matthias Koch und Verena Suratny auch Weinberge in den bekannten Kallstadter Lagen Saumagen und Steinacker. Wichtigste Rebsorte ist der Riesling, dazu gibt es neben den weißen Burgundersorten Gelber Muskateller, Chardonnay, Sauvignon Blanc und Viognier. 40 Prozent der Rebfläche ist mit roten Sorten bestockt. Neben Sankt Laurent, Spätburgunder und Portugieser gibt es Merlot, Nebbiolo und Syrah – aber keinen einzigen Stock Dornfelder! Alle Rotweine werden unfiltriert abgefüllt.

Seit einem Jahrzehnt empfehlen wir die Weine von Matthias Koch. Anfangs haben uns meist die Weißweine etwas besser gefallen, in den letzten Jahren aber wartete er immer wieder mit gekonnt vinifizierten, kraftvollen Rotweinen auf.

Vor zwei Jahren hatten die Rotweine deutlich die Nase vorne: Merlot, Syrah und Spätburgunder waren herrlich kraftvoll und klar. Die Rotweine aus dem Jahrgang 2006 reichten da nicht heran. Unter den 2007er Weißweinen gefielen uns die beiden Riesling Spätlesen besonders gut. In der aktuellen Kollektion finden wir die Rotweine ein wenig besser als die Weißen, vor allem Merlot und Spätburgunder, beide im Barrique ausgebaut.

Weinbewertung

87 . . . 2006 Pinot Noir trocken Dürkheimer Feuerberg
rauchige Noten, dezent Gewürze und Toast, klare reife Frucht; füllig, kraftvoll, reife Frucht, gute Struktur, Tannine **16,80 €**
1997: 90; 1999: 87; 2000: 86; 2003: 87; 2004: 88.

86 . . . 2006 Merlot trocken Dürkheimer Feuerberg
gute Konzentration, etwas Gewürze, rote Früchte; füllig, kraftvoll, reife Frucht und Substanz **16,80 €**
1999: 86; 2000: 86; 2003: 87; 2004: 87; 2005: 88.

84 2007 Pinot Blanc de Noirs Sekt brut **14,- €**
83 2008 Muskateller Kabinett trocken Leistadter Kirchenstück **6,80 €**
83 2008 Viognier Spätlese trocken Ungsteiner Kobnert **9,- €**
83 2008 Grauburgunder Spätlese trocken Ungsteiner Kobnert **9,- €**
82 2007 Chardonnay Spätlese Deidesheimer Hofstück **9,- €**
81 2006 „InspiRed" Rotwein trocken **5,40 €**
84 2007 Saint Laurent „R" trocken Dürkheimer Feuerberg **7,80 €**
84 2006 Spätburgunder trocken Dürkheimer Feuerberg **8,40 €**
83 2007 Syrah trocken Dürkheimer Feuerberg **16,80 €**
84 2005 Nebbiolo trocken Kallstadter Steinacker **16,80 €**

★

Brenner'sches
Weingut

Rheinhessen

Pfandturmstraße 20, 67595 Bechtheim
Tel. 06242-894, Fax: 06242-874
www.brennersches-weingut.de
info@brennersches-weingut.de
Besuchszeiten: Mo.-Fr. 8-11 + 13-17 Uhr o. n. V.
Probierräume, „Gut Stubb"

Inhaber .... Christian Brenner
Rebfläche .... 11 Hektar

Die besondere Vorliebe von Christian Brenner gilt ganz eindeutig dem Weißburgunder, der 40 Prozent seiner Rebfläche einnimmt. Dazu hat er in seinen Weinbergen – allesamt in Bechtheim gelegen – 20 Prozent Riesling, 15 Prozent Spätburgunder, sowie Silvaner, Grauburgunder, Chardonnay, Portugieser, Auxerrois und Cabernet Dorsa stehen. Die Weine lässt Christian Brenner nach der temperaturkontrollierten Gärung recht lange auf der Feinhefe liegen, von der er sie dann direkt abfüllt. 90 Prozent der Weine baut Christian Brenner trocken aus.

Die 2006er waren jahrgangsbedingt deutlich schwächer, so dass uns vor zwei Jahren die Rotweine aus dem Jahrgang 2005 ganz klar besser gefielen. Auch 2007 wirkten die Weißweine etwas verhalten, zwei 1999er Beerenauslesen besaßen Substanz, waren aber schon ein wenig gereift. Die beiden bekamen wir in diesem Jahr erneut zu verkosten, die 2008er Weißweine sind wie schon die 2007er etwas verhalten.

Weinbewertung

81 2007 Grüner Silvaner Kabinett trocken Bechtheimer Heilig Kreuz **6,- €**
80 2007 Weißburgunder Kabinett trocken „KATRIN" **4,90 €**
81 2008 Weißer Riesling Spätlese trocken **7,50 €**
78 2007 Chardonnay Spätlese trocken **6,60 €**
82 2007 Chardonnay trocken „Brenner Selection" **9,- €**
79 2007 Grauburgunder trocken „Brenner Selection" **8,40 €**
84 2007 Weißburgunder trocken „Brenner Selection" **8,40 €**
81 2007 Weißburgunder Spätlese trocken Bechtheimer Geyersberg **6,90 €**
85 1999 Weißburgunder Beerenauslese Bechtheimer Heilig Kreuz **9,50 €/0,375l**
86 1999 Müller-Thurgau Beerenauslese Bechtheimer Hasensprung **9,50 €/0,375l**
81 2007 Spätburgunder Classic **6,20 €**
82 2007 Spätburgunder trocken „Brenner Selection" **7,- €**

★★★

Brennfleck

Weingut, Inh. Hugo Brennfleck

Franken

Papiusgasse 7, 97320 Sulzfeld
Tel. 09321-4347, Fax: 09321-4345
www.weingut-brennfleck.de
info@weingut-brennfleck.de
Besuchszeiten: Mo.-Do. 8-12 + 14-17 Uhr, Fr. 8-12 Uhr

Inhaber .... Hugo Brennfleck
Rebfläche .... 22 Hektar

Das Weingut Brennfleck hat seinen Sitz in einem im 15. Jahrhundert errichteten Gutshof. Hugo Brennfleck hat das Weingut 1998 übernommen mit damals 12 Hektar Rebfläche. Seine Weinberge liegen in den Sulzfelder Lagen Maustal und Cyriakusberg, in den Iphöfer Lagen Kalb und Kronsberg, im Rödelseer Küchenmeister und im Escherndorfer Lump. Etwa die Hälfte der Rebfläche nimmt Silvaner ein. Es folgen Riesling und Müller-Thurgau. Grauburgunder nimmt an Bedeutung zu, Weißburgunder wurde neu gepflanzt, dazu gibt es Kerner, Bacchus, Scheurebe und Huxelrebe, eine Rebsorte, die man sonst kaum in Franken trifft. Seit 1994 gibt es auch rote Sorten – Domina, Spätburgunder, Dornfelder. Die Weine werden langsam in temperaturgesteuerten Edelstahltanks vergoren.

In der zweiten Ausgabe dieses Weinführers haben wir die Weine von Hugo Brennfleck erstmals vorgestellt, mit Weinen der Jahrgänge 1999 und 2000. Die große Stärke des Weinguts zeigte sich schon damals: Die Zuverlässigkeit aller Weine, das hohe Basisniveau. Dies gilt heute noch wie damals. In der Spitze hat Hugo Brennfleck zugelegt mit fülligen Spätlesen, die, wie alle Weine, immer von deutlicher Restsüße geprägt sind.

Nach jahrgangsbedingt schwächeren 2006ern überzeugte die 2007er Kollektion voll und ganz. Die Weine waren frischer und eleganter, hatten an Präzision gewonnen. Die Kabinettweine bereiteten viel Vergnügen, die Spätlesen boten ein Mehr an Substanz und Fülle, die edelsüße Huxelrebe betörte wie gewohnt. 2008 präsentiert sich sehr homogen, bleibt allerdings im Kabinettbereich ein klein wenig hinter dem Vorjahr zurück. Die Spätlesen von Silvaner und Riesling überzeugen mit Fülle und süßer Frucht, am besten aber hat uns die neue Cuvée aus Silvaner und Riesling gefallen.

Weinbewertung

85 . . . 2008 Silvaner Spätlese trocken Iphöfer Kronsberg
gute Konzentration, reife Frucht, feine Würze, dezent gelbe Früchte; weich, füllig, harmonisch, viel süße Frucht **11,30 €**
2006: 86 ; 2007: 88.

86 . . . 2008 Silvaner Spätlese trocken Sulzfelder Maustal
gute Konzentration, reintönige reife Frucht, feine Würze, etwas Birnen; weich, füllig, reife süße Frucht **10,70 €**
2001: 86; 2002: 87; 2003: 88; 2004: 87; 2005: 87; 2006: 86; 2007: 87.

87 . . . 2008 Riesling Spätlese trocken Escherndorfer Lump
gute Konzentration, viel Würze, reife Frucht; weich, füllig, harmonisch, viel süße Frucht **12,40 €**
2002: 87; 2003: 89; 2004: 87; 2005: 85; 2006: 85; 2007: 88.

88 . . . 2008 Silvaner & Riesling Spätlese trocken
enorm würzig, jugendlich, konzentriert; füllig, stoffig, viel reife Frucht, viel Süße und Substanz **16,- €**

---

84 2008 „Anna-Lena" Silvaner Kabinett trocken **6,90 €**

82 2008 Silvaner Kabinett trocken Rödelseer Küchenmeister **6,50 €**

84 2008 Silvaner Kabinett trocken Iphöfer Kronsberg **7,15 €**

81 2008 Riesling Kabinett trocken Sulzfelder Maustal **8,10 €**

82 2008 Riesling Kabinett trocken Escherndorfer Lump **8,90 €**

82 2008 Grauburgunder Kabinett trocken Sulzfelder Cyriakusberg **7,30 €**

84 2008 Weißburgunder Kabinett trocken Sulzfelder Cyriakusberg **7,90 €**

82 2008 Scheurebe Kabinett trocken Iphöfer Kronsberg **7,- €**

Ernst Bretz ★
Weingut

Rheinhessen

Langgasse 35, 55234 Bechtolsheim
Tel. 06733-356, Fax: 06733-8444
www.weingutbretz.de
info@weingutbretz.de
Besuchszeiten: nach Vereinbarung

Inhaber .... Familie Bretz
Rebfläche .... 30 Hektar

Seit dem 18. Jahrhundert betreibt die Familie Bretz Weinbau rund um den Petersberg, wo die Reben auf fruchtbaren Böden aus Löss und kalkhaltigem Lehm wachsen. Vor allem die Burgundersorten werden angebaut, dazu Chardonnay, Sauvignon Blanc und verschiedene Neuzüchtungen. Rote Sorten – St. Laurent, Spätburgunder, Cabernet Sauvignon, Regent und andere – nehmen fast 40 Prozent der Rebfläche ein. Horst Bretz ist für den Keller verantwortlich, sein Bruder Harald kümmert sich um die Weinberge.

Beim guten Debüt vor zwei Jahren gefiel vor allem der Sauvignon Blanc. Eine vergleichbar homogene Kollektion folgte im vergangenen Jahr nach, wobei Riesling Spätlese und Spätburgunder Auslese, beide trocken, besonders überzeugten. Die neue Kollektion ist etwas verhaltener.

Weinbewertung

85 . . . 2006 Spätburgunder Rosé Eiswein Bechtolsheimer Homberg
konzentriert, eindringlich, würzig, etwas Kaffee und Trockenfrüchte; süß, konzentriert, dezent Kaffee, Biss **16,90 €/0,375l**

---

77 2008 Riesling trocken Bechtolsheimer Petersberg **4,90 €**

80 2007 Grauburgunder trocken **4,80 €**
82 2008 Silvaner Spätlese trocken Bechtolsheimer Klosterberg **6,50 €**
80 2008 Sauvignon Blanc trocken Bechtolsheimer Petersberg **7,50 €**
78 2008 „Fleurant" Weißwein trocken Bechtolsheimer Petersberg **4,90 €**
81 2008 Chardonnay Spätlese trocken Bechtolsheimer Klosterberg **7,- €**
83 2007 Chardonnay trocken Holzfass Bechtolsheimer Petersberg **8,10 €**
76 2007 Riesling halbtrocken **4,70 €/1l**
81 2008 Scheurebe Spätlese Bechtolsheimer Petersberg **6,90 €**
78 2007 Merlot trocken Bechtolsheimer Petersberg **6,50 €**
78 2006 Cabernet Sauvignon & Merlot trocken Holzfass Bechtolsheimer Petersberg **8,90 €**
81 2007 St. Laurent trocken Holzfass Bechtolsheimer Peterberg **8,50 €**
79 2005 Regent trocken Holzfass **8,50 €**

★★★★★

Georg Breuer
Weingut

Rheingau

Grabenstraße 8, 65385 Rüdesheim am Rhein
Tel. 06722-1027, Fax: 06722-4531
www.georg-breuer.com
info@georg-breuer.com
Besuchszeiten: Vinothek, täglich 10-18 Uhr
Breuer's Rüdesheimer Schloss (Weinhotel und Weingasthaus, Steingasse 10, Tel. 06722-90500)

Inhaber .... Familie Breuer
Betriebsleiter .... Heinrich und Theresa Breuer
Kellermeister .... Hermann Schmoranz
Rebfläche .... 33 Hektar

Das Weingut Breuer wird in der vierten und fünften Generation von Heinrich Breuer und seiner Nichte Theresa – der Tochter des legendären Bernhard Breuer – geführt. Die Weinberge des Weinguts liegen in besten Lagen von Rüdesheim und Rauenthal. Dort in Rauenthal gehört dem Weingut die Lage Nonnenberg in Alleinbesitz. 85 Prozent der Weinberge sind mit Riesling bepflanzt. Hinzu kommen Spätburgunder, sowie Weiß- und Grauburgunder. Das Programm ist sehr klar und übersichtlich gestaltet. Die Basis bilden die Gutsrieslinge, die es trocken („Sauvage") und halbtrocken („Charm") gibt. Dann kommen die beiden Ortsrieslinge, Rüdesheim Estate und Rauenthal Estate, die die unterschiedlichen Böden in Rüdesheim und Rauenthal widerspiegeln. Während die Reben in Rüdesheim auf den schieferhaltigen Böden des Rüdesheimer Bergs und den mit Lehm durchsetzten Weinbergen des ehemaligen Oberfeldes wachsen, herrschen in Rauenthal Ablagerungen von Lehm, Kies und Sand vor. Nach diesen beiden Ortsrieslingen folgt der „Terra Montosa", der die zweitbesten Partien der großen Lagen enthält. Die Spitze des Programms bilden schließlich die Weine aus den Lagen Berg Schlossberg, Berg Roseneck und Berg Rottland in Rüdesheim sowie dem Nonnenberg in Rauenthal. Diese Lagenweine kommen erst im Frühjahr des zweiten auf die Ernte folgenden Jahres in den Verkauf. Hinzu kommen je nach Jahrgang verschiedene edelsüße Rieslinge.

Neben Riesling, der 85 Prozent der Weinberge einnimmt, gibt es etwas Spätburgunder, Grauburgunder und Weißburgunder. Dazu gibt es kleine Anlagen der alten Rebsorten Gelber Orleans und Heunisch. Die erste Mini-Ernte des Heunischs, eines Elternteils der Rieslingrebe, wurde 2007 eingebracht, auch 2008 wurden geringste Mengen gelesen. Eine Ausweitung der vorhandenen Fläche ist allerdings nicht vorgesehen. Die Burgunder werden im Barrique ausgebaut; kleine Partien aus den Berglagen in Rüdesheim und Rauenthal werden seit dem Jahrgang 1999 separat abgefüllt unter der Bezeichnung „B" (für Bergterrassen).

2006 fiel nicht ganz so einheitlich aus, gleichwohl entstanden faszinierende Weine. Die 2007er waren mineralisch und klar, die nun vorgestellten 2008er zeigen sich kurz nach der Abfüllung noch zurückhaltend, aber sie besitzen eine faszinierende Mineralität. Edelsüße Weine waren nur sehr eingeschränkt möglich.

Weinbewertung

88 . . . 2007 Grauburgunder trocken
sehr feine Frucht, frisch, duftig; schlank, saftig, sehr feine Säure, gut balanciert, nachhaltig

88 . . . 2004 Riesling trocken „Rauenthal Estate"
sehr feine Reifenote, leicht staubig-mineralisch, Kräuter; würzig, feine Säure, noch sehr frisch (kein aktueller Jahrgang)

87 . . . 2008 Riesling trocken „Rauenthal Estate"
klare Frucht, würzig, Stachelbeere; kraftvoll, stoffig, gute Struktur, viel Nachhall und Biss **11,- €**
1999: 85; 2000: 88; 2001: 85; 2003: 88; 2004: 88; 2005: 87; 2006: 85; 2007: 87.

87 . . . 2008 Riesling trocken „Rüdesheim Estate"
klare Frucht, Stachelbeeren, Kräuter, Zitrus; straff, würzig, feine Säure **11,- €**
1999: 85; 2000: 87; 2001: 87; 2002: 86; 2004: 85; 2005: 86; 2006: 85; 2007: 86.

86 . . . 2007 Heunisch trocken
leichte Hefenoten, Melone, frischer Apfel; cremig, straff, würzig, gut eingebundene Säure **40,- €**

89 . . . 2007 Riesling „Terra Montosa"
faszinierend reintönig, konzentriert, reife Frucht; kraftvoll, herrlich reintönig, gute Struktur und Frische (kein aktueller Jahrgang)

89 . . . 2008 Riesling „Terra Montosa"
sehr feine Frucht, eindringlich, Zitrusschalen; enorm saftig, viel Struktur, rassig, knackige Säure, viel Substanz **16,- €**
1999: 87; 2000: 88; 2001: 89; 2002: 88; 2003: 88; 2004: 88; 2005: 89; 2006: 87.

91 . . . 2007 Riesling Rüdesheim Berg Roseneck
reintönige Frucht, feine mineralische Noten, herrlich eindringlich; kraftvoll, klar, elegant, gute Struktur, lang und nachhaltig (kein aktueller Jahrgang)

89 . . . 2008 Riesling Rüdesheim Berg Roseneck
eher verhalten, feine Frucht, Hefenoten, Mirabelle, leichte Kräuternote; würzig, duftig, feine Säure, sehr geradlinig
2000: 89; 2001: 88; 2002: 87; 2003: 88; 2004: 87; 2005: 91; 2006: 89; 2007: 89.

90 . . . 2008 Riesling Rüdesheim Berg Rottland
recht reife Frucht, offensiv, leicht cremig; würzig, stoffig, lagentypisch, geradlinig, Potenzial
1998: 88; 1999: 86; 2000: 90; 2001: 89; 2002: 87; 2004: 87; 2005: 89+; 2006: 86; 2007: 90.

93 . . . 2008 Riesling Rüdesheim Berg Schlossberg
sehr feine Frucht, klar, jugendlich, mineralische Noten, etwas Stachelbeeren; feste Struktur, viel Frucht, mineralisch, lang, enormes Potenzial
1998: 90; 1999: 89; 2000: 90; 2001: 94; 2002: 90; 2003: 89; 2004: 91; 2005: 93; 2006: 93; 2007: 92.

91+ . . . 2008 Riesling Rauenthal Nonnenberg
sehr verschlossen, Stachelbeere, leicht mineralisch; viel Struktur, enorm würzig, feine Frucht, noch ganz am Anfang seiner Entwicklung
1998: 89; 1999: 88; 2000: 89; 2001: 89; 2002: 90; 2003: 89; 2004: 93; 2005: 93; 2006: 88+; 2007: 93.

87 . . . 2008 Riesling Auslese
klar, feine Frucht, etwas Melone, kandierter Apfel; schlank, süffig, saftig **16,- €**

89 . . . 2007 Spätburgunder
sehr klare Frucht, Sauerkirsche; saftig, feine Frucht, gut eingebundenes Holz, leicht Tabak im Nachhall
18,50 €

---

84 2008 Riesling trocken „Sauvage" **8,50 €**
81 2008 Riesling „Charm" **8,50 €**

★☆

Stefan **Breuer**

Weingut

Rheingau

Marienthaler Straße 2, 65366 Geisenheim
Tel. 06722-4024880, Fax: 06722-4024879
www.breuer-wein.de
sb@breuer-wein.de
Besuchszeiten: nach Vereinbarung

Inhaber .... Stefan Breuer
Rebfläche .... 2,5 Hektar

Stefan Breuer stammt aus dem Weingut Altenkirch in Lorch und hat sich nach der Winzerausbildung auch in Kalifornien (Weingut Pine Ridge) fortgebildet – 2006 gründete er dann seinen eigenen Betrieb in Geisenheim, 2007 folgte der Umzug des Barriquekellers und des Fertiglagers nach Marienthal. Breuers Weinberge befinden sich in Geisenheim und Oestrich, außer Riesling und Weißburgunder wachsen hier auch Rivaner, Spätburgunder, Cabernet Sauvignon und St. Laurent. Der Ausbau der Weine erfolgt in der Regel temperaturgesteuert im Edelstahl, die Spitzenrotweine dürfen in Barriques aus französischer und amerikanischer Eiche reifen. Eigenwillig ist die Kennzeichnung der Weine mit Codes wie „R1" usw. „R" steht für Riesling, „S" für Spätburgunder, 1 für Spätlese, 2 für Kabinett, 3 für Qualitätswein.

Die im vergangenen Jahr zum Debüt vorgestellten Weine zeigten klare Frucht und Struktur – bereits der Literriesling war ein bemerkenswert gelungener Wein. Die 2008er sind deutlich verhaltener.

Weinbewertung

85 ... 2007 St. Laurent trocken Barrique
feine Frucht, sortentypisch, ganz leicht rauchig; saftig, feine Frucht, Biss **9,80 €**

77 2008 Weißburgunder trocken „W3L" **5,95 €/1l**
81 2008 Riesling Kabinett trocken „R2" **8,20 €**
82 2008 Riesling Spätlese trocken „R1" **9,20 €**
81 2008 Riesling „feinherb Sommer" **5,50 €**
84 2008 Riesling „feinherb R3" **7,20 €**
81 2008 St. Laurent trocken Gutswein
84 2007 Spätburgunder trocken „S 3"

★☆

Peter **Briem**

Weingut

Baden

Weinstraße 1, 79241 Ihringen-Wasenweiler
Tel. 07668-5257 / 9954-0, Fax: 07668-94406 / 9954-16
www.weingut-briem.de
info@weingut-briem.de
Besuchszeiten: täglich 8-12 + 13:30-18 Uhr und nach Vereinbarung

Inhaber .... Frank Briem
Rebfläche .... 22 Hektar

Seit 1977 führte Peter Briem mit seiner Frau Paula das Gut, 2007 wurde es von seinem Sohn Frank übernommen, der bisher schon als Kellermeister für den Weinausbau verantwortlich war. Der Betrieb am Ortseingang von Wasenweiler wurde 2002 fertig gestellt. In den Weinbergen dominieren die Burgundersorten, die fast 90 Prozent der Fläche einnehmen, allen voran der Spätburgunder. Dazu gibt es etwas Gewürztraminer und Muskateller, sowie Cabernet Sauvignon.

Seit einem Jahrzehnt empfehlen wir die von Frank Briem erzeugeten Weine. Die Rotweine gefielen uns immer schon besonders gut, nach einigen Jahren des Experimentierens mit Cuvées scheint Frank Briem inzwischen doch wieder auf reinsortigen Spätburgunder und Cabernet

Sauvignon zu setzen. Wir begrüßen das.

Vor zwei Jahren überzeugte die Muskateller Spätlese, aber auch die barriqueausgebauten Rotweine. Die letztjährige Kollektion bestach durch ihre Ausgewogenheit, besonders gefielen uns die Gewürztraminer Spätlese und der 40 Monate im Barrique ausgebaute Spätburgunder aus dem Jahrgang 2003. Die neue Kollektion ist stimmig und überzeugt. Die Muskateller Beerenauslese besitzt Substanz und Reintönigkeit, die roten Barriqueweine sind – bei ganz dezenter Restsüße – kraftvoll und harmonisch: So darf es weitergehen!

Weinbewertung

87 . . . 2008 Muskateller Beerenauslese
feine Würze, eindringliche Muskatellerfrucht, dominant; süß, dick, viel Substanz, klare Frucht **29,- €**

85 . . . 2007 Spätburgunder Spätlese trocken
frisch, fruchtbetont, Kirschen; klar, frisch, feine süße Frucht und Biss **13,35 €**

86 . . . 2007 Spätburgunder Spätlese trocken Barrique
konzentriert, rauchige Noten, etwas Schokolade; füllig, harmonisch, reife süße Frucht, Struktur **19,45 €**

87 . . . 2007 Cabernet Sauvignon trocken
konzentriert, Gewürze, Cassis, Kräuter; füllig, harmonisch, reife süße Frucht, gute Substanz **19,45 €**

1998: 85; 1999: 88; 2000: 86; 2001: 86; 2002: 86; 2003: 84; 2005: 85; 2006: 83.

82 2008 „Secco" Perlwein **7,50 €**
83 2008 Weißburgunder Kabinett trocken **7,75 €**
83 2008 Pinot Noir Blanc de Noirs Kabinett trocken **8,- €**
82 2008 Riesling Kabinett trocken **8,- €**
81 2008 Grauburgunder Spätlese trocken **9,85 €**
82 2008 Rivaner halbtrocken **5,55 €**
82 2008 Muskateller Spätlese **9,85 €**
82 2008 Spätburgunder Kabinett trocken **8,- €**

★★

Britzingen

Winzergenossenschaft

Baden

Markgräflerstraße 25-29, 79379 Britzingen
Tel. 07631-17710, Fax: 07631-4013
www.britzinger-wein.de
info@britzinger-wein.de
Besuchszeiten: Mo.-Fr. 9-12:30 + 14-18 Uhr, Sa. 9-12 Uhr, So. 11-14 Uhr
Weinproben (bis 160 Personen)

Geschäftsführer .... Achim Frey
Kellermeister .... Bruno Kiefer
Mitglieder 200
Rebfläche .... 190 Hektar

45 Prozent der Rebfläche der Winzergenossenschaft Britzingen nehmen die Burgundersorten und Chardonnay ein. Auf ebenfalls 45 Prozent bringen es Gutedel und Müller-Thurgau. Hinzu kommt als Spezialität der Nobling. Die Weinberge befinden sich in den Britzinger Lagen Sonnhole und Rosenberg, sowie im Badenweiler Römerberg.

Die 2006er waren etwas verhaltener, der barriqueausgebaute Chardonnay gefiel uns vor zwei Jahren am besten. Sein Nachfolger aus dem Jahrgang 2007 überzeugte ebenso, der Regent, einer der besten in Deutschland, überraschte im vergangenen Jahr in einer feinen Kollektion. Auch in diesem Jahr hat uns der Regent sehr gut gefallen, wie überhaupt die barriqueausgebaute Riege, weiß wie rot, eine sehr gute Figur macht. Die Britzinger etablieren sich als badische Spitzen-Genossenschaft.

Weinbewertung

86 . . . 2007 Chardonnay trocken Barrique „St. Paulus" Badenweiler Römerberg

gute Konzentration, reife Frucht, Vanille, gelbe Früchte, dezent Ananas; weich, füllig, schmeichelnd, reife süße Frucht **12,90 €**

86 . . . 2008 Grauburgunder Auslese tr Barrique „St. Johannes" Britzinger Sonnhole

viel reife Frucht, Vanille, gelbe Früchte; weich, füllig und schmeichelnd, viel reife Frucht, Vanille **9,60 €**

86 . . . 2008 Ruländer Beerenauslese Barrique „St. Johannes" Britzinger Sonnhole

viel Konzentration, kandierte Früchte, herrlich eindringlich; füllig und schmeichelnd, stoffig, viel Substanz **16,90 €/0,375l**

87 . . . 2008 Regent trocken Barrique „St. Johannes" Britzinger Sonnhole

gute Konzentration, reife Frucht, rote und dunkle Früchte; füllig, kraftvoll, reife Frucht, gute Substanz und Länge **9,60 €**

85 . . . 2007 Spätburgunder trocken Britzinger Sonnhole

frisch, klar, fruchtbetont, dezent Vanille; gute Fülle und Substanz, feine Frische, etwas Vanille **10,20 €**

---

79 2008 Gutedel trocken Britzinger Rosenberg **4,10 €**

81 2008 Grauburgunder Kabinett trocken **5,50 €**

83 2006 Grauburgunder trocken Fass Britzinger Sonnhole

81 2008 Chardonnay Kabinett trocken Britzinger Sonnhole **6,50 €**

82 2008 Spätburgunder Weißherbst Kabinett trocken **5,90 €**

★★

Brogsitter

Weingüter und Privat-Sektkellerei

Ahr

Max-Planck-Straße 1, 53501 Grafschaft-Gelsdorf
Tel. 02225-918111, Fax: 02225-918112
www.brogsitter.de
verkauf@brogsitter.de
Besuchszeiten: Mo.-Fr. 8-20 Uhr, Sa. 9-20 Uhr, So. 13-19 Uhr
Historisches Gasthaus Sanct Peter (seit 1246), Restaurant Brogsitter, Restaurant Weinkirche Romantik-Hotel Sanct Peter

Inhaber .... Hans-Joachim Brogsitter
Rebfläche .... 33 Hektar

Hans-Joachim Brogsitter besitzt Weinberge in vielen verschiedenen Lagen, unter anderem in den Walporzheimer Lagen Pfaffenberg, Alte Lay, Domlay und Kräuterberg, im Neuenahrer Sonnenberg und im Ahrweiler Silberberg. Spätburgunder ist mit einem Anteil von knapp zwei Drittel an der Gesamtfläche die wichtigste Rebsorte bei Hans-Joachim Brogsitter. Es folgen Frühburgunder, Portugieser, Dornfelder und Riesling. Die Weine der Serie „Selection" werden im Holzfass ausgebaut, die Weine der Serie „Ad Aram" im Barrique. Spezialität des Hauses sind neben Rotweinen und Rosé die im traditionellen Verfahren hergestellten Sekte. Bestandteil von Brogsitter ist auch ein renommiertes Weinimporthaus.

Vor zwei Jahren überzeugte die Kollektion, die 2005er besaßen Kraft und Struktur. Die letztjährige Kollektion präsentierte sich homogen, vor allem die 2006er Barriqueweine überzeugten. Auch in der aktuellen Kollektion gefallen uns einmal mehr die roten Barriqueweine am besten.

B

Die besten deutschen Weinerzeuger und ihre Weine

Weinbewertung

86 . . . 2007 Spätburgunder trocken Barrique „AD ARAM"
Gewürznoten, eindringlich, etwas rote Früchte; füllig, kraftvoll, reife Frucht und Substanz **19,80 €**
1998: 86; 1999: 85; 2001: 85; 2003: 87; 2004: 87; 2005: 88; 2006: 86.

86 . . . 2007 Frühburgunder trocken Barrique „AD ARAM"
rauchige Noten, dezent Gewürze, gute Konzentration; füllig, harmonisch, klare Frucht, gute Struktur, Vanille **19,80 €**
1998: 83; 1999: 83; 2000: 85; 2001: 87; 2003: 87; 2005: 84; 2006: 87.

86 . . . 2007 Frühburgunder trocken Barrique Walporzheimer Pfaffenberg „Hommage Sanct Peter"
rauchig, würzig, enorm eindringlich; füllig, kraftvoll, reife Frucht, gute Struktur, Substanz **24,80 €**

83 2008 Riesling trocken Marienthaler Stiftsberg **8,95 €**
81 2008 Riesling Hochgewächs trocken Ockfener Scharzberg (Mosel) **8,50 €**
80 2008 Grauburgunder Spätlese trocken (Rheinhessen) **8,90 €**
82 2008 Weißburgunder Spätlese trocken (Rheinhessen) **8,90 €**
82 2008 Spätburgunder Blanc de Noir trocken „Brogsitter No. 1" **7,95 €**
84 2008 „AD ARAM" Blanc de Noir trocken Barrique **19,80 €**
81 2008 Spätburgunder trocken „Graf von Are" **7,95 €**
81 2008 Spätburgunder trocken „PRIVATE EDITION" **8,95 €**
80 2007 Spätburgunder trocken „EDITION B" **11,80 €**
81 2007 Frühburgunder trocken „EDITION B" **11,80 €**
83+ 2008 Spätburgunder trocken Barrique „AD ARAM" **19,80 €**

★★★

Frank **Brohl**

Weingut

Mosel

Zum Rosenberg 2, 56862 Pünderich
Tel. 06542-22148, Fax: 06542-1295
www.weingut-brohl.de
info@weingut-brohl.de
Besuchszeiten: nach Vereinbarung

Inhaber .... Jutta und Frank Brohl
Rebfläche .... 6 Hektar

Die Brohls, Jutta und Frank, arbeiten ökologisch mit voller Überzeugung. Bereits seit 1984 werden die Weinberge organisch-biologisch bewirtschaftet, zur Kräftigung der Reben werden beispielsweise Kräuterauszüge gespritzt. Konsequenterweise ist Frank Brohl auch Mitglied bei Ecovin. Die Weinberge befinden sich in den Pündericher Lagen Marienburg, Nonnengarten und Rosenberg sowie in den Reiler Lagen Mullay-Hofberg und Goldlay. Seit 2001 werden nur noch die besten Rieslinge aus den besten Lagen (Marienburg, Nonnengarten und Goldlay) mit Lagenbezeichnungen versehen, aber auch der „Heartbreak"-Riesling hat es zu einiger Popularität gebracht. Zwei Drittel der Rebfläche nimmt Riesling ein, hinzu kommen etwas Müller-Thurgau, Kerner, Weißburgunder, Spätburgunder und Dornfelder. Obwohl der Großteil der Weine trocken ausgebaut wird, überzeugen immer wieder auch die süßen Spät- und Auslesen sowie die nicht in jedem Jahr erzeugten Beerenauslesen. Neu ist der „Nature 1", ein spontan vergorener und bewusst sehr trocken ausgebauter Riesling.

2006 war eine positive Überraschung in einem schwierigen Jahr, und 2007 zeigen alle Weine bis zur Beerenauslese die typische

Würze. Die 2008er sind schlank, straff gewirkt und zum Großteil sehr mineralisch.

Weinbewertung

85 . . . 2007 Riesling Sekt Pündericher Marienburg
reife Frucht, deutlich Kräuter, leichte Hefenote; straff, saftig, viel Frucht, zarte Süße **10,- €**

86 . . . 2008 Riesling Kabinett trocken Pündericher Marienburg
klare Frucht, jugendlich, Apfel, Kräuter; frisch straff, hat Substanz, sehr animierend, viel Biss **6,50 €**

86 . . . 2008 Riesling Kabinett trocken „Nature 1" Reiler Goldlay
sehr verhalten, braucht Luft, frisch, Zitrus, leicht mineralisch; würzig, straff, feste Struktur, sehr trocken, animierend **6,50 €**

87 . . . 2008 Riesling Spätlese trocken Pündericher Marienburg
sehr klar, Zitrus, etwas Mirabellen, Steinobst, etwas Kräuter; viel Würze, bereits zugänglich, pikante Säure **8,70 €**

88 . . . 2008 Riesling Spätlese trocken Pündericher Nonnengarten**
duftig, eindringliche Frucht, Melone, Mirabellen; straff, viel Würze und Struktur, sehr ausgewogen, nachhaltig **11,50 €**

86+ . . . 2008 Riesling Spätlese trocken „Alte Reben"
sehr verhalten, leichte Hefenote, mineralische Noten; straff, viel Würze, Säure, braucht Zeit **11,50 €**
2005: 84; 2006: 88; 2007: 88.

87 . . . 2008 Riesling Spätlese Reiler Goldlay**
eindringliche Frucht, Kräuter, Apfel, Mirabelle, ganz leicht kandierte Früchte; saftig, deutliche, aber gut abgepufferte Süße **11,- €**

80 2008 Riesling trocken Reiler vom heißen Stein **7,50 €/1l**
84 2008 Riesling trocken „Heartbreak" **5,80 €**
84 2008 Riesling „feinherb" Pündericher Marienburg **5,80 €**
81 2008 Spätburgunder Rosé trocken **5,70 €**

★★★☆

Brügel

Weingut

Franken

Hauptstraße 49, 97355 Castell-Greuth
Tel. 09383-7619, Fax: 09383-6733
www.weingut-bruegel.de
info@weingut-bruegel.de
Besuchszeiten: Mo.-Fr. 9-12 + 13-18 Uhr,
Sa. 9-12 + 13-17 Uhr und nach Vereinbarung

Inhaber . . . . Harald Brügel
Rebfläche . . . . 7,2 Hektar

Die Weinberge dieses 1992 gegründeten Weingutes liegen am Fuß des Steigerwalds in den Orten Abtswind, Greuth und Castell, wo die Reben auf Gipskeuperböden wachsen. Heinrich Brügel hatte einen landwirtschaftlichen Gemischtbetrieb, die Trauben seiner damals 1,8 Hektar Weinberge lieferte er an eine Genossenschaft. Als Sohn Harald begann sich für Wein zu interessieren, eine Küferlehre machte und die Schule in Veitshöchheim besuchte, wurde nach und nach der Betrieb erweitert und ganz auf die Selbstvermarktung gesetzt. Seit 1998 ist Harald Brügel voll im Betrieb tätig, inzwischen hat er das Weingut übernommen. Wichtigste Rebsorten sind Silvaner und Müller-Thurgau, dazu gibt es Riesling, Spätburgunder, Scheurebe, Bacchus und Domina. Die Weißweine vergärt er kühl im Edelstahl und lagert sie anschließend auf der Feinhefe, die Filtration beschränkt er auf ein Minimum. Die Rotweine werden nach der Maischegärung in Holzfässern oder Barriques ausgebaut.

Wie kaum ein anderer Winzer in Franken hat Harald Brügel sich im letzten Jahrzehnt stetig gesteigert. Schon vor zehn Jahren gefielen uns seine fruchtbetonten, reintönigen Weine. In der Spitze haben sie weiter an Fülle und Nachhaltigkeit zugelegt, schon die Kabinettweine machen nachwievor immer noch viel Freude. Und in den letzten Jahren zeigt Harald Brügel, dass er sich auch im roten und edelsüßen Segment mit der fränkischen Spitze messen kann.

Vor zwei Jahren hatte Harald Brügel eine starke Kollektion, weiß wie rot. Die Barriqueweine waren sehr gekonnt vinifiziert, die Silvaner gehörten zu den Besten in Franken – eine starke Leistung in einem problematischen Jahrgang wie 2006. Dass dann im vergangenen Jahr eine noch stärkere Kollektion nachfolgte, war dann doch nicht zu erwarten. Aber Harald Brügel hatte es geschafft, präsentierte eine durch und durch stimmige Kollektion mit wunderschön reintönigen Weinen, angefangen vom saftigen Silvaner in der Literflasche. Mit der neuen Kollektion bestätigt er den starken Eindruck aus dem Vorjahr. Die Silvaner sind wunderschön reintönig und fruchtbetont, besitzen wie auch die Rieslinge Substanz und Kraft. Die edelsüßen Weine sind vielleicht nicht so mächtig wie 2007, dafür reintöniger. Und auch im roten Segment pirscht Harald Brügel sich immer näher an die fränkische Spitze heran: Eine ganz starke Kollektion!

Weinbewertung

86 . . . 2008 Silvaner Kabinett trocken Greuther Bastel
frisch, fruchtbetont, Birnen, herrlich reintönig; klar, harmonisch, reife Frucht, wunderschön reintöniger Silvaner **6,- €**

85 . . . 2008 Silvaner Kabinett trocken Abtswinder Altenberg
frisch, fruchtbetont, Birnen; klar, harmonisch, elegant, feine süße Frucht **6,- €**
1999: 86; 2000: 86; 2001: 86; 2002: 85; 2003: 82; 2004: 86; 2005: 84; 2006: 85; 2007: 86.

86 . . . 2008 Riesling Kabinett trocken Casteller Kirchberg
frisch, würzig, herrlich reintönige Frucht; reintönig, feine Frische, zupackend, jugendlich **6,50 €**
1999: 83; 2000: 84; 2002: 83; 2004: 84; 2005: 85; 2006: 84; 2007: 85.

86 . . . 2008 Silvaner Spätlese trocken Greuther Bastel
würzig, eindringlich, gute Konzentration; füllig, harmonisch, weich, reife süße Frucht **8,50 €**

87 . . . 2008 Riesling Spätlese trocken Greuther Bastel
viel Konzentration, feine Würze, reife Frucht; weich, füllig, harmonisch, reife süße Frucht, Substanz **9,- €**

87 . . . 2008 Spätburgunder weißgekeltert trocken
klar, konzentriert, viel reife Frucht, etwas Kirschen; füllig, harmonisch, reintönige viel reife Frucht, Substanz, gute Struktur und Frische **9,- €**

87 . . . 2008 Silvaner „pur“ trocken
viel Konzentration, herrlich viel Frucht, feine Würze, dezent Birnen; füllig, harmonisch, viel reife süße Frucht, Substanz **12,- €**

88 . . . 2008 Silvaner Spätlese trocken „Best of“ Greuther Bastel
klare reife Frucht, reife Birnen, herrlich eindringlich und konzentriert; weich, füllig, harmonisch, viel reife süße Frucht, gute Substanz und Länge **12,50 €**

86 . . . 2008 Scheurebe
gute Konzentration, Johannisbeeren, eindringlich und dominant; füllig, kraftvoll, schmeichelnd, viel Substanz und reife Frucht **7,50 €**

88 . . . 2008 Riesling „pur“
gute Konzentration, faszinierend viel Frucht, herrlich eindringlich und reintönig, gelbe Früchte; füllig, harmonisch, klare reife Frucht, schmeichelnd, gute Länge **12,- €**

89 . . . 2008 Scheurebe Auslese Greuther Bastel
klar, konzentriert, herrlich eindringlich, Cassis; füllig, stoffig, herrlich viel Frucht, gute Substanz und Länge **11,80 €/0,375l**

90 . . . 2008 Scheurebe Beerenauslese Greuther Bastel

reintönige Frucht, herrlich eindringlich und konzentriert, Cassis; süß, schmeichelnd, viel Substanz, Frische und Länge **21,50 €/0,375l**

88 . . . 2006 Spätburgunder trocken Greuther Bastel
rauchige Noten, viel reife Frucht, rote Früchte, feine Frische; klar, harmonisch, elegant, reintönige Frucht, gute Struktur **13,- €**

88 . . . 2006 Spätburgunder trocken „Best of" Greuther Bastel
gute Konzentration, viel reife Frucht, reife rote Früchte, herrlich eindringlich; füllig, kraftvoll, stoffig, viel reife Frucht und Substanz **19,- €**

87 . . . 2006 Domina trocken Barrique
gute Konzentration, reife Frucht, dezenter Toast und Vanille, herrlich eindringlich; füllig, kraftvoll, reife Frucht, gute Substanz und Struktur **11,80 €**

---

82 2008 Silvaner trocken **4,50 €/1l**
84 2008 Müller-Thurgau Kabinett trocken Greuther Bastel **5,- €**

★

Markus **Bruker**
Weingut

Württemberg

Kleinaspacher Straße 18, 71723 Großbottwar
Tel. 07148-921050, Fax: 07148-6190
www.weingut-bruker.de
info@weingut-bruker.de
Besuchszeiten: nach Vereinbarung
Hotel Bruker, „Wengerterstüble"

Inhaber .... Markus Bruker
Rebfläche .... 7,5 Hektar

Otto Bruker, der Urgroßvater des heutigen Besitzers, hatte als hauptberuflicher Landwirt um 1930 auch einige Weinberge angelegt. Sein Sohn Rudolf führte die Landwirtschaft weiter, Wein spielte nur eine Nebenrolle. Das änderte sich erst als dessen Sohn Herbert den Betrieb 1974 übernahm. 1977 eröffnete er die Besenwirtschaft „Wengerterstüble", 1984 wurde das Gut umgebaut und man konzentrierte sich mit damals 2,5 Hektar Reben ganz auf Weinbau, später kam eine Pension hinzu, die dann Ende der neunziger Jahre zum Hotel ausgebaut wurde. Heue führt Sohn Markus den Betrieb. Seine Weinberge liegen in den Großbottwarer Lagen Harzberg und Lichtenberg und im Oberstenfelder Forstberg, wo die Reben jeweils auf Gipskeuperböden wachsen. Muschelkalkböden, teils von Lettenkeuper und Lösslehmschollen durchzogen, herrschen in den Hessigheimer Felsengärten, sowie in den Mundelsheimer Lagen Käsberg, Mühlbächer und Rozenberg vor. Wichtigste Rebsorten sind Trollinger, Muskat-Trollinger, Lemberger, Riesling und Dornfelder. Daneben gibt es noch Chardonnay, Spätburgunder, Samtrot und Zweigelt, inzwischen auch Sauvignon Blanc. Weißweine werden kurz maceriert, die roten Trauben werden entrappt und dann ca. 20 Tage bei niedriger Temperatur auf der Maische vergoren. Neben Weinen werden auch Aperitifessig aus einer Beerenauslese, sowie Brände erzeugt.

Die Kollektion aus dem problematischen Jahrgang 2006 gefiel uns vor zwei Jahren gut, 2007 schloss daran an und bot mit der trockenen Lemberger Auslese einen Spitzenwein. In der recht gleichmäßigen aktuellen Kollektion gefällt uns die barriqueausgebaute rote Cuvée „Black Berry" besonders gut.

Weinbewertung

86 . . . 2007 „Black Berry" Rotwein trocken Barrique
Cabernet, Merlot, Lemberger; gute Konzentration, reife, rote Früchte, Vanille; füllig, kraftvoll, reife Frucht, gute Struktur, Tannine **14,50 €**

81 2008 Grauburgunder trocken **6,90 €**
83 2008 Sauvignon Blanc trocken Großbottwarer Lichtenberg **8,50 €**
84 2008 Riesling „S" trocken Großbottwarer Lichtenberg **5,90 €**
81 2008 Riesling „vom Buntsandstein" Großbottwarer Lichtenberg **5,90 €**
81 2008 Riesling Kabinett „Alte Rebe" **6,90 €**
84 2008 Riesling „vom Rotkeuper" **6,- €**
78 2008 Trollinger trocken Großbottwarer Harzberg **4,70 €/1l**
78 2008 Trollinger „Alte Rebe" **5,10 €**
83 2008 Blauer Spätburgunder trocken **8,90 €**
81 2008 Lemberger „S" trocken Mundelsheimer Rozenberg **6,- €**
84 2007 Lemberger trocken Barrique Mundelsheim Käsberg **11,50 €**

Bürgerspital

zum Heiligen Geist

★★★

Franken

Theaterstraße 19, 97070 Würzburg
***Tel.** 0931-3503441, **Fax:** 0931-3503444*
www.buergerspital.de
weingut@buergerspital.de
***Besuchszeiten:** Mo.-Fr. 9-18 Uhr, Sa. 9-15 Uhr*
Bürgerspital-Weinstuben (Pächter: Familie Wiesenegg), Vinothek
Weinproben, kulinarische Weinproben

Inhaber .... Stiftung des öffentlichen Rechts
Gutsdirektoren .... Sonja Höfferlin
.... Robert Haller
Rebfläche .... 110 Hektar

1316 wurde das Bürgerspital von Johannes und Mergardis von Steren als Spital gegründet, 1334 erhielt man durch Schenkungen die ersten Weinberge. Heute gehört das Bürgerspital zu den größten Weingütern in Deutschland. Das Gros der Weinberge, fast 80 Hektar, liegt in Würzburg. Fast 30 Hektar besitzt man im Würzburger Stein, die Einzellage Stein-Harfe im Zentrum des Steins gehört dem Bürgerspital in Alleinbesitz. Neben den Würzburger Lagen Pfaffenberg und Abtserde erweitern Weinberge in Randersacker (Teufelskeller, Pfülben), Frickenhausen (Kapellenberg), Veitshöchheim (Sonnenschein) und Thüngersheim (Scharlachberg) das Lagenportfolio. Riesling ist mit einem Anteil von 28 Prozent wichtigste Rebsorte, es folgen Silvaner und Müller-Thurgau, die weißen Burgunder werden immer wichtiger, dazu gibt es Scheurebe, Bacchus, Rieslaner und Gewürztraminer. An roten Sorten werden Domina, Blaufränkisch und Spätburgunder angebaut.

2006 waren die Kabinettweine wunderschön reintönig und fruchtbetont, den Großen Gewächsen aber fehlte diese Reintönigkeit. Der Rest der Kollektion überzeugte, neben den Kabinettweinen machten Rieslaner Auslese und Rotweine viel Freude. Sehr homogen präsentierte sich der Jahrgang 2007 mit vielen feinen Kabinettweinen und fülligen, saftigen Spätlesen und Großen Gewächsen. Auch 2008 ragen die Großen Gewächse hervor, vor allem der Silvaner aus dem Stein.

Weinbewertung

85 . . . 2008 Silvaner Spätlese trocken Würzburger Pfaffenberg
würzig, klar, viel reife Frucht; füllig, harmonisch, viel reife Frucht, gute Substanz **12,30 €**
87 . . . 2008 Silvaner Spätlese trocken Würzburger Stein
würzig, konzentriert, reife Frucht, Birnen; füllig, harmonisch, viel reife Frucht, Substanz, feiner Nachhall **14,20 €**
86 . . . 2008 Gewürztraminer Spätlese trocken

Würzburger Stein
gute Konzentration, reintönige Frucht, dezent Rosen; klar, harmonisch, füllig, reife süße Frucht, Struktur und Substanz **14,20 €**

90 . . . 2008 Silvaner „GG" Würzburger Stein
würzig, eindringlich, gute Konzentration, klare Frucht, etwas Birnen, herrlich eindringlich; füllig, stoffig, viel reife Frucht, Substanz, gute Struktur und Länge
1998: **88**; 1999: **83**; 2000: **84**; 2001: **88**; 2002: **89**; 2003: **88**; 2004: **88**; 2005: **87**; 2006: **85**; 2007: **88**.

88 . . . 2008 Riesling „GG" Würzburger Stein-Harfe
viel Konzentration, viel reife Frucht, etwas Zitrus, Aprikosen; füllig, stoffig, reife Frucht, Substanz, jugendlich **18,- €**
2004: **88**; 2005: **87**; 2006: **84**; 2007: **88**.

88 . . . 2008 Riesling „GG" Würzburger Stein „Hagemann"
viel Konzentration, viel reife Frucht, etwas gelbe Früchte, herrlich eindringlich; füllig, harmonisch, reife Frucht, gute Substanz und Länge **25,- €**
1998: **87**; 1999: **87**; 2000: **84**; 2001: **87**; 2002: **88**; 2003: **88**; 2004: **87**; 2005: **85**; 2007: **88**.

83* . . . 1971 Silvaner Spätlese Würzburger Stein
deutlich gereift, Anflug von Kaffee, würzig, ein klein wenig Orangenschalen; verhalten, gereift, etwas kurz (kein aktueller Jahrgang)

---

83 2008 Grauer & Weißer Burgunder trocken „Johannes von Steren" **6,40 €**
82 2008 Silvaner Kabinett trocken Würzburger Stein **9,80 €**
83 2008 Silvaner Kabinett trocken Würzburger Innere Leiste **9,20 €**
82 2008 Silvaner Kabinett trocken Würzburger Stein-Harfe **9,80 €**
81 2008 Riesling Kabinett trocken Würzburger Stein **10,20 €**
83 2008 Riesling Spätlese trocken Würzburger Stein **14,40 €**
83 2008 Grauburgunder Spätlese trocken Würzburger Pfaffenberg **12,20 €**
84 2008 Weißburgunder Spätlese trocken Würzburger Pfaffenberg **12,20 €**
81 2008 Riesling Kabinett (feinherb) Würzburger Pfaffenberg **9,10 €**
81 2008 Riesling Kabinett (feinherb) Würzburger Stein-Harfe **9,80 €**
83 2008 Scheurebe Kabinett (feinherb) Würzburger Stein-Harfe **9,80 €**
82 2007 Rosé Spätlese

★★★

Dr. Bürklin-Wolf
Weingut

Pfalz

Weinstraße 65, 67157 Wachenheim
Tel. 06322-95330, Fax: 06322-953330
www.buerklin-wolf.de
bb@buerklin-wolf.de
Besuchszeiten: Vinothek täglich 11-18 Uhr

Inhaber . . . . Bettina Bürklin-von Guradze
Rebfläche . . . . 85 Hektar

Das 1597 gegründete Gut erreichte bereits Ende des 19. Jahrhunderts weltweite Bekanntheit unter der Führung von Albert Bürklin. Seit 1990 wird es von Bettina Bürklin-von Guradze geführt. Das traditionsreiche Haus in Wachenheim verfügt über Besitz in den besten Lagen der Mittelhaardt. Die Spitzenweine vermarktet Bürklin-Wolf unter den Bezeichnungen „Edition G.C." und „Edition P.C.". Edition G.C. umfasst in Forst die Lagen Kirchenstück, Jesuitengarten, Ungeheuer und Pechstein, in Deidesheim die Lagen Hohenmorgen und Kalkofen, sowie in Ruppertsberg die Lagen Reiterpfad und Gaisböhl (in Alleinbesitz). In der Serie Edition P.C. findet man die Weine der Ruppertsberger Lage Hoheburg, der Deidesheimer Lage Langenmorgen, sowie die Weine der Wachenheimer Lagen Altenburg, Böhlig, Gerümpel, Goldbächel und Rechbächel (Monopollage). Gutsriesling und Ortsrieslinge bilden die Basis des Sortiments. Riesling nimmt über 70 Prozent der Rebfläche ein. Seit 1991 wurden auch internationale Rebsorten angelegt: Zunächst Cabernet Sauvignon, dann folgten 1994 Cabernet Franc und Merlot, 1997 Sangiovese, 2001 Tempranillo und Grenache, 2002 Shiraz und 2003 Nebbiolo, dazu gibt es Spätburgunder und Dornfelder. Die Weinberge im Ruppertsberger Gaisböhl und im Wachenheimer Gerümpel wurden seit 2001 bzw. 2002 schrittweise auf biologisch-dynamischen Anbau umgestellt und mit dem gutseigenen Rieslingklon BW 14 bepflanzt. 2005 wurde die gesamte Anbaufläche auf biodynamischen Weinbau umgestellt, das Weingut ist Mitglied in der französischen Vereinigung Biodyvin.

Die 2006er Großen Gewächse waren von viel Substanz und viel reifer, süßer Frucht geprägt. 2007 machten die frischen, fruchtbetonten Ortsrieslinge viel Freude, die „P.C."-Weine präsentierten sich saftig und klar, die Großen Gewächse boten ein Mehr an Fülle und Konzentration. Die neue Kollektion präsentiert sich sehr geschlossen mit harmonischen, fülligen Orts- und „P.C."-Weinen und stoffigen „G.C."-Weinen, bei denen wir uns wie schon in den letzten Jahren etwas mehr Eleganz und Komplexität wünschen würden. Nichtsdestotrotz eine starke Kollektion.

Weinbewertung

85 . . . 2008 Riesling trocken Ruppertsberger
feine Würze, reintönige Frucht, herrlich eindringlich; füllig, harmonisch, reife Frucht, viel Substanz **9,70 €**

86 . . . 2008 Riesling „P.C." Wachenheimer Gerümpel
gute Konzentration, feine Würze, eindringlich; weich, füllig, harmonisch, reife Frucht, Substanz **16,- €**

87 . . . 2008 Riesling „P.C." Wachenheimer Böhlig
gute Konzentration, feine Würze, reintönige Frucht; klar, harmonisch, würzig, reife süße Frucht **16,- €**

86 . . . 2008 Riesling „P.C." Ruppertsberger Hoheburg
feine Würze, dezent gelbe Früchte, Zitrus, Limone; füllig, harmonisch, reife süße Frucht, feine Bitternote **16,- €**

88 . . . 2008 Riesling „G.C." Kalkofen
gute Konzentration, viel reife Frucht, eindringlich, würzig; füllig, konzentriert, reife süße Frucht, Substanz und Biss **30,- €**

88 . . . 2008 Riesling „G.C." Jesuitengarten
viel Konzentration, reife Frucht, etwas gelbe Früchte, auch Zitrus und Orangen; füllig, schmeichelnd, reife süße Frucht **50,- €**

88 . . . 2008 Riesling „G.C." Pechstein
gute Konzentration, viel Würze, zurückhaltende Frucht, feiner Duft; kraftvoll, stoffig, viel Substanz, jugendlicher Biss **35,- €**

88 . . . 2008 Riesling „G.C." Kirchenstück
gute Konzentration, klare reife Frucht, gelbe Früchte, faszinierend reintönig und eindringlich; füllig, reife Frucht, feine Würze, dezente Bitternoten **70,- €**

90 . . . 1997 Riesling „G.C." Gaisböhl
feine Reifenoten, wunderschön klar; harmonisch gereift, elegant, feine Länge (kein aktueller Jahrgang)

89 . . . 2005 Riesling „G.C." Hohenmorgen
feine Würze, gute Konzentration, reife Frucht; füllig, schmeichelnd, feine Süße (kein aktueller Jahrgang)

---

83 2008 Riesling trocken **8,90 €**
84 2008 Riesling trocken Wachenheimer **9,70 €**

★★★★☆

Reichsrat von **Buhl**

Weingut

Pfalz

Weingut Reichsrat von Buhl GmbH
Weinstraße 16-24, 67146 Deidesheim
Tel. 06326-965017, Fax: 06326-965024
www.reichsrat-von-buhl.de
info@reichsrat-von-buhl.de
Besuchszeiten: Mo.-Fr. 8-12 + 13-18 Uhr,
Sa./So. 10-12 + 13-17 Uhr

Inhaber .... Achim Niederberger
Pächter .... Reichsrat von Buhl GmbH
Geschäftsf. Gesellschafter .... Stefan Weber
Rebfläche .... 60 Hektar

Das 1849 von Franz-Peter Buhl gegründete Weingut entstand aus der Erbteilung des Jordan'schen Weingutes. 1989 wurde es an eine japanische Weinhandelsfirma verpachtet, es wurden Millionenbeträge in Keller und Außenbetrieb investiert. Eigentümer ist inzwischen Achim Niederberger, dem auch die Weingüter Bassermann-Jordan und Dr. Deinhard gehören. Reichsrat von Buhl verfügt über beste Lagen in Forst (Freundstück, Jesuitengarten, Pechstein, Ungeheuer, Paradiesgarten), Deidesheim (Leinhöhle, Herrgottsacker, Kieselberg) und Ruppertsberg (Reiterpfad). Riesling ist die dominierende Rebsorte. Daneben findet man etwas Weißburgunder, Grauburgunder, Scheurebe und Gewürztraminer, sowie Spätburgunder. Reichsrat von Buhl ist ein ökologisch wirtschaftender Betrieb in der Umstellungsphase, zertifiziert für die Gesamtfläche seit 2008. Seit dem Jahrgang 2007 werden im trockenen und halbtrockenen Bereich keine Prädikatsbezeichnungen mehr verwendet.

Reichsrat von Buhl – ein großer Name. Die Weine waren das ganze letzte Jahrzehnt von zuverlässiger, sehr guter Qualität. In den letzten Jahren aber zeigen sie Größe, die Großen Gewächse vor allem, heute zählt das Gut zur Spitze in Deutschland.

2006 kam man nah an das Vorjahr heran, bot eine starke Leistung, trocken wie edelsüß. 2007 gefiel uns nochmals besser: Der Blanc de Noir gehörte zu den besten Sekten Deutschlands, die Phalanx an Großen Gewächsen beeindruckte mit Fülle, Frucht und Substanz. Nochmals beeindruckender ist die aktuelle Kollektion, wieder mit einer faszinierenden Vielzahl an Großen Gewächsen, wieder mit einem der besten Sekte Deutschlands. Nur die edelsüßen Rieslinge haben uns nicht ganz überzeugt. Nichtsdestotrotz eine der großen Kollektionen des Jahrgangs!

Weinbewertung

90 ... 2007 Weißburgunder Sekt Dosage Zéro
feine rauchige Noten, wunderschön frisch und klar, dezent Brioche; harmonisch, elegant, wunderschön klar und frisch, zupackend, nachhaltig

88 ... 1998 Spätburgunder Blanc de Noir Sekt brut
rauchig-würzige Noten, dezente Reife, Brotkruste; füllig, harmonisch entwickelt, gute Substanz und Länge

85 ... 2008 Riesling trocken VON BUHL
feine Frische, würzig, klar; frisch, zupackend, reintönige Frucht **7,70 €**

86 ... 2008 Riesling trocken Deidesheimer Kieselberg
gute Konzentration, feine Würze und Frucht, klar; füllig, klar, frisch, reife Frucht, gute Substan

89 ... 2008 Riesling trocken F.P. BUHL
gute Konzentration, herrlich viel Frucht, etwas gelbe Früchte, klar und eindringlich; füllig, saftig, stoffig, viel reife Frucht, gute Substanz und Länge **12,50 €**

92 ... 2008 Reiterpfad Ruppertsberg Riesling „GG"
viel Konzentration, feine Würze, herrlich eindringlich und dominant, klare reife Frucht; stoffig, kraftvoll, viel

reife Frucht, gute Substanz und Länge, enorm nachhaltig **29,- €**
2007: 89.

91 ... 2008 Paradiesgarten Forst Riesling „GG"
würzig, eindringlich, viel Konzentration, faszinierend viel Frucht; füllig, stoffig, kraftvoll, herrlich viel Frucht und Substan, gute Harmonie und Länge **29,- €**
2007: 89.

91 ... 2008 Ungeheuer Forst Riesling „GG"
viel Konzentration, viel reife Frucht, gelbe Früchte, herrlich eindringlich; füllig, stoffig, viel reife Frucht und Substanz, kraftvoll und nachhaltig **29,- €**
2001: 90; 2002: 88; 2003: 88; 2004: 91; 2005: 91; 2006: 89; 2007: 90.

92 ... 2007 Kirchenstück Forst Riesling „GG"
würzig, eindringlich, enorm dominant, faszinierend viel Frucht; füllig, kraftvoll, stoffig, herrlich viel Frucht und Substanz, enorm konzentriert und nachhaltig **49,- €**
2002: 90; 2003: 87; 2004: 89; 2005: 91; 2006: 89; 2007: 90.

91 ... 2008 Pechstein Forst Riesling „GG"
würzig, konzentriert, viel reife Frucht, herrlich eindringlich; füllig, stoffig, konzentriert, kraftvoll, herrlich viel Frucht und Substanz, nachhaltig **29,- €**
2002: 92; 2003: 87; 2004: 90; 2005: 89; 2006: 89; 2007: 91.

91 ... 2008 Jesuitengarten Forst Riesling „GG"
gute Konzentration, klare reife Frucht, herrlich eindringlich und dominant; viel reife süße Frucht, reintönig, gute Substanz und Länge **29,- €**
2007: 91.

86 ... 2008 Riesling Auslese Forster Ungeheuer
eindringlich würzige Noten, jugendlich; frisch, würzig, geradlinig, feine süße Frucht **29,- €/0,375l**

88 ... 2008 Riesling Beerenauslese Forster Ungeheuer
würzig und eindringlich, gute Konzentration; süß, konzentriert, reife Frucht, Biss **45,- €/0,375l**

87 ... 2008 Riesling Beerenauslese Forster Kirchenstück
würzig, eindringlich, etwas süße Zitrusfrüchte; süß, konzentriert, dominant, viel Biss

---

★

Ignaz Bunzelt
Weingut

Franken

Heerweg 12, 97334 Nordheim
Tel. 09381-4657 oder 4511, Fax: 09381-6283
www.weingut-bunzelt.de
info@weingut-bunzelt.de
Besuchszeiten: Mo.-Sa. 8-18 Uhr, So. n. V.
Probierstube (bis 20 Personen)

Inhaber .... Hans und Barbara Bunzelt
Rebfläche .... 8,5 Hektar

Das 1969 von Ignaz und Irmina Bunzelt gegründete Weingut wird seit 1985 von Hans Bunzelt geführt. Er besitzt Rebflächen unter anderem in den Iphöfer Spitzenlagen Julius-Echter-Berg und Kronsberg, sowie im Nordheimer Vögelein. Weiße Rebsorten nehmen 89 Prozent der Fläche ein. Wichtigste Sorten sind Müller-Thurgau, Silvaner und Bacchus. Dazu kommt eine breite Palette weiterer Sorten, angeführt von Domina, Riesling und Kerner. Neben Sekten werden auch Edelbranntweine in der eigenen Brennerei hergestellt.

Seit einem Jahrzehnt nun kennen wir die Weine von Hans Bunzelt und, heute wie damals, überzeugen sie durch ihre Zuverlässigkeit. Sie sind füllig bei reifer Frucht, und oft sind es die Weine aus den so genannten Bukettsorten, die uns besonders gefallen, Traminer und Rieslaner beispielsweise.

In der stimmigen 2006er Kollektion waren alle trockenen Weine von einer kräftigen Restsüße geprägt. Sehr gleichmäßig war auch die letztjährige Kollektion, bot zuverlässige Qualität auf gutem Niveau. Fast identisch präsentiert sich der Jahrgang 2008: Kompakte Weine mit reifer Frucht und guter Substanz.

Weinbewertung

85 . . . 2008 Rieslaner Spätlese trocken Iphöfer Julius-Echter-Berg
würzig, eindringlich, etwas Zitrusfrüchte; füllig, klar, zupackend, reife Frucht **8,- €**

85 . . . 2008 Traminer Spätlese Nordheimer Vögelein
feiner Rosenduft, wunderschön klare Frucht; süß, schmeichelnd, herrlich viel Frucht, Substanz **8,- €**

79 2008 „Insel-Cuvée" Weißwein trocken **4,80 €**
80 2008 Silvaner Kabinett trocken Nordheimer Vögelein **6,- €**
83 2008 Riesling Kabinett trocken Frankenwinheimer Rosenberg **5,50 €/1l**
82 2008 Silvaner Kabinett trocken Escherndorfer Fürstenberg **6,50 €**
82 2008 Silvaner Spätlese trocken Iphöfer Kronsberg **7,50 €**
81 2008 Müller-Thurgau Kabinett halbtrocken Iphöfer Kalb **4,70 €**
82 2008 Bacchus Kabinett halbtrocken Nordheimer Kreuzberg **4,60 €**
81 2008 Rieslaner Kabinett halbtrocken Iphöfer Julius-Echter-Berg **6,50 €**
79 2008 Kerner Kabinett Iphöfer Kronsberg **5,80 €**
78 2008 Rosé Kabinett trocken **4,80 €**

★★★

Burggarten

Weingut

Ahr

Landskroner Straße 61, 53474 Heppingen
Tel. *02641-21280*, **Fax:** *02641-79220*
www.weingut-burggarten.de
burggarten@t-online.de
Besuchszeiten: *Mo.-Fr. 10-12 + 13-18 Uhr, Sa./So. 10-13 Uhr*
Gästehaus

Inhaber .... Familie Schäfer
Rebfläche .... 16 Hektar

Paul Josef Schäfer hat sein Weingut in den letzten Jahren noch stärker auf Spätburgunder ausgerichtet, vom Frühburgunder besitzt er inzwischen 2 Hektar. Dazu gibt es ein klein wenig Zweigelt (seit 1982), kaum noch Dornfelder und Portugieser, aber weiße Sorten wie Riesling und Weißburgunder. Inzwischen besitzt er auch Weinberge an der Mosel, in Piesport und Zeltingen. Seine drei Söhne sind alle ausgebildete Winzer und unterstützen ihn mittlerweile im Betrieb. Die Weinberge von Paul Josef Schäfer liegen im Heimersheimer Burggarten (schwere Lehmböden), Neuenahrer Sonnenberg (Grauwacke und Grauwackeschiefer) und Ahrweiler Ursulinengarten (Kies am Fluss, weiter oben schwerere Böden). In den letzten Jahren ist er dazu übergegangen seine Weine später abzufüllen. Seit 2005 ist dem Weingut ein Gästehaus angeschlossen.

Seit einem Jahrzehnt empfehlen wir die Weine von Paul Josef Schäfer, schon damals haben wir konstatiert, dass er den Anschluss an die besten Betriebe der Region geschafft hat. Jahr für Jahr sind wir angetan vom guten Niveau seiner Basisweine, in den letzten Jahren legte er in der Spitze noch einmal zu.

Sehr konsistent zeigte sich 2006, mit fruchtbetonten, reintönigen Rotweinen mit Struktur und Kraft. Die letztjährige Kollektion gefiel uns in der Spitze noch besser. Sie bot kraftvolle 2007er Weine, die aber noch übertroffen wurden von dem jugendlichen 2006er Spätburgunder aus der Schieferlay. Vergleichbar stark ist die homogene neue Kollektion von Paul Josef Schäfer, hat aber in der Spitze noch mehr zu bieten durch den neuen Wein im Programm, den Spätburgunder „R" aus dem Burggarten.

Weinbewertung

85 . . . 2008 Grauburgunder trocken Heimersheimer Burggarten
gute Konzentration, reife Frucht, gelbe Früchte, herrlich eindringlich; gute Fülle und Harmonie, klare Frucht **7,- €**

89 . . . 2005 Riesling Beerenauslese Piesporter Goldtröpfchen
feiner Duft, Zitrus, etwas Gewürze, Litschi, Orangen, auch Grapefruit; süß, konzentriert, dominant, viel Stoff und Biss, reintönig **32,- €/0,375l**

86 . . . 2008 Frühburgunder Classic
frisch, fruchtbetont, herrlich reintönig; frisch, klar, zupackend, jugendlich **9,50 €**

87 . . . 2008 Spätburgunder trocken „P.J.'s Signatur"
gute Konzentration, etwas Gewürze, reife Frucht, rote Früchte; klar, harmonisch, dezent Vanille, gute Länge **12,- €**
1998: 85; 1999: 86; 2000: 85; 2001: 87; 2002: 86; 2003: 88; 2004: 85; 2005: 86; 2006: 87.

87 . . . 2008 Spätburgunder trocken „Fass 39" Heimersheimer Burggarten
gute Konzentration, reintönige Frucht, dezent Kirschen, Veilchen; kraftvoll, klar, reife Frucht, gute Struktur, Frische, Tannine **16,- €**
2002: 85/86; 2004: 86; 2005: 88; 2006: 88; 2007: 87.

88 . . . 2008 Spätburgunder trocken Ahrweiler Ursulinengarten
herrlich eindringlich, reintönig, faszinierend viel Frucht, rote Früchte, Kirschen, herrlich eindringlich; weich, reife Frucht, dezent Vanille, gute Struktur, Frische und Länge **17,50 €**
2004: 87; 2005: 87; 2006: 88; 2007: 88.

87 . . . 2008 Frühburgunder trocken Barrique „Fass 69" Neuenahrer Sonnenberg
frisch, fruchtbetont, Kirschen, herrlich reintönig; frisch, zupackend, reintönige Frucht, tanninbetont **17,- €**
1998: 85; 1999: 85; 2000: 84; 2001: 88; 2002: 86/88; 2004: 88; 2005: 88; 2006: 88; 2007: 85.

86 . . . 2007 „Veroso" Rotwein trocken
50 % Cabernet Sauvignon, 25 % Merlot und 25 % Spätburgunder; gute Konzentration, reife Frucht, Cassis, herrlich eindringlich; weich, füllig, harmonisch, feine Würze und Tannine **18,- €**

88 . . . 2007 Cabernet Sauvignon trocken Neuenahrer Sonnenberg
gute Konzentration, eindringliche Frucht, Cassis, dominant; weich, füllig, viel reife Frucht, Substanz, Vanille, etwas Schokolade, gute Struktur, Tannine, jugendlich **22,- €**

89 . . . 2007 Spätburgunder trocken Neuenahrer Schieferlay
gute Konzentration, rauchige Noten, reintönige Frucht, herrlich eindringlich; klar, elegant, reife Frucht, Frische, gute Struktur, feine Wärme **38,- €**

91 . . . 2007 Spätburgunder trocken „R" Heimersheimer Burggarten
gute Konzentration, rauchige Noten, feiner Toast, herrlich eindringlich; füllig, stoffig, reife Frucht, viel Substanz, etwas Schokolade, jugendliche Tannine, feine Wärme und Nachhall **42,- €**

84 2008 Blanc de Noir trocken Neuenahrer Sonnenberg **7,- €**
84 2008 Riesling trocken „Landskron" Heimersheimer Burggarten **7,- €**
84 2008 Riesling halbtrocken (Mosel) **7,- €**
83 2007 Spätburgunder trocken „Fass 32" Heimersheimer Burggarten **7,40 €**
84 2008 Spätburgunder trocken „Fass 32" Heimersheimer Burggarten **7,40 €**
84 2008 Spätburgunder Classic **9,80 €**
83 2008 Regent trocken Heimersheimer Burggarten **6,80 €**
84 2008 Zweigelt trocken Heimersheimer Burggarten **6,90 €**

★★

Burgunderhof

Weingut

Rheinhessen

Zum Neusatz 14, 67551 Worms-Pfeddersheim
Tel. 06247-286, Fax: 06247-905287
burgunderhof@gmx.net
Besuchszeiten: Mo.-Sa. 8-12 + 13-18 Uhr mit Anmeldung, und nach Vereinbarung

Inhaber .... Holker Pfannebecker
Rebfläche .... 18 Hektar

Die Weinberge von Holker Pfannebecker liegen vor allem in Pfeddersheim, aber auch in Wiesoppenheim und Mörstadt. Sortenschwerpunkte sind Riesling und die Burgundersorten. Dazu gibt es Spezialitäten wie Gewürztraminer, Huxelrebe und Dunkelfelder. Seit dem Jahrgang 2004 ist Max Pfannebecker für den Weinausbau verantwortlich, der nach der Winzerlehre beim Weingut Hirschhof in Westhofen und bei Knipser in Laumersheim seine Ausbildung zum Weinbautechniker in Oppenheim beendet hat. Zwei Tage die Woche arbeitet er bei Philipp Kuhn in Laumersheim, zwei Tage im elterlichen Weingut.

Die Weißweine aus dem Jahrgang 2006 gefielen gut, die 2007er zeigten eine schöne Stilistik, nur fehlte es manchen ein wenig an Konzentration – nicht aber dem Riesling Hochberg. Nichtsdestotrotz hatte Holker Pfannebecker eine stimmige, gute Kollektion. Die neue Kollektion überzeugt. Sie ist sehr gleichmäßig, wird einmal mehr angeführt von schönen Rieslingen, vor allem dem Wein aus dem Hochberg, aber auch der Sauvignon Blanc macht viel Freude.

Weinbewertung

85 . . . 2008 Sauvignon Blanc
feine Würze, reintönige Frucht; klar, frisch, zupackend, feine süße Frucht **5,90 €**

85 . . . 2008 Riesling „Alter Weinberg"
würzig, frisch, klare Frucht; reintönig, harmonisch, gute Fülle und reife Frucht **6,20 €**

87 . . . 2008 Riesling Pfeddersheimer Hochberg
gute Konzentration, feine Würze und Frucht, herrlich eindringlich; füllig, harmonisch, reife Frucht, gute Substanz und Frische **11,50 €**
2007: 88.

86 . . . 2008 Riesling Auslese
klare reife Frucht, etwas Litschi, eindringlich; süß, schmeichelnd, herrlich viel Frucht **4,40 €**

---

84 2007 Cuvée Pinot Sekt brut **8,50 €**
82 2008 Chardonnay & Weißburgunder trocken **5,20 €**
81 2008 Chardonnay **5,20 €**
82 2008 Grauburgunder **5,50 €**
81 2008 Riesling „1511" **5,,- €**
82 2008 Riesling Spätlese **5,20 €**
83 2006 Cuvée „Maximus" Rotwein **10,20 €**

★

Burkheim

Winzergenossenschaft

Baden

Winzerstraße 8, 79235 Vogtsburg-Burkheim
Tel. 07662-9393-0, Fax: 07662-9393-25
www.burkheimerweine.de
info@burkheimerweine.de
Besuchszeiten: Mo.-Fr. 8-12 + 13:30-18 Uhr, Sa. 9-16 Uhr, So. 10-16 Uhr (April-Okt..), Mo.-Fr. 8-12 + 13:30-17 Uhr, Sa. 9-16 Uhr, So. 10-16 Uhr (Nov.-März.)

Geschäftsführer .... Gert Schmidt
Kellermeister .... Dominik Schweizer
Mitglieder 320
Rebfläche .... 106 Hektar

Die Mitglieder der Genossenschaft von Burkheim bewirtschaften 56 Hektar Wein-

B

Die besten deutschen Weinerzeuger und ihre Weine

berge im Burkheimer Feuerberg, in dem Vulkangesteinsböden vorherrschen, und 50 Hektar im Burkheimer Schlossgarten, in dem die Reben auf tiefgründigem Lössboden wachsen. Spätburgunder nimmt gut ein Drittel der Rebfläche ein, gefolgt von Müller-Thurgau und Grauburgunder mit jeweils etwa einem Viertel. Dazu gibt es insbesondere noch Silvaner und Weißburgunder. Neben der Basislinie gibt es die Weine der Linie „Karat", die von mindestens 25 Jahre alten Reben stammen. Darüber gibt es die Linie „ViniGrande", sowie Barriqueweine.

2006 behauptete sich die Genossenschaft gut, auch wenn unser Favorit vor zwei Jahren der Spätburgunder ViniGrande aus dem Jahrgang 2005 war. Aus der verhaltenen, aber gleichmäßigen 2007er Kollektion ragte die Scheurebe Beerenauslese heraus. Die neue Kollektion ist sehr gleichmäßig, ohne aber Spitzen zu bieten. ▬

Weinbewertung

79 2008 Rivaner trocken Burkheimer **3,70 €**

78 2008 Grüner Silvaner trocken Burkheimer **3,90 €**

81 2008 Grauburgunder Kabinett trocken Burkheimer Feuerberg **5,40 €**

82 2008 Grauburgunder Spätlese trocken Burkheimer Feuerberg **6,80 €**

83 2008 Chardonnay Spätlese trocken Burkheimer Schlossgarten **8,80 €**

79 2008 Weißer Burgunder Kabinett trocken Burkheimer Schlossgarten **4,90 €**

82 2008 Sauvignon Blanc Spätlese trocken Burkheimer Schlossgarten **7,40 €**

81 2008 Gewürztraminer Spätlese trocken Burkheimer Schlossgarten **7,40 €**

80 2008 Scheurebe „Frühlingswein" Burkheimer **4,60 €**

81 2007 „Burkheimer Nachtwächter" Spätburgunder trocken **8,80 €**

81 2007 Spätburgunder Spätlese trocken „Alte Rebe" Burkheimer Schlossgarten **9,20 €**

79 2007 Spätburgunder Auslese trocken Burkheimer Schlossgarten **14,80 €**

★★

Burrlein

Winzerhof

Franken

Hauptstraße 149, 97320 Mainstockheim
Tel. 09321-5578, Fax: 09321-5510
www.winzerhof-burrlein.de
mail@winzerhof-burrlein.de
Besuchszeiten: Mo.-Fr. 8-12 + 13-18 Uhr, Sa. 9-16 Uhr

Inhaber .... Frieder Burrlein
Rebfläche .... 31 Hektar

Der Winzerhof Burrlein betreibt seit 1904 Weinbau. Ein Teil der eigenen Weinberge wird nach kontrolliert ökologischen Richtlinien (Ecovin) bewirtschaftet. Darüber hinaus verarbeitet der Winzerhof Burrlein die Trauben von 35 örtlichen Kleinwinzern, zusammen weitere 25 Hektar. Die Trauben kommen aus der Einzellage Mainstockheimer Hofstück. Vor allem weiße Sorten werden angebaut: Silvaner, Müller-Thurgau, Bacchus, Kerner, Scheurebe und Weißburgunder, seit 2004 auch Riesling. An roten Sorten gibt es Domina, Dornfelder, Regent und Zweigelt. Die Weißweine werden temperaturgesteuert in Edelstahltanks vergoren. Die Rotweine kommen nach der Maischegärung in Holzfässer (auch Barriques).

Nach einer guten, gleichmäßigen Kollektion im schwierigen Jahrgang 2006 gefiel uns auch die letztjährige Kollektion mit ihren wunderschön frischen und reintönigen Weißweinen, allen voran der

Silvaner Schlossportal, sehr gut. Geschlossen auf gutem Niveau präsentiert sich der Jahrgang 2008, unser Favorit, der Weißburgunder „Schlossportal“ stammt noch aus dem Jahrgang 2007.

Weinbewertung

86 . . . 2007 Weißburgunder „Schlossportal“ trocken

gute Konzentration, klare reife Frucht, eindringlich; füllig, harmonisch, viel reife Frucht, Substanz **12,80 €**

83 2008 Müller-Thurgau trocken „Frank & Frei“ **5,50 €**

82 2008 Silvaner Kabinett trocken Mainstockheimer Hofstück **5,20 €**

82 2008 Silvaner Kabinett trocken „Bio“ Mainstockheimer Hofstück **5,90 €**

83 2008 Riesling Kabinett trocken Mainstockheimer Hofstück **5,50 €**

82 2008 Weißburgunder Kabinett trocken Mainstockheimer Hofstück **5,20 €**

82 2008 Scheurebe Kabinett Mainstockheimer Hofstück **5,20 €**

81 2008 Bacchus Kabinett Mainstockheimer Hofstück **4,55 €**

83 2007 Silvaner Auslese Mainstockheimer Hofstück **12,90 €/0,5l**

82 2008 Rotling „feinfruchtig“ „Frank & Frei“ **4,90 €**

82 2008 Blauer Zweigelt trocken Mainstockheimer Hofstück **6,20 €**

★★★★★

Clemens Busch

Weingut

Mosel

B

Kirchstraße 37, 56862 Pünderich
Tel. *06542-22180,* ***Fax:*** *06542-1625*
www.clemens-busch.de
info@clemens-busch.de
Besuchszeiten: *nach Vereinbarung*

Inhaber .... Clemens und Rita Busch
Rebfläche .... 10 Hektar

Clemens und Rita Busch bewirtschaften ihre Weinberge seit 1986 nach den Kriterien ökologischen Anbaus und sind Mitglied im Bundesverband Ökologischer Weinbau, im Jahr 2007 folgte die Aufnahme in den Verband der Prädikatsweingüter (VDP). Der größte Teil der Weinberge liegt in der Lage Pündericher Marienburg. Ein Kernstück dieser Lage ist die „Felsterrasse“, wo Clemens Busch bis zu 70 Jahre alte Reben stehen hat. Neu bestockt wurde die Parzelle Rothenpfad, eine bereits im 19. Jahrhundert gerühmte, aber bald darauf in Vergessenheit geratene Lage. Der Ausbau der Weine erfolgt in Eichenholzfässern, die Weine lagern lange auf der Hefe. Wurden früher noch 80 Prozent der Weine trocken ausgebaut, so spielen heute die cremig-würzigen Rieslinge mit Restzuckerwerten zwischen etwa 15 und 40 Gramm eine zunehmend größere Rolle. Allerdings stellte Busch aus dem Jahrgang 2007 auch zwei Große Gewächse in einem betont trockenen, kraftvollen Stil vor – und 2008 präsentiert man gleich drei Große Gewächse sowie die faszinierende „Felsterrasse“. Prädikate wie „Spätlese“ sind von den Etiketten der trockenen oder fast trockenen Weine verschwunden, werden nur noch bei den Weinen mit deutlicher Restsüße verwendet.

Diese sind immer herrlich saftig, oft geprägt von reifen Pfirsicharomen; die Botrytis ist sehr sauber und führt bei den Beerenauslesen zu cremiger Fülle.

Die präsentierten 2006er besaßen saftige Fülle und Schmelz, die Auszeichnung „edelsüße Kollektion des Jahres" war die logische Folge. Schmelz und Fülle besaßen auch die 2007er, dazu eine saftige Art und trotz aller Komplexität auch mineralische Noten und Biss. Die 2008er sind in der Spitze nicht weniger spannend als die 2007er – wie die herrlich saftige und animierende Beerenauslese beweist. Die Großen Gewächse sind gelungen, „Felsterrasse" und „Raffes" wirken weniger üppig als 2007, aber nicht weniger spannend!

Weinbewertung

88 . . . 2008 Riesling vom grauen Schiefer trocken
zunächst etwas verhalten, reife Frucht; würzig, pikante Säure, wirkt recht kraftvoll, geradlinig **11,50 €**

86 . . . 2008 Riesling Kabinett trocken Pündericher Marienburg
etwas verhalten, zarte Frucht, jugendlich; würzig, feine Frucht und Säure, herrlich animierend **12,50 €**

89 . . . 2008 Riesling Fahrlay trocken
klare Frucht, etwas Steinobst, Kräuter; saftig, straff, reife Säure, gute Balance, Biss **19,- €**

90 . . . 2008 Riesling „GG" Pündericher Marienburg
sehr klar, leicht cremig, etwas Melone, leichte Spontangärnoten, etwas alkoholisch; viel Frucht, saftig, ausgewogen, gute Länge **21,- €**
2007: 90.

92 . . . 2008 Riesling „GG" Pündericher Marienburg „Rothenpfad"
sehr verschlossen, enorm strukturiert, sehr feine Säure, mineralisch, viel Finesse, elegant, lang und feingliedrig. **22,- €**
2007: 90.

92 . . . 2008 Riesling „GG" Pündericher Marienburg „Falkenkay"
noch sehr verhalten, reife, kühle Frucht; straff, würzig, deutlich mineralisch, noch unzugänglich, viel Substanz **26,- €**

93 . . . 2008 Riesling „Felsterrasse" Pündericher Marienburg
reife Frucht, leicht cremig; enorm straff, mineralisch, feste Struktur, viel reife Frucht, sehr gut balanciert, lang **35,- €**
2005: 92; 2007: 92

90 . . . 2007 Riesling „Fahrlay-Terrassen" Pündericher Marienburg
reife Frucht, leicht cremig, Kräuter; kraftvoll, würzig, opulente Frucht, komplex, viel Schmelz **28,- €**

92 . . . 2008 Riesling „Raffes" Pündericher Marienburg
noch sehr unruhig, hefegeprägt, Steinobst, Kräuter; dicht, opulente Frucht, mineralisch, derzeit kaum zu beurteilen (92+ Punkte) **45,- €**
2005: 93; 2007: 92.

88 . . . 2008 Riesling „vom roten Schiefer"
sehr klar, reife Frucht, Hauch Melone; saftig, gewisse Fülle, pikante Säure, herrlich viel Frucht **11,50 €**

88 . . . 2008 Riesling Kabinett Pündericher Marienburg
leicht cremig, Pfirsich; saftig, feste Struktur, leicht mineralisch, sehr geradlinig **12,50 €**

92 . . . 2008 Riesling Spätlese „Goldkapsel" Pündericher Marienburg
eindringliche Frucht, duftig, reifes Steinobst, leicht Kräuter; saftig, rassig, feines Süße-Säure-Spiel **25,- €**

93 . . . 2008 Riesling Spätlese „Fahrlay" Pündericher Marienburg
sehr klar, duftig, reife Frucht, Pfirsich, kandierter Apfel; feines Süße-Säure-Spiel, Struktur, frisch und animierend, mineralische Länge (Versteigerungswein)

89 . . . 2008 Riesling Auslese Pündericher Marienburg
sehr reintönig, klare Frucht, reifer Pfirsich, etwas Biskuit; saftig, viel Frucht, herrlich animierend **30,- €**

92 . . . 2008 Riesling Auslese „Falkenlay" Pündericher Marienburg
klar, duftig, reifer Pfirsich, Nektarinen, deutlich cremig; rassig, opulente Frucht, balanciert **26,- €/0,375l**

94 . . . 2008 Riesling Auslese Goldkapsel Pündericher Marienburg

reife Frucht, Pfirsich, Mango, deutlich cremig, etwas Biskuit; rassig, enorm saftig, langer Nachhall, sehr animierend (Versteigerungswein)

95 . . . 2008 Riesling Beerenauslese Pündericher Marienburg

herrlich reintönig, reife Aprikose, kandierter Pfirsich; saftig, komplex, lang, trotz aller Fülle sehr animierend

★

Karl Busch
Weingut

Württemberg

Greuthof 1, 74626 Dimbach
Tel. 07946-2465, Fax: 07946-1217
www.wein-karlbusch.de
busch-dimbach@freenet.de
Besuchszeiten: nach Vereinbarung

Inhaber . . . . Karl und Markus Busch
Rebfläche . . . . 4,5 Hektar

Karl Busch hat in den neunziger Jahren mit dem Weinbau und der Vermarktung begonnen, anfangs aber die Weine von einer Weinkellerei ausbauen lassen. Heute wird er im Betrieb unterstützt von Sohn Markus, der für den Weinausbau verantwortlich ist. Seit 2004 wird die Ernte komplett selbst ausgebaut. 70 Prozent der Rebfläche nehmen rote Sorten ein, vor allem Trollinger, Lemberger, Dornfelder Schwarzriesling, Spätburgunder und Samtrot. Wichtigste Weißweinsorte ist Riesling. Die Weinberge befinden sich in den Lagen Dimbacher Himmelreich und Wimmentaler Altenberg.

Der 2005er Cabernet Dorsa war vor zwei Jahren zusammen mit dem barriqueausgebauten Regent aus dem Jahrgang 2004 unser Favorit. In der letztjährigen Kollektion gefiel mit dem Lemberger einmal mehr ein Barriquewein am besten. Und in diesem Jahr ist es die rote Cuvée aus Cabernet Dorsa und Lemberger die eine ausgewogene Kollektion anführt.

Weinbewertung

85 . . . 2008 Kerner Auslese

von über 30 Jahre alten Reben; würzig, eindringlich, süße Zitrusfrüchte; füllig, harmonisch, reife süße Frucht, feine Frische und Biss **5,90 €/0,5l**

85 . . . 2008 Cabernet Dorsa Rosé Auslese

reife Frucht, rote Früchte, feiner Duft; füllig, harmonisch, reife süße Frucht **12,50 €/0,375l**

86 . . . 2006 Rotweincuvée** trocken Barrique**

Cabernet Dorsa und Lemberger, im neuen Barrique ausgebaut, unfiltriert abgefüllt; würzig, eindringlich, gute Konzentration, Toast; füllig, kraftvoll, reife Frucht, Substanz, etwas Schokolade **21,- €**

83 2008 Riesling Spätlese „Karl Wilhelm" **6,20 €**
82 2007 „Kronjuwel" Rotwein trocken **9,90 €**
81 2007 Cabernet Dorsa*** trocken **7,50 €**
84 2007 Schwarzriesling trocken Barrique **14,50 €**
80 2007 Regent*** **6,90 €/0,5l**

★☆

Markus Busch
Weingut

Mosel

Schulstraße 6, 56862 Pünderich
Tel. 06542-2810, Fax: 06542-1583
www.buschwein.de, www.steillagenprojekt.de
info@buschwein.de
Besuchszeiten: nach Vereinbarung

Inhaber . . . . Markus Busch
Rebfläche . . . . 3 Hektar

Dem Riesling aus der Lage Pündericher Marienburg gehört das Hauptaugenmerk des jungen Winzers Markus Busch, Weißburgunder, Spätburgunder und Rivaner dienen nur der Ergänzung. Außer durch kontrolliert umweltschonenden Weinbau ist Markus Busch vor allem durch sein Steillagenprojekt bekannt geworden: Die Anteilseigner können ein Wörtchen mitreden bei der Bewirtschaftung der Parzelle und bekommen Riesling als Quasi-Dividende – mit speziellem Etikett und Schraubverschluss. Die Rieslinge werden gekühlt vergoren und in Edelstahltanks ausgebaut, Spitzenrotweine reifen auch im kleinen Holzfass. Alle Weine sind schlank, frisch und haben Biss.

2006 ging es weiter aufwärts: Der Projektwein ragte weit aus dem übrigen Sortiment heraus. 2007 war genau dieser Wein wiederum der Star der Kollektion, 2008 bringt eine sehr gleichmäßige Leistung. Edelsüße Spitzen, ähnlich der Auslese aus 2006, waren nicht möglich.

Weinbewertung

86 . . . 2006 Riesling Auslese***

reifer Pfirsich, Orangen, deutlich vom Jahrgang geprägt; saftig, rassig **9,- €/0,5l**

79 2008 Riesling Hochgewächs trocken **5,- €**
79 2008 Riesling Kabinett trocken 4,50 €
82 2008 Riesling Kabinett halbtrocken „Steillagenprojekt“ **8,- €**
80 2008 Riesling Classic **4,20 €**
82 2008 Weißburgunder Classic **4,20 €**
83 2007 Spätburgunder Weißherbst Spätlese trocken **5,50 €**
83 2007 Spätburgunder Spätlese trocken **6,- €**
79 2007 Cabernet Dorsa Spätlese trocken **6,- €**

★★

Jean **Buscher**

Weingut

Rheinhessen

Wormser Straße 4-6, 67595 Bechtheim
***Tel.** 06242-872, **Fax:** 06242-875*
www.jean-buscher.de
weingut@jean-buscher.de
***Besuchszeiten:** Mo.-Fr. 8-17 Uhr und nach Vereinbarung*

Inhaber . . . . Jean Michael Buscher
Rebfläche . . . . 16 Hektar

Seit 1844 betreibt die Familie Weinbau in Bechtheim, das Gut wird heute von Jean Michael Buscher geführt. Gut die Hälfte der Rebfläche nehmen rote Rebsorten ein, Spätburgunder, Dornfelder und Portugieser vor allem, aber auch Schwarzriesling, Heroldrebe, Regent und Rosenmuskateller, eine Rebsorte, die man hin und wieder in Südtirol findet. Mit Abstand wichtigste weiße Rebsorte ist Riesling, dazu gibt es Kerner, Weißburgunder, Silvaner, Grauburgunder, Muskateller, Gewürztraminer und Müller-Thurgau. Jean Michael Buschers Sohn Raphael kümmert sich seit Beendigung seines Geisenheim-Studiums verstärkt um den Weinausbau, zusammen mit dem neuen Kellermeister Matthias Schanz, die zusammen erstmals den 2007er Jahrgang betreut haben. 85 Prozent der Weine werden trocken oder halbtrocken ausgebaut.

Die 2006er Weine waren jahrgangsbedingt schwach, die 2005er Barriqueweine und der Rosenmuskateller überzeugten vor zwei Jahren wie gewohnt. Die letztjährige Kollektion war im trockenen Segment sehr gleichmäßig, die Highlights aber setzten die edelsüßen Weine, allen voran die faszinierende Muskateller Trockenbeerenauslese. Die neue Kollektion kommt in der Spitze da nicht ganz heran, hat ihre Stärken im roten und im edelsüßen Segment.

Weinbewertung

87 . . . 2007 Riesling Trockenbeerenauslese
würzig, eindringlich, etwas Zitrusfrüchte; süß, dick, schmeichelnd, viel Substanz **45,- €/0,375l**

85 . . . 2006 Spätburgunder trocken Barrique „Edition S"
würzig, konzentriert, reife rote Früchte, ganz leicht Kräuter; klare Frucht und Biss, Kräuternote **18,- €**

78 2008 Riesling trocken **5,30 €**
79 2008 Riesling trocken „Edition S" **7,50 €**
82 2008 Riesling trocken „Edition Goldkapsel" **12,90 €**
82 2008 Weißburgunder trocken „Edition S" **7,70 €**
80 2008 Riesling Spätlese „feinherb" **6,80 €**
82 2008 Muskateller **5,30 €**
82 2008 Riesling Spätlese **5,90 €**
82 2007 „Nibelungencuvée" Weißer und Grauer Burgunder Barrique **14,90 €**
80 2007 Schwarzriesling trocken „Edition S" **9,20 €**
84 2007 Schwarzriesling Auslese trocken „Edition S" **19,50 €**

★★☆

Caspari-Kappel

Weingut

Mosel

Am Steffensberg 29, 56850 Enkirch
Tel. 06541-6348, Fax: 06541-1628
www.caspariwein.de
info@caspariwein.de
Besuchszeiten: jederzeit nach Vereinbarung

Inhaber ...... Thomas Caspari und Uwe Jostock
Rebfläche .... 7 Hektar

Thomas Caspari und Uwe Jostock (früher bei Immich-Batterieberg und bei Clemens Busch) sind seit Januar 2007 Partner. Der Betrieb bewirtschaftet sieben Hektar in Enkirch und Traben, darunter Parzellen in den Spitzenlagen Ellergrub, Zeppwingert und Steffensberg. In den Jahrgängen 2007 und 2008 wurden auch die Weine aus der Monopollage Enkircher Batterieberg vinifiziert. Ziel der Kellerarbeit ist es, authentische, mineralische Rieslinge zu erzeugen. Der Spätburgunder aus 2007 wurde im Barrique ausgebaut und unfiltriert abgefüllt. Es ist dem Weingut Caspari-Kappel zu verdanken, dass Lagennamen wie Zeppwingert und Ellergrub wieder in das Bewusstsein der Weintrinker gelangen.

Die vorgestellten 2007er zeigten sich auf einem sehr beachtlichen Niveau – saftig, elegant, voller Substanz. Noch besser als der mächtige Riesling „100" (von 100 Jahre alten Reben!) gefielen indes die eleganten Spät- und Auslesen. Die 2008er stehen den Vorgängern nicht nach, stellen sogar in vielen Bereichen eine weitere Steigerung dar: Sie sind sehr klar, elegant, mineralisch und präzise. Bereits die Basisweine überzeugen!

Weinbewertung

85 . . . 2008 Riesling Hochgewächs trocken
sehr klar, Kräuter; straff, würzig, markante Säure, aber gut balanciert, hat Biss **7,- €**

88 . . . 2008 Riesling Spätlese trocken Enkircher Ellergrub
duftig, Hefennoten, etwas Kräuter; stoffig, enorm würzig, noch etwas unruhig, Biss, Potenzial **10,80 €**

88 . . . 2008 Riesling Spätlese „feinherb" Enkircher Zeppwingert
frisch, eindringliche Frucht, Mirabelle, etwas Melone, Kräuter; viel Würze, rassige Säure, Schmelz **10,80 €**

86 . . . 2008 Riesling Kabinett Enkircher Batterieberg
sehr frisch, Kräuter, etwas Apfelschale; viel Würze, feines Süße-Säure-Spiel, saftig **7,50 €**

89 . . . 2008 Riesling Spätlese Enkircher Batterieberg

eindringliche Frucht, noch etwas unruhig, getrockneter Apfel, Kräuter; saftig, viel Struktur, Kräuter, Würze, mineralisch **12,80 €**

87 . . . 2008 Riesling Spätlese Trabener Gaispfad
zarte Frucht, deutlich Kräuter, etwas Mirabelle, Melone; saftig, viel Würze, rassig, gute Länge **10,80 €**

86 . . . 2008 Riesling Spätlese Enkircher Steffensberg
reife Frucht, Pfirsich, Pfirsichschale, reife Melone; saftig, viel Frucht, würzig, leicht eigenwillig, aber interessant **9,80 €**

89 . . . 2008 Riesling Auslese Enkircher Steffensberg
sehr klar, kandierter Apfel; straff, würzig, sehr geradlinig, saftig, viel Frucht **16,80 €/0,375l**

90 . . . 2008 Riesling Auslese Trabener Gaispfad
klare Frucht, kandierter Apfel, etwas Kräuter und Steinobst; saftig, feine Frucht, leicht mineralisch, ungemein animierend **17,80 €/0,375l**

85+ . . . 2007 Spätburgunder trocken Enkircher Steffensberg
rauchige Noten, etwas kandierte Kirsche; stoffig, viel Frucht, Würze, leichte Bitternote, Potenzial **15,- €**

84 2008 Riesling „feinherb" Hochgewächs **7,- €**
84 2008 Riesling Hochgewächs **7,- €**

Fürstlich Castell'sches Domänenamt ★★☆

Franken

Schlossplatz 5, 97355 Castell
Tel. 09325-60160, Fax: 09325-60188
www.castell.de
weingut@castell.de
Besuchszeiten: Mo.-Fr. 8-18 Uhr, Sa. 10-16 Uhr
Restaurant „Weinstall", Schlossplatz 5 (Pächter: Sabine Koch, im Sommer durchgehend geöffnet, sonst Fr.-So., Tel. 09325-902561)

Inhaber .... Ferdinand Graf zu Castell-Castell
Betriebsleiter .... Karl-Heinz Rebitzer
Rebfläche .... 70 Hektar

Die Weinberge des Fürstlich Castell'schen Domänenamtes befinden sich rings um Castell im Steigerwald. Die Casteller Lagen Schlossberg, Reitsteig, Trautberg, Hohnart, Kugelspiel und Feuerbach gehören dem Weingut in Alleinbesitz. Neben den Trauben der eigenen Weinberge werden auch die Trauben von ca. 90 Winzern der Erzeugergemeinschaft Steigerwald mit weiteren 30 Hektar Weinbergen in den Schlosskellern ausgebaut und über das Weingut vermarktet. Wichtigste Rebsorten sind Silvaner und Müller-Thurgau, gefolgt von Riesling, Rieslaner, Bacchus, Kerner und Scheurebe, sowie den roten Sorten Spätburgunder und Domina, aber auch etwas Dornfelder, Regent und Acolon. Die Weine werden überwiegend trocken ausgebaut. Die Basis-Linie nennt sich Castell-Castell, dann kommt die Linie Schloss Castell, anschließend die Lagenweine und schließlich als Großes Gewächs Silvaner und Riesling aus dem Casteller Schlossberg.

Die 2006er Kollektion gefiel gut, bewies Konstanz auf hohem Niveau. 2007 schloss nahtlos daran an, der Riesling aus dem Schlossberg gefiel uns ein wenig besser als der Silvaner, dazu gab es konzentrierte edelsüße Weine und einen reintönigen Spätburgunder Reitsteig. Auch 2008 sind die Großen Gewächse aus dem Schlossberg die herausragenden Weine, aber auch der im Holz ausgebaute „10. Apriles anno 1659" gefällt uns gut.

Weinbewertung

87 . . . 2006 Silvaner trocken „10. Apriles anno 1659"
viel Konzentration, herrlich viel Frucht, gelbe Früchte, dezent Vanille; füllig, harmonisch, viel Substanz, reife Frucht **23,- €**

88 . . . 2008 Silvaner „GG" Casteller Schlossberg
würzig, eindringlich, reife Frucht, dominant; weich, füllig, würzig, viel reife Frucht und Substanz **25,- €**

2003: 86; 2004: 87; 2005: 87; 2006: 88; 2007: 87.

87 . . . 2008 Riesling „GG" Casteller Schlossberg
gute Konzentration, feiner Duft, Veilchen, reife Frucht; enorm füllig, stoffig, kraftvoll **25,- €**
2005: 85; 2006: 87; 2007: 88.

88 . . . 1967 Silvaner Beerenauslese Casteller Schlossberg
gute Konzentration, eindringlich Kaffee, viel Würze; dick, klebrig, viel Substanz und Konzentration (kein aktueller Jahrgang)

85 . . . 2006 „Cuvée C" Rotwein trocken
rauchige Noten, rote und dunkle Früchte, eindringlich; füllig, kraftvoll, reife Frucht, gute Struktur **23,- €**

81 2008 Müller-Thurgau Kabinett trocken Casteller Bausch **9,- €**
81 2008 Kugelspiel Silvaner trocken „Edition Graf Ferdinand" **9,90 €**
80 2008 Trautberg Silvaner & Traminer trocken „Edition Graf Ferdinand" **9,90 €**
82 2008 Silvaner Kabinett trocken Casteller Hohnart **9,90 €**
82 2008 Silvaner Spätlese trocken Casteller Trautberg **13,50 €**
82 2008 Kirchberg Weißburgunder trocken „Edition Graf Ferdinand" **13,50 €**
82 2006 Cuvée „ROT" trocken „Edition Graf Ferdinand" **13,50 €**

Chat Sauvage ★
Weingut
Rheingau

Grund 65, 65366 Johannisberg
Tel. 06722-64537, Fax 06722-7421
www.chat-sauvage.de
pinot@chat-sauvage.de
Besuchszeiten: nach Vereinbarung

Inhaber .... Günter Schulz
Rebfläche .... 8 Hektar

Das Weinbauprojekt Chat Sauvage („wilde Katze") wurde vom Hamburger Unternehmer Günter Schulz ins Leben gerufen und wird von Michael Städter geleitet. Als Kellermeister amtiert der Önologe Erik Andersson vom Weingut Schamari-Mühle. Der Betrieb hat sich vor allem auf Spätburgunder spezialisiert, dazu kommen Chardonnay und kleine Mengen Frühburgunder und Riesling. Bewirtschaftet werden Parzellen in Lagen wie Assmannshäuser Höllenberg und Rüdesheimer Drachenstein, im Lorcher Kapellenberg und in der Johannisberger Hölle.

Weinbewertung

87 . . . 2005 Pinot noir Spätlese trocken
sehr feine reife Frucht, etwas Tabak; würzig, saftig, viel Frucht, gute Struktur, hat Biss **16,- €**

85 . . . 2006 Pinot noir Spätlese trocken
sehr feine Frucht, klar; saftig, würzig, elegant, gut integriertes Holz **16,- €**

86 . . . 2006 Pinot noir Spätlese trocken Johannisberger Hölle
sehr feine Frucht, leicht rauchig, Tabak, Beeren; würzig, saftig, rauchig, gute Struktur **18,- €**

86 . . . 2007 Pinot noir Spätlese trocken Rüdesheimer Drachenstein
eher verhalten, leicht kräuterwürzige Frucht; straff, würzig, festes Tannin, gute Struktur, hat Substanz (86+ Punkte) **23,- €**

87 . . . 2007 Pinot noir Spätlese trocken Johannisberger Hölle
sehr feine Frucht, sortentypisch, Kirschen, etwas Kräuter; straff, viel Struktur, Würze, feine Tannine **23,- €**

88 . . . 2006 Pinot noir trocken Erstes Gewächs Assmannshäuser Höllenberg
noch verschlossen, reife Frucht, Kräuter, rauchige Noten; üppig, würzig, kompakt, feiner Nachhall **35,- €**

84 2007 Pinot noir Spätlese trocken **16,- €**

★★★★☆

Christmann

Weingut

Pfalz

C

Peter-Koch-Straße 43
67435 Neustadt-Gimmeldingen
Tel. 06321-66039, Fax: 06321-68762
www.weingut-christmann.de
info@weingut-christmann.de
Besuchszeiten: Mo.-Fr. 9-11 + 14-18 Uhr, Sa. 9-12 Uhr oder nach Vereinbarung

Inhaber .... Steffen Christmann
Kellermeister .... Martin Eller
Rebfläche .... 17 Hektar

Karl-Friedrich Christmann hat 1965 das Weingut übernommen, heute führt es sein Sohn Steffen. Die Weinberge befinden sich in besten Lagen der Mittelhaardt, so in Gimmeldingen in den Lagen Mandelgarten und Biengarten, in Königsbach in den Lagen Idig (3,5 Hektar) und Ölberg, in Ruppertsberg in den Lagen Reiterpfad und Linsenbusch und in den Deidesheimer Lagen Langenmorgen, Paradiesgarten und Mäushöhle. Riesling ist mit einem Anteil von 70 Prozent die wichtigste Rebsorte. Hinzu kommen Spätburgunder, Weißburgunder, Grauburgunder und Gewürztraminer. Die Weinberge werden ökologisch bewirtschaftet (nach der biodynamischen Methode), zertifiziert seit dem Jahrgang 2004. 2007 wurde Steffen Christmann zum Präsidenten des VDP gewählt.

„Seit Jahren gehört das Weingut Christmann zur Pfälzer Spitze, selbst die „einfachen" Weine sind hier zuverlässig gut." So hatten wir es vor zehn Jahren formuliert, so kann man es heute noch stehen lassen. Auch wenn man präzisieren muss: Sowohl die „einfachen" Weine, als auch die Spitzenweine – die Großen Gewächse – sind noch besser geworden. Die Umstellung auf biodynamischen Weinbau, sicherlich auch die Spontangärung, haben die Weine verändert, zu ihrem Vorteil verändert, wie wir meinen, sie sind komplexer geworden. Und dass sie hervorragend reifen können stellte eine Vertikalverkostung des Idig unter Beweis.

Die 2006er Kollektion war stark: Der Gutsriesling war frisch und zupackend, die Großen Gewächse gehörten zur Spitze in der Pfalz. Wieder einmal war der Idig unser Favorit, wieder nur mit knappem Vorsprung. Fast identisch zeigte sich das Bild im vergangenen Jahr: In einer starken, beeindruckenden Phalanx an Großen Gewächsen gefiel uns einmal mehr der Riesling aus dem Idig besonders gut, die Kollektion präsentierte sich geschlossen auf hohem Niveau, jeder Wein überzeugte. Und Gleiches gilt nun auch im gar nicht so einfachen Jahrgang 2008: Eine grandiose Riesling-Serie vom Gutsriesling bis hin zum Idig zeigt, dass die Truppe von Steffen Christmann auch einen solchen Jahrgang virtuos beherrscht: Gratulation!

Weinbewertung

86 ... 2008 Spätburgunder Blanc de Noirs trocken
reife Frucht, etwas gelbe Früchte, herrlich eindringlich; klar, frisch, zupackend, reife Frucht **8,80 €**

85 ... 2008 Grauburgunder trocken
feine Würze, reintönige Frucht, etwas gelbe Früchte; klar, frisch, zupackend, harmonisch **8,80 €**
2001: 87; 2002: 84; 2003: 84; 2004: 83; 2005: 86; 2006: 88; 2007: 85.

87 ... 2008 Weißburgunder „SC" trocken
gute Würze und Konzentration, reife Frucht, herrlich eindringlich; füllig, harmonisch, kraftvoll, feine Süße **14,50 €**
1998: 86; 1999: 83; 2001: 90; 2002: 88; 2004: 87; 2005: 89; 2007: 86.

87 . . . 2008 Grauburgunder „SC" trocken
würzig, klar, herrlich eindringliche Frucht; füllig, harmonisch, reife Frucht und Substanz **14,50 €**

86 . . . 2008 Riesling trocken
würzig, reintönig, eindringlich; frisch, zupackend, reintönige Frucht **8,- €**

86 . . . 2008 Riesling trocken Gimmeldingen
würzig, eindringlich, reintönige Frucht, etwas gelbe Früchte; frisch, klar, zupackend **9,20 €**

87 . . . 2008 Riesling trocken Ruppertsberg
würzig, reintönige reife Frucht; frisch, zupackend, wunderschön reintönig, präzise **8,80 €**

88 . . . 2008 Riesling trocken Ruppertsberg Linsenbusch
konzentriert, reife Frucht, etwas gelbe Früchte, eindringlich; weich, füllig, harmonisch, Substanz **10,20 €**

88 . . . 2008 Riesling trocken Deidesheimer Paradiesgarten
konzentriert, reintönig, herrlich eindringlich; gute Fülle und Substanz, reife Frucht, Kraft, Struktur **11,- €**

87 . . . 2008 Riesling trocken Gimmeldingen Biengarten
würzig, eindringlich herrlich viel Frucht, reintönig; weich, füllig, viel reife Frucht und Substanz **14,50 €**

89 . . . 2008 Riesling trocken Deidesheimer Mäushöhle
konzentriert, feine Würze und Frucht, etwas gelbe Früchte, herrlich eindringlich; füllig, kraftvoll, viel reife Frucht und Substanz **14,50 €**

90 . . . 2008 Riesling trocken Königsbacher Ölberg
klar, konzentriert, faszinierend viel Frucht, herrlich eindringlich und dominant; füllig, kraftvoll, reife Frucht, gute Substanz, lang und nachhaltig **14,50 €**
(bis 2006 Spätlese) 1999: 88; 2000: 90; 2001: 90; 2002: 87; 2003: 87; 2004: 87; 2005: 89; 2006: 86; 2007: 87.

89 . . . 2008 Riesling trocken Gimmeldingen „SC"
konzentriert, würzig, herrlich eindringlich, etwas gelbe Früchte; füllig, kraftvoll, reife Frucht, Substanz, gute Struktur, Länge **18,- €**

88 . . . 2008 Riesling trocken Ruppertsberg „SC"
würzig, klar, reife Frucht, etwas Zitrus, herrlich eindringlich; weich. füllig, reife Frucht, Substanz **16,- €**

88 . . . 2008 Riesling trocken Deidesheim „SC"
frisch, fruchtbetont, herrlich reintönig, etwas Zitrusfrüchte, gelbe Früchte; füllig, stoffig, geradlinig, gute Substanz, Biss **16,- €**

89 . . . 2008 Riesling trocken Königsbach „SC"
gute Konzentration, faszinierend viel Frucht, klar und eindringlich; füllig, harmonisch, reife Frucht, gute Substanz **18,- €**

91 . . . 2008 LANGENMORGEN Riesling „GG"
gute Konzentration, faszinierend viel Frucht, etwas gelbe Früchte, herrlich eindringlich; füllig, stoffig, viel reife Frucht, Substanz, klare reife Frucht, ganz dezent mineralische Noten im Abgang **30,50 €**
2007: 90.

91 . . . 2008 MANDELGARTEN Riesling „GG"
würzig, herrlich eindringlich, faszinierend viel Frucht, gelbe Früchte, dominant; füllig, kraftvoll, stoffig, viel reife Frucht und Substanz, nachhaltig **30,50 €**
2000: 93; 2001: 90; 2002: 89; 2003: 89; 2004: 90; 2005: 90; 2006: 91; 2007: 89.

87 . . . 2008 REITERPFAD Riesling „GG"
viel reife Frucht, feiner Duft, etwas Grapefruit, Würze, gute Konzentration; füllig, üppig, viel reife Frucht, Kräuternote und Biss **28,- €**
1998: 88; 1999: 88; 2000: 88; 2001: 88; 2003: 89; 2004: 90; 2006: 88; 2007: 89.

92 . . . 2008 IDIG Riesling „GG"
gute Konzentration, klare reife Frucht, gelbe Früchte, etwas Grapefruit, jugendlich; füllig, stoffig, viel reife Frucht und Substanz, ganz feine Bitternote, jugendlich, noch etwas verschlossen, feine Länge und Nachhall **32,- €**
1997: 90; 1998: 88; 2000: 88; 2001: 92; 2002: 90; 2003: 88; 2004: 90; 2005: 90; 2006: 92; 2007: 91.

86 . . . 2008 Gewürztraminer Spätlese
würzig, klar, wunderschön reintönige Frucht; frisch, reintönig, zupackend, feiner Biss **18,- €**

86 . . . 2007 Spätburgunder trocken „SC" Gimmeldingen Kapellenberg
würzig, etwas streng, rote Früchte; klar, füllig, harmonisch, reife Frucht, gute Struktur **18,- €**

---

84 2008 Weißburgunder trocken **8,80 €**

★

Christmann Wein

Weingut Jens Christmann

Pfalz

Neugasse 40, 67271 Kindenheim
Tel. 06359-94215
www.rotwoi.de
jens@rotwoi.de
Besuchszeiten: nach Vereinbarung

Inhaber .... Jens Christmann
Rebfläche .... 8,5 Hektar

Der ursprüngliche Gemischtbetrieb mit Weinbau, Obstbau, Ackerbau und Viehzucht ist seit fünf Generation in Familienbesitz. Richard Christmann stellte Obstbau und Nutztierhaltung ein und konzentrierte sich seit den Neunziger Jahren auf Weinbau. Jens Christmann ist 2001 in den Betrieb eingestiegen und begann mit dem Aufbau des Flaschenweingeschäfts. Die Weinberge liegen in Kindenheim in der Großlage Grafenstück (Einzellagen Vogelsang, Katzenstein, Burgweg und Sonnenberg). Die Weißweine werden gezügelt vergoren, Rotweine nach der Maischegärung ein Jahr im Holzfass ausgebaut.

Weinbewertung

- **82** 2008 Riesling trocken Kindenheimer Grafenstück **3,80 €/1l**
- **81** 2008 Spätburgunder Blanc de Noir „feinherb" Kindenheimer Sonnenberg **3,60 €**
- **84** 2007 Riesling Spätlese trocken Kindenheimer Grafenstück **3,90 €**
- **83** 2007 Spätburgunder Spätlese trocken Holzfass **5,10 €**
- **80** 2007 Dornfelder trocken Holzfass **4,20 €**
- **78** 2005 „Cuvée Abendrot" Rotwein trocken Holzfass **5,- €**

★★★★☆

Joh. Jos. Christoffel Erben

Weingut

Mosel

Verwaltung Weingut Mönchhof,
Robert Eymael, 54539 Ürzig
Tel. 06532-93164, Fax: 06532-93166
www.moenchhof.de
moenchhof.eymael@t-online.de
Besuchszeiten: nach Vereinbarung

Inhaber .... Robert Eymael
Rebfläche .... 4 Hektar

Die Geschichte des Weinguts lässt sich 400 Jahre zurückverfolgen, berühmt wurden die Rieslinge aber erst in der zweiten Hälfte des 20. Jahrhunderts. Seit dem Frühjahr 2000 ist Hans-Leo Christoffel eine Kooperation mit dem Weingut Mönchhof eingegangen, die Weinberge werden zusammen bearbeitet, und seit der Ernte 2001 werden auch die Kellerarbeiten und der Verkauf gemeinsam betrieben. Da er keinen Nachfolger hat, entschied sich Hans-Leo Christoffel für diese Lösung. Die beiden Weingüter werden trotz der gemeinsamen Bewirtschaftung selbstständig bleiben und unter den bisherigen Namen weitergeführt. Hans-Leo Christoffel ist weiterhin in Weinberg und Keller mit Rat und Tat behilflich. Die Weinberge des Weingutes Joh. Jos. Christoffel Erben liegen in besten Lagen von Ürzig und Erden. Ausschließlich Riesling wird angebaut, überwiegend mit wurzelechten Reben, die teilweise bis zu 100 Jahre alt sind. Die Weine werden in Holzfässern ausgebaut, vergoren werden sie mit den eigenen Hefen.

Jahr für Jahr hatte Hans-Leo Christoffel durch das hohe Niveau und die Zuverlässigkeit jedes einzelnen Weines beeindruckt, alle Weine waren immer wunderbar reintönig und fruchtbetont, alle betörend schön und süffig. Auch unter der Führung von Robert Eymael blieb dieser Stil erhalten, wie die letzten Jahrgänge zeigten. Die Christoffelsche Eleganz war 2005 unverkennbar, auch wenn der eine oder andere Wein etwas verhalten wirkte. Im Jahrgang 2006 gelang eine herausragende Kollektion an würzigen, klaren und animierenden Weinen, die 2007er waren nicht minder gelungen. Auch 2008 überzeugt, vor allem mit den fruchtigen Rieslingen ab Spätlese aufwärts. Die trockene Spätlese ist allerdings ebenfalls gelungen.

Weinbewertung

85 . . . 2008 Riesling Spätlese trocken Ürziger Würzgarten
frisch, jugendlich, deutliche Hefenoten, unruhig; straff, würzig, gute Struktur **11,90 €**

86 . . . 2008 Riesling Kabinett Ürziger Würzgarten
duftig, klare Frucht, Kräuter, etwas Ananas; saftig, würzig, sehr animierend **8,90 €**
1998: 90; 1999: 87; 2000: 89; 2001: 87; 2002: 87; 2003: 84; 2004: 86; 2005: 86; 2006: 86; 2007: 86.

85 . . . 2008 Riesling Kabinett Erdener Treppchen
frisch, leichte Hefenote, Kräuter; feine Frucht, saftig, feines Süße-Säure-Spiel **8,90 €**
1999: 88; 2000: 88; 2003: 86; 2004: 86; 2005: 86; 2006: 86; 2007: 86.

86 . . . 2008 Riesling Kabinett „Fass 9" Erdener Treppchen
zunächst eher verhalten, feine Frucht; viel Würze, rassig, eher verhaltene Süße, sehr präzise **8,90 €**

87 . . . 2008 Riesling Spätlese Ürziger Würzgarten
reife Frucht, gebackener Apfel, Steinobst, Kräuter; saftig, viel Würze, rassig, gute Länge **11,90 €**
1998: 90; 1999: 90; 2000: 91; 2001: 90; 2002: 89; 2003: 89; 2004: 86; 2005: 87; 2006: 88; 2007: 89.

88 . . . 2008 Riesling Spätlese Erdener Treppchen
duftig, Mirabelle, Kräuter, viel Würze; saftig, rassig, gute Frucht, feines Süße-Säure-Spiel **11,90 €**

90 . . . 2008 Riesling Auslese Erdener Treppchen**
duftig, feine Frucht, kandierter Apfel, leichte Hefenote, Stachelbeere; saftig, rassig, herrliches Süße-Säure-Spiel **16,90 €**
1998: 88; 1999: 89; 2001: 93; 2002: 91; 2003: 91; 2004: 91; 2005: 87; 2006: 91; 2007: 90.

91 . . . 2008 Riesling Auslese* Ürziger Würzgarten**
zunächst verhalten, dann reife Frucht, Kräuter, Mirabelle; saftig, feinstes Süße-Säure-Spiel, langer Nachhall **21,90 €**
1999: 93; 2000: 91; 2001: 94; 2002: 93; 2003: 94; 2004: 92; 2005: 90; 2006: 93; 2007: 92.

---

81 2008 Riesling trocken Ürziger Würzgarten **6,90 €**

82 2008 Riesling Kabinett trocken Ürziger Würzgarten **9,90 €**

83 2008 Riesling Kabinett „feinherb" Erdener Treppchen **8,90 €**

★

Clauer

Weingut

Baden

Dormenackerhof, 69126 Heidelberg
Tel. 06221-382439, Fax: 06221-351225
www.weingutclauer.de
info@weingutclauer.de
Besuchszeiten: Mo.-Fr. 8-12:30 + 13:30-18 Uhr, Sa. 9-16 Uhr
Ferienwohnungen

Inhaber .... Familie Clauer
Rebfläche .... 12 Hektar

Die Familie Clauer betreibt seit Generationen Weinbau. Früher ein landwirtschaftlicher Gemischtbetrieb, hat man sich seit 1996 auf Weinbau spezialisiert. Die Weinberge befinden sich in Heidelberg in den

Lagen Dormenacker (in Alleinbesitz) und Sonnenseite ob der Bruck. Neben Riesling, Weißburgunder und Spätburgunder gibt es vor allem Schwarzriesling, Chardonnay und St. Laurent.

Vor zwei Jahren gefielen die beiden 2005er Barriqueweine besonders gut, aber auch die 2006er Weißweine stellten angesichts des Jahrgangs zufrieden. Die letztjährige Kollektion war sehr gleichmäßig, weiß wie rot, neue Barriqueweine gab es im vergangenen Jahr leider nicht zu verkosten. Die 2008er Weine sind etwas verhalten, unser klarer Favorit ist die trockene Riesling Spätlese von der Sonnenseite.

Weinbewertung

85 . . . 2008 Riesling Spätlese trocken Heidelberger Sonnenseite ob der Bruck

würzig, eindringlich, klare Frucht; füllig, harmonisch, klare reife Frucht, gute Struktur und Biss

80 2008 Grauburgunder trocken Heidelberger Dormenacker

79 2008 Chardonnay trocken Heidelberger Dormenacker

80 2008 Weißburgunder Kabinett trocken Heidelberger Dormenacker

81 2008 Riesling Kabinett trocken Heidelberger Dormenacker

82 2008 Riesling trocken „Alte Reben" Heidelberger Dormenacker

81 2008 Rosé trocken Heidelberger

81 2008 Spätburgunder trocken Heidelberger Dormenacker

79 2008 St. Laurent trocken Heidelberger Dormenacker

81 2007 „N° 1" Rotwein Heidelberger Dormenacker

Marcus Clauß ★
Weinkollektion

Rheinhessen

Rheinhessenstraße 109, 55129 Mainz-Hechtsheim
Tel. 06131-9728942, Fax: 06131-9728943
marcus.clauss@mc-weinkollektion.de
www.mc-weinkollektion.de
Besuchszeiten: nach Vereinbarung

Inhaber .... Marcus Clauß
Rebfläche .... 6 Hektar

Marcus Clauß, geboren in Esslingen, ist Diplom-Ingenieur für Getränketechnologie. Mit dem Jahrgang 2001 hat er die „MC Weinkollektion" auf dem Weingut seiner Schwiegereltern gestartet. Diese bewirtschaften nach seinen Vorgaben Weinberge in Mainz-Laubenheim und Bodenheim. Bis auf edelsüße Weine sind alle Weine trocken. Die Weißweine werden kühl vergoren und im Edelstahl ausgebaut, der Grauburgunder kommt für acht Monate ins Barrique. Die Rotweine werden nach der Maischegärung teils im Fass ausgebaut, filtriert wird nur einmal vor der Abfüllung.

Die 2006er waren jahrgangsbedingt etwas verhaltener, aber von gleichmäßiger Qualität. In der letztjährigen Kollektion war einmal mehr der im Holzfass ausgebaute Grauburgunder unser Favorit. Die neue Kollektion präsentiert sich sehr gleichmäßig, am besten hat uns der füllige Riesling gefallen.

Weinbewertung

85 . . . 2008 Riesling „First Clauß" trocken

gute Konzentration, klare reife Frucht, herrlich eindringlich; weich, füllig, harmonisch, viel reife Frucht

9,80 €

84 2008 „Secco" Perlwein **5,70 €**
80 2007 Pinot Sekt brut **11,80 €**
82 2008 Rivaner trocken **4,70 €**
82 2008 Riesling trocken **5,90 €**
83 2008 Weißburgunder trocken **5,90 €**
80 2008 Blanc de Noir **5,90 €**
84 2007 Huxelrebe edelsüß **10,30 €**
79 2007 „Poesie" Rotwein trocken Holzfass **6,50 €**
82 2007 Spätburgunder trocken Holzfass **7,20 €**

★☆

Susanne u. Berthold **Clauß**

Weingut

Baden

Obere Dorfstraße 39, 79807 Lottstetten-Nack
Tel. 07745-5492, Fax: 07745-927951
www.nacker-wein.de
info@nacker-wein.de
Besuchszeiten: Mo.-Fr. 9:30-12 + 13:30-18 Uhr, Sa. 9-13 Uhr, Mi. geschlossen

Inhaber .... Susanne und Berthold Clauß
Rebfläche .... 16 Hektar

Das Weingut wurde 1981 von Elisabeth und Friedrich Clauß aus Esslingen gegründet, 2003 von ihrem Sohn Berthold Clauß und Ehefrau Susanne übernommen. Berthold Clauß machte seine Winzerlehre bei den Weingütern Fritz Currle und Hans Haidle. Die Weine wurden anfangs in den Kellern der Weingüter des Markgrafen von Baden in Schloss Salem ausgebaut, die Ernte 2003 dann erstmals im eigenen Keller vinifiziert, den Berthold Clauß am Fuße des Nacker Weinberges neu erbaute. Gut die Hälfte der Weinberge liegt am Nacker Hausberg (sandiger Lehm), hinzu kommen Weinberge in Rechberg und Erzingen im Klettgau (schwerer Lehm). Spätburgunder nimmt 70 Prozent der Rebfläche ein. An weißen Rebsorten gibt es Müller-Thurgau, Weißburgunder, Grauburgunder und Sauvignon Blanc.

Der vor zwei Jahren präsentierte Spätburgunder „Urbanus" aus dem Jahrgang 2005 war beeindruckend, die Kollektion insgesamt überzeugte. Ein ebenso starker Urbanus folgte mit dem Jahrgang 2006, die 2007er Weine wussten ebenfalls zu überzeugen, neben dem Sauvignon Blanc vor allem der Spätburgunder Eiswein. Eine sehr stimmige Kollektion präsentierten Susanne und Berthold Clauß in diesem Jahr, angeführt von dem wunderschön reintönigen „Urbanus".

Weinbewertung

85 . . . 2007 „CB" Spätburgunder Spätlese trocken Barrique
feine Würze, reintönige Frucht, rauchige Noten, feine Frische; klar, harmonisch, elegant, Vanille, gute Struktur, dezente Bitternoten **13,50 €**

86 . . . 2007 „Belemnit" Frühburgunder trocken
gute Konzentration, viel reife Frucht, etwas Gewürze; füllig, schmeichelnd, reife Frucht, Substanz **14,- €**

87 . . . 2007 „Urbanus" Pinot Noir trocken
gute Konzentration, Gewürze, Toast, viel reife Frucht; füllig, harmonisch, reife Frucht, Vanille **23,50 €**
2005: 88; 2006: 88.

81 2008 Müller-Thurgau trocken Nacker **5,70 €**
83 2008 „Belemnit" Grauburgunder trocken **13,50 €**
81 2008 Weißburgunder trocken Nacker **7,50 €**
81 2008 Riesling trocken Esslinger **8,90 €**
82 2008 Spätburgunder Rosé trocken Nacker **7,50 €**
84 2008 „Belemnit" Blanc de Noir trocken **8,90 €**
83 2008 Spätburgunder trocken Nacker **7,50 €**
88 2007 Spätburgunder Eiswein Nacker **29,- €**

★

Cleebronn-Güglingen

Weingärtner

Württemberg

Ranspacher Straße 1, 74389 Cleebronn
Tel. *07135-98030,* **Fax:** *07135-13228*
www.cleebronner-winzer.de
info@cleebronner-winzer.de
Besuchszeiten: *Mo.-Fr. 8-12 + 13-17:30 Uhr, Sa. 8:30-12:30 Uhr*

Geschäftsführer .... Axel Gerst
Kellermeister .... Andreas Reichert
Mitglieder 480
Rebfläche .... 250 Hektar

Die 1951 gegründete Genossenschaft ist ein Zusammenschluss der Weingärtner der Gemeinden Cleebronn, Eibensbach, Frauenzimmern und Güglingen. Wichtigste Lagen sind der Cleebronner Michaelsberg (kalkhaltige Keuperböden) und der Güglinger Kaiserberg, der ebenfalls aus kalkhaltigen Keuperböden besteht. Rote Rebsorten nehmen 60 Prozent der Rebfläche ein.

Weinbewertung

86 . . . 2007 „Emotion CG" Lemberger trocken Barrique
rauchige Noten, Gewürze, feiner Duft; füllig, kraftvoll, reife Frucht, Substanz, reintönig, Tannine, dezente Bitternote **14,28 €**

82 2008 Grauburgunder trocken „Herzog Christoph" **6,90 €**
83 2008 Riesling trocken „Herzog Christoph" **6,90 €**
81 2008 Pinot Meunier blanc de noir trocken „St. Michael" **4,64 €**
81 2008 Trollinger mit Lemberger trocken „St. Michael" **4,64 €**
79 2008 Trollinger mit Lemberger Güglinger Kaiserberg **4,82 €/1l**

★☆

Konrad Closheim

Weingut

Nahe

Naheweinstraße 97, 55450 Langenlonsheim
Tel. *06704-1314,* **Fax:** *06704-1516*
www.zumwohle.de
info@zumwohle.de
Besuchszeiten: *8-18 Uhr (Bitte um Anmeldung)*

Inhaber .... Konrad Closheim
Rebfläche .... 9 Hektar

Das Weingut Closheim in Langenlonsheim wird in dritter Generation von Konrad und Hannelore Closheim geführt. Die Weinberge befinden sich in den Langenlonsheimer Lagen Königsschild, Löhrer Berg und Steinchen, sowie in den Guldentaler Lagen Hipperich und Rosenteich. Wichtigste weiße Rebsorten sind Riesling, Weißburgunder und Grauburgunder. Bei den roten Sorten dominieren Dornfelder, Spätburgunder und St. Laurent. 2007 wurde die Weinlinie „Summarum" für die Topweine eingeführt, die unter Federführung von Tochter Anette entstanden ist. Mit ihrem Einstieg in das Weingut hat Anette Closheim nun eine weitere Linie „anetteclosheim" geschaffen, die primär an Fachhandel und Gastronomie distribuiert werden soll.

Konrad Closheim hatte über Jahre hinweg solide Kollektionen, die Weine zeigten gleichmäßige Qualität, egal ob weiß oder rot, trocken oder süß. Mit Einführung der „Summarum"-Linie, zunächst mit Riesling und Rotwein, ging es einen klaren Schritt voran: Die Weine dieser Linie bieten ein Mehr an Kraft und Konzentration, sind fülliger und nachhaltiger.

Vor zwei Jahren überzeugte die Kollektion, allen voran die beiden Weine aus der neu eingeführten Spitzenlinie „Summarum“. Auch in der letztjährigen Kollektion ragten die Summarum-Weine heraus, wobei Riesling und Rotwein in dieser Linie mit dem Jahrgang 2007 um einen Chardonnay ergänzt wurden. Der Aufwärtstrend hält an, die neue Kollektion bietet einige sehr schöne, gekonnt vinifizierte Weiß- und Rotweine. Im Auge behalten!

Weinbewertung

87 . . . 2008 „anetteclosheim“ Riesling trocken Langenlonsheimer Löhrer Berg
gute Konzentration, herrlich viel Frucht, etwas gelbe Früchte; füllig, stoffig, viel reife Frucht und Substanz **9,50 €**

86 . . . 2008 „Summarum“ Chardonnay trocken
würzig, eindringlich, reife Frucht; füllig, harmonisch, klare reife Frucht, Substanz **8,90 €**
2007 (1. Jg.): 86.

86 . . . 2008 St. Laurent trocken Barrique
reintönige Frucht, feine Würze, Kirschen, herrlich eindringlich; füllig. harmonisch, schmeichelnd, reife süße Frucht **9,50 €**

85 . . . 2008 „anetteclosheim“ Pinot Noir trocken
fruchtbetont, frisch, reintönig; feine süße Frucht, frisch und fruchtbetont, wunderschön reintönig und süffig **10,80 €**

86 . . . 2007 „Summarum“ Rotwein trocken
würzig, eindringlich, reife Frucht; kraftvoll, klar, reife Frucht, gute Struktur, jugendlich **13,50 €**
2005 (1. Jg.): 86; 2006: 85.

80 2008 Grauer Burgunder trocken **5,20 €**
79 2008 Spätburgunder Blanc de Noir trocken **5,20 €**
82 2008 Riesling Spätlese trocken Langenlonsheimer Löhrer Berg **6,20 €**
81 2008 Riesling „C“ „feinherb“ **5,- €**
84 2008 „anetteclosheim“ Weißburgunder trocken **7,50 €**

★★★★

Ansgar Clüsserath
Weingut

Mosel

Spielesstraße 4, 54349 Trittenheim
Tel. 06507-2290, Fax: 06507-6690
www.ansgar-cluesserath.de
weingut@ansgar-cluesserath.de
Besuchszeiten: nach Vereinbarung
Gästehaus

Inhaber .... Ansgar und Eva Clüsserath
Rebfläche .... 4 Hektar

Seit dem 17. Jahrhundert wird in der Familie Weinbau betrieben. Heute bewirtschaften Ansgar Clüsserath und seine Tochter Eva vier Hektar Weinberge, die hauptsächlich mit Riesling bestockt sind. Außer Parzellen in der Trittenheimer Apotheke nennt das Weingut auch Flächen im Piesporter Goldtröpfchen sowie im Dhron Hofberger sein eigen. Für den Weinausbau ist seit dem Jahrgang 1998 Eva Clüsserath verantwortlich, die mit Philipp Wittmann vom Weingut Wittmann in Westhofen verheiratet ist. Die Weine werden meist im traditionellen Holzfass ausgebaut und bleiben recht lange auf der Hefe liegen. In der Flasche präsentieren sie sich dann würzig und in einem eher ruhigen Stil, die Spontangärnoten sind sehr dezent.

Im Jahrgang 2006 wirkten die Weine straff und würzig, zugänglicher als jene des Vorjahres. 2007 macht nicht nur der geradlinige „Steinreich“ viel Spaß. 2008 hat sehr klare, rassige Weine zu bieten, bereits jung zugänglich.

Weinbewertung

86 . . . 2008 Weißer Burgunder trocken
feine Frucht, klar, sortentypisch; viel Würze, stoffig,

feine Frucht, hat Biss **6,40 €**

85 . . . 2008 Riesling trocken „vom Schiefer"
leicht Hefenoten, frisch, zarte Frucht; saftig, gut balanciert, feine Säure, bereits zugänglich **7,40 €**

88 . . . 2008 Riesling trocken „Steinreich"
deutliche Hefenoten, Stachelbeeren, etwas Kräuter; würzig, stoffig, viel Frucht, komplex, animierend **10,90 €**
2005: 87; 2006: 87; 2007: 87.

90 . . . 2008 Riesling trocken Trittenheimer Apotheke
leichte Hefenoten, Kräuter, etwas Stachelbeere, schiefrig; viel Würze, mineralische Struktur, stoffig, feine Säure, ausgewogen **14,40 €**
(bis 2002 Auslese trocken, bis 2004 ***) 2001: 87; 2002: 90; 2003: 89; 2004: 91; 2005: 91; 2006: 87; 2007: 88.

86 . . . 2008 Riesling Kabinett Trittenheimer Apotheke
zarte Frucht, leichte Hefenoten; würzig, zarte Süße, etwas Kräuter im Nachklang, animierend **7,90 €**
2001: 85; 2002: 85; 2003: 84; 2004: 88; 2005: 85; 2006: 85; 2007: 86.

89 . . . 2008 Riesling Spätlese Trittenheimer Apotheke
eindringliche Frucht, Kräuter, leichte Hefenoten, Cassis, Stachelbeere; saftig, rassig, hefewürziger Nachhall **10,90 €**
2001: 87; 2002: 89; 2003: 86; 2004: 91; 2005: 88; 2006: 87; 2007: 89.

88 . . . 2008 Riesling Auslese Trittenheimer Apotheke
verhaltene Frucht, etwas kandierte Apfel; saftig, kühle Frucht, elegant, Potenzial (88+? Punkte) **14,20 €**
2002: 89; 2003: 87; 2004: 93; 2005: 89; 2006: 90; 2007: 89.

★★★

Ernst Clüsserath

Weingut

Mosel

Moselweinstraße 67, 54349 Trittenheim
Tel. 06507-2607, Fax: 06507-6607
www.weingut-ernst-cluesserath.de
weingut.ernst.cluesserath@t-online.de
Besuchszeiten: jederzeit nach Vereinbarung
Gästehaus

Inhaber .... Ernst Clüsserath
Rebfläche .... 3,8 Hektar

Ernst Clüsserath hat das Weingut nach und nach zu einem der besten Betriebe Trittenheims gemacht. Im Jahr 1991 übernahm er das Familienweingut, das er heute mit seiner Frau Heike führt. Er kann auf Weinberge in besten Lagen Trittenheims – Apotheke und Altärchen – zurückgreifen, angebaut werden zu 97 Prozent Rieslingreben, der Rest ist dem Müller-Thurgau vorbehalten. Ernst Clüsserath baut seine Weine im traditionellen Fuder aus, die Vergärung erfolgt spontan. Verkauft werden die Rieslinge überwiegend an Privatkunden, die oftmals im angegliederten Gästehaus des Weingutes ihren Urlaub verbringen. Obwohl die Weine in den letzten Jahren immer spannender geworden sind, gelten sie noch als Geheimtipp – vielleicht auch deshalb, weil sie eher elegant und feingliedrig sind.

2006 präsentierte sich zwar nicht als überragender, aber doch als sehr zuverlässiger Jahrgang. 2007 brachte sehr klare, elegante Weine hervor – und 2008 schließt sich da an. Die Versteigerungsauslese ist nicht der einzige Wein, der Finesse zeigt.

Weinbewertung

86 . . . 2008 Riesling Spätlese trocken Trittenheimer Apotheke
hefewürzige Noten, zunächst verhalten; feingliedrig, pikante Säure, elegant, animierend **8,70 €**
1998: 85; 1999: 89; 2000: 86; 2001: 84; 2002: 86; 2003: 87; 2004: 85; 2005: 84; 2006: 84; 2007: 87.

85 . . . 2008 Riesling Kabinett „feinherb Emma Marie"
zarte Frucht, duftig, leicht unruhig; viel Würze, gute Struktur, hat Biss **5,80 €**
bis 2005 halbtrocken: 2004: 86; 2005: 84; 2006: 86; 2007: 85.

86 . . . 2008 Riesling Spätlese „feinherb" Trittenheimer Apotheke
klar, leicht Hefe- und Kräuternoten; würzig, straff, feine Frucht, zeigt Finesse 8,70 €

85 . . . 2008 Riesling Kabinett Trittenheimer Altärchen
duftig, feine Frucht; saftig, Süße-Säure-Spiel, animierend **6,- €**

87 . . . 2008 Riesling Spätlese Trittenheimer Apotheke
Hefenoten, leicht unruhig; würzig, saftig, feine Frucht, gut eingebundene Süße, elegant **8,70 €**

89 . . . 2008 Riesling Auslese Trittenheimer Apotheke
eindringliche Frucht, sehr duftig, Steinobst, kandierter Apfel; sehr rassig, feine Säure, nachhaltig, höchst animierend (Versteigerungswein)

83 2008 Riesling Kabinett trocken Trittenheimer Apotheke **6,70 €**
82 2008 Riesling Classic **5,60 €**

★★★★

Clüsserath-Eifel

Galerie - Riesling Weingut

Mosel

Im Hof 6, 54349 Trittenheim
Tel. 06507-99000, Fax: 06507-99002
www.galerie-riesling.de
info@galerie-riesling.de
Besuchszeiten: nach Vereinbarung
*Gutshotel*** - Restaurant „Galerie Riesling"*

Inhaber .... Gerhard Eifel
Rebfläche .... 3,8 Hektar

Gerhard Eifel ist nicht nur Winzer, er ist auch einer der engagiertesten Sammler alter Rieslingweine und veranstaltet regelmäßig hochkarätige Altweinverkostungen. Mit Zukäufen in der Trittenheimer Apotheke, hatte Gerhard Eifel seine Möglichkeiten, hochkarätige Weine zu erzeugen, in den letzten Jahren weiter verbessert. Dazu besitzt er Weinberge in den Lagen Trittenheimer Altärchen, Klüsserather Bruderschaft und Neumagener Rosengärtchen. Zusammen mit Helmut Clüsserath vom Weingut Clüsserath-Weiler hatte er 1996 vom Friedrich-Wilhelm-Gymnasium den so genannten Fährfels erworben, eine der besten Parzellen der Apotheke. Den gleichnamigen Wein vinifizieren sie gemeinsam. Die Weine von Gerhard Eifel sind klassische Rieslinge – jung manchmal unzugänglich, mit zunehmender Reife herrlich elegant und animierend.

2006 gelangen Gerhard Eifel spannende, mineralische und saftige Rieslinge. Die 2007er waren mineralische, feingliedrige Weine, die sich sehr klar und präzise zeigten. Auch 2008 gelangen Gerhard Eifel einige spannende Weine, die sich sehr klar und direkt zeigen. Andere, wie das Große Gewächs, wirken unzugänglich.

C

Die besten deutschen Weinerzeuger und ihre Weine

Weinbewertung

87 . . . 2008 Riesling trocken Trittenheimer Apotheke
etwas verhalten, leichte Hefenoten; stoffig, Kräuter, animierend **9,90 €**

87 . . . 2008 Riesling „Eminenz Alte Reben" Trittenheimer Apotheke
etwas Zitrus, Kräuter, Melone; stoffig, würzig, wirkt noch unausgewogen **13,80 €**
2000: 85; 2001: 90; 2003: 86; 2004: 86; 2005: 88; 2006: 88; 2007: 88.

86 . . . 2008 Riesling Großes Gewächs Trittenheimer Apotheke
etwas Melone; würzig, feingliedrig, finessenreich, reife Säure, etwas unzugänglich. abwarten **19,50 €**

88 . . . 2008 Riesling „Urstück Alte Reben" Trittenheimer Apotheke
direkt, Kräuter; stoffig, würzig, hat viel Schmelz, saftig, animierend **9,90 €**

90 . . . 2008 Riesling „Fährfels"
klare Frucht, etwas Melone und Kräuter; würzig, Schmelz, saftig, viel Frucht, zarte Süße, Potenzial (90+? Punkte) **25,- €**

87 . . . 2008 Riesling Spätlese Trittenheimer Apotheke
klar, duftig, Mirabelle; saftig, recht füllig, pikante Säure, animierend **9,90 €**

88 . . . 2008 Riesling Spätlese* Trittenheimer Apotheke
getrockneter Apfel, etwas Steinobst, insgesamt eher verhalten; würzig, saftig, im Nachklang kandierter Apfel **12,50 €**

91 . . . 2001 Riesling Spätlese Trittenheimer Apotheke**
herrliche feine Frucht, leichte Reifenoten, Kräuter, Würze; feingliedrig, würzig, gut integrierte Süße, Nachhall **12,50 €**

88 . . . 2008 Riesling Auslese Trittenheimer Apotheke
reife Frucht, kandierter Apfel, Mirabellen; saftig, viel Frucht, würzig, gute Struktur

83 2008 Riesling „R.F." **6,80 €/1l**
86 2008 Riesling trocken „Devon Terrassen" **8,80 €**

★★★★★

Clüsserath-Weiler

Weingut

Mosel

Haus an der Brücke, 54349 Trittenheim
Tel. 06507-5011, Fax: 06507-5605
www.cluesserath-weiler.de
helmut@cluesserath-weiler.de
Besuchszeiten: nach Vereinbarung
Gästehaus

Inhaber .... Helmut und Hilde Clüsserath
Rebfläche .... 5 Hektar

Helmut Clüsserath baut ausschließlich Riesling an. Seine Weinberge befinden sich in besten Lagen von Trittenheim (Apotheke und Altärchen) und im Mehringer Zellerberg. Zusammen mit Gerhard Eifel vom Weingut Clüsserath-Eifel hatte er 1996 vom Weingut Friedrich-Wilhelm-Gymnasium den so genannten Fährfels erworben, eine der besten Parzellen der Apotheke. Den gleichnamigen Wein vinifizieren sie gemeinsam – er ist immer ein bisschen schmelziger und besitzt etwas mehr Restzucker als die trockenen „Alten Reben". Der Ausbau der Weine erfolgt teils in Holzfässern, teils in Edelstahltanks. Alle Weine werden mit den traubeneigenen Hefen vergoren.

Der klare Stil der Weine zieht sich durch die gesamte Kollektion. Sowohl die trockenen als auch „fruchtig trockenen" Weine begeistern mit Finesse und reintöniger Frucht. So faszinierend wie seine trockenen und halbtrockenen Rieslinge, so faszinierend sind auch die süßen Weine von Helmut Clüsserath. Er klassifiziert die Spätlesen nach eigener Einschätzung mit bis zu zwei Sternen, die Auslesen mit bis zu drei Sternen. Seine Einschätzung ist immer nachvollziehbar. Dazu gibt es in manchen Jahren eine Beeren- oder Trockenbeerenauslese, oft einen Eiswein.

2006 fiel hier erstaunlich gut aus, auch 2007 zeigten die Weine viel Substanz. Die 2008er sind herrlich frisch, duftig und rassig – beginnend bei den Basisweinen bis zu den „Alten Reben", zum Fährfels und zum Eiswein.

Weinbewertung

86 . . . 2008 Riesling „HC" trocken
sehr feine Frucht, frisch, ganz leicht Kräuter; rassig, würzig, zupackend **8,- €**
1999: 88; 2000: 88; 2001: 89; 2002: 87; 2003: 83; 2004: 88; 2005: 88; 2006: 85; 2007: 87.

87 . . . 2008 Riesling Spätlese trocken Trittenheimer Apotheke
sehr frisch, deutlich Kräuter, feine Frucht, ganz leicht cremig; würzig, kraftvoll, animierend **10,50 €**
1998: 84; 1999: 89; 2000: 88; 2001: 91; 2002: 86; 2003: 85; 2004: 88; 2005: 85; 2006: 88; 2007: 88.

91 . . . 2008 Riesling trocken „Alte Reben" Trittenheimer Apotheke
eindringliche Frucht, klar, Kräuter, leichte Hefenote, getrockneter Apfel; viel Würze, sehr feingliedrig, mineralisch **15,90 €**
2002: 90; 2003: 84; 2004: 89; 2005: 90; 2006: 89; 2007: 89.

87 . . . 2008 Riesling „HC feinherb"
sehr frisch, jugendliche Frucht; viel Würze, rassig, wirkt sehr balanciert **8,- €**
1999: 89; 2000: 90; 2002: 86; 2003: 84; 2004: 87; 2005: 87; 2006: 87; 2007: 87.

86 . . . 2008 Riesling Kabinett „feinherb" Trittenheimer Apotheke
deutlich Kräuter, etwas Apfel; viel Würze, rassig, zeigt Finesse, gute Länge **8,50 €**
2004: 87; 2005: 87; 2006: 86; 2007: 88.

88 . . . 2008 Riesling Spätlese „feinherb" Trittenheimer Apotheke
deutliche Hefenote, Stachelbeere; stoffig, viel Frucht, elegant, Nachhall **10,50 €**
1998: 86; 2001: 90; 2003: 87; 2004: 89; 2005: 86; 2006: 88; 2007: 87.

90 . . . 2008 Riesling Spätlese „Alte Reben feinherb" Mehringer Zellerberg
unruhig, leichte Hefenote, Stachelbeere, Kräuter; stoffig, deutlich mineralisch, beinah trocken **15,90 €**
bis 2001 Spätlese halbtrocken, bis 2004 „S"; 1999: 88; 2000: 88; 2001: 93; 2002: 91; 2003: 89; 2004: 89; 2005: 92; 2006: 90; 2007: 90.

90 . . . 2008 Riesling „Fährfels"
reife Frucht, leichte Hefenote, mineralisch, Kräuter, etwas Melone; saftig, cremige Frucht, deutlich mineralisch, Schmelz, zarte Süße (90+? Punkte) **25,- €**
1999: 89; 2000: 89; 2001: 94; 2002: 92; 2003: 93; 2004: 93; 2005: 93; 2006: 92; 2007: 91.

89 . . . 2008 Riesling Spätlese Trittenheimer Apotheke
frisch, jugendlich, getrockneter Apfel, Hauch Cassis; würzig, rassig, hat Finesse, nachhaltig **10,50 €**

92 . . . 2008 Riesling Eiswein Trittenheimer Apotheke
sehr reintönig, kandierter Apfel, noch etwas Schwefel; saftig, geradlinig, rassig, herrlich animierend **48,- €/0,375l**

84 2008 Riesling trocken **7,20 €/1l**

★★★

Martin Conrad – Weingut Brauneberger Hof

Mosel

Moselweinstraße 136, 54472 Brauneberg
Tel. 06534-93980, Fax: 06534-939855
www.martinconrad.de, www.braunebergerhof.de
info@martinconrad.de
Besuchszeiten: Weinproben täglich, auch am Wochenende, nach Vereinbarung, Weine können glasweise im Hotel Restaurant Brauneberger Hof bestellt werden (Tel. 06534-1400), täglich außer Do. von 13-21:30 Uhr

Inhaber . . . . Martin Conrad
Rebfläche . . . . 4,3 Hektar

Martin Conrad hat 1998 die Führung des Weingutes übernommen, das bereits seit 14 Generationen von der Familie bewirtschaftet wird. Urkundlich wurde der Betrieb erstmals 1558 erwähnt. Martin Conrad kombiniert Tradition und Moderne, die Erträge werden schon im Weinberg reduziert, die Lese erfolgt selektiv. Die Weine werden mit den natürlichen Hefen vergoren. Neben Riesling, der 95 Prozent der Rebfläche einnimmt, gibt es ein klein wenig Weißburgunder. Die Weinberge liegen in der Brauneberger Juffer und Juffer-Sonnenuhr, sowie in den Lagen Mülheimer Sonnenlay und Veldenzer Kirchberg. Die besten trockenen und halbtrockenen Weine werden als Goldkapsel bezeichnet und zeigen über Jahrgänge hinweg einen mineralischen, von Kräuter-, manchmal auch leichten Tabaknoten beherrschten Stil.

Die 2006er zeigten sich klar und kraftvoll, bereits der Literriesling besaß Substanz. 2007 fielen die Weine noch etwas klarer und mineralischer aus. Die 2008er sind enorm würzig, kraftvoll und balanciert – eine beachtliche Leistung!

Weinbewertung

86 . . . 2008 Weißer Burgunder trocken
jugendlich, frisch, sehr sortentypisch; würzig, rassige Säure, etwas Tabak, Biss und Struktur **10,50 €**

85 . . . 2008 Riesling trocken Veldenzer Kirchberg
frisch, Hefenoten, etwas verhalten; würzig, straff, gute Substanz, noch etwas unausgewogen **9,50 €**

85 . . . 2008 Riesling trocken „Conradus"
klar, jugendlich, leichte Hefenote; straff, würzig, sehr gut balanciert, Biss **7,90 €**

88 . . . 2008 Riesling trocken Goldkapsel Brauneberger Juffer
deutliche Kräuternote, frisch, leichte Hefenote, staubige Frucht; würzig, fest, kraftvoll, deutlich mineralisch **14,90 €**

87 . . . 2008 Riesling „feinherb" Brauneberger Juffer
Kräuter, reifer Pfirsich, Hauch Orange; saftig, würzig, Hauch Süße, sehr animierend **11,90 €**

87 . . . 2008 Riesling „feinherb" Goldkapsel Brauneberger Juffer
klare Frucht, Kräuter, Hefenoten, Steinobst; saftig, viel Frucht, rassig, viel Schmelz, hat Länge und Potenzial (87+ Punkte) **14,90 €**

85 . . . 2008 Riesling Kabinett Brauneberger Juffer
duftig, frisch, Pfirsich, etwas Kräuter; saftig, pikante Säure, deutliche, aber gut abgepufferte Süße **9,50 €**

89 . . . 2007 Riesling Auslese Brauneberger Juffer-Sonnenuhr
cremige Frucht, Steinobst; saftig, rassig, viel Frucht, gute Länge, sehr süffig **18,50 €/0,5l**

89 . . . 2008 Riesling Auslese Brauneberger Juffer-Sonnenuhr
sehr klare Frucht, leichte Hefenote, Pfirsich, Kräuter; saftig, viel Würze, rassig, nachhaltig, hat Biss **18,50 €/0,5l**

89 . . . 2007 Riesling Beerenauslese Brauneberger Juffer-Sonnenuhr
reife Frucht, Pfirsich, etwas Melone, Honig; würzig, straff, schönes Süße-Säure-Spiel, ganz leicht bitterwürzig im Nachhall **49,50 €/0,375l**

★★☆

CONSEQUENCE

Hofgut

Baden

Talstraße 15, 79235 Vogtsburg-Bischoffingen
Tel. *07662-94087,* ***Fax:*** *07662-94086*
www.hofgut-consequence.de
info@hofgut-consequence.de
Besuchszeiten: *Mo.-Fr. 14-18 Uhr, Sa. 9-18 Uhr*
Weinbergsführungen, Käse-Wein-Proben
Wein-Menüs (Frühjahr und Herbst mit dem Gasthaus zum Kaiserstuhl in Niederrottweil und Dutter's Stube in Kiechlinsbergen)

Inhaber .... Manfred und Eva Maria Schmidt
Rebfläche .... 7,5 Hektar

Manfred Schmidt hatte nach seiner Winzerlehre fünf Jahre halbtags bei Hans-Friedrich Abril gearbeitet. 1994 begann er zusammen mit Ehefrau Eva Maria seine Weinberge ökologisch zu bearbeiten. Da die örtliche Winzergenossenschaft nicht bereit war aus seinen Trauben Ökoweine zu erzeugen, entschlossen sich Eva Maria und Manfred Schmidt 1995 zur Umstellung auf Selbstvermarktung. Seit 2002 sind sie auch Mitglied bei Ecovin. Die Rebfläche haben sie seither von 2,2 Hektar auf die heutige Größe erweitert. Sie verteilt sich auf viele verschiedene Parzellen in fünf Gemeinden. Mit dem Jahrgang 2004 hat sich die Rebfläche weiter vergrößert, weil seither auch die Rebfläche des elterlichen Betriebes bewirtschaftet wird. Wichtigste Rebsorte von Eva Maria und Manfred Schmidt ist Spätburgunder, der knapp ein Drittel der Fläche einnimmt. Es folgen Grau- und Weißburgunder, sowie Müller-Thurgau. Hinzu kommen pilzresistente Rebsorten, aber auch Cabernet Sauvignon, Cabernet Franc, Merlot und Chardonnay. Eva Maria und Manfred Schmidt haben ihr Programm in drei Linien gegliedert: Die Creation genannte Basislinie, in der es jeweils eine Cuvée (weiß, rot und rosé) mit meist pilzresistenten Sorten gibt, dann kommen als zweite Linie im Edelstahltank ausgebaute, fruchtbetonte Weine und schließlich als dritte Linie die barriqueausgebauten Weine. Die weißen Barriqueweine bleiben etwa elf bis zwölf Monate im Fass, die roten ein bis drei Jahre. Auf Lagenangaben wird verzichtet.

2006 gefiel uns gut, die Weine hatten Kraft und Frucht, allen voran der Grauburgunder. Eine sehr gleichmäßige Kollektion präsentierten Manfred und Eva Maria Schmidt im vergangenen Jahr, am überzeugendsten traten Grauburgunder, Chardonnay und Spätburgunder auf. Sehr geschlossen auf hohem Niveau präsentiert sich die neue Kollektion. Die Cuvée aus Weißburgunder und Chardonnay hat uns besonders gut gefallen, die Grauburgunder und Spätburgunder beeindrucken mit viel Fülle und Kraft.

Weinbewertung

85 . . . 2008 Weißburgunder
frisch, würzig, klar; füllig, harmonisch, klar, feine süße Frucht **8,50 €**

88 . . . 2008 Weißburgunder & Chardonnay***
gute Konzentration, viel reife Frucht, weiße und gelbe Früchte; füllig, harmonisch, viel reife Frucht, Substanz und Frische **15,50 €**

87 . . . 2008 Grauburgunder***
gute Konzentration, klare Frucht, feine Würze, etwas gelbe Früchte; füllig, harmonisch, kraftvoll, reife Frucht, gute Substanz, ganz feine Bitternote **15,50 €**

87 . . . 2007 Grauburgunder Auslese Barrique
klar, konzentriert, reife Frucht, gelbe Früchte, etwas Vanille; füllig, harmonisch, viel reife süße Frucht, Vanille, dezente Bitternote **21,50 €**

85 . . . 2008 Muskateller und Muscaris
fruchtbetont, frisch, Muskat und Zitrus; frisch, harmonisch, feine süße Frucht und Biss **9,- €**

85 . . . 2008 Kerner
frisch, fruchtbetont, herrlich reintönig; klar, frisch, feine süße Frucht, süffig, Biss **9,- €**

87 . . . 2007 Blauer Spätburgunder***
reintönige Frucht, etwas Kirschen und Erdbeeren, herrlich eindringlich; füllig, kraftvoll, reife Frucht, gute Struktur und Frische **17,50 €**

86 . . . 2007 Blauer Spätburgunder Barrique
gute Konzentration, viel reife Frucht, herrlich eindringlich; füllig, kraftvoll, viel reife Frucht, viel Substanz und Stoff, jugendlich **22,50 €**

83 2008 „Secco“ **7,50 €**
84 2008 Grauburgunder **8,50 €**
83 2008 „Creation Consequence“ Rosé **6,25 €**
83 2007 Blauer Spätburgunder **9,50 €**

★★★

Corbet

Wein- & Sektgut

Pfalz

Kreuzstraße 7, 67434 Neustadt-Diedesfeld
***Tel.** 06321-86144, **Fax:** 06321-84468*
www.corbet.de
weingut@corbet.de
***Besuchszeiten:** Fr. 10-18 Uhr, Sa. 10-16 Uhr und nach Vereinbarung*

Inhaber .... Lukas Corbet
Rebfläche .... 10 Hektar

Das Weingut Corbet wird in vierter Generation von Lukas Corbet und seiner Ehefrau Christina geführt. Ihre Weinberge liegen in den Gemarkungen Diedesfeld, Maikammer, Hambach und Neustadt. Wichtigste Rebsorten sind Riesling und die Burgundersorten, die zusammen drei Viertel der Rebfläche einnehmen. Dazu gibt es Chardonnay, Silvaner, Sauvignon Blanc, Portugieser, Cabernet Sauvignon und Sankt Laurent. Die Weißweine werden langsam vergoren und bleiben längere Zeit auf der Feinhefe. Die Rotweine stammen aus stark ertragsreduzierten Anlagen. Nach der Maischegärung lagern sie in kleinen Holzfässern. Das Gros der Weine wird trocken ausgebaut.

Corbet-Weine sind immer bestechend reintönig. Seit einem Jahrzehnt bewundern wir immer wieder die Klarheit und Frische in den Weinen, die Zuverlässigkeit der Kollektionen. Was für die Weine gilt, das zeigt sich auch in den Sekten: Sie sind immer wunderschön frisch und harmonisch, nur wenige Erzeuger in Deutschland bieten wie Lukas Corbet so zuverlässig hohe Sektqualität – und schon gar nicht zu diesen Preisen.

Auch 2006 waren alle Weine wunderschön frisch und reintönig, auch wenn manche nicht ganz das Niveau der Vorjahre erreichten. Die Rotweine rückten so aber in den Vordergrund. Nicht zu vergessen die Sekte, die immer wieder zur Spitze in der Pfalz und in Deutschland zählen. Eine ebenso bestechend klare Kollektion folgte 2007, jeder Wein überzeugte. In der neuen Kollektion sind die Weißweine sehr gleichmäßig, die trockene Riesling Spätlese gefällt uns am besten. Die Sektkollektion gehört einmal mehr zu den interessantesten in der Pfalz, die Rotweine des Jahrgangs 2007 – Spätburgunder Spätlese und Cabernet Sauvignon – lassen Ambitionen erkennen.

Weinbewertung

85 . . . 2007 Riesling Sekt brut
frisch, fruchtbetont, reintönige Frucht; klar, frisch, zupackend **9,50 €**

86 . . . 2006 Weißburgunder Sekt brut
fruchtbetont, frisch, etwas weiße Früchte; füllig, harmonisch, gute Substanz und Länge **9,50 €**

87 . . . 2007 Blanc de Noir Pinot Sekt brut
würzig, eindringlich, gute Konzentration und Frische; klar, frisch, harmonisch, reife Frucht, Substanz **11,- €**

87 . . . 2006 Pinot Rosé Sekt brut
würzig, klar, fruchtbetont, eindringlich; gute Fülle und Substanz, viel reife süße Frucht **11,- €**

86 . . . 2008 Riesling Spätlese trocken Neustadter Erkenbrecht
gute Konzentration, viel reife Frucht, feine Würze; füllig, kraftvoll, reife Frucht, viel Substanz **7,90 €**
1999: 86; 2001: 88; 2004: 87; 2005: 87; 2007: 87.

86 . . . 2007 Spätburgunder trocken
frisch, fruchtbetont, herrlich reintönig; klar, harmonisch, elegant, gute Struktur **7,50 €**

88 . . . 2007 Spätburgunder Spätlese trocken
rauchige Noten, reintönige Frucht, dezenter Toast; herrlich kraftvoll, klar, reife Frucht, Struktur **14,90 €**

88 . . . 2007 Cabernet Sauvignon trocken
gute Konzentration, reife Frucht, Cassis, herrlich eindringlich; füllig, harmonisch, kraftvoll, reife Frucht, gute Struktur, jugendlich **14,50 €**

83 2008 Weißburgunder Kabinett trocken **5,80 €**
84 2008 Grauburgunder Kabinett trocken **6,20 €**
83 2008 Chardonnay trocken **5,50 €**
84 2008 Spätburgunder Blanc de Noir trocken **5,80 €**
84 2008 Sauvignon Blanc trocken **6,80 €**
83 2008 Riesling Kabinett trocken **5,80 €**
83 2008 Cuvée Rosé trocken **5,50 €**
83 2007 Portugieser trocken **5,80 €**
84 2007 St. Laurent trocken **6,80 €**

★★☆

Dr. Corvers-Kauter

Weingut

Rheingau

Rheingaustraße 129, 65375 Oestrich-Winkel
Tel. 06723-2614, Fax: 06723-2404
www.corvers-kauter.de
info@corvers-kauter.de
Besuchszeiten: nach Vereinbarung oder während der Vinotheksöffnungszeiten (Fr./Sa. 16-18 Uhr, So. 10-12 Uhr)
Gutsausschank

Inhaber .... Dr. Matthias und Brigitte Corvers
Rebfläche .... 12 Hektar

Die Weinberge von Matthias und Brigitte Corvers verteilen sich auf verschiedene Parzellen in Rüdesheim, Johannisberg, Winkel, Mittelheim, Oestrich und Rauenthal. Aus den Rüdesheimer Lagen Berg Roseneck und Berg Rottland will Matthias Corvers, so es der Jahrgang zulässt, Erste Gewächse erzeugen. Wichtigste Rebsorte ist der Riesling, der etwa drei Viertel der Fläche einnimmt. Hinzu kommt vor allem noch etwas Spätburgunder. Matthias Corvers strebt fruchtbetonte Weine mit feiner Säure an, die ihr Terroir widerspiegeln. Die Weißweine werden kühl und langsam vergoren und auf der Feinhefe in Edelstahl ausgebaut, Rotweine reifen im Holz. Im Jahr 2004 hat Matthias Corvers 850 Rebstöcke des Roten Rieslings angepflanzt – die erste Ernte wurde 2006 eingefahren.

Im Jahrgang 2006 wirkten die Weine enorm üppig, teilweise zu üppig. Die 2007er fielen deutlich schlanker und trockener aus. 2008 wirken alle Weine klar und frisch, der komplexe „Löss"-Riesling aus dem Bischofsberg ist deutlich zugänglicher als der „Schiefer"-Riesling aus der Lage Berg Rottland: Doch beide überzeugen mit viel Struktur.

Weinbewertung

87 . . . 2008 Riesling „VOM SCHIEFER" Spätlese trocken" Rüdesheimer Berg Rottland
zunächst sehr verhalten, feine Frucht, öffnet sich langsam; straff, würzig, reife Säure, sehr geradlinig **17,- €**

88 . . . 2008 Riesling „VOM LÖSS" Rüdesheimer Bischofsberg
eindringliche Frucht, klar, hefewürzig; kraftvoll, betont würzig, gute Struktur, viel Potenzial **17,- €**

82 2008 Secco Rosé Saignée **7,- €**
84 2007 Riesling Sekt brut Winkeler Gutenberg **10,50 €**
81 2008 Riesling Kabinett trocken Rüdesheimer Drachenstein **6,50 €**
84 2008 Riesling Spätlese trocken Rüdesheimer Kirchenpfad **9,90 €**
79 2008 Rivaner halbtrocken „Sommerlaune" **5,80 €**
82 2008 Riesling Kabinett halbtrocken Rüdesheimer Berg Roseneck **6,90 €**
83 2008 Roter Riesling trocken Oestricher Klosterberg **9,50 €**
80 2008 Spätburgunder Blanc de Noir „feinherb" Mittelheimer Edelmann **6,80 €**
83 2008 Spätburgunder Blanc de Noir halbtrocken Assmannshäuser **6,70 €**

★★★★

Dr. Crusius
Weingut

Nahe

Hauptstraße 2, 55595 Traisen
Tel. 0671-33953, Fax: 0671-28219
www.weingut-crusius.de
weingut-crusius@t-online.de
Besuchszeiten: Mo.-Sa. 9-17 Uhr nach Vereinbarung

Inhaber .... Dr. Peter Crusius
Rebfläche .... 17 Hektar

Peter Crusius besitzt Weinberge in besten Lagen der Nahe, darunter einen halben Hektar an der berühmten Traiser Bastei. Andere klangvolle Namen in seinem Lagen-Portfolio sind Schlossböckelheimer Felsenberg und Kupfergrube, Norheimer Kirschheck, Niederhäuser Felsensteyer und Traiser Rotenfels. Peter Crusius baut zu 65 Prozent Riesling an. Hinzu kommen 20 Prozent Weißburgunder, sowie jeweils 5 Prozent Spätburgunder, Müller-Thurgau und weitere Burgundersorten.

Seit einem Jahrzehnt empfehlen wir die Weine von Peter Crusius, sind stets begeistert von der Konsistenz seiner Kollektionen. Wobei die Glanzlichter immer wieder im edelsüßen Segment zu finden sind. Peter Crusius gelingt es meisterhaft in seinen edelsüßen Rieslingen Konzentration und Eleganz zu vereinen.

2006 war eindeutig ein Jahr der edelsüßen Weine bei Peter Crusius. Die überzeugende Kollektion wurde angeführt von der faszinierend reintönigen Beerenauslese aus dem Felsenberg. Eine noch größere Palette an faszinierenden edelsüßen Rieslingen hatte Peter Crusius im Jahrgang 2007 zu bieten, es fiel schwer, einen Favoriten zu bestimmen. Aber auch der trockene Teil der Kollektion überzeugte, allen voran der Riesling „Top of the rock". Dieser gefällt uns auch 2008 sehr gut, die edelsüßen Rieslinge setzen aber einmal mehr die Glanzlichter in einer stimmigen Kollektion, auch wenn der Jahrgang natürlich in der Spitze nicht an 2007 anknüpfen kann.

Weinbewertung

85 . . . 2008 Weißburgunder „EC" trocken Traiser
würzig, frisch, reintönige Frucht; frisch, harmonisch, feine süße Frucht, süffig **9,80 €**

85 . . . 2008 Weißburgunder + Riesling trocken Traiser
feine Würze, etwas weiße Früchte; füllig, harmonisch, feine süße Frucht, süffig **9,80 €**

88 . . . 2008 „Top of the rock" Riesling trocken
gute Konzentration, viel reife Frucht, feine Würze, dezent gelbe Früchte; füllig, harmonisch, reife süße Frucht, gute Substanz **14,- €**
2007: 88.

86 . . . 2008 Riesling trocken Traiser Rotenfels
würzig, eindringlich, jugendliche Frucht; frisch, klar, feine süße Frucht, gute Harmonie und Biss **11,50 €**
(bis 2007 Spätlese) 2005: 86; 2006: 86; 2007: 87.

87 . . . 2008 Riesling trocken Traiser Bastei
gute Konzentration, feine Würze, herrlich eindringlich, jugendlich; füllig, harmonisch, reife süße Frucht, gute Länge **13,- €**

87 . . . 2008 Riesling Norheimer Kirschheck „XVII"
feine Würze, reintönige Frucht, herrlich eindringlich; füllig, harmonisch, viel reife süße Frucht, gute Harmonie und Länge **11,50 €**

89 . . . 2008 Riesling Spätlese Traiser Bastei
viel Konzentration, feiner Duft, herrlich eindringlich; füllig, stoffig, reife süße Frucht, gute Substanz und Länge **14,- €**
2000: 90; 2004: 86; 2005: 90; 2006: 88; 2007: 90.

90 . . . 2008 Riesling Auslese Schlossböckelheimer Felsenberg
würzig, eindringlich, dezent Marzipan, kandierter Apfel; füllig, harmonisch, elegant, reife süße Frucht, Substanz und Biss **13,- €/0,5l**

90 ... 2008 Riesling Eiswein „09" Traiser Rotenfels
faszinierend viel Frucht und Konzentration, etwas kandierte Früchte, herrlich eindringlich und dominant; füllig, konzentriert, herrlich viel Stoff und Substanz **70,- €**

90 ... 2008 Riesling Eiswein „HC" Traiser Rotenfels
eingelegte süße Aprikosen und Mirabellen, enorm konzentriert; süß, dick, dominant, herrlich viel Stoff (auf Anfrage)

82 2008 Riesling „XX" **6,- €/1l**
84 2007 Spätburgunder trocken Traiser **8,80 €**

★★

Christel Currle

Weingut

Württemberg

Tiroler Straße 17, 70329 Stuttgart-Uhlbach
Tel. 0711-322451, Fax: 0711-3280841
www.weingut-currle.de
info@weingut-currle.de
Besuchszeiten: Mi./Do. 16-19 Uhr, Fr. 14-19 Uhr, Sa. 10-14 Uhr und nach Vereinbarung

Inhaber .... Christel Currle
Rebfläche .... 8,5 Hektar

Fritz Currle ist 1973 aus der Genossenschaft ausgetreten und hat mit der Selbstvermarktung begonnen, 1974 wurde die Besenwirtschaft „Dreimädelhaus" gegründet. Heute führt seine Tochter Christel den Betrieb. Neben Weinbergen in der Uhlbacher Lage Götzenberg besitzt sie Weinberge in den Fellbacher Lagen Lämmler und Goldberg. Wichtigste rote Sorten sind Spätburgunder, Trollinger, Lemberger und Dornfelder. Wichtigste weiße Sorten sind Riesling, Kerner und Müller-Thurgau. Zuletzt kamen Merlot, Sauvignon Blanc, Weiß- und Grauburgunder hinzu. Seit 1998 werden die Weine im Edelstahl ausgebaut. Die Rotweine werden maischevergoren. Spätburgunder und Lemberger kommen ins große Holzfass oder ins Barrique. 1994 hatte Christel Currle erstmals 600-Liter-Fässer angeschafft, 1996 dann erstmals Barriques. Ihre Barriques sind aus schwäbischer Eiche und werden nur zweimal belegt. Die Weine verkauft man fast ausschließlich an Endverbraucher.

Seit einem Jahrzehnt schon empfehlen wir die Weine von Christel Currle, immer wieder aber sind es auch die Sekte, die uns begeistern. Schon in der ersten Ausgabe gefiel uns ein Muskattrollinger-Sekt besonders gut, auch auf die Versektung von Trollinger versteht man sich wie kein anderes Weingut in Württemberg. In immer zuverlässigen Kollektionen setzen barriqueausgebaute Weiß- und Rotweine regelmäßig Akzente.

Vor zwei Jahren war die Kollektion stark, bot kraftvolle Barriqueweine, schöne Sekte und einen fülligen trockenen Riesling. Die letztjährige Kollektion blieb etwas dahinter zurück, die 2006er Barriqueweine wirkten ein wenig zu sehr vom Holz geprägt, unter den 2007er Weißweinen hatten uns Chardonnay und Sauvignon Blanc am besten gefallen. In der überzeugenden neuen Kollektion ist der barriqueausgebaute Chardonnay unser eindeutiger Favorit.

Weinbewertung

86 ... 2007 Trollinger Rosé Sekt brut Uhlbacher Götzenberg
würzig, fruchtbetont, klar; gute Fülle und Harmonie, klare Frucht und Frische **9,90 €**

85 ... 2008 Weißburgunder Spätlese trocken Uhlbacher Götzenberg
gute Konzentration, viel Würze, weiße Früchte; weich, füllig, harmonisch, klare reife Frucht **8,90 €**

88 . . . 2007 Chardonnay Spätlese trocken Barrique Uhlbacher Götzenberg
gute Konzentration, feiner Toast, klare reife Frucht, herrlich eindringlich; füllig, harmonisch, viel reife Frucht, gute Substanz und Länge **13,- €**

85 . . . 2008 Kerner Spätlese Uhlbacher Götzenberg
frisch, würzig, fruchtbetont; klar, frisch, feine süße Frucht und Biss **7,50 €**

85 . . . 2008 Syrah trocken Uhlbacher Götzenberg
viel reife Frucht, reife rote Früchte, herrlich eindringlich; füllig, harmonisch, klare reife Frucht, Tannine **10,- €**

---

84 2008 Riesling Sekt brut Fellbacher Goldberg **7,50 €**

82 2008 Sauvignon Blanc Uhlbacher Götzenberg **7,50 €**

83 2008 Riesling trocken Uhlbacher Götzenberg **7,50 €**

82 2008 Riesling Kabinett trocken Uhlbacher Götzenberg **5,- €**

80 2008 Schillerwein Uhlbacher Götzenberg **4,20 €/1l**

81 2008 Trollinger mit Lemberger Uhlbacher Weinsteige **4,80 €/1l**

Dautel

★★★★☆

Weingut

Württemberg

Lauerweg 55, 74357 Bönnigheim
Tel. 07143-870326, Fax: 07143-870327
www.weingut-dautel.de
info@weingut-dautel.de
Besuchszeiten: Mo.-Sa. nach Vereinbarung

Inhaber .... Ernst Dautel
Rebfläche .... 11,5 Hektar

Weinbau gibt es seit Anfang des 16. Jahrhunderts in der Familie, mit der Selbstvermarktung hat aber erst Ernst Dautel Ende der siebziger Jahre begonnen, nach Abschluss eines Studiums in Geisenheim. Konsequent hat Ernst Dautel seine Vorstellungen vom Wein umgesetzt, hat viel ausprobiert und ist stetig vorangekommen: Seit Mitte der achtziger Jahre baut er Weine im Barrique aus, 1988 pflanzte er Chardonnay, 1990 erzeugte er seine erste Cuvée, die Kreation Rot. Seine Weinberge liegen in Bönnigheim (Sonnenberg) und Besigheim (Wurmberg). Der Sonnenberg besteht aus buntem Mergel, Schilfsandstein und Gipskeuper. Die Muschelkalkterrassen des Wurmbergs liegen am Ufer der Enz. Rote Sorten nehmen 60 Prozent der Fläche ein. Hauptrebsorten sind Riesling und Lemberger. Dazu gibt es Spätburgunder, Weißburgunder, Samtrot und Trollinger, aber auch Chardonnay, Cabernet Sauvignon und Merlot. Die Weißweine werden lange auf der Feinhefe ausgebaut, die Rotweine kommen nach der Maischegärung bis zu zwei Jahre ins Barrique. Die Weine werden betriebsintern mit bis zu 4 Sternen klassifiziert, Prädikatsbezeichnungen werden ausschließlich für edelsüße Weine verwendet.

Schon vor zehn Jahren haben wir die Weine von Ernst Dautel wärmstens empfohlen, schon damals gehörte er für uns zur absoluten Spitze in Württemberg. Seine Weine kennen wir noch viel länger, von seinen Anfängen als „wilder Barriquewinzer", als er noch Riesling und Kerner ins kleine Eichenholzfass zwang, wenn uns die Erinnerung nicht täuscht. Im letzten Jahrzehnt hat er sich kontinuierlich gesteigert, nicht nur bei den weißen und roten Spitzenweinen, nein, auch seine Basisweine, die nur einen oder zwei Sterne abbekommen, sind stets von zuverlässiger Güte.

Vor zwei Jahren hatte Ernst Dautel eine starke Kollektion. Bei den Weißweinen gefielen uns Chardonnay und Weißburgunder aus dem Barrique besonders gut, ebenso das Große Gewächs aus dem Sonnenberg. In der starken Phalanx an Rotweinen war es schwierig einen eindeutigen Favoriten zu bestimmen. Stark waren im Jahr darauf auch die 2006er Rotweine, wenn sie in der Spitze auch jahrgangsbedingt nicht ganz an 2005 heranreichten. In der tollen weißen 2007er Kollektion bereiteten schon die 2-Sterne-Weine viel Freude. Unsere Favoriten aber waren wie gehabt: Weißburgunder, Chardonnay und der Riesling Großes Gewächs aus dem Sonnenberg. Vergleichbar stark ist nun die neue Kollektion, im weißen Segment angeführt von kraftvollen Rieslingen, einem fülligen Chardonnay und stoffigen Weißburgundern, wobei uns die Variante ohne Barrique besser gefällt als der etwas vanillegeprägte „S". Auch die rote Kollektion ist durch die Bank stark, unsere leichte Präferenz gilt dem 4-Sterne-Spätburgunder. Tolle Kollektion!

Weinbewertung

87 . . . 2007 Riesling Sekt brut Bönnigheimer Sonnenberg
würzig, gute Konzentration, klare Frucht, herrlich eindringlich; füllig, harmonisch, viel reife Frucht und Substanz, jugendlich

85 . . . 2008 Riesling trocken Bönnigheimer Sonnenberg
würzig, klar, feine Frucht; frisch, würzig, klare Frucht und Biss **6,20 €**

88 . . . 2008 Weißburgunder trocken Bönnigheimer Sonnenberg**
konzentriert, eindringlich, reintönig, viel reife Frucht; füllig, kraftvoll, reintönige reife Frucht, weiße Früchte, gute Substanz und Länge **7,90 €**

90 . . . 2008 Weißburgunder* trocken Bönnigheimer Sonnenberg**
viel Konzentration, faszinierend viel Frucht, reife weiße Früchte, herrlich eindringlich; füllig, kraftvoll, reintönige reife Frucht, viel Substanz, gute Harmonie und Länge **11,80 €**
1999: 90; 2000: 88; 2002: 86; 2003: 87; 2004: 88; 2005: 88; 2006: 87; 2007: 90.

89 . . . 2008 Riesling* trocken Besigheimer Wurmberg**
konzentriert, eindringlich, herrlich viel Frucht, reintönig; füllig, kraftvoll, klare reife Frucht, gute Substanz und Länge **10,90 €**
1999: 90; 2000: 88; 2002: 86; 2003: 88; 2004: 88; 2005: 86; 2006: 88; 2007: 88.

87 . . . 2008 „Kreation weiß"* trocken**
reife Frucht, etwas weiße Früchte, zurückhaltend; gute Fülle, reife Frucht, viel Biss **12,50 €**
2003: 88; 2004: 89; 2005: 88; 2006: 87; 2007: 88.

88 . . . 2008 Weißburgunder „S"
viel Konzentration, Vanille, dominant, etwas gelbe Früchte; gute Fülle und Substanz, Vanille und Kraft
1999: 89; 2001: 88; 2004: 90; 2005: 89; 2006: 89; 2007: 89.

90 . . . 2008 Chardonnay „S"
gute Konzentration, viel reife Frucht, dezent Vanille, feine Frische; weich, füllig, harmonisch, reife Frucht, Vanille, gute Struktur und Biss, enorm kraftvoll und nachhaltig
2001: 89; 2004: 89; 2005: 89; 2006: 89; 2007: 90.

91 . . . 2008 Riesling „GG" Bönnigheimer Sonnenberg
viel Konzentration, reife reintönige Frucht, etwas Aprikosen und Zitrusfrüchte, herrlich eindringlich; füllig, kraftvoll, herrlich viel Frucht, Substanz, Länge und Nachhall **19,80 €**
2002: 90; 2003: 90; 2004: 90; 2005: 90; 2006: 90; 2007: 89.

85 . . . 2008 Rosé trocken
frisch, würzig, fruchtbetont, etwas Kirschen; frisch, klar, zupackend, feiner Biss **6,60 €**

86 . . . 2008 „Vision rot" Rotwein**
fruchtbetont, klar, reife rote Früchte; klar, frisch, zupackend, feine Frucht und Biss

87 . . . 2007 Spätburgunder* Bönnigheimer Sonnenberg**

D

Die besten deutschen Weinerzeuger und ihre Weine

reintönige Frucht, feine rauchige Noten, eindringlich; füllig, reintönige Frucht, gute Struktur, Frische und Biss

86 . . . 2008 Lemberger* Bönnigheimer Sonnenberg**
gute Konzentration, etwas Gewürze, rote Früchte; füllig, kraftvoll, reintönige Frucht, gute Struktur und Frische

91 . . . 2007 Spätburgunder****
Gewürze, viel reife Frucht, herrlich eindringlich und dominant; viel Kraft und Struktur, viel Substanz, reife Frucht, viel Säure, Nachhall, gute Struktur, Potenzial

89 . . . 2007 Lemberger****
gute Konzentration, Toast, reife Frucht, etwas Gewürze, herrlich eindringlich; füllig, kraftvoll, reife Frucht, Substanz, etwas Schokolade, jugendlich, Potenzial

90 . . . 2007 Spätburgunder „S"
gute Konzentration, klare reife Frucht, rote Früchte, etwas Vanille, eindringlich; füllig, schmeichelnd, viel reife Frucht, feine Frische, gute Struktur, Tannine, jugendlich, nachhaltig
1997: 88; 1998: 87; 1999: 88; 2002: 88; 2003: 90; 2004: 91; 2005: 89; 2006: 88.

89 . . . 2007 Zweigelt „S"
gute Konzentration, viel reife Frucht, rote und dunkle Früchte; kraftvoll, stoffig, reife Frucht, gute Substanz, jugendliche Tannine

88 . . . 2007 Lemberger „S"
gute Konzentration, etwas Vanille, dezent Gewürze und Schokolade; kommt weich in den Mund, harmonisch, dezent Vanille, dann jugendliche Bitternote und Biss, braucht Zeit
2003: 88; 2004: 89; 2005: 89; 2006: 88.

90 . . . 2007 „Kreation rot" „S"
gute Konzentration, viel reife Frucht, etwas Schokolade, dominant; füllig, stoffig, dick und konzentriert, viel reife Frucht, Kraft und Substanz, jugendlich
1999: 88; 2001: 88; 2002: 88; 2003: 89; 2004: 88; 2005: 88; 2006: 88.

---

83 2008 „Charmeur" Weißwein trocken **5,70 €**

★★★

K. & K. Dautermann
Weingut

Rheinhessen

Unterer Schenkgarten 6, 55218 Ingelheim am Rhein
Tel. 06132-1279, Fax: 06132-431191
www.dautermannwein.de
k.dautermann@t-online.de,
info@dautermannwein.de
Besuchszeiten: Mo.-Sa. nach Vereinbarung
„Erlebnis-Weinproben", Gästehaus Dautermann

Inhaber .... Kurt Dautermann
.... Kristian Dautermann
Rebfläche .... 10,5 Hektar

Das Weingut Dautermann, im Zentrum von Ingelheim gelegen, besteht bereits seit über 100 Jahren. Heute wird es geführt von Kurt Dautermann und Sohn Kristian, der seit 2005 voll im Betrieb tätig ist. Sie konzentrieren sich vor allem auf Spätburgunder. Daneben findet man bei ihm eine breite Palette weiterer roter Sorten wie Frühburgunder, Portugieser, St. Laurent und Domina. Der Weißweinanteil beträgt 35 Prozent. Es werden hauptsächlich Riesling, Silvaner, Weißburgunder und Grauburgunder angebaut. Auf Lagenbezeichnungen wird verzichtet, seit dem Jahrgang 2004 auch auf Prädikatsbezeichnungen. Die Weine werden nach eigener Einschätzung mit 2 bis 4 Sternen klassifiziert.

Seit zehn Jahren überzeugt uns das Weingut mit höchst zuverlässigen Kollektionen, kein Wein enttäuscht, ob weiß oder rot. Vor allem die Rotweine haben in den letzten Jahren noch einmal zugelegt, haben an Ausdruck und Klarheit gewonnen. Die Weißweine sind füllig und reintönig, wirken aber durch die merkliche Restsüße oft ein wenig gefällig, gerade die weißen Burgunder.

Im schwierigen Jahrgang 2006 hatten sich Kurt und Kristian Dautermann gut behauptet, Riesling und Silvaner führten die Kollektion an. Eine starke, wunderschön gleichmäßige Kollektion folgte im vergangenen Jahr nach, wiederum mit gleichermaßen überzeugenden Weiß- und Rotweinen. Noch etwas stärker ist nun die aktuelle Kollektion. Die Weißweine besitzen Fülle, Frucht und Substanz, die Rotweine haben weiter an Ausdruck gewonnen, Frühburgunder und Spätburgunder gehören zur rheinhessischen Spitze, der 2006er Pinot Noir lässt Ambitionen erkennen: So darf es weitergehen!

Weinbewertung

87 . . . 2008 Riesling „KD SELECT**" trocken Selection Rheinhessen**
konzentriert, enorm eindringlich und würzig, jugendlich; weich, füllig, viel reife Frucht, gute Harmonie und Harmonie und Substanz **10,50 €**
2004: 87; 2005: 88; 2006: 88; 2007: 87.

86 . . . 2008 Grauburgunder „KD SELECT **" trocken Selection Rheinhessen**
gute Konzentration, reife Frucht, feine Würze, gelbe Früchte, herrlich eindringlich; füllig, harmonisch, viel reife klare Frucht, Substanz **8,50 €**
2005: 88; 2006: 85; 2007: 86.

85 . . . 2006 Cuvée „KD Rouge KD SELECT *" trocken**
40 % Cabernet Dorsa, 30 % Cabernet Sauvignon und 30 % Acolon; frisch, fruchtbetont, etwas Cassis, herrlich eindringlich; klar, fruchtbetont, süffig, unkompliziert **7,20 €**

86 . . . 2007 Frühburgunder „KD SELECT *" trocken**
würzig, frisch, reintönige Frucht; fruchtbetont, reintönig, feine Tannine und Biss **11,50 €**

88 . . . 2007 Frühburgunder „KD SELECT **" trocken Nr. 35/08**
konzentriert, herrlich eindringlich und reintönig, feine Würze und Frucht; füllig, harmonisch, viel reife Frucht, ganz dezent Schokolade, Substanz **14,10 €**

87 . . . 2007 Frühburgunder „KD SELECT **" trocken Nr. 23/09**
gute Konzentration, reintönige Frucht, feine Würze; füllig, schmeichelnd, viel reife Frucht und Substanz **14,50 €**

88 . . . 2007 Spätburgunder „KD SELECT **" trocken Selection Rheinhessen**
viel reife Frucht, herrlich eindringlich und reintönig, etwas Kirschen; klar, harmonisch, reife Frucht, gute Fülle, etwas Vanille **13,90 €**
1999: 86; 2000: 88; 2001: 88; 2002: 88; 2003: 87; 2004: 86; 2005: 85; 2006: 87.

90 . . . 2006 Pinot Noir „KD SELECT **" trocken**
viel Konzentration, faszinierend viel Frucht, rauchige Noten, herrlich reintönig; füllig, harmonisch, viel reife Frucht, viel Substanz, etwas Vanille und Schokolade, gute Substanz und Länge, jugendliche Bitternoten **20,60 €**

83 2007 Spätburgunder Rotsekt extra trocken **8,90 €**
83 2008 Chardonnay „KD Select***" trocken **7,50 €**
83 2008 Weißburgunder „KD Select***" trocken **7,20 €**
84 2008 Grauburgunder „KD Select***" trocken **7,20 €**

D

Die besten deutschen Weinerzeuger und ihre Weine

★★★

Dr. Deinhard

Weingut von Winning

Pfalz

Weinstraße 10, 67146 Deidesheim
Tel. 06326-221, Fax: 06326-7920
www.dr-deinhard.de
weingut@dr-deinhard.de
Besuchszeiten: Mo.-Fr. 8-17:30 Uhr, Sa. 9:30-17:30 Uhr, So. 10-15 Uhr

Inhaber .... Achim Niederberger
Betriebsleiter .... Stephan Attmann
Außenbetriebsleiter .... Joachim Jaillet
Kellermeister .... Kurt Rathgeber
Rebfläche .... 36 Hektar

Das Weingut Dr. Deinhard entstand 1849, im Jahr nach der Heirat von Friedrich Deinhard (Sohn des Besitzers der Wein- und Sektkellerei Deinhard in Koblenz) mit Auguste Jordan, die ihre geerbten Weinberge in die Ehe einbrachte. Ihr Sohn Andreas Deinhard baute den Besitz aus, nach seinem Tod übernahm sein Schwiegersohn Hauptmann von Winning die Führung des Gutes. Nach dessen Tod erwarb es die Familie Hoch, die es 2007 an Achim Niederberger verkaufte, der zuvor schon die Weingüter Reichsrat von Buhl und Bassermann-Jordan erworben hatte. Das Weingut besitzt Weinberge in besten Lagen von Deidesheim (Leinhöhle, Mäushöhle, Grainhübel, Paradiesgarten, Kalkofen, Kieselberg, Herrgottsacker), Forst (Ungeheuer – 4 Hektar, Jesuitengarten) und Ruppertsberg (Reiterpfad, Nußbien, Linsenbusch, Spies). 80 Prozent der Rebfläche nimmt Riesling ein, hinzu kommen Weißburgunder, Grauburgunder, Chardonnay, Gewürztraminer und Spätburgunder, inzwischen auch Sauvignon Blanc. Das Weingut hat nach der Übernahme durch Achim Niederberger den Namen „von Winning" erhalten und bietet seit dem Jahrgang 2008 zur Linie „Dr. Deinhard" auch eine Linie „von Winning" an. Über Maischestandzeiten, langes Hefelager, keine Schönung und möglichst moderate Filtration möchte der neue Betriebsleiter Stephan Attmann seiner Vorstellung von einem großen trockenen Riesling nahe kommen.

Im schwierigen Jahrgang 2006 zeigten sich die Weine frisch und reintönig. Die letztjährige Kollektion war sehr stimmig, an der Spitze drei mächtige Große Gewächse mit Substanz und Stoff. Was sich im vergangenen Jahr angedeutet hatte, setzt sich 2008 auf eindrucksvolle Weise fort. Die Weine haben an Konzentration und an Ausdruck gewonnen, allen voran die beeindruckenden Großen Gewächse. Ganz besonders spannend sind aber die Rieslinge der Linie „von Winning". Sie sind alle vom Typ her gleich, sind kraftvoll und stoffig, zeigen aber alle sowohl im Bouquet als auch im Mund ganz deutliche Unterschiede, so deutlich, wie man sie selten bei Weingütern antrifft. Terroir? Es wird spannend sein zu sehen, wie sich dieser Stil und diese Linie weiterentwickelt – und ob auf Dauer diese zwei doch recht verschiedenen Linien aufrecht erhalten werden.

Weinbewertung

85 . . . 2008 Sauvignon Blanc trocken
reintönige Frucht, feine Frische; klar, frisch, zupackend, feine Frucht und Biss **8,90 €**

86 . . . 2008 Riesling Kabinett trocken Deidesheimer Herrgottsacker
frisch, fruchtbetont, würzig, reintönig; frisch, harmonisch, feine süße Frucht und Biss **7,20 €**

87 . . . 2008 Riesling Kabinett trocken Forster Ungeheuer

konzentriert, würzig, herrlich eindringlich, reintönig; frisch, reintönig, zupackend, geradlinig **7,90 €**

89 . . . 2008 Riesling Spätlese trocken Forster Ungeheuer

gute Konzentration, faszinierend viel Frucht, herrlich eindringlich und klar; weich, füllig, viel reife Frucht, viel Substanz **10,- €**

90 . . . 2008 Riesling trocken Forster Ungeheuer „von Winning"

gute Konzentration, faszinierend viel Frucht, gelbe Früchte, herrlich eindringlich und dominant; füllig, kraftvoll, reife Frucht, Substanz, Frische, Kraft und Biss

89 . . . 2008 Riesling trocken Deidesheimer Paradiesgarten „von Winning"

faszinierend viel Frucht, herrlich eindringlich, feine mineralische Noten, dominant; füllig, stoffig, mineralisch, jugendlich **12,50 €**

88 . . . 2008 Riesling Spätlese trocken Deidesheimer Grainhübel

frisch, fruchtbetont, gute Konzentration, etwas gelbe Früchte; frisch, fruchtbetont, reintönig, gute Struktur **9,60 €**

2005: 88; 2006: 86; 2007: 86.

89 . . . 2008 Riesling trocken Deidesheimer Grainhübel „von Winning"

gute Konzentration, feine Würze, dezent gelbe Früchte, herrlich eindringlich; füllig, stoffig, reife Frucht, Substanz, verschlossen

90 . . . 2008 Riesling trocken Ruppertsberger Reiterpfad „von Winning"

konzentriert, dominant, etwas Zitrusfrüchte, herrlich eindringlich; füllig, stoffig, konzentriert, viel Substanz und Kraft, gute Struktur, jugendlich

91 . . . 2008 Riesling „GG" Forster Jesuitengarten „von Winning"

faszinierend viel Frucht, herrlich eindringlich und würzig, dominant; kraftvoll, konzentriert, herrlich viel Frucht und Stoff, viel Substanz, Struktur, jugendlich

90 . . . 2008 Kalkofen Deidesheim Riesling „GG"

gute Konzentration, klare Frucht, gelbe Früchte, herrlich eindringlich und dominant; füllig, stoffig, viel reife süße Frucht und Biss **23,- €**

2007: 88.

91 . . . 2008 Kieselberg Deidesheim Riesling „GG"

viel Konzentration, klare reife Frucht, herrlich eindringlich und dominant; füllig, kraftvoll, viel reife Frucht, gute Struktur, Substanz, feine Länge **21,- €**

92 . . . 2008 Langenmorgen Deidesheim Riesling „GG"

konzentriert, würzig, reife Frucht, herrlich eindringlich; füllig, kraftvoll, viel Substanz und Stoff, gute Struktur, enorm nachhaltig **21,- €**

2007: 89.

87 . . . 2008 Sauvignon Blanc „von Winning"

Barriqueausbau; würzig, eindringlich, reife Frucht, gute Konzentration; füllig, harmonisch, viel reife Frucht und Substanz, recht süß, Biss

---

83 2008 Weißburgunder trocken **5,80 €**

83 2008 Weißburgunder Kabinett trocken Ruppertsberger Linsenbusch **6,90 €**

81 2008 Riesling trocken **4,90 €/1l**

83 2008 Riesling Kabinett trocken Ruppertsberger **5,60 €/1l**

81 2008 Riesling trocken Deidesheimer **5,40 €**

84 2008 Riesling Kabinett trocken Deidesheimer Paradiesgarten **6,80 €**

Dengler-Seyler ★★

Weingut

Pfalz

Weinstraße Süd 6, 67487 Maikammer
***Tel.** 06321-5103, **Fax:** 06321-57325*
www.dengler-seyler.de
info@dengler-seyler.de
***Besuchszeiten:** Mo.-Sa. 8-18 Uhr*
Gasthaus „Zum Winzer" mit Gästezimmern

Inhaber .... Familie Seyler
Rebfläche .... 12 Hektar

Das Weingut Dengler-Seyler in Maikammer ist ein Familienbetrieb, der heute in vierter Generation von der Familie Seyler bewirtschaftet wird. Wichtigste Lage ist der Heiligenberg, wo das Weingut 6 Hektar Weinberge bewirtschaftet. Die weiteren Weinberge befinden sich vor allem in den anderen Maikammer Lagen Kirchenstück (tiefgründige Lösslehmböden) und Kapellenberg (Ton, Lehm und tertiärer Kalkstein), hinzu kommen Weinberge in Kirrweiler, Alsterweiler und in der Lage Berg in Diedesfeld. In der Hauptlage Heiligenberg gibt es sehr unterschiedliche Böden, weshalb Matthias Seyler aus dem Heiligenberg drei verschiedene Rieslinge erzeugt. Der Heiligenberg-Riesling wächst in der ursprünglich 8 Hektar großen, kalkgeprägten Kernlage „Im Heiligenberg", der Riesling Heidenstock kommt von der Spitze des Heiligenbergs rund um den im 19. Jahrhundert erbauten Tempel, wo das Weingut 2 Hektar mit alten Rieslingreben besitzt (Parabraunerde über Löss). In der 2006 erworbenen Lage Schlangengässel schließlich wachsen die Reben auf carbonhaltigem Kieslehm. Riesling spielt die Hauptrolle im Betrieb, nimmt knapp die Hälfte der Rebfläche ein. Hinzu kommen jeweils 9 Prozent Spätburgunder, Weißburgunder und Grauburgunder, sowie jeweils 6 Prozent Silvaner, Portugieser und Dornfelder. Bukettsorten wie Gewürztraminer, Scheurebe und Muskateller ergänzen das Programm. Die Weißweine werden im Edelstahl kühl vergoren und bis Januar auf der Hefe ausgebaut. Die Rotweine – 20 Prozent der Rebfläche – werden maischevergoren (7 bis 14 Tage) und dann ein Jahr im Holzfass ausgebaut, die Spitzenweine kommen für achtzehn Monate ins Barrique.

Im schwierigen Jahrgang 2006 behauptete sich das Weingut sehr gut, die Weine besaßen Klarheit und Frucht. Eine gleichmäßige, überzeugende 2007er Kollektion folgte nach mit schönen trockenen und edelsüßen Weißweinen. 2008 nun gefallen uns die drei Rieslinge aus dem Heiligenberg besonders gut, sie haben an Klarheit und Präzision gewonnen und alle drei unterscheiden sich deutlich voneinander. Sie führen eine ansonsten gleichmäßige Kollektion an, der Spätburgunder Tradition aus dem Jahrgang 2007 besitzt Struktur und Kraft, der „R" erschien uns ein wenig zu oxidativ.

Weinbewertung

87 ... 2008 „Heiligenberg" Riesling trocken Maikammer Heiligenberg
gute Konzentration, viel reife Frucht, gelbe Früchte, herrlich eindringlich; füllig, harmonisch, viel reife Frucht und Substanz **13,- €**
2001: 89; 2002: 88; 2003: 88; 2004: 87; 2005: 86; 2006: 88; 2007: 87.

88 ... 2008 Riesling trocken Maikammer Heiligenberg (Heidenstock)
viel Konzentration, faszinierend viel Frucht, herrlich eindringlich und konzentriert; füllig, stoffig, viel reife Frucht, Substanz, Länge **15,- €**

87 ... 2008 Riesling trocken Maikammer Heiligenberg (Schlangengässel)
gute Konzentration, klare reife Frucht, etwas gelbe

Früchte; füllig, harmonisch, reife süße Frucht, viel Substanz, Länge **13,- €**

86 . . . 2007 Spätburgunder „Tradition" trocken
klare reife Frucht, rote Früchte, eindringlich; füllig, harmonisch, reife Frucht, etwa Schokolade **12,- €**

86 . . . 2007 „Autumnus" Rotwein trocken
reife Frucht, rote Früchte, etwas rauchige Noten; füllig, harmonisch, reife Frucht, gute Substanz und Struktur, etwa Schokolade

79 2008 Riesling trocken **4,15 €/1l**
83 2008 Muskateller trocken **7,- €**
81 2008 Silvaner Kabinett trocken **5,- €**
82 2008 Riesling Kabinett trocken **5,50 €**
83 2008 Weißburgunder Spätlese trocken **7,80 €**
83 2008 Grauburgunder Spätlese trocken **7,80 €**
82 2008 Scheurebe Kabinett **5,20 €**

★

H. Deppisch
Weingut

Franken

Kirchgasse 4, 97288 Theilheim
Tel. 09303-8986, 0177-6338263, Fax: 09303-980183
www.weingut-deppisch.com
kontakt@weingut-deppisch.com
Besuchszeiten: Mo.-Sa. nach Vereinbarung
Heckenwirtschaft

Inhaber .... Christian Deppisch
Rebfläche .... 2,8 Hektar

Der Vater von Christian Deppisch, langjähriger Außenbetriebsleiter beim Bürgerspital, hatte 1989 die ersten Rebstöcke gepachtet. Seit dieser Zeit wurde das Weingut auf die heutige Größe erweitert. Christian Deppisch arbeitet, nach Ausbildung beim Bürgerspital, im Fachgebiet Weinbau der Forschungsanstalt Geisenheim und führt das Weingut im Nebenerwerb, sein Vater kümmert sich um die Weinberge. Diese liegen alle im nicht flurbereinigten Theilheimer Altenberg. Christian Deppisch baut vor allem Silvaner an. Riesling, Weißburgunder und Blauer Silvaner wurden zuletzt hinzugepflanzt, sowie ein paar Stock Muskateller. An roten Sorten gibt es Spätburgunder, Frühburgunder, Domina, Regent und Portugieser. Alle Rotweine werden im Fass ausgebaut.

In der letztjährigen Kollektion gefielen die Rotweine etwas besser als die Weißweine, allen voran der Frühburgunder. Die neue Kollektion ist sehr gleichmäßig, wobei uns tendenziell die Rotweine ein klein wenig besser gefallen, sie präsentieren sich frisch und wunderschön reintönig; Riesling und Weißburgunder deuten an, dass zukünftig auch mit Weißweinen zu rechnen ist.

Weinbewertung

85 . . . 2007 Frühburgunder trocken Theilheimer Altenberg
frisch, fruchtbetont, reintönig, feine Würze; klar, harmonisch, reife Frucht, gute Struktur und Biss **9,60 €**

83 „Seitensprung Secco" Perlwein **5,50 €**
79 2008 Silvaner trocken **4,60 €/1l**
78 2008 Müller-Thurgau **4,20 €/1l**
82 2007 Silvaner Kabinett trocken Theilheimer Altenberg **4,90 €**
81 2008 Blauer Silvaner trocken Theilheimer Altenberg **6,50 €**
84 2008 Weißburgunder Kabinett trocken Theilheimer Altenberg **6,50 €**
83 2008 Riesling Kabinett trocken Theilheimer Altenberg **6,50 €**
82 2008 Rosé **4,90 €**
84 2006 Portugieser trocken Theilheimer Altenberg **4,90 €**
79 2007 „Christina" Rotwein trocken **4,90 €**
83 2007 Domina trocken Theilheimer Altenberg **7,80 €**

Deutschherrenhof ★★

Weingut

Mosel

Olewigerstraße 181, 54295 Trier - Olewig
Tel. 0651-31113, Fax: 0651-30463
www.weingut-deutschherrenhof.de
info@weingut-deutschherrrenhof.de
Besuchszeiten: Mo.-Do. 8-17 Uhr, Fr.+ Sa. bis 24 Uhr im Gutsausschank

Inhaber .... Albert Oberbillig
Rebfläche .... 9 Hektar

Der junge Winzer Sebastian Oberbillig hat dem Traditionsbetrieb Deutschherrenhof im Trierer Weinausflugsort Olewig neue Impulse gegeben. 70 Prozent der Rebfläche, überwiegend in Steillagen, nimmt Riesling ein, hinzu kommen vor allem Weißburgunder und Spätburgunder. 2008 wurde die fast vergessene Steillage Deutschherrenköpfchen mit alten Rieslingklonen neu bepflanzt. Sebastian Oberbillig legt Wert auf klare, mineralische Weine: Die trockenen oder fast trockenen Gewächse spielen eine große Rolle, die süßen Rieslinge bewahren ihre rassige, würzige Art.

Die 2006er hatten Substanz, und für die 2007er galt Gleiches. 2008 ist teilweise etwas verhaltener ausgefallen, allerdings überzeugen alle Weine, vom frischen Weißburgunder bis zur rassigen Zweisterne-Spätlese.

Weinbewertung

86 . . . 2008 Riesling trocken „Alte Reben" Trierer Deutschherrenberg
frisch, duftig, klare Frucht; saftig, viel Würze, hat Substanz, Nachhall **8,- €**

85 . . . 2008 Riesling Spätlese „feinherb" Trierer Burgberg
klare Frucht, leicht hefig; würzig, zarte Süße, ausgewogen, Schmelz **8,50 €**

87 . . . 2008 Riesling Spätlese Trierer Deutschherrenberg**
klare Frucht, Apfel, Steinobst, etwas Kräuter; stoffig, würzig, rassige Säure **9,- €**

87 . . . 2008 Riesling Auslese Trierer Deutschherrenberg**
Pfirsich, kandierter Apfel, Kräuter, entwickelt sich gut; saftig, viel Würze, gute Länge **14,- €**

83 2008 Weißer Burgunder trocken **6,- €**
81 2008 Riesling trocken **6,- €**
83 2008 Riesling „feinherb Sebastian No. 1" **6,- €**
82 2007 Spätburgunder trocken **7,50 €**

Deutzerhof ★★★☆

Weingut Cossmann-Hehle

Ahr

Deutzerhof, 53508 Mayschoß
Tel. 02643-7264, Fax: 02643-3232
www.deutzerhof.de
info@deutzerhof.de
Besuchszeiten: nach Vereinbarung

Inhaber .... Hella und Wolfgang Hehle
Rebfläche .... 9 Hektar

Als Wolfgang Hehle, von Haus aus Steuerberater, in den Betrieb seines Schwiegervaters einstieg, war alles ganz anders als es heute ist. Die Weine waren süß und für den schnellen Konsum bereitet. Er war einer der Ersten an der Ahr, der dies änderte, stellte von fast ganz süß auf fast ganz trocken um. Und er orientierte sich an Burgund, vinifizierte seine Weine auf Haltbarkeit hin. 1952 hatte sein Schwiegervater Alfred Cossmann mit damals 3,5 Hektar mit der Selbstvermarktung begonnen. Nach und nach vergrößerte er sich, und als der Betrieb zu klein wurde, errichtete man 1980 einen Aussiedlerhof. Dieser entstand auf einer Außenstelle des ehemaligen Kloster Deutz – und erhielt daher seinen Namen Deutzerhof. Die Weinberge von Wolfgang Hehle verteilen sich auf verschiedene Lagen entlang der ganzen Ahr: Altenahrer Eck, Laacherberg, Mayschosser Mönchberg und Burgberg, Altenahrer Daubhaus, Neuenahrer Kirchtürmchen und Heimersheimer Landskrone bis Lohrsdorf. Spätburgunder nimmt drei Viertel der Rebfläche ein, hinzu kommen Riesling, Dornfelder und Frühburgunder, sowie ein klein wenig Chardonnay und Portugieser. Von letzterem besitzt er 1927 gepflanzte Reben, die ältesten Rieslinge sind über 50 Jahre alt.

Die Großen Gewächse aus Mönchberg und Altenahrer Eck gefielen uns 2005 sehr gut, ebenfalls der „Grand Duc". Homogen präsentierte sich die letztjährige Kollektion mit drei kraftvollen, sehr jugendlichen Großen Gewächsen an der Spitze. Diese haben sich mit einem Jahr Flaschenreife prächtig entwickelt. 2007 hat Wolfgang Hehle aus Landskrone und Kirchtürmchen keine Großen Gewächse erzeugt. Die beiden Weine aus Mönchberg und Eck sind wie ihre Vorgänger enorm tanninbetont und verschlossen, brauchen Zeit – dies kennzeichnet die Weine von Wolfgang Hehle. Bei einem Besuch vor Ort konnten wir eine weitere Besonderheit verkosten – edelsüße Weine bis zurück zum Jahrgang 1985.

Weinbewertung

88 . . . 2008 Chardonnay
würzig, eindringlich, gute Konzentration, viel reife Frucht; füllig, kompakt, klare Frucht, gute Struktur und Substanz **16,- €**

(88) . . . 2008 „Catharina C." Riesling trocken
gute Konzentration, reife Frucht, herrlich eindringlich; füllig, harmonisch, reife Frucht, Substanz, feiner Nachhall **13,- €**

86 . . . 2007 „Catharina C." Riesling („feinherb")
klare Frucht, dezente Reifenoten, eindringlich; füllig, harmonisch, geschmeidig, reife süße Frucht **13,- €**

88 . . . 2003 Riesling Auslese Altenahrer Eck
(kein aktueller Jahrgang) duftig, würzig, Litschi, Zitrusfrüchte; süß, konzentriert, Orangen, Zitrus, viel Biss

88 . . . 1999 Riesling Auslese Mayschosser Mönchberg
feine Frische, dezent Zitrusfrüchte und Aprikosen, Quitten; süß, konzentriert, dick, etwas Orangenschalen, Biss, jugendlich (kein aktueller Jahrgang)

89 . . . 2000 Riesling Eiswein Mayschosser Mönchberg
konzentriert, Gewürze, etwas Trockenfrüchte; klar, harmonisch, dominant, gute Substanz und Biss (kein aktueller Jahrgang)

89 . . . 1989 Spätburgunder Weißherbst Eiswein Altenahrer Eck
viel Duft, kandierte Früchte, getrocknete Feigen, etwas Orangenschalen; füllig, kraftvoll, konzentriert, viel Biss (kein aktueller Jahrgang)

91 . . . 1985 Spätburgunder Trockenbeerenauslese
dominant, würzig, Kaffee; dick, konzentriert, enorm stoffig und dominant (kein aktueller Jahrgang)

86 . . . 2007 „Saumon de l'Ahr" Spätburgunder Rosé
gute Konzentration, reife Frucht, herrlich eindringlich und dominant; cremig, jugendlich, viel Kraft und Substanz **14,50 €**

86 . . . 2008 „Saumon de l'Ahr" Spätburgunder Rosé
gute Konzentration, viel reife Frucht, feine Würze; Fülle und Substanz, klare Frucht, gute Struktur, jugendlich **14,50 €**

87 . . . 2001 Dornfelder trocken
etwas Gewürze, reife Frucht, dunkle Früchte; füllig, harmonisch, viel reife Frucht, gute Struktur und Länge (kein aktueller Jahrgang)

87 . . . 2007 „Balthasar C." Spätburgunder
fruchtbetont, intensiv rote Früchte, herrlich eindringlich; frisch, elegant, gute Struktur, klar und zupa-

ckend, jugendliche Tannine **14,- €**

86 . . . 2007 „Pinot One"
gute Konzentration, rauchige Noten, reife Frucht, herrlich eindringlich, feiner dezenter Toast, ein klein wenig Schokolade; weich, füllig, harmonisch, reife Frucht, dezente Bitternoten **17,50 €**

87 . . . 2007 „Alfred C." Portugieser
von 1927 gepflanzten Reben; würzig, konzentriert, herrlich viel Frucht, dunkle Früchte; klar, füllig, kraftvoll, reife Frucht, Substanz **18,50 €**

88 . . . 2007 „Alpha & Omega" Frühburgunder
rauchige Noten, viel reife Frucht, etwas Kirschen, herrlich eindringlich; füllig, kraftvoll, reife Frucht, Substanz, Tannine, feiner Biss **22,- €**

88 . . . 2006 „Caspar C." Spätburgunder
konzentriert, viel reife Frucht, etwas Vanille; füllig, kraftvoll, reife Frucht, gute Substanz und Struktur, jugendliche Tannine **21,- €**

88 . . . 2007 „Grand Duc" Spätburgunder
viel Konzentration, reife Frucht, etwas Vanille, reife rote Früchte; kraftvoll, stoffig, jugendliche Tannine, feine Bitternote, braucht Zeit **31,- €**

89 . . . 2006 „Grand Duc" Spätburgunder
feine rauchige Noten, herrlich viel Frucht, klar und eindringlich; viel Substanz und Kraft, viel reife Frucht, feine Länge **31,- €**

88 . . . 2003 „Melchior C." Spätburgunder
würzig, klar, reife Frucht, dezent Schokolade, Kräuter; füllig, harmonisch, klare reife Frucht, ganz dezent Schokolade, Substanz (kein aktueller Jahrgang)

91 . . . 2006 Spätburgunder „GG" Altenahrer Eck
würzig, eindringlich, etwas Kräuter, dezent mineralische Noten, rote Früchte; kraftvoll, stoffig, reife Frucht, gute Struktur, feine Wärme **48,- €**

88 . . . 2007 Spätburgunder „GG" Altenahrer Eck
würzig, eindringlich, viel reife Frucht, rote Früchte, feiner Toast; weich, füllig, kraftvoll, viel Substanz und reife Frucht, kräftige Tannine, Potenzial (88+ Punkte) **48,- €**
2004: 90; 2005: 89.

88 . . . 2005 Spätburgunder „GG" Mayschosser Mönchberg
würzig, eindringlich, gute Konzentration, dezente Reifenoten; füllig, harmonisch, reife Frucht, ganz dezent Schokolade (kein aktueller Jahrgang)

90 . . . 2006 Spätburgunder „GG" Mayschosser Mönchberg
würzig, konzentriert, eindringlich, dezent Kräuter, leicht streng; füllig, stoffig, kraftvoll, viel Substanz, jugendliche Tannine, Potenzial **48,- €**

88 . . . 2007 Spätburgunder „GG" Mayschosser Mönchberg
würzig, eindringlich, gute Konzentration, rote Früchte; füllig, kraftvoll, reife Frucht, gute Substanz und jugendliche Tannine, braucht Zeit (88+ Punkte) **48,- €**
2003: 85; 2004: 90; 2005: 88.

88 . . . 2004 Spätburgunder „GG" Neuenahrer Kirchtürmchen
würzig, eindringlich, gute Konzentration, etwas Kräuter; füllig, stoffig, reife Frucht, Substanz, jugendlich (kein aktueller Jahrgang)

91 . . . 2006 Spätburgunder „GG" Neuenahrer Kirchtürmchen
gute Konzentration, reife Frucht, etwas Vanille, Kräuter; gute Fülle und Substanz, viel Kraft und Stoff, noch enorm jugendlich **48,- €**

90 . . . 2006 Spätburgunder „GG" Heimersheimer Landskrone
gute Konzentration, reife Frucht, feine Würze, herrlich eindringlich; füllig, stoffig, viel Substanz, viel Biss, noch verschlossen, jugendlich **48,- €**

---

84 2008 Riesling trocken **8,- €**
85 2008 Riesling halbtrocken **8,- €**
83 2008 „Toujours" Spätburgunder Rosé **8,- €**
81 2007 „Légère Cuvée" Rotwein **9,- €**
85+ 2007 Dornfelder **15,50 €**
84 2007 Spätburgunder trocken Cossmann-Hehle **9,50 €**
84 2007 Spätburgunder trocken Cossmann-Hehle **9,50 €**
83 2007 Spätburgunder „feinherb" Cossmann-Hehle **9,- €**

★

Dicker – Achim Doll

Weingut

Pfalz

Hauptstraße 35, 76831 Birkweiler
Tel. 06345-3220, Fax: 06345-5189
www-weingut-dicker-doll.de
achimdoll@t-online.de
Besuchszeiten: Mo.-Sa. 9-12 + 14-18 Uhr,
So. 10-12 Uhr (nach Voranmeldung)
Weinprobierstube für 40-50 Personen
Straußwirtschaft Mai + Sept./Okt., jeweils Sa.+So.,
Hoffest Fronleichnam (Do.-So.)

Inhaber .... Achim Doll
Rebfläche .... 10 Hektar

Achim Doll hat dieses Weingut im Juli 1995 von seinem Vater gepachtet und führt es zusammen mit Ehefrau Martina. Er hat Weinberge in Lagen mit unterschiedlichsten Böden, in Birkweiler, aber auch in Arzheim, Godramstein und Siebeldingen. Achim und Martina Doll haben den Betrieb neu strukturiert. Zwei Hallen wurden errichtet und eine davon mit Edelstahltanks bestückt. Seinen Schwerpunkt legt Achim Doll auf die Produktion von Rotweinen. Das Spektrum an Sorten reicht von Spätburgunder, Portugieser, Dornfelder, Regent, St. Laurent bis hin zu Dunkelfelder. Zuletzt wurden Acolon, Merlot und Cabernet Sauvignon gepflanzt.

Die 2006er Weißweine gefielen weniger, der Jahrgang 2007 war recht homogen, an der Spitze der Riesling „Edition B“, der von über 50 Jahre alten Reben aus dem Kastanienbusch stammt. Auch die neue Kollektion ist sehr gleichmäßig, am besten gefällt uns der Chardonnay.

Weinbewertung

85 . . . 2008 Chardonnay Spätlese trocken Birkweiler Mandelberg
gute Konzentration, klare reife Frucht, feine Würze; füllig, harmonisch, kraftvoll, reife süße Frucht **5,20 €**

78 2008 Riesling Kabinett trocken Birkweiler Kastanienbusch **3,50 €/1l**
78 2008 Weißburgunder Kabinett trocken Birkweiler Königsgarten **4,60 €**
83 2008 Riesling Spätlese trocken „Alte Reben“ Birkweiler Kastanienbusch **6,30 €**
81 2008 Sauvignon Blanc Spätlese „feinherb“ Birkweiler Königsgarten **7,10 €**
81 2008 Gewürztraminer Spätlese Birkweiler Rosenberg **4,50 €**
81 2008 Dornfelder trocken Birkweiler Königsgarten **3,80 €**
78 2008 Rotwein trocken **3,40 €/1l**
81 2008 Dornfelder trocken Birkweiler Königsgarten **3,80 €**
79 2007 Dunkelfelder trocken Birkweiler Mandelberg **3,80 €**
80 2007 St. Laurent trocken Birkweiler Kastanienbusch **4,25 €**
83 2007 Spätburgunder Spätlese trocken Birkweiler Mandelberg **5,- €**
83 2007 Spätburgunder Spätlese trocken Birkweiler Kastanienbusch **5,- €**

★★★☆

Didinger

Weingut

Mittelrhein

Rheinuferstraße 13, 56340 Osterspai
Tel. 02627-512, Fax: 02627-971272
www.weingut-didinger.de
weingutdidinger@web.de
Besuchszeiten: Gutsausschank täglich außer Mi. ab 15 Uhr

Inhaber .... Jens Didinger
Rebfläche .... 4,8 Hektar

Das Weingut Didinger ist heute das einzige Osterspaier Weingut (auf der rechten Seite des Rheins), das seine Weinberge noch auf der anderen Rheinseite im Bopparder Hamm hat. Neben dem dominierenden Riesling, der 80 Prozent seiner Weinberge einnimmt, baut Jens Didinger auch etwas Dornfelder, Spätburgunder, Müller-Thurgau und Kerner an.

Jens Didinger hat sich im letzten Jahrzehnt stetig verbessert. Damals hatte er 3 Hektar Weinberge, nicht einmal 2 Hektar kamen seither hinzu. Damals waren die Preise bei ihm sehr moderat, daran hat sich bis heute nichts geändert, Jahr für Jahr bietet er Weine in „Schnäppchen"-Qualität. Damals waren seine Weine sehr klar und fruchtbetont, seither haben sie deutlich an Charakter und Komplexität zugelegt, angefangen bei den Kabinettweinen: Jeder Wein überzeugt, das ist die große Stärke von Jens Didinger.

2006 bot gleichmäßige Qualität auf hohem Niveau, ob trocken, süß oder edelsüß. Hinzu kam ein interessanter Spätburgunder und ein feiner halbtrockener Müller-Thurgau aus Osterspai. Die 2007er Kollektion überzeugte ebenfalls: Schon Rivaner und Kabinettweine zeigten sich klar und fruchtbetont, die Spätlesen besaßen Struktur und Kraft. Wobei die süßen Rieslinge im letzten Jahrgang leicht die Nase vorne hatten. Die 2008er Kollektion präsentiert sich wie ihre Vorgänger geschlossen auf hohem Niveau, jeder Wein überzeugt wie gewohnt vom trockenen Kabinett bis zur Beerenauslese.

Weinbewertung

85 . . . 2008 Riesling Kabinett trocken Bopparder Hamm Fässerlay
herrlich eindringlich und konzentriert, klare reife Frucht; füllig, harmonisch, reintönige Frucht, Substanz **4,90 €**

86 . . . 2008 Riesling Spätlese trocken Bopparder Hamm Mandelstein
konzentriert, herrlich eindringlich, reintönige Frucht; füllig, harmonisch, viel reife Frucht und Substanz **6,50 €**

87 . . . 2008 Riesling Spätlese* trocken Bopparder Hamm Feuerlay
würzig, konzentriert, herrlich eindringlich, reintönige Frucht; füllig, harmonisch, reife süße Frucht, gute Substanz **7,50 €**
2001: 86; 2002: 87; 2003: 88; 2004: 88; 2005: 89; 2006: 88; 2007: 87.

86 . . . 2008 Riesling Spätlese halbtrocken Bopparder Hamm Feuerlay
würzig, eindringlich, jugendlich, herrlich viel Frucht; weich, füllig, reife Frucht **6,80 €**
2000: 86; 2001: 86; 2002: 85; 2003: 85; 2004: 84; 2005: 87; 2006: 87; 2007: 85.

86 . . . 2008 Riesling Spätlese Bopparder Hamm Feuerlay
herrlich viel Frucht, konzentriert und klar; füllig, harmonisch, feine süße Frucht **6,50 €**

87 . . . 2008 Riesling Spätlese* Bopparder Hamm Feuerlay
konzentriert, herrlich eindringlich, reintönige Frucht; weich, füllig und schmeichelnd, reife süße Frucht **7,50 €**

88 . . . 2008 Riesling Auslese Bopparder Hamm
würzig, herrlich eindringlich und klar; weich, füllig, harmonisch, reife süße Frucht **9,- €/0,5l**

90 . . . 2008 Riesling Beerenauslese Bopparder Hamm
konzentriert, würzig, feiner Duft, etwas eingelegte süße Aprikosen und Litschi; süß, schmeichelnd, dick, herrlich konzentriert **19 €/0,375l**
2000: 86; 2002: 89; 2004: 90; 2005: 89; 2006: 90; 2007: 89.

85 2008 Riesling Kabinett trocken Bopparder Hamm Feuerlay **4,90 €**
84 2008 Riesling Kabinett halbtrocken Bopparder Hamm Feuerlay **4,90 €**
83 2008 Riesling Kabinett halbtrocken Bopparder Hamm Fässerlay **5,50 €**
83 2008 Kerner Spätlese Bopparder Hamm Weingrube **5,50 €**

★★☆

Diefenhardt'sches

Weingut

Rheingau

Hauptstraße 9-11, 65344 Martinsthal
Tel. 06123-71490, Fax: 06123-74841
www.diefenhardt.de
weingut@diefenhardt.de
Besuchszeiten: Mo.-Sa. 9-12 + 14-17 Uhr
Gutsausschank (So. und Mo. Ruhetage)

Inhaber .... Peter Seyffardt
Rebfläche .... 16 Hektar

1917 erwarb Jakob Diefenhardt den Besitz, dem er seinen Namen gab, von Baron von Reichenau. Seither wird das Weingut in Familienbesitz bewirtschaftet, seit rund einem Jahrzehnt ist Peter Seyffardt Inhaber und Betriebsleiter. Seyffardt arbeitete zuvor unter anderem als Kellermeister in Südafrika, engagierte sich auch in der Weinbau- und Lokalpolitik, seit Anfang 2009 sitzt er im Hessischen Landtag. Seine Weinberge liegen in den Martinsthaler Lagen Langenberg, Wildsau und Rödchen sowie in den Rauenthaler Lagen Rothenberg und Langenstück. Neben dem dominierenden Riesling nimmt der Spätburgunder 15 Prozent der Rebfläche ein. 80 Prozent der Weinberge liegen in Hang- und Steillagen. Im angeschlossenen Gutsausschank finden Chanson- und Mundartabende mit Ulrike Neradt statt, der Tochter des Hauses. Die Weine werden traditionell im Holzfass ausgebaut und zeigen einen ruhigen, würzigen Stil, der sich nicht nur bei den cremigen Süßweinen zeigt.

2006 fiel angesichts der Bedingungen beachtlich aus. Die 2007er waren klar und fruchtig, die wenigen vorgestellten 2008er sind eher schlank ausgefallen. Sehr gelungen: Die jetzt erst eingereichte mächtige Trockenbeerenauslese aus dem Jahr 2007.

Weinbewertung

85 . . . 2008 Riesling Kabinett Rauenthaler Rothenberg
feine Frucht, klar; würzig, feine Süße, saftig, elegant
7,90 €

91 . . . 2007 Riesling Trockenbeerenauslese Martinsthaler Langenberg
reife Frucht, beinah opulent, kandierte Nektarinen; üppig, reife Frucht, saftig, dicht, bereits zugänglich, langer Nachhall **150,- €/0,375l**

79 2008 Riesling trocken **4,90 €**
83 2008 Riesling Kabinett trocken Martinsthaler Wildsau **6,10 €**
84 2008 Riesling Spätlese trocken Martinsthaler Langenberg **9,10 €**
81 2008 Riesling Kabinett „feinherb" Martinsthaler Wildsau **6,10 €**
84+ 2007 Spätburgunder Auslese trocken Martinsthaler Wildsau **22,50 €**

★

Diehl

Wein- und Sektgut-Destillerie

Pfalz

Eisenbahnstraße 3a, 67483 Edesheim
Tel. 06323-93893-0, Fax: 06323-93893-38
www.diehl-wein.de
ad@diehl-wein.de
Besuchszeiten: Mo.-Sa. 10-18 Uhr

Inhaber .... Andreas Diehl
Rebfläche .... 35 Hektar

1999 übernahm Andreas Diehl das Weingut von seinem Vater. Dieser hatte seit den achtziger Jahren verstärkt auf Flaschenweinverkauf gesetzt. In den letzten Jahren wurde die Rebfläche erweitert, damit man nicht mehr auf den Zukauf von Trauben angewiesen ist und die Qualität besser kontrollieren kann. Die Weinberge liegen rund um Edesheim in Einzellagen wie Edesheimer Mandelhang, Weyher Michelsberg oder Burrweiler Schlossberg. Das Sortenspektrum ist breit: Riesling, Dornfelder, Spätburgunder, Weißburgunder und Grauburgunder sind die wichtigsten Rebsorten, gefolgt von Merlot, Chardonnay, Sauvignon Blanc, Cabernet Sauvignon, Müller-Thurgau, Portugieser, und St. Laurent. Dazu gibt es Syrah, Auxerrois, Kerner, Schwarzriesling, Scheurebe, Morio-Muskat, Huxelrebe und Gewürztraminer. Die Weine werden überwiegend im Edelstahl ausgebaut, ausgewählte Qualitäten auch im Barrique. Dabei arbeitet Andreas Diehl bei seinen roten Barriqueweinen mit langen Maischstandzeiten von vier bis sechs Wochen.

Auch im schwierigen Jahrgang 2006 gefiel die Kollektion, allen voran einige wunderschön reintönige weiße trockene Spätlesen, in vorderster Front einmal mehr der Sauvignon Blanc, aber auch die Sekte waren sehr gelungen. In der homogenen letztjährigen Kollektion wieder der Sauvignon Blanc unser Favorit. In diesem Jahr nun gefallen uns der Pinot Sekt und die neue weiße Cuvée 3/1 aus Weißburgunder, Grauburgunder und Chardonnay besonders gut.

Weinbewertung

86 ... 2007 Pinot Sekt brut Edesheimer Ordensgut
frisch, fruchtbetont, klar, etwas rote Früchte; füllig, harmonisch, viel reife süße Frucht **11,- €**

85 ... 2008 „Cuvée 3/1" Weißwein Spätlese trocken
Weißburgunder, Grauburgunder und Chardonnay; gute Konzentration, reife Frucht, etwas gelbe Früchte; weich, füllig, harmonisch, reife süße Frucht **9,- €**

77 2008 Weißburgunder trocken Edesheimer Ordensgut **4,50 €/1l**
80 2008 Chardonnay Kabinett trocken Edesheimer Mandelhang **5,50 €**
81 2008 Sauvignon Blanc Kabinett trocken Edesheimer Mandelhang **7,- €**
79 2008 Riesling Kabinett trocken Burrweiler Altenforst **5,50 €**
81 2008 Riesling Spätlese trocken Weyherer Michelsberg **7,- €**
83 2008 Gewürztraminer Kabinett Edesheimer Rosengarten **4,50 €**
79 2008 Merlot Rosé Edesheimer Ordensgut **5,- €**
80 2008 Spätburgunder trocken Roschbacher Rosenkränzel **5,50 €**
83 2007 „Cuvée 3/1" Rotwein trocken **10,- €**
81? 2005 Syrah trocken Hainfelder Kapelle **12,- €**

★

Diehl
Weingut

Württemberg

Württembergstraße 203, 70327 Stuttgart
Tel. 0711-334051, Fax: 0711-339858
www.weingut-diehl.com
info@weingut-diehl.com
Besuchszeiten: Fr. 14-18 Uhr, Sa. 8-13 Uhr und nach Vereinbarung

Inhaber .... Rainer und Werner Diehl
Rebfläche .... 6,5 Hektar

Rainer und Werner Diehl haben 1993 den Betrieb übernommen, den ihr Vater 1972 gegründet hatte. Vom Weinbaubetrieb mit Besenwirtschaft haben sie ihn zum heutigen Weingut ausgebaut. Ihre Weinberge befinden sich zum größten Teil im Rotenberger Schlossberg, hinzu kommen Flächen in den Untertürkheimer Lagen Mönchberg und Altenberg, im Uhlbacher Götzenberg, sowie im Fellbacher Goldberg. Die Reben wachsen auf Keuper- und Gipskeuperböden. 75 Prozent der Fläche nehmen rote Rebsorten ein, vor allem Trollinger, aber auch Spätburgunder, Heroldrebe, Dornfelder, Regent, Zweigelt, Lemberger, Cabernet-Kreuzungen, Merlot und Frühburgunder. Bei den weißen Sorten dominiert Riesling, hinzu kommen Weißburgunder, Müller-Thurgau, Kerner und Muskateller.

Weinbewertung

85 . . . 2008 Weißburgunder Spätlese trocken Rotenberger Schlossberg

konzentriert, reife Frucht, weiße Früchte, herrlich eindringlich; füllig, harmonisch, reife süße Frucht **7,50 €**

87 . . . 2006 Spätburgunder trocken Barrique Rotenberger Schlossberg

rauchige Noten, dezenter Toast, reife Frucht, etwas Kirschen und Erdbeeren; klar, kraftvoll, reife Frucht, dezent Vanille, gute Struktur **16,50 €**

84 2007 Muskateller Sekt brut Untertürkheimer Mönchberg **11,- €**

81 2008 Riesling Kabinett trocken Rotenberger Schlossberg **5,60 €**

84 2006 Blauer Zweigelt trocken Holzfass Rotenberger Schlossberg **7,80 €**

81 2008 Trollinger Rotenberger Schlossberg **4,50 €**

★

Diel
Weingut

Rheinhessen

Hauptstraße 10, 55234 Biebelnheim
Tel. 06733-9600540, Fax: 06733-960055
www.weingut-diel.de
info@weingut-diel.de
Besuchszeiten: Fr. 17-19 Uhr, Sa. 10-16 Uhr oder nach Vereinbarung
Vinothek, Straußwirtschaft

Inhaber . . . . . Udo Diel
Rebfläche . . . . . 4 Hektar

Der Weinbau in der Familie geht bis in das 17. Jahrhundert zurück. Heute wird der Betrieb von Udo Diel, gelernter Techniker für Weinbau und Kellerwirtschaft und Diplom-Betriebswirt, geführt. Unterstützt wird er dabei von Ehefrau Sandra und Mutter Helga. Sein besonderes Interesse gilt den roten Sorten, die inzwischen mehr als die Hälfte seiner Rebfläche einnehmen.

Der Cabernet Sauvignon, Jahrgang 2005, war im vergangenen Jahr einmal mehr unser Favorit in einer gleichmäßigen, etwas verhaltenen Kollektion von Udo Diel. Sehr ähnlich präsentiert sich die aktuelle Kollektion, in der uns wieder einmal der Cabernet Sauvignon klar am besten gefällt.

Weinbewertung

85 . . . 2007 Cabernet Sauvignon trocken Barrique

etwas Gewürze, Toast, reife Frucht; füllig, harmonisch, reife süße Frucht **8,20 €**

2002: 87; 2003: 87; 2004: 85; 2005: 85.

76 2008 Riesling trocken **3,80 €/1l**

79 2008 Weißburgunder trocken **3,80 €**

80 2007 Chardonnay trocken **4,40 €**

82 2008 Sauvignon Blanc „feinherb" **4,40 €**

75 2008 Frühburgunder trocken **4,40 €**

81 2008 Cabernet Sauvignon „feinherb" **4,80 €**

81 2006 Blauer Spätburgunder trocken **4,20 €**

★★★☆

Diel

Schlossgut

Nahe

Burg Layen, 55452 Rümmelsheim
***Tel.** 06721-96950, **Fax**: 06721-45047*
www.schlossgut-diel.com
info@schlossgut-diel.com
***Besuchszeiten**: Mo.-Do. 8-12 + 13-16 Uhr,*
Fr. 8-14 Uhr, Wochenende nach Vereinbarung

Inhaber .... Armin Diel, Caroline Diel
Verwalter .... Christoph J. Friedrich
Rebfläche .... 20 Hektar

1802 erwarb Peter Diel das Landgut des Barons von Dalberg mit der Burg Layen. Unter der Führung von Armin Diel und seiner Ehefrau Monika wurde der Betrieb erweitert und auf Riesling und die Burgundersorten umgestellt. Seit 2006 ist Tochter Caroline im Betrieb tätig, Sohn Victor kümmert sich um Verkauf und Export. In den Dorsheimer Spitzenlagen sind Armin und Caroline Diel gut vertreten, besitzen die Hälfte (knapp 2 Hektar) am Burgberg (eisenhaltiger Lehmboden mit hohem Anteil an Taunusquarzit), 5 Hektar im Goldloch (Urgesteinsboden mit dünner Lehmschicht, die Kieselsteine enthält) und 1 Hektar im Pittermännchen (Lehmboden, mit grauem Schiefer, Kieselstein und Quarzit durchsetzt). Seit 2007 erzeugen sie auch ein Großes Gewächs aus dem Burg Layer Schlossberg (tonhaltiger Lehmboden mit stark verwittertem Schiefer durchsetzt), wo ihnen 1,3 Hektar gehören. Wichtigste Rebsorte ist Riesling mit 65 Prozent. Hinzu kommen 20 Prozent Grauburgunder, sowie Weißburgunder und Spätburgunder.

Das Schlossgut Diel gehört seit einem Jahrzehnt zu den Spitzenbetrieben an der Nahe. Allerdings stellten wir innerhalb dieses Jahrzehnts doch immer wieder Schwankungen fest, nicht nur zwischen den Jahrgängen, auch innerhalb eines Jahrgangs. Diese Schwankungen innerhalb einer Kollektion wurden in den jüngsten Jahrgängen eliminiert, allerdings nicht auf dem Niveau der tollen 2002er. Fülle und Substanz prägen die Weine, doch vermissen wir in den jüngsten Jahrgängen ein wenig die Nachhaltigkeit, die in Jahrgängen wie 2002 sowohl die trockenen als auch die edelsüßen Rieslinge auszeichnete. Die weißen Burgunder sind in den letzten Jahren etwas weniger holzgeprägt, der Pinot Noir „Caroline" gehört regelmäßig zu den besten Rotweinen an der Nahe.

2006 war jahrgangsbedingt ein wenig schwächer, bot aber gutes, recht gleichmäßiges Niveau. Eine vergleichbare Kollektion folgte im vergangenen Jahr: Ein überzeugender „Victor", füllige Große Gewächse, zwei feine Auslesen und der wunderschöne Pinot Noir „Caroline". Der 2007er „Caroline" zeigt eine eigenständige Aromatik, ist frisch und fruchtbetont. Die 2008er weißen Burgunder überzeugen, auch wenn es ihnen (noch?) an Länge fehlt. Etwas uneinheitlich präsentieren sich die Großen Gewächse, der Wein aus dem Burgberg ist unser klarer Favorit, er ist nachhaltiger als seine Kollegen. Der stimmige süße Teil der Kollektion wird angeführt von einem am 30. Dezember 2008 geernteten Eiswein.

Weinbewertung

87 . . . 2004 Riesling Sekt Brut Dorsheimer Goldloch
feine rauchige Noten, klare Frucht, gute Konzentration; gute Fülle und Harmonie, rauchige Noten, Substanz und Länge **38,50 €**

86 . . . 2004 „Cuvée MO" Sekt Brut Nature
Pinot Noir und Chardonnay; rauchige Noten, feiner Duft; gute Fülle, Substanz, dezent Butter **45,- €**

85 . . . 2008 Pinot Blanc
würzig, frisch, feine rauchige Noten; klar, füllig, etwas

Vanille, dezente Bitternoten **19,50 €**

87 . . . 2008 Pinot Gris
würzig, konzentriert, gelbe Früchte, herrlich eindringlich; weich, füllig, reife Frucht, gute Substanz und Struktur, feine Länge **19,50 €**
2005: 86: 2006: 84; 2007: 86.

87 . . . 2008 „Cuvée Victor" Weißwein
60 % Weißburgunder und 40 % Grauburgunder; gute Konzentration, reife Frucht, feiner Toast, etwas gelbe Früchte, herrlich eindringlich; Fülle, Substanz, Kraft, ein klein wenig bitter, jugendlich **35,- €**
2005: 89; 2006: 87; 2007: 87.

85 . . . 2008 Riesling trocken Dorsheim
würzig, klar, dezent gelbe Früchte, auch ein wenig Grapefruit im Hintergrund; füllig, kraftvoll, gute Substanz **12,- €**

86 . . . 2008 Riesling trocken „Eierfels"
gute Konzentration, viel reife Frucht, gelbe Früchte; gute Fülle, klare reife Frucht, Substanz **16,- €**

87 . . . 2008 Riesling „GG" Burg Layen Schlossberg
würzig, eindringlich, etwas streng, duftig; Fülle, Kraft, Substanz, feine Bitternoten **28,- €**
2007 (1. Jg.): 88.

86 . . . 2008 Riesling „GG" Pittermännchen
frisch, würzig, fruchtbetont, eigenwillig eindringlich; klar, kraftvoll, frisch, etwas gelbe Früchte, ein wenig unausgewogen **29,50 €**
bis 1999 Spätlese trocken, dann bis 2002 Selection; 1999: 87; 2000: 85; 2001: np; 2002: 91; 2003: 88; 2004: 89; 2005: 88; 2006: 88; 2007: 88.

88 . . . 2008 Riesling „GG" Goldloch
würzig, klar, konzentriert, herrlich eindringlich; füllig, kraftvoll, gute Substanz **32,- €**
1998 Spätlese trocken, dann bis 2002 Selection; 1998: 84; 2000: 84; 2001: np; 2002: 90; 2003: 88; 2004: 84; 2005: 87; 2006: 86; 2007: 87.

89 . . . 2008 Riesling „GG" Burgberg
würzig, konzentriert, reife Frucht, etwas gelbe Früchte, herrlich eindringlich, feine mineralische Noten; füllig, kraftvoll, gute Struktur, feine Frische, ganz dezente Bitternote, nachhaltig, jugendlich **35,- €**
bis 1999 Spätlese trocken, dann bis 2002 Selection; 1999: 88; 2000: 84; 2001: np; 2002: 90; 2003: 89; 2004: 89; 2005: 87; 2006: 86; 2007: 89.

85 . . . 2008 Riesling Kabinett Dorsheim Pittermännchen
gute Konzentration und Würze, reife Frucht; klar, frisch, zupackend, Säure und Biss **15,- €**

86 . . . 2008 Riesling Kabinett Dorsheim Goldloch
gute Konzentration, reife Frucht, gelbe Früchte, herrlich eindringlich; füllig, harmonisch, reintönige Frucht, gute Struktur und Frische **14,- €**

88 . . . 2008 Riesling Spätlese Dorsheim Pittermännchen
konzentriert, enorm würzig und eindringlich; füllig, frisch und zupackend, viel Biss **24,- €**
2000: 87; 2000: 90; 2001: 85; 2002: 90; 2003: 89; 2004: 87; 2006: 87; 2007: 85?.

89 . . . 2008 Riesling Spätlese Dorsheim Goldloch
würzig, konzentriert, etwas gelbe Früchte, Pfirsiche; kraftvoll, klar, zupackend, reintönige Frucht, gute Substanz, ganz dezent mineralische Noten **22,- €**

88 . . . 2008 Riesling Auslese Dorsheim Goldloch
enorm würzig, konzentriert, eindringlich; frisch, süß, konzentriert, zupackend, viel Biss, jugendlich **35,- €**
2000: 90; 2001: 91; 2002: 92; 2003: 88; 2004: 88; 2005: 88; 2007: 89.

88 . . . 2008 Riesling Auslese Pittermännchen
dezent Gewürznoten, Anis, gute Konzentration; süß, dick, dominant, stoffig, viel Substanz **35,- €**
2004: 88; 2005: 88; 2007: 89.

90 . . . 2008 Riesling Eiswein
konzentriert, recht würzig, feiner Duft; stoffig, kraftvoll, viel süße Frucht, süße Zitrusfrüchte, reintönig, Biss **140,- €**

88 . . . 2007 Pinot Noir „Caroline"
viel Duft, reife Frucht, etwas Johannisbeeren; Frische, Frucht, wiederum etwas Johannisbeeren, rote Früchte, gute Struktur **45,- €**
2001: 90; 2002: 88; 2003: 87; 2004: 88; 2005: 87; 2006: 89.

---

84 2008 „Diel de Diel" Weißwein **9,50 €**
83 2008 Riesling trocken „Nahestein" **9,50 €**
83 2008 Rosé „de Diel" **11,50 €**
84 2008 Riesling Kabinett Burg Layen **12,- €**

Dietrich ★

Weingut

Pfalz

Am Osterberg 1, 67229 Großkarlbach
Tel. 06238-2000, Fax: 06238-1494
www.weinhof-dietrich.de
info@weinhof-dietrich.de
Besuchszeiten: Mo.-Fr. 9-12 + 13-19 Uhr, Sa. 13-18 Uhr oder nach Vereinbarung

Inhaber .... Arnd und Gerrit Dietrich
Rebfläche .... 22 Hektar

Der Weinhof Dietrich wird heute von den Brüdern Arnd und Gerrit Dietrich geführt. Gerrit Dietrich hat nach seinem Geisenheim-Studium fast ein Jahr bei De Wetshof Estate in Südafrika gearbeitet. Seit 2006 ist er für den Weinausbau im elterlichen Betrieb verantwortlich, Arnd Dietrich ist nach Beendigung seines Jurastudiums 2008 dazugestoßen. Sie besitzen 6 Hektar Weinberge „Im Großen Garten", dem Herzstück des Großkarlbacher Burgwegs. Dazu sind sie im Großkarlbacher Osterberg vertreten, wo sich auch das Weingut befindet, und im Weisenheimer Rosenbühl. Die Böden reichen von Muschelkalk, Kalkfels über Löss-Lehm und Kies bis hin zu reinem Sand. Hauptrebsorte im umfangreichen Sortenspiegel ist Riesling, gefolgt von Grauburgunder, Chardonnay, Sauvignon Blanc, Weißburgunder und Müller-Thurgau. Bei den Rotweinen setzen sie verstärkt auf Spätburgunder, Merlot und Cabernet Dorsa, besitzen aber auch Portugieser und Dornfelder.

Weinbewertung

80 2008 Riesling trocken Großkarlbacher Burgweg **3,20 €/1l**
84 2008 Sauvignon Blanc trocken Großkarlbacher Osterberg **4,- €**
82 2008 Riesling Spätlese trocken Großkarlbacher Burgweg **12,- €**
82 2008 Weißburgunder Spätlese trocken Großkarlbacher Burgweg **12,- €**
83 2008 Chardonnay Spätlese trocken Großkarlbacher Burgweg **12,- €**
84 2006 Cuvée „Clavis" Rotwein Spätlese trocken **12,- €**

Karlo Dillmann ★

Weingut

Rheingau

Langestraße 6, 65366 Geisenheim
Tel. 06722-8162, Fax: 06722-980334
www.weingut-dillmann.de
weingutkarlodillmann@t-online.de
Besuchszeiten: nach Vereinbarung

Inhaber .... Karlo und Annette Dillmann
Rebfläche .... 3,5 Hektar

Karlo und Annette Dillmann haben das Weingut 1980 gegründet, inzwischen entstand eine moderne Kellerei mit blitzenden Stahltanks. Neben 80 Prozent Riesling gibt es 15 Prozent Spätburgunder und 5 Prozent Weißburgunder. Die Weinberge liegen vor allem in den Geisenheimer Lagen Kläuserweg, Mäuerchen und Rothenberg, sowie im Rüdesheimer Magdalenenkreuz. 60 Prozent der Weine werden trocken ausgebaut, und selbst die in besonderen Jahrgängen erzeugten Edelsüßen besitzen eine eher schlanke Art.

Die 2006er waren schlank und süffig ausgefallen, auch die 2007er überzeugten. Im Jahrgang 2008 entstanden keine Spitzen, aber viele preiswerte, sauber gemachte, erfrischende Rheingauer.

Weinbewertung

81 2008 Weißer Burgunder trocken **4,50 €**
80 2008 Riesling Kabinett trocken Geisenheimer Mäuerchen **4,50 €**
81 2008 Riesling Spätlese trocken Geisenheimer Kläuserweg **5,50 €**
80 2008 Riesling Kabinett „feinherb" Geisenheimer Kläuserweg **4,50 €**
84 2008 Riesling Spätlese „feinherb" Geisenheimer Kläuserweg **5,50 €**
81 2008 Spätburgunder Blanc de Noir trocken **4,50 €**
79 2008 Spätburgunder Weißherbst „feinherb" **4,50 €**
83 2007 Spätburgunder trocken **5,- €**
82 2005 Spätburgunder trocken Barrique **10,- €**

★★★★★

Hermann Dönnhoff

Weingut

Nahe

Bahnhofstraße 11, 55585 Oberhausen
Tel. 06755-263, Fax: 06755-1067
www.doennhoff.com
weingut@doennhoff.com
Besuchszeiten: nach Vereinbarung

Inhaber .... Helmut Dönnhoff
Rebfläche .... 18 Hektar

Helmut Dönnhoff konzentriert sich auf nur drei Rebsorten: Riesling, der drei Viertel seiner Weinberge einnimmt, Weißburgunder und Grauburgunder. Er bewirtschaftet heute Weinberge in Niederhausen in der Hermannshöhle, in den Schlossböckelheimer Lagen Felsenberg und Kupfergrube, in den Norheimer Lagen Kirschheck und Dellchen, sowie in Oberhausen in den Lagen Leistenberg und Brücke, die Helmut Dönnhoff in Alleinbesitz gehört.

Helmut Dönnhoff hat die Nahe bekannt gemacht, gezeigt, welches Potenzial die Region besitzt. Denn einmal ehrlich: Wer hat – vor Dönnhoff – sich ernsthaft mit den Weinen der Nahe beschäftigt? Wer hätte – vor Dönnhoff – geglaubt, dass die Region Weine von Weltformat erzeugen kann?

Als wir vor zehn Jahren die erste Ausgabe dieses Buches veröffentlichten, war Helmut Dönnhoff für uns mit weitem Abstand der führende Winzer an der Nahe, gehörte er für uns zu einer Handvoll deutscher Winzer mit Weltformat. In diesem Jahrzehnt hat sich enorm viel getan in Deutschland, deutscher Wein ist in der Spitze dramatisch besser geworden. Aber auch die Weine von Helmut Dönnhoff sind immer noch faszinierender geworden. Dabei ist er seiner Stilistik treu geblieben, denn anders als bei vielen anderen Winzern wirken die süßen Kabinettweine, Spät- und Auslesen von Helmut Dönnhoff niemals zu süß, niemals zu fett, sie sind immer elegant und animierend, sie sind immer eben Kabinettweine, Spätlesen, Auslesen, stehen mustergültig dafür, wie Rieslinge dieser Prädikatsstufen sein sollten. Helmut Dönnhoff ist seiner Stilistik treu geblieben, hat diese aber immer noch verfeinert. Und doch haben die Weine von Helmut Dönnhoff in diesem Jahrzehnt eine große Entwicklung erfahren. Nicht die süßen und edelsüßen Rieslinge, die waren immer schon Weltklasse, nein, die trockenen Rieslinge. Mit diesen ist er in eine neue Dimension vorgestoßen, hat gezeigt, dass er aus der Hermannshöhle nicht nur eine großartige Spätlese erzeugen kann, sondern auch einen großartigen trockenen Wein.

2006 präsentierte Helmut Dönnhoff eine hervorragende Kollektion, wobei wir in diesem Jahrgang seine süßen und edelsüßen etwas mehr mochten als seine trockenen. 2007 war wiederum grandios, und in diesem Jahrgang standen die trockenen Weine den restsüßen nicht nach, Spätlese und Großes Gewächs aus der Hermannshöhle faszinierten uns besonders. Vergleichbar stark ist die neue Kollektion, auch wenn der Jahrgang 2008 nicht ganz die Möglichkeiten für edelsüße Rieslinge bot, wie andere Jahrgänge in diesem Jahrzehnt. Die Kabinettweine sind wunderschön reintönig und elegant, die trockenen Gutsrieslinge klar und präzise, die Spätlesen bestechen mit ihrer Harmonie, die Großen Gewächse mit ihrer Nachhaltigkeit: Tolle Kollektion!

Weinbewertung

86 . . . 2008 Riesling trocken
frisch, würzig, klare Frucht; klar, frisch, zupackend, feine Frucht und Biss **8,20 €**

87 . . . 2008 Riesling trocken „Tonschiefer"
frisch, würzig, herrlich klar und eindringlich; klar, präzise, zupackend, reintönige Frucht, Säure, Biss **11,- €**

90 . . . 2007 Riesling trocken Felsenberg
gute Konzentration, herrlich viel Frucht, reintönig, dezent mineralische Noten; kraftvoll, klar, geradlinig, viel reife Frucht, Substanz

90 . . . 2008 Riesling trocken Felsenberg
frisch, würzig, reintönige Frucht, dezent mineralische Noten; klar, harmonisch, elegant, gute Struktur und Frische, feine Länge **18,- €**
(bis 2006 Spätlese trocken) 1999: 89; 2000: 87; 2001: 87; 2002: 88; 2003: 87; 2004: 88; 2005: 87; 2006: 87.

92 . . . 2008 Riesling „GG" Dellchen
klar, konzentriert, frisch, herrlich eindringlich, reife weiße und gelbe Früchte; füllig, stoffig, viel reife Frucht, herrlich viel Frucht und Kraft, ganz feine mineralische Noten im Abgang **29,50 €**
2005: 92; 2006: 88; 2007: 90.

94 . . . 2008 Riesling „GG" Hermannshöhle
viel Konzentration, faszinierend viel Frucht, feine mineralische Noten, etwas Grapefruit und Zitrus im Hintergrund; füllig, kraftvoll, gute Substanz und Struktur, jugendlich, enorm nachhaltig, viel Potenzial **31,50 €**
(bis 2002 Spätlese trocken) 1999: 90; 2000: 87; 2001: 89; 2002: 90; 2003: 92; 2004: 90; 2005: 93; 2006: 89; 2007: 93.

87 . . . 2008 Riesling Kabinett Kreuznacher Krötenpfuhl
frisch, würzig, wunderschöne klare Frucht; harmonisch, elegant, feine süße Frucht, Frische und Biss **9,80 €**

87 . . . 2008 Riesling Kabinett Oberhäuser Leistenberg
frisch, würzig, weiße Früchte, sehr reintönig; klar, elegant, feine süße Frucht, Frische, viel Biss **11,- €**

89 . . . 2008 Riesling Spätlese Schlossböckelheimer Kupfergrube
würzig, eindringlich, klar, ganz dezent Orangen im Hintergrund; füllig, harmonisch, herrlich reintönig und elegant, lang **19,- €**

91 . . . 2008 Riesling Spätlese Oberhäuser Brücke
würzig, eindringlich, gute Konzentration, viel reife Frucht, herrlich dominant; füllig, stoffig, faszinierend viel Frucht und Komplexität, etwas gelbe Früchte, lang und nachhaltig **22,50 €**
2005: 92; 2006: 91; 2007: 91.

92 . . . 2008 Riesling Spätlese Niederhäuser Hermannshöhle
faszinierend viel Frucht, etwas Grapefruit, viel Würze und Konzentration, Frische, herrlich eindringlich; füllig, stoffig, faszinierend viel Frucht, Substanz und Biss, herrlich reintönig und lang **29,- €**

92 . . . 2008 Riesling Eiswein „Dezember" Oberhäuser Brücke
süße Zitrusfrüchte, eingelegte süße Aprikosen, Litschi, herrlich eindringlich und konzentriert; klar, konzentriert, herrlich viel Frucht und Stoff, Substanz und feiner Biss **98,- €/0,375l**

92 . . . 2008 Riesling Eiswein „Januar" Oberhäuser Brücke
konzentriert, dominant, etwas Gewürznoten, Litschi; süß, konzentriert, dick, viel Substanz, Litschi und eingelegte süße Aprikosen, enorm intensiv, reintönig **(auf Anfrage/0,375l)**

★★★☆

Hermann **Dörflinger**

Weingut

Baden

Mühlenstraße 7, 79379 Müllheim
Tel. 07631-2207, Fax: 07631-4195
www.weingut-doerflinger.de
mail@weingut-doerflinger.de
Besuchszeiten: Mo.-Fr. 8-12 + 13:30-18:30 Uhr, Sa. 9-16 Uhr
Weinproben in Probierstube oder Holzfasskeller

Inhaber .... Hermann Dörflinger
Rebfläche .... 20 Hektar

Hermann Dörflinger gehörte zu den ersten Winzern in Baden, die durchgegorene Weine erzeugten (der Restzucker wird auf dem Etikett vermerkt). Seine Weinberge liegen in den Müllheimer Lagen Sonnhalde, Reggenhag und Pfaffenstück, sowie im Badenweiler Römerberg. Neben Gutedel baut er vor allem die Burgundersorten an: Weißburgunder, Grauburgunder und Spätburgunder. Dazu gibt es ein wenig Silvaner, Müller-Thurgau, Riesling, Nobling und Chardonnay.

Natürlich kennen wir schon lange die Weine von Hermann Dörflinger, wer kennt sie nicht. Natürlich empfehlen wir sie auch schon seit unserer ersten Ausgabe. Die kompromisslos trockenen Weine von Hermann Dörflinger gehören Jahr für Jahr zu den besten in Baden. Bei ihm bereitet immer schon der einfachste Gutedel viel Freude, ist glasklar und präzise wie alle anderen Weine im Sortiment auch.

Strengste Selektion im schwierigen Jahrgang 2006 führte zu starken Mengenverlusten, auf Riesling musste Hermann Dörflinger ganz verzichten. Was er aber auf die Flasche brachte, das überzeugte. Besonders stark war einmal mehr der barriqueausgebaute Grauburgunder, auch die Spätburgunder gefielen sehr gut. Eine vergleichbar starke Kollektion hatte Hermann Dörflinger im vergangenen Jahr. Vom Nobling Sekt bis hin zum Spätburgunder aus alten Reben waren alle Weine wunderschön fruchtbetont, kraftvoll und klar. Die 2008er Weine sind sehr filigran und elegant, der Gutedel Kabinett besitzt nur 10,5 Prozent Alkohol. Aber auch füllige Weine mit hohem Mostgewicht hat Hermann Dörflinger 2008 geerntet, ein Grauburgunder und ein Chardonnay reifen noch im Barrique. Die 2008er Kollektion besticht einmal mehr durch ihre Geschlossenheit, auch die 2007er Spätburgunder sind wunderschön präzise und klar.

Weinbewertung

85 . . . 2008 Gutedel Kabinett trocken Müllheimer Reggenhag
frisch, fruchtbetont, gute Konzentration, etwas weiße Früchte; füllig, harmonisch, reintönig, gute Substanz **5,80 €**

85 . . . 2008 Weißburgunder Kabinett trocken Müllheimer Reggenhag
gute Konzentration, feine Würze, reintönige Frucht; klar, frisch, feine Frucht und Biss **7,- €**

85 . . . 2008 Grauburgunder Kabinett trocken Müllheimer Sonnhalde
frisch, würzig, fruchtbetont, reintönig; klar, füllig, kraftvoll, reife Frucht **7,- €**

85 . . . 2008 Chardonnay Kabinett trocken Müllheimer Reggenhag
würzig, eindringlich, reife Frucht; füllig, harmonisch, reife süße Frucht, feine Frische **8,80 €**

86 . . . 2008 Gewürztraminer Müllheimer Reggenhag
gute Konzentration, Rosen, herrlich eindringlich; weich, füllig und schmeichelnd, viel reife Frucht, Substanz **9,- €/0,5l**

88 . . . 2008 Weißburgunder Spätlese trocken Badenweiler Römerberg

gute Konzentration, reintönige Frucht, herrlich eindringlich und würzig; klar, füllig, reife Frucht, gute Struktur und Länge **10,- €**

1999: 86; 2000: 84; 2001: 86; 2002: 85; 2003: 87; 2005: 88; 2006: 85; 2007: 86.

87 . . . 2008 Grauburgunder Spätlese trocken Müllheimer Sonnhalde

gute Konzentration, reife Frucht, gelbe Früchte, eindringlich; füllig, harmonisch, viel reife Frucht und Substanz **10,- €**

85 . . . 2008 Spätburgunder Weißherbst Kabinett trocken Müllheimer Sonnhalde

feine Würze, reintönige Frucht; klar, harmonisch, feine süße Frucht **7,- €**

87 . . . 2007 Spätburgunder Spätlese trocken Müllheimer Reggenhag

klar, fruchtbetont, etwas rote Früchte, eindringlich; füllig, harmonisch, kraftvoll, reife Frucht, gute Substanz **12,- €**

89 . . . 2007 Spätburgunder Spätlese trocken Barrique Müllheimer Pfaffenstück

viel Konzentration, herrlich viel Frucht, reintönig; füllig, kraftvoll, reife Frucht, gute Substanz und Harmonie, feine Länge und Nachhall **14,- €**

2003: 86; 2004: 87; 2005: 88.

88 . . . 2007 Spätburgunder Spätlese trocken Barrique Badenweiler Römerberg

viel Konzentration, reife Frucht, etwas Kirschen, herrlich eindringlich; füllig, viel reife Frucht, gute Substanz und Harmonie, feine Frische **16,- €**

---

84 2008 Gutedel trocken Müllheimer Reggenhag **5,20 €**

★☆

Dötsch-Haupt

Vereinigte Weingüter

Mosel

Lennigstraße 38, 56330 Kobern-Gondorf
Tel. 02607-8497, Fax: 02607-973421
www.weingut-doetsch.de
info@weingut-doetsch.de
Besuchszeiten: täglich, möglichst nach Vereinbarung

Inhaber .... Martin Dötsch
Rebfläche .... 12 Hektar

Die ehemaligen Weingüter Dötsch und Haupt wurden nach dem Tod von Martin Dötschs Onkel Robert Haupt zusammengelegt. Martin und Gaby Dötsch bewirtschaften heute Reben im Koberner Uhlen, aber auch in nicht ganz so bekannten Lagen wie Schlossberg, Weißenberg oder Fahrberg. Der Vorteil der zahlreichen Terrassenlagen – der Großteil der zwölf Hektar – wird mehr denn je betont, weshalb man nun auch ausdrücklich als „Terrassenweingut" firmiert. Die Erträge der Hangfüße werden dann auch immer separat zu Literweinen ausgebaut. Außer Riesling spielt auch Spätburgunder mit mehr als zwei Hektar eine große Rolle. Obwohl normalerweise im Februar oder März gefüllt wird, bleiben einige Weine deutlich länger auf der Hefe. Ein gewisser Anteil Botrytis in den Weinen ist akzeptiert, Kohlensäure wird nicht zugesetzt, Bekömmlichkeit der Weine ist für die Dötschs das A und O.

Vorgestellt werden immer Weine verschiedener Jahrgänge. Individuellere Rieslinge produzieren nur wenige Weingüter, manche begeistern, bei anderen bleibt man angesichts einer fast staubigen Mineralität etwas ratlos. Diesmal überzeugte beispielsweise eine komplexe, jugendliche Auslese halbtrocken aus dem

Jahrgang 2005, aber auch der kraftvolle Sekt hat Charakter!

Weinbewertung

85 ... 2005 Riesling Sekt brut Koberner Schlossberg
klare Frucht, etwas Kräuter; saftig, viel Würze, erfreulich trocken und präzise **9,70 €**

85 ... 2007 Riesling Spätlese trocken Koberner Schlossberg
jugendliche Frucht, Kräuter, etwas Stachelbeeren, ganz leicht cremig; straff, pikante Säure **6,- €**

85 ... 2007 Riesling Spätlese halbtrocken Koberner Schlossberg
klare Frucht, deutliche Kräuternote, leicht staubige Noten; reife Säure, gute Struktur, wirkt beinah trocken **6,- €**

87 ... 2005 Riesling Auslese halbtrocken Koberner Weißenberg
reife Frucht, etwas Stachelbeere, leicht hefig-cremig; betont würzig, kraftvoll, viel Substanz, hat Schmelz **12,- €**

82 2005 Riesling Kabinett trocken Koberner Weißenberg **4,80 €**
81 2002 Riesling Spätlese trocken Koberner Uhlen **11,50 €**
78? 2005 Riesling Spätlese trocken Koberner Fahrberg **8,50 €**
83 2006 Riesling Spätlese trocken Koberner Fahrberg **6,80 €**
84 2005 Riesling Spätlese halbtrocken Koberner Fahrberg **6,- €**
80 2006 Riesling Auslese Koberner Weißenberg **12,50 €**
82 2003 Spätburgunder trocken Koberner Schlossberg **7,50 €**

★☆

Helmut Dolde

Weingut

Württemberg

Beurener Straße 16, 72636 Frickenhausen
Tel. 07025-4982, Fax: 07025-840620
www.doldewein.de
doldewein@gmx.de
Besuchszeiten: Do. 16-19 Uhr, Sa. 10-13 Uhr oder nach Vereinbarung

Inhaber .... Hedwig und Helmut Dolde
Rebfläche .... 1,5 Hektar

Hedwig und Helmut Dolde führen ein kleines Weingut am Rande der Schwäbischen Alb und bewirtschaften Deutschlands höchstgelegene Weinberge. Alle Weine werden trocken ausgebaut.

Nach guten Kollektionen in den vorausgegangenen Jahren überzeugte auch die letztjährige Kollektion, wobei unser Favorit mit dem barriqueausgebauten Spätburgunder aus dem Jahrgang 2006 stammte. Der 2007er Spätburgunder trägt zwar nur die Bezeichnung Holzfass auf dem Etikett, jedoch gefällt er uns genauso gut wie im Vorjahr der Barriquewein. Auch die Weißweine machen viel Freude, sind füllig und klar, harmonisch und strukturiert: Eine überzeugende Kollektion!

Weinbewertung

85 ... 2008 Silvaner „Alte Reben“
würzig, eindringlich, klare Frucht; füllig, harmonisch, klare reife Frucht, Substanz **7,- €**

85 ... 2008 Silvaner „Junge Reben“
würzig, klare reife Frucht, weiße Früchte; füllig, kraftvoll, reife Frucht, gute Substanz und Länge **ca. 7,- €**

85 ... 2008 Riesling „Weißer Jura“
gute Konzentration, würzig, klare Frucht; füllig, harmonisch, reife süße Frucht, Struktur und Frische **7,- €**

86 ... 2007 Spätburgunder Holzfass Linsenhöfer

feine rauchige Noten, herrlich reintönige Frucht; klar, harmonisch, elegant, feine Frische, Tannine **9,- €**

---

82 2008 „Creation K." Weißwein **6,30 €**
81 2008 Spätburgunder Rosé **5,50 €**

★☆

Doreas

Weingut

Württemberg

Ernst-Heinkel-Straße 85
73630 Remshalden-Grunbach
***Tel.** 07151-75569, **Fax:** 07151-2061200*
www.doreas.de
info@doreas.de
***Besuchszeiten:** Do./Fr. 16-18:30 Uhr, Sa. 9:30-14 Uhr und nach Vereinbarung*

Inhaber .... Dorothee Wagner-Ellwanger
.... Andreas Ellwanger
Rebfläche (Eigenausbau) .... 2,5 Hektar
Gesamtfläche .... 5 Hektar

Dorothee Wagner-Ellwanger und Andreas Ellwanger, im elterlichen Betrieb in Winterbach für den Weinausbau verantwortlich, haben unter dem Namen Doreas 2007 mit der Selbstvermarktung begonnen. Alle Weine stammen aus Grunbach aus den Lagen Klingle und Berghalde, von bis zu 40 Jahre alten Reben. Riesling, Trollinger und Merlot sind die wichtigsten Rebsorten, dazu gibt es Zweigelt, Lemberger, Cabernet Cubin und Cabernet Dorsa. Die Rotweine werden in 1.000-Liter-Zubern maischevergoren, der Riesling wird, teils mit Maischestandzeiten, teils auch mit Spontangärung im Edelstahl ausgebaut. Die Weine sind den Linien Ballade (Alltagsweine) und Symphonie (Spitzenweine), sowie Oper (edelsüße Weine) zugeordnet. Im vergangenen Jahr wurde mit der Umstellung auf ökologischen Weinbau begonnen, Dorothee Wagner-Ellwanger und Andreas Ellwanger sind Mitglied bei Ecovin.

Beim guten Debüt vor zwei Jahren gefielen Schillersekt, Riesling Auslese und die rote Symphonie besonders gut. Eine vergleichbare Kollektion folgte im vergangenen Jahr nach, unsere drei Favoriten verteilten sich wie im Vorjahr auf Sekt, edelsüßen Riesling und Rotwein. In der aktuellen Kollektion gibt es gleich drei starke Barrique-Rotweine, der Schillersekt überzeugt wie gehabt, der Eiswein gefällt uns noch besser als im Vorjahr. Nur die Basisweine sind etwas verhalten. Trotzdem: Im Auge behalten! ▬

Weinbewertung

86 . . . 2007 Schillersekt „Prelude" brut
gute Konzentration, reife Frucht, rote Früchte; füllig, harmonisch, viel Substanz, Frucht und Biss **12,- €**
2005: 86; 2006: 85.

85 . . . 2008 Riesling „Symphonie" trocken Grunbacher Klingle
feine Würze, klare reife Frucht; füllig, harmonisch, reife süße Frucht **8,- €**

88 . . . 2008 Riesling „Oper" Eiswein
feine Würze, klare reife Frucht, etwas Pfirsiche; süß, konzentriert, herrlich viel Frucht, reintönig, viel Biss **20,- €/0,375l**

86 . . . 2007 Merlot „Symphonie" trocken Grunbacher Berghalde
gute Konzentration, feine Würze, etwas rote Früchte, Kräuter, Vanille; füllig, kraftvoll, reife Frucht, dezent Schokolade **15,- €**

86 . . . 2007 Lemberger „Symphonie" trocken Grunbacher Berghalde
reife Frucht, rote Früchte, klar, eindringlich; füllig, harmonisch, viel reife süße Frucht, feine Frische **15,- €**

86 . . . 2006 Zweigeltrebe „Symphonie" trocken Grunbacher Berghalde
würzig, klar, etwas rote Früchte; füllig, kraftvoll, klare

reife Frucht, dezent Schokolade, Substanz **19,- €**

80 2008 Riesling „Ballade" Grunbacher Klingle **5,50 €**
82 2008 Schillerwein „Symphonie" trocken **9,- €**
80 2008 Rosé „Ballade" Grunbacher Berghalde **4,90 €**
81 2008 Trollinger „Ballade" trocken Grunbacher Berghalde **4,90 €**
80 2008 Dornfelder „Ballade" trocken Grunbacher Klingle **5,- €**
80 2008 „Ballade in rot" Rotwein Grunbacher Berghalde **7,- €**

★

Matthias Dostert
Weingut

Mosel

Weinstraße 5, 54453 Nittel
Tel. 06584-91450, Fax: 06584-914526
www.weingutdostert.de
info@weingutdostert.de
Besuchszeiten: 9-12 + 13-18 Uhr, So. 9-12 Uhr
Landrestaurant „Culinarium Nittel (Tel. 6584/91450)
Gästezimmer

Inhaber .... Anita und Matthias Dostert
Rebfläche .... 12 Hektar

Das Weingut Dostert ist ein klassischer Familienbetrieb. 80 Prozent der Weinberge von Matthias Dostert sind mit Elbling bepflanzt. Spezialität dieses Weingutes an der Obermosel – gegenüber dem Großherzogtum Luxemburg – sind die Sekte aus weißem und rotem Elbling. Die Tochter von Anita und Matthias Dostert, Carina Curmann, war 2000/2001 Deutsche Weinkönigin und hat sich mit ihrem Mann und dem gemeinsamen Projekt namens „Culinarium" ein zweites Standbein geschaffen. Der als Gemeinschaftsprojekt von fünf Jungwinzern der südlichen Weinmosel gefüllte „Sunshine" ist nicht zuletzt ihre Idee. Zusammen mit ihrem Mann zeichnet sie für ein Landrestaurant mit Kochschule verantwortlich.

Jahr für Jahr liefern die Dosterts sehr gleichmäßige Kollektionen ab, Ausreißer nach unten sind so gut wie ausgeschlossen. Immer überzeugend: Die Schaumweine, 2007 überzeugten auch die Stillweine mit ihrer Frische. Die 2008er Elblinge sind herrlich erfrischende Sommerweine, und die Schaumweine präsentieren sich süffig und animierend.

Weinbewertung

85 . . . Elbling Sekt brut
frischt, leicht hefig; viel Frucht, saftig, sehr ausgewogen **7,90 €**
85 . . . Roter Elbling Sekt trocken
Erdbeere, leicht hefig; saftig, viel Würze, feine Frucht, viel Schmelz **8,50 €**

83 2008 Elbling trocken Nitteler Leiterchen **4,- €**
83 2008 Roter Elbling trocken **4,80 €**
82 2008 Grauer Burgunder Nitteler Leiterchen **5,40 €**
82 2008 Elbling Classic **4,80 €**
84 2007 Riesling Nitteler Rochusfels **6,- €**
79 2008 Sunshine **5,- €**

★★★

Drautz-Able

Weingut

Württemberg

Faißtstraße 23, 74076 Heilbronn
Tel. 07131-177908, Fax: 07131-941239
www.drautz-able.de
info@drautz-able.de
Besuchszeiten: Mo.-Fr. 8-12 + 13:30-18 Uhr, Sa. 9-16 Uhr
Beteiligung an der Wein Villa Heilbronn

Inhaber ..... Monika Drautz und Markus Drautz
Rebfläche ..... 16 Hektar

Die Weinberge des Weingutes Drautz-Able liegen in Heilbronn (Wartberg, Stiftsberg), Neckarsulm (Scheureberg), Erlenbach, Brackenheim, Stetten und Lauffen (Katzenbeißer). Die roten Sorten dominieren, nehmen 65 Prozent der Rebfläche ein. Die Lembergerfläche hat Richard Drautz in den vergangenen Jahren ausgeweitet, zu Lasten des Trollingers. Dazu gibt es Spätburgunder, Samtrot und Schwarzriesling, aber auch Merlot, Dornfelder, Regent und Cabernet Sauvignon. Bei den weißen Sorten dominiert Riesling. Hinzu kommen vor allem die Burgundersorten und Sauvignon Blanc, den es bereits seit 1989 gibt und der inzwischen zweitwichtigste weiße Sorte im Betrieb ist, sowie Gewürztraminer, Müller-Thurgau und Kerner. Das Weinprogramm ist seit 1998 in drei Linien unterteilt. Zunächst die Basisweine, dann die „drei Tauben-Weine" (benannt nach den Tauben im Familienwappen der Weingärtnerfamilie Drautz) und schließlich die „fünf Tauben-Weine" bzw. die im Barrique ausgebauten HADES-Weine. Bereits seit 1986 werden bei Drautz-Able Barriqueweine erzeugt, 1990 war das Weingut Gründungsmitglied des Deutschen Barrique Forums. Neue Barriques werden für die HADES-Weine genutzt, die gebrauchten Barriques für die „drei Tauben-Weine". Prädikatsbezeichnungen werden nur für süße Weine verwendet. Aushängeschild des Weinguts ist der „Jodokus", benannt nach Jodokus Drautz, der 1496 das Recht erhielt mit seinem eigenen Wappen zu siegeln. Seit 2007 führt Markus Drautz zusammen mit seiner Mutter Monika das Gut. Im gleichen Jahr wurde in Zusammenarbeit mit der Forschungsanstalt Geisenheim ein Trollinger-Versuchsweinberg mit schwachwüchsigen Unterlagsreben angelegt.

Vor zwei Jahren wurde die starke Kollektion angeführt von kraftvollen HADES-Rotweinen, auch die „Drei Tauben"-Weine bereiteten viel Vergnügen. Sehr stimmig war auch die letztjährige Kollektion, schon der Gutswein macht viel Freude, die HADES-Rotweine dominierten wie gewohnt. Sauvignon Blanc gibt es in diesem Jahr nun auch in süß, auch die trockene Variante überzeugt, ebenso die roten HADES-Weine: Eine stimmige Kollektion.

Weinbewertung

85 . . . 2008 Sauvignon Blanc trocken (3 Tauben)
frisch, würzig, klare reife Frucht; frisch, reintönig, zupackend, jugendlich **10,12 €**

87 . . . 2008 Sauvignon Blanc trocken HADES
viel Konzentration, feiner Toast, Vanille, reife Frucht; füllig, stoffig, kraftvoll, viel reife Frucht und Substanz **17,85 €**
2005: 87; 2006: 86; 2007: 86.

88 . . . 2008 Sauvignon Blanc Auslese Heilbronner Stiftsberg
würzig, eindringlich, viel reife Frucht, Cassis; süß, konzentriert, faszinierend viel Frucht und Stoff **22,61 €**

87 . . . 2007 Lemberger trocken HADES
würzig, eindringlich rote Früchte, konzentriert; frisch, fruchtbetont, klar, gute Struktur und Biss **17,85 €**

87 . . . 2006 „Jodokus" Rotwein trocken HADES
frisch, fruchtbetont, herrlich intensiv, jugendlich; füllig, frisch, harmonisch, dezent Schokolade, gute Struktur **26,18 €**
1999: 90; 2000: 89; 2001: 87; 2002: 86; 2003: 89; 2004: 88; 2005: 88.

82 2008 „Le Petit Pigeon blanc" trocken **5,71 €**
84 2008 Weißburgunder trocken **5,36 €**
83 2008 Riesling Kabinett **6,55 €**
82 2008 „Jodokus" Weißwein Trockenbeerenauslese Barrique **29,75 €/0,375l**
83 2008 Trollinger trocken Heilbronner Wartberg **5,36 €**
83 2008 Lemberger trocken **5,71 €**

Drautz-Hengerer ★
Weingut
Württemberg

Schirmannstraße 13, 74074 Heilbronn
Tel. 07131-172479, Fax: 07131-167074
www.drautz-hengerer.de
info@drautz-hengerer.de
Besuchszeiten: Mo.-Fr. 17:30-19 Uhr, Sa. 9-15 Uhr und nach Vereinbarung
Besenwirtschaft

Inhaber .... Christina Hengerer-Müller
Rebfläche .... 9 Hektar

Das Familienweingut Drautz-Hengerer wird heute von Christina Hengerer-Müller und Jürgen Müller geführt. Sie ist zuständig für Keller und Besenwirtschaft, er für Außenbetrieb und Verkauf. Ihre Weinberge liegen in der Gemarkung Heilbronn in den Lagen Stiftsberg, Stahlbühl und Wartberg, in Flein in den Lagen Altenberg und Sonnenberg, in Abstatt im Burgberg und in Binswangen im Kayberg.

In den vergangenen Jahren hatten Christina Hengerer-Müller und Jürgen Müller sehr gleichmäßige, gute Kollektionen. Meist gefielen die Rotweine, vor allem die barriqueausgebauten, besser als die Weißweine, so vor zwei Jahren der barriqueausgebaute Acolon aus dem Jahrgang 2004, im vergangenen Jahr die „Vinius" genannte Cuvée. Ähnlich ist das Bild auch in diesem Jahr: Die homogene Kollektion wird angeführt von einem Barriquerotwein, dem Acolon aus dem Jahrgang 2005.

Weinbewertung

85 . . . 2005 Acolon trocken Barrique Heilbronner Stiftsberg
feine Würze, reife Frucht, etwas Schokolade; füllig, harmonisch, viel reife Frucht und Substanz **10,30 €**

79 2008 Riesling trocken **5,50 €**
82 2008 „M" Weißwein **5,- €**
79 2008 Trollinger trocken **4,70 €/1l**
83 2008 „der Trollinger" trocken **6,80 €**
81 2007 Schwarzriesling trocken **4,90 €**
81 2007 Lemberger trocken **5,50 €**
80 Cuvée „M" Rotwein trocken Holzfass **7,90 €**

Frieder Dreißigacker ★★★
Weingut
Rheinhessen

Untere Klinggasse 4, 67595 Bechtheim
Tel. 06242-2425, Fax: 06242-6381
www.dreissigacker-wein.de
info@dreissigacker-wein.de
Besuchszeiten: Mo.-Fr. 8-18 Uhr, Sa. 9-16 Uhr oder nach Vereinbarung

Inhaber .... Frieder & Jochen Dreißigacker
Rebfläche .... 20 Hektar

Die Weinberge von Frieder Dreißigacker liegen in den verschiedenen Bechtheimer Lagen, dazu gibt es Weinberge in Westhofen. 60 Prozent der Rebfläche nimmt Riesling ein, hinzu kommen jeweils 10 Prozent Grau-, Weiß und Spätburgunder, sowie Chardonnay und Silvaner. Seit man im Sommer 2006 das Bechtheimer Weingut Dr. Koehler übernommen hat, führt der älteste Sohn Christian das Weingut Dr. Koehler, der jüngere Sohn Jochen kümmert sich um das elterliche Gut. Die Weinberge befinden sich in Umstellung auf biologischen Weinbau (zertifiziert). Jochen Dreißigacker hat zuletzt verstärkt mit Spontangärung gearbeitet, möchte zukünftig alle Weine spontan vergären. Das Programm ist klar gegliedert in Gutsweine, Ortsweine und Lagenweine. Neben den Rieslingen aus Geyersberg, Rosengarten und Hasensprung gibt es den Weißburgunder Einzigacker, aber auch regelmäßig edelsüße Rieslinge und Rieslaner.

Auch 2006 überzeugte, die Weine waren klar und fruchtbetont, die Rieslinge hatten Struktur. Die 2007er Kollektion überzeugte voll und ganz. Schon die Gutsweine bereiteten viel Freude, die Ortsweine brachten eine weitere Steigerung. Unser Favorit unter den Lagenrieslingen war der noch sehr jugendliche Wein aus dem Geyersberg, aber auch die Weine aus Rosengarten und Hasensprung gefielen uns sehr gut, ebenso der Debütant, der Weißburgunder Einzigacker, der Trauben aus Morstein und Geyersberg enthält. Sehr geschlossen präsentiert sich nun auch der Jahrgang 2008, zumindest im trockenen Segment. Unser Favorit ist einmal mehr der Riesling aus dem Geyersberg, erneut ganz knapp, denn die anderen Lagenrieslinge stehen ihm nur wenig nach. ▬

Weinbewertung

86 . . . 2008 Riesling trocken
frisch, würzig, direkt, reife Frucht; klar, frisch, zupackend, feine Frucht und Biss **6,90 €**
2002: 83; 2003: 85; 2004: 84; 2005: 86; 2006: 82; 2007: 85.

85 . . . 2008 Grauburgunder trocken
würzig, eindringlich, reife Frucht; weich, harmonisch, klare reife Frucht, gute Substanz **7,90 €**

85 . . . 2008 Weißburgunder trocken
feine Würze, reife Frucht, weiße Früchte; frisch, klar, zupackend, feine süße Frucht und Biss **6,90 €**

88 . . . 2008 Riesling trocken Bechtheimer
konzentriert, feine Würze, klare reife Frucht; füllig, harmonisch, reintönig, gute Kraft, Substanz **10,50 €**
2005: 87; 2006: 86; 2007: 87.

89 . . . 2008 Hasensprung Riesling trocken
gute Konzentration, reife Frucht, etwas gelbe Früchte, klar und eindringlich; harmonisch, klar, viel reife Frucht, gute Struktur und Länge **16,50 €**
2003: 87; 2004: 88; 2006: 87; 2007: 88.

89 . . . 2008 Rosengarten Riesling trocken
gute Konzentration, reintönige Frucht, gelbe Früchte, herrlich eindringlich; füllig, kraftvoll, reife Frucht, viel Substanz **21,50 €**
2006: 87; 2007: 88.

90 . . . 2008 Geyersberg Riesling trocken
gute Konzentration, reintönige Frucht, gelbe Früchte, herrlich eindringlich und dominant; füllig, kraftvoll, reife Frucht, viel Substanz **25,50 €**
2002: 85; 2003: 86; 2004: 90; 2007: 89.

86 . . . 2008 „Einzigacker" Weißburgunder trocken
konzentriert, reife Frucht, weiße und gelbe Früchte; füllig, cremig, viel reife Frucht **21,50 €**
2007: 88.

87 . . . 2008 Riesling Auslese Bechtheimer Stein
konzentriert, würzig, herrlich eindringlich; klar, frisch, zupackend, feine süße Frucht, Biss **15,50 €/0,5l**

86 . . . 2008 Riesling Trockenbeerenauslese Bechtheimer Geyersberg
viel Duft, viel Konzentration; süß, konzentriert, dick, viel Substanz und Stoff **65,- €/0,375l**

87 . . . 2008 Rieslaner Trockenbeerenauslese Bechtheimer Heilig-Kreuz

viel Duft, Konzentration, dominant; süß, dick, dominant, viel Stoff und Konzentration **65,- €/0,375l**

88 . . . 2007 Geyersberg Spätburgunder trocken
gute Konzentration, reife Frucht, etwas rauchige Noten; kraftvoll, konzentriert, viel reife Frucht, rote Früchte, dezent Vanille **21,50 €**

84 2007 Spätburgunder trocken **7,90 €**
84 2007 St. Laurent trocken **8,90 €**

★

DREI HERREN
Weingut

Sachsen

Weinbergstraße 34, 01445 Radebeul
Tel. 0351-7956099, Fax: 0351-7956315
www.weingutdreiherren.de
info@weingutdreiherren.de
Besuchszeiten: Do.-Sa. 14-18 Uhr, So. 11-18 Uhr

Inhaber .... Prof. Dr. Rainer Beck & Claus Höhne
Rebfläche .... 4 Hektar

Bis Ende des 19. Jahrhunderts gab es Weinbau auf dem Radebeuler Ballberg durch das Weingut Hermannsberg, das aber nach der Reblauskatastrophe im Jahr 1907 den Betrieb einstellte. 2004 gründeten „Drei Herren" das Gut neu: Der Kunsthistoriker Prof. Dr. Rainer Beck, der Radebeuler Winzer Claus Höhne und ein dritter Herr, der inzwischen durch eine Dame ersetzt wurde, die ehemalige sächsische Weinkönigin Antje Wiedemann. Sie bewirtschaften traditionsreiche Weinberge wie den Radebeuler Ballberg oder den Sörnewitzer Taubenheimer Berg, wo die Böden durch die Gesteinsarten Syenit und Biotit-Granodiorit geprägt sind, magnetisches Urgestein, das sich schnell erwärmt.

Beim guten Debüt im vergangenen Jahr überzeugte die Kollektion durch ihre Geschlossenheit, trocken wie süß. Eine vergleichbare Kollektion folgt nach, in der uns der „Eigensinn" genannte Barriquerotwein aus dem Jahr 2006 besonders gefällt.

Weinbewertung

85 . . . 2006 „Eigensinn" Rotwein trocken
zwei Jahre Barriqueausbau; rauchig, würzig, eindringlich; klar, harmonisch, reife Frucht, Biss **17,- €**

81 2008 Goldriesling trocken **9,- €**
81 2008 Scheurebe trocken **12,- €**
83 2008 Grauburgunder trocken **11,- €**
82 2008 Weißburgunder halbtrocken **11,- €**
83 2008 Traminer halbtrocken **12,- €**
83 2008 Solaris Beerenauslese **16,- €**

★☆

Herbert Düll
Weingut

Franken

Schützenstraße 15, 91472 Ipsheim
Tel. 09846-254, Fax: 09846-977561
www.weingut-duell.de
weingut.duell@gmx.de
Besuchszeiten: Mo.-Sa. ganztägig, So. nach Vereinbarung

Inhaber .... Herbert und Thomas Düll
Rebfläche .... 8 Hektar

Das Weingut Düll liegt in Ipsheim in Mittelfranken. Die Weinberge von Herbert und Thomas Düll befinden sich in den Lagen Ipsheimer Burg Hoheneck, Weimersheimer Roter Berg und Bad Windsheimer Rosenberg. Müller-Thurgau, Silvaner, Kerner und Bacchus bauen sie an, aber auch rote Sorten wie Dornfelder und Regent.

Die 2006er waren etwas verhaltener, Bacchus und Silvaner aber gefielen sehr gut. Eine sehr gleichmäßige Kollektion hatte das Weingut im vergangenen Jahr vorgestellt mit fruchtbetonten, reintönigen Weinen des Jahrgangs 2007. Auch die neue Kollektion überzeugt, bietet gleichmäßige Qualität auf gutem Niveau. Am besten gefällt uns 2008 der Silvaner, als Spätlese trocken wie auch als Eiswein.

Weinbewertung

85 . . . 2008 Silvaner Spätlese trocken Ipsheimer Burg Hoheneck
gute Konzentration, feine Würze, reintönige Frucht; füllig, harmonisch, reife süße Frucht **6,50 €**

87 . . . 2008 Silvaner Eiswein Ipsheimer Burg Hoheneck
klar, feiner Duft, gute Konzentration; weich, füllig, süß, konzentriert, enorm dominant (auf Anfrage)

82 2008 Silvaner Kabinett trocken Ipsheimer Burg Hoheneck **5,- €**
83 2008 Weißburgunder Spätlese trocken Weimersheimer Roter Berg **6,50 €**
83 2008 „Vielfalter" Weißwein trocken **4,80 €**
81 2008 Rotling trocken Weimersheimer Roter Berg **4,50 €**
80 2007 Regent trocken Ipsheimer Burg Hoheneck **5,80 €**

Dürrenzimmern-Stockheim ★

Weingärtnergenossenschaft

Württemberg

Meimsheimer Straße 11
74336 Brackenheim-Dürrenzimmern
***Tel.** 07135-95150, **Fax**: 07135-951539*
www.wg-duerrenzimmern.de
info@wg-duerrenzimmern.de
***Besuchszeiten**: Mo.-Fr. 8-18 Uhr, Sa. 9-13 Uhr*

Vorstandsvorsitzender ...... Matthias Schilling
Geschäftsführer .... Matthias Göhring
Kellermeister .... Kurt Freudenthaler
Mitglieder 371
Rebfläche .... 220 Hektar

Die 1937 gegründete Genossenschaft von Dürrenzimmern hat 1970 mit der Weingärtnergenossenschaft Stockheim fusioniert. Die Reben wachsen auf schweren Keuperböden an der Südseite des Heuchelbergs. Wichtigste Rebsorten sind Lemberger und Riesling. Es folgen Trollinger, Schwarzriesling, Spätburgunder und Portugieser. Etwa 20 Prozent der Weine werden trocken ausgebaut.

Vor zwei Jahren trumpfte die Genossenschaft mit kraftvollen Lembergern auf, im vergangenen Jahr wurde die Kollektion angeführt von den roten 2005er Cuvées. Auch die neue Kollektion überzeugt, wieder liegen die Stärken im roten Segment.

Weinbewertung

86 . . . 2008 „Divinus" Riesling Eiswein
würzig, etwas streng; dick, dominant, viel Substanz, Biss **19,50 €/0,375l**

86 . . . 2008 „Divinus" Lemberger Weißherbst Eiswein
würzig, eindringlich, rote Früchte; füllig und schmeichelnd,, reife süße Frucht, Frische **19,50 €/0,375l**

86 . . . 2008 „Divinus" Lemberger trocken
gute Konzentration, intensive Frucht, jugendlich; füllig, harmonisch, gute Struktur, Vanille **13,- €**

86 . . . 2007 Cuvée „P" Rotwein trocken
konzentriert, Gewürze, reife Frucht; füllig, reife Frucht, Substanz, gute Struktur, etwas Kaffee **20,50 €**

81 2008 „Cellarius Justinus K." trocken **7,- €**
80 2008 Riesling „Klosterhof" **4,20 €**
81 2008 „Divinus" Riesling **9,- €**
83 2008 „Divinus" Spätburgunder trocken **10,- €**
81 2007 Acolon „Linea Ligni" trocken **6,30 €**

★☆

Dütsch

Weingut

Baden

St. Michael-Straße 39, 76534 Baden-Baden
Tel. 07223-959739, Fax: 07223-2818823
www.weingut-duetsch.de
weingut-duetsch@web.de
Besuchszeiten: Mo. + Sa. 10-13 Uhr, Di. + Fr. 15-18 Uhr und nach Vereinbarung

Inhaber .... Holger Dütsch
Rebfläche .... 4 Hektar

Holger Dütsch und Hannelore Dütsch-Weiß haben 2004 ihr eigenes Weingut gegründet. Holger Dütsch hatte lange in Südtirol gearbeitet und war anschließend Betriebsleiter bei Schloss Neuweier, bevor er sich mit dem Jahrgang 2004 selbständig machte. Wichtigste Rebsorte ist Riesling. Dazu gibt es Silvaner und Spätburgunder, sowie Blaufränkisch.

Nach einer starken 2006er Kollektion blieb der Jahrgang 2007 hinter den Vorjahren zurück. Die neue Kollektion gefällt uns da wieder besser, vor allem die beiden trockenen Spätlesen aus Mauerberg und Altenberg – Holger Dütschs Paradewein, Finesse genannt, bringt allerdings keine zusätzliche Steigerung.

Weinbewertung

85 . . . 2008 Riesling Spätlese trocken Neuweierer Altenberg
würzig, klar, eindringlich; füllig, harmonisch, reife Frucht und gute Substanz **9,50 €**

86 . . . 2008 Riesling Spätlese trocken Neuweierer Mauerberg
würzig, konzentriert, herrlich eindringlich; füllig, harmonisch, viel reife süße Frucht, feine Frische **9,50 €**

85 . . . 2008 Riesling Spätlese „FINESSE" trocken
feine Würze, gute Konzentration, reife Frucht; füllig, harmonisch, reife süße Frucht, süffig **14,- €**

82 2008 Silvaner trocken **5,80 €**
81 2008 Riesling trocken **5,80 €**
81 2008 Riesling Kabinett trocken Neuweierer Altenberg **7,40 €**
83 2008 Riesling Kabinett trocken Neuweierer Mauerberg **7,80 €**
83 2008 Riesling Kabinett „feinherb" **7,80 €**
81 2008 Rosé trocken **6,- €**
83 2007 Blaufränkisch trocken **7,50 €**

★★★★★

Duijn

Weingut

Baden

Hohbaumweg 16, 77815 Bühl/Kappelwindeck
Tel. 07223-21497, Mobil: 0172-6240086
Fax: 07223-83773
www.weingut-duijn.com
info@weingut-duijn.com
Besuchszeiten: nach Vereinbarung

Inhaber .... Jacob Duijn
Rebfläche .... 10 Hektar

Jacob Duijn ist kein gelernter Winzer und er stammt auch nicht aus einem Weinland. Er ist Holländer und war zunächst Sommelier, unter anderem auf der Bühler Höhe und bei Eckart Witzigmann. Dann hat er das Metier gewechselt und Wein an die Spitzengastronomie verkauft. 1994 begann seine Karriere als Winzer: 15 Ar Spätburgunder hat er in diesem Jahr gekauft, im Engelsfelsen, hoch über dem Bühlertal. Und daraus im folgenden Jahr seinen ersten Wein auf den Markt gebracht, 600 Flaschen Spätburgunder. Dann kamen Weinberge im Sternenberg hinzu und schließlich im Mai 2001 Gut Alsenhof, eine

D

Die besten deutschen Weinerzeuger und ihre Weine

der wenigen arrondierten Einzellagen in Baden, 3,6 Hektar groß. Die Weine werden seit 2004 ökologisch bewirtschaftet, inzwischen biodynamisch. 2008 wurde die Zertifizierung bei Demeter beantragt.

Anfangs machte Jacob Duijn nur einen Wein, seit 1999 gibt es zwei Weine: Den „normalen" Spätburgunder, den er seit dem Jahrgang 2002 nach seiner Tochter „Jannin" nennt, und den „SD". Hinzu kommt seit dem Jahrgang 2002 der „Gut Alsenhof". Mit dem Jahrgang 2006 tragen alle Weine Lagenbezeichnungen, also auch „SD" (Bühlertäler Engelsfelsen) und „Jannin" (Altschweier Sterneberg).

Jacob Duijn strebt eine lange Gärdauer an, vergoren werden die Moste mit den traubeneigenen Hefen. Alle Barriques sind aus französischer Eiche. Früher hat Jacob Duijn ausschließlich neue Barriques verwendet. Seit 2002 nutzt er für einige Partien seines „normalen" Spätburgunders auch gebrauchte Barriques. Seine Weine kommen ohne Schönung und ohne Filtration auf die Flasche.

2005 präsentierte sich der „SD" enorm verschlossen. Gut Alsenhof und Jannin bestachen wie gehabt mit Frische und Reintönigkeit. Die 2006er Weine waren enorm verhalten, zwar konzentriert, aber auch nach längerem Öffnen blieben sie verschlossen. Anfang Oktober, unmittelbar vor Redaktionsschluss erhielten wir die 2007er Weine, offensichtlich Fassproben. Anders als in den Vorjahren konnten wir uns nur sehr kurz mit ihnen befassen, trotzdem Gratulation, mit diesen Weinen ist Jacob Duijn in Burgund angekommen. Sie besitzen Komplexität und Kraft, der Jannin steht dem SD kaum nach.

Weinbewertung

(90) . . . 2007 Pinot Noir Laufer Gut Alsenhof

feine Würze, reintönige Frucht, gute Konzentration, herrlich eindringlich; kraftvoll, klar, zupackend, komplex, elegant, gute Struktur und Frische, feine Tannine

2002 (1. Jg.): **88**; 2003: **87**; 2004: **88**; 2005: **87**; 2006: **86**.

(92) . . . 2007 Pinot Noir „Jannin" Altschweier Sternenberg

viel Konzentration, anfangs dezent Gewürze, reintönige Frucht, herrlich eindringlich; gute Fülle und Substanz, viel Kraft und Struktur, reintönige Frucht, jugendlich, nachhaltig , Potenzial

ab 2002 „Jannin"; 1999: **90**; 2000: **88**; 2001: **88**; 2002: **91**; 2003: **89**; 2004: **90**; 2005: **89**; 2006: **87**.

(93) . . . 2007 Pinot Noir „SD" Bühlertäler Engelsfelsen

viel Konzentration, faszinierend viel Frucht, herrlich eindringlich und reintönig; enorme Fülle und Kraft, Substanz und Struktur, reintönige Frucht, komplex und nachhaltig, Potenzial

1999: **88**; 1999: **89**; 2000: **90**; 2001: **90**; 2002: **93**; 2003: **91**; 2004: **91**; 2005: **92+**; 2006: **89**.

★

Durbacher

Winzergenossenschaft

Baden

Nachtweide 2, 77770 Durbach
Tel. 0781-93660, Fax: 0781-36547
www.durbacher.de
wg@durbacher.de
Besuchszeiten: Mo.-Fr. 8-12 + 13:30-18 Uhr, Sa./So. 9-12:30 Uhr

Direktor .... Konrad Geppert
Vorstandsvorsitzender .... Emil Klaus
Kellermeister .... Jochen Sahler
Mitglieder 300
Rebfläche .... 340 Hektar

Die Durbacher Winzergenossenschaft wurde 1928 gegründet. Die Weinberge liegen in den Durbacher Lagen Ölberg, Plauelrain, Kochberg und Steinberg. Knapp die Hälfte der Rebfläche der Mitglieder der Durbacher Winzergenossenschaft nimmt Spätburgunder ein, ein Viertel Riesling. Es folgen Müller-Thurgau, Grauburgunder, Traminer und Gewürztraminer, aber auch Scheurebe, Weißburgunder, Chardonnay, Muskateller, Sauvignon Blanc und Cabernet Dorio werden angebaut.

2006 präsentierte sich sehr gleichmäßig, an der Spitze der Sauvignon Blanc. Sein Nachfolger aus dem Jahrgang 2007 war der herausragende Wein der letztjährigen Kollektion, gehörte zu den besten dieser Rebsorte in Deutschland. In diesem Jahr nun hat uns der Klingelberger „SL" klar am besten gefallen.

Weinbewertung

86 . . . 2008 Klingelberger „SL" trocken Durbacher Plauelrain
gute Konzentration, reife Frucht, etwas Pfirsiche, gelbe Früchte; weich, füllig, harmonisch, reife süße Frucht **16,- €**

80 2008 Müller-Thurgau trocken (modern) Durbacher Kochberg **3,70 €**
82 2008 Grauburgunder trocken (modern) Durbacher Kochberg **4,95 €**
82 2007 Chardonnay trocken Durbacher **7,20 €**
82 2008 Spätburgunder Rosé trocken Durbacher Kochberg **5,30 €**
80 2007 Pinot Noir trocken Durbacher **7,20 €**

★★

dz-danner

Weingut

Baden

Heimbach 3, 77770 Durbach
***Tel.** 0781-9483123, **Fax**: 0781-94869537*
www.dz-weingut.de
info@dz-weingut.de
***Besuchszeiten**: Di.-Fr. 9-18 Uhr, Sa. 9-16 Uhr oder nach Vereinbarung*

Inhaber .... Danner GbR
Rebfläche .... 3 Hektar

Das Weingut dz-danner entstand 2006 (ursprünglich als Weingut Cristalin) aus der Verbindung zweier Familien, der Familie Danner, seit 1761 in Durbach ansässig, und der Familie Zöllin, die seit fünf Generationen im Weinbau tätig ist. Die Weine vom Typ „1" werden im Edelstahl ausgebaut, die des Typs „2" im Holz und die des Typs „3" im Barrique.

Mit einer ganz starken Kollektion stellten wir das Weingut im letzten Jahr erstmals vor, neben Riesling 2 und 3 hatten uns Chardonnay und Pinot Noir, jeweils „3", besonders beeindruckt. Eine vergleichbar starke Kollektion folgt in diesem Jahr nach, in der uns die 3er – Riesling und Pinot Noir – besonders beeindruckt haben. Im Auge behalten!

Weinbewertung

85 . . . 2007 Sekt brut
würzig, frisch, zurückhaltende Frucht; klar, frisch, feine Frucht und Biss **12,- €**

85 . . . 2008 Riesling „1" trocken
frisch, fruchtbetont, etwas Limone, frisch, reintönige Frucht, feiner Biss **8,- €**

85 . . . 2008 Riesling „2" trocken
würzig, klar, gute Konzentration, etwas Limone; frisch, klar, zupackend, feine süße Frucht **13,- €**

88 . . . 2008 Riesling „3" trocken
gute Konzentration, reife Frucht, etwas Limone und gelbe Früchte; kraftvoll, klar, zupackend, reife Frucht, gute Substanz und Struktur **26,- €**
2007: 87.

85 . . . 2008 Chardonnay „3" trocken
würzig, zurückhaltende Frucht; füllig, harmonisch, reife Frucht, gute Substanz, ganz dezente Bitternote **16,- €**

85 . . . 2008 Spätburgunder Rosé „Exot 2" trocken
frisch, reintönig, fruchtbetont; klar, zupackend, feine süße Frucht **9,50 €**

85 . . . 2007 Pinot Noir „2" trocken
frisch, fruchtbetont, jugendlich; frisch, zupackend, reintönige Frucht und Biss **12,- €**

88 . . . 2007 Pinot Noir „3" trocken
frisch, herrlich reintönig, etwas rote Früchte; klar, zupackend, feine Frische, wunderschön reintönig und geradlinig, gute Struktur **26,- €**

---

82 2008 Grauburgunder „1" trocken **8,- €**
84 2008 Grauburgunder „2" trocken **13,- €**

Kloster Eberbach ★★
Hessische Staatsweingüter

Rheingau

Hessische Staatsweingüter GmbH Kloster Eberbach
Schwalbacher Straße 56-62, 65343 Eltville
Tel. 06123-92300, Fax: 06123-923090
www.weingut-kloster-eberbach.de
info@weingut-kloster-eberbach.de
Besuchszeiten: Mo.-So. 10-18 Uhr (Vinothek); April bis Okt.: Fr. ab 17 Uhr, Sa., So., Feiertage ab 12 Uhr (Schwarzes Häuschen und Steinbergterrasse)
Gästehaus Kloster Eberbach, Gutsschänken im Kloster Eberbach und im Rauenthaler Baiken

Inhaber .... Land Hessen
Direktor .... Dieter Greiner
Rebfläche .... 140 Hektar

Mit zusammen etwa 200 Hektar sind die Hessischen Staatsweingüter das größte Weingut in Deutschland: Außer den Rheingauer Lagen (Domäne Assmannshausen, Kloster Eberbach) werden auch jene an der Hessischen Bergstraße von Kloster Eberbach aus verwaltet. Die Hessische Landesregierung hat den bisherigen Staatsbetrieb in eine GmbH umgewandelt, die aber weiterhin zu 100 Prozent in Staatsbesitz ist. Der Kellereistandort in Eltville wurde aufgegeben und an den Steinberg verlagert. Dort, unweit vom Kloster, wurde für 15 Millionen Euro eine in die Landschaft integrierte, unterirdische Kellerei errichtet, in der sämtliche Rieslinge der Rheingauer Staatsdomänen ausgebaut werden, nur der Ausbau der Assmannshäuser Spätburgunder erfolgt noch in Assmannshausen (siehe eigener Eintrag). Geschäftsführer Dieter Greiner bringt die Hessischen Staatsweingüter auf einen zukunftsweisenden Kurs. Auf den neuen Etiketten fehlt der traditionelle Adler, der Schraubverschluss wurde konsequent eingeführt – selbst für die Trockenbeerenauslesen. Das Programm wird zudem gestrafft: Aus dem berühmten Steinberg gibt es zukünftig nur noch das Erste Gewächs und einen Zweitwein.

Mittlerweile hat sich die Aufregung um die neue Kellerei gelegt; wohl auch deshalb, weil man von außen nur einen kleinen Teil der Anlage sieht. Die Trauben- und Weinverarbeitung erfolgt nach dem Schwerkraftprinzip, im Herbst können große Mengen an Trauben gleichzeitig verarbeitet werden. Seit Jahrzehnten schwört man hier auf eine Vergärung der Weine mit Reinzuchthefen; die Rieslinge sind glasklar, kompakt und elegant.

Im schwierigen Jahrgang 2006 waren vor allem die beiden Ersten Gewächse sowie der feinherbe Kabinett aus der Hölle sehr beachtlich ausgefallen. 2007 machten in erster Linie die Weine mit Restsüße Freude. Aus den 2008ern ragt das Erste Gewächs aus dem Berg Schlossberg heraus, aber auch die trockene Spätlese aus dem Rottland oder der frische Neroberg-Riesling machen viel Freude; die Spätlese aus dem Baiken ist ein Klassiker. Den Süßweinen fehlt es leider ein wenig an Klarheit und Präzision.

Weinbewertung

86 . . . 2007 Riesling Sekt brut Rauenthaler Baiken
duftig, zarte Frucht, ganz leichte Hefe-und Kräuternoten; elegant **13,- €**

85 . . . 2008 Riesling Kabinett trocken Wiesbadener Neroberg
sehr frisch, duftig, Zitrus; würzig, schlank, frisch, viel Frucht, eigenständiger Stil **9,30 €**

85 . . . 2008 Riesling Kabinett trocken Steinberger
frisch, jugendlich, leichte Hefenoten, Mirabellen; eher schlank, reife Säure, gute Länge **10,10 €**

87 . . . 2008 Riesling Spätlese trocken Rüdesheimer Berg Rottland
feine Frucht, Melone, Steinobst; würzig, reife Frucht, gute Struktur, ausgewogen **10,10 €**

85 . . . 2008 Riesling Erstes Gewächs Rauenthal Baiken
Mirabelle, leichte Hefenoten; würzig, reife Frucht, elegant, süffig **26,- €**

87 . . . 2008 Riesling Erstes Gewächs Hochheim Domdechaney
sehr klar, Zitrusnoten, ganz leicht Kräuter und Steinobst; elegant, feingliedrig, gute Struktur **26,- €**

89 . . . 2008 Riesling Erstes Gewächs Rüdesheim Berg Schlossberg
prägnante Frucht, Zitrus, leicht Kräuter; feine Frucht, rassig, würzig, gute Struktur, Biss **26,- €**

85 . . . 2008 Riesling Spätlese „feinherb" Rüdesheimer Berg Roseneck
klar, duftig, Birne, etwas Zitrus; würzig, saftig, Schmelz, Zitrus im Nachhall **10,10 €**

88 . . . 2008 Riesling Spätlese Rauenthaler Baiken
reife Frucht, klar, Birne, etwas Boskoop; saftig, würzig, üppige Frucht, Auslese-Charakter **14,30 €**

88 . . . 2008 Riesling Trockenbeerenauslese Rüdesheimer Berg Schlossberg
dunkle Farbe, kandierte Früchte; üppig, cremig, viel Würze und Frucht, gute Länge **95,- €/0,375l**

85 . . . 2008 Riesling Trockenbeerenauslese Rauenthaler Baiken
verhalten, ein wenig flüchtige Säure, reife Birne, Kräuter; kraftvoll, betont würzig, feine Säure, Nachhall **117,- €/0,375l**

81 2008 Riesling Classic **6,20 €**
84 2008 Riesling Kabinett trocken Erbacher Marcobrunn **10,10 €**
84 2008 Riesling Beerenauslese Hochheimer Domdechaney **80,- €/0,375l**

Eberbach-Schäfer ★

Weingut

Württemberg

Rieder 6, 74348 Lauffen
Tel. 07133-5222, Fax: 07133-7485
www.eberbach-schaefer.de
weingut@eberbach-schaefer.de
Besuchszeiten: Mo.-Sa. 8-18 Uhr
Weinprobierstube (bis 50 Personen)

Inhaber .... Frieder Sven Schäfer
Rebfläche .... 20,9 Hektar

Das Weingut Eberbach-Schäfer liegt auf dem Riedersbückele, etwa 3 km von Lauffen entfernt. Dort gehört dem Weingut in Alleinbesitz die etwa 15 Hektar große Lage Lauffener Riedersbückele, die Muschelkalk-Lössverwitterungsböden aufweist. In der Lage Helfenberger Schlossberg wächst auf schweren Keuperböden Trollinger. Sämtliche Weinberge sind dauerbegrünt. Neben Spätburgunder und Schwarzriesling (der fast komplett versektet wird) hat sich das Weingut auf Lemberger und Cabernet-Kreuzungen (Cabernet Dorsa, Cabernet Mitos, Cabernet Cubin), auch Cabernet Sauvignon spezialisiert.

Vor zwei Jahren gefielen uns vor allem die beiden Sekte und der zweite Jahrgang der Cuvée Cabernoir. Im vergangenen Jahr überzeugte der Cabernero, ebenso der neue Jahrgang der beiden Schwarzriesling-Sekte. Die neue Kollektion ist nun insgesamt verhaltener, bietet keine Spitzen.

Weinbewertung

83 2007 Schwarzriesling Blanc de Noir Sekt extra brut Lauffener Riedersbückele **6,50 €**

83 2007 Schwarzriesling Blanc de Noir Sekt brut Lauffener Riedersbückele **6,50 €**

82+ 2008 Chardonnay trocken Barrique Lauffener Riedersbückele **8,30 €**

82 2008 Chardonnay „feinherb" Lauffener Riedersbückele **5,70 €**

79 2008 Acolon trocken Lauffener Riedersbückele **5,50 €**

80 2007 Lemberger trocken Holzfass Lauffener Riedersbückele **5,70 €**

81 2007 Lemberger Spätlese trocken Lauffener Riedersbückele **6,30 €**

80 2007 Spätburgunder Spätlese trocken Lauffener Riedersbückele **6,30 €**

80 2007 Pinot Noir trocken Barrique Lauffener Riedersbückele **7,70 €**

83 2007 „Cabernero" Rotwein trocken Barrique Lauffener Riedersbückele **11,30 €**

78 2007 Spätburgunder Auslese trocken Barrique Lauffener Riedersbückele **11,30 €**

82 2005 „Cabernoir" Rotwein trocken Barrique Lauffener Riedersbückele **15,30 €**

84 2006 Lemberger Spätlese trocken Barrique Lauffener Riedersbückele **11,30 €**

80 2007 Samtrot Kabinett Lauffener Riedersbückele **5,50 €**

Schloss Eberstein ★

Weingut

Baden

Schloss Eberstein, 76593 Gernsbach
Postadresse: Rauentalerstraße 50, 76437 Rastatt
Tel. 07222-958838, Fax: 07222-53115
www.weingut-schloss-eberstein.de
info@weingut-schloss-eberstein.de
Besuchszeiten: Vinothek im Schlosshof, Fr.-So. 14-19 Uhr

Inhaber .... Gerd & Jörg Overlack
Kellermeister/Verwalter .... Urban Jung
Rebfläche .... 6 Hektar

Seit dem 14. Jahrhundert gab es Reben auf Schloss Eberstein, in den neunziger Jahren des letzten Jahrhunderts gaben die Markgrafen von Baden den Weinbau auf. Mit dem Erwerb von Schloss Eberstein begannen Gerd und Jörg Overlack 2002 und 2003 mit der Neubepflanzung der Lage, die einst den Namen Grafensprung trug, und die nördlichste Lage in der Ortenau ist. Der Boden hier im Murgtal besteht aus rotem Granit. Spätburgunder und Riesling hat man gepflanzt, dazu Merlot, Weißburgunder und Sauvignon Blanc. Erster offizieller Jahrgang war 2005. Die Weißweine werden kühl vergoren und im Edelstahl, die Rotweine nach Saftabzug offen maischevergoren und etwa 18 Monate im Fass ausgebaut. Die Weine sind betriebsintern mit ein bis drei Sternen klassifiziert. Alle Weine werden durchgegoren ausgebaut.

Weinbewertung

85 . . . 2008 Weißburgunder**

gute Konzentration, klare reife Frucht, eindringlich; füllig, kraftvoll, viel reife Frucht und Substanz, jugendlich **12,50 €**

87 . . . 2008 Sauvignon Blanc**

würzig, reintönige reife Frucht, herrlich eindringlich; füllig, kraftvoll, viel reife Frucht und Substanz, reintönig und lang **17,85 €**

86 . . . 2006 Riesling**

frisch, klar, etwas Limone; füllig, harmonisch, direkt, klare Frucht (kein aktueller Jahrgang)

87 . . . 2007 Riesling**

würzig, konzentriert, reife Frucht, klar, etwas Limone; gute Fülle und Kraft, reife Frucht, gute Struktur und feiner Biss, nachhaltig **13,- €**

86 . . . 2008 Riesling**

würzig, eigenwillig, etwas florale Noten; klar, kraftvoll, reife Frucht, gute Substanz **13,- €**

86 . . . 2008 Spätburgunder Rosé**

Spätburgunder mit ein klein wenig Merlot; gute Konzentration, reife Frucht, etwas rote Früchte; kraftvoll, klar, zupackend, jugendlich **10,- €**

86 . . . 2005 Spätburgunder**

fruchtbetont, frisch, etwas rote Früchte; füllig, harmonisch, klare Frucht, gute Substanz und Struktur, reintönig (kein aktueller Jahrgang)

87 . . . 2006 Spätburgunder**

klare reife Frucht, feine Würze, eindringlich; klar, kraftvoll, reife Frucht, gute Struktur, feine Tannine (kein aktueller Jahrgang)

86 . . . 2007 Spätburgunder**

frisch, fruchtbetont, etwas rote Früchte, dezent Vanille im Hintergrund; füllig, kraftvoll, reife Frucht, feine Bitternote **19,50 €**

87 . . . 2005 Spätburgunder***

würzig, eindringlich, reife Frucht, dezente Reifenoten; klar, füllig, viel reife Frucht, gute Substanz und Länge **35,50 €/auf Anfrage**

87 . . . 2007 Spätburgunder***

frisch, fruchtbetont, herrlich reintönig; füllig, eindringlich, reife Frucht, gute Substanz, enorm viel Stoff und Kraft, jugendlich (ab Frühjahr 2010)

87 . . . 2006 Merlot**

fruchtbetont, klar, feine Würze, viel reife Frucht, ganz dezent Schokolade im Hintergrund; klar, fruchtbetont, zupackend, gute Struktur und Tannine **21,50 €**

87 . . . 2005 Merlot***

viel Würze, Reifenoten, klare Frucht; gute Fülle und Kraft, Substanz, kräftige Tannine (kein aktueller Jahrgang)

82 2008 Riesling* **8,- €**
83 2008 Weißburgunder* **8,- €**
82 2008 Spätburgunder Rosé* **8,- €**
82 2007 Spätburgunder* **8,- €**

★★★

Ebringen

Schlossgut

Baden

Schlossplatz 1, 79299 Ebringen
Tel. 07664-6805, Fax: 07664-60695
www.schlossgut-ebringen.de
schlossgut@wein-ebringen.de / andreas.engelmann@schlossgut-ebringen.de
Besuchszeiten: nach Vereinbarung

Geschäftsführer .... Klaus Ruh
Gutsverwalter .... Andreas Engelmann
Rebfläche .... 6 Hektar

Mit dem Jahrgang 2003 hat die Winzergenossenschaft Ebringen ein Projekt unter der Führung von Andreas Engelmann ins Leben gerufen: Sie hat Weinberge von ihren Mitgliedern gepachtet und Andreas Engelmann bewirtschaftet diese mit seinem Team. Die Reben wachsen in der Lage Ebringer Sommerberg auf mäßig kalkhaltigem Lösslehmböden oder tonigen Lehm, teils auf Mergel- und Kalkverwitterungsböden, teils mit hohem Steingehalt. Die Weine werden im alten Schlosskeller ausgebaut und unter dem Namen Schlossgut Ebringen vermarktet. Man konzentrierte sich anfangs ganz auf Pinot: Pinot Blanc, Pinot Gris und Pinot Noir. Seit dem Jahrgang 2007 ergänzen Sauvignon Blanc und Gutedel das Sortiment.

Vor zwei Jahren überzeugten die Weine weiß (Jahrgang 2006!) wie rot. Auch im vergangenen Jahr präsentierte Andreas Engelmann eine hochklassige Kollektion, in der die Newcomer im Programm voll und ganz überzeugten. Pinot Blanc und Pinot Gris wirkten ebenso wie die beiden Pinot Noir noch sehr jugendlich, auf Haltbarkeit vinifiziert. Mit dem Jahrgang 2008 wurde eine Gutslinie eingeführt mit frischen, sauberen, aber doch einfachen Weinen. Die Weine der Selektionslinie überzeugen wie gehabt, bieten hohes und gleichmäßiges Niveau.

Weinbewertung

86 . . . 2008 Chasselas trocken
gute Konzentration, herrlich viel Frucht, feine Würze; füllig, harmonisch, viel reife Frucht, Substanz **7,90 €**
2007 (1. Jg.): 86.

86 . . . 2008 Sauvignon Blanc trocken
fruchtbetont, herrlich eindringlich, reintönig, würzig; füllig, kraftvoll, reife Frucht, gute Struktur und Substanz **9,70 €**
2007 (1. Jg.): 86.

86 . . . 2008 Pinot Blanc trocken
gute Konzentration, klare reife Frucht, herrlich eindringlich; weich, füllig, harmonisch, viel reife süße Frucht **8,90 €**
2004: 85; 2005: 86; 2006: 86; 2007: 86.

87 . . . 2008 Pinot Gris trocken
Teilmenge im Barrique ausgebaut; konzentriert, würzig, eindringlich, dezent Vanille; füllig, kraftvoll, viel reife Frucht, Substanz, gute Harmonie und Länge **9,70 €**
2004: 85; 2005: 85; 2006: 88; 2007: 86.

87 . . . 2007 Pinot Noir trocken
feine rauchige Noten, herrlich reintönige Frucht, etwas rote und dunkle Früchte; klar, kraftvoll, reife Frucht, gute Struktur, Frische **11,50 €**
2003: 89; 2004: 88; 2005: 88; 2006: 87.

88 . . . 2007 Pinot Noir „S" trocken
vierzehn Monate in Allier-Barriques ausgebaut; gute Konzentration, dezenter Toast, herrlich viel Frucht, reintönig; klar, harmonisch, elegant, gute Struktur, etwas Vanille und Kräuter **21,50 €**
2005 (1. Jg.): 89; 2006: 88.

81 2008 Gutedel trocken **5,90 €**
82 2008 Weißburgunder trocken **6,90 €**
83 2008 Grauburgunder trocken **6,90 €**

★☆

Edelberg
Weingut

Nahe

Gonratherhof 3, 55624 Weiler
Tel. 06754-224, Fax: 06754-945881
www.weingut-edelberg.de
info@weingut-edelberg.de
Besuchszeiten: täglich 9-19 Uhr nach Vereinbarung
Gutsausschank Sa. ab 17 Uhr, So. ab 11 Uhr

Inhaber .... Willi, Christa und Peter Ebert
Kellermeister .... Peter und Michael Ebert
Rebfläche .... 8 Hektar

Willi und Christa Ebert haben 1978 den elterlichen Betrieb übernommen, 1995 erfolgte der Umzug auf den Gonratherhof. 70 Prozent der Weinberge liegen in Weiler, der Rest in Meddersheim. Riesling nimmt zwei Drittel der Fläche ein. Um den Weinausbau kümmern sich die beiden Söhne Peter und Michael.

2006 war insgesamt ein klein wenig schwächer, 2007 überzeugten die süßen und edelsüßen Weine mehr als die trockenen. 2008 nun warten die Eberts mit zwei kraftvollen trockenen Rieslingen („S") aus Rheingrafenberg und Herrenzehntel auf, die eine gute Kollektion anführen, in der auch die beiden Rotweine zu überzeugen wissen.

Weinbewertung

86 . . . 2008 Riesling „S" Meddersheimer Rheingrafenberg
gute Konzentration, herrlich viel Frucht, eindringlich; füllig, saftig, reife süße Frucht, Substanz **10,90 €**

87 . . . 2008 Riesling „S" Weilerer Herrenzehntel
viel Konzentration, herrlich viel Frucht, etwas gelbe Früchte, eindringlich; füllig, stoffig, viel reife süße Frucht, Substanz und Länge **12,90 €**

85 . . . 2007 „Edition E" Rotwein
feine Würze, reife rote Früchte; füllig, kraftvoll, viel reife Frucht, gute Substanz und Länge **9,- €**

86 . . . 2007 Dornfelder „S"
konzentriert, etwas Gewürze, reintönige reife Frucht; füllig, harmonisch, reife Frucht, gute Struktur **14,- €**

83 2008 Riesling trocken „vom Rotliegenden" **5,50 €**
82 2008 Weißburgunder trocken **6,- €**
81 2008 Kerner halbtrocken **4,50 €**
81 2008 Riesling Classic **5,50 €**
83 2008 Riesling „Nr. 13" Meddersheimer Rheingrafenberg **5,50 €**
83 2008 Riesling „Edition E" **8,- €**

★☆

Edling

Weingut

Hessische Bergstraße

Weingut Edling GbR, Kirchgasse 9, 64380 Roßdorf
Tel. 06154-8402, Fax: 06154-803685
www.weingut-edling.de
info@weingut-edling.de
Besuchszeiten: Di./Fr. 15-18 Uhr, Sa. 9-13 Uhr
Winzerstube (Di., Mi., Fr. ab 19 Uhr, Sa. + So. ab 17 Uhr)

Inhaber .... Werner und Lisa Edling
Rebfläche .... 3,2 Hektar

Roßdorf liegt östlich von Darmstadt und gehört zum Bereich Umstadt der Region Hessische Bergstraße. Seit 1947 wird hier Wein angebaut. Nur ein einziges Weingut gibt es hier, nämlich das von Werner Edling. Die Reben wachsen in der Lage Roßdorfer Roßberg auf vulkanischen Basaltböden mit Löss-Lehmauflage. Die Lage befindet sich in Alleinbesitz des Weingutes. Tochter Lisa und Ehemann Matthias haben 2006 einen Steillagenweinberg am Schlossberg in Heppenheim gepachtet. Wichtigste Rebsorte im Betrieb ist Grauburgunder, gefolgt von Kerner und Müller-Thurgau. Dazu gibt es Riesling, Silvaner, Muskateller, Weißburgunder und Traminer. Rote Rebsorten nehmen 35 Prozent der Rebfläche ein: Spätburgunder, Frühburgunder und Dornfelder, aber auch Cabernet Sauvignon, Cabernet Mitos und Merlot.

In den letzten Jahren hatten Werner und Lisa Edling überzeugende Kollektionen, mit leichten Vorteilen im roten Segment. Auch in der letztjährigen Kollektion gefiel mit dem beeindruckenden Cabernet Sauvignon wieder einmal ein Rotwein am besten, aber auch der Grauburgunder bereitete viel Freude. Ein solches Highlight wie der Cabernet Sauvignon fehlt in diesem Jahr, die Kollektion aber präsentiert sich gleichmäßig auf gutem Niveau mit reintönigen Weinen.

Weinbewertung

81 2008 Weißburgunder trocken Roßdorfer Roßberg **5,80 €**
81 2008 Grauburgunder trocken Roßdorfer Roßberg **6,10 €**
81 2008 Grüner Silvaner „feinherb" Roßdorfer Roßberg **5,50 €**
84 2008 Kerner Spätlese „feinherb" Roßdorfer Roßberg **6,50 €**
83 2008 Frühburgunder trocken Roßdorfer Roßberg **8,90 €**
83 2007 „Magma" Rotwein trocken Roßdorfer Roßberg **13,40 €**

★☆

Egert

Weingut

Rheingau

Friedensplatz 15, 65375 Oestrich-Winkel
Büro: Erbacher Landstraße 22, 65347 Hattenheim
Weinproben und Veranstaltungen:
Rheinallee 33, 65347 Hattenheim
Tel. 06723-5557, Fax: 06723-4958
www.weingut-egert.de
weingut.egert@t-online.de
Besuchszeiten: Mo.-Fr. 8-12 + 13-18 Uhr,
Wochenende nach Vereinbarung

Inhaber .... Manfred Egert
Rebfläche .... 4,3 Hektar

Das Weingut Egert befindet sich zwar in Oestrich, der Verkauf ist aber in Hattenheim angesiedelt. Bis ins 18. Jahrhundert reicht die Weinbautradition zurück, 1997 übernahm Manfred Egert die Leitung des Gutes von seinem Vater. Bewirtschaftet werden zum Großteil Spitzenlagen – 85 Prozent der Rebfläche in den Ortschaften Mittelheim, Oestrich und Hattenheim sind als Erstes Gewächs klassifiziert. Manfred Egert baut außer Riesling noch etwas Spätburgunder an. Bei den Weißweinen versucht er ein harmonisches Verhältnis von Säure und Restzucker zu erreichen; viele der offiziell trockenen Weine befinden sich am Rande der gesetzlichen Grenze. Entsprechend saftig und süffig wirken die Weine. Im Sortiment sind immer auch einige ältere Rieslinge, die gezielt zur DLG-Raritätentrophy angestellt werden.

2006 gelang gut, überdurchschnittlich klare 2007er schlossen sich an. Die 2008er fallen schlank und teilweise etwas stumpf aus, mehr war in diesem Jahr offenbar nicht möglich. Umso überzeugender: Die beiden nachgereichten 2007er und eine prächtig gereifte Auslese aus dem Jahrgang 2003.

Weinbewertung

87 . . . 2007 Riesling Erstes Gewächs Mittelheimer St. Nikolaus
sehr klar, etwas Melone, noch fast jugendlich; elegant, feine Säure, leichter Schmelz, nicht völlig trocken, sehr ausgewogen, gute Substanz und Länge **16,50 €**

88 . . . 2007 Riesling Eiswein
sehr reintönige Frucht, Mirabellen, etwas Blütenhonig; saftig, leicht cremig, bereits sehr zugänglich, gute Länge **33,- €/0,375l**

86 . . . 2003 Riesling Auslese Hattenheimer Wisselbrunnen
reife Frucht, Orange, getrocknete Ananas, Kräuter; saftig, rassig, fast opulent, etwas hervorstechende Säure, nachhaltig **17,50 €**

78 2008 Riesling Kabinett trocken Oestricher Lenchen **5,20 €**
80 2008 Riesling Kabinett trocken Oestricher Doosberg **5,40 €**
81 2008 Riesling Kabinett trocken Mittelheimer St. Nikolaus **5,50 €**
79 2008 Riesling Classic **5,- €**
79 2008 Riesling Kabinett halbtrocken Mittelheimer St. Nikolaus **5,50 €**
80 2008 Riesling Kabinett „feinherb" Hattenheimer Hassel **5,40 €**

★★

Stephan Ehlen

Weingut

Mosel

Zur Kapelle 8, 54492 Erden
Tel. 06532-2267, Fax: 06532-1552
meulenhof@web.de
Besuchszeiten: immer, nach Vereinbarung

Inhaber .... Helma Justen
Kellermeister .... Stefan Justen
Rebfläche .... 2,5 Hektar

Auf mehr als 350 Jahre Geschichte blickt das Weingut Ehlen in Erden zurück. Angebaut wird ausschließlich Riesling, ein Großteil der Weine geht in den Export. Verantwortlich für den Weinausbau ist allerdings nicht mehr Stephan Ehlen, der sich aus dem Geschäft zurückzog, sondern Stefan Justen vom Weingut Meulenhof. Die Weine, überwiegend mit Restsüße abgefüllt, ähneln stilistisch unverkennbar den Rieslingen des Meulenhofs.

Die 2006er beeindruckten mit Fülle und Frucht, bereits der Kabinett besaß die Struktur einer Auslese Die 2007er waren schlank und fruchtig, die 2008er überzeugen, soweit verkostet, ebenfalls mit viel Frucht und elegantem Moselstil.

Weinbewertung

85 . . . 2008 Riesling Spätlese „feinherb" Erdener Treppchen
jugendliche Frucht, noch etwas verschlossen, Apfel, stoffig, leichte Süße, Schmelz, ausgewogen **7,80 €**

87 . . . 2008 Riesling Spätlese Erdener Treppchen
klare Frucht, Apfel, etwas Kräuter, Hauch Maracuja; saftig, würzig, knackige Säure, gute Struktur **7,50 €**

84 2008 Riesling „feinherb" **5,40 €**
84 2008 „Ehlen-Riesling" **5,60 €**
82 2008 Riesling Kabinett Erdener Treppchen **5,40 €**

★

Ehrenkirchen

Weinkeller

Baden

Herrenstraße 11, 79238 Ehrenkirchen
Tel. 07633-95090, Fax: 07633-950950
www.weinkeller-ehrenkirchen.de
info@weinkeller-ehrenkirchen.de
Besuchszeiten: Mo.-Fr. 8-18 Uhr, Sa. 9-13 Uhr

Geschäftsführer .... Siegbert Ortlieb
Kellermeister .... Thomas Hirt
Mitglieder 550
Rebfläche .... 250 Hektar

Der Ehrenstetter Winzerkeller, 1952 gegründet, und die Winzergenossenschaft Kirchhofen, gegründet 1951, haben sich zusammengeschlossen und firmieren nun als Weinkeller Ehrenkirchen. Die Weinberge liegen in den Lagen Ehrenstetter Oelberg (kalkhaltige Lehm-Lössböden), Kirchhofener Batzenberg (Lehm -Lössböden), Kirchhofener Höllhagen (Lehm-Lössböden) und Bollschweiler Steinberg (kalkhaltiges Urgestein). Die wichtigsten Rebsorten sind Gutedel und Spätburgunder, es folgen Müller-Thurgau, Weißburgunder, Regent, Grauburgunder und Nobling. Dazu gibt es Spezialitäten wie Gewürztraminer, Riesling, Chardonnay, St. Laurent, Schwarzriesling und Sauvignon Blanc.

Die Zehn-Jahres-Schau gilt die ersten Jahre für die Winzergenossenschaft Ehrenstetten, die letzten Jahre für den fusionierten Weinkeller Ehrenkirchen. Und ganz klar müssen wir formulieren, was wir schon einmal ausgedrückt haben: Qualitativ hat die Fusion die Genossen nicht vorangebracht. Die Weine, die früher unter Kellermeister Franz Herbster in Ehrenstetten erzeugt wurden konnten den besten Privatwinzern im Markgräflerland Paroli bieten. Heute ist dies nicht mehr der Fall, auch wenn der Weinkeller Ehrenkirchen immer noch zu den besten badischen Genossenschaften zählt.

Vor zwei Jahren überzeugten die Barriquerotweine und Sekte, die 2006er Weißweine waren jahrgangsbedingt etwas schwächer. Die letztjährige Kollektion war recht gleichmäßig, aber etwas zu verhalten – und dies trifft nun auch auf den Jahrgang 2008 zu.

Weinbewertung

82 2008 Gutedel trocken Kirchhofener Batzenberg **3,90 €**

81 2008 „Chasslie“ trocken Ehrenstetter Oelberg **6,90 €**

83 2008 Sauvignon Blanc trocken Ehrenstetter **7,90 €**

79 2008 Chardonnay Kabinett trocken Ehrenkircher **5,50 €**

80 2008 Grauburgunder Kabinett trocken Kirchhofener Batzenberg **5,20 €**

80 2008 Auxerrois Kabinett Ehrenstetter Oelberg **6,90 €**

81 2008 Gewürztraminer Spätlese Kichhofener Höllhagen **6,90 €**

81 2008 St. Laurent trocken Ehrenstetter Oelberg **6,90 €**

80 2008 „St. Georg“ Rotwein trocken **6,90 €**

Carl Ehrhard ★★★

Weingut

Rheingau

Geisenheimer Straße 3, 65385 Rüdesheim
Tel. 06722-47396, Fax: 06722-9370129
www.carl-ehrhard.de
info@carl-ehrhard.de
Besuchszeiten: Vinothek „Wijnhuis“ (Di.-Fr. 16-19 Uhr, Sa 10-15 Uhr), Straußwirtschaft Nov./Dez., Tapas & Wein vor Ostern, kulinarische Weinproben nach Vereinbarung

Inhaber .... Carl und Petra Ehrhard
Rebfläche .... 10 Hektar

Carl und Petra Ehrhard haben dieses traditionsreiche Weingut 1998 übernommen. Ihre Weinberge liegen alle in Rüdesheim, in den Lagen Berg Rottland, Berg Roseneck, Bischofsberg und Kirchenpfad. Neben 90 Prozent Riesling bauen sie etwas Spätburgunder an. Durch langsame und kühle Spontanvergärung versucht Carl Ehrhard die natürliche Frucht des Rieslings zu erhalten. Die Spätburgunder kommen nach der Maischegärung für mindestens zwölf Monate ins Holzfass. Außer dem Basis-Spätburgunder stellt man auch einen „Pinot Noir“ her, der mit einem hohen Anteil an neuem Holz vinifiziert und ausschließlich in Magnums abgefüllt wird. Seit Carl Ehrhard das Weingut übernommen hat, werden die Weine meist trocken oder halbtrocken ausgebaut, sie besitzen viel Würze und Frucht und eine manchmal fast erdige Mineralität. Und sie altern ausgezeichnet, wie eine Verkostung von Rieslingen über zwei Jahrzehnte zurück bewies. In der eigenen Straußwirtschaft kochen die Ehrhards Gerichte, die weit über das normale Gutsschenkenangebot ringsum hinausgehen – beispielsweise Spezialitäten aus Südafrika.

2006 machte man das Beste aus den schwierigen Verhältnissen. Die 2007er zeigten sich kraftvoll, würzig und zugänglich. Auch die 2008er bringen den Charakter des Rottlands oder des Rosenecks, sowie den erdig-würzigen hauseigenen Weinstil gut heraus. Die Rieslinge sind in Rüdesheim ziemlich unverwechselbar.

Weinbewertung

85 . . .2008 Riesling Kabinett trocken Rüdesheimer Bischofsberg
duftig, feine Frucht, frisch, etwas Zitrus; würzig, fest, hat Biss **8,- €**

87 . . . 2008 Riesling Spätlese trocken Rüdesheimer Berg Roseneck
klare Frucht, leicht Kräuter; würzig, rassig, markante Säure, geradliniger Stil **9,90 €**

88 . . . 2008 Riesling Spätlese trocken Rüdesheimer Berg Rottland
frisch, jugendliche Frucht; straff, viel Würze, viel Substanz und Würze, gute Länge **10,50 €**
1999: 86; 2001: 89; 2002: 88; 2003: 87; 2004: 89 (verkostet 2009); 2005: 88; 2006: 87; 2007: 86.

89 . . . 2004 Riesling Spätlese trocken Rüdesheimer Berg Rottland
sehr feine Frucht, Kräuter; straff, viel Würze, wirkt noch beinah jugendlich, immer noch Potenzial

88 . . . 1992 Riesling Auslese trocken Rüdesheimer Berg Rottland
zunächst etwas verhalten, sehr feine Frucht, kaum Reifenoten; viel Würze, straff, kraftvoll

89 . . . 1990 Riesling Spätlese trocken Rüdesheimer Berg Rottland
zarte Frucht, duftig, Kräuter; straff, viel Würze, feine Säure, noch sehr präsent, Nachhall

87 . . . 2008 Riesling Spätlese „feinherb" Rüdesheimer Berg Roseneck
zunächst etwas verhalten; würzig, stoffig, pikante Säure, hat viel Schmelz **10,- €**

89 . . . 2005 Riesling Spätlese „feinherb" Rüdesheimer Berg Roseneck
sehr klare Frucht, Steinobst, leicht Kräuter; saftig, hat viel Schmelz, Nachhall

87 . . . 2008 Riesling Spätlese Rüdesheimer Berg Rottland
eindringliche Frucht, duftig; stoffig, würzig, gut integrierte Süße, rassig **10,- €**

88 . . . 2008 Riesling Auslese Rüdesheimer Berg Rottland
kühle Frucht; saftig, würzig, sehr gut balanciert, feine Frucht, gute Länge, hat Biss **12,- €/0,375l**

86 . . . 2007 Spätburgunder trocken Rüdesheimer Berg Roseneck
kühle Frucht, noch sehr jugendlich; straff, würzig, kraftvoller Stil, gute Länge **10,50 €**

85+ . . . 2007 Pinot noir trocken Rüdesheimer Berg Roseneck
etwas verhalten, leicht vom Holz beeinflusst; viel Würze, hat Substanz, reife Frucht (1,5l)

82 2008 Riesling trocken Rüdesheimer **5,20 €**
83 2008 Riesling Kabinett trocken Rüdesheimer **6,70 €**
84 2008 Riesling trocken Rüdesheimer Berg Rottland **8,- €**
82 2008 Riesling Kabinett „feinherb" Rüdesheimer **6,70 €**
82 2008 Spätburgunder Blanc de Noir trocken **6,70 €**

★★★★

Bernhard **Eifel**
Weingut

Mosel

Laurentiusstraße 17, 54349 Trittenheim
Tel. 06507-5972, Fax: 06507-6460
www.weingut-bernhard-eifel.de
bernhard.eifel@t-online.de
Besuchszeiten: 9-18 Uhr (Dienstag Ruhetag) und nach Vereinbarung
„Stefan-Andres" Weinstube/Restaurant (ab 18 Uhr, Dienstag Ruhetag)
Gästehaus, Weinwanderungen, Fahrradtouren, kulinarische Veranstaltungen

Inhaber .... Bernhard Eifel
Rebfläche .... 6 Hektar

Das Weingut in Trittenheim ist nicht das einzige, das den Namen Eifel führt. Seit Generationen ist dieses Weingut in Trittenheim in Familienbesitz und wird heute von Bernhard und Marietta Eifel geführt, Tochter Alexandra ist nach einem Önologiestudium in Geisenheim und nach Praktika an der Terrassenmosel und in der Pfalz zurück nach Hause gekehrt; der von ihr verantwortete Wein mit dem Namen ALEX E. hat sich etabliert. Die Weinberge von Bernhard Eifel liegen in Trittenheim in den Lagen Apotheke und Altärchen, im Longuicher Maximiner Herrenberg und im Schweicher Annaberg. Bei der Weinbereitung versucht man, das Terroir herauszuarbeiten, sowohl Edelstahl als auch Holzfässer kommen zum Einsatz. Teilweise werden auch natürliche Hefen verwendet.

Die Basisweine sind die eine Stärke des Weinguts, der „Maximilian E." überzeugt auch in schwierigen Jahren, die betont schmelzigen, machmal recht fülligen, aber komplexen Spitzenweine vom blauen und roten Schiefer bilden die Spitze. Sie benötigen oft lange, um zur vollen Form zu finden, jung sind sie manchmal etwas verhalten.

2006 gelang dem Weingut eine beachtlich gleichmäßige Kollektion mit cremigen, würzigen Weinen. Die 2007er sind recht füllig und fruchtig ausgefallen. 2008 kommt dem Weingut entgegen: Es entstanden terroirgeprägte Weine mit Fülle und Frische gleichzeitig.

Weinbewertung

85 . . . 2008 Riesling trocken „Maximilian E"
klare Frucht, Kräuter, ein Hauch Ananas; würzig, saftig, hat Biss **8,50 €**

86 . . . 2008 Riesling Spätlese trocken Trittenheimer Apotheke
jugendlich, Melone, Kräuter, etwas hefig; stoffig, würzig, balanciert, animierend **10,- €**
2000: 88; 2001: 88; 2002: 88; 2003: 85; 2004: 87; 2005: 86; 2006: 85; 2007: 86.

87 . . . 2008 Riesling „ALEX E." Longuicher Maximiner Herrenberg
eher verhalten, Zitrus, gelbe Früchte; stoffig, würzig, hat Schmelz, nicht ganz trocken **13,- €**

88 . . . 2008 Riesling „Faszination vom blauen Schiefer (Longuicher Maximiner Herrenberg)
duftig, klare Frucht, Zitrus, Melone; enorm würzig, mineralisch, kraftvoll, balanciert, nachhaltig **13,- €**
2003: 88; 2004: 88; 2005: 88; 2006: 87; 2007: 86+?.

88 . . . 2008 „Der wurzelechte Riesling vom roten Schiefer" (Schweicher Annaberg)
verschlossen, etwas Kräuter, Hefenoten; reife Frucht, feste Struktur, wirkt trocken, gute Länge **14,- €**
2001: 90; 2002: 89; 2003: 88; 2004: 90; 2005: 88; 2006: 88; 2007: 88.

85 . . . 2008 Riesling Spätlese „feinherb" Trittenheimer Altärchen
verschlossen, zarte Frucht, Melone, leicht hefig; viel Würze, stoffig, gute Länge **10,- €**
bis 2005 halbtrocken. 2000: 87; 2001: 87; 2003: 85; 2004: 87; 2005: 85; 2006: 88; 2007: 85.

87 . . . 2008 Riesling Spätlese Longuicher Maximiner Herrenberg
reife Frucht, Pfirsichschalen, etwas Ananas; saftig, würzig, gut integrierte Süße, nachhaltig **10,- €**

86 . . . 2008 Riesling Auslese Trittenheimer Apotheke
leicht cremige Frucht, Aprikosen; saftig, elegant, süffig **12,50 €/0,5l**

89 . . . 2008 Riesling Auslese Trittenheimer Altärchen
reife Frucht, Ananas, Kräuter, getrockneter Apfel; saftig, viel Frucht, sehr animierend **20,- €/0,375l**

★☆

Ernst Eifel
Weingut

Mosel

Johannes-Trithemius-Straße 21, 54349 Trittenheim
Tel. 06507-2632, Fax: 06507-6683
www.weinguteifel.de
info@weinguteifel.de
Besuchszeiten: täglich 8-20 Uhr
Gästehaus „Moselkloster" (45 Betten)

Inhaber .... Ernst und Marlene Eifel
Rebfläche .... 3,3 Hektar

Die Weinberge von Ernst und Marlene Eifel befinden sich in den Lagen Trittenheimer Apotheke, Trittenheimer Altärchen und Detzemer Würzgarten. 1980 hat Ernst Eifel einen Teil des Betriebes von seinem Vater übernommen (den anderen Teil sein Bruder Bernhard, siehe vorherigen Eintrag). Er baut überwiegend Riesling an, dazu ein klein wenig Müller-Thurgau, Spätburgunder und Dornfelder, aus dem Trittenheimer Altärchen kommt inzwischen auch ein Weißburgunder. Die Weine sind klar, eher schlank und feingliedrig, manchmal auf den ersten Eindruck etwas verhalten.

2006 wurden animierende Rieslinge erzeugt, auch die 2007er waren herrlich frisch und zupackend. 2008 ist nicht ganz so gleichmäßig, aber durchaus erfolgreich: Der trockene Riesling „vom blauen Schiefer" und die halbtrockene Spätlese sind nicht die einzigen Weine, die überzeugen.

Weinbewertung

85 . . . 2008 Riesling trocken „vom blauen Schiefer" Trittenheimer Altärchen
duftig, hefewürzige Noten; saftig, stoffig, feine Frucht, gute Balance **8,50 €**

86 . . . 2008 Riesling Spätlese halbtrocken Trittenheimer Altärchen
eindringliche Frucht, Kräuter, Ananas; saftig, würzig, rassige Säure, wirkt sehr ausgeglichen und animierend **8,50 €**

86 . . . 2008 Riesling Spätlese Trittenheimer Altärchen
frisch, duftig, zarte Frucht; saftig, feines Süße-Säure-Spiel, zeigt Finesse **8,50 €**
2003: 87; 2004: 85; 2005: 85; 2006: 85; 2007: 85.

87 . . . 2008 Riesling Eiswein Trittenheimer Altärchen
eindringliche Frucht, klar, Aprikose, Mirabellen; saftig, rassig, feine Süße, ganz leichter Bitterton im Nachhall
22,- €/0,375l

---

80 2008 Riesling trocken **6,- €/1l**
82 2008 Weißer Burgunder trocken Trittenheimer Altärchen **6,- €**
83 2008 Riesling Spätlese trocken Trittenheimer Apotheke **9,- €**
78 2008 Riesling halbtrocken **6,- €/1l**
82 2008 Riesling Kabinett halbtrocken Trittenheimer Altärchen **7,- €**
82 2008 Riesling Kabinett „feinherb" Trittenheimer Altärchen **7,- €**

★★★★

Franz-Josef **Eifel**
Weingut

Mosel

Engelbert-Schue-Weg 2, 54349 Trittenheim
Tel. 06507-70009, Fax: 06507-7139
www.fjeifel.de
info@fjeifel.de
Besuchszeiten: nach Vereinbarung
Gästehaus

Inhaber . . . . Franz-Josef Eifel
Rebfläche . . . . 5 Hektar

Das Weingut, etwas versteckt in Trittenheim gelegen, wird in der vierten Generation von Franz-Josef Eifel geführt. Mit 1,3 Hektar fing er an, heute besitzt er 5 Hektar Weinberge. Jeweils gut zwei Hektar hat er in den Trittenheimer Lagen Apotheke und Altärchen, hinzu kommt eine Parzelle im Neumagener Rosengärtchen. Riesling nimmt etwa 95 Prozent seiner Rebfläche ein, dazu gibt es Weißburgunder, der 2002 den ersten Ertrag brachte. Seine Weine, die er zu drei Vierteln trocken oder „feinherb" ausbaut, vergärt Franz-Josef Eifel recht kühl und langsam, teilweise mit den eigenen Hefen. Ausgebaut werden sie teils in Edelstahltanks, teils in Fuderfässern. Alle Rieslinge sind reintönig und im besten Falle deutlich mineralisch.

Einheitlich fiel der Jahrgang 2006 aus, die 2007er präsentierten sich würzig und füllig. Die 2008er wirken, auch bedingt durch die Charakteristiken des Jahrgangs, klar, feinwürzig und frisch. Nicht nur die Weine aus alten Reben überzeugen.

Weinbewertung

88 . . . 2008 Riesling Spätlese trocken „Alte Reben" Trittenheimer Apotheke
zarte Frucht, etwas Zitrus; würzig, rassig, bereits balanciert, hat viel Substanz **12,- €**
bis 2004: Spätlese* bzw. Alte Reben 1999; 91; 2000: 89; 2001: 93; 2002: 89; 2003: 90; 2004: 87; 2005: 88; 2006: 89; 2007: 90.

87 . . . 2008 Riesling Auslese trocken „Sonnenfels" Trittenheimer Apotheke
noch sehr verhalten, leichte Hefenoten; viel Würze, stoffig, könnte sich noch positiver entwickeln (87+ Punkte) **15,- €**
2003: 91; 2004: 88; 2005: 89; 2006: 87; 2007: 89.

85 . . . 2008 Riesling Kabinett „feinherb" Trittenheimer Altärchen
zarte Frucht, Hefenoten; würzig, saftig, viel Frucht und Schmelz **7,- €**
bis 2004: halbtrocken; 1998: 85; 2001: 88; 2002: 86; 2003: 88; 2004: 86; 2005: 85; 2006: 86; 2007: 86.

88 . . . 2008 Riesling Spätlese „feinherb Laurentiusberg" Trittenheimer Apotheke
offene Frucht, Stachelbeere, leicht hefebetont, unruhig, Zitrus; saftig, würzig, sehr ausgewogen, Schmelz **10,- €**

87+ . . . 2008 Riesling Spätlese „feinherb In der Jungheld" Trittenheimer Apotheke
sehr verschlossen, leicht hefig, Kräuter; stoffig, viel Würze, Substanz und Potenzial **12,- €**

88 . . . 2008 Riesling Auslese „feinherb Die große Leidenschaft" Trittenheimer Apotheke
deutliche Hefenoten, Zitrus, etwas getrockneter Apfel; jugendliche Frucht, viel Würze, leicht mineralisch, Biss **15,- €**

87 . . . 2008 Riesling Spätlese Neumagener Rosengärtchen
etwas unruhig, Hefenoten, Stachelbeeren; rassig, viel Würze, feines Süße-Säure-Spiel **10,- €**

88 . . . 2008 Riesling Spätlese „Alte Reben" Trittenheimer Apotheke
leichte Hefenoten, getrockneter Apfel, etwas Stachelbeere; würzig, markante Säure, Potenzial **12,- €**
bis 2004: Spätlese*; 1998: 89; 1999: 91; 2000: 88; 2001: 92; 2002: 92; 2003: 91; 2004: 88; 2005: 91; 2006: 89; 2007: 88.

88 . . . 2008 Riesling Spätlese „Goldstückchen" Trittenheimer Apotheke
sehr klare Frucht, Apfel, leichte Hefenoten, etwas Ananas; geradlinig, saftig, gute Länge **15,- €**

88 . . . 2008 Riesling Auslese Trittenheimer Altärchen
etwas Schwefel, kandierter Apfel, leichte Kräuternote; viel Würze, kraftvoll, Länge, geradlinig **20,- €/0,5l**

89 . . . 2008 Riesling Eiswein Trittenheimer Altärchen
eindringliche Frucht, ein wenig Schwefel, Kräuter, Ananas; rassig, viel Frucht, feines Süße-Säure-Spiel **45,- €/0,375 l**

91 . . . Riesling Eiswein Trittenheimer Altärchen
deutliche Kräuternoten, wirkt noch sehr frisch; saftig, feinstes Süße-Säure-Spiel, kompakt, sehr würzig, lang **50 €/0,375l**

---

83 2008 Guts-Riesling **6,- €/1l**
84 2008 Riesling Kabinett Trittenheimer Altärchen **7,50 €**

★★★

Eifel-Pfeiffer

Weingut

Mosel

Moselweinstraße 70, 54349 Trittenheim
Tel. 06507-926214 / 926215, Fax: 06507-926230
www.eifel-pfeiffer.de
anne.eifel@eifel-pfeiffer.de
Besuchszeiten: nach Vereinbarung
Weinproben

Inhaber . . . . Heinz und Brigitte Eifel
Rebfläche . . . . 7 Hektar

Das Weingut Eifel-Pfeiffer ist ein alteingesessenes Familienweingut in Trittenheim, das bereits 1640 erstmals urkundlich erwähnt wurde. Die Weinberge liegen in den Lagen Trittenheimer Apotheke und Altärchen, Graacher Himmelreich und Domprobst sowie in der Wehlener Sonnenuhr und in der Bernkasteler Badstube. Riesling nimmt über 90 Prozent der Rebfläche ein. Daneben gibt es ein klein wenig Müller-Thurgau und Kerner. Seit 1995 ist der Anteil an Riesling stetig gestiegen, bei gleichzeitiger Ausdehnung der Gesamtrebfläche. Etwa ein Fünftel der Rieslingfläche ist mit wurzelechten, 50 bis 90 Jahre alten Reben bestockt. Je nach Jahrgangsbedingungen und Reifezustand wird das Lesegut mittels Ganztraubenpressung gekeltert oder vor dem Pressen angequetscht. Der Ausbau erfolgt temperaturgesteuert. Die Weine werden teils in Edelstahltanks, teils in Fuderfässern ausgebaut. Heinz und Brigitte Eifel werden heute von Tochter Anne unterstützt. Anne Eifel hat im Juli 2000 ihr Studium in Geisenheim beendet und im darauf folgenden Herbst den Keller in eigener Regie geleitet. Seit 2001, nach einem dreimonatigen Neuseelandaufenthalt, arbeitet Anne Eifel im elterlichen Weingut mit. Die trockenen wie die süßen Weine besitzen oft Substanz und Würze, wirken aber manchmal eher verhalten und benötigen Zeit.

2006 fiel weniger gleichmäßig aus, die 2007er überzeugten mit Würze. 2008 überzeugt der Riesling von wurzelechten Reben aus dem Domprobst am meisten, aber auch die Kabinettweine sind sehr gelungen.

Weinbewertung

87 . . . 2008 Riesling Spätlese „Der Wurzelechte" Graacher Domprobst
deutliche Hefenoten, Stachelbeere; würzig, stoffig, verschlossen, reife Säure (87+? Punkte) **9,20 €**
2002: 90; 2003: 86; 2004: 87; 2005: 88; 2006: 85; 2007: 88.

85 . . . 2008 Riesling Kabinett halbtrocken Graacher Himmelreich
klare Frucht, leichte Hefenoten, Stachelbeeren, gekochte Ananas; würzig, stoffig, feine Frucht **6,50 €**

86 . . . 2008 Riesling Kabinett „feinherb" Wehlener Sonnenuhr
klare Frucht, duftig; würzig, feine Säure, viel Frucht, süffig **8,- €**

86 . . . 2008 Riesling Kabinett Trittenheimer Altärchen
klar, leicht cremig; würzig, feingliedrig, nur leichte Süße, zeigt Schmelz **6,50 €**

85 . . . 2008 Riesling Spätlese Wehlener Sonnenuhr
feine Frucht, etwas Birne; saftig, würzig, saftig, etwas unzugänglich **9,50 €**

86 . . . 2008 Riesling Spätlese Trittenheimer Apotheke
kühle Frucht, Mirabellen, Apfel, etwas Kräuter, etwas Melone; viel Würze, gute Struktur, Zukunft **10,- €**

79 2008 Gutsriesling trocken **6,80 €/1l**
84 2008 Riesling Spätlese trocken Trittenheimer Apotheke **9,- €**

★★★

Bernhard Ellwanger
Weingut

Württemberg

Rebenstraße 9, 71384 Weinstadt
Tel. 07151-62131, Fax: 07151-603209
www.weingut-ellwanger.com
info@weingut-ellwanger.com
Besuchszeiten: Mo./Di./Do./Fr. 14-18:30 Uhr, Sa. 9:30-12:30 Uhr

Inhaber .... Familie Ellwanger
Rebfläche .... 23 Hektar

Bernhard und Ingrid Ellwanger gründeten 1975 das Weingut, mit einem halben Hektar Weinberge. Vor allem in den letzten zehn Jahren haben sie sich kontinuierlich vergrößert, so dass es mit heute 23 Hektar, verteilt aufs ganze Remstal, zu den großen Weingütern in der Region gehört. Die Weinberge liegen vor allem in Großheppach (in 270 bis 430 Meter Höhe), Schorndorf und Geradstetten. Zwei Drittel der Fläche nehmen rote Sorten ein. Neben Trollinger, Spätburgunder und Lemberger gibt es auch Sorten wie Muskattrollinger, Hegel, Merlot, Syrah und Cabernet Franc. Wichtigste Weißweinsorte ist Riesling. Danach folgt Sauvignon Blanc. Seit 1999, nach Geisenheim-Studium und Aufenthalt in Neuseeland – daher die Begeisterung für Sauvignon Blanc – ist Sohn Sven im Betrieb tätig und für den Keller verantwortlich. Mit dem Jahrgang 2007 wurde erstmals der Riesling „R" erzeugt, eine natürliche Mutation des Weißen Rieslings, dessen Beerenhaut eine ähnliche Farbe aufweist wie die des Traminers oder des Grauburgunders.

Seinem einen Jahrzehnt nun empfehlen wir die Weine der Ellwangers, in diesem Jahrzehnt haben sie kräftig zugelegt, heute können sie sich mit den besten Weingütern Württembergs messen.

Die 2006er Weißweine präsentierten sich, als hätte es keine Probleme in diesem Jahrgang gegeben, vor allem der Riesling „SL" und die Cuvée aus Weißburgunder und Chardonnay machten viel Freude. Eine sehr homogene und ausgewogene Kollektion stellte das Weingut im vergangenen Jahr vor, Weiß- und Rotweine überzeugten gleichermaßen. Auch die neue Kollektion gefällt uns gut, allen voran der Riesling „SL", der uns mehr überzeugt als die allzu üppigen Sauvignon Blanc „Junges Schwaben"; auch die Roten und die anderen Weißen können sich sehen und schmecken lassen.

Weinbewertung

86 . . . 2008 Sauvignon Blanc trocken
würzig, reintönig, herrlich viel Frucht; füllig, harmonisch, klare reife Frucht, gute Struktur und Frische **8,50 €**

86 . . . 2008 Riesling trocken Großheppacher Steingrübler
gute Konzentration, feine Würze und Frucht, herrlich eindringlich; füllig, kraftvoll, reife Frucht, gute Substanz und Länge **8,50 €**

89 . . . 2008 Riesling Spätlese trocken „SL" Großheppacher Steingrübler
gute Konzentration, faszinierend viel Frucht, herrlich eindringlich und dominant; füllig, kraftvoll, viel reife Frucht, Substanz, Frische und Länge **14,- €**
2006: 89; 2007: 87.

87 . . . 2008 Roter Riesling Spätlese trocken
gute Konzentration, herrlich viel Frucht, reintönig, dominant; füllig, stoffig, viel reife Frucht und Substanz **12,- €**

86 . . . 2007 Sauvignon Blanc trocken „Junges Schwaben"
viel Konzentration, viel reife Frucht, dominant, gelbe Früchte, Tropenfrüchte; füllig, stoffig, reife Frucht, Substanz **20,- €**

86 . . . 2008 Sauvignon Blanc trocken „Junges Schwaben"
viel Duft und Konzentration, etwas Stachelbeeren, Würze; füllig, reife Frucht, Substanz, Frische **20,- €**

88 . . . 2008 Riesling Eiswein
konzentriert, dominant, eingelegte süße Aprikosen, Litschi; konzentriert, dick, herrlich viel Frucht und Stoff **25,- €/0,375l**

87 . . . 2006 „Kreation CMX" Rotwein trocken
Cabernet, Merlot, Spätburgunder und Syrah; gute Konzentration, reife Frucht, etwas Cassis, herrlich eindringlich; füllig, stoffig, reife Frucht, viel Substanz **14,- €**

86 . . . 2007 Spätburgunder trocken „SL" Großheppacher Steingrübler

viel reife Frucht, rauchige Noten, reife rote Früchte, herrlich eindringlich; füllig, harmonisch, reife Frucht, feine Frische und Biss **20,- €**

84 2008 Riesling trocken **6,- €**
84 2008 Chardonnay Spätlese trocken **11,- €**
82 2007 Lemberger trocken **8,80 €**
82 2007 „Kreation Nero" Rotwein trocken **8,80 €**
84 2007 Lemberger Merlot „SL" trocken **18,- €**

★★★★

Jürgen Ellwanger
Weingut

Württemberg

Bachstraße 21, 73650 Winterbach
Tel. 07181-44525, Fax: 07181-46128
www.weingut-ellwanger.de
info@weingut-ellwanger.de
Besuchszeiten: Di.-Fr. 8-12 + 15-19 Uhr, Sa. 8-15 Uhr

Inhaber .... Jörg Ellwanger
Rebfläche .... 20 Hektar

Wichtigste Weißweinsorten beim Weingut Jürgen Ellwanger sind Riesling und Kerner, gefolgt von Weiß- und Grauburgunder. An roten Sorten – 60 Prozent der Rebfläche – gibt es neben Trollinger und Lemberger vor allem Spätburgunder, aber auch Zweigelt, Merlot und Dornfelder. Jürgen Ellwanger gehörte zu den Pionieren des Barriqueausbaus in Deutschland, das Weingut ist Mitglied der HADES-Gruppe. Sohn Jörg, der den Betrieb inzwischen übernommen hat, kümmert sich um die Weinberge. Sohn Andreas gründete zusammen mit seiner Ehefrau ein eigenes Weingut (Weingut Doreas), kümmert sich aber nach wie vor um den Keller.

Ganz stark präsentierte sich vor zwei Jahren die Rotweinkollektion aus dem Hause Ellwanger: Angeführt vom faszinierenden HADES-Spätburgunder überzeugte jeder Wein. Eine grandiose Vorstellung in rot, Lemberger, Zweigelt, Spätburgunder und Nicodemus waren deutsche Spitze: Unsere Rotweinkollektion des Jahres! Fast genauso stark war die letztjährige Kollektion. Der Zweigelt beeindruckte uns besonders, ebenso der Spätburgunder, aber auch Syrah und Nicodemus trumpften auf. Auch in diesem Jahr fällt es schwer einen Favoriten zu benennen: Zweigelt, Lemberger, Spätburgunder oder Nicodemus. Starke HADES-Kollektion! Aber noch ein Wort zu den Weißweinen: Der Riesling Eiswein gehört zu den wenigen überzeugenden edelsüßen Weinen in Württemberg (Jahrgang 2008!), und auch trocken vermag die weiße Kollektion zu überzeugen.

Weinbewertung

88 ... 2008 Riesling „GG" Schnaiter Altenberg
gute Konzentration, reife Frucht, etwas gelbe Früchte, herrlich eindringlich; füllig, saftig, viel reife Frucht, gute Substanz und Länge **22,- €**
bis 2002 Spätlese trocken; 2001: 90; 2002: 88; 2003: 88; 2004: 89; 2005: 88; 2006: 88; 2007: 88.

88 ... 2007 Grauburgunder trocken HADES
viel Konzentration, etwas Vanille, Gewürze, gelbe Früchte, reife Frucht; füllig, stoffig, viel reife Frucht, Substanz, Vanille, gute Harmonie **19,- €**
2003: 87; 2004: 87; 2006: 87.

87 ... 2007 „Nicodemus Candidus" Weißwein trocken HADES
viel Konzentration, etwas Gewürznoten, Vanille, dezent Aprikosen und Pfirsiche, reife Frucht; weich, füllig und schmeichelnd, reife süße Frucht, feine Frische und Biss, Wärme **19,- €**
2003: 87; 2004: 88; 2006: 88.

90 ... 2008 Riesling Eiswein Winterbacher Hungerberg
würzig, eindringlich, etwas kandierte Früchte, Oran-

genschalen; konzentriert, harmonisch, herrlich viel Frucht und Stoff, dominant **32,- €/0,375l**

85 . . . 2008 Lemberger Spätlese trocken Hebsacker Lichtenberg
würzig, klar, jugendlich; frisch, direkt, feine süße Frucht und Biss **10,50 €**

90 . . . 2006 Zweigeltrebe trocken HADES
gute Konzentration, viel reife Frucht, rote und dunkle Früchte, Kirschen; füllig, kraftvoll, reife Frucht, gute Struktur und Länge **24,- €**
1998: 89; 1999: 89; 2000: 89; 2001: 87; 2002: 89; 2003: 89; 2004: 92; 2005: 92.

90 . . . 2006 „Nicodemus" trocken HADES
gute Konzentration, viel reife Frucht, etwas Schokolade, Herzkirschen, herrlich eindringlich; füllig, kraftvoll, reife Frucht, gute Struktur und Substanz, jugendlich **26,- €**
1999: 89; 2000: 89; 2001: 87; 2002: 90; 2003: 90; 2004: 91; 2005: 89.

90 . . . 2006 Lemberger trocken HADES
gute Konzentration, reife Frucht, etwas Schokolade, Herzkirschen, herrlich eindringlich; füllig und schmeichelnd, viel Konzentration, viel reife Frucht, Substanz, jugendlich **21,- €**
2003: 91; 2004: 91; 2005: 87.

89 . . . 2006 Spätburgunder trocken HADES
viel reife Frucht, gute Konzentration, etwas Schokolade, rote und dunkle Früchte; füllig, harmonisch, viel reife Frucht und Substanz, gute Länge **21,- €**
2003: 89; 2004: 93; 2005: 91.

88 . . . 2007 Spätburgunder „GG" Hebsacker Lichtenberg
würzig, eindringlich, reife rote Früchte, dominant; weich, harmonisch, viel reife Frucht, etwas Schokolade **22,- €**

---

83 2008 Weißburgunder trocken **8,- €**
83 2008 „Niko" Weißwein trocken **8,50 €**
83 2008 Riesling Kabinett trocken Winterbacher Hungerberg **6,70 €**
83 2008 „Niko" Rotwein trocken **8,50 €**

★

Emmerich-Koebernik

Weingut

Nahe

Hauptstraße 44, 55596 Waldböckelheim
Tel. 06758-426, Fax: 06758-7697
www.emmerich-koebernik.de
weingut@emmerich-koebernik.de
Besuchszeiten: nach Vereinbarung
Aktuelle Themenweinproben und besondere Wein-Events

Inhaber ..... Ernst-Günter und Doris Koebernik
Rebfläche ..... 12 Hektar

Das zuvor als Weingut Hermann Emmerich bekannte Weingut in Waldböckelheim wird heute von Ernst-Günter und Doris Koebernik geführt. Ihre Weinberge liegen in Wald- und Schlossböckelheim. In den letzten Jahren wurde der Rebsortenspiegel konsequent umgestellt, so dass heute der Schwerpunkt auf traditionellen Rebsorten liegt. Riesling ist mit einem Anteil von 35 Prozent die wichtigste Rebsorte. Hinzu kommt eine breite Palette weiterer Sorten, angeführt von Weiß- und Grauburgunder, Kerner, Müller-Thurgau und Bacchus. Rote Sorten nehmen inzwischen 45 Prozent der Rebfläche ein: Auf jeweils einem Viertel der roten Fläche stehen Dornfelder, Portugieser, Spätburgunder und St. Laurent. Die Weißweine werden temperaturgesteuert im Edelstahl vergoren. Die Rotweine werden in großen oder kleinen Eichenholzfässern ausgebaut. Der Anteil der trockenen Weine ist in den vergangenen Jahren sprunghaft gestiegen.

Die 2006er blieben etwas verhalten, 2007 gefiel uns ein wenig besser, vor allem die restsüßen Weine. Auch die neue Kollektion präsentiert sich sehr homogen, nur in der Spitze erwarten wir mehr.

Weinbewertung

82 2007 Spätburgunder Weißherbst Sekt extra trocken Waldböckelheimer Kronenfels **8,90 €**

83 2007 Spätburgunder Rotsekt trocken Waldböckelheimer Kronenfels **8,90 €**

81 2008 Riesling trocken Waldböckelheimer Mühlberg **4,40 €**

81 2008 Scheurebe „S" trocken „Alte Reben" Waldböckelheimer Kronenfels **5,40 €**

82 2008 Weißburgunder „S" trocken Waldböckelheimer Kronenfels **5,90 €**

81 2008 Grauburgunder „S" trocken Waldböckelheimer Kronenfels **5,90 €**

81 2008 Silvaner „S" trocken „Alte Reben" Waldböckelheimer Kronenfels **6,20 €**

79 2008 Spätburgunder Blanc de Noirs „S" trocken Waldböckelheimer Kronenfels **6,60 €**

80 2008 Riesling „S" trocken Schlossböckelheimer Königsfels **6,80 €**

81 2008 Riesling „feinherb" Waldböckelheimer Kronenfels **5,40 €**

83 2008 Riesling Spätlese Schlossböckelheimer Königsfels **6,80 €**

★☆

Emrich-Montigny

Weingut

Nahe

Burgunderstraße 1, 55545 Bad Kreuznach
Tel. 0671-65835, Fax: 0671-63535
www.emrich-montigny.de
weingut@emrich-montigny.de
Besuchszeiten: Mo.-Fr. 9-12 + 14-18 Uhr, Sa. 9-16 Uhr

Inhaber .... Familie Emrich-Montigny
Betriebsleiterin .... Ursula Emrich-Montigny
Kellermeister .... Sebastian Schneider
.... Caroline Montigny
Rebfläche .... 12 Hektar

Seit 300 Jahren ist der Betrieb im Bad Kreuznacher Stadtteil Planig in Familienbesitz, wird heute geführt von Ursula Emrich-Montigny. Die Weinberge liegen alle in Bad Kreuznach und Planig, in den Lagen Nonnengarten, Römerhelde, Katzenhölle, Kapellenpfad, Forst, Rosenberg und Narrenkappe. Wichtigste Rebsorten sind Riesling und Spätburgunder, dazu gibt es Grauburgunder, Scheurebe, Silvaner, Chardonnay und Gewürztraminer, an roten Sorten Portugieser, Dornfelder, Dunkelfelder und Cabernet Sauvignon. Rote Sorten nehmen 40 Prozent der Rebfläche ein. Seit 2008 sind Sebastian Schneider und Caroline Montigny für den Keller verantwortlich.

2006 gefielen die süßen Weißweine etwas besser als die trockenen, die Rotweine überzeugten wie gewohnt. Auch die 2007er Kollektion gefiel, bot weiße wie rote Spitzen und insgesamt recht zuverlässige Qualität. Dies gilt auch 2008, das neue Kellerteam hat gute Arbeit geleistet, die Kollektion besticht durch ihr homogenes Niveau, weiß wie rot, trocken wie süß. Im Auge behalten!

Weinbewertung

86 ... 2008 Spätburgunder Blanc de Noir Auslese trocken Kreuznacher Narrenkappe
gute Konzentration, viel reife Frucht, herrlich eindringlich; weich, füllig, schmeichelnd, reife süße Frucht **7,- €**

85 ... 2008 Grauburgunder „S" Auslese Kreuznacher Katzenhölle
gute Konzentration, reife Frucht, herrlich eindringlich und dominant; füllig, stoffig, viel reife süße Frucht, Substanz **8,- €**

85 ... 2008 Gewürztraminer Auslese Kreuznacher Katzenhölle
gute Konzentration, feiner Rosenduft, Würze; füllig, harmonisch, reife süße Frucht, feine Frische, wunder-

schön reintönig **7,- €**

2005: 85; 2006: 85; 2007: 85.

85 . . . 2007 Spätburgunder „S" trocken Kreuznacher Römerhelde

gute Konzentration, klare reife Frucht, dezent Vanille; füllig, harmonisch, reife süße Frucht, Substanz **7,- €**

---

81 2008 Riesling trocken Kreuznacher **4,20 €/1l**

82 2008 Chardonnay trocken Kreuznacher **6,80 €**

82 2008 Grauburgunder trocken Kreuznacher **5,- €**

83 2008 Riesling Kabinett trocken Kreuznacher **6,50 €**

84 2008 Weißburgunder „S" Spätlese trocken Kreuznacher **6,50 €**

81 2008 Riesling Classic **5,- €**

82 2008 Scheurebe Kabinett Kreuznacher Rosenberg **4,50 €**

82 2008 Blauer Spätburgunder trocken Kreuznacher **6,50 €**

★★★★★

Emrich-Schönleber

Weingut

Nahe

Soonwaldstraße 10a, 55569 Monzingen

Tel. 06751-2733, Fax: 06751-4864

www.emrich-schoenleber.com

weingut@emrich-schoenleber.com

Besuchszeiten: Mo.-Fr. 8-12 + 13:30-18 Uhr, Sa. 8-12 + 13-16 Uhr, NUR nach Vereinbarung

Inhaber .... Werner und Frank Schönleber

Rebfläche .... 16 Hektar

Seit mehr als 250 Jahren gibt es zwar Weinbau in der Familie, aber erst Ende der sechziger Jahre – mit zwei Hektar Weinbergen – begann die Entwicklung zum Weingut durch Hannelore und Werner Schönleber, die heute im Betrieb von Sohn Frank unterstützt werden. Sie bauen neben 80 Prozent Riesling etwas Grau- und Weißburgunder an. Ihnen gehören Weinberge in den Monzinger Lagen Frühlingsplätzchen und Halenberg (5 Hektar), beides steile Süd- bis Südwesthänge, in denen die Reben auf Gesteinsböden der sogenannten Waderner Schichten wachsen. Hauptbodenbestandteile sind unterschiedliche Schieferarten, Quarzit und Quarz. Der Halenberg, die kleinste Monzinger Lage besteht aus steinigen, von blauem Schiefer und Quarzit geprägten Böden. Das Frühlingsplätzchen ist von rotem Schiefer und Kiesel geprägt, häufig durchsetzt mit rotem Lehm und Rotliegendem. Im Filetstück des Halenberg, intern „Lay" genannt, haben Werner und Frank Schönleber 2007 eine 0,64 Hektar große Brachfläche rekultiviert, 2008 eine weitere 1,2 Hektar direkt über dem Halenberg.

Schon vor zehn Jahren haben wir konstatiert, dass Werner Schönleber sich in der Spitze der Nahe-Winzer etabliert hat. Aber Spitze sein genügt nicht, man muss immer noch besser werden. Wir sind beeindruckt, wie die Qualität in diesen zehn Jahren stetig weiter gesteigert wurde, wie die Weine immer noch präziser, noch ausdrucksstärker geworden sind. Wir sind beeindruckt, weil dies nicht nur für die Großen Gewächse gilt, sondern in gleichem Maße auch für den Gutsriesling und für alle anderen Weine: Das ist Größe!

Schon in den vorausgegangenen Jahren kam Emrich-Schönleber immer in die engere Auswahl für unsere Auszeichnung für die beste Weißweinkollektion des Jahres. 2006 vergaben wir mit aller Überzeugung und allem Nachhall unsere Auszeichnung nach Monzingen. Die 2007er Kollektion stand dem um Nichts nach. Die Rieslinge faszinierten einmal mehr, angefangen vom Lenz über den wirklich mineralischen „Mineral" und die trockenen Lagenweine bis hin zu den Großen Gewächsen. Wobei die Weine aus dem Frühlingsplätzchen 2007 dem Halenberg sehr nahe kamen. Aber auch süß und edelsüß war die Kollektion stark, und auch der einzige „Nicht-Riesling", der Grauburgunder, machte viel Freude. Bärenstark ist nun auch die neue Kollektion von Werner und Frank Schönleber, wobei 2008 der Halenberg das Frühlingsplätzchen eindeutig in die Schranken weist. Auch das Große Gewächs aus dem Frühlinsplätzchen ist einer der besten Rieslinge des Jahrgangs 2008 in Deutschland, der Halenberg aber ist ganz groß, fasziniert mit viel Stoff und Nachhaltigkeit. Wie immer ist die ganze Kollektion stimmig, angefangen vom puristischen „Mineral" bis hin zu den süßen und edelsüßen Rieslingen für die der Jahrgang alles andere als einfach war, auch bei den süßen Spätlesen treten ganz klar die Lagencharakteristika hervor: Die Unterschiede von Frühlingsplätzchen und Halenberg.

Eine großartige Kollektion!

Weinbewertung

87 . . . 2008 Grauburgunder trocken „S"
reife Frucht, feine Würze, etwas gelbe Früchte; frisch, klar, harmonisch, feine süße Frucht und Biss **11,50 €**
(bis 2004 Spätlese trocken) 1998: 87; 1999: 87; 2000: 88; 2001: 88; 2002: 87; 2004: 87; 2005: 88; 2006: 88; 2007: 88.

88 . . . 2008 Riesling trocken „Mineral"
frisch, klar, jugendliche Frucht, feine mineralische Noten; zupackend, geradlinig, mineralische Noten, feine Frucht und Biss **11,- €**
2007: 89.

89 . . . 2008 Riesling trocken Monzinger Frühlingsplätzchen
konzentriert, eindringlich, etwas mineralische Noten, reife Frucht; kraftvoll, zupackend, reintönige Frucht, gute Substanz, dezent mineralische Noten **13,- €**
(bis 2006 Spätlese trocken) 2003: 88; 2004: 90; 2005: 90; 2006: 91; 2007: 91.

90 . . . 2008 Riesling trocken Monzinger Halenberg
gute Konzentration, feine mineralische Noten, reintönige Frucht, herrlich eindringlich; kraftvoll, zupackend, reintönige Frucht, jugendlich, Biss und Nachhall **16,- €**
(bis 2006 Spätlese trocken) 1998: 87; 2000: 87; 2001: 90; 2002: 90; 2003: 89; 2004: 91; 2005: 90; 2006: 92; 2007: 90.

92 . . . 2008 Frühlingsplätzchen „GG"
würzig, eindringlich, herrlich viel Frucht, dezent mineralische Noten, dominant; viel reife Frucht, Substanz, Kraft und Fülle, dezent mineralische Noten, Länge und Nachhall **27,- €**
2004: 92; 2005: 92; 2006: 93; 2007: 91.

94 . . . 2008 Halenberg „GG"
gute Konzentration, faszinierend viel Frucht, feine mineralische Noten, herrlich eindringlich und dominant; viel Kraft und Substanz, herrlich viel Frucht, Fülle und Konzentration, enorm stoffig, jugendlich, gewaltiger Nachhall **29,- €**
(bis 2002 Auslese trocken) 2001: 91; 2002: 92; 2003: 91; 2004: 93; 2005: 93; 2006: 96; 2007: 92.

86 . . . 2008 Riesling „Lenz"
fruchtbetont, frisch, wunderschön reintönig; klar, frisch, feine süße Frucht und Biss, dezent mineralische Noten **7,90 €**

89 . . . 2007 Riesling „R" Monzinger Halenberg
herrlich eindringlich, würzig, dominant, faszinierend viel Frucht; füllig, stoffig, viel reife Frucht, Substanz, gute Struktur **24,- €**

90 . . . 2008 Riesling Spätlese Monzinger Frühlingsplätzchen
würzig, eindringlich, feine Mineralität, gute Konzentration, etwas weiße Früchte, Grapefruit; füllig, stoffig, schmeichelnd, saftig, viel Substanz, etwas Zitrusfrüchte, Biss **14,- €**
2005: 90; 2006: 89; 2007: 90.

91 . . . 2008 Riesling Spätlese Monzinger Halenberg
herrlich eindringlich, faszinierend viel Frucht, feine Mineralität und Würze; füllig, schmeichelnd, viel Substanz, Frucht, wunderschön reintönig, enormer Nachhall **16,- €**
2000: 87; 2001: 90; 2002: 90; 2003: 89; 2004: 90; 2006: 91; 2007: 92.

E

Die besten deutschen Weinerzeuger und ihre Weine

91 . . . 2008 Riesling Auslese Monzinger Halenberg gute Konzentration, reintönige Frucht, etwas Zitrusfrüchte, Grapefruit, dezent Litschi; klar, frisch, elegant, feine süße Frucht, gute Struktur, Frische und Nachhall **22,- €**

92 . . . 2008 Riesling Eiswein Monzinger Halenberg würzig, konzentriert, herrlich eindringlich, etwas Kräuter und mineralische Noten, dominant; zupackend, konzentriert, viel Stoff und Substanz, gute Länge **85,- €/0,375l**

1998: 91; 1999: 91; 2002: 97; 2004: 92.

Udo Engelhardt ★

Weingut

Franken

Kirchplatz 18, 97285 Röttingen
Tel. 09338-993500, Fax: 09339-993508
www.weingut-engelhardt.de
info@weingut-engelhardt.de
Besuchszeiten: nach Vereinbarung

Inhaber . . . . Udo Engelhardt
Rebfläche . . . . 3,5 Hektar

Udo Engelhardt's Winzerhof liegt in Röttingen, im fränkischen Teil des Taubertals, wo die Reben auf Muschelkalkböden wachsen. An weißen Sorten baut er Müller-Thurgau, Bacchus und Silvaner an. An roten Sorten gibt es Schwarzriesling, Dornfelder, Acolon und Zweigelt, sowie Tauberschwarz.

Die 2006er Kollektion überzeugte durch ihre Ausgewogenheit. Gleiches galt 2007: Ein frischer Dornfelder, ein feiner Bacchus und der Blanc de Noir der Tauber-Edition gefielen am besten. Eine sehr homogene Kollektion präsentiert Udo Engelhardt in diesem Jahr mit zuverlässigen Weinen zu moderaten Preisen. ▬

Weinbewertung

79 2008 Müller-Thurgau trocken Röttinger Feuerstein **4,10 €/1l**
83 2008 „der franke" Silvaner trocken **4,80 €**
81 2008 „der franke" Müller-Thurgau trocken **4,80 €**
84 2008 Bacchus Kabinett trocken Röttinger Feuerstein **4,50 €**
82 2008 Blanc de Noir Kabinett trocken **6,50 €**
82 2008 Schwarzriesling trocken Röttinger Feuerstein **6,10 €**

Engelhof ★☆

Weingut

Baden

Engelhof 1, 79801 Hohentengen am Hochrhein
Tel. 07742-7497, Fax: 07742-7960
www.engelhof.de
engelhof@t-online.de
Besuchszeiten: Mo.-Fr. 8-12 + 14:30-18:30 Uhr, Sa. 9-12:30 Uhr nach Vereinbarung

Inhaber . . . . Georg Netzhammer
Kellermeister . . . . Alexander Schira
Rebfläche . . . . 26 Hektar

Das 1628 gegründete Gut wurde 1982 auf Obst- und Weinbau umgestellt. 1986 übernahm die Familie Georg Netzhammer den Betrieb. Neben der arrondierten Lage um das Gut am Hohentengener Oelberg bewirtschaftet Georg Netzhammer noch Parzellen am Erzinger Kapellenberg. Die Böden bestehen aus Lehm, Schotter, Kies, Sand und Löss. Eine Besonderheit des Weingutes ist, dass alle Weine den biologischen Säureabbau durchlaufen.

2006 war jahrgangsbedingt ein wenig schwächer. Die letztjährige Kollektion zeigte sich sehr homogen, ohne aber in der Spitze frühere Jahrgänge zu erreichen. Die neue Kollektion gefällt uns besser, ist sehr gleichmäßig, die Rotweine – mit Ecken und Kanten – gefallen uns besonders.

Weinbewertung

86 . . . 2006 Spätburgunder trocken Barrique
rauchige Noten, reife Frucht, ganz dezent Schokolade; füllig, kraftvoll, reife Frucht, gute Struktur **11,90 €**

85 . . . 2003 Pinot Noir trocken Barrique
gute Konzentration, etwas Gewürze, reife Frucht; weich, füllig, viel reife Frucht und Substanz **15,90 €**

81 2008 Rivaner trocken Hohentengener Oelberg **4,90 €**
81 2008 „Heflie" Gutedel trocken Hohentengener Oelberg **5,50 €**
82 2008 Pinot Blanc trocken **7,90 €**
83 2008 Grauburgunder trocken **6,60 €**
84 2008 Chardonnay trocken Hohentengener Oelberg **8.- €**
82 2008 Pinot Noir Blanc de Noir trocken **6,60 €**
82 2007 Spätburgunder Spätlese trocken Hohentengener Ölberg **8,40 €**
84 2006 Cabernet Mitos trocken Barrique Hohentengener Ölberg **18,90 €**

Engist ★★
Weingut

Baden

Winzerweg 6, 79235 Vogtsburg-Achkarren
Tel. 07662-373, Fax: 07662-912203
www.weingut-engist.de
weingut-herbert-engist@t-online.de
Besuchszeiten: nach Vereinbarung
2 Ferienwohnungen

Inhaber .... Herbert Daniel Engist
Rebfläche .... 4,5 Hektar

Nach seiner Meisterprüfung in Weinsberg hat Herbert Daniel Engist 1998 ein Weingut in Staufen übernommen, das er zwei Jahre lang führte. Bereits im Jahr zuvor hatte er in Achkarren die Weinberge seines Vaters, der Betriebsleiter bei der örtlichen Genossenschaft war, übernommen und in Terrassen neu angelegt. Seit dem Jahr 2000 sind diese Weinberge in Ertrag und er konzentriert sich ganz auf seine Kaiserstühler Weine. Neben den Burgundersorten hat er Riesling, Müller-Thurgau und Muskateller, aber auch Regent, Merlot und Cabernet Sauvignon gepflanzt. Die Trauben werden entrappt und meist erst nach kurzer Maischestandzeit weiterverarbeitet. Weißweine werden im Edelstahl ausgebaut, beim Chardonnay kommt ein Drittel des Weins ins Barrique. Die Rotweine baut er in gebrauchten Barriques aus, die er aus dem Piemont bezieht. Alle Rotweine durchlaufen den biologischen Säureabbau und bleiben mindestens zwölf Monate im Holz. Seine Weine baut Herbert Daniel Engist überwiegend trocken und durchgegoren aus.

Die 2006er Weißweine waren wie überall am Kaiserstuhl deutlich schwächer, die 2005er Rotweine klar und füllig. Die neue Kollektion zeigt Klasse, allen voran der im Barrique ausgebaute Grauburgunder von halbierten Trauben. Ein solches Highlight fehlt 2008, der Grauburgunder von halbierten Trauben ist allzu süß und ein wenig bitter, die „normale" trockene Spätlese gefiel uns ein wenig besser, war unser Favorit in einer sehr gleichmäßigen, guten Kollektion.

Weinbewertung

85 . . . 2008 Grauburgunder Spätlese trocken Achkarrer Schlossberg
gute Konzentration, klare reife Frucht; weich, füllig, harmonisch, reife süße Frucht **8,- €**

82 2008 Muskateller Kabinett trocken Achkarrer Schlossberg **7,20 €**

82 2008 Weißburgunder Kabinett trocken Achkarrer Schlossberg **6,- €**

83 2008 Chardonnay Spätlese trocken Achkarrer Schlossberg **7,20 €**

84 2008 Grauburgunder Auslese „feinherb" „halbe Traube" Achkarrer Schlossberg **13,- €**

84 2008 Merlot Rosé Spätlese trocken Achkarrer Schlossberg **7,- €**

82 2007 Spätburgunder trocken Achkarrer Schlossberg **7,50 €**

80 2005 Cabernet Sauvignon trocken Achkarrer Schlossberg **15,- €**

Hans Engler ★
Weingut

Baden

Moltkeplatz 2, 79379 Müllheim
Tel. 07631-170550, Fax: 07631-173345
www.weingut-engler.de
info@weingut-engler.de
Besuchszeiten: Mo.-Fr. 9-18:30 Uhr, Sa. 9-16 Uhr oder nach Vereinbarung

Inhaber .... Andrea Engler-Waibel
Rebfläche .... 10 Hektar

Seit 1892 ist das Gut am Moltkeplatz in Müllheim in Familienbesitz. 1960 übernahm Hans Engler das Gut. Zusammen mit seiner Frau Ursula erweiterte er es auf die heutige Fläche und stellte ganz auf Flaschenvermarktung um. Tochter Andrea war nach ihrem Geisenheimstudium 5 Jahre Betriebsleiterin eines Weingutes am Bodensee bevor sie 1999 in das elterliche Weingut zurückgekommen ist, das sie dann 2004 übernommen hat. Ihre Weinberge befinden sich in den Müllheimer Lagen Reggenhag, Pfaffenstück und Sonnhalde, sowie im Badenweiler Römerberg. Hauptrebsorten sind Spätburgunder und Gutedel. Hinzu kommen Grau- und Weißburgunder, Nobling, sowie etwas Riesling, Chardonnay und Gewürztraminer. Die Weißweine werden reduktiv ausgebaut mit Betonung auf Frische und Frucht. Die Spätburgunder werden maischevergoren und in Holzfässern ausgebaut.

Die 2006er waren schlank und frisch, boten gleichmäßige Qualität wie auch der Jahrgang 2007. Reintönig und frisch präsentieren sich auch die Weißweine des Jahrgangs 2008, bieten gute, gleichmäßige Qualität. Am besten gefallen uns Weißburgunder und Grauburgunder, aber auch der 2005er Spätburgunder aus dem Reggenhag überzeugt.

Weinbewertung

85 . . . 2008 Weißburgunder Kabinett trocken Müllheimer Pfaffenstück
frisch, fruchtbetont, herrlich reintönig; frisch, klar, feine Frucht und Biss **5,90 €**

85 . . . 2008 Grauburgunder Kabinett trocken Müllheimer Sonnhalde
fruchtbetont, frisch, reintönig, etwas gelbe Früchte; klar, harmonisch, reife Frucht, gute Struktur **5,90 €**

86 . . . 2005 Spätburgunder Spätlese trocken Müllheimer Reggenhag
frisch, fruchtbetont, rauchige Noten; klar, füllig, kraftvoll, reife Frucht, gute Struktur und Tannine **9,90 €**

---

79 2008 Gutedel Kabinett trocken Müllheimer Reggenhag **3,90 €/1l**

84 2008 Gutedel Kabinett trocken Müllheimer Reggenhag **5,- €**

83 2008 Chardonnay Kabinett trocken Müllheimer Sonnhalde **6,20 €**

83 2008 Spätburgunder Rosé Kabinett trocken Müllheimer Sonnhalde **5,90 €**

80 2007 Spätburgunder trocken Müllheimer Pfaffenstück **5,90 €**

83 2008 Spätburgunder Kabinett trocken Müllheimer Reggenhag **6,70 €**

★

Englert

Weingut

Baden

Kembachtalstraße 3, 97877 Wertheim-Kembach
Tel. 09397-1275, Fax: 09397-95045
weingut.englert.kembach@t-online.de
Besuchszeiten: nach Vereinbarung

Inhaber .... Rolf Englert
Rebfläche .... 3,4 Hektar

Rolf Englert bewirtschaftet mit seiner Familie im Nebenerwerb die Weinberge in den Lagen Kembacher Sonnenberg und Lindelbacher Ebenrain. Neben den typischen Rebsorten der Region wie Müller-Thurgau, der knapp die Hälfte der Rebfläche einnimmt, Bacchus, Spätburgunder, Kerner und Silvaner gibt es als Besonderheit Auxerrois.

2005 und 2006 schon hat der Auxerrois immer besonders gut gefallen, auch 2007 war er unser Favorit in einer etwas verhaltenen Kollektion. Keine Überraschung also, dass auch 2008 der Auxerrois, in diesem Jahr als Kabinett, heraussticht aus der ansonsten sehr gleichmäßigen Kollektion

Weinbewertung

85 ... 2008 Auxerrois Kabinett trocken Lindelbacher Ebenrain
würzig, klar, viel reife Frucht; füllig, harmonisch, reife Frucht, gute Substanz und Biss **5,30 €**

81 2008 Bacchus Kabinett trocken Kembacher Sonnenberg **4,80 €**

81 2008 Silvaner Kabinett trocken Kembacher Sonnenberg **5,20 €**

82 2008 Müller-Thurgau Kabinett halbtrocken Kembacher Sonnenberg **4,60 €**

80 2008 Kerner Kabinett halbtrocken Kembacher Sonnenberg **4,80 €**

81 2007 Spätburgunder trocken Kembacher Sonnenberg **6,20 €**

★★

Theo Enk

Weingut

Nahe

Weinbergstraße 13, 55452 Dorsheim
Tel. 06721-45470, Fax: 06721-47884
www.weingut-theo-enk.de
info@weingut-theo-enk.de
Besuchszeiten: nach Vereinbarung

Inhaber .... Theo Enk
Rebfläche .... 8 Hektar

Das Weingut wird heute in dritter Generation von Theo Enk geführt. Sohn Steffen hat 2002 die Ausbildung zum staatlich geprüften Weinbautechniker abgeschlossen. 40 Prozent der Weinberge nimmt Riesling ein, dazu gibt es 15 Prozent Grauburgunder und je 10 Prozent Weißburgunder und Spätburgunder, aber auch Scheurebe, Kerner, Silvaner, Dornfelder und Portugieser. Die Weine werden zu 70 Prozent trocken ausgebaut.

Nach überzeugenden Kollektionen gefielen auch die 2006er gut. Wer in einem solch schwierigen Jahrgang starke Weine macht, sollte 2007 eigentlich noch bessere Weine haben, diesen mangelte es jedoch an Komplexität. Die neue Kollektion versöhnt uns wieder, bietet gutes Niveau, an der Spitze kraftvolle Rieslinge, die mit denen berühmterer Kollegen gut mithalten können: Weiter so!

Weinbewertung

86 . . . 2008 „Steinrech" Riesling trocken Laubenheimer Karthäuser
gute Konzentration, feine Würze und Frucht, dezent gelbe Früchte und mineralische Noten; füllig, kraftvoll, reife Frucht, gute Substanz **7,50 €**

87 . . . 2008 Riesling Spätlese „S" trocken Laubenheimer Karthäuser
gute Konzentration, faszinierend viel Frucht, herrlich eindringlich; füllig, harmonisch, kraftvoll, reife Frucht, viel Substanz und Länge **8,80 €**

86 . . . 2008 Riesling Spätlese halbtrocken Dorsheimer Goldloch
würzig, eindringlich, reintönig, gelbe Früchte; füllig, harmonisch, reife Frucht, Substanz, Frische **8,80 €**

85 . . . 2007 Spätburgunder Auslese trocken Barrique Laubenheimer Karthäuser
frisch, würzig, reintönige Frucht; frisch, zupackend, reintönige Frucht **11,50 €**

84 2007 Spätburgunder Blanc de Noir Sekt brut **9,90 €**

84 2008 Riesling Kabinett trocken Laubenheimer Fuchsen **6,- €**

83 2008 Weißburgunder Spätlese trocken Laubenheimer Karthäuser **6,90 €**

Udo & Timo Eppelmann ★

Weingut

Rheinhessen

Kirchgasse 10, 55271 Stadecken-Elsheim
Tel. 06136-2778, Fax: 06136-3403
www.weingut-eppelmann.de
info@weingut-eppelmann.de
Besuchszeiten: Di.-Fr. 16-18 Uhr, Sa. 10-15 Uhr und nach Vereinbarung

Inhaber . . . . Udo & Timo Eppelmann
Rebfläche . . . . 18 Hektar

Die wichtigsten Rebsorten bei Udo und Timo Eppelmann – Vater Udo kümmert sich um den Vertrieb, Sohn Timo um Weinan- und ausbau – sind Riesling, Spätburgunder, Grauburgunder und Dornfelder. Es folgen Portugieser, Silvaner, Müller-Thurgau, Sankt Laurent, Weißburgunder und Frühburgunder, aber auch Spezialitäten wie Gewürztraminer und Huxelrebe. 40 Prozent der Rebfläche nehmen rote Sorten ein. Ihre Spitzenlagen sind die Elsheimer Lagen Blume und Bockstein. Die Weißweine werden gezügelt vergoren und im Edelstahl ausgebaut, die Rotweine reifen nach der Maischegärung in Holzfässern. Im Barrique ausgebaute Spitzenweine werden in der Linie „Turmjuwel" vermarktet.

Vor zwei Jahren überzeugte weiß wie rot, allen voran die beiden „Turmjuwel"-Weine. Die letztjährige Kollektion war sehr gleichmäßig. Gleiches gilt für die neue Kollektion, die angeführt wird von Sekt, Grauburgunder und Chardonnay.

Weinbewertung

84 „Sinfonie" Pinot Sekt brut **8,20 €**

78 2008 Weißburgunder Classic **4,70 €**

82 2008 Riesling Spätlese trocken Elsheimer Blume **5,80 €**

84 2008 Grauburgunder Spätlese trocken Elsheimer Bockstein **5,80 €**

84 2008 Chardonnay trocken Elsheimer Blume **6,20 €**

81 2007 Weißburgunder trocken Barrique „Turmjuwel" **12,80 €**

80 2008 Riesling Classic **4,70 €**

82 2008 Gewürztraminer Spätlese „feinherb" Stadecker Lenchen **5,80 €**

80 2008 Auxerrois „feinherb" **5,80 €**

80 2008 Cuvée Rosé „feinherb" **4,20 €**
77 2007 Cuvée Rouge „feinherb" **5,30 €**
83 2007 Frühburgunder trocken **7,20 €**

★★

Kurt Erbeldinger & Sohn

Weingut

Rheinhessen

West 3, 67595 Bechtheim
Tel. 06244-4932, Fax: 06244-7131
www.weingut-erbeldinger.de
info@weingut-erbeldinger.de
Besuchszeiten: Mo.-Fr. 7-18 Uhr, Sa. 8-17 Uhr, So. 9-12 Uhr
Weinprobierstube

Inhaber .... Stefan Erbeldinger
Rebfläche .... 30 Hektar

Kurt und Gertrud Erbeldinger haben 1960 ihre ersten Flaschen unter eigenem Etikett vermarktet und den Mischbetrieb nach und nach auf Flaschenweinvermarktung umgestellt. Seit dem Tod von Kurt Erbeldinger 2001 führt sein Sohn Stefan den Betrieb. Neben Weinbergen in den verschiedenen Bechtheimer Lagen – Heilig-Kreuz, Pilgerpfad, Hasensprung, Geyersberg – ist er in der Gundheimer Lage Mandelbrunnen vertreten. Wichtigste Rebsorten sind Riesling, Weißburgunder, Spätburgunder, Portugieser und Dornfelder, dazu gibt es vor allem noch Müller-Thurgau, Silvaner und Chardonnay.

Nach etwas weniger ausgewogenen 2006ern schloss die letztjährige Kollektion nahtlos an frühere Jahre an, bot zuverlässig gute Weine, egal ob weiß oder rot, trocken oder süß, und auch die Sekte bereiteten viel Freude. Eine sehr ähnliche Kollektion präsentiert Stefan Erbeldinger in diesem Jahr, der Silvaner „privat" und die Huxelrebe Auslese haben uns besonders gut gefallen.

Weinbewertung

85 . . . Chardonnay „privat" Sekt brut
frisch, fruchtbetont, herrlich reintönig; klar, harmonisch, cremig, feine süße Frucht **12,50 €**

86 . . . 2008 Grüner Silvaner trocken „privat" Bechtheimer Geyersberg
klare reife Frucht, Birnen, würzig; süß, füllig, harmonisch, viel reife Frucht, Substanz **9.- €**

85 . . . 2008 Weißburgunder trocken „privat" Gundheimer Mandelbrunnen
würzig, eindringlich, viel reife Frucht; weich, füllig und schmeichelnd, reife süße Frucht **9.- €**

87 . . . 2008 Huxelrebe Auslese Bechtheimer Heilig-Kreuz
würzig, dominant, etwas Rhabarber; süß, konzentriert, herrlich viel Frucht und Stoff, viel Süße und viel Biss **9,50 €**

84 Riesling Sekt brut **8,70 €**
81 2008 Weißburgunder Spätlese trocken Bechtheimer Hasensprung **5,50 €**
80 2008 Riesling Spätlese trocken Bechtheimer Heilig-Kreuz **5,70 €**
84 2008 Riesling trocken „privat" Bechtheimer Geyersberg **9.- €**
82 2008 Gewürztraminer „feinherb" „privat" Bechtheimer Heilig-Kreuz **9.- €**
82 2008 Riesling Hochgewächs „feinherb" Gundheimer Mandelbrunnen **5,50 €**
81 2007 Spätburgunder trocken „privat" Bechtheimer Hasensprung **12,50 €**
82 2007 Spätburgunder Auslese trocken Bechtheimer Hasensprung **10,- €**

★★★

Karl Erbes

Riesling-Weingut

Mosel

Moseluferstraße 27-29, 54539 Ürzig
Tel. 06532-94465, Fax: 06532-953736
www.weingut-karlerbes.com
info@weingut-karlerbes.com
Besuchszeiten: nach Vereinbarung

Inhaber .... Stefan Erbes
Rebfläche .... 4 Hektar

Das Weingut Erbes setzt ganz auf Riesling. Es wird ausschließlich diese Rebsorte angebaut, und es stehen praktisch ausschließlich wurzelechte Reben in den Weinbergen. Die ältesten Reben sind bis zu 80 Jahre alt. Im Ausland ist dieses Traditionsweingut teilweise bekannter als bei deutschen Weintrinkern. Kein Wunder, 70 Prozent der Erzeugung wandern in den Export, nach Japan, in die USA oder nach Großbritannien. Traditionelle Arbeit dominiert im Keller, der Ausbau im Holzfass trägt zum Charakter der Weine bei.

2006 war gut gelungen, zumindest im restsüßen Bereich. Unter den 2007ern fanden sich klare, feingliedrige Weine, die bereits zugänglich waren. Die 2008er überzeugen sowohl im Auslesebereich als auch bei den Kabinett- und Spätleseweinen. Die Weine scheinen von Jahr zu Jahr ein wenig an Eleganz und Finesse zu gewinnen. Dass man auch früher sehr sorgfältig gearbeitet hat, beweisen die üppige 1994er Trockenbeerenauslese und ein sehr feinwürziger 1991er Eiswein.

Weinbewertung

85 . . . 2008 Riesling Spätlese „feinherb" Ürziger Würzgarten
feine Frucht, etwas verhalten, leicht schwefelig; würzig, saftig, hat Biss **8,50 €**

86 . . . 2008 Riesling Kabinett Ürziger Würzgarten
frisch, duftig, Kräuter; zarte Frucht, würzig, feingliedrig, idealtypischer Kabinett **7,- €**

87 . . . 2008 Riesling Spätlese Ürziger Würzgarten
duftig, zarte Frucht; feingliedrig, eher verhaltene Süße, pikante Frucht, animierend **8,50 €**

90 . . . 2008 Riesling Spätlese „Kranklay" Ürziger Würzgarten
sehr feine Frucht, duftig, Kräuter, Hauch Ananas; viel Struktur, Würze, Schmelz, sehr präzise, feiner Nachhall **9,50 €**

87 . . . 2008 Riesling Auslese Ürziger Würzgarten
zunächst verhalten, etwas Schwefel, öffnet sich dann, etwas gekochte Ananas; würzig, rassig, feine Frucht **12,80 €**

89 . . . 2008 Riesling Auslese* Ürziger Würzgarten
reife Frucht, etwas Schwefel, Steinobst, kandierter Apfel; saftig, reife Frucht, Potenzial **11,50 €/0,375l**
2004: 87; 2005: 87; 2006: 85; 2007: 88.

90 . . . 2008 Riesling Eiswein Ürziger Würzgarten
Schwefel, Kräuter, etwas Papaya, Boskoop; saftig, rassig, viel Würze, rassige Säure, wirkt bereits zugänglich **23,- €/0,375l**

91 . . . 1991 Riesling Eiswein Ürziger Würzgarten
Kräuter, duftig, Kandis, sehr feine Reifenoten; viel Würze, rassig, noch nicht am Ende seiner Entwicklung **28,- €/0,375l**

92 . . . 1994 Riesling Trockenbeerenauslese Ürziger Würzgarten
helles Bernstein, reif, Datteln, Tee, Malt-Whisky; feine Frucht, pikante Säure, rassig, saftig, noch jugendliche Frucht **75,- €/0,375l**

---

82 2008 Riesling Spätlese trocken Ürziger Würzgarten **8,50 €**
81 2008 Riesling „feinherb" Ürziger Würzgarten **5,30 €/1l**
84 2008 Riesling Kabinett Erdener Treppchen **6,80 €**

★★☆

Walter **Erhard**
Weingut

Franken

Weinstraße 21, 97332 Volkach
Tel. 09381-2623, Fax: 09381-71116
www.weingut-erhard.de
info@weingut-erhard.de
Besuchszeiten: Di.-Sa. 9-18 Uhr, So. 10-12 Uhr und nach Vereinbarung
Gästezimmer, „Schoppenhäusle" (Frühjahr und Herbst), „Schatzsuche" in den Volkacher Weinbergen

Inhaber .... Walter Erhard
Rebfläche .... 5,6 Hektar

1990 hat Walter Erhard den ehemals landwirtschaftlichen Betrieb mit Fassweinerzeugung übernommen. Zusammen mit Frau Sabine hat er den Betrieb umstrukturiert und auf Selbstvermarktung umgestellt. Ihre Reben, überwiegend in der Lage Volkacher Ratsherr, wachsen auf Muschelkalkböden. Wichtigste Rebsorten sind Silvaner und Müller-Thurgau, die jeweils 30 Prozent der Fläche einnehmen. Dazu gibt es Bacchus, Kerner, Scheurebe und Weißburgunder, sowie 20 Prozent mit roten Sorten wie Domina, Spätburgunder und Schwarzriesling.

2006 bot eine gute, gleichmäßige Qualität. Eine sehr homogene Kollektion schloss sich im vergangenen Jahr an, angeführt von der trockenen Silvaner Spätlese aus dem Lump, alle Weine waren reintönig und harmonisch. Die neue Kollektion präsentiert sich geschlossen auf gutem Niveau, die Weine sind reintönig, fruchtbetont und harmonisch, wie gewohnt.

Weinbewertung

85 . . . 2008 Silvaner Kabinett trocken Volkacher Ratsherr
reintönige Frucht, feine Würze; klar, füllig, harmonisch, reife Frucht **6,- €**

85 . . . 2008 Weißburgunder Kabinett trocken Volkacher Ratsherr
reintönige Frucht, etwas weiße Früchte, feine Würze; klar, füllig, harmonisch, reife Frucht **6,50 €**

86 . . . 2008 Riesling Kabinett trocken Obervolkacher Landsknecht
würzig, frisch, klar, ein wenig Limone; füllig, harmonisch, klare Frucht und Biss **6,- €**

86 . . . 2008 Scheurebe Spätlese Escherndorfer Lump
würzig, klare reife Frucht, dominant; füllig, harmonisch, viel reife süße Frucht und Substanz **9,50 €**

81 2008 Müller-Thurgau trocken Volkacher Ratsherr **4,- €/1l**
82 2008 Silvaner Kabinett trocken Volkacher Ratsherr **4,80 €/1l**
83 2008 Scheurebe Kabinett Volkacher Ratsherr **6,20 €**
84 2008 Kerner Spätlese Volkacher Ratsherr **7,50 €**
81 2008 Rotling **4,- €**
83 2007 Spätburgunder trocken Volkacher Ratsherr **7,50 €**
82 2007 Regent trocken Großlangheimer Kiliansberg **8,50 €**

★★★

August **Eser**
Weingut

Rheingau

Friedensplatz 19, 65375 Oestrich-Winkel
Tel. 06723-5032, Fax: 06723-87406
www.eser-wein.de
mail@eser-wein.de
Besuchszeiten: Mo.-Fr. 9-12 + 13-17 Uhr, Sa. 9-12 Uhr, nach Vereinbarung

Inhaber .... Joachim und Renée Eser
Rebfläche .... 10 Hektar

Neben Riesling bauen Joachim, Ehefrau Renée und Tochter Désirée etwas Spätburgunder an. Ihre Weinberge verteilen sich auf acht Rheingauer Gemarkungen und 17 verschiedene Parzellen. Etwa 80 Prozent der Weine werden trocken oder halbtrocken ausgebaut, süße Spezialitäten sind eher die Ausnahme – und diese sind eher zurückhaltend in der Süße. Die Weine reifen in einem aus dem 17. Jahrhundert stammenden Gutshaus in Oestrich, die Gärung in traditionellen Holzfässern verleiht ihnen eine eher ruhige Art, jung sind die Weine allerdings manchmal etwas verschlossen. Dafür scheinen sie zur langen Reife prädestiniert: Eine 1959er Auslese des Gutes wurde Ende 2008 für mehr als 500 Euro versteigert.

Auch 2006 hatten die Esers Rieslinge in einem sehr traditionellen, kompromisslosen Stil hervorgebracht. Die 2007er besaßen Substanz und Tiefe, was nun auch die geradlinigen Ersten Gewächse beweisen, die 2008er sind frisch und animierend.

Weinbewertung

88 . . . 2008 Riesling Spätlese trocken Oestricher Lenchen
eher verschlossen, etwas Zitrus, Kräuter; fest, saftig, wirkt sehr präzise und trocken, animierend **8,80 €**
1998: 83; 1999: 85; 2000: 84; 2001: 86; 2002: 88; 2003: 85; 2004: 86; 2005: 85; 2006: 87; 2007: 87.

85 . . . 2008 Riesling Spätlese trocken Hattenheimer Nussbrunnen
verhalten, leichte Hefenoten; straff, markante Säure, derzeit unzugänglich, Substanz (85+? Punkte) **8,80 €**
2004: 85; 2005: 86; 2007: 88.

88 . . . 2007 Riesling Erstes Gewächs Oestrich Lenchen
klare Frucht, reintönig; straff, viel Würze, gute Struktur, sehr präzise und nachhaltig **16,90 €**

88 . . . 2007 Riesling Erstes Gewächs Rauenthal Rothenberg
zunächst sehr zarte Frucht, öffnet sich, Mirabellen; elegant, würzig, feine Frucht, gute Balance **16,90 €**

89 . . . 2008 Riesling Erstes Gewächs Erbach Siegelsberg
zarte Frucht, Kräuter, etwas getrockneter Apfel, rassige Säure, sehr erfrischend, animierend

87 . . . 2008 Riesling Spätlese „feinherb" Oestricher Doosberg
sehr frisch, Kräuter; straff, betont würzig, hat Schmelz, wirkt beinah trocken, gute Länge **8,50 €**

86 . . . 2008 Riesling Spätlese Rauenthaler Rothenberg
klare Frucht, Boskoop, etwas Mirabelle; saftig, würzig, zarte Süße, wirkt sehr erfrischend **8,- €**

87 . . . 2008 Riesling Spätlese Oestricher Lenchen
zarte Frucht, jugendlich; sehr saftig, zarte Süße, pikante Säure, noch sehr jugendlich, nachhaltig **8,40 €**

83 2008 Riesling Kabinett trocken Hattenheimer Wisselbrunnen **6,60 €**
84 2008 Riesling Kabinett trocken Oestricher Lenchen **6,70 €**
84 2008 Riesling Kabinett „feinherb" Oestricher Lenchen **6,50 €**
83 2008 Riesling Kabinett „feinherb" Rauenthaler Gehrn **6,60 €**

H.T. Eser ★

Weingut

Rheingau

Rheingaustraße 12, 65375 Oestrich-Winkel
Tel. 06723-6016980, Fax 06723-6016980
www.weingut-eser.de
post@weingut-eser.de
Besuchszeiten: Fr. 14-18.30 Uhr, Sa. 13.30-18 Uhr

Inhaber............Christoph und Thomas Eser
Rebfläche...........................11,5 Hektar

Das Weingut Eser wurde 1936 gegründet und wird heute von Christoph und Thomas

Eser geführt. Neben Riesling (85 Prozent) sind auch Burgundersorten im Anbau. Der Betrieb hat sich auf den Vertrieb durch den Fachhandel spezialisiert. Ein Teil der Rieslinge wird erst im August gefüllt.

Weinbewertung

85 . . . 2008 Riesling Kabinett trocken Oestricher Doosberg
klare Frucht, noch deutlich hefegeprägt; würzig, Kräuter, feine Frucht, Substanz

86 . . . 2008 Riesling „Alte Reben"
jugendlich, deutlich hefegeprägt; stoffig, würzig, reife Frucht, Schmelz

82 2008 Riesling trocken
84 2008 Riesling Kabinett trocken Oestricher Lenchen
84 2008 Riesling Kabinett „feinherb" Oestricher Doosberg
84 2008 Riesling Spätlese „Tonmergel" Oestricher Lenchen

★☆

Espenhof

Weingut

Rheinhessen

Hauptstrasse 81, 55237 Flonheim
Tel. 06734-94040, Fax: 06734-940450
www.espenhof.de
weingut@espenhof.de
Besuch nach Vereinbarung
Weingut & Vinothek, Landhotel & Weinrestaurant

Inhaber .... Wilfried Espenschied
Rebfläche .... 25 Hektar

Der Espenhof im Flonheimer Ortsteil Uffhofen wird heute in siebter Generation von Wilfried Espenschied geführt. Das Sortiment wird dominiert von klassischen Rebsorten wie Riesling, Silvaner, Weiß- und Grauburgunder, aber auch Chardonnay, Sauvignon Blanc und Neuzüchtungen wie Huxelrebe oder Scheurebe. An roten Sorten, die 40 Prozent der Fläche einnehmen, gibt es Spätburgunder, Portugieser, Dornfelder, Cabernet Sauvignon, Cabernet Dorio und Sankt Laurent. Die Weine werden überwiegend trocken ausgebaut. Das Programm ist klar gegliedert in Gutsweine, S-Klasse und SL-Klasse.

Nach etwas verhaltenen Weinen in den vorausgegangenen Jahren knüpfte die letztjährige Kollektion wieder an frühere Jahrgänge an. Besonders angetan hatte es uns der herrlich kraftvolle Riesling „SL". Mit der neuen Kollektion setzt sich der Aufschwung fort. Die „S"-Klasse ist frisch und klar, die „SL"-Klasse besitzt Fülle und Kraft: So darf es weitergehen!

Weinbewertung

86 . . . 2008 Sauvignon Blanc „SL" trocken
würzig, reintönig, herrlich eindringlich; füllig, harmonisch, viel reife Frucht und Substanz **14,- €**

85 . . . 2008 Pinot Gris „SL" trocken
eindringlich, würzig, etwas Vanille; füllig, harmonisch, viel reife Frucht **14,- €**

86 . . . 2008 Weißer Riesling „SL" trocken
gute Konzentration, viel Würze, reife Frucht; füllig, kraftvoll, viel reife Frucht, gelbe Früchte **14,- €**
2007: 87.

85 . . . 2008 Silvaner „S"
frisch, reintönige Frucht, etwas Birnen; weich, füllig, viel reife süße Frucht **6,90 €**

85 . . . 2007 Cabernet Sauvignon „SL" trocken
etwas Gewürze, Cassis, feine Frische, gute Konzentration; frisch, klar, viel reife Frucht, viel Biss **16,- €**

87 . . . 2007 Cuvée „R" „SL" Rotwein trocken
rote Früchte im Bouquet, etwas Kräuter und Cassis, herrlich eindringlich; füllig, harmonisch, reife Frucht, feine Frische, gute Struktur **16,- €**

81 2008 Grauburgunder „S“ trocken **5,90 €**
83 2008 Riesling „S“ trocken **6,90 €**
82 2008 Chardonnay „S“ trocken **6,90 €**
83 2008 Scheurebe „S“ trocken **6,90 €**
81 2007 Cabernet Sauvignon „S“ trocken **5,90 €**
82 2007 Spätburgunder „S“ trocken **6,90 €**

Eymann ★★☆

Weingut

Pfalz

Ludwigstraße 35, 67161 Gönnheim
Tel. 06322-2808, Fax: 06322-68792
www.weinguteymann.de
e-mail@weinguteymann.de
Besuchszeiten: Mo.-Fr. 8-12 + 13-19 Uhr, Sa. 10-19 Uhr
Weinstube im Haus, geöffnet abends (Do./Fr./Sa.)

Inhaber .... Rainer Eymann
Rebfläche .... 15,3 Hektar

Rainer Eymann gehörte zu den ersten Winzern in der Pfalz, die ihre Weinberge ökologisch bewirtschafteten. Bereits mit der Betriebsübernahme 1982 begann er mit der Umstellung. Wichtigste Rebsorte ist der Riesling, der etwa ein Drittel seiner Weinberge einnimmt. Dann folgen Spätburgunder, Portugieser, Grauburgunder, Gewürztraminer und Weißburgunder. Rotweine werden maischevergoren und im Fass ausgebaut. Eine Spezialität von Rainer Eymann sind die Sekte, die bis zu 60 Monate auf der Hefe ausgebaut werden. Die Spitzenweine werden in der „Selektion Toreye“ angeboten, deren Name – wie der Familienname Eymann – auf einen bereits 1350 erwähnten Lehnshof Toreye zurückgeht.

Seit einem Jahrzehnt nun empfehlen wir die Weine von Rainer Eymann, seit einem Jahrzehnt bietet er zuverlässige Kollektionen – was man nicht von jedem biologisch wirtschaftenden Betrieb behaupten kann – und immer wieder auch Spitzenweine. Und Spitzensekte.

Vor zwei Jahren war der Pinot Noir unser eindeutiger Favorit – trotz starker hausinterner Konkurrenz durch Chardonnay und Weißburgunder, aber auch durch die sehr guten Sekte. Die 2007er Weißweine waren etwas verhalten, die Sekte präsentierten sich im vergangenen Jahr klar und geradlinig. Auch die 2008er Weißweine sind verhalten, so dass in der aktuellen Kollektion die Rotweine und die Sekte herausragen, allen voran der prächtige Pinot Noir.

Weinbewertung

85 . . . 2007 Riesling Sekt brut
feine rauchige Noten, klare Rieslingfrucht; frisch, klar, zupackend, gute Harmonie **10,20 €**

86 . . . 2007 Muskateller Sekt trocken
frisch, würzig, eindringliche Muskatnote; klar, frisch, zupackend, feine süße Frucht **10,90 €**

86 . . . 2008 Spätburgunder Blanc de Noir trocken Gönnheimer Sonnenberg
klar, fruchtbetont, herrlich eindringlich; füllig, harmonisch, reintönig, feine süße Frucht **6,50 €**

85 . . . 2008 St. Laurent „R“ trocken Gönnheimer Sonnenberg
frisch, würzig, jugendlich; füllig, harmonisch, klare Frucht, gute Struktur, jugendlich **8,90 €**

87 . . . 2007 Merlot trocken „Toreye“ Gönnheimer Mandelgarten
rauchige Noten, Toast, jugendliche Frucht, reintönig; kraftvoll, reintönige Frucht, gute Struktur, feine Frische, jugendlich **11,50 €**

88 . . . 2007 Pinot Noir trocken „Toreye“ Gönnheimer Sonnenberg
rauchige Noten, reintönige Frucht, eindringlich und konzentriert; füllig, kraftvoll, viel reife Frucht, gute Substanz, etwas Schokolade, Tannine **14,80 €**
2001: 88; 2003: 90; 2004: 88; 2005: 89.

80 2008 Riesling Classic **5,40 €**
80 2008 Silvaner Kabinett trocken Gönnheimer Sonnenberg **5,40 €**
83 2008 Weißburgunder Spätlese trocken „Toreye" Gönnheimer Sonnenberg **8,40 €**
82 2008 Grauburgunder Spätlese trocken „Toreye" Gönnheimer Sonnenberg **8,40 €**
81 2008 Gewürztraminer Kabinett trocken Gönnheimer Mandelgarten **5,70 €**

★★☆

Fader – Kastanienhof

Weingut

Pfalz

Theresienstraße 62, 76835 Rhodt unter Rietburg
Tel. 06323-5193, Fax: 06323-980841
www.weingut-fader.de
weingut-fader@t-online.de
Besuchszeiten: Mo.-Sa. 8-12 + 13-18 Uhr, So. 9-12 Uhr

Inhaber .... Karl-Heinz und Knut Fader
Rebfläche .... 14,3 Hektar

Der Kastanienhof in Rhodt ist seit 1780 in Familienbesitz und wird heute von Karl-Heinz Fader, Sohn Knut und ihren Ehefrauen Hedwig und Heike bewirtschaftet. Ihre Weinberge liegen hauptsächlich in Rhodt in den Lagen Rosengarten (sandiger und toniger Lehm), Klosterpfad (sandiger Lehm) und Schlossberg (leichter lehmiger Sand, Kalkmergel, Buntsandstein). Auf den zwei Hektar im Godramsteiner Münzberg, wo die Reben auf Lehm-Löss-Kalkböden wachsen, stehen vor allem rote Sorten. Die Trauben von weiteren drei Hektar Weinbergen kaufen sie von Winzern hinzu, mit denen sie Bewirtschaftungsverträge abgeschlossen haben. Rotwein nimmt 30 Prozent der Fläche ein. Zu Spätburgunder, Portugieser und Dornfelder kamen in den letzten Jahren St. Laurent und Merlot hinzu. Die Rotweine werden alle maischevergoren und dann in Holzfässern ausgebaut. Bei den weißen Sorten liegt der Schwerpunkt auf Riesling, Weiß- und Grauburgunder, sowie Gewürztraminer, eine Spezialität der Gemeinde Rhodt, aber auch Chardonnay und Auxerrois. Bei den Weißweinen versuchen Karl-Heinz und Knut Fader die natürliche Frische und Fruchtigkeit der Weine zu erhalten.

Seit einem Jahrzehnt nun empfehlen wir die Weine der Faders, schon damals haben wir Weine als „Schnäppchen" gekennzeichnet. Und auch all die Jahre darauf. Alle Weine sind von höchst zuverlässiger Qualität, alle immer reintönig und fruchtbetont, die trockenen Spätlesen und die barriqueausgebauten Weine reichen nahe an die Pfälzer Spitze heran – kosten aber deutlich weniger als vergleichbare Weine.

Die 2006er Kollektion überraschte: Alle Weine waren klar und fruchtbetont, so als wäre der Jahrgang gut und unproblematisch gewesen. Der barriqueausgebaute Chardonnay zeigte Klasse, aber auch Silvaner, Riesling und Gewürztraminer machten viel Spaß. Eine gute 2007er Kollektion schloss sich an. Riesling, Chardonnay und Gewürztraminer überzeugten wie gewohnt, dazu gab es zwei feine edelsüße Gewürztraminer. Ganz stark ist auch die neue Kollektion, weiß wie rot, angefangen vom Literriesling bis hin zu den barriqueausbauten Weinen, Spätburgunder und Grauburgunder, überzeugt jeder Wein.

Weinbewertung

85 . . . 2008 Weißburgunder Spätlese trocken
gute Konzentration, reintönige Frucht, etwas weiße Früchte; weich, füllig, reife süße Frucht **5,40 €**
1999: 86; 2001: 87; 2002: 86; 2003: 84; 2004: 85; 2005: 84; 2007: 83.

85 . . . 2008 Grauburgunder Spätlese trocken „Alte Reben" Rhodter Rosengarten
gute Konzentration, würzig und eindringlich; frisch, klar, füllig, reife Frucht **7,20 €**

85 . . . 2008 Riesling Spätlese trocken „Kalkmergel"
konzentriert, klare Frucht, dezent gelbe Früchte; füllig, harmonisch, saftig, reife klare Frucht **6,60 €**

87 . . . 2008 Riesling Spätlese trocken „Buntsandstein" „Alte Reben"
konzentriert, herrlich viel Frucht, eindringlich; füllig, harmonisch, reife Frucht, Substanz, Länge **7,20 €**
2005: 86; 2006: 87; 2007: 87.

87 . . . 2008 Grauburgunder Spätlese trocken Barrique Rhodter Rosengarten
gute Konzentration, viel reife Frucht, herrlich eindringlich und klar; füllig, stoffig, viel reife Frucht, gute Substanz und Länge **10,60 €**

85 . . . 2008 Gewürztraminer Spätlese trocken Rhodter Rosengarten
gute Konzentration, reintönige Frucht, Gewürze, herrlich eindringlich; weich, füllig, klare Frucht, gute Harmonie **6,- €**
2005: 86; 2006: 86; 2007: 85.

86 . . . 2008 Gewürztraminer Spätlese
gute Konzentration, reife Frucht, Rosen, gelbe Früchte; weich, füllig und schmeichelnd, viel reife süße Frucht, Substanz **5,80 €**

85 . . . 2007 Spätburgunder Spätlese trocken Holzfass Rhodter Rosengarten
feine Würze, reintönige Frucht, herrlich eindringlich; klar, zupackend, fruchtbetont **8,40 €**

88 . . . 2007 Spätburgunder Spätlese trocken Barrique Rhodter Rosengarten
gute Konzentration, rauchige Noten, feiner Toast, herrlich eindringlich; füllig, kraftvoll, reife Frucht, gute Substanz und Struktur **10,60 €**

---

81 2008 Riesling trocken **3,50 €/1l**

82 2008 Riesling Kabinett trocken „Kalkmergel" **4,90 €**

84 2008 Riesling Spätlese „feinherb" Rhodter Schlossberg **5,40 €**

★★

Fellbacher
Weingärtner

Württemberg

Kappelbergstraße 48, 70734 Fellbach
Tel. 0711-578803-0, Fax: 0711-578803-40
www.fellbacher-weine.de
info@fellbacher-weine.de
Besuchszeiten: Mo.-Sa. 9-18:30 Uhr

Vorstandsvorsitzender .... Thomas Seibold
Geschäftsf. Verwaltung .. Friedrich Georg Benz
Geschäftsf. Vertrieb .... Rolf-Dieter Hess
Kellermeister .... Werner Seibold
Mitglieder 280
Rebfläche .... 180 Hektar

Die Fellbacher Weingärtnergenossenschaft wurde 1858 gegründet, ist damit die älteste noch bestehende Winzergenossenschaft Württembergs. Auf den Keuperböden in Fellbach werden zu 70 Prozent rote Sorten angebaut wie Trollinger, Schwarzriesling, Lemberger und Spätburgunder, aber auch Dornfelder, Acolon, verschiedene Cabernet-Kreuzungen, Blauburger und Merlot. Der Weißweinanteil wird dominiert vom Riesling, dazu gibt es Müller-Thurgau, Kerner, Grauburgunder, Chardonnay, Sauvignon Blanc und Gewürztraminer.

Beim guten Debüt im vergangenen Jahr präsentierten die Fellbacher Genossen eine sehr gleichmäßige Kollektion mit fülligen Weiß- und Rotweinen. Die neue Kollektion ist noch stärker bietet Spitzen weiß wie rot, trocken wie süß: Eine überzeugende Vorstellung!

Weinbewertung

86 . . . 2008 Riesling trocken „Edition P" Fellbacher Lämmler
gute Konzentration, viel reife Frucht, etwas gelbe

Früchte, Zitrus, Pfirsiche; füllig, harmonisch, viel reife süße Frucht, Substanz **12,- €**

85 . . . 2008 Riesling Spätlese „Edition P" Fellbacher Lämmler

würzig, klare reife Frucht, etwas eingelegte süße Aprikosen; füllig, harmonisch, feine süße Frucht, Frische **9,- €/0,5l**

88 . . . 2008 Riesling Eiswein

konzentriert, würzig, enorm eindringlich; ein wenig kandierte Zitrusfrüchte; süß, dick, konzentriert, herrlich viel Frucht und Stoff **32,- €/0,375l**

85 . . . 2008 Trollinger trocken „Edition P" Fellbacher Lämmler

frisch, fruchtbetont, herrlich reintönig; klar, frisch, zupackend, feine süße Frucht **10,- €**

85 . . . 2007 Lemberger trocken „Edition P" Fellbacher

würzig, eindringlich, feiner Toast, gute Konzentration; füllig, kraftvoll, zurückhaltende Frucht **11,- €**

87 . . . 2007 Spätburgunder trocken Barrique „Edition P" Fellbacher Lämmler

feine rauchige Noten, klare reife Frucht; füllig, kraftvoll, viel reife Frucht und Substanz **18,50 €**

88 . . . 2006 „Amandus" „Edition-P" Rotwein trocken Barrique Fellbacher Lämmler

gute Konzentration, viel reife Frucht, rote Früchte, dezent Cassis und Schokolade; füllig, kraftvoll, viel reife Frucht, Substanz und Frische, gute Struktur **24,- €**

82	2008 „Justinus K" Weißwein „Edition S" trocken **7,10 €**
80	2008 Grauburgunder „Edition S" trocken **8,20 €**
82	2008 Gewürztraminer „Edition S" Spätlese **7,10 €**
80	2007 „Ruber" Rotwein „Edition S" trocken **8,60 €**
81	2008 Pinot Meunier „Edition S" trocken **8,20 €**

★★

Felshof

Weingut & Gästehaus

Franken

Felshof, 97286 Sommerhausen
Tel. 09333-90480, Fax: 09333-904838
www.felshof.de
info@felshof.de
Besuchszeiten: Mo.-Sa. 9-19 Uhr, So. 9-13 Uhr
Gästehaus (9 „Wohlfühlgästezimmer")

Inhaber .... Familie Wenninger
Rebfläche .... 10 Hektar

Der Felshof in Sommerhausen ist ein Familienbetrieb mit 10 Hektar Weinbergen, 5 Hektar Obst (Äpfel und Birnen), eigener Brennerei und Gästehaus mit 9 Zimmern. Zwölf verschiedene Rebsorten stehen in den Weinbergen, die sich in den Sommerhäuser Lagen Reifenstein, Steinbach und Ölspiel (einer ursprünglichen Einzellage) befinden.

Silvaner und Scheurebe sind seit vielen Jahren die herausragenden Weine des Felshofs, mit ihnen zeigt die Familie Wenninger, dass sie zuverlässige Qualität auf hohem Niveau erzeugen kann. Dass man in Zukunft wohl auch Riesling mit einreihen muss, deutet der 2008er Wein aus dem Stachelberg an.

Die 2006er überzeugten, waren sehr gleichmäßig. 2007 folgte eine schöne Kollektion auf gutem Niveau, alle Weine besaßen Kraft, Frucht und Struktur. 2008 ist vielleicht nicht ganz so homogen wie der Vorgängerjahrgang, in der Spitze aber hat uns die Kollektion voll und ganz überzeugt, der Stachelberg-Riesling gehört zu den Jahrgangsbesten in Deutschland. Weiter so!

Weinbewertung

89 . . . 2008 Stachelberg Riesling Spätlese trocken

viel Konzentration, faszinierend viel Frucht, reintönig, eindringlich; füllig, stoffig, kraftvoll, viel Substanz

und klare reife Frucht, gute Struktur **16,- €**
2007: **86**.

87 . . . 2008 Scheurebe Spätlese halbtrocken Sommerhäuser Ölspiel
würzig, eindringlich, Cassis, reintönig; weich, füllig, viel reife süße Frucht, Substanz **7,50 €**

85 . . . 2008 Gewürztraminer Spätlese Sommerhäuser Ölspiel
viel Konzentration, viel reife Frucht, herrlich eindringlich und dominant, etwas süße Aprikosen und Litschi; weich, füllig, enorm süß **10,50 €**

87 . . . 2008 Gewürztraminer Beerenauslese Sommerhäuser Steinbach
viel Duft, Rosen, herrlich eindringlich und dominant; süß, konzentriert, dick, viel Stoff **23,- €/0,375l**

---

80 2008 Riesling trocken **5,50 €**
83 2008 Silvaner Kabinett trocken Sommerhäuser Ölspiel **5,50 €**
80 2008 Silvaner Spätlese trocken Sommerhäuser Ölspiel **7,50 €**
79 2008 Bacchus Kabinett halbtrocken Sommerhäuser Ölspiel **4,80 €**
82 2008 Scheurebe Kabinett halbtrocken Sommerhäuser Ölspiel **5,50 €**
80 2008 Rosé halbtrocken **5,50 €**
82 2007 Spätburgunder trocken Sommerhäuser Steinbach **7,50 €**
80 2007 Domina trocken Sommerhäuser Steinbach **7,50 €**

Friedrich Fendel ★★
Weingut
Rheingau

Marienthaler Strasse 46, 65385 Rüdesheim
Tel. 06722-90570, Fax: 06722-905766
www.friedrich-fendel.de
info@friedrich-fendel.de
Besuchszeiten: nach Vereinbarung
„Weinhaus Fendel"

Inhaber .... Familie Fendel - Hetzert
Rebfläche .... 14,5 Hektar

Die Weinberge von Fendel Erben befinden sich in den Gemarkungen Rüdesheim und Geisenheim, hinzu kommt ein Weingut von Miteigentümer Paul P. Hetzert in Assmannshausen. 90 Prozent der Rebfläche sind mit Riesling bepflanzt, der Rest mit Spätburgunder. Der Ausbau der Weine erfolgt teils im Holz, teils im Edelstahl.

2006 wirkten die Weine kraftvoll, direkt und füllig. Die 2007er zeigten sich zuverlässig, die 2008er sind nun würzig und kompakt ausgefallen. Auch die Ersten Gewächse können durchaus überzeugen, auch wenn sie noch nicht in der absoluten Gebietsspitze angekommen sind.

Weinbewertung

85 . . . 2008 Riesling Rüdesheim Klosterlay Erstes Gewächs
reif, hefebetont, Apfel, ein wenig Apfelschalen; würzig, süffig **19,- €**

87 . . . 2008 Riesling Rüdesheim Berg Roseneck Erstes Gewächs
feine Frucht, Zitrus, etwas Birne; würzig, reife Säure, Finesse **22,- €**

---

81 2008 Riesling trocken **6,20 €**
80 2008 Riesling Kabinett trocken Rüdesheimer Klosterlay **7,70 €**
83 2008 Riesling Kabinett trocken Rüdesheimer Berg Schlossberg **8,70 €**
84 2008 Riesling Spätlese trocken Rüdesheimer Berg Rottland **13,50 €**
82 2008 Riesling „fum Allerhinnerschde" **6,20 €**

★

Fippinger-Wick

Weingut

Pfalz

Hauptstraße 2, 67308 Zellertal-Zell
Tel. 06355-2201, Fax: 06355-3176
www.weingut-wick.de
weingut-wick@t-online.de
Besuchszeiten: Sa. 10-16 Uhr o. n. Vereinbarung
Probierstübchen, Weinproben im Gewölbekeller, im Weinberg oder am „Château Escargot"

Inhaber .... Jochen und Martina Wick
Rebfläche .... 12 Hektar

Jochen und Martina Wick bewirtschaften seit 1986 ihre Weinberge nach den Richtlinien von Ecovin. Zusammen mit ihren Kindern Max und Eva leben sie auf dem an die Weinberge angrenzenden 100 Jahre alten Hof der ehemaligen Zeller Winzergenossenschaft. Neben Riesling, den Burgundersorten und Gewürztraminer spielen rote Sorten eine wichtige Rolle: Spätburgunder und Portugieser (mit über 50 Jahre alten Reben) bauen sie an, dazu Dornfelder, Dunkelfelder, St. Laurent und Regent. Die Rotweine werden maischevergoren und entweder in alten Fässern aus Pfälzer Eiche oder im Barrique ausgebaut. 2002 haben sie den ersten deutschen „Bio-Balsamico" erzeugt.

Immer wieder waren es die Rotweine, die am meisten überzeugten, ob Regent, Spätburgunder oder Dunkelfelder. Vor zwei Jahren gefiel uns der Gewürztraminer gut, noch besser der Riesling. Die Rieslinge überzeugten auch 2007, mehr noch beeindruckte uns im vergangenen Jahr der eigenwillige und eigenständige Dunkelfelder aus dem Jahrgang 2004. Die in diesem Jahr verkosteten Rotweinen sind uns zu oxidativ, die Weißweine sind klar und frisch. ▬

Weinbewertung

83 „Aurum" Sekt brut **13,- €**
80 2008 „Kaleidoskop" Weißburgunder & Grauburgunder trocken **6,50 €**
81 2008 „Vom Berg" Riesling trocken „Alte Rebe" **7,- €**
83 2008 Gewürztraminer „Alte Rebe" **7,- €**
80 „Kathedrale" Merlot + Dunkelfelder trocken Barrique **12,50 €**
81 2007 Regent trocken Barrique **11,50 €**

★

Fischborn-Schenk

Weinhof

Rheinhessen/Nahe

Weingasse 2, 55546 Biebelsheim
Tel. 06701-1214, Fax: 06701-2304
www.schenkwein.de
hw.schenk@t-online.de
Besuchszeiten: Mo.-Sa. 8-18 Uhr oder nach Vereinbarung

Inhaber .... Hans-Werner Schenk
Rebfläche .... 15 Hektar

Der „Weinhof" befindet sich seit 1833 in Familienbesitz und wird heute von Hans-Werner Schenk und seiner Ehefrau Martina geführt. Zwei Drittel ihrer Weinberge liegen in Biebelsheim (Rheinhessen), ein Drittel in den benachbarten Gemeinden Planig und Ippesheim (Nahe). Im Biebelsheimer Kieselberg mit seinen kargen, steinigen Kiessandböden bauen sie vor allem Riesling an, im Biebelsheimer Honigberg wachsen vor allem rote Rebsorten und Bacchus auf tiefgründigen Lössböden. Traditionelle Rebsorten wie Riesling, Silvaner und Burgunder bilden den Schwerpunkt der Produktion, aber auch internationale Rebsorten wie Chardonnay und

Merlot werden angebaut. Die Weißweine werden recht lange auf der Feinhefe und überwiegend im Edelstahl ausgebaut. Die roten Trauben werden entrappt, in offenen Behältern etwa 14 Tage maischevergoren und dann in Eichenholzfässern ausgebaut.

Vor zwei Jahren gefiel uns die trockene Riesling Spätlese aus dem Biebelsheimer Kieselberg besonders gut, aber auch Grauburgunder und Spätburgunder überzeugten. Die letztjährige Kollektion gefiel mit geradlinigen, sortentypischen Weinen, angefangen vom Silvaner in der Literflasche bis hin zum Spätburgunder aus dem Kieselberg. Dessen Nachfolger aus dem Jahrgang 2007 ist nun in diesem Jahr unser Favorit in einer ansonsten etwas zurückhaltenden Kollektion.

Weinbewertung

86 . . . 2007 Spätburgunder trocken Biebelsheimer Kieselberg
rote Früchte, Kirschen, dezent rauchige Noten, herrlich eindringlich; füllig, harmonisch, reife reintönige Frucht, gute Struktur **8,50 €**

77 2008 Silvaner trocken **3,20 €/1l**
77 2008 Riesling trocken **4,40 €**
80 2008 Riesling Spätlese trocken Biebelsheimer Kieselberg **6,- €**
78 2008 Riesling Classic **4,40 €**
80 2008 Scheurebe Kabinett **3,90 €**
78 2008 Bacchus Spätlese Biebelsheimer Honigberg **4,90 €**
80 2008 Riesling Auslese Biebelsheimer Honigberg **7,50 €**
80 2008 Spätburgunder Rosé trocken **4,50 €**
80 2007 Dornfelder trocken **4,90 €**
82 2007 Merlot trocken **4,90 €**
82 2007 Spätburgunder trocken **5,30 €**

★★★

Fischer

Weingut

Baden

Auf der Ziegelbreite 8, 79331 Nimburg-Bottingen a. K.
Tel. 07663-1747, Fax: 07663-50175
www.fischer-weine.de
info@fischer-weine.de
Besuchszeiten: nach Vereinbarung

Inhaber .... Silvia und Joachim Heger
Außenbetriebsleiter .... Stefan Schneider
Kellermeister .... Stefan Rinklin
Rebfläche .... 17 Hektar

1978 beschlossen Otto und Mina Fischer, die damals in Nimburg-Bottingen rund 8 Hektar Reben bewirtschafteten, ihre Trauben selbst zu keltern und die Weine unter eigenem Etikett zu vermarkten. Durch die Tätigkeit als Rebveredler besaß die Familie Fischer viele Parzellen mit interessanten Klonen der Burgunderfamilie. Aus Altersgründen wurde das Weingut Otto Fischer 1997 an Joachim und Silvia Heger aus Ihringen verkauft. Der Nimberg ist ein isoliert stehender Vorberg der Freiburger Bucht. Weinbaulich ist er dem Bereich Kaiserstuhl zugeordnet. Auf dem Schuttkegel lagerte sich wie beim vulkanisch entstandenen Kaiserstuhl eine Lößsandschicht ab, der Boden ist geprägt von braunem Jura, Muschelkalk und eben dieser Lössauflage. Die Weinberge auf dem Nimberg – die Lage heißt Nimburg-Bottinger Steingrube – sind vor allem mit Burgundersorten bepflanzt. 6,5 Hektar sind allein mit Spätburgunder bepflanzt. Weiß- und Grauburgunder nehmen zusammen mit Chardonnay knapp die Hälfte der Fläche ein. In den letzten Jahren hat Joachim Heger neue rote Sorten angelegt, wobei er sich ganz bewusst auf zwar nicht in Baden, aber doch in Deutschland verbreitete Sorten beschränkt hat: Frühburgunder, St. Laurent, Samtrot und Lemberger. Beim Spätburgunder wurden neue Klone gepflanzt, die den Weinen eine zusätzliche Dimension geben sollen. Die Weine werden zu 95 Prozent durchgegoren ausgebaut.

Die 2007er Weißweine waren kompromisslos vinifiziert, überzeugten mit Klarheit und Frucht, waren zupackend und geradlinig. Weißburgunder und Riesling gefielen uns besonders gut, ebenso der im Holz ausgebaute Chardonnay. 2008 gefällt uns gut, schon die Basisweine besitzen Frische, Frucht und Kraft.

Weinbewertung

86 . . . 2008 Auxerrois trocken
klare reife Frucht, dezent gelbe Früchte, reintönig; frisch, elegant, harmonisch, viel reife Frucht und Substanz **8,10 €**

85 . . . 2008 Grauburgunder trocken
feine Würze, reife Frucht; klar, frisch, zupackend, feine Frucht und Biss **8,10 €**

87 . . . 2008 Weißburgunder trocken
frisch, fruchtbetont, weiße Früchte, herrlich reintönig; fruchtbetont, reintönige Frucht, gute Harmonie und Länge **8,10 €**

88 . . . 2008 Chardonnay trocken Holzfass Nimburg-Bottinger Steingrube
gute Konzentration, viel reife Frucht, Vanille, herrlich eindringlich; füllig, harmonisch, viel reife Frucht, Substanz und Kraft **9,80 €**

86 . . . 2007 Frühburgunder trocken Barrique
feiner Toast, viel reife Frucht, reife rote Früchte; weich, harmonisch, klare reife Frucht, etwas Schokolade, gute Substanz **14,80 €**

84 2008 Sauvignon Blanc trocken **8,50 €**
81 2007 „Pescatus" Rotwein trocken **9,50 €**

★★☆

Stephan **Fischer**

Sekt- und Weingut

Mosel

Merler Straße 12, 56856 Zell
Tel. *06542-41612,* ***Fax:*** *06542-41651*
weingut-fischer@t-online.de
Besuchszeiten: *nach Vereinbarung*

Inhaber . . . . Stephan Fischer
Rebfläche . . . . 3 Hektar

Dieses Weingut mit über 300jähriger Tradition wird heute in zehnter Generation von Stephan Fischer geführt. Alle seine Weinberge liegen in Steillagen, die Weine werden alle in Eichenholzfässern ausgebaut. Neben dem dominierenden Riesling baut er ein klein wenig Grauburgunder, Spätburgunder und Dornfelder an. Die Weine sind in der Regel sehr schlank und frisch, die Schaumweine beeindrucken mit ihrer Gleichmäßigkeit.

Die Schaumweine aus dem Jahrgang 2005 gefielen besonders gut. Die 2006er Schaumweine wirkten dann eher füllig und süffig, die Stillweine waren sehr gelungen. Die 2007er Sekte sind sehr zuverlässig, die nicht schäumenden 2008er sind sehr schlank und können nicht ganz überzeugen.

Weinbewertung

85 . . . 2007 Riesling Sekt extra brut Zeller Nussberg
duftig, deutlich Zitrus; saftig, rassig, eleganter Stil, feine Frucht **8,- €**
(2005: Zeller Burglay Felsen). 1997: 86; 1998: 86; 1999: 86; 2000: 85; 2001: 88; 2002: 87; 2003: 85; 2004: 85; 2005: 87; 2006: 85.

85 . . . 2007 Riesling Sekt trocken Zeller Nussberg
zarte Frucht, Zitrus, hefig; würzig, saftig, nur leichte Süße, hat Schmelz **8,- €**

84 2007 Riesling Sekt brut Zeller Nussberg **8,- €**
76 2008 Riesling trocken Zeller Burglay Felsen **4,- €/1l**
83 2008 Grauburgunder trocken Zeller Nussberg **5,- €**
81 2008 Riesling Hochgewächs trocken Zeller Nussberg **5,- €**
81 2008 Riesling Kabinett trocken Zeller Nussberg **5,- €**
78 2008 Riesling halbtrocken Zeller Schwarze Katz **4,- €/1l**
81 2008 Riesling Kabinett halbtrocken Zeller Nussberg **5,50 €**
82 2008 Riesling Spätlese Zeller Nussberg **7,- €**

Fitz ★

Sektkellerei

Pfalz

Weinstraße Nord 51, 67098 Bad Dürkheim
Tel. 06322-5389, Fax: 06322-66005
www.fitz-ritter.de
info@fitz-ritter.de
Besuchszeiten: Mo.-Fr. 8-12 + 13-18 Uhr,
Sa. 10-16 Uhr, So. 11-17 Uhr

Inhaber .... Johann Fitz

Die Sektkellerei Fitz KG gehört wie das Weingut Fitz-Ritter Johann Fitz, wird aber als eigenständiger Betrieb geführt.

Weinbewertung

82 Riesling Sekt Extra-Trocken **7,40 €**
83 Riesling Sekt Extra-Brut **8,30 €**
83 2007 Riesling Sekt Brut Dürkheimer Hochbenn **12,50 €**
84 2006 „Palatinum" Pinot Sekt Brut **14,50 €**
84 2006 Chardonnay Crémant Brut Dürkheimer Abtsfronhof **18,- €**

Fitz-Ritter ★★

Weingut

Pfalz

Weinstraße Nord 51, 67098 Bad Dürkheim
Tel. 06322-5389, Fax: 06322-66005
www.fitz-ritter.de
info@fitz-ritter.de
Besuchszeiten: Mo.-Fr. 8-12 + 13-18 Uhr,
Sa. 10-16 Uhr, So. 11-17 Uhr

Inhaber .... Johann Fitz
Rebfläche .... 21 Hektar

Das traditionsreiche Weingut Fitz-Ritter wird heute von Johann Fitz geführt. Zum Betrieb gehört auch die Sektkellerei Fitz. Zwei Drittel der Rebfläche nimmt Riesling ein. Dazu gibt es etwas Spätburgunder, Gewürztraminer, Chardonnay und eine ganze Reihe weiterer Sorten.

Die 2006er Weißweine blieben verhalten, die Großen Gewächse gefielen wie gewohnt, die Rotweine aber waren stark, allen voran die „Revoluzzer" genannte Cuvée, Jahrgang 2004. Die starke letztjährige Kollektion wurde angeführt von drei beeindruckenden edelsüßen Weinen. Da kann die neue Kollektion nicht mithalten, auch wenn es einen neuen „Revoluzzer" gibt.

Weinbewertung

85 ... 2007 Chardonnay Spätlese trocken Barrique
gute Konzentration, dezenter Toast, Vanille, dominant; füllig, kraftvoll, gute Substanz **16,50 €**

86 ... 2008 Riesling „GG" Herrenberg Ungstein „Kanzel"
würzig, eindringlich, dezent Marzipan; weich, füllig, viel reife Frucht **20,50 €**
2002: 87; 2003: 87; 2004: 88; 2006: 88.

86 ... 2008 Riesling „GG" Michelsberg Ungstein
würzig, eindringlich, reife Frucht; weich, schmeichelnd, reife süße Frucht, Substanz **19,50 €**

2002: 87; 2003: 87; 2004: 87; 2005: 88; 2006: 87; 2007: 88.

87 . . . 2008 Rieslaner Beerenauslese
viel Duft, Konzentration, Frische, etwas Grapefruit; konzentriert, reife süße Frucht, viel Biss **19,- €/0,375l**

87 . . . 2007 „Revoluzzer" Rotwein trocken Barrique
gute Konzentration, feiner Toast, viel reife Frucht, etwas Herzkirschen, rauchige Noten; füllig, kraftvoll, reife Frucht, Vanille **14,90 €**

---

78 2008 Riesling trocken **5,20 €/1l**
80 2008 Riesling Kabinett trocken Dürkheimer Rittergarten **5,80 €**
81 2008 Weißburgunder Kabinett trocken **7,10 €**
82 2008 Grauburgunder Kabinett trocken **7,10 €**
82 2008 Chardonnay Spätlese trocken Dürkheimer Spielberg **9,30 €**
82 2008 Riesling Spätlese trocken Dürkheimer Abtsfronberg **9,40 €**
82 2008 Riesling Spätlese Ungsteiner Herrenberg **8,80 €**
83 2008 Gewürztraminer Spätlese Dürkheimer Abtsfronberg **8,80 €**

★★

Fleischer

Weingut, & Weingut der Stadt Mainz

Rheinhessen

Rheinhessenstraße 103, 55129 Mainz-Hechtsheim
Tel. 06131-59797, Fax: 06131-592685
www.weingut-fleischer.de
info@weingut-fleischer.de
Besuchszeiten: Mo.-Fr. 14-18 Uhr, Do. 14-20 Uhr, Sa. 10-18 Uhr
Restaurant im Weingut der Stadt Mainz, Harxheim (www.weingut-mainz.de)

Inhaber . . . Sabine, Michael & Hans W. Fleischer
Rebfläche . . . 20 Hektar

Seit 1742 baut die Familie Wein bei Mainz an. Hans Willi Fleischer hat den Johannishof 1965 mit damals 1,5 Hektar Weinbergen und 15 Hektar Landwirtschaft übernommen. 1968 ist er von der Ortsmitte an den Ortsrand von Mainz-Hechtsheim ausgesiedelt. 1994 hat er das Weingut der Stadt Mainz hinzugepachtet. Die Weinberge liegen in besten Lagen rings um die Stadt Mainz. Nur ein Teil der Weine trägt Lagenbezeichnungen und dann den Namen der Großlage, Mainzer St. Alban. Wichtigste weiße Rebsorten sind Riesling, Grauburgunder, Weißburgunder und Chardonnay. Im Jahr 2002 wurde ein halber Hektar mit Sauvignon Blanc angelegt. Die wichtigsten Rotweinsorten sind Dornfelder, Portugieser, Spätburgunder, Merlot, Cabernet Sauvignon und Syrah. Die Weißweine werden kühl und langsam vergoren. Die Rotweine werden etwa drei Wochen auf der Maische vergoren, ausgewählte Weine reifen danach zwölf bis achtzehn Monate im Barrique. Bereits 1991 hat Hans Willi Fleischer mit dem Barriqueausbau begonnen. Heute ist für den Keller Sohn Michael verantwortlich.

2006 gefiel gut, die Weine hatten Substanz und Frucht. Unser Favorit vor zwei Jahren war allerdings der enorm konzentrierte Merlot aus dem Jahrgang 2003. Die letztjährige Kollektion war sehr gleichmäßig, ohne aber solche Spitzen zu bieten. Neben Cabernet Sauvignon und Merlot hatte der Riesling Selection besonders gut gefallen. In der aktuellen Kollektion ist der barriqueausgebaute Syrah unser klarer Favorit, bei den anderen beiden Barriquerotweinen fanden wir die Holznote etwas zu vordergründig.

Weinbewertung

88 . . . 2007 Syrah trocken Barrique
gute Konzentration, rauchige Noten, herrlich eindringliche Frucht; füllig, kraftvoll, reife Frucht, Sub-

stanz, gute Struktur, jugendlich **17,50 €**

85 . . . 2007 Merlot Eiswein Barrique

feiner Duft, dezent Litschi; süß, dick, schmeichelnd, viel Substanz **40,- €/0,375l**

83 2008 Sauvignon Blanc **6,50 €**

79 2008 Riesling Spätlese **5,25 €**

84 2007 Grauburgunder Beerenauslese **40,- €/0,375l**

84 2007 Merlot trocken Barrique **10,50 €**

83 2007 „Moguntiacum" Rotwein trocken Barrique **12,50 €**

★★★★

Joachim **Flick**

Weingut

Rheingau

In der Straßenmühle, 65439 Flörsheim-Wicker
***Tel.** 06145-7686, **Fax**: 06145-54393*
www.flick-wein.de
info@flick-wein.de
***Besuchszeiten**: Mo.-Fr. 15-19 Uhr, Sa. 10-14 Uhr*
Veranstaltungen (bis 240 Personen)

Inhaber .... Reiner Flick
Rebfläche .... 14,28 Hektar

2008 war der 27. Jahrgang von Reiner Flick. Inzwischen wurde in dem Weingut Flick, das seit 1997 in der Straßenmühle untergebracht ist, auch ein Kreuzgewölbekeller zur Lagerung von Stück- und Doppelstückfässern fertiggestellt, eine moderne Lichtinstallation inklusive. Es existiert auch eine renovierte alte Scheune für größere Veranstaltungen. Riesling ist mit einem Anteil von über 80 Prozent wichtigste Rebsorte bei Reiner Flick. Daneben gibt es etwas Spätburgunder, Gewürztraminer, Weißburgunder, Grauburgunder und Dornfelder. Seine wichtigsten Lagen sind Wickerer Mönchsgewann, Wickerer Stein, Flörsheimer Herrenberg und Hochheimer Hölle. Mit dem Jahrgang 2001 wurde erstmals ein neues Traubentransportsystem (mit Scherenhubwagen) eingesetzt, das die mechanische Belastung des Lesegutes weitgehend ausschließt. Für die Ernte 2007 wurde eine zweite Presse angeschafft, auch zwei Doppelstückfässer kamen ins Haus: In ihnen wurden Weißburgunder und die Moste aus dem Nonnberg vergoren. Reiner Flick versucht, die Lese bis zum optimalen Zeitpunkt hinauszuzögern; 2008 wurden die letzten Trauben am 8. November geerntet. Die Ersten Gewächse aus dem Weingut Flick sind komplex und voller Würze, der Nonnberg ragt oft noch ein wenig heraus. Edelsüße Weine werden nur erzeugt, wenn das Wetter mitspielt und die Botrytis einwandfrei ist.

2006 war kaum weniger arbeitsintensiv als das Vorjahr und hat in allen Bereichen bemerkenswerte, klare, markante Weine hervorgebracht. Die 2007er zeigten sich als echte Klassiker. Auch im Jahrgang 2008 gibt es viele überzeugende Weine, darunter die klaren Ersten Gewächse oder der saftige „F. vini et vita". Edelsüßes wurde nicht erzeugt. Die drei älteren vorgestellten Weine beweisen wieder einmal, wie gut die Flickschen Gewächse reifen können.

Weinbewertung

85 . . . 2008 Riesling trocken Wickerer Nonnberg

frisch, Kräuterwürze, Hefenoten; fest, feine Frucht, gute Struktur **7,60 €**

85 . . . 2008 Riesling Spätlese trocken Hochheimer Hölle

verschlossen, ganz leicht pflanzlich-hefige Noten; straff, feine Frucht, würzig **9,50 €**

1999: **86**; 2000: **87**; 2001: **90**; 2002: **87**; 2003: **87**; 2004: **88**; 2005: **87**; 2006: **86**; 2007: **88**.

87 . . . 1999 Riesling Charta
zarte Würze, Kräuter, etwas Zitrus; viel Würze, sehr saftig, noch animierend, gute Länge

88 . . . 2008 Riesling Erstes Gewächs Wickerer Mönchsgewann
etwas verhalten, leichte Hefenoten; straff, viel Würze, noch unruhig, trocken und präzise, reife Säure **19,- €**
2001: 89; 2002: 90; 2003: 90; 2004: 89.; 2005: 88; 2006: 87; 2007: 87.

89 . . . 2008 Riesling Erstes Gewächs Wickerer Nonnberg
sehr klare Frucht, leichte Hefenoten, Melone; feste Struktur, komplex, herrlich trocken und elegant, schöner Nachhall **21,- €**
2004 (1. Jg.): 90; 2005: 89; 2006: 89; 2007: 86.

90 . . . 2004 Riesling Erstes Gewächs Wickerer Nonnberg
zarte Reifenoten, leichte Kräuterwürze, etwas Melone; straff, kraftvoll, rassig, sehr präzise, nachhaltig

86 . . . 2008 Riesling Kabinett Wickerer Mönchsgewann
sehr duftig, Apfel; saftig, rassig, etwas Kohlensäure, animierend **7,50 €**

90 . . . 1999 Riesling Beerenauslese Hochheimer Hölle
viel Kandis, Kräuter, ganz leicht erdige Noten; viel Frucht, perfekt balanciert, saftig und süffig, Potenzial

86 . . . 2007 Spätburgunder trocken Wickerer Nonnberg
sehr klare Frucht, Kirsche, leicht cremig; straff, saftig, wirkt noch sehr jugendlich, Potenzial **14,80 €**

---

82 2008 Weißer Burgunder trocken Wickerer Mönchsgewann **6,90 €**
84 2008 Riesling trocken „F. vini et vita" **5,80 €**
82 2008 Riesling Kabinett trocken Wickerer Stein **6,20 €**
82 2008 Riesling Classic **5,80 €**
83 2008 Spätburgunder Rosé **5,80 €**
84 2007 Spätburgunder trocken Wickerer Stein **11,50 €**

★★

Fogt
Weingut

Rheinhessen

Schönborner Hof, 55576 Badenheim
Tel. 06701-7434, Fax: 06701-7133
www.weingut-fogt.de
weingutfogt@t-online.de
Besuchszeiten: Sa. 10-16 Uhr oder nach Vereinbarung

Inhaber ..... Karlheinz, Brunhilde & Georg Fogt
Rebfläche ..... 30 Hektar

1982 haben Karl-Heinz und Brunhilde Fogt den Betrieb übernommen, seit 2002 ist Sohn Georg, der für den Keller verantwortlich ist, Mitgesellschafter. Die Weinberge liegen in verschiedenen Gemeinden und Lagen rund um Badenheim, wo die Reben auf unterschiedlichen Böden wachsen: Badenheimer Galgenberg (hoher Kalkanteil) und Römerberg (Untergrund aus tiefgründigem Ton), Wöllsteiner Äffchen (windegeschützter Südhang mit hohem Kiesgehalt), Ölberg (Löss-Lehm mit verwittertem Porphyr) und Hölle (rötlicher Löss-Lehm), Volxheimer Liebfrau (hoher Kalkanteil) und Siefersheimer Goldenes Horn (Porphyr). Wichtigste Rebsorten sind Riesling, Silvaner, Müller-Thurgau, Scheurebe, Dornfelder, sowie die weißen und roten Burgundersorten.

Vor zwei Jahren gefiel der Neuzugang, der Riesling aus dem Siefersheimer Goldenen Horn, besonders gut. Die letztjährige Kollektion überzeugte voll und ganz, egal ob Riesling oder Burgunder. Die neue Kollektion ist nicht ganz so gleichmäßig, hat uns aber in der Spitze gut gefallen.

Weinbewertung

86 . . . 2007 Weißburgunder Spätlese trocken Holzfass

feiner Toast, herrlich eindringlich, klare Frucht, dezent Vanille; füllig, kraftvoll, reife Frucht, viel Substanz **8,40 €**

86 . . . 2008 Huxelrebe Auslese
reintönige Frucht, Rhabarber, Litschi, herrlich eindringlich; füllig und schmeichelnd, klare reife Frucht, viel Substanz **9,80 €**

85 . . . 2007 Spätburgunder
rauchige Noten, reintönige Frucht, herrlich eindringlich; klar, harmonisch, reife Frucht, gute Struktur und Länge **8,40 €**

---

80 2008 Scheurebe trocken **4,10 €/1l**
82 2008 Riesling trocken Siefersheimer Goldenes Horn **6,80 €**
81 2008 Riesling trocken Wöllsteiner Äffchen **6,80 €**
83 2008 Weißburgunder trocken Wöllsteiner Äffchen **6,80 €**
84 2008 Grauburgunder trocken Wöllsteiner Ölberg **6,80 €**
82 2008 Chardonnay trocken Wöllsteiner Äffchen **6,80 €**
79 2008 Silvaner halbtrocken Wöllsteiner Äffchen **5,80 €**
83 2008 Riesling süß **6,80 €**
84 2007 St. Laurent trocken **8,40 €**

★☆

Forsthof

Weingut

Württemberg

Forsthof 4, 71711 Kleinbottwar-Steinheim
Tel. 07148-6134, Fax: 07148-4011
www.weingut-forsthof.com
info@weingut-forsthof.com
Besuchszeiten: Mo.-Fr. 12-13 Uhr + 17-18:30 Uhr, Sa. 8-16 Uhr
„Waldstüble" (saisonal geöffnet, 70 Sitzplätze, auf der Freiterrasse 50 Sitzplätze)
Waldhotel Forsthof

Inhaber .... Wilfried Roth und Andreas Roth
Rebfläche .... 9,5 Hektar

Der Forsthof liegt bei Kleinbottwar auf einer Anhöhe des Bottwartals. Die Weinberge von Wilfried und Andreas Roth befinden sich im Bottwartal zwischen Steinheim und dem Lichtenberg. Drei Viertel der Weinberge nehmen rote Sorten ein. Es dominieren die Burgundersorten, Trollinger und Lemberger. Daneben gibt es ein klein wenig Regent und Dornfelder, sowie Acolon, Merlot und Cabernet Mitos. Ein Fünftel der Fläche nimmt Riesling ein, hinzu kommt ein wenig Weiß- und Grauburgunder.

Vor zwei Jahren überzeugte die Kollektion, wobei wieder einmal die Stärken im roten Segment lagen. Eine vergleichbare Kollektion folgte im vergangenen Jahr nach, wieder mit klaren Vorteilen im roten Segment. Und die neue Kollektion knüpft nahtlos daran an, wartet einmal mehr mit kraftvollen, fülligen Rotweinen auf.

Weinbewertung

85 . . . 2007 Acolon trocken Holzfass
würzig, eindringlich, klare Frucht; füllig, harmonisch, reife Frucht, gute Substanz **7,60 €**

86 . . . 2007 „ARS Vinitoris" Rotwein trocken Holzfass
Lemberger, Spätburgunder und Cabernet, zwölf Monate Barriqueausbau; würzig, eindringlich, reife rote Früchte; füllig, harmonisch, viel reife Frucht, Substanz, Vanille **7,90 €**

86 . . . 2007 „Evolution" Spätburgunder Auslese trocken Holzfass
frisch, fruchtbetont, reife Frucht; klar, füllig, harmonisch, reife Frucht, dezent Vanille, gute Struktur **12,50 €**

87 . . . 2007 Spätburgunder Auslese trocken Barrique

sechzehn Monate Barriqueausbau; gute Konzentration, reife Frucht, rote Früchte, dezent Vanille, Gewürze; füllig, harmonisch, viel reife Frucht, gute Struktur und Frische **15,50 €**

86 . . . 2007 Lemberger trocken Barrique
gute Konzentration, feiner Toast, reife Frucht; weich, füllig, reife Frucht, jugendliche Tannine **15,50 €**

80	2008 Grauburgunder „feinherb" **6,50 €**
81	2008 Riesling Spätlese trocken **7,10 €**
80	2008 „Ars Vinitoris" Weißwein **6,20 €**
83	2007 Lemberger trocken Holzfass **6,60 €**
84	2007 Merlot Auslese trocken Holzfass **9,20 €**
82	2008 Muskattrollinger **6,60 €**
81	2007 Samtrot Kabinett **5,80 €**

★★

Franckenstein

Weingut Freiherr von und zu

Baden

Weingartenstraße 66, 77654 Offenburg
Tel. 0781-34973, Fax: 0781-36046
www.germanwine.de/weingut/franckenstein
weingut-franckenstein@t-online.de
Besuchszeiten: Mo.-Fr. 9-12 + 14-18 Uhr, Sa. 9-13 Uhr
Präsentations- und Degustationsraum (bis 50 Personen)

Inhaber .... Stefan Huschle/Familie Huschle
Rebfläche .... 14 Hektar

Die Geschichte dieses Betriebes reicht bis ins 13. Jahrhundert zurück, seit 1710 gehört das Gut den Freiherren von und zu Franckenstein. Hubert Doll war seit 1978 Betriebsleiter, 1985 pachtete er das Weingut. Zum 1. Februar 2008 hat die Familie Huschle das Weingut übernommen. Sohn Stefan Huschle, Geisenheim-Absolvent, war schon 2007 für die Vinifikation verantwortlich. Die Weinberge liegen in Zell-Weierbach und Berghaupten, darunter die Lagen Zell-Weierbacher Neugesetz (3,2 Hektar) und Berghauptener Schützenberg (6,4 Hektar) in Alleinbesitz. Die Weinberge in Berghaupten wurden 1989 hinzugekauft, 1,5 Hektar hat man quer terrassiert. Die Reben wachsen auf tiefgründigen Urgesteinsböden, Granit im Neugesetz und Gneis im Schützenberg. Wichtigste Rebsorte ist der Riesling, es folgen die Burgundersorten und Müller-Thurgau. Etwa 80 Prozent der Weine werden durchgegoren ausgebaut.

2006 war jahrgangsbedingt etwas schwächer, die Großen Gewächse aber knüpften an ihre Vorgänger an, vergleichbar war die 2007er Kollektion. Sehr homogen präsentiert sich der neue Jahrgang, wenn man allerdings frühere Kollektionen kennt, dann können die aktuellen Weine nicht zufrieden stellen.

Weinbewertung

85 . . . 2008 Chardonnay Spätlese trocken Berghauptener Schützenberg
gute Konzentration, feine Würze, klare Frucht; weich, füllig, harmonisch, reife Frucht und gute Substanz **11,20 €**
1997: 85; 1998: 89; 1999: 89; 2001: 89; 2002: 89; 2003: 87; 2004: 87; 2005: 88; 2007: 86.

85 . . . 2008 Grauburgunder Spätlese trocken Zell-Weierbacher Abtsberg
gute Konzentration, viel Würze, klare Frucht; weich, füllig, harmonisch, reife süße Frucht **12,40 €**

86* . . . 2007 Grauburgunder „GG" Zell-Weierbacher Abtsberg
viel reife Frucht, gelbe Früchte, eindringlich; weich, schmeichelnd, entwickelt **15,50 €**
2004: 89; 2005: 89; 2006: 89.

87 . . . 2007 Riesling „GG" Zell-Weierbacher Neugesetz
frisch, fruchtbetont, etwas gelbe Früchte, auch Zitrus; klar, füllig, reife Frucht, Substanz **15,50 €**

87 . . . 2008 Riesling „GG" Zell-Weierbacher Neugesetz
frisch, recht würzig, fruchtbetont; füllig, harmonisch, gute Substanz und Biss, jugendlich
2002: 89; 2003: 89; 2004: 89; 2005: 89; 2006: 88.

86 . . . 2007 Spätburgunder Spätlese trocken Barrique Zell-Weierbacher Neugesetz
gute Konzentration, rauchige Noten, reintönige Frucht; füllig, harmonisch, viel reife Frucht und Substanz **14,90 €**

86 . . . 2007 Spätburgunder „GG" Zell-Weierbacher Neugesetz
frisch, etwas Kräuter, rote Früchte; klar, direkt, feine Frucht, etwas Schokolade, Tannine und Biss, jugendlich, braucht Zeit

---

79 2008 Grauburgunder trocken **5,50 €**
84 2008 Grauburgunder Kabinett trocken Zell-Weierbacher Abtsberg **7,35 €**
83 2008 Weißburgunder Kabinett trocken Berghauptener Schützenberg **7,40 €**
84 2008 Chardonnay Kabinett trocken Berghauptener Schützenberg **7,80 €**
83 2008 Riesling Kabinett trocken Zell-Weierbacher Neugesetz **7,70 €**
82 2008 Riesling Kabinett trocken Berghauptener Schützenberg **7,70 €**
83 2008 Riesling Spätlese trocken Berghauptener Schützenberg **10,50 €**
84 2008 Weißburgunder Spätlese trocken Berghauptener Schützenberg **10,20 €**
82 2007 Chardonnay Spätlese trocken Barrique Berghauptener Schützenberg **12,40 €**
84 2008 Traminer Spätlese Zell-Weierbacher Neugesetz **10,90 €**
81 2007 Spätburgunder trocken Berghauptener Schützenberg **7,70 €**
81 2007 Spätburgunder trocken Zell-Weierbacher Neugesetz **7,70 €**
84 2007 Zweigelt trocken Barrique **16,50 €**

Schloss Frankenberg ★
Weingut

Franken

Frankenberg 1, 97215 Weigenheim
Tel. 09339-97140, Fax: 09339-971417
www.schloss-frankenberg.de
info@schloss-frankenberg.de
Besuchszeiten: 9-19 Uhr

Inhaber .... Roland Belz
Gutsdirektor ..... Carl Freiherr von Lerchenfeld
Kellermeister .... Martin Steinmann
Vertriebsleiter .... Oliver Gröschner
Rebfläche .... 30 Hektar

Von 1971 bis 2008 befand sich das Schloss mit seinen 100 Hektar Land in Besitz der Freiherren von Lerchenfeld. 2008 erwarb der Unternehmer Roland Belz das Schloss um es in ein exklusives Schlosshotel umzuwandeln. Schloss Frankenberg liegt bei Weigenheim in Mittelfranken. Hier, im südlichen Steigerwald, wachsen die Reben auf Keuperböden. Silvaner ist die wichtigste Rebsorte, dazu gibt es Riesling und Müller-Thurgau, aber auch Bacchus und Kerner, sowie Spätburgunder, Domina, Dornfelder und Blaufränkisch.

Weinbewertung

86 . . . 2008 Riesling Spätlese
würzig, eindringlich, klare reife Frucht; füllig, harmonisch, süffig, reife süße Frucht **18,- €**

---

81 2008 Sylvaner trocken **7,90 €**
83 2008 Sylvaner (Kabinett) trocken **9,90 €**
81 2008 Riesling (Kabinett) trocken **9,50 €**
82 2008 Müller-Thurgau (Kabinett) trocken **8,50 €**
82 2008 Bacchus (Kabinett) halbtrocken **8,50 €**

★★★★☆

Reinhold **Franzen**

Weingut

Mosel

Gartenstraße 14, 56814 Bremm
Tel. 02675-412, Fax: 02675-1655
www.weingut-franzen.de
info@weingut-franzen.de
Besuchszeiten: nach Vereinbarung

Inhaber .... Ulrich und Iris Franzen
Rebfläche .... 7 Hektar

Etwa drei Viertel der Weinberge von Ulrich und Iris Franzen sind mit Riesling bepflanzt. Daneben gibt es Weißburgunder (bereits seit 1981), Grauburgunder, Elbling, Spätburgunder und Frühburgunder. Die Spitzenlagen sind der Neefer Frauenberg und der Bremmer Calmont, der mit 56 Grad Steigung als steilster Weinberg Europas gilt. Auf Prädikatsbezeichnungen verzichtet Ulrich Franzen ganz bewusst, besonders hochwertige Weine stattet er mit Goldkapseln aus. Sein Programm ist klar gegliedert: Neben den beiden Basisrieslingen „Quarzit-Schiefer" und „FranZero" gibt es die Rieslinge der Lagen Bremmer Calmont und Neefer Frauenberg, aus beiden Lagen eine Goldkapsel-Version, sowie seit dem Jahrgang 2000 den Calidus Mons als Spitzenwein des Hauses. Alle Weine sind präzise und mineralisch – und ob der Frauenberg oder der Calmont die Nase vorn hat, ist Jahr für Jahr aufs Neue die Frage.

2006 wirkten die Goldkapsel-Weine mineralisch, aber nicht völlig trocken. Der Calidus Mons war extrem unzugänglich. Die 2007er waren leichter zu verstehen; schon der Literriesling namens „Quarzit" war ein Schnäppchen, der Calidus Mons wirkte unzugänglich und eher halbtrocken. 2008 ist der Spitzenwein herrlich klar und präzise ausgefallen, aber auch die anderen Rieslingen überzeugen voll: Der beste Jahrgang seit langem!

Weinbewertung

86 . . . 2008 Riesling „FranZero" trocken
direkt, jugendlich, leicht hefig, Kräuter; saftig, würzig, kompromisslos trocken, hat Substanz **8,50 €**

87 . . . 2008 Riesling trocken Neef Frauenberg
klar, jugendlich, leicht hefig, etwas Mirabelle; würzig, stoffig, feine Frucht, hat Biss **9,50 €**
1999: 81; 2000: 85; 2001: 86; 2002: 86; 2003: 88; 2004: 86; 2005: 86; 2006: 86; 2007: 86.

88 . . . 2008 Riesling trocken Bremm Calmont
sehr jugendlich, Zitrus; straff, würzig, schlank, geradlinig **10,50 €**
1999: 84; 2000: 86; 2001: 87; 2002: 88; 2003: 88; 2004: 87; 2005: 88; 2006: 86; 2007: 87.

91 . . . 2008 Riesling Goldkapsel Bremm Calmont
eindringliche Frucht, etwas Zitrus, Kräuter, getrockneter Apfel; würzig, fest, kraftvoll, beste Balance **17,50 €**
1999: 86; 2000: 88; 2001: 90; 2002: 90; 2003: 89; 2004: 89; 2005: 90; 2006: 89; 2007: 89.

90 . . . 2008 Riesling Goldkapsel Neef Frauenberg
reife Frucht, klar, etwas Pfirsich, leicht Kräuter; saftig, viel Substanz, feine Würze **17,50 €**
1999: 88; 2000: 88; 2001: 89; 2002: 89; 2003: 90; 2004: 89; 2005: 90; 2006: 90; 2007: 90.

92 . . . 2008 „Calidus Mons" Riesling
direkt, Zitrus, Kräuter; saftig, herrlich viel Frucht, viel Schmelz, präzise, fast trocken, cremige Würze im Nachhall **27,50 €**
2000 (1. Jg.): 91; 2001: 92; 2002: 90; 2003: 91; 2004: 92; 2005: 93; 2006: 87+; 2007: 88+.

---

84 2008 Riesling trocken „vom Quarzit-Schiefer" **6,90 €**

F

Die besten deutschen Weinerzeuger und ihre Weine

★☆

Freiburg & Blankenhornsberg

Staatsweingut

Baden

(🍎) Gutsbetrieb Blankenhornsberg
79241 Ihringen - Blankenhornsberg
***Tel.** 07668-9915-0, **Fax**: 07668-9915-22*
Gutsbetrieb Freiburg:
Merzhauserstraße 119, 79100 Freiburg
***Tel.** 0761-40165-**44**. Fax: 0761-40165-944*
www.wbi-freiburg.de
staatsweingut@wbi.bwl.de
***Besuchszeiten**: Mo.-Fr. 8:30-12 + 13-17 Uhr; Freiburg: Mo.-Fr. 9-13:30 + 14-19 Uhr, Sa. 10-16 Uhr*

Inhaber .... Land Baden-Württemberg
Betriebs-/Vertriebsleiter ...... Bernhard Huber
.... Kolja Bitzenhofer
Kellermeister ...... Werner Scheffelt (Freiburg)
..... Hans Breisacher (Blankenhornsberg)
Rebfläche .... 35 Hektar

Im Staatsweingut Freiburg & Blankenhornsberg sind seit 1997 alle Aktivitäten zusammengefasst, die die Erzeugung und Vermarktung der Produkte aus den Gutsbetrieben in Freiburg und am Blankenhornsberg in Ihringen am Kaiserstuhl betreffen. 24 Hektar der Rebfläche des Staatsweingutes liegen auf dem Blankenhornsberg bei Ihringen, wo man die Lage Doktorgarten in Alleinbesitz hat. Der Rest verteilt sich in Freiburg auf die Lagen Schlossberg und Jesuitenschloss. Ein Teil der Freiburger Flächen wird ökologisch bewirtschaftet. Die wichtigsten Sorten sind die Burgundersorten, die gut die Hälfte der Rebfläche einnehmen. Es folgen Riesling und Müller-Thurgau. Aber auch pilzresistente Neuzüchtungen werden hier auf ihre Anbautauglichkeit geprüft.

Die 2006er waren verhalten wie auch die 2007er. Gleiches gilt 2008: Die Großen Gewächse sind füllig – aber sind es „Große Gewächse"? Die weiteren Weine sind sauber und frisch, bleiben aber neutral.

Weinbewertung

86 . . . 2008 Riesling „GG" Freiburger Schlossberg
frisch, fruchtbetont, etwas Zitrus; klar, frisch, zupackend, feine Frucht und Biss **15,- €**
2005: **88**; 2006: **86**; 2007: **86**.

86 . . . 2008 Grauburgunder „GG" Blankenhornsberg Doktorgarten
feiner Duft, viel reife Frucht, gelbe Früchte; gute Fülle, Substanz, reife süße Frucht und Biss **15,- €**

81 2008 Gutedel trocken Freiburger Jesuitenschloss **4,80 €**
81 2008 Auxerrois Kabinett trocken Freiburger **7,40 €**
80 2008 Muskateller Kabinett trocken Blankenhornsberger **7,40 €**
84 2008 Weißburgunder „GG" Blankenhornsberger Doktorgarten **15,- €**
84 2008 Muskateller Auslese Blankenhornsberger **13,- €**

★★

Alexander Freimuth

Weingut

Rheingau

Am Rosengärtchen 25, 65366 Geisenheim-Marienthal
***Tel.** 06722-981070, **Fax**: 06722-981071*
www.weingut-alexander-freimuth.de
info@weingut-alexander-freimuth.de
***Besuchszeiten**: Mo.-Sa. nach Vereinbarung*
Straußwirtschaft (8 Wochen im Mai/Juni,4 Wochen im Nov./Dez.)

Inhaber .... Alexander und Karin Freimuth
Rebfläche .... 8 Hektar

Karin und Alexander Freimuth, beide Diplomingenieure für Weinbau, führen das

Gut seit 1984, seit 1999 ist der Betrieb Mitglied im Verband der Prädikatsweingüter. Die Weinberge liegen in den Geisenheimer Lagen Kläuserweg, Mönchspfad, Kilzberg und Mäuerchen sowie im Rüdesheimer Bischofsberg. Neben 65 Prozent Riesling baut Alexander Freimuth ein Viertel Spätburgunder sowie etwas Grauburgunder, Weißburgunder und Müller-Thurgau an. Eine Spezialität ist der Sauvignon Blanc, der in manchen Jahren – wie 2007 – besonders früh gelesen wird, um Frische und grasige Noten herauszuarbeiten. Die Weine werden temperaturgesteuert unter 17 Grad Celsius vergoren. Alexander Freimuth ist bestrebt die natürliche Gärungskohlensäure in den Weinen zu erhalten. Drei Viertel seiner Weine sind trocken, weitere 15 Prozent halbtrocken, süße und edelsüße Weine werden zwar manchmal erzeugt, spielen aber eine untergeordnete Rolle.

2006 fiel beachtlich aus, Riesling und Sauvignon Blanc besaßen Struktur und Würze. Die 2007er präsentierten sich eher schlank, die 2008er können da anschließen. Eindrucksvoll und präzise zeigen sich die Ersten Gewächse aus 2007, während die süße Spätlese etwas verhalten wirkt.

Weinbewertung

86 ... 2008 Riesling „Zero" trocken Geisenheimer
jugendlich, Zitrus, etwas Kräuter; straff, würzig, jugendliche Frucht, reife Säure, sehr präzise **7,50 €**

86 ... 2007 Riesling Erstes Gewächs Rüdesheimer Bischofsberg
reife Frucht, Steinobst, Mirabellen, Hauch Melone, ganz leicht Kräuter; saftig, wirkt eher schlank, sehr süffig **16,50 €**

87 ... 2007 Riesling Erstes Gewächs Geisenheimer Kläuserweg
klare Frucht, Apfelschalen, etwas Pfirsich, etwas Kräuter; saftig, eher schlank, hat Struktur, elegant, gute Länge **16,50 €**

---

79 2008 Riesling Kabinett trocken Geisenheimer Mönchspfad **7,- €**
84 2008 Riesling trocken „Alte Reben" **7,50 €**
83 2008 Weißburgunder Kabinett trocken **7,- €**
81 2008 Grauburgunder Kabinett trocken **7,50 €**
83 2008 Riesling Kabinett halbtrocken Geisenheimer Mäuerchen **7,- €**
84 2007 Riesling Spätlese Geisenheimer Kläuserweg **9,50 €**
81 2008 Spätburgunder Blanc de Noir Kabinett trocken **7,- €**
81 2008 Spätburgunder Weißherbst Kabinett trocken **7,- €**

★★

Otto und Martin Frey
Weingut

Baden

Im Brühl 1, 79211 Denzlingen
Tel. 07666-5253, Fax: 07666-2314
www.frey-weine.de
weingut-frey@online.de
Besuchszeiten: Di/Do./Fr. 9-12 + 14-19 Uhr, Mi. 9-12 Uhr, Sa. 9-16 Uhr

Inhaber .... Otto und Martin Frey
Rebfläche .... 10 Hektar

Otto Frey übernahm 1970 den damaligen landwirtschaftlichen Mischbetrieb von seinem Vater, siedelte 1972 vom Ortskern Denzlingen aus. Seit 1995 ist Sohn Martin im Betrieb tätig, der die Technikerausbildung in Weinsberg machte. Vor allem die Burgundersorten werden angebaut, aber auch Müller-Thurgau und Gewürztraminer. Die Weine werden in Edelstahltanks ausgebaut. Rotweine werden etwa zwei Wochen maischevergoren, die Spitzenweine dann im Barrique ausgebaut. Das Programm ist gegliedert in 3 Stufen: Die Basisqualität bilden Lagenweine mit den Lagenbezeichnungen Glottertäler Eichberg, Gundelfinger Sonnenberg oder Dezlinger Sonnhalde. Dann folgt die mittlere Stufe „Gneis" und schließlich als Toplinie „Aigi", der ursprüngliche Name der Lage Eichberg.

Ganz stark war das, was Otto und Martin Frey im schwierigen Jahrgang 2006 boten, die Weißweine hatten Frucht und Kraft, die 2005er Rotweine waren gekonnt vinifiziert. Da reichte die letztjährige Kollektion nicht ganz heran, auch wenn sie mit dem Grauburgunder „Aigi" punkten konnte. Zum Grauburgunder hat sich in der Toplinie ein Cuvée aus Weißburgunder und Chardonnay hinzugesellt. Diese beiden Aigi-Weine sind die Glanzlichter in einer insgesamt sehr homogenen Kollektion.

Weinbewertung

86 . . . 2008 Grauburgunder „Aigi" trocken
gute Konzentration, feine Würze, reife Frucht, gelbe Früchte; weich, füllig, harmonisch, viel reife Frucht und Substanz **13,50 €**
2007: 88.

86 . . . 2008 Weißburgunder-Chardonnay „Aigi" trocken
gute Konzentration, feine Würze, viel reife Frucht; weich, füllig, harmonisch, reife süße Frucht **13,50 €**

81 2008 Weißburgunder trocken Glottertäler Eichberg **5,50 €**
80 2008 Auxerrois trocken Glottertäler Eichberg **5,50 €**
81 2008 Riesling trocken Glottertäler Eichberg **5,50 €**
81 2008 Grauburgunder „Gneis" trocken **7,90 €**
82 2008 Chardonnay „Gneis" trocken **7,90 €**
81 2008 Weißburgunder „Gneis" trocken **8,30 €**
84 2008 Gewürztraminer „Gneis" trocken **9,- €**
81 2008 Pinot Noir Blanc de Noir trocken Gundelfinger Sonnenberg **6,50 €**
82 2007 Spätburgunder trocken Holzfass **7,80 €**
84 2007 Spätburgunder trocken „Alte Rebe" **9,30 €**

Winfried Frey & Söhne ★
Weingut

Pfalz

Spanierstraße 9, 76879 Essingen
Tel. 06347-8224, Fax: 06347-7290
www.weingut-frey.com
info@weingut-frey.com
Besuchszeiten: nach Vereinbarung
Gästezimmer, Weinstube

Inhaber .... Peter und Jürgen Frey
Rebfläche .... 12 Hektar

Schon Winfried Frey hat sich auf edelsüße Weine spezialisiert und heute, wo seine Söhne Peter und Jürgen den Betrieb führen, wird gar kein trockener Wein mehr erzeugt. Früher wurden keine Lagenbezeichnungen auf dem Etikett angegeben, nur Rebsorte und Qualitätsstufe, inzwischen aber findet man die Namen der Essinger Einzellagen Osterberg, Sonnenberg und Rossberg auf den Etiketten. Wichtigste Rebsorte ist Riesling, gefolgt von Muskateller, Weißburgunder und Spätburgunder. Dazu gibt es Ortega, Scheurebe, Gewürztraminer, Sankt Laurent, Merlot und Cabernet Sauvignon.

Vor zwei Jahren gab es nur Beerenauslesen zu verkosten, zwölf an der Zahl. Das Niveau war sehr gleichmäßig, es war unmöglich einen Favoriten zu benennen. In der letztjährigen Kollektion dominierten die beiden Trockenbeerenauslesen. Die neue Kollektion ist sehr gleichmäßig, wir vermissen aber ein wenig Eleganz und Frische.

Weinbewertung

81 2008 Scheurebe Beerenauslese Essinger Sonnenberg **16,- €/0,375l**

81 2008 Muskateller Beerenauslese Essinger Osterberg **18,- €/0,375l**

84 2008 Chardonnay Beerenauslese Essinger Rossberg **20,- €/0,375l**

79 2008 Ortega Trockenbeerenauslese Essinger Osterberg **14,- €/0,375l**

83 2008 Riesling Trockenbeerenauslese Essinger Rossberg **28,- €/0,375l**

80 2008 Gewürztraminer Eiswein Essinger Osterberg **18,- €/0,375l**

81 2008 Muskateller Eiswein Essinger Osterberg **20,- €/0,375l**

82 2008 Spätburgunder Eiswein Blanc de Noir Essinger Osterberg **26,- €/0,375l**

84 2008 Merlot Eiswein Rosé Essinger Sonnenberg **22,- €/0,375l**

★

Freyburg-Unstrut

Winzervereinigung

Saale-Unstrut

Querfurter Straße 10, 06632 Freyburg
Tel. 034464-30622, Fax: 034464-30626
www.winzervereinigung-freyburg.de
info@winzervereinigung-freyburg.de
Besuchszeiten: Mo.-Fr. 7-18 Uhr, Sa. 10-18 Uhr, So. 10-16 Uhr; Kulinarische Weinproben

Geschäftsführer .... Dr. Gerald Lange
Produktionsleiter .... Hans-Albrecht Zieger
Mitglieder 470
Rebfläche .... 360 Hektar

Die 1934 gegründete Winzervereinigung Freyburg ist heute der größte Erzeuger in den ostdeutschen Anbaugebieten. Fünf große Agrarbetriebe mit zusammen 240 Hektar Weinberge sind Mitglied, dazu 470 Winzer, die zusammen weitere 120 Hektar bewirtschaften. Die Sortenvielfalt ist groß: Müller-Thurgau, Silvaner, Kerner, Riesling, Weißburgunder, Grauburgunder, Traminer, Bacchus und Gutedel, dazu gibt es Hölder, Morio-Muskat und Ortega. Rote Rebsorten nehmen ein Viertel der Fläche ein: Dornfelder, Portugieser, Spätburgunder, Lemberger, Zweigelt, André und Regent. Die Weine werden als Qualitätsweine angeboten, von fünf Sorten werden trockene Spätlesen erzeugt.

Weinbewertung

86 . . . 2008 Grauburgunder Spätlese trocken
gute Konzentration, viel reife Frucht, feine Würze, etwas gelbe Früchte; füllig, kraftvoll, gute Struktur **6,90 €**

85 . . . 2007 Riesling Spätlese trocken
würzig, klar, reife Frucht; klar, frisch, zupackend, feine Frucht und Biss **6,90 €**

80 2008 Silvaner trocken Höhnstedter Kelterberg **5,10 €**

80 2008 Gutedel trocken „Sommerwein" **4,70 €**

81 2008 Bacchus trocken „Frühlingshauch" **4,70 €**

81 2008 Müller-Thurgau trocken **4,70 €**

81 2008 Hölder trocken **5,50 €**

82 2008 Weißburgunder trocken **5,90 €**

83 2008 Riesling Spätlese trocken **6,90 €**

84 2007 Grauburgunder Spätlese trocken Barrique **12,70 €**

83 2008 Portugieser Weißherbst halbtrocken **5,50 €**

82 2008 Rosé halbtrocken **5,- €**

83 2008 Portugieser trocken **6,90 €**

82 2008 Dornfelder trocken **7,30 €**

82 2008 André trocken **6,90 €**

Frick ★★

Weingut

Baden

Im Freihof 9, 79589 Binzen
Tel. 07621-65610, Fax: 4932223751632
www.weingut-frick.de
weingut-frick-binzen@t-online.de
Besuchszeiten: Winter: Di./Do./Fr. 17.30-19:30 Uhr, Sa. 9-16 Uhr; Sommer: Di./Do./Fr. 18-20 Uhr, Sa. 9-16 Uhr
Ferienwohnung

F

Inhaber .... Bernhard und Heike Frick
Rebfläche .... 4 Hektar

Bernhard und Heike Frick aus Binzen im Markgräflerland erzeugen neben Wein auch Branntweine und Edelbrände in der eigenen Brennerei. Bei der Bewirtschaftung der Weinberge werden keine Insektizide und Herbizide eingesetzt, bei Bedarf erfolgt biotechnische Schädlingsbekämpfung. Alle Weine werden absolut trocken und durchgegoren ausgebaut.

Seit einem Jahrzehnt nun empfehlen wir die Weine und Sekte von Bernhard und Heike Frick. Sie sind immer präzise und klar, sind alles andere als gefällig. Der Nobling-Sekt gefällt uns immer, die Weißweine sind knackig und zupackend, die Rotweine haben in den letzten Jahren an Statur gewonnen – kurzum die richtige Adresse für jeden, der durchgegorene Weine mag.

Die 2005er Rotweine gefielen uns gut, sie waren kraftvoll und klar, auf Haltbarkeit vinifiziert. Die 2007er Weißweine zeigten sich alle herrlich reintönig und geradlinig, genau das Richtige für Fans durchgegorener, leichter Weine. Besonders gut hatten uns im vergangenen Jahr die Weißburgunder gefallen, auch der Nobling Sekt und die PiCaDor genannte Rotweincuvée. Eine sehr homogene Kollektion folgt in diesem Jahr nach mit geradlinigen, glasklaren Weißweinen und kraftvollen Rotweinen – nicht zu vergessen der füllige Nobling-Sekt!

Weinbewertung

87 . . . 2007 Nobling Sekt Brut Nature Binzener Sonnhohle
frisch, würzig, eindringlich, etwas weiße Früchte; füllig, kraftvoll, geradlinig, feine Frucht und Biss **9,50 €**

86 . . . 2008 Weißburgunder Spätlese trocken Binzener Sonnhohle
fruchtbetont, reintönig, herrlich eindringlich; füllig, harmonisch, klare reife Frucht, Substanz **7,20 €**

85 . . . 2008 Chardonnay Spätlese trocken Binzener Sonnhohle
würzig, eindringlich, reife Frucht, etwas Ananas; weich, füllig, harmonisch, feine Frische **7,90 €**

85 . . . 2007 Merlot Cabernet Sauvignon trocken Binzener Sonnhohle
würzig, fruchtbetont, viel reife Frucht; klar, frisch, zupackend, feine Frucht und Biss **10,80 €**

86 . . . 2006 Cabernet Sauvignon trocken Binzener Sonnhohle
würzig, eindringlich, jugendlich, ganz dezent Cassis; füllig, kraftvoll, reife Frucht, gute Substanz **12,80 €**

87 . . . 2007 Spätburgunder Spätlese trocken Barrique Binzener Sonnhohle
würzig, eindringlich, reintönige reife Frucht; füllig, harmonisch, kraftvoll, reintönige Frucht, gute Substanz und Länge **15,80 €**

---

80 2008 Gutedel trocken Binzener Sonnhohle **4,10 €/1l**

82 2008 „Lenz" Weißwein Kabinett trocken (Müller-Thurgau) **4,40 €**

81 2008 Gutedel trocken „Markgräfler Gumsle" Rümminger Sonnhohle **4,60 €**

80 2008 Spätburgunder Rosé Kabinett trocken Fischinger Weingarten **5,60 €**

83 2007 „PiCaDor" Rotwein trocken Binzener Sonnhohle **9,80 €**

★

Friedauer
Weingut

Württemberg

Riedweg 3, 74177 Bad Friedrichshall
Tel. 07136-965729, Fax: 07136-965731
www.friedauer.de
info@friedauer.de
Besuchszeiten: nach Vereinbarung oder Weinhandel (siehe Internet)
Weinstube (Öffnungszeiten siehe Webseite)

Inhaber .... Andreas Friedauer
Rebfläche .... 7,3 Hektar

Das Weingut Friedauer besteht seit 1992. In Alleinbesitz gehört Andreas Friedauer die ehemalige Lage Kochendorfer Fundelberg, wo die Reben am steilen Neckarufer auf Muschelkalkböden wachsen, aber auch im Neckarsulmer Scheuerberg (Mergel), einer Steillage am Neckar, ist er vertreten. Die Weine der anderen Weinberge werden unter der Großlage Heilbronner Staufenberg (Keuper) vermarktet. Angebaut werden vor allem Trollinger, Lemberger, Spätburgunder und Schwarzriesling, wichtigste weiße Sorte ist Riesling, hinzu kommen Weißburgunder und Muskateller.

Sehr gleichmäßig war die Kollektion vor zwei Jahren, mit Vorteilen beim Lemberger. Fast identisch zeigte sich das Bild im vergangenen Jahr, in einer gleichmäßigen Kollektion war der Lemberger aus dem Scheuerberg unser Favorit. Während uns nun der 2006er Barrique-Lemberger überzeugt und die anderen Rotweine sich homogen präsentieren, stellt der weiße Teil der neuen Kollektion nicht ganz zufrieden.

Weinbewertung

86 . . . 2006 Lemberger Spätlese trocken Barrique Kochendorf
gute Konzentration, Gewürze, reife Frucht; füllig, kraftvoll, reife Frucht, Struktur und Substanz **11,99 €**

75 2008 Rivaner trocken Kochendorf **3,99 €**
77 2008 Weißburgunder trocken Kochendorf **4,49 €**
80 2008 Riesling „Veritas" trocken **4,49 €**
82 2008 Muskateller Kochendorf **4,49 €**
80 2008 Spätburgunder Weißherbst Heilbronner Staufenberg **3,99 €**
80 2008 Trollinger trocken Heilbronner Staufenberg **4,29 €/1l**
81 2007 Trollinger mit Lemberger trocken Heilbronner Staufenberg **4,49 €/1l**
83 2007 Lemberger trocken „SQ" **6,99 €**
81 2008 Lemberger mit Trollinger Heilbronner Staufenberg **4,19 €/1l**
80 2008 Lemberger Heilbronner Staufenberg **4,59 €**

★★★

Fries
Weingut

Mosel

Bachstraße 66, 56333 Winningen
Tel. 02606-2686, Fax: 02606-200016
www.weingut-fries.de
info@weingut-fries.de
Besuchszeiten: nach Vereinbarung

Inhaber .... Reiner und Anke Fries
Rebfläche .... 7,33 Hektar

Reiner und Anke Fries führen heute dieses Winninger Gut in achter Generation. Sie bauen neben Riesling vor allem Spätburgunder und ein wenig Weißburgunder an. Ihre Weinberge befinden sich in den Winninger Lagen Röttgen, Uhlen und Hamm. Seit dem Jahrgang 2002 verzichten sie bei trockenen und halbtrockenen Weinen auf Prädikatsbezeichnungen wie Spät- und

Auslese. Stilistisch sind die Fries-Weine leicht erkennbar. Sie werden – mit Ausnahme des Rotweins – im Stahltank ausgebaut, sind eher schlank, fruchtig und klar.

Die 2006er waren gelungen, die 2007er zeigten sich schon jung in prächtiger Verfassung. 2008 haben Reiner und Anke Fries erneut ein sehr gleichmäßiges Sortiment vorgelegt. Statt einer Auslese begeistert diesmal der reintönige Eiswein.

Weinbewertung

85 . . . 2008 Weißburgunder trocken
klare Frucht, duftig, noch sehr jugendlich; straff, feste Struktur, sehr animierend **8,20 €**
2002: 82; 2003: 86; 2004: 85; 2005: 86; 2006: 87; 2007: 86.

85 . . . 2008 Riesling trocken „Apollo-Terrassen"
eindringliche Frucht, zugänglich, jugendlich; fest, kraftvoll, würzig, pikante Säure, eher schlank, Biss **8,20 €**

88 . . . 2008 Riesling Winninger Uhlen
reife Frucht, etwas verhalten, Steinobst, etwas Melone; fest, mineralisch, viel Substanz, Potenzial **14,50 €**
2002: 84; 2003: 88; 2004: 89; 2005: 86; 2006: 88; 2007: 88.

88 . . . 2008 Riesling Spätlese Winninger Röttgen
reife, dezente Kräuternoten; saftig, kraftvoll, faszinierendes Süße-Säure-Spiel, sehr klar, fast rauchige Würze im Nachhall, zupackend **8,20 €**

92 . . . 2008 Riesling Eiswein Winninger Domgarten
eindringliche, absolut reintönige Frucht, Steinobst, Apfel, Kräuter, ganz leicht Maracuja; saftig, würzig, rassig, Süße-Säure-Spiel, lang **30,- €/0,375l**

82 2008 Riesling trocken „vom Schiefer" **5,20 €**
83 2008 Riesling „feinherb vom Schiefer" **5,20 €**
83 2008 Riesling Kabinett „feinherb" Winninger Hamm **6,40 €**
83 2008 Riesling „feinherb Apollo-Terrassen" **8,20 €**
83 2008 Riesling „vom Schiefer" **5,20 €**
84 2006 Spätburgunder trocken Barrique Winninger **14,- €**

★★★

Clemens **Fröhlich**

Weingut

Franken

Bocksbeutelstraße 19, 97332 Escherndorf
Tel. 09381-1776, Fax: 09381-6163
www.weingut-froehlich.de
info@weingut-froehlich.de
Besuchszeiten: täglich geöffnet, möglichst nach Vereinbarung
4 Gästezimmer (Aufenthaltsraum, Küche)

Inhaber . . . . Clemens Fröhlich
Rebfläche . . . . 6 Hektar

Clemens Fröhlich hat 1987 mit nur einem halben Hektar Weinberge angefangen. Heute bewirtschaftet er 6 Hektar, 3,5 Hektar davon in Steillagen. Ehefrau Ingrid Fröhlich ist für den Verkauf zuständig. Clemens Fröhlich vergärt die Weine kühl mit Reinzuchthefen und baut sie überwiegend trocken aus, 85 Prozent der Weine sind „fränkisch trocken". Wichtigste Rebsorten sind Riesling und Silvaner. Hinzu kommen vor allem noch Müller-Thurgau, Kerner und Bacchus. Zum Weingut gehören auch ein Hektar Obstbäume, aus deren Ertrag Edelbrände erzeugt werden. Alle als trocken bezeichneten Weine von Clemens Fröhlich sind fränkisch trocken, Restzucker und Säure sind auf dem Etikett angegeben.

Seit einem Jahrzehnt empfehlen wir die Weine von Clemens Fröhlich, schon damals lobten wir die wunderschön fruchtbetonten Weine und die gleichmäßige, zuverlässige Qualität. Jahr für Jahr hat Clemens Fröhlich uns überzeugende Kollektionen vorgestellt, alle Weine sind immer bestechend reintönig.

Die 2006er Kollektion gefiel vollauf, weiß wie rot. Eine bärenstarke Kollektion folgte nach. Schon die „einfachen" Weine waren 2007 klar und fruchtbetont, die trockenen Spätlesen besaßen Klasse. Mindest genauso stark ist die 2008er Kollektion, ja in der Spitze gefällt sie uns sogar noch besser, die trockenen Spätlesen besitzen viel Kraft und Substanz und eine enorme Nachhaltigkeit. Dass sie reintönig sind, wie man das kennt bei Clemens Fröhlich, das ist selbstverständlich. Tolle Kollektion, verbraucherfreundliche Preise.

Weinbewertung

85 ... 2008 Müller-Thurgau Kabinett
frisch, fruchtbetont, herrlich reintönig, Muskat; geradlinig, frisch, reintönige Frucht, feiner Biss **4,60 €**

85 ... 2008 Riesling Kabinett
fruchtbetont, klar, intensiv; klar, frisch, süffig, reife Frucht, gute Struktur und Biss **5,50 €**

88 ... 2008 Silvaner Spätlese trocken Escherndorfer Lump
würzig, eindringlich, viel reife Frucht, gute Konzentration, Birnen; kraftvoll, klar, zupackend, reintönige Frucht, viel Nachhall **7,10 €**
1999: 87; 2000: 88; 2001: 88; 2002: 89; 2003: 84; 2004: 86; 2005: 88; 2006: 86/86; 2007: 85.

89 ... 2008 Silvaner Spätlese trocken „Beste Beere" Escherndorfer Lump
gute Konzentration, viel reife Frucht, herrlich eindringlich, Birnen; Fülle, Substanz, viel reife Frucht und Kraft, Biss und Nachhall **9,80 €**
2007: 88.

86 ... 2008 Riesling Kabinett trocken Escherndorfer Lump
frisch, würzig, klar, jugendlich; klar, kraftvoll, zupackend, herrlich geradlinig, viel Biss **5,90 €**

89 ... 2008 Riesling Spätlese trocken Escherndorfer Lump
gute Konzentration, reife Frucht, herrlich eindringlich, etwas Aprikosen und Pfirsiche; konzentriert, zupackend, viel Stoff, Kraft, Biss, jugendlich, enorm nachhaltig **7,50 €**
1998: 88; 1999: 88; 2000: 88; 2001: 87; 2002: 87; 2003: 86; 2004: 86; 2005: 86; 2006: 85; 2007: 88.

85 ... 2007 Domina trocken Holzfass
rauchige Noten, dezent Vanille, reife Frucht; füllig, harmonisch, feine Frische und Biss **6,50 €**

---

83 2008 Silvaner Kabinett **5,- €**
84 2008 Kerner Kabinett **4,60 €**
83 2008 Silvaner Kabinett trocken Escherndorfer Lump **4,80 €/1l**
82 2008 Müller-Thurgau Kabinett trocken Astheimer Karthäuser **4,60 €/1l**
83 2008 Ortega Kabinett trocken Escherndorfer Berg **5,- €/1l**
83 2008 Morio-Muskat Kabinett trocken Escherndorfer Lump **5,- €/1l**
84 2008 Bacchus Kabinett trocken Escherndorfer Berg **4,30 €**
84 2008 Silvaner Kabinett trocken Escherndorfer Lump **5,20 €**
83 2008 Domina trocken **5,80 €**
83 2007 Spätburgunder trocken Escherndorfer Fürstenberg **6,50 €**

★★★☆

Michael Fröhlich
Weingut

Franken

Bocksbeutelstraße 41, 97332 Escherndorf
Tel. 09381-2847, Fax: 09381-71360
www.weingut-michael-froehlich.de
info@weingut-michael-froehlich.de
Besuchszeiten: Mo.-Sa. 9-18 Uhr oder nach Vereinbarung
Probierstube, Hofschoppenfest an den letzten beiden August-Wochenenden

Inhaber .... Michael Fröhlich
Rebfläche .... 11 Hektar

1985 hat Michael Fröhlich sein Weingut gegründet, anfangs mit einer Rebschule als zweitem Standbein. Seine Weinberge

F

Die besten deutschen Weinerzeuger und ihre Weine

liegen in Escherndorf, hauptsächlich in den Lagen Lump und Fürstenberg. Müller-Thurgau, Silvaner und Riesling sind die wichtisgten Sorten, dazu gibt es Rieslaner und Scheurebe, als Spezialität Muskateller und etwa 20 Prozent mit roten Rebsorten.

Seit einem Jahrzehnt nun empfehlen wir die Weine von Michael Fröhlich. Riesling und Silvaner aus dem Escherndorfer Lump sind meist die interessantesten Weine, aber auch der Muskateller gefällt uns immer sehr gut. Die Weine sind fruchtbetont, reintönig, besitzen Fülle und Substanz – und die Kollektionen sind immer bestechend zuverlässig.

Vor zwei Jahren war der Silvaner Großes Gewächs aus dem Lump unser Favorit in einer angesichts des problematischen Jahrgangs sehr überzeugenden Kollektion. Sehr homogen auf hohem Niveau präsentierte sich auch der Jahrgang 2007 mit schönen trockenen Kabinettweinen, fülligen Spätlesen und feinen restsüßen Weinen von Muskateller und Rieslaner. Die neue Kollektion ist nochmals klar stärker, bietet tolle Basisqualität – Frank & Frei, Kabinett – starke Spätlesen und zwei faszinierende 2008er Große Gewächse. Klasse Kollektion!

Weinbewertung

85 . . . 2008 Müller-Thurgau trocken „Frank & Frei"
frisch, fruchtbetont, feine Muskatnote; frisch, klar, fruchtbetont, etwas Zitrus **5,50 €**

85 . . . 2008 Silvaner trocken „Frank & Frei"
fruchtbetont, Birnen, herrlich reintönig; frisch, fruchtbetont, reintönig **5,50 €**

85 . . . 2008 Silvaner Kabinett trocken Escherndorfer Lump
herrlich eindringlich, frisch und fruchtbetont, Birnen; klar, zupackend, feine Frucht und Biss, jugendlich **6,50 €**

85 . . . 2008 Riesling Kabinett trocken Escherndorfer Lump
würzig, eindringlich, klare Frucht; geradlinig, klar, feine Frucht und Biss **7,- €**

87 . . . 2008 Silvaner Spätlese trocken Escherndorfer Lump
gute Konzentration, viel reife Frucht, Birnen, etwas gelbe Früchte, herrlich eindringlich; füllig, harmonisch, viel reife Frucht, feine Mineralität, viel Substanz **8,- €**
1998: 87; 1999: 83; 2002: 87; 2003: 87; 2004: 85; 2005: 86; 2006: 85; 2007: 87.

88 . . . 2007 Silvaner „GG" Escherndorfer Lump
gute Konzentration, viel reife Frucht, etwas gelbe Früchte, herrlich eindringlich; füllig, stoffig, eindringlich, gute Substanz und Länge **15,- €**

90 . . . 2008 Silvaner „GG" Escherndorfer Lump
gute Konzentration, viel reife Frucht, Birnen, herrlich eindringlich und reintönig; viel Substanz, Kraft, viel reife Frucht, Frische, jugendlich, nachhaltig **16,- €**
2005: 89; 2006: 89.

88 . . . 2008 Riesling Spätlese trocken Escherndorfer Lump
frisch, fruchtbetont, reintönig, etwas Aprikosen und Pfirsiche; füllig, stoffig, reife Frucht, Substanz und Kraft, jugendlich **9,- €**
1997: 84; 2001: 86; 2002: 87; 2005: 86; 2006: 85; 2007: 86.

89 . . . 2007 Riesling „GG" Escherndorfer Lump
gute Konzentration, reife Frucht, gelbe Früchte, etwas Aprikosen und Pfirsiche; füllig, stoffig, kraftvoll, reife Frucht, gelbe Früchte, mineralisch, jugendlich, nachhaltig **15,- €**

90 . . . 2008 Riesling „GG" Escherndorfer Lump
enorm konzentriert, eindringlich, viel reife Frucht; kraftvoll, stoffig, viel reife Frucht und Substanz, feine Mineralität, enorm nachhaltig **16,- €**
2004: 89; 2005: 87; 2006: 87.

85 . . . 2008 Scheurebe Kabinett trocken Untereisenheimer Sonnenberg
frisch, reintönig, Cassis, herrlich eindringlich; klar zupackend, reintönige Frucht, Biss **5,50 €**

86 . . . 2008 Muskateller Kabinett Untereisenheimer Sonnenberg
würzig, klar, feine Muskatnote; klar, zupackend, wunderschön reintönige Frucht **6,- €**

1999: 88; 2000: 88; 2001: 87; 2002: 87; 2003 (Spätlese): 87; 2004: 85; 2005: 86; 2006: 85; 2007: 86.

88 . . . 2008 Rieslaner Spätlese Escherndorfer Lump
viel Konzentration, reife Frucht, etwas Grapefruit, herrlich eindringlich; füllig, harmonisch, reife süße Frucht, Substanz, Frische und Biss, reintönig **9,- €**

★

Fröhlich-Hake

Weingut

Saale-Unstrut

Am Leihdenberg 11, 06618 Naumburg/Roßbach
Tel. 03445-266800, Fax: 03445-266801
www.weingut-froehlich-hake.de
weingut-froelich-hake@t-online.de
Besuchszeiten: Mo.-Fr. 11-20 Uhr, Sa./So. 10-20 Uhr
Gutsausschank (50 Personen)
Kulinarische Weinproben

Inhaber .... Volker und Sandra Fröhlich
Kellermeister .... Volker Fröhlich
Rebfläche .... 8 Hektar

Das Weingut wurde 1997 von Volker Fröhlich und Sandra Hake gegründet. Er ist Weinbautechniker, sie Diplom-Journalistin, war 1993 Deutsche Weinkönigin. In den Jahren 1997 und 1998 haben sie 6 Hektar Reben neu gepflanzt. Ihre Weinberge liegen im Naumburger Steinmeister (Muschelkalkböden mit hohem Steinanteil), im Schönburger Fachberg (Buntsandsteinverwitterung), in der Bad Kösener Schöne Aussicht (Lösslehmauflage auf Muschelkalk), sowie in den Freyburger Lagen Mühlberg (Muschelkalk) und Edelacker (Terrassenweinberg, Muschelkalkboden mit hohem Steinanteil). Sie bauen zu 85 Prozent weiße Rebsorten an: Weißburgunder, Silvaner, Grauburgunder, Müller-Thurgau, Kerner und Riesling. Hinzu kommt Dornfelder, sowie etwas Cabernet Dorsa, Portugieser und Spätburgunder. Alle Weine werden im Edelstahl ausgebaut. 2005 haben sie einen Gutsausschank eröffnet.

Weinbewertung

85 . . . 2007 Riesling Sekt brut
frisch, fruchtbetont, reintönig; klar, freisch, zupackend, feine Frucht und Biss **11,90 €**

85 . . . 2008 Riesling Spätlese trocken Naumburger Steinmeister
gute Konzentration, feine Würze, etwas Zitrus, Pfirsiche; Fülle und Substanz, reife Frucht und Biss **8,90 €**

84 2007 Riesling Sekt extra trocken **11,90 €**
83 2008 Silvaner trocken **5,95 €**
81 2008 Müller-Thurgau trocken **7,- €**
82 2008 Grauburgunder Spätlese trocken Naumburger Steinmeister **9,70 €**
83 2007 Grauburgunder Spätlese (halbtrocken) Naumburger Steinmeister **9,70 €**
83 2008 Cabernet Dorsa

★★☆

Leo Fuchs

Weingut

Mosel

Hauptstraße 3, 56829 Pommern
Tel. 02672-1326, Fax: 02672-1336
www.leo-fuchs.de
leo-fuchs@t-online.de
Besuchszeiten: Vinothek Pomaria, April-Dez. Mo.-Do. 17-19 Uhr, Fr. 13-19 Uhr, Sa. 10-17 Uhr, sonst nach Vereinbarung

Inhaber .... Bruno Fuchs und Ulrich Fuchs
Rebfläche .... 7 Hektar

Das Weingut Leo Fuchs, eines der ältesten und traditionsreichsten Weingüter in Pommern, wird heute von Bruno und seinem

Sohn Ulrich geführt. Das Gros ihrer Weinberge liegt in Pommern, hinzu kommt ein Anteil an der Klottener Lage Burg Coraidelsteiner. 85 Prozent der Weinberge sind mit Riesling bepflanzt. Die Vinothek setzt einen architektonischen Glanzpunkt im alten Ortskern von Pommern. Die Weine werden langsam und kühl vergoren und bleiben lange im Holzfass auf der Feinhefe. Sowohl die trockenen als auch die süßen Spitzen zeigen sich ausgesprochen würzig – die Weine der Familie Fuchs sind auf Verkostungen oft leicht herauszuschmecken. Unter den Moselweingütern gehört das Weingut Fuchs zu denen, die am meisten Wert auf ihre Basisweine legen. Selbst Rivaner und Chardonnay laufen hier nie nur mit, sondern sind eigenständig und haben Biss. Bereits der Riesling „vom grauen Schiefer" ist oft spannender als manche Großen oder Ersten Gewächse.

2006 beeindruckten vor allem die feinherben Auslesen. 2007 war sehr erfolgreich, von den trockenen Weinen bis zu den edelsüßen Spitzen. Die 2008er überzeugen ebenfalls; die trockenen Rieslinge haben Substanz, die edelsüßen besitzen eine feinwürzige Art.

Weinbewertung

85 . . . 2008 Chardonnay trocken
klar, sortentypisch, feine Frucht; würzig, gute Struktur, hat Schmelz **6,90 €**

86 . . . 2008 Riesling trocken „vom grauen Schiefer"
frisch, jugendlich, Hefenoten; viel Würze, feste Struktur, hat Substanz **8,50 €**
1998: 80; 1999: 85; 2000: 82; 2001: 85; 2002: 87; 2003: 87; 2004: 84; 2005: 86; 2006: 86; 2007: 88.

86 . . . 2008 Riesling „feinherb" „vom grauen Schiefer"
klare Frucht, leicht hefig; stoffig, viel Würze, Schmelz, guter Nachhall, hat Biss **8,50 €**
1998: 83; 1999: 85; 2000: 86; 2001: 86; 2002: 86; 2003: 86; 2004: 84.; 2005: 85; 2006: 86; 2007: 87.

88 . . . 2008 Riesling Großes Gewächs Pommerner Rosenberg
zunächst sehr verhalten, Kräuter, deutliche Hefenoten; viel Würze, braucht Zeit, reife Säure, sehr individuell **19,50 €**
2007: 88.

88 . . . 2008 Riesling Auslese Pommerner Zeisel
kühle Frucht, kandierter Apfel; würzig, saftig, eher zurückhaltende Süße **16,- €/0,5l**

89 . . . 2008 Riesling Auslese* Pommerner Zeisel**
dunkle Farbe, Kräuter, Kandis, Spur Karamell; betont würzig, kraftvoll, rassige Säure, eher verhaltene Süße (Versteigerungswein)

88 . . . 2008 Riesling Beerenauslese Pommerner Zeisel
reife Frucht, etwas Kandis, getrocknete Früchte; würzig, reif, saftig, eigenwillig, interessant **45,- €/0,375l**

82 2008 Rivaner trocken **4,90 €**
84 2008 Riesling trocken Hochgewächs Pommerner Sonnenuhr **6,90 €**
83 2008 „Sinfonie" Weißwein „feinherb" **6,90 €**
83 2008 Riesling Hochgewächs „feinherb" Pommerner Zeisel **6,90 €**

★★

Reinhold **Fuchs**
Weingut

Mosel

Zehnthofstraße, 56829 Pommern
Tel. 02672-7405, Fax: 02672-2427
www.fuchs-vallendar.de
info@fuchs-vallendar.de
Besuchszeiten: nach Vereinbarung

Inhaber .... Eva-Maria Vallendar
Rebfläche .... 2,33 Hektar

Es handelt sich hier um eines der kompromisslosesten Weingüter der Mosel. Eva-Maria und Josef Vallendar bauen neben Riesling lediglich noch ein klein wenig Müller-Thurgau an. Die Weinbereitung ist durch und durch traditionell. Die Trauben kommen auf eine Kelter aus dem Jahr 1904, die Vergärung erfolgt ausschließlich mit den natürlichen Hefen, entsäuert oder geschönt wird nicht. Alle Weine werden in alten Eichenholzfässern ausgebaut und vergleichsweise spät abgefüllt. Entsprechend unzugänglich sind die Rieslinge dann, im besten Falle aber auch rassig, deutlich mineralisch und animierend. Die Weine sind stets eigenwillig und fast immer trocken oder „feinherb" – allerdings scheinen sie in den letzten Jahren an Fülle zugenommen zu haben.

2006 wirkten die Weine enorm reif und würzig, meist nicht ganz trocken, die 2007er waren teilweise recht füllig. Nicht unerwartet sind die 2008er rassiger, würziger, schlanker; die Säure wirkt allerdings nie unreif.

Weinbewertung

87 . . . 2008 Riesling Spätlese „feinherb Projekt Goldberg" Pommerner Goldberg
etwas verhalten, Hefenoten, Zitrus; feste Struktur, reife Säure, viel Würze, leicht mineralisch, gute Länge, puristischer Stil **7,80 €**

85 . . . 2008 Riesling „feinherb Geth Mannwerk" Pommerner Zeisel
zarte Frucht, etwas Apfel, leichte Hefenoten; würzig, wirkt etwas unruhig, reife Säure **8,- €**

83 2008 Riesling trocken „unnerm Veal" Pommerner Goldberg **5,80 €**
80 2008 Riesling trocken „unner Spitz" Pommerner Sonnenuhr **4,30 €**
84 2008 Riesling halbtrocken „unner Spitz" Pommerner Sonnenuhr **7,50 €**
82? 2008 Riesling „feinherb Kern-Schellekaul" Pommerner Sonnenuhr **6,- €**
81 2008 Riesling „vom junge Goldbersch" Pommerner Goldberg **5,- €**

★★★★★

Rudolf **Fürst**

Weingut

Franken

Hohenlindenweg 46, 63927 Bürgstadt
Tel. 09371-8642, Fax: 09371-69230
www.weingut-rudolf-fuerst.de
info@weingut-rudolf-fuerst.de
Besuchszeiten: Mo.-Fr. 9-12 + 14-18 Uhr, Sa. 10-15 Uhr nach Anmeldung

Inhaber .... Paul und Sebastian Fürst GbR
Rebfläche .... 19 Hektar

1979 haben Monika und Paul Fürst ihr neues Gutsgebäude in den Weinbergen am Centgrafenberg errichtet. Sie besitzen neben Weinbergen im Bürgstadter Centgrafenberg auch Reben im Volkacher Karthäuser. Spätburgunder ist ihre wichtigste Rebsorte, dann folgen Riesling, Weißburgunder, Silvaner, Frühburgunder und Chardonnay. Allein ihnen ist es zu verdanken, dass der Centgrafenberg in Bürgstadt allen Weinkennern in Deutschland ein Begriff ist.

Nun aber hat Paul Fürst, inzwischen im Betrieb unterstützt von Sohn Sebastian, ein neues Projekt gestartet, ist dabei einer weiteren Weinlage am Untermain zu Reputation zu verhelfen. Denn auch wenn der erste Wein, der den Lagennamen tragen wird, Jahrgang 2008, noch im Fass liegt, bestehen für niemanden, der Paul Fürst kennt, Zweifel daran, dass dieser Spätburgunder aus dem Klingenberger Schlossberg einmal zu den großen deutschen Spätburgundern zählen wird.

2004 hat Paul Fürst seinen ersten Wein in Klingenberg gemacht, von den alten, vorhandenen Reben. 2007, aktuell im Verkauf, enthält erstmals nennenswerte Mengen der Junganlagen. 2008 ist der erste Jahrgang, der als „Großes Gewächs" auf den Markt kommen wird, bisher tragen die Weine nur die Ortsbezeichnung Klingenberger. 2008 stammt zu jeweils gleichen Teilen von alten und jungen Reben. Die Verkostung aus dem Fass lässt keine Zweifel aufkommen: Absolut „Großes Gewächs"-würdig. Auch die Vertikalverkostung des Klingenbergers der Jahrgänge 2004 bis 2007 zeigt ganz klar die Eigenständigkeit des Spätburgunders aus dem Schlossberg.

Aber zurück zur Gegenwart und zu den letzten Jahrgängen: 2005 waren Centgrafenberg und Hunsrück faszinierend klar und elegant, strukturiert und lang, der Frühburgunder war wie gehabt Spitze in Deutschland. Auch 2006 hatten wir keinen besseren Frühburgunder in Deutschland gefunden und der Spätburgunder aus dem Centgrafenberg gehört wiederum zur deutschen Burgunder-Elite – worüber man die anderen Rotweine von Paul Fürst aber nicht vergessen sollte. Hunsrück gab es 2006 nicht – umso gewaltiger kehrt er mit dem Jahrgang 2007 zurück, erweist sich als einer der großen Pinots des Jahrgangs in Deutschland. Wobei man auch dem „R" aus dem Centgarfenberg Größe zusprechen muss, wie auch dem Frühburgunder.

Aber auch beim Weißwein hat Paul Fürst schon Maßstäbe gesetzt, denn niemand in Franken, und kaum ein Anderer in Deutschland erzeugt einen solch „burgundischen" Weißburgunder wie er. Wie er und Sohn Sebastian, muss man inzwischen betonen, denn Sebastian Fürst kümmert sich um den Ausbau dieser Burgunder. Und beide sind dabei ihre Stilistik noch zu verfeinern, hin zu noch mehr Finesse und noch mehr Alterungspotenzial, bei Weißburgunder wie bei Chardonnay.

Ganz toll waren vor zwei Jahren Silvaner und Riesling, vor allem der „R" aus dem Centgrafenberg, der die fränkische Speerspitze in Sachen Riesling bildete – und auch im Folgejahrgang 2007. Viel Freude machten aber auch die herrlich präzisen Basisweine „pur mineral". Diese machen auch 2008 wieder ihrem Namen alle Ehre. Der 2007er Weißburgunder ist faszinierend, der Riesling „R" so mineralisch und nachhaltig wie noch nie.

Weinbewertung

87 . . . 2008 Silvaner „pur mineral"
frisch, herrlich reintönig, etwas Birnen, weiße Früchte; klar, frisch, zupackend, feine Frucht und Mineralität **7,80 €**
2005: 85; 2006: 85; 2007: 86.

86 . . . 2008 Riesling „pur mineral"
würzig, klar, jugendlich, feine Frucht; klar, zupackend, jugendlich, viel Biss **10,- €**

87 . . . 2008 Weißer Burgunder „pur mineral"
reintönige Frucht, konzentriert, jugendlich; füllig, kraftvoll, herrlich geradlinig und reintönig, jugendlich **12,50 €**
2005: 87; 2006: 86; 2007: 87.

88 . . . 2008 Silvaner Centgrafenberg
gute Konzentration, viel reife Frucht, herrlich eindringlich; präzise, klar, zupackend, geradlinig, feiner Biss, gute Struktur **11,- €**

89 . . . 2008 Riesling Centgrafenberg
gute Konzentration, klar, dezent mineralische Noten, jugendlich, ein klein wenig Limone im Hintergrund; präzise, klar, zupackend, feine Säure, Frucht und Biss **16,- €**
2003: 89; 2004: 89; 2005: 89; 2006: 88; 2007: 87.

92 . . . 2008 Riesling „R" Centgrafenberg
(Großes Gewächs) würzig, konzentriert, herrlich eindringlich und mineralisch; füllig, stoffig, kraftvoll, faszinierend viel Frucht und Nachhall, enorm mineralisch **28 €**
2005: 90; 2006: 90; 2007: 90.

89 . . . 2007 Weißburgunder Centgrafenberg

herrlich eindringlich und konzentriert, reintönige Frucht, dezent rauchige Noten; kraftvoll und konzentriert, gute Struktur, Fülle, Nachhall, jugendlich, Potenzial **21,- €**

2000: 88; 2001: 88; 2002: 90; 2003: 88; 2004: 88; 2005: 87; 2006: 89.

91 . . . 2007 Weißburgunder „R" Centgrafenberg
gute Konzentration, herrlich eindringlich, weiße Früchte, auch gelbe Früchte, feine rauchige Noten; viel Kraft und Konzentration, Substanz, Fülle, reife Frucht, jugendlich, Potenzial **30,- €**

1999: 90; 2001: 91; 2002: 92; 2003: 88; 2004: 91; 2005: 90; 2006: 90.

89 . . . 2007 Chardonnay Karthäuser
fruchtbetont, jugendlich, intensiv, gute Konzentration, enorm dominant; kraftvoll, intensiv, viel Frucht und Substanz, jugendlich **30,- €**

86 . . . 2007 Spätburgunder Tradition
fruchtbetont, dezent rauchige Noten, klare Frucht; frisch, harmonisch, elegant, gute Struktur **12,- €**

2002: 86; 2003: 86; 2004: 86; 2005: 85; 2006: 85.

88 . . . 2007 Parzival
knapp die Hälfte Domina, dazu Spätburgunder, Merlot und andere; würzig, eindringlich, rote und dunkle Früchte; frisch, klar, zupackend, gute Struktur, viel Biss **16,50 €**

2003: 87; 2004: 88; 2005: 86; 2006: 86.

88 . . . 2007 Spätburgunder Centgrafenberg
herrlich reintönige Frucht, feine Frische, dezent mineralische Noten; frisch, elegant, gute Struktur, reintönige Frucht, feiner Biss **23,- €**

88 . . . 2007 Frühburgunder Centgrafenberg
frisch, fruchtbetont, wunderschön reintönig, etwas Erdbeeren und Kirschen; frisch, elegant, reintönige Frucht, gute Struktur und Biss **24,- €**

1999: 88; 2000: 85; 2001: 88; 2002: 88; 2003: 89; 2005: 88; 2006: 88.

90 . . . 2004 Spätburgunder Klingenberg
frisch, fruchtbetont, wunderschön reintönig; frisch,elegant, wunderschön reintönige Frucht, gute Struktur und Biss

89 . . . 2005 Spätburgunder Klingenberg
würzig, eindringlich, dezente Reifenoten im Hintergrund; gute Fülle und Substanz, reife klare Frucht, ganz dezente Bitternote im Abgang

89 . . . 2006 Spätburgunder Klingenberg
feine Frische, wunderschön reintönige Frucht, etwas rote Früchte; frisch, harmonisch, elegant, kraftvoll und füllig, gute Struktur und Biss **27,- €**

89 . . . 2007 Spätburgunder Klingenberg
gute Konzentration, reife Frucht, herrlich eindringlich; klar, kraftvoll, gute Struktur, feine Frische, viel Substanz, Fülle, gute Länge

92 . . . 2007 Frühburgunder „R" Centgrafenberg
konzentriert, herrlich eindringlich, faszinierend viel Frucht, ganz feine rauchige Noten, reintönig; füllig, harmonisch, herrlich viel Frucht, elegant, viel Finesse, wunderschön lang und nachhaltig

1999: 92; 2000: 88; 2001: 90; 2002: 90; 2003: 91; 2004: 91; 2005: 90; 2006: 90.

93 . . . 2005 Spätburgunder „R" Centgrafenberg
(Großes Gewächs) feine rauchige Noten, herrlich reintönige Frucht, faszinierend eindringlich; harmonisch, elegant, reintönige Frucht, viel Finesse, Länge und Nachhall (kein aktueller Jahrgang)

92 . . . 2007 Spätburgunder „R" Centgrafenberg
(Großes Gewächs) faszinierend viel Frucht, feine rauchige Noten, wunderschön reintönig, konzentriert. herrlich eindringlich; konzentriert, füllig, herrlich elegant, frisch, wunderschön reintönig, lang, nachhaltig

1999: 92; 2000: 89; 2001: 90; 2002: 91; 2003: 93; 2004: 92; 2006: 90.

93 . . . 2004 Spätburgunder „R" „Hunsrück" Centgrafenberg
(Großes Gewächs) konzentriert, dominant, faszinierend viel Frucht, herrlich eindringlich und reintönig; stoffig, kraftvoll, elegant, viel reife Frucht, jugendlich, nachhaltig **30,- €**

94 . . . 2007 Spätburgunder „R" „Hunsrück" Centgrafenberg
(Großes Gewächs) viel Konzentration, faszinierend viel Frucht, herrlich eindringlich und dominant, reintönig, rauchige Noten; kraftvoll, stoffig, enorm konzentriert und doch komplex, lang, viel Nachhall und Potenzial

★★★

Fritz **Funk**

Weingut

Württemberg

Friedhofstraße 25, 74369 Löchgau
Postadresse: Finkenweg 13
***Tel.** 07143-7666, **Fax**: 07143-24873*
www.weinbau-fritz-funk.de
info@weinbau-fritz-funk.de
***Besuchszeiten**: nach Vereinbarung*
Besenwirtschaft (2 x im Jahr für 4 Wochen geöffnet, Jan./Febr. und Sept.)

Inhaber .... Fritz Funk
Rebfläche .... 2,2 Hektar

Das Weingut Funk ist ein kleiner Betrieb in Löchgau, der bis 1987 seine Trauben an die Felsengartenkellerei Besigheim abgeliefert hatte. Die Weinberge von Fritz Funk liegen alle in der Gemeinde Löchgau, wo die Reben auf Keuper- oder Muschelkalkböden wachsen. Trollinger, Riesling, Lemberger, Schwarzriesling und Spätburgunder sind die wichtigsten Rebsorten, dazu gibt es etwas Dornfelder, sowie die zuletzt angelegten Sorten Cabernet Dorio, Zweigelt und Kerner. Alle Weine werden durchgegoren und kompromisslos trocken ausgebaut. Die im Barrique ausgebauten Rotweine füllt Fritz Funk alle unfiltriert ab, ebenso einige andere Rotweine. 95 Prozent der Weine werden an Privatkunden verkauft.

Vor zwei Jahren standen in einer starken Kollektion die kraftvollen Barriquerotweine aus dem Jahrgang 2004 an der Spitze. Die letztjährige Kollektion bestach durch ihre Ausgewogenheit, alle Weine waren kraftvoll und klar. Noch besser gefällt uns der neue Jahrgang, die Weißweine besitzen Fülle und Struktur, die Rotweine sind herrlich kraftvoll und kompromisslos vinifiziert, vor allem die beiden 2008er – Pinot Meunier und Cabernet Dorio – haben uns überrascht: Eine starke Kollektion!

Weinbewertung

85 . . . 2008 Riesling Spätlese trocken
feine Würze, klare Frucht; füllig, kraftvoll, geradlinig, gute Struktur und Frucht **6,- €**
2005: 86; 2006: 85; 2007: 84.

86 . . . 2008 Kerner Auslese trocken
frisch, fruchtbetont, etwas Zitrus, klare reife Frucht; füllig, harmonisch, dominant, gute Struktur und Frische **8,- €**

85 . . . 2007 Zweigelt Spätlese trocken Holzfass
sieben Monate Holzfassausbau, unfiltriert abgefüllt; frisch, würzig, klare reife Frucht; frisch, direkt, reintönige Frucht, gute Struktur und Frische **6,50 €**

86 . . . 2007 Spätburgunder Auslese trocken Holzfass
zwölf Monate Holzfassausbau, unfiltriert abgefüllt; fruchtbetont, intensiv, viel reife Frucht; klar, frisch, reife Frucht, gute Struktur **9,- €**

87 . . . 2006 Spätburgunder Spätlese trocken Barrique
zwanzig Monate Barriqueausbau; würzig, eindringlich, reife Frucht, dezenter Toast; füllig, harmonisch, reintönige Frucht, gute Struktur und Frische **11,- €**
2004: 86; 2005: 86.

87 . . . 2006 Lemberger Spätlese trocken Barrique
zwanzig Monate Barriqueausbau; fruchtbetont, intensiv, herrlich eindringlich; klar, frisch, fruchtbetont, gute Struktur, jugendliche Tannine **12,- €**
2003: 84; 2004: 87; 2005: 87.

87 . . . 2006 „Duett in Rot" Spätlese trocken Barrique
60 % Lemberger und 40 % Spätburgunder, 25 Monate Barriqueausbau; frisch, würzig, fruchtbetont, rote Früchte; klar, frisch, zupackend, gute Fülle und Struktur **12,- €**
2004: 88; 2005: 86.

88 . . . 2007 Pinot Meunier Auslese trocken Barrique
achtzehn Monate Barriqueausbau; reintönige reife Frucht, herrlich eindringlich und konzentriert, dezent Vanille und Toast; füllig, harmonisch, kraftvoll, viel reife Frucht, Substanz, gute Struktur **14,- €**

88 ... 2007 Cabernet Dorio Auslese trocken Barrique
achtzehn Monate Barriqueausbau; gute Konzentration, viel reife Frucht, etwas Cassis, herrlich eindringlich; füllig, kraftvoll, konzentriert, reife Frucht, etwas Cassis, gute Struktur **16,- €**

82 2008 Trollinger Kabinett trocken **4,80 €/1l**

★

Albert **Gälweiler**

Weingut

Nahe

Mühlenstraße 6, 55595 St. Katharinen
Tel. 06706-405, Fax: 06706-6786
www.gaelweiler-wein.de
info@gaelweiler-wein.de
Besuchszeiten: nach Vereinbarung

Inhaber .... Andreas und Dr. Leo Gälweiler
Rebfläche .... 14 Hektar

1834 erbaute Johann Gälweiler den Hof in St. Katharinen. Heute führen Andreas und Leo Gälweiler den Betrieb. Sie bauen eine Vielzahl von Rebsorten an: Riesling, Grauburgunder, Weißburgunder, Müller-Thurgau, Silvaner, Gewürztraminer, Bacchus, Scheurebe, Spätburgunder, Dornfelder und Regent.

Weinbewertung

85 ... 2007 Grauburgunder Spätlese trocken St. Kathariner Fels
Barriqueausbau; konzentriert, Toast, reife Frucht; füllig, harmonisch, Substanz, viel Vanille **9,80 €**

82 2008 Sauvignon Blanc trocken St. Kathariner Fels **6,80 €**
81 2008 Grauburgunder trocken Kreuznacher Kahlenberg **5,80 €**
82 2008 Riesling „vom roten Sandstein" trocken Roxheimer Höllenpfad **5,80 €**
82 2007 Blauer Spätburgunder trocken St. Kathariner Fels **6,20 €**

★★

Gallé

Weingut

Rheinhessen

Langgasse 69, 55237 Flonheim
Tel. 06734-8961, 06734-6676
www.weingut-galle.de
o.galle@web.de
Besuch nach Vereinbarung

Inhaber .... Klaus und Ortrud Gallé
Rebfläche .... 16 Hektar

1995 haben Klaus und Ortrud Gallé ein damals 5 Hektar großes Weingut in Flonheim gekauft und nach und nach auf die heutige Fläche erweitert. Ihre Weinberge liegen in der Uffheimer Lage La Roche, in den Flonheimer Lagen Rotenstein, Klostergarten und Binger Berg, im Erbes-Büdesheimer Vogelsang, sowie in den Gemarkungen Badenheim, Pleitersheim und Wöllstein. An roten Sorten, 30 Prozent der Rebfläche, gibt es Spätburgunder, Dornfelder, Portugieser, Dunkelfelder, Cabernet Sauvignon und St. Laurent. Beim Weißwein überwiegen Riesling und die Burgundersorten, hinzu kommen Silvaner, Chardonnay und Sauvignon Blanc.

Vor zwei Jahren wurde die Kollektion einmal mehr angeführt von kraftvollen Rotweinen aus den Jahrgängen 2004 und 2005. Auch in der letztjährigen Kollektion lagen die Stärken eindeutig im roten Segment, Klaus Gallé hatte sich auch im schwierigen Jahrgang 2006 gut behauptet. Vergleichbar ist das Bild nun in diesem Jahr: Starke Rotweine ragen heraus aus einer ansonsten etwas verhaltenen Kollektion.

Weinbewertung

87 . . . 2007 Portugieser trocken Flonheimer Rotenpfad
gute Konzentration, feine Würze und Frucht, herrlich eindringlich; füllig, stoffig, viel reife Frucht, viel Substanz, Schokolade, jugendliche Bitternote **21,- €**
2001: **86**; 2002: **87**; 2003: **88**; 2004: **87**; 2005: **86**; 2006: **85**.

87 . . . 2007 Spätburgunder trocken Flonheimer Klostergarten
gute Konzentration, viel reife Frucht, herrlich eindringlich und klar; weich, füllig, harmonisch, viel reife Frucht und Substanz **24,- €**
2005: **86**; 2006: **86**.

78 2008 Silvaner trocken **4,40 €/1l**
83 2008 Riesling trocken **5,50 €**
83 2008 Sauvignon Blanc trocken **8,50 €**
82 2008 Riesling Spätlese trocken Uffhofener La Roche **8,50 €**
80 2008 Blanc de Noir **5,50 €**
79 2007 Spätburgunder trocken **5,50 €**
83 2007 „Furioso" Rotwein trocken **9,50 €**

Garage ★
Winery

Rheingau

Friedensplatz 12, 65375 Oestrich-Winkel
Tel. 06723-603340, Fax: 06723-601530
www.garage-winery.com
info@garage-winery.com
Besuchszeiten: nach Vereinbarung

Geschäftsführer ... Anthony Robert Hammond
Rebfläche ... 4,5 Hektar

Anthony Hammond ist Restaurantfachmann, hat eine Winzerausbildung gemacht und Betriebswirtschaft studiert. Mit zwei Mitstreitern gründete er im Jahr 2000 seine Garage Winery in Oestrich-Winkel. In zehn verschiedenen Lagen zwischen Winkel und Rüdesheim baut er neben Riesling die Burgundersorten und Chardonnay, aber auch Traminer an.

Die 2006er wirkten animierend – und die 2007 machen mit ihrer Frische Spaß. Die 2008er sind ein wenig verhalten, das wilde Ding aber gefällt uns gut.

Weinbewertung

85 . . . 2008 „Wild Thing" Riesling Spätlese
würzig, eindringlich, feiner Duft, gute Konzentration; füllig, harmonisch, reife Frucht, gute Struktur und Substanz

83 2008 „Garage No.8" trocken
81 2008 Riesling trocken
81 2008 Traminer trocken
81 2008 Riesling Spätlese „Sugar Babe" Rüdesheimer Burgweg
82 2008 „Rosamunde" Rosé

Karl-Heinz Gaul ★★
Weingut

Pfalz

Bärenbrunnenstraße 15, 67269 Grünstadt-Sausenheim
Tel. 06359-84569, Fax: 06359-87498
www.weingut-gaul.de
Infoweingut-gaul.de
Besuchszeiten: Mo.-Fr. 8-12 + 13-18 Uhr, Sa. 9-15 Uhr
Ferienwohnungen

Inhaber ... Karl-Heinz Gaul
Rebfläche ... 14,3 Hektar

Das Weingut Karl-Heinz Gaul ist in den neunziger Jahren entstanden, als der elterliche Betrieb in Sausenheim geteilt wurde. Die Weinberge von Karl-Heinz Gaul liegen vor allem in Sausenheim und Asselheim, wo die Böden teils sandigen Lehm, teils Kalkstein aufweisen. Wichtigste Rebsorte bei Karl-Heinz Gaul ist Riesling. Dazu kommen Spätburgunder, Dunkelfelder, Sankt Laurent, Portugieser und Schwarzriesling. Bei den weißen Sorten folgen Weißburgunder und Müller-Thurgau. Zuletzt hat Karl-Heinz Gaul auch Sorten wie Cabernet Cubin und Cabernet Mitos, sowie Auxerrois gepflanzt.

Die weißen Spätlesen überzeugten 2006, allen voran der Riesling aus dem Neuleininger Schlossberg. Eine sehr geschlossene Kollektion präsentierte Karl-Heinz Gaul mit dem Jahrgang 2007, Rieslinge und Burgunder überzeugten gleichermaßen. Noch besser aber gefiel uns der barriqueausgebaute Spätburgunder aus dem Jahrgang 2006. Sehr geschlossen präsentiert sich auch die neue Kollektion, egal ob weiß oder rot, trocken oder süß.

Weinbewertung

86 . . . 2008 Riesling Spätlese trocken „KD" Neuleininger Schlossberg
viel reife Frucht, etwas gelbe Früchte, herrlich eindringlich; füllig, harmonisch, viel Substanz und Frucht **9,20 €**

86 . . . 2008 Riesling Spätlese „KD" Neuleininger Schlossberg
gute Konzentration, klare reife Frucht, herrlich eindringlich; weich, harmonisch, feine süße Frucht, Substanz und Frische **9,50 €**

87 . . . 2008 Huxelrebe Beerenauslese Sausenheimer Honigsack
viel Duft, etwas Rhabarber; füllig, konzentriert, viel Stoff, reife süße Frucht **10,50 €**

85 . . . 2007 Spätburgunder trocken Barrique Asselheimer Schloss
frisch, rauchige Noten, klare Frucht; klar, frisch und zupackend, etwas Vanille, gute Struktur, jugendlich **12,50 €**

85 . . . 2007 Saint Laurent trocken Barrique Sausenheimer Honigsack
viel Konzentration, etwas Gewürze, dezent rauchige Noten; füllig, kraftvoll, reife Frucht, Substanz und Struktur **14,- €**

---

79 2008 Riesling trocken **4,- €/1l**
79 2008 Grauburgunder Kabinett trocken Sausenheimer Höllenpfad **5,80 €**
80 2008 Riesling Kabinett trocken Asselheimer St. Stephan **5,80 €**
82 2008 Weißburgunder Spätlese trocken Sausenheimer Honigsack **7,80 €**
83 2008 Riesling Spätlese trocken Sausenheimer Honigsack **8,- €**
83 2008 Gewürztraminer Spätlese trocken „KD" Neuleininger Schlossberg **9,- €**
81 2008 Portugieser trocken Sausenheimer Honigsack **6,- €**

★★☆

Matthias **Gaul**

Weingut St. Stephanshof

Pfalz

Weinstraße 10, 67269 Grünstadt-Asselheim
Tel. 06359-3668, Fax: 05359-86575
www.gaul-weine.de
gaul@gaul-weine.de
Besuchszeiten: Mo.-Sa. 8-12 + 13-18 Uhr

Inhaber .... Matthias Gaul
Rebfläche .... 18 Hektar

Werner Gaul hatte in den siebziger Jahren den damaligen Gemischtbetrieb auf Weinbau spezialisiert und von Fass- auf Flaschenweinvermarktung umgestellt. Nach Studium und Auslandsaufenthalten hat

Matthias Gaul 1995 den elterlichen Betrieb mit damals 8 Hektar Reben übernommen. 60 Prozent seiner Weinberge nehmen weiße Sorten ein, Riesling vor allem, aber auch Grauburgunder, Chardonnay , Weißburgunder und Sauvignon Blanc. Wichtigste rote Rebsorten sind Spätburgunder und Dornfelder, hinzu kommen Cabernet Sauvignon und Cabernet Franc. Die Rotweine werden 8 bis 21 Tage auf der Maische vergoren und im Holz ausgebaut, die Weißweine im Edelstahl, der Chardonnay auch im Barrique.

Vor zwei Jahren hatten die Rotweine weiter zugelegt, die Weißweine behaupteten sich gut im schwierigen Jahrgang 2006. Eine sehr homogene Kollektion präsentierte Matthias Gaul im vergangenen Jahr, die Rieslinge besaßen Substanz und Kraft. Auch 2008 führen die trockenen Rieslinge eine überzeugende, homogene Kollektion an, die roten Barriqueweine aus den Jahrgängen 2006 und 2007 besitzen Substanz und Kraft.

Weinbewertung

85 . . . 2008 Sauvignon Blanc trocken
gute Konzentration, herrlich eindringliche Frucht, etwas Stachelbeeren; füllig, kraftvoll, gute Substanz, viel reife süße Frucht **9,80 €**

85 . . . 2008 „Pas de Deux" Weißwein trocken
Weißburgunder und Chardonnay; gute Konzentration, feine rauchige Noten, dezent Vanille; füllig, harmonisch, viel reife süße Frucht **8,90 €**

85 . . . 2008 Riesling trocken Sonnenberg
gute Konzentration, reintönige Frucht, etwas gelbe Früchte und Zitrus; klar, harmonisch, füllig, Substanz und Biss **6,90 €**

88 . . . 2008 Riesling trocken „Steinrassel"
von 50 Jahre alten Reben; konzentriert, würzig, herrlich eindringlich, feine mineralische Noten, dominant; füllig, kraftvoll, herrlich viel Frucht und Substanz, Frische **12,50 €**

87 . . . 2008 Riesling trocken Kallstadter Saumagen
gute Konzentration, feine Würze und Frucht, herrlich eindringlich, etwas gelbe Früchte; füllig, harmonisch, viel reife süße Frucht, gute Substanz **12,50 €**
2006: 86; 2007: 87.

86 . . . 2006 Spätburgunder Schloss
rauchige Noten, reintönige Frucht, gute Konzentration; klar, frisch, elegant, reife Frucht und gute Struktur **18,- €**

85 . . . 2006 Cabernet Sauvignon
rauchige Noten, Gewürze, reife rote Früchte; weich, füllig, harmonisch, klare reife Frucht **18,- €**

86 . . . 2007 Cabernet Franc
etwas Gewürze, Kräuter, klare Frucht; füllig, kraftvoll, reife Frucht, gute Substanz, Vanille **18,- €**
2003: 86; 2005: 89.

82 2008 Grauburgunder trocken **4,90 €**
82 2008 Riesling „t'c" trocken **6,90 €**
83 2008 „Palataia" Pinot Noir **7,90 €**
82 2007 „Pas de Deux" Rotwein trocken **7,90 €**

★★

Gehrig
Weingut

Pfalz

Ostring 4, 67256 Weisenheim am Sand
Tel. 06353-8073, Fax: 06353-1730
www.weingut-gehrig.de
weingut.gehrig@t-online.de
Besuchszeiten: Fr. 9-18:30 Uhr, Sa. 9-14 Uhr
Weinstuben (bis 150 Personen)

Inhaber .... Rainer Gehrig
Rebfläche .... 14 Hektar

Rainer Gehrig hat das Weingut 1995 von seinem Vater übernommen. 65 Prozent seiner Rebfläche nehmen rote Sorten wie Dornfelder, Cabernet Sauvignon, Spätburgunder oder Dunkelfelder ein. Bei den weißen Sorten gibt es neben Riesling auch Chardonnay, Sauvignon Blanc, Müller-Thurgau und Grauburgunder. Die Rotweine werden nach recht langen Maischestandzeiten in neuen oder gebrauchten Barriques ausgebaut, in der Regel aus Alliereiche.

Die 2006er Weißweine waren jahrgangsbedingt etwas verhaltener, Rotweine und Sekte überzeugten aber wie gewohnt. 2007 präsentierten sich die Weißweine frisch und reintönig, der Sekt besaß Substanz und Fülle. Auch in der neuen, ansonsten sehr gleichmäßigen Kollektion gefällt uns der Sekt besonders gut.

Weinbewertung

87 ... 2006 Pinot Blanc de Noir Sekt Brut
feine Würze und Duft, Frische; füllig, harmonisch,m viel reife Frucht und Substanz **12,50 €**
1999: 88; 2001: 85; 2003: 89; 2004: 85; 2005: 86.

85 ... 2008 Rieslaner Auslese
würzig, klare reife Frucht, dezent Grapefruit; süß, konzentriert, dick, süße Zitrusfrüchte **12,50 €**

85 ... 2007 „Ducat" Rotwein trocken Barrique
viel Duft, Gewürze, Kaffee; Kraft, Struktur und Tannine, eindringlich **13,50 €**
1999: 86; 2003: 87; 2004: 87; 2005: 84.

82 2008 Riesling Kabinett trocken **5,90 €**
83 2008 „Noem" Grauburgunder **7,90 €**
82 2008 Riesling „Nina" trocken **8,50 €**
81 2008 Merlot Blanc de Noir trocken **9,80 €**
81 2008 „Le Sauvage" Sauvignon Blanc trocken **9,80 €**
84 2008 Sauvignon Blanc „vom" Weisenheimer Burgweg **19,50 €**
81 2007 „Palatino" Rotwein trocken **5,90 €**
82 2007 „David G." Rotwein trocken Holzfass **9,80 €**
84 2007 Pinot Noir trocken Holzfass **12,90 €**

★

Gehring
Weingut

Rheinhessen

Außerhalb 17, 55283 Nierstein
Tel. 06133-5470, Fax: 06133-927489
www.weingut-gehring.com
info@weingut-gehring.com
Besuchszeiten: Mo.-Fr. 8-12 Uhr, Vinothek 17-19 Uhr
Gutsschänke „Vini Vita", 80 Plätze (Elsässer Küche, Di.+Mi. Ruhetag)
Ferienappartments

Inhaber .... Theo Gehring
Rebfläche .... 10,5 Hektar

Theo Gehring hat den elterlichen Betrieb 1995 übernommen. Als erstes hat er neue Gärkühltanks angeschafft, im Jahr darauf dann zweieinhalb Hektar Riesling im Roten Hang hinzugepachtet. Wichtigste Rebsorte ist Riesling, der die Hälfte der Fläche einnimmt. Hinzu kommen jeweils 20 Prozent Burgunder und rote Sorten. 2001 haben Theo und Diana Gehring einen Aussiedlerhof (komplettes Weingut mit Weinbergen und Inventar) erworben, in dem sie ihre Gutsschänke eingerichtet haben.

2006 überzeugten vor allem die trockenen Lagenrieslinge, wobei der aus dem Ölberg deutlich herausragte. Eine sehr homogene Kollektion ohne Spitzen schloss sich 2007 an. 2008 wurde die Ausstattung geändert, Theo Gehring kennzeichnet nun die verschiedenen Weinlinien mit Farben: Gutsweine (bronze), Lagenweine (silber) und Premiumlagenweine (gold). Qualitativ allerdings bleibt 2008 deutlich hinter den Vorjahren zurück.

Weinbewertung

78 2008 Riesling trocken **4,30 €/1l**
78 2008 Weißburgunder trocken **4,30 €/1l**

80 2008 Grauburgunder trocken **5,20 €**
81 2008 „Hillside" Riesling trocken **5,20 €**
81 2008 Riesling trocken Niersteiner Auflangen **6,90 €**
79 2008 Spätburgunder Blanc de Noir trocken **5,60 €**

★

Elisabeth u. Norbert **Geier**

Weingut

Baden

Baugasse 10, 97953 Königheim
***Tel.** 09341-4539, **Fax:** 09341-61166*
www.oekoweingut-geier.de
oekoweingut-geier@t-online.de
***Besuchszeiten:** Mo.-Fr. 13-19 Uhr, Sa. 9-16 Uhr*
Besenwirtschaft (Frühjahr und Herbst), Weinbergsbegehungen

Inhaber .... Norbert Geier
Rebfläche .... 5,5 Hektar

Die Weine von Norbert Geier kommen alle von den Muschelkalkböden der Lage Königheimer Kirchberg. Seit 1990 werden die gesamten Weinberge nach ökologischen Grundsätzen bewirtschaftet (Mitglied bei Ecovin). An weißen Sorten gibt es Müller-Thurgau, Silvaner, Riesling, Weißburgunder, Johanniter, Kerner und Bacchus, an roten Sorten Dornfelder, Regent und Schwarzriesling. Die Weine werden überwiegend trocken und halbtrocken ausgebaut. Im Frühjahr und Herbst wird die rustikale Besenwirtschaft geöffnet, wo es zu Weinen und Sekten des Hauses tauberfränkische Spezialitäten gibt.

Vor zwei Jahren favorisierten wir Johanniter und Weißburgunder. Die letztjährige Kollektion war gleichmäßig, bot aber keine Spitzen. Sehr homogen ist nun auch die neue Kollektion, am besten gefällt uns die rote Cuvée aus dem Jahrgang 2007.

Weinbewertung

79 2008 Weißburgunder Kabinett trocken Königheimer **5,30 €**
81 2008 Riesling Kabinett trocken Königheimer **5,30 €**
82 2008 Johanniter Spätlese trocken Königheimer **6,- €**
80 2008 Schwarzriesling Rosé trocken Königheimer **4,90 €**
81 2008 Schwarzriesling trocken Königheimer **5,20 €**
82 2008 Regent trocken Königheimer **6,20 €**
84 2007 Rotwein-Cuvée trocken Barrique Königheimer **9,80 €**

★★★

Geil's

Sekt- und Weingut Rudolf und Birg

Rheinhessen

Zeller Straße 8, 67593 Bermersheim bei Worms
***Tel.** 06244-4413, **Fax:** 06244-57384*
www.geils.de
mail@geils.de
***Besuchszeiten:** Mo.-Sa. nach Vereinbarung*

Inhaber .... Rudolf und Birgit Geil
Rebfläche .... 13,5 Hektar

Bereits 1987 begannen Rudolf und Birgit Geil mit der Herstellung eigener Sekte nach der Methode Champenoise. Seit 1989 bauen sie Weine im Barrique aus. Zuletzt haben sie verstärkt auf rote Rebsorten gesetzt. Bereits seit 1995 gibt es Merlot und Cabernet Sauvignon, inzwischen auch Frühburgunder. Letzter Neuzugang im Sortenspiegel ist der Gelbe Muskateller.

Vor zwei Jahren überzeugte die letztjährige Kollektion vollauf. Die Sekte zeigten Harmonie und Fülle, die Weißweine waren saftig und klar, die Rotweine besaßen Struktur. Sehr konsistent präsentierte sich dann im vergangenen Jahr das Programm, egal ob Weißwein, Rotwein oder Sekt, trocken oder süß. In der starken aktuellen Kollektion nun haben wir einen eindeutigen Favoriten, den hervorragenden 2006er Spätburgunder aus dem Bürgel.

Weinbewertung

87 . . . 2005 Blanc de Noirs Sekt Brut
fruchtbetont, feine Frische, etwas Aprikosen; gute Fülle, Substanz, Frische, feine süße Frucht **13,20 €**

88 . . . 2007 „PINOT3" Sekt Brut
Spätburgunder weißgekeltert, Weißburgunder und Grauburgunder; gute Konzentration, viel reife Frucht, gelbe Früchte, herrlich eindringlich; füllig, harmonisch, viel Substanz, reife Frucht, feine Frische, Länge **15,20 €**

85 . . . 2008 Weißburgunder trocken Bermersheim Hasenlauf
würzig, klar, reife Frucht; füllig, harmonisch, reife süße Frucht, gute Substanz und Länge **5,30 €**

85 . . . 2008 Gelber Muskateller trocken
frisch, fruchtbetont, Muskat, Zitrus, reintönig; klar, frisch, zupackend, feine süße Frucht **6,60 €**

87 . . . 2008 Chardonnay trocken
gute Konzentration, reife Frucht, etwas Ananas, gelbe Früchte; füllig, harmonisch, viel reife süße Frucht, feine Frische **6,70 €**

86 . . . 2008 Grauburgunder „S" trocken
gute Konzentration, feine Würze, reife Frucht; weich, füllig, harmonisch, reife süße Frucht, feine Frische **9,30 €**

87 . . . 2007 Cuvée Pinot „S" trocken
Weißburgunder, Grauburgunder und Chardonnay; gute Konzentration, viel reife Frucht, dezent Vanille; gute Fülle und Substanz, reife Frucht, harmonisch und lang **13,60 €**

86 . . . 2007 Merlot trocken Dalsheimer Sauloch
feiner Duft, Würze, reife Frucht; klar, füllig, kraftvoll, reife Frucht, Struktur **8,- €**

85 . . . 2007 Cuvée „NOCTURNE" Rotwein trocken
Spätburgunder, Merlot, Dornfelder und Cabernet Sauvignon, Barriqueausbau; viel Würze und Duft; füllig, harmonisch, reife Frucht, rote Früchte **10,- €**

90 . . . 2006 Spätburgunder trocken Dalsheimer Bürgel
feine rauchige Noten, herrlich reintönige Frucht, gute Konzentration, faszinierend klar; elegant, viel reife reintönige Frucht, feine Frische, gute Struktur und Konzentration, viel Länge **22,50 €**
2004: 88; 2005: 87.

82 2008 Rivaner trocken **4,20 €**
84 2008 Riesling „S" trocken **9,70 €**

★

Helmut **Geil**
Weingut

Rheinhessen

Am Römer 26, 55234 Monzernheim
Tel. 06244-220, Fax: 06244-57489
www.weingut-helmut-geil.de
info@weingut-helmut-geil.de
Besuchszeiten: Mo.-Fr. 8-18 Uhr, Sa. 8-16 Uhr
Gästezimmer

Inhaber .... Helmut Geil
Rebfläche .... 9 Hektar

Helmut Geil baut neben den klassischen Sorten wie Riesling, Grauburgunder, Weißburgunder und Müller-Thurgau auch Neuzüchtungen wie Kerner, Scheurebe, Bacchus und Albalonga an. Die wichtigsten roten Sorten sind Dornfelder, Portugieser, Spätburgunder und St. Laurent. Das Programm gliedert sich in Basisweine (Bonus), Lagenweine (Melior) und Spitzenweine (Optimus). Die Weine der Linie „Nachwuchs" werden von den Brüdern Andreas und Peter Geil vinifiziert.

Nach jahrgangsbedingt schwächeren 2006er Weinen war 2007 gleichmäßig. Die neue Kollektion bietet nun in der Spitze mehr mit einer stoffigen Beerenauslese und einem kompromisslos vinifizierten Riesling „Nachwuchs".

Weinbewertung

85 . . . 2008 Riesling „Nachwuchs" trocken Westhofener Kirchspiel

viel Würze, gute Konzentration, klare Frucht; füllig, harmonisch, reife Frucht, Substanz und Kraft **9,- €**

87 . . . 2008 Huxelrebe Beerenauslese „Optimus" Bechtheimer Hasensprung

konzentriert, etwas Rhabarber, eingelegte süße Aprikosen, Orangenschalen; süß, konzentriert, herrlich stoffig, klar und frisch **11,- €/0,5l**

---

79 2008 Grauburgunder „Melior" trocken Westhofener Kirchspiel **6,90 €**

80 2008 Riesling „Melior" trocken Westhofener Kirchspiel **6,90 €**

78 2008 Weißburgunder „Melior" trocken Bechtheimer Hasensprung **6,90 €**

84 2007 Spätburgunder „Melior" trocken Monzernheimer Goldberg **9,- €**

Oekonomierat ★★

Johann Geil I. Erben

Weingut

Rheinhessen

Kuhpfortenstraße 11, 67595 Bechtheim

***Tel.** 06242-1546, **Fax:** 06242-6935*

www.weingut-geil.de

info@weingut-geil.de

***Besuchszeiten:** Mo.-Fr. 8-12 + 13-17 Uhr u. n. V.*

Inhaber . . . . Johannes und Karl Geil-Bierschenk

Rebfläche . . . . 32 Hektar

1871 kaufte Georg Geil das Stammhaus nahe der ehemaligen Dorfgrenze von Bechtheim. Sein Sohn Georg, Namensgeber des Weingutes, war Bürgermeister und Mitbegründer der Winzergenossenschaft. Monika und Karl Geil-Bierschenk führen heute das Gut, unterstützt von Sohn Johannes, Geisenheim-Absolvent, der für den Keller verantwortlich ist. Die Weinberge befinden sich in den verschiedenen Bechtheimer Lagen wie Geyersberg (beste Lage nach Einschätzung des Weingutes), Rosengarten, Hasensprung, Heiligkreuz und Stein. Wichtigste weiße Rebsorte ist Riesling mit einem Anteil von gut 30 Prozent, gefolgt von Silvaner, Kerner, Weißburgunder, Chardonnay und Rieslaner. Der Anteil der roten Sorten ist weiter gestiegen. Spätburgunder, Frühburgunder, Dornfelder, Portugieser und inzwischen auch Cabernet Dorsa nehmen etwa ein Viertel der Rebfläche ein. Die Weine werden teils in Edelstahltanks, teils in Holzfässern ausgebaut und recht früh gefüllt.

Seit einem Jahrzehnt nun kennen wir das Weingut und meist haben uns die süßen und edelsüßen Weine etwas besser gefallen als die trockenen. In den letzten Jahren aber deutet der Geyersberg-Riesling an, dass er zum Aushängeschild des Weingutes werden könnte.

Die 2006er Weine waren zurückhaltend, die edelsüßen Weine aber überzeugten wie gewohnt. 2007 war das Bild völlig anders: Die trockenen Weißweine hinterließen einen glänzenden Eindruck, hatten uns noch nie so gut gefallen wie in diesem Jahr, die edelsüßen Weine zeigten sich nicht ganz so brillant wie gewohnt. Auch 2008 gefällt uns der Geyersberg-Riesling besonders gut, die edelsüßen Weine sind enorm stoffig und süß.

Weinbewertung

87 . . . 2008 Riesling trocken GEYERSBERG
gute Konzentration, viel Würze und eindringliche Frucht; füllig, kraftvoll, viel reife Frucht und Substanz
12,50 €

85 . . . 2008 Rieslaner Beerenauslese
viel Duft, feine Würze; süß, dick, konzentriert, viel Stoff **14,90 €/0,375**

86 . . . 2008 Riesling Eiswein
viel Litschi und Duft, dezent Marzipan; konzentriert, stoffig, dick, viel Substanz **22,50 €/0,375**

87 . . . 2008 Huxelrebe Trockenbeerenauslese
viel Duft, gute Konzentration, etwas Trockenfrüchte; süß, dick, konzentriert, enorm dominant, so viel Süße tut weh **25,50 €/0,375**

80 2008 Grüner Silvaner trocken Bechtheimer **5,80 €**
80 2008 Weißburgunder trocken Bechtheimer **5,80 €**
81 2008 Riesling Kabinett trocken Bechtheimer **5,80 €**
84 2008 Scheurebe trocken **6,80 €**
82 2008 Weißburgunder Spätlese trocken Bechtheimer **7,20 €**
80 2008 Riesling Spätlese trocken Bechtheimer Geyersberg **7,50 €**
82 2008 Grüner Silvaner Spätlese „S" trocken Bechtheimer Geyersberg **8,40 €**
82 2008 Riesling Spätlese „feinherb" Bechtheimer Geyersberg **7,50 €**
83 2008 Riesling Spätlese Bechtheimer Geyersberg **7,50 €**
80 2007 Cabernet Dorsa Spätlese trocken Barrique Bechtheimer Pilgerpfad **9,50 €**

Geltz – Zilliken

Weingut Forstmeister

Mosel

siehe Weingut Forstmeister Geltz → **Zilliken**

Gemmrich ★

Weingut

Württemberg

Löwensteiner Straße 34, 71717 Beilstein-Schmidhausen
Tel. 07062-3514, Fax: 07062-23886
www.gemmrich.de
bg@gemmrich.de
Besuchszeiten: Do. ab 14 Uhr, Fr./Sa. ab 8 Uhr oder nach Vereinbarung (oder in Weinstube)
Weinstube (Do. + Fr. ab 18 Uhr, Sa. ab 10 Uhr)

Inhaber .... Bernd und Petra Gemmrich
Rebfläche .... 5,5 Hektar

Wichtigste Rebsorten bei Bernd Gemmrich sind Lemberger und Riesling. Hinzu kommt Regent, der in einer Terrassenlage rein biologisch angebaut wird. Spezialität des Weingutes sind die im traditionellen Verfahren hergestellten Sekte, sowie die über 30 selbst erzeugten Edel- und Wildobstbrände.

In den vergangenen Jahren waren immer die Sekte unsere Favoriten im Programm von Bernd und Petra Gemmrich. Dies gilt einmal mehr in diesem Jahr. Bei den Rotweinen gefällt uns die Holznote nicht immer, weniger wäre da mehr.

Weinbewertung

84 „Sambu-Secco" mit Holunderblütensirup **6,50 €**
83 2007 Lemberger Weißherbst Sekt brut **11,50 €**
84 2007 Muskattrollinger Blanc de Noir Sekt trocken **12,50 €**
81 2008 Riesling Spätlese trocken **8,50 €**
80 2008 Cuvée Weiß Kabinett „feinherb" **4,50 €**
81 2008 „Kontessa" Bronner Auslese **9,90 €**
78 2007 Lemberger Trollinger „Alte Rebe" trocken **5,50 €**
80 2006 „Cerubino" Rotwein trocken Holzfass **6,90 €**
79 2005 Lemberger trocken Holzfass **6,90 €**
82 2003 Lemberger Spätlese trocken Barrique **12,50 €**

78 2008 Trollinger (halbtrocken) **4,90 €/1l**
80 2008 Muskattrollinger „feinherb" **6,- €**

★

Genheimer-Kilz
Weingut

Nahe

Zum Sportfeld 6, 55595 Gutenberg
Tel. 06706-8633, Fax: 06706-6319
www.genheimer-kiltz.de
info@genheimer-kiltz.de
Besuchszeiten: 9-17 Uhr oder nach Vereinbarung
Gästehaus

Inhaber .... Georg und Gerlinde Kilz
Rebfläche .... 9,8 Hektar

Die Weinberge von Georg und Gerlinde Kilz liegen überwiegend im Gräfenbachtal in den Gutenberger Lagen St. Ruppertsberg (sandige, teils steinige Lehmböden), Schlossberg (rötlicher, sandig-kiesiger Lehmboden) und Römberg (lehmiger Sand, sandig-kiesiger Lehm). Weitere Weinberge besitzen sie in den Kreuznacher Lagen Hinkelstein (feinsandige Lehmböden) und Narrenkappe (verschiedene Lehmarten, teils Kies und Schotter). Sie bauen vor allem Riesling, Müller-Thurgau, Weißburgunder und Grauburgunder an, aber auch Sauvignon Blanc. An roten Sorten gibt es Dornfelder, Spätburgunder und Regent. Seit 2001 ist Harald Kilz für den Keller verantwortlich.

Weinbewertung

85 ... 2007 Pinot Noir Barrique Schlossberg
rauchige Noten, etwas Gewürze, reife Frucht; füllig, harmonisch, viel süße Frucht **16,80 €**

81 2008 Riesling trocken **5,10 €**
79 2008 Grauburgunder **5,30 €**
81 2008 Sauvignon Blanc **6,70 €**
83 2008 Grauburgunder „Aurum" Narrenkappe **7,20 €**
83 2008 Sauvignon Blanc „Aurum" Römerberg **8,20 €**
83 2008 Riesling „Alte Reben" Kreuznacher Hinkelstein **8,20 €**
78 2008 Weißburgunder „feinherb" **5,30 €**
81 2008 Riesling Spätlese Gutenberger Schlossberg **8,20 €**
82 2007 Pinot Noir Barrique Gutenberger Schlossberg **10,80 €**

★★

George
Weingut

Rheingau

Winkelerstraße 111, 65366 Geisenheim
Tel. 06722-980343, Fax: 06722-980344
www.wagenitz.de
info@wagenitz.de
Besuchszeiten: nach Vereinbarung

Inhaber .... Jutta und Jürgen Wagenitz
Rebfläche .... 2 Hektar

Es handelt sich hier nicht um einen Traditionsbetrieb, sondern um ein vergleichsweise neues Weingut. Erst 1994 haben Jutta und Jürgen Wagenitz mit dem Weinbau begonnen, inzwischen werden auf knapp zwei Hektar Riesling und Spätburgunder geerntet. Spezialisiert hat man sich auf trockene Weine, was einige fruchtsüße Rieslinge und in Jahren wie 2003 auch edelsüße Spezialitäten nicht ausschließt. Bei den Weißweinen ist eine langsame, gekühlte Gärung Grundprinzip.

Aus dem Jahrgang 2006 wurden lediglich drei Weine vorgestellt – allesamt sauber, klar und charaktervoll. Die 2007er konnten da nicht ganz anschließen, präsentierten sich aber als würzige, individuelle Rieslinge. Aus dem Jahrgang 2008 stellt Jürgen Wagenitz würzige, noch etwas unzugängliche Rieslinge vor.

Weinbewertung

85 . . . 2008 Riesling trocken „Alte Reben" Geisenheimer Mönchspfad
frisch, hefig, etwas Zitrus; viel Würze, noch etwas unruhig, kompromisslos trocken, feine Säure **6,50 €**

85 . . . 2008 Riesling trocken Rüdesheimer Berg Rottland
frisch, zarte Frucht; viel Würze, stoffig, gute Länge, animierend (85+? Punkte) **8,50 €**

87. . . 2007 Riesling Spätlese Rüdesheimer Bischofsberg
jugendliche Frucht, etwas Kräuter; straff, würzig, viel Struktur, Finesse, gute Länge **7,90 €**

80 2008 Riesling trocken **4,90 €/1l**
84 2008 Riesling trocken Rüdesheimer Bischofsberg **7,20 €**
82 2008 Riesling „Villa Clara" **5,30 €**

★★

Stefan Gerhard
Weingut

Rheingau

Waldbachstraße 4, 65347 Hattenheim
Tel. 06723-999510, Fax: 06723-999511
www.weingut-gerhard.com
weinkommission.stefan.gerhard@t-online.de
Besuchszeiten: täglich nach Voranmeldung
Straußwirtschaft (Juli/August)

Inhaber .... Stefan Gerhard
Rebfläche .... 1,8 Hektar

Das Weingut von Stefan Gerhard gehört zu den kleineren Betrieben der Region, hat sich aber trotzdem in den letzten Jahren mit seinen überwiegend trockenen, kraftvollen Weinen einen Namen gemacht. Stefan Gerhard hat seine Weinberge in den Hattenheimer Lagen Hassel, Schützenhaus, Engelmannsberg und Wisselbrunnen, angebaut werden außer Riesling auch Spätburgunder und Sauvignon Blanc.

2006 ragte der Riesling „Alte Reben" deutlich aus dem guten Sortiment heraus. 2007 präsentierte Stefan Gerhard einen nach Spargel duftenden, sehr würzigen, noch arg jungen Sauvignon Blanc sowie gelungene Rieslinge. Die 2008er sind schlank und frisch, etwas verhalten.

Weinbewertung

83 2008 Sauvignon blanc trocken Hallgartener Jungfer **9,80 €**
83 2008 Riesling Kabinett trocken Hattenheimer Engelmannsberg **7,10 €**
81 2008 Riesling Kabinett trocken Hattenheimer Hassel **7,10 €**
84 2008 Riesling Kabinett trocken Hattenheimer Schützenhaus **7,10 €**
83 2008 Riesling Spätlese trocken Hattenheimer Schützenhaus **8,90 €**
83 2008 Riesling Spätlese „feinherb" Hattenheimer Wisselbrunen **9,20 €**
83 2008 Riesling Kabinett Hattenheimer Hassel **7,10 €**
78 2008 Spätburgunder Weißherbst Blanc de Noir trocken Hattenheimer Schützenhaus **5,80 €**

★

Gerlachs Mühle

Weingut

Mosel

Im Keverbachtal 2, 56330 Kobern-Gondorf
Tel. 02607-6140, Fax: 02607-961809
www.gerlachsmuehle.de
weingutgerlach@t-online.de
Besuchszeiten: nach Vereinbarung

Inhaber .... Rosemarie und Martin Gerlach
Rebfläche .... 6 Hektar

Bereits mit 20 Jahren übernahm Martin Gerlach im Sommer 2003 das Weingut, das aus einem gemischt landwirtschaftlichen Betrieb mit angeschlossener Getreidemühle entstand. Inzwischen wurde der Flaschenweinverkauf kräftig ausgebaut. Bis auf etwas Spätburgunder und Dornfelder wird ausschließlich Riesling auf Steil- und Steilstlagen angebaut.

Die vorgestellten 2007er verblüfften mit ungewöhnlichen Etiketten, Namen, Flaschenformen (die „Limited Edition" von alten Reben wird in der Bordeauxflasche geliefert) sowie Schraubverschluss. Während man über die Ausstattung diskutieren mag, war der Inhalt unstrittig gelungen. Auch 2008 richtet sich das Design à la „Dangerous Riesling" an ein jüngeres Publikum. Die Weine sind frisch, schlank, würzig und durchweg gelungen.

Weinbewertung

82 Riesling Secco **5,50 €**
82 2008 Riesling trocken **4,90 €**
83 2008 Riesling trocken „Stehkragen" **5,- €**
84 2008 Riesling „Limited Edition" **6,- €**
83 2008 Dangerous Riesling „feinherb" **5,20 €**
82 2008 Riesling halbtrocken **5,50 €**

★★★

Albert Gessinger

Weingut

Mosel

Moselstraße 9, 54492 Zeltingen
Tel. 06532-2369, Fax: 06532-1578
www.weingut-gessinger.de
kontakt@weingut-gessinger.de
Besuchszeiten: jederzeit nach Anmeldung

Inhaber .... Alfred Gessinger
Rebfläche .... 3,2 Hektar

Bis zum Jahr 1680 reicht die Geschichte des Weinguts zurück. Angebaut werden, in den Steillagen Schlossberg, Himmelreich und Sonnenuhr, die Sorten Riesling und Spätburgunder. Nach traditioneller Manier werden die Weine ausgebaut, Fuderfässer gehören hier zum Standard. Obwohl der Betrieb schon seit längerer Zeit dem Bernkasteler Ring angehört, galten die Weine viele Jahre eher als Geheimtipp für Eingeweihte. Das hat sich spätestens mit dem Jahrgang 2005 geändert. Nach wie vor sind die Rieslinge allerdings sehr eigenwillig, im besten Fall üppig, mit viel reifer Steinobstfrucht und grandioser Fülle, im schlechtesten Fall eher streng, verschlossen und sogar leicht bitter.

2006 wurden nur Moste ab 112 Grad Öchsle aufwärts geerntet, trocken wurde gar nichts ausgebaut. Die 2007er überzeugten zum Großteil, auch wenn einige Weine Fragezeichen hinterließen. 2008 ist gleichmäßig, die mineralischen Weine von alten Reben faszinieren, und die feinherbe Spätlese aus 2005 ist noch längst nicht auf dem Höhepunkt angekommen.

Weinbewertung

85 . . . 2008 Riesling Großes Gewächs Zeltinger Sonnenuhr

jugendlich, unruhig, leicht hefig, etwas Schwefel; fest, würzig, wirkt sehr trocken, muss sich noch entwickeln, gelungen **15,- €**

88 . . . 2005 Riesling Spätlese „feinherb Alte Reben" Zeltinger Sonnenuhr
deutliche Reife, Pfirsich, Kräuter; dicht, komplex, rassig, viel Schmelz, eigenständiger Stil, hat noch Potenzial **11,- €**

86 . . . 2008 Riesling Spätlese „Alte Reben von den Rothlay Schieferterrassen – der Mineralische" Zeltinger Sonnenuhr**
reife Frucht, Pfirsich, leicht mineralisch; würzig, straff, deutliche, noch etwas uneingebundene Säure, abwarten **10,20 €**

85 . . . 2008 Riesling Spätlese „Alte Reben" Zeltinger Sonnenuhr**
eher verhaltene Frucht, Mirabellen, leicht cremig; saftig, viel Würze, reife Frucht, cremige Noten, animierend, Potenzial **10,20 €**

86 . . . 2008 Riesling Auslese „Alte Reben von den Rothlay Schieferterrassen"**
klare Frucht, Pfirsich, reife Birne; schlank, würzig, gut eingebundene Süße, gute Länge, Potenzial **14,- €**

89 . . . 2008 Riesling Auslese* Zeltinger Sonnenuhr**
sehr klare Frucht, jugendlich, weißer Pfirsich; sehr saftig, viel Frucht, rassige Säure, lang, komplex, eigenständiger Stil (Versteigerungswein)
2005: 90; 2006: 92; 2007: 87.

---

80 2008 Riesling Kabinett trocken Zeltinger Sonnenuhr **5,90 €**
82 2008 Riesling Spätlese trocken Zeltinger Sonnenuhr **8,- €**
81? 2008 Riesling Auslese trocken Zeltinger Sonnenuhr **12,- €**
83 2008 Riesling Spätlese „feinherb Alte Reben von den Rothlay Schieferterrassen" **7,80 €**
81 2008 Riesling Kabinett Zeltinger Sonnenuhr **5,- €**
83 2008 Riesling Spätlese „Tradition" Zeltinger Sonnenuhr **5,60 €**

★★

Klaus Giegerich
Weingut

Franken

Weichgasse 19, 63868 Großwallstadt
Tel. 06022-655355, Fax: 06022-655366
www.weingut-giegerich.de
info@weingut-giegerich.de
Besuchszeiten: Di.- Fr. 14-18 Uhr, Sa. 9-13 Uhr oder nach Vereinbarung
Weinbergshüttenfest (Juli), Hofschoppenfest, Kulinarische Weinproben, Theater im Weingut

Inhaber .... Klaus Giegerich
Rebfläche .... 7,6 Hektar

Die Reben von Helga und Klaus Giegerich wachsen auf roten Buntsandsteinverwitterungsböden mit Lösslehmauflage in Großwallstadt (Lützeltalerberg), Elsenfeld/Rück (Schalk, Jesuitenberg) und Wörth am Main, dem 2008 die neue Einzellage „Campestres Wörth" zuerkannt wurde. Ihre wichtigsten Rebsorten sind Silvaner, Riesling, Bacchus, Müller-Thurgau, Kerner, Spätburgunder und Portugieser. Zuletzt gepflanzt wurden Weißburgunder, Rieslaner, Frühburgunder, Regent und Dornfelder.

Die 2006er Kollektion bot gleichmäßige, gute Qualität. Was angesichts des Jahrgangs alles andere als selbstverständlich war. Die letztjährige Kollektion präsentierte sich geschlossen auf gutem Niveau, überzeugte weiß wie rot, trocken wie süß. Die 2008er Weine sind von guter, gleichmäßiger Qualität, die Highlights der Kollektion sind die roten Barriqueweine des Jahrgangs 2007.

Weinbewertung

85 . . . 2007 Chardonnay Spätlese trocken Barrique „Lignum"
gute Konzentration, reife Frucht, etwas Vanille, Ana-

nas; weich, füllig, reife Frucht **18,50 €**

86 . . . 2007 Frühburgunder trocken Campestres Wörth

fruchtbetont, jugendlich, herrlich eindringlich; kraftvoll, harmonisch, reife Frucht, feine Frische **18,60 €**

88 . . . 2007 Spätburgunder trocken Barrique „Lignum"

klare reife Frucht, rote Früchte, etwas Vanille, herrlich eindringlich; füllig, harmonisch, reife Frucht, gute Substanz und Struktur **16,50 €**

2005: 85; 2006: 86.

---

82 2008 Müller-Thurgau trocken „Frank & Frei" **5,80 €**

81 2008 Müller-Thurgau Kabinett trocken Campestres Wörth **5,60 €**

81 2008 Silvaner Kabinett trocken Rücker Schalk **7,80 €**

81 2008 Weißburgunder Kabinett Campestres Wörth **10,60 €**

81 2008 Riesling Kabinett „feinherb" Großwallstadter Lützeltalerberg **9,30 €**

83 2008 Kerner Spätlese Rücker Jesuitenberg **7,60 €**

83 2008 Traminer Spätlese **14,50 €**

82 2008 „Bellissima" Rotwein trocken **6,80 €**

82 2007 Dornfelder trocken Campestres Wörth **6,50 €**

★★★☆

Gies-Düppel

Weingut

Pfalz

Am Rosenberg 5, 76831 Birkweiler

Tel. 06345-919156, Fax: 06345-919157

www.gies-dueppel.de

info@gies-dueppel.de

Besuchszeiten: Mo.-Fr. 9-12 +14-18 Uhr, Sa. 10-16 Uhr (um Anmeldung wird gebeten)

Inhaber .... Volker Gies

Rebfläche .... 12 Hektar

Das Weingut Gies-Düppel ist ein Familienbetrieb in der vierten Generation. Der heutige Inhaber, Volker Gies, hat den Betrieb 1998 von seinem Vater Franz-Josef Gies übernommen. Die Hälfte seiner Weinberge liegt im Kastanienbusch (teils Buntsandstein, teils Rotliegendes), hinzu kommen vor allem Weinberge im Mandelberg (Muschelkalk) und im Rosenberg. Riesling und Spätburgunder sind die wichtigsten Rebsorten, gefolgt von Weißburgunder und Grauburgunder. Dazu gibt es Auxerrois und Chardonnay, aber auch Sauvignon Blanc und Viognier.

Schon in der ersten Ausgabe empfahlen wir die Weine von Volker Gies, schon damals überzeugten sie mit Reintönigkeit – und moderaten Preisen. Die Reintönigkeit kennzeichnet auch heute noch alle Weine, die Preise sind gestiegen, wie aber auch die Qualität. Vor allem mit Weißburgunder und Riesling hat Volker Gies den Anschluss an die Südpfälzer Spitze geschafft – und wir sind uns sicher, dass er in den kommenden Jahren weiter zulegen wird.

2006 überzeugte, die Weine zeigten sich fruchtbetont und frisch, gefielen wie gewohnt durch ihre Reintönigkeit. Die letztjährige Kollektion von Volker Gies erwies sich als die beste der letzten Jahre – und das 2007, ein Jahrgang, der im Süden der Pfalz alles andere als unproblematisch war. Die Weine hatten gegenüber den Vorjahren an Präzision und Ausdruck gewonnen. Alle Weine, egal ob Burgunder oder Riesling, egal ob trocken oder edelsüß. Mit dem Jahrgang 2008 nun verzichtet Volker Gies auf Prädikatsbezeichnungen. Weißburgunder und Riesling aus dem Kastanienbusch führen eine sehr schöne Kollektion an, unter den Weinen aus dem Mandelberg ist der Riesling unser klarer Favorit. ▬

Weinbewertung

85 . . . 2008 Sauvignon Blanc trocken
frisch, würzig, fruchtbetont, reintönig; klar, frisch, fruchtbetont, zupackend **9,50 €**

87 . . . 2008 Riesling trocken Birkweiler Mandelberg
frisch, fruchtbetont, herrlich eindringlich und konzentriert; füllig, harmonisch, reife Frucht und gute Substanz **9,80 €**
(bis 2007 Spätlese) 2003: 88; 2004: 87; 2005: 87; 2006: 86; 2007: 88.

85 . . . 2008 Weißburgunder trocken Birkweiler Mandelberg
gute Konzentration, reintönige Frucht, feine Würze; füllig, harmonisch, reife süße Frucht **9,80 €**

85 . . . 2008 Grauburgunder trocken Birkweiler Mandelberg
gute Konzentration, recht würzig, klare Frucht; weich, füllig, harmonisch, reife Frucht, ganz dezente Bitternote **9,80 €**

88 . . . 2008 Weißer Burgunder trocken Birkweiler Kastanienbusch
gute Konzentration, herrlich viel Frucht, würzig und eindringlich; füllig, harmonisch, viel reife Frucht und Substanz **12,- €**
(bis 2007 Spätlese) 1999: 88; 2000: 88; 2001: 90; 2002: 89; 2003: 86; 2004: 86; 2005: 88; 2006: 87; 2007: 87.

88 . . . 2008 Riesling trocken Birkweiler Kastanienbusch
klar, konzentriert, herrlich eindringlich und dominant, viel Würze, dezent mineralische Noten; füllig, stoffig, reife Frucht, Substanz, mineralisch, jugendlich, nachhaltig **12,- €**
(bis 2007 Spätlese) 2001: 89; 2002: 88; 2003: 87; 2004: 86; 2005: 87; 2007: 88.

87 . . . 2007 Spätburgunder trocken Birkweiler Kastanienbusch
feine Würze, klare reife Frucht, dezenter Toast, herrlich eindringlich; füllig, harmonisch, elegant, reintönige Frucht, feine Frische, gute Struktur **17,80 €**
2000: 88; 2001: 88; 2002: 90; 2003: 88; 2004: 87; 2005: 86; 2006: 87.

82 2008 Riesling trocken „Buntsandstein" **7,10 €**
84 2008 Riesling trocken „Rotliegendes" **7,10 €**
83 2008 Riesling trocken „Muschelkalk" **7,10 €**

★

Richard Glaser
Weingut

Franken

Langgasse 4, 97334 Nordheim am Main
Tel. 09381-9464, Fax: 09381-6810
www.weingut-glaser.com
info@weingut-glaser.com
Besuchszeiten: Weinverkauf immer geöffnet, Anmeldung erbeten
Häckerwirtschaft

Inhaber .... Rudolf Glaser
Rebfläche .... 9 Hektar

Das von Richard Glaser gegründete Weingut, ein Familienbetrieb in Nordheim am Main, wird heute von Sohn Rudolf Glaser geführt. Seine Weinberge erstrecken sich über die gesamte Mainschleife, liegen vor allem in den beiden Volkacher Lagen Vögelein und Kreuzberg, aber auch im Sommeracher Katzenkopf und der Dettelbacher Sonnenleite. 80 Prozent der Rebfläche nehmen weiße Sorten ein: Silvaner, Müller-Thurgau, Bacchus, Riesling, Grauburgunder, Weißburgunder, Kerner, Scheurebe und Rieslaner. An roten Sorten baut Rudolf Glaser Früh- und Spätburgunder, Domina, Regent und Dornfelder an. Die Rotweine kommen nach der Maischegärung teils ins große Holzfass oder ins Barrique.

Beim guten Debüt im vergangenen Jahr hatten uns zwei 2007er Weine aus dem Vögelein, Grauburgunder Kabinett trocken und Riesling Spätlese trocken, am besten gefallen. Die Riesling Spätlese überzeugt auch in diesem Jahr, aus dem

Grauburgunder wurde eine Spätlese mit Substanz und Fülle. Diese beiden Weine sind unsere Favoriten in einer sehr homogenen, guten Kollektion.

Weinbewertung

85 . . . 2008 Grauburgunder Spätlese trocken Nordheimer Vögelein
gute Konzentration, eindringliche Frucht, noch jugendlich; füllig, harmonisch, viel reife Frucht und Substanz **7,30 €**

85 . . . 2007 Riesling Spätlese trocken Nordheimer Vögelein
feine Würze, reife Frucht, klar; füllig, harmonisch, reintönige Frucht, gute Substanz **7,80 €**

78 2008 Müller-Thurgau trocken Volkacher Kirchberg **4,40 €/1l**
81 2008 Silvaner Kabinett trocken Nordheimer Vögelein **4,50 €/1l**
81 2008 Riesling Kabinett trocken „Junge Linie" **4,50 €**
82 2008 Silvaner Kabinett trocken Nordheimer Kreuzberg **5,70 €**
82 2008 Weißburgunder Kabinett trocken Nordheimer Kreuzberg **7,10 €**
82 2008 Bacchus Kabinett halbtrocken „Junge Linie" **4,50 €**
82 2008 Scheurebe Auslese Nordheimer Vögelein **9,- €**
81 2008 Rotling halbtrocken „Junge Linie" **4,50 €**
81 2007 Spätburgunder trocken Holzfass Nordheimer Kreuzberg **7,80 €**
81 2007 Frühburgunder trocken **8,20 €**

★★★★

Glaser-Himmelstoss
Weingut

Franken

Langgasse 7, 97334 Nordheim-Dettelbach
Tel. 09381-4602, Fax: 09381-6402
www.weingut-glaser-himmelstoss.de
info@weingut-glaser-himmelstoss.de
Besuchszeiten: Mo.-Sa. 9-18 Uhr, So. 10-16 Uhr, Dienstag Ruhetag
Restaurant Himmelstoss (Pächter: Familie Kuffer)

Inhaber .... Wolfgang und Monika Glaser
Rebfläche .... 14 Hektar

Das Weingut Glaser-Himmelstoss entstand durch die Vereinigung der jeweils elterlichen Weingüter von Wolfgang und Monika Glaser (Weingut Siegfried Glaser und Weingut Himmelstoss) und befindet sich in zwei fränkischen Ortschaften, Dettelbach und Nordheim. Jeweils fünf Hektar Weinberge liegen in Dettelbach und Nordheim, ein Hektar in Obervolkach. Wichtigste Rebsorten sind Müller-Thurgau, Silvaner und Bacchus, gefolgt von Spätburgunder, Kerner, Schwarzriesling und Riesling.

Wolfgang Glaser hat Jahr für Jahr beeindruckende Kollektionen von einer Zuverlässigkeit, wie man sie nur selten findet. Seine trockenen Weißweine gehören immer wieder zur Spitze in Franken und in Deutschland, egal ob Silvaner oder Riesling, Weiß- oder Grauburgunder oder aber Rieslaner und Traminer. Auch mit seinen Rotweinen hat er stetig zugelegt, und dass er sich auf edelsüß versteht beweist er ebenfalls regelmäßig. „Einer der Top-Betriebe in Franken", hatten wir vor zehn Jahren resümiert und die mustergültige Kollektion mit vielen reintönigen Weinen gelobt. An diesem Resümee müssen wir keinerlei Abstriche vornehmen: Glaser-Himmelstoß ist top.

2006 gefiel der Silvaner sehr gut, die beiden Grauburgunder beeindruckten ebenfalls, gehörten zur Spitze in Franken und in Deutschland. Der 2005er Spätburgunder Rebell gehörte zu den besten Spätburgundern des Jahrgangs in Deutschland, die 2006er Roten stand ihm nicht nach. Die 2007er Weißweine waren ebenfalls bärenstark: Der Silvaner aus dem Berg-Rondell war große Klasse, die Kabinettweine machten viel Freude (der Weißburgunder!) ebenso der herrlich saftige Riesling. Und einen besseren trockenen Traminer hatten wir im vergangenen Jahr in ganz Deutschland nicht gefunden. Rotweine hat uns Wolfgang Glaser dieses Jahr nicht vorgestellt, die weiße Kollektion aber überzeugt voll und ganz. Die Weine sind fruchtbetont und reintönig wie gewohnt, besitzen aber – jahrgangstypisch – ein wenig mehr Säure. Die Silvaner aus dem Berg-Rondell haben uns besonders gut gefallen, Kabinett wie Spätlese, einmal mehr auch der Traminer und der Blanc de Noir: Solche Weine machen uns Freude.

Weinbewertung

86 . . . 2008 Scheurebe Kabinett trocken Nordheimer Vögelein
frisch, fruchtbetont, Cassis, herrlich reintönig; frisch, zupackend, reintönige Frucht, Biss, **6,50 €**
2005: 84; 2006: 85; 2007: 86.

86 . . . 2008 Silvaner Kabinett trocken Nordheimer Vögelein
frisch, fruchtbetont, reintönig, Birnen; klar, frisch, feine Frucht und Biss **6.70 €**

87 . . . 2008 Silvaner Kabinett trocken Dettelbacher Berg-Rondell
gute Konzentration, klare reife Frucht, Birnen; füllig, harmonisch, reife Frucht, gute Substanz und Länge **7.70 €**
1998: 85; 1999: 88; 2000: 87; 2001: 88; 2002: 87; 2003: 87; 2004: 85; 2005: 86; 2006: 86; 2007: 85.

85 . . . 2008 Riesling Kabinett trocken Dettelbacher Berg-Rondell
frisch, würzig, klare Frucht; frisch, direkt, feine süße Frucht und Biss **8,50 €**
1998: 84; 1999: 87; 2000: 85; 2001: 89; 2002: 87; 2003: 86; 2004: 85; 2006: 86; 2007: 87.

86 . . . 2008 „DENKER" Weißer Burgunder Kabinett trocken Nordheimer Vögelein
frisch, würzig, etwas weiße Früchte; klar, frisch, zupackend, feine Frucht, viel Biss **8,50 €**

88 . . . 2008 Silvaner Spätlese trocken Nordheimer Vögelein
gute Konzentration, viel reife Frucht, reife weiße und gelbe Früchte, Birnen, wunderschön reintönig; füllig, klar, kraftvoll, reintönige Frucht, Birnen feine Frische, Biss **15,50 €**

89 . . . 2008 Silvaner Spätlese trocken Dettelbacher Berg-Rondell
gute Konzentration, klare reife Frucht, weiße Früchte, Birnen, herrlich eindringlich; füllig, kraftvoll, viel reife Frucht, gute Substanz und Länge **16,- €**
2002: 90; 2003: 87; 2004: 88; 2005: 90; 2006: 89; 2007: 90.

87 . . . 2008 „DENKER" Grauburgunder Spätlese trocken Dettelbacher Berg-Rondell
fruchtbetont, klar, frisch, gelbe Früchte; frisch, klare reife Frucht, etwas gelbe Früchte, gute Substanz, Frische und Biss **11,- €**

87 . . . 2008 Rieslaner Spätlese trocken Nordheimer Vögelein
gute Konzentration, reife Frucht, dezent Grapefruit, herrlich eindringlich; frisch, kraftvoll, füllig, harmonisch, reintönige reife Frucht **13,50 €**

88 . . . 2008 Traminer Spätlese trocken Nordheimer Vögelein
gute Konzentration, klare reife Frucht, herrlich eindringlich, etwas Gewürze, Rosen; füllig, harmonisch, reife Frucht, gute Substanz und Länge **14,50 €**

88 . . . 2008 Spätburgunder Blanc de Noir Spätlese trocken Nordheimer Vögelein
klar, konzentriert, herrlich viel Frucht, reintönig; füllig,

harmonisch, reife süße Frucht, feine Frische **13,- €**

88 ... 2008 Riesling Spätlese Nordheimer Vögelein
klar, konzentriert, reife Frucht, etwas Limone, gelbe Früchte, herrlich eindringlich; frisch, reintönig, zupackend, feine süße Frucht, viel Biss **17,- €**

88 ... 2008 Rieslaner Beerenauslese Nordheimer Vögelein
gute Konzentration, feine Würze und Frucht, Grapefruit; süß, schmeichelnd, herrlich viel Frucht und Substanz **17,- €/0,375l**

G

Freiherr ★★★☆

von Gleichenstein

Weingut

Baden

Bahnhofstraße 12, 79235 Vogtsburg-Oberrotweil
Tel. 07662-288, Fax: 07662-1856
www.gleichenstein.de
weingut@gleichenstein.de
Besuchszeiten: Mo.-Sa. 9-18 Uhr, So. + feiertags 11-17 Uhr
Probierstube (bis 50 Personen)
Park (überdacht, bis 200 Personen)

Inhaber ... Johannes Freiherr von Gleichenstein
Kellermeister ... Odin Bauer
Außenbetriebsleiter ... Franz Orth
Rebfläche ... 27 Hektar

1634 erwarb die Familie der jetzigen Freiherren von Gleichenstein die Gebäude und Ländereien des Bendiktinerordens St. Blasien im damaligen Rothwyhl. Hans-Joachim von Gleichenstein hatte 1959 das Gut als landwirtschaftlichen Mischbetrieb übernommen und ganz auf Wein ausgerichtet. Seit 2003 führt sein Sohn Johannes von Gleichenstein das Weingut in elfter Generation, seit 2004 unterstützt von Ehefrau Christina. Seine Weinberge liegen in den Oberrotweiler Lagen Eichberg (Vulkanverwitterungsgestein) und Henkenberg (Vulkanverwitterungsböden mit Basaltschichten), in der Oberbergener Bassgeige (mit mächtiger Lössschicht überlagertes Vulkangestein) und im Achkarrer Schlossberg (Vulkanverwitterungsböden). Im Anbau dominieren die Burgundersorten, jeweils 30 Prozent der Weinberge nehmen Spätburgunder und Weißburgunder ein, 25 Prozent der Grauburgunder. Dazu gibt es Müller-Thurgau, Chardonnay und Muskateller. „Hofgarten" ist die gutsinterne Bezeichnung für Qualitäts- und Kabinettweine.

Das Weingut haben wir schon vor zehn Jahren empfohlen, es war schon immer ein grundsolider Betrieb. Seit Johannes von Gleichenstein das Gut übernommen hat ist es stetig bergauf gegangen, die Kollektionen haben an Konstanz gewonnen. Schon die Basisweine machen viel Freude, in der Spitze kann man in der Spitzenliga mitmischen.

Vor zwei Jahren standen an der Spitze einmal mehr die Barriqueweine, Grau- und Spätburgunder. Auch die letztjährige Kollektion überzeugte voll und ganz. Die wunderschön reintönigen Hofgarten-Weine bereiteten viel Freude, die Spätlesen besaßen Kraft und Struktur: Eine sehr gute Kollektion in einem nicht ganz einfachen Jahrgang. In der Spitze noch ein klein wenig besser gefällt uns nun die neue Kollektion. Der barriqueausgebaute Spätburgunder aus dem Eichberg war noch nie so fein und elegant, die Weißburgunder Spätlese aus der gleichen Lage besticht mit Kraft und Struktur, ebenso die beiden weißen Barriqueweine, Grauburgunder und Chardonnay. Im Aufwärtstrend!

Weinbewertung

85 . . . 2007 Pinot Chardonnay Sekt Extra Brut
würzig, klar, etwas weiße Früchte; füllig, harmonisch, gute Substanz, wunderschön klar **12,50 €**

86 . . . 2008 Weißburgunder & Chardonnay trocken „Hofgarten"
frisch, fruchtbetont, weiße Früchte; klar, frisch, zupackend, feine Frucht und Biss **6,50 €**

89 . . . 2008 Weißer Burgunder Spätlese trocken Oberrotweiler Eichberg
gute Konzentration, klare reife Frucht, weiße Früchte, herrlich eindringlich; füllig, harmonisch, kraftvoll, reintönig, gute Substanz und Länge **15,- €**
2001: 85; 2002: 86; 2003: 90; 2005: 86; 2006: 87; 2007: 88.

87 . . . 2008 Grauer Burgunder Spätlese trocken Oberrotweiler Henkenberg
gute Konzentration, reintönige reife Frucht, feine Würze, etwas gelbe Früchte; weich, füllig, harmonisch, viel reife Frucht, feine Frische **12,50 €**
1999: 84; 2001: 88; 2002: 85; 2003: 88; 2004: 86; 2005: 88; 2007: 87.

87 . . . 2008 Grauer Burgunder Spätlese trocken Oberrotweiler Eichberg
feine Würze, klare reife Frucht, gute Konzentration, etwas gelbe Früchte; füllig, stoffig, herrlich viel Frucht und Substanz **15,- €**

88 . . . 2008 Grauer Burgunder Spätlese trocken Barrique Oberrotweiler Henkenberg
viel Konzentration, herrlich viel Frucht, feiner Toast, klar und eindringlich; füllig, stoffig, viel reife Frucht, Substanz, dezente jugendliche Bitternote **19,- €**
2002: 88; 2003 (Auslese): 88; 2004: 88; 2005: 90.

88 . . . 2008 Chardonnay trocken Barrique Oberrotweiler Eichberg
gute Konzentration, feine Würze, etwas Gewürze und Toast, reife Frucht, dezent Ananas; füllig, stoffig, konzentriert, viel reife Frucht und Substanz **19,- €**

85 . . . 2008 Muskateller „feinherb" „Hofgarten"
frisch, fruchtbetont, feine Muskatnote; klar, harmonisch, feine süße Frucht und Biss **9,90 €**

86 . . . 2007 Spätburgunder trocken Oberbergener Bassgeige
gute Konzentration, klare reife Frucht, herrlich eindringlich; füllig, harmonisch, viel reife Frucht, feine Frische, gute Struktur **14,- €**

91 . . . 2007 Spätburgunder trocken Barrique Oberrotweiler Eichberg
würzig, elegant, herrlich viel Frucht, feiner Toast, wunderschön reintönig; klar, harmonisch, elegant, gute Struktur, Frische und Länge **25,- €**
1999: 84; 2000: 86; 2001: 84; 2002: 88; 2003: 92; 2004: 90; 2005: 90; 2006: 88.

---

84 2008 Weißburgunder Kabinett trocken „Hofgarten" **7,- €**
83 2008 Grauburgunder Kabinett trocken „Hofgarten" **7,- €**
83 2008 Spätburgunder Blanc de Noirs trocken „Hofgarten" **6,50 €**
83 2007 Spätburgunder trocken Oberrotweiler Eichberg **8,50 €**

★★★

Familie Gnägy
Weingut

Pfalz

Müllerstraße 5, 76889 Schweigen-Rechtenbach
Tel. 06342-919042, Fax: 06342-919043
www.weingut-gnaegy.de
weingut.gnaegy@t-online.de
Besuchszeiten: nach Vereinbarung
Weinprobierstube, Weinprobe mit Pfälzer Spezialitäten

Inhaber .... Hans Gnägy
Rebfläche .... 14,5 Hektar

In den Weinbergen von Hans Gnägy, alle im Schweigener Sonnenberg, stehen vor allem die Burgundersorten und Riesling. Rote Sorten nehmen 40 Prozent der Weinberge ein, vor allem Spätburgunder und Dornfelder. Bereits seit 1994 gibt es Cabernet Sauvignon, seit 2001 Merlot, inzwischen ergänzen St. Laurent und Sauvignon Blanc das Sortiment. Die Weißweine werden nach scharfer Vorklärung langsam vergoren und im Edelstahl ausgebaut. Die Rotweine kommen nach der Maischegärung ins Holzfass. Neben Weinen stellt das Weingut auch Sekte und Destillate her. Bereits seit 1989 ist Sohn Michael Gnägy für den Keller verantwortlich.

Seit einem Jahrzehnt nun empfehlen wir die Weine dieses noch immer unterschätzten Weingutes in Schweigen. Anders als andere Weingüter haben die Gnägys in diesem Jahrzehnt nicht die Rebfläche erweitert, dafür aber kontinuierlich an der Qualität gearbeitet. Reintönig waren die Weine immer schon, in den letzten Jahren sind sie strukturierter und kraftvoller geworden. Vor allem im roten Segment erzielte man große Fortschritte mit kompromisslosen, in der Jugend oft etwas tanninbetonten Weinen.

Die 2006er Weißweine präsentierten sich jahrgangsbedingt etwas schwächer, der 2005er Spätburgunder „S" gefiel uns vor zwei Jahren besonders gut. Im vergangenen Jahr war in einer sehr homogenen Kollektion mit starken Rotweinen der Cabernet Sauvignon unser Favorit. Auch die neue Kollektion präsentiert sich sehr geschlossen auf sehr gutem Niveau, bietet reintönige Weißweine mit Substanz, sowie gekonnt und kompromisslos vinifizierte Rotweine.

Weinbewertung

85 . . . 2008 Sauvignon Blanc trocken
reintönig, würzig, fruchtbetont, herrlich eindringlich; frisch, klar, reife Frucht und gute Struktur **6,90 €**

85 . . . 2008 Riesling „Buntsandstein" Spätlese trocken
würzig, Limone und Zitrus, eindringlich; klar, frisch, zupackend, feiner Biss **6,10 €**

86 . . . 2008 Riesling „Kalkmergel" Spätlese trocken
würzig, eindringlich, gute Konzentration; füllig, harmonisch, reife Frucht, Substanz und Länge **6,50 €**

86 . . . 2008 Sylvaner „Buntsandstein" Spätlese trocken
frisch, würzig, jugendlich, reintönig; klar, harmonisch, füllig, reife Frucht **6,10 €**

86 . . . 2008 Weißburgunder Spätlese trocken
gute Konzentration, feine Würze, klare reife Frucht; füllig, harmonisch, viel reife Frucht, gute Substanz und Länge **6,10 €**

85 . . . 2008 Gewürztraminer Auslese
klar, konzentriert, Rosen; weich, schmeichelnd, viel reife süße Frucht **8,20 €/0,5l**

85 . . . 2007 Spätburgunder Spätlese trocken
frisch, fruchtbetont, feine Würze; klar, frisch, zupackend, viel Biss **7,20 €**
2004: 85; 2005: 85; 2006: 86.

87 . . . 2007 Spätburgunder „S" trocken
gute Konzentration, feine Würze, reintönige Frucht, herrlich eindringlich; füllig, kraftvoll, klare reife Frucht, gute Struktur und Frische **10,20 €**
1999: 86; 2000: 88; 2001: 87; 2002: 88; 2003: 89; 2004: 88; 2005: 87; 2006: 86.

87 . . . 2007 Merlot „S" trocken
würzig, klar, viel reife Frucht; füllig, kraftvoll, reintönig, gute Struktur, Biss **8,- €**

87 . . . 2007 „WIR" Spätburgunder trocken
Gemeinschaftsprojekt mit Weingut Nauerth in Heuchelheim-Klingen; gute Konzentration, feine Würze, reintönige reife Frucht; füllig, kraftvoll, reife Frucht, gute Substanz, Vanille, jugendlich **14,80 €**

83 2008 Auxerrois Kabinett trocken **4,50 €**
82 2008 Chardonnay Kabinett trocken **4,80 €**
84 2008 Grauburgunder Kabinett trocken **4,50 €**

★

Martin **Göbel**

Weingut

Franken

Friedhofstraße 9, 97236 Randersacker
Tel. 0931-709380, Fax: 0931-4677721
www.weingut-martin-goebel.de
info@weingut-martin-goebel.de
Besuchszeiten: Mo.-Fr. 9-18 Uhr, Sa. 9-16 Uhr, So. nach Vereinbarung

Inhaber .... Hubert Göbel
Rebfläche .... 8 Hektar

Seit dem 17. jahrhundert betreibt die Familie Weinbau in Randersacker. Wichtigste Rebsorten bei Hubert Göbel sind mit einem Anteil von jeweils 30 Prozent Silvaner und Müller-Thurgau. Dazu gibt es unter anderem Rieslaner, Riesling, Traminer , Albalonga und Scheurebe, aber auch rote Sorten wie Spätburgunder, Frühburgunder und Domina. Hubert Göbel hat zuletzt mehr Spätburgunder gepflanzt, setzt dabei, im Gegensatz zu anderen Kollegen, die oft französische Spätburgunderklone anpflanzen, auf den deutschen Ritter-Klon.

Vor zwei Jahren erwiesen sich einmal mehr die edelsüßen Weine als große Stärke von Hubert Göbel. Die letztjährige Kollektion war etwas verhaltener, bei leichten Vorteilen für edelsüß und rot. Edelsüß und rot bekamen wir in diesem Jahr nicht zu verkosten, die vorgestellten trockenen Weißweine sind allzu verhalten. ▬

Weinbewertung

79 2008 Silvaner Kabinett trocken Randersackerer Sonnenstuhl **5,- €**
80 2008 Silvaner Spätlese trocken Randersackerer Pfülben **8,- €**
82 2008 Blauer Silvaner Spätlese trocken Randersackerer Pfülben **9,- €**
81 2008 Riesling Spätlese trocken Randersackerer Pfülben **9,- €**
81 2007 Traminer Spätlese trocken Randersackerer Marsberg **9,- €**
82 2008 Traminer Spätlese trocken Randersackerer Marsberg **9,- €**

★★

Göhring

Weingut

Rheinhessen

Alzeyer Straße 60, 67592 Flörsheim-Dalsheim
Tel. 06243-408, Fax: 06243-6525
www.weingut-goehring.de
info@weingut-goehring.de
Besuchszeiten: Mo.-Sa. 8-12 + 13-19 Uhr, So. 10-12 Uhr
Probierstuben für 20 und 40 Personen, Weinfest im Hof (August)

Inhaber .... Wilfried und Marianne Göhring
Rebfläche .... 17,5 Hektar

Das Weingut Göhring in Flörsheim-Dalsheim ist ein Familienbetrieb, der seine Weine fast ausschließlich an Privatkunden verkauft. Als Wilfried Göhring den Betrieb vor 30 Jahren übernahm, gab es 5 Hektar Weinberge und 25 Hektar Ackerland und auch Vieh wurde gehalten. Die Äcker sind schon lange verpachtet und Wilfried und Marianne Göhring, die heute im Betrieb unterstützt werden von Sohn Arno, bauen nur noch Wein an. Weißwein dominiert, wobei man nicht nur auf Riesling und die Burgundersorten setzt, sondern ganz bewusst auch Spezialitäten wie Albalonga pflegt. Die roten Sorten nehmen mehr als ein Viertel der Weinberge ein: Portugieser, Dornfelder, Spätburgunder, Schwarzriesling und St. Laurent. Alle Rotweine werden auf der Maische vergoren.

Das Sortiment ist gegliedert in Gutsweine, „S"-Weine und Lagenweine (wobei auch „S"-Weine noch Lagenbezeichnungen tragen), dazu gibt es Barriqueweine und edelsüße Weine. Für den Weinausbau ist Arno Göhring verantwortlich.

Seit einem Jahrzehnt kennen wir die Weine der Göhrings, immer wieder bieten sie zuverlässige Kollektionen auf hohem Niveau. Damals dominierten die Weißweine, trocken wie süß, seither hat das rote Segment an Bedeutung gewonnen. Die Auswahl an Rebsorten und Prädikaten ist groß, eine Straffung des Programms würde uns gefallen – den Kunden aber anscheinend nicht.

2006 hatte man sich gut behauptet, an der Spitze die faszinierende Trockenbeerenauslese von der Göhring'schen Spezialität Albalonga. Die letztjährige Kollektion war ähnlich, bot schöne trockene Rieslinge, eine feine Albalonga Auslese und kraftvolle Barrique-Rotweine. Sehr homogen präsentiert sich auch die neue Kollektion. Die Rieslinge aus Frauenberg und Goldberg gefallen uns besonders gut, auch die barriqueausgebauten Weine und die edelsüßen Auslesen überzeugen wie gewohnt.

Weinbewertung

86 . . . 2008 Frauenberg Riesling trocken
konzentriert, herrlich eindringlich, reintönig; frisch, reintönig, Struktur, dezente Bitternote **8,50 €**
2005: 85; 2006: 86; 2007: 86.

86 . . . 2008 Goldberg Riesling trocken
gute Konzentration, viel reife Frucht, etwas gelbe Früchte; weich, füllig, harmonisch, reife Frucht, ganz dezente Bitternote **8,50 €**

86 . . . 2007 Weißburgunder trocken Barrique
gute Konzentration, reintönige Frucht, feine Vanille; füllig, harmonisch, reife süße Frucht **11,- €**

85 . . . 2008 Huxelrebe Auslese
würzig, eindringlich, jugendlich; füllig, harmonisch, reife süße Frucht, feine Frische **7,50 €**

86 . . . 2008 Albalonga Auslese
konzentriert, eindringlich, Litschi, etwas Orangen; süß und konzentriert, klar, füllig, reife Frucht, viel Biss **8,50 €**

85 . . . 2006 Blauer Portugieser trocken Barrique
gute Konzentration, feine Würze und Frucht, reife rote Früchte; füllig, harmonisch, viel reife Frucht, Substanz, Schokolade, Bitternote **12,- €**

76 2008 Rivaner Classic **3,- €/1l**
79 2008 Riesling Classic **4,50 €**
81 2008 Muskateller trocken **5,- €**
83 2008 Bürgel Riesling trocken **8,50 €**
82 2008 Grauburgunder „S" Spätlese trocken Nieder-Flörsheimer Goldberg **5,50 €**
83 2008 Scheurebe „S" Spätlese trocken Nieder-Flörsheimer Goldberg **6,50 €**
84 2008 „Adamah" Weißwein trocken **5,50 €**
80 2008 Grauburgunder Classic **4,80 €**
80 2008 Scheurebe **3,90 €**
82 2008 Huxelrebe Spätlese **5,50 €**
82 2007 St. Laurent trocken **5,- €**
81 2007 Dornfelder „S" trocken Holzfass **6,50 €**
83 2007 Schwarzriesling „S" Spätlese trocken Holzfass **7,50 €**

Armin Göring ★
Weingut

Baden

Amthofstraße 4, 79235 Vogtsburg-Bischoffingen
Tel. 07662-049308
www.goering-wine.de
info@goering-wine.de
Besuchszeiten: nach Vereinbarung

Inhaber .... Armin Göring
Rebfläche .... 1 Hektar

Armin Göring war 30 Jahre in leitenden Positionen der Weinwirtschaft tätig – viele kennen ihn als Leiter des Deutschen Weininstituts. Seit 2006 bearbeitet er einen Teil der Weinberge seiner Familie wieder selbst. Für den Weinausbau ist Ulrike Lenhardt verantwortlich. Vier Weine erzeugt er zur Zeit: Grauburgunder, Weißburgunder, Rivaner und Pinot Noir. Die Weine werden komplett durchgegoren und tragen die Bezeichnung Badischer Landwein.

Weinbewertung

86 . . . 2008 Pinot Noir
feine rauchige Noten, reife Frucht, wunderschön klar; reintönig, frisch, zupackend, reife Frucht, gute Struktur und Biss **7,80 €**

84 2008 Weißer Burgunder **6,80 €**

★★★☆

Göttelmann

Weingut

Nahe

Rheinstraße 77, 55424 Münster-Sarmsheim
Tel. 06721-43775, Fax: 06721-42605
goettelmannwein@aol.com
Besuchszeiten: nach Vereinbarung
Straußwirtschaft Mai - Nov. Do.-So. ab 18 Uhr

Inhaber .... Ruth Göttelmann-Blessing
.... Götz Blessing
Rebfläche .... 14 Hektar

Die Weinberge von Ruth Göttelmann-Blessing und Götz Blessing liegen in Münster-Sarmsheim in den Lagen Dautenpflänzer, Kapellenberg, Pittersberg und Rheinberg. Wichtigste Rebsorte ist der Riesling, der etwa 60 Prozent der Rebfläche einnimmt. Hinzu kommen Silvaner und Weißburgunder, aber auch Grauburgunder, Chardonnay, Dornfelder, Spätburgunder und Portugieser. Ab dem Jahrgang 2008 werden bei trockenen Weinen keine Prädikatsbezeichnungen mehr verwendet. Um die prägenden Terroirs hervorzuheben wurden die Weine vom roten Schiefer und schwarzen Schiefer eingeführt. Roten Quarzitschiefer findet man im Rheinberg, die historische Lagenbezeichnung war „Lay". Der 2007 neu eingeführte trockene Spitzenriesling aus dem Dautenpflänzer hat seinen Namen „Tres Uvae" daher, dass der Weinberg auf drei Trauben je Stock ausgedünnt wird.

Schon vor einem Jahrzehnt haben wir die höchst zuverlässigen Weine von Götz Blessing gelobt. In diesem Jahrzehnt wurde die Rebfläche erweitert, die Preise sind gestiegen. Die Qualität aber auch. Jahr für Jahr erzeugt Götz Blessing Kollektionen auf hohem Niveau, in denen trockene und süße Weine immer gleichermaßen überzeugen.

Ganz stark war Götz Blessings Kollektion im schwierigen Jahrgang 2006: Nur ganz wenige Weingüter an der Nahe hatten in diesem Jahr so faszinierende edelsüße Rieslinge. Die letztjährige Kollektion schloss daran an, schon der Kabinett bereitete viel Freude, der „Tres Uvae" dominierte mit Kraft und Substanz. Sehr ausgewogen präsentiert sich der Jahrgang 2008, trocken wie edelsüß.

Weinbewertung

85 . . . 2008 Riesling trocken „vom schwarzen Schiefer"
feine Würze, reife Frucht, eindringlich; füllig, harmonisch, reife süße Frucht, feine Frische **7,- €**

85 . . . 2008 Riesling trocken „vom roten Schiefer"
gute Konzentration, feine Würze, reife Frucht, dominant, füllig, stoffig, viel Substanz, viel reife Frucht **7,50 €**

87 . . . 2008 Riesling trocken Dautenpflänzer
gute Konzentration, feine Würze, viel reife Frucht, etwas gelbe Früchte; füllig, klar, reife süße Frucht, feine Frische **10,- €**

88 . . . 2008 Riesling „Tres Uvae" trocken Dautenpflänzer
gute Konzentration, viel Würze, reife Frucht, dominant; füllig, stoffig, viel Substanz, viel reife Frucht und Kraft **15,- €**
2007 (1. Jg.): 89.

87 . . . 2008 Riesling Auslese Rheinberg**
würzig, eindringlich, feine Frische; klar, frisch, elegant, feine süße Frucht und Biss **18,- €/0,5l**

88 . . . 2008 Riesling Beerenauslese Rheinberg
viel Würze, dezent Marzipan, reife Frucht und gute Konzentration, füllig, weich, reife süße Frucht, feine Frische **27,50 €/0,5l**

---

82 2008 Blanc de Noir trocken **7,- €**
83 2008 Riesling „feinherb" **6,50 €**
83 2008 Riesling Kabinett **8,90 €**
84 2008 Riesling Spätlese Dautenpflänzer **15,- €**

★☆

Goldatzel

Weinhof

Rheingau

Hansenbergallee 1a, 65366 Johannisberg
Tel. 06722-50537, Fax: 06722-6009
www.goldatzel.de
wein@goldatzel.de
Besuchszeiten: täglich außer Mo., 10-18 Uhr
Gutsschänke, Terrasse mit Weitblick (Mitte März bis Anfang November)

Inhaber .... Andrea und Gerhard Groß
Rebfläche .... 9 Hektar

Der Betrieb von Andrea und Gerhard Groß ist vor allem seiner Gutsschänke wegen bekannt geworden, hat sich in den letzten Jahren aber auch einen sehr guten Ruf für die Weine erworben. Der Ertrag der neun Hektar – neben Riesling auch Kerner, Grau- und Spätburgunder – stammt teilweise von alten Reben und wird zu eher traditionellen, würzigen Weinen verarbeitet.

Die 2006er beeindruckten durch ihre gleichmäßige Qualität und viel Würze, auch die 2007er präsentierten sich in diesem saftigen, würzigen Stil. Die 2008er sind etwas schlanker, aber nicht minder animierend, beginnend beim einfachsten Riesling, und die Rotweine aus 2007 zeigen Potenzial und viel klare, nicht vom Holz dominierte Frucht.

Weinbewertung

86 . . . 2008 Riesling Spätlese trocken „Bestes Fass" Johannisberger Goldatzel
leicht hefig, duftig, Steinobst, Apfel, saftig, viel Würze, kraftvoll, ausgeglichen, rassige Säure **9,- €**

87 . . . 2008 Riesling Spätlese „feinherb Alte Reben" Johannisberger Vogelsang
eindringliche Frucht, Mirabellen, Apfel; straff, saftig, wirkt fast trocken, pikante Säure, ausgewogen, schon zugänglich **12,80 €**

86 . . . 2007 Riesling Erstes Gewächs „feinherb" Johannisberger Hölle
reife Frucht, Melone, etwas Boskoop; saftig, würzig, gewisse Reife, wirkt nicht völlig trocken, gute Länge **14,- €**

86 . . . 2007 Spätburgunder Spätlese trocken
klare Frucht, duftig, Himbeere, Kirsche; saftig, würzig, animierende Frucht, etwas Tabak im Nachhall **8,50 €**

86 . . . 2007 Spätburgunder Auslese trocken
eher verhalten, sortentypisch, gewisse Reife; viel Würze, hat Substanz, derzeit noch etwas vordergründiger Alkohol, abwarten **17,- €**

---

82 2008 Riesling trocken Johannisberger Vogelsang **4,90 €**
83 2008 Riesling Spätlese trocken Geisenheimer Kläuserweg **7,20 €**

82 2008 Riesling Kabinett halbtrocken Johannisberger Goldatzel **5,60 €**

83 2008 Riesling Spätlese halbtrocken Johannisberger Hölle **7,20 €**

84 2008 Riesling Spätlese Winkeler Hasensprung **7,20 €**

83+ 2007 Spätburgunder Auslese trocken „Barrique" **22,- €**

★★

Goldschmidt

Weingut

Rheinhessen

Enzingerstraße 27-31, 67551 Worms-Pfeddersheim
Tel. 06247-7044, Fax: 06247-6205
www.wein-goldschmidt.de
weingut.goldschmidt@t-online.de
Besuchszeiten: nach Vereinbarung
Vinothek (im ehemaligen Kuhstall)

Inhaber .... Ulrich Goldschmidt
Rebfläche .... 12 Hektar

Das Weingut Goldschmidt ist aus einem typisch rheinhessischen landwirtschaftlichen Mischbetrieb entstanden. Jochen Goldschmidt hat Ende der sechziger Jahre die ersten Reben gepflanzt und mit der Selbstvermarktung begonnen. Seit 1998 wird das Gut von Ulrich Goldschmidt geführt. Unterstützt wird er im Betrieb von Ehefrau Elke und seinen Eltern. Seine Weinberge liegen in Pfeddersheim, Osthofen und Dalsheim. In jeder Gemarkung herrscht ein anderer Bodentyp vor, so dass Ulrich Goldschmidt ein breites Spektrum von schweren, kalkhaltigen Tonböden bis hin zu leichten Lösslehmböden in seinen Weinbergen hat. Er vergärt die Weine langsam und kühl. Bei den Weißweinen strebt er fruchtige, filigrane Weine mit dezenter, aber lebendiger Säure an. Den Spätburgunder baut er in neuen und gebrauchten Barriques aus. Seit Herbst 2002 hat er den Betrieb auf ökologische Bewirtschaftung umgestellt und ist Mitglied bei Ecovin und Bioland. Neben Johanniter gibt es seit dem Jahrgang 2006 mit Regent einen weiteren Wein aus einer pilzresistenten Rebsorte.

Seit einem Jahrzehnt nun kennen wir die Weine von Ulrich Goldschmidt. Damals dominierten die weißen Rebsorten im Betrieb, nach und nach hat er den Rotweinanteil erhöht. Die Weißweine haben uns immer wieder begeistert, waren klar und fruchtbetont – und die Preise waren sehr moderat, so dass wir regelmäßig Weine als „Schnäppchen" kennzeichneten. In den letzten Jahren allerdings veränderten sich die Weine stilistisch, verloren ihre – im positiven Sinne! – Unkompliziertheit. Wir stellen dies fest, eine Verbindung zur Umstellung auf ökologische Bewirtschaftung herzustellen ist sicherlich verfehlt. Die Rotweine, die in den letzten Jahren immer wichtiger geworden sind, präsentieren sich geradlinig und kraftvoll bei guter Struktur.

Die 2006er Kollektion blieb jahrgangsbedingt ein wenig hinter den Vorjahren zurück. 2007 war deutlich stärker, egal ob trocken oder süß, weiß oder rot. Gerade die Rotweine zeigten konstant hohes Niveau, auch in einem Jahrgang wie 2006. In der aktuellen Kollektion liegen die Stärken eindeutig im roten Segment, Spätburgunder und Cabernet Sauvignon aus dem Barrique haben uns besonders gut gefallen. Die Weißweine bleiben hinter früheren Jahren zurück.

Weinbewertung

85 . . . 2007 Cabernet Sauvignon trocken Bar-

rique Dalsheimer Steig
würzig, eindringlich, etwas Cassis; füllig, kraftvoll, reife Frucht, gute Struktur **9,80 €**
2004: **86**; 2005: **85**; 2006: **85**.

86 . . . 2007 Spätburgunder trocken Barrique Dalsheimer Bürgel
gute Konzentration, feiner Toast, klare reife Frucht; füllig, harmonisch, kraftvoll, gute Struktur **8,- €**

---

82 2008 Silvaner Spätlese trocken Dalsheimer Hubacker **5,- €**
81 2008 Gewürztraminer Spätlese trocken Dalsheimer Sauloch **5,60 €**
82 2008 Grauburgunder Spätlese trocken Pfeddersheimer St. Georgenberg **5,50 €**
82 2008 Chardonnay Spätlese trocken Pfeddersheimer Kreuzblick **5,80 €**
81 2008 Riesling Spätlese trocken Dalsheimer Hubacker **5,50 €**
80 2008 Riesling Spätlese „feinherb" Dalsheimer Hubacker **5,50 €**
81 2008 Johanniter Spätlese „feinherb" Dalsheimer Steig **5,- €**
84 2008 St. Laurent trocken Dalsheimer Steig **5,10 €**
82 2008 Spätburgunder trocken Osthofener Liebenberg **6,70 €**
81 2007 Frühburgunder trocken Barrique Pfeddersheimer St. Georgenberg **8,50 €**

Peter Graeber ★
Weingut

Pfalz

Schanzstraße 21, 67480 Edenkoben
Tel. 06323-5568, Fax: 06323-6727
www.weingut-graeber.de/ www.edelundsuess.com
info@weingut-graeber.de
Besuchszeiten: Di.-Fr. 9-12 + 14-18 Uhr, Sa./So. 10-17 Uhr Mo., feiertags + letzten Sonntag im Monat geschlossen

Inhaber .... Hannelore und Peter Graeber
.... Nicole Graeber
Rebfläche .... 14 Hektar

Peter Graeber sen. begann 1947 mit der Flaschenweinvermarktung. Heute führt sein Enkel Peter zusammen mit Ehefrau Hannelore das Gut, unterstützt von Tochter Nicole, die wie ihr Vater in Weinsberg die Ausbildung zum Weinbautechniker absolvierte. Anschließend sammelte sie Erfahrungen in der Toskana und in Australien. Die Weine werden zu 95 Prozent an Privatkunden verkauft.

In der gleichmäßigen Kollektion vor zwei Jahren ragte der faszinierende Spätburgunder aus dem Jahrgang 2003 hervor. In der ebenfalls homogenen letztjährigen Kollektion gefiel uns der Pinot-Sekt am besten, der auch in diesem Jahr wieder eine ansonsten gleichmäßige Kollektion anführt.

Weinbewertung

88 . . . 2005 Pinot Blanc de Noir Sekt Brut
würzig, feine Frische, rauchige Noten, etwas weiße Früchte; weich, füllig, harmonisch, gute Substanz und Frucht

---

84 2007 Riesling Sekt brut Edenkobener Schloss Ludwigshöhe
82 2008 Auxerrois trocken Edenkobener Kirchberg
82 2008 Muskateller trocken Edenkobener Kirchberg
81 2008 Weißburgunder Kabinett trocken Rhodter Klosterpfad
81 2008 Riesling Kabinett trocken Edenkobener Mühlberg
83 2008 Grauburgunder Spätlese trocken Edenkobener Kirchberg
83 2008 Chardonnay Spätlese trocken Edenkobener Kirchberg

82 2008 Grüner Silvaner „feinherb" Edenkobener Schloss Ludwigshöhe
80 2008 Blanc de Noirs Kabinett „feinherb"
84 2008 Scheurebe edelsüß
82 2005 Spätburgunder trocken Holzfass Edenkobener Schwarzer Letten

★

Otmar Graf
Weingut

Pfalz

Borngasse 7, 76835 Weyher
Tel. 06323-980064, Fax: 06323-980065
www.weingut-graf.de
info@weingut-graf.de
Besuchszeiten: Mo.-Sa. 8-12 + 13-18 Uhr, Sonn- und feiertags 9-12 Uhr
Gästehaus, Gutsausschank „Strohstube"

Inhaber .... Otmar Graf
Rebfläche .... 11,5 Hektar

Seit drei Generationen befindet sich das Weingut in Familienbesitz. Die Weinberge von Otmar und Doris Graf liegen in Weyher (Michelsberg), Burrweiler (Altenforst) und Rhodt (Schlossberg, Klosterpfad), die Reben wachsen auf sehr verschiedenen Böden, auf Buntsandstein, Kalkmergel, Schiefer oder sandigem Lehm. Die Spitzenweine tragen die Bezeichnung „E" (für Extra Klasse).

Weinbewertung

85 . . . 2008 Riesling trocken „E" „Kalkmergel" Weyherer Michelsberg
gute Konzentration, feine Würze, reife Frucht; füllig, kraftvoll, reintönige Frucht, gute Struktur **4,60 €**

85 . . . 2008 Riesling trocken „E" „Schiefer" Burrweiler Altenforst
würzig, eindringlich, jugendlich; füllig, harmonisch, reife Frucht, gute Substanz **4,80 €**

85 . . . 2008 Muskateller „E" Rhodter Klosterpfad
reintönige Frucht, feine Muskatnote, Frische; frisch, klar, elegant, viel süße Frucht **4,60 €**

81 2008 Riesling trocken **3,40 €/1l**
79 2008 Grauburgunder halbtrocken „E" Weyherer Michelsberg **4,60 €**
84 2006 Cabernet Sauvignon trocken Rhodter Schlossberg **5,20 €**

★

Graf-Binzel
Weingut

Nahe

Naheweinstraße 164, 55450 Langenlonsheim
Tel. 06704-1325, Fax: 06704-2890
www.graf-binzel.de
info@graf-binzel.de
Besuchszeiten: nach Vereinbarung

Inhaber ... Andreas Binzel und Dr. Ursula Binzel
Rebfläche .... 5,5 Hektar

Das Weingut Graf-Binzel ist ein Familienbetrieb mit 5 Hektar Reben in Langenlonsheim und Guldental. 2 Hektar davon befinden sich in den bekannten Lagen Langenlonsheimer Löhrer Berg, Königsschild und Rothenberg, wo zuletzt eine brachliegende Parzelle mit Riesling neu bepflanzt wurde. Riesling ist die wichtigste Rebsorte, gefolgt von Grau- und Weißburgunder, Silvaner, Müller-Thurgau, Kerner, Scheurebe und Huxelrebe. Die Weine werden langsam vergoren und in Eichenholzfässern ausgebaut.

2006 war jahrgangsbedingt deutlich schwächer und auch 2007 konnte das Weingut nicht an frühere Kollektionen anknüpfen. Die Weine zeigten sich unkompliziert, am besten gefiel uns die Kerner Spätlese. Auch 2008 vermag nicht restlos zu überzeugen, mit der Huxelrebe Auslese ist einmal mehr ein restsüßer Wein unser Favorit.

Weinbewertung

85 . . . 2008 Huxelrebe Auslese Langenlonsheimer Rothenberg
würzig, eindringlich, etwas Litschi; konzentriert, füllig, süffig, süße Frucht, Frische, Biss **6,50 €/0,375l**

77 2008 Rivaner trocken Guldentaler Rosenteich **3,20 €**
80 2008 Riesling trocken Langenlonsheim **4,- €**
82 2008 Weißburgunder Spätlese trocken Langenlonsheimer Löhrer Berg **4,90 €**
81 2008 Riesling Spätlese trocken Langenlonsheimer Königsschild **4,70 €**
77 2008 Blanc de Noir trocken Langenlonsheimer Steinchen **4,50 €**
80 2008 Weißburgunder „feinherb" Langenlonsheim **4,- €**
80 2008 Riesling Spätlese „feinherb" Langenlonsheimer Löhrer Berg **4,70 €**

★★★★☆

Grans-Fassian

Weingut

Mosel

Römerstraße 28, 54340 Leiwen
Tel. 06507-3170, Fax: 06507-8167
www.grans-fassian.de
weingut@grans-fassian.de
Besuchszeiten: nach Vereinbarung
Wein & Tafelhaus, Inh. Alexander Oos, Trittenheim, Moselpromenade 4, Tel. 06507-702803, Fax: 06507-702804, tafelhaus@t-online.de

Inhaber .... Gerhard Grans
Rebfläche .... 9,5 Hektar

Gerhard Grans verfügt über Weinberge in besten Lagen, wie z.B. in der Trittenheimer Apotheke, der Leiwener Laurentiuslay und im Piesporter Goldtröpfchen, nicht zu vergessen die Parzellen im Dhron Hofberger. Das allein reicht natürlich nicht aus. Es kommt die konsequente Arbeit in Weinberg und Keller hinzu, und das Qualitätsstreben und Können des Winzers, dann entstehen Spitzenweine. Gerhard Grans ist immer bestrebt, auch die Basisweine in überzeugender Weise zu vinifizieren – der „Mineralschiefer" ist auch in schwierigen Jahren eine sichere Bank.

2006 überzeugten vor allem die saftigen und mineralischen restsüßen Weine. 2007 war eine deutliche Steigerung festzustellen, beispielsweise bei der sehr eigenständig wirkenden Goldkapsel-Spätlese oder den konzentrierten edelsüßen Weinen. Highlights waren die unglaublich reintönigen Trockenbeerenauslesen. Auch 2008 muss die Klasse des Basisweins namens „Mineralschiefer" hervorgehoben werden. Mit großen Mühen gelang in diesem nicht für edelsüße Weine prädestinierten Jahrgang eine sehr beachtliche Goldkapsel-Auslese.

Weinbewertung

86 . . . 2008 Riesling trocken „Mineralschiefer"
frisch, direkt, etwas Zitrus; rassig, würzig, feine Frucht, animierend, Biss **5,40 €**

87 . . . 2008 Riesling Spätlese trocken „Alte Reben" Trittenheimer Apotheke
zarte Frucht, etwas verhalten; würzig, gute Struktur, leicht mineralisch, Substanz, abwarten **16,- €**

89 . . . 2008 Riesling „GG" Hofberger
eindringliche Frucht, duftig, noch leicht unruhig; würzig, stoffig, Substanz, Nachhall **19,- €**

87 . . . 2008 Riesling Spätlese trocken „S" Leiwener Laurentiuslay
etwas verhalten, klare Frucht, leicht Kräuter, Mirabellen; würzig, Schmelz, gute Länge **15,- €**

1999: 91; 2000: 90; 2001: 90; 2002: 89; 2003: 88; 2004: 88; 2005: 89; 2006 („feinherb"): 85; 2007: 88.

85 . . . 2008 Riesling „feinherb Catherina"
reife Frucht, etwas verhalten; würzig, stoffig, Schmelz, gute Länge **9,- €**
1999: 88; 2000: 87; 2001: 87; 2002: 87; 2004: 87; 2005: 86; 2006: 86; 2007: 87.

86 . . . 2008 Riesling Kabinett Trittenheimer
duftig, zarte Frucht; feingliedrig, sehr animierend, frisch und fruchtig **9,- €**
(bis 2000 Altärchen) 1999: 88; 2000: 87; 2001: 89; 2002: 86; 2003: 87; 2004: 85; 2005: 85; 2006: 85; 2007: 85.

89 . . . 2008 Riesling Spätlese Piesporter Goldtröpfchen
feine Frucht, getrockneter Apfel, noch etwas hefebetont; saftig, rassig, sehr animierend **16,- €**

92 . . . 2008 Riesling Auslese „Goldkapsel" Trittenheimer Apotheke
reintönig, feine Frucht, kandierter Apfel, Steinobst; saftig, elegant, herrlich viel Frucht, lang **25,- €/0,375l**
1999: 91; 2000: 90; 2001: 92; 2002: 89; 2003 (lange GK): 92; 2004: 92: 2005: 92: 2006: 92; 2007: 92.

★

Grebner
Weingut

Franken

Hauptstraße 71, 97320 Großlangheim
Tel. 09325-262, Fax: 09325-6325
www.der-patrizierhof.de
info@der-patrizierhof.de
Besuchszeiten: täglich 8-19 Uhr, am besten nach Vereinbarung
Weinhotel und Weingasthof

Inhaber .... Günter Grebner
Rebfläche .... 6 Hektar

Der 1738 erbaute Patrizierhof liegt am Marktplatz von Großlangheim. 1993 erwarb die Familie Grebner das Anwesen und restaurierte es. Weinbau betreibt die Familie seit Generationen. Die Weinberge von Günter Grebner liegen im Großlangheimer Kiliansberg, sowie in den Wiesenbronner Lagen Wachhügel und Geißberg, die Reben wachsen auf Gipskeuperböden. Angebaut werden die weißen Sorten (70 Prozent) Müller-Thurgau, Silvaner, Bacchus und Riesling, sowie die roten Sorten Domina, Spätburgunder, Blaufränkisch und Schwarzriesling.

Weinbewertung

86 . . . 2006 Domina Auslese trocken Großlangheimer Kiliansberg
18 Monate Holzfassausbau; reife Frucht, Vanille, dezent Gewürze, rote Früchte; füllig, kraftvoll, reife Frucht, gute Substanz **12,- €**

82 2008 Silvaner Kabinett trocken Großlangheimer Kiliansberg **4,80 €**
83 2008 Silvaner Spätlese trocken Großlangheimer Kiliansberg **7,50 €**
82 2008 „Anna-Maria Cuntzmann" Blanc de Noirs trocken **7,50 €**
80 2008 Bacchus Kabinett **4,- €/1l**
84 2006 Spätburgunder Auslese trocken Wiesenbronner Wachhügel **14,- €**

★★

Gres
Weingut

Rheinhessen

Ingelheimer Straße 6, 55437 Appenheim
Tel. 06725-3310, Fax: 06725-5529
www.weingutgres.de
weingut.gres@t-online.de
Besuchszeiten: Fr./Sa. 8-18 Uhr oder nach Vereinbarung
Weinstube, Straußwirtschaft, Gästezimmer

Inhaber .... Hans-Jürgen und Klaus Gres
Rebfläche .... 14 Hektar

Seit über 300 Jahren baut die Familie Gres Wein in Rheinhessen an, davor schon im Burgund und im Elsass. Heute wird das Gut von Hans-Jürgen Gres und Sohn Klaus, der für den Weinausbau verantwortlich ist, geführt. Die Weinberge verteilen sich auf fünf Gemeinden. Spätburgunder, Chardonnay und Silvaner sind die wichtigsten Rebsorten, gefolgt von Müller-Thurgau, Riesling, Weißburgunder, Huxelrebe, Sauvignon Blanc, Dornfelder, Merlot und Frühburgunder.

Beim guten Debüt vor zwei Jahren überzeugten Rot- und Weißweine gleichermaßen. Eine starke Kollektion folgte im vergangenen Jahr nach. Der Sauvignon Blanc war herrlich reintönig, die rote Cuvée besaß Kraft und Struktur, die Trockenbeerenauslese Fülle und Länge. Die neue Kollektion ist nicht ganz so gleichmäßig, mag aber in der Spitze zu überzeugen mit einem fülligen Riesling Hundertgulden und der roten Cuvée „Nummer 1".

Weinbewertung

86 . . . 2008 Riesling Hundertgulden
feine Würze, reife Frucht, dezent gelbe Früchte; füllig, harmonisch, reife süße Frucht, gute Substanz **8,50 €**

85 . . . 2008 Huxelrebe Auslese
gute Konzentration, reintönige reife Frucht, etwas Rhabarber; weich, füllig, schmeichelnd, viel reife süße Frucht **7,20 €**

86 . . . 2007 „Gres Nummer I"
Merlot, Cabernet und Frühburgunder; gute Konzentration, dezent Gewürze, reife Frucht; füllig, harmonisch, kraftvoll, gute Struktur und reife Frucht **8,90 €**
2004: 85; 2006: 86.

81 2007 Riesling Sekt brut **8,60 €**
79 2008 Rivaner Classic **4,20 €**
79 2008 Riesling Classic **4,90 €**
78 2008 Blanc de Noir **6,10 €**
82 2008 Sauvignon Blanc trocken **6,50 €**
83 2008 Riesling „von der Kreide" Engelstadter Römerberg **6,90 €**
82 2008 „Symphonie Blanc" Weißwein **6,10 €**
82 2007 Merlot **7,10 €**

Grimm ★
Weingut, Inh. Bruno und Andreas Grimm **Pfalz**

Paulinerstraße 3, 76889 Schweigen-Rechtenbach
Tel. 06342-7106, Fax: 06342-249
www.weingutgrimm.de
info@weingutgrimm.de
Besuchszeiten: Sa. 9-18 Uhr oder nach Vereinbarung
Probierstube

Inhaber ..... Bruno Grimm und Andreas Grimm
Rebfläche ..... 8 Hektar

Wie andere Winzer in Schweigen auch besitzen Bruno und Andreas Grimm Weinberge sowohl in der Pfalz als auch jenseits der Grenze im Elsass. Neben Riesling, den weißen Burgundersorten, Müller-Thurgau und Gewürztraminer bauen sie vor allem rote Sorten an, die inzwischen etwa ein Drittel der Fläche einnehmen. Die Weißweine werden im Edelstahl ausgebaut, die Rotweine kommen nach der Maischegärung ins Holzfass, ein Teil auch ins Barrique.

Seit einem Jahrzehnt nun kennen wir das Weingut mit seinen immer zuverlässigen Kollektionen. Und in diesem Jahrzehnt sind die Preise praktisch stabil geblieben, gerade einmal 5 Euro kostet heute eine trockene Spätlese: Die Kunden dürfen sich freuen.

Vor zwei Jahren zeigten die 2006er Weißweine gleichmäßiges Niveau, der barriqueausgebaute Spätburgunder aus dem Jahrgang 2004 überzeugte. Gleichmäßig präsentierte sich auch der Jahrgang 2007, die beiden trockenen Spätlesen, Grauburgunder und Weißburgunder, gefielen am besten. Sehr homogen präsentiert sich nun auch der Jahrgang 2008, und wieder sind es die weißen Burgunder, die uns am besten gefallen.

Weinbewertung

79 2008 Riesling trocken **3,20 €/1l**
81 2008 Riesling Kabinett trocken **4,20 €**
83 2008 Weißburgunder Kabinett trocken **4,20 €**
84 2008 Grauburgunder Spätlese trocken **5,- €**
81 2008 Spätburgunder Rosé trocken **4,20 €**
82 2008 Spätburgunder trocken **4,50 €**

★★★

K. F. Groebe
Weingut

Rheinhessen

Verwaltung und Verkauf/"VinoGalerie": Bahnhofstraße 68-70, 64584 Biebesheim
Tel. 06258-6721, Fax: 06258-81602
Weingutsbetrieb: Mainzer Straße 18, 67593 Westhofen, Tel. 06244-4523
www.weingut-k-f-groebe.de
weingut.k.f.groebe@t-online.de
Besuchszeiten: nach Vereinbarung

Inhaber .... Friedrich Groebe
Rebfläche .... 8 Hektar

Während die Weinberge und der Keller in Westhofen liegen, befindet sich die Verwaltung des Weingutes auf der anderen Seite des Rheins in Biebesheim. Wichtigste Rebsorte ist mit einem Anteil von über 60 Prozent Riesling, dazu gibt es 18 Prozent Burgundersorten und 15 Prozent Silvaner. Einige der Weinberge sind seit über 250 Jahren in Familienbesitz. Das Weinprogramm ist klar gegliedert in Gutsweine, Ortsweine („Westhofener") und „Große Gewächse" (aus den Westhofener Lagen Kirchspiel und Aulerde). Die Weine werden in Eichenholzfässern vergoren und ausgebaut.

2006 war schwächer, aber 2007 schloss mit einer konsistenten Kollektion wieder an frühere Jahrgänge an, angeführt einmal mehr von den beiden Großen Gewächsen aus Aulerde und Kirchspiel. Diese beiden wollte das Weingut aufgrund der kleinen Menge diesmal nicht einreichen – schade, dass manche Großen Gewächse anscheinend nur in homöopathischen Mengen erzeugt werden, schade vor allem, denn die Groebe-Weine reifen vorzüglich, wie wir uns anhand eines 2002er Kirchspiels vergewissern konnten. Ohne diese Weine aber steht die Kollektion etwas bescheiden da.

Weinbewertung

85 . . . 2008 Riesling trocken Westhofener
konzentriert, viel reife Frucht, herrlich eindringlich; weich, füllig, saftig, reife süße Frucht **13,50 €**

85 . . . 2008 Riesling Spätlese „Alte Reben" Westhofener
würzig, eindringlich, ganz dezent Honig im Hintergrund; füllig, harmonisch, viel reife süße Frucht, Biss, dezente Bitternote. **14,- €**

80 2008 „Groebe à la Carte" Riesling trocken **6,50 €**
80? 2008 Riesling Kabinett trocken **8,70 €**
80 2008 Grauburgunder trocken Westhofener **12,50 €**
83 2008 Riesling Spätlese Westhofener Kirchspiel **22,- €**

★

Groebe am Bergkloster
Weingut

Rheinhessen

Am Bergkloster 4, 67593 Westhofen
Tel. 06244-905080, Fax: 06244-905082
www.weingut-groebe.eu
anja@weingut-groebe.eu
Besuchszeiten: Mo.-Fr. 8-12 + 13-17 Uhr, Sa. 8-12 Uhr und nach Vereinbarung

Inhaber.... Günther Groebe & Thomas Groebe
Rebfläche.............................. 10 Hektar

Die Gründung des Weinguts am Bergkloster geht auf das Jahr 1625 zurück. Die Weinberge liegen vor allem in Westhofen (Morstein, Aulerde, Rotenstein) und Gundersheim (Höllenbrand, Königstuhl). Günther Groebe ist für den Weinausbau verantwortlich, Thomas Groebe kümmert sich seit seinem Abschluss als Weinbautechniker 2006 um die Weinberge. Mit dem Jahrgang 2007 wurde die Umstellung auf ökologischen Weinbau vollzogen.

Weinbewertung

85 . . . 2007 Weißburgunder trocken Bechtheimer Heiligkreuz
gute Konzentration, viel reife Frucht, herrlich eindringlich; füllig, harmonisch, reife süße Frucht, Substanz **5,40 €**

82 2007 Grauburgunder „feinherb" Gundersheimer Königstuhl **5,20 €**
84 2008 Schwarzriesling Rosé „feinherb" Westhofener Brunnenhäuschen **5,10 €**
81 2007 Acolon trocken Westhofener Morstein **5,05 €**
82 2008 Saint Laurent „feinherb" Westhofener Steingrube **5,40 €**
81 2008 „Groebes Klostertropfen" Rotwein **6,95 €/1l**

★★★

Eckehart Gröhl
Weingut

Rheinhessen

Uelversheimer Straße 4 + 6, 55278 Weinolsheim
Tel. 06249-93988, Fax: 06249-93998
www.weingut-groehl.de
info@weingut-groehl.de
Besuchszeiten: nach Vereinbarung
Probierstube

Inhaber.......................... Eckehart Gröhl
Rebfläche.............................. 20 Hektar

Die Familie Gröhl lebt seit dem 16. Jahrhundert in Weinolsheim und baut heute in zwölfter Generation Wein an. Aus dem ehemaligen landwirtschaftlichen Mischbetrieb ist nach und nach das Weingut in seiner heutigen Form entstanden. Eckehart und Angela Gröhl haben das Weingut 1994 von seinen Eltern gepachtet und 2003 übernommen. Sie reduzierten konsequent die Erträge und setzten auf die klassischen Rebsorten. Vor allem Riesling und die Burgundersorten will Eckehart Gröhl weiter forcieren. Seine Weinberge liegen in den Weinolsheimer Lagen Hohberg und Kehr, im Dalheimer Kranzberg und im Uelversheimer Aulenberg. Er hat sein Lagenpotenzial um Weinberge an der Rheinfront erweitert, in den Niersteiner Lagen Pettenthal, Hölle und Bergkirche und in den Oppenheimer Lagen Sackträger, Schützenhütte (in Alleinbesitz) und Herrenberg. Ein weiterer Schwerpunkt der Produktion ist die Versektung.

Seit zehn Jahren schon empfehlen wir die Weine von Eckehart Gröhl, reihenweise haben wir „Schnäppchen"-Empfehlungen gegeben. Die Preise haben etwas angezogen seither, angesichts des Gebotenen aber sind sie immer noch moderat.

Schon vor zehn Jahren hat uns die Reintönigkeit seiner Weine gefallen, und das tut sie heute noch. Damals gab es nur Weißweine im Programm, dass Eckhart Gröhl sich aber auch auf Rotwein versteht, das hat er in den letzten Jahren ebenfalls eindrucksvoll bewiesen.

Die 2006er Weine waren zwar sauber und frisch, aber wie überall in Rheinhessen etwas verhaltener, so dass erstmals mit dem Pinot Noir ein Rotwein unser Favorit in einer Gröhlschen Kollektion war. Ähnlich präsentierte sich die letztjährige Kollektion, wieder mit etwas verhaltenen Weißweinen und einem schönen Pinot Noir an der Spitze. Die neue Kollektion präsentiert sich sehr homogen, überzeugt gleichermaßen weiß wie rot. Unser Favorit ist der Riesling aus der Monopollage Schützenhütte.

Weinbewertung

86 . . . 2008 Weißburgunder trocken „Kalkstein" Niersteiner Hölle
gute Konzentration, feine Würze, klare reife Frucht; füllig, harmonisch, kraftvoll, reife Frucht, gute Substanz **8,90 €**

85 . . . 2008 Grauburgunder Spätlese trocken „S" Dalheimer Kranzberg
würzig, eindringlich, reife Frucht; weich, füllig, reife süße Frucht **6,90 €**

85 . . . 2008 Sauvignon Blanc trocken Dalheimer Kranzberg
klar, würzig, eindringlich; weich, füllig, reife süße Frucht, süffig **7,20 €**

86 . . . 2008 Riesling trocken „Barock" Niersteiner Bergkirche
viel Konzentration, feine Würze und Frucht, herrlich eindringlich; füllig, kraftvoll, reife Frucht, gute Substanz **9,80 €**

85 . . . 2008 Riesling Auslese „Franziska G*" Oppenheimer Sackträger**
klar, konzentriert, viel reife Frucht; füllig und schmeichelnd, reife Frucht, Biss **7,80 €**

88 . . . 2008 Riesling trocken „Alte Stadtmauer" Oppenheimer Schützenhütte
gute Konzentration, feine Würze und Frucht, etwas gelbe Früchte, herrlich eindringlich; füllig, stoffig, reife Frucht, viel Substanz und gute Struktur **17,60 €**

85 . . . 2006 Pinot Noir trocken Oppenheimer Herrenberg
eindringlich Gewürze, feiner Duft, viel Konzentration; füllig, herrlich eindringlich, viel reife Frucht, etwas Schokolade **15,90 €**
2004: 88; 2005: 87.

87 . . . 2006 Cabernet Sauvignon trocken Dalheimer Kranzberg
gute Konzentration, viel reife Frucht, etwas Cassis, Schokolade, herrlich eindringlich; füllig, harmonisch, klare reife Frucht, gute Struktur **18,90 €**

83 Riesling Sekt brut **8,30 €**
84 Pinot Sekt brut **9,60 €**
80 2008 Riesling trocken **4,10 €/1l**
83 2008 Riesling trocken „Roter Hang" Niersteiner Pettenthal **6,30 €**
84 2008 Grüner Silvaner Spätlese trocken Dalheimer Kranzberg **5,60 €**
82 2008 Weißburgunder Spätlese trocken Weinolsheimer Hohberg **6,20 €**
84 2008 Riesling Spätlese trocken „Alte Reben" Oppenheimer Sackträger **7,80 €**
83 2008 Riesling Kabinett Dalheimer Kranzberg **4,50 €**

★★★

Heinrich **Groh**

Weingut

Rheinhessen

Deichelgasse 8, 67595 Bechtheim
Tel. 06242-1443, Fax: 06242-60046
www.heinrichgroh.de
weine@heinrichgroh.de
Besuchszeiten: nach Vereinbarung

Inhaber .... Axel Groh
Rebfläche .... 11 Hektar

Das Weingut Heinrich Groh wurde 1899 gegründet und wird heute in vierter Generation von Axel Groh geführt. Seine Weinberge liegen in den Gemeinden Bechtheim und Alsheim. Wichtigste Rebsorten sind die Burgundersorten, die 35 Prozent der Fläche einnehmen, und Riesling. Die Weine werden überwiegend trocken ausgebaut. Eine Spezialität des Weingutes sind Barriqueweine, die in der Linie „Haus Groh" vermarktet werden: Bereits seit 1985 (mit einem Silvaner!) hat das Weingut mit dem Barriqueausbau begonnen. Seit 1999 gibt es einen barriqueausgebauten Cabernet Sauvignon im Programm, inzwischen auch einen Merlot, seit dem Jahrgang 2006 die Cuvée „Trei". Axel Groh nutzt heute ausschließlich medium getoastete Fässer des Allier-Typs, den Neuholzanteil reduzierte er in den letzten Jahren, für den Spätburgunder nutzt er ausschließlich gebrauchte Barriques, für Cabernet Sauvignon und Merlot etwa ein Viertel bis ein Drittel neue Fässer.

Die Barriqueweine der Linie „Edition Haus Groh" sind zum Markenzeichen von Axel Groh geworden. Der Spätburgunder legte zuletzt zu, Cabernet Sauvignon und Merlot zeigen schöne Konstanz. Den immer wieder beeindruckenden Dornfelder soll es zukünftig nicht mehr geben, so dass die Cuvée „Trei" die rote Barriquekollektion vervollständigt. Wie die Rotweine zeigt auch der bislang einzige Barrique-Weißwein, der Chardonnay (2008 gibt es auch einen Grauburgunder aus dem Barrique), bemerkenswerte Konstanz auf hohem Niveau. Die im Edelstahl vinifizierten Weißweine sind immer klar und frisch, fruchtbetont und süffig, egal ob trocken ausgebaut oder süß.

Vor zwei Jahren überzeugte die Kollektion: Die Weißweine waren klar und fruchtbetont, der barriqueausgebaute Chardonnay gekonnt vinifiziert, die roten Barriqueweine präsentierten sich kraftvoll und konzentriert. Eine starke Kollektion zeigte Axel Groh auch im vergangenen Jahr: Frische, saubere Weißweine, ein feiner Riesling, der barriqueausgebaute Chardonnay gefiel wieder besonders, die Rotweine – wie gewohnt – kraftvoll und gekonnt vinifiziert, der Spätburgunder war unser Favorit, der uns nun auch im Jahrgang 2007 wieder besonders gut gefällt, gleichauf diesmal der Merlot. Die Weißweine sind frisch und reintönig (und preisgünstig!), die Barriqueweine leider ein klein wenig zu süß. Nichtsdestotrotz: Eine starke Kollektion!

Weinbewertung

86 ... 2008 Chardonnay trocken
gute Konzentration, feine Würze, reintönige Frucht; gute Fülle, Substanz und Kraft, reife Frucht **6,40 €**

86 ... 2008 Riesling Spätlese trocken Bechtheimer Rosengarten
frisch, würzig, jugendlich verhalten; klar, würzig, zupackend **5,50 €**

86 ... 2008 Grauburgunder Barrique
viel reife Frucht, etwas Vanille, gelbe Früchte; weich, füllig und schmeichelnd, reife süße Frucht **8,20 €**

85 ... 2008 Chardonnay Spätlese Bechtheimer

Rosengarten
gute Konzentration, viel reife Frucht, gelbe Früchte, feine Würze; weich, füllig, harmonisch, reife süße Frucht **11,50 €**

89 . . . 2007 Spätburgunder trocken „EDITION HAUS GROH"
herrlich reintönige Frucht, etwas Kirschen, feine Frische; elegant, gute Struktur, reintönige Frucht, Frische **13,- €**
1997: 87; 2001: 87; 2002: 85; 2003: 87; 2004: 88; 2005: 87; 2006: 88.

89 . . . 2007 Merlot trocken „EDITION HAUS GROH"
rauchige Noten, rote Früchte, klar und dominant; füllig, kraftvoll, gute Struktur, ganz feine Bitternote, jugendlich **13,- €**
2003: 89; 2004: 87; 2005: 86; 2006: 87.

88 . . . 2007 Cabernet Sauvignon trocken „EDITION HAUS GROH"
reife Frucht, etwas Cassis, fruchtbetont; klar, kraftvoll, geradlinig, feiner Biss **13,- €**
1999 (1. Jg.): 87; 2001: 88; 2003: 88; 2004: 88; 2005: 87; 2006: 86.

87 . . . 2007 „TREI" Rotwein trocken
Merlot, Cabernet Sauvignon, Dunkelfelder und Dornfelder; gute Konzentration, viel reife Frucht, etwas Herzkirschen; weich und füllig, viel Substanz und Kraft, feine Bitternoten **14,- €**
2003: 88; 2006: 86.

---

83 2008 Müller-Thurgau trocken **3,50 €**
83 2008 Silvaner trocken **3,70 €**
83 2008 Weißburgunder trocken **4,60 €**
84 2008 Grauburgunder trocken **4,80 €**
83 2008 Sauvignon Blanc „feinherb" **4,60 €**
84 2008 Riesling Spätlese Bechtheimer Geyersberg **5,20 €**
83 2008 Spätburgunder Rosé trocken **4,20 €**
82 2008 „Profil" Rotwein trocken **5,90 €**

Gruber ★
Weingut
Württemberg

Tannenhof 1, 74182 Obersulm-Eschenau
Tel. 07130-450128, Fax: 07130-450128
www.weingut-gruber.de
info@weingut-gruber.de
Besuchszeiten: Mi./Fr. nachm., Sa. ganztägig, ansonsten (auch So.) nach Vereinbarung
Gutsgasthof (1 Woche im Monat geöffnet)

Inhaber .... Andrea und Markus Gruber
Rebfläche .... 8 Hektar

Anneliese und Reinhold Gruber haben 1990 mit der Selbstvermarktung begonnen, seit September 2007 führen Andrea und Markus Gruber – der bisher schon für den Weinausbau verantwortlich war – das Gut. Ihre Weinberge liegen im Weinsberger Tal, in Eschenau (Paradies), Lehrensteinsfeld (Steinacker), Weinsberg (Ranzenberg) und Affaltrach (Dieblesberg). Sie bauen insgesamt vierzehn verschiedene Rebsorten an. Die Weine werden mit bis zu drei Sternen klassifiziert.

Die 2006er waren jahrgangsbedingt ein klein wenig schwächer. 2007 war wiederum etwas verhalten, „der Trollinger" aber machte viel Spaß. Die 2008er Weißweine sind sauber, aber recht schlank, im roten Segment gefällt uns die barriqueausgebaute Cuvée aus dem Jahrgang 2003 am besten.

Weinbewertung

85 . . . 2003 „Villa Eschenowe" Rotwein Auslese trocken Barrique
Gewürze, reife Frucht, eindringlich und dominant; füllig, stoffig, reife süße Frucht, Tannine **20,- €**

---

77 2008 Riesling trocken **4,- €/1l**

81 2008 Cuvée „C"* Weißwein trocken **5,20 €**
81 2008 Kerner trocken* Eschenauer Paradies **4,80 €**
82 2008 Muskateller* Affaltracher Dieblesberg **5,20 €**
82 2008 Gewürztraminer** Eschenauer Paradies **8,80 €**
81 2008 Lemberger Rosé trocken* Eschenauer Paradies **5,- €**
78 2008 Trollinger mit Lemberger trocken **4,70 €/1l**
80 2008 Trollinger trocken* Eschenauer Paradies **5,- €**
83 2008 „der Trollinger" trocken Eschenauer Paradies **6,90 €**
82 2006 Spätburgunder trocken* Eschenauer Paradies **6,20 €**
81 2006 Acolon trocken* Eschenauer Paradies **6,20 €**

Hermann Grumbach ★★
Weingut
Mosel

Moselstraße 32, 54470 Lieser
Tel. 06531-2231, Fax: 06531-7936
www.weingut-grumbach.de
info@weingut-grumbach.de
Besuchszeiten: täglich 8-18 Uhr

Inhaber .... Hermann Grumbach
Rebfläche .... 3 Hektar

Die Weinberge von Hermann Grumbach liegen im Lieserer Schlossberg, in der Rosenlay und dem Niederberg-Helden sowie im Bernkastel-Kueser Kardinalsberg und im Bernkastel-Kueser Weisenstein. Fast drei Viertel der Reben befinden sich in Steillagen. Außer Riesling baut Hermann Grumbach auch Spätburgunder an, die meisten Weine werden trocken oder halbtrocken ausgebaut. Hermann Grumbach verwendet keine Süßreserven und filtriert möglichst wenig. Das Programm ist erfreulich überschaubar, die Weine werden teilweise mit lateinischen Namen bezeichnet und besitzen hohen Wiedererkennungswert – sie sind klar, fruchtig und im besten Falle leicht mineralisch.

2006 waren keine Höhenflüge möglich, die 2007er überzeugten durch die Bank. 2008 macht die Spätlese aus dem Niederberg-Helden ganz besonders viel Freude, aber auch der „VINEA VETUS" ist gelungen.

Weinbewertung

86 . . . 2008 Riesling Spätlese Lieserer Niederberg-Helden
duftig, klar, getrockneter Apfel, Kräuter; würzig, jugendliche Frucht, animierend **8,50 €**

79 2008 Riesling trocken **5,70 €/1l**
80 2008 Riesling trocken „Devonschiefer" **6,50 €**
84 2008 Riesling „Alte Reben VINEA VETUS" **8,50 €**
82 2008 Spätburgunder trocken Barrique **8,50 €**

Gunderloch ★★★
Weingut
Rheinhessen

Carl-Gunderloch-Platz 1, 55299 Nackenheim
Tel. 06135-2341, Fax: 06135-2431
www.gunderloch.de
weingut@gunderloch.de
Besuchszeiten: Mo.-Fr. 9-12 + 13-17 Uhr

Inhaber .... Fritz und Agnes Hasselbach
Rebfläche .... 12,5 Hektar

Das Weingut Gunderloch wurde 1890 vom Bankier Carl Gunderloch gegründet und wird heute von Fritz und Agnes Hasselbach geführt. Sie haben zudem seit 1996 das Niersteiner Weingut Balbach Erben gepachtet.

2006 machten Gutsriesling und Pettenthal Freude, der „Jean Baptiste" war süffig und unkompliziert. Die 2007er Weine fielen ebenfalls frisch und unkompliziert aus. Gleiches gilt 2008: Der trockene Gutsriesling zeigt feine Spontangärnoten, ist klar und frisch, die beiden verkosteten Rothenberg-Weine aber sind – bei viel Substanz - allzu duftig und würzig. Dafür entschädigt das stoffige Große Gewächs aus dem Pettenthal.

Weinbewertung

85 . . . 2008 Riesling trocken Nackenheim
feine Würze, klare reife Frucht, gute Konzentration; füllig, kraftvoll, reife Frucht, gute Substanz

85 . . . 2008 Riesling trocken Nierstein
gute Konzentration, feine Würze und Frische, klare Frucht; füllig, harmonisch, kraftvoll, reife Frucht, gute Struktur

90 . . . 2008 Riesling „GG" Nierstein Pettenthal
würzig, eindringlich, herrlich viel Frucht, jugendlich; füllig, stoffig, kraftvoll, viel reife Frucht und Substanz

87 . . . 2007 Riesling trocken Nackenheim Rothenberg
viel reife Frucht, dezente Reifenoten, feiner Duft; recht würzig, entwickelt, reife Frucht

86 . . . 2008 Riesling „GG" Nackenheim Rothenberg
gute Konzentration, viel Würze, feiner Duft, dominant; füllig, kraftvoll, viel Substanz, Wärme
(bis 1997 Spätlese trocken); 1990: 92; 1992: 92; 1993: 94; 1994: 89; 2000: 87; 2001: 88; 2002: 94; 2003: 92; 2004: 90; 2005: 88; 2006: 85.

84 2008 Riesling trocken
84 2008 Riesling „Jean-Baptiste"

★

Harald Gunther

Weingut

Franken

Weinbergsweg, 63868 Großwallstadt
Tel. 06022-2631852, Fax: 06022-2631856
www.weingutgunther.de
info@weingutgunther.de
Besuchszeiten: Di.-Fr. 14-18 Uhr, Di.+ Do. 10-12 Uhr, Sa. 9-13 Uhr
Häckerwirtschaft

Inhaber .... Harald Gunther
Rebfläche .... 6 Hektar

Erich Gunther begann Mitte der siebziger Jahre mit dem Weinbau. Er bewirtschaftete zwei Parzellen im Lützeltalerberg, deren Trauben er an die Genossenschaft ablieferte. 1985 erwarb er zwei Weinberge im Pitztal. Mit Beginn der Winzerlehre von Sohn Harald kündigte er die Mitgliedschaft in der Genossenschaft, durch Zukauf und Pacht wurde seither die Rebfläche auf die heutige Größe erweitert. Die Weinberge liegen in Großostheim (Harstell), Großwallstadt (Lützeltalerberg), Rück (Schalk, Jesuitenberg, Johannisberg) und Klingenberg (Schlossberg). Angebaut werden Müller-Thurgau, Silvaner, Kerner, Bacchus, Frühburgunder, Weißburgunder, Regent, Portugieser und Spätburgunder. Zuletzt wurden weitere Sorten hinzugepflanzt: Rieslaner, Riesling, Dornfelder und Domina. Die neuen Betriebsgebäude wurden im Herbst 2004 eingeweiht.

Vor zwei Jahren war mit dem Frühburgunder einmal mehr ein Rotwein unser Favorit. Auch im problematischen Jahrgang 2006 hatte Harald Gunther wieder sehr gute Rotweine auf die Flasche gebracht, die 2007er Weißweine aber waren etwas zurückhaltend. Die neue Kollektion ist sehr gleichmäßig, bietet feine Rotweine, ohne aber die Spitzen früherer Jahrgänge aufweisen zu können.

Weinbewertung

79 2008 Silvaner trocken Großwallstädter Lützeltalerberg **4,70 €**

83 2007 Domina trocken Großostheimer Harstell **7,- €**

83 2007 „Klingenberger Alte Reben" Portugieser trocken Klingenberger Schlossberg **8,- €**

81 2007 Spätburgunder trocken Rücker Schalk **7,50 €**

82 2007 Spätburgunder trocken Großwallstädter Lützeltalerberg **7,50 €**

81 2007 Blauer Frühburgunder trocken Großwallstädter Lützeltalerberg **17,50 €**

Louis Guntrum ★

Weingut

Rheinhessen

Rheinallee 62, 55283 Nierstein
Tel. 06133-97170, Fax: 06133-971717
www.guntrum.de
info@guntrum.de
Besuchszeiten: Mo.-Do. 7-12 + 13-16:30 Uhr, Fr. 7-12 Uhr, oder nach Vereinbarung

Inhaber .... Louis Konstantin Guntrum
Rebfläche .... 11 Hektar

Das traditionsreiche Haus wird heute in elfter Generation von Louis Konstantin Guntrum geführt. Seine Weinberge liegen vor allem in Oppenheim (Sackträger, Herrenberg) und Nierstein (Ölberg, Hipping, Pettenthal).

Weinbewertung

80 2008 Riesling Kabinett trocken **6,85 €/1l**

82 2008 Riesling Kabinett trocken Niersteiner Pettenthal **7,65 €**

83 2008 Riesling Spätlese trocken Niersteiner Orbel **10,50 €**

84 2008 Riesling Spätlese trocken Oppenheimer Sackträger **10,50 €**

81 2008 Riesling Kabinett halbtrocken Oppenheimer Herrenberg **6,90 €**

82 2008 Riesling Kabinett „feinherb" Niersteiner Oelberg **7,50 €**

Gussek ★★

Winzerhof

Saale-Unstrut

Kösener Straße 66, 06618 Naumburg
Tel. 03445-7810366, Fax: 03445-7810360
www.winzerhof-gussek.de
winzerhofgussek@t-online.de
Besuchszeiten: nach Vereinbarung

Inhaber .... André Gussek
Rebfläche .... 7,9 Hektar

André Gussek war 20 Jahre lang Kellermeister des Landesweingutes Kloster Pforta. 1992 gründete er sein eigenes Weingut, seit 1993 werden die Weine im eigenen Keller ausgebaut. Er bewirtschaftet die Kernlage des steilterrassierten Kaatschener Dachsberg (1 Hektar, unter anderem mit 1927 gepflanzten Silvanerreben), weitere 1,5 Hektar im Dachsberg (in der früheren Lage Boxberg, die heute ebenfalls zum Dachsberg zählt) und in Naumburg einen Teil der Lage Steinmeister. Hauptrebsorte ist Müller-Thurgau mit einem Anteil von 40 Prozent. Es folgen Weißburgunder, Riesling, Zweigelt, Spätburgunder, Silvaner, Kerner und Portugieser. Die Weine werden überwiegend trocken ausgebaut. Seit 1994 erzeugt André Gussek auch edelsüße Weine. Im Jahr darauf hat er mit dem Barriqueausbau ausgesuchter Rotweine begonnen.

Vor zwei Jahren gefiel die Kollektion wie gewohnt, alle Weine überzeugten, trocken wie süß. 2007 war etwas verhaltener, bot aber gleichmäßige Qualität auf gutem Niveau. Die neue Kollektion ist stark, denn André Gussek hat eine faszinierende Palette an Rotweinen aufzuweisen, die meisten aus dem Jahrgang 2006. Genauso beeindrucken uns aber die als Fassproben verkosteten Weißweine, Silvaner und Grauburgunder in verschiedenen Varianten.

Weinbewertung

85 . . . 2008 Müller-Thurgau Kabinett trocken Naumburger Steinmeister
frisch, fruchtbetont, feine Würze; fruchtbetont, harmonisch, reintönige Frucht **5,80 €**

(87) . . . 2008 Silvaner „Alte Reben" Kaatschener Dachsberg
gute Konzentration, viel reife Frucht, feine Mineralität; kraftvoll, stoffig, reife Frucht, mineralische Noten

(86) . . . 2008 Grauburgunder Spätlese trocken Kaatschener Dachsberg
feine Würze, reife Frucht, eindringlich; füllig, harmonisch, reintönig, viel reife süße Frucht

(87+) . . . 2008 Grauburgunder Naumburger Göttersitz
zwölf Monate Fassausbau; viel reife Frucht, gelbe Früchte, etwas Vanille, auch Ananas; weich, füllig, reife süße Frucht und Biss

(88+) . . . 2008 Grauburgunder (Maischegärung) Naumburger Göttersitz
Hälfte der Trauben auf der Maische vergoren, zwölf Monate Fassausbau; würzig, eindringlich, konzentriert; füllig, stoffig, kraftvoll, gute Struktur, jugendlich, viel Potenzial

86 . . . 2007 Grauburgunder Spätlese trocken Barrique Kaatschener Dachsberg
gute Konzentration, reife Frucht, Vanille, gelbe Früchte; weich, füllig, harmonisch, viel reife süße Frucht **9,40 €**

86+ . . . 2008 Kerner trocken Barrique Kaatschener Dachsberg
frisch, konzentriert, etwas Aprikosen, Vanille; kraftvoll, klar, füllig, viel reife Frucht, viel Biss, muss sich noch harmonisieren

85 . . . 2008 Riesling Spätlese „feinherb" Kaatschener Dachsberg
würzig, konzentriert, reintönige Frucht; füllig, harmonisch, reife süße Frucht **9,40 €**

85 . . . 2008 Riesling Spätlese „Alte Reben" („feinherb") Naumburger Steinmeister
viel Konzentration, klare Frucht, herrlich eindringlich; Fülle, Substanz, viel reife süße Frucht, feine Frische **13,50 €**

85 . . . 2008 Roter Traminer Spätlese „feinherb" Kaatschener Dachsberg
feiner Traminerduft, herrlich reintönig; klar, frisch, harmonisch, feine süße Frucht **9,90 €**

87 . . . 2007 Müller-Thurgau Beerenauslese Naumburger Steinmeister
konzentriert, eindringlich, eingelegte süße Aprikosen, dominant; süß, konzentriert, dick, herrlich viel Stoff **38,- €/0,375l**

87 . . . 2006 Portugieser* trocken Kaatschener Dachsberg**
gute Konzentration, viel reife Frucht, etwas rote und dunkle Früchte, feine Würze; kraftvoll, klar, gute Struktur, Schokolade, reife Frucht, Frische (nicht mehr im Verkauf)

87 . . . 2006 Blauer Zweigelt trocken Barrique Kaatschener Dachsberg
gute Konzentration, feine Würze, dezent rauchige Noten, klar; kraftvoll, klar, gute Struktur, reife Frucht, Tannine **17,- €**

87 . . . 2006 Blauer Zweigelt Spätlese trocken Barrique Naumburger Steinmeister
viel Konzentration, reife Frucht, Schokolade, rote und dunkle Früchte; füllig, stoffig, reife Frucht, gute Struktur und Tannine **26,- €**

89 . . . 2006 Blauer Zweigelt Auslese trocken Bar-

rique Kaatschener Dachsberg
viel Konzentration, etwas Gewürze, reife Frucht, ein wenig Kirschen, eingelegte Früchte; Kraft, Struktur, viel reife Frucht, viel Substanz, jugendliche Tannine **27,- €**

88 . . . 2007 Blauer Zweigelt trocken Barrique
feiner Toast, rauchige Noten, herrlich viel Frucht; füllig, harmonisch, kraftvoll, klare reife Frucht, gute Struktur und Frische **17,- €**

---

81 2008 Müller-Thurgau trocken **6,20 €/1l**
80 2008 Grüner Silvaner trocken **7,- €**
79 2008 Grüner Silvaner trocken Naumburger Sonneck **7,90 €**
83 2008 Grüner Silvaner trocken Naumburger Steinmeister **7,90 €**
82 2008 Riesling Kabinett trocken Kaatschener Dachsberg **7,90 €**
83 2008 Weißburgunder Kabinett trocken Kaatschener Dachsberg **7,90 €**
82 2008 Grauburgunder Kabinett trocken Naumburger Göttersitz **7,90 €**
82 2008 Spätburgunder Spätlese trocken Blanc de Noirs **9,90 €**
82 2008 Müller-Thurgau „feinherb" **5,20 €**

G

★★★★

Gutzler
Weingut Destillerie

Rheinhessen

Weingut Gutzler GbR, Roßgasse 19, 67599 Gundheim
Tel. 06244-905221, Fax: 06244-905241
www.gutzler.de
weingut.gutzler@t-online.de
Besuchszeiten: Mo.-Sa. nach Vereinbarung

Inhaber . . . . . . Gerhard Gutzler, Michael Gutzler
Rebfläche . . . . 13,1 Hektar

Gerhard Gutzler übernahm 1985 das Weingut und stellte bis 1990 das Sortiment auf trockene Weine um. Inzwischen ist Sohn Michael in den Betrieb eingestiegen. Neben Weinbergen in Gundheim, Westhofen (Morstein, Steingrube, Brunnenhäuschen), Dorn-Dürkheim und Alsheim gehört ihnen seit 1998 auch ein Stück am bekannten Wormser Liebfrauenstift Kirchenstück. Wichtigste Rebsorten sind Spätburgunder und Riesling, es folgen Weißburgunder, Grauburgunder und Silvaner. Die Weißweine werden im Edelstahl ausgebaut. Nur Weißburgunder und Chardonnay werden bei Mostgewichten über 100° Öchsle im Barrique ausgebaut. Die Rotweine kommen nach einer fünfzehn- bis dreißigtägigen Maischegärung ins traditionelle Holzfass oder ins Barrique. Mit Ausnahme einiger edelsüßer Spezialitäten werden alle Weine trocken ausgebaut. Bekannt ist das Weingut auch für seine Edelbrände, die seit 1991 in der hauseigenen Destillerie erzeugt werden.

Seit einem Jahrzehnt empfehlen wir die Weine von Gerhard Gutzler. In diesem Jahrzehnt hat er sich stetig gesteigert, weiß wie rot weiter zugelegt. Der Spätburgunder aus dem Morstein hat sich als einer der herausragenden Spätburgunder Rheinhessens etabliert, der Riesling aus dem Liebfrauenstift ist auf dem besten Weg es ihm gleich zu tun.

Vor zwei Jahren gefielen uns die 2005er Rotweine sehr gut, die Weißweine behaupteten sich im schwierigen Jahrgang 2006, waren frisch und klar. Die letztjährige Kollektion zeigte sich sehr ausgewogen, die 2006er Rotweine überzeugten, die 2007er Weißweine präsentierten sich kraftvoll und stoffig, der Riesling aus dem Liebfrauenstift und der Silvaner von 73 Jahre alten Reben waren unsere Favoriten. Der Liebfrauenstift-Riesling gefällt uns 2008 nochmals besser, auch der Morstein-Spätburgunder zeigt sich 2007 prächtig in Form, sie beide führen eine konsistente Kollektion an, die weiß wie rot überzeugt.

Weinbewertung

86 . . . 2008 Riesling trocken Westhofener
gute Konzentration, herrlich viel Frucht, etwas gelbe Früchte; füllig, harmonisch, reife Frucht, feine Frische, Substanz, dezente Bitternote, Wärme **9,70 €**

86 . . . 2008 Chardonnay trocken Westhofener
gute Konzentration, klare reife Frucht, gelbe Früchte; weich, füllig, reife süße Frucht **9,70 €**

89 . . . 2007 Silvaner trocken „Alte Reben"
viel Konzentration, herrlich viel Frucht, weiße und gelbe Früchte, dezent Birnen; füllig, harmonisch, viel reife Frucht und Substanz **13,80 €**
2001: 85; 2003: 86; 2004: 88; 2005: 89; 2006: 87.

90 . . . 2008 Riesling „GG" Wormser Liebfrauenstift Kirchenstück
frisch, würzig, etwas Zitrusfrüchte, Grapefruit, gute Konzentration; füllig, kraftvoll, reife Frucht, gute Struktur und Frische, Nachhall **18,50 €**
1999: 85; 2000: 86; 2001: 87; 2002: 89; 2003: 87; 2004: 88; 2005: 89; 2007: 88.

89 . . . 2008 Riesling Eiswein
eingelegte süße Aprikosen, Litschi, herrlich eindringlich und konzentriert; süß, dick, konzentriert, herrlich viel Frucht und Stoff, viel Biss **69,50 €**

85 . . . 2007 Spätburgunder
feine Würze, reintönige Frucht, rote Früchte; klar, frisch, harmonisch, reife Frucht, gute Struktur **8,10 €**

87 . . . 2007 „Cuvée R GS"Rotwein
würzig, eindringlich, reife Frucht, dezent Cassis; kraftvoll, klar, reife Frucht, gute Struktur und Frische **13,80 €**

87 . . . 2007 Spätburgunder trocken Westhofen
gute Konzentration, rauchige Noten, herrlich reintönige Frucht; klar, harmonisch, elegant, reife Frucht, gute Struktur **13,80 €**

90 . . . 2007 Spätburgunder „GG" Morstein Westhofen
frisch, würzig, konzentriert, etwas Vanille und Toast, viel reife Frucht, herrlich eindringlich; füllig, stoffig, kraftvoll, reife Frucht, gute Substanz, Vanille, harmonisch und lang **29,50 €**
1999: 90; 2000: 89; 2001: 90; 2002: 90; 2003: 91; 2004: 89; 2005: 89; 2006: 88.

83 2008 Cuvée Weiß **6,70 €**
83 2008 Riesling trocken **6,70 €**
81 2008 Weißburgunder trocken **6,70 €**
81 2008 Spätburgunder Blanc de Noir trocken **7,30 €**
83 2008 Sauvignon Blanc trocken **8,30 €**
83 2008 Cuvée Rosé **6,70 €**
83 2007 Cuvée Rot **6,70 €**

★★☆

Gysler
Weingut

Rheinhessen

Großer Spitzenberg 8, 55232 Alzey-Weinheim
Tel. 06731-41266, Fax: 06731-44207
www.weingut-gysler.de
info@weingut-gysler.de
Besuchszeiten: Mo.-Fr. 13-18 Uhr, Sa. 10-16 Uhr, möglichst nach Vereinbarung
Hoffest (erstes Septemberwochenende)

Inhaber .... Alexander Gysler
Rebfläche .... 12 Hektar

Alexander Gysler, Geisenheim-Absolvent, hat das Weingut 1999 nach dem Tod seines Vater Gernot Gysler übernommen, der mit der Flaschenweinvermarktung begonnen hatte. Alexander Gysler bewirtschaftet das Weingut zusammen mit Ehefrau Heike und Mutter Renate. Seine Weinberge befinden sich in den Weinheimer Lagen Hölle, Kirchenstück, Kapellenberg und Mandelberg. 90 Prozent der Reben wachsen auf Sandsteinverwitterungsböden. Alexander Gysler hat den Rieslinganbau forciert, die Rieslingfläche in den letzten Jahren auf 30 Prozent erweitert. Daneben spielen die Burgundersorten eine wichtige Rolle, Scheurebe und Huxelrebe möchte er als Spezialitäten erhalten. Im Jahr 2004 hat Alexander Gysler mit der Umstellung auf ökologische Bewirtschaftung begonnen, 2007 war der erste zertifiziert biologische Jahrgang. Seit 2008 ist Alexander Gysler Mitglied bei Demeter. Im Keller arbeitet er teils mit Spontangärung, die Weine werden recht lange auf der Hefe ausgebaut und nur ein einziges Mal vor der Füllung filtriert.

2006 überzeugte, die Weine waren klar und geradlinig. Die letztjährige Kollektion präsentierte sich geschlossen auf gutem Niveau. Schon die Gutsweine machten viel Freude, alle waren wunderschön reintönig und frisch. Die S-Linie bot ein Mehr an Fülle und Substanz, der Spätburgunder war gekonnt vinifiziert. Noch stärker präsentiert sich die neue Kollektion. Erneut sind alle Weine wunderschön reintönig und frisch, die Weine der S-Linie bieten mehr Substanz, aber auch mehr Restsüße, sie sind harmonisch und lang. Einer der Aufsteiger des Jahres in Rheinhessen!

Weinbewertung

85 . . . 2008 Silvaner trocken
feine Frische, fruchtbetont, wunderschön reintönig; klar, frisch, feine süße Frucht, gute Harmonie **5,50 €**

85 . . . 2008 Scheurebe trocken
frisch, würzig, dezent Cassis; feine Frische und süße Frucht, reintönig **6,10 €**

85 . . . 2008 Grauburgunder trocken Weinheimer
fruchtbetont, feine Frische, reife Frucht; frisch, klar, feine Frucht und Biss **6,10 €**

85 . . . 2008 Weißburgunder trocken Weinheimer
frisch, fruchtbetont, reintönig; harmonisch, direkt, reintönige Frucht **6,10 €**

85 . . . 2008 Riesling trocken Weinheimer
würzig, frisch, etwas Zitrus; frisch, zupackend, reintönige Frucht **6,40 €**

86 . . . 2008 Weißburgunder & Chardonnay „S" trocken
gute Konzentration, feine Würze, klare Frucht, etwas weiße Früchte; süß, schmeichelnd, gute Substanz und Länge **9,50 €**

87 . . . 2008 Silvaner „S" trocken „Alte Reben"
gute Konzentration, herrlich eindringliche Frucht, reintönig; füllig, harmonisch, viel reife süße Frucht, gute Struktur **9,50 €**

87 . . . 2007 Riesling „JC" trocken
gute Konzentration, herrlich eindringlich und klar; weich, füllig, stoffig, viel reife Frucht, gute Substanz und Länge **14,50 €**

86 . . . 2008 Riesling „S" Weinheimer Kapellenberg
gute Konzentration, feine Würze, reintönige Frucht, etwas gelbe Früchte und Zitrus; weich, füllig, harmonisch, reife süße Frucht **9,50 €**

87 . . . 2008 Huxelrebe Beerenauslese Weinheimer Hölle
feiner Duft, reintönige Frucht; süß, konzentriert, dick, reintönig, Biss **12,- €**

---

80 2008 Müller-Thurgau trocken **4,30 €/1l**
84 2008 Riesling Kabinett Weinheimer **6,40 €**

★★★★

Fritz **Haag**
Weingut

Mosel

Dusemonder Straße 44, 54472 Brauneberg
Tel. 06534-410, Fax: 06534-1347
www.weingut-fritz-haag.de
info@weingut-fritz-haag.de
Besuchszeiten: nur nach Vereinbarung

Inhaber .... Oliver Haag
Rebfläche .... 12 Hektar

Das Weingut Fritz Haag kann seine Geschichte bis ins frühe 17. Jahrhundert zurückverfolgen. Wilhelm Haag hat die Verantwortung mittlerweile an seinen Sohn Oliver abgegeben. Die Weinberge, ausschließlich mit Riesling bepflanzt, liegen in besten Lagen von Brauneberg (Juffer-Sonnenuhr und Juffer). Ab dem Jahrgang 2008 werden für trockene Weine keine Prädikatsbezeichnungen mehr verwendet. Die Rieslinge sind schon seit vielen Jahren dafür bekannt, Finesse und mineralische Struktur miteinander zu verbinden – im süßen Bereich bis hinauf zur Trockenbeerenauslese, immer deutlicher aber auch im trockenen Segment.

2006 hatte Oliver Haag einige großartige edelsüße Rieslinge im Programm. 2007 war konsistent, vor allem die süßen und edelsüßen Weine überzeugten, aber auch die trockene Spätlese aus der Juffer-Sonnenuhr. Die 2008er sind, soweit verkostet, sehr gelungen. Das Große Gewächs aus der Juffer-Sonnenuhr hat viel Substanz und Frische.

Weinbewertung

85 . . . 2008 Riesling Kabinett trocken Brauneberger
klar, frisch, feine Frucht und Würze; geradlinig, feine Frische und Kraft, Würze

87 . . . 2008 Riesling trocken Brauneberger Juffer
klar, konzentriert, reife Frucht, würzig und eindringlich; kraftvoll, klar, gute Fülle und Frucht

89 . . . 2008 Riesling „GG" Brauneberger Juffer-Sonnenuhr
reife Zitrusnoten, leicht hefig, etwas unruhig; straff, rassige Säure, etwas Kohlensäure, leicht salzige Mineralität (89+ Punkte)

91 . . . 2008 Riesling Spätlese Brauneberger Juffer-Sonnenuhr
duftig, frisch, zarte Frucht, Kräuter, Boskoop, Hauch Maracuja; saftig, würzig, rassige Säure, glasklare Frucht, guter Nachhall

82 2003 Riesling trocken

★★★★

Willi **Haag**

Weingut

Mosel

Burgfriedenspfad 5, 54472 Brauneberg
Tel. 06534-450, Fax: 06534-689
www.willi-haag.de
info@willi-haag.de
Besuchszeiten: nach Vereinbarung

Inhaber . . . . Marcus Haag
Rebfläche . . . . 5,8 Hektar

Die Familie ist seit dem Jahr 1500 in Brauneberg ansässig. Heute wird das Weingut von Marcus Haag geführt, der neben Weinbergen in den beiden Brauneberger Lagen Juffer und Juffer-Sonnenuhr auch Reben in Veldenz, Burgen und Mülheim besitzt. Die Weinberge, ausschließlich Riesling, liegen fast ganz in Steillagen. 80 Prozent der Weine werden süß ausgebaut, jeweils 10 Prozent trocken und halbtrocken bzw. „feinherb". Die Weine präsentieren sich stets als Rieslingklassiker: Finessenreich und elegant. Die Kabinette sind Kabinette und keine verkappten Auslesen, und die Spätlesen besitzen immer viel Frische.

Im schwierigen Jahr 2006 übertraf sich Willi Haag selbst, die 2007er fielen dann durch ihre erstaunliche Gleichmäßigkeit auf – selbst die günstigsten Kabinette und Qualitätsweine präsentierten sich als saftige, duftige Rieslinge mit Biss. 2008 stellte Markus Haag nicht mehr als sechs Weine vor, darunter keine Hochprädikate – aber das ist kein Mangel. Alle Rieslinge sind frisch, ausgewogen und höchst animierend.

Weinbewertung

86 . . . 2008 Riesling Kabinett „feinherb" Brauneberger Juffer
sehr klar, duftig, frisch; saftig, viel Würze, stoffig, ganz

zarte Süße, animierend **6,70 €**

87 . . . 2008 Riesling Kabinett Brauneberger Juffer
frisch, feine Frucht, etwas getrockneter Apfel, Kräuter, Steinobst; sehr saftig, idealtypischer Kabinett **6,70 €**

88 . . . 2008 Riesling Kabinett Brauneberger Juffer-Sonnenuhr
sehr feine Frucht, duftig, frisch; saftig, würzig, leicht mineralisch, feinstes Süße-Säure-Spiel, rassig **7,50 €**

87 . . . 2008 Riesling Spätlese Brauneberger Juffer
etwas verhalten, feine Frucht; saftig, rassig, feine Frucht, sehr animierend **7,70 €**

89 . . . 2008 Riesling Spätlese Brauneberger Juffer-Sonnenuhr
eindringliche Frucht, frisch, getrockneter Apfel, Kräuter; herrlich rassig und würzig, feine Frucht **9,- €**

82 2008 Riesling trocken

Joh. Haart

★★★

Weingut

Mosel

Sankt-Michael-Straße 47, 54498 Piesport
Tel. 06507-2955, Fax: 06507-6155
www.johann-haart.de
joh.haart@t-online.de
Besuchszeiten: nach Vereinbarung

Inhaber .... Gerd Haart
Rebfläche .... 6,6 Hektar

Bis zum Jahre 1337 lässt sich die Weinbautradition in der Familie Haart nachverfolgen. Die Weinberge des heutigen Inhabers Gerd Haart liegen in den Piesporter Lagen Goldtröpfchen, Domherr und Falkenberg. Neben Riesling baut er ein klein wenig Müller-Thurgau, Kerner und Weißburgunder an. Die Weine werden gekühlt vergoren und teils im Holz, teils im Edelstahl ausgebaut. Seine Spezialität sind restsüße Weine, die über 80 Prozent der Produktion ausmachen.

2006 entstanden üppige, würzige, extraktreiche Weine vom Kabinett an aufwärts. Die 2007er waren dann eher rassig, im Nachklang recht füllig und süffig, aber nicht weniger gelungen. 2008 ist überzeugend ausgefallen; die Unterschiede zwischen den Spätlesen, die sich nur anhand der Prüfungsnummer unterscheiden, sind gleichwohl erheblich.

Weinbewertung

85 . . . 2008 Riesling Kabinett „feinherb" Piesporter Goldtröpfchen
klare Frucht, hefig, Apfel, ganz leicht vegetale Noten; stoffig, schon recht harmonisch **5,90 €**

87 . . . 2008 Riesling Kabinett Nr. 7 Piesporter Goldtröpfchen
duftig, zarte Frucht, Apfel, ganz leichte Hefewürze; rassig, würzig, feines Süße-Säure-Spiel **6,50 €**

86 . . . 2008 Riesling Spätlese Nr. 13 Piesporter Goldtröpfchen
reintönig, feine Frucht, Apfel, getrockneter Apfel; feingliedrig, zarte Süße, animierend **8,20 €**

85 . . . 2008 Riesling Spätlese Nr. 9 Piesporter Goldtröpfchen
eher verhaltene Frucht, leichte Kräuternote; würzig, saftig, sehr süffig **8,20 €**

88 . . . 2007 Riesling Spätlese Nr. 12 Piesporter Goldtröpfchen
etwas unruhig, Stachelbeere, hefig-würzige Noten; saftig, rassig, herrlich frisch und feingliedrig, animierend **9,20 €**

80 2008 Piesporter Riesling trocken **5,10 €**
81 2008 Riesling Kabinett trocken Piesporter Goldtröpfchen **5,60 €**
84 2008 Riesling Kabinett Nr. 15 Piesporter Goldtröpfchen **5,90 €**
81 2008 Blanc de Noir **5,- €**

★★★★☆

Reinhold **Haart**

Weingut

Mosel

Ausoniusufer 18, 54498 Piesport
Tel. 06507-2015, Fax: 06507-5909
www.haart.de
info@haart.de
Besuchszeiten: nach Vereinbarung

Inhaber .... Theo Haart
Rebfläche .... 7,5 Hektar

Die Haarts führen ihre Geschichte auf das Jahr 1337 zurück und können sich als älteste Winzerfamilie des Ortes bezeichnen. Theo Haart besitzt erstklassige Weinberge in den renommierten Lagen von Piesport, wie Goldtröpfchen und Domherr, die Lage Kreuzwingert gehört ihm in Alleinbesitz. Dazu hat Haart, der von seinem Sohn Johannes unterstützt wird, Besitz im Wintricher Ohligsberg, der ebenfalls schon im 19. Jahrhundert als Spitzenlage klassifiziert wurde. Er baut ausschließlich Riesling an. Die Weine werden ohne Reinzuchthefen sehr langsam vergoren und zeigen sich in ihrer Jugend oftmals recht unruhig und verschlossen – allerdings sind sie herrlich kraftvoll und saftig, haben viel Frucht und Struktur.

2006 war auch bei Theo Haart ein äußerst schwieriges Jahr mit strengstem Selektionsbedarf und kleinen Erträgen – die Weine überzeugten dennoch. Aus 2007 stellte Theo Haart enorm saftige, kraftvolle und würzige Weine vor, die wieder einmal mit zur Spitze an der Mosel zählten. 2008 waren zwar keine edelsüßen Hochprädikate von der Kategorie „Lange Goldkapsel" möglich, doch die komplexen Großen Gewächse sowie die saftige, herrlich straffe „normale" Auslese aus dem Goldtröpfchen entschädigen dafür mühelos.

Weinbewertung

92 . . . 2008 Riesling trocken Ohligsberg Großes Gewächs
sehr von spontaner Vergärung geprägt; sehr straff, würzig, Struktur, markante Säure, Finesse **18,- €**
2007: 89.

91 . . . 2008 Riesling trocken Goldtröpfchen Großes Gewächs
reife Frucht, Melone, Steinobst, leichte Kräuternote, würzig, fest, Finesse, mineralisch, ausgewogen **18,- €**

88 . . . 2008 Riesling „feinherb" Piesporter Kreuzwingert
deutlich hefig, leicht cremig; straff, würzig, viel Struktur, Schmelz, perfekte Balance **14,60 €**

86 . . . 2008 Riesling Haart to Heart
duftig, leichte Hefenoten; straff, würzig, praktisch trocken **7,80 €**

88 . . . 2008 Riesling Kabinett Piesporter Grafenberg
prägnante Frucht, leicht Hefe- und Kräuternoten, Apfel, getrockneter Apfel; saftig, verspielt, zurückhaltende Süße **9,80 €**

90 . . . 2008 Riesling Kabinett Piesporter Goldtröpfchen
herrlich feine Frucht, leicht hefig, Apfel, Kräuter; saftig, rassig, viel Struktur, feiner Nachhall, ungeheuer animierend **12,50 €**

92 . . . 2008 Riesling Spätlese Piesporter Goldtröpfchen
klare Frucht, eindringlich, hefig, Steinobst, Apfel, Hauch Maracuja, Kräuter; herrlich saftig, viel Frucht, zurückhaltende Süße **16,40 €**
1998: 86/87; 1999: 89; 2000: 90; 2001: 86; 2002: 89; 2003: 89/89; 2004: 89; 2005: 92; 2006: 90; 2007: 91.

94 . . . 2008 Riesling Auslese Piesporter Goldtröpfchen
unruhige Frucht, hefig, reifer Pfirsich, deutlich cremig; opulente Frucht, gleichzeitig saftig, rassig, dicht und animierend **24,90 €**

Johannes **Haas** ★
Weingut
Nahe

Naheweinstraße 147, 55450 Langenlonsheim
Tel. 06704-1243, Fax: 06704-1445
www.weingut-haas.de
info@weingut-haas.de
Besuchszeiten: nach Vereinbarung
Historische Weinstube für Weinproben mit rustikaler Vesper, jährliches Jazz-Event

Inhaber .... Thomas Haas
Rebfläche .... 8 Hektar

Das 1919 gegründete Familienweingut Haas in Langenlonsheim wird seit 1982 in dritter Generation von Thomas Haas geführt. Seine wichtigsten Rebsorten sind Chardonnay, Grauburgunder, Riesling, Silvaner, Müller-Thurgau, Scheurebe und Kerner, sowie Dornfelder, Portugieser und Spätburgunder. Der Ausbau der Weine erfolgt im Edelstahl, kleine Mengen Dornfelder und Spätburgunder kommen ins Barrique.

Aus der 2006er Kollektion ragte die Scheurebe Beerenauslese hervor. Die letztjährige Kollektion war sehr gleichmäßig bei leichten Vorteilen im restsüßen Segment. Ähnlich ist 2008, bietet gleichmäßige Qualität, trocken wie süß, weiß wie rot.

Weinbewertung

84 2007 Würzer Sekt brut Bretzenheimer Vogelsang **9,40 €**
82 2008 Grauburgunder Spätlese trocken Langenlonsheimer Steinchen **5,50 €**
81 2008 Chardonnay Spätlese trocken **5,30 €**
82 2008 Riesling Spätlese trocken Langenlonsheimer Königsschild **5,- €**
83 2008 Sauvignon Blanc Auslese trocken Langenlonsheimer Steinchen **6,50 €**
81 2008 Chardonnay Auslese trocken Barrique Laubenheimer Krone **7,50 €**
79 2008 Cuvée „Julian" Weißwein halbtrocken **4,- €/1l**
81 2008 Würzer Spätlese halbtrocken Bretzenheimer Vogelsang **5,50 €**
83 2008 Kerner Spätlese Langenlonsheimer Steinchen **5,- €**
83 2008 Riesling Spätlese Langenlonsheimer Königsschild **5,60 €**
81 2008 Portugieser Rosé halbtrocken Langenlonsheimer Steinchen **4,20 €**
84 2007 Dornfelder trocken Barrique Langenlonsheimer Steinchen **9,20 €**

Lothar **Hagenbuch** ★
Weingut
Pfalz

Weinstraße 63, 76835 Hainfeld
Tel. 06323-2770, Fax: 06323-7714
www.lothar-hagenbuch.de
weingut-hagenbuch@t-online.de
Besuchszeiten: nach Vereinbarung

Inhaber .... Lothar Hagenbuch
Rebfläche .... 15 Hektar

Das Weingut wird heute von Lothar und Annemarie Hagenbuch geführt. Im Betrieb werden sie seit 2003 unterstützt von den Söhnen Tobias und Stefan. Tobias Hagenbuch kümmert sich um Weinberge und Verkauf, Stefan Hagenbuch um den Keller. Die Weinberge liegen in Hainfeld und umliegenden Gemeinden. Ein Drittel der Rebfläche ist mit Burgundersorten bestockt, ein weiteres Drittel mit roten Reben. Hinzu kommen 15 Prozent Riesling und andere weiße Sorten.

2006 war – wie überall in der Pfalz – etwas schwächer, der barriqueausgebaute Dornfelder aus dem Jahrgang 2004 gefiel am besten. Im vergangenen Jahr hatte dessen Stelle der barriqueausgebaute Cabernet Sauvignon eingenommen, die restliche Kollektion präsentierte sich gleichmäßig. Sehr gleichmäßig ist nun auch die aktuelle Kollektion, darauf könnte man aufbauen.

Weinbewertung

77 2008 Riesling trocken **4,- €/1l**
77 2008 Grauburgunder Classic **4,50 €**
79 2008 Weißburgunder Kabinett trocken **4,30 €**
80 2008 Riesling Spätlese trocken Hainfelder Kapelle **5,30 €**
81 2007 Grauburgunder Auslese trocken Barrique Hainfelder Kirchstück **9,80 €**
77 2008 Morio-Muskat **3,50 €/1l**
80 2008 Scheurebe Kabinett **3,80 €**
79 2008 Grauburgunder Spätlese **5,20 €**
82 2008 Gewürztraminer Spätlese Flemlinger Bischofskreuz **5,50 €**
80 2007 Merlot trocken **4,60 €**
81 2005 Dornfelder trocken Barrique Hainfelder Ordensgut **8,80 €**

★★

Thomas Hagenbucher

Weingut

Baden

Friedrichstraße 36, 75056 Sulzfeld
Tel. 07269-911120, Fax: 07269-911122
www.weingut-hagenbucher.de
info@weingut-hagenbucher.de
Besuchszeiten: nach Vereinbarung

Inhaber .... Thomas Hagenbucher
Rebfläche .... 8,5 Hektar

Thomas Hagenbucher gründete 1992 sein eigenes Weingut, das er 1998 durch die Übernahme des elterlichen Weinbaubetriebes in der Rebfläche verdoppelte. Wichtigste Rebsorten bei Hagenbucher sind Riesling, Müller-Thurgau, Schwarzriesling, Weiß- und Grauburgunder. Dazu gibt es noch etwas Spätburgunder, Chardonnay und Lemberger. Zuletzt pflanzte er mehr Spätburgunder und Lemberger. Auf Lagennamen verzichtet Thomas Hagenbucher konsequent. Die meisten Weine baut er trocken aus. Ausgesuchte Weiß- und Rotweine baut er auch im Barrique aus.

Seit einem Jahrzehnt nun empfehlen wir die Weine von Thomas Hagenbucher, Seite einem Jahrzehnt präsentiert er sehr zuverlässige Kollektionen. Immer wieder begeistern uns seine kraftvollen, sehr gekonnt vinifizierten Barriqueweine, weiß wie rot, die er leider nicht jedes Jahr erzeugt.

Der barriqueausgebaute Chardonnay gefiel vor zwei Jahren sehr gut, noch besser aber – endlich gab es wieder welche! – die Barrique-Rotweine. Der 2006er Spätburgunder war leider zum Zeitpunkt der Verkostung noch nicht gefüllt, so dass wir im vergangenen Jahr mit dem Chardonnay nur einen Barriquewein verkosten konnten – der dann auch unser Favorit war, zusammen mit der Riesling Spätlese. Die Kabinettweine zeigten sich etwas verhaltener als im Vorjahr. 2008 gefallen uns die Weine deutlich besser, sie sind fruchtbetont und besitzen Kraft. Schade, dass die angekündigten Barriqueweine uns bis Redaktionsschluss nicht mehr erreichten.

Weinbewertung

85 ... 2008 Riesling trocken Sulzfelder**
würzig, frisch, reintönige Frucht; klar, frisch, zupackend, feine Frucht **6,70 €**

85 ... 2008 Grauburgunder trocken Sulzfelder**
gute Konzentration, reife Frucht, gelbe Früchte, herr-

lich eindringlich; füllig, kraftvoll, reife Frucht, gute Struktur und Biss **6,70 €**

87 . . . 2008 Weißburgunder trocken**
frisch, reintönig, weiße Früchte; klar, füllig, harmonisch, viel reife Frucht und Substanz **6,70 €**

85 . . . 2008 Chardonnay trocken Sulzfelder**
klare reife Frucht, feine Würze; weich, harmonisch, feine süße Frucht, Frische **6,70 €**

88 . . . 2006 Spätburgunder* trocken Sulzfelder**
rauchige Noten, etwas rote Früchte, klar, ganz dezent Vanille im Hintergrund; füllig, harmonisch, kraftvoll, gute Substanz und Länge **13,50 €**

„Wo der Hahn kräht" ★☆
Weingut
Württemberg

Altenbergweg 11, 74223 Flein
Tel. 07131-50810, Fax: 07131-508166
www.wo-der-hahn-kraeht.de
info@wo-der-hahn-kraeht.de
Besuchszeiten: täglich
Hotel, Restaurant

Inhaber .... Gebrüder Schick
Kellermeister .... Thorsten Klimek
Rebfläche .... 6,5 Hektar

Die Gebrüder Schick gründeten 1990 ihr eigenes Weingut. Drei Viertel der Rebfläche nehmen rote Rebsorten ein, die Rotweine werden maischevergoren und im Holzfass ausgebaut. Bei den Weißweinen dominieren Riesling und die Burgundersorten. Seit 2004 ist Thorsten Klimek für den Weinausbau verantwortlich. Die Weine werden trocken ausgebaut.

Nach einer guten Kollektion vor zwei Jahren gefiel die letztjährige Kollektion uns nochmals besser, die Weine zeigten eine klare Handschrift. Dies gilt auch für die in diesem Jahr verkosteten 2007er Barriqueweine, die eine ansonsten gleichmäßige Kollektion anführen.

Weinbewertung

85 . . . 2007 Spätburgunder trocken „R"
gute Konzentration, rauchige Noten, klare reife Frucht; füllig, harmonisch, viel reife Frucht, Substanz, gute Struktur und Frische **13,- €**
2006: 85.

86 . . . 2007 Cabernet Cubin trocken „Blauer Kardinal"
gute Konzentration, Gewürze, etwas Cassis, viel reife Frucht; füllig, harmonisch, viel reife Frucht, Substanz und Stoff **16,- €**
2006: 86.

81 2008 Riesling trocken „Terrasse" **6,- €**
79 2008 Weißburgunder trocken **6,50 €**
80 2008 Grauburgunder trocken **6,50 €**
84 2008 Riesling Beerenauslese **16,- €/0,5l**
82 2008 Rosé trocken **6,- €**
82 2008 Samtrot Weißherbst **5,90 €**
80 2007 Samtrot trocken **6,50 €**
82 2007 Spätburgunder trocken „Roter Mönch" **8,- €**
81 2007 Acolon trocken „Blauer Mönch" **5,50 €**
81 2007 Cabernet Dorsa trocken „Flynum" **6,50 €**
84 2007 Lemberger trocken „R" **13,- €**

Hahnmühle ★★★★
Weingut
Nahe

Alsenzstraße 25, 67822 Mannweiler-Cölln
Tel. 06362-993099, Fax: 06362-4466
www.weingut-hahnmuehle.de
info@weingut-hahnmuehle.de
Besuchszeiten: Mo.-Sa. 8-12 + 14-18 Uhr, Sa. 9-15 Uhr und nach Vereinbarung

Inhaber .... Peter und Martina Linxweiler
Rebfläche .... 14 Hektar

Martina und Peter Linxweiler bewirtschaften ihr Weingut Hahnmühle im Alsenztal – einem Seitental der Nahe – seit 1987 nach den Richtlinien Ökologischen Weinbaus. Die Hahnmühle entstand im Mittelalter als Getreidemühle, wird aber seit über 100 Jahren von der Familie Linxweiler als Weingut genutzt. Im Alsenztal findet man Sandsteinverwitterungs- und Schieferböden. Wichtigste Rebsorte ist der Riesling, der gut die Hälfte der Rebfläche einnimmt. Dazu gibt es Gewürztraminer, Silvaner, Chardonnay, Weißburgunder, sowie Spätburgunder als wichtigste rote Sorte. Der Alisencia genannte Riesling stammt aus der Schieferlage des Weinguts, dem Alsenzer Elkersberg. Dort gehört Martina und Peter Linxweiler ein 1 Hektar großer Weinberg, der in einer Hangmulde liegt und so vor kalten Nord- und Ostwinden geschützt ist. Diese Steillage ist die Spitzenlage der Hahnmühle. Die weiteren Weinberge liegen im Cöllner Rosenberg (wovon der „Alte Wingert", von über dreißigjährigen Reben, stammt), in den Lagen Oberndorfer Beutelstein und Aspenberg, sowie im Steckweiler Mittelberg.

Kraftvoll und mineralisch waren die 2006er Weine: Unbeeindruckt vom Jahrgang präsentierten Peter und Martina Linxweiler eine bärenstarke Kollektion, angeführt einmal mehr vom Riesling „Alisencia". Genauso kraftvoll und überzeugend präsentierte sich der Jahrgang 2007, von trocken bis edelsüß begeisterten alle Weine, waren eigenständig, kraftvoll und nachhaltig. Der Jahrgang 2008 präsentiert sich geschlossen, ohne aber ganz an seinen Vorgänger heranzureichen. Unser Favorit ist einmal mehr der Riesling „Alisencia".

Weinbewertung

86 . . . 2008 Chardonnay trocken „Gäseritsch"
gute Konzentration, feine Würze, klare reife Frucht; weich, füllig, harmonisch, feine Frische, klare Frucht **8,40 €**

85 . . . 2008 Riesling trocken „Fass 14"
würzig, eindringlich, reintönige Frucht; füllig, harmonisch, klare Frucht, gute Substanz **8,40 €**
2005: 87; 2006: 86; 2007: 85.

87 . . . 2008 Riesling trocken „Sandstein" Oberndorfer Beutelstein
gute Konzentration, feine Würze, reintönige Frucht, herrlich eindringlich; füllig, kraftvoll, klare reife Frucht, gute Substanz und Länge **9,60 €**
2005: 88; 2006: 88; 2007: 88.

89 . . . 2008 „Alisencia" Riesling Spätlese trocken
gute Konzentration, reife Frucht, dominant, reintönig; füllig, stoffig, kraftvoll, reife süße Frucht, viel Substanz, Nachhall **10,50 €**
1998: 88; 1999: 88; 2001: 90; 2002: 88; 2003: 89; 2004: 89; 2005: 90; 2006: 90; 2007: 90.

85 . . . 2008 Traminer Spätlese trocken Oberndorfer Beutelstein
gute Konzentration, reintönige Frucht, Rosen, Gewürze; füllig, harmonisch, reife Frucht, feine Frische **10,50 €**

83 2008 Riesling + Traminer Spätlese „feinherb" **9,- €**
84 2008 Blauer Silvaner trocken Oberndorfer Beutelstein **6,- €**
83 2008 Sylvaner trocken „Gäseritsch" **8,40 €**
84 2008 Riesling trocken „Alter Wingert" **7,- €**

★★★★☆

Karl **Haidle**

Weingut, Inh. Hans Haidle

Württemberg

Hindenburgstraße 21, 71394 Kernen
Tel. 07151-949110, Fax: 07151-46313
www.weingut-karl-haidle.de
info@weingut-karl-haidle.de
Besuchszeiten: Mo.-Fr. 9-12 + 13-18 Uhr, Sa. 9-13 Uhr

Inhaber .... Hans Haidle
Rebfläche .... 19 Hektar

Wichtigste Rebsorte bei Hans Haidle ist der Riesling, der knapp die Hälfte seiner Weinberge einnimmt. Dazu gibt es an weißen Sorten Kerner, Grauburgunder, Weißburgunder und Chardonnay. Wichtigste rote Sorten sind Trollinger, Spätburgunder und Lemberger. Aber Hans Haidle baut auch Dornfelder, Zweigelt und Acolon an und hat in den letzten Jahren ein wenig Cabernet Franc und Cabernet Sauvignon angelegt, die er für Cuvées nutzt.

Vor zwei Jahren hatte Hans Haidle eine starke Kollektion mit beeindruckenden Rieslingen, trocken wie edelsüß, und drei kraftvollen Rotweinen. Die im vergangenen Jahr vorgestellten 2006er Barriquerotweine präsentierten sich, jahrgangsbedingt, nicht ganz auf diesem Niveau, wirkten, vom Zweigelt einmal abgesehen, zum Zeitpunkt der Verkostung recht jugendlich und unruhig. Die Weißweine, trocken wie edelsüß, zeigten gewohnt hohes Niveau, vor allem der Weißburgunder hatte uns angenehm überrascht. In diesem Jahr nun ist das Große Gewächs aus dem Pulvermächer unser Favorit im weißen Segment. Im roten Bereich gefällt uns der Spätburgunder aus der Burghalde enorm, Ypsilon, Lemberger und auch Zweigelt stehen ihm kaum nach: Einmal mehr eine ganz starke Kollektion.

Dass Haidle-Wein reifen kann, zeigten die beiden 1998er, Spätburgunder und Lemberger, mit beiden war er ganz nah am Sieg in unserem Wettbewerb um den besten 98er Rotwein.

Weinbewertung

85 . . . 2008 Riesling Kabinett trocken Stettener Pulvermächer
frisch, fruchtbetont, würzig, reintönig; klar, frisch, feine Frucht und Biss **8,80 €**

85 . . . 2008 „Justinus K." Kerner trocken
würzig, frisch, etwas Zitrus, reintönige Frucht; klar, frisch, zupackend, feine Frucht und Biss **9,- €**
2002: 86; 2003: 86; 2004: 86; 2005: 86; 2006: 86; 2007: 85.

85 . . . 2008 Silvaner Spätlese trocken Strümpfelbacher
gute Konzentration, reintönige Frucht, etwas weiße und gelbe Früchte; füllig, harmonisch, viel reife Frucht, Substanz **9,- €**

90 . . . 2008 Riesling „GG" Stettener Pulvermächer
gute Konzentration, viel reife Frucht, gelbe Früchte, herrlich eindringlich und würzig; füllig, stoffig, viel reife Frucht und Substanz, jugendlich **23,- €**
bis 2002 „Selection"; 2000: 90; 2002: 90; 2003: 89; 2004: 91; 2005: 89; 2006: 90; 2007: 88.

87 . . . 2008 Kerner Auslese Stettener
süße Zitrusfrüchte, herrlich eindringlich und klar; frisch, harmonisch, füllig, elegant, feine süße Frucht und Biss **12,50 €/0,375l**

89 . . . 2008 Riesling Eiswein Barrique Stettener Pulvermächer
feiner Duft, gute Konzentration; süß, schmeichelnd, konzentriert, herrlich viel Frucht und Substanz, viel Länge **39,90 €/0,375l**

87 . . . 2007 Dornfelder trocken Barrique
herrlich viel Frucht, eindringlich, gute Konzentration, reife rote Früchte; füllig, stoffig, reife Frucht, Substanz, etwas Schokolade **15,80 €**

91 . . . 2007 Spätburgunder „GG" Burghalde Schnait
gute Konzentration, viel reife Frucht, etwas Schokolade, Herzkirschen, herrlich eindringlich; füllig, konzentriert, viel reife Frucht, schmeichelnd, etwas Schoko-

lade, gute Struktur, Länge **25,90 €**
(bis 2003 Spätburgunder trocken Barrique) 1999: 90; 2000: 86; 2001: 88; 2002: 88; 2003: 89; 2004: 91; 2005: 90; 2006: 88.

89 . . . 2007 Zweigelt trocken Barrique
wunderschön reintönige Frucht, etwas Kirschen, dezent rauchige Noten, gute Konzentration; klar, geradlinig, elegant, gute Struktur, reintönige Frucht, feine Tannine **25,90 €**
1997: 88; 1999: 87; 2000: 89; 2002: 89; 2003: 89; 2004: 88; 2005: 87; 2006: 90.

90 . . . 2007 Lemberger trocken Barrique
gute Konzentration, viel reife Frucht, Herzkirschen, herrlich eindringlich und klar; füllig, stoffig, viel reife Frucht, Substanz, dezent Bitterschokolade, jugendliche Tannine **25,90 €**
1999: 88; 2000: 87; 2001: 87; 2002: 89; 2003: 90; 2004: 90; 2005: 90; 2006: 87.

90 . . . 2007 „Ypsilon" Rotwein Cuvée trocken Barrique
gute Konzentration, reife Frucht, etwas rote und dunkle Früchte, herrlich eindringlich; kraftvoll, klar, gute Struktur, reife Frucht, feiner Nachhall **25,90 €**
1996: 86; 1998: 88; 1999: 88; 2000: 87; 2001: 88; 2002: 90; 2003: 91; 2004: 91; 2005: 90; 2006: 87.

---

84 2008 Weißburgunder Spätlese trocken **10,80 €**

★

W. Haidle
Weingut

Württemberg

Weinstraße 21, 71394 Kernen-Stetten
Tel. 07151-44938, Fax: 07151-44088
www.haidlewein.de
info@haidlewein.de
Besuchszeiten: Fr. 14-18 Uhr, Sa. 9-13 Uhr und nach Vereinbarung

Inhaber .... Wolfgang Haidle
Rebfläche .... 6 Hektar

Ein Schwerpunkt des 1953 gegründeten Gutes war früher die Rebveredlung. Seit Susanne und Wolfgang Haidle das Gut 1994 übernommen haben konzentrieren sie sich ganz auf Weinbau. Riesling ist die wichtigste Rebsorte. Es folgen vor allem rote Sorten, die inzwischen 60 Prozent der Rebfläche einnehmen: Trollinger, Lemberger und Spätburgunder, aber auch Zweigelt, Samtrot, Dornfelder und Merlot, der mit dem Jahrgang 2004 die erste Ernte brachte. Alle Rotweine werden maischevergoren, die Weißweine in Edelstahltanks ausgebaut. Alle Weine kommen erst nach einem Jahr Fass- bzw. Tankreife auf die Flasche.

Vor zwei Jahren war der Merlot aus dem Barrique unser Favorit. Auch in der letztjährigen Kollektion hatten wieder die Rotweine knapp die Nase vorn, allerdings zeigten auch die 2007er Weißweine konstantes, gutes Niveau. Dies gilt auch 2008 und in diesem Jahr nun gefällt uns der Riesling von alten Reben aus dem Pulvermächer am besten, führt eine gleichmäßige, gute Kollektion an.

Weinbewertung

85 . . . 2008 Riesling „Alte Reben" Stettener Pulvermächer
von 39 Jahre alten Reben; gute Konzentration, feine Würze, reintönige Frucht; füllig, harmonisch, reife süße Frucht, feine Frische **9,- €**

---

80 2008 Pinot Blanc trocken **6,50 €**
81 2008 Riesling Kabinett trocken Stettener Pulvermächer **6,50 €**
81 2008 Muskateller **6,- €**
82 2008 Gewürztraminer Spätlese **8,- €**
81 2008 Pinot Meunier Blanc de Noirs trocken **5,90 €**
81 2008 Rosé Kabinett trocken **5,90 €**
80 2007 Pinot Noir trocken **6,90 €**

80 2007 Merlot trocken **7,90 €**
83 2007 „Remsus" Rotwein trocken **9,50 €**
84 2006 Merlot Spätlese Barrique **16,90 €**
78 2007 Trollinger mit Lemberger **4,70 €/1l**

★★★★

Kurt Hain
Weingut

Mosel

Am Domhof 5, 54498 Piesport
Tel. 06507-2442, Fax: 06507-6879
www.weingut-hain.de
weingut-hain@t-online.de
Besuchszeiten: Mo.-Fr. 9-18 Uhr, Sa./So. nach Vereinbarung
Hotel und Weinhaus „Piesporter Goldtröpfchen"

Inhaber .... Gernot Hain
Rebfläche .... 7 Hektar

Gernot Hain baut zu 85 Prozent Riesling an, wovon gut die Hälfte im berühmten Piesporter Goldtröpfchen steht. Daneben gibt es bei ihm vor allem noch etwas Spät- und Weißburgunder. Die Weine baut er überwiegend im Edelstahl aus, zu einem kleinen Teil auch in Holzfässern, den Spätburgunder im Barrique. Die Hälfte seiner Weine ist trocken oder halbtrocken ausgebaut, aber auch die süßen Weine sind gut balanciert und animierend.

2006 gelang erstaunlich gut. 2007 waren es wieder einmal die Spätlesen, die mit klarer Frucht und Fülle begeisterten, und auch 2008 sind die Spätlesen der Auslese oft ebenbürtig oder sogar überlegen: Ein rundum gelungener Jahrgang!

Weinbewertung

85 . . . 2008 Riesling Spätlese trocken Piesporter Goldtröpfchen
jugendliche Frucht, frisch; sehr würzig, kraftvoll, straffe Säure, gut balanciert **9,50 €**

87 . . . 2008 Riesling Spätlese* trocken Piesporter Goldtröpfchen**
sehr jugendlich, leicht erdig-würzig, hefig; straff, leicht mineralisch, viel Substanz, hat Biss **11,50 €**

87 . . . 2008 Riesling Spätlese „feinherb Alte Reben" Piesporter Goldtröpfchen
duftig, Apfel, Kräuter; straff, betont würzig, etwas füllig, viel Frucht, nachhaltig, animierend **10,- €**

86 . . . 2008 Riesling Spätlese Nr. 12 Piesporter Goldtröpfchen
klare Frucht, duftig, kandierter Apfel; saftig, feine Frucht, rassig **9,- €**

89 . . . 2008 Riesling Spätlese Nr. 13 Piesporter Goldtröpfchen
reife Frucht, vielschichtig, Kräuter, Boskoop; saftig, viel Würze, faszinierendes Süße-Säure-Spiel, Nachhall **10,- €**

87 . . . 2008 Riesling Auslese Piesporter Domherr
eher verhalten, reife Frucht, Steinobst; recht füllig, würzig, feine Frucht, gute Länge **15,- €**

83 2008 Riesling Kabinett trocken Piesporter Goldtröpfchen **7,- €**
83 2008 Riesling Spätlese trocken Piesporter Domherr **8,50 €**
83 2008 Riesling Kabinett „feinherb" Piesporter Goldtröpfchen **6,50 €**
83 2008 Riesling Spätlese „feinherb" Piesporter Goldtröpfchen **8,50 €**
83 2008 Piesporter Goldtröpfchen **6,50 €/1l**
84 2008 Riesling Kabinett Piesporter Goldtröpfchen **6,50 €**

Frank J. Haller ★☆

Weingut

Württemberg

Naststraße 33, 70376 Stuttgart
Tel. 0711-51882710
www.weingutfrankjhaller.de
mail@weingutfrankjhaller.de
Besuchszeiten: Di. + Fr. 15-18:30 Uhr, Sa. 10-14 Uhr und nach Vereinbarung

Inhaber .... Frank J. Haller
Rebfläche .... 2,5 Hektar

Mit dem Jahrgang 2007 hat Frank Haller seine ersten eigenen Weine auf die Flasche gebracht. Seine Weinberge liegen hauptsächlich im Cannstatter Zuckerle, aber auch in Schnait im Remstal besitzt er einen halben Hektar Reben. Bei den roten Sorten liegt der Schwerpunkt derzeit bei Lemberger und Trollinger, dazu Spätburgunder (ab 2009) und Zweigelt. Bei den weißen Sorten überwiegt Riesling, hinzu kommen im Remstal auf 400 Meter Höhe Kerner, Silvaner und Müller-Thurgau.

Beim guten Debüt im vergangenen Jahr gefielen uns Riesling und Silvaner besonders gut, aber auch der Lemberger überzeugte. Der gefällt uns auch 2008, noch besser aber der Zweigelt und der dicke Eiswein. Im Auge behalten!

Weinbewertung

87 ... 2008 Riesling Eiswein Mühlhäuser Steinhalde
feiner Duft, süße Zitrusfrüchte, gute Konzentration, herrlich eindringlich; füllig, eingelegte süße Aprikosen, viel Substanz und Biss **29,50 €/0,375l**

85 ... 2008 Lemberger trocken Cannstatter Zuckerle
fruchtbetont, reintönige Frucht, jugendlich; frisch, direkt, klare Frucht und Biss **12,- €**

87 ... 2008 Zweigelt trocken Cannstatter Zuckerle
herrlich viel Frucht, reintönig, konzentriert, feine Frische; kraftvoll, klar, reife reintönige Frucht, gute Struktur und Frische **13,50 €**

83 2008 Weißwein trocken **6,80 €**
83 2008 Silvaner trocken Schnaiter Sonnenberg **11,50 €**
81 2008 Riesling trocken Cannstatter Zuckerle **7,90 €**
84 2008 Spätburgunder trocken **9,80 €**

Harteneck ★

Wein- und Sektgut

Baden

Brezelstraße 15, 79418 Schliengen
Tel. 07635-8837, Fax: 07635-823755
www.weingut-harteneck.de
info@weingut-harteneck.de
Besuchszeiten: Mo.-Fr. 9-19 Uhr, Sa. 9-14 Uhr

Inhaber .... Thomas Harteneck
Rebfläche .... 8 Hektar

Die Weinbautradition der Familie lässt sich bis in die Mitte des 19. Jahrhunderts in die Pfalz zurückverfolgen. Thomas Harteneck bewirtschaftet seine Weinberge nach biodynamischen Grundsätzen, ist Mitglied bei Ecovin und Demeter. Er baut jeweils zur Hälfte rote und weiße Sorten an. Wichtigste rote Rebsorte ist Spätburgunder. Dazu gibt es Dornfelder, Regent, Cabernet Sauvignon und Cabernet Franc. Bei den weißen Sorten überwiegt Gutedel, gefolgt von Weiß- und Grauburgunder. Im Jahr 2000 zog das Weingut in neue Betriebsgebäude, die nach Plänen von Thomas Harteneck nach ökologischen Gesichtspunkten errichtet wurden. Das Gut ist Demonstrationsbetrieb „Ökologischer Landbau". Seit dem Jahrgang 2003 gibt es die Selektionsreihe „SH".

Die 2006er Weißweine waren jahrgangsbedingt etwas schwächer, Sekt und Regent aber gefielen gut. Die letztjährige Kollektion präsentierte sich gleichmäßig, die neue Kollektion nun gefällt uns deutlich besser. Die beiden Rotweine aus der Südlage Hellberg besitzen Substanz und Kraft, Weiß- und Grauburgunder sind füllig bei reintöniger Frucht. Eine überzeugende, starke Kollektion. ▬

Weinbewertung

85 . . . 2008 Weißburgunder Spätlese trocken „Geigenmantel"
gute Konzentration, feine Würze und Frucht; weich, füllig, viel reife süße Frucht **12,- €**

86 . . . 2008 Grauburgunder Spätlese trocken „Kapellenberg"
gute Konzentration, reife Frucht, gelbe Früchte; füllig, harmonisch, viel reife Frucht, Substanz, Kraft **12,- €**

86 . . . 2007 Spätburgunder „Hellberg" Bad Bellinger Sonnenstück
gute Konzentration, reife Frucht, feine Würze, reintönig; frisch, zupackend, reintönige Frucht, gute Struktur **16,- €**

85 . . . 2007 Cabernet Franc „Hellberg"
gute Konzentration, reife Frucht, feine Würze, ganz dezent rauchige Noten und Toast; füllig, kraftvoll, reife Frucht, gute Struktur **14,- €**

80 2008 Gutedel „SH" trocken **7,40 €**
82 2007 Spätburgunder „SH" trocken **9,60 €**

Hauck ★

Weingut

Rheinhessen

Sonnenhof, 55234 Bermersheim vor der Höhe
Tel. 06731-1272,3195, Fax: 06731-45652
www.weingut-hauck.de
vinum@weingut-hauck.de
Besuchszeiten: jederzeit nach Vereinbarung
Weinproben und Weinseminare

Inhaber .... Heinz-Günter und Heike Hauck
Rebfläche .... 24,9 Hektar

Heinz-Günter Hauck hatte schon in den achtziger Jahren mit der Umstellung hin zu mehr Rotwein begonnen. Neben Spätburgunder, Dornfelder und Portugieser hat er Merlot und Cabernet Sauvignon angepflanzt. Bei den weißen Sorten dominieren Silvaner, Weißburgunder, Grauburgunder, Riesling und Müller-Thurgau.

Seit zehn Jahren kennen wir schon die Weine von Hans-Günter Hauck, immer wieder überzeugt er mit seinem guten, gleichmäßigen Niveau. Im Weißweinbereich ist der Grauburgunder seine große Stärke, im roten Segment setzt er mit Erfolg auf Cuvées.

Im Jahrgang 2006 hatte Hans-Günter Hauck sich gut behauptet, der Grauburgunder überzeugte wie gewohnt, aber auch die anderen Weißweine besaßen Klarheit und Frucht. Die 2007er Kollektion war sehr gleichmäßig, blieb aber in der Spitze ein wenig hinter den Vorjahren zurück. In der aktuellen Kollektion gefällt uns wieder einmal der Grauburgunder besonders gut, die beiden roten Cuvées besitzen Substanz und Struktur. ▬

Weinbewertung

85 . . . 2008 Grauburgunder Spätlese trocken

würzig, eindringlich, klare Frucht; füllig, harmonisch, reintönige reife Frucht **6,50 €**

85 . . . 2007 „Essential" Rotwein trocken

Cabernet Sauvignon, Merlot; würzig, eindringlich, Cassis; füllig, harmonisch, reife Frucht, dezent Vanille, gute Struktur **9,50 €**

85 . . . 2007 „Novum" Rotwein trocken

feine rauchige Noten, dezenter Toast, reife Frucht; füllig, harmonisch, kraftvoll, reife Frucht, gute Struktur **9,50 €**

---

79 2008 Riesling **3,70 €/1l**
82 2008 Riesling Spätlese trocken „Alte Reben" **5,70 €**
81 2008 Silvaner **3,70 €/1l**
83 2008 Weißburgunder Spätlese „feinherb" **5,70 €**
83 2008 Riesling Spätlese **5,70 €**
79 2008 Spätburgunder Weißherbst Kabinett Blanc de Noir **4,70 €**
81 2007 St. Laurent trocken **4,90 €**
81 2007 Spätburgunder Spätlese trocken **6,80 €**

★

Hauser-Bühler

Weingut

Baden

Neunlindenstraße 34, 79235 Vogtsburg-Bickensohl
***Tel.** 07662-8280, **Fax**: 07662-8290*
www.hauser-buehler.de
info@hauser-buehler.de
***Besuchszeiten**: täglich nach Vereinbarung*

Inhaber . . . . Alexandra Hauser-Bühler
. . . . Hubertus Bühler
Rebfläche . . . . 5 Hektar

Das Weingut wurde 1923 von Adolf Hauser gegründet und unter der Führung seines Sohnes Arno vergrößert und modernisiert. Seit 1990 führen in dritter Generation Alexandra Hauser-Bühler und Hubertus Bühler den Betrieb. Ihre Weinberge befinden sich in den Bickensohler Lagen Herrenstück und Steinfelsen, sowie im Endinger Engelsberg. Sie bauen hauptsächlich die Burgundersorten an, aber auch Riesling, Gewürztraminer und Müller-Thurgau.

Vor zwei Jahren war die Kollektion, Weine der Jahrgänge 2005 und 2006, etwas verhalten. 2007 gefiel wieder besser, allen voran die trockene Weißburgunder Spätlese. In der neuen Kollektion ist nun der schon im vergangenen Jahr als Fassprobe verkostete Spätburgunder aus dem Herrenstück unser eindeutiger Favorit.

Weinbewertung

85 . . . 2007 Spätburgunder Spätlese trocken Bickensohler Herrenstück

würzig, eindringlich, reife Frucht; füllig, harmonisch, reife Frucht, gute Substanz **11,50 €**

---

83 Pinot Blanc Sekt brut **10,50 €**
80 2008 Rivaner Kabinett trocken Bickensohler Steinfelsen **5,- €**
80 2008 Weißburgunder Kabinett trocken Bickensohler Steinfelsen **5,60 €**
81 2008 Grauburgunder Kabinett trocken Bickensohler Steinfelsen **6,- €**
82 2008 Ruländer Spätlese trocken Bickensohler Steinfelsen **8,50 €**
81 2006 Grauburgunder Spätlese trocken Bickensohler Herrenstück **8,50 €**
83 2007 Spätburgunder trocken Endinger Engelsberg **7,- €**

★★☆

Freiherr von Heddesdorff

Weingut

Mosel

Am Moselufer 10, 56333 Winningen,
Tel. 02606-962033, Fax: 02606-962034
www.vonheddesdorff.de
weingut@vonheddesdorff.de
Besuchszeiten: nach Vereinbarung
3 Ferienwohnungen

Inhaber .... Andreas von Canal
Rebfläche .... 5,3 Hektar

Seit 1424 befindet sich das Weingut im Familienbesitz, das Gutsgebäude gehört zu den ältesten Häusern Winningens. Die Hälfte der Weinberge von Andreas von Canal liegt im bekannten Winninger Uhlen, dazu besitzt er Weinberge in den Lagen Röttgen und Brückstück. Er baut ausschließlich Riesling an. Die Weine werden reduktiv im Edelstahl vergoren und sind in den meisten Fällen schon jung zugänglich, sie zeigen oft eine leicht hefegeprägte Würze.

Nach einem durchweg gelungenen Jahrgang 2006 konnte auch 2007 überzeugen. Die 2008er präsentieren sich erstaunlich kraftvoll, komplex und mineralisch – an der Spitze eine faszinierende Spätlese aus dem Röttgen.

Weinbewertung

85 . . . 2008 Riesling Kabinett trocken Winninger Uhlen trocken
betont hefig, Kräuter; straff , viel Würze, klare Frucht, würziger Nachhall **6,50 €**

87 . . . 2008 Riesling Spätlese trocken Winninger Uhlen
zunächst verhalten, leicht hefig; viel Würze, wirkt noch etwas unzugänglich, Potenzial **9,50 €**

2002: 86; 2003: 86; 2004: 87; 2005: 87; 2006: 86; 2007: 87.

88 . . . 2008 Riesling Spätlese halbtrocken Winninger Brückstück
Stachelbeere, etwas Kräuter; saftig, viel Würze, gute Frucht, animierend **9,30 €**

87 . . . 2008 Riesling Kabinett Winninger Uhlen
etwas unruhig, viel Würze, etwas Stachelbeere; saftig, rassige Säure, pikant, animierend **6,50 €**

89 . . . 2008 Riesling Spätlese Winninger Röttgen
duftig, Stachelbeere, getrockneter Apfel, etwas Maracuja: saftig, rassig, vielschichtig, langer Nachhall **9,30 €**

---

83 2008 Riesling trocken **6,20 €**
83 2008 Riesling „feinherb“ **5,- €**
84 2008 Riesling Kabinett halbtrocken Winninger Uhlen **6,50 €**

★☆

Hedesheimer Hof

Weingut Beck

Rheinhessen

Schildweg 2, 55271 Stadecken-Elsheim
Tel. 06136-2487, Fax: 06136-924413
www.hedesheimer-hof.de
weingut@hedesheimer-hof.de
Besuchszeiten: Mo.-Fr. 14-19 Uhr, Sa. 9-16 Uhr und nach Vereinbarung

Inhaber .... Michael Beck
Rebfläche .... 26,5 Hektar

Gut ein Drittel der Weinberge von Michael Beck sind mit Rotweinreben bepflanzt, vor allem Portugieser, Spätburgunder und Dornfelder, aber auch ein wenig Frühburgunder und St. Laurent. Hinzu kommt Riesling als wichtigste Weißweinsorte, gefolgt von Weiß- und Grauburgunder, Silvaner, Kerner und ein klein wenig Müller-Thurgau, dessen Anteil reduziert wurde. Dafür wurde Auxerrois angepflanzt, der auch im Barrique ausgebaut wird. Die Reben stehen auf unterschiedlichen Böden, in Stadecken in den Lagen Lenchen (Löss) und Spitzberg (Pelosol), in Elsheim in den Lagen Bockstein und Blume (Kalkmergel), sowie im Jugenheimer Goldberg. Alle Weißweine werden, nach Ganztraubenpressung, gezügelt vergoren und in Edelstahltanks ausgebaut. Die Rotweine werden ausschließlich im Holzfass ausgebaut.

Der Hedesheimer Hof gehört seit einem Jahrzehnt zu den immer zuverlässigen und überzeugenden Betrieben in Rheinhessen. Die trockenen Weißweine besitzen Fülle und Substanz, sind immer aber von merklicher Restsüße geprägt. Wenn es der Jahrgang erlaubt, werden die Kollektionen mit edelsüßen Rieslingen gekrönt.

Sehr gut gefielen uns die 2006er Weißweine, allen voran Grauburgunder und Auxerrois. Eine vergleichbar starke Kollektion präsentierte Michael Beck im vergangenen Jahr mit wunderschön fülligen Weißweinen, egal ob Riesling oder Weißburgunder, Grauburgunder oder Auxerrois. Eine starke Kollektion folgt nach, wiederum mit wunderschönen trockenen weißen Spätlesen und angeführt von einer beeindruckenden Trockenbeerenauslese. Nur die Rotweine können da nicht ganz mithalten.

Weinbewertung

86 . . . 2008 Riesling trocken Selection Rheinhessen Stadecker Spitzberg
würzig, eindringlich, klare reife Frucht; füllig, frisch, klar, gute Harmonie **8,90 €**
2004: 86; 2005: 87; 2007: 86.

85 . . . 2008 Weißburgunder Spätlese trocken „Alte Reben" Elsheimer Blume
würzig, frisch, reintönige Frucht; gute Harmonie, klare Frucht, feine Süße und Biss **7,50 €**

86 . . . 2008 Grauburgunder Spätlese trocken „Alte Reben" Stadecker Lenchen
gute Konzentration, reintönige Frucht, feine Würze; klar, füllig, reife Frucht, merkliche Süße **6,50 €**
2007: 86.

87 . . . 2008 Riesling Spätlese trocken „vom Pelosol Alte Reben" Stadecker Spitzberg
(2007: „Horner Kopp"); konzentriert, feine Würze und Frucht, herrlich eindringlich und reintönig, etwas gelbe Früchte; füllig, kraftvoll, viel reife Frucht und Substanz **12,50 €**
2007: 87.

87 . . . 2008 Auxerrois Spätlese trocken Stadecker Spitzberg
reife Frucht, dezenter Toast, herrlich eindringlich; füllig, harmonisch, viel reife süße Frucht, gute Substanz **11,20 €**
2004: 88; 2005: 85; 2006: 86; 2007: 87.

89 . . . 2008 Riesling Trockenbeerenauslese Stadecker Lenchen
gute Konzentration, etwas Orangenschalen, feiner Duft, dezent Litschi; süß, konzentriert, dicht, herrlich viel Stoff, feiner Zitrusbiss **22,60 €/0,5l**

---

81 2008 Grauburgunder Kabinett trocken Stadecker Lenchen **4,50 €**
80 2008 Riesling Kabinett trocken Stadecker Lenchen **4,50 €**
84 2008 Riesling Spätlese trocken Stadecker Lenchen **6,10 €**
83 2008 Riesling Spätlese trocken Elsheimer Blume **6,10 €**
82 2008 Riesling Spätlese „Late Night" Stadecker Lenchen **6,10 €**
80 2006 Blauer Spätburgunder trocken Barrique Elsheimer Bockstein **9,60 €**
80 2006 „OPORT A" trocken Barrique Jugenheimer Goldberg **9,60 €**

H

Die besten deutschen Weinerzeuger und ihre Weine

Hees ★

Weingut

Nahe

Zur feuchten Ecke 6, 55569 Auen
Tel. 06754-373, *Fax:* 06754-946925
www.jaegerauskurpfalz.de
info@jaegerauskurpfalz.de
Besuchszeiten: täglich 10-20 Uhr
Landgasthof und Pension

Inhaber .... Familie Hees
Rebfläche .... 3 Hektar

Seit 1824 ist das Weingut im Familienbesitz, seit 2007 wird es von Guido Hees geführt, der damals seine Ausbildung zum Weinbautechniker beendete. Er setzt verstärkt auf Riesling und möchte in den kommenden Jahren die Rebfläche erweitern. In den Auener Lagen Römerstich und Kaulenberg wachsen die Reben auf unterschiedlich zusammengesetzten Böden aus Sandstein, Schiefer und Tonschiefer.

Weinbewertung

85 . . . 2008 Riesling Spätlese trocken Auener Römerstich
konzentriert, würzig, eindringlich; füllig, harmonisch, reife süße Frucht **7,90 €**

85 . . . 2008 Riesling Spätlese Auener Römerstich
würzig, eindringlich, gute Konzentration; füllig und schmeichelnd, herrlich viel Frucht, Substanz, süffig **7,90 €**

81 2008 Riesling trocken „vom Sandstein" **5,40 €**
81 2008 Weißburgunder trocken **4,80 €**
80 2008 Riesling Hochgewächs **4,50 €**
83 2007 Dornfelder trocken Barrique Auener Kaulenberg **11,90 €**

Dr. Heger ★★★★★

Weingut

Baden

Bachenstraße 19-21, 79241 Ihringen
Tel. 07668-205 *Fax:* 07668-9300
www.heger-weine.de
info@heger-weine.de
Besuchszeiten: Mo.-Fr. 9-12 + 13:30-17:30 Uhr, Sa. 10-14 Uhr

Inhaber .... Joachim Heger
Außenbetriebsleiter .... Jürgen Kühnle
Kellermeister .... Jürgen Jehle
Rebfläche .... 20 Hektar

Das 1935 von Dr. Max Heger gegründete Weingut wurde ab 1949 von seinem Sohn Wolfgang (genannt Mimus) geführt. Dessen Sohn Joachim trägt seit 1981 die Verantwortung im Keller, 1992 übernahm Joachim Heger zusammen mit Ehefrau Silvia das Gut. Die Weinberge von Joachim Heger befinden sich vor allem in den Lagen Ihringer Winklerberg und Achkarrer Schlossberg, etwas auch im Freiburger Schlossberg. Wichtigste Rebsorten sind Spätburgunder, Riesling, Grauburgunder, Weißburgunder und Silvaner. Dazu gibt es Chardonnay und Muskateller, aber auch etwas Scheurebe, Cabernet Sauvignon, Müller-Thurgau und Gewürztraminer. Für die ökologische Ausrichtung der Arbeit in den Weinbergen hat Joachim Heger Claude Bourguignon als Berater verpflichtet. 95 Prozent der Weine baut Joachim Heger durchgegoren aus. Als Zweitmarke führt Joachim Heger das 1986 gegründete „Weinhaus Joachim Heger", dessen Weine aus den Erträgen einer Erzeugergemeinschaft entstehen.

Die besten Weine aus Winklerberg und Schlossberg werden intern mit 3 Sternen klassifiziert. 3 Sterne erhalten, wenn es der Jahrgang zulässt, nicht nur die besten Weißburgunder, Grauburgunder, Spätburgunder und Rieslinge, sondern auch die Spitzen-Silvaner und -Muskateller.

Im weißen Burgundersortiment sahen wir vor zwei Jahren Weißburgunder und Grauburgunder fast gleichauf, sie zählten zur Spitze in Deutschland. Auch im vergangenen Jahr fiel es schwer sich für einen Favoriten zu entscheiden, so eng lagen alle – qualitativ – beieinander, Weißburgunder und Grauburgunder, Winklerberg und Schlossberg. 2008 gefallen sie uns noch ein klein wenig besser. Gleich drei hervorragende Weißburgunder hat Joachim Heger im Programm, wir sehen Winklerberg und Schlossberg gleichauf. Beim Grauburgunder aber haben wir einen klaren Favoriten, den barriqueausgebauten Wein aus dem Schlossberg, der beste Grauburgunder des Jahres in Deutschland – Zeit sollte man ihm aber noch geben.

Wem nicht der Sinn nach Weiß- oder Grauburgunder steht, der findet auch andere weiße Rebsorten bei Joachim Heger. Nur eine davon, der Riesling, ist VDP-intern als Rebsorte für Große Gewächse zugelassen, die anderen beiden, Silvaner und Muskateller, sind es nicht. Von allen hatte Joachim Heger 2007 3-Sterne-Selektionen erzeugt: Die Weine hatten Spannung und Kraft, waren herrlich puristisch und klar. Die 2008er gefallen uns noch besser: Kraftvolle Silvaner (Präferenz für den Schlossberg) und Rieslinge (ganz leichte Präferenz für den Winklerberg), ein feiner Muskateller und ein fülliger, noch sehr jugendlicher Chardonnay.

Die 2005er Spätburgunder waren reintönig und geradlinig, allesamt recht jugendlich, mit Potenzial, wir präferierten den Winklerberg. 2006 hatte Joachim Heger nur den „Mimus" erzeugt, keine Großen Gewächse. Umso gewaltiger kommen sie dafür 2007 zurück. Schon der „Mimus" präsentiert sich in formidabler Form, Schlossberg und Winklerberg bringen eine weitere Steigerung – knappe Präferenz für den Schlossberg.

Eine ganz starke Kollektion präsentiert Joachim Heger, weiß wie rot, eine der besten Kollektionen des Jahres in Deutschland.

Weinbewertung

90 . . . 2008 Silvaner* Spätlese trocken Achkarrer Schlossberg**
konzentriert, faszinierend viel Frucht, dezent mineralische Noten, eindringlich; füllig, kraftvoll, viel reife Frucht, gute Struktur, Substanz, nachhaltig **18,50 €**
2007: 89.

89 . . . 2008 Silvaner* Spätlese trocken Ihringer Winklerberg**
gute Konzentration, feine Würze und Frucht, herrlich eindringlich; füllig, kraftvoll, viel reife Frucht, gute Substanz **18,50 €**
2007: 88.

90 . . . 2008 Riesling* „GG" Ihringer Winklerberg**
viel Konzentration, herrlich viel Frucht, weiße und gelbe Früchte; füllig, stoffig, herrlich viel Frucht und Substanz **18,50 €**
1999: 88; 2000: 90; 2001: 90; 2002: 89; 2004: 88; 2005: 88; 2007: 88.

89 . . . 2008 Riesling* „GG" Achkarrer Schlossberg**
würzig, eindringlich, etwas Zitrus, ganz dezent mineralische Noten; stoffig, präzise, geradlinig, jugendlich, nachhaltig, dezent mineralische Noten **18,50 €**
2007: 89.

90 . . . 2008 Weißburgunder Spätlese trocken Ihringer Winklerberg
konzentriert, herrlich viel Frucht, weiße Früchte, auch gelbe Früchte, klar, eindringlich; kraftvoll, reintönig, gute Substanz, reife Frucht, Länge, Nachhall **16,50 €**
2000: 87; 2001: 91; 2002: 90; 2003: 87; 2004: 88; 2005: 88; 2006: 90; 2007: 87.

91 . . . 2008 Weißburgunder* „GG" Ihringer Winklerberg**
viel Konzentration, viel reife Frucht, gelbe Früchte, herrlich reintönig und konzentriert; füllig, weich, stoffig, viel reife Frucht und Substanz, Länge und Nachhall, jugendlich **18,50 €**

H

Die besten deutschen Weinerzeuger und ihre Weine

1997: 88; 1998: 86; 1999: 88; 2000: 90; 2001: 91; 2002: 91; 2003: 89; 2004: 89; 2005: 89; 2006: 90; 2007: 89.

91 . . . 2008 Weißburgunder* „GG" Barrique Achkarrer Schlossberg**
würzig, frisch, viel reife Frucht, dezent Ananas, gelbe Früchte, gute Konzentration; gute Fülle und Substanz, viel Kraft, Struktur, enorm lang und nachhaltig, jugendlich **23,50 €**
2007: 90.

89 . . . 2008 Grauburgunder Spätlese trocken Ihringer Winklerberg
gute Konzentration, reintönige Frucht, gelbe Früchte, herrlich eindringlich; füllig, kraftvoll, reife Frucht, gute Substanz und Länge **16,50 €**
1998: 89; 1999: 87; 2000: 88; 2001: 89; 2002: 91; 2004: 90; 2005: 88; 2006: 90; 2007: 89.

90 . . . 2008 Grauburgunder* „GG" Ihringer Winklerberg**
viel Konzentration, weiße und gelbe Früchte, herrlich eindringlich; füllig, stoffig, reife Frucht, viel Substanz und Länge, jugendlich **18,50 €**
1997: 87; 1998: 89; 1999: 88; 2000: 91; 2001: 92; 2004: 90; 2005: 91; 2006: 89; 2007: 90.

92 . . . 2008 Grauburgunder* „GG" Barrique Achkarrer Schlossberg**
viel Konzentration, faszinierend viel Frucht, gelbe Früchte, herrlich eindringlich und dominant; füllig, stoffig, viel Substanz und Kraft, herrlich viel Wein, enorm nachhaltig, jugendlich **23,50 €**
1999: 91; 2000: (91); 2001: 91; 2002: 91; 2003: 90; 2004: 90; 2005: 88; 2007: 90.

90 . . . 2008 Chardonnay Spätlese* trocken Barrique Ihringer Winklerberg**
gute Konzentration, klare reife Frucht, herrlich eindringlich; füllig, kraftvoll, reife Frucht, gute Substanz und Struktur, jugendlich, braucht Zeit **23,20 €**
1997: 88; 1999: 87; 2000 (Auslese): 90; 2001: 91; 2003: 90; 2004: 90; 2005: 89; 2007: 88.

88 . . . 2008 Muskateller Spätlese trocken Ihringer Winklerberg
würzig, frisch, eindringlich, feine Muskatellerfrucht; klar, zupackend, geradlinig, feine Frucht, Biss **16,50 €**

88 . . . 2007 Gewürztraminer Spätlese trocken Ihringer Winklerberg
gute Konzentration, reintönige Frucht, Rosen; füllig, harmonisch, viel reife Frucht und Substanz, gute Länge **16,50 €**

87 . . . 2008 Muskateller Spätlese Ihringer Winklerberg
frisch, würzig, eindringliche Muskatnote, dezent Zitrus im Hintergrund; füllig, harmonisch, feine süße Frucht und Biss **16,50 €**

87 . . . 2008 Ruländer Beerenauslese Ihringer Winklerberg
gute Konzentration, feiner Duft und Würze; süß, dick, dominant, Biss **41,70 €/0,375l**

90 . . . 2008 Scheurebe Trockenbeerenauslese Ihringer Winklerberg
würzig, konzentriert, dominant, herrlich viel Frucht, etwas Cassis; dick, konzentriert, herrlich viel Stoff, dominant, etwas kandierte Früchte, Biss **70,- €/0,375l**

89 . . . 2007 „Mimus" Spätburgunder trocken Ihringer Winklerberg
gute Konzentration, reintönige Frucht, dezent rauchige Noten, herrlich eindringlich; füllig, harmonisch, elegant, klare reife Frucht, Struktur, Länge **21,90 €**
1999: 85; 2000: 87; 2001: 89; 2002: 88; 2003: 88; 2004: 88; 2005: 87; 2006: 87.

92 . . . 2007 Spätburgunder* „GG" Achkarrer Schlossberg**
viel Konzentration, faszinierend viel Frucht, rauchige Noten, ganz dezent Schokolade im Hintergrund, herrlich eindringlich; füllig, kraftvoll, herrlich viel Frucht und Substanz, jugendlich und nachhaltig
2000: 90; 2003: 89; 2004: 88; 2005: 88.

91 . . . 2007 Spätburgunder* „GG" Ihringer Winklerberg**
enorm würzig, eindringlich, etwas Kirschen, viel reife Frucht; füllig, stoffig, viel reife Frucht, ganz dezent Schokolade, herrlich lang, nachhaltig, braucht Zeit
1997: 88; 1999: 89; 2000: 90; 2001: 88; 2002: 89; 2003: 87; 2004: 89; 2005: 90.

★★★★

Heid

Weingut

Württemberg

Cannstatter Straße 13/2, 70734 Fellbach
Tel. 0711-584112, Fax: 0711-583761
www.weingut-heid.de
info@weingut-heid.de
Besuchszeiten: Mo.-Do. 17-19, Fr. 13-19, Sa. 9-13 Uhr

Inhaber .... Markus Heid
Rebfläche .... 7 Hektar

Das Weingut Heid ist aus einem ehemaligen Gemischtbetrieb entstanden, der neben Weinbau vor allem Obstbau betrieb. Markus Heid hat das Weingut 1996 von seinen Eltern übernommen. Er setzte verstärkt auf Qualität und ging „weg von der Literflasche und vom Trollinger", der bei seiner Betriebsübernahme über die Hälfte der Weinberge einnahm. Seine Weinberge liegen vor allem in Fellbach in den Lagen Goldberg und Lämmler, hinzu kommen weitere Parzellen im Remstal. Drei Viertel seiner Weinberge sind mit roten Reben bepflanzt, vor allem Lemberger, Trollinger und Spätburgunder, aber auch Cabernet Mitos, Regent, St. Laurent, Cabernet Dorio, Cabernet Dorsa, Merlot Samtrot und Syrah. Wichtigste Weißweinsorte ist Riesling. Zuletzt hat er Sauvignon Blanc und Johanniter gepflanzt. Die Weißweine werden kühl und langsam vergoren und ebenso wie Trollinger und Rosé lange auf der Feinhefe ausgebaut. Für Weißweine wird das Prädikatssystem genutzt. Die Rotweine werden betriebsintern mit einer bis drei Trauben klassifiziert. Ein-Trauben-Weine werden 4 bis 8 Monate in gebrauchten Barriques ausgebaut, 2-Trauben-Weine kommen 7 bis 11 Monate teils in gebrauchte, teils in neue Barriques, 3-Trauben-Weine schließlich bleiben 15 bis 22 Monate im Barrique, bei hohem Neuholzanteil.

Als wir vor zehn Jahren zum ersten Mal die Weine von Markus Heid empfahlen, waren er und das Weingut weitgehend unbekannt. Seither hat er uns Jahr für Jahr mit sehr guten Kollektionen erfreut, nicht nur mit kraftvollen Rotweinen, die den größten Anteil seiner Produktion ausmachen, auch mit fülligen, fruchtintensiven Weißweinen von Riesling und Sauvignon Blanc vermochte er uns immer wieder zu überraschen.

Vor zwei Jahren war die Kollektion stark mit einem tollen Sauvignon Blanc und einigen kraftvollen, eindringlichen Rotweinen, wobei uns einmal mehr die Cuvée Melchisedec besonders gut gefiel. Sehr homogen präsentierte sich die letztjährige Kollektion, überzeugte mit kraftvollen, strukturierten Rotweinen, aber auch Riesling und Sauvignon Blanc machten viel Freude. Vergleichbar ist die neue Kollektion, bietet Spitzen mit den roten 3-Trauben-Weinen, aber auch mit dem herrlich saftigen Sauvignon Blanc.

Weinbewertung

86 . . . 2008 Sauvignon Blanc mit Riesling Spätlese trocken
gute Konzentration, feine Würze, dezent Stachelbeeren; füllig, harmonisch, reife Frucht, viel Substanz und Frische **8,90 €**

85 . . . 2008 Riesling „Adventslese" Spätlese trocken
würzig, eindringlich, reife Frucht; füllig, harmonisch, viel reife süße Frucht, feine Frische und Biss **13,50 €**

88 . . . 2008 Sauvignon Blanc Auslese trocken Fellbacher Lämmler
viel Konzentration, faszinierend viel Frucht, Stachelbeeren, herrlich eindringlich; füllig, harmonisch, viel reife süße Frucht, feine Frische, Biss, Struktur **14,50 €**
2005: 89; 2006: 88; 2007: 87.

86 . . . 2008 Samtrot trocken Fellbacher Goldberg**
würzig, klare reife Frucht, rote Früchte; frisch, klar, harmonisch, reife Frucht, Struktur und Frische **9,90 €**

86 . . . 2008 Syrah trocken Fellbacher Lämmler**
gute Konzentration, feine Frische, Brombeeren; frisch, zupackend, reintönige Frucht, Biss **14,50 €**
2005: 86; 2006: 86; 2007: 85.

86 . . . 2008 St. Laurent trocken Fellbacher Lämmler**
dezent rauchige Noten, klare Frucht, herrlich eindringlich; füllig, harmonisch, reife Frucht, gute Substanz **11,80 €**
2005: 86; 2006: 86; 2007: 85.

88 . . . 2007 Lemberger trocken* Fellbacher Goldberg**
intensive Frucht, rote Früchte, herrlich eindringlich und konzentriert; füllig, kraftvoll, reife Frucht, jugendlich, rote Früchte, gute Struktur **18,50 €**
1999: 86; 2001: 87; 2002: 87; 2003: 85; 2004: 89; 2005: 88; 2006: 87.

89 . . . 2007 „M" Rotweincuvée trocken* Fellbacher Goldberg**
viel Konzentration, herrlich viel Frucht, rote und dunkle Früchte, dezent Vanille und Schokolade; füllig, kraftvoll, konzentriert, viel reife Frucht, Substanz, gute Länge **22,- €**
1999: 87; 2001: 88; 2002: 89; 2003: 90; 2004: 90; 2005: 89; 2006: 88.

89 . . . 2007 Spätburgunder trocken* Fellbacher Goldberg**
reife Frucht, feine rauchige Noten, gute Konzentration, etwas rote Früchte, Vanille; füllig, kraftvoll, viel reife Frucht, gute Substanz und Länge **22,- €**
(bis 2001 Auslese trocken) 1999: 87; 2001: 88; 2002: 88; 2003: 90; 2004: 90; 2005: 87; 2006: 86.

---

83 2008 Riesling Kabinett trocken Stettener Häder **6,50 €**
83 2008 „Melchior" Rotwein Cuvée* trocken Fellbacher Goldberg **6,80 €**
83 2008 Trollinger trocken Fellbacher Goldberg **5,30 €/1l**

★

Karl Heidrich
Weingut

Mittelrhein

Oberstraße 16-18, 55422 Bacharach
Tel. 06743-93060, Fax: 06743-93061
www.weingut-karl-heidrich.de
karlheidrich@yahoo.de
Besuchszeiten: von April bis Okt. täglich (außer Mi.) 11-22 Uhr, sonst nach Vereinbarung
Gutsausschank „Zum Weinkrug"

Inhaber .... Markus Heidrich
Rebfläche .... 4,5 Hektar

Die Weinberge von Markus Heidrich liegen alle in und um Bacharach, der Gutsausschank „Zum Weinkrug" liegt mitten in Bacharach. Riesling ist die wichtigste Rebsorte. Daneben gibt es Weiß- und Grauburgunder, Müller-Thurgau, Scheurebe und Kerner, aber auch Spätburgunder. Die Bearbeitung der Weinberge erfolgt nach den Richtlinien des kontrolliert umweltschonenden Weinbaus.

2006 präsentierte sich gleichmäßig, in der 2007er Kollektion gefiel uns die trockene Spätlese aus dem Bacharacher Posten am besten. Die neue Kollektion ist verhaltener, bietet gleichmäßige Qualität.

Weinbewertung

79 2008 Rivaner trocken Bacharacher Wolfshöhle
80 2008 Riesling trocken Bacharacher Wolfshöhle
83 2008 Scheurebe Spätlese trocken Bacharacher Posten
83 2008 Riesling Spätlese trocken Bacharacher Posten
80 2008 Weißburgunder Classic
80 2008 Grauburgunder Classic
78 2008 Riesling Bacharacher Wolfshöhle
79 2008 Spätburgunder Rosé trocken

★★★

Dr. Heigel
Weingut

Franken

Haßfurter Straße 30, 97475 Zeil am Main
Tel. 09524-3110, Fax: 09524-3109
weingut-dr-heigel@t-online.de
Besuchszeiten: jederzeit, mit Bitte um Vereinbarung
Probierstube (Weinproben bis 60 Personen),
Hofschoppentage am letzten Maiwochenende

Inhaber .... Dr. Klaus-Peter Heigel
Rebfläche .... 13,8 Hektar

Die Weinberge von Klaus-Peter Heigel liegen in Zeil, wo ihm der Zeiler Mönchshang in Alleinbesitz gehört, Kitzingen (Hofrat), Randersacker (Pfülben, Sonnenstuhl) und Würzburg (Abtsleite). Neben Silvaner und Müller-Thurgau baut er vor allem noch Rieslaner, Weißburgunder, Riesling, Kerner und Bacchus an. Rote Sorten nehmen inzwischen ein Viertel seiner Weinberge ein.

Die 2006er Kollektion zeigte sich unbeeindruckt vom Jahrgang: Egal ob trocken oder süß, alle Weine überzeugten mit ihrer reintönigen Frucht. Auch die 2007er Kollektion war stark: Die trockenen Weine präsentierten sich reintönig und kraftvoll, hinzu kamen zwei wunderschöne edelsüße Rieslinge. Auch die neue Kollektion ist wieder ganz stark, bietet zuverlässige Qualität und Spitzen im edelsüßen, aber auch im trockenen Segment – der Weißburgunder hat uns wie schon in früheren Jahren besonders gut gefallen.

Weinbewertung

85 . . . 2008 Riesling Kabinett trocken Randersackerer Pfülben
fruchtbetont, klar, konzentriert, feine Würze; füllig, klar, feine süße Frucht und Biss **7,- €**

87 . . . 2008 Silvaner Spätlese trocken Zeiler Mönchshang
gute Konzentration, klare reife Frucht, Birnen, herrlich eindringlich; füllig, harmonisch, klare reife Frucht, gute Struktur und Frische **9,- €**

86 . . . 2008 Riesling Spätlese trocken Zeiler Mönchshang
würzig, eindringlich, klare reife Frucht; füllig, harmonisch, reife Frucht, gute Substanz und Länge **11,- €**

88 . . . 2008 Weißburgunder „S" Spätlese trocken
viel Konzentration, faszinierend viel Frucht, herrlich eindringlich, reintönig; füllig, stoffig, viel reife Frucht, gute Substanz und Länge, Frische **13,- €**
2004: 88; 2005: 87; 2006: 88; 2007: 86.

85 . . . 2008 Rieslaner Spätlese Zeiler Mönchshang
würzig, eindringlich, etwas Grapefruit; weich, harmonisch, feine Frische, reintönige Frucht **9,- €**

89 . . . 2008 Rieslaner Beerenauslese Zeiler Mönchshang
viel Duft, Grapefruit, herrlich eindringlich und konzentriert; füllig, stoffig, reife süße Frucht, reintönig, feine Frische und Biss **30,- €/0,375l**

88 . . . 2008 Riesling Eiswein Zeiler Mönchshang
würzig, klar, herrlich eindringlich, dezent süße Zitrusfrüchte und Pfirsiche; füllig, süß, weich, viel reife Frucht, Substanz, gute Länge **30,- €/0,375l**

85 . . . 2007 Merlot „S" trocken
reife Frucht, feiner Duft, rote Früchte, Vanille; weich, füllig, harmonisch, reife Frucht **18,- €**

82 2008 Müller-Thurgau trocken „Frank & Frei" **5,50 €**
82 2008 Silvaner Kabinett trocken Randersackerer Sonnenstuhl **6,50 €**
84 2008 Weißburgunder Kabinett trocken Kitzinger Hofrat **6,50 €**
82 2008 Rotwein trocken „Frank & Frei" **6,50 €**

Heilig Grab

★★☆

Weingut

Mittelrhein

Zelkesgasse 12, 56154 Boppard
Tel. 06742-2371, Fax: 06742-81220
www.heiliggrab.de
weinhausheiliggrab@t-online.de
Besuchszeiten: Öffnungszeiten der Weinstube älteste Weinstube in Boppard, Gartenwirtschaft unter Kastanienbäumen, täglich ab 15 Uhr geöffnet (außer dienstags)
5 Gästezimmer

Inhaber.................. Rudolf Schoeneberger
Rebfläche............................. 3,5 Hektar

Das Weinhaus Heilig Grab ist ein Familienbetrieb, der seine Weine zum größten Teil in der eigenen Weinstube mit Gartenwirtschaft verkauft, die sich seit mehr als 200 Jahren in Familienbesitz befindet. Die Weinberge verteilen sich über 5 Einzellagen des Bopparder Hamm, alle reine Seilzuglagen. Hauptrebsorte ist Riesling mit einem Anteil von 80 Prozent. Daneben wird Spätburgunder und etwas Kerner angebaut. Das Gros seiner Weine baut Rudolf Schoeneberger trocken oder halbtrocken aus. Die Weine werden im Edelstahl vergoren und je nach Bedarf dann in Eichenfässern ausgebaut.

Sehr gut und gleichmäßig war der Jahrgang 2006 ausgefallen, der eine Reihe reintöniger Spätlesen zu bieten hatte. Eine weitere Steigerung brachte die 2007er Kollektion. Alle Weine überzeugten, sowohl trocken als auch halbtrocken und süß hatte Rudolf Schoeneberger Spitzen zu bieten. Eine vergleichbare Kollektion schließt sich mit dem Jahrgang 2008 an. Die Weine besitzen Frucht und Substanz, sind reintönig und harmonisch.

Weinbewertung

85 . . . 2008 Riesling Spätlese trocken Bopparder Hamm Feuerlay
würzig, eindringlich, klare Frucht; füllig, harmonisch, reife süße Frucht **6,50 €**

87 . . . 2008 Riesling Spätlese* trocken Bopparder Hamm Feuerlay
würzig, eindringlich, herrlich viel Frucht; füllig, harmonisch, reife Frucht, gute Substanz **8,- €**
2005: 85; 2006: 85; 2007: 88.

86 . . . 2008 Riesling Spätlese* halbtrocken Bopparder Hamm Mandelstein
gute Konzentration, feine Würze, jugendliche Frucht; füllig, harmonisch, reife süße Frucht **8,- €**

87 . . . 2008 Riesling Auslese Bopparder Hamm Feuerlay
würzig, zurückhaltend, jugendlich, eindringlich; weich, füllig, schmeichelnd, reife süße Frucht **9,50 €**

82 2008 Riesling Hochgewächs halbtrocken Bopparder Hamm Fässerlay **4,50 €**
83 2008 Riesling Spätlese halbtrocken Bopparder Hamm Mandelstein **6,50 €**

Heilmann

★☆

Weingut

Franken

Bogenstraße 10, 63755 Alzenau-Michelbach
Tel. 06023-2502, Fax: 06023-310921
www.weingut-heilmann.de
info@weingut-heilmann.de
Besuchszeiten: Weinstube Apostelgarten (Vinothek): Fr. 14-19 Uhr, Sa. 10-15 Uhr oder nach Vereinbarung; Häckerwirtschaft (2 x im Jahr)

Inhaber......................... Armin Heilmann
Rebfläche............................. 3,5 Hektar

Das Weingut wird in dritter Generation seit 1978 von Armin Heilmann und seiner

Frau Maria geführt. Großvater Josef Gündling hatte mit dem Weinbau begonnen. Seit der Modernisierung des Betriebes 1994 gibt es eine Häckerwirtschaft in einer ehemaligen Scheune. Armin Heilmanns Weinberge liegen in den Michelbacher Lagen Apostelgarten, Steinberg und Goldberg. Wichtigste Rebsorten sind Riesling, Silvaner und Spätburgunder.

Beim starken Debüt im vergangenen Jahr hatten uns vor allem die Rotweine begeistert, allen voran der faszinierende Frühburgunder aus dem Jahrgang 2006. Eine vergleichbar starke Kollektion präsentiert Armin Heilmann in diesem Jahr, wieder mit leichten Vorteilen im roten Segment, wobei dieses Mal ein Spätburgunder unser Favorit in der überzeugenden Kollektion ist.

Weinbewertung

85 . . . 2008 Silvaner Spätlese trocken Michelbacher Apostelgarten
gute Konzentration, reife Frucht, herrlich eindringlich; weich, füllig, viel reife Frucht, Substanz **11,- €**

85 . . . 2008 Riesling Spätlese halbtrocken „Zwischen den Mauern" Michelbacher Apostelgarten
konzentriert, würzig, eindringlich; weich, füllig und schmeichelnd, reife süße Frucht **10,- €**

85 . . . 2007 St. Laurent trocken Michelbacher Steinberg
würzig, eindringlich, reife Frucht; füllig, klar, kraftvoll, reife Frucht **9,50 €**

87 . . . 2007 Spätburgunder trocken Barrique „Rue Noire N° 10" Michelbacher Steinberg
feine rauchige Noten, reintönige Frucht, herrlich eindringlich; füllig, harmonisch, reife Frucht, rote Früchte, gute Struktur und Frische **18,- €**

---

82 2008 „Summertime" Weißwein **5,95 €**
84 2008 Riesling Kabinett trocken Michelbacher Apostelgarten **6,95 €**
82 2008 Riesling Kabinett trocken „Am Kühling" Michelbacher Apostelgarten **7,50 €**
84 2008 Riesling Spätlese trocken „Am Blasbalg" Michelbacher Apostelgarten **10,- €**
82 2008 Riesling Kabinett „feinherb" Michelbacher Apostelgarten **6,95 €**
83 2008 Spätburgunder Blanc de Noir Spätlese Michelbacher Steinberg **11,- €**
82 2008 „Summertime" Rotling **5,95 €**
81 2007 Frühburgunder Weißherbst Auslese **18,- €**

★★★

Ernst **Heinemann** & Sohn

Baden

Baden

Mengenerstraße 4, 79238 Ehrenkirchen-Scherzingen
Tel. 07664-6351, Fax: 07664-600465
www.weingut-heinemann.de
weingut-heinemann@t-online.de
Besuchszeiten: Mo.-Fr. 9-12 + 13:30-18:30 Uhr, Sa. 9-12 + 13-16 Uhr
Eigene Weinstube in der Freiburger Altstadt (Batzenbergstüble)

Inhaber .... Lothar Heinemann
Rebfläche .... 13 Hektar

Wichtigste Rebsorten bei Lothar Heinemann in Scherzingen im Markgräflerland sind Gutedel und Spätburgunder, dazu kommen vor allem Chardonnay, Weißburgunder und Müller-Thurgau. Aber auch Gewürztraminer, Muskateller, Nobling und Regent findet man in seinen Weinbergen im Scherzinger Batzenberg. Die Weißweine werden bei Heinemann recht lange auf der Feinhefe ausgebaut, die Rotweine kommen nach der Maischegärung ins Holzfass (auch Barriques). Das Gros der Weine wird trocken ausgebaut, wobei trocken bei Heinemann durchgegoren heißt. Sein Vater Ernst Heinemann hatte bereits in den sechziger Jahren als einer der ersten Winzer in Deutschland Chardonnay angepflanzt. Seit dem Jahrgang 2008 nutzt er statt des Begriffs Spätlese bei trockenen Weinen nur noch die Bezeichnungen „S" (für Selection) bzw. „SR" (für Selection Reserve).

Seit einem Jahrzehnt empfehlen wir nun schon die Weine von Lothar Heinemann. In diesem Jahrzehnt hat er sich stetig gesteigert, bietet Jahr für Jahr zuverlässige Kollektionen, weiß wie rot, gehört zur Spitze im Markgräflerland.

Auch im schwierigen Jahrgang 2006 hatte sich Lothar Heinemann gut behauptet. Der Chardonnay war stark wie gewohnt, aber auch die weißen Burgunder und die Spätburgunder überzeugten. Eine sehr stimmige Kollektion präsentierte er im vergangenen Jahr mit gewohnt reintönigen Weinen. Der Chardonnay gefiel uns wieder besonders gut, Weißburgunder und Gewürztraminer standen ihm nur wenig nach, und auch die Spätburgunder des Jahrgangs 2006 behaupteten sich gut. Beim Spätburgunder bringt der Jahrgang 2007 eine klare Steigerung, vor allem durch den prächtigen „SR". Die 2008er Weißweine besitzen Fülle und Kraft, der Chardonnay hat einmal mehr knapp die Nase vorne, als „S" und als „Sekt". Im Aufwärtstrend!

Weinbewertung

88 . . . 2007 Chardonnay Sekt Brut Scherzinger Batzenberg
frisch, fruchtbetont, etwas weiße Früchte, wunderschön klar; gute Fülle und Substanz, gute Harmonie, Frische und Biss **11,90 €**
2000: 90; 2001: 88; 2004: 86; 2005: 86.

85 . . . 2008 Muskateller Kabinett trocken Scherzinger Batzenberg
frisch, fruchtbetont, herrlich reintönig; klar, harmonisch, feine Frucht und Biss **9,90 €**

86 . . . 2008 Weißer Sauvignon Kabinett trocken
frisch, fruchtbetont, herrlich reintönig; klar, harmonisch, reife Frucht, gute Struktur und Biss **10,90 €**

85 . . . 2008 Chardonnay Kabinett trocken „alte Reben" Scherzinger Batzenberg
feine Würze, klare reife Frucht, gute Konzentration; füllig, harmonisch, reintönig, reife Frucht und gute Substanz **11,90 €**
1997: 83; 1998: 84; 1999: 86; 2000: 85; 2001: 85; 2002: 86; 2003: 86; 2004: 87; 2005: 86: 2006: 86, 2007: 84.

87 . . . 2008 Chardonnay „S" trocken Scherzinger Batzenberg
gute Konzentration, klare reife Frucht, herrlich eindringlich; füllig, harmonisch, viel reife Frucht und Substanz **15,90 €**
1997: 84; 1998: 86; 2000: 87; 2001: 88; 2002: 88; 2003: 88; 2004: 89; 2005: 87; 2006: 88; 2007: 87.

86 . . . 2008 Weißer Burgunder „S" trocken Scherzinger Batzenberg
gute Konzentration, klare reife Frucht, weiße Früchte; füllig, harmonisch, reife Frucht, Substanz **10,90 €**
1998: 83; 2000: 87; 2003: 87; 2004: 85; 2005: 85; 2006: 85; 2007: 86.

86 . . . 2008 Gewürztraminer Spätlese
gute Konzentration, klare Frucht, Rosen, herrlich eindringlich; füllig und schmeichelnd, herrlich viel Frucht, reintönig **10,90 €/0,5l**

86 . . . 2008 Pinot Blanc de Noir Auslese Scherzinger Batzenberg
gute Konzentration, feine Würze und Frucht, herrlich eindringlich; weich, füllig und schmeichelnd, reife süße Frucht **10,90 €/0,5l**

87 . . . 2007 Spätburgunder „S" trocken Scherzinger Batzenberg
gute Konzentration, klare reife Frucht, etwas Vanille, rote Früchte, eindringlich; füllig, harmonisch, reife Frucht, gute Substanz und Struktur **14,90 €**
2004: 86; 2005: 86; 2006: 86.

89 . . . 2007 Spätburgunder „SR" trocken Scherzinger Batzenberg
gute Konzentration, reintönige reife Frucht, dezenter Toast, herrlich eindringlich; füllig, kraftvoll, reife

Frucht, gute Substanz, Struktur und Länge **19,90 €**
2006: 86.

87 . . . 2007 Cabernet Sauvignon „S" trocken
gute Konzentration, reife Frucht, etwas Cassis, rote Früchte, füllig, kraftvoll, gute Struktur, jugendliche Bitternote und Biss **16,90 €**

84 2008 Gutedel Kabinett trocken „alte Reben" Scherzinger Batzenberg **6,90 €**
84 2008 Weißburgunder Kabinett trocken **7,90 €**
83 2008 Grauburgunder trocken „S" Scherzinger Batzenberg **10,90 €**

★

Alexander Heinrich
Weingut

Württemberg

Kümmelstraße 2, 74182 Obersulm - Sülzbach
Tel. 07134-17469 / 017130-4368323
Fax: 07134-901078
www.weingut-heinrich.com
info@weingut-heinrich.com
Besuchszeiten: täglich
Probierstube (bis 75 Personen)

Inhaber .... Alexander Heinrich
Rebfläche .... 8 Hektar

Schon seit 250 Jahren betreibt die Familie Weinbau. Friedrich Heinrich begann 1993 den Betrieb im Nebenerwerb. Zum 1. Januar 2008 übernahm Sohn Alexander das Gut, der als ausgebildeter Weinküfer und Weinbautechniker Praktika unter anderem in Italien (Foradori, Hofstätter) und Neuseeland (Quarz Reef, Clearview Estate) absolvierte. Die Weinberge befinden sich in den Lagen Himmelreich, Altenberg, Wildenberg, Dieblesberg und Paradies. Wichtigste Rebsorten sind Riesling und Lemberger. Daneben gibt es Kerner, Trollinger, Schwarzriesling, Spätburgunder und Portugieser. Alle Weine werden ab Hof an Privatkunden bzw. an die Gastronomie verkauft.

Vor zwei Jahren war die Kollektion sehr gleichmäßig, ohne Spitzen zu bieten wie in früheren Jahren. Die letztjährige Kollektion gefiel uns besser, allen voran das „Große Nachtgespenst". Dieses Nachtgespenst gefällt uns in diesem Jahr noch besser, der Rest der Kollektion bleibt jedoch allzu verhalten.

Weinbewertung

88 . . . 2008 „Großes Nachtgespenst" Rotwein trocken Barrique
gute Konzentration, reife Frucht, feine Würze, rote und dunkle Früchte, dezenter Toast, Schokolade; füllig, harmonisch, viel reife Frucht, Substanz, Schokolade **14,90 €**

78 2008 Riesling trocken Sülzbacher Salzberg **4,90 €/1l**
79 2008 Pinot Blanc de Noirs trocken **6,10 €**
79 2008 Riesling Kabinett trocken Sülzbacher Altenberg **6,10 €**
79 2008 Weißburgunder Sülzbacher Altenberg **6,70 €**
82 2008 Sauvignon Blanc **8,90 €**
83 2008 Riesling Spätlese trocken Sülzbacher Altenberg **9,60 €**
81 2008 Muskateller **6,70 €**
79 2008 Riesling Kabinett Sülzbacher Altenberg **6,10 €**
82 2008 Lemberger „S1" trocken **7,40 €**

★★☆

G.A. Heinrich

Weingut

Württemberg

Riedstraße 29, 74076 Heilbronn
Tel. 07131-175948, Fax: 07131-166306
www.weingut-heinrich.de
heinrich_ga.weingut@t-online.de
Besuchszeiten: Mo.-Fr. 9-12 + 13:30-18 Uhr, Sa. 9-14 Uhr

Inhaber .... Martin Heinrich
Rebfläche .... 12 Hektar

Martin Heinrich baut in seinen Weinbergen 15 verschiedene Rebsorten an. Rote Sorten nehmen 70 Prozent der Fläche ein. Wichtigste Rebsorten sind Trollinger und Lemberger, sowie Riesling, der zwei Drittel der Weißweinfläche einnimmt. Neben der Basislinie gibt es seit 1991 die „G.A.-Linie" für ausgesuchte, lange im Holzfass gereifte Weine, eine Rotweincuvée und einen Weißburgunder. Unter dem Begriff „G.A. Exklusiv" werden edelsüße Weine vermarktet. Für die Spitzenweine ist der Name „Wollendieb" reserviert. Diesen Namen hatte man einem ehemaligen Teilstück des Heilbronner Stiftsbergs, dem Hundsberger, gegeben, weil ein Fuhrmann aus Bayern, der Wolle verkaufen wollte, dem Hundsberger so zusprach, dass er den ganzen Erlös der Wolle in Wein anlegte und vertrank. 2004 wurde ein neuer Holzfasskeller fertig gestellt, sowie eine begehbare Schatzkammer eingerichtet.

Die beiden Spitzenweine von Martin Heinrich, „G.A." und „Wollendieb", Jahrgang 2004, gefielen uns vor zwei Jahren besonders gut, die 2006er Weißweine waren klar und frisch. Auch im vergangenen Jahr bewiesen die beiden Cuvées, dass sie zu den besten Rotweinen Württembergs zählen. Auch in der neuen Kollektion sind sie für uns die klaren Stars, wobei sie starke Konkurrenz bekommen durch den Lemberger Reserve des Jahrgangs 2003.

Weinbewertung

89 . . . 2006 „G.A." Rotwein trocken
Spätburgunder, Samtrot, Clevner und Lemberger, 26 Monate in neuen Barriques ausgebaut; rauchige Noten, reife Frucht, gute Konzentration, dezent Schokolade, reife Frucht; füllig, harmonisch, schmeichelnd, reife Frucht, gute Struktur und Frische **20,- €**
1996: 87; 1997: 84; 1999: 86; 2000: 88; 2002: 87; 2003: 87; 2004: 88; 2005: 88.

89 . . . 2006 „Wollendieb" Rotwein trocken
50 % Lemberger, dazu Cabernet Cubin, Cabernet Dorsa und Acolon, 26 Monate in neuen Barriques ausgebaut; gute Konzentration, reife Frucht, dezent Schokolade, dunkle Früchte, herrlich eindringlich; füllig, kraftvoll, reife Frucht, gute Substanz, etwas Schokolade, Herzkirschen, Struktur **26,- €**
1997: 87; 1999: 88; 2000: 88; 2002: 87; 2003: 88; 2004: 89; 2005: 87.

88. . . 2003 Lemberger trocken Barrique „Edition Reserve"
viel Konzentration, reife Frucht, Herzkirschen, feiner Duft; füllig, harmonisch, viel reife Frucht, Herzkirschen, etwas Schokolade

81	2008 Weißburgunder trocken	7,- €
83	2008 Riesling trocken „alte Reben"	6,40 €
82	2008 „Fass N° IV" Weißwein trocken	7,- €
84	2008 Gewürztraminer Spätlese	10,- €
84	2007 Lemberger trocken Holzfass	10,- €
83	2007 „Fass N° IV" Rotwein trocken	7,80 €

★

Franz-Josef **Heinz**

Weingut

Rheinhessen

Rheinhessenstraße 42, 55411 Bingen-Dromersheim
Tel. *06725-4675,* ***Fax****: 06725-4675*
oliver.heinz83@gmx.de
Besuchszeiten*: nach Vereinbarung*

Inhaber .... Franz-Josef und Bettina Heinz
Kellermeister ..... Oliver und Franz-Josef Heinz
Rebfläche .... 10,5 Hektar

Die Weinberge von Franz-Josef Heinz liegen in den Dromersheimer Lagen Mainzerweg, Honigberg und Klosterweg, sowie im Binger Schwarzenberg. Die Reben wachsen vorwiegend auf Ton-Mergel-Böden mit unterschiedlichem Kalk- und Steinanteil. Riesling nimmt ein Viertel der Rebfläche ein, hinzu kommen vor allem Dornfelder, Silvaner, Müller-Thurgau, Portugieser, weiße und rote Burgunder und Chardonnay. Seit 2003 ist Sohn Oliver für den Ausbau der Weine verantwortlich.

Beim Debüt vor zwei Jahren hatte die gleichmäßige Qualität angenehm überrascht, ebenso die moderaten Preise. Gleiches galt auch 2007: Zwischen 3,30 und 4,50 Euro kosteten die Weine, vom Eiswein einmal abgesehen. Gestiegen sind die Preise nicht, und die Kollektion präsentiert sich sehr homogen, wenn auch verhaltener als in den vorausgegangenen Jahren.

Weinbewertung

82 2008 Grüner Silvaner trocken **3,20 €**
81 2008 Riesling Hochgewächs trocken **3,20 €**
83 2008 Chardonnay Spätlese trocken **4,- €**
83 2008 Riesling Spätlese „feinherb" **4,- €**
83 2008 Kerner Kabinett **3,20 €**
83 2008 Huxelrebe Spätlese „Alte Reben" **4,50 €**

★

Heitlinger

Weingut

Baden

Am Mühlberg 3, 76684 Östringen-Tiefenbach
Tel. *07259-9112-0,* ***Fax****: 07259-911299*
www.weingut-heitlinger.de
info@weingut-heitlinger.de
Besuchszeiten*: Vinothek Tiefenbach Mo.-Fr. 10-18 Uhr, Sa. 11-18 Uhr, Vinothek Sulzfeld (Burg Ravensburg) Di.-Fr. 14-18 Uhr, Sa. 10-13 Uhr*
Restaurant (Di. Ruhetag)

Inhaber .... Weingut Heitlinger GmbH:
.... Heinz Heiler, Barry Green, Klaus Vogel
Geschäftsführer .... Claus Burmeister
Rebfläche .... 30 Hektar

Albert Heitlinger gründete 1960 das Weingut, sein Sohn Erhard expandierte stark. Inzwischen haben die drei Unternehmer Heinz Heiler, Barry Green und Klaus Vogel das Gut übernommen, sind zudem seit Januar 2009 auch Pächter des benachbarten Weinguts Burg Ravensburg. Claus Burmeister, bisher Betriebsleiter bei Burg Ravensburg, übernahm die Leitung beider Weingüter. Die Weinberge liegen hauptsächlich in Tiefenbach (Keuper- und Lössböden, Sandsteinverwitterungsböden mit Kalkunterlage im Spiegelberg) und im Odenheimer Königsbecher. Wichtigste Rebsorten sind Spätburgunder, Grauburgunder, Weißburgunder und Riesling. Hinzu kommen unter anderem Lemberger, Auxerrois und Dornfelder. Das Programm wurde unter der neuen Führung neu strukturiert in eine Basislinie, sowie Lagenweine und zwei Premiumcuvées.

Ein neuer Anfang ist gemacht: Die Basisweine sind frisch und klar, die Lagenweine besitzen Substanz und Kraft – so überzeugend war eine Kollektion aus Tiefenbach schon viele Jahre nicht mehr. Im Auge behalten!

Weinbewertung

85 . . . 2008 Riesling trocken Schellenbrunnen
feine Würze, dezent Limone, jugendlich; klar, frisch, feine süße Frucht, Würze und Biss **14,50 €**

86 . . . 2008 Pinot Blanc trocken „Kapelle"
gute Konzentration, viel reife Frucht, weiße und gelbe Früchte, feine Würze, ganz dezent Vanille im Hintergrund; weich, füllig, harmonisch, viel reife Frucht und Substanz **14,50 €**

87 . . . 2008 Pinot Gris trocken Spiegelberg
gute Konzentration, klare reife Frucht, dezent Vanille und Toast im Hintergrund, gelbe Früchte; füllig, harmonisch, viel reife Frucht, Substanz **14,50 €**

82 2008 „White" Weißwein trocken **6,- €**
83 2008 Riesling trocken **7,50 €**
82 2008 Pinot Blanc trocken **7,50 €**
81 2008 Pinot Gris trocken **7,50 €**
82 2008 Rosé trocken **6,- €**
80 2007 Pinot Noir trocken **8,90 €**
81 2007 „Four" Rotwein trocken **8,90 €**

Roland Hemberger ★

Weingut

Franken

Aussiedlerhof 3, 97348 Rödelsee
Tel. 09323-435, Fax: 09323-5072
www.weingut-hemberger.de
info@weingut-hemberger.de
Besuchszeiten: Mo.-Sa. 8-17 Uhr, So. 10-12 Uhr

Inhaber .... Roland Hemberger
Rebfläche .... 10,3 Hektar

Die Familie baut seit Generationen Wein an, seit 1985 wird das Gut von Roland und Elisabeth Hemberger geführt. Die Weinberge liegen in den Rödelseer Lagen Küchenmeister und Schwanleite, wo die Reben auf Gipskeuperböden wachsen. Hauptrebsorten sind Silvaner, Riesling, Domina und alle Burgundersorten.

Weinbewertung

83 2008 Silvaner Kabinett trocken Rödelseer Küchenmeister **6,- €**
84 2008 Weißburgunder Kabinett trocken Rödelseer Schwanleite trocken **6,- €**
81 2008 Grauburgunder Kabinett trocken Rödelseer Schwanleite trocken **6,- €**
83 2008 Silvaner Spätlese trocken Rödelseer Küchenmeister **7,- €**
79 2008 Müller-Thurgau Kabinett Rödelseer Küchenmeister **5,- €**
81 2008 Riesling Kabinett Rödelseer Schwanleite trocken **6,- €**

Frank Hemmes ★

Weingut

Rheinhessen

Grabenstraße 13 & 34, 55411 Bingen-Kempten
Tel. 06721-12420, Fax: 06721-12422
www.weingut-hemmes.de
info@weingut-hemmes.de
Besuchszeiten: nach Vereinbarung
Jahrgangspräsentation Ende April, Hoffest mit Weinbergswanderungen im Juli.

Inhaber .... Frank Hemmes
Rebfläche .... 11,5 Hektar

Friedel und Renate Hemmes haben seit den sechziger Jahren den ursprünglich landwirtschaftlichen Mischbetrieb auf Weinbau ausgerichtet. Frank und Tanja Hemmes übernahmen 2003 den Betrieb. Ihre Weinberge liegen rund um den Rochusberg in Süd- bis Südwest-Lagen. Seit 2008 sind sie mit einem Hektar im Binger Scharlachberg vertreten. Riesling ist die wichtigste Rebsorte, gefolgt von Grauburgunder, Weißburgunder, Spätburgunder, Dornfelder, Portugieser, Silvaner und Kerner. Die Weißweine werden temeraturgeführt im Edelstahl oder Kunststoff vergoren, die Rotweine werden auf der Maische vergoren und überwiegend im Holz ausgebaut.

Der Silvaner „Löss" und der Riesling von 1966 gepflanzten Reben haben uns im vergangenen Jahr besonders gut gefallen. Die neue Kollektion ist recht gleichmäßig, unsere Favoriten sind die Ortega Beerenauslese und die Riesling Spätlese aus dem Scharlachberg.

Weinbewertung

85 . . . 2008 Ortega Beerenauslese

würzig, etwas streng, dezent Zitrusfrüchte; süß, schmeichelnd, eingelegte süße Aprikosen, ganz dezente Bitternoten **8,50 €/0,375l**

79 2008 Silvaner trocken Binger **3,20 €/1l**

83 2008 Silvaner „Löss" trocken **5,- €**

83 2008 Riesling Spätlese „Urgestein" Binger Scharlachberg **6,90 €**

81 2008 „I sell" Riesling trocken Steillage **5,20 €**

80 2008 Chardonnay **5,20 €**

78 2008 Grauburgunder **5,- €**

82 2008 Riesling „66" **6,60 €**

79 2008 Spätburgunder Weißherbst Binger Scharlachberg **4,50 €**

81 2008 Kerner Spätlese **4,10 €**

84 2008 Riesling Spätlese Binger Scharlachberg **6,90 €**

82 2007 „Carlot" Rotwein trocken Barrique **9,50 €**

★★☆

Henrichs + Friderichs

Weingut - Vinothek

Mosel

Weingut: Paulusstraße 29, 56814 Ediger
Vinothek: Moselstraße 10, 56820 Nehren
Tel. 02673-4187 (Vinothek), 02675-716 (Weingut)
Fax: 02673-960281
www.wein-mosel-wein.de
info@wein-mosel-wein.de
Besuchszeiten: Mi.-Fr. ab 17; Sa. 13.30-18.30 Uhr (Vinothek); „im Weingut einfach mal klingeln"

Inhaber .... Bernadette Friderichs
Rebfläche .... 1,8 Hektar

1998 haben Bernadette Friderichs und Thomas Henrichs als Quereinsteiger den elterlichen Betrieb in Ediger übernommen. Sie ist Sprachheiltherapeutin, er Landschaftsarchitekt. Neben Riesling bauen sie Spätburgunder, Dornfelder und Weißburgunder an. 2003 eröffneten sie eine Vinothek im Nachbarort Nehren. Sie haben sich auf trockene und halbtrockene Weine spezialisiert, wobei seit dem Jahrgang 2003 auf Prädikatsbezeichnungen verzichtet wird. Die „Mons Ignis" und „vom roten Schiefer" genannten Rieslinge kommen aus dem Ediger Feuerberg, einer steilen, felsigen Süd-Südwest-Lage mit eisenhaltigem, roten Schiefer. Als weiterer Spitzenwein ist der Riesling „Alte Reben" aus dem Bremmer Calmont hinzugekommen. Die Weine sind meist deutlich vom Terroir beeinflusst und weisen einen erdig-würzigen Charakter auf.

2006 zeigten die Weine Würze und Rasse, wirkten teilweise verschlossen. 2007 war überaus gelungen, die 2008er sind nun etwas verhaltener, in der Spitze aber erfreulich, klar und mineralisch.

Weinbewertung

86 . . . 2008 Riesling „Devonschiefer" trocken
klare Frucht, jugendlich, etwas Steinobst; würzig und stoffig, viel Frucht, ausgewogen **7,50 €**

87 . . . 2008 Riesling trocken „von alten Reben" Bremmer Calmont
sehr verschlossen, jugendlich, leicht mineralische Noten, Steinobst; fest, straff, gute Struktur, braucht Zeit **11,50 €**

86 . . . 2007 Riesling „feinherb Drei Sonnen"
prägnante Frucht, Kräuter; gewisse Reife, leicht mineralisch, leicht erdige Würze **9,80 €**

---

84 2008 Riesling trocken „vom roten Schiefer" 9,80 €
82 2008 Weißburgunder trocken „Pinot" 7,50 €
82 2008 Riesling „feinherb Gutswein" 5,- €
84 2008 Riesling „Constanze + Pauline" 7,50 €
84 2004 Spätburgunder trocken „Römerblut" 11,50 €

★★★

Hermann

Weingut

Baden

Alt-Vogtsburg 19, 79235 Vogtsburg
Tel. 07662-6202, Fax: 07662-6202
mail@weingut-hermann.de
Besuchszeiten: Mo.-Fr. 9-19 Uhr, Sa. 9-17 Uhr
Probierstube

Inhaber .... Gitta Hermann
Kellermeister .... Falk Hermann
Rebfläche .... 4 Hektar

Gitta und Klaus Hermann gründeten 1995 ihr Weingut. Im Anbau dominieren die Burgundersorten, die zwei Drittel der Rebfläche einnehmen. Hinzu kommen Silvaner und Müller-Thurgau, sowie etwas Sauvignon Blanc, Cabernet Sauvignon und Syrah. Die Weinberge verteilen sich auf verschiedene Lagen des Kaiserstuhls und liegen in der Oberbergener Bassgeige, den Oberrotweiler Lagen Henkenberg, Eichberg und Käsleberg, im Schelinger Kirchberg und im Gottenheimer Kirchberg am Tuniberg. Manche der Burgunderanlagen sind über 40 Jahre alt. Sohn Falk kümmert sich um den Weinausbau. Die Weine werden ausschließlich trocken und durchgegoren ausgebaut. Vor allem die Burgunder reifen recht lange auf der Feinhefe, die Rotweine werden grundsätzlich im Holzfass ausgebaut. Die Weine der Serie „Cantus Avis" kommen komplett in neue Barriques aus französischer Eiche und werden unfiltriert abgefüllt.

Vor zwei Jahren waren die „Cantus Avis"-Weine (Spätburgunder und Cuvée aus Cabernet Sauvignon und Syrah) die herausragenden Weine. Der Spätburgunder Cantus Avis war auch im vergangenen Jahr der beste Wein der starken Kollektion. Auch die neue Kollektion überzeugt, bietet gutes Niveau, an der Spitze einmal mehr die beiden beeindruckenden Cantus Avis-Weine. Im Auge behalten!

Weinbewertung

85 . . . 2008 Sauvignon Blanc trocken
gute Konzentration, klare reife Frucht, herrlich eindringlich; füllig, harmonisch, feine Frische und Frucht **8,50 €**
2000: 84; 2001: 86; 2002: 85; 2003: 85; 2004: 85; 2005: 84; 2007: 85.

85 . . . 2007 Blauer Spätburgunder trocken Barrique
feine Würze, rauchige Noten, rote Früchte; füllig, harmonisch, klare Frucht, Frische und Biss **9,90 €**

88 . . . 2007 Blauer Spätburgunder trocken Oberbergener Bassgeige
rauchige Noten, klare reife Frucht, reintönig, rote Früchte; füllig, harmonisch, reife Frucht, gute Struktur und Frische **15,80 €**

89 . . . 2007 Syrah & Cabernet Sauvignon trocken „Cantus Avis"
gute Konzentration, feine Würze, reife Frucht, etwas rote Früchte und Kräuter; füllig, kraftvoll, reife Frucht, dezent Schokolade, gute Struktur **22,50 €**
2002: 88; 2004: 88; 2005: 88.

90 . . . 2007 Blauer Spätburgunder trocken „Cantus Avis"
gute Konzentration, reintönige Frucht, rote Früchte, herrlich eindringlich, reintönig; füllig, harmonisch, reife Frucht, gute Struktur, Frische, Länge **22,50 €**
1999: 86; 2000: 86; 2001: 89; 2002: np; 2003: 89; 2004: 90; 2005: 89; 2006: 89.

84 2008 Weißburgunder & Chardonnay trocken Schelinger Kirchberg **8,50 €**
82 2008 Grauburgunder trocken Schelinger Kirchberg **8,50 €**
83 2007 Blauer Spätburgunder trocken **7,30 €**

★★★★

Dr. Hermann
Weingut

Mosel

Moselufer 22, 54539 Ürzig
Tel. 06532-2542, Fax: 06532-4021
Besucherinformation, Lager und Verkauf:
Auf der Geig 3, 54492 Erden,
Tel. 06532-3549, Fax: 06532-4021
www.weingut-drhermann.de
drhermann@gmx.de
Besuchszeiten: nach Vereinbarung

Inhaber .... Rudi Hermann
Kellermeister .... Christian Hermann
Rebfläche .... 7 Hektar

Das Weingut Dr. Hermann (ehemals Sanitätsrat Dr. Hermann) entstand 1966 aus der Aufteilung der Erbengemeinschaft des Weingutes Joh. Jos. Christoffel Erben in fünf Betriebe. Rudi Hermann führt das Gut seit 1974, seit 2001 wird er im Betrieb unterstützt von Sohn Christian. Seit dieser Zeit haben die Wein, früher manchmal etwas rustikal, an Finesse gewonnen. Die beiden Hermanns bauen ausschließlich Riesling an. Ihre Weinberge befinden sich im Ürziger Würzgarten, in der Lösnicher Försterlay sowie in den Erdener Lagen Treppchen und Herrenberg. Hinzu kommen ein Hektar im nicht flurbereinigten Teil des Ürziger Würzgarten sowie eine Parzelle im Erdener Prälat. 90 Prozent der Fläche in Erden und Ürzig sind mit wurzelechten Reben bestockt. In den letzten Jahren wurde verstärkt auf Edelstahl gesetzt, der die alten Fuderfässer irgendwann komplett ersetzen soll. Der Schwerpunkt der Produktion liegt auf edelsüßen Weinen, der Großteil wird exportiert. Feinherbe und trockene Rieslinge werden nur selten erzeugt.

2006 zeigte sich, dass Hermanns Stil nicht filigran ist, sondern enorm dicht, saftig, mineralisch und zupackend. Das bewiesen dann auch die 2007er bis hinauf zur extrem dichten Trockenbeerenauslese, die vermutlich erst in vielen Jahren ihren Höhepunkt erreichen wird. Die 2008er sind in der Spitze mindestens ebenso spannend, allgemein etwas rassiger, weniger üppig, aber wiederum sehr saftig.

Weinbewertung

86 . . . 2008 Riesling Spätlese „feinherb" Ürziger Würzgarten
eher verhalten, leicht hefig-jugendlich, etwas Zitrus; würzig, feste Struktur, kräuterwürziger Nachhall **9,- €**

87 . . . 2008 Riesling Kabinett Erdener Treppchen
noch etwas schwefelig, entwickelt sich erst langsam, Pfirsich, Apfel, Pfirsichschale; würzig, saftig, Substanz **7,- €**

87 . . . 2008 Riesling Kabinett Ürziger Würzgarten

sehr feine Frucht, getrockneter Apfel, Steinobst; süffig, saftig, feine Frucht, rassig, hat Biss **7,- €**

87 ... 2008 Riesling Spätlese Erdener Treppchen
duftig, feine Frucht, Steinobst, entwickelt sich gut; saftig, würzig, jugendliche Frucht, herrlich animierend **8,50 €**
2003: 85; 2004: 87; 2005: 85; 2006: 87; 2007: 89.

87 ... 2008 Riesling Spätlese Ürziger Würzgarten
duftig, frisch, getrockneter Apfel, Pfirsich; saftig, würzig, rassig, etwas Kohlensäure, gute Struktur, animierend **8,50 €**

89 ... 2008 Riesling Spätlese „Herzlay" Erdener Treppchen
etwas Schwefel, feine Frucht, Pfirsich, Jasmin; straff, saftig, viel Frucht, feingliedrig, Finesse **11,50 €**

90 ... 2008 Riesling Spätlese „Goldkapsel" Erdener Prälat
sehr feine Frucht, Pfirsich, leicht cremig; stoffig, kraftvoll, fast opulente Frucht, komplex, rassige Säure **15,- €**

87 ... 2008 Riesling Auslese Erdener Treppchen
reife Frucht, kandierter Apfel, Aprikose, etwas reife Mirabellen; saftig, reif, viel Frucht, sehr süffig **14,- €**

92 ... 2008 Riesling Auslese Goldkapsel Erdener Prälat
reife Frucht, etwas Pfirsiche, Kräuter, ganz leicht Laub, cremig; enorm saftig, würzig, leicht herbe Würze **15,- €/0,375l**

90 ... 2008 Riesling Eiswein Erdener Herrenberg
reintönige Frucht, Papaya, kandierter Apfel, Mirabellen; leichte Kräuternote; straff, würziger, ganz leicht welker Nachhall **22,50 €/0,375l**

94 ... 2008 Riesling Eiswein Erdener Treppchen
eindringliche Frucht, reife Pfirsich, Kräuter, cremig, Safran; sehr saftig, komplex, rassig, pikante Säure, lang **40,- €/0,375l**

---

82 2008 Riesling trocken Erdener Treppchen **7,- €**
83 2008 Riesling **5,- €**

H

Die besten deutschen Weinerzeuger und ihre Weine

★

Bernd **Hermes**
Weingut

Mosel

Im Flurgarten 31-32, 54536 Kröv
Tel. 06541-3619 oder 9984, Fax: 06541-3584
www.bernd-hermes.de
weingut@bernd-hermes.de
Besuchszeiten: nach Vereinbarung
Luxusferienwohnungen (5 Sterne)

Inhaber .... Bernd Hermes
Rebfläche .... 3 Hektar

Bernd Hermes baut in den besten Kröver Lagen, dazu im Wolfer Klosterberg, vor allem Riesling an, pflegt aber auch eine Spezialität, den Findling. Die Weine werden temperaturgesteuert vergoren und reduktiv vinifiziert. Ein neues Flaschenlager und Luxusferienwohnungen im Penthousestil wurden gebaut.

2006 überzeugten die Rieslinge mit Restsüße am meisten. Die 2007er fielen schlank und fruchtig aus, die 2008er sind eher verhalten, aber zuverlässig.

Weinbewertung

77 2008 Rivaner Classic **5,- €**
80 2008 Riesling Classic **5,- €**
82 2008 Riesling Spätlese „feinherb" Kröver Letterlay **6,50 €**
81 2008 Riesling Kabinett Kröver Kirchlay **5,40 €**
78? 2008 Riesling Spätlese Kröver Nacktarsch **5,80 €**
81 2008 Riesling Spätlese Kröver Steffensberg **9,- €**
82 2008 Findling Auslese Wolfer Klosterberg **8,50 €**
78 2008 Spätburgunder „feinherb" Blanc de Noir **6,30 €**

★★★☆

Herrenberg

Weinhof

Mosel

Hauptstraße 80-82, 54441 Schoden
Tel. 06581-1258, Fax: 06581-995438
www.lochriesling.de
info@lochriesling.de
Besuchszeiten: jederzeit nach Vereinbarung

Inhaber .... Claudia und Manfred Loch
Rebfläche .... 3 Hektar

Claudia und Manfred Loch bearbeiten Parzellen im Schodener Herrenberg und im Wiltinger Schlangengraben, darunter viele uralte Rebstöcke. Die Lochs pflegen ihren eigenen, sehr persönlichen Weinstil. Mit Ausnahme von Jahren wie 1999, als ausschließlich edelsüße Weine gekeltert wurden, konzentriert man sich auf kraftvolle, sehr mineralische trockene Weine; wenn es das Wetter zulässt, werden allerdings in kleinen Mengen auch Auslesen, Beeren- oder Trockenbeerenauslesen erzeugt. Beim „Contessaar" handelt es sich immer um einen leicht süßen Wein, der „Quasaar" wirkt meist eher halbtrocken. Die Moste werden im Edelstahl vergoren, bei der Abfüllung setzt Manfred Loch seit einigen Jahren konsequent auf den Verschluss mit Edelstahlkapsel.

Die 2006er stellten für den schwierigen Jahrgang eine beachtliche Leistung dar. Sehr überzeugend waren die 2007er: Enorm kraftvolle, saftige Weine, die aber niemals breit und schwer wirkten. Nur die extrem konzentrierte Trockenbeerenauslese war damals kaum zu bewerten. Mit den 2008er legen die Lochs nach. Schon der Basisriesling besitzt eine nervige Art und viel Struktur, „Quasaar" und „Contessaar" sind elegante Klassiker, der sehr mineralische Bockstein-Riesling begeistert. Mit dieser Leistung ist der Weinhof langsam, aber sicher auf dem Weg zur absoluten Spitze an der Saar.

Weinbewertung

87 ... 2008 LochRiesling Schodener Herrenberg
jugendlich, feine Frucht, etwas Steinobst und Kräuter; stoffig, würzig, frisch, hat Biss **8,90 €**

88 ... 2008 Riesling „Crux" Schodener Herrenberg
etwas unruhig, etwas Kräuter; würzig, feste Struktur, feine Frucht, **11,90 €**

91 ... 2008 Riesling „Stier" Schodener Herrenberg
erst verschlossen, später klar, mineralisch, Kräuter; enorm straff, herrlich mineralisch, kompakt, nachhaltig **12,90 €**

88 ... 2008 Riesling „Stoweler" Schodener Herrenberg
sehr zugänglich, zarte Frucht; straff, feingliedrig, rassig, gute Struktur, pikante Säure **13,90 €**

87 ... 2008 Riesling „De kleinen Hehrenbersch" Schodener Herrenberg
zarte Frucht, frisch, sehr jugendlich; straff, viel Würze, rassige Säure, Biss **14,90 €**

92 ... 2008 Riesling „Quasaar" Schodener Herrenberg
eher verhalten, zarte Frucht, mineralische Noten; würzig, komplex, viel Schmelz, feste Struktur, lang **18,90 €**

88 ... 2008 Riesling „Saartyr" Schodener Herrenberg
sehr klare Frucht, fein, frisch; stoffig, viel Würze, rassig, geradlinig und mineralisch **18,90 €**

91 ... 2008 Riesling „Alte Reben" Wiltinger Schlangengraben
eindringliche Frucht, reif, Kräuter; straff, enorm würzig, fest, reife Frucht, mineralisch, komplex und nachhaltig **22,90 €**

93 ... 2008 Riesling Ockfener Bockstein
duftig, etwas Zitrus, etwas Grapefruit; saftig, enorm rassig, mineralisch, zarte Süße **25,90 €**

91 ... 2008 Riesling „Contessaar"
duftig, zarte Frucht, etwas Ananas; straff, rassige Säu-

re, deutlich mineralisch, sehr lang **18,90 €**

91 . . . 2008 Riesling Auslese Schodener Herrenberg
sehr reintönig, klar, ganz leicht cremig, Steinobst, leicht Blüten und Kräuter; straff, saftig, komplex **19,90 €/0,375l**

93 . . . 2008 Riesling Beerenauslese Schodener Herrenberg
cremig, etwas Biskuit, Limone, wirkt etwas unzugänglich; saftig, straff, gute Struktur, rassig, viel Potenzial **120,- €/0,375l**

91+ . . . 2008 Riesling Trockenbeerenauslese Schodener Herrenberg
etwas verhalten, reife Frucht, cremig, kandierte Früchte, reintönig; konzentriert, dick, üppige Frucht, massiv, rassig, lang **220,- €/0,375l**

H

Herzer ★
Weingut

Saale-Unstrut

Am Leihdenberg 7, 06618 Naumburg-Roßbach
Tel. 03445-202198, Fax: 03445-202209
www.weingut-herzer.de
info@weingut-herzer.de
Besuchszeiten: nach Vereinbarung

Inhaber .... Stephan Herzer
Rebfläche .... 20 Hektar

Stephan Herzer stammt aus der Pfalz. 1992 gründete er sein Weingut in Roßbach bei Naumburg, 2000 begann er mit der Selbstvermarktung. Das Gros seiner Weinberge liegt im Naumburger Steinmeister (17 Hektar), einer Südwestlage mit Kalkverwitterungsböden. Hinzu kommen Parzellen im Domdorfer Rappental (Steillage mit Muschelkalkverwitterungsböden und Gipskeuperanteil) und im Großjenaer Blütengrund (Terrassen mit Buntsandsteinverwitterungsböden). Knapp drei Viertel der Weinberge nehmen weiße Rebsorten ein. Wichtigste Sorte ist Weißburgunder (ein Drittel der Gesamtfläche) gefolgt von Müller-Thurgau. Dazu gibt es Silvaner, Grauburgunder, Riesling, Bacchus, Gutedel und Ortega. An roten Sorten baut Stephan Herzer vor allem Dornfelder und André an, dazu etwas Zweigelt und Portugieser. Alle Weine werden im Edelstahl ausgebaut.

Weinbewertung

85 . . . 2008 Weißburgunder Kabinett trocken Naumburger Steinmeister
würzig, feine Frische, reintönige Frucht, etwas weiße Früchte; weich, füllig, harmonisch, reife Frucht, reintönig **7,- €**

83 2008 Gutedel trocken Naumburger Steinmeister **5,80 €**
84 2008 Müller-Thurgau trocken Naumburger Steinmeister **5,80 €**
83 2008 Grauburgunder Spätlese Naumburger Steinmeister **8,- €**
84 2008 André Rosé halbtrocken Naumburger Steinmeister **7,- €**
84 2007 Portugieser trocken Dorndorfer Rappental **7,50 €**

Hess ★☆
Weingut

Rheinhessen

Wooggasse 14-16, 67591 Mörstadt
Tel. 06247-5446, Fax: 06247-5397
weingut-hess@t-online.de
Besuchszeiten: täglich nach Vereinbarung, auch am Wochenende

Inhaber .... Armin Hess
Rebfläche .... 12 Hektar

Nach Abschluss seines Studiums in Hohenheim übernahm Armin Hess 1976 den elterlichen Betrieb und begann zwei Jahre später mit der Selbstvermarktung. Sohn Thomas ist seit 2006, nach Abschluss seiner Ausbildung zum Weinbautechniker in Weinsberg, für den Weinausbau verantwortlich. Die wichtigsten weißen Sorten sind Riesling, Chardonnay, Silvaner und die Burgunder. Der Schwerpunkt bei Rotweinen, die 30 Prozent der Fläche einnehmen, liegt auf Spätburgunder, Merlot, St. Laurent und Cabernet Dorsa. Die Weine werden überwiegend trocken ausgebaut.

Nach gleichmäßigen Kollektionen in den vergangenen Jahren waren die 2006er etwas zurückhaltender, der barriqueausgebaute Merlot aus dem Jahrgang 2005 gefiel uns vor zwei Jahren am besten. Die letztjährige Kollektion überzeugte, allen voran die beiden süßen Rieslinge. Die 2008er Weine sind von sehr gleichmäßiger Qualität, unser Favorit in der aktuellen Kollektion ist die trockene Grauburgunder Auslese aus dem Jahrgang 2007.

Weinbewertung

86 . . . 2007 Grauburgunder Auslese trocken
gute Konzentration, klare reife Frucht, eindringlich; füllig, harmonisch, viel reife süße Frucht, gute Substanz **7,10 €**

81 2008 Riesling trocken **4,40 €**
81 2008 Grauburgunder Spätlese trocken **4,60 €**
81 2008 Chardonnay Spätlese trocken **4,80 €**
79 2008 Spätburgunder Spätlese trocken Blanc de Noirs **5,50 €**
80 2008 Riesling „feinherb" **4,40 €**
83 2007 „Edition M u. C" Cuvée trocken **6,40 €**
80 2007 St. Laurent trocken **4,90 €**

★★

Prinz von Hessen

Weingut

Rheingau

Grund 1, 65366 Geisenheim-Johannisberg
Tel. 06722-409180, Fax: 06722-4091820
www.prinz-von-hessen.com
info@prinz-von-hessen.com
Besuchszeiten: Mo.-Fr. 9-17 Uhr,
jeden 1.+ 3. Samstag im Monat 11-15 Uhr
Schlosshotel Kronberg, Hessischer Hof Frankfurt

Inhaber .... Hessische Hausstiftung
.... Landgraf Moritz von Hessen
.... Prinz Donatus von Hessen
Rebfläche .... 32 Hektar

Neben Riesling, der 85 Prozent der Fläche einnimmt, gibt es beim Weingut Prinz von Hessen 10 Prozent Spätburgunder sowie kleine Mengen an Merlot und Frühburgunder. 60 Prozent der Weinberge von Prinz von Hessen, verteilt über die gesamte Region, sind als klassifizierte Flächen ausgewiesen. Die wichtigsten Lagen sind Winkeler Hasensprung und Jesuitengarten, Johannisberger Klaus und Kiedricher Sandgrub. Etwa die Hälfte der Weine wird trocken ausgebaut. Das Sortiment ist klar gegliedert: Die Basis bilden die „Landgraf von Hessen" genannten Schoppenweine, dann folgen die Gutsrieslinge. Nur Weine aus Spitzenlagen tragen eine Lagenbezeichnung.

Vor zwei Jahren machte die süffige 2005er Auslese Johannisberger Klaus Spaß. 2007 gefiel das Erste Gewächs aus dem Johannisberger Klaus, auch die aus früheren Jahrgängen vorgestellten edelsüßen Rieslinge überzeugten. Aus dem Jahrgang 2008 gingen bis Redaktionsschluss nur wenige Weine ein: Die Ersten Gewächse und der fast trockene Riesling

„Dachsfilet". Die Weine überzeugen mit Frische und straffer Struktur; ein endgültiges Bild der Kollektion ist damit allerdings nicht zu erhalten.

Weinbewertung

88 . . . 2007 Riesling Erstes Gewächs Johannisberger Klaus
würzig, frisch, klare reife Frucht, etwas Zitrusfrüchte; klar, frisch, zupackend, feine süße Frucht und Biss **22,50 €**

86 . . . 2007 Riesling Erstes Gewächs Winkeler Hasensprung
konzentriert, klare reife Frucht, etwas gelbe Früchte, Zitrus; füllig, harmonisch, reife Frucht, Biss **22,50 €**

87 . . . 2008 Riesling Erstes Gewächs Winkel Jesuitengarten
unruhig, leicht Kräuter; würzig, elegant, gute Struktur, mittlere Länge **22,50 €**

88 . . . 2008 Riesling Erstes Gewächs Johannisberg Klaus
unruhig, Kräuter, etwas Zitrus; würzig, Finesse, gute Struktur, kompakt, animierend **22,50 €**

88 . . .2008 Riesling „Dachsfilet"
klar, duftig, Steinobst, reife Zitrusnoten; geradlinig, saftig, viel Frucht, würzig, hat Schmelz, gute Länge **22,50 €**

Christian Heußler ★☆

Weingut

Pfalz

Mühlgasse 5, 76835 Rhodt
Tel. 06323-2235, Fax: 06323-980533
www.heussler-wein.de
info@heussler-wein.de
Besuchszeiten: Mo + Mi.-Fr. 10-12 + 13:30-18 Uhr, Sa. 10-17 Uhr

Inhaber .... Christian Heußler
Rebfläche .... 14,5 Hektar

Seit 1750 bearbeitet die Familie Heußler Weinberge in Rhodt und Umgebung. Seit 1996 wurde der Ertrag von 7 Hektar über die Flasche vermarktet, seit 2005 wird der Ertrag der gesamten Rebfläche selbst vermarktet. Die Weinberge befinden sich vor allem in Rhodt in den Lagen Schlossberg, Rosengarten und Klosterpfad, aber auch in den Nachbargemeinden Hainfeld und Edenkoben. 65 Prozent der Fläche nehmen weiße Sorten ein, vor allem Riesling, Weiß- und Grauburgunder, aber auch Chardonnay, Muskateller, Gewürztraminer und Sauvignon Blanc. Wichtigste rote Sorten sind Dornfelder, Spätburgunder und Portugieser. St. Laurent, Dunkelfelder und Cabernet Sauvignon kamen in den letzten Jahren hinzu.

Die 2006er zeigten sich enorm homogen, in der Spitze aber wurden die vorausgegangenen Jahre nicht ganz erreicht. 2007 lagen die Stärken im restsüßen Segment, Riesling RS und Beerenauslese ragten hervor aus einer ansonsten gleichmäßigen Kollektion. Sehr homogen präsentiert sich auch die neue Kollektion, weiß wie rot, nur die Spitzen früherer Jahre haben wir ein wenig vermisst.

Weinbewertung

83 2008 Sauvignon Blanc trocken Rhodter Schlossberg **6,- €**

77 2008 Grauburgunder Kabinett trocken Rhodter Rosengarten **4,40 €**

79 2008 Grauburgunder Spätlese trocken Rhodter Rosengarten **6,50 €**

80 2008 Chardonnay Spätlese trocken Rhodter Rosengarten **6,50 €**

79 2008 Riesling Spätlese trocken „roter Sandstein" Rhodter Schlossberg **6,50 €**

81 2008 Riesling Spätlese trocken „Granit" Rhodter Schlossberg **8,50 €**

83 2008 Gewürztraminer Spätlese Rhodter Klo-

sterpfad **6,50 €**
81 2007 Spätburgunder trocken Holzfass Rhodter Klosterpfad **5,80 €**
84 2007 Spätburgunder trocken Barrique Rhodter Klosterpfad **9,- €**
83 2006 Cabernet Sauvignon trocken Barrique Rhodter Schlossberg **9,50 €**

★★★

Helmut **Hexamer**

Weingut

Nahe

Sobernheimer Straße 3, 55566 Meddersheim
Tel. 06751-2269, Fax: 06751-94707
www.weingut-hexamer.de
info@weingut-hexamer.de
Besuchszeiten: Mo.-Fr. 8-19 Uhr, Sa. 8-17 Uhr

Inhaber .... Harald Hexamer
Rebfläche .... 14,8 Hektar

Vor allem auf Riesling setzt Harald Hexamer, der den Betrieb 1999 von seinem Vater übernommen hat, knapp zwei Drittel der Rebfläche nimmt er inzwischen ein. Es folgen Spätburgunder, Weißburgunder, Grauburgunder und Frühburgunder, auch Domina und Regent baut Harald Hexamer inzwischen an. Die Weinberge liegen in Meddersheim und im Sobernheimer Marbach. Zuletzt konnte er zwei Weinberge in der Schlossböckelheimer Lage „In den Felsen“ erwerben, die mit Riesling, Weiß- und Grauburgunder bestockt sind. Die Weißweine werden ausschließlich im Edelstahl ausgebaut, die Rotweine im großen Holzfass oder Barrique.

Die 2006er Kollektion war stark, mit Vorteilen wie gewohnt im süßen Segment. Sehr interessant fanden wir aber auch die trockene Spätlese aus dem Rheingrafenberg und den wunderschön reintönigen Frühburgunder. 2007 glänzten einmal mehr die süßen und edelsüßen Rieslinge. 2008 war nun alles andere als einfach für edelsüße Weine, Harald Hexamer hat aber mit dem Riesling Eiswein einen der schönsten edelsüßen Naheweine auf die Flasche gebracht. Dass er sich auch auf trocken versteht beweist der Riesling „XXL“: Eine stimmige Kollektion!

Weinbewertung

87 ... 2008 Riesling „XXL“ trocken
würzig, eindringlich, gute Konzentration; füllig, harmonisch, viel reife Frucht, viel Biss **14,80 €**
85 ... 2008 Riesling „Quarzit“ Meddersheimer Rheingrafenberg
frisch, direkt, klare Frucht; frisch, harmonisch, feine süße Frucht und Biss **6,50 €**
86 ... 2008 Riesling Spätlese* Meddersheimer Rheingrafenberg
würzig, eindringlich, gute Konzentration; klar, frisch, feine süße Frucht, Biss **11,80 €**
88 ... 2008 Riesling Auslese
feine Würze, eingelegte süße Aprikosen, Litschi; füllig und schmeichelnd, reife süße Frucht, feine Frische
91 ... 2008 Riesling Eiswein
würzig und klar, herrlich eindringlich, süße Zitrusfrüchte, Mandarinen, Orangen; süß, konzentriert, dick, faszinierend viel Frucht, Biss

---

81 2008 Riesling trocken **4,50 €/1l**
81 2008 Riesling trocken **5,80 €**
82 2008 Weißburgunder trocken **6,60 €**
82 2008 „Simply Wine“
83 2008 Riesling „Eisendell“ trocken Meddersheimer Rheingrafenberg **6,70 €**
84 2008 Sauvignon Blanc trocken **8,80 €**
84 2008 Riesling trocken Schlossböckelheimer In den Felsen **8,50 €**
82 2008 Riesling Kabinett Meddersheimer Rheingrafenberg **7,50 €**

Hex vom Dasenstein ★
Winzerkeller

Baden

Burgunderplatz 1, 77876 Kappelrodeck
Tel. 07842-9938-0, Fax: 07842-9938-38
www.dasenstein.de
info@dasenstein.de
Besuchszeiten: Mo.-Fr. 8-12 + 13:30-17:30 Uhr, Sa. 9-13 Uhr, So. 10-13 Uhr (Mai-Oktober)

Geschäftsführer .... Jürgen Decker
Kellermeister .... Marco Köninger
Mitglieder 275
Rebfläche .... 178 Hektar

Die Mitglieder der 1934 gegründeten Genossenschaft von Kappelrodeck bauen zu 80 Prozent Spätburgunder an. Hinzu kommen vor allem Müller-Thurgau, Grauburgunder, Riesling, Traminer, Kerner und Scheurebe. Nach der Kappelrodecker Lage Hex vom Dasenstein nennt sich die Genossenschaft heute Winzerkeller Hex vom Dasenstein. Die Rotweine werden maischevergoren und reifen anschließend in Holzfässern.

Die Barriqueweine gefielen uns in den vergangenen Jahren immer am besten – und dies galt auch für die letztjährige Kollektion, die sich ansonsten sehr gleichmäßig präsentierte. Auch in der aktuellen Kollektion sind die drei Weine, die uns am besten gefallen, alle im Barrique ausgebaut – darunter eine spannende Gewürztraminer Auslese.

Weinbewertung

87 ... 2007 Gewürztraminer Auslese Barrique
würzig, eindringlich, reife Frucht, Vanille; weich, schmeichelnd, viel reife Frucht, harmonisch und lang **19,95 €**

85 ... 2007 Spätburgunder trocken Barrique
gute Konzentration, etwas Gewürze, Vanille; füllig, harmonisch, reife süße Frucht, süffig **10,50 €**

87 ... 2007 Spätburgunder Beerenauslese Barrique
viel Konzentration, viel Duft, Gewürze; füllig, schmeichelnd, herrlich viel Frucht, Substanz **39,90 €/0,5l**

83	2008 Grauburgunder Spätlese trocken	**7,20 €**
81	2008 Riesling trocken „Avantgarde“	**7,90 €**
82	2008 Pinot Blanc trocken „Avantgarde“	**7,90 €**
80	2007 Pinot Noir trocken „Avantgarde“	**10,50 €**
82	2007 Spätburgunder Auslese trocken	**13,50 €**
81	2007 Spätburgunder trocken „Alte Rebe“	**7,90 €**
81	2007 Spätburgunder Spätlese „Alte Rebe“	**11,50 €**
79	2007 Spätburgunder Auslese trocken	**13,50 €**

Dr. Heyden ★
Weingut

Rheinhessen

Wormser Straße 95, 55276 Oppenheim
Tel. 06133-926301, Fax: 06133-926301
www.heydenwein-oppenheim.de
heydenwein@t-online.de
Besuchszeiten: täglich nach Vereinbarung
Weinprobierstube (bis 35 Personen)

Inhaber .... Familie Heyden
Rebfläche .... 12 Hektar

1999 übernahm Karl W. Heyden 7 Hektar Weinberge in Oppenheim, die aus dem Besitz des Weingutes Friedrich Baumann stammten. Für den Keller war von Anfang an Sohn Frank zuständig. Die Weinberge liegen hauptsächlich in den Oppenheimer Lagen Sackträger, Herrenberg, Kreuz und Schloss. Zu den übernommenen Rebsorten wie Riesling, Müller-Thurgau, Silvaner, Grauburgunder, Kerner, Spätburgunder und Portugieser wurden neue hinzugepflanzt: Dornfelder, Cabernet Dorsa, Chardonnay, Weißburgunder, Frühburgunder, St. Laurent und Merlot.

Die 2006er Weißweine konnten nicht an die Vorjahre heranreichen, die vor zwei Jahren verkosteten Rotweine aus dem Jahrgang 2005 aber überzeugten mit Kraft und Struktur. Die letztjährige Kollektion präsentierte sich geschlossen, nur die Spitzen früherer Kollektionen hatten wir etwas vermisst. Die neue Kollektion gefällt uns wieder besser: Darauf kann man aufbauen!

Weinbewertung

85 . . . 2007 Spätburgunder trocken „Innovation"
gute Konzentration, reife Frucht, rote Früchte; füllig, harmonisch, reife Frucht, gute Substanz **15,- €**

78 2008 Rivaner Classic **3,45 €/1l**
82 2008 Silvaner trocken „Alte Reben" **5,10 €**
81 2008 Weißburgunder & Chardonnay trocken **6,- €**
82 2008 Grauburgunder trocken „Reserve" **5,65 €**
78 2008 Riesling Classic **4,25 €/1l**
83 2008 Riesling Spätlese halbtrocken Oppenheimer Herrenberg **6,50 €**
84 2008 Riesling „alte Reben" „feinherb" Oppenheimer Sackträger **9,- €**
81 2008 Riesling Spätlese Oppenheimer Sackträger **6,50 €**
82 2008 Riesling Auslese Oppenheimer Sackträger **8,10 €**
80 2008 Rosé „feinherb" **3,95 €**
80 2007 Spätburgunder „Tradition" trocken Holzfass **7,50 €**

Freiherr ★★★
Heyl zu Herrnsheim
Weingut
Rheinhessen

Verwaltung/Verkauf:
Wilhelmstraße 4, 55283 Nierstein
Tel. 06133-57080, Fax: 06133-570880
www.heyl-zu-herrnsheim.de
info@heyl-zu-herrnsheim.de
Besuchszeiten: Mo.-Fr. 8-18 Uhr, Sa. 10-15 Uhr, So. nach Vereinbarung

Inhaber .... Detlev Meyer
Geschäftsführer .... Horst Völser
Betriebsleiter/Kellermeister .... Felix Peters
Rebfläche .... 10,2 Hektar

Das traditionsreiche Weingut Heyl zu Herrnsheim verfügt über bedeutenden Besitz in allen Lagen am Niersteiner Roten Hang, darunter die 1,4 Hektar große Lage Brudersberg in Alleinbesitz. 80 Prozent der Rebfläche nimmt Riesling ein, dazu gibt es 13 Prozent Weißburgunder und 7 Prozent Spätburgunder. Im März 2006 hat Detlev Meyer, der zuvor schon St. Antony erworben hatte, das Weingut langfristig gepachtet. Im gleichen Jahr ist das Weingut in die Gebäude des ehemaligen Weinguts Gustav Adolf Schmitt umgezogen. Im klar strukturierten Sortiment bilden die Gutsweine die Basis, dann folgen die Rotschiefer-Weine, die Spitze der Pyramide bilden die Großen Gewächse von Brudersberg, Pettenthal und Oelberg. Auch in der Lage Hipping und im Nackenheimer Rothenberg ist das Weingut vertreten. Die Weine werden recht lange in alten Eichenholzfässern ausgebaut. Alle Weine stammen aus kontrolliert ökologischem Anbau.

2006 gefielen uns die beiden Großen Gewächse aus Pettenthal und Rothenberg besser als der Wein aus dem Brudersberg, alle drei zeigten sich aber zum Zeitpunkt der

Verkostung noch enorm jugendlich und verschlossen. Ähnlich wirkten sie im vergangenen Jahr und auch 2008 wieder. Allerdings konnten wir den 2007er Brudersberg nochmals verkosten, er präsentiert sich inzwischen wesentlich harmonischer als noch vor einem Jahr, wenn auch immer noch sehr eigenwillig in der Aromatik. Die 2008er Kollektion ist konsistent ohne aber in der Spitze frühere Jahrgänge zu erreichen.

Weinbewertung

85 . . . 2008 Riesling trocken „Rotschiefer"
frisch, fruchtbetont, klar und eindringlich; geradlinig, zu, dezent mineralische Noten **14,90 €**
1999: 85; 2000: 85; 2001: 86; 2002: 86; 2004: 88; 2005: 85; 2006: 87.

86 . . . 2008 Riesling trocken Niersteiner
gute Konzentration, viel reife Frucht, herrlich eindringlich; weich, füllig, harmonisch, viel reife Frucht

88 . . . 2007 Riesling „GG" Brudersberg
gute Konzentration, feine Würze, Minze; weich, füllig, viel reife Frucht, Substanz, ganz dezente Bitternote

86 . . . 2008 Riesling „GG" Brudersberg
frisch, fruchtbetont, klar, etwas Zitrus; frisch, direkt, feine süße Frucht und Biss, jugendlich, (noch) unharmonisch **35,- €**
1999: 87; 2000: 89; 2003: 90; 2004: 89; 2005: 89; 2006: 87.

82 2008 Weißburgunder trocken **10,90 €**
84 2008 Riesling trocken **10,90 €**

★★★☆

Heymann-Löwenstein
Weingut

Mosel

Bahnhofstraße 10, 56333 Winningen
Tel. 02606-1919, Fax: 02606-1909
www.heymann-loewenstein.com
weingut@heymann-loewenstein.com
Besuchszeiten: nach Vereinbarung

Inhaber . . . . Cornelia Heymann-Löwenstein
. . . . Reinhard Löwenstein
Rebfläche . . . . 12,5 Hektar

Reinhard Löwenstein ist einer der profiliertesten Winzer der Mosel. Wohl nicht viele aus seiner Branche haben das Thema Terroir so intensiv ergründet wie er. Löwenstein konzentriert sich auf Riesling, die Herzstücke seines Programms sind die von ihm propagierten „Ersten Lagen" – die er teilweise weiter nach Parzellen unterteilt. Außer dem Röttgen und dem Uhlen hat sich Löwenstein auch mit dem Kirchberg und dem Stolzenberg einen Namen gemacht. Hinzu kommen als Gutsweine der „Schieferterrassen"-Riesling, der „Schieferterrassen Alte Reben" und der Riesling „vom blauen Schiefer". Seine trockenen Lagenweine füllt Reinhard Löwenstein immer recht spät ab, und sie sind auch dann noch vergleichsweise unzugänglich. Schon jung bemerkenswert saftig und komplex sind seine Süßweine.

Wir lieben Michelangelo. Und wir lieben Terroir. Und wenn ein Winzer wie Reinhard Löwenstein eloquent über Terroir sprechen kann, dann freut uns das. Als Weinkritiker und Verbraucher interessiert uns nicht nur die Frage, was Terroir ist, sondern natürlich auch die Frage, wie Terroir schmeckt. Nicht immer gelang es uns in den letzten Jahren Terroir – zu viel Botrytis, zu viel Restsüße – in Löwensteins Weinen zu erkennen, schon gar nicht in seinen Basisweinen. Natürlich freuen wir uns, wenn ein Winzer sich Gedanken über Weinkritik macht, aber wenn er ihr vorschreiben will, wie sie zu arbeiten hat, dann schiesst er doch über das Ziel hinaus. Weinkritik beschäftigt sich natürlich auch mit der Arbeit des Winzers, würde sie aber Winzern vorschreiben, wie sie in Weinberg und Keller zu arbeiten haben, dann ginge das eindeutig zu weit. Würde man ohne Löwensteins Eloquenz das Terroir in seinen Weinen nicht schmecken können? Da kommt uns die Frage in den Sinn, warum so ein PR-begabter Winzer wie Reinhard Löwenstein noch nicht auf die Idee gekommen ist, seine Weine mit Videobotschaft zu verschicken.

Weinbewertung

89 . . . 2008 Riesling Kirchberg
eindringliche Frucht, frisch, duftig; saftig, würzig, ausgewogen, Substanz und Biss

90 . . . 2007 Riesling „Blaufüßer Lay" Winninger Uhlen
würzig-mineralische Noten, faszinierend klar, dominant, herrlich eindringlich; füllig, kraftvoll, viel reife Frucht, gute Substanz und Struktur, nachhaltig

87? . . . 2003 Riesling „Blaufüßer Lay" Winninger Uhlen
eher verhalten, wirkt etwas stumpf; feine Frucht, leichte Süße, unzugänglich

84 2008 Riesling „Schieferterrassen"

★☆

Hiestand

Weingut

Rheinhessen

Nordhöferstraße 19, 67583 Guntersblum
Tel. 06249-2266, Fax: 06249-7835
www.hiestand-weingut.com
hiestand.wein@t-online.de
Besuchszeiten: Sa. 10-18 Uhr und nach Vereinbarung
Hoffest am 1. Wochenende im Oktober

Inhaber .... Familie Hiestand
Rebfläche .... 12 Hektar

Die wichtigsten Rebsorten bei Berthilde und Erich Hiestand sind Silvaner, Riesling, Weißburgunder und Gewürztraminer. Ihre Weinberge liegen in den Guntersblumer Lagen Kreuzkapelle, Steig-Terrassen, Bornpfad und Eiserne Hand, sowie im Albiger Schloss Hammerstein. Während der Gutshof der Hiestands in der Nordhöferstraße liegt, befindet sich der Keller im Guntersblumer Kellerweg. Dort reifen die Weine in Fässern aus Spessarteiche. Alle Weine werden seit jeher mit den natürlichen Hefen vergoren. Seit 1997 wird das alte Brennrecht wieder ausgeübt und Trauben, Hefe, Holunder, Weinbergpfirsich und Quitte werden in der hauseigenen Destille gebrannt.

Die 2006er Weißweine waren sehr gleichmäßig, die Kollektion überzeugte. 2007 war eigenwillig: Die Weine hatten Substanz, Charakter und Würze, nur Trinkfreude wollte nicht so recht aufkommen. Ähnlich präsentiert sich die neue Kollektion: Eigenständige, charaktervolle Weine, mit Wiedererkennungswert.

Weinbewertung

89 . . . 2005 Riesling Trockenbeerenauslese Kreuz
viel Duft, Konzentration, etwas Kaffee, Trockenfrüchte; süß, konzentriert, herrlich viel Stoff und Substanz

82 2008 Silvaner trocken
81 2008 Riesling trocken
81 2008 Weißburgunder trocken
79 2008 Grauburgunder trocken
81 2008 Sauvignon Blanc trocken
84 2008 Grauer und Weißer Burgunder Guntersblumer Kreuzkapelle
83 2007 Riesling Spätlese Guntersblumer Kreuzkapelle
82 2008 Riesling Spätlese Guntersblumer Kreuzkapelle
83 2008 Gewürztraminer Spätlese Bornpfad
84 2007 „JJ"-Portugieser Hammerstein
83 2007 Schwarzriesling Eiserne Hand
81 2007 „St. Podo" Rotwein trocken

H

Die besten deutschen Weinerzeuger und ihre Weine

★★★

Emmerich Himmel
Weingut

Rheingau

Holger-Crafoord-Strasse 4, 65239 Hochheim
Tel. 06146-6590, Fax: 06146-601570
www.weingut-himmel.de
info@weingut-himmel.de
Besuchszeiten: nach Vereinbarung, jeden 1. Sa. im Monat 11-17 Uhr Weintheke

Inhaber......................Emmerich Himmel
Rebfläche...............................5 Hektar

Emmerich Himmel hat das Weingut 1984 von seinem Vater als reinen Fassweinbetrieb übernommen. Er hat auf Flaschenweinvermarktung umgestellt und heute wird die gesamte Jahresproduktion von etwa 35.000 Litern weitgehend an Privatkunden verkauft. Seine Weinberge – 80 Prozent Riesling und jeweils 10 Prozent Spätburgunder und Weißburgunder – liegen in Hochheimer Lagen wie Hölle, Kirchenstück und Stein. Die Weine werden zum Teil mit den eigenen Hefen vergoren. Emmerich Himmel strebt terroirbetonte Weine an, die trotzdem Frucht besitzen. Auf die Spitze wird diese Prinzip beim „Lumen Naturale", der aus von Hand verlesenen gesunden Trauben besteht, die auf der Maische vergoren werden. Statt mit Korken verschließt Himmel seine Weine nun konsequent mit Schraubverschlüssen.

2006 stellte Himmel gelungene, gleichmäßige Qualitäten vor. Die 2007er waren nicht weniger überzeugend, zeigten sich aber teilweise etwas verhalten. 2008 hat stoffige, kraftvolle, animierende Weine hervorgebracht, darunter ein faszinierender „Lumen Naturale".

Weinbewertung

85 . . . 2008 Riesling Spätlese trocken Hochheimer Kirchenstück
klare Frucht, ganz leicht hefig; stoffig, würzig, hat Substanz und Frucht, erfreulich trocken und präzise
8,50 €
2002: 85; 2003 (Auslese): 88; 2004: 85; 2005: 85; 2006: 84; 2007: 85.

87 . . . 2008 Riesling Spätlese* trocken Hochheimer Hölle**
feine Frucht, leichte Hefenoten, etwas Melone, Steinobst; saftig, straff, leicht mineralisch, sehr geradlinig
12,50 €

87 . . . 2008 Riesling trocken Erstes Gewächs Hochheimer Kirchenstück
sehr verschlossen, leicht hefig; stoffig, würzig, wirkt absolut trocken, Substanz (87+? Punkte) **15,- €**
(bis 2005 „Alte Reben") 2005: 89; 2006: 88; 2007: 89.

88 . . . 2008 Riesling Auslese trocken „Lumen Naturale" Hochheimer Kirchenstück
noch sehr verschlossen, leicht cremig-hefig, feine Frucht; stoffig, viel Würze, recht füllig, hat Substanz, etwas Gerbstoff, Biss **16,- €**

85 . . . 2008 Riesling Spätlese Hochheimer Reichestal
sehr duftig, jugendlich, etwas Holunder; saftig, rassig, gut eingebundene Süße, animierend **9,- €**

86 . . . 2008 Spätburgunder trocken Hochheimer Stein
jugendliche Frucht, leicht rauchig-würzige Noten; saftig, viel Frucht, fest, braucht Zeit **18,- €**

84 2008 Riesling Kabinett trocken Hochheimer Hölle **6,- €**
81 2008 Riesling trocken „Himmel" **4,50 €**
84+? 2008 Weißburgunder Spätlese*** trocken **9,50 €**
82 2008 Riesling Kabinett Hochheimer Reichestal **6,- €**
81 2008 Spätburgunder Weißherbst Blanc de Noirs trocken **6,- €**

Hirschhof ★★

Weingut

Rheinhessen

Seegasse 29, 67593 Westhofen
Tel. 06244-349, Fax: 06244-57112
www.weingut-hirschhof.de
hirschhof@t-online.de
Besuchszeiten: Mo.-Fr. 8-12 + 13-18 Uhr,
Sa. nach Vereinbarung

Inhaber .... Familie Zimmer
Rebfläche .... 30 Hektar

Die Ursprünge des Hirschhofs reichen bis ins Jahr 1466 zurück, als ein Vorfahre der heutigen Besitzer seinen Landesherrn vor einem angreifenden Hirsch rettete und zum Dank dafür die Ländereien, das Wappen und den Namen erhielt. Seit 1991 werden alle Rebflächen beim Weingut Hirschhof nach ökologischen Gesichtspunkten bewirtschaftet (Ecovin). Neben den klassischen Sorten wie Riesling, Silvaner und Burgundern spielen rote Sorten wie Saint Laurent, Dornfelder und Portugieser eine wichtige Rolle in den Weinbergen, die in den Gemeinden Westhofen, Guntersblum und Bechtheim liegen. Aber auch Chardonnay und Sauvignon Blanc bauen Walter und Tobias Zimmer inzwischen an. Neben Wein wird Traubensaft hergestellt, ein Riesling-Hefebrand, Marc vom Gewürztraminer und bereits seit 1986 Sekte im traditionellen Verfahren.

Nicht viele Weingüter bieten Jahr für Jahr solch zuverlässige Qualität wie der Hirschhof. Das war vor zehn Jahren so, heute, mit 10 Hektar mehr Rebfläche, gilt es genauso. Die trockenen Rieslinge aus dem Morstein gehören ebenso wie Spätburgunder und edelsüße Weine immer wieder zur Spitze in Rheinhessen.

2006 war sehr gut, alle Weißweine hatten Frucht und Brillanz: Eine vergleichbar starke Kollektion präsentierte der Hirschhof auch mit dem Jahrgang 2007. Ob trocken oder süß, weiß oder rot, die Kollektion war stimmig auf gutem Niveau. Ähnliches gilt nun auch für den Jahrgang 2008: Vor allem die Rieslinge aus dem Morstein brillieren, trocken wie edelsüß.

Weinbewertung

85 . . . 2008 Chardonnay Spätlese trocken Westhofener Kirchspiel
gute Konzentration, reife Frucht, feine Würze; füllig, harmonisch, reife süße Frucht **7,- €**
2001: 81; 2002: 87; 2003: 86; 2004: 86; 2005: 86; 2006: 84; 2007: 85.

85 . . . 2008 Riesling Spätlese trocken Westhofener Kirchspiel
würzig, klar, eindringliche Frucht; weich, füllig, reife Frucht, feine Frische und Biss **7,- €**

88 . . . 2008 Riesling Spätlese trocken Westhofener Morstein
gute Konzentration, faszinierend viel Frucht, herrlich eindringlich und klar; füllig, harmonisch, klare reife Frucht, viel Substanz, Frische **8,70 €**

85 . . . 2008 Huxelrebe Spätlese Guntersblumer Steinberg
klar, würzig, zurückhaltende Frucht; füllig, frisch, schmeichelnd, reife Frucht, Biss **6,- €**

89 . . . 2008 Riesling Eiswein Westhofener Morstein
würzig, konzentriert, eindringlich, etwas Litschi, süße Zitrusfrüchte; süß, konzentriert, klar, herrlich süffig und lang **25,- €/0,375l**

79 2008 Riesling trocken **5,10 €/1l**
82 2008 Weißburgunder Kabinett trocken Westhofener Kirchspiel **5,90 €**
81 2008 Grauburgunder Kabinett trocken Westhofener Steingrube **5,80 €**
84 2008 Gewürztraminer Spätlese trocken Westhofener Kirchspiel **7,20 €**

Hirschhorner Hof
Weingut John

Pfalz

siehe Weingut Frank → **John**

Hirschmann ★☆
Weingut

Rheingau

Hauptstraße 10, 65375 Oestrich-Winkel
Tel. 06723-2800, Fax: 06723-885484
www.hirschmann-wein.de
info@hirschmann-wein.de
Besuchszeiten: Mo.-Sa. nach Vereinbarung

Inhaber .... Christoph Hirschmann
Rebfläche .... 5,6 Hektar

Die Familie betreibt seit dem 17. Jahrhundert Weinbau in Oestrich-Winkel. 1860 erwarb Johann Hirschmann das historische Gutshaus in Winkel, in dessen altem Gewölbekeller noch heute die Weine ausgebaut werden. Christoph Hirschmann, der heutige Besitzer, baut neben Riesling etwas Spätburgunder an – und schafft es auf wundersame Weise, auch in schwierigen Jahrgängen noch sehr saftige, rassige Weine zu keltern.

2006 fiel etwas verhaltener aus, 2007 war sehr erfreulich (mit einem präzise vinifizierten Ersten Gewächs). Die 2008er sind saftig und rassig, sehr gleichmäßig und animierend.

Weinbewertung

85 . . . 2008 Riesling Kabinett trocken „Alte Reben" Mittelheimer Edelmann
klare Frucht, duftig; saftig, würzig, rassige Säure, sehr animierender Stil **5,80 €**

87 . . . 2008 Riesling Spätlese „Edition" trocken Oestricher Doosberg
klare Frucht, stoffig, viel Würze, hat Substanz, guter Nachhall **8,50 €**

86 . . . 2008 Riesling Spätlese trocken Winkeler Hasensprung
Mirabellen; stoffig, würzig, Schmelz und Biss, gute Länge **8,50 €**

86 . . . 2008 Riesling Spätlese halbtrocken Oestricher Doosberg
leicht hefewürzig, Zitrus, etwas Kräuter; saftig, viel Würze, Substanz **6,60 €**

86 . . . 2008 Riesling Spätlese Winkeler Gutenberg
frisch, jugendlich, feine Frucht; saftig, würzig, rassiger Säure, feingliedrig, animierend **6,60 €**

83 2008 Riesling Classic **4,50 €**

Helmuth Hirth ★
Weingut

Württemberg

Rebhof, 74182 Obersulm
Tel. 07134-9827850, Fax: 07134-9827851
www.helmuth-hirth.de
rebhof@t-online.de
Besuchszeiten: Mo.-Fr. 8-17 Uhr (nach Vereinbarung)
Gutsausschank

Inhaber .... Helmuth Hirth
Rebfläche .... 6 Hektar

Die Weinberge von Helmuth Hirth liegen in Willsbach, am Fuß der Löwensteiner Berge, wo die Reben auf Keuper- und Mergelböden wachsen. Sein Großvater Karl Hirth war Vorstandsvorsitzender der Genossenschaft, Vater Walter begann Anfang der siebziger Jahre die Weine selbst auszubauen und in seiner Besenwirtschaft auszuschenken. Helmuth Hirth setzt seit Übernahme des Betriebes im Jahr 2000 ganz auf Qualität und konzentriert sich auf Auxerrois, Riesling, Dornfelder und Lemberger.

Vor zwei Jahren war die Kollektion etwas verhalten, gleiches galt im vergangenen Jahr, bei recht gleichmäßiger Qualität gefiel uns der Sekt am besten. Auch die neue Kollektion präsentiert sich geschlossen auf gutem Niveau, vor allem die kompromisslos vinifizierten Rotweine vermögen zu überzeugen.

Weinbewertung

85 ... 2006 „Keuper" Rotwein trocken
Trollinger und Spätburgunder; fruchtbetont, klar, gute Konzentration; gute Struktur, feine Frische und Frucht **9,- €**

85 ... 2006 Spätburgunder trocken
dezent rauchige Noten, reintönige Frucht; klar, harmonisch, gute Struktur und Tannine **13,- €**

84 Brut de Noir Rosé Sekt **12,- €**
84 2007 Riesling trocken **12,- €**
82 2007 Auxerrois trocken **13,- €**
83 2008 Rosé trocken **9,- €**
83 2006 Lemberger trocken **13,- €**
82 2006 Dornfelder trocken **12,- €**

★★★

Höfflin
Biologisches Weingut

Baden

Schambachhof, 79268 Bötzingen
Tel. 07663-1474, Fax: 07663-1461
www.schambachhof.de
schambachhof@t-online.de
Besuchszeiten: Mo.-Fr. 8:30-12 Uhr, Do./Fr. auch 13-17 Uhr, Sa. 10-16 Uhr oder nach Vereinbarung

Inhaber .... Stella & Matthias Höfflin
Rebfläche .... 10 Hektar

1970 ist die Familie in das Schambachtal ausgesiedelt, seit 1974 wird der Hof – Obst, Gemüse, Reben – biologisch bewirtschaftet (Bioland). 1994 wurde zur Weinlagerung ein Keller gebaut, dessen Dach mit einer Erdschicht bedeckt und begrünt ist. Mit der Selbstvermarktung begann man erst, nachdem Matthias Höfflin seine Ausbildung beendete und im Keller die Regie übernahm. Im Anbau dominieren die Burgundersorten, allen voran Spätburgunder. Dazu gibt es etwas Gewürztraminer und Müller-Thurgau, aber auch pilztolerante Sorten wie Regent, Cabernet Carbon, Cabernet Carol (die zusammen die Cuvée Rufus ergeben) und Johanniter. Diese pilzresistenten Rebsorten sollen zukünftig ein Drittel der Rebfläche einnehmen. Alle Weine werden durchgegoren ausgebaut.

Seit einem Jahrzehnt empfehlen wir die Weine von Matthias Höfflin. Mehr zufällig sind wir bei einer Veranstaltung mit Biowinzern auf ihn aufmerksam geworden. Die Qualität seiner Weine überraschte uns, wobei wir damals seine reintönigen weißen Burgunder präferierten. In diesem Jahrzehnt steigerte er sich kontinuierlich, die Weine haben an Kraft und Konzentration gewonnen, vor allem auch im roten Segment, bieten Kraft und Fülle, sind kompromisslos vinifiziert.

Vor zwei Jahren legte Matthias Höfflin bei den Spätburgundern weiter zu. Sie waren kraftvoll wie in den Vorjahren, hatten aber an Komplexität gewonnen. Mit dem Weißburgunder Prestige und dem Chardonnay bot er dazu überzeugende 2006er Weißweine, auch der barriqueausgebaute Rosé gefiel sehr gut. Sehr gleichmäßig war die letztjährige Kollektion, überzeugte weiß wie rot, auch der Sekt machte viel Freude. Die neue Kollektion ist klar stärker, bietet Spitzen im weißen wie im roten Segment. Der Chardonnay ist unser Favorit unter den Weißweinen, knapp vor Grauburgunder und Weißburgunder. Bei den Spätburgundern haben wir – derzeit – die „normale" Barrique-Variante dem Prestige-Barrique vorgezogen. Insgesamt eine überzeugende Kollektion!

Weinbewertung

87 . . . 2008 Weißburgunder trocken „Prestige"
gute Konzentration, feine Würze, reife Frucht; füllig, harmonisch, viel reife Frucht, Substanz und Länge **9,80 €**

88 . . . 2008 Grauburgunder trocken „Prestige"
Barriqueausbau; gute Konzentration, feine Würze und Frucht, gelbe Früchte, herrlich eindringlich; füllig, kraftvoll, reife Frucht, gute Struktur und Substanz **12,50 €**

89 . . . 2008 Chardonnay trocken „Prestige"
gute Konzentration, faszinierend viel Frucht, herrlich eindringlich und klar; füllig, stoffig, viel reife Frucht, Substanz, Kraft, Nachhall **12,50 €**

86 . . . 2008 Gewürztraminer trocken „Prestige"
gute Konzentration, reintönige Frucht, Rosen, herrlich eindringlich; füllig, harmonisch, viel reife Frucht, gute Substanz und Frische **10,20 €**

87 . . . 2007 „Rufus" Rotwein trocken „Prestige" Barrique
viel reife Frucht, dunkle Früchte, rauchige Noten; füllig, kraftvoll, reife Frucht, gute Substanz, Biss, Tannine **14,50 €**

87 . . . 2007 Spätburgunder trocken „Prestige"
würzig, klar, reife Frucht, gute Konzentration; füllig, harmonisch, viel reife Frucht, Substanz und Frische, gute Struktur **14,50 €**

89 . . . 2007 Spätburgunder trocken Barrique
rauchige Noten, gute Konzentration, reife Frucht, etwas rote Früchte, herrlich reintönig; füllig, stoffig, viel reife Frucht, Substanz, Kraft, wunderschön reintönig **16,- €**

88 . . . 2007 Spätburgunder trocken „Prestige" Barrique
gute Konzentration, reife Frucht, etwas Kräuter, Kirschen, eindringlich; klar, füllig, harmonisch, reife Frucht und gute Struktur **28,- €**

84 2006 Hofcuvée Sekt brut **9,80 €**
82 2008 Muskateller Kabinett trocken **7,80 €**
81 2008 Auxerrois Kabinett trocken **7,80 €**
83 2008 Weißburgunder Kabinett trocken **7,80 €**
84 2008 Grauburgunder Kabinett trocken **7,80 €**
84 2008 Spätburgunder trocken Holzfass **8,20 €**

★★

Bernd Höfler
Weingut

Franken

Albstädter Straße 1, 63755 Alzenau
Tel. 06023-5495, Fax: 06023-31417
www.weingut-hoefler.de
info@weingut-hoefler.de
Besuchszeiten: Mo.-Fr. 9-12 + 14-19 Uhr, Mi. nachm. geschlossen, Sa. 9-16 Uhr

Inhaber . . . . Edeltraud und Bernd Höfler
Rebfläche . . . . 7,5 Hektar

Seit 1924 baut die Familie Wein an und aus, als die Brüder Josef und Richard Höfler brachliegende Weinberge neu bepflanzten. Seit 1984 wird das Weingut von Edeltraud und Bernd Höfler geführt. Ihre Weinberge liegen hauptsächlich in Michelbach, seit 2007 bewirtschaften sie auch 30 Ar Müller-Thurgau in Hörstein. Die Reben wachsen auf Quarzitschiefer, Gneis und Lössböden mit hohem Anteil an Mineralien. Neben Riesling und Müller-Thurgau bauen sie Silvaner, Weißburgunder, Rieslaner und Bacchus an, sowie die roten Sorten Domina, Schwarzriesling und Spätburgunder.

2006 überzeugte mit gutem Niveau und klarer Frucht. Die letztjährige Kollektion war ein weiterer Schritt voran. Die Spitzenweine, weiß wie rot, besaßen Kraft und Struktur, vor allem der eigenständige 2006er Riesling aus dem Apostelgarten faszinierte, die ganze Kollektion aber zeigte eine klare Handschrift und Profil. Die neue Kollektion schließt nahtlos daran an. Die Rotweine sind gekonnt vinifiziert, die Weißweine klar und frisch.

Weinbewertung

86 . . . 2008 Weißburgunder trocken Michelbacher Apostelgarten
frisch, würzig, klare Frucht; füllig, harmonisch, reife süße Frucht **8,- €**

86 . . . 2008 Grauburgunder trocken Michelbacher Apostelgarten
konzentriert, feine Würze und Frucht, eindringlich; füllig, harmonisch, reife Frucht, gute Substanz **9,- €**

87 . . . 2008 Riesling Spätlese Michelbacher Apostelgarten
klar, würzig, Litschi, feiner Duft; weich, füllig und schmeichelnd, fruchtbetont, herrlich reintönig und frisch **12,50 €**

86 . . . 2006 Schwarzriesling trocken Michelbacher
frisch, fruchtbetont, herrlich reintönig; füllig, harmonisch, reife Frucht, Vanille, ganz dezent Speck **12,- €**

87 . . . 2006 Spätburgunder trocken Michelbacher
rauchige Noten, herrlich reintönige Frucht, etwas Kirschen; füllig, kraftvoll, reife Frucht, feine Vanille und Substanz **15,- €**

81 2008 Spätburgunder Blanc de Noir trocken Michelbacher **6,50 €**
81 2008 Müller-Thurgau trocken Michelbacher **7,- €**
82 2008 Silvaner Kabinett trocken Michelbacher **7,50 €**
84 2008 Riesling Kabinett trocken Michelbacher **9,- €**
82 2008 Bacchus Michelbacher **5,80 €**
80 2008 Riesling „Urgestein" **5,90 €**
82 2008 Rotling „Urgestein" **5,90 €**

★★

Höfling

Weingut

Franken

Kellereigasse 14, 97776 Eußenheim
Tel. 09353-7632, Fax: 09353-1264
www.weingut-hoefling.fwo.de
weingut-hoefling@weinland-franken.de
Besuchszeiten: Mo.-Fr. 9-18 Uhr, Sa. 9-16 Uhr
Gastwirtschaft (saisonal geöffnet, bis 65 Personen), kulinarische Weinproben; Bauernladen

Inhaber .... Klaus Höfling
Rebfläche .... 11 Hektar

Werner Höfling ist 1988 aus der Genossenschaft ausgetreten und hat mit damals 2,6 Hektar die Selbstvermarktung begonnen, in den letzten Jahren wurde das Weingut stetig erweitert. 2004 baute man einen neuen Keller, und es wurden eine neue Presse und Maischegärtanks angeschafft. Sohn Klaus, der bisher schon für den Keller verantwortlich war, hat 2009 den Betrieb übernommen. Die Weinberge verteilen sich auf vier Lagen: Eußenheimer First, Gössenheimer Homburg, Stettener Stein und Gambacher Kalbenstein, wo ein kleinbeeriger Spätburgunder-Klon gepflanzt wurde. Zu den weißen Sorten Müller-Thurgau, Silvaner, Kerner und Bacchus wurden zuletzt Riesling, Weißburgunder und Gewürztraminer hinzugepflanzt. An roten Sorten gibt es Domina, Spätburgunder und Frühburgunder.

2006 brachte angesichts des Jahrgangs überzeugende Weißweine, allen voran die Cuvée. Spannender noch waren die Rotweine aus den Jahrgängen 2005 und 2006: Domina aus Stetten und Spätburgunder aus Gambach waren unsere Favoriten. Klaus Höfling füllte die Rotweine des Jahrgangs 2007 etwas später ab, weshalb wir im vergangenen Jahr nochmals die 2006er Weine verkostet haben. Sie bestätigten das Bild: Spätburgunder Kalbenstein und Domina Stein führten eine starke Riege an. Im weißen Teil des Sortiments hatten uns einmal mehr die Cuvée und die trockene Weißburgunder Spätlese besonders gefallen, Highlight aber war im vergangenen Jahr ganz klar die Bacchus Trockenbeerenauslese. In der neuen Kollektion sind einmal mehr die barriqueausgebauten Rotweine unsere Favoriten, wobei uns der Spätburgunder aus dem First diesmal ein klein wenig besser gefällt als der aus dem Kalbenstein. Die 2008er Rotweine wurden unmittelbar nach der Abfüllung verkostet. Das weiße Segment präsentiert sich sehr homogen auf gutem Niveau.

Weinbewertung

86 . . . 2008 Silvaner Spätlese trocken Gössenheimer Homburg
gute Konzentration, klare reife Frucht, Birnen, herrlich eindringlich; gute Fülle und Substanz, reife Frucht **7,90 €**

86 . . . 2008 Silvaner Spätlese trocken Stettener Stein
gute Konzentration, klare reife Frucht, weiße und gelbe Früchte; Fülle, Substanz, reife Frucht, Struktur und Frische **9,10 €**

86 . . . 2008 Silvaner Spätlese trocken Barrique Stettener Stein
gute Konzentration, viel reife Frucht, Vanille; weich, füllig, cremig, reife Frucht, gute Struktur **11,20 €**

88 . . . 2007 Spätburgunder trocken Barrique Eußenheimer First
herrlich reintönige Frucht, feine rauchige Noten, wunderschön klar; füllig, harmonisch, elegant, gute Struktur und reife Frucht **13,80 €**

87 . . . 2008 Spätburgunder trocken Barrique Eußenheimer First
gute Konzentration, reintönige reife Frucht, feine Frische; frisch, elegant, gute Struktur, jugendlich (noch nicht im Verkauf)
2004 (1. Jg.): 87; 2005: **86**; 2006: **85**.

87 . . . 2007 Spätburgunder trocken Barrique Gambacher Kalbenstein
würzig, eindringlich, reife rote Früchte, dominant; füllig, stoffig, reife Frucht, Substanz **13,80 €**

87 . . . 2008 Spätburgunder trocken Barrique Gambacher Kalbenstein
gute Konzentration, viel reife Frucht, herrlich eindringlich und dominant; füllig, kraftvoll, reife Frucht, gute Struktur, Substanz (noch nicht im Verkauf)
2005: **88**; 2006: **88**.

87 . . . 2007 Frühburgunder Spätlese trocken Barrique Eußenheimer First
würzig, klare reife Frucht, herrlich eindringlich, feine rauchige Noten; füllig, stoffig, viel reife Frucht, Würze **15,80 €**

86 . . . 2008 Frühburgunder Spätlese trocken Barrique Eußenheimer First
reife Frucht, feiner Duft; füllig, klar, feiner Frucht und Biss (noch nicht im Verkauf)
2004 (1. Jg.): **88**; 2005: **87**; 2006: **86**.

86 . . . 2007 Domina trocken Barrique Gössenheimer Homburg
gute Konzentration, klare reife Frucht, feine Frische, dunkle Früchte; kraftvoll, klar, gute Struktur und Tannine **12,80 €**

86 . . . 2008 Domina trocken Barrique Gössenheimer Homburg
viel reife Frucht, herrlich eindringlich und dominant, reintönig; **12,80 €**
2005: **86**; 2006: **85**.

88 . . . 2007 Domina trocken Barrique Stettener Stein
gute Konzentration, dezent rauchige Noten, klare reife Frucht; füllig, stoffig, klare reife Frucht, gute Struktur und Frische **13,80 €**

87 . . . 2008 Domina trocken Barrique Stettener Stein
gute Konzentration, viel reife Frucht, herrlich eindringlich, rote und dunkle Früchte; füllig, kraftvoll,

reife Frucht, gute Struktur und Frische (noch nicht im Verkauf)
2001 (1. Jg.): 87; 2002: 87; 2003: 88; 2003: 87; 2005: 88; 2006: 88.

80 2008 Müller-Thurgau trocken **3,90 €/1l**
81 2008 Silvaner trocken Gössenheimer Homburg (1l)
80 2008 Bacchus trocken Stettener Stein **3,90 €/1l**
83 2008 Müller-Thurgau trocken „First Class" **4,40 €**
80 2008 Silvaner Kabinett trocken Nr. 7/09 Gössenheimer Homburg **4,90 €**
83 2008 Silvaner Kabinett trocken Nr. 8/09 Gössenheimer Homburg **5,60 €**
85 2008 Silvaner Kabinett trocken Stettener Stein **6,40 €**
85 2008 Riesling Kabinett trocken Stettener Stein **7,40 €**
84 2008 Weißburgunder Kabinett trocken Gössenheimer Homburg **6,10 €**
85 2008 Spätburgunder Blanc de Noir Spätlese trocken **8,90 €**
79 2008 Müller-Thurgau (halbtrocken) **3,90 €/1l**
82 2008 Bacchus (halbtrocken) Gössenheimer Homburg **3,90 €/1l**
83 2008 Bacchus (halbtrocken) „First Class" **4,40 €**
83 2008 Kerner Kabinett Eußenheimer First **4,50 €**
85 2008 Kerner Spätlese Gössenheimer Homburg **6,50 €**
83 2008 Rotling (halbtrocken) „First Class" **4,80 €**
83 2008 Spätburgunder Rosé trocken „First Class" **6,10 €**
82 2008 Rotwein (halbtrocken) „First Class" **4,40 €**
82 2007 Spätburgunder trocken Eußenheimer First **6,90 €**
85 2008 Spätburgunder trocken Eußenheimer First **6,90 €**
83 2007 Domina trocken Gössenheimer Homburg **6,90 €**
82 2008 Domina trocken Gössenheimer Homburg

Reichsgraf und Marquis zu ★★

Hoensbroech

Weingut

Baden

Herrmannstraße 12, 74916 Angelbachtal-Michelfeld
Tel. 07265-911034, Fax: 07265-911035
www.hoensbroech.eu
mail@hoensbroech.eu
Besuchszeiten: Mo.-Fr. 10-18 Uhr, Sa. 10-16 Uhr

Inhaber .... Graf von Hoensbroech
Rebfläche .... 15 Hektar

Schon im 14. Jahrhundert besaß die Familie einen Weinberg in Maastricht, seit 1738 gehörte ihr ein kleines Weingut in Wiltingen, das 1968 verkauft wurde. Im Jahr darauf erwarb man 4 Hektar Weinberge im Kraichgau. 1978 erbaute man das Weingut in Michelfeld. Wichtigste Rebsorte und Spezialität des Betriebes ist der Weißburgunder. Hinzu kommen Riesling, Grauburgunder, Spätburgunder, Auxerrois, Chardonnay und Blauer Limberger, wie der Lemberger hier ampelografisch richtig heißt.

2007 überzeugte vollauf, die Weine waren reintönig und fruchtbetont, die Weißburgunder Spätlese besaß Substanz und Länge. Auch 2008 gefällt uns die – leider recht süße – Spätlese gut, führt eine geschlossene Kollektion an.

Weinbewertung

87 . . . 2008 Weißburgunder Spätlese Michelfelder Himmelberg
gute Konzentration, viel Würze, reife Frucht; füllig, harmonisch, schmeichelnd, viel reife süße Frucht, gute Substanz **17,25 €**

84 2008 Weißburgunder Kabinett trocken Michelfelder Himmelberg **8,50 €**
82 2008 Auxerrois Kabinett trocken Michelfelder

Himmelberg **6,- €**

84 2008 Kraichgauer Weißburgunder trocken Michelfelder Himmelberg **9,50 €**

82 2008 Spätburgunder Weißherbst Kabinett trocken Michelfelder Himmelberg **7,40 €**

83 2006 Rotweincuvée trocken Michelfelder Himmelberg **9,- €**

★★★★

von Hövel

Weingut

Mosel

Agritiusstraße 5-6, 54329 Konz-Oberemmel
Tel. 06501-15384, Fax: 06501-18498
www.weingut-vonhoevel.de
weingutvonhoevel@t-online.de
Besuchszeiten: nach Vereinbarung

Inhaber .... Eberhard von Kunow
Rebfläche .... 11 Hektar

Das Weingut von Hövel befindet sich in einem Abteihof des ehemaligen Klosters St. Maximin in Trier. Eberhard von Kunow, der heute zusammen mit Ehefrau Hildegard das Gut führt, besitzt Weinberge in den besten Lagen an der Saar (darunter auch der Scharzhofberg), die Lage Oberemmeler Hütte gehört ihm in Alleinbesitz, und auch aus der kleinen Lage Kanzemer Hörecker kommen immer wieder charaktervolle Gewächse. Eberhard von Kunow baut alle seine Weine – 90 Prozent Riesling – in Holzfässern aus.

Die Stärke des Weingutes sind die süßen und edelsüßen Rieslinge, mit denen von Kunow regelmäßig zur Spitze an der Saar zählt. Die 2007er waren sehr gelungene, mineralische, saftige Weine, die sich im Glas ausgezeichnet entwickelten. 2008 waren Leistungen auf vergleichbarem Niveau nicht ganz möglich, die Rieslinge verfügen über eine aggressive Säure, besitzen aber auch Substanz und sollten gut reifen. Die normalerweise erzeugten Basisweine namens „Balduin von Hövel" wurden in diesem Jahr nicht vorgestellt.

Weinbewertung

85 . . . 2008 Riesling Spätlese trocken Oberemmeler Hütte
etwas unruhig, Stachelbeere, leicht hefig; straff, markante Säure, geradlinig, Substanz und Biss **10,50 €**

85 . . . 2008 Riesling Spätlese „feinherb" Scharzhofberger
würzig, eindringlich, reife Frucht, dezent Litschi; süß, schmeichelnd, klar, feine Frische **10,50 €**

86 . . . 2008 Riesling Kabinett Oberemmeler Hütte
sehr unruhig; saftig, frisch, deutliche Säure, etwas unausgewogen, dürfte sich gut entwickeln **9,- €**
1998: 81; 1999: 83; 2000: 84; 2001: 86; 2002: 86; 2003: 86; 2004: 85; 2005: 87; 2006: 86; 2007: 87.

87 . . . 2008 Riesling Kabinett Scharzhofberger
leicht hefig, Spur Cassis und Stachelbeere; würzig, rassig, deutliche Säure, nur leichte Süße, sehr animierend **9,- €**

87 . . . 2008 Riesling Spätlese Oberemmeler Hütte
sehr frisch, jugendlich, getrockneter Apfel, Kräuter, Hauch Cassis; würzig, rassig, feines Süße-Säure-Spiel, gute Länge **10,50 €**

88 . . . 2008 Riesling Spätlese Scharzhofberger
sehr jugendlich, frisch, hefewürzig, Stachelbeeren, Kräuter; rassige Säure, schlank, feine Süße, nachhaltig **10,50 €**

---

83 2008 Riesling Kabinett trocken Oberemmeler Hütte **9,- €**

★★☆

Hoffmann-Simon

Weingut

Mosel

Kettergasse 24, 54498 Piesport
Tel. 06507-5025, Fax: 06507-992227
www.hoffmann-simon.de
weingut@hoffmann-simon.de
Besuchszeiten: nach Vereinbarung

Inhaber........................Dieter Hoffmann
Rebfläche............................9,2 Hektar

Das Weingut Hoffmann-Simon besitzt Weinberge in Piesport, Klüsserath, Köwerich und Maring. Dieter Hoffmann baut neben dem dominierenden Riesling ein klein wenig Müller-Thurgau und Regent an. Die Weine werden im Edelstahl kühl vergoren, die trockenen Rieslinge bleiben recht lange auf der Feinhefe. Eine Besonderheit sind die im kleinen Holzfass gereiften Weine, wie im Jahrgang 2007 eine herrlich cremige (und preiswerte) Beerenauslese. Nicht nur diese Weine zeigen gut den Stil des Hauses: Die Weine besitzen oft eine ruhige, süffige Art, sind nicht offensiv, sondern zurückhaltend, besitzen aber Substanz.

Die 2007er waren erfolgreich, saftig und klar, und auch 2008 entstanden frische, saftige, teilweise nach Ananas duftende Rieslinge.

Weinbewertung

85 . . . 2008 Riesling Spätlese trocken Klüsserather Bruderschaft
zarte Frucht, klar, sehr frisch; würzig, saftig, hat Biss, gute Struktur **7,50 €**

85 . . . 2008 Riesling Kabinett Piesporter Goldtröpfchen
zarte Frucht, Apfel, etwas Steinobst; würzig, saftig, feines Süße-Säure-Spiel **5,50 €**

86 . . . 2008 Riesling Spätlese „feinherb" Köwericher Laurentiuslay
eindringliche Frucht, Melone, Ananas, Kräuter, saftig, viel Würze, recht füllig, gute Länge und feiner Nachhall **7,50 €**

87 . . . 2008 Riesling Spätlese Piesporter Goldtröpfchen
sehr frisch, Boskoop, etwas Ananas; frisch, saftig, reife Säure, feine Süße, nachhaltig **7,50 €**
2002: 89; 2003: 83; 2004: 85; 2005: 85; 2006: 86; 2007: 86.

86 . . . 2008 Riesling Spätlese Köwericher Laurentiuslay
etwas verhaltene Frucht; saftig, würzig, eher verhaltene Süße, wirkt animierend **7,50 €**

90 . . . 2005 Riesling Trockenbeerenauslese Piesporter Goldtröpfchen
eindringliche Frucht, Quitten, Tee, cremig; elegant, würzig, erstaunlich frisch, Nachhall **35,- €/0,375l**

80 2008 Rivaner trocken **3,80 €**
79 2008 Riesling trocken **4,50 €**
81 2008 Riesling Kabinett trocken Piesporter Treppchen **5,50 €**
83 2008 Riesling Kabinett „feinherb" Piesporter Günterslay **5,50 €**

★★

Hofkeller Würzburg

Staatlicher

Franken

Residenzplatz 3, 97070 Würzburg
Tel. 0931-3050923, Fax: 0931-3050966
www.hofkeller.de
michael.jansen@hofkeller.bayern.de
Besuchszeiten: Mo.-Fr. 9-18 Uhr, Sa. 10-16 Uhr (Hauptsaison), 10-14 Uhr (Nebensaison)
Veranstaltungen im Fasskeller (bis 320 Personen)

Inhaber.........................Freistaat Bayern
Geschäftsführer................Michael Jansen
Rebfläche...........................150 Hektar

Die Geschichte des Hofkellers lässt sich über eine Schenkungsurkunde bis ins Jahr 1128 zurückverfolgen. Der Hofkeller verfügt über umfangreichen Besitz in ganz Franken, so unter anderem in den bekannten Würzburger (Stein, Innere Leiste) und Randersackerer (Pfülben, Marsberg) Lagen, aber auch im Großheubacher Bischofsberg, dem Iphöfer Julius-Echter-Berg und dem Thüngersheimer Scharlachberg. Wichtigste Rebsorten sind Riesling, Silvaner und Müller-Thurgau. In den letzten Jahren setzt man verstärkt auch auf rote Sorten. Das Programm des Hofkellers ist gegliedert in Gutsweine, Lagenweine und Große Gewächse.

2006 präsentierte sich sehr homogen, die Weine hatten Substanz und Fülle, die edelsüßen Weine aber blieben hinter früheren Jahren zurück. Die letztjährige Kollektion brachte üppige, deutlich restsüße trockene Spätlesen und Große Gewächse, die dicke Weißburgunder Beerenauslese überzeugte. Ähnlich präsentiert sich der Jahrgang 2008, bei den Großen Gewächsen würden wir uns mehr Präzision wünschen, die Qualitäts- und Kabinettweine sind sauber und frisch.

Weinbewertung

86 . . . 2008 Weißburgunder „GG" Stein Würzburg
gute Konzentration, reife Frucht, feine Würze, eindringlich; weich, harmonisch, füllig, reife Frucht
2005: 87; 2006: 88.

88 . . . 2004 Silvaner „GG" Stein Würzburg
gute Konzentration, viel reife Frucht, gelbe Früchte, Birnen; füllig, harmonisch, gute Substanz und reife Frucht (kein aktueller Jahrgang)

88 . . . 2008 Silvaner „GG" Stein Würzburg
viel Konzentration, Würze, eindringlich, etwas Birnen; weich, füllig, harmonisch, reife Frucht **20,30 €**
2003: 89; 2004: 88; 2005: 88; 2006: 87; 2007: 88.

88 . . . 2008 Riesling „GG" Innere Leiste Würzburg
würzig, konzentriert, viel reife Frucht, herrlich eindringlich; füllig, stoffig, klare reife Frucht, gute Substanz und Biss **20,30 €**

85 . . . 2008 Rieslaner Auslese Würzburger Stein
würzig, duftig, gute Konzentration; weich, füllig, reife Frucht, dezent Grapefruit **20,30 €**

83 2008 Silvaner trocken **7,10 €**
81 2008 Weißburgunder Kabinett trocken Würzburger Stein **9,70 €**
83 2008 Riesling Kabinett trocken Randersackerer Pfülben **8,60 €**
81 2008 Scheurebe Kabinett trocken Abtswinder Altenberg **7,90 €**
83 2008 Silvaner Kabinett trocken Iphöfer Julius-Echter-Berg **9,50 €**
80 2008 Silvaner Kabinett trocken Würzburger Stein **9,60 €**
80 2008 Traminer Kabinett Thüngersheimer Scharlachberg **auf Anfrage**

★★★

Hofmann

Weingut

Franken/Württemberg

Strüther Straße 7, 97285 Röttingen
Tel. 09338-1577, Fax: 09338-993375
weingut.a.hofmann@t-online.de
Besuchszeiten: nach Vereinbarung
Heckenwirtschaft, Gästezimmer

Inhaber .... Alois und Jürgen Hofmann
Rebfläche .... 7,5 Hektar

1990 beschloss Alois Hofmann seine Trauben nicht länger an eine Weinkellerei abzuliefern und im Jahr darauf vermarktete erstmals den Wein seiner damals 1,3 Hektar Weinberge komplett selbst. 2001 ist Sohn Jürgen nach Beendigung seines Geisenheim-Studiums (die Winzerlehre hat er bei Paul Fürst in Bürgstadt gemacht) in den Betrieb eingestiegen, war aber schon zuvor für den Weinausbau verantwortlich. Ihre Weinberge liegen vor allem im Röttinger Feuerstein, wo die Reben auf Muschelkalkböden wachsen, die mit Feuerstein durchzogen sind. Hinzu kommen Weinberge in der Lage Tauberrettersheimer Königin und im Probstberg bei Weikersheim, der zur Region Württemberg gehört. 40 Prozent der Rebfläche nehmen rote Sorten ein: Spätburgunder, Schwarzriesling, Domina, Merlot, Cabernet Sauvignon und Cabernet Franc, aber auch Tauberschwarz, eine alte , einst in Vergessenheit geratene Rotweinsorte, die nur noch in einigen wenigen Weinbergen im Taubertal zu finden ist. 1997 hatte das Weingut den ersten Tauberschwarz geerntet und inzwischen hat Jürgen Hofmann sogar eine Barriqueversion im Programm. Wichtigste Weißweinsorten sind Silvaner, Müller-Thurgau, Riesling und Bacchus.

Seit einem Jahrzehnt schon empfehlen wir die Weine von Jürgen Hofmann. Damals war das Weingut noch völlig unbekannt, und Röttingen kannten nicht einmal Weinkenner. Das hat sich seither gründlich geändert. Jahr für Jahr überzeugen die Kollektionen, haben stetig an Klasse gewonnen. Die Rieslinge zeigen mineralische Noten, die Silvaner besitzen Fülle und Kraft, die Rotweine sind kompromisslos vinifiziert – wie man das eben erwarten kann, wenn jemand bei Paul Fürst in die Lehre gegangen ist.

Die gute Kollektion vor zwei Jahren zeigte sich unbeeindruckt vom Jahrgang, Riesling hatte knapp die Nase vorne, aber auch die Silvaner bereiteten viel Freude. Auch die letztjährige Kollektion gefiel uns gut, wobei uns mehr noch als die wie gewohnt überzeugenden Rieslinge und Silvaner die Spätburgunder beeindruckten, vor allem der erstmals erzeugte „RR" aus dem Jahrgang 2006. Auch in diesem Jahr präsentiert Jürgen Hofmann wieder eine bärenstarke Kollektion, angeführt von kraftvollen Barriquerotweinen und wunderschön reintönigen Silvanern und Rieslingen.

Weinbewertung

85 . . . 2008 Silvaner Kabinett trocken Röttinger Feuerstein
klare Frucht, feine Würze, eindringlich; füllig, harmonisch, klare reife Frucht, Substanz und Frische **5,90 €**

88 . . . 2008 Riesling* Spätlese trocken Röttinger Feuerstein**
gute Konzentration, reife Frucht, feine mineralische Noten, herrlich eindringlich; füllig, kraftvoll, reife Frucht, gute Substanz, Frische, jugendl ch **9,20 €**
2000: 88; 2001: 89; 2002: 88; 2003: 88; 2004: 88; 2005: 87; 2006: 88; 2007: 87.

86 . . . 2008 Riesling „St. Martin" Spätlese trocken Röttinger Feuerstein
viel Konzentration, viel Würze, Zitrusfrüchte; füllig und schmeichelnd, reife süße Frucht, Substanz und Frische **9,20 €**

86 . . . 2008 Silvaner Spätlese trocken Röttinger Feuerstein
gute Konzentration, viel Würze, reife klare Frucht; klar, kraftvoll, reife Frucht, gute Substanz **9,20 €**
2000: 87; 2001: 87; 2002: 87; 2003: 88; 2004: 87; 2005: 86; 2006: 86; 2007: 86.

86 . . . 2008 Silvaner Spätlese „R" Röttinger Feuerstein
konzentriert, würzig, dominant; füllig, stoffig, viel reife süße Frucht, feine Frische **10,80 €**

86 . . . 2007 „Marie Sophie" Rotwein trocken
Cabernet Franc und Merlot; rauchige Noten, etwas Paprika, gute Konzentration; klar, kraftvoll, zupackend, reife Frucht, Frische, gute Struktur **15,- €**

86 . . . 2007 Tauberschwarz „R" trocken Probstberg
rauchige Noten, reife Frucht, dezenter Toast; kraftvoll, geradlinig, reife Frucht, Tannine **17,- €**

88 . . . 2007 Tauberschwarz „R" trocken Röttinger Feuerstein
gute Konzentration, dezent rauchige Noten, rote Früchte, herrlich eindringlich; füllig, kraftvoll, reife Frucht, gute Struktur und jugendliche Tannine **17,- €**
2002: 87; 2003: 86; 2004: 87; 2005: 86; 2006: 86.

87 . . . 2007 Spätburgunder „R" trocken Röttinger Feuerstein
intensive Frucht, gute Konzentration, etwas rote Früchte, Preiselbeeren, ganz dezenter Toast; füllig, kraftvoll, geradlinig, reife Frucht, gute Struktur und jugendliche Tannine **17,- €**
2000: 87; 2001: 87; 2002: (87-88) ; 2003: 89; 2004: 87; 2005: 86; 2006: 87.

89 . . . 2006 Spätburgunder „RR" trocken Röttinger Feuerstein
gute Konzentration, klare reife Frucht, rauchige Noten, herrlich eindringlich; füllig, kraftvoll, viel reife Frucht, gute Substanz und Struktur, reintönig, jugendlich **21,- €**

---

83 2008 „FLINT blanc" Weißwein trocken **5,70 €**
83 2008 Riesling Kabinett trocken Röttinger Feuerstein **6,- €**
84 2008 „Tauberedition" Weißwein trocken **9,20 €**

H
Die besten deutschen Weinerzeuger und ihre Weine

★★★

Hofmann

Wein- und Sektgut

Rheinhessen

Obergasse 20, 55437 Appenheim
Tel. 06725-3328, Fax: 06725-1279
weingut.hofmann@t-online.de
Besuch nach Vereinbarung

Inhaber .... Carolin & Jürgen Hofmann
Rebfläche .... 11,5 Hektar

Klaus und Irene Hofmann begannen 1972 mit der Flaschenweinvermarktung. Inzwischen hat Sohn Jürgen, der nach Studium in Geisenheim in Weinbaugebieten wie Kalifornien, Südafrika, Ungarn, Rumänien und Australien gearbeitet hatte, dann als Weinmacher bei Reh-Kendermann für die Premiummarken verantwortlich war, das Weingut übernommen. Seine Weinberge liegen in Appenheim, St. Johann und Gau-Algesheim. Er baut vor allem Riesling, Silvaner und die Burgundersorten an, aber auch internationale Sorten wie Sauvignon Blanc.

Die 2006er Weißweine machten viel Freude, allen voran der Riesling Hundertgulden. Eine sehr homogene Kollektion präsentierte Jürgen Hofmann auch im vergangenen Jahr: Kraftvolle trockene Weißweine, angeführt einmal mehr vom Hundertgulden-Riesling, Schönes in edelsüß und auch der barriqueausgebaute Spätburgunder überzeugte wie gewohnt. Eine sehr stimmige Kollektion folgt nun nach, wieder mit dem Hundertgulden-Riesling an der Spitze – wenn auch nur knapp, denn der Riesling aus dem Oelberg steht ihm kaum nach.

Weinbewertung

86 . . . 2008 Weißburgunder „S" trocken
gute Konzentration, klare reife Frucht, weiße Früchte; weich, füllig, harmonisch, reife süße Frucht **9,20 €**

85 . . . 2008 Sauvignon Blanc trocken
herrlich reintönig, konzentriert, feine Frische und Würze; füllig, harmonisch, reife Frucht, gute Substanz **9,50 €**

85 . . . 2008 Chardonnay trocken
reife Frucht, klar, feine Würze, dezent Vanille; weich, harmonisch, reife Frucht, gute Substanz **9,30 €**
2004: 85; 2005: 86; 2006: 86; 2007: 86.

85 . . . 2008 Riesling „vom Muschelkalk" trocken
würzig, klar, herrlich eindringlich; füllig, harmonisch, viel reife Frucht, gute Struktur **9,50 €**

88 . . . 2008 OELBERG Riesling trocken
gute Konzentration, feine Würze, viel reife Frucht, etwas gelbe Früchte, herrlich eindringlich; füllig,

stoffig, herrlich viel Frucht und Substanz **15,80 €**
2007: 87.

89 . . . 2008 HUNDERTGULDEN Riesling trocken
viel Konzentration, faszinierend viel Frucht, etwas gelbe Früchte, dezent Zitrus; füllig, stoffig, viel reife Frucht, viel Substanz, jugendlich **16,20 €**
2005: 87; 2006: 88; 2007: 88.

85 . . . 2008 Huxelrebe Spätlese
würzig, klar, etwas Rhabarber und Aprikosen; frisch, klar, harmonisch, feine süße Frucht **7,20 €**

85 . . . 2007 Spätburgunder „S" trocken Barrique
konzentriert, rauchige Noten, dezent Toast, Gewürze; weich, füllig, harmonisch, reife Frucht **13,80 €**
2003: 84; 2004: 87; 2005: 87; 2006: 87.

86 . . . 2007 „Quadriga" Rotwein trocken Barrique
gute Konzentration, reife Frucht, etwas Vanille und Schokolade, Toast; füllig, harmonisch, viel reife Frucht, Substanz, jugendlich **13,80 €**
2003: 86; 2004: 87.

81 2008 Riesling trocken **6,80 €**
82 2008 Grüner Silvaner trocken **7,30 €**
84 2008 Grüner Silvaner „S" trocken **9,20 €**

★★

Hofmann

Weingut

Franken

Oberndorfer Straße 20, 91472 Ipsheim
Tel. 09846-727, Fax: 09846-9791717
www.wein-hofmann.de
weingut@wein-hofmann.de
Besuchszeiten: Mo.-Fr. 9-18:30 Uhr, Sa. 9-17 Uhr, So. 9-18:30 Uhr

Inhaber .... Helmut und Bernd Hofmann
Rebfläche .... 15 Hektar

Das Weingut Hofmann liegt in Ipsheim in Mittelfranken. Die Reben wachsen in den Lagen Bad Windsheimer Rosenberg (Gipskeuperboden mit Kalkstein im Untergrund), Ipsheimer Burg Hoheneck (schwere Tonböden) und Weimersheimer Roter Berg (tiefgründige Böden mit hohem Löss-Lehm-Anteil). Neben den weißen Sorten Silvaner, Müller-Thurgau, Bacchus, Riesling und Kerner bauen Helmut und Bernd Hofmann auch Spätburgunder, Dornfelder und Domina an. Die Weine werden recht kühl in Edelstahltanks vergoren und bleiben bis März auf der Feinhefe. Ausgewählte Rotweine werden im Barrique ausgebaut. Das Sortiment ist in 4 Klassen gegliedert: „L" (Liter), „J" (jung und leicht), „F" (feinfruchtig) und „S" (selektive Spitze).

Im schwierigen Jahrgang 2006 behaupteten Helmut und Bernd Hofmann die Stellung, die Weine waren kraftvoll und klar wie gewohnt. Eine gute Kollektion folgte im vergangenen Jahr nach mit kraftvollen Weinen der S-Klasse. Unser klarer Favorit war der Weißburgunder Burg Hoheneck. Die neue Kollektion präsentiert sich geschlossen auf gutem Niveau, überzeugt weiß wie rot, trocken wie süß. Der Rosenberg-Riesling „S" allerdings, seit Jahren auf sehr gutem Niveau, schien uns bei der Verkostung noch allzu schwefelgeprägt um ihn abschließend beurteilen zu können.

Weinbewertung

85 . . . 2008 Weißburgunder „S"
gute Konzentration, herrlich viel Frucht, reintönig; weich, füllig, schmeichelnd, viel süße Frucht **8,50 €**
2005: 85; 2006: 85; 2007: 85.

87 . . . 2008 Silvaner Eiswein
feiner Duft, Würze, Litschi; süß, konzentriert, eingelegte süße Aprikosen, dominant **35,- €/0,375l**

85 . . . 2007 Rotweincuvée „S" trocken
gute Konzentration, rauchige Noten, vie reife Frucht, herrlich eindringlich; füllig, harmonisch, kraftvoll, rei-

fe Frucht, gute Struktur, Tannine **10,50 €**

86 . . . 2007 Spätburgunder „S" trocken Rosenberg
Gewürze, reife Frucht, rote Früchte, herrlich eindringlich; füllig, klar, kraftvoll, feine Frucht und Biss **16,- €**
2004: 86; 2005: 86; 2006: 86.

---

82 2008 Riesling „F" trocken **5,80 €**
82 2008 Silvaner „F" trocken **5,80 €**
83 2008 Johanniter „F" trocken **5,80 €**
82 2008 Silvaner „S" trocken **8,50 €**
81+ 2008 Riesling „S" trocken Rosenberg **11,50 €**
82 2008 Spätburgunder Blanc de Noir **6,80 €**
83 2008 Kerner Spätlese **7,- €**
82 2007 Rotweincuvée „F" trocken **6,80 €**

H

Hofmann ★

Weinbau

Franken

Schulgasse 2, 97355 Wiesenbronn
Tel. 09325-6871, Fax: 09325-902672
www.weinbau-hofmann.de
info@weinbau-hofmann.de
Besuchszeiten: Mo.-Sa. 8-18 Uhr, Sonn- und Feiertage 9-11:30 + 13-18 Uhr

Inhaber .... Heinrich Hofmann
Rebfläche .... 2,5 Hektar

Seit 1750 sind die Hofmanns Weinbauern und Büttner (bis 1960) in Wiesenbronn. Michael Hofmann hat 1970 mit der Selbstvermarktung begonnen, sein Sohn Heinrich Hofmann übernahm 1993 den 20 Hektar großen Betrieb, einen Teil der Fläche nutzt er für Wein- und Obstbau. Seit 2004 kümmert sich Heinrichs Sohn Mario um den Weinbereich. Die Weinberge liegen in Wiesenbronn in den Lagen Wachhügel und Geißberg. Silvaner, Müller-Thurgau, Weißburgunder, Bacchus, Riesling und Grauburgunder werden angebaut, dazu die roten Sorten Spätburgunder, Portugieser, Blauburger, Regent und Dornfelder.

Die 2006er Weißweine waren jahrgangsbedingt ein klein wenig schwächer, der 2005er Spätburgunder gefiel uns vor zwei Jahren gut. Die letztjährige Kollektion überzeugte, allen voran der Riesling und die beiden barriqueausgebauten 2006er Weine, Pinot Noir und Pinot Gris. Deren Nachfolger aus dem Jahrgang 2007 sind nun unsere klaren Favoriten in der aktuellen Kollektion von Mario Hofmann.

Weinbewertung

85 . . . 2007 „No. 1" Pinot Gris Spätlese trocken Barrique Wiesenbronner Geißberg
konzentriert, reife Frucht, Vanille, herrlich eindringlich; weich, füllig, etwas Vanille, viel Frucht **10,- €**
2006: 85.

86 . . . 2007 „No. 1" Pinot Noir Spätlese trocken Barrique Wiesenbronner Wachhügel
rauchige Noten, dezenter Toast und Vanille, reife Frucht, rote Früchte; füllig, kraftvoll, gute Struktur, jugendliche Tannine **10,50 €**
2006: 86.

---

79 2008 „Blanc" Weißwein trocken **4,50 €**
77 2008 Silvaner Kabinett trocken Wiesenbronner Wachhügel **4,- €/1l**
78 2008 Müller-Thurgau Kabinett trocken Wiesenbronner Wachhügel **4,- €/1l**
81 2008 Riesling Kabinett trocken „A&M" Wiesenbronner Wachhügel **5,50 €**
81 2008 Silvaner Spätlese trocken Wiesenbronner Geißberg **7,- €**
83 2008 Weißburgunder Spätlese trocken Wiesenbronner Wachhügel **7,50 €**
80 2008 Grauburgunder Spätlese trocken Wiesenbronner Wachhügel **7,50 €**
82 2008 Blanc de Noir trocken Wiesenbronner Wachhügel **4,50 €**

82 2007 Blauburger trocken Wiesenbronner Wachhügel **6,50 €**

82 2008 Spätburgunder Spätlese trocken Wiesenbronner Wachhügel **7,- €**

Hofmann-Herkert ★

Weingut

Franken

Schenkenstraße 8-10, 63911 Klingenberg
Tel. 09372-3747 oder 408418, Fax: 09372-134691
www.weinbau-hofmann-herkert.de
info@weinbau-hofmann-herkert.de
Besuchszeiten: nach Vereinbarung
Heckenwirtschaft „Schenken-Weinstube"

Inhaber .... Christian Herkert
Rebfläche .... 1,6 Hektar

Hans und Christa Hofmann kauften 1985 ihren ersten Weinberg, Tochter Karin und ihr Ehemann Friedrich Herkert führten das Weingut weiter, heute leitet ihr Sohn Christian, ausgebildeter Techniker für Weinbau- und Kellerwirtschaft, den Betrieb. Die Reben wachsen in Klingenberg auf überwiegend quergezeilten Buntsandsteinterrassen. Müller-Thurgau, Bacchus und Silvaner sind die wichtigsten weißen Rebsorten, an roten Sorten baut Christian Herkert vor allem Spätburgunder und Portugieser (teilweise über 80 Jahre alte Reben) an. Die Weißweine werden, teils nach Maischestandzeiten, kühl im Edelstahl vergoren und bis Weihnachten auf der Feinhefe ausgebaut; die roten Trauben entrappt und maischevergoren (4 bis 8 Tage).

Weinbewertung

85 . . . 2006 Spätburgunder „Jugendstil"
reintönige Frucht, feine Würze; klar, frisch, elegant, feine Frucht und Biss **9,- €**

85 . . . 2006 „Creszentia" Rotwein
Regent, Dornfelder und Portugieser; rauchige Noten, gute Konzentration; klar, harmonisch, viel reife Frucht **6,10 €**

80 2008 Müller-Thurgau **4,10 €**
80 2008 Silvaner **5,10 €**
79 2006 Portugieser **5,50 €**
81 2007 Spätburgunder **6,80 €**

Hohenbeilstein ★★★

Schlossgut

Württemberg

Schlossstraße 40, 71717 Beilstein
Tel. 07062-937110, Fax: 07062-9371122
www.schlossgut-hohenbeilstein.de
info@schlossgut-hohenbeilstein.de
Besuchszeiten: Mo.-Fr. 9-12 + 14-18 Uhr, Sa. 9-14 Uhr

Inhaber .... Hartmann Dippon
Rebfläche .... 15 Hektar

Naturland-Winzer Hartmann Dippon gehört die Lage Hohenbeilsteiner Schlosswengert in Alleinbesitz. 2,5 Hektar davon sind terrassierte Steillagen. Aus Gründen der Übersichtlichkeit verzichtet er inzwischen darauf die Lage auf den Etiketten aufzuführen, mit Ausnahme der Großen Gewächse. Er baut das in Württemberg übliche Sortiment an Rebsorten an: Trollinger und Riesling an der Spitze, gefolgt von Spätburgunder, Lemberger, Samtrot und Schwarzriesling. Schon 1987 hatte Hartmann Dippons Vater Eberhard, der das Anwesen 1959 erworben hatte, mit der Umstellung auf ökologischen Weinbau begonnen. 1991 übenahm Sohn Hartmann das Gut, 1992 wurde er Mitglied bei

Naturland und seit 1994 ist das Weingut komplett auf ökologischen Weinbau umgestellt. Am Eingang zur Burg hat Hartmann Dippon einen Lehrweinpfad mit pilzresistenten Rebsorten angelegt.

2005 zählte der barriqueausgebaute Lemberger wieder zu den besten Lembergern in Deutschland. Aber auch die restliche rote Kollektion überzeugte, die Weißweine blieben jahrgangsbedingt ein wenig hinter den Vorjahren zurück. Die letztjährige Kollektion war in der Spitze etwas verhaltener, gerade die Großen Gewächse konnten nicht an frühere Jahre heranreichen. Die Kollektion insgesamt präsentierte sich geschlossen auf gutem Niveau. Auch die neue Kollektion zeigt sich geschlossen, unsere Präferenz gilt dem roten Segment, das angeführt wird von dem eigenständigen, fünf Jahre im Holz ausgebauten Jubiläumswein.

Weinbewertung

85 . . . 2006 „Robert Vollmöller" Rotwein Cuvée trocken Holzfass

Spätburgunder, Lemberger, Regent, Cabernet Carbon und Cabernet Carol; frisch, fruchtbetont, würzig; weich, füllig, viel reife Frucht **9,60 €**

2000: 86; 2002: 88; 2003: 88; 2004: 85; 2005: 86.

86 . . . 2006 Lemberger trocken Holzfass

feine rauchige Noten, klare reife Frucht, eindringlich; füllig, harmonisch, reife Frucht, Vanille, feine Frische **9,30 €**

1997: 83; 1998: 85; 1999: 86; 2000: 88; 2001: 87; 2002: 87; 2003: 88; 2005: 86.

87 . . . 2006 Spätburgunder „GG" Hohenbeilsteiner Schlosswengert

viel Duft, etwas Vanille, Weihrauch, gute Konzentration; weich, füllig, Vanille, gute Substanz **21,- €**

1998: 88; 1999: 90; 2001: 89; 2003: 89; 2004: 88; 2005: 87.

88 . . . 2003 Spätburgunder Auslese trocken „Jubiläumsedition"

fünf Jahre Fassausbau; eindringlich Gewürze, reife Frucht, dominant; füllig, stoffig, viel reife Frucht, Substanz, Struktur und Frische **26,- €**

---

82 2008 Weißburgunder Kabinett trocken **7,20 €**
82 2008 Cabernet Blanc Kabinett trocken **8,50 €**
84 2008 „Mathilde" Weißwein trocken **7,50 €**
83 2008 Riesling Spätlese trocken **8,70 €**
83 2006 Spätburgunder trocken Holzfass **8,70 €**
83 2008 Muskattrollinger **9,20 €**

★★★☆

Hohenlohe-Öhringen

Weingut Fürst

Württemberg

Wiesenkelter, 74613 Öhringen-Verrenberg
Tel. 07941-94910, Fax: 07941-9491-20
www.verrenberg.de
info@verrenberg.de
Besuchszeiten: Mo.-Fr. 8-18 Uhr, Sa. 10-14 Uhr

Inhaber . . . Fürst Kraft zu Hohenlohe-Öhringen
Betriebsleiter . . . . Siegfried Röll
Rebfläche . . . . 20 Hektar

Dem Weingut Fürst Hohenlohe-Öhringen gehört der Verrenberger Verrenberg in Alleinbesitz, wo die Reben auf Muschelkalk-Lettenkeuperböden wachsen. Gutsverwalter ist seit über dreißig Jahren Siegfried Röll. Wichtigste Rebsorte ist Riesling, der mehr als die Hälfte der Fläche einnimmt. Dazu gibt es Weißburgunder, Chardonnay und Sauvignon Blanc, Müller-Thurgau und Kerner wurden ebenso abgeschafft wie Grauburgunder. Bei den roten Sorten dominieren Lemberger und Spätburgunder, Trollinger wurde etwas reduziert, dafür mehr Merlot angelegt. Die besten Weine werden nach dem Filetstück des Verrenbergs „Butzen" genannt. 2008 errichtete man eine neue moderne Kellerei am Verrenberg. Seit September 2008 werden die Weinberge biologisch bewirtschaftet. Das Sortiment ist eingeteilt in Gutsweine, Lagenweine der Gewann „Butzen", sowie HADES-Weine und Große Gewächse, wenn es der Jahrgang erlaubt werden auch edelsüße Weine erzeugt.

Nachdem in früheren Jahren vor allem die Rotweine heraus stachen, haben in den letzten Jahren die Weißweine stark zugelegt. Vor allem die Rieslinge werden immer besser, wirken jung aber recht verschlossen und mineralisch. Die Rotweine, vor allem die Spitzenweine des Hauses – In Senio und Ex flammis orior – sind eigenwillig und kraftvoll, Weine mit Ecken und Kanten.

Besonders gut gefielen uns vor zwei Jahren die 2006er Rieslinge, im vergangenen Jahr beeindruckten uns unter den Weißweinen vor allem Sauvignon Blanc und Weißburgunder HADES aus dem Jahrgang 2002 – aber Vorsicht, dieser Weißburgunder ist ein eigenwilliger, eigenständiger Wein. Die neue Kollektion bietet durch und durch hohes Niveau. Das Große Gewächs ist enorm eindringlich und mineralisch, nicht einfach zugänglich wie auch die Rotweine, die Zeit und Luft brauchen um sich zu entfalten.

Weinbewertung

85 . . . 2008 „Vitis alba" Weißwein trocken Verrenberger Verrenberg
würzig, klar, eindringliche Frucht; frisch, fruchtbetont, zupackend **8,50 €**

86 . . . 2008 Weißburgunder trocken „Butzen" Verrenberger Verrenberg
würzig, eindringlich, klare Frucht, weiße Früchte; füllig, harmonisch, kraftvoll, viel reife Frucht und Substanz **8,90 €**

87 . . . 2008 Riesling trocken „Butzen" Verrenberger Verrenberg
gute Konzentration, viel reife Frucht, etwas gelbe Früchte, herrlich eindringlich; füllig, stoffig, viel reife Frucht, Substanz und Frische **9,- €**

89 . . . 2009 Riesling „GG" trocken Verrenberger Verrenberg
feine Würze und Frucht. mineralische Noten, herrlich eindringlich und dominant, ganz dezent Grapefruit im Hintergrund; füllig, stoffig, kraftvoll, viel Substanz, viel Biss, jugendlich **16,- €**
2000: 87; 2001: 87; 2002: 89; 2003: 89; 2004: 89; 2005: 88; 2006: 89.

88 . . . 2008 Weißburgunder Chardonnay trocken HADES Verrenberger Verrenberg
viel reife Frucht, gelbe Früchte, Vanille, herrlich eindringlich; füllig, kraftvoll, viel reife Frucht und Substanz, Vanille, Länge **19,50 €**

89 . . . 2008 Riesling Eiswein Verrenberger Verrenberg
viel Konzentration, herrlich eindringlich, eingelegte süße Aprikosen, Litschi, dominant; süß, konzentriert, dick, dominant, feine Länge **60,- €**

89 . . . 2006 Lemberger trocken HADES Verrenberger Verrenberg
anfangs viel Duft, viel reife Frucht, herrlich eindringlich und dominant, rote Früchte; füllig, kraftvoll, viel reife Frucht und Substanz, jugendliche Tannine und gute Struktur **19,50 €**
2004: 84; 2005: 85.

87 . . . 2006 Cabernet Franc trocken HADES Verrenberger Verrenberg
Gewürznoten, reife Frucht, reintönig; füllig, kraftvoll, reife Frucht, Schokolade, Tannine **20,50 €**

87 . . . 2006 Merlot trocken HADES Verrenberger Verrenberg
würzig, eindringlich, gute Konzentration und reife Frucht; füllig, harmonisch, gute Substanz und Struktur **19,50 €**

87 . . . 2006 „Ex flammis orior" Rotwein trocken HADES Verrenberger Verrenberg
konzentriert, eindringlich, etwas rote Früchte, Kräuter; kraftvoll, geradlinig, gute Struktur, jugendliche Tannine und Biss
1996: 85; 1998: 85; 1999: 86; 2000: 87; 2001: 87; 2002:

87; 2004: 86; 2005: 87.

87 . . . 2006 „In Senio" Rotwein trocken HADES Verrenberger Verrenberg

viel reife Frucht, gute Konzentration, etwas Schokolade, dunkle Beeren; füllig, stoffig, viel reife Frucht, Substanz, jugendliche Tannine

1996: 88; 1998: 86; 1999: 89; 2000: 88; 2001: 86; 2002: 88; 2004: 87; 2005: 88.

Hohenloher ★

Weinkontor

Württemberg

Keltergasse 5, 74676 Niedernhall
Tel. 07940-8427, Fax: 07940-57356
www.hohenloher-weinkontor
info@hohenloher-weinkontor.de
Besuchszeiten: Mo.-Fr. 8-12 + 13-18 Uhr, Sa. 8:30-13 Uhr oder nach Vereinbarung

Geschäftsführender Vorstand ... Torsten Kuhne
Kellermeister .... Robert Seltmann
Rebfläche .... 5 Hektar

Bereits vor der Fusion der Weingärtnergenossenschaften Niedernhall und Jagsttal zur Kochertalkellerei wurden 5 Hektar Weinberge ausgewählt, die besonders intensiv bewirtschaftet und deren Weine unter dem Namen Hohenloher Weinkontor vermarktet werden. Man konzentriert sich auf den mageren Muschelkalkböden vor allem auf die Burgundersorten, ergänzt um Lemberger, Riesling und Silvaner. Die Weine tragen keine Prädikatsbezeichnungen und werden intern mit 1 bis 3 Federn klassifiziert.

Weinbewertung

85 . . . 2008 Silvaner trocken „Zwei Federn"

gute Konzentration, reintönige reife Frucht, eindringlich; füllig, harmonisch, reife süße Frucht **7,90 €**

79 2008 Silvaner trocken „Eine Feder" **5,20 €**
83 2008 Grauburgunder trocken „Zwei Federn" **8,90 €**
80 2008 Spätburgunder Rosé trocken „Eine Feder" **4,90 €**
84 2008 Schwarzriesling trocken „Eine Feder" **6,90 €**
83 2008 Lemberger trocken „Eine Feder" **6,90 €**

Hollerith ★☆

Weingut

Pfalz

Gartenstraße 17, 67487 Maikammer
Tel. 06323-6168, Fax: 06323-6362
www.weingut-hollerith.de
info@weingut-hollerith.de
Besuchszeiten: nach Vereinbarung

Inhaber .... Peter Hollerith
Rebfläche .... 9,5 Hektar

Hugo Hollerith, der Vater des heutigen Besitzers Peter Hollerith, kaufte Weinberge, baute den Hof und betrieb eine Rebschule. Peter Hollerith begann dann 1981 mit der Selbstvermarktung. Inzwischen ist sein Sohn Florian in den Betrieb eingestiegen. Bei den weißen Sorten dominiert der Riesling. Hinzu kommen vor allem die Burgundersorten, aber auch Müller-Thurgau, Kerner, Scheurebe und Gewürztraminer. Etwa die Hälfte der Rebfläche ist mit roten Sorten bestockt. Neben Spätburgunder, Dornfelder und Portugieser hat das Weingut auch Cabernet Sauvignon und Merlot im Anbau. Bereits seit Ende der achtziger Jahre baut Peter Hollerith Weine im Barrique aus.

Vor zwei Jahren überzeugten die Rotweine wie gewohnt, sie waren eigenwillig, besaßen Kraft und Struktur. Die Weißweine reichten da nicht heran, und dies galt auch für die letztjährige Kollektion. Die Rotweine aber hatten weiter zugelegt, vor allem der Spätburgunder und die „No Limit" genannte Cuvée. No Limit gab es nun in diesem Jahr nicht zu verkosten, der 2006er Spätburgunder aber ist so prächtig wie sein Vorgänger, der Merlot aus dem Jahrgang 2007 steht ihm kaum nach. Im etwas verhalteneren weißen Segment hat uns der Sauvignon Blanc besonders gut gefallen.

Weinbewertung

85 . . . 2008 Sauvignon Blanc Spätlese trocken
gute Konzentration, feine Würze und Frucht; weich, füllig, zupackend, klare reife Frucht **9,50 €**

88 . . . 2006 Pinot Noir trocken Barrique Maikammer Heiligenberg
gute Konzentration, rauchige Noten, herrlich eindringliche Frucht; füllig, kraftvoll, viel reife Frucht und Substanz, gute Struktur **24,- €**
2000: 83; 2001: 86; 2002: 86; 2003: 86; 2004: 87; 2005: 88.

87 . . . 2007 Merlot trocken Barrique
frisch, würzig, fruchtbetont, reintönig; füllig, kraftvoll, reintönige Frucht, gute Struktur **24,- €**
2001: 86; 2003: 88; 2005: 86.

81 2008 Weißburgunder trocken **5,- €**
79 2008 Riesling Kabinett trocken **5,80 €**
82 2008 Chardonnay Kabinett trocken Maikammer Heiligenberg **5,- €**
83 2008 Chardonnay Spätlese trocken St. Martiner Baron **7,50 €**
84 2008 Riesling Spätlese trocken Maikammer Heiligenberg **9,50 €**
78 2008 Riesling **4,80 €**
80 2008 Grauburgunder **5,- €**
81 2008 Spätburgunder Rosé trocken **5,20 €**
82 2008 Spätburgunder trocken **5,80 €**

★★☆

Holub

Weingut

Baden

Weinstraße 4, 79336 Herbolzheim
Tel. 07643-9141412, Fax: 07643-9141414
www.weingut-holub.com
info@weingut-holub.com
Besuchszeiten: Mo.-Do. 9-17 Uhr, Fr. 9-12 Uhr und nach Vereinbarung

Inhaber .... Horst Holub
Rebfläche .... 1,4 Hektar

Es begann mit 7 Ar Spätburgunder, die Horst Holub 1999 zu seinem 50. Geburtstag zum Geschenk erhielt. Ein Barrique ergab die erste Ernte. Jedes Jahr kamen dann einige Parzellen hinzu, so dass heute bereits mehr als 1 Hektar Weinberge Horst Holub gehören, Spätburgunder und Grauburgunder vor allem, aber auch ein klein wenig Weißburgunder. Die Weinberge befinden sich in den Lagen Malterdinger Bienenberg, Nordweiler Herrenberg, Herbolzheimer Kaiserberg und Amolterer Steinhalde und sind größtenteils mit 25 bis 40 Jahre alten Reben bepflanzt. Die Spätburgunder werden nach der Maischegärung (2 bis 3 Wochen) etwa achtzehn Monate in neuen Barriques aus französischer Eiche ausgebaut und dann unfiltriert abgefüllt. Die Weißburgunder werden teils im Edelstahl, teils in einjährigen französischen Barriques, die Grauburgunder ganz in neuen und einjährigen Barriques ausgebaut.

Vor zwei Jahren wurde die starke Kollektion angeführt vom Spätburgunder „SH". Die letztjährige Kollektion war sehr gleichmäßig, weiß wie rot, bot kraftvolle Weine mit Substanz und Struktur. Dies charakterisiert auch die 2008er Weine von

Horst Holub. Sie sind kraftvoll und – teils unmittelbar nach der Abfüllung verkostet – verschlossen, der Spätburgunder „SH" führt einmal mehr eine überzeugende Kollektion an.

Weinbewertung

86 ... 2008 Grauburgunder Spätlese
gute Konzentration, klare reife Frucht, gelbe Früchte, herrlich eindringlich; füllig, kraftvoll, reife Frucht, gute Struktur und Frische **8,80 €**

86 ... 2008 Weißburgunder Spätlese Malterdinger Bienenberg
gute Konzentration, klare reife Frucht, etwas weiße Früchte, zurückhaltend; füllig, harmonisch, kraftvoll, reife Frucht und gute Substanz **9,80 €**

85 ... 2008 Weißburgunder Spätlese Amolterer Steinhalde
gute Konzentration, feine Würze und Frucht, eindringlich, jugendlich; füllig, kraftvoll, reife Frucht, gute Substanz **9,80 €**
2005: 86; 2006: 85; 2007: 87.

87 ... 2008 Grauburgunder Spätlese Malterdinger Bienenberg
gute Konzentration, klare reife Frucht, etwas gelbe Früchte; füllig, kraftvoll, reife Frucht, viel Substanz, jugendliche Bitternote **9,80 €**
2004: 86; 2005: 87; 2006: 84; 2007: 86.

87 ... 2008 Grauburgunder Spätlese Amolterer Steinhalde
gute Konzentration, viel reife Frucht, herrlich eindringlich; füllig, stoffig, reife Frucht und gute Substanz **9,80 €**
2004: 86; 2005: 84; 2006: 85.

87 ... 2007 Spätburgunder
rauchige Noten, feine Würze, klare reife Frucht, dezent Wildbrett im Hintergrund, jugendlich; kraftvoll, klar, zupackend, reife Frucht, gute Struktur **14,50 €**
2003: 87; 2004: 86; 2005: 87; 2006: 86.

89 ... 2007 Spätburgunder „SH"
gute Konzentration, feine Würze, mineralische Noten, ganz dezent Wildbrett im Hintergrund, herrlich eindringlich; füllig, kraftvoll, reife Frucht, gute Struktur, Frische und Biss **24,- €**
2003: 91; 2004: 87; 2005: 89; 2006: 87.

84 2008 Spätburgunder Rosé **8,80 €**

★★

Ludwig Honold
Weingut

Baden

Am Hummelberg 1, 76684 Östringen
Tel. 07253-278627, Fax: 07253-278628
www.weingut-honold.de
info@weingut-honold.de
Besuchszeiten: Mo.-Fr. 8-12 + 13-18 Uhr, Sa. 8-12 Uhr

Inhaber .... Ludwig Honold
Rebfläche .... 12 Hektar

Das Weingut wurde 1938 von Ludwig Honold gegründet und dann von seinem Sohn Theo auf die heutige Größe erweitert. Seit 1985 führt Ludwig Honold, der Enkel des Gründers, das Gut. Seit 1999 ist das Weingut auf den 234 Meter hoch gelegenen Hummelberg oberhalb von Östringen ausgesiedelt. Ludwig Honolds Weinberge liegen in Östringen, Malsch und Tiefenbach. 60 Prozent der Rebfläche nehmen weiße Sorten ein: Müller-Thurgau, Riesling, Grauburgunder, Weißburgunder, Sauvignon Blanc, Auxerrois und Chardonnay. An roten Sorten gibt es Portugieser, Spätburgunder, Lemberger, Trollinger und Dornfelder. Zuletzt hat er pilzresistente Sorten gepflanzt: 2003 Cabernet Cortis und Cabernet Carbon, 2006 Muscaris und 2008 Cabernet Blanc. Die Weißweine werden kalt vergoren und lange auf der Hefe ausgebaut. Die Rotweine werden maischevergoren und dann in kleinen Holzfässern ausgebaut.

Vor zwei Jahren überzeugte die Kollektion, wieder einmal hatten uns die Rotweine ein wenig besser gefallen als die Weißen. Die letztjährige Kollektion zeigte sich wunderschön gleichmäßig auf gutem Niveau. Die Weißweine waren sehr klar und fruchtbetont, dafür blieben die Rotweine im problematischen Jahrgang 2006 ein wenig hinter ihren Vorgängern zurück. Ganz stark ist auch die aktuelle Kollektion, präsentiert sich geschlossen auf hohem Niveau. Im weißen Segment gefällt uns, wie schon im Vorjahr, der Sauvignon Blanc besonders gut, die rote Riege wird angeführt von einem eindrucksvollen Spätburgunder. Im Auge behalten!

Weinbewertung

86 . . . 2008 Sauvignon Blanc Kabinett trocken Östringer Rosenkranzweg
gute Konzentration, reife Frucht, viel Würze, florale Noten; Fülle, Kraft, Substanz und reife Frucht **6,90 €**

85 . . . 2008 Grauburgunder Spätlese trocken Östringer Hummelberg
feine Würze, klare reife Frucht, etwas gelbe Früchte; weich, füllig, harmonisch, reife süße Frucht **6,90 €**

85 . . . 2007 „Anthelu" Rotwein trocken
Portugieser, Dornfelder, Lemberger uns Spätburgunder; reife Frucht, rote Früchte, eindringlich; füllig, harmonisch, kraftvoll, reife Frucht, gute Substanz **5,10 €**

88 . . . 2007 Spätburgunder Spätlese Barrique Östringer Hummelberg
fünfzehn Monate Barriqueausbau; viel Konzentration, herrlich viel Frucht, reintönig, rauchige Noten; füllig, kraftvoll, reife Frucht, gute Struktur und Substanz, jugendlich **12,- €**

84 2007 Riesling Sekt brut **8,30 €**
82 2008 Weißburgunder Kabinett trocken **5,10 €**
84 2008 Chardonnay Kabinett trocken Östringer Hummelberg **5,90 €**
81 2008 Riesling Classic **5,10 €**
83 2008 Ruländer Spätlese Malscher Ölbaum **8,- €**
84 2007 Lemberger trocken Östringer Hummelberg **5,70 €**
83 2007 Spätburgunder Kabinett trocken **6,90 €**
83 2007 Cabernet Cortis / Cabernet Carbon trocken **8,- €**

★☆

Horcher

Weingut

Pfalz

Freinsheimer Straße 86a, 67169 Kallstadt
Tel. 06322-941520, Fax: 06322-941521
www.weingut-horcher.de
w.gruen@weingut-horcher.de
Besuchszeiten: jederzeit nach Vereinbarung

Inhaber .... Herbert Beltle
Betriebsleiter .... Wolfgang Grün
Rebfläche .... 4,7 Hektar

Herbert Beltle, Gastronom in Berlin, erwarb 2005 ein Weingut in der Pfalz. Seine Weinberge liegen alle in Kallstadt in den Lagen Kreidkeller, Steinacker, Kobnert und Saumagen. In den nächsten Jahren möchte er die Rebfläche erweitern. Betriebsleiter ist der gebürtige Heidelberger Wolfgang Grün, der nach Studium und Praktika in verschiedenen Ländern beim Weingut Fürst arbeitete.

Beim guten Debüt im vergangenen Jahr hatten uns Spätburgunder Renomée, aber auch Rieslinge und Sauvignon Blanc besonders gut gefallen. Die vorgestellten 2008er Weißweine reichen nicht ganz an das Vorjahr heran, die Rotweine des Jahrgangs 2007 aber überzeugen mit Kraft und Struktur.

Weinbewertung

87 . . . 2007 Chardonnay Trockenbeerenauslese

feiner Duft, etwas Gewürze; dominant, dick, enorm süß und konzentriert **45,- €**

86 ... 2007 Spätburgunder (Lila)
rauchige Noten, herrlich reintönige Frucht; klar, harmonisch, elegant, feine Frucht, Biss, Länge **15,- €**

86 ... 2007 Merlot (Lila)
würzig, klar, rote Früchte; klar, harmonisch, reife Frucht, dezent Vanille, gute Struktur **15,- €**

86 ... 2007 Cabernet Sauvignon (Lila)
dezent Cassis, rote Früchte, feine Würze; klar, harmonisch, reife Frucht, Struktur, dezent Vanille **15,- €**

---

83 2007 „HB" Sekt Blanc de Noirs brut **11,50 €**
81 2008 Cuvée Horcher Weiß trocken **5,50 €/1l**
83 2008 Sauvignon Blanc trocken (Bronze) **10,- €**
82 2008 Riesling trocken (Bronze) **8,- €**
80 2008 Riesling „feinherb" (Bronze) **8,- €**
82 2008 „Ideal" (Bronze) **8,- €**
81 2008 Rosé (Bronze) **8,- €**

★

Alfons Hormuth
Weingut

Pfalz

Edenkobener Straße 11, 67487 St. Martin
Tel. 06323-5309, Fax: 06323-3238
www.weingut-hormuth.de
weingut-hormuth@sankt-martin.de
Besuchszeiten: nach Vereinbarung

Inhaber .... Andreas Hormuth
Rebfläche .... 8,5 Hektar

Andreas Hormuth hat das Weingut 1989 von seinem Vater Alfons übernommen. Seine Weinberge befinden sich in St. Martin, aber auch in Alsterweiler, Edenkoben und Edesheim. 40 Prozent der Fläche nehmen rote Sorten ein, wobei zu Portugieser, Dornfelder und Spätburgunder zuletzt Frühburgunder und Cabernet Mitos hinzugekommen sind. Die wichtigsten weißen Sorten sind Riesling, Gewürztraminer, Weißburgunder und Grauburgunder, dazu gibt es Silvaner, Kerner und Müller-Thurgau, sowie als Spezialitäten Huxelrebe und seit dem Jahrgang 2003 Muskateller. Die Weine werden meist im Edelstahl ausgebaut, die Spitzenrotweine im Holz. Die besten Weine des Jahrgangs werden in der Serie „Expression" vermarktet.

Die 2006er Kollektion war sehr gleichmäßig und eine gleichmäßige Kollektion folgte auch im vergangenen Jahr nach, aus der die Kerner Trockenbeerenauslese herausragte. Homogen präsentiert sich auch die neue Kollektion, an der Spitze mit Silvaner und Huxelrebe zwei Weine im Schnäppchenformat.

Weinbewertung

85 ... 2008 Silvaner trocken „Expression"
konzentriert, reife Frucht, gelbe Früchte, eindringlich; weich, füllig, harmonisch, süße Frucht **4,70 €**

85 ... 2008 Huxelrebe Spätlese St. Martiner Baron
klar, konzentriert, reintönig, etwas Rhabarber; füllig, harmonisch, reife süße Frucht, feine Frische **4,70 €**

---

80 2008 Riesling trocken St. Martiner Schloss Ludwigshöhe **3,40 €/1l**
84 2008 Riesling trocken „Expression" **4,70 €**
83 2008 Weißburgunder trocken „Expression" **4,70 €**
82 2008 Grauburgunder trocken „Expression" 5,- €
80 2008 Spätburgunder Blanc de Noir trocken „Expression" **5,30 €**
81 2008 Riesling „Expression" **4,50 €**
78 2008 Portugieser Weißherbst **3,30 €/1l**
78 2007 Dornfelder trocken St. Martiner Baron **3,40 €**
83 2006 Frühburgunder trocken Barrique St. Martiner Baron **13,70 €**
80 2004 Cabernet Mitos trocken Barrique St. Martiner Baron **13,70 €**

★★★★★

Bernhard **Huber**

Weingut

Baden

Heimbacher Weg 19, 79564 Malterdingen
Tel. 07644-1200, Fax: 07644-8222
www.weingut-huber.com
info@weingut-huber.com
Besuchszeiten: Mo.-Fr. 14-18 Uhr, Sa. 10-12 Uhr

Inhaber .... Bernhard Huber
Rebfläche .... 25 Hektar

Erst 1987 begann Bernhard Huber mit der Selbstvermarktung. Seine Weinberge befinden sich in Malterdingen, Hecklingen und Bombach, dazu bezieht er Trauben aus Köndringen. Im Hecklinger Schlossberg hat er einen Weinberg mit 13.000 Reben je Hektar bestockt. Spezialität von Bernhard Huber ist der Spätburgunder, der knapp zwei Drittel seiner Rebfläche einnimmt. Dazu kommen insbesondere Chardonnay und Weißburgunder, aber auch Grauburgunder, Freisamer, Riesling, Auxerrois, Muskateller und Müller-Thurgau. In den letzten Jahren pflanzte Bernhard Huber auch ein wenig Cabernet Sauvignon und Merlot.

Vor allem mit seinen Spätburgundern fand Bernhard Huber in den vergangenen Jahren bundesweit Beachtung. Der „Alte Reben" und der „Reserve" gehören immer wieder zu den besten Spätburgundern in Baden. Vertikalproben bewiesen eindrucksvoll das hervorragende Alterungspotenzial der Huber-Weine; in diesem Jahr nun hatten wir die Gelegenheit den 90er „Reserve" zu kosten (und zu trinken!) – ein grandioser Wein. Den bisherigen „Reserve" gibt es seit dem Jahrgang 2004 in 4 „R"-Varianten – Bienenberg, Sommerhalde, Schlossberg und Wildenstein (eine besondere Parzelle des Bienenbergs). Das tolle an diesen vier Spätburgundern: Jeder Wein schmeckte klar anders, jeder faszinierte auf seine Art. Deshalb war für uns klar: Unser Weingut des Jahres für die beste Rotweinkollektion 2004! Die 2005er waren ähnlich stark – aber man muss warten können. Bernhard Huber füllt spät und so sind die Weine Ende September und Anfang Oktober, wenn wir die letzten Verkostungen durchführen, erst wenige Zeit auf der Flasche. Sie brauchen Luft – dann kommen sie, ganz gewaltig. Der im vergangenen Jahr nochmals verkostete 2005er Wildenstein bewies es, er hatte weiter zugelegt. Auch 2006 waren die Spätburgunder von Bernhard Huber wieder sehr verschlossen – aber große Klasse! Einmal mehr begeisterte uns der Wildenstein am meisten, ein faszinierend mineralischer und nachhaltiger Spätburgunder. 2007 sind Wildenstein und Bienenberg enorm mineralisch und verschlossen, während Sommerhalde und der grandiose Schlossberg sich ein klein wenig freundlicher zeigen – allesamt sind es hervorragende Spätburgunder.

Die größte Überraschung aber erlebten wir in diesem Jahr im weißen Teil der Kollektion. Zwar weisen wir schon seit Jahren darauf hin, dass man über die beeindruckenden Spätburgunder nicht die kraftvollen, stoffigen Weißweine vergessen sollte, denn schon in den letzten Jahren waren Weißburgunder, Grauburgunder und Chardonnay immer wieder hervorragend. So stark wie nun der 2007er Chardonnay aus dem Schlossberg hat uns allerdings noch nie ein Huber-Weißwein beeindruckt.

Dazu zwei wunderschöne Sekte – man wird bei Bernhard Huber rundum glücklich: Grandiose Kollektion!

Weinbewertung

88 . . . 2005 Pinot Sekt brut
frisch, fruchtbetont, feine rauchige Noten, wunderschön klar; harmonisch, elegant, feine Frucht, gute Struktur, Frische, Länge **16,- €**

88 . . . 2005 Pinot Rosé Sekt brut
frisch, würzig, recht konzentriert, fruchtbetont; kraftvoll, klar, gute Substanz und Struktur, recht nachhaltig **16,- €**

87 . . . 2008 Auxerrois Kabinett trocken Malterdinger Bienenberg
frisch, fruchtbetont, herrlich reintönig, ganz dezent Zitrus im Hintergrund; füllig, harmonisch, viel reife Frucht, Substanz und Frische **10,50 €**

86 . . . 2008 Muskateller Kabinett trocken Malterdinger Bienenberg
würzig, fruchtbetont, reintönig, feine Muskatnote; klar, frisch, elegant, feine Frucht und Biss **10,50 €**

90 . . . 2007 Chardonnay trocken
viel reife Frucht, weiße und gelbe Früchte, gute Konzentration, herrlich eindringlich; weich, füllig, harmonisch, viel reife Frucht, dezent Vanille **22,- €**
2004: 89; 2005: 88; 2006: 87.

93 . . . 2007 Chardonnay trocken Hecklinger Schlossberg
viel Konzentration, feiner Toast, würzig, ganz dezent Haselnüsse im Hintergrund; füllig, stoffig, viel reife Frucht, Substanz und Kraft, enorm komplex, lang und nachhaltig **42,- €**
2005: 88; 2006: 88.

88 . . . 2007 „Malterer" trocken
Weißburgunder und Freisamer; gute Konzentration, herrlich viel Frucht, Vanille, etwas gelbe Früchte; weich, füllig und schmeichelnd, viel reife Frucht, Substanz, Vanille, Frische **22,- €**
2004: 85; 2005: 86; 2006: 87.

85 . . . 2007 Spätburgunder trocken „junge Reben"
feine Würze, klare Frucht, jugendlich, rote Früchte; klar, fruchtbetont, zupackend, feine Frucht und Biss **9,80 €**

87 . . . 2007 Spätburgunder trocken Malterdinger
fruchtbetont, intensiv, herrlich reintönig; klar, frisch, zupackend, feine Frucht und Biss **14,80 €**
1998: 85; 1999: 84; 2000: 85; 2001: 86; 2002: 85; 2003: 88; 2004: 88; 2005: 86; 2006: 86.

90 . . . 2007 Spätburgunder trocken „Alte Reben"
herrlich reintönig, fruchtbetont, gute Konzentration, faszinierend viel Frucht, etwas rote Früchte; füllig, kraftvoll, viel reife Frucht, gute Struktur und Substanz, Länge **25,- €**
1994: 88; 1997: 89; 1998: 86; 1999: 88; 2000: (87+); 2001: 89; 2002: 87+; 2003: 89; 2004: 89; 2005: 89; 2006: 88.

94 . . . 1990 Spätburgunder trocken „Reserve"
faszinierend viel Frucht, herrlich reintönig, eindringlich, gute Konzentration; wunderschön reintönig, herrlich viel Frucht, Finesse und Substanz, wunderschön lang und nachhaltig (kein aktueller Jahrgang)

90 . . . 2007 Spätburgunder trocken „R" Malterdinger Bienenberg
viel Konzentration, viel reife Frucht, dezenter Toast, dann mineralische Noten, eindringlich und dominant; kraftvoll, füllig, reintönige Frucht, gute Struktur, feine Frische, jugendlich, Potenzial **37,- €**
2004: 90; 2005: 91; 2006: 91.

91 . . . 2007 Spätburgunder „R" trocken Bombacher Sommerhalde
viel Konzentration, reife Frucht, etwas Schokolade, herrlich eindringlich; füllig, harmonisch, viel reife Frucht, Substanz, etwas Schokolade, feine Frische und Nachhall **37,- €**
2003 (1. Jg.): 91; 2004: 92; 2005: 91; 2006: 91.

93 . . . 2007 Spätburgunder „R" trocken Hecklinger Schlossberg
würzig, konzentriert, viel reife Frucht, reintönig, dezent Schokolade, herrlich eindringlich; füllig, stoffig, jugendlich, viel Substanz und Frucht, Frische und Nachhall **48,- €**
2004 (1. Jg.): 94; 2005: 91; 2006: 90.

93 . . . 2007 Spätburgunder „R" trocken Wildenstein
gute Konzentration, faszinierend viel Frucht, reintönig, of, Pinot!, feine Frische; klar, harmonisch, elegant, faszinierend viel Frucht, feine Frische, wunderschön reintönig, gute Struktur, Länge, feine Tannine, jugendlich, viel Potenzial (auf Anfrage)
2004 (1. Jg.): 94; 2005: 95; 2006: 93.

Huck-Wagner ★

Weingut

Baden

Engetalstraße 31, 79588 Efringen-Kirchen
Tel. 07628-1462, Fax: 07628-800319
huck-wagner@gmx.de
Besuchszeiten: täglich 8-19 Uhr
Weinproben (bis 50 Personen)

Inhaber .... Familie Huck-Wagner
Rebfläche .... 10 Hektar

Efringen-Kirchen, die Heimat des Weingutes Huck-Wagner, liegt am Fuße des Ölbergs. Dort befindet sich auch der größte Teil der Weinberge, die Reben wachsen auf Jura-Kalk-Formationen. Dazu gibt es Parzellen in den Lagen Binzener Sonnhole und Blansinger Wolfer. Wichtigste Rebsorten sind Gutedel, Müller-Thurgau und Spätburgunder. Dazu gibt es Silvaner, Muskateller, Grauburgunder, Riesling, Chardonnay, Weißburgunder und Gewürztraminer, sowie Regent und Merlot. Die Weine werden überwiegend trocken ausgebaut. Das Weingut wird in dritter Generation von Christine Huck-Wagner und Ehemann Roland Wagner geführt.

Die frischen, sauberen 2006er waren etwas verhalten. Sehr homogen präsentierte sich die letztjährige Kollektion mit reintönigen Weißweinen. Auch 2008 überzeugt, die Weine besitzen Frische und Frucht, allen voran der zupackende Muskateller, der barriqueausgebaute Spätburgunder aus dem Jahrgang 2007 ist gekonnt vinifiziert.

Weinbewertung

86 ... 2008 Muskateller trocken Blansinger Wolfer
frisch, fruchtbetont, herrlich reintönig; harmonisch, wunderschön reintönige Frucht, feiner Biss **6,40 €**

85 ... 2007 Spätburgunder trocken Barrique Efringer Ölberg
Gewürznoten, reife Frucht; füllig, stoffig, reife Frucht, Substanz und Kraft **8,80 €**

82 2008 Silvaner Kabinett trocken Efringer Ölberg **4,60 €**
82 2008 Weißburgunder Kabinett trocken Binzener Sonnhohle **5,50 €**
83 2008 Gutedel Kabinett trocken Efringer Ölberg **4,60 €**
84 2008 Grauburgunder Kabinett trocken Efringer Ölberg **6,80 €**
84 2008 Chardonnay Spätlese trocken Efringer Ölberg **7,20 €**
84 2008 Gewürztraminer Spätlese Efringer Ölberg **7,20 €**
82 2007 Spätburgunder Spätlese trocken Efringer Ölberg **8,80 €**

Fritz Ekkehard Huff ★

Weingut

Rheinhessen

Hauptstraße 90, 55283 Nierstein
Tel. 06133-58003, Fax: 06133-58617
www.weinguthuff.de
info@weinguthuff.de
Besuchszeiten: nach Vereinbarung

Inhaber .... Fritz Ekkehard Huff
Rebfläche .... 6 Hektar

Dieser Familienbetrieb im Niersteiner Ortsteil Schwabsburg wird heute in dritter Generation als Flaschenweinbetrieb von Fritz Ekkehard Huff geführt. Die Weinberge liegen in Nierstein und Schwabsburg. Riesling und Weißburgunder sind die wichtigsten Rebsorten, rote Sorten nehmen inzwischen 30 Prozent der Fläche ein.

Die 2006er Kollektion gefiel uns gut, vor allem die trockenen weißen Burgunder hatten stark zugelegt. Interessanterweise kamen die 2007er Weine bei Fritz Ekkehard Huff nicht an ihre Vorgänger heran, waren etwas verhaltener, boten aber gleichmäßige, zuverlässige Qualität. Eine vergleichbare, homogene Kollektion folgt in diesem Jahr nach, allerdings würden wir uns mehr Weine vom Format des „Rabenturm"-Rieslings wünschen.

Weinbewertung

85 . . . 2008 „Rabenturm" Riesling trocken Niersteiner Schloss Schwabsburg

gute Konzentration, reife Frucht, herrlich eindringlich; füllig, harmonisch, reife Frucht, viel Substanz **12,- €**

77 2008 Riesling trocken **3,80 €/1l**

77 2008 Sylvaner trocken **4,50 €**

80 2008 Grauburgunder trocken Paterberg **7,- €**

82 2008 Riesling trocken Schloss Schwabsburg **7,50 €**

78 2008 Riesling trocken „vom Rotliegenden" **7,50 €**

79* 2007 Riesling Spätlese trocken Schloss Schwabsburg **6,- €**

78 2008 Scheurebe „feinherb" **4,80 €**

80 2008 Riesling Spätlese lieblich **5,- €**

76 2008 Spätburgunder Weißherbst trocken **4,50 €**

82 2007 Spätburgunder trocken **6,- €**

79 2007 Spätburgunder trocken Niersteiner Kirchplatte **6,- €**

★★

Georg Gustav Huff

Weingut

Rheinhessen

Woogstraße 1, 55283 Nierstein

Tel. 06133-50514, Fax: 06133-61395

www.weingut-huff.com

info@weingut-huff.com

Besuchszeiten: Sa. 9-17 Uhr, So. 10-12 Uhr und nach Vereinbarung

Inhaber .... Dieter Huff

Rebfläche .... 17 Hektar

Seit 300 Jahren baut die Familie Wein in Nierstein an. Dieter Huff hat das Weingut 1989 übernommen. Riesling nimmt etwa ein Viertel seiner Rebfläche ein. Es folgen Spätburgunder, Dornfelder, Müller-Thurgau, Portugieser, Chardonnay, Grauburgunder und Weißburgunder.

Die 2006er waren jahrgangsbedingt etwas schwächer, trotzdem gefiel die Kollektion, bot zudem zwei wunderschöne Rotweine aus dem Jahrgang 2005. Auch 2007 hatte Dieter Huff wieder einige bemerkenswerte Rieslinge im Programm, edelsüß, vor allem aber trocken, wobei der Wein von alten Reben aus dem Hipping besonders gefiel. Der ist auch in diesem Jahr unser Favorit in der neuen, ansonsten etwas verhaltenen Kollektion.

Weinbewertung

85 . . . 2008 Riesling trocken „Alte Reben" Niersteiner Hipping

würzig, eindringlich, reife Frucht; füllig, kraftvoll, Substanz und Biss **13,- €**

83 2008 Riesling* trocken Niersteiner Pettenthal **9,- €**

81 2008 Riesling* trocken Schloss Schwabsburg **10,- €**

78 2008 Riesling Spätlese trocken Niersteiner Hipping **5,20 €**
77 2008 Grauburgunder trocken **5,20 €**
79 2008 Sauvignon Blanc **5,90 €**
78 2008 Weißburgunder* trocken **8,20 €**
82 2008 Chardonnay* trocken Niersteiner Hipping **8,20 €**
84 2008 Riesling Auslese Schloss Schwabsburg **8,70 €**
82 2007 Frühburgunder* **9,- €**
83 2007 Spätburgunder* „Alte Reben" **15,- €**

★

Huff-Doll

Weingut

Rheinhessen

Weedstraße 6, 55457 Horrweiler
Tel. 06727-343, Fax: 06727-5366
www.huff-doll.de
weingut@huff-doll.de
Besuchszeiten: täglich nach Vereinbarung

Inhaber .... Ulrich Doll
Rebfläche .... 8,2 Hektar

Seit 1848 bewirtschaftet die Familie Weinberge rund um Horrweiler, wo die Reben auf schweren, kalkhaltigen Böden wachsen. Gudrun und Ernst Doll haben 1960 das Gut übernommen und stellten von einem landwirtschaftlichen Mischbetrieb auf Weinbau und Flaschenweinvermarktung um. 2002 ist ihr Sohn Ulrich in den Betrieb eingestiegen, den er inzwischen übernommen hat. Grauburgunder, Riesling und Weißburgunder sind die wichtigsten Rebsorten, dazu gibt es Silvaner, Müller-Thurgau und Chardonnay. Rote Rebsorten nehmen ein Viertel der Rebfläche ein: Dornfelder, Spätburgunder, St. Laurent und Portugieser.

Die 2006er blieben hinter den Vorjahren zurück, 2007 gefiel wieder besser, vor allem der Riesling aus dem Gewürzgärtchen. Dessen Nachfolger aus dem Jahrgang 2008 ist nun unser eindeutiger Favorit in der aktuellen Kollektion.

Weinbewertung

85 . . . 2008 Riesling trocken Gewürzgärtchen
gute Konzentration, viel reife Frucht, herrlich eindringlich; füllig, harmonisch, viel klare reife Frucht
11,50 €
2007: 86.

77 2008 Silvaner trocken **4,- €/1l**
81 2008 Riesling trocken Prestige **6,90 €**
78 2008 Weißburgunder trocken **4,50 €**
78 2008 Grauburgunder trocken **4,90 €**
82 2008 Spätburgunder „Blanc de Noir" trocken **4,90 €**

★★★★

Bernd Hummel

Wein & Sektgut

Baden

Oberer Mühlweg 5, 69254 Malsch
Tel. 07253-27148, Fax: 07253-25799
www.weingut-hummel.de
info@weingut-hummel.de
Besuchszeiten: Mo.-Fr. 17-19 Uhr, Sa. 9-13 Uhr und nach Vereinbarung
Probierstube für Weinproben

Inhaber .... Bernd Hummel
Rebfläche .... 8,5 Hektar

Die Weine von Bernd Hummel in Malsch im Kraichgau sind in den letzten Jahren stetig interessanter geworden. Weiß- und Rotweine gleichermaßen, ebenfalls die Sekte. Vor allem mit seinen barriqueausgebauten

Rotweinen hat er auch außerhalb der Region Beachtung gefunden. Burgundersorten (inklusive Schwarzriesling und Auxerrois) nehmen 80 Prozent seiner Rebfläche ein. Den Anteil an roten Sorten hat Bernd Hummel weiter ausgebaut. Sie nehmen heute zwei Drittel seiner Weinberge ein. Spätburgunder, Lemberger, Schwarzriesling und Cabernet Sauvignon baut er an, aber auch Cabernet Mitos, Regent und Dornfelder. Bei den weißen Sorten dominieren Riesling und die Burgundersorten. Zuletzt hat er Sauvignon Blanc, Muskateller und Syrah neu gepflanzt. Das Gros seiner Weine baut er durchgegoren aus, Süßreserven verwendet er nicht.

Frisch und klar präsentierten sich die 2006er Weißweine – für den Jahrgang eine beachtliche Leistung. Doch die Weißweine wurden von den bärenstarken Rotweinen in den Schatten gestellt. Bernd Hummels Spätburgunder hatten mit dem Jahrgang 2005 weiter an Klasse gewonnen, besaßen Substanz und Fülle, waren wunderbar lang und nachhaltig. Sehr homogen präsentierte sich die letztjährige Kollektion: Reintönige, fruchtbetonte Weißweine, kraftvolle Rotweine aus dem schwierigen Jahrgang 2006. Auch 2008 präsentiert Bernd Hummel wieder wunderschön fruchtbetonte Weißweine, darunter zwei Neuerungen im Programm, Sauvignon Blanc und Muskateller. Kraftvolle, fruchtbetonte Rotweine bietet er auch, unser Favorit aber war in diesem Jahr der Rosé-Sekt aus Schwarzriesling.

Weinbewertung

86 . . . 2005 „Auguste" Riesling Sekt brut
frisch, fruchtbetont, würzig; frisch, direkt, klare Frucht und Biss **12,90 €**

88 . . . 2005 Pinot Meunier Rosé Sekt brut
feine rauchige Noten, herrlich eindringlich und reintönig; gute Harmonie und Substanz, reintönige Frucht, dezent rauchige Noten, feine Frische, Länge **18,- €**

86 . . . 2008 Sauvignon Blanc „S" trocken Malscher Ölbaum
herrlich eindringlich, reintönig, konzentriert, feine Würze; füllig harmonisch, klare Frucht, Substanz und Frische **9,50 €**

85 . . . 2008 Muskateller Kabinett trocken Malscher Ölbaum
frisch, würzig, reintönig, etwas Muskat und Zitrus; frisch, zupackend, reintönige Frucht **8,20 €**

86 . . . 2008 Weißburgunder Kabinett trocken Malscher Ölbaum
gute Konzentration, klare reife Frucht, feine Würze; füllig, harmonisch, viel reife Frucht, Substanz und Frische **8,20 €**
1999: 85; 2000: 83; 2001: 86; 2002: 84; 2004: 86; 2005: 85; 2007: 86.

86 . . . 2008 Grauburgunder Kabinett trocken Malscher Ölbaum
würzig, klar, gelbe Früchte; füllig, harmonisch, viel reife Frucht, wunderschön reintönig, feiner Nachhall **8,20 €**
1999: 84; 2001: 87; 2004: 86; 2005: 86; 2006: 85.

86 . . . 2008 Riesling Spätlese Malscher Ölbaum
würzig, klar, etwas Limone; feine süße Frucht, reintönig, gute Fülle und Frische **12,90 €**

86 . . . 2007 Cuvée Cabernet Spätlese trocken Malscher Rotsteig
gute Konzentration, reife Frucht, dezent Cassis, rote Früchte; füllig, harmonisch, kraftvoll, reife Frucht, gute Struktur, dezent Schokolade, Tannine **9,50 €**

87 . . . 2007 Cabernet Sauvignon Merlot „S" trocken Malscher Rotsteig
feine Würze, reife Frucht, etwas Cassis; klar, harmonisch, reife Frucht, gute Struktur, dezent Schokolade **12,90 €**

87 . . . 2007 Lemberger trocken Malscher Rotsteig
fruchtbetont intensiv, herrlich eindringlich, reintönig; klar, kraftvoll, reife Frucht, reintönig, gute Struktur und feine Tannine **15,- €**

★

Felix und Kilian **Hunn**

Weingut

Baden

Rathausstraße 2, 79288 Gottenheim
Tel. 07665-6207, Fax: 07665-6223
www.weingut-hunn.de
mail@weingut-hunn.de
Besuchszeiten: täglich 9-12 + 14-19 Uhr oder nach Vereinbarung
Straußwirtschaft (Mitte Juni-Okt. Mo.-Fr. ab 17 Uhr, Sa. ab 16 Uhr)

Inhaber .... Kilian und Martina Hunn
Rebfläche .... 13,5 Hektar

Das Weingut Hunn in Gottenheim, westlich von Freiburg am Tuniberg gelegen, wurde 1982 von Felix Hunn gegründet mit damals einem halben Hektar Weinberge. 1998 übernahmen es Sohn Kilian und Ehefrau Martina. Nach und nach erweiterten sie die Rebfläche auf die heutige Größe (überwiegend in der Lage Gottenheimer Kirchberg). Der Gottenheimer Kirchberg ist eine mit einer Lössschicht überzogene Kalkscholle aus der Zeit des Jura. Die Burgundersorten nehmen drei Viertel der Weinberge ein. Wichtigste Rebsorte ist Spätburgunder mit einem Anteil von 35 Prozent. Es folgen Weiß- und Grauburgunder, Chardonnay, Riesling und Müller-Thurgau. Die Rotweine kommen nach der Maischegärung in Eichenholzfässer, ausgewählte Weine auch ins Barrique. Die Weißweine vergären langsam und kühl. Die Weine werden überwiegend trocken und durchgegoren ausgebaut. Seit 1993 gibt es im traditionellen Verfahren erzeugte Sekte.

Schon in der ersten Ausgabe haben wir die Weine von Kilian Hunn empfohlen. Seither bietet er Jahr für Jahr sehr gleichmäßige Kollektionen zu moderaten Preisen, hin und wieder gibt es ein Glanzlicht in Form eines barriqueausgebauten Spätburgunders. Im weißen Segment gefallen uns oft die Grauburgunder am besten, zuletzt aber hatte immer ein Chardonnay die Nase vorne.

2007 gefiel uns gut, bot gleichmäßiges Niveau, vor allem der Chardonnay Kabinett trocken machte Freude. Auch in diesem Jahr nun ist ein Chardonnay – diesmal als halbtrockene Spätlese ausgebaut – unser Favorit in einer sehr gleichmäßigen, guten Kollektion.

Weinbewertung

85 . . . 2008 Chardonnay Spätlese Gottenheimer Kirchberg
gute Konzentration, viel reife Frucht, herrlich eindringlich; füllig, harmonisch, reife Frucht, Struktur
8,90 €

81 2008 Müller-Thurgau trocken Gottenheimer Kirchberg **3,60 €/1l**
81 2008 Rivaner trocken Gottenheimer Kirchberg **4,20 €**
81 2008 Weißburgunder Kabinett trocken Gottenheimer Kirchberg **5,60 €**
82 2008 Grauburgunder Kabinett trocken Gottenheimer Kirchberg **5,90 €**
81 2008 Chardonnay Kabinett trocken Gottenheimer Kirchberg **6,50 €**
82 2008 Spätburgunder Blanc Kabinett trocken Gottenheimer Kirchberg **5,80 €**
80 2008 Müller-Thurgau Gottenheimer Kirchberg **3,60 €/1l**
82 2008 Weißburgunder Kabinett „feinherb" Gottenheimer Kirchberg **5,60 €**
82 2008 Grauburgunder Kabinett „feinherb" Gottenheimer Kirchberg **5,90 €**
82 2008 Spätburgunder Rosé Kabinett trocken Gottenheimer Kirchberg **4,50 €**
83 2007 Spätburgunder trocken Gottenheimer Kirchberg **6,50 €**

★

Huster
Ökologischer Weinbau

Rheinhessen

Rosenstraße 13, 55218 Ingelheim
Tel. 06132-944114, Fax: 06132-944116
www.weingut-huster.de
info@weingut-huster.com
Besuchszeiten: April-Sept. Mo.-Fr. 18-20 Uhr, Sa. 9-17 Uhr; Okt.-März Mo.-Fr. 17-19 Uhr, Sa. 9-17 Uhr; oder nach Vereinbarung
Straußwirtschaft

Inhaber .... Raimund & Jutta Huster
.... Tobias Huster
Rebfläche .... 7 Hektar

Raimund und Jutta Huster bewirtschaften ihre Weinberge seit 1995 nach den Richtlinien des Bundesverbandes Ökologischer Weinbau. Nach Abschluss seines Geisenheim-Studiums ist Sohn Tobias 2008 in den Betrieb eingestiegen und hat die Verantwortung für den Keller übernommen. 55 Prozent der Rebfläche nehmen weiße Sorten ein, wie Riesling, Silvaner, Weiß- und Grauburgunder. Wichtigste rote Rebsorten sind Spätburgunder, Portugieser, Regent und Sankt Laurent. Die Rotweine werden maischevergoren, die Weißweine nach langem Feinhefelager nur einmal vor der Füllung filtriert.

Vor zwei Jahren favorisierten wir die Rotweine. Im vergangenen Jahr präsentierten die Husters eine homogene Kollektion, in der die Barriqueweine besonders gefielen. Sehr gleichmäßig ist auch die neue Kollektion mit frischen, fruchtbetonten Weinen.

Weinbewertung

85 ... 2007 Riesling trocken
würzig, direkt, etwas Limone; klar, frisch, fruchtbetont, zupackend **9,20 €**

83 2008 „frizz" Perlwein trocken **5,80 €**
82 2008 Grüner Silvaner trocken **5,- €**
78 2008 Spätburgunder Blanc de Noir trocken **6,50 €**
80 2008 Grauburgunder trocken **5,50 €**
81 2008 Weißburgunder Classic **5,70 €**
82 2008 Riesling Classic **5,70 €**
83 2008 Gewürztraminer **4,90 €**
82 2005 Regent trocken **11,80 €**
82 2006 Cuvée „No. 2" Rotwein trocken **8,70 €**

★☆

Ihle
Weingut

Baden

Höfe am Sträßel 3, 69231 Rauenberg
Tel. 06222-64692, Fax: 06222-64259
www.weingut-ihle.de
weingut.ihle@t-online.de
Besuchszeiten: Mo.-Fr. 10-12 + 16-18:30 Uhr, Sa. 10-14 Uhr
Besenwirtschaft (Mitte April bis Anfang Juni und Ende Sept. bis Mitte Nov.)

Inhaber ... Michael Ihle, Andreas Ihle, Sabine Haas
Rebfläche .... 12 Hektar

Der Ihle-Hof ist nicht nur ein Weingut, sondern auch ein Bauernhof mit Schweinen, Hühnern, Ziegen und Pferden. Im Hofladen kann man alle Produkte aus eigener Produktion kaufen. Das Weingut besteht seit 1988. Für Weinberge und Keller sind Michael und Andreas Ihle verantwortlich, Schwester Sabine kümmert sich um Verkauf und Besenwirtschaft. An weißen Sorten werden Müller-Thurgau, Weißburgunder, Grauburgunder, Auxerrois, Riesling und Gewürztraminer angebaut. An roten Sorten gibt es Portugieser, Spätburgunder, Dornfelder, Lemberger, St. Laurent, Cabernet Mitos und

Syrah. Auch Sekt wird hergestellt, ebenso Edelbrände und Liköre.

Die 2006er Weißweine waren gleichmäßig, den im Holzfass ausgebaute Spätburgunder aus dem Jahrgang 2004 favorisierten wir vor zwei Jahren. Die letztjährige Kollektion überzeugte voll und ganz, an der Spitze standen die Weißburgunder, mit und ohne Barrique, aber auch die Gewürztraminer Spätlese und der barriqueausgebaute Spätburgunder gefielen uns gut. Die Gewürztraminer Spätlese gefällt uns in diesem Jahr zusammen mit dem Lemberger von alten Reben am besten in einer gleichmäßigen, ein klein wenig verhalteneren Kollektion

Weinbewertung

85 . . . 2007 Lemberger trocken „alte Rebe"
feine Würze, reintönige Frucht; füllig, kraftvoll, reife Frucht, gute Struktur und Frische **7,80 €**

80 2008 Rivaner trocken **4,60 €**
81 2008 Auxerrois Kabinett trocken **4,90 €**
82 2008 Weißburgunder Kabinett trocken **4,90 €**
80 2008 Grauburgunder Kabinett trocken **4,90 €**
81 2008 Riesling Kabinett trocken **4,90 €**
84 2008 Gewürztraminer Spätlese **6,80 €**
80 2008 Spätburgunder Rosé halbtrocken **4,90 €**
83 2007 Syrah trocken **8,60 €**

★★☆

Immengarten Hof

Wein- und Sektgut

Pfalz

Marktstraße 62, 67487 Maikammer
Tel. 06321-59400, Fax: 06321-57437
www.immengarten-hof.de
weingut.hoehn@t-online.de
Besuchszeiten: Mo.-Sa. 10-18 Uhr, So. 10:30-12:30 Uhr
Gästezimmer, Ferienwohnung

Inhaber .... Familie Höhn
Rebfläche .... 13 Hektar

Der Immengarten Hof in Maikammer gehört seit 1865 der Familie Höhn. Gisela und Hans Höhn werden seit dem Jahr 2000 von Sohn Frank im Betrieb unterstützt. In den letzten Jahren haben sie verstärkt auf rote Sorten gesetzt. Die Sortenvielfalt ist groß bei den Höhns, 20 verschiedene Rebsorten werden angebaut. So findet man neben Dornfelder, Spätburgunder und Sankt Laurent auch Merlot, Cabernet Franc, Blaufränkisch und einige der Weinsberger Neuzüchtungen (Cabernet Dorsa, Cabernet Cubin) in den Weinbergen, die in den Gemeinden Maikammer, Diedesfeld, Hambach und Venningen liegen. Im weißen Segment gibt es Riesling, Weißburgunder, Auxerrois, Chardonnay, Sauvignon Blanc, Muskateller und Gewürztraminer, dazu aber auch Neuzüchtungen wie Scheurebe, Kerner, Morio-Muskat, Müller-Thurgau und Huxelrebe.

Die vor zwei Jahren verkostete Kollektion war stark: Gekonnt vinifizierte Rotweine und reintönige, füllige Weißweine – und das im Jahrgang 2006 im Süden der Pfalz. Eine sehr stimmige, vergleichbare Kollektion stellte der Immengarten Hof im vergangenen Jahr vor: Wiederum reintönige Weißweine und wie im Jahr zuvor kraftvolle, sehr gekonnt vinifizierte Rotweine, aus dem Jahrgang 2005. Die 2007er Rotweine bleiben ein wenig hinter den 2005ern zurück, am besten hat uns der Spätburgunder „R" gefallen. Im weißen Segment ist im Jahrgang 2008 der Weißburgunder aus dem Heiligenberg unser Favorit.

Weinbewertung

85 . . . 2008 Weißburgunder Spätlese trocken Maikammer Heiligenberg
gute Konzentration, herrlich viel Frucht, klar und ein-

dringlich; füllig, harmonisch, viel reife süße Frucht **6,30 €**

86 . . . 2007 Spätburgunder Spätlese „R" trocken
gute Konzentration, dezent rauchige Noten, reife Frucht; füllig, kraftvoll, gute Substanz **11,80 €**

82 2008 Sauvignon Blanc trocken **6,50 €**
81 2008 Riesling Kabinett trocken **5,30 €**
82 2008 Gelber Muskateller Kabinett trocken **5,90 €**
81 2008 Riesling Spätlese trocken „Buntsandstein" **6,30 €**
83 2008 Chardonnay Spätlese trocken Maikammer Heiligenberg **7,40 €**
83 2007 Cabernet Dorsa trocken Barrique **9,20 €**
83 2007 Cuvée „Cab Merl" trocken Barrique **13,20 €**
84 2007 Syrah trocken Barrique **9,90 €**
83 2007 Cabernet Franc trocken Barrique **10,70 €**

Isegrim-Hof ★

Weingut

Pfalz

Am Spielberg 2, 67098 Bad Dürkheim / Ungstein
Tel. 06322-7731, Fax: 06322-981062
www.isegrimmhof.de
isegrimhof@gmx.de
Besuchszeiten: Di.-Fr. 18-19 Uhr, Sa. 9-16 Uhr oder nach Vereinbarung

Inhaber .... Klaus Wolf
Rebfläche .... 9 Hektar

1959 zogen die Eltern von Klaus Wolf, dem heutigen Besitzer, aus der Dorfmitte von Ungstein in das neu gebaute Weingut am Ortsrand, mitten in den Weinbergen. 1980 begann Vater Adolf Wolf mit der Umstellung auf kontrolliert biologischen Anbau, seit 1984 ist das Weingut Mitglied bei Bioland. Riesling nimmt über die Hälfte der Rebfläche ein. Hinzu kommen die Burgundersorten, Chardonnay, Silvaner, Gewürztraminer und Müller-Thurgau. An roten Sorten gibt es St. Laurent, Spätburgunder, Portugieser und Dornfelder. Neben den Trauben der eigenen Weinberge verarbeitet Klaus Wolf auch die Trauben eines Bioland-Kollegen aus Freinsheim.

Vor zwei Jahren gefiel der Spätburgunder aus dem Jahrgang 2004 am besten. Die 2007er Weißweine überzeugten im Jahr darauf, waren frisch und reintönig, die trockene Riesling Spätlese hatte uns besonders gut gefallen. Diese ist nun auch in diesem Jahr wieder unser Favorit in einer sehr gleichmäßigen, guten Kollektion.

Weinbewertung

86 . . . 2008 Riesling Spätlese trocken Ungsteiner Herrenberg
konzentriert, herrlich viel Frucht, reintönig; füllig, kraftvoll, reife Frucht, gute Substanz, Länge **7,20 €**

80 Pinot Blanc de Noir Sekt brut **11,40 €**
81 2008 Muskateller trocken Ungsteiner Osterberg **4,70 €**
80 2008 Chardonnay Weißburgunder Kabinett trocken **4,70 €**
81 2008 Auxerrois trocken Freinsheimer Musikantenbuckel **4,70 €**
82 2008 Riesling Kabinett trocken Ungsteiner Herrenberg **4,70 €**
82 2008 Chardonnay Spätlese trocken Ungsteiner Herrenberg **7,20 €**
83 2008 Gewürztraminer Spätlese trocken Ungsteiner Weilberg **7,20 €**
80 2008 Auxerrois Weißburgunder **4,70 €**
80 2008 Cabernet Dorsa Weißherbst **4,80 €**
83 2007 Spätburgunder Spätlese trocken Ungsteiner Herrenberg **8,10 €**
79 2008 St. Laurent trocken **5,80 €**

★★★☆

Achim **Jähnisch**

Weingut

Baden

Hofmattenweg 19, 79238 Kirchhofen
Tel. 07633-801161, Fax: 07633-925915
www.weingut-jaehnisch.de
a.jaehnisch@t-online.de
Besuchszeiten: täglich ab 17 Uhr, Sa. ab 10 Uhr, oder nach Vereinbarung

Inhaber .... Achim Jähnisch
Rebfläche .... 3 Hektar

Achim Jähnisch hat 1999 ein Weingut in Kirchhofen im Markgräflerland übernommen. Er stammt aus Nordhessen. 1992 bis 1994 absolvierte er eine Winzerlehre bei Bernhard Huber in Malterdingen, anschließend studierte er Weinbau in Geisenheim und machte dabei mehrere Praktika, unter anderem im Napa Valley. Seine Weinberge liegen zum Teil in sehr steilen Lagen, vorwiegend am Staufener Schlossberg. Viele der Reben sind über 40 Jahre alt. Die Hälfte der Weinberge nehmen die Burgundersorten ein. Hinzu kommen Riesling, Gutedel und Müller-Thurgau. Die Moste werden nach der Ganztraubenpressung langsam und kühl vergoren um reintönige Aromen zu erhalten. Die Weine werden trocken ausgebaut (was nicht auf dem Etikett vermerkt ist) und bleiben bis kurz vor der Abfüllung auf der Feinhefe liegen. Achim Jähnisch will sich ganz auf Riesling und die Burgundersorten konzentrieren, sowie auf die Markgräfler Spezialität Gutedel. Er möchte die Rieslingweinberge in den höheren Lagen in Staufen und Bollschweil erweitern und beim Spätburgunder nach Lagen getrennt vinifizieren, worauf er aufgrund der bisher geringen Mengen verzichtet hat. Er geht zurück zum Holzfassausbau bei allen Sorten. Die Lage „Schlossberg" will er als Bezeichnung nach und nach eliminieren und durch Kleinlagennamen ersetzen.

Auch die 2006er überzeugten. Zwar erreichten sie in der Spitze nicht ganz die Vorjahre, aber sie kamen diesen sehr nahe. Der Pinot Noir überzeugte wie gewohnt mit seiner Finesse und Reintönigkeit. Den 2006er Pinot Noir hat Achim Jähnisch im vergangenen Jahr noch nicht vorgestellt, aber auch ohne ihn war die Kollektion stark wie gewohnt, alle Weine besaßen Kraft und Klasse. Auch die neue Kollektion überzeugt, die Weine sind, wie gewohnt, kompromisslos vinifiziert, besitzen Struktur und Charakter. Die beiden Rieslinge haben uns besonders gut gefallen, auch der geradlinige, etwas bissige 2006er Pinot Noir.

Weinbewertung

88 . . . 2008 Riesling
gute Konzentration, herrlich eindringlich und reintönig, ganz faszinierend; füllig, kraftvoll, dominant, viel reife Frucht und Substanz **9,- €**
2005: 88; 2006: 85; 2007: 85.

87 . . . 2008 Riesling „Kapellenstück"
gute Konzentration, faszinierend viel Frucht, feine Würze, herrlich eindringlich; füllig, harmonisch, viel reife süße Frucht, feine Frische **10,- €**

86 . . . 2008 Grauburgunder
konzentriert, herrlich viel Frucht, klar und eindringlich; füllig, harmonisch, reife Frucht, Substanz **9,- €**

85 . . . 2007 Spätburgunder
frisch, würzig, herrlich reintönig; klar, fruchtbetont, zupackend, feine Frucht und Biss **9,- €**

87 . . . 2006 Pinot Noir
fünfzehn Monate Barriqueausbau; enorm würzig, Gewürznoten, viel Duft; klar, frisch, direkt, gute Struktur, jugendliche Tannine, Biss **19,- €**
1999: 86; 2000: 87; 2001: 87; 2003: 88; 2004: 88; 2005: 88.

83 2008 Gutedel **5,- €**

J

Die besten deutschen Weinerzeuger und ihre Weine

Jakoby-Mathy ★★
Weingut

Mosel

Königstraße 4, 54538 Kinheim
Tel. 06532-3819, Fax: 06532-953443
www.jakobypur.de
info@jakobypur.de
Besuchszeiten: nach Vereinbarung

Inhaber .... Erich Jakoby
Rebfläche .... 4,5 Hektar

Das Erscheinungsbild der Flaschen wurde runderneuert – mit modernen Etiketten, dem neuen Logo „Jakobypur" und silbernen oder goldenen Kapseln. Für die Vinifizierung ist Peter Jakoby zuständig, während sich Bruder Stefan in erster Linie um den Verkauf kümmert. Angebaut wird vor allem Riesling, die Weine stammen aus den Lagen Rosenberg und Hubertuslay und werden zum großen Teil an Privatkunden abgegeben, ein Teil geht aber auch in den Export. Die Weine besitzen eine saftige Frucht und eine süffige Art.

Die 2006er stellten einen Schritt in die richtige Richtung dar – alle Weine wirkten klar, straff und elegant. Auch der Jahrgang 2007 konnte überzeugen, wenngleich die Spitzen aus 2005 nicht wiederholbar waren. 2008 kommt leider nicht ganz an die Vorgängerjahre heran, allerdings zeigt die Eulenlay-Auslese beispielhaft den süffigen, leicht verständlichen, aber alles andere als anspruchslosen Stil des Hauses.

Weinbewertung

87 ... 2008 Riesling Spätlese Kinheimer Rosenberg
klare, eindringliche Frucht, Apfel, Pfirsich, etwas Kräuter; saftig, würzig, feines Süße-Säure-Spiel, Substanz **7,- €**

86 ... 2008 Riesling Auslese „Eulenlay" Kinheimer Rosenberg
reife Frucht, Pfirsich, etwas Papaya; elegant, würzig, ruhig, gute Länge, sehr süffig **10,- €**

86 ... 2006 Riesling Spätlese Goldkapsel Kinheimer Hubertuslay
reife Frucht, leicht vom Jahrgang geprägt; saftig, würzig, etwas rau, gute Länge **7,20 €**

89 ... 2007 Riesling Beerenauslese Kinheimer Rosenberg
reife Frucht, leicht cremig, Mirabellen, Pfirsich; cremig, sehr elegant, nachhaltig **22,50 €/0,375l**

81 2008 Riesling trocken Kinheimer Hubertuslay **5,- €**
83 2008 Riesling Spätlese trocken Kinheimer Hubertuslay **7,- €**
84 2008 Riesling Kabinett Kinheimer Rosenberg **5,50 €**
82 2008 Spätburgunder trocken **6,50 €**

Janson Bernhard ★☆
Weingut

Pfalz

Hauptstraße 5, 67308 Zellertal
Tel. 06355-1781, Fax: 06355-3725
www.jansonbernhard.de
weingut-janson-bernhard@t-online.de
Besuchszeiten: nach Vereinbarung
Weinproben/Feste: Gartenlaube + Park (Sommer), Kreuzgewölbe (Winter), Kulturveranstaltungen, Kochkurse, private Feste, Hochzeiten

Inhaber .... Christine Bernhard
Außenbetrieb/Keller .... Alexander Pflüger
Rebfläche .... 8,5 Hektar

1738 ließ sich der Mennonit Abraham Janson in Harxheim nieder. 1893 wurden die ersten Weine auf Flaschen gefüllt, 1898 das

Gutshaus erbaut, das in einem der größten Privatparks der Pfalz liegt. 1918 heiratete Hans Bernhard in die Familie ein, seither trägt das Weingut den Namen Janson Bernhard. Heute wird das Gut von Christine Bernhard geführt. Sie hat 1993 komplett auf ökologische Bewirtschaftung umgestellt, arbeitet inzwischen biodynamisch und ist Mitglied bei Ecovin und Demeter. Im Zellertal wachsen die Reben auf mageren Kalkmergelböden. Christine Bernhard baut die klassischen Rebsorten der Region an wie Riesling, Silvaner, Grauburgunder, Spätburgunder, Gewürztraminer und Portugieser, dazu pilzresistente Sorten.

Im Jahrgang 2006 war Gewürztraminer der Gewinner, reinsortig wie auch im Gemischten Satz mit Riesling. Die 2007er Weine zeigten sich klar und fruchtbetont, überzeugten trocken wie süß. Eine konsistente Kollektion auf gutem Niveau folgt 2008 nach, die Weine sind reintönig, kraftvoll und fruchtbetont bei guter Struktur.

Weinbewertung

85 . . . 2008 Grauburgunder Spätlese trocken Harxheimer Herrgottsblick
gute Konzentration, klare Frucht, feine Würze, eindringlich; füllig, harmonisch, kraftvoll, viel reife Frucht, Substanz **8,40 €**

85 . . . 2008 Riesling Spätlese trocken Zeller Schwarzer Herrgott
würzig, eindringlich, klare Frucht; füllig, kraftvoll, reife Frucht, gute Substanz **8,50 €**

85 . . . 2008 Riesling Spätlese Zeller Klosterstück
konzentriert, herrlich eindringlich, süße Zitrusfrüchte; klar, frisch, elegant, fruchtbetont **7,50 €/0,5l**

83 2008 Silvaner trocken **5,60 €**
83 2008 Riesling Kabinett trocken Zeller Kreuzberg **6,50 €**
83 2008 Riesling Kabinett Zellertaler **6,60 €**

★★

Jesuitenhof

Weingut

Pfalz

Obertor 6, 67246 Dirmstein
Tel. 06238-2942, Fax: 06238-4601
www.jesuitenhof.de
jesuitenhof.dirmstein@t-online.de
Besuchszeiten: Mo.-Fr. 8-18 Uhr, Sa. 8-16 Uhr oder nach Vereinbarung

Inhaber .... Klaus Schneider
Rebfläche .... 19 Hektar

Der Jesuitenhof in Dirmstein ist seit 1803 als Guts- und Weingutsbetrieb in Familienbesitz. Nach einer Erbteilung 1969 wurde die Flaschenweinvermarktung eingestellt. Erst Mitte der achtziger Jahre nach einer Teilung in einen landwirtschaftlichen Betrieb und ein Weingut wurde wieder mit der Selbstvermarktung begonnen, die Betriebsfläche seither durch Kauf und Zupachtung von Weinbergen von 6,5 auf die heutige Größe erweitert. Die Weinberge liegen vor allem in Dirmstein in den Lagen Mandelpfad und Herrgottsacker, sowie im Jesuitenhofgarten, der Klaus Schneider in Alleinbesitz gehört. Die 2,5 Hektar innerhalb der ehemaligen Klostergartenmauer sind ausschließlich mit Riesling und Spätburgunder bestockt. Die Weine aus den Kirchheimer Weinbergen (Geißkopf, Kreuz, Steinacker) werden unter der Großlagenbezeichnung Dirmsteiner Schwarzerde vermarktet. Wichtigste Rebsorte ist Riesling. Es folgen Portugieser, Müller-Thurgau, Spätburgunder, Weißburgunder und Dornfelder.

Der Jahrgang 2006 präsentierte sich etwas uneinheitlich, der barriqueausgebaute Auxerrois und die Weißburgunder Spätlese gefielen sehr gut, auch Riesling und Spätburgunder aus dem Jesuitenhofgarten. Die letztjährige Kollektion beeindruckte uns: Schon der Liter-Riesling machte Freude, die trockenen Spätlesen besaßen Fülle und Frucht, die Riesling Beerenauslese hatte Substanz und der Spätburgunder aus dem „Kleinen Garten" war sehr gekonnt vinifiziert. Eine vergleichbare, sehr konsistente Kollektion hat Klaus Schneider in diesem Jahr vorgestellt. Die Weine sind alle klar und präzise, der Spätburgunder aus dem Kleinen Garten hat uns wieder besonders gut gefallen, die trockene Riesling Spätlese aus dem Jesuitenhofgarten zeigt Klasse – und kostet nicht einmal die Hälfte von dem, was man für oft schwächere Große Gewächse ausgeben muss.

Weinbewertung

86 . . . 2008 Riesling Spätlese trocken Dirmsteiner Mandelpfad
gute Konzentration, feine Würze, klare reife Frucht; füllig, harmonisch, reife Frucht, gute Substanz und Länge **6,60 €**

88 . . . 2008 Riesling Spätlese trocken Dirmsteiner Jesuitenhofgarten
viel Konzentration, viel reife Frucht, gelbe Früchte, herrlich eindringlich; füllig, kraftvoll, viel Substanz und klare reife Frucht **7,20 €**
2004: 87; 2005: 86; 2006: 85; 2007: 86.

85 . . . 2007 Chardonnay Spätlese trocken (Barrique) Dirmsteiner Herrgottsacker
gute Konzentration, Vanille, reife Frucht; weich, füllig, harmonisch, gute Substanz, Vanille **10,50 €**

87 . . . 2007 Spätburgunder trocken „Kleiner Garten" Dirmsteiner Jesuitenhofgarten
gute Konzentration, dezenter Toast, rauchige Noten, herrlich reintönige Frucht; füllig, kraftvoll, harmonisch, reife Frucht, gute Substanz und Struktur **14,50 €**
2006: 87.

81 2008 Riesling trocken Dirmsteiner Mandelpfad **4,- €/1l**
82 2008 Riesling Kabinett trocken Dirmsteiner Mandelpfad **5,10 €**
83 2008 Riesling Kabinett trocken Dirmsteiner Jesuitenhofgarten **5,30 €**
83 2008 Weißburgunder Kabinett trocken Dirmsteiner Mandelpfad **4,80 €**
84 2008 Weißburgunder Spätlese trocken Dirmsteiner Mandelpfad **6,60 €**
83 2008 Chardonnay Spätlese trocken Dirmsteiner Mandelpfad **6,20 €**
83 2008 Spätburgunder Rosé trocken Dirmsteiner Mandelpfad **4,80 €**
84 2007 Spätburgunder trocken Dirmsteiner Jesuitenhofgarten **9,80 €**

★★★★

Schloss Johannisberg

Weinbaudomäne

Rheingau

65366 Geisenheim-Johannisberg
Tel. 06722-70090, Fax: 06722-700933
www.schloss-johannisberg.de
info@schloss-johannisberg.de
Besuchszeiten: Mo.-Fr. 10-13 + 14-18 Uhr, Sa.+So. 11-17 Uhr
Gutsschänke Schloss Johannisberg (täglich ab 11:30 Uhr geöffnet, Tel. 06722-96090, Fax: 7392, schloss-johannisberg@freenet.de

Inhaber . . . . Fürst von Metternich GbR
Gutsverwalter . . . . Christian Witte
Rebfläche . . . . 35 Hektar

Auf Schloss Johannisberg wird ausschließlich Riesling angebaut. Die 35 Hektar Weinberge umgeben voll arrondiert das Schloss und bilden die Monopollage Schloss Johannisberger. Die Reben wachsen hier auf einem Untergrund aus Taunusquarzit mit einer Lehm-Lössauflage. Nach der Ganztraubenpressung werden die Weine langsam und kühl vergoren. Mit Einführung des deutschen Weingesetzes 1971 hat man die gutseigene Kennzeichnung der Weine mit Lackfarben an die Prädikatsstufen des Weingesetzes angepasst. Christian Witte, der heutige Gutsverwalter, ist drauf und dran, den Betrieb wieder an die Spitze zu führen. Neue Fässer wurden angeschafft, das Sortiment wurde gestrafft (so gibt es zukünftig keinen trockenen Grünlack mehr, sondern oberhalb des Kabinetts Rotlack gleich das Erste Gewächs), und bei der Zusammenstellung des trockenen Spitzenweins gibt man sich große Mühe. Kaum ein anderer Betrieb in Deutschland kann eine so große Menge eines trockenen Spitzenrieslings anbieten.

2006 stellte einen großen Erfolg dar. Bei aller Fülle wirkten die Rieslinge animierend und reintönig. 2007 stand die trockene Spätlese dem Ersten Gewächs kaum nach, hinzu kamen edelsüßen Spitzen. 2008 fehlt nun, als Bestandteil der Umstrukturierung, die trockene Spätlese. Auf gewohnt erstklassigem Niveau präsentieren sich das Erste Gewächs und die süßen Spitzen bis zum faszinierenden Eiswein.

Weinbewertung

92 . . . 2008 Riesling Erstes Gewächs Silberlack Schloss Johannisberger
Hefenoten, feine Frucht, noch sehr jugendlich; würzig, kompakt, sehr eigenwillig, eher ruhig, reife Säure, mineralisch, spannend **36,50 €**
2005: 90; 2006: 91; 2007: 91.

91 . . . 2008 Riesling Spätlese Grünlack Schloss Johannisberger
klar, kühle Frucht; straff, würzig, rassig, kompakt, sehr geradlinig, animierend **27,- €**
1998: 86; 2001: 88; 2003: 86; 2004: 86; 2005: 89; 2006: 89; 2007: 89.

94 . . . 2008 Riesling Beerenauslese Rosa-Goldlack Schloss Johannisberger
sehr reintönig, leicht cremig, Nougat, Milchschokolade, Kräuter, reife Früchte; opulente Frucht, cremig, üppig, deutliche Würze, mineralisch, viel Zukunft **100,- €/0,375l**

95 . . . 2008 Riesling Eiswein Blaulack „ex biblioteca subterranea“
absolut reintönig, reife Birne, etwas Aprikose; cremig, gut integrierte Säure, hoch elegant, langer Nachhall, ein Klassiker **150,- €/0,375l**

---

84 2008 Riesling trocken Gelblack Schloss Johannisberger **12,- €**

84 2008 Riesling „feinherb“ Gelblack Schloss Johannisberger **12,- €**

J

Johannishof ★★★

Weingut

Rheingau

Grund 63, 65366 Johannisberg
Tel. 06722-8216, Fax: 06722-6387
www.weingut-johannishof.de
weingut.johannishof@t-online.de
Besuchszeiten: Mo.-Fr. 8-12 + 13-18 Uhr, Sa. 10-15 Uhr

Inhaber .... Johannes Eser
Rebfläche .... 20 Hektar

Der Ursprung des Anwesens Johannishof, ehemals eine Mühle, geht auf das Jahr 1790 zurück. Weinbau ist in der Familie Esser aber bereits im Jahr 1685 nachgewiesen. Das Weingut wird heute in zehnter Generation von Johannes und Sabine Eser geführt. Die Weinberge verteilen sich auf elf verschiedene Einzellagen in Johannisberg, Winkel, Geisenheim und Rüdesheim. Neben Riesling wird ein klein wenig Weißburgunder angebaut, die Vinifizierung erfolgt im Edelstahl und im Holzfass. Die Weine sind über alle Jahrgangsunterschiede hinweg saftig und rassig, es mangelt nie an Frische und Frucht.

Der Jahrgang 2006 brachte zwar keine herausragenden, aber doch tadellose Weine hervor. 2007 besaßen die Weine – von denen nur eine kleinere Auswahl verkostet werden konnte – Fülle, waren aber gleichzeitig rassig und animierend. Die 2008er sind frisch und geradlinig, das Erste Gewächs wirkt noch sehr verschlossen, besitzt aber viel Substanz.

Weinbewertung

88 . . . 2008 Riesling Erstes Gewächs Rüdesheim Berg Rottland
zunächst verschlossen, öffnet sich dann, leichte Hefenote; viel Würze, straff, sehr kompakt, nachhaltig

86 . . . 2008 Riesling Spätlese Rüdesheimer Berg Rottland
jugendlich, etwas kandierter Apfel; saftig, rassig, feines Süße-Säure-Spiel, erfrischend

82 2008 Riesling Kabinett trocken Johannisberger Hölle
82 2008 Riesling Kabinett trocken Rüdesheimer Berg Roseneck
84 2008 Riesling Spätlese trocken Winkeler Jesuitengarten
83 2008 Riesling Kabinett „feinherb“ Rüdesheimer Klosterlay

★

Johannishof
& Weingut der Stadt Mainz

Rheinhessen

siehe Weingut → **Fleischer**

★★★☆

Frank John
Weingut Hirschhorner Hof

Pfalz

Hirschhornring 34, 67435 Neustadt
Tel. 06321-670537, Fax: 06321-670804
www.hirschhornerhof.de
f.john@hirschhornerhof.de
Besuchszeiten: nach Vereinbarung

Inhaber . . . . Frank John
Rebfläche . . . . 3 Hektar

Frank John war Betriebsleiter bei Reichsrat von Buhl. Nach seinem Ausscheiden begann er sein eigenes Projekt. Unter der Bezeichnung Hirschhorner Hof erzeugte er im Jahrgang 2003 seinen ersten Wein. Die Trauben hierfür kommen von Winzern, die ihre Weinberge nach den Vorgaben von Frank John ökologisch bewirtschaften. Neben Riesling und Pinot Noir gibt es einen Riesling-Sekt, nächste Ergänzung im Programm wird ein Blanc de Noirs-Sekt werden. Der Riesling wird sehr lange auf der Hefe ausgebaut und erst im September nach der Ernte gefüllt. Frank John erzeugt nicht nur Wein, er ist auch als Berater für Weingüter in ganz Europa tätig.

Eine große Überraschung war vor drei Jahren der wunderschön elegante 2003er Pinot Noir. Fast ebenbürtig war ihm der im vergangenen Jahr vorgestellte 2005er, der Struktur und Frische aufwies. Genauso gut gefiel uns der kraftvolle, stoffige Riesling „Buntsandstein“. 2006 erzeugte Frank John keinen Pinot Noir, der nun vorgestellte 2007er ist stilistisch leicht verändert, zeigt etwas Toastnoten bei sehr reintöniger Frucht, ist aber auf Haltbarkeit hin vinifiziert wie seine Vorgänger. Genauso kompromisslos ist auch der Riesling ausgebaut, der Sekt besitzt Fülle und Substanz.

Weinbewertung

88 . . . 2005 Riesling Sekt brut
feine rauchige Noten, viel reife Frucht, Frische, reintönig; klar, harmonisch, füllig, elegant, feine Frische und Länge **15,- €**

88 . . . 2007 Riesling trocken „Buntsandstein"
reintönige Frucht, herrlich eindringlich und dominant, konzentriert; gute Substanz, Fülle und Struktur, sehr präzise und klar, kompakt **14,50 €**
2003 (1. Jg.): 90; 2004: 89; 2005: 87; 2006: 89.

89 . . . 2007 Pinot Noir trocken
rauchige Noten, feiner Toast, wunderschön reintönige Frucht; kraftvoll, klar, reife Frucht, gute Struktur und Frische, jugendliche Tannine **28,- €**
2003 (1. Jg.): 89; 2005: 89.

Toni Jost ★★★★

Weingut Hahnenhof

Mittelrhein/Rheingau

Oberstraße 14, 55422 Bacharach
Tel. 06743-1216, Fax: 06743-1076
www.tonijost.de
tonijost@debitel.net
Besuch nach Vereinbarung

Inhaber .... Peter Jost
Rebfläche .... 15 Hektar

1975 hat Peter Jost das Weingut von seinem Vater übernommen. Den Namen des Vaters hat er beibehalten, so dass das Weingut immer noch „Toni Jost" heißt. In der Lage Bacharacher Hahn hat er seine Rebfläche vergrößert, heute gehört ihm die Lage fast ganz. Der Hahn ist ein nach Süd-Südost ausgerichteter Devonschiefer-Verwitterungshang. Riesling baut er vor allem an in dieser Steillage mit bis zu 60 Prozent Hangneigung, am Hangfuß auch Spätburgunder. Die zweite wichtige Lage von Peter Jost ist der Wallufer Walkenberg, und der liegt im Rheingau. Seit 1953 besitzt das Gut Weinberge in den Gemarkungen Walluf und Rauenberg. Während der Hahn vom Schiefer geprägt ist, herrschen in Walluf Löss-Lehmböden vor. Die Traubern aus dem Rheingau werden in Bacharach verarbeitet. Riesling ist die wichtigste Rebsorte, nimmt 80 Prozent der Rebfläche ein. Hinzu kommt Spätburgunder (den es bereits seit 1965 gibt) und ein wenig Weißburgunder und Dunkelfelder. Mit dem Jahrgang 2001 hat Peter Jost sein Programm neu strukturiert: Zwei Große Gewächse bietet er als trockene Spitzenweine an, aus dem Hahn und dem Walkenberg.

Neben den edelsüßen Weinen gefielen uns 2006 die trockenen Spitzen-Rieslinge vom Mittelrhein besonders gut. In der starken letztjährigen Kollektion war das Bild sehr ähnlich: Kraftvolle trockene Rieslinge vom Bacharacher Hahn, edelsüße Spitzen sowohl aus Bacharach wie aus Walluf. Auch 2008 überzeugt, wenngleich unsere Präferenz in diesem Jahr den Bacharacher Weinen gilt, die trocken wie süß mit Spitzen aufwarten.

Mittelrhein

86 . . . 2008 „Devon S" Riesling Spätlese trocken
gute Konzentration, herrlich eindringlich, reintönige Frucht; füllig, kraftvoll, reife Frucht, gute Struktur und Frische **9,80 €**
2003: 84; 2004: 86; 2005: 87; 2006: 88; 2007: 87.

87 . . . 2008 Riesling Spätlese trocken Bacharacher Hahn
würzig, konzentriert, klar, eindringlich; füllig, harmonisch, viel reife süße Frucht **11,80 €**
1999: 86; 2000: 84; 2002: 86; 2003: 85; 2004: 88; 2005: 87; 2006: 88; 2007: 89.

89 . . . 2007 Riesling Bacharacher Hahn
(Großes Gewächs) viel Konzentration, herrlich viel

Frucht, klar und eindringlich; gute Fülle, viel reife Frucht, Substanz und Kraft, gute Länge **20,50 €**

88 . . . 2008 Riesling Bacharacher Hahn
gute Konzentration, reife Frucht, etwas weiße Früchte, Marzipan; füllig, kraftvoll, reife Frucht, feine Frische, Biss, gute Substanz, sehr jugendlich
2001: 91; 2003: 90; 2004: 89; 2005: 89; 2006: 89.

87 . . . 2008 Riesling Spätlese Bacharacher Hahn
würzig, klar, jugendlich; weich, füllig, harmonisch, reife süße Frucht **11,80 €**
2000: 85; 2001: 89; 2002: 86; 2003: 86; 2004: 87; 2005: 88; 2006: 86; 2007: 87.

89 . . . 2008 Riesling Auslese Bacharacher Hahn
würzig, eindringlich, süße Orangen, Litschi; süß, konzentriert, herrlich viel Frucht und Substanz, Frische, wunderschön reintönig **25,- €/0,5l**

88 . . . 2006 Spätburgunder Spätlese trocken Barrique Bacharacher Hahn
gute Konzentration, reintönige Frucht, rauchige Noten, herrlich eindringlich; füllig, harmonisch, reintönige Frucht, rauchige Noten, Frische **18,50 €**

83 2008 Riesling trocken **6,10 €**
83 2008 Riesling Kabinett trocken Bacharacher **7,70 €**
82 2008 Riesling Kabinett „feinherb" Bacharacher **7,70 €**
83 2008 Riesling Kabinett Bacharacher Hahn **8,50 €**

Rheingau

85 . . . 2008 „Jodocus" Riesling trocken
würzig, frisch, klare Frucht; füllig, harmonisch, viel reife süße Frucht, feine Frische und Biss **7,80 €**

87 . . . 2007 Riesling Erstes Gewächs Wallufer Walkenberg
viel Konzentration, reife Frucht, Pfirsiche, Zitrusfrüchte; füllig, harmonisch, reife süße Frucht, feine Frische **18,50 €**

86 . . . 2006 Spätburgunder trocken Barrique Wallufer Walkenberg
würzig, dezent Kräuter, rote Früchte; gute Fülle und Substanz, reife Frucht, Vanille **12,50 €**

84 2008 Weißburgunder trocken **7,80 €**
83 2008 Riesling Spätlese Wallufer Walkenberg **10,80 €**
82 2008 Spätburgunder Rosé trocken **6,10 €**

★★★

Jülg

Weingut

Pfalz

Hauptstraße 1, 76889 Schweigen-Rechtenbach
Tel. 06342-919090, Fax: 06342-919091
www.weingut-juelg.de
info@weingut-juelg.de
Besuchszeiten: täglich außer Do. + Fr. (Weinstube geschlossen)
Pfälzer Weinstube, bewirteter Innenhof

Inhaber . . . . Familie Werner Jülg
Rebfläche . . . . 17 Hektar

Die Weinberge von Werner Jülg liegen alle in Schweigen. Es gibt nach dem Weingesetz nur eine Einzellage für Schweigen, den Sonnenberg, aber tatsächlich doch deutlich unterschiedliche Teillagen mit unterschiedlichen Böden: Kalkmergel, Ton, Löss und Sand. Es ist also sinnvoll nach Teillagen wie Springberg, Münzberg, St. Paul oder Wurmberg zu differenzieren, auch wenn die Weinkontrolle untersagt, diese alten Lagenbezeichnungen zu verwenden – so dass man sie 2008 nur noch als Buchstabenkürzel auf Werner Jülgs Etiketten findet. An weißen Sorten baut Werner Jülg vor allem Riesling, Weiß- und Grauburgunder an, aber auch Silvaner, Chardonnay, Gewürztraminer, Muskateller, Scheurebe und Sauvignon Blanc. Zuletzt hat er verstärkt auf rote Sorten gesetzt, wie Spätburgunder, St. Laurent, Schwarzriesling, Cabernet Sauvignon,

Dornfelder und Portugieser. Die Rotweine werden maischevergoren und in Allier-Barriques ausgebaut.

Seit einem Jahrzehnt empfehlen wir die Weine von Werner Jülg, seit einem Jahrzehnt gehört er zu den besten Winzern der Südpfalz. Neben seinen immer schon überzeugenden Weiß- und Grauburgundern hat er in den letzten Jahren mit seinen Rotweinen zugelegt, auch die Rieslinge haben an Statur gewonnen. Muskateller und Gewürztraminer können in Schweigen sehr gut geraten, das weiß man schon lange, dass dies aber auch für internationale Rebsorten wie Chardonnay oder Sauvignon Blanc gilt, das erfährt man bei Werner Jülg.

Vor zwei Jahren gefiel uns die Kollektion gut, weiß wie rot. Eine vergleichbare Kollektion präsentierte Werner Jülg im vergangenen Jahr mit reintönigen, sehr präzisen Weißweinen und zwei geradlinigen Spätburgundern. 2008 nun wirken die Rieslinge in einer homogenen Kollektion recht verschlossen, die Burgunder, auch Chardonnay und Sauvignon Blanc überzeugen wie gewohnt

Weinbewertung

85 . . . 2008 Sauvignon Blanc „S" Spätlese trocken Schweigener Sonnenberg
gute Konzentration, reife Frucht, reintönig; füllig, kraftvoll, reintönige Frucht, gute Struktur und Frische **9,80 €**

87 . . . 2008 Grauburgunder Spätlese trocken Schweigener Sonnenberg
gute Konzentration, reintönige reife Frucht, gelbe Früchte; füllig, harmonisch, viel reife Frucht, Substanz und Struktur **8,90 €**

87 . . . 2008 Sauvignon Blanc „R" Spätlese trocken Schweigener Sonnenberg
viel Konzentration, viel Duft, Vanille; füllig, kraftvoll, viel reife Frucht, gute Struktur, gute Substanz und Frische **14,- €**

87 . . . 2008 Chardonnay „R" Spätlese trocken Schweigener Sonnenberg
gute Konzentration, viel Vanille, reife Frucht; weich, füllig, viel reife Frucht, gute Harmonie **12,- €**

87 . . . 2008 Riesling Spätlese „S" trocken Schweigener Sonnenberg
viel Konzentration, feiner Duft, reife Frucht; füllig, kraftvoll, viel reife Frucht und Substanz, jugendlich **18,- €**
2007; 88.

86 . . . 2008 Muskateller Spätlese Schweigener Sonnenberg
frisch, würzig, reintönige Frucht, Muskat und Zitrus; klar, füllig, reife süße Frucht, feine Frische und Biss **11,50 €**

- 83 2008 Weißburgunder Kabinett trocken Schweigener Sonnenberg **6,- €**
- 82 2008 Grauburgunder Kabinett trocken Schweigener Sonnenberg **6,- €**
- 83 2008 Muskateller Kabinett trocken Schweigener Sonnenberg **6,50 €**
- 82 2008 Riesling Kabinett „S" trocken Schweigener Sonnenberg **7,50 €**
- 84 2008 Weißburgunder Spätlese trocken Schweigener Sonnenberg **8,80 €**
- 83 2008 Riesling Spätlese „W" trocken Schweigener Sonnenberg **9,50 €**
- 83 2008 Riesling Spätlese „M" trocken Schweigener Sonnenberg **9,50 €**
- 83 2008 Riesling Spätlese „SP" trocken Schweigener Sonnenberg **12,- €**
- 84 2008 Gewürztraminer Spätlese Schweigener Sonnenberg **9,- €**

★☆

Julius

Weingut

Rheinhessen

Hauptstraße 5, 67599 Gundheim
Tel. 06244-905218, Fax: 06244-905219
www.julius-weingut.de
info@julius-weingut.de
Besuchszeiten: Mo.-Fr. 10-18 Uhr, Sa. 10-17 Uhr nach Vereinbarung
„Design Vinothek"

Inhaber .... Georg Julius
Rebfläche .... 19 Hektar

Gut die Hälfte der Weinberge von Georg Julius sind mit weißen Sorten bepflanzt, vor allem Riesling, Silvaner, Müller-Thurgau und Weißburgunder. Wichtigste rote Sorten, die gut ein Drittel der Fläche einnehmen, sind Dornfelder, Spätburgunder, Portugieser, St. Laurent und Merlot. Die Weinberge befinden sich unter anderem im Flörsheimer Frauenberg, im Gundheimer Sonnenberg, im Dalsheimer Sauloch und im Westhofener Rotenstein. Die Weine werden überwiegend trocken ausgebaut.

Die 2006er waren jahrgangsbedingt ein wenig schwächer, aber 2007 überzeugte mit einer gleichmäßigen Kollektion. Die neue Kollektion ist etwas verhalten, am besten gefallen uns die beiden barriqueausgebauten Rotweine aus dem Jahrgang 2007.

Weinbewertung

80 „Vinello" Perlwein trocken **5,80 €**
78 2008 Rivaner trocken **4,30 €/1l**
79 2008 Sauvignon Blanc trocken Abenheimer Klausenberg **6,80 €**
82 2008 Riesling trocken Westhofener Rotenstein **6,50 €**
81 2008 Grauburgunder trocken Nieder-Flörsheimer Frauenberg **6,80 €**
82 2008 Huxelrebe Auslese Dalsheimer Sauloch **7,20 €**
77 2008 Rosé **5,50 €**
83 2007 Merlot trocken Barrique Gundheimer Mandelbrunnen **9,50 €**
84 2007 Spätburgunder trocken Barrique Gundheimer Sonnenberg **9,50 €**

★★★☆

Juliusspital Würzburg

Weingut

Franken

Klinikstraße 1, 97070 Würzburg
Tel. 0931-393-1400, Fax: 0931-393-1414
www.juliusspital.de
info@juliusspital.de
Besuchszeiten: Mo.-Do. 7:30--16:30 Uhr, Fr. 7:30-12 Uhr Weinstuben (Juliuspromenade 19), täglich 10-24 Uhr; Weinverkauf im Weineck „Julius Echter" (Koellikerstraße 1/2), Mo.-Fr. 9-18 Uhr, Sa. 9-16 Uhr

Inhaber .... Stiftung des öffentlichen Rechts
Leiter .... Horst Kolesch
Rebfläche .... 172 Hektar

Die Stiftung Juliusspital wurde 1576 vom Würzburger Fürstbischof Julius Echter von Mespelbrunn gegründet. Das Weingut der Stiftung trägt mit seinen Erlösen zu den gemeinnützigen Stiftungsaufgaben (z.B. Klinik, Altenpflege) bei. Der ausgedehnte Besitz verteilt sich auf viele Lagen, darunter so renommierte Namen wie Würzburger Stein, Würzburger Innere Leiste, Iphöfer Julius-Echter-Berg, Randersackerer Pfülben, Volkacher Karthäuser, Rödelseer Küchenmeister oder Escherndorfer Lump. Wichtigste Rebsorten beim Juliusspital, dem größten Weingut in Franken, sind Silvaner, Müller-Thurgau und Riesling.

Dazu gibt es Weißburgunder, Grauburgunder, Bacchus, Rieslaner, Traminer und Scheurebe, aber auch rote Rebsorten wie Spätburgunder, Domina, und Schwarzriesling.

Die Spitzenweine aus den besten Lagen werden seit dem Jahrgang 2003 als Große Gewächse vermarktet, zuvor trugen sie die Bezeichnung Spätlese trocken. Nachdem einige Jahre die Weine enorm üppig und süß ausfielen, sind sie seit 2007 wieder klarer und präziser, haben an Länge und Nachhaltigkeit gewonnen.

2006 erschienen uns manche Weine, vor allem die Großen Gewächse, etwas allzu üppig und süß. Üppig waren auch die 2007er Weine, vor allem die Großen Gewächse, dabei aber klar und fruchtbetont. Sie führten eine starke Kollektion an. Ebenso stark ist nun die 2008er Kollektion, vor allem die Großen Gewächse gefallen uns sehr gut, sie sind präziser und klarer als in manchen früheren Jahren, vor allem auch weniger süß. Die Qualitäts- und Kabinettweine zeigen sich von gewohnt zuverlässiger Qualität, und dass man sich beim Juliusspital auch auf edelsüße Weine versteht, beweist die prächtige Silvaner Beerenauslese aus dem Kronsberg.

Weinbewertung

85 . . . 2007 Blanc de Noir Sekt brut
fruchtbetont, feine rauchige Noten; klar, harmonisch, feine Frucht **16,90 €**

85 . . . 2008 Silvaner Kabinett trocken Würzburger Stein
würzig, klare reife Frucht, etwas Birnen; weich, füllig, harmonisch, reife Frucht **10,50 €**

85 . . . 2008 Grauburgunder Kabinett trocken Thüngersheimer Johannisberg
gute Konzentration, eindringlich, reintönig; weich, füllig, harmonisch, klare reife Frucht **9,80 €**

88 . . . 2008 Riesling „GG" Pfülben Randersacker
gute Konzentration, viel reife Frucht, etwas gelbe Früchte; füllig, harmonisch, viel Substanz und viel reife süße Frucht, Biss **22,- €**
2005: 89; 2006: 87; 2007: 89.

89 . . . 2008 Riesling „GG" Stein Würzburg
gute Konzentration, reintönige reife Frucht, herrlich eindringlich, etwas weiße und gelbe Früchte; füllig, kraftvoll, viel reife Frucht, Substanz und Länge **24,- €**
2000: 85; 2001: 88; 2002: 88; 2003: 88; 2004: 86; 2005: 88; 2006: 86; 2007: 89.

90 . . . 2008 Weißer Burgunder „GG" Karthäuser Volkach
gute Konzentration, feine rauchige Noten, viel reife Frucht, weiße und gelbe Früchte, herrlich eindringlich; füllig, kraftvoll, viel reife Frucht, Substanz, gute Struktur, Länge und Nachhall **27,- €**
1999: 87; 2000: 86; 2003: 86; 2004: 89; 2005: 88; 2006: 86; 2007: 88.

90 . . . 2008 Silvaner „GG" Stein Würzburg
gute Konzentration, klare reife Frucht, herrlich eindringlich, etwas Birnen, gelbe Früchte; füllig, kraftvoll, reife Frucht, gute Substanz und Länge **22,- €**
1999: 87; 2000: 86; 2001: 89; 2002: 88; 2003: 89; 2004: 89; 2005: 88; 2006: 88; 2007: 88.

90 . . . 2008 Silvaner „GG" Julius-Echter-Berg Iphofen
gute Konzentration, viel reife Frucht, herrlich eindringlich und reintönig; füllig, kraftvoll, viel Substanz, reintönige reife Frucht, wunderschön harmonisch und lang **20,- €**
2000: 84; 2001: 87; 2003: 88; 2004: 89; 2005: 87; 2006: 87; 2007: 88.

91 . . . 2008 Silvaner „GG" Lump Escherndorf
viel Konzentration, herrlich viel Frucht, wunderschön klar und eindringlich, feine Würze; füllig, stoffig, herrlich viel Frucht und Substanz, Länge und Nachhall **20,- €**

87 . . . 2008 Riesling Auslese Iphöfer Julius-Echter-Berg
würzig, eindringlich, gute Konzentration; weich, schmeichelnd, harmonisch, viel reife süße Frucht **12,- €/0,5l**

90 . . . 2008 Silvaner Beerenauslese Iphöfer Kronsberg

würzig, klar, reife Frucht, gute Konzentration; füllig, harmonisch, schmeichelnd, viel reife süße Frucht, feine Frische und Länge **48,- €/0,5l**

82 2008 Silvaner trocken Würzburger Pfaffenberg **7,30 €**
82 2008 Riesling Kabinett trocken Würzburger Stein **10,50 €**
82 2008 Sauvignon Blanc trocken **7,50 €**

Georg Jung ★
Weingut

Rheinhessen

Alzeyer Straße 4, 55278 Undenheim
Tel. 06737-246, Fax: 06737-9952
jung-weingut-undenheim@t-online.de
Besuchszeiten: täglich 8-18 Uhr und nach Vereinbarung
Gästezimmer (3 Doppelzimmer)

Inhaber .... Georg Jung
Rebfläche .... 14 Hektar

Das Weingut Jung ist ein typischer rheinhessischer Mischbetrieb, der neben Weinbergen noch 43 Hektar Ackerland bewirtschaftet. Besonderes Augenmerk legt man bei Jung auf den Silvaner, aber auch Neuzüchtungen wie Faberrebe oder Regner stehen in den Weinbergen. Hinzu kamen mit dem Jahrgang 2000 Cabernet Dorsa und Ortega.

Eine ausgeglichene Kollektion stellte Georg Jung vor zwei Jahren vor, Weiß- und Rotweine überzeugten gleichermaßen. Auch 2007 präsentierte sich sehr gleichmäßig, die Weine waren klar, frisch und süffig. Eine ähnliche Kollektion folgt nach mit frischen, sauberen Weinen – in der Spitze aber sollte mehr möglich sein.

Weinbewertung

81 2008 Weißburgunder trocken **4,60 €**
81 2008 Auxerrois trocken **4,60 €**
81 2008 Chardonnay trocken **5,50 €**
82 2008 Gelber Muskateller trocken **4,60 €**
83 2008 Grauburgunder Spätlese trocken **5,50 €**
83 2008 Riesling Spätlese trocken **5,- €**
80 2008 „Sommerliebe" Rosé trocken **4,30 €**
82 2008 Siegerrebe Spätlese **4,50 €**
84 2008 Ortega Spätlese **4,80 €**
80 2008 Dornfelder trocken **4,40 €**
79 2008 Cabernet Dorsa trocken **5,50 €**
83 2007 Sankt Laurent trocken **5,10 €**

Jakob Jung ★★★☆
Weingut

Rheingau

Eberbacher Straße 22, 65346 Erbach
Tel. 06123-900620, Fax: 06123-900621
www.weingut-jakob-jung.de
info@weingut-jakob-jung.de
Besuchszeiten: Mo.-Fr. 14:30-19 Uhr, Sa. 10-17 Uhr
Weinproben (bis 50 Personen)

Inhaber .... Alexander Johannes Jung
Rebfläche .... 12 Hektar

Seit 1799 befindet sich das Weingut im Besitz der Familie. Ludwig Jung stieg 1969 bereits als 18-Jähriger in den Betrieb ein, inzwischen wird das Gut von seinem Sohn Alexander Johannes Jung geleitet; Vater Ludwig ist allerdings immer noch aktiv und unterstützt den Junior im Weinberg. Alexander Jung absolvierte ein Studium in Geisenheim sowie Praktika in Baden sowie in Südafrika. Die Reben befinden sich in Erbach (Steinmorgen, Honigberg, Michelmark, Hohenrain) und Kiedrich (Sandgrub). Wichtigste Rebsorte bei ihm ist der

Riesling, der 85 Prozent der Fläche einnimmt. Hinzu kommen vor allem Spätburgunder, aber auch Chardonnay und Weißburgunder. Die Rieslinge von Alexander Johannes Jung bleiben nach einer kühlen Gärung, die im Edelstahl stattfindet, recht lange auf der Feinhefe, damit sie mehr Fruchtfülle und Extrakt erhalten. Sie werden größtenteils erst im Spätsommer abgefüllt. Die Weine werden meist trocken und halbtrocken angeboten.

Die 2006er gerieten etwas ungleichmäßig. Die 2007er Weißweine fielen komplex aus, die 2006er Rotweine überzeugten. Ähnliches gilt für 2008: Es entstanden saftige, würzige Rieslinge bis zum komplexen Ersten Gewächs aus der Lage Hohenrain. Auch die beiden 2007er Spätburgunder überzeugen mit viel Frucht und einer leicht rauchigen Art.

Weinbewertung

85 . . . 2008 Riesling Kabinett trocken Erbacher Steinmorgen
zunächst sehr verhalten, entwickelt sich dann gut; würzig, straff, feine Frucht, Biss **6,90 €**

85. . . 2008 Riesling Spätlese trocken Erbacher Steinmorgen
jugendlich, etwas verhalten; stoffig, würzig, eher kompakt, feine Säure, gute Länge **8,90 €**

86 . . . 2008 Riesling trocken „Alte Reben" Erbacher Hohenrain
klar, duftig, gelbe Früchte; straff, viel Würze, leicht mineralisch, Potenzial **10,30 €**

89 . . . 2008 Riesling Erstes Gewächs Erbach Hohenrain
sehr jugendlich, Melone, Hefenoten; straff, reife Säure, kompakt, gute Länge, hat Substanz
2005: 88; 2006: 88; 2007: 88.

87 . . . 2008 Riesling Erstes Gewächs Erbach Siegelsberg
sehr feine Frucht, zart; elegant, würzig, feine Säure, etwas verhalten, könnte sich noch entwickeln

86 . . . 2008 Riesling Spätlese „feinherb" Erbacher Steinmorgen
etwas verhalten; feine Frucht, würzig, wirkt beinah trocken, Substanz **8,90 €**

88 . . . 2007 Spätburgunder trocken Barrique „Alexander Johannes"
klare Frucht, leicht rauchig, etwas Bitterschokolade; saftig, viel Frucht, leicht rauchige Würze im Nachhall **18,90 €**

86+ . . . 2007 Spätburgunder trocken Barrique „Alexander Johannes R"
klare Frucht, Sauerkirsche, getrocknete Beeren, ganz leicht rauchig, Schokolade; viel Würze, straffe Frucht, pikante Säure, Potenzial

---

80 2008 Riesling trocken „JUNGe Edition" **5,40 €**
82 2008 Riesling trocken „JUNG" **5,60 €**
84 2008 Weißburgunder trocken **8,90 €**
82 2008 Riesling Classic **5,60 €**
83 2008 Riesling Kabinett „feinherb" Erbacher Hohenrain **6,90 €**
84 2008 Riesling Kabinett Erbacher Michelmark **6,90 €**

★

Jungblut

Weingut

Mosel

Scharzbergstraße 2, 54329 Konz-Oberemmel
Tel. 06501-15498, Fax: 06501-150500
www.weingut-jungblut.de
weingut-jungblut@gmx.de
Besuchszeiten: täglich (keine festen Besuchszeiten)

Inhaber .... Christian Jungblut
Rebfläche .... 3 Hektar

Die Weinberge von Christian Jungblut liegen in Oberemmel und Wiltingen. Neben Riesling baut er ein wenig Spätburgunder und Dornfelder an. Die Weine werden teils in Holzfässern, teils in Edelstahltanks ausgebaut, 60 Prozent davon trocken oder halbtrocken.

2006 fiel eher einfach aus, die 2007er machten mit ihrer frischen Art deutlich mehr Freude. Den 2008er Basisweinen merkt man den nicht einfachen Jahrgang an, aber Christian Jungblut hat einige saftige Rieslinge auf die Flasche gebracht. Die Preise sind nach wie vor niedrig.

Weinbewertung

85 . . . 2008 Riesling „feinherb Alte Reben"
frisch, jugendlich; würzig, feingliedrig, pikante Säure, sehr geradlinig, hat Substanz **5,25 €**

78 2008 „Saar Riesling" trocken **3,75 €/1l**
80 2008 Riesling Hochgewächs trocken **4,25 €**
82 2008 Riesling Classic **4,25 €**
84 2008 Riesling Kabinett „feinherb" Oberemmeler Rosenberg **4,25 €**
77 2008 Riesling **3,75 €/1l**
79 2008 Weißer Burgunder **4,50 €**
83 2008 Riesling Kabinett Oberemmeler Karlsberg **4,25 €**
82 2008 Dornfelder Rosé „feinherb" **4,50 €**
78 2008 Spätburgunder Blanc de Noir **4,50 €**

Klaus Junk ★★

Weingut

Mosel

Euchariusstraße 23, 54340 Leiwen
***Tel.** 06507-4349, **Fax:** 06507-4883*
www.weingut-junk.de
info@weingut-junk.de
***Besuchszeiten:** nach Vereinbarung*

Inhaber .... Klaus Junk
Rebfläche .... 8,5 Hektar

Die Weinberge von Klaus Junk liegen zur Hälfte in Steillagen. Sie verteilen sich auf zehn verschiedene Orte von Waldrach an der Ruwer bis Bernkastel. Darunter sind Parzellen in der Leiwener Laurentiuslay, der Trittenheimer Apotheke, der wenig bekannten Waldracher Krone und der Thörnicher Ritsch. 60 Prozent der Fläche sind mit Riesling bepflanzt, 30 Prozent mit Burgundersorten. Spezialität des Weingutes sind die süßen und edelsüßen Weine sowie die barriqueausgebauten Rotweine. Vater Klaus Junk und Sohn Claus Junk setzen verstärkt auf den Rotweinanbau. Im Frühjahr 2004 wurde ein Betrieb aus der Verwandtschaft mit 2,5 Hektar mit wurzelechten Reben übernommen.

2007 wirkten die Weine mineralisch und rassig, an der Spitze eine Phalanx edelsüßer, sehr animierender Weine. Die 2008er sind sehr klare, frische Rieslinge, teilweise sogar mineralisch.

Weinbewertung

86 . . . 2008 Riesling Spätlese * Klüsserather Bruderschaft**
sehr jugendlich, etwas Schwefel; saftig, würzig, rassig, geradlinig

87 . . . 2008 Riesling Auslese* „Alte Reben" Leiwener Laurentiuslay
duftig, feine Frucht, etwas Schwefel, getrockneter Apfel; rassig, saftig, Potenzial

88 . . . 2008 Riesling Auslese* „Alte Reben" Leiwener Laurentiuslay**
sehr klare Frucht, kandierter Apfel, Steinobst; saftig, viel Frucht, rassig, Substanz

83 2006 Sekt trocken „Cuvée Solus"
82 2008 Riesling Hochgewächs trocken Leiwener Klostergarten

Kalkbödele ★★

Weingut der Gebrüder Mathis

Baden

Enggasse 21, 79291 Merdingen
Tel. 07668-902672, Fax: 07668-94505
www.kalkboedele.de
weingut@kalkboedele.de
Besuchszeiten: Mo.-Fr. 10-12 + 14-17 Uhr, Sa. 10-13 Uhr

Inhaber .... Familie Bernhard Mathis
Gutsverwalter/Kellermeister ... Martin Schärli
Rebfläche .... 16 Hektar

1978 begannen Paul Mathis, Gründer eines Kalkwerks in Merdingen, und seine Brüder Bernhard und Franz mit der Herstellung eigener Weine vom Tuniberg. Heute wird das Weingut von Sonja Mathis-Stich geführt. Betriebsleiter und Kellermeister beim Kalkbödele ist der Schweizer Martin Schärli. Das Weingut ist auf Spätburgunder spezialisiert, der 60 Prozent der Rebfläche einnimmt. Ein weiteres Viertel der Rebfläche ist mit Weiß- und Grauburgunder bepflanzt. Cabernet Sauvignon und Merlot ergänzen das Programm. Die Rotweine werden maischevergoren und in Holzfässern ausgebaut. Alle Weine werden durchgegoren ausgebaut.

Schon seit zehn Jahren empfehlen wir die Weine vom Kalkbödele, aber in den letzten Jahren erst haben die Kollektionen deutlich an Konstanz gewonnen, die Weißweine sind fruchtbetonter und reintöniger geworden, den Holzeinsatz bei den Rotweine scheint man etwas zurückgefahren zu haben.

Nach ausgewogenen Kollektionen in den vorausgegangenen Jahren waren die 2006er Weißweine etwas schwächer, die 2005er Rotweine präsentierten sich recht gleichmäßig. Die 2007er Weißweine waren ein deutlicher Schritt voran, die Rotweine überzeugten wie gewohnt. Sehr homogen präsentiert sich nun auch die neue Kollektion mit gleichermaßen interessanten Weiß- und Rotweinen, wobei wir in diesem Jahr erstmals einen Weißwein leicht präferieren, den barriqueausgebauten Grauburgunder.

Weinbewertung

86 . . . 2008 Grauburgunder Spätlese trocken Merdinger Bühl
gute Konzentration, feine Würze, dezent gelbe Früchte; füllig, harmonisch, viel reife Frucht **8,70 €**

85 . . . 2008 Pinot Gris trocken Merdinger Bühl
gute Konzentration, feine Würze und rauchige Noten, klare Frucht; weich, füllig, harmonisch, klare reife Frucht **8,90 €**

87 . . . 2007 Grauburgunder Spätlese trocken Barrique Merdinger Bühl
feiner Toast, gute Konzentration, herrlich eindringlich; füllig, kraftvoll, viel reife Frucht, Vanille, gute Substanz **11,50 €**

86 . . . 2006 Spätburgunder trocken Barrique Merdinger Bühl
gute Konzentration, viel reife Frucht, dezent Vanille; füllig, kraftvoll, klare reife Frucht, gute Struktur und Länge **11,20 €**

85 . . . 2007 Spätburgunder trocken „Edition" Merdinger Bühl
im Kastanienbarrique ausgebaut; rauchige Noten, etwas Gewürze, rote Früchte; füllig, harmonisch, viel reife Frucht, Frische, Tannine **13,50 €**

85 . . . 2007 Spätburgunder trocken „K" Barrique Merdinger Bühl
gute Konzentration, Gewürze und Toast, reife Frucht; füllig, kraftvoll, gute Struktur **18,50 €**

85 . . . 2006 „Cuvée Paul" trocken Merdinger Bühl
Merlot und Cabernet Sauvignon; konzentriert, reife Frucht, dezent Cassis; kraftvoll, zupackend, dezent Kräuter, rote Früchte, gute Struktur **13,90 €**

83 2008 Weißburgunder Kabinett trocken Merdinger Bühl **6,70 €**
82 2008 Grauburgunder Kabinett trocken Merdinger Bühl **6,70 €**
83 2008 Spätburgunder Weißherbst Spätlese trocken Merdinger Bühl **6,70 €**
83 2007 Spätburgunder trocken „Bestes Fass" Merdinger Bühl **8,90 €**
83 2007 Pinot Noir trocken Merdinger Bühl **9,30 €**

★★★

Albert Kallfelz

Weingut

Mosel

Hauptstraße 60-62, 56856 Zell-Merl
Tel. 06542-93880, Fax: 06542-938850
www.kallfelz.de
info@kallfelz.de
Besuchszeiten: Mo.-Fr. 8-18 Uhr, Sa. 9-14 Uhr, sonst nach Vereinbarung

Inhaber .... Albert Kallfelz
Rebfläche .... 43,4 Hektar

2007 feierte Albert Kallfelz, der 1972 das elterliche Weingut übernommen hat, das 100-jährige Bestehen des Betriebes. Von 1,8 Hektar im Jahr 1972 hat er die Rebfläche bis auf mehr als 43 Hektar gesteigert. Neben den Trauben aus den eigenen Weinbergen verarbeitet er auch die Trauben von Winzern, mit denen er Pacht- und Bewirtschaftungsverträge abgeschlossen hat. Zwei Drittel der Weinberge befinden sich in Steillagen. 1998 konnte er weitere 1,7 Hektar in der Spitzenlage Merler Königslay-Terrassen zukaufen, die Albert Kallfelz nun fast ganz allein gehört. Daneben besitzt er größere Flächen in den Merler Lagen Adler, Stephansberg und Fettgarten. Im Jahr 2000 hat Albert Kallfelz die Betriebsgebäude vergrößert und zusätzliche Lagerkapazitäten geschaffen. Neben Riesling gibt es etwas Weißburgunder und Müller-Thurgau, allerdings werden diese Sorten immer nur als Qualitätswein ohne Prädikate ausgebaut. Über 85 Prozent der Weine baut Albert Kallfelz trocken aus, die Weine sind klar und elegant. Sie sollen in jedem Falle – ein Hauptaugenmerk von Albert Kallfelz – gute Essensbegleiter sein.

2006 bewies Kallfelz, dass er imstande ist, auch in schwierigen Jahren sehr zuverlässige Weine zu erzeugen. Die 2007er gefielen ebenfalls – schon die trockenen Basisweine besaßen überdurchschnittlich viel Struktur. Auch die 2008er sind klare, kompakte und animierende Weine – die trockene Spätlese aus den Königslay-Terrassen steht dem Großen Gewächs nicht nach.

Weinbewertung

86 . . . 2008 Riesling Spätlese trocken Merler Stephansberg
sehr jugendlich, duftig, etwas Zitrus, Melone;: stoffig, würzig, rassige Säure **7,65 €**
2001: 87; 2002: 87; 2003: 87; 2004: 86; 2005: 85; 2006: 84; 2007: 86.

88 . . . 2008 Riesling Spätlese trocken Merler Königslay-Terrassen
klar, frisch, Melone, noch etwas hefebetont; stoffig, viel Würze, gute Struktur, sehr geradlinig, Nachhall **9,25 €**
1999: 87; 2000: 86; 2001: 89; 2002: 86; 2003: 85; 2004: 88; 2005: 87; 2006: 88; 2007: 88.

88 . . . 2008 Riesling Merler Königslay-Terrassen (Großes Gewächs Bernkasteler Ring)
sehr jugendlich, noch unruhig, etwas Melone; stoffig, viel Struktur, sehr geradlinig **15,40 €**
2006: 88; 2007: 89.

87 . . . 2008 Riesling Spätlese „feinherb" Merler Königslay-Terrassen
reife Frucht, Melone, Pfirsich, etwas Aprikose; saftig,

viel Würze, kraftvoll, feine Frucht **9,25 €**
(bis 2005: habtrocken.) 2004: 86; 2005: 87; 2006: 87; 2007: 87.

88 . . . 2008 Riesling Spätlese Merler Königslay-Terrassen
zarte Frucht, Boskoop, leichte Hefenote; saftig, würzig, deutliche Süße, rassig **9,25 €**
1999: 88; 2000: 88; 2001: 88; 2002: 86; 2003: 86; 2004: 88; 2005: 86; 2006: 87; 2007: 88.

87 . . . 2008 Riesling Auslese Merler Königslay-Terrassen
kühle Frucht, Mirabelle, kandierter Apfel; saftig, würzig, dezente Bitternote **16,20 €/0,5l**
2000: 91; 2001: 91; 2003: 87; 2004: 89; 2005: 87; 2006: 87; 2007: 87.

82 2008 Riesling trocken **4,95€/1l**
84 2008 Riesling trocken Hochgewächs **6,35 €**
84 2008 Riesling Kabinett trocken Merler Adler **6,90 €**
82 2008 Riesling „feinherb" **4,95/1l**
84 2008 Riesling Kabinett „feinherb" Merler Adler **6,90 €**

★★★

Graf von Kanitz

Weingut

Rheingau

Rheinstraße 49, 65391 Lorch
Tel. 06726-346, Fax: 06726-2178
www.wein-kanitz.de
info@wein-kanitz.de
Besuchszeiten: Mo.-Fr. 9-17 Uhr, Mai bis Okt. Sa. 10-15 Uhr, April jeden 2. Sa. 10-15 Uhr und nach Vereinbarung

Inhaber .... Sebastian Graf von Kanitz
Betriebsleiter .... Kurt Gabelmann
Rebfläche .... 13,5 Hektar

Das Weingut Graf von Kanitz gehört zu jenen Betrieben, die eine Mitgliedschaft im Verband der Prädikatsweingüter (VDP) mit jener bei Ecovin verbinden. Das Ökosystem Weinberg hat höchste Priorität für das Weingut. Erstmals erwähnt wurde der Betrieb im 13. Jahrhundert. Die Weinberge liegen in den Lorcher Lagen Bodental-Steinberg, Kapellenberg, Pfaffenwies, Schlossberg und Krone. Neben dem dominierenden Riesling spielt vor allem der Spätburgunder eine Rolle, auch etwas Grauburgunder wird im Schlossberg angepflanzt. Der Jahrgang 2004 war der erste unter der Regie des Betriebsleiters Kurt Gabelmann, der den Betrieb inzwischen deutlich nach vorne gebracht hat. Die Weine wirken klar und unaufdringlich, besitzen stets Eleganz und Substanz.

2006 war gelungen, und auch 2007 überzeugte voll und ganz. Die 2008er sind schlanker, wirken zunächst verhalten, entwickeln sich aber im Glas ausgezeichnet. Der 2007er Spätburgunder ist ein Muster an Ausgewogenheit, kein bisschen vom Barrique dominiert.

Weinbewertung

86 . . . 2008 Riesling Kabinett trocken Lorcher Pfaffenwies
klare Frucht, entwickelt sich gut im Glas; saftig, würzig, feine Säure, guter Nachhall **7,80 €**

87 . . . 2008 Riesling Spätlese trocken Lorcher Pfaffenwies
etwas Zitrus, leichte Hefenoten; feine Frucht, straff, viel Würze, bereits sehr ausgewogen, gute Länge **10,70 €**

89 . . . 2008 Riesling Spätlese trocken Lorcher Kapellenberg
zunächst sehr verhalten, später klar, fruchtig, Steinobst; saftig, viel Würze, nachhaltig **10,40 €**

86 . . . 2008 Riesling Kabinett halbtrocken Lorcher Kapellenberg
frisch, duftig; viel Frucht, würzig, gute Länge, sehr animierend **7,80 €**

86 . . . 2008 Riesling Kabinett Lorcher Bodental-Steinberg
sehr klare Frucht, leichte Hefenoten, etwas Mirabelle; würzig, gute Frucht, zarte Süße **7,80 €**

87 . . . 2008 Riesling Spätlese Lorcher Pfaffenwies
duftig, klar, etwas Apfel, Stachelbeere; viel Würze, zurückhaltende Süße, rassig **10,70 €**

88 . . . 2007 Spätburgunder Spätlese trocken Lorcher Schlossberg
sehr feine Frucht, sortentypisch, Kirsche, etwas Kräuter; würzig, viel Frucht, wirkt elegant, balanciert, gute Struktur **12,40 €**

---

82 2008 Riesling trocken Graf von Kanitz **6,30 €**
84 2008 Riesling trocken Lorcher Kapellenberg **6,80 €**
82 2008 Riesling halbtrocken Graf von Kanitz **6,30 €**
84 2008 Grauburgunder Kabinett „feinherb" Lorcher Schlossberg **7,30 €**
82 2008 Spätburgunder Weißherbst 6,90 €

★★★

Kanzlerhof

Weingut

Mosel

Hauptstraße 23, 54340 Pölich
Tel. 06507-9389660 oder 3193, Fax: 06507-9389661
www.kanzlerhof.de
weingutkanzlerhof@web.de
Besuchszeiten: täglich nach Vereinbarung
Weinstube, Gästezimmer, Straußwirtschaft Schömann

Inhaber .... Familie Schömann-Kanzler
Rebfläche .... 4,8 Hektar

Die Weinberge vom Weingut Kanzlerhof liegen in den Lagen Mehringer Blattenberg und Pölicher Held (zum Teil noch mit wurzelechten Reben bestockt) und werden im naturnahen Anbau bewirtschaftet. 60 Prozent der Weine werden trocken oder halbtrocken ausgebaut. Neben Riesling gibt es ein klein wenig Spätburgunder und Müller-Thurgau. Das Stammhaus, der Kanzlerhof, wo die Weine heute noch vinifiziert werden, wurde im Jahr 1578 als Fronhaus der Trierer Abtei St. Maximin errichtet. Der Ausbau der Weine erfolgt teils im traditionellen Fuderfass, teils im Edelstahl. Die Kanzlerhof-Weine sind immer erstaunlich saftig, würzig und sehr zugänglich; die Preise allerdings haben mit der Qualität noch nicht ganz mitgezogen!

2006 fiel spannend aus, die Rieslinge hatten Struktur und Würze, die edelsüßen Weine begeisterten. Die 2007er präsentierten sich in allen Bereichen saftig und zugänglich, die 2008er sind nun eine fast noch größere Überraschung: Sie haben Substanz und eine sehr feine, würzige Art. Die 2004er Spätlese aus der Lage Held beweist die Lagerfähigkeit dieses oft unterschätzten Jahrgangs.

Weinbewertung

86 . . . 2008 Riesling Spätlese trocken „S" Pölicher Held
duftig, Zitrus, leichte Hefenote; viel Würze, stoffig, feingliedrig, hat Biss **7,- €**
1999: **87**; 2000: **84**; 2001: **88**; 2002: **84**; 2003: **85**; 2004: **86**; 2005: **84**; 2006: **86**; 2007: **86**.

86 . . . 2008 Riesling Kabinett Pölicher Held
sehr klare Frucht, herrlich frisch; saftig, feingliedrig, kühle Frucht, sehr balanciert, wirkt fast halbtrocken **5,- €**

88 . . . 2008 Riesling Spätlese Mehringer Blattenberg
duftig, Stachelbeere; saftig, rassig, sehr feingliedrig, eher verhaltene Süße, feiner Nachhall **7,50 €**

89. . . 2008 Riesling Spätlese „Goldkapsel" Pölicher Held
duftig, ganz leicht Schwefel, kandierter Apfel; saftig, würzig, feingliedrig, sehr animierend, nachhaltig

(Versteigerungswein)

89 . . . 2004 Riesling Spätlese „Goldkapsel" Pölicher Held

eindringliche Frucht, leichte Kräuternote; straff, viel Würze, noch fast jugendlich, saftig, rassig **8,50 €**

81 2008 Riesling trocken Pölicher Held **4,50 €/1l**

83 2008 Riesling Classic **4,50 €**

83 2008 Rivaner **4,- €**

84 2008 Riesling Kabinett „feinherb" Pölicher Held **5,- €**

★

Kapellenhof

Weingut Oek.Rat Schätzel Erben

Rheinhessen

Kapellenstraße 18, 55278 Selzen

Tel. 06737-204, Fax: 06737-8670

www.kapellenhof-selzen.de

kapellenhof@t-online.de

Besuchszeiten: Mo.-Fr. 7:30-12 + 13-18 Uhr, Sa. 9-12 + 13-18 Uhr

Weinstube „Kapellenhof" in 250 Jahre alter Barockscheune

Inhaber .... Thomas Schätzel

Rebfläche .... 17,5 Hektar

Der Kapellenhof in Selzen wurde erstmals 1373 als „Capell-Hube" urkundlich erwähnt. Heute wird das Gut von Thomas Schätzel geführt, der nach dem Abschluss seines Weinbaustudiums 1984 in den elterlichen Betrieb eingetreten ist. Weißweine machen 80 Prozent der Produktion aus. Wichtigste Rebsorte ist Riesling, gefolgt von Silvaner, Müller-Thurgau, Grauburgunder und Weißburgunder, hinzu kommt etwas Chardonnay und Sauvignon Blanc. An roten Sorten baut Thomas Schätzel Dornfelder, Spätburgunder, Portugieser, sowie ein wenig St. Laurent und Cabernet Cubin an. Wichtigste Lagen sind Hahnheimer Knopf, wo die Reben auf Kalkmergelböden wachsen, und Selzener Gottesgarten.

Im schwierigen Jahrgang 2006 hatte Thomas Schätzel sich gut behauptet, vor allem die Rieslinge überzeugten mit ihrer feinen Frucht. Eine vergleichbare Kollektion folgte im Jahrgang 2007 nach, wieder angeführt von den trockenen Rieslingen. In der aktuellen, recht gleichmäßigen Kollektion haben uns die Rieslinge aus dem Hahnheimer Knopf am besten gefallen, trocken wie edelsüß.

Weinbewertung

85 . . . 2008 Riesling Spätlese trocken „Kalkmergel" Hahnheimer Knopf

würzig, konzentriert, reife Frucht; füllig, kraftvoll, gute Substanz und reife Frucht **5,90 €**

86 . . . 2008 Riesling Beerenauslese Hahnheimer Knopf

viel Duft, etwas süße Aprikosen, auch Litschi, eindringlich; süß, konzentriert, dick, eingelegte süße Aprikosen **11,50 €/0,5l**

78 2008 Silvaner trocken **4,90 €**

79 2008 Weißburgunder trocken **4,90 €**

82 2008 Sauvignon Blanc trocken Selzener Osterberg **5,90 €**

83 2008 Riesling „Cabinet" trocken Hahnheimer Knopf **4,90 €**

80 2008 Riesling „feinherb" Hahnheimer Knopf **4,90 €**

80 2008 Weißburgunder Classic **6,50 €**

82 2008 Grauburgunder Classic **6,50 €**

82 2008 Riesling Spätlese Selzener Osterberg **5,80 €**

82 2008 Spätburgunder Weißherbst Spätlese halbtrocken Selzener Gottesgarten **5,- €**

★

Gerhard Karle
Wein-und Sektgut

Baden

Scherkhofenstraße 69, 79241 Ihringen
Tel. 07668-5252, Fax: 07668-94181
www.weingut-gerhard-karle.de
info@weingut-gerhard-karle.de
Besuchszeiten: Mo.-Fr. 8-12 + 13-18 Uhr, Sa. 8-17 Uhr und nach Vereinbarung

Inhaber .... Gerhard Karle
Rebfläche .... 12 Hektar

Das 1899 von Friedrich Karle gegründete Weingut wird heute in vierter Generation von Gerhard und Elisabeth Karle geführt. Die Weinberge befinden sich in Ihringen in den Lagen Winklerberg und Fohrenberg. Neben den Burgundersorten, die 75 Prozent der Rebfläche einnehmen, gibt es Riesling, Chardonnay und Gewürztraminer. Die Weine werden überwiegend trocken ausgebaut.

Vor zwei Jahren überzeugte die Kollektion, nicht nur die Spätburgunder, sondern auch die 2006er Weißweine. Die letztjährige Kollektion präsentierte sich geschlossen, nur die roten Spitzen der letzten Jahre gab der Jahrgang 2006 nicht her. 2008 sind die Weißweine sauber und frisch, aber etwas verhalten, der barriqueausgebaute Spätburgunder aus dem Jahrgang 2007, unser Favorit in der aktuellen Kollektion, ist recht vanillegeprägt.

Weinbewertung

85 ... 2007 Spätburgunder Spätlese trocken Barrique Ihringer Winklerberg
gute Konzentration, rauchige Noten, klare Frucht, herrlich eindringlich; füllig, harmonisch, feine süße Frucht, Vanille **11,70 €**

80 2008 Riesling Kabinett trocken Ihringer Winklerberg **5,40 €**
81 2008 Grauer Burgunder Kabinett trocken Ihringer Winklerberg **5,50 €**
81 2008 Weißburgunder Kabinett trocken Ihringer Fohrenberg **5,30 €**
82 2008 Weißburgunder Spätlese trocken Ihringer Fohrenberg **6,30 €**
79 2008 Chardonnay Spätlese trocken Ihringer Winklerberg **6,60 €**
83 2008 Grauer Burgunder Auslese trocken Barrique Ihringer Winklerberg **11,- €**
81 2008 Scheurebe Kabinett „feinherb" Ihringer Fohrenberg **5,30 €**
80 2008 Spätburgunder Rosé Kabinett trocken Ihringer Winklerberg **5,50 €**
80 2008 Spätburgunder Rosé Spätlese trocken Ihringer Winklerberg **6,30 €**
81 2008 Spätburgunder Kabinett trocken Ihringer Winklerberg **5,90 €**
83 2008 Spätburgunder Spätlese trocken Ihringer Winklerberg **10,70 €**

★★★☆

Karlsmühle
Weingut

Mosel

Im Mühlengrund, 54318 Mertesdorf
Tel. 0651-5123, Fax: 0651-5610296
www.weingut-karlsmuehle.de
anfrage@weingut-karlsmuehle.de
Besuchszeiten: Mo.-Sa. 8-17 Uhr und nach Vereinbarung
Gutsausschank Karlsmühle (Di.-So. ab 12 Uhr)

Inhaber .... Peter Geiben
Rebfläche .... 14,5 Hektar

Die Geschichte der Mühle reicht bis weit ins erste nachchristliche Jahrtausend zurück, 1889 heiratete der erste Geiben in die Besitzerfamilie ein. Weinberge von Peter Geiben, dem heutigen Inhaber, befinden sich zu 80 Prozent in Steillagen, alle auf der rechten Seite der Ruwer. Fast alle Rieslinge werden spontanvergoren. Die Hälfte der Weine baut er trocken aus, 20 Prozent halbtrocken und 30 Prozent süß. Die Mertesdorfer Einzellagen Lorenzhöfer Mäuerchen und Lorenzhöfer Felslay gehören Peter Geiben in Alleinbesitz. Mit dem Erwerb des Weinguts Partheiger kam die Lage Kaseler Kehrnagel hinzu. Recht neu im Sortiment ist die Lage Kaseler Timpert. In den letzten Jahren versucht Peter Geiben mehr und mehr das Ruwer-Terroir herauszuarbeiten, beispielsweise mit der ausdrucksstarken „Selektion vom Quarzitschiefer".

Aus dem Jahrgang 2006 wurden nur sechs Weine angestellt, welche zwar die Schwierigkeiten des Jahrgangs erkennen ließen, aber ein sehr solides Qualitätsniveau erreichten; absolute Spitzen fehlten aus nachvollziehbaren Gründen. Der Jahrgang 2007 bot viel Licht und etwas Schatten: Einige Weine waren sehr säurebetont und unzugänglich. Die 2008er sind schlank und frisch, teilweise ein wenig rustikal, in der Spitze aber echte Ruwer-Klassiker. Exzellent: Die komplexe „Selektion vom Quarzschiefer" und der nochmals vorgestellte 2005er aus dem Kaseler Nies'chen!

Weinbewertung

88 . . . 2008 Riesling Auslese trocken „Selektion vom Quarzitschiefer"
reife Frucht, dunkle Würznoten, leichte Hefenoten; straff, komplex, mineralisch, charaktervoll, Nachhall **13,50 €**

85 . . . 2008 Riesling Kabinett „feinherb" Lorenzhöfer Mäuerchen
duftig, frisch, ganz leichte Hefenote; straff, würzig, feine Frucht, hat Biss **7,50 €**

87 . . . 2008 Riesling Kabinett Kaseler Nies'chen
sehr feine Frucht, Cassis, Apfel, ein wenig Kräuter; saftig, feingliedrig, animierend **7,50 €**

88 . . . 2008 Riesling Spätlese Kaseler Nies'chen
jugendliche Frucht, Kräuter, Apfel, etwas Melone; feines Süße-Säure-Spiel, gute Länge **9,80 €**

91 . . . 2005 Riesling Auslese Kaseler Nies'chen
opulente Frucht, Pfirsich, leichte Kräuternote; dicht, herrlich saftig, komplex, langer Nachhall **25,- €**

88 . . . 2008 Riesling Eiswein Lorenzhöfer
reife Frucht, Aprikose, etwas welke Früchte; rassig, saftig, schon zugänglich **37,- €/0,375l**

82 2008 Riesling trocken „Molaris L." **7,50 €**
83 2008 Riesling Kabinett trocken Lorenzhöfer **7,50 €**
84 2008 Riesling Spätlese trocken Lorenzhöfer **9,50 €**
80 2008 Riesling „feinherb" **6,- €/1l**
83 2008 Riesling „feinherb Molaris L." **7,50 €**
84 2008 Riesling Kabinett Lorenzhöfer Mäuerchen **7,50 €**

★☆

Ernst **Karst** & Sohn
Weingut

In den Almen, 67098 Bad Dürkheim
Tel. 06322-2862, Fax: 06322-65965
www.weingut-karst.de
info@weingut-karst.de
Besuchszeiten: Di.-Sa.. 10-12 + 13-18 Uhr
Gästehaus
Restaurant Weinrefugium, Schlachthausstraße 1a

Inhaber . . . . Erika und Manfred Karst
Kellermeister . . . . Uli Karst
Rebfläche . . . . 11,5 Hektar

Das Weingut ist seit 1765 im Besitz der Familie und wird heute von Manfred und Eva Karst geführt. Sohn Uli ist – nach Geisenheim-Studium, USA-Aufenthalt und Praxiserfahrung in der Pfalz und in Franken – inzwischen für den Keller verantwortlich. Die Weinberge befinden sich in den Lagen Spielberg, Rittergarten, Hochbenn und Mandelgarten. Wichtigste Rebsorte ist Riesling, der 40 Prozent der Fläche einnimmt. Hinzu kommen 20 Prozent Burgundersorten und 40 Prozent Rotweinsorten wie Spätburgunder, Dornfelder, St. Laurent, Lemberger, Merlot und Cabernet Sauvignon. Alle Rotweine werden maischevergoren und in Holzfässern ausgebaut.

Die 2006er Weißweine waren etwas schwächer ausgefallen, die 2005er Rotweine aber überzeugten vor zwei Jahren wie gehabt. Auch in der letztjährigen Kollektion lagen die Stärken im roten Segment, unter den Weißweinen gefielen vor allem Riesling und Gewürztraminer. Für die Spitzenweine wurde die neue Linie „momentum" eingeführt – und der momentum-Spätburgunder ist auch unser Favorit in der aktuellen Kollektion, in der die Rotweine überzeugen, die Weißweine reichen da nicht ganz heran.

Weinbewertung

85 . . . 2007 „GC" Cabernet Merlot trocken
würzig, eindringlich, gute Konzentration; füllig, harmonisch, reife Frucht, dezent Vanille **8,50 €**

86 . . . 2007 „momentum" Spätburgunder Spätlese trocken Barrique
gute Konzentration, reife Frucht, reintönig, herrlich eindringlich; füllig, harmonisch, viel reife Frucht, Substanz, gute Länge **12,50 €**

80 2008 „Rittergarten" Riesling Kabinett trocken **5,30 €**

80 2008 Muskateller Kabinett trocken Dürkheimer Hochmess **5,30 €**

80 2008 Weißburgunder Kabinett trocken Wachenheimer Mandelgarten **5,20 €**

78 2008 Chardonnay Spätlese trocken Dürkheimer Spielberg **7,30 €**

81 2008 Grauburgunder Beerenauslese **13,90 €**

81 2008 Cabernet Sauvignon Rosé trocken **5,60 €**

83 2008 Spätburgunder Spätlese trocken Dürkheimer Rittergarten **7,50 €**

★★★★

Karthäuserhof

Weingut

Mosel

54292 Trier-Eitelsbach
Tel. 0651-5121, Fax: 0651-53557
www.karthaeuserhof.com
mail@karthaeuserhof.com
Besuchszeiten: Mo.-Fr. 8-12 + 13-17 Uhr

Inhaber .... Christoph Tyrell
Rebfläche .... 19 Hektar

Der Karthäuserhof hat seinen Namen von den Karthäusermönchen, die das Weingut 1335 vom Kurfürsten von Luxemburg als Geschenk erhielten. Nach der Säkularisierung kam es in den Besitz der Familie Rautenstrauch und wird seit 1986 in sechster Generation von Christoph Tyrell geführt, einem gelernten Juristen. Ihm gehört der knapp 19 Hektar große Eitelsbacher Karthäuserhofberg in Alleinbesitz. Der Karthäuserhofberg ist eine Süd-Südwest-Lage mit einer Hangneigung bis zu 55 Prozent. Die Reben wachsen auf feinschiefrigen Verwitterungsböden. Neben 93 Prozent Riesling baut er 7 Prozent Weißburgunder an. Ende der achtziger Jahre haben Christoph Tyrell und sein Kellermeister und Verwalter Ludwig Breiling die alten Fuderfässer durch Edelstahltanks ersetzt, in denen heute alle Weine vom Karthäuserhof ausgebaut werden.

Die 2006er wirkten erstaunlich feingliedrig und frisch, 2007 begeisterten vor allem die trockenen Auslesen sowie alle süßen Weine ab Kabinett aufwärts mit atemberaubender Klarheit. Aus dem Jahrgang 2008 stellt Christoph Tyrell sehr geradlinige Weine vor, die sich teilweise etwas verschlossen zeigen, aber mit Luft gewinnen. Bereits die Basisweine sind sehr sorgfältig vinifiziert, der Eiswein gehört zu den spannendsten Weinen, die hier jemals vinifiziert wurden.

Weinbewertung

85 . . . 2008 Riesling Kabinett trocken Eitelsbacher Karthäuserhofberg
duftig, frisch; kraftvoll, feine Frucht, rassig, zupackend **9,70 €**

87 . . . 2008 Riesling Spätlese trocken Eitelsbacher Karthäuserhofberg
sehr frisch, feine Frucht, etwas Cassis; stoffig, würzig, viel Substanz, feine Frucht, nachhaltig **14,20 €**

87 . . . 2008 Riesling Kabinett Eitelsbacher Karthäuserhofberg
duftig, Kräuter, ganz leicht Cassis; würzig, rassig, zarte Süße, sehr animierend **9,70 €**

87 . . . 2008 Riesling Spätlese „feinherb" Eitelsbacher Karthäuserhofberg
klare Frucht, duftig; straff, würzig, sehr geradlinig, fest, rassig **14,20 €**

89 . . . 2008 Riesling Spätlese Eitelsbacher Karthäuserhofberg
sehr eindringliche Frucht, duftig, Kräuter, mineralisch, etwas Ananas; rassig, klare Frucht, zurückhaltende Süße, animierend **14,20 €**

90 . . . 2008 Riesling Spätlese „Nr. 48" Eitelsbacher Karthäuserhofberg
sehr frisch, ganz leichte Hefenote, Kräuter, später reife Frucht; rassig, herrliches Süße-Säure-Spiel, zupackend, nachhaltig (Versteigerungswein)

89 . . . 2008 Riesling Auslese Eitelsbacher Karthäuserhofberg
eindringliche Frucht, Ananas, Pfirsich, deutliche Kräuternote; saftig, feingliedrig, mineralisch, Potenzial **18,50 €**

93 . . . 2008 Riesling Eiswein „Nr. 51" Eitelsbacher Karthäuserhofberg
reintönige Frucht, leicht schweflig, Kräuter, Aprikose; opulente Frucht, dicht, viel Struktur, gut eingebundene Säure, Potenzial

---

83 2008 Riesling trocken Eitelsbacher Karthäuserhofberg **7,20 €**
84 2008 Riesling „feinherb" Eitelsbacher Karthäuserhofberg **7,20 €**
84 2008 Riesling Kabinett „feinherb" Eitelsbacher Karthäuserhofberg **9,70 €**

★

Kaßner-Simon

Weingut

Pfalz

Wallstraße 15, 67251 Freinsheim
Tel. 06353-989320, Fax: 06353-989321
www.kassner-simon.de
info@kassner-simon.de
Besuchszeiten: Mo.-Sa. 13-18 Uhr, So. 10-13 Uhr
Landhotel „Altes Wasserwerk"

Inhaber .... Willi H. Simon, Thomas Simon
Rebfläche .... 14 Hektar

Das 1949 gegründete Weingut wird heute von Willi und Rosemarie Simon zusammen mit Sohn Thomas geführt. Ihre Weinberge befinden sich in verschiedenen Freinsheimer Lagen. Wichtigste Rebsorte ist Riesling, der gut ein Drittel der Rebfläche einnimmt. Es folgen die roten Sorten Portugieser, Spätburgunder und Dornfelder, sowie an weißen Sorten Weiß- und Grauburgunder, Scheurebe, Müller-Thurgau, Auxerrois, Rieslaner, Chardonnay und Kerner. Dazu gibt es Merlot und Cabernet Dorsa.

Ein barriqueausgebauter Rotwein, der Spätburgunder, gefiel uns vor zwei Jahren besonders gut und auch in der letztjährigen Kollektion war mit dem Merlot einmal mehr ein Barriquerotwein unser Favorit, aber auch der Sekt machte Freude. Die neue Kollektion ist gleichmäßig, aber ein klein wenig zu verhalten.

Weinbewertung

83 2006 Riesling Sekt extra brut **10,30 €**
83 2006 Pinot Rosé Sekt brut **10,30 €**
79 2008 Riesling trocken **4,20 €/1l**
82 2008 Auxerrois trocken Freinsheimer Oschelskopf **5,10 €**
79 2008 Grauburgunder trocken Freinsheimer Musikantenbuckel **5,10 €**
81 2008 Riesling Kabinett trocken Freinsheimer Oschelskopf **5,10 €**
83 2008 Riesling Spätlese trocken Freinsheimer Oschelskopf **6,30 €**
83 2008 „Groß" Riesling Spätlese trocken Freinsheimer Oschelskopf **8,50 €**
82 2008 Scheurebe Spätlese Freinsheimer Oschelskopf **5,50 €**
81 2008 Spätburgunder Rosé trocken Freinsheimer Schwarzes Kreuz **5,10 €**
82 2007 Spätburgunder „Alte Reben" trocken Freinsheimer Schwarzes Kreuz **7,60 €**

Gebrüder Kauer

★★☆

Weingut

Nahe

Bürgermeister-Dielhenn-Straße 1, 55452 Windesheim
Tel. 06707-255, Fax: 06707-517
www.weingut-gebrueder-kauer.de
info@weingut-gebrueder-kauer.de
Besuchszeiten: Vinothek Bruchgasse: Di./Do. 17-19 Uhr und nach Vereinbarung

Inhaber .... Markus und Christoph Kauer
Rebfläche .... 9,5 Hektar

Der einstige landwirtschaftliche Gemischtbetrieb hat sich seit den achtziger Jahren ganz auf Weinbau konzentriert. Die Weinberge von Markus und Christoph Kauer liegen in den Windesheimer Lagen Sonnenmorgen, Rosenberg, Saukopf und Römerberg. Die Reben wachsen auf Sandsteinverwitterungsböden des Rotliegenden und des Hunsrückschiefers, aber auch auf Sand und Lehm. Markus und Christoph Kauer haben in den vergangenen Jahren den Rebsortenspiegel weiter verändert hin zu den Burgundersorten, die inzwischen die Hälfte der Rebfläche einnehmen, und Riesling, der auf ein Viertel der Rebfläche wächst. Daneben gibt es etwas Müller-Thurgau und Bukettsorten. Drei Viertel der Weine werden trocken ausgebaut.

Das Weingut zeigte sich unbeeindruckt vom Jahrgang 2006, stellte eine durch und durch stimmige Kollektion vor mit kraftvollen, fülligen weißen Burgundern und ausdrucksstarken Rieslingen. Homogen auf hohem Niveau präsentierte sich auch die letztjährige Kollektion, wobei 2007 die Weißburgunder besonders gefielen. Sehr homogen ist auch die 2008er Kollektion, bietet reintönige Rieslinge und füllige, kraftvolle weiße Burgunder.

Weinbewertung

85 . . . 2008 Weißer Burgunder „S" trocken
konzentriert, feine Würze und Frucht, eindringlich; füllig, kraftvoll, reife Frucht, Substanz, Frische **8,50 €**
bis 2001 Spätlese trocken: 2001: 87; 2002: 86; 2003: 87; 2004: 86; 2005: 86; 2006: 85; 2007: 87.

87 . . . 2008 Weißer Burgunder „R" trocken
konzentriert, klare reife Frucht, herrlich eindringlich; füllig, kraftvoll, viel reife Frucht, Substanz **12,50 €**
2001: 87; 2003: 87; 2004: 87; 2005: 87; 2006: 86; 2007: 87.

85 . . . 2008 Grauer Burgunder „S" trocken
würzig, klar, etwas gelbe Früchte; weich, harmonisch, reife Frucht, Frische **8,50 €**
2004: 86; 2005: 86; 2006: 86; 2007: 85.

85 . . . 2008 Riesling trocken „vom roten Sandstein"
gute Konzentration, feine Würze und Frucht, herrlich eindringlich; füllig, kraftvoll, reife Frucht, Substanz und Frische **7,50 €**
2004: 83; 2005: 84; 2006: 85; 2007: 84.

87 . . . 2008 Riesling „S" trocken Römerberg
gute Konzentration, feine Würze und Frucht, etwas gelbe Früchte, eindringlich; füllig, stoffig, gute Harmonie, reife Frucht und Substanz **9,90 €**
bis 2004 Spätlese trocken: 1999: 84; 2001: 85; 2002: 86; 2003: 87; 2004: 87; 2005: 87; 2006: 86; 2007: 85.

86 . . . 2008 Riesling Spätlese Römerberg
gute Konzentration, faszinierend viel Frucht, feine Würze, herrlich eindringlich; füllig und schmeichelnd, reife süße Frucht, feine Frische, Biss **7,50 €**

80 2008 Rivaner trocken **4,90 €**
82 2008 Weißburgunder trocken **5,50 €**
82 2008 Riesling trocken **5,50 €**
82 2008 Riesling „feinherb" **7,- €**
83 2008 Spätburgunder Blanc de Noir **6,50 €**

★★

Martina und Dr. Randolf Kauer
Weingut

Mittelrhein

Mainzer Straße 21, 55422 Bacharach
Tel. 06743-2272, Fax: 06743-93661
www.weingut-dr-kauer.de
weingut-dr.kauer@t-online.de
Besuchszeiten: nach Vereinbarung

Inhaber .... Martina und Randolf Kauer
Rebfläche .... 3,5 Hektar

Randolf Kauer hat 1982 den Grundstrein für sein eingenes Weingut gelegt und es seither nach und nach auf die heutige Betriebsgröße erweitert. Zusammen mit seiner Ehefrau Martina bewirtschaftet er die Weinberge nach den Richtlinien des ökologischen Weinbaus (Mitglied bei Ecovin). Die Weinberge, allesamt Steillagen, liegen in Bacharach (Kloster Fürstental, Wolfshöhle), Oberwesel (Oelsberg), Oberdiebach (Fürstenberg) und Urbach (Beulsberg). 90 Prozent der Rebfläche nimmt Riesling ein, die restlichen 10 Prozent sind mit Spätburgunder bestockt.

Randolf Kauer baut seine Weine überwiegend trocken aus. Die Kabinettweine sind klar, frisch und zupackend, die Spätlesen kraftvoller und stoffiger, oft geprägt von mineralischen Noten.

Im schwierigen Jahrgang 2006 hatte Randolf Kauer kraftvolle, sehr eigenständige Spätlesen. Eine vergleichbare Kollektion folgte 2007 nach, an der Spitze wiederum einige eindringliche Spätlesen. Die 2008er Kollektion präsentiert sich sehr homogen, die Weine sind frisch und rassig, die Sekte fruchtbetont und klar. Die Weine sind angenehm zurückhaltend im Alkohol, Säure und dezente Restsüße ergeben harmonische Weine. Die kraftvolle Spätlese aus dem Oelsberg, der Jungfernwein aus einer Steilstlage, gehört zu den besten trockenen Weinen des Jahrgangs am Mittelrhein.

Weinbewertung

85 . . . 2008 Riesling Sekt brut
elf Monate auf der Hefe ausgebaut; fruchtbetont, würzig, klar; frisch, harmonisch, zupackend **11,- €**

86 . . . 2008 Spätburgunder Weißherbst Sekt brut
elf Monate auf der Hefe; fruchtbetont, frisch, jugendlich; klar, frisch, elegant, feine süße Frucht **11,- €**

86 . . . 2008 Riesling Spätlese trocken Bacharach Kloster Fürstental
fruchtbetont, klar, frisch; kraftvoll, klar, reife Frucht, gute Struktur und Fülle **10,50 €**
2005: 87; 2007: 86.

88 . . . 2008 Riesling Spätlese trocken Oberweseler Oelsberg
gute Konzentration, reintönige Frucht, jugendlich, herrlich eindringlich, feine mineralische Noten; kraftvoll, stoffig, viel Substanz und reife Frucht **11,- €**
2003: **86**; 2004: **87**; 2006: **86**; 2007: **86**.

87 . . . 2008 Riesling Auslese Bacharach Kloster Fürstental
konzentriert, enorm würzig, etwas Litschi und süße Zitrusfrüchte; süß, schmeichelnd, herrlich viel Frucht und Stoff **16,- €/0,5l**

---

82 2008 Spätburgunder Weißherbst trocken „Tornado" 6,- €
80 2008 Riesling trocken 6,70 €
82 2008 Riesling Kabinett trocken Bacharacher Kloster Fürstental 8,- €
82 2008 Riesling Kabinett trocken Bacharacher Wolfshöhle 8,50 €
84 2008 Riesling Kabinett trocken Oberweseler Oelsberg 9,- €
82 2008 Riesling Kabinett halbtrocken Bacharacher Kloster Fürstental 7,80 €

G. Kaufmann ★
Weingut
Baden

Basler Straße 46, 79588 Efringen-Kirchen
Tel. 07628-2256, Fax: 07628-941356
www.bestebioweine.de/weingut-kaufmann
weingut.kaufmann@web.de
Besuchszeiten: Fr. 16-19 Uhr, Sa. 9-17 Uhr oder nach Vereinbarung
Ferienwohnungen

Inhaber .... Familie Kaufmann
Rebfläche .... 7 Hektar

Bis zur Übernahme durch Günter Kaufmann 1988 wurde das Weingut als landwirtschaftlicher Gemischtbetrieb betrieben. Seither wurde die Rebfläche von einem Hektar auf die heutige Größe erweitert. Seit 1993 ist das Weingut Mitglied bei Ecovin. Die Weinberge liegen im Efringen-Kirchener Ölberg und im Blansinger Wolfer. Angebaut werden Gutedel, Spätburgunder, Weißburgunder, Grauburgunder, Müller-Thurgau, Riesling, Muskat-Ottonel und Chardonnay, dazu die pilzwiderstandsfähigen Sorten Regent, Cabernet Carol und Monarch.

Weinbewertung

86 . . . 2008 Weißburgunder Spätlese trocken Efringen-Kirchener Ölberg
gute Konzentration, reintönige reife Frucht, weiße Früchte; füllig, kraftvoll, reife Frucht, gute Substanz und Länge **7,80 €**

---

80 2008 Gutedel trocken Efringen-Kirchener Ölberg **4,50 €/1l**
82 2008 Riesling Kabinett trocken Efringen-Kirchener Ölberg **7,20 €**
83 2008 Chardonnay Kabinett trocken Blansinger Wolfer **8,20 €**
83 2007 Spätburgunder trocken Blansinger Wolfer **7,20 €**
80 2008 Regent trocken **7,20 €**

Kees-Kieren ★★★★
Weingut
Mosel

Hauptstraße 22, 54470 Graach
Tel. 06531-3428, Fax: 06531-1593
www.kees-kieren.de
weingut@kees-kieren.de
Besuchszeiten: Mo.-Fr. 9 -19 Uhr, Sa. 10-18 Uhr, nach Vereinbarung
Gutsausschank, Tage der offenen Weinkeller (Pfingsten, Mo.-Fr., und Fronleichnam, Do.-So.)

Inhaber .... Ernst-Josef und Werner Kees
Rebfläche .... 6 Hektar

Seit beinah einem Vierteljahrhundert führen die Brüder Ernst-Josef und Werner Kees diesen Graacher Betrieb, der seine Weinbautradition über 300 Jahre zurückverfolgen kann. Das Weingut verfügt über Steillagenparzellen in Graach, Erden, Kinheim und Kesten, Riesling spielt mit rund 90 Prozent die Hauptrolle, daneben werden noch etwas Kerner, Müller-Thurgau und Spätburgunder angebaut. Die Weine werden vorwiegend in Fuderfässern ausgebaut und vergleichsweise spät auf Flaschen gefüllt; sie präsentieren sich immer wieder sehr saftig und rassig, im edelsüßen Bereich sogar opulent.

2007 präsentierte sich – beispielsweise mit kraftvollen Süßweinen – sehr gelungen. Die 2008er sind bereits im Basisbereich sehr zuverlässig, es existieren aber auch reichlich Spitzen wie die Spätlese trocken „S" oder der faszinierende Treppchen-Kabinett. Die nochmals vorgestellten 2005er haben noch viel Zukunft.

Weinbewertung

85 ... 2008 Riesling Hochgewächs trocken Graacher Domprobst
duftig, etwas Kräuter; viel Würze, stoffig, kraftvoll, hat Biss **5,40 €**

87 ... 2008 Riesling Spätlese trocken Graacher Domprobst
eindringliche Frucht, deutlich Kräuter, etwas gekochte Ananas; saftig, viel Würze, Kraft **9,- €**
1999: 84; 2000: 84; 2001: 86; 2002: 85; 2003: 86; 2004: 88; 2005: 87; 2006: 85; 2007: 87.

89 ... 2008 Riesling Spätlese trocken „S" Graacher Domprobst
sehr feine Frucht, leichte Hefenote, Stachelbeere, Apfelschale; betont würzig, stoffig, feine Säure, sehr animierend **11,50 €**
2005: 89; 2006: 87; 2007: 88.

88 ... 2008 Riesling Spätlese* „feinherb" Graacher Domprobst
duftig, Kräuter, etwas Beeren, eindringlich; würzig, viel Frucht, feine Säure, viel Schmelz und Nachhall **9,50 €**
bis 1999 halbtrocken: 1999: 86; 2000: 86; 2001: 88; 2004: 88; 2005: 87; 2006: 87; 2007: 88.

86 ... 2008 Riesling Kabinett Graacher Himmelreich
feine Frucht, Apfel, Kräuter, Melone; saftig, rassig, zarte Süße, hat Biss **7,20 €**

89 ... 2008 Riesling Kabinett Erdener Treppchen**
prägnante Frucht, Ananas, Kräuter, Pfirsich; saftig, rassig, fast opulente Frucht, langer Nachhall (Versteigerungswein)

87 ... 2008 Riesling Spätlese Graacher Himmelreich
feine Frucht, getrockneter Apfel, leichte Kräuternote; saftig, viel Würze, feste Struktur, nur zarte Süße, Potenzial **9,- €**

90 ... 2008 Riesling Auslese Graacher Himmelreich**
etwas verhalten, Ananas, Kräuter, kandierter Apfel, Steinobst; saftig, rassig, komplex **19,60 €**
1999: 90; 2000: 88; 2001: 92; 2002: 91; 2003: 88; 2004: 92; 2005: 90; 2006: 89; 2007: 90.

89 ... 2008 Riesling Auslese* Graacher Domprobst**
reife Frucht, leicht cremig, kandierte Früchte; dicht, deutliche Süße, wirkt etwas unzugänglich (89+) (Versteigerungswein)
2000: 89; 2001: 92; 2002: 92; 2004: 91; 2005: 92; 2006: 88; 2007: 92.

92 ... 2005 Riesling Auslese Graacher Himmelreich
noch beinah jugendliche Frucht, Kräuter, Zitrus; enorm saftig, rassig, dicht, sehr saftig, noch viel Potenzial **19,60 €**

92 ... 2005 Riesling Beerenauslese Graacher Himmelreich
eindringliche Frucht, Kräuter, reife Zitrusnoten, gekochte Ananas; saftig, opulente Frucht, langer Nachhall **32,- €/0,375l**

94 ... 2005 Riesling Trockenbeerenauslese Graa-

K

Die besten deutschen Weinerzeuger und ihre Weine

cher Himmelreich
reife Frucht, kandierte Pfirsiche, etwas Karamell, Kandis; komplex, dick, rassige Säure, lang, noch viel Potenzial **72,- €/0,375l**

84 2008 Riesling Kabinett trocken Graacher Domprobst **7,20 €**
83 2008 Riesling Kabinett trocken Kinheimer Rosenberg **6,80 €**
84 2008 Riesling Hochgewächs halbtrocken Graacher Himmelreich **5,40 €**
84 2008 Riesling Kabinett halbtrocken Graacher Domprobst **7,- €**
84 2008 Riesling Hochgewächs **5,40 €**
83 2008 Spätburgunder Blanc de Noirs **7,50 €**

★

Keil
Weingut

K

Alt-Renzener Weg 2
74629 Pfedelbach-Untersteinbach
Tel. 07949-528, Fax: 07949-940645
www.weingut-keil.de
info@weingut-keil.de
Besuchszeiten: Mo.-Fr. 18 -20 Uhr, Sa. 13:30-18 Uhr, oder nach Vereinbarung

Inhaber .... Ralf Keil
Rebfläche .... 3,5 Hektar

Ralf Keil gründete 2004 mit damals 1,7 Hektar Weinbergen sein eigenes Weingut. Seine Weinberge liegen alle im Steinbacher Tal in der Lage Heuholzer Dachsteiger. Dort wachsen die Reben überwiegend auf schweren Keuperböden, einzelne Parzellen sind mit Muschelkalk durchsetzt. Ralf Keil hat neue Rebsorten gepflanzt und mit dem Barriqueausbau begonnen.

Weinbewertung

85 . . . 2007 Spätburgunder* trocken Barrique Heuholzer Dachsteiger**
gute Konzentration, feine Würze, reife Frucht, rote Früchte, Erdbeeren und Kirschen; füllig, harmonisch, viel reife Frucht und Substanz **18,- €**

82 2008 Grauburgunder Spätlese** trocken Heuholzer Dachsteiger **5,80 €**
81 2007 Grauburgunder*** trocken Barrique Heuholzer Dachsteiger **16,50 €**
81 2008 Riesling Kabinett „feinherb" Heuholzer Dachsteiger **4,50 €**
79 2007 Rotweincuvée „C"*** trocken Heuholzer Dachsteiger **8,80 €**
83 2007 Spätburgunder Auslese*** trocken Heuholzer Dachsteiger **11,50 €**

★★★★★

Franz Keller
Weingut Schwarzer Adler

Baden

Badbergstraße 23, 79235 Vogtsburg-Oberbergen
Tel. 07662-93300, Fax: 07662-719
www.franz-keller.de
keller@franz-keller.de
Besuchszeiten: Mo.-Fr. 8-18 Uhr, Sa. 8-16 Uhr
Hotel und Restaurant Schwarze Adler, Winzerhaus Rebstock

Inhaber .... Fritz Keller
Rebfläche .... 57 Hektar

Kein Anderer in Deutschland hat sich so für trockene, durchgegorene Weine eingesetzt wie Franz Keller. Sein Sohn Fritz Keller führt diesen Weg konsequent fort: Alle Weine sind durchgegoren und trocken, auch wenn dies nicht auf dem Etikett vermerkt ist. Dafür stehen Restzucker und Säure auf dem Etikett. Im Anbau dominieren die Burgundersorten. Dazu kommen vor allem Müller-Thurgau und Silvaner, beide aber mit abnehmender Bedeutung. Ein wenig Sauvignon Blanc hat Fritz Keller inzwischen gepflanzt, auch Merlot und Cabernet Sauvignon. Die besten Weine werden in der Reihe Selection angeboten. Entweder als Selection „S" oder – in Ausnahmejahren, wenn die Weine viel Lagerpotenzial versprechen – als Selection „A". Alle Selectionsweine werden zu 100 Prozent im Holzfass ausgebaut. Bei den Weißweinen geht Fritz Keller weg vom Barrique und hin zu 360-Liter-Fässern.

2006 waren die A-Selektionen grandios, Grauburgunder und Weißburgunder gehörten zur absoluten Spitze in Deutschland! Aber auch mit der S-Selektion, dem Chardonnay, gehörte Fritz Keller zur Jahrgangsspitze in Deutschland. 2007 übernahm die Führungsrolle ganz klar der Grauburgunder „A", auch wenn Chardonnay „S" und Weißburgunder Selection ebenfalls sehr gut gelungen waren. Kraftvoll und klar präsentierten sich aber auch schon Weißburgunder und Grauburgunder aus der Bassgeige, die Spätlesen aus Pulverbuck und Schlossberg boten ein Mehr an Kraft und Konzentration. Auf diese ganz starke, konsistente Weißweinkollektion folgt eine noch stärkere mit dem Jahrgang 2008. Der Weißburgunder aus der Bassgeige ist so gut wie noch nie, die Pulverbuck Spätlese noch ein klein wenig besser. Im Selections-Bereich aber geht die Post erst richtig ab: Zwei hervorragende Weißburgunder konnten wir verkosten und als Krönung einen großartigen Chardonnay der A-Klasse!

Ebenso wie die weißen Selectionsweine gehören auch die Selections-Spätburgunder von Fritz Keller regelmäßig zu den besten Spätburgundern in Baden. 2005 gehörten Spätburgunder „A" und „S" zu den großen Pinots des Jahrgangs in Deutschland. Doch mit einer Überraschung: Unmittelbar vor der Abfüllung verkostet, schien der „A" der deutlich faszinierendere Wein, nach der Füllung dann aber hatte der „S" knapp die Nase vorne. Beide waren herrlich reintönig, elegant und doch konzentriert und von erstaunlicher Nachhaltigkeit. Auch 2006 trat das gleiche Phänomen wieder auf: Der „S" war herrlich puristisch, präzise und nachhaltig, der „A" aber wirkte – noch – etwas zu tanninbetont, ist aber doch auf Dauer vielleicht der größere Wein. Mit dieser Vermutung schlossen wir im vergangenen Jahr das Kellersche Rotwein-Resümee.

In diesem Jahr müssen wir uns nicht lange den Kopf zerbrechen, die Welt ist in Ordnung: Der „S" ist toll, der „A" aber ist eindeutig noch toller! Ein faszinierender, großartiger Pinot voller Eleganz und Nachhaltigkeit. Und da auch sonst die Spätburgunder-Riege von Fitz Keller sich ganz prächtig präsentiert, fiel uns die Entscheidung leicht, wen wir denn wählen für die beste Rotwein-Kollektion des Jahres: Glückwunsch nach Oberbergen!

Weinbewertung

86 . . . 2007 Franz Keller's Pinot Sect Brut
feine Würze und Frucht, ganz dezent cremige Noten, Frische; gute Fülle und Harmonie, reife Frucht, klar **14,90 €**
1997: 85; 1999: 87; 2001: 87; 2003: 87; 2004: 87; 2005: 87; 2006: 88.

88 . . . 2008 Weißburgunder Oberbergener Bassgeige
fruchtbetont, frisch, gute Konzentration, reintönige Frucht; reintönig, frisch, zupackend, feine Frucht und Biss **10,20 €**
1999: 86; 2000: 86; 2001: 86; 2002: 86; 2003: 86; 2004: 87; 2005: 87; 2006: 84; 2007: 87.

86 . . . 2008 Grauburgunder Oberbergener Bassgeige
würzig, klar, reife Frucht, herrlich eindringlich; füllig, harmonisch, reife Frucht, gute Struktur **10,50 €**
1999: 86; 2000: 87; 2001: 87; 2002: 87; 2003: 85; 2004: 86; 2005: 87; 2006: 86; 2007: 87.

88 . . . 2008 Chardonnay Oberbergener Bassgeige
viel Konzentration, reife Frucht, etwas gelbe Früchte, Anis, dominant; klar, frisch, harmonisch, feine reife Frucht, Frische **10,50 €**

89 . . . 2008 Weißburgunder Spätlese Classic Oberbergener Pulverbuck
würzig, eindringlich, reife Frucht, gute Konzentration; klar, frisch, zupackend, gute Struktur, feine Frische und Biss, jugendlich **14,20 €**
2004: 89; 2006: 87; 2007: 88.

87 . . . 2008 Grauburgunder Spätlese Achkarrer Schlossberg
würzig, eindringlich, reife Frucht, etwas gelbe Früchte; füllig, harmonisch, reintönige Frucht, gute Struktur und Länge **14,30 €**
2004: 88; 2005: 88; 2006: 88; 2007: 89.

91 . . . 2008 Weißburgunder Selection
würzig, eindringlich, viel reife Frucht, dezenter Toast, dominant; füllig, kraftvoll, klare reife Frucht, gute Substanz und Struktur, Frische, lang und nachhaltig, jugendlich **17,- €**
2007: 89.

91 . . . 2008 Weißburgunder Selection „S"
viel Konzentration, herrlich viel Frucht, dezenter Toast, weiße und gelbe Früchte; füllig, kraftvoll, stoffig, verschlossen, viel Substanz, braucht Zeit, viel Potenzial **23,- €**

94 . . . 2008 Chardonnay Selection „A"
anfangs fruchtbetont und frisch, reife Frucht, ganz dezent Ananas, dann gelbe Früchte, viel Konzentration, dominant; füllig, kraftvoll, faszinierend viel Frucht, komplex, elegant, viel Kraft und Stoff, enormer Nachhall, faszinierender Chardonnay! **32,- €**

86 . . . 2008 Spätburgunder Oberbergener Bassgeige
frisch, klar, rote Früchte; klar, frisch, harmonisch, feine Frische und Frucht **12,40 €**
2004: 86; 2005: 86; 2006: 87; 2007: 86.

89 . . . 2007 Spätburgunder Selection
herrlich reintönige Frucht, feine rauchige Noten, ganz dezent Kräuter im Hintergrund, rote Früchte; klar, füllig, harmonisch, reife Frucht, Vanille, gute Struktur **16,70 €**

90 . . . 2007 „Franz Anton" Spätburgunder Auslese Oberbergener Bassgeige
frisch, würzig, reintönige Frucht, etwas rote Früchte; zupackend, feine Frische, wunderschön reintönige Frucht, geradlinig, gute Struktur und Länge **23,- €**

92 . . . 2007 Spätburgunder Selection „S"
herrlich reintönige Frucht, feine Frische, faszinierend klar, gute Konzentration, eindringlich; reintönig, elegant, faszinierend viel Frucht, kraftvoll, gute Struktur, jugendliche Tannine, enorm lang und nachhaltig, viel Potenzial **30,50 €**
1999: 89; 2000: 87; 2002: 88; 2003: 87; 2004: 90; 2005: 94; 2006: 91.

94 . . . 2007 Spätburgunder Selection „A"
viel Konzentration, reife reintönige Frucht, ganz dezenter Toast, etwas Schokolade, Herzkirschen, herrlich eindringlich; füllig, stoffig, enorm elegant und komplex, faszinierend viel Frucht, Frische, Mineralität, reintönig, viel Substanz, mit Potenzial **38,- €**
1997: 88; 1999: 90; 2001: 91; 2002: 86; 2003: 89; 2004: 92; 2005: 93; 2006: 89+.

★★★

Karlheinz Keller

Weingut

Rheinhessen

Landgrafenstraße 74-76, 67549 Worms-Pfiffligheim
Tel. 06241-75562, Fax: 06241-74836
www.weingutkeller.de
info@weingutkeller.de
Besuchszeiten: Mo.-Fr. 9-18 Uhr, Sa. 9-15 Uhr

Inhaber .... Karlheinz und Markus Keller
Rebfläche .... 21 Hektar

Karlheinz Keller hat 1975 den elterlichen Betrieb übernommen, seither die Rebfläche mehr als verdoppelt. Seit 1997 werden er und Ehefrau Petra im Betrieb von Sohn Markus unterstützt, der bei Klaus Keller und Bassermann-Jordan in die Lehre gegangen war. Die Weinberge liegen in Pfiffligheim (Nonnenwingert, Lössböden), Pfeddersheim (St. Georgenberg und Hochberg, roter Kiesboden mit hohem Lehmanteil, auch Löss und teils Kalk) und Nieder-Flörsheim (Frauenberg). Rotweine spielen eine wichtige Rolle im Betrieb, St. Laurent vor allem, aber auch Merlot, Cabernet Sauvignon, Syrah und Lagrein. Dazu gibt es etwas Frühburgunder, Portugieser und Dornfelder. An weißen Sorten gibt es vor allem Weiß- und Grauburgunder, Chardonnay und Riesling, noch ein klein wenig Bacchus und Morio-Muskat. Die Rotweine werden im Holzfass und teilweise im Barrique ausgebaut und seit 2007 unfiltriert abgefüllt, die Weißweine kommen in Edelstahltanks. Das Gros der Weine wird ab Hof an Privatkunden verkauft.

Wie kann es nur sein, dass dieses Weingut immer noch so wenig bekannt ist? Wie kann es nur sein, dass die Preise der Weine immer noch so moderat sind? Der Kunde darf sich freuen. Karlheinz und Markus Keller liefern seit einem Jahrzehnt zuverlässige Kollektionen auf sehr gutem Niveau, zu nach wie vor sensationell niedrigen Preisen. Die Qualität stimmt, die Rotweine vor allem haben zuletzt weiter zugelegt.

Sehr gleichmäßig war die Kollektion vor zwei Jahren, auch wenn die Weißweine naturgemäß nicht ganz an die Vorjahre heranreichten. Die letztjährige Kollektion präsentierte sich geschlossen mit kraftvollen, reintönigen Weiß- und Rotweinen, darunter der neue Riesling aus dem Frauenberg, aus einem Weinberg, der zuvor mit Müller-Thurgau bestockt war. Eine vergleichbar starke Kollektion folgt nach, mit reintönigen Weißweinen und kraftvollen Rotweinen, die weiter zugelegt haben, geradlinig und kompromisslos vinifiziert sind.

Weinbewertung

85 . . . 2008 Weißburgunder Spätlese Pfeddersheimer St. Georgenberg
gute Konzentration, reife Frucht, eindringlich; füllig, harmonisch, viel reife süße Frucht **5,- €**

85 . . . 2008 Riesling trocken „beim Kloster"
gute Konzentration, reife Frucht; füllig, kraftvoll, klare reife Frucht, zupackend, ganz dezent Zitrus im Hintergrund **5,30 €**

86 . . . 2008 Riesling „S" Spätlese trocken
(Pfeddersheimer St. Georgenberg) klar, würzig, konzentriert; kraftvoll, klar, zupackend, gute Struktur, ein klein wenig Limone und Zitrus, ganz dezent mineralische Noten im Abgang **6,30 €**

86 . . . 2008 Riesling Spätlese trocken FRAUENBERG
(Großes Gewächs) würzig, eindringlich, gute Konzentration; füllig, kraftvoll, gute Struktur und Substanz, jugendlich **6,60 €**

85 . . . 2007 Merlot „R" trocken Wormser Nonnenwingert
feine rauchige Noten, dezenter Toast, reife rote Früchte, reintönig; weich, füllig, reife Frucht, feine Frische **7,- €**

86 . . . 2007 Syrah „R" trocken Wormser Nonnenwingert
gute Konzentration, viel reife Frucht, etwas Brombeeren, herrlich eindringlich; füllig, harmonisch, klare Frucht, feiner Biss **6,80 €**

87 . . . 2007 St. Laurent trocken Barrique Pfeddersheimer St. Georgenberg
frisch, herrlich eindringlich und intensiv, reife Frucht, etwas Kirschen, dezenter Toast; frisch, reintönig, gute Struktur **8,70 €**

87 . . . 2007 Lagrein trocken Barrique Wormser Nonnenwingert
würzig, konzentriert, reife Frucht; füllig, harmonisch,

reife Frucht, gute Struktur und Frische **8,70 €**

88 . . . 2007 Syrah trocken Barrique

gute Konzentration, reife Frucht, etwas Brombeeren, dezent Weihrauch; weich, füllig, reife Frucht, gute Struktur, feine Frische und Wärme

---

83 2008 Grauburgunder trocken Wormser Nonnenwingert **4,20 €**

84 2008 Riesling trocken Pfeddersheimer St. Georgenberg **4,30 €**

84 2008 Chardonnay Spätlese Pfeddersheimer St. Georgenberg **5,60 €**

82 2008 Sauvignon Blanc trocken Pfeddersheimer St. Georgenberg

83 2008 St. Laurent trocken Pfeddersheimer St. Georgenberg **4,80 €**

82 2008 Merlot trocken Wormser Nonnenwingert **5,70 €**

★★★★★

Klaus Keller
Weingut

Rheinhessen

Bahnhofstraße 1, 67592 Flörsheim-Dalsheim
Tel. 06243-456, Fax: 06243-6686
www.keller-wein.de
info@keller-wein.de
Besuchszeiten: Mo.-Fr. 8-12 + 13-17:30 Uhr, Sa. 8-12 + 13-16 Uhr

Inhaber .... Klaus Keller
Rebfläche .... 13 Hektar

Klaus Keller und Sohn und Klaus Peter Keller bauen vor allem Riesling und die Burgundersorten an. Dazu gibt es Silvaner, Rieslaner und Scheurebe. Die Rieslinge der Kellers wachsen im Dalsheimer Hubacker, einem nach Südosten geneigten Hang (Kalksteinfels), sowie in Westhofen in den Lagen Morstein, Brunnenhäuschen (Abtserde) und Kirchspiel. Die besten Spätburgunder kommen von Muschelkalkböden aus dem Dalsheimer Bürgel. Die Moste werden bei niedrigen Temperaturen möglichst spontan vergoren. Die Gärung dauert mindestens acht bis zehn Wochen, edelsüße Spitzenweine gären oft ein halbes Jahr. Die Weine werden im Edelstahl oder in Holzfässern ausgebaut.

Der Erfolg von Klaus und Klaus Peter Keller hat Vorbildfunktion für ganz Rheinhessen. Und nicht nur für Rheinhessen. Eindrucksvoll zeigen sie, dass man auch in bisher wenig bekannten Lagen hervorragende Weine erzeugen kann. Sie sind das beste Beispiel dafür, dass Winzer Lagen bekannt machen (und nicht umgekehrt). So ist heute jedem Weinfreund in Deutschland der Dalsheimer Hubacker ein Begriff. Ob trocken oder süß (oder sehr süß), Weißwein oder Rotwein, bei allen Sorten und bei jedem Wein gelingen Klaus und Klaus Peter Keller erstklassige Ergebnisse.

Jahr für Jahr gibt es eine Vielzahl großer edelsüßer Weine, wie sie kein anderes Weingut in Deutschland erzeugt. Sie bestechen durch ihre Brillanz und Reintönigkeit. 2006 brachte faszinierende Auslesen, zur Steigerung nochmals fülligere Beerenauslesen und Trockenbeerenauslesen. 2007 hatten uns die Goldkapsel-Spätlesen aus Hubacker und Abtserde besonders begeistert, die Riesling Trockenbeerenauslesen brachten naturgemäß eine weitere Steigerung: Brillanz in jedem Wein. 2008 nun war wahrhaftig kein Jahrgang für edelsüße Weine, trotzdem haben die Kellers einige faszinierende Spät- und Auslesen auf die Flasche gebracht, zwei Trockenbeerenauslesen runden die edelsüße Kollektion ab.

Genauso spannend wie die edelsüßen Weine sind aber auch die trockenen Weine von Klaus Peter Keller, allen voran die Rieslinge. Der G-Max ist ein großer trockener Riesling, mit einer faszinierenden Komplexität und Mineralität. Auch 2006 war er wieder großartig, zeigte sich als Wein, der viel Zeit braucht. Dies scheint die entscheidende Änderung bei den trockenen Keller-Rieslingen zu sein, die sich über die letzten Jahre peu à peu ergab: Wie alle großen Weine, ob weiß oder rot, deuten sie in ihrer Jugend manchmal erst an, was in ihnen steckt, sind auf Haltbarkeit hin vinifiziert. Das gilt nicht nur für den G-Max, das gilt auch für die anderen großen Rieslinge aus Morstein, Hubacker, Kirchspiel und schließlich Abtserde, der mit dem Jahrgang 2006 sein Debüt gab.

Besonders verschlossen waren im Jahrgang 2007 Abtserde und Morstein. Bei einer ersten Verkostung wollte der Riesling aus der Abtserde sich gar nicht öffnen, beim zweiten Mal dann war er unmittelbar nach dem Öffnen der Star in seinem Flight – um dafür dann am zweiten Tag völlig verschlossen sich zu präsentieren. In der gleichen Verkostung stand der Riesling aus dem Morstein – und der strahlte am zweiten Tag (nachdem wir ihn auch am ersten Tag hervorragend bewertet hatten) und wurde von uns mit dem „Prädikat" „fordernd" versehen. Wesentlich präsenter war der Riesling aus dem Kirchspiel, der Hubacker bestach einmal mehr durch seine Eigenständigkeit, der G-Max schließlich: Ist einfach der G-Max. Die vor zwei Jahren von Klaus Peter Keller getroffene Entscheidung, einige der Weine erst ein Jahr später in den Verkauf zu bringen, kann man nur begrüßen, denn alle großen Weine brauchen ihre Zeit.

Das zeigen auch die 2008er: Als Fassproben verkostet waren sie faszinierend, vor allem Morstein und Abtserde, nur der G-Max blieb völlig verschlossen, die Weine erinnerten uns sehr an die 2004er. Bei den Verkostungen dann hat der G-Max gewaltig beeindruckt. Allerdings polarisierte er, ein Teil der Verkoster konnte mit dem Wein nichts anfangen, empfand ihn als bitter, andere empfanden ihn als großartig. Hätte man aus dieser Verkostergruppe den Durchschnittswert genommen, wäre ein mittelprächtiges Ergebnis dabei herausgekommen. Aber Weinkritik ist etwas anderes als Durchschnittswerte ermitteln, und der G-Max ist alles andere als mittelprächtig, er ist grandios. Das ist aber genau die oben angesprochene Veränderung in der Vinifikation, die ihn heute fordernder macht, nicht für jedermann gleichermaßen zugänglich.

Morstein und Kirchspiel zeigen auch 2008 ihre typischen Eigenschaften, der Hubacker natürlich auch, der sich aromatisch immer am deutlichsten von den anderen Großen Gewächsen unterscheidet. Die Abtserde allerdings unterscheidet sich 2008 stilistisch am deutlichsten, war am ersten Tag unnahbar, kam dann aber einen Tag später ganz gewaltig.

Beim Spätburgunder gab es 2005 einen Neuzugang im Programm, den Wein aus dem Frauenberg, der von burgundischen Pinotklonen stammt. 2006 hatte Klaus Peter Keller nur den Bürgel erzeugt, 2007 aber gibt es beide und auch den „S" sollte man nicht vergessen. Drei hervorragende Weine, unser eindeutiger Favorit aber ist der herrlich reintönige und nachhaltige Bürgel.

Weinbewertung

86 . . . 2008 Scheurebe trocken
frisch, fruchtbetont, herrlich reintönig; wunderschön klar und frisch, geradlinig, zupackend

85 . . . 2008 Grauburgunder trocken
würzig, klar, reife Frucht, etwas gelbe Früchte; klar, frisch, zupackend, ganz feine Bitternote **9,90 €**

86 . . . 2008 Riesling trocken
frisch, fruchtbetont, wunderschön klar; harmonisch, klar, feine süße Frucht, süffig **7,80 €**

2001: 87; 2002: 88; 2003: 86; 2004: 88; 2005: 86; 2006: 87; 2007: 87.

87 . . . 2008 „vom muscheligen Kalk"
etwas weiße Früchte, feine Frische, zurückhaltend; klar, harmonisch, feine Frucht **12,90 €**
2005: 90; 2006: 88; 2007: 89.

89 . . . 2008 Weißburgunder trocken „S"
viel Konzentration, eigenwillig eindringlich; füllig, stoffig, herrlich viel Kraft und Substanz, jugendlich, verhalten, feiner Biss **23,50 €**
1999: 90; 2001: 91; 2002: 90; 2005: 90; 2006: 91; 2007: 91.

88 . . . 2007 Grauburgunder trocken „S"
würzig, konzentriert, duftig, leicht streng; klar, zupackend, gute Konzentration, Fülle und Kraft, viel Stoff, jugendlich **23,50 €**
2001: 91; 2002: 92; 2004: (91); 2005: 88; 2006: 91; 2007: 91.

88 . . . 2008 Riesling trocken „von der Fels"
frisch, fruchtbetont, klare reife Frucht; gute Fülle und Harmonie, reintönige Frucht **15,90 €**
2000: 88; 2001: 87; 2002: 90; 2003: 90; 2004: 89; 2005: 90; 2006: 89; 2007: 89.

90 . . . 2008 Riesling trocken Westhofener
gute Konzentration, reintönige reife Frucht, ganz dezent mineralische Noten; stoffig, kraftvoll, reintönige Frucht, gute Struktur, Substanz und Länge **23,50 €**

94 . . . 2008 MORSTEIN Riesling „GG"
würzig, konzentriert, faszinierend viel Frucht, feine Mineralität, ein wenig Orangen, herrlich eindringlich und dominant; füllig, kraftvoll, konzentriert, viel reife Frucht, Substanz, dezent mineralische Noten, enorm nachhaltig (auf Anfrage)
2002: 94; 2003: 94; 2004: 98; 2005: 94; 2006: 93+; 2007: 93+.

93 . . . 2008 HUBACKER Riesling „GG"
gute Konzentration, faszinierend viel Frucht, etwas Grapefruit, Oragen, herrlich eindringlich; kraftvoll, stoffig, viel reife Frucht, gute Struktur und Substanz, feiner Nachhall **31,- €**
2000 (Spätlese trocken): 91; 2001: 94; 2002: 95; 2003: 94; 2004: 95; 2005: 94; 2006: 94; 2007: 92.

92 . . . 2008 ABTSERDE Riesling „GG"
würzig, etwas cremig, gute Konzentration, dann gelbe Früchte; füllig, klar, reife Frucht, zupackend, feine Frische, Biss, durchgängig, nachhaltig (auf Anfrage)
2006: 93; 2007: 93.

92 . . . 2008 KIRCHSPIEL Riesling „GG"
viel Konzentration, faszinierend viel Frucht, dominant, würzig, herrlich eindringlich; füllig, kraftvoll, reife Frucht, Substanz, herrlich reintönig, nachhaltig **28,- €**
2002: 91; 2003: 92; 2004: 93; 2005: 93; 2006: 94; 2007: 92.

94 . . . 2008 „G-Max" Riesling
konzentriert, faszinierend eindringlich, dominant, mineralische Noten; füllig, stoffig, kraftvoll, jugendlich, verschlossen, viel Substanz und Konzentration, enorm nachhaltig (auf Anfrage)
2000: 92; 2001: 96; 2002: 96; 2003: 95; 2004: 100; 2005: 94; 2006: 95; 2007: 94.

89 . . . 2008 Riesling „-RR-"
würzig, eindringlich, etwas Grapefruit und Orangen,; Fülle,, Substanz, feine süße Frucht und viel Biss, Kraft, noch etwas unruhig **21,50 €**
(bis 2006 trocken) 2004: 90; 2005: 89; 2006: 90; 2007: 90.

87 . . . 2008 Riesling Kabinett „Limestone"
würzig, herrlich eindringlich, reintönige Frucht, süße Zitrusfrüchte, Grapefruit; frisch, elegant, feine süße Frucht, süffig **12,90 €**
2006: 88; 2007: 88.

92 . . . 2008 Riesling Spätlese Goldkapsel Westhofener Abtserde
würzig, eindringlich, etwas gelbe Früchte, Grapefruit; füllig, stoffig, herrlich dominant und konzentriert, viel Substanz, kompakt, klar, nachhaltig (Versteigerungswein)
2007: 93.

92 . . . 2008 Riesling Auslese Westhofener Abtserde
würzig, eindringlich, viel reife Frucht, etwas Grapefruit, Zitrusfrüchte, Orangenschalen; füllig, stoffig, reife süße Frucht, feine Frische und Biss, viel Substanz und Würze, wunderschön harmonisch und lang (auf Anfrage)
2007: 92.

92 . . . 2008 Rieslaner Trockenbeerenauslese Monsheimer Silberberg
würzig, konzentriert, eingelegte Früchte, Mandarinen und Grapefruit; dick, süß, dominant, faszinie-

rend viel Frucht und Substanz, Länge **100,- €/0,375l**

92 . . . 2008 Riesling Trockenbeerenauslese Westhofener Morstein

enorm konzentriert und eindringlich, ein wenig Trockenfrüchte, dominant; viel Konzentration, enorm dick und dominant, herrlich viel Stoff und Substanz **260,- €/0,375l**

90 . . . 2007 Spätburgunder trocken „S"

gute Konzentration, reintönige reife Frucht, feine rauchige Noten, etwas rote Früchte, dezent Vanille im Hintergrund; füllig, harmonisch, viel reife Frucht, gute Substanz und Länge **23,50 €**

90 . . . 2007 „FR" Spätburgunder

viel Duft, herrlich eindringlich, etwas rote und dunkle Früchte; frisch, elegant, reintönige Frucht, gute Struktur, füllig und harmonisch, feine Tannine und Frische im Abgang (Versteigerungswein)

93 . . . 2007 „Felix" Spätburgunder „GG" Dalsheimer Bürgel

viel reife reintönige Frucht, herrlich eindringlich und konzentriert, dezent mineralische Noten; frisch, elegant, viel Konzentration, herrlich viel Frucht, Säure und Biss, faszinierend lang und nachhaltig **36,- €**

1998: 92; 2001: 92; 2002: 92; 2003: 92; 2004: 93; 2005: 91; 2006: 89.

★★★★

Heribert Kerpen
Weingut

Mosel

Uferallee 6, 54470 Bernkastel-Wehlen
Tel. 06531-6868, Fax: 06531-3464
www.weingut-kerpen.de
weingut-kerpen@t-online.de
Besuchszeiten: Mo.-Fr. 10-18 Uhr, Sa. 10-15:30 Uhr und nach Vereinbarung
Weinprobierstube, Weinkellerwoche (Christi Himmelfahrt bis Pfingsten)

Inhaber .... Martin Kerpen
Rebfläche .... 6,5 Hektar

Das Weingut blickt auf 250 Jahre Tradition zurück, die Familie auf Weinbau in der achten Generation. Martin Kerpen hat 1988 den elterlichen Betrieb übernommen. Das Gros seiner Weinberge liegt in Steillagen in Wehlen und Graach, hinzu kommt ein wenig Besitz in Bernkastel. Er baut ausschließlich Riesling an. Etwa 60 Prozent seiner Rieslinge baut er trocken und halbtrocken aus. Seine Auslesen klassifiziert er intern, gemäß seiner eigenen Einschätzung, mit ein bis drei Sternen. Etwa ein Drittel seiner Weine wird exportiert. Martin Kerpens Rieslinge zeigen eine klare Handschrift: Sie sind alle sehr reintönig und zupackend, mit wunderschöner Säure, in den letzten Jahren scheinen die Weine noch etwas süffiger und eleganter geworden zu sein.

Die 2006er machten durchweg Spaß, waren ungemein saftig und zupackend. Die 2007er fielen schlank und elegant aus, auch die 2008er sind ebenfalls eher schlank und feingliedrig.

Weinbewertung

85 . . . 2008 Riesling Spätlese trocken „Alte Reben" Wehlener Sonnenuhr

verhaltene Frucht; würzig, stoffig, markante Säure, Substanz, leicht erdig-würziger Nachhall **10,20 €**

86 . . . 2008 Riesling Spätlese „feinherb" Graacher Domprobst

hefewürzige Noten, sehr unzugänglich; saftig, würzig, rassig, muss sich entwickeln **8,50 €**

85 . . . 2008 Riesling Kabinett Wehlener Sonnenuhr

duftig, reintönig, Apfel, etwas Melone; feine Frucht, sehr elegant, zarte Süße, herrlich süffig **7,20 €**

2000: 81; 2001: 84; 2002: 85; 2003: 85; 2004: 85; 2005: 85; 2006: 89; 2007: 86.

86 . . . 2008 Bernkasteler Bratenhöfchen Riesling Spätlese

sehr frisch, Kräuter, etwas Apfel; fest, saftig, würzig, feine Frucht, schöne Länge **8,20 €**

88 ... 2008 Riesling Spätlese* Wehlener Sonnenuhr
sehr reintönig, prägnante Frucht, getrockneter Apfel; saftig, rassig, viel Frucht, hat Substanz **9,50 €**
1998: 87; 2001: 90; 2002: 88; 2003: 88; 2004: 90; 2005: 88; 2006: 90; 2007: 90.

90 ... 1997 Riesling Auslese* Wehlener Sonnenuhr
sehr frisch, kräuterwürzig; elegant, feine Frucht, deutliche Würze, leicht mineralisch, gut integrierte Süße, wirkt noch erstaunlich jugendlich, Nachhall

86 ... 2008 Riesling Auslese Wehlener Sonnenuhr
eher verhaltene Frucht, kandierter Apfel, etwas Mirabelle; feine Frucht, elegant, verhaltene Süße, sehr süffig **11,- €**

---

83 2008 Riesling trocken „Blauschiefer" **5,60 €**
81 2008 Riesling Kabinett trocken Wehlener Sonnenuhr **7,20 €**
84 2008 Riesling Spätlese trocken Bernkasteler Bratenhöfchen **8,50 €**
82? 2008 Riesling Spätlese trocken Wehlener Sonnenuhr **8,50 €**
81 2008 Riesling Classic **6,20 €**
84 2008 Riesling Kabinett „feinherb" Graacher Himmelreich **7,20 €**

★★★

August Kesseler
Weingut

Rheingau

Lorcher Straße 16, 65385 Assmannshausen
Tel. 06722-2513, Fax: 06722-47477
www.august-kesseler.de
info@august-kesseler.de
Besuch nach Vereinbarung

Inhaber .... August Kesseler
Rebfläche .... 21 Hektar

August Kesseler hat das elterliche Weingut 1977 übernommen und auf die heutige Größe erweitert. Die Hälfte seiner Weinberge ist mit Spätburgunder bepflanzt, hinzu kommen 40 Prozent Riesling und etwas Silvaner. Neben dem Assmannshäuser Höllenberg ist er in Rüdesheim in den Lagen Berg Schlossberg, Bischofsberg, Berg Roseneck und Rottland vertreten. Er besitzt teilweise 70 Jahre alte Spätburgunderreben. Die Rieslinge werden reduktiv im Edelstahl ausgebaut, die Spätburgunder im Holzfass.

2006 hatte August Kesseler frische, fruchtige Rieslinge. 2007 präsentiert sich im ähnlichen Stil, die Rieslinge waren klar und hatten Biss. Die Rieslinge aus 2008 wirken feingliedrig, sind geprägt von einer rassigen Säure. Beachtlich: Das Erste Gewächs sowie die Rotweine aus dem Berg Schlossberg und dem Höllenberg.

Weinbewertung

85 ... 2008 Riesling Spätlese halbtrocken Rüdesheimer Berg Roseneck
frisch, duftig, zarte Frucht; straff, feingliedrig, rassige Säure, animierend

89 ... 2008 Riesling Erstes Gewächs Rüdesheim Berg Schlossberg
reife Frucht, Zitrus, Melone; stoffig, mineralisch, saftig, gute Struktur, kompakt, Nachhall

87 ... 2007 Pinot Noir trocken
reife Frucht, sortentypisch, frisch; saftig, feine Frucht, animierend

86 ... 2007 Spätburgunder trocken „Cuvée Max"
feine Frucht, leicht rauchig, etwas Schokolade; würzig, straff, etwas verdeckte Frucht, leicht trocknend, abwarten

90 ... 2007 Spätburgunder trocken Assmannshäuser Höllenberg
sehr feine Frucht, duftig, nur leicht rauchig; straff, würzig, Struktur und Eleganz, viel Frucht, lang
2001: 88; 2002: 90; 2003: 89; 2004: 90; 2005: 87

89 ... 2007 Spätburgunder trocken Rüdesheimer Berg Schlossberg
deutlich rauchig, reife Frucht; viel Struktur, gut einge-

bundenes Holz, rauchige Art, mineralisch, langer Nachhall (89+ Punkte)

82 2008 Silvaner & Riesling trocken
83 2008 Riesling Kabinett trocken Rüdesheimer Bischofsberg
83 2008 Riesling Spätlese trocken Lorcher Schlossberg
84 2008 Pinot Noir Rosé saignee

★★★

Georg Jakob + Matthias Keth

Weingut

Rheinhessen/Pfalz

Wormserstraße 37, 67591 Offstein
Tel. 06243-7522, Fax: 06243-7751
www.weingut-keth.de
kontakt@weingut-keth.de
Besuchszeiten: Mo.-Sa. 8-11:30 + 13-18 Uhr, So. 10-12 Uhr
Probierzimmer, 4 Gästezimmer, Vinothek

Inhaber ..... Georg Jakob Keth & Matthias Keth
Rebfläche ..... 40 Hektar

Das Weingut Keth liegt in Offstein, ganz im Süden Rheinhessens. Neben Weinbergen in Rheinhessen besitzt es auch Anlagen in der benachbarten Pfalz. 1972 hat Georg Jakob Keth das Weingut übernommen mit damals 2,5 Hektar Reben. Noch im selben Jahr begann er mit der Selbstvermarktung, hat seine ersten 600 Liter Wein gemacht. Von Anfang an setzte er auf Rotweinsorten, die schon immer 50 Prozent seiner Weinberge einnahmen. Schon recht früh pflanzte er neben Spätburgunder und Portugieser Sorten wie Dornfelder, Cabernet Sauvignon und Merlot, aber auch Sankt Laurent. Zuletzt kamen kleinere Anlagen mit Frühburgunder, sowie Cabernet Dorsa und Cabernet Mitos hinzu. Alle Rotweine werden maischevergoren und in Holzfässern ausgebaut. 1998 wurde ein Barriquekeller fertig gestellt, in dem die Spitzenweine im kleinen Holzfass ausgebaut werden. Er nutzt sowohl amerikanische als auch französische Eiche. Der Anteil neuer Fässer wird auf etwa ein Drittel begrenzt, damit das Holz den Wein nicht zu sehr dominiert. 90 Prozent der Weine werden trocken ausgebaut. Die Weinberge liegen überwiegend im Offsteiner Engelsberg (leichte Sandböden) und in den Eimsheimer Lagen Sonnenhang und Römerschanze.

Auch bei den Weißweinen, die von Sohn Matthias vinifiziert werden, hat Georg Jakob Keth von Anfang an auf die traditionellen Sorten gesetzt. Neben Riesling, Weiß- und Grauburgunder spielt Chardonnay eine wichtige Rolle. Die Weißweine werden kaltvergoren und im Edelstahl ausgebaut. In den Weinbergen setzt Georg Jakob Keth bewusst auf Klonengemische, das heißt, dass die Reben der verschiedenen Klone einer Sorte durcheinander und nicht gesondert nach Zeilen gepflanzt werden. Der Verkauf der Weine – die gesamte Produktion wird über die Flasche vermarktet – erfolgt zu 70 Prozent an Privatkunden. Nur einzelne Spitzenweine tragen eine Lagenbezeichnung.

Vor zwei Jahren war die Kollektion sehr ausgewogen, ganz leichte Vorteile lagen einmal mehr im roten Segment. In der letztjährigen Kollektion gefielen uns die Rotweine besonders gut, aber auch die trockene Riesling Spätlese aus dem Morstein und der Muskateller Eiswein zeigten Klasse. Auch in der neuen Kollektion gefallen uns die Rotweine ein klein wenig besser als die Weißen, allen voran der beeindruckende Spätburgunder aus dem Morstein.

Weinbewertung

86 . . . 2008 Weißburgunder trocken Selection Offsteiner Engelsberg

gute Konzentration, viel reife Frucht, herrlich eindringlich; füllig, harmonisch, reife Frucht, gute Substanz **8,50 €**

86 . . . 2007 St. Laurent trocken

klar, fruchtbetont, feine Würze; klar, harmonisch, viel reife Frucht, rote Früchte, feine Frische **7,- €**

85 . . . 2007 Portugieser trocken Barrique Selection Rheinhessen

gute Konzentration, reife Frucht, herrlich eindringlich; weich, füllig, viel reife Frucht **12,- €**

88 . . . 2007 Spätburgunder trocken Barrique Westhofener Morstein

gute Konzentration, rauchige Noten, reintönige Frucht, herrlich eindringlich; füllig, harmonisch, kraftvoll, reife Frucht, gute Substanz und Länge **19,- €**

83 2008 Grauburgunder trocken **5,30 €**
84 2008 Sauvignon Blanc trocken **6,20 €**
82 2008 Riesling trocken „Sonnenspiel" **4,70 €**
83 2007 Spätburgunder trocken Holzfass Offsteiner Engelsberg **7,70 €**
84 2007 Cabernet Franc trocken Barrique Offsteiner Engelsberg **15,- €**

Lothar Kettern

★☆

Weingut

Mosel

Müsterterstraße 14, 54498 Piesport
Tel. 06507-2813, Fax: 06507-6672
www.weingut-kettern.de
weingut.kettern@t-online.de
Besuchszeiten: 8-18 Uhr
Gästezimmer, Straußwirtschaft

Inhaber . . . . Lothar und Petra Kettern
Rebfläche . . . . 6,2 Hektar

Die Weinbautradition der Familie reicht bis ins 17. Jahrhundert zurück. Philipp Kettern, der im Staatsweingut Eltville seine Ausbildung zum Winzergesellen absolviert hat, unterstützt seinen Vater Lothar im Keller. Beide legen großen Wert auf Riesling, andere Sorten – Müller-Thurgau und Spätburgunder – dienen nur der Ergänzung. Die edelsüßen Spitzen gehen zu einem nicht unerheblichen Teil in den Export. 2003 wurden neue Edelstahltanks angeschafft, die Gärung findet bewusst sehr kühl statt. Im Angebot sind auch ältere Weine zurück bis 1989.

Weine der Jahrgänge 2006, 2005 und 2003 wurden bei der Erstvorstellung präsentiert – das Ergebnis beeindruckte. Auch die 2007er waren in einem vergleichbar saftigen Stil gehalten. Die 2008er sind sehr erfreulich, klar, duftig und saftig.

Weinbewertung

86 . . . 2008 Riesling Spätlese trocken Piesporter Goldtröpfchen

noch sehr jugendlich, Hefenoten; straff, gute Struktur, balancierte Säure, nachhaltig **7,- €**

85 . . . 2008 Riesling Spätlese „feinherb" Piesporter Goldtröpfchen

reife klare Frucht, Boskoop, Pfirsich; saftig, würzig, zupackend, etwas spitze Säure **7,- €**

87 . . . 2008 Riesling Spätlese „Alte Reben" Piesporter Goldtröpfchen

jugendliche, etwas verhaltene Frucht, Boskoop, Mirabellen; saftig, stoffig, zeigt Spiel **7,20 €**

83 2008 Riesling Kabinett trocken Piesporter Goldtröpfchen **5,50 €**
79 2008 Riesling halbtrocken **4,- €/1l**
81 2008 Riesling Kabinett Blauschiefer **5,50 €**
84 2008 Riesling Kabinett Lay **5,50 €**

Benedikt **Kiebel** ★
Weingut
Mosel

Hauptstraße 67-69, 54492 Lösnich
Tel. 06532-2018, Fax: 06532-2006
www.weingut-kiebel.de
info@weingut-kiebel.de
Besuchszeiten: nach Vereinbarung
Gutsausschank (Ostern bis Nov.), Urlaub auf dem Winzerhof (Gästezimmer, Ferienwohnung)

Inhaber .... Hannelore & Herbert Kiebel
.... Christian Kiebel
Rebfläche .... 3,2 Hektar

Christian Kiebel absolvierte seine Winzerlehre in den Weingütern Selbach-Oster (Mosel) und Gebrüder Schneider (Pfalz). Es folgten ein Önologiestudium in Geisenheim und ein Auslandspraktikum im australischen Yarra Valley. Kiebel baut Riesling, Spät- und Weißburgunder sowie Müller-Thurgau an. Experimente gehören zum Betrieb, wie der 2006er Spätburgunder, der mit einem Fünftel ganzer Trauben vergoren wurde.

Nach gelungenen 2006ern und einem beachtlichen 2003er Spätburgunder fielen die 2007er etwas schlanker aus. 2008 kann da durchaus anknüpfen, die Weine sind frisch und klar.

Weinbewertung

87 . . . 2008 Riesling Spätlese Erdener Treppchen
sehr frisch, jugendlich, Steinobst, Apfel; saftig, pikante Säure, zurückhaltende Süße, hat Biss **8,50 €**

87 . . . 2008 Riesling Auslese Erdener Treppchen
reife Frucht, Mirabellen; saftig, viel Frucht, zurückhaltende Süße, gute Länge **12,- €/0,5l**

79 2008 Riesling trocken „Moselschiefer" **5,- €**
82 2008 Riesling Spätlese „fast trocken" Erdener Treppchen **8,- €**
83 2008 Weißer Burgunder **5,- €**
84 2008 Riesling Spätlese „feinherb" Erdener Treppchen **8,- €**
81 2008 Rivaner Classic **4,- €**
83 2008 Riesling Kabinett „Variant" **5,- €**
83 2008 Spätburgunder Weißherbst **5,- €**
84 2006 Spätburgunder trocken exklusiv **12,- €**

Kiechlinsbergen ★
Winzergenossenschaft
Baden

Herrenstrasse 35, 79346 Endingen
Tel. 07642-90410, Fax: 07642-904141
www.kiechlinsberger-wein.de
info@kiechlinsberger-wein.de
Besuchszeiten: Mi.-Fr. 8-17 Uhr, Sa. 9-12:30 Uhr

Verkaufsleiter .... Lothar Gerber
Kellermeister .... Hans Ens
Mitglieder 300
Rebfläche .... 130 Hektar

Die Winzergenossenschaft von Kiechlinsbergen am Kaiserstuhl wurde 1930 im noch heute erhaltenen Klosterkeller gegründet. Seit 862, als die Mönche des Klosters Tennenbach hier Reben anpflanzten, ist der Weinbau in Kiechlinsbergen belegt. Die Weinberge der Mitglieder befinden sich in den beiden Kiechlinsberger Lagen Ölberg und Teufelsburg. 40 Prozent der Rebfläche nimmt Müller-Thurgau ein, 35 Prozent Spätburgunder. Hinzu kommen vor allem Grauburgunder und Weißburgunder. Die Winzergenossenschaft Kiechlinsbergen gehört mit einer Produktion von etwa einer Million Flaschen im Jahr zu den kleineren badischen Genossenschaften.

Die 2006er Kollektion überzeugte, angesichts des problematischen Jahrgangs hatte Kellermeister Hans Ens sehr ansprechende Weine auf die Flasche gebracht, vor allem die Barriqueweine gefielen sehr gut. Im vergangenen Jahr wurde eine ansonsten homogene Kollektion von zwei edelsüßen Weinen angeführt. Die neue Kollektion überzeugt – auch ohne edelsüße Weine.

Weinbewertung

85 . . . 2008 Grauburgunder trocken „Selektion KS" Kiechlinsberger Ölberg
klar, würzig, herrlich eindringlich; füllig, harmonisch, viel reife süße Frucht, Substanz **10,- €**

85 . . . 2007 Spätburgunder trocken Barrique Kiechlinsberger Teufelsburg
feine Würze, viel reife Frucht, dezent Schokolade und Toast; füllig, harmonisch, viel reife süße Frucht, etwas Schokolade **12,- €**

79 2008 Secco Rosé Kiechlinsberger **6,60 €**
80 2008 Müller-Thurgau trocken Kiechlinsberger Ölberg **3,90 €**
80 2008 Grauburgunder Kabinett trocken Kiechlinsberger Ölberg **5,50 €**
82 2008 Weißburgunder Spätlese trocken Kiechlinsberger Teufelsburg **6,30 €**
81 2008 Grauburgunder Spätlese trocken Kiechlinsberger Ölberg **6,45 €**
81 2008 Müller-Thurgau halbtrocken Kiechlinsberger Ölberg **3,90 €**
80 2008 Weißburgunder Kabinett Kiechlinsberger Ölberg **5,35 €**
79 2008 Spätburgunder Rosé trocken Kiechlinsberger Ölberg **5,20 €**
80 2008 Spätburgunder trocken Kiechlinsberger Ölberg **5,95 €**
84 2007 Spätburgunder trocken „Selektion KS" Kiechlinsberger Ölberg **10,70 €**

Friedrich Kiefer ★★
Weingut

Baden

Bötzinger Straße 13, 79356 Eichstetten
Tel. 07663-1063, Fax: 07663-3927
www.weingutkiefer.de
info@weingut-kiefer.de
Besuchszeiten: Mo.-Fr. 8-12 + 13-17:30 Uhr, Sa. 9-16 Uhr

Inhaber .... Helen & Martin Schmidt
Vertriebsleiter .... Edmund Schillinger
Rebfläche .... 110 Hektar

Der bisherige Besitzer des Weingutes, Lutz Grafahrend, ist ein Urenkel von Friedrich Kiefer, der 1851 den Weinbaubetrieb gründete. Zum 1.1. 2008 haben Helen und Martin Schmidt den Betrieb übernommen. Der Önologe Martin Schmidt war bereits seit dem Jahrgang 2003 für die Vinifikation der Weine sowohl des 12 Hektar großen eigenen Weingutes als auch der angeschlossenen Erzeugergemeinschaft verantwortlich. In den letzten Jahren wurden neue Weinberge erworben, der Keller erneuert und neue große Holzfässer und Barriques für den Ausbau der Rotweine angeschafft. Das Weingut ist auf die Burgundersorten spezialisiert: 38 Prozent der Rebfläche nimmt Spätburgunder ein, 19 Prozent Grauburgunder und 10 Prozent Weißburgunder. Neu angepflanzt wurde zuletzt Sauvignon Blanc. Die Paradelage des Weingutes, der Eichstetter Herrenbuck, besteht aus Löss-, Lehm- und Vulkanverwitterungsböden in unterschiedlicher Zusammensetzung. Die Weine werden nach intensiver Vorklärung langsam und kühl vergoren und auf der Feinhefe ausgebaut. Die Rotweine werden maischevergoren, die Weine aus der Lage

Herrenbuck dann in großen Eichenholzfässern oder im Barrique ausgebaut.

2006 fiel jahrgangsbedingt schwächer aus, die Kollektion war aber recht gleichmäßig. In der letztjährigen Kollektion überraschte Martin Schmidt mit edelsüßen Weinen, der Riesling Eiswein gehörte zu den Jahrgangsbesten in Baden. Der schon im Vorjahr verkostete 2005er Spätburgunder „Gutsabfüllung" hatte an Komplexität gewonnen, die 2007er Weißweine waren klar und harmonisch. Eine überzeugende Kollektion mit kraftvollen, eigenständigen Barriqueweinen präsentiert Martin Schmidt in diesem Jahr, die Weine besitzen Fülle und Substanz. Und mit dem Scheurebe Eiswein gibt es erneut ein edelsüßes Glanzlicht.

Weinbewertung

86 . . . 2008 Grauburgunder Spätlese trocken „Tradition" Eichstetter Herrenbuck
gute Konzentration, feine Würze, reife Frucht; füllig, kraftvoll, reife Frucht, gute Substanz **9,50 €**

86 . . . 2007 Grauburgunder* Barrique Eichstetter Herrenbuck**
würzig, eindringlich, dezent Vanille; weich, füllig, harmonisch, viel reife süße Frucht **13,20 €**

87 . . . 2007 Weißburgunder* Barrique Eichstetter Herrenbuck**
gute Konzentration, feine Würze und klare Frucht; füllig, harmonisch, viel reife Frucht, saftig und lang **13,20 €**

86 . . . 2008 Pinot Noir Blanc de Noirs Auslese Barrique Eichstetter Herrenbuck
feiner Duft, viel Würze; süß, konzentriert, viel Substanz und Kraft, Biss **13,20 €**

89 . . . 2008 Scheurebe Eiswein Eichstetter Herrenbuck
herrlich reintönige Frucht, etwas Cassis, Litschi; süß, dick, konzentriert, viel reife Frucht, Frische und Biss **24,50 €/0,375l**

87 . . . 2006 Spätburgunder trocken Barrique Eichstetter Herrenbuck
gute Konzentration, viel reife Frucht, feine rauchige Noten, herrlich eindringlich; füllig, kraftvoll, reintönige Frucht, gute Substanz **18,50 €**
2003: 88; 2004: 87; 2005: 88.

80 2008 Grauburgunder trocken Eichstetter Herrenbuck **6,30 €/1l**
82 2008 Weißburgunder Kabinett trocken Eichstetter Herrenbuck **5,50 €**
82 2008 Pinot Noir Blanc de Noirs trocken Eichstetter Herrenbuck **6,30 €**
82 2008 Grauburgunder Kabinett trocken Eichstetter Herrenbuck **6,70 €**
84 2008 Sauvignon Blanc trocken Eichstetter Herrenbuck **9,20 €**
80 2008 Muskateller Kabinett halbtrocken Eichstetter Herrenbuck **6,50 €**

Jul. Ferd. Kimich ★☆
Weingut

Weinstraße 54, 67146 Deidesheim
Tel. 06326-342, Fax: 06326-980414
www.weingut-kimich.de
info@weingut-kimich.de
Besuchszeiten: Mo.-Sa. 8-12 + 13:30-18 Uhr, So. und feiertags 10-12 + 14-17 Uhr

Inhaber .... Franz Arnold
Rebfläche .... 12 Hektar

Der Elsässer Küfer Andreas Kimich gründete 1758 ein Weingut, das noch heute in Familienbesitz ist. 1949 heiratete Joachim Arnold eine Tochter von Julius Ferdinand Kimich, heute führt Franz Arnold das Gut. Die Weinberge liegen in Deidesheim, Forst und Ruppertsberg. Riesling ist die wichtigste Rebsorte, nimmt 70 Prozent der

Rebfläche ein. Dazu gibt es Grauburgunder, Müller-Thurgau, Gewürztraminer, Weißburgunder, Chardonnay, Spätburgunder und Regent.

Auf ein gutes Debüt vor zwei Jahren folgte eine noch stärkere 2007er Kollektion, die angeführt wurde von zwei Grainhübel-Rieslingen. 2008 kommt da nicht heran, die Weine sind deutlich verhaltener. Am besten gefällt uns einmal mehr ein Grainhübel-Riesling, die trockene Spätlese.

Weinbewertung

85 . . . 2008 Riesling Spätlese trocken Deidesheimer Grainhübel

gute Konzentration, viel reife Frucht, herrlich eindringlich; füllig, kraftvoll, reife Frucht, gute Substanz

11,20 €

- 77 2008 Riesling Kabinett trocken Forster Mariengarten **4,90 €/1l**
- 79 2008 Riesling Kabinett trocken Ruppertsberger Reiterpfad **4,80 €**
- 79 2008 Riesling Kabinett trocken Deidesheimer Mäushöhle **5,60 €**
- 80 2008 Riesling Kabinett trocken Deidesheimer Leinhöhle **5,80 €**
- 80 2008 Riesling Kabinett trocken Deidesheimer Kieselberg **5,90 €**
- 81 2008 Riesling Kabinett trocken Forster Pechstein **6,40 €**
- 83 2008 Riesling Spätlese trocken Forster Ungeheuer **8,80 €**
- 84 2008 Riesling Spätlese trocken Deidesheimer Kalkofen **8,50 €**
- 80 2008 Spätburgunder Blanc de Noir trocken **5,60 €**
- 81 2007 Grauburgunder Spätlese trocken Barrique **10,50 €**
- 80 2008 Riesling Kabinett halbtrocken Deidesheimer Paradiesgarten **5,50 €**

Kirchner ★

Weingut

Pfalz

Korngasse 14, 67251 Freinsheim
Tel. 06353-1838, Fax: 06353-4471
www.weingut-kirchner.de
info@weingut-kirchner.de
Besuchszeiten: nach Vereinbarung

Inhaber .... Günter + Ralph Kirchner
Rebfläche .... 12 Hektar

Ulrike und Günter Kirchner haben 1974 ihr eigenes Weingut gegründet. Heute werden sie im Betrieb von Sohn Ralph unterstützt. Die gesamte Ernte wird über die Flasche vermarktet, zu 80 Prozent an Privatkunden, zu 20 Prozent an Gastronomie und Fachhandel.

Beim guten Debüt vor zwei Jahren überzeugten Weiß- und Rotweine gleichermaßen. Eine ebenso gute Kollektion wurde im vergangenen Jahr vorgestellt, angeführt von einem wunderschön fülligen Riesling. Die neue Kollektion ist homogen, wenn auch die Spitzen wie in den vorausgegangenen Jahren fehlen.

Weinbewertung

- 80 2007 Riesling trocken **3,80 €/1l**
- 83 2008 Sauvignon Blanc trocken Freinsheimer Rosenbühl **6,30 €**
- 82 2008 Chardonnay Spätlese trocken Freinsheimer Musikantenbuckel **5,40 €**
- 83 2007 Auxerrois Trockenbeerenauslese Freinsheimer Oschelskopf **22,50 €/0,375l**
- 80 2007 St. Laurent trocken Holzfass Freinsheimer Schwarzes Kreuz **6,30 €**
- 83 2007 Spätburgunder trocken Barrique Freinsheimer Rosenbühl **9,80 €**

★★★★

Kirsten

Weingut

Mosel

Krainstraße 5, 54340 Klüsserath
Tel. 06507-99115, Fax: 06507-99113
www.weingut-kirsten.de
mail@weingut-kirsten.de
Besuchszeiten: nach Vereinbarung

Inhaber .... Bernhard Kirsten
Rebfläche .... 9 Hektar

Neben Riesling, der 95 Prozent seiner Weinberge einnimmt, baut Bernhard Kirsten ein klein wenig Spätburgunder und Weißburgunder (bereits seit 1990) an. Der Großteil seiner Weinberge liegt in der Lage Klüsserather Bruderschaft. Des Weiteren hat er Weinberge im Pölicher Held, in der Köwericher Laurentiuslay und inzwischen auch im Longuicher Maximiner Herrenberg. Die eine Hälfte der Weine wird trocken oder halbtrocken ausgebaut, die andere Hälfte restsüß. Die Weine werden spontan vergoren, und nur bei trockenen Weinen, die nicht zu Ende gären wollen, werden später noch Reinzuchthefen hinzugesetzt. Der Schaumwein gehört oft zu den besten Sekten der Mosel. Inzwischen wird außer den Klassikern „Herzstück" und „Alte Reben" auch der „von Geldern pur" erzeugt, ein frischer, sehr trockener, jung bereits zugänglicher Riesling. Noch wesentlich spannender: Die Prestigecuvée mit Namen „1904", die von alten Rebstöcken aus dem Longuicher Maximiner Herrenberg stammt.

Die trockenen 2006er wirkten betont würzig, bereits der Gutsriesling zeigte sich in Bestform. Aus dem Jahrgang 2007 wurden nur sechs Weine angestellt, darunter ein sehr charaktervoller, würziger Blanc de Noirs. Die 2008er sind herrlich stoffig und würzig, an der Spitze der charaktervolle „1904". Der Weißburgunder-Sekt, dessen Grundwein im Barrique ausgebaut wurde, hat eigenständigen Charakter.

Weinbewertung

88 ... 2005 Heldensekt brut
herrlich reife Frucht, leicht cremig; reif, würzig, sehr trocken und präzise, viel Substanz **16,- €**

86 ... Weißburgunder Sekt brut
feine Frucht, leicht cremig; würzig, reife Frucht, etwas Walnuss im Nachhall, eigenwillig, interessant **12, -€**

87 ... 2008 Riesling trocken „von Geldern pur"
sehr klare Frucht, etwas Stachelbeere; würzig, rassig, kompromisslos trocken **12,- €**

86 ... 2008 Riesling trocken „Pfarrwingert" Klüsserather Bruderschaft
zarte Frucht, leichte Hefenote, frisch; würzig, sehr trocken, unruhig, ganz leicht stumpf, abwarten **12,- €**

85 ... 2008 Riesling Köwericher Laurentiuslay
etwas verhalten, Kräuter, Steinobst, leichte Hefenote; würzig, viel Frucht, gute Länge **10,- €**

87 ... 2008 Riesling „Herzstück" Klüsserather Bruderschaft
reife Frucht, etwas Mirabellen, viel Würze, Kräuter; straff, fest, markante Säure, etwas unausgewogen, Potenzial (87+? Punkte) **12,- €**
bis 2005 trocken. 1999: 88; 2000: 83; 2001: 88/90; 2002: 89; 2003: 87; 2004: 87; 2005: 90; 2006: 87; 2007: 88.

89 ... 2008 Riesling „Alte Reben"
sehr klar, reife Frucht; saftig, würzig, deutlich mineralisch, Schmelz, guter Nachhall **14,- €**

90 ... 2008 Riesling „1904" Longuicher Maximiner Herrenberg
sehr klar, reife Frucht; straff, viel Substanz, herrlich mineralisch, Zukunft **16,- €**

85 2005 Weißburgunder Sekt Barrique brut **12,- €**
84 2008 Riesling trocken **7,- €**
84 2008 Riesling „feinherb" **9,- €**

K

Die besten deutschen Weinerzeuger und ihre Weine

Kissel ★

Wein- und Sektgut

Pfalz

Bahnhofstraße 71, 67251 Freinsheim
Tel. 06353-93049, Fax: 06353-93059
www.weingut-kissel.de
info@weingut-kissel.de
Besuchszeiten: nach Vereinbarung Mo.-Fr. 9-18 Uhr, Sa. 9-17 Uhr
Weinprobierräume „Im Weinfass" (bis 12 Personen) und „Großer Weinprobierraum" (bis 28 Personen)

Inhaber .... Hans-Günther und Petra Kissel
Rebfläche .... 6 Hektar

Wichtigste Rebsorte beim Weingut Kissel ist Riesling mit einem Anteil von 38 Prozent. Danach folgen Scheurebe, Grauburgunder und Müller-Thurgau. Dazu gibt es an Weißweinsorten noch Chardonnay und Silvaner. Der Rotweinanteil (Portugieser, Dornfelder, Merlot und Spätburgunder) beträgt knapp ein Viertel.

In der überzeugenden, gleichmäßigen Kollektion vor zwei Jahren hatte der Scheurebesekt besonders gut gefallen. In der letztjährigen, ebenfalls gleichmäßigen Kollektion gefiel wieder einmal der Merlot besonders gut. Die neue Kollektion ist gleichmäßig – in der Spitze aber sollte mehr möglich sein. ➖

Weinbewertung

83 2007 Riesling Sekt dosage zero **11,20 €**
82 2006 Chardonnay Sekt extra brut **11,20 €**
82 2007 Pinot Rosé Sekt brut **11,20 €**
79 2008 Riesling Kabinett trocken Freinsheimer Musikantenbuckel **5,80 €**
78 2008 Grauburgunder Spätlese trocken Freinsheimer Musikantenbuckel **6,60 €**
78 2008 Riesling Spätlese trocken Freinsheimer Musikantenbuckel **8,40 €**
77 2008 Merlot Blanc de Noirs Spätlese trocken Freinsheimer Musikantenbuckel **9,40 €**
79 2008 Sauvignon Blanc Spätlese trocken Dackesheimer Liebesbrunnen **9,40 €**
79 2008 Sauvignon Gris Spätlese trocken Freinsheimer Musikantenbuckel **9,40 €**
80 2007 Chardonnay Spätlese trocken Barrique Herxheimer Honigsack **9,40 €**
83 2007 Merlot trocken Freinsheimer Musikantenbuckel **9,40 €**
83 2006 Dornfelder trocken Freinsheimer Musikantenbuckel **7,50 €**

Kissinger ★★★

Weingut

Rheinhessen

Außerhalb 13, 55278 Uelversheim
Tel. 06249-7969, Fax: 06249-7989
www.weingutkissinger.de
weingut.kissinger@t-online.de
Besuchszeiten: nach Vereinbarung
Jahrgangspräsentation am 24.4.2010

Inhaber .... Jürgen Kissinger
Rebfläche .... 11,6 Hektar

Jürgen Kissinger hat zum väterlichen Betrieb nach und nach Weinberge in den renommierten Lagen an der Rheinfront gekauft und hinzugepachtet. Neben Riesling spielen Silvaner, die weißen Burgunder und Rotweinsorten bei ihm eine wichtige Rolle. Das Gros seiner Weine baut er trocken aus.

2006 waren alle Weine wunderschön reintönig, auch wenn jahrgangsbedingt die Kollektion ein klein wenig hinter früheren Jahren zurückblieb. Unsere Favoriten waren die beiden barriqueausgebauten Weine, Chardonnay und Spätburgunder.

Auch die letztjährige Kollektion war stark, jeder Wein überzeugte. Der barriqueausgebaute Chardonnay hatte einmal mehr besonders gut gefallen, ebenso die trockene Riesling Auslese aus dem Uelversheimer Tafelstein. Die neue Kollektion präsentiert sich geschlossen auf hohem Niveau, der barriqueausgebaute Chardonnay ist erneut unser Favorit, die Basisweine bleiben ein wenig hinter den Vorjahren zurück.

Weinbewertung

85 . . . 2008 Weißburgunder Spätlese trocken Uelversheim Tafelstein

gute Konzentration, reintönige Frucht, herrlich eindringlich; weich, füllig, harmonisch, reife süße Frucht **6,20 €**

1999: **88**; 2000: **87**; 2001: **86**; 2002: **87**; 2003: **85**; 2004: **87**; 2005: **87**; 2006: **85**; 2007: **87**.

86 . . . 2008 Grauburgunder Spätlese trocken Dienheim Kreuz

würzig, klar, reife Frucht; füllig, reife süße Frucht, gute Substanz **6,20 €**

2001: **85**; 2002: **86**; 2003: **86**; 2004: **87**; 2005: **87**; 2006: **84**; 2007: **86**.

87 . . . 2008 Riesling Auslese trocken Uelversheim Tafelstein

konzentriert, herrlich eindringlich und klar, viel reife Frucht; füllig, harmonisch, viel reife Frucht, Substanz, Länge **9,40 €**

88 . . . 2008 Chardonnay Auslese trocken Barrique Uelversheim Tafelstein

konzentriert, herrlich eindringlich, dezent Toast und Vanille; füllig, stoffig, reife süße Frucht, viel Substanz **9,90 €**

2001: **88**; 2002: **90**; 2003: **89**; 2005: **89**; 2006: **89**; 2007: **88**.

87 . . . 2007 Spätburgunder Auslese trocken Barrique Oppenheim Herrenberg

reintönige Frucht, etwas Vanille, konzentriert, feine rauchige Noten; harmonisch, klar, reife Frucht, gute Struktur, Vanille, dezente Bitternote **11,70 €**

2001: **87**; 2002: **87**; 2003: **87**; 2004: **88**; 2005: **88**; 2006: **86**.

82 2008 Weißburgunder trocken **4,70 €**

83 2008 Grauburgunder trocken **4,70 €**

82 2008 Sauvignon Blanc trocken **5,70 €**

80 2008 Riesling Kabinett trocken Dienheim Tafelstein **4,70 €**

84 2008 Riesling Spätlese trocken Oppenheim Herrenberg **6,20 €**

84 2008 Chardonnay Spätlese trocken Guntersblum Steinberg **6,60 €**

82 2007 Spätburgunder trocken **5,70 €**

★★★☆

Kistenmacher-Hengerer

Weingut

Württemberg

Eugen-Nägele-Straße 23-25, 74074 Heilbronn
***Tel.** 07131-172354, **Fax:** 07131-172350*
kistenmacher-hengerer-wein@t-online.de
***Besuchszeiten:** Mo.-Fr. 16-18:30 Uhr, Sa. 9-11 + 13-16 Uhr*

Inhaber .... Hans Hengerer
Rebfläche .... 8 Hektar

Die Weinberge von Hans Hengerer liegen hauptsächlich in den Heilbronner Lagen Stiftsberg, Wartberg und Stahlbühl, hinzu kommen Weinberge auf Löwensteiner Gemarkung. Er baut zu 60 Prozent rote Rebsorten an, vor allem Trollinger, Spätburgunder und Lemberger, den er seit den neunziger Jahren verstärkt pflanzte (sein Vater hatte keinen Lemberger angelegt). Dazu gibt es Muskattrollinger, Clevner und Schwarzriesling, seit 2000 auch Merlot, seit 2005 Cabernet Franc, den er zukünftig auch reinsortig ausbauen will. Bei den weißen Sorten dominiert Riesling, dazu kommt etwas Kerner, Müller-Thurgau und Muskateller. Der Großteil der Weinberge ist zwischen 25 und 30 Jahre alt. Die Rotweine kommen nach der Maischegärung ins Holz, wobei Hans Hengerer meist 300-Liter-Fässer nutzt. Abgefüllt werden sie größtenteils ohne Filtration. Die Weißweine durchlaufen teilweise den biologischen Säureabbau, sie werden nicht geschönt und nur einmal leicht filtriert, eine natürliche Kohlensäure in den Weinen ist durchaus erwünscht.

Schon vor zehn Jahren lobten wir die Weine von Hans Hengerer, schon damals haben wir ihm attestiert zu den Top-Winzern in Württemberg zu gehören. Dies können wir heute nur unterstreichen. Seine Kollektionen bestechen Jahr für Jahr durch ihr gleichmäßiges Niveau und ihre Konstanz, auch die Basisweine haben uns nie enttäuscht – bei nach wie vor moderaten Preisen. In der Spitze legte er in den letzten Jahren vor allem im roten Segment weiter zu, die Weine sind kompromisslos vinifiziert, besitzen Struktur und Kraft.

Mit einer guten Weißweinkollektion trotzte Hans Hengerer den Schwierigkeiten des Jahrgangs 2006. Noch beeindruckender waren vor zwei Jahren seine Barriquerotweine, die weiter zugelegt hatten. Die letztjährige Kollektion erwies sich als bärenstark, jeder Wein überzeugte: Der Sekt bereitete viel Freude, die Weißweine vereinten Reintönigkeit und Kraft, die Rotweine waren gekonnt vinifiziert. Eine ganz stark Kollektion folgt in diesem Jahr nach, mit gewohnt zuverlässigen, reintönigen Weißweinen und sehr präzisen Rotweinen, allen voran der Lemberger „Edition S".

Weinbewertung

85 ... 2008 Rivaner Kabinett trocken
frisch, fruchtbetont, reintönig; frisch, klar, zupackend, feine Frucht **6,60 €**

86 ... 2007 „Cuvée Josephine" Weißwein trocken
Kerner, Müller-Thurgau, Muskateller und Riesling; frisch, fruchtbetont, klar, etwas Aprikosen; klar, frisch, zupackend, feine süße Frucht **6,20 €**

86 ... 2008 „Cuvée Josephine" Weißwein trocken
Kerner, Müller-Thurgau, Muskateller und Riesling; würzig, klar, dezent Zitrus; klar, frisch, zupackend, feine süße Frucht **6,20 €**
2003: **85**; 2004: **84**; 2005: **86**; 2006: **85**.

86 ... 2008 Weißer Riesling „Theresa" trocken
würzig, jugendlich, zurückhaltend; frisch, zupackend, reintönige Frucht, jugendlich **6,80 €**
2003: **85**; 2004: **83**; 2005: **84**; 2006: **84**; 2007: **85**.

88 ... 2008 Weißer Riesling Spätlese „Alte Reben" trocken
gute Konzentration, jugendliche Frucht, zurückhaltend; kraftvoll, stoffig, gute Struktur und Substanz, jugendlich **9,90 €**
2004: **89**; 2005: **87**; 2007: **88**.

85 ... 2008 Gelber Muskateller trocken Heilbronner Wartberg
klar, frisch, fruchtbetont, herrlich reintönig, feine Muskatnote; frisch, klar, zupackend, feiner Biss **6,70 €**

87 ... 2008 Weißer Riesling Spätlese „S"
würzig, reintönige Frucht, gute Konzentration; klar, frisch, zupackend, feiner Biss, gute Substanz **8,90 €**

86 ... 2008 „Cuvée Clara" Weißwein Spätlese
Kerner und etwas Riesling; frisch, würzig, feine Frucht, Litschi, etwas Aprikosen; klar, frisch, zupackend, feine Süße und Biss **7,90 €**

88 ... 2007 „Cuvée Clara" Weißwein Beerenauslese
Kerner und etwas Riesling, im Barrique vergoren und ausgebaut; konzentriert, eindringlich, würzig, Litschi, etwas süße Zitrusfrüchte, Aprikosen; füllig, kraftvoll und dominant, viel Substanz und Stoff, ganz feine Bitternote **ca. 29,- €**

86 ... 2008 Pinot Meunier Blanc de Noir trocken
fruchtbetont, herrlich reintönig und frisch; frisch, zupackend, reintönige Frucht, gute Struktur **6,60 €**

85 ... 2008 Muskattrollinger Rosé „feinherb" Heilbronner Wartberg
frisch, reintönig, etwas Kirschen, feine Muskatnote; klar, frisch, zupackend **6,80 €**

86 ... 2007 Trollinger trocken „Alte Reben"
konzentriert, reintönige Frucht, herrlich eindringlich;

Struktur, Kraft, feine Bitternote, jugendlich **6,50 €**

85 ... 2007 Blauer Spätburgunder trocken
frisch, fruchtbetont, feine Würze; klar, frisch, zupackend, viel Biss **7,90 €**
2003: 86; 2004: 86; 2005: 84; 2006: 85.

88 ... 2007 Clevner „R" „Alte Reben" trocken
gute Konzentration, reife Frucht, etwas rote Früchte, herrlich eindringlich; kraftvoll, klar, gute Struktur, feiner Nachhall **15,- €**

89 ... 2006 Blauer Spätburgunder trocken „Junges Schwaben"
zwölf Monate Fassausbau (zwei Drittel neue Fässer); gute Konzentration, viel reife Frucht, etwas rauchige Noten, rote Früchte; Kraft, Substanz, gute Struktur und Länge **20,- €**
2003: 87; 2004: 89; 2005: 88.

85 ... 2007 Lemberger trocken
frisch, fruchtbetont, herrlich reintönig; frisch, zupackend, reintönige Frucht, feiner Biss **7,10 €**

87 ... 2007 Lemberger trocken „Alte Reben"
frisch, fruchtbetont, herrlich reintönig; klar, elegant, feine Frische und Biss, gute Struktur, reintönige Frucht **9,90 €**

90 ... 2007 Lemberger trocken „Edition S"
herrlich konzentriert, feine rauchige Noten, reife rote Früchte, reintönig; kraftvoll, klar, herrlich viel Frucht und Struktur, enorm nachhaltig **18,- €**
1997: 86; 2000: 87; 2002: 89; 2003: 89.

87 ... 2007 „M+C" Rotwein trocken
Merlot und Cabernet Franc; reife Frucht, feine Frische, Würze; klar, frisch, rote Früchte, dezent Vanille, viel Biss, jugendlich **18,- €**

88 ... 2007 „Cuvée Maximilian" Rotwein trocken Barrique
60 % Merlot, dazu Spätburgunder und Lemberger; frisch, fruchtbetont, rote Früchte, dezent rauchige Noten und Speck; weich, füllig, harmonisch, dezent Vanille, feine Bitternote, jugendlich **15,- €**
2002: 89; 2003: 89; 2004: 87; 2005: 88; 2006: 87.

---

81 2008 Riesling trocken Heilbronner Stiftsberg **4,80 €/1l**

★★

Gerhard Klein

Weingut

Pfalz

Weinstraße 38, 76835 Hainfeld
Tel. 06323-2713, Fax: 06323-81343
www.weingut-gerhard-klein.de
klein-wein@t-online.de
Besuchszeiten: Mo.-Fr. 8-18 Uhr, Sa. 9-17 Uhr

Inhaber .... Gerhard und Sieglinde Klein
Kellermeister .... Peter Klein & Jürgen Wadle
Rebfläche .... 22 Hektar

Die Weinberge von Gerhard und Sieglinde Klein liegen vor allem in den Hainfelder Lagen Letten, Kirchenstück und Kapelle, wo die Reben auf Lehmlöss- und Tonböden stehen. Hinzu kommen Parzellen im Burrweiler Altenforst (Schiefer) und im Weyherer Michelsberg. Gerhard Klein setzt auf die traditionellen Pfälzer Rebsorten: Neben den Burgundersorten (zusammen 45 Prozent) und Riesling (22 Prozent) pflegt er als Spezialitäten Gewürztraminer und Muskateller, die er meist süß ausbaut. Aber auch Cabernet Sauvignon und Syrah hat er gepflanzt, dazu etwas Grüner Veltliner. Die Top-Rieslinge werden möglichst spontanvergoren, die Rotweine auf der Maische. Die trockenen Spitzenweine vermarkten die Kleins in der Linie „S".

Schon in der ersten Ausgabe hatten wir die Weine von Gerhard Klein empfohlen. Damals glänzten vor allem Gewürztraminer und Muskateller, restsüß ausgebaut. In den folgenden Jahren sind dann die Rotweine und Rieslinge immer stärker in den Vordergrund gerückt. Die Spitzenweine setzen auf Konzentration und Kraft, manchmal zu Lasten der Finesse.

2006 hatte sich das Weingut gut behauptet. Stärker noch als die Weißweine waren aber die sehr gekonnt vinifizierten Rotweine des Jahrgangs 2005. Die Weißweine des Jahrgangs 2007 präsentierten sich sehr gleichmäßig, angeführt von der weißen Cuvée „Theatrum Vinum"; die Rotweine hingegen waren etwas zurückhaltender als in den Vorjahren. Auch in der neuen Kollektion sind uns einige der Weine zu verhalten, vor allem im weißen Segment. Die beiden „Theatrum Vinum"-Cuvées aber überzeugen, ebenso Spätburgunder „S" und der Riesling von alten Reben aus dem Altenforst.

Weinbewertung

86 . . . 2008 Riesling „Alte Reben" trocken Burrweiler Altenforst
gute Konzentration, viel reife Frucht, herrlich eindringlich, etwas gelbe Früchte; füllig. harmonisch, reife süße Frucht, gute Substanz **12,50 €**

85 . . . 2008 „Theatrum Vinum W" Weißwein trocken Barrique
gute Konzentration, reife Frucht, Vanille; füllig, harmonisch, reife süße Frucht, Substanz **13,50 €**

86 . . . 2007 Spätburgunder „S" trocken Barrique
rauchige Noten, reintönige Frucht, herrlich eindringlich; klar, harmonisch, elegant, gute Struktur und Tannine **10,80 €**

86 . . . 2007 „Theatrum Vinum R" Rotwein trocken Barrique
gute Konzentration, Gewürze, Toast, rote Früchte; füllig, harmonisch, kraftvoll, Vanille, Struktur **16,50 €**

2001: 89; 2003: 87; 2005: 87; 2006: 86.

78 2008 Riesling Kabinett trocken Weyherer Michelsberg **4,90 €**
78 2008 Riesling Kabinett trocken Hainfelder Letten **4,60 €**
83 2008 Riesling „S" trocken Burrweiler Altenforst **7,60 €**
82 2008 Weißburgunder „S" trocken Hainfelder Letten **7,60 €**
80 2008 Grauburgunder „S" trocken Hainfelder Kirchenstück **7,60 €**
81 2008 Muskateller **5,20 €**
82 2007 Frühburgunder „S" trocken Barrique **5,20 €**

★☆

Christian **Klein**

Weingut

Mosel

Moselweinstraße 25, 54536 Kröv
Tel. 06541-835833, Fax: 06541-9566
www.weingut-christianklein.de
info@weingut-christianklein.de
Besuchszeiten: nach Vereinbarung

Inhaber .... Christian Klein
Rebfläche .... 0,5 Hektar

Christian Klein schloss 2004 sein Studium an der Fachhochschule Geisenheim als Diplom-Ingenieur für Weinbau ab und leitete anschließend vier Jahre den Außenbetrieb des Pfälzer Weinguts Fitz-Ritter. Seit 2007 bewirtschaftet Klein im Nebenerwerb 0,5 Hektar in der Steillage Kröver Steffensberg, im Hauptberuf ist er leitender Mitarbeiter im Weingut Vollenweider in Traben-Trarbach.

Nach sehr gelungenen 2007ern überzeugen nun auch die 2008er völlig. Lediglich die Goldkapsel-Spätlese wirkt derzeit etwas verhalten, könnte sich aber noch positiver entwickeln. Die 2007er Auslese zeigt nach wie vor eine faszinierende Balance.

Weinbewertung

86 . . . 2008 Riesling Spätlese trocken Steffensberg
jugendlich, leichte Hefenote; stoffig, saftig, pikante Säure, hat Substanz, abwarten **11,- €**

86 . . . 2008 Riesling Spätlese Kröver Steffensberg
klar, jugendlich, Spur Holunder; saftig, frisch, zarte Süße, sehr animierend **13,- €**

87 . . . 2008 Riesling Spätlese Goldkapsel Kröver Steffensberg

reife Frucht, Steinobst, etwas Melone; viel Frucht, Fülle, saftig, könnte sich gut entwickeln **15,- €**

90 . . . 2007 Riesling Auslese Kröver Steffensberg
duftig, Blüten, Apfelschale; saftig, viel Würze, gute Struktur, hat sich gut entwickelt, balanciert, nachhaltig **21,- €/0,5l**

83 2008 Riesling „feinherb" **7,50 €**

Klieber ★
Weingut

Rheinhessen

Kreisstraße 33, 67599 Hangen-Weisheim
Tel. 06735-421, Fax: 06735-1707
www.weingut-klieber.de
info@weingut-klieber.de
Besuchszeiten: Mo.-Sa. 9-19 Uhr, So. nach Vereinbarung
Gästehaus, Weinstube

Inhaber .... Erhard Klieber
Rebfläche .... 11 Hektar

Neben Sorten wie Riesling, Spätburgunder, Müller-Thurgau, Dornfelder und Grauburgunder baut die Familie Klieber auch internationale Rebsorten wie Cabernet Sauvignon, Merlot, Sauvignon Blanc und Chardonnay an. Die Reben wachsen in den Lagen Eppelsheimer Felsen, Hangen-Weisheimer Sommerwende, Flomborner Goldberg, Westhofener Bergkloster und Guntersblumer Höllenbrand. 2001 hat Sohn Martin Klieber die Verantwortung im Keller übernommen. Seit dem Jahrgang 2007 ist das Programm in drei Linien gegliedert: Gutsweine, Silber-Edition und Gold-Edition.

Beim guten Debüt im vergangenen Jahr hatte uns eine Cabernet-Merlot-Cuvée aus dem Jahrgang 2003 besonders gut gefallen. Eine gute, sehr gleichmäßige Kollektion folgt nach mit frischen, fruchtbetonten Weinen zu sehr moderaten Preisen.

Weinbewertung

85 . . . 2008 Riesling Spätlese trocken Gundersheimer Höllenbrand (Gold-Edition)
gute Konzentration, reintönige Frucht, eindringlich; füllig, kraftvoll, reife Frucht, Substanz, Biss **4,90 €**

77 2008 Müller-Thurgau trocken **4,90 €/1l**
83 2008 Sauvignon Blanc trocken (Silber-Edition) **4,60 €**
84 2008 Grauburgunder trocken (Silber-Edition) **4,10 €**
81 2008 Riesling trocken (Silber-Edition) **3,90 €**
82 2008 Pinot Blanc trocken (Gold-Edition) **5,10 €**
82 2008 Chardonnay Spätlese (Gold-Edition) **4,50 €**
80 2008 Merlot Rosé „feinherb" **4,60 €**
81 2007 Dornfelder trocken Gundersheimer Höllenbrand (Silber-Edition) **4,30 €**
82 2007 Pinot Noir trocken Eppelsheimer Felsen (Silber-Edition) **4,60 €**

Wolfgang Klopfer ★★★
Weingut

Württemberg

Gundelsbacher Straße 1, 71384 Weinstadt-Großheppach
Tel. 07151-603848, Fax: 07151-600956
www.weingut-klopfer.de
info@weingut-klopfer.de
Besuchszeiten: Di.+ Fr. 16-19 Uhr, Sa. 9-16 Uhr
Probierstube

Inhaber .... Wolfgang Klopfer
Rebfläche .... 10 Hektar

Die Weinberge von Wolfgang Klopfer liegen verstreut in 40 Parzellen am Großheppacher und Geradstettener Hang. Hinzu kommt eine Parzelle im Cannstatter Zuckerle. Rote Sorten nehmen zwei Drittel seiner Fläche ein. Trollinger, Schwarzriesling, Lemberger und Spätburgunder sind seine Hauptsorten. Seit 1995 baut er auch Merlot, Cabernet Dorio und Cabernet Dorsa an, zuletzt pflanzte er Frühburgunder und Zweigelt an. Wichtigste Weißweinsorte ist der Riesling, von dem er zuletzt mehr gepflanzt hat, wie auch vom Sauvignon Blanc. Dazu gibt es Weißburgunder, Grauburgunder, Kerner und Gewürztraminer. Das Gros der Weine baut Wolfgang Klopfer trocken aus. Steht nicht trocken auf dem Etikett, dann handelt es sich um – nach dem Weingesetz – halbtrockene Weine (mit Ausnahme der edelsüßen Weine). Die komplette Ernte wird über die Flasche vermarktet, fast ausschließlich an Privatkunden.

Schon vor zehn Jahren haben wir die Weine von Wolfgang Klopfer empfohlen, damals war er außerhalb des Remstals weitgehend unbekannt. Immer wieder sind die beiden barriqueausgebauten Rotweine – Modus-K und Merlot – die herausragenden Weine im Programm von Wolfgang Klopfer. Aber auch die Weißweine haben in den vergangenen Jahren deutlich zugelegt und an Konstanz gewonnen, auch seine Spätburgunder und Lemberger gewinnen immer mehr an Profil.

Die 2006er Weißweine überzeugten, gleichmäßige 2007er Weißweine folgten im vergangenen Jahr nach. Fiel es uns in den letzten Jahren schwer einen eindeutigen Favoriten in den Kollektionen von Wolfgang Klopfer zu bestimmen, so war es im letzten Jahr leicht, weil der 2006er „Modus-K" nicht an seine Vorgänger heranreichte. Klarer Sieg also für den Merlot, der einmal mehr zu den besten Rotweinen des Jahrgangs in Deutschland zählte. Noch leichter macht uns Wolfgang Klopfer in diesem Jahr die Entscheidung, präsentiert er doch ausschließlich den Merlot. Der ist einmal mehr bärenstark, wie der gesamte rote Teil der Kollektion, die Weißweine sind ein wenig verhaltener als zuletzt.

Weinbewertung

85 . . . 2007 Portugieser trocken
fruchtbetont, konzentriert, klare reife Frucht; kraftvoll, reintönige Frucht, gute Struktur **8,- €**

85 . . . 2008 Lemberger trocken Holzfass
gute Konzentration, viel reife Frucht, reintönig; füllig, harmonisch, reife Frucht, Struktur und Biss **9,80 €**

88 . . . 2006 Spätburgunder trocken Barrique
gute Konzentration, etwas rauchige Noten, Vanille, viel reife Frucht; füllig, kraftvoll, reife Frucht, gute Substanz **18,- €**

87 . . . 2007 Spätburgunder trocken Barrique
rauchige Noten, etwas Vanille, rote Früchte, feiner Duft; gute Fülle, reife Frucht, Vanille **18,- €**

90 . . . 2007 Merlot trocken Barrique
gute Konzentration, klare reife Frucht, etwas Vanille und Schokolade, rote Früchte, herrlich eindringlich; füllig, harmonisch, kraftvoll, elegant, reife Frucht, dezent Vanille, gute Substanz und Länge **24,- €**
1999: 88; 2000: 87; 2001: 89; 2002: 89; 2003: 91; 2005: 89; 2006: 90.

82 2008 Grauburgunder Kabinett trocken Großheppacher Steingrüble **6,50 €**
84 2008 Sauvignon Blanc trocken Großheppacher Steingrüble **9,80 €**
82 2008 Riesling Spätlese Cannstatter Zuckerle **8,- €**
82 2008 Trollinger trocken **5,20 €**
84 2007 Zweigelt trocken **8,- €**

★★★☆

Klumpp

Weingut

Baden

Heidelberger Straße 100, 76646 Bruchsal
Tel. 07251-16719, Fax: 07251-10523
www.weingut-klumpp.com
info@weingut-klumpp.com
Besuchszeiten: Mo.-Fr. 16-19 Uhr, Sa. 9-13 Uhr oder nach Vereinbarung
Weinbistro für Veranstaltungen

Inhaber .... Ulrich Klumpp
Kellermeister .... Markus Klumpp
Rebfläche .... 23 Hektar

Ulrich Klumpp hat sich 1983 selbstständig gemacht mit damals 4,5 Hektar Weinbergen. 1990 baute er dann das neue Weingut am Stadtrand von Bruchsal. Bereits seit 1985 stellte er Versuche mit ökologischer Bewirtschaftung an, 1995 hat er dann komplett umgestellt und bewirtschaftet seither seinen gesamten Betrieb nach den Richtlinien des ökologischen Weinbaus (Ecovin). Wichtigste Rebsorte ist Spätburgunder, gefolgt von Riesling, Grauburgunder, Weißburgunder, Auxerrois (die älteste Anlage wurde 1965 gepflanzt) und Lemberger. Bei den roten Sorten setzt Ulrich Klumpp neben Spätburgunder und Lemberger verstärkt auf St. Laurent.

Alle Rotweine werden in kleinen Bütten maischevergoren (12 bis 18 Tage), die Maische wird dabei 3 bis 4 Mal täglich von Hand untergetaucht. Alle Rotweine reifen seit 2007 mindestens 6 Monate im Barrique. Trauben, Maische und Most werden nur mittels Gravitation bewegt, ohne Pumpeneinsatz. Die Weißweine werden gekühlt vergoren, die Burgunder durchlaufen ganz oder zur Hälfte (bei Edelstahlausbau) den biologischen Säureabbau, die Rieslinge nicht. Sie werden überwiegend im Edelstahl ausgebaut. 2008 wurde der Tankkeller modernisiert und der Barriquekeller um einen Raum erweitert. 95 Prozent der Weine werden trocken ausgebaut, der Rest – mit seltenen edelsüßen Ausnahmen – halbtrocken. Ulrich Klumpp hat sein Programm in drei Linien gegliedert: Die Gutsweine (*), dann die Weine der „Edition Klumpp" (**) und schließlich die Premium-Linie (***) für die Topweine aus stark ertragsreduzierten Anlagen. Seit 2004 ist Markus Klumpp für die Vinifikation zuständig.

Seit 2007 tragen die Premiumweine Lagenbezeichnungen. Grauburgunder, St. Laurent und Cabernet kommen aus dem Eichholz in Bruchsal, einer reinen Südlage mit Buntsandsteinverwitterungsboden mit toniger Lehmauflage und hohem Kalkgehalt. Weißburgunder und Chardonnay kommen aus dem Kirchberg in Unteröwisheim, einer windexponierten Südlage mit einem tiefgründigen sandigen Lössboden. Der Pinot Noir schließlich kommt aus dem Weiherberg in Bruchsal, einer windoffenen Süd-Ost-Lage aus Kalksandsteinverwitterungsboden mit lehmiger Tonauflage. Die Editionsweine stammen aus den Bruchsaler Lagen Klosterberg und Glöcklesberg, dem Zeuterner Himmelreich und dem Ubstadter Altenberg.

Die Weißweine waren vor zwei Jahren klar und konzentriert, die Rotweine hatten weiter an Klasse gewonnen, der Grauburgunder und der von alten Reben stammende Spätburgunder „SK" waren unsere Favoriten. Der Nachfolger des „SK" aus dem Jahrgang 2006 hatte es uns in der letztjährigen Kollektion besonders angetan. Wie überhaupt die Rotweine für den Jahrgang sehr gut gelungen waren. Die Weißweine präsentierten sich kraftvoll und füllig, bewiesen Konstanz auf hohem Niveau. Eine vergleichbare, sehr homogene Kollektion präsentieren Ulrich und Markus Klumpp in diesem Jahr, wieder mit kraftvollen, kompakten Weißweinen und jugendlichen, teils noch recht tanninbetonten Rotweinen.

Weinbewertung

85 . . . 2008 Auxerrois trocken Edition**
frisch, würzig, fruchtbetont, reintönig; klar, harmonisch, reife Frucht, gute Substanz und Frische **8,50 €**

88 . . . 2008 KIRCHBERG Weißer Burgunder trocken* Premium**
gute Konzentration, klare reife Frucht, weiße Früchte, feine Würze; füllig, kraftvoll, viel reife Frucht, gute Struktur und Substanz **12,- €**
2001: 88; 2003: 86; 2004: 86; 2005: 87; 2006: 87; 2007: 87.

87 . . . 2008 ALTE REBEN Grauburgunder trocken* Premium**
rauchige Noten, gute Konzentration, reife Frucht, dezent gelbe Früchte, Vanille; kraftvoll, füllig, reife Frucht, gute Struktur, jugendlich **15,- €**
1999: 85; 2002: 89; 2003: 86; 2005: 88; 2006: 89; 2007: 87.

87 . . . 2008 KIRCHBERG Chardonnay trocken* Premium**
gute Konzentration, klare reife Frucht, dezent Vanille; füllig, kraftvoll, reife Frucht, gute Substanz und Kraft, jugendlich **17,- €**
2001: 88; 2003: 87; 2004: 88; 2005: 86; 2006: 87; 2007: 88.

85 . . . 2008 HIMMELREICH Riesling* Premium**
gute Konzentration, klare reife Frucht, herrlich eindringlich, etwas weiße und gelbe Früchte; füllig, harmonisch, reife süße Frucht, Biss **12,- €**

87 . . . 2008 KLOSTERBERG Riesling* Premium**
gute Konzentration, klare Frucht, feine Würze, etwas gelbe Früchte; füllig, kraftvoll, reife Frucht, gute Struktur **12,- €**

87 . . . 2007 EICHHOLZ St. Laurent trocken* Premium**
feine Würze, reife Frucht, reintönig, herrlich eindringlich; füllig, harmonisch, viel reife Frucht und Substanz **15,- €**
1999: 85; 2001: 85; 2003: 86; 2004: 87; 2005: 87; 2006: 86.

87 . . . 2007 WEIHERBERG Pinot Noir trocken* Premium**
feine rauchige Noten, reintönige Frucht, etwas rote Früchte; kraftvoll, klar, zupackend, jugendliche Frucht und Tannine **17,- €**
2006: 86.

87 . . . 2007 HIMMELREICH Lemberger trocken* Premium**
würzig, eindringlich, klare reife Frucht; füllig, kraftvoll, zupackend, jugendliche Tannine **15,- €**
2004: 87; 2005: 88; 2006: 87.

89 . . . 2007 EICHHOLZ Cuvée „M" trocken* Premium**
gute Konzentration, Gewürze, viel reife Frucht, dezent Kaffee; weich, füllig, harmonisch, reife Frucht, Schokolade, gute Länge **22,- €**
2005: 87; 2006: 88.

88 . . . 2007 Spätburgunder „SK" (Alte Reben) trocken* Premium**
viel Duft, Weihrauch, dann klarer; kraftvoll, klar, elegant, gute Struktur, reife Frucht, Tannine, Bitternote **25,- €**
2005 (1. Jg.): 90; 2006: 90.

82 2008 Riesling trocken** Edition **8,50 €**

★★★★

Knab

Weingut

Baden

Hennengärtle 1a, 79346 Endingen
Tel. 07642-6155, Fax: 07642-931377
www.knabweingut.de
regina-rinker@t-online.de
Besuchszeiten: Mo.-Fr. 17-18:30 Uhr, Sa. 10-14 Uhr oder nach Vereinbarung

Inhaber .... Thomas und Regina Rinker
Rebfläche .... 17 Hektar

Thomas und Regina Rinker haben das Weingut Knab 1994 übernommen. Ihre Weinberge befinden sich fast ganz in der Lage Endinger Engelsberg. Über 90 Prozent der Fläche nehmen die Burgundersorten ein. Die Weißweine werden im Edelstahl ausgebaut, ausgesuchte Weine auch im Barrique. Die Spätburgunder werden alle im Holz ausgebaut.

Seit einem Jahrzehnt empfehlen wir die Weine von Thomas Rinker, schon damals lobten wir das „überzeugende Programm mit einer Reihe von Highlights", erklärten ihn zu einem der Shooting Stars in Baden. In diesem Jahrzehnt hat er uns Jahr für Jahr stets zuverlässige Kollektionen präsentiert mit wunderschön reintönigen Kabinettweinen und Spätlesen. Ohne die Basisweine zu vernachlässigen legte er in diesem Jahrzehnt mit seinen 3-Sterne-Spätlesen bei Weißburgunder und Grauburgunder zu, die, wie auch die Top-Spätburgunder, Kraft und Fülle mit Reintönigkeit und Frische vereinen.

Weiße „3-Sterne"-Selektionen waren im Jahrgang 2006 nicht möglich. Die auf die Flasche gebrachten Weine zeigten sich klar und fruchtbetont. Beeindruckend reintönig und elegant präsentierte sich der Spätburgunder Reserve aus dem Jahrgang 2005. Auch die letztjährige Kollektion bereitete viel Freude, die Kabinettweine waren fruchtbetont und reintönig wie gewohnt, die Spätlesen fülliger, die 3-Sterne-Spätlesen besaßen Kraft und Substanz. Auch mit seinen Spätburgundern hatte sich Thomas Rinker im schwierigen Jahrgang 2006 wacker geschlagen. Mit dem Jahrgang 2007 fährt er eine gewaltige Batterie hochklassiger Spätburgunder auf, unser eindeutiger Favorit ist der „A IX", der zu den großen Spätburgundern des Jahrgangs am Kaiserstuhl zählt. Der weiße Teil der Kollektion ist stimmig wie gewohnt, wird angeführt von den 3-Sterne-Spätlesen.

Weinbewertung

85 . . . 2008 Weißer Burgunder Spätlese trocken Endinger Engelsberg
gute Konzentration, klare reife Frucht, weiße Früchte; weich, harmonisch, reife Frucht **9,- €**
1998: 88; 2000: 87; 2001: 90; 2002: 89; 2003: 88; 2004: 88; 2005: 87; 2006: 87; 2007: 87.

86 . . . 2008 Grauburgunder Spätlese trocken Endinger Engelsberg
gute Konzentration, reintönige Frucht, gelbe Früchte, herrlich eindringlich; füllig, harmonisch, klare reife Frucht **9,- €**
1998: 91; 2000: 88; 2001: 91; 2002: 88; 2003: 87; 2005: 87; 2006: 86; 2007: 86.

89 . . . 2008 Weißer Burgunder Spätlese* trocken Endinger Engelsberg**
viel Konzentration, faszinierend viel Frucht, Frische, eindringlich; füllig, stoffig, viel Frucht, intensiv, Frische, Säure, Substanz, jugendlich **14,- €**
2001 (1. Jg.): 90; 2002: 90; 2003: 90; 2004: 90; 2005: 90; 2007: 89.

88 . . . 2008 Grauburgunder Spätlese* trocken Endinger Engelsberg**
würzig, eindringlich, gute Konzentration, etwas gelbe Früchte; weich, füllig, gute Substanz und Konzentration, Frische **14,- €**
2002: 89; 2003: 89; 2005: 90; 2007: 89.

86 . . . 2007 Spätburgunder trocken Barrique Endinger Engelsberg
feine Würze, klare Frucht, etwas rote Früchte, dezent rauchige Noten; klar, harmonisch, feine süße Frucht, gute Struktur und Biss **12,- €**
1998: 84; 1999: 87; 2000: 88; 2001: 88; 2002: 89; 2003: 88; 2004: 87; 2005: 87; 2006: 87.

88 . . . 2007 Spätburgunder* trocken Barrique Endinger Engelsberg**
viel reife Frucht, rote Früchte, dezent Vanille, feine Würze; füllig, kraftvoll, reife Frucht, viel Substanz, Frische und Länge **22,- €**
1997: 86; 1998: 89; 1999: 89; 2001: 89; 2002: 89; 2004: 90; 2005: 89; 2006: 88.

93 . . . 2007 Spätburgunder* trocken „A IX" Endinger Engelsberg**

fruchtbetont, konzentriert, herrlich reintönige reife Frucht, feine florale Noten, Burgund;! füllig, stoffig, herrlich viel Frucht und Substanz, etwas Schokolade, gute Struktur, elegant, reintönig und lang **35,- €**

89 . . . 2007 Spätburgunder* trocken „R" Endinger Engelsberg**

enorm würzig, etwas Kaffee, Kräuter, herrlich eindringlich und dominant; weich, füllig, schmeichelnd, viel reife süße Frucht, feine Frische und Biss **35,- €**

87 . . . 2007 Spätburgunder Auslese trocken Barrique Endinger Engelsberg

viel reife Frucht, feiner Duft; füllig, klar, reife Frucht, viel Substanz **30,- €**

88 . . . 2007 „A....." Spätburgunder Auslese trocken Barrique Endinger Engelsberg

viel Konzentration, feiner Duft, reife rote Früchte; füllig, stoffig, viel Substanz, Biss **30,- €/0,5l**

---

83 2008 Weißburgunder Kabinett trocken Endinger Engelsberg **6,80 €**

84 2008 Grauburgunder Kabinett trocken Endinger Engelsberg **6,80 €**

★

O. Knapp
Weingut

Franken

Bürgstädter Straße 21, 63897 Miltenberg
Tel. 09371-3989, Fax: 09371-3089
www.weingut-ottoknapp.de
info@weingut-ottoknapp.de
Besuchszeiten: Mo.-Fr. 8-19 Uhr, Sa. 8-16 Uhr
Weinprobierstube

Inhaber .... Johannes Knapp
Rebfläche .... 5,5 Hektar

Johannes Knapp hat einen Rotweinanteil von 35 Prozent, hauptsächlich Spätburgunder, aber auch etwas Frühburgunder, Domina, Portugieser und Dornfelder, den es bereits seit 1984 beim Weingut Knapp gibt. Wichtigste Weißweinsorte ist Müller-Thurgau. 4,5 Hektar seiner Weinberge befinden sich in der Lage „Miltenberger Steingrübler", ein Hektar liegt im Bürgstadter Centgrafenberg. Die Weißweine werden im Edelstahltank ausgebaut, die Rotweine im Holzfass.

Seit einem Jahrzehnt empfehlen wir die Weine von Johannes Knapp, immer wieder präsentierte er zuverlässige Kollektionen, immer wieder mit Highlights im roten Segment.

Die 2006er Weißweine waren jahrgangsbedingt etwas schwächer als gewohnt, die 2005er Rotweine überzeugten. Eine sehr gleichmäßige Kollektion präsentierte Johannes Knapp im vergangenen Jahr, an der Spitze der Frühburgunder aus dem Jahrgang 2005. Die nun in diesem Jahr vorgestellten Weißweine sind alle halbtrocken ausgebaut. Besser gefallen uns die beiden Rotweine, insbesondere einmal mehr der Frühburgunder.

Weinbewertung

86 . . . 2007 Frühburgunder trocken Miltenberger Steingrübler

feine rauchige Noten, reintönige Frucht, Frische; harmonisch, elegant, reintönige Frucht, gute Struktur und Frische **12,50 €**

---

80 2008 „Sommernachtstraum" Weißwein Miltenberger Steingrübler 4,80 €

80 2008 Müller-Thurgau Miltenberger Steingrübler 4,80 €

82 2008 Scheurebe Kabinett Miltenberger Steingrübler 5,80 €

81 2008 Riesling Kabinett Miltenberger Steingrübler 6,80 €

84 2007 Spätburgunder trocken Miltenberger Steingrübler 7,50 €

★

Alfred **Knauff** Erben

Weingut

Pfalz

Ludwigstraße 23, 67161 Gönnheim
Tel. 06322-63288, Fax: 06322-987504
www.weingut-knauff.de
weingut-knauff@t-online.de
Besuchszeiten: Mo.-Sa. 8-18 Uhr

Inhaber.................... Familie Volker Knauff
.... Henning Knauff
Rebfläche............................ 11 Hektar

Seit 1754 bewirtschaftet die Familie Weinberge in Gönnheim. Der heutige Gutshof war ursprünglich im Besitz des Klosters St. Lamprecht, ging im Jahr 1533 an die Geistliche Güteradministration der Universität Heidelberg über und diente fortan als Versuchsgut. 10 Hektar Weinberge liegen in Gönnheim (Martinshöhe, Klostergarten, Sonnenberg, Mandelgarten), 1 Hektar in Forst (Ungeheuer), Friedelsheim (Rosengarten) und Kallstadt (Saumagen). Der Rotweinanteil beträgt 40 Prozent. Hauptrebsorten sind Riesling, Portugieser und Spätburgunder.

In den letzten Jahren präsentierten sich die Kollektionen immer sehr ähnlich, mit Stärken im roten Segment. Die letztjährige Kollektion war gleichmäßig, nur die Rotweine konnten im vergangenen Jahr die Weißen nicht übertrumpfen. Fast identisch ist das Bild in diesem Jahr, mit der trockenen Riesling Spätlese aus dem Saumagen hat uns ganz klar ein Weißwein am besten gefallen. ➖

Weinbewertung

77 2007 Riesling Kabinett trocken Gönnheimer Klostergarten 3,50 €/1l

83 2007 Riesling Spätlese trocken Forster Ungeheuer 5,50 €

84 2007 Riesling Spätlese trocken Kallstadter Saumagen 5,50 €

81 2008 Gewürztraminer Kabinett Gönnheimer Martinshöhe 4,50 €

79 2008 Spätburgunder Kabinett Blanc de Noir trocken Gönnheimer Martinshöhe 4,20 €

78 2008 Dornfelder trocken Gönnheimer Sonnenberg 3,90 €

79 2007 Blauer Spätburgunder Spätlese trocken Gönnheimer Martinshöhe 5,50 €

78 2006 Cabernet Sauvignon trocken Gönnheimer Mandelgarten 7,- €

82 2005 Merlot Auslese trocken Barrique Gönnheimer Mandelgarten 9,50 €

★

Knauß

Weingut

Württemberg

Nolten 2, 71384 Weinstadt
Tel. 07151-606345, Fax: 07151-960145
www.weingut-knauss.com
info@weingut-knauss.com
Besuchszeiten: Fr. 16-19 Uhr, Sa. 10-13 Uhr, Mo.-Do. nach Vereinbarung
Besenwirtschaft „Sonna-Besa"

Inhaber............................ Horst Knauß
Rebfläche.............................. 7 Hektar

1995 begann man mit damals 50 Ar Reben mit der Selbstvermarktung. 1998 ist das Weingut an den Ortsrand von Strümpfelbach ausgesiedelt, hat sich seither auf die heutige Betriebsgröße erweitert. Die Weinberge liegen vor allem in den Strümpfelbacher Lagen Altenberg und Nonnenberg. 65 Prozent der Fläche ist mit roten Reben bestockt. Der Schwerpunkt liegt auf gebietstypischen Rebsorten wie Trollinger, Lemberger, Spätburgunder und Riesling. Dazu gibt es internationale Rebsorten wie Merlot, Chardonnay und Sauvignon Blanc. Die Weißweine werden kalt und gezügelt vergoren und im Edelstahl ausgebaut, die Rotweine prinzipiell alle auf der Maische vergoren und teils im Edelstahl, teils in kleinen oder großen Eichenholzfässern ausgebaut. Die Spitzenweine werden in den Linien „S" (Selektion) und „R" (Reserve) vermarktet.

Weinbewertung

86 . . . 2007 Merlot „R" trocken
feine Würze, etwas rote Früchte, wunderschön reintönig; klar, harmonisch, füllig, reife Frucht, rote Früchte, Substanz **16,50 €**

82 2007 Riesling trocken **5,70 €**
81 2008 „Sommernachtstraum" Weißwein **4,30 €**
82 2008 Rosé trocken **4,60 €**
82 2008 Lemberger trocken **5,70 €**
83 2008 Zweigelt „S" trocken **7,20 €**

★★★★☆

Reinhard und Beate Knebel
Weingut

Mosel

August-Horch-Straße 24, 56333 Winningen
Tel. 02606-2631, Fax: 02606-2569
www.weingut-knebel.com
info@weingut-knebel.de
Besuchszeiten: Mo.-Sa. nach Anmeldung

Inhaber .... Beate Knebel
Rebfläche .... 6,5 Hektar

Seit 1990 erzeugen Reinhard und Beate Knebel Weine von den Terrassen in der Nähe der Moselmündung. Nach dem Tod Reinhard Knebels führt Beate Knebel das Weingut allein weiter, unterstützt wird sie in der Kellerarbeit bereits seit Jahren von Gernot Kollmann. Die Weinberge befinden sich in den Winninger Lagen Uhlen, Röttgen, Hamm und Brückstück. Auch wenn in den letzten Jahren immer wieder grandiose edelsüße Rieslinge erzeugt wurden, wird doch das Gros der Produktion trocken oder feinherb ausgebaut. Typisch für die trockenen Weine ist die enorme Würze, unverkennbar bei den süßen Rieslingen ist die cremige Frucht, verbunden mit Struktur und einer herrlich reintönigen Art.

Das Sortiment wurde 2006 überstrahlt von der konzentrierten, rauchigen Versteigerungsauslese aus dem Röttgen. 2007 gelang nicht weniger, die Süßweine waren herrlich klar und feingliedrig, die trockenen Rieslinge besaßen Würze und Substanz. 2008 zeigten sich viele Weine bei der ersten Verkostung sehr verschlossen, teilweise öffneten sie sich erst nach Tagen und präsentierten sich dann als mineralische Klassiker mit deutlicher, aber reifer Säure. Die Süßweine sind auch in diesem Jahr faszinierend elegant und absolut reintönig, wie es nur wenige Moselwinzer von ihren Erzeugnissen behaupten können.

Weinbewertung

86 . . . 2008 Riesling trocken „von den Terrassen"
deutliche Hefenote, leichte Kräuternote; würzig, stoffig, feine Frucht, Biss **7,50 €**
2003: **86**; 2004: **86**; 2005: **87**; 2006: **86**; 2007: **87**.

87 . . . 2008 Riesling Spätlese trocken Winninger Röttgen
klare Frucht, Hefenoten, Stachelbeere, Kräuter; fest, stoffig, leicht mineralische Noten, braucht Zeit (87+? Punkte) **14,50 €**

88 . . . 2008 Riesling Spätlese trocken Winninger Uhlen
klare Frucht, Kräuter, mineralisch; stoffig, gewisse Fülle, viel Substanz **14,50 €**

1999: 90; 2000: 88; 2001: 88; 2002: 91; 2003: 88; 2004: 89; 2005: 88+; 2006: 89; 2007: 89.

85 . . . 2008 Riesling Kabinett „feinherb" Winninger Hamm
zarte Frucht, etwas verhalten; würzig, saftig, pikante Säure, Schmelz, sehr süffig **9,- €**

87 . . . 2008 Riesling Spätlese „feinherb Alte Reben" Winninger Brückstück
deutliche Hefenote, jugendlich; würzig, verhaltene Frucht, wirkt noch unzugänglich, Substanz **14,50 €**

90 . . . 2008 Riesling Spätlese „feinherb Alte Reben" Winninger Uhlen
deutliche Hefenote, Kräuter; enorm würzig, stoffig, ganz feine Säure, sehr animierend **18,50 €**

88 . . . 2008 Riesling Spätlese „Alte Reben" Winninger Röttgen
etwas verhalten, feine Frucht; saftig, viel Würze, deutliche Süße, reife Säure, Potenzial **18,50 €**
(„Alte Reben" seit 2002) 2000: 89; 2001: 90; 2002: 92; 2003: 89; 2004: 89; 2005: 90; 2006: 87+; 2007: 90.

90 . . . 2008 Riesling Auslese Winninger Brückstück
sehr feine Frucht, glasklar, leicht cremig; straff, saftig, trotz hoher Süße sehr animierend **21,- €/0,375l**

92 . . . 2008 Riesling Auslese Winninger Röttgen
reintönige Frucht, cremig, kandierter Apfel, etwas Mango; dicht, rassig, sehr würzig, sehr nachhaltig **23,- €/0,375l**

91 . . . 2008 Riesling Auslese Goldkapsel Winninger Röttgen
sehr feine Frucht, kandierter Apfel, Mirabellen, etwas Schwefel; sehr elegant, beinahe cremig, Nachhall **35,- €/0,375l**

95 . . . 2008 Riesling Eiswein Winninger Röttgen
herrlich reintönig, ganz klar, leicht cremig, Aprikose, leichte Kräuternote; straff, üppige Frucht, Fülle, rassige Säure **75,- €/0,375l**

98 . . . 2007 Riesling Trockenbeerenauslese Winninger Röttgen
glasklare, herrlich reife Frucht, leicht cremig, Nektarinen, etwas kandierte Früchte; opulent, feingliedrig, herrlich komplex, dicht, viel Struktur und Nachhall (Versteigerungswein)

★★★★★

Knipser
Weingut

Pfalz

Hauptstraße 47, 67229 Laumersheim
Tel. 06238-742, Fax: 06238-4377
www.weingut-knipser.de
mail@weingut-knipser.de
Besuchszeiten: Mo.-Fr. 10-12 + 14-18 Uhr, Sa. 10-16 Uhr

Inhaber .... Werner Knipser
.... Volker Knipser
.... Stephan Knipser
Rebfläche .... 40 Hektar

Werner und Volker Knipser haben Laumersheim bekannt gemacht. Für Rotwein zunächst, aber in den letzten Jahren erzeugen sie regelmäßig auch faszinierende Rieslinge, die zur Spitze in der Pfalz und in Deutschland zählen. Neben Riesling gibt es insbesondere noch Weiß- und Grauburgunder, Chardonnay, Gewürztraminer und Sauvignon Blanc. Als Spezialitäten bauen sie früher in der Pfalz und in Deutschland weit verbreitete Sorten wie Gelber Orleans oder Blauer Arbst an, die inzwischen ganz aus deutschen Weinbergen verschwunden sind. An roten Sorten gibt es neben Spätburgunder, Sankt Laurent und Dornfelder schon recht lange auch internationale Rebsorten wie Cabernet Sauvignon, Cabernet Franc und Syrah. Inzwischen ist Werner Knipsers Sohn Stephan im Betrieb tätig.

Die Rieslinge der Knipsers sind in ihrer Jugend enorm verschlossen, zeigen erst nach einiger Flaschenreife, was in ihnen steckt. 2006 hatten die Knipsers konsequent auf Qualität gesetzt und keine Großen Riesling-Gewächse erzeugt. Was sie in punkto weiß aber auf die Flasche brachten, das überzeugte, alle Weine waren frisch und fruchtbetont. Die letztjährige Kollektion bot wieder die Großen Gewächse Himmelsrech und Steinbuckel, die beide noch enorm verschlossen, aber herrlich puristisch und mineralisch waren. Das ganze Programm der Knipsers faszinierte: Reintönige, frische und dabei komplexe Weißweine en masse – oft mit nur 11 oder 11,5 Prozent Alkohol! Dazu eigenwillige, charaktervolle Weine wie den 2003er Chardonnay. Diese Stilistik findet man auch 2008 wieder, komplexe Weißweine mit relativ wenig Alkohol. An der Spitze der weißen Kollektion stehen einmal mehr die beiden Großen Gewächse, beide jugendlich und verschlossen, unsere Präferenz gilt dem Steinbuckel. Betriebsinterne Konkurrenz erhalten sie in diesem Jahrgang durch den trockenen Weißburgunder „KG" aus dem Jahrgang 2007.

Die vor zwei Jahren verkosteten 2004er Rotweine waren stark, vor allem die beiden Großen Gewächse, Kirschgarten und „Im Großen Garten". Ähnlich kraftvoll und verschlossen präsentierten sich die im vergangenen Jahr vorgestellten Spätburgunder der Jahrgänge 2005 und 2006. Unser Favorit in der hochklassigen roten Kollektion war die Cuvée X, ein faszinierend mineralischer und nachhaltiger Wein mit viel Zukunft. In diesem Jahr nun haben wir nochmals die 2006er verkostet, die immer noch enorm verschlossen und jugendlich sind; der 2005er im Großen Garten allerdings beginnt sich zu öffnen, zeigt seine ganze Klasse. Wie die Rieslinge sind auch die Spätburgunder der Knipsers heute in ihrer Jugend verschlossener als sie es noch vor einem Jahrzehnt waren, sind kompromisslos vinifiziert, auf Haltbarkeit angelegt.

Weinbewertung

87 . . . 2008 Gelber Orleans trocken
frisch, klar, etwas Zitrusfrüchte, Grapefruit; klar, frisch, zupackend, feine Frucht und Biss **9,20 €**

86 . . . 2008 Riesling Kabinett trocken Laumersheimer Kapellenberg
frisch fruchtbetont, feine Würze, wunderschön reintönig; klar, frisch, zupackend, feine Frucht **7,80 €**
2000: 86; 2001: 87; 2002: 86; 2004: 86; 2005: 86; 2006: 85; 2007: 85.

85 . . . 2008 Gewürztraminer + Riesling Kabinett trocken
würzig, frisch, etwas Rosen; klar, frisch, feine süße Frucht und Biss **9,80 €**

90 . . . 2007 Weißburgunder „KG" Auslese trocken
viel Konzentration, herrlich viel Frucht, reintönig, eindringlich, etwas weiße Früchte, dezent mineralische Noten; kraftvoll, stoffig, viel reife Frucht, Substanz und Länge **15,- €**

88 . . . 2008 Chardonnay & Weißburgunder trocken
frisch, fruchtbetont, weiße Früchte, wunderschön klar; frisch, zupackend, feine Frucht, gute Struktur, Länge **9,80 €**
1999: 87; 2000: 88; 2001: 90; 2002: 88; 2003: 86; 2004: 87; 2005: 87; 2006: 88; 2007: 88.

89 . . . 2008 Grauburgunder Spätlese trocken
gute Konzentration, anfangs verschlossen, reintönige Frucht, herrlich eindringlich; kraftvoll, stoffig, zupackend, reife Frucht, gute Struktur **11,80 €**
2000: 88; 2001: 90; 2005: 88; 2006: 88; 2007: 91.

88 . . . 2008 Sauvignon Blanc Kabinett trocken
frisch, herrlich reintönig, feine Frucht, eindringlich; klar, frisch, zupackend, reintönige Frucht, wunderschön geradlinig **9,80 €**
2006: 87; 2007: 88.

90 . . . 2008 „HIM" Riesling „GG" Dirmsteiner Mandelpfad
(bisher: Himmelsrech); gute Konzentration, klare reife Frucht, feine Würze, herrlich eindringlich; kraftvoll, stoffig, geradlinig, füllig, reife Frucht, etwas Zitrusfrüchte, gute Substanz, jugendlich **19,- €**
2002: 89; 2003: 91; 2005: 89+; 2007: 92.

91 . . . 2003 „STEINBUCKEL" Riesling „GG" Lau-

mersheimer Mandelberg
herrlich klar und konzentriert, dominant; füllig, kraftvoll, herrlich viel Frucht und Substanz, zupackend, lang und nachhaltig (kein aktueller Jahrgang, vor fünf Jahren bewertet mit 90+ Punkte)

92 . . . 2008 „STEINBUCKEL" Riesling „GG" Laumersheimer Mandelberg
gute Konzentration, viel reife Frucht, etwas gelbe Früchte, herrlich eindringlich; füllig, stoffig, herrlich viel Frucht und Substanz, gute Struktur und Nachhall, enorm jugendlich **19,- €**
2002: 89; 2004: 91; 2005: 90; 2007: 90.

86 . . . 2008 Riesling Kabinett
frisch, würzig, reintönige Frucht; frisch, direkt, feine süße Frucht und Biss **7,80 €**

87 . . . 2007 Gewürztraminer + Riesling Spätlese
würzig, klar, dezent Rosen; kraftvoll, reife Frucht, gute Struktur, viel Substanz **9,80 €**

91 . . . 2008 Riesling Trockenbeerenauslese Dirmsteiner Mandelpfad
viel Konzentration, viel reife Frucht, etwas eingelegte süße Aprikosen, Orangen, dominant; süß, dick, konzentriert, kraftvoll, reintönig, Substanz und Länge
85,- €/0,375

87 . . . 2008 Cuvée Rosé trocken „Cabernet + Co."
frisch, fruchtbetont, klar, dezent Kirschen; klar, frisch, zupackend, feine süße Frucht und Biss **7,80 €**

86 . . . 2007 Blauer Spätburgunder trocken
reintönige Frucht, etwas rote Früchte, feine Frische; klar, frisch, elegant, feine Frucht **8,80 €**

89 . . . 2003 Spätburgunder Spätlese trocken Kalkmergel
gute Konzentration, feine rauchige Noten, herrlich eindringlich; harmonisch, elegant, gute Struktur, Frische und Länge (kein aktueller Jahrgang)

90 . . . 2006 MERGELWEG Spätburgunder „GG"
viel Konzentration, herrlich viel Frucht, anfangs verschlossen, öffnet sich dann, feine rauchige Noten, rote und dunkle Früchte, herrlich eindringlich; füllig, kraftvoll, stoffig, viel reife Frucht und Substanz, gute Struktur, jugendlich **32,- €**
2003: 91; 2004: 87; 2005: 90+.

90 . . . 2006 KIRSCHGARTEN Spätburgunder „GG"
würzig, eindringlich, viel reife Frucht, Herzkirschen, feiner Toast; füllig, stoffig, kraftvoll, viel reife Frucht und Substanz, jugendliche Tannine, feine Bitternote
35,- €
2002: 90; 2003: 94+; 2004: 92; 2005: 90+.

93 . . . 2005 IM GROSSEN GARTEN Spätburgunder „GG"
gute Konzentration, klare reife Frucht, etwas Herzkirschen, herrlich eindringlich und dominant; füllig, stoffig, enorm kraftvoll, klare reife Frucht, enorm nachhaltig (war im vergangenen Jahr noch enorm verschlossen, beginnt sich zu öffnen, kein aktueller Jahrgang)

90 . . . 2006 IM GROSSEN GARTEN Spätburgunder „GG"
würzig, eindringlich, feiner Toast, reife Frucht, etwas Herzkirschen; füllig, stoffig, reife Frucht, gute Struktur und Substanz, jugendlich **32,- €**
2001: 91; 2002: 91+; 2003: 92+; 2004: 91+.

---

83 2005 Cuvée „Gaudenz" Rotwein trocken **5,50 €**

★★★

Klaus Knobloch
Weingut

Rheinhessen

Saurechgäßchen 7, 55234 Ober-Flörsheim
Tel. 06735-344, Fax: 06735-8244
www.weingut-klausknobloch.de
info@weingut-klausknobloch.de
Besuchszeiten: nach Vereinbarung

Inhaber................Ralf und Arno Knobloch
Rebfläche.............................32 Hektar

Klaus Knobloch wurde 1988 Mitglied im Bundesverband Ökologischer Weinbau (Ecovin). Heute wird das Weingut von seinen Söhnen Ralf und Arno geführt. Ralf Knobloch kümmert sich um den Keller, Arno Knobloch hauptsächlich um die

Weinberge. In den letzten Jahren haben sie verstärkt die weißen Burgundersorten und Riesling, sowie Rotweinsorten angepflanzt. An roten Sorten – der rote Anteil beträgt etwa 50 Prozent – gibt es neben Dornfelder, Spätburgunder und Portugieser als Spezialitäten St. Laurent, Lemberger und Regent. Hinzu gekommen sind Auxerrois, Cabernet Mitos und Dunkelfelder. Die Rotweine werden auf der Maische vergoren und überwiegend im Holzfass (auch Barrique) ausgebaut. Zur Unterscheidung vom Basissortiment wurde die Weinlinie Edelsteine kreiert. Für diese Weine, die aus den besten Lagen Westhofener Morstein und Brunnenhäuschen, Gundersheimer Höllenbrand, Dintesheimer Felsen und Esselborner Goldberg stammen, wird der Ertrag auf 25 bis 30 Hektoliter je Hektar reduziert. Ein kleiner Prozentsatz der Burgunder wird im Barrique ausgebaut. Die Rotweine der Edelsteinlinie werden bis zu achtzehn Monate in großen Holzfässern und gebrauchten Barriques ausgebaut. Die Barriqueweine werden ebenfalls bis zu achtzehn Monate im Holzfass ausgebaut, wobei meist drei Viertel neue Barriques verwendet werden, in der Regel Allier- und Spessarteiche. In den letzten Jahren hat man alle Weißweine mit Maischestandzeiten ausgebaut, bis zu 24 Stunden für den Riesling „No. 1", die Weine werden überwiegend mit ihren eigenen Hefen vergoren.

Seit einem Jahrzehnt bewundern wir die zuverlässigen Kollektionen der Brüder Knobloch. So bestechend klar wie ihr Programm gegliedert ist, so klar sind auch ihre Weine, mustergültig zeigen sie die Eigenschaften jeder Rebsorte. Wer reintönige Weine liebt, die den Geldbeutel nicht allzu sehr strapazieren, dazu noch aus biologischem Anbau sind, der wird in Ober-Flörsheim bei den Knoblochs bestens versorgt.

2006 war jahrgangsbedingt etwas verhaltener, insbesondere die Rieslinge erreichten nicht das Niveau der Vorjahre. Nichtsdestotrotz hatten Ralf und Arno Knobloch eine gute Kollektion. Sehr gleichmäßig war die letztjährige Kollektion, bei der die Maischstandzeiten für die Weißweine verlängert wurden, vor allem die Rieslinge überzeugten. Diese längeren Maischestandzeiten konnten auch 2008 beibehalten werden. Die Kollektion ist bestechend gleichmäßig und zuverlässig, alle Weine sind wunderschön reintönig, die Edelsteinlinie zeigt Kraft und Substanz, selbst der Dornfelder zeigt Klasse wie sonst nur ganz selten einmal: Tolle Kollektion!

Weinbewertung

85 . . . 2008 Riesling Kabinett trocken Westhofener Morstein

frisch, klar, etwas Limone; frisch, zupackend, reintönige Frucht (keine Preisangabe)

86 . . . 2008 Riesling trocken „DIAMANT" Gundersheimer Höllenbrand

gute Konzentration, feine Würze, jugendliche Frucht; füllig, harmonisch, viel reife Frucht und Substanz **8,80 €**

2001: **85**; 2002: **87**; 2003: **88**; 2004: **86**; 2005: **87**; 2006: **84**; 2007: **86**.

87 . . . 2008 Riesling trocken „DIAMANT" Westhofener Brunnenhäuschen

viel Konzentration, reife Frucht, gelbe Früchte, herrlich eindringlich und klar; füllig, harmonisch, viel reife Frucht, Substanz und Frische **8,80 €**

87 . . . 2008 Riesling trocken „No.1" Westhofener Brunnenhäuschen

viel Konzentration, faszinierend viel Frucht, herrlich eindringlich und dominant; kraftvoll, konzentriert, viel Stoff und Frucht, jugendlich, braucht Zeit **15,- €**

2007: **88**.

87 . . . 2008 Weißer Burgunder trocken „ACHAT" Westhofener Morstein
reintönige Frucht, feine Würze, herrlich eindringlich; füllig, harmonisch, reife reintönige Frucht, Substanz und Länge **8,80 €**
2001: 88; 2002: 88; 2003: 88; 2004: 85; 2005: 87; 2006: 87; 2007: 83.

85 . . . 2008 Auxerrois trocken „TOPAS" Dintesheimer Felsen
gute Konzentration, feine Würze und Frucht, herrlich eindringlich; füllig, harmonisch, reife süße Frucht, feine Frische **8,80 €**
2005: 86; 2006: 85; 2007: 83.

86 . . . 2008 Grauer Burgunder trocken „OPAL" Westhofener Morstein
gute Konzentration, reife Frucht, gelbe Früchte, feine Würze; klar, harmonisch, viel reife Frucht und Substanz **8,80 €**
2001: 87; 2002: 89; 2003: 88; 2004: 86; 2005: 86; 2006: 87; 2007: 86.

85 . . . 2008 Riesling Spätlese Westhofener Brunnenhäuschen
feine Würze, reintönige Frucht, jugendlich; klar, frisch, harmonisch, feine süße Frucht **6,70 €**

86 . . . 2008 Riesling Auslese Gundersheimer Höllenbrand
würzig, eindringlich, zurückhaltende Frucht; füllig, harmonisch, reife süße Frucht, feine Frische **8,80 €**

87 . . . 2007 Dornfelder trocken „GRANAT" Westhofener Morstein
achtzehn Monate Barriqueausbau; gute Konzentration, viel reife Frucht, reife rote und dunkle Früchte, herrlich eindringlich; füllig, kraftvoll, reife Frucht, Substanz, gute Struktur **8,80 €**

---

81 2008 Riesling trocken **5,50 €**
82 2008 Weißburgunder trocken **5,50 €**
82 2008 Grauburgunder trocken **5,50 €**
83 2008 Riesling Kabinett trocken Westhofener Steingrube
84 2007 Spätburgunder trocken „RUBIN" Gundersheimer Höllenbrand **8,80 €**

★★★★

Ludwig Knoll
Weingut Am Stein

Franken

Mittlerer Steinbergweg 5, 97080 Würzburg
Tel. 0931-25808, Fax: 0931-25880
www.weingut-am-stein.de
mail@weingut-am-stein.de
Besuchszeiten: Mo.-Fr. 10-12:30 + 14-18 Uhr, Sa. 10-14 Uhr
„Weinstein" Weinbar - Restaurant
Gästezimmer

Inhaber .... Ludwig Knoll
Rebfläche .... 23 Hektar

Das Weingut Am Stein liegt umgeben von Reben am Fuße des berühmten Würzburger Stein. Ludwig Knoll hat es 1990 von seinem Vater übernommen und führt es mit Ehefrau Sandra. Er besitzt Weinberge in den Würzburger Lagen Innere Leiste und Stein, sowie im Stettener Stein, aber auch in Randersacker, Escherndorf und Thüngersheim. In der Kernlage des Stettener Steins (Muschelkalk) wachsen die Reben 80 Meter über dem Main oberhalb eines Kalksteinbruchs. Silvaner und die Burgundersorten nehmen jeweils ein Viertel der Rebfläche ein, Riesling 20 Prozent. Dazu gibt es Rieslaner, Müller-Thurgau, Bacchus und Scheurebe. Seit 2008 werden die Weinberge biologisch bewirtschaftet (zertifiziert). Die Basis des Programms bilden die Gutsweine, dann folgen die Lagenweine. Die Spitze des Programms bilden „VINZ" (von den besten Parzellen im Stettener Stein mit durchschnittlich 40 Jahre alten Reben), „MONTONIA" (im Barrique ausgebaute Burgunder) und das Große Gewächs aus der Inneren Leiste.

Sandra und Ludwig Knoll verbinden beispielhaft Wein und Küche mit kulturellen Erlebnissen: Kochabende im Küchenhaus, Jazz beim Hoffest und im Juli und August ein Freilichttheater mit jährlich wechselnden Aufführungen. Jedes Jahr am 1. Mai laden sie zur „Wein-Kunst-Probe", bei der im Rahmen einer Vernissage die Werke junger Künstler zusammen mit den Weinen des neuen Jahrgangs präsentiert werden.

2006 war jahrgangsbedingt ein klein wenig schwächer, die Weine zeigten sich aber alle frisch und klar: Angesichts des Jahrgangs keine Selbstverständlichkeit. Die letztjährige Kollektion zeigte Konsistenz auf hohem Niveau. Der Riesling aus der Inneren Leiste gefiel uns besonders gut, aber auch die beiden VINZ-Weine von alten Reben im Stettener Stein – warum der VDP, der sonst allzu großzügig Lagen die Bezeichnung Großes Gewächs zuerkennt, dies dem Stettener Stein vorenthält, konnten und können wir uns nicht erklären. 2008 nämlich gefällt uns der VINZ-Silvaner – in einem Beton-Ei ausgebaut – wieder besonders, ist herrlich puristisch und nachhaltig. Das Große Gewächs aus der Inneren Leiste, auch die beiden barriqueausgebauten Burgunder – und überhaupt alle 2008er gefallen ausnehmend gut, schon Qualitäts- und Kabinettweine sind wunderschön klar und fruchtbetont. Starke Kollektion!

Weinbewertung

85 . . . 2008 Silvaner „K" trocken
frisch, würzig, fruchtbetont, etwas Birnen und weiße Früchte; klar, frisch, harmonisch, feine süße Frucht **7,- €**

86 . . . 2008 Silvaner Kabinett trocken Würzburger Stein
frisch, fruchtbetont, weiße Früchte, gute Konzentration; frisch, harmonisch, klare Frucht und Biss **8,80 €**

86 . . . 2008 Riesling Kabinett trocken Stettener Stein
frisch, fruchtbetont, wunderschön reintönig; füllig, harmonisch, feine süße Frucht und Biss **8,80 €**

88 . . . 2008 Silvaner Spätlese trocken Würzburger Stein
gute Konzentration, herrlich viel Frucht, reintönig, reife Birnen; füllig, kraftvoll, viel Substanz, herrlich viel Frucht **13,50 €**
2001: 89; 2002: 90; 2003: 88; 2004: 88; 2005: 87; 2006: 87; 2007: 86.

90 . . . 2008 „VINZ alte Reben" Silvaner trocken
würzig, konzentriert, weiße Früchte, herrlich eindringlich, jugendlich; kraftvoll, stoffig, zupackend, gute Fülle und Harmonie, geradlinig, Substanz, gute Struktur **15,- €**

87 . . . 2008 „VINZ alte Reben" Scheurebe trocken
viel Duft, eindringlich Cassis, gute Konzentration; füllig, harmonisch, eindringliche Frucht **15,- €**

89 . . . 2008 Riesling „GG" Würzburger Innere Leiste
gute Konzentration, herrlich viel Frucht, etwas Pfirsiche, klar und eindringlich; füllig, harmonisch, klare reife Frucht, gute Substanz und Länge **20,- €**
bis 2001 Spätlese trocken; 2000: 88; 2001: 89; 2003: 89; 2004: 89; 2005: 90; 2007: 89.

88 . . . 2008 „Montonia" Weißburgunder trocken
gute Konzentration, etwas Vanille, weiße und gelbe Früchte; füllig, harmonisch, gute Substanz, reife Frucht, dezent Vanille **19,- €**

90 . . . 2008 Riesling Beerenauslese Stettener Stein
viel Konzentration, herrlich eindringlich, etwas Litschi, süße Zitrusfrüchte; füllig und schmeichelnd, viel Substanz, Länge **45,- €/0,5l**

85 . . . 2008 „Rosamunde" Spätburgunder Rosé trocken
frisch, fruchtbetont, herrlich reintönig; klar, frisch, feine süße Frucht, gute Harmonie **7,50 €**

89 . . . 2007 „Montonia" Spätburgunder trocken
zwölf Monate Barriqueausbau; rauchige Noten, feiner Toast, herrlich eindringlich und klar; reintönige reife Frucht, elegant, feine Frische, gute Struktur und Länge **23,- €**
1999: 87; 2000: 90; 2001: 89; 2002: 88; 2003: 88; 2004: 88; 2005: 88; 2006: 87.

★★

Bernhard **Koch**

Wein- und Sektgut

Pfalz

Weinstraße 1, 76835 Hainfeld
Tel. 06323-2728, Fax: 06323-7577
www.weingut-koch.com
info@weingut-koch.com
Besuchszeiten: Mo.-Sa. 9-11:30 + 14-18 Uhr
Weinpavillon mit Gutsausschank (Sa./So. 14-19 Uhr, Mi. 15-20 Uhr)

Inhaber.......................... Bernhard Koch
Rebfläche............................ 45 Hektar

Bernhard Koch expandiert kontinuierlich. Inzwischen besitzt er 45 Hektar Weinberge in Hainfeld, Flemlingen, Walsheim und Burrweiler. Wichtigste Rebsorten bei ihm sind Riesling, Dornfelder, Spätburgunder und Weißburgunder, aber auch Grauburgunder und Chardonnay. Merlot und Cabernet Sauvignon sowie einige Neuzüchtungen komplettieren sein Programm.

Seit einem Jahrzehnt empfehlen wir die Weine von Bernhard Koch. In diesem Jahrzehnt hat er seine Rebfläche fast verdoppelt, das Qualitätsniveau aber gehalten. In den letzten Jahren überraschte er uns immer wieder mit gekonnt vinifizierten Rotweinen, aber auch mit „Schnäppchen" im weißen Segment.

Im schwierigen Jahrgang 2006 behauptete sich Bernhard Koch gut. Unser Favorit war die rote Cuvée Alexander, Jahrgang 2004. In vergangenen Jahr gefiel uns die Cuvée 2005 aus Merlot und Cabernet Sauvignon besonders gut, führte eine sehr gleichmäßige Kollektion an, weiß wie rot. Die neue Kollektion ist ein klein wenig verhaltener.

Weinbewertung

85 . . . 2008 Riesling Spätlese trocken „Muschelkalk" Hainfelder Letten
gute Konzentration, feine Würze und Frucht, eindringlich; füllig, harmonisch, feine süße Frucht, Frische **5,- €**

86 . . . 2007 „Cuvée 2007" Rotwein trocken Barrique
würzig, eindringlich, viel reife Frucht; füllig, harmonisch, reife Frucht, Vanille **12,50 €**

82 2007 Riesling Sekt extra brut **7,- €**
83 2006 Pinot Sekt extra brut **7,50 €**
79 2008 Riesling trocken **4,- €/1l**
82 2008 Riesling Kabinett trocken „Granitschiefer" **4,50 €**
82 2008 Riesling Kabinett trocken Burrweiler Altenforst **4,50 €**
82 2008 Grauburgunder Kabinett trocken Hainfelder Ordensgut **4,50 €**
81 2007 Spätburgunder trocken Holzfass **5,50 €**
82 2007 Spätburgunder Spätlese trocken Holzfass **7,- €**

★

Friedhelm **Koch**

Weingut

Baden

Rudolf-Diesel-Straße 4, 69234 Dielheim
Tel. 06222-70344, Fax: 06222-70348
www.weingut-koch-baden.de
weingut-koch@onlinehome.de
Besuchszeiten: Mi.-Fr. 15-18:30 Uhr, Sa. 9-13 Uhr; Dez: Mo.-Fr. 15-18:30 Uhr, Sa. 9-13 Uhr

Inhaber.......................... Friedhelm Koch
Rebfläche............................ 6,5 Hektar

Die Reben von Friedhelm und Cornelia Koch wachsen in den Lagen Dielheimer Teufelskopf und Rauenberger Burggraf. Sie bauen die traditionellen Rebsorten der

K

Die besten deutschen Weinerzeuger und ihre Weine

Region an, vor allem die Burgundersorten, wie Spätburgunder, Weißburgunder, Grauburgunder und Auxerrois. Aber auch Riesling, Müller-Thurgau und Gewürztraminer spielen eine wichtige Rolle. Weißweine machen 85 Prozent der Produktion aus. Die Weine werden überwiegend trocken ausgebaut. Sekt, Liköre und Brände ergänzen das Programm. Die Weine werden überwiegend an Privatkunden und die regionale Gastronomie verkauft.

Die 2006er Weißweine fielen jahrgangsbedingt schwächer aus, der 2005er Spätburgunder hatte Kraft. 2007 präsentierte sich recht gleichmäßig, vor allem Gewürztraminer und Weißburgunder, beide als Spätlese trocken, machten viel Freude. Die 2008er Weißweine schienen zum Zeitpunkt der Verkostung noch etwas allzu schwefelgeprägt. Unser eindeutiger Favorit war so in diesem Jahr der barriqueausgebaute Spätburgunder aus dem Jahrgang 2007.

Weinbewertung

87 . . . 2007 Spätburgunder „R" trocken Barrique Dielheimer Teufelskopf

gute Konzentration, rauchige Noten, etwas Toast, rote Früchte; füllig, harmonisch, kraftvoll, reife Frucht, gute Substanz, jugendlich **14,- €**

80 2008 Weißburgunder Kabinett trocken Dielheimer Teufelskopf **5,60 €**

79 2008 Auxerrois Kabinett trocken Dielheimer Teufelskopf **6,- €**

82 2008 Weißburgunder „S" Spätlese trocken Dielheimer Teufelskopf **6,80 €**

82 2008 Gewürztraminer Spätlese trocken Dielheimer Teufelskopf **7,20 €**

82 2008 Rosé Kabinett trocken Dielheimer Teufelskopf **5,40 €**

★★★☆

Holger Koch
Weingut

Baden

Mannwerk 3, 79235 Bickensohl
Tel. 07662-912258, Fax: 07662-949859
www.weingut-holger-koch.de
hk@weingut-holger-koch.de
Besuchszeiten: nach Vereinbarung

Inhaber .... Holger Koch, Gabriele Engesser
Rebfläche .... 6,5 Hektar

Holger Koch war unter anderem Praktikant beim Grafen Neipperg in St. Emilion und Kellermeister bei Franz Keller in Oberbergen bevor er den Winzerhof der Familie übernahm, den er zusammen mit seinen Eltern und Ehefrau Gabriele Engesser führt. 1999 begann er mit der Selbstvermarktung. Seine Weinberge befinden sich in Bickensohl. Er baut ausschließlich Weiß-, Grau- und Spätburgunder an. Die weißen Qualitätsweine werden im Edelstahl ausgebaut, Rotweine und weiße Selectionsweine werden ausschließlich in Barriques aus französischer Eiche ausgebaut. Die Weine bleiben bis zur Abfüllung auf der Feinhefe liegen. Die Selections-Spätburgunder werden ohne Filtration abgefüllt. Alle Weine sind durchgegoren und trocken, auch wenn dies nicht auf dem Etikett vermerkt ist.

Die 2005er Spätburgunder waren wunderschön reintönig, die 2006er Weißweine besaßen Statur, waren in der Frucht aber etwas zurückhaltend. Vergleichbar waren die 2007er Weine, die 3-Sterne-Selektionen besaßen viel Substanz. Wunderschön reintönig präsentierten sich die 2006er Spätburgunder, allen voran der Pinot Noir Reserve. Diese Reintönigkeit kennzeichnet auch den Spätburgunder-

Jahrgang 2007, wieder ist der Pinot Noir Reserve – noch allzu jugendlich – unser Favorit in einer stimmigen Kollektion. Die weißen 3-Sterne-Selektionen besitzen Substanz und Struktur, der Sekt hat uns angenehm überrascht: Starke Kollektion!

Weinbewertung

88 . . . 2006 Pinot Sekt brut
frisch, fruchtbetont, würzig, klar; frisch, zupackend, klar, Biss **12,50 €**

88 . . . 2008 Weißburgunder***
gute Konzentration, reife Frucht, jugendlich, reintönig; kraftvoll, füllig, reife Frucht, viel Substanz und gute Struktur **14,50 €**

88 . . . 2008 Grauburgunder***
gute Konzentration, reife Frucht, etwas gelbe Früchte; füllig, stoffig, viel reife Frucht, viel Substanz, feine jugendliche Bitternoten **14,50 €**
2002: 88; 2003: 87; 2006: 87; 2007: 87.

85 . . . 2007 Pinot Noir
frisch, fruchtbetont, jugendlich, reintönig; frisch, zupackend, reintönige Frucht **9,80 €**
2004: 87; 2005: 85; 2006: 86.

87 . . . 2007 Pinot Noir***
feine rauchige Noten, reintönige Frucht; klar, frisch, harmonisch, feine Frucht und Biss **19,50 €**
2000: 89; 2001: 89; 2002: 89; 2003: 89; 2004: 90; 2005: 89; 2007: 87.

89 . . . 2007 Pinot Noir Reserve
konzentriert, würzig, herrlich viel Frucht, dominant, ganz dezent Kräuter und Schokolade, rote Früchte; füllig, stoffig, viel Substanz, jugendliche Tannine, braucht Zeit **29,50 €**

83 2008 Weißburgunder Herrenstück 8,90 €
84 2008 Grauburgunder Herrenstück 8,90 €

★☆

Arndt Köbelin
Weingut

Baden

Dillstraße 1, 79356 Eichstetten
Tel. 07663-1414, Fax: 07663-912666
arndt.koebelin@t-online.de
Besuchszeiten: nach Vereinbarung

Inhaber .... Arndt Köbelin
Rebfläche .... 7,8 Hektar

Arndt Köbelin gründete 2005 sein eigenes Weingut. Seine Weinberge liegen alle im Eichstetter Herrenbuck, wo die Reben auf Vulkanverwitterungsgestein mit Lössauflage wachsen. Er baut vor allem die Burgundersorten an, dazu Riesling, Müller-Thurgau, Scheurebe und Gewürztraminer.

Nach einer gleichmäßigen Kollektion im vergangenen Jahr kann Arndt Köbelin mit der neuen Kollektion in der Spitze weiter zulegen, der barriqueausgebaute Spätburgunder führt eine überzeugende Kollektion an. Im Auge behalten!

Weinbewertung

86 . . . 2008 Weißburgunder* Spätlese trocken Holzfass**
gute Konzentration, klare reife Frucht, weiße Früchte, herrlich eindringlich; füllig, harmonisch, viel reife Frucht und Substanz, Frische **12,10 €**

85 . . . 2008 Grauburgunder* Spätlese trocken Holzfass**
gute Konzentration, klare reife Frucht, Vanille, gelbe Früchte; füllig, harmonisch, reife süße Frucht, Vanille **12,30 €**

88 . . . 2007 Weißburgunder Eiswein
viel Konzentration, feiner Duft, weiße Früchte, dezent Ananas, Marzipan; füllig und schmeichelnd, Substanz, eingelegte süße Aprikosen, süße Zitrusfrüchte **39,90 €/0,5l**

88 . . . 2007 Spätburgunder* trocken Barrique**

gute Konzentration, reintönige Frucht, rauchige Noten, herrlich eindringlich; klar, harmonisch, elegant, faszinierend viel Frucht, gute Struktur **14,90 €**

82 2008 Weißburgunder Kabinett trocken **7,50 €**
80 2008 Grauburgunder Kabinett trocken **7,70 €**
81 2008 Muskateller Kabinett „feinherb" **8,70 €**
82 2008 Riesling Kabinett „feinherb" **8,10 €**
82 2008 Gewürztraminer Spätlese **10,20 €**
84 2007 Spätburgunder trocken Holzfass **9,90 €**

★★★

J. Kögler KG
Weingut

Rheingau

Kirchgasse 5, 65343 Eltville
***Tel.** 06123-2437, **Fax**: 06123-81118*
www.weingut-koegler.de
info@weingut-koegler.de
***Besuchszeiten**: Mo.-Fr. ab 8.30 Uhr, Sa.+So. ab 10 Uhr oder nach Vereinbarung*

Inhaber .... Ferdinand Koegler
Rebfläche .... 34 Hektar

Die Weinberge von Ferdinand Koegler liegen in Eltville und Hochheim. Neben Riesling und Spätburgunder baut er ein wenig Müller-Thurgau, Grauburgunder und Merlot sowie – als einer der wenigen Winzer in Deutschland – den Grünen Veltliner an. Im Jahr 2000 hat Ferdinand Koegler das traditionsreiche Eltviller Weingut Oekonomierat Fischer Erben mit 7,5 Hektar Weinbergen in den Eltviller Lagen Sonnenberg und Kalbspflicht übernommen. Koegler vergärt die Weine mit Reinzucht- bzw. natürlichen Hefen und lässt sie möglichst lange auf der Feinhefe lagern. Der Riesling namens „Alte Villa" reift immer im großen Holzfass, die Rotweine werden stets erst sehr spät präsentiert. Verständlich, wenn man weiß, dass beispielsweise das Erste Gewächs aus dem Eltviller Sonnenberg 24 Monate im Barrique reifen darf. Die Tannine sind bei diesen kompakten Spätburgundern trotzdem gut integriert.

Die Weißweine des Jahrgangs 2006 präsentierten sich sauber und gut strukturiert. Maßstäbe setzten dann die 2004er Rotweine (auch im Preis!), die 2005er konnten da locker mithalten, und auch bei den Weißweinen aus dem Jahrgang 2007 ging es weiter aufwärts. Die 2008er sind frisch und duftig, das Erste Gewächs aus dem Jahrgang 2007 hat sich ausgezeichnet entwickelt. Ebenso gelungen: Die substanzreichen, unaufdringlichen 2006er Rotweine!

Weinbewertung

85 . . . 2008 Riesling trocken „Alte Villa"
frisch, noch etwas verhalten; würzig, feine Frucht, pikante Säure, viel Biss **7,50 €**

89 . . . 2007 Riesling Erstes Gewächs Eltviller Sonnenberg
sehr klar, duftig; viel Substanz, reife Frucht, geradlinig, Nachhall

87 . . . 2006 Spätburgunder trocken „Rubeus"
reife Frucht, leicht rauchig-würzige Noten; straff, kompakt, Schokolade, Substanz **18,- €**
2004: **88**; 2005: **88**.

89 . . . 2006 Spätburgunder trocken Erstes Gewächs Eltviller Sonnenberg
reife Frucht, etwas schwarze Beeren, leicht rauchig; fest, kompakt, feine Tannine, nachhaltig, Potenzial (89+? Punkte) 45,- €
2004: **90**; 2005: **89**.

81 2008 „Sommersturm" Perlwein **6,- €**
84 2008 Grüner Veltliner trocken **8,50 €**
82 2008 „Sommerwind" **5,50 €**

Koehler ★
Weingut

Rheinhessen

Hintergasse 2, 55232 Heimersheim
Tel. 06731-96120, Fax: 06731-46725
www.weingut-koehler.de
info@weingut-koehler.de
Besuchszeiten: nach Vereinbarung

Inhaber .... Hans-Peter Koehler
Rebfläche .... 7 Hektar

Hans-Peter Koehler hat mit der Flaschenweinvermarktung begonnen, seit 2008 führt sein Sohn Axel Koehler den Betrieb, der nach Ausbildung bei den Weingütern Rebholz und Heger und Praktika in der Toskana, in Burgund (Louis Latour) und im Elsass (Kreydenweiss) in anderen Weinbaubetrieben und Branchen arbeitete. Die Weinberge liegen in Alzey, Heimersheim und Wendelsheim. In Alzey und Heimersheim herrscht Kalkstein vor, teilweise mit einem Kalkanteil von über 30 Prozent. In Wendelsheim, wo das Weingut 3 Hektar besitzt, wachsen die Reben auf rotliegendem Buntsandstein, Rotliegendem und sandigen Böden. Das Sortiment ist gegliedert in Gutsweine, Ortsweine und Lagenweine aus den Lagen Alzeyer Rotenfels (rotliegendes Vulkangestein) und Heimersheimer Krähberg (Kalkmergel und Löss). Vor allem die klassischen Rebsorten der Region werden angebaut, wie Silvaner, Riesling, Grauburgunder, Weißburgunder, Spätburgunder, Müller-Thurgau und Scheurebe. Axel Koehler befasst sich mit biologischem Weinbau, hat 2009 einen Versuch mit bioenergetischem Weinbau gestartet, einer Weiterentwicklung des biodynamischen Weinbaus. Die Moste werden spontanvergoren, der Wein lagert bis zur Abfüllung auf der Vollhefe. Axel Koehler möchte in den nächsten Jahren neben Riesling, Weißburgunder und Grauburgunder insbesondere Silvaner als Orts- und Lagenweine erzeugen, ebenso Scheurebe als rheinhessische Alternative zu Sauvignon Blanc.

Weinbewertung

85 ... 2008 Riesling trocken Heimersheimer
feine Würze, Frische, reintönige Frucht; frisch, zupackend, reintönige Frucht **8,80 €**

87 ... 2008 Riesling trocken Alzeyer Rotenfels
gute Konzentration, herrlich viel Frucht, feine mineralische Noten; kraftvoll, stoffig, reife Frucht, gute Struktur **14,90 €**

81 2008 Scheurebe trocken **5,80 €**
82 2008 Silvaner trocken Heimersheimer **7,90 €**
84 2008 Weißburgunder trocken Heimersheimer **8,70 €**
82 2008 Grauburgunder trocken Wendelsheimer **8,70 €**

Dr. Koehler ★
Weingut

Rheinhessen

Pfandturmstraße 16, 67595 Bechtheim
Tel. 06242-1525, Fax: 06242-904881
www.dr-koehler-wein.de
info@dr-koehler-wein.de
Besuchszeiten: nach Vereinbarung

Inhaber .... Familie Dreißigacker
Kellermeister .... Christian Dreißigacker
Rebfläche .... 12 Hektar

2006 hat die Familie Dreißigacker das bereits seit 1898 bestehende Weingut Dr. Koehler übernommen. Christian Dreißigacker führt das Gut, hat mit der Umstellung auf zertifiziert biologischen Weinbau begonnen. Im Anbau dominieren Riesling und die Burgundersorten.

Beim guten Debüt im vergangenen Jahr hatte uns der Riesling „Mandelbaum" besonders gut gefallen und auch in diesem Jahr ist er wieder unser Favorit in einer ansonsten homogenen Kollektion mit fruchtbetonten, reintönigen Weinen.

Weinbewertung

86 . . . 2008 „MANDELBAUM" Riesling trocken
feine Würze, etwas Limone, klare Frucht; gute Fülle, Substanz, reife Frucht, harmonisch, saftig **9,80 €**
2007 (1. Jg.): **86**.

81 2008 Grauburgunder trocken **5,70 €**
81 2008 Silvaner trocken **4,80 €**
83 2008 Riesling trocken **5,10 €**
82 2008 Chardonnay & Weißburgunder trocken **6,20 €**
82 2008 Riesling halbtrocken **4,50 €/1l**
82 2008 Riesling Kabinett **5,10 €**
79 2008 Schwarzriesling Rosé „feinherb" **4,80 €**
83 2007 „MANDELBAUM" Spätburgunder trocken **15,90 €**

★★★★★

Koehler-Ruprecht

Weingut

Pfalz

Weinstraße 84, 67169 Kallstadt
Tel. 06322-1829, Fax: 06322-8640
Besuchszeiten: Mo.-Fr. 9-11:30 + 13-17 Uhr oder nach Vereinbarung
Gutsausschank „Weincastell" (Spezialitätenrestaurant, Hotel)

Inhaber .... Bernd Philippi
Rebfläche .... 12 Hektar

Bernd Philippi macht die eigenwilligsten und faszinierendsten Weine in der Pfalz. Was heißt in der Pfalz, in Deutschland! Kein anderer gibt seinen Weinen so viel Zeit, bis er sie in den Verkauf bringt. Die 2008er Riesling Auslese „R" beispielsweise wird nicht vor 2014 in den Verkauf kommen. Verkostet man einmal ältere Jahrgänge dieses Weins, dann kann man verstehen warum. Aber auch schon in ihrer Jugend verraten sie, was in ihnen steckt. Alle Weine von Bernd Philippi sind enorm stoffig und bestechen durch ihre Nachhaltigkeit. Sie schwimmen gegen den Strom an und trotzen dem Trend, möglichst frische, konsumreife Weine sehr jung auf den Markt zu bringen. Sie sind in ihrer Jugend sicherlich schwierig für den, der solche Weine nicht (mehr) kennt. Sie sind von enormer Lagerfähigkeit, nicht nur die Reserve-Weine (R oder RR), sondern auch die „einfachen" Rieslinge und die barriqueausgebauten Burgunder. Es sind Weine mit Widererkennungswert – von welch anderem Winzer kann man solches behaupten?

Alle Weine von Bernd Philippi beeindrucken, vor allem aber die aus dem Kallstadter Saumagen. Der faszinierendste Wein von Bernd Philippi ist die trockene Auslese aus dem Saumagen. In besonderen Jahren bietet er auch eine R-Version dieses Rieslings an – ein Wein mit Kultstatus. Vor zwei Jahren gab es nur eine „normale" Auslese zu verkosten, die noch allzu jugendlich wirkte. Ja, das „R" auf dem Etikett haben wir damals vermisst. Dass es dann aber gleiche so viele „R" auf 2007er Etiketten sein mussten? Bernd Philippi hält 2007 für einen großen Jahrgang, weshalb er erstmals Spätlese und Auslese in einer Doppel-R-Version erzeugt hatte – auf den Markt kommen sie erst in einigen Jahren. Es waren kraftvolle Weine, mineralisch wie gewohnt – und viel zu jung, wie gewohnt. Die bereits vor zwei Jahren vorgestellten R-Auslesen der Jahrgänge 2004 und 2005 beginnen langsam an Komplexität und Trinkreife zu gewinnen – im Verkauf sind sie aber auch noch nicht. Ob 2007 wirklich größer wird als 2004? Da muss man dem Winzer vertrauen – und abwarten. 2008 nun sind wir hochzufrieden. Zum einen müssen wir nicht groß zählen – es gibt eine Auslese R und eine Spätlese R. Mit nur einem R. Beide begeistern! Sie sind faszinierend eigenständig und von einer enormen Nachhaltigkeit, sind wesentlich zugänglicher als die im Vorjahr verkosteten 2007er Weine. Ob man aber Bernd Philippi dazu bewegen kann sie früher in den Verkauf zu bringen? Wie im Vorjahr müssen wir damit schließen, dass man da einfach dem Winzer vertrauen muss, der wird es schon wissen. Und wir müssen warten.

Weinbewertung

85 . . . 2008 Weißburgunder Kabinett trocken
würzig, eindringlich, dominant; füllig, kraftvoll, viel Substanz

85 . . . 2008 Riesling Kabinett trocken Kallstadter Saumagen
würzig, dominant, eindringlich; füllig, kraftvoll, gute Struktur und Substanz **8,50 €**

88 . . . 2008 Riesling Spätlese trocken Kallstadter Saumagen
konzentriert, würzig, herrlich eindringlich, faszinierend viel Frucht; füllig, stoffig, viel reife Frucht, Substanz, Frische **11,- €**
1997: 88; 1998: 88; 1999: 87; 2000: 89; 2001: 87; 2002: 91; 2003: 90; 2004: 89; 2005: 89; 2006: 84+; 2007: 86.

91 . . . 2008 Riesling Spätlese „R" trocken Kallstadter Saumagen
würzig, eindringlich, faszinierend viel Frucht, gute Konzentration, dominant; füllig, kraftvoll, herrlich viel Stoff, viel Substanz, sehr jugendlich, enorm nachhaltig (ab 2012)

94 . . . 2008 Riesling Auslese „R" trocken Kallstadter Saumagen
dominant, würzig, herrlich eindringlich und konzentriert, ganz faszinierendes Bouquet; stoffig, kraftvoll, mineralisch, viel Substanz, Konzentration, enorm jugendlich und nachhaltig (ab 2014)

87 . . . 2008 Riesling Spätlese halbtrocken Kallstadter Saumagen
gute Konzentration, feine Würze und Frucht, eindringlich; füllig, stoffig, viel reife süße Frucht, feine Frische, Biss **11,- €**

88 . . . 2008 Riesling Auslese Kallstadter Saumagen
würzig, eindringlich, gute Konzentration, etwas Grapefruit im Hintergrund; süß, füllig, konzentriert, viel Substanz, Frische **16,- €**

89 . . . 2008 Riesling Auslese „R" Kallstadter Saumagen
enorm würzig und eindringlich, etwas Pfirsiche, dominant; konzentriert, süß, herrlich viel Stoff, enorm würzig, viel Biss, jugendlich (ab 2014)

83 2008 Riesling Kabinett trocken Kallstadter

K

Die besten deutschen Weinerzeuger und ihre Weine

★★★

Robert König
Weingut

Rheingau

Landhaus Kenner, 65385 Assmannshausen
Tel. 06722-1064, Fax: 06722-48656
www.weingut-robert-koenig.de
info@weingut-robert-koenig.de
Besuchszeiten: nach Vereinbarung
Schlemmerwochen (Mai) und Tage der offenen Keller (September)

Inhaber . . . . Robert König
Rebfläche . . . . 8 Hektar

Weinanbau wird in der Familie König mindestens schon seit dem Jahr 1704 betrieben. Inzwischen wird das Gut von Diplom-

Weinbauingenieur Robert König junior geführt. Seine Spezialität sind Spätburgunder (etwa 90 Prozent der Rebfläche), allerdings ist auch Weißburgunder im Anbau. Im Gegensatz zu den meisten anderen Rheingauer Erzeugern pflegt König einen etwas fruchtbetonteren, eleganteren Spätburgunderstil, das Holz ist verblüffend gut eingebunden.

Aus dem Jahrgang 2005 stellte Robert König zwei gelungene, noch zu junge Rotweine vor, die 2006er Weißherbste fielen dann ungewöhnlich üppig aus. Sehr gelungen waren die 2007er Weine, und auch die 2008er haben Stil, Frucht und Eleganz, beginnend beim bemerkenswerten Liter-Rotwein!

Weinbewertung

86 . . . 2008 Weißburgunder trocken

feine Frucht, etwas heller Tabak, cremig; sehr saftig, pikante Säure, hat Substanz, eigenwillig, aber interessant **6,75 €**

86 . . . 2008 Spätburgunder trocken Assmannshäuser Höllenberg

klare Frucht, sehr sortentypisch, Kirsche; saftig, würzig, etwas Tabak im Nachklang, hat Biss **8,50 €**

88 . . . 2008 Frühburgunder Spätlese trocken Assmannshäuser Höllenberg

prägnante Frucht, ganz leicht rauchig-würzig; straff, viel Würze, Substanz, pikante Säure, viel Potenzial **17,25 €**

83 2008 Spätburgunder Weißherbst trocken Assmannshäuser Höllenberg **6,75 €**

84 2008 Spätburgunder Weißherbst halbtrocken Assmannshäuser Höllenberg **6,75 €**

84 2008 Assmannshäuser Spätburgunder trocken **8,25 €/1l**

★

Königschaffhausen

Winzergenossenschaft

Baden

Kiechlinsberger Straße 2-6
79346 Endingen-Königschaffhausen
***Tel.** 07642-90846, **Fax**: 07642-2535*
www.koenigschaffhauser-wein.de
wg-koenigschaffhausen@t-online.de
***Besuchszeiten**: Jan.-März: Mo.-Fr. 8-12 + 13:30-17:30 Uhr, Sa. 9-12 Uhr; Apr.-Dez.: Mo.-Fr. 8-17:30 Uhr, Sa. 9-14 Uhr*

Geschäftsführer .... Günter Zimmermann
Kellermeister .... Reiner Roßwog
Mitglieder 375
Rebfläche .... 200 Hektar

Der 1933 gegründeten Genossenschaft von Königschaffhausen gehören heute 375 Mitglieder an, die knapp 200 Hektar Weinberge in den Königschaffhauser Lagen Hasenberg und Steingrüble bewirtschaften. Der Schwerpunkt der Produktion liegt bei den Burgundersorten. Dazu gibt es Gewürztraminer, Scheurebe, Chardonnay, Müller-Thurgau, Riesling und Sauvignon Blanc, sowie Cabernet Sauvignon. Bereits 1985 hat man hier mit dem Barriqueausbau begonnen.

Vor zwei Jahren setzten die barriqueausgebauten Rotweine die Glanzlichter. Im Vergangenen Jahr gefiel uns der Cabernet Sauvignon, Jahrgang 2005, gut, der Spätburgunder Regnum nicht ganz so. Die letztjährige Kollektion insgesamt war gleichmäßig. In der neuen Kollektion sind die beiden genannten Barriquerotweine aus dem Jahrgang 2006 unsere Favoriten – insgesamt gefällt uns die Kollektion besser als in den vorausgegangenen Jahren: So darf es weitergehen!

Weinbewertung

85 . . . 2008 Grauburgunder trocken „Selection Alte Reben" Königschaffhauser Hasenberg
gute Konzentration, viel reife Frucht, herrlich eindringlich; füllig, harmonisch, reife Frucht und Substanz **10,80 €**

85 . . . 2008 Spätburgunder Weißherbst Eiswein Königschaffhauser Steingrüble
würzig, feiner Duft, rote Früchte; süß, konzentriert, dick, viel Stoff **20,35 €/0,375l**

87 . . . 2006 Cabernet Sauvignon trocken Barrique Königschaffhauser Hasenberg
viel Konzentration, feiner Toast, etwas Kaffee im Hintergrund; füllig, kraftvoll, reife Frucht, viel Substanz und gute Struktur **21,80 €**
1996: 85; 1997: 87; 1998: 84; 1999: 88; 2000: 86; 2002: 86; 2003: 86; 2004: 86; 2005: 86.

86 . . . 2006 „REGNUM" Spätburgunder trocken Barrique Königschaffhauser Steingrüble
gute Konzentration, viel reife Frucht, Gewürze, ganz dezent überreife Noten; füllig, stoffig, viel reife Frucht und Schokolade **27,45 €**
1996: 86; 1997: 87; 1998: 84; 1999: 87; 2000: 88; 2003: 88; 2004: 88; 2005: 83.

- 84 2008 „KÖSECCO" Rosé Perlwein trocken **6,90 €**
- 82 2008 Pinot Noir Blanc de Noirs trocken Königschaffhauser Steingrüble **6,55 €**
- 80 2008 Weißburgunder trocken Königschaffhauser Hasenberg **5,70 €**
- 81 2008 Grauburgunder trocken Königschaffhauser Hasenberg **6,50 €**
- 83 2008 Gewürztraminer Spätlese trocken Königschaffhauser Hasenberg **7,90 €**
- 83 2008 Ruländer Spätlese Königschaffhauser Hasenberg **6,50 €**
- 81 2007 Spätburgunder trocken Selection Königschaffhauser Steingrüble **10,95 €**
- 83 2007 Spätburgunder trocken Barrique Königschaffhauser Steingrüble **16,95 €**

Köninger ★

Weingut

Baden

Steinebach 24, 77876 Kappelrodeck
Tel. 07842-996999, Fax: 07842-996145
www.weingut-koeninger.de
post@weingut-koeninger.de
Besuchszeiten: nach Vereinbarung

Inhaber .... Tobias Köninger
Rebfläche .... 3 Hektar

Tobias Köninger hat 2000 mit der Selbstvermarktung begonnen. Seine Weinberge liegen im Kappelrodecker Hex vom Dasenstein, wo die Reben auf Granitverwitterungsböden wachsen, und im Renchener Kreutzberg, wo er auf sehr tiefgründigen Löss- und Lehmböden vor allem Cabernet Sauvignon anbaut. 70 Prozent der Fläche nimmt Spätburgunder ein, 14 Prozent Riesling. Dazu gibt es etwas Grauburgunder, Cabernet Sauvignon, Müller-Thurgau und Gewürztraminer.

Vor zwei Jahren gefiel uns die barriqueausgebaute Cuvée aus Cabernet Sauvignon und Spätburgunder am besten. Die letztjährige Kollektion präsentierte sich geschlossen auf gutem Niveau, Gewürztraminer Auslese und barriqueausgebauter Spätburgunder gefielen uns besonders gut. In der neuen Kollektion überzeugen vor allem die Rotweine, allen voran der Pinot Noir Reserve: So darf es weitergehen! ➝

Weinbewertung

85 . . . 2007 Cabernet Sauvignon trocken Barrique
gute Konzentration, etwas Cassis, Kräuter; füllig, kraftvoll, gute Struktur, Tannine **10,90 €**

85 . . . 2007 Spätburgunder trocken Barrique
gute Konzentration, reife Frucht, Vanille, Gewürze;

füllig, kraftvoll, reife Frucht, gute Substanz, Tannine **11,90 €**

87 . . . 2007 Pinot Noir trocken „Reserve"
gute Konzentration, Gewürze und Toast, reintönige Frucht; füllig, kraftvoll, reife Frucht, gute Substanz und Struktur **14,90 €**

81 2008 Riesling Kabinett trocken **6,40 €**
79 2008 Grauburgunder Kabinett trocken Kappelrodecker **6,40 €**
84 2008 Gewürztraminer Spätlese **8,90 €/0,5l**
82 2008 Spätburgunder trocken **6,90 €**
83 2008 Pinot Noir trocken **8,90 €**

Köwerich ★★

Weingut

Mosel

Maximinstraße 11, 54340 Leiwen
Tel. 06507-4282, *Fax*: 06507-3037
www.weingutkoewerich.de
weingut.koewerich@t-online.de
Besuchszeiten: nach Vereinbarung

Inhaber .... Nick Köwerich
Rebfläche .... 6 Hektar

Nick Köwerich hat das Weingut 1994 von seinen Eltern übernommen. In seinen Weinbergen wächst ausschließlich Riesling. Seit 1992 baute er seine Rieslinge mit malolaktischer Gärung aus. Inzwischen jedoch hat sich Nick Köwerich von dieser Methode wieder verabschiedet. Während „Einblick No. 1" und „Für Feen und Elfen" reduktiv ausgebaut werden, erhält der „Für Träumer und Helden" durch die Reife im großen Holzfass Fülle. Das Weingut ist mit seinem Marketingkonzept, den eingängigen Weinnamen und den originellen Etiketten weit über die Region hinaus bekannt geworden. Es werden – eine absolute Ausnahme an der Mosel – nur wenige Weine erzeugt, 2008 sogar nur drei Stück.

Die 2008er sind gelungen, lediglich der Basiswein namens „Einblick No. 1" könnte etwas präziser sein.

Weinbewertung

87 . . . 2008 Riesling Spätlese „Für Träumer und Helden" Leiwener Laurentiuslay
klare Frucht, jugendlich, getrockneter Apfel, Mirabellen; saftig, viel Frucht, elegant, bereits zugänglich **12,- €**

80 2008 Riesling „Einblick No. 1" **6,50 €**
84 2008 Riesling „Für Feen und Elfen" **8,50 €**

Konstanz ★

Spitalkellerei, Böttcher u. Düringer GbR

Baden

Brückengasse 16, 78462 Konstanz
Tel. 07531-128760, Fax: 07531-1287611
www.spitalkellerei-konstanz.de
info@spitalkellerei-konstanz.de
Besuchszeiten: Mo.-Fr. 9-12 + 14-18 Uhr, Sa. 9-13 Uhr

Inhaber .. Hubert Böttcher & Stephan Düringer
Rebfläche .... 18,5 Hektar

Die auf die 1255 gegründete Spitalstiftung Konstanz zurückgehende Spitalkellerei ist Deutschlands älteste Weinbau betreibende Stiftungskellerei und die zweitälteste Europas. Die Weinberge liegen in der Konstanzer Sonnenhalde und der Meersburger Haltnau. An Rebsorten gibt es Spätburgunder, Müller-Thurgau, Grauburgunder, Weißburgunder, Chardonnay, Traminer, Regent, Schwarzriesling, Bacchus, Cabernet Mitos und Dakapo.

Weinbewertung

85 . . . 2008 Chardonnay trocken Konstanz Sonnenhalde
reife Frucht, dezent Vanille; weich, füllig, harmonisch, reife süße Frucht **7,80 €**

81 2008 Müller-Thurgau trocken Konstanz Sonnehalde **5,60 €**
80 2008 Weißburgunder Kabinett trocken Meersburg Haltnau **7,80 €**
83 2008 Grauburgunder Kabinett trocken Konstanz Sonnehalde **7,80 €**
78 2008 Spätburgunder Weißherbst Kabinett Konstanz Sonnehalde **7,10 €**
84 2007 „Imperia" Rotwein trocken **10,50 €**

★★☆

Konstanzer

Weingut

Baden

Quellenstraße 22, 79241 Ihringen
Tel. 07668-5537, Fax: 07668-5097
www.weingut-konstanzer.de
info@weingut-konstanzer.de
Besuchszeiten: Mo.-Fr. 17-19 Uhr, Sa. 10-17 Uhr und nach Vereinbarung

Inhaber .... Horst und Petra Konstanzer
Rebfläche .... 8,5 Hektar

1983 haben Horst und Petra Konstanzer, damals noch im Nebenerwerb, ihren ersten Wein gemacht. 1989 übernahmen sie den elterlichen Betrieb, der bis dahin die Trauben an die Genossenschaft abgeliefert hatte, betreiben ihn seither im Haupterwerb. Ihre Weinberge liegen in Ihringen in den Lagen Winklerberg und Fohrenberg. 85 Prozent ihrer Weinberge nehmen die Burgundersorten und Chardonnay ein. Hinzu kommen Silvaner, Müller-Thurgau, Riesling, Muskateller und Gewürztraminer. In der hauseigenen Brennerei werden Obstschnäpse und Edelbrände destilliert.

Der barriqueausgebaute Spätburgunder gefiel vor zwei Jahren besonders gut, wie überhaupt die ganze Kollektion überzeugte – angesichts des Jahrgangs 2006 alles andere als eine Selbstverständlichkeit. Eine sehr homogene Kollektion schloss sich im vergangenen Jahr an, mit leichten Vorteilen im weißen Segment. Die 2008er Weißweine sind ein wenig verhaltener, so dass uns im weißen Segment der barriqueausgebaute Chardonnay aus dem Jahrgang 2007 am besten gefällt. Geschlossen auf hohem Niveau präsentieren sich die Spätburgunder des Jahrgangs 2007, angeführt vom „pur".

Weinbewertung

85 . . . 2006 Pinot Noir & Chardonnay Sekt brut Ihringer Winklerberg
frisch, fruchtbetont, dezent Ananas, Würze; weich, füllig, harmonisch, viel Substanz **14,- €**

87 . . . 2008 Grauburgunder Spätlese trocken Holzfass Ihringer Winklerberg
gute Konzentration, reife Frucht, gelbe Früchte; füllig, kraftvoll, harmonisch, reife Frucht und gute Substanz **14,- €**

86 . . . 2007 Chardonnay Spätlese trocken Barrique Ihringer Winklerberg
viel Konzentration, Vanille, reife Frucht; füllig, kraftvoll, reife Frucht, Substanz **14,- €**

85 . . . 2007 Pinot Noir trocken
klare reife Frucht, rote und dunkle Früchte, eindringlich; füllig, kraftvoll, reife Frucht, gute Substanz und Struktur **12,- €**

85 . . . 2007 Spätburgunder Spätlese trocken Ihringer Winklerberg
gute Konzentration, reife Frucht, feine Würze; weich, füllig, klar, feine Frische **14,- €**

86 . . . 2007 Spätburgunder Spätlese trocken Barrique Ihringer Winklerberg

gute Konzentration, etwas Gewürze, rote Früchte; füllig, harmonisch, reife Frucht, dezent Vanille **18,- €**

88 . . . 2007 Spätburgunder Spätlese „pur" trocken Ihringer Winklerberg

gute Konzentration, viel reife Frucht, reife rote Früchte, herrlich eindringlich; füllig, harmonisch, viel reife Frucht, Substanz, gute Struktur und Länge **19,50 €**

---

81 2008 Weißburgunder Kabinett trocken **7,- €**
82 2008 Grauburgunder Kabinett trocken **7,- €**
82 2008 Muskateller Kabinett trocken Ihringer Winklerberg **9,- €**
84 2008 Weißburgunder Spätlese trocken Ihringer Winklerberg **12,- €**
83 2008 Grauburgunder Spätlese trocken Ihringer Winklerberg **13,- €**
83 2008 Riesling Spätlese trocken Ihringer Winklerberg **10,- €**

★

Dr. Andreas Kopf

Weingut

Pfalz

Am Frohnacker 1, 76829 Landau-Mörzheim
Tel. 06341-32355, Fax: 06341-939395
biolandhofkopf@t-online.de
www.weingut-dr-kopf.de
Besuchszeiten: nach Vereinbarung

Inhaber .... Dr. Andreas Kopf
Rebfläche .... 1,2 Hektar

Mit einem guten Hektar Rebfläche und einem Viertel Hektar Ackerfläche gehört der Betrieb von Andreas Kopf zu den ganz kleinen Betrieben in der Pfalz. Im Hauptberuf – nach Winzerlehre und Studium der Agrarwissenschaften – ist Andreas Kopf Lehrer an der Berufsbildenden Schule in Bad Dürkheim, wo er unter anderem Weinküfer unterrichtet. Seit 1991 ist er Mitglied bei Bioland. In seinen Weinbergen in den Lagen Mörzheimer Pfaffenberg und Wollmesheimer Mütterle baut er überwiegend Burgundersorten an, daneben Riesling.

Vor zwei Jahren gefiel in einer gleichmäßigen Kollektion der Blanc de Noir am besten. Sehr gleichmäßig präsentierte sich die letztjährige Kollektion, wieder gefiel ein Blanc de Noir, diesmal als Sekt, besonders gut. Sehr ähnlich ist die neue Kollektion, gleichmäßig wie im Vorjahr und wieder hat uns ein Sekt besonders überzeugt.

Weinbewertung

84 2007 Weißburgunder Sekt brut **10,50 €**
82 2008 Riesling Kabinett trocken **6,- €**
82 2008 Weißburgunder Kabinett trocken **5,50 €**
80 2008 Grauburgunder Kabinett trocken **5,50 €**
80 2008 Cuvée „Chateau Garage" **5,- €**
81 2007 Spätburgunder trocken **9,50 €**

★★★

Kopp

Weingut

Baden

Ebenunger Straße 21
76547 Sinzheim-Ebenung bei Baden-Baden
Tel. 07221-803601, Fax: 07221-803602
www.weingut-kopp.com
info@weingut-kopp.com
Besuchszeiten: Mo.-Fr. 14-18 Uhr, Sa. 10-13 Uhr, So. + feiertags geschlossen

Inhaber .... Ewald Kopp
Rebfläche .... 12 Hektar

Das Weingut Kopp liegt in der unteren Ortenau in dem kleinen Weiler Ebenung, zwischen Varnhalt und Sinzheim. Nach einem einjährigen Praktikum bei Bernhard

Huber in Malterdingen und einer Winzerlehre begann Ewald Kopp 1996 mit der Selbstvermarktung. Wichtigste Rebsorten sind Spätburgunder und Riesling, die zusammen 70 Prozent der Rebfläche einnehmen. Hinzu kommen Weißburgunder, Grauburgunder und Chardonnay. Die Spätburgunder kommen nach der Maischegärung in Holzfässer, die Weißweine werden langsam und kühl vergoren und in Edelstahltanks ausgebaut. Die Weine der Selektions-Linie („S") werden im Barrique ausgebaut. Neben Wein erzeugt Ewald Kopp auch Edelbrände.

Der Spätburgunder „R" war im Jahrgang 2005 einer der großen Spätburgunder des Jahrgangs in Deutschland. Die 2006er Weißweine mussten dem Jahrgang Tribut zollen, „Alte Reben" und Chardonnay „S" aber überzeugten vollauf. Die letztjährige Kollektion zeigte sich gleichmäßig, aber verhaltener, die Spitzen-Pinots wurden schmerzlich vermisst. Die hat Ewald Kopp erst in diesem Jahr vorgestellt. Sie sind füllig und konzentriert, überzeugen, auch wenn uns die Raucharomen im Bouquet ein wenig zu intensiv erscheinen. Sie führen eine homogene Kollektion an, die, wie gehabt, von der starken Spätburgunder-Riege angeführt wird.

Weinbewertung

85 . . . 2008 Sauvignon Blanc trocken
feine Würze, reintönige Frucht, herrlich eindringlich; füllig, kraftvoll, klare reife Frucht, gute Substanz

86 . . . 2008 Weißburgunder trocken „Alte Reben"
gute Konzentration, reife Frucht, etwas weiße Früchte; füllig, harmonisch, klare reife Frucht
2004: 87; 2005: 86; 2006: 86; 2007: 83.

86 . . . 2008 Riesling trocken „Alte Reben"
feine Würze, dezent Zitrus, klare reife Frucht; füllig, harmonisch, direkt, gute Struktur und Frische
(bis 2003 Spätlese trocken) 1999: 87; 2001: 88; 2002: 88; 2003: 87; 2004: 88; 2005: 85; 2006: 86; 2007: 84.

87 . . . 2008 Chardonnay „S" trocken
feine Würze, dezent Vanille, reife Frucht; füllig, harmonisch, klare reife Frucht, Vanille, gute Struktur
2000: 87; 2001: 90; 2002: 90; 2003: 88; 2005: 86; 2006: 86; 2007: 86.

85 . . . 2007 Spätburgunder trocken Holzfass
reife rote Früchte, eindringlich; klar, füllig, feine süße Frucht und Biss
1999: 85; 2001: 87; 2002: 88; 2003: 88; 2004: 87; 2005: 85; 2006: 86.

88 . . . 2006 Spätburgunder trocken „Alte Reben"
gute Konzentration, Gewürze, viel reife Frucht, herrlich eindringlich, feiner Toast; füllig, harmonisch, reife Frucht, gute Substanz, Frische, etwas Schokolade
1999: 89; 2001: 91; 2002: 90; 2003: 91; 2004: 87.

88 . . . 2006 Spätburgunder trocken „S"
Gewürze, Räucherspeck, gute Konzentration, reife Frucht, Vanille; Fülle, Substanz, Kraft, reife Frucht und gute Struktur
1999: 89; 2002: 91; 2003: 92; 2004: 89; 2005: 90.

90 . . . 2006 Spätburgunder trocken „R"
gute Konzentration, viel reife Frucht, dezent Schokolade, Räuchernoten, herrlich eindringlich; füllig, harmonisch, schmeichelnd, viel reife Frucht, Schokolade und Vanille, gute Substanz und Länge
2001: 92; 2003: 92; 2004: 92; 2005: 94.

84	2007 Pinot Sekt brut
81	2008 Riesling trocken (1l)
82	2008 Riesling Kabinett trocken
83	2008 Chardonnay trocken
82	2008 Weißburgunder trocken
83	2008 Grauburgunder trocken

★★★☆

Korrell

Weingut Johanneshof

Nahe

Parkstraße 4, 55545 Bad Kreuznach
Tel. 0671-63630, Fax: 0671-71954
www.korrell.com
weingut@korrell.com
Besuchszeiten: Mo.-Fr. 10-12 + 14-18 Uhr, Sa. 10-12 + 14-16 Uhr

Inhaber .... Britta und Martin Korrell
Rebfläche .... 22 Hektar

Wichtigste Rebsorte beim Weingut Korrell ist mit 35 Prozent der Riesling. Dazu gibt es jeweils 10 Prozent Grauburgunder, Spätburgunder, Portugieser und Müller-Thurgau, aber auch Weißburgunder und Chardonnay. Die Weinberge befinden sich in den Kreuznacher Lagen Rosenberg (Kies), St. Martin (rotliegender Sandsteinverwitterungsboden) und Paradies (tiefgründiger Tonboden mit hohem Kalkanteil), sowie in Schlossböckelheim. Die Rotweine kommen nach Maischegärung und biologischem Säureabbau im Stahltank bis zu 15 Monate ins Holzfass (auch ins Barrique). Die Weißweine werden nach langem Feinhefelager relativ früh auf Flaschen gefüllt.

Schon seit zehn Jahren empfehlen wir die Weine der Korrells, schon damals hatte uns das Weingut mit einer homogenen Kollektion beeindruckt. In allen Jahren überzeugten die Weine, weiß wie rot, trocken wie süß, Riesling wie Burgundersorten. Und stetig ist eine Steigerung gelungen, vor allem mit den mächtigen trockenen Rieslingen aus dem Paradies und den beiden Schlossböckelheimer Lagen Königsfels und In den Felsen.

Die 2006er Kollektion war stark, so als ob es in diesem Jahrgang überhaupt keine Schwierigkeiten gegeben hätte, überzeugte trocken wie süß. Eine vergleichbar starke Kollektion stellte Martin Korrell im vergangenen Jahr vor. Die beiden Schlossböckelheimer „Großen Gewächse" strotzten vor Kraft und Substanz, wirkten allerdings etwas verhalten, so dass der Wein aus dem Kreuznacher Paradies 2007 als eindeutiger Sieger aus dem internen Wettkampf der „Großen Gewächse" hervorging. Der Weißburgunder überzeugte wie gewohnt und auch edelsüß brillierten die Rieslinge. Edelsüß war natürlich 2008 nicht so viel möglich wie im Vorjahr, dafür bilden die drei Lagen-Rieslinge eine geschlossene Phalanx, wobei wir wieder den Wein aus dem Kreuznacher Paradies leicht präferieren.

Weinbewertung

86 ... 2008 Weißburgunder trocken „Johannes K."
gute Konzentration, reife Frucht, gelbe Früchte; füllig, harmonisch, viel reife Frucht und Substanz **11,- €**
1999: 86; 2001: 87; 2003: 86; 2004: 87; 2005: 86; 2006: 87; 2007: 87.

86 ... 2008 Grauburgunder trocken „Johannes K."
gute Konzentration, reife Frucht, gelbe Früchte; weich, füllig, harmonisch, reife süße Frucht, gute Substanz **11,- €**

89 ... 2008 Riesling trocken (Goldkapsel) Kreuznacher Paradies
gute Konzentration, faszinierend viel Frucht, herrlich eindringlich und konzentriert; füllig, stoffig, viel reife Frucht, Substanz, Struktur und Länge **14,50 €**
2004: 88; 2005: 87; 2006: 88; 2007: 89.

88 ... 2008 Riesling trocken (Goldkapsel) Schlossböckelheimer Königsfels
viel Konzentration, reife Frucht, herrlich eindringlich und würzig; füllig, stoffig, viel Substanz und Länge **13,50 €**
2005: 86; 2006: 88; 2007: 86.

88 ... 2008 Riesling trocken (Goldkapsel) Schlossböckelheimer In den Felsen

viel Konzentration, faszinierend viel Frucht, ganz dezent Orangen; füllig, kraftvoll, viel reife Frucht, viel Substanz, jugendlich **13,50 €**
2005: **87**; 2006: **87**; 2007: **85**.

85 . . . 2008 Gelber Muskateller
frisch, würzig, feine Muskatellerfrucht; klar, frisch, süffig, viel Biss **8,- €**
2001: **88**; 2002: **87**; 2003: **85**; 2004: **87**; 2005: **86**; 2006: **86**; 2007: **85**.

85 . . . 2008 Riesling Spätlese Kreuznacher Paradies
Frische, etwas Zitrus, klare Frucht; weich, füllig und schmeichelnd, reife süße Frucht **9,50 €**

87 . . . 2006 „Ars Vini" Rotwein trocken
gute Konzentration, reife Frucht, Vanille; füllig, harmonisch, viel reife Frucht, Vanille, gute Substanz und Länge **19,50 €**

---

83 2008 Chardonnay trocken **7,90 €**
81 2008 Riesling „vom Tonmergel" **6,- €**
83 2008 Riesling „Johannes K." Kreuznacher St. Martin **8,90 €**
83 2008 Riesling „vom Rotliegenden" **6,50 €**

★☆

Krämer

Ökologischer Weinbau

Franken

Lange Dorfstraße 24, 97215 Auernhofen
Tel. 09848-96845, Fax: 09848-96847
www.kraemer-oeko-logisch.de
info@kraemer-oeko-logisch.de
Besuchszeiten: nach Vereinbarung
Ferienwohnungen

Inhaber .... Stefan Krämer
Rebfläche .... 2 Hektar

Seit 1989, mit dem Beitritt zu Naturland, bewirtschaftet die Familie Krämer ihr Land ökologisch. Erst in den letzten Jahren hat Stefan Krämer den Weinausbau forciert. Die Weinberge liegen in der Steillage Tauberzeller Hasennestle, wo die Reben auf Muschelkalkböden wachsen. Von einem befreundeten Ökowinzer in Iphofen kauft er Trauben zu. Sein Sortiment gliedert er in die Linien „Frisch", „Klar" und „Ganz Pur" (spontanvergorene Weine). Die Weine werden im Edelstahl ausgebaut, bleiben mindestens fünf Monate auf der Hefe.

Beim Debüt im vergangenen Jahr bestachen die Weine mit ihrer Präzision und ihrer reintönigen Frucht. Eine vergleichbar ausgewogenen und starke Kollektion folgt mit dem Jahrgang 2008 nach, vor allem der Silvaner aus dem Hasennestle besticht mit Reintönigkeit und Mineralität: Im Auge behalten!

Weinbewertung

85 . . . 2008 Müller-Thurgau trocken
würzig, frisch, reintönige Frucht, dezent Muskat; frisch, zupackend, reintönige Frucht **6,- €**

85 . . . 2008 Johanniter trocken
würzig, eindringlich, klare reife Frucht; geradlinig, klar, fruchtbetont, Säure und Biss, jugendliche Bitternote **7,- €**

87 . . . 2008 Silvaner „M" trocken Tauberzeller Hasennestle
gute Konzentration, viel reife Frucht, reintönig, feine mineralische Noten; kraftvoll, klar, reife Frucht, gute Struktur, feine Mineralität **8,- €**

---

84 2008 Rosé „Secco" trocken **6,50 €**
83 2008 „Sonnenkind" Weißwein trocken **5,- €**
84 2008 Cuvée weiß trocken **6,- €**

★★

Familie Kranz

Weingut

Pfalz

Mörzheimer Straße 2, 76831 Ilbesheim
Tel. 06341-939206, Fax: 06341-939207
www.weingut-kranz.de
weingut-kranz@t-online.de
Besuchszeiten: Mo.-Do. 8-12 Uhr, Fr. 8-16:30 Uhr, Sa. 9-16:30 Uhr

Inhaber .... Familie Kranz
Rebfläche .... 17 Hektar

Wein wird schon lange angebaut in der Familie, aber erst in den siebziger Jahren entschlossen sich Robert und Lilo Kranz ihren Wein selbst abzufüllen und zu vermarkten. 60 Prozent der Weinberge nehmen weiße Reben ein, 40 Prozent rote. Wichtigste Rebsorten sind Riesling, Weißburgunder, Silvaner und Spätburgunder. Betriebsintern hat man folgende Crus definiert: Hagedorn (Lehmboden, mit alten Silvanerreben), Kirchberg (das Kernstück der Kleinen Kalmit mit Mergel- und Lössböden mit hohem Kalkanteil, für Spätburgunder), Kalmit (Riesling) und Fürstenweg (Weißburgunder). Wobei man sicherlich auf die Lagenbezeichnung Kalmit setzen wird, wenn diese als Einzellage zugelassen wird. Die Weißweine werden gekühlt, teils nach Maischestandzeiten vergoren und teils im Stahltank, teils im großen Holzfass ausgebaut. Alle Rotweine werden maischevergoren. Für den Weinausbau verantwortlich ist Sohn Boris.

Seit einem Jahrzehnt schon empfehlen wir die Weine der Familie Kranz. In diesem Jahrzehnt hat man sich kontinuierlich gesteigert bei Jahr für Jahr homogenen Kollektionen – und es scheint weiter voran zu gehen.

Nach einer überzeugenden Vorstellung im Jahrgang 2006, unser Favorit war der Riesling Kalmit, gefielen uns auch 2007 die reintönigen Weine, allen voran Weißburgunder Kalmit und der Kalmit-Terrassen Riesling. 2008 hat der Riesling klar die Nase vorne, aber auch der Spätburgunder macht viel Freude.

Weinbewertung

85 . . . 2008 „Kalmit" Weißburgunder Spätlese trocken
gute Konzentration, reife Frucht, feine Würze; frisch, klar, feine Frucht, süffig **12,- €**

86 . . . 2008 „Kalmit" Riesling Spätlese trocken
feine Würze, klare reife Frucht, eindringlich; füllig, harmonisch, reife Frucht, gute Substanz **12,- €**
2000: **84**; 2001: **88**; 2002: **88**; 2003: **87**; 2005: **86**; 2006: **87**; 2007: **85**.

88 . . . 2008 „Kalmit Terrassen" Riesling Spätlese trocken
viel Konzentration, reintönige Frucht, etwas Zitrus und gelbe Früchte; füllig, harmonisch, viel reife Frucht, Substanz und Frische **16,50 €**
2004: **88**; 2005: **87**; 2007: **87**.

87 . . . 2007 „Kalmit" Spätburgunder trocken
feine rauchige Noten, herrlich reintönige Frucht, rote Früchte; frisch, reintönig, elegant, gute Struktur **16,50 €**

83 2008 Riesling Spätlese trocken Rittersberg **8,- €**
82 2008 Riesling Kabinett „feinherb" **6,- €**

★

Krauß

Weingut

Pfalz

Weisenheimer Straße 23, 67245 Lambsheim
Tel. 06233-55688, Fax: 06233-506667
www.weingut-krauss.de
info@weingut-krauss.de
Besuchszeiten: Fr. 17-19 Uhr, Sa. 10-12 + 14-18 Uhr

Inhaber .... Harald Krauß
Rebfläche .... 5 Hektar

Harald Krauß gründte 1984 das Weingut, ursprünglich ein landwirtschaftlicher Gemischtbetrieb, und erweiterte es seither auf die heutige Größe. Sohn Lukas Krauß erzeugte nach seiner Lehrzeit bei Müller-Catoir mit dem Jahrgang 2008 seine ersten Weine nach eigenen Vorstellungen (Kollektion „ß").

Weinbewertung

89 . . . 2008 Kerner Trockenbeerenauslese „ß"
würzig, konzentriert, etwas Litschi, süße Pfirsiche; konzentriert, feine süße Frucht, herrlich klar, ganz dezent Rhabarber im Hintergrund **21,- €/0,375l**

84 2008 Silvaner Kabinett trocken **6,60 €**
81 2008 Grauburgunder Spätlese trocken **7,70 €**

★

Krebs
Weingut

Baden

Birkenweg 48, 79589 Binzen
Tel. 07621-62141, Fax: 07621-64000
www.weinkrebs.de
krebs.weingut@t-online.de
Besuchszeiten: Mo.-Fr. 14-19 Uhr (außer Mi. nachmittags), Sa. 8-14 Uhr

Inhaber .... Hans Krebs
Rebfläche .... 7 Hektar

Seit 1995 führt Hans Krebs in sechster Generation dieses Familienweingut in Binzen im Markgräflerland. Schon 1820 legte Küfermeister Johann Jakob Krebs den Grundstein für das heutige Weingut. Die Weinberge von Hans Krebs befinden sich in den Lagen Binzener Sonnhohle und Blansinger Wolfer, wo die Reben auf Löss-Lehmböden wachsen. Wichtigste Rebsorte bei ihm ist der Gutedel, der 40 Prozent der Rebfläche einnimmt. Es folgt Spätburgunder mit einem Anteil von 30 Prozent, dazu gibt es Müller-Thurgau, Grauburgunder, Chardonnay, Weißburgunder, Nobling und Gewürztraminer. Zuletzt kam anstelle des gerodeten Kerner Dornfelder hinzu.

Die vor zwei Jahren verkosteten 2005er Spätburgunder gefielen, die 2006er Weißweine mussten dem Jahrgang Tribut zollen. 2007 war gleichmäßig, der Chardonnay machte viel Freude. Die neue Kollektion überzeugt, bietet frische, reintönige und fruchtbetonte Weine, unser Favorit ist wie im Vorjahr der Chardonnay.

Weinbewertung

86 . . . 2008 Chardonnay Spätlese trocken Binzener Sonnhohle
gute Konzentration, klare reife Frucht, etwas Ananas, gelbe Früchte; füllig, harmonisch, viel reife Frucht, Substanz, Frische **8,90 €**

82 2008 Gutedel trocken Binzener Sonnhohle **3,80 €**
82 2008 Gutedel „Flüdenwein" trocken **4,60 €**
81 2008 Rivaner trocken **4,60 €**
81 2008 Spätburgunder Blanc de Noirs trocken **5,- €**
82 2008 Weißburgunder Kabinett trocken Binzener Sonnhohle **5,70 €**
84 2008 Gewürztraminer Spätlese Binzener Sonnhohle **7,20 €**
83 2008 Spätburgunder Rosé **5,- €**
81 2007 Spätburgunder Kabinett trocken Binzener Sonnhohle **6,80 €**
83 2007 Spätburgunder „B" trocken **12,- €**

★

Krebs
Weingut

Pfalz

Großkarlbacher Straße 10, 67251 Freinsheim
Tel. 06353-3149, Fax: 06353-1012
www.weingut-krebs.eu
info@weingut-krebs.eu
Besuchszeiten: Mo.-Fr. 10-12 + 14-18 Uhr, Sa. 9-17 Uhr und nach Vereinbarung
Gästehaus

Inhaber .... Harald Krebs
Rebfläche .... 13,5 Hektar

1982 wagte Harald Krebs mit seinem am Ortsrand Freinsheims gelegenen Weingut und 7 Hektar Reben den Schritt in die Selbständigkeit. Seit 2005 wird er im Betrieb unterstützt von Sohn Jürgen, der bei den Weingütern Lucashof, Knipser und Kuhn seine Lehre und 2008 seinen Abschluss als Weinbautechniker machte. Die Weinberge von Harald Krebs liegen in den Freinsheimer Einzellagen Schwarzes Kreuz, Musikantenbuckel, Oschelskopf und Goldberg. 60 Prozent der Rebfläche nehmen weiße Sorten ein, vor allem Riesling, gefolgt von Weißburgunder, Grauburgunder und Sauvignon Blanc. An roten Sorten gibt es Spätburgunder, Merlot, Cabernet Sauvignon und Dornfelder. Die Weißweine bleiben bis zur Füllung auf der Feinhefe. Der Ausbau erfolgt überwiegend im Edelstahl, Riesling kommt auch schon einmal ins Halbstückfass. Die Rotweine werden alle maischevergoren und größtenteils im Holz ausgebaut, die Topweine kommen bis zu 20 Monate ins neue Barrique.

Weinbewertung

85 . . . 2008 Grauburgunder Spätlese trocken Freinsheimer Goldberg
gute Konzentration, reife Frucht, gelbe Früchte; klar, füllig, harmonisch, reife süße Frucht **6,20 €**

85 . . . 2008 Chardonnay Spätlese trocken Freinsheimer Musikantenbuckel
gute Konzentration, klare Frucht und feine Würze; weich, füllig, harmonisch, viel reife Frucht **6,20 €**

85 . . . 2007 Spätburgunder trocken Freinsheimer Schwarzes Kreuz
rauchige Noten, etwas Gewürze, rote Früchte; füllig, kraftvoll, reife Frucht, feine Frische **7,80 €**

82 2008 Riesling Kabinett trocken **4,20 €**
82 2008 Weißburgunder Kabinett trocken **4,20 €**
82 2008 Riesling und Gewürztraminer trocken **5,50 €**

★★

Axel Kreichgauer
Wein- und Sektgut

Rheinhessen

Kirchgasse 2, 67585 Dorn-Dürkheim
Tel. 06733-7005, Fax: 06733-960806
a.kreichgauer@t-online.de
Besuchszeiten: nach Vereinbarung, täglich ab 9 Uhr

Inhaber .... Axel Kreichgauer
Rebfläche .... 12,5 Hektar

Das Weingut Kreichgauer befindet sich seit Generationen in Familienbesitz und wird heute von Axel und Anke Kreichgauer geführt. Bis 1991, als Axel Kreichgauer den Betrieb übernahm, wurde der Wein ausschließlich als Fasswein vermarktet. Axel Kreichgauer hat dann begonnen, nach und nach einzelne Partien selbst über die Flasche zu vermarkten. Die Weinberge befinden sich überwiegend in Dorn-Dürkheim und Alsheim. Dazu gibt es im Oppenheimer Herrengarten einen

Rieslingweinberg, sowie in Wintersheim eine Anlage mit Spätburgunder und Chardonnay. Wichtigste Rebsorten sind Riesling und die Burgundersorten. Recht ungewöhnlich für Rheinhessen ist, dass es bei Kreichgauer keinen Silvaner gibt. 2001 kamen neue Anlagen mit Cabernet Dorio und Cabernet Dorsa in den Ertrag. Die Weinberge werden biologisch bewirtschaftet, seit September 2007 kontrolliert (Ecovin). Axel Kreichgauer baut seine Weine überwiegend trocken aus. Ausgesuchte Rot- und Weißweine kommen ins Barrique. Seit dem Jahrgang 2004 tragen die Spitzenweine die Bezeichnung „S". Diese Weine werden möglichst mit den natürlichen Hefen vergoren und recht lange auf der Hefe ausgebaut.

Vor zwei Jahren lagen die Stärken klar im roten Segment. Die letztjährige Kollektion war gleichmäßiger, der Riesling von alten Reben hatte uns besonders gut gefallen, und auch in diesem Jahr führt wieder ein Riesling eine ausgewogene Kollektion an.

Weinbewertung

86 . . . 2008 Riesling „S" Dorn-Dürkheimer Römerberg

gute Konzentration, feine Würze und Frucht, eindringlich; füllig, harmonisch, reife süße Frucht, Substanz, wunderschön saftig **7,30 €**

85 . . . 2005 Cabernet Dorsa Barrique Dorn-Dürkheimer Römerberg

Gewürznoten, viel reife Frucht; füllig, kraftvoll, reife Frucht, Herzkirschen, Tannine **9,95 €/0,375l**

83 2008 Chardonnay Spätlese trocken Wintersheimer Frauengarten **7,30 €**

83 2008 Riesling Classic **5,30 €**

84 2008 „Mythos" Rotwein Barrique Alsheimer Römerberg **10,95 €**

82 2005 „Anna-Maria Alessandra" Cabernet Dorio Barrique **12,95 €**

83 2005 „Zeitgeist" Rotwein **9,80 €**

84 2006 Merlot Barrique Gau-Odernheimer Fuchsloch **12,95 €**

Kremers ★

Winzerhof

Franken

Mühlgasse 12, 63920 Großheubach

Tel. 09371-3270, Fax: 09371-3271

www.kremers-winzerhof.de

winzerhof-kremer@t-online.de

Besuchszeiten: Mo.-Fr. 8:30-18:30 Uhr, Sa. 8:30-15 Uhr

Heckenwirtschaft

Inhaber . . . . Stefan Kremer

Rebfläche . . . . 5 Hektar

Kremers Winzerhof, mit Sitz in der „unteren Mühle" im Ortszentrum von Großheubach, hat sich seit 1975 auf Weinbau spezialisiert und die alte Mühle zur Heckenwirtschaft umgebaut. Stefan Kremer übernahm nach Ausbildung und Tätigkeit beim Staalichen Hofkeller 1990 den Betrieb, den er zusammen mit Ehefrau Christine führt. In den Weinbergen, überwiegend Buntsandsteinterrassen, werden Müller-Thurgau, Silvaner, Bacchus, Kerner, Riesling, Scheurebe, Weißburgunder und Chardonnay angebaut. Rote Sorten nehmen 40 Prozent der Rebfläche ein: Spätburgunder, Portugieser, Regent, St. Laurent und Cabernet Dorsa. Die Rotweine werden maischevergoren und teilweise im Barrique ausgebaut.

Weinbewertung

85 . . . 2007 St. Laurent trocken Großheubacher Bischofsberg

frisch, fruchtbetont, rauchige Noten, reintönige

Frucht; klar, harmonisch, reife Frucht, gute Struktur und Frische **9,- €**

---

81 2008 Chardonnay Kabinett trocken Großheubacher Bischofsberg **6,- €**
81 2008 Silvaner Kabinett trocken Großheubacher Bischofsberg **4,80 €**
79 2006 Spätburgunder Kabinett trocken Großheubacher Bischofsberg **7,50 €**
83 2007 Spätburgunder trocken Großheubacher Bischofsberg **7,50 €**
84 2006 Regent trocken Großheubacher Bischofsberg **10,- €**

Kress ★

Seegut

Baden

Hauptstraße 2, 88709 Hagnau
Tel. 07532-6205, Fax: 07532-2909
www.seegut-kress.de
info@seegut-kress.de
Besuchszeiten: Mo.-Fr. 10-12 Uhr, Sa. 9:30-16 Uhr und nach Vereinbarung

Inhaber .... Kristin und Thomas Kress
Rebfläche .... 7 Hektar

Kristin und Thomas Kress haben nach ihrem Austritt aus der Genossenschaft 2001 ihren ersten eigenen Wein erzeugt. Sie bauen vor allem Spätburgunder und Müller-Thurgau an, dazu Weißburgunder, Grauburgunder und Auxerrois.

Alle 2007er Weine waren wunderschön frisch und sortentypisch. Die neue Kollektion gefällt uns nochmals besser, mit einem feinen Bodensee-Müller-Thurgau und einem fülligen Grauburgunder an der Spitze bietet sie durchweg gutes Niveau: Im Auge behalten!

Weinbewertung

85 . . . 2008 Müller-Thurgau trocken
würzig, eindringlich, feine Muskatnote; klar, frisch, zupackend, feine süße Frucht und Biss **7,- €**

86 . . . 2008 Grauburgunder trocken
klar, würzig, feine Frische und Frucht; füllig, harmonisch, viel reife Frucht, Substanz, Frische **9,60 €**

---

83 2008 Weißburgunder trocken **9,60 €**
82 2008 Auxerrois trocken **9,60 €**
83 2008 Rosé trocken **9,20 €**
82 2008 Spätburgunder trocken **10,40 €**

H.J. Kreuzberg ★★★

Weingut

Ahr

Benedikt-Schmittmann-Straße 30, 53507 Dernau
Tel. 02643-1691, Fax: 02643-3206
www.weingut-kreuzberg.de
info@weingut-kreuzberg.de
Besuchszeiten: Mo.-Fr. 10-12 + 14-18 Uhr, Sa./So. 10-15 Uhr
Straußwirtschaft und Pension

Inhaber .... Ludwig Kreuzberg
Rebfläche .... 8,5 Hektar

Das 1953 gegründete Gut wird heute von Ludwig und Sandra Kreuzberg geführt. Bruder Hermann-Josef ist der Önologe im Betrieb, der dritte Bruder, Thomas, leitet den Verkauf und Vertrieb. Seit 1994, als er den Betrieb mit damals 3,2 Hektar übernahm, hat Ludwig Kreuzberg kräftig expandiert. Seine Weinberge liegen in Dernau, Neuenahr und Ahrweiler, aus den Lagen Schieferlay und Silberberg erzeugt er Große Gewächse (Spätburgunder), erstmals mit dem Jahrgang 2007 auch einen Frühburgunder aus dem Hardtberg. Spätburgunder nimmt mehr als zwei Drittel der Rebfläche ein, hinzu kommen weitere rote Sorten wie Frühburgunder, von dem er inzwischen über einen Hektar hat, Portugieser und Dornfelder, sowie seit 1999 auch Regent, Cabernet Franc und Cabernet Sauvignon.

Vor zwei Jahren wurde die starke Kollektion angeführt von den 2005er Großen Gewächsen aus Silberberg und Schieferlay. Konstant auf hohem Niveau präsentierte sich die letztjährige Kollektion von Ludwig Kreuzberg. Die beiden Großen Gewächse aus Schieferlay und Silberberg besaßen Frucht und Kraft, der Spätburgunder Devonschiefer Goldkapsel stand ihnen nicht nach. Ganz stark ist auch die neue Kollektion, wieder mit zwei beeindruckenden Großen Gewächsen aus Schieferlay und Silberberg. Noch besser aber gefällt uns das dritte, neue Große Gewächs, der Frühburgunder aus dem Hardtberg.

Weinbewertung

86 ... 2008 Spätburgunder trocken Neuenahrer Schieferlay
gute Konzentration, viel reife Frucht, herrlich eindringlich und reintönig, etwas Kirschen; frisch, klar, wunderschön fruchtbetont, jugendlich **14,- €**
1999: 82; 2000: 85; 2001: 85; 2002: 86; 2003: 86; 2004: 81; 2005: 86; 2006: 86; 2007: 85.

86 ... 2008 Spätburgunder Spätlese trocken „Unplugged"
frisch, fruchtbetont, herrlich reintönig; frisch, zupackend, reintönige Frucht, jugendlich **14,- €**
2003: 88; 2004: 84; 2005: 86; 2006: 86; 2007: 85.

86 ... 2008 Spätburgunder trocken Devonschiefer
frisch, fruchtbetont, wunderschön reintönige Frucht; klar, fruchtbetont, zupackend, feine Frische und Biss **20,- €**
1999: 84; 2000: 85; 2002: 87; 2003: 87; 2004: 86; 2005: 87; 2006: 87; 2007: 86.

86 ... 2008 Frühburgunder „B" trocken
fruchtbetont, enorm würzig, dominant, Kirschen; frisch, zupackend, klare Frucht und Biss **29,- €**

88 ... 2007 Spätburgunder trocken „Devonschiefer" Goldkapsel
herrlich eindringlich und konzentriert, klare reife Frucht, rote Früchte, dominant; füllig, kraftvoll, viel Substanz und gute Struktur (Versteigerungswein)
1999: 86; 2001: 89; 2002: 88; 2003: 88; 2004: 89; 2005: 87; 2006: 88.

90 ... 2007 Frühburgunder „GG" Dernauer Hardtberg
frisch, fruchtbetont, rauchige Noten, herrlich reintönige Frucht, konzentriert; füllig, harmonisch, reintönige reife Frucht, etwas Schokolade **29,- €**

89 ... 2007 Spätburgunder „GG" Neuenahrer Schieferlay
würzig, konzentriert, viel reife Frucht, rote Früchte, herrlich eindringlich und reintönig; frisch, zupackend, reintönige Frucht, gute Struktur **27,- €**
2005: 88; 2006: 88.

89 ... 2007 Spätburgunder „GG" Ahrweiler Silberberg
würzig, konzentriert, reife Frucht, rote Früchte, herrlich eindringlich; füllig, harmonisch, viel reife Frucht, reintönig, gute Substanz, Frische und Biss **30,- €**
2005: 89; 2006: 88.

87 ... 2007 „Cuvée Georg" Rotwein trocken
Frühburgunder und Cabernet Franc; klar, frisch, feine Würze, etwas Kräuter; füllig, kraftvoll, reife Frucht, viel Substanz **22,- €**

83 2008 Blauer Spätburgunder Weißherbst trocken **9,- €**
82 2008 Spätburgunder trocken **8,90 €**
84 2008 Frühburgunder „C" trocken **18,- €**

★★☆

Peter **Kriechel**
Weingut

Ahr

Walporzheimer Straße 83-85, 53474 Ahrweiler
Tel. 02641-36193, Fax: 02641-5004
www.weingut-kriechel.de
weingut.kriechel@t-online.de
Besuchszeiten: Mo.-Fr. 8-19 Uhr, Sa. 9-18 Uhr, So. 10-18 Uhr
Gutsausschank „Weinhaus Kriechel"

Inhaber... Ernst, Markus, Michael & Gerd Kriechel
Rebfläche............................. 20 Hektar

1952 gründete Peter Kriechel, bis dahin Mitglied einer Winzergenossenschaft, mit 1,5 Hektar Weinbergen sein eigenes Weingut. Seine Söhne Hermann und Ernst übernahmen 1969 das Gut und erweiterten es auf die heutige Größe. Heute ist die dritte Generation im Betrieb tätig. Die Weinberge liegen unter anderem in den Walporzheimer Lagen Kräuterberg und Himmelchen, im Neuenahrer Sonnenberg, Ahrweiler Forstberg und Marienthaler Trotzenberg und Rosenberg. Der Schwerpunkt des Betriebes liegt auf Rotweinen, auf Spätburgunder, der die Hälfte der Fläche einnimmt, Frühburgunder, Dornfelder und Portugieser. Daneben gibt es auch Regent, Domina und Schwarzriesling, sowie an weißen Sorten Müller-Thurgau, Riesling, Grau- und Weißburgunder.

Vor zwei Jahren hatten uns die 2006er Weine sehr gut gefallen, die Basisweine überzeugten, die Auslesen zeigten Frucht und Kraft. Eine vergleichbar starke, gleichmäßige Kollektion folgte im vergangenen Jahr nach, Spätburgunder und Frühburgunder überzeugten gleichermaßen. Auch die neue Kollektion gefällt uns gut, allen voran der prächtige Goldkapsel-Frühburgunder.

Weinbewertung

85 ... 2008 Portugieser „B" trocken „Alte Reben"
gute Konzentration, reife Frucht, etwas rote Früchte; füllig, harmonisch, viel reife Frucht, Substanz **12,- €**

86 ... 2008 Spätburgunder „B" trocken
rauchige Noten, klare reife Frucht; weich, füllig, harmonisch, feine Frische, etwas Vanille **12,50 €**
2003: 86; 2004: 86; 2006: 85; 2007: 85.

87 ... 2008 Frühburgunder „B" trocken
gute Konzentration, reintönige Frucht, feine rauchige Noten; füllig, harmonisch, elegant, reintönige Frucht, gute Struktur und Frische **15,50 €**

89 ... 2008 „Jubilus" Frühburgunder trocken (Goldkapsel)
viel Konzentration, viel reife Frucht, rote und dunkle Früchte, dezent Schokolade; füllig, stoffig, kraftvoll, herrlich viel Frucht, Substanz, Länge, viel Wärme **19,50 €**
2005: 85; 2006: 87; 2007: 87.

87 ... 2008 Spätburgunder trocken Walporzheimer Kräuterberg
würzig, eindringlich, klare reife Frucht; weich, füllig, harmonisch, schmeichelnd, reife Frucht, Substanz und Frische **19,50 €**

---

84 2008 Grauburgunder „B" trocken „Alte Reben" Barrique **18,- €**
79 2008 Rivaner „feinherb" **4,90 €**
80 2008 Spätburgunder trocken **6,30 €**
81 2008 Regent trocken **6,80 €**
84 2008 Spätburgunder „S" trocken **8,90 €**
83 2008 Frühburgunder trocken „Jubilus" **8,50 €**
80 2008 Spätburgunder halbtrocken Ahrweiler Forstberg **6,80 €**

★★

Thorsten **Krieger**
Weingut

Pfalz

Theresienstraße 71, 76835 Rhodt
Tel. 06323-704998, Fax: 06323-938728
www.weingut-thorsten-krieger.de
info@weingut-thorsten-krieger.de
Besuchszeiten: nach Vereinbarung

Inhaber........................Thorsten Krieger
Rebfläche...............................13 Hektar

Das Weingut Krieger befindet sich seit 1652 in Familienbesitz. Mit dem Jahrgang 2001 hat Thorsten Krieger das Weingut von seinem Vater Ludwig übernommen. Seine Weinberge befinden sich in den Rhodter Lagen Rosengarten, Klosterpfad und Schlossberg. Weiße Sorten nehmen etwa 60 Prozent der Rebfläche ein. Sortenschwerpunkte sind Riesling, sowie weiße und rote Burgunder. Hinzu kommen Dornfelder, Dunkelfelder, St. Laurent und Portugieser, sowie Scheurebe, Chardonnay und Gewürztraminer. Neu gepflanzt wurden zuletzt Cabernet Sauvignon, Merlot und Regent.

Vor zwei Jahren standen die edelsüßen Gewürztraminer und der herrlich reintönige Frühburgunder an der Spitze einer überzeugenden Kollektion. Homogen präsentierte sich die letztjährige Kollektion, Frühburgunder und Spätburgunder gefielen uns besonders gut, aber auch die edelsüßen Weine bereiteten viel Freude. Die neue Kollektion ist ein wenig verhaltener, bei leichten Vorteilen im roten Segment.

Weinbewertung

85 ... 2008 Scheurebe Auslese
eindringlich, Litschi; reife süße Frucht, klar, frisch und elegant **9,- €**
2005: 85; 2006: 85; 2007: 85.

86 ... 2007 Spätburgunder „S" trocken Barrique
rauchige Noten, klare Frucht, etwas rote Früchte; klar, harmonisch, reife Frucht, gute Struktur **10,- €**

86 ... 2005 Regent „S" trocken Barrique
viel Konzentration, etwas Gewürze, dunkle Früchte; füllig, kraftvoll, reife Frucht, Substanz, etwas Bitterschokolade, gute Struktur, Bitternoten im Abgang **13,50 €**

79	2008 Riesling trocken **4,- €/1l**
77	2008 Grauburgunder trocken **5,50 €**
80	2008 Scheurebe trocken **6,- €**
81	2008 Saint Laurent trocken Holzfass **5,50 €**
81	2008 Spätburgunder trocken Holzfass **6,- €**
79	2007 Dornfelder trocken Holzfass **5,- €**

★★★★

Rüdiger **Kröber**
Weingut

Mosel

Hahnenstraße 14, 56333 Winningen
Tel. 02606-351, Fax: 02606-2600
www.weingut-kroeber.de
info@weingut-kroeber.de
Besuchszeiten: Mo.-Sa. 9-18 Uhr

Inhaber.........................Rüdiger Kröber
Rebfläche...............................6 Hektar

1991 haben Ute und Rüdiger Kröber das Weingut von Erika und Werner Kröber übernommen. Werner Kröber hatte als Küfer den Grundstock für das Weingut gelegt. Seither haben Ute und Rüdiger die Rebfläche mehr als verdoppelt indem sie Weinberge in Steil- und Terrassenlagen zugekauft haben. Ihre Weinberge befinden sich in den Winninger Lagen Uhlen, Röttgen und Hamm. Die Hälfte der Weinberge liegt in Steillagen, weitere 40 Prozent in Terrassenlagen. Neben Riesling – 95 Prozent der Rebfläche – gibt es ein klein wenig Müller-Thurgau, Spätburgunder und Dornfelder. Die Weine werden teils im Holz, teils im Edelstahl ausgebaut, wobei der Trend eindeutig hin zum Ausbau im Holz geht. Rüdiger Kröber arbeitet heute überwiegend mit Spontangärung, nutzt Maischestandzeiten (bis zu 18 Stunden), so der Jahrgang es erlaubt, und lässt die Weine recht lange auf der Hefe. 70 Prozent der Weine werden trocken ausgebaut. Sohn Florian hat seine Ausbildung zum Weinbautechniker abgeschlossen und soll in Kürze in den Betrieb einsteigen.

Die Weine von Rüdiger Kröber begeistern uns seit vielen Jahren, trocken wie süß. Und sie begeistern noch heute, wobei sie in diesem knappen Jahrzehnt sich deutlich im Stil verändert haben. Damals waren sie fruchtbetont und frisch, bestachen durch ihre Reintönigkeit. Durch Spontangärung, Maischestandzeiten und Holzfassausbau sind die Weine komplexer geworden, gleichzeitig aber wirken sie in ihrer Jugend verschlossen, manchmal gar unzugänglich. Sie brauchen heute wesentlich mehr Zeit um zu zeigen, was in ihnen steckt: Eine spannende Entwicklung!

Die 2007er fielen vergleichsweise schlank aus, besaßen aber Substanz. 2008 ragt der faszinierend reintönige Eiswein aus einem sehr überzeugenden Sortiment hervor. Der im neuen großen Holzfass ausgebaute trockene Kabinett aus dem Röttgen besitzt viel Charakter.

Weinbewertung

85 . . . 2008 Kröber's Riesling trocken

jugendlich, Zitrus; würzig, eher schlank, pikante Säure, Biss **6,- €**

2002: **86**; 2003: **84**; 2004: **84**; 2005: **87**; 2006: **85**; 2007: **85**.

85 . . . 2008 Riesling Kabinett trocken „S" Winninger Uhlen

verhalten, Zitrus, würzig, pikante Säure, wirkt unzugänglich, abwarten **6,80 €**

87 . . . 2008 Riesling Kabinett trocken „T" Winninger Uhlen

sehr klar, Kräuter, Stachelbeeren, reife Frucht; viel Würze, stoffig, Substanz **7,70 €**

86 . . . 2008 Riesling Kabinett trocken Winninger Röttgen

verhaltene Frucht, feine Würze; straff, fest, würzig, hat Substanz **7,50 €**

89 . . . 2008 Riesling Spätlese trocken Winninger Röttgen

deutlich Kräuter, etwas reife Zitrusnoten; stoffig, viel Würze, geradlinig, animierend **9,30 €**

88 . . . 2008 Riesling Spätlese Winninger Röttgen

frisch, Apfel, Mirabelle; etwas Stachelbeere; würzig, rassig, viel Frucht, verhaltene Süße **8,30 €**

2002: **87**; 2003: **87**; 2004: **86**; 2005: **87**; 2006: **85**; 2007: **87+?**.

94 . . . 2008 Riesling Eiswein Winninger Domgarten

herrlich reintönig, reife Aprikose, Kräuter; straff, sehr würzig, trotz hoher Süße feingliedrig, lang, Potenzial **65,- €/0,375l**

82 2008 Riesling trocken Winninger Domgarten **4,80 €/1l**

84 2008 Riesling Kabinett halbtrocken Winninger Brückstück **6,- €**

84 2008 Riesling Kabinett „feinherb" Winninger Röttgen **7,30 €**

K

Die besten deutschen Weinerzeuger und ihre Weine

Krone Assmannshausen ★★

Weingut

Rheingau

Niederwaldstraße 2
65385 Rüdesheim-Assmannshausen
Tel. 06722-2525, Fax 06722-48346
www.weingut-krone.de
info@weingut-krone.de
Besuchszeiten: nach Vereinbarung (Verkauf auch über Hotel Krone Assmannshausen)

Inhaber ..... Botho Jung und Familie Driesberg
Gutsverwalter/Kellermeister . . Michael Burgdorf
.... Peter Perabo
Rebfläche .... 4,5 Hektar

Das Assmannshäuser Weingut gehört zu den traditionsreichsten Betrieben des Ortes – ebenso wie das Hotel „Krone". Man verfügt über beste Parzellen im Assmannshäuser Höllenberg sowie im Frankenthal, aber auch im Rüdesheimer Berg Schlossberg. Spätburgunder dominiert, aber auch Weißburgunder und Riesling werden angebaut. Inzwischen hat die Familie Driesberg (Weingüter Wegeler) das Weingut Krone von Botho Jung gepachtet, neben Michael Burgdorf bleibt aber Peter Perabo weiterhin für die Vinifikation zuständig. Ein großer Teil der Weine wird im Hotel verkauft, was möglicherweise auch die vergleichsweise hohen Preise erklärt.

Weinbewertung

86 . . . 2008 Weißburgunder trocken
klar, frisch, feine Frucht, leicht Kräuter sortentypisch; vie Würze, stoffig, Biss **17,50 €**

85 . . . 2008 Riesling „Alte Reben"
eher verhalten, etwas Mirabellen; würzig, fest, gute Länge **14,20 €**

86 . . . 2007 Spätburgunder trocken
jugendliche Frucht, Sauerkirsche; saftig, würzig, straff, animierend **17,10 €**

88 . . . 2006 Spätburgunder trocken Assmannshäuser Höllenberg trocken
klare, sortentypische Frucht, leicht rauchig; würzig, straff, viel Frucht, Substanz, elegant **34,- €**

89 . . . 2005 Spätburgunder trocken „JUWEL" Assmannshäuser
wunderschön reife Frucht, klar; saftig, feine Frucht, sehr elegant, herrlich animierend **48,- €**

84 2008 Spätburgunder Blanc de Noir **14,20 €**

Kronenhof ★

Weingut Andreas Hattemer

Rheinhessen

Langgasse 8, 55435 Gau-Algesheim
Tel. 06725-95703, Fax: 06725-95704
www.kronenhof.de
info@kronenhof.de
Besuchszeiten: Fr. 12-19 Uhr, Sa. 9-13 Uhr oder nach Vereinbarung
Straußwirtschaft, Gästezimmer, Ferienwohnung

Inhaber .... Andreas Hattemer
Rebfläche .... 8 Hektar

Seit dem 15. Jahrhundert betreiben die Hattemers Weinbau in Gau-Algesheim. Vor 100 Jahren bezog der Betrieb den Kronenhof im historischen Stadtkern. 2001 übernahm Andreas Hattemer von seinem Vater Bernhard die Leitung des Weinguts. Alle seine Weinberge liegen in Gau-Algesheim. Er baut die Burgundersorten und Riesling an, dazu regionaltypische Sorten wie Portugieser, Silvaner und Scheurebe, aber auch Merlot. Andreas Hattemer stellte im Frühjahr 2007 auf biologisch-organischen Anbau um und ist Mitglied bei

Ecovin. Die 2008er Weine sind aus Trauben in der Umstellung auf ökologischen Weinbau hergestellt.

Weinbewertung

86 . . . 2006 Spätburgunder trocken Selection Rheinhessen
Barriqueausbau; rauchige Noten, viel Würze, ein wenig Kräuter; füllig, harmonisch, kraftvoll, reife Frucht, gute Struktur **11,- €**

80 2008 Weißburgunder trocken **4,80 €**
80 2008 Grauburgunder Spätlese trocken **5,60 €**
82 2008 Grüner Silvaner trocken „Alte Reben" **5,20 €**
82 2008 Riesling Spätlese **5,60 €**
84 2007 Frühburgunder trocken **7,50 €**

Kruger-Rumpf ★★★★
Weingut

Nahe/Rheinhessen

Rheinstraße 47, 55424 Münster-Sarmsheim
***Tel.** 06721-43859, **Fax**: 06721-41882*
www.kruger-rumpf.com
kruger-rumpf@t-online.de
***Besuchszeiten**: Mo.-Sa. 9-18 Uhr, während der Öffnungszeiten der Weinstube und nach Vereinbarung*
Weinstube (Di.-Sa. ab 17 Uhr, Sonn- und feiertags ab 16 Uhr)

Inhaber .... Stefan Rumpf, Georg Rumpf
Rebfläche .... 23 Hektar

Bis 1984, als Stefan Rumpf das Weingut von seinen Eltern übernahm, wurden die Weine vorwiegend im Fass vermarktet, teilweise an renommierte Weingüter. Stefan Rumpf stellte auf Selbstvermarktung um und gliederte dem Weingut einen Gutsausschank an, der von seiner Frau Cornelia geführt wird. Heute wird er im Betrieb unterstützt von Sohn Georg. Ihre Weinberge liegen in den Münster-Sarmsheimer Lagen Pittersberg (Devon-Schiefer), Dautenpflänzer (Quarzitverwitterung mit Lösslehm), Rheinberg (überwiegend Quarzit und Schiefer) und Kapellenberg (Quarzit-Verwitterung mit Lösslehm). Dazu sind sie im Dorsheimer Burgberg (Lehmboden mit Schiefer und Quarzit) und im Binger Scharlachberg (Quarzitverwitterung mit Schiefer) vertreten. 70 Prozent der Weinberge sind mit Riesling bestockt, dazu gibt es Weißburgunder, Silvaner, Grau- und Spätburgunder, sowie Frühburgunder, Gewürztraminer, Scheurebe und Chardonnay (Kruger-Rumpf war das erste Weingut an der Nahe, das Chardonnay anpflanzte). In den Lagen Pittersberg und Dautenpflänzer besitzt man über 50 Jahre alte Reben.

Seit einem Jahrzehnt nun stellen wir immer höchst zuverlässige, homogene Kollektionen von Stefan Rumpf vor, bei dem schon immer trockene Weine eine wichtigere Rolle gespielt haben als edelsüße. Die Weine, egal ob Riesling oder die Burgunder, bestechen immer wieder durch ihre Reintönigkeit, durch Frische und Saftigkeit.

2006 hatte sich das Weingut sehr gut behauptet, vor allem die Großen Gewächse besaßen neben Fülle auch Struktur und Länge. Vergleichbar waren auch die 2007er Weine, wunderschön füllig und saftig. Sehr kompakt präsentiert sich nun auch der Jahrgang 2008 mit reintönigen, relativ „süßen" trockenen Weißweinen und einem schönen Spätburgunder.

Weinbewertung

85 . . . 2008 Riesling „S" trocken Münsterer
frisch, würzig, reintönige Frucht; klar, fruchtbetont, zupackend **7,80 €**

85 . . . 2008 Riesling trocken Münsterer Pittersberg
würzig, klar, reife Frucht, herrlich eindringlich; füllig, harmonisch, viel reife Frucht, feine Frische **9,50 €**

86 . . . 2008 Riesling trocken Münsterer Rheinberg
fruchtbetont, würzig, herrlich eindringlich; füllig, harmonisch, klare reife Frucht, Substanz **9,50 €**

87 . . . 2008 Grauburgunder „S" trocken
fruchtbetont, konzentriert, gelbe Früchte, herrlich eindringlich; füllig, harmonisch, reife süße Frucht, gute Substanz und Länge **11,- €**

87 . . . 2008 Weißer Burgunder „S" trocken
frisch, fruchtbetont, gute Konzentration, weiße Früchte; füllig, harmonisch, feine Frische, reintönige Frucht **11,- €**
2002: 89; 2003: 87; 2004: 89; 2005: 85; 2007: 87.

88 . . . 2008 Riesling „GG" Münsterer Kapellenberg
gute Konzentration, reife Frucht, feiner Duft, etwas gelbe Früchte; klar, frisch, zupackend, jugendlich, Biss **20,- €**

90 . . . 2008 Riesling „GG" Münsterer Pittersberg
würzig, klar, viel reife Frucht, weiße Früchte, ganz dezent Marzipan im Hintergrund; füllig, stoffig, harmonisch, feine Frische und Biss **20,- €**
2002: 91; 2003: 88; 2004: 89; 2005: 89; 2006: 89; 2007: 88.

89 . . . 2008 Riesling „GG" Münsterer Dautenpflänzer
viel Würze, reife Frucht, feiner Duft; füllig, klar, kraftvoll, reife Frucht, gute Substanz, Frische **20,- €**
2001: 90; 2002: 91; 2003: 89; 2004: 90; 2005: 89; 2006: 90; 2007: 89.

85 . . . 2008 Riesling Spätlese Münsterer Pittersberg
würzig, klar, jugendliche Frucht; frisch, direkt, feine süße Frucht und Biss **10,- €**

86 . . . 2008 Riesling Spätlese Binger Scharlachberg
würzig, klar, frisch, reife Frucht; kraftvoll, zupackend, feine süße Frucht und Biss **11,- €**
2004: 87; 2005: 88; 2006: 88; 2007: 87.

89 . . . 2007 Spätburgunder „R" trocken
gute Konzentration, feine Frische, reife Frucht, rote Früchte, dezent Johannisbeeren; füllig, harmonisch, reife Frucht, feine Frische und Eleganz, gute Struktur und Länge **22,50 €**
2001: 91; 2002: 89; 2003: 87; 2004: 92; 2005: 93.

★

Kühling

Weingut

Rheinhessen

Gartenstraße 2, 67599 Gundheim
Tel. 06244-666, Fax: 06244-840
www.weingut-kuehling.de
info@weingut-kuehling.de
Besuchszeiten: nach Vereinbarung

Inhaber .... Berthold Kühling
Rebfläche .... 12 Hektar

Heute führen Berthold und Silvia Kühling das Gut, das sich seit mehreren Generationen in Familienbesitz befindet, unterstützt von Sohn Benedikt, der derzeit in Geisenheim studiert. Ihre Weinberge liegen in Gundheim, Westhofen, Abenheim und Monzernheim. Wichtigste weiße Sorten sind Riesling, Müller-Thurgau, Silvaner, Grauburgunder und Weißburgunder, dazu gibt es Neuzüchtungen wie Kerner, Huxelrebe, Bacchus und Scheurebe, aber auch Chardonnay und Sauvignon Blanc. An roten Sorten, die 25 Prozent der Rebfläche einnehmen, gibt es Spätburgunder, Portugieser, Dornfelder und St. Laurent. Die Rotweine werden maischevergoren und überwiegend im Holzfass, auch im Barrique ausgebaut. Die Weißweine werden großteils im Edelstahl ausgebaut.

Beim guten Debüt vor zwei Jahren überzeugten Weiß- und Rotweine, trockene und süße Weine gleichermaßen. Im vergangenen Jahr lagen – in einer ansonsten gleichmäßigen, guten Kollektion – die Vorteile eindeutig im edelsüßen Segment. Auch die aktuelle Kollektion wird angeführt von einem edelsüßen Wein, Kerner Spätlese und Sauvignon Blanc haben uns aber auch sehr gut gefallen.

Weinbewertung

85 . . . 2008 Sauvignon Blanc trocken
würzig, konzentriert, klare reife Frucht; füllig, harmonisch, reife süße Frucht **6,20 €**

85 . . . 2008 Kerner Spätlese
frisch, reintönige Frucht; klar, frisch, harmonisch, herrlich süffig **4,70 €**

87 . . . 2008 Riesling Beerenauslese
würzig, eindringlich, ein klein wenig streng, süße Aprikosen und Litschi; süß, konzentriert, stoffig, dick, eingelegte süße Aprikosen **16,- €/0,375l**

---

81 2008 Riesling trocken **4,40 €**
80 2008 Riesling „S" trocken Westhofener Rotenstein **8,50 €**
78 2008 Grauburgunder Spätlese trocken Gundheimer Sonnenberg **5,10 €**
80 2008 Chardonnay Spätlese trocken Gundheimer Sonnenberg **5,20 €**
79 2007 Spätburgunder trocken **4,70 €**
81 2007 Saint Laurent trocken Gundheimer Sonnenberg **6,50 €**

Kühling-Gillot ★★★★

Weingut

Rheinhessen

Ölmühlstraße 25, 55294 Bodenheim
***Tel.** 06135-2333, **Fax:** 06135-6463*
www.kuehling-gillot.de
info@kuehling-gillot.de
***Besuchszeiten:** Mo.-Fr. 9-12 + 14-17 Uhr, Sa. 10-12 Uhr und nach Vereinbarung*

Inhaber ... Carolin Spanier-Gillot & H.O. Spanier
Rebfläche .... 11 Hektar

Das Weingut Kühling-Gillot entstand in seiner heutigen Form 1970 mit der Heirat von Roland Gillot und Gabi Kühling, bei der die beiden Weingüter Kühling und Gillot verschmolzen. Seit 2002 führt Tochter Carolin das Gut, heute zusammen mit ihrem Ehemann Hans Oliver Spanier. Ihre Weinberge liegen in Oppenheim (Sackträger, Kreuz), Dienheim, Nierstein (Pettenthal, Ölberg), Laubenheim, Nackenheim (Rothenberg) und Bodenheim (Burgweg). Wichtigste Rebsorte ist Riesling mit einem Anteil von 55 Prozent. Es folgen Spätburgunder und Grauburgunder, sowie etwas Silvaner, Chardonnay und Portugieser. Das Programm ist in drei Stufen gegliedert: Gutsweine (Qvinterra), Ortsweine (Nierstein Riesling, seit 2008 auch Oppenheim Riesling) und Erste Lagen.

Vor zwei Jahren waren Sackträger und Oelberg unsere Favoriten. Die letztjährige Kollektion gefiel uns nochmals klar besser. Qvinterra- und Nierstein-Rieslinge waren herrlich reintönig und frisch, die Großen Gewächse besaßen Substanz, eine faszinierende Gewürztraminer Trockenbeerenauslese und ein fülliger, harmonischer Spätburgunder Kreuz rundeten die Kollektion ab. Ganz stark ist nun auch die neue Kollektion: Schon die Qvinterra-Weine besitzen Substanz und Kraft, die Ortsrieslinge – neu der Wein aus Oppenheim – sind füllig und kraftvoll, die Großen Gewächse zeigen sehr klar die Lagenunterschiede, sind lang und nachhaltig.

Weinbewertung

85 . . . 2008 Scheurebe trocken „Qvinterra"
eindringlich, viel Duft, Cassis; frisch, zupackend, reintönige Frucht **7,20 €**

86 . . . 2008 Riesling trocken „Qvinterra"
reintönige Frucht, gute Konzentration;herrlich frisch, zupackend, geradlinig, reintönige Frucht **7,40 €**

87 . . . 2008 Riesling trocken Oppenheim
viel Konzentration, faszinierend viel Frucht, etwas gelbe Früchte, herrlich eindringlich; frisch, klar, zupa-

ckend, gute Fülle, jugendlich **12,50 €**

88 . . . 2008 Riesling trocken Nierstein
gute Konzentration, faszinierend viel Frucht, feine mineralische Noten; füllig, stoffig, klare reife Frucht, gute Substanz und Länge **12,50 €**

90 . . . 2008 Riesling „GG" Oppenheim Sackträger
gute Konzentration, viel reife Frucht, etwas gelbe Früchte, herrlich eindringlich und dominant; füllig, stoffig, viel reife Frucht und Substanz, jugendlich, feiner Nachhall **19,20 €**
2002: 90; 2004: 89; 2005: 90; 2006: 88; 2007: 87.

91 . . . 2008 Riesling „GG" Nierstein Oelberg
gute Konzentration, faszinierend viel Frucht, herrlich eindringlich und dominant, etwas gelbe Früchte, auch Orangen; stoffig, kraftvoll, konzentriert, viel reife Frucht und Substanz, nachhaltig **25,- €**
2005: 87; 2006: 88; 2007: 89.

91 . . . 2008 Riesling „GG" Nierstein Pettenthal
viel Konzentration, faszinierend viel Frucht, jugendlich und dominant, etwas Zitrus, Orangen, Grapefruit im Hintergrund; füllig, stoffig, kraftvoll, klare reife Frucht, viel Substanz, jugendlich, enorm nachhaltig **26,- €**
2002: 88; 2005: 87; 2006: 87; 2007: 93.

90 . . . 2008 Riesling „GG" Nackenheim Rothenberg
vor 1935 gepflanzten Reben; faszinierend viel Frucht, herrlich eindringlich und würzig, dominant; konzentriert, kraftvoll, füllig, verhalten, noch recht verschlossen braucht Zeit (90+ Punkte) **45,- €**
2002: 89; 2004: 91; 2005: 88; 2006: 86; 2007: 89.

★★★★★

Peter Jakob **Kühn**

Weingut

Rheingau

Mühlstraße 70, 65375 Oestrich-Winkel
Tel. 06723-2299, Fax: 06723-87788
www.weingutpjkuehn.de
info@weingutpjkuehn.de
Besuchszeiten: Mo.-Fr. 9-17 Uhr, Sa. 11-17 Uhr; von Mai bis Ende Oktober auch So. 11-17 Uhr

Inhaber . . . . Peter Jakob Kühn
Rebfläche . . . . 19 Hektar

Peter Jakob Kühn gehört zu den innovativsten Rieslingwinzern Deutschlands. Er verzichtet bei seinen trockenen Weinen auf Prädikatsangaben, er experimentiert mit Amphorenausbau oder Säureabbau. Kein anderer Winzer hat im Rheingau in den letzten Jahren für so viel Furore gesorgt wie Peter Jakob Kühn – und kein anderer Winzer hat in den letzten Jahren solche Kollektionen auf durchgängig hohem Niveau vorzuweisen. Kein Wein, der enttäuscht. Bei Kühn wird akribisch gearbeitet und immer wieder selektiert. Schon die „einfachen" Qualitätsweine machen richtig viel Spaß. Die Spätlese aus dem Oestricher Lenchen ist Jahr für Jahr hervorragend, wie auch Auslese, Beerenauslese, Eiswein oder, wie 2005 oder nun 2008, die Trockenbeerenauslesen. Mit diesen edelsüßen Weinen gehört Peter Jakob Kühn zur Spitze in Deutschland. 2005 waren die edelsüßen Spitzen sensationell klar, rauchig, brillant, 2006 ebenso, und auch 2007 und nun 2008 setzt sich die Erfolgsgeschichte fort.

Die trockenen Rieslinge überzeugen Jahr für Jahr durch ihre Geschlossenheit. Die Probleme des Jahrgangs 2006 zogen an den Weinen fast völlig vorbei. Im Jahr 2008 wurde erstmals der „Schlehdorn" aus dem Jahrgang 2006 vorgestellt, ein Extrem-Riesling, unfiltriert abgefüllt. Auch der 2007er „Schlehdorn" zeigt, was man aus Riesling machen kann – faszinierend, aber höchst eigenwillig. Fast noch extremer: Der Amphoren-Riesling, der extrem viel Luft braucht, um sich zu entwickeln und der als einziger Vertreter des gesamten Sortiments, Sekt ausgenommen, mit Naturkorken verschlossen ist. Der Basisriesling, leichter zugänglich, heißt ab dem Jahrgang 2008 „Jacobus".

Die spät gefüllten 2007er Rieslinge – R, Doosberg, St. Nikolaus und Schlehdorn zeigten sich unmittelbar nach der Füllung verkostet extrem verschlossen, zehn Monate später aber zeigen sie sich von einer ganz anderen Seite, sind komplex und nachhaltig (nur der R bleibt verschlossen). Die 2008er, als Fassproben verkostet, sind noch faszinierender – darüber mehr im kommenden Jahr.

Peter Jakob Kühn setzt bei seinen Rotweinen ganz auf reife, ausgewogene Frucht – ein Stil, der im Rheingau sonst kaum anzutreffen ist. Die 2005er Rotweine zeigten ebenso wie die 2006er feine Würze und einen sehr eigenen Charakter; auch beim 2007er Spätburgunder ist das Holz auf perfekte Weise mit der Frucht vereint: Das bekommen nur wenige Erzeuger so gut hin.

Weinbewertung

86 . . . 2008 „Jacobus" Riesling trocken „1 Traube"
frisch, direkt, reintönige Frucht; klar, zupackend, herrlich knackig **8,60 €**
(bis 2007 Riesling trocken); 1998: 83; 1999: 86; 2000: 86; 2001: 85; 2002: 85; 2003: 87; 2004: 85; 2005: 86; 2006: 85; 2007: 86.

90 . . . 2008 „Quarzit" Riesling trocken „2 Trauben"
konzentriert, mineralisch, viel Würze, herrlich eindringlich; klar, konzentriert, zupackend, enorm mineralisch und nachhaltig **13,90 €**
2004: 89; 2005: 90; 2006: 90; 2007: 90.

90 . . . 2008 „Landgeflecht" Riesling trocken „2 Trauben"
konzentriert, herrlich viel Frucht, dominant, dezent mineralische Noten; kraftvoll, stoffig, viel Substanz, sehr jugendlich **18,60 €**
2004 („L"): 88; 2005: 90; 2006: 92; 2007: 91.

92 . . . 2006 „R" Riesling trocken
würzig, konzentriert, herrlich eindringlich und dominant, etwas gelbe Früchte, auch Zitrus und Orangen; viel Kraft und Substanz, reife Frucht, enorme Fruchtfülle, nachhaltig

88 . . . 2007 „R" Riesling trocken
würzig, viel Konzentration, dabei verschlossen; kraftvoll, stoffig, kompakt, enorm verschlossen, jugendlich **20,60 €**

90 . . . 2003 St. Nikolaus Riesling „3 Trauben" trocken
würzig, klare Frucht, feine Frische; füllig, schmeichelnd, weich, viel Substanz, reintönige reife Frucht, Länge (kein aktueller Jahrgang)

92 . . . 2007 St. Nikolaus Riesling „3 Trauben" trocken
viel Konzentration, herrlich viel Frucht, feine Würze und Duft, dezent gelbe Früchte; kraftvoll, stoffig, üppig, viel Substanz, Länge **24,60 €**
2003 (1. Jg.): 90; 2004: 92; 2005: 93; 2006: 93.

91 . . . 2003 Doosberg Riesling Erstes Gewächs „3 Trauben"
gute Konzentration, faszinierend viel Frucht, herrlich eindringlich und dominant; füllig, stoffig, viel reife Frucht, Substanz, feine Mineralität und Nachhall (kein aktueller Jahrgang)

93 . . . 2005 Doosberg Riesling „3 Trauben" trocken
faszinierend viel Frucht, herrlich eindringlich und konzentriert, reintönig, etwas gelbe Früchte, Minze, reife Zitrusfrüchte; weich, füllig, enorm üppig, cremig, viel reife Frucht, herrlich viel Kraft und Länge (kein aktueller Jahrgang)

93 . . . 2007 Doosberg Riesling „3 Trauben" trocken
klare, jugendliche Frucht, Kräuter, Stachelbeeren, reife Frucht, etwas getrocknetes Steinobst; enorm, mineralisch, komplex, langer Nachhall **26,60 €**
(bis 1999 Spätlese trocken, dann bis 2003 Erstes Gewächs) 1998: 90; 1999: 91; 2000: 88; 2001: 90; 2002: 89; 2003: 91; 2004: 93; 2005: 93; 2006: 92.

94 . . . 2006 „Schlehdorn" Riesling trocken
herrlich eindringlich, konzentriert, faszinierend viel Frucht, etwas weiße und gelbe Früchte, dezent Orangenschalen; faszinierend stoffig, komplex, puristisch, herrlich lang und nachhaltig

94 . . . 2007 „Schlehdorn" Riesling trocken
faszinierend viel Frucht, herrlich eindringlich, konzentriert, dominant, enorm konzentriert, dezent

Grapefruit im Hintergrund, weiße Früchte; kraftvoll, stoffig, viel Substanz, Struktur, enorm jugendlich und nachhaltig **75,- €**

88 . . . 2005 Riesling trocken „Amphore"
erst verhalten, Apfel, etwas Kräuter; würzig, straff, Zitrus, sehr geradlinig, prägnante Säure, entwickelt sich erst nach 48 Stunden weiter, sehr unzugänglich **45,- €**

86 . . . 2008 Riesling Classic
zarte Frucht, klar, etwas Stachelbeere; Würze, saftig, wirkt beinah trocken, rassige Säure **8,20 €**
2000: 85; 2001: 87; 2002: 85; 2003: 87; 2004: 85; 2005: 87; 2006: 85; 2007: 87.

87 . . . 2008 Riesling Kabinett „feinherb" „Graziosa" Oestrich Lenchen
duftig, feine Frucht, getrockneter Apfel, etwas Ananas, Grapefruit; saftig, würze, rassige Säure, zarte Süße **11,30 €**
(bis 1999 Kabinett halbtrocken) 1998: 88; 1999: 88; 2000: 85; 2001: 87; 2002: 85; 2003: 87; 2004: 85; 2005: 85; 2006: 87; 2007: 87.

90 . . . 2008 Riesling Spätlese Oestrich Lenchen
eindringliche Frucht, Kräuter, Stachelbeere, leichte Hefenote; würzig, viel Finesse, süße Frucht, rassig, noch sehr jugendlich, Potenzial **18,30 €**
1998: 90; 1999: 91; 2000: 92; 2001: 90; 2002: 88; 2003: 90; 2004: 89; 2005: 88; 2006: 90; 2007: 90.

93 . . . 2008 Riesling Auslese Oestrich Lenchen
prägnante Frucht, getrockneter Apfel, Kräuter, Ananas; rassig, gut abgepolsterte Süße, viel Substanz, langer Nachhall **25,30 €/0,375l**
1998: 91; 1999: 94; 2000: 91; 2001: 92; 2002: 91; 2003: 93; 2004: 93.; 2005: 95; 2006: 94; 2007: 93.

94 . . . 2008 Riesling Auslese Mittelheim St. Nikolaus
klare Frucht, Papaya, Ananas, etwas Banane; enorm saftig, komplex, rassig, sehr würzig, viel Potenzial **29,30 €/0,375l**

96 . . . 2008 Riesling Beerenauslese Oestrich Lenchen
sehr klare Frucht, fast explosiv, kandierter Apfel, Steinobst, Ananas, getrocknete Aprikosen; enorm saftig, dicht, massive Frucht, Nachhall **65,30 €/0,375l**
1998: 91; 1999: 93; 2000: 93; 2001: 92; 2002: 92; 2003: 95; 2004: 91; 2005: 94; 2006: 95; 2007: 96.

96+ . . . 2008 Riesling Trockenbeerenauslese Oestrich Lenchen
prägnante Frucht, Papaya, Ananas; opulente Frucht, mächtige Säure, noch sehr jugendlich, dicht, sehr lang, Potenzial **200,- €/0,375l**
2005: 96; 2006: 98; 2007: 97.

88 . . . 2007 Spätburgunder trocken
klare Frucht, Sauerkirsche, Beeren, etwas Tabak; kompakt, viel Würze, saftig, balanciert, hat Substanz und Frische **10,70 €**

★★

Wolfgang **Kühn**
Weingut

Franken

Ludwigstraße 29, 63911 Klingenberg
Tel. 09372-3169, Fax: 09372-12365
www.mon.de/ufr/kuehn-wein
Besuchszeiten: nach Vereinbarung
Häckerwirtschaft

Inhaber .... Wolfgang und Ulrike Kühn
Rebfläche .... 2,5 Hektar

Wolfgang Kühn hat 1987 die elterlichen Weinberge übernommen. Seine Weinberge liegen alle im Klingenberger Schlossberg und sind alle in Form kleiner Terrassen angelegt. Spätburgunder nimmt 40 Prozent der Rebfläche ein, es folgen Portugieser, Frühburgunder, St. Laurent, Müller-Thurgau, Silvaner, Riesling und Gewürztraminer, sowie die pilzresistenten Sorten Regent und Rondo, inzwischen auch Cabernet Sauvignon. Alle Rotweine werden durchgegoren.

Vor zwei Jahren überzeugten die Rotweine des Jahrgangs 2005, aber auch die 2006er Weißweine. Die letztjährige Kollektion bot kraftvolle, eigenständige Weine auf gutem Niveau. Auch in diesem Jahr präsentiert Wolfgang Kühn eine sehr homogene Kollektion kraftvoller Weine mit Ecken und Kanten, unsere leichte Präferenz gilt dem Spätburgunder, aber auch der Frühburgunder und der Cabernet Sauvignon – die dritte Ernte – gefallen uns sehr.

Weinbewertung

85 . . . 2008 Traminer Spätlese trocken Klingenberger Schlossberg
feiner Rosenduft, klar und zurückhaltend; frisch, füllig, reintönige Frucht **12,- €**

86 . . . 2007 Cabernet Sauvignon trocken Klingenberger Schlossberg
würzig, eindringlich, klare Frucht; füllig, kraftvoll, reife Frucht, gute Struktur und Frische **13,- €**

86 . . . 2008 Frühburgunder Spätlese trocken Klingenberger Schlossberg
feine Würze, reintönige Frucht, herrlich eindringlich; klar, füllig, harmonisch, reife Frucht und feine Frische **24,- €**

87 . . . 2007 Spätburgunder Spätlese trocken Klingenberger Schlossberg
rauchige Noten, reintönige Frucht, eindringlich; klar, harmonisch, elegant, gute Struktur, reife Frucht **18,- €**
2001: **85**; 2002: **87**; 2003: **87**; 2004: **86**; 2005: **86**; 2006: **85**.

- 83 2008 Silvaner Kabinett trocken Klingenberger Schlossberg **6,50 €/1l**
- 81 2008 Riesling Kabinett trocken Klingenberger Schlossberg **9,- €**
- 85 2007 Spätburgunder Blanc de Noir Auslese Klingenberger Schlossberg **24,- €**
- 82 2007 Portugieser trocken Klingenberger Schlossberg **5,50 €**
- 84 2007 „Altrod“ trocken Klingenberger Schlossberg **8,- €**
- 82 2007 Regent trocken Klingenberger Schlossberg **8,- €**
- 83 2007 Spätburgunder trocken Klingenberger Schlossberg **9,- €**
- 84 2007 St. Laurent trocken Klingenberger Schlossberg **13,- €**

★★☆

Franz **Künstler**

Weingut

Rheingau

Geheimrat-Hummel-Platz 1 a
65239 Hochheim am Main
***Tel.** 06146-83860, **Fax**: 06146-7335*
www.weingut-kuenstler.de
info@weingut-kuenstler.de
***Besuchszeiten**: Vinothek Mo.-Fr. 8-12 + 13-18 Uhr, Sa. 10-15 Uhr*

Inhaber .... Gunter Künstler
Rebfläche .... 31 Hektar

Seit Mitte des siebzehnten Jahrhunderts hat die Familie Künstler in Südmähren Weinbau betrieben. Nach dem zweiten Weltkrieg mussten sie die Heimat verlassen. Franz Künstler leitete 15 Jahre lang andere Weingüter in Hochheim, bevor er sich 1965 selbstständig machte. Seit 1988 führt sein Sohn Gunter das Weingut. 1996 übernahm er das Weingut Aschrott Erben. Er baut 85 Prozent Riesling und 15 Prozent Spätburgunder an.

2006 wiesen einige Weine deutliche Bitternoten auf. 2007 waren die Basisweine gleichmäßig. Die 2008er Ersten Gewächse sind klar und kompakt, der Spätburgunder aus der Lage Reichestal entwickelt sich ausgezeichnet mit etwas Luft, besitzt Frische und Frucht.

Weinbewertung

88 . . . 2008 Riesling trocken „Alte Reben“ Hochheimer Stielweg
gute Konzentration, viel reife Frucht, etwas gelbe Früchte, herrlich eindringlich; gute Substanz, viel reife Frucht und Länge

86 . . . 2007 Riesling trocken Goldkapsel Hochheimer Kirchenstück
recht würzig, Reifenoten, feiner Duft; füllig, reife süße

Frucht

86 . . . 2007 Riesling Erstes Gewächs Hochheimer Hölle

viel reife Frucht, feine Würze, eindringlich; reife süße Frucht, dezent mineralische Noten, gute Länge

90 . . . 2008 Riesling Erstes Gewächs Hochheimer Hölle

eher verhalten, feine Zitrusnoten, Kräuter; finessenreich, elegant, fein Säure, mineralisch, lang

90 . . . 2008 Riesling Erstes Gewächs Hochheimer Kirchenstück

unruhig, Melone; sehr straff, feste Säurestruktur, würzig kraftvoll, kompakt

90 . . . 2007 Spätburgunder Erstes Gewächs Hochheimer Reichestal

leicht rauchig, Kirsche, etwas Gewürze; stoffig, würzig, kraftvoll, entwickelt sich gut, viel Frucht, gute Länge

---

83 2008 Riesling Kabinett trocken Hochheimer Kirchenstück

★★★★☆

Philipp Kuhn
Weingut

Pfalz

Grosskarlbacherstraße 20, 67229 Laumersheim
Tel. 06238-656, Fax: 06238-4602
www.weingut-philipp-kuhn.de
weingut-philipp-kuhn@gmx.de
Besuchszeiten: Mo.-Sa. 10-12 + 13-17 Uhr (telefonische Voranmeldung) und nach Vereinbarung

Inhaber .... Philipp Kuhn
Rebfläche .... 20 Hektar

Philipp Kuhn erzeugt jeweils zur Hälfte Rot- und Weißwein. Der Schwerpunkt beim Rotwein liegt auf Spätburgunder, daneben gibt es Dornfelder, Portugieser, Frühburgunder, St. Laurent, Lemberger und Cabernet Sauvignon. Alle Rotweine werden in Holzfässern ausgebaut, die Topweine lagern mindestens 20 Monate in neuen Barriques. Bei den Weißweinen dominiert Riesling, gefolgt von den weißen Burgundern, Chardonnay und Gewürztraminer. Der Ausbau erfolgt teils im Edelstahl, teils in Holzfässern (auch Barriques).

Seit einem Jahrzehnt empfehlen wir die Weine von Philipp Kuhn, kaum ein Anderer in Deutschland hat sich in diesem Jahrzehnt so gesteigert, so dass er heute mit Rotweinen und Weißweinen regelmäßig zur Jahrgangsspitze in Deutschland zählt.

Eine ganze Batterie an sehr guten 2005er Rotweinen hatte Philipp Kuhn vor zwei Jahren aufgefahren. Alle überzeugten, St. Laurent, Portugieser und Frühburgunder waren Spitze in Deutschland. Besonders faszinierend aber fanden wir den Spätburgunder aus dem Mergelweg, einer der großen Spätburgunder des Jahrgangs in Deutschland. Aber auch die weiße Kollektion war im schwierigen Jahrgang 2006 ganz stark, allen voran die Rieslinge. Mit dem Jahrgang 2007 hatten die Weißweine weiter zugelegt: Die Rieslinge waren große Klasse, der Sauvignon Blanc machte viel Freude und der Weißburgunder aus dem Kirschgarten gehörte zur Jahrgangsspitze in Deutschland. Gleiches galt auch für die Spätburgunder von Philipp Kuhn: Kirschgarten und Steinbuckel gehörten zu den Top-Pinots des Jahrgangs 2006, die anderen Rotweine überzeugten wie gewohnt.

2008 sind Philipp Kuhns Rieslinge wieder bärenstark, wie überhaupt die ganze Weißweinriege. Unsere leichte Präferenz gilt aber in diesem Jahr den Rotweinen des Jahrgangs 2007. Diese Kollektion zählt zu den stärksten roten Kollektionen des Jahrgangs in Deutschland!

Weinbewertung

87 . . . 2008 Grauburgunder trocken „vom Löss"
reintönig, feine Frische, eindringlich; klar, harmonisch, reife Frucht, gute Struktur und Frische **10,50 €**

87 . . . 2008 Sauvignon Blanc trocken
frisch, fruchtbetont, reintönig, würzig; klar, frisch, zupackend, feine Frucht und Biss **10,20 €**
2001: 87; 2002: 86; 2005: 86; 2006: 87; 2007: 88.

85 . . . 2008 Riesling trocken „Kapellenberg"
frisch, würzig, klare Frucht; frisch, fruchtbetont, geradlinig, feiner Biss **10,50 €**

88 . . . 2008 Riesling trocken „Burgweg"
frisch, fruchtbetont, gute Konzentration, klare reife Frucht; harmonisch, reintönig, feine Frische, gute Länge **11,20 €**
2001: 87; 2002: 87; 2003: 85; 2005: 86; 2006: 88; 2007: 89.

89 . . . 2008 Riesling Mandelberg trocken „Alte Reben"
gute Konzentration, reintönige reife Frucht, dezent gelbe Früchte, herrlich eindringlich; füllig, kraftvoll, geradlinig, reife Frucht und gute Struktur **14,50 €**
2006: 89; 2007: 90.

88 . . . 2008 „Kirschgarten GG" Weißer Burgunder trocken
reife Frucht, reife weiße Früchte, feiner Duft und Würze; weich, cremig, viel reife Frucht, gute Substanz und Länge **18,50 €**
2007 (1. Jg.): 91.

88 . . . 2008 „Steinbuckel GG" Riesling trocken
viel Duft, Konzentration, Frische; weich, harmonisch, feine Frische, Biss und Nachhall **19,95 €**
2007 (1. Jg.): 90.

89 . . . 2008 „Burgweg GG" Riesling trocken
viel Konzentration, reife Frucht, etwas Orangen, herrlich eindringlich; kraftvoll, stoffig, viel reife Frucht, viel Substanz, Frische und Biss **19,95 €**

90 . . . 2008 „Kirschgarten GG" Riesling trocken
viel Konzentration, herrlich viel Frucht, dominant, würzig, eindringlich; füllig, stoffig, viel reife Frucht, weiße und gelbe Früchte, Substanz, Länge **19,95 €**
2007 (1. Jg.): 91.

87 . . . 2008 Viognier trocken
gute Konzentration, reife Frucht, etwas Pfirsiche, eindringlich; füllig, harmonisch, viel reife Frucht, gute Substanz und Frische **12,80 €**

85 . . . 2008 Gewürztraminer + Riesling trocken
würzig, frisch, klar, gute Konzentration; füllig, harmonisch, Gewürze und Biss **10,20 €**

88 . . . 2008 Gewürztraminer Auslese
reintönige Frucht, Gewürznoten, herrlich eindringlich; füllig, stoffig, saftig, viel reife Frucht und Substanz **9,95 €/0,375l**

90 . . . 2008 Rieslaner Trockenbeerenauslese
viel Konzentration, viel reife Frucht, etwas Marzipan, Litschi, süße Aprikosen; süß, dick, konzentriert, herrlich klar, viel Biss **39,- €/0,375l**

86 . . . 2007 „Mano Negra" Rotwein trocken
etwas Gewürze, dezenter Toast, rote und dunkle Früchte; klar, fruchtbetont, zupackend, gute Substanz, dezent Vanille **11,50 €**

89 . . . 2007 „Luitmar" Rotwein trocken
gute Konzentration, reife Frucht, rote und dunkle Früchte, herrlich eindringlich; füllig, harmonisch, reife Frucht, dezent Vanille und Schokolade **18,50 €**
1997: 85; 1999: 84; 2000: 86; 2003: 88; 2004: 88; 2005: 85; 2006: 87.

90 . . . 2007 St. Laurent trocken
gute Konzentration, herrlich viel Frucht, Kirschen, wunderschön reintönig und eindringlich; füllig, harmonisch, kraftvoll, elegant, viel reife Frucht, Kirschen, lang und nachhaltig **18,50 €**
1999: 86; 2002: 88; 2003: 89; 2004: 89; 2005: 89; 2006: 88.

89 . . . 2007 Merlot trocken
gute Konzentration, viel reife Frucht, herrlich eindringlich, reintönig, etwas Vanille; füllig, kraftvoll, viel reife Frucht, gute Substanz und Länge **20,50 €**
2005: 88; 2006: 88.

89 . . . 2007 Cabernet Sauvignon trocken
viel Konzentration, faszinierend viel Frucht, etwas Vanille und Schokolade, ganz dezenter Toast, Cassis; füllig, kraftvoll, klare reife Frucht, gute Struktur, Länge **20,50 €**
2000: 84; 2001: 88; 2002: 87; 2003: 88; 2004: 87; 2005: 88; 2006: 88.

89 . . . 2007 Frühburgunder trocken
fruchtbetont, reintönig, feine rauchige Noten, etwas

Kirschen; gute Fülle und Substanz, klare reife Frucht, harmonisch und lang **20,50 €**

2006: 88.

90 . . . 2007 Spätburgunder trocken „vom Kalksteinfels“

feine rauchige Noten, ganz dezenter Toast, herrlich reintönige Frucht, gute Konzentration; füllig, harmonisch, wunderschön reintönig und elegant, gute Struktur und Länge **22,80 €**

92 . . . 2007 „Steinbuckel GG“ Pinot Noir trocken

würzig, dominant, herrlich eindringlich und konzentriert, faszinierend viel Frucht; stoffig, kraftvoll, viel reife Frucht, viel Substanz, Länge und Nachhall, jugendlich **29,50 €**

2006: 91.

92 . . . 2007 „Kirschgarten GG“ Pinot Noir trocken

würzig, eindringlich, faszinierend viel Frucht, dezent Toast und mineralische Noten, dominant; kraftvoll, stoffig, faszinierend viel Frucht, Substanz, Biss, Länge und Nachhall **29,50 €**

1996: 88; 1997: 87; 1998: 86; 1999: 88; 2000: 86; 2001: 88; 2002: 91; 2003: 89; 2004: 90; 2005: 90; 2006: 91.

★★★

Kuhnle

Weingut

Württemberg

Hauptstraße 49, 71384 Weinstadt-Strümpfelbach
Tel. 07151-61293, Fax: 07151-610747
www.weingut-kuhnle.de
info@weingut-kuhnle.de
Besuchszeiten: Di.-Fr. 9-12 + 14-18 Uhr, Sa. 9-13 Uhr und nach Vereinbarung
Kulinarische Weinproben im alten Fachwerkhaus

Inhaber .... Werner und Margret Kuhnle
Rebfläche .... 18 Hektar

Das Weingut von Margret und Werner Kuhnle befindet sich im "alten Forsthaus" im Ortskern von Strümpfelbach. Margret und Werner Kuhnle haben sich 1983 selbstständig gemacht und nach und nach ihre Rebfläche erweitert. Sie bauen vor allem rote Sorten an, sowohl die traditionellen Sorten wie Samtrot, Schwarzriesling, Spätburgunder, Lemberger und St. Laurent, aber auch Zweigelt, Regent und Garanoir (eine Schweizer Neuzüchtung). In den letzten Jahren kamen dann fünf der Weinsberger Neuzüchtungen und Merlot hinzu. Werner Kuhnle hat einen Rotweinanteil von 60 Prozent und insgesamt 20 Rotweinsorten. Bei den weißen Sorten dominiert Riesling, dazu gibt es vor allem Kerner und Chardonnay. Die Weißweine werden im Edelstahl ausgebaut. Die einfachen Rotweine werden maischeerhitzt, die besseren maischevergoren, ausgewählte Weine kom men ins Barrique, wobei Werner Kuhnle Fässer aus schwäbischer, französischer und ungarischer Eiche nutzt.

Eine überzeugende Kollektion stellte Werner Kuhnle vor zwei Jahren vor, Weine auf hohem Niveau, egal ob weiß oder rot, trocken oder süß. Sehr ähnlich präsentierte sich die letztjährige Kollektion, war sehr gelungen, weiß wie rot, trocken wie süß. Die trockenen Rieslinge besaßen Fülle und Frucht, die Barriquerotweine aus dem Jahrgang 2005 zeigten sich kraftvoll und stoffig. Sehr homogen präsentiert sich die neue Kollektion. auch wenn uns bei den Barriquerotweinen die Kombination aus allzu deutlicher Restsüße und kräftigen Tanninen ein wenig missfällt, durchgegoren wären sie präziser, klarer. Unser Favorit in der aktuellen Kollektion ist die herrlich füllige trockene Riesling Auslese aus dem Nonnenberg.

Weinbewertung

88 . . . 2008 Riesling Auslese trocken Strümpfelbacher Nonnenberg

gute Konzentration, klare reife Frucht, feine Würze, herrlich eindringlich; füllig, harmonisch, viel reife Frucht, Substanz, feine Frische **18,- €**

86 . . . 2008 Riesling Auslese Strümpfelbacher Nonnenberg
fruchtbetont, reintönig, etwas gelbe Früchte; süß, schmeichelnd, harmonisch, feine Frische, Biss **14,- €**

86 . . . 2006 Spätburgunder trocken Barrique
würzig, eindringlich, reife Frucht; weich, füllig und schmeichelnd, reife süße Frucht, Vanille **18,50 €**

85 . . . 2006 Merlot trocken Barrique
Gewürznoten, rote Früchte; weich, füllig, klar, reife süße Frucht, Tannine **18,50 €**

85 . . . 2004 Cuvée Cabernet trocken Barrique
würzig, eindringlich, etwas Toast und Vanille, dezent Kaffee; reife süße Frucht, Vanille und Schokolade **22,- €**

86 . . . 2007 Shiraz Barrique
Gewürze, eindringliche Frucht; füllig und schmeichelnd, viel reife süße Frucht, etwas Schokolade **22,- €**

80 2008 Riesling trocken Strümpfelbacher **4,50 €/1l**
84 2008 Chardonnay trocken **6,40 €**
83 2008 Sauvignon Blanc **7,50 €**
83 2008 Riesling Kabinett Stettener Pulvermächer **5,20 €**
83 2007 Cuvée Cabernet trocken Holzfass **10,- €**
81 2008 Cabernet Cubin Beerenauslese Strümpfelbacher Altenberg **29,- €**

Stefan **Kuntz** ★

Bioland Weingut

Pfalz

Raiffeisenstraße 13, 76829 Landau-Mörzheim
Tel. 06341-33960, Fax: 06341-30281
www.weingutkuntz.de
weingutkuntz@t-online.de
Besuchszeiten: Mo.-Fr. 9-12 + 14-18 Uhr, Sa. 9-16 Uhr
Ferienhaus

Inhaber . . . . Stefan Kuntz
Rebfläche . . . . 15 Hektar

Seit Generationen baut die Familie Kuntz Wein in Mörzheim an. Stefan Kuntz bewirtschaftet seine Weinberge nach ökologischen Richtlinien und ist seit 1989 Mitglied bei Bioland. Die Weißweine werden kühl und langsam vergoren, die Rotweine teils in Bütten vergoren, teils maischeüberflutet.

Vor zwei Jahren war die Kollektion sehr homogen, die rote Cuvée Pablo machte viel Spaß. Eine gute, ansprechende Kollektion präsentierte Stefan Kuntz auch im vergangenen Jahr mit reintönigen Weißweinen und kräftigen Rotweinen. Rotweine konnten wir in diesem Jahr nicht verkosten, unter den Weißweinen gefiel uns die trockene Riesling Spätlese am besten in einer sehr gleichmäßigen, guten Kollektion.

Weinbewertung

85 . . . 2008 Riesling Spätlese trocken
gute Konzentration, feine Würze und Frucht; weich, füllig, reife süße Frucht, gute Harmonie **8,30 €**

83 2006 Weißburgunder Sekt brut **10,60 €**
83 2007 Riesling Sekt brut **10,70 €**
82 2008 Weißburgunder trocken **5,30 €**
81 2008 Grauburgunder Kabinett trocken **5,50 €**
79 2008 Riesling Kabinett trocken **6,60 €**
79 2008 Chardonnay Kabinett trocken **6,10 €**
84 2008 Grauburgunder Spätlese trocken **7,60 €**
82 2008 Chardonnay Spätlese trocken **8,60 €**
80 2008 Spätburgunder Blanc de Noir trocken **5,70 €**
80 2008 „Elias“ Weißwein halbtrocken **5,20 €**
81 2008 Weißburgunder Spätlese **8,30 €**

★★★

Sybille Kuntz
Weingut

Mosel

Moselstraße 25, 54470 Bernkastel - Lieser
Tel. 06531-91000, Fax: 06531-91001
www.sybillekuntz.de
weingut@sybillekuntz.de
Besuchszeiten: Mo.-Fr. 9-12 + 13-17 Uhr, Sa. nach Vereinbarung

Inhaber . . Sybille Kuntz & Markus Kuntz-Riedlin
Rebfläche . . . . 8,55 Hektar

Von Anfang an, seit der Gründung des Weingutes 1984, hat Sybille Kuntz ihren eigenen Stil verwirklicht. Sie macht „Food-Weine", die sie vor allem über die gehobene Gastronomie und Hotellerie im In- und Ausland vermarktet. Unterstützt wird sie dabei von Markus Kuntz-Riedlin, der erst acht Jahre Winemaker und Vice-President eines Weinguts im Bundesstaat New York und schließlich bis 1995 Güterdirektor eines Stiftungsweinguts an der Mosel war. Sybille Kuntz und Markus Kuntz-Riedlin machen Weine mit eigenständigem Profil und Wiedererkennungswert.

Die 2006er fielen sehr speziell aus, füllig, kraftvoll und unzugänglich. Die 2007er waren da schon sehr viel klarer und mineralischer. Vor allem die beiden Auslesen (von 60 bis 80 Jahre alten Reben) und das „Gold-Quadrat" (von 40 bis 60 Jahre alten Reben) besaßen Substanz. Vom Jahrgang 2008 wurden bis Redaktionsschluss nur zwei Weine verkostet – darunter ein herrlich mineralischer „Gold-Quadrat"-Riesling: Kompliment!

Weinbewertung

86 . . . 2008 Riesling trocken
zarte Frucht, frisch, duftig; feste Struktur, feine Säure, Biss **9,80 €**

89 . . . 2008 Riesling trocken „GOLD-QUADRAT"
duftig, frisch, Kräuter; straff, saftig, reife Frucht, mineralisch, sehr präzise, lang, noch nicht ganz harmonisch (89+ Punkte) **16,- €**

90 . . . 2005 Riesling Auslese „No. 8" Lieser Niederberg-Helden
reife Frucht, leicht cremig; üppig, würzig, zarte Reife, hat sich gut entwickelt, Nachhall **50,- €/0,375l**

92 . . . 2005 Riesling Beerenauslese Lieser Niederberg-Helden
cremige Frucht, kandierte Früchte, Orangenconfit; üppige Frucht, cremig, saftig, guter Nachhall, etwas Karamell, ganz leicht bitter **91,30 €/0,375l**

★

Kurz-Wagner
Weingut

Württemberg

Haigern 8, 74388 Talheim
Tel. 07133-8436, Fax: 07133-963196
www.kurz-wagner.com
info@kurz-wagner.com
Besuchszeiten: Mo.-Fr. 18-20 Uhr, Sa. 8-16 Uhr oder nach Vereinbarung

Inhaber . . . . Otto, Sibylle und Oliver Kurz
Rebfläche . . . . 14 Hektar

1964 haben die Großeltern von Oliver Kurz den Landgasthof Haigern, auf einer Anhöhe zwischen den Gemeinden Talheim und Flein gelegen, gepachtet und das Weingut gegründet. Seine Eltern Sybille und Otto Kurz haben nach und nach Betriebsgebäude und Rebfläche erweitert. Oliver Kurz absolvierte seine Technikerausbildung in Weinsberg und sammelte anschließend Erfahrungen im Rheingau. Seit 2002 unterstützt er seine Eltern im Weingut, wo er für den Ausbau der Weine verantwortlich ist.

Die Weinberge liegen in Heilbronn (Stiftsberg) und Talheim (Schlossberg). Ein Drittel der Fläche nehmen weiße Sorten ein: Riesling, Chardonnay, Weißburgunder, Grauburgunder, Kerner, Scheurebe und Gewürztraminer. An roten Sorten gibt es Spätburgunder, Lemberger, Schwarzriesling, Samtrot, Trollinger, Dornfelder, Acolon, Cabernet Dorsa, Cabernet Mitos und Merlot.

Vor zwei Jahren gefielen die Rotweine besser als die Weißen. Die letztjährige Kollektion war insgesamt ein wenig verhaltener. Die neue Kollektion gefällt uns besser, bietet gleichmäßiges Niveau, an der Spitze der kraftvolle „Othello" aus Cabernet Mitos und Lemberger.

Weinbewertung

86 . . . 2006 „Othello" Rotweintrocken
Cabernet Mitos und Lemberger, achtzehn Monate Barriqueausbau; würzig, eindringlich, reife Frucht, etwas Schokolade; füllig, harmonisch, viel reife Frucht, Substanz, Tannine **12,80 €**

83 2008 Weißburgunder trocken Talheimer Schlossberg **5,- €**
83 208 Riesling „S" trocken Heilbronner Stiftsberg **5,60 €**
81 2008 Grauburgunder „feinherb" Talheimer Schlossberg **5,30 €**
82 2008 Gewürztraminer Spätlese **5,90 €**
80 2008 „Rossini" Spätburgunder Weißherbst trocken Talheimer Schlossberg **4,90 €**
81 2007 Dornfelder trocken Talheimer Schlossberg **5,- €**
83 2007 Spätburgunder „S" trocken Talheimer Schlossberg **6,30 €**
83 2007 Lemberger „S" trocken Heilbronner Stiftsberg **6,50 €**
82 2008 „Baron" Rotwein **6,50 €**

★★☆

Kusterer

Weingut

Württemberg

Untere Beutau 44, 73728 Esslingen
Tel. *0711-357909,* **Fax:** *0711-3508105*
www.weingut-kusterer.de
weinwelt.hmkusterer@weingut-kusterer.de
Besuchszeiten: *Di. 16-19 Uhr, Sa. 9-13 Uhr und nach Vereinbarung*

Inhaber .... Hans und Monika Kusterer
Rebfläche .... 5 Hektar

Das Weingut Kusterer liegt im Herzen der Altstadt von Esslingen. Die Weinberge von Hans und Monika Kusterer befinden sich in den um das Jahr 1200 angelegten Terrassen des Esslinger Schenkenberg, wo sie 50 Parzellen besitzen, sowie in der kleinsten Einzellage Württembergs, der Esslinger Neckarhalde, die bis 1997 von der Sektkellerei Kessler bewirtschaftet wurde und seit 1998 an Hans und Monika Kusterer verpachtet ist. 2007 konnten sie dieses 2 Hektar große Areal – 90 Ar sind mit Riesling und Spätburgunder bestockt – erwerben. Der Schenkenberg besteht im unteren Teil aus buntem Mergel, dazwischen findet man Stubensandstein, darüber Knollenmergel. Die Neckarhalde, die ihnen in Alleinbesitz gehört, besteht aus kalkhaltigem, tonreichen Knollenmergel. Ihre wichtigsten Rebsorten sind Trollinger, Riesling, Spätburgunder und Lemberger. Hinzu kommen Grauburgunder, Zweigelt und etwas Merlot. Die Weine werden in der Regel durchgegoren ausgebaut.

Vor zwei Jahren überzeugte die Kollektion mit kraftvollen Weißweinen und strukturierten Rotweinen. Unser Favorit war einmal mehr die „Mélac" genannte Rotweincuvée. Diese gefiel uns auch im vergangenen Jahr wieder gut, wie überhaupt die gesamte Kollektion durch ihr homogenes, gutes Niveau überzeugte. Auch in diesem Jahr präsentieren Hans und Monika Kusterer eine schöne Kollektion, die einmal mehr angeführt wird vom Mélac, eine der besten deutschen Rotweincuvées.

Weinbewertung

85 . . . 2008 Grauburgunder* Auslese trocken Esslinger Schenkenberg**
gute Konzentration, feine Würze, reintönige Frucht; füllig, kraftvoll, reife Frucht, viel Substanz **10,50 €**

85 . . . 2007 Lemberger trocken Esslinger Schenkenberg**
Barriqueausbau; würzig, klar, eindringlich; reintönige Frucht, gute Struktur und Frische, kraftvoll **9,50 €**

86 . . . 2006 Blauer Zweigelt* trocken Esslinger Schenkenberg**
zwei Jahre im neuen Barrique ausgebaut; gute Konzentration, reife Frucht, rote Früchte, reintönig; füllig, kraftvoll, reife Frucht, viel Substanz, Tannine **13,50 €**

87 . . . 2007 Spätburgunder* Auslese trocken Esslinger Neckarhalde**
im neuen Barrique ausgebaut; gute Konzentration, reife rote Früchte, herrlich eindringlich; füllig, kraftvoll, reife Frucht, gute Substanz und Länge **14,50 €**

90 . . . 2005 „Mélac"* Rotwein trocken Esslinger Schenkenberg**
Merlot und Zweigelt, zwei Jahre im neuen Barrique ausgebaut; feine rauchige Noten, gute Konzentration, Frische, dezent mineralische Noten; füllig, kraftvoll, reife Frucht, gute Struktur und Substanz, herrlich nachhaltig **21,- €**
2001: 88; 2002: 87; 2003: 88; 2004: 89; 2005: 87.

81? 2008 Riesling* Kabinett trocken Esslinger Schenkenberg **5,70 €**
82 2008 Muskattrollinger** Blanc de Noir trocken Esslinger Schenkenberg **8,- €**
82 2007 Blauer Portugieser** trocken Esslinger Schenkenberg **7,70 €**

★★★

Lämmlin-Schindler

Weingut

Baden

Müllheimer Straße 4, 79418 Mauchen
Tel. 07635-440, Fax: 07635-436
www.laemmlin-schindler.de
weingut@laemmlin-schindler.de
Besuchszeiten: Mo.-Fr. 8:30-12 + 14-18 Uhr, Sa. 8:30-12 + 14-16:30 Uhr
Probierstube; Gutsausschank Gasthaus „Zur Krone" in Mauchen

Inhaber .... Gerd Schindler
Rebfläche .... 19 Hektar

Weinbau ist seit dem 12. Jahrhundert in der Familie nachgewiesen, seit dem 17. Jahrhundert ist die Familie in Mauchen ansässig. Heute führt Gerd Schindler das Gut, dem die Gastwirtschaft Zur Krone angeschlossen ist. Seine Weinberge liegen in den Mauchener Lagen Sonnenstück und Frauenberg, wo die Reben auf Kalkverwitterungsböden mit Lösslehmauflage wachsen. Die eigenen Weinberge bearbeitet Gerd Schindler in kontrolliert ökologischem Anbau, die 5,5 Hektar Weinberge der zugekauften Trauben werden umweltschonend bewirtschaftet. Wichtigste Rebsorten sind Spätburgunder und Gutedel, gefolgt von Weißburgunder und Chardonnay. Am Mauchener Frauenberg hat er Cabernet Dorio, Cabernet Cubin und Merlot gepflanzt, denen Muskat-Ottonel und Silvaner weichen mussten. Sowohl Weiß- als auch Rotweine lässt er recht lange auf der Hefe liegen. Rotweine werden grundsätzlich im Holzfass ausgebaut.

Gerd Schindler möchte fruchtbetonte Weine erzeugen, und dieses Ziel erreich er Jahr für Jahr auf vorbildliche Weise. Die Weißweine, ob Kabinett oder

Spätlese, präsentieren sich immer wunderschön reintönig, die Rotweine haben in den letzten Jahren an Struktur und Präzision gewonnen. Seit einem Jahrzehnt nun empfehlen wir das Weingut als einen der Top-Betriebe im Markgräflerland.

Sehr überzeugend präsentierte sich vor zwei Jahren die Kollektion mit vielen reintönigen 2006er Weißweinen, wurde aber angeführt von der kraftvollen Frauenberg-Cuvée aus dem Jahrgang 2005. Die letztjährige Kollektion war sehr homogen mit gleichermaßen überzeugenden Weiß- und Rotweinen. Die eigenwillig tanninbetonte Frauenberg-Cuvée aus dem Jahrgang 2004 präsentiert sich nun in diesem Jahr wesentlich harmonischer und ausgewogener, auch Spätburgunder und Sekt machen viel Freude, die Weißweine sind zuverlässig wie gewohnt.

Weinbewertung

86 . . . Lämmlin-Schindler Sekt Extra Brut
Weißburgunder, Chardonnay, Spätburgunder; feine Frische und Frucht, klar, etwas weiße Früchte; gute Fülle und Harmonie, geradlinig und lang **11,50 €**

85 . . . 2008 Scheurebe Spätlese trocken Mauchener Sonnenstück
frisch, würzig, Cassis, herrlich eindringlich; klar, füllig, reife Frucht, gute Substanz und Frische **9,30 €**

85 . . . 2008 Spätburgunder Rosé Kabinett trocken Mauchener Sonnenstück
frisch, fruchtbetont, herrlich reintönig; klar, frisch, zupackend, feine süße Frucht **6,50 €**

86 . . . 2007 Spätburgunder Spätlese trocken Mauchener
feine rauchige Noten, reintönige Frucht, herrlich eindringlich; klar, harmonisch, elegant, reife Frucht, gute Struktur **9,80 €**

88 . . . 2004 „Frauenberg" Rotwein Spätlese trocken
gute Konzentration, viel reife Frucht, feine Würze, herrlich eindringlich; füllig, harmonisch, reife Frucht, Substanz, dezent Schokolade, gute Struktur **16,50 €**

83 2008 Gutedel Kabinett trocken Mauchener Sonnenstück **5,60 €**
81 2008 Chardonnay Kabinett trocken Mauchener Sonnenstück **8,- €**
82 2008 Weißburgunder Kabinett trocken Mauchener Sonnenstück **7,20 €**
84 2008 Gewürztraminer Spätlese trocken Mauchener Sonnenstück **11,- €**

Alexander Laible ★

Weingut

Baden

Unterweiler 48, 77770 Durbach
Tel. 0781-2842380, Fax: 0781-2842180
www.weingut-alexanderlaible.de
info@weingut-alexanderlaible.de
Besuchszeiten: nach Vereinbarung

Inhaber . . . . Alexander Laible
Rebfläche . . . . 8 Hektar

2007 hat Alexander Laible, Sohn von Andreas Laible (siehe nachstehenden Eintrag) ein Anwesen am Eingang zum Durbachtal übernommen und im Herbst des gleichen Jahres seinen ersten eigenen Wein erzeugt. Nach Winzerlehre und Ausbildung zum Weinbautechniker war er mehrere Jahre an der Mosel tätig, seit 2004 wieder in der Ortenau. Seine Weinberge liegen zum Teil in Sinzheim bei Baden-Baden. Die Reben wachsen teils auf Lehmlöss, teils auf kalkhaltigen Granitverwitterungsböden. Riesling ist seine wichtigste Rebsorte, dazu gibt es Spätburgunder, Weißburgunder, Grauburgunder, Chardonnay und ein wenig Lemberger.

Die im vergangenen Jahr verkosteten 2007er Weine zeigten ein gutes, sehr gleichmäßiges Niveau. Auch die 2008er Weißweine präsentieren sich sehr gleichmäßig, unsere Favoriten in der aktuellen Kollektion sind allerdings die beiden kraftvollen Rotweine aus dem Jahrgang 2007.

Weinbewertung

86 . . . 2007 Spätburgunder „R" trocken
frisch, fruchtbetont, feine rauchige Noten, herrlich reintönig; frisch, direkt, reintönige Frucht, gute Struktur **22,- €**

86 . . . 2007 Lemberger „R" trocken
würzig, klar, reife Frucht, ganz dezent Schokolade; füllig, harmonisch, viel reife Frucht, gute Struktur und Frische **22,- €**

81 2008 Weißburgunder** trocken **9,- €**
84 2008 Weißburgunder „SL" trocken **11,- €**
81 2008 Grauburgunder** trocken **8,80 €**
82 2008 Chardonnay** trocken **9,50 €**
82 2008 Chardonnay „SL" trocken **11,- €**
83 2008 Riesling „Alte Reben" trocken **9,50 €**
84 2008 Riesling „SL" trocken **11,- €**
84 2008 Riesling „chara" trocken **14,50 €**
84 2008 Riesling „DIOS" trocken **22,- €**
83 2008 Rosé** trocken **8,50 €**

★★★★

Andreas Laible
Weingut

Baden

Am Bühl 6, 77770 Durbach
Tel. 0781-41238, Fax: 0781-38339
www.weingut-laible.de
info@weingut-laible.de
Besuchszeiten: Mo.-Fr. 8-11:30 + 13:30-18 Uhr, Sa. 8-16 Uhr oder nach Vereinbarung

Inhaber .... Ingrid und Andreas Laible
Rebfläche .... 7,5 Hektar

Die Weinberge von Andreas Laible liegen alle in der bekannten Steillage Durbacher Plauelrain. Zu 60 Prozent baut er Riesling an, hinzu kommen die Burgundersorten, sowie Scheurebe, Traminer, Muskateller und Chardonnay. 85 Prozent der Weine werden trocken ausgebaut. Dem Riesling gilt Laibles ganze Passion. Zwölf verschiedene Klone hat er inzwischen in seinen Weinbergen stehen, einige davon hat er selbst selektioniert. Der Weg zu besseren Rieslingen führt nur über das bessere Verständnis der einzelnen Rieslingklone. Da kann man Andreas Laible nur zustimmen. Andreas Laibel wird heute im Betrieb unterstützt von seinem ältesten Sohn Andreas Laible Jr., der jüngere Sohn Alexander hat sein eigenes Weingut gegründet (siehe vorherigen Eintrag).

2006 war jahrgangsbedingt schwächer, da musste auch ein akribisch arbeitender Winzer wie Andreas Laible dem Jahrgang Tribut zollen. Die 2007er Kollektion gefiel uns besser, ohne aber in der Spitze an frühere Jahrgänge heranzureichen. Unter den trockenen Rieslingen war einmal mehr der Achat unser Favorit, noch vor dem Großen Gewächs. Dafür gefiel uns der Grauburgunder Großes Gewächs besonders gut, unter den edelsüßen Weinen begeisterte uns die Gewürztraminer Auslese am meisten. Die neue Kollektion gefällt uns noch ein wenig besser, Achat und Großes Gewächs führen die starke Riesling-Riege an, die Spätburgunder haben an Präzision gewonnen.

Weinbewertung

88 . . . 2008 Riesling Spätlese trocken „Alte Reben" Durbacher Plauelrain
würzig, klar, gute Konzentration; füllig, kraftvoll, reife Frucht, viel Substanz und Länge **10,- €**

89 . . . 2008 Riesling Spätlese trocken „SL" Durba-

cher Plauelrain
würzig, etwas rauchig, herrlich reintönig; klar, frisch, zupackend, viel Biss, feine Mineralität **11,50 €**
früher mehrere Abfüllungen; 1997: **89**; 1998: **90**; 1999: **88**; 2000: **91/92/93**; 2001: **92**; 2002: **90/92**; 2003: **90**; 2004: **91**; 2005: **89**; 2006: **86**; 2007: **88**.

88 ... 2008 Riesling Spätlese trocken „An der Kapelle" Durbacher Plauelrain
würzig, eindringlich, gute Konzentration; weich, füllig, gute Substanz, Struktur, jugendlich **13,50 €**

89 ... 2008 Klingelberger Spätlese trocken Durbacher Plauelrain
würzig, mineralische Noten, gute Konzentration, viel reife Frucht, ganz dezent Litschi im Hintergrund; füllig, stoffig, konzentriert, reife Frucht, gute Substanz und feiner Biss **15,- €**

90 ... 2008 Riesling Spätlese trocken „Achat" Durbacher Plauelrain
würzig, eindringlich, klare reife Frucht, feine mineralische Noten; füllig, harmonisch, kraftvoll, Substanz und Länge, feiner Nachhall **16,- €**
1999: **89**; 2000: **93**; 2001: **93**; 2002: **94**; 2003: **91**; 2004: **92**; 2005: **91**; 2006: **89**; 2007: **89**.

90 ... 2008 Riesling „GG" Durbacher Plauelrain
gute Konzentration,. viel Würze, reife Frucht; weich, füllig, harmonisch, reife Frucht, Kraft, gute Struktur, feine Mineralität und Nachhall **18,- €**
2005: **90**; 2006: **88**; 2007: **88**.

87 ... 2008 Chardonnay Spätlese trocken Durbacher Plauelrain
gute Konzentration, reintönige reife Frucht, ganz dezent Ananas, auch Zitrus; füllig, harmonisch, reife süße Frucht, Struktur, Biss, feiner Nachhall **13,50 €**
1997: **87**; 1998: **90**; 1999: **90**; 2002: **90**; 2003: **88**; 2004: **89**; 2005: **89**; 2006: **84**; 2007: **86**.

86 ... 2008 Weißburgunder Spätlese trocken Durbacher Plauelrain
viel Würze, Konzentration, reife Frucht; weich, füllig, dann viel Frische und Biss **11,50 €**

87 ... 2008 Grauburgunder Spätlese trocken Durbacher Plauelrain
würzig, konzentriert, klare Frucht, etwas gelbe Früchte; füllig, kraftvoll, reife Frucht, gute Substanz, feine Länge **10,- €**

89 ... 2008 Grauburgunder „GG" Durbacher Plauelrain
würzig, eindringlich, viel reife Frucht, gelbe Früchte; füllig, harmonisch, viel reife Frucht, Substanz, gute Struktur, Frische, Länge **15,- €**

86 ... 2008 Muskateller Kabinett trocken Durbacher Plauelrain
frisch, fruchtbetont, reintönig; klar, frisch, zupackend, feiner Biss **8,50 €**

88 ... 2008 Scheurebe Spätlese trocken Durbacher Plauelrain
frisch, fruchtbetont, herrlich reintönig, etwas Grapefruit, Maracuja; klar, füllig, harmonisch, kraftvoll, gute Struktur **10,- €**

87 ... 2008 Riesling Spätlese halbtrocken Durbacher Plauelrain
würzig, klar, reife Frucht; füllig, harmonisch, reife süße Frucht, feiner Biss, ganz dezente Bitternote **11,50 €**

87 ... 2008 Scheurebe Spätlese Durbacher Plauelrain
klar, frisch, fruchtbetont, etwas Cassis; klar, harmonisch, elegant, feine süße Frucht und Biss **10,- €**

89 ... 2008 Scheurebe Auslese Durbacher Plauelrain
feiner Duft, etwas Cassis, Holunder, herrlich eindringlich und dominant; konzentriert, stoffig, kraftvoll, klar, zupackend, jugendlich **15,- €**

89 ... 2008 Riesling Auslese Durbacher Plauelrain
würzig, eindringlich, dezent Honig; süß, konzentriert, klare Frucht, gute Substanz, viel Biss **16,50 €**

87 ... 2008 Gewürztraminer Spätlese Durbacher Plauelrain
frisch, fruchtbetont, Gewürze, Rosen, herrlich eindringlich; füllig, stoffig, reife Frucht, Substanz **10,- €**

89 ... 2008 Traminer Auslese Durbacher Plauelrain
würzig, konzentriert, viel reife Frucht, reintönig; kraftvoll, klar, viel reife Frucht, viel Biss **13,50 €**
1999: **87**; 2000: **91**; 2001: **91**; 2002: **90**; 2003: **85**; 2004: **88**; 2005: **88/90**; 2006: **88**; 2007: **87**.

89 ... 2008 Gewürztraminer Auslese Durbacher Plauelrain
viel Konzentration, Gewürznoten, Rosen, reintönig;

harmonisch, elegant, feine süße Frucht, gute Fülle und Biss **14,- €**

1998: 89; 1999: 90; 2000: 90; 2004: 88; 2005: 88; 2006: 89; 2007: 90.

87 . . . 2008 Spätburgunder Spätlese trocken Durbacher Plauelrain

klar, konzentriert, reife Frucht, feine rauchige Noten; frisch, reintönig, zupackend, feine Frucht und Biss, gute Struktur, Tannine **12,- €**

88 . . . 2008 Spätburgunder Spätlese „S" trocken Durbacher Plauelrain

gute Konzentration, rauchige Noten, rote Früchte, herrlich eindringlich; klar, harmonisch, elegant, gute Struktur, ganz feine Bitternote **14,50 €**

89 . . . 2007 Spätburgunder Spätlese trocken Barrique Durbacher Plauelrain

gute Konzentration, rauchige Noten, viel reife Frucht, ganz dezenter Toast; füllig, kraftvoll, reife Frucht, gute Struktur, Frische, Struktur und Länge **17,- €**

85 2008 Riesling Kabinett trocken Nr. 5/09 Durbacher Plauelrain **8,50 €**

85 2008 Riesling Kabinett trocken Nr. 6/09 Durbacher Plauelrain **9,- €**

84 2008 Weißburgunder Kabinett trocken Durbacher Plauelrain **9,- €**

85 2008 Clevner-Traminer Spätlese trocken Durbacher Plauelrain **9,50 €**

84 2008 Riesling Kabinett Durbacher Plauelrain **9,- €**

83 2008 Spätburgunder Rosé Kabinett trocken Durbacher Plauelrain **8,- €**

83 2008 Spätburgunder Weißherbst Kabinett Durbacher Plauelrain **8,- €**

85 2008 Spätburgunder trocken Durbacher Plauelrain **9,- €**

★

Lamberth

Weingut

Rheinhessen

Kirchstraße 80, 55278 Ludwigshöhe

Tel. 06249-8811, Fax: 06249-906434

www.weingut-lamberth.de

info@weingut-lamberth.de

Besuchszeiten: Mo.-Sa. nach Vereinbarung

Inhaber .... Armin Lamberth

Rebfläche .... 12 Hektar

Das Weingut Lamberth wird in dritter Generation von Armin Lamberth geführt. Inzwischen steigt mit Carsten Lamberth und Ehefrau Nicole, beide Weinbauingenieure, die nächste Generation in den Betrieb mit ein, wobei Carsten Lamberth hauptberuflich als Kellermeister beim Weingut Knipser in Laumersheim arbeitet. Im elterlichen Weingut verantwortet er die Weine der „Edition CL".

Weinbewertung

85 . . . 2007 Grauburgunder Auslese „R" trocken Himmelthal „Edition CL"

gute Konzentration, reife Frucht, dezenter Toast; füllig, harmonisch, reife Frucht, Substanz **12,- €**

86 . . . 2008 Chardonnay Beerenauslese „Edition CL"

würzig, konzentriert, dominant; süß, dick, konzentriert, viel Substanz **30,- €/0,375l**

85 . . . 2007 Spätburgunder Auslese trocken „Edition CL" Ludwigshöher Honigberg

gute Konzentration, rauchige Noten, dezenter Toast; füllig, harmonisch, reife Frucht, gute Substanz **13,- €**

78 2008 Riesling trocken **3,70 €/1l**

81 2008 Silvaner Kabinett trocken Guntersblumer Steig-Terrassen **4,10 €**

83 2008 Burgundercuvée trocken **4,20 €**

82 2008 Grauburgunder Spätlese trocken Himmelthal „Edition CL" **7,50 €**

83 2008 Riesling Spätlese „Alte Reben" Ludwigshöher Teufelskopf **5,60 €**

81 2008 Cuvée Rose trocken **3,80 €**

80 2007 Spätburgunder Spätlese trocken Holzfass

★★

LandArt

Weinbau

Franken

Winterleite 11, 97320 Mainstockheim
Tel. 09321-926464, Fax: 09321-926465
www.landartwein.de
mail@landartwein.de
Besuchszeiten: nach Vereinbarung

Inhaber .... Brigitte Günzel-Stintzing
Inhaber .... Olaf Stintzing
Rebfläche .... 2,4 Hektar

Vor drei Jahren begannen Brigitte Günzel-Stintzing, Diplom-Geografin, und Olaf Stintzing, Diplom-Önologe, mit dem Weinbau im Nebenerwerb, indem sie einen halben Hektar mit 25 Jahre alten Silvaner-Stöcken in Mainstockheim pachteten. Mittlerweile haben sie ihre Rebfläche deutlich vergrößert: Müller-Thurgau ist hinzugekommen, 2007 wurde Riesling gepflanzt, im Jahr darauf kamen Weißburgunder und Chardonnay (im gemischten Satz), sowie Grüner Veltliner hinzu. Mittelfristig möchten sie ein kleines Portfolio an klassischen Weißweinsorten aufbauen und ausschließlich von der Selbstvermarktung leben. Sie haben ihr Sortiment in drei Linien eingeteilt: Vineta, LandArt und Premium.

Ihren damals einzigen Wein haben sie vor zwei Jahren vorgestellt, einen wunderschön klaren, fruchtbetonten Silvaner. Ihr erster Premiumwein, der Silvaner Erdrauch aus dem Jahrgang 2006, gefiel uns zusammen mit dem LandArt-Silvaner des Jahrgangs 2007 im vergangenen Jahr besonders gut. Die neue Kollektion nun gefällt uns nochmals besser, wird angeführt von einem kraftvollen LandArt-Silvaner, die Vineta-Weine sind klar und fruchtbetont. Einer der Aufsteiger des Jahres in Franken!

Weinbewertung

85 . . . 2008 Rivaner trocken „Vineta"
frisch, würzig, wunderschön reintönig; frisch, zupackend, reintönige Frucht, Biss **6,40 €**

85 . . . 2008 Silvaner trocken „Vineta"
eindringlich, klar, viel reife Frucht; füllig, klar, harmonisch, reife Frucht, feine Frische **6,40 €**

88 . . . 2008 Silvaner trocken „LandArt"
klar, konzentriert, feine Würze und Frucht, etwas gelbe Früchte; füllig, harmonisch, viel reife Frucht, viel Substanz **9,60 €**

(88) . . . 2008 Silvaner trocken „Erdrauch"
viel Konzentration, klare reife Frucht, herrlich eindringlich und dominant; weich, füllig, harmonisch, cremig, reife Frucht, gute Länge

---

82 2008 „Rosenholz" (Rotling) trocken „Vineta" **6,40 €**

★

Thomas Landerer

Weingut

Baden

Niederrotweil 3, 79235 Oberrotweil
Tel. 07662-1070, Fax: 07662-94485
www.weingut-landerer.de
info@weingut-landerer.de
Besuchszeiten: nach Vereinbarung
Ferienwohnungen(****)

Inhaber .... Thomas Landerer
Rebfläche .... 15 Hektar

Das Weingut Landerer ist aus einem bäuerlich-landwirtschaftlichen Betrieb entstanden und wird seit 1989 von Thomas und Karin Landerer geführt. Damals gab es 6 Hektar Reben, die Ernte wurde zum Teil als Trauben, zum Teil als Fasswein weiterverkauft. Thomas Landerer hat den Winzerhof saniert und die Rebfläche erweitert. Neben 15 Hektar Reben bewirtschaftet er 4 Hektar Obstanlagen, deren Früchte in der hauseigenen Brennerei zu Obstbränden verarbeitet werden. Die Weinberge befinden sich in den Oberrotweiler Lagen Henkenberg und Käsleberg, sowie in der Wasenweiler Kreuzhalde. Spätburgunder nimmt die Hälfte der Rebfläche ein. Hinzu kommen 20 Prozent Grauburgunder, je 10 Prozent Müller-Thurgau, und Weißburgunder. Chardonnay, Sauvignon Blanc, Muskateller, Scheurebe und Cabernet Sauvignon ergänzen das Sortiment

Nach starken 2004er waren die folgenden Jahrgänge etwas verhalten. Die neue Kollektion gefällt uns wieder deutlich besser, bietet gleichmäßige Qualität auf gutem Niveau.

Weinbewertung

85 . . . 2008 „Henkenberg SL" Grauburgunder trocken

gute Konzentration, reintönige Frucht, etwas gelbe Früchte; füllig, harmonisch, viel reife Frucht und Substanz **12,- €**

85 . . . 2007 Spätburgunder Spätlese trocken Oberrotweiler Henkenberg

rauchige Noten, gute Konzentration, klare Frucht, etwas Kirschen; füllig, harmonisch, klare reife Frucht, gute Struktur **9,50 €**

81 2008 Grauburgunder Kabinett trocken **6,60 €**

82 2008 Sauvignon Blanc Spätlese trocken Oberrotweiler Käsleberg **9,50 €**

83 2008 Weißburgunder & Chardonnay Spätlese trocken **9,- €**

82 2007 Spätburgunder trocken Oberrotweiler Käsleberg **7,10 €**

★★★

Landgraf

Weingut

Rheinhessen

Außerhalb 9, 55291 Saulheim

Tel. *06732-5126,* ***Fax:*** *06732-62646*

www.weingut-landgraf.de

info@weingut-landgraf.de

Besuchszeiten: *Mo.-Fr. 10-12 + 16-18 Uhr, Sa. 10-16 Uhr*

Weinstube (ganzjährig für Veranstaltungen, bis 80 Personen), kulinarische Weinproben, Kunstausstellungen, Hoffest

Inhaber .... Bernd Landgraf, André Landgraf

Rebfläche .... 17,5 Hektar

Seit 1752 betreibt die Familie Weinbau. Bernd Landgraf konzentrierte sich zunehmend auf Weinbau und erweiterte die Rebfläche. Seit 2001 wird er im Betrieb unterstützt von Sohn Andre, einem Geisenheim-Absolventen. Der ältere Sohn Johannes gründete inzwischen mit seiner Ehefrau Julia das Weingut Becker-Landgraf in Gau-Odernheim. Die Weinberge liegen allesamt in Saulheim, etwa 20 Kilometer südwestlich von Mainz, in den Lagen Haubenberg, Hölle, Heiligenhaus und Schlossberg. Sortenschwerpunkte sind Riesling (35 Prozent), die weißen Burgunder und Spätburgunder, mit steigender Tendenz. Dazu gibt es etwas Silvaner und Portugieser, zuletzt wurden Cabernet Sauvignon und Merlot gepflanzt. Die Weine werden zum größten Teil direkt an den Endverbraucher vermarktet. Seit 2004 werden die Weinberge biologisch bewirtschaftet, das Weingut befindet sich in der Umstellungsphase auf biologischen Weinbau und wird ab dem Jahrgang 2010 zertifiziert biologische Weine erzeugen. Das Sortiment ist klar gegliedert in Gutsweine, Ortsweine (Saulheimer) und die Spitzenweine mit Lagenbezeichnung, derzeit ein Riesling aus der Lage Schlossberg und ein Spätburgunder aus der Lage Hölle. Der Schlossberg ist eine geschützte, leicht ansteigende Lage, deren Boden aus tertiärem Mergel mit einer Kalksteinschicht besteht. Die Hölle ist eine offene, nach Süden ausgerichtete Hanglage, deren Boden aus tiefgründigem Löss besteht, der mit Kalkstein durchsetzt ist. Orts- und Lagenweine werden unfiltriert abgefüllt.

Die Weine haben in den letzten Jahren stetig an Profil gewonnen. Seit dem Jahrgang 2006 werden alle Weine mit den natürlichen Hefen vergoren, inzwischen wird selbst bei den Gutsweinen mit Maischestandzeiten gearbeitet. Diese Gutsweine sind stets von guter, zuverlässiger Qualität, überzeugen mit reintöniger Frucht. Die Ortsweine bringen eine weitere Steigerung, bringen ein Mehr an Fülle und Kraft. Die herausragenden Weine aber sind die beiden Lagenweine, die in den letzten Jahren stets zu den Jahrgangsbesten in Rheinhessen gehörten.

2006 hatte das Weingut eine starke Kollektion mit reintönigen, frischen Weinen. Der Riesling aus dem Schlossberg gefiel besonders gut, der Saulheimer Riesling und der kraftvolle Spätburgunder aus der Hölle standen ihm nur wenig nach. Vergleichbar stark war die letztjährige Kollektion. Angefangen vom Literriesling waren alle Weine wunderschön reintönig und frisch, der Riesling aus dem Schlossberg und der Spätburgunder aus der Hölle zeigten Klasse. Stimmig und stark ist auch die 2008er Kollektion: Die Basisweine sind reintönig und fruchtbetont, die Ortsweine fülliger und kraftvoller, der Riesling aus dem Schlossberg zeigt Klasse. Weiter im Aufwärtstrend!

Weinbewertung

85 . . . 2008 Grauburgunder trocken
reife Frucht, herrlich reintönig, etwas gelbe Früchte; saftig, harmonisch, klare reife Frucht **5,95 €**

87 . . . 2008 Weißburgunder trocken Saulheimer
teils im Edelstahl, teils im Barrique ausgebaut; reintönige reife Frucht, gute Konzentration, etwas gelbe Früchte; gute Fülle und Substanz, reife Frucht, feine Wärme **8,60 €**

88 . . . 2008 Riesling trocken Saulheimer
gute Konzentration, reintönige Frucht, gelbe Früchte, feine Frische und Würze; Fülle, Kraft, Substanz, feine Mineralität und Würze **8,60 €**
2005: **85**; 2006: **88**; 2007: **86**.

91 . . . 2007 Riesling trocken Saulheimer Schlossberg
feine Würze, herrlich reintönige Frucht, gute Konzentration, mineralische Noten; gute Fülle, Substanz, viel reife Frucht, ganz dezent mineralische Noten, harmonisch, herrlich nachhaltig (hat sich seit vergangenem Jahr wunderschön entwickelt, enorm an Nachhaltigkeit gewonnen) **15,- €**

90 . . . 2008 Riesling trocken Saulheimer Schlossberg
gute Konzentration, klare reife Frucht, gelbe Früchte, dezent mineralische Noten im Hintergrund, herrlich eindringlich; füllig, harmonisch, viel reife Frucht, viel Substanz, Länge **15,20 €**
2003: **86**; 2004: **87**; 2005: **89**; 2006: **89**.

85 . . . 2008 Riesling Spätlese
würzig, reintönig, fruchtbetont; frisch und fruchtbetont, wunderschön reintönig und süffig **8,60 €**

86 . . . 2007 Spätburgunder trocken
feine Frische, fruchtbetont, wunderschön reintönig;

klar, frisch, fruchtbetont, feine rauchige Noten, gute Harmonie und Fülle **6,- €**

88 . . . 2007 Spätburgunder trocken Saulheimer
fruchtbetont, herrlich eindringlich und klar, etwas rote Früchte; gute Fülle, Substanz, reife Frucht, dezente Vanille, gute Harmonie und Länge **9,60 €**

89 . . . 2006 Spätburgunder trocken Saulheimer Hölle
gute Konzentration, herrlich viel Frucht, eindringlich; füllig, kraftvoll, reife Frucht, gute Struktur, Länge **15,70 €**

87 . . . 2007 Spätburgunder trocken Saulheimer Hölle
etwas würzige Noten, Vanille, reife Frucht, rote Früchte; füllig, kraftvoll, reife Frucht, gute Struktur und Frische, jugendlich **15,70 €**

1999: 84; 2000: 87; 2001: 88; 2003: 86; 2004: 88.

---

82 2008 Riesling trocken **5,95 €**
84 2008 Weißburgunder trocken **5,95 €**
83 2008 Spätburgunder Blanc de Noir trocken **5,95 €**
84 2008 Riesling „feinherb" **5,95 €**
84 2008 Riesling Kabinett **5,95 €**

★★

Landmann

Weingut

Baden

Umkircher Straße 29, 79112 Freiburg-Waltershofen
Tel. 07665-6756, Fax: 07665-51945
www.weingut-landmann.de
weingut-landmann@t-online.de
Besuchszeiten: Mo.-Sa. 8-20 Uhr
Ferienwohnungen

Inhaber .... Peter und Jürgen Landmann
Rebfläche .... 23 Hektar

Josef Landmann hatte seine Trauben immer an die Genossenschaft abgeliefert. Als seine Söhne Peter und Jürgen das Weingut 1995 mit 2 Hektar Weinbergen übernahmen, bauten sie einen eigenen Keller und begannen mit der Selbstvermarktung. Peter Landmann ist für den Keller zuständig und Jürgen Landmann kümmert sich um den Vertrieb. Das Gros ihrer Weinberge liegt in der Lage Freiburg-Waltershofener Steinmauer (14 Hektar). 1999 konnten sie Weinberge in der Lage Freiburger Kapellenberg, an der Südwestseite des Tunibergs, erwerben. Weine aus dieser Lage sind seit dem Jahrgang 2000 in ihrem Programm. Am Kapellenberg bewirtschaften sie 4 Hektar Weinberge, hinzu kommen 3 Hektar in der Lage Merdinger Bühl. Spätburgunder ist ihre wichtigste Rebsorte und nimmt 40 Prozent der Fläche ein. Hinzu kommen Grauburgunder, Weißburgunder, Müller-Thurgau und Chardonnay, sowie ein wenig Cabernet Sauvignon, Merlot, Cabernet Franc, Riesling, Sauvignon Blanc und Bronner. Cabernet Sauvignon gibt es bei ihnen bereits seit 1997, Chardonnay seit 1995. Sie bauen die Weine unter Verzicht auf Prädikatsbezeichnungen konsequent trocken aus. Die Weine werden zu 60 Prozent über die Gastronomie vertrieben. Inzwischen besitzen sie auch 2 Hektar Reben bei Villányi in Ungarn, wo sie Syrah, Cabernet Sauvignon, Cabernet Franc und Merlot anbauen. Seit 2007 werden die Weinberge kontrolliert biologisch bewirtschaftet (Mitglied bei Bioland).

Was Peter und Jürgen Landmann in gut einem Jahrzehnt aufgebaut haben, ist bemerkenswert. Sie haben die Produktion ausgedehnt und sind dabei auch qualitativ vorangekommen. Als weiteren einschneidenden Schritt haben sie mit der Umstellung auf ökologischen Weinbau begonnen – man darf gespannt sein, wie es weitergeht in Waltershofen.

Vor zwei Jahren gefiel uns der Spätburgunder aus dem Kapellenberg besonders gut, ebenso die Weine aus Ungarn, die komplett in Deutschland verarbeitet werden. In der letztjährigen Kollektion überzeugte vor allem der jugendliche Spätburgunder aus dem Kapellenberg, der sich seit letztem Jahr harmonisiert hat. Die neue Kollektion überzeugt insgesamt, die 2008er Weißweine besitzen Frucht und Frische: So darf es weitergehen.

Weinbewertung

85 . . . Pinot & Chardonnay Sekt Brut
fruchtbetont, intensiv, gute Konzentration; frisch, klar, zupackend, feiner Frucht und Biss **11,50 €**

85 . . . 2008 Pinot & Chardonnay trocken Freiburger Steinmauer
konzentriert, klare reife Frucht, eindringlich; füllig, kraftvoll, reife Frucht, gute Struktur, Frische **10,90 €**

85 . . . 2008 Sauvignon Blanc trocken Freiburger Steinmauer
frisch, fruchtbetont, herrlich reintönig, etwas Stachelbeeren; füllig, harmonisch, klare reife Frucht, feine Frische und Biss **11,50 €**

85 . . . 2006 Spätburgunder „SL" trocken Freiburger Steinmauer
frisch, würzig, klare Frucht; harmonisch, reintönige Frucht, gute Struktur **12,20 €**

87 . . . 2006 Spätburgunder trocken Barrique Freiburger Kapellenberg
siebzehn Monate in Allier-Barriques ausgebaut; gute Konzentration, rauchige Noten, feiner Toast, reintönig; füllig, harmonisch, kraftvoll, reife Frucht, gute Struktur und Frische **18,40 €**
1998: 81; 1999: 87; 2000: 83; 2001: 87; 2003: 88; 2005: 88.

86 . . . 2007 Cabernet Sauvignon trocken Barrique Freiburger Kapellenberg
Cabernet Sauvignon mit etwas Cabernet Franc und Merlot; viel Konzentration, reife Frucht, eindringlich Cassis, rote Früchte; weich, füllig und schmeichelnd, etwas Schokolade **18,40 €**

81 2008 Müller-Thurgau trocken Freiburger Steinmauer **4,90 €/1l**
84 2008 Grauburgunder trocken Merdinger Bühl **8,50 €**
84 2008 Weißburgunder trocken Freiburger Steinmauer **8,50 €**
82 2008 Spätburgunder Rosé trocken Freiburger Steinmauer **7,60 €**

Hans Lang ★★★
Weingut

Rheingau

Rheinallee 6, 65347 Eltville-Hattenheim
Tel. 06723-2475, Fax: 06723-7963
www.weingut-hans-lang.de
langwein@t-online.de
Besuchszeiten: Mo.-Fr. 8-12 + 13-17 Uhr, Sa. 9-13 Uhr oder nach Vereinbarung; Vinothek Mo.-Fr. 16-21 Uhr, Sa. und So. 11-21 Uhr

Inhaber .... Johann Maximilian Lang
Rebfläche .... 18 Hektar

Das Weingut wurde 1953 von Johann Josef Lang gegründet, dem Vater des heutigen Besitzers Johann Maximilian Lang. Dieser übernahm das Weingut 1972 und führt es zusammen mit seiner Frau Gabriele. Johann Maximilian Lang hat sukzessive Betriebsgebäude und Rebfläche vergrößert. Seine Weinberge befinden sich in Hattenheim (mit den Spitzenlagen Wisselbrunnen und Hassel, aus denen er Erste Gewächse erzeugt), Hallgarten und Kiedrich, sowie im Assmannshäuser Höllenberg. Neben Riesling, der drei Viertel der Fläche einnimmt, baut er insbesondere noch Spätburgunder und Weißburgunder an, aber auch ein klein wenig Chardonnay, Silvaner und Grauburgunder. Die Rieslinge werden nach der Ganztraubenpressung im Holzfass oder im Edelstahl ausgebaut. Eine Spezialität von Johann Maximilian Lang ist der Barriqueausbau, wobei er neben Spätburgunder auch manche edelsüße Rieslinge im kleinen Holzfass ausbaut – allerdings immer mit Augenmaß. 2009 hat man mit der Umstellung auf biologische Bewirtschaftung begonnen.

Die Weine Hans Langs sind alle in sich ruhend, sie besitzen Eleganz und Substanz sowie eine gewisse Fülle, ohne je vordergründig zu wirken. Auch die Süßweine sorgen nicht selten für Furore.

Die 2006er waren kraftvoll, die 2007er dann vergleichsweise schlank, aber animierend. Die 2008er sind schlank, süffig und animierend.

Weinbewertung

86 . . . 2008 Weißburgunder „S" trocken
sortentypische Frucht, ganz leicht cremig; viel Würze, Struktur, saftig **12,40 €**

85 . . . 2008 Grüner Silvaner trocken
frisch, jugendlich, duftig; würzig, sehr frisch, pikante Säure, animierend **5,90 €**

86 . . . 2008 Grauburgunder trocken
cremige Frucht, ganz leicht Zitrus; saftig, würzig, sehr sortentypisch, pikante Säure, hat Biss **8,70 €**

89 . . . 2008 Riesling Beerenauslese Hallgartener Jungfer
cremige Frucht, Steinobst, Kräuter, etwas Rosinen; cremig, würzig, ruhig, elegant und süffig (Versteigerungswein)

87 . . . 2007 Spätburgunder trocken „Johann Maximilian"
klare Frucht, ganz leicht rauchig; würzig, straff, viel Frucht, Substanz **15,30 €**

82 2008 Gutsriesling trocken **6,15 €**
83 2008 Riesling Kabinett trocken **7,40 €**
84 2008 Weißburgunder trocken **8,10 €**
83 2008 Chardonnay trocken **8,70 €**
83 2008 Riesling Kabinett „feinherb" **7,40 €**
83 2008 Spätburgunder Blanc de Noir trocken **6,75 €**

★★

Langenwalter

Weingut

Pfalz

Bahnhofstraße 45, 67256 Weisenheim am Sand
Tel. 06353-7390, Fax: 06353-4152
www.weingut-langenwalter.de
info@weingut-langenwalter.de
Besuchszeiten: Mo.- Mi., Fr. 9:30-19 Uhr, Sa. 9-17 Uhr
Weinprobierstube (max. 50 Personen)

Inhaber . . . . . Klaus und Thorsten Langenwalter
Rebfläche . . . . 25 Hektar

Die Familie von Klaus Langenwalter betreibt seit dem 17. Jahrhundert Weinbau in der Pfalz. Willi Langenwalter hatte in den sechziger Jahren mit der Selbstvermarktung begonnen, sein Sohn Klaus und dessen Ehefrau Renate erweiterten den Betrieb. 2002 stieg ihr Sohn Thorsten in den Betrieb mit ein. Die Weinberge liegen alle in Weisenheim am Sand. Wie der Name schon sagt, gibt es hier vor allem sandige Lehmböden, im Süden von Weisenheim auch kalkhaltige, tiefgründige Böden. Hauptrebsorte ist Riesling. Hinzu kommen Weiß- und Grauburgunder, Gewürztraminer und Silvaner. An roten Sorten gibt es Portugieser, Dornfelder, Spätburgunder und Sankt Laurent. Die Weißweine werden kühl vergoren und überwiegend im Edelstahl ausgebaut, die Rotweine kommen nach der Maischegärung ins Holz, auch ins Barrique. Die Weine werden vorwiegend trocken ausgebaut und größtenteils an Privatkunden verkauft.

Schon in der ersten Ausgabe haben wir die Weine der Langenwalters empfohlen. Seither überzeugen die Kollektionen Jahr für Jahr, immer wieder gibt es barriqueausgebaute Spitzen, vor allem der Chardonnay gehört immer wieder zu den Besten seiner Art in der Pfalz.

Vor zwei Jahren lagen die Stärken eindeutig im roten Teil der Kollektion. Auch die letztjährige Kollektion überzeugte mit kraftvollen, stoffigen Weinen. In der neuen Kollektion gefällt uns einmal mehr der barriqueausgebaute Chardonnay besonders gut, aber auch schon der Literriesling macht Freude.

Weinbewertung

86 . . . 2008 Grauburgunder „SL" trocken Weisenheimer Altenberg
würzig, eindringlich, jugendlich; füllig, harmonisch, klare reife Frucht **7,90 €**

88 . . . 2007 Chardonnay „SL" trocken Barrique Weisenheimer Halde
gute Konzentration, viel reife Frucht, feine Würze und Toast, herrlich eindringlich und klar; füllig, kraftvoll, reife Frucht, gute Substanz und Länge **8,50 €**
2001: 88; 2002: 87; 2003: 86; 2004: 87; 2005: 87.

87 . . . 2007 Auxerrois Trockenbeerenauslese Weisenheimer Hahnen
viel Konzentration, etwas Kaffee, eingelegte süße Aprikosen, Trockenfrüchte; süß, konzentriert, dominant **35,- €/0,375l**

85 . . . 2007 St. Laurent „SL" trocken Weisenheimer Halde
gute Konzentration, dezent Gewürze, klare Frucht; füllig, kraftvoll, reife Frucht, gute Substanz **8,50 €**

81 2008 Riesling trocken **3,80 €/1l**
82 2007 Portugieser „SL" trocken Weisenheimer Goldberg **8,50 €**
82 2007 Cabernet Sauvignon „SL" trocken Weisenheimer Goldberg **8,50 €**

L

Die besten deutschen Weinerzeuger und ihre Weine

Freiherr ★★★★

Langwerth von Simmern

Weingut

Rheingau

Kirchgasse, 65343 Eltville
Tel. 06123-92110, Fax: 06123-921133,
www.weingut-langwerth-von-simmern.de
weingut-langwerth-von-simmern@t-online.de
Besuchszeiten: Mo.-Fr. 8-12 + 13-18 Uhr,
Vinothek Sa. 10-17 Uhr
Gutsausschank „Gelbes Haus", Eltville

Inhaber . . Georg R. Freiherr Langwerth von Simmern
Rebfläche . . . . 29,5 Hektar

Das Weingut der Freiherren Langwerth von Simmern ist eines der ältesten in Familienbesitz befindlichen Weingüter der Welt. Die Familie betreibt seit dem Jahr 1464 Weinbau. Das Weingut wird heute von Georg Reinhard Langwerth von Simmern und seiner Frau Andrea geführt. Die Weinberge verteilen sich auf die fünf Gemarkungen Hattenheim, Erbach, Kiedrich, Rauenthal und Eltville. Es dominiert der Riesling, dazu gibt es ein klein wenig Spätburgunder, Chardonnay und Weißburgunder.

2006 verfügten die Weine über klare Frucht und feine mineralische Art. Der Aufwärtstrend bei Langwerth von Simmern setzte sich auch 2007 fort – das überzeugende Erste Gewächs führte eine geschlossene Kollektion an. Auch 2008 präsentiert sich sehr homogen, angeführt von den beiden Ersten Gewächsen aus Mannberg und Wisselbrunnen.

Weinbewertung

85 . . . 2008 Riesling Kabinett trocken Eltviller
frisch, würzig, reintönige Frucht; klar, frisch, zupackend, feine Frucht und Biss **7,50 €**

86 . . . 2008 Riesling Kabinett trocken Rauenthaler Baiken

konzentriert, feine Würze und Frucht; füllig, harmonisch, kraftvoll, reife Frucht und gute Struktur **9,- €**

90 . . . 2008 Riesling Erstes Gewächs Hattenheimer Wisselbrunnen
gute Konzentration, herrlich viel Frucht, etwas Zitrus und Pfirsiche; füllig, stoffig, viel reife Frucht, Substanz und Kraft **22,50 €**

90 . . . 2008 Riesling Erstes Gewächs Hattenheimer Mannberg
konzentriert, klar, herrlich viel Frucht, feine mineralische Noten, etwas Grapefruit; füllig, kraftvoll, reife süße Frucht, viel Substanz, jugendlich, Länge und Nachhall **22,50 €**
2001: 91; 2004: 90; 2005: 92: 2006: 90; 2007: 90.

86 . . . 2008 Riesling Kabinett Erbacher Marcobrunn
frisch, würzig, reintönige Frucht; klar, frisch, kraftvoll, elegant, feine süße Frucht und Biss **10,- €**

---

84 2008 Riesling Kabinett trocken Hattenheimer **7,50 €**
84 2008 Riesling Kabinett trocken Hattenheimer Nussbrunnen **9,- €**
83 2008 Riesling Kabinett „feinherb" Hattenheimer **7,50 €**

★★★

Lanius-Knab

Weingut

Mittelrhein

Mainzer Straße 38, 55430 Oberwesel
Tel. 06744-8104, Fax: 06744-1537
www.lanius-knab.de
weingut@lanius-knab.de
Besuchszeiten: Mo.-Fr. nach Vereinbarung, Sa. 8-17 Uhr

Inhaber .... Jörg Lanius
Rebfläche .... 6,8 Hektar

Die Weinberge von Jörg Lanius liegen im Engehöller Tal in den Lagen Engehöller Bernstein und Goldemund, sowie im Oberweseler Oelsberg. Neben dem dominierenden Riesling baut er 10 Prozent Spätburgunder und 5 Prozent Müller-Thurgau an. Die Weine werden im Edelstahl mit den traubeneigenen Hefen vergoren und reifen anschließend in alten Eichenholzfässern. Jörg Lanius bringt den neuen Jahrgang immer erst im September in den Verkauf. Eine Spezialität sind edelsüße Weine, von denen er Jahr für Jahr eine breite Auswahl bis hin zur Trockenbeerenauslese im Programm hat.

2006 überzeugte, angefangen von den Gutsrieslingen bis hin zur Trockenbeerenauslese. Die 2007er Kollektion zeigte gleichmäßige Qualität im gewohnt eigenständigen Stil. Dies gilt auch 2008: Die Kollektion ist stimmig, einmal mehr liegen die Stärken im edelsüßen Segment.

Weinbewertung

86 . . . 2008 Riesling trocken Engehöller Bernstein
gute Konzentration, würzig, dominant, füllig, stoffig, reife Frucht, viel Substanz **10,50 €**
(bis 2007 Spätlese) 1999: 84/87; 2000: 85; 2001: 87; 2002: 85; 2003: 85; 2004: 85; 2005: 84; 2006: 87; 2007: 86.

86 . . . 2007 Riesling „GG" Oberweseler Oelsberg
gute Konzentration, feine Würze und Duft, eindringlich; füllig, kraftvoll, eigenwillig eindringlich, viel Stoff **17,50 €**
2001: 88; 2002: 86; 2004: 89; 2005: 88; 2006: 86.

86 . . . 2008 Riesling Auslese Engehöller Bernstein
würzig, eindringlich, etwas Orangenschalen und Grapefruit; süß, schmeichelnd, Substanz, Struktur und Biss **19,- €/0,5l**

88 . . . 2008 Riesling Auslese Oberweseler Oelsberg
würzig, konzentriert, etwas süße Zitrusfrüchte und Litschi; süß, konzentriert, herrlich viel Frucht und Stoff **19,- €/0,375l**
2000: 89; 2001: 90; 2002: 84; 2003: 87; 2004: 87; 2005: 88; 2006: 88.

89 . . . 2008 Riesling Auslese Engehöller Goldemund
würzig, eindringlich, etwas kandierte Früchte, Marzipan; konzentriert, dominant, herrlich viel Stoff und Substanz **37,- €/0,375l**

---

83 2008 Riesling trocken **6,50 €**
83 2008 Riesling Kabinett trocken Engehöller Bernstein **7,- €**
82 2008 Riesling „feinherb" **6,50 €**
83 2008 Riesling Kabinett „feinherb" Engehöller Goldemund **7,- €**

★★

Paul Laquai
Weingut

Rheingau

Park Wispertal 2, 65391 Lorch
Tel. 06726-830838, Fax: 06726-830840
www.weingut-laquai.com
weingut.laquai@t-online.de
Besuchszeiten: Mo.-Fr. 8-18 Uhr, Sa. 9-14 Uhr
Weinproben (bis 40 Personen)
Gutsausschank „Weinwirtschaft Laquai" in Lorch, Schwalbacher Straße 20 (Tel. 839213)
Gutsausschank „Langehof" in Eltville-Rauenthal, Martinsthaler Straße 4 (Inh. Matthias Klein)

Inhaber .... Gundolf Laquai, Gilbert Laquai
Rebfläche .... 15 Hektar

Das Weingut Paul Laquai ging 1990 an die beiden Brüder Gilbert und Gundolf Laquai über. Seither wurde die Rebfläche von 3,5 auf heute 15 Hektar erweitert. Neben zahlreichen Rebflächen in Lorch sind 1996 durch die Übernahme des Weinguts Langehof auch Weinberge in Rauenthal hinzugekommen. Mit der Erweiterung des Weingutes wurden die alten Anlagen zu klein, deshalb kaufte man in Wispertal bei Lorch neue Betriebsgebäude. 2008 wurde ein neuer Weinberg in der Lage Lorcher Kapellenberg angelegt – der erste mit Querterrassierung.

Die 2006er gelangen gut. Zuverlässig waren auch die 2007er, allen voran das Erste Gewächs aus dem Baiken. Im Jahrgang 2008 gelangen klare, duftige Rieslinge, aus dem Jahrgang 2007 wurden Rotweine mit erfreulich klarer Frucht angestellt.

Weinbewertung

85 . . . 2008 Riesling „Schiefer Terroir" Lorcher Schlossberg
frisch, jugendlich, zarte Frucht; viel Würze, straff, Substanz **7,50 €**

85 . . . 2008 Riesling Spätlese trocken Lorcher Schlossberg
klare Frucht, etwas Melone; würzig, feste Struktur, kompromisslos trocken, Biss **9,50 €**

87 . . . 2008 Riesling Erstes Gewächs Lorcher Pfaffenwies
eher verhalten; feine Frucht, stoffig, trocken, würzig, könnte sich noch entwickeln **16,50 €**

85 . . . 2007 Rotwein trocken „Vinum Mandelberg"
kühle Frucht, Johannisbeeren; saftig, würzig, gut balanciert, viel Frucht, süffig **9,50 €**

86 . . . 2007 Spätburgunder trocken Lorcher Bodental-Steinberg
klare Frucht, Kirschen, etwas Holunder; saftig, würzig, leicht rauchig im Nachhall **8,- €**

86 . . . 2006 Spätburgunder trocken Lorcher Bodental-Steinberg Erstes Gewächs
feine Frucht, ganz leicht rauchige Würze; saftig, würzig, gute Struktur **16,50 €**

---

82 2008 Riesling Kabinett trocken Lorcher Kapellenberg **6,20 €**
83 2008 Riesling trocken „Schiefer auf Löss Terroir" Lorcher Kapellenberg **7,50 €**
83 2008 Weißer Burgunder trocken Lorcher Bodental-Steinberg **7,- €**
79 2008 Blanc de Noir Lorcher Kapellenberg **5,80 €**

★★★☆

Peter **Lauer**

Weingut

Mosel

Triererstraße 49, 54441 Ayl
Tel. 06581-3031, Fax: 06581-2344
www.saarriesling.de
info@saarriesling.de
Besuchszeiten: jederzeit nach Anmeldung
Restaurant und Hotel „Weinhaus Ayler Kupp"

Inhaber .... Peter Lauer
Rebfläche .... 6 Hektar

Vater Peter und Sohn Florian führen nicht nur das an der Saar gelegene Weingut, sondern auch ein Hotel-Restaurant, dessen Küche einen guten Ruf genießt. Alle Weine werden lange im Holzfass auf der Feinhefe gelagert, von Zeit zu Zeit aufgerührt, wodurch sie eine cremige, saftige Fülle gewinnen. Auf den Etiketten sind außer den Fudernummern nun auch an Parzellen erinnernde Begriffe angegeben. Prädikate werden bei den trockenen, den fast trockenen und den feinherben Weinen nicht verwendet – dafür werden die Weine in Farben eingeteilt: grau für die Gutsweine, grün für die Lagenweine, gold für Spitzenweine, ob trocken, feinherb oder süß.

Die zum Großteil feinherben 2006er waren wie ihre Vorgänger von langer Hefelagerung geprägt, besaßen aber auch eine deutliche Zitrusnote. Die 2007er überzeugten voll und ganz, waren saftig und herrlich mineralisch. Die 2008er präsentieren sich einige Wochen nach der Abfüllung noch sehr verschlossen, weisen aber fast noch mehr Substanz auf als in den Vorjahren. Alle Weine besitzen viel Struktur und gleichzeitig eine rassige Art. Spannend: Der komplexe „Unterstenbersch" und der extra trockene Riesling aus dem Fass Nr. 2.

Weinbewertung

86 ... 2008 Saar-Riesling trocken „Fass 16"
sehr feine Frucht, duftig, Hefenoten; stoffig, rassig, gute Struktur und Balance **9,- €**

87 ... 2008 Riesling trocken Ayler „Fass 25"
feine Frucht, Kräuter, leicht cremig; straff, saftige Frucht, viel Würze, Finesse **10,90 €**

87 ... 2008 Riesling trocken „Senior Fass 6" Ayler Kupp
feine Frucht, etwas Stachelbeeren, Kräuter; stoffig, viel Würze, gute Struktur, Potenzial **10,90 €**

87 ... 2008 Riesling trocken „Fass 2" Ayler Kupp
eher verschlossen, deutliche Hefenoten, braucht Zeit; würzig, rassig, viel Substanz, Potenzial **11,90 €**

90 ... 2008 Riesling trocken „Fass 11 Schonfels"
deutlich verschlossen, leichte Hefenote; viel Würze, straff, mineralische Struktur, wirkt kompromisslos trocken **17,50 €**

90 ... 2008 Riesling „Unterstenbersch Fass 12" Ayler Kupp
reife Frucht, Kräuter, etwas getrocknete Ananas; cremige Frucht, straff, mineralisch, lang **15,50 €**
2005: 85; 2006: 88; 2007: 89.

88 ... 2008 Riesling Ayler Kupp „Fass 1"
zarte Frucht, cremig, etwas Zitrus; saftig, würzig, rassige Säure, ganz leichte Süße **11,90 €**

88 ... 2008 Riesling „feinherb Fass 4" Ayler Kupp
reife Frucht, leicht cremig, Steinobst, Kräuter; straff, saftig, viel Frucht **10,90 €**

88 ... 2008 Riesling „Fass 3 feinherb" Ayler Kupp
eindringliche Frucht, etwas Ananas, Kräuter; straff, würzig, leichte Süße, langer Nachhall **12,10 €**

90 ... 2008 Riesling „Fass 13 feinherb" Saarfeilser
Kräuter, Stachelbeere, leicht cremig; enorm würzig, feine Säure, viel Schmelz, langer Nachhall **17,50 €**

89 ... 2008 Riesling „Kern Fass 9 feinherb"
eindringliche Frucht, leicht cremig, Kräuter; saftig, würzig, viel Struktur, Potenzial **17,50 €**

91 ... 2008 Riesling „Stirn Fass 15 feinherb"
eindringliche Frucht, Ananas, etwas Maracuja, Kräuter, cremig; würzig, saftig, opulente Frucht, lang **17,50 €**

Laurentiushof

★★

Weingut

Mosel

Gartenstraße 13, 56814 Bremm
Tel. 02675-508, Fax: 02675-910285
www.bioweingut24.de
info@bioweingut24.de
Besuchszeiten: nach Vereinbarung
Komfortferienhaus mit Whirlpool

Inhaber.............. Thomas Franzen-Martiny
Rebfläche............................ 4,3 Hektar

Thomas Franzen-Martiny und Liz Martiny führen den Laurentiushof in Bremm nach ökologischen Richtlinien; das Weingut ist Mitglied bei Ecovin. Gut die Hälfte der Weinberge liegt in Steillagen wie dem Bremmer Calmont oder dem Neefer Frauenberg, ein Teil der Reben ist bis zu 100 Jahre alt. Außer Riesling werden auch Weißburgunder, Müller-Thurgau, Elbling und Spätburgunder angebaut. Die Weine werden in Eichenholzfässern ausgebaut, die Vergärung erfolgt mit keller- bzw. weinbergseigenen Hefen.

Nach süffigen 2006ern zeigten die 2007er keine Schwächen. Die 2008er sind nun straff und präzise ausgefallen: Eine beachtliche Leistung.

Weinbewertung

86 ... 2008 Riesling „feinherb" Neefer Frauenberg
feine Frucht, duftig, Kräuter, etwas Apfel; saftig, würzig, gute Struktur, hat Biss **6,50 €**

87 ... 2008 Riesling Spätlese „feinherb" Bremmer Calmont
klar, feine Frucht, Kräuter, geriebener Stein; würzig, fruchtig, Schmelz **7,- €**

79 2008 Riesling trocken **6,- €/1l**
83 2008 Weißburgunder trocken **6,- €**
84 2008 Riesling trocken „Urgestein" Bremmer Calmont **6,50 €**

Lehnert-Veit

★★★

Weingut

Mosel

In der Dur 10, 54498 Piesport
Tel. 06507-2123, Fax: 06507-7145
www.weingut-lv.net
info@weingut-lv.net
Besuchszeiten: täglich 9-21 Uhr
Straußwirtschaft von Mai - Oktober, Gästezimmer, Ferienwohnung

Inhaber........................... Erich Lehnert
Rebfläche.............................. 8 Hektar

Die Weinbautradition des Betriebs reicht mindestens bis ins Jahr 1653 zurück, als ein gewisser Eucharius Lehnert hier Weinberge bewirtschaftete. Inzwischen ist die 9. Generation für das Gut zuständig. Erich und Peter Lehnert bauen die Weine – neben Riesling auch Weiß- und Spätburgunder – im Stahl wie im Holzfass aus. Neben Weinen aus dem jüngsten Jahrgang findet man hier auch viele gereifte Rieslinge, die beispielsweise in der eigenen Straußwirtschaft verkostet werden können. Die komplexesten Weine finden sich meist unter den Editions-Rieslingen, aber auch die „No. 1", ein mit Augenmaß im Barrique ausgebauter Wein, besitzt eigenständigen Charakter.

2006 hatte einige spannende Weine zu bieten. Die 2007er waren süffig und frisch, in der Spitze würzig und durchaus eigenwillig (etwa bei dem im kleinen Holzfass ausgebauten „No. 1"). Die 2008er sind sehr beachtlich: Saftig, stoffig und animierend.

Weinbewertung

85 . . . 2008 Weißburgunder trocken
klare Frucht, etwas Tabak, würzig, stoffig, sehr ausgewogen und animierend **5,90 €**

85 . . . 2008 Riesling Kabinett trocken „PL"
zarte Frucht, duftig; würzig, feste Struktur, feine Säure, gute Länge **6,80 €**

87 . . . 2008 Riesling trocken „Edition" Piesporter Goldtröpfchen
reife Frucht, Melone, leichte Hefenote; würzig, stoffig, reife Säure, sehr balanciert **8,40 €**

85 . . . 2008 Riesling Spätlese „feinherb" Piesporter Goldtröpfchen
frisch, klare Frucht, Steinobst; würzig, saftig, ausgewogen, viel Schmelz **8,40 €**

88 . . . 2008 Riesling Spätlese* Goldtröpfchen
eindringliche Frucht, kandierter Apfel, Steinobst; saftig, rassig, hat viel Substanz **8,60 €**

86 . . . 2006 Spätburgunder trocken Barrique
reife Frucht, Schokolade; würzig, rauchige Frucht, stoffig, Substanz, jetzt sehr gut zu trinken **16,50 €**

81 2008 Riesling trocken **4,90 €**
82 2008 Riesling Kabinett „feinherb" Piesporter Falkenberg
82 2008 Riesling „Grauschiefer"

★☆

Lehrensteinsfeld

Weingut Schloss

Württemberg

Schlossstrasse 18, 74251 Lehrensteinsfeld
Tel. 07134-17932, Fax: 07134-13059
www.schloss-lehrensteinsfeld.de
info@schloss-lehrensteinsfeld.de
Besuchszeiten: Mo.-Fr. 8-12 + 14-18 Uhr oder nach Vereinbarung

Inhaber .. Dr. Maximilian Dietzsch-Doertenbach
Betriebsleiter .... Christoph Ruck
Rebfläche .... 6 Hektar

Das Mitte des 16. Jahrhunderts erbaute Schloss Lehrensteinsfeld wurde 1887 von der Familie Dietzsch erworben. In den lange Zeit verpachteten Weinbergen in Lehrensteinsfeld werden vor allem Riesling, Spätburgunder, Lemberger und Trollinger angebaut. Die Weine werden teils mit den traubeneigenen Hefen vergoren und recht lange auf der Hefe ausgebaut. Die besten Weine werden in der Reihe Edition Carl Dietzsch angeboten.

Vor zwei Jahren gefielen uns Spätburgunder und Lemberger besonders gut, die Rieslinge zeigten sich klar verbessert. Eine sehr klare, homogene Kollektion präsentierte das Weingut im vergangenen Jahr, Weiß- und Rotweine überzeugten gleichermaßen. Die neue Kollektion nun ist sehr gleichmäßig, aber ein klein wenig verhalten.

Weinbewertung

81 2008 Riesling trocken **6,- €**
82 2008 Riesling Kabinett **7,50 €**
83 2008 Riesling Spätlese **11,- €**
82 2008 Spätburgunder Blanc de Noirs trocken **9,- €**
80 2007 Lemberger trocken **9,- €**
82 2007 Spätburgunder trocken **10,- €**
83 2007 Lemberger „R" trocken **18,50 €**
83 2007 Spätburgunder trocken „Edition Carl Dietzsch" **20,- €**

Bruno **Leiner** ★
Weingut

Pfalz

Zum Mütterle 20, 76829 Landau-Wollmesheim
Tel. *06341-30953,* ***Fax:*** *06341-34142*
www.weingut-bruno-leiner.de
info@weingut-bruno-leiner.de
Besuchszeiten: *Mo.-Sa. 8:30-11:30 + 13-17 Uhr, So. 9-11:30 Uhr (erstes Wochenende im Monat geschlossen)*

Inhaber .... Bruno Leiner
Rebfläche .... 20 Hektar

Die Weinberge von Bruno Leiner liegen in den Lagen Wollmesheimer Mütterle, Ilbesheimer Herrlich und Billigheimer Rosenberg. Die Reben wachsen auf leichten bis tiefgründigen Löss-Lehmböden mit hohem Kalkgehalt. An weißen Sorten finden sich neben den klassischen Rebsorten wie Riesling, Silvaner, Gewürztraminer, Weißburgunder und Grauburgunder auch Neuzüchtungen wie Kerner, Morio-Muskat, Müller-Thurgau, Scheurebe und Bacchus, aber auch Chardonnay und Sauvignon Blanc. An roten Sorten baut Bruno Leiner Spätburgunder, Portugieser, Dornfelder, Dunkelfelder, Merlot, Cabernet Sauvignon und Frühburgunder an. Die Weißweine werden in kleinen Edelstahltanks bei niedriger Temperatur vergoren. Die Rotweine reifen nach der Maischegärung in großen und kleinen Eichenholzfässern. 90 Prozent der Weine werden an Privatkunden verkauft.

Seit einem Jahrzehnt schon kennen wir die Weine von Bruno Leiner, und in diesem Jahrzehnt haben uns immer wieder die barriqueausgebauten Rotweine besonders gut gefallen, die regelmäßig zu den Besten der Südpfalz zählen.

Vor zwei Jahren war mit dem Frühburgunder ein barriqueausgebauter Rotwein unser Favorit. Die 2007er Weißweine waren dann etwas allzu verhalten, der barriqueausgebaute Cabernet Sauvignon aus dem Jahrgang 2004 war im vergangenen Jahr unser Favorit. Sein Nachfolger aus dem Jahrgang 2005 gefällt uns in der aktuellen Kollektion besonders gut, auch der Frühburgunder macht viel Freude, die Weißweine präsentieren sich sehr geschlossen auf gutem Niveau: Eine überzeugende Kollektion.

Weinbewertung

85 . . . 2007 Frühburgunder trocken Wollmesheimer Mütterle
gute Konzentration, reife Frucht, ganz dezent Schokolade; weich, füllig, harmonisch, viel reife Frucht, gute Struktur **8,90 €**

86 . . . 2005 Cabernet Sauvignon trocken Barrique Wollmesheimer Mütterle
viel reife Frucht, feiner Duft, etwas Cassis; füllig, kraftvoll, reife Frucht, gute Struktur, dezent Schokolade **17,- €**

80 2008 Riesling Kabinett trocken Wollmesheimer Mütterle **4,30 €/1l**
81 2008 Grüner Silvaner Kabinett trocken Wollmesheimer Mütterle **4,90 €**
82 2008 Grauburgunder Kabinett trocken Wollmesheimer Mütterle **5,- €**
84 2008 Sauvignon Blanc trocken Wollmesheimer Mütterle **5,50 €**
81 2008 Blanc de Noir trocken Wollmesheimer Mütterle **5,50 €**
82 2008 Chardonnay Spätlese trocken **7,- €**
82 2008 Chardonnay Spätlese „feinherb“ **7,- €**
83 2007 Dunkelfelder trocken Wollmesheimer Mütterle **5,50 €**

★★★

Jürgen Leiner
Weingut

Pfalz

Arzheimer Straße 14, 76831 Ilbesheim
Tel. 06341-30621, *Fax:* 06341-34401
www.weingut-leiner.de
info@weingut-leiner.de
Besuchszeiten: nach Vereinbarung
Ferienwohnungen

Inhaber .... Jürgen Leiner
Rebfläche .... 14 Hektar

Das in den siebziger Jahren gegründete Weingut Jürgen Leiner liegt im Ortskern von Ilbesheim, einem Winzerdorf am Fuß der Kleinen Kalmit. Die Weinberge liegen in Ilbesheim, Arzheim und Göcklingen. Rote Sorten, insbesondere Dornfelder und Spätburgunder, dazu als Spezialität Tempranillo, nehmen zusammen ein Drittel der Weinberge ein. Die Burgundersorten (mehr Grauburgunder als Weißburgunder) und Riesling dominieren im weißen Segment, hinzu kommen Chardonnay und Gewürztraminer. Die besten Weine werden mit Gewannnamen bezeichnet, respektive mit der Bezeichnung Calvus Mons. Ab 2010 wird es voraussichtlich eine Einzellage „Kleine Kalmit" geben, Die Rotweine kommen nach der Maischegärung ins Holzfass oder Barrique. Weißweine werden im Stahltank ausgebaut, Riesling- und Grauburgunder-Lagenweine kommen ins Holzfass der Chardonnay ins Barrique. Die Weinberge werden biodynamisch bewirtschaftet, für die Vinifikation ist Sohn Sven verantwortlich.

Ganz prächtig hatte sich Sven Leiner im Jahrgang 2006 geschlagen, die Weine waren kraftvoll und eigenständig, besaßen Charakter. Die 2007er „Handwerk"-Weine überzeugten, besaßen Kraft und Struktur. Sehr gut gefielen uns im vergangenen Jahr aber auch Sekt, Gewürztraminer Auslese und Spätburgunder Reserve. Eine ganz starke Kollektion folgt in diesem Jahr nach mit vielen kraftvollen, eigenständigen Weiß- und Rotweinen. Weiter im Aufwärtstrend!

Weinbewertung

85 . . . 2008 Riesling trocken „Handwerk"
frisch, fruchtbetont, reintönig; fruchtbetont, klar, harmonisch, feine süße Frucht **6,40 €**

85 . . . 2008 Weißburgunder trocken „Handwerk"
würzig, klar, feine süße Frucht; klar, füllig, harmonisch, feine süße Frucht und Biss **6,40 €**

86 . . . 2008 Chardonnay trocken „Handwerk"
reife Frucht, feine Frische, weiße und gelbe Früchte; weich, füllig, harmonisch, reife Frucht **6,40 €**

86 . . . 2008 Grauburgunder trocken „Handwerk"
gute Konzentration, viel reife Frucht, feine Würze, etwas gelbe Früchte; Kraft, Fülle, reintönige Frucht, gute Struktur und Länge **6,40 €**
2004: 84; 2005: 85; 2006: 85; 2006: 86.

87 . . . 2008 Grauburgunder trocken „Katzebosch"
bisher „Heißbühl"; gute Konzentration, reife Frucht, etwas gelbe Früchte, jugendlich; füllig, kraftvoll, herrlich viel Frucht und Substanz, jugendlich **14,50 €**
2005: 88; 2006: 87.

88 . . . 2008 Chardonnay trocken „Hadorne"
bisher „Hagedorn"; gute Konzentration, reife Frucht, gelbe Früchte, herrlich eindringlich; füllig, stoffig, viel reife Frucht, Substanz und Frische **14,50 €**
2004: 87; 2005: 86; 2006: 85.

88 . . . 2007 Riesling trocken „Setzer"
gute Konzentration, reintönige Frucht, gelbe Früchte, herrlich eindringlich; weich, füllig, stoffig, viel reife Frucht und Substanz **11,- €**

86 . . . 2008 Riesling trocken „Setzer"
konzentriert, herrlich eindringlich und dominant, etwas gelbe Früchte; füllig, stoffig, kraftvoll, Substanz, jugendlich **11,- €**
2005: 87; 2006: 86.

89 . . . 2007 Riesling trocken „Calvus Mons"
konzentriert, würzig, herrlich viel Frucht, dominant; füllig und schmeichelnd, herrlich viel Frucht, Substanz, gute Struktur, Frische und Kraft, nachhaltig **14,50 €**

88 . . . 2008 Riesling trocken „Calvus Mons"
gute Konzentration, klare reife Frucht, gelbe Früchte, herrlich eindringlich; füllig, harmonisch, reife süße Frucht, Substanz und Kraft **14,50 €**

88 . . . 2007 Weißburgunder trocken „Calvus Mons"
gute Konzentration, viel reife Frucht, weiße und gelbe Früchte, ganz dezent Vanille; weich, füllig, harmonisch, viel reife Frucht, Substanz, feine Frische **14,50 €**

87 . . . 2008 Weißburgunder trocken „Calvus Mons"
eindringlich, jugendlich, gelbe Früchte, gute Konzentration; füllig, harmonisch, viel reife Frucht und Substanz **14,50 €**

86 . . . 2008 Riesling Auslese
viel Konzentration, Litschi, Gewürze, etwas Cassis; süß, klar, dick, feine Frische, reintönig **9,50 €/0,375l**

86 . . . 2007 Spätburgunder trocken „Tradition"
feine rauchige Noten, herrlich reintönige Frucht; klar, füllig, kraftvoll, reife Frucht, dezent Vanille **10,90 €**

88 . . . 2007 Spätburgunder trocken „Reserve"
würzig, konzentriert, herrlich eindringlich, etwas rote Früchte, dezent rauchige Noten; füllig, stoffig, klare reife Frucht, gute Struktur und Substanz, Frische, Länge **17,10 €**
2002: 87; 2004: 87; 2005: 86; 2006: 87.

86 . . . 2007 Dornfelder trocken „Kuriosum"
würzig, klar, viel reife Frucht, rote Früchte; füllig, stoffig, reife Frucht, Substanz, Frische **10,90 €**

85 . . . 2004 Tempranillo trocken
viel Duft, etwas Gewürze, gute Konzentration, rote Früchte; Substanz, Kraft, Tannine (erschien uns im vergangenen Jahr allzu „duftig") **24,50 €**

---

84 2008 Spätburgunder trocken „Handwerk" **7,10 €**

★★☆

Leiningerhof

Benzinger – Weingut im

Pfalz

Weinstraße Nord 24, 67281 Kirchheim
***Tel.** 06359-1339, **Fax:** 06359-2327*
www.leiningerhof.com
info@weingut-leiningerhof.de
***Besuchszeiten:** Mo.-Fr. 8-12 + 13-17 Uhr,*
Sa. nach Vereinbarung
3 Veranstaltungsräume
Restaurant (Pächter: Familie Friedrich)

Inhaber .... Volker Benzinger
Rebfläche .... 13 Hektar

Der Leiningerhof in Kirchheim im Leiningerland wird heute von Volker und Inge Benzinger geführt. Die Weinberge liegen in verschiedenen Lagen von Kirchheim (Kreuz, Steinacker, Geißkopf), Bockenheim (Schlossberg) und Obersülzen (Schnepp). Neben Riesling und den weißen Burgundersorten spielen die roten Sorten Spätburgunder, Dornfelder und Portugieser eine sehr wichtige Rolle. Im Jahr 2001 hat Volker Benzinger etwas Merlot, Cabernet Sauvignon und Cabernet Franc gepflanzt, die er für Cuvées nutzt. Der Rotweinanteil liegt bei 35 Prozent. 90 Prozent der Weine werden trocken ausgebaut. Volker Benzinger verzichtet auf Prädikatsbezeichnungen. Seit 2004 ist die älteste Tochter Sylvia im Weingut tätig und für das Marketing verantwortlich (im Oktober 2005 wurde sie zur Deutschen Weinkönigin gewählt), inzwischen ist auch ihre jüngere Schwester Julia im Betrieb, kümmert sich zusammen mit ihrem Vater um den Keller.

Seit einem Jahrzehnt nun empfehlen wir schon die Weine von Volker Benzinger, immer wieder begeistert uns das zuverlässige, gute Niveau seiner Kollektionen. Die Weine sind reintönig und fruchtbetont, zeigen mustergültig den Rebsortencharakter.

Die 2006er waren insgesamt etwas verhaltener. Die letztjährige Kollektion gefiel uns gut, präsentierte sich sehr homogen mit einer hervorragenden reintönigen Scheurebe Beerenauslese an der Spitze. Die neue Kollektion besticht durch ihre Homogenität, alle Weine sind klar und fruchtbetont.

Weinbewertung

85 . . . 2008 SCHNEPP Sauvignon Blanc trocken
klar, frisch, herrlich reintönig, etwas Tropenfrüchte; reintönig, harmonisch, reife Frucht **8,- €**
2007: **86**.

85 . . . 2008 STEINACKER Riesling trocken
klar, frisch, fruchtbetont; reintönige Frucht, feine Frische, zupackend **8,- €**
(bis 2003 Spätlese) 1998: **85**; 2000: **87**; 2001: **87**; 2002: **86**; 2003: **87**; 2004: **85**; 2005: **88**; 2006: **86**; 2007: **85**.

86 . . . 2007 Grauburgunder „von alten Reben" trocken Kirchheimer Geisskopf
gute Konzentration, viel reife Frucht, herrlich eindringlich; füllig, harmonisch, reife süße Frucht, feine Frische **8,- €**

85 . . . 2007 GEISSTAL Weißburgunder „SL" trocken Kirchheimer Geisskopf
feine Frische, würzig, klare Frucht; füllig, reintönig, reife süße Frucht **8,- €**

87 . . . 2007 Weißburgunder Barrique Kirchheimer Kreuz
gute Konzentration, viel reife Frucht, dezenter Toast und Vanille, herrlich eindringlich und reintönig; füllig, harmonisch, viel reife süße Frucht und Substanz **12,50 €**

85 . . . 2008 „J!" Scheurebe trocken
klar, direkt, etwas Cassis, jugendlich; frisch, zupackend, reintönige Frucht **8,- €**

85 . . . 2008 „J!" Riesling
frisch, würzig, reintönige Frucht, etwas Zitrusfrüchte; klar, frisch, zupackend **8,- €**

85 . . . 2007 Dornfelder trocken Holzfass
frisch, fruchtbetont, reintönig; frisch, zupackend, reintönige Frucht **7,50 €**

86 . . . 2006 Pinot Noir trocken Barrique
rauchige Noten, reintönige Frucht, dezenter Toast, herrlich eindringlich; weich, füllig, harmonisch, reife Frucht, Substanz **14,50 €**

80 2008 Riesling trocken **5,50 €**
84 2007 „OPORTO" Rotwein trocken Holzfass Kirchheimer Steinacker **7,50 €**

★★

Leiss

Weingut

Württemberg

Lennacher Straße 7, 74189 Gellmersbach
Tel. 07134-14389, Fax: 07134-20621
www.weingut-leiss.de
info@weingut-leiss.de
Besuchszeiten: Mo.-Fr. 10:30-12 + 17:30-19 Uhr, Sa. 9-16 Uhr
Besenwirtschaft

Inhaber . . . . Wolf-Peter Leiss
Rebfläche . . . . 12 Hektar

Zwei Drittel der Weinberge von Wolf-Peter Leiss nehmen rote Rebsorten ein. Wichtigste rote Sorte ist Trollinger, gefolgt von Lemberger und Schwarzriesling. Riesling nimmt ein Viertel der Rebfläche ein, dazu gibt es etwas Kerner, Müller-Thurgau, Gewürztraminer und Grauburgunder. Die Reben wachsen in Gellmersbach auf Keuperverwitterungsböden.

Die letztjährige Kollektion hatte uns sehr gut gefallen, überzeugte mit kraftvollen, eindringlichen Weinen, weiß wie rot. Eine ebenso überzeugende Kollektion präsentierte Wolf-Peter Leiss in diesem Jahr, die einmal mehr angeführt wird von den barriqueausgebauten Rotweinen, allen voran die imposante Cuvée Nobilis.

Weinbewertung

85 . . . 2008 Riesling Spätlese trocken „Herzgrübele"
gute Konzentration, feine Würze und Frucht; weich, harmonisch, klare Frucht, gute Fülle und Substanz **7,50 €**

85 . . . 2008 Kerner Spätlese Gellmersbacher Dezberg
frisch, fruchtbetont, reintönig; klar, harmonisch, elegant, feine süße Frucht und Biss **6,20 €**

85 . . . 2006 Lemberger trocken „Herzgrübele"
gute Konzentration, klare reife Frucht, rote Früchte; füllig, kraftvoll, klare Frucht, Tannine **6,80 €**

88 . . . 2006 Lemberger trocken Barrique
feiner Duft, etwas Gewürze, rote Früchte; füllig, stoffig, kraftvoll, reife intensive Frucht, gute Substanz und Länge **14,- €**

89 . . . 2005 „Cuvée Nobilis" Rotwein trocken Barrique
gute Konzentration, viel reife Frucht, Schwarzkirschen, herrlich eindringlich; füllig, konzentriert, stoffig, viel reife Frucht, Länge **18,- €**
2002: 87; 2003: 91; 2004: np; 2005: 87.

82 2008 „Cuvée weiß" Kabinett trocken **4,50 €**
83 2008 Grauburgunder Spätlese trocken Gellmersbacher Dezberg **6,50 €**
82 2008 Trollinger „Alte Reben" trocken **5,40 €**
82 2007 Samtrot trocken **9,50 €**

L

Die besten deutschen Weinerzeuger und ihre Weine

Josef Leitz
Weingut ★★★★★
Rheingau

Theodor-Heuss-Straße 5, 65385 Rüdesheim
Tel. 06722-48711, Fax: 06722-47658
www.leitz-wein.de
info@leitz-wein.de
Besuchszeiten: nach Vereinbarung

Inhaber .... Johannes Leitz
Rebfläche .... 29 Hektar

Weinbau gibt es in der Familie Leitz bereits seit 1744, aber erst in den fünfziger Jahren des letzten Jahrhunderts hatte sich Josef Leitz, der Großvater des heutigen Besitzers Johannes Leitz, ganz auf Weinbau spezialisiert. Nach dem frühen Tod des Vaters hat die Mutter von Johannes Leitz das Weingut als Feierabendbetrieb erhalten. Er selbst vinifizierte bereits 1985 seinen ersten Jahrgang. Johannes Leitz vergrößerte seine Rebfläche in den vergangenen Jahren beträchtlich. Er baut nur Riesling an und vergärt alle Weine mit ihren natürlichen Hefen im Holz.

Seine Spitzenweine erzeugt er aus dem Rüdesheimer Berg, aus den Lagen Berg Roseneck, Berg Schlossberg und Berg Rottland, sowie aus dem Berg Kaisersteinfels, wo er alte, brachliegende Terrassen rekultiviert hat.

2006 konnte Johannes Leitz eine der besten Kollektionen des Jahrgangs in Deutschland vorstellen. Vergleichbar stark war die 2007er Kollektion, angeführt von den kraftvollen trockenen Spitzenweinen aus dem Rüdesheimer Berg. Die 2008er sind etwas schlanker im Vergleich zu früheren Jahren – was heißt schon schlank bei Leitzschen Weinen. Denn Kraft und Substanz besitzen sie immer noch zu Genüge, hinzu kommt – und das zeichnet diesen Jahrgang bei Johannes Leitz aus – eine enorme Nachhaltigkeit.

Weinbewertung

86 . . . 2008 Riesling trocken „EINS-ZWEI-DRY"
frisch, fruchtbetont, dezent gelbe Früchte; klar, geradlinig, feine Frucht und Biss **7,50 €**

87 . . . 2008 Riesling trocken Rüdesheimer
würzig, herrlich eindringlich, klare Frucht; frisch, zupackend, klare Frucht und Biss **8,90 €**

89 . . . 2008 Riesling trocken „Magic Mountain"
würzig, konzentriert, herrlich viel Frucht; füllig, saftig,

klare reife Frucht, dezent mineralische Noten, gute Länge **14,90 €**

90 . . . 2008 Riesling trocken Rüdesheimer Berg Roseneck
feine Würze, klare reife Frucht, herrlich eindringlich; gute Fülle, reife Frucht, elegant, fein, gute Harmonie und Länge **19,50 €**

92 . . . 2008 Riesling „Alte Reben" Rüdesheimer Berg Kaisersteinfels
faszinierend viel Frucht, gelbe Früchte, etwas Kräuter und mineralische Noten; elegant, würzig, viel reife Frucht, konzentriert und reintönig, gute Substanz, enorm nachhaltig **28,50 €**
2002: 90; 2003: 90; 2004: 91; 2005: 91; 2006: 92; 2007: 90.

93 . . . 2007 Riesling „Alte Reben" Rüdesheimer Berg Schlossberg
faszinierend viel Frucht, gelbe Früchte, herrlich eindringlich und konzentriert; kraftvoll, stoffig, herrlich viel Frucht, saftig und doch komplex, enorm lang und nachhaltig

94 . . . 2008 Riesling „Alte Reben" Rüdesheimer Berg Schlossberg
faszinierend klar und konzentriert, herrlich viel Frucht, gelbe Früchte, dominant; kraftvoll, stoffig, faszinierend viel Frucht, komplex, mineralisch, enorm nachhaltig **28,50 €**

91 . . . 2008 Riesling trocken „Alte Reben" Rüdesheimer Berg Rottland
konzentriert, herrlich eindringlich, viel Würze, etwas gelbe Früchte; kraftvoll, stoffig, anfangs verschlossen, reife Frucht, gute Struktur und Substanz, jugendlich **28,50 €**
2004: 95; 2005: 95; 2006: 92; 2007: 92.

93 . . . 2008 Riesling trocken „Alte Reben" Goldkapsel Rüdesheimer Berg Rottland
faszinierend viel Frucht, viel Würze, herrlich eindringlich und dominant; kraftvoll, konzentriert, herrlich viel Frucht und Stoff, viel Substanz und Fülle, lang **60,- €**

86 . . . 2008 Riesling Kabinett „feinherb" Rüdesheimer Kirchenpfad
zarte Frucht, deutliche Hefenote; rassig, etwas Kohlensäure, würzig, sehr animierend **8,90 €**

88 . . . 2008 Riesling Spätlese Rüdesheimer Magdalenenkreuz
duftig, klare Frucht, Ananas, Kräuter; saftig, rassig, sehr präzise, pikante Säure, Nachhall **11,90 €**

89 . . . 2008 Riesling Spätlese Rüdesheimer Berg Roseneck
sehr klar, Steinobst, Mirabellen, etwas Ananas; saftig, rassig, sehr geradlinig, ungemein animierend **22,- €**
2001: 88; 2002: 89; 2003: 87; 2004: 88; 2005: 91; 2006: 89; 2007: 90.

92 . . . 2008 Riesling Auslese Rüdesheimer Berg Schlossberg
feine Frucht, klar, kandierter Apfel, Mirabellen; saftig, viel kühle Frucht, nachhaltig, sehr präzise **32,- €**

★★☆

Günter Leitzgen
Wein- und Sektgut

Mosel

Auf Cales 28, 56814 Bremm
Tel. 02675-1673, Fax: 02675-1709
www.leitzgen-weine.de
info@leitzgen-weine.de
Besuchszeiten: nach Vereinbarung

Inhaber .... Günter und Susanne Leitzgen
Rebfläche .... 2,7 Hektar

Nach zehn Jahren als Kellermeister in zwei großen Kellereibetrieben hat sich Günter Leitzgen selbständig gemacht. Seine Weinberge befinden sich in Bremm (darunter der Calmont), Eller und Neef. Neben Riesling baut er ein wenig Müller-Thurgau und immerhin ein Fünftel Elbling an. Die Erträge werden im Weinberg reduziert, die Weine werden langsam und kühl vergoren, teilweise mit natürlichen Hefen. Die Spitzen lagern anschließend rund sechs Monate auf der Feinhefe. Statt Naturkorken verwendet das Weingut ausschließlich

Kunststoffpfropfen und Stainless-Cap-Verschlüsse. Das Angebot an trockenen Weinen ist groß, sie nennen sich „STERN", „PRESTIGE" oder „TERROIR". „ELEGANCE" kennzeichnet den halbtrockenen, „AVANTGARDE" den lieblichen Topwein.

2006 wirkte etwas unausgeglichen, 2007 begeisterten dann aber die mineralischen Rieslinge. Die 2008er sind ebenfalls gelungen, saftig und sehr gleichmäßig in der Qualität.

Weinbewertung

87 ... 2008 Riesling trocken „STERN" Calmont
sehr jugendlich, leichte Hefenote, eher verhalten; dicht, straff, leicht mineralische Noten, gut eingebundene Säure **9,50 €**
(bis 2004 „Terroir") 2003: 85; 2004: 87; 2005: 87; 2006: 84; 2007: 85+.

86 ... 2008 Riesling trocken „STERN" Pfirsichgarten
duftig, etwas Apfel, Steinobst, leichte Hefenote; rassige Säure, wirkt eher schlank, ausgewogen **9,50 €**

86 ... 2008 Riesling trocken „PRESTIGE"
sehr verschlossen, etwas Boskoop, Melone; deutlich würzig, hat Substanz, braucht Zeit **10,- €**

85 ... 2008 Riesling halbtrocken Calmont
klare Frucht, etwas Melone; kraftvoll, hat Schmelz, ganz zarte Süße, gute Länge **7,50 €**

86 ... 2008 Riesling Spätlese „AVANTGARDE"
frisch, jugendlich, Zitrus, Apfel; rassig, saftig, eher schlank, klare Frucht, animierend **9,50 €**

88 ... 2008 Riesling Eiswein
cremige Frucht, weißer Pfirsich, reife Aprikosen, Blütenhonig; wunderschön saftig, cremig, viel Frucht, nachhaltig **29,- €/0,375l**

81 2008 Elbling trocken **5,50 €**
83 2008 Riesling trocken Frauenberg **7,50 €**
84 2008 Riesling trocken „TRADITION" **8,50 €**
84 2008 Riesling Spätlese halbtrocken „ELEGANCE" **9,50 €**

L

Die besten deutschen Weinerzeuger und ihre Weine

Lenz-Dahm ★

Weingut

Mosel

Heinrich Lenz-Dahm GmbH
Hauptstraße 3, 56862 Pünderich
Tel. 06542-22950, Fax: 06542-21487
www.lenz-dahm.de
lenz-dahm@lenz-dahm.de
Besuchszeiten: nach Vereinbarung

Geschäftsführer .... Peter Arens, Karl Schaaf
Rebfläche .... 4,3 Hektar

Die Weinberge des Weinguts Lenz-Dahm liegen in Pünderich und Kröv an der Mosel sowie in Kasel an der Ruwer. Es wird fast ausschließlich Riesling angebaut. Die Weine werden nach kontrollierter, kühler Vergärung teils im Holz, teils im Edelstahl ausgebaut. Eine Spezialität des Weingutes sind die Sekte, von denen drei ohne Dosage „Extra Brut" ausgebaut werden.

Im Jahrgang 2006 fiel der „Heinrich" ausnahmsweise „feinherb" aus, war aber nicht weniger gelungen. 2007 war die saftige 3-Sterne-Auslese aus der Marienburg besonders gelungen. Die 2008er sind schlank und frisch, einige der nochmals vorgestellten 2007er haben sich gut entwickelt.

Weinbewertung

85 ... 2007 Riesling Auslese „feinherb" Pündericher Marienburg
reife Frucht, Steinobst; würzig, kraftvoll, saftig, geradlinig, Schmelz, gute Länge **15,50 €**

87 ... 2007 Riesling Auslese* Pündericher Marienburg**
feine Frucht, Steinobst, etwas Pfirsich; saftig, viel Frucht, würzig, zugänglich, hat Biss **15,50 €**

85 ... 2008 Riesling Auslese* Pündericher Marienburg**

reife Frucht, klar, Steinobst, kandierter Apfel; saftig, viel Frucht, rassig **15,50 €**

---

84 2008 Riesling Sekt extra brut **10,50 €**

81 2008 Riesling „aus der Steillage" trocken Pündericher Marienburg **6,10 €**

78 2008 Riesling Hochgewächs trocken Kaseler Hitzlay **6,10 €**

79 2008 Riesling trocken „Blauschiefer" Pündericher Marienburg **8,- €**

84 2008 Riesling Spätlese trocken „Alte Reben" Pündericher Marienburg **9,50 €**

81 2008 Riesling Auslese trocken „Alter Heinrich" Pündericher Marienburg **15,50 €**

81 2008 Riesling „Blauschiefer feinherb" 7,60 €

78 2008 Riesling Hochgewächs Kröwer Letterlay **6,10 €**

★

Peter Leonhard
Weingut

Rheinhessen

Wörrstädter Straße 35, 55283 Nierstein
Tel. 06133-50323, Fax: 06133-491921
weingut-leonhard@gmx.de
Besuchszeiten: nach Vereinbarung

Inhaber .... Klaus Peter Leonhard
Rebfläche .... 5 Hektar

Peter Leonhard, Gutsverwalter beim Weingut Louis Guntrum, erzeugte 1971 seinen ersten Wein von einer im Jahr davor erworbenen, 1.800 Quadratmeter großen Silvanerparzelle auf dem Niersteiner Rosenberg. Seit 2006 führt Sohn Klaus Peter den Betrieb, der nach Geisenheim-Studium halbtags beim Weingut St. Antony arbeitet. Seine Weinberge liegen vor allem in den Lagen Ölberg, Rosenberg und Paterberg. Ein Drittel der Rebfläche ist mit Riesling bestockt, hinzu kommen Spätburgunder und St. Laurent, aber auch Silvaner, Scheurebe, Rieslaner, Weißburgunder und Grauburgunder. Die Weißweine werden nach scharfer Vorklärung im Edelstahl ausgebaut und im Februar abgefüllt. Die Rotweine werden nach Maischegärung im Holz ausgebaut.

In der guten letztjährigen Kollektion gefiel uns die Rieslaner Auslese und die trockene Riesling Spätlese, beide aus dem Ölberg, besonders gut. Die 2008er Kollektion ist deutlich verhaltener.

Weinbewertung

77 2008 Silvaner trocken Niersteiner Paterberg **3,70 €/1l**

78 2008 Riesling Kabinett trocken Niersteiner Pettenthal **4,40 €**

80 2008 Riesling Kabinett trocken Niersteiner Ölberg **4,40 €**

82 2008 Riesling Spätlese trocken Niersteiner Ölberg **5,60 €**

81 2008 Grauburgunder Spätlese trocken Niersteiner Paterberg **5,60 €**

78 2008 Riesling Kabinett halbtrocken Niersteiner Ölberg **4,40 €**

79? 2008 Rieslaner Spätlese Niersteiner Rosenberg **5,60 €**

77 2007 Spätburgunder „Premium" trocken Niersteiner Paterberg **5,90 €**

★★★

Lergenmüller

Weingut

Pfalz

Weinstraße 16, 76835 Hainfeld
Tel. *06341-96333,* ***Fax:*** *06341-96334*
www.lergenmueller.de
lergenmueller@t-online.de
Besuchszeiten: *täglich*
Gutsrestaurant mit Hotel (Landhaus Herrenberg in Landau-Nußdorf)

Inhaber..................Familie Lergenmüller
Rebfläche.............................65 Hektar

Kaum ein anderes Weingut in der Pfalz hat ein solch klares Konzept wie das Weingut Lergenmüller. Stefan und Jürgen Lergenmüller verzichten konsequent auf Lagennamen und bauen ihre Weine überwiegend trocken aus. Ihre Weinberge setzen sich aus mehr als 300 einzelnen Parzellen von Godramstein bis Rhodt unter Rietburg zusammen. 1998 haben sie in Burrweiler das Weingut St. Annaberg übernommen, das als eigenständiges Weingut weitergeführt wird (siehe eigenen Eintrag). Für Furore sorgten die beiden Brüder in den neunziger Jahren mit ihren Rotweinen. Neben Spätburgunder und Dornfelder galt ihr besonderes Interesse schon immer dem St. Laurent. Aber auch mit Cuvées oder internationalen Sorten wie Cabernet Sauvignon gehörten sie zu den Vorreitern in der Pfalz.

Sehr homogen und überzeugend präsentierte sich der Jahrgang 2006. Vergleichbar war auch die letztjährige Kollektion mit vielen fruchtbetonten, reintönigen Weißweinen. Hinzu kamen interessante Rotweine, vor allem der „Philipp L." aus dem Jahrgang 2001 beeindruckte. Die 2008er Weißweine sind teils etwas verhaltener als ihre Vorgänger, am meisten überzeugt der Sauvignon Blanc „Feuerstein".

Weinbewertung

87 . . . 2008 Sauvignon Blanc „Feuerstein"
würzig, herrlich eindringlich, reintönige Frucht; frisch, klar, harmonisch, würzig, viel reife Frucht **13,60 €**

87 . . . 2007 Chardonnay trocken „pur mineral"
klar, etwas weiße und gelbe Früchte; füllig und schmeichelnd, viel reife süße Frucht **14,80 €**
2005: 87; 2006: 85.

86 . . . 2003 „Black Beard" Rotwein trocken
feine Würze, etwas rote Früchte, rauchige Noten; klar, frisch, dezent Schokolade, reife Frucht und gute Struktur **14,80 €**

81 2008 Riesling „Johannes L." **7,90 €**
83 2008 Weißburgunder trocken „Muschelkalk" **12,80 €**
84 2008 Grauburgunder trocken „Buntsandstein" **9,80 €**
81 2007 Chardonnay Riesling „Delvino" **8,90 €**
84 2008 Blanc de Noir „John Silver" **9,80 €**
84 2007 Dornfelder „Ursprung" **8,40 €**

★

Lidy

Weingut

Pfalz

Frankenburgstraße 6, 76833 Frankweiler
Tel. *06345-3472,* ***Fax:*** *06345-5238*
www.weingut-lidy.de
weingut-lidy@t-online.de
Besuchszeiten: *Mo.-Fr. 9-12 + 13-17 Uhr*

Inhaber............................Bertram Lidy
Rebfläche.............................19 Hektar

Seit den fünfziger Jahren vermarktet die Familie ihre Weine selbst. Die Weinberge liegen in Frankweiler, wo die Reben auf Schichten von Kalkstein, blauem Keuper und Buntsandstein wachsen. Ein Drittel der Rebfläche ist mit Riesling bestockt, auf einem Drittel stehen rote Sorten (Spätburgunder, St. Laurent, Frühburgunder, Portugieser, Schwarzriesling und Dornfelder), auf einem weiteren Drittel andere weiße Rebsorten wie Silvaner, Weißburgunder, Grauburgunder, Chardonnay, Gewürztraminer, Rieslaner und Müller-Thurgau. 90 Prozent der Weine werden trocken ausgebaut.

Nach einer jahrgangsbedingt schwächeren 2006er Kollektion gefiel uns im vergangenen Jahr der Riesling aus der „Hohen Linie" besonders gut, die Beerenauslese besaß Substanz. Die neue Kollektion überzeugt voll und ganz: Die Weißweine bieten gutes, gleichmäßiges Niveau, die Rotweine zeigen sehr schöne Ansätze, sind kraftvoll, gekonnt vinifiziert. So darf es weitergehen!

Weinbewertung

85 . . . 2007 Spätburgunder Spätlese trocken Frankweiler Biengarten
feine Würze, rauchige Noten, klare Frucht; füllig, kraftvoll, reife Frucht, gute Struktur **12,50 €**

86 . . . 2007 Frühburgunder Auslese trocken Frankweiler Biengarten
gute Konzentration, reintönige Frucht, feine Würze und Toast, herrlich eindringlich; füllig, harmonisch, viel reife Frucht, feine Frische und Biss **16,50 €/0,5l**

87 . . . 2008 Spätburgunder Blanc de Noir Trockenbeerenauslese Frankweiler Biengarten
konzentriert, würzig, dominant; süß, konzentriert, herrlich viel Stoff, dezente Bitternote **21,- €/0,375l**

81 2008 Chardonnay Kabinett trocken Frankweiler Kalkgrube **6,20 €**
83 2008 Muskateller Kabinett trocken Frankweiler Kalkgrube **7,50 €**
83 2008 Riesling Spätlese trocken Frankweiler Kalkgrube **6,80 €**
80 2008 Riesling Kabinett „SC" „feinherb" Frankweiler Kalkgrube **6,20 €**
83 2008 Rieslaner Spätlese Frankweiler Kalkgrube **6,80 €**

★★

Liebenauer Hof

Weingut Karl May

Rheinhessen

Ludwig-Schwamb-Straße 22, 67574 Osthofen
Tel. 06242-2356, Fax: 06242-3690
www.liebenauer-hof.de
info@liebenauer-hof.de
Besuchszeiten: nach Vereinbarung

Inhaber .... Karl May
Rebfläche .... 14 Hektar

Der schon im Jahr 1309 beurkundete Liebenauer Hof wurde nach der Säkularisation 1815 von den Vorfahren des heutigen Besitzers Karl May erworben. Seine Weinberge liegen in Osthofen und Bechtheim. Karl und Irmgard May werden im Betrieb unterstützt von Carolin, Peter und Fritz May. Die breite Rebsortenpalette wird angeführt von Riesling, Spätburgunder, Portugieser, Dornfelder und Müller-Thurgau.

Gleich vier rote Barriqueweine, alle aus dem Jahrgang 2004, gab es vor zwei Jahren zu verkosten, alle vier überzeugten. Auch der Riesling aus dem Geyersberg zeigte sehr gute Ansätze. Auch in der letztjährigen Kollektion gefielen die Barriqueweine, vor allem Frühburgunder und Spätburgunder, sowie der Geyersberg-Riesling besonders gut. In diesem Jahr haben wir nur Weißweine verkostet, der trockene Riesling aus dem Geyersberg erweist sich einmal mehr als unser Favorit.

Weinbewertung

85 . . . 2008 Riesling „S" trocken
klar, konzentriert, herrlich eindringlich, jugendliche Frucht; füllig, harmonisch, reife Frucht und Substanz **7,30 €**

87 . . . 2008 Riesling trocken Geyersberg
gute Konzentration, faszinierend viel Frucht, etwas gelbe Früchte, herrlich eindringlich; gute Fülle und Harmonie, klare reife Frucht, Substanz **12,50 €**
2007: **87**

86 . . . 2008 Riesling Spätlese
würzig, eindringlich, reintönige Frucht, jugendlich; füllig, schmeichelnd, herrlich viel Frucht, süffig und lang **6,50 €**

79	2008 Silvaner trocken	**4,40 €**
80	2008 Riesling trocken	**5,40 €**
81	2008 Riesling Classic	**5,10 €**
80	2008 Weißburgunder Classic	**5,20 €**

L

★★

Liebfrauenstift

Weingut

Rheinhessen

Liebfrauenstift 20, 67547 Worms/Rhein
Tel. 06241-9111-51, Fax: 06241-9111-33
www.liebfrauenstift.com
weingut@liebfrauenstift.com
Besuchszeiten: Di.-Fr. 12-18 Uhr, Sa. 11-15 Uhr („Der Weinladen" am Weckerlingplatz)

Inhaber .... Wilhelm Steifensand
Gutsverwalter .... Tilman Queins
Rebfläche .... 13,3 Hektar

1786 gründete Peter Joseph Valckenberg das noch heute existierende, gleichnamige Weinhandelshaus in Worms. 1808 erwarb er das Kapuzinerkloster und die historischen Weingärten um die Liebfrauenkirche. Bereits Mitte des 19. Jahrhunderts wurden die Valckenberg-Weine in alle Welt exportiert. Nachdem die Weinberge lange Jahre vom Weingut Heyl zu Herrnsheim in Nierstein bewirtschaftet wurden, hat man wieder selbst die Regie übernommen und den Önologen Tilman Queins als Gutsverwalter eingesetzt. Nach seiner Paradelage benannte man 2009 das Weingut um, gab ihm den Namen Liebfrauenstift. Gleichzeitig wurde das Programm neu strukturiert in Gutsweine, Ortsweine und Lagenweine.

2006 gefiel der Kabinett wie gewohnt, die Auslese fesselte mit ihrer reintönigen Frucht. 2007 brachte eine gleichmäßige Kollektion, der trockene Riesling aus dem Liebfrauenstift hatte Kraft und Substanz. Die neue Kollektion ist stimmig, schon der Literriesling bereitet Freude, der trockene Lagenwein besitzt Kraft und Substanz: Weiter so!

Weinbewertung

85 . . . 2008 Riesling trocken Wormser
würzig, eindringlich, klare Frucht; füllig, kraftvoll, klare reife Frucht **11,- €**

87 . . . 2008 Riesling trocken Liebfrauenstift-Kirchenstück
gute Konzentration, feine Würze und Frucht, herrlich eindringlich; füllig, kraftvoll, reife Frucht, gute Struktur und Substanz **18,50 €**

84	2005 Riesling Sekt brut	**11,50 €**
82	2008 Riesling trocken	**6,70 €/1l**
81	2008 Weißburgunder trocken	**5,90 €**
83	2008 Riesling trocken	**7,95 €**
83	2008 Riesling Kabinett	**7,95 €**

★★★★

Schloss **Lieser**

Weingut

Mosel

Am Markt 1, 54470 Lieser
Tel. *06531-6431,* ***Fax:*** *06531-1068*
www.weingut-schloss-lieser.de
info@weingut-schloss-lieser.de
Besuchszeiten: *nach Vereinbarung*

Inhaber .... Thomas Haag
Rebfläche .... 8,5 Hektar

Das Weingut Schloss Lieser stammt aus dem Jahr 1904 und war bereits in der ersten Hälfte des 20. Jahrhunderts berühmt. Anfang der neunziger Jahre wurde es von Thomas Haag, dem Sohn von Wilhelm Haag (Weingut Fritz Haag in Brauneberg), übernommen. Thomas Haag baut ausschließlich Riesling an. Das Gros seiner Weinberge liegt in Lieser, vor allem in der Lage Niederberg Helden, es werden aber auch Parzellen in der Brauneberger Juffer-Sonnenuhr und in anderen Lagen der Mittelmosel bewirtschaftet. Die Weine haben in den letzten Jahren deutlich an Charakter gewonnen, auch die trockenen Rieslinge haben in den vergangenen Jahren deutlich zugelegt. Die typischen Spontangärnoten sind immer noch merkbar, aber nicht dominant. Im jugendlichen Stadium wirken einige der Auslesen oft recht süß – sie finden aber nach einigen Jahren zu einer faszinierenden Harmonie.

2006 zeigten die Rieslinge viel Kraft und Würze, die 2007er beeindruckten mit viel Eleganz und Finesse. Die 2008er wirken fast noch spannender: Nur von leichten Spontangärnoten geprägt, rassig und mineralisch bis zur Versteigerungsspätlese oder bis zu den enorm rassigen Auslesen.

Weinbewertung

88 ... 2008 Riesling Spätlese trocken
noch deutliche Hefenote, feine Frucht; würzig, pikante Säure, stoffig, viel Potenzial **12,- €**

86 ... 2008 Riesling Kabinett
zarte Frucht, ganz leichte Hefenote; feingliedrig, rassig, dezente Süße, sehr animierend, hat Biss **8,50 €**

90 ... 2008 Riesling Kabinett Brauneberger Juffer
herrlich frisch, Hefenoten, etwas Apfel, Steinobst, etwas Ananas; saftig, rassig, sehr animierend **9,50 €**

89 ... 2008 Riesling Spätlese Niederberg-Helden
reife Frucht, cremig, Pfirsich; saftig, rassig, zugänglich, feines Süße-Säure-Spiel, lang, Nachhall **12,- €**

92 ... 2008 Riesling Spätlese Brauneberger Juffer-Sonnenuhr
sehr klar, feine Zitrusnoten, Steinobst; enorm würzig, rassig, süß, mineralisch, lang (Versteigerungswein)

92 ... 2008 Riesling Auslese Brauneberger Juffer-Sonnenuhr
opulente Frucht, cremig, leicht tropisch: rassig, saftig, verhaltene Süße, langer Nachhall **21,- €**

93 ... 2008 Riesling Auslese Goldkapsel Brauneberger Juffer-Sonnenuhr
sehr prägnante Frucht, Zitrusschalen, etwas Steinobst, leicht cremig; würzig, rassige Frucht, enorm saftig, komplex, dicht und mineralisch **29,- €**

95 ... 2008 Riesling Auslese Goldkapsel Versteigerungswein Brauneberger Juffer-Sonnenuhr
zunächst etwas verhalten, reife Frucht, Zitrusschale, Mirabellen, leichte Kräuternote; opulent, komplex, mineralisch, ganz am Anfang (Versteigerungswein)

93 ... 2008 Riesling Auslese Goldkapsel Lieserer Niederberg-Helden
noch etwas unruhig, Spontangärnoten, cremig, Pfirsich, Mirabellen; saftig, rassig, gut balanciert **25,- €**

97 ... 2007 Riesling Trockenbeerenauslese Lieserer Niederberg-Helden
opulente Frucht, absolut reintönig, cremig, kandierte Nektarinen, Zitrusschale; komplex, dicht, hohe Süße, sehr lang **230,- €**

84 2008 Riesling **7,- €**

L

Die besten deutschen Weinerzeuger und ihre Weine

★★★

Lindenhof

Weingut

Nahe

Lindenhof, 55452 Windesheim
Tel. 06707-330, 06707-8310
www.weingutlindenhof.de
weingut.lindenhof@t-online.de
Besuchszeiten: Mo.-Fr. 10-12 + 14-18 Uhr,
Sa. 10-16 Uhr und nach Vereinbarung

Inhaber .... Martin Reimann
Rebfläche .... 10 Hektar

Der Lindenhof ist seit über 100 Jahren in Familienbesitz und wird heute von Martin Reimann geführt. Er hat in den letzten Jahren geringere Lagen aufgegeben oder verpachtet und Weinberge in guten Lagen hinzugekauft. Seine Weinberge liegen in Windesheim (Fels, Römerberg, Rosenberg) und Schweppenhausen. Seinen Sortenspiegel hat er hin zu seiner Idealvorstellung – 50 Prozent Riesling und 50 Prozent Burgundersorten – angepasst, so dass er heute 45 Prozent Riesling und 45 Prozent Spät- und Weißburgunder in seinen Weinbergen stehen hat. Über 90 Prozent der Weine werden trocken ausgebaut.

Vor zwei Jahren überzeugte die Kollektion mit gutem Gesamtniveau, Highlight war die faszinierende trockene Spätburgunder Auslese aus dem Jahrgang 2005. Eine sehr gleichmäßige Kollektion präsentierte Martin Reimann im vergangenen Jahr, an der Spitze zwei füllige Weißburgunder Spätlesen und reintönige süße Rieslinge. Süße Rieslinge hat Martin Reimann 2008 nicht erzeugt, die trockenen Rieslinge aber präsentieren sich wie die Weißburgunder gewohnt zuverlässig auf hohem Niveau. Sehr gut, wenn auch noch allzu jugendlich, finden wir die 2007er Spätburgunder, eine verkostete 2002er Auslese präsentierte sich in prächtiger Verfassung.

Weinbewertung

86 . . . 2008 Riesling trocken „Grauschiefer" Schweppenhäuser Steyerberg
gute Konzentration, feine Würze und Frucht, klar, mineralische Noten; füllig, klar, zupackend, feine Frische, wunderschön saftig und kraftvoll **9,20 €**
2005: 87; 2006: 86; 2007: 85.

87 . . . 2008 Riesling trocken Fels
viel Konzentration, viel Würze, etwas gelbe Früchte, dezent mineralische Noten; füllig, stoffig, viel reife Frucht und Substanz, jugendlich **11,50 €**

87 . . . 2008 Weißer Burgunder Spätlese trocken
gute Konzentration, reintönige Frucht, weiße Früchte; klar, harmonisch, reife Frucht, wunderschön reintönig, feine Frische **7,80 €**
2002: 85; 2003: 86; 2004: 86; 2005: 86; 2006: 84; 2007: 84.

86 . . . 2008 Weißer Burgunder Spätlese trocken Goldkapsel
gute Konzentration, feine Würze, gelbe Früchte; gute Fülle, Substanz und Kraft, jugendlich **11,50 €**
2002: 87; 2003: 88; 2004: 88; 2005: 89; 2006: 86; 2007: 87.

87 . . . 2008 Weißer Burgunder Spätlese trocken „R"
gute Konzentration, viel reife Frucht, etwas gelbe Früchte und Vanille; füllig, kraftvoll, gute Struktur, jugendlich, braucht Zeit **14,50 €**

85 . . . 2008 Riesling Spätlese „feinherb"
frisch, würzig, klare Frucht, frisch, zupackend, reintönige Frucht **7,50 €**

87 . . . 2007 Spätburgunder trocken „S"
frisch, rauchig, etwas Vanille und rote Früchte; kraftvoll, klar, zupackend, gute Struktur, jugendliche Tannine, feiner Nachhall **12,80 €**

90 . . . 2002 Spätburgunder Auslese trocken
wunderschön reintönige Frucht, feine rauchige Noten, gute Konzentration, herrlich eindringlich; harmonisch, elegant, gute Struktur, reintönige Frucht, Substanz und Länge (kein aktueller Jahrgang)

88 . . . 2007 Spätburgunder Auslese trocken

feine rauchige Noten, viel reife Frucht, etwas rote Früchte; füllig, kraftvoll, viel reife Frucht, Substanz, jugendliche Bitternote **17,50 €**

(88+) ... 2007 Spätburgunder Auslese trocken „R"
rauchige Noten, viel reife Frucht, herrlich eindringlich, reintönig; füllig, kraftvoll, reife Frucht, gute Struktur, viel Substanz, jugendliche Tannine und Bitternote

83 2008 Riesling trocken **5,90 €**
83 2008 Weißburgunder trocken **5,60 €**
84 2008 Chardonnay „S" trocken **7,80 €**
83 2008 Spätburgunder trocken **5,90 €**

★☆

Peter Lingen
Weingut

Ahr

Teichstraße 3, 53474 Bad Neuenahr-Ahrweiler
***Tel.** 02641-29545, **Fax:** 02641-201136*
www.weingut-lingen.de
info@weingut-lingen.de
***Besuchszeiten:** täglich 9-19 Uhr, So. 10-13 Uhr*
Ferienwohnungen; Weinbergwanderungen mit Weinproben

Inhaber .... Peter Lingen
Rebfläche .... 3,6 Hektar

Seit 1599 betreibt die Familie Weinbau, seit 1920 vermarktet sie die Weine selbst. Seit 1987 wird das Weingut in vierter Generation von Peter Lingen geführt. Seine Weinberge liegen in Neuenahr (vor allem im Sonnenberg) und in Ahrweiler. Wichtigste Rebsorte ist Spätburgunder, gefolgt von Portugieser, Frühburgunder und Dornfelder. Der Weißweinanteil liegt bei 15 Prozent und soll weiter reduziert werden. Kerner wurde inzwischen gerodet und an seiner Stelle Spätburgunder gepflanzt. Die Weine werden überwiegend direkt an Privatkunden verkauft. Die Rotweine werden alle in offenen Bütten maischevergoren und kommen nach dem biologischen Säureabbau für etwa vier bis fünf Monate ins Holzfass. Peter Lingen hat inzwischen auch einige gebrauchte Barriques angeschafft, möchte aber seinen Stil – fruchtbetonte Weine – nicht ändern. Seit der letzten Erweiterung des Weinguts 2001 bietet man auch Ferienwohnungen an.

Der Jahrgang 2006 von Peter Lingen gefiel ausgesprochen gut. Vor allem die Spätlese aus dem Sonnenberg und der Spätburgunder „Evolution" überzeugten mit ihrer reintönigen Frucht, ebenso der gekonnt ausgebaute 2005er „J*A*C+N". Dessen Nachfolger überzeugte uns im vergangenen Jahr, aus dem Jahrgang 2007 gefiel der Spätburgunder „Evolution" am besten. In der 2008er Kollektion ist nun kein Spätburgunder, sondern ein Frühburgunder unser Favorit, der deutlich süße Wein aus dem Ursulinengarten.

Weinbewertung

85 . . . 2008 Frühburgunder trocken Ahrweiler Ursulinengarten
feine Würze, reintönige Frucht, etwas Kräuter; füllig, harmonisch und schmeichelnd, reife süße Frucht **12,50 €**

80 2008 Spätburgunder trocken **7,50 €**
80 2008 Spätburgunder trocken Neuenahrer Kirchtürmchen **8,50 €**
82 2008 Spätburgunder trocken Ahrweiler Rosenthal **8,- €**
83 2008 Spätburgunder trocken Neuenahrer Sonnenberg **6,50 €**
83 2008 Spätburgunder trocken Neuenahrer Schieferley **9,- €**

★★☆

Loersch-Eifel

Weingut

Mosel

Tannenweg 11, 54340 Leiwen/Zummet
Tel. 06507-3229, Fax: 06507-3205
www.weingut-loersch.de
info@weingut-loersch.de
Besuchszeiten: jederzeit nach Anmeldung

Inhaber .... Ernst-Albrecht Loersch
Rebfläche .... 4 Hektar

Alexander Loersch, gelernter Weinbautechniker, ist Mitglied im Verein der Leiwener Jungwinzer. Seit dem Jahr 2000 ist er im elterlichen Weingut für den Ausbau der Weine verantwortlich. Neben Riesling werden lediglich kleine Mengen Rivaner und Spätburgunder angebaut. Bei der Lese und beim Ausbau zieht Loersch alle Register. So dürfen die Trauben für die Spitzenweine wie den „Vogelsang", der aus einer kleinen Parzelle in der Apotheke stammt, eine Weile auf der Maische verbringen. Es schließt sich eine spontane Vergärung an. Die jährlich erzeugten rund 22.000 Flaschen gehen an Privatkunden sowie an die Gastronomie.

2006 war gelungen, 2007 wirkten die trockenen Weine schlank und mineralisch, während sich die süßen durch Fülle und Frucht auszeichneten. Die 2008er verbinden mineralische Struktur und Frucht: Die beste Leistung seit Jahren.

Weinbewertung

87 . . . 2008 Riesling trocken „Vogelsang" Trittenheimer Apotheke
noch sehr jugendlich, Hefenoten; stoffig, viel Würze, mineralisch, sehr präzise, feingliedrig **8,80 €**

89 . . . 2008 Riesling Auslese trocken „Devon Terrassen" Trittenheimer Apotheke
deutliche Kräuter- und Hefenoten, etwas gekochte Ananas; sehr würzig, viel Substanz, schon gut balanciert **12,80 €**

86 . . . 2008 Riesling Kabinett Piesporter Goldtröpfchen
frisch, jugendlich, leichte Hefenoten, Stachelbeeren; saftig, viel Würze, zarte Süße **6,- €**

87 . . . 2008 Riesling Spätlese Trittenheimer Apotheke Nr. 14
eindingliche Frucht, duftig, leichte Hefenote, kandierter Apfel; saftig, zarte Süße, animierend **8,50 €**

87 . . . 2008 Riesling Spätlese Trittenheimer Apotheke Nr. 15
etwas verhalten, Stachelbeere; würzig, saftig, gute Struktur, würziger Nachhall, Potenzial (87+ Punkte) **9,50 €**

89 . . . 2008 Riesling Auslese „Alte Reben" Trittenheimer Apotheke
eindringlich, kühle Frucht, Pfirsich, Melone; saftig, würzig, sehr ausgewogen, leicht mineralisch, guter Nachhall, Potenzial **16,50 €**

90 . . . 2008 Riesling Beerenauslese Trittenheimer Apotheke
etwas Schwefel, Pfirsich, Kräuter, leicht cremig, Spur Karamell; würzig, saftig, ausgewogen, guter Nachhall **28,- €/0,375l**

85 . . . 2007 Spätburgunder trocken „Edition B"
rauchig, etwas Bitterschokolade; würzig, pikante Säure, viel Frucht, saftig, hat Zukunft **12,80 €**

---

81 2008 Riesling trocken „Blauschiefer" **5,- €**
83 2008 Riesling Kabinett trocken Trittenheimer Apotheke **6,60 €**
81 2008 Riesling „feinherb" Blauschiefer" **5,- €**
83 2008 Riesling Spätlese „feinherb" Dhroner Hofberg **7,50 €**
84 2008 Riesling Spätlese „feinherb" Trittenheimer Apotheke **8,50 €**

L

Die besten deutschen Weinerzeuger und ihre Weine

★★★★☆

Carl Loewen
Weingut

Mosel

Matthiasstraße 30, 54340 Leiwen
Tel. 06507-3094, Fax: 06507-802332
www.weingut-loewen.de
mail@weingut-loewen.de
Besuchszeiten: Mo.-Fr. nach Vereinbarung, Sa. 13-16 Uhr

Inhaber .... Karl Josef Loewen
Rebfläche .... 12,5 Hektar

Die Geschichte des Weinguts lässt sich auf die Zeit Napoleons zurückführen. Damals war ein Vorfahr von Karl Josef Loewen Verwalter des Detzemer Gutshofs der Benediktinerabtei St. Maximin. Die Säkularisation änderte dann die Besitzverhältnisse. Wichtigste Lagen von Karl Josef Loewen sind die Detzemer Maximiner Klosterlay, die Thörnicher Ritsch und die Leiwener Laurentiuslay, in der er sich in den letzten Jahren kontinuierlich vergrößert hat, so dass er heute einen Hektar der zwölf Hektar großen Lage besitzt. Nun hat sich Loewen weiter vergrößert; er übernahm das Traditionsweingut Carl Schmitt-Wagner in Longuich, darunter eine Parzelle im Maximiner Herrenberg, deren Reben 1896 gepflanzt wurden. 2008 erzeugte Loewen die ersten Weine aus dieser Parzelle. Die Loewen-Weine verdanken ihre Komplexität auch der Spontangärung, sind stets finessenreich und vielschichtig.

Karl Josef Loewen hat sein Programm klar gegliedert. Neben Lagenweinen und der Blauschiefer genannten Cuvée gibt es als Besonderheit bei ihm den Varidor. Jahrzehntelang wurden bei der Klonenselektion leistungsfähigere Reben gesucht, wobei die Leistungsfähigkeit am Ertrag und am Mostgewicht festgemacht wurde. Inzwischen hat man erkannt, dass es lohnt, das Erbgut alter Reben zu erhalten. Nach Abschluss der Flurbereinigung in Piesport sollten über 100 Jahre alte Rieslingreben gerodet werden. Die Staatliche Lehr- und Versuchsanstalt Trier selektierte in diesen Weinbergen einige hundert Rebstöcke, die sich durch goldgelbe Beeren auszeichneten. Mit diesen uralten Klonen legte Karl Josef Loewen einen neuen Weinberg an. Die Trauben in diesem Weinberg erreichen zwar nicht ganz die Mostgewichte von anderen Rieslingklonen, zeichnen sich aber durch ein sehr eigenständiges, intensives Aroma aus.

Beeindruckend wie bei kaum einem anderen Betrieb im Tal fielen die Basisweine auch 2006 aus. Die 2007er waren herrlich feingliedrig, ohne es an Substanz vermissen zu lassen. 2008 ist ebenfalls überzeugend: Der Riesling aus dem Maximin Herrenberg ist ein mineralisches Prachtexemplar, immer wieder überzeugend ist die Klasse der Basisweine!

Weinbewertung

87 . . . 2008 Riesling trocken „Varidor" Riesling
leichte Hefenote, frisch; viel Struktur, mineralisch, herrlich direkt und präzise **6,80 €**
1998: 85; 1999: 86; 2000: 88; 2001: 88; 2002: 87; 2003: 86; 2004: 86; 2005: 87; 2006: 85; 2007: 87.

88 . . . 2008 Riesling trocken „Alte Reben" Leiwener Laurentiuslay
klare Frucht, etwas Kräuter, leicht unruhig; straff, enorm würzig, deutlich mineralisch, langer Nachhall **12,50 €**
(bis 2001: „S") 2000: 87; 2001: 91; 2002: 88; 2003: 88; 2004: 86; 2005: 88; 2006: 88; 2007: 89.

91 . . . 2008 Riesling trocken Maximin Herrenberg „1896 Alte Reben"
duftig, deutlich Birne, Kräuter; straff, viel Würze, feine Säure, deutlich mineralisch, gute Struktur, kompakt,

langer Nachhall **18,- €**

85 . . . 2008 Riesling „Quant"
klare Frucht, etwas getrockneter Apfel, Kräuter; enorm saftig, wirkt fast trocken, gut balanciert **6,50 €**

88 . . . 2008 Riesling Kabinett Leiwener Klostergarten
explosive Frucht, Boskoop, Cassis; viel Würze, rassig, feines Süße-Säure-Spiel **6,70 €**

88 . . . 2008 Riesling Spätlese Maximin Herrenberg
feine Frucht, leicht cremig, Melone, Apfel; saftig, feingliedrig, zarte Süße, mineralisch **11,- €**

89 . . . 2008 Riesling Spätlese Leiwener Laurentiuslay
zunächst verhalten, entwickelt sich im Glas, Hefenoten-würzig; würzig, kraftvoll, leicht mineralisch, viel Struktur **11,- €**
1998: 86; 1999: 89/90; 2000: 89; 2001: 90; 2002: 88; 2003: 90; 2004: 87; 2005: 90; 2006: 88; 2007: 87.

89 . . . 2008 Riesling Spätlese Thörnicher Ritsch
viel Frucht, Apfel, etwas Cassis, Kräuter, noch etwas unruhig; viel Würze, sehr saftig, rassig, langer Nachhall **11,- €**

91 . . . 2008 Riesling Auslese Leiwener Klostergarten
etwas unruhig, kräuterwürzig, kandierter Apfel, Steinobst; saftig, komplex, viel Frucht, langer Nachhall (Versteigerungswein)

92 . . . 2008 Riesling Eiswein Leiwener Klostergarten
reintönige Frucht, reife Aprikosen, leichte Kräuternote; geradlinig, deutlich mineralische Struktur, rassige Säure, lang **29,- €/0,375l**

---

84 2008 Riesling Kabinett Maximin Herrenberg 7,- €

★★★

Fürst Löwenstein
Weingut

Franken/Rheingau

Schlosspark 5, 63924 Kleinheubach
Tel. 09371-9486600, Fax: 09371-9486633
www.loewenstein.de
weingut@loewenstein.de
Besuchszeiten: Mo.-Fr. 10-12 + 13-18 Uhr, Mi. 10-13 Uhr, Sa. 10-15 Uhr
Restaurant, Schlosshotel

Inhaber ..... Carl Friedrich Prinz zu Löwenstein
Technische Leiterin ..... Friederike Voigtländer
Außenbetriebsleiter .... Henning Brömser
Rebfläche .... 19 Hektar

Das traditionsreiche Haus besitzt Weinberge in Franken, im benachbarten Tauberfranken und im Rheingau. 2009 wurde das Weingut komplett umstrukturiert und 2010 wird es von Kreuzwertheim in den Fürstlichen Schlosspark nach Kleinheubach ziehen. Im Zuge dieser Umstrukturierung konzentriert man sich auf die Spitzenlagen, auf den Terrassenweinberg Kallmuth in Homburg und auf die Lagen Jungfer und Schönhell in Hallgarten. Wichtigste Rebsorten sind Silvaner und Riesling. Die beiden Spitzenweine aus dem Homburger Kallmuth tragen die Bezeichnungen Asphodill (Silvaner) und Coronilla (Riesling). Carl Friedrich Prinz zu Löwenstein hat selbst die Leitung seiner Betriebe übernommen, Friederike Voigtländer trägt die Verantwortung im Keller.

Die beiden Großen Gewächse, Coronilla und Asphodill waren 2006 die Spitzenweine in einer jahrgangsbedingt ein klein wenig schwächeren Kollektion. Eine überzeugende, konsistente Kollektion stellte das Weingut mit dem Jahrgang 2007 vor, einmal mehr angeführt von den

beiden Großen Gewächsen. Auch 2008 sind beide ganz stark, wobei wir den Riesling präferieren. Auch die Hallgartener Weine haben uns überzeugt, vor allem der Riesling „Sophie Löwenstein" und die beiden eleganten roten Burgunder.

Weinbewertung

85 . . . 2007 Silvaner Kabinett trocken Homburger Kallmuth
konzentriert, enorm würzig, reife Frucht; füllig, harmonisch, geradlinig, klare Frucht **9,- €**
1999: 80; 2000: 77; 2001: 84; 2002: 84; 2003: 86; 2004: 84; 2005: 85; 2006: 84.

86* . . . 2001 Silvaner Spätlese trocken Homburger Kallmuth
würzig, eindringlich, feine Reifenoten; weich, cremig, harmonisch, entwickelt (kein aktueller Jahrgang)

88 . . . 2007 „Coronilla" Riesling „GG" Homburger Kallmuth
konzentriert, enorm würzig, eindringlich; füllig, kraftvoll, reife Frucht, gute Substanz, nachhaltig **25,- €**

90 . . . 2008 „Coronilla" Riesling „GG" Homburger Kallmuth
würzig, eindringlich, viel reife Frucht, dominant; füllig, stoffig, viel reife Frucht, herrlich viel Kraft, jugendlich **25,- €**
2001: 86; 2002: 87; 2003: 91; 2004: 88+; 2005: 88; 2006: 87.

88 . . . 2005 „Asphodill" Silvaner „GG" Homburger Kallmuth
würzig, eindringlich, viel reife Frucht, gute Konzentration; füllig, harmonisch, viel reife Frucht, Substanz, Frische (kein aktueller Jahrgang)

88 . . . 2007 „Asphodill" Silvaner „GG" Homburger Kallmuth
gute Konzentration, klare reife Frucht, etwas weiße Früchte, Birnen; füllig, kraftvoll, viel reife Frucht und Substanz dezent mineralische Noten **25,- €**

88 . . . 2008 „Asphodill" Silvaner „GG" Homburger Kallmuth
würzig-mineralische Noten, eindringliche Frucht, anfangs etwas streng; füllig, harmonisch, reife Frucht, gute Substanz und Frische **25,- €**
2001: 87; 2002: 87; 2003: 90; 2004: 88+; 2005: 88; 2006: 88.

88 . . . 2008 „Sophie Löwenstein" Riesling Hallgarten Schönhell
konzentriert, faszinierend viel Frucht, etwas gelbe Früchte, herrlich eindringlich; füllig, kraftvoll, reife Frucht, viel Substanz, Struktur, jugendlich **20,- €**

87 . . . 2007 Spätburgunder trocken Hallgarten Schönhell
sehr feine Frucht, sortentypisch, etwas Kirschen, rauchig; straff, saftig, viel Frucht, feingliedrig **13,- €**

87 . . . 2006 Frühburgunder „R" Hallgarten Schönhell trocken
klare Frucht, etwas Bitterschokolade, Tabak; stoffig, viel Würze, leicht rauchig, gute Länge **22,- €**

88 . . . 2005 Frühburgunder „R" Hallgarten Schönhell
feine rauchige Noten, herrlich reintönige Frucht, etwas Kirschen; klar, frisch, elegant, feine Frucht und Biss, dezent Vanille **22,- €**

88 . . . 2006 Pinot Noir „R" Hallgarten Schönhell
gute Konzentration, klare reife Frucht, dezent Schokolade, herrlich eindringlich; füllig, kraftvoll, reife Frucht, Substanz und Struktur, Frische und Biss **22,- €**

---

80 2008 Silvaner trocken „CF" **6,20 €**
82 2008 Riesling trocken „CF" **6,20 €**
83 2007 Riesling Kabinett trocken Homburger Kallmuth **9,- €**
83 2008 Riesling Kabinett trocken Homburger Kallmuth **9,- €**
82 2008 Silvaner Kabinett trocken Homburger Kallmuth **9,- €**
82 2007 Riesling Kabinett trocken Hallgartener Jungfer **7,50 €**
82 2008 Riesling Kabinett trocken Hallgartener Jungfer **7,50 €**
84 2008 Riesling Spätlese trocken Hallgarten Jungfer **13,- €**
83 2007 Riesling Kabinett „feinherb" Hallgartener Schönhell **7,50 €**
82 2008 Riesling Kabinett „feinherb" Hallgartener Schönhell **7,50 €**

★★★

Dr. Loosen
Weingut

Mosel

St. Johannishof, 54470 Bernkastel-Kues
Tel. 06531-3426, Fax: 06531-4248
www.drloosen.de
vertrieb@drloosen.de
Besuchszeiten: nach Vereinbarung

Inhaber .... Ernst F. Loosen
Rebfläche .... 15 Hektar

Das Weingut Dr. Loosen gehört zu den bekanntesten Betrieben an der Mittelmosel. Besitzer Ernst (genannt Ernie) Loosen, der das Weingut von seinem Vater übernahm, hat sich vor allem im angelsächsischen Raum einen großen Bekanntheitsgrad erworben – den er auch seinem eloquenten Auftreten verdankt. Die Weinberge von Ernst Loosen sind überwiegend mit wurzelechten Reben bepflanzt, deren durchschnittliches Alter etwa 60 Jahre beträgt. Er besitzt Weinberge in besten Lagen von Erden (Prälat, Treppchen), Ürzig (Würzgarten, mit teilweise 100 Jahre alten Reben), Wehlen (Sonnenuhr), Graach (Himmelreich) und Bernkastel (Lay). Für seine trockenen Weine verwendet er keine Prädikatsbezeichnungen mehr, allerdings erzeugt Ernst Loosen mittlerweile Große Gewächse nach Vorgabe des VDP – und wenn er den Begriff „Alte Reben" auf seine Etiketten setzt, dann sind die Reben tatsächlich sehr alt! Unterstützt wird Loosen vom langjährigen Kellermeister Bernhard Schug, der für eine langsame Vergärung der Rieslinge und die typischen klaren, eleganten Weine mit eher kühler Frucht sorgt. Auch im Ausland ist Ernst Loosen inzwischen als Weinmacher gefragt: In Washington erzeugt er zusammen mit Chateau Ste. Michelle einen „Eroica" genannten Riesling. Das Weingut ist traditionell stark im Export, allerdings konzentriert man sich inzwischen wieder stärker auf den deutschen Markt, der mittlerweile komplett von Bernkastel aus betreut wird.

Auch wenn Loosen immer wieder mit außergewöhnlichen edelsüßen Versteigerungsweinen aufhorchen ließ, so waren die Basisweine zuletzt nicht immer überzeugend. Inzwischen gibt es Anzeichen, dass man den einfacheren Rieslingen wieder mehr Aufmerksamkeit widmet. Die 2006er präsentierten sich etwas uneinheitlich. 2007 ragten eine Spätlese aus der Sonnenuhr und eine würzige Auslese aus dem Prälat aus einem gelungenen Sortiment heraus. Die 2008er sind frisch und elegant; vor allem die restsüßen Kabinette und Spätlesen gefallen gut, aber auch bei den trockenen Weinen, beginnend mit dem neuen „Satyricus", gibt es Überraschungen. Edelsüße Weine waren in diesem Jahr nur in eingeschränktem Maße möglich.

Weinbewertung

85 . . . 2008 Riesling trocken „Satyricus"
frisch, feine Frucht; jugendlich, saftig, zarte Frucht, sehr ausgewogen, hat Biss **8,60 €**

87 . . . 2008 Riesling trocken Bernkasteler Lay
eher verhalten, leichte Hefenote, Melone; feine Frucht, reife Säure, würzig, gute Struktur **10,60 €**

88 . . . 2008 Riesling trocken Wehlener Sonnenuhr
sehr feine Frucht, leicht mineralische Noten; würzig, feste Struktur, gute Länge **14,90 €**

89 . . . 2008 Riesling trocken „Alte Reben" „GG" Ürziger Würzgarten
reife Frucht, Beeren, Kräuter; viel Würze, gute Struktur, stoffig, Kräuter, Würze, guter Nachhall **22,30 €**

89 . . . 2008 Riesling trocken „Alte Reben" „GG" Erdener Treppchen
zarte Frucht, Birne, Kräuter; würzig, viel Frucht, mine-

ralisch, feste Struktur, nachhaltig **22,30 €**

86 . . . 2008 Riesling Kabinett Bernkasteler Lay
duftig, zarte Frucht; würzig, rassig, feine Süße, sehr animierend **10,60 €**

87 . . . 2008 Riesling Kabinett Erdener Treppchen
eindringliche Frucht, etwas Steinobst, Apfel, etwas Kräuter; viel Würze, gute Struktur, herrlich animierend **10,60 €**

90 . . . 2008 Riesling Spätlese Wehlener Sonnenuhr
zunächst verhalten, später sehr feine Frucht, etwas Melone, Mirabelle; würzig, feines Süße-Säure-Spiel, sehr elegant **13,80 €**

89 . . . 1983 Riesling Spätlese Wehlener Sonnenuhr
zarte Frucht, Kräuter, Kandis; glasklar, elegant, feine Frucht, sehr animierend (kein aktueller Jahrgang)

89 . . . 2008 Riesling Spätlese Erdener Treppchen
eindringliche, feine Frucht, leicht mineralische Noten; gute Struktur, saftig **13,80 €**

89 . . . 2008 Riesling Spätlese Ürziger Würzgarten
reife Frucht, sehr offen; viel Struktur, Würze, rassige Säure, gute Länge **13,80 €**

(87) . . . 2008 Riesling Auslese Wehlener Sonnenuhr
deutliche Hefenote, feine Frucht, eher verhalten; viel Frucht, elegant, wirkt etwas unausgeglichen (87+? Punkte) **26,80 €**

(89) . . . 2008 Riesling Auslese Ürziger Würzgarten
eindringliche Frucht, reif, Kräuter, Mirabelle; saftig, reife Frucht, leicht cremig, langer Nachhall **26,80 €**

(90) . . . 2008 Riesling Auslese Erdener Prälat
reintönig, Pfirsich, kandierte Früchte, Kräuter; saftig, viel Frucht, komplex, nachhaltig **44,60 €**

(91) . . . 2008 Riesling Auslese Goldkapsel Erdener Prälat
reife Frucht, Pfirsich, etwas Kräuter; saftig, kraftvoll, viel reife Frucht, recht füllig **75,- €**

---

84 2008 Riesling trocken „Dr. Loosen Blauschiefer" **8,60 €**
84 2008 Riesling Kabinett „feinherb" Graacher Himmelreich **10,60 €**

★☆

Theo **Loosen**
Weingut

Mosel

Mittelstraße 12, 56818 Klotten
Tel. 02671-7501, Fax: 02671-4839
www.weingut-loosen.de
weingut-loosen@t-online.de
Besuchszeiten: ganzjährig 9-18 Uhr, am liebsten nach Vereinbarung

Inhaber . . . . Familien Theo & Hans-Theo Loosen
Rebfläche . . . . 4 Hektar

Das Betrieb in Klotten versteht sich ausdrücklich als Ferienweingut. Senior Theo und Junior Hans-Theo Loosen bewirtschaften gemeinsam Reben in Klotten – vor allem Riesling (70 Prozent), aber auch Weißburgunder, Dornfelder und Spätburgunder. Die Rieslinge werden teilweise mit natürlichen Hefen spontan vergoren. Im Angebot sind auch Sekte. Die Weine sind klar, saftig und bereits jung zugänglich.

Die 2007er fielen gut aus, waren schlank und animierend. Die 2008er sind erfreulich zuverlässig, die Ehrenfelser Spätlese poliert den nicht sonderlich guten Ruf dieser Rebsorte auf.

Weinbewertung

83 2008 Riesling trocken „Grauschiefer" **5,50 €**
83 2008 Riesling Spätlese trocken Klottener Brauneberg **7,- €**
80 2008 Riesling Spätlese „feinherb" Klottener Brauneberg **7,- €**
83 2008 Riesling „Finesse" **7,50 €**
82 2008 Riesling „Grauschiefer" **5,50 €**
84 2008 Riesling Spätlese Klottener Burg Coraidelstein **8,- €**
84 2008 Ehrenfelser Spätlese Klottener Burg Coraidelstein **8,50 €**

L

Die besten deutschen Weinerzeuger und ihre Weine

Lorch ★☆
Weingut Westerheymer Hof

Rheinhessen

In der Hüttstädt, 55294 Bodenheim
Tel. 06135-5404, Fax: 06135-80105
www.westerheymer-hof.de
weingut_lorch@t-online.de
Besuch nach Vereinbarung

Inhaber .... Thomas Lorch
Rebfläche .... 9 Hektar

In den achtziger Jahren wurde das Weingut inmitten der Bodenheimer Weinberge neu errichtet, 1992 hat es Thomas Lorch von seinen Eltern übernommen. Fast die Hälfte der Weinberge ist mit Rotweinsorten bepflanzt: Spätburgunder, Portugieser, Merlot, Cabernet Sauvignon, Dornfelder und Regent. An weißen Rebsorten gibt es Riesling, Grauburgunder, Weißburgunder, Chardonnay, Silvaner und Müller-Thurgau, dazu etwas Gewürztraminer und Scheurebe. Die Weinberge befinden sich in Ingelheim, Laubenheim, Bodenheim, Nackenheim und Nierstein.

Schon in unserer ersten Ausgabe waren Thomas Lorch und sein Westerheymer Hof vertreten, und seitdem hat uns das Weingut nie enttäuscht, bietet Jahr für Jahr äußerst zuverlässige Kollektionen, manchmal mit leichten Vorteilen im roten Segment.

In der gleichmäßigen Kollektion vor zwei Jahren gefiel die Bordeaux-Cuvée aus dem Jahrgang 2005 am besten. Auch 2007 war sehr gleichmäßig, wobei die Weißweine etwas hinter früheren Jahrgängen zurück blieben, der 2006er Merlot aber überzeugte wie schon sein Vorgänger aus dem Jahrgang 2005. Die neue Kollektion bietet keine Highlights, aber sie überzeugt mit dem guten, gleichmäßigen Niveau aller Weine, weiß wie rot.

Weinbewertung

81 2008 RS-Rheinhessen Silvaner trocken **4,40 €**
82 2008 Weißburgunder trocken **4,10 €**
81 2008 Grauburgunder trocken **4,10 €**
81 2008 Chardonnay trocken **6,- €**
83 2008 Riesling Spätlese trocken **5,10 €**
82 2008 Spätburgunder Blanc de Noir trocken **4,30 €**
79 2008 Grauburgunder „feinherb" **4,10 €**
82 2008 Riesling Auslese Bodenheimer Hoch **7,50 €**
81 2008 Spätburgunder trocken **4,30 €**
83 2008 Merlot trocken **6,20 €**
82 2008 „Cuvée Rubin" Rotwein trocken **4,30 €**
83 2007 Merlot & Cabernet Sauvignon trocken **6,20 €**

Lorenz ★★
Weingut

Mosel

Neustraße 6, 54340 Detzem
Tel. 06507-3802, Fax: 06507-4830
www.lorenz-weine.com
info@lorenz-weine.com
Besuchszeiten: täglich nach Vereinbarung

Inhaber .... Nikolaus Lorenz
Rebfläche .... 6 Hektar

Nikolaus Lorenz baut neben Riesling (85 Prozent der Anbaufläche) auch ein wenig Weißburgunder, Spätburgunder, Müller-Thurgau und Chardonnay an. Seine Weinberge liegen in Detzem (Würzgarten, Maximiner Klosterlay), Thörnich (Ritsch), Pölich (Held) und Trittenheim (Apotheke, Altärchen). Die Weine werden teils im

Edelstahl, teils im Holzfass ausgebaut. 80 Prozent der Weine bietet Nikolaus Lorenz trocken oder halbtrocken an. Dem Weingut ist eine Brennerei angegliedert, in der Trester- und Obstbrände hergestellt werden.

Erfreulich gleichmäßig fielen die 2007er aus mit zwei feinherben Spätlesen und dem Steillagenwein an der Spitze. Die 2008er überzeugen, sind saftig und würzig.

Weinbewertung

86 . . . 2008 Riesling trocken „zusammensein"
sehr jugendlich, Apfel; straff, würzig, feingliedrig, präzise **7,90 €**

86 . . . 2008 Riesling Spätlese „feinherb" Detzemer Maximiner Klosterlay
klar, Zitrus; würzig, viel Schmelz, feine Frucht, animierend **7,90 €**
2002: 85; 2004: 86; 2005: 85; 2006: 85; 2007: 86.

85 . . . 2008 Riesling Kabinett Trittenheimer Apotheke
zarte Frucht, Boskoop; straff, saftig, feine Süße, animierend **6,- €**

87 . . . 2008 Riesling Auslese „Alte Reben" Thörnicher Ritsch
kühle Frucht, getrockneter Apfel, Mirabellen; saftig, würzig, reife Frucht, Potenzial **9,50 €**

81 2008 Riesling trocken **5,20 €/1l**

84 2008 Chardonnay trocken Detzemer Würzgarten **6,- €**

83 2008 Riesling Kabinett trocken Detzemer Maximiner Klosterlay **6,- €**

82 2008 Weißer Burgunder trocken Detzemer Würzgarten **5,40 €**

84 2008 Riesling Kabinett halbtrocken Thörnicher Ritsch **6,80 €**

84 2008 Spätburgunder trocken Detzemer Würzgarten **6,- €**

Lorenz

★☆

Bioweingut

Rheinhessen

Gaustraße 28, 55278 Friesenheim
Tel. 06737-9703, Fax: 06737-1448
www.weingut-lorenz.de
info@weingut-lorenz.de
Besuchszeiten: Sa. 9-12 + 13-17 Uhr, werktags nach Vereinbarung
Gästehaus (7 Doppelzimmer)

Inhaber........Wendelin und Johannes Lorenz
Rebfläche..............................15 Hektar

Das Bioweingut Lorenz, Mitglied bei Ecovin, wird heute von Wendelin Lorenz und Sohn Johannes, Geisenheimabsolvent, geführt. Ihre Weinberge liegen rund um Friesenheim, im Windschatten des Petersbergs. Die Reben wachsen hier teils auf tiefgründigen Löss- und Lehmböden, teils auf kalkreichen Ton-Mergelböden. Sie bauen Riesling an, Weißburgunder, Chardonnay, Müller-Thurgau, Huxelrebe und Scheurebe, sowie an roten Sorten Dornfelder, Regent, Cabernet Sauvignon und St. Laurent. Das Sortiment ist gegliedert in Gutsweine, Premiumweine (3 Sterne) und Topweine (5 Sterne).

Beim starken Debüt vor zwei Jahren hatten vor allem die Weißweine beeindruckt. Im vergangenen Jahr überzeugte der enorm stoffige, jugendliche Cabernet Sauvignon aus dem Jahrgang 2006, aber auch Weißburgunder und Riesling gefielen sehr gut. Eine sehr gute, gleichmäßige Kollektion präsentiert das Weingut in diesem Jahr, beweist, dass man sich bestens auf edelsüß versteht. Im trockenen Segment hat uns in diesem Jahr der 3-Sterne-Chardonnay besonders gefallen.

Weinbewertung

85 . . . 2008 Riesling* trocken**
würzig, klar, eindringlich. frisch, direkt, klare Frucht, gute Fülle und Biss **7,50 €**

86 . . . 2008 Chardonnay* trocken**
gute Konzentration, viel reife Frucht, herrlich eindringlich; füllig, harmonisch, kraftvoll, viel reife Frucht, gute Substanz und Länge **7,50 €**

88 . . . 2008 Huxelrebe Beerenauslese
konzentriert, würzig, reife Frucht, Rhabarber; füllig, stoffig, viel reife süße Frucht, Biss **32,- €/0,375l**

88 . . . 2008 Chardonnay Eiswein
konzentriert, würzig, etwas eingelegte süße Aprikosen, Marzipan, Duft; süß, dick, konzentriert, herrlich viel Stoff **36,- €/0,375l**

80 2008 „Lorenz" Weißwein trocken **3,50 €/1l**
82 2008 „Junior" Weißwein trocken **6,40 €**
84 2008 Weißburgunder*** trocken **7,50 €**
84 2008 Scheurebe Spätlese **7,50 €**
81 2008 St. Laurent Weißherbst trocken **5,- €**
83 2007 Dornfelder*** trocken **7,50 €**
82 2006 Regent*** trocken **7,50 €**
82 2005 Cabernet Sauvignon*** **8,- €**

L

Die besten deutschen Weinerzeuger und ihre Weine

Losen-Bockstanz ★
Weingut

Mosel

Himmeroder Straße 50, 54516 Wittlich
***Tel.** 06571-95250, **Fax:** 06571-952510*
www.losen-bockstanz.de
th.losen@losen-bockstanz.de
***Besuchszeiten:** Mo.- Fr. 8-19 Uhr, Sa. 8-15 Uhr*

Inhaber .... Thomas Losen
Rebfläche .... 28 Hektar

Thomas Losen bewirtschaftet stolze 28 Hektar in den überregional wenig bekannten Wittlicher Lagen Portnersberg, Klosterweg, Lay und Felsentreppchen, sowie im Ürziger Würzgarten und im Neumagener Rosengärtchen. Immerhin 30 Prozent der Fläche sind mit roten Sorten wie Merlot, Regent und Spätburgunder bestockt. 60 Prozent der Erzeugung werden an Endverbraucher abgegeben. Der Weinstil ist leicht zu beschreiben: Alle Rieslinge sind saftig, würzig, was manchmal auf Kosten der Finesse geht, im besten Falle aber auf Anhieb überzeugt.

2006 wirkten die im Barrique gereiften Weine etwas eigenwillig. Die 2007er waren durchweg gelungen, mit einem reifen Eiswein an der Spitze. Die 2008er sind eher schlank ausgefallen und werden zum Einheitspreis von 4,90 Euro verkauft, einige ältere Weine haben sich gut entwickelt.

Weinbewertung

85 . . . 2007 Riesling Spätlese „feinherb" Ürziger Würzgarten
reife Frucht, Steinobst, etwas Kräuter; saftig, viel Würze, rassig, gute Länge **6,20 €**

86 . . . 2006 Riesling Auslese Wittlicher Portnersberg
reife Frucht, jahrgangsgeprägt; saftig, opulent, rassig, nachhaltig **9,90 €**

82 2008 Riesling Hochgewächs trocken Wittlicher Klosterweg **4,90 €**
80 2008 Weißburgunder „feinherb" Wittlicher Lay **4,90 €**
84 2007 Riesling Hochgewächs „feinherb" Wittlicher Lay **4,90 €**
83 2008 Riesling Kabinett „feinherb" Wehlener Klosterberg **4,90 €**
79 2008 Weißburgunder Wittlicher Klosterweg **4,90 €**
80 2008 Spätburgunder Blanc de Noir trocken **4,90 €**
79 2008 Spätburgunder Weißherbst „feinherb" Wittlicher Bottchen **4,90 €**

Lotz

Weingut

★★☆

Mosel

Hauptstraße 71, 54492 Erden
Tel. 06532-3029, Fax: 06532-953569
www.weingut-lotz.de
info@weingut-lotz.de
Besuchszeiten: nach Vereinbarung
Göstezimmer, Ferienwohnung, Brennerei

Inhaber .... Stefan Lotz
Rebfläche .... 6 Hektar

Seit dem Jahr 2003 trägt Stefan Lotz Verantwortung für den Weinausbau im elterlichen Weingut, inzwischen ist er offiziell Inhaber. Außer Riesling baut er ein wenig Müller-Thurgau und Kerner sowie die roten Sorten Dornfelder und Spätburgunder an. Die Weinberge befinden sich in den Erdener Lagen Treppchen, Herrenberg und Busslay. Stefan Lotz verfügt über einen beträchtlichen Anteil an alten Rebstöcken. Die Weine zeigen sich oft betont würzig und kompakt, die Süße ist eher verhalten.

2007 war gut gelungen, die Weine zeigten spielerische Eleganz. Die 2008er sind rassig, besitzen Substanz, nicht zu viel Alkohol und zumeist ein animierendes Süße-Säure-Spiel.

Weinbewertung

86 . . . 2008 Riesling Spätlese „Alte Reben" Erdener Treppchen
jugendlich, leichte Hefenoten; betont würzig, reife Säure, saftig, fast trocken **9,50 €**

86 . . . 2008 Riesling Spätlese „feinherb" Erdener Treppchen
klare Frucht, noch etwas verhalten; würzig, straff, pikante Säure, hat Schmelz **8,50 €**

86 . . . 2008 Riesling Spätlese Erdener Treppchen
kühle Frucht, ein wenig verhalten; würzig, recht füllig, saftig **8,50 €**

89 . . . 2007 Riesling Eiswein Erdener
absolut reintönige Frucht, klar; rassig, viel Frucht, gute Balance, sehr elegant **23,- €/0,375l**

---

82 2008 Riesling trocken „Schieferstein" 6,- €
83 2008 Riesling Kabinett Erdener Treppchen 5,50 €

Lubentiushof

Weingut Andreas Barth

★★★★

Mosel

Kehrstraße 16, 56332 Niederfell
Tel. 02607-8135, Fax: 02607-8425
www.lubentiushof.de
weingut@lubentiushof.de
Besuchszeiten: nach Vereinbarung

Inhaber .... Andreas Barth
Rebfläche .... 4,9 Hektar

Andreas Barth ist Quereinsteiger: Er hat Jura studiert und dann 1994 den Lubentiushof übernommen, inzwischen ist er auch im Saar-Weingut von Othegraven für die Vinifikation zuständig. Der Lubentiushof bestand zum damaligen Zeitpunkt aus einem alten Betriebsgebäude und 2,5 Hektar Weinbergen. Seitdem hat Andreas Barth die Rebfläche nach und nach ausgeweitet. Seine Weinberge, darunter welche mit 70 bis 90 Jahre alten Reben, liegen in Gondorf, Kobern, Niederfell und Dieblich. Von der 3 Hektar großen Lage Gondorfer Gäns gehören ihm 2,5 Hektar. Dort hat er alte Terrassen wieder neu errichtet und bepflanzt. Neben Riesling baut er ein klein wenig Spätburgunder an. 80 Prozent seiner Weine baut er trocken aus. Alle Weine werden mit den natürlichen Hefen sehr langsam vergoren, ohne Schönung und mit nur einer Filtration spät auf die Flasche gefüllt.

Die 2006er überzeugten vollauf. Die 2007er präsentierten sich, kurz nach der Abfüllung, etwas unruhig, aber enorm mineralisch und komplex. Bei Redaktionsschluss waren die 2008er noch nicht gefüllt. Zwei nachverkostete 2007er machten einen prächtigen Eindruck.

Weinbewertung

87 . . . 2007 Riesling trocken „Burg von der Leyen"
noch sehr frisch, feine Frucht, ganz leicht Kräuter; straff, rassig, gute Struktur
1999: **84**; 2000: **83**; 2001: **84**; 2002: **85**; 2003: **87**; 2004: **85**; 2005: **87**; 2006: **87**.

91 . . . 2007 Riesling „Alte Reben" Gondorfer Gäns
reife Frucht, Kräuter; würzig, deutlich mineralisch, viel Frucht, hat Schmelz und Länge, Zukunft

★★★

Lucashof
Weingut

Pfalz

Wiesenweg 1a, 67147 Forst
***Tel.** 06326-336, **Fax**: 06326-5794*
www.lucashof.de
weingut@lucashof.de
***Besuchszeiten**: Mo.-Fr. 8-12 + 13-18 Uhr, Sa. 8-16 Uhr, So. 10-12 Uhr*
Landhotel (7 Doppelzimmer)

Inhaber .... Klaus Lucas
Rebfläche .... 23 Hektar

Anfang der 60er Jahre wurde der Lucashof gegründet, heute führen Klaus Lucas und Ehefrau Christine das Weingut und das angeschlossenes Landhotel. Neben Weinbergen in den Forster Lagen Ungeheuer, Pechstein, Musenhang, Elster, Bischofsgarten und Stift besitzt Klaus Lucas auch Reben im Deidesheimer Herrgottsacker. 90 Prozent der Weinberge sind mit Riesling bepflanzt. Die Trauben werden schonend gepresst, langsam vergoren und dann in Edelstahltanks oder Holzfässern ausgebaut.

Seit einem Jahrzehnt nun empfehlen wir die Weine von Klaus Lucas, seine Kollektionen sind immer höchst zuverlässig. Im trockenen Segment ragen meist die Spätlesen aus Ungeheuer und Pechstein hervor. Wie nur wenige andere Weingüter in der Pfalz wartet der Lucashof in den meisten Jahren aber auch mit edelsüßen Rieslingen auf, die immer wunderschön reintönig und elegant sind.

Die trockene Spätlese aus dem Pechstein war 2006 das Highlight bei Klaus Lucas. Aber auch die trockene Ungeheuer Spätlese überzeugte, die Kabinettweine zeigten sich frisch und klar. Auch 2007 gefiel uns der Pechstein-Riesling wieder besonders gut, aber auch die süßen und edelsüßen Rieslinge waren wunderschön reintönig und machten viel Freude. 2008 gefällt uns der Wein aus dem Ungeheuer ein klein wenig besser als der aus dem Pechstein, aber auch die beiden Sekte haben uns überzeugt.

Weinbewertung

87 . . . 2007 Weißburgunder Sekt brut
wunderschön klar und eindringlich, würzig, feine Frische; weich, füllig, harmonisch, reife süße Frucht

85 . . . Spätburgunder Rosé Sekt brut
frisch, fruchtbetont, feine Würze, rauchige Noten; gute Fülle, Substanz, klare Frucht und Biss

86 . . . 2008 Riesling Spätlese trocken Forster Pechstein
viel Würze, reife Frucht, eindringlich; füllig, kraftvoll,

reife süße Frucht, feine Frische
1998: **86**; 1999: **83**; 2002: **89**; 2003: **88**; 2004: **89**; 2005: **89**; 2006: **88**; 2007: **89**.

87 . . . 2008 Riesling Spätlese trocken Forster Ungeheuer
würzig, eindringlich, feiner Duft; füllig, harmonisch, reife süße Frucht, Substanz
1998: **87**; 1999: **87**; 2001: **88**; 2002: **88**; 2003: **88**; 2004: **90**; 2006: **85**; 2007: **87**.

82 2008 Chardonnay trocken
84 2008 Weißburgunder trocken
81 2008 Riesling Kabinett trocken Forster Stift
81 2008 Riesling Kabinett trocken Forster Musenhang
82 2008 Riesling Kabinett trocken Deidesheimer Herrgottsacker
80 2008 Riesling Kabinett trocken Forster Ungeheuer
82 2008 Riesling Kabinett „feinherb" Forster Elster
83 2008 Gewürztraminer Spätlese

★★

Gebr. Ludwig
Weingut

Mosel

Im Bungert 10, 54340 Thörnich
Tel. 06507-3760, Fax: 06507-4677
www.gebruederludwig.de
info@gebruederludwig.de
Besuchszeiten: nach Vereinbarung

Inhaber .... Thomas Ludwig
Rebfläche .... 8 Hektar

Thomas Ludwig übernahm das Weingut im Jahr 2000. Bereits mit seinem Studienbeginn 1995 hatte die Familie mit umfangreichen Erneuerungsmaßnahmen begonnen. Knapp die Hälfte der Weinberge befinden sich in den bekannten Steillagen Thörnicher Ritsch und Klüsserather Bruderschaft. Neben Riesling, Grauburgunder und Weißburgunder wird auch Sauvignon blanc angepflanzt.

2006 blieb kaum hinter dem Vorgängerjahrgang zurück, und auch 2007 schaffte es Thomas Ludwig, das Terroir der Thörnicher Ritsch gut herauszuarbeiten. Aus dem Jahrgang 2008 wurden ausschließlich trockene oder fast trockene Weine vorgestellt: Teilweise etwas weniger füllig als im Jahr zuvor und damit sogar noch animierender.

Weinbewertung

86 . . . 2008 Riesling trocken „Ritsch" Thörnicher Ritsch
deutlich Kräuter, leichte Hefenoten; würzig, fest, wirkt sehr verschlossen, abwarten **8,- €**

87 . . . 2008 Riesling trocken „MONTIS" Thörnicher Ritsch
deutlich Kräuter, leichte Hefenoten; stoffig, viel Würze, mineralische Substanz, Potenzial **11,- €**

87 . . . 2007 Riesling „feinherb MONTIS" Thörnicher Ritsch
reife frucht, leichte Kräuternote, etwas Orange; saftig, würzig, viel Schmelz **11,- €**

82 2008 Weißburgunder trocken **7,- €**
81 2008 Riesling trocken **6,- €**
82 2008 Riesling Kabinett trocken Thörnicher Ritsch **6,- €**
83 2008 Sauvignon Blanc trocken **7,50 €**
83 2008 Riesling Kabinett „feinherb" Thörnicher Ritsch **6,- €**
79 2008 Grauburgunder **7,- €**

★

U. Lützkendorf

Weingut

Saale-Unstrut

Saaleberge 31, 06628 Kösen
Tel. 034463-610000, Fax: 034463-610001
www.weingut-luetzkendorf.de
weingut.luetzkendorf@t-online.de
Besuchszeiten: nach Vereinbarung

Inhaber .... Uwe Lützkendorf
Rebfläche .... 8,61 Hektar

Uwe Lützkendorf hat sein Weingut 1991 gegründet und nach und nach auf die heutige Fläche erweitert. Zwei Drittel (6,2 Hektar) seiner Weinberge liegt in der Lage Karsdorfer Hohe Gräte, wo die Reben auf Muschelkalkböden wachsen. Hinzu kommen Parzellen im Freyburger Edelacker und im Pfortenser Köppelberg. Silvaner nimmt mehr als ein Drittel der Weinberge ein, es folgen Weißburgunder, Riesling und Traminer. An roten Sorten gibt es Portugieser, Spätburgunder und Zweigelt.

Die 2006er waren ein klein wenig verhaltener, die Traminer Auslese aber bestach mit Fülle und Reintönigkeit; die 2007er Großen Gewächse boten viel Substanz. Auch die 2008er sind enorm üppig und süß, fast zu üppig, zu süß, so dass die Mineralität der Weine nicht zum Tragen kommt. Unser Favorit ist der Weißburgunder in der etwas weniger üppigen Variante.

Weinbewertung

87 . . . 2008 Silvaner „GG" Karsdorfer Hohe Gräte
viel reife Frucht, süße Birnen, herrlich eindringlich; frisch, klar, zupackend, viel süße Frucht, Biss **17,- €**

87 . . . 2007 Riesling „GG" Karsdorfer Hohe Gräte
feine Würze, dezente Reifenoten; füllig, kraftvoll, gute Struktur, dezent mineralische Noten **17,- €**

85 . . . 2007 Riesling Spätlese Karsdorfer Hohe Gräte
frisch, fruchtbetont, etwas Zitrus, dezente Reifenoten; füllig, kraftvoll, reife Frucht, gute Struktur, Biss, ganz dezente Bitternoten **13,- €**

87 . . . 2007 Weißburgunder Spätlese Karsdorfer Hohe Gräte
würzige Noten, reife Frucht; weich, füllig und schmeichelnd, viel Substanz **17,- €**

88 . . . 2008 Weißburgunder „GG" Karsdorfer Hohe Gräte
gute Konzentration, feine Würze, reife Frucht, etwas gelbe Früchte, eindringlich; füllig, harmonisch, viel Substanz, viel süße Frucht **17,- €**

86 . . . 2008 Weißburgunder „GG" „S" Karsdorfer Hohe Gräte
würzig, eindringlich, etwas weiße und gelbe Früchte; weich, füllig, harmonisch, viel reife Frucht, fett und üppig **17,- €**

85 . . . 2007 Traminer Spätlese Karsdorfer Hohe Gräte
viel reife Frucht, ganz dezent Rosen; klare Frucht, Fülle, feine Süße und Frische, dezente Bitternote **13,- €**

85 . . . 2006 Traminer Auslese Karsdorfer Hohe Gräte
viel reife Frucht, gelbe Früchte, feine Reifenoten; füllig, harmonisch, reife Frucht, feine Frische, Wärme **14,- €**

85 . . . 2007 Portugieser Karsdorfer Hohe Gräte
frisch, fruchtbetont, wunderschön reintönig; klar, frisch, zupackend, gute Struktur **9,50 €**

85 . . . 2006 Blauer Zweigelt Freyburger Edelacker
fruchtbetont, würzig, frisch; füllig, harmonisch, klare Frucht und Biss, gute Struktur, Tannine, Säure **9,50 €**

---

79 2008 Silvaner trocken Karsdorfer Hohe Gräte **9,- €**

83 2008 Riesling trocken Karsdorfer Hohe Gräte **9,50 €**

84 2008 Weißburgunder trocken Karsdorfer Hohe Gräte **9,50 €**

★

Lump
Weingut am

Franken

Bocksbeutelstraße 60, 97332 Escherndorf
Tel. 09381-9035, Fax: 09381-6135
www.weingut-am-lump.de
mail@weingut-am-lump.de
Besuchszeiten: Mo.-Fr. 9-12 + 13-18 Uhr, Sa. 10-12 + 13-17 Uhr, So. 10-12 + 13-14 Uhr oder nach Vereinbarung

Inhaber .... Albrecht Sauer
Rebfläche .... 10,5 Hektar

Das 1964 gegründete Weingut wurde in den siebziger Jahren am Fuß des Escherndorfer Lump neu erbaut. Wichtigste Rebsorten von Albrecht Sauer sind Silvaner, Riesling und Müller-Thurgau. Dazu gibt es Spätburgunder, Schwarzriesling, Weißburgunder, Bacchus, Scheurebe, Rieslaner, Portugieser, Domina und Kerner.

Vor zwei Jahren war mit der Riesling Spätlese ein trockener Wein unser Favorit. In der guten letztjährigen Kollektion gefielen vor allem die trockenen Spätlesen, Weißburgunder und Riesling. Die neue Kollektion präsentiert sich sehr geschlossen auf gutem Niveau, wobei uns mit dem Rieslaner in diesem Jahr wieder einmal ein süßer Wein am besten gefällt.

Weinbewertung

85 . . . 2007 Rieslaner Spätlese Escherndorfer Lump
feine Würze, reife klare Frucht; weich, schmeichelnd, viel reife süße Frucht, dezent Grapefruit **7,50 €**

81 2008 Silvaner Kabinett trocken Escherndorfer Lump **5,50 €**
81 2008 Weißburgunder Kabinett trocken Escherndorfer Lump **5,80 €**
82 2008 Riesling Kabinett trocken Escherndorfer Lump **5,60 €**
84 2008 Silvaner Spätlese trocken Escherndorfer Lump **7,- €**
83 2008 Riesling Spätlese trocken Escherndorfer Lump **7,10 €**
84 2008 Kerner Spätlese Escherndorfer Fürstenberg **6,40 €**

★

G&M Machmer
Weingut

Rheinhessen

Im Rosengarten, 67595 Bechtheim
Tel. 06242-915717, Fax: 06242-915718
www.weingut-machmer.de
mail@weingut-machmer.de
Besuchszeiten: Mo.-Fr. 9-12 + 13-18 Uhr, Sa. 9-16 Uhr

Inhaber .... Markus Machmer
Rebfläche .... 25 Hektar

Die Familie Machmer baut seit Generationen Wein in Bechtheim an. 24 verschiedene Rebsorten gibt es, vor allem Riesling, Kerner, Gewürztraminer, Chardonnay, Weißburgunder, Grauburgunder und Ehrenfelser.

Weinbewertung

86 . . . 2008 Riesling trocken Bechtheimer Geyersberg „Leininger Terroir Bechtheim"
gute Konzentration, reife Frucht, gelbe Früchte, herrlich eindringlich; füllig, harmonisch, viel reife Frucht, Substanz **8,90 €**

86 . . . 2006 Spätburgunder trocken Barrique Bechtheimer Geyersberg
feine Würze, reife Frucht, rote Früchte; füllig, kraftvoll, reife Frucht, Substanz, Frische, gute Struktur **15,90 €**

83 2008 Riesling Spätlese trocken Bechtheimer Rosengarten **5,80 €**

81 2008 Grauburgunder trocken Bechtheimer Geyersberg **6,10 €**
82 2008 Weißburgunder trocken Bechtheimer Heiligkreuz **6,10 €**
81 2008 Chardonnay trocken Bechtheimer Pilgerpfad **6,30 €**

★★

Andreas Männle
Weingut

Baden

Heimbach 12, 77770 Durbach
Tel. 0781-41486, Fax: 0781-42981
www.weingut-maennle.de
alfred@weingut-maennle.de
Besuchszeiten: Mo.-Fr. 9-12 + 13:30-18 Uhr, Sa. 9-12 + 13:30-16 Uhr, März-Dez. So. 10-12 Uhr

Inhaber .... Alfred Männle
Kellermeister .... Thomas Männle
Rebfläche .... 15,3 Hektar

Das bereits 1561 urkundlich erwähnte Weingut ist seit 1919 in Familienbesitz. Alfred Männle bewirtschaftet in dritter Generation die Weinberge am Durbacher Bienenberg. In der Einzellage Durbacher Bienengarten wachsen die Reben auf Granitverwitterungsböden. Riesling und die Burgundersorten spielen die wichtigste Rolle. Dazu gibt es Chardonnay, Gewürztraminer, Traminer, Müller-Thurgau und Scheurebe. Für den Weinausbau ist Sohn Thomas verantwortlich.

Die 2006er Weine waren etwas verhalten. Die letztjährige Kollektion gefiel uns wieder besser, vor allem der Editions-Spätburgunder aus dem Jahrgang 2006. Die neue Kollektion präsentiert sich geschlossen auf gutem Niveau, überzeugt weiß wie rot, trocken wie süß. Unsere leichte Präferenz gilt den stoffigen Spätburgundern.

Weinbewertung

85 . . . 2008 Klingelberger „1782" Spätlese trocken Durbacher Biengarten
feine Würze, reife Frucht, etwas streng; füllig, harmonisch, viel reife Frucht und Substanz **15,- €**

85 . . . 2008 Scheurebe Spätlese Durbacher Biengarten
feiner Duft, herrlich eindringlich; süß, schmeichelnd, harmonisch, feine Frucht **9,90 €**

86 . . . 2007 Spätburgunder Spätlese trocken Barrique Durbacher Biengarten
gute Konzentration, feine Würze, reife rote Früchte; füllig, harmonisch, viel Substanz, reife rote Früchte **19,40 €**

86 . . . 2007 Spätburgunder trocken „Edition" Durbacher Biengarten
viel reife Frucht, Gewürze, rote Früchte; weich, harmonisch, feine süße Frucht, gute Fülle **21,- €**

85 . . . 2007 Spätburgunder Beerenauslese Durbacher Biengarten
viel Konzentration, Würze, reife rote Früchte; füllig, dick, reife Frucht, feine Frische, Tannine, Biss **42,- €**

---

81 2008 Weißburgunder Kabinett trocken Durbacher Biengarten **7,60 €**
84 2008 Grauburgunder Spätlese trocken Durbacher Biengarten **9,40 €**
82 2008 Gewürztraminer Spätlese trocken Durbacher Biengarten **9,90 €**
84 2008 Clevner (Traminer) Spätlese Durbacher Biengarten **9,40 €**
82 2008 Spätburgunder Rosé Kabinett trocken Durbacher Biengarten **7,60 €**
84 2008 Spätburgunder Spätlese trocken Durbacher Biengarten **11,60 €**

Heinrich **Männle** ★★

Weingut

Baden

Sendelbach 16, 77770 Durbach
Tel. 0781-41101, Fax: 0781-44010
www.weingutmaennle.de
info@weingutmaennle.de
Besuchszeiten: Mo.-Fr. 8-18 Uhr, Sa. 8-16 Uhr, So. nach Vereinbarung
Naturstein-Gewölbekeller für Weinlehrproben, 3 Ferienwohnungen (4 Sterne)

Inhaber .... Heinrich und Sylvia Männle
Rebfläche .... 5,5 Hektar

Seit 1737 ist der Erbguthof in einem Durbacher Seitental in Familienbesitz. Bis 1956 wurden die Weine im Fass verkauft, in den sechziger Jahren hat man dann die Rebfläche im Durbacher Kochberg vergrößert, neue Weinberge angelegt. Spätburgunder ist bei Heinrich Männle – dem „Rotwein-Männle" – mit einem Anteil von über 50 Prozent die wichtigste Rebsorte. Hinzu kommen Weiß- und Grauburgunder, Scheurebe, Riesling, Gewürztraminer, Chardonnay und Müller-Thurgau und bereits seit 1991 auch etwas Cabernet Sauvignon und Merlot. 3,5 Hektar seiner Weinberge liegen in einer arrondierten Fläche in der Lage Durbacher Kochberg direkt beim Weingut. Die weiteren Parzellen befinden sich in den Durbacher Lagen Plauelrain und Ölberg. Barriqueweine bleiben alle mindestens 20 Monate im Fass, seit 2007 werden alle Weine in Holzfässern ausgebaut.

Seit einem Jahrzehnt empfehlen wir die Weine von Heinrich Männle, gehört das Weingut zu den Spitzenbetrieben in der Ortenau. Rotweine und Weißweine überzeugen gleichermaßen, auch die edelsüßen Weine – Scheurebe! – gehören immer wieder zur Spitze in der Region.

Nach gleichmäßigen Kollektionen in den vergangenen Jahren ragten vor zwei Jahren die beiden barriqueausgebauten Rotweine, Merlot und Spätburgunder, hervor. Die letztjährige Kollektion überzeugte, vor allem Chardonnay und Cabernet Sauvignon gefielen uns gut. In der konsistenten neuen Kollektion haben uns der Scheurebe Eiswein und der neue Klingelberger „1782" besonders gut gefallen.

Weinbewertung

85 ... 2008 Grauburgunder Spätlese trocken Durbacher Plauelrain
würzig, eindringlich, etwas gelbe Früchte; weich, füllig, harmonisch, reife süße Frucht **9,80 €**

87 ... 2008 Klingelberger „1782" Spätlese trocken Durbacher Kochberg
feine Würze, reintönige Frucht, herrlich eindringlich; füllig, harmonisch, kraftvoll, reife Frucht, gute Substanz und Länge **15,50 €**

88 ... 2008 Scheurebe Eiswein Durbacher Kochberg
würzig, dominant, Johannisbeeren, herrlich eindringlich; konzentriert, klar, herrlich viel Frucht, Frische **42,- €**

86 ... 2007 Klingelberger (Riesling) Eiswein Durbacher Kochberg
feine Würze und Duft, gute Konzentration; füllig und schmeichelnd, herrlich viel Frucht, dann dezente Bitternote **42,- €**

81 2008 Klingeleberger (Riesling) Kabinett trocken Durbacher Kochberg **7,90 €**
83 2008 Klingeleberger (Riesling) Spätlese trocken Durbacher Kochberg **9,80 €**
83 2008 Weißburgunder Spätlese trocken Durbacher Kochberg **9,70 €**
83 2008 Grauburgunder Spätlese trocken Durbacher Kochberg **9,80 €**

81 2008 Weißburgunder Spätlese „feinherb" Durbacher Kochberg **9,70 €**

82 2008 Chardonnay Spätlese „feinherb" Durbacher Plauelrain **10,30 €**

82 2008 Scheurebe Spätlese „feinherb" Durbacher Kochberg **9,60 €**

82 2007 Spätburgunder Spätlese halbtrocken Durbacher Kochberg **12,90 €**

★★☆

Maibachfarm

Weingut

Ahr

Im Maibachtal 100, 53474 Bad Neuenahr-Ahrweiler
Tel. 02641-36679, Fax: 02641-36643
www.weingut-maibachfarm.de
info@weingut-maibachfarm.de
Besuchszeiten: Bioladen (Markt 8):
Mo. 9-13 Uhr, Di.-Do. 9-13 + 14-18:30 Uhr, Fr. 9-18:30 Uhr, Sa. 9-13 Uhr
Straußwirtschaft (Juni, Aug., Sept. & Okt.)

Inhaber........................ Günter Gatzmaga
Rebfläche.............................. 15 Hektar

Günter Gatzmaga ist Diplom-Landwirt und betreibt ökologische Landwirtschaft, Garten- und Gemüsebau, sowie eine Käserei. Ende der neunziger Jahre ergab sich für ihn die Möglichkeit Weinberge zu übernehmen. Er gründete das Weingut Maibachfarm, das heute Weinberge in besten Lagen des Ahrtals, darunter die Terrassenlagen Walporzheimer Domlay und Dernauer Goldkaul, umfasst. In Ahrweiler ist man vertreten in den Lagen Rosenthal, Daubhaus, Silberberg und Ursulinengarten, desweiteren im Recher Herrenberg, Dernauer Hardtberg und Schieferlay, Heimersheimer Kapellenberg, Neuenahrer Sonnenberg, Bachemer Steinkaul und in den Walporzheimer Lagen Kräuterberg, Pfaffenberg und Himmelchen. Der Schwerpunkt der Produktion liegt auf roten Sorten wie Spätburgunder, Frühburgunder und Portugieser, von dem man einen Weinberg mit über 100 Jahre alten Reben besitzt. Die Weinberge werden ökologisch bewirtschaftet (Mitglied bei Bioland). Zuletzt hat Günter Gatzmaga in die Kellerwirtschaft, in Maischetanks und einen Holzgärbottich, investiert.

Vor zwei Jahren gefiel uns die Kollektion sehr gut, die Batterie an starken 2005er Barriqueweinen beeindruckte. Vergleichbar präsentierten sich im vergangenen Jahr die 2006er Barriquerotweine, waren kraftvoll und füllig. Sehr konsistent und geschlossen präsentiert sich nun die neue Kollektion auf gutem Niveau – die Weine allerdings sind sich oft zu ähnlich, durch Holz, durch Restsüße, so dass die Lagencharakteristik in den Hintergrund tritt. Was wir bedauern angesichts des tollen Lagenportfolios.

Weinbewertung

85 . . . 2008 Frühburgunder trocken
feine Würze, reife klare Frucht, eindringlich; füllig, harmonisch, reife süße Frucht, süffig **12,50 €**

86 . . . 2007 Portugieser trocken Barrique Dernauer Goldkaul
etwas Gewürze, rote und dunkle Früchte, herrlich eindringlich und konzentriert; füllig, stoffig, viel reife Frucht, Substanz, Struktur, Bitternoten **12,- €**

85 . . . 2007 Spätburgunder trocken Barrique
gute Konzentration, etwas Gewürze, reife klare Frucht; füllig, harmonisch, reife süße Frucht, gute Substanz, Frische **17,- €**

85 . . . 2007 Spätburgunder trocken Barrique Dernauer Schieferlay
würzig, eindringlich, dezenter Toast, etwas streng; füllig, harmonisch, reife klare Frucht, Vanille **17,- €**

86 . . . 2007 Spätburgunder trocken Barrique Ahrweiler Ursulinengarten
gute Konzentration, feine Würze und Frucht; füllig,

M

Die besten deutschen Weinerzeuger und ihre Weine

harmonisch, klare reife Frucht, gute Struktur **16,- €**

86 . . . 2007 Spätburgunder trocken Barrique Ahrweiler Forstberg

würzig, eindringlich, gute Konzentration, klare reife Frucht; füllig, harmonisch, viel reife Frucht und Substanz **19,- €**

85 . . . 2007 Frühburgunder trocken Barrique Heimersheimer Kapellenberg

gute Konzentration, Gewürze, reife rote Früchte; weich, füllig und schmeichelnd, reife süße Frucht, süffig **25,- €**

86 . . . 2007 Spätburgunder trocken Barrique Ahrweiler Rosenthal

frisch, würzig, klar; weich, füllig, harmonisch, reife Frucht, dezent Schokolade **25,- €**

84 2008 Spätburgunder trocken Neuenahrer Sonnenberg **12,50 €**

Maier ★

Weingut

Württemberg

Zehnmorgenweg 2, 71409 Schwaikheim
Tel. 07195-5565, Fax: 07195-139508
www.maier-weingut.de
info@maier-weingut.de
Besuchszeiten: Di.-Fr. 17-19 Uhr, Sa. 10-14 Uhr
Besenwirtschaft täglich ab 11 Uhr, Mo. Ruhetag

Inhaber .... Lothar und Rose Maier GbR
Rebfläche .... 7,2 Hektar

Die Familie Maier betreibt seit mehreren Generationen Weinbau, das Weingut in seiner heutigen Form besteht seit 1986. Die Weinberge liegen im Remstal, vor allem in Korb und Hanweiler. Rote Sorten überwiegen im Anbau: Trollinger, Lemberger, Muskat-Trollinger, Samtrot und Spätburgunder, auch Cabernet Dorio und Dornfelder. An weißen Sorten gibt es Riesling, Silvaner, Kerner, Weißburgunder und Traminer.

Weinbewertung

85 . . . 2007 „Elegantis" Rotwein trocken

Cabernet Dorio und Spätburgunder; würzig, eindringlich, etwas rote Früchte, Kirschen und Erdbeeren; füllig, harmonisch, reife Frucht, Substanz und Struktur **6,20 €**

83 2008 Kerner Spätlese trocken **6,10 €**
83 2008 Riesling Spätlese trocken **6,10 €**
82 2008 Muskat-Trollinger Rosé **6,- €**
82 2007 Trollinger „Alte Reben" trocken **4,90 €**
83 2001 Cuvée „M" Rotwein trocken **10,30 €**

Manderschied ★☆

Weingut

Pfalz

Dorfstraße 4, 76889 Kapellen-Drusweiler
Tel. 0176-20611693, Fax: 06343-935230
www.weingut-manderschied.de
weingut-manderschied@gmx.de
Besuchszeiten: nach Vereinbarung

Inhaber .... Wilfried Manderschied
Rebfläche .... 16 Hektar

Wilfried Manderschied hat lange Zeit Fasswein an Großkellereien und andere Weingüter verkauft. 2002, mit dem Einstieg von Wilhelm Manderschied, wurden die ersten eigenen Flaschenweine erzeugt. Die Weinberge liegen in den Gemarkungen Kapellen-Drusweiler (Rosengarten) und Bad Bergzabern (Altenberg). 35 Prozent der Rebfläche nehmen rote Sorten ein. Im September 2008 wurde mit der Umstellung auf biologischen Weinbau begonnen.

Auf ein gutes Debüt vor zwei Jahren folgte eine homogene, kompakte Kollektion mit kraftvollen Weiß- und Rotweinen, der Chardonnay hatte uns besonders gut gefallen. Die neue Kollektion kann da in der Spitze nicht ganz mithalten, präsentiert sich aber geschlossen auf gleichmäßigem Niveau.

Weinbewertung

79 2008 Riesling trocken **3,70 €/1l**
80 2008 Weißburgunder Kabinett trocken Kapellener Rosengarten **4,90 €**
82 2008 Spätburgunder Blanc de Noir **4,90 €**
81 2007 Spätburgunder Spätlese trocken Kapellener Rosengarten **6,- €**
82 2007 Cabernet Sauvignon „S" Spätlese trocken Kapellener Rosengarten **10,90 €**

★★★★

Manz

Weingut

Rheinhessen

Lettengasse 6, 55278 Weinolsheim
Tel. *06249-7981, -803008*
Fax: *06249-80022, -803041*
www.manz-weinolsheim.de
weingut@manz-weinolsheim.de
Besuch *nach Vereinbarung*
Neuer Holzfasskeller, Aussiedlung mit medit. Graten

Inhaber .... Erich Manz und Eric Manz
Rebfläche .... 20 Hektar

Erich Manz und Sohn Eric haben zu ihren Weinbergen in den Gemeinden Weinolsheim, Uelversheim, Dalheim und Dexheim in den letzten Jahren Weinberge in Oppenheim (Herrenberg, Sackträger), Nierstein (Hipping) und Guntersblum (Steig-Terrassen) hinzugekauft. Die wichtigsten Rebsorten sind Riesling und die Burgundersorten, aber auch Silvaner, Kerner, Huxelrebe, Gewürztraminer und Scheurebe, sowie Dornfelder. 2003 wurde der neue Rotweinkeller fertig gestellt. Neben dem Weingut betreibt Erich Manz als zweites Standbein einen Abfüllbetrieb. Die Weißweine werden kühl vergoren und im Edelstahl ausgebaut, die Rotweine kommen nach vier- bis achtwöchiger Maischegärung ins Holz.

Schon seit einem Jahrzehnt kennen wir die Weine von Erich Manz, bewundern immer wieder die Konsistenz seiner Kollektionen. In diesem Jahrzehnt hat sich viel getan, er hat die Rebfläche mehr als verdoppelt, sein Lagenportfolio erweitert. Vor allem die Weine von der Rheinfront stellt er immer mehr in den Vordergrund, während die Lagen seiner ursprünglichen Weinberge – mit Ausnahme der Weinolsheimer Kehr – zunehmend von den Etiketten verschwinden. Aber sind denn die Weine, die heute aus Oppenheim und Nierstein kommen, besser als diejenigen, die früher beispielsweise Dalheimer oder Uelversheimer Lagenbezeichnungen trugen?

Edelsüße Weine gab es 2006 nicht in der Menge wie in den Vorjahren, die trockenen Weißweine aber knüpften nahtlos an ihre Vorgänger an, der neue Riesling „Hahnbügel" gefiel besonders. Die 2004er roten Barriqueweine bestätigten ebenfalls den starken Eindruck der Vorjahre. Ausgerechnet 2005 dann blieben die Rotweine etwas hinter den Vorjahren zurück, die weiße Kollektion aber überzeugte im vergangenen Jahr wie gewohnt, allen voran die drei edelsüßen Rieslinge. Die neue Kollektion präsentiert sich geschlossen auf hohem Niveau, trocken und süß, weiß und rot überzeugen gleichermaßen. Die 2006er Rotweine gefallen uns ein klein wenig besser als ihre Vorgänger, im trockenen Segment ist einmal mehr der Wein aus dem

Hahnbügel der beste, der leider vorerst den Namen dieser Teillage nicht mehr tragen darf. Die edelsüßen Weine sind dick und konzentriert, was ein klein wenig zu Lasten der Finesse geht.

Weinbewertung

85 . . . 2008 Chardonnay Spätlese trocken „Kalkstein"
gute Konzentration, reife Frucht, etwas gelbe Früchte; weich, füllig, feine süße Frucht, gute Harmonie und Frische **8,10 €**

86 . . . 2008 Riesling Spätlese trocken Niersteiner Hipping
gute Konzentration, reife Frucht, herrlich eindringlich und klar; füllig, kraftvoll, reife süße Frucht, Substanz **8,10 €**

85 . . . 2008 Riesling Spätlese trocken Oppenheimer Sackträger
gute Konzentration, feine Würze, etwas gelbe Früchte; füllig, harmonisch, reife süße Frucht **9,10 €**

89 . . . 2008 Riesling Spätlese trocken* Weinolsheimer Kehr**
zuvor „Hahnbügel"; gute Konzentration, herrlich viel Frucht, eindringlich, etwas gelbe Früchte, dezent Zitrus im Hintergrund; füllig, stoffig, kraftvoll, viel reife Frucht und Substanz **18,50 €**
2006 (1. Jg.): 90; 2007: 88.

85 . . . 2008 Riesling Spätlese halbtrocken Dienheimer Kreuz
würzig, konzentriert, eindringlich, etwas gelbe Früchte; füllig, harmonisch, reife süße Frucht **7,10 €**

88 . . . 2008 Riesling Auslese „M*" Oppenheimer Herrenberg**
gute Konzentration, feine Würze, herrlich eindringlich; füllig und schmeichelnd, herrlich viel Frucht und Stoff, etwas Litschi, Substanz **10,50 €**

87 . . . 2008 Spätburgunder Eiswein Blanc de Noir Weinolsheimer Kehr
würzig, klar, konzentriert, feiner Duft; dick, süß, konzentriert, viel Substanz **17,50 €/0,375l**

88 . . . 2008 Riesling Eiswein „Pauline" Weinolsheimer Kehr
süß, konzentriert, etwas eingelegte süße Aprikosen, Litschi; konzentriert, herrlich viel Stoff, reintönig **22,50 €/0,375l**

88 . . . 2008 Riesling Trockenbeerenauslese Weinolsheimer Kehr
würzig, konzentriert, eindringlich, etwas Gewürznoten; süß, konzentriert, dick, dominant, herrlich viel Stoff **77,- €/0,375l**

88 . . . 2008 Riesling Trockenbeerenauslese Ludwigshöher Teufelskopf
viel Duft, Gewürze, Trockenfrüchte; süß, dick, dominant, viel Substanz und Stoff **77,- €/0,375l**

87 . . . 2006 Merlot trocken Barrique Oppenheimer Herrenberg
Gewürze, gute Konzentration, etwas rote Früchte; füllig, harmonisch, viel reife Frucht, Substanz, dezent Schokolade **18,50 €**

88 . . . 2006 Cuvée „M" Rotwein trocken Barrique
gute Konzentration, viel reife Frucht, Gewürze, Schokolade; füllig, stoffig, kraftvoll, reife Frucht, gute Struktur und Frische **14,50 €**
2001: 89; 2002: 90; 2003: 89; 2004: 89; 2005: 87.

86 . . . 2006 Spätburgunder trocken Barrique Oppenheimer Herrenberg
rauchige Noten, etwas Toast und Gewürze, herrlich eindringliche Frucht; füllig, harmonisch, viel reife Frucht, Substanz **13,10 €**
2001: 88; 2002: 89; 2003: 87; 2004: 88; 2005: 85.

87 . . . 2006 Spätburgunder trocken „M*" Barrique Oppenheimer Herrenberg**
Gewürze, gute Konzentration, reife Frucht; weich, füllig, kraftvoll, reife Frucht, viel Substanz **19,10 €**
2005: 86.

---

82 2008 Scheurebe trocken „Kalkstein" **7,50 €**
82 2008 Weißburgunder Spätlese trocken Oppenheimer Herrenberg **8,10 €**
84 2008 Riesling Spätlese „M***" Weinolsheimer Kehr **8,10 €**
84 2008 Silvaner Eiswein Weinolsheimer Kehr **13,10 €/0,375l**
83 2007 Frühburgunder trocken „Pauline" **9,50 €**

M

Die besten deutschen Weinerzeuger und ihre Weine

Marienfelder Hof ★

Wein- und Sektgut

Pfalz

Marienfelder Hof, 76833 Siebeldingen
***Tel.** 06345-919112, **Fax**: 06345-918052*
www.marienfelderhof.de
weingut@marienfelderhof.de
***Besuchszeiten**: nach Vereinbarung*

Inhaber .... Thorsten Weiter
Rebfläche .... 12 Hektar

Der Marienfelder Hof wird heute in vierter Generation von Thorsten Weiter geführt. Seine Weinberge liegen in Siebeldingen (Im Sonnenschein), Birkweiler (Rosenberg) und Godramstein (Münzberg). Die Weißweine werden reduktiv im Edelstahl ausgebaut, die Rotweine maischevergoren.

Beim Debüt vor zwei Jahren hatten die trockene Riesling Spätlese und die rote Cuvée „Edition Jona" besonders gefallen. Auch die letztjährige Kollektion überzeugte, war sehr gleichmäßig. Vergleichbar ist die neue Kollektion, in der uns der barriqueausgebaute Weißburgunder am besten gefällt.

Weinbewertung

78	2008 Riesling trocken **4,50 €**
81	2008 Riesling** Kabinett trocken **5,50 €**
80	2008 Weißburgunder** Kabinett trocken **5,50 €**
80	2008 Grauburgunder** Kabinett trocken **5,60 €**
78	2008 Chardonnay*** Spätlese trocken **7,90 €**
84	2007 Weißburgunder*** trocken Barrique **10,20 €**
80	2008 St. Laurent** trocken **5,60 €**
80	2007 Spätburgunder** trocken **5,60 €**
82	2003 Spätburgunder*** trocken **13,70 €**

Max Markert ★★★

Weingut

Franken

Am Zöller 1, 97246 Eibelstadt
***Tel.** 09303-1795, **Fax**: 09303-1090*
www.weingut-markert.de
info@weingut-markert.de
***Besuchszeiten**: nach Vereinbarung*

Inhaber .... Max Markert
Rebfläche .... 10 Hektar

Max Markert betreibt Weinbau erst seit 1995 im Vollerwerb. 1974 hatte er seine ersten Reben gepflanzt, seit 1977 das Weingut im Nebenerwerb geführt. Seine Weinberge liegen in den Eibelstadter Lagen Mönchsleite, Kapellenberg und Teufelstor, sowie im Randersackerer Dabug. Die Reben wachsen auf Muschelkalkböden. Weiße Rebsorten nehmen 70 Prozent der Fläche ein: Silvaner, Müller-Thurgau, Bacchus, Kerner, Scheurebe, Rieslaner, Riesling und Weißburgunder baut er an. An roten Sorten gibt es Domina, Spätburgunder, Portugieser, Dornfelder und Cabernet Dorsa. Neben überwiegend trocken ausgebauten Weinen erzeugt Max Markert auch Edelbrände in der eigenen Brennerei.

Seit über einem Jahrzehnt nun kennen und schätzen wir die Weine von Max Markert. Jahr für Jahr bietet er starke, sehr gleichmäßige Kollektionen, noch nie hat uns ein Wein enttäuscht. Die Weine sind immer wunderschön reintönig und fruchtbetont, die Rotweine baut er sehr gekonnt im Holz aus. In der ersten Ausgabe vor zehn Jahren bewunderten wir schon seinen damals allerersten im Barrique ausgebauten Wein. Die Preise sind nach wie vor angenehm niedrig, liegen nur unwesentlich über denen vor zehn Jahren.

Die 2006er Kollektion überzeugte mit fruchtbetonten, reintönigen Weinen. Ganz stark war auch der 2007er Jahrgang, bestach mit reintönigen Weinen, allen voran die trockene Riesling Spätlese, aber auch die Rotweine bestätigten den sehr guten Eindruck der vorausgegangenen Jahre. Eine sehr gleichmäßige Kollektion auf sehr gutem Niveau präsentierte Max Markert auch in diesem Jahr. Unter den 2008er Weißweinen gefällt uns die trockene Silvaner Spätlese aus dem Kapellenberg besonders gut, die Rotweine zeigen Frucht und Struktur: Einmal mehr eine tadellose Kollektion!

Weinbewertung

85 . . . 2008 Silvaner Kabinett trocken Eibelstadter Kapellenberg
reintönige Frucht, etwas Birnen, weiße Früchte; frisch, klar, harmonisch, feine süße Frucht, herrlich süffig **5,20 €**
2005: 85; 2006: 84; 2007: 85.

85 . . . 2008 Müller-Thurgau trocken „Frank & Frei"
frisch, fruchtbetont, dezente Muskatnote, herrlich reintönig; klar, frisch, zupackend, feine süße Frucht **5,50 €**

88 . . . 2008 Silvaner Spätlese trocken Eibelstadter Kapellenberg
gute Konzentration, herrlich reintönige Frucht, eindringlich; füllig, harmonisch, viel reife Frucht, Substanz, gute Struktur und Frische **8,20 €**

85 . . . 2008 Rosé trocken
frisch, fruchtbetont, wunderschön klar; frisch, klar, feine süße Frucht, süffig **5,30 €**

85 . . . 2007 Domina trocken Eibelstadter Mönchsleite
würzig, konzentriert, fruchtbetont, reintönig; klar, frisch, zupackend, feine Frucht und Biss **6,50 €**

86 . . . 2007 Spätburgunder trocken Holzfass Eibelstadter Mönchsleite
rauchige Noten, reintönige Frucht, eindringlich; klar, harmonisch, elegant, gute Struktur und Frische **7,- €**

86 . . . 2006 Cabernet Dorsa Spätlese trocken Holzfass Eibelstadter Kapellenberg
gute Konzentration, reife Frucht, rote und dunkle Früchte; frisch, klar, reife Frucht, gute Struktur **8,50 €**

84 2006 Riesling Sekt brut **11,- €**
83 2007 Dornfelder trocken **5,80 €**
84 2007 „M" Rotwein trocken **5,50 €**

★

Martinshof

Weingut

Rheinhessen

Rheinstraße 85, 55276 Dienheim
Tel. 06133-2280, Fax: 06133-70763
www.wein-martinshof.de
info@wein-martinshof.de
Besuchszeiten: nach Vereinbarung

Inhaber .... Familie Martin
Rebfläche .... 20 Hektar

Die Weinberge der Familie Martin liegen in Dienheim und Oppenheim, seit 2003 ist man auch in Nierstein vertreten. Die Reben wachsen auf schweren Kalksteinverwitterungsböden und teils tiefgründigen Lösslehmböden, in Nierstein auf Rotliegendem. Vor allem Riesling und die Burgundersorten werden angebaut, aber auch Silvaner, Müller-Thurgau, Huxelrebe und Scheurebe. An roten Sorten gibt es Dornfelder, St. Laurent, Spätburgunder, Portugieser, Cabernet Dorio, Merlot und Cabernet Sauvignon. Reinhard Martin ist für den Außenbetrieb verantwortlich, Sohn Achim kümmert sich um den Ausbau der Weine.

Die 2006er Weine waren klar und fruchtbetont, ebenso 2007. Die neue Kollektion ist ein klein wenig verhaltener, am besten gefällt uns die Riesling Auslese aus dem Sackträger.

Weinbewertung

79 2008 Weißburgunder Spätlese trocken **4,60 €**
79 2008 Chardonnay Spätlese trocken **4,60 €**
82 2008 Riesling Spätlese trocken Niersteiner Pettenthal **4,90 €**
81 2008 Riesling Spätlese trocken Oppenheimer Sackträger **6,20 €**
84 2008 „Lorenz" Riesling Auslese Oppenheimer Sackträger **8,- €**
82 2008 St. Laurent trocken **5,- €**

Marx ★

Weingut

Rheinhessen

Hauptstraße 83, 55232 Alzey-Weinheim
Tel. 06731-41313, Fax: 06731-45290
www.weingut-marx.de
info@weingut-marx.de
Besuchszeiten: Mo.-Fr. 8-19 Uhr, Sa. 8-16 Uhr, So. 10-12 Uhr und nach Vereinbarung

M

Die besten deutschen Weinerzeuger und ihre Weine

Inhaber .... Klaus Marx
Rebfläche .... 12 Hektar

Das Weingut Marx wurde in den sechziger Jahren von Hans Marx, dem Vater des heutigen Besitzers Klaus Marx, aufgebaut. Die Vorfahren hatten seit Generationen einen eigenen Sandsteinbruch in Weinheim und waren Steinmetze. Hans Marx jedoch entschloss sich den Beruf des Winzers zu erlernen und ein Weingut zu gründen. Seit 1989 ist Klaus Marx im Betrieb tätig. Die Reben wachsen rund um Weinheim auf rotliegenden Gesteinsverwitterungsböden. Riesling ist die wichtigste Rebsorte im Betrieb, gefolgt von Grauburgunder, Silvaner, Müller-Thurgau, Portugieser und Dornfelder. Dazu gibt es noch etwas Weißburgunder, Huxelrebe, Kerner, Scheurebe und Siegerrebe, sowie Cabernet Mitos. Die Weißweine werden temperaturkontrolliert vergoren und im Edelstahl ausgebaut. Die Rotweine kommen nach der Maischegärung ins Holzfass. 80 Prozent der Weine werden trocken oder halbtrocken ausgebaut. Die Weine werden überwiegend an Privatkunden verkauft.

Immer wieder gefällt der Cabernet Mitos von Klaus Marx am besten. Der Rest der Kollektion konnte da vor zwei Jahren nicht mithalten. Die letztjährige Kollektion gefiel deutlich besser, zeigte Konstanz auf gutem Niveau, und – natürlich – hatte der Cabernet Mitos, zusammen mit einer Siegerrebe Auslese, wieder am meisten beeindruckt. Die beiden Jahrgangsnachfolger sind nun unsere Favoriten in der aktuellen, sehr gleichmäßigen, aber doch etwas zu verhaltenen Kollektion.

Weinbewertung

77 2008 Silvaner trocken Weinheimer **3,50 €/1l**
76 2008 Rivaner trocken Weinheimer **4,- €**
79 2008 Riesling trocken Weinheimer **3,90 €**
78 2008 Grauburgunder trocken Weinheimer **4,30 €**
83 2008 Riesling Spätlese trocken Weinheimer **6,10 €**
78 2008 Riesling halbtrocken Weinheimer **3,90 €**
81 2008 Kerner Spätlese Weinheimer **4,10 €**
80 2008 Riesling Spätlese Weinheimer **5,60 €**
84 2008 Siegerrebe Auslese Weinheimer **6,40 €**
77 2008 Portugieser Weißherbst halbtrocken Weinheimer **3,90 €**
78 2008 Spätburgunder trocken Weinheimer **6,30 €**
84 2007 Cabernet Mitos trocken Barrique Weinheimer **8,60 €**

★☆

Marx

Weingut

Nahe

Im Setzling 6, 55452 Windesheim
Tel. 06707-316, Fax: 06707-1669
www.weingutmarx.com
info@weingutmarx.com
Besuchszeiten: nach Vereinbarung

Inhaber .... Rainer Marx
Rebfläche .... 7,4 Hektar

Seit über 300 Jahren betreibt die Familie Weinbau an der Nahe. Die Weinberge von Rainer Marx, der das Gut 2005 von seinen Eltern übernommen hat, liegen in Windesheim und in den Nachbargemeinden Waldlaubersheim und Schweppenhausen. Die Weißweine werden langsam kühl vergoren und im Edelstahl ausgebaut. Die Rotweine kommen nach der Maischegärung in Eichenholzfässer, teilweise auch ins Barrique.

Die Weine werden ohne Lagenbezeichnung vermarktet. Seit dem Jahrgang 2007 verzichtet Rainer Marx bei trockenen Weinen auf Prädikatsbezeichnungen, die nach eigener Einschätzung besten Weine tragen die Zusatzbezeichnung „S". Diese Weine bieten ein Mehr an Fülle und Konzentration im Vergleich zu den klaren, geradlinigen Basisweinen. Am besten gefällt meist der Grauburgunder, aber Weißburgunder und Chardonnay stehen ihm nur wenig nach. Die Rotweine besitzen Kraft und Struktur, reichen aber meist nicht ganz an die weißen Spitzenweine heran.

Die 2006er waren jahrgangsbedingt ein klein wenig schwächer, die trockene Grauburgunder-Auslese aber gehörte zu den besten Burgundern des Jahrgangs an der Nahe. Eine gute, gleichmäßige Kollektion stellte Rainer Marx mit dem Jahrgang 2007 vor, insbesondere die fülligen, reintönigen weißen Burgunder wussten zu überzeugen und machten Spaß. Eine starke, sehr gleichmäßige Kollektion folgt in diesem Jahr nach mit saftigen klaren Basisweinen und den gewohnten Spitzen der „S"-Linie: In diesem Jahr vermögen neben Grauburgunder und Chardonnay auch Riesling und Spätburgunder zu punkten.

Weinbewertung

85 ... 2008 Chardonnay „S" trocken
würzig, eindringlich, gute Konzentration; füllig, harmonisch, kraftvoll, reife Frucht **7,80 €**
2005: 84; 2006: 85; 2007: 85.

86 ... 2008 Grauburgunder „S" trocken
gute Konzentration, klare reife Frucht, gelbe Früchte; füllig, harmonisch, viel reife Frucht, Substanz und Frische **9,80 €**

85 ... 2008 Riesling „S" trocken Römerberg
würzig, eindringlich, gute Konzentration; füllig, harmonisch, reife Frucht, reintönig, Substanz **8,- €**

86 ... 2007 Spätburgunder „S" trocken Windesheimer Rosenberg
gute Konzentration, rote Früchte, etwas rauchige Noten; füllig, kraftvoll, reife Frucht, gute Substanz, ganz feine Bitternote **15,- €**

83 2008 Weißburgunder trocken **5,40 €**
83 2008 Grauburgunder trocken **5,60 €**
83? 2008 Weißburgunder "S" trocken **7,20 €**
82 2008 Riesling trocken **5,20 €**
83 2008 Spätburgunder Blanc de Noir **5,60 €**
81 2008 Riesling „feinherb" **5,- €**
83 2007 Spätburgunder trocken **5,80 €**

Mathern ★☆
Weingut

Nahe

Winzerstraße 7, 55585 Niederhausen
Tel. 06758-6714, Fax: 06758-8109
www.weingut-mathern.de
info@weingut-mathern.de
Besuchszeiten: nach Vereinbarung
Ferienwohnungen und Zimmer

Inhaber .... Gloria Mathern
Kellermeisterin .... Sabine Habenicht
Rebfläche .... 10 Hektar

Das Weingut Mathern in Niederhausen wird seit dem Tod vom Helmut Mathern von Gloria Mathern und Kellermeisterin Sabine Habenicht geführt. Im Anbau dominiert Riesling, hinzu kommt vor allem noch etwas Dornfelder, Müller-Thurgau und Weißburgunder.

2006 überzeugten die restsüßen Rieslinge, die trockenen Weine aber waren jahrgangsbedingt ein wenig schwächer. Ähnlich das Bild 2007: Gleichmäßige, starke edelsüße Rieslinge, etwas verhaltenere trockene Rieslinge aber nichtsdestotrotz eine überzeugende Kollektion. Die neue Kollektion ist sehr ausgewogen, trocken wie süß, bietet zuverlässige Qualität.

Weinbewertung

85 ... 2008 Riesling Spätlese trocken Norheimer Dellchen
gute Konzentration, klare reife Frucht, herrlich eindringlich; weich, füllig, harmonisch **7,60 €**

81 2008 Riesling trocken „vom Rotliegenden" Niederhäuser Rosenberg **5,25 €**
83 2008 Riesling Spätlese trocken Niederhäuser Hermannshöhle **7,60 €**
82 2008 Riesling halbtrocken Niederhäuser Rosenheck **7,60 €**
83 2008 Riesling Kabinett Niederhäuser Kertz **5,25 €**
84 2008 Riesling Spätlese Norheimer Kirschheck **7,70 €**

Rudolf May ★★★
Weingut

Franken

Im Eberstal, 97282 Retzstadt
Tel. 09364-5760, Fax: 09364-896434
www.weingut-may.de
info@weingut-may.de
Besuchszeiten: nach Vereinbarung
Weinprobierraum für Veranstaltungen

Inhaber .... Petra & Rudolf May
Rebfläche .... 12,8 Hektar

Seit 1987 vermarktet Rudolf May seine Weine selbst. Seither hat er seine Rebfläche vervielfacht. 1997 wurde der Betrieb in das Eberstal an den Ortsrand von Retzstadt ausgesiedelt, wo Petra und Rudolf May ein neues Weingut errichtet haben. Die Weine wachsen in Retzstadt und Umgebung, hauptsächlich auf Muschelkalkböden. Wichtigste Rebsorten bei Rudolf May sind Müller-Thurgau und Silvaner. Dazu gibt es Riesling, Rieslaner, Grauburgunder, Weißburgunder und Kerner, sowie an roten Sorten Spätburgunder, Dornfelder und Regent. Ausgewählte Weine, auch Weißweine, baut er im Barrique aus. Die Spitzenweine werden in der Linie „Recis" vermarktet.

Es war schon beeindruckend zu verfolgen, wie Rudolf May sich im letzten Jahrzehnt kontinuierlich gesteigert hat. Als wir ihn vor zehn Jahren zum ersten Mal vorstellten, war er noch weitgehend unbekannt, ebenso Retzstadt, wo er zuhause ist. Damals waren seine Weine klar, saftig und süffig. Diese Stilistik findet man auch heute noch bei seinen Weinen: Sie sind, reintönig, fruchtbetont und wunderschön süffig, haben dabei aber deutlich an Struktur und Komplexität gewonnen, profitieren von geringerer Restsüße, denn „fränkisch trocken" ausgebaut zeigen sie, was in ihnen steckt, gewinnen an Länge und Nachhaltigkeit.

Im schwierigen Jahrgang 2006 hatte sich Rudolf May sehr gut behauptet, alle Weine waren klar und fruchtbetont. Unser Favorit in der sehr guten Kollektion war der Silvaner aus der Recis-Linie. 2007 waren die Basisweine etwas zurückhaltend, die Recis-Linie aber bot viel Stoff und Frucht auf gewohnt hohem Niveau. Die neue Kollektion besticht mit wunderschön reintönigen Weinen, schon Müller-Thurgau „Frank & Frei" oder der Silvaner Kabinett bereiten viel Freude. Die Recis-Linie bietet ein Mehr an Substanz und Konzentration, der Silvaner hatte in diesem Jahr für uns in der weingutsinternen Konkurrenz ganz knapp die Nase vorne. Weiter im Aufwärtstrend!

Weinbewertung

87 . . . 2008 Silvaner Kabinett trocken „Kalkmineral" Retzstadter Langenberg
frisch, würzig, wunderschön reintönige Frucht; frisch, zupackend, wunderschön reintönig und lang **7,50 €**

87 . . . 2008 Silvaner Spätlese trocken „Wellenkalk" Retzstadter Langenberg
würzig, eindringlich, klare reife Frucht; füllig, harmonisch, saftig, viel reife Frucht **10,- €**

87 . . . 2008 Weißburgunder Spätlese trocken „Wellenkalk" Retzstadter Langenberg
würzig, eindringlich, reintönige Frucht, etwas weiße Früchte; füllig, harmonisch, viel reife Frucht und Substanz **10,- €**
„Wellenkalk" ab 2008; 2003: 87; 2004: 87; 2005: 88; 2006: 86; 2007: 86.

89 . . . 2008 Silvaner Spätlese trocken „Recis" Retzstadter Langenberg
viel Konzentration, faszinierend viel Frucht, feine mineralische Noten, herrlich eindringlich; füllig, harmonisch, viel reife Frucht, reintönig, gute Substanz und Struktur **16,- €**
2003: 90; 2005: 88; 2006: 89; 2007: 88.

88 . . . 2008 Grauburgunder Spätlese trocken „Recis" Stettener Stein
reintönige Frucht, etwas gelbe Früchte, herrlich eindringlich; gute Fülle und Harmonie, klare reife Frucht, Substanz und Länge **16,- €**
2003: 89; 2004: 87; 2005: 88; 2006: 87; 2007: 87.

87 . . . 2008 Rieslaner Spätlese
gute Konzentration, reintönige Frucht, etwas Zitrusfrüchte; füllig, klar, herrlich viel Frucht und Substanz **9,50 €**
2002: 88; 2003: 88; 2005: 87; 2006: 87; 2007: 86.

84 2008 Müller-Thurgau trocken „Frank & Frei" **5,80 €**

84 2007 Spätburgunder trocken „Recis" **22,- €**

M

Die besten deutschen Weinerzeuger und ihre Weine

★★

Mayschoß-Altenahr

Winzergenossenschaft

Ahr

Ahrrotweinstraße 42, 53508 Mayschoß
Tel. 02643-93600, Fax: 02643-936093
www.wg-mayschoss.de
info@wg-mayschoss.de
Besuchszeiten: ganzjährig 8-18 Uhr (außer 1.+2. Weihnachtstag, Neujahr)

Geschäftsführer .... Rudolf Mies
Verkaufsleiter .... Rudolf Stodden
Rebfläche .... 125 Hektar
Mitglieder .... 330 Hektar

1868 wurde der Winzerverein Mayschoß gegründet, ist damit die älteste Winzergenossenschaft der Welt. 1982 erfolgt die Fusion mit der Winzergenossenschaft Altenahr. 60 Prozent der Weinberge der Mitglieder nimmt Spätburgunder ein, 20 Prozent Riesling, je 4 % Portugieser und Frühburgunder, hinzu kommen 12 Prozent mit anderen Rebsorten wie Domina, Dornfelder, Müller-Thurgau, Kerner, Weißburgunder und Regent. Die jährliche Produktion beträgt 1,1 Millionen Flaschen.

Weinbewertung

85 . . . 2007 Frühburgunder trocken Goldkapsel
rauchige Noten, herrlich reintönig, etwas Vanille und Speck; weich, füllig, reife Frucht, viel Vanille **18,- €**

85 . . . 2007 Spätburgunder trocken „Selektion XII"
frisch, rauchig, fruchtbetont, reintönig; klar, harmonisch, viel reife Frucht, gute Struktur, dezent Vanille, Tannine **19,50 €**

87 . . . 2006 Pinot Noir „R" trocken
gute Konzentration, reintönige Frucht, feines Pinotbouquet; reife Frucht, gute Struktur, recht viel Vanille **19,80 €**

88 . . . 2006 Spätburgunder Auslese trocken Walporzheimer Kräuterberg
rauchige Noten, reintönige Frucht, feine Würze, herrlich eindringlich; weich, füllig, harmonisch, reintönige Frucht, gute Struktur **32,50 €**

81 2007 Spätburgunder trocken „Nikolaus N" **6,65 €**

84 2007 Spätburgunder trocken „Edition Ponsart Nr. 18" **14,50 €**

★★★

Medinger

Weingut

Württemberg

Brühlstraße 6, 71394 Kernen-Stetten
Tel. 07151-44513, Fax: 07151-41737
www.weingut-medinger.de
weingut.medinger@t-online.de
Besuchszeiten: Mo.-Fr. 18-19:30 Uhr, Sa. 15:30-18 Uhr

Inhaber . . . . Barbara Medinger-Schmid . . . . und Markus Schmid
Rebfläche . . . . 5,2 Hektar

Erst 1988, als Barbara Medinger ihre Ausbildung beendet hatte, begann das Weingut Medinger mit der Selbstvermarktung (zuvor wurden die Trauben an die Genossenschaft geliefert). Damals hatte man 80 Prozent Weißwein im Programm, heute liegt der Rotweinanteil bei 60 Prozent. Die Weinberge befinden sich in den Stettener Lagen Pulvermächer, Häder, Mönchberg und Lindhälder, sowie in Strümpfelbach in den Lagen Altenberg und Sonnenbühl. Riesling ist die wichtigste weiße Rebsorte, dazu gibt es Kerner, Müller-Thurgau und Chardonnay. An roten Sorten gibt es Trollinger, Lemberger, Portugieser, Schwarzriesling, Spätburgunder und Dornfelder, aber auch Regent, Cabernet Cubin und Acolon. Die Rotweine werden in 800 bis 1000-Liter-Fässern ausgebaut, teilweise auch im Barrique. Barriqueweine werden 18 bis 24 Monate im Fass ausgebaut.

Seit einem Jahrzehnt empfehlen wir schon die Weine von Barbara Medinger-Schmid und Markus Schmid, ein Jahrzehnt lang präsentierten sie uns immer zuverlässige Kollektionen, oft mit fülligen, fruchtbetonten Rieslingen und gekonnt vinifizierten Barriquerotweinen an der Spitze. Den in der ersten Ausgabe besonders gelobten Kerner aus dem Barrique gibt es nicht mehr, der ebenfalls gelobte Lemberger aus dem Barrique hat über die Jahre rote Kollegen und damit starke gutsinterne Konkurrenz erhalten.

Vor zwei Jahren gefiel uns die Kollektion gut, die 2006er Weißweine behaupteten sich, die 2004er Barrique-Rotweine hatten Klasse und Kraft. Nochmals besser präsentierten sich im vergangenen Jahr die beiden 2005er Rotweine, Cabernet Cubin und Cuvée M, sie besaßen Kraft, Struktur und Substanz, waren die Highlights einer guten, gleichmäßigen Kollektion. Auch in der aktuellen Kollektion liegen die Stärken wieder einmal im roten Segment, bei den kraftvollen und teils tanninbetonten Barriqueweinen des Jahrgangs 2006, aber auch die Rieslinge überzeugen.

Weinbewertung

86 . . . 2008 Riesling „M" trocken Stettener Pulvermächer
gute Konzentration, feine Würze und Frucht, herrlich eindringlich; klar, füllig, harmonisch, reife Frucht und Substanz **9,90 €**
(bis 2005 Selection) 2000: 87; 2002: 88; 2004: 88; 2005: 87; 2006: 86; 2007: 86.

85 . . . 2007 Spätburgunder Auslese trocken
feine rauchige Noten, reintönige reife Frucht; klar, füllig, harmonisch, reife Frucht und Struktur **9,80 €**

85 . . . 2007 Lemberger Spätlese trocken
gute Konzentration, klare reife Frucht, rote Früchte; füllig, reintönig, viel Substanz **9,80 €**

86 . . . 2007 Cabernet Cubin Auslese trocken
gute Konzentration, viel reife Frucht, feine Würze, eindringlich; füllig, harmonisch, kraftvoll, reife Frucht, gute Substanz **9,80 €**

87 . . . 2006 Lemberger trocken Barrique
fruchtbetont, jugendlich, rote Früchte, intensiv; füllig, kraftvoll, klare reife Frucht, eindringlich, jugendliche Tannine **19,50 €**

88 . . . 2006 „Cuvée M" trocken Barrique
viel Konzentration, Gewürze, eindringliche Frucht, füllig, kraftvoll, reife Frucht, viel Substanz, gute Struktur und Frische **19,50 €**
2002: 87; 2003: 86; 2004: 88; 2005: 89.

87 . . . 2006 Cabernet Cubin trocken Barrique
gute Konzentration, viel reife Frucht, Toast, Gewürze; füllig, klar, viel Substanz, viel Vanille und Schokolade **19,50 €**
2002: 87; 2003: 85; 2004: 88; 2005: 89.

83 2008 Riesling Kabinett trocken Stettener Pulvermächer **6,- €**
84 2008 Riesling „S" Kabinett trocken Stettener Pulvermächer **7,50 €**
83 2008 Blanc de Noirs trocken **7,50 €**
84 2008 Riesling Kabinett Stettener Pulvermächer **6,- €**
82 2007 Regent trocken **6,- €**

Meersburg ★
Staatsweingut
Baden

Seminarstraße 6, 88709 Meersburg
Tel. 07532-446744, Fax: 07532-446747
www.staatsweingut-meersburg.de
info@staatsweingut-meersburg.de
Besuchszeiten: Mo.-Fr. 9-18 Uhr, Sa. 9-16 Uhr
Gutsschänke

Inhaber Finanzministerium Baden-Württemberg
Leiter .... Dr. Jürgen Dietrich
Rebfläche .... 62 Hektar

Die historischen Gebäude, wie auch die Weinberge des Staatsweingutes stammen aus dem ehemaligen Besitz der Fürstbischöfe von Konstanz. Mit der Säkularisation entstand die „Großherzogliche Domänenkellerei Meersburg", aus der 1919 das Staatsweingut wurde. Neben Weinbergen in verschiedenen Meersburger Lagen (darunter die Lagen Rieschen, Bengel, Jungfernstieg und Lerchenberg in Alleinbesitz) gehören dem Staatsweingut auch Weinberge am Hohentwieler Olgaberg (mit 520 Meter über Meeresspiegel der höchstgelegene Weinberg Deutschlands) und in der Gailinger Ritterhalde. Wichtigste Rebsorte ist Spätburgunder, der die Hälfte der Weinberge einnimmt und zu zwei Drittel als Weißherbst oder Rosé vermarktet wird. Wichtigste Weißweinsorte ist Müller-Thurgau, aber auch Weiß- und Grauburgunder, sowie Riesling, Chardonnay und Traminer spielen als Spezialitäten eine wichtige Rolle. Im Jahr 2002 hat Jürgen Dietrich die Leitung des Staatsweingutes übernommen. Er war zuvor Leiter des Staatlichen Hofkellers in Würzburg und davor Leiter des Weinguts des Hauses Württemberg in Ludwigsburg. Mit dem Jahrgang 2003 wurde das Programm neu strukturiert in Gutsweine, Lagenweine und Premiumweine (***). Prädikatsbezeichnungen werden nur noch beim Traminer verwendet.

Das Staatsweingut Meersburg erzeugt frische und fruchtbetonte trockene Weißweine und Rosés, diesem Stil ist man seit langem treu. Die im Barrique ausgebauten Premiumweine bieten mehr Kraft und Stoff, vor allem die Weißen gehören in manchen Jahren zur badischen Spitze, es mangelt aber noch ein wenig an Konstanz.

Nach guten Kollektionen gefiel uns auch vor zwei Jahren die Kollektion. Die Basisweine überzeugten, Sauvignon Blanc vom Olgaberg und Traminer aus dem Rieschen machten viel Spaß, die weißen Premiumweine besaßen Struktur und Kraft. Eine sehr gleichmäßige Kollektion hatte das Weingut im vergangenen Jahr präsentiert, nur in der Spitze blieb man ein wenig hinter den Vorjahren zurück. In der aktuellen Kollektion gefallen uns einmal mehr Spätburgunder Bengel und Weißburgunder Chorherrenhalde, die Guts- und Lagenweine sind frisch und klar, aber etwas verhalten.

Weinbewertung

85 . . . 2008 Weißburgunder* trocken Meersburger Chorherrenhalde**
gute Konzentration, klare reife Frucht, weiße Früchte; weich, füllig, harmonisch, reife süße Frucht **13,- €**
2005: **86**; 2006: **86**; 2007: **85**.

86 . . . 2007 Spätburgunder* trocken Meersburger Bengel**
gute Konzentration, reife rote Früchte, eindringlich; füllig, harmonisch, reife Frucht, gute Substanz, Vanille **17,- €**

84 2008 Pinot Sekt brut **12,50 €**
79 2008 Müller-Thurgau trocken **5,50 €**
79 2008 Weißburgunder trocken **6,90 €**
81 2008 Müller-Thurgau trocken Hohentwieler Olgaberg **6,50 €**
82 2008 Weißburgunder trocken Hohentwieler Olgaberg **8,30 €**
80 2008 Sauvignon Blanc trocken Hohentwieler Olgaberg **10,30 €**
80 2008 Spätburgunder Blanc de Noir trocken Meersburger Jungfernstieg **8,30 €**
80 2008 Spätburgunder Weißherbst trocken **6,40 €**
81 2008 Spätburgunder trocken Hohentwieler Olgaberg **8,50 €**
83 2005 Spätburgunder*** trocken Gailinger Ritterhalde **17,- €**

★

Mehl
Weingut

Rheingau

Haselnussgasse 6, 65396 Walluf
Tel. 06123-73274, Fax: 06123-75626
www.weingut-mehl.de
weingut.mehl@t-online.de
Besuchszeiten: Mo. bis Fr. 17-19 Uhr, Sa. 10-14 Uhr und jederzeit nach Vereinbarung
Weingutsschänke

Inhaber .... Markus Mehl
Rebfläche .... 2,7 Hektar

Das Weingut Mehl entstand aus einer kleinen Ortsküferei und wird heute in der 5. Generation betrieben. Während der Vater sich um die Weinberge kümmert, die Mutter um die Gutsschänke, ist Markus Mehl im Keller aktiv. Die Weißweine werden gekühlt im Stahltank vergoren und ausgebaut, der Spätburgunder lagert im Eichenholzfass. Von dieser Regel weicht Markus Mehl beim Grauburgunder, im Holzfass gereift, ab. Der Großteil der Erzeugung von 30.000 Flaschen wird an Privatkunden verkauft oder an Ort und Stelle in der eigenen Gutschänke getrunken. Markus Mehl bevorzugt den Schraubverschluss für seine klaren, fruchtigen und in einem ruhigen, zugänglichen Stil gehaltenen Weine. Der „Authentico" ist tatsächlich authentisch trocken.

Die zum Debüt angestellten 2007er überzeugten, die nun präsentierten 2008er sind nochmals besser geraten: Saftig, klar, geradlinig. Enttäuschungen gibt es nicht!

Weinbewertung

85 ... 2008 Riesling trocken „Authentico"
klare Frucht, deutlich Steinobst; saftig, würzig, viel Frucht, recht reif wirkende Säure, stoffig **5,50 €**

85 ... 2008 Grauer Burgunder trocken
reife Frucht, leicht cremig, sehr sortentypisch; saftig, viel Frucht, ruhiger, elegant, Biss **7,50 €**

86 ... 2008 Riesling Spätlese
reife Frucht, deutlich Pfirsich; saftig, zart, gut integrierte Süße, reife Säure, nicht allzu lang **7,- €**

86 ... 2007 Spätburgunder „S" trocken
klare Frucht, kandierte Kirschen, ganz leichte Kräuternote; saftig, elegant, viel Frucht, gute Balance, animierend **8,40 €**

83 2008 Riesling Classic **4,70 €**
84 2008 Blanc de Noirs Spätlese trocken **5,50 €**
83+ 2006 Saint Laurent trocken **9,50 €/0,5l**

★★

Markus Meier
Weingut

Franken

Haus Nr. 13, 91478 Ulsenheim
Tel. 09842-2479, Fax: 09842-952241
www.weingutmeier.de
post@weingutmeier.de
Besuchszeiten: Mo.-Fr. 8-18 Uhr, Sa. 8-16 Uhr oder nach Vereinbarung
Kulinarische Weinproben, Wein-Events, Winzerstube, Panoramahütte, südländisches Weinfest am 2. So. im September

Inhaber .... Markus Meier
Rebfläche .... 8 Hektar

Das Weingut Meier ist ein noch junger Betrieb in Ulsenheim, in den südlichen Ausläufern des Steigerwalds. Die Weinberge von Markus Meier befinden sich in den Lagen Weisenheimer Hohenlandsberg, Frankenberger Schlossstück und Ulsenheimer Huttenberg, wo die Reben auf Gipskeuperböden wachsen, sowie im Sommerhäuser Reifenstein. Neben Müller-Thurgau, Silvaner, Bacchus, Rieslaner, Kerner und Domina gibt es seit 2001 auch Cabernet Dorsa und Zweigelt.

Vor zwei Jahren überzeugten vor allem die edelsüßen Weine und die Barriqueweine. Sehr ähnlich war das Bild im vergangenen Jahr, die edelsüßen Weine und die Barrique-Rotweine ragten heraus aus einer ansonsten gleichmäßigen Kollektion. In diesem Jahr nun gibt es neben den gewohnt starken edelsüßen und roten Weinen auch einige kraftvolle Weiße in der sehr homogenen Kollektion.

Weinbewertung

85 . . . 2008 Weißburgunder trocken (klassisches Franken) Sommerhäuser Reifenstein
gute Konzentration, feine Würze, reife Frucht; füllig, harmonisch, klare reife Frucht **7,50 €**

86 . . . 2008 Riesling trocken (edles Franken) Sommerhäuser Reifenstein
gute Konzentration, herrlich viel Frucht, etwas gelbe Früchte; füllig, kraftvoll, reife Frucht und gute Substanz **12,50 €**

85 . . . 2007 Weißburgunder trocken Barrique (edles Franken) Sommerhäuser Reifenstein
würzig, reife Frucht, Vanille; weich, füllig, viel reife Frucht, Substanz **12,50 €**

85 . . . 2008 Rieslaner „feinfruchtig" (klassisches Franken)
fruchtbetont, intensiv, etwas Grapefruit; frisch, reintönig, feine süße Frucht und Biss **9,50 €**

86 . . . 2008 Rieslaner Auslese (edles Franken)
feiner Duft, gute Konzentration, eindringlich; kraftvoll, klar, reife süße Frucht, Biss **12,50 €**
2005: 86; 2006: 85; 2007: 86.

88 . . . 2008 Rieslaner Beerenauslese (edles Franken)
würzig, eindringlich, dominant, etwas Grapefruit; süß, konzentriert, herrlich viel Frucht und Substanz **24,50 €**
2007: 88.

86 . . . 2007 Cabernet Dorsa trocken Barrique (edles Franken) Frankenberger Schlosstück
gute Konzentration, Gewürze, feiner Toast; füllig, harmonisch, viel Substanz, Frische **16,- €**
2006: 86.

---

82 2008 „Vielfalter" Weißwein trocken (junges Franken) **5,- €**
81 2008 Silvaner trocken (junges Franken) **4,50 €**
82 2008 Silvaner trocken (klassisches Franken) **6,50 €**
84 2008 Riesling „feinfruchtig" (klassisches Franken) **7,- €**
83 2008 Domina trocken (klassisches Franken) **9,50 €**

St. Meinhard ★
Weingut
Nahe

Kirchstraße 13, 55545 Bad Kreuznach
Tel. 0671-43030, Fax: 0671-43006
www.weingut-meinhard.de
info@weingut-meinhard.de
Besuchszeiten: täglich nach Vereinbarung
Straußwirtschaft (Okt.-Nov., März-Mai)

Inhaber .... Steffen Meinhard
Rebfläche .... 8 Hektar

Das Weingut wurde 1885 von Daniel Meinhard, dem Urgroßvater des heutigen Besitzers, gegründet. Seit 1990 wird es von Steffen Meinhard und seiner Frau Angela geführt. Wichtigste Rebsorte ist Riesling, gefolgt von Weiß- und Grauburgunder. Dazu gibt es vor allem noch Chardonnay, Spätburgunder, Portugieser und Gewürztraminer.

2006 blieb jahrgangsbedingt hinter den Vorjahren zurück. Sehr gleichmäßig präsentierte sich der Jahrgang 2007, die Weine besaßen Frucht und Kraft, waren harmonisch und klar. Noch besser gefällt uns die neue Kollektion, bietet füllige, fruchtbetont Weißweine mit Substanz und Struktur: So darf es weitergehen!

Weinbewertung

85 . . . 2008 Weißburgunder Spätlese trocken Winzenheimer Berg
feine Würze, klare reife Frucht, gute Konzentration; füllig, harmonisch, viel reife Frucht, feine Frische **6,50 €**

85 . . . 2008 Grauburgunder „S" Spätlese trocken Kreuznacher St. Martin
gute Konzentration, klare reife Frucht, herrlich eindringlich; füllig, harmonisch, viel reife süße Frucht, gute Substanz **8,- €**

81 2008 Weißburgunder trocken **4,20 €**
83 2008 Riesling Spätlese trocken Bretzenheimer Pastorei **6,- €**
84 2008 Chardonnay Spätlese trocken Winzenheimer Honigberg **6,50 €**
81 2008 Riesling halbtrocken **4,20 €**

Meiser ★★
Weingut

Rheinhessen

Alzeyer Straße 131, 55239 Gau-Köngernheim
Tel. 06733-508, Fax: 06733-8326
www.weingut-meiser.de
frank.meiser@weingut-meiser.de
Besuchszeiten: nach Vereinbarung
Gutsschänke (Fr., Sa., Mo. ab 18 Uhr, Sonn- und feiertags ab 11 Uhr), Gästehaus

Inhaber .... Frank Meiser
Rebfläche .... 28 Hektar

Seit 1696 ist die Familie in Gau-Köngernheim ansässig, betreibt dort Landwirtschaft und Weinbau. In den 30er Jahren des letzten Jahrhunderts hat man verstärkt in den Weinbau investiert. Heute führt Frank Meiser das Gut, er ist bereits seit 1990 für die Vinifikation verantwortlich. Seine Weinberge liegen in Gau-Köngernheim, Alzey und Weinheim. Die wichtigsten Rebsorten sind Riesling, die Burgundersorten, Silvaner, Huxelrebe und Dornfelder. Der Rotweinanteil beträgt 20 Prozent. 80 Prozent der Weine werden über den Fachhandel vertrieben.

Vor zwei Jahren gefiel uns die Kollektion gut, allen voran der barriqueausgebaute Spätburgunder. Eine vergleichbare Kollektion folgte im vergangenen Jahr nach, angeführt von einer mächtigen Huxelrebe Trockenbeerenauslese. Auch 2008 hat Frank Meiser wieder sehr schöne edelsüße Huxelreben auf die Flasche gebracht, der Rest der Kollektion präsentiert sich geschlossen auf hohem Niveau: Im Aufwärtstrend!

Weinbewertung

85 . . . 2008 Scheurebe trocken Weinheimer Kirchenstück
klar, frisch, dezent Cassis; klar, harmonisch, füllig, feine süße Frucht **5,60 €**

86 . . . 2008 Chardonnay Spätlese trocken
gute Konzentration, reintönige Frucht; weich, füllig, viel reife süße Frucht **6,- €**

85 . . . 2008 Riesling Spätlese trocken Alzeyer Römerberg
gute Konzentration, feine Würze, reintönige Frucht, etwas gelbe Früchte; weich, füllig, reife süße Frucht, Substanz **6,40 €**

85 . . . 2008 Riesling Spätlese trocken Alzeyer Rotenfels
würzig, frisch, klare reife Frucht; frisch, harmonisch, reife Frucht, Struktur **6,60 €**

85 . . . 2008 Gewürztraminer Spätlese „feinherb" Weinheimer Kirchenstück
herrlich reintönig, würzig, konzentriert; weich, füllig, harmonisch, reife süße Frucht **6,20 €**

86 . . . 2008 Huxelrebe Auslese Gau-Köngernheimer Vogelsang
klar, konzentriert, herrlich eindringlich, Litschi, Rhabarber, süße Orangen; konzentriert, enorm dominant, viel Süße und Stoff **8,50 €**

88 . . . 2008 Huxelrebe Beerenauslese Gau-Köngernheimer Vogelsang
gute Konzentration, feine Würze, Frische, etwas Zitrusfrüchte, Grapefruit; süß, konzentriert, dick, viel Frucht und Stoff **10,50 €/0,375l**

85 . . . 2008 Frühburgunder Spätlese trocken Weinheimer Kirchenstück
feine rauchige Noten, klare reife Frucht; klar, harmonisch, feine Frische, reife Frucht **7,20 €**

---

83 2008 Spätburgunder Spätlese trocken Weinheimer Hölle **7,20 €**

M

Melsheimer ★★★★

Weingut

Mosel

Dorfstraße 21, 56861 Reil
Tel. 06542-2422, Fax: 06542-1265
www.melsheimer-riesling.de
mail@melsheimer-riesling.de
Besuchszeiten: nach Vereinbarung
Gästehaus (Frühstückspension, Ferienwohnungen)

Inhaber .... Thorsten Melsheimer
Rebfläche .... 11 Hektar

Das Weingut ist seit 200 Jahren in Familienbesitz. 1995 ist Thorsten Melsheimer nach seinem Weinbaustudium in den Betrieb eingestiegen und hat mit der Umstellung auf ökologischen Weinbau begonnen. Seit 1997 ist er Mitglied bei Ecovin. Die Weinberge liegen alle in Steillagen. Er baut ausschließlich Riesling an, sieht man von Versuchsanlagen mit pilzresistenten Rebsorten ab. Die Weine sind immer klar und trotz Spontanvergärung sehr reintönig, klar, nur leicht hefig, aber sehr mineralisch.

Der Jahrgang 2006 gelang sehr gut. Klare mineralische Struktur, rassige Säure und viel Frucht kennzeichneten die Rieslinge, die Auslese Nr. 38 gehörte zu den besten Süßweinen an der Mosel. Der Jahrgang 2007 konnte da beinahe mithalten mit mineralischer Würze – selbst die einfachsten Weine waren präzise und klar. 2008 begeistert nicht nur der komplexe, herrlich reintönige Eiswein, auch die übrigen Weine sind straff, mineralisch und animierend.

Weinbewertung

85 . . . 2008 Riesling trocken Reiler Mullay-Hofberg
sehr jugendlich, frisch, duftig; rassig, würzig, sehr direkt **8,50 €**

88 . . . 2008 Riesling Kabinett trocken Reiler Mullay-Hofberg „Langeberg"
sehr klare Frucht, leichte Hefenoten; straff, viel Spiel und Frucht, nachhaltig **10,- €**

87 . . . 2008 Riesling Spätlese trocken Reiler Mullay-Hofberg
etwas verhalten, leichte Hefenoten; sehr präzise, frisch, kompakt, würzig und feingliedrig **13,- €**

90 . . . 2008 Riesling Spätlese trocken „Kellerchen" Reiler Mullay-Hofberg
noch etwas verhalten, leichte Hefenoten, Kräuter; straff, herrlich mineralisch, feste Struktur, bereits gut balanciert, Nachhall **18,- €**
2005: 89; 2006 (Auslese trocken): 87; 2007: 90.

86 . . . 2008 Riesling Kabinett „feinherb" Reiler Mullay-Hofberg
klare Frucht, Hefenoten, etwas Apfel, Kräuter; saftig,

würzig, Schmelz **9,- €**

87+ . . . 2008 Riesling Spätlese „feinherb Pfefferberg" Reiler Mullay-Hofberg

sehr verhalten, etwas getrockneter Apfel; stoffig, würzig, Substanz, noch unausgewogen **13,- €**

88 . . . 2008 Riesling Kabinett Reiler Mullay-Hofberg

klare Frucht, duftig; saftig, rassig, sehr direkt und feingliedrig, herrlich animierend, Nachhall **10,- €**

89 . . . 2008 Riesling Spätlese Reiler Goldlay

eindringliche Frucht, getrockneter Apfel, leichte Hefenoten; saftig, rassig, viel Würze, mineralisch, präzise **11,- €**

92. . . 2008 Riesling Auslese Reiler Mullay-Hofberg

enorm rassig, rauchige Mineralität, komplex und ungeheuer animierend **25,- €**

96 . . . 2008 Riesling Eiswein Reiler Mullay-Hofberg

absolut reintönig, reife Aprikose, etwas kandierte Aprikosen, Kräuter; opulent, hohe Süße, rassig, glasklar, lang **75,- €/0,375l**

84 2008 Riesling trocken **7,50 €**
83 2008 Riesling „feinherb" **7,50 €**

★☆

Dr. Melsheimer

Weingut

Mosel

Wolfer Weg 11, 56841 Traben-Trarbach
Tel. 06541-811075, Fax: 06541-812844
www.weingut-dr-melsheimer.de, www.graifen.de
md@graifen.de
Besuchszeiten: nach Vereinbarung und zu Öffnungszeiten des Restaurants
Restaurant „Die Graifen"

Inhaber . . . . Fritz Horst Melsheimer
Verwalterin . . . . Ulrike Böcking
Kellermeister . . . . Thorsten Melsheimer
Rebfläche . . . . 1,2 Hektar

Das kleine Weingut ist im Besitz von Fritz Horst Melsheimer. Thorsten Melsheimer (Weingut Melsheimer in Reil) ist für den Ausbau der Weine verantwortlich. Sie besitzen nicht ganz die Struktur und Komplexität der Reiler Weine, sind aber frisch und zeichnen sich durch eine feine Frucht und eine animierende Art aus.

Zum Debüt stellten Ulrike Böcking und Thorsten Melsheimer Weine der Jahrgänge 2007 bzw. 2006 (Fabelwein) vor, die mit Struktur und teilweise mineralischen Noten überzeugen konnten. Die 2008er sind ebenfalls überzeugend, aber feingliedriger.

Weinbewertung

85 . . . 2008 Riesling trocken „Fabelwein"

sehr verhalten, leichte Hefenoten; würzig, straff, trocken, etwas unzugänglich **8,90 €**

85 . . . 2008 Riesling „feinherb"

klare jugendliche Frucht; feine Frucht, rassig, hat Schmelz **6,90 €**

86 . . . 2008 Riesling Kabinett „feinherb" Trarbacher Schlossberg

hefegeprägt, etwas unruhig, Stachelbeere; würzig, straff, feine Frucht, wirkt trocken **8,50 €**

87 . . . 2008 Riesling Spätlese Trarbacher Schlossberg

duftig, leichte Hefenoten, zarte Frucht; rassig, feine Frucht, ruhig, eher verhaltene Süße **12,- €**

83 2008 Riesling trocken **6,90 €**

★★

Edwin Menges
Weingut

Baden

Suttenweg 1, 69231 Rauenberg
Tel. *06222-9510,* ***Fax:*** *06222-951100*
www.gutshof-menges.de
edi.menges@gutshof-menges.de
Besuchszeiten: *Mo.-Do. ab 15 Uhr,*
Fr. + Sa. nach Vereinbarung
Hotel, Weinstube

Inhaber .... Edwin Menges
Rebfläche .... 5 Hektar

1988 hat Edwin Menges sich selbständig gemacht und sein eigenes Weingut gegründet. Alle seine Weinberge liegen im Rauenberger Burggraf. An weißen Sorten baut er Riesling, Weißburgunder, Grauburgunder, Auxerrois, Sauvignon Blanc und Silvaner an. Hinzu kommen die roten Sorten Dornfelder, Spätburgunder, Portugieser, Lemberger und St. Laurent. Die Weißweine werden kühl vergoren, die Rotweine kommen nach der Maischegärung ins Holzfass.

Vor zwei Jahren hatte Edwin Menges eine gleichmäßige Kollektion mit einem feinen Barrique-Dornfelder an der Spitze. Eine ebenfalls sehr homogene Kollektion präsentierte Edwin Menges im vergangenen Jahr, der Sauvignon Blanc gefiel uns besonders gut. Auch 2008 mögen wir ihn sehr, noch mehr aber den im Barrique ausgebauten Weißburgunder, der eine überzeugende, sehr gleichmäßige Kollektion anführt.

Weinbewertung

85 . . . 2008 Sauvignon Blanc trocken Rauenberger Burggraf
würzig, eindringlich, klare Frucht; füllig, kraftvoll, reife Frucht, gute Struktur und Biss **8,- €**

87 . . . 2008 WeißburgunderSauvignon Blanc trocken Barrique Rauenberger Burggraf
gute Konzentration, klare reife Frucht, etwas Vanille, weiße Früchte, feine Würze; weich, füllig, harmonisch, reife süße Frucht, gute Länge **12,50 €**

---

83 2008 Weißburgunder Kabinett trocken Rauenberger Burggraf **4,90 €**
83 2008 Cuvée „Sebastian" Weißwein trocken Rauenberger Burggraf **6,50 €**
82 2007 St. Laurent trocken Rauenberger Burggraf **5,80 €**
81 2007 Spätburgunder trocken Rauenberger Burggraf **6,60 €**
84 2007 Dornfelder trocken Barrique Rauenberger Burggraf **13,- €**

★

Merl
Weingut

Rheinhessen

Schwabenheimer Straße 32, 55218 Ingelheim
Tel. *06130-1300,* ***Fax:*** *06130-941450*
www.weingut-merl.de
info@weingut-merl.de
Besuchszeiten: *Mo.-Sa. 9-19 Uhr*

Inhaber .... Hans-Peter und Dominik Merl
Rebfläche .... 16 Hektar

Der Christopherushof wird heute von Hans-Peter Merl und Sohn Dominik geführt. Ihre Weinberge befinden sich in den Ingelheimer Lagen Schlossberg, Klosterbruder, Heilig Häuschen und Bockstein. Neben traditionellen Rebsorten wie Spätburgunder, Portugieser und Silvaner werden auch Sorten wie St. Laurent, Dornfelder, Domina, aber auch die weißen Burgundersorten und Riesling angebaut.

Nach sehr gleichmäßigen Kollektionen in den vergangenen Jahren waren die 2006er Weißweine ein wenig verhaltener. Am besten hatte vor zwei Jahren der barriqueausgebaute Spätburgunder aus dem Jahrgang 2005 gefallen. Eine sehr ausgewogene Kollektion folgte im vergangenen Jahr nach. Auch die neue Kollektion ist – bei moderaten Preisen – sehr gleichmäßig, aber in der Spitze sollte doch mehr möglich sein.

Weinbewertung

78 2008 „Secco Christo" Perlwein trocken **4,80 €**
78 2008 Riesling trocken **4,10 €**
78 2008 Silvaner trocken **4,20 €**
78 2008 Weißburgunder trocken **4,20 €**
80 2008 Grauburgunder trocken **4,10 €**
79 2008 Riesling Classic **4,- €**
82 2008 Riesling „Le Mariage" **6,90 €**
80 2008 Dornfelder Rosé **3,90 €**
82 2008 St. Laurent trocken **4,30 €**
79 2008 Portugieser trocken **3,90 €**
82 2008 Dornfelder trocken **3,90 €**
80 2007 Domina trocken **4,10 €**

★

Johann Peter Mertes

Weingut & Brennerei

Mosel

Kirchstraße 19, 54441 Kanzem
Tel. 06501-17163, Fax: 06501-16629
www.weingut-mertes.de
info@weingut-mertes.de
Besuchszeiten: Mo.-Sa. 8-18 Uhr und nach Vereinbarung

Inhaber .... Johann Peter Mertes
Rebfläche .... 11,2 Hektar

Seit 1891 besteht das Weingut, das heute von dem Önologen Johann Peter Mertes und seiner Frau Dagmar geführt wird. Sie verfügen über Parzellen in den Kanzemer Lagen Altenberg und Sonnenberg, den Wawerner Lagen Ritterpfad und Goldberg, sowie im Ockfener Bockstein und in der Ayler Kupp. Im Alleinbesitz befindet sich die Lage Saarburger Stirn. Außer Riesling wird auch Spätburgunder angebaut.

Weinbewertung

85 . . . 2008 Riesling trocken Goldberg
frisch, jugendlich, duftig; würzig, stoffig, sehr geradlinig, Substanz **6,40 €**

85 . . . 2008 Riesling Spätlese trocken Kanzemer Altenberg
klare Frucht, etwas Kräuter; würzig, straff, klare Frucht, Biss **8,40 €**

87 . . . 2008 Riesling trocken Altenberg „Alte Reben"
etwas verhalten, jugendlich; würzig, stoffig, hat Spiel, sehr animierend, Nachhall **8,90 €**

88 . . . 2008 Riesling „feinherb Sank"
feine Frucht, Apfel, Kräuter; saftig, würzig, viel Frucht, viel Spiel, gute Länge **8,90 €**

84 2007 Riesling Sekt brut Saarburger Kupp **9,60 €**
81 2008 Riesling trocken **4,50 €/1l**
82 2008 Riesling trocken Wawerner Ritterpfad **7,20 €**
79 2008 Riesling halbtrocken **4,50 €/1l**
82 2008 Riesling „feinherb" Saarburger Kupp **7,20 €**
82 2008 Riesling „feinherb" Bockstein **6,40 €**
83 2006 Riesling Spätlese Ockfener Bockstein **8,40 €**

★★★★

Herbert **Meßmer**

Weingut

Pfalz

Gaisbergstraße 5, 76835 Burrweiler
Tel. 06345-2770, Fax: 06345-7917
www.weingut-messmer.de
m.messmer@weingut-messmer.de
Besuchszeiten: Mo.-Fr. 8-11:30 + 13:30-17 Uhr, Sa. 9-13 Uhr
Komfort-Ferienwohnungen

Inhaber .... Herbert Meßmer
Kellermeister .... Michael Leibrecht
Rebfläche .... 26 Hektar

1960 haben Herbert und Elisabeth Meßmer ihr Weingut gegründet. Beide stammen aus Winzerfamilien und machten sich mit dem Kauf eines bestehenden Weingutes selbstständig. Seit 1984 ist mit Gregor Meßmer und dessen Frau Sieglinde die zweite Generation im Weingut tätig. Inzwischen ist auch der zweite Sohn Martin im Betrieb aktiv, zuständig für die Bereiche Marketing und Vertrieb. Die Weinberge liegen in Burrweiler in den Lagen Schäwer (Schiefer), Altenforst (steinig-felsiger Untergrund) und Schlossgarten, sowie im Weyherer Michelsberg. Riesling nimmt 40 Prozent der Rebfläche ein. Es folgen Spätburgunder, Grauburgunder und Weißburgunder, dazu gibt es St. Laurent, Chardonnay, Cabernet Sauvignon oder Merlot. Der Rotweinanteil beträgt etwa ein Drittel.

Der Riesling aus dem Michelsberg und der Weißburgunder „Im goldenen Jost“ waren 2006 besonders eindrucksvoll, der Spätburgunder aus dem Schlossgarten führte die rote Riege an. Im vergangenen Jahr hatte der Weißburgunder „Im Goldenen Jost“ knapp die Nase vorne, aber auch der Grauburgunder – kein Großes Gewächs in der Pfalz – war herrlich füllig und reintönig, die Rieslinge aus Schäwer und Michelsberg besaßen viel Substanz. Auch die neue Kollektion ist bärenstark und trotz allen tollen Großen Gewächsen, weiß wie rot, gefällt uns der Chardonnay besonders gut.

Weinbewertung

85 . . . 2008 Riesling Kabinett trocken „Schiefer“ Burrweiler Schäwer
würzig, eindringlich, gute Konzentration; frisch, klar, zupackend, feine süße Frucht

86 . . . 2008 Riesling Spätlese trocken „Selection“ Burrweiler Schäwer
viel Konzentration, reife Frucht, herrlich eindringlich und dominant; füllig, stoffig, reife Frucht, Substanz, viel Biss **13,50 €**

88 . . . 2008 Grauburgunder Spätlese trocken Burrweiler Schlossgarten (Selection)
gute Konzentration, herrlich eindringlich und klar, gelbe Früchte; füllig, stoffig, reife süße Frucht, gute Substanz und Länge **13,50 €**

90 . . . 2007 Chardonnay trocken Barrique
viel Konzentration, reife Frucht, Vanille, Frische, herrlich eindringlich; füllig, stoffig, herrlich viel Frucht und Substanz, gute Länge

88 . . . 2008 Riesling „GG“ Michelsberg
würzig, eindringlich, viel reife Frucht, weiße Früchte; frisch, klar, zupackend, feine süße Frucht, wunderschön reintönig **19,- €**
1999: 87; 2000: 88; 2002: 89; 2003: 88; 2004: 89; 2005: 88; 2007: 87.

88 . . . 2008 Riesling „GG“ Schäwer
gute Konzentration, viel reife Frucht, eindringlich, würzig; füllig, konzentriert, stoffig, herrlich viel Frucht, jugendlich, Potenzial **21,- €**
2007: 88.

89 . . . 2008 Weißburgunder „GG“ „Im Goldenen Jost“
würzig, eindringlich, gelbe Früchte, viel Konzentration; füllig, stoffig, reife süße Frucht, gute Substanz

M

Die besten deutschen Weinerzeuger und ihre Weine

und Länge **19,- €**
1999: 89; 2003: 89; 2004: 89; 2005: 90; 2006: 89; 2007: 90.

86 . . . 2008 Riesling Spätlese Burrweiler Schäwer
würzig, eindringlich, klare reife Frucht; saftig, klar, reife süße Frucht und Biss

88 . . . 2007 Spätburgunder „GG" Burrweiler Schlossgarten
viel reife Frucht, Vanille, Gewürze, herrlich eindringlich; füllig, harmonisch, viel Frucht und Stoff, Vanille, gute Substanz und Länge **24,- €**
2003: 90; 2005: 89.

83 2008 Riesling Kabinett trocken „Granit"
84 2008 Grauburgunder Kabinett trocken

J. Mett ★☆
Weingut
Rheinhessen

Mainzer Straße 31, 55218 Ingelheim
Tel. 06132-2682, Fax: 06132-3271
www.weingut-mett.de
info@weingut-mett.de
Besuchszeiten: Di.-Fr. 9-12:30 + 14-18 Uhr, Sa. 9-14 Uhr (Bitte um Anmeldung)
Vinothek mit Kreuzgewölbe

Inhaber .... Jürgen Mett
Rebfläche .... 12 Hektar

Die Familie Mett bewirtschaftet seit 1842, seit fünf Generationen Weinberge auf den Hügeln rund um Ingelheim. Mehr als zwei Drittel der Weinberge sind mit roten Sorten bestockt, wobei Spätburgunder den größten Anteil einnimmt. Neben Spätburgunder wird vor allem noch Riesling, Silvaner, Grauburgunder, Müller-Thurgau und Frühburgunder angebaut. 2004 übernahm Jürgen Mett einige Weinberge seiner Schwiegereltern (Weingut Weidenbach) in besten Ober-Ingelheimer Lagen. Weißweine werden temperaturgesteuert im Edelstahl ausgebaut, Rotweine werden 6 bis 14 Tage auf der Maische vergoren. 80 Prozent der Weine sind trocken ausgebaut. Die Weine werden zum größten Teil ab Hof an Privatkunden verkauft.

Die 2006er Kollektion war jahrgangsbedingt schwächer, die letztjährige Kollektion überzeugte, bot sehr gleichmäßige Qualität, weiß wie rot. Auch die aktuelle Kollektion ist sehr gleichmäßig, am besten gefallen uns einmal mehr die Weine der Selection Rheinhessen.

Weinbewertung

85 . . . 2008 Weißer Riesling trocken „alte Reben" Selection Rheinhessen Ingelheimer Lottenstück
gute Konzentration, reife Frucht, etwas gelbe Früchte, feine Würze; weich, füllig, viel reife süße Frucht
9,20 €

85 . . . 2007 Blauer Frühburgunder Selection Rheinhessen Ingelheimer Pares
würzig, klar, eindringlich; füllig, harmonisch, reife Frucht, gute Substanz, Vanille **14,80 €**

81 2008 Grüner Silvaner trocken **4,10 €**
81 2008 Weißer Riesling trocken **5,20 €**
79 2008 Grauburgunder trocken **5,60 €**
81 2007 St. Laurent trocken **7,80 €**
81 2006 „Cuvée No. 6" Cabernet Sauvignon & Spätburgunder **8,20 €**
82 2007 Blauer Spätburgunder „S" (Silberkapsel) Ingelheimer Höllenweg **8,20 €**
84 2006 Blauer Spätburgunder „alte Reben" Selection Rheinhessen Pares **14,80 €**

Hans Metzler
Weingut ★

Rheinhessen

Hildegardishof, 55234 Bermersheim v. d. Höhe
Tel. 06731-42999, Fax: 06731-46518
www.hildegardishof.de
metzler@hildegardishof.de
Besuchszeiten: nach Vereinbarung

Inhaber .... Hans Metzler
Rebfläche .... 19 Hektar

Der Name Hildegardishof geht auf die Heilige Hildegard zurück, die aus Bermersheim stammte. Das Gut wird heute in fünfter Generation von Hans Metzler geführt. Seine Weinberge befinden sich in Bermersheim (Klosterberg, Hildegardisberg), Albig (Hundskopf, Schloss Hammerstein) und Ensheim (Kachelberg). Im Anbau dominieren die Burgundersorten und Riesling, hinzu kommen Dornfelder, Müller-Thurgau, Portugieser, Silvaner, Bacchus und Chardonnay. Die besten Rieslinge werden unter dem Namen „Scivias" (wisse die Wege) vermarktet.

2006 hatte sich Hans Metzler gut behauptet: Der Riesling „Scivias" gefiel besonders gut, auch der Frühburgunder machte viel Freude. In der letztjährigen Kollektion waren der „Scivias" und die feine Riesling Auslese unsere Favoriten. Einmal mehr gefällt uns nun auch in der neuen recht gleichmäßigen Kollektion der „Scivias"-Riesling am besten, auch der barriqueausgebaute Chardonnay zeigt gute Ansätze.

Weinbewertung

86 . . . 2008 Riesling trocken „Scivias" Ensheimer Kachelberg
feine Würze, klare reife Frucht, herrlich eindringlich; füllig, harmonisch, reife süße Frucht, gute Substanz und Länge **6,70 €**
2003: 86; 2004: 87; 2005: 86; 2006: 86.

79 2008 Müller-Thurgau trocken **3,90 €/1l**
79 2008 Gutsriesling trocken Albiger Schloss Hammerstein **5,40 €**
81 2008 Silvaner trocken Albiger Schloss Hammerstein **5,- €**
80 2008 Grauburgunder trocken Bermersheimer Hildegardisberg **6,- €**
82 2008 Weißburgunder trocken Albiger Hundskopf **6,- €**
80 2008 Chardonnay trocken Albiger Hundskopf **6,- €**
84 2008 Chardonnay trocken Barrique Albiger Hundskopf **7,20 €**

Meulenhof
Weingut ★★

Mosel

Zur Kapelle 8, 54492 Erden
Tel. 06532-2267, Fax: 06532-1552
meulenhof@web.de
Besuchszeiten: immer nach Vereinbarung

Inhaber .... Stefan Justen
Rebfläche .... 4,5 Hektar

Der historische Meulenhof wird urkundlich bereits in der ersten Hälfte des 14. Jahrhunderts erwähnt. Heute ist Stefan Justen zuständig für den Betrieb, der sich auf restsüße Weine konzentriert, 2008 aber auch überraschend viele trockene Weine vorgestellt hat. Riesling spielt mit rund 80 Prozent die Hauptrolle, Müller-Thurgau und Kerner dienen nur der Ergänzung. Das Weingut ist mit erstklassigen Parzellen in Erdener Treppchen, Wehlener Sonnenuhr und Erdener Prälat vertreten. Die Weine sind elegant, rassig und animierend.

2006 war ein kurioser Jahrgang. Selbst der Kabinett hatte schon fast Auslese-Charakter. Die 2007er waren dann längst nicht so üppig, sondern eher elegante, süffige Rieslinge im klassischen Moselstil. Die 2008er sind, soweit bisher präsentiert, tadellos ausgefallen, auch der mineralische trockene „Devonschiefer"-Riesling.

Weinbewertung

85 ... 2008 Riesling trocken „Devonschiefer"
sehr klar, jugendlich, frisch, etwas Zitrus, Kräuter; fest, würzig, leicht mineralisch, hat Spiel **5,40 €**

87 ... 2008 Riesling Spätlese Wehlener Sonnenuhr
jugendliche Frucht, Kräuter, Mirabellen; straff, rassige Säure, eher verhaltene Süße, hat Biss **8,- €**

86 ... 2008 Riesling Spätlese* Erdener Treppchen
prägnante Frucht, getrockneter Apfel, Kräuter, leicht hefig; saftig, würzig, gute Länge **8,50 €**

89 ... 2008 Riesling Spätlese „Alte Reben" Erdener Treppchen
sehr eindringliche Frucht, duftig, Kräuter, getrockneter Apfel, etwas Steinobst; saftig, würzig, mineralisch **8,50 €**

87 ... 2008 Riesling Spätlese Erdener Prälat
etwas verhaltene Frucht; feste Struktur, mineralisch, rassige Säure, Potenzial, wirkt unzugänglich **8,90 €**

79 2008 Riesling trocken **4,95 €/1l**
82 2008 Riesling Spätlese trocken Erdener Treppchen **7,50 €**
84 2008 Riesling Spätlese* trocken Erdener Treppchen **8,- €**
79 2008 Riesling halbtrocken (1l) **4,95 €/1l**
84 2008 Riesling Kabinett Erdener Treppchen **5,60 €**

★

Meyer

Wein- und Sektgut

Pfalz

Bahnhofstraße 10, 76831 Heuchelheim-Klingen
Tel. 06349-5895, Fax: 06349-7812
www.meyer-weingut.de
mail@meyer-weingut.de
Besuchszeiten: Mo.-Sa. 9-12 + 13-18 Uhr
Weinprobierstube, Weinproben mit Essen, Hoffest (Mitte Juni), Straußwirtschaft (Sept./Okt.)

Inhaber .... Karl-Heinz Meyer
Rebfläche .... 12 Hektar

Das 1949 von Edmund Meyer gegründete Weingut begann Anfang der fünfziger Jahre mit der Selbstvermarktung. Ursprünglich ein landwirtschaftlicher Gemischtbetrieb mit 3,5 Hektar Rebfläche, haben sich Karlheinz Meyer und Ehefrau Gudrun seit der Übernahme 1980 ganz auf Weinbau konzentriert und die Rebfläche deutlich erweitert. Nach Abschluss seiner Technikerprüfung – und Ausbildung bei Weingütern wie Siegrist, Dr. Wehrheim und Christmann – ist Sohn Andreas im Juni 2008 in den Betrieb eingestiegen. Er war bereits zuvor für den Keller verantwortlich und hat inzwischen Versuche mit Spontangärung durchgeführt. Die Weinberge liegen in Heuchelheim (Herrenpfad), Göcklingen (Kaiserberg) und Appenheim (Steingebiss) und wachsen auf unterschiedlichen Böden. Von leichten Sandböden bis hin zu schweren Ton- und Lehmböden reicht das Spektrum. Die Weißweine werden nach gezügelter Gärung lange auf der Hefe ausgebaut, die Rotweine kommen nach klassischer Maischegärung in Eichenholzfässer. Das Sortiment ist gegliedert in Literweine, Ortsweine, Premiumweine (Silberkapsel) und Super Premium-

Weine (Goldkapsel).

2006 waren die Weißweine etwas schwächer, die beiden Spätburgunder aus den Vorjahren aber gefielen sehr gut. Die letztjährige Kollektion gefiel uns ebenfalls sehr gut: Die Weißweine zeigten sich klar verbessert, besaßen Struktur und Kraft, die rote Cuvée aus Cabernet Sauvignon und Merlot war gekonnt vinifiziert. Die Weißweine des Jahrgangs 2008 sind von gleichmäßiger Qualität, unsere Favoriten in der aktuellen Kollektion sind aber die Spätburgunder aus den Jahrgängen 2007 und 2006, beide aus dem Heuchelheimer Herrenpfad.

Weinbewertung

85 . . . 2007 Spätburgunder Spätlese trocken Heuchelheimer Herrenpfad
rauchige Noten, wunderschön reintönige Frucht; frisch, zupackend, reintönige Frucht **8,-€**

85 . . . 2007 „Steinlöchel" Spätburgunder trocken Heuchelheimer Herrenpfad
feiner Duft, rote Früchte, etwas Weihrauch; frisch, klar, elegant, gute Struktur, dezent Vanille **11,-€**

77 2008 Riesling trocken **4,- €/1l**
79 2008 Grauburgunder trocken **4,60 €**
79 2008 Weißburgunder Kabinett trocken **4,50 €**
80 2008 Chardonnay Kabinett trocken **5,10 €**
81 2008 Riesling Kabinett trocken **4,80 €**
82 2008 „Herrenpfad S" Riesling Spätlese trocken **7,80 €**
82 2008 „Herrenpfad S" Weißburgunder Spätlese trocken **6,80 €**
79 2008 Riesling Classic **5,40 €**
77 2008 Spätburgunder Blanc de Noir **5,10 €**
80 2008 Spätburgunder trocken **4,70 €**

★

Meyer & Sohn
Weingut

Pfalz

Edesheimer Straße 17, 76835 Rhodt
Tel. 06323-2348, Fax: 06323-81446
www.meyer-rhodt.de
weingut@meyer-rhodt.de
Besuchszeiten: Mo.-Fr. 14-19 Uhr, Sa. 9-16 Uhr
Ferienwohnung, Reisemobilstellplätze

Inhaber .... Stefan und Willi Meyer
Rebfläche .... 12 Hektar

Die Familie Meyer betreibt seit 1702 Weinbau in Rhodt. Seit 2007, nach Abschluss seiner Ausbildung zum Weinbautechniker und Auslandsaufenthalten in Kalifornien und Österreich, ist Sohn Stefan im Betrieb tätig.

Weinbewertung

85 . . . 2008 Grauburgunder Spätlese trocken Rhodter Rosengarten
gute Konzentration, klare reife Frucht; weich, füllig, viel reife Frucht, Substanz **6,50 €**

86 . . . 2007 Pinot Noir trocken Rhodter Rosengarten
gute Konzentration, reife Frucht, dezent rauchige Noten, klar und eindringlich; füllig, kraftvoll, reife Frucht, gute Struktur **15,50 €**

84 2008 Riesling Spätlese trocken Rhodter Schlossberg **6,50 €**
84 2008 Scheurebe Spätlese trocken Rhodter Schlossberg **6,50 €**
84 2008 Riesling Spätlese trocken „Eigensinn" Rhodter Schlossberg **9,20 €**
81 2007 „CFS" Rotwein trocken Rhodter Ordensgut **7,20 €**

★★★★

Meyer-Näkel

Weingut

Ahr

Friedensstraße 15, 53507 Dernau
Tel. 02643-1628, Fax: 02643-3363
www.meyer-naekel.de
weingut@meyer-naekel.de
Besuchszeiten: nach Vereinbarung
Gutsschenke Weingut Meyer-Näkel, Bachstraße 26, 53507 Dernau (An der Kirche; Tel. 02643-1540), Ferienwohnung

Inhaber .... Werner Näkel
Rebfläche .... 16 Hektar

Werner Näkel ist zweifellos der renommierteste Winzer an der Ahr, ihm ist der Aufschwung, den die Region in den letzten zwanzig Jahren genommen hat, maßgeblich zu verdanken. Als er in den achtziger Jahren anfing trockene Weine zu erzeugen und Rotweine im Barrique auszubauen, war die Verwunderung groß. Heute sind Ahrweine überwiegend trocken, Barriqueausbau für die Spitzenweine ist eine Selbstverständlichkeit.

Dernauer Pfarrwingert, Walporzheimer Kräuterberg und Neuenahrer Sonnenberg sind seine Paradelagen. Spätburgunder ist die absolute Nummer Eins in den Weinbergen, nimmt drei Viertel der Rebfläche ein. Dazu gibt es 15 Prozent Frühburgunder, etwas Weißburgunder (erster Jahrgang war 2003) und Riesling. Seine Spitzenweine baut er in 300-Liter-Fässern aus Alliereiche aus, medium getoastet. Werner Näkel füllte diese früher meist im Herbst vor der neuen Ernte ab, heute bleiben die Topweine deutlich länger im Fass. Inzwischen hat Werner Näkel starke Unterstützung erhalten: Tochter Meike, Geisenheim-Absolventin, ist seit 2005 im Betrieb und kümmert sich um die Vinifikation, die zweite Tochter Dörte, ebenfalls Geisenheim-Absolventin, ist 2008 hinzugestoßen.

Zusammen mit Neil Ellis stellt Werner Näkel auch in Südafrika Weine her, die unter dem Namen „Zwalu" (auf deutsch „Neubeginn") vermarktet werden. Aber auch in Portugal ist er aktiv, an der Quinta da Carvalhosa beteiligt, im Douro-Gebiet.

Ganz stark war die Kollektion vor zwei Jahren: Starke Große Gewächse ragten hervor in einer durch und durch stimmigen Kollektion. Eine genauso stimmige Kollektion folgte im vergangenen Jahr nach, die Weine waren reintönig, besaßen Kraft und Struktur. Noch besser als die Großen Gewächse gefiel uns der Spätburgunder „SR". Insgesamt kam 2006 nicht ganz an die Vorjahre heran. Die neue Kollektion ist deutlich stärker, die 2008er Weine bestechen mit reintöniger Frucht. Die als Fassproben verkosteten „Blauschiefer" und „S" deuten an, dass 2008 ein großer Jahrgang bei Werner Näkel sein könnte. Der als Fassprobe verkostete Wein des „Portwein-Projekts" der VDP-Nahe-Winzer sei nur als Kuriosität am Rande erwähnt. Zurück zur Kollektion: 2007 präsentiert sich geschlossen und absolut stimmig, an der Spitze die Großen Gewächse – ergänzt erstmals um einen Frühburgunder – und der „SR". Wobei wir anders als in früheren Jahren 2007 eine eindeutige Präferenz haben für den Wein aus dem Kräuterberg, der uns so enorm mineralisch vorkam, was wir so gar nicht gewohnt sind von den Näkelschen Weinen. Diese Mineralität zusammen mit absolut reintöniger Frucht – wir sind gespannt auf das kommende Jahr!

Weinbewertung

86 ... 2008 Weißburgunder
frisch, fruchtbetont, reintönig; feine Frische, zupackend, reintönige Frucht **9,80 €**

86 ... 2008 „Illusion Eins " Spätburgunder Blanc de Noir
würzig, eindringlich, reife Frucht; frisch, klar, zupackend, feine Frucht und Biss **12,- €**
1999: **84**; 2001: **84**; 2004: **86**; 2005: **84**; 2006: **85**; 2007: **86**.

85 ... 2008 Spätburgunder
frisch, fruchtbetont, reintönig; klare Frucht, feine Würze und Biss, gute Struktur, Tannine **10,80 €**

87 ... 2008 Frühburgunder
frisch, fruchtbetont, herrlich reintönig, feine Würze; frisch, zupackend, wunderschön reintönige Frucht **17,- €**
1999: **86**; 2000: **86**; 2001: **87**; 2003: **87**; 2004: **85**; 2005: **87**; 2006: **86**; 2007: **87**.

88 ... 2007 Spätburgunder „G"
reife Frucht, feine Frische, fruchtbetont und reintönig; klare Frucht, geradlinig, zupackend, jugendlich, sehr reintönig **14,50 €**

(88) ... 2008 Spätburgunder „Blauschiefer"
fruchtbetont, herrlich reintönig; frisch, reintönig, zupackend, jugendlich, feine Säure, muss sich noch ein wenig harmonisieren (88+? Punkte)

88 ... 2007 Spätburgunder „Blauschiefer"
gute Konzentration, klare reife Frucht, feine Frische; geradlinig, zupackend, gute Fülle und Harmonie, wunderschön reintönige Frucht **18,- €**
2004: **87**; 2005: **87**; 2006: **86**.

(89+) ... 2008 Spätburgunder „S"
intensiv, jugendlich, herrlich viel Frucht; frisch, zupackend, reintönige Frucht, feine jugendliche Tannine, braucht Zeit

89 ... 2007 Spätburgunder „S"
würzig, eindringlich, feine rauchige Noten, dezenter Toast; klar, füllig, harmonisch, viel reife Frucht, Substanz, feine Frische, gute Struktur, jugendlich **29,- €**
2004: **88**; 2005: **88**; 2006: **87**.

90 ... 2007 Spätburgunder „GG" Neuenahrer Sonnenberg
gute Konzentration, dezent rauchige Noten, herrlich eindringlich, reintönige reife Frucht; füllig, schmeichelnd, herrlich viel Frucht, ein wenig Schokolade, gute Struktur und feine Frische, viel Substanz und Biss **38,- €**

90 ... 2007 Spätburgunder „GG" Dernauer Pfarrwingert
herrlich reintönige Frucht, feine Frische, gute Konzentration; frisch, zupackend, reintönige Frucht, jugendlich, gute Fülle und Harmonie, feine Wärme und Länge **48,- €**
(bis 2003 Auslese) 1997: **89**; 2001: **91**; 2003: **90**; 2004: **90**; 2005: **90**; 2006: **88**.

90 ... 2007 Frühburgunder „GG" Dernauer Pfarrwingert
würzig, eindringlich, herrlich viel Frucht, feine rauchige Noten, reintönig; konzentriert, klar, reife Frucht, gute Substanz, feine Tannine, jugendlich, Frische und Nachhaltigkeit **48,- €**

92 ... 2007 Spätburgunder Walporzheimer Kräuterberg
würzig, eindringlich, herrlich viel Frucht, enorm mineralisch; füllig, stoffig, herrlich viel Frucht und Substanz, gute Länge und Nachhall, feine Mineralität **65,- €**
2001: **91**; 2003: **90**; 2004: **90**; 2005: **90**; 2006: **88**.

91 ... 2007 Spätburgunder „SR"
aus Dernau; rauchige Noten, reintönige Frucht, ganz dezent Gewürze und Toast; füllig, stoffig, viel Substanz und Kraft, Wärme, feine Tannine (Versteigerungswein)

★★★★★

Michel

Weingut

Baden

Winzerweg 24, 79235 Achkarren
Tel. 07662-429, Fax: 07662-763
weingutmichel@t-online.de
www.weingut-michel.com
Besuchszeiten: Mo.-Fr. 14-17 Uhr, Sa. 10-13 Uhr und gerne nach Vereinbarung
Straußwirtschaft

Inhaber .... Josef Michel
Rebfläche .... 13,5 Hektar

Das Gros der Weinberge von Josef Michel liegt in Achkarren in den Lagen Schlossberg und Castellberg. Hinzu kommen 2 Hektar in Munzingen am Tuniberg, wo er ausschließlich Spätburgunder stehen hat. Die Liebe von Josef Michel gilt eindeutig den Burgundersorten: 40 Prozent Spätburgunder, 30 Prozent Grauburgunder, 20 Prozent Weißburgunder – das spricht für sich. Das bisschen Chardonnay und Müller-Thurgau fällt da nicht ins Gewicht.

Seit einem Jahrzehnt empfehlen wir die Weine von Josef Michel, seit einem Jahrzehnt rechnen wir ihn zu den Top-Winzern in Deutschland. Zweifel kamen nie auf, im Gegenteil, Jahr für Jahr hat er uns bestärkt in unserer Auffassung, Jahr für Jahr hat er weiter zugelegt. Immer bestechend reintönig und fruchtbetont präsentieren sich seine Qualitäts- und Kabinettweine, die Spätlesen und 3-Sterne-Selektionen von Weiß- und Grauburgunder gehören immer zu den Jahrgangsbesten in Deutschland, und mit seinen Spätburgundern spielt er seit einigen Jahren auch in der allerersten Liga. Nur was die Preise betrifft nicht – die Kunden dürfen sich freuen!

Das Ziel von Josef Michel ist es reintönige Weine zu erzeugen, die Frucht, Spiel und Frische aufweisen. Was ihm in den letzten Jahren immer ganz phantastisch gelungen ist, die Konzentration auf die Burgunder macht sich eben bezahlt. 2006 hatte er eine ganz starke Kollektion, im weißen Segment angeführt von dem 3-Sterne-Grauburgunder. Dieser erhielt mit dem Jahrgang 2007 ein Weißburgunder-Pendant, beide waren für uns Spitze in Deutschland. Die Kabinettweine zeigten sich wunderschön reintönig, so wie man das kennt von Josef Michel. Als Fassproben verkostet machten die 2008er 3-Sterne-Selektionen auf uns einen noch besseren Eindruck als ihre Vorgänger. Auf der Flasche dann waren sie zwar stoffig und konzentriert, aber die Komplexität und Nachhaltigkeit, die uns an den Fassproben so begeistert hatte, war nicht in gleichem Maße vorhanden, sie wirkten eigenwillig verhalten, ja verschlossen. Trotzdem tolle Weine, das steht außer Frage.

Auch die Spätburgunder von Josef Michel gehören seit einigen Jahren zur deutschen Spitzenklasse. Sie gehören zwar nicht zu den „dicksten", dafür aber immer wieder zu den feinsten Spätburgundern. 2005 brachte eine weitere Steigerung, Josef Michels Spätburgunder waren nochmals besser, faszinierten mit Reintönigkeit und Eleganz, Fülle und Kraft. Schon der Spätburgunder von alten Reben war toll, Winklerberg und Schlossberg brachten eine weitere Steigerung. 2006 gab es beide Weine nicht. Im Laufe der Vinifikation hat Josef Michel eine Partie nach der anderen „degradiert", bis am Schluss nur noch zwei Barriques übrig blieben und da er kein Freund solcher Miniaturabfüllungen ist, hat er es dann ganz gelassen. 2007 sind sie wieder zurück – und in gewohnt prächtiger Verfassung! Dem Schlossberg gilt unsere Präferenz, aber auch der Winklerberg ist hervorragend. „Alte Reben" und der „einfache" Spätburgunder bieten wie gehabt viel Spätburgunder für relativ kleines Geld.

Tolle Kollektion!

Weinbewertung

87 . . . 2008 Weißburgunder trocken Achkarrer Castellberg
frisch, fruchtbetont, wunderschön reintönig, weiße Früchte; klar, frisch, harmonisch, feine Frucht, gute Länge **6,30 €**

87 . . . 2008 Weißburgunder Kabinett trocken Achkarrer Schlossberg
reintönige reife Frucht, weiße Früchte, herrlich eindringlich; harmonisch, fruchtbetont, reintönig, feine Länge **7,40 €**

88 . . . 2008 Grauburgunder Kabinett trocken Achkarrer Schlossberg
gute Konzentration, klare reife Frucht, gelbe Früchte, herrlich eindringlich; füllig, harmonisch, reintönige reife Frucht **7,40 €**
1999: **86**; 2000: **87**; 2001: **88**; 2002: **87**; 2003: **86**; 2004: **87**; 2005: **87**; 2006: **88**; 2007: **89**.

89 . . . 2008 Weißburgunder Spätlese trocken Achkarrer Schlossberg
gute Konzentration, klare reife Frucht, weiße Früchte, etwas gelbe Früchte, herrlich eindringlich; füllig, harmonisch, wunderschön reintönig und lang **9,50 €**
1999: **88**; 2000: **90**; 2002: **90**; 2003: **87**; 2004: **90**; 2005: **90**; 2006: **90**; 2007: **88**.

90 . . . 2008 Grauburgunder Spätlese trocken Achkarrer Schlossberg
gute Konzentration, klare reife Frucht, gelbe Früchte, herrlich eindringlich und dominant; füllig, stoffig, reife Frucht, reintönig und eindringlich, gute Substanz und Länge **9,50 €**
1999: **90**; 2000: **90**; 2001: **90**; 2002: **90**; 2003: **87**; 2004: **89**; 2005: **90**; 2006: **89**; 2007: **89**.

91 . . . 2008 Weißburgunder Spätlese* trocken Achkarrer Schlossberg**
konzentriert, eindringlich, viel reife Frucht, weiße und gelbe Früchte, dominant; füllig, stoffig, viel reife Frucht, viel Substanz, jugendlich **14,- €**
2007: **92**.

91 . . . 2008 Grauburgunder Spätlese* trocken Achkarrer Schlossberg**
gute Konzentration, klare reife Frucht, herrlich eindringlich, jugendlich; kraftvoll, stoffig, viel Substanz, reife Frucht, jugendlich, Potenzial **14,- €**
1999: **93**; 2000: **91**; 2001: **91**; 2002: **91**; 2003: **88**; 2004: **89**; 2005: **92**; 2006: **92**.

89 . . . 2008 Chardonnay Auslese* Achkarrer Schlossberg**
viel Konzentration, viel reife Frucht, gelbe Früchte, dominant; füllig und schmeichelnd, reife süße Frucht, gute Substanz, Vanille, viel Länge, Wärme **17,- €**

86 . . . 2007 Spätburgunder trocken Achkarrer Schlossberg
frisch, fruchtbetont, herrlich reintönig, etwas rote Früchte; klar, frisch, zupackend, feine Frucht **8,20 €**
1999: **86**; 2000: **86**; 2001: **85**; 2002: **85**; 2003: **86**; 2004: **86**; 2006: **86**.

89 . . . 2007 Spätburgunder trocken „Alte Rebe"
feine rauchige Noten, reife Frucht, etwas rote Früchte, herrlich reintönig; klar, harmonisch, elegant, gute Struktur und Frische, Nachhall **10,80 €**
2002: **88**; 2003: **88**; 2004: **88**; 2005: **90**; 2006: **88**.

92 . . . 2007 Spätburgunder trocken Barrique Achkarrer Schlossberg
klar, konzentriert, herrlich viel Frucht, dezenter Toast, etwas Herzkirschen, dominant und eindringlich; füllig, stoffig, kraftvoll, viel reife Frucht, Substanz, viel Länge und Nachhall **19,- €**
1999: **89**; 2000: **88**; 2001: **88**; 2002: **90**; 2003: **92**; 2004: **91**; 2005: **93**; 2006: **np.**

91 . . . 2007 Spätburgunder trocken Barrique Ihringer Winklerberg
herrlich würzig, reintönig, faszinierend viel Frucht, etwas florale Noten, rote Früchte, Veilchen; füllig, harmonisch, elegant, reife Frucht, gute Struktur und Länge **19,- €**
2004: **90**; 2005: **92**; 2006: **np.**

★☆

Michel

Cisterzienser Weingut

Rheinhessen

Dalbergstraße 28, 67596 Dittelsheim-Hessloch
Tel. 06244-4921, Fax: 06244-5499
www.cisterzienser-weingut.de
info@cisterzienser-weingut.de
Besuchszeiten: Mo.-Fr. 8-11:30 + 13-19 Uhr,
Sa. 9-13 Uhr (Bitte um Anmeldung)

Inhaber .... Familie Michel
Rebfläche .... 20 Hektar

Das heutige Cisterzienser Weingut Michel geht auf ein im Jahr 1173 vom Cisterzienser Kloster Otterberg gegründetes Wein- und Hofgut zurück. 1780 wurde es von den Vorfahren der heutigen Eigentümer erworben. Ulrich Michel, Geisenheim-Absolvent, ist seit 1993 für den Weinausbau verantwortlich. Bis in die neunziger Jahre war das Gut ein landwirtschaftlicher Gemischtbetrieb. Inzwischen hat man die Ackerflächen verpachtet und konzentriert sich ganz auf den Weinbau. Die Weinberge befinden sich in Hessloch – dort überwiegen tiefgründige Löss-Lehmböden mit hohem Kalkanteil – und im Bechtheimer Hasensprung, wo die Böden eisenerzhaltig sind und den Weinen mineralische Noten mitgeben. Wichtigste Rebsorten in einer breiten Palette sind Dornfelder und Riesling. Ulrich Michel möchte das Sortiment hin zu den klassischen und internationalen Rebsorten verändern. Chardonnay, Gewürztraminer, Sauvignon Blanc, Merlot, Cabernet Sauvignon und Frühburgunder wurden gepflanzt, zuletzt kamen St. Laurent und Regent hinzu. Der Rotweinanteil beträgt derzeit 42 Prozent. Die Rotweine werden nach der Maischegärung im Holzfass ausgebaut, Weißweine im Edelstahl. Ulrich Michel hat zuletzt weitere Maischegärtanks angeschafft, aber auch Barriques aus französischer und amerikanischer Eiche. 70 Prozent der Produktion wird an Privatkunden verkauft.

Auch im schwierigen Jahrgang 2006 behauptete sich Ulrich Michel gut, alle Weine überzeugten. Eine sehr gleichmäßige Kollektion folgte im vergangenen Jahr nach. Die Weißweine waren nicht allzu konzentriert, recht süß, besaßen aber eine feine Säure. Sehr gleichmäßig auf gutem Niveau präsentiert sich auch die neue Kollektion, nur die Spitzen früherer Jahrgänge haben wir ein wenig vermisst.

Weinbewertung

79 2008 Riesling trocken **3,90 €/1l**
84 2008 Sauvignon Blanc trocken **7,90 €**
83 2008 Riesling „S“ „vom Löwenherz“ **7,90 €**
83 2008 Chardonnay Riesling trocken **5,80 €**
84 2008 Grauburgunder Spätlese trocken Hesslocher Edle Weingärten **5,90 €**
80 2008 Weißburgunder Classic
82 2008 Gewürztraminer Spätlese „feinherb“ Bechtheimer Hasensprung **5,60 €**
83 2008 Riesling Spätlese Hesslocher Mondschein **5,60 €**
81 2007 Spätburgunder trocken Hesslocher Liebfrauenberg **5,60 €**
83 2007 Frühburgunder „S vom Heißen Stein“ **7,90 €**

★★★
Michel-Pfannebecker
Weingut

Rheinhessen

Langgasse 18-19, 55234 Flomborn
Tel. 06735-355, Fax: 06735-836
www.michel-pfannebecker.de
wgtmi.pfa@t-online.de
Besuchszeiten: Mo.-Sa. 9-18 Uhr nach Vereinbarung

Inhaber . . . Heinfried und Gerold Pfannebecker
Rebfläche . . . . 11,8 Hektar

Heinfried und Gerold Pfannebecker setzen vor allem auf Riesling und Spätburgunder, aber auch traditionelle Rebsorten wie Silvaner, Weißburgunder, Grauburgunder, Müller-Thurgau und Chardonnay spielen bei ihnen eine wichtige Rolle. Ein Viertel ihrer Weinberge nehmen rote Rebsorten ein. Neben Spätburgunder gibt es etwas Portugieser, Merlot und Cabernet Sauvignon. Die Weinberge liegen in Flomborn (Feuerberg, Goldberg), Westhofen (Steingrube, Morstein), Eppelsheim (Felsen), Ober-Flörsheim (Blücherpfad) und Gundersheim (Höllenbrand). Die Reben wachsen auf leichten bis mittelschweren Lösslehmböden, teils mit extrem hohem Kalkanteil. Heinfried Pfannebecker kümmert sich vor allem um die Weinberge, Gerold Pfannebecker mehr um den Keller. Etwa 80 Prozent ihrer Weine bauen sie trocken und halbtrocken aus. Die Rotweine werden maischevergoren und im Holzfass (auch im Barrique) ausgebaut.

Der 2005er Spätburgunder aus dem Höllenbrand war hervorragend, die 2006er Weißweine sehr homogen auf gutem Niveau, blieben aber jahrgangsbedingt etwas hinter den Vorjahren zurück. Die letztjährige Kollektion präsentierte sich wiederum sehr homogen, bot reintönige, füllige Weißweine und einen brillanten Eiswein. Sehr gleichmäßig ist nun auch der Jahrgang 2008, vor allem die Rieslinge haben uns gut gefallen.

Weinbewertung

87 . . . 2008 Riesling Spätlese trocken Westhofener Steingrube
gute Konzentration, feine Würze, eindringlich; weich, füllig, viel reife süße Frucht, gute Harmonie **6,20 €**

87 . . . 2008 Riesling trocken Selection Rheinhessen Flomborner Feuerberg
würzig, eindringlich, jugendlich; kraftvoll, klar, viel reife Frucht, gute Substanz **8,70 €**
2000: 87; 2001: 88; 2002: 88; 2003: 85; 2004: 87; 2005: 87; 2006: 85; 2007: 87.

87 . . . 2008 Riesling trocken Selection Rheinhessen Westhofener Steingrube
konzentriert, feine Würze, eindringlich; füllig, harmonisch, reife Frucht. Struktur, Substanz, Länge **8,70 €**

87 . . . 2008 Riesling Eiswein Flomborner Feuerberg
würzig, konzentriert, feiner Duft; süß, konzentriert, herrlich viel Stoff und Biss **21,50 €/0,375l**

87 . . . 2007 Spätburgunder trocken Selection Rheinhessen Gundersheimer Höllenbrand
viel Duft, intensiv rote Früchte, Preiselbeeren; frisch, klar, füllig, reife Frucht, gute Struktur, Tannine
1999: 87; 2000: 89; 2001: 89; 2002: 89; 2003: 88; 2004: 89; 2005: 90; 2006: 87.

77 2008 Riesling trocken **4,20 €/1l**
83 2008 Silvaner trocken Feuerberg **4,70 €**
83 2008 Silvaner Spätlese trocken Flomborner Feuerberg **5,90 €**
83 2008 Riesling Spätlese trocken Flomborner Feuerberg **6,90 €**
84 2008 Riesling Spätlese trocken Westhofener Morstein **6,70 €**
84 2008 Grauburgunder Spätlese trocken Flomborner Feuerberg **6,40 €**
83 2008 Weißburgunder Spätlese trocken Flomborner Feuerberg **6,50 €**
83 2007 Spätburgunder trocken Spätlese Flomborner Feuerberg **6,90 €**

Karl-Hermann Milch ★★★
Weingut

Rheinhessen

Rüstermühle, 67590 Monsheim
Tel. 06243-337, Fax: 06243-6707
www.weingut-milch.de
info@weingut-milch.de
Besuchszeiten: Mo.-Fr. nach Vereinbarung, Sa. 9-12 + 13-17 Uhr

Inhaber .... Karl-Hermann Milch
Rebfläche .... 13,3 Hektar

Karl-Hermann Milch hat 2001 das Weingut von seinem Vater Karlheinz Milch übernommen. Seine Winzerlehre verbrachte er bei den Weingütern Keller in Flörsheim-Dalsheim und Knipser in Laumersheim, die Ausbildung zum Weinbautechniker hat er im Jahr 2000 abgeschlossen. Das Weingut ist in der Rüstermühle untergebracht, einer ehemaligen Getreidemühle, die von der Familie 1926 erworben wurde. Der landwirtschaftliche Gemischtbetrieb begann nach dem Zweiten Weltkrieg mit der Flaschenweinvermarktung, seit den achtziger Jahren hatte man sich auf Weinbau konzentriert. In den letzten Jahren wurde der Rotweinanteil auf knapp 50 Prozent erhöht, soll aber nicht mehr weiter steigen. Vor allem Spätburgunder und Dornfelder werden angebaut, aber auch Frühburgunder, Domina (seit 1990), St. Laurent, Merlot und Cabernet Sauvignon. Wichtigste weiße Sorten sind Chardonnay (seit 1993), Riesling, Müller-Thurgau, Grauburgunder und Scheurebe, dazu gibt es etwas Gewürztraminer, Silvaner und Weißburgunder. Die Weinberge liegen in den Monsheimer Lagen Silberberg und Rosengarten, sowie im Mörstadter Nonnengarten. Die Reben wachsen teils auf Löss-Lehmböden, teils auf Sand und Kies. Seit den Jahrgängen 2002 (Weißweine) bzw. 2000 (Rotweine) werden keine Prädikatsbezeichnungen mehr für trockene Weine verwendet, die Spitzenweine tragen die Zusatzbezeichnung „S".

Seit einem Jahrzehnt gehört das Weingut zu den besten und zuverlässigsten Betrieben in Rheinhessen. Im Weißweinbereich ist heute Chardonnay die wichtigste Rebsorte, knapp vor Riesling. Die Weißweine präsentieren sich meist etwas weniger homogen als die Rotweine, sind oft von merklicher Restsüße geprägt. Die barriqueausgebauten Rotweine haben uns schon vor zehn Jahren besonders gut gefallen, gehören immer wieder zur rheinhessischen Spitze.

Vor zwei Jahren war der Spätburgunder aus dem Mörstadter Nonnengarten unser Favorit. 2007 gefielen uns die Weißweine gut, die herausragenden Weine waren aber einmal mehr die beiden 2005er Rotweine aus dem Barrique, die Cuvée von Cabernet Sauvignon und Merlot, sowie der Spätburgunder aus dem Silberberg. Solche Spitzen fehlen in der aktuellen Kollektion, die uns trotzdem überzeugt: Die Rotweine sind gekonnt vinifiziert, wie man das kennt von Karl-Hermann Milch, im guten weißen Segment hat uns der Rosengarten-Riesling besonders gut gefallen.

Weinbewertung

85 . . . 2008 Riesling trocken „vom Kieselstein" Monsheimer Rosengarten
feine Würze, klare Frucht, herrlich eindringlich; füllig, harmonisch, reife Frucht, gute Struktur **6,20 €**

87 . . . 2008 „Rosengarten" Riesling trocken Monsheimer Rosengarten
gute Konzentration, herrlich eindringlich und klar; füllig, kraftvoll, viel reife Frucht, Substanz **12,50 €**

86 . . . 2008 Chardonnay trocken „Blauarsch" Monsheimer Silberberg
würzig, eindringlich, dezent Vanille; weich, füllig, stoffig, viel reife süße Frucht, Vanille **12,50 €**
85 . . . 2006 Spätburgunder trocken Holzfass
rauchige Noten, feine Frucht; harmonisch, frisch, reintönige Frucht **6,30 €**
87 . . . 2007 „Silberberg" Frühburgunder trocken Barrique Monsheimer Silberberg
gute Konzentration, feine Würze, rauchige Noten, herrlich eindringlich; füllig, harmonisch, kraftvoll, reife Frucht, gute Struktur, jugendliche Tannine **15,- €**
87 . . . 2003 Dornfelder trocken Barrique Monsheimer Rosengarten
gute Konzentration, etwas Gewürze, rote Früchte; füllig, kraftvoll, viel Substanz, reife Frucht, Struktur und Biss **9,50 €**

---

76 2008 Rivaner trocken **3,40 €/1l**
83 2008 Chardonnay trocken „Valentin" Monsheimer Silberberg **4,90 €**
83 2008 Chardonnay „S" trocken Monsheimer Silberberg **9,- €**
83 2008 Riesling Spätlese Monsheimer Rosengarten **8,50 €**
82 2008 Cabernet Sauvignon & Merlot Rosé trocken **6,- €**

M

Die besten deutschen Weinerzeuger und ihre Weine

★★★★

Milz – Laurentiushof

Weingut

Mosel

Moselstraße 7-9, 54349 Trittenheim
Tel. 06507-2300, Fax: 06507-5650
www.milz-laurentiushof.com
milz@milz-laurentiushof.com
Besuchszeiten: nach Vereinbarung
Veranstaltungen, Weinproben (bis 100 Personen)

Inhaber .... Markus Milz
Rebfläche .... 5,5 Hektar

Die Weinbaugeschichte der Familie Milz reicht bis ins 16. Jahrhundert zurück. Markus Milz, der heutige Inhaber, ist auch ein erfolgreicher Geschäftsmann im Bereich der Kellertechnik. Die Weinberge des Laurentiushofs befinden sich zu 90 Prozent in Steillagen, darunter drei Lagen in Alleinbesitz: Trittenheimer Leiterchen und Trittenheimer Felsenkopf, beide jeweils knapp einen Hektar groß, sowie Neumagener Nusswingert (etwa 0,6 Hektar). Das Weingut Milz ist aber auch in den Lagen Trittenheimer Apotheke, Trittenheimer Altärchen und Dhron Hofberger vertreten. Das Gros der Weine wird mit den eigenen Hefen vergoren. Bei der Vinifikation spielen Edelstahltank und traditionelle Fuderfässer eine Rolle.

Die 2006er zeigten sich für den Jahrgang gelungen, 2007 ragten die trockene und die süße Spätlese aus dem Leiterchen aus einem sehr gleichmäßigen Sortiment heraus. Die 2008er sind frisch, noch leicht hefegeprägt, haben durchweg Biss.

Weinbewertung

86 . . . 2008 Riesling Spätlese trocken Trittenheimer Leiterchen
jugendliche Frucht, leicht hefig; viel Würze, stoffig, viel Substanz, bereits zugänglich
88 . . . 2008 Riesling Spätlese trocken Trittenheimer Felsenkopf
zunächst verhalten, leicht hefig, entwickelt sich gut; saftig, viel Würze, rassig, nachhaltig
87 . . . 2008 Riesling Spätlese „feinherb" Trittenheimer Leiterchen
reife Frucht, hefig, etwas Stachelbeere; viel Würze, animierend, hat Schmelz
87 . . . 2008 Riesling Spätlese Trittenheimer Felsenkopf
sehr jugendlich, leicht hefig, Stachelbeere; rassig, würzig, stoffig, zarte Süße
1999: **87**; 2000: **89**; 2002: **88**; 2003: **88**; 2004: **89**; 2005:

89; 2006: 87; 2007: 87.

88 . . . 2008 Riesling Spätlese Trittenheimer Leiterchen

eindringliche Frucht, duftig, etwas Mirabelle; würzig, rassig, leicht mineralisch, sehr feine Frucht

---

83 2008 Riesling Kabinett trocken Trittenheimer Apotheke

84 2008 Riesling Kabinett „feinherb" Trittenheimer Apotheke

★★★★

Theo Minges

Weingut

Pfalz

Bachstraße 11, 76835 Flemlingen

Tel. 06323-93350, Fax: 06323-93351

info@weingut-minges.com

Besuchszeiten: Mo.-Fr. 9-12 + 13-18 Uhr, Sa. 9-17 Uhr

Inhaber . . . . Theo Minges

Rebfläche . . . . 24 Hektar

Der Weinkeller von Theo Minges stammt aus dem 15. Jahrhundert und gehörte damals als Zehntkeller den Grafen von der Leyen. Wichtigste Rebsorte ist Riesling, es folgen Grauburgunder, Weißburgunder und Chardonnay. Wichtigste rote Sorte ist der Spätburgunder. Hinzu kommen Dornfelder und St. Laurent, aber auch Cabernet Sauvignon, Cabernet Franc und Merlot. Den Riesling hat Theo Minges vor allem in der Gleisweiler Hölle stehen. Die Weißweine werden nach Maischestandzeiten von 6 bis 30 Stunden kühl und langsam vergoren und bleiben recht lange auf der Feinhefe. Seine Rotweine baut Theo Minges sehr lange im Fass aus.

Schon in der ersten Ausgabe vor zehn Jahren lobten wir die Weine von Theo Minges, besonders die Rieslinge und Rotweine. Die Rieslinge haben sich in diesem Jahrzehnt immer mehr als seine Stärke erwiesen, auch die Rotweine haben uns immer beeindruckt, wenn wir welche zu verkosten bekamen. Die Qualität ist stetig gestiegen, die Konsistenz der Kollektionen ist beeindruckend. Theo Minges hat sich weiterentwickelt, wagt Manches, wie der in diesem Jahr präsentierte „Froschkönig" zeigt, der achtzehn Monate unberührt auf der Vollhefe reifte.

2006 behauptete sich Theo Minges gut, alle Weine zeigten sich frisch und klar. Beeindruckend waren die vor zwei Jahren vorgestellten „R"-Rotweine des Jahrgangs 2003. Der einzige im vergangenen Jahr vorgestellte Rotwein, der herrlich kraftvolle Spätburgunder „Z", Jahrgang 2005, bot eine prächtige Vorstellung. Die weiße Kollektion zeigte Konsistenz auf hohem Niveau: Die Rieslinge waren klar und mineralisch, die Muskateller machten viel Freude, und mit der Riesling Beerenauslese bot Theo Minges auch Freunden edelsüßer Weine ein Highlight. 2008 bringt frische, glasklare und präzise Weine vom Riesling Kabinett bis hin zu den restsüßen Spätlesen.

Weinbewertung

85 . . . 2008 Riesling Kabinett trocken Flemlinger Zechpeter

frisch, fruchtbetont, herrlich reintönig; klar, frisch, zupackend, feine Frucht und Biss, knackig **6,60 €**

86 . . . 2008 Riesling Kabinett trocken Gleisweiler Hölle

feine Würze, klare reife Frucht, dezent mineralische Noten; füllig, kraftvoll, reife Frucht, gute Substanz und Frische **6,80 €**

1999: 82; 2000: 85; 2001: 86; 2002: 81; 2003: 86; 2004: 85; 2005: 87; 2006: 85; 2007: 86.

85 . . . 2008 Scheurebe Kabinett trocken „Kalkstein"

herrlich reintönig, Cassis, feine Würze; klar, frisch, elegant, feine Frucht und Biss **6,60 €**

87 ... 2008 Riesling Spätlese trocken Gleisweiler Hölle

gute Konzentration, feine Würze, herrlich eindringlich, etwas gelbe Früchte; füllig, stoffig, viel reife Frucht, Kraft **9,20 €**

1999: 86; 2000: 87; 2001: 89; 2002: 86; 2003: 87; 2004: 88; 2005: 88; 2006: 86; 2007: 88.

88 ... 2008 Riesling Spätlese trocken „Buntsandstein"

gute Konzentration, feine Würze und Frucht, etwas gelbe Früchte, feine mineralische Noten; füllig, kraftvoll, eindringlich, reife Frucht, intensiv **10,40 €**

2003: 88; 2004: 88; 2005: 89; 2006: 87; 2007: 88.

88 ... 2008 Riesling Spätlese trocken „Kalkstein"

würzig, eindringlich, reife Frucht, gute Konzentration; füllig, stoffig, viel reife Frucht und Substanz, gute Struktur, Kraft und Mineralität **12,- €**

85 ... 2008 Grauburgunder Spätlese trocken „Muschelkalk"

gute Konzentration, feine Würze, reintönige Frucht; weich, füllig, harmonisch, reife süße Frucht **10,40 €**

86 ... 2008 Muskateller Spätlese trocken Burrweiler Schlossgarten

herrlich reintönig, feine Muskatnote, Frische, etwas Rosen; frisch, elegant, feine süße Frucht, Biss **9,20 €**

88 ... 2007 Riesling Spätlese „Froschkönig"

würzig, eindringlich, reife Frucht, feiner Duft; füllig, stoffig, herrlich viel Frucht, Substanz, Länge **16,- €**

85 ... 2008 Gewürztraminer Spätlese „Edition Rosenduft"

frisch, fruchtbetont, herrlich reintönig; klar, harmonisch, weich, feine süße Frucht **10,40 €**

2005: 86; 2006: 87; 2007: 85.

87 ... 2008 Rieslaner Spätlese Burrweiler Schlossgarten

gute Konzentration, viel reife Frucht, herrlich eindringlich und reintönig, Grapefruit; kraftvoll, klar, feine süße Frucht, schmeichelnd, viel Biss **10,40 €**

---

83 2008 Weißburgunder Kabinett trocken **6,40 €**

★

Ludwig Mißbach

Weingut

Baden

Schönbergstraße 32, 79285 Ebringen
Tel. 07664-6513, Fax: 07664-60209
www.weingut-missbach.de
missbach-wein@t-online.de
Besuchszeiten: Mo.-Fr. 8-12 + 14-18 Uhr, Sa. 9-12:30 Uhr oder nach Vereinbarung

Inhaber .... Ralf Mißbach
Rebfläche (Eigenbesitz) .... 4 Hektar
Rebfläche (Erzeugergemeinschaft) . . 12 Hektar

1789 gründete Mathias Mißbach den Weinbaubetrieb, Namensgeber des Weingutes ist Ludwig Mißbach, der den Betrieb 1923 übernahm. Heute führt Ralf Mißbach das Weingut in siebter Generation. 1994 erfolgte die Umstellung der Rebflächen auf ökologische Bewirtschaftung (Ecovin). Neben den eigenen 4 Hektar Weinbergen wird die Ernte von weiteren 12 Hektar Weinbergen vermarktet, die Vertragswinzer nach Ralf Mißbachs Vorgaben bewirtschaften. Neben Müller-Thurgau, Gutedel, Weißburgunder, Grauburgunder, Riesling, Gewürztraminer, Chardonnay und Spätburgunder werden auch pilzresistente Sorten wie Maréchal Foch, Léon Millot oder Cabernet Carol angebaut.

Vor zwei Jahren behauptete sich Ralf Mißbach – gerade im für das Markgräflerland enorm schwierigen Jahrgang 2006 – gut. In der letztjährigen, etwas verhaltenen Kollektion gefiel uns der im Barrique ausgebaute Weißburgunder am besten. Die neue Kollektion präsentiert sich geschlossen auf gutem Niveau, unser eindeutiger Favorit ist einmal mehr der barriqueausgebaute Weißburgunder.

Weinbewertung

87 . . . 2008 Weißburgunder Spätlese trocken Barrique
gute Konzentration, reife Frucht, etwas gelbe Früchte; füllig, harmonisch, viel reife Frucht, gute Substanz und Länge **12,80 €**
2007: 85

83 2008 Gutedel Kabinett trocken Ebringer Sommerberg **4,45 €**
81 2008 Riesling Kabinett trocken **6,55 €**
83 2008 Chardonnay Kabinett trocken Ebringer Sommerberg **7,50 €**
82 2008 Weißburgunder Kabinett trocken **6,80 €**
82 2008 Spätburgunder Blanc de Noirs trocken **5,65 €**
81 2008 Spätburgunder trocken **6,40 €**
80 2008 Spätburgunder Kabinett trocken **7,50 €**
83 2007 Spätburgunder Spätlese trocken Barrique **12,80 €**

★★★

Mönchhof

Weingut Robert Eymael

Mosel

Mönchhof, 54539 Ürzig
Tel. 06532-93164, Fax: 06532-93166
www.moenchhof.de
moenchhof.eymael@t-online.de
Besuchszeiten: Mo.-Sa. 9-17 Uhr, am Wochenende nach Vereinbarung
3 Gästezimmer

Inhaber.......................... Robert Eymael
Rebfläche.......................... 10 Hektar

Der Mönchhof, der ehemals der Zisterzienserabtei Himmerod gehörte, ist eines der ältesten Weingüter an der Mosel. Zum Mönchhof gehören Weinberge in berühmten Lagen wie Ürziger Würzgarten (an dessen Fuß das Weingut liegt), Erdener Treppchen oder Erdener Prälat. Sie sind ausschließlich mit wurzelechten, teilweise hundert Jahre alten Rieslingreben bepflanzt. Robert Eymael, der das elterliche Weingut 1994 übernommen hat, baut nur Riesling an. Alle Weine werden im alten Gewölbekeller in Holzfässern ausgebaut. Neben dem Gutsgebäude aus dem 16. Jahrhundert kann man eine weitere Sehenswürdigkeit aus der Römerzeit bewundern, nämlich die älteste bislang bekannte römische Kelteranlage nördlich der Alpen, die in den Erdener Weinbergen des Mönchshofs entdeckt wurde. Typisch für die Mönchhof-Weine ist der reduktive, frische Stil der Weine, der von etwas Kohlensäure unterstrichen wird.

Die 2006er erwiesen sich als leicht zugängliche Rieslinge mit Substanz. Die 2007er besaßen einen frische Art. 2008 ragt die Auslese aus dem Prälat deutlich aus einem Sortiment mit geradlinigen Weinen heraus.

Weinbewertung

85 . . . 2008 Riesling Spätlese „feinherb 33" Ürziger Würzgarten
sehr jugendlich, Apfel, Melone; saftig, würzig, hat Schmelz, etwas Kohlensäure **11,90 €**

85 . . . 2008 Riesling Spätlese Ürziger Würzgarten
frisch, jugendlich, Boskoop; saftig, rassig, deutliche Frucht, animierend **11,90 €**
1999: 87/86; 2000: 90; 2001: 88; 2002: 89; 2003: 88; 2004: 86; 2005: 86; 2006: 86; 2007: 86.

86 . . . 2008 Riesling Auslese Ürziger Würzgarten
eher verhalten, reife Frucht, Mirabellen, etwas Melone, getrockneter Apfel; saftig, rassig, feine Frucht **16,90 €**
2000: 89; 2001: 89; 2002: 89; 2003: 89; 2004: 90; 2005: 86; 2006: 89; 2007: 87.

89 . . . 2008 Riesling Auslese Erdener Prälat
reife Frucht, vielschichtig, Apfel, Mirabelle, getrock-

neter Apfel, Kräuter, Hauch Ananas; sehr saftig, rassig, gute Länge **18,90 €**

1999: **88**; 2000: **91**; 2001: **93**; 2002: **90**; 2003: **88**; 2004: **88**; 2005: **89**; 2006: **89**; 2007: **89**.

82 2008 Riesling Spätlese trocken Erdener Treppchen **11,90 €**
80 2008 Riesling „feinherb Salve" **5,90 €**
81 2008 Riesling Kabinett „feinherb" Ürziger Würzgarten **8,90 €**
84 2008 Riesling Kabinett Ürziger Würzgarten **8,90 €**

Rudi Möwes ★☆

Weingut

Pfalz

Hübühl 10, 76835 Weyher in der Pfalz
Tel. 06323-5602, Fax: 06323-980158
www.weingut-moewes.de
info@weingut-moewes.de
Besuchszeiten: nach Vereinbarung
Ferienhaus „An der Dorflinde", Ferienwohnung

Inhaber .... Rudi und Michael Möwes
Rebfläche .... 9 Hektar

Die Weinberge von Rudi und Michael Möwes liegen in den Lagen Weyherer Michelsberg, Burrweiler Altenforst, Hainfelder Kapelle und Rhodter Schlossberg und Rosengarten. Die Reben wachsen auf unterschiedlichen Böden von Schiefer über Granit, Rotliegendem, Kalkmergel bis Buntsandstein. Weiße Sorten nehmen 65 Prozent der Rebfläche ein: Riesling, Weißburgunder, Grauburgunder, Chardonnay und Silvaner vor allem, aber auch Müller-Thurgau, Kerner, Scheurebe, Bacchus, Rieslaner und Muskateller. An roten Sorten bauen sie Spätburgunder, Sankt Laurent, Portugieser und Dornfelder an. Die Rotweine werden nach der Maischegärung im Holz ausgebaut, der Ausbau der Weißweine erfolgt im Edelstahl.

In einer guten Kollektion im schwierigen Jahrgang 2006 überzeugten Rot- und Weißweine gleichermaßen. Auch die letztjährige Kollektion war gelungen, der Riesling Pfarrgarten gefiel besonders, auch die zweite Füllung des barriqueausgebauten Portugieser. In der neuen Kollektion nun gefällt uns die Rieslaner Auslese besonders gut, auch der im Barrique ausgebaute Spätburgunder und der Riesling von alten Reben zeigen Klasse.

Weinbewertung

85 . . . 2008 Riesling Spätlese trocken „Schiefer-Steillage Alte Reben" Burrweiler Altenforst
gute Konzentration, viel reife Frucht, feine Würze, etwas gelbe Früchte, herrlich eindringlich; füllig, harmonisch, reife Frucht und Substanz **12,- €**

88 . . . 2008 Rieslaner Auslese Burrweiler Altenforst
gute Konzentration, feine Würze, viel reife Frucht; füllig, kraftvoll, dick, reintönige Frucht **10,- €**

86 . . . 2008 Saint Laurent Rosé Eiswein Rhodter Rosengarten
viel Duft und Würze; süß, konzentriert, dick, viel Biss (auf Anfrage)

86 . . . 2007 Spätburgunder Spätlese trocken Barrique Weyherer Michelsberg
rauchige Noten, klare reife Frucht, etwas rote Früchte, herrlich eindringlich; füllig, kraftvoll, harmonisch, reife Frucht und gute Struktur **10,- €**

78 2008 Müller-Thurgau Kabinett trocken **3,- €/1l**
80 2008 Silvaner Kabinett trocken Rhodter Rosengarten **3,80 €**
81 2008 Weißburgunder Kabinett trocken Weyherer Michelsberg **3,80 €**
82 2008 Riesling Spätlese trocken „Kalkmergel" Weyherer Michelsberg **5,50 €**
81 2008 Riesling Spätlese trocken „Granit" Wey-

M

Die besten deutschen Weinerzeuger und ihre Weine

herer Michelsberg **6,- €**
80 2008 Spätburgunder Blanc de Noirs Spätlese trocken Weyherer Michelsberg **5,30 €**

★★☆

Wilhelm Mohr Erben

Weingut

Rheingau

Rheinstraße 21, 65391 Lorch
Tel. 06726-9484, Fax: 06726-1694
www.weingut-mohr.de
info@weingut-mohr.de
Besuchszeiten: nach Vereinbarung
Straußwirtschaft (Ende April-Ende Juni, Mitte Oktober-Anfang November)

Inhaber .... Jochen Neher
Rebfläche .... 7 Hektar

Das 1875 von Wilhelm Mohr gegründete Weingut wird heute von dessen Urenkel Jochen Neher und seiner Frau Saynur geführt. Hauptrebsorte bei Jochen Neher ist der Riesling. Daneben gibt es Spätburgunder, Weißburgunder, Silvaner und Scheurebe. Die Weißweine werden in Edelstahltanks vergoren, die Rotweine können nach der Maischegärung in Eichenholzfässern reifen. Einen Namen gemacht hat sich das Weingut auch für elegante und nachhaltige Schaumweine, die Ersten Gewächse sind erfreulich trocken und klar.

2006 war das Sortiment einheitlich, die Qualität der trockenen Weine konnte sich ebenso sehen lassen wie jene der roten Gewächse. 2007 bewies Jochen Neher, dass er sich nicht nur auf Riesling konzentriert, sondern auch eine überdurchschnittliche Scheurebe sowie gelungene, würzige Sekte abfüllen kann. Die 2008er überzeugen, auch wenn einige Weine noch ein wenig rau wirken. Potenzial besitzt der mächtige Spätburgunder aus dem Jahrgang 2007.

Weinbewertung

86 . . . 2007 Riesling Sekt brut
sehr klar, leicht hefig, Kräuter; schlank, klare Frucht, süffig, niedrig dosiert, erfrischend **15,- €**

87 . . . 2007 Pinot Sekt brut
cremig, leicht hefig; saftig, würzig, schöne Frucht, hat Biss, gute Länge **15,- €**

85 . . . 2008 Riesling Spätlese trocken
jugendlich, leicht hefig; stoffig, würzig, gut integrierte Säure, hat Biss **9,90 €**

86 . . . 2008 Riesling Spätlese trocken „Alte Reben"
sehr klar, jugendlich, etwas getrockneter Apfel, gelbe Früchte; feste Struktur, viel Würze, reife Säure, Potenzial (86+? Punkte) **14,- €**

87 . . . 2008 Riesling Erstes Gewächs Lorcher Krone
sehr verhalten, klar, Mirabellen, etwas Kräuter; schlank, feingliedrig, trocken **18,- €**

87 . . . 2008 Riesling Beerenauslese Lorcher Bodental-Steinberg
cremige Frucht, Blütenhonig; saftig, feingliedrig, elegant, herrlich süffig **28,- €/0,375l)**

86 . . . 2007 Spätburgunder trocken Erstes Gewächs Lorcher Bodental-Steinberg
sehr rauchig, Schokolade, etwas Holunder; komplex, feste Struktur, leicht bitter, hat viel Substanz, braucht Zeit (86+ Punkte) **28,- €**

84 2008 Silvaner trocken **6,90 €**
84 2008 Weißer Burgunder trocken Lorcher Krone **14,- €**
83 2008 Riesling Kabinett „feinherb" **7,90 €**
81 2008 Spätburgunder Blanc de Noirs trocken **7,90 €**

★

Karl-Joh. Molitor
Weingut

Rheingau

Weider Weg 1, 65346 Eltville-Hattenheim
Tel. 06723-2537, Fax: 06723-7517
www.molitor-wein.de
info@molitor-wein.de
Besuchszeiten: täglich nach Vereinbarung

Inhaber .... Klaus Molitor
Rebfläche .... 13,5 Hektar

Das Weingut Molitor befindet sich in Hattenheim direkt neben der bekannten Lage Steinberg. Neben Riesling baut Klaus Molitor Spätburgunder und seit einigen Jahren auch St. Laurent an. Seine Weinberge verteilen sich auf vierzehn verschiedene Lagen im Rheingau.

Die 2006er zeigten sich auf sehr gleichmäßigem Niveau. Noch besser waren dann die würzigen 2007er, und auch 2008 hat das Weingut gelungene, unkomplizierte und animierende Weine hervorgebracht.

Weinbewertung

85 . . . 2008 Riesling Spätlese trocken Rüdesheimer Berg Schlossberg
noch sehr verhalten, Hefenoten, etwas Zitrus; stoffig, feine Frucht, markante Säure, abwarten **6,50 €**

86 . . . 2007 Riesling „feinherb" Hattenheimer Wisselbrunnen
duftig, klar, ganz leichte Reifenoten; würzig, leicht erdig, Schmelz **4,50 €**

85 . . . 2008 Riesling Spätlese „feinherb" Rüdesheimer Magdalenenkreuz
duftig, feine Frucht; würzig, stoffig, beinah trocken, Biss **5,10 €**

---

82 2008 Riesling trocken Oestricher Lenchen **3,80 €**
83 2008 Riesling Kabinett trocken Hattenheimer Engelmannsberg **3,90 €**
83 2008 Riesling Spätlese trocken Hattenheimer Schützenhaus **5,10 €**
80 2008 Riesling trocken „Edition René" **3,60 €**
84 2008 Riesling Kabinett „feinherb" Hattenheimer Schützenhaus **3,90 €**
79 2008 Spätburgunder Weißherbst trocken **3,90 €**
82 2008 Spätburgunder Weißherbst „feinherb" **3,90 €**
80 2008 St. Laurent trocken **4,80 €**

★★★★★

Markus Molitor
Weingut

Mosel

Haus Klosterberg, 54470 Bernkastel-Wehlen
Tel. 06532-3939, Fax: 06532-4225
www.wein-markus-molitor.de
info@markusmolitor.com
Besuchszeiten: Mo.-Fr. 8-20 Uhr, Sa./So. 10-20 Uhr
Probierraum (bis 100 Personen)

Inhaber .... Markus Molitor
Rebfläche .... 45 Hektar

Ganz klein und sehr jung hat er angefangen, heute ist Markus Molitor größter Weingutsbesitzer an der mittleren Mosel. Direkt am Weingut besitzt Markus Molitor 10 Hektar Weinberge, das größte arrondierte Stück an der Mittelmosel (Wehlener Klosterberg). Beträchtlichen Besitz hat er auch an der Zeltinger Sonnenuhr, ist aber auch auf der Wehlener Seite vertreten und im Zeltinger Schlossberg. Hinzu kommen unter anderem Weinberge im Graacher Domprobst und Himmelreich, Erdener Treppchen, Ürziger Würzgarten und in der Bernkasteler Lay. Neben Riesling besitzt er auch 1,3 Hektar Weißburgunder und 2,5 Hektar Spätburgunder. Die Burgunder werden bei ihm prinzipiell im Holz ausgebaut. Markus Molitor vergärt alle Weine ohne Reinzuchthefen. Zum Pressen benutzt er in den letzten Jahren verstärkt Korbpressen, lässt die Weine 12 bis 18 Stunden macerieren, je nach Jahrgang auch mal zwei Tage. Zum Ausbau nutzt er Edelstahl und Holzfässer, hat den Holzfassanteil in den letzten Jahren weiter vergrößert. Er baut die Weine lange auf der Feinhefe aus und füllt sehr spät ab, immer später. In ihrer Jugend wirken sie dadurch oft etwas streng und verschlossen, eine Tendenz, die sich von Jahr zu Jahr immer deutlicher abzeichnet. Solche Weine sollte man eigentlich erst nach ein paar Monaten Flaschenreife zeigen.

Die 2006er waren schwierig zu beurteilen. Was vor allem am Schwefel lag, der einige Weine bei der Verkostung Anfang Oktober noch etwas allzu sehr einschnürte und ihnen die Länge und Nachhaltigkeit nahm. Was vorgestellt wurde aber war ein weiteres Mal beeindruckend. 2007 waren die Weine ähnlich verschlossen und jugendlich. Anfang Oktober, meist unmittelbar nach Füllung verkostet, waren einige noch etwas vom Schwefel geprägt. Gemeinsam war ihnen ihre Jugendlichkeit. Wie bei einigen wenigen anderen Winzern in Deutschland auch, brauchen die Weine von Markus Molitor von Jahr zu Jahr mehr Zeit, bis sie zugänglich sind. Wie alle großen Weine. So haben wir es für den Jahrgang 2007 formuliert, und so gilt es auch für 2008: Kompromisslos vinifiziert und sehr spät abgefüllt, haben wir sie unmittelbar danach (frisch geschwefelt!) verkostet: Eine starke Kollektion, auch wenn durch den Zeitpunkt der Verkostung die meisten Weine nicht ihre Topform zeigen konnten.

Die Spätburgunder von Markus Molitor zeigen wie seine Rieslinge Jahr für Jahr große Klasse, gehören regelmäßig zur Spitze in Deutschland. Wie nur bei wenigen Anderen sind sie kompromisslos vinifiziert, sehr puristisch, wie eben auch die Rieslinge. Die 2005er Spätburgunder-Riege überzeugte, angefangen vom einfachen Spätburgunder bis hin zum letztjährigen Favoriten, dem 3-Sterne-Pinot aus dem Graacher Himmelreich. Die Weine besaßen Struktur und Kraft, reintönige Frucht, waren alle noch sehr jugendlich. Sehr ähnlich präsentierte sich die 2006er Kollektion: Wieder war der 3-Sterne-Pinot aus dem Himmelreich unser Favorit, wieder waren sie alle sehr kraftvoll und jugendlich. Und fast identisch ist das Bild 2007: Starke Spätburgunder-Truppe, angeführt vom Graacher Himmelreich, der herrlich nachhaltig ist. Und Pinot gibt es auch in weiß: Pinot Blanc, puristisch und kraftvoll wie der rote Bruder, ganz auf Haltbarkeit vinifiziert. Stark.

Weinbewertung

88 ... 2008 Pinot Blanc* Wehlener Klosterberg
würzig, klar, gute Konzentration, reife Frucht, etwas weiße Früchte; füllig, harmonisch, reife Frucht, gute Struktur und Substanz **12,80 €**

91 ... 2008 Pinot Blanc* Wehlener Klosterberg**
würzig, konzentriert, anfangs etwas streng, öffnet sich dann, herrlich eindringlich; enorm viel Kraft und Struktur, reife Frucht, Substanz, jugendlich, viel Potenzial **29,80 €**

89 ... 2008 Riesling Spätlese Graacher Domprobst
frisch, würzig, herrlich reintönig, etwas Orangenschalen und Grapefruit; füllig, kraftvoll, klare Frucht, gute Struktur, nachhaltig **14,50 €**

88 ... 2008 Riesling Spätlese Wehlener Sonnenuhr
würzig, eindringlich, etwas Grapefruit, dezent Orangen; gute Fülle und Substanz, reife Frucht, Frische

15,90 €

89 . . . 2008 Riesling Spätlese Zeltinger Sonnenuhr
würzig, konzentriert, herrlich eindringlich; füllig, stoffig, direkt, viel Substanz und Kraft **14,90 €**

92 . . . 2008 Riesling Auslese Zeltinger Sonnenuhr**
viel Konzentration, faszinierend viel Frucht, dominant, etwas gelbe Früchte, Orangenschalen, herrlich reintönig; füllig, intensiv, viel Kraft und Substanz, jugendlich, braucht Zeit, viel Potenzial **24,90 €**

88 . . . 2008 Riesling „Alte Reben Mosel"
würzig, konzentriert, reife Frucht, Orangenschalen, Zitrus; füllig, harmonisch, reife Frucht, gute Substanz und Frische **14,50 €**
2002: 90; 2003: 89; 2004: 92; 2005: 90; 2006: 89; 2007: 87.

89 . . . 2008 Riesling „Alte Reben Saar"
konzentriert, dominant, herrlich viel Frucht, feine mineralische Noten, intensiv; füllig, harmonisch, reife Frucht, Substanz und Frische **14,50 €**
2001 (1. Jg.): 93; 2002: 90; 2003: 90; 2004: 90; 2005: 92; 2006: 89; 2007: 89.

89 . . . 2008 Riesling Spätlese Bernkasteler Badstube
(feinherb) würzig, klar, frisch, reintönige Frucht, dezent Kräuter und Zitrus; füllig, harmonisch, viel reife Frucht, Struktur, Frische und Biss **13,90 €**

88 . . . 2008 Riesling Spätlese Wehlener Klosterberg
(feinherb) würzig, konzentriert, herrlich viel Frucht, feine mineralische Noten, dominant; füllig, stoffig, direkt, feine süße Frucht, viel Kraft **14,90 €**

89 . . . 2008 Riesling Spätlese Graacher Himmelreich
(feinherb) konzentriert, würzig, eindringlich, etwas Grapefruit, dezent gelbe Früchte im Hintergrund; füllig und schmeichelnd, viel reife süße Frucht, viel Substanz **15,90 €**

91 . . . 2008 Riesling Auslese Zeltinger Sonnenuhr**
(feinherb) würzig, konzentriert, frisch, dominant, herrlich viel Frucht; füllig, stoffig, kraftvoll, viel Substanz und Länge **36,50 €**

89 . . . 2008 Riesling Spätlese Niedermenniger Herrenberg
würzig, dominant, faszinierend viel Frucht, herrlich eindringlich; füllig, stoffig, viel Substanz und reife Frucht **13,90 €**

89 . . . 2008 Riesling Spätlese Ürziger Würzgarten
konzentriert, enorm würzig, dominant, Zitrusfrüchte, Grapefruit, auch Quitten; füllig, stoffig, reife Frucht, Substanz, jugendlich **14,90 €**

90 . . . 2008 Riesling Spätlese Wehlener Sonnenuhr
frisch, fruchtbetont, würzig, etwas Orangen und Grapefruit; frisch, elegant, feine süße Frucht, herrlich reintönig, Biss **15,90 €**

90 . . . 2008 Riesling Spätlese Zeltinger Sonnenuhr
würzig, konzentriert, etwas Grapefruit, dominant, herrlich viel Frucht; cremig, füllig, viel Substanz, Süße **15,90 €**
2000: 91; 2001: 91; 2002: 88; 2003: 90; 2004: 90; 2005: 88; 2006: 89; 2007: 90.

90 . . . 2008 Riesling Spätlese (Versteigerung) Zeltinger Sonnenuhr
würzig, dominant, viel Konzentration; füllig, dick, kraftvoll, herrlich viel Frucht und Stoff, jugendlich **36,50 €/Versteigerung**
2000: 93; 2001: 94; 2002: 91; 2003: 92; 2004: 91; 2005: 93; 2006: 91; 2007: 91.

90 . . . 2008 Riesling Auslese Erdener Treppchen**
viel Konzentration, Würze, Duft, reife Frucht, dezent Bananen; stoffig, zupackend, viel Konzentration und Frucht **25,90 €**

90 . . . 2008 Riesling Auslese Wehlener Sonnenuhr**
viel Konzentration, etwas Grapefruit, Zitrusschalen; enorm stoffig, konzentriert, füllig, dominant, jugendlich, braucht Zeit **26,90 €**

90 . . . 2008 Riesling Auslese Zeltinger Schlossberg**
würzig, dominant, Grapefruit, herrlich eindringlich; konzentriert, dominant, faszinierend viel Frucht und Stoff, jugendlich **25,90 €**

90 . . . 2008 Riesling Auslese Zeltinger Sonnenuhr**
dominant, würzig, konzentriert, Grapefruit, Orangen, Litschi; süß, konzentriert, kraftvoll, viel Substanz, jugendlich und verschlossen **35,90 €**
2005: 94; 2006: 90; 2007: 92.

94 . . . 2008 Riesling Auslese* Zeltinger Sonnenuhr**
kandierte Früchte, Zitrusfrüchte, herrlich eindringlich und dominant, faszinierend viel Frucht; konzentriert, dick, faszinierend viel Frucht und Stoff, kandierte

Früchte, klar, nachhaltig **140,- €/Versteigerung**

91 ... 2008 Riesling Beerenauslese Ürziger Würzgarten

dominant, konzentriert, kandierte Früchte, viel Konzentration, etwas Kandis; dick, stoffig, süß, konzentriert und dominant **546,50 €/Versteigerung**

88 ... 2007 Spätburgunder* Brauneberger Mandelgraben

feiner Duft, etwas Veilchen, rote Früchte; füllig, kraftvoll, reife Frucht, gute Struktur und Tannine **21,50 €**

2004: 89; 2005: 88; 2006: 87.

89 ... 2007 Spätburgunder Brauneberger Klostergarten**

würzig, eindringlich, klare Frucht, etwas rote Früchte und Veilchen; kraftvoll, strukturiert, zupackend, jugendliche Tannine, feiner Nachhall **35,50 €**

2003: 92; 2004: 91; 2005: 89; 2006: 89.

90 ... 2007 Spätburgunder* Brauneberger Klostergarten**

würzig, eindringlich, herrlich viel Frucht, ganz dezent rauchige Noten; füllig, kraftvoll, reife Frucht, gute Struktur und Substanz, jugendliche Tannine, braucht Zeit, feiner Nachhall **65,- €**

2003: 93; 2004: 91; 2005: 90; 2006: 90.

92 ... 2007 Spätburgunder* Graacher Himmelreich**

konzentriert, würzig, dominant, herrlich viel Frucht, feine rauchige Noten, herrlich eindringlich; füllig, kraftvoll, viel reife Frucht, Substanz, gute Struktur, ganz feine Bitternote, enorm nachhaltig **75,- €**

2004: 91+; 2005: 92; 2006: 91.

---

86 2008 Riesling „Schiefersteil" **9,90 €**

86 2008 Riesling Kabinett Erdener Treppchen **10,60 €**

86 2008 Riesling Kabinett Graacher Domprobst **10,30 €**

85 2008 Riesling Kabinett ("feinherb") Zeltinger Himmelreich **9,90 €**

85 2008 Riesling Kabinett ("feinherb") Bernkasteler Badstube **9,90 €**

86 2008 Riesling Kabinett Wehlener Sonnenuhr **10,90 €**

87 2008 Riesling Kabinett Zeltinger Sonnenuhr **10,90 €**

Ältere Jahrgänge, neu verkostet:

91 2007 Pinot Blanc*** Wehlener Klosterberg

89 2004 Riesling Spätlese Zeltinger Himmelreich

90 2007 Riesling Spätlese Graacher Domprobst

90 2007 Riesling Spätlese Zeltinger Sonnenuhr

91 2007 Riesling Auslese** Zeltinger Sonnenuhr

91 2007 Riesling Auslese** Niedermenninger Herrenberg

91 2007 Riesling Auslese** Zeltinger Sonnenuhr

93 2004 Riesling Auslese** Wehlener Sonnenuhr

91 2006 Riesling Auslese*** Zeltinger Sonnenuhr

91 2007 Riesling Auslese*** Wehlener Sonnenuhr

89 1996 Riesling Spätlese Zeltinger Sonnenuhr

91 2007 Riesling Auslese** Wehlener Klosterberg

92 2005 Riesling Auslese** Wehlener Klosterberg

90 1999 Riesling Auslese* Wehlener Klosterberg

92 2003 Riesling Auslese*** Niedermenninger Herrenberg

93 2003 Riesling Beerenauslese Bernkasteler Lay

90 1986 Riesling Auslese Zeltinger Sonnenuhr

92 1990 Riesling Auslese** Zeltinger Sonnenuhr

94 2001 Riesling Auslese* Zeltinger Schlossberg

93 2001 Riesling Auslese** Zeltinger Sonnenuhr

91 2004 Spätburgunder*** Brauneberger Klostergarten

90 2005 Spätburgunder*** Brauneberger Klostergarten

91 2004 Spätburgunder*** Graacher Himmelreich

92 2005 Spätburgunder*** Graacher Himmelreich

90 2006 Spätburgunder*** Graacher Himmelreich

★★★

Montigny

Weingut

Nahe

Weidenpfad 46, 55452 Laubenheim/Nahe
***Tel.** 06704-1468, **Fax:** 06704-1602*
www.montigny.de
sascha.montigny@montigny.de
***Besuchszeiten:** Mo.-Fr. 10-12 + 14-18 Uhr, Sa. 10-12 + 14-16 Uhr, jeweils nach Vereinbarung*

Inhaber .... Sascha Montigny
Rebfläche .... 6,5 Hektar

Das Weingut Montigny wurde in den sechziger Jahren von den Eltern des heutigen Besitzers gegründet. Sascha Montigny ist seit fast zwanzig Jahren im Weingut tätig, das er 1994 übernommen hat. Ungewöhnlich für die Nahe ist, dass mittlerweile die Hälfte der Rebfläche mit roten Sorten bestockt ist. Spätburgunder, den es bereits seit 1975 gibt, ist die wichtigste rote Sorte. Zweite wichtige Rotweinsorte ist der St. Laurent. Der Schwerpunkt bei den Weißweinen liegt beim Riesling, der ein Drittel der Rebfläche einnimmt. Dazu gibt es Grauburgunder und Weißburgunder. Die Weißweine werden kühl in Edelstahltanks vergoren. Die Rotweine werden maischevergoren und anschließend in Eichenholzfässern ausgebaut, teils in Stückfässern, teils in Barriques.

Vor zwei Jahren lagen die Vorteile einmal mehr im roten Segment. Noch ein wenig besser gefielen uns im vergangenen Jahr die Rotweine des Jahrgangs 2006, allen voran der kraftvolle St. Laurent R. Die 2007er Weißweine boten gute, zuverlässige Qualität. Vergleichbar homogen und zuverlässig präsentiert sich der neue Jahrgang, bietet füllige 2008er Weißweine und kraftvolle Rotweine aus dem Jahrgang 2007. Wir verkosteten nochmals den 2002er St. Laurent „R" – er strotzt vor Kraft und Frucht, ist lang und nachhaltig.

Weinbewertung

86 . . . 2008 Grauburgunder trocken Laubenheimer Karthäuser
gute Konzentration, reife Frucht, gelbe Früchte, herrlich eindringlich; füllig, harmonisch, viel reife süße Frucht, gute Länge **8,- €**
2001: 84; 2002: 86; 2003: 85; 2004: 86; 2005: 86; 2007: 86.

86 . . . 2008 Riesling Spätlese trocken Laubenheimer Karthäuser
klar, würzig, herrlich eindringlich; füllig, harmonisch, kraftvoll, reife Frucht, gute Substanz **6,50 €**
2001: 87; 2002: 86; 2003: 86; 2004: 87; 2005: 86; 2006: 85; 2007: 86.

85 . . . 2008 Riesling Spätlese „feinherb" Laubenheimer Karthäuser
frisch, würzig, reife Frucht; füllig, harmonisch, reife süße Frucht **6,50 €**
2001: 86; 2002: 86; 2003: 85; 2004: 86; 2005: 86; 2006: 85; 2007: 84.

85 . . . 2008 Riesling Spätlese Laubenheimer Karthäuser
würzig, eindringlich, etwas Limone und Zitrus; füllig, harmonisch, reife süße Frucht, feine Frische **6,50 €**
2002: 86; 2003: 85; 2004: 86; 2005: 87; 2006: 85; 2007: 85.

86 . . . 2008 Frühburgunder trocken Barrique Laubenheimer
frisch, fruchtbetont, herrlich intensiv, rote Früchte, Kirschen; füllig, harmonisch, reife Frucht, Kirschen, feine Frische **12,50 €**
2005: 87; 2007: 88.

87 . . . 2007 Spätburgunder trocken Barrique Laubenheimer
gute Konzentration, reife Frucht, herrlich eindringlich und klar; füllig, harmonisch, viel reife Frucht, Vanille, feine Frische **11,50 €**
2001: 87; 2002: 88; 2003: 87; 2004: 87; 2005: 87; 2006: 87.

88 . . . 2007 „Cuvée Mariage" Rotwein trocken Barrique Laubenheimer
Spätburgunder, Saint Laurent, Frühburgunder und Dunkelfelder, achtzehn Monate Barriqueausbau;

gute Konzentration, etwas Gewürze, rote Früchte, herrlich eindringlich; füllig, kraftvoll, reife Frucht, gute Struktur, Frische, jugendliche Tannine **15,50 €**
2000: 86; 2001: 86; 2003: 86; 2004: 87; 2005: 88; 2006: 88.

86 . . . 2007 Saint Laurent trocken Barrique Laubenheimer
würzig, frisch, intensiv rote Früchte; frisch, direkt, klare Frucht, gute Harmonie **10,50 €**
2000: 86; 2001: 86; 2002: 87; 2003: 86; 2004: 86; 2005: 86; 2006: 88.

90 . . . 2002 Saint Laurent trocken „R" Barrique Laubenheimer
viel Konzentration, herrlich viel Frucht, reintönig, eindringlich; füllig, kraftvoll, viel reife Frucht und Substanz, wunderschön harmonisch und lang (kein aktueller Jahrgang)

88 . . . 2007 Saint Laurent trocken „R" Barrique Laubenheimer
gute Konzentration, reife Frucht, Gewürze, dunkle Früchte, herrlich eindringlich; Fülle und Substanz, etwas Schokolade, kraftvoll und üppig, jugendliche Tannine, noch etwas unausgewogen **18,50 €**
2003: 88; 2004: 88; 2005: 88; 2006: 90.

84 2008 Weißburgunder trocken Laubenheimer **6,50 €**
84 2008 Spätburgunder Blanc de noir trocken Laubenheimer **6,50 €**
83 2007 „Pas de Deux" Rotwein trocken Holzfass Laubenheimer **6,50 €**

★☆

Moosmann

Weingut

Baden

Alte Dorfstrasse 32, 79183 Waldkirch-Buchholz
Tel. 07681-7574, Fax: 07681-25118
www.weingut-moosmann.de
weingut.moosmann@t-online.de
Besuchszeiten: Mo.-Fr. 8-12 + 13-18:30 Uhr, Sa. 8-16 Uhr

Inhaber .... Siegfried und Georg Moosmann
Rebfläche .... 20 Hektar

1986 hat Siegfried Moosmann mit der Selbstvermarktung begonnen, seit 1994 ist Sohn Georg für den Weinausbau verantwortlich. Von ursprünglich 7,5 Hektar ist die Rebfläche auf die heutigen 20 Hektar angewachsen. Die Weinberge liegen in Buchholz und Glottertal, wo die Reben auf Gneisverwitterungsböden wachsen, sowie in Mundingen und Herbolzheim. Dort stehen die Reben auf tiefgründigen Lössböden. Die Hälfte der Rebfläche nimmt Spätburgunder ein. Es folgen Grauburgunder, Weißburgunder und Chardonnay. Dazu gibt es etwas Müller-Thurgau, Riesling, Gewürztraminer und Muskateller, seit 2005 auch Sauvignon Blanc.

Vor zwei Jahren überzeugte die Kollektion, im vergangenen Jahr folgte eine sehr homogene Kollektion nach, an der Spitze einmal mehr der barriqueausgebaute Spätburgunder. Die 2008er Weine sind von sehr gleichmäßiger Qualität, aber doch ein wenig verhalten.

Weinbewertung

85 . . . 2008 Ruländer Eiswein Buchholzer Sonnhalde
viel Duft, etwas Marzipan; herrlich viel Stoff, Konzentration, viel süße Frucht **29,- €/0,375l**

80 2008 Rivaner trocken **4,10 €**
81 2008 Riesling Kabinett trocken Buchholzer Sonnhalde **5,60 €**
81 2008 Muskateller trocken Herbolzheimer Kaiserberg **5,90 €**
81 2008 Weißer Sauvignon trocken Buchholzer Sonnhalde **7,- €**
82 2008 Weißburgunder Spätlese trocken Buchholzer Sonnhalde **7,80 €**
82 2008 Grauburgunder Spätlese trocken Buch-

holzer Sonnhalde **7,80 €**

82 2008 Chardonnay Spätlese trocken Buchholzer Sonnhalde **7,90 €**

83 2007 Chardonnay Spätlese trocken Barrique Buchholzer Sonnhalde **12,60 €**

81 2008 Spätburgunder Rosé trocken **5,60 €**

81 2007 Spätburgunder trocken Holzfass Buchholzer Sonnhalde **7,80 €**

84 2008 Spätburgunder Auslese trocken Buchholzer Sonnhalde **14,90 €**

★★★★☆

Georg **Mosbacher**

Weingut

Pfalz

Weinstraße 27, 67147 Forst
Tel. 06326-329, Fax: 06326-6774
www.georg-mosbacher.de
mosbacher@t-online.de
Besuchszeiten: Mo.-Fr. 8-12 + 13:30-18 Uhr, Sa. 9-13 Uhr

Inhaber .... Familie Mosbacher
Betriebsleiter ..... Sabine Mosbacher-Düringer
.... Jürgen Düringer
Rebfläche .... 16 Hektar

Seit über 200 Jahren betreibt die Familie Weinbau in Forst. Richard Mosbacher Sen. gründete das Weingut 1920 zusammen mit seinen Schwestern und benannte es nach seinem Vater Georg. Sein Sohn Richard und Ehefrau übernahmen das Gut in den sechziger Jahren, seit 1992 leiten Tochter Sabine und ihr Ehemann Jürgen Düringer, beide Geisenheim-Absolventen, den Betrieb. Ihre Weinberge liegen in Forst und Deidesheim. Große Gewächse erzeugen sie in den Forster Lagen Pechstein (Basalt, Buntsandsteingeröll), Ungeheuer (Buntsandstein mit Kalkgeröll und Basalt) und Freundstück (Buntsandsteingeröll, stellenweise etwas Kalkgeröll), sowie im Deidesheimer Kieselberg (lehmiger Sand, stellenweise Buntsandstein und Geröll). Weitere Weinberge besitzen sie in den Forster Lagen Musenhang, Stift und Elster, sowie in den Deidesheimer Lagen Herrgottsacker, Mäushöhle und Leinhöhle. Riesling ist die mit Abstand wichtigste Rebsorte im Betrieb. Daneben gibt es ein klein wenig Weißburgunder, Gewürztraminer und Sauvignon Blanc, aber auch Spätburgunder, Dornfelder, Regent und Merlot.

Schon in unserer ersten Ausgabe haben wir festgestellt: Einer der Top-Betriebe in der Pfalz. Dies gilt heute noch wie vor zehn Jahren. Jahr für Jahr präsentiert das Weingut konsistente Kollektionen auf hohem Niveau, die immer angeführt werden von den prächtigen Großen Gewächsen.

2006 wurden nur zwei Große Gewächse erzeugt, die aber gehörten zu den Jahrgangsbesten in der Pfalz. Mindestens genauso beeindruckend wie die Spitzenweine war die gesamte Kollektion im schwierigen Jahrgang 2006, angefangen vom Gutsriesling bis hin zum faszinierenden Riesling „Basalt“. 2007 verteilten sich die Rollen klarer: Die Großen Gewächse hatten die Nase vorn, die Kabinettweine und die Spätlesen waren deutlich verhaltener. Sehr homogen präsentiert sich die neue Kollektion mit einem wunderschön reintönigen Sauvignon Blanc und fülligen Großen Gewächsen, unter denen wir in diesem Jahr ganz leicht den Wein aus dem Pechstein favorisieren.

Weinbewertung

88 ... 2008 Sauvignon Blanc trocken
frisch, fruchtbetont, herrlich eindringlich und reintönig; klar, frisch, zupackend, feine süße Frucht und Biss **9,80 €**

85 ... 2008 Riesling Kabinett trocken Forster Mu-

senhang
gute Konzentration, feine Würze und Frucht, herrlich eindringlich; füllig, harmonisch, reife Frucht, gute Substanz **10,- €**

85 . . . 2008 Riesling Spätlese trocken Deidesheimer Leinhöhle
würzig, eindringlich, reife Frucht; weich, füllig, reife süße Frucht **13,- €**

85 . . . 2008 „Basalt" Riesling trocken Forster
viel Würze und Duft, gute Konzentration; füllig, kraftvoll, reife Frucht **14,- €**

89 . . . 2008 FREUNDSTÜCK Forst „GG" Riesling Spätlese trocken
würzig, konzentriert, herrlich eindringlich und dominant, etwas gelbe Früchte, auch Orangen und Grapefruit; weich, füllig, elegant, klare reife Frucht, gute Struktur, jugendlich **23,- €**
1998: 90; 2002: 91; 2003: 88; 2004: 89; 2005: 90; 2006: np; 2007: 89.

90 . . . 2008 PECHSTEIN Forst „GG" Riesling trocken
viel Konzentration, reife Frucht, herrlich eindringlich und dominant; füllig, stoffig, reintönige Frucht, viel Substanz **25,- €**
1998: 86; 1999: 90; 2002: 88; 2004: 88; 2005: 92; 2006: np; 2007: 89.

88 . . . 2008 KIESELBERG Deidesheim „GG" Riesling trocken
feine Würze, klare reife Frucht, herrlich eindringlich; weich, füllig, harmonisch, viel reife Frucht, gute Substanz und Kraft **23,- €**
1999: 91; 2000: 91; 2001: 89; 2002: 89; 2003: 86; 2004: 88; 2005: 90; 2006: 90; 2007: 90.

89 . . . 2008 UNGEHEUER Forst „GG" Riesling trocken
würzig, konzentriert, viel reife Frucht, herrlich eindringlich, etwas gelbe Früchte; füllig und schmeichelnd, viel reife Frucht, gute Harmonie und Länge, jugendlich **25,- €**
1998: 92; 1999: 92; 2000: 92; 2001: 92; 2002: 92; 2003: 89; 2004: 90; 2005: 92; 2006: 92; 2007: 90.

86 . . . 2008 Gewürztraminer Spätlese trocken
gute Konzentration, reintönige Frucht, Rosen, herrlich eindringlich; füllig, harmonisch, reife süße Frucht, süffig **11,- €**

85 . . . 2008 Riesling Spätlese Forster Ungeheuer
feiner Duft, Würze, gute Konzentration; füllig, harmonisch, schmeichelnd, reife Frucht, dezente Bitternote **18,- €**

---

84 2008 Weißburgunder trocken „sl" **10,- €**
83 2008 „Hahnenböhl" Riesling Kabinett trocken Deidesheimer Herrgottsacker **9,- €**

★★★★★

Martin **Müllen**
Weingut

Mosel

Alte Marktstraße 2, 56841 Traben-Trarbach
Tel. 06541-9470, Fax: 06541-9470
www.weingutmuellen.de
info@muellen.de
Besuchszeiten: Mo.-Sa. 10-12 + 15-19 Uhr (um Anmeldung wird gebeten), So. Ruhetag

Inhaber . . . . Martin Müllen
Rebfläche . . . . 4,6 Hektar

Martin Müllen hat 1991 sein eigenes Weingut gegründet, mit einer „Hobby-Rebfläche", zu der er nach und nach weitere Parzellen in besten Lagen von Kröv und Wolf hinzu erworben hat, sowie einen Weinberg im Trarbacher Hühnerberg. Neben Riesling baut er ein wenig Weißburgunder, Spätburgunder und Dornfelder an. Die Weine werden mit den natürlichen Hefen vergoren und lange auf der Feinhefe in Eichenholzfässern ausgebaut. Sie zeichnen sich durch ihr sehr gutes Alterungspotenzial aus.

Die Weine von Martin Müllen zeigen eine klare Handschrift: Sie sind kraftvoll und zupackend, konzentriert und sehr nachhaltig, Jahr für Jahr. Auch in schwierigen Jahren überzeugt er mit dem guten Niveau seiner Basisweine.

Die 2006er zeigten eine explosive Frucht, und die 2007er bewiesen mit ihrer Würze und dem mineralischen Biss, dass Martin Müllen inzwischen in der Spitze der Moselwinzer angekommen ist. 2008 hat Martin Müllen schlanke, feingliedrige Rieslinge erzeugt, die gleichwohl viel Substanz aufweisen. Die Spitzen aus 2005 oder 2007 werden diesmal allerdings nicht ganz erreicht..

Weinbewertung

85 . . . 2008 Riesling Kabinett trocken Trarbacher Würzgarten
duftig, zarte Frucht; stoffig, würzig, reife Säure, Substanz **6,90 €**

86 . . . 2008 Riesling Kabinett trocken Kröver Steffensberg
duftig, zarte Frucht, leicht Hefenoten; feste Struktur, würzig, elegant **7,50 €**

88 . . . 2008 Riesling trocken Trarbacher Hühnerberg
unruhig, leichte Kräuternoten; stoffig, würzig, mineralisch, **9,90 €**

87+ . . . 2008 Riesling Kabinett trocken Trarbacher Hühnerberg
frisch, duftig; feste Struktur, viel Würze, leicht mineralisch, Potenzial **10,90 €**

89 . . . 2008 Riesling Spätlese trocken „S.F." Trarbacher Hühnerberg
sehr feine Nase, leicht unruhig, Kräuter, etwas Stachelbeeren; deutlich mineralisch, leicht salzig, sehr verschlossen (89+? Punkte) **15,90 €**
2007: **93**.

86 . . . 2008 Riesling Kabinett „feinherb" Kröver Paradies
feine Frucht, frisch, duftig, Mirabelle, etwas Hefe; würzig, hat Schmelz **7,90 €**

88 . . . 2008 Riesling Spätlese Kröver Paradies
sehr frisch, jugendliche Frucht, etwas Zitrus; würzig, rassig, geradlinig **8,90 €**

88 . . . 2008 Riesling Spätlese* Kröver Paradies
gebackener Apfel; straff, zurückhaltende Süße, rassig, entwickelt sich mit Luft **9,90 €**

89 . . . 2008 Riesling Spätlese* Kröver Letterlay
sehr feine Frucht, leichte Hefenoten; würzig, straff, rassig, ungeheuer animierend **10,90 €**

89 . . . 2008 Riesling Spätlese Trarbacher Hühnerberg
unruhig; würzig, straff, rassige Säure, Substanz, derzeit noch unzugänglich, Biss (89+? Punkte) **15,90 €**

---

84 2008 Riesling trocken **5,60 €**
84 2008 Riesling Kabinett trocken Kröver Letterlay **6,90 €**

★☆

Adam **Müller**
Weingut

Baden

Adam-Müller-Straße 1, 69181 Leimen
Tel. 06224-97100, Fax: 06224-971047
www.weingut-adam-mueller.de
verkauf@weingut-adam-mueller.de
Besuchszeiten: Mo.-Fr. 8-18 Uhr, Sa. 9-13 Uhr

Inhaber .... Matthias und Marcus Müller
Rebfläche .... 21 Hektar

Die Cousins Marcus und Matthias Müller, die das Weingut zum 1. Januar 2003 von ihren Vätern übernommen haben, bringen ihre durch viele Auslandsaufenthalte geprägten Erfahrungen in dieses traditionsreiche Haus ein. Zunächst trennten sie das eigene Weingut vom Kellereibetrieb. Nur die besten Weine aus den eigenen Weinbergen werden in anderer Ausstattung in der Weingutslinie vermarktet. Neben Weinbergen in den Leimener Lagen Kreuzweg und Herrenberg haben sie von der Stadt Heidelberg einen 1,2 Hektar großen Weinberg in der Lage Sonnenseite ob der Bruck gepachtet, den sie mit Riesling und Spätburgunder bepflanzten. An roten Sorten, die ein Drittel der Rebfläche einnehmen, gibt es neben Spätburgunder noch Lemberger und Portugieser. Alle Rotweine werden im Barrique ausgebaut. Wichtigste weiße Sorten sind Riesling, Weiß- und Grauburgunder. Marcus Müller ist für den Weinausbau verantwortlich, Matthias Müller für den kaufmännischen Bereich, dessen Frau Nathalie für Kundenbetreuung und Öffentlichkeitsarbeit.

Seit einem Jahrzehnt empfehlen wir nun die Weine von Adam Müller. Anfangs etwas wechselhaft, scheint man mit den letzten Jahrgängen an Konstanz gewonnen zu haben, Weiß- und Rotweine überzeugen gleichermaßen.

Vor zwei Jahren überraschten die Sekte, auch die 2005er Rotweine überzeugten. Die letztjährige Kollektion zeigte sich deutlich verbessert: Die Weißweine waren fruchtbetont und reintönig, Spätburgunder und Lemberger aus dem Jahrgang 2006 besaßen ebenfalls viel Frucht und gute Struktur. Eine vergleichbare Kollektion folgt mit dem Jahrgang 2008. Die Weißweine sind klar und frisch, die Rotweine besitzen Substanz und Kraft. Im Aufwärtstrend!

Weinbewertung

85 . . . 2008 Sauvignon Blanc Kabinett trocken Leimener Herrenberg
frisch, fruchtbetont, reintönig; frisch, harmonisch, reintönige Frucht **7,- €**

85 . . . 2008 Riesling Spätlese trocken Leimener Herrenberg
gute Konzentration, feine Würze und Frucht; klare Frucht, füllig und harmonisch **8,50 €**

85 . . . 2008 Grauburgunder Spätlese trocken Leimener Herrenberg
gute Konzentration, feine Würze, reife Frucht; füllig, harmonisch, viel reife Frucht, Substanz, Biss **8,50 €**

87 . . . 2007 Spätburgunder Spätlese trocken „Ernte 272" Leimener Herrenberg
viel reife Frucht, reife rote Früchte, feine Würze; füllig, harmonisch, viel reife Frucht, Schokolade, herrlich reintönig **20,- €**

86 . . . 2007 Lemberger Spätlese trocken Leimener Kreuzweg
würzig, eindringlich, reife Frucht; füllig, kraftvoll, reife Frucht, etwas Schokolade, gute Substanz **12,90 €**

80 2008 Riesling trocken Nußlocher Wilhelmsberg **5,95 €**
82 2008 Weißburgunder Kabinett trocken Leimener Kreuzweg **6,50 €**
81 2008 Grauburgunder Kabinett trocken Leimener Kreuzweg **6,50 €**
82 2008 Riesling Kabinett trocken Leimener Herrenberg **6,50 €**
80 2008 Muskat-Ottonel Kabinett Leimener Kreuzweg **6,50 €**
83 2008 Spätburgunder trocken Leimener **10,- €**
84 2007 Spätburgunder Spätlese trocken Leimener Herrenberg **12,90 €**

★☆

Axel Müller
Weingut

Rheinhessen

Ph.-Merckel-Straße 23, 67592 Flörsheim-Dalsheim
Tel. 06243-7412, Fax: 06243-6295
www.weingut-otto-mueller.de
weingutottomueller@t-online.de
Besuchszeiten: Mo.-Sa. 8-18 Uhr, So. 10-14 Uhr

Inhaber .... Axel Müller
Rebfläche .... 12 Hektar

Seit 1625 ist das Gut in Familienbesitz, das heute von Axel und Birgit Müller geführt wird. 18 verschiedene Rebsorten baut Axel Müller an, zuletzt wurden Chardonnay, Cabernet Sauvignon und St. Laurent gepflanzt. Über ein Drittel der Rebfläche ist mit roten Sorten bestockt.

Stimmige Kollektionen hatte Axel Müller in den vergangenen Jahren, auch in einem schwierigen Jahrgang wie 2006 überzeugte jeder Wein. Wie nur wenige Winzer in Rheinhessen vermochte er Weine zu erzeugen, die ihren Vorgängern ebenbürtig waren. Die letztjährige Kollektion präsentierte sich gleichmäßig, der Riesling von alten Reben und die Huxelrebe Beerenauslese waren unsere Favoriten. Die neue Kollektion ist ein klarer Schritt voran: Die Premium-Weißweine und der Sauvignon Blanc besitzen Frische, Substanz und klare Frucht, die Huxelrebe Trockenbeerenauslese Substanz. So darf es weitergehen!

Weinbewertung

85 . . . 2008 Sauvignon Blanc trocken
würzig, reintönige reife Frucht; frisch, klar, feine süße Frucht und Biss **5,- €**

85 . . . 2008 Silvaner „Premium" trocken
gute Konzentration, feine Würze, reintönige reife Frucht, etwas Birnen; füllig, harmonisch, reife Frucht, gute Substanz **8,- €**

86 . . . 2008 Weißburgunder „Premium" trocken
würzig, reife Frucht, etwas gelbe Früchte; weich, füllig, harmonisch, klare reife Frucht, Substanz **8,- €**

85 . . . 2008 Chardonnay „Premium" trocken
würzig, klar, reife Frucht, etwas gelbe Früchte und Ananas; weich, füllig, reife süße Frucht, gute Substanz **8,- €**

87 . . . 2008 Huxelrebe Trockenbeerenauslese
würzig, eindringlich, etwas Zitrus und Rhabarber; füllig, schmeichelnd, herrlich viel reife Frucht und Substanz, eingelegte süße Aprikosen, Litschi, Rhabarber **12,- €/0,5l**

83 2008 Grauburgunder Spätlese trocken **5,- €**
83 2008 Riesling Spätlese trocken **5,50 €**
82 2008 Riesling „S" trocken „Alte Reben" **6,70 €**
82 2008 Riesling Spätlese halbtrocken **5,- €**
81 2008 Chardonnay & Weißburgunder „feinherb" **4,70 €**
83 2008 Siegerrebe Auslese **6,50 €**
82 2008 Spätburgunder Spätlese trocken Dalsheimer Burg Rodenstein **5,40 €**
84 2007 „X-Clusive" Rotwein „Premium" trocken **7,20 €**

★★☆

Eugen **Müller**
Weingut

Pfalz

Weinstraße 34a, 67147 Forst
***Tel.** 06326-330, **Fax**: 06326-6802*
www.weingut-eugen-mueller.de
weingut_eugen_mueller@t-online.de
***Besuchszeiten**: Mo.-Fr. 8-12 + 13:30-18 Uhr, Sa. 9-16 Uhr*
Ferienwohnungen

Inhaber .... Stephan & Kurt Müller
Rebfläche .... 17 Hektar

Eugen Müller heiratete in die Familie Wallbillich ein, die seit 1767 eine Küferei in Forst betrieb. Die eigentliche Entwicklung vom Küfer zum Weinhändler und Weingut begann 1952, als ein Hagelsturm die Ernte der Forster Winzer vernichtete, so dass Eugen Müllers 30 neue Fässer nicht benötigt wurden. Er kaufte darauf Trauben aus anderen Gemeinden zu und baute seinen ersten Wein auf eigene Rechnung aus. Später kaufte und pachtete er Weinberge zu, 1971 gründete er das Weingut Eugen Müller, das nach Beendigung seines Geisenheimstudiums im gleichen Jahr von seinem Sohn Kurt Müller geführt wurde. Dieser wird seit 2000 im Betrieb unterstützt von Sohn Stephan, der nach seinem Geisenheim-Studium ein halbes Jahr in

Australien verbrachte, wo er im Barossa Valley beim Weingut Glaetzer arbeitete. Sie besitzen Weinberge in den besten Lagen von Forst: Kirchenstück (Buntsandsteingeröll mit Kalksteingeröll, sandigem Lehm und Basalt), Jesuitengarten (Sandsteingeröll, sandiger Lehm und Basalt), Pechstein (Basalt), Ungeheuer (Buntsandstein vermischt mit Kalksandsteingeröll und Basalt) und Freundstück (Buntsandsteingeröll mit Kalksteingeröll durchsetzt). Mehr als drei Viertel der Weinberge sind mit Riesling bestockt. Hinzu kommen Weißburgunder und Grauburgunder, aber auch rote Sorten wie Dornfelder, Spätburgunder, Portugieser, Dunkelfelder und Cabernet Cubin. 75 Prozent der Weine werden trocken ausgebaut, weitere 15 Prozent halbtrocken. Die Weine werden in Eichenholzfässern kühl vergoren, Dunkelfelder, Cabernet Cubin und Weißburgunder danach in Barriques ausgebaut.

Gleichmäßig, wenn auch jahrgangsbedingt auf etwas niedrigerem Niveau, präsentierte sich die 2006er Kollektion. Überzeugend war dann die 2007er Kollektion, die trocken wie süß, weiß wie rot Spitzen aufwies. Sehr geschlossen präsentiert sich der Jahrgang 2008 mit einigen kraftvollen, fülligen trockenen Spätlesen.

Weinbewertung

85 . . . 2008 Riesling Spätlese trocken Forster Freundstück
konzentriert, würzig, eindringlich, viel reife Frucht; weich, füllig, harmonisch, reife süße Frucht **11,- €**

85 . . . 2008 Riesling Spätlese trocken Forster Kirchenstück
gute Konzentration, feine Würze und Frucht, herrlich eindringlich; frisch, klar, harmonisch, feine süße Frucht **11,- €**

87 . . . 2008 Riesling Spätlese trocken „Z" Forster Ungeheuer
bisher „Im Ziegler"; gute Konzentration, reife reintönige Frucht, herrlich eindringlich; füllig, harmonisch, viel reife Frucht, Substanz, Biss **14,- €**

87 . . . 2008 Riesling Spätlese trocken Forster Ungeheuer „Cyriakus"
viel Konzentration, Frische, Würze, klare Frucht; füllig, harmonisch, reife Frucht und Substanz **14,- €**

87 . . . 2008 Riesling Beerenauslese Forster Kirchenstück
würzig, klar, dezent Litschi; süß, konzentriert, dick, viel Substanz **30,- €/0,375l**

85 . . . 2006 „Barrot C" Rotwein trocken Barrique
gute Konzentration, feine rauchige Noten, etwas Gewürze, dunkle Früchte; füllig, harmonisch, reife Frucht, Substanz, dezent Schokolade **13,90 €**

---

79 2008 Riesling Kabinett trocken **4,90 €/1l**
81 2008 Riesling Kabinett trocken Forster **6,50 €**
80 2008 Riesling Kabinett trocken Forster Jesuitengarten **6,90 €**
82 2008 Riesling Kabinett halbtrocken Forster Pechstein **6,30 €**
82 2008 Riesling Kabinett Forster Mariengarten **5,50 €**
81 2006 „Barrot D" Rotwein trocken Barrique **10,50 €/0,5l**

★

Fritz u. Andreas Müller
Weingut

Pfalz

Bergbornstraße 17, 76833 Frankweiler
Tel. 06345-1707, Fax: 06345-7654
www.weingut-m.de
info@weingut-m.de
Besuchszeiten: Mo.-Fr. 14-18 Uhr, Sa. 8-18 Uhr, So. 10-12 Uhr
Straußwirtschaft „Promillestub"

Inhaber .... Fritz und Andreas Müller
Rebfläche .... 13,5 Hektar

Wein wird seit Generationen angebaut in der Familie, mit der Selbstvermarktung wurde aber erst in den sechziger Jahren begonnen. Wichtigste Rebsorte ist Riesling, gefolgt von Spätburgunder und Dornfelder. Weitere wichtige Rebsorten im Sortiment sind Grauburgunder, Weißburgunder, Chardonnay und St. Laurent. Als Spezialität ihres Weinguts bezeichnen Fritz und Andreas Müller die von Kalksteinverwitterungsböden geprägten Riesling- und Burgunderweine. Alle Rotweine werden maischevergoren und im großen Holzfass ausgebaut.

2006 fiel jahrgangsbedingt verhaltener aus, und auch 2007 war etwas zurückhaltend, am besten gefielen uns die Spätburgunder, ob als Blanc de Noir oder als Auslese trocken. Auch in der aktuellen Kollektion ist wieder ein Spätburgunder unser Favorit, diesmal im Barrique ausgebaut.

Weinbewertung

85 . . . 2007 Spätburgunder „Edition Kunststück" trocken Barrique

rauchige Noten, feine Würze, klare Frucht; kraftvoll, klar, reife Frucht, gute Struktur, Vanille **11,- €**

78 2008 Riesling trocken **3,10 €/1l**
79 2008 Rivaner trocken **3,10 €**
79 2008 Riesling Kabinett trocken **3,80 €**
83 2008 Riesling „Edition Kunststück" Kabinett trocken **7,- €**
82 2008 Weißburgunder „Edition Kunststück" Kabinett trocken **7,- €**
82 2008 Gewürztraminer Spätlese „feinherb" **4,60 €**
79 2008 Spätburgunder trocken **3,80 €/1l**
80 2008 Spätburgunder „Nr. 29" trocken **4,20 €**
79 2008 Acolon trocken **3,80 €**

Georg-Müller-Stiftung ★

Weingut

Rheingau

Erbacher Straße 7-9, 65347 Hattenheim
Tel. *06723-2020,* ***Fax:*** *06723-2035*
www.georg-mueller-stiftung.de
info@georg-mueller-stiftung.de
Besuchszeiten: *Mo.-Fr. 9-12 + 14-17 Uhr, Wochenende nach Vereinbarung*

Inhaber .... Peter Winter
Rebfläche .... 12,5 Hektar

Im Jahr 1913 stiftete Georg Müller, Miteigentümer der Eltviller Sektkellerei „Matheus Müller", sein Weingut seiner Heimatgemeinde. Hattenheim wurde 1972 zu Eltville eingemeindet, seitdem trug das Weingut den Namen „Weingut der Stadt Eltville". 2003 erwarb Peter Winter das Gut. Seine Weinberge liegen alle in Hattenheim, in den Lagen Schützenhaus, Wisselbrunnen, Nussbrunnen, Hassel, Engelmannsberg und Heiligenberg. Riesling nimmt 80 Prozent der Fläche ein, Spätburgunder 10 Prozent. Dazu gibt es ein klein wenig Frühburgunder, Auxerrois, Ehrenfelser und Müller-Thurgau. Betriebsleiter und Kellermeister Alf-Erik Ewald hat sich auf klare, elegante Weine spezialisiert. Der Ausbau der Weißweine erfolgt in aller Regel im Edelstahl, für die Rotweine kommen auch Barriques zum Einsatz.

Der Jahrgang 2006 war deutlich schwieriger, die Weine wirkten eher verhalten. 2007 fiel sehr zuverlässig aus. Die nun vorgestellten restlichen 2007er und die 2008er sind beachtlich, nur das Erste Gewächs präsentiert sich derzeit unzugänglich.

Weinbewertung

87 . . . 2007 Riesling Spätlese trocken Hassel
feine Frucht, duftig, Zitrus, Steinobst, sehr rieslingtypisch; saftig, rassig, feine Frucht, sehr präzise **11,- €**

85 . . . 2008 Riesling Spätlese Hattenheimer Heiligenberg
leicht hefig, noch etwas verhalten; feine Frucht, rassig, zurückhaltende Süße **11,- €**

85 . . . 2007 Riesling Beerenauslese Hattenheimer Schützenhaus
cremige Frucht, Blütenhonig; saftig, deutliche Süße, cremige Fülle, sehr süffig **49,- €/0,375l**

87 . . . 2007 Riesling Trockenbeerenauslese Hattenheimer Wisselbrunnen
reife, leicht welke Frucht, kandierte Früchte; sehr süß, cremig, süffig, bereits sehr zugänglich **89,- €/0,375l**

79 2008 Riesling trocken **5,95 €**
80 2008 Riesling Kabinett trocken **7,95 €**
82 2008 Riesling Spätlese trocken Hattenheimer Schützenhaus **11,- €**
84+ 2008 Riesling Erstes Gewächs Hattenheimer Wisselbrunnen **19,50 €**
84 2007 Spätburgunder trocken „Edition PW" **12,80 €**
84 2006 Spätburgunder trocken „Cuvée Daniel" **19,80 €**

Gebr. Müller

★★

Weingut

Baden

Richard-Müller-Straße 5, 79206 Breisach
Tel. 07667-511, Fax: 07667-6581
www.mueller-weine.de
info@-mueller-weine.de
Besuchszeiten: Mo.-Fr. 9-12 + 14-17 Uhr, Sa. 9-12 Uhr oder nach Vereinbarung

Inhaber .... Familie Bercher
Kellermeister .... Team Dr. Heger
Außenbetrieb .... Team Dr. Heger
Betriebsleiter .... Timo Renner
Verkauf .... Clarissa Lübke & Ellen Bercher
Rebfläche .... 2,5 Hektar

Das Weingut wurde 1822 von Johann Baptist Hau gegründet, Kaufmann und Bürgermeister der Stadt Breisach. Er übergab es an seinen Schwiegersohn Franz Josef Müller, der ihm den heutigen Namen gab. Die Weinberge liegen im Breisacher Eckartsberg und im Ihringer Winklerberg. Die Hälfte der Rebfläche nimmt Spätburgunder ein. Es folgen Weiß- und Grauburgunder, dazu kleine Flächen Riesling, Silvaner und andere. Seit 2005 wird das Gut vom Weingut Dr. Heger bewirtschaftet.

Wie im Jahr zuvor gefielen uns im vergangenen Jahr Grau- und Spätburgunder Spätlese besonders gut. Die neue Kollektion ist ein klarer Schritt voran, die Weine besitzen Kraft und Struktur, sind auf Haltbarkeit vinifiziert.

Weinbewertung

85 . . . 2008 Riesling Kabinett trocken „Johann Baptist Hau" Ihringer Winklerberg
würzig, klar, etwas Limone; frisch, harmonisch, feine Frucht und Biss **9,30 €**

85 . . . 2008 Weißburgunder Kabinett trocken „Johann Baptist Hau" Breisacher Eckartsberg
würzig, klare reife Frucht, eindringlich; füllig, harmonisch, reintönig, gute Substanz **9,30 €**

85 . . . 2008 Grauburgunder Kabinett trocken „Johann Baptist Hau" Breisacher Eckartsberg
klare reife Frucht, gelbe Früchte; weich, füllig, harmonisch, reife Frucht **9,30 €**

88 . . . 2008 Weißburgunder Spätlese trocken Breisacher Eckartsberg
gute Konzentration, feine Würze, klare reife Frucht, herrlich eindringlich; füllig, kraftvoll, harmonisch, viel reife Frucht und Substanz **16,50 €**

87 . . . 2007 Spätburgunder* trocken Barrique**

„Johann Baptist Hau" Breisacher Eckartsberg
rauchige Noten, reintönige Frucht, eindringlich; füllig, harmonisch, reife Frucht, Vanille, Struktur **9,30 €**

82 2007 Spätburgunder trocken „Johann Baptist Hau" Breisacher Eckartsberg **10,70 €**

Herbert Müller Erben ★
Weingut
Pfalz

Mandelring 169, 67433 Neustadt-Haardt
Tel. 06321-66067, Fax: 06321-60785
www.weingut-mueller-erben.de
wgtmueerb@aol.com
Besuchszeiten: Mo.-Fr. 8-12 Uhr + 13-18 Uhr, Sa. 9-15 Uhr

Inhaber .... Ulrich Müller
Rebfläche .... 10 Hektar

Die Familie Müller betreibt seit fünf Generationen Weinbau in der Pfalz. Ulrich Müller hat das Weingut direkt nach Abschluss seines Geisenheim-Studiums übernommen und führt es zusammen mit seiner Frau Judith. Georg Müller hatte im 19. Jahrhundert mit Wein gehandelt, sein Sohn Alfred kaufte Ende des 19. Jahrhunderts die ersten Weinberge, dessen Sohn Herbert wurde Namensgeber des Gutes. Die Weinberge von Ulrich Müller liegen in den Haardter Lagen Herzog, Herrenletten, Bürgergarten und Mandelring, sowie im Neustadter Grain. Wichtigste Rebsorte ist Riesling, gefolgt von Spätburgunder und anderen roten Sorten, aber auch Sauvignon Blanc wird inzwischen angebaut. Die Weißweine werden im Edelstahl ausgebaut, die Rotweine im Holz, auch im Barrique.

2006 hatte Ulrich Müller sich gut behauptet, die Weine waren frisch und klar, zeigten feine Frucht. Eine sehr homogene Kollektion folgte im vergangenen Jahr mit frischen, klaren Weiß- und Rotweinen. Die 2008er Weine sind etwas verhaltener, in der aktuellen Kollektion haben uns die beiden Sekte aus dem Jahrgang 2007 besonders gut gefallen.

Weinbewertung

85 . . . 2007 Riesling Sekt brut
feine Würze und Frische, reintönige Frucht; klar, frisch, harmonisch, feine süße Frucht **9,30 €**

85 . . . 2007 Pinot Sekt brut
fruchtbetont, klar, gute Konzentration; weich, füllig, harmonisch, reife Frucht, Biss **9,30 €**

78 2008 Riesling trocken **4,30 €/1l**
80 2008 Riesling Kabinett trocken Haardter Herrenletten **5,50 €**
79 2008 Chardonnay Kabinett trocken **5,90 €**
79 2008 Sauvignon Blanc trocken Haardter Mandelring **6,40 €**
81 2008 Blanc de Noir Kabinett trocken Haardter Herrenletten **5,30 €**
80 2008 Riesling Kabinett halbtrocken Haardter Mandelring **5,50 €**
83 2007 Spätburgunder trocken Barrique Haardter Bürgergarten **9,90 €**

Hubert Müller ★
Weingut
Pfalz

Bahnhofstraße 3, 67487 Maikammer
Tel. 06321-5472, Fax: 06321-58665
www.weingut-hmueller.de
info@weingut-hmueller.de
Besuchszeiten: Mo.-Fr. 9-12 + 13-18 Uhr, Sa. 9-17 Uhr, So. 10-12 Uhr
Ferienwohnungen, Wohnmobilstellplatz

Inhaber .... Stefan Müller
Rebfläche .... 15 Hektar

Stefan und Pia Müller führen das Weingut in siebter Generation. Ihre Weinberge liegen in Maikammer (Kapellenberg, Kirchenstück, Immengarten und Heiligenberg) und im benachbarten Diedesfeld (Paradies, Pfaffengrund). Neben traditionellen Rebsorten wie Riesling, Silvaner, Gewürztraminer und Burgunder bauen sie unter anderem Chardonnay, Sauvignon Blanc, St. Laurent, Dornfelder, Cabernet Sauvignon und Merlot an.

Nach jahrgangsbedingt schwächeren 2006er Weinen war die letztjährige Kollektion gleichmäßig, ohne aber Spitzen zu bieten. In diesem Jahr nun überzeugt der barriqueausgebaute Grauburgunder, der Rest der Kollektion ist aber zu verhalten.

Weinbewertung

85 . . . 2007 Grauburgunder Spätlese trocken Barrique Maikammer Kapellenberg
gute Konzentration, reife Frucht, Vanille; weich, füllig, harmonisch, reife Frucht **5,60 €**

81 2008 Grauburgunder Kabinett trocken Maikammer Kapellenberg **4,20 €**
80 2008 Riesling Kabinett trocken „vom Buntsandstein" Maikammer Kapellenberg **4,20 €**
81 2008 Sauvignon Blanc Spätlese trocken Diedesfelder Paradies **6,40 €**
81 2008 Riesling „vom Kirchenstück" Spätlese trocken Maikammer Kirchenstück **5,80 €**
83 2008 Riesling Spätlese trocken „vom Muschelkalk" Maikammer Kapellenberg **7,40 €**
82 2008 Chardonnay Spätlese trocken Maikammer Kapellenberg **5,60 €**
82 2008 Gewürztraminer Spätlese Maikammer Kapellenberg **5,10 €**
83 2008 Scheurebe Spätlese Maikammer Kapellenberg **4,70 €**
79 2007 Spätburgunder Classic **5,30 €**
82 2007 Merlot Spätlese trocken Maikammer Heiligenberg **8,80 €**
79 2006 Cabernet Sauvignon Spätlese trocken Barrique Maikammer Immengarten **11,40 €**

★★★★

Matthias **Müller**
Weingut

Mittelrhein

Mainzer Straße 45, 56322 Spay
Tel. 02628-8741, Fax: 02628-3363
www.weingut-matthiasmueller.de
weingut.matthias.mueller@t-online.de
Besuchszeiten: ganztägig, Mo. bis So.
Hofschoppenfest am 1. Septemberwochenende

Inhaber .... Familie Matthias Müller
Rebfläche .... 11 Hektar

Die Weinberge von Matthias Müller liegen in den Steillagen des Bopparder Hamm in den Lagen Feuerlay, Mandelstein, Ohlenberg und Engelstein. Neben 90 Prozent Riesling baut er ein wenig Grauburgunder und Spätburgunder an. Den Spätburgunder baut er allerdings ausschließlich als Rosé aus. Seit dem Jahrgang 2000 werden ausgewählte Spitzenweine in der „Edition MM" (nach den Initialen von Matthias und Marianne Müller) vermarktet.

Matthias Müller versucht alle Weine spontan zu vergären, das heißt ohne Reinzuchthefen. Alle seine Rieslinge weisen sehr eigenständige Aromen auf, unterscheiden sich klar voneinander. Die trockenen Weine sind meist deutlich von Restsüße geprägt. Neben halbtrockenen Weinen gibt es seit einigen Jahren noch mit „feinherb" bezeichnete Rieslinge, die in der Restsüße noch einmal deutlich höher liegen. Angeführt werden seine Kollektionen in der Regel von edelsüßen Rieslingen, bis hin zur Trockenbeerenauslese.

Eine starke Kollektion mit reintönigen und kraftvollen Weinen hatte Matthias Müller im schwierigen Jahrgang 2006, mit Vorteilen im süßen Segment. Ganz stark war auch seine 2007er Kollektion, bestach mit dem hohen Niveau aller Weine. Die Vorteile lagen erneut im edelsüßen Segment, das angeführt wurde von einer stoffigen Trockenbeerenauslese. Ein Großes Gewächs wie im vergangenen Jahr gibt es im Jahrgang 2008 nicht, der dafür vorgesehene Wein ist nicht weit genug gegoren. Die Kollektion präsentiert sich geschlossen auf hohem Niveau, überzeugt, trocken, halbtrocken, „feinherb" und süß. Die Preise sind für einen Spitzenbetrieb nachwievor sehr moderat.

Weinbewertung

85 . . . 2008 Riesling trocken „alte Reben" Bopparder Hamm Feuerlay
klar, konzentriert, herrlich eindringlich, frisch; klar, frisch, feine süße Frucht, gute Länge **6,- €**

87 . . . 2008 Riesling Spätlese trocken Bopparder Hamm Ohlenberg
reintönige Frucht, konzentriert und herrlich eindringlich; füllig, kraftvoll, klare reife Frucht, herrlich saftig **8,- €**
2000: **86**; 2001: **87**; 2002: **87**; 2003: **86**; 2004: **85**; 2005: **88**; 2006: **85**; 2007: **86**.

88 . . . 2008 Riesling Spätlese trocken Bopparder Hamm Feuerlay
gute Konzentration, faszinierend viel Frucht, herrlich reintönig, etwas gelbe Früchte; füllig, kraftvoll, reife Frucht, gute Struktur **8,50 €**

86 . . . 2008 Riesling Spätlese halbtrocken Bopparder Hamm Ohlenberg
gute Konzentration, reintönige Frucht, feine Frische, dezent Litschi; füllig, harmonisch, klare Frucht, feine Frische **8,- €**

88 . . . 2008 Riesling halbtrocken „Edition MM" Bopparder Hamm Mandelstamm
gute Konzentration, faszinierend viel Frucht, herrlich eindringlich und reintönig; füllig, kraftvoll, reife Frucht, viel Substanz, Struktur **9,- €**

84 . . . 2008 Riesling „feinherb" Bopparder Hamm Ohlenberg
frisch, würzig, klar; reintönig, harmonisch, feine süße Frucht, süffig **5,50 €**

86 . . . 2008 Riesling „feinherb" „alte Reben" Bopparder Hamm Feuerlay
gute Konzentration, feine Würze, reintönige Frucht; füllig, harmonisch, feine süße Frucht, süffig **6,- €**

88 . . . 2008 Riesling Spätlese „feinherb" „Edition MM" Bopparder Hamm Mandelstamm
viel Konzentration, faszinierend viel Frucht, gelbe Früchte, etwas Zitrus; füllig, stoffig, viel reife Frucht, Substanz, viel Süße **9,50 €**

87 . . . 2008 Riesling Spätlese Bopparder Hamm Feuerlay
klar, frisch, fruchtbetont, etwas Pfirsiche; süß, frisch, elegant, feine Frucht **8,- €**

88 . . . 2008 Riesling Auslese Bopparder Hamm Engelstein
klar, konzentriert, enorm würzig, jugendlich, feine Frische; süß, schmeichelnd, herrlich viel Frucht, elegant und lang **15,- €**

90 . . . 2008 Riesling Beerenauslese Bopparder Hamm Engelstein
würzig, eindringlich, Litschi, süße Pfirsiche, gute Konzentration; süß, frisch, elegant, viel Substanz und Länge **35,- €/0,375l**

M

Die besten deutschen Weinerzeuger und ihre Weine

★★★

Max **Müller** I

Weingut

Franken

Hauptstraße 46, 97332 Volkach
Tel. 09381-1218, Fax: 09381-1690
www.max-mueller.de
info@max-mueller.de
Besuchszeiten: Mo.-Fr. 9-18 Uhr, Sa. 9-15 Uhr, So. 10-12 Uhr

Inhaber .... Rainer und Monika Müller
Rebfläche .... 15,5 Hektar

Das seit 1991 von Rainer und Monika Müller geführte Familienweingut hat seinen Sitz in einem 1692 von den Würzburger Fürstbischöfen erbauten Winzerhof. Die Weinberge liegen in Volkach, Sommerach und Obereisenheim. Wichtigste Rebsorten sind Silvaner, Müller-Thurgau und Riesling, dazu gibt es Weißburgunder, Scheurebe, Rieslaner und Bacchus. Die roten Sorten Spätburgunder, Domina und Schwarzriesling nehmen inzwischen 15 Prozent der Rebfläche ein. Die Weißweine werden überwiegend im Edelstahl ausgebaut und lagern recht lange auf der Feinhefe. Rainer Müller will damit die Aromenvielfalt und Frische der Weine erhalten. Die Rotweine kommen nach der Maischegärung ins große Holzfass, Domina auch ins Barrique. Sohn Christian absolvierte nach seiner Winzerlehre bei Wagner-Stempel und Wittmann ein einjähriges Praktikum in Neuseeland. 2008 wurde eine neue moderne Vinothek eröffnet.

Nicht viele Weingüter in Franken haben im letzten Jahrzehnt ein solch konstant hohes Niveau gezeigt. Rainer Müller hat in den letzten Jahren die Rebfläche deutlich erweitert, der Qualität tat dies keinen Abbruch, im Gegenteil. Seine Weine bestechen immer wieder durch ihre reintönige Frucht, sind frisch und wunderschön süffig. Das gilt für die Kabinettweine ebenso wie für die edelsüßen.

2006 behauptete sich Rainer Müller sehr gut, alle Weine waren klar und fruchtbetont, die Spätlesen besaßen Fülle und Kraft. Eine ganz starke Kollektion folgte 2007: Alle Weine waren herrlich reintönig und fruchtbetont, besaßen Frische und Kraft. Vergleichbar ist auch die neue Kollektion, in der uns besonders die reintönigen, fülligen Silvaner gefallen haben. ➸

Weinbewertung

86 . . . 2008 Silvaner Spätlese trocken Volkacher Karthäuser
feine Würze, klare reife Frucht; weich, füllig, harmonisch, klare Frucht **8,50 €**
2005: 87; 2006: 85; 2007: 85.

88 . . . 2002 Silvaner Spätlese trocken Volkacher Ratsherr
feine Reifenoten, wunderschön reintönige Frucht; füllig, harmonisch, klare reife Frucht, gute Struktur und Frische (kein aktueller Jahrgang)

86 . . . 2008 Silvaner Spätlese trocken Volkacher Ratsherr
frisch, fruchtbetont, herrlich eindringlich und reintönig; füllig, harmonisch, schmeichelnd, viel reife süße Frucht **11,- €**
2000: 87; 2001: 89; 2003: 87; 2004: 87; 2005: 89; 2006: 87; 2007: 87.

88 . . . 2008 Silvaner Spätlese trocken „alte Reben"
viel Konzentration, faszinierend viel Frucht, herrlich eindringlich und dominant; füllig, stoffig, viel reife Frucht, viel Substanz **18,- €**

87 . . . 2008 Silvaner Spätlese trocken „Eigenart"
im Holzfass ausgebaut; gute Konzentration, feine Würze und Frucht, etwas gelbe Früchte, ganz dezent Vanille im Hintergrund; füllig, harmonisch, herrlich viel süße Frucht und Substanz **15,50 €**

86 . . . 2008 Weißburgunder Spätlese trocken

Sommeracher Katzenkopf
gute Konzentration, reintönige Frucht, herrlich eindringlich, weiße und gelbe Früchte; weich, füllig, harmonisch, reife süße Frucht **9,- €**
2006: 86; 2007: 87.

85 ... 2008 Riesling Spätlese Volkacher Karthäuser
feine Würze und Frucht, etwas Orangen; füllig, weich, elegant, feine süße Frucht **10,50 €**

86 ... 2008 Scheurebe Spätlese Volkacher Ratsherr
würzig, klar, etwas Cassis; weich, harmonisch, klare Frucht, Substanz **8,50 €**

86 ... 2008 Riesling Auslese Escherndorfer Lump
viel Würze, eindringlich, dezent Zitrusfrüchte; weich, harmonisch, reife süße Frucht, Biss **23,- €/0,5l**

---

84 2008 Silvaner Kabinett trocken Volkacher Ratsherr **6,30 €**
82 2008 Riesling Spätlese trocken Escherndorfer Lump **11,- €**
83 2008 Riesling Spätlese trocken Sommeracher Katzenkopf **9,- €**

M

★★★★

Müller-Catoir
Weingut

Pfalz

Mandelring 25, 67433 Haardt/Wstr.
Tel. 06321-2815, Fax: 06321-480014
www.mueller-catoir.de
weingut@mueller-catoir.de
Besuchszeiten: Mo.-Fr. 8-12 + 13-17 Uhr, Sa. 10-14 Uhr (keine Gruppen)

Inhaber .... Philipp David Catoir
Betriebsleiter .... Martin Franzen
Rebfläche .... 20 Hektar

Die Weinberge von Philipp David Catoir liegen vor allem in Haardt (Bürgergarten, Herzog, Mandelring) und Gimmeldingen (Mandelgarten, Schlössel). Im Kernstück des Bürgergarten besitzt er eine 2,8 Hektar große arrondierte Fläche, Breumel in den Mauern genannt, aus der das derzeit einzige Große Gewächs erzeugt wird. Riesling ist mit Abstand die wichtigste Rebsorte, nimmt etwa zwei Drittel der Rebfläche ein. Hinzu kommen Weißburgunder und Grauburgunder, Rieslaner, Muskateller und Scheurebe.

2006 waren die trockenen Weine frisch und elegant wie gewohnt, der Riesling Bürgergarten gefiel uns besonders gut, die Rieslaner Trockenbeerenauslese war prächtig. 2007 wollten uns die edelsüßen Weine nicht so recht gefallen, zu mächtig und konzentriert waren sie, aber zu wenig fein und elegant; im trockenen Segment gefiel uns das Große Gewächs „Breumel in den Mauern" am besten. Die neue Kollektion ist sehr konsistent: Feine, frische Ortsweine, kraftvolle Spätlesen, ein noch sehr jugendliches Großes Gewächs und mollige edelsüße Weine.

Weinbewertung

86 ... 2008 Riesling trocken Gimmeldingen
gute Konzentration, reife Frucht, gelbe Früchte, eindringlich; gute Fülle und Substanz, klare Frucht, etwas gelbe Früchte **10,- €**

86 ... 2008 Weißburgunder trocken Haardt
gute Konzentration, klare Frucht, etwas weiße Früchte; füllig, harmonisch, klar, feine Frische **10,- €**

86 ... 2008 Grauburgunder trocken Haardt
würzig, eindringlich, viel reife Frucht, gute Konzentration; gute Fülle und Kraft, Struktur und Biss **10,- €**

89 ... 2008 Weißburgunder trocken Herrenletten
gute Konzentration, reife Frucht, feine Würze, etwas gelbe Früchte; füllig, harmonisch, reife Frucht, Substanz, gute Struktur und Frische **15,- €**

88 ... 2008 Grauburgunder trocken Herrenletten
viel Konzentration, viel Würze, reife Frucht, herrlich eindringlich, gelbe Früchte; füllig, stoffig, reife Frucht, gute Substanz, ganz dezente Bitternote im Abgang

16,- €
1999: 90; 2002: 88; 2003: 90; 2004: 87; 2005: 88; 2006: 88; 2007: 86.

88 ... 2008 Riesling Spätlese trocken Bürgergarten
konzentriert, etwas Orangenschalen, sehr reintönig; frisch, elegant, gute Struktur, reintönige Frucht, noch etwas verschlossen **16,- €**
1999: 90; 2001: 88; 2002: 89; 2003: 88; 2005: 88; 2006: 89; 2007: 87.

88 ... 2008 Riesling Spätlese trocken Herrenletten
würzig, konzentriert, viel reife Frucht, dezent Orangen und gelbe Früchte; füllig, stoffig, reife Frucht, puristisch, jugendlich **16,- €**

90 ... 2008 Riesling „GG" „Breumel in den Mauern"
viel Konzentration, eindringlich Orangenschalen, etwas Grapefruit im Hintergrund; Fülle, Substanz, Kraft, gute Struktur, jugendlich, nachhaltig **24,- €**

88 ... 2008 Riesling Spätlese Bürgergarten
frisch, fruchtbetont, herrlich eindringlich, reintönig, feine Würze; klar, frisch, elegant, feine süße Frucht und Biss, gute Harmonie **16,- €**

89 ... 2008 Scheurebe Spätlese Mandelring
herrlich eindringlich und konzentriert, faszinierend viel Frucht, Cassis, würzig, dominant; füllig, stoffig, viel reife Frucht, Substanz, etwas Grapefruit, feine Länge **15,- €**

87 ... 2008 Rieslaner Spätlese Herzog
feiner Duft, klar, dezent Grapefruit; weich, cremig, reife süße Frucht, feine Frische **16,- €**

87 ... 2007 Riesling Auslese Bürgergarten
würzig, eindringlich, etwas Honig, süße Zitrusfrüchte; frisch, süß, schmeichelnd **16,- €/0,375l**

89 ... 2008 Riesling Auslese Bürgergarten
frisch, reintönig, feine Würze, ganz dezent Marzipan; füllig, harmonisch, feine Frische **16,- €/0,375l**

89 ... 2008 Riesling Auslese „Breumel in den Mauern"
würzig, eindringlich, dezent Marzipan; konzentriert, klar, viel Stoff, eindringliche Frucht **24,- €/0,375l**

88 ... 2008 Rieslaner Auslese Herzog
feiner Duft, dezent Gewürze; weich, füllig, harmonisch, reife süße Frucht, feine Frische **16,- €/0,375l**

89 ... 2008 Scheurebe Auslese Mandelring
gute Konzentration, feine Würze und Frucht, etwas Cassis, Grapefruit; klar, frisch, elegant, feine süße Frucht und biss, herrlich reintönig **16,- €/0,375l**

90 ... 2008 Rieslaner Beerenauslese Schlössel
würzig, konzentriert, herrlich eindringlich und dominant; konzentriert, stoffig, reintönige Frucht, feine Frische und Biss, jugendlich **38,- €/0,375l**

90 ... 2008 Rieslaner Trockenbeerenauslese Schlössel
feiner Duft, gute Konzentration, etwas Zitrusfrüchte, dezent Kaffee; süß, dick, konzentriert, enorm viel Stoff **84,- €/0,375l**

90 ... 2008 Rieslaner Trockenbeerenauslese Herzog
würzig, konzentriert, etwas Honig, kandierte Früchte, getrocknete Feigen, Orangenschalen im Hintergrund; dick, konzentriert, viel Stoff **78,- €/0,375l**

88 ... 2007 Rieslaner Trockenbeerenauslese Herzog
feiner Duft, dezent Grapefruit und Honig, viel Würze; dick, dominant, klebrig, viel Süße

89 ... 2007 Scheurebe Trockenbeerenauslese Mandelring
würzig, reintönig, etwas Cassis, auch grüne Stachelbeeren; süß, konzentriert, viel Stoff, zupackend

88 ... 2007 Riesling Trockenbeerenauslese „Breumel in den Mauern"
konzentriert, etwas Trockenfrüchte, Orangenschalen, auch Grapefruit; süß, konzentriert, dominant, viel Biss

83 2008 Riesling trocken „MC" **6,- €**
83 2008 Weißburgunder trocken „MC" **6,- €**
85 2008 Riesling trocken Mußbach **9,- €**
85 2008 Riesling trocken Haardt **10,- €**

★

Müller-Dr. Becker

Weingut

Rheinhessen

Vordergasse 14-18, 67592 Flörsheim-Dalsheim
Tel. 06243.5524, Fax: 06243.6227
www.mueller-dr-becker.de
info@mueller-dr-becker.de
Besuchszeiten: Mo.-Fr. 10-18 Uhr, Wochenende nach Vereinbarung

Inhaber .... Jochen Becker
Rebfläche .... 20 Hektar

Die Familie betreibt Weinbau in der zwölften Generation, heute führt Jochen Becker das Gut. Seine Weinberge liegen alle in Dalsheim, dort stehen die Reben auf unterschiedlichen Böden von tiefgründigen Lehm-Löss-Böden über Muschelkalkböden bis hin zu schweren Lettenböden. Gut 60 Prozent nehmen weiße Rebsorten ein wie Riesling, Weißburgunder, Grauburgunder, Chardonnay, Silvaner, Müller-Thurgau und Gewürztraminer. An roten Sorten gibt es hauptsächlich Spätburgunder, Schwarzriesling und St. Laurent.

Weinbewertung

80 2008 Weißburgunder Spätlese trocken Dalsheimer Steig **6,50 €**
84 2008 Riesling Spätlese trocken Dalsheimer Bürgel **6,- €**
84 2008 Riesling Auslese Dalsheimer Hubacker **6,80 €/0,5l**
82 2008 Schwarzriesling Blanc de Noir „feinherb" **6,20 €**
81 2007 Saint Laurent trocken Dalsheimer Bürgel **7,80 €**
82 2007 Spätburgunder trocken Dalsheimer Burg Rodenstein **6,- €**
82 2006 „ARRAS" Rotwein trocken **10,50 €**

★★★☆

Münzberg

Weingut

Pfalz

Hofgut, 76829 Landau-Godramstein, Pfalz
Tel. 06341-60935, Fax: 06341-64210
www.weingut-muenzberg.de /
www.fuenf-winzer.de
wein@weingut-muenzberg.de
Besuchszeiten: Mo.-Fr. 8-12 + 14-18 Uhr, Sa. 9-16 Uhr

Inhaber .... Lothar Kessler und Söhne
Rebfläche .... 16 Hektar

Lothar Kessler zog 1974 aus dem Godramsteiner Ortskern an den Münzberg um, der dem Weingut seinen Namen gab. Heute führen seine Söhne Rainer und Gunter Kessler das Gut. Der Münzberg ist geprägt von Keuperböden, die mehr oder weniger Anteile von Muschelkalk, Sand und Lehm enthalten. 60 Prozent der Rebfläche nehmen die Burgundersorten und Chardonnay ein, hinzu kommen 22 Prozent Riesling, sowie Silvaner, Müller-Thurgau, Dornfelder und Gewürztraminer. Die Weißweine werden überwiegend im Edelstahl ausgebaut, der Chardonnay teils auch im Holz. Seit 1989 werden die besten Rotweine im Barrique ausgebaut.

Vor zwei Jahren überzeugte die Kollektion mit schönen Weißburgundern, einem fülligem Sekt, einem faszinierenden Riesling und kraftvollen Rotweinen. Der 2005er Spätburgunder Schlangenpfiff gefiel uns auch im vergangenen Jahr wieder sehr gut, die beiden weißen Schlangenpfiff-Weine waren sehr weich und üppig ausgefallen. In der neuen, recht gleichmäßigen Kollektion ist der Weißburgunder Schlangenpfiff unser klarer Favorit.

Weinbewertung

88 . . . 2007 Pinot Sekt brut
würzig, frische, feine rauchige Noten, herrlich klar; weich, füllig, feine süße Frucht, harmonisch und lang **14,- €**

85 . . . 2008 Grauburgunder Spätlese trocken
gute Konzentration, klare reife Frucht, feine Würze; füllig, harmonisch, reife süße Frucht **11,- €**

86 . . . 2008 Gewürztraminer Spätlese trocken
viel Konzentration, reife Frucht, Rosen, herrlich reintönig; füllig, harmonisch, reife reintönige Frucht **11,- €**

86 . . . 2007 Chardonnay Spätlese trocken
gute Konzentration, dezent Vanille und Toast, reife Frucht; füllig, harmonisch, viel reife Frucht und Substanz **17,- €**

89 . . . 2008 Weißer Burgunder „GG Schlangenpfiff"
gute Konzentration, viel reife Frucht, weiße und gelbe Früchte, herrlich eindringlich; weich, füllig, schmeichelnd, viel reife Frucht, gute Substanz und Länge **19,50 €**
2002: 89; 2003: 90; 2004: 89; 2005: 88; 2006: 88; 2007: 87.

85 . . . 2006 „Gustav" Rotwein trocken
würzig, eindringlich, etwas streng, rote Früchte; füllig, kraftvoll, reife Frucht, Substanz **15,- €**

86 . . . 2006 Spätburgunder Spätlese trocken
rauchige Noten, klare Frucht, eindringlich; kraftvoll, klar, reife Frucht, gute Struktur und Frische **18,- €**

87 . . . 2006 Spätburgunder „Schlangenpfiff"
(Großes Gewächs) feiner Duft, Veilchen, Vanille, rote Früchte; klar, direkt, rote Früchte, Vanille, gute Struktur, jugendliche Tannine **28,- €**
2003: 90; 2004: 87; 2005: 88.

82	2008 Riesling Kabinett trocken	7,- €
82	2007 Riesling Kabinett trocken	7,- €
83	2008 Weißburgunder Kabinett trocken	7,- €
84	2008 Weißburgunder Spätlese trocken	11,- €

★★

G.H. von Mumm

Weingut

Rheingau

Schloss Johannisberger Weingüterverwaltung
Am Erntebringer 9a, 65366 Geisenheim-Johannisberg
Tel. 06722-70090, Fax: 06722-700933
www.mumm.de
Besuchszeiten: Mo.-Fr. 10-13 + 14-18 Uhr, Sa. + So. 11-17 Uhr
Guts-Restaurant Burg Schwarzenstein (täglich ab 12 Uhr geöffnet, Tel. 06722-99500)
Gutsschänke Schloss Johannisberg (täglich ab 11:30 Uhr geöffnet, Tel. 06722-96090)

Gutsverwalter . . . . Christian Witte
Rebfläche . . . . 65 Hektar

Das 1811 aus der Domäne Schloss Johannisberg entstandene Weingut bewirtschaftet heute 65 Hektar Reben in 16 Einzellagen in Assmannshausen, Rüdesheim, Geisenheim, Johannisberg und Winkel. Dazu gehören Lagen wie beispielsweise Schwarzenstein, Hansenberg und Mittelhölle. Hauptsächlich Riesling baut man an, dazu etwas Weißburgunder und im Assmannshäuser Höllenberg sowie in der Lage Assmannshäuser Hinterkirch Spätburgunder.

2007 hatte einiges zu bieten, darunter ein überzeugendes Erstes Gewächs aus dem Berg Rottland und eine saftige Spätlese aus der Mittelhölle. Die 2008er überzeugen mit Frische und Frucht – vom einfachen Riesling aus dem Vogelsang angefangen und bis hinauf zum komplexen Ersten Gewächs.

Weinbewertung

85 . . . 2008 Riesling Kabinett trocken Johannisberger Schwarzenstein
frisch, duftig, klare Frucht; feingliedrig, reife Säure,

Biss **8,90 €**

86 . . . 2008 Riesling Spätlese trocken Johannisberger Schwarzenstein

Hefenoten, sehr jugendlich; klare Frucht, viel Würze, saftig, rassig **11,- €**

89 . . . 2008 Riesling Erstes Gewächs Rüdesheimer Berg Rottland

klare Frucht, Kräuter, Steinobst, ganz leicht Zitrus; fest, viel Würze, reife Säure, animierend **24,- €**

87 . . . 2008 Riesling Spätlese Johannisberger Mittelhölle

duftig, zarte Frucht, Steinobst, etwas Ananas; würzig, pikante Säure, balanciert **11,- €**

87 . . . 2007 Spätburgunder trocken Assmannshäuser Höllenberg

reife, eher kühle Frucht, Kräuter, Spur Holunder; stoffig, würzig, viel Frucht, sehr harmonisch **13,90 €**

88 . . . 2007 Spätburgunder Erstes Gewächs trocken Assmannshäuser Höllenberg

klar, sortentypische Frucht; würzig, elegant, gut integriertes Holz, Substanz (88+ Punkte) **26,- €**

---

84 2008 Weißburgunder trocken **8,- €**

83 2008 Riesling trocken Johannisberger Vogelsang **7,50 €**

84 2008 Riesling trocken Johannisberger Hansenberg **7,50 €**

83 2008 Riesling „feinherb" Rüdesheimer Berg Roseneck **7,50 €**

83 2008 Spätburgunder Blanc de Noir trocken **7,50 €**

83 2008 Spätburgunder Weißherbst „feinherb" Assmannshäuser Hinterkirch **7,50 €**

★★

Georg Naegele

Weingut

Pfalz

Schlossstraße 27-29, 67434 Neustadt-Hambach
Tel. 06321-2880, Fax: 06321-30708
www.naegele-wein.de
info@naegele-wein.de
Besuchszeiten: Mo.-Fr. 8-12 + 13-17:30 Uhr, Sa. 9:30-12 Uhr und nach Vereinbarung
Klassik-Musikfest im Juni, Hoffest am 1. Juliwochenende

Inhaber .... Familie Bonnet
Rebfläche .... 14 Hektar

Das Weingut Georg Naegele am Schlossberg in Hambach ist ein bereits 1796 gegründetes Familien-Weingut. Zu den Trauben der 14 Hektar eigenen Weinberge werden die Trauben von befreundeten Winzern hinzugekauft. Eva und Ralf Bonnet führen heute das Gut, unterstützt von ihren Eltern Volker und Gerda Bonnet. Sie investierten in den letzten Jahren vor allem in die Kellertechnik. In den Weinbergen haben sie verstärkt rote Sorten angepflanzt, wie Domina, Cabernet Sauvignon, Merlot, Dornfelder oder Spätburgunder. Hauptrebsorte ist aber weiterhin der Riesling mit einem Anteil von gut 30 Prozent. An weißen Sorten gibt es noch Chardonnay, Gewürztraminer, Rieslaner, Silvaner, Müller-Thurgau und Weißburgunder. Unter dem Namen „Naegele Chronos" werden barriqueausgebaute Spitzenweine angeboten. 2008 wurde das verwandtschaftlich verbundene Weingut Alfred Bonnet in Friedelsheim übernommen, dessen Kernsortiment unter der Bezeichnung „Edition Alfred Bonnet" weitergeführt wird.

Im schwierigen Jahrgang 2006 hatte man sich gut behauptet, auch wenn die Weißweine ein klein wenig schwächer waren als gewohnt. Dafür entschädigten Sekte und Rotweine. Die letztjährige Kollektion gefiel, wurde angeführt vom fülligen Riesling Kirchberg. Auch die neue Kollektion präsentiert sich sehr ausgewogen, ein weißer Barriquewein aus Weißburgunder und Chardonnay wurde in diesem Jahr von uns am höchsten bewertet.

Weinbewertung

85 . . . 2007 „NAEGELE DE LUXE" Riesling Sekt brut
gute Konzentration, viel reife Frucht; füllig, klar, harmonisch, fruchtbetont **11,50 €**

85 . . . 2008 „KIRCHBERG" Riesling Spätlese trocken Hambacher Schlossberg
konzentriert, herrlich viel Frucht, gelbe Früchte; füllig, harmonisch, viel reife Frucht, gute Substanz **10,- €**

86 . . . 2008 „NAEGELE CHRONOS" Weißburgunder & Chardonnay trocken
gute Konzentration, reife Frucht, gelbe Früchte, Vanille; füllig, viel reife Frucht, Vanille, Substanz **12,- €**

85 . . . 2007 „NAEGELE CHRONOS" Merlot trocken
rauchige Noten, gute Konzentration, reife rote Früchte, Vanille; füllig, stoffig, viel reife Frucht und Substanz **14,50 €**

84 2007 „SEKT OHNE NAMEN" Chardonnay & Spätburgunder Sekt brut nature **13,50 €**
81 2008 Riesling Kabinett trocken Hambacher Schlossberg **6,30 €**
81 2008 Riesling Spätlese trocken Hambacher Schlossberg **8,- €**
83 2008 Chardonnay Spätlese trocken Hambacher Schlossberg **8,70 €**
83 2008 Weißburgunder Spätlese trocken „Edition ALFRED BONNET" **8,10 €**
82 2008 Kerner Spätlese Hambacher Schlossberg **6,50 €**
83 2007 „FEUER" Spätburgunder trocken Hambacher Schlossberg **11,50 €**
82 2007 „NAEGELE CHRONOS" Rotwein trocken **15,50 €**

★★★

Nägelsförst

Gut

Baden

Nägelsförst 1, 76534 Baden-Baden (Varnhalt)
Tel. 07221-35550, Fax: 07221-355556
www.naegelsfoerst.de
info@naegelsfoerst.de
Besuchszeiten: Mo.-Fr. 9-18 Uhr
Probierstube, Herrenhaus mit Bankett-Räumen, Gutspark für Wein-Menüs

Inhaber . . . . Reinhard J. Strickler
Kellermeister . . . . Siegbert Konopka
Rebfläche . . . . 33 Hektar

Gut Nägelsförst wurde 1268 als Hofgut des Cisterzienserinnenklosters Lichtenthal gegründet. Aus der Klosterchronik geht hervor, dass die Nonnen bereits 1344 Pinot Noir am „Klosterberg", dem Hausberg von Gut Nägelsförst pflanzten. Nach der Säkularisierung gelangte das Anwesen in den Besitz der Markgrafen von Baden, später gehörte es einem Bankier. 1993 hat Reinhard J. Strickler das Gut übernommen und in Keller und Weinberge investiert. Seine Weinberge liegen im Varnhalter Klosterbergfelsen (granithaltige Böden), im Umweger Stich den Buben (Granit und Löss) und im Neuweierer Mauerberg (Granit und Porphyrschutt mit Lösslehmauflagen), sowie in Waldulm und Bühlertal. Wichtigste Rebsorte ist Riesling mit einem Anteil von 40 Prozent, es folgt Spätburgunder mit 35 Prozent. Der Rest entfällt auf Weißburgunder, Chardonnay, Grauburgunder, Gewürztraminer, Sauvignon Blanc, sowie auf Cabernet Sauvignon und Merlot, und inzwischen gibt es sogar etwas Tempranillo.

Seit mehr als einem Jahrzehnt nun gehört Gut Nägelsförst zu den Spitzenbetrieben der Ortenau. Die Weine sind kompakt und konzentriert, setzen auf Fülle und Kraft, was – insbesondere bei den Rotweinen – hin und wieder zu Lasten der Eleganz geht.

2006 stellte das Weingut eine sehr gleichmäßige Kollektion vor, eine Kollektion ohne Fehl und Tadel. Eine vergleichbare Kollektion folgte im vergangenen Jahr nach, alle Weine waren kraftvoll und stoffig. So präsentieren sich nun auch die 2008er Weißweine, vor allem die Terroir-Rieslinge besitzen gute Substanz und Kraft, führen eine sehr homogene Kollektion an.

Weinbewertung

85 . . . 2008 Sauvignon Blanc trocken
gute Konzentration, feine Würze und Frucht, klar; füllig, harmonisch, viel reife süße Frucht **13,10 €**

85 . . . 2008 Chardonnay trocken Holzfass
feine Würze, reife Frucht, Ananas; weich, füllig, harmonisch, klare reife Frucht **10,20 €**
1999: 87; 2004: 86; 2005: 86; 2006: 85; 2007: 86.

87 . . . 2008 Riesling Spätlese trocken „Großes Gewächs Terroir" Umweger Stich den Buben
viel Konzentration, reintönige Frucht, Aprikosen und Pfirsiche; füllig, stoffig, reife Frucht, gute Substanz und Länge **16,50 €**

87 . . . 2008 Riesling Spätlese trocken „Großes Gewächs Terroir" Varnhalter Klosterbergfelsen
würzig, eindringlich, klare reife Frucht; füllig, harmonisch, reife Frucht und Substanz **16,50 €**

87 . . . 2008 Riesling Spätlese trocken „Großes Gewächs Terroir" Neuweierer Mauerberg
enorm würzig, eindringlich, gute Konzentration; weich, füllig, harmonisch, reife süße Frucht, jugendlich **16,50 €**

85 . . . 2005 Pinot Noir trocken Barrique
würzig, eindringlich, reife Frucht, feiner Toast; füllig, kraftvoll, klare Frucht, feine Frische und Biss **18,10 €**
1999: 83; 2000: 85; 2001: 87; 2002: 86; 2003: 84; 2004: 86.

86 . . . 2005 Pinot Noir „RJS Prestige" trocken Barrique
würzig, konzentriert, klare reife Frucht, etwas Toast; füllig, kraftvoll, reife Frucht, gute Struktur **29,50 €**
1997: 85; 1999: 83; 2000: 86; 2001: 87; 2002: 87; 2004: 88.

---

81 2008 Riesling trocken „sur Lie" **8,50 €**
81 2008 Riesling trocken „Gutsspätlese" **9,90 €**
84 2008 Pinot Blanc trocken Holzfass **9,70 €**
84 2008 Pinot Gris trocken Holzfass **10,20 €**
82 2007 „Vinotage" Rotwein trocken **13,40 €**
84 2005 „Cru Vision Rouge" Rotwein trocken Barrique **20,- €**

★☆

Nauerth
Weingut

Pfalz

Lindenstraße 42, 76831 Heuchelheim-Klingen
Tel. 06349-8529, Fax: 06349-6795
www.weingut-nauerth.de
mail@weingut-nauerth.de
Besuchszeiten: Sa. 10-16 Uhr und nach Vereinbarung
Gästezimmer

Inhaber .... Günther Nauerth & Mareen Nauerth
Rebfläche .... 11 Hektar

Die Familie Nauerth baut jeweils zur Hälfte weiße und rote Sorten an. Bei den weißen Sorten dominiert Riesling, es folgen Grauburgunder und Weißburgunder, aber auch Chardonnay und Gewürztraminer. An roten Sorten werden neben Spätburgunder Dornfelder, Portugieser, St. Laurent und Regent angebaut. Die Rotweine werden entrappt, maischevergoren und im Holz ausgebaut, Weißweine werden im Edelstahl ausgebaut.

Auch im schwierigen Jahrgang 2006 überzeugte Günther Nauerth mit einer homogenen Kollektion, in der die Rotweine wieder besonders gefielen, aber auch Weißburgunder und Spätburgunder Weißherbst gehörten zu den nicht allzu zahlreichen, besonders gelungenen Weinen dieses Jahrgangs in der Südpfalz. Die 2007er Kollektion blieb verhaltener und ein wenig hinter den Vorjahren zurück. Da gefällt uns die neue Kollektion klar besser, die Weine sind reintönig und besitzen Substanz. Im weißen Segment haben uns Weißburgunder und Riesling Spätlese besonders gut gefallen, im roten die Spätburgunder, angeführt von dem „WIR" genannten Wein, dem Ergebnis eines Gemeinschaftsprojektes mit dem Weingut Gnägy in Schweigen-Rechtenbach.

Weinbewertung

85 . . . 2008 Weißburgunder Spätlese trocken
gute Konzentration, feine Würze, klare reife Frucht; füllig, harmonisch, viel reife Frucht, Substanz **6,- €**

86 . . . 2008 Riesling Spätlese trocken
klar, frisch, würzig, dezent Limone; klar, füllig, harmonisch, reife Frucht **6,50 €**

85 . . . 2007 Spätburgunder Spätlese trocken
klar, fruchtbetont, feine Würze, eindringlich; frisch, reintönige Frucht, zupackend **7,20 €**

85 . . . 2007 Spätburgunder „S" trocken
enorm eindringlich, konzentriert, klare reife Frucht; füllig, kraftvoll, reife Frucht, Substanz, recht jugendlich **10,20 €**

87 . . . 2007 „WIR" Spätburgunder trocken
Gemeinschaftsprojekt mit Weingut Gnägy in Schweigen-Rechtenbach; gute Konzentration, feine Würze, reintönige reife Frucht; füllig, kraftvoll, reife Frucht, gute Substanz, Vanille, jugendlich **14,80 €**

81	„Grandissimo" Perlwein	**5,30 €**
80	2008 Riesling trocken	**3,90 €/1l**
83	2008 Riesling Kabinett trocken	**4,60 €**
82	2008 Weißburgunder Kabinett trocken	**4,60 €**
81	2008 Grauburgunder Kabinett trocken	**4,60 €**
83	2008 Sauvignon Blanc trocken	**6,50 €**
81	2008 St. Laurent trocken	**4,90 €**
81	2008 Spätburgunder trocken	**4,80 €**

★☆

Ewald **Neder**
Weingut

Franken

Urbanusweg 5, 97729 Ramsthal
Tel. 09704-5692, Fax: 09704-7469
www.weingut-neder.de
info@weingut-neder.de
Besuchszeiten: Mo.-Fr. 14-19 Uhr, Sa. 9-16 Uhr oder nach Vereinbarung
Probierstube (bis 20 Personen) und Weinpavillon im Hof

Inhaber .... Ewald Neder
Rebfläche .... 8,11 Hektar

Ganz im Norden des fränkischen Anbaugebietes liegt in einem Seitental der fränkischen Saale der Ort Ramsthal mit etwa 50 Hektar Weinbergen. Eugen Neder hat Ende der siebziger Jahre mit der Flaschenweinvermarktung begonnen und die Rebfläche erweitert, die größte Erweiterung erfolgte mit der Flurbereinigung 1981, in dem Jahr, in dem Ewald Neder den Betrieb mit damals 4,5 Hektar Weinbergen von seinen Eltern übernommen hat. Stetig hat er ihn seither auf die heutige Größe erweitert, 1991 hat er neben dem Wohnhaus im Urbanusweg ein neues Kellereigebäude errichtet. Seine Weinberge liegen allesamt in Steillagen vor allem in der Lage Ramsthaler St. Klausen, wo die Reben in Höhen von 280 bis 360 Meter auf Muschelkalkböden wachsen. Hinzu kommen Weinberge im Wirmsthaler Scheinberg (Muschelkalkböden mit etwas mehr Lössauflage) und im Trimberger Schlossberg, wo die Böden etwas tiefgründiger und sehr nährstoffarm sind. Er baut Müller-Thurgau, Bacchus, Silvaner, Kerner, Grauburgunder, Weißburgunder und Scheurebe an, sowie die roten Sorten Domina, Dornfelder und Regent.

Seit einem Jahrzehnt nun kennen wir die Weine von Ewald Neder, und in diesem Jahrzehnt haben sie uns niemals enttäuscht: Sie sind kraftvoll, sehr „fränkisch", geradlinig und klar.

Im problematischen Jahrgang 2006 hatte sich Ewald Neder gut behauptet, präsentierte eine homogene Kollektion, weiß wie rot. Sehr homogen waren auch seine 2007er Weine, die beiden Burgunder-Spätlesen hatten uns besonders gut gefallen. Weiß- und Grauburgunder sind auch die besten Weine in der aktuellen Kollektion, aber auch die im Barrique ausgebaute Domina überzeugt.

Weinbewertung

87 . . . 2007 Weißburgunder trocken Barrique

gute Konzentration, reife Frucht, herrlich eindringlich; füllig, harmonisch, viel reife Frucht, gute Substanz **11,80 €**

85 . . . 2008 Grauburgunder Spätlese trocken Ramsthaler St. Klausen

gute Konzentration, feine Würze, reife Frucht; weich, füllig, klare reife Frucht **7,40 €**

85 . . . 2007 Domina trocken Barrique

gute Konzentration, rauchige Noten, reife Frucht, rote und dunkle Früchte; füllig, kraftvoll, reife Frucht, gute Struktur, jugendliche Tannine und Bitternoten **11,80 €**

- 82 2008 Silvaner Kabinett trocken Wirmsthaler Scheinberg **5,40 €**
- 83 2008 Scheurebe Kabinett trocken Ramsthaler St. Klausen **5,40 €**
- 84 2008 Weißburgunder Spätlese trocken Ramsthaler St. Klausen **8,20 €**
- 82 2008 Bacchus Kabinett „feinfruchtig" Ramsthaler St. Klausen **4,30 €**
- 82 2008 Rotling „feinfruchtig" **4,60 €**
- 80 2007 Domina trocken Ramsthaler St. Klausen **7,- €**

★★

Neef-Emmich

Weingut

Rheinhessen

Alzeyerstraße 15, 67593 Bermersheim
Tel. 06244-905254, Fax: 06244-905255
www.neef-emmich.de
info@neef-emmich.de
Besuchszeiten: nach Vereinbarung
Weinprobierstube

Inhaber .... Dirk Emmich
Rebfläche .... 20 Hektar

Wichtigste Weißweinsorten bei Dirk Emmich sind Riesling, Weißburgunder, Silvaner und Müller-Thurgau, hinzu kommen Sorten wie Siegerrebe, Bacchus oder Huxelrebe, von denen er regelmäßig edelsüße Weine erzeugt. Bei den roten Sorten dominieren Dornfelder, Spätburgunder, Portugieser und St. Laurent. Die Weinberge von Dirk Emmich liegen teils in Bermersheim (Seilgarten, Hasenlauf) und benachbarten Gemeinden wie Westhofen (Rotenstein), teils um Albig (Hundskopf, Schloss Hammerstein), wo unterschiedliche Böden zu finden sind von Kalkgestein über Rotliegendes bis hin zu schwerem Tonmergel. Die Rotweine werden nach der Maischegärung im Holzfass ausgebaut. Die Weißweine werden kühl vergoren.

Schon in der ersten Ausgabe dieses Weinführers hatten wir das Weingut vorgestellt, überraschte uns Dirk Emmich mit einer sehr gleichmäßigen Kollektion mit fruchtbetonten Weinen. In diesem Jahrzehnt glänzte er immer wieder mit einzelnen edelsüßen Weinen. In den letzten Jahren versucht er auch im trockenen Segment in der Spitze zuzulegen.

Im problematischen Jahrgang 2006 hatte Dirk Emmich eine gleichmäßige Kollektion. 2007 war ebenfalls gleichmäßig, aber interessanter, angeführt von einer hervorragenden Bacchus Trockenbeerenauslese. Auch 2008 präsentiert Dirk Emmich wieder zwei sehr gute edelsüße Weine, aber auch der im Barrique ausgebaute St. Laurent aus dem Jahrgang 2007 macht eine gute Figur.

Weinbewertung

85 . . . 2008 Riesling Spätlese trocken Albiger Hundskopf
gute Konzentration, feine Würze, reife klare Frucht; weich, füllig, harmonisch, reife Frucht, gute Struktur und Substanz **10,20 €**

88 . . . 2008 Siegerrebe Beerenauslese Westhofener Rotenstein
viel Duft, Aprikosen und Zitrusfrüchte; süß, konzentriert, dominant, viel Stoff **12,30 €/0,5l**

87 . . . 2008 Huxelrebe Beerenauslese
frisch, würzig, etwas Rhabarber, klare Frucht; klar, frisch, zupackend, viel süße Frucht **12,30 €**

87 . . . 2007 St. Laurent trocken Barrique
gute Konzentration, feine rauchige Noten, rote Früchte, Erdbeeren und Kirschen; füllig, harmonisch, viel reife Frucht, Substanz **13,20 €**

77 2008 Müller-Thurgau trocken **3,90 €/1l**
79 2008 Weißburgunder trocken **5,40 €**
81 2008 Silvaner Spätlese trocken Bermersheimer Seilgarten **10,20 €**
83 2008 Grauburgunder Spätlese trocken Albiger Schloss Hammerstein
82 2008 Riesling Spätlese trocken Dalsheimer Burg Rodenstein **6,- €**
79 2008 Riesling „feinherb" **5,10 €**
79 2008 Riesling Auslese Bermersheimer Hasenlauf **10,20 €/0,5**
83 2008 St. Laurent trocken **6,30 €**

★★

Grafen Neipperg
Weingut des

Württemberg

Schlossstraße 12, 74193 Schwaigern
***Tel.** 07138-941400, **Fax**: 07138-4007*
neipperg@t-online.de
***Besuchszeiten**: Mo.-Fr. 8-11:30 + 13-16 Uhr, Sa. 10-12:30 Uhr*
Gaststätte „Zum alten Rentamt" (Pächterehepaar Pilz, Tel. 07138-5258)

Inhaber .... Erbgraf zu Neipperg
Rebfläche .... 31,5 Hektar

Die beiden Spitzenlagen des Gutes sind seit dem 13. Jahrhundert mit Reben bestockt. Im Neipperger Schlossberg ebenso wie in der Schwaigerner Ruthe wachsen die Reben auf Keuperböden. Anders in der dritten Lage des Weinguts, die seit dem Jahrgang 2008 ebenfalls auf Etiketten erscheint: Im Klingenberger Schlossberg – Klingenberg ist ein Stadtteil von Heilbronn – besteht der Boden aus Lösslehm auf Muschelkalkgestein. Aus dem Klingenberger Schlossberg, eine der kleinsten Einzellagen Württembergs, wird ausschließlich ein Riesling erzeugt. Lemberger und Riesling sind die wichtigsten Rebsorten im Weingut, es folgen Trollinger, Schwarzriesling, Spätburgunder und Müller-Thurgau, dazu gibt es Dornfelder, Samtrot, Weißburgunder und Muskateller, aber auch Merlot, aus dem der Spitzenrotwein des Hauses, der „S.E." bereitet wird.

Der 2005er Lemberger aus dem Neipperger Schlossberg war vor zwei Jahren unser Favorit. Die 2006er Rotweine zeigten sich etwas verhalten. Die 2007er Rotweine nun gefallen uns deutlich besser, allen voran der stoffige Merlot, der zu den Besten in Deutschland zählt. Das weiße Segment wird angeführt von dem Großen Gewächs aus der Ruthe.

Weinbewertung

88 . . . 2008 Riesling „GG" Schwaigerner Ruthe
feine Würze, reife Frucht, etwas Orangen und Grapefruit, jugendlich; weich, füllig, cremig, reife süße Frucht, gute Harmonie, süffig **18,50 €**

85 . . . 2008 Muskateller Spätlese Neipperger Schlossberg
eindringliche Muskatnote, etwas Litschi, Orangen; füllig, harmonisch, feine süße Frucht, Biss **10,80 €**

86 . . . 2007 Lemberger trocken Schwaigerner Ruthe
gute Konzentration, rauchige Noten, dezenter Toast; füllig, kraftvoll, reife Frucht, gute Substanz, dezent Schokolade **16,66 €**

85 . . . 2006 Samtrot trocken Barrique Neipperger Schlossberg
rauchige Noten, rote Früchte, etwas Erdbeeren; füllig, kraftvoll, ganz dezent Vanille und Schokolade, Bitternote **18,30 €**

87 . . . 2007 Lemberger „GG" Neipperger Schlossberg
würzig, konzentriert, reife Frucht, rote Früchte, etwas Vanille; konzentriert, zupackend, feine Würze, viel Biss und jugendliche Bitternote **28,- €**

90 . . . 2007 „S.E." Merlot trocken
gute Konzentration, viel reife Frucht, rote und dunkle Früchte, Schokolade; füllig, stoffig, konzentriert, viel reife Frucht, Schokolade, Substanz und Länge **47,- €**

83 2008 Muskateller trocken **6,60 €**
81 2008 Weißburgunder trocken Neipperger Schlossberg **7,- €**
84 2008 Riesling trocken Klingenberger Schlossberg **8,- €**
81 2007 Schwarzriesling trocken **7,60 €**
83 2008 Lemberger trocken **8,90 €**
84 2007 Spätburgunder trocken Neipperger Schlossberg **13,- €**

★★☆

Ludi **Neiss**

Weingut

Pfalz

Hauptstraße 91, 67271 Kindenheim
***Tel.** 06359-4327, **Fax:** 06359-40476*
www.weingut-neiss.de
weingut-neiss@t-online.de
***Besuchszeiten:** Mo.-Fr. 9-12 + 13:30-17:30 Uhr, Sa. 10-15 Uhr*
Veranstaltungsraum

Inhaber .... Familie Neiss
Rebfläche .... 15 Hektar

1959 übernahm Ludi Neiß den landwirtschaftlichen Mischbetrieb, den er erst allein, dann mit Ehefrau Christine führte. In den siebziger Jahren konzentrierte er sich dann ganz auf Weinbau. Seit 1997 führt sein Sohn Axel Neiss, Geisenheimabsolvent, das Weingut. Er stellte auf klassische Rebsorten um und konzentrierte sich auf die besten Lagen in der Region. Die Weinberge liegen in Kindenheim und Bockenheim, die Reben wachsen auf recht schweren, kalksteindurchzogenen Lehmböden. Rote Sorten nehmen die Hälfte seiner Weinberge ein. Neben Spätburgunder, Dornfelder und Portugieser gibt es Frühburgunder, Dunkelfelder, Regent, Cabernet Sauvignon, Merlot und Syrah. Wichtigste weiße Sorte ist Riesling, dazu gibt es Weißburgunder, Müller-Thurgau, Silvaner und Chardonnay. Fast alle Weine werden trocken ausgebaut. Das Weißwein-Programm wurde von Axel Neiss neu strukturiert in Gutsweine, Lagenweine und dem Top-Segment, in dem der Riesling aus der Lage Burgweg angesiedelt ist, ein 35 Jahre alter Weinberg an der Abbruchkante zwischen Kindenheim und Bockenheim.

Axel Neiss ist es zu verdanken, dass Weinkenner in Deutschland den Namen Kindenheim kennen. Zunächst machte er oft mit barriqueausgebauten Rotweinen auf sich aufmerksam, in den letzten Jahren aber sind die Rieslinge immer wichtiger geworden in seinem Sortiment. Seine Weine bestechen durch Fülle, Kraft und Konzentration.

Vor zwei Jahren gefiel uns der 2004er Spätburgunder besonders gut, die Weißweine hatten sich im schwierigen Jahrgang 2006 gut behauptet. Sehr stimmig und homogen präsentierte sich die letztjährige Kollektion, unser Favorit war der neue Wein im Programm, der Top-Riesling aus dem Burgweg. Dessen Nachfolger 2008 ist nun unser eindeutiger Favorit in der neuen, ansonsten recht gleichmäßigen Kollektion. Als Pendant zum Burgweg-Riesling wurde der Spätburgunder Glockenseil lanciert, der von einem Weinberg stammt, der vor zehn Jahren mit französischen Spätburgunder-Klonen bepflanzt wurde.

Weinbewertung

85 . . . 2008 Riesling trocken Bockenheimer Heiligenkirche
fruchtbetont, würzig, klar; füllig, harmonisch, viel reife Frucht und Substanz **8,- €**
2003: 88; 2004: 84; 2005: 86; 2006: 85; 2007: 85.

86 . . . 2008 Riesling trocken „Alte Reben" Bockenheimer Sonnenberg
viel reife Frucht, herrlich eindringlich und konzentriert; füllig, harmonisch, reife Frucht, gute Substanz und Länge **12,80 €**
2002: 87; 2004: 86; 2005: 87; 2006: 86; 2007: 85.

88 . . . 2008 Riesling trocken Burgweg
faszinierend viel Frucht, gelbe Früchte, herrlich eindringlich und konzentriert; füllig, harmonisch, saftig, viel reife Frucht und Substanz **17,- €**
2007: 88.

85 . . . 2007 „Cuvée N" Rotwein trocken Barrique Bockenheimer Vogelsang
rauchige Noten, reife rote Früchte; füllig, harmonisch, viel reife Frucht, etwas Schokolade, Tannine **13,- €**

85 . . . 2005 Cabernet Sauvignon Merlot trocken Barrique Kindenheimer Gräfenstück
gute Konzentration, Gewürze, dezenter Toast, reife rote Früchte, etwas Schokolade; füllig, harmonisch, reife Frucht, gute Struktur **13,- €**

87 . . . 2007 Spätburgunder trocken „GLOCKENSEIL"
achtzehn Monate in französischen Barriques ausgebaut, unfiltriert abgefüllt; feiner Duft, reife Frucht, rote Früchte, eindringlich; füllig, harmonisch, kraftvoll, viel reife Frucht, Substanz, dezente Bitternote

78 2008 Riesling trocken **5,- €/1l**
81 2008 Silvaner trocken **5,- €**
80 2008 Weißburgunder trocken Bockenheimer Vogelsang **7,80 €**
81 2008 Weißburgunder trocken „Alte Reben" Bockenheimer Schlossberg **9,50 €**
80 2008 Riesling Kabinett trocken **6,80 €**
82 2008 Riesling trocken Sonnenberg **7,80 €**

★★★

Nelles

Weingut

Ahr

Göppinger Straße 13a, 53474 Heimersheim
Tel. 02641-24349, Fax: 02641-79586
www.weingut-nelles.de
weingutnelles@web.de
Besuchszeiten: Mo.-Fr. 9-12 + 13:30-18 Uhr, Sa. 10-12 Uhr
Hotel-Restaurant Weinhaus Nelles (Tel. 02641-6868)

Inhaber .... Thomas Nelles
Kellermeister .... Alfred Emmerich
Rebfläche .... 7,5 Hektar

Die Anfänge des Weinguts lassen sich bis ins Jahr 1479 zurückverfolgen, weshalb diese Jahreszahl auch die Etiketten ziert. Heute führt Thomas Nelles das Gut. Seine Weinberge liegen vor allem in den Heimersheimer Lagen Landskrone (3,8 Hektar) und Burggarten (1,8 Hektar), sowie im Neuenahrer Sonnenberg (1 Hektar). Drei Viertel der Rebfläche nimmt Spätburgunder ein, hinzu kommen Riesling, Grauburgunder, Frühburgunder und Weißburgunder. Bereits seit Ende der achtziger Jahre gibt es „B 48" und „B 52" als Spitzenweine des Hauses, seit dieser Zeit werden auch keine Prädikatsbezeichnungen mehr verwendet.

Vor zwei Jahren gefielen uns einmal mehr die „B"-Weine am besten. Auch im vergangenen Jahr führten die beiden Flaggschiffe eine stimmige, gute Kollektion an. Die 2006er beginnen sich nun etwas zu öffnen, die 2007er präsentieren sich jugendlich und verschlossen, vor allem der B 52 braucht noch Zeit.

Weinbewertung

86 . . . 2008 Riesling „Alte Reben"
gute Konzentration, reife Frucht, etwas gelbe Früchte und Zitrus, auch Pfirsiche; frisch, füllig, klar, feine Süße und Mineralität **11,- €**

85 . . . 2008 „Madeleine" Rotwein
Frühburgunder; fruchtbetont, rauchige Noten, etwas Erdbeeren, ganz leicht überreife Noten; frisch, geradlinig, reife Frucht, viel Biss **19,- €**

86 . . . 2008 Spätburgunder „B"
ein Jahr in gebrauchten Barriques ausgebaut; feine Würze, dezenter Toast, reintönige Frucht; frisch, klar, direkt, feine süße Frucht und Biss **21,- €**

88 . . . 2006 Spätburgunder „B-48" Heimersheimer Landskrone
gute Konzentration, feiner Toast, reife Frucht, feiner Duft; füllig, harmonisch, viel reife Frucht, etwas Schokolade, üppig und lang **27,- €**

89 . . . 2007 Spätburgunder „B-48" Heimersheimer Landskrone
frisch, würzig, herrlich eindringlich und reintönig, dezenter Toast; klar, frisch, zupackend, feine süße Frucht und Biss **27,- €**
2000: 86; 2001: 87; 2002: 89; 2003: 89.

89 . . . 2006 Spätburgunder „B-52" Heimersheimer Burggarten
gute Konzentration, viel reife Frucht, etwas Herzkirschen; füllig, stoffig, viel Kraft und Substanz, etwas Herzkirschen, gute Struktur und Länge **35,- €**

88+ . . . 2007 Spätburgunder „B-52" Heimersheimer Burggarten
konzentriert, reife Frucht, etwas Vanille, herrlich eindringlich; klar, kraftvoll, zupackend, feine süße Frucht, etwas Schokolade, Tannine, Biss, jugendlich **35,- €**
2001: 88; 2002: 90; 2003: 89.

88 . . . 2007 Frühburgunder „B" Goldkapsel
reintönige Frucht, etwas rote Früchte, rauchige Noten; klar, harmonisch, elegant, Fülle und Kraft, gute Struktur und Frische **53,- €/Versteigerung**

91 . . . 2006 Spätburgunder „B-52" Goldkapsel
viel Toast, viel reife Frucht, herrlich eindringlich, rauchige Noten; konzentriert, elegant, gute Struktur und Frische, reintönige Frucht, enorm nachhaltig **67,- €**

84	2008 Grauburgunder trocken	9,- €
84	2008 Weißburgunder („feinherb")	9,- €
82	2008 Spätburgunder Blanc de Noir trocken	9,- €
82	2008 „Ruber" Spätburgunder	9,- €
84	2008 Spätburgunder „Classic"	11,- €
83	2008 Domina („feinherb")	8,50 €

★☆

Neuberger
Weingut

Franken

Freudenberger Straße 7, 63927 Bürgstadt
Tel. 09371-2562, Fax: 09371-7008
www.weingut-neuberger.de
info@weingut-neuberger.de
Besuchszeiten: Di.-Fr. 9-12 + 14-18:30 Uhr, Sa. 9-15 Uhr
Häckerwirtschaft (3 x jährlich)

Inhaber .... Burkhard Neuberger
Rebfläche .... 10 Hektar

Burkhard Neuberger baut in seinen Weinbergen im Bürgstadter Centgrafenberg gut zur Hälfte rote Sorten an. Spätburgunder ist seine wichtigste Rebsorte. Die Rotweine werden alle maischevergoren und grundsätzlich trocken ausgebaut.

Auf ein gutes Debüt vor zwei Jahren folgte im vergangenen Jahr eine sehr gleichmäßige, überzeugende Kollektion, weiß wie rot, alle Weine besaßen Klarheit und Struktur. 2008 richtete Hagel großen Schaden in Burkhard Neubergs Weinbergen an, so dass nur Qualitäts- und Kabinettweine geerntet werden konnten. Trotzdem gefällt uns auch die aktuelle, wiederum sehr gleichmäßige Kollektion gut, in der wie im Vorjahr (damals Jahrgang 2003) der barriqueausgebaute Spätburgunder unser Favorit ist.

Weinbewertung

85 . . . 2007 Spätburgunder trocken Barrique Bürgstadter Centgrafenberg
herrlich reintönige Frucht, feine Frische; klar, frisch harmonisch, reintönige Frucht, dezent Vanille, jugendliche Bitternote **9,50 €**

80 2008 Silvaner Kabinett trocken Bürgstadter Centgrafenberg **4,20 €**
83 2008 Riesling Kabinett trocken Bürgstadter Centgrafenberg **4,80 €**
79 2008 Spätburgunder Blanc de Noir trocken Bürgstadter Centgrafenberg **5,20 €**
83 2007 Weißburgunder Spätlese trocken Barrique Bürgstadter Centgrafenberg **9,90 €**
78 2008 Müller-Thurgau Kabinett Bürgstadter Centgrafenberg **4,20 €**
82 2008 Bacchus Kabinett Bürgstadter Centgrafenberg **4,20 €**
81 2008 Spätburgunder Rosé Kabinett Bürgstadter Centgrafenberg **5,30 €**
79 2007 Cabernet Mitos trocken Bürgstadter Centgrafenberg **9,50 €**
80 2007 Domina trocken Bürgstadter Centgrafenberg **6,20 €**
83 2007 Spätburgunder trocken „Churfranken" Bürgstadter Centgrafenberg **7,20 €**
81 2007 Frühburgunder trocken Bürgstadter Centgrafenberg **9,50 €**

Schloss Neuweier ★★★
Weingut

Baden

Mauerbergstraße 21, 76534 Baden-Baden
Tel. 07223-96670, Fax: 07223-60864
www.weingut-schloss-neuweier.de
kontakt@weingut-schloss-neuweier.de
Besuchszeiten: Nov. bis April: Mo.-Fr. 9-12 + 13-17 Uhr, Sa. 9-14 Uhr; Mai bis Okt.: Mo.-Fr. 9-12 + 13-18 Uhr

Inhaber .... Gisela Joss
Gutsverwalter .... Jürgen Güntert
Kellermeister .... Alexander Spinner
Rebfläche .... 17 Hektar

Die Familie Joos hat 1992 Schloss Neuweier gekauft und Keller und Weinberge sukzessive saniert. Unter anderem wurde eine jahrzehntelang brachliegende Steillage im Neuweierer Mauerberg, das so genannte „Goldene Loch", durch Querterrassen wieder bewirtschaftbar gemacht. Die zweite Spitzenlage neben dem Mauerberg ist der Neuweierer Schlossberg, der dem Weingut in Alleinbesitz gehört. Riesling ist mit einem Anteil von 84 Prozent die mit Abstand wichtigste Rebsorte bei Schloss Neuweier. Hinzu kommt Spätburgunder, sowie ein klein wenig Weißburgunder und Gewürztraminer. Das Gros der Weine wird trocken ausgebaut. Schloss Neuweier gehört heute zu den Top-Betrieben in Baden mit immer zuverlässigen, reintönigen Rieslingen.

Die Großen Gewächse bildeten 2006 die Spitze einer jahrgangsbedingt etwas schwächeren Kollektion. Eine vergleichbare Kollektion schloss sich 2007 an. Die beiden Großen Gewächse waren stark, wie alle Rieslinge aus dem Mauerberg, die Schlossberg-Rieslinge, früher oft unsere betriebsinternen Favoriten, zeigten eine eigenwillige Aromatik. 2008 gefällt uns die trockene Spätlese aus dem Schlossberg sehr gut, noch mehr beeindrucken uns in diesem Jahr aber die beiden Großen Gewächse aus dem Mauerberg. Die edelsüßen Weine würden wir uns etwas reintöniger wünschen.

Weinbewertung

88 . . . 2008 Riesling Spätlese trocken „alte Reben" Neuweierer Schlossberg
würzig, eindringlich, reife Frucht; füllig, stoffig, reintönige reife Frucht, Substanz und Länge **14,30 €**
1999: 89; 2000: 86; 2001: 93; 2002: 90; 2003: 88; 2004: 88; 2005: 88; 2006: 86; 2007: 84.

89 . . . 2008 Riesling „GG" „Mauer-Wein"
viel reife Frucht, reife Zitrusfrüchte, herrlich eindringlich und dominant; füllig, stoffig, viel reife Frucht und Biss, jugendlich **17,- €**
2001: 89; 2002: 89; 2004: 89; 2005: 89; 2006: 89; 2007: 89.

89 . . . 2008 Riesling „GG" „Goldenes Loch" Neuweierer Mauerberg
viel Konzentration, viel reife Frucht, dezent Aprikosen und Pfirsiche, weiße Früchte; füllig, harmonisch, reife Frucht, Substanz, feiner Zitrusbiss **19,- €**
1999: 85; 2000: 88; 2001: 91; 2002: 90; 2003: 89; 2004: 90; 2005: 89; 2006: 89; 2007: 88.

85 . . . 2008 Riesling Spätlese Neuweierer Mauerberg
würzig, eindringlich, reife Frucht; füllig, harmonisch, feine süße Frucht, Biss **12,80 €**
2003: 88; 2004: 88; 2005: 88; 2006: 87; 2007: 87.

85 . . . 2008 Gewürztraminer Spätlese Neuweierer Schlossberg
reintönige Frucht, Rosen, feine Würze; frisch, klar, feine süße Frucht **9,50 €/0,5l**

81 2008 Gutsriesling trocken **7,20 €**
84 2008 Riesling Kabinett trocken Neuweierer Mauerberg **10,50 €**
83 2008 Riesling Kabinett trocken Neuweierer Schlossberg **11,25 €**
83 2008 Weißburgunder Spätlese trocken Neuweierer Mauerberg **12,80 €**
84 2008 Riesling Spätlese trocken Neuweierer Mauerberg **12,80 €**
84 2008 Riesling Auslese Neuweierer Mauerberg **17,50 €/0,5l**

★★

Niederhausen-Schlossböckelheim

Gutsverwaltung

Nahe

Ehemalige Weinbaudomäne, 55585 Niederhausen/Nahe
Tel. 06758-92500, Fax: 06758-925019
www.riesling-domaene.de
info@riesling-domaene.de
Besuchszeiten: Mo.-Fr. 8-12 + 13-18 Uhr, Sa. 10-16 Uhr
Kelterhalle (für Gruppen bis 100 Personen),
Gästehaus (6 Zimmer)

Inhaber .... Jens Reidel
Betriebsleiter .... Karsten Peter
Außenbetriebsleiter ...... Markus Leyendecker
Rebfläche .... 32 Hektar

Die ehemalige Weinbaudomäne wurde 1902 vom Königreich Preußen als Lehr- und Mustergut gegründet und gehörte nach 1946 dem Land Rheinland-Pfalz. 1998 wurde das Gut privatisiert und an die Pfälzer Familie Maurer verkauft, im Sommer 2009 erwarb es der Unternehmer Jens Reidel. Die Domäne besitzt Weinberge in erstklassigen Lagen von Schlossböckelheim (Kupfergrube und Felsenberg) und

Niederhausen (Hermannsberg, Hermannshöhle, Steinberg, Kertz), aber auch im Altenbamberger Rotenberg und in der Traiser Bastei. 85 Prozent der Weinberge sind mit Riesling bepflanzt. Dazu gibt es Weißburgunder, Grauburgunder, Spätburgunder und Müller-Thurgau.

2006 lagen die Stärken einmal mehr im restsüßen Segment. Die 2007er Kollektion bot einige füllige Rieslinge, trocken wie süß. 2008 präsentiert sich nicht ganz einheitlich, unser Favorit ist der Große-Gewächs-Riesling Niederhäuser Kertz.

Weinbewertung

86 . . . 2008 Riesling „GG" Niederhäuser Steinberg
frisch, würzig, recht duftig; füllig, zupackend, feine Bitternote und Biss **18,- €**

88 . . . 2008 Riesling „GG" Niederhäuser Kertz
gute Konzentration, feine Würze, klare reife Frucht; füllig, harmonisch, viel reife Frucht, gute Substanz und Länge **18,- €**

86 . . . 2008 Riesling „GG" Schlossböckelheimer Kupfergrube
würzig, eindringlich, etwas weiße Früchte; füllig und schmeichelnd, feine süße Frucht, Biss **18,- €**

85 . . . 2008 Riesling trocken „Unter der Mauer" Schlossböckelheimer Kupfergrube
gute Konzentration, feine Würze und Frucht, eindringlich; füllig, kraftvoll, viel reife Frucht, gute Substanz **13,50 €**

- **82** 2008 Riesling trocken Niederhäuser Hermannshöhle **9,30 €**
- **81** 2008 Riesling trocken Niederhäuser Hermannsberg **7,80 €**
- **81** 2008 Riesling trocken Schlossböckelheimer Felsenberg **8,20 €**
- **79** 2008 Riesling trocken Niederhäuser Steinberg **7,- €**
- **81** 2008 Riesling „feinherb" Niederhäuser Hermannshöhle **9,30 €**

★★☆

Heinz **Nikolai**

Weingut

Rheingau

Ringstraße 16, 65346 Erbach
Tel. 06123-62708, Fax: 06123-81619
www.heinz-nikolai.de
weingut@heinz-nikolai.de
Besuchszeiten: Mo.-Sa. 10-18 Uhr, So. 10-14 Uhr
Straußwirtschaft während der Rheingauer Schlemmerwochen (April/Mai)

Inhaber .... Heinz, Helga und Frank Nikolai
Rebfläche .... 12 Hektar

Heinz und Helga Nikolai sowie Sohn Frank, der inzwischen für den Keller verantwortlich ist, bauen in ihren Weinbergen zu 85 Prozent Riesling an. Hinzu kommen etwas Spätburgunder und Weißburgunder. Ihre besten Lagen sind Erbacher Michelmark, Erbacher Steinmorgen und Hallgartener Jungfer. Nach intensiver Vorklärung werden die Moste kühl und gezügelt vergoren. Die Rieslinge werden grundsätzlich im Edelstahl ausgebaut. Der Spätburgunder kommt nach der Maischegärung ins Eichenholzfass. Die Weine sind meist sehr klar und feingliedrig, Experimente wie der süße Eiswein-Sekt gehören ebenso zum Programm wie reintönige edelsüße Weine.

2006 war nicht einfach, doch auch wenn die Weine nicht ganz an 2005 heranreichten, waren sie doch frisch, würzig und schlank. Aus dem Jahrgang 2007 fielen besonders der enorm animierende „Primus Maximus" sowie zwei grandiose edelsüße Weine auf. Die 2008er können da nicht mithalten, allerdings besitzen die Ersten Gewächse ebenso Potenzial wie die Spätlese von alten Reben.

Weinbewertung

85 . . . 2007 Riesling Eiswein Sekt doux
reife Frucht, verhalten, Aprikosen, leichte Hefenoten; saftig, deutliche Süße, sehr süffig **39,- €/0,375l**

85 . . . 2008 Riesling Erstes Gewächs Erbach Steinmorgen
Zitrus, verhalten, noch sehr jugendlich; schlank, frisch, mit Potenzial **13,- €**
1999: 86; 2001: 87; 2002: 87; 2003: 87; 2004: 85; 2005: 88; 2006: 85; 2007: 87.

87 . . . 2008 Riesling Erstes Gewächs Erbach Siegelsberg
klare Frucht, Zitrus, Kräuter; straff, würzig, elegant, hat Substanz und Potenzial **14,- €**

86 . . . 2008 Riesling Spätlese „Alte Reben" Erbacher Steinmorgen
verhalten, etwas Melone, hefig; saftig, rassig, leicht mineralisch, wirkt beinah trocken **7,- €**
1998: 85; 2001: 86; 2002: 87; 2004: 85; 2005: 87; 2006: 85; 2007: 85.

88 . . . 2008 Riesling Eiswein Erbacher Steinmorgen
reintönige Frucht, entwickelt sich gut; elegant, sehr süffig, recht gut balanciert, nachhaltig **30,- €/0,375l**

80 2008 Riesling Kabinett trocken Michelmark **6,- €**
82 2008 Riesling Spätlese trocken Michelmark **7,- €**
84 2008 Riesling Spätlese trocken „Primus Maximus" **8,50 €**
80 2008 Riesling „feinherb" Honigberg **5,- €**
84 2007 Spätburgunder „Barrique Johann Jakob" **12,50 €**

N

Die besten deutschen Weinerzeuger und ihre Weine

Ingo Norwig

★☆

Weingut

Mosel

Am Frohnbach 1, 54472 Burgen
Tel. 06534-763, Fax: 06534-949504
www.weingut-norwig.de
info@weingut-norwig.de
Besuchszeiten: nach Vereinbarung

Inhaber .... Ingo Norwig
Rebfläche .... 7 Hektar

Ingo Norwig baut neben Riesling auch etwas Müller-Thurgau, Ortega, Spätburgunder und Dornfelder an. Die Weinberge liegen in Burgen, Brauneberg, Veldenz und Mülheim. Die Weine werden kühl vergoren und bleiben lange auf der Feinhefe. In den letzten Jahren haben die Weine an Ausdruck gewonnen, sind saftig, rassig und zugänglich, ohne es an Substanz fehlen zu lassen.

2006 war ein weiterer Schritt in die richtige Richtung – alle Weine wirkten klar, blitzsauber und saftig. Auf die 2007er konnte man sich voll und ganz verlassen, die 2008er – es wurden nur vier Vertreter des Jahrgangs angestellt – sind fast noch spannender.

Weinbewertung

86 . . . 2007 Riesling Sekt trocken Mülheimer Sonnenlay
sehr frisch, duftig, leichte Kräuternote; würzig, vergleichsweise niedrige Dosage, animierend **8,- €**

87 . . . 2008 Riesling Spätlese halbtrocken Burgener Hasenläufer
klare Frucht, duftig; rassig, saftig, zugänglich, feine Frucht, Substanz **5,- €**

85 . . . 2008 Kerner Spätlese Burgener Hasenläufer
Kräuter, leicht parfümierte Frucht; saftig, würzig, feine Frucht, rassige Säure **4,- €**

90 . . . 2008 Riesling Auslese Brauneberger Juffer
eindringliche Frucht, Ananas, Kräuter, kandierter Apfel; herrlich saftig, opulente Frucht, rassig, nachhaltig **10,- €**

83 2008 Riesling Kabinett „feinherb" Burgener Hasenläufer **4,- €**

★
O.
Weingut
Mosel

Wilhelmstraße 15, 56841 Traben-Trarbach
Tel. 06541-5201, Fax: 06541-1691
www.weingut-o.de
schneider.pollmann@t-online.de
Besuchszeiten: nach Vereinbarung

Inhaber .... Olaf Schneider
Rebfläche .... 0,6 Hektar

Olaf Schneider besitzt jeweils kleine Parzellen im Trabener Kräuterhaus und im Trarbacher Ungsberg. Die Trauben stammen aus ökologischem Weinbau, allerdings sind sie nicht zertifiziert. Alle Weine sind spontan vergoren, werden weder entsäuert noch aufgezuckert. Die Weine werden teilweise auch in Magnumflaschen gefüllt und sind offenbar immer schnell ausverkauft.

Weinbewertung

86 . . . 2008 Riesling Kabinett „fast trocken" Trarbacher Ungsberg
zarte Frucht, feine Spontangärnoten; würzig, saftig, feingliedrig, Biss **10,- €**

86 . . . 2008 Riesling Spätlese Trarbacher Ungsberg
leichte Hefenote, Kräuter, etwas Cassis; würzig, feingliedrig, pikante Säure, zarte Süße **14,- €**

87 . . . 2008 Riesling Spätlese Trabener Kräuterhaus
zarte Frucht, duftig; straff, feine Frucht, schönes Süße-Säure-Spiel, elegant **13,- €**

87 . . . 2008 Riesling Auslese Trarbacher Ungsberg
eher verhalten, zarte Frucht, getrockneter Apfel; würzig, Finesse, Potenzial (87+? Punkte) **22,- €**

83 2008 Riesling Kabinett trocken Trabener Kräuterhaus **9,- €**

84 2008 Riesling Kabinett „feinherb" Trabener Kräuterhaus **9,- €**

★
Oberbergen
Winzergenossenschaft
Baden

Badbergstraße 2, 79235 Vogtsburg-Oberbergen
Tel. 07662-94600, Fax: 07662-946024
www.wg-oberbergen.com
info@wg-oberbergen.com
Besuchszeiten: Mo.-Fr. 8-12 + 13:30-17:30 Uhr, Sa. 8:30-13 Uhr (nicht Jan.-März)

Geschäftsführer .... Rolf Hofschneider
Kellermeister .... Wolfgang Schupp
Rebfläche .... 340 Hektar
Mitglieder 450

Die Mitglieder der 1924 gegründeten Genossenschaft von Oberbergen bauen neben Spätburgunder vor allem weiße Sorten wie Müller-Thurgau, Silvaner, Weißburgunder, Grauburgunder und Chardonnay an. Daneben gibt es insbesondere noch Gewürztraminer, Muskateller, Kerner und Riesling. In der bekannten Lage Bassgeige finden sich die steilsten Terrassen am Kaiserstuhl.

Die 2006er Weißweine fielen etwas verhalten aus, die letztjährige Kollektion war sehr homogen, die beiden „TT"-Weine (für Traubenteilung) zeigten Klasse, auch die Gewürztraminer Spätlese machte Freude. Eine homogene Kollektion folgt in diesem Jahr nach, die gleichermaßen trocken wie süß, weiß wie rot überzeugt.

Weinbewertung

85 . . . 2008 Weißburgunder trocken „Edition TT" Oberbergener Bassgeige
gute Konzentration, reife Frucht; füllig, harmonisch, viel reife Frucht und Substanz **10,30 €**

86 . . . 2007 Weißburgunder Trockenbeerenauslese Oberbergener Bassgeige
würzig, duftig, kandierte Früchte; süß, dick, konzentriert, Früchtebrot **24,50 €/0,375l**

86 . . . 2007 Spätburgunder Auslese trocken Barrique Oberbergener Bassgeige
gute Konzentration, Gewürze, eindringliche Frucht; füllig, konzentriert, reife süße Frucht, Vanille, Bitternoten **21,50 €/0,5l**

---

80 2008 Müller-Thurgau trocken Oberbergener Bassgeige **4,45 €**
80 2008 Grauburgunder Kabinett trocken Oberbergener Bassgeige **6,10 €**
81 2008 Weißburgunder Spätlese trocken Oberbergener Bassgeige **7,35 €**
82 2008 Grauburgunder Spätlese trocken Oberbergener Bassgeige **7,45 €**
84 2008 Grauburgunder trocken „Edition TT" Oberbergener Bassgeige **10,30 €**
81 2008 Muskateller Kabinett Oberbergener Bassgeige **6,45 €**
81 2008 Gewürztraminer Spätlese Oberbergener Bassgeige **10,- €**
82 2007 Spätburgunder trocken „Edition TT"" Oberbergener Bassgeige **11,40 €**
84 2007 Spätburgunder Auslese trocken Oberbergener Bassgeige **14,45 €**

★★

Richard Östreicher
Weingut

Franken

Hauptstraße 15, 97334 Sommerach
Tel. 09381-1698, Fax: 09381-3010
www.weingut-richard-oestreicher.de
weingut@richard-oestreicher.de
Besuchszeiten: nach Vereinbarung
Weinstube, 3 Pensionszimmer

Inhaber .... Richard Östreicher
Rebfläche .... 3 Hektar

Richard Östreicher hat seit der Betriebsübernahme von seinem Vater 1995 das alte, über 250 Jahre alte Anwesen umgestaltet, die Remise wurde zur Weinstube. Seine Weinberge liegen vor allem in Sommerach (Katzenkopf), aber auch in Dettelbach (Honigberg) und Volkach (Kirchberg, Ratsherr). 40 Prozent der Anbaufläche wurde umstrukturiert, vor allem Spätburgunder, Merlot und Cabernet Sauvignon pflanzte Richard Östreicher in Toplagen. Ein Drittel der Rebfläche nehmen heute rote Sorten ein. Müller-Thurgau und Kerner reduzierte er, konzentriert sich auf Silvaner, Riesling und Weißburgunder bei den weißen Sorten. Seine Leidenschaft aber gilt den Rotweinen, die er lange auf der Hefe reifen lässt und ohne Filtration abfüllt.

Nach kraftvollen, eigenständigen Weinen vor zwei Jahren überzeugte auch die letztjährige Kollektion von Richard Östreicher mit eindringlichen, konzentrierten Weiß- und Rotweinen. Die klaren Akzente findet man auch in der aktuellen Kollektion wieder, die Weine sind konzentriert, und kraftvoll, besitzen Ecken und Kanten. Weiß wie rot.

Weinbewertung

85 . . . 2008 Silvaner Spätlese trocken Volkacher Kirchberg
klare reife Frucht, Birnen; füllig, kraftvoll, viel reife Frucht, gute Struktur und Frische **8,50 €**

87 . . . 2007 Weißburgunder „s.l." trocken Barrique Sommeracher Katzenkopf
Barriqueausbau; gute Konzentration, reife Frucht, dezent Vanille; weich, füllig, harmonisch, gute Substanz und Länge **14,80 €**

86 . . . 2006 Cuvée „R" Rotwein trocken
Cabernet Sauvignon und Merlot, achtzehn Monate Barriqueausbau; gute Konzentration, viel reife Frucht, etwas Kräuter und Cassis, herrlich eindringlich; füllig, kraftvoll, reife Frucht, viel Substanz, gute Struktur **24,- €**

85 . . . 2006 Merlot trocken Sommeracher Katzenkopf
viel Konzentration, Frucht, Gewürze, etwas rote Früchte; füllig, kraftvoll, stoffig, intensive Frucht, jugendlich **30,- €**

82 2008 „Sommergewitter" Weißwein Kabinett trocken Sommeracher Katzenkopf **6,20 €**
84 2008 Bacchus Auslese Sommeracher Katzenkopf **9,80 €**
84 2006 Spätburgunder „N° 1" trocken **21,- €**

★

Johann F. Ohler
Weingut

Pfalz

Meerspinnstraße 33, 67435 Neustadt
Tel. 06321-6116, Fax: 06321-60382
www.weingut-ohler.de
webmaster@weingut-ohler.de
Besuchszeiten: Mo.-Fr. 9-18 Uhr, Sa. 9-14 Uhr oder nach Vereinbarung

Inhaber .... Sabine Ohler-Jost
Kellermeister .... Stefan Giese
Rebfläche .... 4,6 Hektar

Seit mehr als 200 Jahren betreibt die Familie Weinbau in Gimmeldingen. 1758 begann Johann Michael Ohler eine Küferei aufzubauen, erst 1962 hat Reinhard Ohler sie eingestellt und sich ganz auf Weinbau konzentriert. Sabine Ohler-Jost übernahm 2007 das Weingut von ihrem Vater Reinhard Ohler und führt es zusammen mit ihrem Ehemann Dr. Arnim Jost. Die Weinberge von Sabine Ohler-Jost liegen in Gimmeldingen (Mandelgarten, Schlössel), Königsbach (Idig), Mußbach (Eselshaut) und Haardt. Riesling nimmt gut die Hälfte der Rebfläche ein, es folgen Spätburgunder, Cabernet Sauvignon, St. Laurent, Chardonnay und Weißburgunder. Die Weißweine werden im Edelstahl ausgebaut, Rotweine im großen Holzfass oder im Barrique.

Beim guten Debüt im vergangenen Jahr haben uns die restsüßen Rieslinge am besten gefallen. In diesem Jahr nun überzeugen vor allem die barriqueausgebauten Rotweine. Im weißen Teil der Kollektion gefällt uns der Riesling von alten Reben aus dem Mandelgarten besonders gut.

Weinbewertung

85 . . . 2008 Riesling trocken „Alte Reben" Gimmeldinger Mandelgarten
gute Konzentration, klare reife Frucht, herrlich eindringlich; füllig, harmonisch, reife süße Frucht, Substanz **7,90 €**

85 . . . 2004 Cabernet Sauvignon trocken
frisch, fruchtbetont, etwas Cassis; klar, kraftvoll, gute Struktur, dezent Schokolade **11,30 €**

86 . . . 2007 Spätburgunder trocken „Alte Reben"
gute Konzentration, klare Frucht, etwas rote Früchte, herrlich eindringlich; kraftvoll, klar, reife Frucht, gute Substanz **13,80 €**

83 (2007) Chardonnay & Spätburgunder Sekt brut **11,90 €**
79 2008 Riesling trocken **4,50 €/1l**
80 2008 Weißburgunder trocken **5,- €**
79 2008 Chardonnay trocken **6,90 €**
79 2008 Riesling Kabinett trocken Mußbacher Eselshaut **5,60 €**
81 2008 Riesling Kabinett trocken Gimmeldinger Schlössel **6,80 €**
82 2008 Riesling Mußbacher Eselshaut **6,50 €**
79 2008 „CS" trocken (Cabernet Sauvignon Rosé) **7,50 €**
82 2006 Spätburgunder trocken **5,90 €**

Johannes Ohlig ★★
Weingut

Rheingau

Hauptstraße 68, 65375 Oestrich-Winkel
Tel. 06723-2012, Fax: 06723-87872
www.weingut-ohlig.de
info@weingut-ohlig.de
Besuchszeiten: Mo.-Fr. 8-12 + 14-18 Uhr, Sa. nach Vereinbarung
Gutsausschank Zehntenhof ganzjährig geöffnet (Mi. Ruhetag), Innenhof (bei schönem Wetter)

Inhaber .... Johannes Ohlig
Rebfläche .... 10 Hektar

Das Weingut Ohlig befindet sich im historischen, Ende des 16. Jahrhunderts erbauten Zehntenhof in Winkel. Johannes Ohlig, der den Betrieb in der vierten Generation führt, verfügt über große Gewölbekeller. Wichtigste Rebsorte ist Riesling, der 80 Prozent der Fläche einnimmt, hinzu kommen 15 Prozent Spätburgunder, kleine Mengen Rivaner sowie spezielle Rotweinsorten, die zu einem schon legendären Glühwein verarbeitet werden. Drei Viertel der Weine werden trocken oder halbtrocken ausgebaut, vier Fünftel der Gesamterzeugung verkauft man an Privatkunden. Die Rieslinge sind eher schlank, die Gärung verläuft temperaturgesteuert und langsam.

Die 2006er waren duftig und erfrischend, die 2007er gleichmäßig, die 2008er sind nun eher schlank und würzig. Das Erste Gewächs aus 2007 ist saftig, könnte aber geradliniger und trockener sein.

Weinbewertung

85 . . . 2008 Riesling Spätlese trocken Winkeler Jesuitengarten
klare Frucht, leichte Hefenoten; würzig, saftig, prägnante Säure **8,- €**

85 . . . 2007 Riesling Erstes Gewächs Winkeler Jesuitengarten
feine Frucht, etwas Melone; stoffig, würzig, eher schlank, viel Frucht, hat Schmelz **14,70 €**

82 2008 Riesling Kabinett trocken Winkeler Gutenberg **5,30 €**
83 2008 Riesling Spätlese trocken Johannisberger Klaus 7,- €
84 2008 Riesling Kabinett „feinherb" Winkeler Hasensprung **5,30 €**
80 2008 Riesling Classic **5,- €**
84 2008 Riesling Kabinett Winkeler Jesuitengarten **5,30 €**

Ollinger-Gelz ★
Weingut

Mosel

Marienstraße 40, 66706 Perl
Tel. 06867-461, Fax: 06867-861
www.ollinger-gelz.de
weingut@ollinger-gelz.de
Besuchszeiten: Mo.-Sa. 9-12 + 13-18 (mit Bitte um Anmeldung)

Inhaber .... Inge und Willi Ollinger
Rebfläche .... 6,9 Hektar

Das Weingut Ollinger-Gelz ist einer der wenigen selbst vermarktenden Betriebe im Saarland. Seit 1980 führen Willi und Inge Ollinger das Gut. Elbling und die Burgundersorten bilden den Schwerpunkt. Dazu gibt es Müller-Thurgau, Gewürztraminer und Dornfelder. Die Böden sind hier vom gelbbraunen Muschelkalk geprägt. Im Jahr 2001 hat Willi Ollinger mit der Umstellung auf ökologischen Weinbau begonnen und ist inzwischen Mitglied bei Ecovin. Seine Weine sind stets elegant und feingliedrig, in der Regel werden sie trocken ausgebaut. Süße Spezialitäten sind, falls sie denn mal erzeugt werden, immer würzig und besitzen nur einen geringen Restzucker.

2006 wirkten Elbling und Burgundersorten klar und frisch, bereiteten viel Trinkspaß. Die 2007er waren klar, schlank und frisch. Die 2008er sind sehr zuverlässig, an der Spitze steht eine verblüffend würzige, halbtrocken wirkende Auslese vom Gewürztraminer.

Weinbewertung

86 . . . 2008 Gewürztraminer Auslese
deutlich Teerosen, sortentypisch; rassig, würzig, wirkt fast halbtrocken, Substanz, animierend **8,- €/0,5l**

80 2008 Grauburgunder trocken **6,- €**
81 2008 Weißburgunder trocken **6,- €**
81 2008 Auxerrois trocken **6,- €**
81 2008 Auxerrois Spätlese trocken **7,50 €**
83 2008 Grauburgunder Spätlese trocken **8,50 €**
82 2008 Spätburgunder trocken **8,- €**

Oppenheim ★
Staatliche Weinbaudomäne

Rheinhessen

Wormser Straße 162, 55276 Oppenheim
Tel. 06133-930305, Fax: 06133-930323
www.domaene-oppenheim.de
info@domaene-oppenheim.de
Besuchszeiten: Mo.-Do. 9-12 + 13-16 Uhr, Fr. 9-12 + 13-18 Uhr

Inhaber .... Land Rheinland-Pfalz
Betriebsleiter .... Otto Schätzel
Verwalter .... Gunter Schenkel
Kellermeister .... Thorsten Eller
Rebfläche .... 23 Hektar

Dieses 1895 gegründete Weingut ist heute ein staatlicher Lehr- und Versuchsbetrieb. Die Weinbaudomäne bewirtschaftet Weinberge in besten Lagen der Rheinterrasse. Die Lage Niersteiner Glöck (2,1 Hektar, roter Tonschiefer mit Lehm-Löss-Kegel) gehört ganz allein der Domäne. Dazu ist man vertreten im Nackenheimer Rothenberg, im Niersteiner Pettenthal (beide mit roten Tonschieferverwitterungsböden) und Niersteiner Oelberg, und in den Oppenheimer Lagen Herrenberg und Sackträger (Kalkmergelböden mit Lössschicht). Knapp die Hälfte der Weinberge ist mit Riesling bepflanzt. Dazu gibt es Silvaner und Müller-Thurgau, aber auch etwas Scheurebe, Gewürztraminer, Weißburgunder, Chardonnay, Grauburgunder, sowie an roten Sorten Spätburgunder, Sankt Laurent, Portugieser, Dornfelder, Regent und andere.

2006 fielen jahrgangsbedingt vor allem die Basisweine schwächer aus. Die 2007er Kollektion gefiel uns wieder besser, allen voran das Große Gewächs aus dem Rothenberg. Fast identisch ist das Bild 2008: Zuverlässige Basisweine, füllige Große Gewächse und eine feine rote Cuvée.

Weinbewertung

86 . . . 2007 Riesling „GG" Nackenheim Rothenberg
reife Frucht, gute Konzentration, dezent gelbe Früchte; weich, füllig, viel reife Frucht, gute Substanz und Länge **18,- €**

86 . . . 2008 Riesling „GG" Nackenheim Rothenberg
würzig, eindringlich, klare reife Frucht; füllig, harmonisch, reife Frucht, Substanz **18,- €**
2005: **87**; 2006: **84**.

85 . . . 2008 Riesling „GG" Nierstein Glöck
viel Duft, Marzipan, etwas Litschi; reife süße Frucht, gute Fülle und Biss

85 . . . 2007 „Cuvée Ernst Ludwig" Rotwein trocken

rauchige Noten, dezenter Toast, reife Frucht; füllig, kraftvoll, reife Frucht **14,50 €**

81 2008 RS-Rheinhessen Silvaner trocken **5,50 €**
79 2008 Riesling trocken **5,80 €**
81 2007 Weißburgunder trocken **6,- €**
80 2008 Grauburgunder trocken **6,50 €**
80 2008 Sauvignon Blanc trocken **6,50 €**
83 2008 Silvaner trocken „vom Rotliegenden" Niersteiner **8,50 €**
83 2008 Riesling trocken „vom Rotliegenden" Niersteiner **9,50 €**
81 2008 Silvaner Selection trocken **9,50 €**
84 2008 Riesling „GG" Nierstein Oelberg **18,-€**
80 2008 Riesling Classic **4,90 €**
82 2007 St. Laurent trocken **5,50 €**

★★★☆

Schloss Ortenberg
Weingut

Baden

Am St. Andreas 1, 77799 Ortenberg
***Tel.** 0781-93430, **Fax:** 0781-934320*
www.weingut-schloss-ortenberg.de
info@weingut-schloss-ortenberg.de
***Besuchszeiten:** Mo.-Fr. 8-12 + 13-17 Uhr, Sa. 9-12:30 Uhr*

O

Inhaber .... Zweckverband Weingut .... Schloss Ortenberg
Geschäftsführer .... Winfried Köninger
Kellermeister .... Hanspeter Rieflin
Rebfläche .... 45 Hektar

Das Weingut Schloss Ortenberg ist 1997 durch Zusammenlegung des Weingutes Schloss Ortenberg des Ortenaukreises mit dem St. Andreas-Weingut der Stadt Offenburg entstanden. Den Rotweinanteil will Winfried Köninger keinesfalls erhöhen, nur ein klein wenig Merlot hat er zuletzt noch angelegt. Bei den Weißweinen setzt er – neben Riesling selbstverständlich – auf Weißburgunder, Chardonnay und Sauvignon Blanc.

Schon vor einem Jahrzehnt, kurz nach dem Zusammenschluss, gehörte Schloss Ortenberg für uns zu den Spitzenbetrieben in der Ortenau. Heute ist diese Stellung gefestigter denn je, Jahr für Jahr verlassen sehr schöne Kollektionen den Ortenberger Keller.

Die Scheurebe Trockenbeerenauslese setzte im Jahrgang 2006 den edelsüßen Glanzpunkt, aber auch der Rest der 2006er Kollektion zeigte sich kaum beeindruckt vom schwachen Jahrgang, überzeugte wie gewohnt, weiß wie rot. Eine homogene Kollektion folgte im vergangenen Jahr nach. Einmal mehr glänzte die Trockenbeerenauslese, die Weißweine besaßen Kraft und Substanz. Vergleichbar stark ist die 2008er Kollektion, bietet füllige, saftige Weißweine und das gewohnte edelsüße Highlight.

Weinbewertung

86 . . . 2007 Pinot Sekt brut
würzig, frisch, klar; weich, füllig und schmeichelnd, reife Frucht und Substanz **11,- €**

85 . . . 2008 Sauvignon Blanc Spätlese trocken
frisch, würzig, klare Frucht; zupackend, reintönige Frucht, feiner Biss **10,- €**

86 . . . 2008 Sauvignon Blanc et Gris trocken
gute Konzentration, viel reife Frucht, Tropenfrüchte, enorm dominant; süß, schmeichelnd, viel reife Frucht **13,- €**
2001: **86**; 2002: **82**; 2003: **88**; 2004: **88**; 2005: **87**; 2006: **87**; 2007: **87**.

86 . . . 2008 Klingelberger-Riesling Spätlese trocken
gute Konzentration, klare reife Frucht, feine Würze, herrlich eindringlich; füllig, harmonisch, viel reife Frucht und Substanz **10,- €**

86 . . . 2008 Klingelberger-Riesling „SL" trocken
feine Würze, gute Konzentration; weich, füllig, viel reife süße Frucht, Substanz **13,- €**
1997: **89**; 1998: **89**; 1999: **89**; 2000: **91**; 2001: **90**; 2002: **88**; 2003: **89**; 2004: **88**; 2005: **86**; 2007: **87**.

85 . . . 2008 Grauburgunder Spätlese trocken
gute Konzentration, reife Frucht, eindringlich; weich, harmonisch, feine Frische, unkompliziert **10,- €**

86 . . . 2008 Weißburgunder Spätlese trocken „SL"
gute Konzentration, feine Würze, klare reife Frucht; füllig, harmonisch, reife süße Frucht **13,- €**

2000: 88; 2002: 87; 2003: 89; 2004: 87; 2005: 86; 2006: 85; 2007: 85.

85 . . . 2008 Muskateller Spätlese
frisch, würzig, reintönig; klar, harmonisch, feine süße Frucht, Struktur **13,- €**

85 . . . 2008 Gewürztraminer Spätlese
viel Konzentration, Rosen, Gewürze; füllig, harmonisch, reintönige Frucht **9,- €**

89 . . . 2008 Klingelberger-Riesling Eiswein
konzentriert, würzig, herrlich eindringlich; weich, füllig und schmeichelnd, viel reife süße Frucht, reintönig, feine Frische **33,25 €/0,375l**

91 . . . 2008 Scheurebe Trockenbeerenauslese
konzentriert, frisch, herrlich eindringlich und reintönig; konzentriert, klar, dick, faszinierend viel Frucht und Substanz, wunderschön harmonisch und lang **78,- €/0,375l**

1996: 89; 2001: 93; 2005: 92; 2006: 91; 2007: 91.

---

84 2007 „Duett" Rotwein trocken **13,- €**

★★★★

von Othegraven

Weingut

Mosel

Weinstraße 1, 54441 Kanzem
Tel. 06501-150042, Fax: 06501-18879
www.von-othegraven.de
info@von-othegraven.de
Besuchszeiten: Mo.-Fr. 8-12, 13-17 Uhr und nach Vereinbarung

Inhaber . . . . Dr. Heidi Kegel
Kellermeister . . . . Andreas Barth
Rebfläche . . . . 11 Hektar

1995 hat die heutige Besitzerin Heidi Kegel das traditionsreiche Weingut von ihrer Tante Maria von Othegraven übernommen. Für den Keller ist heute Andreas Barth zuständig, der nebenbei noch sein eigenes Weingut, den Lubentiushof, versorgt. Während der Erntezeit pendelt er deshalb zwischen den beiden Kellern. Zum Weingut gehört ein 7,5 Hektar großer, voll arrondierter Weinberg im Herzstück des Kanzemer Altenbergs (Devonschiefer mit hohem Steinanteil und Spuren von Eisenoxid), der ausschließlich mit Riesling bestockt ist. Hinzu kommen Weinberge im Ockfener Bockstein (silbriggrauer Schiefer) und in der Wiltinger Kupp (stark verwitterter Schiefer). Mit dem Jahrgang 1997 wurde das Programm für die trockenen Weine neu gestaltet: An der Spitze steht der Kanzem Altenberg als „Erstes Gewächs" bzw. nun „Erste Lage" nach gutsinterner Klassifizierung; inzwischen wird auch aus dem Ockfener Bockstein ein Großes Gewächs erzeugt, seit 2008 erstmals auch aus der Wiltinger Kupp. Dann folgt der Maximus, der im Sinne eines Zweitweines die nächst besten Partien enthält, schließlich Qualitätswein und Kabinett trocken, sowie süße und edelsüße Rieslinge. Die Weine werden alle spontanvergoren, seit 2008 nutzt man auch wieder Eichenholzfässer für den Ausbau.

2006 erzielte man das Optimum aus den schwierigen Bedingungen. Die 2007er waren leichter zugänglich, besaßen aber mindestens ebenso viel Substanz. Bereits die Basisweine waren sehr gelungen, die Spätlese „Alte Reben" sowie die Auslesen begeisterten mit ihrer rauchigen Mineralität. Die neue Kollektion begeistert mit herrlich stoffigen und nachhaltigen trockenen Rieslingen, allen voran das Große Gewächs aus dem Altenberg. Aber auch die edelsüßen Weine überzeugen mit ihrer Frische und Reintönigkeit – und der Sekt gehört auch zum Besten, was wir von der Mosel kennen.

Weinbewertung

88 . . . 2003 Riesling Sekt „Prestige" brut nature
würzig, konzentriert, herrlich eindringlich und dominant, reife Frucht; füllig, stoffig, viel Substanz, sehr cremig, feine Bitternoten, gute Struktur und Länge
23,- €

90 . . . 2008 Riesling trocken „Maximus"
viel Konzentration, herrlich viel Frucht, etwas gelbe Früchte; kraftvoll, stoffig, viel Substanz und Nachhall
9,50 €

89 . . . 2008 Riesling „GG" Kupp Wiltingen
dominant, etwas weiße Früchte, eigenwillig eindringlich; saftig, harmonisch, viel reife Frucht, feine Frische und Biss, elegant **20,- €**

91 . . . 2008 Riesling „GG" Ockfen Bockstein
klar, fruchtbetont, gute Konzentration, jugendlich; viel Fülle und Substanz, faszinierend viel Frucht, stoffig, klar, Struktur und Nachhall **20,- €**

92 . . . 2008 Riesling „GG" Kanzem Altenberg
viel reife Frucht, reife gelbe Früchte, würzig und eindringlich; Fülle, Kraft, Substanz, herrlich dominant, enorm lang und nachhaltig **24,- €**

87 . . . 2008 Riesling Kabinett Wiltingen Kupp
würzig, klar, feine Frische; klar, frisch, zupackend, feine Frucht und Biss, jugendlich **8,50 €**

86 . . . 2008 Riesling Kabinett Ockfen Bockstein
würzig, eindringlich, wunderschön klare Frucht; klar, zupackend, feine Frucht und Biss **8,50 €**

87 . . . 2008 Riesling Kabinett Kanzem Altenberg
würzig, eindringlich, dominant; füllig, kraftvoll, reife Frucht, Substanz und Frische **9,- €**

88 . . . 2008 Riesling Spätlese Ockfen Bockstein
würzig, eindringlich, viel reife Frucht; frisch, elegant, feine süße Frucht, reintönig, viel Biss **15,50 €**

89 . . . 2008 Riesling Spätlese Kanzem Altenberg
viel Konzentration, Würze, enorm eindringlich und dominant; stoffig, konzentriert, dominant, reintönig und lang **15,50 €**

90 . . . 2008 Riesling Spätlese „Alte Reben" Kanzem Altenberg
konzentriert, würzig, herrlich eindringlich und dominant, etwas kandierte Früchte; füllig, stoffig, konzentriert, faszinierend viel Frucht, Länge und Nachhall
17,- €

92 . . . 2008 Riesling Eiswein Kanzem Altenberg
konzentriert, dominante, kandierte Früchte, dominant, Orangenschalen, Zitrus; konzentriert, dominant, faszinierend viel Frucht und Stoff, jugendlich, nachhaltig (auf Anfrage)

93 . . . 2005 Riesling Beerenauslese Kanzem Altenberg
würzig, dominant, kandierte Früchte, Zitrus, herrlich eindringlich; konzentriert, dick, herrlich viel Frucht, dominant, reintönig und nachhaltig

95 . . . 2005 Riesling Trockenbeerenauslese Kanzem Altenberg
viel Konzentration, etwas Orangen, Orangenschalen, kandierte Früchte, herrlich eindringlich; füllig, konzentriert, faszinierend viel Frucht, viel Substanz, enorm nachhaltig

83 2008 Riesling trocken **7,50 €**
83 2008 Riesling „feinherb" **7,50 €**

Karl Ottes ★★
Weingut

Rheingau

Binger Weg 1a, 65391 Lorch im Rheingau
Tel. 06726-830083, Fax: 06726-830084
www.weingut-ottes.de
info@weingut-ottes.de
Besuchszeiten: täglich (Anmeldung erbeten)

Inhaber .... Helmut Ottes und Gerald Ottes
Rebfläche .... 7 Hektar

Seit 1841 betreibt die Familie Weinbau im Rheingau. Das heutige Weingut wurde 1959 von Karl Ottes zusammen mit seinem Sohn Helmut gegründet. Heute wird das Weingut von Helmut und Annelore Ottes geführt. Für den Keller verantwortlich ist – nach Geisenheimstudium und Praxisaufenthalten im In- und Ausland – ihr Sohn Gerald, unterstützt von seiner Frau Fumiko, die ebenfalls Diplom-Ingenieurin für Weinbau und Önologie ist. Drei Viertel der Rebfläche nimmt Riesling ein. Hinzu kommen 23 Prozent Spätburgunder und zwei Prozent Weißburgunder. Die Rieslinge werden kühl und langsam vergoren. Gerald und Helmut Ottes haben auch beim Spätburgunder Ehrgeiz, was sich allein schon am Preis des Spitzen-Rotweins ablesen lässt.

Die 2007er fielen überzeugend aus, die 2008er sind nicht weniger erfreulich. Das Erste Gewächs und der „Schiefer"-Riesling aus dem Terroirprojekt Hessen wirken schlank und präzise. Der mächtige Top-Spätburgunder aus dem Jahrgang 2007 hinterlässt eher Ratlosigkeit, wirkt zu konzentriert und unelegant.

Weinbewertung

86 . . . 2008 Riesling trocken „Schiefer Projekt Terroir Hessen" Lorcher Pfaffenwies
klare, eindringliche Frucht, etwas Steinobst; würzig, feingliedrig, rassige Säure **7,50 €**

85 . . . 2008 Riesling Spätlese trocken Lorcher Kapellenberg
duftig, etwas verhalten; würzig, stoffig, gute Substanz, etwas unzugänglich **8,30 €**

87 . . . 2008 Riesling Erstes Gewächs Lorcher Kapellenberg
noch recht verschlossen, leichte Hefenoten; fest, würzig, gute Struktur, Schmelz, abwarten **16,60 €**

86 . . . 2007 Spätburgunder Spätlese trocken Lorcher Pfaffenwies
kühle Frucht, leicht rauchig; saftig, würzig, feine Frucht, Bitternote im Abgang! **11,40 €**

82 2008 Riesling Kabinett trocken Lorcher Kapellenberg **6,- €**

82 2008 Riesling Kabinett halbtrocken Lorcher Bodental-Steinberg **6,- €**

82 2008 Riesling Classic **6,- €**

81 2008 Riesling Kabinett Lorcher Schlossberg **6,- €**

83 2008 Spätburgunder Weißherbst Spätlese halbtrocken Lorcher Pfaffenwies **8,30 €**

84+ 2007 Spätburgunder trocken Erstes Gewächs Lorcher Bodental-Steinberg **42,20 €**

★★★☆

Paulinshof

Weingut

Mosel

Paulinsstraße 14, 54518 Kesten
Tel. 06535-544, Fax: 06535-1267
www.paulinshof.de
paulinshof@t-online.de
Besuchszeiten: Mo.-Fr. 8-18 Uhr, Sa. 9-17 Uhr und nach Vereinbarung

Inhaber .... Klaus und Oliver Jüngling
Rebfläche .... 9 Hektar

Der Paulinshof ist ein ehemaliger Stiftshof der Kirche St. Paulin, der erstmals im Jahr 936 urkundlich erwähnt wurde. Die heutigen Besitzer Klaus und Christa Jüngling sowie Sohn Oliver, denen der Paulinshof seit 1969 gehört, haben sich vor allem mit ihren trockenen und halbtrockenen Weinen einen guten Namen geschaffen. Die Lage Brauneberger Kammer, eine der kleinsten existierenden Einzellagen an der Mosel, bewirtschaften sie im Alleinbesitz. Daneben gehören ihnen Weinberge in den Kestener Lagen Paulins-Hofberger, Paulinsberg und Herrenberg, sowie in den Brauneberger Lagen Juffer und Juffer-

Sonnenuhr. Die Weine, vor allem die trockenen, präsentieren sich kurz nach der Abfüllung oft sehr würzig und verschlossen. Die süßen Weine besitzen ebenfalls einen eigenständigen Stil, sind oft rauchig-würzig und nachhaltig.

Die 2006er besaßen enorm viel Würze und eine ganz eigene, unverwechselbare mineralische Struktur. Die 2007er Kollektion präsentierte sich geschlossen auf hohem Niveau, die 2008er sind mineralisch, betont würzig und charaktervoll.

Weinbewertung

85 . . . 2008 Riesling Spätlese trocken Kestener Herrenberg
hefebetont, jugendlich; deutlich würzig, fest, kraftvoll, noch etwas unruhig **8,90 €**

87 . . . 2008 Riesling Spätlese trocken Brauneberger Juffer-Sonnenuhr
duftig, etwas Apfel, Zitrus, leichte Hefenote; stoffig, viel Struktur, feine Säure **11,50 €**
1999: 85; 2000: 84; 2002: 83; 2003: 87; 2004: 86; 2005: 86; 2006: 87; 2007: 88.

86+ . . . 2008 Riesling Auslese trocken Brauneberger Kammer
deutliche Hefenote, Zitrus; stoffig, viel Würze, rassige Säure, sehr unzugänglich, Potenzial **15,- €**
1998: 88; 1999: 89; 2000: 81; 2003: 89; 2004: 87; 2005: 87; 2006: 89; 2007: 89.

89 . . . 2008 Riesling Großes Gewächs Kestener Paulins-Hofberger
eindringlich, Kräuter, leichte Hefenote; würzig, rassig, komplex, sehr präzise, langer Nachhall **17,- €**
2006: 88; 2007: 88.

87 . . . 2008 Riesling Spätlese „feinherb" Brauneberger Kammer
feine Frucht, Pfirsich, Pfirsichschale, leichte Hefenoten; saftig, feine Süße, viel Schmelz, gute Länge **13,50 €**

87 . . . 2008 Riesling Spätlese Trittenheimer Apotheke
feine Frucht, Zitrus, leichte Hefenoten; süffig, würzig, praktisch trocken, kraftvoll, feingliedrig **12,50 €**

86 . . . 2008 Riesling Spätlese Brauneberger Juffer
reife Frucht, Melone; stoffig, würzig, reife Säure, wirkt etwas unruhig **13,- €**

90 . . . 2008 Riesling Beerenauslese Brauneberger Juffer-Sonnenuhr
rauchig-würzig, Pfirsich, Kräuter, etwas Kandis; betont würzig, kraftvoll, Nachhall **49,- €/0,375l**

---

81 2008 Riesling trocken **6,50 €**
83 2008 Riesling Kabinett trocken Brauneberger Juffer **8,60 €**
82 2008 Riesling „feinherb" **6,95 €**
84 2008 Riesling Kabinett „feinherb" Kestener Paulins-Hofberger **8,80 €**

Rudolf Pauly ★
Weingut

Mosel

Hochstraße 76, 54470 Lieser
Tel. 06531-6143, Fax: 06531-915007
www.wein-pauly.de
info@wein-pauly.de
Besuchszeiten: nach Vereinbarung

Inhaber .... Axel Pauly
Rebfläche .... 4,8 Hektar

Das Weingut der Paulys ist ein typischer Familienbetrieb, lange geführt von Rudolf und Ursel Pauly. Seit 2004 ist Axel Pauly für den Keller verantwortlich. Für die Vinifikation werden Edelstahltanks und Holzfässer genutzt, die Weine verbleiben nach der langsamen Gärung lange auf der Feinhefe. Ein modernes Etikett und der Schraubverschluss sind inzwischen typisch für das Unternehmen.

Zum Debüt stellte Axel Pauly Weine der Jahrgänge 2007 und 2008 vor – darunter frische, sehr präzise gearbeitete Rieslinge und einen überraschend eleganten Frühburgunder.

Weinbewertung

85 . . . 2008 Riesling trocken Lieserer Niederberg-Helden
jugendlich, frisch, etwas Zitrus; stoffig, kompromisslos trocken, markante Säure **9,60 €**

85 . . . 2008 Riesling „purist" trocken
sehr frisch, klar; straff, würzig, gute Struktur, hat Biss **7,20 €**

85 . . . 2008 Riesling „Steinerd feinherb" Bernkastel-Kueser Kardinalsberg
klar, etwas Kräuter; viel Würze, saftig, hat Substanz, gute Länge **9,60 €**

89 . . . 2007 Riesling Auslese* Lieserer Niederberg-Helden**
reife Frucht, duftig, etwas Kräuter; stoffig, saftig, viel reife Frucht, deutliche Süße, rassig, langer Nachhall **10,80 €/0,375l**

86 . . . 2007 Frühburgunder trocken Barrique Lieserer Niederberg-Helden
etwas Toast, reife Frucht, sortentypisch; saftig, viel Frucht, elegant gut integriertes Holz **14,90 €**

83 2008 Riesling „feinherb Generations" **6,70 €**

★★★★

Dr. Pauly-Bergweiler

Weingut

Mosel

Gestade 15, 54470 Bernkastel-Kues
Tel. 06531-3002, Fax: 06531-7201
www.pauly-bergweiler.com
info@pauly-bergweiler.com
Besuchszeiten: Mo.-Sa. 10–18 Uhr, So. nur nach Vereinbarung

Inhaber .... Stefan Pauly
Rebfläche .... 16 Hektar

Dr. Peter Paulys Großvater, Zacharias Bergweiler, war einer der legendärsten Moselwinzer überhaupt. 1959 übernahm Pauly den Betrieb, 2006 übertrugen er und seine Frau Helga das Weingut auf ihren Sohn Stefan. Der Betrieb verfügt über beste Lagen in Bernkastel, Graach, Wehlen, Zeltingen, Ürzig (darunter die ganze Lage Ürziger Goldwingert in Familienbesitz), Erden und Brauneberg, wobei die Weine aus Ürzig und Erden traditionell unter dem Namen Peter Nicolay vermarktet werden. Die Rieslinge, die im Edelstahl ausgebaut werden, sind klar und feingliedrig und spiegeln ihr Terroir deutlich wider. So ist der Goldwingert-Riesling immer reifer, fülliger als die rassigen, mineralischen Weine aus der Alten Badstube am Doctorberg.

Die 2007er waren präzise und animierend, die 2008er überzeugen nicht minder. Das Große Gewächs ist erfreulich trocken, und die Spätlesen überzeugen nicht weniger als die Auslesen.

Weinbewertung

87 . . . 2008 Riesling Spätlese trocken Bernkasteler Alte Badstube am Doctorberg
sehr jugendlich, Melone, leichte Hefenoten; straff, viel Würze, reife Säure **13,- €**

87 . . . 2008 Riesling Großes Gewächs Bernkasteler Alte Badstube am Doctorberg
verschlossen, Hefenoten, jugendlich; straff, würzig, mineralisch, nachhaltig (87+? Punkte) **18,- €**

86 . . . 2008 Riesling Kabinett „Alte Reben" Bernkasteler Alte Badstube am Doctorberg
eher verhalten, zarte Frucht; würzig, viel Frucht, feingliedrig, sehr zurückhaltende Süße 9,- €

87 . . . 2008 Riesling Spätlese Ürziger Goldwingert
reife Frucht, kandierter Apfel, Melone; würzig, viel Frucht, recht füllig, eigenständig **13,- €**
2001: **90**; 2003: **90**; 2004: **84**; 2005: **87**; 2006: **88**; 2007: **85**.

88 . . . 2008 Riesling Spätlese Bernkasteler alte Badstube am Doctorberg

duftig, jugendlich, feine Frucht, etwas Steinobst; saftig, viel Frucht, rassige Säure **13,- €**

2001: **88**; 2001: **89**; 2001: **90**; 2002: **89**; 2003: **90**; 2004: **86**/**88**; 2005: **88**; 2006: **88**; 2007: **88**.

87 ... 2008 Riesling Spätlese Wehlener Sonnenuhr

etwas Schwefel, Hefenoten, unruhig, entwickelt sich gut; straff, würzig, viel Frucht, Potenzial **13,- €**

88 ... 2008 Riesling Auslese Bernkasteler Alte Badstube am Doctorberg

reife Frucht, eindringlich, Pfirsich, Melone, getrockneter Apfel; saftig, rassig, feiner Nachhall **13,- €**

89 ... 2008 Riesling Auslese Erdener Prälat

reife Frucht, Kräuter, Steinobst, Melone; saftig, würzig, üppige Frucht, gute Struktur, nachhaltig **30,- €**

90 ... 2008 Riesling Eiswein Bernkasteler Johannisbrünnchen

sehr reintönig, Steinobst, leicht Kräuter; straff, fest, reife Säure, viel Frucht, herrlich saftig **75,- €**

---

83 2008 Riesling trocken **9,75 €**
82 2008 Riesling „feinherb" **7,95 €**
83 2008 Riesling Kabinett Graacher Himmelreich **8,50 €**

★★

Pawis

Weingut

Saale-Unstrut

Aif dem Gut 2, 06632 Freyburg-Zscheiplitz
Tel. 034464-28315, Fax: 033464-66727
www.weingut-pawis.de
info@weingut-pawis.de
Besuchszeiten: Mo.-Sa. 10-12 + 13-18 Uhr, So. 10-12 Uhr oder nach Vereinbarung
Straußwirtschaft

Inhaber .... Bernard und Kerstin Pawis
Rebfläche .... 11 Hektar

1990 gründeten Herbert und Irene Pawis mit 0,5 Hektar Weinbergen ihr eigenes Weingut. 1998 übernahm Sohn Bernard das Gut, im Jahr darauf baute er einen neuen Keller. Seit 2007, nach umfangreicher Sanierung und Neubau, hat der Betrieb seinen Sitz im Klostergut Zscheipitz. Wichigste Lage (5,6 Hektar) ist der Freyburger Edelacker, dessen Boden aus verwittertem Muschelkalk besteht, in der Talsohle mit Übergängen zu rotem Keuper. Im Freyburger Mühlberg (3,5 Hektar) herrschen Löss-Lehmböden mit Muschelkalkuntergrund vor. Dazu besitzt das Weingut Flächen im Naumburger Sonneck (0,7 Hektar, Kalkschotter mit Lösslehm, Übergänge zu verwittertem Buntsandstein und Keuper) und im Weischützer Nüssenberg (1,2 Hektar, Kalkverwitterungsböden mit Lössanteilen). Riesling nimmt ein Viertel der Rebfläche ein, es folgen Müller-Thurgau und Weißburgunder mit zusammen einem weiteren Viertel an der Anbaufläche, je 10 Prozent Silvaner und Grauburgunder, sowie etwas Bacchus und Kerner. Rote Sorten kommen zusammen auf 20 Prozent: Portugieser, Dornfelder, Spätburgunder, Zweigelt und Regent.

Nach gleichmäßigen Kollektionen in den vergangenen Jahren vermochte Bernard Pawis auch im schwierigen Jahrgang 2006 zu überzeugen. Unser Favorit war das Große Gewächs aus dem Edelacker. 2007 favorisierten wir in einer überzeugenden Kollektion die beiden Großen Gewächse aus dem Edelacker, Riesling und Weißburgunder. Die neue Kollektion gefällt uns sehr gut, die Weine sind frisch, fruchtbetont und süffig, oft merklich süß. Vor allem die Batterie an Weißburgundern überzeugt, ebenso die edelsüßen Weine.

Weinbewertung

86 ... 2008 Weißburgunder Spätlese trocken

würzig, konzentriert, reife Frucht; füllig, harmonisch, süße Frucht, dezent Mango, viel Substanz **9,95 €**

86 . . . 2008 Grauburgunder Spätlese trocken
viel Konzentration, feine Würze, dezent gelbe Früchte; weich, füllig, reife Frucht, feine Frische **9,95 €**
86 . . . 2008 Weißburgunder Spätlese trocken Edelacker
gute Konzentration, viel reife Frucht, gelbe Früchte; weich, füllig, reife Frucht, feine Frische **14,- €**
86 . . . 2005 Weißburgunder Spätlese trocken Holzfass Edelacker
gute Konzentration, reife Frucht; weich, füllig, cremig, viel reife Frucht, Reifenoten (kein aktueller Jahrgang)
87 . . . 2007 Weißburgunder Spätlese trocken Holzfass Edelacker
konzentriert viel reife Frucht, Vanille, gelbe Früchte; füllig, harmonisch, reife Frucht und Substanz **16,- €**
86 . . . 2007 Riesling „GG" Edelacker
gute Konzentration, Reifenoten, dezent Gewürze, Orangen; weich, füllig, viel reife Frucht **18,- €**
86 . . . 2008 Riesling „GG" Edelacker
würzig, feiner Duft, eindringlich; weich, füllig, viel reife süße Frucht, Biss **18,- €**
2004: 87; 2005: 85; 2006: 87; 2007: 86.
87 . . . 2008 Weißburgunder „GG" Edelacker
würzig, konzentriert, reife Frucht, eindringlich; weich, füllig, cremig, reife Frucht, Substanz, gute Harmonie und Länge **18,- €**
2007: 86.
87 . . . 2007 Weißburgunder Spätlese trocken Freyburger Edelacker
gute Konzentration, reife Frucht, gelbe Früchte, dezente Würze und Vanille; füllig, harmonisch, viel reife Frucht, Struktur **16,- €**
87 . . . 2007 Weißburgunder Spätlese trocken „S" Freyburger Edelacker
würzig, eindringlich, reife Frucht; füllig, kraftvoll, reife Frucht und Substanz **16,- €**
85 . . . 2008 Traminer Spätlese Freyburger Edelacker
reintönige Frucht, feiner Rosenduft, etwas Gewürze; füllig, harmonisch, reife Frucht, feine Süße **12,- €**
86 . . . 2008 Riesling Spätlese Freyburger Mühlberg
gute Konzentration, klare reife Frucht, etwas Pfirsiche; füllig, harmonisch, reife Frucht **9,95 €**
88 . . . 2008 Weißburgunder Beerenauslese Edelacker
feiner Duft, gute Konzentration, feine Würze, etwas Litschi, süße Aprikosen; süß, konzentriert, dick, viel Stoff **26,- €**
89 . . . 2008 Grüner Silvaner Eiswein Freyburger Mühlberg
intensiv, enorm klar und konzentriert, herrlich eindringlich; süß, dick, konzentriert, viel Substanz, feiner Biss **41,- €**
86 . . . 2007 Blauer Spätburgunder Spätlese trocken Barrique
gute Konzentration, reife Frucht, dezent Gewürze; kraftvoll, reintönige Frucht, gute Struktur und Tannine **19,80 €**

---

83 2008 Müller-Thurgau trocken **6,50 €**
84 2008 Grüner Silvaner trocken **6,50 €**
84 2008 Bacchus trocken **7,- €**
84 2008 Riesling Kabinett trocken **8,50 €**
84 2008 "Rosalie" Rosé **6,50 €**
83 2008 Blauer Portugieser trocken **8,50 €**
83 2008 Dornfelder trocken **8,50 €**
83 2008 Blauer Zweigelt trocken **8,50 €**

★★

Castel Peter
Weingut

Pfalz

Am Neuberg 2, 67098 Bad Dürkheim
Tel. 06322-5899, Fax: 06322-67978
www.castel-peter.de
weingut-castel-peter@t-online.de
Besuchszeiten: Mo.-Fr. 9-12 + 13-18 Uhr, Sa. 9-16 Uhr oder nach Vereinbarung

Inhaber .... Hoffmann und Merck GbR
Rebfläche .... 12 Hektar

2007 hat Wilfried Peter das Weingut an Barbara Hoffmann und Albrecht Merck verpachtet, bleibt aber selbst für den Außenbetrieb verantwortlich. Die Weinberge befinden sich in den Dürkheimer Lagen Fuchsmantel, Hochbenn und Spielberg. Der Schwerpunkt der Produktion liegt auf Weißweinen, insbesondere Riesling. Hinzu kommen die Burgundersorten, aber auch Gewürztraminer, Rieslaner, Portugieser Cabernet Sauvignon und Dornfelder. Alle Rotweine werden maischevergoren und dann im Holzfass ausgebaut. Eine Spezialität des Weingutes sind barriqueausgebaute Weine (Wilfried Peter war Hauptinitiator der Gründung des Pfälzer Barrique-Forums). Der Großteil der Weine wird trocken ausgebaut. Seit einigen Jahren wird auf Prädikatsangaben verzichtet und stattdessen ein eigenes System mit ein bis drei Sternen verwendet.

2006 musste das Weingut dem Jahrgang Tribut zollen, die Weine waren verhaltener als gewohnt. Die letztjährige Kollektion war deutlich interessanter, knüpfte an die starken Leistungen früherer Jahre an, angefangen vom feinen Literriesling bis hin zur roten Cuvée Pierre Noir. Die neue Kollektion ist sehr gleichmäßig, ohne aber Spitzen zu bieten wie in früheren Jahren.

Weinbewertung

80 2008 Riesling* trocken **4,10 €/1l**
79 2008 Grauburgunder trocken **5,50 €**
81 2008 Chardonnay** trocken **6,- €**
81 2008 Weißburgunder Auxerrois** trocken **5,50 €**
83 2008 Riesling** trocken Fuchsmantel **6,20 €**
84 2008 Riesling** trocken „von den Terrassen" **8,20 €**
80 2008 Schwarzriesling Rosé* trocken **4,10 €/1l**
79 2007 „Tous les Jours"* Rotwein trocken **5,10 €**
80 2007 Spätburgunder** trocken **7,70 €**
81 2006 St. Laurent** trocken **7,20 €**
83 2006 „Petit Noir"** trocken **7,70 €**
84 2006 „Pierre Noir"** trocken **13,- €**

★

Johannes **Peters**

Weingut

Mosel

Zum Schlossberg, 54459 Wiltingen
Tel. 06501-18753, Fax: 06501-18755,
www.peterswein.de
info@peterswein.de
Besuchszeiten: nach Vereinbarung

Inhaber .... Johannes Peters
Rebfläche .... 7 Hektar

Johannes Peters arbeitete nach seiner Ausbildung und einem Auslandspraktikum in Australien bei verschiedenen deutschen Weingütern, bevor er 1991 sein eigenes Weingut gründete. Seine Weinberge liegen in den Wiltinger Lagen Braunfels, Klosterberg, Kupp und Rosenberg, sowie in der Lage Scharzhofberger. 70 Prozent der Rebfläche nimmt Riesling ein, der Rest verteilt sich auf Weißburgunder, Müller-Thurgau und etwas Grauburgunder. Zuletzt hat Peters mehr Grauburgunder und etwas Sauvignon Blanc gepflanzt. Die Weine werden temperaturkontrolliert vergoren und teilweise im Holzfass, teilweise im Edelstahltank ausgebaut. Der Großteil der Weine ist trocken, schlank, frisch und saartypisch, allerdings gelingen Johannes Peters auch Süßweine, die begeistern.

Die 2006er waren verhalten und mussten dem schwierigen Jahrgang Tribut zollen. Sehr viel überzeugender präsentierten sich anschließend die Weine des Jahrgangs 2007, und auch 2008 überzeugt. Ausgezeichnet: Die praktisch trockene 2007er Riesling Auslese „Martha's Weinberg".

Weinbewertung

86 . . . 2008 Riesling Spätlese trocken Scharzhof-

berger
frisch, jugendlich, noch etwas verhalten; straff, feingliedrig, pikante Säure, Finesse **8,69 €**
88 ... 2007 Riesling Auslese „Martha's Weinberg"
jugendliche Frucht, sehr klar; stoffig, würzig, viel Substanz und Würze, feine Frucht, wirkt trocken **13,33 €**
87 ... 2007 Riesling Auslese Wiltinger Klosterberg
eher kühle Frucht, leichte Kräuternote, ganz leicht Steinobst; klare Frucht, rassig, zurückhaltende Süße, Substanz **13,33 €**

---

80 2008 Riesling trocken **5,95 €/1l**
83 2008 Grau-Weiß trocken **6,55 €**
81 2008 Riesling trocken Wiltinger Klosterberg **5,95 €**
84 2008 Weißburgunder trocken **6,31 €**
84 2008 Sauvignon blanc trocken **6,90 €**
82 2008 Riesling Classic **6,55 €**

★

Andreas u. Heinfried Peth
Weingut
Rheinhessen

Wormser Strasse 24, 67593 Bermersheim
Tel. 06244-4417, Fax: 06244-57344
www.wein-peth.de
info@wein-peth.de
Besuchszeiten: Mo.-Sa. 8-19 Uhr, So. 10-13 Uhr
Weinprobierraum bis 50 Personen

Inhaber .... Heinfried Peth
Rebfläche .... 12,5 Hektar

Die Weinberge von Heinfried Peth, mit bis zu 60 Jahre alten Reben, liegen nicht nur in Bermersheim, sondern auch in den umliegenden Gemeinden Gundersheim, Westhofen, Gundheim, Flörsheim-Dalsheim und Kriegsheim. Die unterschiedlichen Lagen und Böden bieten die Möglichkeit, jede Rebsorte in für sie optimalen Standorten anzupflanzen. Die Weißweine werden kühl vergoren, die Rotweine in Holzfässern oder Barriques ausgebaut. Seit Juni 2008, nach Abschluss seiner Technikerausbildung, ist Sohn Andreas im Betrieb tätig, der als erste Neuerung bereits im Jahrgang 2006 einen Merlot ausgebaut hat, die erste „internationale" Rebsorte im Betrieb.

Mit dem schwierigen Jahrgang 2006 kam Heinfried Peth gut zurecht. Aus der ansprechenden Kollektion ragte der Grauburgunder Selection Rheinhessen hervor. Eine gleichmäßige Kollektion folgte im vergangenen Jahr, in der Riesling Steingrube und Spätburgunder Höllenbrand besonders gut gefielen. Sehr gleichmäßig ist auch die aktuelle Kollektion: Darauf kann man aufbauen.

Weinbewertung

85 . . . 2008 Grauburgunder Spätlese trocken Kriegsheimer Rosengarten
gute Konzentration, feine Würze, klare reife Frucht; weich, füllig, harmonisch, klare reife Frucht **5,50 €**
85 ... 2008 Riesling Spätlese halbtrocken Westhofener Aulerde
gute Konzentration, feine Würze und Frucht, eindringlich; füllig, harmonisch, viel reife Frucht und Substanz **6,80 €**
86 . . . 2007 Spätburgunder trocken Selection Rheinhessen Bermerheimer Hasenlauf
würzig, reintönig, reife Frucht, dezent rauchige Noten; klar, harmonisch, elegant, gute Struktur **16,50 €**

---

81 Spätburgunder Blanc de Noir Cremant Brut **14,80 €**
80 2008 Riesling trocken Westhofener Bergkloster **3,70 €**
81 2008 Grauburgunder trocken Kriegsheimer Rosengarten **4,20 €**
80 2008 Weißburgunder Spätlese Bermersheimer Hasenlauf **5,- €**

84 2008 Riesling Spätlese trocken Nr. 21/09 Westhofener Aulerde **5,40 €**

81 2008 Portugieser Weißherbst trocken Bermersheimer Seilgarten

78 2008 Scheurebe halbtrocken Bermersheimer Seilgarten **3,20 €/1l**

81 2008 Riesling halbtrocken Westhofener Aulerde **3,70 €**

81 2008 Gewürztraminer Spätlese „feinherb" Kriegsheimer Domblick **4,20 €**

79 2008 Spätburgunder Weißherbst Spätlese „feinherb" Blanc de Noir Westhofener Morstein **5,70 €**

79 2008 Bacchus **3,30 €**

81 2008 Riesling Kabinett Westhofener Steingrube **3,80 €**

81 2008 Gewürztraminer Spätlese Kriegsheimer Rosengarten **5,40 €**

79 2008 Spätburgunder Rosé halbtrocken Westhofener Bergkloster **4,- €**

81 2007 Spätburgunder trocken Westhofener Bergkloster **6,80 €**

★★☆

Peth-Wetz

Weingut

Rheinhessen

Alzeyer Straße 16, 67593 Bermersheim
Tel. 06244-4494, Fax: 06244-4424
www.weingut-peth-wetz.de
info@weingut-peth-wetz.de
Besuchszeiten: Mo.-Sa. 9-12 + 13-18 Uhr
Probierstube (bis 50 Personen)

Inhaber .... Familie Peth
Rebfläche .... 20 Hektar

Das Bermersheimer Weingut Peth-Wetz wird heute in dritter Generation von Johanna und Hartmut Peth geführt. Sohn Christian ist, nach Ausbildung bei Keller und Knipser und Praktika in USA, Australien und Chile, für den Keller zuständig. Die Weinberge befinden sich vor allem in Bermersheim und Westhofen. Die wichtigsten Lagen sind Westhofener Rotenstein (sehr kalkhaltig), Bermersheimer Hasenlauf (leichte Lösslehmböden mit hohem Kalkgehalt) und Dalsheimer Bürgel (Terra-Fusca-Böden mit hohem Kalkgehalt). Es werden Riesling, Müller-Thurgau, Silvaner, Weißburgunder, Huxelrebe, Scheurebe, Chardonnay und andere weiße Sorten angebaut. Aus der Rebsorte Bacchus erzeugt das Weingut immer wieder faszinierende edelsüße Weine. Bei den roten Sorten setzte die Familie Peth in den letzten Jahren verstärkt auf Spätburgunder, hat aber auch Cabernet Sauvignon und Merlot gepflanzt. Daneben gibt es Dornfelder, Portugieser und St. Laurent. Grundsätzlich werden nur gesunde Trauben verarbeitet. Die Weine werden kühl vergoren und lagern bis Januar auf der Feinhefe, hochwertige Qualitäten bis Februar auf der Vollhefe. Alle Rotweine werden maischevergoren und in großen Holzfässern oder im Barrique ausgebaut.

Christian Peth setzt auf Opulenz und Konzentration, bei Weißweinen wie bei Rotweinen. Wenn es ihm in den kommenden Jahren gelingt, dies mit Eleganz und Finesse zu vereinen, wird er sich noch weiter steigern können.

Vor zwei Jahren gefiel uns neben dem Portugieser die Bacchus Beerenauslese am besten. 2007 gab es gar eine Bacchus Trockenbeerenauslese und auch der Riesling Heerkretz gefiel sehr gut. Nur die gewohnten roten Spitzenweine schien der Jahrgang 2006 nicht erbracht zu haben. In der aktuellen Kollektion präsentieren sich die Rotweine etwas uneinheitlich: Konzentriert und kraftvoll sind sie alle, teils aber etwas von Bitternoten und hohem Alkohol geprägt. Unser eindeutiger Favorit war der Merlot. Im weißen Segment hat uns der Riesling Hasenlauf gut gefallen, ebenso die Trockenbeerenauslese aus dem Jahrgang 2007, diesmal vom Riesling und nicht, wie sonst oft, von Bacchus.

Weinbewertung

86 . . . 2008 Riesling Hasenlauf
viel Konzentration, feine Würze, jugendlich; füllig, harmonisch, kraftvoll, reife Frucht, Bitternote **9,40 €**

88 . . . 2007 Riesling Trockenbeerenauslese
gute Konzentration, feine Würze und Frucht, eingelegte süße Aprikosen, Litschi, feiner Duft; süß, konzentriert, enorm dick und dominant, viel Substanz **95,- €**

85 . . . 2006 Spätburgunder Rotenstein
viel Würze, Toast, reife Frucht; füllig, stoffig, kräftige Tannine **21,- €**

86 . . . 2007 Cabernet Sauvignon
gute Konzentration, etwas Cassis, feine Frische; füllig und schmeichelnd, viel reife Frucht **29,- €**

88 . . . 2007 Merlot
gute Konzentration, viel reife Frucht, herrlich eindringlich und reintönig; füllig, harmonisch, viel reife Frucht, Substanz, etwas Schokolade, feine Tannine, jugendliche Bitternoten (88+? Punkte) **29,- €**

83 2007 Chardonnay & Spätburgunder Sekt brut **11,50 €**
83 2008 Riesling trocken **6,- €**
83 2008 Sauvignon Blanc **9,- €**
82 2008 Chardonnay & Weißburgunder trocken **5,90 €**
84 2008 „Le mystère doux" Bacchus Auslese **9,- €**
83 2007 Saint Laurent **19,- €**
81 2007 Spätburgunder Rosengarten **7,50 €**

★★★

Petri

Weingut

Pfalz

Weinstraße 43, 67273 Herxheim am Berg
***Tel.** 06353-2345, **Fax**: 06353-4181*
www.weingut-petri.de
weingut-petri@aol.com
***Besuchszeiten**: Mo.-Sa. 8-12 + 13-18 Uhr*
Gutsausschank (mit Pfälzer Spezialitäten)

Inhaber .... Sigrid und Gerd Petri
Rebfläche .... 14 Hektar

Als Gerd Petri das Weingut 1977 von seinem Vater übernahm, wurde noch die komplette Ernte als Fassware vermarktet. Inzwischen wird alles über die Flasche verkauft. Die Weinberge bewirtschaften Sigrun und Gerd Petri nach den Richtlinien des kontrolliert umweltschonenden Weinbaus. Die Weinberge liegen in den Herxheimer Lagen Himmelreich und Honigsack, aber auch im Kallstadter Saumagen. Wichtigste Rebsorte ist der Riesling, der gut 40 Prozent der Weinberge einnimmt. Hinzu kommen vor allem Spätburgunder und Grauburgunder, aber auch Weißburgunder, Chardonnay, St. Laurent und Portugieser. Cabernet Cubin, Merlot und Frühburgunder vervollständigen das Programm. Seine Rotweine baut Gerd Petri alle im Holzfass aus, ebenso wie die meisten Rieslinge. 80 Prozent der Weine sind trocken.

Gerd Petri will mineralische Rieslinge erzeugen – und er erreicht dies. Schon vor zehn Jahren waren wir angenhem überrascht von der klaren Handschrift und der guten Qualität. Daran hat sich in diesem Jahrzehnt nichts geändert, im Gegenteil. Die Rieslinge haben weiter an Präzision und Mineralität gewonnen, die Rotweine zeigen sich stetig interessanter – und die Preise, die sind nachwievor sehr moderat.

Selbst der Jahrgang 2006 konnte Gerd Petri nicht in Verlegenheit bringen: Alle Weine waren kraftvoll und klar, überzeugten mit viel Frucht und guter Länge. Sehr geschlossen auf hohem Niveau präsentierte sich die letztjährige Kollektion: Jeder Wein überzeugte, ob Riesling oder Grauburgunder, Chardonnay oder Rotweine. Eine starke Kollektion. Gleiches können wir auch in diesem Jahr für die neue Kollektion behaupten. Die Weine sind kraftvoll und klar, besitzten Substanz und Charakter. Die trockenen Rieslinge haben uns besonders gut gefallen, auch die Rotweine – und natürlich die immer noch sehr verbraucherfreundlichen Preise: Bravo!

Weinbewertung

87 . . . 2008 Riesling Spätlese trocken Herxheimer Honigsack
fruchtbetont, klar, konzentriert, herrlich eindringlich; füllig, harmonisch, viel reife süße Frucht, herrlich süffig **6,30 €**
1998: 87; 1999: 88; 2001: 90; 2002: 85; 2003: 86; 2004: 85; 2005: 87; 2006: 86; 2007: 86.

88 . . . 2008 Riesling Spätlese trocken Kallstadter Saumagen
gute Konzentration, feine Würze, mineralische Noten, reife Frucht; füllig, kraftvoll, reife Frucht, viel Substanz, Nachhall **7,30 €**
2002: 88; 2003: 88; 2004: 86; 2005: 88; 2007: 88.

85 . . . 2008 Grauburgunder Spätlese trocken Herxheimer Honigsack
klare reife Frucht, gelbe Früchte; weich, füllig und schmeichelnd, reife süße Frucht **6,50 €**
1999: 87; 2000: 88; 2001: 88; 2002: 87; 2004: 85; 2005: 87; 2006: 85; 2007: 86.

87 . . . 2007 Chardonnay Spätlese trocken Barrique Herxheimer Himmelreich
gute Konzentration, feine Würze und Toast, klare reife Frucht; kraftvoll, harmonisch, viel reife süße Frucht, Vanille **9,- €**
2006: 87.

86 . . . 2008 Riesling Spätlese halbtrocken Herxheimer Himmelreich
frisch, klar, konzentriert, herrlich eindringlich; füllig, harmonisch, viel reife süße Frucht, herrlich süffig **6,30 €**
2007: 86.

88 . . . 2008 Grauburgunder Beerenauslese Herxheimer Honigsack
feine Würze, viel reife Frucht, gute Konzentration, gelbe Früchte; füllig und schmeichelnd, viel reife süße Frucht **9,- €/0,5l**

86 . . . 2007 Merlot Spätlese trocken Herxheimer Honigsack
gute Konzentration, reintönige Frucht, herrlich eindringlich; füllig, harmonisch, klar, gute Struktur und Frische **7,50 €**

87 . . . 2005 Cabernet Cubin Spätlese trocken Barrique Herxheimer Honigsack
gute Konzentration, reife Frucht, etwas Kirschen, herrlich eindringlich; füllig, harmonisch, viel reife Frucht, gute Substanz, etwas Schokolade, Tannine **8,50 €**

83 2008 Riesling Kabinett trocken Herxheimer Honigsack **4,60 €**
84 2008 Riesling Kabinett trocken Ungstadter Weilberg **4,60 €**
83 2008 Scheurebe Spätlese halbtrocken Kallstadter Saumagen **5,80 €**
81 2008 Spätburgunder trocken Herxheimer Honigsack **4,70 €**

Pfaffenweiler ★
Weinhaus
Baden

Weinstraße 40, 79292 Pfaffenweiler
Tel. 07664-97960, Fax: 07664-979644
www.pfaffenweiler-wein.de
info@pfaffenweiler-wein.de
Besuchszeiten: Mo.-Fr. 8-12 + 13-17 Uhr, Sa. 9-12 Uhr

Geschäftsführer .... Heinrich Stefan Männle
Rebfläche .... 100 Hektar
Mitglieder 270

Wichtigste Rebsorten in den Weinbergen der 270 Pfaffenweiler Genossen sind Gutedel, Spätburgunder und Müller-Thurgau, in den letzten Jahren setzte man verstärkt auf Sauvignon Blanc. Hinzu kommen Weißburgunder und Grauburgunder, aber auch Gewürztraminer. Die Weinberge befinden sich in den Pfaffenweiler Lagen Oberdürrenberg und Batzenberg. Die Spitzenweine, früher als „Primus" bezeichnet, werden heute in der Linie „Sancta Clara" vermarktet.

Die 2006er Weißweine reichten nicht an die 2005er heran, die barriqueausgebauten Rotweine aus dem Jahrgang 2005 besaßen wie ihre Vorgänger Kraft und Struktur. In der letztjährigen Kollektion gefielen vor allem die beiden Sauvignon Blanc, trocken wie süß. Zwei edelsüße Sauvignon Blanc führen nun auch in diesem Jahr eine ansonsten verhaltene Kollektion an.

Weinbewertung

86 ... 2007 Sauvignon Blanc Auslese Pfaffenweiler
viel Duft, Konzentration, Cassis; füllig und schmeichelnd, viel reife süße Frucht, feine Frische und Biss
9,90 €/0,5l

88 ... 2007 Sauvignon Blanc Eiswein Pfaffenweiler
würzig, eindringlich, dominant; konzentriert, süß, dominant, wunderschön klar und lang **22,50 €/0,5l**

80 2008 Sauvignon Blanc trocken „Bannstein" Pfaffenweiler **5,90 €**
81 2008 Sauvignon Blanc Spätlese trocken „Sancta Clara" Pfaffenweiler **7,90 €**
78 2008 Weißer Gutedel trocken Pfaffenweiler **3,60 €**
79 2008 Weißburgunder Kabinett trocken Pfaffenweiler **4,85 €**
81 2008 Gewürztraminer Spätlese trocken „Sancta Clara" Pfaffenweiler **8,- €**
81 2008 Spätburgunder Kabinett trocken Pfaffenweiler **5,95 €**
81 2007 Spätburgunder trocken „Sancta Clara" Pfaffenweiler **13,50 €**
80 2007 Merlot trocken „Sancta Clara" Pfaffenweiler **13,50 €**

★★★

Karl **Pfaffmann**
Weingut

Pfalz

Allmendstraße 1, 76833 Walsheim
Tel. 06341-61856, Fax: 06341-62609
www.weingut-karl-pfaffmann.de
info@weingut-karl-pfaffmann.de
Besuchszeiten: Mo.-Fr. 8-12 + 13-18 Uhr, Sa. 9-16 Uhr

Inhaber .... Helmut und Markus Pfaffmann
Rebfläche .... 42 Hektar

Bei Helmut Pfaffmann und Sohn Markus, der nach seinem Studium in Geisenheim seit 1998 im Betrieb mitarbeitet und für den Keller verantwortlich ist, sind etwa 35 Prozent der Weinberge mit roten Reben bepflanzt, vor allem Dornfelder und Spätburgunder, aber auch Portugieser, Dunkelfelder, Sankt Laurent und Merlot. Wichtigste Weißweinsorte ist Riesling, gefolgt von Weiß- und Grauburgunder, Chardonnay, Müller-Thurgau, Silvaner, Huxelrebe und Gewürztraminer. Die Weinberge befinden sich in Walsheim und Nussdorf.

Im schwierigen Jahrgang 2006 behaupteten Helmut und Markus Pfaffmann die Stellung, alle Weine waren wunderschön reintönig und süffig. Eine vergleichbare Kollektion folgte mit dem Jahrgang 2007, mit leichten Vorteilen im restsüßen Segment. Die neue Kollektion nun präsentiert sich sehr ausgewogen mit einem schönen Chardonnay, fülligen Burgundern und Rieslingen – nicht zu vergessen der gekonnt vinifizierte Merlot.

Weinbewertung

85 . . . 2008 Riesling Spätlese trocken Nußdorfer Herrenberg
feine Würze, reife Frucht, eindringlich; füllig, harmonisch, reife süße Frucht, süffig **7,30 €**
1999: 87; 2000: 87; 2001: 88; 2002: 87; 2003: 87; 2004: 85; 2005: 86; 2006: 84; 2007: 85.

87 . . . 2008 Chardonnay Spätlese trocken Nußdorfer Bischofskreuz
gute Konzentration, klare reife Frucht, etwas gelbe Früchte, feine Würze; weich, füllig, harmonisch, viel reife süße Frucht **7,30 €**

86 . . . 2008 Weißburgunder Spätlese trocken Knöringer Hohenrain
gute Konzentration, klare reife Frucht, herrlich eindringlich; weich, füllig, direkt, süße Frucht **8,50 €**
2001: 88; 2002: 88; 2004: 85; 2005: 84; 2006: 86; 2007: 85.

85 . . . 2008 Grauburgunder Spätlese trocken Walsheimer Silberberg
konzentriert, feine Würze und Frucht, etwas gelbe Früchte; füllig, harmonisch, reife süße Frucht **7,30 €**

86 . . . 2008 Riesling Spätlese trocken Walsheimer Silberberg
gute Konzentration, reintönige reife Frucht, dezent Zitrusfrüchte, Grapefruit; füllig, harmonisch, reife Frucht, süffig **8,50 €**
1999: 86; 2000: 88; 2001: 90; 2002: 88; 2003: 90; 2004: 85; 2005: 88; 2006: 88; 2007: 86.

87 . . . 2007 Merlot trocken
gute Konzentration, viel reife Frucht, rote Früchte, herrlich eindringlich; füllig, kraftvoll, reife Frucht, gute Struktur und Tannine **15,70 €**

80 2008 Riesling trocken **4,50 €**
81 2008 Grüner Silvaner trocken Nußdorfer Bischofskreuz **5,- €**
83 2008 Chardonnay Kabinett trocken Nußdorfer Bischofskreuz **5,30 €**
84 2008 Gelber Muskateller trocken Walsheimer Silberberg **5,40 €**
84 2008 Grüner Silvaner Spätlese trocken Walsheimer Silberberg **7,30 €**
83 2008 Gewürztraminer Kabinett trocken Walsheimer Silberberg **5,40 €**
84 2007 Spätburgunder trocken Walsheimer Silberberg **10.70 €**

Rolf & Tina Pfaffmann ★
Weingut
Pfalz

Weingut Rolf + Tina Pfaffmann GbR
Am Stahlbühl, 76833 Frankweiler
Tel. 06345-1364, Fax: 06345-5202
www.wein-pfaffmann.de
r-t-pfaffmann@t-online.de
Besuchszeiten: Mo.-Fr. 8-12 + 13-18 Uhr, Sa. 8-17 Uhr

Inhaber .... Rolf Pfaffmann und Tina Pfaffmann
Rebfläche .... 15 Hektar

Das Weingut liegt als Aussiedlerhof mitten in den Weinbergen bei Frankweiler. Das Gut wurde 1970/71 erbaut. Das Weingut ist ein Familienbetrieb: Monika Pfaffmann kümmert sich um den Verkauf, Rolf Pfaffmann und Tochter Tina sind für Außenbetrieb und Keller zuständig. Man hat sich auf Weißweinsorten spezialisiert, vor allem auf Riesling und die Burgundersorten, dazu gibt es Silvaner und Muskateller als Spezialitäten, aber auch Müller-Thurgau, Morio-Muskat und Kerner, sowie an roten Rebsorten Portugieser, Dornfelder, Sankt Laurent und Spätburgunder. Die Weine werden gezügelt vergoren, nur einmal filtriert und mit der natürlichen Kohlensäure abgefüllt.

Ein Muster an Zuverlässigkeit, hatten wir vor zehn Jahren geschrieben. Schon viele Jahre zuvor hatten wir erstmals Weine von Rolf Pfaffmann verkostet. Mit Einführung der „Exclusiv"-Linie hatte Rolf Pfaffmann einige Jahre lang Weine, die nahe an die Pfälzer Spitze heranreichten. In den letzten Jahren nun aber vermissen wir etwas die Zuverlässigkeit und Konstanz, zu einzelnen Spitzen gesellen sich immer wieder auch Weine, die nicht so recht Freude bereiten, die teils „überstrapaziert" wirken. Wohin der Weg führt ist uns nicht ganz ersichtlich.

2006 war schwächer als die Vorjahre, der im Steingutfass ausgebaute „Steingut"-Riesling allerdings überzeugte. Außer Riesling Exclusiv und Steingut reichte auch der Jahrgang 2007 nicht an frühere Kollektionen heran. Auch mit der neuen Kollektion vermag man nicht an frühere Jahrgänge anzuknüpfen, die Weine wirken etwas „technisch", Trinkvergnügen will sich nicht so recht einstellen.

Weinbewertung

78 2008 Riesling trocken „No. 9" Frankweiler Kalkgrube **5,40 €/1l**

78 2008 Riesling Kabinett trocken Frankweiler Kalkgrube **5,60 €**

78 2008 Riesling trocken „Exclusiv" Frankweiler Kalkgrube **8,20 €**

79 2008 Weißburgunder Kabinett trocken Frankweiler Kalkgrube **5,60 €**

79 2008 Grüner Silvaner Kabinett trocken **5,10 €**

81 2008 „ T Cuvée" Weißwein trocken „Exclusiv" **11,- €**

80 2008 Blanc de Noir trocken „Exclusiv" Frankweiler Königsgarten **8,20 €**

79 2008 Grüner Silvaner trocken „Exclusiv" Frankweiler Königsgarten **8,50 €**

81 2008 Gelber Muskateller „Exclusiv" Frankweiler Biengarten **8,50 €**

77 2008 Grauburgunder „Exclusiv" Frankweiler Kalkgrube **8,50 €**

★

Theobald **Pfaffmann**

Weingut

Pfalz

Lindenbergstraße 32 & 36, 76829 Landau-Nußdorf
Tel. 06341-969187, Fax: 06341-969188
www.vinopan.de
info@vinopan.de
Besuchszeiten: Mo.-Fr. 9-19 Uhr, Sa. 8-18 Uhr, Anmeldung erwünscht
Weinproben (bis 120 Personen)
Gästezimmer (1 Doppelzimmer)

Inhaber .... Theobald Pfaffmann
Rebfläche .... 8,1 Hektar

Theobald Pfaffmann wollte nicht mehr länger seine Weine an den Handel abgeben und hat deshalb vor 20 Jahren mit der Selbstvermarktung begonnen. Er baut jeweils zur Hälfte rote und weiße Sorten an. Die Rotweine werden maischevergoren und in Holzfässern, auch Barriques, ausgebaut. Die Weine werden überwiegend trocken ausgebaut.

Neben den Sekten überzeugte vor zwei Jahren der Sauvignon Blanc besonders. Die letztjährige Kollektion war sehr gleichmäßig, der Pinot-Sekt ragte heraus, überzeugte mit viel Fülle und Frucht. Sein Nachfolger im Jahrgang 2007 überzeugt ebenfalls, noch besser aber hat uns der Rosé-Sekt gefallen, beide führen eine ansonsten etwas verhaltene Kollektion an.

Weinbewertung

85 . . . 2007 „PAN" Pinot Sekt brut
fruchtbetont, dezent Ananas; klar, füllig, fruchtbetont, feine Süße und Biss **13,- €**

86 . . . 2007 „PAN" Rosé Sekt brut
frisch, fruchtbetont, ein wenig rote Früchte; klar, geradlinig, gute Struktur, Frische und Biss **13,- €**

80 2008 Blanc de Noir trocken Nußdorfer Herrenberg **5,40 €**
80 2008 Riesling Kabinett trocken Nußdorfer Herrenberg **6,- €**
81 2008 Grauburgunder Kabinett trocken Nußdorfer Bischofskreuz **5,- €**
82 2008 Chardonnay Kabinett trocken Nußdorfer Kaiserberg **6,- €**
79 2008 Weißburgunder Kabinett trocken **5,50 €**
81 2008 Sauvignon Blanc Spätlese trocken Nußdorfer Herrenberg **8,- €**
81 2008 Auxerrois Spätlese trocken Nußdorfer Kaiserberg **8,- €**
82 2008 Gewürztraminer Kabinett Nußdorfer Herrenberg **6,- €**
81 2007 St. Laurent trocken Nußdorfer Herrenberg **6,- €**
82 2007 Spätburgunder trocken Nußdorfer Herrenberg **7,- €**
83 2005 „PAN" Rotwein trocken Nußdorfer Herrenberg **14,- €**

Pfeffingen

★★★★

Weingut Fuhrmann-Eymael

Pfalz

Pfeffingen 2, 67098 Bad Dürkheim-Pfeffingen
Tel. 06322-8607, Fax: 06322-8603
www.vdp.de/weingut/pfeffingen oder
www.pfeffingen.de
info@pfeffingen.de
Besuchszeiten: Mo.-Fr. 8-12 + 13-18 Uhr,
Sa. 9-12 + 13-16 Uhr, So. nach Vereinbarung

Inhaber .... Familien Fuhrmann-Eymael
Rebfläche .... 12,5 Hektar

Das Weingut Pfeffingen im gleichnamigen Bad Dürkheimer Ortsteil wird heute von Doris Eymael geführt. Dabei wird sie unterstützt von Kellermeister Rainer Gabel und zwei Generationen der Familien Fuhrmann und Eymael. Die Weinberge liegen alle nicht weit vom Weingut in Ungstein, die besten Lagen sind Herrenberg und Weilberg. Wichtigste Rebsorte ist der Riesling, der zwei Drittel der Rebfläche einnimmt. Es folgen Scheurebe, Weißburgunder, Chardonnay, Spätburgunder und Gewürztraminer.

Seit einem Jahrzehnt empfehlen wir die Weine, und in diesem Jahrzehnt ging es stetig voran. Die edelsüßen Scheureben waren immer schon faszinierend, im trockenen Segment haben die Großen Gewächse eine weitere Steigerung gebracht, die Qualitäts- und Kabinettweine sind stets reintönig und fruchtbetont.

Im schwierigen Jahrgang 2006 behauptete sich das Weingut, die Großen Gewächse gehörten zu den besten Rieslingen der Pfalz. Auch die edelsüßen Scheureben waren sehr gut, wenn auch nicht ganz so brillant wie gewohnt. Im vergangenen Jahr zeigten sie wieder das gewohnte Bild: Scheurebe vom Feinsten! Jeder Wein war brillant klar, bestach mit Frische und Frucht. Aber auch die Großen Gewächse – neu der Weißburgunder Vogelsang – machten viel Freude, wie überhaupt die ganze Kollektion. Vergleichbar stark ist die 2008er Kollektion, brilliert mit fülligen Großen Gewächsen und einer Scheurebe Trockenbeerenauslese, schon der Riesling Kabinett macht viel Freude, der neue „Terra Rossa" fasziniert mit seiner Nachhaltigkeit: Einmal mehr eine ganz starke Kollektion!

Weinbewertung

85 ... 2008 Riesling Kabinett trocken Ungsteiner Herrenberg
frisch, fruchtbetont, würzig; klar, frisch, zupackend,

feine Frucht und Biss **8,- €**
2001: 82; 2002: 85; 2004: 86; 2005: 86; 2006: 84; 2007: 84.

86 . . . 2008 Riesling Spätlese trocken Ungsteiner Herrenberg
gute Konzentrat on, herrlich viel Frucht, etwas gelbe Früchte; füllig, harmonisch, reife süße Frucht **11,- €**
1998: 87; 1999: 90; 2000: 86; 2001: 90; 2002: 89; 2003: 85; 2005: 86; 2006: 86; 2007: 86.

86 . . . 2008 Scheurebe Spätlese trocken
würzig, eindringlich, Cassis, etwas streng; füllig, kraftvoll, reife Frucht, gute Struktur und Frische **10,- €**

89 . . . 2008 Riesling Spätlese trocken „Terra Rossa"
gute Konzentration, faszinierend viel Frucht, herrlich eindringlich und dominant; füllig, stoffig, kraftvoll, gute Substanz, enorm nachhaltig **12,- €**

88 . . . 2008 Weißburgunder „GG" „V" Ungsteiner Herrenberg
(Vogelsang); viel Konzentration, reife Frucht, weiße und gelbe Früchte, herrlich eindringlich; füllig, harmonisch, reife Frucht, feine Frische und Biss **19,- €**
2007 (1. Jg.): 88.

89 . . . 2008 Riesling „GG" „M" Ungsteiner Herrenberg
(Mardelskopf); gute Konzentration, klare reife Frucht, etwas gelbe Früchte, Orangen; füllig, harmonisch, viel reife Frucht und Substanz, gute Länge **20,- €**
2004: 90; 2005: 89; 2006: 90; 2007: 89.

89 . . . 2007 WEILBERG Ungstein Riesling „GG"
klar, fruchtbetont, gute Konzentration, etwas Zitrus und Aprikosen; füllig, kraftvoll, reife Frucht, Substanz und Biss **20,- €**
2001: 87; 2002: 90; 2003: 88; 2004: 88; 2005: 89; 2006: 89; 2007: 88.

86 . . . 2008 Scheurebe Spätlese
frisch, fruchtbetont, Cassis, herrlich reintönig; klar, frisch, elegant, feine süße Frucht **10,- €**
1998: 88; 1999: 85; 2000: 88; 2001: 86; 2004: 87; 2005: 87; 2006: 86; 2007: 86.

87 . . . 2008 Scheurebe Auslese Ungsteiner Herrenberg
würzig, konzentriert, feiner Duft, Cassis, herrlich eindringlich; süß, konzentriert, klare Frucht und Biss **14,- €/0,375l**
1999: 89; 2001: 89; 2002: 89; 2003: 89; 2005: 87; 2006: 87; 2007: 88.

91 . . . 2008 Scheurebe Trockenbeerenauslese Ungsteiner Herrenberg
würzig, konzentriert, Cassis, herrlich eindringlich und reintönig; süß, dick, konzentriert, herrlich viel Frucht und Stoff **49,- €/0,375l**
2004: 93; 2005: 93; 2006: 90; 2007: 92.

---

84 2008 Chardonnay Spätlese trocken **10,- €**

★★★

Pfirmann
Weingut

Pfalz

Wollmersheimer Hauptstraße 84,
76829 Landau-Wollmesheim
Tel. 06341-32584, Fax: 06341-930066
www.weingut-pfirmann.de
info@weingut-pfirmann.de
Besuchszeiten: nach Vereinbarung
Weinproben (bis 25 Personen), im Sommer auch im Kelterhaus (bis 60 Personen)

Inhaber .... Jürgen Pfirmann
Rebfläche .... 11,5 Hektar

Das Weingut Pfirmann wird heute in fünfter Generation von Jürgen Pfirmann geführt, der bereits seit dem Abschluss seiner Ausbildung zum Weinbautechniker im Jahr 2001 für den Ausbau der Weine verantwortlich war. Die Weinberge befinden sich in den Lagen Wollmesheimer Mütterle, Mörzheimer Pfaffenberg und Leinsweiler Sonnenberg. Wichtigste Rebsorte ist Riesling, gefolgt von Spätburgunder, Weißburgunder, Dornfelder, Grauburgunder, Chardonnay und Silvaner. Auch Merlot und Cabernet Sauvignon werden angebaut. Die Weißweine werden in Edelstahltanks ausgebaut und bleiben bis zur Abfüllung teils auf der Vollhefe, teils auf der Feinhefe. Die Rotweine werden maischevergoren und in kleinen oder großen Holzfässern ausgebaut. Die trockenen Weine sind – anders als bei den meisten Pfälzer Betrieben – durchgegoren. Das Programm ist gegliedert in Gutsweine, Terroirweine und Lagenweine, wobei mit dem Jahrgang 2008 statt der Gewannnamen die „offiziellen" Lagenbezeichnungen verwendet werden.

Selbst im schwierigen Jahrgang 2006 bestätigte Jürgen Pfirmann die starken Vorjahresleistungen, die Weine besaßen Frucht und Klarheit, der Spätburgunder, Jahrgang 2005, hatte weiter zugelegt. Ein solches Highlight fehlt in der letztjährigen Kollektion. Die Weine waren kraftvoll und klar, wirkten alle sehr jugendlich und dadurch fehlte es ihnen ein wenig an Nachhaltigkeit. Die Stilistik überzeugt, hatten wir im vergangenen Jahr geendet. Und dies können wir auch für die neue Kollektion bestätigen. Die Weine sind kraftvoll und klar, besitzen Substanz und Struktur. Die starke Kollektion wird angeführt vom Spätburgunder Mütterle und dem Riesling Sonnenberg. Einer der Aufsteiger des Jahres in der Pfalz!

Weinbewertung

85 . . . 2008 Gelber Muskateller trocken
frisch, fruchtbetont, herrlich reintönig; reintönige Frucht, feine Frische, zupackend **5,60 €**

87 . . . 2008 Sauvignon Blanc trocken
frisch, fruchtbetont, herrlich reintönig; frisch, zupackend, reintönige Frucht **8,40 €**

86 . . . 2008 Weißburgunder trocken „Kalkmergel"
gute Konzentration, reintönige Frucht, herrlich eindringlich; füllig, harmonisch, viel reife Frucht, gute Substanz **6,70 €**

85 . . . 2008 Riesling trocken „Kalkmergel"
frisch, würzig, klare reife Frucht; klar, kraftvoll, reife Frucht, gute Substanz **6,70 €**

86 . . . 2008 Weißburgunder trocken MÜTTERLE
gute Konzentration, reintönige Frucht, feine Würze; konzentriert, klar, harmonisch, reife Frucht, viel Substanz, jugendlich **8,40 €**

87 . . . 2008 Riesling trocken MÜTTERLE
gute Konzentration, faszinierend viel Frucht, würzig, eindringlich; füllig, harmonisch, viel reife Frucht, etwas gelbe Früchte, Substanz **8,40 €**

88 . . . 2008 Riesling trocken SONNENBERG
konzentriert, reintönig, etwas Zitrus und gelbe Früchte; füllig, harmonisch, viel reife Frucht, Substanz und Kraft **8,90 €**

85 . . . 2007 Spätburgunder trocken „Kalkgestein"
reintönige Frucht, feine Würze; frisch, klar, elegant, gute Struktur **7,70 €**

88 . . . 2007 Spätburgunder trocken MÜTTERLE
rauchige Noten, reintönige Frucht, herrlich eindringlich und konzentriert; füllig, kraftvoll, reintönige Frucht, gute Struktur und Substanz **11,60 €**

84 2008 Weißburgunder trocken **4,60 €**

★★★★

Jakob Pfleger
Weingut

Pfalz

Weinstraße 38, Tel. 67273 Herxheim am Berg
Tel. 06353-7465, Fax: 06353-6850
weingutjpflege r@t-online.de
Besuchszeiten: Mo.-Fr. 8-12 + 13-18 Uhr,
Sa. 9-16 Uhr oder nach Vereinbarung

Inhaber .... Roland Pfleger
Rebfläche .... 7,5 Hektar

Roland Pfleger gehört zu den Pionieren des Barriqueausbaus in der Pfalz, bereits 1985 erzeugte er seine ersten Barriqueweine. Diese werden ohne Lagenangabe als „Edition Curator" vermarktet. Bei den weißen Sorten dominiert der Riesling, dazu gibt es Grauburgunder, Scheurebe, Chardonnay und etwas Sauvignon Blanc, zuletzt hat Roland Pfleger noch ein klein wenig Viognier gepflanzt. An Rotweinsorten baut er Spätburgunder, Dornfelder, St. Laurent, Portugieser und etwas Merlot an, aber auch Cabernet Sauvignon und Cabernet Franc. Das Gros seiner Weine baut er trocken aus.

Seit einem Jahrzehnt empfehlen wir die Weine von Roland Pfleger, schon damals lobten wir, wie gekonnt er mit dem Barrique umgeht. In diesem Jahrzehnt waren es immer wieder die Barriqueweine, die uns begeisterten. Dornfelder und Spätburgunder zunächst, dann der Chardonnay und schließlich St. Laurent, Merlot und die Cuvée Claret. Und sie werden immer besser, Pflegers Barriqueweine.

Vor zwei Jahren war der 2005er Claret faszinierend, präzise, mineralisch und nachhaltig. Deshalb gefiel er uns etwas besser als der opulente Reserve-Pinot Noir, die Cuvée Laura war wie immer eine sichere Bank. 2006 blieb sie hinter den Vorjahren zurück, der Pinot Noir aber zeigte Klasse wie gewohnt. In der aktuellen Kollektion nun fällt es uns schwer einen einzelnen Favoriten zu benennen, denn gleich vier hervorragende Barriquerotweine präsentiert Roland Pfleger: Cuvée Laura, Claret und zwei Pinot Noir-Versionen, die jungen 2008er Rotweine zeigen viel Frucht und Struktur.

Deutlich zugelegt hatten zuletzt auch die Weißweine von Roland Pfleger. Unser Favorit in den letzten Jahren war der Chardonnay Edition Curator. Mit dem Jahrgang 2005 gefiel er uns nochmals deutlich besser, gehörte zu den besten Chardonnay in Deutschland, aber auch die 2006er Weißweine überzeugten voll und ganz: Noch ein klein wenig besser als Riesling, Chardonnay oder Sauvignon Blanc gefiel uns der neue Wein im Programm, der im großen Holzfass ausgebaute Pinot Blanc. In der letztjährigen Kollektion war einmal mehr der Chardonnay Edition Curator unser Favorit, auch der Riesling „Am Berg" überzeugte. Diese alten Lagennamen wie Am Berg, Sommerseite oder Felsenberg stellt Roland Pfleger inzwischen stärker in den Vordergrund. Die neue weiße Kollektion überzeugt mit reintönigen, fruchtbetonten Weinen, wobei, wie könnte es anders sein, auch im weißen Segment ein Curator unser Favorit ist, der Chardonnay aus dem Jahrgang 2007.

Weinbewertung

85 . . . 2007 Riesling Sekt brut
frisch, fruchtbetont, reintönig; klar, frisch, feine süße Frucht **8,90 €**

86 . . . 2006 Pinot Blanc de Noir Sekt brut
rauchige Noten, zurückhaltende Frucht; füllig, harmonisch, feine süße Frucht, süffig **9,90 €**

85 . . . 2008 Blanc de Noir Kabinett trocken
würzig, klare Frucht, eindringlich; klar, frisch, fruchtbetont, jugendlich **5,50 €**

85 . . . 2008 Riesling Kabinett trocken Kallstadter Steinacker
frisch, fruchtbetont, ganz dezent Zitrus; klar, frisch, zupackend, dezent mineralische Noten **5,10 €**
1999: 86; 2001: 85; 2002: 85; 2003: 85; 2004: 84; 2005: 85; 2006: 85; 2007: 83.

85 . . . 2008 Sauvignon Blanc Kabinett trocken Herxheim/Berg Honigsack
fruchtbetont, etwas Melone; reintönig, zupackend, feiner Frucht und Biss, jugendlich **7,20 €**

87 . . . 2007 Sauvignon Blanc Spätlese trocken Herxheim/Berg Honigsack
fruchtbetont, herrlich intensiv und eindringlich; füllig, stoffig, kraftvoll, viel reife Frucht, ganz feine mineralische Noten **8,20 €**
1999: 87; 2001: 88; 2002: 86; 2003: 87; 2004: 87; 2005: 86;

2006: 87.

88 . . . 2008 Riesling Spätlese trocken „Am Berg" Herxheim/Berg Honigsack

frisch, würzig, dezent Zitrus, klar; füllig, harmonisch, herrlich reintönige Frucht, jugendlicher Biss **7,90 €**

1998: 86; 1999: 87; 2000: 86; 2001: 89; 2002: 87; 2003: 85; 2004: 87; 2005: 88; 2006: 87; 2007: 87.

89 . . . 2007 Chardonnay Edition Curator

gute Konzentration, herrlich viel Frucht, etwas Vanille, dezenter Toast im Hintergrund, gelbe Früchte; weich, füllig, harmonisch, klare reife Frucht, Vanille **14,90 €**

1998: 87; 1999: 87; 2000: 89; 2001: 87; 2002: 87; 2003: 88; 2004: 88; 2005: 90; 2006: 88.

87 . . . 2007 Grauburgunder Beerenauslese Herxheim/Berg Honigsack

würzig, eindringlich, etwas Litschi; konzentriert, würzig, dominant, eindringliche süße Frucht

85 . . . 2008 St. Laurent trocken Freinsheimer Musikantenbuckel

frisch, fruchtbetont, herrlich reintönig; viel reintönige reife Frucht, feiner Frucht und Biss **6,60 €**

1999: 86; 2000: 84; 2001: 87; 2003: 86; 2004: 86; 2005: 84; 2006: 85.

87 . . . 2008 Spätburgunder Spätlese trocken „Sommerseite" Herxheim/Berg Honigsack

herrlich reintönig, intensiv, rote Früchte; Kraft, Struktur, jugendliche Frucht und Biss **8,20 €**

2002: 86; 2003: 87; 2004: 86; 2005: 87; 2006: 86; 2007: 85.

86 . . . 2008 Merlot Spätlese trocken Herxheim/Berg Kirchenstück

gute Konzentration, reintönige reife Frucht, rote Früchte; kraftvoll, klar, zupackend, jugendliche Frucht und Biss **9,20 €**

2002: 87; 2003: 88; 2004: 87; 2005: 87; 2007: 86.

87 . . . 2007 Dornfelder Edition Curator

gute Konzentration, reife Frucht, feiner Duft; füllig, stoffig, viel Substanz, reife Frucht und gute Struktur **12,40 €**

91 . . . 2006 „Claret" Cuvée Goldberg Edition Curator

Cabernet Sauvignon, Cabernet Franc und Merlot; konzentriert, herrlich viel Frucht, feine mineralische Noten, ganz dezenter Toast, klar und eindringlich; füllig, kraftvoll, reife Frucht, gute Struktur und Substanz, nachhaltig, viel Potenzial **22,- €**

2002 (1. Jg.): 90; 2004: 90; 2005: 91.

88 . . . 2007 Cabernet Franc Spätlese trocken Goldberg

viel reife Frucht, etwas Kirschen, Kräuter, reintönig; klar, fruchtbetont, reintönig, dezente Kräuterwürze, gute Struktur **9,90 €**

2006: 87.

91 . . . 2007 „Cuvée Laura" Edition Curator

reinsortiger Merlot; gute Konzentration, herrlich viel Frucht, feine Würze, Toast, reintönig; füllig, harmonisch, viel reife Frucht, dezent Schokolade, Substanz, gute Struktur und Kraft, jugendlich, enorm nachhaltig, Potenzial **16,80 €**

1998: 88; 1999: 89; 2000: 89; 2001: 88; 2002: np; 2004: 89; 2005: 89; 2006: 86.

90 . . . 2007 Pinot Noir Edition Curator

reintönige Frucht, feine Frische, gute Konzentration, herrlich eindringlich; füllig, kraftvoll, reife Frucht, gute Struktur und Nachhall **15,20 €**

1997: 87; 1998: 86; 1999: 88; 2000: 87; 2002: 89; 2004: 89; 2005: 87; 2006: 89.

91 . . . 2007 Pinot Noir „R"** Edition Curator**

viel reife Frucht, ganz faszinierend, etwas Sauerkirschen, Herzkirschen, herrlich eindringlich und reintönig; füllig, stoffig, herrlich präzise, reintönig, enorm nachhaltig, viel Substanz, Frische und Biss, jugendlich **34,- €**

1996: 88; 1999: 90; 2003: 90; 2005: 90.

---

82 2008 Riesling Kabinett trocken **4,50 €/1l**

83 2008 Grauburgunder Kabinett trocken Herxheim/Berg Honigsack **5,10 €**

Kloster **Pforta** ★

Landesweingut

Saale-Unstrut

Saalhäuser, 06628 Bad Kösen
Tel. 034463-300-0, Fax: 034463-300-35
www.kloster-pforta.de
service@kloster-pforta.de
Besuchszeiten: Verkaufsstelle Schulpforte täglich von 10-18 Uhr

Inhaber .... Land Sachsen-Anhalt
Betriebsleiter .... Christian S. Kloss
Rebfläche .... 55 Hektar

Das Zisterzienser-Kloster Pforta wurde 1137 gegründet, mit dieser Gründung begann der Weinbau in der Region. Bereits Mitte des 12. Jahrhunderts wurde der zwischen Bad Kösen und Schulpforte gelegene Köppelberg von Mönchen mit Reben bepflanzt (urkundlich belegt erstmals 1154). Das heutige Landesweingut Kloster Pforta, 1993 vom Land Sachsen-Anhalt gegründet, ist heute Besitzer dieser Reben am Köppelberg. Es ist ein Muster- und Demonstrationsweingut, das den bestehenden und künftigen Weinbau an Saale und Unstrut fördern will. Neben dem Köppelberg (Muschelkalk), einer teilweise verpachteten Monopollage, besitzt man die Monopollagen Saalhäuser (Muschelkalk), und Gösecker Dechantenberg (roter Buntsandstein), ist darüberhinaus vertreten im Naumburger Paradies (tiefgründige Lösslehmböden), Großjenaer Blütengrund (Lösslehm- und Gesteinsböden) und Freyburger Schweigenberg (Muschelkalk). Bei den weißen Rebsorten dominieren Weißburgunder, Müller-Thurgau, Silvaner, Riesling, Morio-Muskat, Traminer und Gutedel, zuletzt hat man Blauen Silvaner, Weißen Heunisch und Elbling gepflanzt. An roten Sorten gibt es die traditionellen Portugieser und Spätburgunder, dazu André und recht viel Zweigelt. Die Weinberge im Köppelberg sind auf ökologische Bewirtschaftung umgestellt und zur Zertifizierung angemeldet. Das Programm ist gegliedert in Gutsweine (bronze), Lagenweine (silber) und Klosteredition (gold).

Nach gleichmäßigen Kollektionen in den vorausgegangenen Jahren waren die 2006er verhaltener. 2007 gefiel uns besser, einmal mehr war der Weißburgunder Saalhäuser unser Favorit. Fast identisch ist das Bild 2008: Der Weißburgunder Saalhäuser ist unser Favorit in einer sehr gleichmäßigen Kollektion.

Weinbewertung

86 . . . 2008 Weißburgunder Spätlese trocken Saalhäuser „Steillage“
gute Konzentration, viel reife Frucht, reife weiße Früchte; viel reife Frucht, Struktur und Frische, Substanz **12,50 €**

80 2008 Weißer Gutedel trocken **6,50 €**
83 2008 Weißburgunder trocken **8,- €**
83 2008 Roter Traminer trocken **7,- €**
84 2008 Bacchus trocken **6,50 €**
81 2008 Blauer Zweigelt trocken weißgekeltert **7,50 €**
83 2008 Müller-Thurgau trocken Pfortenser Köppelberg **6,90 €**
81 2008 Grüner Silvaner trocken Gosecker Dechantenberg **9,- €**
82 2008 Weißer Riesling Kabinett trocken Gosecker Dechantenberg **9,50 €**
84 2008 Weißer Riesling trocken Saalhäuser „Steillage“ **8,90 €**
84 2008 Grauburgunder trocken Pfortenser Köppelberg **9,- €**
84 2007 Blauer Spätburgunder trocken Saalhäuser **9,90 €**

★★★

Philipps-Eckstein

Weingut

Mosel

Panoramastraße 11, 54470 Graach-Schäferei
Tel. 06531-6542, Fax: 06531-4593
www.weingut-philipps-eckstein.de
info@weingut-philipps-eckstein.de
Besuchszeiten: täglich 10:30-22 Uhr
Gästehaus, Winzerwirtschaft (60 Sitzplätze)

Inhaber .... Patrick und Michaela Philipps
Rebfläche .... 3,8 Hektar

Patrick Philipps ist Bürokaufmann und als Quereinsteiger Winzer geworden. Riesling nimmt 93 Prozent seiner Weinberge ein, dazu gibt es etwas Weißburgunder, Spätburgunder und Dornfelder. Die Weinberge befinden sich in den Graacher Lagen Domprobst und Himmelreich, im Bernkasteler Johannisbrünnchen und im Zeltinger Himmelreich. Patrick Philipps baut die Weine eher modern aus, mit kühler Gärung, im Stahltank und mit Verzicht auf Süßreserve. Entsprechend offen wirken die Weine im jugendlichen Zustand, sind saftig, mineralisch und fruchtig. Soweit sich das bislang beurteilen lässt, altern sie aber auch gut.

Die 2007er waren in dem typischen saftigen, rassigen Stil gehalten, der zum Markenzeichen des Weinguts wurde. Ganz können die 2008er daran nicht anschließen, echte Spitzen fehlen; dafür beeindruckt die Gleichmäßigkeit, welche auch die einfachsten Weine überzeugend ausfallen lässt.

Weinbewertung

86 . . . 2008 Riesling Spätlese halbtrocken Graacher Domprobst
eindringliche Frucht, Melone; reif, straff, würzig, zeigt viel Schmelz, gut eingebundene Süße **10,- €**
2004: 86; 2006: 86; 2007: 88.

87 . . . 2008 Riesling Kabinett „Alte Reben" Graacher Domprobst
klar, duftig, eindringliche Frucht, Apfel, Zitrus, Spur Ananas; saftig, würzig, leicht mineralisch, feines Süße-Säure-Spiel **7,50 €**

85 . . . 2008 Riesling Spätlese Graacher Domprobst**
klare Frucht, jugendlich, getrockneter Apfel;, etwas Maracuja; saftig, rassig, viel Frucht, sehr süffig **8,- €**

86 . . . 2008 Riesling Spätlese „Laurine" Graacher Dompropst
sehr duftig, zarte Frucht, Kernobst, etwas Steinobst; saftig, knackige Säure, zurückhaltende Süße **8,50 €**

87 . . . 2008 Riesling Spätlese „Alte Reben" Graacher Dompropst
klare, reife Frucht, etwas Mirabelle; straff, saftig, viel Frucht, Würze, gute Struktur, herrlich süffig **11,80 €**

80 2008 Riesling Kabinett trocken Graacher Domprobst **7,50 €**
84 2008 Riesling Kabinett „feinherb" Graacher Domprobst **7,50 €**
84 2008 Riesling Kabinett Graacher Himmelreich 6,50 €

★★

Philipps-Mühle

Weingut

Mittelrhein

Gründelbach 49, 56329 St. Goar
Tel. 06741-1606, Fax: 06741-981838
www.philipps-muehle.de
thomas@philipps-muehle.de
Besuchszeiten: täglich von 9-18 Uhr oder nach Vereinbarung
Winzerschenke, Vinothek

Inhaber .... Thomas Philipps
Rebfläche .... 2,7 Hektar

Die beiden Jungwinzer Martin und Thomas Philipps rücken den Weinbau mehr und mehr in den Mittelpunkt der alten Getreidemühle und Winzerschenke. Thomas Philipps hat Önologie studiert, sein Bruder Martin macht derzeit eine Winzerlehre. Sie haben die Rebfläche von 0,3 Hektar auf heute 2,7 Hektar erweitert und möchten weitere Brachflächen rekultivieren. Sie bauen 90 Prozent Riesling und 10 Prozent Müller-Thurgau an. Das Sortiment ist in drei Linien gegliedert: Das Basissegment „Steilhang", das Mittelsegment mit den Weinen der Großlage St. Goarer Burg Rheinfels und das Premiumsegment mit den Weinen aus den St. Goarer Einzellagen Frohwingert und Ameisenberg.

Auf das erfreuliche Debüt mit reintönigen, mineralischen Rieslingen aus dem Jahrgang 2007 im vergangenen Jahr, folgt eine weitere überzeugende Kollektion mit reintönigen, frischen Weinen, allen voran der kraftvolle trockene Riesling aus dem Frohwingert.

Weinbewertung

86 . . . 2007 Riesling trocken St. Goarer Frohwingert

gute Konzentration, reintönige Frucht, herrlich eindringlich; füllig, harmonisch, reife Frucht, gute Struktur, jugendlich, feiner Nachhall 11,50 €

88 . . . 2008 Riesling trocken St. Goarer Frohwingert

würzig, konzentriert, herrlich eindringlich, reintönige reife Frucht; füllig, kraftvoll, viel reife Frucht, Substanz, gute Struktur und Länge 11,50 €

86 . . . 2008 Riesling lieblich St. Goarer Ameisenberg

würzig, eindringlich, reintönige Frucht; weich, füllig, schmeichelnd, viel reife Frucht, feine Frische 10,- €

82 2008 Müller-Thurgau trocken „STEILHANG" **5,50 €**

82 2008 Riesling trocken „STEILHANG" **5,- €**

84 2008 Riesling trocken St. Goarer Burg Rheinfels **7,50 €**

82 2008 Riesling halbtrocken „STEILHANG" **5,- €**

84 2008 Riesling halbtrocken St. Goarer Burg Rheinfels **7,50 €**

81 2008 Riesling lieblich „STEILHANG" **5,50 €**

★★★☆

Pix

Weingut

Baden

Eisenbahnstraße 19, 79241 Ihringen

***Tel.** 07668-879, **Fax**: 07668-902678*

www.weingut-pix.de

info@weingut-pix.de

***Besuchszeiten**: immer, nach tel. Voranmeldung*

Inhaber .... Helga und Reinhold Pix

Rebfläche .... 5 Hektar

Die Weinberge, sowie 10 Hektar Acker und Wiesen werden von Helga und Reinhold Pix seit 1984 nach den Bioland-Richtlinien bewirtschaftet. Daneben gab es im Betrieb auch Landwirtschaft und Viehhaltung mit „Hinterwälder"-Rindern, beides wurde aber wegen eines Arbeitsunfalls im Frühjahr 2005 aufgegeben. Seither konzentrieren sich Helga und Reinhold Pix voll auf den Weinbau. Spezialität des Weinguts sind die Burgundersorten, aber auch Silvaner. Dazu gibt es einen Gewürztraminer von alten Reben. Und der gebürtige Stuttgarter Reinhold Pix hat auch etwas Lemberger gepflanzt, inzwischen auch Cabernet. Alle Weine werden durchgegoren ausgebaut, die Rotweine bleiben mindestens ein Jahr im Barrique.

Schon vor einem Jahrzehnt haben wir die Weine von Helga und Reinhold Pix empfohlen, diese Empfehlung gilt nachwievor ohne jede Einschränkung. Die Qualität der Basisweine ist immer wieder erstaunlich hoch, Enttäuschungen erlebt man nicht. Immer wieder aber Überraschungen mit weißen wie roten Spitzen – nicht nur bei Spät-, Grau- und Weißburgunder, auch bei Sorten wie Silvaner und Gewürztraminer – oder Weinen mit besonders attraktivem Preis-Leistungs-Verhältnis: Solche Überraschungen erlebt man gerne.

Auch die 2006er Kollektion überzeugte, allerdings waren vor zwei Jahren die barriqueausgebauten Weißweine aus dem Jahrgang 2005 die herausragenden Weine. Die letztjährige Kollektion gefiel uns gut, war sehr homogen auf hohem Niveau, Grauburgunder und Weißburgunder gehörten zu den Jahrgangsbesten am Kaiserstuhl. Mit dem Jahrgang 2008 wurde nun die Ausstattung verändert, Restzucker und Säure findet man nun auf dem Etikett, Lagennamen aber nicht mehr. Die Kollektion präsentiert sich geschlossen auf sehr gutem Niveau, weiß wie rot: Eine überzeugende Vorstellung!

Weinbewertung

85 . . . 2008 Riesling trocken
würzig, klar, etwas Limone; klar, direkt, reife süße Frucht, feine Frische **6,50 €**

86 . . . 2008 Grüner Silvaner trocken
gute Konzentration, klare Frucht, herrlich eindringlich; füllig, kraftvoll, reife Frucht, gute Substanz und Frische **6,50 €**

87 . . . 2008 Weißburgunder trocken
würzig, klar, reife Frucht, weiße Früchte; füllig, harmonisch, klare reife Frucht, Struktur und Frische **7,- €**

85 . . . 2008 Grauburgunder trocken
konzentriert, klar, weiße und gelbe Früchte; füllig, harmonisch, reife Frucht **7,50 €**

86 . . . 2008 Chardonnay Spätlese trocken
gute Konzentration, feine Würze und Frucht, eindringlich; füllig, kraftvoll, viel reife Frucht, feine Frische **13,50 €**

86 . . . 2008 Gewürztraminer Spätlese trocken
frisch, fruchtbetont, etwas Gewürze, dezent Muskat; füllig, kraftvoll, fruchtbetont, gute Struktur **12,- €**

87 . . . 2007 Spätburgunder Spätlese trocken
würzig, eindringlich, herrlich reintönige Frucht; frisch, elegant, reintönige Frucht **13,- €**

87 . . . 2007 Rotwein Pix trocken
Cabernet, Lemberger und Spätburgunder; feine Würze, reife Frucht, rote Früchte, ganz dezent Cassis; füllig, kraftvoll, reintönig, gute Struktur und Substanz **15,- €**

Plag ★★
Weingut

Baden

Leiberger Weg 1, 75057 Kürnbach
Tel. 07258-234, Fax: 07258-9269561
www.weingut-plag.de
info@weingut-plag.de
Besuchszeiten: nach Vereinbarung
Besenwirtschaft „Plag's Weinstube" (2 x im Jahr, Ende April + November)

Inhaber .... Werner Plag
Rebfläche .... 7,5 Hektar

Reinhold Plag, der Vater des heutigen Besitzers, trat 1982 aus der Genossenschaft aus und begann mit der Selbstvermarktung. Heute führt Werner Plag zusammen mit Sohn Philipp das Gut. 70 Prozent der Rebfläche nehmen rote Rebsorten ein. Schwarzriesling ist die wichtigste Rebsorte im Betrieb, gefolgt von Pinot Noir, Lemberger, Riesling und Weißburgunder. Dazu gibt es etwas Müller-Thurgau, Gewürztraminer, Dunkelfelder, Cabernet Dorsa und Samtrot. Die Weine werden seit dem Jahrgang 2006 in den drei Linien Gutsweine, Premiumweine und Excellance vermarktet.

Beim starken Debüt vor zwei Jahren wartete Werner Plag mit zwei sehr gelungenen Rotweinen aus dem Jahrgang 2005 auf, Lemberger und Cuvée Rouge. Der 2006er Lemberger überzeugte im vergangenen Jahr ebenfalls, ragte heraus aus einer ansonsten gleichmäßigen Kollektion. Auch in diesem Jahr haben uns die Weine der Excellance-Serie besonders gut gefallen, vor allem die Rotweine: Pinot Noir und Cuvée Rouge gehören zu den Jahrgangsbesten in Deutschland, der Pinot Blanc besitzt Fülle und Struktur. Aber auch der Rest des Programms überzeugt, bietet gleichmäßige, gute Qualität: Im Auge behalten!

Weinbewertung

87 . . . 2007 Pinot Blanc trocken „Excellance"
feiner Toast, klare reife Frucht, wunderschön reintönig und eindringlich; weich, füllig, viel reife Frucht, Substanz und Länge **14,50 €**

90 . . . 2007 Pinot Noir trocken „Excellance"
konzentriert, rauchige Noten, herrlich eindringliche reintönige Frucht, Herzkirschen, enorm dominant; füllig, kraftvoll, viel reife Frucht, viel Substanz, reife Herzkirschen, gute Struktur und viel Länge **16,- €**

89 . . . 2007 „Cuvée Rouge" trocken „Excellance"
gute Konzentration, viel reife Frucht, rote und dunkle Früchte, ganz dezent Schokolade im Hintergrund, Herzkirschen, herrlich eindringlich; füllig, kraftvoll, viel reife Frucht, wunderschön geschmeidig, harmonisch und lang **16,- €**

81	2008 Rivaner trocken „Premium"	**4,90 €**
81	2008 Riesling trocken „Premium"	**5,20 €**
82	2008 Weißburgunder trocken „Premium"	**5,50 €**
84	2008 Gewürztraminer „Premium"	**5,20 €**
83	2008 Weißburgunder Auslese	**9.50 €**
84	2008 Schwarzriesling trocken „Premium"	**6,80 €**
83	2008 Spätburgunder trocken „Premium"	**6,80 €**

★

Karl O. Pohl
Weingut

Mosel

Reitzengang 9, 54470 Bernkastel-Wehlen
Tel. 06531-8372, Fax: 06531-1792
www.weinpohl.de
weingut-pohl-wehlen@t-online.de
Besuchszeiten: täglich 9-20 Uhr
Gutsweinstube (Mai-Oktober, Mi.-Sa. ab 17 Uhr, So. ab 11 Uhr und nach Vereinbarung)

Inhaber .... Familie Pohl
Rebfläche .... 1,8 Hektar

Dieses kleine Wehlener Weingut befindet sich seit 400 Jahren in Familienbesitz. Die Weinberge liegen in besten Lagen von Wehlen, Graach und Bernkastel. Es wird ausschließlich Riesling angebaut – und das auf eine eher traditionelle Weise. Die Weine sind saftig und würzig und scheinen – wie ein Riesling aus dem Jahrgang 2001 bewies – gut zu reifen.

Die 2006er fielen tadellos aus, was auch für die schlanken, frischen 2007er galt. Alle 2008er wirken saftig und würzig.

Weinbewertung

85 . . . 2007 Riesling Sekt trocken Wehlener Sonnenuhr
klare Frucht, leichte Hefenoten, auch Kräuter, etwas Apfelschalen; saftig, vergleichsweise niedrig dosiert **9,20 €**

85 . . . 2005 Riesling Auslese „feinherb" Graacher Himmelreich
leichte Reifenoten, etwas welke Früchte; würzig, hat Schmelz, Süße, ganz leichte Bitternote **11,- €**

85 . . . 2008 Riesling Spätlese Wehlener Sonnenuhr
klare Frucht, etwa Apfel, Steinobst; saftig, zarte Frucht, wirkt eher schlank, spritzig **8,- €**

86 . . . 2001 Riesling Auslese Graacher Domprobst

nur leichte Reifenoten, eindringliche Frucht, Steinobst, Apfel, Kräuter; saftig, gut eingebundene Süße, noch Potenzial **11,- €**

---

83 2008 Riesling Sekt brut Wehlener Sonnenuhr **9,20 €**

80 2008 Riesling Hochgewächs trocken Wehlener Sonnenuhr **5,40 €**

83 2008 Riesling Kabinett trocken Graacher Himmelreich **5,80 €**

81 2008 Riesling Hochgewächs halbtrocken Wehlener Sonnenuhr **5,20 €**

82 2008 Riesling Kabinett halbtrocken Wehlener Sonnenuhr **5,80 €**

79 2008 Riesling Hochgewächs „feinherb" Graacher Domprobst **5,20 €**

84 2008 Riesling Kabinett „feinherb" Wehlener Sonnenuhr **5,80 €**

83 2008 Riesling Kabinett Wehlener Sonnenuhr **5,80 €**

★★☆

Ernst Popp
Weingut

Franken

Rödelseer Straße 14, 97343 Iphofen
Tel. 06723-3371, Fax: 06723-5781
www.weingut-popp.de
info@weingut.popp.de
Besuchszeiten: Mo.-Sa. 8-18 Uhr, So. 10-12:30 Uhr und nach Vereinbarung

Inhaber .... Maria Popp
Kellermeister .... Ernst Popp
Außenbetrieb .... Georg Giel
Rebfläche .... 30,2 Hektar

Das 1978 am Marktplatz von Iphofen gegründete Weingut hat seinen Sitz seit 1959 am Fuß des Kronsbergs. Seit dem Tod von Ernst Popp wird es von seiner Witwe Maria Popp geführt, unterstützt von den Söhnen Ernst und Johannes. Ihre Weinberge liegen in Iphofen in den Lagen Julius-Echter-Berg, Kronsberg, Kalb und Burgweg, sowie in den Rödelseer Lagen Küchenmeister und Schwanleite. Wichtigste Rebsorte ist Silvaner. Es folgen Riesling, Müller-Thurgau, Bacchus, Kerner, Scheurebe und Weißburgunder. Zuletzt wurde mehr Riesling, Silvaner und Grauburgunder gepflanzt.

Im schwierigen Jahrgang 2006 überzeugte das Weingut auf ganzer Front, anscheinend mühelos erreichten die Weine die Qualität der Vorjahre. Auch der Jahrgang 2007 überzeugte mit frischen Kabinettweinen, kraftvollen trockenen Spätlesen und edelsüßen Spitzen. Die neue Kollektion nun hat uns nochmals besser gefallen, alle Weine sind wunderschön reintönig, besitzen Fülle und Substanz. Sie sind meist von deutlicher Restsüße geprägt – dies wirkt aber überhaupt nicht störend.

Weinbewertung

85 ... 2008 Silvaner Kabinett trocken Iphöfer Kalb
fruchtbetont, herrlich reintönig, Birnen; frisch, harmonisch, reintönige Frucht **7,- €**

85 ... 2008 Silvaner Kabinett trocken Iphöfer Julius-Echter-Berg
würzig, klar, reife Frucht; frisch, harmonisch, feine süße Frucht, gute Fülle **7,50 €**

86 ... 2008 Silvaner Spätlese trocken Iphöfer Kalb
würzig, eindringlich, klare reife Frucht; füllig, harmonisch, reife süße Frucht **10,- €**

86 ... 2008 Silvaner Spätlese trocken „I" Iphöfer Julius-Echter-Berg
fruchtbetont, Birnen, herrlich reintönig; weich, füllig, klar, reife süße Frucht **12,- €**

87 ... 2008 Silvaner Spätlese trocken „II" Iphöfer Julius-Echter-Berg
viel Konzentration, herrlich reintönige Frucht, Birnen, feine Frische und Würze; füllig, klare reife Frucht, gute

Substanz **12,- €**

87 . . . 2008 Silvaner Spätlese trocken „III" Iphöfer Julius-Echter-Berg

viel Konzentration, Würze, reife Frucht, Birnen; weich, schmeichelnd, viel reife süße Frucht, Substanz und Länge **12,50 €**

87 . . . 2008 Riesling Spätlese trocken Iphöfer Julius-Echter-Berg

würzig, eindringlich, jugendliche Frucht; füllig, harmonisch, stoffig, klare Frucht **13,- €**

85 . . . 2008 Weißburgunder Spätlese trocken Iphöfer Kronsberg

konzentriert, würzig, eindringlich; weich, harmonisch, reife süße Frucht **11,50 €**

85 . . . 2008 Grauburgunder Spätlese trocken Rödelseer Schwanleite

viel Konzentration, jugendliche Frucht, herrlich eindringlich; weich, harmonisch, reife süße Frucht, reintönig **11,50 €**

87 . . . 2007 Frühburgunder Spätlese trocken Rödelseer Schwanleite

konzentriert, reintönige reife Frucht, feine rauchige Noten, etwas rote Früchte, Kirschen; reintönig, harmonisch, reife Frucht, gute Struktur, Frische **15,- €**

83 2008 Riesling Kabinett trocken Rödelseer Küchenmeister **7,80 €**

Porzelt ★

Weingut

Pfalz

Steinstraße 91, 76889 Klingenmünster
Tel. 06349-8186, Fax: 06349-3950
www.weingut-porzelt.de
info@weingut-porzelt.de
Besuchszeiten: Mo.-Sa. 9-12 + 14-18 Uhr
Gästehaus, Weinstube (bis 50 Personen)

Inhaber .... Andreas Porzelt
Rebfläche .... 11,5 Hektar

Das Weingut wird heute in dritter Generation von Andreas Porzelt geführt, der 1998 nach seiner Ausbildung zum Weinbautechniker die Regie im Keller übernahm. Die Weinberge liegen im Klingenmünsterer Maria Magdalena, Heuchelheimer Herrenpfad und Gleiszeller Kirchberg. Die wichtigsten Rebsorten sind Riesling, Portugieser, Spätburgunder, Weiß- und Grauburgunder, Silvaner und Dornfelder, aber auch Merlot, Domina und verschiedene Weinsberger Neuzüchtungen werden inzwischen angebaut. Die Weine werden überwiegend an Privatkunden verkauft. Bei Weißweinen wird teils mit Maischestandzeiten gearbeitet, sie werden kühl vergoren und teils im Edelstahl, teils im Holz ausgebaut. Die Rotweine werden maischevergoren und in Eichenholzfässern ausgebaut.

Im problematischen Jahrgang 2006 waren alle Weine von gleichmäßiger Qualität, sehr gut gefiel uns der 2004er Spätburgunder. Eine gleichmäßige Kollektion stellte Andreas Porzelt im vergangenen Jahr vor, alle Weine überzeugten, egal ob weiß oder rot, süß oder trocken. Sehr ähnlich präsentiert sich der Jahrgang 2008, bietet sehr zuverlässige Qualität auf gutem Niveau. Die Kollektion wird angeführt von einer stoffigen Huxelrebe Beerenauslese, im trockenen Segment hat uns die Weißburgunder Spätlese besonders gut gefallen.

Weinbewertung

85 . . . 2008 Weißburgunder Spätlese trocken Klingenmünsterer Maria Magdalena

gute Konzentration, feine Würze und Frucht, eindringlich; füllig, kraftvoll, viel reife Frucht **8,20 €**

85 . . . 2008 Huxelrebe Beerenauslese Klingenmünsterer Maria Magdalena

gute Konzentration, feine Würze, reife Frucht, Duft; füllig, konzentriert, viel Stoff **19,50 €**

78 2008 Riesling trocken **3,90 €/1l**
82 2008 Silvaner Kabinett trocken Gleiszeller Kirchberg **5,30 €**
83 2008 Weißburgunder Kabinett trocken Klingenmünsterer Maria Magdalena **5,10 €**
81 2008 Grauburgunder Kabinett trocken Klingenmünsterer Maria Magdalena **5,10 €**
82 2008 Riesling Kabinett trocken **5,30 €**
81 2008 Spätburgunder Blanc de Noir trocken Klingenmünsterer Maria Magdalena **4,90 €**
83 2008 Grauburgunder Spätlese trocken Klingenmünsterer Maria Magdalena **7,90 €**
83 2008 Gewürztraminer Spätlese „feinherb" Klingenmünsterer Maria Magdalena **7,50 €**
82 2008 Spätburgunder Rosé trocken Klingenmünsterer Maria Magdalena **5,20 €**
81 2007 Spätburgunder trocken **6,30 €**
80 2007 „Cuvée Rouge" trocken **6,50 €**

★★☆

Poss

Weingut

Nahe

Goldgrube 20-22, 55452 Windesheim
***Tel.** 06707-342, **Fax**: 06707-8332*
www.weingut-poss.de
info@weingut-poss.de
***Besuchszeiten**: nach Vereinbarung*
Römischer Weinkeller (Weinproben bis 15 Personen)

Inhaber .... Karl-Hans und Harald Poss
Rebfläche .... 9,5 Hektar

Die Weinberge von Karl-Hans und Harald Poss befinden sich in den Windesheimer Lagen Rosenberg und Saukopf und im Winzenheimer Berg. Die Hälfte der Rebfläche nimmt Weißburgunder ein, je 15 Prozent Grauburgunder und Spätburgunder, 7 Prozent Riesling.

Die Konzentration auf wenige Rebsorten und das straffe, übersichtliche Programm zahlen sich aus. Die Weine sind reintönig, besitzen Substanz und Fülle. Vor allem mit ihren Weißburgundern gehören Karl-Hans und Harald Poss Jahr für Jahr zur Spitze in der Region, aber auch Grauburgunder und Spätburgunder überzeugen immer wieder.

Im schwierigen Jahrgang 2006 besaßen alle Weine Substanz und Fülle, noch besser als die Weißweine gefielen die beiden sehr gekonnt vinifizierten Rotweine. Eine vergleichbar starke Kollektion schloss im vergangenen Jahr an, die Weine waren klar und füllig bei viel reifer Frucht. Fast identisch ist nun das Bild mit der 2008er Kollektion von fülligen, kraftvollen Burgundern und einem wunderschön süffigen Sekt.

Weinbewertung

87 . . . 2007 Pinot Sekt brut
würzig, frisch, etwas rote Früchte; weich, füllig, harmonisch, viel reife Frucht, Länge und Biss **9,80 €**

86 . . . 2008 Weißburgunder „S" trocken
klar, konzentriert, würzig; füllig, harmonisch, viel reife Frucht und Substanz **11,50 €**

87 . . . 2008 Weißburgunder trocken Windesheimer Römerberg
würzig, eindringlich, konzentriert; weich, füllig, harmonisch, reife Frucht, gute Substanz, Länge **19,80 €**
2007: **88**.

86 . . . 2008 Grauburgunder „S" trocken
würzig, eindringlich, klare reife Frucht; weich, füllig und schmeichelnd, klare reife Frucht **11,50 €**

86 . . . 2008 Grauburgunder trocken Winzenheimer Berg
konzentriert, feine Würze, viel reife Frucht; weich, füllig und schmeichelnd, reife süße Frucht **19,80 €**
2005: **87**; 2006: **86**; 2007: **86**.

81 2008 Weißburgunder trocken **8,90 €/1l**
83 2008 Weißburgunder trocken **6,90 €**
84 2008 Grauburgunder trocken **6,90 €**
83 2005 Spätburgunder trocken **7,80 €**

★★
Posthof – Doll & Göth
Weingut
Rheinhessen

Kreuznacher Straße 2, 55271 Stadecken-Elsheim
Tel. 06136-3000, Fax: 06136-6001
www.doll-goeth.de
weingut.posthof@doll-goeth.de
Besuchszeiten: Mo.-Sa. 8-19 Uhr
Probierstube

Inhaber .... Roland Doll
Rebfläche .... 16 Hektar

Nach der Heirat von Erika Göth und Roland Doll wurden 1993 die beiden Familienbetriebe Göth in Gau-Bischofsheim und Doll zum Weingut Posthof mit Sitz in der ehemaligen kaiserlichen Postagentur in Stadecken zusammen geschlossen. Die Weinberge liegen vor allem in Stadecken (Lenchen und Spitzberg, wo ein Teil der Weinberge wegen einer Flurbereinung derzeit nicht in Ertrag steht), Elsheim (Blume) und Gau-Bischofsheim (Kellersberg, Glockenberg). Wichtigste Rebsorte mit einem Viertel der Rebfläche ist Riesling. Dazu gibt es die in Rheinhessen übliche breite Sortenpalette mit Dornfelder, Spätburgunder, Portugieser und St. Laurent, sowie den weißen Sorten Grau- und Weißburgunder, Silvaner, Gewürztraminer, Huxelrebe, Scheurebe und Kerner. Zuletzt ist Merlot hinzugekommen, im Spitzberg wurde Chardonnay neu gepflanzt.

Seit einem Jahrzehnt gehört der Posthof zu den höchst zuverlässigen Weingütern in Rheinhessen, die Weine enttäuschen nie. Während aber in diesem Jahrzehnt andere rheinhessische Weingüter kräftig die Preise anhoben, sind die Preise des Pothofs nur sehr moderat gestiegen. Die Kunden wird es freuen.

Der barriqueausgebaute Merlot gefiel im Jahrgang 2005 wieder sehr gut, die trockenen und süßen Weißweine aus dem schwierigen Jahrgang 2006 überzeugten ebenfalls. In der letztjährigen Kollektion war der trockene Riesling aus dem Kellersberg unser Favorit, dessen Vorgänger schon überzeugt hatte. Der 2006er Merlot reicht nun nicht ganz an seine Vorgänger heran, so dass uns in der gleichmäßigen, guten aktuellen Kollektion zwei Weißweine am besten gefallen, der Riesling aus dem Kellersberg und der Silvaner aus dem Glockenberg.

Weinbewertung

85 ... 2008 Riesling trocken Gau-Bischofsheimer Kellersberg
gute Konzentration, reintönige Frucht, etwas gelbe Früchte, herrlich eindringlich; weich, füllig, harmonisch, viel reife süße Frucht **5,75 €**

85 ... 2008 Silvaner trocken Gau-Bischofsheimer Glockenberg
gute Konzentration, klare reife Frucht, feine Würze, weiße und gelbe Früchte; füllig, harmonisch, viel reife süße Frucht **7,75 €**

82	2008 Riesling Sekt brut **8,25 €**
80	2008 RS-Rheinhessen Silvaner trocken **4,85 €**
80	2008 Grauburgunder trocken **4,85 €**
82	2008 Riesling Kabinett trocken Stadecker Lenchen **5,25 €**
80	2008 Weißburgunder Classic **4,85 €**
79	2008 Riesling Classic **4,65 €**
83	2008 Kerner Spätlese Elsheimer Blume **4,35 €**
82	2008 Saint Laurent Rosé trocken **3,95 €**
81	2006 „Adagio“ trocken Dornfelder **6,75 €**
83	2006 Merlot Auslese trocken **15,- €**

★

Bernhard Praß

Weingut

Mittelrhein

Blücherstraße 132, 55422 Bacharach-Steeg
Tel. 06743-1585, Fax: 06743-3260
weingut-prass@t-online.de
Besuchszeiten: Mo.-So. nach Vereinbarung
Hoffest am ersten Samstag im August

Inhaber .... Bernhard Praß
Rebfläche .... 2 Hektar

Die Weinberge von Bernhard Praß, der den elterlichen Betrieb 1976 übernommen hat, liegen alle im Steeger Tal. Er baut neben 60 Prozent Riesling noch Spätburgunder, Weißburgunder und Dornfelder an. Die Weißweine werden ausschließlich im Edelstahl ausgebaut, die Rotweine reifen nach der Maischegärung in Holzfässern.

Die 2006er Weißweine waren etwas verhaltener, der Spätburgunder aber überzeugte vor zwei Jahren wie gewohnt. Auch 2007 gefiel er am besten in der gleichmäßigen Kollektion. Vom Jahrgang 2008 haben wir nur drei Rieslinge verkostet, die uns alle etwas verhalten erschienen.

Weinbewertung

80 2008 Riesling „S" trocken Bacharacher **5,70 €**
80 2008 Riesling „S" halbtrocken Bacharacher **5,70 €**
81 2007 Riesling „S" Bacharacher **6,10 €**

★★★★

Prinz

Weingut

Rheingau

Im Flachsgarten 5, 65375 Hallgarten
Tel. 06723-999847, Fax: 06723-999848
prinzfred@gmx.de
Besuchszeiten: nach Vereinbarung

Inhaber .... Familie Prinz
Rebfläche .... 6,5 Hektar

In den Weinbergen des Weingutes Prinz in Hallgarten gibt es neben der dominierenden Rebsorte Riesling ein klein wenig Spätburgunder und Sauvignon blanc. Die Weinberge befinden sich rund um Hallgarten in den Lagen Schönhell (teils sandige, teils steinige Lösslehmböden), Hendelberg (blauer und grüner Schiefer, Phyllit) und Jungfer (Quarzit mit Lösslehmeinlagerungen). Die Moste werden langsam und kühl vergoren und reifen im Edelstahl. Bereits im jugendlichen Stadium zeigen die Weine eine zugängliche und rassige Art, sind schlank, aber voller Substanz.

2006 führte die Goldkapsel-Spätlese ein gleichmäßiges, hochklassiges Sortiment an. 2007 ragten die Goldkapsel-Weine und die edelsüßen Rieslinge aus einem erneut hochklassigen Sortiment heraus. 2008 ist überaus gelungen, beginnend beim kraftvollen Sauvignon Blanc und beim trockenen „Traditions"-Riesling und endend bei der saftigen Goldkapsel-Spätlese.

Weinbewertung

87 . . . 2008 Sauvignon blanc trocken
prägnante Frucht, etwas Spargel, Vanille; saftig, straff, viel Würze, hat viel Substanz **12,30 €**

86 . . . 2008 Riesling trocken „Tradition"

frisch, klar, feine Würze; stoffig, würzig, leicht mineralisch, hat Biss **9,60 €**

85 . . . 2008 Riesling Kabinett trocken Hallgartener Schönhell

feine Frucht, duftig; elegant, feingliedrig, würzig, gute Länge **8,60 €**

88 . . . 2008 Riesling Spätlese trocken Hallgartener Schönhell

klare Frucht, duftig; würzig, feste Struktur, rassige Säure, viel Substanz, Potenzial **12,30 €**

88 . . . 2008 Riesling Erstes Gewächs Hallgarten Jungfer

zarte Frucht, etwas verhalten, Birne, Zitrus, Kräuter; Finesse, elegant, guter Nachhall

86 . . . 2008 Riesling Kabinett Hallgartener Jungfer

duftig, eher kühle Frucht, Mirabelle; würzig, saftig, feine Frucht, guter Nachhall **8,80 €**

1999: 84; 2000: 86; 2001: 88; 2002: 87; 2003: 87; 2004: 87; 2005: 86; 2006: 86; 2007: 86.

88 . . . 2008 Riesling Kabinett Goldkapsel Hallgartener Jungfer

eindringliche Frucht, Mirabelle, kandierter Apfel; saftig, rassig, feines Süße-Säure-Spiel (Versteigerungswein)

88 . . . 2008 Riesling Spätlese Hallgartener Jungfer

klare Frucht, Boskoop, etwas Maracuja; saftig, rassig, viel Frucht, gute Länge **14,- €**

90 . . . 2008 Riesling Spätlese Goldkapsel Hallgartener Jungfer

kühle Frucht, Mirabellen, kandierter Apfel; enorm saftig, frisch, komplex, feine Süße, nachhaltig 18,50 €

1999: 88; 2002: 89; 2003: 90; 2004: 90; 2005: 86+; 2006: 90; 2007: 89.

---

81 2008 Riesling trocken **6,40 €/1l**

84+ 2007 Spätburgunder trocken Hallgartener Hendelberg **12,30 €**

★★☆

Werner **Probst**

Weingut

Franken

Hauptstraße 35, 91478 Markt Nordheim

***Tel.** 09165-1231 oder -995144, **Fax:** 09165-9959743*

www.weingut-probst.de

post@weingut-probst.de

***Besuchszeiten:** täglich nach Vereinbarung*

Probierstube (bis 20 Personen), Zehntsaal (bis 120 Personen), Orangerie (bis 80 Personen)

Inhaber .... Werner Probst

Rebfläche .... 7,9 Hektar

1964 wurde der erste Wein im Familienbetrieb Probst abgefüllt. Der stammte zwar noch nicht aus eigener Produktion, doch wurden die Weichen für die Entstehung des Weinguts gestellt: 1966 erlernte Werner Probst den Beruf des Weinküfers, 1981 legte er eigene Rebflächen an. Sohn Christoph begann 1990 seine Ausbildung zum Winzer (unter anderem bei Johann Ruck in Iphofen). Seit seinem Einstieg in den Betrieb wurde die Rebfläche sukzessive auf die heutige Größe erweitert. Die Weinberge liegen an den Südhängen des Steigerwaldes in den vier Lagen Markt Nordheimer Hohenkottenheim, Bad Windsheimer Rosenberg, Ippesheimer Frankenberger Schlossstück und Krassolzheimer Pfaffenberg – alles Namen, die selbst Kennern des Frankenweins kaum bekannt sind. Dazu besitzt man Reben im Rödelseer Küchenmeister. Die Reben wachsen überwiegend auf Gipskeuperböden. An weißen Sorten bauen Werner und Christoph Probst Bacchus, Müller-Thurgau, Silvaner, Riesling, Kerner und Weißburgunder an. Zu den roten Sorten Schwarzriesling und Portugieser haben sie Dornfelder, Zweigelt, Regent und Merlot hinzugepflanzt. Neben dem Weingut betreibt Christoph Probst eine Lohnabfüllanlage.

Seit dem Jahrgang 1998 kennen und schätzen wir die Weine von Werner Probst. Er war der erste und lange Zeit einzige Winzer aus Mittelfranken, den wir empfehlen konnten. Jahr für Jahr präsentiert er zuverlässige Kollektionen auf hohem Niveau. Seine Weine sind alle wunderschön reintönig, neben tollen Silvanern überraschen auch immer wieder Kerner und Bacchus, in den letzten Jahren auch die gekonnt vinifizierte Rotweine.

2006 gefiel uns gut, vor allem die trockenen Spätlesen waren kraftvoll und klar, ragten heraus aus einer starken Kollektion. 2007 zeigten sich die Basisweine etwas zurückhaltend, die Kerner Auslese aber überzeugte, ebenso der Weißburgunder, auch in der barriqueausgebauten Variante des Jahrgangs 2006. Die neue Kollektion präsentiert sich sehr geschlossen mit reintönigen Weißweinen, kraftvollen Rotweinen und drei dicken Trockenbeerenauslesen.

Weinbewertung

87 . . . 2008 Silvaner Spätlese trocken Markt Nordheimer Hohenkottenheim
gute Konzentration, herrlich viel Frucht, eindringlich; füllig, harmonisch, klare reife Frucht, Substanz und Frische **8,- €**

86 . . . 2008 Kerner Spätlese Ippesheimer Frankenberger Schlosstück
reintönige reife Frucht, feine Würze; füllig, harmonisch, feine süße Frucht, Frische und Biss **6,50 €**

86 . . . 2007 Kerner Trockenbeerenauslese Markt Nordheimer Hohenkottenheim
viel Würze und Konzentration, süße Zitrusfrüchte; süß, dick, dominant, viel Stoff **23,- €/0,375l**

87 . . . 2007 Bacchus Trockenbeerenauslese Bad Windsheimer Rosenberg
würzig, dominant, etwas streng; dick, konzentriert, süß, süffig, füllig **19,- €/0,375l**

87 . . . 2005 Bacchus Trockenbeerenauslese Bad Windsheimer Rosenberg
zwei Jahre Gärzeit; würzig, duftig, enorm eindringlich; dick, dominant, süß, viel Stoff **45,- €/0,375l**

85 . . . 2007 Cuvée „S" Rotwein trocken Barrique
Gewürze, reife Frucht, rote Früchte; füllig, harmonisch, reife Frucht, feine Frische, gute Struktur **12,- €**

81 2008 Silvaner trocken **4,30 €/1l**
82 2008 Rivaner trocken **4,70 €**
83 2008 Silvaner trocken **5,50 €**
84 2008 Chardonnay trocken **6,50 €**
84 2008 Riesling Kabinett trocken Bad Windsheimer Rosenberg **6,70 €**
84 2007 Merlot trocken Markt Nordheimer Hohenkottenheim **7,50 €**

Schloss Proschwitz

★★

Weingut Prinz zur Lippe

Sachsen

Dorfanger 19, 01665 Zadel
Tel. 03521-76760, Fax: 03521-767676
www.schloss-proschwitz.de
weingut@schloss-proschwitz.de
Besuchszeiten: Mo.-So. 10-18 Uhr
Restaurant „Lippe'sche Gutshaus"
Gästezimmer

Inhaber .... Dr. Georg Prinz zur Lippe
Marketing/Vertrieb .... Peter Bohn
Außenbetriebsleiter .... Walter Beck
Kellermeister .... Martin Schwarz
Rebfläche .... 90 Hektar

Das seit 1991 wieder aufgebaute Gut ist das größte private Weingut in den ostdeutschen Anbaugebieten und das älteste Weingut Sachsens. 90 Hektar sind heute gepflanzt, 60 Hektar in Ertrag. Zur Hauptlage Schloss Proschwitz kam eine neue Einzellage auf dem linken Elbufer hinzu, Kloster Heilig Kreuz Meissen, die 2008 neu in Ertrag kamen. Die wichtigsten Rebsorten sind Grauburgunder, Weißburgunder, Müller-Thurgau, Elbling, Spätburgunder, Riesling, Traminer, Dornfelder, Goldriesling, Scheurebe, Traminer und Frühburgunder. Neues Projekt von Georg Prinz zur Lippe ist der Aufbau eines Weingutes in der Nähe von Weimar, wo bei Kromstorf bereits die ersten Reben gepflanzt wurden. 50 Hektar sollen es einmal werden, der Rebsortenspiegel soll ähnlich werden wie auf Schloss Proschwitz, Sauvignon Blanc soll hinzu kommen; ein Kellerbau ist in Planung.

Vor zwei Jahren war die Kollektion sehr gleichmäßig, blieb aber in der Spitze jahrgangsbedingt ein wenig hinter den Vorjahren zurück. Ähnlich 2007: Gute, gleichmäßige Kollektion, ohne herausragende Spitzen. Das sieht nun in diesem Jahr alles ganz anders aus. Die Basisweine sind frisch und klar, in der Spitze aber hat sich etwas getan, vor allem durch den Weißburgunder, den es mit dem Jahrgang 2007 erstmals als Großes Gewächs gibt. Im Aufwärtstrend!

Weinbewertung

86 . . . 2008 Riesling Kabinett trocken Kloster Heilig Kreuz Meissen
gute Konzentration, klare reife Frucht, dezent gelbe Früchte; gute Substanz, klare Frucht, Struktur und Biss **11,50 €**

86 . . . 2008 Grauburgunder Kabinett trocken Schloss Proschwitz
gute Konzentration, klare Frucht, etwas gelbe Früchte; klar, füllig, reife reintönige Frucht, gute Substanz **11,50 €**

87 . . . 2008 Riesling Spätlese trocken Schloss Proschwitz
frisch, fruchtbetont, gelbe Früchte, etwas Aprikosen; füllig, harmonisch, viel reife süße Frucht, viel Biss, jugendlich **15,- €**

86 . . . 2008 Grauburgunder Spätlese trocken Schloss Proschwitz
gute Konzentration, reife Frucht, gelbe Früchte; reife Frucht, Substanz, Frische **15,- €**

87 . . . 2006 Grauburgunder Spätlese trocken Barrique Schloss Proschwitz
nur neues Holz; gute Konzentration, etwas Toast, Vanille; füllig, harmonisch, viel reife Frucht, viel Substanz, dezent Kapern **17,- €**

89 . . . 2007 Weißburgunder „GG" Schloss Proschwitz
gute Konzentration, herrlich viel Frucht, klar und eindringlich, etwas gelbe Früchte, Vanille **15,- €**

86 . . . 2006 Dornfelder trocken Schloss Proschwitz
achtzehn Monate Barriqueausbau; würzig, eindringlich, klare reife Frucht; kraftvoll, klar, reife Frucht, gute Struktur, Tannine (war im vergangenen Jahr noch allzu ruppig) **16,- €**

87 . . . 2006 Frühburgunder trocken Schloss Proschwitz
achtzehn Monate Barriqueausbau; rauchige Noten, viel reife Frucht, gute Konzentration, reintönig; Substanz, Kraft, Fülle, gute Struktur, etwas Vanille, Frische **22,- €**

86 . . . 2005 Frühburgunder trocken Schloss Proschwitz
feine Reifenoten, klare Frucht; füllig, kraftvoll, reife Frucht, gute Struktur und Frische **22,- €**

87 . . . 2006 Spätburgunder „GG" Schloss Proschwitz
etwas Gewürze, Bitterschokolade, gute Konzentration; füllig und schmeichelnd, viel reife Frucht, etwas Schokolade, gute Struktur

87 . . . 2004 Spätburgunder trocken Barrique Schloss Proschwitz
gute Konzentration, reife Frucht, etwas Gewürze, ganz dezent Kirschen; gute Substanz, Frische, reife Frucht, Struktur

88 . . . 2007 Scheurebe Auslese*Schloss Proschwitz

herrlich konzentriert, reintönig und frisch, etwas Cassis; frisch, konzentriert, reintönige Frucht, feiner Biss

87 . . . 2003 Traminer Auslese* Schloss Proschwitz**
konzentriert, herrlich viel Frucht, etwas Litschi, eingelegte süße Aprikosen; süß, konzentriert, reife Frucht, viel Biss **25,- €/0,375l**

87 . . . 2003 Traminer Eiswein Schloss Proschwitz
würzig, konzentriert, herrlich eindringlich, etwas Orangenschalen; süß, dick, konzentriert, Orangenschalen **60,- €/0,375l**

87 . . . 2002 Traminer Eiswein Schloss Proschwitz
viel Duft, würzig und konzentriert, ganz dezent Litschi; süß, dick, dominant, viel Stoff und Substanz **60,- €/0,375l**

---

85 2007 Riesling Sekt brut **17,- €**
83 2008 Elbling trocken Schloss Proschwitz **9,50 €**
84 2008 Müller-Thurgau trocken Schloss Proschwitz **9,50 €**
85 2008 Scheurebe Kabinett trocken Schloss Proschwitz **9,50 €**
84 2008 Weißburgunder Kabinett trocken Schloss Proschwitz **11,50 €**
85 2006 Riesling Spätlese Schloss Proschwitz

★★★★

Joh. Jos. Prüm
Weingut

Mosel

Uferallee 19, 54470 Bernkastel-Wehlen
Tel. 06531-3091, Fax: 06531-6071
www.jjpruem.com
info@jjpruem.com
Besuchszeiten: nach Vereinbarung

Inhaber....... Dr. Manfred und Wolfgang Prüm
Rebfläche............................. 19 Hektar

Manfred Prüm baut ausschließlich Riesling an. Er verfügt über beste Lagen in Wehlen, Graach, Zeltingen und Bernkastel und füllt seine Weine erst sehr spät ab. Sehr jung probiert, d.h. im ersten Jahr, sind seine Weine oft nicht so recht zugänglich sondern sehr von der Spontangärung geprägt. Dafür altern die Weine ausgezeichnet und wirken oft noch nach zwei oder drei Jahrzehnten sehr frisch und jugendlich.

Die Stärken von Manfred Prüm liegen sicherlich nicht bei trockenen und halbtrockenen Weinen, sondern bei süßen und edelsüßen. Diese sind reintönig und elegant und altern hervorragend. Die vor zwei Jahren verkosteten Weine aus den 70er und 80er Jahren bestätigten dies, auch die 2006er konnten überzeugen. Noch sehr jugendlich, aber vielversprechend waren die finessenreichen 2007er. Die 2008er zeigen sich verhalten, aber sehr spannend und vielversprechend.

Weinbewertung

88 . . . 2008 Riesling Kabinett Wehlener Sonnenuhr
vergleichsweise zugänglich, reife Frucht, Steinobst, leichte Hefenoten; saftig, rassig, viel Potenzial

88 . . . 2008 Riesling Spätlese Bernkasteler Badstube
beinahe zarte Frucht, Steinobst, getrockneter Apfel, leichte Hefenoten; frisch, rassig, animierend, zurückhaltende Süße

89+ . . . 2008 Riesling Auslese Wehlener Sonnenuhr
völlig verschlossen, unruhig, reife Frucht, Steinobst, ganz leicht tropisch; saftig, viel Würze, Substanz

---

★★★★

S.A. Prüm

Weingut

Mosel

Uferallee 25-26, 54470 Bernkastel-Wehlen
Tel. 06531-3110, Fax: 06531-8555
www.sapruem.com
info@sapruem.com
Besuchszeiten: Mo.-Fr. 10-12 + 14-18 Uhr, Sa. 10-16 Uhr
Vinothek, exklusives Gästehaus, Veranstaltungsräume, Gutsausschank

Inhaber .... Raimund Prüm
Rebfläche .... 16,5 Hektar

Raimund Prüm, der das Weingut seit 1971 leitet, baut neben dem dominierenden Riesling auf etwa 10 Prozent seiner Fläche Weißburgunder, Chardonnay und Spätburgunder an. 9,5 Hektar seiner Weinberge (einige noch mit ungepfropften Reben bestockt) liegen in der berühmten Wehlener Sonnenuhr, außerdem verfügt er über Besitz in den Lagen Graacher Domprobst und Bernkasteler Graben. Seit 1999 ist dem Gut ein Gästehaus angeschlossen, das von Erika Prüm geleitet wird. Beim Ausbau der Weine spielen sowohl die Spontanvergärung als auch die Reife in Fuderfässern eine große Rolle.

Die 2006er zeigten sich erstaunlich würzig, eher schlank, aber nicht weniger rassig. 2007 bot ein sehr gleichmäßiges Qualitätsniveau. Aus dem Jahrgang 2008 wurden bis Redaktionsschluss lediglich wenige Weine vorgestellt.

Weinbewertung

85 . . . 2008 Riesling Kabinett „Devon" trocken Wehlener Sonnenuhr
duftig, zarte Frucht, noch sehr jugendlich; würzig, stoffig, hat Substanz **12,90 €**

89 . . . 2007 Riesling Spätlese trocken „Alte Reben" Wehlener Sonnenuhr
eindringlich, leicht würzig Noten von der Spontangärung; viel Würze, feine Säure, viel Schmelz, entwickelt sich gut im Glas **21,50**

82 2008 Riesling trocken **7,80 €**
83 2008 Riesling Kabinett trocken Erdener Treppchen **12,90 €**
80 2008 Riesling „ESSENCE" **6,95 €**
82 2008 Blanc de Noir **7,80 €**

★★★★☆

Querbach

Weingut

Rheingau

Lenchenstraße 19, 65375 Oestrich-Winkel
Tel. 06723-3887, Fax: 06723-87405
www.querbach.com
mail@querbach.com
Besuchszeiten: Mo.-Fr. 8-12 + 14-17:30 Uhr, Sa. 9-14 Uhr

Inhaber ..... Resi, Wilfried und Peter Querbach
Rebfläche .... 10 Hektar

Wilfried Querbach und Sohn Peter bauen neben Riesling noch etwas Spätburgunder an. In den letzten Jahren haben sie ihr Sortiment neu gestaltet. Die Basis bilden die Liter- und Guts-Rieslinge, dann die Orts-Rieslinge, schließlich der Lagenriesling aus dem Oestricher Lenchen („Querbach N° 1") und das Erste Gewächs aus dem Oestricher Doosberg. Seit dem Jahrgang 1999 bieten Wilfried und Peter Querbach ihre Weine mit dem von Peter Querbach entwickelten Verschlusssystem, basierend auf einem Edelstahlverschluss (eine Art Kronkorken) an. Nach einer Maischestandzeit von ca. zwölf Stunden werden die Moste mit den natürlichen Hefen vergoren, alle Weine werden in Edelstahltanks ausgebaut. Die Weine bleiben recht lange auf der Hefe und werden relativ spät abgefüllt, sie zeigen eine klare Handschrift: Geradlinig und klar in der Frucht, mustergültige Rheingauer Rieslinge.

Die 2006er Kollektion überzeugte voll, und die 2007er vermittelten vom Schoppen (einer der besten Literweine in Deutschland) bis zum mineralischen, zupackenden Ersten Gewächs Trinkfreude pur. Vertikalproben des Ersten Gewächses und des „Querbach No. 1" zeigten eindrucksvoll auf, wie gut die Weine sich entwickeln, wie jung sie bleiben. Die 2008er zeigen ein ähnliches Bild, mit der Einschränkung, dass die beiden Spitzenweine, unmittelbar nach der Abfüllung verkostet, noch allzu schwefelgeprägt waren. Was man aber in einigen Monaten erwarten darf, das verraten die erneut verkosteten 2007er!

Weinbewertung

86 ... 2008 Blanc de Pinot Noir
würzig, klar, jugendlich, zurückhaltend; füllig, harmonisch, reife Frucht und gute Substanz, reintönig

84 ... 2008 Riesling Schoppen
würzig, eindringlich, klare Frucht; frisch, reintönig, gute Fülle und Frucht **5,50 €/1l**
(bis 2001 Gutsriesling) 1999: 84; 2000: 85; 2001: 84; 2003: 84; 2004: 86; 2005: 85; 2006: 86; 2007: 86.

88 ... 2007 Riesling Classic
herrlich eindringlich, würzig, klare reife Frucht, feine Frische; klar, harmonisch, reife süße Frucht, gute Fülle

87 ... 2008 Riesling Classic
frisch, konzentriert, reintönig, jugendlich; füllig, harmonisch, klare reife Frucht, Substanz, Frische **6,05 €**
2001: 87; 2002: 86; 2003: 84; 2004: 86; 2005: 86; 2006: 88.

88 ... 2007 Riesling Edition
viel Konzentration, faszinierend viel Frucht, herrlich eindringlich, würzig und dominant; füllig, stoffig, viel reife Frucht, Substanz, Frische

88 ... 2008 Riesling Edition
herrlich eindringlich und konzentriert, feine Würze, jugendlich; füllig, kraftvoll, reife Frucht, Substanz, Frische **7,35 €**
2001: 88; 2002: 86; 2003: 86; 2004: 89; 2005: 88; 2006: 88.

89 ... 2007 Riesling Hallgarten
konzentriert, würzig, herrlich eindringlich und dominant; gute Fülle und Substanz, reife süße Frucht, süffig, harmonisch und lang

89 ... 2008 Riesling Hallgarten
gute Konzentration, klare reife Frucht, dezent Grapefruit, herrlich eindringlich; füllig, kraftvoll, reife Frucht, gute Substanz und Frische **9,40 €**
2000: 88; 2001: 89; 2002: 90; 2003: 88; 2004: 90; 2005: 90; 2006: 88.

90 ... 2007 „Querbach No. 1" Riesling Oestrich Lenchen
frisch, würzig, herrlich intensiv und eindringlich, jugendlich; füllig, harmonisch, kraftvoll, reife Frucht, gute Struktur und Länge

89+ ... 2008 „Querbach No. 1" Riesling Oestrich Lenchen
würzig, jugendlich, etwas schwefelgeprägt; klar, zupackend, viel Frucht, gute Struktur und Kraft, jugendlich, braucht Zeit **11,45 €**
1999: 87; 2000: 88; 2001: 88; 2002: 89; 2003: 89; 2004: 90; 2005: 91; 2006: 88.

92 ... 2007 Riesling Erstes Gewächs Oestrich Doosberg
viel Konzentration, faszinierend viel Frucht, feine mineralische Noten, herrlich eindringlich; viel Fülle und Kraft, reife Frucht, Substanz, feine Mineralität, viel Nachhall

88+ ... 2008 Riesling Erstes Gewächs Oestrich Doosberg
würzig, etwas Zitrus, Grapefruit, schwefelgeprägt; verhalten, unruhig, viel Kraft, jugendlich **15,50 €**
1997: 88; 1998: 87; 1999: 90; 2000: 89; 2001: 90; 2002: 90; 2003: 90; 2004: 93; 2006: 90.

86 ... 2006 Pinot Noir
frisch, würzig, enorm eindringlich; frisch, zupackend, reintönige Frucht, feiner Biss

★★☆

von Racknitz
Weingut

Nahe

Disibodenberger Hof, 55571 Odernheim
Tel. 06755-285, Fax: 06755-1653
www.von-racknitz.com
weingut@von-racknitz.com
Besuchszeiten: 10-18 Uhr und nach Vereinbarung

Inhaber .... Luise Frfr. von Racknitz-Adams
.... Matthias Adams
Rebfläche .... 14 Hektar

Das Weingut von Racknitz ist der ehemalige Gutshof des Klosters Disibodenberg an der Mündung der Glan in die Nahe. Römische Spuren lassen sich nachweisen, aber zumindest seit dem 11. Jahrhundert ist der Disibodenberg ununterbrochen bestockt. Seit 1753 sind Weingut und Klosterruine in Familienbesitz, wobei 1989 die Ruine in die Scrivias-Stiftung eingebracht wurde. Luise von Racknitz, Geisenheim-Absolventin, und Matthias Adams haben das Weingut 2003 von Luises Eltern übernommen. Anfang 2004 erwarben sie Weinberge in Niederhausen. Weinberge besitzen sie nun in folgenden Lagen: Odernheimer Kloster Disibodenberg (Disibodenberger Schichten), Niederhäuser Klamm (Porphyr) und Hermannshöhle (grauer Schiefer, etwas Porphyr), Schlossböckelheimer Königsfels (Porphyr), Traiser Rotenfels (Melaphyr), Niederhäuser Kertz (roter Schiefer, z.T. Kupfer, stark verwitterter Basalt) und Rosenheck (Schiefer). Wichtigste Rebsorte ist Riesling, dazu gibt es Schwarzriesling, Grauburgunder und St. Laurent.

Die Weißweine werden teils im Holzfass, teils im Edelstahl ausgebaut, die Rotweine kommen grundsätzlich ins Holzfass. Bei trockenen Weinen werden keine Prädikatsbezeichnungen verwendet. Alle Weine werden spontanvergoren. Mit dem Jahrgang 2007 wurde das Sortiment gestrafft. Der erste Lesedurchgang aller Weinberge liefert den Gutsriesling, mit dem zweiten Lesedurchgang wird differenziert nach den beiden Hauptgesteinssorten (Schiefer und Vulkangestein), der dritte Lesedurchgang liefert die Lagenweine, wobei es je Lage nur einen einzigen Wein gibt.

Die 2006er waren üppig, die Hälfte der Kollektion wurde süß ausgebaut. Das Niveau war gleichmäßig, die Weine hatten Charakter. Eine interessante Kollektion folgte nach. Die Weine waren klar vinifiziert, wirkten aber jugendlich und verschlossen. Deshalb ist die Entscheidung nachzuvollziehen, die Lagenweine erst später abzufüllen, nach unserem Redaktionsschluss. Die drei verkosteten 2008er gefallen uns gut, zeigen, dass es weiter in die richtige Richtung geht. Drei nochmals verkostete 2007er Weine zeigen, dass wir mit unserer letztjährigen Vermutung richtig lagen, dass die kompromisslos vinifizierten Weine eben ein wenig mehr Zeit brauchen bis sie zeigen können, was in ihnen steckt. Im Auge behalten!

Weinbewertung

85 ... 2008 Riesling trocken
herrlich klar, eindringlich, reife Frucht; klar, geradlinig, gute Struktur und Frische **7,50 €**

86 ... 2008 Riesling „vom Schieferboden" trocken
herrlich würzig, eindringlich, klare reife Frucht; füllig, harmonisch, reife Frucht, viel Substanz und Frische **11,- €**

87 ... 2008 Riesling „vom Vulkangestein" trocken
würzig, eindringlich, dominant, etwas gelbe Früchte; füllig, kraftvoll, reife Frucht, gute Struktur und Frische **11,- €**

88 . . . 2007 Riesling trocken Schlossböckelheimer Königsfels
feine Würze und Frucht, herrlich eindringlich und dominant, dezent Zitrus und gelbe Früchte im Hintergrund; füllig, stoffig, viel reife Frucht und Substanz, reintönig **15,- €**

87 . . . 2007 Riesling trocken Odernheimer Kloster Disibodenberg
gute Konzentration, feine Würze und Frucht, dezent gelbe Früchte, jugendlich, herrlich eindringlich; weich, füllig, kompakt, reife Frucht und gute Substanz **15,- €**

87 . . . 2007 Riesling trocken Niederhäuser Klamm
würzig, dominant, herrlich eindringlich, faszinierend viel Frucht, dezent gelbe Früchte und Zitrus im Hintergrund; füllig, harmonisch, viel reife Frucht und Substanz, Frische **15,- €**

Raddeck ★★
Weingut

Rheinhessen

Am Hummertal 100, 55283 Nierstein
Tel. 06133-58115, Fax: 06133-58331
www.raddeckwein.de
info@raddeckwein.de
Besuchszeiten: Mo. - Sa. nach Vereinbarung

Inhaber .... Stefan Raddeck
Rebfläche .... 15 Hektar

2003 haben Birgit und Hans Raddeck auf ökologische Bewirtschaftung umgestellt, nach Abschluss der Lehre von Stefan Raddeck beim Weingut Roth in Wiesenbronn. Inzwischen hat Stefan Raddeck das Gut übernommen, das vom Ortskern in das Hummertal ausgesiedelt wurde. Wichtigste Rebsorten sind Riesling, Weißburgunder, Silvaner und Müller-Thurgau, sowie die roten Sorten Spätburgunder, Dornfelder und Portugieser. Das Sortiment ist gegliedert in Gutsweine, „Edition 2Hügel" und „Edition S".

Nach einem guten Debüt vor zwei Jahren, mit überzeugenden Weinen des Jahrgangs 2006, folgte eine noch stärkere Kollektion im vergangenen Jahr, die Weine besaßen Klarheit, Frucht und Struktur. Vergleichbar stark ist die neue Kollektion, jeder Wein überzeugt. Einmal mehr hat uns der Riesling „S" besonders gut gefallen, die rote Cuvée „S" besitzt Kraft und Struktur.

Weinbewertung

86 . . . 2008 Riesling „S" trocken „Edition S"
gute Konzentration, klare reife Frucht, etwas Limone und Pfirsich; klar, harmonisch, viel reife Frucht und Substanz **10,- €**

86 . . . 2006 Cuvée „S" Rotwein trocken „Edition S"
feine Würze und Toast, reife Frucht; füllig, harmonisch, kraftvoll, reife Frucht, gute Struktur **15,- €**

81 2008 Riesling Hochgewächs trocken **5,- €**
83 2008 Riesling trocken „Edition 2Hügel" **7,50 €**
81 2008 Grauburgunder trocken **5,50 €**
83 2008 Weißburgunder trocken „Edition 2Hügel" **6,50 €**
84 2008 St. Laurent trocken „Edition 2Hügel" **7,- €**
82 2006 Dornfelder trocken Barrique **7,20 €**

Ratzenberger ★★
Weingut

Mittelrhein

Blücherstraße 167, 55422 Bacharach
Tel. 06743-1337, Fax: 06743-2842
www.weingut-ratzenberger.de
weingut-ratzenberger@t-online.de
Besuchszeiten: Mo.-Sa. 9-18 Uhr, So. 10-15 Uhr (jeweils nach Anmeldung)

Inhaber ....Familie Ratzenberger
Rebfläche ....13,8 Hektar

Die Weinberge der Ratzenbergers liegen in Steeg (St. Jost) und Bacharach (Wolfshöhle, Posten). Drei Viertel der Fläche nimmt Riesling ein. Dazu gibt es vor allem noch Spätburgunder und Grauburgunder.

2006 hatten sich die Großen Gewächse gut behauptet, boten Fülle und Frucht. Auch 2007 waren die Großen Gewächse die besten Weine der Kollektion, wobei uns im vergangenen Jahr der Wein aus der Wolfshöhle besser gefiel als der aus dem St. Jost, dazu gab es einen stoffigen Eiswein. Die 2008er Kollektion präsentiert sich sehr homogen, trocken wie edelsüß, nicht zu vergessen der wunderschöne Sekt.

Weinbewertung

87 . . . 2005 Riesling Sekt brut Bacharacher Kloster Fürstental
rauchig, viel Konzentration, feine Frische; füllig, harmonisch, klare reife Frucht, feine Süße

86 . . . 2008 Riesling „GG" Steeger St. Jost
fruchtbetont, feine Würze, reintönige Frucht; frisch, direkt, feine süße Frucht und Biss

86 . . . 2008 Riesling Bacharacher Wolfshöhle
würzige Noten, reintönige Frucht, etwas gelbe Früchte; weich, harmonisch, klare Frucht, Substanz

86 . . . 2008 Riesling Auslese Bacharacher Wolfshöhle
würzig, eindringlich, etwas Litschi, süße Aprikosen; süß, dick, klar, reife süße Frucht, gute Fülle

87 . . . 2008 Riesling Eiswein Bacharacher Kloster Fürstental
viel Duft, Konzentration, herrlich eindringlich; süß, konzentriert, stoffig, süße Zitrusfrüchte, Frische

1998: 87; 1999: 89; 2001: 89; 2002: 90; 2003: 90; 2004: 89; 2007: 88.

79 2008 Grauburgunder rocken Bacharacher
81 2008 Riesling Kabinett rocken Bacharacher
83 2008 Riesling Spätlese trocken Steeger St. Jost
81 2008 Riesling Kabinett halbtrocken Steeger St. Jost
83 2008 Riesling Spätlese halbtrocken Bacharacher Posten
82 2008 „Caspar R" Riesling
84 2008 Riesling Spätlese Bacharacher Wolfshöhle

Familie Rauen ★★
Weingut

Mosel

Hinterm Kreuzweg 5, 54340 Thörnich
***Tel.** 06507-3403, **Fax**: 06507-8382*
www.weingut-familie-rauen.de
info@weingut-familie-rauen.de
***Besuchszeiten**: nach Vereinbarung*
Weinprobierstube

Inhaber ....Maria und Harald Rauen
Rebfläche ....8,3 Hektar

Harald Rauen hat 1982 das elterliche Weingut, damals überwiegend Fassweinbetrieb, übernommen und 1997 den Sitz von Detzem nach Thörnich verlagert. Seine Weinberge befinden sich in den Lagen Detzemer Würzgarten, Detzemer Maximiner Klosterlay und Thörnicher Schießlay. Neben Riesling gibt es ein wenig Weißburgunder, Spätburgunder, Müller-Thurgau und Dornfelder. 80 bis 90 Prozent der Weine werden trocken ausgebaut, zwei Drittel der Produktion wird über den Fachhandel vermarktet. Auffallend ist die hohe Anzahl von Halbliterflaschen – nicht nur für süße, sondern auch für trockene oder feinherbe Weine.

Die 2007er fielen frisch und klar aus, auch wenn die trockenen und halbtrockenen Weine nicht ganz zu den süßen aufschließen konnten. Die 2008er bringen eine Steigerung, vor allem mit einer enorm saftigen, mineralischen feinherben Spätlese von alten Reben.

Weinbewertung

85 . . . 2008 Riesling trocken Detzemer Maximiner Klosterlay „vom Schieferfelsen"
frisch, jugendlich, Zitrus; würzig, markante Säure, Substanz, noch unausgewogen **8,50 €/0,5l**

89 . . . 2008 Riesling Spätlese „feinherb Alte Reben" Thörnicher Ritsch
rauchig, reife Frucht; enorm würzig, stoffig, mineralisch, praktisch trocken, sehr präzise **9,80 €/0,5l**

86 . . . 2008 Riesling Spätlese „Alte Reben" Thörnicher Ritsch
duftig, Apfel, leichte Hefenoten; viel Würze, stoffig, kraftvoll, Biss **7,80 €**

86 . . . 2008 Riesling Auslese Detzemer Maximiner Klosterlay „Kirchenberg"
eindringliche Frucht, Ananas, Kräuter; saftig, würzig, feines Süße-Säure-Spiel **8,50 €/0,5l**

81 2008 Riesling trocken Würzgarten **4,80**
83 2008 Riesling Spätlese trocken Detzemer Maximiner Klosterlay **6,10 €**
83 2008 Riesling Kabinett halbtrocken Detzemer Würzgarten **5,20 €**
83 2008 Riesling Kabinett Detzemer Maximiner Klosterlay **5,20 €**

R

Walter Rauen
Weingut ★★★

Mosel

Im Würzgarten, 54340 Detzem
Tel. 06507-3278, Fax: 06507-8372
www.weingut-rauen.de
info@weingut-rauen.de
Besuchszeiten: nach Vereinbarung
Weinprobierstube

Inhaber .... Stefan Rauen
Rebfläche .... 12,5 Hektar

Walter Rauen ist Ende der sechziger Jahre an den Ortsrand von Detzem ausgesiedelt und hat nach und nach auf Selbstvermarktung umgestellt. Das Gros seiner Weinberge liegt in den Detzemer Lagen Würzgarten und Maximiner Klosterlay. Riesling nimmt zwei Drittel der Weinberge ein. Dazu gibt es etwas Müller-Thurgau, Kerner und Weißburgunder, sowie Spätburgunder, Dornfelder und Regent. Alle Weine werden im Edelstahl vergoren, die besseren Qualitäten kommen dann für zwei bis drei Monate ins Holzfass. Etwa drei Viertel der Weine baut Stefan Rauen trocken oder halbtrocken aus.

2006 und 2007 zeigten alle Weine viel Frucht. Erstaunlicherweise gelingt dies auch 2008: Die Weine weisen viel Frucht und eine herrlich saftige Art auf. Selbst die Literrieslinge sind sehr gelungen!

Weinbewertung

86 . . . 2008 Weißer Burgunder trocken
duftig, feine Frucht; saftig, rassig, gut balanciert, sehr animierend **4,80 €**

87 . . . 2008 Riesling Spätlese trocken „Alte Reben" Thörnicher Ritsch
frisch, duftig, viel Frucht; saftig, rassig, gute Struktur und Würze **5,90 €**
2001: 89; 2002: 87; 2003: 86; 2004: 86; 2005: 88; 2006: 86; 2007: 87.

86 . . . 2008 Riesling Kabinett Detzemer Würzgarten
duftig, frisch, etwas Apfel, Kräuter; saftig, würzig, rassig, hat Biss **4,80 €**

87 . . . 2008 Riesling Spätlese „Alte Reben" Detzemer Maximiner Klosterlay
klare Frucht, Kräuter, etwas Kandis; saftig, würzig, gut integrierte Süße **5,90 €**
1998: 85; 1999: 86; 2000: 88; 2001: 87/89; 2002: 87; 2003: 86; 2004: 84; 2005: 86; 2006: 88; 2007: 88.

84 2008 Riesling Hochgewächs trocken Detzemer Würzgarten **4,50 €/1l**

84 2008 Riesling Kabinett trocken Detzemer Würzgarten **4,80 €**

84 2008 Riesling Kabinett halbtrocken Detzemer Würzgarten **4,80 €**

83 2008 Riesling Hochgewächs halbtrocken Pölicher Held **4,50 €/1l**

★★★★

Raumland

Sekthaus

Rheinhessen

Alzeyerstraße 134, 67592 Flörsheim-Dalsheim

***Tel.** 06243-908070, **Fax:** 06243-908077*

www.raumland.de

raumland@t-online.de

***Besuchszeiten:** nach Vereinbarung*

Inhaber .... Volker Raumland

Rebfläche .... 10 Hektar

1990 haben Volker und Rose Raumland das Anwesen in Flörsheim-Dalsheim gekauft, 1991 dann die ersten Sekte aus eigenen Trauben erzeugt, vorher nur aus zugekauften Trauben. Seit 1997 durchlaufen alle Sekte den biologischen Säureabbau, seit 2002 sind die Weinberge biologisch zertifiziert. Neben Riesling, Weißburgunder und Chardonnay werden Spätburgunder und Schwarzriesling verwendet. Nach der Ganztraubenpressung – die Taille wird inzwischen nicht mehr verwendet – werden die Weine lange bei kühler Temperatur vergoren.

Volker Raumland hatte in den vergangenen Jahren jeweils beeindruckende Sektkollektionen. Im vergangenen Jahr beeindruckten das I. und das IV. Triumvirat – wie überhaupt das hohe Niveau der gesamten Kollektion. Und wie schon in den letzten Jahren geht es auch mit der neuen Kollektion wieder einen Schritt voran, Volker Raumlands Sekte haben weiter an Finesse und Länge gewonnen. Sie werden Spitzenchampagner immer ähnlicher, ohne dass sie versuchen, diesen zu kopieren, nein, sie sind eigenständig – und sie brauchen Zeit, profitieren vom langen Hefelager. Und Volker Raumland arbeitet permanent an weiteren, kleinen Veränderungen, probiert aus, was möglich ist. So hat er sein neues Triumvirat, Nr. V, Jahrgang 2005, in einer Version ohne Schwefel und ohne Dosage abgefüllt – es passt: Der Sekt besitzt Substanz und Nachhaltigkeit, auch nach zwei Tagen in der halbvollen Flasche ist er absolut stabil und unverändert hervorragend!

Was für eine tolle Kollektion an hochklassigen Sekten: Unser Aufsteiger des Jahres!

Weinbewertung

87 . . . (2007) Riesling Sekt Brut
degorgiert 1/09; weiße Früchte, wunderschön reintönig; frisch und zupackend, herrlich reintönig **10,50 €**

87 . . . 2004 Silvaner „Prestige" Sekt Brut
degorgiert 1/09; weiße und gelbe Früchte, feine rauchige Noten; gute Fülle und Harmonie, feine Würze, Länge **10,50 €**

88 . . . „Cuvée Marie Luise" Sekt Brut
Spätburgunder; degorgiert 12/08; frisch, fruchtbetont, herrlich eindringlich; elegant, harmonisch, gute Länge **12,- €**

88 . . .(2005) „Cuvée Katharina" Blanc de Noirs Sekt Brut
Spätburgunder und Schwarzriesling; frisch, fruchtbetont, dezent rauchige Noten; gute Konzentration, Substanz, Struktur, feine Wärme und Nachhall **12,- €**

(89) . . .(2006) „Cuvée Katharina" Blanc de Noirs Sekt Brut

Spätburgunder und Schwarzriesling; von der nicht degorgierten Flasche verkostet, ohne Dosage; feine rauchige Noten, herrlich eindringlich und klar; harmonisch, klar, gut strukturiert, nachhaltig **12,- €**

88 . . . 2005 Weißburgunder „Prestige" Sekt Brut
degorgiert 1/09; reife Frucht, etwas gelbe Früchte, dezent rauchige Noten; füllig, harmonisch, reife Frucht, gute Länge **15,- €**

87 . . . 2006 Rosé „Prestige" Sekt Brut
frisch, fruchtbetont, etwas rote Früchte; harmonisch, füllig, reife Frucht, feine Frische und Biss, feine Wärme **14,50 €**

87 . . . 2004 Chardonnay „Prestige" Sekt Brut
frisch, würzig, feine Reifenoten; gute Substanz, Fülle und Biss, feine Wärme, Länge und Nachhall **22,50 €**

89 . . . 2001 „I. Triumvirat Grande Cuvée" Sekt Brut
rauchige Noten, gute Konzentration, etwas gelbe Früchte, herrlich eindringlich, ganz dezente Reifenoten; füllig, kraftvoll, viel reife Frucht und Substanz, Länge **29,- €**

91 . . . 2004 „IV. Triumvirat Grande Cuvée" Sekt Brut
herrlich eindringlich, etwas gelbe Früchte, feine rauchige Noten, gute Konzentration, füllig, harmonisch, viel Substanz, Länge, enorm nachhaltig (im vergangenen Jahr sehr jugendlich, ohne diese Nachhaltigkeit) **29,- €**

91 . . . 2005 „V. Triumvirat Grande Cuvée" Sekt Brut
ohne Dosage und ohne Schwefel abgefüllt; faszinierend eindringlich und konzentriert, feine rauchige Noten, enorm dominant; kraftvoll, füllig, viel Substanz, feine rauchige Noten im Hintergrund, enorm lang und nachhaltig (noch nicht im Verkauf)

90 . . . 1997 Blanc de Blancs „Prestige" Sekt Brut
rauchige Noten, feine Brotkruste, dezente Reifenoten; gute Fülle, Brotkruste, gute Struktur, Frische, Länge (deutlich frischer als die im vergangenen Jahr verkostete Flasche) **48,- €**

★★★

Burg Ravensburg

Weingut

Baden

Hauptstraße 44, 75056 Sulzfeld
Tel. 07269-91410, Fax: 07269-914140
www.burg-ravensburg.de
weingut@burg-ravensburg.de
Besuchszeiten: Vinothek Tiefenbach Mo.-Fr. 10-18 Uhr, Sa. 11-18 Uhr, Vinothek Sulzfeld (Burg Ravensburg) Di.-Fr. 14-18 Uhr, Sa. 10-13 Uhr
Restaurant im Weingut Heitlinger (Di. Ruhetag)

Inhaber .... Weingut Heitlinger GmbH: .... Heinz Heiler, Barry Green, Klaus Vogel
Geschäftsführer .... Claus Burmeister
Rebfläche .... 35 Hektar

Dem Weingut Burg Ravensburg gehören 18 Hektar Weinberge arrondiert um die gleichnamige Burg mit den drei Einzellagen Burg Ravensburger Löchle, Burg Ravensburger Dicker Franz und Burg Ravensburger Husarenkappe. Die Reben wachsen hier auf Gipskeuperböden. Die Husarenkappe ist eine reine Rieslinglage, das Löchle überwiegend Burgunderlage und die Lage Dicker Franz ist für ihren Lemberger bekannt. Wichtigste Rebsorte ist Riesling, gefolgt von Lemberger, Schwarzriesling, Spätburgunder, Weißburgunder, Grauburgunder und Trollinger. Das Programm ist gegliedert in Gutsweine, Lagenweine und die Großen Gewächse bzw. die Corvus genannten Barriqueweine. 2009 wurde das Weingut von den Unternehmern Heinz Heiler, Barry Green und Klaus Vogel übernommen, denen auch das benachbarte Weingut Heitlinger in Tiefenbach gehört. Claus Burmeister, der Burg Ravensburg seit 1995 führt, ist nun für beide Weingüter verantwortlich.

Burg Ravensburg hat in den letzten

Jahren deutlich zugelegt. Vor allem bei den Weißweinen. Die Rieslinge haben stetig an Ausdruck gewonnen, zuletzt aber gefiel meist der Grauburgunder aus dem Löchle besonders gut in überzeugenden Kollektionen. So auch 2006. Auch die Rotweine zeigten Klasse auf hohem Niveau. Noch besser als die Spätburgunder gefiel uns vor zwei Jahren der Lemberger vom Dicken Franz, einer der besten Lemberger des Jahrgangs in Deutschland. Eine vergleichbar starke Kollektion legte Claus Burmeister im vergangenen Jahr nach. Unter den fülligen Weißweinen war einmal mehr der Grauburgunder unser Favorit, bei den Rotweinen gefielen uns Lemberger und Corvus ebenso gut wie der 2004er Spätburgunder. Eine starke Kollektion präsentiert Claus Burmeister auch in diesem Jahr mit kraftvollen Barriquerotweinen und fülligen weißen Großen Gewächsen, an der Spitze der Grauburgunder aus dem Löchle.

Weinbewertung

87 . . . 2007 Riesling „GG" HUSARENKAPPE Burg Ravensburg
reife Frucht, etwas gelbe Früchte, Pfirsiche und Aprikosen; gute Fülle und Substanz, viel reife Frucht **17,80 €**

88 . . . 2008 Riesling „GG" HUSARENKAPPE Burg Ravensburg
gute Konzentration, reife gelbe Früchte, herrlich eindringlich; füllig, schmeichelnd, viel Substanz, klare reife Frucht **17,80 €**
2001: 86; 2002: 90; 2003: 89; 2004: 88; 2005: 87; 2006: 87.

88 . . . 2008 Weißburgunder „GG" LÖCHLE Burg Ravensburg
gute Konzentration, feine Würze, reife Frucht, herrlich eindringlich; füllig, harmonisch, weich, viel reife Frucht und gute Struktur **17,80 €**
2003: 87; 2004: 86; 2006: 86; 2007: 86.

90 . . . 2008 Grauburgunder „GG" LÖCHLE Burg Ravensburg
viel Konzentration, faszinierend viel Frucht, dominant, etwas Vanille und Toast; füllig, stoffig, herrlich eindringlich, viel reife Frucht, gute Substanz und Länge **17,80 €**
2003: 87; 2004: 88; 2005: 89; 2006: 89; 2007: 88.

87 . . . 2007 Spätburgunder „GG" LÖCHLE Burg Ravensburg
gute Konzentration, rauchige Noten, viel reife Frucht, herrlich eindringlich; gute Fülle und Substanz, klare reife Frucht **17,80 €**

88 . . . 2007 Lemberger trocken Burg Ravensburger Dicker Franz
würzig, eindringlich, reife Frucht, feiner Duft; füllig, harmonisch, viel reife Frucht, gute Struktur, dezente Bitternoten **17,80 €**
2005: 89; 2006: 87.

88 . . . 2005 „Corvus" Rotwein trocken
gute Konzentration, viel reife Frucht, etwas Gewürze; füllig, stoffig, viel Substanz, reife Frucht, etwas Schokolade, viel Konzentration **28,- €**

81	2008 Riesling trocken Freiherr von Göler	**5,80 €**
83	2008 Riesling trocken	**7,80 €**
83	2008 Weißburgunder trocken	**7,80 €**
84	2007 Spätburgunder trocken	**10,- €**
83	2007 Lemberger trocken	**10,- €**

★★★

Rebenhof

Weingut Johannes Schmitz

Mosel

Hüwel 2-3, 54539 Ürzig
Tel. 06532-4546, Fax: 06532-1565
www.rebenhof.de
info@rebenhof.de
Besuchszeiten: täglich nach Vereinbarung
Gästezimmer, Apartments, kulinarische Wochenenden

Inhaber . . . . Johannes Schmitz
Rebfläche . . . . 4,8 Hektar

Der Rebenhof in Ürzig wird von Johannes und Doris Schmitz bewirtschaftet. Die Weinberge liegen größtenteils in der Ürziger Moselschleife, in der Lage Ürziger Würzgarten. Die Trauben aus benachbarten Lagen gehen in den Gutsriesling ein. Johannes Schmitz vergärt die Weine langsam und kühl, teils in Holzfässern, teils im Edelstahl, und lässt sie recht lange auf der Feinhefe liegen – die Basis für den saftigen, zugänglichen Stil der Weine, die dennoch viel Substanz haben.

2006 zeigte deutlich die Eigenheiten des Jahrgangs, doch alle Weine wirkten animierend und straff. Die 2007er konnten da nahtlos anschließen. 2008 ist vielleicht eine noch größere Überraschung: Die Weine besitzen allesamt Substanz und eine geradlinige, teilweise mineralische Art. Der sehr trockene „Zero" ist ein Schritt nach vorne, die am 30. Dezember geerntete Auslese besitzt eine faszinierende, saftige Art.

Weinbewertung

85 . . . 2008 Riesling Kabinett trocken Ürziger Würzgarten
duftig, gelbe Früchte, leichte Hefenote; saftig, würzig, geradlinig, gute Balance **7,30 €**

87 . . . 2008 Riesling trocken „Zero" Ürziger Würzgarten
klar, jugendlich, Zitrus; stoffig, leicht staubig-mineralisch, sehr präzise, gute Länge, herrlich animierend **9,50 €**

86 . . . 2008 Riesling Spätlese trocken Ürziger Würzgarten
klare Frucht, leichte Hefenote, Steinobst; saftig, würzig, hat Schmelz und Biss **9,80 €**

88 . . . 2008 Riesling Spätlese trocken „von Alten Reben" Ürziger Würzgarten
eindringlich, komplex, Kräuter, Pfirsich, Melone; saftig, stoffig, reife Säure, mineralisch, präzise **13,- €**
(bis 2005 trocken) 2003: 88; 2004: 87; 2005: 87; 2006: 85; 2007: 87.

86 . . . 2008 Riesling Kabinett „feinherb vom Roten Schiefer"
feine Frucht, Boskoop, etwas Melone; saftig, rassig, wirkt animierend, etwas Kohlensäure **7,30 €**

87 . . . 2008 Riesling Spätlese „von alten Reben" Ürziger Würzgarten
getrockneter Apfel, Kräuter, leicht cremige Frucht; saftig, würzig, hat Biss **12,50 €**
2003: 89; 2005: 86; 2006: 87; 2007: 88.

89 . . . 2008 Riesling Auslese Ürziger Würzgarten
reife Frucht, Pfirsichschalen, kandierter Apfel, Kräuter; saftig, rassig, opulente Frucht, bestens balanciert

91 . . . 2008 Riesling Eiswein Ürziger Würzgarten
cremig, Honig; stoffig, viel Substanz, gut eingebundene Süße, leicht mineralisch, lang

---

82 2008 Riesling trocken Ürziger Würzgarten **6,- €**

Rebenhof ★

Weingut Willi Orth

Rheingau

Frankfurter Straße 57-59, 65239 Hochheim
Tel. 06146-9897, Fax: 06146-61765
www.weingut-rebenhof.de
service@weingut-rebenhof.de
Besuchszeiten: Mo.-Fr. 8-18:30 Uhr, Sa. 8-17 Uhr

Inhaber . . . . Pia Rosenkranz
Rebfläche . . . . 8 Hektar

Die Weinberge von Pia Rosenkranz liegen in den Hochheimer Lagen Hölle und Kirchenstück. 85 Prozent der Rebfläche nimmt Riesling ein, 12 Prozent Spätburgunder. Die Rotweine werden maischevergoren und im Holzfass ausgebaut.

2006 gelangen sowohl trockene wie süße Weine gut. 2007 brachte gleich drei straffe, würzige trockene Rieslinge hervor. Da können die 2008er zwar nicht ganz anschließen, doch auch in diesem Jahr sind fast alle der sehr preiswerten Weine zu empfehlen; das Erste Gewächs präsentierte sich zum Zeitpunkt der Verkostung allerdings sehr unzugänglich.

Weinbewertung

85 . . . 2008 Riesling Kabinett „feinherb Tonmergel" Hochheimer Hölle
duftig, klare Frucht, Kräuter; straff, stoffig, würzig, sehr präzise, animierend **6,- €**

79 2008 Riesling Kabinett trocken Hochheimer Hofmeister **5,- €**
80 2008 Riesling Kabinett trocken Hochheimer Hölle **5,- €**
84 2008 Riesling trocken Erstes Gewächs Hochheimer Hölle **13,- €**
83 2008 Riesling Spätlese trocken Hochheimer Kirchenstück **7,- €**
80 2008 Riesling Classic **5,- €**
84 2008 Riesling Spätlese Hochheimer Kirchenstück **7,- €**
79 2008 Scheurebe **4,50 €**
80 2008 Blanc de Noir Hochheimer Hofmeister **6,- €**
79 2008 Spätburgunder trocken Hochheimer Hölle **7,- €**
78 2008 Spätburgunder „feinherb" Hochheimer Hofmeister **7,- €**

★★★★☆

Rebholz

Weingut Ökonomierat

Pfalz

Weinstraße 54, 76833 Siebeldingen
Tel. 06345-3439, Fax: 06345-7954
www.oekonomierat-rebholz.de
wein@oekonomierat-rebholz.de,
Besuchszeiten: Mo.-Fr. 9-12 + 14-17 Uhr, Sa. 9-15 Uhr, Vereinbarung erwünscht

Inhaber . . . . Hansjörg Rebholz
Rebfläche . . . . 17 Hektar

Wichtigste Rebsorten bei Hansjörg Rebholz sind Riesling und Spätburgunder. Hinzu kommen die weißen Burgundersorten, Chardonnay, Silvaner und Müller-Thurgau, sowie als Spezialitäten Gewürztraminer und Muskateller. Hansjörg Rebholz hat in den letzten Jahren sein Programm neu strukturiert. An der Spitze der Pyramide stehen die Großen Gewächse: Riesling aus dem Birkweiler Kastanienbusch, sowie Riesling, Weißburgunder und Spätburgunder aus dem Siebeldinger Im Sonnenschein. Dann folgen klassifizierte Lagenweine aus den Lagen Godramsteiner Münzberg, Siebeldinger Rosenberg und Albersweiler Latt. 2006 stellte Hansjörg Rebholz auf ökologischen Weinbau um.

Seit Ende der achtziger Jahre kennen wir nun die Weine von Rebholz: Kein Anderer im Süden der Pfalz steigerte sich so kontinuierlich Jahr für Jahr wie Hansjörg Rebholz. 2006 hatte Hansjörg Rebholz eine beeindruckende Kollektion. Wobei die Weine stilistisch verändert waren gegenüber den Vorjahren, sie wirkten etwas puristischer, kompromissloser, präziser. Besonders faszinierte der herrlich mineralische Riesling aus dem Sonnenschein, aber auch der Rest der Weißweinkollektion überzeugte mit viel Kraft und Präzision. Eine ganz starke Kollektion mit ausdrucksstarken Weinen präsentierte Hansjörg Rebholz im vergangenen Jahr, die Großen Gewächse waren noch sehr jugendlich, besaßen aber Klasse und Kraft. Noch stärker finden wir die neue Kollektion: Gleich drei hervorragende große Rieslinggewächse führen eine starke Rieslingriege an, der Weißburgunder Großes Gewächs steht ihnen nicht nach. Noch einen Tick besser hat uns aber der Chardonnay gefallen: Die Weine vereinen Frische und Präzision mit Kraft und Nachhaltigkeit. Wir freuen uns auf die kommenden Jahrgänge!

Weinbewertung

88 . . . 2004 „R" „Pi No" Sekt brut
feine rauchig-cremige Noten, etwas weiße Früchte, Brioche; gute Fülle und Harmonie, feine rauchige Noten, cremig und lang **24,- €**

87 . . . 2005 „R" „Pi No" Sekt brut
würzig, fruchtbetont, jugendlich, feine Frische; klar, harmonisch, gute Fülle und Frucht, reife Frucht und Substanz, jugendlich **24,- €**

88 . . . 2008 Weißer Burgunder Spätlese trocken
viel Konzentration, weiße Früchte, herrlich eindringlich und dominant; füllig, harmonisch, reife süße Frucht, feine Frische, Substanz **14,- €**
1999: 86; 2000: 86; 2001: 88; 2002: 85; 2003: 89; 2004: 87; 2005: 89; 2006: 87; 2007: 87.

87 . . . 2008 Grauer Burgunder Spätlese trocken
gute Konzentration, viel reife Frucht, herrlich eindringlich, gelbe Früchte; füllig, stoffig, viel reife Frucht, Substanz und Kraft **14,- €**

87 . . . 2008 Riesling Spätlese trocken „vom Bundsandstein"
herrlich viel Frucht, konzentriert, eindringlich, klar; füllig, stoffig, gute Substanz, viel reife süße Frucht, feine Frische **14,- €**
2002: 87; 2003: 89; 2004: 84; 2005: 86; 2006: 88; 2007: 87.

86 . . . 2008 Riesling Spätlese trocken „vom Rotliegenden"
faszinierend viel Frucht, feine Würze, Frische; klar, füllig, viel reife Frucht, jugendlich **15,- €**

87 . . . 2008 Riesling Spätlese trocken „vom Muschelkalk"
konzentriert, würzig, dominant, herrlich eindringlich; füllig, stoffig, viel reife süße Frucht und Substanz, jugendlich **15,- €**

91 . . . 2008 KASTANIENBUSCH Riesling „GG"
konzentriert, faszinierend viel Frucht, gelbe Früchte, herrlich eindringlich; füllig, stoffig, kraftvoll, viel reife Frucht, Substanz, jugendlich, nachhaltig **32,- €**
2001: 90; 2002: 88; 2003: 89; 2004: 91; 2005: 89; 2006: 90; 2007: 89.

90 . . . 2008 „GANZ HORN" IM SONNENSCHEIN Riesling „GG"
eindringlich, würzig, anfangs leicht streng, viel Konzentration; füllig, stoffig, herrlich viel Frucht und Substanz, Kraft, braucht Zeit, jugendlich **29,- €**
2007: 90.

91 . . . 2008 IM SONNENSCHEIN Riesling „GG"
viel reife Frucht, etwas gelbe Früchte, dezent Grapefruit, herrlich eindringlich; füllig, stoffig, reife süße Frucht, viel Substanz und Struktur, jugendlich **30,- €**
1999: 87; 2001: 88; 2002: 85; 2003: 88; 2004: 87; 2005: 90; 2006: 92.

91 . . . 2008 Weißer Burgunder „GG" IM SONNENSCHEIN Siebeldingen
viel Konzentration, Würze, reife Frucht, dominant, herrlich eindringlich; füllig, stoffig, faszinierend viel Frucht und Kraft, Substanz, gute Struktur und Länge **30,- €**
1999: 87; 2001: 89; 2002: 88; 2003: 89; 2004: 89; 2005: 91; 2006: 89; 2007: 90.

92 . . . 2008 „R" Chardonnay Spätlese trocken
viel Konzentration, faszinierend viel Frucht, herrlich eindringlich und klar; füllig, stoffig, viel Substanz, viel reife Frucht, gute Struktur und Kraft, enorm nachhaltig **23,- €**
1996: 87; 1997: 90; 1998: 91; 1999: 89; 2001: 90; 2002: 90; 2003: 89; 2004: 87; 2005: 90; 2006: 89; 2007: 88.

90 . . . 2008 „R" „Pi No" Spätlese trocken
viel Konzentration, Gewürze, reife Frucht, gelbe Früchte, eindringlich; füllig, kraftvoll, viel reife Frucht und Substanz, gute Harmonie und Länge **23,- €**
2001: 86; 2002: 89; 2003: 83; 2004: 90; 2005: 89; 2006: 89; 2007: 89.

87 . . . 2008 Gewürztraminer Auslese Albersweiler Latt
reintönige Frucht, feine Frische, Gewürze; klar, füllig, harmonisch, viel reife Frucht, feine Frische **25,- €**
1999: 88; 2003: 88; 2004: 88; 2005: 89; 2006: 89; 2007: 87.

84 2008 Sauvignon Blanc Kabinett trocken **12,- €**

★★

Franz-Josef Regnery

Weingut

Mosel

Mittelstraße 39, 54340 Klüsserath
Tel. 06507-4636, Fax: 06507-3053
www.weingut-regnery.de
mail@weingut-regnery.de
Besuchszeiten: nach Vereinbarung

Inhaber .... Peter Regnery
Rebfläche .... 6,5 Hektar

Die Geschichte des Weinguts Regnery geht auf das 17. Jahrhundert zurück. Franz-Josef Regnery hatte in den zurückliegenden Jahren seine Weinberge in Flachlagen verkauft und Parzellen in den besten Lagen der Klüsserather Bruderschaft hinzugekauft. Davon profitiert heute sein Sohn Peter, der im Januar 2000 sein Studium in Geisenheim beendet hat und heute den väterlichen Betrieb führt, unterstützt von den Eltern Franz-Josef und Waltraud. Während seines Studiums hatte er jeweils zweimonatige Praktika in Neuseeland (Corban's) und Südafrika (Louisvale) gemacht. Neben Riesling baut Peter Regnery – unüblich – ein Viertel Spätburgunder an, von dem es vier verschiedene Klone beim Weingut Regnery gibt. Die Rieslinge werden überwiegend im Edelstahl ausgebaut, kommen aber während des Ausbaus alle auch für kurze Zeit (maximal zwei Monate) ins Holzfass. 80 Prozent der Weine werden trocken abgefüllt und sind klar, würzig und kompakt, in der Jugend manchmal verhalten. Das Große Gewächs nach Vorschrift des Bernkasteler Rings steht meist an der Spitze des Sortiments.

Die 2006er waren leicht verständlich, angefangen bei einer rassigen feinherben Spätlese aus der Bruderschaft. Die 2007er fielen würzig und recht füllig aus, die nun vorgestellten 2008er sind zuverlässig und klar. Ein Schnäppchen ist der Sekt aus dem Jahrgang 2007. ▬

Weinbewertung

86 . . . 2007 Riesling Sekt brut Klüsserather Bruderschaft
duftig, leichte Hefenote, Kräuter; straff, würzig, erfreulich trocken und präzise, gute Länge **8,20 €**

88 . . . 2008 Riesling Klüsserather Bruderschaft Großes Gewächs
frisch, duftig, Mirabellen, Melone; viel Würze, saftig, gute Struktur, würziger Nachhall, Potenzial

85 . . . 2007 Spätburgunder Auslese trocken
deutlich rauchig, Tabak, etwas Bleistift; saftig, kraftvoll, viel Würze, derzeit verdeckte Frucht **14,- €**

79 2008 Riesling trocken **4,20 €/1l**
81 2008 Gutsriesling trocken **4,40 €**
82 2008 Riesling Kabinett trocken Klüsserather Bruderschaft **4,80 €**
84 2008 Riesling Spätlese trocken Klüsserather Bruderschaft **7,10 €**
79 2008 Riesling „feinherb" **4,20 €/1l**
83 2008 Riesling Kabinett „feinherb" Klüsserather Bruderschaft **4,80 €**
84 2008 Riesling Spätlese „feinherb" Klüsserather Bruderschaft **7,10 €**
84 2008 Spätburgunder trocken Barrique **9,80 €**

★★★★

Reh

Weingut

Mosel

Weierbachstraße 12, 54340 Schleich
Tel. 06507-99110, Fax: 06507-99111
www.weingut-reh.de
weingut-reh@t-online.de
Besuchszeiten: nach Vereinbarung

Inhaber .... Winfried und Sigrid Reh
Rebfläche .... 7,5 Hektar

Sigrid und Winfried Reh bewirtschaften vor allem Rieslingreben in Lagen wie dem Mehringer Blattenberg und dem Zellerberg. Winfried Reh hat in den vergangenen Jahren begonnen, sein Weingut neu zu strukturieren. Er hat Weinberge in schlechteren Lagen verkauft und konzentriert sich immer mehr auf Riesling und Toplagen. Im Mehringer Blattenberg beispielsweise hat er 1,1 Hektar wurzelechte Rieslingreben stehen, die vor mehr als 100 Jahren gepflanzt wurden. Der Stil der Weine hat sich in den letzten Jahren allmählich verändert. Seine Weine vergärte Reh früher konsequent mit Reinzuchthefen, heute experimentiert er auch mit Spontanvergärung. Die Rieslinge sind komplexer geworden und zeigen oft eine leicht kräuterwürzige Note. Einen Großteil ihrer Weine bauen die Rehs trocken und feinherb aus, allerdings werden immer in kleinen Mengen animierende, frische restsüße Spätlesen (mit eher wenig Zucker) und kleine Mengen der „Zenit"-Auslese gewonnen. Großen Wert legt man hier auf zuverlässige, animierende Basisweine.

Die 2006er präsentierten sich reif und individuell, 2007 überzeugten schon die Literweine, an der Spitze standen faszinierende Süßweine. Die 2008er sind sehr gleichmäßig, mit mineralischen trockenen und feinherben Weinen an der Spitze. Wieder einmal überzeugen die Basisweine!

Weinbewertung

87 . . . 2007 Riesling Sekt brut
sehr klar, Kräuter, leichte Hefenote; würzig, viel Frucht, feingliedrig, gut balanciert **8,50 €**

86 . . . 2008 Riesling trocken „Schieferterrassen"
eindringliche Frucht, leichte Hefenoten, Kräuter; würzig, stoffig, viel Struktur, hat Biss **5,50 €**

88 . . . 2008 Riesling Spätlese trocken Mehringer Blattenberg
sehr jugendlich, leichte Hefenoten; würzig, stoffig, hat viel Substanz, feine Frucht, sehr präzise **7,- €**

85 . . . 2008 Riesling „feinherb Schieferterrassen"
duftig, jugendlich, frisch; würzig, feine Frucht, kaum spürbare Süße, zugänglich **5,50 €**
bis 2005 Schiefertreppen. 2000: 88; 2002: 86; 2003: 82; 2004: 81; 2005: 85; 2006: 85; 2007: 87.

89 . . . 2008 Riesling Spätlese „feinherb Alte Reben" Mehringer Blattenberg
prägnante Frucht, leichte Hefenoten, Kräuter; straff, betont würzig, mineralisch, viel Struktur, feine Säure, sehr ausgewogen **8,- €**

88 . . . 2008 Riesling Spätlese Mehringer Zellerberg
duftig, eher verhalten; saftig, rassig, zarte Süße, elegant **7,- €**

90 . . . 2008 Riesling Auslese „Zenit" Mehringer Blattenberg
opulente Frucht, Aprikose, Kräuter, straff, viel Substanz, reife Frucht, Nachhall **12,- €**
1999: 90; 2001: 96; 2003: 90; 2004: 90; 2005: 90; 2006: 92; 2007: 92.

83 2008 Riesling trocken **5,- €/1l**
84 2008 Riesling trocken Hochgewächs **5,- €**
82 2008 Rivaner trocken **4,- €**
83 2008 Riesling „feinherb" **5,- €/1l**
83 2008 Riesling **5,- €/1l**

Johann Peter Reinert ★★
Weingut

Mosel

Alter Weg 7a, 54441 Kanzem
Tel. 06501-13277, Fax: 06501-150068
www.weingut-reinert.de
kontakt@weingut-reinert.de
Besuchszeiten: nach Vereinbarung
Probierstube, Hoffest Ende August

Inhaber .... Johann Peter Reinert
Rebfläche .... 4,2 Hektar

1813 gründete Johann Peter Reinert, ein Vorfahre des heutigen Inhabers, das gleichnamige Weingut in Kanzem. Der heutige Inhaber, der wie seine vier Vorgänger ebenfalls den Namen Johann Peter Reinert trägt, hat das Weingut 1965 im Alter von einundzwanzig Jahren übernommen. Seit 1970 befindet sich das Weingut am Ortsrand von Kanzem. 1987 hat Johann Peter Reinert die Reberziehung im gesamten Betrieb umgestellt: Er hat den Zeilenabstand vergrößert und die Reben von den Spanndrähten befreit. So können viele junge Blätter am Stock belassen werden, was nach Meinung von Johann Peter Reinert zu einer deutlichen Qualitätssteigerung führt. Die Vielfalt der Lagen hängt mit der Geschichte des Weingutes zusammen: Jede der Ehefrauen brachte einige Weinberge in die Ehe mit. So besitzt Johann Peter Reinert heute Weinberge – alle in Steillagen – in Wiltingen, Filzen, Ayl, Wawern und natürlich Kanzem. Neben Riesling gibt es auch etwas Elbling, der an der Obermosel in Igel in der Lage „Dullgärten" wächst, aber auch Müller-Thurgau, Weißburgunder und Ortega. Alle Weine werden im traditionellen Fuder ausgebaut und reifen meist bis zum Mai im Fass. Die Rieslinge reifen eher langsam und benötigen entsprechend viel Zeit, um sich im Bestzustand zu präsentieren, bleiben dann aber lange auf diesem Niveau.

2006 fiel eher schlank, aber sauber und klar aus, während die 2007er mit Frische und Frucht überzeugten. Die 2008er sind zuverlässig, die Versteigerungsspätlese ragt deutlich heraus. Die drei älteren Weine begeistern – auch mit ihrer Frische.

Weinbewertung

88 . . . 2008 Riesling Spätlese „Alte Reben" Ayler Kupp
jugendlich, duftig, Apfel, Cassis; betont saftig, rassig, eher zurückhaltende Süße, leicht mineralisch, Potenzial (Versteigerungswein)

88 . . . 2003 Riesling Auslese Ayler Kupp
reife Frucht, vom hochreifen Jahrgang geprägt, saftig, würzig, gute Länge **10,50 €**

90 . . . 2002 Riesling Auslese Wiltinger Klosterberg
sehr klare Frucht, ganz leichte Reifenoten, rassig, saftig, schönes Süße-Säure-Spiel, nachhaltig, hat noch Potenzial **20,- €**

90 . . . 2001 Riesling Auslese Wiltinger Schlossberg
überraschend frisch, fast jugendliche Frucht, getrockneter Apfel, Kräuter, etwas Zitrus; saftig, würzig, rassige Säure, sehr animierend **20,- €**

78 2008 Saar Riesling trocken **4,20 €**

80 2008 Riesling Kabinett trocken Wiltinger Braunfels **5,- €**

82 2008 Riesling Kabinett halbtrocken Kanzemer Sonnenberg **5,20 €**

81 2008 Riesling Kabinett „feinherb" Wawerner Ritterpfad **5,20 €**

83 2008 Riesling Kabinett Kanzemer Sonnenberg **5,80 €**

★★☆

Reinhartshausen

Weingut Schloss

Rheingau

Hauptstraße 41, 65346 Eltville-Erbach
Tel. 06123-676333, Fax: 06123-4222
www.schloss-reinhartshausen.de
service@schloss-reinhartshausen.de
Besuchszeiten: Vinothek Mo.-Fr. 9-18 Uhr, Sa./So. 11-17 Uhr
Schlossausschank (Mo.-Fr. ab 16 Uhr, Sa./So. ab 11 Uhr)

Inhaber .... Freunde von Reinharsthausen GbR
Geschäftsführender Direktor ...... Walter Blbo
Rebfläche .... 80 Hektar

Das Weingut ist durch wechselvolle Zeiten gegangen. 1999 wurde es von einer Gruppe übernommen, die sich „Freunde von Schloss Reinhartshausen" nennt, und seit der Übernahme der Leitung durch Walter Bibo scheint der Betrieb zur Ruhe gefunden zu haben. Schloss Reinhartshausen baut neben knapp 90 Prozent Riesling noch etwas Weißburgunder, Chardonnay und Spätburgunder an. Zum ausgedehnten Lagenbesitz im mittleren Rheingau gehören zum Beispiel Weinberge im Erbacher Marcobrunn, Erbacher Schlossberg (in Alleinbesitz), Hattenheimer Wisselbrunnen und Hattenheimer Nussbrunnen. Dazu eine eigene Insel im Rhein mit 24 Hektar Rebfläche. Die Weine werden in Edelstahltanks vergoren und dann in Holzfässern gelagert. Sie sind elegant, süffig, und voller Frucht. Die Klasse der historischen Weine – ein 1971er war vor drei Jahren noch in hervorragendem Zustand – wird heute allerdings noch nicht durchgängig erreicht.

In den letzten Jahren waren die Kollektionen immer etwas ungleichmäßig in der Qualität, vor allem die Basisweine überzeugten nicht. Die 2006er begeisterten nicht ganz, die 2007 befanden sich auf sehr gleichmäßigem Niveau, wie nun ein gut gereifter Erbacher Schlossberg beweist. Die 2007er Süßweine, die teilweise erst jetzt verkostet werden konnten, sind süffig und elegant, die 2008er sind, soweit bislang verkostet, verhalten.

Weinbewertung

88 . . . 2007 Riesling Erbacher Schlossberg Erstes Gewächs
noch recht jugendlich, etwas Melone, Zitrus, leichte Kräuternote; würzig, reife Frucht, kraftvoll, Schmelz, nachhaltig **23,- €**

87 . . . 2007 Riesling Spätlese Erbacher Schlossberg
klare Frucht, kandierter Apfel, Ananas, Papaya; saftig, feingliedrig **13,50 €**

87 . . . 2006 Riesling Auslese Goldkapsel Erbacher Marcobrunn
reife Frucht, Mango; saftig, viel Frucht, eher schlank, elegant, sehr süffig **75,- €**

87 . . . 2007 Riesling Auslese Erbacher Marcobrunn
klare Frucht, Pfirsich; reif, saftig, viel Frucht, elegant, gute Länge, süffig **26,- €/0,375l**

87 . . . 2006 Riesling Beerenauslese Hattenheimer Wisselbrunnen
cremige Frucht, Biskuit, Ananas, leicht welke Noten; elegant, eher schlank, sehr süffig **76,- €/0,375l**

82 2008 Sauvignon blanc trocken „von der Insel Mariannenaue" **8,50 €**
79 2008 Weißburgunder & Chardonnay trocken „von der Insel Mariannenaue" **8,50 €**
79 2008 Riesling trocken **7,70 €**
81 2008 Riesling trocken Hattenheimer Nussbrunnen **9,70 €**
80 2008 Riesling Classic **7,70 €**

★★

Hans Resch
Weingut

Mosel

Kirchstraße 29, 54459 Wiltingen
Tel. 06501-16450, Fax: 06501-14586
www.weingut-resch.de
info@weingut-resch.de
Besuchszeiten: Mo.-Sa. nach Vereinbarung

Inhaber .... Franz-Andreas Resch
Rebfläche .... 6,6 Hektar

Franz-Andreas Resch führt heute mit Ehefrau Monika das Weingut in fünfter Generation. Offiziell hat er es 1983 übernommen, aber erst nach seinem Betriebswirtschaftsstudium ist er ganz in den Betrieb eingestiegen. Riesling ist mit einem Anteil von über 80 Prozent die wichtigste Rebsorte, aber auch etwas Chardonnay, Weißburgunder und Spätburgunder baut er an. Die Weine werden langsam mit ihren natürlichen Hefen vergoren und lagern recht lange auf der Feinhefe. Etwa 70 Prozent der Weine baut er trocken aus, knapp ein Drittel der Trauben nutzt er für die Erzeugung von Sekt.

2006 hatte schlanke, frische Weine zu bieten. Die 2007er waren dann klar und würzig, ähnlich fallen die 2008er aus. Die Spitzenleistungen früherer Jahre werden derzeit nicht mehr erreicht.

Weinbewertung

86 ... 2008 Riesling Spätlese Wiltinger Rosenberg
zarte Frucht, etwas verdeckt; würzig, pikante Säure, animierend
2003: **88**; 2004: **87**; 2005: **87**; 2006: **84**; 2007: **85**.

84 2008 Riesling Kabinett trocken Wiltinger Klosterberg
83 2008 Riesling Kabinett „feinherb" Scharzhofberger
82 2008 Riesling Kabinett „feinherb" Wiltinger Rosenberg
82 2008 Spätburgunder Rosé trocken Wiltinger Klosterberg

Balthasar Ress ★★
Weingut

Rheingau

Rheinallee 7, 65347 Hattenheim
Tel. 06723-9195-0, Fax: 06723-9195-91
www.balthasar-ress.de
info@balthasar-ress.de
Besuchszeiten: Vinothek Mo.-Fr. 9-18 Uhr, Sa. 12-17 Uhr, oft auch So. 12-17 Uhr

Inhaber .... Stefan und Christian Ress
Rebfläche .... 42 Hektar

Im Jahre 1870 gründete Balthasar Ress einen Gastronomiebetrieb mit angeschlossenem Weinbau. Inzwischen gehört das Unternehmen zu den größten familiengeführten im Rheingau und wird heute in vierter und fünfter Generation von Stefan und Christian Ress geführt – der Gastronomiezweig wurde abgespalten. Das Weingut hat sich zu beachtlicher Größe entwickelt – mittlerweile werden 42 Hektar bewirtschaftet. Über 90 Prozent der Rebfläche nimmt Riesling ein, außerdem sind Weiß- und Spätburgunder im Sortiment. Im Jahr 2009 bepflanzte Christian Ress eine Parzelle auf der Nordseeinsel Sylt mit Solaris- und Müller-Thurgau-Reben; 2011 soll der erste Ertrag dieser Kuriosität auf die Flasche gefüllt werden. Die Weine sind eher reduktiv ausgebaut, schlank und elegant – auch die edelsüßen Spitzen, die zu den teuersten der Region zählen, wirken elegant und süffig, sind schon jung zugänglich.

2006 gelang gleichmäßig, unter den 2007ern fanden sich einige sehr gelungene Weine, vor allem bei den Spät- und Auslesen. Unter den 2008er überzeugen ein Kabinett und eine Spätlese am meisten.

Weinbewertung

85 . . . 2008 Riesling Rüdesheim Berg Rottland Erstes Gewächs
Hefenoten, noch verschlossen; würzig, reife Frucht, deutlich nussig-würziger Nachhall

86 . . . 2008 Riesling Rüdesheim Berg Schlossberg Erstes Gewächs
verhalten, Hefenoten; würzig, nussig, etwas hohl, unzugänglich

87 . . . 2008 Riesling Hattenheim Nussbrunnen Erstes Gewächs
frisch, leichte Hefenoten, etwas Zitrus; gute Struktur,

viel Würze, Biss

85 . . . 2008 Riesling Kabinett Schloss Reichartshausen

frisch, jugendlich, etwas Zitrus; straff, saftig, schöne Frucht, nur leichte Süße **9,40 €**

87 . . . 2008 Riesling Spätlese Hattenheim Nussbrunnen

reintönige Frucht, Apfel, Spur kandierter Apfel, Steinobst; saftig, gewisse Fülle, animierend **22,50 €**

85 . . . 2008 Riesling Auslese Hattenheim Nussbrunnen

reife Frucht, Steinobst, kandierter Apfel; süffig, eleganter Stil, gute Länge **14,50 €/0,375l**

85 . . . 2008 Riesling Trockenbeerenauslese Rüdesheim Berg Rottland

reif, Papaya, Honig, Gemüse; würzig, deutlich süß, leicht röstige Noten im Nachhall, etwas diffus (Versteigerungswein)

---

78 2008 Riesling trocken **6,70 €/1l**
81 2008 Riesling trocken „von Unserm" **8,50 €**
79 2008 Riesling Kabinett trocken **7,70 €**
80 2008 Riesling trocken Hattenheim Engelmannsberg **15,50 €**
79 2008 Riesling Kabinett Hattenheim Schützenhaus **8,50 €**
81 2008 Riesling Spätlese **10,50 €**
79 2008 Riesling Beerenauslese Rüdesheim Hattenheim Nussbrunnen **144,-/0,375l**
83 2007 Spätburgunder trocken „Von Unserm S" **16,- €**

Reuscher-Haart ★★

Weingut

Mosel

Sankt-Michael-Straße 20/22, 54498 Piesport
***Tel.** 06507-2492, **Fax:** 06507-5674*
www.weingut-reuscher-haart.de
info@weingut-reuscher-haart.de
***Besuchszeiten:** jederzeit nach Vereinbarung*

Inhaber .... Mario Schwang
Rebfläche .... 6 Hektar

Seit 1337 existiert das Weingut Reuscher-Haart. 95 Prozent der Rebfläche nimmt Riesling ein, dazu gibt es 4 Prozent Müller-Thurgau und 1 Prozent Regent. Die Weinberge befinden sich in den Piesporter Lagen Goldtröpfchen, Domherr, Falkenberg und Treppchen. Die Erträge werden stets reduziert, die Vergärung erfolgt betont kühl, um Kohlensäure und Aromen zu erhalten.

Im Jahrgang 2007 wurden die Spitzen der Vorjahre nicht ganz erreicht, und auch 2008 überzeugen nicht alle Weine. Sehr animierend sind allerdings auch diesmal die beiden Spätlesen aus dem Goldtröpfchen; der restsüße Kabinett ist ein idealer Sommerwein.

Weinbewertung

88 . . . 2008 Riesling Spätlese Nr. 10 Piesporter Goldtröpfchen

sehr frisch, feine Frucht, Kräuter, Apfel; straff, saftig, feine Frucht, gute Länge **7,20 €**

2002: **86**; 2003: **87**; 2004: **86**; 2005: **85**; 2006: **88**; 2007: **88**; 2008: **86**.

87. . . 2008 Riesling Spätlese Nr. 12 Piesporter Goldtröpfchen

feine Frucht, jugendlich; saftig, würzig, eher verhaltene Süße, pikante Säure **7,- €**

---

80 2008 Rivaner trocken Piesporter „R.H.1" **3,90 €**
79 2008 Riesling trocken Piesporter Falkenberg **4,10 €/1l**
81 2008 Riesling Kabinett trocken Piesporter Falkenberg **5,- €**
83 2008 Riesling Spätlese trocken Piesporter Domherr **7,- €**
83 2008 Riesling Spätlese trocken Piesporter Goldtröpfchen **7,- €**
82 2008 Riesling Piesporter Goldtröpfchen „RZ 13" **6,20 €**

81 2008 Riesling Piesporter **4,10 €/1l**
84 2008 Riesling Kabinett Piesporter Goldtröpfchen **5,- €**

★

Reverchon
Weingut

Mosel

Saartalstraße 2-3, 54329 Konz-Filzen
Tel. 06501-923500, Fax: 06501-923509
www.weingut-reverchon.de
kontakt@weingut-reverchon.de
Besuchszeiten: nach Vereinbarung

Inhaber .... Hans Maret
Rebfläche .... 10 Hektar

Das Gut wurde 1685 von der Kirche an die Familie Staadt verkauft, 1921 kam es in den Besitz der Familie Reverchon, 2007 wurde es von der Weingut Reverchon KG unter Führung des geschäftsführenden Gesellschafters Hans Maret übernommen. Zum Gut gehören 10 Hektar Weinberge, die Lage Filzener Herrenberg befindet sich in Alleinbesitzt des Weinguts. 85 Prozent der Rebfläche sind mit Riesling bestockt, hinzu kommen 13 Prozent Weißburgunder und etwas Spätburgunder, der versektet wird. 2007 war der erste Jahrgang nach dem Neubeginn.

Weinbewertung

85 . . . 2008 „Alte Rebe" Riesling trocken
würzig, eindringlich, feiner Duft; füllig, klar, kraftvoll, reife Frucht und gute Struktur **9,90 €**

85 . . . 2008 Riesling trocken Filzener Herrenberg
würzig-mineralische Noten, etwas Kräuter, herrlich eindringlich; klar, kraftvoll, reife Frucht, gute Struktur, Süße und Biss **8,50 €**

86 . . . 2008 Riesling Kabinett „feinherb" Filzener Herrenberg
würzig, eindringlich, dominant, dezent gelbe Früchte; füllig, harmonisch, viel reife Frucht, Substanz, feine Mineralität **8,90 €**

88 . . . 2008 Riesling Spätlese „feinherb" Filzener Herrenberg
viel Konzentration, feine Würze und Frucht, herrlich eindringlich, intensiv; füllig, kraftvoll, stoffig, viel reife Frucht und Substanz, Struktur **12,50 €**

82 2007 Riesling Crémant Brut **10,90 €**
83 Chardonnay Brut **13,90 €**
83 2008 Saar Riesling trocken **6,50 €**
83 2008 Weißburgunder trocken **7,90 €**

★★★☆

Max Ferd. Richter
Weingut

Mosel

Hauptstraße 37/85, 54486 Mülheim / Mosel
Tel. 06534-933003, Fax: 06534-1211
www.maxferdrichter.com
weingut@maxferdrichter.com
Besuchszeiten: nach Vereinbarung

Inhaber .... Horst M.F. Richter, sen.
.... Dr. Dirk M.F. Richter, jr.
Rebfläche .... 15 Hektar

Das Weingut Max Ferd. Richter geht auf ein 1680 gegründetes Handelsunternehmen zurück. Die Kellerei wurde 1880 errichtet und beherbergt den größten Holzfasskeller an der mittleren Mosel. Die Weinberge von Max Ferd. Richter liegen in Trarbach, Wehlen, Graach, Bernkastel, Brauneberg, Mülheim und Veldenz. Die Lagen Mülheimer Herrenkloster, ein 1 Hektar großer relativ flacher nach Südwesten ausgerichteter Weinberg, und Veldenzer Elisenberg, 4,3 Hektar groß, gehören dem Weingut in Alleinbesitz. 90 Prozent der Weinberge von Max Ferd. Richter sind mit Riesling bepflanzt. Alle Rieslinge werden in Eichenholzfässern vergoren und ausgebaut, etwa die Hälfte der Weine wird trocken oder halbtrocken ausgebaut. Über alle Jahrgänge hinweg sind die Weine feinfruchtig, oft mineralisch und alles andere als vordergründig.

Die Weine des Jahrgangs 2006 waren beachtlich gut gelungen, würzig und animierend. Auch 2007 besaßen die Rieslinge eine unnachahmliche Würze und Struktur: Vor allem die Weine ab Spätlese aufwärts zeigten Klasse. Die 2008er sind saftig und frisch, wie gewohnt, allerdings sind die Auslesen keine Steigerungen zu den herrlich rassigen Spätlesen.

Weinbewertung

85 . . . 2008 Riesling Auslese trocken Mülheimer Sonnenlay
reife Frucht, Kräuter; stoffig, würzig, etwas unausgewogen, gute Struktur, abwarten (85+? Punkte) **16,- €**

86 . . . 2008 Riesling Kabinett Brauneberger Juffer
verhaltene Frucht, Apfel, Kräuter, etwas Pfirsich; saftig, feine Frucht, zurückhaltende Süße, animierend **9,- €**

85 . . . 2008 Riesling Kabinett Veldenzer Elisenberg
kühle Frucht, Apfel, Mirabelle, Kräuter; würzig, saftig, feine Süße, pikante Säure **8,50 €**

87 . . . 2008 Riesling Spätlese Wehlener Sonnenuhr
eher verhalten, frisch, duftig, leichte Kräuternote; würzig, pikante Säure, gute Struktur **11,50 €**

88 . . . 2008 Riesling Spätlese Brauneberger Juffer-Sonnenuhr
frisch, duftig, Mirabellen, etwas gekochte Ananas; würzig, rassig, etwas Kräuter, mineralisch **11,50 €**

87 . . . 2008 Riesling Auslese Veldenzer Elisenberg
frisch, Boskoop, leichte Kräuternote; saftig, kühle Frucht, saftig, herrlich süffig **14,- €**

87 . . . 2008 Riesling Auslese Mülheimer Sonnenlay
sehr frisch, jugendlich, Kräuter, kandierter Apfel; saftig, feingliedrig, sehr süffig **16,- €**

88 . . . 2008 Riesling Auslese Brauneberger Juffer-Sonnenuhr
feine Frucht, Melone, Apfel, Pfirsich; saftig, Kräuter, mineralisch, sehr feingliedrig, nachhaltig **17,- €**

---

83 2008 Weißburgunder trocken **7,- €**
82 2008 Riesling Classic **6,50 €**
83 2008 Riesling Kabinett „feinherb" Mülheimer Sonnenlay **8,50 €**

★★★☆

Richard Richter
Weingut

Mosel

Marktstraße 19, 56333 Winningen
Tel. 02606-311, Fax: 02606-312
www.weingut-richter.net
info@weingut-richter.net
Besuchszeiten: Mo.-Fr. 8-18 Uhr,
Sa.+ So. nach Vereinbarung
Weinproben im Gewölbefasskeller

Inhaber...... Thomas und Claus-Martin Richter
Rebfläche............................6,5 Hektar

1838 gründete Karl-Friedrich Richter ein Weinhandelshaus. Heute wird das Gut von den Cousins Thomas und Claus-Martin Richter geführt, die Handelsaktivitäten hat man bereits 1990 aufgegeben. 90 Prozent ihrer Rebfläche nimmt Riesling ein, dazu gibt es etwas Spätburgunder, Frühburgunder, Weißburgunder und Chardonnay. Die Weinberge liegen alle in der Winninger Gemarkung, darunter die Lagen Brückstück, Uhlen, Röttgen und Hamm. Die Rieslinge werden temperaturgeführt vergoren und in Edelstahltanks ausgebaut. Die Spätburgunder werden in gebrauchten Barriques ausgebaut.

Die 2007er fielen straff und mineralisch aus. Die 2008er sind enorm würzig, besitzen Anklänge an Zitrusschalen. Mehrere Weine besitzen, nichts Neues in diesem Weingut, eine markant tiefe Farbe. Ein wenig ratlos lässt nur der sehr verschlossene Riesling „Terra V".

Weinbewertung

85 . . . 2008 Riesling Kabinett „federleicht" trocken Winninger Brückstück
leichte Hefenoten, Kräuter; straff, würzig, präzise, frisch, wenig Alkohol, animierend **6,50 €**

85 . . . 2008 Riesling Kabinett trocken Winninger Brückstück
leichte Hefenoten, Kräuter; würzig, frisch, feine Frucht, hat Biss **6,50 €**
2002: 87; 2003: 82; 2004: 82; 2005: 85; 2006: 85; 2007: 86.

87 . . . 2008 Riesling trocken „Felsenterrassen"
eher verhalten, leichte Hefenoten, Kräuter, Zitrus; würzig, rassig, leicht mineralisch, könnte sich noch entwickeln **9,90 €**
2001: 86; 2002: 89; 2003: 86; 2004: 89; 2005: 87; 2006: 89; 2007: 87.

86 . . . 2008 Riesling Kabinett trocken Winninger Uhlen
sehr feine Frucht, klar, leichte Hefenoten; straff, würzig, feine Frucht, sehr animierend **8,- €**

87 . . . 2008 Riesling Spätlese trocken Winninger Brückstück
reife Frucht, Pfirsichschale, Zitrus, leicht Kräuter; straff, würzig, animierend **9,90 €**

91 . . . 2008 Riesling Spätlese trocken Winninger Röttgen
etwas Zitrus, Zitrusschale, Kräuter; enorm würzig, saftig, rassig, viel Substanz **14,50 €**

86 . . . 2008 Riesling Kabinett „feinherb" Winninger Brückstück
dunkle Farbe, reife Frucht, Kräuter; feine Frucht, würzig, Kräuter, Schmelz, recht eigenwillig **6,50 €**

87 . . . 2008 Riesling Spätlese „feinherb" Winninger Brückstück
reife Frucht, Kräuter, Pfirsich; würzig, saftig, viel Schmelz **9,90 €**

85? . . . 2008 Riesling „feinherb Terra V"
sehr verhalten, reife Frucht, Mirabellen; straff, wirkt eher schlank, unzugänglich **12,50 €**

92 . . . 2007 Riesling Beerenauslese Winninger Brückstück
reife Frucht, absolut reintönig; saftig, hohe Süße, dicht, rassig, langer Nachhall, Potenzial **50,- €/0,375l**

87 . . . 2008 Riesling Beerenauslese Winninger Hamm
reintönig, reife Frucht, ganz leicht welke Früchte; würzig, cremig, sehr süffig **45,- €/0,5l**

83 2008 Riesling trocken „Summertime"

★★

Vincenz Richter
Weingut

Sachsen

Dresdener Straße 147, 01662 Meißen
Tel. 03521-731606, Fax: 03521-731923
www.vincenz-richter.de
weingut@vincenz-richter.de
Besuchszeiten: 9-18 Uhr
Restaurant

Inhaber .... Thomas Herrlich
Rebfläche .... 8 Hektar

Das Weingut wurde 1873 von Vincenz Anton Richter gegründet und wird heute in vierter Generation von Thomas Herrlich geführt. Seine Weinberge liegen vor allem im Meißner Kapitelberg (mit Granit-Syenit-Verwitterungsböden), sowie im Weinböhlaer Gellertberg, wo die Reben auf leichten Sandböden wachsen. 30 Prozent der Rebfläche von Thomas Herrlich nimmt Riesling ein. Es folgen Weißburgunder und Grauburgunder, aber auch Kerner, Traminer und Scheurebe, dazu gibt es etwas

Müller-Thurgau, Spätburgunder, Goldriesling, sowie Cabernet Dorsa. 2009 begann man einen neuen Betriebssitz unterhalb des Kapitelbergs im ehemaligen Stadtweingut der Stadt Meißen zu erstellen.

2006 war jahrgangsbedingt etwas schwächer, wofür der stoffige Traminer Eiswein entschädigte. Die 2007er Weine überzeugten, waren frisch und reintönig bei merklicher Süße. Die neue Kollektion ist sehr homogen, bietet zuverlässig gutes Niveau.

Weinbewertung

85 . . . 2008 Riesling Spätlese Meißner Kapitelberg
feine Würze, reintönige Frucht; klar, füllig, harmonisch, feine süße Frucht, süffig **12,- €**

82 2008 Riesling trocken Meißner Kapitelberg **8,70 €**
84 2008 Grauburgunder Kabinett trocken Meißner Kapitelberg **8,50 €**
83 2008 Weißburgunder Spätlese trocken Meißner Kapitelberg **12,- €**
82 2008 Riesling trocken Meißner Kapitelberg **8,70 €**
84 2008 Blanc de Pinot Noir trocken Meißner Kapitelberg **9,80 €**
83 2008 Kerner Spätlese „feinherb" Meißner Spaargebirge **12,- €**
84 2008 Traminer Spätlese Meißner Kapitelberg **12,- €**
84 2008 Riesling Spätlese lieblich Meißner Kapitelberg **12,- €**

★★★

Riffel

Weingut

Rheinhessen

Mühlweg 14A, 55411 Bingen
Tel. *06721-994690,* ***Fax:*** *06721-994691*
www.weingut-riffel.de
service@weingut-riffel.de
Besuchszeiten: *Mo.-Fr. 17-19 Uhr, Sa. 10-16 Uhr*

Inhaber .... Erik und Carolin Riffel
Rebfläche .... 11,5 Hektar

Das Weingut Riffel in Büdesheim-Bingen ist Ende der fünfziger Jahre als landwirtschaftlicher Gemischtbetrieb mit Ackerbau, Viehzucht, Obst- und Weinbau entstanden, hat dann in den siebziger Jahren die ersten eigenen Weine vermarktet und sich danach immer mehr auf Weinbau spezialisiert. Die wichtigsten Rebsorten sind Riesling, Silvaner und Dornfelder. An der bekannten Binger Lage Scharlachberg besitzt das Weingut über einen Hektar, die anderen Weinberge liegen in den Bingener Lagen Schlossberg Schwätzerchen und Bubenstück. Die Reben wachsen teils auf Quarzit, teils auf Löss (in Bingen auch „Leimen" genannt) und Tonmergel. Die Weißweine werden langsam und gezügelt vergoren um ausdrucksstarke, fruchtbetonte Weine zu erhalten. Bei Rotweinen wird prinzipiell ein biologischer Säureabbau durchgeführt. Seit 1994 kommen ausgesuchte Rotweine auch ins Barrique. Die Weine werden überwiegend trocken ausgebaut. Nur die besten Weine tragen Lagenbezeichnungen, seit dem Jahrgang 2007 gibt es die Linie „Turm" für die Spitzenweine, in der Riesling, Silvaner, Weißburgunder und Spätburgunder angeboten werden. Gutsweine und Lagenweine ergänzen das Sortiment.

Seit einem Jahrzehnt kennen und schätzen wir die Weine von Erik Riffel. Nur wenige andere Weingüter in Deutschland wurden in diesem Jahrzehnt so oft für Weine mit besonders gutem Preis-Leistungs-Verhältnis ausgezeichnet. Die Weine von Erik Riffel sind betörend reintönig, die besten zeigen Jahr für Jahr feine mineralische Noten. Dass die Preise in den letzten Jahren deutlich angezogen haben, das kann man, angesichts der sehr guten Qualität, nachvollziehen. Vielleicht ist damit ja auch eine weitere Qualitätssteigerung für die kommenden Jahre angesagt...

Im schwierigen Jahrgang 2006 hatte Erik Riffel eine überzeugende Kollektion mit reintönigen Weißweinen, auch wenn in der Spitze die Vorjahre nicht ganz erreicht wurden. Eine ganz starke Kollektion präsentierte Erik Riffel im vergangenen Jahr. Schon der Gutsriesling machte viel Freude, der Riesling Quarzit besaß Kraft und Mineralität. Auch Weißburgunder und Silvaner überzeugten wie gewohnt, die Rotweine besaßen Struktur und Kraft. Eine starke, konsistente Kollektion stellt Erik Riffel mit dem Jahrgang 2008 vor. Die Weine präsentieren sich zuverlässig wie gewohnt. Der Silvaner Qualitätswein macht viel Freude, der Sauvignon Blanc gehört zu den Besten seiner Sorte in Rheinhessen, der Riesling „Turm" lässt Ambitionen erkennen: Einmal mehr eine ganz starke Kollektion von Erik Riffel!

Weinbewertung

86 . . . 2008 Silvaner „Quarzit" Spätlese trocken Binger Scharlachberg
konzentriert, herrlich eindringlich, gelbe Früchte; füllig, harmonisch, viel reife süße Frucht **8,90 €**
2007: 86.

86 . . . 2008 Weißburgunder „Tonmergel" Spätlese trocken Binger Bubenstück
gute Konzentration, feine Würze, reife Frucht, Frische; füllig, kraftvoll, viel reife Frucht und Substanz **7,90 €**

85 . . . 2008 Chardonnay „Tonmergel" Spätlese trocken Binger Bubenstück
viel Konzentration, gelbe Früchte, feine Würze; füllig, harmonisch, reife Frucht und Substanz **7,90 €**

87 . . . 2008 Riesling „Quarzit" Spätlese trocken Binger Scharlachberg
faszinierend viel Frucht, herrlich eindringlich und konzentriert, feine mineralische Noten; füllig, kraftvoll, reife Frucht, gute Substanz **8,90 €**
(bis 2002 „S") 2001: 89; 2002: 91; 2003: 89; 2004: 89; 2005: 89; 2006: 86; 2007: 88.

87 . . . 2008 Sauvignon Blanc „Leimen" Spätlese trocken Binger Bubenstück
gute Konzentration, faszinierend viel Frucht, herrlich eindringlich und reintönig; füllig, harmonisch, kraftvoll, reife Frucht und gute Substanz **7,90 €**

86 . . . 2007 Weißburgunder „Turm" Spätlese trocken Binger Schlossberg Schwätzerchen
sechzehn Monate Hefelager; viel reife Frucht, feine rauchige Noten, gute Konzentration; weich, füllig und schmeichelnd, reife süße Frucht **17,- €**

90 . . . 2008 Riesling „Turm" Spätlese trocken Binger Scharlachberg
gute Konzentration, herrlich eindringlich, faszinierend viel Frucht, etwas gelbe Früchte; füllig, kraftvoll, viel reife Frucht, viel Substanz und Länge **17,- €**

86 . . . 2008 Silvaner „Turm" Spätlese Binger Scharlachberg
herrlich eindringlich und konzentriert, faszinierend viel Frucht; füllig und schmeichelnd, reife süße Frucht, leider etwas zu süß **17,- €**

86 . . . 2007 Spätburgunder „TURM" trocken Binger Bubenstück
konzentriert, reintönige Frucht, etwas Gewürze; füllig, harmonisch, viel reife Frucht und Substanz **25,- €**

83 2008 Riesling trocken **4,40 €**
84 2008 Silvaner trocken **4,- €**
82 2007 Spätburgunder „Mariage" trocken Binger Bubenstück **6,90 €**

Die besten deutschen Weinerzeuger und ihre Weine

R

★★☆

Rings

Weingut

Pfalz

Dürkheimer Hohl 27, 67251 Freinsheim
Tel. 06353-2231, Fax: 06353-915164
www.weingut-rings.de
info@weingut-rings.de
Besuchszeiten: Mo.-Sa. 11-18 Uhr
Gästehaus

Inhaber .... Steffen und Andreas Rings
Rebfläche .... 19 Hektar

Seit sechs Generationen wird in der Familie Rings Weinbau betrieben. 1960 siedelte Friedrich Weinsheimer in die Dürkheimer Hohl aus und errichtete den neuen Winzerhof. 1973 übernahmen seine Tochter Traudel und ihr Mann Willi Rings den Betrieb. Sie haben bis zum Jahr 2000 ihren Wein als Fasswein verkauft, erst als Steffen Rings seine Ausbildung beendete und die Verantwortung im Keller übernahm begann man mit der Selbstvermarktung. Heute führt Steffen Rings den Betrieb zusammen mit seinem Bruder Andreas. Das Gros ihrer Weinberge (12 Hektar) liegt in Freinsheim, dort bauen sie vor allem Burgunder, Sauvignon Blanc und rote Sorten an. Zugekauft haben sie Weinberge in Lagen wie Weilberg, Nussriegel und Saumagen, wo sie verstärkt Riesling und weiße Rebsorten anbauen. Rote Rebsorten nehmen die Hälfte der Rebfläche ein: Portugieser und Dornfelder, aber auch Spätburgunder, Cabernet Sauvignon (2 Hektar), Merlot, St. Laurent und ein klein wenig Syrah. Neben Riesling gibt es an weißen Sorten Weißburgunder und Grauburgunder, Chardonnay, Silvaner und inzwischen 2 Hektar Sauvignon Blanc. Die Weine werden fast komplett trocken ausgebaut.

Die 2006er Weißweine behaupteten sich gut. In der starken, sehr gleichmäßigen letztjährigen Kollektion hatten die Rotweine leicht die Nase vorne, alle Weine waren kraftvoll und konzentriert. Die neue Kollektion bietet homogenes, gutes Niveau, überzeugt gleichermaßen im weißen und im roten Segment.

Weinbewertung

85 ... 2008 Sauvignon Blanc trocken Freinsheim
würzig, klar, gute Konzentration, herrlich eindringlich; frisch, zupackend, jugendlich, viel Biss **8,50 €**

86 ... 2008 Riesling trocken Ungstein
gute Konzentration, viel reife Frucht, etwas gelbe Früchte; füllig, harmonisch, reife süße Frucht, Substanz, dezent gelbe Früchte **11,- €**

88 ... 2008 „Winterhalt" Riesling trocken
konzentriert, herrlich eindringlich, reife Frucht, etwas gelbe Früchte; füllig, kraftvoll, gute Substanz **15,- €**

88 ... 2008 Saumagen Riesling trocken
würzig, konzentriert, reife Frucht, herrlich eindringlich; füllig, kraftvoll, reife Frucht, gute Struktur und Substanz **17,- €**

86 ... 2008 Riesling Spätlese „vom Felsen"
gute Konzentration, feine Würze, reife Frucht, etwas Zitrusfrüchte, Litschi; füllig und schmeichelnd, reife süße Frucht, Substanz und Biss **9,- €**

85 ... 2007 Spätburgunder Freinsheim
reintönige Frucht, feine rauchige Noten; klar, weich, füllig, etwas Vanille, ganz feine Bitternote **12,- €**

88 ... 2006 „Gottesacker" Spätburgunder
gute Konzentration, viel reife Frucht, etwas rote Früchte, dezent Vanille; füllig, kraftvoll, reife Frucht, Substanz und Länge **19,- €**

87 ... 2007 „Das kleine Kreuz" Rotwein
62 % Merlot, 20 % Cabernet Franc, 10 % St. Laurent und 8 % Cabernet Sauvignon; würzig, klar, dunkle und rote Früchte, ein klein wenig Bitterschokolade; füllig, harmonisch, viel reife Frucht, etwas Schokolade, feine Bitternote **14,- €**

85 ... 2007 „Quintessenz" Rotwein
St. Laurent, Dornfelder und Merlot; reife Frucht, viel

Würze, rote Früchte; weich, füllig, harmonisch, reife Frucht, Vanille **12,- €**

86 . . . 2007 Cabernet Sauvignon Freinsheim rote Früchte, etwas Vanille und Schokolade, dezent Cassis, herrlich eindringlich; füllig, klar, reintönig, gute Struktur, Tannine, dezent Schokolade, feine Bitternote **14,- €**

82 2008 Riesling trocken „Kalkmergel" **6,40 €**
84 2008 Silvaner trocken **5,80 €**
84 2008 Riesling trocken Freinsheim **8,50 €**
83 2008 Weißburgunder trocken Freinsheim **8,- €**

★

Friedhelm **Rinklin**

Weingut

Baden

Hauptstraße 94, 79356 Eichstetten
Tel. 07663-99218, Fax: 07663-99724
www.rinklin.de
rinklin.weine@t-online.de
Besuchszeiten: nach Vereinbarung
2 Ferienwohnungen

Inhaber .... Friedhelm Rinklin
Rebfläche .... 6 Hektar

Friedhelm Rinklin baut Müller-Thurgau, Spätburgunder, Grauburgunder, Weißburgunder, Muskateller, Riesling und Regent an. Der Vater von Friedhelm Rinklin stellte bereits 1955 den gesamten Betrieb auf ökologische Bewirtschaftung nach Demeter-Richtlinien um und war 1971 maßgeblich an der Gründung des heutigen Verbandes Bioland beteiligt. Die Weine werden ohne Chaptalisation mit den traubeneigenen Hefen vergoren, bleiben recht lange auf der Hefe und werden in der Regel trocken ausgebaut. Alle Rotweine werden maischevergoren. Das Gros der Weine wird als Tafelwein verkauft, der Restzucker ist auf dem Etikett vermerkt.

Beim guten Debüt im letzten Jahr hatte uns ein Grauburgunder (L-3.2) besonders gefallen. Eine starke, sehr homogene Kollektion folgt nach, und wieder ist ein Grauburgunder des Jahrgangs 2007 unser Favorit, der Grauburgunder „aus dem Eichenfass".

Weinbewertung

87 . . . 2007 Grauburgunder „aus dem Eichenfass" viel Konzentration, herrlich viel Frucht, etwas gelbe Früchte; füllig, stoffig, viel reife Frucht, Substanz, Frische **12,- €**

82 2008 Müller-Thurgau trocken Eichstetter Herrenbuck **4,50 €**
81 2008 Weißburgunder trocken **6,50 €**
83 2008 Grauburgunder Kabinett trocken Eichstetter Herrenbuck **6,50 €**
82 2008 Riesling trocken **6,50 €**
81 2008 Muskateller trocken **6,50 €**
84 2003 Grauburgunder Auslese Barrique Eichstetter Herrenbuck **14,- €/0,5l**
80 2007 Rotwein-Cuvée **8,50 €**
84 2007 Spätburgunder „aus dem Eichenfass" **7,90 €**
83 2007 Regent „aus dem Barrique" **12,50 €**

★

Stefan **Rinklin**

Weingut

Baden

Hauptsraße 102, 79268 Bötzingen
Tel. 07663-949706, Fax: 07663-949707
www.weingut-stefan-rinklin.de
kontakt@weingut-stefan-rinklin.de
Besuchszeiten: nach Vereinbarung

Inhaber .... Stefan Rinklin
Rebfläche .... 1.6 Hektar

Das Weingut wurde 2007 von Stefan Rinklin, unter anderem Kellermeister bei Fritz Keller, und Miriana Rinklin gegründet. Sie bauen hauptsächlich die Burgundersorten an, dazu etwas Müller-Thurgau. Die Weine werden alle trocken und durchgegoren ausgebaut, auf Prädikatsangaben wird verzichtet.

Weinbewertung

86 . . . 2007 Spätburgunder trocken Barrique
konzentriert, würzig, eindringlich; füllig, harmonisch, reife süße Frucht **21,- €**

82 2008 Müller-Thurgau trocken **6,50 €**
82 2008 Weißburgunder trocken **7,50 €**
83 2008 Grauburgunder trocken **8,- €**
83 2007 Weißburgunder trocken Barrique **15,- €**
81 2007 Spätburgunder trocken **11,50 €**

★☆

A. & E. Rippstein
Weingut

Franken

Sandgasse 26, 97522 Sand am Main
Tel. 09524-1341, Fax: 09524-301046
www.weingut-rippstein.de
info@weingut-rippstein.de
Besuchszeiten: Mo.-Sa. 14-18 Uhr und nach Vereinbarung
Heckerstube (täglich von April bis September)
Weinsommerfest am 2. Wochenende im August

Inhaber .... Mathias Rippstein
Rebfläche .... 4 Hektar

Die Familie baut seit Generationen Wein in Sand am Main an, heute führt Mathias Rippstein das Gut. Die Reben wachsen teils auf verwittertem Sandsteinkeuper, teils auf tonigem Lehm und lehmigen Sand. Mathias Rippstein baut Silvaner, Müller-Thurgau, Weißburgunder, Riesling, Bacchus und Kerner an. An roten Sorten gibt es Domina, Dornfelder und Merlot. Die Weißweine werden langsam bei 16 bis 18° C vergoren und bis März auf der Feinhefe ausgebaut, teilweise mit Batonnage. Die roten Trauben werden entrappt, zwei Tage kaltmaceriert, dann maischevergoren (10 bis 16 Tage) und anschließend 12 bis 18 Monate im Barrique ausgebaut bevor sie unfiltriert abgefüllt werden.

Die 2006er Weine waren etwas verhalten, aber von guter, gleichmäßiger Qualität. Die letztjährige Kollektion war ein deutlicher Schritt voran. Die Weine präsentierten sich klar und fruchtbetont, besaßen Kraft und Struktur. Sehr homogen auf gutem Niveau präsentiert sich der Jahrgang 2008 mit reintönigen, frischen Weinen.

Weinbewertung

85 . . . 2008 Silvaner Kabinett trocken Sander Kronberg
herrlich reintönige Frucht, etwas Birnen; klar, harmonisch feine süße Frucht **6,- €**

85 . . . 2008 Riesling Kabinett trocken Sander Kronberg
würzig, klare reife Frucht; harmonisch, klar, reife Frucht, dezent Limone, Struktur und Biss **6,50 €**

85 . . . 2008 Silvaner „S" Spätlese trocken Sander Kronberg
würzig, klar, reife Frucht; füllig, harmonisch, viel reife Frucht und Substanz **10,50 €**

83 2008 „Secco saignée" trocken **6,50 €**
82 2008 Silvaner trocken Sander Kronberg **5,50 €**
82 2008 Weißburgunder Kabinett trocken Sander Himmelsbühl **6,- €**
84 2008 Weißburgunder „S" Spätlese trocken Sander Himmelsbühl **10,50 €**
83 2008 Kerner Spätlese Sander Himmelsbühl

8,- €

81 2008 Rotling „feinfruchtig" Sander Himmelsbühl **5,- €**

81 2006 „Anna" Rotwein trocken Sander Himmelsbühl **14,- €**

★★★☆

Römerhof

Weingut

Mosel

Burgstraße 2, 54340 Riol
Tel. 06502-2189, Fax: 06502-20671
www.weingut-roemerhof.de
mail@weingut-roemerhof.de
Besuchszeiten: nach Vereinbarung

Inhaber .... Franz-Peter Schmitz
Rebfläche .... 7 Hektar

Franz-Peter Schmitz hat in seinem Weingut in Riol neben Riesling auch Spät- und Frühburgunder gepflanzt. Er bewirtschaftet steile Parzellen – beispielsweise die Felsenterrasse im Zellerberg – und besitzt über 60 Jahre alte Reben. Franz-Peter Schmitz nutzt für den Ausbau Holzfässer und Stahltanks, die Rieslinge wirken eher schlank und würzig, im besten Falle mineralisch, das Gros der Weine wird trocken und halbtrocken ausgebaut. Selbst die nicht trockenen Weine sind eher zurückhaltend in der Süße. Einen Namen gemacht hat sich Schmitz auch mit dem Schaumwein namens „Rigodulum".

2006 fiel höchst beachtlich aus. 2007 waren die Weine stoffig und kraftvoll. Die 2008er sind von gleichmäßiger Qualität, würzig und stoffig; einige Weine wirkten zum Zeitpunkt der Verkostung noch etwas hefegeprägt und unruhig.

Weinbewertung

85 . . . 2008 Riesling Spätlese trocken Mehringer Blattenberg
leichte Hefenote, jugendliche Frucht, etwas Zitrus; würzig, stoffig, Biss **7,80 €**

87 . . . 2008 Riesling Spätlese trocken „Alte Reben" Mehringer Zellerberg
prägnante Frucht, leichte Kräuternoten, Zitrus; viel Würze, Substanz, eher schlank **9,50 €**

87 . . . 2008 Riesling Spätlese halbtrocken „Felsenterrasse" Mehringer Zellerberg
eher verhalten, leichte Hefenoten, mineralische Noten; stoffig, viel Würze, praktisch trocken, kompakt **10,- €**

87 . . . 2008 Riesling Spätlese feinherb „vom grauen Tonschiefer"
eindringliche Frucht, deutlich Kräuter, reife Frucht; stoffig, würzig, hat Schmelz **9,- €**
2003: **88**; 2004: **86**; 2005: **85**; 2006: **87**; 2007: **86**.

85 . . . 2008 Riesling Spätlese Mehringer Zellerberg
sehr frisch, leichte Hefenoten, Kräuter; rassig, saftig, pikante Säure, sehr animierend **7,80 €**

87 . . . 2008 Riesling Spätlese „No. 1" Mehringer Zellerberg
zarte Frucht, Kräuter, etwas Melone; stoffig, leicht cremig, zurückhaltende Süße **9,- €**
2002: **88**; 2003: **88**; 2005: **87**; 2006: **88**; 2007: **87**.

82 2008 Riesling trocken **6,- €**

83 2008 Riesling Kabinett trocken Mehringer Blattenberg **5,80 €**

81 2008 Riesling halbtrocken Rioler Römerberg **5,80 €/1l**

81 2008 Riesling Hochgewächs „feinherb Sommerwein" **5,80 €**

83 2008 Riesling Kabinett Mehringer Zellerberg **5,80 €**

83 2007 Spätburgunder trocken **7,- €**

★★

Zur Römerkelter

Öko-Weingut

Mosel

In der Duhr 6, 54484 Maring-Noviand
Tel. 06535-430, Fax: 06535-7739
www.roemerkelter.de
info@roemerkelter.de
Besuchszeiten: nach Vereinbarung

Inhaber .... Timo Dienhart
Rebfläche .... 4 Hektar

Timo Dienhart – der 2009 den dritten Platz beim Wettbewerb zum besten Jungwinzer Deutschlands belegte – ist dabei, den Familienbetrieb noch weiter zu modernisieren. Viel Arbeit wird in die Laubarbeit investiert. Auf die selektive Handlese folgt die schonende Verarbeitung mittels eines Kippsystems und mit Falldruck. Weißweine werden zu 90 Prozent im Edelstahl ausgebaut, die Rotweine komplett im Holzfass. Wenn möglich erfolgt die Vergärung mit den natürlichen Hefen.

Die 2007er überzeugten, bereits der trockene Kabinett namens „Centurio" war sehr animierend. Die 2008er wurden erst kurz vor Redaktionsschluss eingereicht und wirken noch sehr jugendlich und unzugänglich, besitzen aber viel Substanz.

Weinbewertung

87 . . . 2008 Riesling trocken „Titan" Maring-Noviander Honigberg
deutlich Kräuter, leichte Hefenoten; würzig, leicht mineralisch, stoffig, Substanz und Biss
2004: **84**; 2005: **86**; 2006: **85**; 2007: **86**.

87 . . . 2008 Riesling trocken „S" Maring-Noviander Honigberg
deutliche Hefenoten, sehr jugendlich; würzig, fest, kompakt, noch recht verschlossen
2005: **84**; 2006: **86**; 2007: **87**.

88 . . . 2008 Riesling „feinherb von alten Reben" Maring-Noviander Honigberg
reife Frucht, klar, etwas Mirabellen und Kräuter; würzig, rassig, viel Substanz

87 . . . 2008 Riesling Spätlese Maring-Noviander Honigberg
frisch, duftig, Kräuter, etwas Boskoop; saftig, würzig, feine Süße, Potenzial (87+? Punkte)

85 . . . 2007 Spätburgunder trocken Maring-Noviander Honigberg
kühle Frucht, duftig, sortentypisch; elegant, saftig, noch sehr jugendliche Frucht

85 . . . 2007 Rotwein „Vinum Regius" Barrique
klare Frucht, leicht rauchig; viel Frucht, Würze, saftig, gute Länge

82 2008 Riesling trocken
84 2008 Riesling Kabinett trocken „Centurio" Maring-Noviander Honigberg
84 2008 Riesling „feinherb"
84 2008 Regent trocken

★★

Römmert

Weingut

Franken

Erlachhof 1, 97332 Volkach
Tel. 09381-2366, Fax: 09381-4185
www.weingut-roemmert.de
infoweingut-roemmert.de
Besuchszeiten: Mo.-Fr. 9-18 Uhr, Sa. 9-16 Uhr, So. 10-13 Uhr und nach Vereinbarung

Inhaber .... Isolde Flammersberger
Rebfläche .... 12 Hektar

Die Besonderheit beim Weingut Römmert ist, dass es seit seiner Gründung 1923 immer von der Mutter an die Tochter vererbt wird, erklärt Andrea Flammersberger. Sie kümmert sich um die Vermarktung der Weine, ihre Mutter Isolde Flammersberger um den Außenbetrieb und Vater Wolfgang um den Keller. Das Gros der Weinberge liegt in Volkach in der Lage Ratsherr, 2 Hektar liegen etwa 25 km entfernt im Steigerwald in der Lage Altmannsdorfer Sonnenwinkel. Silvaner, Müller-Thurgau und Riesling spielen eine wichtige Rolle, dazu gibt es Bacchus, Kerner, Traminer und Chardonnay. An roten Sorten werden Spätburgunder, Schwarzriesling, Domina, Dornfelder, Acolon und Regent angebaut.

Mit einer gleichmäßigen, von restsüßen Weinen geprägten Kollektion trotzte Isolde Flammersberger dem schwierigen Jahrgang 2006. Die 2007er Kollektion war ganz stark, bestach durch ihr homogenes, gutes Niveau, die trockenen weißen Spätlesen besaßen Substanz und Kraft. Die verkosteten 2008er nun waren frisch und fruchtbetont.

Weinbewertung

85 . . . 2008 Silvaner Spätlese trocken Volkacher Ratsherr
gute Konzentration, würzig, klar und eindringlich; füllig, klare reife Frucht, Substanz **8,90 €**

85 . . . 2008 Rieslaner Spätlese Volkacher Ratsherr
würzig, eindringlich, leichte Schärfe; füllig, harmonisch, viel reife Frucht, süße Zitrusfrüchte, Biss **8,20 €**

81 2008 Müller-Thurgau trocken „Frank & Frei“ **5,70 €**
82 2008 Silvaner Kabinett trocken Volkacher Ratsherr **6,50 €**
84 2008 Chardonnay Spätlese trocken Volkacher Ratsherr **9,20 €**
80 2008 Rotling Volkacher Ratsherr **4,95 €**

★

Rössler-Schneider

Weingut

Pfalz

Maikammerer Straße 12, 67487 St. Martin
Tel. 06323-5075, Fax: 06323-989693
info@roessler-schneider.de
www.roessler-schneider.de
Besuchszeiten: Mo.-Fr. nur nach Vereinbarung, Sa. 8:30-12 + 13-17 Uhr, So. 10-13 Uhr

Inhaber .... Robert Schneider
Rebfläche .... 6 Hektar

1998 hat die Familie Robert Schneider das Gut übernommen, das sich seit 1760 im Besitz der Familie Rössler befand. Zwei Drittel der Rebfläche nehmen weiße Sorten ein. Wichtigste Rebsorte ist Riesling. Es folgen Müller-Thurgau, Auxerrois, Weißburgunder, Rieslaner, Grauburgunder und Scheurebe. An roten Sorten gibt es Dornfelder, Portugieser, St. Laurent, Spätburgunder und Cabernet Cubin. Die roten Trauben werden entrappt, 10 bis 20 Tage maischevergoren und dann mindestens sechs Monate in Holzfässern ausgebaut, in denen sie die malolaktische Gärung durchlaufen.

Vor zwei Jahren gefielen die süßen Weißweine besser als die trockenen, eindeutiger Favorit aber war die „CCS“ genannte Rotweincuvée. Die letztjährige Kollektion war eindeutig von den edelsüßen Weinen dominiert. Die 2008er Weine sind deutlich verhaltener bei guter, gleichmäßiger Qualität.

Weinbewertung

80 2008 Riesling trocken **3,80 €/1l**
81 2008 Riesling Kabinett trocken St. Martiner Baron **4,80 €**
82 2008 Auxerrois Kabinett trocken **5,50 €**

82 2008 Weißburgunder Kabinett trocken St. Martiner Baron **5,50 €**
81 2008 Scheurebe Kabinett trocken St. Martiner Baron **6,- €**
78 2008 Grauburgunder Spätlese trocken St. Martiner Baron **7,- €**
83 2008 Gewürztraminer Spätlese trocken Diedesfelder Ölgässel **6,30 €**
80 2008 Riesling Kabinett halbtrocken Diedesfelder Ölgässel **4,50 €**
83 2008 Gewürztraminer Kabinett Diedesfelder Ölgässel **5,20 €**
83 2008 Kerner Spätlese St. Martiner Baron **5,50 €**
83 2007 Cuvée „Trio" Rotwein trocken **7,50 €**
83 2007 Blauer Spätburgunder trocken St. Martiner Baron **8,- €**

★★

Rohr

Weingut

Nahe

Hauptstraße 104, 55592 Raumbach
Tel. 06753-2827, Fax: 06753-6278
www.weingut-rohr.de
weingut-rohr@t-online.de
Besuchszeiten: Mo.-Fr. 8-18 Uhr oder nach Vereinbarung
2 Ferienwohnungen

Inhaber .... Michael Rohr
Rebfläche .... 4,7 Hektar

Die Weinberge von Michael Rohr liegen in Steillagen mit Sandsteinverwitterungsböden in den Gemarkungen Raumbach (Schwalbennest, Schlossberg), Rehborn (Herrenberg) und Meisenheim (Obere Heimbach). Hinzu kommt ein kleiner Weinberg im Weilerer Klostergarten. Hauptrebsorte ist der Riesling, der knapp die Hälfte der Fläche einnimmt. Dazu gibt es Müller-Thurgau, Kerner, Weißburgunder und Bacchus, sowie über 20 Prozent an roten Sorten (Dornfelder, Spätburgunder und Portugieser). Die Weine werden gezügelt vergoren und im Edelstahl oder im Holzfass ausgebaut. Die Rotweine und der Weißburgunder durchlaufen den biologischen Säureabbau. 95 Prozent der Weine werden an Endverbraucher verkauft.

Michael Rohr überzeugte 2006 mit fruchtbetonten, reintönigen Weißweinen. Auch die letztjährige Kollektion gefiel uns gut, bestach durch die gleichmäßige Qualität der Weine, ob trocken oder süß, und auch der Sekt machte viel Freude. 2008 ist sehr gleichmäßig ohne aber in der Spitze an frühere Jahrgänge heranzureichen. Die Weine sind klar, fruchtbetont und größtenteils unkompliziert, der Spätburgunder Selection aus dem Jahrgang 2007 ist gekonnt vinifiziert.

Weinbewertung

85 . . . 2008 Riesling Selection Raumbacher Schwalbennest
konzentriert, feine Würze und Frucht, eindringlich; füllig, harmonisch, klare Frucht, Substanz **7,- €**

85 . . . 2007 Spätburgunder Selection Raumbacher Schlossberg
reintönige Frucht, feine Würze, rote Früchte; frisch, zupackend, reintönige Frucht **11,50 €**

---

82 2008 Weißburgunder trocken **4,70 €**
81 2008 Riesling Hochgewächs trocken Raumbacher Schwalbennest **4,- €**
82 2008 Riesling Kabinett trocken Raumbacher Schwalbennest **4,80 €**
81 2008 Riesling Hochgewächs halbtrocken Raumbacher Schlossberg **4,20 €**
83 2008 Riesling Spätlese „feinherb" Rehborner Herrenberg **6,50 €**
82 2008 Kerner Spätlese halbtrocken Raumbacher Schlossberg **4,70 €**

84 2008 Riesling Spätlese Raumbacher Schwalbennest **6,50 €**
81 2007 Dornfelder trocken Raumbacher Schlossberg **4,50 €**

Roll ★

Weingut

Rheinhessen

Kloppbergstraße 36, 67596 Dittelsheim-Heßloch
Tel. 06244-7438, Fax: 06244-7751
www.weingut-roll.de
weingut.roll@web.de
Besuchszeiten: Mo.-Fr. 8-17:30 Uhr,
Sa. nach Vereinbarung, So. 10-12 Uhr

Inhaber .... Familie Roll
Rebfläche .... 15 Hektar

Friedrich Robert Roll führt heute das Gut zusammen mit seinem Sohn Christian, Geisenheim-Absolvent, der für An- und Ausbau der Weine verantwortlich ist. Riesling, Silvaner, Weißburgunder und Sauvignon Blanc sind die wichtigsten weißen Rebsorten, Spätburgunder, St. Laurent und Merlot die roten.

Beim guten Debüt vor zwei Jahren gefielen uns Cabernet Sauvignon und Merlot aus dem Jahrgang 2005 besonders gut. Die 2007er Weißweine waren gleichmäßig, reichten aber nicht an die im vergangenen Jahr verkosteten Rotweine heran. Gleiches gilt auch für die neue Kollektion: Die Rotweine überzeugen voll und ganz, im weißen Segment aber muss man noch zulegen.

Weinbewertung

86 ... 2007 Merlot trocken Dittelsheimer Leckerberg
rauchige Noten, etwas Gewürze, reife Frucht; füllig, harmonisch, reife Frucht, gute Struktur **10,- €**

85 ... 2007 Cabernet Sauvignon trocken Dittelsheimer Mönchhube
reife Frucht, etwas Gewürze, rauchige Noten, dezent Cassis; weich, harmonisch, reife Frucht, gute Struktur und Frische **10,- €**

85 ... 2007 Saint Laurent „R" trocken Dittelsheimer Geiersberg
gute Konzentration, rauchige Noten, viel reife reintönige Frucht; füllig, harmonisch, klare reife Frucht, dezent Vanille **9,- €**

78 2008 Riesling trocken **3,95 €**
78 2008 Grüner Silvaner trocken **4,- €**
83 2008 Riesling Spätlese trocken „Selected" **9,- €**
78 2008 Weißburgunder Classic **5,- €**
79 2008 Weißer Riesling halbtrocken Dittelsheimer **4,50 €**
77 2008 Heroldrebe Weißherbst **4,95 €**
83 2008 St. Laurent trocken „Selected" **8,90 €**
81 2008 Spätburgunder trocken **4,95 €**

Rollanderhof ★☆

Weingut

Rheinhessen

55291 Saulheim
Tel. 06732-61820, Fax: 06732-8231
www.rollanderhof.de
rollanderhof@t-online.de
Besuchszeiten: nach Vereinbarung

Inhaber .... Rudolf und Brigitte Weyerhäuser
Rebfläche .... 23,3 Hektar

Seit mehreren Generationen betreibt die Familie Weinbau, aber erst mit Übernahme des Betriebes durch Rudolf Weyerhäuser und Brigitte Thörle-Weyerhäuser im Jahr 1980 hat man sich auf die Flaschenweinvermarktung konzentriert. Die Weinberge liegen vor allem in Saulheim in den Lagen Hölle, Schlossberg und Probstey. Die Reben wachsen auf verschiedenen Böden, teils auf kalkhaltigen, tiefgründigen Lehmböden, teils auf mineralischen Tonböden oder Kalkmergelböden. 70 Prozent der Rebfläche nehmen weiße Sorten ein, vor allem Grauburgunder, Riesling, Müller-Thurgau, Silvaner und Weißburgunder, aber auch Chardonnay und Sauvignon Blanc. An roten Sorten gibt es Portugieser, Spätburgunder, Dornfelder und Merlot, sowie Frühburgunder und Cabernet Sauvignon. Die Weißweine werden kühl vergoren und im Edelstahl ausgebaut, die besten Rotweine kommen nach der Maischegärung ebenso wie ausgesuchte Weißweine in neue oder gebrauchte Barriques. 85 Prozent der Weine werden trocken ausgebaut. Die besten trockenen Weine erhalten gutsintern den Zusatz „S".

Vor zwei Jahren gefiel uns die Kollektion – überwiegend Weine aus dem problematischen Jahrgang 2006 – sehr gut, allen voran die Silvaner. Die 2007er Weine waren ein wenig verhaltener, die Kollektion aber zeigte sich stimmig, bot gleichmäßige, gute Qualität. Auch die aktuelle Kollektion ist etwas verhalten, bietet gleichmäßige Qualität, es fehlen allerdings die Spitzen früherer Jahrgänge.

Weinbewertung

79 2008 Müller-Thurgau trocken **3,70 €/1l**
78 2008 Weißburgunder trocken **5,20 €**
79 2008 Riesling trocken **5,20 €**
80 2008 Silvaner Spätlese trocken **4,90 €**
82 2008 Riesling Spätlese trocken Stadecker Lenchen „S" **7,70 €**
82 2008 Riesling trocken „Kalkstein" Saulheimer Hölle „S" **8,80 €**
83 2008 Spätburgunder Blanc de Noir trocken „S" **9,70 €**
79 2008 Rivaner Classic **3,90 €**
82 2008 Gewürztraminer Spätlese halbtrocken **5,20 €**
81 2008 Spätburgunder trocken **4,70 €**
78 2007 Portugieser trocken **4,20 €**
79 2007 Merlot Spätlese trocken **7,40 €**

★★★★★

Josef Rosch

Weingut

Mosel

Mühlenstraße 8, 54340 Leiwen
Tel. 06507-4230, Fax: 06507-8287
weingut-josef-rosch@t-online.de
Besuchszeiten: nach Vereinbarung

Inhaber .... Werner Rosch
Rebfläche .... 6,3 Hektar

Es gibt wenige Winzer an der Mosel, die Jahr für Jahr so geradlinige, klare und animierende Weine auf höchstem Niveau erzeugen, aber gleichzeitig vielen Genießern noch unbekannt sind. Werner Rosch besitzt Weinberge in den Trittenheimer Lagen Apotheke und Altärchen, in der Leiwener Laurentiuslay, der Klüsserather Bruderschaft, der Köwericher Bruderschaft, sowie in der Lage Dhron Hofberger. Es werden ausschließlich Rieslingreben angebaut. Die Moste werden fast alle spontan vergoren, das heißt mit ihren natürlichen Hefen. Roschs beste trockene Weine werden als „Selection J.R." sowie als Erste-Lage-Wein aus der Trittenheimer Apotheke vermarktet: Im Gegensatz zu vielen anderen trockenen Prestigetropfen der Mosel sind sie stets sehr präzise, klar und animierend.

2006 war nicht die geringste Schwäche zu spüren. 2007 begeisterten praktisch alle Weine durch eine rassige, würzige, animierende Art. Auch die 2008er können diesen Stil fortsetzen: Sie zeigen sich enorm klar, duftig und voller Frucht, sind außerdem lang und komplex.

Weinbewertung

87 . . . 2008 Riesling trocken Leiwener Klostergarten
jugendlich, etwas Apfel, Birne, Mirabelle; würzig, stoffig, viel Frucht, hat Substanz und Biss **6,20 €**
1999: 86; 2000: 89; 2001: 87; 2002: 85; 2003: 85; 2004: 86; 2005: 84; 2006: 86; 2007: 86.

87 . . . 2008 Riesling „J.R. Junior"
klare Frucht, etwas reife Zitrusnoten, Melone, Kräuter; rassige Säure, saftig, mineralische Komponenten, wirkt trocken **9,- €**

89 . . . 2008 Riesling „Selection J.R.* Spätlese trocken**
sehr jugendlich, leichte Hefenote, noch etwas unruhig; straff, dicht, betont würzig, sehr präzise, viel Potenzial **12,50 €**
1998: 90; 1999: 90; 2000: 90; 2002: 88; 2003: 87; 2004: 88; 2005: 89; 2006: 89; 2007: 89.

89 . . . 2008 Riesling Spätlese „feinherb" Klüsserather Bruderschaft
eher verhalten, unruhig, leichte Hefenote; stoffig, rassige Säure, viel Frucht und Schmelz **12,50 €**

88 . . . 2008 Riesling Kabinett Leiwener Klostergarten
explosive Frucht, Boskoop, Zitrusschale, Mirabelle, Ananas; saftig, viel Frucht, präzise und klar **8,50 €**
2001: 88; 2002: 85; 2003: 85; 2004: 88; 2005: 88; 2006: 87; 2007: 87.

90 . . . 2008 Riesling Spätlese Trittenheimer Apotheke
klare Frucht, Steinobst, leichte Kräuternote, kandierter Apfel; saftig, deutliche, aber gut eingebundene Süße, rassig, sehr animierend **12,- €**
1999: 90; 2000: 89; 2001: 89; 2002: 89; 2003: 86; 2004: 88; 2005: 86; 2006: 89; 2007: 90.

89 . . . 2008 Riesling Auslese Trittenheimer Apotheke
reintönige Frucht, kandierter Apfel, Mirabelle; dicht, saftig, rassige Säure, lang und präzise **12,- €/0,5l**

90 . . . 2008 Riesling Auslese* Trittenheimer Apotheke
reife Frucht, kandierter Apfel, Zitrusschalen, Steinobst; saftig, dicht opulente Frucht, sehr nachhaltig **17,- €/0,5l**

93 . . . 2008 Riesling Eiswein Leiwener Klostergarten
sehr reintönig, Mango, reife Birne, leicht cremig; klare Frucht, feingliedrig, bereits zugänglich, nachhaltig, noch am Anfang seiner Entwicklung **60,- €/0,375l**

★

Rosenhof
Weingut

Mosel

Moselstraße 45, 54484 Maring
Tel. 06535-93030, Fax: 06535-93112
www.rosenhof-moselweine.de
fritzen@rosenhof-moselweine.de
Besuchszeiten: Mo.-Sa. 10-19 Uhr, So. 10-14 Uhr

Inhaber .... Stefan Fritzen
Rebfläche .... 10 Hektar

Stefan Fritzen setzt in Maring auf Riesling, baut dazu Chardonnay, Spätburgunder und sogar Cabernet Sauvignon an. Bacchus und Ortega haben nur noch geringe Bedeutung. Mehr als viele andere Weingüter an der Mosel konzentriert er sich auf Rotweine. Der Ausbau der Weine erfolgt, mit Ausnahme der Barriquereifung bei einem Teil des Rotweins, konsequent im Edelstahl und mit Reinzuchthefen. Die Stilistik ist entsprechend: Die Weine sind klar, schlank und frisch, jung bereits trinkreif. Für Weißweine setzt man auf den Schraubverschluss, für Rotweine auf Naturkork.

2007 überzeugten insbesondere die stoffigen, animierenden Burgunder. Die

2007er Rotweine wirken nun kraftvoll, sind aber noch deutlich von Tanninen geprägt und benötigen Zeit zur Entfaltung. Sehr gleichmäßig präsentieren sich die 2008er in weiß und rot.

Weinbewertung

86 . . . 2008 Riesling Spätlese „feinherb"
zarte Frucht, klar, jugendlich; frisch, würzig, schlanker Stil, guter Nachhall **5,60 €**

85 . . . 2008 Ortega Auslese
reife Frucht, etwas Orange, Kräuter; sehr saftig, viel Frucht, feine Säure, hat Biss **7,60 €**

80 2008 Riesling trocken **3,80 €/1l**
84 2008 Weißburgunder Spätlese trocken **4,60 €**
83 2008 Chardonnay Spätlese trocken **5,60 €**
84 2008 Riesling Spätlese trocken „Lesura" 4,90 €
83 2008 Riesling Classic **4,60 €**
82 2008 Dornfelder trocken **4,60 €**
83 2007 Blauer Spätburgunder trocken „Cuvée noir" **6,60 €**
84+ 2007 Blauer Spätburgunder Barrique trocken **9,80 €**
84 2008 Cabernet Sauvignon & Merlot trocken **7,60 €**
83+ 2007 Cabernet Sauvignon & Merlot Barrique trocken **11,80 €**

★★★

Roth
Weingut

Franken

Büttnergasse 11, 97355 Wiesenbronn
***Tel.** 09325-902004, **Fax:** 09325-902520*
www.weingut-roth.de
info@weingut-roth.de
***Besuchszeiten:** Mo.-Sa. 9-11:30 + 13-17 Uhr*

Inhaber . . . . Gerhard Roth
Rebfläche . . . . 16 Hektar

Die Weinberge von Gerhard Roth liegen in Wiesenbronn am Fuße des Schwanberges, wo die Reben in den Lagen Wachhügel und Geißberg auf dunklen Gipskeuperböden wachsen, sowie im Abtswinder Altenberg. Seit dem Jahrgang 2008 gibt es eine neue Lage in Wiesenbronn, Heller Berg. Das beste Stück im Geißberg war bis 1971 eine Einzellage, deren Name daher rührt, dass die Lage von morgens bis abends der Sonne ausgesetzt ist. Die Lage ist komplett in Besitz von Gerhard Roth, der dort Silvaner, Riesling, Spätburgunder und Blaufränkisch stehen hat. Die Hälfte der Weinberge von Gerhard Roth ist inzwischen mit roten Reben bestockt, vor allem Spätburgunder, Portugieser, Domina und Schwarzriesling, sowie als Spezialität der bei ihm Blaufränkisch genannte Lemberger, der sonst selten in Franken zu finden ist. An weißen Sorten baut Gerhard Roth Silvaner, Riesling, Müller-Thurgau, Bacchus, Kerner und Traminer an. Die Rotweine werden alle maischevergoren und prinzipiell trocken und ohne Restzucker ausgebaut. Ein Teil der Rotweine kommt ins Barrique, wofür Gerhard Roth Wiesenbronner Eiche nutzt. Bereits 1974 begann Gerhard Roth mit der Umstellung auf ökologischen Weinbau. 2007 wurde eine neue Vinothek gebaut.

2006 überzeugte: Zwar konnte aufgrund des problematischen Jahrgangs nur der Silvaner „G" spontanvergoren werden, geschönt wurde aber nicht. Entsprechend kraftvoll, mit Ecken und Kanten, präsentierten sich die Weine. Eine starke Kollektion hatte Gerhard Roth auch im vergangenen Jahr vorgestellt. Die Weißweine waren kraftvoll und klar, die Roten besaßen Substanz, allen voran der Spätburgunder „G". Eine starke Kollektion folgt in diesem Jahr nach: Kraftvolle Rotweine, angeführt vom Spätburgunder „G", ein schöner edelsüßer

Rieslaner und eindringliche Weißweine, wobei uns noch besser als Riesling, Grauburgunder und Sauvignon Blanc der Silvaner Heller Berg gefällt. Starke Kollektion!

Weinbewertung

85 . . . 2008 Silvaner Kabinett trocken Wiesenbronner Geißberg
frisch, fruchtbetont, reintönig; klar, frisch, harmonisch, reintönige Frucht, süffig **6,- €**

87 . . . 2008 Sauvignon Blanc Spätlese Wiesenbronner Wachhügel
frisch, fruchtbetont, würzig, herrlich eindringlich und reintönig; füllig, harmonisch, reife süße Frucht, Substanz und Länge **9,- €**

86 . . . 2008 Silvaner Spätlese trocken Wiesenbronner Geißberg
feine Würze, reintönige reife Frucht, herrlich eindringlich; füllig, harmonisch, reife Frucht, gute Substanz **8,50 €**

87 . . . 2008 Riesling Spätlese „G" trocken Wiesenbronner Heller Berg
würzig, konzentriert, viel reife Frucht, herrlich eindringlich und dominant; füllig, kraftvoll, viel reife Frucht, Substanz, gute Struktur **9,50 €**

89 . . . 2008 Silvaner Spätlese „G" trocken Wiesenbronner Heller Berg
(bisher: Geißberg) gute Konzentration, faszinierend viel Frucht, etwas weiße und gelbe Früchte; füllig, harmonisch, viel reife Frucht und Substanz, Wärme und Länge **11,50 €**
2004: 86; 2005: 86; 2006: 86; 2007: 87.

87 . . . 2008 Grauburgunder Spätlese trocken „G" Wiesenbronner Geißberg
gute Konzentration, reife klare Frucht, gelbe Früchte, herrlich eindringlich; reife reintönige Frucht, dezent Vanille, gute Struktur **12,- €**

88 . . . 2008 Rieslaner Auslese Wiesenbronner Geißberg
viel reife Frucht, Rhabarber, enorm dominant; süß, konzentriert, herrlich viel Biss, Rhabarber und Grapefruit **12,50 €**

85 . . . 2007 „Purpur" Rotwein trocken
rauchige Noten, viel reife Frucht, rote Früchte, dezent Gewürze; füllig, harmonisch, reife Frucht, viel Substanz **17,50 €**

86 . . . 2006 „G" Rotwein trocken
etwas Gewürze, rauchige Noten, reife Frucht; frisch, klar, reife Frucht, feine Süße **22,- €**
2004: 88.

88 . . . 2006 Spätburgunder „G" trocken Wiesenbronner Geißberg
gute Konzentration, rauchige Noten, reintönige Frucht, herrlich eindringlich; füllig, kraftvoll, viel reife Frucht, viel Substanz, jugendlich **26,50 €**
2003: 89; 2005: 88.

83 2008 Johanniter trocken **5,75 €**
83 2008 Blanc de Noir trocken **6,- €**
83 2008 Solaris Beerenauslese Wiesenbronner Geißberg **7,95 €/0,25l**
81 2008 Portugieser trocken Wiesenbronner Wachhügel **7,35 €**
84 2007 Pinot Noir trocken Wiesenbronner Wachhügel **11,50 €**

★

Roth
Weingut

Mosel

Auf der Lährwiese 8, 54538 Kinheim-Kindel
Tel. 06532-953761
www.roth-riesling.de
weingut@roth-riesling.de
Besuchszeiten: nach Vereinbarung

Inhaber .... Andreas Roth
Rebfläche .... 4 Hektar

Andreas Roth – Weinküfer und Winzermeister – sowie seine Frau Nicole führen das Familienweingut seit 2006. Riesling ist die wichtigste Sorte und nimmt 2,6 Hektar ein, daneben gibt es noch etwas Müller-Thurgau, Kerner, Dornfelder und Spätburgunder. Die 2006er gefielen mit ihrer saftigen Art, die 2007er fielen schlanker aus. Auch 2008 sind die Weine animierend, saftig und voller Würze.

Weinbewertung

85 . . . 2008 Riesling Spätlese Erdener Treppchen
klare Frucht, frisch, etwas Boskoop; saftig, rassig, animierend **6,70 €**

86 . . . 2008 Riesling Auslese Kinheimer Rosenberg
frisch, duftig, Mirabellen, Boskoop; straff, saftig, deutliche Süße, sehr süffig **10,- €**

81 2008 Riesling Kabinett trocken Kinheimer Rosenberg **4,70 €**
82 2008 Riesling Spätlese trocken Erdener Treppchen **6,20 €**
80 2008 Riesling Kabinett halbtrocken Kinheimer Rosenberg **4,70 €**
79 2008 Riesling Hochgewächs **4,- €/1l**
84 2008 Riesling Kabinett Kinheimer Rosenberg **4,70 €**
84 2008 Riesling Spätlese Kinheimer Rosenberg **6,10 €**
83 2008 Kerner Spätlese Kinheimer Rosenberg **4,90 €**

Rothe ★
Weingut
Franken

Hauptstraße 14, 97334 Nordheim
Tel. 09381-717428, Fax: 09381-717420
www.wein-rothe.de
info@wein-rothe.de
Besuchszeiten: nach Vereinbarung
Gästezimmer

Inhaber .... Manfred Rothe
Rebfläche .... 7,5 Hektar

Die Weinberge von Manfred Rothe liegen vor allem in der Mainschleife bei Nordheim und Sommerach, aber auch im Astheimer Karthäuser. Auf den Muschelkalkböden baut er die traditionellen Rebsorten der Region wie Müller-Thurgau, Silvaner, Bacchus, Grauburgunder und Scheurebe, aber auch pilzresistente Neuzüchtungen an. An roten Sorten gibt es Domina, Schwarzriesling und Zweigelt. Spezialität von Manfred Rothe sind lange gereifte Weine und Weine von alten Reben. Die Weine der „Grande"-Linie stammen von ertragsreduzierten Anlagen und bleiben lange auf der Hefe. Die Weinberge werden biologisch bewirtschaftet, Manfred Rothe ist Mitglied bei Bioland.

Weinbewertung

85 . . . 2008 Silvaner trocken „Grande"
konzentriert, viel reife Frucht, eindringlich; füllig, harmonisch, viel Substanz, Kraft, gute Struktur **7,50 €**

85 . . . 2008 Grauburgunder „Grande"
gute Konzentration, klare reife Frucht, gelbe Früchte; weich, füllig, harmonisch, feine süße Frucht **6,- €**

82 2007 „Helios" Weißwein trocken **5,- €**
84 2008 Scheurebe trocken „Grande" **7,- €**
83 2008 Domina Rosé **8,- €**
84 2004 „Maturo" Rotwein trocken **12,50 €**

Fritz Rothenbach ★
Weingut
Rheingau

Eisenbahnstraße 12, 65375 Oestrich-Winkel
Tel. 06723-2695, Fax: 06723-889851
www.weingut-rothenbach.de
info@weingut-rothenbach.de
Besuchszeiten: Mo.-Sa. 8-18 Uhr, sonst nach Vereinbarung

Inhaber .... Fritz Peter Rothenbach
Rebfläche .... 8 Hektar

Die Weinberge von Fritz Rothenbach verteilen sich auf elf verschiedene Lagen in Oestrich, Mittelheim und Hallgarten. Zu den 5 Hektar eigenen Weinbergen hat Sohn Peter weitere 3 Hektar hinzugepachtet. Der Sohn hat inzwischen auch offiziell die Verantwortung für den Betrieb übernommen. Neben Riesling und Spätburgunder baut Fritz Peter Rothenbach etwas Portugieser und Dunkelfelder, sowie als Spezialitäten Frühburgunder und Huxelrebe an. Die Weißweine werden kühl vergoren und meist im Edelstahl ausgebaut. Die Rotweine kommen nach der Maischegärung ins Holzfass. Jeweils 45 Prozent der Weine werden trocken und halbtrocken ausgebaut.

Erfreulich fielen die saftigen 2007er aus. 2008 sind die Weine schlank und vergleichsweise säurebetont, sie besitzen aber Würze und Charakter.

Weinbewertung

85 . . . 2008 Riesling Kabinett Mittelheimer Edelmann
frisch, duftig, zarte Frucht, etwas Boskoop; saftig, würzig, viel Frucht, Biss **4,10 €**

79 2008 Riesling trocken Oestricher Lenchen **3,40 €/1l**
80 2008 Riesling trocken Oestricher Doosberg **4,10 €**
83 2008 Riesling Kabinett trocken Oestricher Lenchen **4,10 €**
83 2008 Riesling Spätlese trocken Oestricher Lenchen **5,- €**
79 2008 Riesling halbtrocken Oestricher Klosterberg **4,10 €**
84 2008 Riesling Kabinett halbtrocken Hallgartener Jungfer **4,10 €**
81 2008 Riesling Classic **4,10 €**
79 2008 Spätburgunder Weißherbst trocken Mittelheimer Edelmann **4,50 €**
81 2008 Spätburgunder Blanc de Noir **4,50 €**
84 2007 Frühburgunder Weißherbst Auslese „feinherb" Oestricher Klosterberg **9,50 €**
83 2005 Frühburgunder trocken Oestricher Klosterberg **6,10 €**

★☆

Rothweiler

Weingut

Hessische Bergstraße

Ludwigstraße 55, 64625 Bensheim-Auerbach
ab 1.2.2010: Berliner Ring 184
Tel. 06251-76569, Fax: 06251-788385
www.weingut-rothweiler.de
mail@weingut-rothweiler.de
Besuchszeiten: Mo.-Fr. 17-19 Uhr, Sa. 10-13 Uhr und nach Vereinbarung

Inhaber .... Hanno Rothweiler
Rebfläche .... 4 Hektar

Hanno Rothweiler, der nicht aus einer Winzerfamilie stammt, hat schon während seiner Ausbildung 1983 seine ersten eigenen Weine gemacht. Wichtigste Rebsorte in seinem Betrieb ist Riesling, der mehr als die Hälfte seiner Rebfläche einnimmt. Es folgen Grauburgunder, St. Laurent und Dornfelder. Dazu gibt es Sorten wie Ehrenfelser, Silvaner, Chardonnay, Gewürztraminer und Dakapo, inzwischen auch Merlot und Syrah. Die Rotweine werden mit den Rappen maischevergoren und dann gut ein Jahr im Barrique ausgebaut. Die Weine baut Hanno Rothweiler zu 90 Prozent trocken aus. Neben Weinen führt Hanno Rothweiler auch Obstbrände und Liköre im Programm.

Gleichmäßige 2006er Weißweine und überzeugende Rotweine, allen voran wie gewohnt die beiden Barriqueweine, Dornfelder und St. Laurent, prägten das Bild vor zwei Jahren. Im vergangenen Jahr gab es nur einen roten Barriquewein, dafür entschädigte der barriqueausgebaute Chardonnay, der uns in einer gleichmäßigen Kollektion besonders gut gefiel. In der aktuellen Kollektion sind die Rollen klar verteilt: St. Laurent entwickelt sich immer mehr zur Rothweilerschen Spezialität, die Weine besitzen Struktur und Kraft.

Weinbewertung

85 . . . 2008 St. Laurent trocken Auerbacher Fürstenlager
frisch, fruchtbetont, jugendlich, herrlich reintönig; frisch, zupackend, reintönige Frucht **9,50 €**

86 . . . 2008 St. Laurent trocken Alsbacher Schöntal
frisch, fruchtbetont, wunderschön reintönig; klar, frisch, zupackend, reife Frucht, gute Substanz **9,50 €**

87 . . . 2007 St. Laurent trocken Barrique Auerbacher Fürstenlager
konzentriert, reife Frucht, Gewürze, dominant; Substanz, reife Frucht, Kraft, gute Struktur **10,50 €/0,5l**

79 2008 Rothweilers Riesling trocken **5,80 €/1l**
80 2008 Riesling trocken Bensheimer Wolfsmagen **5,80 €/1l**
82 2008 Ehrenfelser trocken Auerbacher Rott **6,- €**
82 2008 Grauburgunder trocken Auerbacher Fürstenlager **7,- €**
82 2008 Riesling Kabinett trocken Auerbacher Fürstenlager **6,50 €**
80 2008 Pinot Grigio Kabinett trocken Heppenheimer Steinkopf **8,- €**
80 2008 Chardonnay trocken Auerbacher Fürstenlager **9,- €**
80 2008 Rotling Auerbacher Fürstenlager **6,50 €**
83 2008 Dakapo trocken Auerbacher Fürstenlager **9,50 €**

★★★★

Johann Ruck
Weingut

Franken

Marktplatz 19, 97346 Iphofen
Tel. 09323-800880, Fax: 09323-800888
www.ruckwein.de, www.triaswein.de
post@ruckwein.de
Besuchszeiten: Mo.-Fr. 9-12 + 13-18 Uhr, Sa. 10-15 Uhr, So. 10-12 Uhr

Inhaber .... Johann Ruck
Rebfläche .... 12,4 Hektar

Die Weinberge von Johann Ruck liegen in den Iphöfer Lagen Julius-Echter-Berg (3,5 Hektar), Kronsberg und Kalb, sowie in den Rödelseer Lagen Schwanleite und Küchenmeister. Silvaner ist mit einem Anteil von 30 Prozent die mit Abstand wichtigste Rebsorte bei Ruck. Es folgen Müller-Thurgau, Riesling und Grauburgunder, dann Scheurebe, Kerner und Domina. Anstelle des Kerners hat er mehr Spätburgunder gepflanzt. Er setzt dabei auf Spätburgunderklone aus Burgund. Sohn Johann jr. unterstützt seinen Vater heute im Betrieb und ist für den Keller verantwortlich. Die meisten Weine werden im Edelstahl vergoren und bleiben lange auf der Hefe.

Seit einem Jahrzehnt empfehlen wir die Ruckschen Weine, seit einem Jahrzehnt gehören sie zur fränkischen Spitzenklasse. In diesem Jahrzehnt aber hat sich viel getan im Hause Ruck, die Stilistik hat sich komplett verändert. Früher waren die Weine immer herrlich fruchtbetont und reintönig, saftig und zugänglich, heute sind sie wesentlich puristischer, weniger charmant, aber nicht weniger beeindruckend, ganz auf Haltbarkeit vinifiziert.

In der starken 2006er Kollektion favorisierten wir den Silvaner aus dem Julius-Echter-Berg und die Estheria genannte Scheurebe. Die letztjährige Kollektion gefiel uns nochmals besser: Die Basisweine waren wunderschön fruchtbetont und klar, die Lagenweine besaßen Fülle und Kraft. Unsere Favoriten in der starken Kollektion waren der Trias-Riesling aus dem Julius-Echter-Berg und der faszinierend puristische Grauburgunder aus der Schwanleite, Jahrgang 2005! Genauso puristisch ist auch sein Nachfolger aus dem Jahrgang 2006, wie überhaupt die gesamte Kollektion, auch Silvaner und Riesling aus dem Julius-Echter-Berg sind geprägt von diesem puristischen Stil, auch die Scheurebe: Eine ganz spannende Kollektion!

Weinbewertung

85 . . . 2008 Silvaner trocken
frisch, jugendlich, feine Würze; füllig, harmonisch, geradlinig, feiner Biss **7,50 €**

86 . . . 2008 Riesling trocken
würzig, klar, herrlich eindringlich; klar, geradlinig, jugendlich, kompakt **8,- €**

86 . . . 2008 Silvaner trocken Iphöfer Kalb
feine Würze und Frucht, dezent Birnen, herrlich reintönig, jugendlich; geradlinig, reintönige Frucht, feine Frische und Biss **9,50 €**
2003: 83; 2004: 82; 2005: 85; 2006: 84; 2007: 86.

88 . . . 2008 Riesling trocken Iphöfer Julius-Echter-Berg
konzentriert, jugendlich, zurückhaltende Frucht; füllig, stoffig, kraftvoll, viel Frucht und Substanz, jugendlich **12,50 €**

87 . . . 2008 Traminer trocken Iphöfer Julius-Echter-Berg
feiner Traminerduft, reintönig, etwas Rosen; füllig, harmonisch, viel reife Frucht, Substanz und Frische **12,- €**
2005: 86; 2006: 84; 2007: 87.

88 . . . 2008 „Estheria" trocken
gute Konzentration, herrlich eindringlich, verhalten Cassis; stoffig, kraftvoll, zupackend, dominant, jugendlich **15,- €**

90 . . . 2002 „Myophorium" Silvaner trocken
konzentriert, reife Frucht, eigenwillige Würze, etwas gelbe Früchte; stoffig, kraftvoll, herrlich puristisch, jugendlich, nachhaltig (kein aktueller Jahrgang)

89 . . . 2004 Silvaner Spätlese trocken „TRIAS" Iphöfer Julius-Echter-Berg
herrlich eindringlich, reife Frucht, feiner Duft; kraftvoll, stoffig, zupackend, herrlich jugendlich, nachhaltig (kein aktueller Jahrgang)

89 . . . 2008 Silvaner „GG" „TRIAS" Iphöfer Julius-Echter-Berg
gute Konzentration, feine Frische, herrlich reintönige Frucht, zurückhaltend, Birnen, weiße Früchte; kraftvoll, zupackend, klare Frucht, Biss, puristisch, jugendlich **20,- €**
1998: 87; 1999: 88; 2000: 90; 2001: 87; 2002: 86; 2003: 88; 2005: 87; 2006: 88; 2007: 87.

89 . . . 2008 Riesling „GG" „TRIAS" Iphöfer Julius-Echter-Berg
würzig, konzentriert, verhaltene Frucht, dominant; klar, geradlig, reife Frucht, etwas Pfirsiche, durchgängig, nachhaltig **21,- €**
1998: 86; 1999: 90; 2000: 90; 2001: 91; 2002: 89; 2003: 88; 2004: 89; 2005: 87; 2006: 87; 2007: 90.

89 . . . 2006 Grauburgunder trocken „alte Reben" „TRIAS" Rödelseer Schwanleite
konzentriert, eindringlich, dezent gelbe Früchte; klar, kraftvoll, viel Stoff, Substanz, puristisch und durchgängig, jugendlich **24,- €**
2005: 90.

87 . . . 2008 Rieslaner Spätlese Rödelseer Küchenmeister
würzig, eindringlich, Grapefruit, feiner Duft; füllig, stoffig, viel reife süße Frucht, Frische, Biss **12,50 €**
1999: 90; 2004: 89; 2005: 89; 2006: 85; 2007: 88.

89 . . . 2008 Rieslaner Beerenauslese Iphöfer Julius-Echter-Berg
würzig, konzentriert, ganz dezent Grapefruit; harmonisch, wunderschön reintönige Frucht, feine Frische **25,- €/0,375l**

★★

Rudloff

Weingut

Franken

Mainstraße 19, 97334 Nordheim
Tel. 09381-2130, Fax: 09381-2136
www.weingut-rudloff.de
info@weingut-rudloff.de
Besuchszeiten: Mo.-Sa. 9-19 Uhr, So. 10-14 Uhr und nach Vereinbarung
Probierstube, Ferienwohnungen.

Inhaber........................Dorothea Rudloff
Kellermeister......................Peter Rudloff
Rebfläche.............................4,5 Hektar

Seit Ende des 19. Jahrhunderts sind die Müllers Weinbauern in Nordheim. Das heutige Gut wurde 1980 von der jetzigen Inhaberin, Dorothea Rudloff, geb. Müller, erbaut. 1998 richtete man eine Probierstube und Ferienwohnungen ein. Seit 1990 ist Sohn Peter für den Weinausbau verantwortlich. Die Weinberge befinden sich in den Nordheimer Lagen Vögelein und Kreuzberg, sowie im Sommeracher Katzenkopf. 70 Prozent der Fläche nehmen weiße Reben ein, vor allem Müller-Thurgau und Silvaner, gefolgt von Weißburgunder und Bacchus. Zu Domina und Spätburgunder hat Peter Rudloff zuletzt Cabernet Dorio, Cabernet Dorsa und Zweigelt hinzugepflanzt. Das Programm ist in vier Linien unterteilt: Edle Rebe, Klassische Beere, Junge Triebe und Gute Traube. Die Weine werden gezügelt und langsam vergoren. Die Weine der einfachen Linien werden im Edelstahl ausgebaut. Die besten Weine, rot wie weiß, kommen ins Barrique, wobei Peter Rudloff darauf achtet, dass die Barriquenote nicht dominiert.

2006 war jahrgangsbedingt schwächer, aber die Silvaner Spätlese und die rote Cuvée, beide aus der Serie „Edle Rebe", trösteten darüber hinweg. In der starken letztjährigen Kollektion gefielen vor allem die kraftvollen, trockenen weißen Spätlesen und die rote Cuvée. 2008 nun sind die Basisweine sauber und frisch, aber etwas verhalten, die rote Cuvée führt eine recht gleichmäßige Kollektion an.

Weinbewertung

85 . . . 2008 Silvaner Spätlese trocken „Edle Rebe"
gute Konzentration, klare reife Frucht, Birnen; füllig, harmonisch, viel reife Frucht, Substanz **10,- €**
2002: **86**; 2003: **86**; 2004: **86**; 2005: **85**; 2006: **86**; 2007: **85**.

86 . . . 2007 „Cuvée Rot" trocken „Edle Rebe"
fruchtbetont, klar, gute Konzentration, Frische; frisch, zupackend, reife Frucht, gute Struktur **15,50 €**
2006: **87**.

80 2008 Silvaner Kabinett trocken „Junge Triebe" **4,90 €**
80 2008 Weißburgunder Kabinett trocken „Junge Triebe" **5,30 €**
80 2008 Silvaner Kabinett trocken „Klassische Beere" Nordheimer Vögelein **6,- €**
82 2008 Riesling Kabinett trocken „Klassische Beere" Sommeracher Katzenkopf **6,50 €**
81 2008 Gewürztraminer Kabinett trocken „Klassische Beere" Nordheimer Vögelein **6,50 €**
84 2008 Weißburgunder trocken „Edle Rebe" **11,- €**
82 2008 Gewürztraminer Spätlese trocken „Edle Rebe" **10,50 €**
84 2008 „Edle Rebe" Weißwein süß **18.- €**
81 2008 Rosé Kabinett trocken „Junge Triebe" **5,20 €**
81 2007 Domina trocken „Klassische Beere" **7,50 €**

★★

Klaus & Susanne **Rummel**

Weingut

Pfalz

Geißelgasse 36, 76829 Landau-Nußdorf
Tel. *06341-61972,* ***Fax****: 06341-960112*
www.rummel-biowein.de
rummel-biowein@t-online.de
Besuchszeiten*: nach Vereinbarung*

Inhaber .... Klaus Rummel
Rebfläche .... 12 Hektar

Der Vater von Klaus Rummel hat schon in den sechziger Jahren mit Begrünung begonnen, seit 1981 werden keine Herbizide mehr verwendet, 1987 wurden erste Rebflächen ökologisch bewirtschaftet, seit 1994 ist man Mitglied bei Ecovin. Wichtigste Rebsorten bei Klaus Rummel sind Regent, Riesling, Weißburgunder, Dornfelder, Kerner, Portugieser, Spätburgunder und Müller-Thurgau. Hinzu kommen eine Reihe von „Piwis", pilzwiderstandsfähigen Neuzüchtungen, die meist noch keinen Namen tragen, sondern nur mit Züchtungsnummer beim Bundessortenamt registriert sind. Diese nehmen zusammen 50 Prozent der Rebfläche ein, der Rotweinanteil liegt bei 60 Prozent. Das Weingut ist Demonstrationsbetrieb Ökologischer Landbau.

Vor zwei Jahren hatte Klaus Rummel eine starke Kollektion – und das im Jahr 2006 in der Pfalz! Mit der letztjährigen Kollektion bestätigte er den Eindruck des Vorjahres, vor allem die eine Variante des „1er" (Cabernet Blanc) gefiel uns sehr. In diesem Jahr nun stellen die „traditionellen" Rebsorten Riesling und Gewürztraminer unsere Favoriten.

Weinbewertung

86 . . . 2008 Riesling Spätlese trocken
gute Konzentration, klare reife Frucht, etwas gelbe Früchte, herrlich eindringlich; füllig, harmonisch, reife süße Frucht, Biss **5,80 €/0,5l**

86 . . . 2008 Gewürztraminer trocken
konzentriert, klare Frucht, Rosen, Gewürze; füllig, harmonisch, viel reife Frucht und Substanz **5,80 €/0,5l**

82 2008 „Ricardo" Perlwein **6,40 €**
81 2008 Riesling trocken **4,80 €**
81 2008 Weißburgunder trocken **4,80 €**
84 2008 „1er" Cabernet Blanc trocken **7,- €**
82 2008 Kerner Spätlese **5,60 €**
80 2007 „17er" Cabertin trocken **7,- €**
79 2008 „Rummel Rot" **5,- €**
82 2008 Regent trocken **5,- €**
80 2008 Pinotin trocken **7,- €**

★☆

Rumpel & Schömig

Weinbau

Franken

Obere Torstraße 3, 97273 Kürnach
Tel. *09367-3331;*
bzw. Versbacher Straße 13, 97222 Rimpar-Maidbronn
Tel. *09365-1644*
www.rumpel-schoemig.de
m.a.schoemig@web.de
Besuchszeiten*: nach Vereinbarung*

Inhaber .... Klemens Rumpel
.... Manfred Schömig
Rebfläche .... 2 Hektar

Klemens Rumpel ist als Außenbetriebsleiter des Bürgerspitals für den Würzburger Stein verantwortlich, Manfred Schömig ist Finanzbeamter. Gemeinsam bewirtschaften sie seit 1986 zwei Hektar Reben im Rimparer Kobersberg, von Anfang an nach ökologischen Gesichtspunkten. Sie sind Mitglied bei Naturland und beim Bund Fränkischer Ökowinzer, Klemens Rumpel ist Vorsitzender des Bundes Fränkischer Ökowinzer.

Beim guten Debüt im vergangenen Jahr überraschte uns das gute Gesamtniveau der allesamt sehr reintönigen Weine – und die verbraucherfreundlichen Preise. Domina und Silvaner gefielen uns besonders gut. Die fünf Weine, die wir auch in diesem Jahr wieder verkosten konnten, stellen die komplette Kollektion des Weinguts dar. Wie schon im vergangenen Jahr sind alle Weine wunderschön reintönig und fruchtbetont. Während der Silvaner knackig trocken ausgebaut ist, sind die anderen Weißweine von deutlicher Restsüße geprägt. Eine überzeugende, sehr gleichmäßige Kollektion – zu sehr moderaten Preisen.

Weinbewertung

85 . . . 2008 „Schnelzer Secco"
Müller-Thurgau; frisch, fruchtbetont, dezente Muskatnote; feine süße Frucht, gute Harmonie, Frische, Länge, süffig **5,- €**

85 . . . 2008 Silvaner trocken
frisch, klar, feine Frucht; klar, geradlinig, reintönig, jugendlich, feiner Biss und Länge **4,- €**

(86) . . . 2008 Domina trocken
fruchtbetont, reintönig, intensiv, jugendlich; kraftvoll, klar, fruchtbetont, jugendliche Tannine **7,- €**

84 2008 Müller-Thurgau **3,50 €**
83 2008 Rotling **4,- €**

Ruppert ★
Weingut

Franken

Obere Stadtmauer 15, 97762 Hammelburg
Tel. 09732-7374, Fax: 09732-7337
www.weingut-ruppert.com
kontakt@weingut-ruppert.com
Besuchszeiten: nach Vereinbarung

Inhaber . . . . Christiana Ruppert
Rebfläche . . . . 5 Hektar

1938 hat der damalige Besitzer Alfons Ruppert den ersten Wein in Bocksbeutel gefüllt. Neben weißen Sorten wie Müller-Thurgau, Silvaner, Bacchus und Optima wird Spätburgunder, Domina und Portugieser angebaut.

Vor zwei Jahren war die trockene Silvaner Spätlese unser Favorit, im vergangenen Jahr ragte die Optima Trockenbeerenauslese aus der ansonsten gleichmäßigen Kollektion hervor. Diese konnten wir in diesem Jahr nochmals verkosten, der Rest der Kollektion ist zwar sehr gleichmäßig, aber doch etwas einfach, die Preise sind moderat.

Weinbewertung

88 . . . 2007 Optima Trockenbeerenauslese Hammelburger Trautlestal
würzig, klar, etwas Zitrusfrüchte, Litschi, eindringlich; süß, dick, dominant, viel Substanz **32,- €/0,375l**

77 2008 Müller-Thurgau trocken Hammelburger Trautlestal **4,- €/1l**
78 2008 Silvaner trocken Hammelburger Trautlestal **4,60 €/1l**
78 2008 Bacchus trocken Hammelburger Heroldsberg **4,60 €/1l**
81 2008 Müller-Thurgau Kabinett trocken Hammelburger Trautlestal **4,30 €**
79 2008 Silvaner Kabinett trocken Hammelburger Heroldsberg **5,10 €**
78 2007 Silvaner Kabinett trocken **5,10 €**
79 2008 Bacchus halbtrocken Hammelburger Trautlestal **4,60 €/1l**
81 2008 Bacchus Kabinett halbtrocken Hammelburger Heroldsberg **5,10 €**
81 2008 Rotling halbtrocken Trautlestal **4,90 €**
82 2008 Domina trocken Trautlestal **6,50 €**
78 2007 Spätburgunder trocken Hammelburger Heroldsberg **6,90 €**

★★★

Schloss Saarstein
Weingut

Mosel

54455 Serrig
Tel. 06581-2324, Fax: 06581-6523
www.saarstein.de
schloss.saarstein@t-online.de
Besuchszeiten: nach Vereinbarung

Inhaber .... Christian Ebert
Rebfläche .... 11 Hektar

Das Weingut Schloss Saarstein wurde 1828 gegründet, nach dem Zweiten Weltkrieg übernahm die Familie Ebert das Anwesen. Andreas und Christian Ebert bauen hoch über Sperrig neben Riesling (97 Prozent) noch ein klein wenig Weißburgunder an, der als Pinot Blanc vermarktet wird, Die Lage „Serriger Schloss Saarsteiner" gehört ihnen in Alleinbesitz. Die Weine werden stark vorgeklärt und mit den eigenen Hefen vergoren, sie sind rassig und feingliedrig.

2006 konnte nicht ganz mit den Vorjahren mithalten, doch aus dem Jahrgang machte man das Bestmögliche. 2007 war ein weiterer Schritt nach vorn, die 2008er sind gelungen, allerdings fehlen aus verständlichen Gründen die edelsüßen Spitzen der Vorjahre.

Weinbewertung

86 . . . 2008 Riesling Kabinett Serriger Schloss Saarsteiner
duftig, feine Frucht, Cassis, Boskoop, Kräuter; saftig, feines Süße-Säure-Spiel, nachhaltig **9,50 €**

85 . . . 2008 Riesling Kabinett „feinherb" Serriger Schloss Saarsteiner
duftig, klare Frucht; würzig, saftig, sehr ausgewogen, hat Schmelz, rassige Säure **9,50 €**

89 . . . 2008 Riesling Spätlese Serriger Schloss Saarsteiner
sehr klar, duftig, Cassis, Ananas, getrockneter Apfel; feingliedrig, rassig, mineralisch, Substanz **13,50 €**

83 2008 Pinot Blanc **7,50 €**
83 2008 Riesling trocken Serriger Schloss Saarsteiner **7,50 €**
83 2008 Riesling Kabinett trocken Serriger Schloss Saarsteiner **9,50 €**

★☆

Salm-Dalberg'sches
Prinz zu, Weingut

Nahe

Schloss Wallhausen, 55595 Wallhausen
Tel. 06706-94440, Fax: 06706-944424
www.salm-salm.de
salm-dalberg@salm-salm.de
Besuchszeiten: Mo.-Fr. 8-12 + 13-17 Uhr

Inhaber .... Michael Prinz zu Salm-Salm
.... Constantin Prinz zu Salm-Salm
Rebfläche .... 12,5 Hektar

Unbestritten die Nummer Eins beim Salm-Dalberg'schen Weingut ist der Riesling, der etwa zwei Drittel der Rebfläche einnimmt. Daneben gibt es vor allem noch Spätburgunder, aber auch Grauburgunder, Weißburgunder und Silvaner. Michael Prinz zu Salm-Salm hat bereits 1989 mit der Umstellung auf ökologischen Weinbau begonnen, das Weingut ist seit 1995 zertifizierter Naturland-Betrieb. Mit Lagenbezeichnung werden bei Salm-Dalberg nur noch Rieslinge aus den Lagen Wallhäuser Johannisberg und Felseneck, sowie aus dem Roxheimer Berg vermarktet. Der Ausbau der Weine erfolgt in Holzfässern. Jeweils etwa ein Drittel der Weine wird trocken, halbtrocken und süß ausgebaut. Die Stärke des Weingutes sind die süßen/edelsüßen Rieslinge.

Große Gewächse gab es 2006 gleich zwei, dem Wein aus dem Johannisberg wurde ein Pendant aus dem Roxheimer Berg zur Seite gestellt. Die 2007er Weine waren etwas verhalten, 2008 gefällt uns das Große Gewächs aus dem Roxheimer Berg ein klein wenig besser als das aus dem Johannisberg.

Weinbewertung

87 . . . 2008 Riesling „GG" Roxheimer Berg
würzig, eindringlich, etwas Grapefruit, reife Frucht; füllig, kraftvoll, reife Frucht und gute Struktur

86 . . . 2008 Riesling „GG" Wallhäuser Johannisberg
frisch, duftig, dezent Limone und Orange; klar, frisch, zupackend, jugendlich

2003: **87**; 2004: **89**; 2005: **88**; 2006: **86**; 2007: **85**.

81 2008 „Der Salm" trocken
80 2008 Riesling trocken
84 2008 Riesling trocken „Grünschiefer"
80 2008 Riesling „feinherb"

★★★★☆

Salwey

Weingut

Baden

Hauptstraße 2, 79235 Oberrotweil/Kaiserstuhl
Tel. 07662-384, Fax: 07662-6340
www.salwey.de,
weingut@salwey.de
Besuchszeiten: Mo.-Sa. 8-12:30 + 14-18 Uhr

Inhaber .... Wolf-Dietrich Salwey
Kellermeister .... Konrad Salwey
Rebfläche .... 23 Hektar

Wolf-Dietrich Salwey hat 1964 den Rinzberghof im Glottertal gekauft, 1985 dann das elterliche Weingut in Oberrotweil übernommen. Seit 2002 ist sein Sohn Konrad für An- und Ausbau der Weine verantwortlich. Das Gros der Weinberge liegt in Oberrotweil am Kaiserstuhl, in den Lagen Käsleberg (Lössboden), Henkenberg und Eichberg (beide vulkanischen Ursprungs mit Asche und tuffhaltigem Gestein), sowie der kleinen Lage Kirchberg mit steinigen, felsigen Böden, die ihm zu etwa 80 Prozent gehört. In den Weinbergen im Glottertal, einem Schwarzwaldtal, wird an dessen Südwesthängen auf Gneisverwitterungsböden vor allem Spätburgunder angebaut. Spätburgunder und Grauburgunder sind mit Abstand die wichtigsten Rebsorten im Betrieb, hinzu kommt noch Weißburgunder, Riesling und Silvaner, sowie ein klein wenig Müller-Thurgau, Chardonnay, Auxerrois, Muskateller und Gewürztraminer. Seit dem Jahrgang 2008 gibt es aus den Lagen Oberrotweiler Käsleberg und Glottertäler Eichberg RS-Weine der Sorten Grauburgunder und Weißburgunder, dazu einen Spätburgunder Weißherbst. Im Oberrotweiler Kirchberg wurden 2009 die Weinberge wieder überwiegend in ihren Zustand vor der Terrassierung zurückversetzt, mit Hangneigungen bis zu 45 Prozent.

2006 machte im weißen Segment der Grauburgunder aus dem Henkenberg eine prächtige Figur, noch besser aber gefiel der Weißburgunder aus der gleichen Lage. 2007 hatten die Salweys gleich drei hervorragende große weiße Burgundergewächse – unsere leichte Präferenz galt dem Grauburgunder aus dem Eichberg. Der gefällt uns auch 2008 ganz hervorragend, wie auch der Weißburgunder Kirchberg, der Riesling steht ihnen kaum nach.

Aber nicht nur mit Weiß- und Grauburgunder sind Wolf-Dietrich und Konrad

Salwey Spitze in Deutschland, sondern auch mit ihren Spätburgundern. Beim 2005er Kirchberg irritierten allerdings ein wenig überreife und oxidative Noten, auch 2006 wirkte er zum Zeitpunkt der Verkostung etwas unharmonisch, besaß aber Fülle und Kraft. 2007 aber ist er klasse, führt eine ganz starke Spätburgunder-Riege an: Starke Kollektion!

Weinbewertung

86 . . . 2008 Weißburgunder Kabinett trocken
frisch, fruchtbetont, feine Würze, wunderschön reintönige Frucht; frisch, zupackend, feine süße Frucht **8,50 €**

86 . . . 2008 Grauburgunder Kabinett trocken
feine Würze, reintönige Frucht, Frische, etwas gelbe Früchte; klar, harmonisch, feine Frische, gute Länge **8,50 €**

87 . . . 2008 Weißburgunder und Chardonnay trocken
gute Konzentration, feine Würze und Frucht, herrlich eindringlich; füllig, harmonisch, kraftvoll, reife Frucht und gute Substanz **8,80 €**

88 . . . 2008 Weißburgunder „RS" trocken
Spätlese aus dem Oberrotweiler Käsleberg; gute Konzentration, klare reife Frucht, weiße Früchte, herrlich eindringlich; füllig, kraftvoll, gute Struktur und Substanz **13,80 €**

88 . . . 2008 Grauburgunder „RS" trocken
Spätlese aus dem Oberrotweiler Käsleberg; viel Konzentration, viel reife Frucht, herrlich eindringlich und dominant, gelbe Früchte; füllig, kraftvoll, gute Struktur, jugendlich **13,80 €**

89 . . . 2008 EICHBERG Riesling „GG" Glottertäler
konzentriert, eindringlich, faszinierend viel Frucht und Würze; füllig, stoffig, reife Frucht, Substanz, Biss, Nachhall **19,50 €**
2007: 88.

90 . . . 2008 KIRCHBERG Weißburgunder „GG"
gute Konzentration, reife Frucht, enorm fruchtbetont und eindringlich; füllig, stoffig, viel reife Frucht, gute Substanz, Kraft und Länge, Potenzial **23,85 €**
2002: 91; 2003: 90; 2004: 91; 2005: 91.

91 . . . 2008 EICHBERG* Grauburgunder „GG" Oberrottweiler**
gute Konzentration, klare reife Frucht, gelbe Früchte, herrlich eindringlich und reintönig; füllig, stoffig, reife Frucht, gute Konzentration, gute Substanz und Länge, Nachhall **23,85 €**
2001: 90; 2002: 90; 2003: 91; 2004: 90; 2005: 91; 2007: 91.

85 . . . 2008 Spätburgunder Weißherbst Kabinett trocken
fruchtbetont, frisch, feine Würze, herrlich reintönig; klar, frisch, zupackend, feine süße Frucht **7,50 €**

88 . . . 2008 Weißherbst „RS" trocken
Spätlese aus dem Glottertäler Eichberg; feine Würze und Frucht, konzentriert, herrlich eindringlich und reintönig; füllig, harmonisch, viel reife Frucht, Substanz und Frische **13,80 €**

85 . . . 2007 Spätburgunder trocken
frisch, reintönig, herrlich eindringlich; klar, harmonisch, feine Frische, gute Struktur **7,95 €**

86 . . . 2007 Spätburgunder trocken Oberrotweiler Käsleberg
frisch, fruchtbetont, reintönig, eindringlich; klar, frisch, elegant, feine Frucht und Biss **10,10 €**

88 . . . 2007 Spätburgunder trocken „RS"
gute Konzentration, reintönige Frucht, etwas rote Früchte, ganz dezent rauchige Noten; füllig, kraftvoll, klare reife Frucht, gute Substanz und Länge **19,- €**

90 . . . 2007 EICHBERG Spätburgunder „GG"
würzig, eindringlich, klare reife Frucht, gute Konzentration; füllig, kraftvoll, viel Substanz, reintönige Frucht, gute Struktur, jugendlich **29,50 €**

91 . . . 2007 KIRCHBERG* Spätburgunder „GG"**
würzig, eindringlich, viel reife Frucht, etwas florale Noten, Kräuter, reintönige Frucht; viel Konzentration und Kraft, Substanz, reife Frucht, gute Struktur, jugendliche Tannine **44,- €**
2000: 89; 2001: 90; 2002: 91; 2003: 90+; 2004: 91; 2005: 88; 2006: 87.

84	2008 Grauburgunder trocken	**6,50 €/1l**
83	2007 Spätburgunder trocken	**7,30 €/1l**

Sander ★★☆

Weingut

Rheinhessen

In den Weingärten 11, 67582 Mettenheim
Tel. 06242-1583, Fax: 06242-6589
www.weingut-sander.de
info@weingut-sander.de
Besuchszeiten: nach Vereinbarung

Inhaber .... Familie Sander
Rebfläche .... 23 Hektar

Bereits in den fünfziger Jahren hatte Otto Heinrich Sander konsequent auf chemische Mittel verzichtet und sich dem ökologischen Weinbau verschrieben, gilt allgemein als ältestes Bio-Weingut in Deutschland. Sohn Gerhard, der den Betrieb 1979 übernahm, und Enkel Stefan führen heute diese Arbeit fort, das Weingut wird biodynamisch bewirtschaftet, ist Mitglied bei Naturland und Demeter. An weißen Sorten, die 55 Prozent der Weinberge einnehmen, gibt es neben Riesling, Weißburgunder, Sauvignon Blanc, Müller-Thurgau, Kerner, Silvaner und Chardonnay. Auch bei den roten Sorten finden sich mit Merlot und Cabernet Sauvignon internationale Rebsorten neben Spätburgunder, Dornfelder, Portugieser und Schwarzriesling. Die Weine werden zu über 90 Prozent trocken ausgebaut.

Schon vor zehn Jahren waren wir angetan vom guten, gleichmäßigen Niveau der Sanderschen Kollektion. Seither hat immer jeder Wein überzeugt, in den letzten Jahren haben die Weine weiter an Komplexität und Nachhaltigkeit gewonnen.

2006 kam naturgemäß nicht ganz an die Vorgängerjahre heran, trotzdem überzeugten die Weine, allen voran der Chardonnay. Eine sehr homogene Kollektion stellte das Weingut im vergangenen Jahr vor, weiß wie rot. Die neue Kollektion ist ebenfalls ganz stark, besticht schon mit dem hohen Niveau der Basisweine. Die Spitzenweine sind kraftvoll und füllig, egal ob weiß oder rot, besitzten Substanz, Kraft und Länge.

Weinbewertung

85 ... 2008 Riesling Spätlese trocken Mettenheimer
gute Konzentration, reintönige Frucht, dezent Limone; kraftvoll, harmonisch, viel reife Frucht **8,40 €**

87 ... 2008 Riesling trocken Mettenheimer Michelsberg
gute Konzentration, faszinierend viel Frucht, feine Würze, etwas gelbe Früchte; füllig, harmonisch, viel Substanz, reintönige Frucht, gute Struktur **16,90 €**

86 ... 2008 Riesling Mettenheimer Schlossberg
gute Konzentration, etwas Limone, klare reife Frucht; füllig, harmonisch, viel reife Frucht, Substanz

85 ... 2008 Sauvignon Blanc trocken Mettenheimer
würzig, eindringlich, reintönige Frucht; füllig, harmonisch, kraftvoll, reintönige Frucht **8,40 €**

85 ... 2007 Cabernet Sauvignon trocken
würzig, etwas Cassis, Paprika; klar, kraftvoll, gute Struktur, jugendliche Tannine **9,90 €**

86 ... 2007 Dornfelder trocken Barrique
Gewürze, rote Früchte, eindringlich; füllig, harmonisch, viel reife Frucht, Substanz und Kraft **16,90 €**

86 ... 2007 Spätburgunder „von der Mulde" trocken Barrique
feine Würze, dezenter Toast, zurückhaltende Frucht; füllig, kraftvoll, viel reife Frucht, gute Struktur und Substanz **16,90 €**

86 ... 2008 Gewürztraminer Auslese Mettenheimer Schlossberg
reintönige Frucht, Rosen, gute Konzentration; füllig, reintönig, herrlich viel Frucht, Substanz und Länge **12,90 €/0,5l**

84 2008 Chardonnay trocken **8,40 €**
82 2008 Weißburgunder trocken Mettenheimer Michelsberg **11,50 €**
83 2008 Silvaner „Alte Reben" trocken **11,50 €**

Sankt Anna

★☆

Weinhof

Mosel

Brückenstraße 2, 54492 Erden
Tel. 06532-2354, Fax: 06532-94314
www.weinhofsanktanna.de
info@weinhofsanktanna.de
Besuchszeiten: täglich 10-20 Uhr
Gästezimmer

Inhaber .... Jürgen Schwaab
Rebfläche .... 4,2 Hektar

Der Weinhof St. Anna ist ein traditioneller Familienbetrieb, der auch Gästezimmer anbietet. Winzer Jürgen Schwaab baut in Lagen von Erden und Ürzig vor allem Riesling an, ergänzt um etwas Grauburgunder und Müller-Thurgau. Im Angebot sind immer auch edelsüße Weine aus reiferen Jahrgängen, bis in die frühen 1990er zurück.

Die 2006er waren gelungen, die 2007er zeigten sich kraftvoll und würzig. Auch die 2008er sind gelungen, die Auslese aus dem Jahrgang 2006 präsentiert sich in ausgezeichnetem Zustand: Ein Paradebeispiel für einen saftigen, mit sauberer Botrytis gewonnenen Süßwein aus diesem schwierigen Jahrgang.

Weinbewertung

86 ... 2008 Riesling Spätlese* „Alte Reben" Ürziger Würzgarten**
eher kühle Frucht, Steinobst, etwas Apfel; saftig, würzig, rassige Säure **6,- €**

86 ... 2008 Riesling Spätlese* Erdener Treppchen**
sehr feine Frucht, klar; würzig, saftig, hat Substanz, guter Nachhall **6,50 €**

90 ... 2006 Riesling Beerenauslese Erdener Treppchen
reintönige Frucht, etwas Zitrusschale, Kräuter; saftig, rassige Säure, mit Zukunft **19,- €/0,375l**

80 2008 Riesling Kabinett trocken Erdener Treppchen **4,50 €**

82 2008 Riesling Spätlese trocken Erdener Treppchen **6,50 €**

St. Annaberg

★★☆

Weingut

Pfalz

St. Annagut, 76835 Burrweiler
Tel. 06345-3258, Fax: 06345-918140
www.sankt-annaberg.de
lergenmueller@t-online.de
Besuchszeiten: nach Voranmeldung
Gutsschänke (geöffnet Mi.-Fr. ab 15 Uhr, Sa./So. ab 12 Uhr)
Gästezimmer

Inhaber .... Familie Lergenmüller
Rebfläche .... 7,5 Hektar

Die Weinberge vom Weingut St. Annaberg, dem den eigenen Angaben zufolge höchstgelegenen Weingut der Pfalz, sind arrondiert in der Monopollage St. Annaberg, drei Hektar davon sind Terrassenlagen. Das Gut wurde 1998 von der Familie Lergenmüller (siehe Weingut Lergenmüller) übernommen, wird aber als eigenständiges Gut weitergeführt. Neben Riesling gibt es etwas Gewürztraminer, Gelben Muskateller und Spätburgunder.

Die letztjährige Kollektion war etwas verhalten, überzeugte aber mit homogenem, gutem Niveau. 2008 warten die Lergenmüllers mit zwei kraftvollen, zupackenden Rieslingen auf, wobei uns der aus der Hölle ein klein wenig mehr beeindruckte als der aus dem Schäwer.

Weinbewertung

87 . . . 2008 Riesling trocken Burrweiler Schäwer
gute Konzentration, faszinierend viel Frucht, mineralische Noten, würzig, herrlich reintönig; füllig, stoffig, zupackend, reintönige Frucht, viel Substanz **17,- €**
2002: 90; 2004: 88; 2005: 88; 2007: 86.

88 . . . 2008 Riesling trocken Gleisweiler Hölle
würzig, konzentriert, herrlich viel reife Frucht, feine mineralische Noten; füllig, kraftvoll, reife Frucht, gute Substanz und Länge **16,- €**

85 . . . 2008 „Rosenweg" Gewürztraminer
herrlich reintönige Frucht, Rosen; frisch, zupackend, reintönige Frucht **9,40 €**

83 2008 „Die Terrassen" Riesling trocken **8,90 €**
83 2008 Gelber Muskateller „feinherb" **9,80 €**

★★

Sankt Annagarten

Weingut

Württemberg

St. Annagärten 1, 71717 Beilstein
Tel. 07062-3166, Fax: 07062-22851
www.sankt-annagarten.de
info@sankt-annagarten.de
Besuchszeiten: Mo.-Fr. 9-12 + 13:30-19 Uhr,
Sa. 9-15 Uhr

Inhaber . . . Hans und Renate Wiedenmann GbR
Rebfläche . . . . 10,5 Hektar

Die Weinberge von Hans und Renate Wiedenmann liegen am Beilsteiner Wartberg, die Böden hier sind vom Keuper geprägt. Trollinger und Riesling sind die wichtigsten Rebsorten, gefolgt von Schwarzriesling, Lemberger, Samtrot und Grauburgunder, zuletzt neu gepflanzt wurden Spätburgunder und Sauvignon Blanc. Nach Stationen in Geisenheim, Südafrika und Siebeldingen (Rebholz) ist Sohn Marcel seit 2007 offiziell im Weingut tätig. In Zukunft soll die Lage Beilsteiner Wartberg stärker in den Vordergrund gerückt werden. Marcel Wiedenmann vermarktet seine Lieblingsweine in der Linie „Generation".

Vor zwei Jahren war die Kollektion sehr gleichmäßig, die Stärken lagen im roten Segment. Eine vergleichbare, ebenfalls gleichmäßige Kollektion präsentierte das Weingut im vergangenen Jahr, erneut gefiel uns die Cabernetcuvée besonders gut. Auch in der neuen, überzeugenden Kollektion liegen die Vorteile ganz leicht im roten Segment, die Spitzenweine besitzen Struktur und Kraft. Im Auge behalten!

Weinbewertung

86 . . . 2007 Riesling Auslese trocken „Generation" Beilsteiner Wartberg
viel Konzentration, reife Frucht, herrlich eindringlich und dominant; füllig, stoffig, reife Frucht, Substanz **12,80 €**

87 . . . 2008 Riesling Eiswein „Generation" Beilsteiner Wartberg
viel Konzentration, eingelegte süße Aprikosen, feiner Duft, Frische; süß, konzentriert, dick, süße Zitrusfrüchte **18,50 €/0,375l**

86 . . . 2007 „Sankt Anna" (Blaukapsel) Lemberger Auslese trocken Beilsteiner Wartberg
feine Würze, klare reife Frucht, rote Früchte; füllig, harmonisch, viel reife Frucht, Substanz, etwas Vanille **12,80 €**

86 . . . 2006 „Sankt Anna Cuvée Selbdritt" Rotwein trocken Barrique Beilsteiner Wartberg
Lemberger, Spätburgunder und Cabernet Cubin, zwei Jahre Barriqueausbau; gute Konzentration, reife Frucht, feiner Toast, rote Früchte, Vanille; füllig, harmonisch, viel reife Frucht, Substanz, Vanille, jugendliche Tannine **19,90 €**

87 . . . 2006 Spätburgunder Auslese trocken „Generation" Beilsteiner Wartberg
gute Konzentration, Gewürze und Toast, reife Frucht;

füllig, kraftvoll, reife Frucht, gute Struktur, jugendliche Tannine **25,- €**

---

82 2008 Riesling Kabinett trocken Beilsteiner Wartberg **5,60 €**
83 2008 Grauburgunder Spätlese trocken „Gipskeuper" Beilsteiner Wartberg **6,90 €**
84 2008 Riesling Spätlese trocken „Kieselsandstein" Beilsteiner Wartberg **9,50 €**
84 2008 Sauvignon Blanc Spätlese trocken „Generation" Beilsteiner Wartberg **12,80 €**
81 2008 Trollinger trocken „Alte Rebe" Beilsteiner Wartberg **5,- €**
83 2008 Lemberger Spätlese trocken Beilsteiner Wartberg **9,50 €**
80 2008 Lemberger trocken Beilsteiner Wartberg **6,20 €**

★★★★

St. Antony

Weingut

Rheinhessen

Wilhelmstraße 4, 55283 Nierstein
Tel. 06133-50911-0, Fax: 06133-50911-299
www.st-antony.de
info@st-antony.de
Besuchszeiten: Mo.-Fr. 8-18 Uhr, Sa. 10-15 Uhr

Inhaber .... Detlev Meyer
Geschäftsführer .... Felix Peters
Rebfläche .... 26,5 Hektar

Das 1920 auf einem Gelände der MAN-Vorgängerfirma GHH gegründete Weingut wurde 2005 von der MAN AG an Detlev Meyer verkauft. Durch Weinbergskauf und Tausch liegt nun drei Viertel der Rebfläche direkt im Roten Hang. Dort besitzt das Weingut größere Anteile an den Lagen Orbel, Oelberg, Hipping und Pettenthal. Wichtigste Rebsorte ist Riesling, der gut drei Viertel der Fläche einnimmt. Dazu gib es etwas Spätburgunder, Weißburgunder, Dornfelder und ein klein wenig Silvaner. Die Weine werden überwiegend trocken ausgebaut.

Konsistent auf hohem Niveau präsentierte sich der Jahrgang 2006, in dem wir die Weine aus Orbel und Ölberg leicht favorisierten. Ganz stark war auch die letztjährige Kollektion, angefangen von Rotschiefer und „Bodenschatz" bis hin zu den kraftvollen Großen Gewächsen. Auch die neue Kollektion überzeugt, angeführt einmal mehr von den noch sehr jugendlichen Großen Gewächsen.

Weinbewertung

86 . . . 2008 Riesling trocken „Bodenschatz"
gute Konzentration, viel reife Frucht, herrlich eindringlich; weich, füllig, reife Frucht und Substanz **7,50 €**

86 . . . 2008 Riesling trocken „Rotschiefer"
gute Konzentration, reife reintönige Frucht, herrlich eindringlich; frisch, geradlinig, feine Frucht und Biss **9,80 €**
2005: 88; 2006: 87; 2007: 86.

89 . . . 2008 Riesling „GG" Orbel
würzig, eindringlich, reife Frucht, dominant; stoffig, kraftvoll, klar, reife Frucht, viel Biss, jugendlich **15,- €**
2002: 90; 2003: 92; 2004: 91; 2005: 89; 2006: 90; 2007: 89.

88 . . . 2008 Riesling „GG" Oelberg
viel reife Frucht, etwas Grapefruit, gelbe Früchte, dominant; weich, füllig, stoffig, viel Biss und Würze, unruhig **22,- €**
2004: 89; 2005: 91; 2006: 90; 2007: 90.

88 . . . 2008 Riesling „GG" Pettenthal
viel Konzentration, reife Frucht, etwas Zitrus, Mandarinen; füllig, viel reife Frucht, gute Substanz, Länge **25,- €**
2002: 91; 2003: 91; 2004: 90+; 2005: 92; 2006: 89; 2007: 90.

---

83 2008 Weißburgunder trocken **7,50 €**

★☆

Abtei St. Hildegard

Klosterweingut

Rheingau

Klosterweg 1, 65385 Rüdesheim
Tel. 06722-499130, Fax: 06722-499185
www.abtei-st-hildegard.de
weingut@abtei-st-hildegard.de
Besuchszeiten: Mo.-Sa. 9.30-11:45 + 14-17 Uhr
(außer an kirchlichen Feiertagen)

Inhaber .... Abtei St. Hildegard
Rebfläche .... 6,5 Hektar

Die Tradition des Weinbaus reicht zurück bis in die Zeit der Gründung der Abtei im 12. Jahrhundert. Die Weinberge liegen meist rings um die Abtei in Lagen, von der sie teilweise ihren Namen haben, wie Klosterberg oder Klosterlay. 82 Prozent der Rebfläche nimmt Riesling ein, die restlichen 18 Prozent Spätburgunder. Die Weine werden, mit Ausnahme der roten Varianten, reduktiv im Stahltank ausgebaut und zeigen sich frisch und zugänglich.

Die 2006er fielen, gemessen am problematischen Jahrgang, tadellos aus. 2007 überzeugte, die 2008er sind klar und frisch, wirken aber teilweise etwas verhalten.

Weinbewertung

85 ... 2008 Riesling Spätlese „Hildegardis Scivias"
sehr frisch, Zitrus, Kräuter, Apfel, leichte Kräuternote; zarte Süße, viel Frucht, hat Biss **9,50 €**

80 2008 Riesling trocken **8,- €**
84 2008 Riesling Spätlese trocken „Domus Domini" **9,50 €**
82 2008 Riesling Spätlese halbtrocken „Mons Sanctus" **8,50 €**
80 2008 Riesling Classic **8,50 €**
79 2008 Riesling „feinherb Angelus" **8,80 €**

★★

St. Nikolaus-Hof

Weingut

Mosel

Mühlenstraße 44, 54340 Leiwen
Tel. 06507-8107, Fax: 06507-802821
www.nikolaushof.de
klausschweicher@t-online.de
Besuchszeiten: nach Vereinbarung
Weinprobierstube (10 Personen)

Inhaber .... Klaus und Annegret Schweicher
Rebfläche .... 7 Hektar

Der Vater von Klaus Schweicher hatte den Betrieb bis in die achtziger Jahre als reinen Fassweinbetrieb geführt und dann nach und nach begonnen, Weine auch über die Flasche zu verkaufen. Im Jahr 2000 hat Klaus Schweicher den Betrieb übernommen und setzt seither konsequent auf Ertragsbeschränkung und Qualität. Durch Zukauf hat er seine Fläche in der Leiwener Spitzenlage Laurentiuslay vergrößert, wo er Querterrassen angelegt und einen Hektar neu bepflanzt hat. Daneben besitzt er unter anderem auch Weinberge im Wintricher Ohligsberg und in der Trittenheimer Apotheke. Neben Riesling (90 Prozent) werden Rivaner, Spät- und Weißburgunder angebaut. Die eleganten, feingliedrigen Weine bewahren diesen Stil unabhängig vom Jahrgang.

Selbst 2006 gelangen ausgezeichnete Weine, und auch 2007 hatten die Rieslinge Substanz. An den 2008ern beeindruckt die Gleichmäßigkeit, an der Spitze steht ein reintöniger Eiswein.

Weinbewertung

86 ... 2008 Riesling Spätlese Leiwener Laurentiuslay
etwas verhalten, sehr jugendlich; Zitrus, rassig, feines

Süße-Säure-Spiel **7,50 €**

85 . . . 2008 Riesling Spätlese halbtrocken Wintricher Ohligsberg
reife Frucht, etwas Pfirsichschale, Hauch Honig; recht füllig, hat Substanz, Schmelz, gute Länge, eigenwillig **7,50 €**

88 . . . 2008 Riesling Eiswein Leiwener Klostergarten
sehr reintönig, feine Frucht, Blütenhonig; reife Säure, elegant, hervorragend balanciert **30,- €/0,375l**

---

83 2008 Riesling trocken Hochgewächs **5,50 €**
82 2008 Gutsriesling **6,- €**
83 2008 Riesling Hochgewächs halbtrocken **5,50 €**
84 2008 Riesling Hochgewächs **5,50 €**
84 2008 Riesling Spätlese Trittenheimer Apotheke **7,50 €**

★★

St. Remigius

Weingut

Baden

Rittgasse 17, 79291 Merdingen
Tel. 07668-5718, Fax: 07668-7252
st.remigius@web.de
www.weingut-st-remigius.de
Besuchszeiten: nach Vereinbarung
Weinproben mit Vesper (bis 35 Personen)

Inhaber ...... Edgar Bärmann und Conrad Isele
Rebfläche .... 6,6 Hektar

Das Weingut St. Remigius wurde 1988 von Edgar Bärmann und Conrad Isele gegründet. Neben Weinbergen am Tuniberg in der Lage Merdinger Bühl besitzen sie auch Weinberge am Kaiserstuhl, und zwar in der Lage Achkarrer Schlossberg. Gut die Hälfte der Rebfläche nimmt Spätburgunder ein. Es folgen Grau- und Weißburgunder. Dazu gibt es etwas Chardonnay, Müller-Thurgau, Riesling, Sauvignon Blanc und andere Versuchssorten. Die Weine werden überwiegend trocken ausgebaut. Nicht nur Spätburgunder, sondern auch Chardonnay und Weißburgunder kommen ins Barrique. Neben Weinbau besitzen Edgar Bärmann und Conrad Isele eineinhalb Hektar mit Kern- und Steinobst, deren Ertrag in der hauseigenen Brennerei verwertet wird.

Vor zwei Jahren gefiel uns die Kollektion gut, allen voran der Chardonnay. In der homogenen Kollektion des vergangenen Jahres überzeugten vor allem der Sauvignon Blanc und der barriqueausgebaute Spätburgunder. In diesem Jahr nun ist die Spätburgunder Auslese aus dem Schlossberg unser eindeutiger Favorit in einer ansonsten gleichmäßigen Kollektion.

Weinbewertung

86 . . . 2007 Spätburgunder Auslese trocken Achkarrer Schlossberg
etwas rauchige Noten, reintönige reife Frucht; füllig, harmonisch, klare Frucht, gute Struktur und Frische **15,- €**

---

80 2008 Weißburgunder Kabinett trocken Merdinger Bühl **5,90 €**
81 2008 Grauburgunder Spätlese trocken Achkarrer Schlossberg **7,50 €**
82 2008 Chardonnay Spätlese trocken Achkarrer Schlossberg **11,60 €**
82 2008 Blanc de Noirs trocken **5,90 €**
83 2007 Spätburgunder trocken „SR" Merdinger Bühl **10,40 €**
82 2007 Spätburgunder Auslese trocken Merdinger Bühl **15,- €**

★★★★

Sankt Urbans-Hof

Weingut

Mosel

Urbanusstraße 16, 54340 Leiwen
Tel. 06507-93770, Fax: 06507-937730
www.urbans-hof.com
info@urbans-hof.com
Besuchszeiten: Mo.-Fr. 9-17 Uhr, Sa. 9-15 Uhr nach Vereinbarung, So. geschlossen
Landhaus St. Urban (Büdlicherbrück/Naurath)

Inhaber.................................Nik Weis
Rebfläche.............................35 Hektar

Der Sankt Urbans-Hof wurde 1947 auf einer Anhöhe bei Leiwen von Nicolaus Weis erbaut und wird heute in dritter Generation von seinem Enkel Nik Weis geführt. Riesling spielt die dominierende Rolle. Ungewöhnlich ist die Verteilung der Parzellen: Neben Weinbergen an der mittleren Mosel (zum Beispiel in den Lagen Leiwener Laurentiuslay und Piesporter Goldtröpfchen) besitzt Nik Weis auch Weinberge an der Saar (Ockfener Bockstein, Wiltinger Schlangengraben, Saarfeilser). Die Trauben werden aber alle in Leiwen gekeltert, ausgebaut und abgefüllt. Die Weine werden teils im Edelstahl, teils im Holzfass ausgebaut. Typisch für die Rieslinge aus dem Sankt Urbans-Hof ist die Spontanvergärung. In manchen Jahren führte diese zu unverkennbaren, in der Jugend manchmal gewöhnungsbedürftigen Aromen. Seit einiger Zeit sind diese Noten allerdings auch bei den Jungweinen nicht mehr so dominant.

2006 fiel etwas schwieriger aus, die 2007er überzeugten anschließen mit klarer Frucht. Die 2008er sind straff gewirkt und rassig. Besonders eindrucksvoll: Die Versteigerungsspätlese aus dem Goldtröpfchen, die enorm saftigen Kabinette oder die Beerenauslese.

Weinbewertung

87 . . . 2008 Riesling Kabinett „feinherb" Wiltinger
klare Frucht, leicht cremig-würzig, Stachelbeere; saftig stoffig, feine Frucht, Schmelz **8,- €**

87 . . . 2008 Riesling Spätlese „feinherb" Saarfeilser
feine Frucht, leichte Kräuternoten, etwas Stachelbeere; würzig, stoffig, feine Frucht, sehr saftig **15,- €**

87 . . . 2008 Riesling Spätlese „feinherb" Mehringer
leichte Kräuternoten, deutlich unruhig; würzig, stoffig, gute Struktur, wirkt fast trocken **15,- €**

89 . . . 2008 Riesling Spätlese „feinherb" Leiwener Laurentiuslay
reife Frucht, noch etwas hefebetont, Steinobst; sehr saftig, viel Würze, zeigt Schmelz und Struktur **36,- €**

87 . . . 2008 Riesling Kabinett Ockfener Bockstein
sehr feine Frucht, duftig, leichte Hefenote; würzig, rassig, rassige Säure, Biss **10,- €**

88 . . . 2008 Riesling Kabinett Piesporter Goldtröpfchen
eindringliche Frucht, leichte Hefenote, Pfirsich; straff, würzig, rassige Säure, guter Nachhall **12,- €**

87 . . . 2008 Riesling Spätlese Ockfener Bockstein
etwas verhalten, Kräuter; würzig, saftig, viel Frucht, gute Länge **18,- €**

87 . . . 2008 Riesling Spätlese Saarfeilser
leicht unruhig, Kräuter, Stachelbeeren; viel würze, saftig, zurückhaltende Süße, Substanz **15,- €**

88 . . . 2008 Riesling Spätlese Piesporter Goldtröpfchen
reife Frucht, Hefenoten, Steinobst; saftig, rassige Säure, fast cremige Frucht, feiner Nachhall **18,- €**

91 . . . 2008 Riesling Spätlese Piesporter Goldtröpfchen
herrlich reife Frucht, Steinobst, leichte Hefenoten; saftig, eher zurückhaltende Süße, viel Substanz (Versteigerungswein)

89 . . . 2008 Riesling Auslese Piesporter Goldtröpfchen
reif, duftig, etwas Stachelbeeren, Mirabellen; würzig, rassiger Stil, sehr animierend **26,- €**

90+? . . . 2008 Riesling Eiswein Ockfener Bockstein
zarte Frucht, leichte Kräuternote, etwas verdeckt; würzig, rassig, Sudstanz, zarte Süße, wirkt etwas unzugänglich, abwarten **40,- €/0,375l**
94 . . . 2008 Riesling Beerenauslese Leiwener Laurentiuslay
absolut reintönige Frucht, Pfirsich, Mirabellen, etwas Kräuter; straff, saftig, reife Frucht, cremige Süße, langer Nachhall **150,- €/0,375l**

81 2008 Riesling trocken **6,50 €**
83 2008 Riesling **6,50 €**

★★★☆

Heiner Sauer
Weingut

Pfalz

Hauptstraße 44, 76833 Böchingen
Tel. 06341-61175, Fax: 06341-64380
www.weingut-sauer.com
info@weingut-sauer.com
Besuchszeiten: Mo.-Sa. nach Vereinbarung

Inhaber .... Heiner Sauer
Rebfläche .... 19 Hektar

Die Familie von Heiner Sauer hat lange schon Weinbau betrieben, das Weingut in seiner jetzigen Form existiert aber erst seit 1987. Von Anfang an hat Heiner Sauer nach biologischen Grundsätzen gearbeitet und sich dem Bioland-Verband angeschlossen. Riesling und Weißburgunder sind seine wichtigsten Weißweinsorten, Spätburgunder und St. Laurent die wichtigsten Rotweinsorten. Bemerkenswert sind auch die Weine, die Heiner Sauer seit 1998 von seinem ebenfalls ökologisch bewirtschafteten Weingut Bodegas Palmera in Utiel-Requeña in Südspanien erzeugt.

Seit einem Jahrzehnt nun kennen wir die Weine von Heiner Sauer, seit einem Jahrzehnt bestechen die Kollektionen mit ihrer Qualität, kein Wein enttäuscht, alle Weine sind wunderschön reintönig und frisch: Bioweine auf sehr hohem Niveau!

Die 2006er Weißweine waren jahrgangsbedingt ein klein wenig schwächer, besaßen aber Frische und klare Frucht. Sehr homogen präsentierte sich die letztjährige Kollektion mit gewohnt reintönigen, frischen Weißweinen, von denen uns einmal mehr der Riesling Steinreich besonders gut gefiel. 2008 haben wir im weißen Segment einen anderen Favoriten, den Weißburgunder aus dem Münzberg. Starke Konkurrenz erwächst ihm aber im roten Bereich durch den kraftvollen barriqueausgebauten Spätburgunder. Zusammen führen sie eine starke, überzeugende Kollektion mit wunderschön reintönigen Weinen an.

Weinbewertung

86 . . . 2008 Sauvignon Blanc trocken
würzig, eindringlich, reife Frucht, gute Konzentration; füllig, stoffig, feine Frische, klare Frucht **7,50 €**
85 . . . 2008 Grauburgunder Kabinett trocken
frisch, fruchtbetont, wunderschön reintönig; frisch, zupackend, reintönige Frucht **6,- €**
85 . . . 2008 Riesling Kabinett trocken „Zinkler"
würzig, klar, etwas Limone, herrlich eindringlich; klar, kraftvoll, geradlinig, reife Frucht **6,70 €**
85 . . . 2008 Riesling Kabinett trocken Burrweiler Schäwer
würzig, eindringlich, klare reife Frucht; kraftvoll, klar, zupackend, feiner Biss **6,70 €**
2001: **86**; 2002: **84**; 2003: **85**; 2004: **87**; 2005: **85**; 2006: **86**; 2007: **86**.
87 . . . 2008 Riesling Spätlese trocken „Steinreich"
viel Konzentration, würzig-mineralische Noten, reife Frucht; füllig, stoffig, reife Frucht, gute Struktur und Substanz **10,- €**
2003: **86**; 2004: **89**; 2005: **88**; 2006: **86**; 2007: **88**.

88 . . . 2008 Weißburgunder Spätlese trocken Godramsteiner Münzberg
gute Konzentration, reife Frucht, herrlich eindringlich und reintönig; füllig, stoffig, viel reife Frucht, Substanz und Länge **9,- €**
1999: 87; 2000: 87; 2001: 88; 2002: 87; 2003: 87; 2004: 90; 2005: 88; 2006: 86; 2007: 86.

86 . . . 2008 Grauburgunder Spätlese trocken Nußdorfer Herrenberg
gute Konzentration, reintönige Frucht, etwas gelbe Früchte; weich, füllig, harmonisch, reife süße Frucht **8,50 €**

87 . . . 2008 Gewürztraminer Spätlese trocken Nußdorfer Herrenberg
feine Würze, gute Konzentration, herrlich reintönige Frucht; weich, füllig, harmonisch, reintönige Frucht, gute Substanz und Frische **9,- €**

86 . . . 2008 Gewürztraminer Spätlese Nußdorfer Herrenberg
reintönige Frucht, Rosen, Gewürze, herrlich eindringlich; füllig, harmonisch, viel reife süße Frucht, gute Struktur und Länge **9,- €**

86 . . . 2007 St. Laurent trocken Barrique Böchinger Rosenkranz
Gewürznoten, gute Konzentration, reife Frucht; füllig, harmonisch, kraftvoll, reife Frucht, gute Struktur, Frische und Biss, jugendliche Bitternote **13,50 €**

89 . . . 2007 Spätburgunder trocken Barrique Nußdorfer Herrenberg
gute Konzentration, reintönige Frucht, rauchige Noten, etwas Gewürze im Hintergrund, herrlich eindringlich; frisch und füllig, klar und konzentriert, gute Struktur, feine Länge **17,50 €**

---

84 2008 Weißburgunder Kabinett trocken **6,- €**
82 2008 Chardonnay Kabinett trocken **6,- €**
84 2008 Riesling Kabinett trocken Gleisweiler Hölle **6,30 €**

★★★★★

Horst Sauer
Weingut

Franken

Bocksbeutelstraße 14, 97332 Escherndorf
Tel. 09381-4364, Fax: 09381-6843
www.weingut-horst-sauer.de
mail@weingut-horst-sauer.de
Besuchszeiten: Mo.-Fr. 9-12 + 13-18 Uhr, Sa. 11-17 Uhr

Inhaber .... Magdalena und Horst Sauer
Rebfläche .... 15,1 Hektar

Seit Mitte der achtziger Jahre hat Horst Sauer seinen Betrieb kontinuierlich auf die heutige Größe ausgedehnt. Seine Weinberge liegen in den Escherndorfer Lagen Lump und Fürstenberg. Silvaner nimmt inzwischen fast 40 Prozent der Fläche ein, ein Viertel ist mit Müller-Thurgau bestockt, 15 Prozent mit Riesling. Dazu gibt es etwas Bacchus, Scheurebe, Weißburgunder, Spätburgunder und Domina. Seit 2005 werden Magdalena und Horst Sauer im Betrieb von Tochter Sandra unterstützt. Sandra Sauer kümmert sich um die Burgunder (in Weinberg und Keller), Horst Sauer um die edelsüßen Weine, um das sonstige Sortiment kümmern sie sich gemeinsam.

Seit unserer ersten Ausgabe haben wir Horst Sauer mit unserer Höchstnote bedacht, und in diesem ganzen Jahrzehnt kam uns nie der leiseste Zweifel, ob diese Höchstbewertung denn gerechtfertigt sei. Schon damals waren wir begeistert von seinen edelsüßen Weinen, genauso begeistert aber auch vom hohen Niveau seiner Basisweine. Niemand macht Jahr für Jahr so schönen Müller-Thurgau, so schönen Silvaner Kabinett.

Aufmerksamkeit erregt man mit Müller-Thurgau nicht, und ist er noch so gut. In Deutschland ist Riesling gefragt, in Franken der Silvaner. Und Horst Sauer beherrscht beide Rebsorten, von der Basis bis zur Spitze, vom Kabinett bis hin zu den Großen Gewächsen. 2006 überzeugten Riesling und Silvaner gleichermaßen in einer starken Kollektion. Auch 2007 zeigte die Kollektion die gewohnte Zuverlässigkeit auf höchstem Niveau: Was für tolle Müller-Thurgau, was für reintönige Silvaner, was für füllige Franken-Rieslinge! Unsere leichte Präferenz galt im vergangenen Jahr dem Silvaner, dem Großen Gewächs aus dem Lump. 2008 gefällt uns nochmals ein wenig besser, die Weine haben an Präzision und Nachhaltigkeit gewonnen. Die Großen Gewächse vor allem, Riesling wie Silvaner. Qualitäts- und Kabinettweine glänzen wie gewohnt – auch Müller-Thurgau! – mit ihrer Reintönigkeit, die Spätlesen bieten ein Mehr an Fülle und Kraft, die Großen Gewächse mit dem Jahrgang 2008 die klare weitere Steigerung. Und mit Weiß- und Spätburgunder ist Sandra Sauer mit dem neuen Jahrgang ebenfalls einen Schritt vorangekommen.

In den neunziger Jahren hatte Horst Sauer dann seine Passion für edelsüße Weine entdeckt. Jahr für Jahr erzeugt er aus Riesling und Silvaner edelsüße Weine, die zu den Besten in Deutschland gehören. Kaum ein anderer Winzer in Deutschland erzeugt in dieser Zuverlässigkeit und Menge edelsüße Weine auf solch hohem Niveau. Sicherlich, hervorragende edelsüße Rieslinge findet man viele, wenn auch nicht in Franken. Aber kein Anderer macht in dieser Konstanz edelsüße Weine vom Silvaner. Ob Auslese oder Beerenauslese, Trockenbeerenauslese oder Eiswein, immer wieder betören die edelsüßen Silvaner von Horst Sauer. Ja, würde es Horst Sauer nicht geben, würde man ja gar nicht wissen, wie großartig edelsüßer Silvaner sein kann. 2006 hatte er grandiose edelsüße Silvaner, 2007 gefiel uns noch besser, 2008 nun ist schon die Auslese hervorragend, on Top gibt es Eiswein und Trockenbeerenauslese.

Was für die edelsüßen Silvaner von Horst Sauer gilt, trifft auch auf seine edelsüßen Rieslinge zu: Grandiose Kollektionen in den letzten Jahren. 2006 war bärenstark, 2007 noch faszinierender und 2008 nun ist die Phalanx edelsüßer Rieslinge noch beeindruckender: Kein Zweifel, auf wen unsere Wahl für die beste edelsüße Kollektion des Jahres in Deutschland fällt. Glückwunsch nach Escherndorf!

Weinbewertung

86 . . . 2008 Müller-Thurgau trocken „Frank & Frei“
frisch, würzig, feine Muskatnote; frisch, zupackend, feine Frucht, viel Biss **5,50 €**
1998: 86; 1999: 87; 2000: 86; 2001: 87; 2003: 86; 2004: 84; 2005: 86; 2006: 86; 2007: 86.

85 . . . 2008 Müller-Thurgau Kabinett trocken Escherndorfer Fürstenberg
frisch, würzig, klare Frucht; füllig, harmonisch, klare reife Frucht **5,50 €**
1998: 86; 1999: 86; 2001: 87; 2002: 86; 2003: 83; 2004: 85; 2005: 85; 2006: 86; 2007: 87.

87 . . . 2008 Müller-Thurgau Spätlese trocken Escherndorfer Fürstenberg
gute Konzentration, viel reife Frucht, etwas Aprikosen, Pfirsiche; kompakt, klar, reife Frucht, gute Substanz und Struktur **7,70 €**
1997: 85; 1999: 89; 2000: 88; 2001: 88; 2002: 85; 2003: 87; 2004: 87; 2005: 87; 2006: 86; 2007: 87.

88 . . . 2008 Blauer Silvaner Spätlese trocken Escherndorfer Fürstenberg
weiße Früchte, feiner Duft, etwas Birnen; kraftvoll, klar, reife Frucht, feiner Biss, gute Struktur und Frische **9,70 €**
2007: 87.

87 . . . 2008 Silvaner Kabinett trocken Escherndorfer Fürstenberg
würzig, feine Frische, klare reife Frucht; frisch, reintönig, zupackend **6,80 €**
2000: 86; 2001: 87; 2002: 86; 2003: 84; 2004: 84; 2005: 85; 2006: 86; 2007: 86.

88 . . . 2008 Silvaner Kabinett trocken Escherndorfer Lump
gute Konzentration, viel reife Frucht, herrlich eindringlich und reintönig; zupackend, eindringlich, feine Frische, reintönige Frucht, jugendlich **7,70 €**
1998: 85; 1999: 87; 2000: 88; 2001: 87; 2002: 87; 2003: 85; 2004: 85; 2005: 85; 2006: 87; 2007: 87.

89 . . . 2008 Silvaner Spätlese trocken Escherndorfer Lump
würzig, eindringlich, konzentriert, viel reife Frucht, Birnen; füllig, stoffig, klare reife Frucht, gute Substanz und Länge **9,90 €**
1998: 88; 1999: 88; 2000: 89; 2001: 90; 2002: 89; 2003: 87; 2004: 88; 2005: 88; 2006: 88; 2007: 88.

89 . . . 2008 Silvaner Spätlese trocken Escherndorfer Lump „T 38"
gute Konzentration und Frische, reife Frucht, dezent Tropenfrüchte; weich, füllig, schmeichelnd, reife süße Frucht

91 . . . 2008 Silvaner „GG" Escherndorfer Lump
viel reife Frucht, gelbe Früchte, herrlich eindringlich und konzentriert, weiße Früchte, ganz dezent Orangen und Grapefruit im Hintergrund; füllig, stoffig, viel reife Frucht, viel Substanz und Kraft, Länge **17,- €**
2001: 90; 2002: 88; 2003: 89; 2004: 89; 2005: 89; 2006: 89; 2007: 90.

(88+) . . . 2008 „Sehnsucht" Silvaner trocken
viel reife Frucht, eindringlich; viel Substanz und Frucht, intensiv, noch unausgewogen, unfertig

90 . . . 2007 „Sehnsucht" Silvaner trocken
herrlich viel Frucht, gute Konzentration, weiße Früchte; viel Fülle und Substanz, viel reife Frucht, gute Struktur und Länge **16,50 €**
2001: 89; 2002: 89; 2003: 89; 2004: 89; 2006: 87.

88 . . . 2008 Weißburgunder Spätlese trocken
gute Konzentration, klare reife Frucht, herrlich eindringlich; füllig, cremig, herrlich viel Frucht, dezent mineralische Noten, nachhaltig **14,- €**
2005: 87; 2006: 86.

85 . . . 2008 Riesling Kabinett trocken Escherndorfer Lump
frisch, fruchtbetont, dezent Maracuja, enorm würzig; viel Biss, reife Frucht, eigenwillig nachhaltig **8,20 €**
1998: 86; 1999: 87; 2000: 88; 2001: 86; 2002: 86; 2003: 86; 2004: 87; 2005: 86; 2006: 87; 2007: 86.

88 . . . 2008 Riesling Spätlese trocken Escherndorfer Lump
gute Konzentration, viel reife Frucht, Aprikosen und Pfirsiche; kraftvoll, stoffig, viel Substanz, feine Bitternote **11,90 €**
1997: 88; 1998: 88; 1999: 90; 2000: 89; 2001: 87; 2002: 87; 2003: 87; 2004: 88; 2005: 87; 2006: 88; 2007: 88.

90 . . . 2008 Riesling Spätlese trocken Escherndorfer Lump „T 39"
gute Konzentration, viel reife Frucht, herrlich eindringlich, etwas gelbe Früchte; füllig, stoffig, kraftvoll, viel Substanz, enorm nachhaltig

91 . . . 2008 Riesling „GG" Escherndorfer Lump
viel reife Frucht, gelbe Früchte, herrlich eindringlich und konzentriert; kraftvoll, stoffig, reife Frucht, viel Substanz, ganz feine Bitternote, jugendlich, Biss und Nachhall **17,50 €**
2001: 89; 2002: 89; 2003: 90; 2004: 89; 2005: 89; 2006: 89; 2007: 89.

88 . . . 2008 Scheurebe Spätlese Escherndorfer Lump
klar, konzentriert, Cassis, herrlich eindringlich; frisch, elegant, feine süße Frucht, viel Biss, wunderschön reintönig **9,70 €**
1998: 88; 1999: 88; 2000: 88; 2001: 90; 2002: 89; 2003: 86; 2004: 87; 2005: 88; 2006: 88; 2007: 88.

91 . . . 2008 Silvaner Auslese Escherndorfer Lump
etwas eingelegte süße Aprikosen, gute Konzentration, dezent Litschi; süß, konzentriert, dominant, herrlich eindringlich und reintönig, feiner Biss und Länge **16,- €/0,5l**
1998: 91; 1999: 90; 2000: 89; 2001: 88; 2002: 89; 2003: 87; 2004: 89; 2005: 90; 2006: 89; 2007: 89.

92 . . . 2008 Riesling Auslese Escherndorfer Lump
frisch, klar, viel reife Frucht, etwas eingelegte süße

Aprikosen, Litschi, auch Grapefruit, herrlich eindringlich; füllig, harmonisch, elegant, feine süße Frucht, Frische, Länge **17,- €/0,5l**

1999: 91; 2000: 90; 2001: 90; 2002: 90; 2003: 89; 2004: 91; 2005: 90; 2006: 90; 2007: 91.

93 . . . 2008 Riesling Beerenauslese Escherndorfer Lump

herrlich reintönig und konzentriert, eingelegte süße Aprikosen, Litschi; kraftvoll, konzentriert, viel Substanz, noch etwas schwefelgeprägt, viel Potenzial **31,- €/0,5l**

1998: 91; 1999: 93; 2000: 92; 2001: 92; 2002: 90; 2004: 90; 2005: 91; 2006: 93; 2007: 93.

92 . . . 2008 Silvaner Eiswein Escherndorfer Lump

herrlich eindringlich und dominant, eingelegte süße Aprikosen, wunderschön klar; süß, dick, konzentriert, dominant, faszinierend viel Frucht, Stoff **60,- €/0,5l**

1997: 93; 1999: 92; 2001: 94; 2002: 91; 2004: 92.

94 . . . 2008 Riesling Eiswein Escherndorfer Lump

würzig, eindringlich, enorm dominant, eingelegte süße Aprikosen; füllig, kraftvoll, herrlich viel Frucht und Stoff, enorm reintönig und lang **62,- €/0,5l**

94 . . . 2008 Silvaner Trockenbeerenauslese Escherndorfer Lump

süß, konzentriert, herrlich eindringlich, faszinierend klar und dominant, dezent Litschi; süß, konzentriert, dick und dominant, dabei feine Frische, und süße Frucht, saftig, nachhaltig **56,- €/0,5l**

1997: 91; 2000: 90; 2001: 92; 2002: 92; 2003: 93; 2004: 93; 2005: 92; 2006: 92; 2007: 93.

95 . . . 2007 Riesling Trockenbeerenauslese Escherndorfer Lump

viel Konzentration, faszinierend viel Frucht, herrlich eindringlich, würzig; konzentriert, dick, dominant, faszinierend viel Stoff, reintönig, viel Substanz, enorm lang und nachhaltig **58,- €/0,5l**

1998: 93; 1999: 94; 2000: 93; 2001: 94; 2002: 93; 2003: 88; 2004: 91+; 2005: 92; 2006: 93; 2007: 94.

88 . . . 2007 Spätburgunder Spätlese trocken

feine rauchige Noten, reintönige Frucht, Frische; harmonisch, elegant, reintönige Frucht, gute Struktur, feine Tannine **13,- €**

★★★★☆

Rainer Sauer

Weingut

Franken

Bocksbeutelstraße 15, 97332 Escherndorf
Tel. 09381-2527, Fax: 09381-71340
www.weingut-rainer-sauer.de
info@weingut-rainer-sauer.de
Besuchszeiten: Mo.-Fr. 9-18 Uhr, Sa. 10-17 Uhr, So. nach Vereinbarung
Heckenwirtschaft (März + April), Wein-Sommerfest (3. Juli-Wochenende)

Inhaber .... Rainer Sauer
Rebfläche .... 10,5 Hektar

Seit 1979 führen Helga und Rainer Sauer das elterliche Weingut und haben mit der Selbstvermarktung begonnen. Seither haben sie den Betrieb auf die heutige Größe erweitert, wovon 3,7 Hektar im Escherndorfer Lump liegen, insgesamt 5 Hektar in Steillagen. Die anderen Weinberge liegen im Fürstenberg, hinzu kommen 40 Ar in Untereisenheim. Helga und Rainer Sauer werden im Betrieb unterstützt von Sohn Daniel, der 2007 seinen Abschluss in Geisenheim machte. Silvaner ist mit Abstand wichtigste Rebsorte, nimmt 62 Prozent der Weinberge ein. Mit weitem Abstand folgen Müller-Thurgau und Riesling, dazu gibt es etwas Traminer, Kerner, Weißburgunder und rote Sorten. Seit 2007 werden 2,5 Hektar biodynamisch bewirtschaftet. Seit 1999 gibt es den Silvaner „L" aus dem Herzstück des Lump, in den letzten Jahren hat Rainer Sauer sein Silvaner-Sortiment weiter differenziert mit „Freiraum" (von Sohn Daniel vinifiziert), „Alte Reben" und „Muschelkalk", setzt nach und nach Spontangärung ein und hat versuchsweise mit einer Sondergenehmigung einen Wein in einem 900-Liter-Beton-Ei ausgebaut, Silvaner, was sonst.

Schon in der ersten Ausgabe vor zehn Jahren haben wir die Weine von Rainer Sauer empfohlen, seither hat er gewaltig zugelegt. Wer sich für Silvaner interessiert, der kommt an ihm nicht vorbei, und wer sich nicht für Silvaner interessiert, der sollte nach Escherndorf fahren und Rainer Sauer besuchen. Qualitätswein und Kabinett sind wunderschön reintönig, die Spitzen-Silvaner sind puristisch und doch erstaunlich komplex, faszinieren mit ihrer Nachhaltigkeit. Dass auch die Weine aus anderen Rebsorten wie Riesling oder Weißburgunder ganz toll sind, das versteht sich von selbst.

2006 blieb jahrgangsbedingt ein ganz klein wenig hinter dem Vorjahr zurück, der Silvaner „L" aber war einmal mehr Jahrgangsspitze. Auch 2007 hatte Rainer Sauer wieder eine beeindruckende Silvaner-Kollektion, das Beste, was in Deutschland von dieser Rebsorte zu finden war, aber nicht nur die Spitzen überzeugten, auch die Basisweine bereiteten wie immer viel Freude. Eine vergleichbare Kollektion folgt 2008, wieder sind die Basisweine wunderschön fruchtbetont und reintönig, die Silvaner-Spitzen sind differenziert und eigenständig, einfach faszinierend. Dass trockener Silvaner auch sehr gut altern kann, davon konnten wir uns anhand zweier älterer „L" überzeugen. Tolle Kollektion!

Weinbewertung

85 . . . 2008 Silvaner trocken
frisch, fruchtbetont; weich, füllig, feine Frische, reintönige Frucht **5,50 €**

85 . . . 2008 Müller-Thurgau trocken „Frank & Frei"
frisch, direkt, feine Frucht, reintönig; frisch, reintönig, feine Frucht und Biss **5,50 €**

86 . . . 2008 Silvaner Kabinett trocken Escherndorfer Fürstenberg
klar, konzentriert, fruchtbetont, etwas Birnen; füllig, harmonisch, klare Frucht, Birnen **6,50 €**

86 . . . 2008 Silvaner Kabinett trocken Escherndorfer Lump
würzige Noten, viel reife Frucht, herrlich eindringlich; füllig, harmonisch, reife Frucht und feiner Biss **7,- €**
1999: 85; 2000: 85; 2001: 86; 2002: 86; 2003: 86; 2005: 87/87; 2006: 86; 2007: 87.

87 . . . 2008 „Freiraum" Silvaner trocken
gute Konzentration, viel reife Frucht, reife Birnen, ganz dezent Tropenfrüchte im Hintergrund; füllig, saftig, gute Substanz, reife süße Frucht **9,30 €**

88 . . . 2008 Silvaner Spätlese trocken Escherndorfer Lump
gute Konzentration, viel reife Frucht, feine Würze, herrlich eindringlich; füllig, saftig, harmonisch, viel Substanz **9,30 €**
1999: 86; 2000: 86; 2001: 88; 2002: 89; 2003: 90; 2004: 90; 2005: 88; 2006: 87; 2007: 89.

89 . . . 2008 Silvaner trocken (Beton-Ei) Escherndorfer Lump
gute Konzentration, viel reife Frucht, herrlich eindringlich und dominant; füllig, stoffig, geradlinig, puristisch, noch sehr jugendlich (noch nicht im Verkauf)

89 . . . 2007 „Alte Reben" Silvaner Spätlese trocken Escherndorfer Lump
viel Konzentration, reintönige Frucht, Birnen, faszinierend klar und eindringlich; füllig, kraftvoll, klar, Struktur und Länge **11,90 €**
2005: 90; 2006: 88.

90 . . . 1999 „L" Silvaner Spätlese trocken Escherndorfer Lump
gute Konzentration, viel reife Frucht, würzig und dominant; füllig, harmonisch, schmeichelnd, gute Substanz, viel reife Frucht, herrlich reintönig, gute Länge, Wärme (kein aktueller Jahrgang)

90 . . . 2003 „L" Silvaner Spätlese trocken Escherndorfer Lump
viel reife Frucht, Birnen, herrlich eindringlich und reintönig; weich, füllig, geschmeidig, viel reife Frucht, wunderschön saftig, viel Substanz und gute Länge

(kein aktueller Jahrgang)

91 ... 2008 „L" Silvaner Spätlese trocken Escherndorfer Lump
faszinierend viel Frucht, herrlich eindringlich und reintönig, reife Birnen, dominant; füllig, stoffig, herrlich viel Frucht und Substanz, reintönig, kraftvoll, viel Länge **14,- €**
2000: 89; 2001: 91; 2002: 91; 2004: 90; 2005: 89; 2006: 90; 2007: 90.

90 ... 2008 „L" Riesling Spätlese trocken Escherndorfer Lump
würzig, konzentriert, reife Frucht, Aprikosen und Pfirsiche; füllig, stoffig, viel reife Frucht, Substanz und Biss, gute Struktur, feine Mineralität **14,- €**

91 ... 2007 „vom Muschelkalk" Silvaner Spätlese trocken
fruchtbetont, herrlich eindringlich und konzentriert, reintönige reife Frucht, feine mineralische Noten; viel reife Frucht, Substanz, Fülle, feiner Biss, Nachhall (kein aktueller Jahrgang)
2005: 90; 2006: 88.

87 ... 2008 Traminer Spätlese trocken Escherndorfer Lump
viel Konzentration, viel reife Frucht, Rosen; weich, füllig, viel reife Frucht, Substanz, wunderschön reintönig und lang **9,50 €**
2000: 86; 2002: 87; 2003: 87; 2005: 90; 2006: 88; 2007: 88.

M. Schädler ★
Weingut
Pfalz

Weinstraße Süd 43, 67487 Maikammer
Tel. 06321-5235, 0177-2940993, Fax: 06321-57394
www.m-schaedler.de
weingut@m-schaedler.de
Besuchszeiten: Sa. 9-16 Uhr, So. 9-12 Uhr und nach Vereinbarung

Inhaber .... Steffen Mugler
Rebfläche .... 10 Hektar

Steffen Mugler hat seit 2002 das Weingut M. Schädler in Maikammer gepachtet. Zuvor war er Kellermeister im elterlichen Betrieb. Zusammen mit Michael Andres gehört ihm die Sektkellerei Andres & Mugler (siehe dort). Bei den weißen Sorten dominieren Riesling und Burgunder, neu angelegt hat Steffen Mugler Sauvignon Blanc, Auxerrois und Rieslaner. Gut ein Drittel der Rebfläche nehmen rote Rebsorten ein. Mit dem Jahrgang 2003 hat er erstmals einen Spätburgunder im Barrique ausgebaut.

2006 musste Steffen Mugler dem Jahrgang Tribut zollen, die Weine waren allesamt sauber und frisch, alle aber ein wenig zurückhaltend. Die letztjährige Kollektion präsentierte sich sehr gleichmäßig, aber wie im Jahr zuvor waren die Weine etwas verhalten, Sekt und Rieslaner Auslese hatten uns am besten gefallen. Die neue Kollektion nun gefällt uns insgesamt ein wenig besser, wobei wiederum ein Sekt, diesmal ein Weißburgunder, sowie ein edelsüßer Rieslaner, dieses Jahr als Beerenauslese, uns am besten gefallen.

Weinbewertung

85 ... 2007 Weißburgunder Sekt brut Maikammer Kirchenstück
frisch, fruchtbetont, weiße und gelbe Früchte; gute Harmonie, feiner Biss, süffig **7,30 €**

87 ... 2008 Rieslaner Beerenauslese Maikammer Mandelhöhe
feine Würze, reintönige Frucht, herrlich eindringlich; füllig, herrlich viel Frucht und Stoff, feine Frische und Biss **8,- €**

78 2008 Riesling trocken **2,80 €/1l**
80 2008 Blanc de Noir trocken **4,- €**
81 2008 Riesling Kabinett trocken Maikammer Heiligenberg **3,80 €**
79 2008 Grauburgunder trocken **4,80 €**

81 2008 Weißburgunder trocken **4,- €**
82 2008 Sauvignon Blanc trocken **5,- €**
82 2008 „Creation M" Weißwein **4,- €**
79 2008 Auxerrois trocken **4,20 €**
82 2007 Spätburgunder Blanc de Noir trocken
80 2007 Rosé Maikammer Mandelhöhe
78 2008 Spätburgunder trocken Maikammer Heiligenberg **3,80 €**
81 2005 Spätburgunder trocken (Barrique) Maikammer Mandelhöhe **8,- €**

★★★☆

Joh. Bapt. Schäfer

Weingut

Nahe

Burg Layen 8, 55452 Burg Layen
Tel. 06721-43552, Fax: 06721-47841
www.jbs-wein.de
schaefer@jbs-wein.de
Besuchszeiten: nur nach Vereinbarung

Inhaber .... Sebastian Schäfer
Rebfläche .... 6,5 Hektar

Das Weingut Joh. Bapt. Schäfer ist ein Familienbetrieb in vierter Generation. Seit Beendigung seiner Lehre 1997 baut Sohn Sebastian die Weine aus, 2002 hat er den Betrieb übernommen. Wichtigste Rebsorte ist Riesling, dessen Anteil Sebastian Schäfer auf 65 Prozent ausgeweitet hat. Es folgen die Burgundersorten mit 30 Prozent, sowie als Spezialitäten Scheurebe und Gewürztraminer. Die Weinberge befinden sich in den Dorsheimer Lagen Goldloch (0,6 Hektar) und Pittermännchen (1,5 Hektar), sowie in Laubenheim, wo neben einem Hektar Riesling im Karthäuser vorwiegend Burgunderreben stehen. Hinzu kommen Weinberge in Rümmelsheim, darunter ein Weinberg im Burg Layer Schlossberg. Die Weine werden teils spontanvergoren und lange auf der Feinhefe ausgebaut, teils im Holz, teils im 2003 neu erbauten Edelstahlkeller. Aus Pittermännchen und Goldloch erzeugt Sebastian Schäfer in guten Jahren seine „Großen Gewächse", beide Weine stammen von 30 bis 40 Jahre alten Reben und werden mit langem Hefekontakt in großen Holzfässern ausgebaut.

Vor zehn Jahren schon hatten wir die Weine von Sebastian Schäfer vorgestellt, ihn damals erstmals auch besucht. Und schon vor zehn Jahren waren wir sehr angetan von der Kollektion des damals weitgehend unbekannten Winzers. Seither hat er die Weinberge auf Riesling und die Burgundersorten ausgerichtet und sein Programm neu strukturiert. Seine Weine sind immer höchst zuverlässig, bestechen durch Reintönigkeit und Frische, wenn es der Jahrgang zulässt erzeugt er reintönige, konzentrierte edelsüße Rieslinge, die den Weinen der berühmteren Nahe-Kollegen ebenbürtig sind.

2006 überzeugte, konnte mit den vorherigen Kollektionen gut mithalten. Die letztjährige Kollektion war ein weiterer Schritt voran. Die Weine hatten an Ausdruck und Präzision gewonnen, allen voran die „Großen Gewächse". Aber auch die Basisweine machten viel Freude und der Dorsheimer Riesling war klasse, dazu gab es faszinierende edelsüße Weine. 2008 reicht da in der Spitze nicht ganz heran. Die Weine sind klar und fruchtbetont, besitzen – typisch für den Jahrgang – eine kräftige Säure. Am besten gefielen uns die Rieslinge „vom Kieselstein" und aus dem Goldloch, mit der Lagenbezeichnung Pittermännchen hat Sebastian Schäfer 2008 keinen trockenen Riesling abgefüllt. Die Verkostung einiger älterer Weine zeigte, dass selbst ein Riesling Classic einige Jahre reifen kann. ➥

Weinbewertung

85 . . . 2008 Blanc de Noir trocken
Spätburgunder; frisch, fruchtbetont, reintönig; klar, harmonisch, frisch und zupackend **7,90 €**

86 . . . 2008 Weißburgunder trocken
gute Konzentration, klare reife Frucht, etwas weiße Früchte; frisch, klar, zupackend, Struktur, feiner Biss **8,90 €**
1999: 88; 2001: 86; 2002: 82; 2004: 86; 2005: 86; 2006: 85; 2007: 85.

86 . . . 2007 Chardonnay & Weißburgunder trocken
etwas rauchige Noten, ganz dezent Vanille; gute Fülle, Substanz, dezent Vanille, Länge und Struktur (kein aktueller Jahrgang)

87 . . . 2008 Chardonnay & Weißburgunder trocken
gute Konzentration, viel reife Frucht, ganz dezent Vanille, gelbe Früchte; klar, füllig, fruchtbetont, zupackend **13,90 €**

85 . . . 2005 Riesling Classic
feine Reifenoten, wunderschön reintönig; füllig, harmonisch, reife Frucht, gute Substanz (kein aktueller Jahrgang)

86 . . . 2008 Riesling trocken „vom Schiefergestein"
aus dem Pittermännchen; würzig, klar, dezente Kräuternote; gute Fülle, etwas Kräuter, Würze, Säure und Biss **10,90 €**

87 . . . 2006 Riesling trocken „vom Kieselstein"
feine Reifenoten, ganz dezent Kamille; klar, zupackend, herrlich reintönig (kein aktueller Jahrgang)

87 . . . 2007 Riesling trocken „vom Kieselstein"
würzig, klar, herrlich eindringlich und reintönig; füllig, kraftvoll, klar, gute Struktur (kein aktueller Jahrgang)

88 . . . 2008 Riesling trocken „vom Kieselstein"
konzentriert, klar, etwas gelbe Früchte; zupackend, reintönige Frucht, etwas gelbe Früchte, Kraft, feine Länge **10,90 €**
2005 (1. Jg.): 86.

88 . . . 2003 Riesling Selection Dorsheimer Goldloch
feine Reifenoten, etwas gelbe Früchte, dezent Kamille im Hintergrund; gute Fülle und Substanz, gereift, trinken (kein aktueller Jahrgang)

88 . . . 2008 Riesling trocken Dorsheimer Goldloch
gute Konzentration, feine Würze, klare reife Frucht; füllig, kraftvoll, klare reife Frucht, gute Struktur und Länge **14,50 €**
(bis 2004 Selection) 2001: 89; 2002: 89; 2003: 88; 2004: 87; 2005: 87; 2006: 88; 2007: 89.

85 . . . 2008 Scheurebe Kabinett
frisch, würzig, reintönig, etwas Cassis; frisch, elegant, zupackend, reintönige Frucht, Biss **7,50 €**

86 . . . 2004 Riesling Kabinett Dorsheimer Pittermännchen
feine Reifenoten, Würze, herrlich eindringlich; füllig, harmonisch, reintönige reife Frucht (kein aktueller Jahrgang)

86 . . . 2008 Riesling Kabinett Dorsheimer Pittermännchen
frisch, würzig, eindringlich, mineralisch, frisch, zupackend, reintönige Frucht **9,90 €**

81 2008 Riesling trocken **7,50 €/1l**
84 2008 Scheurebe trocken **8,90 €**
84 2008 Riesling Classic **8,50 €**

Karl Schaefer ★
Weingut

Pfalz

Weinstraße Süd 30, 67098 Bad Dürkheim
Tel. 06322-2138, Fax: 06322-8729
www.weingutschaefer.de
info@weingutschaefer.de
Besuchszeiten: Mo.-Fr. 8-12 + 13-18 Uhr, Sa. 9-16 Uhr

Inhaber . . Familien von Nell + Große-Wördemann
Kellermeister . . . . Jan Gross
Rebfläche . . . . 16,5 Hektar

1843 kaufte der Arzt Dr. Christian Schaefer das klassizistische Gutshaus in Bad Dürkheim, sein Sohn Karl Schaefer vergrößerte das Gut und wurde einer der ersten Flaschenweinvermarkter in der Region. Bis 2009 hatte es in fünfter Generation Gerda Lehmeyer geführt, in diesem Jahr nun wurde es von den Familien von Nell und Große-Wördemann übernommen. Die Weinberge liegen in Bad Dürkheim (Steinberg, Spielberg, Michelsberg), Wachenheim (Fuchsmantel, Gerümpel), Forst (Pechstein) und Ungstein (Herrenberg). Die dominierende Rebsorte ist Riesling, der 85 Prozent der Rebfläche einnimmt. Daneben gibt es eine für die Mittelhaardt ungewöhnlich breite Palette an anderen Rebsorten wie Weißburgunder, Chardonnay, Grauburgunder, Gewürztraminer, Muskateller, Rieslaner und Spätburgunder. Die Weine werden ausschließlich in Holzfässern ausgebaut. Seit 2008 sind die Weine nach EU-Richtlinien biologisch zertifiziert.

Vor zwei Jahren war der Riesling aus dem Pechstein unser Favorit in einer jahrgangsbedingt schwächeren Kollektion. Eine homogene Kollektion präsentiert das Weingut im vergangenen Jahr. 2008 kann nicht überzeugen – Zeit für einen Neuanfang.

Weinbewertung

86 . . . 2008 Riesling „GG“ Pechstein
gute Konzentration, feine Würze, klare Frucht; weich, füllig, viel Substanz, jugendlich **22,- €**

80 2008 Riesling trocken **6,50 €**
80 2008 Riesling Kabinett trocken Wachenheimer Fuchsmantel **7,- €**
80 2008 Riesling Kabinett trocken Dürkheimer Spielberg **7,80 €**
81 2008 Riesling Kabinett trocken Wachenheimer Gerümpel **8,- €**
83 2008 Riesling Spätlese trocken Wachenheimer Fuchsmantel **12,50 €**
83 2008 Riesling „GG“ Michelsberg **22,- €**
81 2008 Gewürztraminer Spätlese **10,- €**
80 2008 Riesling Spätlese „Schöne Anna“ Dürkheimer Spielberg **12,- €**
82 2008 Rieslaner Beerenauslese **25,- €/0,375l**

Reinhard Schäfer ★

Weingut

Württemberg

Weinbergstraße 21, 71711 Steinheim-Kleinbottwar
***Tel.** 07148-8937, **Fax**: 07148-4545*
www.schaeferwein.com
info@schaeferwein.com
***Besuchszeiten**: Mo.-Fr. 17-18:30 Uhr, Sa. 8-13 Uhr oder nach Vereinbarung*
Weinproben (mit Essen), Gästezimmer

Inhaber .... Reinhard Schäfer
Rebfläche .... 5 Hektar

Reinhard Schäfer war zweiter Kellermeister bei der Genossenschaft in Mundelsheim als er sich 1981 mit damals 70 Ar selbstständig machte. Von Anfang an hat er auf durchgegorene Weine gesetzt - eine Seltenheit in Württemberg. Seine inzwischen auf 5 Hektar angewachsene Rebfläche liegt rund um Kleinbottwar, unter anderem auch am Götzenberg. Die Reben wachsen hier auf tiefgründigen Keuperböden. Reinhard Schäfer baut zu 70 Prozent rote Sorten an, zu 30 Prozent weiße Sorten, bei denen Riesling und Grauburgunder dominieren. Hinzu kommen als Spezialitäten Silvaner und Gewürztraminer, aber auch Müller-Thurgau. Bei den Rotweinen spielen die Burgundersorten (Spätburgunder, Samtrot, Schwarzriesling) die Hauptrolle. Danach kommen Lemberger und Trollinger mit jeweils etwa 15 Prozent, sowie etwas Cabernet Dorsa, Dornfelder und Merlot. Die Rotweine werden nach der Maischegärung (bis zu 3 Wochen) überwiegend in Holzfässern ausgebaut und reifen in einem aus dem Fels gehauenen Gewölbekeller aus dem 17. Jahrhundert.

Vor zwei Jahren präsentierten sich

die 2006er Weine stimmig, die besten Weine der Kollektion waren Spätburgunder „S" und Lemberger „B" aus dem Jahrgang 2005. Die letztjährige Kollektion bestach durch ihr homogenes Niveau, Weiß- und Rotweine überzeugten gleichermaßen. Die gute neue Kollektion führen die beiden Barriquerotweine aus dem Jahrgang 2007 an.

Weinbewertung

85 . . . 2007 Lemberger „B" „No. 1" trocken
gute Konzentration, reintönige reife Frucht, herrlich eindringlich; füllig, reintönig, reife Frucht, feine Frische **12,50 €**

86 . . . 2007 Spätburgunder „B" „No. 1" trocken
rauchige Noten, viel reife Frucht, rote Früchte, herrlich eindringlich; füllig, kraftvoll, reife Frucht, gute Substanz **12,50 €**

80 2008 Riesling „S" trocken **6,20 €**
83 2008 Traminer „S" trocken **7,20 €**
81 2008 Trollinger „S" trocken **5,40 €**
83 2007 Cabernet Dorsa „S" trocken **8,40 €**

★★★★★

Willi Schaefer
Weingut

Mosel

Hauptstraße 130, 54470 Graach
Tel. 06531-8041, Fax: 06531-1414
weingut-willi-schaefer@t-online.de
Besuchszeiten: Mo.-Fr. 9-12 + 14-18 Uhr, Sa. 10-12 Uhr

Inhaber . . . . Christoph und Willi Schaefer
Rebfläche . . . . 4 Hektar

Das Weingut Schaefer kann seine Weinbautradition bis zurück zum Jahr 1590 verfolgen. In der Schatzkammer lagern zudem noch Weine bis in die erste Hälfte des 20. Jahrhunderts zurück. Sohn Christoph ist mittlerweile voll im Betrieb tätig. Alle Weinberge befinden sich in Graach und in Wehlen, alle in Steillagen und sämtlich mit Riesling bestockt, teilweise mit bis zu 70 Jahre alten wurzelechten Reben. Beim Ausbau spielt das Holzfass eine große Rolle, auch das Hefelager trägt zum Charakter der Rieslinge bei. Jahr für Jahr hat Willi Schaefer tadellose Kollektionen mit höchst zuverlässigen, wunderbar fruchtbetonten Weinen.

Vor allem die Auslesen aus dem Graacher Domprobst gehören immer wieder zu den Spitzenweinen an der Mosel. Wobei besonders gefällt, dass sie wirklich den Charakter einer Moselauslese mustergültig zeigen. Während andere Winzer immer mehr auf Kraft und Konzentration setzen und Weine als Auslesen vermarkten, die eigentlich dem Charakter nach Beerenauslesen sind, setzt Willi Schaefer auf Reintönigkeit, Eleganz und Finesse, zieht die Verspieltheit der Fülle vor. Er will, dass seine Auslesen lebendig sind und zum Weitertrinken reizen. Und das gelingt ihm von Jahr zu Jahr, am besten oft mit der Versteigerungsspätlese, die meist zu den spannendsten restsüßen Spätlesen der Mosel gehört.

Die 2008er sind klare, frische, sehr animierende Weine – auch in der Spitze sehr klassisch, mit wenig Alkohol und zurückhaltender Süße, aber nicht weniger Extrakt als im Vorjahr.

Weinbewertung

85 . . . 2008 Riesling
sehr klare Frucht, Apfel, Kräuter; straff, würzig, feines Süße-Säure-Spiel **7,50 €**

88 . . . 2008 Riesling Kabinett Graacher Domprobst
eindringliche Frucht, zart, getrockneter Apfel, etwas

Pfirsich, gehackte Kräuter; rassig, feine Säure, zarte Süße, Biss **11,- €**

88 . . . 2008 Riesling Kabinett Graacher Himmelreich

feine Frucht, Kräuter, Stachelbeere, mineralische Noten; würzig, zurückhaltende Süße, animierend **11,- €**

89 . . . 2008 Riesling Spätlese Graacher Domprobst

sehr klar, jugendlich, gehackte Kräuter; straff, leicht mineralisch, viel Würze und Struktur, Nachhall **19,- €**

92 . . . 2008 Riesling Spätlese Graacher Domprobst

prägnante Frucht, reife Zitrusnoten, mineralisch, Kräuter; viel Würze, enorm rassig, nur ganz zarte Süße, lang (Versteigerungswein)

2000: 90; 2001: 91; 2002: 88; 2003: 88; 2004: 92; 2005: 89; 2006: 93; 2007: 90.

91 . . . 2008 Riesling Auslese Graacher Domprobst

reife Frucht, Pfirsich, Kräuter; enorm saftig, herrlich viel Frucht, geradlinig, nachhaltig **49,- €**

93 . . . 2008 Riesling Auslese Graacher Domprobst

sehr feine Frucht, Kräuter, getrockneter Apfel, Steinobst; herrlich frisch, saftig, rassig, noch ganz am Anfang seiner Entwicklung (Versteigerungswein)

2001: 92; 2002: 91; 2003: 93; 2004: 93; 2005: 92; 2006: 95; 2007: 92.

W. J. Schäfer ★★

Weingut

Rheingau

Elisabethenstraße 4, 65239 Hochheim
Tel. 06146-2112 oder 4821, Fax: 06146-61560
www.wg-schaefer.de
info@wg-schaefer.de
Besuchszeiten: Mo.- Sa. 9-18 Uhr

Inhaber .... Josef Schäfer
Rebfläche .... 6,8 Hektar

Wilhelm Joseph Schäfer hat den Betrieb in seiner heutigen Form aufgebaut. Seit 1988 wird er von Josef Schäfer geführt, der neben dem dominierenden Riesling ein wenig Spätburgunder anbaut. Als Spezialität des Hauses wird der Gewürztraminer gepflegt. Die Weinberge befinden sich in den Hochheimer Lagen Domdechaney, Kirchenstück, Hölle und Reichestal. Josef Schäfer ist stolz auf seine alten Reben, die ältesten wurden 1943 gepflanzt. Jahr für Jahr gelingen Josef Schäfer saftige, rassige Rieslinge, die sofort überzeugen.

2006 gelang mehr als gut: Während andere Weingüter überreife Weine auf den Markt gebracht haben, waren alle Schäfer-Rieslinge frisch und saftig. Die 2007er schlossen daran an, und auch 2008 gelangen sehr saftige, frische, animierende Weine, die umso empfehlenswerter sind, als das Preisniveau nach wie vor sehr gut ist.

Weinbewertung

87 . . . 2008 Riesling Spätlese trocken Hochheimer Kirchenstück

klar, jugendliche Frucht, Mirabellen; sehr saftig, rassig, straff, gute Länge, Potenzial **12,- €**

2004: 86; 2005: 86; 2006: 87; 2007: 87.

86 . . . 2008 Riesling Spätlese halbtrocken Hochheimer Hölle

klare Frucht, frisch, Boskoop, etwas Pfirsich; saftig, rassig, Schmelz **8,50 €**

86 . . . 2008 Riesling Spätlese Hochheimer Domdechaney

duftig, jugendliche Frucht, leichte Kräuternote; saftig, rassig, viel Frucht, animierend **9,50 €**

85 . . . 2007 Spätburgunder trocken Hochheimer Reichestal

klar, betont rauchig, Tabak, etwas Schokolade; saftig, elegant, animierend **12,- €**

---

81 2008 Riesling Kabinett trocken Hochheimer

Hölle **6,50 €**

84 2008 Riesling Kabinett trocken Hochheimer Reichestal **5,50 €**

84 2008 Riesling Kabinett trocken Hochheimer Stielweg **6,- €**

82 2008 Riesling Kabinett halbtrocken Hochheimer Reichestal **5,- €**

83 2008 Riesling Classic **5,50 €**

84 2008 Riesling Kabinett Hochheimer Stein **5,- €**

★★★★★

Schäfer-Fröhlich

Weingut

Nahe

Schulstraße 6, 55595 Bockenau
Tel. 06758-6521, Fax: 06758-8794
www.weingut-schaefer-froehlich.de
info@weingut-schaefer-froehlich.de
Besuchszeiten: nach Vereinbarung

Inhaber .... Hans, Karin und Tim Fröhlich
Rebfläche .... 12,5 Hektar

Seit Anfang der siebziger Jahre wird das Weingut von Hans und Karin Fröhlich geführt, seit 1995 ist ihr Sohn Tim für den Weinausbau verantwortlich. Neben Weinbergen in Bockenau (mit ihrer Paradelage Felseneck) besitzen sie auch Weinberge in Schlossböckelheim (Felsenberg, Kupfergrube) und Monzingen (Halenberg, Frühlingsplätzchen). Sie bauen zu 80 Prozent Riesling an, hinzu kommen 20 Prozent Burgundersorten: Weißburgunder, Grauburgunder und Spätburgunder.

Schon in der ersten Ausgabe vor zehn Jahren hatten uns vor allem die Rieslinge begeistert, auch wenn Riesling damals erst die Hälfte der Rebfläche einnahm. Seither ist die Qualität stetig gestiegen, sowohl mit den trockenen als auch mit den edelsüßen Rieslingen gehört Schäfer-Fröhlich zur Spitze an der Nahe und in Deutschland.

Enorm stark war die 2006er Kollektion: Schon die Kabinettweine waren unwahrscheinlich präzise und klar, die Großen Gewächse hatten ebenfalls weiter an Ausdruck gewonnen. Edelsüß glänzte wie immer, man hätte fast glauben könne, dass 2006 ein Superjahrgang an der Nahe war. Das war er nicht, aber Tim Fröhlich hatte phantastische Weine auf die Flasche gebracht. Ebenso stark präsentierte sich die letztjährige Kollektion. Schon die Basisweine bestachen mit ihrer Frische und Reintönigkeit, die Lagenweine waren klasse, die Großen Gewächse wunderschön kraftvoll und klar. Unser eindeutiger Favorit war im vergangenen Jahr der Wein aus dem Halenberg. Genauso beeindruckend zeigte sich die Batterie an großartigen edelsüßen Rieslingen, es fiel schwer, sich für einen Favoriten zu entscheiden. Tim Fröhlich hatte einmal mehr eine der großen Kollektionen des Jahrgangs in Deutschland auf die Flasche gebracht.

Edelsüß war nun 2008 nicht ganz so viel möglich wie in den Vorjahren, Spitze ist sie aber allemal, die Kollektion, die Tim Fröhlich vorweisen kann. Die trockenen Rieslinge haben ein klein wenig an Präzision gewonnen, die süßen Rieslinge sind geprägt vom Zusammenspiel von Süße und Säure.

Weinbewertung

87 ... 2008 Weißer Burgunder „S" trocken
gute Konzentration, viel reife Frucht, weiße Früchte, herrlich eindringlich; weich, füllig und schmeichelnd, viel reife süße Frucht **13,- €**
2001: **88**; 2002: **90**; 2003: **88**; 2004: **88**; 2005: **86**; 2006: **87**; 2007: **87**.

86 ... 2008 Grauer Burgunder „S" trocken
würzig, eindringlich, reife Frucht; füllig, kraftvoll, reife

Frucht und gute Struktur **13,- €**
2002: **89**; 2003: **89**; 2004: **88**; 2005: **87**; 2006: **88**; 2007: **87**.

87 . . . 2008 Riesling trocken Schlossböckelheimer
würzig, eindringlich, klare Frucht; füllig, kraftvoll, viel reife Frucht, Struktur und Frische **9,- €**

86 . . . 2008 Riesling trocken Bockenauer
gute Konzentration, reintönige Frucht, herrlich eindringlich; klar, frisch, zupackend, feine süße Frucht, viel Biss **9,- €**

88 . . . 2008 Riesling trocken Bockenauer Felseneck
gute Konzentration, klare reife Frucht, feine Würze, dezent gelbe Früchte und Zitrus; füllig, kraftvoll, viel reife Frucht, Biss **13,50 €**

88 . . . 2008 Riesling trocken Monzinger Frühlingsplätzchen
reintönige Frucht, feine Frische, ganz dezent mineralische Noten; klar, geradlinig, feiner Frucht und Biss, jugendlich, feine Länge **13,50 €**

88 . . . 2008 Riesling trocken Schlossböckelheimer Felsenberg
klar, fruchtbetont, würzig, jugendlich; kraftvoll, klar, gute Fülle und Frucht, Frische und Biss **13,50 €**

90 . . . 2008 Riesling „GG" Schlossböckelheimer Felsenberg
gute Konzentration, reife Frucht, etwas gelbe Früchte, Orangen, Grapefruit, herrlich eindringlich; füllig, kraftvoll, reife Frucht, reintönig, feine Frische, gute Struktur, Frische, viel süße Frucht **27,- €**
2005: **90**; 2006: **89**; 2007: **89**.

90 . . . 2008 Riesling „GG" Schlossböckelheimer Kupfergrube
viel Duft, reife Frucht, weiße Früchte, faszinierend eigenständig und eindringlich; füllig, stoffig, reife süße Frucht, Substanz und Länge **27,- €**
2006: **90**; 2007: **90**.

92 . . . 2008 Riesling „GG" Bockenauer Felseneck
viel Konzentration, reife Frucht, herrlich eindringlich und dominant, gelbe Früchte, faszinierend viel Frucht und Konzentration; füllig, stoffig, herrlich viel Frucht und Substanz, Länge und Nachhall, ganz faszinierend **29,- €**
2002 („S"): **91**; 2004: **88**; 2005: **89**; 2006: **92**; 2007: **89**.

92 . . . 2008 Riesling „GG" Monzinger Halenberg
würzig und konzentriert, viel reife Frucht, gelbe Früchte, dominant, dezent Zitrus im Hintergrund; füllig, kraftvoll, reife Frucht, viel Substanz und Länge, enorm nachhaltig **27,- €**
2003: **88**; 2004: **88**; 2005: **91**; 2006: **91**; 2007: **92**.

87 . . . 2008 Riesling halbtrocken Bockenauer Felseneck
würzig, klar, fruchtbetont, eindringlich; füllig, harmonisch, viel reife süße Frucht und Biss **13,50 €**

86 . . . 2008 Riesling Kabinett Bockenauer
reintönig, feine Würze, herrlich eindringlich; frisch, zupackend, feine süße Frucht, reintönig **9,- €**

87 . . . 2008 Riesling Spätlese Bockenauer Felseneck
würzig, herrlich eindringlich, reintönige Frucht; klar, frisch, zupackend, feine süße Frucht, Biss **13,50 €**
1999: **87**; 2000: **87**; 2001: **87**; 2002: **90**; 2003: **87**; 2004: **88/90**; 2005: **87**; 2006: **88**; 2007: **88**.

88 . . . 2008 Riesling Spätlese Monzinger Halenberg
reintönig, feine Würze und Frucht, schöne Frische; füllig, stoffig, klare reife Frucht, feine Süße und Biss **13,50 €**

89 . . . 2008 Riesling Spätlese Goldkapsel Bockenauer Felseneck
feine Würze und Frucht, herrlich eindringlich und konzentriert, reintönig, dominant; füllig und schmeichelnd, herrlich viel Frucht und Substanz, dominant, Biss **19,50 €**
2001: **91**; 2002: **92**; 2003: **88**; 2005: **89**; 2006: **90**; 2007: **90**.

89 . . . 2008 Riesling Auslese Bockenauer Felseneck
0,375l; würzig, eindringlich, klar, etwas weiße Früchte; füllig und schmeichelnd, herrlich viel Frucht, Substanz, reintönig, feine Länge
2000: **90**; 2001: **92**; 2002: **91**; 2003: **91**; 2004: **88**; 2005: **90**; 2006: **92**; 2007: **89**.

91 . . . 2008 Riesling Auslese Goldkapsel Bockenauer Felseneck
0,375l; würzig, konzentriert, herrlich viel Frucht, Grapefruit, süße Zitrusfrüchte, Orangen; süß, konzentriert, herrlich viel Frucht und Stoff, dick
2001: **93**; 2002: **94**; 2004: **93**; 2005: **90**; 2006: **93**; 2007: **92**.

90 . . . 2008 Riesling Beerenauslese Bockenauer Felseneck
0,375l; würzig, dominant, etwas Zitrusfrüchte, Oran-

gen, herrlich eindringlich; süß, konzentriert, dick, viel Substanz, Nachhall

92 . . . 2008 Riesling Eiswein Bockenauer Felseneck
0,375l; viel Konzentration, faszinierend viel Frucht, Gewürze, Frische, kandierte Früchte; süß, dick, konzentriert, dominant, viel Biss, Nachhall
2001: 93; 2002: 94; 2004: 93; 2005: 90; 2006: 93; 2007: 92.

90 . . . 2008 Riesling Eiswein Goldkapsel Bockenauer Felseneck
0,375l; konzentriert, dominant, eindringlich, viel Würze; süß, dick, dominant, viel Stoff, kompakt
2007: 94.

86 . . . 2006 Spätburgunder „R" trocken
feiner Duft, dezent rauchige Noten, reife rote und dunkle Früchte; füllig, harmonisch, viel reife Frucht

84 2008 Riesling halbtrocken **8,50 €**

★★

Schäfer-Heinrich

Weingut

Württemberg

Im Letten 3, 74074 Heilbronn
Tel. 07131-162454, Fax: 07131-165659
www.schaefer-heinrich.de
weingut@schaefer-heinrich.de
Besuchszeiten: Mo.-Do. ab 17 Uhr, Fr. ab 13 Uhr, Sa. ab 9 Uhr

Inhaber .... Elke und Andreas Hieber
Rebfläche .... 8 Hektar

1986 haben Elke und Andreas Hieber das elterliche Weingut übernommen, und dann Schritt für Schritt auf ökologische Bewirtschaftung umgestellt. 1990 sind sie Mitglied beim Bundesverband Ökologischer Weinbau (Ecovin) geworden. 70 Prozent der Weinberge sind mit roten Rebsorten bestockt, vor allem Trollinger und Lemberger, aber auch Spätburgunder, Clevner, Dornfelder, Samtrot, Regent, Cabernet Cubin und Cabernet Mitos. Bei den weißen Sorten dominiert der Riesling. Daneben gibt es etwas Kerner, Grauburgunder und Müller-Thurgau. Die Rotweine werden alle maischevergoren (bis zu drei Wochen).

Seit zehn Jahren empfehlen wir die Weine von Elke und Andreas Hieber, seit zehn Jahren präsentieren sie Jahr für Jahr zuverlässige Kollektionen mit reintönigen, fruchtbetonten Weinen. Die Basisweine sind immer zuverlässig, dazu gibt es immer wieder weiße und rote Spitzen.

Die 2006er Weißweine waren sehr gleichmäßig, vor allem die Grauburgunder überzeugten; unter den Roten gefiel einmal mehr der Cabernet Cubin besonders gut. Eine ganz starke Kollektion haben Elke und Andreas Hieber im vergangenen Jahr vorgestellt: Der Riesling „N" zeigte Klasse, die Rotweine waren gekonnt vinifiziert. In der neuen Kollektion nun gefallen uns die Weißweine besser als die Rotweine, allen voran der barriqueausgebaute Grauburgunder und die Riesling-Naturweine.

Weinbewertung

87 . . . 2008 Riesling „N" trocken Heilbronner Stiftsberg
klar, würzig, etwas Limone; füllig, harmonisch, kraftvoll, reife Frucht und gute Struktur **9,10 €**
2007: 88.

88 . . . 2007 Grauburgunder* Auslese trocken Barrique Erlenbacher Kayberg**
mehrere Tage Maischestandzeit, in neuen Barriques vergoren und ausgebaut; viel Konzentration, feine Würze, reife Frucht, ganz dezent Vanille im Hintergrund; füllig, kraftvoll, reife Frucht, gute Struktur, Frische, dezent Vanille **15,60 €**

86 . . . 2008 Riesling „N" Heilbronner Stiftsberg
frisch, würzig, klare Frucht; frisch, füllig, harmonisch, reintönige Frucht, feiner Biss **9,10 €**

82 2007 Pinot Rosé** Crémant brut Heilbronner Stiftsberg **13,10 €**
83 2008 Grauburgunder* Kabinett trocken **5,90 €**
83 2008 Pinot Meunier Blanc de Noirs* trocken **5,90 €**
83 2007 Dornfelder* trocken Heilbronner Staufenberg **5,90 €**
83 2007 Lemberger* trocken Holzfass Heilbronner Stiftsberg **6,- €**
83 2007 Spätburgunder** trocken Barrique Heilbronner Stiftsberg **11,60 €**

★★

Egon Schäffer
Weingut

Franken

Astheimer Straße 17, 97332 Escherndorf
Tel. 09381-9350, Fax: 09381-4834
www.weingut-schaeffer.de
info@weingut-schaee
Besuchszeiten: Mo.-Sa. 9-18 Uhr

Inhaber .... Egon Schäffer
Rebfläche .... 3,32 Hektar

Die Weinberge von Egon Schäffer liegen in den Escherndorfer Lagen Lump und Fürstenberg, sowie im Untereisenheimer Sonnenberg, 70 Prozent davon in Steillagen. Silvaner ist seine wichtigste Rebsorte, es folgen Müller-Thurgau und Riesling. Dazu gibt es etwas Weißburgunder, Bacchus und Schwarzriesling. Egon Schäffer baut seine Weine durchgegoren aus („Schäffer trocken" = unter 2 Gramm Restzucker) und lässt ihnen viel Zeit zur Reife.

Egon Schäffer pflegt einen eigenen, oftmals etwas eigenwilligen Stil, den wir nun seit zehn Jahren schätzen. Alle Weine sind kraftvoll und markant, mit Ecken und Kanten. Und sie reifen gut, auch ohne Restsüße, davon konnten wir uns in diesem Jahr vor Ort vergewissern.

2006 überzeugte, die Weine waren füllig und kraftvoll, insbesondere die trockenen Spätlesen aus dem Lump. Kraftvoll und klar präsentierte sich auch die 2007er Kollektion, besonders gefiel uns die noch allzu jugendliche Silvaner Spätlese vom alten Weinberg. Die 2008er Kollektion wird angeführt von der herrlich stoffigen Riesling Spätlese aus dem Lump.

Weinbewertung

85 ... 2008 Weißburgunder trocken Escherndorfer Fürstenberg
gute Konzentration, reife Frucht, herrlich eindringlich, etwas gelbe Früchte; frisch, zupackend, jugendlich, feine Frucht und Biss **6,70 €**

86 ... 2008 Silvaner Kabinett trocken Escherndorfer Fürstenberg
frisch, fruchtbetont, reintönig; füllig, klar, zupackend, feine Frische, reife Frucht und Biss **6,30 €**

86 ... 2008 Silvaner Kabinett trocken Escherndorfer Lump
gute Konzentration, viel reife Frucht, etwas weiße Früchte, dezent Birnen; füllig, kraftvoll, reife Frucht, Substanz und Biss **7,30 €**

85 ... 2008 Riesling Kabinett trocken Escherndorfer Lump
würzig, eindringlich, klare Frucht; klar, kraftvoll, Substanz und Biss **7,50 €**

89 ... 2008 Riesling Spätlese trocken Escherndorfer Lump
würzig, konzentriert, herrlich eindringlich, etwas gelbe Früchte; füllig, kraftvoll, reife Frucht, viel Substanz, gute Struktur, Biss, Nachhall **10,40 €**

86 ... 2006 Silvaner Spätlese trocken Escherndorfer Lump
gute Konzentration, viel reife Frucht, gelbe Früchte; weich, geschmeidig, viel reife süße Frucht, gute Harmonie und Länge **9,50 €**

86 ... 2006 Riesling Spätlese trocken Escherndorfer Lump

viel Konzentration, reife Frucht, gelbe Früchte, herrlich eindringlich; füllig, kraftvoll, stoffig, Nachhall **10,40 €**

86 . . . 2003 Riesling Spätlese trocken Escherndorfer Lump
würzig, eindringlich, etwas gelbe Früchte; füllig, klar, zupackend, feine Frucht und Biss (kein aktueller Jahrgang)

86 . . . 2003 Silvaner Spätlese trocken Escherndorfer Lump
gute Konzentration, viel reife Frucht, weiße und gelbe Früchte; weich, füllig, harmonisch, reife Frucht, geschmeidig (kein aktueller Jahrgang)

---

83 2008 Müller-Thurgau trocken **4,- €/1l**
84 2008 Müller-Thurgau trocken Escherndorfer Fürstenberg **4,80 €/1l**
83 2008 Silvaner trocken Untereisenheimer Sonnenberg **4,80 €/1l**
84 „es-eule" Weißwein trocken **7,50 €**
84 2006 Silvaner Spätlese trocken Untereisenheimer Sonnenberg **8,50 €**
84 2006 Silvaner Spätlese trocken (Holzfass) Untereisenheimer Sonnenberg **8,50 €**
82 2006 Silvaner Spätlese trocken Escherndorfer Fürstenberg **8,50 €**
84 2006 Silvaner Spätlese Escherndorfer Fürstenberg **8,30 €**
84 2003 Silvaner Spätlese trocken Escherndorfer Fürstenberg

Schäffer ★
Weingut

Pfalz

Schlossstraße 100, 67434 Neustadt
Tel. 06321-2859, Fax: 06321-88319
www.weingutschaeffer.de
info@weingutschaeffer.de
Besuchszeiten: Mo.-Fr. 14-18 Uhr, Sa. 10-14 Uhr
Ferienwohnung

Inhaber .... Andreas Schäffer
Rebfläche .... 10 Hektar

Das Anwesen von Andreas Schäffer war ein im 18. Jahrhundert zerstörter Wirtschaftshof des Schlosses Geispitz, einem Renaissanceschlösschen der Bischöfe von Speyer. Heute führen Andreas Schäffer und seine Frau Birgit das Gut. Ihre Weinberge liegen alle an den Hängen des Hambacher Schlosses. Wichtigste Rebsorten sind Riesling, Weißburgunder, Gewürztraminer, Portugieser, Dornfelder und Spätburgunder.

Der Riesling Schulhaus gefiel uns 2006 am besten, der Rest der Kollektion war etwas verhalten. 2007 zeigte sich deutlich stärker, Riesling und Spätburgunder Schulhaus führten eine gute, gleichmäßige Kollektion an. Auch 2008 gefällt uns der Riesling Schulhaus wieder besonders gut, hat aber betriebsinterne Konkurrenz bekommen durch einen kraftvollen Weißburgunder.

Weinbewertung

86 . . . 2008 Weißburgunder trocken Hambacher
gute Konzentration, klare reife Frucht, weiße und gelbe Früchte; füllig, harmonisch, klare Frucht, Substanz, Frische **9,80 €**

86 . . . 2008 Riesling trocken „Schulhaus"
gute Konzentration, klare reife Frucht, etwas Zitrus, gelbe Früchte; füllig, harmonisch, reife süße Frucht, Biss **10,80 €**
2005: 85; 2006: 85; 2007: 86.

---

79 2008 Riesling Kabinett trocken Hambacher Rebstöckel **4,80 €/1l**
80 2008 Weißburgunder Kabinett trocken Hambacher Römerbrunnen **5,20 €**
82 2008 „Ajooh" Weißwein trocken **5,20 €**
80 2008 Grüner Silvaner Hambacher Schlossberg **4,95 €**

81 2008 Riesling „Sommerwein" Kabinett Hambacher Schlossberg **5,- €**
83 2007 „Zartbitter" Rotwein trocken **8,80 €**

Schäffer & Zeter ★

Weingut

Pfalz

Weinstraße 275, 67434 Neustadt
Tel. 06321-355605, Fax: 06321-88319
www.schaeffer-zeter.de
info@schaeffer-zeter.de
Besuchszeiten: nach Vereinbarung

Inhaber .... Schäffer & Zeter GbR
.... (Andreas Schäffer,
.... Oliver Zeter, Christian Zeter)
Rebfläche .... keine eigenen Weinberge

Oliver und Christian Zeter, die zusammen mit ihrem Vater die Weinagentur Zeter leiten, haben zusammen mit ihrem Freund Andreas Schäffer, der 1996 das elterliche Weingut übernommen hat (siehe vorstehenden Eintrag) 2007 das Weingut Schäffer & Zeter gegründet. Schäffer & Zeter besitzt keine eigenen Weinberge, sondern bezieht Trauben von ausgewählten Produzenten, denen ein Festbetrag für eine bestimmte Rebfläche garantiert wird. Andreas Schäffer ist verantwortlich für den Weinausbau. Die Weine werden ausschließlich über den Fachhandel vertrieben.

Beim guten Debüt im vergangenen Jahr gefielen uns der Riesling Wetterkreuz und der Spätburgunder Bischofskreuz besonders gut. Eine gleichmäßige Kollektion folgt nach, der schmeichelnde Pinot Noir lässt Ambitionen erkennen.

Weinbewertung

87 . . . 2007 Pinot Noir
rauchige Noten, reife klare Frucht, etwas Herzkirschen; füllig, harmonisch, schmeichelnd, viel reife Frucht, gute Länge **18,- €**

81 2008 Riesling trocken „Wetterkreuz" **7,50 €**
81 2008 Grauburgunder trocken Silberberg **7,50 €**
82 2008 Chardonnay trocken Kirchberg **7,50 €**
81 2007 „Südhang" Rotwein trocken **7,50 €**
83 2007 Spätburgunder trocken Bischofskreuz **9,80 €**

Schätzel ★

Weingut

Rheinhessen

Oberdorfstraße 34, 55283 Nierstein
Tel. 06133-5512, Fax: 06133-60159
www.schaetzel.de
weingut@schaetzel.de, kai@schaetzel.de
Besuchszeiten: 9-19 Uhr

Inhaber .... Kai Schätzel
Rebfläche .... 6,5 Hektar

Seit über 650 Jahren betreibt die Familie Schätzel Weinbau am Rhein. 1850 gründete Jakob Schlamp das Weingut in Nierstein, 1874 erwarb sein Sohn Heinrich das Anwesen „General von Zastrow", Sitz des heutigen Weinguts. Kai Schätzel baut zu 60 Prozent Riesling an. Es folgen 15 Prozent Silvaner und 10 Prozent Spätburgunder, dazu gibt es Müller-Thurgau, Portugieser und andere Rebsorten. Das Programm ist in vier Linien gegliedert: „RheinWeiß" (Rebsortenweine), „RheinSchiefer" (Terroirweine), „General von Zastrow" (Lagenweine) und „Heinrich Schlamp" (Prädikatsweine).

Auf ein gutes Debüt im vergangenen Jahr folgt eine vergleichbar starke, sehr homogen 2008er Kollektion, in der uns die Rieslinge aus Heiligenbaum und Pettenthal besonders gut gefallen.

Weinbewertung

86 ... 2008 Heiligenbaum Riesling trocken
gute Konzentration, viel reife Frucht, etwas gelbe Früchte, herrlich eindringlich; füllig, harmonisch, reife Frucht, gute Substanz **12,- €**

86 ... 2008 Pettenthal Riesling trocken
gute Konzentration, reife Frucht, herrlich eindringlich und klar; füllig, harmonisch, reife Frucht **15,- €**

81 2008 Silvaner „RheinWeiß" trocken **5,50 €**
83 2008 Hipping Silvaner trocken **12,- €**
81 2008 Riesling „RheinWeiß" trocken **5,80 €**
82 2008 Riesling „RheinLöss" trocken **7,20 €**
83 2008 Riesling „RheinSchiefer" trocken **9,50 €**
83 2008 Riesling Kabinett Oelberg **12,- €**
84 2008 Riesling Spätlese Oelberg **16,- €**

★★

Gregor u. Thomas Schätzle

Weingut

Baden

Heinrich-Kling-Straße 38, 79235 Vogtsburg-Schelingen
Tel. 07662-9461-0, Fax: 07662-9461-20
www.weingutschaetzle.de
info@weingutschaetzle.de
Besuchszeiten: Mo.-Fr. 8-12 + 13:30-18 Uhr, Sa. 9-16 Uhr oder nach Vereinbarung

Inhaber .... Thomas Schätzle
Rebfläche .... 12 Hektar

Thomas Schätzle hat das Weingut 1994 von seinem Vater Gregor übernommen. Dieser erbaute 1972 einen Aussiedlerhof außerhalb von Schelingen und verließ 1982 mit damals 5 Hektar Weinbergen die Genossenschaft. Die Weinberge von Thomas Schätzle befinden sich in den Lagen Schelinger Kirchberg (Verwitterungsgestein vulkanischen Ursprungs), Oberbergener Bassgeige (mit Lösslehm überlagertes Vulkangestein) und Amolterer Steinhalde. Wichtigste Rebsorten sind Spätburgunder und Grauburgunder, die jeweils etwa ein Drittel der Rebfläche einnehmen. Dazu gibt es Müller-Thurgau, Weißburgunder und Chardonnay, aber auch Muskateller, Kerner, Gewürztraminer und Merlot. Die Spitzenweine von den Schelinger Terrassen werden lange im Barrique ausgebaut und seit dem Jahrgang 2005 in der Linie „RS" (Reserve Schätzle) angeboten.

Vor zwei Jahren gefiel uns der barriqueausgebaute Spätburgunder besonders gut in einer starken Kollektion, wie auch der barriqueausgebaute Chardonnay. Die RS-Weine und die Grauburgunder Spätlese gefielen auch 2007 sehr gut, die Kabinettweine aber waren etwas verhalten. Ähnlich ist das Bild in der aktuellen Kollektion: Etwas verhaltene Basisweine, aber wieder einmal überzeugende, kraftvolle Barriqueweine.

Weinbewertung

87 ... 2007 Grauburgunder trocken „RS" Schelinger Kirchberg
gute Konzentration, viel reife Frucht, etwas gelbe Früchte; weich, füllig, viel reife Frucht, gute Harmonie, Frische **14,50 €**

88 ... 2008 Chardonnay trocken „RS" Schelinger Kirchberg
würzig, klar, gute Konzentration, reife Frucht, etwas Vanille; füllig, kraftvoll, viel reife Frucht, Substanz, Vanille, gute Struktur **14,50 €**

85 ... 2007 „Unser kleiner Schatz" Spätburgunder trocken Schelinger Kirchberg
frisch, reintönig, fruchtbetont; gute Harmonie, Frische, reintönige Frucht **13,50 €**

88 ... 2007 Spätburgunder trocken „RS" Schelin-

Die besten deutschen Weinerzeuger und ihre Weine

S

ger Kirchberg

gute Konzentration, etwas Gewürze, reintönige reife Frucht; füllig, stoffig, kraftvoll, viel reife Frucht und Substanz **25,- €**

2002: **88**; 2004: **88**; 2005: **88**.

---

80 2008 „Cuvée in Weiß" trocken **6,80 €**

80 2008 Weißburgunder Kabinett trocken Schelinger Kirchberg **7,80 €**

81 2008 Grauburgunder Kabinett trocken Schelinger Kirchberg **7,50 €**

82 2008 Chardonnay Kabinett trocken Schelinger Kirchberg **8,- €**

83 2008 Chardonnay Auslese Schelinger Kirchberg **14,80 €**

84 2008 Gewürztraminer Auslese Oberbergener Bassgeige **12,50 €**

80 2007 „Toccata" Rotwein trocken **9,20 €**

★☆

Leopold **Schätzle**

Weingut

Baden

Wilhelmshöfe 1, 79346 Endingen
Tel. 07642-3361, Fax: 07642-2460
www.schaetzle-weingut.de
leopold@schaetzle-weingut.de

Besuchszeiten: Mo.-Fr. 9-12 + 13:30-18:45 Uhr, Sa. 9-12 + 13:30-15:30 Uhr und nach Vereinbarung

Ferienwohnung

Inhaber........................Leopold Schätzle
Rebfläche............................13,5 Hektar

Leopold Schätzle begann 1970 mit einem Hektar Weinberg und einem gemieteten Keller. Zwei Jahre später baute er einen Aussiedlerhof zwischen Endingen und Riegel. Seine Weinberge liegen in den Endinger Lagen Steingrube (in Alleinbesitz) und Engelsberg. Dazu ist er in den Lagen Oberbergener Bassgeige, Bombacher Sommerhalde, Kenzinger Hummelberg und Hecklinger Burg Lichteneck vertreten. Wichtigste Rebsorte ist Spätburgunder, gefolgt von Riesling, Grauburgunder, Müller-Thurgau, Scheurebe, Weißburgunder und ein klein wenig Gewürztraminer.

Die 2006er Weißweine waren jahrgangsbedingt etwas zurückhaltender, der rote Teil der Kollektion präsentierte sich vor zwei Jahren sehr gleichmäßig. Sehr homogen waren auch die im vergangenen Jahr verkosteten 2006er Rotweine, die 2007er Weißweine blieben hinter früheren Jahren zurück. Die neue Kollektion ist sehr gleichmäßig, bei Vorteilen im roten Segment.

Weinbewertung

85 . . . 2007 Spätburgunder Spätlese trocken Kenzinger Hummelberg

gute Konzentration, klare reife Frucht; füllig, harmonisch, feine süße Frucht, Frische **11,90 €**

86 . . . 2007 „Cuvée Schätzle noir" Rotwein trocken Barrique

würzig, eindringlich, reife Frucht; füllig, harmonisch, viel Frucht, Schokolade, feine Bitternote **14,70 €**

---

82 2008 Scheurebe Kabinett trocken Endinger Engelsberg **7,10 €**

83 2008 Grauburgunder Kabinett trocken Endinger Steingrube **8,50 €**

81 2008 Grauburgunder Kabinett trocken Oberbergener Bassgeige **9,40 €**

82 2008 Riesling Kabinett trocken Endinger Steingrube **7,30 €**

83 2008 Riesling Spätlese trocken Endinger Steingrube **10,80 €**

83 2008 Grauburgunder Spätlese trocken Oberbergener Bassgeige **11,40 €**

83 2008 Riesling Spätlese Endinger Steingrube **10,30 €**

84 2008 Scheurebe Spätlese Endinger Engelsberg **10,60 €**

80 2007 Spätburgunder trocken Hecklinger Burg Lichteneck **8,30 €**
81 2007 Spätburgunder trocken Endinger Engelsberg **7,20 €**
83 2007 Spätburgunder Spätlese trocken Endinger Steingrube **12,90 €**

Schales

★☆

Weingut

Rheinhessen

Alzeyer Straße 160, 67592 Flörsheim-Dalsheim
Tel. 06243-7003, Fax: 06243-5230
www.schales.de
weingut@schales.de
Besuchszeiten: Mo.-Fr. 8-12 + 14-18 Uhr, Sa. 9-13 Uhr oder nach Vereinbarung

Inhaber .... Arno Schales
.... Kurt Schales
.... Christel Schales
Rebfläche .... 60 Hektar

Im 1783 von Christian Schales gegründeten Weingut ist Riesling die wichtigste Rebsorte. Zuletzt hat man den Burgunder- und Rotweinanteil vergrößert, Sauvignon Blanc und Muskateller wurden gepflanzt. Seit dem Jahrgang 2001 findet man beim Weingut Schales wieder einige Weine mit Lagenbezeichnungen auf dem Etikett.

2006 enttäuschte, auch 2007 blieb hinter früheren Jahrgängen zurück, bot aber gleichmäßiges Niveau, nur die Huxelrebe Beerenauslese erinnerte an einstige Spitzen. Auch 2008 sind es edelsüße Weine, aber auch Rotweine, die überzeugen, das trockene weiße Segment präsentiert sich etwas allzu brav.

Weinbewertung

88 . . . 2008 Rieslaner Beerenauslese
viel Konzentration, süße Zitrusfrüchte, Grapefruit, herrlich eindringlich; süß, konzentriert, dick, herrlich viel Frucht und Stoff **17,85 €**

85 . . . 2008 Huxelrebe Beerenauslese
würzig, eindringlich, feiner Duft; süß, konzentriert, dick, dominant **20,23 €/0,375l**

86 . . . 2004 „Cardinalis" Spätburgunder trocken Barrique
würzig, konzentriert, viel reife Frucht; füllig, harmonisch, viel reife süße Frucht, Substanz **20,23 €**

85 . . . 2005 „Cuvée Cardinalis CC" Rotwein trocken
vierzehn Monate Barriqueausbau; reife Frucht, etwas Cassis, rote Früchte; weich, füllig, harmonisch, reife süße Frucht, feine Frische **20,23 €**

86 . . . 2008 Spätburgunder Eiswein
Viel Würze und Duft, eindringlich; süß, konzentriert, dominant, feine Frische und Biss **29,75 €/0,375l**

84 2008 Sauvignon Blanc trocken **6,37 €**
80 2008 Rivaner Classic **4,28 €**
80 2008 Silvaner Classic **4,64 €**
78 2008 Riesling Classic **5,71 €**
80 2008 Chardonnay Classic **6,19 €**
81 2008 Scheurebe Kabinett **5,36 €**
80 2007 Spätburgunder Classic **6,19 €**
80 2004 Cabernet Sauvignon & Merlot trocken **8,33 €**

Schamari-Mühle

★★

Weingut

Rheingau

Grund 65, 65366 Johannisberg
Tel. 06722-64537, Fax: 06722-7421
www.schamari.de
mail@schamari.de
Besuchszeiten: Mo.-Sa. 9-12 + 13-18 Uhr oder nach Vereinbarung
Gutsausschank: April bis Nov. Fr. ab 17 Uhr, Sa./So. ab 15 Uhr

Inhaber .... Petra und Erik Andersson
Rebfläche .... 5 Hektar

Um 1900 war die Schamari-Mühle die letzte noch arbeitende Mühle in Johannisberg, 1929 jedoch wurde auch sie aufgegeben. In den 50er Jahren dann erweckte Erik Andersson senior, Sohn eines schwedischen Kaufmanns und Olympiateilnehmer im Zehnkampf, das Anwesen zu neuem Leben. Seit 1987 hat Erik Andersson junior den Betrieb modernisiert und erweitert. Er baut sowohl Riesling (etwa drei Viertel der Fläche) als auch Spätburgunder an. Andersson bewirtschaftet auch noch das kleine Weingut eines Hamburger Spätburgunderfans mit. Die edelsüßen Weine des Gutes sind unverkennbar, recht füllig, manchmal überraschend cremig, immer saftig. Bei den trockenen Rieslingen experimentiert Andersson schon mal (Vergärung im kleinen Fass).

Die 2006er fielen saftig und rassig aus, waren teilweise mineralisch. 2007 brachte einige beachtliche Weine hervor, vor allem im süßen Bereich. 2008 muss Erik Andersson dem Jahrgang Tribut zollen. Viele Weine wirken verhalten und sind eher schlank, das Erste Gewächs ist derzeit schwer zu beurteilen. Eine reife Spätburgunder Auslese aus 2004 macht jetzt viel Spaß.

Weinbewertung

85 ... 2007 Riesling Sekt brut
klare Frucht, etwas Kräuter; saftig, geradlinig, eher schlank, erfrischend **10,50 €**

85 ... 2008 Riesling Beerenauslese Geisenheimer Kläuserweg
zarte Frucht, Mirabelle, Aprikose; süffig, elegant, gute Länge **25,- €/0,375l**

86 ... 2004 Spätburgunder Auslese trocken Johannisberger Hölle
klare Frucht, reif, kandierte Kirschen, leicht cremig; saftig, süffig, würziger Nachhall **20,- €**

---

77 2008 Riesling „Schoppen" trocken Johannisberger Erntebringer **4,50 €/1l**
81 2008 Riesling Kabinett trocken Geisenheimer Kläuserweg **5,50 €**
84+ 2008 Riesling Erstes Gewächs Geisenheimer Kläuserweg **12,50 €**
79 2008 Riesling „Schoppen" halbtrocken Johannisberger Erntebringer
80 2008 Riesling Kabinett halbtrocken Geisenheimer Kläuserweg **5,50 €**
83 2006 Riesling Kabinett „feinherb" Johannisberger Erntebringer **5,50 €**
84 2008 Riesling Auslese Geisenheimer Kläuserweg **15,- €**
82 2007 Spätburgunder trocken Johannisberger Erntebringer **5,50 €**

★★

Schauß & Sohn
Weingut

Nahe

Römerstraße 5 & 12, 55569 Monzingen
Tel. *06751-2882,* ***Fax:*** *06751-6860*
www.weingut-schauss.de
weingut-schauss@web.de
Besuchszeiten: *Mo.-Fr. 8-19:30 Uhr, Sa. 9-18 Uhr, So. 10-17 Uhr*

Inhaber .... Christa und Elmar Schauß
Rebfläche .... 12,5 Hektar

Das Weingut Schauß wurde im Jahr 1800 in Monzingen gegründet. Teile der heutigen Betriebsgebäude und der Gewölbekeller stammen noch aus dieser Zeit. Die Weinberge von Christa und Elmar Schauß liegen zum größten Teil in den Hang- und Steillagen rund um Monzingen, so im Halenberg und im Frühlingsplätzchen. Wichtigste Rebsorte ist Riesling, dazu gibt es Grauburgunder, Weißburgunder, Gewürztraminer und rote Sorten wie Spätburgunder, Portugieser, Dornfelder und Domina.

Im schwierigen Jahrgang 2006 behauptete sich die Kollektion gut, stand dem Vorjahr nicht nach. Auch 2007 gefiel uns gut, vor allem die trockenen Rieslinge ließen Ambitionen erkennen. Eine vergleichbare Kollektion präsentiert das Weingut mit dem Jahrgang 2008, kann trocken wie edelsüß – Eiswein! – überzeugen.

Weinbewertung

85 . . . 2008 Riesling Spätlese trocken Monzinger Halenberg
konzentriert, reife Frucht, gelbe Früchte, Gewürze; füllig, harmonisch, süße Frucht und Substanz **8,50 €**
2001: **84**; 2004: **86**; 2005: **86**; 2006: **84**; 2007: **85**.

87 . . . 2008 Riesling trocken „Primus omnium" Monzinger Frühlingsplätzchen
gute Konzentration, viel reife Frucht, herrlich eindringlich und würzig; füllig, kraftvoll, reife süße Frucht, gute Substanz und Länge **12,50 €**

89 . . . 2008 Riesling Eiswein Monzinger Halenberg
konzentriert, würzig, dominant, herrlich eindringlich; süß, konzentriert, herrlich viel Frucht und Stoff, reintönig **33,- €**

83 2008 Grauburgunder trocken **6,- €**
83 2008 Weißburgunder trocken **6,10 €**
83 2008 Riesling trocken „vom schiefrigen Kies" Monzinger Frühlingsplätzchen **6,20 €**
82 2008 Riesling trocken „vom Rotliegenden" Monzinger Frühlingsplätzchen **6,20 €**
82 2008 Riesling „S" „feinherb" Monzinger Frühlingsplätzchen **6,20 €**
84 2008 Gewürztraminer „feinherb" (Edition Walfort) **6,40 €**
81 2008 Riesling Hochgewächs Monzinger Frühlingsplätzchen **6,20 €**
82 2007 Pinot Noir trocken Barrique (Edition Walfort) **7,60 €**

Scheidgen ★☆

Weingut

Mittelrhein

Hauptstraße 10, 56598 Hammerstein
Tel. 02635-2329 Fax: 02635-6082
www.weingut-scheidgen.de
winzer@weingut-scheidgen.de
Besuchszeiten: Mo.-Sa. 8-19 Uhr, So. 9:30-18 Uhr
Weinprobierstube bis 60 Personen
Ferienwohnung

Inhaber .... Georg Scheidgen
Rebfläche .... 15,5 Hektar

Die Weinberge des Weingutes Scheidgen liegen in verschiedenen Lagen der Gemarkungen Rheinbrohl, Hammerstein und Leutesdorf. Elf verschiedene Rebsorten baut Georg Scheidgen an. Neben Riesling gibt es auch Weiß- und Grauburgunder, Chardonnay, Silvaner, Kerner und Müller-Thurgau, sowie an Rotweinsorten Portugieser, Dornfelder und Spätburgunder. Die Weißweine werden kühl vergoren, die Rotweine werden maischevergoren.

Nach jahrgangsbedingt schwächeren 2006er Weinen, mit Vorteilen bei den Burgundern, hatte 2007 Riesling die Nase vorne, allen voran die Selection von alten Reben aus den Hammersteiner In den Layfelsen. Sein Nachfolger aus dem Jahrgang 2008 ist nun unser eindeutiger Favorit in der neuen, ansonsten sehr gleichmäßigen Kollektion des Jahrgangs 2008.

Weinbewertung

87 . . . 2008 Riesling Selection „Alte Reben" Hammersteiner In den Layfelsen
gute Konzentration, feine Würze, viel reife Frucht, eindringlich; füllig, kraftvoll, reife Frucht, viel Substanz, süffig **10,90 €**

83 2008 Weißburgunder trocken Hammersteiner Hölle **6,90 €**
81 2008 Grauburgunder trocken Hammersteiner Schlossberg **6,90 €**
81 2008 Riesling Hochgewächs trocken Hammersteiner Schlossberg **4,50 €**
79 2008 Riesling Hochgewächs halbtrocken Hammersteiner In den Layfelsen **4,90 €**
79 2008 Riesling Kabinett halbtrocken **5,40 €**
82 2008 Riesling Spätlese halbtrocken Leutesdorfer Gartenlay **6,40 €**
84 2008 Riesling Spätlese „Edition No. 1" Leutesdorfer Gartenlay **7,90 €**
84 2008 Riesling Auslese Hammersteiner **10,90 €**

Adolf Schembs ★★★☆
Weingut

Rheinhessen

Schmiedgasse 23, 67550 Worms
Tel. 06241-52056, Fax: 06241-591720
www.schembs-worms.de
info@schembs-worms.de
Besuchszeiten: nur nach Vereinbarung
Weingeschäft in der Herrnsheimer Hauptstraße 50,52,54 (Do./Fr. 15-19 Uhr, Sa. 10-14 Uhr)

Inhaber .... Arno Schembs
Rebfläche .... 10 Hektar

Wichtigste Rebsorten bei Arno Schembs sind Riesling und Spätburgunder, die zusammen mehr als die Hälfte seiner Weinberge einnehmen. Dazu gibt es vor allem noch Weißburgunder und Grauburgunder, Schwarzriesling, Dornfelder und Chardonnay. Die Weine baut er „eigentlich nur trocken" aus. Bereits Mitte der achtziger Jahre begann er sich im Vertrieb auf den Fachhandel zu konzentrieren. Seine Weinberge liegen in verschiedenen Gemeinden im Norden von Worms, auch im Wormser Liebfrauenstift Kirchenstück, einer ehemals sehr berühmten Lage (und Namensgeber für die Liebfraumilch), ist er vertreten. Zusammen mit Freunden hat er Räumlichkeiten im Herrnsheimer Schloss gepachtet, wo eine Weinstube eröffnet werden soll. Jeweils einen Weiß- und Rotwein (maximal 8.888 Flaschen) wird er zukünftig im Schloss keltern und ausbauen.

Vor zwei Jahren war die Kollektion stark, Riesling und Spätburgunder gefielen besonders, ebenso, wie schon in früheren Kollektionen, der Sekt. Eine sehr konsistente Kollektion präsentierte Arno Schembs im vergangenen Jahr. Die Weine waren fruchtbetont und reintönig, der Riesling aus dem Liebfrauenstück glänzte mit feiner Mineralität, die 2006er Rotweine überraschten mit Frucht und Struktur. Auch in diesem Jahr stellte uns Arno Schembs wieder eine ganz starke Kollektion vor, angeführt vom Riesling aus dem Liebfrauenstift Kirchenstück und dem wunderschön eleganten 3-Sterne-Spätburgunder. Die Sekte überzeugen wie gewohnt, der Sauvignon Blanc ist klar und zupackend.

Weinbewertung

87 . . . 2007 Cuvée Schembs Sekt brut
konzentriert, würzig, herrlich eindringlich; gute Fülle und Kraft, rauchige Noten, viel Substanz, jugendlich **12,50 €**

85 . . . 2007 „Wild at heart" Riesling Sekt brut
würzig, klar, eindringlich; füllig, harmonisch, gute Substanz und Frucht **12,50 €**

85 . . . 2008 Riesling trocken
frisch, würzig, reintönige Frucht; kraftvoll, füllig, harmonisch, gute Länge **6,50 €**

87 . . . 2008 Sauvignon Blanc
klar, konzentriert, herrlich viel Frucht, reintönig; füllig, kraftvoll, viel reife Frucht, Substanz, Frische **10,- €**

85 . . . 2008 Pinot (blanc de) Noir trocken

gute Konzentration, feine Würze; weich, harmonisch, reife süße Frucht **7,80 €**

90 . . . 2008 Riesling trocken Wormser Liebfrauenstift Kirchenstück
würzig, klar, herrlich eindringlich, dezent Zitrus und Limone; füllig, kraftvoll, reife Frucht, gute Substanz, Struktur und Länge, feine mineralische Noten **18,- €**
2002: 82; 2001: 85; 2002: 88; 2003: 90; 2004: 87; 2005: 88; 2007: 88.

85 . . . 2008 Frühburgunder
feine Würze und Frucht, klar, füllig, fruchtbetont, dezent Vanille, Struktur und Biss **12,50 €**

85 . . . 2007 Dornfelder Barrique
gute Konzentration, etwas Gewürze, Toast, reife Frucht; füllig, kraftvoll, reife Frucht, gute Struktur, jugendlich **9,- €**

85 . . . 2007 St. Laurent Barrique
rauchige Noten, reintönige Frucht, eindringlich; klar, harmonisch, elegant, Struktur und Frische **10,- €**

86 . . . 2007 Blauer Spätburgunder Barrique
würzig, klar, reife Frucht; kraftvoll, klar, zupackend, feine Frucht, jugendliche Tannine **14,- €**

89 . . . 2007 Blauer Spätburgunder* Barrique**
herrlich reintönige Frucht, rauchige Noten, gute Konzentration, reife Frucht; kraftvoll, reintönig, elegant, gute Struktur, Frische, Länge, jugendlich **24,50 €**

84 2008 Grauer Burgunder trocken **8,- €**
80 2008 „Wilder Wonnegauer" Riesling **6,- €/1l**
84 2008 „Muskat" **6,- €**

★★

Scherner-Kleinhanss

Weingut

Rheinhessen

Alzeyer Straße 10, 67592 Flörsheim-Dalsheim
Tel. 06243-435, Fax: 06243-5665
www.scherner-kleinhanss.de
info@scherner-kleinhanss.de
Besuchszeiten: nach Vereinbarung
Kulinarische Weinproben

Inhaber .... Klaus Scherner
Rebfläche .... 12 Hektar

Seit 1726 ist das Gut in Familienbesitz, wird heute in neunter Generation von Klaus Scherner geführt. Klaus Scherner war nach seinem Studium in Geisenheim vier Jahre in Nordamerika tätig, bevor er die Verantwortung im Weingut der eigenen Familie übernahm. Seine wichtigsten Rebsorten sind die Burgundersorten, Riesling und Silvaner. Die Weine werden überwiegend trocken ausgebaut.

Seit einem Jahrzehnt nun stellen wir Jahr für Jahr die Weine von Klaus Scherner vor, und immer überzeugen uns die Kollektionen mit gutem Niveau bei nach wie vor moderaten Preisen. Oft ist es ein Riesling aus dem Goldberg, der uns besonders gefällt, hin und wieder sind es barriqueausgebaute Weine oder edelsüße Spitzen.

Vor zwei Jahren überzeugte die Kollektion weiß wie rot, trocken wie süß. Die letztjährige Kollektion gefiel uns ebenfalls, angefangen vom schönen Literriesling, herausragend war einmal mehr die Ortega Trockenbeerenauslese. Die neue Kollektion ist ein wenig verhaltener, Riesling „S" und Cuvée „J" sind unsere Favoriten.

Weinbewertung

86 . . . 2008 Riesling „S" Spätlese trocken Nieder-Flörsheimer Goldberg
gute Konzentration, feine Würze und Frucht, herrlich eindringlich; füllig, harmonisch, viel reife Frucht, gute Substanz und Länge **7,40 €**

85 . . . 2007 Cuvée „J" Rotwein trocken
Barriqueausbau; fruchtbetont, intensiv, rote und dunkle Früchte; füllig, kraftvoll, viel reife Frucht, feine Bitternoten **8,- €**

78 2008 Riesling trocken **3,90 €/1l**
82 2008 Weißburgunder trocken Nieder-Flörsheimer Frauenberg **4,70 €**
81 2008 Silvaner Kabinett trocken Monsheimer Rosengarten **4,50 €**
84 2008 Riesling Spätlese trocken Dalsheimer Bürgel **7,40 €**

★★★☆

Scheu

Weinhof

Pfalz

Hauptstraße 33, 76889 Schweigen-Rechtenbach
***Tel.** 06342-7229, **Fax:** 06342-919975*
www.weinhof-scheu.de
weinhof.scheu@t-online.de
***Besuchszeiten:** Mo.-Do. nach Vereinbarung, Fr./Sa. 9-18 Uhr*

Inhaber .... Familie Scheu
Rebfläche .... 12,5 Hektar

Der Weinhof Scheu wurde 1964 mit damals 2 Hektar Reben von Günter Scheu und seiner Frau gegründet. 1996 hat Klaus Scheu den Betrieb übernommen. Die Weinberge liegen im Schweigener Sonnenberg, der aus klar unterscheidbaren Teillagen besteht. Die besten Weine tragen seit dem Jahrgang 2004 diese Teillagen-Namen: Im Raedling mit seinem Boden aus Kalkgestein und schwerem Letten wachsen Weiß- und Grauburgunder, im Strohlenberg – Kalkboden, der mit Buntsandstein, Silikat und Sand versetzt ist – werden Riesling und Weißburgunder angebaut. Beide liegen auf französischem Staatsgebiet. Im der Kernlage, dem ursprünglichen Sonnenberg mit seinen leichteren Böden stehen vor allem Riesling und Gewürztraminer. Riesling und Weißburgunder sind die wichtigsten Sorten im Betrieb. Hinzu kommen Grauburgunder, Spätburgunder, Müller-Thurgau, Scheurebe, Rieslaner und Gewürztraminer.

Seit einem Jahrzehnt empfehlen wir die Weine von Klaus Scheu, schon damals hat uns die Reintönigkeit und Frische der gesamten Kollektion sehr gut gefallen. Jahr für Jahr präsentiert er zuverlässig gute Kollektionen, in denen schon die Kabinettweine viel Freude bereiten. In der Spitze hat er zuletzt weiter zugelegt, die Weine haben an Kraft, Fülle und Nachhaltigkeit gewonnen.

2006 waren die Basisweine etwas zurückhaltender als gewohnt, die Spitzen, vor allem die beiden Weißburgunder, bestachen mit Fülle und Substanz. Die 2007er Kollektion zeigte sich ganz stark: Reintönige, zuverlässige Kabinettweine, faszinierend klare Spätlesen. Die Rieslinge gefielen, besonders beeindruckt hat uns der Weißburgunder Strohlenberg. Mit dem Jahrgang 2008 wird aus Raedling Ratling, aus Strohlenberg Strohlen. Die Kollektion aber bestiche unverändert durch ihr gutes Niveau, bietet kraftvolle trockene Weißweine und vermag auch im restsüßen Segment zu überzeugen.

Weinbewertung

85 . . . 2008 Riesling Kabinett trocken
frisch, klar, etwas Limone; klar, frisch, zupackend, feine Frucht und Biss **5,40 €**

85 . . . 2008 Riesling trocken „Kalkstein"
recht würzig, eindringlich, klar; füllig, kompakt, reife Frucht **7,50 €**

87 . . . 2008 Riesling Spätlese trocken „Ratling"
bisher Raedling; gute Konzentration, feine Würze und Frucht, eindringlich; füllig, kraftvoll, reife Frucht, gute Substanz, Frische **8,90 €**

88 . . . 2008 Riesling Spätlese trocken Sonnenberg
gute Konzentration, viel reife Frucht, viel Würze, do-

minant; füllig, stoffig, klare reife Frucht, Kraft und Substanz **11,50 €**

88 . . . 2008 Weißburgunder Spätlese trocken „Ratling"

bisher Raedling; konzentriert, klare reife Frucht, feine Würze, weiße Früchte, herrlich eindringlich; füllig, kraftvoll, viel reife Frucht, Substanz, Länge **8,90 €**

2004 (1. Jg.): 88; 2005: 86; 2006: 87; 2007: 88.

85 . . . 2008 Gewürztraminer Spätlese

konzentriert, reintönige Frucht, Rosen; füllig, harmonisch, schmeichelnd, süße Frucht, gute Länge **8,- €**

86 . . . 2008 Scheurebe Spätlese

feine Würze, Johannisbeeren, herrlich eindringlich; füllig und schmeichelnd, reife süße Frucht, feine Frische **9,- €**

87 . . . 2008 Rieslaner Auslese

feine Würze, klar, dezent Grapefruit; stoffig, direkt, reintönige Frucht, Biss **8,- €/0,375l**

83 2008 Weißburgunder Kabinett trocken **5,40 €**

83 2008 Grauburgunder Kabinett trocken **5,40 €**

★

Scheuring

Weingut

Franken

Lutzgasse 6, 97276 Margetshöchheim

Tel. 0931-463633, Fax: 0931-3046438

www.weingut-scheuring.de

info@weingut-scheuring.de

Besuchszeiten: jederzeit nach Vereinbarung, Sa. 8-15 Uhr

Heckenwirtschaft

Inhaber .... Kurt und Angelika Scheuring

Rebfläche .... 9 Hektar

..... (davon 3 Hektar Selbstvermarktung)

Die Familie Scheuring betreibt seit 1983 Weinbau in Margetshöchheim und in den umliegenden Gemeinden Erlabrunn, Leinach, Thüngersheim, Retzbach und Stetten. Es werden Müller-Thurgau, Silvaner, Bacchus, Scheurebe, Kerner, Weißburgunder und Grauburgunder angebaut, dazu die roten Sorten Domina, Blaufränkisch, Spätburgunder und Cabernet Dorsa. 2007 ist Tochter Ilonka, nach Ausbildung zur Weinküferin, Auslandsaufenthalten in Südtirol und Neuseeland und Abschluss als Weinbautechnikerin, in den Betrieb mit eingestiegen.

Weinbewertung

86 . . . 2008 Grauburgunder Spätlese trocken Retzbacher Benediktusberg

gute Konzentration, klare wenn auch zurückhaltende Frucht; weich, füllig, harmonisch, feine Frische und süße Frucht **6,- €**

80 2008 Müller-Thurgau **3,80 €/1l**

83 2008 Silvaner Kabinett trocken Stettener Stein **5,- €**

81 2008 Scheurebe 4,50 €

83 2008 Riesling Kabinett Thüngersheimer Scharlachberg **5,- €**

82 2007 Cabernet Dorsa trocken **4,20 €**

★

Adolf Schick

Weingut

Rheinhessen

Krainergasse 1, 55270 Jugenheim

Tel. 06130-256, Fax: 06130-8211

www.weingutschickjugenheim.de

weingut.schick@t-online.de

Besuchszeiten: Mo.-Fr.

Hotel-Restaurant Weedenhof

Inhaber .... Susanne Schick

Betriebsleiter .... Stefan Steinheuer

Rebfläche .... 12 Hektar

Seit 1590 ist die Familie in Jugenheim ansässig. Wichtigste Rebsorten von Susanne Schick sind die Burgundersorten, Chardonnay, Riesling, Kerner, Portugieser und Dornfelder. Seit 1995 ist dem Weingut das Hotel-Restaurant Weedenhof angeschlossen. Seit 2008 ist Stefan Steinheuer Betriebsleiter und Kellermeister. 2007 begann das Weingut mit der Umstellung auf ökologischen Weinbau, ist seit 2008 Mitglied bei Ecovin.

Beim guten Debüt im vergangenen Jahr hatten uns Weißburgunder „SL" und die barriuqeausgebaute Spätburgunder Auslese aus dem Jahrgang 2006 besonders gut gefallen. Die neue Kollektion ist sehr gleichmäßig, bietet gutes Niveau, trocken wie süß.

Weinbewertung

80 2008 Weißburgunder Kabinett trocken **4,20 €**
79 2008 Chardonnay trocken **4,20 €**
80 2008 Schwarzriesling Blanc de Noir trocken **5,30 €**
81 2008 „Sommercuvée" Weißwein trocken Jugenheimer Goldberg **4,50 €**
83 2008 Riesling Spätlese trocken Jugenheimer Goldberg **6,20 €**
82 2008 Riesling trocken „Kalkmergel" **8,50 €**
83 2008 Gewürztraminer Spätlese halbtrocken Jugenheimer Goldberg **6,20 €**
84 2008 Riesling Auslese Goldberg **7,80 €**
81 2007 Portugieser trocken „Alte Rebe" **6,50 €**
80 2006 „Cuvée 3" Rotwein trocken **8,- €**

★★

Michael Schiefer
Weingut

Württemberg

Südstraße 12, 74348 Lauffen
***Tel.** 07133-203821, **Fax:** 07133-203823*
www.weingut-schiefer.de
info@weingut-schiefer.de
***Besuchszeiten:** Sa. 9-15 Uhr und nach Vereinbarung*

Inhaber .... Michael Schiefer
Rebfläche .... 4 Hektar

Michael Schiefer studierte nach Winzerlehre bei Jürgen Ellwanger und Geisenheim-Studium zunächst in Berlin und Lissabon Musikwissenschaft und Philosophie, bevor er im Jahr 2000 doch den elterlichen Betrieb übernahm und aus der Genossenschaft austrat. Vor allem die Burgundersorten baut er an, aber auch Trollinger, Lemberger, Kerner und Gewürztraminer. Spätburgunder möchte er in den kommenden Jahren weiter forcieren. Die Rotweine werden vier bis sechs Wochen auf der Maische vergoren.

Vor zwei Jahren wartete Michael Schiefer mit kraftvollen 2004ern auf, aber auch die jüngeren Rotweine und die Weißweine überzeugten voll und ganz. Eine vergleichbare Kollektion folgte im vergangenen Jahr nach, wiederum mit vielen kraftvollen, strukturierten Rotweinen. Mit dem Jahrgang 2008 versucht Michael Schiefer sich nun an edelsüß – das Ergebnis überzeugt. Das rote Segment bietet wieder kraftvolle, geradlinige Weine, Spätburgunder und Samtrot gefallen uns besonders gut.

Weinbewertung

85 . . . 2008 Weißburgunder Spätlese trocken
gute Konzentration, klare reife Frucht, feine Würze; füllig, harmonisch, viel reife Frucht, Substanz und Frische **7,50 €**
2005: 84; 2006: 85; 2007: 85.

86 . . . 2008 „Quint" Kerner Beerenauslese
würzig, frisch, eindringlich, gute Konzentration; füllig, schmeichelnd, reife süße Frucht, Biss **19,- €/0,375l**

88 . . . 2008 „Quintessenz" Kerner Trockenbeerenauslese
würzig, eindringlich, etwas Trockenfrüchte; süß, dick, konzentriert, herrlich viel Stoff **29,- €/0,375l**

86 . . . 2007 Spätburgunder* trocken**
konzentriert, feine Würze und Frucht, eindringlich; füllig, kraftvoll, reife Frucht, gute Substanz **13,50 €**
87 . . . 2007 Samtrot** trocken**
gute Konzentration, Würze, reife Frucht; füllig, kraftvoll, stoffig, viel Substanz, ganz dezent Schokolade im Hintergrund **17,- €**

84	2008 Kerner Kabinett trocken **5,- €**
82	2008 Grauburgunder Spätlese trocken **7,- €**
80	2008 Trollinger trocken **5,- €/1l**
83	2008 Trollinger* trocken **6,- €**
83	2007 „Mirot" Rotwein trocken **5,50 €**
81	2007 Lemberger trocken **6,- €**
84	2007 Lemberger** trocken **10,- €**

★★

Frank Schiele
Weinbau

Baden

Weieräcker 17, 69231 Rauenberg
Tel. 06222-62040, Fax: 06222-769747
f.schiele@online.de
Besuchszeiten: nach Vereinbarung

Inhaber .... Frank Schiele
Rebfläche .... 1 Hektar

Frank Schiele baut zu 65 Prozent rote Sorten an, Spätburgunder, Cabernet Sauvignon und Merlot, 35 Prozent nehmen weiße Sorten ein: Chardonnay, Auxerrois und Grauburgunder. 2005 erzeugte er seine ersten Weine. Alle Weine sind trocken. Die Rotweine werden etwa drei Wochen maischevergoren, die Weißweine bei etwa 13 Grad kühl vergoren.

Nach einem starken Debüt vor zwei Jahren bestätigte Frank Schiele mit der letztjährigen Kollektion den guten Eindruck aus dem Vorjahr. Die 2007er Weißweine besaßen Frucht und Struktur, bei wenig Alkohol, die 2006er Barriqueweine, weiß wie rot, waren kraftvoll und zupackend. 2007 hat Frank Schiele nur rote Barriqueweine erzeugt, diese präsentieren sich wie ihre Vorgänger kraftvoll, zupackend und tanninbetont. Die 2008er Weißweine sind frisch und klar, aber ein klein wenig verhaltener als in den beiden vorausgegangenen Jahren.

Weinbewertung

87 . . . 2007 Spätburgunder trocken Barrique
feine rauchige Noten, herrlich reintönige Frucht, ganz dezenter Toast, auch Schokolade im Hintergrund; füllig, kraftvoll, reife Frucht, gute Struktur, jugendliche Tannine **13,- €**
86 . . . 2007 „Cuvée M" Rotwein trocken Barrique
jeweils etwa ein Drittel Spätburgunder, Cabernet Sauvignon und Merlot; Gewürze, rote und dunkle Früchte, etwas Toast; Fülle, Kraft, Substanz, dezent Schokolade, Kräuter, Tannine **13,- €**
87 . . . 2007 „Cuvée Andrea" Rotwein trocken Barrique
Cabernet Sauvignon und Merlot; rauchige Noten, reife Frucht, etwas rote Früchte, ganz dezent Schokolade im Hintergrund; kraftvoll, klar, gute Struktur, Fülle, jugendliche Tannine **13,50 €**
86 . . . 2007 Cabernet Sauvignon trocken Barrique
frisch, klar, etwas Johannisbeeren und Paprika; klar, frisch, zupackend, gute Fülle, jugendlich **14,- €**
87 . . . 2007 Merlot trocken Barrique
gute Konzentration, reife Frucht, etwas Herzkirschen; füllig, harmonisch, gute Substanz, ganz dezent Schokolade, jugendlich **14,- €**

84	(2008) Secco **8,50 €**
82	2008 Grauburgunder Kabinett **7,50 €**
83	2008 „Cuvée Weiß" **7,50 €**
83	2008 Auxerrois Kabinett **7,50 €**
83	2008 Chardonnay Kabinett **7,50 €**
83	2008 Rosé Kabinett **7,50 €**

★

Ernst-Peter Schilling

Weingut

Rheingau

Taunusstraße 5, 55246 Kostheim
Tel. 06134-3260, Fax: 06134-61044
www.weingut-schilling.de
info@weingut-schilling.de
Besuchszeiten: Mo. 9-12 Uhr, Di.-Fr. 9-12 und 16.30-19 Uhr, Sa. 9-13 Uhr und nach Vereinbarung

Inhaber .... Ernst-Peter Schilling
Rebfläche .... 5 Hektar

Das Weingut Schilling ist ein Familienbetrieb in Kostheim, der nach dem Krieg wieder aufgebaut wurde und heute in dritter Generation von Ernst-Peter und Nadia Schilling geführt wird. Sie bauen vor allem Riesling und Spätburgunder an, dazu gibt es Weißburgunder und Chardonnay.

2007 überzeugte, die 2008er sind saftig und frisch.

Weinbewertung

85 . . . 2007 Riesling „Alte Rebe" trocken
Kräuter, feine Frucht, Mirabellen; saftig, straff, markante Säure **4,- €/0,5l**

85 . . . 2007 Spätburgunder Weißherbst Auslese
reife Frucht, Beeren, etwas Kräuter; direkt, saftig, eher herbe Würze **5,20 €/0,5l**

79 2008 Riesling trocken **3,20 €/1l**
83 2008 Riesling trocken „E.P". **4,50 €**
79 2007 Chardonnay trocken „Barrique" **5,20 €**
84+ 2008 Riesling „Alte Rebe" trocken **5,- €/0,5l**
82 2008 Riesling Classic **4,80 €**
84 2008 Riesling „feinherb" **3,20 €/1l**
84 2007 Riesling Auslese 5,20 €/0,5l
77 2008 Spätburgunder Weißherbst Kabinett „feinherb" **4,50 €**
81 2007 Spätburgunder trocken **4,50 €**

★☆

Schindler

Weingut

Baden

Bachgasse 4, 79379 Müllheim
Tel. 07631-2597, Fax: 07631-174306
www.weingut-schindler.de
info@weingut-schindler.de
Besuchszeiten: Mo.-Fr. 9-12:30 + 14-18:30 Uhr, Sa. 9-13 + 15-18 Uhr

Inhaber .... Wolfgang Schindler
Rebfläche .... 8 Hektar

Großvater und Vater von Wolfgang Schindler haben ihre Trauben noch an die Genossenschaft abgeliefert. Wolfgang Schindler hat vor mehr als zwanzig Jahren das Weingut mit damals 4 Hektar Weinbergen übernommen und auf Selbstvermarktung umgestellt. Damals wie heute war das Weingut ein Burgunderbetrieb mit 40 Prozent Spätburgunderanteil, aber auch Weiß- und Grauburgunder. Wichtig ist natürlich auch der Gutedel. Als Spezialitäten pflegt Wolfgang Schindler Riesling und Muskateller. Zuletzt hat er Chardonnay angelegt und ein wenig Regent. Die Weinberge von Wolfgang Schindler befinden sich vor allem in Müllheim (Sonnhalde, Reggenhag, Pfaffenstück), wo die Reben teils auf Löss, teils auf sehr schweren Böden wachsen. Auch in Badenweiler (Römerberg) und Auggen (Schäf) besitzt er Parzellen. Die Weißweine werden kühl vergoren und lagern bis zur Abfüllung im März auf der Feinhefe. Der Spätburgunder wird je nach Jahrgang ganz oder teilweise im Barrique ausgebaut.

2006 waren die Weine alle sehr klar und sauber. Die letztjährige Kollektion präsentierte sich sehr homogen, bot reintönige Weine zu kleinen Preisen. Eine ebenso homogene Kollektion präsentiert Wolfgang

Schindler in diesem Jahr, die Weine sind wie gewohnt fruchtbetont und reintönig, die Preise nach wie vor sehr moderat.

Weinbewertung

85 . . . 2007 Spätburgunder Spätlese trocken Müllheimer Sonnhalde
gute Konzentration, feine Würze, rote Früchte; füllig, kraftvoll, reintönige Frucht, gute Struktur **8,40 €**

82 2008 Gutedel trocken Badenweiler Römerberg **4,10 €**
82 2008 Gutedel trocken Müllheimer Reggenhag **4,10 €**
84 2008 Grauburgunder Kabinett trocken Müllheimer Sonnhalde **4,90 €**
84 2008 Weißburgunder Kabinett trocken Müllheimer Sonnhalde **4,90 €**
81 2008 Chardonnay Kabinett trocken Müllheimer Sonnhalde **4,90 €**
83 2008 Pinot Noir Blanc de Noirs trocken **4,90 €**
83 2007 Cabernet Mitos trocken Müllheimer Sonnhalde **5,20 €**
82 2007 Spätburgunder trocken Müllheimer Sonnhalde **5,20 €**

★☆

Freiherr von Schleinitz
Weingut

Mosel

Kirchstraße 17, 56330 Kobern-Gondorf
Tel. 02607-972020, Fax: 02607-972022
www.vonschleinitz.de
weingut@vonschleinitz.de
Besuchszeiten: täglich außer Sonntag 9-17 Uhr

Inhaber .... Konrad Hähn
Rebfläche .... 8,5 Hektar

Karlheinz Hähn, dessen Familie schon seit dem 17. Jahrhundert Weinbau an der Mosel betreibt, erwarb 1956 das Weingut der Freiherren von Schleinitz. Inzwischen werden 8,5 Hektar bewirtschaftet, darunter 90 Prozent Riesling und etwas Spätburgunder. Verantwortlich für die Weinbereitung ist seit 1991 Konrad Hähn, der zuvor in namhaften Betrieben Deutschlands und Frankreichs gearbeitet hatte. Die Weine werden im Edelstahl ausgebaut und vergleichsweise spät abgefüllt. Sie sind elegant und frisch, manchmal ein wenig füllig.

Aus dem Jahrgang 2006 wurden nur wenige Weine vorgestellt. Die 2007er waren gelungen. Zwei verkostete 2008er genügen nicht, um sich ein Bild des Jahrgangs zu machen.

Weinbewertung

85 . . . 2007 Riesling Spätlese trocken Koberner Uhlen
reife Frucht, klar, etwas Melone, Steinobst; saftig, würzig, hat Substanz **9,50 €**

79 2007 Guts-Riesling trocken **5,- €**
81 2007 Guts-Riesling halbtrocken **5,- €**
84 2007 Riesling Spätlese „feinherb" Koberner Weißenberg **8,- €**
79 2008 Spätburgunder Rosé trocken **5,- €**
79 2008 Spätburgunder trocken Blanc de Noir **6,- €**

★★★★

Schlör
Weingut

Baden

Martin-Schlör-Straße 22, 97877 Wertheim-Reicholzheim
Tel. 09342-4976, Fax: 09342-6959
www.weingut-schloer.de
info@weingut-schloer.de
Besuchszeiten: nach Vereinbarung
Besenwirtschaft im Gewölbekeller (2 Wochen im November, 2 Wochen nach Aschermittwoch)

Inhaber .... Konrad Schlör
Rebfläche .... 5 Hektar

Das Weingut Schlör in Reicholzheim liegt im badischen Teil des Taubertals. Seit 1983, nach dem Austritt aus der Genossenschaft, vermarkten Konrad und Monika Schlör ihre Weine selbst. Die Weinberge liegen alle im Reicholzheimer First, wo die Reben auf Muschelkalkböden mit hohem Steinanteil wachsen. Wichtigste Rebsorten sind Müller-Thurgau, Riesling, Spätburgunder und Schwarzriesling. Dazu gibt es Kerner, Bacchus, Weißburgunder, Dornfelder und Silvaner. 40 Prozent der Rebfläche nehmen rote Reben ein, wobei Konrad Schlör diesen Anteil keinesfalls steigern will. Die Weißweine werden kühl oder kalt vergoren, die Rotweine maischevergoren. Ausgewählte Weine baut Konrad Schlör im Barrique aus.

Seit einem Jahrzehnt empfehlen wir die Weine von Konrad Schlör, mit einer starken Kollektion haben wir ihn schon in der ersten Ausgabe gelobt. Seither ist es weiter vorangegangen, hat er in der Spitze weiter zugelegt, vor allem mit Spätburgunder und Schwarzriesling, aber auch die Kabinettweine sind stetig besser geworden: Eine tolle Entwicklung.

Vor zwei Jahren hatte Konrad Schlör ganz starke 2005er Rotweine, aber auch die Weißweine behaupteten sich 2006 gut. Sehr homogen präsentierte sich die letztjährige Kollektion, weiß wie rot. Sicherlich, die 2006er Rotweine erreichten nicht ganz das Niveau ihrer Vorgänger, für den Jahrgang aber waren sie sehr beachtlich. Umso schöner sind dafür nun die 2007er, bestechen mir Reintönigkeit und Eleganz, allen voran der First Pinot Noir. Der weiße Teil der Kollektion präsentiert sich geschlossen, schon die Kabinettweine bereiten viel Freude. Starke Kollektion!

Weinbewertung

86 . . . 2007 Pinot Blanc de Noir Sekt brut
würzig, eindringlich, dezent rauchige Noten; füllig, saftig, viel Substanz, Frische und Frucht **10,- €**

85 . . . 2008 Müller-Thurgau Kabinett trocken Reicholzheimer First
frisch, fruchtbetont, feine Muskatnote, herrlich reintönig; klar, frisch, feine süße Frucht, süffig **5,20 €**
2001: 86; 2002: 86; 2004: 85; 2005: 85; 2006: 84; 2007: 84.

86 . . . 2008 Silvaner Kabinett trocken Reicholzheimer First
frisch, fruchtbetont, wunderschön reintönig; reintönige Frucht, gute Harmonie, Frische **6,90 €**
1999: 87; 2000: 86; 2001: 87; 2002: 85; 2004: 85; 2005: 86; 2006: 86; 2007: 85.

87 . . . 2008 Riesling Spätlese trocken Reicholzheimer First
klar, konzentriert, würzig; füllig, harmonisch, reife süße Frucht, Substanz und Frische **9,80 €**
1999: 87; 2001: 88; 2002: 88; 2003: 88; 2005: 87; 2006: 88; 2007: 86.

87 . . . 2008 Weißburgunder Spätlese trocken Reicholzheimer First
gute Konzentration, klare reife Frucht, weiße Früchte; füllig, geradlinig, gute Substanz und Länge **9,50 €**
1999: 88; 2001: 88; 2002: 90; 2005: 87; 2006: 86; 2007: 84.

87 . . . 2007 Weißburgunder Spätlese trocken „KS" Barrique Reicholzheimer First
gute Konzentration, Vanille, dezent Gewürze; kraftvoll, gute Substanz und Struktur, reife Frucht, Vanille **15,- €**

85 . . . 2007 „M" Rotwein trocken Reicholzheimer First
fruchtbetont, klar, feine Frische; frisch, direkt, feine Frucht und Biss **8,- €**

87 . . . 2007 Schwarzriesling trocken Reicholzheimer First
herrlich reintönige Frucht, Kirschen, dezent rauchige Noten; klar, harmonisch, elegant, feine Frische, reintönige Frucht **10,- €**

2004: **87**; 2005: **87**; 2006: **86**.

88 . . . 2007 Spätburgunder trocken Barrique Reicholzheimer First
feine rauchige Noten, reintönige Frucht, herrlich eindringlich; frisch, direkt, klare Frucht, Säure und Biss, wunderschön reintönig **15,- €**

90 . . . 2007 Schwarzriesling „R" Reicholzheimer First
gute Konzentration, reintönige Frucht, etwas Kirschen, rauchige Noten; harmonisch, elegant, reife Frucht, gute Struktur, Frische und Länge **19,- €**
(ab 2004 „R") 1999: **85**; 2001: **88**; 2002: **87**; 2003: **89**; 2004: **89**; 2005: **89**; 2006: **88**.

91 . . . 2007 Spätburgunder „R" Reicholzheimer First
herrlich reintönige Frucht, feine rauchige Noten, wunderschön klar und eindringlich; harmonisch, elegant, reintönige reife Frucht, gute Struktur, Frische, viel Länge und Nachhall **25,- €**
2003: **91**; 2004: **89**; 2005: **92**; 2006: **88**.

92 . . . 2007 First Pinot Noir
gute Konzentration, faszinierend viel Frucht, feiner Toast, herrlich eindringlich und reintönig; füllig, stoffig, herrlich viel Frucht und Kraft, gute Struktur und Länge, viel Nachhall **42,- €**

★★★★☆

H. Schlumberger

Privat-Weingut

Baden

Weinstraße 19, 79295 Laufen
Tel. 07634-8992, Fax: 07634-8255
www.schlumbergerwein.de
info@schlumbergerwein.de
Besuchszeiten: Mo.-Fr. 8-12 + 14-18 Uhr, Sa. 10-12 + 14-16 Uhr
Probierraum im Keller

Inhaber .... Claudia Schlumberger-Bernhart
.... Ulrich Bernhart
Rebfläche .... 8 Hektar

Hartmut Schlumberger hat den Betrieb inzwischen an Tochter Claudia und deren Ehemann Ulrich Bernhart übergeben, der schon zuvor für den Keller verantwortlich war. Neben Gutedel bauen sie vor allem Burgundersorten an. Spätburgunder hat flächenmäßig inzwischen gar den Gutedel überholt. Dazu gibt es Scheurebe und Riesling, Sauvignon Blanc, Chardonnay, Cabernet Sauvignon und Merlot.

Seit einem Jahrzehnt nun loben wir die Weine von Claudia Schlumberger-Bernhart und Ulrich Bernhart, schon damals waren wir sehr angetan von ihrer Kollektion. Seither ging es stetig weiter voran mit bestechend klaren und frischen Basisweinen, kraftvollen Spätlesen und starken Rotweinen, der Pinot Noir R – heute Großes Gewächs – gehört immer wieder zu den Jahrgangsbesten in Deutschland.

Die 2005er Rotweine waren stark, an der Spitze standen einmal mehr die beiden „Pinot Noir". 2006 behauptete sich Ulrich Bernhart sehr gut mit seiner roten Riege, angeführt vom Spätburgunder Altenberg, der als Top-Pinot des Weinguts seit dessen Aufnahme in den VDP als „Großes Gewächs" bezeichnet wird. Die Weißweine standen den Roten kaum nach, wie jedes Jahr. Sie boten sehr gleichmäßiges Niveau. Unser Favorit vor zwei Jahren war der Weißburgunder. Die weiße letztjährige Kollektion war spannend: Schon die Kabinettweine begeisterten mit ihrer reintönigen Frucht, die Spätlesen boten – bei gleicher Reintönigkeit – ein Mehr an Fülle und Kraft. Unsere Favoriten in einer ganz starken Kollektion waren der Sauvignon Blanc und das neue „Große Gewächs", der Grauburgunder Altenberg. Eine sehr homogene weiße Kollektion folgt mit dem Jahrgang 2008. Stärker aber noch sind die Rotweine, allen voran das faszinierende Große Gewächs, einer der großen Pinots des Jahrgangs in Deutschland.

Weinbewertung

85 . . . 2008 Gutedel Kabinett trocken
frisch, fruchtbetont, reintönig; füllig, harmonisch, klare reife Frucht, feine Frische **5,70 €**
1999: 85; 2000: 86; 2001: 86; 2002: 85; 2003: 84; 2004: 85; 2005: 86; 2006: 84; 2007: 85.

85 . . . 2008 Weißburgunder Kabinett trocken
frisch, fruchtbetont, reintönig, weiße Früchte; füllig, harmonisch, klare Frucht und Frische **7,50 €**
1998: 84; 2000: 88; 2002: 86; 2003: 87; 2004: 85; 2005: 87; 2006: 86; 2007: 86.

85 . . . 2008 Grauburgunder Kabinett trocken
frisch, würzig, reintönige Frucht; klar, harmonisch, reife Frucht, gute Substanz **7,50 €**
2001: 85; 2002: 87; 2003: 87; 2004: 86; 2005: 87; 2006: 86; 2007: 87.

86 . . . 2008 Weißburgunder Spätlese trocken
würzig, eindringlich, gute Konzentration, reife Frucht; frisch, fruchtbetont, jugendlich **11,50 €**
1999: 88; 2000: 89; 2001: 89; 2002: 87; 2003: 85; 2004: 87; 2005: 88; 2006: 88; 2007: 88.

88 . . . 2008 Grauburgunder Spätlese trocken
würzig, frisch, reife Frucht, reintönig, fruchtbetont; klar, frisch, geradlinig, reife Frucht, gute Struktur und Biss **11,50 €**
1999: 87; 2000: 87; 2001: 89; 2002: 86; 2003: 89; 2004: 90; 2005: 88; 2006: 87; 2007: 88.

87 . . . 2008 Sauvignon Blanc trocken
gute Konzentration, reintönige Frucht, etwas Stachelbeeren; füllig, konzentriert, klare reife Frucht, gute Struktur und Biss **13,- €**
2003: 87; 2004: 89; 2005: 87; 2006: 87; 2007: 89.

87 . . . 2008 Scheurebe Spätlese trocken
frisch, herrlich reintönig, etwas, eindringlich; frisch, reintönig, feine Frucht, gute Struktur und Biss **13,- €**
1999: 87; 2001: 90; 2003: 87; 2004: 87; 2007: 87.

88 . . . 2008 Riesling trocken „Kalkgestein"
konzentriert, würzig, eindringlich, dezent Limone; füllig, harmonisch, viel reife Frucht, Substanz und Frische **11,50 €**

90 . . . 2007 Chardonnay trocken
viel Konzentration, feine Würze und Toast, herrlich eindringlich, klare reife Frucht, Frische; füllig, stoffig, kraftvoll, herrlich viel Frucht und Substanz, gute Struktur und Länge **13,- €**

88 . . . 2008 Weißburgunder „GG" Altenberg
würzig, eindringlich, gute Konzentration; füllig, stoffig, viel reife Frucht, gute Harmonie und Frische, Struktur und Substanz **17,50 €**

88 . . . 2008 Grauburgunder „GG" Altenberg
frisch, fruchtbetont, würzig, reintönig; füllig, harmonisch, feine Frische und Biss, geradlinig, klare reife Frucht **17,50 €**
2007 (1. Jg.): 90.

86 . . . 2007 Spätburgunder „S" trocken
reintönige Frucht, feine Frische, Würze, etwas Kräuter; frisch, reintönig, gute Struktur und Biss **10,- €**
1999: 86; 2000: 86; 2001: 86; 2004: 86; 2005: 87; 2006: 85.

87 . . . 2007 Pinot Noir trocken
feiner Duft, etwas Veilchen, rote Früchte; frisch, direkt, feine Frucht und Biss **15,- €**
2001: 88; 2002: 88; 2003: 89; 2004: 87; 2005: 89; 2006: 87.

93 . . . 2007 Pinot Noir „GG" Altenberg
faszinierend viel Frucht, herrlich reintönig und konzentriert, ganz dezenter Toast, viel Konzentration; frisch, elegant, harmonisch, viel reife Frucht, Kraft, gute Struktur und Länge, viel Potenzial **25,- €**
(bis 2005: Pinot Noir „R") 2002: 91 2003: 90; 2004: 89; 2005: 90; 2006: 89.

86 . . . 2007 Cabernet Sauvignon & Merlot trocken
feine Frische, intensiv, etwas Kräuter und Cassis; füllig, harmonisch, reife Frucht, feine Frische, dezent Schokolade **17,50 €**
2001: 88; 2002: 88; 2003: 90; 2004: 88; 2005: 88; 2006: 88.

---

83 2008 Auxerrois Kabinett trocken **7,30 €**
83 2008 Spätburgunder Rosé Kabinett trocken **7,50 €**

★★

Rainer **Schlumberger**
Weingut

Baden

Obere Holzgasse 4, 79295 Sulzburg-Laufen
Tel. 07634-592240, Fax: 07634-592241
www.weingut-schlumberger.de
info@weingut-schlumberger.de
Besuchszeiten: Mo.-Sa. 14-18 Uhr und nach Vereinbarung

Inhaber .... Rainer Schlumberger
Rebfläche .... 5,5 Hektar

Wichtigste Rebsorten bei Rainer Schlumberger sind Gutedel und Spätburgunder mit 40 bzw. 20 Prozent Anteil an der Rebfläche. Eine Spezialität ist der naturtrüb abgefüllte, als Tafelwein verkaufte Gutedel (seit 1999) und ebenso die Huxelrebe, die uns sonst noch nicht im Markgräflerland begegnet ist.

Seit einem Jahrzehnt nun empfehlen wir die Weine von Rainer Schlumberger. Sie sind immer klar und geradlinig, immer zuverlässig. Mit trockenen weißen Spätlesen oder mit barriqueausgebauten Rotweinen gehört er immer wieder zur Spitze im Markgräflerland.

Die 2006er Kollektion war sehr homogen. Die letztjährige Kollektion gefiel uns deutlich besser. Die trockene Gutedel Spätlese gehörte zu den Jahrgangsbesten, der Pinot Noir „Eich" zeigte Struktur und Kraft. Dieser wird in der aktuellen Kollektion noch übertroffen von der barriqueausgebauten Spätburgunder Auslese, die eine durch und durch überzeugende Kollektion anführt: So darf es weitergehen!

Weinbewertung

85 ... 2008 Weißburgunder Spätlese trocken
frisch, würzig, klare Frucht; gute Fülle und Kraft, reife Frucht, Struktur **7,50 €**

86 ... 2006 Pinot Noir „Eich"trocken
herrlich fruchtbetont, klar, ganz dezent rauchige Noten, ein wenig Kräuter; füllig, kraftvoll, klare Frucht und gute Struktur **14,- €**

88 ... 2007 Spätburgunder Auslese trocken Barrique Laufener Altenberg
frisch, fruchtbetont, herrlich reintönig, gute Konzentration; füllig, kraftvoll, klare Frucht, gute Struktur und Frische, Potenzial **19,50 €**

83 2008 Gutedel Kabinett trocken **5,- €**
82 2008 Huxelrebe trocken **4,70 €**
82 2008 Weißburgunder Kabinett trocken **5,70 €**
84 2008 Grauburgunder Spätlese trocken **7,50 €**

★

Schmachtenberger
Berthold, Weingut

Franken

Klosterstraße 43, 97236 Randersacker
Tel. 0931-707850, Fax: 0931-708961
www.weine-mit-charakter.de
mail@weine-mit-charakter.de
Besuchszeiten: täglich, So. + feiertags nach Vereinbarung

Inhaber .... Berthold Schmachtenberger
Rebfläche .... 7,5 Hektar

Berthold Schmachtenberger führt seit 1977 in elfter Generation den Betrieb, der sich bis ins Jahr 1598 in den Nachbarort Eibelstadt zurückverfolgen lässt. Seine Weinberge liegen vor allem in Randersacker (Muschelkalk) in den Lage Sonnenstuhl und Marsberg, sowie in der früheren Lage Gerstberg (heute Großlage Ewig Leben), wo er rote Rebsorten und Silvaner anbaut. Er baut Müller-Thurgau, Silvaner, Bacchus, Scheurebe und Kerner an, sowie

Riesling, Weißburgunder, Traminer und Rieslaner. Hinzu kommen die roten Sorten Domina, Spätburgunder und Portugieser, sowie Spezialitäten wie Ortega, Traminer und Rieslaner.

Die Spitzenweine werden in der Linie „Greif" ausgebaut, aber 2007 hatte Berthold Schmachtenberger darauf verzichtet Weine in dieser Linie anzubieten. Die Kollektion war sehr gleichmäßig, am besten gefiel uns der Silvaner aus dem Marsberg. Die neue Kollektion ist ein deutlicher Schritt voran. Die Kabinettweine sind klar und frisch, die Spätlesen der „Greif"-Linie besitzen Fülle und Substanz. Weiter so! ━

Weinbewertung

86 . . . 2008 Silvaner Spätlese trocken „Greif" Randersackerer Marsberg
gute Konzentration, klare reife Frucht, feine Würze, jugendlich; füllig, schmeichelnd, viel reife süße Frucht, feine Frische **8,50 €**

86 . . . 2008 Rieslaner Spätlese trocken „Greif" Randersackerer Sonnenstuhl
feine Würze, reintönige Frucht, eindringlich; weich, füllig, reife süße Frucht, gute Substanz **9,50 €**

85 . . . 2008 Traminer Spätlese
reintönige Frucht, würzig, dezent Rosen; füllig, frisch, harmonisch, feine süße Frucht **8,- €**

80 2008 Rivaner Kabinett trocken **4,40 €**
80 2008 Silvaner Kabinett trocken Randersackerer Ewig Leben **4,80 €**
83 2008 Silvaner Kabinett trocken „Alte Reben" Randersackerer Sonnenstuhl **5,20 €**
83 2008 Riesling Kabinett trocken Randersackerer Marsberg **5,40 €**
82 2008 Weißburgunder Kabinett trocken Randersackerer Sonnenstuhl **4,90 €**
83 2008 Scheurebe Kabinett trocken Randersackerer Marsberg **4,50 €**

★★

Heinrich **Schmidt**
Weingut

Nahe

Hauptstraße 8, 55452 Windesheim
Tel. 06707-414, Fax: 06707-1725
weingut-heinrich-schmidt@t-online.de
Besuchszeiten: Mo.-Fr. 8-17 Uhr, Wochenende nach Vereinbarung

Inhaber .... Günter Schmidt
Rebfläche .... 8 Hektar

Das Windesheimer Weingut wird in fünfter Generation seit dem Jahr 2000 von Günter Schmidt geführt. Er hat die Sortenstruktur geändert, weg von Neuzüchtungen, hin zu Burgundersorten, die inzwischen 40 Prozent der Rebfläche einnehmen, und Riesling. Etwas Müller-Thurgau, Kerner und Scheurebe will er aber weiterhin behalten. Seine Weinberge liegen in Windesheim und Schweppenhausen, die Hälfte davon in Steillagen. Auf den Schweppenhäuser Schieferverwitterungsböden baut er vor allem Riesling und Spätburgunder an, in Windesheim überwiegend Grauburgunder und Weißburgunder. Ein Teil der Rotweine wie auch der Weißweine wird im Barrique ausgebaut. Wobei die Weißweine nach Vergärung und sechsmonatigem Ausbau im Holz wieder mit einem im Edelstahl ausgebauten Teil rückverschnitten werden. Die Spitzenweine werden in den Linien „S" (Selektion) und „R" (Reserve) vermarktet. Die Weine werden fast ausschließlich an Privatkunden verkauft.

2006 war wirklich problematisch – die Kollektion von Günter Schmidt aber präsentierte sich geschlossen auf gutem Niveau, gefiel uns gar ein klein wenig besser als die Weine aus dem weniger schwierigen Jahrgang 2007. Mit dem Jahrgang 2008 schließt er wieder an die früheren starken Kollektionen an. Angeführt vom Grauburgunder „R" präsentiert sich die Kollektion geschlossen, bietet füllige, kraftvolle Weine mit viel reifer süßer Frucht und Substanz.

Weinbewertung

85 . . . 2008 Weißburgunder „S" trocken Windesheimer Sonnenmorgen
würzig, klar, reife Frucht; weich, füllig, harmonisch, reife süße Frucht **7,10 €**

86 . . . 2008 Grauburgunder „R" trocken Windesheimer Römerberg
gute Konzentration, feine Würze, reintönige Frucht, gelbe Früchte, Vanille; füllig, harmonisch, viel reife süße Frucht **8,90 €**

85 . . . 2008 Scheurebe Spätlese Windesheimer Rosenberg
frisch, fruchtbetont, Cassis; klar, frisch, zupackend, feine süße Frucht und Biss **5,70 €**

85 . . . 2007 Spätburgunder „S" trocken Barrique
rote Früchte, dezent rauchige Noten, klar; frisch, klar, feine süße Frucht und Biss **8,50 €**

85 . . . 2006 Spätburgunder „R" trocken Barrique
gute Konzentration, dezent Gewürze, reife Frucht; weich, füllig, harmonisch, reife Frucht, dezent Vanille, Tannine **12,10 €**

82 2008 Weißburgunder trocken **5,30 €**
83 2008 Grauburgunder trocken **5,60 €**
82 2008 Grauburgunder „S" trocken Windesheimer Römerberg **7,10 €**
83 2008 Riesling „S" trocken Schweppenhäuser Schlossgarten **5,80 €**
83 2008 Riesling „Grauschiefer" trocken „S" Schweppenhäuser Schlossgarten **7,60 €**
80 2008 Riesling Classic **5,10 €**
81 2008 Riesling Spätlese halbtrocken Schweppenhäuser Schlossgarten **5,80 €**

★★★

Andreas Schmitges

Weingut

Mosel

Im Unterdorf 12, 54492 Erden
Tel. 06532-2743, Fax: 06352-3934
www.schmitges-weine.de
info@schmitges-weine.de
Besuchszeiten: nach Vereinbarung

Inhaber . . . . Andreas Schmitges
Rebfläche . . . . 10 Hektar

Das Weingut Schmitges in Erden wird seit Anfang der neunziger Jahre von Waltraud und Andreas Schmitges geführt. Außer Riesling baut Andreas Schmitges etwas Müller-Thurgau an. Neben Weinbergen im Erdener Treppchen besitzt er einen Anteil am Erdener Prälat, mit über 70 Jahre alte Reben. Der Weinausbau erfolgt nicht mehr am Stammsitz mitten im Dorf, sondern in der Kellerei am Ortsrand, die technisch auf dem neuesten Stand ist und mit blitzenden Stahltanks ausgestattet wurde. Die Rieslinge sind folgerichtig klar und duftig, reintönig und elegant.

Die 2007er waren eher schlank und fruchtig, bereits jung zugänglich. Am überzeugendsten fielen die feinherben Rieslinge aus, allen voran die Spätlese von alten Reben aus der Prestigelage Prälat. 2008 sind es die Basisweine wie der sehr beachtliche „Grauschiefer"-Riesling, die in einem überzeugenden Sortiment besonders gefallen.

Weinbewertung

86 . . . 2008 Weißburgunder trocken
glasklare Frucht, sortentypisch; würzig, stoffig, viel Frucht, sehr ausgewogen, Biss **7,20 €**

86 . . . 2008 Riesling trocken „Grauschiefer"
duftig, Zitrus, stoffig, viel Würze, feingliedrig, Substanz und gute Länge **7,80 €**

2000: 85; 2001: 85; 2002: 84; 2003: 83; 2004: 86; 2005: 85; 2006: 86; 2007: 86.

87 . . . 2008 Riesling Spätlese trocken Erdener Treppchen
eher verhalten, zarte Frucht; stoffig, viel Würze, markante, aber reife Säure (87+? Punkte) **12,- €**

86 . . . 2008 Riesling Kabinett „vom roten Schiefer"
eindringliche Frucht, etwas Melone, Steinobst; saftig, viel Frucht, Schmelz **8,- €**

87 . . . 2008 Riesling „feinherb"
klare Frucht, Kräuter, leichte Hefenoten; stoffig, viel Substanz, Schmelz **7,- €**

92 . . . 2008 Riesling Eiswein Erdener Herrenberg
sehr reintönig, Birne, Steinobst; fest, rassig, sehr feingliedrig, hohe Säure, viel Zukunft **35,- €/0,375l**

---

84 2008 Rivaner trocken **4,60 €**
82 2008 Riesling trocken **5,30 €/1l**
84 2008 Riesling Kabinett trocken Erdener Treppchen **8,- €**
82 2008 Riesling feinherb **5,30 €/1l**
83? 2008 Riesling Spätlese trocken „Alte Reben" Erdener Prälat **17,50 €**
83 2008 Rotwein „Cuvée Nr. 3"

★★

Claes Schmitt Erben
Weingut

Mosel

Moselweinstraße 43, 54349 Trittenheim
***Tel.** 06507-701736, **Fax:** 06507-701738*
www.weingut-schmitt-erben.de
info@weingut-schmitt-erben.de
***Besuchszeiten:** nach Vereinbarung*
Gästehaus

Inhaber .... Niko Schmitt
Rebfläche .... 2,9 Hektar

Niko Schmitt absolvierte seine Winzerlehre beim Weingut Dr. Crusius und anschließend in Weinsberg die Ausbildung zum Weinbautechniker. Im Jahr 2001 übernahm er das elterliche Weingut und nach und nach verfeinerte er den Stil der Weine, die Vinifikation findet im Stahl bzw. im Holz statt. Alle Weinberge befinden sich in den beiden Trittenheimer Lagen Apotheke und Altärchen. Neben Riesling gibt es Müller-Thurgau und Spätburgunder im Anbau. Der Name des Weingutes wurde geändert im Andenken an den Großvater des heutigen Besitzers, der Nikolaus Schmitt hieß, kurz Claes genannt. 2006 kam eine steile Terrassenlage mit 70 Jahre alten Rebstöcken hinzu. Inzwischen machen die trockenen und feinherben Weine 90 Prozent der Produktion aus.

2006 fiel zuverlässig aus, die 2007er gerieten nochmals besser – und die 2008er machen durchweg Spaß. An der Spitze steht nicht unerwartet der schmelzige „Jungheld"-Riesling, der zu einem mutigen Preis verkauft wird. Kaum weniger überzeugend: Der komplett trockene Riesling „Sonntheilen".

Weinbewertung

86 . . . 2008 Riesling „Sonntheilen"
sehr verhalten, leicht cremige Noten; würzig, straff, markante Säure, Substanz, noch etwas unausgewogen **10,- €**

87 . . . 2008 Riesling „Jungheld"
deutliche Hefenoten, reife Frucht, Steinobst; saftig, hat viel Schmelz, nicht komplett trocken, würzig, gute Länge **18,- €**

87 . . . 2008 Riesling Spätlese Trittenheimer Apotheke
duftig, frisch, Apfel, Kräuter; saftig, feingliedrig, süffig **8,- €**

87 . . . 2008 Riesling Auslese Trittenheimer Apotheke
reife Frucht, eindringlich, Mirabellen, kandierter Apfel; saftig, rassige Säure, gute Struktur **10,- €/0,5l**

89 . . . 2008 Riesling Eiswein Trittenheimer Apotheke
reintönig, Mango, Blütenhonig; cremig, saftig, rassig, bereits zugänglich, Nachhall **25,- €/0,375 l**

81 2008 Riesling Kabinett trocken Trittenheimer Apotheke **5,50 €**
83 2008 Riesling Spätlese trocken Trittenheimer Apotheke **8,- €**
81 2008 Riesling „feinherb" Trittenheimer Apotheke **5,50 €**
84 2008 Riesling Spätlese „feinherb" Trittenheimer Apotheke **8,- €**

★★★

Egon **Schmitt**

Weingut

Pfalz

Am Neuberg 6, 67098 Bad Dürkheim
Tel. 06322-5830, Fax: 06322-68899
www.weingut-egon-schmitt.de
info@weingut-egon-schmitt.de
Besuchszeiten: Mo.-Fr. 10:30-12 + 14-18:30 Uhr (Mi. nach Voranmeldung), Sa. 9-15 Uhr
Ferienwohnung

Inhaber .... Familie Schmitt
Rebfläche .... 12 Hektar

Bis in die siebziger Jahre war das Weingut ein Gemischtbetrieb, der in der Stadtmitte von Bad Dürkheim angesiedelt war. 1976 haben Inge und Egon Schmitt den Betrieb am Neuberg gebaut, zwei Jahre später folgte der Austritt aus der Genossenschaft. Aber erst in den letzten Jahren hat Egon Schmitt auch überregional Beachtung gefunden. Was sicherlich auch Sohn Jochen zu verdanken ist, der – nach Geisenheim-Studium – seit 1997 für den Keller verantwortlich ist. Die Weinberge befinden sich in verschiedenen Dürkheimer und Ungsteiner Lagen: Spielberg, Nonnengarten, Hochbenn, Fronhof, Steinberg und Herrenberg. In den letzten Jahren haben Egon und Jochen Schmitt auch in den Weinbergen Änderungen vorgenommen. Rote Sorten nehmen inzwischen die Hälfte der Fläche ein, Sorten wie Silvaner, Ortega oder Kerner sind ganz verschwunden. Neue Sorten wurden gepflanzt, wie z.B. Cabernet Sauvignon, Acolon und St. Laurent, der Anbau von Spätburgunder und auch Regent wurde verstärkt. Wichtigste Weißweinsorte ist der Riesling. Daneben gibt es die Burgundersorten, aber auch Chardonnay, Scheurebe und Rieslaner. Etwas Prinzipal wurde versuchsweise angelegt – insgesamt werden 20 Rebsorten angebaut!

Schon vor einem Jahrzehnt haben wir die Weine von Egon Schmitt empfohlen, schon damals, wie in vielen Folgejahren, hatte uns die rote Cuvée DUCA XI besonders gut gefallen. Den Rotweinanbau hat man in diesem Jahrzehnt weiter forciert, aber nicht nur die Rotweine, auch die Weißweine beweisen Jahr für Jahr Konstanz und Klasse

Jochen Schmitt hatte im problematischen Jahrgang 2006 wie nur ganz wenige Winzer in der Pfalz annähernd das Vorjahresniveau erreicht. Noch überstrahlt wurden die 2006er Weißweine jedoch vom 2004er Riesling „Ausblick". Die 2004er Rotweine erwiesen sich ihren Vorgängern ebenbürtig. Eine ähnlich starke Kollektion präsentierte Jochen Schmitt im vergangenen Jahr, allen voran der kraftvolle Riesling Ausblick und die tolle Cuvée DUCA XI. Auch im Jahrgang 2008 hat uns der Riesling aus dem Herrenberg wieder besonders beeindruckt, führt eine homogene, starke Kollektion an.

Weinbewertung

85 ... 2008 Riesling trocken Dürkheimer Hochbenn gute Konzentration, feine Würze, klare Frucht; füllig, harmonisch, reife süße Frucht und Substanz **6,60 €**

85 . . . 2008 Sauvignon Blanc trocken
würzig, fruchtbetont, enorm eindringlich; füllig, harmonisch, kraftvoll, gute Struktur und Biss **8,80 €**

86 . . . 2008 Riesling trocken Dürkheimer Spielberg
gute Konzentration, viel reife Frucht, herrlich eindringlich; füllig, harmonisch, kraftvoll, reife Frucht, gute Substanz **8,80 €**
2005: 88; 2006: 87; 2007: 85.

89 . . . 2008 Riesling trocken „Ausblick" Ungsteiner Herrenberg
gute Konzentration, herrlich viel Frucht, etwas gelbe Früchte, eindringlich; füllig, kraftvoll, viel Konzentration, reintönige reife Frucht, gute Substanz und Länge **13,20 €**
2004: 90; 2005: 88; 2006: 89.

86 . . . 2008 Chardonnay trocken Dürkheimer Spielberg
gute Konzentration, feine Würze, reife Frucht; füllig, harmonisch, reife Frucht, gute Substanz **9,- €**

86 . . . 2007 Cuvée „THOR" Rotwein trocken
fruchtbetont, intensiv, dunkle und rote Früchte; füllig, harmonisch, reife Frucht, Vanille **12,- €**

86 . . . 2007 Lagrein trocken
fruchtbetont, intensiv, herrlich eindringlich und reintönig; füllig, harmonisch, reife Frucht, gute Struktur **13,- €**

85 . . . 2006 Cabernet Sauvignon trocken (Goldkapsel)
frisch, intensiv, dominant; füllig, stoffig, viel reife Frucht, etwas Schokolade und Vanille **14,- €**

87 . . . 2007 Spätburgunder trocken (Goldkapsel)
gute Konzentration, viel reife Frucht, dezent Weihrauch und Vanille, rauchige Noten; füllig, kraftvoll, viel reife Frucht, Vanille und Schokolade, Substanz **14,20 €**

---

84 2008 Grauburgunder trocken **7,40 €**
83 2007 St. Laurent trocken **6,- €**

★★★

Heinz Schmitt
Weingut

Mosel

Stephanusstraße 4, 54340 Leiwen
Tel. 06507-4276, Fax: 06507-8161
www.weingut-heinz-schmitt.de
weingutheinzschmitt@t-online.de
Besuchszeiten: Mo.-Sa. 8-18 Uhr und nach Vereinbarung

Inhaber . . . . Heinz Schmitt
Rebfläche . . . . 22 Hektar

Heinz Schmitt gehört zu den profiliertesten Winzern von Leiwen und zu denen, die einst die Leiwener Jungwinzer zu einer der bekanntesten Winzervereinigungen Deutschlands geführt haben. Trotz der ständigen Vergrößerung des Betriebes hat Heinz Schmitt sehr darauf geachtet, dass sein Programm überschaubar bleibt und seine Weinkarte nicht ausufert. Er hat sich Weinberge in sehr guten Lagen gesichert, teils mit alten, wurzelechten Rieslingreben. So ist er heute unter anderem vertreten im Schweicher Annaberg, dem Neumagener Rosengärtchen, der Klüsserather Bruderschaft, dem Mehringer Blattenberg, der Köwericher Laurentiuslay und dem Longuicher Maximiner Herrenberg. Er achtet darauf, aus jedem Weinberg Jahr für Jahr wieder erkennbare Weine im gleichen Typus zu erzeugen. Die Weine werden sehr spät abgefüllt und sind zum Zeitpunkt der Verkostung häufig unruhig. Heinz Schmitt gehört zu jenen Winzern, die größten Wert auf die Qualität der Basisweine legen: Weißburgunder, Gutsriesling oder Rivaner sind immer sehr zuverlässige Weine.

2006 war auch hier kein einfacher Jahrgang, einige Weine wirkten zum Zeitpunkt der Verkostung noch sehr unausgewogen. Die 2007er waren auf einem sehr guten, gleichmäßigen Niveau, würzig und saftig. 2008 machen die Weine mindestens gleichviel Spaß, die rassige Auslese aus der Köwericher Laurentiuslay ist ebenso gelungen wie die trockene Spätlese von wurzelechten Reben aus dem Rosengärtchen.

Weinbewertung

85 . . . 2008 Riesling trocken
duftig, jugendliche Frucht, leichte Hefenoten, Apfel; saftig, viel Würze, animierend

85 . . . 2008 Weißer Burgunder trocken
klare Frucht, jugendlich; stoffig, würzig, reife Säure, Biss

87 . . . 2008 Riesling Spätlese trocken Longuicher Maximiner Herrenberg
sehr hefebetont, verhalten; würzig, feste Struktur, Substanz, wirkt unzugänglich (87+ Punkte)

88 . . . 2008 Riesling Spätlese trocken „wurzelechte Reben" Neumagener Rosengärtchen
eindringliche Frucht, klar, Kräuter; saftig, viel Frucht, leicht mineralisch, Substanz und Potenzial

88 . . . 2008 Riesling Spätlese trocken „wurzelechte Reben" Schweicher Annaberg
duftig, leichte Hefenoten, gelbe Früchte; rassig, saftig, viel Substanz, leicht mineralisch

86+ . . . 2008 Riesling Spätlese trocken Longuicher Maximiner Herrenberg
sehr hefebetont, verschlossen, leicht Kräuter; stoffig, viel Würze, sehr unzugänglich, abwarten

85 . . . 2008 Riesling Kabinett Leiwener Klostergarten
leichte Hefenote, sehr frisch, duftig; würzig, saftig, feines Süße-Säure-Spiel

87 . . . 2008 Riesling Spätlese Schweicher Annaberg
verführerische Frucht, Mirabellen, leichte Hefenoten; saftig, rassig, feine Frucht, Biss

90 . . . 2008 Riesling Auslese Köwericher Laurentiuslay
sehr feine Frucht, Hefenoten, Mirabellen, Kräuter; rassig, straff, pikante Säure, Nachhall

84 2008 Rivaner trocken „Alte Reben"
84 2008 Riesling halbtrocken
83 2008 Grauer Burgunder trocken

Schmitt ★

Schlossgut

Rheinhessen

Hauptstraße 45, 67583 Guntersblum
Tel. 06249-2330, Fax: 06249-2363
www.schlossgut-schmitt.de
wein@schlossgut-schmitt.de
Besuchszeiten: Mo.-Fr. 8-12 + 14-17 Uhr, Fr. nachm., Sa. + So. nach Vereinbarung

Inhaber .... Carl Christian Schmitt
Betriebsleiter .... Axel Thieme
Rebfläche .... 30 Hektar

Carl Christian Schmitt baut neben klassischen Rebsorten wie Riesling, Weißburgunder, Grauburgunder, Silvaner und Gewürztraminer auch typisch rheinhessische Neuzüchtungen wie Würzer, Scheurebe und Siegerrebe an. Spezialität des Weingutes sind seit den sechziger Jahren die Rotweine von Rebsorten wie Spätburgunder, Portugieser und Schwarzriesling, aber auch Dornfelder, Rotberger, Regent und Merlot.

Im vergangenen Jahr hatten uns die weiße Cuvée „MarieBlanche" und ein Merlot besonders gut gefallen. In der aktuellen Kollektion liegen die Vorteile eindeutig im roten Segment, wobei die beiden Barriquerotweine, Schwarzriesling und Merlot, unsere Favoriten sind.

Weinbewertung

86 . . . 2007 Schwarzriesling Spätlese trocken Barrique
rauchige Noten, etwas Gewürze, reife Frucht; füllig,

harmonisch, reife Frucht, gute Struktur und Frische, dezent Vanille **17,- €**

86 . . . 2007 Merlot Spätlese trocken Barrique
gute Konzentration, reife Frucht, etwas Gewürze, Kirschen; füllig, harmonisch, reife Frucht, gute Struktur, feine Bitternote **18,- €**

---

79 2008 Riesling trocken Guntersblumer Kreuz Kapelle **5,- €**
78 2008 Riesling Classic **9,- €**
78 2008 „MarieBlanche" Weißwein trocken **11,- €**
82 2008 Kerner Auslese „feinherb" Guntersblumer Bornpfad **16,- €**
82 2008 Riesling Spätlese Guntersblumer Steig Terrassen **8,80 €**
82 2008 Gewürztraminer Spätlese Alsheimer Fischerpfad **11,50 €**
82 2008 Kanzler Auslese Barrique Guntersblumer Autental **20,- €**
83 2007 „AlbertRouge" Rotwein trocken **11,- €**

★

Schmitt-Rodermund

Weingut

Mosel

Im Gospert 19, 54349 Trittenheim
Tel. 06507-5071, Fax: 06507-70015
www.schmitt-rodermund.de
schmitt-rodermund-wein@t-online.de
Besuchszeiten: täglich nach Vereinbarung
Gästehaus

Inhaber .... Günter Schmitt
Rebfläche .... 5 Hektar

Es handelt sich um einen traditionellen Familienbetrieb inklusive Gästehaus, für den Günter Schmitt verantwortlich zeichnet. Zu 60 Prozent sind die Rebflächen des Weinguts mit Riesling bepflanzt, Weißweinsorten wie Kerner, Findling und Weißburgunder sowie rote Varianten wie Spätburgunder und Dornfelder ergänzen das Sortiment. Der Verkauf erfolgt ausschließlich an Privatkunden, im Angebot sind auch noch ältere Weine wie eine Findling Trockenbeerenauslese. Alle Weine sind zugänglich und saftig, selbst der Literriesling ist in diesem Stil gehalten.

Die 2006er gelangen ebenso gut wie die recht fülligen 2007er. Schlank und animierend fallen nun die 2008er aus; Literrieslinge und Classic sind frische, zuverlässige Alltagsweine.

Weinbewertung

85 . . . 2008 Riesling Spätlese trocken Trittenheimer Apotheke
duftig, frisch; saftig, würzig, gute Substanz, etwas erdiger Nachhall **6,20 €**

85 . . . 2008 Riesling Spätlese halbtrocken Trittenheimer Apotheke
frisch, gelbe Früchte, etwas Zitrus; saftig, würzig, hat Schmelz, wirkt fast trocken **6,20 €**

85 . . . 2008 Riesling Spätlese Trittenheimer Apotheke
jugendliche Frucht, Pfirsich; saftig, würzig, rassige Säure, schon zugänglich **6,20 €**

86 . . . 2008 Riesling Auslese Trittenheimer Apotheke
reife Frucht, Pfirsichschalen, Spur Papaya; saftig, viel Frucht, ganz leicht rau **10,- €**

---

80 2008 Riesling Hochgewächs trocken Trittenheimer Apotheke 4,20 €/1l
81 2008 Riesling Kabinett trocken Trittenheimer Apotheke **4,20 €**
83 2008 Riesling Spätlese trocken Trittenheimer Apotheke **6,20 €**
82 2008 Riesling Classic **4,60 €**
80 2008 Riesling halbtrocken Trittenheimer Altärchen **4,20 €/1l**
81 2006 Riesling Auslese Trittenheimer Apotheke **9,- €/0,5l**
82 2007 Spätburgunder trocken **5,50 €**

★★★★

Schmitt's Kinder

Weingut

Franken

Am Sonnenstuhl 45, 97236 Randersacker
Tel. 0931-7059197, Fax: 0931-7059198
www.schmitts-kinder.de
info@schmitts-kinder.de
Besuchszeiten: Mo.-Fr. 8-18 Uhr, Sa. 9-17 Uhr

Inhaber .... Karl Martin Schmitt
Rebfläche .... 18 Hektar

Die Familie betreibt seit Generationen Weinbau in Randersacker, das Stammhaus im Ortskern wurde 1712 erbaut. Der Name Schmitt's Kinder geht auf eine Erbteilung von 1910 zurück: Entgegen den fränkischen Gepflogenheiten wurde der Betrieb nicht aufgeteilt sondern von den Geschwistern zusammen bewirtschaftet. 1984 wurde ein neuer Betrieb am Fuß des Sonnenstuhls erbaut. Heute führen Karl Martin und Renate Marie Schmitt das Weingut, inzwischen unterstützt von Sohn Martin Johannes. Ihre Weinberge liegen in den Randersackerer Lagen Sonnenstuhl, Marsberg, Teufelskeller und Pfülben. Silvaner ist die wichtigste Rebsorte, die knapp ein Drittel der Fläche einnimmt. Es folgen Riesling, Müller-Thurgau, Spätburgunder, Bacchus, Domina und Weißburgunder, sowie etwas Rieslaner, Scheurebe und Würzer. Die Weine werden langsam vergoren und lange auf der Feinhefe ausgebaut, teils im Edelstahl, teils im Holz.

Seit einem Jahrzehnt schon empfehlen wir die Weine von Karl Martin Schmitt, seit einem Jahrzehnt zählt er zur fränkischen Spitze. Wie kaum ein Anderer hat er in diesem Jahrzehnt Jahr für Jahr homogene Kollektionen sowohl im trockenen als auch im edelsüßen Segment hervorgebracht. Seine Weine sind füllig und kraftvoll, dabei aber immer auch wunderschön reintönig, schon die Gutsweine machen viel Freude.

2006 hatte Karl Martin Schmitt eine schöne Serie an edelsüßen Weinen. Aber auch mit seinen trockenen Weinen vermochte er das Vorjahresniveau zu halten – was alles andere als selbstverständlich war in diesem Jahrgang. Unter den trockenen Weinen war der Silvaner aus dem Pfülben unser Favorit. Auch 2007 beeindruckte er mit viel Kraft und Fülle, gehörte zur Silvanerspitze in Deutschland. Aber auch die anderen trockenen Weißweine überzeugten voll und ganz, die Rotweine besaßen Kraft und Struktur, die edelsüßen Weine waren reintönig und konzentriert: Eine ganz starke Kollektion. Vergleichbar stark ist die 2008er Kollektion, in sich stimmig vom Gutssilvaner bis zur Trockenbeerenauslese. Die Weine besitzen Fülle und Kraft, sind dabei reintönig und frisch. Die beiden Großen Gewächse haben uns einmal mehr besonders gut gefallen, die edelsüßen Rieslaner sind wunderschön klar: Wieder eine ganz starke Kollektion!

Weinbewertung

85 . . . 2008 Silvaner Kabinett trocken Randersackerer Sonnenstuhl
gute Konzentration, feine Würze, klare Frucht; füllig, harmonisch, reife Frucht, gute Substanz **7,20 €**
1999: 86; 2000: 87; 2003: 82; 2004: 86; 2005: 85; 2006: 85; 2007: 84.

86 . . . 2008 Riesling Kabinett trocken Randersackerer Pfülben „Weinberg Mendelssohn"
frisch, fruchtbetont, klar; füllig, harmonisch, reife Frucht, gute Substanz und Länge **9,40 €**
1999: 86; 2001: 85; 2002: 87; 2003: 85; 2004: 87; 2005: 86; 2006: 86; 2007: 87.

87 . . . 2005 Silvaner Spätlese trocken TRIAS Ran-

dersackerer Marsberg
würzig, klar, viel reife Frucht; füllig, harmonisch gereift, gute Substanz (kein aktueller Jahrgang)

88 ... 2007 Silvaner Spätlese trocken TRIAS Randersackerer Marsberg
würzig, eindringlich, klare reife Frucht; gute Fülle und Substanz, Kraft, reife Frucht, feine Frische (kein aktueller Jahrgang)

87 ... 2008 Silvaner Spätlese trocken TRIAS Randersackerer Marsberg
gute Konzentration, reintönige Frucht, herrlich eindringlich und frisch; füllig, harmonisch, viel reife süße Frucht **12,70 €**

88 ... 2008 Riesling Spätlese trocken TRIAS Randersackerer Marsberg
gute Konzentration, viel reife Frucht, herrlich eindringlich, feine Würze; füllig, kraftvoll, reife Frucht, gute Substanz und Biss **13,- €**
2001: 87; 2002: 87; 2003: 87; 2004: 88; 2005: 87; 2006: 87; 2007: 87.

90 ... 2008 Silvaner „GG" trocken Randersackerer Pfülben
enorm würzig und eindringlich, viel Konzentration, eigenwillig dominant; weich, füllig, viel reife süße Frucht, viel Substanz, feine Frische **16,50 €**
2003: 89; 2004: 90; 2005: 89; 2006: 89; 2007: 90.

90 ... 2008 Riesling „GG" trocken Randersackerer Pfülben
viel Konzentration, viel reife Frucht, weiße und gelbe Früchte, herrlich eindringlich; füllig, kraftvoll, reife süße Frucht, viel Substanz und Konzentration, nachhaltig **18,50 €**
2002: 89; 2003: 87; 2004: 89; 2005: 88; 2006: 87; 2007: 88.

88 ... 1990 Silvaner Auslese Randersackerer Pfülben
gute Konzentration, viel reife Frucht, Birnen, herrlich eindringlich; füllig, kraftvoll, botrytiswürzig, gute Substanz und Frische, Wärme (kein aktueller Jahrgang)

89 ... 2008 Rieslaner Auslese Randersackerer Sonnenstuhl
würzig, konzentriert, frisch, herrlich reintönige Frucht; klar, elegant, reife süße Frucht, Frische und Biss **12,- €/0,375l**

89 ... 2008 Rieslaner Beerenauslese Randersackerer Sonnenstuhl
würzig, konzentriert, herrlich reintönige Frucht; konzentriert, reintönig, faszinierend viel Frucht und Biss **24,- €/0,375l**

90 ... 2008 Rieslaner Trockenbeerenauslese Randersackerer Sonnenstuhl
konzentriert, eindringlich, herrlich viel Frucht, reintönig; kraftvoll, klar, dick, konzentriert, herrlich viel Frucht und Stoff, enorm dominant **36,- €/0,375l**
2006: 89; 2007: 90.

88 ... 2007 Spätburgunder „S" trocken Randersackerer Sonnenstuhl
feine rauchige Noten, etwas rote Früchte, herrlich eindringlich; füllig, harmonisch, klare reife Frucht, gute Substanz und Länge **23,- €**
2004: 90; 2005: 87; 2006: 88.

---

82 2008 Silvaner trocken **5,80 €**
84 1987 Silvaner Kabinett Randersackerer Marsberg

★★★★☆

Rainer Schnaitmann
Weingut

Württemberg

Untertürkheimer Straße 4, 70734 Fellbach
Tel. 0711-574616, Fax: 0711-5780803
www.weingut-schnaitmann.de
info@weingut-schnaitmann.de
Besuchszeiten: Di. + Fr. 16:30-18:30 Uhr, Sa. 9-13 Uhr

Inhaber .... Rainer Schnaitmann
Rebfläche .... 12,9 Hektar

Rainer Schnaitmann vermarktete mit dem Jahrgang 1997 die ersten Weine unter dem eigenen Etikett vermarktete. Davor machte der Geisenheim-Absolvent Praktika in Neuseeland (Morton) und in Südtirol

(Waldthaler). Das Gros der Weinberge von Rainer Schnaitmann liegt im Fellbacher Lämmler, aber auch in benachbarten Lagen ist er verteten, so in Uhlbach im Götzenberg. Seine wichtigsten Rebsorten sind Riesling und Trollinger, es folgen Spätburgunder und Schwarzriesling. Er baut aber auch Rebsorten wie Cabernet Sauvignon, Merlot, Syrah und Sauvignon Blanc an. Ausgesuchte Weine werden im Barrique ausgebaut und unter dem Namen „Simonroth" verkauft.

Schon in der ersten Ausgabe vor zehn Jahren empfahlen wir die Weine von Rainer Schnaitmann – den damals noch niemand kannte, kein Wunder, hatte er doch erst zwei Jahre zuvor mit der Selbstvermarktung begonnen. Heute kennt man ihn nicht nur in Württemberg, sondern in ganz Deutschland. Jahr für Jahr konnte er seine Qualität steigern, Jahr für Jahr haben uns seine Kollektionen besser gefallen. Dies gilt gleichermaßen für Weiß- wie für Rotweine. Seine Pinots faszinieren mit Frucht und Fülle, sein Sauvignon Blanc ist immer eine Klasse für sich, die Rieslinge haben zuletzt weiter zugelegt: Rainer Schnaitmann ist noch weiter auf dem Vormarsch!

Vor zwei Jahren barsten die Rotweine vor Frucht, der Simonroth Spätburgunder gehörte zur absoluten Spitze in Deutschland. Ganz toll war aber auch der Sauvignon Blanc, der einen Eindruck davon gab, was diese Rebsorte auch in Deutschland zu leisten imstande ist. Die 2005er Rotweine fielen dann nicht ganz so opulent aus wie ihre Vorgänger, beeindruckten aber mit Kraft und Struktur. Der 2006er Sauvignon Blanc war einmal mehr mustergültig. Auch 2007 präsentierte er sich herrlich reintönig, wie auch die starke Rieslingriege. Ganz stark zeigten sich aber auch Rainer Schnaitmanns Simonroth-Rotweine im schwierigen Jahrgang 2006, allen voran Frühburgunder, Spätburgunder und Cuvée MC. Eine bärenstarke Kollektion folgt in diesem Jahr nach, und wir freuen uns sehr, dass er uns auch seine Baisweine vorgestellt hat, wie den Trollinger in der Literflasche. Denn allzu oft erhalten wir nur die Spitzenweine eines Weingutes, und allzu oft stellen diese nur einen kleinen Prozentsatz ihrer Produktion dar. Rainer Schnaitmann aber hat Vertrauen auch in seine Basisweine, und das spricht für ihn. Und wir schätzen seinen Liter-Trollinger genauso wie seine tollen Spätburgunder und Rieslinge: Gratulation!

Weinbewertung

85 . . . 2008 Weißwein trocken
würzig, frisch, klare Frucht; klar, frisch, zupackend, feine Frucht und Biss **6,- €**

87 . . . 2008 Riesling trocken Fellbach**
gute Konzentration, viel reife Frucht, feine Frische, eindringlich; füllig, harmonisch, viel reife Frucht, Substanz und Frische **10,20 €**

87 . . . 2008 Riesling trocken Schnait**
fruchtbetont, konzentriert, klar, eindringlich; gute Fülle, klare reife Frucht, Substanz und Länge **10,20 €**

89 . . . 2008 Sauvignon Blanc* trocken**
faszinierend viel Frucht, herrlich eindringlich und konzentriert, reintönig; füllig, kraftvoll, herrlich viel Frucht und Substanz, Länge und Nachhall **16,- €**
2002: 89; 2004: 89; 2005: 88; 2006: 88; 2007: 88.

88 . . . 2008 „GrauWeiss" Weißwein trocken**
gute Konzentration, reife Frucht, dezent Vanille, etwas gelbe Früchte; füllig, kraftvoll, reife Frucht, viel Substanz **15,20 €**

90 . . . 2008 Riesling „GG" Lämmler Fellbach
viel Konzentration, reife Frucht, feiner Duft, herrlich eindringlich; füllig, stoffig, viel reife Frucht und Substanz, jugendlich, nachhaltig **20,30 €**
2007: 88.

91 . . . 2007 Riesling „GG" Götzenberg Uhlbach
gute Konzentration, faszinierend viel Frucht, mineralische Noten, herrlich eindringlich; füllig, stoffig, viel reife Frucht und Substanz, reintönig, enorm nachhaltig (vor einem Jahr, unmittelbar nach der Abfüllung verkostet, noch verschlossen) **20,30 €**

91 . . . 2008 Riesling „GG" Götzenberg Uhlbach
reife Frucht, herrlich eindringlich, etwas Gewürze, gelbe Früchte; füllig, stoffig, kraftvoll, herrlich viel Frucht, enorm nachhaltig **20,30 €**

89 . . . 2008 Riesling Spätlese Lämmler Fellbach
faszinierend viel Frucht, gelbe Früchte, herrlich eindringlich und dominant; füllig, stoffig, viel reife süße Frucht, feine Frische **20,30 €**

85 . . . 2008 Muskattrollinger Rosé trocken
frisch, würzig, herrlich reintönig; frisch, zupackend, feine süße Frucht, reintönig **7,20 €**

86 . . . 2008 „Evoé!" Rosé trocken
frisch, fruchtbetont, herrlich eindringlich; klar, frisch, zupackend, feine Frucht und Biss **7,20 €**

87 . . . 2008 Trollinger „Alte Reben" trocken**
frisch, fruchtbetont und konzentriert, herrlich reintönig; klar, harmonisch, reife Frucht, gute Struktur und Substanz **9,40 €**

87 . . . 2008 Lemberger trocken**
gute Konzentration, herrlich reintönige Frucht, ganz faszinierend; fruchtbetont, harmonisch, wunderschön reintönig **8,80 €**

87 . . . 2008 Samtrot trocken**
fruchtbetont, herrlich reintönig und intensiv, viel reife Frucht, rote Früchte; klar, frisch, zupackend, reife Frucht und Biss **10,20 €**

88 . . . 2008 Merlot trocken**
gute Konzentration, reintönige reife Frucht, herrlich eindringlich; füllig, harmonisch, viel reife Frucht, Substanz und Biss **10,20 €**
2004: 88; 2005: 90; 2006: 88; 2007: 88.

89 . . . 2007 Spätburgunder* „Junge Reben" trocken**
gute Konzentration, viel reife Frucht, herrlich eindringlich, dezent Schokolade; füllig, harmonisch, reintönige reife Frucht, feine Frische **15,20 €**
2006: 88.

88 . . . 2007 „Simonroth" „Cuvée D" trocken
feine rauchige Noten, etwas rote Früchte, dezent Vanille im Hintergrund; kraftvoll, füllig, reife Frucht, gute Substanz und Struktur **12,90 €**

89 . . . 2007 „Simonroth" Spätburgunder „S" trocken
gute Konzentration, Toast, reife Frucht, etwas Gewürze, auch Kräuter; kraftvoll, füllig, feine Frucht, etwas Schokolade, dezente Kräuternoten, gute Struktur und Länge **26,50 €**
(„S" ab 2004) 1999: 89; 2001: 91; 2004: 91; 2005: 89.

91 . . . 2007 „Simonroth" Spätburgunder „R" trocken
würzig, konzentriert, herrlich viel Frucht, feine rauchige Noten, rote und dunkle Früchte; füllig, stoffig, viel Substanz und Kraft, anfangs etwas Kräuter, klare reife Frucht, Struktur und Nachhall **35,- €**
2001: 92; 2002: 91; 2003: 92; 2004: 92; 2005: 91; 2006: 90.

90 . . . 2007 „Simonroth" „Cuvée MC" trocken
gute Konzentration, viel reife Frucht, ein klein wenig Schokolade, rote und dunkle Früchte, herrlich eindringlich; füllig, kraftvoll, stoffig, viel reife Frucht, gute Struktur und Substanz, Länge **25,50 €**
2005: 89; 2006: 90.

87 . . . 2007 „Simonroth" Lemberger trocken
viel Duft, reife Frucht, Herzkirschen, eindringlich; füllig, intensiv, jugendlich, feiner Biss **20,30 €**
2005: 89; 2006: 86.

---

84 2008 Trollinger trocken **5,80 €/1l**
84 2008 Trollinger mit Lemberger trocken **7,20 €**

Claus Schneider ★★
Weingut
Baden

Lörracher Straße 4, 79576 Weil am Rhein
Tel. 07621-72817, Fax: 07621-78014
www.schneiderweingut.de
info@schneiderweingut.de
Besuchszeiten: Mo. 14:30-18:30 Uhr, Di.-Fr. 9-12 + 14:30-18:30 Uhr, Sa. 10-14 Uhr und nach Vereinbarung

Inhaber .... Claus Schneider
Rebfläche .... 9 Hektar

Das Gros der Weinberge von Claus Schneider liegt im Weiler Schlipf, wo die Reben auf schweren, kalkhaltigen Lehmböden wachsen. Weitere zwei Hektar befinden sich in der Stiege in Haltingen. Spätburgunder, die Traditionssorte am Weiler Schlipf, nimmt 40 Prozent seiner Weinberge ein. Es folgen Gutedel, Weißburgunder, Grauburgunder und Chardonnay. Die Rotweine lagern mindestens zwölf Monate in großen oder kleinen Eichenholzfässern. Alle Weine werden vollständig durchgegoren. „CS" (Creation S) steht für besondere Weine aus Steillagen mit niedrigem Ertrag.

2006 fiel jahrgangsbedingt ein wenig schwächer aus. Die letztjährige Kollektion präsentierte sich geschlossen, mit Vorteilen bei den kraftvollen Spätburgundern der Jahrgänge 2005 und 2006. In der aktuellen Kollektion haben ganz klar die Spätburgunder die Nase vorne, allen voran der prächtige Pinot Noir.

Weinbewertung

87 . . . 2007 Johanniter Eiswein
konzentriert, würzig, leicht streng; dick, konzentriert, herrlich viel Frucht, feine Süße und Biss **18,- €**

87 . . . 2007 Weißburgunder Eiswein Weiler Schlipf
würzig, dominant, eindringliche reife Frucht; füllig, zupackend, feine süße Frucht **22,- €**

85 . . . 2007 Spätburgunder „CS" trocken Weiler Schlipf
feine Würze und Frucht, klar und eindringlich; füllig, kraftvoll, reife Frucht, jugendlich **9,60 €**

87 . . . 2007 Spätburgunder „CS"* trocken Weiler Schlipf**
gute Konzentration, klare reife Frucht, rote Früchte, eindringlich; füllig, kraftvoll, reife Frucht, gute Substanz und Frische **14,80 €**

89 . . . 2007 Pinot Noir trocken Weiler Schlipf
reintönige Frucht, gute Konzentration, rote Früchte, wunderschön frisch; klar, kraftvoll, reife Frucht, gute Struktur, Frische und Biss, jugendlich **24,- €**

83 2008 Chasselas trocken Weiler Schlipf **6,20 €**
82 2008 Weißburgunder Kabinett trocken **6,60 €**
82 2008 Grauburgunder Kabinett trocken **7,40 €**
84 2008 Chardonnay Kabinett trocken „CS" Weiler Schlipf **8,40 €**
84 2008 Weißburgunder Spätlese trocken „CS" Weiler Schlipf **8,90 €**
83 2008 Pinot Gris trocken Weiler Schlipf **12,80 €**
82 2007 Spätburgunder trocken Weiler Schlipf **7,80 €**

★☆

Dr. Schneider
Weingut

Baden

Rosenbergstraße 10, 79379 Müllheim-ZunZingen
Tel. 07631-2915, Fax: 07631-15399
www.weingut-dr-schneider.de
info@weingut-dr-schneider.de
Besuchszeiten: Mo.-Sa. 14-18 Uhr
Gutsschänke Di.-Sa. 17-23 Uhr, So. 12-23 Uhr
Weinetiketten-Museum,
Hoffeste (Ende Mai und Ende August)

Inhaber .... Dr. Gustav Schneider
Rebfläche .... 11 Hektar

Das 1950 von der Familie Bolanz gegründete Gut wurde 1995 von Elisabeth und Gustav Schneider übernommen. Die Weinberge liegen in den Gemarkungen ZunZingen (Rosenberg), Müllheim (Reggenhag und Pfaffenstück) und Auggen (Letten). Vor allem die Burgundersorten werden angebaut, dazu unter anderem Gutedel, Nobling und Regent, aber auch internationale Sorten wie

Chardonnay, Sauvignon Blanc, Cabernet Franc, Merlot und Cabernet Sauvignon. Rote Sorten nehmen 44 Prozent der Rebfläche ein. 2004 wurde eine Gutsschänke eröffnet, die regionale Speisen anbietet.

Nach gleichmäßigen Kollektionen, mit leichten Vorteilen im roten Segment, blieben die 2006er Weißweine hinter den Vorjahren zurück, aber Sekt und Spätburgunder „Edition Antoine" hatten uns vor zwei Jahren gut gefallen. Die letztjährige Kollektion präsentierte sich recht gleichmäßig, bei leichten Vorteilen im roten Segment. Und auch in diesem Jahr gefallen uns die Rotweine wieder etwas besser als die Weißweine, allen voran die kraftvolle rote Cuvée „Edition Antoine".

Weinbewertung

85 . . . 2007 Pinot Noir trocken Barrique
gute Konzentration, etwas Gewürze, rote Früchte; weich, füllig, harmonisch, klare reife Frucht **14,- €**

87 . . . 2007 „Edition Antoine" Rotwein trocken Barrique
Cabernet Franc, Cabernet Sauvignon, Spätburgunder; würzig, eindringlich, fruchtbetont, gute Konzentration, rote Früchte; füllig, kraftvoll, reife Frucht und Substanz **16,- €**

84 2007 „Edition Jacob" Pinot Cremant Brut **12,50 €**
80 2008 „Schwarzwald-Edition" Weißburgunder + Chardonnay trocken **6,90 €**
80 2008 Weißburgunder trocken **5,70 €**
83 2008 Weißburgunder trocken (rote Kapsel) **7,50 €**
82 2008 Grauburgunder trocken (rote Kapsel) **8,- €**
84 2008 Chardonnay trocken (rote Kapsel) **7,70 €**
82 2008 Sauvignon Blanc trocken (rote Kapsel) **8,70 €**
83 2007 Spätburgunder trocken Barrique **9,- €**
84 2007 Merlot trocken Barrique **11,- €**
81 2006 Merlot + Cabernet Franc + Cabernet Sauvignon trocken Barrique **11,50 €**

★

Georg Albrecht Schneider
Weingut

Rheinhessen

Wilhelmstraße 6, 55283 Nierstein
Tel. 06133-5655, Fax: 06133-5415
www.schneider-nierstein.de
schneider-nierstein@t-online.de
Besuchszeiten: nach Vereinbarung

Inhaber .... Albrecht Schneider
Rebfläche .... 15 Hektar

Die Weinberge von Albrecht Schneider liegen in Nierstein, darunter 4,5 Hektar im Roten Hang (Hipping, Pettenthal, Oelberg und Orbel), auf dem Hochplateau am Roten Hang (Findling, Kirchplatte, Rosenberg und Klostergarten), 5 Hektar im Paterberg und weitere Weinberge zwischen Nierstein und Schwabsburg (Brückchen, Bildstock). Seit 1995 werden auch die 2 Hektar des elterlichen Gutes seiner Frau Ulrike in Albig bewirtschaftet. Die Hälfte der Weinberge nimmt Riesling ein, dazu gibt es Müller-Thurgau, Kerner und andere Rebsorten.

2006 lagen die Stärken eindeutig im edelsüßen Segment. Die 2007er Kollektion war etwas zu verhalten, am besten gefiel die Spätlese aus dem Hipping, und auch 2008 vermissen wir ein wenig die Spitzen, die Weine sind sauber und frisch, aber zu verhalten.

Weinbewertung

78 2008 Riesling trocken Niersteiner Spiegelberg **5,20 €/1l**
80 2008 Sauvignon Blanc trocken Niersteiner Paterberg **5,20 €**
78 2008 Weißburgunder trocken Niersteiner Kirchplatte **5,30 €**
77 2008 Grauburgunder trocken Niersteiner Paterberg **5,30 €**

79 2008 Silvaner „Alte Reben" trocken „Edition 40" Niersteiner Paterberg **7,20 €**

82 2008 Riesling Kabinett trocken „vom Löss" Niersteiner Paterberg **6,- €**

82 2008 Riesling Kabinett trocken „vom Kalk" Niersteiner Paterberg **7,20 €**

83 2008 Riesling Spätlese trocken „vom Rotliegenden" Niersteiner Hipping **7,20 €**

79 2008 Riesling Kabinett halbtrocken Niersteiner Findling **5,50 €**

80 2008 Riesling Kabinett Niersteiner Paterberg **5,50 €**

79 2008 St. Laurent Rosé Niersteiner Kirchplatte **5,70 €**

82 2008 Riesling Spätlese Hipping **7,20 €**

82 2008 Gewürztraminer Spätlese Oelberg **7,20 €**

★☆

Heinz Schneider

Wein- und Sektgut

Mosel

Klostergartenstraße 34-36, 54340 Leiwen
Tel. 06507-99139, Fax: 06507-99137
www.weingut-schneider.de
info@weingut-schneider.de
Besuchszeiten: nach Vereinbarung

Inhaber .... Heinz Schneider
Rebfläche .... 13,5 Hektar

Susanne und Heinz Schneider erzeugen auf rund der Hälfte ihrer Rebfläche Rotwein: Für Mosel-Verhältnisse nicht eben üblich. Bei den Weißweinen setzt man auf langsame Vergärung und lange Lagerung auf der Feinhefe. Oberhalb von Leiwen wurde ein karger Schiefer-Steilhang querterrassiert und neu bepflanzt. Im Ginsterberg verfügen sie über 8 Hektar Fläche mit kargen und steinigen Schieferböden.

Gut gelungen waren die mineralischen 2007er sowie die unfiltrierten 2006er Rotweine. 2008 überzeugen die würzigen und mineralischen Rieslinge, die sich teilweise noch unzugänglich zeigen.

Weinbewertung

87 . . . 2007 Riesling Sekt „Alte Reben" brut
feine Frucht, Blüten, Hefe, leichte Kräuternoten; würzig, viel Frucht, präzise, Substanz **9,90 €**

85 . . . 2008 Riesling trocken „Mons Gradus"
verhaltene Frucht, nussig; würzig, stoffig, braucht Zeit **8,90 €**

85 . . . 2008 Riesling „Terra Decoris" Leiwener Laurentiuslay
klare Frucht, Apfel, Kräuter, etwas Mirabelle; würzig, stoffig, wirkt trocken **8,90 €**

87 . . . 2008 Riesling „Sedimentgestein"
frische Frucht, Steinobst, Apfel, leicht cremig; rassig, würzig, zarte Süße, leicht mineralisch **8,90 €**

80 2008 Riesling trocken „SchieferGestein" **6,- €/1l**

84 2008 Riesling trocken „Alte Reben vom blauen Devonschiefer" **8,90 €**

83 2007 Rotwein „Schiefergestein Cuvée 23, 2. Füllung" **6,- €/1l**

84 2007 Rotwein trocken „Terra Lapidis Edition noire" **8,90 €**

★★

Jakob Schneider

Weingut

Nahe

Winzerstraße 15, 55585 Niederhausen
Tel. 06758-93533, Fax: 06758-93535
www.schneider-wein.com
info@schneider-wein.com
Besuchszeiten: Mo.-Sa. 9-19 Uhr, bitte Termin vereinbaren.

Inhaber .... Jakob Schneider
Rebfläche .... 15 Hektar

Das 1575 gegründete Weingut wird heute von Jakob und Monika Schneider geführt. Die Weinberge, allesamt in Niederhausen und Norheim gelegen, befinden sich zu 80 Prozent in Steillagen und zu 20 Prozent in Hanglagen. Riesling ist bei Jakob Schneider mit knapp 90 Prozent Anteil an der Rebfläche die wichtigste Rebsorte. Dazu gibt es ein klein wenig Dornfelder und Grauburgunder. Sohn Jakob hilft tatkräftig im Betrieb mit und ist für die Junior genannte Auslese verantwortlich.

Ende der neunziger Jahre, selbst im problematischen Jahrgang 2000, hatte Jakob Schneider faszinierende Kollektionen mit wunderschön reintönigen edelsüßen Weinen. Warum dann ausgerechnet mit einem relativ „einfachen" Jahrgang wie 2001 die Reintönigkeit verloren ging, haben wir nicht verstanden. In den letzten Jahren aber haben die Kollektionen wieder zugelegt, wobei immer den edelsüßen Weinen die Vorliebe von Vater und Sohn Schneider zu gelten scheint, die Weine setzen auf Fülle und Kraft, manchmal zu Lasten der Finesse.

2006 lagen die Stärken eindeutig bei den Edelsüßen und dies galt auch für die 2007er Kollektion, die sich vor allem im süßen Segment ganz stark präsentierte, angeführt von einer hervorragenden Trockenbeerenauslese. Eine solche gab der Jahrgang 2008 nicht her, so dass nun die Beerenauslese die einmal mehr im edelsüßen Segment starke Kollektion anführt.

Weinbewertung

86 . . . 2008 Riesling Spätlese „Edition Elisabeth" Niederhäuser Hermannshöhle
gute Konzentration, feine Würze und Frucht; füllig, harmonisch, reife süße Frucht, feine Frische, gute Substanz **8,50 €**

87 . . . 2008 Riesling Auslese „Junior" Niederhäuser Hermannshöhle
würzig, eindringlich, viel Konzentration, feiner Duft; süß, konzentriert, dick und dominant, gute Substanz
9,- €/0,375l
1999: 92; 2000: 92; 2001: 87; 2002: 87; 2003: 86; 2004: 82; 2005: 85; 2006: 86; 2007: 87.

88 . . . 2008 Riesling Beerenauslese Niederhäuser Hermannshöhle
gute Konzentration, feiner Duft, würzig und eindringlich; süß, dick, konzentriert, herrlich viel Frucht und Stoff **30,- €/0,375l**
1999: 89; 2005: 87; 2006: 87; 2007: 88.

86 . . . 2008 Riesling Eiswein Niederhäuser Hermannshöhle
süß, konzentriert, feiner Duft, etwas Karamell, eingelegte süße Aprikosen; süß, dick, konzentriert, feiner Biss **30,- €/0,375l**

79 2008 „Melaphyr" Riesling trocken **5,50 €**
81 2008 Riesling Spätlese trocken Niederhäuser Hermannshöhle **7,50 €**
84 2008 Riesling trocken Niederhäuser Felsensteyer **9,- €**
84 2008 Riesling trocken „MAGNUS" Niederhäuser Hermannshöhle **13,50 €**
83 2008 Riesling Kabinett Niederhäuser Klamm **6,- €**
84 2008 Riesling Spätlese Niederhäuser Klamm **7,50 €**

★☆

Karlheinz Schneider & Sohn
Weingut

Nahe

Meddersheimer Straße 29, 55566 Bad Sobernheim
Tel. 06751-2505, Fax: 06751-3657
www.weingut-schneider.com
wgt.schneider@t-online.de
Besuchszeiten: Mo.-Sa. 10-18 Uhr, So. nach Vereinbarung

Inhaber .... Bernd Schneider
Rebfläche .... 9,6 Hektar

Das Weingut wurde 1956 von Karlheinz Schneider gegründet, der aus Guldental stammte und dessen Familie seit vielen Generationen Weinbau betrieb. Seit 1999 führen Bernd Schneider und seine Frau Marion das Weingut. Nach Abschluss seines Studiums in Heilbronn, sowie praktischen Erfahrungen in Neuseeland und beim Weingut Wagner-Stempel ist Sohn Andi für den Weinausbau verantwortlich, Bruder Christoph hat seine Winzerlehre abgeschlossen und kümmert sich um den Außenbetrieb. Die Weinberge liegen in den Bad Sobernheimer Lagen Marbach und Domberg (60 % Steillagen), wo die Böden aus rotem Lehm mit hohem Steilanteil bestehen, teils mit Schiefer durchsetzt. Wichtigste Rebsorte ist Riesling, der 30 Prozent der Fläche einnimmt. Es folgen Müller-Thurgau, Spätburgunder, Portugieser und Grauburgunder. Cabernet Dorsa, Cabernet Mitos und Sauvignon Blanc wurden neu angepflanzt. In Zukunft sollen Riesling- und Spätburgunder-Anteil erhöht werden.

2006 lagen die Stärken im süßen Segment. Die letztjährige Kollektion überzeugte, die Rieslinge präsentierten sich kraftvoll und fruchtbetont, trocken wie süß. Auch die neue Kollektion ist sehr gleichmäßig, bietet füllige, kraftvolle Weine, lediglich die Rotweine sind wie schon oft in früheren Jahren etwas zu oxidativ.

Weinbewertung

85 ... 2008 Grauburgunder trocken Sobernheimer
gute Konzentration, viel reife Frucht, reintönig; füllig, kraftvoll, reintönige Frucht, Substanz und Struktur **7,- €**

85 ... 2008 Riesling Auslese Sobernheimer Marbach
würzig, frisch, eindringlich; füllig, harmonisch, reife süße Frucht, feine Frische **10,50 €**

82 2008 Grauburgunder trocken **5,30 €**
83 2007 Riesling trocken „Roter Tonschiefer" Sobernheimer **6,50 €**
84 2008 Sauvignon Blanc trocken Sobernheimer **7,- €**
83 2008 Riesling trocken Sobernheimer Marbach **9,80 €**
84 2008 Riesling trocken Sobernheimer Domberg **9,80 €**
83 2008 Riesling Spätlese Sobernheimer Marbach **6,50 €**
83 2008 Riesling Spätlese Sobernheimer Domberg **7,- €**
81 2008 Riesling halbtrocken Sobernheimer Domberg **4,60 €**
82 2007 Portugieser trocken „Alte Reben" **9,90 €**
81 2007 Spätburgunder „R" Sobernheimer Marbach **14,- €**

★★★★

Schneider

Weingut

Pfalz

Georg-Fitz-Straße 12, 67158 Ellerstadt
Tel. 06237-7288, Fax: 06237-3739
www.weingutschneider.de
info@weingutschneider.de
Besuchszeiten: Mo.-Fr. 9-12 + 13-17:30 Uhr, Sa. 9-12 + 13-16 Uhr

Inhaber .... Klaus und Markus Schneider
Rebfläche .... 50 Hektar

1990 kaufte Klaus Schneider ein altes Weingut, welches in den fünfziger Jahren aufgegeben worden war. Sein Sohn Markus, der drei Jahre bei Bürklin-Wolf gelernt hatte, ist der Weinmacher. 1994 wurden die ersten vier eigenen Weine erzeugt. Neben Weinbergen in Ellerstadt besitzt man Reben in Kallstadt, Ungstein und Bad Dürkheim. Die Rotweine – immerhin 50 Prozent der Produktion – werden bei Markus Schneider im Holzfass ausgebaut. Wichtigste rote Rebsorten sind Spätburgunder, St. Laurent, Portugieser, Cabernet Franc, Cabernet Sauvignon und Merlot. Weiße Hauptrebsorten sind Riesling, Weißburgunder, Chardonnay, Grauburgunder und Sauvignon Blanc, von dem es inzwischen 5 Hektar gibt. Bei den Weißweinen arbeitet Markus Schneider mit Maischestandzeiten bis zu 48 Stunden. Sie bleiben bis unmittelbar vor der Füllung auf der Feinhefe, teils in Edelstahltanks, teils in Holzfässern, auch Barriques. Die Sekte bleiben mindestens achtzehn Monate auf der Hefe. Nur Riesling- und Burgundertrauben werden zur Sektbereitung genutzt. 2007 wurden die neuen Gutsgebäude mitten in den Weinbergen bei Ellerstadt bezogen.

Als wir vor zehn Jahren erstmals die Weine von Markus Schneider empfahlen, kannte noch niemand diesen Namen, heute ist er ganz Wein-Deutschland ein Begriff. Stetig steigerte er seither Qualität und Größe – eine Leistung, die man nicht genug würdigen kann, haben doch andere, bekanntere Weingüter eine kräftige Flächenexpansion oft qualitativ nicht in den Griff bekommen. Bei Markus Schneider aber stimmen Qualität und Menge. Seine Weißweine sind kraftvoll und reintönig, die Rotweine setzen auf Fülle und Opulenz.

Die Probleme im Jahrgang 2006 schienen spurlos an den Weinen von Markus Schneider vorübergegangen zu sein. Nein, nicht spurlos, denn Chardonnay Felsenberg, Riesling Kalkmergel und Riesling Buntsandstein hatte er nicht erzeugt in diesem Jahr. Was er aber auf die Flasche brachte, war große Klasse. Die Rieslinge waren präzise und kraftvoll, von feinen mineralischen Noten geprägt, der Sauvignon Blanc machte Spaß, die Rotweine schienen an Struktur und Charakter gar zugelegt zu haben. Eine vergleichbar starke, sehr homogene Kollektion präsentierte Markus Schneider im vergangenen Jahr. Die Rieslingkollektion überzeugte, der Sauvignon Blanc machte viel Freude und die fülligen Rotweine schmeichelten mit reifer Frucht. Auch die neue Kollektion gefällt uns sehr gut, sieht man einmal davon ab, dass der neue Sauvignon Blanc Reserve für unseren Geschmack zu sehr vom Holz dominiert ist. Die Weißweine besitzen Frische und Reintönigkeit, die Rotweinen bestechen mit Fülle und Kraft.

Weinbewertung

86 . . . 2008 Riesling
frisch, würzig, herrlich reintönig; klar, frisch, zupackend, feine süße Frucht **6,50 €**

87 . . . 2008 Sauvignon Blanc KAITUI
frisch, fruchtbetont, wunderschön reintönig; klare reife Frucht, gute Harmonie, Frische und Biss **9,90 €**
2004: 88; 2005: 87; 2006: 88; 2007: 88.

87 . . . 2008 KIRCHENSTÜCK ELLERSTADT Riesling
würzig, eindringlich, klare Frucht; klar, zupackend, feine Frucht und Biss **14,- €**
2001: 88; 2002: 87; 2003: 89; 2004: 88; 2005: 89; 2006: 89; 2007: 88.

87 . . . 2008 BUBENECK Ellerstadt Chardonnay
frisch, fruchtbetont, gute Konzentration, gelbe Früchte; weich, füllig, viel reife Frucht, gute Substanz und Länge **14,- €**

87 . . . 2008 NONNENGARTEN BAD DÜRKHEIM Riesling
frisch, fruchtbetont, jugendlich, ganz dezent Limone; klar, frisch, zupackend, jugendliche Frucht **14,- €**

87 . . . 2007 Spätburgunder „M"
fruchtbetont, rauchige Noten, etwas Gewürze; klar, füllig, feine Frucht, etwas Schokolade **14,- €**

87 . . . 2008 „BLACK PRINT" Rotwein

viel reife Frucht, dunkle Früchte, feiner Duft; füllig, schmeichelnd, reife süße Frucht, feine Frische und Biss **12,50 €**
2001: **86**; 2003: **88**; 2004: **89**; 2007: **87**.

88 . . . 2007 „TOHUWABOHU" Rotwein
Cabernet Sauvignon; gute Konzentration, reife Frucht, herrlich eindringlich, reintönig, etwas Cassis; füllig, kraftvoll, reife Frucht, gute Struktur und Frische **19,50 €**

89 . . . 2007 „EINZELSTÜCK" Rotwein
Portugieser; viel reife Frucht, Schokolade, herrlich eindringlich und konzentriert; füllig, kraftvoll, reife Frucht, Substanz, Schokolade, feine Wärme **26,- €**
1999: **88**; 2001: **88**; 2003: **89**; 2004: **90**; 2005: **89**.

88 . . . 2007 „STEINSATZ" Rotwein
Cabernet Franc, Merlot und Cabernet Sauvignon; konzentriert, eindringlich, Kräuter; kraftvoll, konzentriert, reife Frucht, jugendliche Bitternote **26,- €**
2003: **90**; 2004: **90**; 2005: **88**.

90 . . . 2006 „TAILOR" Rotwein
Cabernet Franc und Sankt Laurent; gute Konzentration, viel reife Frucht, feine rauchige Noten, dezent Schokolade, herrlich eindringlich; füllig, kraftvoll, viel reife Frucht und Substanz **26,- €**
2003: **89**; 2004: **90**; 2005: **90**.

84 2008 Sauvignon Blanc „Reserve" **14,- €**

★★

Lothar Schneider & Tochter
Weingut

Rheinhessen

Klein-Winternheimer-Weg 6, 55129 Mainz-Hechtsheim
Tel. 06131-59678, Fax: 06131-9728804
www.schneider-weingut.com
info@schneider-weingut.com
Besuchszeiten: Mo.-Fr. 8:30-12 + 14-19 Uhr, Sa. 8-14 Uhr oder nach Vereinbarung, Mi. nachm. geschlossen

Inhaber .... Lothar Schneider
Rebfläche .... 4 Hektar

Das Weingut Schneider wird heute in sechster Generation von Lothar Schneider als typisch rheinhessischer Gemischtbetrieb geführt. Wichtigste Rebsorten sind Riesling, Silvaner und Portugieser. Die Weißweine werden im Edelstahl ausgebaut, die Rotweine kommen nach der Maischegärung ins Holz. Seit 2002 ist Tochter Mirjam Schneider für den Weinausbau verantwortlich. Die Weine werden betriebsintern mit drei bis fünf Sternen klassifiziert.

Vor zwei Jahren war die Kollektion stark, die Spätburgunder hatten weiter zugelegt. Auch die letztjährige Kollektion war homogen, an der Spitze die kraftvollen Rotweine des Jahrgangs 2006. Die neue Kollektion gefällt uns nochmals besser, weiß wie rot, präsentiert sich homogen auf gutem Niveau. Weiter im Aufwind!

Weinbewertung

85 . . . 2008 Silvaner** trocken Laubenheimer**
klare reife Frucht, weiße Früchte, feine Würze, herrlich eindringlich; füllig, harmonisch, viel reife Frucht und Substanz **8,- €**

85 . . . 2008 Riesling** trocken Laubenheimer**
würzig, eindringlich, klare reife Frucht; füllig, kraftvoll, klare reife Frucht, gute Struktur und Frische **8,50 €**

87 . . . 2007 Merlot „Nr. 2"*** trocken Gau-Bischofsheimer Kellersberg**
feine Würze, herrlich viel Frucht, rote Früchte; füllig, harmonisch, kraftvoll, reife Frucht, gute Struktur und Substanz **16,- €**

83 2008 Riesling*** Classic **4,80 €**
83 2008 Grauburgunder**** Spätlese trocken Mainzer St. Alban **5,70 €**
83 2008 Spätburgunder Blanc de Noir**** trocken **6,40 €**
84 2008 Scheurebe**** „feinherb" **5,40 €**
84 2006 Portugieser*** trocken **5,50 €**

★☆

Wolfgang **Schneider**

Weingut

Nahe

Naheweinstraße 35, 55452 Guldental
Tel. 06707-324, Fax: 06707-7201
www.weingut-wolfgang-schneider.de
info@weingut-wolfgang-schneider.de
Besuchszeiten: täglich nach Vereinbarung

Inhaber .... Wolfgang und Nils Schneider
Rebfläche .... 9,5 Hektar

Das heutige Weingut wurde über mehrere Generationen als landwirtschaftlicher Gemischtbetrieb mit Weinbau, Ackerbau und Viehzucht geführt. Die Viehzucht gab Wolfgang Schneider 1978 auf, 1993 verpachtete er die Äcker und spezialisierte sich ganz auf Weinbau. Er führt zusammen mit seiner Frau Birgitt den Betrieb seit 1975. Sohn Nils, Diplom-Ingenieur für Weinbau und Önologie, arbeitet seit 2003 im Betrieb mit. Die Weinberge befinden sich in verschiedenen Lagen von Guldental, Roxheim und Langenlonsheim. Wichtigste Rebsorten sind Müller-Thurgau, Spätburgunder und Riesling. Dazu gibt es Weißburgunder, Grauburgunder, Scheurebe, Silvaner, Bacchus, Kerner, Dornfelder, Frühburgunder und Gewürztraminer. Bereits seit 1988 werden auch Sekte erzeugt.

Weißburgunder und Grauburgunder sind meist zuverlässig, auch die fülligen Rieslinge bereiten viel Vergnügen, hinzu kommen interessante Gewürztraminer. Interessantester Weißwein ist allerdings oft der Silvaner „S". Die Rotweine sind mindestens ebenbürtig, der im Barrique ausgebaute Spätburgunder zeigt über Jahre hinweg hohes Niveau, besitzt immer Kraft und doch auch Eleganz.

Nach einer überzeugenden Kollektion im schwierigen Jahrgang 2006 vermochte auch die neue Kollektion zu gefallen. Unser Favorit war einmal mehr der barriqueausgebaute Spätburgunder. Dieser überzeugt auch in der aktuellen Kollektion, ebenso die trockene Gewürztraminer Auslese, einige Weine sind allerdings etwas verhaltener als gewohnt.

Weinbewertung

85 . . . 2008 Gewürztraminer Auslese trocken Guldentaler Sonnenberg
viel Konzentration, reife Frucht, feiner Rosenduft; weich, füllig, harmonisch, reife Frucht **7,30 €**

85 . . . 2007 Spätburgunder trocken Barrique Guldentaler Sonnenberg
zehn Monate Barriqueausbau; gute Konzentration, feine Würze und Frucht, eindringlich; füllig, harmonisch, reife Frucht, Vanille **9,30 €**
2003: **86**; 2004: **86**; 2005: **86**; 2006: **87**.

79 2008 Weißburgunder trocken Guldentaler Sonnenberg **4,40 €**
79 2008 Grauburgunder trocken Guldentaler Hipperich **4,40 €**
80 2008 Riesling Spätlese trocken Guldentaler Hipperich **4,70 €**
82 2008 Grüner Silvaner Spätlese trocken „Linie S" Guldentaler Hipperich **6,50 €**
80 2008 Chardonnay Spätlese trocken „Linie S" Guldentaler Sonnenberg **8,- €**
83 2008 Riesling Selection Guldentaler Hipperich **8,50 €**
79 2008 Riesling Classic **4,30 €**
82 2008 Scheurebe Spätlese Guldentaler Sonnenberg **4,40 €**
81 2008 Spätburgunder trocken Guldentaler Sonnenberg **4,30 €**

Schneider ★
das weingut

Mittelrhein

Markenweg 8, 53557 Bad Hönningen
Tel. 02635-3116 / 0177-3735278
www.schneider-das-weingut.de
s.schneider@schneider-das-weingut.de
Besuchszeiten: nach Vereinbarung

Inhaber .... Sebastian Schneider
Rebfläche .... 2,5 Hektar

Sebastian Schneider hat seine Winzerlehre im elterlichen Weingut in Bad Hönningen und bei Helmut Dönnhoff gemacht, anschließend die Ausbildung zum Weinbautechniker in Bad Kreuznach. Mitte 2005 wurde er Außenbetriebsleiter bei Markus Molitor, heute ist er hauptberuflich Betriebsleiter beim Weingut Emrich-Montigny. Mit dem Jahrgang 2006 startete er mit damals einem Hektar Reben im Hönninger Schlossberg und im Bopparder Hamm – mit den Rebsorten Riesling, Grauburgunder und Müller-Thurgau – sein eigenes Weingut. Von 2007 an wurde die Rebfläche erweitert, so dass er heute in Oberheimbach, im Bopparder Hamm und im Hönninger Schlossberg vertreten ist und in Kooperation mit dem Weingut Bröhl in Rhöndorf auch in der Lage Drachenfels.

Mit schön fruchtbetonten Weinen aus dem schwierigen Jahrgang 2006 hatten wir das Weingut erstmals vorgestellt. Eine vergleichbare Kollektion folgte nach, in der uns die süße Riesling Spätlese am besten gefiel. Sehr geschlossen präsentiert sich der neue Jahrgang, bietet frische, klare Weine, trocken wie süß.

Weinbewertung

80 2008 Gutsriesling trocken **4,40 €/1l**
79 2008 Rivaner trocken Rhöndorfer Drachenfels **4,50 €**
82 2008 Riesling Kabinett trocken Rhöndorfer Drachenfels **6,- €**
83 2008 Grauburgunder trocken **5,70 €**
81 2008 Riesling „Alte Reben" **5,70 €**
84 2008 Riesling Spätlese **7,- €**

Martin Schömann ★★★
Weingut

Mosel

Uferallee 50, 54492 Zeltingen
Tel. 06532-2347, Fax: 06532-1010
www.schoemann-weine.de
info@schoemann-weine.de
Besuchszeiten: nach Vereinbarung

Inhaber .... Martin Schömann
Rebfläche .... 6 Hektar

1982 hat Martin Schömann den Betrieb von seinem Vater, Otto Schömann, übernommen, damals mit einem Hektar Weinbergen. Durch Zukauf und Pacht erweiterte er die Flächen und entwickelte aus der kleinen Handelskellerei ein Weingut. Vor allem in der Zeltinger Sonnenuhr liegen seine Weinberge, aber auch in Wintrich, größtenteils in Steillagen. Martin Schömann baut zu 90 Prozent Riesling an. Seit dem 2007er Jahrgang gibt Martin Schömann zu seinen Trauben bei der Vergärung keine Hefe mehr zu, sondern arbeitet nur noch mit den auf dem Lesegut und im Keller vorhandenen natürlichen Hefen,

Die 2006er waren für den Jahrgang bemerkenswert saftig und klar geraten. 2007 überzeugten die Weine, bis hinauf zur üppigen Trockenbeerenauslese besaßen sie reintönige Art und Substanz. Die 2008er wurden erst sehr spät angestellt, und die lange Reifezeit scheint ihnen gut getan zu haben. Alle Weine präsentieren sich straff und würzig.

Weinbewertung

88 . . . 2008 Riesling Spätlese trocken Zeltinger Sonnenuhr
leicht hefegeprägt, zunächst verhalten; stoffig, viel Würze, leicht mineralisch, feingliedrig, Substanz und Schmelz **11,50 €**

85 . . . 2008 Riesling Kabinett „feinherb" Zeltinger Sonnenuhr
klar, reife Frucht, etwas Melone; würzig, stoffig, reife Frucht, Schmelz **8,50 €**

88 . . . 2008 Riesling Spätlese „feinherb" Graacher Domprobst
reife Frucht, Kräuter, Steinobst, etwas Zitrusschale; saftig, rassig, viel Substanz **10,50 €**

88 . . . 2008 Riesling Spätlese* Zeltinger Sonnenuhr
duftig, klar, kandierter Apfel; saftig, frisch, rassig, Substanz **12,50 €**

85 . . . 2008 Riesling Spätlese* Bernkasteler Johannisbrünnchen
frisch, duftig, etwas kandierter Apfel; rassig, eher schlank, animierend **8,50 €**

89 . . . 2008 Riesling Auslese* Zeltinger Sonnenuhr
klar, feine Frucht, getrockneter Apfel, Mirabelle, leicht schwefelig; saftig, rassig, feingliedrig **14,50 €**

89 . . . 2008 Riesling Beerenauslese Zeltinger Sonnenuhr
reintönige Frucht, gebackener Apfel; saftig, würzig, ganz leicht herber Nachhall **29,50 €/0,375l**

82 2008 Riesling trocken Zeltinger Himmelreich **6,- €/1l**
82 2008 Riesling „feinherb" Zeltinger Himmelreich **6,- €/1l**
84 2008 Riesling „Devon-Elegantia feinherb" **7,50 €**
84 2008 Riesling Kabinett trocken Zeltinger Schlossberg **7,50 €**

★★☆

Meinolf Schömehl
Weingut

Nahe

Binger Straße 2, 55452 Dorsheim
Tel. 06721-45675, Fax: 06721-48623
www.schoemehl.de
weingut@schoemehl.de
Besuchszeiten: Mo.-Sa. 9-18 Uhr und nach Vereinbarung

Inhaber . . . Hartmut Hahn, Elke Schömehl-Hahn
Kellermeister . . . Hartmut Hahn
Rebfläche . . . 11 Hektar

Das Weingut Meinolf Schömehl ist ein Familienbetrieb in Dorsheim. Die Weinberge von Hartmut Hahn und Elke Schömehl-Hahn liegen in Dorsheim und Laubenheim, unter anderem in den Lagen Burgberg, Goldloch, Pittermännchen und Karthäuser (3 Hektar). Hauptrebsorte ist Riesling, der knapp die Hälfte der Rebfläche einnimmt. Weitere Schwerpunkte sind weiße Burgunder und rote Sorten wie Spätburgunder, Frühburgunder und Dornfelder. Dazu gibt es vor allem noch Müller-Thurgau und Scheurebe, zuletzt wurde Auxerrois gepflanzt. Die Weißweine werden gekühlt vergoren und in Edelstahl ausgebaut.

Im Jahrgang 2006 behaupteten sich Hartmut Hahn und Elke Schömehl-Hahn gut. Eine sehr geschlossene Kollektion präsentierten sie mit dem Jahrgang 2007, die trocken wie süß überzeugte. Sehr homogen ist nun auch die neue Kollektion, bietet höchst zuverlässige Qualität zu moderaten Preisen, egal ob trocken oder süß, auch Sekt und Frühburgunder haben uns überzeugt.

Weinbewertung

85 . . . 2007 Riesling Sekt brut
frisch, würzig, klare Rieslingfrucht; gute Fülle und

Substanz, klare Frucht **7,30 €**

86 . . . 2008 Riesling Spätlese trocken Dorsheimer Goldloch

würzig, eindringlich, klare Frucht; füllig, harmonisch, viel reife Frucht und Substanz **6,30 €**

2002: 86; 2003: 83; 2004: 85; 2005: 85; 2006: 85; 2007: 86.

85 . . . 2008 Riesling Spätlese halbtrocken Laubenheimer Karthäuser

würzig, konzentriert, klare reife Frucht; füllig, harmonisch, viel reife Frucht, Substanz **5,50 €**

85 . . . 2008 Riesling Spätlese Laubenheimer Karthäuser

gute Konzentration, feine Würze, reintönige Frucht; frisch, elegant, feine süße Frucht, wunderschön süffig, Biss **7,50 €**

85 . . . 2008 Gewürztraminer Spätlese Laubenheimer Karthäuser

würzig, eindringlich, reintönige Frucht; füllig, harmonisch, schmeichelnd, viel reife süße Frucht **6,70 €**

85 . . . 2007 Frühburgunder trocken Laubenheimer Vogelsang

fruchtbetont, jugendlich, rote Früchte; klar, frisch, harmonisch, feine Frucht **6,90 €**

---

82 2008 Grauburgunder trocken Laubenheimer Hörnchen **5,50 €**

83 2008 Riesling trocken „Rotliegendes" **5,10 €**

83 2008 Riesling Kabinett halbtrocken Dorsheimer Pittermännchen **5,10 €**

83 2008 Riesling Kabinett Laubenheimer Karthäuser **4,90 €**

★★★★

Schloss Schönborn

Domänenweingut

Rheingau

Hauptstraße 53, 65347 Hattenheim

Tel. 06723-91810, Fax: 06723-918191

www.schoenborn.de

schloss-schoenborn@schoenborn.de

Besuchszeiten: Mo.-Fr. 8-16 Uhr

Inhaber . . Paul Graf von Schönborn-Wiesentheid

Kellermeister . . . . Peter Barth

Rebfläche . . . . 50 Hektar

Schloss Schönborn ist eines der größten privaten Weingüter im Rheingau. Gleichzeitig ist es eines der ältesten Weingüter Deutschlands und gehört seit 1349 der Familie der Grafen Schönborn. Schloss Schönborn besitzt Weinberge in nahezu allen renommierten Rheingauer Lagen, von Hochheim bis Lorch. Das Weingut ist größter Anteilseigner am Erbacher Marcobrunn und Alleineigentümer des Hattenheimer Pfaffenberg. Neben 91 Prozent Riesling gibt es etwas Spätburgunder und Weißburgunder. 70 Prozent der Weine gehen in den Export. Kellermeister Peter Barth wurde 2006 auch zum Technischen Betriebsleiter ernannt, und diese Entscheidung scheint sich als richtig herauszustellen. In gemeinsamer Verantwortung mit Inhaber Paul Graf von Schönborn-Wiesentheid hat Barth einen klaren, inzwischen für Schloss Schönborn typischen Stil herausgearbeitet.

Im Jahrgang 2006 – die schnellste Ernte in der 650-jährigen Geschichte des Betriebes – wirkten alle Weine klar, feinfruchtig und schlank. Das Sortiment war sehr gleichmäßig, allerdings wurden die 2005er Spitzen nicht ganz erreicht. 2007 brachte dann feinfruchtige, klare, rassige Rieslinge hervor. Die 2008er sind fast ebenso gut gelungen, sehr kompakt, straff und animierend; die Süßweine sind sehr reintönig und elegant.

Weinbewertung

87 . . . 2008 Riesling Sekt brut Erbacher Marcobrunn

eindringliche Frucht, Zitrus; straff, würzig, merkliche Dosage, sehr süffig, Substanz **16,30 €**

85 . . . 2008 Riesling Kabinett trocken Hattenheim Pfaffenberg
jugendliche Frucht, sehr frisch; duftig, würzig, stoffig, Biss **12,50 €**

89 . . . 2008 Riesling Erstes Gewächs Hattenheim Pfaffenberg
klare Frucht, Melone; kompakt, noch etwas verhaltene Frucht, viel Würze, entwickelt sich gut im Glas **23,20 €**
1998: **91**; 1999: **88**; 2000: **88**; 2001: **91**; 2002: **90**; 2003: **90**; 2004: **88**; 2005: **89**; 2006: **87**; 2007: **89**.

90 . . . 2008 Riesling Erstes Gewächs Erbach Marcobrunn
prägnante Frucht, sehr fein, leicht Kräuter, Zitrus; feine Säure, leicht mineralisch, klingt gut nach **29,50 €**
1998: **90**; 1999: **89**; 2001: **91**; 2002: **89**; 2003: **89**; 2004: **89**; 2005: **90**; 2007: **87**; 2007: **87**.

87 . . . 2008 Riesling Erstes Gewächs Hochheim Domdechaney
etwas unruhig, Melone, Zitrus; fest, würzig, noch sehr verschlossen (87+ Punkte) **23,20 €**

89 . . . 2008 Riesling Erstes Gewächs Rüdesheim Berg Schlossberg
reife Frucht, klar, Mirabelle, Melone, Kräuter, Würze; feste Struktur, viel Würze, Potenzial **23,20 €**

87 . . . 2008 Riesling Spätlese Erbach Marcobrunn
sehr klar, frisch, kandierter Apfel, Kräuter; rassig, saftig, viel Würze, guter Nachhall **17,30 €**

89 . . . 2008 Riesling Spätlese „Pfaffenberger Jubiläumswein" Hattenheim Pfaffenberg
eindringliche Frucht, duftig, Boskoop, Kräuter; enorm saftig, feines Süße-Säure-Spiel, animierend **20,90 €**

93 . . . 2008 Riesling Beerenauslese Erbach Marcobrunn
reife Frucht, herrlich reintönig, cremig; opulente Frucht, elegant, dicht, könnte sich noch entwickeln **98,- €/0,375l**

94 . . . 2008 Riesling Beerenauslese Hattenheimer Pfaffenberg
cremige Frucht, Biskuit, ganz leicht Honig, reintönig; cremig, viel Frucht, deutliche Süße, hoch eleganter Stil, komplex und lang **98,- €/0,375l**

81 2008 Riesling trocken **7,95 €**
83 2008 Riesling Kabinett trocken Hattenheimer Kirchenstück **10,50 €**
84 2008 Riesling Kabinett trocken Hattenheimer Nussbrunnen **11,50 €**
81 2008 Riesling „feinherb" 7,95 €
84 2008 Riesling Kabinett „feinherb" Hattenheimer Pfaffenberg **12,50 €**

★★★
Graf von Schönborn
Weingut Schloss Hallburg
Franken

Schloss Hallburg, 97332 Volkach
Tel. 09381-2415, Fax: 09381-3780
www.schoenborn.de
schlosshallburg@schoenborn.de
Besuchszeiten: Mo.-Do. 9-17 Uhr, Fr. 9-14 Uhr, So. und Feiertage 11-17 Uhr in der Vinothek
Schlossweinstuben (Pächter: Karin und Peter Hartmann)

Inhaber .... Paul Graf von Schönborn
Gutsdirektor .... Georg Hünnerkopf
Rebfläche .... 30 Hektar

Das 30 Hektar große, voll arrondierte Weingut Schloss Hallburg ist seit 1806 in Familienbesitz, urkundlich erstmals erwähnt wurde das Schloss bereits 1284. Die beiden reinen Südlagen Hallburger Schlossberg und Gaibacher Schlosspark mit Muschelkalk- und Keuperverwitterungsböden sind Monopollagen von Schloss Hallburg. Dazu besitzt man Weinberge im Gaibacher Kapellenberg. Silvaner und Riesling sind die wichtigsten Rebsorten, es folgen Bacchus, Müller-Thurgau, Weißburgunder, Grauburgunder und Spätburgunder. Das Gut wird seit 1984 von Georg Hünnerkopf geleitet.

Die Barriqueweine des Jahrgangs 2005 – Spätburgunder und Grauburgunder – waren vor zwei Jahren die Highlights der starken Kollektion. Der Aufwärtstrend hielt auch im vergangenen Jahr an, die Kollektion war nochmals besser: Überzeugende Kabinettweine, kraftvolle, stoffige weiße und rote Spitzenweine – und auch edelsüß hatte die Truppe von Georg Hünnerkopf sehr gute Arbeit geleistet. Sehr ähnlich ist das Bild in diesem Jahr: Drei starke Trockenbeerenauslesen, stoffige trockene Weißweine, ein kraftvoller Spätburgunder – und auch die Basisweine überzeugen. Weiter im Aufwärtstrend!

Weinbewertung

85 ... 1934 Sylvaner Schloss Hallburger
würzig, klar, feine Frische; klar, frisch, geradlinig, absolut reintönig (mit 75 Jahren absolut präzise und lebendig)

85 ... 2008 Silvaner Kabinett trocken „Alte Reben"
gute Konzentration, feine Würze und Frucht, etwas Birnen; füllig, harmonisch, viel reife Frucht, feine Frische **9,10 €**

86 ... 2008 Silvaner Spätlese trocken***
viel Konzentration, feiner Duft, weiße Früchte, eindringlich; füllig, kraftvoll, viel reife Frucht, Substanz **15,80 €**

87 ... 2008 Grauburgunder Spätlese trocken***
gute Konzentration, viel reife Frucht, gelbe Früchte, herrlich eindringlich und dominant; füllig, stoffig, viel reife Frucht, gute Struktur und Kraft **15,80 €**

87 ... 2008 Weißburgunder Spätlese trocken***
gute Konzentration, klare reife Frucht, ganz dezent Vanille; füllig, kraftvoll, viel reife Frucht, gute Substanz **15,80 €**

86 ... 2008 Riesling Spätlese trocken***
herrlich eindringlich und konzentriert, reife Frucht, viel Würze; füllig, stoffig, reife Frucht, viel Substanz **15,80 €**

88 ... 2008 Silvaner Spätlese trocken „S.E." Hallburger Schlossberg
gute Konzentration, herrlich viel Frucht, weiße und gelbe Früchte; füllig, stoffig, viel reife Frucht und Substanz, gute Struktur, jugendlich **17,80 €**
2007: 88.

87 ... 2008 Riesling Spätlese trocken „S.E." Hallburger Schlossberg
viel Konzentration, herrlich viel Frucht, Aprikosen und Pfirsiche; füllig, kraftvoll, reife Frucht, Substanz **17,80 €**
2007: 88.

88 ... 2008 Silvaner Spätlese trocken* „Fass 1806"**
viel Konzentration, dominant und eindringlich, feine Würze, reife Frucht; füllig, stoffig, herrlich viel Frucht und Substanz, etwas Vanille **19,70 €**

88 ... 2003 Silvaner Auslese Barrique „Alliereiche"
viel reife Frucht, Vanille, Toast, herrlich eindringlich; weich, viel Vanille, reife süße Frucht, gute Struktur, süße Holz, Frische und Biss (kein aktueller Jahrgang)

88 ... 2003 Silvaner Auslese Barrique „Spessarteiche"
würzig, eindringlich, reife Frucht, etwas Vanille, gelbe Früchte; füllig und schmeichelnd, viel reife süße Frucht, gute Struktur, Frische, Süße (kein aktueller Jahrgang)

87 ... 2003 Silvaner Auslese Barrique „kalifornische Eiche"
würzig, eindringlich, dezenter Toast; füllig, harmonisch, viel reife Frucht, Biss (kein aktueller Jahrgang)

90 ... 2008 Weißburgunder Trockenbeerenauslese Hallburger Schlossberg
würzig, konzentriert, herrlich eindringlich und klar, Litschi, Orangen; süß, konzentriert, dick, faszinierend viel Frucht und Fülle, herrlich reintönig und lang **182,- €/0,375l**

91 ... 2008 Silvaner Trockenbeerenauslese Hallburger Schlossberg
viel Konzentration, wunderschön reintönige Frucht, feine Frische, etwas weiße Früchte, Birnen; süß, konzentriert, faszinierend klar und frisch, viel Substanz und Länge **182,- €/0,375l**

91 ... 2008 Riesling Trockenbeerenauslese Hallburger Schlossberg
viel Duft, Konzentration, etwas kandierte Früchte,

herrlich eindringlich; konzentriert, dominant, herrlich viel Frucht und Stoff, viel Kraft, lang und nachhaltig **192,- €/0,375l**
2007: **91**.

87 . . . 2007 Spätburgunder trocken* Hallburger Schlossberg**
rauchige Noten, rote Früchte, klar und eindringlich; füllig, stoffig, reife Frucht, Substanz, Vanille **22,80 €**
2005: **88**; 2006: **87**.

---

82 2008 Müller-Thurgau trocken **5,70 €**
83 2008 Weißburgunder Kabinett trocken **7,20 €**
83 2008 Riesling Kabinett trocken **6,70 €**
82 2008 Grauburgunder Kabinett trocken **7,20 €**
82 2008 Silvaner Kabinett trocken Hallburger Schlossberg **7,90 €**
83 2008 Riesling Kabinett trocken Hallburger Schlossberg **7,90 €**
82 2008 Traminer Kabinett Hallburger Schlossberg **7,90 €**

Schoeneck-Schnell ★
Weingut
Rheinhessen

Obergasse 9, 55546 Biebelsheim
***Tel.** 06701-961465, **Fax:** 06701-961463*
www.schoeneck-schnell.de
weingut@schoeneck-schnell.de
***Besuchszeiten:** nach Vereinbarung*

Inhaber . . . Silke Adams & Wolfgang Schoeneck
Rebfläche .... 8,5 Hektar

Das Weingut Schoeneck verkauft Flaschenweine seit 1921 und wird in dritter Generation von Wolfgang Schoeneck geführt. 2003 hat er sich mit dem Weingut Schnell in Biebelsheim zusammengeschlossen. Silke Adams hatte das Weingut Schnell 1993 von ihren Eltern übernommen. Ihre Rebflächen haben Silke Adams und Wolfgang Schoeneck in Bechtheim und Biebelsheim. Sie bauen vor allem Weißburgunder, Grauburgunder, Chardonnay, Riesling, Silvaner, Dornfelder und Spätburgunder an. Mit dem Jahrgang 2004 gab es erstmals einen Cabernet Dorsa. Die Rotweine werden maischevergoren und im Holzfass ausgebaut. Das Weingut verzichtet auf Lagenbezeichnungen, verwendet Prädikatsbezeichnungen nur für edelsüße Weine. Das Sortiment wird in die drei Linien „Tag für Tag", „Premium" und „Noblesse" eingeteilt.

Der Jahrgang 2006 war sehr gleichmäßig, Jahrgang 2007 blieb etwas hinter früheren Kollektionen zurück. Die neue Kollektion präsentiert sich geschlossen auf gutem Niveau, der Weißburgunder gefällt uns am besten.

Weinbewertung

81 2008 Riesling trocken **3,70 €**
84 2008 Weißburgunder trocken **5,30 €**
81 2008 Scheurebe halbtrocken **3,60 €**
80 2008 Spätburgunder Blanc de Noir **4,- €**
82 2007 Huxelrebe **4,30 €**
81 2007 St. Laurent trocken **4,30 €**

Eugen Schönhals ★★
Weingut
Rheinhessen

Hauptstraße 23, 55234 Biebelnheim
***Tel.** 06733-960050, **Fax:** 06733-960052*
www.weingut-schoenhals.de
schoenhals@weingut-schoenhals.de
***Besuchszeiten:** Mo.-Sa., nach Vereinbarung*

Inhaber .... Eugen Schönhals
Kellermeister .... Martin Knab
Rebfläche .... 12 Hektar

Eugen Schönhals hat 1986 auf ökologischen Weinbau umgestellt und ist seit 1988 Ecovin-Mitglied. Seit 1995 führt er den Betrieb zusammen mit Martin Knab. Rotweine nehmen die Hälfte der Fläche in den Weinbergen von Eugen Schönhals ein, insbesondere Dornfelder, Portugieser und Spätburgunder. Bei den Weißweinen dominiert der Riesling. Aber auch mehltauresistente Rebsorten wie Rondo, Regent oder Saphira baut Eugen Schönhals bereits seit 1990 an.

Von Anfang an haben wir die Weine von Eugen Schönhals und Martin Knab empfohlen, schon damals überzeugten Rondo, Spätburgunder und Co. Und heute noch gehört das Weingut zu den zuverlässigsten Betrieben in Rheinhessen.

Gleichmäßiger präsentierte sich die Kollektion vor zwei Jahren, weiß wie rot, trocken wie süß. Eine vergleichbare, sehr ausgewogene Kollektion folgte im vergangenen Jahr nach. Riesling „S" und Saphira hatten uns besonders gut gefallen, ebenso der Spätburgunder. In diesem Jahr nun haben die Rotweine die Nase vorne, die 2008er Weißweine sind ein wenig verhaltener als ihre Vorgänger.

Weinbewertung

87 . . . 2007 Spätburgunder „S" trocken
gute Konzentration, rauchige Noten, dezenter Toast, reintönig; füllig, kraftvoll, klare reife Frucht, gute Struktur **12,- €**

85 . . . 2006 Rondo „S" trocken
würzig, leichte Schärfe, rote Früchte, feiner Duft; klar, frisch, zupackend, Biss und Bitternote **12,- €**

80 2008 Riesling Kabinett trocken **5,40 €**
81 2008 Weißburgunder trocken **5,80 €**
83 2008 Saphira trocken **7,80 €**
81 2007 Cuvée „No. 1" trocken **12,- €**
83 2008 Riesling Spätlese „feinherb" **6,80 €**
82 2008 Weißburgunder Spätlese „feinherb" **7,20 €**
82 2008 Huxelrebe Spätlese **7,20 €**
81 2008 Spätburgunder trocken **6,40 €**
83 2007 Regent trocken **7,40 €**
83 2007 Spätburgunder Spätlese trocken **8,60 €**

★★☆

F.B. Schönleber
Wein- und Sektgut

Rheingau

Obere Roppelsgasse 1, 65375 Oestrich-Winkel
***Tel.** 06723-3474, **Fax:** 06723-4759*
www.fb-schoenleber.de
info@fb-schoenleber.de
***Besuchszeiten:** Mo.-Sa. 7:30-11:30 + 13:30-18:30 Uhr (nur nach Vereinbarung)*

Inhaber .... Franz und Katharina Schönleber
Betriebsleiter ...... Bernd und Ralf Schönleber
Rebfläche .... 9,9 Hektar

Das Weingut kann auf eine Tradition bis ins Jahr 1783 zurückblicken. Franz und Katharina Schönleber übernahmen es 1965 und vergrößerten das Weingut. Heute wird der Betrieb von Bernd und Ralf Schönleber geführt. Sie bauen hauptsächlich Riesling an, dazu 10 Prozent Spätburgunder und ein klein wenig Grauburgunder, der wie Teile des Spätburgunders zu Sekt verarbeitet wird. Die Weine vergären im Edelstahl. In den letzten Jahren hat sich der Betrieb mehr und mehr einen Namen gemacht für komplexe Schaumweine (die freilich schon mal deutlich über 13 Volumenprozent Alkohol aufweisen) und feingliedrige Erste Gewächse.

2006 war durchaus gelungen, die 2007er konnten voll überzeugen. 2008 entstanden frische Weine, die selbst in der Basis mehr überzeugen als bei vielen anderen Betrieben. Die Schaumweine aus 2007 sind sehr präzise geraten, wenn auch der Alkohol zu spüren ist.

Weinbewertung

87 . . . 2007 „Creation Karat" Riesling und Spätburgunder Sekt brut
klare Frucht, duftig, leicht cremig; würzig, komplex, recht füllig, viel Frucht, feine Säure **13,- €**
2001: 83; 2002: 86; 2003: 86; 2004: 86; 2005: 87; 2006: 86.

86 . . . 2007 Riesling „Cuvée Katharina" brut
zarte Frucht, leichte Kräuternote; elegant, feine Säure, viel Würze, etwas unausgewogen **10,20 €**

87 . . . 2007 Riesling Sekt extra brut „Hardliner"
klare Frucht, leichte Kräuternote; straff, würzig, feine Säure, kompromisslos trocken **10,20 €**

86 . . . 2008 Riesling Spätlese trocken Erbacher Steinmorgen
feine Frucht, deutlich Kräuter; würzig, straff, viel Frucht, animierend **8,10 €**

87 . . . 2008 Riesling Erstes Gewächs Mittelheimer St. Nikolaus
eher verhalten, Melone, leichte Hefenoten; sehr würzig, feste Frucht, Substanz, abwarten **17,10 €**

88 . . . 2008 Riesling Erstes Gewächs Mittelheimer Edelmann
leichte Hefenoten, klar, etwas Melone; saftig, feine Frucht, geradlinig, Finesse, guter Nachhall **17,10 €**

88 . . . 2008 Riesling Auslese Mittelheimer St. Nikolaus
etwas Schwefel, getrockneter Apfel, Kräuter; betont würzig, feine Frucht, elegant, Substanz **11,- €/0,5l**

---

81 2008 Riesling trocken Mittelheimer Edelmann **5,20 €/1l**
83 2008 Riesling trocken Edelmann **5,20 €**
82 2008 Riesling Kabinett trocken Oestricher Klosterberg **6,- €**
83 2008 Riesling Spätlese trocken Oestricher Doosberg **8,10 €**
82 2008 Riesling Classic **5,80 €**
79 2008 Riesling halbtrocken Oestricher Lenchen **5,10 €/1l**

★★

Scholler

Weingut

Pfalz

Alte Kirchstraße 7, 76831 Birkweiler
Tel. 06345-3529, Fax: 06345-8535
www.weingut-scholler.de
weingutscholler@t-online.de
Besuchszeiten: Mo.-Sa. 8-12 + 13-18 Uhr
Weinprobe, Brennerei

Inhaber .... Helmut und Bettina Scholler
Rebfläche .... 12,5 Hektar

Seit 1991 führen Helmut und Bettina Scholler dieses Weingut, das seit Jahrhunderten in Familienbesitz ist und seit 1889 den Namen Scholler trägt. Die Weinberge verteilen sich auf 40 Parzellen von Birkweiler bis Nussdorf. Hauptrebsorten sind Riesling, Weißburgunder und Spätburgunder mit jeweils 15 Prozent. Es folgen Müller-Thurgau, Silvaner und Sankt Laurent. Hinzugekommen sind zuletzt Chardonnay, Regent und noch mehr Sankt Laurent. Rote Sorten nehmen inzwischen 30 Prozent der Weinberge von Helmut Scholler ein und er möchte diesen Anteil noch etwas erhöhen. Im Birkweiler Kastanienbusch wird Riesling und Spätburgunder auf Rotliegendem und Weißburgunder auf Buntsandsteinverwitterungsböden angebaut. Im Mandelberg Riesling und Chardonnay auf Muschelkalk. Im Rosenberg mit seinen lehmigen und tonigen Böden wachsen Gewürztraminer, Weißburgunder, Spätburgunder und Sankt Laurent. Im Nussdorfer Herrenberg mit seinen Lößböden wachsen Silvaner, Riesling, Portugieser und Spätburgunder. Die Rotweine werden nach der Maischegärung in Holzfässern ausgebaut, die Weißweine werden temperaturkontrolliert vergoren und im Edelstahl ausgebaut. Ausgesuchte Weine kommen ins Barrique. Die

Weine werden überwiegend trocken angeboten und vor allem an Privatkunden verkauft.

Seit einem Jahrzehnt schon empfehlen wir die Weine von Helmut Scholler, seit einem Jahrzehnt loben wir die gute, stets zuverlässige Qualität ebenso wie die sehr verbraucherfreundlichen Preise. Alle Weine sind stets wunderschön reintönig und fruchtbetont, süffig ohne je oberflächlich zu sein.

2006 war jahrgangsbedingt schwächer, die 2005er Rotweine zeigten sich klar und fruchtbetont. Die letztjährige Kollektion war wunderschön gleichmäßig mit fruchtbetonten, klaren Weinen. Eine vergleichbare Kollektion folgt in diesem Jahr nach mit frischen, reintönigen Weinen – bei immer noch sehr moderaten Preisen.

Weinbewertung

86 . . . 2007 Spätburgunder Blanc de Noirs Sekt extra brut
würzig, klar, fruchtbetont, feine Frische; füllig, harmonisch, gute Substanz, klare Frucht **8,40 €**

86 . . . 2008 Riesling Spätlese trocken Birkweiler Mandelberg
klare reife Frucht, dezent gelbe Früchte, feine Frische; füllig, harmonisch, reife süße Frucht, Substanz und Frische **5,60 €**

86 . . . 2008 Riesling Spätlese trocken „Rotliegendes" Birkweiler Kastanienbusch
gute Konzentration, klare reife Frucht, würzig; weich, harmonisch, reintönige Frucht, feine Frische **6,40 €**

85 . . . 2007 Spätburgunder Spätlese trocken „Rotliegendes" Birkweiler Kastanienbusch
würzig, frisch, reintönige Frucht; klar, feine Frische, reife Frucht **6,80 €**

86 . . . 2007 Spätburgunder Spätlese trocken Barrique „Rotliegendes" Birkweiler Kastanienbusch
gute Konzentration, rauchige Noten, klare reife Frucht; füllig, harmonisch, reife süße Frucht, feine Frische **8,80 €**

84 2007 Spätburgunder Blanc de Noirs Sekt brut **8,40 €**

81 2008 Weißburgunder Kabinett trocken **3,90 €/1l**

83 2008 Weißburgunder Kabinett trocken Birkweiler Kastanienbusch **4,60 €**

84 2008 Chardonnay Kabinett trocken „Muschelkalk" Birkweiler Mandelberg **4,90 €**

83 2008 Spätburgunder Blanc de Noirs Kabinett trocken **4,60 €**

82 2008 Chardonnay Kabinett „feinherb" Birkweiler Kastanienbusch **4,60 €**

Dr. Schreiber ★
Weingut

Rheinhessen

Fronstraße 34, 67550 Worms-Abenheim
Tel. 06242-2275, Fax: 06242-60032
www.weingutschreiber.de
info@weingutschreiber.de
Besuchszeiten: nach Vereinbarung

Inhaber .... Dr. Andreas Schreiber
Rebfläche .... 13 Hektar

Andreas Schreiber hat in Hohenheim Allgemeine Agrarwissenschaft studiert und promoviert. Seit 2001 kümmert er sich um sein eigenes Weingut. Wie schon beim Debüt vor zwei Jahren hatte uns auch im vergangenen Jahr die trockene Riesling Auslese Kapellenstück besonders gut gefallen. Auch 2008 überzeugt sie, noch besser aber gefallen uns in der aktuellen Kollektion die beiden Barrique-Rotweine.

Weinbewertung

85 . . . 2007 Spätburgunder trocken Barrique
rauchige Noten, etwas Gewürze, gute Konzentration; weich, füllig, harmonisch, reife Frucht, jugendliche Tannine **13,- €**

85 . . . 2007 Merlot & Cabernet Sauvignon trocken Barrique „Prestige"
gute Konzentration, eindringlich Gewürze, rote Früchte; füllig, kraftvoll, reife Frucht, gute Substanz **15,- €**

---

82 2008 „Pricollo Secco" **5,50 €**
83 2008 „Pricollo" Rose „Secco" **6,50 €**
81 2008 Sauvignon Blanc trocken **6,50 €**
80 2008 Riesling Spätlese trocken **6,50 €**
84 2008 Riesling Auslese trocken Kapellenstück **12,- €**
81 2008 Gewürztraminer Spätlese **9,- €**
79 2008 Weißer Riesling (Schreibers Edition) **5,50 €**
82 2008 Merlot Rosé „feinherb" **5,50 €**
81 2008 Portugieser „Select" trocken „alte Reben" **10,- €**
81 2007 Merlot & Cabernet Sauvignon trocken **6,30 €**

★★★★

C. von Schubert'sche

Gutsverwaltung Grünhaus

Mosel

Grünhaus, 54318 Mertesdorf
Tel. *0651-5111,* ***Fax:*** *0651-52122*
www.vonschubert.com
info@vonschubert.com
Besuchszeiten: *Mo.-Fr. 8-12 + 13-17 Uhr, Sa. 8-12 Uhr*

Inhaber .... Dr. Carl-Ferdinand von Schubert
Rebfläche .... 34 Hektar

Die Weinberge von Carl-Ferdinand von Schubert befinden sich in einer arrondierten Lage auf der linken Seite der Ruwer. Alle drei Teile dieser Lage, Bruderberg, Herrenberg und Abtsberg gehören ihm in Alleinbesitz. Dank einer sehr klaren Linie sind von den angebotenen Weinen „vernünftige" Mengen vorhanden. Von Qualitätsweinen, Kabinett und Spätlesen werden jeweils etwa 10.000 Flaschen erzeugt. Ausgebaut werden vor allem Rieslinge, der Weißburgunder dient der Abrundung des Sortiments. Wie nur bei wenigen anderen Weingütern in Deutschland, zeigen die Weine von Carl-Ferdinand von Schubert eine klare, unverwechselbare Handschrift, sind wieder erkennbar. Sie sind kraftvoll und mineralisch, in ihrer Jugend oft etwas streng und verschlossen. Selbst einfache Rieslinge sind von bemerkenswerter Lagerfähigkeit. Kein Wunder, dass man diese Weine in der gehobenen Gastronomie fast überall findet. In den letzten Jahren wurden die trockenen oder fast trockenen Spitzenweine immer ausdrucksstärker. Der „Superior" (mit um die 18 bis 20 Gramm Restszucker) sowie die ab 2008 „Alte Reben" genannten Weine mit unter 9 Gramm zeigen eine straffe Art und viel Struktur.

2006 fiel recht schlank aus, die 2007er waren deutlich von der spontanen Vergärung geprägt und benötigten viel Zeit im Glas. 2008 entstanden auf Grünhaus rassige, animierende Weine, die nicht nur in der Spitze außerordentlich viel Trinkfreude bereiten.

Weinbewertung

86 . . . 2008 Weißburgunder Schloss Grünhaus
sehr frisch, feine Frucht, leicht cremig; würzig, saftig, feine Säure, etwas Tabak im Nachhall, Biss **11,90 €**

85 . . . 2008 Riesling Kabinett trocken Maximin Grünhäuser Herrenberg
zarte Frucht, leichte Hefenoten, Stachelbeere; würzig, gute Struktur, fest, animierend **10,70 €**

87 . . . 2008 Riesling Kabinett trocken Maximin Grünhäuser Abtsberg
eindringliche Frucht, Zitrus, Stachelbeere; würzig, feste Struktur, rassig **11,20 €**

88 . . . 2008 Riesling „Alte Reben" trocken Maxi-

min Grünhäuser Herrenberg
sehr frisch, duftig, etwas Kräuter, Hefe; straff, viel Würze, rassige Säure, gute Länge **11,90 €**

89 . . . 2008 Riesling „Alte Reben" trocken Maximin Grünhäuser Abtsberg
zunächst etwas verhalten, leichte Hefenoten, Zitrus, fast rauchige Würze; stoffig, würzig, gute Struktur, nachhaltig **13,40 €**
(bis 2007: Spätlese) 1999: 89; 2001: 87; 2002: 89; 2003: 89; 2004: 86; 2005: 87; 2006: 86; 2007: 89.

90 . . . 2008 Riesling „Superior" Maximin Grünhäuser Herrenberg
prägnante Frucht, leichte Hefenoten, Kräuter; stoffig, reife Frucht, feine Säure, leicht mineralisch, langer Nachhall **17,- €**
2005: 91; 2006: 85; 2007: 87.

92 . . . 2008 Riesling „Superior" Maximin Grünhäuser Abtsberg
eindringliche Frucht, Zitrus, Kräuter, etwas Pfirsich, hefewürzig; straff, reife Frucht, entwickelt sich ausgezeichnet, dicht **19,- €**
2006: 88; 2007: 91.

86 . . . 2008 Riesling Kabinett Maximin Grünhäuser Herrenberg
duftig, intensive Frucht, Stachelbeere, Hefenoten, etwas Cassis; saftig, viel Frucht, erfrischend **10,70 €**

88 . . . 2008 Riesling Kabinett Maximin Grünhäuser Abtsberg
eindringliche Frucht, deutliche Kräuternoten, etwas Cassis; sehr würzig, rassig, feines Süße-Säure-Spiel, Biss **11,20 €**

88 . . . 2008 Riesling Spätlese Maximin Grünhäuser Herrenberg
deutliche Hefenoten, etwas unzugänglich, Stachelbeere; rassig, feine Frucht, noch etwas unausgewogen, Potenzial **11,90 €**

90 . . . 2008 Riesling Spätlese Maximin Grünhäuser Abtsberg
prägnante Frucht, mineralisch, Stachelbeeren, etwas Hefenoten; würzig, enorm straff, herrlich rassig und feingliedrig **13,40 €**
1998: 88; 1999: 89; 2000: 88; 2001: 87; 2002: 88; 2003: 90; 2004: 88; 2005: 88; 2006: 88; 2007: 90.

91 . . . 2008 Riesling Auslese Maximin Grünhäuser Abtsberg
reife Frucht, Steinobst, etwas Melone, hefewürzig, leicht Kräuter; straff, sehr saftig, sehr animierend, rassig **22,- €**
1999: 91; 2001: 89; 2002: 88; 2003: 90; 2004: 90; 2005: 91; 2006: 89; 2007: 91.

95 . . . 2008 Riesling Eiswein Maximin Grünhäuser Herrenberg
sehr reintönig, feine Frucht, Zitrusschale, Kräuter, Nektarine; dicht, viel Frucht, enorm rassig, herrlich animierend und präzise **82,50 €/0,375l**

---

82 2008 Riesling trocken Maximin Grünhäuser **8,80 €**
83 2008 Riesling „feinherb" Maximin Grünhäuser **8,80 €**
84 2008 Riesling Kabinett „feinherb" Maximin Grünhäuser Herrenberg **10,70 €**
83 2008 Riesling Maximin Grünhäuser Bruderberg **8,80 €**

★★★★☆

Schumacher
Weingut

Pfalz

Hauptstraße 40, 67273 Herxheim am Berg
Tel. 06353-93590, Fax: 06353-935922
www.schumacher-weine.de
weingut-schumacher@t-online.de
Besuchszeiten: Mo.-Fr. 14-18 Uhr, Sa. 10-14 Uhr

Inhaber .... Annetrud Franke
Gutsverwalter .... Michael Acker
Rebfläche .... 11,3 Hektar

Die Weinberge von Annetrud Franke liegen vor allem in Herxheim. Die mit dem Zusatz „Garten" versehenen Weine sind die Spitzenweine aus einer arrondierten Lage – im Herxheimer Himmelreich – unmittelbar beim Weingut, die 3,5 Hektar umfasst und von einer bis zu 5 Meter hohen Kalk- und Buntsandsteinmauer umgeben ist. Im Himmelreich herrschen mineralstoffreiche Kalkböden vor, mit einer sandigen Lehmauflage im „Garten". Weitere Weinberge besitzt das Weingut im Herxheimer Honigsack (sandiger Lehm auf Kalkgeröll), Kallstadter Saumagen (Muschelkalk), Dirmsteiner Herrgottsacker (Lösslehm) und Freinsheimer Musikantenbuckel (lehmiger Sand). Wichtigste Rebsorte ist Riesling, gefolgt von Spätburgunder, die zusammen 70 Prozent der Fläche einnehmen. Hinzu kommen Portugieser, Grauburgunder, Weißburgunder, Dornfelder, Frühburgunder und Auxerrois. Alle Rotweine werden im Holzfass ausgebaut.

Seit einem Jahrzehnt nun empfehlen wir die Weine des Weinguts Schumacher in Herxheim am Berg. „Einer der Top-Betriebe" in der Pfalz, haben wir damals formuliert. Dies gilt heute noch, ohne jede Einschränkung. Im Gegenteile, die Weine haben in diesem Jahrzehnt weiter an Präzision und Ausdruck gewonnen. Schon die Basisweine sind bestechend klar, kaum ein anderes Weingut erzeugt einen solch feinen Literriesling. Riesling und die weißen Burgunder gehören regelmäßig zur Spitzenklasse in der Pfalz, fast noch mehr beeindruckt waren wir aber zuletzt regelmäßig von den roten Burgundern, von Spätburgunder und Frühburgunder. Und dass sie sich auf der Flasche prächtig entwickeln, das zeigte uns eine Vertikalverkostung des Spätburgunders.

Eine starke weiße Truppe führte Michael Acker auch im problematischen Jahrgang 2006 ins Feld, da fiel es schwer einen Favoriten zu benennen: Ob Riesling, Auxerrois oder Grauburgunder, alle Weine waren wunderschön klar und doch konzentriert und strukturiert. Gleiches galt 2007: Alle Weine machten viel Freude, schon der Gutsriesling war herrlich kraftvoll und reintönig. Genauso stark ist die weiße Phalanx 2008, angefangen erneut beim Literriesling.

Noch mehr beindrucken uns allerdings die roten Burgunder. Wunderschön reintönig und elegant präsentierten sich die 2005er Spätburgunder „Garten" und „Felsenberg", der Frühburgunder erwies sich als ebenbürtig. Auch die 2006er überzeugten voll und ganz, allen voran der herrlich reintönige Spätburgunder „Garten". 2007 nun gibt es gleich drei „Garten"-Versionen, die sich vor allem hinsichtlich Fülle und Konzentration unterscheiden, aber schon die „einfachste" Version ist wunderschön reintönig und elegant – genau dies zeichnet auch den Frühburgunder aus, der wieder einmal zu den schönsten Frühburgundern in Deutschland zählt. Starke Kollektion!

Weinbewertung

85 . . . 2008 Gutsriesling trocken
frisch, würzig, klare Frucht; klar, füllig, reife Frucht, Substanz und Biss **6,- €/1l**
1999: 85; 2000: 85; 2001: 85; 2002: 84; 2003: 84; 2004: 84; 2005: 85; 2006: 83; 2007: 86.

86 . . . 2008 Riesling Kabinett trocken Herxheimer Himmelreich
frisch, klar, feine Frucht, etwas Limone; klar, frisch, zupackend, feine Frucht und Biss **8,30 €**
1997: 85; 1999: 88; 2000: 88; 2001: 87; 2002: 86; 2004: 85; 2005: 86; 2006: 86; 2007: 87.

88 . . . 2008 Grauburgunder Spätlese trocken Herxheimer Himmelreich
gute Konzentration, klare Frucht, etwas gelbe Früchte, jugendlich; gute Fülle und Substanz, klare Frucht, Frische **11,50 €**
1998: 87; 1999: 90; 2001: 86; 2002: 87; 2003: 89; 2004: 87; 2005: 88; 2006: 89; 2007: 88.

87 . . . 2007 Auxerrois Spätlese trocken Herxheimer Himmelreich
gute Konzentration, reife Frucht, etwas Vanille, weiße und gelbe Früchte; füllig, harmonisch, reife Frucht, Vanille, gute Struktur **14,50 €**
1997: 88; 1999: 88; 2000: 87; 2001: 87; 2002: 88; 2003: 88; 2004: 88; 2005: 89.

88 . . . 2008 Riesling Spätlese trocken Herxheimer Himmelreich
klar, konzentriert, herrlich eindringlich, reife Frucht, dezent Limone; klar, geradlinig, zupackend, reintönige Frucht, Biss **10,50 €**
1998: 88; 1999: 90; 2000: 90; 2001: 91; 2002: 90; 2003: 89; 2005: 88; 2006: 89; 2007: 88.

89 . . . 2008 Riesling Spätlese trocken „Garten" Herxheimer Himmelreich
reintönige Frucht, gute Konzentration, herrlich eindringlich; kraftvoll, zupackend, jugendlich, Biss und Struktur **14,50 €**
1998: 90; 1999: 91; 2001: 90; 2002: 92; 2003: 91; 2004: 91; 2005: 90; 2006: 90; 2007: 89.

89 . . . 2008 Riesling Spätlese trocken „Garten R" Herxheimer Himmelreich
gute Konzentration, jugendliche Frucht, reintönig, dezent mineralische Noten; kraftvoll, zupackend, reife Frucht, gute Struktur, viel Biss, Substanz **21,- €**
2007 (1. Jg.): 90.

86 . . . 2007 Spätburgunder trocken
fruchtbetont, würzig, rote Früchte, Frische; frisch, elegant, reintönig, feine Frucht und Biss **11,50 €**
2001: 87; 2002: 86; 2003: 87; 2004: 86; 2005: 87; 2006: 87.

90 . . . 2007 Frühburgunder Spätlese trocken Herxheimer Himmelreich
feine rauchige Noten, Vanille, reintönige Frucht, herrlich eindringlich; klar, füllig, elegant, Vanille, gute Struktur **21,- €**
1998: 87; 1999: 89; 2000: 86; 2001: 89; 2002: 87; 2003: 88; 2004: 89; 2005: 89; 2006: 88.

90 . . . 2007 Spätburgunder Spätlese trocken „Garten" Herxheimer Himmelreich
feine rauchige Noten, herrlich reintönige Frucht, eindringlich; klar, elegant, frisch, gute Struktur, feine Länge und Nachhall **19,- €**
1997: 88; 1998: 86; 1999: 91; 2000: 88; 2001: 91; 2002: 91; 2003: 88; 2004: 89; 2005: 90; 2006: 90.

90 . . . 2007 Spätburgunder Spätlese trocken „Garten R" Herxheimer Himmelreich
gute Konzentration, reintönige Frucht, feine rauchige Noten, herrlich eindringlich; harmonisch, elegant, viel reife Frucht, gute Struktur und Frische, feiner Nachhall **28,- €**
1999: 90; 2003: 92; 2004: 91.

91 . . . 2007 Spätburgunder Spätlese trocken „Garten RR" Herxheimer Himmelreich
frisch, fruchtbetont, wunderschön reintönig, intensiv rote Früchte, auch Veilchen; viel reife Frucht, gute Substanz, etwas Schokolade, herrlich reintönig, harmonisch und lang **45,- €**

★☆

Paul Schumacher
Weingut

Ahr

Marienthaler Straße 6, 53474 Marienthal / Ahr
Tel. 02642-4345, Fax: 02642-359419
www.weingut-ps.de
ps-info@weingut-ps.de
Besuchszeiten: Mo.-Do. 9-12 Uhr, Fr.-So. 10-12 Uhr oder nach Vereinbarung
Straußwirtschaft (Mai bis Sept., an den Wochenenden)

Inhaber .... Paul Schumacher
Rebfläche .... 1,8 Hektar

Das Weingut von Paul Schumacher gehört zu den kleinsten an der Ahr. Er baut Spätburgunder, Frühburgunder, Riesling, Portugieser, Merlot und Kerner an. Aufgrund der steigenden Nachfrage kauft er seit 2005 auch Trauben von anderen Winzern zu. Im Keller arbeitet er traditionell mit offener Maischegärung (8 bis 14 Tage), teilweise mit Kaltmaceration, langen Maischestandzeiten, Mostentzug, Spontangärung und Holzfassausbau, ein Teil der Weine wird ohne Filtration abgefüllt.

Beim guten Debüt im vergangenen Jahr hatten uns zwei 2006er Spätburgunder, „Pur Pinot" und „Patience" besonders gut gefallen. In einer starken Kollektion mit reintönigen Spätburgundern gefällt uns in diesem Jahr nun der „Pur Pinot" besonders gut. Im Auge behalten!

Weinbewertung

85 . . . 2007 Spätburgunder „E"
würzig, eindringlich, klare reife Pinotfrucht; frisch, fruchtbetont, reintönig **10,- €**

87 . . . 2007 Pinot Noir
reintönige Frucht, Frische, rote Früchte, herrlich eindringlich; harmonisch, elegant, reintönige Frucht, gute Struktur und Frische **14,- €**

86 . . . 2007 Merlot & Pinot Noir „Pas de deux"
würzig, eindringlich, feiner Toast, reife Frucht; füllig, harmonisch, reife Frucht, gute Struktur, Tannine, Frische **14,- €**

88 . . . 2007 Spätburgunder „Pur Pinot"
herrlich reintönige Frucht, feine rauchige Noten, etwas rote Früchte, Frische; füllig, kraftvoll, reintönige Frucht, gute Struktur, Frische **18,- €**
2006: 87.

80 2008 Spätburgunder Blanc de Noir **7,30 €**
80 2008 Spätburgunder Blanc de Noir „feinherb" **7,30 €**
81 2007 Spätburgunder **7,30 €**
81 2007 Spätburgunder „Concentio" **7,30 €**
83 2007 Spätburgunder „Carpe Diem" (2. Füllung) **9,30 €**

★☆

Ulrich Schumann

Weingut und Ferienhaus

Mosel

Beethovenstraße 36, 54470 Lieser
***Tel.** 06531-6353, **Fax**: 06531-6454*
www.weingut-schumann.de
info@weingut-schumann.de
***Besuchszeiten**: täglich nach Vereinbarung*
Ferienhaus

Inhaber .... Ulrich Schumann
Rebfläche .... 3,5 Hektar

Ulrich Schumann baut zu 85 Prozent Riesling und zu 15 Prozent Müller-Thurgau an. 70 Prozent seiner Weinberge befinden sich in Steillagen. Die Weine werden fast ausschließlich an Privatkunden verkauft. Seit 1992 ist dem Weingut ein Ferienhaus angeschlossen. Ulrich Schumann vergärt seine Weine teils mit Reinzuchthefen, teils mit den natürlichen Hefen und legt großen Wert auf einen Ausbau im Holzfass.

2006 fiel für den Jahrgang beachtlich aus. Auch 2007 überzeugten die Rieslinge wieder mit klarer Frucht und Finesse, die 2008er sind sehr gleichmäßig ausgefallen: Bereits der Rivaner von 35 Jahre alten Rebstöcken überzeugt mit feiner Würze.

Weinbewertung

81 2008 Riesling Perlwein „Cuvée Maya" **6,50 €**
83 2008 Rivaner trocken **4,90 €**
81 2008 Riesling trocken **5,30 €/1l**
84 2008 Riesling Spätlese trocken Lieserer Schlossberg **8,- €**
83 2008 Riesling Kabinett halbtrocken Lieserer Rosenlay **6,40 €**
84 2008 Riesling Spätlese „feinherb" Lieserer Rosenlay **8,- €**
84 2008 Riesling Spätlese Lieserer Rosenlay **8,- €**

★

Schunk

Weingut

Mosel

Hauptstraße 26, 56814 Bruttig-Fankel
Tel. 02671-1458, Fax: 02671-8221
www.weingut-schunk.de
info@weingut-schunk.de
Besuchszeiten: täglich nach Vereinbarung

Inhaber .... Paul Schunk
Rebfläche .... 2,6 Hektar

Seit 1625 betreibt die Familie Schunk Weinbau an der Mosel. Paul Schunk baut in Bruttig-Fankel vor allem Riesling an – drei Viertel der Rebfläche ist mit dieser Sorte bestockt. Die Spitzenweine des Gutes stammen von weniger bekannten Steillagen wie der Bruttiger Götterlay oder dem Fankeler Rosenberg. Als „Vinovation 11" wird eine von Junior Jonas Schunk ausgebaute Assemblage aus Steilstlagenparzellen vermarktet. Die Weine gären überwiegend mit natürlichen Hefen, der Ausbau erfolgt im Stahltank oder im Fuder.

Weinbewertung

85 . . . 2008 Riesling Spätlese trocken „Vinovation 11"
verhalten, Würze, etwas Kräuter; stoffig, würzig, leicht mineralisch, gute Länge (85+? Punkte) **10,50 €**

85 . . . 2008 Riesling Spätlese „feinherb von alten Reben" Bruttiger Götterlay
Kräuter, feine Frucht; würzig, finessenreich, beinah trocken, leicht erdige Würze **8,- €**

86 . . . 2008 Riesling Spätlese „von alten Reben" Fankeler Rosenberg
duftig, etwas Apfel, Kräuter; saftig, würzig, rassige Säure, animierend **7,50 €**

83 2008 Riesling Kabinett trocken Bruttiger Rathausberg **4,50 €**
84 2008 Riesling Spätlese trocken „von alten Reben" Bruttiger Götterlay **8,- €**
82 2008 Riesling Kabinett Bruttiger Pfarrgarten **4,50 €**

★

Albert Schwaab

Weingut

Mosel

Brückenstraße 6, 54492 Erden / Mosel
Tel. 06532-2302, Fax: 06532-1379
albertschwaab@web.de
Besuchszeiten: 8-20 Uhr, nach Vereinbarung auch später

Inhaber .... Edgar Schwaab
Rebfläche .... 8 Hektar

Im Weingut Schwaab sind nicht nur die jüngsten, sondern stets auch ältere Jahrgänge vorrätig. Riesling spielt die Hauptrolle, aber es werden auch andere Sorten angebaut: Der Kerner etwa beweist hier regelmäßig, dass er beachtliche Weine hervorbringen kann. Ein Großteil der Produktion wird an Endverbraucher verkauft.

2006 fiel etwas verhaltener aus. Die 2007er gaben mit ihrer Würze schon deutlich mehr Anlass zur Freude, die 2008er sind zuverlässig, ohne zu begeistern. Die Auslese aus 1994 und eine Kerner Spätlese aus dem Jahrgang 1996 beweisen, wie gut die Schwaab-Weine reifen können.

Weinbewertung

87 . . . 1994 Riesling Auslese Erdener Treppchen
zarte Frucht, leicht erdig, Kräuter; feingliedrig, zarte Süße, angenehme Reifenoten, animierend **15,- €**

77 2008 Weißer Burgunder trocken **5,90 €**
79 2008 Riesling Kabinett trocken Erdener Treppchen **5,90 €**

81 2008 Riesling Spätlese trocken Erdener Treppchen **7,50 €**

81 2008 Riesling Kabinett halbtrocken **5,90 €**

83 2008 Riesling Spätlese halbtrocken Erdener Treppchen **7,50 €**

83 1996 Kerner Spätlese Erdener Busslay **6,60 €**

80 2006 Spätburgunder trocken **11,90 €**

★★

Schwab

Weingut

Franken

Bühlstraße 17, 97291 Thüngersheim
Tel. 09364-89183, Fax: 09364-89184
www.weingut-schwab-franken.de
info@weingut-schwab-franken.de
Besuchszeiten: Mo.-Fr. 8-18 Uhr, Sa. nach Vereinbarung
Probierstube (bis 70 Personen), Vinothek
Ferienzimmer (3 Doppelzimmer)

Inhaber .... Thomas Schwab
Rebfläche .... 11 Hektar

Das Weingut Schwab war ursprünglich ein landwirtschaftlicher Mischbetrieb, bevor Gregor und Barbara Schwab Mitte der siebziger Jahre sich ganz auf Weinbau spezialisierten. Seit 1990 bewirtschaftet mit Thomas und Andrea Schwab die nächste Generation das Familienweingut. Die Weinberge von Thomas Schwab liegen in den Thüngersheimer Lagen Johannisberg und Scharlachberg. Wichtigste Rebsorte ist Müller-Thurgau, gefolgt von Riesling, Silvaner, Bacchus, Kerner und Spätburgunder.

Die 2006er behaupteten sich, alle Weine waren klar und fruchtbetont. Gleiches galt für den Jahrgang 2007, der fruchtbetonte, klare Weine brachte. Eine vergleichbare Kollektion folgt mit dem Jahrgang 2008, doch vermissen wir ein wenig die Spitzen früherer Jahre.

Weinbewertung

85 . . . 2007 Riesling Spätlese trocken Thüngersheimer Johannisberg
würzig, konzentriert, reife Frucht, dezent Pfirsiche; füllig, harmonisch, viel süße Frucht **8,- €**

81 2008 Silvaner Kabinett trocken Thüngersheimer Johannisberg **5,- €**

80 2008 Weißburgunder Kabinett trocken Thüngersheimer Scharlachberg **5,- €**

80 2008 Scheurebe Kabinett halbtrocken Thüngersheimer Johannisberg **5,- €**

82 2008 Bacchus Kabinett halbtrocken Thüngersheimer Johannisberg **4,30 €**

84 2008 Müller-Thurgau Spätlese Thüngersheimer Johannisberg **5,80 €**

81 2008 Rosé halbtrocken Thüngersheimer **4,90 €**

82 2008 Spätburgunder trocken Thüngersheimer Johannisberg **5,20 €**

★

Martin Schwab

Weingut

Pfalz

Eckgasse 9, 76833 Böchingen
Tel. 06341-63715, Fax: 06341-962817
www.weingut-schwab.de
info@weingut-schwab.de
Besuchszeiten: nach Vereinbarung

Inhaber .... Martin Schwab
Rebfläche .... 8 Hektar

Martin Schwab war mehrere Jahre Betriebsleiter bei einem Weingut in Rheinhessen, bevor er 1990 mit dem Aufbau seines eigenen Weingutes in Böchingen begann. Er bewirtschaft seine Weinberge seit 1997 nach biologischen Grundsätzen und ist Mitglied bei Bioland. Mehr als die Hälfte seiner Fläche nehmen rote Rebsorten ein. An weißen Rebsorten baut er vor allem Riesling, Weißburgunder, Grauburgunder und Chardonnay an. Wichtigste rote Rebsorten sind Sankt Laurent, Dornfelder und Spätburgunder, dazu Dunkelfelder, Cabernet Sauvignon und Merlot.

Vor zwei Jahren war die Kollektion verhalten, im vergangenen Jahr überzeugte neben den Sekten vor allem der Dunkelfelder. Die neue Kollektion ist gleichmäßig, wenn auch etwas verhalten, unser eindeutiger Favorit ist der barriqueausgebaute Cabernet Sauvignon aus dem Jahrgang 2006.

Weinbewertung

86 . . . 2006 Cabernet Sauvignon Barrique
viel Konzentration, Gewürze, klare Frucht, dezent Cassis; kraftvoll, klar, zupackend, reife Frucht, gute Struktur und Tannine **18,70 €**

77 2008 Riesling trocken **4,80 €/1l**
79 2008 Rivaner Kabinett trocken **4,30 €**
79 2008 Merlot Rosé trocken **4,60 €**
80 2008 Grauburgunder Kabinett **5,10 €**
80 2008 Weißburgunder Kabinett trocken **5,10 €**
80 2008 Frühburgunder halbtrocken **5,20 €**
82 2006 Spätburgunder trocken Holzfass **8,20 €**

★☆

Zur Schwane
Weingut

Franken

Erlachhof 7, 97332 Volkach
Tel. 09381-71760, Fax: 09381-717620
www.schwane.de
weingut@schwane.de
Besuchszeiten: Mo.-Sa. 9-18 Uhr
Romantik-Hotel Zur Schwane (Öffnungszeiten täglich außer 22.-29.12.2009)

Inhaber ...... Eva Pfaff-Düker und Ralph Düker
Rebfläche .... 25 Hektar

Schon seit 1404 gibt es das Gasthaus Zur Schwane in Volkach, benannt nach der Gründerfamilie Schwan. Die Familie Pfaff übernahm es in den dreißiger Jahren des 20. Jahrhunderts. Die Weinberge liegen im Volkacher Ratsherr und im Escherndorfer Lump. Silvaner nimmt die Hälfte der Rebfläche ein, Riesling ein Viertel. Spätburgunder, Müller-Thurgau, Bacchus, Kerner und Rieslaner ergänzen das Programm.

Unsere Favoriten vor zwei Jahren waren Weine aus älteren Jahrgängen, wie die beiden Spätburgunder und der Sekt. 2007 gefielen uns vor allem die großen Rieslinggewächse, ebenso der schon im Jahr zuvor verkostete Spätburgunder aus dem Jahrgang 2005. Der Jahrgang 2008 nun stellt nicht zufrieden, so dass uns in der aktuellen Kollektion die schon im vergangenen Jahr vorgestellten Großen Gewächse und der Spätburgunder aus dem Jahrgang 2006 am besten gefallen.

Weinbewertung

86 . . . 2007 Silvaner trocken Volkacher Ratsherr
(Großes Gewächs) gute Konzentration, feine Reifenoten, etwas gelbe Früchte; weich, harmonisch, entwickelt, trinken! **18,50 €**
2005: 86; 2006: 85.

88 . . . 2007 Riesling trocken Escherndorfer Lump
(Großes Gewächs) gute Konzentration, klare reife Frucht, herrlich eindringlich; weich, füllig, harmonisch, reife süße Frucht, viel Substanz **18,50 €**
2005: 84; 2006: 85.

85 . . . 2008 Rieslaner Auslese Volkacher Ratsherr
würzig, konzentriert, etwas Litschi; süß, schmeichelnd, viel Stoff und Biss **18,- €**

87 . . . 2006 Spätburgunder „fervor oloris" trocken

reintönige Frucht, feine Frische und Würze, Vanille, rote Früchte; klar, füllig, viel reife Frucht, Substanz, Vanille **20,- €**

---

84 2006 „Schwane" Sekt brut **17,- €**
78 2008 Silvaner trocken (Fünf Freunde) **6,- €**
77 2008 Silvaner trocken (Der Silvanerläufer) **10,- €**
84 2007 Weißburgunder trocken „fervor oloris" **11,- €**
78 2008 „Blanc de Noir" trocken „fervor oloris" **11,- €**
80 2008 Scheurebe **7,20 €**

Martin Schwarz ★★
Weinbau
Sachsen

Alaunstraße 70, 01445 Radebeul
Tel. 0351-8956072, Fax: 0351-8956079
barriquewein@aol.com
Besuchszeiten: nach Vereinbarung

Inhaber .... Martin Schwarz
Rebfläche .... 2 Hektar

Martin Schwarz machte seine Lehre beim Weingut Dr. Heger, ist heute hauptberuflich Kellermeister bei Schloss Proschwitz. Er bewirtschaftet 5 Parzellen zwischen Radebeul und Dießbar, 2 Hektar insgesamt, allesamt Steillagen, von denen 1,5 Hektar in Ertrag stehen. Er baut Spätburgunder und Weißburgunder an, Müller-Thurgau, Grauburgunder, Riesling und Portugieser. Martin Schwarz bevorzugt bewusst eine relativ frühe Lese, um absolut gesundes Traubenmaterial zu erhalten. Die Weine werden spontanvergoren und im Holzfass auf der Hefe ausgebaut. Die Cuvées erzeugt er dergestalt, dass er die Sorten schon zusammen einmaischt.

Weinbewertung

87 . . . 2008 Müller-Thurgau
konzentriert, herrlich eindringlich, viel reife Frucht; weich, füllig, viel reife Frucht, gute Substanz und feine Frische **11,- €**

88 . . . 2008 Riesling Spätlese trocken Meißner Kapitelberg
konzentriert, dominant, würzig, jugendlich, klar; füllig, kraftvoll, viel reife Frucht, Substanz und Struktur, jugendlich **18,- €**

86 . . . 2008 Riesling + Traminer
gute Konzentration, viel reife Frucht, gelbe Früchte, ganz dezent Gewürze; füllig, weich, Substanz, gute Harmonie, feine Frische **18,- €**

88 . . . 2008 Weißburgunder + Grauburgunder
60 % Weißburgunder und 40 % Grauburgunder, 20 % neues Holz; konzentriert, reife Frucht, dezenter Toast, herrlich eindringlich; weich, füllig, reife Frucht, gute Struktur und Harmonie, feine Frische, Länge **18,- €**

89 . . . 2006 Spätburgunder + Portugieser
Spätburgunder mit 15 % Portugieser; feine rauchige Noten, etwas Gewürze, rote Früchte, ganz dezent Schokolade im Hintergrund; füllig, üppig, viel reife Frucht, Substanz und Frische **22,- €**

Gerhard Schwarztrauber ★★
Weingut
Pfalz

Lauterbachstraße 20
67435 Neustadt-Mußbach an der Weinstraße
Tel. 06321-968561, Fax: 06321-968562
weingut@schwarztrauber.com
Besuchszeiten: Fr. 8-18 Uhr, Sa. 8-16 Uhr, Mo. bis Do. 8-12 Uhr

Inhaber .... Gerhard Schwarztrauber
Rebfläche .... 14,5 Hektar

Das Weingut Schwarztrauber ist ein Familienbetrieb in Mußbach bei Neustadt. Seit

1986 ist das Weingut Mitglied bei Bioland. Der Boden wird mit Klee, Roggen oder Wicken begrünt, Kompost versorgt ihn mit Nährstoffen. Gegen Pilzbefall und Schädlinge helfen intensive Laubarbeit und Spritzungen mit Fenchelextrakten und Backpulver. Wichtigste Rebsorte bei Gerhard Schwarztrauber ist Riesling. Es folgen Spätburgunder, Silvaner, Dornfelder, Regent, sowie Weiß- und Grauburgunder.

Vor zwei Jahren gefiel uns die Kollektion sehr gut, wieder gaben die Rotweine den Ton an, vor allem das Meisterstück. 2007 war etwas verhaltener, das schon im Jahr zuvor vorgestellte 2005er Meisterstück führte eine gleichmäßige Kollektion an. In diesem Jahr nun konnten wir gleich zwei neue Jahrgänge des „Masterpiece" verkosten, 2006 und 2007 – beide beeindrucken. Sie führen eine starke Rotweinriege an, die Weißweine sind etwas zu verhalten.

Weinbewertung

85 . . . 2008 Merlot trocken

klare reife Frucht, rote Früchte, herrlich reintönig; füllig, kraftvoll, reife Frucht, gute Struktur und Frische **6,90 €**

85 . . . 2008 Saint Laurent trocken „Edition Papillon"

Gewürze, gute Konzentration, reife Frucht; füllig, harmonisch, klare reife Frucht, gute Struktur **8,90 €**

85 . . . 2008 Spätburgunder trocken „Edition Papillon"

reintönige Frucht, rote Früchte; füllig, harmonisch, kraftvoll, reife Frucht, gute Struktur **8,50 €**

88 . . . 2006 „Masterpiece" Rotwein trocken Barrique

gute Konzentration, feine Würze und reife Frucht, herrlich eindringlich, rote und dunkle Früchte, dezenter Toast, Schokolade; füllig, kraftvoll, viel reife Frucht, Substanz, etwas Schokolade, feine Frische **16,50 €**

88 . . . 2007 „Masterpiece" Rotwein trocken Barrique

gute Konzentration, Gewürze, rote Früchte, herrlich eindringlich; füllig, harmonisch, viel reife Frucht, Substanz, Frische und Biss, jugendlich **16,50 €**

2002: 87; 2003: 86; 2004: 87; 2005: 88.

83 2007 Riesling Sekt extra trocken **9,80 €**
80 2008 Weißburgunder trocken **5,90 €**
79 2008 Grauburgunder trocken **6,30 €**
80 2008 Riesling trocken „Edition Papillon" Gimmeldinger Meerspinne **6,30 €**
80 2008 Chardonnay „feinherb" **6,90 €**
81 2008 Gewürztraminer Kabinett „feinherb" Haardter Herzog **6,40 €**
81 2008 Saint Laurent trocken **6,50 €**

★★★☆

Albrecht Schwegler
Weingut

Württemberg

Steinstraße 35, 71404 Korb
Tel. 07151-34895, Fax: 07151-34978
www.albrecht-schwegler.de
weingut@albrecht-schwegler.de
Besuchszeiten: nach Vereinbarung

Inhaber . . . . Albrecht Schwegler
Rebfläche . . . . 1,7 Hektar

Albrecht Schwegler ist der wohl erfolgreichste Feierabendwinzer Deutschlands. Eigentlich hat er ja seine eigene Firma, die „Korb Linearsysteme". Aber das scheint ihm nicht zu genügen, denn Albrecht Schwegler ist auch Winzer aus Leidenschaft. Also macht er auch selbst Wein, so wie sie seiner Vorstellung von Rotwein entsprechen. Vier Weine gab es lange Zeit nur – und die auch nicht in jedem Jahr. Zunächst einmal in der Literflasche, „d'r Oifache", der meist einen größeren Anteil

Trollinger enthält. Dann kommt der „Beryll“, der in gebrauchten Barriques ausgebaut wird, anschließend der „Saphir“ und schließlich – aber wirklich nur in Spitzenjahren – der „Granat“, der es zu gewissem Kultstatus unter Weinliebhabern gebracht hat. 1990 gab es den ersten Granat, dann erst wieder 1993, 1994 und 1997. Danach alle zwei Jahre: 1999, 2001, 2003, nun aber 2004, 2005 und 2006. Albrecht Schwegler setzt beim Rotwein ganz auf Cuvées. Zweigelt ist die wichtigste Rebsorte bei ihm. Dazu gibt es Lemberger, Merlot und Trollinger. Vor einigen Jahren hat er auch etwas Syrah, Regent und Cabernet Franc angepflanzt. Er verwendet ausschließlich französische Barriques, nur Allier- und Limousineiche. Die Weine werden zwei Jahre nach Rebsorten getrennt im Fass ausgebaut, dann erst werden die Cuvées zusammengestellt, abgefüllt wird ohne jede Filtration. Mit dem Jahrgang 2006 gab es dann erstmals einen Weißwein aus dem Hause Schwegler, einen Kerner, der nun 2007 gleich in zwei Versionen, „feinherb“ und süß, zu erhalten ist.

Albrecht Schweglers Weine sind auf Haltbarkeit angelegt. Wann aber ist der richtige Trinkzeitpunkt für den Granat? Wir hatten im vergangenen Jahr im Anschluss an eine Verkostung noch den Jahrgang 1993 präsentiert, blind, versteht sich. Und raten lassen, wie alt der Wein denn sei. Niemand ist zurück bis ins letzte Jahrzehnt gegangen, alle dachten, dass es ein recht junger Jahrgang sein müsse, so erstaunlich frisch und lebendig präsentierte sich der Wein.

Vor zwei Jahren wurde Granat Jahrgang 2004 vorgestellt: Was für eine Präzision und Kraft, was für eine Mineralität und Nachhaltigkeit! Die gleichen Eigenschaften zeigte mustergültig auch der 2004er Saphir, bei dem man sich schwer tat ihn als „Zweitwein“ zu bezeichnen, so stark war er. Der 2005er Granat beeindruckte genauso wie sein Vorgänger, bestach durch seine Struktur, seine Mineralität und Nachhaltigkeit. Und Gleiches gilt nun auch für den 2006er, der einmal mehr für uns die beste rote Cuvée in Deutschland darstellt, der Saphir steht ihm nicht viel nach. An die Kerner müssen wir uns wohl erst noch gewöhnen.

Weinbewertung

86 ... 2006 „Beryll“ Rotwein

Zweigelt und Lemberger, Barriqueausbau; eindringlich, reife Frucht, rote Früchte, feine Frische; füllig, kraftvoll, elegant, reife Frucht, Struktur **15,- €**

90 ... 2006 „Saphir“ Rotwein

gute Konzentration, dezent Gewürze, reife rote Früchte, feine mineralische Noten; füllig, stoffig, kraftvoll, reife Frucht, gute Struktur, jugendlich, nachhaltig **29,- €**

92 ... 2006 „Granat“ Rotwein

Zweigelt, Merlot und Cabernet Franc, zwei Jahre in neuen französischen Barriques ausgebaut; mineralische Noten, ganz faszinierend, reife Frucht, rote und dunkle Früchte, ganz dezent rauchige Noten, herrlich eindringlich; füllig, kraftvoll, zupackend, herrlich klar und mineralisch, durchgängig, enorm nachhaltig, viel Potenzial **45,- €**

1993: **91**; 1997: **89**; 1998: **np**; 1999: **90**; 2000: **np**; 2001: **91**; 2002: **np**; 2003: **88**; 2004: **92**; 2005: **92**.

83 „dr'Oifache“ **7,50 €/1l**

84 2007 „Achat“ Kerner „feinherb“ **12,- €**

83 2007 „Achat“ Kerner süß **12,- €**

Die besten deutschen Weinerzeuger und ihre Weine

S

★

Schweickardt

Weingut

Rheinhessen

Breitgasse 48, 55437 Appenheim
Tel. 06725-2723, Fax: 06725-963046
www.weingut-schweickardt.de
info@weingut-schweickardt.de
Besuchszeiten: Mo.-Fr. 8-19 Uhr, Sa. 9-17 Uhr, So. 10-12 Uhr
Probierstube (bis 70 Personen), Gästezimmer

Inhaber .... Heinz-Gerd Schweickardt
Rebfläche .... 12,4 Hektar

Der Weidenhof ist ein 1870 gegründeter Familienbetrieb, der heute von Heinz-Gerd und Christa Schweickardt geführt wird. Sohn Gunnar ist für den Ausbau der Weine verantwortlich. Die Weinberge von Heinz-Gerd Schweickardt liegen in den Appenheimer Lagen Eselspfad, Hundertgulden und Daubhaus, sowie im Gau-Algesheimer Goldberg. Der Boden im Eselspfad ist durch einen hohen Sandanteil geprägt, im Daubhaus findet man leichten Lösslehm mit etwas Feinsandanteil, in den Lagen Hundertgulden und Goldberg tonige Lehmböden. Riesling, Weißburgunder, Grauburgunder, Chardonnay und Silvaner werden angebaut, aber auch Bacchus, Huxelrebe und Kerner. An roten Sorten gibt es Spätburgunder, Frühburgunder, Portugieser, Sankt Laurent, Dornfelder und Merlot.

Von Anfang an haben wir die Weine der Schweickardts vom Weidenhof empfohlen, seit zehn Jahren nun kennen wir das Weingut als höchst zuverlässigen Betrieb mit moderaten Preisen.

Die 2006er und 2007er Weine blieben ein wenig hinter früheren Jahren zurück. Gleiches gilt für die neue Kollektion: Sie ist homogen, aber vor allem die Rotweine hatten uns früher schon besser gefallen.

Weinbewertung

85 . . . 2008 Huxelrebe Auslese
viel Duft, Rhabarber, herrlich eindringlich; süß, schmeichelnd, herrlich viel Frucht **5,90 €**

78 2008 Riesling trocken **4,- €**
82 2008 Weißburgunder Spätlese trocken **5,50 €**
78 2008 „Sommere-Sinfonie" Bacchus halbtrocken **4,- €**
82 2008 Grauburgunder Spätlese „feinherb" **4,70 €**
79 2007 St. Laurent trocken **4,90 €**
78 2006 Frühburgunder trocken **6,30 €**
80 2007 Cuvée „Rubin" Rotwein **6,30 €**

Bgm. Willi ★★★★

Schweinhardt Nf.

Weingut

Nahe

Heddesheimer Straße 1, 55450 Langenlonsheim
Tel. 06704-93100, Fax: 06704-931050
www.schweinhardt.de
info@schweinhardt.de
Besuchszeiten: Mo.-Fr. 9-12 + 13-18 Uhr, Sa. 10-12 Uhr

Inhaber .... Axel Schweinhardt
Rebfläche .... 33 Hektar

Das Weingut Bürgermeister Willi Schweinhardt gehört mit einer durchschnittlichen Jahresproduktion von 300.000 Flaschen zu den größten Weingütern an der Nahe. 90 Prozent davon werden an Privatkunden verkauft. Die Reben wachsen in den Langenlonsheimer Lagen Löhrer Berg (Terrassenschotter und Kies), Königsschild (Muschelkalk) und Rothenberg (Rotschiefer). Wichtigste Rebsorten bei Axel Schweinhardt sind Riesling und die Burgundersorten, sowie in den letzten Jahren verstärkt auch rote Sorten wie Spätburgunder, Dornfelder, Portugieser, Frühburgunder, Merlot und Cabernet Sauvignon. Wobei das Weingut auf eine lange Rotweintradition zurückblickt und bereits seit den fünfziger Jahren Rotwein erzeugt. Auch Grau- und Weißburgunder haben schon immer eine wichtige Rolle gespielt, ebenso Chardonnay. Die Weine werden recht kühl mit Reinzuchthefen vergoren.

Seit einem Jahrzehnt empfehlen wir die Weine von Axel Schweinhardt, seit einem Jahrzehnt beweist er Konstanz auf hohem Niveau. Konstanz über die Jahrgänge hinweg, aber auch Konstanz innerhalb der Kollektionen, trocken wie süß, weiß wie rot, bei den Burgundern wie beim Riesling. Die Weine sind füllig und kraftvoll, auch im trockenen Segment oft von einer merklichen Restsüße geprägt, sie besitzen Substanz und Länge.

Die 2006er präsentierten sich sehr gleichmäßig, alle Weine waren klar und fruchtbetont. Eine bärenstarke Kollektion folgte im vergangenen Jahr nach. Die trockenen Weine hatten weiter zugelegt, allen voran die Rieslinge aus dem Rothenberg. Dazu gab es als Schmankerl wie schon in früheren Jahren wunderschöne edelsüße Rieslinge. Sehr homogen präsentiert sich die neue Kollektion, trocken wie süß. Der Eiswein ist dick, ja eigentlich zu dick und süß, die trockenen Weine besitzen Substanz und Kraft. Eine überzeugende Vorstellung in einem nicht einfachen Jahrgang.

Weinbewertung

85 . . . 2008 Scheurebe trocken Langenlonsheimer
frisch, herrlich reintönig, Cassis; klar, frisch, zupackend, feine Frucht und Biss **7,10 €**

87 . . . 2008 Weißer Burgunder trocken Löhrer Berg
frisch, würzig, klar, weiße Früchte; fruchtbetont, zupackend, reintönig, gute Struktur und Frische **8,10 €**
(bis 2007 Spätlese) 1999: 87; 2000: 87; 2001: 88; 2002: 88; 2003: 87; 2004: 85; 2005: 86; 2006: 86; 2007: 87.

85 . . . 2008 Riesling trocken Löhrer Berg
gute Konzentration, feine Würze, klare Frucht, dezent Zitrus; klar, frisch, zupackend, feine Frucht und Biss **7,50 €**

86 . . . 2008 Riesling trocken Königsschild
würzig, eindringlich, etwas Zitrus; frisch, zupackend, klare Frucht und Biss **7,70 €**

86 . . . 2008 Riesling trocken Rothenberg
gute Konzentration, feine Würze und Frucht, eindringlich; füllig, harmonisch, reife Frucht, gute Substanz, Frische **8,20 €**
(bis 2007 Spätlese) 1999: 88; 2000: 86; 2001: 87; 2002: 88; 2003: 87; 2004: 85; 2005: 85; 2005: 87; 2007: 88.

88 . . . 2008 Riesling trocken „Terrasse" Rothenberg
viel Konzentration, faszinierend viel Frucht, eindringlich, etwas Zitrus im Hintergrund; füllig, stoffig, viel reife Frucht und Substanz, gute Struktur, jugendlich **16,50 €**
2007 (Spätlese): 89.

85 . . . 2008 Riesling Spätlese Rothenberg
frisch, würzig, klare Frucht; frisch, elegant, feine süße Frucht und Biss **8,30 €**

88 . . . 2008 Riesling Auslese Rothenberg
würzig, klar, feine Frische, etwas eingelegte süße Aprikosen; süß, konzentriert, harmonisch, reife Frucht, gute Fülle **15,50 €/0,375l**
2001: 91; 2002: 90; 2004: 89; 2005: 88; 2007: 88.

90 . . . 2008 Riesling Eiswein „Dreikönig"
konzentriert, herrlich eindringlich und dominant, eingelegte süße Aprikosen; süß, konzentriert, dominant und dick, viel süße Frucht, viel Substanz und Länge **89,- €/0,375l**

84 2008 Grauburgunder trocken Langenlonsheimer **7,20 €**

83 2008 Riesling Kabinett Rothenberg **8,20 €**

★★

Schwörer

Weingut - Weinhaus

Baden

Grol 8, 77770 Durbach
***Tel.** 0781-42362, **Fax**: 0781-33408*
www.weingut-schwoerer.de
info@weingut-schwoerer.de
***Besuchszeiten**: Mo.-Fr. 8:30-12 + 13:30-18 Uhr, Sa. 8:30-13 Uhr, So. 10-12 Uhr (außer Jan./Febr.)*

Inhaber .... Josef Rohrer
Rebfläche .... 25 Hektar

Die Familie Schwörer betreibt seit 1812 Weinbau in Durbach. Im Jahr 2001 hat Josef Rohrer, der zuvor Gutsverwalter des Weingutes Graf Wolff Metternich in Durbach war, das Gut übernommen. Die Weinberge befinden sich in den Durbacher Lagen Plauelrain, Kochberg und Ölberg. Riesling und Spätburgunder sind die wichtigsten Rebsorten. Hinzu kommen Müller-Thurgau, Grauburgunder, Traminer, Weißburgunder und Chardonnay, inzwischen auch Cabernet Sauvignon und Sauvignon Blanc.

Sehr homogen präsentierten sich die letzten Kollektionen, weiß wie rot. Vor zwei Jahren ragte die Scheurebe Beerenauslese hervor, im vergangenen Jahr hatten uns die beiden Barrique-Rotweine – Cabernet Sauvignon und Spätburgunder – besonders gut gefallen. In diesem Jahr nun führt die Scheurebe Auslese eine homogene, wenn auch ein klein wenig verhaltene Kollektion an.

Weinbewertung

86 ... 2008 Scheurebe Auslese Durnacher Ölberg
würzig, eindringlich, etwas Cassis; klar, füllig, gute Substanz und reife süße Frucht **11,80 €**

80 2008 Grauburgunder Kabinett trocken Durbacher Plauelrain **6,20 €**
82 2008 Klingelberger-Riesling „Premium HS" trocken Durbacher **7,50 €**
81 2008 Chardonnay Spätlese trocken Durbacher **9,40 €**
80 2008 Spätburgunder Rosé trocken Durbacher **5,70 €**
80 2007 Spätburgunder Spätlese trocken Durbacher Kochberg **8,90 €**
82 2007 Spätburgunder trocken Holzfass Durbacher Plauelrain **9,30 €**
83 2007 Spätburgunder trocken „HS" Durbacher Plauelrain **9,40 €**
83 2007 Spätburgunder trocken Barrique Durbacher Plauelrain **9,80 €**
83 2007 Spätburgunder trocken Barrique Durbacher **11,60 €**

★★

Lothar Schwörer

Weingut

Baden

Waldstraße 6, 77971 Kippenheim-Schmieheim
***Tel.** 07825-7411, **Fax**: 07825-2381*
www.weingut-lothar-schwoerer.de
weingut-schwoerer@t-online.de
***Besuchszeiten**: Mo.-Fr. 9-12 + 16-19 Uhr, Sa. 9-15 Uhr*

Inhaber .... Lothar Schwörer
Rebfläche .... 10 Hektar

Lothar und Cornelia Schwörer führen das Weingut seit 1993 in fünfter Generation. Sie haben die Rebfläche verdoppelt, das Sortenspektrum erweitert und in neue Kellerei- und Betriebstechnik investiert. Ihre wichtigsten Lagen sind Schmieheimer Kirchberg (mit der Premiumlage Kalkofen) und Kippenheimer Haselstaude. Die Reben wachsen hier, im nördlichen Breisgau, teils auf Kalkstein, teils aber auch auf Löss und auf Muschelkalkverwitterungsböden. Zwei Drittel der Rebfläche nehmen die Burgundersorten ein, vor allem Spätburgunder, aber auch Auxerrois (10 Prozent der Fläche!), Grauburgunder und Weißburgunder. Hinzu kommen Riesling und Müller-Thurgau, Chardonnay und Muskateller. Die Weine aus dem Gewann Kalkofen (weiß-gelblicher Kalksteinfels) tragen die Bezeichnung „Vom Kalksteinfels".

Die 2007er Weißweine waren sehr gleichmäßig und zeigten gutes Niveau, am besten gefiel uns der Riesling „vom Kalksteinfels". Die neue Kollektion ist nochmals stärker, bietet sehr gleichmäßige und sehr überzeugende Qualität, Spätburgunder und Riesling sind einmal mehr die herausragenden Weine: So darf es weitergehen!

Weinbewertung

85 . . . 2007 Rosé aus Pinot Noir Crémant Brut
frisch, fruchtbetont, klar; füllig, klar, harmonisch, feine süße Frucht **9,90 €**

86 . . . 2008 Riesling „Vom Kalksteinfels" Spätlese trocken
frisch, würzig, fruchtbetont, gute Konzentration; füllig, harmonisch, viel reife Frucht, Substanz, Biss **9,- €**

85 . . . 2008 Weißburgunder „Vom Kalksteinfels" Kabinett trocken
feine Würze, reife Frucht, etwas weiße Früchte; füllig, kraftvoll, klare reife Frucht **9,- €**

85 . . . 2008 Gelber Muskateller Kabinett
frisch, fruchtbetont, feine Muskatnote; füllig, harmonisch, süffig, Frische und Biss **9,- €**

86 . . . 2006 Spätburgunder „Fass N° 1" trocken Schmieheimer Kirchberg
gute Konzentration, rote Früchte, dezent Gewürze; klar, kraftvoll, reife Frucht, gute Struktur **8,50 €**

86 . . . 2006 Spätburgunder „Alte Reben" trocken Barrique
gute Konzentration, feine Würze und Frucht, etwas rote Früchte; füllig, harmonisch, viel reife Frucht, gute Substanz, Vanille **15,50 €**
2002: **84**; 2003: **88**; 2004: **85**; 2005: **86**.

87 . . . 2006 Spätburgunder „Vom Kalksteinfels" trocken Barrique
gute Konzentration, rauchige Noten, reife Frucht, rote Früchte, Vanille; füllig und schmeichelnd, viel reife Frucht, Substanz, Frische **15,50 €**

---

84 2007 „Charisma" Crémant trocken **9,90 €**
82 2008 Rivaner Kabinett **6,- €**
84 2008 Riesling „SL" Kabinett trocken **7,30 €**
83 2008 Auxerrois „Hugenottenwein" Kabinett trocken **7,- €**
83 2008 Chardonnay Haselstaude Kabinett trocken **7,- €**

Scultetus-Brüssel ★

Weingut

Rheinhessen

Winzerstraße 15, 67595 Bechtheim
Tel. 06242-7048, Fax: 06242-7077
www.weingut-scultetus-bruessel.de
mail@weingut-scultetus-bruessel.de
Besuchszeiten: Mi. + Fr. 9-18 Uhr, Sa. 9-16 Uhr und nach Vereinbarung

Inhaber .... Dieter Brüssel
Rebfläche .... 10 Hektar

Das Weingut Scultetus-Brüssel wird von Dieter und Martina Brüssel geführt. Unterstützt werden sie im Betrieb von Tochter Janine, die ebenso wie die jüngere Tochter Jasmin Weinbautechnikerin ist. Wichtigste Rebsorten sind Riesling, Silvaner, Weißburgunder, Grauburgunder, Spätburgunder, Portugieser und Dornfelder, aber auch Chardonnay, Merlot und Cabernet Sauvignon werden angebaut.

Die 2006er waren sehr verhalten, ebenso die letztjährige Kollektion, angeführt von den beiden Selectionsweinen. Die neue Kollektion gefällt uns klar besser, die beiden Selectionsweine haben noch etwas zugelegt.

Weinbewertung

86 . . . 2007 Riesling trocken Selection Rheinhessen
frisch, dezent Zitrus, klare Frucht; füllig, harmonisch, kraftvoll, reife Frucht, gute Struktur und Frische **8,- €**

85 . . . 2006 Spätburgunder trocken Barrique Selection Rheinhessen
gute Konzentration, reintönige Frucht, reife rote Früchte; füllig, harmonisch, kraftvoll, reife Frucht, gute Struktur **12,- €**

79 2008 Riesling Kabinett trocken Bechtheimer Stein **4,- €**
83 2008 Weißburgunder Spätlese trocken Bechtheimer Geyersberg **5,20 €**
80 2008 Grauburgunder Spätlese halbtrocken Bechtheimer Pilgerpfad **5,20 €**
82 2008 Scheurebe Kabinett Bechtheimer Stein **3,90 €**
79 2008 Spätburgunder Blanc de Noir Bechtheimer Heiligkreuz **4,50 €**
83 2006 Cabernet Sauvignon trocken „JJ" **8,50 €**

★

Jakob Sebastian
Weingut

Ahr

Brückenstraße 2, 53506 Rech
Tel. 02643-93610, Fax: 02643-936161
www.jakob-sebastian.de
info@jakob-sebastian.de
Besuchszeiten: nach Vereinbarung

Inhaber .... Familie Sebastian
Rebfläche .... keine Angabe

Seit 1902 betreibt die Familie Weinbau in Rech. Das Gut wird heute von Alice Sebastian und ihrem Sohn Christoph geführt. Die eigenen Weinberge liegen im Ahrweiler Daubhaus, Marienthaler Trotzenberg und Heimersheimer Berg, einer Lage in Alleinbesitz. Die Weine werden weitgehend spontanvergoren, Einzellagenweine kommen nach langer Maischegärung (mindestens 20 Tage) ins große Holzfass.

Weinbewertung

86 . . . 2006 Spätburgunder Auslese trocken Ahrweiler Daubhaus
viel reife Frucht, klar, fruchtbetont, eindringlich; frisch, harmonisch, feine Frucht, Biss, reintönig **16,- €**

88 . . . 2006 Spätburgunder Auslese trocken Heimersheimer Berg
würzig, klare Frucht, herrlich eindringlich; füllig, kraftvoll, reintönige reife Frucht, gute Struktur **18,- €**

83 2007 Riesling Spätlese „feinherb" Marienthaler Trotzenberg
80 2006 Portugieser trocken Marienthaler Trotzenberg **14,- €**
81 2007 Spätburgunder trocken Heimersheimer Berg **8,50 €**

★★

Heinrich Seebrich
Weingut

Rheinhessen

Schmiedgasse 3-5, 55283 Nierstein
Tel. 06133-60150, Fax: 06133-60165
www.weingut-seebrich.de
kontakt@weingut-seebrich.de
Besuchszeiten: nach Vereinbarung
Gesellschafts-/Tagungsräume (bis 50 Personen)

Inhaber .... Jochen und Heinrich Seebrich
Rebfläche .... 12,5 Hektar

Das Weingut Seebrich in Nierstein befindet sich seit seiner Gründung 1783 in Familienbesitz. Die Weinberge liegen in den Niersteiner Lagen Hipping, Oelberg, Heiligenbaum, Findling, Klostergarten, Paterberg, Rosenberg und Brückchen. Wichtigste Rebsorte bei Jochen und Heinrich Seebrich ist Riesling, der knapp 50 Prozent der Rebfläche einnimmt. Hinzu kommen Dornfelder, Grauburgunder, Weißburgunder, Müller-Thurgau, Silvaner, Spätburgunder, Kerner, Merlot, Scheurebe Gewürztraminer und Frühburgunder. Die Weine werden langsam vergoren und dann im Holzfass oder im Edelstahltank ausgebaut. 2008 wurde der Weingarten des Mathildenhofes in Nierstein gepachtet und mit Riesling bepflanzt.

Seit mehr als einem Jahrzehnt schon gehört das Weingut zu den Spitzenbetrieben an der Rheinfront. In starken, homogenen Kollektionen setzen immer wieder edelsüße Rieslinge – Auslesen, Eisweine, Beerenauslesen – die Glanzlichter, edelsüße Weine, die immer durch Eleganz und Frische bestechen.

2006 gefiel uns die Beerenauslese am besten, im vergangenen Jahr führte ein Eiswein die Kollektion an, in der vor allem noch Spätlese und Auslese aus dem Hipping überzeugten. Auch 2008 gefällt uns der Eiswein aus dem Rosenberg sehr gut, hat aber starke betriebsinterne Konkurrenz durch den trockenen Riesling aus dem Hipping bekommen.

Weinbewertung

87 ... 2008 „Steilhang" Riesling Auslese trocken Niersteiner Hipping
gute Konzentration, viel Würze, klare reife Frucht; füllig, stoffig, viel reife süße Frucht, gute Harmonie, Substanz und Biss **10,50 €**

85 ... 2008 Riesling Spätlese Niersteiner Hipping
würzig, konzentriert, eindringlich; frisch, klar, feine süße Frucht und Biss **7,80 €**

88 ... 2008 Riesling Eiswein Niersteiner Rosenberg
würzig, klar, konzentriert, süße Zitrusfrüchte; süß, füllig und schmeichelnd, viel Substanz und Biss, gute Länge **28,50 €/0,375l**

- **79** 2008 Riesling trocken **7,80 €/1l**
- **81** 2008 Weißburgunder trocken Niersteiner **6,80 €**
- **80** 2008 Riesling Kabinett trocken Niersteiner Heiligenbaum **6,80 €**
- **84** 2008 Riesling Spätlese trocken Niersteiner Ölberg **7,70 €**
- **82** 2008 Riesling „feinherb" Niersteiner Hipping **8,90 €**
- **82** 2007 Frühburgunder trocken Barrique Niersteiner **9,80 €**

★★★★★

Seeger

Weingut

Baden

Rohrbacher Straße 101, 69181 Leimen
Tel. 06224-72178, Fax: 06224-78363
www.seegerweingut.de
info@seegerweingut.de
Besuchszeiten: nach Vereinbarung
Gutsausschank „Jägerlust", Di.-Fr. 18-23 Uhr

Inhaber .... Thomas Seeger
Rebfläche .... 7 Hektar

Die Weinberge von Thomas Seeger liegen alle im Herrenberg, der teils zu Leimen, teils zu Heidelberg gehört. Riesling und die Burgunder sind die wichtigsten Sorten. Zu Spätburgunder und Schwarzriesling, Weiß- und Grauburgunder hat er zuletzt ein wenig Sauvignon Blanc hinzu gepflanzt. Die Barrique-Rotweine werden für etwa 22 Monate in französischer Eiche ausgebaut. Seine Barriqueweine kennzeichnet er nach eigener Einschätzung mit den Buchstaben S, R und RR, in aufsteigender Reihenfolge. Alle Weine werden trocken ausgebaut. Die Weine stammen aus dem Herrenberg, tragen aber nur zum Teil die Lagerbezeichnung auf dem Etikett.

2006 war in der Spitze bei Weiß- und Grauburgunder nochmals stärker, die im Barrique ausgebauten „S"-Weine, erst ganz am Anfang ihrer Entwicklung, begeisterten mit ihrer Kraft und Nachhaltigkeit. Die gleichen Eigenschaften kennzeichneten auch die 2007er: Zwei tolle Burgunder, kompromisslos auf Haltbarkeit vinifiziert. Genauso kompromisslos und stark war der neue Riesling Oberklamm – ein faszinierender Wein, der seinesgleichen suchte in Baden. Aber auch die Basisweine machten Freude, die Kabinettweine waren fruchtbetont und reintönig. Genauso stark ist die weiße Kollektion auch 2008. Im Rebsortenvergleich präferieren wir in diesem Jahr eindeutig den Grauburgunder, an der Spitze aber fällt es schwer sich für einen Favoriten zu entscheiden: Weißburgunder „S", Grauburgunder „S" und Oberklamm sind alle drei bärenstark, kraftvoll und präzise.

Ganz grandios war Thomas Seegers 2005er Rotweinkollektion, angeführt von den beiden faszinierenden Spätburgundern „R" und „RR". Mit Lemberger und Schwarzriesling war er ebenfalls einmal mehr führend in Deutschland. Auch mit seinen 2006ern trumpfte er wieder auf: Lemberger und Schwarzriesling begeisterten uns einmal mehr, die Cuvée Naan war noch nie so gut wie in diesem Jahrgang. Die Spätburgunder aber erreichten nicht ganz das Niveau der Vorjahre. Der „R" war füllig und kraftvoll, gehörte zur Jahrgangsspitze in Deutschland. Der „RR" wirkte zwar konzentrierter, war aber enorm verschlossen, öffnen wollte er sich nicht. Auch 2007 sind die Spätburgunder der „R"-Klasse wieder enorm kraftvoll und stoffig, aber auch sehr jugendlich, sie brauchen Zeit, wie auch die Lemberger und die Cuvée Naan – die 2007er von Thomas Seeger sind sehr präzise und auf Haltbarkeit vinifiziert, nicht so zugänglich wie seine 2003er oder 2005er. Wesentlich offener präsentieren sich Schwarzriesling „R" und Spätburgunder „S" – da kann man warten, braucht es aber nicht.

Weinbewertung

86 . . . 2008 Grauer Burgunder trocken
klar, frisch, fruchtbetont, gelbe Früchte; frisch, reintönige Frucht, gute Struktur **6,- €**

86 . . . 2008 Weißburgunder Kabinett trocken
würzig, reintönige Frucht, etwas weiße Früchte; gute Fülle und Harmonie, feine Frische, reintönige Frucht **7,50 €**
2002: 84; 2004: 85; 2005: 86; 2006: 87; 2007: 86.

86 . . . 2008 Chardonnay trocken
gute Konzentration, reife Frucht, feine Würze; füllig, klar, würzig, frisch **7,50 €**
2004: 87; 2005: 87; 2006: 85; 2007: 88.

86 . . . 2008 Auxerrois Kabinett trocken
feine Würze, klare reife Frucht; weich, füllig, harmonisch, reife süße Frucht **7,50 €**
2003: 87; 2005: 87; 2006: 86; 2007: 86; 2008: 86.

88 . . . 2008 Grauer Burgunder Kabinett trocken
gute Konzentration, feine Würze, reintönige Frucht; füllig, kraftvoll, reintönige reife Frucht **7,80 €**
2001: 87; 2002: 85; 2003: 88; 2004: 87; 2005: 87; 2006: 85; 2007: 87.

89 . . . 2008 Auxerrois trocken „AS"
feine Würze, gute Konzentration, viel reife Frucht; gute Struktur und Kraft, klare reife Frucht, wunderschön nachhaltig **11,50 €**
2003: 89; 2005: 90; 2006: 89; 2007: 88.

87 . . . 2008 Weißer Burgunder trocken „AS"

würzig, konzentriert, reife Frucht; gute Fülle und Substanz, reife Frucht **11,50 €**
2001: 85; 2002: 88; 2003: 89; 2004: 87; 2005: 89; 2006: 89; 2007: 87.

90 . . . 2008 Grauer Burgunder trocken „AS"
gute Konzentration, Frische, reintönige Frucht, gelbe Früchte; füllig, kraftvoll, reife Frucht, gute Struktur und Länge **11,50 €**
2001: 89; 2002: 89; 2003: 88; 2004: 89; 2005: 88; 2006: 89; 2007: 89.

91 . . . 2008 Weißer Burgunder trocken „S"
viel Konzentration, herrlich viel Frucht, eindringlich; füllig, harmonisch, viel reife Frucht, viel Kraft und Substanz, Länge und Nachhall **16,50 €**
2001: 87; 2002: 90; 2004: 89; 2005: 90; 2006: 91; 2007: 91.

91 . . . 2008 Grauer Burgunder trocken „S"
gute Konzentration, herrlich viel Frucht, jugendlich, eindringlich, gelbe Früchte; kraftvoll, stoffig, viel Substanz, gute Struktur, reife Frucht, jugendlich, nachhaltig **16,50 €**
2001: 89; 2002: 90; 2004: 89; 2005: 89; 2006: 92; 2007: 91.

89 . . . 2008 Cuvée „Georg" Weißwein trocken „S"
Weißburgunder, Grauburgunder, Chardonnay und Auxerrois; gute Konzentration, reife Frucht, etwas gelbe Früchte; weich, füllig, cremig, reife Frucht, viel Substanz **11,50 €**

88 . . . 2008 Weißer Riesling „Alte Reben"
würzig, konzentriert, klare Frucht, feine Frische, viel reife Frucht; klar, frisch, gute Harmonie, feine Frucht, gute Substanz und Fülle **10,20 €**
2005 (1. Jg.): 90; 2006: 88; 2007: 88.

89 . . . 2008 Weißer Riesling Spätlese trocken „Philipp Georg"
würzig, reintönig, konzentriert, etwas Aprikosen, dezent Zitrus im Hintergrund, gelbe Früchte; Kraft, Struktur, jugendliche Frucht, Substanz **10,20 €**
2002: 87; 2003: 88; 2004: 89; 2005: 88; 2006: 88; 2007: 89.

89 . . . 2008 Weißer Riesling Spätlese trocken „Anna Maria"
konzentriert, reintönig, herrlich viel Frucht. etwas gelbe Früchte; kraftvoll, füllig, viel reife Frucht, gute Substanz und Nachhall **12,50 €**
2001: 88; 2002: 88; 2003: 88; 2004: 88; 2005: 90; 2006: 89; 2007: 88.

91 . . . 2008 „Oberklamm" Weißer Riesling trocken
viel Konzentration, faszinierend viel Frucht, herrlich eindringlich und klar; kraftvoll, stoffig, puristisch, viel Substanz, jugendlich, nachhaltig, braucht Zeit **25,- €**
2007 (1. Jg.): 91.

87 . . . 2007 Schwarzriesling trocken „S"
feine Würze, Frische, reintönige Frucht, etwas Schwarzkirschen; kraftvoll, geradlinig, jugendliche Tannine, klare Frucht **18,50 €**
2001: 89; 2002: 89; 2003: 88; 2004: 90; 2005: 90; 2006: 88.

88 . . . 2007 „Cuvée Anna" trocken
rauchige Noten, gute Konzentration, reife Frucht, rote und dunkle Früchte, ganz dezenter Toast im Hintergrund; jugendlich, kraftvoll, tanninbetont, viel Biss **13,80 €**
1999: 88; 2000: 88; 2001: 87; 2002: 87; 2003: 87; 2004: 88; 2005: 87; 2006: 88.

90 . . . 2007 „Naan" trocken
gute Konzentration, rauchige Noten, würzig, etwas Cassis, viel reife Frucht, dominant; kraftvoll, stoffig, füllig, tanninbetont, viel Substanz, jugendlich **19,- €**
2001 (1. Jg.): 87; 2002: np; 2003: 89; 2004: 89; 2005: 88; 2006: 90.

89 . . . 2007 Blauer Spätburgunder trocken „S"
reintönige Frucht, feine Frische, rauchige Noten, dezenter Toast; gute Struktur, Fülle und Kraft, reintönige Frucht, jugendliche Tannine **22,- €**
2000: 89; 2001: 88; 2002: 90; 2003: 90; 2004: 90; 2005: 88; 2006: 88.

89 . . . 2007 Lemberger trocken „S"
rauchige Noten, reintönige Frucht, gute Konzentration; kraftvoll, klar, zupackend, gute Substanz, Tannine, gute Struktur und Nachhall **18,50 €**
1999: 88; 2000: 87; 2002: 87; 2003: 90; 2004: 87; 2005: 90; 2006: 90.

90 . . . 2007 Schwarzriesling trocken „R"
gute Konzentration, faszinierend viel Frucht, reife Herzkirschen, herrlich eindringlich; füllig, harmonisch, reintönig, viel reife Frucht, Substanz, gute Struktur und Länge **25,- €**
2003: 91; 2004: 92; 2005: 92; 2006: 91.

90 . . . 2007 Lemberger trocken „R"

gute Konzentration, faszinierend viel Frucht, reintönig, herrlich eindringlich und dominant; füllig, kraftvoll, reife Frucht, gute Struktur, jugendliche Tannine, feiner Nachhall, Potenzial **25,- €**
2001: 88; 2003: 93; 2004: 92; 2005: 92; 2006: 91.

90 . . . 2007 Blauer Spätburgunder trocken „R"
gute Konzentration, viel reife Frucht, herrlich eindringlich, ganz dezent Schokolade im Hintergrund; kraftvoll, geradlinig, gute Struktur, jugendliche Tannine, verschlossen, braucht Zeit **35,- €**
2000: 90; 2001: 89; 2002: 91; 2003: 91; 2004: 91; 2005: 94; 2006: 90.

95 . . . 2005 Blauer Spätburgunder trocken „RR"
faszinierend viel Frucht, feine rauchige Noten, ganz dezenter Toast, wunderschön reintönig und eindringlich; füllig, komplex, herrlich viel Frucht, Substanz, wunderschön lang und nachhaltig (kein aktueller Jahrgang)

90 . . . 2006 Blauer Spätburgunder trocken „RR"
konzentriert, eindringlich, faszinierend viel Frucht, ein klein wenig Schokolade, Herzkirschen; füllig, konzentriert, kraftvoll, verschlossen, viel Substanz und kräftige Tannine (kein aktueller Jahrgang)

93 . . . 2007 Blauer Spätburgunder trocken „RR"
faszinierend viel Frucht, viel Konzentration, herrlich eindringlich und reintönig, feine rauchige Noten, etwas Schokolade und Vanille; kraftvoll, stoffig, konzentriert, reintönige Frucht, gute Struktur, sehr jugendlich, nachhaltig, Potenzial **64,- €**
1999: 92; 2001: 91; 2002: 93; 2003: 93; 2004: 93.

---

84 2008 Weißer Riesling trocken **5,70 €**
85 2008 Weißburgunder trocken **5,70 €**
85 2008 Rosé trocken **5,70 €**
85 2008 Blauer Spätburgunder trocken **7,50 €**
85 2008 Lemberger trocken **7,- €**

★★★

Seehof

Weingut Ernst Fauth

Rheinhessen

Seegasse 20, 67593 Westhofen
Tel. 06244-4935, Fax: 06244-907465
www.weingut-seehof.de
weingut-seehof@t-online.de
Besuchszeiten: Mo.-Sa. nach Vereinbarung
Gästezimmer

Inhaber .... Familie Fauth
Rebfläche .... 16 Hektar

Seit vier Generationen baut die Familie Fauth auf dem 1200 Jahre alten Seehof in Westhofen Wein an. Seit 1999 werden Ernst und Ruth Fauth von Sohn Florian im Betrieb unterstützt, der für den Keller verantwortlich ist. Ihre Weinberge liegen vor allem in den Westhofener Lagen Morstein, Steingrube und Kirchspiel. Riesling, Müller-Thurgau, Weißburgunder und Grauburgunder bauen sie an, aber auch Scheurebe, Silvaner, Auxerrois und Chardonnay, dazu rote Sorten wie Spätburgunder, Frühburgunder, Dornfelder und Portugieser.

Seit einem Jahrzehnt nun empfehlen wir die Weine der Fauths. Damals fanden wir die edelsüßen Weine etwas interessanter als die trockenen – und wir freuten uns über die vielen „Schnäppchen". Die Preise haben ein wenig angezogen in den letzten Jahren, die Qualität aber auch, vor allem die trockenen Weißweine haben an Kraft und Nachhaltigkeit gewonnen.

Die trockenen Rieslinge waren 2006 ganz stark, besaßen Kraft und Struktur – angesichts des Jahrgangs alles andere als eine Selbstverständlichkeit. Als Draufgabe gab es dazu Edelsüßes wie gewohnt. Eine überzeugende Kollektion schloss sich 2007 an. Einmal mehr begeisterten uns vor allem die trockenen Rieslinge, wobei der Wein aus der Steingrube uns noch besser gefiel als der aus dem Morstein. 2008 gibt es nun einen Wein von alten Reben aus dem Morstein, der führt auch gleich das trockene Segment an, eine Steigerung zum bisherigen „S" bringt er allerdings nicht. Unsere leichte Präferenz gilt deshalb in diesem Jahr dem edelsüßen Teil der Kollektion.

Weinbewertung

85 . . . 2008 Riesling trocken „vom Kalkstein" Westhofener
gute Konzentration, viel Würze, reife Frucht; füllig, saftig, viel reife Frucht **7,- €**
2005: 85; 2006: 87; 2007: 86.

85 . . . 2008 Riesling trocken „S" Westhofener Morstein
gute Konzentration, herrlich viel Frucht, reintönig, etwas gelbe Früchte; füllig, stoffig, Substanz **10,90 €**
2002 (1. Jg.): 88; 2003: 89; 2004: 87; 2005: 88; 2006: 89; 2007: 88.

86 . . . 2008 Steingrube Riesling trocken Westhofener
viel Würze, reife Frucht, gute Konzentration; füllig, harmonisch, viel reife Frucht **15,80 €**
2007: 89.

88 . . . 2008 Morstein Riesling trocken „Alte Reben" Westhofener
gute Konzentration, viel reife Frucht, gelbe Früchte, etwas Zitrus; füllig, kraftvoll, konzentriert, viel reife Frucht und Substanz **17,50 €**

87 . . . 2008 Scheurebe Auslese Westhofener Morstein
würzig, viel reife Frucht, dezent Cassis; füllig, konzentriert, viel reife süße Frucht **9,50 €/0,5l**

88 . . . 2008 Cuvée Beerenauslese Westhofener
viel Duft, viel Konzentration, etwas Litschi; süß, schmeichelnd, dick, herrlich viel Stoff **13,90 €/0,5l**

88 . . . 2008 Scheurebe Beerenauslese Goldkapsel Westhofener Morstein
konzentriert, klar, würzig, etwas Cassis; enorm dick, klare reife Frucht, gute Substanz **22,50 €/0,5l**

90 . . . 2008 Huxelrebe Trockenbeerenauslese Westhofener Rotenstein
viel Konzentration, viel Duft, etwas Rhabarber; dick, konzentriert, herrlich viel Frucht und Stoff, dominant
25,90 €/0,375l

78 2008 Riesling trocken **4,90 €**
80 2008 Grüner Silvaner trocken **4,60 €**
82 2008 Weißburgunder trocken „vom Kalkstein" Westhofen **6,70 €**
81 2008 Grauburgunder trocken „vom Kalkstein" Westhofen **6,80 €**
83 2008 Grauburgunder trocken „S" Westhofen **9,60 €**
77 2008 Riesling „feinherb" **4,90 €**

★★★★★

Selbach-Oster

Weingut

Mosel

Uferallee 23, 54492 Zeltingen
Tel. 06532-2081, Fax: 06532-4014
www.selbach-oster.de
info@selbach-oster.de
Besuchszeiten: nach Vereinbarung
Ratsschänke auf dem Marktplatz in Zeltingen (www.ratsschaenke-zeltingen.de)

Inhaber .... Johannes Selbach
Rebfläche .... 19 Hektar

Die Geschichte des Weinguts Selbach-Oster reicht bis in die Mitte des 17. Jahrhunderts zurück. Johannes Selbach, der einen Großteil seiner Weine in den Export gibt, besitzt heute Weinberge in besten Lagen wie Graacher Domprobst, Zeltinger Sonnenuhr und Schlossberg, Wehlener Sonnenuhr und Bernkasteler Badstube. Ein Großteil der Reben ist noch wurzelecht. Selbach baut praktisch ausschließlich

Riesling an. Die Weine werden meist spontan vergoren, der Ausbau erfolgt in erheblichem Umfang im Eichenfuder. Jahr für Jahr fallen die Rieslinge von Selbach-Oster selbst in umfangreichen Mosel-Verkostungen auf: Sie bestechen durch ihre Eleganz und Reintönigkeit, und somit wirkt die Süße niemals vordergründig: Klassische Mosel-Rieslinge!

2006 konnte an die tollen 2005er anschließen, und auch 2007 überzeugte voll. Die 2008er sind frisch, saftig und rassig.

Weinbewertung

87 . . . 2008 Riesling Spätlese trocken Zeltinger Schlossberg
deutliche Hefenoten, etwas unruhig; straff, feine Frucht, würzig, kompakt, sehr ausgewogen, Potenzial (87+? Punkte) 12,50 €

87 . . . 2008 Riesling Kabinett Zeltinger Sonnenuhr
etwas unruhig, Hefenoten, gehackte Kräuter; würzig, rassig, feinstes Süße-Säure-Spiel, animierend **8,70 €**

88 . . . 2008 Riesling Spätlese Zeltinger Schlossberg
feine Frucht, leichte Hefenoten, getrockneter Apfel; würzig, saftig, rassig, gute Struktur, Nachhall **11,50 €**

87 . . . 2008 Riesling Spätlese Graacher Domprobst
feine Frucht, duftig, Steinobst, etwas Birne, leicht hefewürzig; feingliedrig, viel Frucht **12,- €**

89 . . . 2008 Riesling Spätlese* Zeltinger Sonnenuhr
etwas unruhig, leichte Kräuternote; würzig, rassig, sehr feines Süße-Säure-Spiel, gute Länge **13,50 €**

91 . . . 2008 Riesling Zeltinger Schlossberg „Schmitt"
eindringliche Frucht, hefewürzig; würzig, rassig, viel Frucht, deutlich mineralisch, Potenzial **14,50 €**

90 . . . 2008 Riesling Auslese* Zeltinger Sonnenuhr
etwas verhaltene Frucht; würzig, saftig, viel Frucht, feine Säure, langer Nachhall, noch etwas unausgewogen **8,25 €/0,375l**

91 . . . 2008 Riesling Eiswein Zeltinger Himmelreich
absolut reintönig, zarte Frucht, kandierter Apfel; saftig, rassig, schlank, filigran, animierend **37,50 €/0,375l**

82 2008 Riesling trocken Zeltinger Schlossberg **7,- €**

84 2008 Riesling Kabinett trocken Zeltinger Sonnenuhr **9,- €**

83 2008 Riesling Kabinett halbtrocken Zeltinger Himmelreich **8,30 €**

★

Selt
Weingut

Mittelrhein

Zehnthofstraße 22, 56599 Leutesdorf
Tel. 02631-75118, Fax: 02631-77352
www.weingut-selt.de
weinmaster@weingutselt.de
Besuchszeiten: Mo.-Fr. nach Vereinbarung, Sa. 8-18 Uhr
2 x jährlich Hoffest

Inhaber .... Horst Peter Selt
Rebfläche .... 3 Hektar

Die Familie baut seit der ersten Hälfte des 19. Jahrhunderts Wein am Mittelrhein an. Die Weinberge von Horst Peter Selt, der das Weingut 1979 von seinem Vater übernommen hat, befinden sich überwiegend in Steillagen mit bis zu 75 Prozent Steigung. Riesling ist bei ihm die wichtigste Rebsorte mit einem Anteil von 70 Prozent. Hinzu kommen etwas Kerner, Müller-Thurgau, Dornfelder und Portugieser. Die Weine werden gekühlt in Edelstahltanks mit den natürlichen Hefen vergoren. 70 Prozent der Weine werden trocken ausgebaut, weitere 25 Prozent halbtrocken. Seit dem Jahrgang 2006 kennzeichnet Horst Peter Selt seine Weine mit den Bezeichnungen Blauschiefer (Forstberg), Goldschiefer (Gartenlay) und Rosenschiefer (Rosenberg), weil er seine Weine lagenspezifisch ausbaut, die Leutesdorfer Winzerschaft aber mehrheitlich beschlossen hat die Leutesdorfer Weinbergslagen Forstberg, Gartenlay und Rosenberg in der Lagenbezeichnung Gartenlay zu vereinen. Diese Leutesdorfer Entscheidung kommentiert man besser nicht. Die von Horst Peter Selt aber schon: Ein Bravo für den besten Winzer in Leutesdorf!

2006 war die Goldschiefer-Auslese der herausragende Wein einer ansonsten gleichmäßigen Kollektion. Sehr ausgewogen zeigte sich die 2007er Kollektion, bei leichten Vorteilen im restsüßen Segment. Gut gefällt uns nun der Jahrgang 2008: Alle Weine sind wunderschön reintönig, besitzen klare Frucht und Biss. Die trockene Blauschiefer-Spätlese zeigt Klasse.

Weinbewertung

86 . . . 2008 Riesling Spätlese trocken Leutesdorf „Blauschiefer"
gute Konzentration, feine Würze und Frucht, herrlich eindringlich; füllig, kraftvoll, reife süße Frucht, Struktur und Länge **8,30 €**

81 2008 Rivaner trocken „Blauschiefer" Leutesdorfer **4,80 €**
81 2008 Riesling trocken „Blauschiefer" Leutesdorfer **5,10 €**
83 2007 Riesling Kabinett trocken „Goldschiefer" Leutesdorfer **5,90 €**
82 2008 Riesling halbtrocken „Goldschiefer" Leutesdorfer **5,10 €**
84 2007 Riesling Kabinett halbtrocken „Rosenschiefer" Leutesdorfer **5,90 €**

★☆

Sermann-Kreuzberg

Weingut

Ahr

Seilbahnstraße 22, 53505 Altenahr
Tel. 02643-7105, Fax: 02643-901646
www.sermann.de
info@sermann.de
Besuchszeiten: täglich 10-18 Uhr und nach Vereinbarung
Gästezimmer (4 Doppelzimmer)

Inhaber .... Klaus Sermann
Rebfläche .... 7 Hektar

Seit 1775 betreibt die Familie Weinbau aber erst seit 1936 besteht das eigene Weingut. Mit der Übernahme des Gutes durch Klaus Sermann im Jahr 1995 und dem Erwerb des Weingutes Kreuzberg in Reimerzhoven wurde das Weingut auf knapp 6 Hektar Weinberge erweitert, heute besitzt Klaus Sermann 7 Hektar Reben. Spätburgunder nimmt 60 Prozent der Rebfläche ein. Es folgen Frühburgunder, Riesling und Portugieser. In den letzten Jahren sind Kerner und Bacchus ganz aus dem Programm verschwunden, Müller-Thurgau und Portugieser wurden stark reduziert. Die Kunststofftanks sind durch Edelstahl ersetzt und eine Kühlanlage ist angeschafft worden.

In den vergangenen Jahren gefiel uns in ansonsten etwas verhaltenen Kollektionen meist ein barriqueausgebauter Frühburgunder am besten. Die neue Kollektion überzeugt, bietet in der Spitze kraftvolle, stoffige Rotweine, die sehr vom gewählten Holz geprägt sind. Ob ein Wechsel des Tonneliers ihnen Eleganz bescheren würde?

Weinbewertung

86 . . . 2008 Spätburgunder Blanc de Noir trocken

Barrique Mayschosser Burgberg
gute Konzentration, reife Frucht, Vanille; weich, füllig, harmonisch, viel reife Frucht, Vanille, Struktur und Biss **11,- €**

85 . . . 2007 Spätburgunder trocken Barrique Goldkapsel Altenahrer Eck
Speck, etwas Gewürze, gute Konzentration; füllig, harmonisch, reife Frucht, Struktur, etwas Schokolade **18,50 €**

86 . . . 2007 Frühburgunder trocken Barrique Goldkapsel Dernauer Hardtberg
Gewürze, rauchige Noten, reintönige Frucht, dezent Speck im Hintergrund; kraftvoll, füllig, reife Frucht, gute Substanz und Struktur **18,50 €**

---

81 2008 Spätburgunder trocken Altenahrer Eck **7,20 €**

84 2007 Frühburgunder trocken Barrique Mayschosser Burgberg **12,- €**

82 2008 Spätburgunder trocken Ahrweiler Forstberg **7,60 €**

83 2007 Spätburgunder trocken Barrique Altenahrer Eck **11,50 €**

★

Karl Seyffer
Weingut

Württemberg

Schwabstraße 4, 74189 Weinsberg
Tel. 07134-6439, Fax: 07134-23019
www.weingut-seyffer.de
info@weingut-seyffer.de
Besuchszeiten: nach Vereinbarung
Besenwirtschaft

Inhaber .... Karl und Thomas Seyffer
Rebfläche .... 7 Hektar

Die Weinbautradition der Familie Seyffer in Weinsberg reicht zurück bis ins Jahr 1650. Heute wird das Weingut von Karl Seyffer und Sohn Thomas geführt. 70 Prozent ihrer Weinberge nehmen rote Sorten ein, vor allem Trollinger, Lemberger und Samtrot. Wichtigste Weißweinsorten sind Riesling, Kerner und Muskateller. Alle Rotweine werden maischevergoren. Ein Teil kommt anschließend ins Barrique oder ins alte Holzfass. Die Weißweine werden kühl vergoren und durchlaufen bis zur Prädikatsstufe Kabinett den biologischen Säureabbau.

Die 2006er fielen jahrgangsbedingt etwas schwächer aus, der 2005er barriqueausgebaute Spätburgunder gefiel aber vor zwei Jahren sehr gut. Die letztjährige Kollektion präsentierte sich sehr gleichmäßig. Der neue Jahrgang gefällt uns besser, bietet frische und fruchtbetonte Weißweine. Die herausragenden Weine der Kollektion sind aber die beiden barriqueausgebauten Rotweine des Jahrgangs 2007.

Weinbewertung

86 . . . 2007 Lemberger Spätlese trocken Barrique Weinsberger Ranzenberg
gute Konzentration, klare reife Frucht, Vanille; füllig, kraftvoll, reife Frucht, Substanz, Vanille **12,50 €**

85 . . . 2007 Spätburgunder Auslese trocken Barrique Weinsberger Ranzenberg
viel reife Frucht, rote Früchte, etwas Vanille und Speck; füllig, harmonisch, reife Frucht, Vanille **14,- €**

---

83 2007 Muskateller Sekt trocken Eberstadter Eberfürst **9,- €**

83 2007 Muskateller Weißherbst Sekt trocken Weinsberger Ranzenberg **10,- €**

81 2008 Riesling Kabinett trocken Weinsberger Ranzenberg **4,80 €**

84 2008 Riesling Spätlese trocken Weinsberger Ranzenberg **7,20 €**

81 2008 Kerner Kabinett Weinsberger Ranzenberg **4,- €**

82 2008 Kerner Spätlese Weinsberger Ranzenberg **4,90 €**

83 2008 Muskateller Kabinett Weinsberger Ranzenberg **6,40 €**
82 2008 Muskattrollinger Weißherbst Weinsberger Ranzenberg **5,40 €**
82 2008 Muskattrollinger Weinsberger Ranzenberg **5,90 €**
82 2008 Samtrot Spätlese trocken Weinsberger Ranzenberg **7,80 €**

★★☆

Shelter
Winery

Baden

Mühlestraße 17, 79341 Kenzingen
Tel. *07644-927663,* ***Fax****: 07644-927775*
www.shelterwinery.de
espe@shelterwinery.de
Besuchszeiten*: nur nach Vereinbarung*

Inhaber .... Hans-Bert Espe
Kellermeister ... Hans-Bert Espe und Silke Wolf
Rebfläche .... 3,5 Hektar

Hans-Bert Espe stammt aus Osterode, Silke Wolf aus Paderborn. Beide haben in Geisenheim studiert, ihre Kenntnisse bei Auslandsaufenthalten erweitert. Kurz vor ihrer ersten eigenen Lese 2003 haben sie auf dem verlassenen Flughafen in Lahr eine Unterkunft für ihren Wein gefunden – und damit den Namen für ihr Weingut: Shelter Winery. Inzwischen bauen sie ihre Weine bei Freunden in Eichstetten aus. Ihre Weinberge liegen in Kenzingen und Malterdingen. Sie bauen nur Spätburgunder an, den aber gibt es auch als Blanc de Noir und Sekt. Der Rotwein wird in Holzbottichen lange auf der Maische vergoren und anschließend im Barrique ausgebaut.

Vor zwei Jahren machten Blanc de Noir und Sekt Spaß, auch der Pinot Noir überzeugte. Ein vom Typ ähnlicher 2006er schloss sich an, der nicht allzu dicht war, dafür Finesse und Reintönigkeit besaß und etwas ausgeprägtere Vanillenoten als seine Vorgänger. Weiter zugelegt hatte der Sparkling mit dem Jahrgang 2005, gehörte zu den schönsten Sekten Badens. Sehr ähnlich ist die neue Kollektion, egal ob Sparkling, Blanc de Noir oder Pinot Noir, alle sind reintönig und frisch.

Weinbewertung

86 ... 2006 „Sparkling" Sekt brut
frisch, würzig, eindringlich; gute Fülle und Harmonie, feine Frische, ganz dezent Tannine **19,- €**

85 ... 2008 Blanc de Noir
würzig, eindringlich, klare Frucht; weich, füllig, harmonisch, wunderschön reintönig **9,- €**

88 ... 2007 Pinot Noir
frisch, dezent rauchige Noten, Vanille, rote Früchte, etwas Kräuter; elegant, harmonisch, gute Struktur, feine Frische und Biss **28,- €**
2003 (1. Jg.): **88**; 2004: **89**; 2005: **88**; 2006: **88**.

84 2007 Spätburgunder **9,- €**

★

Sieben
Sekthof

Nahe

Weinberegstraße 12, 55452 Dorsheim
Tel. *06721-994405,* ***Fax****: 06721-498999*
www.oekosekt.de
sekthofsieben@t-online.de
Besuchszeiten: nach Vereinbarung

Inhaber .... Joachim Sieben

1997 gründeten Joachim Sieben und Johanna Wagner-Sieben ihre Sektkellerei für Sekte aus biologischem Anbau. Die Trauben für die Sektgrundweine stammen aus Lagen rings um Dorsheim: Dorsheimer Goldloch, Burg Layer Hölle, Burg Layer Johannisberg und Laubenheimer Vogelsang.

Weinbewertung

87 ... Pinot Noir Chardonnay Pinot Meunier Sekt Brut
feine reife Frucht, ganz dezent rauchige Noten; füllig, harmonisch, feine süße Frucht, gute Länge **14,90 €**

82 Riesling Sekt Brut **9,- €**
84 Blanc de Noirs Spätburgunder Sekt Brut **12,50 €**
84 Spätburgunder Rotsekt Dry **11,50 €**

Siegloch-Klöpfer ★
Weingut
Württemberg

Albertviller Straße 51, 71364 Winnenden
Tel. 07195-177120, Fax: 07195-177137
www.siegloch-kloepfer.de
infosiegloch-kloepfer.de
Besuchszeiten: Di. + Fr. 16-19 Uhr, Do. 10-12 Uhr, Sa. 9-13 Uhr oder nach Vereinbarung

Inhaber .... Peter und Birgit Siegloch
Rebfläche .... ´6 Hektar

Das Weingut entstand durch die Zusammenlegung der Weinberge der Familien Klöpfer in Winnenden und Siegloch in Cannstatt. Seit 1993 wird das Gut von Peter und Birgit Siegloch geführt. Ihre Weinberge liegen in Winnenden, Bad Cannstatt und Heilbronn. Rote Sorten überwiegen im Anbau. Neben Trollinger und Lemberger gibt es Muskattrollinger, Spätburgunder, Zweigelt, Portugieser, Dornfelder und Syrah. An weißen Sorten werden Riesling, Weißburgunder, Gewürztraminer, Sauvignon Blanc, Müller-Thurgau und Silvaner angebaut. Die Weine werden betriebsintern mit 1 bis 3 Sternen klassifiziert, auf Prädikatsbezeichnungen wird verzichtet. 2008 konnten auf Grund schwerer Hagelschäden im Winninger Haselstein keine Weißweine im 3-Sterne-Segment erzeugt werden.

Weinbewertung

86 ... 2007 Spätburgunder* trocken**
gute Konzentration, rauchige Noten, klare reife Frucht; füllig, harmonisch, kraftvoll, reife Frucht, gute Struktur und Frische **17,- €**

87 ... 2007 Cuvée „S*" Rotwein trocken**
jeweils zur Hälfte Syrah und Lemberger; gute Konzentration, viel reife Frucht, reife rote Früchte, etwas Brombeeren; klar, füllig, feine Frische, viel reife Frucht, gute Substanz und Struktur **21,- €**

81 2008 Silvaner* Winnender Haselstein **6,20 €**
82 2008 Riesling** **7,50 €**
79 2008 Riesling Cannstatter **4,50 €/1l**
81 2008 Trollinger trocken **5,- €**
82 2008 Dornfelder** trocken **8,80 €**

Siegrist ★★★★
Weingut
Pfalz

Am Hasensprung 4, 76829 Leinsweiler
Tel. 06345-1309, Fax: 06345-7542
www.weingut-siegrist.de
wein@weingut-siegrist.de
Besuchszeiten: Mo.-Fr. 8-12 + 13:30-18 Uhr, Sa. bis 16 Uhr

Inhaber .... Familien Siegrist & Schimpf
Rebfläche .... 14 Hektar

Thomas Siegrist hat das Weingut bekannt gemacht, das er heute zusammen mit Schwiegersohn Bruno Schimpf führt. Ihre

Weinberge liegen in Leinsweiler, Ilbesheim, Eschbach und Wollmesheim. Im Kernstück des Sonnenberg besitzen sie 2,5 Hektar. Wichtigste Rebsorte ist Riesling, gefolgt von Spätburgunder, Weißburgunder, Chardonnay, Silvaner und Grauburgunder.

Das Weingut Siegrist gehört seit Jahren zu den festen Größen in der Südpfalz, seit einem Jahrzehnt nun empfehlen wir die Weine. In diesem Jahrzehnt haben Thomas Siegrist und Bruno Schimpf stetig zugelegt, beim Weißwein wie beim Rotwein. Siegrist-Weine brauchen Zeit. Davon konnten wir uns bei einem Besuch vor Ort überzeugen, mehr noch aber in unserer Verkostung der Rotweine des Jahrgangs 1998, aus der der 3-Sterne-Spätburgunder als Sieger hervorging, gefolgt vom 2-Sterne-Spätburgunder!

Vor zwei Jahren faszinierte uns unter den Rotweinen der 2003er 4-Sterne-Pinot Noir mit seinem phantastischen Bouquet. Der Rest der Kollektion stand ihm nur wenig nach – eine beeindruckende Leistung im problematischen Jahrgang 2006, weiß wie rot. Die letztjährige Kollektion war sehr gelungen, vor allem die Weißweine präsentierten sich ganz stark. Vergleichbar stark ist die neue weiße Kollektion, angeführt vom Großen Gewächs aus dem Sonnenberg. Ganz stark sind aber auch die Rotweine: Tolles Großes Gewächs, noch faszinierender aber ist der 4-Sterne-Pinot Noir, der das, was sein Vorgänger im Jahrgang 2003 im Bouquet versprach auch im Mund noch hält: Ein toller Wein!

Weinbewertung

85 . . . 2008 Pinot Blanc Kabinett* trocken
frisch, fruchtbetont, klar, etwas weiße Früchte; fruchtbetont, frisch, klare Frucht, jugendlich **6,80 €**

85 . . . 2008 Riesling Kabinett* trocken
frisch, fruchtbetont, reintönig; fruchtbetont, klar, zupackend, dezent mineralische Noten **7,- €**
1999: 84; 2000: 85; 2004: 86; 2005: 85; 2006: 85; 2007: 85.

89 . . . 2008 „Eigensinn" Riesling Spätlese trocken**
gute Konzentration, viel reife Frucht, feine mineralische Noten; klar, harmonisch, feine süße Frucht, jugendlich, braucht Zeit **11,- €**

88 . . . 2007 „Eigensinn" Riesling Spätlese trocken**
würzig, klar, feine Reifenoten; füllig, reintönig, gute Harmonie, Substanz und Frische **11,- €**
2006: 88.

89 . . . 2008 „Heidenbäumel" Riesling Spätlese trocken**
bisher „Heiligenbäumel"; würzig, klar, reife Frucht, etwas Zitrus; kraftvoll, stoffig, reife Frucht, geradlinig, nachhaltig **11,- €**

89 . . . 2007 „Heiligenbäumel" Riesling Spätlese trocken**
würzig, eindringlich, etwas gelbe Früchte, gute Konzentration; füllig, kraftvoll, reife Frucht, gute Struktur, jugendlich, enorm nachhaltig
2006: 89.

88 . . . 2008 Riesling „15"* trocken**
viel Konzentration, viel reife Frucht, gelbe Früchte, dezent Orangen, etwas Litschi; viel Substanz, süße Frucht, etwas aggressiv, viel Biss **15,- €**

87 . . . 2008 Pinot Blanc Spätlese trocken**
gute Konzentration, reife Frucht, etwas weiße Früchte, auch gelbe Früchte, dezent Marzipan im Hintergrund; weich, füllig und schmeichelnd, reife Frucht, gute Struktur und Frische **9,- €**
2005: 88; 2006: 88; 2007: 89.

88 . . . 2008 Pinot Gris Spätlese trocken**
würzig, eindringlich, gelbe Früchte; weich, füllig, gute Struktur, Substanz und Länge **9,80 €**

88 . . . 2007 Pinot Gris Spätlese trocken**
10 % im neuen Barrique ausgebaut; würzig, eindringlich, gelbe Früchte; weich, füllig, reife Frucht, gute Substanz und Länge **9,80 €**
2000: 89; 2003: 84; 2004: 88; 2005: 88; 2006: 89.

87 . . . 2008 Chardonnay Spätlese trocken**
gute Konzentration, reife Frucht, gelbe Früchte, ganz dezent Ananas; füllig, stoffig, reife Frucht, Substanz,

Frische, Kraft **9,- €**

2006: 88; 2007: 87.

89 ... 2007 Chardonnay* Spätlese trocken Barrique**

gute Konzentration, viel reife Frucht, etwas gelbe Früchte, Zitrus und Orangen; füllig, stoffig, viel reife Frucht, etwas Vanille, Biss **18,- €**

87 ... 2006 Chardonnay* Spätlese trocken Barrique**

würzig, konzentriert, reife Frucht, ganz dezent Vanille und Toast; gute Substanz und Kraft, reife Frucht, Vanille **18,- €**

89 ... 2004 Chardonnay* Spätlese trocken Barrique**

gute Konzentration, viel reife Frucht, etwas gelbe Früchte, dezent Gewürze; weich, füllig, viel reife Frucht, viel Substanz und feine Länge (kein aktueller Jahrgang)

89 ... 1994 Chardonnay* Spätlese trocken Barrique**

würzig, klar, gute Konzentration, dezent gelbe Früchte; füllig, stoffig, kraftvoll, gute Substanz und Präzision, Struktur und Länge (kein aktueller Jahrgang)

90 ... 2008 Riesling „GG" Leinsweiler Sonnenberg

viel reife Frucht, gelbe Früchte, etwas Zitrus, Orangen; frisch, zupackend, jugendlich, etwas Zitrus, nachhaltig **18,- €**

90 ... 2007 Riesling „GG" Leinsweiler Sonnenberg

gute Konzentration, reife Frucht, gelbe Früchte, würzig-mineralische Noten; klar, kraftvoll, geradlinig, mineralisch, enorm jugendlich, viel Biss **18,- €**

89 ... 2006 Riesling „GG" Leinsweiler Sonnenberg

feine Reifenoten, gute Konzentration, eindringliche Frucht; klar, füllig, reife Frucht, Frische und Biss **18,- €**

91 ... 2004 Riesling „GG" Leinsweiler Sonnenberg

würzig, eindringlich, herrlich reintönige Frucht, ganz faszinierend; füllig, stoffig, herrlich viel Frucht, Substanz und Kraft, faszinierend reintönig und nachhaltig (kein aktueller Jahrgang)

90 ... 2003 Riesling „GG" Leinsweiler Sonnenberg

würzig, klar, etwas gelbe Früchte, herrlich eindringlich, Zitrus, Orangen; klare Frucht, feine Frische, gute Substanz, Länge, Biss (kein aktueller Jahrgang)

2000: 90; 2002: 90; 2005: 89.

87 ... 2007 Frühburgunder trocken**

fruchtbetont, würzig, reintönig, dezent Kirschen; frisch, reintönig, feine Frucht und Biss, gute Struktur **12,- €**

87 ... 2006 Pinot Noir trocken**

feine rauchige Noten, dezent Kräuter; weich, füllig, reife Frucht, feine Wärme, Frische **12,- €**

(89+) ... 2007 Pinot Noir* „GG" Sonnenberg**

frisch, fruchtbetont, jugendlich, reintönig, etwas rote Früchte; klar, frisch, zupackend, gute Fülle und Substanz, viel Biss, jugendlich **35,- €**

90 ... 2006 Pinot Noir* „GG" Sonnenberg**

feine Würze, klare reife Frucht, herrlich eindringlich, reintönig, dezent rauchige Noten; gute Fülle und Substanz, reintönige Frucht, feine Wärme, rauchige Noten, gute Struktur, Tannine, nachhaltig **35,- €**

91 ... 2005 Pinot Noir* „GG" Sonnenberg**

würzig, reintönig, viel reife Frucht, feiner Toast; kraftvoll, klar, zupackend, reintönige Frucht, gute Struktur, Biss und Nachhall (kein aktueller Jahrgang)

94 ... 2005 Pinot Noir** trocken**

über drei Jahre in neuen Barriques ausgebaut; faszinierend viel Frucht, herrlich eindringlich und konzentriert, dominant, wunderschön klar, Füllig und schmeichelnd; Kraftvoll; Viel reife Frucht; Substanz; enorm stoffig und nachhaltig **45,- €**

★★☆

Dr. Siemens
Weingut

Mosel

Römerstraße 63, 54455 Serrig
Tel. 06581-9200992, Fax: 06581-9200993
www.dr-siemens.de
weingut@dr-siemens.de
Besuchszeiten: nach Vereinbarung

Inhaber .... Dr. Jochen Siemens
.... Dr. Karen Siemens
Rebfläche .... 14 Hektar

Das ehemalige Weingut Bert Simon, ganz am südlichen Ende des Weinbaugebietes Mosel, wurde von Karen und Jochen Siemens übernommen. Quereinsteiger Dr. Jochen Siemens war zuvor u. a. als Chefredakteur bei der Frankfurter Rundschau sowie in gleicher Funktion bei der Zeitschrift Alles über Wein tätig. Seine aus Chicago stammende Frau promovierte an der John-Hopkins-University in Baltimore. Auf dem eindrucksvollen Gut, von dem man hinunter auf die Saar blickt, möchten die Siemens elegante, leichte, zum Genuss animierende Weine erzeugen, die das Terroir zum Ausdruck bringen. Die Kellerwirtschaft wurde binnen kurzer Zeit auf den neuesten Stand der Technik gebracht. Außer Riesling werden auch Weiß- und Grauburgunder, sowie Spätburgunder ausgebaut.

Die Weine zeigen die klassische Saar-Art, eine auch auf die Spontanvergärung zurückzuführende Würze, sind aber im Gegensatz zu vielen anderen Weinen der Region schon jung ausgewogen und animierend.

Gleich der erste Jahrgang, 2006, entpuppte sich wegen der Wetterbedingungen als außerordentlich schwierig, es wurden nur wenige Weine erzeugt. Die 2007er präsentierten sich frisch, klar und elegant. Mindestens ebenso gut sind die 2008er, begleitet von den faszinierend präzise gearbeiteten Schaumweinen.

Weinbewertung

87 . . . 2007 Riesling Sekt brut
feine Frucht, Hefenoten, Kräuter; straff, würzig, hat viel Substanz, sehr präzise und trocken, animierend **12,- €**

88 . . . 2007 Pinot Sekt „Schampus" brut
leicht cremig, Kräuter, etwas Hefenoten; hat Fülle und Substanz, sehr elegant und trocken, viel Frucht, Biss und Länge **14,- €**

86 . . . 2008 Pinot Blanc trocken
sehr klare Frucht, leicht cremig, Kräuter; straff, sortentypisch, sehr frisch, animierend **6,50 €**

88 . . . 2008 Riesling Spätlese trocken Serriger Herrenberg
etwas verhalten, Zitrus, getrockneter Apfel, etwas Stachelbeeren; straff, viel Frucht, ausgewogen, Substanz **14,- €**

86 . . . 2008 Riesling „Scivaro"
duftig, etwas Apfel, Mirabelle, Kräuter; saftig, wirkt praktisch trocken, Biss **8,- €**

87 . . . 2008 Riesling Kabinett „feinherb" Serriger Würtzberg
klare Frucht, leicht hefewürzig, Kräuter; stoffig, viel Würze, Schmelz und Länge **12,- €**

89 . . . 2008 Riesling Spätlese „feinherb" Serriger Herrenberg
duftig, Stachelbeere, Apfel, Cassis; würzig, komplex, sehr geradlinig, ganz leichte Süße, animierend, viel Potenzial **14,- €**

88 . . . 2008 Riesling Spätlese „feinherb" Serriger Würtzberg
reintönige Frucht, getrockneter Apfel; saftig, würzig, Fülle, Schmelz, gut integrierte Süße **14,- €**

85 . . . 2008 Blanc de Noir trocken
eher verhalten, leichte Hefenote; würzig, pikante Säure, viel Frucht, rassige Säure, Biss **7,- €**

★★★

Siener
Weingut

Pfalz

Weinstraße 31, 76831 Birkweiler
Tel. 06345-3539, Fax: 06345-919100
www.weingutsiener.de
info@weingutsiener.de
Besuchszeiten: Mo.-Fr. 8-12 + 13-18 Uhr, Sa. 9-16 Uhr (um Anmeldung wird gebeten)

Inhaber .... Sieglinde und Peter Siener
Rebfläche .... 10 Hektar

In den letzten Jahren standen die Zeichen auf Expansion beim Weingut Siener in Birkweiler, die Rebfläche wurde stetig erweitert. 40 Prozent der Weinberge liegen im Kastanienbusch, wo vor allem Riesling (auf Rotschiefer) und Spätburgunder (auf gelbem Buntsandstein) stehen. Die dritte wichtige Rebsorte, der Weißburgunder, steht im Mandelberg auf reinem Kalk. Riesling nimmt inzwischen fast die Hälfte der Rebfläche ein, Spätburgunder ein Viertel, dazu gibt es Weiß- und Grauburgunder, aber auch ein wenig Silvaner, St. Laurent, Cabernet Sauvignon und Merlot.

Seit einem Jahrzehnt schon empfehlen wir die Weine von Peter Siener, schon damals erklärten wir das Weingut zu einem der interessantesten in der Südpfalz. Heute gilt diese Ausage mehr denn je, denn mit seinen letzten Kollektionen zeigt Peter Siener Konstanz auf hohem Niveau, seine Spitzenweine gewinnen an Klasse, die Basisweine an Zuverlässigkeit.

Vor zwei Jahren überzeugte die Kollektion, an der Spitze stand der 2005er Spätburgunder Buntsandstein. Eine starke Kollektion schloss sich im vergangenen Jahr an mit kraftvollen Rieslingen, gekonnt vinifizierten Spätburgundern und einem faszinierenden Weißburgunder aus dem Mandelberg an der Spitze. 2008 nun ist der Schiefer-Riesling unser Favorit, noch vor Taschberg und dem Weißburgunder führt er eine starke Kollektion ins Feld. Weiter so!

Weinbewertung

88 . . . 2008 „Taschberg" Riesling trocken Birkweiler Kastanienbusch
gute Konzentration, herrlich viel Frucht, dominant, etwas gelbe Früchte; füllig, stoffig, viel reife Frucht, viel Substanz und Kraft **12,50 €**
2006: 86; 2007: 87.

90 . . . 2008 „Schiefer" Riesling trocken Birkweiler Kastanienbusch
gute Konzentration, faszinierend viel Frucht, herrlich eindringlich, etwas Limone und gelbe Früchte; füllig, kraftvoll, herrlich viel Frucht und Stoff, Länge, jugendlich **14,50 €**
2007: 87.

88 . . . 2008 „Kalkgestein" Weißburgunder trocken Birkweiler Mandelberg
reintönige Frucht, gute Konzentration, etwas weiße Früchte, herrlich eindringlich; füllig, kraftvoll, klare reife Frucht, gute Substanz und Struktur **14,50 €**
2007: 88.

85 . . . 2007 Spätburgunder trocken „No. 1"
dezent rauchige Noten, etwas rote Früchte, klar; füllig, harmonisch, reintönige Frucht, feine Frische **8,90 €**
2000: 85; 2001: 86; 2002: 87; 2003: 85; 2004: 84; 2005: 85; 2006: 85.

86 . . . 2007 Spätburgunder trocken Birkweiler
reintönige Frucht, gute Konzentration, dezent rauchige Noten; frisch, klar, elegant, reife Frucht, gute Struktur **17,50 €**

87 . . . 2007 Spätburgunder trocken „Buntsandstein" Birkweiler Kastanienbusch
gute Konzentration, reintönige Frucht, dezenter Toast, feine Würze, etwas rote Früchte, Kirschen; füllig, kraftvoll, reife Frucht, feine Frische, gute Struktur, jugendliche Bitternote **24,50 €**
2002: 85; 2003: 83; 2005: 88; 2006: 87.

85 . . . 2007 „Lacrima" trocken
Cabernet Sauvignon und Merlot; rauchige Noten, gute Konzentration, dezent Cassis; füllig, klar, harmonisch, reife Frucht, Tannine **16,- €**

83 2008 Grauburgunder trocken **6,- €**
84 2008 Riesling trocken „vom Buntsandstein" **7,50 €**
82 2008 Riesling „vom Kalkmergel" **7,50 €**

Siener

★★

Weingut, Inh. Dr. Martin Wettstein

Pfalz

Bengertstraße 1, 76833 Siebeldingen
Tel. 06345-954540, Fax: 06345-954542
www.weingut-siener-wettstein.de
siener@t-online.de
Besuchszeiten: nach Vereinbarung

Inhaber .... Dr. Martin Wettstein
Rebfläche .... 11 Hektar

Seit 1781 betreibt die Familie Siener Weinbau in Birkweiler. Das Weingut Siener gehörte zuletzt den Brüdern Fritz und Hermann Siener, bevor ihr Neffe Martin Wettstein es 1995 übernahm. Dieser, ein promovierter Agraringenieur, wollte zusammen mit seiner Frau „aussteigen" und Wein und Olivenöl in der Toskana erzeugen, ist aber, wie er schreibt, auf dem Weg dorthin bei seinen Onkeln in der Pfalz hängen geblieben. 2001 wurde der Betrieb umstrukturiert und in Siebeldingen ein neues Weingut errichtet. Das Herzstück der Weinberge stellen 2,5 Hektar Terrassen im Birkweiler Kastanienbusch dar. Bei den Weißweinen dominieren Riesling, die Burgundersorten und Chardonnay. An roten Sorten gibt es neben Spätburgunder etwas St. Laurent und Dornfelder. Die Weißweine werden in Edelstahltanks ausgebaut, wo sie einige Monate auf der Vollhefe bleiben. Alle Rotweine werden mindestens sechs Monate im Fass ausgebaut, die Spitzenweine im neuen Barrique.

2006 war sehr homogen. Sehr gleichmäßig und zuverlässig zeigte sich auch die letztjährige Kollektion, die schönen Weißweine wurden noch übertroffen von den beiden Spätburgundern, als „Blanc" oder rot im Barrique ausgebaut. Die neue Kollektion ist ein wenig verhaltener, bietet aber gutes, gleichmäßiges Niveau.

Weinbewertung

85 . . . 2008 Riesling Spätlese trocken Birkweiler Kastanienbusch
gute Konzentration, klare reife Frucht; füllig, harmonisch, kraftvoll, reife Frucht **6,90 €**

81 2008 Muskateller trocken Birkweiler Rosenberg **4,90 €**
82 2008 Riesling Kabinett trocken Birkweiler Kastanienbusch **4,90 €**
84 2008 Weißburgunder Spätlese trocken Birkweiler Kastanienbusch **6,90 €**
83 2008 Chardonnay Spätlese trocken Birkweiler Kastanienbusch **6,90 €**
83 2008 Sauvignon Blanc Spätlese trocken Birkweiler Königsgarten **6,90 €**
83 2007 Chardonnay Spätlese trocken Birkweiler Kastanienbusch **9,80 €**
83 2008 Gewürztraminer Spätlese trocken Birkweiler Rosenberg **6,40 €**
81 2008 Spätburgunder Rosé „feinherb" Siebeldinger im Sonnenschein **4,50 €**
82 2007 Spätburgunder Spätlese trocken Siebeldinger im Sonnenschein **8,50 €**

Siglinger

★★

Öko-Weingut

Württemberg

Rebenstraße 21, 71384 Weinstadt-Großheppach
Tel. 07151-906288, Fax: 07151-906289
www.weingut-siglinger.de
info@siglinger.de
Besuchszeiten: Fr. 17-19 Uhr, Sa. 9:30-13 Uhr

Inhaber .... Karin und Dr. Manfred Siglinger
Rebfläche .... 1,2 Hektar

Karin und Manfred Siglinger bewirtschaften den Betrieb bereits seit 1989 ökologisch nach den Richtlinien von Ecovin. Im Anbau dominieren rote Sorten wie Spätburgunder, Zweigelt, Trollinger, Regent und Dornfelder, sowie Muskattrollinger. An weißen Sorten gibt es Riesling und Chardonnay. Die Weißweine werden nach der Ganztraubenpressung gezügelt – möglichst spontan – vergoren. Die Rotweine werden nach der Maischegärung in Holzfässern ausgebaut und unfiltriert abgefüllt. Die mit „N" als „Schwäbische Naturgewächse" gekennzeichneten Weine sind eine vom Ecovin Württemberg entwickelte Weinlinie, deren Weine ausschließlich spontanvergoren und weder chaptalisiert noch geschönt werden.

In einer sehr gleichmäßigen Kollektion vor zwei Jahren überzeugte jeder Wein. Im vergangenen Jahr folgte eine fast identische Kollektion, die wiederum durch das gleichmäßige Niveau aller Weine bestach – bei Vorteilen im weißen Segment. Auch in diesem Jahr ist die Kollektion ausgewogen, allerdings gefallen uns dieses Mal die Rotweine in der Spitze etwas besser als die Weißweine.

Weinbewertung

85 . . . 2007 Zweigelt trocken „Eichenfass"**
gute Konzentration, reife Frucht, klar und eindringlich; füllig, harmonisch, klare reife Frucht, viel Substanz, Frische **7,20 €**

86 . . . 2007 Spätburgunder* „N" trocken „Eichenfass"**
reintönige Frucht, feine Würze, Frische, herrlich eindringlich; füllig, harmonisch, klare Frucht, feine Frische, Struktur und Biss **9,50 €**

84 2008 Chardonnay** Spätlese trocken **8,50 €**
83 2008 Riesling** „N" Spätlese trocken **9,- €**
84 2008 Gewürztraminer*** Spätlese trocken **11,50 €**
82 2008 Rosé* trocken **6,- €**
81 2008 Muskattrollinger* trocken **7,50 €**
80 2007 Dornfelder* trocken „Eichenfass" **6,20 €**
81 2007 Regent** „N" trocken „Eichenfass" **9,- €**

★★

Gebrüder Simon
- Weingut -

Mosel

Hauptstraße 6, 54492 Lösnich
Tel. 06532-2130, Fax: 06532-94369
www.gebrueder-simon.de
weingut@gebrueder-simon.de
Besuchszeiten: nach Vereinbarung
Probierstube, Weinseminare, Weinerlebnistouren, individueller Weinpräsent-Service

Inhaber .... Ingo Simon
Rebfläche .... 6,3 Hektar

Der Name des Weingutes leitet sich von den Gebrüdern Peter, Otto und Josef Simon ab. Das 1724 gegründete Weingut wird heute von Josefs Enkel Ingo Simon geführt, unterstützt wird er von der Badenerin Kirsten Pfitzer. Neben Riesling baut Simon vor allem noch Weißburgunder und Spätburgunder an. Die Hälfte seiner Weinberge befindet sich in Steillagen, im Erdener Treppchen und in der Lösnicher Försterlay. Die Weine werden teils im Stahltank, teils im traditionellen Fuder ausgebaut. Einen Namen hat sich Ingo Simon auch für Schaumweine gemacht, die schon mal mit Eiswein dosiert werden. Die verschiedenen Versionen ein und derselben Lage unterscheiden sich beispielsweise bezüglich der verwendeten Hefen, doch Simon experimentiert auch mit Kaltgärung oder Maischestandzeiten. Es werden Weinseminare oder Weinerlebnistouren veranstaltet.

2006 ragten die kraftvollen, noch sehr jugendlichen Weine aus dem Erdener Treppchen heraus. Im Jahrgang 2007 gab es wieder mehrere Versionen eines Weines. 2008 begeistern die restsüßen Erdener am meisten, aber auch der Rest des Sortiments ist geradlinig und klar. Die nach Kräutern und Zitrus duftende Zweisterne-Auslese aus 2007 begeistert.

Weinbewertung

85 . . . 2007 Riesling Sekt brut
duftig, etwas parfümiert; süffig, saftig, feine Frucht, süffig **7,90 €**

87 . . . 2008 Riesling Spätlese „Herberich" Erdener Treppchen
frisch, reife Frucht, leicht Kräuter, Steinobst, Hauch Orange; würzig, saftig **8,90 €**

86 . . . 2008 Riesling Spätlese „Herzlay" Erdener Treppchen
etwas verhalten, Melone, leichte Hefenoten; saftig, deutliche Süße **8,50 €**

89 . . . 2007 Riesling Auslese Erdener Treppchen**
reife Frucht, Kräuter, eine Spur Orange; herrlich saftig, ausgewogen, gute Substanz, Nachhall **10,50 €/0,5l**

82 2008 Riesling trocken „Version I" Kinheimer Rosenberg
84 2008 Riesling trocken „Version II" Kinheimer Rosenberg
79 2008 Weißer Burgunder **7,- €**
83 2008 Riesling Kabinett II Lösnicher Försterlay **5,90 €**
83 2008 Riesling Spätlese Erdener Treppchen **7,20 €**

★

Klaus **Simon**
Weingut

Franken

Schlossbergstrasse 1a, 63755 Alzenau-Wasserlos
Tel. 06023-5477, Fax: 06023-5420
www.weingut-simon.de
info@weingut-simon.de
Besuchszeiten: Mo.-Sa. 9-19 Uhr und nach Vereinbarung
Weinstube Simon (Fr. ab 17 Uhr, Sa. + So. ab 15 Uhr)

Inhaber .... Klaus Simon
Rebfläche .... 6,3 Hektar

Die Weinberge von Klaus Simon liegen in Wasserlos (Schlossberg und Luhmännchen), Hörstein (Abtsberg und Reuschberg) und Michelbach (Apostelgarten und Steinberg), ganz im Nordwesten des fränkischen Weinanbaugebietes. Neben Müller-Thurgau, Silvaner, Bacchus, Kerner und Riesling baut er auch Faberrebe und Schwarzriesling an.

Sehr gleichmäßig präsentierte sich 2006, trocken wie süß. Auch die letztjährige Kollektion war homogen, mit Vorteilen im restsüßen Segment. Im Jahrgang 2008 gefällt uns wie schon im Vorjahr die Rieslaner Spätlese sehr gut, aber auch die barriqueausgebaute Domina aus dem Jahrgang 2007 überzeugt, die Kollektion insgesamt präsentiert sich sehr geschlossen.

Weinbewertung

85 . . . 2008 Rieslaner Spätlese Wasserloser Schlossberg
feine Würze, klare reife Frucht; füllig, harmonisch, schmeichelnd, reife Frucht und feine Frische **10,- €**

85 . . . 2008 Blauer Silvaner Eiswein Wasserloser Schlossberg
viel Duft, Gewürze, Konzentration; süß, dick, domi-

nant, viel Biss **29,- €/0,375l**

85 . . . 2007 Domina trocken Barrique Wasserloser Schlossberg
würzig, dominant, reife Frucht; klar, frisch, zupackend, gute Struktur, jugendlich **11,50 €**

---

80 2008 Rivaner Kabinett trocken „R-Klasse" Michelbacher Steinberg **5,50 €**
81 2008 Riesling Kabinett trocken „R-Klasse" **7,- €**
80 2008 Silvaner Kabinett trocken Michelbacher Apostelgarten **6,50 €**
82 2008 Weißburgunder Kabinett trocken Wasserloser Schlossberg **8,20 €**
82 2008 „Ludovica" Bacchus Kabinett trocken Wasserloser Schlossberg **7,- €**
81 2008 Bacchus Kabinett halbtrocken Wasserloser Luhmännchen **6,- €**
83 2008 Riesling Kabinett halbtrocken Hörsteiner Abtsberg **8,50 €**
81 2008 Rotling Kabinett halbtrocken „R-Klasse" **7,- €**
80 2008 Schwarzriesling halbtrocken Wasserloser Luhmännchen **8,50 €**

★★★

Simon-Bürkle

Weingut

Hessische Bergstraße

Wiesenpromenade 13, 64673 Zwingenberg
Tel. 06251-76446, Fax: 06251-788641
www.simon-buerkle.de
info@simon-buerkle.de
Besuchszeiten: Mo.-Fr. 9-12 + 15-18 Uhr, Sa. 9-13 Uhr
Restaurant, Weinbistro Bunter Löwe, Löwenplatz 6, Zwingenberg, Mo.-Fr. ab 17:30 Uhr, Sa./So. ab 11 Uhr

Inhaber .... Dagmar Simon, Wilfried Bürkle
Rebfläche .... 12 Hektar

Die Studienkollegen Kurt Simon, der im Februar 2003 verstarb, und Wilfried Bürkle haben 1991 gemeinsam dieses Weingut in Zwingenberg gegründet. Riesling, Weiß- und Grauburgunder, Chardonnay, Silvaner und Kerner wird angebaut, hinzu kommt ein für die Hessische Bergstraße recht hoher Rotweinanteil von 15 Prozent, der sich aufteilt auf Spätburgunder, Lemberger, Cabernet Sauvignon, St. Laurent und Dunkelfelder. 90 Prozent der Weine werden trocken oder halbtrocken ausgebaut.

2006 überzeugte, an der Spitze der neue Riesling Diorit. Dieser war auch unser Favorit in der letztjährigen Kollektion, bestach durch Kraft und Nachhaltigkeit. 2008 gibt es keinen Diorit, die Riesling-Riege aber schlägt sich tapfer, schon die Literweine machen Freude. Unser Favorit aber ist der Cabernet Sauvignon aus dem Jahrgang 2005.

Weinbewertung

85 . . . 2008 „Granit" Riesling trocken
würzig, klar, herrlich eindringlich, etwas Zitrus; frisch, direkt, klare Frucht, Biss **6,30 €**

86 . . . 2008 Riesling Spätlese trocken Alsbacher Schöntal
frisch, fruchtbetont, würzig, etwas Limone, Pfirsiche; füllig, harmonisch, reife Frucht, Substanz **8,50 €**

86 . . . 2008 Gewürztraminer Spätlese Alsbacher Schöntal
feine Würze, reintönige Frucht, etwas Gewürze, intensiv; füllig, schmeichelnd, reife süße Frucht, reintönig **11,50 €**

85 . . . 2008 Spätburgunder trocken Zwingenberger Alte Burg
frisch, fruchtbetont, dezent rauchige Noten; klar, harmonisch, elegant, gute Struktur und Frische **9,30 €**

88 . . . 2005 Cabernet Sauvignon trocken Barrique Auerbacher Höllberg
viel Konzentration, herrlich viel Frucht, rauchige Noten, etwas Cassis, Toast; füllig, kraftvoll, reife Frucht, gute Substanz, feine Bitternote **28,90 €**

---

82 2008 Riesling trocken **5,- €/1l**
84 2008 Grauburgunder Kabinett trocken Auerbacher Rott **6,60 €**
83 2008 Riesling halbtrocken **5,- €/1l**
83 2008 Rotling Auerbacher Rott **4,60 €**

Singer-Fischer ★
Weingut

Rheinhessen

Oberntrautstraße 39
55218 Ingelheim-Großwinternheim
***Tel.** 06130-944000, **Fax**: 06130-944002*
www.singer-fischer.de
weingutsinger-fischer.de
***Besuchszeiten**: nach Vereinbarung*
Gästezimmer

Inhaber..................... Klaus Singer-Fischer
Rebfläche............................... 8 Hektar

Klaus Singer-Fischer baut jeweils zur Hälfte weiße und rote Rebsorten an. Spätburgunder ist die wichtigste rote Rebsorte, gefolgt von Dornfelder, St. Laurent, Portugieser und Frühburgunder. Wichtigste weiße Rebsorten sind Silvaner, Riesling, Grauburgunder, Müller-Thurgau und Kerner. Die Rotweine werden maischevorgen (bis zu 14 Tage) und im Holz ausgebaut.

Auf ein gutes Debüt mit einer sehr gleichmäßigen Kollektion vor zwei Jahren folgte eine ebenso homogene 2007er Kollektion. Unser Favorit war die trockene Grauburgunder Spätlese. In der neuen Kollektion ist der barriqueausgebaute Spätburgunder unser eindeutiger Favorit.

Weinbewertung

86 . . . 2007 Spätburgunder trocken Barrique Ingelheimer
würzig, klare reife Frucht, dezenter Toast; füllig, kraftvoll, reife Frucht, feine Frische und gute Struktur **9,70 €**

---

82 „ALLA HOPP" Perlwein **5,20 €**
82 „ALLA GUT" Perlwein rosé **5,20 €**
83 2007 Riesling Sekt brut **8,70 €**
80 2008 Riesling trocken **4,90 €**
82 2008 RS-Rheinhessen-Silvaner trocken **5,10 €**
78 2008 Grauburgunder Classic **5,20 €**
80 2008 Pinot blanc de noir trocken **5,10 €**
79 2008 Portugieser Weißherbst „feinherb" **4,70 €**
81 2007 St. Laurent trocken Ingelheimer **5,10 €**
84 2007 Spätburgunder Spätlese trocken Ingelheimer **8,20 €**
83 2007 Frühburgunder Spätlese trocken Ingelheimer **8,70 €**

Rudolf Sinß ★★
Weingut

Nahe

Hauptstraße 18, 55452 Windesheim
***Tel.** 06707-253, **Fax**: 06707-8510*
rudolf.sinss@t-online.de
***Besuchszeiten**: Mo.-Sa. 9-18 Uhr und nach Vereinbarung*

Inhaber............................. Rudolf Sinß
Rebfläche............................... 9 Hektar

Rudolf Sinß hat 1985 den elterlichen Betrieb übernommen. In den neunziger Jahren richtete er das Weingut auf Riesling und die Burgundersorten aus. An roten Sorten gibt es noch Dornfelder und Portugieser, sowie Cabernet Dorsa, Cabernet Mitos und Merlot. Die Rotweine werden alle maischevergoren und teilweise in Holzfässern, auch Barriques, ausgebaut. Die Weißweine werden in Edelstahltanks kühl vergoren.

Das Gros der Weine wird trocken ausgebaut, aber dass Rudolf Sinß sich auch auf süßen Riesling versteht, hat er im Jahrgang 2005 bewiesen. Seit dem Jahrgang 2007 werden die trockenen Weißweine nicht mehr mit Prädikatsbezeichnungen versehen, die nach eigener Einschätzung besten Weine erhalten den Zusatz „S" oder „R". Meist sind die Burgunder etwas stärker als die Rieslinge, aber der 2007er Riesling „R" deutete an, dass man in Zukunft auch hier mit Rudolf Sinß rechnen muss. Grauburgunder und Spätburgunder ragten in den vergangenen Jahren meist heraus, sind üppig und kraftvoll, gehören immer wieder zu den Besten an der Nahe.

2006 war jahrgangsbedingt schwächer ausgefallen, aber die 2007er Kollektion schloss wieder an die vorherigen Jahrgänge an, überzeugte mit der guten, gleichmäßigen Qualität aller Weine, trocken wie süß. Sehr homogen präsentiert sich der neue Jahrgang, überzeugt weiß wie rot, bei den Burgundern ebenso wie bei den Rieslingen.

Weinbewertung

85 . . . 2008 Chardonnay „S" trocken Windesheimer Rosenberg
gute Konzentration, klare reife Frucht; weich, füllig, harmonisch, reife süße Frucht **7,50 €**

85 . . . 2008 Riesling „S" Windesheimer Sonnenmorgen
gute Konzentration, feine Würze und Frucht, herrlich eindringlich; füllig, harmonisch, reife süße Frucht **7,20 €**

86 . . . 2006 Spätburgunder Auslese trocken Windesheimer Rosenberg
eindringlich, klare reife Frucht, dezenter Toast; weich, füllig und schmeichelnd, viel reife Frucht, Vanille, Substanz **15,- €**

86 . . . 2005 Spätburgunder Auslese trocken Windesheimer Rosenberg
gute Konzentration, feine Würze und Toast, klare reife Frucht; füllig, harmonisch, reife süße Frucht, gute Struktur und Substanz **15,- €**

82 2008 Grauburgunder trocken **5,60 €**
84 2008 Grauburgunder „R" trocken Windesheimer Rosenberg **11,80 €**
84 2008 Weißburgunder „S" trocken Nr. 5/09 Windesheimer Rosenberg **7,20 €**
83 2008 Weißburgunder „S" trocken Nr. 21/09 Windesheimer Rosenberg **7,20 €**
83 2008 Riesling „S" trocken Windesheimer Römerberg **7,20 €**
84 2008 Riesling Spätlese Windesheimer Römerberg **7,20 €**
81 2008 Spätburgunder Blanc de Noir trocken **6,30 €**
81 2007 Spätburgunder trocken **5,90 €**

★★

Wilhelm **Sitzius**
Weingut

Nahe

Naheweinstraße 87, 55450 Langenlonsheim
***Tel.** 06704-1309, **Fax:** 06704-2781*
www.sitzius.de
weingut@sitzius.de
***Besuchszeiten:** Mo.-Sa. 8-18 Uhr,*
So. nach Vereinbarung

Inhaber .... Wilhelm und Sonja Sitzius
Rebfläche .... 15 Hektar

Wilhelm Sitzius hat Weinberge nicht nur in besten Lagen von Langenlonsheim, Guldental und Laubenheim, sondern – durch seine Frau Sonja – auch in Oberhausen und Niederhausen. Wichtigste Rebsorte bei ihm ist Riesling, der 60 Prozent seiner Rebfläche einnimmt. Die Burgundersorten nehmen 30 Prozent ein, dazu gibt es etwas Kerner und Müller-Thurgau. An roten Sorten hat er Frühburgunder gepflanzt, aber auch Acolon, den Wilhelm Sitzius ebenso wie Cabernet Dorsa für Cuvées nutzen will.

2006 hatte sich Wilhelm Sitzius gut behauptet, wobei die trockenen Rieslinge etwas besser gefielen als die süßen, der Spätburgunder überzeugte wie gewohnt. Die letztjährige Kollektion war etwas unausgewogen: Die trockene Spätlese aus dem Königsschild war sehr gut, die rote Cuvée überzeugte, die weißen Burgunder aber wollten uns nicht so recht gefallen. Auch die neue Kollektion präsentiert sich nicht ganz gleichmäßig, wird angeführt vom fülligen Spätburgunder und der trockenen Riesling Spätlese aus dem Rothenberg.

Weinbewertung

85 . . . 2008 Riesling Spätlese trocken Rothenberg
würzig, eindringlich, klare reife Frucht; füllig, harmonisch, viel reife Frucht, Substanz **11,90 €**

86 . . . 2006 Spätburgunder Auslese trocken
feine Würze, reife Frucht, herrlich eindringlich; füllig, harmonisch, klare Frucht, feine Süße und Biss **20,- €**

80 2008 Riesling trocken **5,50 €**
81 2008 Sauvignon Blanc trocken **7,30 €**
83 2008 Riesling Spätlese trocken Königsschild **8,50 €**
80 2008 Weißburgunder „Silberkapsel" trocken **7,50 €**
81 2008 Grauburgunder „Silberkapsel" trocken **8,- €**
81 2008 Chardonnay trocken **11,80 €**
80 2008 Riesling „feinherb" Leistenberg **5,80 €**
82 2008 Riesling Spätlese halbtrocken Löhrer Berg **7,20 €**
81 2008 Spätburgunder trocken **7,20 €**
83 2007 „Cuvée WS" Rotwein trocken **10,50 €**

★☆

Sohns

Weingut

Rheingau

Hospitalstraße 25, 65366 Geisenheim
***Tel.** 06722-8940, **Fax:** 06722-75588*
www.weingut-sohns.de
info@weingut-sohns.de
***Besuchszeiten:** Mo.-Sa. 8-17 Uhr*
Straußwirtschaft (Anfang Aug. - Mitte Sept.)

Inhaber .... Erich Sohns
Rebfläche .... 6 Hektar

Erich Sohns, der zusammen mit seiner Frau Sabine das Weingut Sohns in Geisenheim führt, ist Weinbauingenieur. Neben Riesling, der 70 Prozent der Fläche einnimmt, baut er auch Weißburgunder und Spätburgunder an. Die Weinberge befinden sich in verschiedenen Lagen rund um Geisenheim sowie im benachbarten Winkel. Der Riesling wird komplett in Stahltanks ausgebaut, der Spätburgunder im Holzfass. Typisch für den Stil des Weinguts ist die Eleganz und Klarheit der immer animierenden Rieslinge.

Die 2006er fielen ebenso tadellos aus wie die 2007er. 2008 gefällt mit rassigen, frischen Rieslingen, vor allem die trockene Spätlese aus dem Kläuserweg beeindruckt mit einer sehr animierenden Würze.

Weinbewertung

87 . . . 2008 Riesling Spätlese trocken Geisenheimer Kläuserweg
klar, duftig, leicht Kräuter; würzig, straff, pikante Säure, sehr animierend **7,50 €**

87 . . . 2007 Riesling trocken Erstes Gewächs Geisenheimer Kläuserweg
feine Frucht, noch jugendlich, Steinobst; saftig, würzig, angenehm trocken, präzise, gute Länge **14,- €**

85 . . . 2008 Riesling Spätlese Geisenheimer Kläuserweg
etwas verhalten, frisch; würzig, stoffig, gute Balance, Biss **8,- €**

87 . . . 2007 Riesling Beerenauslese Geisenheimer Kläuserweg
feine Frucht, reintönig; süffig, elegant, herrlich süffig **25,- €/0,5l**

79 2008 Weißburgunder trocken **4,40 €**
77 2008 Riesling trocken „Sohns se" **3,80 €**
83 2008 Weißburgunder Spätlese trocken Geisenheimer Mönchspfad **6,50 €**
83 2008 Riesling Kabinett halbtrocken Geisenheimer Rothenberg **4,80 €**
80 2008 Riesling Classic **4,20 €**
83 2008 Riesling Spätlese halbtrocken Geisenheimer Mönchspfad **7,50 €**

★★

Solter

Sekthaus

Rheingau

Zum Niederwald-Denkmal 2, 65385 Rüdesheim
Tel. 06722-2566, Fax 06722-910402
www.sekthaus-solter.de
mail@sekthaus-solter.de
Besuchszeiten: Mo.-Fr. 8-17 Uhr, Sa. 10-17 Uhr
Straußwirtschaft Roseneck

Inhaber .... Helmut Solter
Rebfläche .... 6 Hektar

Helmut Solter, ein gebürtiger Kaiserstühler, hat sich seit 1988 ganz auf Schaumweine spezialisiert; im Auftrag namhafter Kunden versektet er deren Grundweine. Nicht zu unterschätzten sind aber auch die eigenen Sekte, die er aus Riesling, aber auch aus Weiß- und Grauburgunder, aus Chardonnay und sogar aus Gewürztraminer und weiß gekeltertem Spätburgunder herstellt. Eine absolute Spezialität sind die viele Jahre auf der Hefe gereiften Riesling-Réserve-Sekte, die nach Bedarf degorgiert werden.

Weinbewertung

86 . . . 2007 Sekt brut „Cuvée Dolce Vita"
duftig, leicht parfümiert; saftig, würzig, feine Frucht, Substanz, Nachhall **14,50 €**

87 . . . Sekt brut „Cuvée Henri Reserve"
sehr feine Frucht, leichte Hefenoten; feingliedrig, komplex, viel Frucht, sehr elegant und nachhaltig **15,- €**

86 . . . 2005 Riesling Sekt brut
reife Frucht; saftig, würzig, viel Frucht, herrlich süffig **10,50 €**

85 . . . 2006 Riesling Sekt brut
reintönige Frucht, leicht Kräuter; würzig, süffig, dezente Bitternote **10,50 €**

87 . . . 2005 Sekt brut Blanc de blancs
sehr feine Frucht; straff, saftig, sehr eleganter Stil, feine Frucht, schlank **11,50 €**

87 . . . 1998 Riesling Sekt brut „Réserve"
leichte Hefenoten, Kräuter, wirkt noch sehr frisch; viel Würze, straff, Nachhall **35,- €**

87 . . . 1994 Riesling Sekt brut „Réserve"
zarte Reifenoten, etwas Zitrusschale und Kräuter; würzig, stoffig, feine Säure, viel Frucht **35,- €**

88 . . . 1993 Riesling Sekt brut „Réserve"
eindringliche Frucht, Kräuter, ganz leichte Fino-Sherry-Noten; enorm würzig, rassig, eigenwillig, aber spannend **40,- €**

86 . . . 2007 Spätburgunder Rosé Sekt brut
duftig, zarte Hefe- und Beerennoten; saftig, viel Frucht, pikante Säure, animierend **10,50 €**

84 Pinot Sekt brut **12,50 €**
83 2006 Sekt brut Blanc de blancs **12,50 €**
84 2007 Riesling Sekt brut **10,50 €**

★

Sommer

Weingut

Rheinhessen

Mühlweg 19, 55599 Siefersheim
Tel. 06703-3977, Fax: 06703-4553
www.weingut-sommerhof.de
info@weingut-sommerhof.de
Besuchszeiten: täglich nach Vereinbarung
Weinstube (bis 50 Personen), Ferienwohnung

Inhaber .... Heinz-Willi und Erik Sommer
Rebfläche .... 12 Hektar

Heinz-Willi Sommer und Sohn Erik bewirtschaften Weinberge in den Siefersheimer Lagen Höllberg und Heerkretz (zusammen 2,5 Hektar), Martinsberg und Goldenes Horn, sowie im Neu-Bamberger Rheingrafenstein. An roten Sorten bauen sie Dornfelder, Portugieser, Spätburgunder, St. Laurent und Frühburgunder an. An weißen Sorten gibt es Silvaner, Riesling, Müller-Thurgau, Weiß- und Grauburgunder, Chardonnay, sowie einige Neuzüchtungen. Eine Rebveredlung ist dem Weingut angeschlossen. Seit September 2008 ist das Weingut nach der EG-Öko-Verordnung zertifiziert und befindet sich in der Umstellungsphase.

Vor zwei Jahren gefiel der Riesling „S" am besten in einer ansonsten gleichmäßigen Kollektion, im Jahrgang 2007 war der nach dem 2007 geborenen Sohn benannte Riesling „Max" aus der Lage Heerkretz unser Favorit. Die neue Kollektion ist im weißen Segment sehr gleichmäßig: Darauf könnte man aufbauen.

Weinbewertung

77 2008 Silvaner trocken **3,90 €/1l**
82 2008 Chardonnay trocken Siefersheimer Heerkretz **5,10 €**
83 2008 Riesling „Max" trocken Siefersheimer Heerkretz **7,50 €**
81 2008 Blauer Spätburgunder trocken Siefersheimer Heerkretz **7,50 €**
83 2008 Sauvignon Blanc halbtrocken **7,50 €**
80 2008 Grauburgunder Classic **5,10 €**
81 2008 Riesling Siefersheimer Höllberg **7,50 €**
80 2008 Riesling halbtrocken Siefersheimer Heerkretz **4,80 €**
81 2008 Weißburgunder halbtrocken Siefersheimer Heerkretz **4,80 €**
77 2007 Blauer Frühburgunder trocken **6,50 €**
82 2007 St. Laurent trocken Barrique **8,- €**
77 2007 Blauer Spätburgunder halbtrocken **5,10 €**

★★★

Schloss Sommerhausen

Weingut

Franken

Ochsenfurter Straße 17-19, 97286 Sommerhausen
Tel. 09333-260, Fax: 09333-1488
www.sommerhausen.com
info@sommerhausen.com
Weinverkauf im Schloss: Mo.-Fr. 9-18 Uhr, Sa. 10-16 Uhr, So. + feiertags 10-14 Uhr
Weinproben in Gewölbekeller und Kelterhalle

Inhaber .... Martin Steinmann
Rebfläche .... 28 Hektar

Johann Kaspar Steinmann kaufte 1968 das Schloss Sommerhausen mit den dazugehörigen Weinbergen. Heute führt Sohn Martin das Weingut, die vormals zum Weingut gehörende Rebschule wird von seiner Schwester weitergeführt. Dadurch, dass dem Weingut immer eine Rebzüchtung angeschlossen war, erklärt sich auch, dass neben Silvaner und Riesling die Burgundersorten – mit für Franken ungewöhnlichen 35 Prozent – einen wichtigen Platz in den

Weinbergen in Sommerhausen, Eibelstadt, Randersacker und Iphofen einnehmen. Auch Spezialitäten wie Chardonnay, Rieslaner, Blauer Silvaner oder Auxerrois – den es bereits seit 1976 gibt – findet man bei Schloss Sommerhausen. An roten Sorten gibt es neben Spät- und Frühburgunder – von dem Schloss Sommerhausen eigene Klone hat – auch Zweigelt und Blauburger.

Die Weine werden temperaturgesteuert vergoren und bleiben dann recht lange auf der Feinhefe liegen. Ziel von Martin Steinmann ist es, den Sortencharakter in den Weinen herauszuarbeiten. Die Weine werden überwiegend trocken ausgebaut. Bereits seit 1984 kommen besondere Weine ins Barrique. Eine Besonderheit von Schloss Sommerhausen sind die Sekte, die es hier seit 1982 gibt. Seit 1990 werden sie komplett im eigenen Haus hergestellt. Die Jahresproduktion liegt bei 15.000 Flaschen. Alle Sekte werden für mindestens drei Jahre, meist vier Jahre und mehr auf der Hefe ausgebaut. Eine Spezialität ist der ohne Dosage abgefüllte Auxerrois-Sekt.

Recht süß wurde es mit dem Jahrgang 2006 mit vielen Beerenauslesen und Trockenbeerenauslesen. Im trockenen Segment gefielen die beiden Großen Gewächse besonders gut, aber auch der Grauburgunder beeindruckte. Eine vergleichbare Kollektion schloss sich im vergangenen Jahr an, in der die edelsüßen Weine ein wenig reintöniger erschienen als im Vorjahr. Die Sekte überzeugten wie gewohnt, viel Spaß bereitete der trockene Riesling Kabinett, die Großen Gewächse – zu üppig und etwas botrytisgeprägt – bedeuteten da nicht unbedingt eine Steigerung. Dies gilt auch 2008 für das Große Gewächs. Insgesamt präsentiert sich die Kollektion etwas uneinheitlich, neben brillant klaren trockenen und edelsüßen Weinen sind andere weniger reintönig. Viel Freude bereitet der Auxerrois-Sekt.

88 . . . 2002 Auxerrois Sekt extra brut
gute Konzentration, feine rauchige Noten, etwas gelbe Früchte, dezent Brotkruste; klar, füllig, zupackend, gute Substanz **15,50 €**

87 . . . 2008 „Dinarazade ST 5" trocken Muskatsilvaner & Muskateller
würzig, eindringlich, feine Muskatnote; füllig, harmonisch, viel reife Frucht und Substanz **9,50 €**

87 . . . 2008 Grauburgunder „ST 100" trocken
gute Konzentration, viel reife Frucht, gelbe Früchte, herrlich eindringlich und reintönig; füllig, harmonisch, klare reife Frucht, Substanz **9,50 €**

87 . . . 2008 Blauer Silvaner „ST 25" trocken
klar, fruchtbetont, gute Konzentration; füllig, harmonisch, reintönige reife Frucht, Substanz **9,- €**

85 . . . 2008 Silvaner „GG" trocken Steinbach
würzig,. streng, eigenwillig eindringlich; weich, kompakt, verhaltene Frucht **19,50 €**
2003: 91; 2004: 91; 2005: 87; 2006: 88; 2007: 88.

85 . . . 2008 Silvaner Spätlese (Goldkapsel) Sommerhäuser Steinbach „Sonnenuhr"
konzentriert, feine Würze und Frucht, eindringlich; weich, schmeichelnd, viel reife süße Frucht **19,50 €**

87 . . . 2008 Scheurebe Auslese Sommerhäuser Steinbach
würzig, klare Frucht, dezent Cassis; weich, harmonisch, reife süße Frucht, gute Substanz **25,- €**

91 . . . 2008 Rieslaner Trockenbeerenauslese Sommerhäuser Steinbach
konzentriert, würzig, herrlich eindringlich und dominant; süß, konzentriert, dick, faszinierend viel Stoff, Substanz und Länge **53,- €/0,375l**

---

82 2008 „Ohne viel Worte" Grüner Silvaner trocken **7,- €**
84 2007 „Dinarazade ST 5" trocken (Muskatsilvaner und Muskateller)
82 2007 Weißburgunder „ST 15" trocken **9,50 €**
82 2008 Silvaner Kabinett trocken Sommerhäuser Steinbach **8,50 €**

82 2008 Riesling Kabinett trocken Sommerhäuser Steinbach **9,- €**

83 2008 Silvaner Spätlese trocken Sommerhäuser Steinbach **12,- €**

84 2008 Riesling Spätlese (Goldkapsel) Sommerhäuser Steinbach „Sonnenuhr" **19,50 €**

★

Dominik Sona
Weingut

Pfalz

Klosterstraße 54, 67472 Esthal
Tel. 06325-2939, Fax: 06325-980137
www.weingut-sona.de
info@weingut-sona.de
Besuchszeiten: nach Vereinbarung

Inhaber............................Dominik Sona
Rebfläche...............................1 Hektar

Im Jahr 2002 hat Dominik Sona im St. Martiner Baron Flächen seines Großvaters übernommen, 2004 seinen ersten eigenen Wein gekeltert. Zu Riesling, Spätburgunder und Sauvignon Blanc kam inzwischen ein weiterer Riesling von Buntsandsteinterrassen aus dem St. Martiner Kirchberg ins Programm. Die Weißweine werden lange auf der Hefe ausgebaut, der Spätburgunder kommt nach der Maischegärung in Barriques und Tonneaux.

Vor zwei Jahren überzeugten vor allem die Spätburgunder aus den Jahrgängen 2005 und 2004, im vergangenen Jahr gefiel uns der Riesling Kirchberg besonders gut, in diesem Jahr nun der Riesling „Baron", auch der neue Sauvignon Blanc macht viel Freude: Im Auge behalten!

Weinbewertung

85 . . . 2008 Sauvignon Blanc trocken St. Martiner Baron
würzig, anfangs etwas streng, gute Konzentration; fruchtbetont, reintönig, gute Struktur und Frische **8,90 €**

87 . . . 2008 „Baron" Riesling trocken St. Martiner Baron
viel Konzentration, würzig, dominant, jugendlich zurückhaltend; füllig, stoffig, kraftvoll, reife Frucht, Substanz, feine mineralische Noten, jugendlich **14,50 €**

83 2008 Riesling Kabinett trocken St. Martiner Baron **8,20 €**

81 2008 Riesling „feinherb" St. Martiner Baron **8,20 €**

83 2006 Spätburgunder trocken St. Martiner Baron **9,80 €**

82 2005 Spätburgunder trocken Barrique St. Martiner Baron **18,80 €**

★★

Sonnenberg
Weingut

Ahr

Heerstraße 98, 53474 Bad Neuenahr
Tel. 02641-6713, Fax: 02641-201037
www.weingut-sonnenberg.de
info@weingut-sonnenberg.de
Besuchszeiten: Mo.-Fr. 10-12 + 14-18 Uhr, Sa. 10:30-14 Uhr, So. 10:30-12 Uhr
Straußwirtschaft (Herbst, Do. 18-22 Uhr, Fr./Sa. 15-22 Uhr)

Inhaber............................Marc Linden
Rebfläche...............................6 Hektar

Das Weingut Sonnenberg wurde 1980 mit 1,5 Hektar Weinbergen gegründet. Heute werden 6 Hektar bewirtschaftet (davon ein Hektar in denkmalgeschützten Terrassenlagen), vor allem Spätburgunder, der drei Viertel der Rebfläche einnimmt. Hinzu kommen Frühburgunder, Grauburgunder, Weißburgunder und Riesling. 85 Prozent der Weine werden trocken ausgebaut.

2006 überzeugte, die Weine besaßen Frucht und Kraft, allen voran die Auslese aus dem Sonnenberg. 2007 reichte da nicht ganz heran, bot aber gleichmäßige Qualität, die trockene Auslese aus dem Sonnenberg gefiel uns am besten. Die neue Kollektion ist sehr gleichmäßig, der unfiltriert abgefüllte Spätburgunder „R" aus dem Jahrgang 2007 ist unser Favorit.

Weinbewertung

85 . . . 2007 Spätburgunder „R" trocken
gute Konzentration, etwas Gewürze, reife Frucht; füllig, harmonisch, viel reife Frucht, Substanz **25,- €**

81 2008 Weißburgunder „feinherb" **7,- €**
80 2008 Grauburgunder „feinherb" **7,- €**
81 2008 Blanc de Noir Spätburgunder „feinherb" **7,30 €**
82 2008 Spätburgunder trocken Neuenahrer Schieferlay **8,90 €**
83 2008 Frühburgunder trocken **13,50 €**
83 2007 Spätburgunder Spätlese „S" trocken Neuenahrer Schieferlay **14,50 €**
82 2008 „TRADITION" Spätburgunder trocken **14,- €**
82 2008 „INNOVATION" Rotwein trocken **12,- €**

★

Sonnenberg

Weingut

Pfalz

Am Sonnenberg 1, 67271 Neuleiningen
Tel. *06359-82660.* **Fax:** *06359-83002*
www.nippgen.net
info@nippgen.net
Besuchszeiten: *Mo.-Fr. 8-12 + 13-19 Uhr, Sa. 8-18 Uhr, So.+ feiertags bis 12 Uhr oder nach Vereinbarung*
Hotel, Restaurant

Inhaber .... Elli Nippgen
Rebfläche .... 8 Hektar

1960 siedelte die Familie, mit damals 4 Hektar Reben, in den Sonnenberg oberhalb von Neuleiningen aus, 1970 übernahmen Karlheinz Nippgen und seine Frau den Betrieb. 1976 bauten sie ein kleines Hotel, in den achtziger Jahren wurde das Restaurant verpachtet und die Landwirtschaft aufgegeben. Auf 40 Prozent der Fläche stehen rote Reben: Spätburgunder, Schwarzriesling, Dornfelder, Portugieser und Acolon. Alle Rotweine werden maischevergoren, teils werden sie im Barrique ausgebaut. Wichtigste Weißweinsorten sind Riesling, Weißburgunder, Grauburgunder und Chardonnay, aber auch Bukettsorten wie Scheurebe und Gewürztraminer werden angebaut. Die Reben wachsen auf Kalk-Lehmböden mit hohem Muschelkalkanteil.

Vor zwei Jahren war der barriqueausgebaute Chardonnay unser Favorit in einer etwas schwächeren Kollektion. Die letztjährige Kollektion war stärker, überzeugte weiß wie rot. Als Schmankerl gab es im vergangenen Jahr eine feine gereifte Scheurebe Auslese aus dem Jahrgang 1976 zu verkosten. Die neue Kollektion überzeugt voll und ganz: Die Rotweine besitzen Kraft und Struktur, ebenso die trockene Riesling Spätlese aus dem Feuermännchen. So darf es weitergehen.

Weinbewertung

85 . . . 2008 Riesling Spätlese trocken Neuleininger Feuermännchen
würzig, konzentriert, klar; weich, füllig, harmonisch, reife Frucht, feine Frische, Substanz **6,50 €**

85 . . . 2007 Spätburgunder Spätlese trocken „Alte Reben" Neuleininger Sonnenberg
gute Konzentration, reife Frucht, reintönig; klar, füllig, harmonisch, reife Frucht, viel Substanz **7,60 €**

85 . . . 2006 „Cuvée Jean" trocken Barrique
Schwarzriesling und Spätburgunder; Gewürze, reife Frucht, gute Konzentration; füllig, harmonisch, dezent Vanille, reife Frucht **9,60 €**

---

80 2008 Weißburgunder trocken Neuleininger Feuermännchen **4,20 €**
80 2008 Riesling Classic **4,90 €**
81 2008 Blanc de Noir Spätburgunder + Schwarzriesling Neuleininger Sonnenberg **4,50 €**

★★☆

Sonnenhof

Weingut Martin & Joachim Fischer

Württemberg

Sonnenhof 2, 71665 Vaihingen-Gündelbach
***Tel.** 07042-81888-0, **Fax:** 07042-81888-6*
www.weingutsonnenhof.de
info@weingutsonnenhof.de
***Besuchszeiten**: Mo.-Fr. 8-12 + 13-18 Uhr,*
Sa. 9-12 Uhr + 13-17 Uhr
Probierstube (bis 50 Personen)

Inhaber .... Martin und Joachim Fischer
Rebfläche .... 38 Hektar

Als wir Ende der achtziger Jahre das erste Mal den Sonnenhof besuchten, hatte Albrecht Fischer gerade begonnen, als Gründungsmitglied der HADES Gruppe, mit seinen im Barrique ausgebauten Weinen überregional Aufmerksamkeit zu finden. Bis in die siebziger Jahre waren auf dem Bezner-Hof und dem Fischer-Hof Weinbau und Landwirtschaft nebeneinander betrieben worden. Dann hat man sich – bei gerade mal 5 Hektar Weinbergen – ganz auf den Weinbau verlegt. Heute gehört der Sonnenhof mit einer Jahresproduktion von 250.000 Flaschen zu den größten privaten Weingütern in Württemberg. Das Gros der Reben wächst an Südhängen mit Keuperböden, viele der Weinberge gehörten ehemals dem Kloster Maulbronn. Wichtigste Lage ist der Gündelbacher Wachtkopf, direkt beim Weingut gelegen. Hinzu kommen Weinberge im Hohenhaslacher Kirchberg, im Spielberger und Ochsenbacher Liebenberg und im Häfnerhaslacher Heiligenberg. Die Rotweinsorten nehmen drei Viertel der Fläche ein, den größten Anteil haben Lemberger, Spätburgunder und Trollinger. Dazu gibt es Muskat-Trollinger, Dornfelder, Schwarzriesling, Samtrot, Regent, Cabernet Mitos, Acolon, Merlot, Syrah und Cabernet Sauvignon. Bei den weißen Sorten ist die Liste nicht ganz so lang. Wichtigste Weißweinsorte ist der Riesling, es folgen Grauburgunder, Chardonnay, Müller-Thurgau, Kerner, Gewürztraminer und Muskateller. In den letzten Jahren wurde das Sortiment neu gegliedert in Gutsweine, Lagenweine und HADES-Barrique-Weine. Die Erträge wurden weiter reduziert, im Keller in neue Technik investiert. Die Söhne von Albrecht Fischer, Martin und Joachim, haben 2008 das Gut übernommen.

Vor zwei Jahren gefiel uns die Kollektion sehr gut, weiß wie rot, zeigte sich unbeeindruckt vom Jahrgang 2006. Unser Favorit war der wunderschön reintönige, gekonnt vinifizierte HADES-Lemberger. Die letztjährige Kollektion bestach erneut durch ihr homogenes Niveau, weiß wie rot. Wieder einmal hatte für uns der HADES-Lemberger knapp die Nase vorne. Dieses Jahr nun ist Riesling zumindest gleichauf, trocken wie süß hat er uns gut gefallen, die Rotweine erscheinen uns teilweise einen Tick zu oxidativ.

Weinbewertung

87 . . . 2008 Riesling Selection Gündelbacher Wachtkopf

würzig, klar, reife Frucht, etwas gelbe Früchte, Zitrus; füllig, kraftvoll, viel reife Frucht und Substanz **12,- €**

87 . . . 2008 Riesling Auslese Gündelbacher Wachtkopf

feine Würze, reife Frucht, etwas Orangen, Litschi; süß, konzentriert, klar, viel Frucht, Frische und Biss **12,- €**

85 . . . 2007 Spätburgunder „S" trocken Gündelbacher Wachtkopf

fruchtbetont, dezent rauchige Noten, rote Früchte; klar, frisch, zupackend **10,- €**

85 . . . 2007 Lemberger Spätlese trocken Gündelbacher Wachtkopf

frisch, fruchtbetont, rote Früchte; klar, frisch, zupackend, feine Frucht und Biss **10,- €**

87 . . . 2006 Lemberger trocken HADES

eindringlich Gewürze, Toast, viel reife Frucht, etwas Kapern; füllig, kraftvoll, viel reife Frucht, Substanz **19,- €**

1997: 85; 1999: 87; 2001: 88; 2002: 89; 2003: 87; 2004: 89; 2005: 87.

---

81 2008 Riesling Kabinett trocken Gündelbacher Wachtkopf **6,50 €**

83 2008 Chardonnay Spätlese trocken Gündelbacher Wachtkopf **9,- €**

83 2007 Dornfelder „S" trocken Gündelbacher Wachtkopf **9,- €**

84 2007 Syrah „S" trocken Gündelbacher Wachtkopf **12,- €**

84 2007 Cabernet Sauvignon „S" trocken Gündelbacher Wachtkopf **12,- €**

82 2006 „Agnatus" Rotwein trocken HADES **25,- €**

★★

Später-Veit

Weingut

Mosel

Brückenstraße 13, 54498 Piesport
Tel. 06507-5442, Fax: 06507-6760
spaeter-veit@t-online.de
Besuchszeiten: nach Vereinbarung

Inhaber .... Heinz Welter-Später
Rebfläche .... 7,2 Hektar

Winzer Theo Später übergab das Weingut 1988 an seine Tochter Silvia und deren Mann Heinz Welter. Dessen Leidenschaft gehört, außer dem Riesling, vor allem dem Spätburgunder. Die Weine werden im Edelstahl oder im klassischen Holzfuder ausgebaut, den Weißburgunder baut Heinz Welter allerdings auch schon mal im neuen Eichenfuder aus. Die Weine sind würzig und eher zurückhaltend, im jugendlichen Stadium manchmal etwas unzugänglich.

Die 2007er waren gelungen, würzig, saftig und präzise. Aus dem Jahrgang 2008 stellte das Weingut würzige, teilweise noch etwas unruhige Rieslinge und Weißburgunder vor.

Weinbewertung

85 . . . 2008 Riesling Spätlese trocken „Alte Reben" Wintricher Ohligsberg

deutliche Hefenoten, Stachelbeere; würzig, markante Säure, noch etwas unbalanciert

85 . . . 2008 Riesling Kabinett Piesporter Goldtröpfchen

duftig, klare Frucht; saftig, würzig, pikante Säure, gut integrierte Süße

86 . . . 2008 Riesling Spätlese „No. 37" Piesporter Goldtröpfchen

eindringliche Frucht, etwas Holunder, Kräuter; saftig, würzig, gute Substanz

86 . . . 2008 Riesling Spätlese „Alte Reben" Wintricher Ohligsberg

feine Frucht, Apfel, etwas Cassis und Kräuter; stoffig, rassig, viel Würze

---

81 2008 Riesling Kabinett trocken Piesporter Domherr

82 2008 Riesling Spätlese trocken Piesporter Goldtröpfchen

79 2008 Riesling Kabinett trocken Piesporter Falkenberg
82 2008 Weißer Burgunder
82 2008 Riesling „Tradition" Piesporter Goldtröpfchen
84 2008 Riesling Spätlese Piesporter Domherr
82 2007 Spätburgunder trocken

★

Speicher-Schuth
Weingut

Rheingau

Suttonstraße 23, 65399 Kiedrich
Tel. 06123-81421, Fax 06123-61615
www.weingut-speicher-schuth.de
info@weingut-speicher-schuth.de
Besuchszeiten: nach Vereinbarung
Gutsausschank

Inhaber .... Ralf Schuth
Rebfläche .... 10 Hektar

Das Weingut Speicher-Schuth baut außer Riesling auch eine beachtliche Menge Spätburgunder an (mehr als ein Fünftel der gesamten Rebfläche). Die Reben stehen in den Kiedricher Lagen Gräfenberg Sandgrub und Wasseros, der Spätburgunder wächst im Erbacher Steinmorgen. Die Weine werden spät gefüllt, viele erst im September.

Weinbewertung

86 . . . 2007 Riesling Spätlese trocken Kiedricher Gräfenberg
klare Frucht, duftig; saftig, würzig; Substanz, sehr präzise und geradlinig **10,- €**

88 . . . 2007 Riesling Erstes Gewächs Kiedricher Sandgrub
klar, feine Frucht; straff, feste Struktur, viel Frucht und Würze, Schmelz **12,- €**

87 . . . 2007 Riesling „Terroir" Kiedricher Wasseros
duftig, jugendliche Frucht, etwas Mirabellen, Apfel, Kräuter; straff, leicht mineralisch, reife Säure, wirkt trocken **7,50 €**

89 . . . 2007 Riesling Spätlese Kiedricher Gräfenberg
feine Frucht, Steinobst, etwas kandierter Apfel; rassig, straff, Auslese-Stil, kühle Frucht, Nachhall **12,- €**

85 . . . 2008 Pinot Noir Blanc de Noir
herrlich duftig, hefegeprägt, Mirabellen; saftig, würzig, Schmelz **8,- €**

85 . . . 2008 Pinot Noir Rosé
feine Frucht, glasklar, sortentypisch; saftig, wenig Alkohol, ganz leichte Süße, hat Biss **6,- €**

86 . . . 2007 Pinot Noir trocken
sehr klare Frucht, sortentypisch; saftig, würzig, animierend **7,- €**

86 . . . 2006 Pinot Noir Barrique Erbacher Steinmorgen
deutlich rauchig, etwas Tabak und Sauerkirschen; würzig, saftig, viel Frucht, leicht rauchiger Noten im Nachhall

---

81 2008 Riesling trocken Kiedricher Sandgrub **5,50 €**
84 2008 Riesling Kabinett trocken Kiedricher Wasseros **5,50 €**
83 2008 Riesling Classic **6,- €**

★☆

Gerold Spies
Weingut

Rheinhessen

Flachsgasse 2, 67596 Dittelsheim-Heßloch
Tel. 06244-7497, Fax: 06244-57058
www.weingut-spies.com
weingut.spies@t-online.de
Besuchszeiten: täglich (außer So.) 8-18 Uhr

Inhaber .... Gerold Spies
Rebfläche .... 20 Hektar

Das Weingut ist seit Jahrhunderten in Familienbesitz und wird heute von Gunhild und Gerold Spies geführt. Sohn Stefan, studierter Ökonom, ist für die Vermarktung verantwortlich. 16 verschiedene Rebsorten bauen sie an. Bei den weißen Sorten dominieren die Burgunder und der Riesling. Ein Drittel der Fläche entfällt auf Rotwein, wobei zu Spätburgunder, Dornfelder und Portugieser zuletzt Cabernet Sauvignon und Merlot hinzugekommen sind. Die Weinberge liegen in Dittelsheim und Bechtheim.

Vor zwei Jahren überzeugte die Kollektion mit kraftvollen Rotweinen, aus dem Jahrgang 2006 vermochten Weiß- und Grauburgunder zu gefallen. In der gleichmäßigen letztjährigen Kollektion hatten die Süßweine knapp die Nase vorn. Auch die aktuelle Kollektion wird angeführt von einer wunderschönen Riesling Beerenauslese, der Rest der Kollektion überzeugt ebenfalls, weiß wie rot, zeigt Zuverlässigkeit auf gutem Niveau.

Weinbewertung

88 . . . 2008 Riesling Beerenauslese Bechtheimer Pilgerpfad

würzig, konzentriert, etwas eingelegte süße Aprikosen; süß, konzentriert, klar, viel reife Frucht und Substanz **8,90 €/0,375l**

83 2008 Chardonnay Riesling trocken **4,20 €**
82 2008 Riesling „S" trocken **5,70 €**
82 2008 Grauburgunder Classic **5,20 €**
81 2008 Ortega Spätlese Dittelsheimer Geiersberg **4,20 €**
82 2007 Cabernet Sauvignon trocken Dittelsheimer Leckerberg **7,50 €**
84 2007 Frühburgunder Auslese trocken Dittelsheimer Leckerberg **7,50 €**

★★★

Spiess

Weingut Riederbacherhof

Rheinhessen

Gaustraße 2, 67595 Bechtheim
Tel. 06242-7633, Fax: 06242-6412
www.spiess-wein.de
info@spiess-wein.de
Besuchszeiten: Mo.-Fr. 8-12 + 13-18 Uhr, Sa. 8-18 Uhr, So. Vormittag nach Vereinbarung

Inhaber .... Jürgen Spiess
Rebfläche .... 26 Hektar

Die Weinberge von Jürgen Spiess liegen in Bechtheim, in den Lagen Hasensprung, Geyersberg, Stein, Heilig-Kreuz und Rosengarten. Die Hälfte der Rebfläche nehmen rote Trauben ein: Spätburgunder, St. Laurent und Dornfelder, aber auch internationale Sorten wie Cabernet Sauvignon und Merlot. Bei den weißen Reben dominieren Riesling, Silvaner, Weißburgunder, Grauburgunder und Chardonnay. Die besten Weine werden seit 1992 mit dem Zusatz „S" (für Selektion) vermarktet. Die roten Topweine werden im Barrique ausgebaut. 2007 wurde der neue Gewölbekeller fertig gestellt und Sohn Johannes hat nach Lehre bei Keller (Flörsheim-Dalsheim) und Knipser sein Geisenheim-Studium begonnen.

Vor zwei Jahren zeigte die Kollektion ein gutes Gesamtniveau, Spitzen gab es bei Riesling und den Barriqueweinen. Die letztjährige Kollektion war sehr homogen, unser Favorit war der Riesling „X-1" aus dem Geyersberg, aber auch die edelsüßen Weine und die Barriqueweine überzeugten voll und ganz. Eine vergleichbare Kollektion präsentierte das Weingut in diesem Jahr, wiederum mit überzeugenden Barriqueweinen und stoffigen Rieslingen an der Spitze, auch der Chardonnay gefiel uns sehr gut.

Weinbewertung

87 . . . 2008 Chardonnay „S" trocken Bechtheimer
würzig, eindringlich, gute Konzentration, reife Frucht, ganz dezent Ananas; füllig, harmonisch, reintönig, viel reife Frucht, Substanz **9,80 €**

87 . . . 2008 Riesling „S" trocken Bechtheimer Geyersberg
gute Konzentration, viel Würze, jugendliche Frucht; weich, füllig, harmonisch, viel reife Frucht, Substanz und Länge **10,50 €**
2003: 87; 2004: 89; 2005: 87; 2006: 88; 2007: 86.

87 . . . 2008 Riesling „X-1" trocken Bechtheimer Geyersberg
viel Würze, Duft, zurückhaltende Frucht, ganz leicht streng, etwas gelbe Früchte und Orangen; Fülle, Substanz, viel reife Frucht **19,70 €**
2007: 88.

89 . . . 2007 Riesling Trockenbeerenauslese Bechtheimer Rosengarten
würzig, eindringlich, viel Duft, dezent Orangenschalen; konzentriert, klar, füllig, viel Stoff und Substanz, im letzten Jahr noch recht bissig, heute schmeichelnder **86,- €/0,375l**

87 . . . 2007 Spätburgunder Barrique Bechtheimer Stein
gute Konzentration, reife Frucht, etwas rauchige Noten, dezenter Toast; kraftvoll, füllig, klare reife Frucht, Substanz, dezent Vanille **19,8 €**
2003: 87; 2004: 88; 2005: 89; 2006: 87.

87 . . . 2006 „Cuvée CM" Barrique
Cabernet Sauvignon und Merlot; gute Konzentration, etwas Gewürze, Cassis, reife Frucht; füllig, kraftvoll, reife Frucht, gute Struktur, Substanz **15,80 €**

86 . . . 2006 Merlot Barrique Westhofener Kirchspiel
würzig, eindringlich, jugendlich, etwas rote Früchte; klar, kraftvoll, reife Frucht, gute Struktur, etwas Vanille und Kräuter **16,90 €**
2001: 88; 2004: 87.

87 . . . 2006 Cabernet Sauvignon Barrique Bechtheimer Geyersberg
gute Konzentration, klare reife Frucht, etwas Cassis, Vanille; kraftvoll, konzentriert, reife Frucht, dezent Cassis und Kräuter, gute Struktur **16,90 €**
2003: 87; 2004: 88; 2005: 87.

83 2008 Weißburgunder trocken **6,30 €**
82 2008 Chardonnay trocken **6,90 €**
82 2008 Grauburgunder trocken **7,90 €**
82 2008 Riesling Kabinett trocken **5,20 €**
84 2008 Riesling Spätlese trocken **6,70 €**
83 2008 Spätburgunder Blanc de Noirs trocken **6,60 €**
83 2008 Riesling „feinherb" **5,20 €**
83 2008 Gelber Muskateller „feinherb" **7,10 €**
83 2008 Riesling Spätlese Bechtheimer Geyersberg **6,10 €**
84 2008 Riesling Auslese Bechtheimer Geyersberg **12,80 €**
83 2007 Spätburgunder „C" trocken **6,50 €**
83 2007 Merlot „S" trocken **8,- €**
82 2007 Cabernet Sauvignon „S" trocken **8,- €**

★★★★

Heinrich Spindler
Weingut

Pfalz

Weinstraße 44, 67147 Forst
Tel. 06326-280, Fax: 06326-7877
www.weingutheinrichspindler.de
hch.spindler@t-online.de
Besuchszeiten: Mo.-Fr. 9-18 Uhr, Sa. 10-16 Uhr
Weinrestaurant (So. + Mo. geschlossen)

Inhaber .... Hans Spindler
Rebfläche .... 16 Hektar

Hans Spindler führt heute in 13. Generation dieses Weingut mitten in Forst, das sich seit 1620 in Familienbesitz befindet. Mittlererweile wird er im Betrieb unterstützt von Sohn Markus. Sie besitzen Weinberge in allen Spitzenlagen von Forst (Ungeheuer, Pechstein, Kirchenstück, Freundstück,

Jesuitengarten), sowie in Ruppertsberg (Reiterpfad) und Deidesheim. 85 Prozent der Rebfläche ist mit Riesling bestockt, die restlichen 15 Prozent mit Weißburgunder, Gewürztraminer, Scheurebe und Spätburgunder.

Seit einem Jahrzehnt schon empfehlen wir die Weine von Hans Spindler, schon damals waren wir überrascht von seinen durchweg klaren, fruchtbetonten Rieslingen – und den moderaten Preisen. Jahr für Jahr führen wir Hans Spindler meist mit mehreren Weinen in unserer „Schnäppchenliste". In den letzten Jahren sind die Preise vor allem für die trockenen Spätlesen gestiegen, aber die Weine haben auch an Konzentration und Kraft gewonnen. Die Kabinettweine überraschen immer wieder mit ihrer Präzision und Reintönigkeit. Nicht viele Weingüter in der Pfalz zeigten eine solche Zuverlässigkeit und Konstanz im vergangenen Jahrzehnt.

Auch 2006 waren die Weine frisch und animierend, die Frucht wunderschön reintönig – angesichts des Jahrgangs eine überzeugende Vorstellung. Noch besser war die 2007er Kollektion, die angeführt wurde von kraftvollen, reintönigen trockenen Spätlesen. Sehr geschlossen präsentiert sich auch der neue Jahrgang, ist seinem Vorgänger sehr ähnlich. Die trockenen Spätlesen besitzen Kraft und Substanz, die Kabinettweine bestechen mit ihrer Frische und Reintönigkeit. Weiter so!

Weinbewertung

85 . . . 2008 Riesling Kabinett trocken Forster Stift
frisch, fruchtbetont, reintönig; klar, harmonisch, feine süße Frucht **5,80 €**

86 . . . 2008 Riesling Kabinett trocken Deidesheimer Herrgottsacker
frisch, würzig, reintönige Frucht; klar, zupackend, feine Frische, Frucht und Biss **6,- €**
2001: 87; 2003: 86; 2004: 84; 2005: 84; 2007: 85.

86 . . . 2008 „PHILOSOPHIE" Riesling Kabinett trocken
frisch, würzig, klar, dezent gelbe Früchte; füllig harmonisch, reife Frucht, feine Frische, Substanz **6,60 €**
1999: 87; 2000: 87; 2001: 87; 2002: 87; 2003: 86; 2004: 85; 2005: 86; 2006: 84; 2007: 85.

86 . . . 2008 Riesling Kabinett trocken Forster Ungeheuer
frisch, reintönige Frucht, herrlich eindringlich; frisch, zupackend, reintönige Frucht **7,20 €**

89 . . . 2008 Riesling Spätlese trocken Forster Pechstein
viel Konzentration, herrlich viel Frucht, etwas gelbe Früchte, Zitrus, eindringlich; füllig, stoffig, kraftvoll, viel reife Frucht, Substanz und Frische **12,- €**
2001: 89; 2004: 89; 2005: 88; 2007: 87.

88 . . . 2008 Riesling Spätlese trocken Forster Ungeheuer
gute Konzentration, feine Würze, viel reife Frucht, etwas gelbe Früchte; füllig, harmonisch, kraftvoll, viel reife Frucht und Substanz **11,50 €**
2006: 87; 2007: 88.

88 . . . 2008 Riesling Spätlese trocken Forster Jesuitengarten
gute Konzentration, viel Würze, reife Frucht, herrlich eindringlich; füllig, saftig, reife Frucht, gute Struktur und Frische, feiner Nachhall **13,- €**
2002: 87; 2003: 87; 2004: 87; 2005: 86; 2006: 87; 2007: 88.

88 . . . 2008 Riesling Spätlese trocken Forster Kirchenstück
würzig, eindringlich, reife Frucht, etwas gelbe Früchte; frisch, klar, zupackend, feine süße Frucht, gute Struktur und Biss **14,- €**
2002: 89; 2003: 86; 2004: 89; 2005: 88; 2007: 89.

87 . . . 2008 Riesling Spätlese Forster Musenhang
würzig, eindringlich, reintönige Frucht; klar, frisch, zupackend, viel süße Frucht und Biss **11,- €**

84 2008 „RURAL" Riesling trocken **5,60 €**
84? 2008 Riesling Spätlese trocken Forster Freundstück **11,20 €**

★

Spohr
Weingut

Rheinhessen

Welschgasse 3, 67550 Worms
***Tel.** 06242-911060, **Fax:** 06242-9110630*
www.weingutspohr.de
info@weingutspohr.de
***Besuchszeiten:** Mo.-Fr. 8-18 Uhr, Sa. 10-14 Uhr*

Inhaber .... Heinz und Christian Spohr
Rebfläche .... 26 Hektar

Das Weingut Spohr befindet sich in Abenheim, einem Stadtteil von Worms. Die Weinberge liegen rund um Abenheim, in Bechtheim und im Liebfrauenstift-Kirchenstück in Worms. In der Linie „CS" (für Christian Spohr) werden die Weine der besten Lagen vermarktet.

Nach einer gleichmäßigen 2006er Kollektion bot die letztjährige Kollektion in der Spitze – edelsüß – mehr und mit dem Spätburgunder einen gekonnt vinifizierten Rotwein. Der gefällt uns in diesem Jahr am besten in einer ansonsten homogenen Kollektion.

Weinbewertung

85 ... 2007 Spätburgunder (Klausenberg) trocken
gute Konzentration, Gewürze, Toast, reife Frucht; füllig, kraftvoll, reife Frucht, Substanz, etwas Vanille und Schokolade **14,50 €**

81 2008 Riesling Classic **5,20 €**
83 2008 Riesling trocken Liebfrauenstift **11,50 €**
81 2008 Chardonnay „S" trocken **6,40 €**
80 2008 St. Laurent trocken **4,90 €**
83 2007 Cuvée „Corpus" Rotwein trocken Barrique **9,- €**
83 2007 „Cuvée CS" Rotwein trocken **14,50 €**

★★★★

Josef Spreitzer
Weingut

Rheingau

Rheingaustraße 86, 65375 Oestrich
***Tel.** 06723-2625, **Fax:** 06723-4644*
www.weingut-spreitzer.de
info@weingut-spreitzer.de
***Besuchszeiten:** Mo.-Fr. 9-12 + 13:30-18:30 Uhr, Sa. 9-16 Uhr*
„Schlemmerwochen" Ende April/Anfang Mai

Inhaber .... Bernd und Andreas Spreitzer
Rebfläche .... 17 Hektar

Das Weingut Spreitzer ist eines der ältesten Weingüter in Oestrich und wird seit 1997 von den Brüdern Bernd und Andreas Spreitzer geführt. Das Gut – dessen Rebfläche inzwischen auf stolze 17 Hektar erweitert wurde – ist in einer Jugendstilvilla in der Nähe des Rheins untergebracht, wo die Weine in einem alten, 1743 erbauten Gewölbekeller lagern. Die Weinberge sind zu 90 Prozent mit Riesling, der Rest mit Spätburgunder bepflanzt. Die Moste werden, wenn möglich, spontanvergoren. Der Ausbau der Weine erfolgt teils im Edelstahl, teils in Holzfässern, wobei auch die im Edelstahl vergorenen Weine für kurze Zeit ins Holzfass kommen. In den letzten Jahren ragten immer wieder drei Weine aus dem Sortiment heraus: Die beiden Ersten Gewächse, kompakt und erfreulich trocken und animierend, sowie die dichte, elegante Spätlese „303", deren Name an eine vom Großvater geerntete 1920er Oestricher Bremerberg-Eiserberg Trockenbeerenauslese erinnert. Jener Wein wurde mit dem sagenhaften Mostgewicht von 303 Grad Oechsle gelesen; ein ganzes Fass dieses Süßweines (600 Liter!) erzielte Mitte der Zwanziger den phänomenalen Preis von 75.000 Reichsmark.

2006 gehörten die Ersten Gewächse erneut zur absoluten Spitze im Rheingau. Die 2007er fielen mineralisch und präzise aus. 2008 gelangen nicht nur elegante Süßweine, in diesem Jahr fast eine Rarität in der Region, sondern auch straffe, feingliedrige Erste Gewächse.

Weinbewertung

87 . . . 2008 Riesling Spätlese trocken Oestricher Doosberg
klare Frucht, etwas Zitrus, leichte Hefenote; straff, würzig, feine Frucht; gelungen **10,40 €**
1999: 86; 2000: 86; 2001: 89; 2002: 86; 2003: 88; 2004: 83; 2005: 88; 2006: 85; 2007: 88.

91 . . . 2008 Riesling Erstes Gewächs Oestricher Lenchen „Rosengarten"
unruhig, leicht Melone, Kräuter; Finesse, zarte Frucht, viel Würze, mineralisch, lang **18,70 €**
1999: 85; 2001: 90; 2002: 88; 2003: 91; 2004: 90; 2005: 90; 2006: 90; 2007: 90.

90 . . . 2008 Riesling Erstes Gewächs Hattenheimer Wisselbrunnen
zarte Frucht, Zitrus, leicht Kräuter; finessenreich, würzig, feine Säure, Biss **19,70 €**
2002: 89; 2003: 90; 2004: 90; 2005: 90; 2006: 90; 2007: 90.

86 . . . 2008 Riesling Charta
leichte Hefenote, klare Frucht; saftig, viel Würze, gute Balance, wirkt praktisch trocken, Biss **9,20 €**
1999: 82; 2000: 87; 2003: 86; 2005: 86; 2006: 85; 2007: 87.

85 . . . 2008 Riesling Spätlese halbtrocken Oestricher Lenchen
feine Frucht, duftig; würzig, saftig, pikante Säure, animierend **10,50 €**
1999: 85; 2000: 88; 2001: 84; 2002: 86; 2003: 86; 2004: 85; 2005: 85; 2006: 86; 2007: 87.

86 . . . 2008 Riesling Kabinett Oestricher Lenchen
leichte Hefenote, Steinobst, Kräuter, etwas Maracuja; saftig, würzig, pikante Säure, erfrischend **7,60 €**

87 . . . 2008 Riesling Spätlese Oestricher Lenchen
etwas verhalten, zarte Frucht, leichte Kräuternote; saftig, würzig, pikante Säure **10,40 €**
1999: 83; 2002: 88; 2003: 87; 2004: 86; 2005: 85; 2006: 86; 2007: 88.

90 . . . 2008 Riesling Spätlese „303" Oestricher Lenchen
reife Frucht, Pfirsich, Melone, kandierter Apfel; kompakt, reife Säure, saftig, entwickelt sich gut **17,20 €**
2000: 85; 2001: 87; 2002: 90; 2003: 88; 2004: 87; 2005: 88; 2006: 91; 2007: 89.

88 . . . 2008 Riesling Auslese Oestricher Lenchen
feine Frucht, Steinobst, kandierter Apfel; kompakt, feine Frucht, sehr elegant, süffig **14,80 €/0,375l**

92 . . . 2008 Riesling Auslese Goldkapsel Oestricher Lenchen
cremige Frucht, Steinobst, kandierter Apfel, Hauch Blütenhonig; cremig, saftig, leicht mineralisch (Versteigerungswein)

91 . . . 2008 Riesling Eiswein Oestricher Doosberg
eindringliche Frucht, leicht cremig, getrockneter Apfel; cremig, viel Frucht, recht füllig, bereits recht zugänglich **49,90 €/0,375l**

82 2008 Riesling trocken **5,90 €**
83 2008 Riesling Kabinett trocken Oestricher Doosberg **7,60 €**
83 2008 Riesling Kabinett halbtrocken Winkeler Jesuitengarten **7,80 €**

★★

Erich Stachel
Weingut

Pfalz

Bahnhofstraße 40, 67487 Maikammer
Tel. 06321-5112, Fax: 06321-58561
www.weingut-stachel.de
info@weingut-stachel.de
Besuchszeiten: Mo., Mi., Fr. 9-12 + 14:30-18 Uhr, Di. + Do. 9-12 Uhr, Sa. 10-13 Uhr
Weinbistro „Stachelvino" (Mi.-So. 17-23 Uhr)

Inhaber . . . . Erich Stachel
Kellermeister . . . . Matthias Stachel
Rebfläche . . . . 14 Hektar

Die Weinberge von Erich Stachel liegen in Maikammer und Umgebung. An weißen Sorten baut er Riesling, Weißburgunder, Auxerrois, Silvaner, Chardonnay, Kerner, Müller-Thurgau, Gewürztraminer und Sauvignon Blanc an. Die Weißweine werden im Edelstahl kühl vergoren. An roten Sorten baut er Spätburgunder, St. Laurent, Dornfelder, Syrah, Regent, Merlot und Cabernet Sauvignon an. Die Rotweine werden in großen Eichenholzfässern oder im Barrique ausgebaut.

Wie schon beim starken Debüt vor zwei Jahren lagen auch im vergangenen Jahr die Stärken eindeutig im roten Segment mit gekonnt vinifizierten, fülligen Barriqueweinen. Auch in der aktuellen Kollektion beeindrucken die kraftvollen, stoffigen Barriquerotweine aus den Jahrgängen 2006 und 2007, im weißen Segment gefallen uns Sauvignon Blanc und Riesling von alten Reben besonders: Eine überzeugende Kollektion!

Weinbewertung

85 . . . 2008 Riesling „Alte Reben" trocken Alsterweiler Kapellenberg
würzig, eindringlich, reife Frucht; füllig, harmonisch, klare reife Frucht, Substanz **9,80 €**

85 . . . 2008 Sauvignon Blanc trocken Kirchenstück
gute Konzentration, klare Frucht, würzig und eindringlich; füllig, harmonisch, reife Frucht und Substanz **8,50 €**

86 . . . 2007 Merlot trocken Barrique Kirchenstück
würzig, eindringlich, viel reife Frucht, rote Früchte, dezenter Toast; füllig, harmonisch, reife Frucht, Substanz, dezent Vanille, Tannine **17,50 €**

86 . . . 2007 Syrah trocken Barrique Kirchenstück
Gewürze, reife Frucht, Schokolade, dominant; füllig, harmonisch, reife Frucht, dezent Brombeeren, gute Substanz, Vanille, Tannine **23,- €**

87 . . . 2007 Cabernet Sauvignon trocken Barrique Maikammer Kirchenstück
gute Konzentration, Gewürze, Cassis, herrlich eindringlich; füllig, kraftvoll, reife Frucht, gute Substanz, jugendliche Tannine **18,50 €**

86 . . . 2006 St. Laurent trocken Barrique Mandelberg
würzig, eindringlich, dezent Kirschen, Toast; füllig, harmonisch, herrlich viel Frucht und Substanz, Vanille **17,50 €**

87 . . . 2006 Spätburgunder trocken Barrique Maikammer Heiligenberg
rauchige Noten, herrlich reintönige Frucht, dezenter Toast; reintönige Frucht, elegant, gute Struktur und Frische **18,- €**

81 2005 Chardonnay Sekt brut
81 2008 Auxerrois Maikammer Kirchenstück **5,50 €**
81 2008 Grauburgunder **6,10 €**
81 2008 Riesling Kabinett trocken „Berggasse" Maikammer Mandelhöhe **5,20 €**
82 2008 „Sunset" Rosé trocken Maikammer Mandelhöhe **7,50 €**

Staffelter Hof ★★★

Weingut

Mosel

Robert-Schuman-Straße 208, 54536 Kröv
Tel. 06541-3708, Fax: 06541-3933
www.staffelter-hof.de
info@staffelter-hof.de
Besuchszeiten: Mo.-Fr. ganztägig, am Wochenende nach Vereinbarung
Gästezimmer, Ferienapartments

Inhaber . . . Jan-Matthias, Gerd und Gundi Klein
Rebfläche . . . 8 Hektar

Das Weingut Staffelter Hof in Kröv ist eines der ältesten Weingüter an der Mosel. Im Jahre 862 schenkte Kaiser Lothar II. den Hof dem Kloster Stavelot. Bis zur Säkularisation gehörte der Hof Mönchen. 1805 erwarb der letzte Hofmann des Klosterguts, Peter Schneiders, ein Vorfahr der heutigen Besitzer, das Anwesen vom französischen Staat. Heute führen Gerd und Gundi Klein sowie ihr Sohn Jan-Matthias das Weingut, Ihre Weinberge, hauptsächlich mit Riesling bestockt, befinden sich in Kröv, Piesport und Neumagen-Dhron. Das Programm wurde neu geordnet: Oberhalb der sogenannten Motivweine stehen die Wappenweine (darunter Riesling von sehr alten Reben) sowie die edelsüßen Signaturweine. Die Rieslinge haben in den letzten Jahren an Struktur gewonnen, zeigen sich kraftvoll und mineralisch. Der Spitzenrotwein wird im Barrique ausgebaut. Neben Weinen erzeugt Gerd Klein in der hauseigenen Destille auch Hefe-, Trester- und Obstbrände.

2006 war ein großer Erfolg. Der Jahrgang 2007 setzte dann neue Maßstäbe hinsichtlich der Komplexität und Würze der Rieslinge. Die 2008er sind in der Spitze spannend, doch selbst im Basisbereich von zuverlässiger Güte. Imposant: Der Pinot Noir aus dem Jahrgang 2006.

Weinbewertung

86 . . . 2008 Riesling Kabinett trocken „Alte Reben"
zunächst sehr unruhig, unzugänglich, öffnet sich dann; würzig, viel Struktur, feine Säure **9,50 €**

87 . . . 2008 Riesling Spätlese trocken Dhron Hofberger
sehr klare Frucht, leichte Kräuternoten; würzig, gewisse Fülle, leicht erdige Würze **9,50 €**

87 . . . 2008 Riesling Spätlese trocken Kröv Steffensberg
etwas verhaltene Frucht, würzige Noten; stoffig, feste Struktur, rassig, hat Potenzial **10,50 €**

88 . . . 2008 Riesling Spätlese „feinherb" Kröv Steffensberg
reife, leichte Hefenoten; würzig, stoffig, reife Säure, Substanz und Länge **10,50 €**

87 . . . 2008 Riesling Spätlese Kröv Steffensberg
klar, leichte Hefenoten, Boskoop, Kräuter; saftig, knackige Säure, guter Nachhall **9,80 €**

87 . . . 2008 Riesling Auslese Kröv Steffensberg
frisch, Apfel, Kräuter, etwas Steinobst; eher schlank, elegant, zurückhaltende Süße, animierend **13,- €**

87 . . . 2006 Pinot Noir trocken Barrique
klare Frucht, kandierte Kirschen; saftig, würzig, gut integrierte Tannine, nachhaltig **17,- €**

81 2008 Riesling trocken „MAGNUS" **6,- €**
83 2008 Riesling Kabinett halbtrocken Kröv Letterlay **8,- €**
82 2008 Riesling „feinherb PARADIES" **6,- €**
83 2008 Riesling Kabinett „feinherb Old School" **7,- €**
81 2008 Riesling „KNACKARSCH" **6,- €**

★★☆

Stahl

Winzerhof

Franken

Lange Dorfstraße 21, 97215 Auernhofen
Tel. 09848-96896, Fax: 09848-96898
www.winzerhof-stahl.de
mail@winzerhof-stahl.de
Besuchszeiten: täglich nach Vereinbarung
Weinrestaurant (Events und Menüs nach Anmeldung)
Heckenwirtschaft

Inhaber .... Christian Stahl
Rebfläche .... 8 Hektar

Bis 1984 war der Betrieb ein Bauernhof mit Ackerbau und Viehzucht. In diesem Jahr kaufte Albrecht Stahl im Zuge der Flurbereinigung Weinbergflächen im 10 Kilometer entfernten Taubertal. Anfangs wurde der Ertrag komplett an eine Weinkellerei abgeliefert, erst 1992 begann Albrecht Stahl seine Weine selbst auszubauen. Sohn Christian ist seit dem Jahrgang 2000 für die Vinifikation verantwortlich, inzwischen hat er den Betrieb übernommen. Die angebauten Rebsorten sind Müller-Thurgau, Silvaner, Bacchus, Kerner, Spätburgunder, Regent und Domina. Zuletzt kamen Grauburgunder und Tauberschwarz hinzu, ein Teil des Bacchus wurde durch Scheurebe und Sauvignon Blanc ersetzt. Seit dem Jahrgang 2004 wird auf Prädikatsbezeichnungen verzichtet, die Weine werden betriebsintern in die drei Linien „feder stahl", „Damaszener Stahl" und „Edelstahl" klassifiziert. Alle Weine sind fränkisch trocken ausgebaut.

2006 war jahrgangsbedingt ein wenig schwächer ausgefallen. Die letztjährige Kollektion war bärenstark, alle Weine waren wunderschön reintönig, besaßen Struktur und Kraft, der Silvaner „best of" gehörte zu den Jahrgangsbesten in Deutschland. Mit dem neuen Jahrgang wurde das Programm erweitert um Scheurebe, Pinot und einem Sekt ohne Dosage. Die gesamte Kollektion besticht durch Klarheit und Präzision. So schöne Müller-Thurgau wie den aus dem Hasennestle findet man nur wenige in Deutschland, die Silvaner bestätigen den starken Eindruck des Vorjahres, die Pinotcuvée „best of" schafft bei ihrer Premiere den Sprung unter die besten weißen Burgunder in Franken: Einer der Aufsteiger des Jahres!

Weinbewertung

85 ... 2007 „Brause" Sekt Dosage Zero „Edelstahl"
frisch, klar, feine Würze, etwas weiße Früchte; klar, frisch, zupackend, gute Fülle und Biss **16,- €**

87 ... 2008 Müller-Thurgau Hasennest „Damaszener Stahl"
würzig, reintönig, konzentriert, herrlich viel Frucht; füllig, kraftvoll, harmonisch, klare reife Frucht, gute Struktur **7,- €**

85 ... 2008 Scheurebe „Damaszener Stahl"
würzig, klar, frisch, dezent Cassis; frisch, zupackend, reintönige Frucht **7,- €**

85 ... 2008 Pinot Cuvée „Damaszener Stahl"
fruchtbetont, klar, gute Konzentration; füllig, harmonisch, feine süße Frucht, Frische **7,- €**

86 ... 2008 Silvaner „Damaszener Stahl"
würzig, reintönige Frucht, etwas weiße Früchte, Birnen; füllig, harmonisch, viel reife Frucht, herrlich reintönig **6,- €**

87 ... 2008 Silvaner „Edelstahl"
würzig, jugendlich, reintönige Frucht; frisch, klar, zupackend, gute Fülle und Frucht **8,- €**
2004: **86**; 2005: **87**; 2006: **85**; 2007: **85**.

88 ... 2008 Silvaner „best of" „Edelstahl"
gute Konzentration, herrlich viel Frucht, etwas gelbe Früchte, auch Orangen; füllig, kraftvoll, reife Frucht, viel Substanz **14,- €**
2007: **88**.

88 ... 2008 Pinot „best of" „Edelstahl"
konzentriert, herrlich eindringlich, viel reife Frucht, weiße Früchte; füllig, kraftvoll, reife Frucht, gute Substanz **14,- €**

---

83 2008 „prickelnd!" „feder stahl" **6,- €**
82 2008 Müller-Thurgau trocken „feder stahl" **5,- €**
84 2008 Müller-Thurgau trocken Herrschaftsberg „Damaszener Stahl" **6,- €**
83 2007 „roter stahl" Rotwein Barrique **8,- €**

★★★

Stallmann-Hiestand

Weingut

Rheinhessen

Eisgasse 15, 55278 Uelversheim
Tel. 06249-8463, Fax: 06249-8614
www.weingut-stallmann-hiestand.de
info@weingut-stallmann-hiestand.de
Besuchszeiten: nach Vereinbarung

Inhaber .... Werner und Christoph Hiestand
Rebfläche .... 17 Hektar

Werner Hiestand will in Zukunft noch stärker auf die klassischen Rebsorten setzen – bei Weißweinen zumindest – und möchte den Anteil des Weißburgunders in seinen Weinbergen weiter erhöhen. Riesling und Spätburgunder sind die wichtigsten Rebsorten, gefolgt von den weißen Burgundern, Silvaner und Gewürztraminer. Portugieser, Weinsberger Cabernet-Kreuzungen (Cabernet Dorsa, Cabernet Cubin), St. Laurent und Sauvignon Blanc sind wichtige Bestandteile des Sortiments. Im Betrieb wird Werner Hiestand inzwischen unterstützt von Sohn Christoph, als gelernter Krankenpfleger quasi Quereinsteiger, der 2007 sein Geisenheim-Studium abgeschlossen hat und Praktika bei Meyer-Näkel, Nederburg (Südafrika) und Knipser absolvierte. Die Weine werden überwiegend trocken ausgebaut.

Seit einem Jahrzehnt empfehlen wir nun die Weine von Werner Hiestand, schon damals haben wir die Reintönigkeit des gesamten Sortiments besonders gelobt. Jahr für Jahr präsentiert er höchst zuverlässige Kollektionen, zuletzt schienen die Weine uns in der Spitze weiter verbessert, weil nachhaltiger.

Die 2006er Weißweine überzeugten mit ihrer reintönigen Frucht, die 2005er Rotweine präsentierten sich füllig und gut strukturiert, allen voran die „Nero" genannte Cuvée. Eine genauso stimmige und überzeugende Kollektion präsentierten Werner und Christoph Hiestand im vergangenen Jahr. Weiß- wie Rotweine besaßen Kraft und Frucht. Besonders gut gefiel uns der Grauburgunder „S" und der Geyerscheisser-Riesling. Die neue Kollektion präsentiert sich wunderschön homogen, unsere leichte Präferenz gilt dem neuen Spätburgunder „R".

Weinbewertung

87 . . . 2008 „Selektion Tafelstein" Riesling Spätlese trocken Dienheimer Tafelstein
gute Konzentration, reife Frucht, feine Würze, herrlich eindringlich; füllig, kraftvoll, reife Frucht, gute Substanz und Länge **10,- €**

86 . . . 2008 Riesling Spätlese trocken Dienheimer Kreuz
konzentriert, eindringlich, etwas gelbe Früchte; füllig, harmonisch, reife süße Frucht, Substanz **7,50 €**
2005: 86; 2006: 86; 2007: 86.

87 . . . 2008 Sauvignon Blanc trocken
fruchtbetont, klar, etwas Stachelbeeren, herrlich eindringlich; kraftvoll, klar, zupackend, reintönige Frucht, gute Struktur **7,80 €**

85 . . . 2008 Weißer Burgunder „S" trocken
frisch, würzig, reintönige Frucht; weich, füllig, harmonisch, reife Frucht, feine Frische **6,50 €**
2003: 87; 2004: 86; 2005: 87; 2006: 84; 2007: 86.

87 . . . 2008 Grauburgunder „S" trocken
gute Konzentration, klare reife Frucht, etwas gelbe Früchte, Vanille; kraftvoll, füllig, viel reife Frucht, gute Substanz und Länge **10,- €**

87 . . . 2008 Riesling Spätlese „Geyerscheisser" Dienheimer Tafelstein
konzentriert, eindringlich, klare Frucht, jugendlich; weich, füllig und schmeichelnd, viel reife Frucht, Substanz **8,80 €**

87 . . . 2008 Gewürztraminer Auslese Dienheimer Tafelstein
gute Konzentration, reintönige reife Frucht, dezent Gewürze und Rosen; weich, füllig und schmeichelnd. herrlich viel Frucht und Substanz **11,50 €/0,5l**

88 . . . 2008 Silvaner Eiswein Uelversheimer Schloss
viel reife Frucht, Frische, Litschi, eingelegte süße Aprikosen; süß, schmeichelnd, herrlich viel Frucht, eingelegte süße Aprikosen, Substanz **20,- €/0,5l**

87 . . . 2007 Spätburgunder „JST" trocken
reintönige Frucht, ganz dezent rauchige Noten, rote Früchte; klar, frisch, harmonisch, elegant **9,- €**

88 . . . 2007 Spätburgunder trocken Guntersblumer Kreuzkapelle
rauchige Noten, viel reife Frucht, dezent Vanille, reife

rote Früchte; füllig, kraftvoll, gute Substanz, Struktur und Biss **15,- €**

89 ... 2007 Spätburgunder „R" trocken
rauchige Noten, gute Konzentration, herrlich eindringlich; wunderschön reintönig, harmonisch, frisch, gute Struktur, Finesse, Nachhall **18,- €**

86 ... 2007 „Unikum" Rotwein trocken
reife rote Früchte, klar und eindringlich; kraftvoll, klar, feine Frische, reife Frucht, gute Struktur **10,50 €**

88 ... 2007 „Nero" Rotwein trocken
Acolon und Cabernet Dorsa, zwölf Monate in französischen und amerikanischen Barriques ausgebaut; rauchig, konzentriert, reife Frucht, feiner Toast; füllig, kraftvoll, gute Struktur, reife Frucht, rote und dunkle Früchte, etwas Vanille und Schokolade **16,50 €**

★★☆

Schloss Staufenberg

Weingut Markgraf v. Baden

Baden

Schloss Staufenberg 1, 77770 Durbach
Tel. 0781-42778, Fax: 0781-440578
www.markgraf-von-baden.de
info@schloss-staufenberg.de
Besuchszeiten: Mo.-Fr. 9:30-12 + 13-17 Uhr, Sa. 10-16 Uhr, Gutsausschank

Inhaber .... Markgraf von Baden
Betriebsleiter .... Achim Kirchner
Kellermeister .... Martin Kölble, Klaus Ebert
Rebfläche .... 27 Hektar

Schloss Staufenberg kam 1693 in den Besitz des Hauses Baden. In den Weinbergen von Schloss Staufenberg, am Durbacher Schlossberg, spielt Riesling mit 45 Prozent die wichtigste Rolle. Es folgen 30 Prozent Spätburgunder, Müller-Thurgau, Traminer, Weiß- und Grauburgunder, sowie Chardonnay. Die Rieslinge werden alle in Edelstahltanks ausgebaut, Spätburgunder im Barrique.

Die Weißweine fielen vor zwei Jahren jahrgangsbedingt deutlich schwächer aus, die Spätburgunder behaupteten sich gut. Die letztjährige Kollektion überzeugte, weiß wie rot. Die Spätburgunder waren reintönig, der Riesling aus dem Schlossberg besaß Kraft und Struktur. Die neue Kollektion präsentiert sich nicht ganz so geschlossen. Der Spätburgunder aus dem Schlossberg gefällt uns sehr gut, ebenso die Gewürztraminer Beerenauslese, der Rest der Kollektion bleibt aber unter ihren Möglichkeiten.

Weinbewertung

85 ... 2008 Klingelberger Riesling „1782" trocken
würzig, eindringlich, reife Frucht; füllig, harmonisch, reife süße Frucht **15,- €**

87 ... 2008 Gewürztraminer Beerenauslese
würzig, konzentriert, herrlich eindringlich; konzentriert, füllig, stoffig, viel Substanz **35,- €/0,375l**

87 ... 2007 Spätburgunder trocken Schlossberg
konzentriert, feiner Toast, rauchig, rote Früchte, ganz dezent Speck im Hintergrund; füllig, kraftvoll, elegant, reife Frucht, gute Struktur und Substanz **24,- €**
2002: **88**; 2003: **88**; 2004: **88**; 2005: **87**; 2006: **87**.

---

81 2008 Klingelberger Riesling trocken **6,20 €**
81 2008 Klingelberger Kabinett trocken **7,50 €**
83 2008 Klingelberger Riesling Spätlese trocken „Carl Friedrich" **6,20 €**
81 2008 Klingelberger Riesling trocken Durbacher Schlossberg **24,- €**
80 2008 Grauburgunder trocken **6,90 €**
80 2008 Grauburgunder Spätlese trocken **9,90 €**
82 2008 Sauvignon Blanc trocken **11,90 €**
79 2008 Chardonnay trocken **7,50 €**
84 2007 Gewürztraminer Beerenauslese **35,- €/0,375l**
82 2007 Spätburgunder trocken „Carl Friedrich" **9,90 €**
83 2008 Spätburgunder trocken Schloss Staufenberg **9,90 €**

★

Steffen-Prüm

Weingut

Mosel

Trierer Straße 12, 54484 Maring-Noviand
Tel. 06535-420, Fax: 06535-1538
www.weingutsteffen-pruem.de
info@weingutsteffen-pruem.de
Besuchszeiten: täglich nach Vereinbarung

Inhaber .... Gerd Steffen
Rebfläche .... 2,8 Hektar

Das Weingut, das von Gerd und Marita Steffen geführt wird, baut außer Riesling auch Findling, Dornfelder, Portugieser, Regent und Schwarzriesling an. Ein beachtlicher Teil der Rieslingreben wächst in Steillagen. Die Weine des Familienbetriebes werden im Edelstahl oder im Holzfass ausgebaut.

Weinbewertung

85 . . . 2008 Riesling trocken
frisch, duftig, jugendliche Frucht; würzig, sehr geradlinig, hat Biss **4,- €**

85 . . . 2008 Riesling Spätlese Sonnenuhr
duftig, klar, etwas Apfel; saftig, feines Süße-Säure-Spiel, hat Substanz **6,- €**

87 . . . 2008 Riesling Spätlese „Lesurus"
klare Frucht, etwas Kräuter, getrockneter Apfel; würzig, saftig, bereits zugänglich **7,- €**

87 . . . 2008 Riesling Auslese Sonnenuhr
etwas Schwefel, etwas unruhig; viel Würze, saftig, rassig, gute Struktur, animierend **9,80 €**

82 2008 Riesling Kabinett „feinherb" Honigberg 4,90 €

84 2008 Riesling Spätlese trocken Sonnenuhr 5,80 €

★★★☆

Steffens-Keß

Weingut

Mosel

Moselstraße 63, 56861 Reil
Tel. 06542-1246, Fax: 06542-1353
www.steffens-kess.de
weingut@steffens-kess.de
Besuchszeiten: nach Vereinbarung

Inhaber .... Harald Steffens
Rebfläche .... 3,6 Hektar

Harald Steffens und Marita Keß bauen fast ausschließlich Riesling an, ausnahmslos in Steillagen in der Reiler Goldlay, im Burger Wendelstück oder im Hahnenschrittchen. Bereits seit 1982 betreiben sie ökologischen Weinbau und sind Mitglied bei Ecovin. Die Moste werden mit den traubeneigenen Hefen vergoren und in Eichenholzfässern ausgebaut. Praktisch alle Weine werden trocken abgefüllt, nur in Ausnahmejahren werden, wenn die Gärung stockt, Weine mit einem kleinen Anteil Restsüße ausgebaut. Edelsüße Spezialitäten gehören nicht zum Programm: Harald Steffens baut eben nur das aus, was er selbst am liebsten trinkt. Die Rieslinge aus dem Weingut Steffens-Keß sind stets sehr präzise und mineralisch, feingliedrig und animierend.

2006 stellte eine deutliche Steigerung dar, und 2007 überzeugten die rassigen, konsequent trockenen Weine erst recht. Die 2008er zeigten sich bei den Verkostungen noch etwas hefegeprägt, ließen aber viel Substanz und Würze erkennen.

Weinbewertung

86 . . . 2008 Riesling Kabinett trocken Reiler Goldlay
duftig, frisch, jugendlich, etwas Kräuter; stoffig, feine Säure, rassig, Biss **7,10 €**

87 . . . 2008 Riesling Kabinett trocken Burger Hahnenschrittchen
feine Frucht, klar, duftig; feste Struktur, würzig, markante Säure, rassig, nachhaltig **7,90 €**
87 . . . 2008 Riesling Spätlese trocken Burger Wendelstück
zunächst verhalten, braucht Zeit; feine Frucht, würzig, fest, markante Säure, Substanz **9,10 €**
89 . . . 2008 Riesling Spätlese trocken Reiler Goldlay
sehr klar, frisch, Zitrus, leichte Hefenote; würzig, mineralisch, feste Struktur, rassig **9,90 €**
2002: **88**; 2003: **91**; 2004: **85**; 2005: **84**; 2006: **87**; 2007: **88**.

---

84 2008 Riesling trocken Reiler Goldlay **6,- €**
84 2008 Riesling trocken Burger Hahnenschrittchen **5,80 €**

★★★

Stein
Wein-Erbhof

Mosel

Brautrockstraße 40, 56859 Bullay
Tel. *06542-9019119 und 2608*
Fax: *06542-1360 und 1536*
www.stein-weine.de
peter.stein@stein-weine.de
Besuchszeiten: *nach Vereinbarung*
Haus Waldfrieden (Konzerte, Lesungen, musikalische Weinproben, Theater- und Kabarettaufführungen etc.)

Inhaber .... Peter Stein, Dr. Ulrich Stein
Rebfläche .... 5 Hektar

Heinrich und Erna Stein konzentrierten sich seit 1948 ganz auf den Weinbau. Heute wird das Gut von ihren Söhnen fortgeführt. Peter und Dr. Ulrich Stein bauen zu 80 Prozent Riesling an (ausschließlich wurzelechte Reben), dazu gibt es bereits seit 1987 rote Rebsorten wie Spätburgunder, aber auch Cabernet Sauvignon und Merlot. Die Weinberge befinden sich in den St. Aldegunder Lagen Palmberg-Terrassen, Klosterkammer und Himmelreich sowie in der Alfer Hölle, einer Einzellage in Alleinbesitz des Weinguts. Aus weiteren Toplagen wie Bremmer Calmont oder Neefer Frauenberg werden Trauben zugekauft. Die eigenen Weinberge liegen alle in Steillagen. Die Weine werden kühl vergoren und in Holzfässern ausgebaut, teilweise auch im Barrique. Der Schwerpunkt der Produktion liegt auf trockenen (auch durchgegorenen) und halbtrockenen Rieslingen. Einen Namen machte sich Ulrich Stein aber auch mit seinen kompakten, kraftvollen Rotweinen, sowie mit seinem Kampf für den Strohwein. Nach der Änderung des EU-Rechts darf Stein nun ganz legal Strohwein erzeugen, ihn allerdings nicht so nennen (der Begriff ist in Österreich geschützt). Die Lösung: Der Wein heißt nun auf moselfränkisch „Striehween".

2006 waren die trockenen Weine teilweise unzugänglich, während die restsüßen und feinherben Weine aus den Palmberg-Terrassen begeistern konnten. 2007 war gelungen, und auch die fünf vorgestellten 2008er überzeugen (etwa der St. Aldegunder Himmelreich aus 90 Jahre alten wurzelechten Reben). Der 2007er Striehween und die Rotweine aus 2005 und 2006 zeigen viel Substanz.

Weinbewertung

86 . . . 2008 Riesling Kabinett trocken St. Aldegunder Himmelreich
frisch, duftig, leichte Hefenoten, leicht, aber nicht ohne Substanz, hat Biss **7,50 €**
86 . . . 2008 Riesling trocken „Domwein"
frisch, jugendlich, Apfel, Kräuter; würzig, zarte Frucht, animierend **8,50 €**
85 . . . 2008 Riesling trocken Bremmer Calmont
eher verschlossen, jugendlich; würzig, stoffig, Struktur, abwarten **8,- €**

89 . . . 2008 Riesling Spätlese trocken St. Aldegunder Palmberg-Terrassen
eindringliche Frucht, Kräuter, etwas Orange; viel Würze, Struktur, saftig, rassige Säure **10,- €**
86 . . . 2007 Riesling Spätlese St. Aldegunder Klosterkammer
sehr feine Frucht, duftig; saftig, würzig, viel Frucht, feinstes Süße-Säure-Spiel, rassig, nachhaltig **9,- €**
89 . . . 2007 Riesling „Striehween" St. Aldegunder Himmelreich
etwas flüchtige Säure, getrocknete Aprikosen, ein wenig Kaffee; würzig, verhaltene Süße, leicht erdige Würze, komplex, spürbarer Alkohol, markante Säure, noch etwas unausgewogen, Potenzial **28,- €/0,375l**
87 . . . 2006 Spätburgunder trocken
feine Frucht, leicht rauchig, etwas Kirsche; saftig, würzig, gut eingebundenes Tannin, entwickelt sich über Tage hinweg, Nachhall **18,- €**
88 . . . 2005 Cabernet Sauvignon und Merlot trocken
reife Frucht, klar; würzig, saftig, viel Frucht, kraftvoll, gut integrierte Tannine, gute Länge **20,- €**

81 2008 Riesling „feinherb Blauschiefer" **6,50 €**

Karl Stein ★
Weingut

Nahe

Auf dem Stiel 12, 55585 Oberhausen
Tel. 06755-242, Fax: 06755-741
www.steinwein.de
info@steinwein.de
Besuchszeiten: Mo.-Sa. 7:30-18 Uhr und nach Vereinbarung

Inhaber .... Edith Schneider
.... Dr. Claudia Stein-Hammer
Rebfläche .... 10 Hektar

Seit 1960 erzeugt die Familie selbst Wein und Sekt. Riesling nimmt 40 Prozent der Rebfläche ein. Weißburgunder 20 Prozent. Dazu gibt es Grauburgunder, Gewürztraminer, Silvaner, Kerner und Müller-Thurgau.

Nach jahrgangsbedingt etwas schwächeren 2006er Weinen war 2007 wieder deutlich besser ausgefallen, vor allem im edelsüßen Segment. Die neue Kollektion präsentiert sich sehr geschlossen auf gutem Niveau, bietet eigenständige, kraftvolle Weißweine und einen unkomplizierten, süffigen Sekt.

Weinbewertung

83 2007 Riesling Sekt extra trocken **5,50 €**
83 2008 Chardonnay Spätlese trocken Oberhäuser Kieselberg **6,90 €**
82 2008 Riesling Spätlese trocken Oberhäuser Leistenberg **7,20 €**
82 2008 Grauburgunder Spätlese trocken Oberhäuser Kieselberg **6,20 €**
82 2008 Weißburgunder Spätlese trocken Oberhäuser Rotenberg **6,20 €**
80 2008 Rivaner Classic **4,60 €**
80 2008 Riesling Classic **4,80 €**
84 2008 Riesling + Gewürztraminer Spätlese Oberhäuser Rotenberg **6,40 €**
83 2008 Riesling Spätlese Oberhäuser Felsenberg **5,60 €**

Steinbachhof ★
Weingut

Württemberg

Hofgut Steinbachhof 1
71665 Vaihingen an der Enz-Gündelbach
Tel. 07042-21452, Fax: 07042-24790
www.weingut-steinbachhof.de
info@weingut-steinbachhof.de
Besuchszeiten: Fr. 14-18 Uhr, Sa. 10-16 Uhr und nach Vereinbarung

Inhaber .... Ulrich und Nanna M. Eißler
Rebfläche .... 5,3 Hektar

Der Steinbachhof, inmitten des Strombergs gelegen, besteht seit dem Frühmittelalter. Zunächst Eigentum des Klosters Maulbronn, wurde er später vom Könighaus Württemberg erworben. Seit Mitte des 19. Jahrhunderts waren die Vorfahren der heutigen Besitzer Pächter des Steinbachhofs, bis die Eltern 1974 den Hof und einen Teil der dort befindlichen Weinberge der Lage Gündelbacher Steinbachhof erwerben konnten. Ulrich und Nanna Eißler haben das Weingut Steinbachhof 1999 als Kommanditgesellschaft gegründet und die Weinbautradition des Steinbachhofs nach über 40 Jahren wieder aufleben lassen. Ihr erster Jahrgang war 2000. Sie bewirtschaften Weinberge in Querterrassen direkt am Steinbachhof (bunter Mergel), sowie Terrassenweinberge in Mühlhausen an der Enz, wo Muschelkalkverwitterungsböden vorherrschen. Lemberger, Riesling und Schwarzriesling sind die wichtigsten Rebsorten. Dazu gibt es Spätburgunder und Trollinger. Riesling und Rosé werden nach Ganztraubenpressung kühl vergoren. Die Rotweine werden maischevergoren. 2008 konnten sie weitere, teils sehr alte Weinberge am Klosterberg und Wachtkopf erwerben.

Sehr gut gefiel uns vor zwei Jahren die Kollektion, die von dem tollen 3-Sterne-Lemberger aus dem Jahrgang 2005 angeführt wurde. Die 2006er Rotweine reichten da im vergangenen Jahr nicht heran, die roten 2007er waren allzu frisch und jugendlich, die Weißweine allzu zurückhaltend. Die neue Kollektion gefällt uns besser, ist sehr gleichmäßig, bietet zwei kraftvolle Rotweine aus dem Jahrgang 2007 und einen fülligen Riesling aus dem Ensinger Schanzreiter an der Spitze.

Weinbewertung

85 ... 2008 Riesling* Ensinger Schanzreiter**
konzentriert, feine Würze und Frucht, gelbe Früchte; füllig, harmonisch, reife Frucht, Substanz **13,50 €**

85 ... 2008 Riesling Auslese Horrheimer Klosterberg
feine Würze, klare reife Frucht, herrlich eindringlich; füllig, reife Frucht, Substanz **12,- €/0,375l**

85 ... 2007 Schwarzriesling trocken Gündelbacher Steinbachhof**
würzig, eindringlich, reife Frucht; klar, füllig, reife Frucht, gute Substanz **12,50 €**

85 ... 2007 Lemberger trocken Gündelbacher Steinbachhof**
würzig, eindringlich, klare reife Frucht, rote Früchte; füllig, kraftvoll, reife Frucht, gute Struktur **13,80 €**

79 2008 Riesling trocken **7,10 €**
82 2008 Riesling* Gündelbacher Wachtkopf **8,90 €**
84 2008 Riesling Auslese Ensinger Schanzreiter **13,50 €/0,375l**
81 2008 Schwarzriesling* Weißherbst trocken Gündelbacher Steinbachhof **8,50 €**
79 2008 Lemberger* Weißherbst trocken Gündelbacher Wachtkopf **8,50 €**
81 2008 Lemberger trocken Holzfass **9,50 €**
81 2008 Trollinger* trocken Ensinger Schanzreiter **7,50 €**

Artur Steinmann ★
Weingut

Franken

Plan 4, 97286 Sommerhausen
Tel. 09333-90460, Fax: 09333-904627
www.pastoriushaus.de
info@pastoriushaus.de
Besuchszeiten: Mo.-Sa. 9-19 Uhr, So. 9-12 Uhr
Hotel

Inhaber .... Artur Steinmann
Rebfläche .... 13 Hektar

Das 1916 von Karl Steinmann gegründete Gut hat seinen Sitz in einem im 17. Jahrhundert erbauten Haus, in dem Franz David Pastorius geboren wurde, der erste deutsche Auswanderer nach Amerika, der 1683 in Pennsylvania die Stadt German-Town gründete. Karl Steinmanns Sohn konzentrierte sich seit den sechziger Jahren auf Weinbau, seit 1982 führt Enkel Artur Steinmann das Gut. Er baut vor allem Silvaner, Müller-Thurgau und Riesling, aber auch rote Rebsorten an.

Weinbewertung

86 . . . 2008 Riesling Spätlese trocken Sommerhausen Steinbach
gute Konzentration, reintönige Frucht, feine Würze, gelbe Früchte; füllig, stoffig, reife süße Frucht **11,- €**

87 . . . 2008 Traminer Eiswein Sommerhausen Reifenstein
viel Duft, Litschi, gute Konzentration; süß, konzentriert, kraftvoll und klar, Substanz und Länge **28,- €**

83 2008 Müller-Thurgau trocken „Frank & Frei" **5,80 €**
82 2008 Silvaner Kabinett trocken Sommerhausen Ölspiel **7,- €**
83 2008 Weißburgunder Kabinett trocken Sommerhausen Ölspiel **7,50 €**
84 2008 Silvaner Spätlese trocken Sommerhausen Steinbach **10,- €**

★☆

Christoph **Steinmann**
Weingut

Franken

Neuenbergshof, 97286 Sommerhausen
Tel. 09333-436, Fax: 09333-785
www.weingut-steinmann.de
weingut.steinmann@t-online.de
Besuchszeiten: Mo.-Sa. 8-18 Uhr
Weinstube (bis 65 Personen), Weinproben nach Anmeldung, Häckerwirtschaft im Januar + Oktober, Gästeführungen in Weinberg, Keller und durch den Sommerhäuser Altort

Inhaber . . . . Christoph Steinmann
Rebfläche . . . . 12 Hektar

Das Weingut entstand in den sechziger Jahren als Aussiedlerbetrieb auf dem Neuenberg, inmitten der Weinberge. Noch heute betreibt Christoph Steinmann neben Weinbau auch Landwirtschaft und Obstbau. Die Reben wachsen teils auf Muschelkalkböden in den Sommerhäuser Lagen Reifenstein, Steinbach und Ölspiel und im Eibelstadter Kapellenberg. In den Lagen Winterhäuser Kaiser Wilhelm und Frickenhäuser Kapellenberg findet man kräftige Böden mit Lehm und Ton. Wichtigste Rebsorte ist Silvaner, der inzwischen mehr als ein Drittel der Rebfläche einnimmt. Es folgen Müller-Thurgau, Riesling und Weißburgunder, sowie rote Sorten (bereits seit 1974) wie Domina, Spätburgunder, Schwarzriesling und Portugieser. Dazu Spezialitäten wie Traminer und Scheurebe, sowie erstmals mit dem Jahrgang 2004 Blauer Silvaner und mit dem Jahrgang 2008 Sauvignon Blanc. Drei Viertel der Weine werden trocken ausgebaut.

Schon in der ersten Ausgabe hatten wir das Weingut mit einer guten, gleichmäßigen Kollektion vorgestellt. Das ist die Stärke von Christoph Steinmann: Man wird nie enttäuscht, die Weine sind fruchtbetont und klar, trockene Spätlesen oder restsüße Weine ragen immer wieder einmal aus grundsoliden Kollektionen hervor.

Auch die 2006er Kollektion – angeführt von der Rieslaner Auslese – überzeugte. In der gleichmäßigen letztjährigen Kollektion gefielen Silvaner und Riesling aus dem Steinbach besonders gut. 2008 nun führt wieder eine Rieslaner Auslese eine gute, konsistente Kollektion an.

Weinbewertung

86 . . . 2008 Rieslaner Auslese Sommerhäuser Steinbach
gute Konzentration, etwas eingelegte süße Aprikosen; süß, konzentriert, viel reife Frucht **9,90 €**

83 2008 „Frankolino" Silvaner trocken Sommerhäuser Ölspiel **4,20 €**
82 2008 Silvaner Kabinett trocken Sommerhäuser Ölspiel **5,10 €**
84 2008 Sauvignon Blanc Kabinett trocken Sommerhäuser Steinbach **5,90 €**
84 2008 Traminer Spätlese Sommerhäuser Steinbach **6,50 €**
82 2007 „Charisma" Rotwein trocken Sommerhäuser Ölspiel **8,- €**

Christian Steinmetz

★☆

Weingut

Mosel

Moselweinstraße 137, 54472 Brauneberg
***Tel.** 06534-947920, **Fax:** 06534-947921*
www.weingut-csteinmetz.de
info@weingut-csteinmetz.de
***Besuchszeiten:** Straußwirtschaft von Mitte Juni bis etwa Mitte Oktober (11-22 Uhr, Di./Mi. Ruhetage), ansonsten Mo.-Sa. 8-19 Uhr, So. nach Vereinbarung*

Inhaber .... Christian Steinmetz
Rebfläche .... 1 Hektar

Bis 1999 war Christian Steinmetz als Verwalter bei Mosel-Weingütern tätig, damals erwarb er ein Winzeranwesen in Brauneberg. Die ersten Trauben wurden 2000 aus der Juffer, dem Kestener Paulinshofberg und der Mülheimer Sonnenlay geerntet. Spontanvergärung, teilweise der Einsatz von Edelstahldrucktanks (um einen Wein „sur lie" zu erzeugen) sowie – bei den „Alten Reben" – die Vergärung in Barriques gehören zum ungewöhnlichen Konzept des Weingutes. 2005 wurde der Jungfernertrag einer Spätburgunderanlage gelesen. Ab Mai 2009 ergänzt ein Gutsausschank das Ensemble.

Zum Debüt stellte Christian Steinmetz im vergangenen Jahr spannende, würzige und mineralische Weine aus den Jahrgängen 2005 bis 2007 vor. Die Basisgewächse besitzen auch 2008 verblüffende Klasse, der Riesling von alten Reben ist stoffig, auch die Auslese ist mineralisch und saftig.

Weinbewertung

87 . . . 2008 Riesling Spätlese trocken „sur lie" Brauneberger Juffer
duftig, deutliche Hefenoten; würzig, schlank, gute Struktur, eigenwilliger Stil **8,- €**

89 . . . 2008 Riesling „Alte Reben"
deutliche Kräuternoten, geriebener Stein, reife Frucht; würzig, stoffig, Biss und Eleganz

87 . . . 2008 Riesling Spätlese „feinherb" Brauneberger Juffer
reife Frucht, leicht cremige Noten, Melone, Steinobst; viel Würze, saftig, Schmelz **8,- €**

90 . . . 2008 Riesling Auslese Brauneberger Juffer
Kräuter, etwas Stachelbeeren, kandierter Apfel; saftig, rassig, deutlich mineralisch **9,50 €**

83 2008 Riesling trocken **5,80 €**
83 2008 Riesling süß **5,80 €**
84 2008 Riesling Spätlese* Brauneberger Juffer **8,- €**

★☆

Günther Steinmetz

Weingut

Mosel

Moselweinstraße 154, 54472 Brauneberg
Tel. 06534-751, Fax: 06534-940921
www.weingut-guenther-steinmetz.de
info@weingut-guenther-steinmetz.de
Besuchszeiten: täglich nach Vereinbarung

Inhaber............Edith und Stefan Steinmetz
Rebfläche..............................6 Hektar

Das Weingut verfügt über einen uralten Gewölbekeller und über einen beachtlichen Bestand an alten, wurzelechten Rieslingreben. Seniorchef Günther Steinmetz hat die Verantwortung im Keller an seinen Sohn Stefan übergeben. Der baut neben Riesling noch Weiß- und Grauburgunder an, aber auch die roten Sorten Spätburgunder, Merlot und Dornfelder. Wichtigste Lage ist die Brauneberger Juffer, Spätburgunderreben wachsen beispielsweise im Graacher Himmelreich oder im Kestener Herrenberg. Die Weine wirken stets zugänglich und feingliedrig, die im Barrique ausgebauten Spätburgunder sind kraftvoll, ohne an Eleganz einzubüßen. Nur die Vergabe der Sterne ist manchmal etwas verwirrend.

2006 fiel gleichmäßiger aus als der Vorgängerjahrgang, aus 2007 wurden zugängliche, gelungene Rieslinge vorgestellt. Die 2008er sind straffer und vor allem im restsüßen Bereich überzeugend; die trockenen Weine wie die „Alten Reben" wirken etwas unzugänglich. Sehr gelungen sind die komplexen, noch sehr jungen, aber ausgewogenen Spätburgunder.

Weinbewertung

86 . . . 2008 Riesling Spätlese Kestener Paulinsberg**
leicht schwefelig; würzig, feine Frucht, rassig, saftig, braucht noch Zeit **8,- €**

88 . . . 2008 Riesling Spätlese Brauneberger Juffer**
eindringliche Frucht, leicht Schwefel, Ananas, Boskoop; würzig, saftig, viel Frucht, rassig, Nachhall **8,- €**

85 . . . 2008 Riesling Auslese* Brauneberger Juffer
duftig, feine Frucht; würzig, rassig, eher schlank, sehr süffig **9,50 €**

88 . . . 2008 Riesling Auslese Kestener Paulinsberg**
sehr klar, feine Frucht, Ananas, etwas getrocknete Aprikose; saftig, würzig, rassig, eigenständig **10,- €**

87 . . . 2007 Spätburgunder Auslese* trocken Graacher Himmelreich
feine Frucht, klar, duftig; würzig, feingliedrig, reife Frucht, saftig, guter Nachhall **13,50 €**

87+ . . . 2007 Spätburgunder Auslese* trocken Kestener Herrenberg
feine Frucht, kandierte Kirschen, deutlich rauchig; viel Würze, gut integriertes Holz, viel Substanz **14,- €**

---

83 2008 Riesling Spätlese trocken „Alte Reben" Mülheimer Sonnenlay **6,50 €**
81 2008 Riesling Kabinett „feinherb" Brauneberger Juffer **6,- €**
83 2008 Riesling Kabinett Mülheimer Sonnenlay **5,50 €**
83 2008 Riesling Spätlese* Brauneberger Juffer **7,50 €**
83 2007 Merlot Barrique trocken **8,50 €**

★☆

Stephan Steinmetz

Weingut

Mosel

Am Markusbrunnen 6, 54439 Wehr
Tel. 06583-234, Fax: 06583-1848
www.der-weinmacher.de
info@der-weinmacher.de
Besuchszeiten: wochentags nach Vereinbarung

Inhaber .... Stephan Steinmetz
Rebfläche .... 5,6 Hektar

Der junge Weinmacher Stephan Steinmetz macht aus den Rebsorten und Böden der Obermosel das Beste. Vor allem aus den Burgundersorten keltert er klare, frische, herzhafte Weine, rot wie weiß. Spezialität ist hier der Auxerrois, aber auch die Crémant genannten Schaumweine haben zu Recht ihre Liebhaber. Der Spätburgunder kommt immer erst mit deutlichem Abstand zu den Weißweinen auf den Markt; der 2006er wurde erst in diesem Jahr vorgestellt.

2006 hatte Stephan Steinmetz blitzsaubere Weißweine und einen angenehm fruchtigen, sortentypischen Rotwein zu bieten, anschließend überzeugten auch die 2007er. Die 2008er liegen auf gewohnt zuverlässigem Niveau.

Weinbewertung

85 . . . Liaison Crémant brut
klar, leichte Hefenoten, etwas Apfel; würzig, sehr trocken, frisch, Biss **9,50 €**

85 . . . 2008 Grauburgunder trocken
sehr klar, feine sortentypische Frucht; würzig, feste Struktur, animierend **6,40 €**

85 . . . 2006 Spätburgunder trocken
reife, kühle Frucht; würzig, saftig, sehr ausgewogen, saftig **9,50 €**

84 Elbling Crémant brut **8,50 €**
81 2008 Elbling trocken **4,50 €**
83 2008 Weißburgunder trocken **5,80 €**
83 2008 Auxerrois trocken **5,80 €**

★★☆

Steitz

Weingut

Rheinhessen/Nahe

Mörsfelderstraße 3, 55599 Stein-Bockenheim
Tel. *06703-93080,* ***Fax:*** *06703 -930890*
www.weingut-steitz.de
mail@weingut-steitz.de
Besuchszeiten: *täglich außer sonntags, nach Vereinbarung*
Weinprobierstube, Gästehaus
Gewölbekeller für Weinproben

Inhaber .. Gernod, Christian und Heidrun Steitz
Rebfläche .... 15 Hektar

Gernod und Heidrun Steitz werden seit 1994 im Betrieb von Sohn Christian unterstützt, der für Keller und Weinberge verantwortlich ist. Der Anbauschwerpunkt liegt auf den klassischen Rebsorten, vor allem den Burgundersorten (Weiß-, Grau- und Spätburgunder), die zusammen etwa 40 Prozent der Rebfläche einnehmen, sowie Riesling. Hinzu kommen Sorten wie Portugieser, Dornfelder, Müller-Thurgau und Chardonnay. St. Laurent ist inzwischen in Ertrag, dazu wurde ein wenig Cabernet Dorsa gepflanzt, der aber nur in Cuvées verwendet werden soll. Die Rotweine werden nach der Maischegärung im Holzfass ausgebaut. Die Weißweine werden reduktiv mit langem Feinhefelager ausgebaut. Prädikatsbezeichnungen werden nur für restsüße Weine verwendet.

Seit einem Jahrzehnt bietet die Familie Steitz höchst zuverlässige gute Qualität. Schon damals hatten wir erwartet, dass das Weingut qualitativ zur rheinhessischen Spitze aufschließen kann. Schon damals waren alle Weine wunderschön reintönig und – im positiven Sinne – süffig. Erst in den letzten Jahren nun deutet sich an, dass man willens ist diesen weiteren Schritt zu gehen, die Weine haben deutlich an Profil gewonnen.

2006 behauptete sich das Weingut gut, die Weißweine besaßen Kraft und Frucht. Die letztjährige Kollektion war ein deutlicher Schritt voran, die Weißweine hatten an Profil gewonnen, der Spätburgunder Wonsheimer Hölle aus dem Jahrgang 2004 besaß Klasse. Auch die neue Kollektion überzeugt uns voll und ganz, die Weißweine besitzen Fülle und Substanz, ebenso der Spätburgunder aus dem Eichelberg. Und schon der Silvaner aus der Literflasche bereitet viel Freude.

Weinbewertung

85 . . . 2008 Weißburgunder trocken „Achat"
würzig, klar, etwas weiße Früchte; gute Fülle und Substanz, reife Frucht **7,50 €**

85 . . . 2008 Riesling trocken „Steinriegel"
klar, würzig, eindringlich; füllig, harmonisch, reife süße Frucht **8,50 €**

86 . . . 2008 Grauburgunder trocken „gewachsen auf Vulkangestein"
gute Konzentration, reintönige reife Frucht, eindringlich; füllig, harmonisch, reintönig, Substanz **8,50 €**

88 . . . 2008 Silvaner trocken Siefersheimer Goldenes Horn Selection Rheinhessen
gute Konzentration, reintönige reife Frucht, gelbe Früchte, herrlich eindringlich; füllig, harmonisch, viel reife Frucht, Substanz, Frische **12,- €**
2007: 86.

85 . . . 2008 Riesling trocken Niersteiner Hipping Selection Rheinhessen
gute Konzentration, feine Würze und Frucht, eindringlich; weich, füllig, reife Frucht **12,- €**
2004: 87; 2005: 87; 2006: 87; 2007: 86.

87 . . . 2008 Riesling trocken Neu-Bamberger Heerkretz
gute Konzentration, viel reife Frucht, herrlich eindringlich und reintönig; füllig, harmonisch, viel reife süße Frucht, Substanz **12,- €**

87 . . . 2008 Weißburgunder trocken Wendelsheimer Steigerberg
konzentriert, viel Frucht, weiße Früchte; weich, füllig, harmonisch, viel reife Frucht und Substanz **9,50 €**
2007: 86.

87 . . . 2007 Spätburgunder trocken Fürfelder Eichelberg
(Steitz N° 1) gute Konzentration, feine Würze, viel reife Frucht; weich, füllig, harmonisch, reife Frucht, Vanille **12,90 €**

83 Steitz „Secco" Rosé Perlwein trocken **5,40 €**
81 2008 Silvaner trocken **4,40 €/1l**
81 2008 Weißburgunder trocken **5,85 €**
84 2008 Chardonnay trocken „Achat" **6,50 €**

★★

Jürgen Stentz
Weingut

Pfalz

Mörzheimer Hauptstraße 47, 76829 Landau-Mörzheim
Tel. 06341-30121, Fax: 06341-34565
www.stentz.de
stentz@t-online.de
Besuchszeiten: Mi.-Fr. 9-12 + 14-18 Uhr, Sa. 9-14 Uhr oder nach Vereinbarung
Gästehaus, Weinprobierstube (bis 50 Personen)

Inhaber . . . . Jürgen Stentz
Rebfläche . . . . 14 Hektar

Das Weingut Stentz ist in einem alten, denkmalgeschützten Anwesen, einer ehemaligen Wagnerei, untergebracht. Jürgen und Astrid Stentz haben das Weingut 1999 von seinen Eltern übernommen. Sie bauen vor allem Riesling und die Burgundersorten an, aber auch Dornfelder. Die Weißweine werden kühl und langsam vergoren. Die Rotweine kommen nach der Maischegärung ins Eichenholzfass.

Seit zehn Jahren empfehlen wir die Weine von Jürgen Stentz. Jahr für Jahr präsentiert er sehr zuverlässige Kollektionen, immer wieder mit einzelnen Spitzen, vor allem bei den Burgundersorten.

Vor zwei Jahren war der süße Muskateller unser Favorit. Die letztjährige Kollektion war stark, der Grauburgunder Rosenberg gehörte zu den Jahrgangsbesten in der Pfalz, Chardonnay und Frühburgunder besaßen Substanz und Kraft. Die neue Kollektion ist sehr homogen, bleibt aber in der Spitze ein wenig hinter den Vorjahren zurück.

Weinbewertung

83 2008 „Stentz-Secco" **5,- €**
80 2008 Riesling trocken **3,50 €/1l**
81 2008 „Der Stentz" Weißwein trocken **4,50 €**
81 2008 Grauburgunder trocken **5,- €**
84 2008 Grauburgunder Goldkapsel **9,30 €**
83 2008 Riesling Goldkapsel **9,30 €**
80 2008 Müller-Thurgau **3,- €/1l**
79 2008 Silvaner **4,30 €**
83 2008 Muskateller **7,- €**
83 2007 „Edel" Rotwein trocken **11,90 €**

Stern ★★

Weingut

Pfalz

Hauptstraße 199, 76879 Hochstadt
Tel. 06347-8634 oder 06347-700580
Fax: 06347-7309
www.weingut-stern.de
weingut.stern@gmx.de
Besuchszeiten: Mo.-Fr. 8-18 Uhr, Sa. 9-16 Uhr und nach Vereinbarung
Weinstube „Zum Sterne Sepp" in Hochstadt

Inhaber .... Wolfgang und Dominic Stern
Rebfläche .... 8,5 Hektar

1952 kaufte Josef Stern den ersten Weinberg, 1960 begann er mit der Brennerei. 1980 übernahm Sohn Wolfgang den Betrieb, den er heute mit seinem Sohn Dominic führt. In den Weinbergen rund um Hochstadt wachsen die Reben auf sandigen Lössböden mit leichtem Kalkgehalt. Wolfgang und Dominic Stern haben den Anbau von Riesling und den Burgundersorten in den letzten Jahren forciert. Die Burgundersorten nehmen 35 Prozent der Rebfläche ein, Riesling 30 Prozent. Hinzu kommen Silvaner, Gewürztraminer, Müller-Thurgau, Dornfelder und Portugieser, aber auch Rieslaner, Merlot und Cabernet Sauvignon. Die Weißweine werden gezügelt vergoren und recht lange auf der Hefe ausgebaut. Rotweine werden prinzipiell maischevergoren und im Holz, teilweise im Barrique ausgebaut. Die Pinotimes genannten Weine entstehen aus der Zusammenarbeit der Cousins Dominic Stern und Philipp Kiefer (Sankt Martin).

Vor zwei Jahren gefiel uns der Riesling aus dem langen Rain zusammen mit dem barriqueausgebauten Spätburgunder am besten in einer guten Kollektion. Eine starke Kollektion hatten Wolfgang und Dominic Stern im vergangenen Jahr vorgestellt mit kraftvollen Weißweinen und gekonnt vinifizierten Rotweinen. Der im Holzfass vergorene und ausgebaute Grauburgunder und der im Barrique ausgebaute Chardonnay gefielen uns besonders gut. In diesem Jahr nun beeindruckt uns die Cuvée 55 aus einem mit Merlot und Cabernet Sauvignon dichtbepflanzten Weinberg, anders als vor zwei Jahren, als uns die Tannine damals allzu bitter erschienen. Aber auch der Rest der Kollektion überzeugt voll und ganz, bietet kraftvolle, stoffige Rotweine und Weißweine mit Fülle und Frucht. Im Auge behalten!

Weinbewertung

86 . . . 2008 Silvaner Spätlese trocken***
gute Konzentration, klare reife Frucht, herrlich eindringlich, etwas gelbe Früchte; füllig, harmonisch, viel reife Frucht und Substanz **9,- €**

85 . . . 2008 „PINOTIMES" Pinot Blanc trocken
gute Konzentration, reife Frucht, etwas gelbe Früchte, Vanille; füllig, harmonisch, viel reife Frucht **14,- €**

86 . . . 2008 Riesling Spätlese trocken Klostergarten
gute Konzentration, feine Würze und Frucht, gelbe Früchte, etwas Pfirsiche; füllig, harmonisch, viel reife Frucht, gute Substanz und Länge **9,- €**

85 . . . 2008 Riesling Spätlese „Apart"***
würzig, klar, jugendlich; füllig, reintönige reife Frucht, Substanz und Länge **10,50 €**
2007: 86.

85 . . . 2008 Rieslaner Auslese***
klar, würzig, eindringlich; füllig und schmeichelnd, herrlich viel Frucht und Substanz **13,- €/0,5l**

87 . . . 2007 „Cuvée Josef" Rotwein trocken Barrique***
zwei Drittel Merlot, ein Drittel Cabernet Sauvignon; gute Konzentration, etwas Gewürze, klare reife Frucht, Cassis; füllig, harmonisch, viel reife Frucht, Substanz, etwas Vanille und Schokolade **12,50 €**
2006: 86.

88 . . . 2005 „55" Rotwein trocken Barrique***
zwei Drittel Cabernet Sauvignon, ein Drittel Merlot; gute Konzentration, Gewürze, Toast, viel reife Frucht; füllig, stoffig, viel reife Frucht, Substanz, etwas Schokolade, jugendliche Tannine **28,80 €**

86 . . . 2007 „PINOTIMES" Pinot Noir trocken
reife klare Frucht, rote Früchte, dezent Kirschen und Erdbeeren; klar, füllig, reife Frucht, gute Struktur und Frische **18,- €**

87 . . . 2007 Spätburgunder trocken Barrique***
rauchige Noten, viel reife Frucht, rote Früchte, etwas Kirschen, herrlich eindringlich; füllig, harmonisch, reife Frucht, gute Substanz **14,- €**
2005: 87.

---

82 2008 Riesling Kabinett trocken** **6,- €**
80 2008 Weißburgunder trocken „vom sandigen Lehm"** **6,50 €**
81 2008 Grauburgunder Kabinett trocken** **6,50 €**

★★☆

Stich
Weingut

Franken

Freudenberger Straße 73, 63927 Bürgstadt
Tel. 09371-5705, Fax: 09371-80973
www.weingut-stich.de
info@weingut-stich.de
Besuchszeiten: Mo.-Fr. 8:30-18:30 Uhr, Sa. 8:30-16 Uhr
Gutsausschank „Im Löwen" (ab Ostermontag 3 Wochen, 8 Tage im Juni/Juli), Kabarett und Wein im Sept., Weinproben bis 150 Personen

Inhaber .... Gerhard Stich
Rebfläche .... 7,5 Hektar

Das Weingut von Gerhard Stich hat seinen Sitz im 1901 erbauten ehemaligen Gasthof „Zum Löwen". Neben Weinbergen im Bürgstadter Centgrafenberg (Buntsandsteinverwitterungsböden) besitzt Gerhard Stich auch Weinberge am Fuß des Steigerwaldes, in der Lage Prichsenstadter Krone (tiefgründige, steinige Muschelkalkböden). Seine wichtigste Rebsorte ist der Spätburgunder. Hinzu kommen vor allem Müller-Thurgau, Silvaner, Bacchus, Weißburgunder und Gewürztraminer, aber auch Schwarzriesling und Frühburgunder.

Vor zwei Jahren war einmal mehr der barriqueausgebaute Spätburgunder unser Favorit, aber auch die 2006er Weißweine und die weiteren Rotweine hinterließen einen sehr guten Eindruck. Auch im Jahrgang 2006 gelang Gerhard Stich mit dem Frühburgunder wieder ein ausgezeichneter Rotwein, der zu den Jahrgangsbesten in Franken gehörte. Die Weißweine des Jahrgangs 2007 präsentierten sich sehr gleichmäßig, wurden aber übertroffen vom barriqueausgebauten Weißburgunder des Jahrgangs 2006. Eine sehr stimmige Kollektion präsentiert Gerhard Stich auch in diesem Jahr mit kraftvollen, reintönigen roten Burgundern und feinen Weißweinen, wobei bei den Weißen uns die beiden Weine aus der Prichsenstadter Krone besonders gut gefallen.

Weinbewertung

85 . . . 2008 Weißburgunder trocken Prichsenstadter Krone
frisch, fruchtbetont, reintönig; klar, füllig, harmonisch, reife Frucht **7,80 €**

87 . . . 2008 Silvaner Spätlese trocken Prichsenstadter Krone
würzig, konzentriert, herrlich eindringlich; füllig, stoffig, viel reife Frucht und Substanz **9,- €**

85 . . . 2007 Spätburgunder trocken (Churfranken) Bürgstadter Centgrafenberg
frisch, würzig, klare Frucht; reintönige Frucht, feine Frische, zupackend, Biss **9,- €**

87 . . . 2007 Frühburgunder trocken Barrique Bürgstadter Centgrafenberg
rauchige Noten, herrlich eindringlich und reintönig, feine Würze; klar, harmonisch, elegant, gute Struktur und Frische **14,50 €**
2005: 86; 2006: 88.

90 . . . 2005 Spätburgunder trocken Barrique Bürgstadter Centgrafenberg
feine rauchige Noten, reintönige Frucht, dezent Toast und Vanille, gute Konzentration; füllig, harmonisch, elegant, klare reife Frucht, Struktur, Frische **42,- €**
1999: 91; 2002: 88; 2003: 91; 2004: 89.

83 2008 Müller-Thurgau trocken „Frank & Frei" **5,50 €**

83 2008 Silvaner Kabinett trocken Bürgstadter Centgrafenberg **6,50 €**

82 2008 Riesling Kabinett trocken Bürgstadter Centgrafenberg **8,50 €**

82 2008 Rosé **5,80 €**

82 2008 Cuvée Rot trocken **6,50 €**

83 2007 Spätburgunder trocken Bürgstadter Centgrafenberg **7,50 €**

★★★

Stigler
Weingut

Baden

Bachenstraße 29, 79241 Ihringen
Tel. 07668-297, Fax: 07668-94120
www.weingut-stigler.de
info@weingut-stigler.de
Besuchszeiten: Mo.-Fr. 10-12 + 15-18 Uhr, Sa. nach Vereinbarung

Inhaber .... Andreas Stigler
Rebfläche .... 10,5 Hektar

Wichtigste Rebsorten bei Andreas Stigler sind Spätburgunder und Riesling, gefolgt von Weißburgunder und Silvaner. Das Gros seiner Weinberge liegt im Ihringer Winklerberg. Daneben besitzt Andreas Stigler auch Weinberge im Oberrotweiler Eichberg, im Ihringer Fohrenberg und seit 1992 im Freiburger Schlossberg, wo vor allem Spätburgunder steht, er zuletzt aber etwas Cabernet Franc und Petit Verdot gepflanzt hat. Die Weine von Andreas Stigler sind Spätentwickler und kommen oft erst ein Jahr nach der Ernte in den Verkauf.

Andreas Stigler macht keine Weine für den schnellen Konsum: Sie besitzen Ecken und Kanten, sind eigenwillig, kraftvoll – und haben Wiedererkennungswert.

2006 gab es nur ein Drittel einer normalen Ernte. 2007 war bärenstark, jeder Wein überzeugte. Die Kollektion präsentierte sich homogen auf hohem Niveau, es fiel schwer einen Favoriten zu benennen, schon die Kabinettweine hatten Charakter und Klasse. Die 2008er Kabinettweine sind etwas schlanker ausgefallen, die Großen Gewächse will man erst im kommenden Jahr präsentieren, hat uns noch einmal die 2007er Weine geschickt – dass Stigler-Weine altern können steht aber eh' außer Frage. Unter den „Neuen" hat uns der Sauvignon Blanc besonders gut gefallen, reinsortig, etwas weniger überzeugt uns die Cuvée mit Chenin Blanc.

Weinbewertung

85 . . . 2008 Weißburgunder & Chardonnay Kabinett trocken Ihringen
reife Frucht, weiße Früchte, feine Würze; frisch, direkt, klare Frucht und Biss **9,70 €**

87 . . . 2008 Sauvignon Blanc Spätlese trocken Ihringen Winklerberg
gute Konzentration, feine Würze und Frucht, herrlich eindringlich; füllig, kraftvoll, reintönig, gute Substanz **15,- €**

88 . . . 2007 Weißburgunder „GG" Ihringer Winklerberg
gute Konzentration, viel Würze, zurückhaltende Frucht; füllig, kraftvoll, reife Frucht, gute Substanz **18,50 €**
2001: 88; 2002: 90; 2003: 89; 2004: 88.

88 . . . 2007 Grauburgunder „GG" Ihringer Winklerberg
gute Konzentration, feine Würze und Frucht, eindringlich; füllig, kraftvoll, reife Frucht, gute Substanz und Frische **18,50 €**

88 . . . 2007 Riesling „GG" „F 36" Ihringer Winklerberg
würzig, eindringlich, viel Zitrus, Frische; frisch, zupackend, reintönige Frucht, jugendlich, Struktur und Biss **19,50 €**

85 . . . 2008 Spätburgunder Weißherbst Spätlese trocken Freiburger Schlossberg
gute Konzentration, feine Würze und Frucht, eindringlich; klar, frisch, harmonisch, feine süße Frucht und Biss **11,90 €**

85 . . . 2006 Spätburgunder trocken Ihringen Winklerberg
würzig, frisch, rote Früchte; klar, frisch, zupackend, gute Fülle und Biss **11,50 €**

86 . . . 2004 Spätburgunder Spätlese „GG" Ihringen Winklerberg
würzig, eindringlich, feiner Duft, etwas rote Früchte; frisch, direkt, klare Frucht, gute Fülle **22,50 €**

82 2008 Riesling & Grauburgunder trocken **9,70 €**
83 2008 Riesling Kabinett trocken Ihringen Winklerberg **9,80 €**
84 2008 Chenin Blanc & Sauvignon Blanc Spätlese trocken Ihringen Winklerberg **13,90 €**
83 2008 Chenin Blanc Spätlese trocken Ihringen Winklerberg **15,- €**

★★★★☆

Jean Stodden
Weingut

Ahr

Rotweinstraße 7-9, 53506 Rech
Tel. 02643-3001, Fax: 02643-3003
www.stodden.de
info@stodden.de
Besuchszeiten: Mo.-Fr. 9-12 + 13-18 Uhr, Sa. 10-14 Uhr

Inhaber .... Gerhard Stodden
Rebfläche .... 6,5 Hektar

Die Weinberge von Gerhard Stodden liegen zu 90 Prozent in Steilhängen. Der Recher Herrenberg ist seine Paradelage, hinzu kommen die Lagen Neuenahrer Sonnenberg, Ahrweiler Rosenthal, Mayschosser Mönchberg und Dernauer Hardtberg. Neben Spätburgunder baut er etwas Riesling und Frühburgunder an. Den Portugieser hat er inzwischen ausgerissen und durch Spät- und Frühburgunder ersetzt. Alle Rotweine reifen nach der Maischegärung im Eichenholzfass, ausgesuchte Weine werden im Barrique ausgebaut. Diese Weine werden in der Serie „JS" vermarktet, die es seit 1989 gibt. Gerhard Stodden hat in den letzten Jahren den Barriqueanteil kräftig erhöht, ebenso den Anteil neuen Holzes. Er nutzt 228-Liter-Barriques aus Alliereiche, medium getoastet. Seit 1999 nutzt er für seine Spitzenweine nur noch neue Barriques. Seine Spitzenweine, insbesondere die aus seiner Grand Cru-Lage Recher Herrenberg, füllt Gerhard Stodden seit dem Jahrgang 1999 ohne Filtration ab. Er will gerbstoffreiche Weine machen, die sich durch gute Lagerfähigkeit auszeichnen. Seit Anfang 2001 arbeitet Sohn Alexander – nach Studium und Lehrjahren in Oregon und Südafrika – im Betrieb mit.

Während die meisten anderen Winzer an der Ahr ihre Spitzenweine schon im August oder September des auf die Ernte folgenden Jahres abfüllen, bleiben bei Gerhard und Alexander Stodden die Weine mindestens 15 Monate im Barrique oder im großen Holzfass. Mit dem Effekt, dass ihre Weine wesentlich haltbarer sind als die anderer Ahrwinzer. Áber auch mit dem Effekt, dass sie jünger wesentlich unzugänglicher sind. Sie setzen ihre Vision von großem Spätburgunder von der Ahr konsequent in die Tat um. Und große Spätburgunder zeichnen sich nun einmal auch durch ihr gutes Alterungspotenzial aus.

Ganz stark war die rote Stodden-Phalanx im Jahrgang 2005: Alle Weine besaßen Struktur und Kraft, ohne jemals überreif oder fett zu wirken, zeigten eine klare Handschrift. Der Spätburgunder von Alten Reben gefiel uns besonders gut, die anderen aber standen ihm kaum nach: Eine beeindruckende Kollektion! Im Jahr darauf fiel es noch schwerer einen Favoriten zu benennen, so viele hervorragende Spätburgunder hatten Gerhard und Alexander Stodden aufgefahren. Die Weine waren alle kraftvoll und enorm jugendlich, anfangs verschlossen, selbst nach einer Woche in der geöffneten Flasche zeigten sie noch Kraft und Frucht: Für uns die beste Rotweinkollektion des Jahrgangs in Deutschland. 2007 nun sind die Weine präziser und nachhaltiger, mineralischer. Und enorm jugendlich, wie gehabt. Dass man aber noch in vielen Jahren seine Freude an diesen Weinen haben wird, das ist sicher: Tolle Kollektion!

Weinbewertung

86 . . . 2007 Spätburgunder „Jean Stodden"
reintönige Frucht, feine Frische, etwas rote Früchte; klar, zupackend, jugendlich, gute Struktur und Frische **12,- €**

87 . . . 2007 Spätburgunder „JS"
rauchige Noten, reintönige Frucht, viel reife Frucht, herrlich eindringlich; klar, zupackend, gute Struktur und Tannine **19,- €**
2004: **86**; 2005: **86**; 2006: **86**.

89 . . . 2007 Frühburgunder trocken Recher Herrenberg
intensive Frucht, etwas Waldbeeren, herrlich eindringlich; füllig, kraftvoll, reife Frucht, gute Struktur, Frische, Tannine **33,- €**
2005: **88**; 2006: **89**.

89 . . . 2007 Spätburgunder trocken Recher Herrenberg
fruchtbetont, intensiv, würzig, reife rote Früchte; füllig, kraftvoll, reife Frucht, gute Struktur, Frische, wunderschön reintönig **26,- €**
2004: **88**; 2005: **88**; 2006: **88**.

91 . . . 2007 Spätburgunder „GG" Neuenahrer Sonnenberg
gute Konzentration, feine Würze, reintönige Frucht, herrlich eindringlich; stoffig, kraftvoll, sehr präzise, jugendlich, gute Harmonie und Substanz, Länge und Nachhall **52,- €**

2001: 87; 2002: 90; 2003: 91; 2004: 90; 2005: 90; 2006: 90.

90 . . . 2007 Spätburgunder „GG" Ahrweiler Rosenthal

würzig, feiner Duft, herrlich viel Frucht, ganz dezent Schokolade im Hintergrund, ein klein wenig Kräuter; füllig, stoffig, kraftvoll, reife Frucht, feine Tannine und Länge **49,- €**

2003 (Auslese): 90; 2004: 88; 2005: 90; 2006: 90.

93 . . . 2007 Spätburgunder „GG" Recher Herrenberg

würzig, eindringlich, faszinierend viel Frucht, feine mineralische Noten; präzise, kraftvoll, reintönig, herrlich zupackend und jugendlich, viel reife Frucht, feine Mineralität, enorm nachhaltig **59,- €**

(bis 2003 Auslese***) 1997: 89; 2001: 89; 2002: 92; 2003: 88+; 2004: 90; 2005: 89; 2006: 89+.

90 . . . 2007 Spätburgunder Mayschosser Mönchberg

fruchtbetont, intensiv, feiner Duft, ganz dezent florale Noten; weich, füllig und schmeichelnd, reife Frucht, dezent Schokolade (Versteigerungswein)

2005: 89; 2006: 90.

92 . . . 2007 Spätburgunder „Alte Reben"

viel Konzentration, faszinierend viel Frucht, herrlich eindringlich und dominant; stoffig, kraftvoll, viel Konzentration und Substanz, enorm mineralisch und nachhaltig **75,- €**

2004: 88-92; 2005: 91; 2006: 90.

91 . . . 1999 Spätburgunder Auslese* trocken Recher Herrenberg**

aus einer halben Flasche verkostet; etwas Gewürze, feine rauchige Noten, viel reife Frucht; klar, kraftvoll, präzise, gute Struktur, Frische und Biss, feine Tannine und Länge (kein aktueller Jahrgang)

89 . . . 1992 Spätburgunder Auslese trocken Recher Herrenberg

feine Reifenoten, Würze, viel reife Frucht; harmonisch, klar, gute Substanz und Fülle, reife Frucht, Länge (kein aktueller Jahrgang)

90 . . . 2001 „Next Generation" Auslese trocken

gute Konzentration, feine Würze und Duft, herrlich eindringlich, reintönig, etwas vegetale Noten, eindringlich; viel Kraft und Stoff, reife Frucht, Substanz, Tannine, jugendlich (kein aktueller Jahrgang)

91 . . . 1999 Frühburgunder Auslese trocken Recher Herrenberg

gute Konzentration, reife Frucht, Waldbeeren, dunkle Früchte, herrlich eindringlich; klar, fruchtbetont, gute Struktur, feine Tannine und Biss, Spannung, viel Kraft und Nachhall (kein aktueller Jahrgang)

★★★★

J. Störrlein & Krenig

Weingut

Franken

Schulstraße 14, 97236 Randersacker
Tel. 0931-708281, Fax: 0931-701155
www.stoerrlein.de
info@stoerrlein.de
Besuchszeiten: Mo.-Sa. 8-19 Uhr, So. nach Vereinbarung
mehrmals kultur-kulinarische Wochenenden

Inhaber .... Armin Störrlein & Martin Krenig
Rebfläche .... 12,5 Hektar

Die Weinberge von Armin Störrlein liegen in den Randersackerer Lagen Sonnenstuhl, Marsberg und Pfülben. Wichtigste Rebsorten sind Silvaner, Riesling und Müller-Thurgau, gefolgt von den roten Sorten Schwarzriesling, Domina und Spätburgunder. Seine Rotweine baut Armin Störrlein immer im Holz aus (teils auch im Barrique). Auch die meisten Weißweine kommen nach dem Ausbau im Edelstahl noch für einige Monate in große Holzfässer und werden relativ spät abgefüllt.

2008 wurde das Weingut Josef Störrlein mit dem Weinbaubetrieb von Armin Störrleins Schwiegersohn Martin Krenig (4,5 Hektar) verschmolzen und trägt seither den Namen Weingut J. Störrlein & Krenig. Armin Störrlein und Tochter Christiane Störrlein-Krenig kümmern sich im Wesentlichen um Vinifikation und Vermarktung, Martin Krenig um die Bewirtschaftung der Weinberge. Durch den Zusammenschluss besitzt das Weingut nun über 5 Hektar an mehr als 30 Jahre alten Silvaner- und Rieslingreben.

Seit einem Jahrzehnt empfehlen wir die Weine von Armin Störrlein, schon damals haben wir ihn als einen der Top-Winzer in Franken gelobt, haben besonders gewürdigt, dass er gleichermaßen hervorragende Weiß- und Rotweine erzeugt. Dies gilt uneingeschränkt auch heute noch. Im Gegenteil, hatten wir doch in den jüngsten Jahrgängen den Eindruck, dass es weiter vorangeht, dass die Basisweine noch reintöniger und fruchtbetonter sind, bei den Spitzenweinen die Suche nach noch mehr Komplexität erkennbar wird.

Die 2006er Kollektion war toll: Frische, reintönige Basisweine, vier bärenstarke Große Gewächse – als Draufgabe ein toller Rieslingsekt. Sehr homogen auf hohem Niveau präsentierte sich auch der Jahrgang 2007, in dem der Silvaner aus dem Sonnenstuhl unser Favorit war. Die 2006er Rotweine waren ebenfalls stark, wobei der Frühburgunder uns noch ein klein wenig besser gefiel als der Spätburgunder. In diesem Jahr nun ist es umgekehrt, der Spätburgunder triumphiert. Die starke weiße Kollektion wird gekrönt von zwei reintönigen Trockenbeerenauslesen. Bravo!

Weinbewertung

86 . . . 2007 Riesling Sekt brut
würzig, frisch, eindringlich, wunderschön klar; gute Fülle und Substanz, harmonisch, feine Länge **13,- €**

86 . . . 2008 Silvaner „Tradition" trocken Sonnenstuhl
frisch, fruchtbetont, Birnen; klar, füllig, feine Frische, reintönige Frucht **6,20 €**

87 . . . 2008 Sylvaner „Alte Reben" trocken „Unterm Turm"
gute Konzentration, viel reife Frucht, Birnen; füllig, harmonisch, kraftvoll, reife Frucht, Substanz **8,- €**
2007: 87.

87 . . . 2008 Weißburgunder „Tradition" trocken
gute Konzentration, reintönige Frucht, herrlich eindringlich, weiße Früchte; füllig, harmonisch, reife Frucht, wunderschön reintönig **9,- €**
2007: 87.

89 . . . 2008 Silvaner Spätlese trocken Pfülben
gute Konzentration, reintönige reife Frucht, weiße Früchte, Birnen, herrlich eindringlich; füllig, harmonisch, wunderschön reintönig und saftig, gute Struktur und Länge **11,- €**

88 . . . 2007 Riesling „TRIAS" „GG" Randersackerer Sonnenstuhl
konzentriert, würzig, herrlich eindringlich, reife Frucht, dezent Pfirsiche; füllig, harmonisch, gute Substanz und Länge **15,- €**
2000: 88; 2001: 87; 2002: 89; 2003: 90; 2005: 88; 2006: 89.

89 . . . 2008 Weißer Burgunder „TRIAS" „GG" Randersackerer Sonnenstuhl
gute Konzentration, herrlich viel Frucht, weiße Früchte, ganz dezenter Toast und Vanille; füllig, kraftvoll, reife Frucht, gute Substanz und Länge **18,- €**
1998: 90; 2001: 87; 2003: 90; 2004: 90; 2005: 90; 2006: 89; 2007: 87.

90 . . . 2008 Silvaner Trockenbeerenauslese Randersackerer Sonnenstuhl
dominant, würzig, viel Konzentration, enorm eindringlich; konzentriert, dominant, viel Substanz und Stoff **50,- €/0,375l**

91 . . . 2008 Scheurebe Trockenbeerenauslese Randersackerer Sonnenstuhl
viel Konzentration, viel Frucht, süße Zitrusfrüchte, Cassis, herrlich eindringlich; konzentriert, dick, dominant, viel Substanz und Stoff **50,- €/0,375l**

89 . . . 2007 Spätburgunder „TRIAS" „GG" Randersackerer Sonnenstuhl
feine rauchige Noten, etwas rote Früchte, Vanille, reintönige Frucht; gute Fülle und Substanz, reife Frucht, dezent Vanille, gute Struktur **22,- €**

(vor 2003: Barrique) 1997: 87; 1999: 88; 2003: 89; 2004: 89; 2005: 89; 2006: 87.

87 . . . 2007 Frühburgunder Spätlese trocken
viel reife Frucht, feiner Duft, rote Früchte, dezent Vanille; frisch, füllig klare reife Frucht, gute Substanz und Frische **22,- €**

★★

Alfons **Stoffel**

Weingut

Mosel

Maximinstraße 15, 54340 Leiwen
Tel. 06507-3312, Fax: 06507-4651
www.weingut-stoffel.de
weingut-stoffel@t-online.de
Besuchszeiten: täglich nach Vereinbarung
Wein- und Gästehaus St. Maximin (4 Sterne)

Inhaber .... Alfons Stoffel
Rebfläche .... 4 Hektar

Seit Alfons Stoffel das Weingut Anfang der siebziger Jahre übernommen hat, spezialisierte er sich ganz auf Riesling. 95 Prozent der Rebfläche nimmt dieser ein, hinzu kommt ein wenig Weißburgunder. Seine Weinberge befinden sich zum großen Teil in den Steillagen der Leiwener Laurentiuslay, Köwericher Laurentiuslay und Klüsserather Bruderschaft. Alfons Stoffel vergärt die Weine im Edelstahl, lässt sie aber teilweise auf der Feinhefe im Holzfuder reifen – was den Weinen gut zu tun scheint, präsentieren sie sich doch zugänglich, saftig, voller Substanz. Die Ernte wird komplett über die Flasche vermarktet, zu 90 Prozent über den Fachhandel. Seit 1999 gehört zum Weingut das Vier-Sterne-Gästehaus „St. Maximin" mit exklusiven Ferienwohnungen.

2007 wirkten alle Rieslinge sehr geradlinig und ausgewogen, an der Spitze ein glasklarer Eiswein. Genau so einen gibt es auch aus 2008, die übrigen Weine sind kaum weniger gelungen – beginnend beim saftigen Literriesling.

Weinbewertung

86 . . . 2008 Riesling Spätlese trocken Köwericher Laurentiuslay
duftig, klar, etwas Melone, Hefenote; straff würzig, Substanz **8,50 €**

87 . . . 2007 Riesling Spätlese Klüsserather Bruderschaft
klar, eindringliche Frucht, etwas Steinobst; saftig, würzig, elegant **8,50 €**

90 . . . 2008 Riesling Eiswein Leiwener Klostergarten
reintönige Frucht, kandierter Apfel, Aprikose, Ananas, etwas Papaya; betont würzig, straff, saftig, animierend, lang **27,- €/0,375l**

84 2008 Riesling Hochgewächs trocken „Maximus" **6,50 €**
83 2008 Gutsriesling halbtrocken **5,90/1l**
83 2008 Riesling Spätlese „feinherb Symphonie" **8,50 €**

★

Stortz-Nicolaus

Weingut

Pfalz

Weinstraße 601, 67434 Neustadt-Diedesfeld
Tel. 06321-31575, Fax: 06321-977871
www.stortz-nicolaus.de
info@stortz-nicolaus.de
Besuchszeiten: Sa. 10-18 Uhr und nach Vereinbarung

Inhaber .... Roland Stortz-Nicolaus
Rebfläche .... 3,7 Hektar

Roland Stortz-Nicolaus hat nach dem Studium in Geisenheim im elterlichen Betrieb gearbeitet, dann war er im Vertrieb von

Wilmes tätig, hat in Neuseeland gearbeitet, später auch in Südafrika. Im Jahr 2000 übernahm er den elterlichen Betrieb, bepflanzte 80 Prozent der Weinberge neu und stellte von Fassweinvermarktung auf Flaschenvermarktung um. 2002 erzeugte er die ersten Weine, 2003 war dann der erste „richtige" Jahrgang, mit Weinen aus den neu angelegten Weinbergen. Zu 60 Prozent baut er rote Sorten an. Vor allem Spätburgunder, aber auch Merlot, Cabernet Sauvignon und Syrah. 2005 pflanzte er Auxerrois, im Jahr darauf Riesling, denn, man glaubt es kaum bei einem Pfälzer Weingut, bisher hatte Roland Stortz-Nicolaus keinen Riesling im Programm. Auch Sauvignon Blanc hat er inzwischen gepflanzt. Seine Weinberge liegen alle in Diedesfeld. Seit der Betriebsübernahme werden die Weinberge ökologisch bewirtschaftet, seit 2004 ist Roland Stortz-Nicolaus Mitglied bei Bioland, seit 2006 bietet er zertifiziert ökologische Weine an.

Die 2006er Weißweine waren etwas zurückhaltend, aber Syrah und Cuvée Pan aus dem Jahrgang 2005 überzeugten vor zwei Jahren vollauf. Auch die Weine des Jahrgangs 2007 blieben etwas zu verhalten, der Syrah, Jahrgang 2006, gefiel uns im vergangenen Jahr einmal mehr am besten. Die neue Kollektion ist insgesamt stärker, vor allem die kraftvollen Rotweine überzeugen: So darf es weitergehen!

Weinbewertung

86 . . . 2007 Cuvée „Pan" Rotwein trocken
gute Konzentration, rauchige Noten, etwas Cassis; füllig, harmonisch, kraftvoll, reife Frucht, ganz dezent Vanille **11,50 €**

87 . . . 2007 Pinot Noir „R" trocken
gute Konzentration, reintönige reife Frucht, herrlich eindringlich; füllig, harmonisch, feine Frische und Frucht, gute Struktur **14,50 €**

86 . . . 2007 Syrah trocken
gute Konzentration, reife Frucht, etwas Vanille und Schokolade, Kräuter; klar, frisch, zupackend, gute Struktur **15,50 €**

2003: 90; 2004: 86; 2005: 86; 2006: 85.

84 2008 Sauvignon Blanc trocken **6,70 €**
84 2008 Chardonnay trocken **8,20 €**
82 2008 Silvaner **4,40 €**
82 2008 Riesling Auslese **9,- €**
82 2008 Cabernet Sauvignon Rosé **5,20 €**
81 2008 Spätburgunder trocken **5,50 €**
82 2007 Merlot trocken **8,80 €**
83+ 2007 Cabernet Sauvignon trocken **14,- €**

★☆

Stritzinger
Weinbau

Franken

Bergwerkstraße 19, 63911 Klingenberg
Tel. 09372-922954, Fax: 09372-922512
www.weinbau-stritzinger.de
info@weinbau-stritzinger.de
Besuchszeiten: nach Vereinbarung

Inhaber . . . . Anja Stritzinger
Rebfläche . . . . 1,5 Hektar

Willi Stritzinger war 1985 Gründungsmitglied beim Bundesverband ökologischer Weinbau, 1972 hatte er mit einem Traminerweinberg mit dem Weinbau begonnen. Nach langjährigem Probieren wagte er 1990 die Umstellung auf ökologischen Weinbau (Mitglied bei Bioland). Seit 2001 führt seine Tochter Anja das Gut. Ihre Weinberge liegen fast alle in Steillagen im Klingenberger Schlossberg, hinzu kommt ein Weinberg im Bürgstadter Centgrafenberg. Die Reben wachsen hier am Untermain auf Buntsandsteinverwitterungsböden. Zu 70 Prozent baut Anja Stritzinger rote Sorten an, vor allem Spätburgunder, dazu Portugieser und Regent. An weißen Sorten gibt es Riesling, Gewürztraminer, Johanniter und Müller-Thurgau. Das Weingut ist Demonstrationsbetrieb Ökologischer Landbau.

Beim guten Debüt im vergangenen Jahr gefielen uns in einer gleichmäßigen Kollektion der Gewürztraminer und die rote Cuvée St. Urban besonders gut. Die neue Kollektion präsentiert sich geschlossen auf gutem Niveau. Gewürztraminer und Cuvée St. Urban haben uns wieder besonders gut gefallen, aber auch die saftigen Rieslinge machen viel Freude: Im Auge behalten!

Weinbewertung

86 . . . 2008 Riesling Kabinett trocken Klingenberger Schlossberg
gute Konzentration, klare reife Frucht, etwas Pfirsiche, gelbe Früchte, eindringlich; füllig, harmonisch, saftig, klare reife Frucht **9,50 €**

86 . . . 2008 Gewürztraminer Kabinett halbtrocken Klingenberger Schlossberg
Gewürznoten, etwas Muskat, Rosen, herrlich eindringlich und konzentriert; weich, füllig, harmonisch, reife klare Frucht **12,50 €**

85 . . . 2008 „St. Urban" Rotwein trocken
Portugieser und Spätburgunder; viel reife Frucht, rote Früchte; füllig, harmonisch, kraftvoll, gute Struktur, jugendliche Tannine **9,50 €**

84 2008 „Terrassino" Perlwein trocken **7,30 €**
84 2008 Riesling Kabinett halbtrocken Klingenberger Schlossberg **9,80 €**
83 2008 Regent trocken Klingenberger
83 2007 Portugieser trocken Klingenberger Schlossberg **7,30 €**
84 2007 Spätburgunder trocken Klingenberger Schlossberg **9,80 €**

★★

Strohm
Weingut

Rheinhessen

Neu-Offsteiner Straße 44, 67591 Offstein
Tel. 06243-905117, Fax: 06243-905118
www.weingut-strohm.de
weingut-strohm@t-online.de
Besuchszeiten: nach Vereinbarung
3 Gästesuiten

Inhaber .... Rüdiger Strohm
Rebfläche .... 12,5 Hektar

Das Weingut Strohm wird geführt von Rüdiger Strohm und Lydia Bollig-Strohm, die von der Mosel stammt und 1991/1992 Deutsche Weinkönigin war. 1997 haben sie es übernommen, im Jahr darauf mit der Selbstvermarktung begonnen. Wichtigste Rebsorten sind Riesling, Müller-Thurgau, Dornfelder, Silvaner, Portugieser und Weißburgunder. Rüdiger Strohm verwendet für seine Weine keine Prädikatsbezeichnungen und auch keine Lagenangaben, die Weine werden intern mit bis zu drei Sternen klassifiziert.

In den vergangenen Jahren waren die beiden Cuvées – Cultus und Nobilis – unsere Favoriten in ansprechenden Kollektionen. Auch in diesem Jahr gefallen sie uns am besten, die weiteren vorgestellten Weine sind klar und frisch, es fehlt ihnen aber ein wenig an Tiefe und Konzentration.

Weinbewertung

87 . . . "IV Nobilis" Weißwein* trocken Barrique**
Weißburgunder, Grauburgunder, Chardonnay, Jahrgang 2005; viel Konzentration, etwas Gewürze und Toast, gelbe Früchte, herrlich eindringlich; füllig, harmonisch, reife Frucht, Vanille **15,- €**
2002: **86**; 2003: **87**; 2004: **87**; 2005: **87**.

86 ... "IV Cultus" Rotwein* trocken Barrique**
Spätburgunder, Cabernet Dorsa, Acolon, Jahrgang 2006, zwanzig Monate Barriqueausbau; enorm würzig, etwas streng, viel reife Frucht; kraftvoll, füllig, reife Frucht, Substanz, Tannine **20,- €**
2003: **87**; 2004: **87**; 2005: 88.

80 2008 Silvaner** trocken **6,30 €**
82 2008 Weißburgunder** trocken **6,30 €**
80 2008 Grauburgunder** trocken **6,80 €**
81 2008 Chardonnay** trocken **6,80 €**
82 2008 Sauvignon Blanc** trocken **7,30 €**
82 2008 Riesling** trocken **7,30 €**
78 2008 Riesling* halbtrocken **4,50 €/1l**
80 2008 Riesling** halbtrocken **6,30 €**
82 2008 Riesling** **8,50 €**
84 2007 „Il Amicus" Rotwein*** trocken **11,- €**

★★★☆

Studert-Prüm

Weingut Maximinhof

Mosel

Hauptstraße 150, 54470 Bernkastel-Wehlen
***Tel.** 06531-2487, **Fax:** 06531-3920*
www.studert-pruem.com
info@studert-pruem.com
***Besuchszeiten:** Mo.-Fr. 9-12 Uhr, 14-17 Uhr, Sa., So. nach Vereinbarung*

Inhaber .... Stephan und Gerhard Studert
Rebfläche .... 5 Hektar

Die Weinbaugeschichte des Betriebes beginnt mit der Säkularisation; 1805 kam der Maximinhof in den Familienbesitz. Der Name Studert taucht freilich schon Ende des 16. Jahrhunderts in den Annalen auf. Stephan und Gerhard Studert, die Weinbau nachweislich in der zwölften Generation betreiben, bauen in ihren Weinbergen ausschließlich Riesling an. Der größte Teil ihrer Weinberge liegt in der Wehlener Sonnenuhr, aber sie besitzen auch Weinberge in Graach und Bernkastel. Die Weine werden teils im Edelstahl, teils im Holz ausgebaut; allerdings reifen auch die zunächst im Edelstahl ausgebauten Weine für mindestens drei Monate im Holz. Im Jahrgang 2008 hat man hier bewusst auf die Erzeugung edelsüßer Weine verzichtet – und zugunsten kräftigerer Qualitätsweine gibt es auch keine trockenen Prädikatsweine.

Aus dem Jahrgang 2006 wurden nur wenige Weine vorgestellt, 2007 überzeugten vor allem die restsüßen Weine. Die 2008er sind sehr gleichmäßig ausgefallen und liegen insgesamt auf einem hohen Niveau – selbst die trockenen Weine überzeugen voll, und die Spätlese aus der Sonnenuhr ist ein Meisterstück. Die 2003er Trockenbeerenauslese ist ein Klassiker – nach wie vor.

Weinbewertung

85 ... 2007 Riesling Sekt brut Maximiner Cabinet
frisch, etwas Kräuter; würzig, feine Frucht, eleganter Stil, animierend **9,30 €**

85 ... 2008 Riesling trocken Graacher Domprobst
sehr frisch, zarte Frucht; würzig, klar, feingliedrig, Biss **6,20 €**

86 ... 2008 Riesling Kabinett Graacher Himmelreich
duftig, zarte Frucht; straff, würzig, zurückhaltende Süße, herrlich finessenreich **6,90 €**

87 ... 2008 Riesling Kabinett Wehlener Sonnenuhr
duftig, Kräuter, etwas Steinobst; saftig, frisch, feines Süße-Säure-Spiel, Biss **6,90 €**

89 ... 2008 Riesling Spätlese Wehlener Sonnenuhr
eindingliche Frucht, Kräuter, Steinobst, deutlich mineralisch; herrlich feingliedrig, komplex, animierend **7,90 €**

89 ... 2006 Riesling Auslese* Wehlener Sonnenuhr**
reife Frucht, reintönig, Steinobst, ganz leicht Kräuter;

würzig, viel Frucht, herrlich saftig, hat Zukunft **16,- €**

92 . . . 2007 Riesling Auslese** Wehlener Sonnenuhr**

feine Frucht, reife Birne, Mirabelle, etwas Pfirsich, reife Frucht, würzig, sehr eleganter Stil, langer Nachhall **32,- €**

93 . . . 2003 Riesling Trockenbeerenauslese Wehlener Sonnenuhr

reife, absolut reintönige Frucht, cremig, kandierte Früchte; opulent, nicht extrem süß, viel Würze, rassig, Potenzial für Jahrzehnte **55,- €/0,375l**

1994: 93; 2001: 95; 2002: 94; 2003: 93; 2005: 93; 2006: 93; 2008: 92.

84 2007 Riesling Sekt trocken Maximiner Cabinet **9,30 €**

84 2008 Riesling „feinherb" Bernkasteler Graben **6,20 €**

84 2008 Riesling **6,20 €**

★

Stadt Stuttgart

Weingut der

Württemberg

Sulzerrainstraße 24, 70372 Stuttgart

Tel. 0711-2163682 oder 2167140, Fax: 0711-216957140

www.stuttgart.de/weingut

weingut@stuttgart.de

Besuchszeiten: Mo.-Fr. 13-17 Uhr, Sa. 9-12 Uhr

Ratskeller Stuttgart, Flair Hotel zur Weinsteige, Weinhaus Stetter (alle auch Verkaufsstellen)

Inhaber .... Stadt Stuttgart, ... Amt für Liegenschaften und Wohnen

Betriebsleiter .... Bernhard Nanz

Rebfläche .... 17,5 Hektar

1949 baute die Stadt Stuttgart in Bad Cannstatt eine eigene Kelter für den Ausbau und die Abfüllung ihrer Weine und legte damit den Grundstein für das heutige Weingut der Stadt Stuttgart. Die Weinberge liegen in den Lagen Stuttgarter Mönchhalde, Cannstatter Halde und Cannstatter Zuckerle. Die wichtigsten Rebsorten sind Riesling und Trollinger, es folgen Spätburgunder, Lemberger und Müller-Thurgau. Dazu gibt es etwas Dornfelder, Muskat-Trollinger, Kerner und Traminer, sowie als Spezialität St. Laurent.

Die klaren und fruchtbetonten 2006er gefielen uns gut, die letztjährige Kollektion war von sehr gleichmäßiger Qualität. In der neuen Kollektion gefällt uns wie schon im Vorjahr der barriqueausgebaute Lemberger besonders gut, aber auch der Riesling aus der Mönchhalde besitzt Kraft und Substanz.

Weinbewertung

85 . . . 2007 Riesling trocken Stuttgarter Mönchhalde

gute Konzentration, feine Würze und Frucht; füllig, kraftvoll, reife Frucht, gute Substanz, Struktur **9,- €**

85 . . . 2007 Lemberger trocken Barrique

Gewürznoten, eindringliche Frucht, rote Früchte; füllig, kraftvoll, klar, gute Struktur **15,- €**

80 2008 Weißwein-Cuvée Weinsteige trocken **6,- €**

83 2008 Weißburgunder trocken **11,- €**

81 2008 Riesling Kabinett trocken Stuttgarter Weinsteige **6,- €**

83 2008 Riesling trocken Cannstatter Zuckerle **8,50 €**

80 2008 Traminer Kabinett (halbtrocken) **6,50 €**

80 2008 Rotwein-Cuvée trocken **6,- €**

80 2008 „Semsakrebsler" Dornfelder trocken Stuttgarter Mönchhalde **6,50 €**

81 2008 Saint Laurent trocken Stuttgarter Mönchhalde **9,50 €**

83 2007 Spätburgunder trocken Barrique Stuttgarter Mönchhalde **11,- €**

★

Stutz
Ökoweingut

Württemberg

Liebigstraße 49, 74074 Heilbronn
Tel. 07131-251325, Fax: 07131-251367
www.weingut-stutz.de
mail@weingut-stutz.de
Besuchszeiten: Di./Do. 15-18 Uhr, Sa. 9-13 Uhr, jederzeit nach Vereinbarung

Inhaber .... Andreas Stutz
Rebfläche .... 9,8 Hektar

Die Familie betreibt seit Generationen Weinbau, aber erst nach dem 2. Weltkrieg hat man den ehemaligen landwirtschaftlichen Gemischtbetrieb ganz auf Weinbau ausgerichtet. Andreas Stutz hat nach Beendigung seiner Ausbildung in Weinsberg das elterliche Weingut 1994 übernommen und von naturnaher Wirtschaftsweise auf kontrolliert ökologischen Anbau umgestellt. 1995 wurde er Mitglied bei Ecovin, seit 2000 ist Andreas Stutz Vorsitzender des Württemberger Ecovin-Verbandes. Seit 2003 bebaut er seine Weinberge nach biologisch-dynamischen Methoden und ist Mitglied bei Demeter. Alle seine Weinberge befinden sich – verteilt auf 35 Parzellen – in der Gemarkung Heilbronn. Die Weinberge liegen alle in den Heilbronner Einzellagen Stiftsberg und Wartberg. Die Heilbronner Böden bestehen aus Keuper mit einer mächtigen Sandstein-Deckschicht. Knapp ein Drittel der Rebfläche nimmt Trollinger ein, es folgen Riesling, Lemberger und die roten Burgundersorten. Neben den weiteren typischen Württemberger Rebsorten wie Gewürztraminer, Grau- und Weißburgunder, Dornfelder und Kerner baut er seit 1998 auch pilzresistente Rebsorten wie Regent, Johanniter, Helios, Monarch, Prior, Solaris oder Léon Millot an, inzwischen auch Cabernet Carbon, Cabernet Cortis und Cabernet Carol.

Die 2006er präsentierten sich sehr gleichmäßig auf gutem Niveau. Interessanter waren vor zwei Jahren die Rotweine, allen voran der barriqueausgebaute Lemberger und die Rarität, der reinsortige Léon Millot aus dem Holzfass. Die 2007er Kollektion zeigte sich sehr gleichmäßig, allerdings auf etwas niedrigerem Niveau. Am besten gefielen uns die beiden Cuvées aus pilzwiderstandsfähigen Rebsorten. Auch die neue Kollektion ist sehr gleichmäßig, heraus ragt der barriqueausgebaute Grauburgunder aus dem Jahrgang 2007.

Weinbewertung

86 . . . 2007 Grauburgunder Auslese trocken Barrique (Edition)
gute Konzentration, reife Frucht, gelbe Früchte, Vanille; weich, füllig, harmonisch, feine Frische, gute Substanz, Vanille **14,50 €**

81 „Ökosecco" **6,80 €**
81 2008 „Vino Resisto Blanco" Weißwein trocken **6,60 €**
82 2008 Riesling „N" trocken **8,90 €**
81 2008 Weißburgunder trocken (Edition) **7,90 €**
78 2008 Trollinger blanc de noir trocken **5,30 €**
81 2008 Riesling **6,20 €**
79 2008 Riesling „N" **8,90 €**
81 2008 Dornfelder trocken **5,30 €**
82 2007 „Vino Resisto Tinto" Rotwein trocken **8,90 €**
82 2007 Lemberger trocken Holzfass (Edition) **7,- €**
82 2007 Regent trocken Holzfass (Edition) **7,- €**

★

Supp
Weingut

Württemberg

Weinsberger Straße 16, 74189 Weinsberg-Gellmersbach
Tel. *07134-14360,* **Fax:** *07134-23263*
www.supp-weingut.de
supp-weingut@t-online.de
Besuchszeiten: *Mo.-Fr. 17-19 Uhr, Sa. 8-17 Uhr oder nach Vereinbarung*
„Wirtschäftle", Pension

Inhaber .... Martin Supp & Benjamin Supp
Rebfläche .... 7,6 Hektar

Seit Generationen betreibt die Familie Weinbau in Gellmersbach, seit 1982 vermarktet sie Weine selbst. Mehr als zwei Drittel der Weinberge von Martin Supp nehmen rote Sorten ein, wie Trollinger, Schwarzriesling, Lemberger, Samtrot, Spätburgunder und Dornfelder. Bereits seit 1994 baut er Weine im Barrique aus. Bei den weißen Sorten dominiert Riesling. Dazu gibt es vor allem Kerner und Grauburgunder, aber auch Muskateller und Gewürztraminer. Die Weißweine werden kühl vergoren und durchlaufen teilweise den biologischen Säureabbau, auch der Riesling. Die Weine werden zu 95 Prozent an Privatkunden verkauft, die Hälfte davon außerhalb Württembergs. Nach Beendigung seiner Ausbildung zum Weinbautechniker ist Benjamin Supp in den Betrieb eingestiegen. Bei trockenen Weinen wird auf Prädikatsstufen verzichtet, sie werden stattdessen mit Sternen gekennzeichnet. Der Anteil maischevergorener Weine wird stetig erhöht, ebenso der Ausbau im Holz.

Vor zwei Jahren gefiel die Kollektion gut, überzeugte mit klaren Weiß- und Rotweinen. Auch die letztjährige Kollektion zeigte sich sehr gleichmäßig, allerdings auf etwas niedrigerem Niveau. Eine homogene Kollektion schließt sich an mit einem schönen barriqueausgebauten Lemberger an der Spitze.

Weinbewertung

85 . . . 2007 Lemberger*** trocken Barrique**
reintönige Frucht, feine Würze, etwas rote Früchte; kraftvoll, klar, geradlinig, gute Struktur **14,50 €**

84 2006 Pinot blanc de noir Sekt brut **9,20 €**
79 2008 Riesling Kabinett** trocken **4,30 €**
80 2008 Riesling*** trocken **6,20 €**
80 2008 Grauburgunder*** trocken **6,50 €**
82 2008 Muskateller** **4,80 €**
81 2008 Kerner Spätlese **5,70 €**
80 2008 Lemberger weißgekeltert **5,40 €**
80 2006 Spätburgunder** trocken **4,50 €**
82 2007 Lemberger*** trocken **7,10 €**
83 2007 Cuvée „Junior & Senior" trocken Barrique **14,50 €**
79 2007 Samtrot Spätlese **7,10 €**

★☆

Peter Terges
Weingut

Mosel

Olewiger Straße 145, 54295 Trier
Tel. *0651-31096,* **Fax:** *0651-309671*
peter-terges@web.de
Besuchszeiten: *Mo.-So. nach Vereinbarung*
Weinstube (bis 80 Personen)

Inhaber .... Peter Terges
Rebfläche .... 4,9 Hektar

Peter Terges, ein Trierer Original und aus dem Winzerdorf Olewig nicht wegzudenken, hat neben 70 Prozent Riesling noch 15 Prozent Weißburgunder (den er bereits seit über zwanzig Jahren anbaut), Müller-

Thurgau, Gewürztraminer, Auxerrois und Kerner im Anbau. Das Gros seiner Weinberge befindet sich in den Trierer Lagen Burgberg, Deutschherrenberg und Jesuitenwingert; aus den beiden letztgenannten keltert er in der Regel seine spannendsten Rieslinge. Terges verfügt noch über sehr alte Rebstöcke, aus denen er meist seine interessantesten Weine gewinnt. Andere Abfüllungen wirken ein bisschen rustikal, auch scheinen die Hektarerträge manchmal recht hoch zu sein.

Der Jahrgang 2006 fiel uneinheitlich aus, 2007 waren die restsüßen Rieslinge eine Klasse für sich. Die 2008er sind in der Breite verhalten und nicht allzu substanzreich, die süßen Prädikatsweine besitzen aber eine animierende, süffige Art.

Weinbewertung

86 . . . 2008 Riesling Auslese „Alte Reben" Trierer Jesuitenwingert
reife Frucht, eindringlich, etwas Maracuja, Apfel; saftig, würzig, gute Länge **11,- €**

86 . . . 2008 Riesling Auslese* Trierer Deutschherrenberg**
klare Frucht, Steinobst, etwas Kräuter; saftig, rassig, bereits sehr zugänglich **13,- €**

85 . . . 2008 Auxerrois Beerenauslese Trierer Jesuitenwingert
cremig, reife Frucht, etwas gekochte Ananas; saftig, feine Frucht, süffig **15,- €/0,375l**

78 2008 Weißer Burgunder trocken Trierer Burgberg **5,- €**
78 2008 Auxerrois trocken Trierer Burgberg **5,- €**
80 2008 Riesling Spätlese trocken Trierer Deutschherrenberg **8,- €**
81 2008 Riesling Spätlese halbtrocken Trierer Burgberg **8,- €**
84 2008 Riesling Kabinett Trierer Burgberg **5,50 €**
84 2008 Riesling Spätlese Trierer Deutschherrenberg **8,- €**
82 2008 Riesling Spätlese „Alte Rebe" Trierer Burgberg **8,50 €**
84 2008 Gewürztraminer Beerenauslese Trierer Burgberg **12,- €/0,375l**

Tesch

★★★★

Weingut

Nahe

Naheweinstraße 99, 55450 Langenlonsheim
Tel. *06704-93040,* ***Fax****: 06704-930415*
www.weingut-tesch.de
info@weingut-tesch.de
Besuchszeiten*: nach Vereinbarung*

Inhaber .... Dr. Martin Tesch
Rebfläche .... 18,9 Hektar

Das Weingut Tesch war bis in die siebziger Jahre hinein eines der größten Güter an der Nahe. Neben 35 Hektar Weinbergen gehörten noch 100 Hektar landwirtschaftliche Flächen zum Betrieb. Hartmut Tesch hat sich dann ganz auf Weinbau konzentriert – bei den Weinbergen auf die besten Lagen. In Laubenheim auf die Lagen Karthäuser, St. Remigiusberg und Krone, in Langenlonsheim auf den Löhrer Berg und den Königsschild. Heute führt sein Sohn Martin den Betrieb. Dominierende Rebsorte ist Riesling, der über 80 Prozent der Fläche einnimmt, hinzu kommt etwas Weißburgunder und Spätburgunder.

Mit dem „Riesling-Unplugged" greift Martin Tesch den Naturweingedanken wieder auf und versucht eine Gegenbewegung zu initiieren zu dem, was in Deutschland derzeit in Mode ist: Immer alkoholreichere und süßere – angeblich trockene – Weine zu erzeugen. Er setzt auf durchgegorene Weine, die nicht aufgebessert werden, das heißt der Alkoholgehalt wird weder durch Chaptalisierung noch durch andere kellertechnische Verfahren (wie beispielsweise Konzentration der Moste) erhöht. Er hat sein Sortiment gestrafft und übersichtlicher gestaltet, so dass die verschiedenen Lagen schon anhand der Etiketten unterschieden werden können.

Im schwierigen Jahrgang 2006 hatte Martin Tesch sich gut behauptet, alle Rieslinge waren kraftvoll und zupackend, zeigten eine klare Handschrift. Eine tolle Kollektion hatten wir Martin Tesch im vergangenen Jahr attestiert, die Weine hatten weiter an Präzision gewonnen: „Wer sich daran gewöhnt hat, dass trockener deutscher Riesling an die 14 Prozent Alkohol und knapp 9 Gramm Restzucker hat, der wird mit den Weinen von Martin Tesch nichts anfangen können. Wer aber geradlinige, im Alkohol angenehm leichte und mineralisch-zupackende Rieslinge sucht, die nicht schon beim ersten Glas ein Sättigungsgefühl aufkommen lassen, der wird an den 2007er Rieslingen seine Freude haben." So lautete unser Resümee im vergangenen Jahr.

Und was wir im vergangenen Jahr geschrieben hatten, gilt auch für den Jahrgang 2008. Die Weine sind präzise und klar, zupackend und alle recht jugendlich, mineralisch und nachhaltig. Einmal mehr eine konsistente, ganz starke Kollektion in einem alles andere als einfachen Jahrgang.

Weinbewertung

86 . . . 2008 Riesling Kabinett trocken „Unplugged"

frisch, klar, jugendliche Frucht, zurückhaltend; kraftvoll, klar, geradlinig, feiner Frucht und Biss

2001 (1. Jg.): **88**; 2002: **88**; 2003: **88**; 2004: **87**; 2005: **84**; 2006: **87**; 2007: **87**.

88 . . . 2008 Riesling trocken Langenlonsheimer Löhrer Berg

gute Konzentration, dezent gelbe Früchte und Limone, eindringlich; gute Fülle und Harmonie, klare Frucht, Struktur und Biss

2002: **87**; 2003: **89**; 2004: **88**; 2005: **86**; 2006: **88**; 2007: **88**.

88 . . . 2008 Riesling trocken Laubenheimer Krone

feine Würze und Frucht, klar und eindringlich, ganz dezent Limone; kraftvoll, klar, gute Fülle und reife Frucht, zupackend

2003: **89**; 2004: **88**; 2005: **87**; 2006: **87**; 2007: **88**.

87 . . . 2008 Riesling trocken Langenlonsheimer Königsschild

zurückhaltende Frucht, feine Würze, klar, jugendlich; kraftvoll, klar, gute Fülle und Frucht, Struktur

2000: **86**; 2001: **89**; 2002: **88**; 2003: **88**; 2004: **88**; 2005: **87**; 2006: **87**; 2007: **89**.

89 . . . 2008 Riesling trocken Laubenheimer Karthäuser

würzig, eindringlich, gute Konzentration, klare reife Frucht; füllig, kraftvoll, geradlinig, jugendlich, klare Frucht und Biss

1999: **89**; 2000: **89**; 2001: **88**; 2002: **88**; 2003: **90**; 2004: **87**; 2005: **88**; 2006: **87**; 2007: **89**.

89 . . . 2008 Riesling trocken Laubenheimer St. Remigiusberg

gute Konzentration, reintönige Frucht, dezent mineralische Noten, jugendlich; kraftvoll, klar, zupackend, gute Fülle und Frucht, dezent mineralische Noten

2000: **89**; 2001: **89**; 2002: **89**; 2003: **91**; 2004: **89**; 2005: **88**; 2006: **89**; 2007: **89**.

86 . . . 2008 Spätburgunder Rosé trocken

fruchtbetont, klar, gute Konzentration, Frische; klar, füllig, harmonisch, gute Struktur, Frisch, reife Frucht

★

Witwe Dr. H. Thanisch
Weingut, Erben Müller-Burggraef

Mosel

Saarallee 24, 54470 Bernkastel-Kues
Tel. 06531-7570, Fax: 06531-7910
www.dr-thanisch.de
weingut@dr-thanisch.de
Besuchszeiten: nach Vereinbarung

Inhaber .... Barbara Rundquist
Rebfläche .... 12 Hektar

Der Betrieb entstand nach der Trennung des Gutes Witwe Dr. H. Thanisch im Jahr 1988. Inhaberin ist heute Barbara Rundquist. Angebaut werden zu rund 95 Prozent Riesling, unter anderem in den Lagen Bernkasteler Doctor, Bernkasteler Graben oder Wehlener Sonnenuhr.

Weinbewertung

86 . . . 2008 Riesling Kabinett Bernkasteler Doctor
noch etwas verhalten, frisch, leichte Hefenote; würzig, feines Süße-Säure-Spiel **18,- €**

86 . . . 2007 Riesling Spätlese Brauneberger Juffer-Sonnenuhr
reife Frucht, Steinobst, etwas Kräuter; saftig, würzig, animierend **12,60 €**

86 . . . 2008 Riesling Spätlese Bernkasteler Graben
frisch, duftig, feine Frucht; saftig, feine Süße, Biss

85 . . . 2007 Riesling Spätlese Bernkasteler Doctor
leicht gereifte Frucht, etwas Karamell; würzig, saftig, feine Frucht, sehr zugänglich, süffig **27,- €**

87 . . . 2007 Riesling Auslese Bernkasteler Lay
reife Frucht, Steinobst; saftig, sehr direkt, würzig, gute Länge, rassige Säure, klingt gut nach **22, - €**

87 . . . 2007 Riesling Auslese Wehlener Sonnenuhr
reifer Pfirsich, deutlich Karamell; würzig, sehr saftig, viel Frucht, guter Nachhall **22,- €**

86? . . . 2007 Riesling Auslese Bernkasteler Doctor
reife Frucht, Pfirsich, leicht Karamell; würzig, saftig, zugänglich, sehr süffig **25,- €/0,375l**

90 . . . 2006 Riesling Beerenauslese Wehlener Sonnenuhr
reintönige Frucht, Karamell, Rosinen, Kräuter, Nektarinen; saftig, Substanz, nachhaltig **80,- €/0,375l**

87 . . . 2006 Riesling Beerenauslese Bernkasteler Doctor
reife Frucht, cremig, Kräuter, Rosinen, leicht Karamell; reif, opulente Frucht, guter Nachhall **80,- €/0,375l**

---

82 2007 Riesling Spätlese trocken **9,50 €**
81 2008 Riesling Spätlese trocken Graacher Himmelreich
83 2008 Riesling Spätlese trocken Wehlener Sonnenuhr
84 2007 Riesling Spätlese trocken Bernkasteler Doctor **27,- €**
83 2008 Riesling Classic **7,75 €**
84 2008 Riesling Kabinett **8,- €**
84 2008 Riesling Kabinett Bernkasteler Badstube **8,50 €**
83 2007 Riesling Spätlese Bernkasteler Graben **12,60 €**
84 2008 Riesling Spätlese Brauneberger Juffer-Sonnenuhr

★★★★

Wwe. Dr. H. Thanisch
Weingut, Erben Thanisch

Mosel

Saarallee 31, 54470 Bernkastel-Kues
Tel. 06531-2282, Fax: 06531-2226
www.thanisch.com
sofia@thanisch.com
Besuchszeiten: nach Vereinbarung

Inhaber .... Sofia Thanisch-Spier
Rebfläche .... 6,5 Hektar

Das Weingut besitzt eine lange Geschichte, die bis ins 17. Jahrhundert reicht. Als eigentliche Gründer gelten indes Dr. Hugo

Thanisch und – ab 1895 – dessen Witwe Katharina. Bereits in der ersten Hälfte des 20. Jahrhunderts war das Gut weltberühmt für seine Doctorweine. Nach der Teilung des Betriebes führt Sofia Thanisch-Spier, eine Urenkelin von Katharina und Hugo Thanisch, das Weingut Wwe. Dr. H. Thanisch – Erben Thanisch. Sie baut in ihren Weinbergen in Bernkastel, Graach und Brauneberg ausschließlich Riesling an. Die Weine, vor allem jene aus dem Doctor, sind feingliedrig, reduktiv und finessenreich.

Die 2007er bewiesen, dass sich das Weingut auf einem hohen Niveau etabliert hat: Alle Rieslinge waren herrlich reintönig und feingliedrig. 2008 sind die Weine noch etwas rassiger und feingliedriger, sie besitzen aber viel Substanz – allen voran die herrliche Versteigerungsspätlese aus dem Bernkasteler Doctor.

Weinbewertung

85 . . . 2008 Riesling Kabinett trocken Bernkasteler Doctor
jugendliche Frucht, frisch, leichte Hefenoten, Zitrus; straff, würzig, animierend

86 . . . 2008 Riesling Kabinett Bernkasteler Badstube
sehr feine Frucht, Boskoop; frisch, saftig, feines Süße-Säure-Spiel, animierend

88 . . . 2008 Riesling Kabinett Bernkasteler Doctor
duftig, frisch, Kräuter, etwas Zitrus und Boskoop; straff, würzig, rassig, nur ganz zarte Süße

86 . . . 2008 Riesling Spätlese Bernkasteler Badstube
duftig, feine Frucht; sehr geradlinig, zarte Süße, rassig, süffig

89 . . . 2008 Riesling Spätlese Bernkasteler Doctor
duftig, klare Frucht, Mirabellen, etwas Apfel und Kräuter; straff, feste Struktur, rassig
1999: 89; 2000: 91; 2001: 91; 2002: 90; 2003: 88; 2004: 91; 2005: 91; 2006: 91; 2007: 91.

92 . . . 2008 Riesling Spätlese Bernkasteler Doctor
etwas verhalten, zarte Frucht, Steinobst, etwas Ananas und Kräuter; rassig, mineralisch, straff und nachhaltig (Versteigerungswein)

91 . . . 2008 Riesling Auslese Bernkasteler Doctor
reintönig, klare Frucht, Steinobst, leicht tropisch, etwas Zitrus; saftig, herrlich viel Frucht, mineralische Struktur
1999: 89; 2000: 89; 2001: 92; 2003: 88; 2004: 93; 2005: 90; 2006: 92; 2007: 90.

91 . . . 2007 Riesling Auslese Bernkasteler Badstube
reife Frucht, Steinobst, ganz leicht tropisch: saftig, reif, rassige Säure, sehr geradlinig, Nachhall

81 2008 Riesling trocken „Wwe. Dr. Thanisch"
83 2008 Riesling Kabinett „feinherb" Bernkasteler Badstube

★★★

Ludwig Thanisch & Sohn
Weingut

Mosel

Moselstraße 56, 54470 Lieser
Tel. 06531-8227, Fax: 06531-8294
www.thanisch.de
info@thanisch.de
Besuchszeiten: ganztägig geöffnet

Inhaber . . . . Jörg Thanisch
Rebfläche . . . . 6 Hektar

Seit 1648 gibt es Weinbau in der Familie. 2001 hat Jörg Thanisch das Weingut von seinen Eltern übernommen. Neben dem dominierenden Riesling, der 85 Prozent seiner Weinberge einnimmt, baut er ein wenig Müller-Thurgau, Kerner, Dornfelder und bereits seit 1988 auch Spätburgunder an. 70 Prozent seiner Weinberge befinden sich in Steillagen. Als seine wichtigsten Lagen nennt er die Lieser Lagen Niederberg-Helden und Süßenberg sowie Brauneberger Juffer. 2009 wurde das neue Kelterhaus fertiggestellt, die Rebfläche wurde um eine Parzelle im steilsten Bereich der Lage Niederberg-Helden vergrößert. 2008 hat Thanisch erstmals keinen ersten Abstich gemacht, sondern die Weine bis eine Woche vor der Abfüllung auf der Feinhefe gelagert.

2007 war ein weiterer Schritt in die richtige Richtung. Der Jahrgang 2008 überzeugt mit stoffigen Basisweinen, sowie würzigen, jugendlichen Spitzen. Der 1993er, Jörg Thanischs erster spontan vergorener Wein, wirkt kaum gealtert.

Weinbewertung

86 . . . 2008 Riesling trocken „1648“
leichte Hefenoten, Kräuter; würzig, stoffig, entwickelt sich gut, Biss

86 . . . 2008 Riesling Spätlese trocken Lieserer Niederberg-Helden
sehr frisch, jugendlich, etwas Zitrus; würzig, stoffig, frisch, viel Substanz

88 . . . 2008 Riesling „Alte Reben“
zunächst etwas verhalten, zarte Frucht, entwickelt sich gut; würzig, feste Struktur, Schmelz, Nachhall
2005: 85; 2006: 89; 2007: 88.

85 . . . 2008 Riesling Kabinett „feinherb“ Lieserer Niederberg-Helden
sehr jugendlich, Hefe- und Kräuternoten; würzig, feine Frucht

87 . . . 2008 Riesling Spätlese „feinherb“ Lieserer Niederberg-Helden
klar, zarte Frucht, leichte Hefenoten; viel Würze, stoffig, Schmelz gute Länge

85 . . . 2008 Riesling Hochgewächs
duftig, Boskoop, leichte Hefenote; würzig, saftig, rassige Säure, sehr animierend

88 . . . 2008 Riesling Spätlese Brauneberger Juffer
eindringliche Frucht, frisch, getrockneter Apfel, Steinobst; saftig, feines Süße-Säure-Spiel, Substanz

89 . . . 1993 Riesling Auslese Brauneberger Juffer
frisch, ganze feine Kräuternoten, leicht cremig; würzig, feingliedrig, elegant, verhaltene Süße, gute Länge, hat noch Zukunft

81 2008 Riesling trocken (1l)
84 2008 Weißburgunder trocken
83 2008 Riesling Kabinett trocken Lieserer Niederberg-Helden
81 2008 Riesling „feinherb“ (1l)

Thörle ★
Winzerhof

Rheinhessen

Ostergasse 40, 55291 Saulheim
Tel. 06732-5443, Fax: 06732-960860
www.winzerhof-thoerle.de
info@winzerhof-thoerle.de
Besuchszeiten: Mo.-Fr. 8-18 Uhr (bitte anmelden), Sa. 9-17 Uhr
Gästehaus

Inhaber .... Rudolf Thörle
Rebfläche .... 16 Hektar

1985 haben Rudolf und Uta Thörle aus einem landwirtschaftlichen Gemischtbetrieb ein direktvermarktendes Weingut geschaffen. Seit Abschluss seiner Ausbildung in Heilbronn und praktischen Erfahrungen beim Weingut Wittmann und bei Eikendal (Südafrika) ist Sohn Johannes für den Weinausbau verantwortlich. Wichtigste weiße Sorten sind Silvaner, Riesling und die Burgundersorten. An roten Sorten gibt es Dornfelder, Spätburgunder und Portugieser. Die Rotweine werden in Eichenholzfässern ausgebaut, die Weißweine in Edelstahltanks kaltvergoren. Wichtigste Lage ist die sehr kalkreiche Saulheimer Hölle.

Vor zwei Jahren hatten die Thörles eine starke Kollektion, Weiß- wie Rotweine besaßen Kraft und Struktur, vor allem Riesling und Spätburgunder aus der Saulheimer Hölle zeigten Klasse. Die letztjährige Kollektion reichte da nicht heran, der Riesling aus der Hölle überzeugte, blieb aber wie die anderen Weine hinter seinem Vorgänger zurück. Mit den 2008er Weißweinen knüpft man an die starken 2005er und 2006er an. Der Riesling aus der Hölle ist stark, der aus dem Schlossberg steht ihm kaum nach, ebenso der Silvaner von alten Reben. Nicht zu vergessen der gekonnt vinifizierte Spätburgunder aus der Hölle, Jahrgang 2007.

Weinbewertung

85 . . . 2008 Riesling trocken „Kalkstein" Saulheimer
feine Würze, klare reife Frucht, Frische; klar, füllig, kraftvoll, reife süße Frucht **8,60 €**

86 . . . 2008 Silvaner trocken „Alte Reben" Saulheimer
gute Konzentration, reife Frucht, herrlich reintönig; weich, füllig, viel reife Frucht **14,- €**

87 . . . 2008 Riesling trocken Saulheimer Schlossberg
gute Konzentration, feine Frische, reife Frucht, dezent gelbe Früchte; füllig, harmonisch, kraftvoll, viel reife Frucht **13,- €**

88 . . . 2008 Riesling trocken Saulheimer Hölle
gute Konzentration, eindringliche reife Frucht, gelbe Früchte; füllig, kraftvoll, viel Substanz und reife Frucht **14,- €**
2006: 88; 2007: 86.

87 . . . 2007 Spätburgunder trocken Saulheimer Hölle
gute Konzentration, viel reife Frucht, rote Früchte, rauchige Noten; füllig, kraftvoll, klar, Vanille, gute Struktur, etwas harte Tannine **17,- €**

---

81 2008 Riesling trocken **5,40 €**
83 2008 Grauburgunder trocken **5,60 €**
83 2007 „Cuvée R" Rotwein Cabernet Sauvignon Merlot trocken Saulheimer **20,90 €**
84 2007 Spätburgunder „Kalkstein" trocken Saulheimer **8,90 €**

★

Thüringer
Weingut Bad Sulza

Saale-Unstrut

Sonnendorf, Nr. 17, 99518 Bad Sulza
Tel. 036461-20600, Fax: 036461-20861
www.thueringer-wein.de
info@thueringer-wein.de
Besuchszeiten: Mo.-Fr. 10-18 Uhr, Sa. 10-16 Uhr, So. 10-13 Uhr
Weinproben im Gewölbekeller (ab 20 Personen), Ferienwohnung

Inhaber .... Familie Burkhardt
.... Stadt Bad Sulza
.... Andreas Clauß
Geschäftsführer .... Andreas Clauß
Kellermeister .... Wolfram Proppe
Rebfläche .... 36 Hektar

Das Thüringer Weingut Bad Sulza wurde 1992 als erstes Weingut in Thüringen gegründet. Die Weinberge in Thüringen gehören weinbaugeografisch zum Weinanbaugebiet Saale-Unstrut, das größtenteils im Bundesland Sachsen-Anhalt liegt. 1998 hat das Thüringer Weingut seine neue Betriebsstätte in Sonnendorf, einem Ortsteil von Bad Sulza, bezogen. Derzeit ist das Thüringer Weingut Bad Sulza das größte private Weingut an Saale und Unstrut. Die Weinberge liegen an den Hängen des Ilmtals, vor allem in Bad Sulza, wo dem Weingut eine 22 Hektar große Fläche gehört. Die Lage heißt Sonnenberg, die Kernlage Sommerleite möchte man zukünftig als Einzellage eintragen lassen und nutzen. 14 Hektar liegen in Auerstedt (Tamsel, in Alleinbesitz), hinzu kommen 20 Ar im Dornburger Schlossberg (ebenfalls in Alleinbesitz), wo zwei kleine Terrassen gerodet und mit alten deutschen Sorten bepflanzt wurden. Die Weine im Gebiet sind geprägt von Muschelkalkböden. Nächstes Ziel ist die Rekultivierung des Vitzenburger Schlossbergs, der nördlichsten Lage im Gebiet (mit Buntsandsteinböden).

Fast die gesamte Fläche wurde in den Jahren 1999 bis 2005 neu bepflanzt. Hauptrebsorte ist Müller-Thurgau. Weitere wichtige weiße Rebsorten sind Kerner, Gutedel, Weiß- und Grauburgunder, sowie Riesling und Traminer. Neu gepflanzt wurden Muskateller, Scheurebe und Sauvignon Blanc, aber auch rote Sorten, zunächst Regent (mit 6 Hektar wichtigste rote Rebsorte), inzwischen auch Sorten wie Cabernet Dorsa, Cabernet Mitos, Frühburgunder, Pinotin und Cabertin. Die Weine tragen alle die Bereichsangabe „Thüringer" anstatt der Lagenbezeichnungen Bad Sulzaer Sonnenberg oder Auerstedter Tamsel. Die besten Weine des Jahrgangs werden seit dem Jahrgang 2004 in der Linie „Excellence" vermarktet, auf Prädikatsbezeichnungen wird verzichtet.

2006 fiel jahrgangsbedingt etwas schwächer aus, wies mit der Traminer Beerenauslese aber einen schönen edelsüßen Wein auf. Die 2007er Kollektion war homogen, ohne aber Spitzen wie in früheren Jahren aufzuweisen. Die neue Kollektion gefällt uns sehr gut, alle Weine sind reintönig und frisch. Ganz besonders überzeugten Chardonnay und Weißburgunder, sowie die rote Cuvée „CP1".

Weinbewertung

85 . . . 2008 Traminer trocken „Excellence"
reife Frucht, dezent Rosen, wunderschön klar; weich, füllig, harmonisch, reife Frucht **11,- €**

86 . . . 2008 Weißburgunder trocken „Excellence"
frisch, fruchtbetont, gute Konzentration, reintönig; klar, harmonisch, füllig, reife Frucht, gute Substanz und Fülle **10,50 €**

87 . . . 2008 Chardonnay trocken „Excellence"
gute Konzentration, klare reife Frucht, etwas gelbe Früchte; weich, füllig, harmonisch, reife Frucht, viel Substanz **12,50 €**

85 . . . 2008 Frühburgunder trocken
frisch, fruchtbetont, herrlich reintönig; klar, harmonisch, reife Frucht, dezenter Biss **8,50 €**

87 . . . 2006 „CP1" Rotwein trocken
Cabernet Mitos und Regent, dazu etwas Cabernet Dorsa und Pinotin; gute Konzentration, viel reife Frucht, Herzkirschen, herrlich eindringlich; füllig, stoffig, herrlich viel Frucht, etwas Vanille, Bittermandeln, Substanz **18,50 €**

83 2008 Gutedel trocken **6,50 €**
82 2008 Müller-Thurgau trocken **6,50 €**
81 2008 Rivaner trocken **6,70 €**
82 2008 Riesling trocken **7,50 €**
83 2008 „Justinus K" Kerner trocken **7,- €**
84 2008 Grauburgunder trocken **7,50 €**
84 2008 Weißburgunder trocken **7,50 €**
84 2008 Grauburgunder trocken „Excellence" **10,50 €**
84 2008 Auxerrois trocken „Excellence" **11,- €**
84 2008 Scheurebe trocken **8,- €**
83 2008 Muskateller trocken **9,- €**
84 2008 Traminer trocken **8,- €**
83 2008 Rosé trocken **6,80 €**
84 2006 Traminer Beerenauslese **24,- €**
83 2008 Pinotin trocken **8,20 €**
83 2008 Cabernet Dorsa trocken **8,20 €**
84 2008 „Herzog von Auersted" Regent trocken **8,50 €**

★

Trautwein

Weingut

Baden

Riegeler Straße 2, 79353 Bahlingen
Tel. 07663-2650, Fax: 07663-50027
www.trautweingut.com
info@trautweingut.com
Besuchzeiten: samstags und nach Vereinbarung

Inhaber ..... Hans-Peter und Elfriede Trautwein
Rebfläche .... 8,5 Hektar

Bereits seit 1980 werden die Weinberge von Hans-Peter und Elfriede Trautwein ökologisch bewirtschaftet (Mitglied bei Bioland und Demeter). Ihre Weinberge liegen alle in Bahlingen. Knapp die Hälfte der Rebfläche nimmt Spätburgunder ein, gefolgt von Grauburgunder, Müller-Thurgau und Weißburgunder. Dazu gibt es etwas Gewürztraminer, Chardonnay und Regent. Die Weißweine baut Hans-Peter Trautwein im Edelstahl aus, Chardonnay und Grauburgunder auch im Barrique. Die Rotweine kommen nach der Maischegärung alle ins Holzfass, ausgesuchte Weine auch ins Barrique.

Vor zwei Jahren überzeugte die Kollektion, die 2006er Weißweine waren klar und kraftvoll, die Spätburgunder besaßen Kraft und Struktur. Die Weißweine des Jahrgangs 2007 blieben ein wenig hinter den Vorjahren zurück. Die neue Kollektion ist sehr gleichmäßig, ohne aber Spitzen wie in früheren Jahrgängen aufzuweisen.

Weinbewertung

81 2008 Weißburgunder trocken Bahlinger **7,90 €**
81 2008 Grauburgunder trocken Bahlinger **7,90 €**
83 2007 Weißburgunder „Edition Hundsrück" **13,50 €**
84 2007 Grauburgunder „Edition Fohberg" **13,50 €**
82 2007 Gewürztraminer „Edition Fohberg" **13,50 €/0,5l**
81 2008 „Papilio" Rosé vom Spätburgunder Bahlinger **6,90 €**
83 2007 Spätburgunder trocken Bahlinger **8,30 €**
84 2006 Spätburgunder Edition Bahlinger **13,50 €**

★

Trenz

Weingut

Rheingau

Schulstraße 1, 65366 Johannisberg
Tel. 06722-750630, Fax 06722-7506310
www.weingut-trenz.de
info@weingut-trenz.de
Besuchszeiten: Mo.-Fr. 8.30-12 + 13-17 Uhr, Sa. 10-15 Uhr
Gutsausschank

Inhaber .... Michael Trenz
Rebfläche .... 10 Hektar

Michael Trenz gehört zur jungen Garde der Rheingauer Winzer und hat den Familienbetrieb binnen weniger Jahre über Johannisberg hinaus bekannt gemacht. Trenz baut außer Riesling und Spätburgunder auch Weißburgunder und Sauvignon Blanc an. Die Weißweine werden mittels gezügelter Gärung vinifiziert, die Rotweine reifen komplett im Holzfass. Zusammen mit einem Weingut in Südafrika erzeugt Michael Trenz in Stellenbosch eine rote Cuvée aus Merlot, Cabernet Sauvignon und Shiraz.

Weinbewertung

85 . . . 2008 Riesling Spätlese trocken Johannisberger Vogelsang
klare Frucht, fein, duftig; straff, würzig, markante Säure, noch sehr verschlossen (85+ Punkte) **7,40 €**

85 . . . 2008 Riesling Spätlese „feinherb" Rüdesheimer Magdalenenkreuz

sehr verhalten; würzig, feste Struktur, deutliche Säure, leicht mineralisch, abwarten **7,40 €**

87 . . . 2007 Riesling „Alte Reben" Johannisberg
leichte gereifte Frucht, Kräuter; würzig, straff, gute Länge, interessant **10,90 €**

85 . . . 2008 Riesling Kabinett Johannisberger Hölle
feine Frucht, Kräuter, etwas Kandis; würzig, feine Frucht, saftig, animierend **5,40 €**

---

82 2008 Sauvignon Blanc trocken **7,80 €**
83 2008 Riesling Kabinett trocken Johannisberger Vogelsang **5,60 €**
81 2008 Riesling Classic **5,30 €**
79 2008 Spätburgunder Blanc de Noir „feinherb" **6,70 €**
84 2008 Spätburgunder trocken **7,20 €**
83 2007 Spätburgunder trocken Barrique **12,80 €**

★★

Trockene Schmitts

Weingut

Franken

Maingasse 14a/Flecken 1, 97236 Randersacker
Tel. 0931-700490, Fax: 0931-3048815
www.durchgegorene-weine.de
info@naturreine-weine.de
Besuchszeiten: Mo.-Fr. 8-18 Uhr, Sa. 9-16 Uhr oder nach Vereinbarung
Weinrestaurant „Ewig Leben"
Ferienwohnungen „Sartoriushaus"

Inhaber .... Paul Schmitt und Bruno Schmitt
Rebfläche .... 13,5 Hektar

Die Brüder Paul Schmitt („Haus der trockenen Weine") und Bruno Schmitt („Weingut Robert Schmitt") aus Randersacker haben ihre beiden Betriebe zusammengelegt und vermarkten seit dem Jahrgang 2002 ihre Weine gemeinsam unter dem Namen Weingut Trockene Schmitts. Angebaut werden Silvaner, Müller-Thurgau und Riesling, aber auch Rieslaner, Traminer, Scheurebe, Weißburgunder und Bacchus. Alle Weine kommen nach der Gärung im Edelstahl zur Reifung ins traditionelle Holzfass. Die Weine werden prinzipiell durchgegoren ausgebaut, meist mit weniger als einem Gramm Restzucker.

In den vergangenen Jahren hatten Paul und Bruno Schmitt sehr schöne Kollektionen mit vielen kraftvollen, sehr eigenständigen Weinen. Eine ebenso überzeugende Kollektion boten sie vor zwei Jahren, zeigten sich unbeeindruckt vom problematischen Jahrgang 2006. Die 2007er Kollektion war sehr homogen, überzeugte trocken wie süß, weiß wie rot. Eine sehr ausgewogene Kollektion präsentieren Paul und Bruno Schmitt auch mit dem Jahrgang 2008, in der uns die beiden Silvaner Spätlesen aus dem Sonnenstuhl besonders gut gefallen.

Weinbewertung

87 . . . 2008 Silvaner Spätlese trocken Randersackerer Sonnenstuhl
gute Konzentration, viel reife Frucht, weiße und gelbe Früchte, herrlich eindringlich; weich, füllig, klar, viel Substanz **8,50 €**
2004: 85; 2005: 87; 2006 85; 2007: 85.

87 . . . 2008 Silvaner Spätlese trocken „Alte Reben" Randersackerer Sonnenstuhl
würzig, eindringlich, viel reife Frucht; weich, füllig, stoffig, viel reife Frucht und Substanz **10,80 €**
2007: 86.

85 . . . 2008 Riesling Spätlese trocken Randersackerer Pfülben
gute Konzentration, reife Frucht, Frische, Würze; weich, füllig, kraftvoll, gute Substanz **10,50 €**

85 . . . 2008 Gewürztraminer Spätlese trocken Randersackerer Lämmerberg
gute Konzentration, Gewürze, etwas Schärfe, dezent Rosen; füllig, stoffig, klare reife Frucht **9,50 €**

86 . . . 2008 Albalonga Spätlese trocken Randersackerer Marsberg
'würzig, eindring ich, Zitrusschärfe, dezent Aprikosen; füllig, kraftvo l, viel Substanz, Biss **12,50 €**

83 2008 Silvaner Kabinett trocken Randersackerer Pfülben **6,80 €**
82 2008 Riesling Kabinett trocken Randersackerer Marsberg **7,20 €**
81 2008 Weißburgunder Kabinett trocken Randersackerer Marsberg **7,50 €**
83 2008 Rieslaner Spätlese trocken „Alte Reben" Randersackerer Sonnenstuhl **11,80 €**

★★
Rita u. Rudolf Trossen
Weingut
Mosel

Bahnhofstraße 7, 54538 Kinheim
Tel. 06532-2714, Fax: 06532-1594
trossenwein@web.de
Besuchszeiten: nach Vereinbarung

Inhaber .... Familie Trossen

Rita und Rudolf Trossen bewirtschaften ihre Weinberge seit 1978, kurz nach Heirat und Übernahme des Familienweingutes, nach biodynamischen Gesichtspunkten und sind Gründungsmitglied von Ecovin. Typisch für ihre Weine – außer Riesling wird auch Rot- und Roséwein erzeugt – ist die saftige, manchmal an Zitrusschalen und Pfirsiche erinnernde Art.

Die 2006er zeigten erstaunliche Klasse, waren würzig, kraftvoll und leicht zugänglich, auch die 2007er präsentierten sich als saftige, klassische Mittelmosel-Rieslinge. Die 2008er kommen da zwar nicht ganz heran, setzen aber die Erfolgsgeschichte fort.

Weinbewertung

85 . . . 2008 Riesling Spätlese trocken „Pyramide"
frisch, direkt, etwas Birne und Mirabellen; straff, reife Säure, Biss

85 . . . 2008 Riesling Spätlese „feinherb" „SCHIEFERSTERN"
leichte Hefenoten, gelbe Früchte, Mirabellen; saftig, recht stoffig, zugänglich, hat Substanz **9,10 €**

85 . . . 2007 Riesling Spätlese „feinherb KESTENBÜSCH"
reife Frucht, Pfirsichschalen, Kräuter, etwas Orange; sehr saftig, hat Schmelz **8,20 €**

85 . . . 2008 Riesling Spätlese „von der Lay"
duftig, frisch, etwas getrockneter Apfel; saftig, würzig, zurückhaltende Süße

86 . . . 2008 Riesling Spätlese „MADONNA"
duftig, getrockneter Apfel, etwas gelbe Früchte; prägnante Säure, hat Biss **9,80 €**

82 2008 Riesling trocken (1l)
82 2008 Riesling trocken „Schieferblume" **6,80 €**
84 2008 Riesling Spätlese trocken „von der Lay" **8,60 €**
81 2008 Riesling Kabinett **7,20 €**
83 2008 Riesling Kabinett Kinheimer Rosenberg **7,- €**
79 2008 Rosé trocken **6,50 €**
82 2008 Trossen rot trocken **7,90 €**

★★
Ungerer
Weingut
Württemberg

Harsberger Straße 15, 74629 Renzen
Tel. 07949-419 + 940650, Fax: 07949-419
www.weingut-ungerer.de
weingut-ungerer@t-online.de
Besuchszeiten: Mo.-Fr. 17-19 Uhr, Sa. 9-13 Uhr oder nach Vereinbarung
Weinstube (6 Tage im Monat geöffnet)
Wein- und Sektfest am letzten Sonntag im Aug.

Inhaber .... Familie Ungerer
Rebfläche .... 5,5 Hektar

Karl Ungerer und Sohn Karlheinz haben 1993 mit der Selbstvermarktung begonnen. Alle ihre Weinberge befinden sich in der Lage Heuholzer Dachsteiger. 65 Prozent der Fläche nehmen rote Sorten ein, vor allem Lemberger, Trollinger und die Burgundersorten. Dazu gibt es Dornfelder und Cabernet Mitos, der im Jahrgang 2002 erstmals sortenrein ausgebaut wurde. Zuletzt wurde etwas Regent in einer Steillage gepflanzt. Wichtigste weiße Rebsorten sind Riesling, Kerner, Traminer und Chardonnay. Die Rotweine werden maischevergoren. Die Weißweine vergären in Edelstahltanks, ausgesuchte Partien auch im Barrique.

Die rote Cuvée „der Tanz der Kräfte", gefiel uns vor zwei Jahren besonders gut, aber auch der Rest der roten Kollektion konnte sich sehen und schmecken lassen. Die 2006 Weißweine reichten da nicht ganz heran. Die letztjährige Kollektion war dann ein wenig verhaltener. In diesem Jahr nun gefallen uns die roten Cuvées besonders gut, mit dem Riesling Edition kann auch ein Wein aus dem weißen Sortiment ihnen Paroli bieten.

Weinbewertung

86 . . . 2008 Riesling „Edition" trocken
gute Konzentration, viel reife Frucht, feine Würze; kraftvoll, füllig, reife Frucht, Substanz **8,93 €**

85 . . . 2007 „Unglaublich" Rotwein trocken Barrique
viel Duft, reife Frucht, etwas Gewürze; weich, füllig, harmonisch, viel reife süße Frucht, dezent Schokolade **14,87 €**

87 . . . 2007 „Saltatium virium" Rotwein trocken Barrique
gute Konzentration, etwas Gewürze, rote Früchte, eindringlich; füllig, harmonisch, viel reife Frucht, etwas Schokolade, Tannine **19,64 €**
2003 (1. Jg.): **87**; 2004: **87**; 2005: **88**.

79 2008 Sylvaner Kabinett trocken Heuholzer Dachsteiger **4,76 €**
79 2008 Riesling Kabinett trocken Heuholzer Dachsteiger **5,- €**
83 2008 Chardonnay Spätlese trocken Heuholzer Dachsteiger **7,85 €**
83 2008 Riesling Spätlese trocken Heuholzer Dachsteiger **6,78 €**
83 2008 Riesling Spätlese Heuholzer Dachsteiger **6,78 €**
82 2008 Trollinger trocken „Alte Rebe" **5,- €**
81 2008 Acolon trocken **6,95 €**
84 2007 Lemberger trocken Holzfass **7,14 €**
84 2007 Cabernet Mitos trocken **9,16 €**

Untertürkheim ★★★
Weinmanufaktur
Württemberg

Strümpfelbacher Straße 47, 70327 Stuttgart
Tel. 0711-336381-0, Fax: 0711-336381-24
www.weinmanufaktur.de
info@weinmanufaktur.de
Besuchszeiten: Mo.-Fr. 8-18 Uhr, Sa. 9-13 Uhr
Weinproben (nach Vereinbarung)

Geschäftsführer .... Günter Hübner
Kellermeister .... Jürgen Off
Mitglieder 87
Rebfläche .... 85 Hektar

Die Weinberge der 1887 gegründeten Untertürkheimer Genossenschaft liegen in den Untertürkheimer Lagen Mönchberg und Altenberg. Zwei Drittel der Weinberge ist mit roten Reben bestockt. Wichtigste Rebsorte ist der Trollinger, der knapp die

Hälfte der Rebfläche einnimmt. Danach kommt Riesling, dann – mit gehörigem Abstand – Müller-Thurgau, Kerner, Lemberger und die Burgundersorten, aber auch Gewürztraminer, Muskattrollinger, Regent und Merlot. Die Weine sind betriebsintern mit bis zu drei Sternen klassifiziert, auf Prädikatsbezeichnungen bei trockenen Weinen wird verzichtet. Die Weißweine werden überwiegend im Edelstahl ausgebaut, der Grauburgunder auch im Holzfass. Die einfachen Rotweine werden maischeerhitzt, die besseren (2- und 3-Sterne-Weine) maischevergoren. Die besten Weine werden im 1902 erbauten Kreuzgewölbekeller auch im großen Holzfass oder im Barrique ausgebaut. Die als Barriqueweine gekennzeichneten Weine kommen ausschließlich in neue Fässer, Weine mit der Bezeichnung „Holzfass" in gebrauchte Barriques.

Kellermeister Jürgen Off ist seit 1987 in Untertürkheim tätig, seit 2001 trägt er die Verantwortung im Keller. Der Lemberger war unser Favorit vor zwei Jahren, aber auch Merlot und Spätburgunder beeindruckten. Etwas verhaltener zeigte sich die letztjährige Kollektion, vor allem im weißen Segment, die Rotweine überzeugten wie gewohnt. Auch in diesem Jahr nun liegen die Vorteile eindeutig bei rot, die beiden 2006er Barriqueweine – Lemberger und Mönch Berthold – gehören zur Spitze in Deutschland.

Weinbewertung

86 . . . 2008 Riesling* trocken**
würzig, eindringlich, viel reife Frucht; füllig, klar, feine süße Frucht und Biss **11,20 €**

86 . . . 2006 „Cuvée Concilium"* Rotwein trocken**
feine Würze, rote Früchte, gute Konzentration; weich, füllig, kraftvoll, Tannine **14,40 €**
2004: 87; 2005: 87.

87 . . . 2007 Samtrot* trocken**
gute Konzentration, reintönige Frucht, feine rauchige Noten; füllig, kraftvoll, reife Frucht, gute Substanz und Länge **14,50 €**

87 . . . 2007 Merlot* trocken**
gute Konzentration, Gewürze, viel reife Frucht, herrlich eindringlich; füllig, kraftvoll, harmonisch, reife Frucht, Substanz **15,40 €**
2003: 88; 2004: 87; 2005: 88; 2006: 87.

89 . . . 2006 „Mönch Berthold"* Rotwein trocken Barrique**
viel Konzentration, feiner Toast, reife Frucht, rote Früchte, etwas Vanille; füllig, kraftvoll, herrlich viel Frucht und Substanz, gute Struktur **21,50 €**
1997: 86; 2002: 89; 2003: 89; 2004: 87; 2005: 86.

89 . . . 2006 Lemberger* trocken Barrique**
viel Konzentration, Gewürze, reife Frucht, Toast, herrlich eindringlich; gute Fülle und Substanz, reife Frucht, etwas Schokolade, gute Substanz und Länge **25,70 €**
1997: 87; 2001: 90; 2002: 90; 2003: 90; 2004: 90; 2005: 89.

82 2008 Grauburgunder** trocken **7,40 €**
83 2008 Sauvignon Blanc** trocken **8,05 €**
83 2007 Chardonnay*** trocken **12,50 €**
83 2008 Gewürztraminer** **9,55 €**
82 2007 „Mönch Berthold"** Rotwein trocken **7,55 €**
84 2007 Lemberger** trocken **8,20 €**

P.J. Valckenberg
Weingut

Rheinhessen

siehe Weingut → **Liebfrauenstift**

vanelkan ★

Weingut

Mosel

Rieslingweg 1, 54318 Mertesdorf
Tel. 0651-9954475, Fax: 0651-9954476
www.vanelkan.de
info@vanelkan.de
Besuchszeiten: nach Vereinbarung

Inhaber .... Marco van Elkan
Rebfläche .... 0,5 Hektar

Marco und Christina van Elkan haben 2001 zusammen mit Freunden eine kleine, von der Stilllegung bedrohte Parzelle im Ruwertal übernommen, ab 2003 kamen weitere Parzellen im Kaseler Nies'chen und in anderen Ruwerlagen hinzu. Ein Teil der Reben ist wurzelecht und bis zu 70 Jahre alt. Im Keller setzt man auf die kühle Vergärung der Weine im Edelstahltank.

Nach sehr klaren, gelungenen Weinen 2007 enttäuschen auch die 2008er nicht: Vor allem der Kabinett von alten Reben besitzt viel Struktur und eine animierende Art.

Weinbewertung

86 ... 2008 Riesling Kabinett „Alte Reben" Kaseler Nies'chen
duftig, etwas Apfel, etwas Cassis; würzig, schönes Süße-Säure-Spiel, Biss **7,50 €**

83 2008 Riesling trocken „Schiefer" **6,- €**
84 2008 Riesling Kabinett „feinherb" **7,- €**

Van Volxem ★★★★☆

Weingut

Mosel

Dehenstraße 2, 54459 Wiltingen/Saar
Tel. 06501-16510, Fax: 06501-13106
www.vanvolxem.de
vanvolxem@t-online.de
Besuchszeiten: Mo.-Sa. nach Vereinbarung

Inhaber .... Roman Niewodniczanski
Rebfläche .... 45 Hektar

Das ehemalige Klosterweingut der Luxemburger Jesuiten wurde auf den Fundamenten einer römischen Hofanlage erbaut. Ende 1999 wurde es von Roman Niewodniczanski erworben. Zu den Weinbergen in den Wiltinger Lagen Scharzhofberger, Braunfels, Klosterberg und Gottesfuß hat er in den vergangenen Jahren weitere Parzellen in besten Lagen der Saar hinzu erworben, beispielsweise im Wawerner Goldberg. Das Weingut wurde binnen weniger Jahre zu einem der größten Betriebe an der Mosel, das durchschnittliche Alter der Reben liegt bei über 40 Jahren. Die ältesten Reben, beispielsweise im Wiltinger Gottesfuß, sind 120 Jahre alt. Roman Niewodniczanski will die Charakteristik der Lagen in den Weinen herausarbeiten, die Lagenprägung, wie er es nennt. Nach der schonenden Pressung werden die Weine im traditionellen Fuder langsam vergoren, ausschließlich mit den eigenen Hefen.

Das Programm ist klar gegliedert: Es gibt außer dem Weißburgunder noch den „Saar Riesling", den fruchtigeren „Schiefer Riesling" und den leicht süßen „Rotschiefer", dann den Saar-Riesling „Alte Reben" – und schließlich die Lagenweine. Hierzu gehört der Vols (auf dem Etikett steht aus rechtlichen Gründen VOLZ), der bis 1971 eine Einzellage war, der Pergentsknopp (die beste Scharzhofberger-Parzelle), der Wein aus dem Kanzemer Altenberg und jener aus dem Gottesfuß, vom ältesten und steilsten Weinberg des Gutes. Nur edelsüße Weine tragen Prädikatsbezeichnungen.

Die 2007er waren würzig, komplex, besaßen vergleichsweise wenig Alkohol, dafür eine cremige, reife und häufig faszinierend mineralische Art – allerdings wirkten sie teilweise sehr unzugänglich. 2008 sind die Weine alle herrlich kraftvoll und stoffig ausgefallen, besitzen dabei aber auch Präzision und Nachhaltigkeit. Mit diesem Jahr kommt Roman Niewodniczanski seinem Ziel – Lagenprägung! – einen deutlichen Schritt näher. Der mit dem Jahrgang 2006 als neuer Spitzenwein eingeführte „1900" allerdings konterkariert dieses Ziel – er wird aus den Trauben der ältesten Reben von verschiedenen Lagen erzeugt. Der beste, zumindest teuerste Wein des Weingutes ist also eine Lagencuvée.

Nichtsdestotrotz: Glückwunsch zur 2008er Kollektion!

Weinbewertung

87 . . . 2008 Weißburgunder
reife Frucht, etwas weiße und gelbe Früchte; füllig, harmonisch, reife Frucht, saftig und klar **9,90 €**

87 . . . 2008 Schiefer Riesling
gute Konzentration, feine Frische, etwas gelbe Früchte; klar, harmonisch, füllig, kraftvoll, viel Substanz **8,60 €**

87 . . . 2008 Saar Riesling
gute Konzentration, reife Frucht, gelbe Früchte, herrlich eindringlich; füllig, kraftvoll, saftig, Substanz, feine Frische, und dezente Mineralität **9,80 €**

89 . . . 2008 Riesling Wiltinger Braunfels
würzig, konzentriert, herrlich eindringlich, feine Mineralität, weiße und gelbe Früchte; kraftvoll, mineralisch, zupackend, feiner Frucht und Biss, jugendlich, nachhaltig **12,50 €**

90 . . . 2007 Riesling „Alte Reben"
gute Konzentration, feine Würze und Frucht, herrlich eindringlich, gelbe Früchte, faszinierend klar; füllig, kraftvoll, viel reife Frucht, Substanz und Stoff (kein aktueller Jahrgang)

89 . . . 2008 Riesling „Alte Reben"
gute Konzentration, feine Würze und Frucht, dominant und eindringlich; füllig, stoffig, viel Substanz und reife Frucht **13,80 €**

90 . . . 2008 Riesling Scharzhofberger
gute Konzentration, faszinierend viel Frucht, etwas gelbe Früchte, ganz dezent Zitrus und Orangen im Hintergrund; füllig, stoffig, kraftvoll, viel Substanz, feiner Nachhall, braucht Zeit **16,- €**

90 . . . 2008 Riesling Wawerner Goldberg
viel Konzentration, viel Würze, eigenwillig eindringlich; füllig, stoffig, kraftvoll, reife Frucht, gelbe Früchte, feiner Nachhall, Potenzial **16,- €**

90 . . . 2004 Riesling Kupp
viel reife Frucht, Orangen, gelbe Früchte, auch Orangenschalen; stoffig, dominant, viel Substanz und feine Länge (kein aktueller Jahrgang)

91 . . . 2007 Riesling „VOLZ"
viel Konzentration, reife Frucht, gelbe Früchte, herrlich eindringlich; füllig, harmonisch, viel reife Frucht, Substanz und Frische, reintönig und lang, feine Mineralität im Abgang (kein aktueller Jahrgang)

93 . . . 2008 Riesling „VOLZ"
würzig, konzentriert, faszinierend viel Frucht, herrlich eindringlich, gelbe Früchte, dominant; füllig, stoffig, kraftvoll, enorm reintönig und nachhaltig mit mineralischen Noten **21,- €**

91 . . . 2003 Riesling Altenberg „Alte Reben"
viel Konzentration, gelbe Früchte, herrlich eindringlich und dominant; stoffig, kraftvoll, feine süße Frucht, viel Substanz und Länge (kein aktueller Jahrgang)

94 . . . 2008 Riesling Altenberg „Alte Reben"
viel reife Frucht, reife gelbe Früchte, faszinierend eindringlich; füllig, stoffig, viel Substanz und Kraft, en-

ormes Potenzial und gewaltiger Nachhall **29,- €**

91 . . . 2007 Riesling Scharzhofberger „P"
gute Konzentration, faszinierend viel Frucht, etwas gelbe Früchte, klar und eindringlich; füllig, stoffig, viel reife Frucht, Substanz, Frische, feine Mineralität, viel Nachhall (kein aktueller Jahrgang)

94 . . . 2008 Riesling Scharzhofberger „P"
gute Konzentration, faszinierend viel Frucht, herrlich eindringlich und dominant; füllig, stoffig, dominant, herrlich viel Frucht, enorm stoffig und nachhaltig **29,- €**

93 . . . 2008 Riesling Gottesfuß „Alte Reben"
würzig, dominant, mineralisch, faszinierend eindringlich; stoffig, konzentriert, herrlich viel Frucht und Substanz, dominant, nachhaltig, enorm jugendlich, viel Potenzial **29,- €**

93 . . . 2007 Riesling „1900"
würzig, konzentriert, dominant, herrlich viel Frucht, gelbe Früchte; stoffig, füllig, viel Substanz und Kraft, faszinierend viel reife süße Frucht, enorm nachhaltig **89,- €**

91 . . . 2005 Riesling Auslese Scharzhofberger
feine Reifenoten, wunderschön reintönige Frucht; füllig, harmonisch, gute Substanz, Eleganz, gute Struktur und Länge (kein aktueller Jahrgang)

★★

Schloss Vaux
Sektmanufaktur

Rheingau

Kiedricher Straße 18a, 65343 Eltville
Tel. 06123-62060, Fax: 06123-63339
www.schloss-vaux.de
info@schloss-vaux.de
Besuchszeiten: Mo.-Fr. 8-18 Uhr, Sa. 10-14 Uhr

Vorstand .... Nikolaus Graf von Plettenberg

Ihren Namen verdankt die 1868 gegründete Sektkellerei Schloss Vaux dem gleichnamigen Herrschaftsgebäude bei Metz. Ein Freundeskreis übernahm das Unternehmen, seit 1998 ist Nikolaus Graf von Plettenberg für die Qualitätsphilosophie verantwortlich. Burgundersorten und Riesling werden in klassischer Flaschengärung versektet, die Grundweine stammen zum Teil von renommierten Rheingauer Erzeugern wie Robert König, der Domaine Assmannshausen (für den Spätburgunder brut) oder Langwerth von Simmern und dem Schloss Schönborn. Die Sekte lagern deutlich länger auf der Hefe als gesetzlich vorgeschrieben – allerdings sollen die Hefearomen nicht die Fruchtaromen überdecken. Der Rheingauer Riesling blieb fünfzehn Monate auf der Hefe, der Berg Schlossberg lediglich elf.

Die vorgestellten 2007er beeindrucken mit Frische und Eleganz. Vor allem der Riesling aus dem Schlossberg gehört zu den komplexesten Schaumweinen des Rheingaus. Die Trauben für den Weißburgunder stammen aus ökologischem Anbau.

Weinbewertung

87 . . . 2007 Riesling Sekt brut Rheingauer
sehr frisch, Zitrus, Pfirsich; saftig, würzig, Schmelz, animierend **14,- €**
2004: **88**; 2005: **88**; 2006: **86**.

88 . . . 2007 Weißburgunder Sekt brut
zarte Frucht, leicht cremig, Steinobst; würzig, kraftvoll, sehr geradlinig, erfreulich trocken **16,- €**

88 . . . 2007 Riesling brut Rüdesheimer Berg Schlossberg
sehr feine Frucht, leichte Hefenoten, Steinobst, etwas Ananas, Kräuter; saftig,, komplex, sehr geradlinig, nachhaltig **32,- €**

★★☆

Vereinigte Hospitien

Güterverwaltung

Mosel

Krahnenufer 19, 54290 Trier
Tel. 0651-9451210, -9451211, Fax: 0651-9452060
www.vereinigtehospitien.de
weingut@vereinigtehospitien.de
Besuchszeiten: Mo.-Do. 8-12:30 + 13:30-17 Uhr, Fr. 8-12:30 + 13:30-16 Uhr

Inhaber .... Stiftung des öffentlichen Rechts
Betriebsleiter .... Joachim Arns
Rebfläche .... 25 Hektar

Die Vereinigten Hospitien bauen ausschließlich Riesling und Burgundersorten an. Die Weinberge liegen in bekannten Saar- und Mosel-Lagen, darunter drei in Alleinbesitz: Serriger Schloss Saarfelser Schlossberg (5 Hektar), Trierer Augenscheiner (3,5 Hektar) und Wiltinger Hölle (2,5 Hektar). Aber auch in der Lage Scharzhofberger und im Piesporter Goldtröpfchen ist man vertreten. Neben Riesling bauen die Vereinigten Hospitien etwas Weiß-, Grau- und Spätburgunder an.

2006 war dem Jahrgang zum Trotz überraschend gelungen. Ähnliches traf auch auf 2007 zu: Die Weine überzeugten, auch wenn die Auslese keine Steigerung zu den Spätlesen darstellte. 2008 überzeugt, selbst die trockenen Weine präsentieren sich auf hohem Niveau.

Weinbewertung

87 . . . 2007 Riesling Sekt extra brut
duftig, Zitrusnoten, Apfel; straff, fest, sehr trocken, präzise, hat Biss **9,70 €**

85 . . . 2008 Riesling Spätlese trocken Scharzhofberger
etwas verhaltene Frucht, Boskoop, etwas Zitrus; würzig, straff, erfrischend, gute Struktur **10,20 €**

87 . . . 2008 Riesling Kabinett Scharzhofberger
eindringliche Frucht, Kräuter, Mirabellen, Apfel; feingliedrig, feines Süße-Säure-Spiel, animierend **8,60 €**

86 . . . 2008 Riesling Spätlese Scharzhofberger
eher verhalten, Zitrus, Apfel, Mirabellen; fest, würzig, wirkt etwas unzugänglich, Potenzial **10,20 €**

86 . . . 2008 Riesling Spätlese Serriger Schloss Saarfelser Schlossberg
klare Frucht, duftig, frisch; feine Frucht, rassig, elegant, feingliedrig, nachhaltig **9,20 €**

84 2008 Riesling Kabinett trocken Serriger Schloss Saarfelser Schlossberg **6,80 €**
83 2008 Riesling Spätlese trocken Kanzemer Altenberg **9,- €**
83 2008 Riesling Kabinett „feinherb" Wiltinger Hölle **7,- €**
81 2008 Spätburgunder Rosé trocken **6,10 €**

★

Villa Bäder

Weingut

Rheinhessen

siehe Weingut → **Bäder**

★

Villa Heynburg

Weingut

Baden

Burgunderplatz 3, 77876 Kappelrodeck
Tel. 07842-9967500, Fax: 07842-9967505
www.villa-heynburg.de
info@villa-heynburg.de
Besuchzeiten: Mo.-Fr. 8-12 +13:30-17:30 Uhr, Sa. 9-13 Uhr, So. 10-13 Uhr (Mai-Oktober)

Betriebsleiter .... Jürgen Decker
Kellermeister .... Marco Köninger
Rebfläche .... 8 Hektar

Die Villa Heynburg am Fuß von Schloss Rodeck war einst Mittelpunkt eines adligen Weingutes, seit 1990 ist das Grundstück im Besitz des Winzerkellers Hex von Dasenstein. Aus ausgesuchten Parzellen und ertragsreduzierten Anlagen werden unter dem Namen Villa Heynburg Riesling, Weißburgunder, Grauburgunder, Müller-Thurgau, Chardonnay, Spätburgunder und St. Laurent erzeugt. Es werden keine Prädikatsbezeichnungen verwendet, Reserve- und Grande Reserve-Weine ergänzen das Programm.

Weinbewertung

85 . . . 2008 Riesling „Reserve" trocken
würzig, frisch, klare Frucht, etwas Limone, Zitrus; klar, frisch, reife Frucht, gute Substanz **8,90 €**

82 2008 Rivaner trocken **4,50 €**
82 2008 Grauburgunder trocken **6,90 €**
82 2008 Weißburgunder trocken **6,90 €**
82 2008 Chardonnay trocken **8,90 €**

Villa Riesling
Weingut

Mittelrhein

In der Grube 4, 55413 Manubach
***Tel.** 06743-947642, **Fax**: 06743-947643*
info@villa-riesling.de
***Besuchszeiten**: nach Vereinbarung*

Inhaber .... Vivi Hasse und Lars Dalgaard
Rebfläche .... 0,8 Hektar

Dänen lieben nicht nur deutschen Riesling, nein, Dänen können auch tolle deutsche Rieslinge erzeugen. Lars Dalgaard und Vivi Hasse stellen dies seit 2001 am Mittelrhein unter Beweis. In diesem Jahr gründeten sie ihr eigenes Weingut, kauften erste Weinberge im Oberdiebacher Fürstenberg, bestockt mit in den fünfziger Jahren gepflanzten Rieslingreben. Im Jahr darauf kamen Weinberge im Manubacher Mönchwingert hinzu, 2004 und 2005 jeweils ein weiterer Weinberg im Mönchwingert, beide in den fünfziger Jahren angelegt. Durch rigorose Selektion und späte Lese ernten sie vollreife Rieslingtrauben. Angereichert wird nicht, denn angereicherte Weine sind „nicht unser Ding", wie Vivi Hasse schreibt. Die Weine werden in Edelstahltanks ausgebaut. Sie werden langsam und kühl vergoren und lagern recht lange auf der Feinhefe.

Vivi Hasse und Lars Dalgaard wollen zukünftig die Weine länger auf der Hefe ausbauen und später abfüllen. Die 2008er, überwiegend trockene und „feinherbe" Rieslinge werden erst Ende Oktober und damit nach Redaktionsschluss abgefüllt.

★☆

Fritz Völcker'sche
Gutsverwaltung

Pfalz

An der Eselshaut 15, 67435 Neustadt-Mußbach
***Tel.** 06321-66050, **Fax**: 06321-66054*
weingut-voelcker@t-online.de
***Besuchszeiten**: Mo.-Fr. 8-17 Uhr, Sa./So. nach Vereinbarung*

Inhaber .... Theresia Völcker
Rebfläche .... 9,12 Hektar

Das heutige Weingut der Fritz Völcker'schen Gutsverwaltung ist aus einer ehemaligen Mühle entstanden und wird in der neunten Generation von der Familie Völcker geleitet.

Die 2006er Weißweine waren etwas verhalten, wie auch sonst in der Pfalz. Die letztjährige Kollektion überzeugte, bot gleichermaßen interessante Weiß- und Rotweine. Unsere Favoriten waren der Riesling aus dem Biengarten und die barriqueausgebaute rote Cuvée. Gleich drei rote Barriquerotweine gibt es nun mit dem Jahrgang 2007 zu verkosten, alle sind klar und geradlinig, besitzen Substanz und Kraft. Und dass man sich auch auf den Barriqueausbau von Weißweinen versteht, beweist der füllige Chardonnay.

Weinbewertung

85 . . . 2008 Chardonnay trocken Barrique
gute Konzentration, klare reife Frucht, Vanille, herrlich eindringlich; füllig, harmonisch, reife Frucht, gute Substanz und Biss **9,- €**

86 . . . 2007 Spätburgunder trocken
gute Konzentration, feiner Toast, reife rote Früchte; füllig, kraftvoll, reife Frucht, gute Struktur, Vanille **18,- €**

86 . . . 2007 Cabernet Sauvignon trocken
gute Konzentration, reife Frucht, Cassis, feiner Toast; füllig, harmonisch, kraftvoll, reife Frucht, dezent Schokolade **18,- €**

85 . . . 2005 „Cuvée N° 3" Rotwein trocken
feine Würze, reife Frucht, dezenter Toast; klar, kraftvoll, reife Frucht, gute Struktur, Tannine **18,- €**

78 2008 Riesling trocken **3,90 €/1l**
81 2008 Weißburgunder Kabinett trocken **4,60 €**

★☆

Volk
Weingut

Mittelrhein

Koblenzer Straße 6, 56322 Spay
Tel. 02628-8290, Fax: 02628-987416
www.weingutvolk.de
info@weingutvolk.de
Besuchszeiten: ganztägig nach Vereinbarung

Inhaber . . . . Jürgen Volk
Rebfläche . . . . 3,3 Hektar

Das Weingut Volk wird seit 1995 von Heidi und Jürgen Volk geführt, beide Weinbau-Ingenieure mit Geisenheim-Studium. Riesling ist die wichtigste Rebsorte. Alle Weinberge befinden sich im Bopparder Hamm. Dazu gibt es ein wenig Weißburgunder und Müller-Thurgau, sowie Spätburgunder und Regent. Die Rotweine werden maischevergoren.

2006 gefiel die trockene Spätlese besonders gut, aber auch halbtrocken und mild waren gut gelungen, auch der Spätburgunder. 2007 war sehr gleichmäßig, blieb aber dahinter zurück. Die mitgeschickte 2003er Auslese allerdings hatte uns ausnehmend gut gefallen. Der Jahrgang 2008 nun präsentiert sich schlüssig und gleichmäßig, vor allem die Spätlesen zeigen klare Frucht und Substanz.

Weinbewertung

85 . . . 2008 Riesling Spätlese trocken Bopparder Hamm Ohlenberg
würzig, eindringlich, jugendliche Frucht; füllig, harmonisch, reife Frucht, gute Struktur **6,40 €**

85 . . . 2008 Riesling Spätlese edelsüß Bopparder Hamm Ohlenberg
gute Konzentration, viel Würze, viel reife Frucht; füllig, harmonisch, klare reife Frucht, Substanz und Länge **6,40 €**

82 2008 Weißburgunder trocken Bopparder Hamm **5,70 €**
80 2008 Riesling Hochgewächs trocken Bopparder Hamm Weingrube **4,60 €**
82 2008 Riesling Hochgewächs halbtrocken Bopparder Hamm Weingrube **4,60 €**
83 2008 Riesling Spätlese halbtrocken Bopparder Hamm Ohlenberg **6,40 €**

80 2007 Riesling Hochgewächs Bopparder Hamm Weingrube **4,60 €**

78 2008 Regent trocken Bopparder Hamm **5,60 €**

★★★★★

Vollenweider

Weingut

Mosel

Wolfer Weg 53, 56841 Traben-Trarbach

Tel. *06541-814433,* ***Fax:*** *06541-816773*

www.weingut-vollenweider.de

mail@weingut-vollenweider.de

Besuchszeiten*: nur nach Vereinbarung; Verkauf Deutschland: Peter Wurm (Tel. 030-46060588)*

Inhaber .... Daniel Vollenweider

Rebfläche .... 4 Hektar

Der junge Schweizer Daniel Vollenweider kam aus Leidenschaft für den Riesling an die Mosel. Seit dem Jahrgang 2000 (sein erster Jahrgang) bewirtschaftet er Reben in der Lage Wolfer Goldgrube in Traben-Trarbach, inzwischen sind auch eine Parzelle im Würzgarten (namens Schimbock) und eine im Kröver Steffensberg hinzugekommen, die Gesamtrebfläche des Betriebs wuchs auf vier Hektar an. Die Goldgrube ist nicht flurbereinigt, so dass fast alle Parzellen dort noch mit wurzelechten Reben bepflanzt sind. Nachteil in einer solchen Lage ist der enorme Arbeitsaufwand. Die Weine von Daniel Vollenweider gehen zu fast 100 Prozent in den Export. Er ist vor allem für seine Weine mit Restsüße bekannt geworden, überzeugt aber auch mit seinen trockenen Rieslingen. Die Prädikate werden nicht nur nach dem Mostgewicht, sondern auch nach dem sensorischen Empfinden vergeben. Kabinett und Spätlese sind immer Weine ohne Botrytis, wobei die Spätlese eine schöne physiologische Reife aufweisen muss. Ab dem Prädikat Auslese aufwärts erzeugt Vollenweider seine Weine aus reinen Botrytistrauben.

Die 2006er – es wurden ausschließlich restsüße Weine vorgestellt – besaßen viel mineralische Struktur. Die 2007er stellten eine weitere Steigerung dar. 2008 konnten diese Spitzen nicht in allen Bereichen wiederholt werden, Hochprädikate waren nur eingeschränkt möglich. Der Klarheit und Finesse tut dies aber keinen Abbruch, alle Weine sind saftig und animierend, beginnend mit dem „einfachen" Riesling mit Schraubverschluss. Die beiden Weine aus der Schimbock-Parzelle gärten zum Zeitpunkt der Verkostung noch.

Weinbewertung

85 . . . 2008 Riesling

etwas verhalten, frisch, jugendlich; enorm saftig, rassig, hat Biss **9,80 €**

88 . . . 2008 Riesling Kabinett Wolfer Goldgrube

sehr frisch, Kräuter, etwas Zitrus; würzig, rassig, gute Balance, saftig, entwickelt sich im Glas **11,50 €**

2001: **85**; 2002: **89**; 2003: **86**; 2004: **88**; 2005: **88**; 2006: **88**; 2007: **90**.

88 . . . 2008 Riesling Spätlese „feinherb" Wolfer Goldgrube

leicht unruhig, hefewürzig, Kräuter; stoffig, viel Würze, viel Frucht, zeigt Schmelz **16,- €**

89 . . . 2008 Riesling Spätlese Wolfer Goldgrube

zunächst verhalten, deutliche Hefenote, etwas Steinobst, Stachelbeere; viel Würze, betont saftig, rassig, Potenzial **16,- €**

2000: **86**; 2001: **87**; 2002: **89**; 2003: **85/90**; 2004: **90**; 2005: **87**; 2006: **90**; 2007: **91**.

91 . . . 2004 Riesling Spätlese Wolfer Goldgrube

feine Reifenoten, Kräuter, Steinobst; saftig, rassig, sehr geradlinig, noch erstaunlich frisch, gut integrierte Süße, langer Nachhall **15,- €**

92 . . . 2008 Riesling Spätlese „Reiler" Wolfer Goldgrube
zunächst unzugänglich, leichte Hefenote, weißer Pfirsich, Kräuter, etwas Ananas; glasklare Frucht, rassig, komplex, langer Nachhall 21,50 €
(2006: Auslese.) 2002: 92; 2005: 92; 2006: 92; 2007: 92.

92 . . . 2008 Riesling Spätlese Goldkapsel Wolfer Goldgrube
reife Frucht, mineralisch, Steinobst, leicht unruhig; komplex, dicht, sehr mineralisch, gut abgepufferte Süße, lang **23,50 €**

91 . . . 2008 Riesling Auslese Kröver Steffensberg
klare Frucht, Steinobst, weißer Pfirsich, kandierte Apfel; saftig, noch sehr jugendliche Frucht, unruhig, rassige Säure (91+? Punkte) **26,- €**

92 . . . 2006 Riesling Auslese Wolfer Goldgrube
sehr reintönige Frucht, Pfirsich, Kräuter, kandierter Apfel; saftig, cremige Fülle, herrlich elegant, lang **26,50 €**

91 . . . 2003 Riesling Auslese Wolfer Goldgrube
prägnante Frucht, cremig, leicht tropisch; kompakt, dicht, sehr feine Säure, opulente Frucht, hat noch Potenzial **26,50 €**

★★

Schloss Vollrads

Weingut

Rheingau

Schloss Vollrads, 65375 Oestrich-Winkel
***Tel.** 06723-660, **Fax**: 06723-6666*
www.schlossvollrads.com
schloss_vollrads@t-online.de,
info@schlossvollrads.com
***Besuchszeiten**: Ostern bis Ende Okt. Mo.-Fr. 9-18 Uhr, Sa., So. und Feiertage 11-19 Uhr; Nov. bis Ostern Mo.-Fr. 9-17 Uhr, Sa.+So. 12-17 Uh; 24.-26.12. und 31.12./1.1. geschlossen*

Inhaber .... Nassauische Sparkasse
Gutsdirektor .... Dr. Rowald Hepp
Rebfläche .... 61 Hektar

Schloss Vollrads gehört zu den ältesten Weingütern der Welt und zu den ganz wenigen, die ihre Geschichte bis ins Hochmittelalter zurückverfolgen können: Weinhandel ist hier seit 1211 nachgewiesen. In den letzten Jahren hat Schloss Vollrads weitere Weinberge erworben, inzwischen werden gut 60 Hektar bewirtschaftet. Gutsdirektor Rowald Hepp hat das Weingut nach schwierigen Zeiten stabilisiert, die Qualität ist in den letzten Jahren gleichmäßiger geworden. Gekühlte, langsame Vergärung ist typisch für den Rieslingstil.

2006 konnte das Erste Gewächs nicht völlig überzeugen. Die 2007er zeigten sich klar und elegant; die „Edition" und die süßen Rieslinge deuteten an, dass man hier durchaus auf dem richtigen Weg ist. 2008 zeigt sich das Erste Gewächs schlank und elegant.

Weinbewertung

87 . . . 2008 Riesling Schloss Vollrads Erstes Gewächs
reife Frucht, noch sehr jugendlich; süffig, elegant, feine Frucht, kompakt **23,80 €**

81 2008 Riesling trocken **8,90 €**
83 2008 Riesling Kabinett trocken **10,10 €**
81 2008 Riesling „feinherb" **8,90 €**
83 2008 Riesling Kabinett „feinherb" **10,10 €**

★★☆

Vols

Weingut

Mosel

Bahnhofstraße 64a, 54459 Wiltingen
***Tel.** 0651-9935414*
www.vols.de
info@vols.de
***Besuchszeiten**: nach Vereinbarung*

Inhaber .... Helmut Plunien
Rebfläche .... 1 Hektar

Helmut Plunien ist Güterdirektor der Bischöflichen Weingüter in Trier. Dass er auch über eigene Reben verfügt, wussten bislang nur wenige. Der „Vols I" wächst auf stark verwittertem Devonschiefer in einer wurzelechten Parzelle, die unmittelbar an den Scharzhofberger angrenzt; „Vols II" stammt aus südlich ausgerichteten Parzellen mit blauem Devonschiefer. 2008 wurde nun der „Vols S" vorgestellt, ein Wein, der aus einer Parzelle im Schlangengraben und von über 90 Jahre alten Rebstöcken gewonnen wird. Helmut Plunien bietet an, die Weine nach 25 Jahren kostenlos neu zu verkorken. Tatsächlich gibt es kaum Zweifel, dass die Weine für lange Lagerung geeignet sind. Sie wirken fruchtig und mineralisch, zeigen Substanz und haben trotz der leichten Süße eine sehr animierende Art.

Die 2007er zeigten sich etwas verhalten bzw. unausgewogen, besaßen aber viel Substanz: Ein mehr als überzeugendes Debüt. 2008 sind die Weine schlanker, eleganter und feingliedriger, aber ebenfalls gelungen.

Weinbewertung

87 . . . 2008 Riesling Vols II
klare Frucht, leichte Kräuternote, getrockneter Apfel; straff, würzig, feine Frucht, Spiel

87 . . . 2008 Riesling Vols I
duftig, zarte Frucht, Apfel, etwas Cassis; saftig, rassig, feingliedrig, Potenzial

88 . . . 2008 Riesling Vols „S" Wiltinger Schlangengraben
verhalten, feine Frucht, gehackte Kräuter, Steinobst, Apfel; viel Würze, mineralische Substanz, herrlich feingliedrig

★★★☆

Wachtstetter

Weingut

Württemberg

Michelbacher Straße 8, 74397 Pfaffenhofen
Tel. *07046-329,* ***Fax:*** *07046-931000*
www.wachtstetter.de
info@wachtstetter.de
Besuchszeiten: *Mo.-Do. nach Vereinbarung, Fr. + Sa. 9-18 Uhr*
Gasthaus Adler (Fr.-So. 11:30-24 Uhr, am letzten Wochenende im Monat geschlossen)

Inhaber .... Rainer Wachtstetter
Rebfläche .... 11,5 Hektar

Mitte der achtziger Jahre wurden die landwirtschaftlichen Flächen verpachtet, erfolgte die Konzentration auf Wein. Diese Konzentration hat sich ausgezahlt, denn die Weine, die seit einigen Jahren aus diesem Pfaffenhofener Keller kommen, gehören zur Spitze in Württemberg, insbesondere die Rotweine. Seit Rainer Wachtstetter die Regie übernommen hat wurde die Rebfläche erweitert, der Rotweinanteil ist auf mittlerweile 75 Prozent gestiegen. Trollinger und Lemberger sind weiterhin die wichtigsten Sorten, gefolgt von Spätburgunder, Schwarzriesling, Samtrot und Dornfelder. Aber auch Cabernet Cubin und Acolon kamen hinzu. Vor allem den Anbau von Lemberger will Rainer Wachtstetter weiter forcieren. Bei den weißen Sorten dominiert der Riesling. Hinzu kommen etwas Gewürztraminer, Grauburgunder und Kerner. Die barriqueausgebauten Spitzenweine vermarktet Rainer Wachtstetter in der Linie „Ernst Combé", benannt nach seinem Großvater. Sein Spitzenwein, der Lemberger „Junges Schwaben" kommt aus dem Mühlberg bei Pfaffenhofen, einem bis zu 60 Prozent steilen Süd-Südosthang.

Die 2005er Rotweinkollektion war stark wie gewohnt, allen voran die Cuvée Ernst Combé, aber auch die Weißweine überzeugten. 2007 hatten die Weißweine weiter zugelegt, die herausragenden Weine stammten im vergangenen Jahr aber einmal mehr von Rainer Wachtstetters Lieblingsrebsorte, dem Lemberger. Sehr konsitent auf hohem Niveau präsentiert sich die neue Kollektion, einmal mehr angeführt von den kraftvollen und doch schmeichlerischen Rotweinen. Der Lemberger „Junges Schwaben" ist ein Klasse für sich, die Cuvée Ernst Combé steht ihm nicht viel nach, wie auch die anderen roten Barriqueweine des Jahrgangs 2007.

Weinbewertung

85 . . . 2008 „Anna" Riesling Spätlese trocken
gute Konzentration, klare reife Frucht, eindringlich, etwas Pfirsiche, gelbe Früchte; weich, füllig, harmonisch, reife süße Frucht **9,30 €**

85 . . . 2008 Grauburgunder trocken
klar, fruchtbetont, gelbe Früchte; frisch, klar, fruchtbetont, süffig **9,30 €**

86 . . . 2008 Spätburgunder Blanc de Noir Spätlese trocken
frisch, fruchtbetont, herrlich eindringlich und reintönig; klar, frisch, harmonisch, feine süße Frucht **8,50 €**

85 . . . 2007 Trollinger „Steillage" trocken
fruchtbetont, wunderschön reintönig, feine Frische; wunderschön fruchtbetont, reintönig, zupackend **6,20 €**

87 . . . 2007 Trollinger Spätlese trocken
reintönige Frucht, feine Würze, herrlich eindringlich und konzentriert; füllig, kraftvoll, reintönige Frucht, gute Struktur, Frische und Biss **8,50 €**

85 . . . 2007 „Felix" Lemberger trocken
fruchtbetont, reintönig, herrlich eindringlich; füllig, harmonisch, reife Frucht, gute Struktur und Tannine **9,30 €**
2003: 85; 2004: 86; 2005: 85; 2006: 85.

89 . . . 2007 „Cuvée Ernst Combé" Rotwein trocken
konzentriert, viel reife Frucht, rote und dunkle Früchte, etwas Vanille und Schokolade; füllig, konzentriert, schmeichelnd, viel reife Frucht, gute Struktur **16,- €**
2001 (1.Jg.): 88; 2002: 89; 2003: 89; 2004: 90; 2005: 90; 2006: 87.

88 . . . 2007 Samtrot trocken „Ernst Combé"
würzig, eindringlich, klare reife Frucht, feine rauchige Noten; füllig, harmonisch, reintönige Frucht, Struktur und Frische **15,20 €**

88 . . . 2007 Spätburgunder trocken „Ernst Combé"
rauchige Noten, ganz dezent Schokolade, klare reife Frucht; füllig, harmonisch, viel reife Frucht, dezent Schokolade, Substanz **15,20 €**
2001 (1.Jg.): 87; 2002: 88; 2003: 89; 2005: 88.

88 . . . 2007 Lemberger trocken „Ernst Combé"
viel Schokolade, Herzkirschen, eindringliche reife Frucht; füllig und schmeichelnd, viel reife Frucht, dezent Schokolade, feine Frische, gute Struktur und Länge **15,20 €**
2001 (1.Jg.): 87; 2002: 88; 2003: 89; 2004: 91; 2005: 89; 2006: 89.

90 . . . 2006 Lemberger trocken „Junge Schwaben"
gute Konzentration, Toast, viel reife Frucht, etwas Herzkirschen, herrlich eindringlich; füllig, stoffig, kraftvoll, reife Frucht und gute Struktur **20,- €**
2002 (1.Jg.): 92; 2003: 91; 2004: 93; 2005: 91.

84 2007 „Louis" Spätburgunder trocken **9,30 €**

Schloss Wackerbarth ★★
Sächsisches Staatsweingut
Sachsen

Sächsisches Staatsweingut GmbH
Wackerbarthstraße 1, 01445 Radebeul
Tel. 0351-8955155, Fax: 0351-8955150
www.schloss-wackerbarth.de
kontakt@schloss-wackerbarth.de
Besuchszeiten: täglich 9:30-22 Uhr
Gasthaus, Veranstaltungen

Inhaber .... Sächsische Aufbaubank
Geschäftsführerin .... Sonja Schilg
Leiter Weinbau .... Andreas Knetsch
Kellermeister .... Jürgen Aumüller
Rebfläche .... 93 Hektar

Die Sächsische Staatsweingut GmbH mit Sitz in Schloss Wackerbarth bewirtschaftet an der Sächsischen Weinstraße zwischen Diesbar-Seußlitz und Radebeul 93 Hektar Weinberge, ein Drittel davon in Steillagen. Dazu gehören die Radebeuler Lagen Goldener Wagen, Steinrücken und Johannisberg oder die Seußlitzer Heinrichsburg. An weißen Sorten gibt es vor allem Riesling, Müller-Thurgau, Kerner und Weißburgunder, dazu Spezialitäten wie Traminer, Scheurebe, Bacchus und Goldriesling. An roten Rebsorten baut man Dornfelder, Spätburgunder und Frühburgunder an. Eine Spezialität von Schloss Wackerbarth ist die Sektherstellung. Im Sommer 2002 wurde die umfangreiche, zweijährige Sanierung des Schlosses abgeschlossen.

Vor zwei Jahren wurde die Kollektion angeführt von einer prächtigen Trockenbeerenauslese, präsentierte sich ansonsten sehr ausgewogen. Eine vergleichbare Kollektion folgte im vergangenen Jahr nach. Die Basisweine waren etwas verhalten, aber die Sekte, Traminer und Spätburgunder überzeugten. Vergleichbar ist nun auch die neue Kollektion, in der uns der Frühburgunder am besten gefällt.

Weinbewertung

85 ... 2007 Weißburgunder Spätlese trocken Radebeuler Lössnitz

Barriqueausbau; würzig, eindringlich, reife Frucht, etwas Vanille und gelbe Früchte; weich, harmonisch, reife Frucht, etwas Vanille **19,90 €**

85 ... 2007 Traminer Spätlese Radebeuler Goldener Wagen

gute Konzentration, reintönige Frucht, dezent Litschi, Orangen, Mandarinen; süß, klar, frisch, reintönige Frucht **9,90 €/0,375l**

87 ... 2007 Frühburgunder trocken

rauchige Noten, klare reife Frucht, feine Frische, reintönig; klar, frisch, feine Frucht, gute Struktur und Länge **17,90 €**

83 2006 Rosé Sekt brut **25,50 €**
84 „August der Starke" Sekt trocken **12,90 €**
82 „Gräfin Cosel" Rosé Sekt trocken **15,90 €**
84 2005 Traminer Sekt trocken **29,90 €**
81 2008 Goldriesling trocken **12,90 €**
83 2008 Bacchus trocken **10,50 €**

★★★

Wageck-Pfaffmann

Weingut

Pfalz

Luitpoldstraße 1, 67281 Bissersheim
Tel. 06359-2216, Fax: 06359-86668
www.wageck-pfaffmann.de
weingut@wageck-pfaffmann.de
Besuchszeiten: Mo.-Sa. 8-12 + 13-18 Uhr, So. 10-12 Uhr und nach Vereinbarung
Probierstube (bis 50 Personen)

Inhaber .... Gunter und Gertraud Pfaffmann
.... Frank und Thomas Pfaffmann
Rebfläche .... 50 Hektar

Das Weingut in seiner heutigen Form ist entstanden als Gunter Pfaffmann aus Walsheim 1973 in den Betrieb eingeheiratet hat. Gunter und Gertraud Pfaffmann werden im Betrieb unterstützt von ihren Söhnen Frank und Thomas. Geisenheim-Absolvent Frank – mit Diplomarbeit über Rotweinbereitung – kümmert sich hauptsächlich um Keller und Außenbetrieb, Thomas ist für Büro und Verkauf zuständig.

Die Weinberge der Familie Pfaffmann liegen in Bissersheim (Goldberg, Steig, Orlenberg) und Großkarlbach (Burgweg und Osterberg). Rotweine nehmen etwa die Hälfte der Rebfläche ein, insgesamt 12 verschiedene rote Sorten baut man an. Wichtigste Rotweinsorte ist Dornfelder, dazu gibt es Portugieser, Spätburgunder, Frühburgunder und Schwarzriesling, aber auch Dunkelfelder, Lemberger, Merlot und Cabernet Sauvignon. Wichtigste weiße Sorten sind Riesling, Chardonnay, Müller-Thurgau, Sauvignon Blanc, Weißburgunder und Grauburgunder. Die Weine werden betriebsintern mit bis zu drei Sternen gekennzeichnet, auf Prädikatsangaben wird, außer bei edelsüßen Weinen, verzichtet. 2-Sterne-Rotweine werden im Holzfass ausgebaut, 3-Sterne-Rotweine im Barrique. 2004 wurde ein 3,2 Hektar großer Weinberg im Goldberg, in der Parzelle „In der Halde" zugepachtet, wo kleinbeerige Spätburgunderklone, Cabernet Franc, Gewürztraminer und Riesling angepflanzt wurden.

Das Weingut Wageck-Pfaffmann hat sich im letzten Jahrzehnt deutlich nach vorne gearbeitet. Immer wieder sind es die fülligen und konzentrierten Rotweine, die besonders hervorstechen. Und es kann weiter vorangehen, wenn es gelingt Kraft und Konzentration mit Finesse und Eleganz zu vereinen, bei den Weißweinen wie auch bei den Rotweinen.

Vor zwei Jahren war die Diskrepanz zwischen rot und weiß (Jahrgang 2006!) augenfällig, die barriqueausgebauten Rotweine überzeugten wie gewohnt, die Weißweine waren jahrgangsbedingt schwächer. Im vergangenen Jahr präsentierten sich die Weißweine wesentlich stärker, konnten den Rotweinen Paroli bieten. Auch in der aktuellen Kollektion liegen sie beinahe gleichauf. Im roten Segment haben uns im Jahrgang 2007 Cabernet Sauvignon und Spätburgunder am besten gefallen, bei den Weißweinen der Sauvignon Blanc Goldberg und der Riesling In der Halde – nicht zu vergessen der herrlich leckere Chardonnay-Sekt.

Weinbewertung

87 ... 2007 Chardonnay Sekt brut
frisch, fruchtbetont, herrlich eindringlich; klar, frisch, harmonisch, feine süße Frucht, gute Länge **8,60 €**

86 ... 2008 Sauvignon Blanc* trocken GOLDBERG**
gute Konzentration, feine Würze, herrlich eindringlich; füllig, harmonisch, reife süße Frucht, gute Substanz und Länge **12,- €**

86 ... 2008 Riesling* trocken IN DER HALDE Bissersheimer Goldberg**
gute Konzentration, reife Frucht, etwas Zitrus, gelbe Früchte; füllig, harmonisch, reife Frucht und Substanz **11,- €**

86 ... 2007 Spätburgunder* trocken GOLDBERG**
gute Konzentration, feine Würze und Frucht, rauchige Noten, herrlich eindringlich; füllig, harmonisch, viel reife Frucht, Vanille **10,50 €**
2001: 87; 2003: 86; 2004: 86; 2005: 85; 2006: 86.

87 ... 2007 Spätburgunder „R"
gute Konzentration, feiner Toast, herrlich eindringliche Frucht; füllig, harmonisch, viel reife Frucht, Substanz, Vanille **15,50 €**

87 ... 2007 Cabernet Sauvignon* trocken BURGWEG**
gute Konzentration, feine Würze, reintönige Frucht, dezent Cassis; klar, füllig, kraftvoll, reife Frucht, gute Substanz, Biss **14,- €**
2001: 86; 2002: 88; 2003: 86; 2004: 88; 2005: 86; 2006: 87.

85 ... 2007 Merlot* trocken GOLDBERG**
feine Würze, viel reife Frucht, ganz dezenter Toast, klar und eindringlich; weich, füllig, viel reife Frucht, süffig **13,- €**
2001: 85; 2002: 87; 2003: 87; 2004: 87; 2005: 87; 2006: 86.

85 ... 2007 Cuvée „W" Rotwein trocken
gute Konzentration, etwas Gewürze, ganz dezent

Kaffee im Hintergrund; weich, füllig, reife Frucht, Substanz, etwas unharmonisch **16,50 €**

2001: **87**; 2002: **87**; 2003: **89**; 2004: **88**; 2005: **88**; 2006: **88**.

---

79 2008 Riesling trocken **3,50 €/1l**

80 2008 Riesling** trocken Großkarlbacher Burgweg **4,80 €**

83 2008 Weißburgunder*** trocken STEINACKER **8,90 €**

83 2008 Riesling*** trocken GOLDBERG **7,90 €**

84 2008 Riesling*** trocken SCHÜTZENHAUS Bissersheimer Goldberg **12,50 €**

82 2008 Sauvignon Blanc** trocken Bissersheimer Held **6,70 €**

83 2006 Cuvée „Luise" Rotwein trocken **8,30 €**

82 2007 Spätburgunder** trocken Großkarlbacher Osterberg **6,90 €**

Wagner

★☆

Weingut

Rheinhessen

Hauptstraße 30, 55270 Essenheim
***Tel.** 06136-87438, **Fax**: 06136-814709*
www.wagner-wein.de
info@wagner-wein.de
***Besuchszeiten**: an allen Tagen geöffnet*
Straußwirtschaft (Mai, Juni, Juli, Sept.)
„Hoffestspiele", Kleinkunstbühne: Theater, Kabarett und Musik im alten Fachwerkhof (Jun./Juli)

Inhaber .... Ulrich Wagner, Dr. Andreas Wagner
Rebfläche .... 10 Hektar

Bereits im Jahr 1692 erwarben die Vorfahren der heutigen Besitzer Weinberge in Essenheim. 2002 haben die Brüder Ulrich und Andreas Wagner das Weingut von ihrem Vater Rudolf übernommen. Geisenheim-Absolvent Ulrich hatte nach Studienabschluss praktische Erfahrungen in Südafrika und beim Weingut Dr. Heger gesammelt. Er ist für den Keller verantwortlich, während der promovierte Historiker Andreas – der seit 2007 drei Winzerkrimis veröffentlicht hat – sich um die Vermarktung kümmert. Sie bauen Grau- und Weißburgunder, Dornfelder, Spätburgunder, Riesling, Silvaner, Portugieser, Müller-Thurgau, sowie Merlot und Cabernet Sauvignon an. Die besten Weine eines Jahrgangs werden in der Linie „Jean" (der Name des Urgroßvaters) vermarktet.

2006 blieb ein wenig hinter den Vorjahren zurück, gleiches galt für die letztjährige Kollektion. Die neue Kollektion gefällt uns deutlich besser, vermag an frühere Kollektionen anzuknüpfen. Nur, liebe Wagners: Müssen so viele Bezeichnungen aufs Etikett?

Weinbewertung

85 . . . 2008 „Jean" Riesling trocken „vom sandigen Löss" Essenheimer Teufelspfad

würzig, klar, etwas Limone; frisch, reintönig, feine süße Frucht **7,20 €**

87 . . . 2008 Ortega Trockenbeerenauslese Essenheimer Römerberg

feiner Duft, Würze, etwas Litschi; süß, dick, dominant, stoffig **10,- €/0,375l**

---

81 2008 Grauburgunder trocken Essenheimer Teufelspfad **4,- €**

82 2008 Riesling trocken Essenheimer Teufelspfad **4,- €**

83 2008 „Jean" Weißburgunder trocken „vom Kalkalgenriff" Essenheimer Domherr **6,80 €**

81 2008 „Jean" Grauburgunder trocken „vom tertiären Mergel" Essenheimer Teufelspfad **6,80 €**

81 2008 „Jean" Riesling trocken „vom tertiären Kalkmergel" Essenheimer Teufelspfad **7,20 €**

82 2007 „Jean" Spätburgunder Spätlese trocken „vom tertiären Kalkmergel" Essenheimer Teufelspfad **7,70 €**

81 2007 „Jean" Spätburgunder Spätlese trocken „vom

sandigen Löss" Essenheimer Teufelspfad **7,20 €**
80 2007 „Cuvée 2007" Cabernet Sauvignon & Merlot Spätlese trocken Essenheimer Teufelspfad **11,- €**
82 2007 „Cuvée 2007" Merlot & Spätburgunder Spätlese trocken Essenheimer Teufelspfad **11,- €**
81 2007 „Jean" Dornfelder trocken „vom Kalkalgenriff" Essenheimer Domherr **6,80 €**

★★

Dr. Heinz **Wagner**
Weingut

Mosel

Bahnhofstraße 3, 54439 Saarburg
Tel. 06581-2457, Fax 06581-6093
www.weingutdrwagner.de
drwagner@t-online.de
Besuchszeiten: nach Vereinbarung

Inhaber .... Christiane Wagner
Rebfläche .... 7,8 Hektar

Die Villa hinter dem Saarburger Bahnhof beherbergt eines der traditionsreichsten Weingüter der Saar. Gegründet wurde der Betrieb im Jahr 1880 von Josef Heinrich Wagner, dem Urgroßvater der heutigen Inhaberin. Dessen Sohn Adolf machte einst den Saarsekt populär. Lange war Heinz Wagner für das Weingut verantwortlich, am 1. September 2009 übergab er es an Tochter Christiane, eine in Geisenheim ausgebildete Önologin. Das Weingut verfügt über Rebflächen in den Lagen Saarburger Rausch und Kupp sowie im Ockfener Bockstein. Angebaut werden ausschließlich Rieslingreben.

Weinbewertung

86 . . . 2007 Riesling Sekt brut
zarte Frucht, leicht Kräuter; würzig, geradlinig, fruchtig, gute Länge **13,- €**

85 . . . 2007 Riesling trocken
duftig, zarte Frucht, leichte Kräuternote; straff, würzig, hat Biss **7,80 €**

85 . . . 2007 Riesling Kabinett trocken Saarburger Rausch
duftig, zarte Frucht, wirkt noch sehr jugendlich; würzig, animierend **8,90 €**

86 . . . 2007 Riesling Spätlese trocken Saarburger Kupp
kühle Frucht, Steinobst; würzig, stoffig, ausgewogen, pikante Säure, Schmelz **12,- €**

85 . . . 2008 Riesling Spätlese „feinherb" Saarburger Rausch
klare Frucht, duftig; würzig, viel Frucht, Schmelz, viel Substanz **12,- €**

86 . . . 2007 Riesling
frisch, duftig, etwas Boskoop, etwas Cassis; würzig, saftig, Biss **7,80 €**

87 . . . 2007 Riesling Kabinett Ockfener Bockstein
zarte Frucht, getrockneter Apfel; feingliedrig, zartes Süße-Säure-Spiel, ungemein animierend **8,90 €**

87 . . . 2008 Riesling Kabinett Ockfener Bockstein
feine Frucht, Boskoop, leichte Hefenote; viel Würze, klassischer Kabinett, herrlich animierend **8,90 €**

87 . . . 2007 Riesling Spätlese Saarburger Rausch
eindringliche Frucht, Steinobst, Kräuter, ganz leicht getrockneter Apfel; feingliedrig, Finesse **12,- €**

88 . . . 2008 Riesling Spätlese Saarburger Rausch
zarte Frucht, etwas Apfel, getrockneter Apfel, Kräuter; frisch, würzig, feines Süße-Säure-Spiel **13,- €**

86 . . . 2008 Riesling Spätlese Ockfener Bockstein
zarte Frucht, duftig, etwas Apfel; Finesse, sehr elegant, animierend **13,- €**

85 . . . 2006 Riesling Spätlese Ockfener Bockstein
reife Frucht, jahrgangsgeprägt; rassig, würzig, saftig, reife Säure **12,- €**

87 . . . 2006 Riesling Spätlese Saarburger Rausch
reintönige Frucht, Reife, Steinobst, Birne; saftig, reife Frucht, recht füllig **12,- €**

87 . . . 2005 Riesling Spätlese Ockfener Bockstein
reife Frucht, Pfirsich, etwas Apfel; würzig, viel reife Frucht, sehr zugänglich **12,- €**

89 . . . 2007 Riesling Auslese Saarburger Rausch

kühle Frucht, Steinobst, eindringlich; saftig, feine Süße, reife Frucht, sehr elegant **16,-**

89 . . . 2007 Riesling Auslese Ockfener Bockstein
reife Frucht, Pfirsich, kandierter Apfel, ganz leicht kräuterwürzig; saftig, Substanz, elegant **16,- €**

90 . . . 2005 Riesling Auslese Ockfener Bockstein
sehr feine Frucht, schiefrig, leichte Kräuternote, etwas gekochte Ananas; saftig, stoffig, herrlich viel Spiel, Pfirsich im Nachklang **16,- €**

90 . . . 2003 Riesling Auslese Ockfener Bockstein
reife Frucht, Zitrus, Pfirsich, leichte Kräuternote; kraftvoll, reif, viel Substanz, saftig, Nachhall **14,50 €**

89 . . . 2003 Riesling Auslese Saarburger Rausch
klar, feine Frucht, Steinobst, leicht Kräuter; betont würzig, rassig, reife Frucht, komplex, schöne Länge **14,50 €**

89 . . . 1999 Riesling Auslese Saarburger Rausch
zarte Frucht, Kräuter, leichte Reifenoten; feingliedrig, Finesse, rassige Säure, noch Potenzial **16,50 €**

---

82 2008 Riesling trocken **7,50 €**
83 2008 Riesling „feinherb" **7,50 €**
83 2008 Riesling Kabinett „feinherb" Saarburger Kupp **8,90 €**
84 2007 Riesling Kabinett „feinherb" Saarburger Kupp **8,90 €**
83 2006 Riesling Spätlese „feinherb" Saarburger Rausch **12,- €**

★★★★☆

Wagner-Stempel

Weingut

Rheinhessen

Wöllsteiner Straße 10, 55599 Siefersheim
Tel. 06703-960330, Fax: 06703-960331
info@wagner-stempel.de
Besuchszeiten: nach Vereinbarung
Gästehaus

Inhaber .... Familie Wagner
Rebfläche .... 14 Hektar

Lothar Wagner hat 1985 mit der Flaschenweinvermarktung begonnen, seit 1995 ist dem Weingut ein Gästehaus mit 18 Betten angegliedert, das von seiner Frau Lore geführt wird. Für den Ausbau der Weine ist seit 1992 Sohn Daniel zuständig. Die Weinberge liegen in den Siefersheimer Lagen Heerkretz, Höllberg und Goldenes Horn. Das besondere an den Siefersheimer Lagen ist der Porphyr-Fels im Untergrund, der den Weinen eine ganz eigene Note verleiht. Die meisten Weine werden mit Rebsortenangabe vermarktet, nur die beiden Großen Gewächse und edelsüße Weine tragen eine Lagenbezeichnung. Wichtigste Rebsorte ist Riesling mit einem Anteil von über 50 Prozent, Tendenz steigend. Daneben werden Silvaner und Müller-Thurgau, verschiedene Burgundersorten, sowie Chardonnay, Sauvignon Blanc (2000 gepflanzt) und Scheurebe angebaut. Dazu kommen die roten Sorten St. Laurent, Spätburgunder und Merlot, zukünftig auch ein wenig Frühburgunder. St. Laurent war eine Spezialität in Siefersheim, wo es vor dem Zweiten Weltkrieg insgesamt 35 Hektar Weinberge mit dieser Rebsorte gab. Danach geriet sie in Vergessenheit, wird aber bereits seit 1991 wieder bei Wagner-Stempel angebaut. Alle Rotweine kommen ins Barrique und werden unfiltriert abgefüllt. In den letzten Jahren wurde das Weingut modernisiert. Zuletzt kam ein neues Kelterhaus hinzu, in dem die Trauben nur durch Kippen und ohne jedes Pumpen verarbeitet werden können.

Seit einem Jahrzehnt nun empfehlen wir die Weine von Wagner-Stempel, im Jahr davor hatten wir die Weine erstmals in Mondo vorgestellt. In diesem Jahrzehnt ging es stetig bergauf, immer mit der gesamten Kollektion: Die Basisweine haben zugelegt, die Spitzenweine ebenso und auch die edelsüßen Rieslinge wurden Jahr für Jahr besser. Stetige Verbesserung auf breiter Front, nicht nur bei einzelnen Show-Weinen: Das zeichnet ein hervorragendes Weingut aus.

Im Jahrgang 2006 behauptete sich Daniel Wagner gut: Die Basisweine waren frisch und reintönig, die Großen Gewächse und der „Porphyr" herrlich kraftvoll und mineralisch, dazu gab es Beachtliches in süß. Im edelsüßen Bereich hatte er sich mit dem Jahrgang 2007 weiter gesteigert, Beerenauslese und Trockenbeerenauslese gehörten zu den besten edelsüßen Weinen des Jahrgangs in Deutschland. Aber auch die trockene Kollektion war ganz stark: Schon die Gutsweine machten viel Spaß, die Ortsweine zeigten sich herrlich kraftvoll und reintönig und der Riesling aus dem Heerkretz war einer der besten trockenen Rieslinge des Jahrgangs in Deutschland. Ganz stark sind Heerkretz und Höllberg nun auch 2008, führen eine stimmige, beeindruckende Kollektion an. Auch die süßen Rieslinge überzeugen, auch wenn es der Jahrgang nicht zuließ das Vorjahresergebnis zu wiederholen. Bestechend reintönig und fruchtbetont wie immer sind die Gutsweine: Bravo!

Weinbewertung

87 . . . 2008 Silvaner trocken
frisch, fruchtbetont, reintönig, etwas weiße Früchte; klar, frisch, direkt, feine Frucht und Biss **6,30 €**
2000: 85; 2001: 85; 2002: 85; 2003: 85; 2004: 84; 2005: 86; 2006: 85; 2007: 86.

86 . . . 2008 Weißburgunder trocken
reintönige Frucht, weiße Früchte, feine Frische; harmonisch, reintönig, feine süße Frucht **6,70 €**
1998: 84; 1999: 85; 2000: 85; 2001: 84; 2002: 85; 2003: 85; 2004: 85; 2005: 85; 2006: 87; 2007: 87.

85 . . . 2008 Scheurebe trocken
frisch, klar, etwas Cassis; klar, zupackend, feine süße Frucht und Biss **7,10 €**

87 . . . 2008 Sauvignon Blanc trocken
reintönige Frucht, gute Konzentration und Frische, etwas Stachelbeeren; klar, frisch, zupackend, feine Frucht, Biss **11,- €**
2002: 88; 2003: 87; 2004: 87; 2005: 87; 2006: 87; 2007: 87.

89 . . . 2008 Silvaner trocken Siefersheimer
gute Konzentration, reintönige reife Frucht, weiße Früchte, herrlich eindringlich; füllig, harmonisch, viel reife Frucht, gute Substanz und Länge **12,50 €**
2002: 88; 2003: 89; 2004: 85; 2005: 88; 2006: 87; 2007: 88.

88 . . . 2008 Weißburgunder trocken Siefersheimer
reintönige reife Frucht, gute Konzentration, herrlich eindringlich; füllig, harmonisch, reife süße Frucht, feine Länge **13,20 €**
2000 (GK): 87; 2001 (GK): 88; 2002: 87; 2003: 87; 2005: 88; 2006: 88; 2007: 88.

89 . . . 2008 Riesling „vom Porphyr" trocken Siefersheimer
herrlich eindringlich und reintönig, gute Konzentration, reife Frucht; kraftvoll, reintönig, zupackend, faszinierend klar und lang **13,20 €**
2002: 87; 2003: 87; 2004: 88; 2005: 89; 2006: 89; 2007: 88.

91 . . . 2008 Riesling „GG" Höllberg Siefersheim
viel Konzentration, faszinierend viel Frucht, dominant und eindringlich, feine mineralische Noten; herrlich viel Frucht und Stoff, Substanz, Kraft, viel Länge und Nachhall **24,- €**
(GG ab 2002) 1999: 87; 2000: 89; 2001: 89; 2002: 88; 2003: 91; 2004: 91; 2005: 91; 2006: 91; 2007: 90.

92 . . . 2008 Riesling „GG" Heerkretz Siefersheim
viel Konzentration, viel reife Frucht, dominant, etwas Guave, reife Zitrusfrüchte, Orangen; gute Fülle und Substanz, viel reife Frucht, viel Kraft, Frische, enormer Nachhall, viel Biss **28,- €**
(GG ab 2002) 2000: 87; 2001: 87; 2002: 89; 2003: 90; 2004: 91; 2005: 90; 2006: 91; 2007: 93.

90 . . . 2008 Riesling Spätlese Heerkretz Siefersheim
würzig, konzentriert, Feuerstein, faszinierend viel Frucht; füllig, stoffig, kraftvoll, herrlich viel Frucht, gute Substanz und Länge **14,50 €**
2002: 87; 2003: 87; 2004: 87; 2005: 88; 2006: 89; 2007: 88.

87 ... 2008 Riesling Spätlese Höllberg Siefersheim
würzig, konzentriert, klare reife Frucht, etwas weiße Früchte, dezent Grapefruit, füllig, harmonisch, klare Frucht, feine Frische und Biss **12,50 €**
2000: 87; 2001: 87; 2005: 88; 2006: 87; 2007: 86.

90 ... 2008 Riesling Auslese Höllberg Siefersheim
würzig, eindringlich, etwas Kräuter; süß, harmonisch, schmeichelnd, feine Frische, wunderschön elegant und enorm süffig **33,- €**

90 ... 2008 Riesling Eiswein Heerkretz Siefersheim
gute Konzentration, eingelegte süße Aprikosen, Litschi, etwas kandierte Früchte; füllig und schmeichelnd, reife süße Frucht, feine Frische, Substanz und Biss (auf Anfrage)

86 ... 2007 Spätburgunder trocken Siefersheimer
rauchige Noten, dezent Vanille und Kräuter; gute Fülle, reife Frucht, Substanz **21,- €**

---

84 2008 Riesling trocken **7,20 €**

★

Waldulm

Winzergenossenschaft

Baden

Weinstraße 37, 77876 Kappelrodeck/Waldulm
Tel. 07842-9489-0, Fax: 07842-9489-20
www.waldulmer.de
mail@waldulmer.de
Besuchszeiten: Mo.-Fr. 8-12:30 + 13:30-17:30 Uhr, Sa. 9-13 Uhr, So. und feiertags 10:30-15:30 Uhr (außer 25.12. und 1.1.)
Weinproben im Holzfasskeller (bis 150 Personen)

Geschäftsführer .... Bernhard Fischer
Kellermeister .... Urban Laible
Mitglieder 200
Rebfläche .... 120 Hektar

Die Winzergenossenschaft Waldulm wurde 1928 von Pfarrer Wilhelm Fichter gegründet. Die Reben wachsen in Waldulm auf Granitverwitterungsböden in den beiden Lagen Pfarrberg und Kreuzberg. 85 Prozent der Rebfläche nimmt Spätburgunder ein, dazu gibt es Grau- und Weißburgunder, Riesling und einige andere Rebsorten.

Zuletzt gefiel uns der barriqueausgebaute Spätburgunder meist besonders gut, vor zwei Jahren aber war der Selektions-Spätburgunder unser Favorit. Die letztjährige Kollektion präsentierte sich homogen, allerdings erschien bei den Spitzen-Spätburgundern der Holzeinsatz etwas zu akzentuiert. Vergleichbar ist nun auch die neue Kollektion: Ausgewogen, aber ohne Spitzen.

Weinbewertung

80 2008 Grauburgunder Kabinett trocken Waldulmer **6,90 €**
80 2008 Spätburgunder weißgekeltert trocken Waldulmer **6,20 €**
83 2007 Spätburgunder weißgekeltert trocken Barrique Waldulmer **10,80 €**
80 2007 Spätburgunder Spätlese trocken „alte Rebe" Waldulmer Pfarrberg **14,- €**
82 2006 Spätburgunder trocken Barrique Waldulmer Pfarrberg **12,- €**
82 2007 Spätburgunder trocken „SP" Waldulmer Pfarrberg **22,- €**
82 2007 Spätburgunder Auslese trocken Waldulmer Pfarrberg **14,- €/0,5l**
79 2007 Spätburgunder Spätlese „alte Rebe" Waldulmer Pfarrberg **14,- €**
82 2007 Spätburgunder Auslese Waldulmer Pfarrberg **14,- €/0,5l**
82 2007 Spätburgunder Beerenauslese Waldulmer Pfarrberg **41,- €/0,5l**

★★

Josef **Walter**

Weingut

Franken

Freudenberger Straße 21-23, 63927 Bürgstadt
Tel. 09371-942766, Fax: 09371-948767
www.weingut-josef-walter.de
info@weingut-josef-walter.de
Besuchszeiten: täglich geöffnet nach Vereinbarung
Hofweinfest 1. Juliwochenende

Inhaber .... Christoph und Daniela Walter
Rebfläche .... 3,5 Hektar

Das Bürgstadter Weingut war ursprünglich ein landwirtschaftlicher Gemischtbetrieb, der nebenher auch Wein anbaute. Christoph Walter ist nach seiner Ausbildung in Veitshöchheim und Stationen bei verschiedenen Weingütern 1996 in den Betrieb eingestiegen und die Verantwortung im Keller übernommen. Er begann mit dem Barriqueausbau und konzentrierte sich ganz auf Wein. Heute führt er den Betrieb zusammen mit Ehefrau Daniela, unterstützt von den Eltern Josef und Brigitte Walter. Ihre Weinberge liegen alle im Centgrafenberg. Drei Viertel der Rebfläche nehmen rote Rebsorten ein, vor allem Spätburgunder und Frühburgunder, aber auch Domina und Regent. An weißen Rebsorten gibt es Silvaner, dazu Müller-Thurgau, Bacchus und Kerner.

Vor zwei Jahren überzeugte die Kollektion, allen voran die roten Burgunder, der Frühburgunder hatte die Nase vorne. Auch in der letztjährigen Kollektion überzeugten insbesondere wieder die beiden „J"-Weine, Frühburgunder und Spätburgunder aus dem Jahrgang 2005. Auch 2006 hat sich Christoph Walter gut behauptet, Spätburgunder wie auch Frühburgunder besitzen Frucht und Substanz. Und altern kann er auch, Bürgstadter Spätburgunder.

Weinbewertung

85 ... 2006 Spätburgunder „Churfranken" Bürgstadter Centgrafenberg
rauchige Noten, reintönige Frucht, herrlich eindringlich; klar, füllig, harmonisch, elegant, gute Struktur **10,- €**

85 ... 2005 Spätburgunder Centgrafenberg
frisch, klar, feine Würze und Frucht, klar, geradlinig, gute Fülle und Tannine **12,- €**

85 ... 1999 Spätburgunder Spätlese trocken Bürgstadter Centgrafenberg
würzig-rauchige Noten, etwas rote Früchte und Kräuter; füllig, harmonisch entwickelt, dezent Vanille **12,50 €**

88 ... 1998 Spätburgunder „J" Centgrafenberg
würzig, konzentriert, rote Früchte, dominant und eindringlich; frisch, reife Frucht, dezent Schokolade, gute Länge **10,- €**

86 ... 2003 „Trilogie" Rotwein
würzig, eindringlich, rote Früchte; füllig, harmonisch, reife Frucht, dezent Vanille **12,- €**

86 ... 2005 Frühburgunder „J" Centgrafenberg
würzige Noten, rote Früchte, Kräuter; füllig, kraftvoll, etwas Kräuter, Vanille und Schokolade **18,50 €**

88 ... 2006 Frühburgunder „J" Centgrafenberg
gute Konzentration, klare reife Frucht, Kirschen, eindringlich; füllig, harmonisch, kraftvoll, reife Frucht, gute Substanz und Struktur **18,50 €**
2001: 87; 2002: 88; 2003: 89; 2004: 88.

87 ... 2006 Spätburgunder „J" Centgrafenberg
feine rauchige Noten, reintönige Frucht, etwas rote Früchte; gute Fülle und Harmonie, feine Frucht, elegant und klar **18,50 €**
1997: 87; 1998: 86; 1999: 88; 2000: 87; 2002: 86; 2003: 88; 2004: 87; 2005: 87.

78 2008 Silvaner Kabinett trocken Centgrafenberg **7,- €**
79 2008 „For Friends" Weißwein trocken **4,- €**
81 2007 Kerner Kabinett trocken Bürgstadter Centgrafenberg **6,- €**
82 2005 „Walters" Spätburgunder trocken **7,- €**

★☆

Eugen Wambsganß
Weingut

Pfalz

Kirchhohl 10-12, 76829 Landau-Nußdorf
***Tel.** 06341-61990, **Fax:** 06341-60161*
www.eugen-wambsganss.de
iris.estelmann@t-online.de
***Besuchszeiten**: Mo.-Fr. 10-18 Uhr, Sa./So. nach Vereinbarung*

Inhaber .... Klaus und Iris Estelmann
Rebfläche .... 13 Hektar

In siebter Generation baut die Familie Wambsganß bzw. Estelmann Wein in Nussdorf an. Aus dem ehemaligen Mischbetrieb wurde vor über vierzig Jahren ein reiner Weinbaubetrieb. Eugen Wambsganß übergab das Weingut 1991 an seine Tochter Iris und ihren Mann Klaus Estelmann, Sohn Christian ist Geisenheim-Absolvent. Die Rebfläche wurde seit 1990 von 8 Hektar auf die heutigen 13 Hektar erweitert, alle Weinberge liegen auf Nußdorfer Gemarkung. Wichtigste Rebsorten sind Riesling, Weißburgunder, Grauburgunder, Silvaner und Gewürztraminer, dazu gibt es Chardonnay, Auxerrois und einige Bukettsorten. Im roten Segment werden Spätburgunder, Sankt Laurent und Portugieser ergänzt durch Dornfelder, Merlot, Cabernet Sauvignon und Dunkelfelder. Die Spitzenrotweine werden – wie auch ausgewählte Weißweine – in Barriques ausgebaut, wobei Klaus und Iris Estelmann Nußdorfer Holz verwenden, das von der Tonnellerie François Frères verarbeitet wird.

Die 2006er Weine mussten dem Jahrgang Tribut zollen, die letztjährige Kollektion aber überzeugte wieder auf der ganzen Linie, bot charaktervolle Weine mit einer eigenen Handschrift, weiß wie rot. In diesem Jahr nun sind uns die verkosteten Rotweine eine Spur zu oxidativ, so dass wir eindeutig einige Weißweine favorisieren, auch die Sekte können überzeugen.

Weinbewertung

85 . . . 2008 „SIGNUM" Riesling trocken Nußdorfer Herrenberg
(bisher „Steinweg"); gute Konzentration, reife Frucht, etwas Limone; füllig, harmonisch, kraftvoll, reife Frucht **5,40 €**

85 . . . 2008 Gewürztraminer Auslese
gute Konzentration, reintönige Frucht, Rosen, dezent Gewürze; füllig und schmeichelnd, viel reife süße Frucht, Substanz **8,50 €**

85 . . . 2007 Grauburgunder Spätlese trocken Barrique Nußdorfer Herrenberg
gute Konzentration, reife Frucht, gelbe Früchte, feiner dezenter Toast; füllig, kraftvoll, reife Frucht, Substanz **14,50 €**

82 2007 Riesling Sekt brut **7,40 €**
83 2007 Huxelrebe Sekt trocken **6,80 €**
78 2008 Riesling trocken **3,60 €/1l**
79 2008 Weißburgunder trocken **4,90 €/1l**
81 2008 „C & M" Rosé **4,70 €**
78 2007 Cabernet Franc trocken Nußdorfer Herrenberg **21,- €**
79 2007 Cabernet Sauvignon trocken Nußdorfer Herrenberg **29,- €/1,5l**

Julius **Wasem** & Söhne ★

Weingut

Rheinhessen

Edelgasse 5, 55218 Ingelheim
Tel. 06132-2220, Fax: 06132-2448
www.weingut-wasem.de
info@weingut-wasem.de
Besuchszeiten: Mo.-Fr. 7:30-11:30 + 13-18:30 Uhr, Sa. 9:30-12:30 + 14-18 Uhr
Weinstube (bis 40 Personen), Weinhotel

Inhaber .... Burkhard und Holger Wasem
Rebfläche .... 34 Hektar

Die Familie Wasem baut seit Beginn des 18. Jahrhunderts Wein an. 1912 begann Julius Wasem als Erster in Ingelheim mit der Selbstvermarktung. Heute sind zwei Drittel der Weinberge von Holger und Burkhard Wasem mit roten Reben bepflanzt: Spätburgunder, Frühburgunder, Portugieser, St. Laurent, Merlot und Cabernet Sauvignon. Wichtigste weiße Sorten sind Riesling, Silvaner, Weißburgunder und Grauburgunder.

Vor zwei Jahren führten einige kraftvolle Rotweine die Kollektion an, allen voran der Spätburgunder Selection Rheinhessen. In der letztjährigen Kollektion präsentierten sich die Rotweine etwas weniger harmonisch, manchmal wollte uns das Holz, dann wieder die Überreife nicht so recht gefallen. Angenehm überraschte die Siegerrebe Auslese, auch der klare Frühburgunder aus dem Jahrgang 2006 gefiel uns gut. Auch in diesem Jahr nun haben wieder die kraftvollen, fülligen Rotweine in einer homogenen Kollektion die Nase vorne.

Weinbewertung

85 . . . 2006 Frühburgunder Auslese trocken Ingelheimer Horn
gute Konzentration, viel reife Frucht, feine Würze, eindringlich; füllig, kraftvoll, klar, reife Frucht und Substanz **18,50 €**

86 . . . 2006 Spätburgunder trocken Selection Rheinhessen
gute Konzentration, viel Würze, reife Frucht; füllig, kraftvoll, reife Frucht und Substanz **12,50 €**

---

82 2008 Weißburgunder Spätlese trocken **5,50 €**
82 2008 Grauburgunder Spätlese trocken **5,50 €**
80 2008 Chardonnay Spätlese trocken **6,- €**
81 2008 Riesling Spätlese trocken Elsheimer Blume **6,- €**
78 2008 Pinot Noir Blanc de Noir trocken **5,50 €**
78 2008 Rivaner Classic **3,80 €**
80 2007 Spätburgunder trocken Ingelheimer Sonnenhang **5,50 €**
83 2007 Frühburgunder Spätlese trocken Ingelheimer Rheinhöhe **10,50 €**
83 2004 Merlot trocken Barrique **11,- €**
83 2007 Spätburgunder Spätlese trocken Ingelheimer Pares **8,- €**

Wasenweiler ★

Winzer

Baden

Raiffeisenstraße 6, 79241 Wasenweiler
Tel. 07668-5076, Fax: 07668-5008
www.wg-wasenweiler.de
info@wg-wasenweiler.de
Besuchszeiten: Mo.-Fr. 7:30-12 + 13-17:30 Uhr, Sa. 9-13 Uhr

Geschäftsführer .... Thomas Wihler
Kellermeister .... Daniel Möllinger
Mitglieder 210
Rebfläche .... 65 Hektar

Über 60 Prozent der Rebfläche der Genossen von Wasenweiler ist mit Spätburgunder bepflanzt. Wichtigste weiße Rebsorten sind

Grauburgunder, Weißburgunder Müller-Thurgau und Silvaner. Hinzu kommen Spezialitäten wie Gewürztraminer, Muskateller, Chardonnay, Riesling, Auxerrois und Scheurebe. Die Weinberge der Mitglieder liegen in den beiden Wasenweiler Lagen Kreuzhalde und Lotberg, wo die Reben auf Vulkanverwitterungsböden mit unterschiedlich starker Lössauflage wachsen. Die Kreuzhalde besteht noch heute oft aus Kleinterrassen, die im Mittelalter als Halen bezeichnet wurden, woher der Lagenname rührt. Als erste Genossenschaft am Kaiserstuhl erzeugt man in Wasenweiler bereits seit 1989 auch Weine aus ökologischem Anbau („Die Neun", 9 Mitglieder, die zusammen 5 Hektar biologisch bewirtschaften), ist Mitglied bei Ecovin. Gut die Hälfte der Produktion wird über den Fachhandel vertrieben, ein Viertel geht an die Gastronomie.

Schon in der ersten Ausgabe hatten wir die Weine der Wasenweiler Genossen empfohlen. Zwischenzeitlich lies man mit barriqueausgebauten Spätburgundern oder auch edelsüßen Weinen Ambitionen erkennen, in den letzten Jahren aber vermissten wir solche Spitzen. Trotzdem gehören die Wasenweiler mit homogenen Kollektionen zu den besseren badischen Genossenschaften.

Die 2006er Weißweine fielen jahrgangsbedingt etwas schwächer aus, der Pinot Noir gefiel uns vor zwei Jahren aber gut, wie auch der Muskateller-Sekt. Die letztjährige Kollektion war insgesamt zu verhalten. Die neue Kollektion gefällt uns ein wenig besser, doch sind manche Weine wie im Vorjahr recht verhalten. Unser Favorit ist der Muskatellersekt.

Weinbewertung

85 . . . 2007 Muskateller Sekt extra trocken Wasenweiler

frisch, würzig, eindringliche Muskatnote; klar, frisch, zupackend, feine süße Frucht **10,- €**

82 2006 Pinot blanc de Noir Sekt brut Wasenweiler **10,- €**

78 2008 Rivaner trocken Wasenweiler Lotberg **4,20 €**

80 2008 Muskateller Kabinett trocken Wasenweiler Vulkanfelsen **5,90 €**

81 2008 Grauburgunder trocken Wasenweiler Kreuzhalde **5,20 €**

81 2008 Spätburgunder weißgekeltert trocken **5,20 €**

83 2008 Weißburgunder Spätlese trocken Wasenweiler Kreuzhalde **6,40 €**

81 2008 Grauburgunder Spätlese trocken Wasenweiler Kreuzhalde **6,50 €**

84 2003 Gewürztraminer Auslese Wasenweiler Kreuzhalde **9,90 €/0,5l**

81 2008 Rosé trocken Wasenweiler **5,- €**

79 2008 Spätburgunder trocken Wasenweiler Kreuzhalde **5,90 €**

83 2008 Spätburgunder Spätlese trocken Wasenweiler Kreuzhalde **8,90 €**

Fritz Waßmer ★★★★

Weingut

Baden

Lazariterstraße 2, 79189 Bad-Krozingen-Schlatt
Tel. 07633-3965, Fax: 07633-4458
www.weingutfritzwassmer.de
fwassmer@gmx.de
Besuchzeiten: Mo.-Fr. 9-17 Uhr, Sa. 9-14 Uhr

Inhaber .... Fritz Waßmer
Rebfläche .... 35 Hektar

Fritz Waßmer baut wie sein Bruder Martin nicht nur Wein an, sondern auch Erdbeeren und Spargel, dazu verkauft er Weihnachtsbäume. 1999 hat er sich Weinberge im Breisgau gekauft. Zu 80 Prozent baut er Pinot Noir an. Er pflanzte ausschließlich Klone aus Burgund, auf schwach tragenden Unterlagsreben, bis zu 13.000 Stock je Hektar. Die Trauben werden in kleinen Kisten nach Schlatt transportiert und dort verarbeitet. Alle Spätburgunder werden spontanvergoren, teils in Holzgärtanks, teils in Edelstahltanks. 1999 erzeugte er seine ersten Rotweine, zwei Jahre später die ersten Weißweine. 2003 haben die neu gepflanzten Burgunderklone ihren ersten Ertrag gebracht.

Vor zwei Jahren gefielen uns die Spätburgunder gut, ebenso der Syrah und die Felix genannte Cuvée. Unter den Weißweinen stach der Grauburgunder „R" hervor. Die letztjährige Kollektion war homogen, mit leichten Vorteilen im roten Segment, wobei uns manche Rotweine zwar enorm beeindruckten – aber fast zu süß und konzentriert wirkten, zu hoch im Alkohol. Auch in diesem Jahr liegen die Stärken wieder im roten Segment. Der Syrah hat uns stark beeindruckt, ebenso der „XXL" – nicht als Pinot, aber als kraftvoller, enorm konzentrierter Rotwein mit Struktur und Potenzial.

Weinbewertung

85 . . . 2008 Sauvignon Blanc trocken
frisch, fruchtbetont, würzig, reintönig; klar, frisch, geradlinig, Biss **7,30 €**

87 . . . 2008 Chardonnay trocken
gute Konzentration, dezenter Toast, reife Frucht; weich, füllig, fruchtbetont, gute Struktur und Frische

85 . . . 2008 Viognier trocken
würzig, klar, frisch, Aprikosen, gute Konzentration; weich, füllig, cremig, reife Frucht
2004: 86; 2005: 88; 2006: 86; 2007: 86.

87 . . . 2008 Grauer Burgunder „R" trocken
würzig, eindringlich, dezenter Toast; füllig, harmonisch, viel reife Frucht, etwas gelbe Früchte **12,50 €**
2001: 85; 2003: 87; 2005: 88; 2006: 88; 2007: 87.

86 . . . 2008 Weißer Burgunder „R" trocken
feine Würze, gute Konzentration, klare reife Frucht; füllig, kraftvoll, reife Frucht, gute Substanz **12,50 €**
2002: 87; 2003: 88; 2005: 88; 2006: 85; 2007: 86.

85 . . . 2008 Sauvignon Blanc „R" trocken
reife Frucht, feiner Duft, gute Konzentration; weich, frisch, feine Frucht und Biss **14,50 €**

85 . . . 2008 Muskateller
klar, frisch, feine Muskatfrucht; frisch, direkt, feine süße Frucht, Muskat und Biss **7,80 €**
2004: 86; 2005: 86; 2006: 85; 2007: 85.

85 . . . 2007 Spätburgunder trocken Barrique
frisch, fruchtbetont, rote Früchte; klar, direkt, zupackend, Tannine und Biss **10,80 €**

87 . . . 2007 Spätburgunder „M" trocken
würzig, direkt, zurückhaltende Frucht; frisch, zupackend, gute Struktur und Biss **14,50 €**
2003: 88; 2004: 87; 2005: 87; 2006: 86.

88 . . . 2007 Spätburgunder „Alte Reben" trocken
intensive Frucht, rote Früchte, reintönig, herrlich eindringlich; reintönige Frucht, gute Struktur und Frische, Säure und Biss, jugendlich **23,50 €**
2001: 86; 2002: 92; 2003: 90; 2004: 88; 2005: 88; 2006: 88.

92 . . . 2007 Spätburgunder „XXL" trocken
viel Konzentration, faszinierend viel Frucht, herrlich eindringlich und dominant, feiner dezenter Toast, rote und dunkle Früchte, dezent Johannisbeeren; füllig, stoffig, kraftvoll, reife Frucht, gute Struktur, Frische, Potenzial **30,- €**
2004: 90; 2005: 89; 2006: 89.

86 . . . 2007 „Felix" Merlot Cabernet Franc
würzig, eindringlich, etwas Kräuter, rote Früchte; kraftvoll, klar, gute Struktur, Kräuterbiss **18,50 €**
2003: 86; 2004: 85; 2005: 87; 2006: 87.

90 . . . 2007 Syrah trocken
konzentriert, reintönige reife Frucht, etwas Brombeeren, wunderschön eindringlich; füllig, kraftvoll, klare reife Frucht, Substanz, Struktur, jugendlich **27,50 €**
2003: 87; 2004: 86; 2005: 88; 2006: 89.

84 2008 Weißburgunder trocken **6,30 €**
84 2008 Grauburgunder trocken **6,30 €**

★★★★

Martin Waßmer
Weingut

Baden

Am Sportplatz 3, 79189 Bad-Krozingen-Schlatt
Tel. 07633-15292, Fax: 07633-13384
www.weingut-wassmer.de
wassmer-krozingen@t-online.de
Besuchzeiten: April-Juni Mo.-Fr. 8-20 Uhr, Sa. 9-14 Uhr, sonst Mi. + Sa. 9-18 Uhr oder nach Vereinbarung
Weinprobierstube, Bauernladen

Inhaber .... Martin Waßmer
Rebfläche .... 18 Hektar

Martin Waßmer stammt aus einem landwirtschaftlich orientierten Betrieb, der schon seit Generationen auch Weinbau betreibt. Während seiner Ausbildung zum Koch hat er 1980 mit dem Anbau von Spargel begonnen. Spargel und Erdbeeren sind flächenmäßig die wichtigsten landwirtschaftlichen Produkte in seinem Betrieb. Seine Liebe gilt aber dem Wein. Durch Seminare und Besuche bei anderen Winzern im In- und Ausland hat er sich Kenntnisse im Weinausbau verschafft und beschlossen selbst Wein zu machen und zu vermarkten. 1998 hat er zum letzten Mal an die Genossenschaft abgeliefert. Wichtigste Rebsorte bei Martin Waßmer ist der Spätburgunder. Hinzu kommen Weißburgunder, Grauburgunder, Müller-Thurgau und Gutedel, sowie inzwischen Muskateller und Chardonnay. Die Reben stehen in den Schlatter Lagen Maltesergarten, Steingrüble und Altenberg. Alle Weine werden möglichst mit ihren natürlichen Hefen vergoren und recht lange auf der Hefe ausgebaut. Die Rotweine kommen alle ins Holzfass, die besten Qualitäten ins Barrique. Die Klärung erfolgt durch Absetzen der Schwebstoffe, filtriert wird möglichst nicht.

Im vergangenen Jahr haben uns die 2006 Spätburgunder hervorragend gefallen, der „SW" und mehr noch der „GC": Viel Frucht, viel Substanz – und Potenzial; aber auch der Cabernet Sauvignon hatte uns beeindruckt. Ähnlich stark präsentiert sich sein Nachfolger im Jahrgang 2007, noch besser aber gefallen uns einmal mehr die Spätburgunder, wobei wir in diesem Jahr den „SW" ganz leicht favorisieren: Pinot pur. Die Weißweine reichen da in der Spitze nicht ganz heran, zeigen aber einige vielversprechende Ansätze. Unser Favorit: Der Sauvignon Blanc „SW".

Weinbewertung

85 . . . 2008 Grauburgunder trocken
feine Würze, klar, dezent gelbe Früchte; füllig, harmonisch, feine Frische und reife Frucht **7,80 €**

85 . . . 2008 Sauvignon Blanc trocken
frisch, fruchtbetont, klare reife Frucht; klar, füllig, zupackend, feine süße Frucht **9,50 €**

86 . . . 2008 Riesling Spätlese trocken
feine Würze, Frische, etwas Limone, reife Frucht; füllig, harmonisch, feine Frische, reife süße Frucht **10,80 €**

86 . . . 2008 Grauer Burgunder „SW" trocken
gute Konzentration, viel Toast, klare reife Frucht, herrlich eindringlich; füllig, kraftvoll, viel Substanz, aber noch unharmonisch und verschlossen **16,50 €**
(bis 2004: „R") 2002: **89**; 2003: **85**; 2004: **85**; 2005: **88**; 2006: **85**; 2007: **88**.

87 . . . 2008 Weißer Burgunder „SW" Spätlese trocken Schlatter Maltesergarten
feine Würze, reife Frucht, gute Konzentration; füllig, harmonisch, viel reife Frucht, Substanz und Frische **14,50 €**
(bis 2004: „R") 2001: **84**; 2002: **86**; 2003: **87**; 2004: **84**; 2005: **86**; 2006: **87**; 2007: **88**.

88 . . . 2008 Sauvignon Blanc „SW" Spätlese trocken
viel Konzentration, herrlich viel Frucht, konzentriert und eindringlich; füllig, kraftvoll, viel reife Frucht, gute Struktur und Substanz **16,50 €**

86 . . . 2008 Chardonnay „SW" trocken
gute Konzentration, viel reife Frucht, herrlich eindringlich, etwas Vanille; füllig, kraftvoll, reife Frucht, gute Substanz, jugendlich **15,50 €**
2004: 85; 2005: 87; 2006: 87; 2007: 88.

85 . . . 2008 Muskateller Kabinett
würzig, klar, eindringlich, feine Muskatnote; frisch, direkt, feine süße Frucht und Biss **9,90 €**
2003: 87; 2004: 86; 2005: 85; 2006: 86; 2007: 86.

85 . . . 2007 Gewürztraminer Auslese „Alte Reben Steilhang"
viel Duft, Rosen, Gewürze, eindringlich; füllig, saftig, reife süße Frucht, Bitternote **14,- €/0,5l**

86 . . . 2008 Chardonnay Auslese
würzig, eindringlich; süß, schmeichelnd, herrlich viel Frucht, feiner Biss **24,- €/0,375l**

88 . . . 2008 Muskateller Beerenauslese „Alte Reben Steilhang"
viel Konzentration, feiner Duft, Muskatnote, eindringlich; süß, konzentriert, viel Substanz, herrlich viel Frucht **65,- €/0,375l**

85 . . . 2007 Spätburgunder trocken
würzig, direkt, klare Frucht; frisch, harmonisch, feine Frucht und Biss **8,40 €**
2001: 85; 2002: 87; 2003: 84; 2004: 85; 2005: 86; 2006: 85.

87 . . . 2007 Spätburgunder trocken Schlatter Maltesergarten
würzig, eindringlich, reintönige Frucht; frisch, zupackend, reintönige Frucht, Biss **14,50 €**
2000: 85; 2001: 86; 2002: 87; 2003: 86; 2004: 86; 2005: 87; 2006: 87.

90 . . . 2007 Cabernet Sauvignon trocken
gute Konzentration, klare reife Frucht, etwas Schokolade, Cassis, dunkle Früchte, rauchige Noten; füllig, kraftvoll, viel Konzentration, klare reife Frucht, gute Substanz, Länge **28,- €**
2006: 90.

92 . . . 2007 Spätburgunder trocken „SW" Schlatter
faszinierend viel Frucht, feine rauchige Noten, herrlich eindringlich und reintönig; kraftvoll, reintönig, elegant, gute Struktur, viel Substanz, feine Frische, Länge und Nachhall **25,- €**
1999: 87; 2000: 89; 2001: 93; 2002: 93; 2003: 93; 2004: 90; 2005: 89; 2006: 90.

91 . . . 2007 Pinot Noir trocken „GC"
gute Konzentration, frisch, fruchtbetont, etwas florale Noten, eindringlich; frisch, elegant, reintönige Frucht, gute Struktur, feine Tannine, wunderschön ausgewogen und lang **47,- €**
2003: 91; 2004: 89; 2005: 88; 2006: 92.

---

83 2008 Weißburgunder trocken **7,30 €**
83 2008 Grauburgunder Spätlese trocken **10,80 €**

★

Udo Weber
Weingut

Nahe

Soonwaldstraße 41, 55569 Monzingen
Tel. 06751-3278, Fax: 06751-2076
www.weingut-udo-weber.de
info@weingut-udo-weber.de
Besuchszeiten: täglich
Weinprobierstube (bis 50 Personen)
2 Ferienwohnungen

Inhaber .... Udo Weber
Rebfläche .... 11,5 Hektar

Das Weingut Weber in Monzingen wird seit 1991 von Udo und Sabine Weber geführt. Ihre Weinberge liegen vor allem in den Monzinger Lagen Frühlingsplätzchen und Halenberg, aber auch in den benachbarten Gemeinden Meddersheim und Bad Sobernheim. Udo Weber hat in den letzten Jahren vor allem den Anbau der Burgundersorten forciert. Wichtigste Rebsorte ist aber Riesling, weitere weiße Sorten sind Weißburgunder, Grauburgunder, Chardonnay, Gewürztraminer, Müller-Thurgau, Silvaner, Scheurebe und Bacchus. An roten Sorten gibt es Dornfelder und Spätburgunder, sowie Regent und Portugieser.

2006 war jahrgangsbedingt schwächer aber die 2007er Kollektion gefiel uns gut, vor allem die Rieslinge überzeugten, trocken wie edelsüß, allen voran der hervorragende Eiswein aus dem Sobernheimer Marbach. 2008 nun ist etwas verhaltener, bietet nicht die Spitzen des Vorjahres.

Weinbewertung

85 . . . 2008 Riesling Auslese Monzinger Frühlingsplätzchen

feine Würze, etwas zurückhaltende Frucht; füllig, harmonisch, reife süße Frucht, feine Frische und Biss

8,90 €

---

81 2007 Riesling Sekt trocken Monzinger Paradiesgarten **7,70 €**

80 2008 Spätburgunder Blanc de Noir trocken **5,90 €**

81 2008 Weißburgunder Spätlese trocken Monzinger Frühlingsplätzchen **6,30 €**

82 2008 Muskateller Spätlese trocken Monzinger Frühlingsplätzchen **6,90 €**

79 2008 Riesling Classic **4,40 €**

80 2008 Riesling Kabinett halbtrocken Monzinger Frühlingsplätzchen **4,40 €**

84 2008 Riesling Spätlese halbtrocken Monzinger Halenberg **6,40 €**

82 2008 Riesling Spätlese Monzinger Frühlingsplätzchen **5,90 €**

81 2007 Spätburgunder trocken „S" Monzinger Frühlingsplätzchen **7,90 €**

81 2006 Spätburgunder trocken Barrique Monzinger Frühlingsplätzchen **14,90 €**

★★

Weber

Weingut

Baden

Im Offental 1, 77955 Ettenheim

***Tel.** 07822-8948-0, **Fax**: 07822-8948-12*

www.weingut-weber.de

info@weingut-weber.de

***Besuchszeiten**: Mi.-Sa. 9:30-12:30 + 14-20 Uhr, So. 11-20 Uhr*

Restaurant Webers Gutsschänke (Mi.-So.)

Inhaber........................... Werner Weber

Rebfläche............................. 12 Hektar

Alle Weinberge von Werner Weber liegen im Ettenheimer Kaiserberg, wo die Reben auf tiefgründigen, lehmhaltigen Lössböden wachsen. Wichtigste Rebsorte ist der Spätburgunder, der 40 Prozent der Rebfläche einnimmt. Es folgen Grauburgunder, Müller-Thurgau und Weißburgunder. Hinzu kommen Riesling, Chardonnay, Gewürztraminer und Scheurebe. Seit dem Jahrgang 2003 werden die Weine betriebsintern klassifiziert in die Linien SE und SE*** Premium. Hinzu kommen barriqueausgebaute und edelsüße Weine.

Vor zwei Jahren überzeugte die Kollektion, allen voran die Drei-Sterne-Weine und der barriqueausgebaute Spätburgunder. Der Drei-Sterne-Grauburgunder gefiel uns auch im vergangenen Jahr wieder besonders gut, ebenso die beiden kraftvollen Spätburgunder, aber auch die restlichen Weine überzeugten mit klarer Frucht und guter Struktur. Die neue Kollketion ist sehr gleichmäßig, unser klarer Favorit ist der barriqueausgebaute Spätburgunder.

Weinbewertung

86 . . . 2007 Spätburgunder trocken Barrique Et-

tenheimer Kaiserberg
gute Konzentration, rauchige Noten, reife Frucht; füllig, harmonisch, klare reife Frucht, gute Substanz und Frische **13,80 €**
2003: 85; 2004: 85; 2005: 86; 2006: 85.

---

80 2008 Rivaner „SE" trocken Ettenheimer Kaiserberg **4,95 €**
80 2008 Blanc de Noir „SE" trocken Ettenheimer Kaiserberg **7,80 €**
83 2008 Riesling „SE" trocken Ettenheimer Kaiserberg **6,70 €**
82 2008 Weißburgunder „SE" trocken Ettenheimer Kaiserberg **6,20 €**
83 2008 Grauburgunder „SE" trocken Ettenheimer Kaiserberg **7,- €**
84 2008 Grauburgunder „SE*** Premium" trocken Ettenheimer Kaiserberg **12,80 €**
82 2008 Scheurebe „SE" lieblich Ettenheimer Kaiserberg **6,95 €**
81 2007 Spätburgunder Spätlese „SE" trocken Ettenheimer Kaiserberg **6,50 €**
81 2007 „Cuvée Nor" Rotwein Spätlese trocken Barrique Ettenheimer Kaiserberg **6,50 €**

★☆

Weedenbornhof

Weingut

Rheinhessen

Am Römer 4-6, 55234 Monzernheim
Tel. 06244-387, Fax: 06244-57331
www.weedenbornhof.de
weingut@weedenbornhof.de
Besuchszeiten: nach Vereinbarung

Inhaber .... Heidrun & Udo Mattern
.... Gesine & Markus Roll
Rebfläche .... 15 Hektar

Der Weedenbornhof, mitten im Ortskern von Monzernheim gelegen, wird geführt von Heidrun und Udo Mattern. Sie haben ihr Weingut auf 15 Hektar vergrößert, indem sie von einem anderen Weingut langfristig Weinberge in besten Lagen von Monzernheim hinzugepachtet haben. Ihre Tochter Gesine ist nach Winzerlehre (bei Bassermann-Jordan) und Studium in den Betrieb eingetreten. Auch ihr Ehemann Markus Roll, zuvor Juniorbetriebsleiter des Weingutes Roll in Dittelsheim-Heßloch) ist inzwischen offiziell beim Weedenbornhof eingestiegen. Wichtigste Rebsorten sind Riesling, Weißburgunder, Huxelrebe, Chardonnay und Kerner, sowie die roten Sorten Spätburgunder, Portugieser, St. Laurent, Dornfelder, Regent und Cabernet Sauvignon. Udo Mattern baut seine Weine überwiegend trocken aus. Die Rotweine reifen in großen oder kleinen Holzfässern. Seit 1986 stellt er auch eigene Sekte mit mindestens achtzehn Monaten Hefelager her. Edelbrände ergänzen das Sortiment.

2006 war jahrgangsbedingt schwächer, der Riesling „Terra Rossa" aber machte Spaß. Eine sehr homogene, überzeugende Kollektion folgte im vergangenen Jahr nach, vor allem die Rieslinge Alte Reben und Terra Rossa gefielen uns. Der 2008er Terra Rossa führt nun in diesem Jahr eine gleichmäßige Kollektion an.

Weinbewertung

86 ... 2007 Riesling trocken „Terra Rossa" Westhofener Steingrube
viel Konzentration, reife Frucht, Würze; weich, füllig, harmonisch, reife süße Frucht **10,30 €**

87 ... 2007 Riesling trocken „Terra Rossa" Westhofener Steingrube
gute Konzentration, feine Würze, reife Frucht, dezent gelbe Früchte, Zitrus; füllig, harmonisch, klare reife Frucht und Substanz **10,80 €**
2003: 85; 2004: 85; 2005: 87; 2006: 86.

85 . . . 2007 St. Laurent Barrique Bechtheimer Heiligkreuz
recht würzig, rauchige Noten; füllig, harmonisch, kraftvoll, reife Frucht **12,50 €**

---

80 2008 Riesling trocken „Freudensprünge" **6,50 €**
83 2008 Sauvignon Blanc trocken **7,50 €**
82 2008 Chardonnay trocken Bechtheimer Heiligkreuz **6,80 €**
81 2008 Riesling „feinherb" **7,20 €**
83 2008 Riesling Spätlese Westhofener Steingrube **7,20 €**
83 2007 Cabernet Sauvignon Barrique Westhofener Steingrube **13,50 €**

★★★

Geheimrat J. Wegeler
Weingüter, Gutshaus Oestrich

Rheingau

Friedensplatz 9-11, 65375 Oestrich-Winkel
Tel. 06723-9909-0, Fax: 06723-990966
www.wegeler.com
info@wegeler.com
Besuchszeiten: Mo.-Fr. 8-17 Uhr, Sa. 11-16 Uhr

Inhaber .... Familie Wegeler-Drieseberg
Gutsverwalter .... Michael Burgdorf
Kellermeister .... Andreas Holderrieth
Rebfläche .... 48 Hektar

Der erfolgreiche Weinhändler Julius Wegeler erwarb 1882 ein Weingut im Rheingau, das noch heute der Familie gehört. Geheimrat J. Wegeler Erben zählt mit Weinbergen in Rüdesheim, Winkel, Geisenheim und Oestrich zu den größten Privatgütern im Rheingau. 99 Prozent der Weinberge sind mit Riesling bepflanzt. Insgesamt 16 verschiedene Weinberge gehören zu den als „Erstes Gewächs" klassifizierten Lagen. Neben den Ersten Gewächsen gibt es den „Geheimrat J" als Erstwein des Gutes nach Vorbild der Erstweine in Bordeaux. Die Weine werden überwiegend trocken und halbtrocken ausgebaut, sind aber auch im edelsüßen Bereich schlank und cremig, und werden exklusiv über Gastronomie und Weinfachhandel vertrieben. Gutsverwalter Michael Burgdorf kam vom Niersteiner Weingut Heyl zu Herrnsheim nach Oestrich. Der „Geheimrat J.", der immer spät vorgestellt wird, sowie der sehr lange auf der Hefe gereifte, würzige Schaumwein bilden oft die Spitze des Programms; sie besitzen einen sehr eigenständigen Stil.

2006 gelangen die restsüßen Weine deutlich spannender als die trockenen. Die 2007er fielen klar und fruchtig aus, die 2008er sind saftig und zugänglich. Im edelsüßen Bereich war nur eine süffige Auslese möglich. Sehr überzeugend fällt der 2007er „Geheimrat J" aus.

Weinbewertung

89 . . . 2007 Riesling Spätlese trocken „Geheimrat J"
reife Frucht, Kräuter, Hefe; feste Struktur, betont würzig, nachhaltig, eigenwillig, spannend **22,- €**

85 . . . 2008 Riesling Kabinett „WEGELER PUR"
frisch, jugendlich, Zitrus; saftig, würzig, hat Schmelz, ganz zarte Süße, guter Nachhall **12,40 €**

86 . . . 2008 Riesling Kabinett Rüdesheimer Berg Schlossberg
zarte Frucht, Boskoop; saftig, rassig, feines Süße-Säure-Spiel, hat Biss **10,60 €**

86 . . . 2008 Riesling Spätlese Rüdesheimer Berg Rottland
duftig, etwas Apfel, Mirabelle; saftig, feine Frucht, eher schlank und animierend **15,- €**

86 . . . 2008 Riesling Auslese Geisenheimer Rothenberg
cremig, etwas kandierter Apfel, Blüten; cremige Frucht, sehr süffig **27,- €**

80 2008 Riesling trocken **8,20 €**
82 2008 Riesling Kabinett trocken Oestricher Lenchen **10,60 €**
83 2008 Riesling Spätlese trocken Winkeler Hasensprung **15,- €**
79 2008 Riesling „feinherb" **8,20 €**

★★★

Geheimrat J. Wegeler

Weingüter,Gutshaus Bernkastel

Mosel

Martertal 2, 54470 Bernkastel-Kues
Tel. 06531-2493, Fax: 06531-8723
www.wegeler.com
info@wegeler.com
Besuchszeiten: nach Vereinbarung

Inhaber .... Familie Wegeler-Drieseberg
Gutsverwalter/Kellermeister .... Norbert Breit
Rebfläche .... 14 Hektar

Das Bernkasteler Gutshaus der Familie Wegeler-Drieseberg ist vor allem wegen seines Besitzes in der Lage Bernkasteler Doctor bekannt geworden. Im Jahr 1903 wurde der Gutshof errichtet, nachdem man Rebstöcke zu astronomischen Preisen im Doctor gekauft hatte. Heute besitzt der Betrieb Weinberge in besten Lagen der Mittelmosel, wie Bernkasteler Doctor, Wehlener Sonnenuhr und Graacher Himmelreich und baut ausschließlich Riesling an. Die Weine werden wie die der anderen Wegeler-Güter exklusiv über Fachhandel und Gastronomie vertrieben. Verwalter Norbert Breit hat den Rieslingstil mehr und mehr verfeinert: Die Weine präsentieren sich rassig, kraftvoll und mineralisch, selbst in der Basis überzeugend.

2006 bewies Norbert Breit sein Können mit spannenden, sehr frischen, würzigen Weinen, erstklassig fielen auch die 2007er aus. Die 2008er sind rassige, würzige, feingliedrige Rieslinge – die Doctor-Spätlese setzt wieder einmal Maßstäbe. Fein gereift zeigt sich die Sonnenuhr-Spätlese aus dem Jahrgang 2002.

Weinbewertung

86 . . . 2008 Riesling Spätlese trocken Wehlener Sonnenuhr
feine Frucht, leichte Hefenoten; ausgewogen, feste Struktur, feine Säure, Biss **14,80 €**

85 . . . 2008 Riesling Spätlese „feinherb" Bernkasteler Badstube
eher verhaltene Frucht; würzig, saftig, feine Frucht, gute Struktur **11,60 €**
2003: 87; 2005: 84; 2006: 84; 2007: 85.

86 . . . 2008 Riesling Kabinett Wehlener Sonnenuhr
duftig, feine Frucht, getrockneter Apfel, Steinobst; saftig, feingliedrig, animierender Kabinett **9,20 €**

88 . . . 2008 Riesling Spätlese Wehlener Sonnenuhr
eindringliche Frucht, Stachelbeere, leichte Hefenote; würzig, rassig, viel Frucht, nachhaltig **14,80 €**
2000: 88; 2001: 88; 2003: 88; 2004: 84; 2005: 86; 2006: 87; 2007: 87.

92 . . . 2008 Riesling Spätlese Bernkasteler Doctor
duftig, etwas Apfel, Ananas, Mirabellen; herrlich rassig, mineralisch, feine Süße, langer Nachhall **34,- €**
1999: 90; 2000: 88; 2001: 90; 2002: 89; 2003: 88; 2004: 88; 2005: 87; 2006: 89; 2007: 92.

88 . . . 2002 Riesling Spätlese Wehlener Sonnenuhr
sehr feine Frucht, Kräuter, ganz leichte Reifenoten; würzig, rassige Säure, noch fast jugendlich, noch Potenzial **12,50 €**

82 2008 Riesling trocken **8,- €**
82 2008 Riesling „feinherb" **8,- €**
84 2008 Riesling Kabinett „feinherb" Graacher Himmelreich **9,20 €**

★★★

Karl Wegner & Sohn

Weingut

Pfalz

Am Neuberg 4, 67098 Bad Dürkheim
Tel. 06322-989327, Fax: 06322-989328
www.weingut-wegner.de
wegnerjf@yahoo.com
Besuchszeiten: Mo.-Fr. 9-12 + 13-19 Uhr, Sa. 9-17 Uhr
Ferienwohnung

Inhaber .... Joachim Wegner
Rebfläche .... 9 Hektar

Karl Wegner ist 1976 an den Neuberg in Bad Dürkheim ausgesiedelt. Damals noch reiner Fassweinbetrieb, hat er dann 1980 mit der Flaschenvermarktung begonnen. 1989, nach Beendigung seines Geisenheim-Studiums, ist dann Sohn Joachim, dem das Weingut inzwischen gehört, in den Betrieb eingestiegen und seither für den Keller verantwortlich. Die Weinberge liegen alle in Bad Dürkheim und Ungstein. Wichtigste Rebsorte ist Riesling mit einem Anteil von 30 Prozent. Rotweine nehmen inzwischen 40 Prozent der Rebfläche ein, vor allem Dornfelder und Spätburgunder. 1996 wurde Sauvignon Blanc gepflanzt, zwei Jahre später dann Cabernet Sauvignon und Merlot. Auch die Weinsberger Neuzüchtungen Cabernet Dorsa, Cabernet Cubin und Cabernet Mitos hat Joachim Wegner angepflanzt, die er für Cuvées nutzt.

Vor zwei Jahren überzeugte Joachim Wegner voll und ganz. Die 2006er Weißweine zeigten eine für den Jahrgang erstaunlich klare Frucht, die Barriquerotweine aus früheren Jahrgängen waren wie gewohnt sehr gekonnt vinifiziert. Eine sehr homogene Kollektion schloss sich im vergangenen Jahr an. Die beiden Sauvignon Blanc gefielen uns besonders gut, ebenso der Riesling aus dem Herrenberg. Unser Favorit im roten Segment war der Merlot aus dem Jahrgang 2004. Sehr konsistent präsentiert sich die neue Kollektion mit fruchtbetonten, reintönigen Weißweinen und kraftvollen, eigenständigen Barrique-Rotweinen.

Weinbewertung

87 . . . 2008 „Vision" Riesling Spätlese trocken Ungsteiner Herrenberg
gute Konzentration, klare reife Frucht, herrlich eindringlich; füllig, kraftvoll, viel reife Frucht, viel Substanz **8,50 €**
2001: 88; 2001: 87; 2002: 87; 2003: 86; 2004: 88; 2005: 88; 2006: 86; 2007: 86.

87 . . . 2007 Chardonnay trocken Barrique Dürkheimer Feuerberg
gute Konzentration, dezent Gewürze und Toast, reife Frucht; füllig, harmonisch, viel reife Frucht, gute Substanz und Länge **15,10 €**

86 . . . 2007 „Aureus" Chardonnay Eiswein Barrique Dürkheimer Feuerberg
würzig, dominant, etwas streng; süß, dick, dominant, viel Konzentration **36,- €**

87 . . . 2005 Merlot trocken Barrique Dürkheimer Feuerberg
gute Konzentration, etwas Gewürze und Schokolade, reife Frucht; füllig, stoffig, reife Frucht und Substanz **17,10 €**
2000: 86; 2001: 84; 2003: 87; 2004: 87.

88 . . . 2005 Cabernet Sauvignon trocken Barrique Dürkheimer Feuerberg
gute Konzentration, reife Frucht, etwas Cassis und Schokolade, herrlich eindringlich; füllig, kraftvoll, reife Frucht, Schokolade, gute Struktur **15,10 €**
2000: 86; 2001: 87; 2002: 88; 2003: 87.

88 . . . 2001 Cuvée „Philipp" Rotwein trocken Barrique Dürkheimer Feuerberg
würzig, eindringlich, reife dunkle Früchte, etwa Schokolade; weich, füllig, viel reife Frucht, dezent Schokolade, Substanz und Biss **15,10 €**

2000: 88; 2002: 89.

80 2008 Riesling Kabinett trocken Dürkheimer Fronhof **4,50 €/1l**
83 2008 „2klang" Weißburgunder & Auxerrois trocken **7,50 €**
84 2008 Sauvignon Blanc Spätlese trocken Dürkheimer Schenkenböhl **8,70 €**
83 2008 Chardonnay Spätlese trocken Dürkheimer Feuerberg **6,90 €**
84 2008 Riesling Spätlese Ungsteiner Honigsäckel **5,90 €**
83 2007 Spätburgunder Spätlese trocken Dürkheimer Schenkenböhl **6,80 €**

★★★★☆

Dr. Wehrheim

Weingut

Pfalz

Weinstraße 8, 76831 Birkweiler
Tel. 06345-3542, Fax: 06345-3869
www.weingut-wehrheim.de
dr.wehrheim@t-online.de
Besuchszeiten: Mo.-Fr. 9-12 + 14-18 Uhr, Sa. 10-16 Uhr
Gutsausschank: 3. und 4. Wochenende im August und 1. Wochenende im September (Do.-So.)

Inhaber .... Karl-Heinz Wehrheim
Rebfläche .... 13 Hektar

Seit den achtziger Jahren schon gehört das Weingut Dr. Wehrheim zu den führenden Betrieben in der Südpfalz. Als eines der ersten Weingüter hier hat man konsequent auf trocken ausgebaute Weine, auf Burgundersorten und Riesling gesetzt. Der Riesling nimmt heute 35 Prozent der Weinberge ein, 20 Prozent der Weißburgunder. Weitere wichtige Sorten sind Spätburgunder, Silvaner, St. Laurent, Chardonnay und Grauburgunder. Die roten Sorten nehmen 15 Prozent der Rebfläche ein. Dazu pflegt man Südpfälzer Spezialitäten wie Gewürztraminer und Muskateller. Wichtigste Lagen von Karl-Heinz Wehrheim, der das Gut seit 1992 führt, sind die beiden Birkweiler Lagen Kastanienbusch und Mandelberg. Der Kastanienbusch, wo gut die Hälfte seiner Weinberge liegen, besteht aus unterschiedlichen Böden: Aus Rotliegendem, Buntsandstein und Keuper. Der Mandelberg hingegen besteht aus Muschelkalk. Hier hat Karl-Heinz Wehrheim zwei Parzellen mit Weißburgunder, aus denen sein Großes Gewächs Mandelberg kommt. Seine anderen Großen Gewächse, Riesling und Spätburgunder, kommen aus dem Kastanienbusch. Beim Riesling erzeugt Karl-Heinz Wehrheim zwei Große Gewächse: Der Kastanienbusch-Riesling stammt von Rotliegendem, der Riesling Köppel aber von Buntsandstein. Nur diese Großen Gewächse tragen eine Lagenbezeichnung. Zur Kennzeichnung der Weine nach dem Terroir, auf dem sie gewachsen sind, bezeichnet Karl-Heinz Wehrheim einige Weine nach den Böden, Prädikatsbezeichnungen werden seit dem Jahrgang 2008 für trockene Weine nicht mehr verwendet. Im Ausbau arbeitet er verstärkt mit Maischestandzeiten bei den Weißweinen. Bis auf einige wenige edelsüße Weine werden alle Weine trocken ausgebaut. Alle Rotweine kommen ins Barrique (die „einfachen" Weine in gebrauchte Barriques). 2007 wurde mit der Umstellung auf biodynamischen Weinbau begonnen.

Im Jahrgang 2006 hatte sich Karl-Heinz Wehrheim gut behauptet. Die Weißburgunder waren stark wie gewohnt, an der Spitze das Große Gewächs aus dem Mandelberg. Aber auch die Rieslinge hatten in den letzten Jahren kräftig zugelegt, vor allem das Große Gewächs aus dem Kastanienbusch. Der Spätburgunder aus dem Jahrgang 2004 gehörte im vergangenen Jahr wie schon sein Vorgänger zur Pfälzer Spitze. Auch die letztjährige Kollektion war bärenstark, Riesling wie Burgunder. Alle Weine waren kraftvoll und klar, besaßen Substanz und Länge. Besonders der Weißburgunder aus dem Mandelberg hatte es uns angetan, einer der großen Burgunder des Jahrgangs 2007 in Deutschland. Die neue Kollektion ist konsistent und stark, auch wenn wir nicht ganz die Präzision und Nachhaltigkeit wie in früheren Jahrgängen in den Großen Gewächsen finden.

Weinbewertung

85 . . . 2008 Grüner Silvaner trocken „Kämmerer"
frisch, fruchtbetont, etwas weiße Früchte; klar, harmonisch, feine Frucht **5,80 €**

87 . . . 2008 Chardonnay „S"
gute Konzentration, reife Frucht, dezent gelbe Früchte; füllig, harmonisch, viel reife Frucht und Substanz **10,80 €**

87 . . . 2008 Weißer Burgunder „S" trocken „Muschelkalk"
gute Konzentration, klare reife Frucht, weiße und gelbe Früchte; füllig, weich, harmonisch, viel reife Frucht **13,80 €**
2001: 89; 2002: 88; 2004: 88; 2005: 86; 2006: 86; 2007: 88.

86 . . . 2008 Riesling Spätlese trocken „aus dem Buntsandstein"
frisch, würzig, eindringlich; klare reife Frucht, gute Substanz und Frische, jugendlich **12,20 €**

87 . . . 2008 Grauburgunder „S" trocken „Keuper"
gute Konzentration, viel reife Frucht, gelbe Früchte, herrlich eindringlich; weich, füllig, reife süße Frucht, Substanz **13,60 €**
2004: 87; 2006: 86; 2007: 87.

89 . . . 2008 MANDELBERG Weißer Burgunder „GG"
viel Konzentration, reife Frucht, weiße und gelbe Früchte, herrlich eindringlich; weich, füllig, harmonisch, klare reife Frucht, gute Substanz und Frische **24,50 €**
1998: 88; 2000: 90; 2001: 91; 2002: 92; 2003: 89; 2004: 89; 2005: 91; 2006: 89; 2007: 91.

88 . . . 2008 KASTANIENBUSCH Riesling „GG"
würzig, eindringlich, viel reife Frucht; weich, füllig, stoffig, harmonisch, reife Frucht, gute Struktur und Frische **25,50 €**
2001: 91; 2002: 92; 2003: 90; 2004:86; 2005: 88; 2006: 90; 2007: 89.

89 . . . 2008 KASTANIENBUSCH KÖPPEL Riesling „GG"
konzentriert, würzig, etwas Zitrusfrüchte, gelbe Früchte, enorm eindringlich; füllig, harmonisch, viel reife Frucht und Substanz, jugendlich **23,50 €**
2007: 88.

90 . . . 2006 KASTANIENBUSCH Spätburgunder „GG"
würzig, konzentriert, herrlich viel Frucht, feie rauchige Noten, rote Früchte; füllig, harmonisch, viel reife Frucht und Substanz, gute Struktur **34,90 €**
1998: 90; 1999: 88; 2000: 92; 2002: 90; 2004: 90.

★★

Weik

Weingut

Pfalz

Lutwitzistraße 10, 67435 Neustadt-Mußbach
Tel. 06321-66838, Fax: 06321-60941
www.weingut-weik.de
weingut.weik@t-online.de
Besuchszeiten: Di.-Fr. 14-18 Uhr, Sa. 10-16 Uhr und nach Vereinbarung

Inhaber . . . . Bernd Weik
Rebfläche . . . . 6 Hektar

Die Weinberge von Bernd Weik liegen in Mußbach (Eselshaut), in Gimmeldingen, Haardt und Königsbach. Wichtigste Rebsorte ist der Riesling mit einem Anteil von 30 Prozent an der Rebfläche, gefolgt von Sauvignon Blanc, Spätburgunder, St. Laurent, Grauburgunder und Weißburgunder. Rote Sorten nehmen 30 Prozent der Rebfläche ein. Die Weißweine werden im Edelstahl ausgebaut, die Rotweine im Holzfass. Die Topweine vermarktet Bernd Weik seit dem Jahrgang 2007 in der Linie „Löwenherz".

Vor zwei Jahren gefiel uns in einer recht gleichmäßigen Kollektion der Spätburgunder besonders gut, aber auch Riesling und Sauvignon Blanc überzeugten mit ihrer reintönigen Frucht. Die letztjährige Kollektion war stark, alle Weine präsentierten sich reintönig, die Weine der Löwenherz-Serie besaßen ein Mehr an Fülle und Substanz. Dies gilt auch für den Jahrgang 2008, die Löwenherz-Weine ragen aus einer guten, homogenen Kollektion hervor.

Weinbewertung

86 . . . 2008 Riesling Spätlese trocken „Löwenherz"
gute Konzentration, klare reife Frucht, herrlich eindringlich; füllig, harmonisch, kraftvoll, reife Frucht, viel Substanz **13,50 €**
2007: 86.

86 . . . 2008 Sauvignon Blanc trocken „Löwenherz"
gute Konzentration, reife reintönige Frucht; füllig, harmonisch, reife süße Frucht, gute Substanz und Länge **15,50 €**
2007: 86.

86 . . . 2008 Chardonnay Spätlese trocken „Löwenherz"
gute Konzentration, reife Frucht, etwas Vanille; füllig, harmonisch, viel reife Frucht und Substanz **14,50 €**
2007: 85.

85 . . . 2007 Spätburgunder Spätlese trocken Gimmeldinger Biengarten
viel reife Frucht, rote Früchte; weich, füllig, harmonisch, klare reife Frucht, etwas Vanille **10,80 €**

84 2007 Pinot Sekt „Löwenherz" brut **14,50 €**
82 2008 Riesling Kabinett trocken Mußbacher Eselshaut **5,40 €**
81 2008 Grauburgunder Kabinett trocken Gimmeldinger Meerspinne **5,60 €**
82 2008 Chardonnay Kabinett trocken Mußbacher Eselshaut **5,60 €**
82 2008 Grauburgunder Spätlese trocken Haardter Herzog **7,80 €**
83 2008 Riesling Spätlese Haardter Herzog **8,80 €**
81 2007 St. Laurent trocken Gimmeldinger Meerspinne **5,40 €**

★★★★★

Robert **Weil**
Weingut

Rheingau

Mühlberg 5, 65399 Kiedrich
***Tel.** 06123-2308, **Fax**: 06123-1546*
www.weingut-robert-weil.com
info@weingut-robert-weil.com
***Besuchszeiten**: Mo.-Fr. 8-17:30 Uhr, Sa. 10-16 Uhr, So. 11-17 Uhr*

Inhaber .... Suntory, Wilhelm Weil
Rebfläche .... 65 Hektar

Das Weingut Weil wird heute in vierter Generation von Wilhelm Weil geleitet. Gegründet wurde es von Robert Weil, der 1867 die ersten Weinberge im Kiedricher Berg kaufte. Heute wächst in den Weinbergen zu 98 Prozent Riesling, ergänzt um ein wenig Spätburgunder, der bereits 1975 gepflanzt wurde. 8 Hektar liegen im Kiedricher Gräfenberg, einer relativ hoch gelegenen Lage, wo die Trauben durch den Wind vom Taunus her recht lange am Stock bleiben können. Beim Weingut Robert Weil wird deshalb drei bis vier Wochen später geerntet als in den direkt am Rhein gelegenen Weinbergen. Die Trauben werden in mehreren Lesedurchgängen (bis zu 20!) recht spät geerntet. Nach etwa achtzehnstündiger Sedimentation werden die Moste recht zügig vergoren und mit nur einer Filtration relativ früh gefüllt.

Mit edelsüßen Weinen hat Wilhelm Weil dem Weingut in den neunziger Jahren zu weltweitem Renommee verholfen. Kein Anderer hat damit im letzten Jahrzehnt so viel für den Ruf des Rheingauer Weines und für das Renommee des deutschen Weines insgesamt getan wie Wilhelm Weil. Während viele traditionsreiche Rheingauer Weingüter eine Schwächephase durchlebten, hat er es geschafft mit herausragenden edelsüßen Weinen national und international Zeichen zu setzen.

2005 erhielt das Erste Gewächs aus dem Gräfenberg hausinterne Konkurrenz durch den neuen Wein im Programm, den Riesling aus dem Kiedricher Turmberg. Diese Lage wurde im Zuge des 1971er Weingesetzes abgeschafft, doch sie erbrachte in den Jahrzehnten zuvor Spitzenweine. Wir hatten die Gelegenheit acht alte Turmberg-Weine (der älteste aus dem Jahr 1937) zu verkosten – und diese Verkostung zeigte eindruckvoll den eigenständigen Charakter der Turmberg-Weine. Besonders begeisterten der 1963er Cabinet, die 1969er Spätlese und – der Höhepunkt – die Auslese aus dem Jahr 1953.

2007 war der Turmberg in allen Kategorien, als trockener Spitzenwein und restsüß von der Spätlese bis hinauf zur Trockenbeerenauslese verfügbar. Zusätzlich wurde erstmals ein Wein mit der Lage Klosterberg auf dem Etikett vorgestellt. Sie soll als dritte Lage neben Gräfenberg und Turmberg etabliert werden. Konsequent hat Wilhelm Weil auch das trockene Programm gestrafft: Es gibt keinen trockenen Kabinett aus dem Gräfenberg mehr, sondern lediglich einen trockenen Wein aus jeder der drei Lagen und an der Spitze das Erste Gewächs.

Die 2007er waren reintönig, enorm saftig und konzentriert. 2008 sind die Basisweine recht schlank ausgefallen, dafür begeistern die atemberaubend klaren, finessenreichen und animierenden Süßweine – von denen das Weingut freilich nur sehr kleine Mengen erzeugen konnte. Nie waren Trockenbeerenauslesen filigraner als 2008 im Weingut Weil!

Weinbewertung

85 . . . 2008 Riesling trocken
klare Frucht, sehr jugendlich, etwas Apfel; stoffig, würzig, feine Frucht **12,- €**

87 . . . 2008 Riesling trocken Kiedrich Klosterberg
klar, frisch, etwas Melone, Apfel; saftig, fest, reife Säure, eher schlank **21,50 €**

89 . . . 2008 Riesling trocken Kiedrich Turmberg
eher verhalten, leichte Kräuternote; feine Säure, elegant, feine Frucht, geradlinig **21,50 €**
2005: **91**; 2006: **91**.; 2007: **90**.

90 . . . 2008 Riesling trocken Kiedrich Gräfenberg
leichte Hefenote, etwas Melone, Kräuter; straff, würzig, feine Frucht, leicht mineralisch, sehr präzise **21,50 €**

93 . . . 2008 Riesling trocken Erstes Gewächs Kiedrich Gräfenberg
sehr feine Frucht, klar, Kräuter, etwas getrockneter Apfel, Melone; saftig, rassig, sehr feine Säure, leicht salzig, sehr präzise **34,50 €**
1999: **88**; 2000: **88**; 2001: **90**; 2002: **91**; 2003: **93**; 2004: **93**; 2005: **92**; 2006: **91**; 2007: **93**.

87 . . . 2008 Riesling Kabinett
duftig, feine Frucht, etwas Cassis, Apfel; saftig, würzig, feines Süße-Säure-Spiel **15,- €**
1999: **86**; 2000: **86**; 2001: **89**; 2002: **88**; 2003: **88**; 2004: **88**; 2005: **88**; 2006: **87**; 2007: **87**.

90 . . . 2008 Riesling Spätlese Kiedrich Turmberg
reife Frucht, etwas verhalten, Birne, Mirabelle; würzig, straff, rassig, Substanz **34,50 €**

2005: 91; 2005: 92; 2007: 90.

92 . . . 2008 Riesling Spätlese Kiedrich Gräfenberg
herrlich klare Frucht, reife Frucht, etwas Melone, Mirabelle; rassig, viel Substanz, mineralisch **34,50 €**
1999: 89; 2000: 89; 2001: 91; 2002: 90; 2003: 92; 2004: 92; 2005: 92; 2006: 93; 2007: 93.

91 . . . 2008 Riesling Auslese Kiedrich Turmberg
sehr klar, feine Frucht, Mirabellen, leicht Kräuter, etwas kandierte Ananas; straff, würzig, kühle Frucht **34,- €/0,375l**
2005: 91; 2006: 90; 2007: 92.

94 . . . 2008 Riesling Auslese Kiedrich Gräfenberg
sehr klare Frucht, reintönig, Steinobst, reife Frucht; saftig, viel Frucht, kompakt, rassig, langer Nachhall **34,- €/0,375l**
1999: 92; 2000: 89, 2001: 91; 2002: 92; 2003: 91; 2004: 92; 2005: 92; 2006: 92; 2007: 94.

95 . . . 2008 Riesling Auslese Goldkapsel Kiedrich Gräfenberg
reife Frucht, leicht cremig, gebackener Apfel, Blüten; sehr fein, lang und nachhaltig, dicht (Versteigerungswein)
(verkostet 2005) 2001: 94; 2002: 96; 2003: 95; 2004: 94; 2005: 94; 2005: 94; 2007: 94.

93 . . . 2008 Riesling Beerenauslese Kiedrich Turmberg
reife Frucht, cremig, kandierte Ananas, Blütenhonig; dicht, fest, rassige Säure, langer Nachhall, animierend **140,- €/0,375l**

95 . . . 2008 Riesling Beerenauslese Kiedrich Gräfenberg
reife Frucht, Bratapfel, getrocknete Ananas; dicht, rassig, komplex, langer Nachhall **140,- €/0,375l**
1999: 93; 2000: 92, 2001: 93; 2002: 93; 2003: 94; 2004: 94; 2005: 94; 2006: 95, 2007: 96.

97 . . . 2008 Riesling Beerenauslese Goldkapsel Kiedrich Gräfenberg
reintönig, reife Frucht, leicht cremig, Safran, herrlich saubere Botrytis, komplex, dicht, feingliedrig, sehr lang, Zukunft (Versteigerungswein)
2000: 93; 2001: 98, 2003: 96; 2004: 97; 2005: 97; 2006: 92; 2007: 95.

95 . . . 2008 Riesling Eiswein Kiedrich Gräfenberg
sehr klare Frucht, kandierter Apfel, Kräuter; rassig, feingliedrig, deutlich mineralisch, herrlich lang und komplex **180,- €/0,375l**

96 . . . 2008 Riesling Trockenbeerenauslese Kiedrich Turmberg
reife Frucht, etwas Rosinen, absolut reintönig; saftig, opulent, perfekt balanciert, rassige Säure, sehr lang **290,- €/0,375l**

98 . . . 2008 Riesling Trockenbeerenauslese Kiedrich Gräfenberg
reif, kandierte Ananas, cremig, etwas Rosinen; dicht, enorm saftig und dicht, mineralisch, Kräuter, Würze, sehr lang **290,- €/0,375l**
2000: 91; 2001: 93; 2002: 97; 2003: 96; 2004: 95; 2005: 95; 2006: 97; 2007: 97.

---

83 2008 Riesling trocken **11,- €/1l**
84 2008 Riesling Kabinett trocken Robert Weil **15.- €**

★

Weinbach

Weingut

Rheinhessen

Wormser Straße 41, 55234 Ober-Flörsheim
***Tel.** 06735-340, **Fax:** 06735-961005*
www.weingut-weinbach.de
weingut-weinbach@web.de
***Besuchszeiten:** Mo.-Sa. 8-19 Uhr,*
So. nach Vereinbarung

Inhaber .... Wilfried Weinbach
Rebfläche .... 16 Hektar

Wilfried Weinbach besitzt unter anderem Weinberge im Westhofener Morstein und im Gundersheimer Höllenbrand. Sohn Christoph, der nach Praktikum in Neuseeland sein Studium in Geisenheim beendet hat, ist seit seiner Ausbildung zum Winzer für den Keller verantwortlich und unterstützt seine Eltern Wilfried und Verena Weinbach im Betrieb. Riesling, Grauburgunder, Chardonnay, Scheurebe und Muskateller bauen sie vor allem an, dazu Spätburgunder, St. Laurent, Dornfelder und Cabernet Sauvignon. Die Weine werden langsam und gezügelt vergoren.

Die 2006er Weißweine waren etwas verhaltener, dafür gefiel uns vor zwei Jahren der barriqueausgebaute Cabernet Sauvignon, Jahrgang 2005. Die letztjährige Kollektion wurde angeführt von der Scheurebe Beerenauslese. Die neue Kollektion ist sehr gleichmäßig und konsistent: Darauf kann man aufbauen!

Weinbewertung

77 2008 Riesling trocken **3,80 €/1l**
81 2008 Grauburgunder trocken **4,40 €**
80 2008 Chardonnay trocken **4,40 €**
83 2008 Gelber Muskateller trocken **4,90 €**
80 2008 Weißburgunder Classic **4,50 €**
82 2008 Gelber Muskateller Spätlese **4,50 €**
83 2008 Riesling „CL" **5,90 €**
83 2008 St. Laurent trocken **4,50 €**
81 2008 Spätburgunder trocken **4,40 €**
81 2007 Cabernet Sauvignon trocken **4,90 €**

Weingart ★★★★

Weingut

Mittelrhein

Mainzer Straße 32, 56322 Spay
***Tel.** 02628-8735, **Fax:** 02628-2835*
www.weingut-weingart.de
mail@weingut-weingart.de
***Besuchszeiten:** Mo.-Sa. 9-19 Uhr, So. 14-19 Uhr*
Weinproben bis 40 Personen

Inhaber .... Familie Florian Weingart
Rebfläche .... 11 Hektar

Riesling nimmt 98 Prozent der Fläche bei Florian Weingart ein. Dazu gibt es 20 Ar mit Grauburgunder, der bereits Ende der siebziger Jahre nach der Flurbereinigung im Bopparder Hamm angelegt wurde. Alle anderen Sorten hat er gerodet.

Das Weingut gehört seit einem Jahrzehnt zu den Spitzenbetrieben am Mittelrhein. Wobei sich in diesem Jahrzehnt die Weine stilistisch verändert haben. Sie haben deutlich an Profil gewonnen, sie sind vielleicht etwas weniger fruchtbetont und zugänglich als früher, dafür aber präziser und nachhaltiger.

In einer starken Kollektion vor zwei Jahren standen zwei enorm üppige Trockenbeerenauslesen an der Spitze. Auch wenn es 2007 keine Beerenauslese oder Trockenbeerenauslese gab gefiel uns die Kollektion noch besser als in den Jahren zuvor. Die Weine hatten an Ausdruck und Präzision gewonnen, stellten im trockenen und halbtrockenen Segment das Beste, was der Mittelrhein in diesem Jahrgang zu bieten hatte. Eine vergleichbare Kollektion präsentiert Florian Weingart mit dem Jahrgang 2008, angeführt von der faszinierend stoffigen Trockenbeerenauslese.

Weinbewertung

85 . . . 2008 Riesling Kabinett trocken Bopparder Hamm Ohlenberg
frisch, würzig, klare Frucht; kraftvoll, klar, gute Struktur und Frische **6,- €**

86 . . . 2008 Riesling Kabinett trocken Spay
klar, würzig, herrlich eindringlich; kraftvoll, klar, reife Frucht, gute Struktur **6,- €**

87 . . . 2008 Riesling Spätlese trocken Bopparder Hamm Ohlenberg
konzentriert, würzig, herrlich eindringlich; kraftvoll, klar, reife Frucht, gute Struktur **8,- €**

1999: **85**; 2001: **87**; 2002: **86**; 2003: **88**; 2004: **87**; 2005: **85**; 2006: **86**; 2007: **87**.

87 . . . 2008 Riesling Spätlese trocken Bopparder Hamm Engelstein
gute Konzentration, reife Frucht, feine Würze; füllig, kraftvoll, klare reife Frucht, gute Struktur **8,- €**

88 . . . 2008 Riesling Spätlese trocken* Bopparder Hamm Feuerlay
viel Konzentration, faszinierend viel Frucht, Würze, herrlich eindringlich; füllig, kraftvoll, viel reife Frucht, Substanz, jugendlich **10,- €**
2007: 88.

85 . . . 2008 Riesling Kabinett Schloss Fürstenberg
würzig, eindringlich, klare Frucht; klar, elegant, feine süße Frucht **6,- €**

87 . . . 2008 Riesling Spätlese Bopparder Hamm Ohlenberg
gute Konzentration, jugendliche Frucht, feine Würze; weich, füllig, schmeichelnd, reife süße Frucht, Biss **9,- €**

92 . . . 2008 Riesling Trockenbeerenauslese Bopparder Hamm
konzentriert, Rosinen, faszinierend viel Frucht, Würze; dick, süß, dominant, herrlich viel Stoff, Substanz und Nachhall **75,- €/0,375l**

---

84 2008 Riesling trocken „wieder etwas anders" **4,75 €**
83 2008 Riesling halbtrocken **4,75 €**
84 2008 Riesling Kabinett „feinherb" Bopparder Hamm **6,- €**
83 2008 Spätburgunder Kabinett Weißherbst **6,- €**

Weinsberg

★★★☆

Staatsweingut

Württemberg

Traubenplatz 5, 74189 Weinsberg
***Tel.** 07134-504-167, **Fax**: 07134- 504-168*
www.lvwo.weinsberg.de
staatsweingut@lvwo.bwl.de
***Besuchszeiten**: Mo.-Fr. 9-17 Uhr*

Inhaber . . . . Land Baden-Württemberg
Direktor . . . . Dr. Günter Bäder
Rebfläche . . . . 40 Hektar

Von den 40 Hektar Weinbergen des Staatsweingutes Weinsberg befinden sich 18 Hektar in Weinsberg, 10 Hektar in Gundelsheim und 12 Hektar rund um die Burg Wildeck (in Alleinbesitz) bei Abstatt. Die 1868 als „Königliche Weinbauschule" gegründete Wein- und Obstbauschule in Weinsberg ist das älteste Weinbau-Lehrinstitut in Deutschland. Aus der Weinsberger Rebenzüchtung sind Rebsorten wie Kerner oder Dornfelder hervorgegangen. 1999 wurden sechs Rotwein-Neuzüchtungen der Öffentlichkeit vorgestellt: Acolon, Cabernet Cubin, Cabernet Dorio, Cabernet Dorsa, Cabernet Mitos und Palas. Man hat in die Kellerwirtschaft investiert und einen Kellerneubau fertig gestellt. Das Staatsweingut ist Mitglied der HADES-Gruppe.

Seit einem Jahrzehnt empfehlen wir die Weine des Staatsweingutes Weinsberg, und in diesem Jahrzehnt ist es qualitativ stetig bergauf gegangen, so dass man heute mit den besten privaten Weingütern Württembergs konkurrieren kann. Die HADES-Weine gehören immer zur regionalen Spitze, in der sich auch die Großen Gewächse und die rote „Traum"-Cuvée etabliert haben.

Vor zwei Jahren führten zwei starke Große Gewächse eine überzeugende Kollektion an, Lemberger und Spätburgunder der „S"-Klasse hatten uns noch nie so gut gefallen wie 2005, wie auch der 2006er „S"-Riesling. Sehr konsistent präsentierte sich die letztjährige Kollektion, überzeugte trocken wie süß, weiß wie rot. Im weißen Segment gefielen uns die Rieslinge besonders, die edelsüßen Rieslinge nicht zu vergessen, im roten Teil der Kollektion waren Spätburgunder Himmelreich und Lemberger HADES unsere Favoriten. Vergleichbar stark ist die neue Kollektion. Der Riesling Großes Gewächs führt das weiße Segment an, im roten wird das Große Gewächs noch übertroffen von der Cuvée „Traum 2006" und dem herrlich stoffigen HADES-Lemberger. Weiter im Aufwind! ⟶

Weinbewertung

85 . . . 2006 Pinot Sekt brut Burg Wildeck
würzig, intensiv, klare Frucht; weich, füllig, harmonisch, reife Frucht **13,20 €**

85 . . . 2008 Riesling „S" trocken
frisch, würzig, klare Frucht; füllig, harmonisch, feine süße Frucht, dezente Bitternote **11,30 €**
2002: **86**; 2004: **86**; 2005: **86**; 2006: **87**; 2007: **87**.

86 . . . 2008 „Justinus K." Weißwein trocken
frisch, fruchtbetont, wunderschön reintönig; klar, fruchtbetont, feine süße Frucht, gute Harmonie **7,20 €**
2000: **85**; 2001: **86**; 2002: **84**; 2003: **87**; 2004: **85**; 2005: **85**; 2006: **85**; 2007: **86**.

89 . . . 2008 Riesling „GG" Burg Wildeck
fruchtbetont, herrlich reintönig, gute Konzentration; klar, konzentriert, frisch, zupackend, reife Frucht, feiner Biss, jugendlich **19,50 €**
2006: **89**; 2007: **88**.

86 . . . 2008 Traminer
feiner Traminerduft, klar und eindringlich; weich, füllig und schmeichelnd, reife süße Frucht, saftig und süffig **11,30 €**

90 . . . 2008 Riesling Trockenbeerenauslese
würzig, konzentriert, herrlich dominant, etwas süße Zitrusfrüchte, kandierte Früchte; süß, dick, dominant, faszinierend viel Frucht und Stoff **62,- €/0,5l**

85 . . . 2007 Spätburgunder „S" trocken
feine rauchige Noten, etwas Gewürze, Speck, Vanille; füllig, harmonisch, klare reife Frucht und gute Struktur **13,20 €**
2004: **85**; 2005: **87**; 2005: **83**.

86 . . . 2007 Lemberger „S" trocken
würzig, duftig, reife Frucht, Vanille; klar, füllig, reife Frucht, Vanille, gute Struktur und Tannine **13,20 €**

88 . . . 2007 Spätburgunder „GG" Gundelsheimer Himmelreich
feine Würze und Duft, rote Früchte; weich, harmonisch, reife Frucht, etwas Schokolade **25,- €**
2005: **89**; 2006: **88**.

90 . . . 2007 Lemberger trocken HADES
gute Konzentration, viel reife Frucht, herrlich eindringlich und dominant, etwas Schokolade; füllig, harmonisch, viel reife Frucht, gute Struktur, Frische, jugendliche Tannine **23,- €**
1997: **85**; 1999: **89**; 2000: **85**; 2001: **88**; 2002: **90**; 2003: **87**; 2005: **88**.

87 . . . 2006 „Traumzeit 2006" Rotwein trocken
gute Konzentration, Gewürze, rote Früchte, dezent Schokolade und Kaffee; füllig, harmonisch, reife Frucht, Schokolade, gute Substanz **14,- €**
1999: **86**; 2000: **86**; 2002: **87**; 2003: **88**; 2004: **86**; 2005: **86**.

89 . . . 2006 „Traum 2006" Rotwein trocken
viel Konzentration, viel reife Frucht, Schokolade, feine Würze, dominant; füllig, konzentriert, viel reife Frucht, viel Substanz und Kraft **44,- €**
1999: **88**; 2000: **88**; 2002: **88**; 2003: **90**; 2004: **86**; 2005: **87**.

88 . . . 2008 Lemberger Eiswein
viel reife Frucht, reintönig, rote Früchte, Frische; süß, konzentriert, herrlich viel Frucht und Substanz, dominant **39,- €/0,5l**

★★★★

Dr. F. Weins-Prüm
Weingut

Mosel

Uferallee 20, 54470 Bernkastel-Wehlen
Tel. 06531-2270, Fax: 06531-3181
info.weins-pruem@gmx.de
Besuchszeiten: nach Vereinbarung

Inhaber .... Bert Selbach
Rebfläche .... 4 Hektar

Das Weingut geht, wie so viele Betriebe an der Mittelmosel, auf Sebastian Alois Prüm zurück. Die jüngste Tochter von dessen Sohn Mathias heiratete einst Dr. Franz Weins. Dessen Enkel wiederum, Bert Selbach, baut heute ausschließlich Riesling an. Seine Reben stehen in den Lagen Wehlener Sonnenuhr, Graacher Himmelreich und Domprobst, Ürziger Würzgarten, sowie im Kernstück des Erdener Prälat. Das Gros seiner Weine baut er im traditionellen Fuder aus, die restsüßen Weine vergären mit den natürlichen, im Keller vorhandenen Hefen, nur die Qualitätsweine werden im Edelstahl ausgebaut. Die Rieslinge sind nie vordergründig, manche wirken in der Jugend etwas verhalten, entwickeln sich aber sehr gut. Etwa die Hälfte der Produktion wird an inländische Privatkunden verkauft (Tendenz steigend), die andere Hälfte geht in den Export.

Die 2007er fielen gleichmäßig aus. 2008 erweist sich als voller Erfolg: Die Weine haben Substanz und Frucht, die Prälat-Spätlese gehört zu den schönsten Spätlesen der Mittelmosel.

Weinbewertung

87 . . . 2008 Riesling Spätlese „feinherb" Graacher Himmelreich
frisch, klare Frucht, Kräuter; straff, viel Frucht, saftig, balanciert, Substanz **8,80 €**

87 . . . 2008 Riesling Kabinett Graacher Domprobst
duftig, Kräuter, Apfel, etwas Mirabelle; sehr saftig, zarte Süße, sehr animierend **7,20 €**

87 . . . 2008 Riesling Kabinett Wehlener Sonnenuhr
duftig, kandierter Apfel, etwas Steinobst; saftig, würzig, rassig, viel Frucht **7,40 €**
1999: 87; 2000: 84; 2001: 86; 2002: 83; 2003: 88; 2004: 84; 2005: 85; 2006: 86; 2007: 86.

86 . . . 2008 Riesling Spätlese Graacher Domprobst
zunächst etwas verhalten, frisch, feine Frucht; saftig, viel Würze, pikante Säure, leichte Süße **8,80 €**

85 . . . 2006 Riesling Spätlese Graacher Domprobst
noch sehr jugendliche Frucht, reintönig; straff, würzig, saftig, hat sich gut entwickelt **8,70 €**

88 . . . 2008 Riesling Spätlese Wehlener Sonnenuhr
leichte Hefenote, zarte Frucht, Apfel, Steinobst; saftig, rassig, Biss **9,- €**
1999: 88; 2000: 86; 2001: 89; 2002: 85; 2003: 89; 2004: 89: 2005: 86; 2006: 87; 2007: 86.

90 . . . 2008 Riesling Spätlese Erdener Prälat
herrlich klare Frucht, frisch, kandierter Apfel; saftig, würzig, rassig, feines Süße-Säure-Spiel **10,- €**

80 2008 Riesling trocken **6,- €**
82 2008 Riesling Kabinett trocken Wehlener Sonnenuhr **7,40 €**
83 2008 Riesling Kabinett „feinherb" Wehlener Sonnenuhr **7,40 €**

★☆

weinwerk
das

Rheingau

Grabenstraße 14, 65385 Rüdesheim
Tel. 06722-910797, Fax: 06722-910798
www.das-weinwerk.de, www.rebenherz.de
witt.i@das-weinwerk.de
Besuchszeiten: nach Vereinbarung
Straußwirtschaft (nur wenige Tage im Jahr)

Inhaber .... Ingo Witt
Rebfläche .... 0,8 Hektar

Der Computerspezialist Hans-Joachim Klose und der ZDF-Journalist Ingo Witt begannen ab 1995 mit der Bewirtschaftung weniger Weinbergszeilen. Inzwischen wird der Betrieb, der über beinah einen Hektar verfügt, von Ingo Witt allein geführt. Die Weine tragen ausgefallene Namen, werden mit ungewöhnlich schlichten Etiketten versehen und zum Teil in der eigenen Straußwirtschaft ausgeschenkt. Das Lokal hat zwar nur an wenigen Tagen im Jahr geöffnet, gilt aber – zu Recht – als Geheimtipp im Rheingau. Ingo Witt hat sich gerade mit einer nagelneuen und hochmodernen pneumatischen Kelter ausgestattet.

Die im vergangenen Jahr vorgestellten Weine der Jahrgänge 2004, 2005 und 2006 zeigten sich sauber und würzig, die üppige Trockenbeerenauslese ragte deutlich heraus. 2007 war gelungen – vor allem die alten Reben der Lorcher Krone brachten einen konzentrierten Riesling hervor. Die 2008er sind schlank und frisch ausgefallen, ehrlich und animierend. Die Spätlese von alten Reben hat sogar noch Potenzial.

Weinbewertung

85 . . . 2007 Riesling trocken „alte Reben Supernova" Lorcher Krone
frisch, feine Frucht; würzig, leicht mineralisch, Biss
9,- €

89 . . . 2005 Riesling Trockenbeerenauslese „liquid sun" Rüdesheimer Drachenstein
Spur flüchtige Säure, reife Frucht, kandierter Pfirsich, getrocknete Früchte; saftig, würzig, rassig, sehr zugänglich **40,- €/0,375l**

84 2006 Riesling Sekt brut „stars" **12,- €**
83 2007 Riesling trocken „postcard from heaven" **6,- €**
82 2008 Riesling trocken „lost in space" Rüdesheim **8,- €**
83 2008 Riesling Spätlese trocken „fly me to the moon" Rüdesheim Drachenstein **14,- €**
81 2008 Spätburgunder Blanc de Noir trocken „drops of jupiter" Rüdesheim Magdalenenkreuz **8,- €**
83 2007 Spätburgunder trocken „ballroom of mars" Rüdesheim Magdalenenkreuz **14,- €**

★★★

Weiser-Künstler

Weingut

Mosel

Wilhelmstraße 11, 56841 Traben-Trarbach
Tel. *06541-819943*
www.weiser-kuenstler.de
weingut@weiser-kuenstler.de
Besuchszeiten: *nach Vereinbarung*

Inhaber .... Konstantin Weiser
.... Alexandra Künstler
Rebfläche .... 3 Hektar

Im Jahr 2005 gründete Konstantin Weiser, Bankkaufmann und Weinbautechniker, ein kleines Weingut in Traben-Trarbach, ein Jahr später trat Alexandra Künstler, Winzerin in Ausbildung, in den Betrieb ein. Zusammen bewirtschaften sie alte Rebstöcke in der bislang wenig bekannten Lage Enkircher Ellergrub, im Enkircher Zeppwingert, sowie im Trabener Gaispfad. Konstantin Weiser weiß ziemlich genau, was er will. Er hat bei Weingütern in der Pfalz, im Rheingau (Weingut Leitz) und in Neuseeland gearbeitet, war Betriebsleiter im Moselweingut Immich-Batterieberg, bevor er sich an den ersten eigenen Wein machte. Aus den alten, zum Großteil wurzelechten Rebstöcken in den nicht flurbereinigten Steilstlagen erzeugt er lediglich geringe Erträge. Die Weine zeigen sich als Moselklassiker, sind teilweise geprägt von rauchig-würzigen Noten, welche auf die Vergärung mit natürlichen Hefen zurückzuführen sind, und wirken enorm rassig und nachhaltig.

Nachdem zum Debüt reintönige, mineralische Weine der Jahrgänge 2005 und 2006 vorgestellt worden waren, überzeugten auch die erfreulich reintönigen, eleganten und glasklaren 2007er. Die 2008er sind, kaum zu glauben in diesem Jahrgang, eine weitere Steigerung. Alle Weine wirken straff und würzig, besitzen aber viel Spiel – ein Musterbeispiel seiner Art ist der Kabinett-Riesling aus der Ellergrub.

Weinbewertung

86 . . . 2008 Riesling Kabinett trocken Trabener Gaispfad
sehr klare Frucht, frisch, Stachelbeeren, etwas Mirabellen; saftig, stoffig, viel Würze **8,- €**

88 . . . 2008 Riesling Spätlese „feinherb" Trabener Gaispfad
würzige Noten, Stachelbeeren, Kräuter; stoffig, würzig, reife Säure, animierend **12,50 €**

89 . . . 2008 Riesling Kabinett Enkircher Ellergrub
herrlich klar, hefegeprägt, Stachelbeeren, gehackte Kräuter; straff, feines Süße-Säure-Spiel, sehr animierend, lang, viel Biss **9,- €**

91 . . . 2008 Riesling Spätlese Enkircher Ellergrub
etwas unruhig, hefewürzig, etwas Steinobst, Stachelbeere; straff, würzig, feine Frucht, sehr geradlinig **15,- €**

90 . . . 2008 Riesling Auslese Enkircher Ellergrub
reife, noch etwas unruhig, Stachelbeere, kandierter Apfel, Steinobst; straff, viel Frucht, noch sehr jugendlich, noch viel Potenzial **32,- €**

84 2008 Riesling „feinherb" **7,50 €**

★★★

Eckhard **Weitzel**

Weingut

Rheinhessen

Backesgasse 7, 55218 Ingelheim
Tel. 06130-447, Fax: 06130-8438
www.biowein-weitzel.de
eweitzel@t-online.de
Besuchszeiten: werktags nach Vereinbarung

Inhaber .... Eckhard und Elke Weitzel
Rebfläche .... 7 Hektar

Eckhard und Elke Weitzel führen das Gut in dritter Generation. Sie haben 1993 auf ökologischen Weinbau umgestellt. Die Weinberge liegen in Großwinternheim, gut die Hälfte davon in der Lage Bockstein (mit einer Steigung von bis zu 45 Prozent). Rote Sorten nehmen 60 Prozent der Fläche ein. Neben Portugieser und Spätburgunder gibt es Cabernet Sauvignon und Dornfelder. Die Rotweine werden maischevergoren und im Holz ausgebaut. Bei den Weißweinen dominiert Riesling, dazu gibt es Grauburgunder, Weißburgunder, Silvaner und Müller-Thurgau. Seit 2006 arbeitet Tochter Romy, Weinbautechnikerin, im Betrieb mit.

Seit einem Jahrzehnt nun empfehlen wir die Weine von Eckhard Weitzel, seit einem Jahrzehnt präsentiert er Jahr für Jahr zuverlässige Kollektionen auf sehr gutem Niveau mit fruchtbetonten, wunderschön reintönigen Weinen.

2006 präsentierte sich die Kollektion geschlossen auf hohem Niveau, weiß wie rot. Mit der letztjährigen Kollektion bestätigte Eckhard Weitzel den sehr guten Eindruck der letzten Jahre voll und ganz. Sie präsentierte sich gleichmäßig, überzeugte einmal mehr weiß wie rot. In diesem Jahr nun ist das Bild ein wenig anders, die 2008er Weißweine überzeugen auf der ganzen Linie, die Rotweine des Jahrgangs 2007 bleiben allerdings hinter den Vorjahren zurück.

Weinbewertung

86 . . . 2008 Weißburgunder Spätlese trocken Ingelheimer
würzig, klar, eindringlich, gute Konzentration; füllig, harmonisch, reife süße Frucht und Substanz **5,80 €**
2001: **86**; 2002: **86**; 2003: **86**; 2005: **86**; 2006: **86**; 2007: **85**.

86 . . . 2008 Grüner Silvaner Spätlese trocken Bockstein
feine Würze, reintönige Frucht, dezent Birnen; weich, füllig, reife süße Frucht, Biss **6,80 €**

85 . . . 2008 Riesling Spätlese trocken Bockstein
würzig, frisch, etwas Limone; klar, füllig, reife Frucht und Biss **6,80 €**

87 . . . 2008 Riesling trocken Selection Rheinhessen Bockstein
konzentriert, viel Würze, reife Frucht, feiner Duft; füllig, kraftvoll, viel Substanz und reife Frucht **10,50 €**
2005: **90**; 2006: **89**; 2007: **88**.

---

80 2007 Portugieser trocken Ingelheimer **4,50 €**
82 2007 Sankt Laurent trocken Groß-Winternheimer Bockstein **5,90 €**
83 2007 Spätburgunder Auslese trocken Groß-Winternheimer Bockstein **9,50 €**
83 2007 Spätburgunder trocken Selection Rheinhessen Groß-Winternheimer Bockstein **14,50 €**
83 2007 Cabernet Sauvignon trocken Groß-Winternheimer Bockstein **14,50 €**

Welker-Emmerich ★

Weingut

Nahe

Nahestraße 15, 55593 Rüdesheim
***Tel.** 0671-40555, **Fax:** 0671-46834*
www.welker-emmerich.de
weingut.welker-emmerich@t-online.de
***Besuchszeiten:** nach Vereinbarung*

Inhaber .... Erhard und Thomas Emmerich
Rebfläche .... 16 Hektar

Die Weinberge von Erhard und Thomas Emmerich befinden sich in den Rüdesheimer Lagen Rosengarten (roter Sandsteinverwitterungsboden, Löss und Lehm), Wiesberg (roter Kies, Terrassenschotter) und Goldgrube (stark verwitter roter Sandstein, Lehm), sowie im Ebernburger Schlossberg (Porphyr). Wichtigste Rebsorten sind Müller-Thurgau, Dornfelder und Riesling. Dazu gibt es Grauburgunder, Silvaner, Portugieser und verschiedene Neuzüchtungen. Zuletzt haben sie mehr Rotwein angelegt, vor allem Spät- und Frühburgunder, sowie Neronet, eine tschechische Neuzüchtung. Die Weißweine werden im Edelstahl kühl vergoren, Rotweine im Holz ausgebaut.

Vor zwei Jahren gefiel die „Maestro" genannte Cuvée uns am besten und in der letztjährigen Kollektion der Riesling „Porphyr". Der führt auch in diesem Jahr eine gleichmäßige Kollektion an, die Preise sind durchweg moderat.

Weinbewertung

85 . . . 2008 Riesling trocken „Porphyr" Ebernburger Schlossberg
gute Konzentration, klare reife Frucht, jugendlich, feine Würze; klar, zupackend, gute Fülle und Frucht **6,80 €**

---

79 2008 Rivaner Classic **3,50 €**
80 2008 „Lebensart" Weißwein trocken Rüdesheimer Rosengarten **3,70 €**
81 2008 Riesling Spätlese trocken Rüdesheimer Wiesberg **4,50 €**
82 2008 Riesling Selection Rüdesheimer Wiesberg **5,- €**
81 2008 Grauburgunder Spätlese trocken Rüdesheimer Rosengarten **4,50 €**
77 2008 Grauburgunder Classic **3,90 €**
83 2008 Bacchus Kabinett Rüdesheimer Rosengarten **4,- €**
81 2008 Portugieser Weißherbst Rüdesheimer Rosengarten **3,60 €**
79 2008 Dornfelder trocken Rüdesheimer Rosengarten **4,- €**
82 2008 Frühburgunder trocken Rüdesheimer Goldberg **4,80 €**
82 2007 Neronet trocken Rüdesheimer Goldberg **7,- €**

★★★☆

Weltner

Weingut

Franken

Wiesenbronner Straße 17, 97348 Rödelsee
Tel. 09323-3646, Fax: 09323-3846
www.weltnerwein.de
weingut.weltner@t-online.de
Besuchszeiten: Mo.-Sa. 9-12 + 13:30-18 Uhr

Inhaber .... Paul Weltner
Rebfläche .... 7,5 Hektar

Die Weinberge von Paul Weltner, der das Weingut von seinem Vater Wolfgang übernommen hat, liegen an den südwestlichen Hängen des Schwanberges, in den Rödelseer Lagen Küchenmeister und Schwanleite, sowie im Iphöfer Julius-Echter-Berg. Mehr als die Hälfte seiner Weinberge ist mit Silvaner bepflanzt, es folgen Müller-Thurgau, Riesling, Scheurebe und Weißburgunder, aber auch Spätburgunder und Domina.

Schon seit einem Jahrzehnt empfehlen wir die Weine von Paul Weltner, schon damals waren wir sehr angetan von der Frische und Reintönigkeit in allen Weinen. Seither ist es stetig weiter vorangegangen, die Weine haben an Fülle und Ausdruck gewonnen ohne diese Reintönigkeit zu verlieren, angefangen von den Kabinettweinen sind alle Kollektionen immer sehr zuverlässig.

Sehr gut war die 2006er Kollektion von Paul Weltner mit zwei fülligen Silvanern und einer wunderschönen Scheurebe an der Spitze. Auch die ietztjährige Kollektion machte viel Freude mit reintönigen, harmonischen Weinen, wobei uns die trockene Riesling Spätlese aus dem Küchenmeister besonders gut gefiel. In diesem Jahr nun hatten wir die Gelegenheit mehrere Jahrgänge Großes Gewächs zu verkosten, wir waren angehem überrascht, wie schön sie sich entwickeln, ja an Komplexität gewinnen. Die Kabinettweine sind wunderschön reintönig, der Spätburgunder lässt Ambitionen erkennen: Schöne Kollektion!

Weinbewertung

85 . . . 2008 Sylvaner Kabinett trocken Rödelseer
reintönige Frucht, weiße Früchte, Birnen; frisch, harmonisch, reintönige Frucht **6,- €**

86 . . . 2008 Sylvaner Kabinett trocken Rödelseer Küchenmeister
klar, konzentriert, feine Würze und Frucht, reife Frucht, Birnen; füllig, harmonisch, viel reife Frucht, Substanz und feine Frische **7,- €**
1999: 83; 2000: 84; 2001: 85; 2002: 86; 2003: 82; 2004: 84; 2005: 84; 2006: 87; 2007: 85.

85 . . . 2007 Sylvaner „Alte Reben" trocken Rödelseer Schwanleite
Reifenoten, reife Frucht, etwas Birnen; weich, harmonisch, ein wenig müde **8,50 €**

87 . . . 2008 Sylvaner „Alte Reben" trocken Rödelseer Schwanleite
frisch, fruchtbetont, Birnen, herrlich reintönig; frisch, zupackend, reintönige Frucht **9,50 €**

87 . . . 2008 Scheurebe Spätlese trocken Rödelseer Schwanleite
reintönige Frucht, etwas Cassis, feine Frische; frisch, harmonisch, feine süße Frucht, Biss **10,50 €**

87 . . . 2008 Sylvaner Spätlese trocken Iphöfer Julius-Echter-Berg
gute Konzentration, reintönige Frucht, Birnen, weiße Früchte; füllig, harmonisch, viel reife Frucht, gute Substanz und Länge **11,50 €**

87 . . . 2008 Riesling Spätlese trocken Rödelseer Küchenmeister
würzig, klar, herrlich eindringlich; füllig, harmonisch, reintönige Frucht, gute Struktur und Frische **12,50 €**
2006: 87; 2007: 88.

89 . . . 2004 Silvaner „GG" Rödelseer Küchenmeister
feine Reifenoten, wunderschön klare Frucht; weich,

füllig, harmonisch, schmeichelnd, viel reife Frucht, Substanz (kein aktueller Jahrgang)

90 . . . 2006 Silvaner „GG" Rödelseer Küchenmeister
würzig, konzentriert, viel reife Frucht; füllig, kraftvoll, viel reife Frucht und Substanz, feine Länge (kein aktueller Jahrgang)

89 . . . 2007 Silvaner „GG" Rödelseer Küchenmeister
gute Konzentration, viel reife Frucht, Birnen; weich, füllig, harmonisch, viel Substanz und reife Frucht, Länge **18,- €**
(ab 2003 GG); 2000: **86**; 2001: **89**; 2002: **86**; 2003: **88**; 2005: **89**.

89 . . . 2007 Spätburgunder trocken Rödelseer Küchenmeister
rauchige Noten, herrlich reintönige Frucht, dezenter Toast; frisch, harmonisch, elegant, reintönige Frucht, gute Struktur und Länge **14,- €**
2005: **87**; 2006: **86**.

---

84 2008 Müller-Thurgau Kabinett trocken Rödelseer **5,80 €**
83 2008 Weißburgunder Kabinett trocken Rödelseer **7,50 €**

★★

Dirk Wendel

Weingut

Rheinhessen

Zellertalstraße 48, 67551 Worms-Pfeddersheim
Tel. 06247-5720, Fax: 06247-5718
www.weingut-wendel.de
weingut.wendel@t-online.de
Besuchszeiten: täglich von 8-19 Uhr
Weinstube für 12-35 Personen

Inhaber .... Dirk Wendel
Rebfläche .... 5,5 Hektar

Nach seiner Lehre hat Dirk Wendel sich noch einige Jahre in der Pfalz und in Rheinhessen umgesehen. Dort hat er bei einem Weingut, einem Sekthaus und einem Rebveredler gearbeitet und übernahm 1997 den elterlichen Betrieb. Neben Riesling, Silvaner und den Burgundersorten baut er beispielsweise auch Sauvignon Blanc an. Bei den roten Sorten gibt es neben Portugieser und Dornfelder auch, St. Laurent, Cabernet Sauvignon, Früh- und Spätburgunder. Auf Lagen- und Prädikatsbezeichnungen verzichtet Dirk Wendel ganz und bietet alle Weine als Qualitätsweine an.

Das Weingut gehört seit einem Jahrzehnt zu den zuverlässigen Betrieben in Rheinhessen, deren Weine nie enttäuschen, überrascht immer wieder mit gekonnt vinifizierten Rotweinen.

Stark und homogen war die Kollektion vor zwei Jahren, Weiß- und Rotweine überzeugten gleichermaßen. Auch die letztjährige Kollektion war sehr ausgewogen, blieb allerdings ein klein wenig hinter den Vorjahren zurück. Der Riesling „S" führt in diesem Jahr eine ansonsten gleichmäßige Kollektion an.

Weinbewertung

86 . . . 2008 Riesling „S" trocken
gute Konzentration, feine Würze und Frucht, herrlich eindringlich, gelbe Früchte; weich, füllig, harmonisch, reife süße Frucht, Substanz und Frische **7,50 €**

---

81 2008 Riesling „M" trocken **6,- €**
84 2008 Riesling „XXL" edelsüß **8,50 €**
81 2007 Spätburgunder trocken **6,50 €**
82 2006 „für Könige und Helden" Rotwein trocken **7,50 €**
81 2007 Merlot trocken **9,50 €**
84 2007 Portugieser „S" trocken **12,50 €**

Wendel ★
Wein- und Sektgut

Pfalz

Bachgasse 1, 67281 Bissersheim
Tel. 06359-6611, Fax: 06359-86167
www.weingut-wendel.de
wendel-weingut@t-online.de
Besuchszeiten: Mo.-Fr. 17-19 Uhr, Sa. 10-18 Uhr, So. nach Vereinbarung

Inhaber .... Heidi Wendel
Kellermeister .... Frank Matheis
Rebfläche .... 15 Hektar

Seit 1719 besteht das Weingut Wendel in Bissersheim. Die Reben wachsen in Bissersheim auf kalkhaltigem Untergrund mit einer Lösslehm-Auflage. Jeweils zur Hälfte werden weiße und rote Sorten angebaut, wie Riesling, Sauvignon Blanc, Weißburgunder, Chardonnay, Spätburgunder, Dornfelder und Lemberger. Die Rotweine werden maischevergoren, teils im Barrique ausgebaut.

Beim guten Debüt vor zwei Jahren hatte uns der barriqueausgebaute Spätburgunder aus dem Jahrgang 2005 besonders gut gefallen. Auch die 2007er Kollektion gefiel gut, bot, angefangen vom Riesling in der Literflasche, kraftvolle, klare Weißweine, geradlinig und gut vinifiziert, und das bei moderaten Preisen. Die neue Kollektion reicht da nicht ganz heran, ist homogen, aber deutlich verhaltener.

Weinbewertung

82 2008 „Wendel-Secco" **4,80 €**
78 2008 Riesling trocken Bissersheimer Orlenberg **3,50 €/1l**
77 2008 Rivaner trocken Bissersheimer Held **3,90 €**
80 2008 Weißburgunder trocken Bissersheimer Steig **4,90 €**
81 2008 Sauvignon Blanc trocken Bissersheimer Orlenberg **5,10 €**
82 2008 Riesling Kabinett trocken Bissersheimer Orlenberg **5,- €**
82 2008 Riesling Spätlese trocken „Kalksandstein" **6,- €**
82 2008 Grauburgunder Spätlese trocken Bissersheimer Held **4,90 €**
77 2008 Riesling halbtrocken Bissersheimer Orlenberg **3,50 €/1l**
78 2008 Portugieser Weißherbst Bissersheimer Orlenberg **3,40 €/1l**
82 2007 Rotwein Cuvée trocken **8,10 €**
80 2007 Dornfelder trocken Bissersheimer Goldberg **4,90 €**

Klaus Wendel ★
Weingut

Rheinhessen

Enzingerstraße 36, 67551 Worms-Pfeddersheim
Tel. 06247-1536, Fax: 06247-6445
WWW.wein-wendel.de
wein_wendel@hotmail.com
Besuchszeiten: Mo.-Fr. 8-11:30 + 13-17 Uhr, Sa. + So. nach Vereinbarung
Weinprobierstube

Inhaber .... Klaus Wendel
Rebfläche .... 7,5 Hektar

Das Weingut Wendel wird von Klaus und Manuela Wendel geführt. Seit 2006, nach Abschluss ihrer Winzerlehre, ist auch Tochter Judith im Betrieb tätig. Wichtigste weiße Rebsorten sind Riesling, Chardonnay, Müller-Thurgau, Siegerrebe, Huxelrebe und Grauburgunder. An roten Sorten, die 40 Prozent der Rebfläche einnehmen, baut Klaus Wendel St. Laurent, Regent, Spätburgunder, Dornfelder, Dunkelfelder und Portugieser an. Die Rotweine kommen nach der Maischegärung für sechs Monate ins Holz. Die Weißweine werden in Edelstahltanks gezügelt vergoren. Das Weingut arbeitet nach den Richtlinien ökologischen Weinbaus, befindet sich derzeit in der dreijährigen Umstellungsphase.

Weinbewertung

80	2008 Blanc de Noir	**5,50 €**
83	2008 Chardonnay Barrique	**9,- €**
81	2008 Riesling Classic	**5,- €**
82	2008 Chardonnay Classic	**5,40 €**
80	2008 Rivaner Classic	**5,40 €**
83	2008 Huxelrebe Spätlese	**4,50 €**
84	2008 Siegerrebe Spätlese	**4,50 €**
84	2008 Siegerrebe Spätlese	**8,- €**
83	2008 St. Laurent	**4,80 €**
82	2008 Regent trocken	**4,80 €**
81	2008 Regent lieblich	**5,50 €**
80	2008 Spätburgunder	**4,80 €**

★★★☆

Arndt F. Werner

Weingut

Rheinhessen

Mainzer Straße 97, 55218 Ingelheim
Tel. *06132-1090,* ***Fax:*** *06132-431335*
www.weingutwerner.de
info@weingutwerner.de
Besuchszeiten: *Mo.-Fr. 9-12:30 + 14-18 Uhr, Sa. 9:30-14 Uhr*
Probierzimmer und Weinterrasse, Proben im Barriquekeller, Weinseminare

Inhaber .... Arndt und Birgit Werner
Rebfläche .... 10 Hektar

Anfang der achtziger Jahre hat Arndt Werner, Diplom-Geograph, das Gut mit damals 3 Hektar Weinbergen von seinem Vater übernommen und mit der Umstellung auf ökologischen Weinbau begonnen. 1983 hat er mit gleich denkenden Winzern den ersten Verband ökologischer Winzer in Deutschland gegründet. Heute ist Arndt Werner Mitglied bei Ecovin und Bioland. Darüber hinaus ist das Weingut Demonstrations-Ökoweingut des Bundesministeriums für Landwirtschaft und Verbraucherschutz. Arndt Werner baut in seinen Weinbergen zu 65 Prozent rote Sorten an: Spätburgunder, Portugieser und Dornfelder, aber auch Frühburgunder, Regent und Cabernet Sauvignon (seit dem Jahrgang 2002). Die Rotweine werden nach der Maischegärung in Holzfässern ausgebaut. Bei Weißweinen beschränkt er sich auf Riesling, Silvaner und Chardonnay, sowie Grauburgunder und Weißburgunder. Seit dem Jahrgang 2004 wird auf Prädikatsbezeichnungen verzichtet, die besten Weine werden in der „S"-Klasse angeboten. 95 Prozent der Weine werden an Endverbraucher verkauft.

Nach starken Kollektionen in den vergangenen Jahren vermochte Arndt Werner auch mit seinen 2006er vollauf zu überzeugen. Die Weißweine besaßen – für den Jahrgang – erstaunlich viel Frucht und Klarheit. Bei den starken 2005er Rotweinen hatte der Cabernet Sauvignon knapp die Nase vorne. Sehr geschlossen präsentierte sich die letztjährige Kollektion von Arndt Werner. Die Weißweine besaßen Substanz und Fülle, die Rotweine waren gekonnt vinifiziert, so dass sich auch die 2006er Rotweine fast auf gewohntem Niveau zeigten. Ganz stark ist auch die neue Kollektion, weiß wie rot. Die kräftige Säure bietet einen guten Gegenpol zur Restsüße der Weißweine, die Rotweine besitzen Frucht, Substanz und Kraft.

Weinbewertung

86 . . . 2008 Riesling „S" trocken Ingelheimer Steinacker
würzig, klar, konzentriert, dezent mineralische Noten, etwas Zitrusfrüchte; frisch, klar, feine süße Frucht und Biss **8,80 €**

85 . . . 2008 Silvaner „S" trocken Ingelheimer Steinacker
würzig, klar, jugendlich, feine Frische; klar, frisch, feine süße Frucht **7,80 €**
(bis 2003: Spätlese) 2000: **81**; 2001: **86**; 2002: **85**; 2003: **86**; 2004: **88**; 2005: **85**; 2006: **86**; 2007: **86**.

86 . . . 2008 Grauburgunder „S" trocken Ingelheim am Rhein
gute Konzentration, reintönige Frucht, feine Würze; füllig, harmonisch, reife süße Frucht **9,30 €**
(bis 2003: Spätlese) 2001: **85**; 2002: **85**; 2003: **85**; 2004: **87**; 2005: **86**; 2006: **85**; 2007: **87**.

88 . . . 2008 Weißburgunder trocken Selection Rheinhessen Ingelheim am Rhein
gute Konzentration, reintönige Frucht, feine Würze, herrlich eindringlich; füllig, harmonisch, viel reife süße Frucht, Substanz **10,80 €**
2007: **87**.

86 . . . 2008 Riesling „S" „feinherb" Ingelheim am Rhein
würzig, eindringlich, reife Frucht, etwas gelbe Früchte; füllig, harmonisch, schmeichelnd, reife süße Frucht **7,80 €**

87 . . . 2008 Saint Laurent „S" trocken
würzig, eindringlich, herrlich reintönige Frucht, etwas Vanille; frisch, elegant, reife Frucht, gute Struktur **10,80 €**

87 . . . 2007 Blauer Frühburgunder „S" trocken Ingelheim am Rhein
(2. Füllung); viel reife Frucht, rote Früchte, feine Würze; füllig, kraftvoll, reife Frucht, gute Struktur und Frische **15,80 €**
1999: **86**; 2000: **85**; 2004: **87**; 2005: **86**; 2006: **84**.

86 . . . 2007 Pinot Noir „S" trocken Ingelheim am Rhein
reintönige reife Frucht, etwas Kirschen; frisch, klar, reife Frucht, gute Struktur **12,80 €**
(ab 2003 „S") 2001: **86**; 2002: **88**; 2003: **88**; 2004: **86**; 2005: **86**; 2006: **86**.

86 . . . 2008 Blauer Portugieser trocken Selection Rheinhessen Ingelheimer Sonnenhang
von 62 Jahre alten Reben; würzig, eindringlich, herrlich reintönige Frucht, etwas Kirschen; frisch, zupackend, reintönige Frucht **13,80 €**

87 . . . 2007 Blauer Spätburgunder trocken Selection Rheinhessen Ingelheimer
würzig, klar, viel reife Frucht, herrlich eindringlich; füllig, harmonisch, reife Frucht, Substanz, etwas Vanille, Tannine **16,80 €**
2001: **86**; 2002: **89**; 2003: **88**; 2004: **87**; 2005: **87**; 2006: **86**.

87 . . . 2007 Cabernet Sauvignon „S" trocken Ingelheimer Höllenweg
fruchtbetont, intensiv, Cassis, etwas Schokolade; frisch, klar, feine süße Frucht, gute Struktur und Biss **15,80 €**
2002 (1. Jg.): **85**; 2002: **86**; 2003: **88**; 2004: **86**; 2005: **88**; 2006: **86**.

83 2007 Blauer Portugieser „S" trocken Ingelheim am Rhein **7,80 €**

★★★

O. Werner & Sohn
Weingut

Mosel

Römerstraße 17, 54340 Leiwen
Tel. 06507-4341, Fax: 06507-8355
www.weingut-werner.de
weingut1@aol.com
Besuchszeiten: Mo.-Sa. 10-18 Uhr
Probierstube (Weinprobe mit Essen)

Inhaber .... Bernhard Werner
Rebfläche .... 6 Hektar

Bernhard Werner war fast zehn Jahre Vorsitzender der „Vereinigung der Leiwener Jungwinzer", die seit Mitte der achtziger

Jahre mit hochwertigen Rieslingen auf sich aufmerksam machen. 80 Prozent seiner Weine baut er trocken oder halbtrocken aus. Seine besten Parzellen liegen in den Lagen Schweicher Annaberg, Trittenheimer Apotheke und Leiwener Laurentiuslay. Die besten trockenen Weißweine erhalten zusätzlich die Bezeichnung „Maximin".

Mit den Problemen des Jahrgangs 2006 wurde Bernhard Werner offenbar spielend fertig, die Rieslinge besaßen Substanz. 2007 hat Weine mit viel Würze hervorgebracht – das Große Gewächs oder die herrlich saftige Auslese aus der Apotheke. Die 2008er wirken etwas verhaltener, sind aber sehr gleichmäßig und kompakt ausgefallen.

Weinbewertung

87 . . . 2008 „Maximin" Riesling Spätlese trocken Schweicher Annaberg
eindringliche Frucht, deutlich Kräuter, leichte Hefenote; würzig, straff, viel Frucht, rassig, Biss **8,20 €**
2001: 85; 2002: 84; 2003: 86; 2004: 86; 2005: 84; 2006: 85; 2007: 86.

85 . . . 2008 „Maximin" Riesling Spätlese „feinherb" Leiwener Laurentiuslay
reife Frucht, leichte Hefenote, Melone; saftig, würzig, feine Frucht, Schmelz **8,20 €**
2001: 83; 2002: 86; 2003: 85; 2004: 84; 2005: 84;2006: 85; 2007: 85.

86 . . . 2008 Riesling Spätlese Trittenheimer Apotheke
deutlich verschlossen, etwas gebackener Apfel, Spur Maracuja; saftig, feingliedrig **8,20 €**

88 . . . 2008 Riesling Auslese Schweicher Annaberg
reife Frucht, Aprikose; saftig, recht füllig, reife Frucht, noch etwas unzugänglich (Versteigerungswein)
2000: 87; 2001: 94; 2002: 87; 2003: 88/89; 2005: 88; 2006: 91; 2007: 89.

89 . . . 2008 Riesling Eiswein Leiwener Klostergarten
klar, reife Frucht, Aprikose, kandierter Apfel, etwas welke Früchte; würzig, straff, feine Süße, sehr elegant
32,- €/0,375l

89 . . . 2007 Weißburgunder Eiswein Leiwener Klostergarten
klare Frucht, reintönig, leicht cremig; rassig, feine Frucht, sehr ausgewogen gute Länge **28,- €/0,375l**

86 . . . 2007 Spätburgunder trocken Barrique
frisch, klare Frucht, sortentypisch; saftig, viel Würze, perfekt integriertes Holz, Substanz **10,90 €**

---

83 2008 Riesling Hochgewächs trocken **6,20 €**
81 2008 Riesling Classic **5,20 €**
82 2008 Riesling Kabinett „feinherb" Trittenheimer Apotheke **5,80 €**
83 2008 Riesling Kabinett Schweicher Annaberg **5,80 €**
84 2006 St. Laurent trocken **10,50 €**

Domdechant ★★☆
Werner'sches
Weingut
Rheingau

Rathausstraße 30, Postfach 1205, 65234 Hochheim
Tel. 06146-835037, Fax: 835038
www.domdechantwerner.com
weingut@domdechantwerner.com
Besuchszeiten: Mo.-Fr. 8:30-17 Uhr, Sa. 9-12 Uhr, sonst nach telefonischer Anmeldung
Weinproben für Gruppen ab 20 Personen nach Absprache

Inhaber .... Dr. Franz-Werner Michel
Rebfläche .... 12,5 Hektar

1780 erwarb der Vater des Mainzer Domdechanten Dr. Franz Werner vom Grafen Jork dieses Hochheimer Weingut. Domdechant Werner wird heute in siebter Generation von Franz-Werner Michel geführt, unterstützt wird er von Tochter Catharina Mauritz. Seine Weinberge liegen in den Hochheimer Lagen

Domdechaney, Kirchenstück, Hölle, Stein, Stielweg und Reichestal. Neben Riesling (98 Prozent) baut Franz-Werner Michel er ein klein wenig Spät- und Frühburgunder an. Die Weine werden überwiegend an Gastronomie und Fachhandel verkauft, etwa die Hälfte der Produktion wird exportiert. In den letzten Jahren haben sich die Weine auf einem sehr gleichmäßigen Niveau etabliert: Alle sind geradlinig und besitzen viel Frucht. Nur bei den Süßweinen ist in der Spitze sicher noch mehr möglich.

2006 war an den saftigen, klaren und frischen Weinen nichts auszusetzen. Die 2007er fielen dann frisch und zugänglich aus (schon der Classic hatte Biss), die 2008er sind sehr gleichmäßig, mit kompakten Ersten Gewächsen an der Spitze.

Weinbewertung

85 . . . 2008 Riesling Kabinett trocken Hochheimer Hölle
frisch, jugendlich; feingliedrig, zarte Frucht, rassige Säure, Biss **8,50 €**

86 . . . 2008 Riesling Spätlese trocken Hochheimer Kirchenstück
zunächst eher verhalten, zarte Frucht; würzig, kompakt, straffe Säure, entwickelt sich gut **11,80 €**
1999: 85; 2000: 88; 2001: 86; 2004: 86; 2005: 87; 2006: 85; 2007: 86,

88 . . . 2008 Riesling Erstes Gewächs Hochheimer Domdechaney
reife Frucht, leicht cremig; stoffig, würzig, angenehm präzise und trocken, reife Säure, recht fülliger Nachhall **20,- €**

88 . . . 2008 Riesling Erstes Gewächs Hochheimer Kirchenstück
sehr klare, kühle Frucht, Steinobst; stoffig, kompakt, viel Frucht und Substanz, Potenzial **20,- €**

87 . . . 2008 Riesling Spätlese Hochheimer Domdechaney
frisch, duftig, kandierter Apfel, etwas Holunder; saftig, rassig, viel Würze **11,80 €**

88 . . . 2008 Riesling Auslese Hochheimer Domdechaney
kühle Frucht, klar; würzig, saftig, rassige Säure, kompakt, Spiel, zurückhaltende Süße, Potenzial **20,- €**

82 2008 Riesling trocken **7,50 €**
84 2008 Riesling Classic **8,50 €**
84 2008 Riesling Kabinett halbtrocken Hochheimer Stein **8,50 €**
83 2008 Riesling Kabinett Hochheimer Hölle **8,50 €**

★★

Wernersbach
Weingut

Rheinhessen

Spitalstraße 41, 67596 Dittelsheim-Hessloch
Tel. 06244-4477, Fax: 06244-249
www.wernersbach-weine.de
weingut@wernersbach-weine.de
Besuchszeiten: nach Vereinbarung

Inhaber . . . . Stephan Wernersbach
Rebfläche . . . . 7 Hektar

Das Weingut in seiner heutigen Form wurde 1941 gegründet, doch lässt sich bis ins 17. Jahrhundert zurück Weinbau in der Familie nachweisen. 2005, noch während seines Studiums, hat Stephan Wernersbach die Weinberge übernommen, die von seinen Eltern als „Hobby" bewirtschaftet wurden. Zusammen mit Bruder Florian und den Eltern baute er das Gut auf. Die Weinberge liegen in Hessloch (Edle Weingärten, Liebfrauenberg, Mondschein) und Bechtheim (Geiersberg und Hasenprung mit dem Filetstück Löwenberg). Riesling, Silvaner, die Burgundersorten und Portugieser dominieren im Sortiment, hinzu kommen Chardonnay, Müller-Thurgau, Kerner, Dornfelder, Cabernet Sauvignon, Würzer und Huxelrebe. Die Weißweine werden nach kühler Gärung im Edelstahl ausgebaut, Rotweine kommen nach der Maischegärung ins Holz, teils auch ins Barrique.

Auch im schwierigen Jahrgang 2006 hatte sich Stephan Wernersbach gut behauptet. Der Riesling aus dem Löwenberg gefiel in diesem Jahr deutlich besser als sein Pendant aus dem Mondschein, der barriqueausgebaute Spätburgunder überzeugte ebenso wie die Riesling Beerenauslese. Auch die 2007er Kollektion überzeugte, die Lagenweine, alle spontan vergoren, besaßen Struktur, Kraft und viel Substanz. Eine gute Kollektion stellt Stephan Wernersbach nun auch im Jahrgang 2008 vor, angeführt von drei wunderschönen edelsüßen Weinen, aber auch der Newcomer im Programm, der Riesling „Ars Antiqua", hat uns überzeugt.

Weinbewertung

85 . . . 2008 „Löwenberg" Riesling „S" trocken Bechtheimer Hasensprung
gute Konzentration, klare reife Frucht; füllig, kraftvoll, viel reife Frucht und Substanz **7,90 €**
2003: **86**; 2004: 83; 2005: **87**; 2006: **86**; 2007: **85**.

87 . . . 2008 „Ars Antiqua" Riesling trocken Hesslocher
würzig, eindringlich, gute Konzentration; füllig, kraftvoll, viel Substanz, reife Frucht **12,90 €**

85 . . . 2008 Scheurebe „S" trocken Hesslocher Liebfrauenberg
frisch, fruchtbetont, herrlich reintönig; klar, harmonisch, feine süße Frucht **7,90 €**

85 . . . 2008 Riesling Spätlese Hesslocher Mondschein
frisch, würzig, herrlich eindringliche Frucht; frisch, harmonisch, feine süße Frucht, süffig **6,50 €**

88 . . . 2008 Riesling Auslese Hesslocher Mondschein
klar, konzentriert, feine Würze, reintönige Frucht; füllig und schmeichelnd, herrlich viel Frucht und Stoff, Substanz und Länge **12,90 €/0,375l**

88 . . . 2008 Riesling Beerenauslese Hesslocher Mondschein
würzig, konzentriert, eindringlich; süß, konzentriert, dick, dominant, eingelegte süße Aprikosen, etwas Litschi **39 €/0,375l**

89 . . . 2008 Silvaner Trockenbeerenauslese Hesslocher Liebfrauenberg
gute Konzentration, feine Würze, dezent Marzipan und Litschi; süß, dick, konzentriert, herrlich viel Stoff, Länge **69,- €/0,375l**

---

84 2008 Grüner Silvaner trocken **4,70 €**
81 2008 Riesling trocken **4,70 €**
83 2008 Chardonnay trocken **5,50 €**
81 2008 Spätburgunder Blanc de Noir trocken **5,50 €**
83 2008 Riesling „S" trocken Hesslocher Mondschein **7,90 €**
84 2007 Spätburgunder trocken Barrique Hesslocher Edle Weingärten **9,80 €**
82 2005 Cabernet Sauvignon trocken Barrique Hesslocher Liebfrauenberg **9,80 €**
81? 2007 Portugieser trocken Barrique Hesslocher Liebfrauenberg **9,80 €**

Schloss Westerhaus ★★
Weingut

Rheinhessen

Hofgut Westerhaus, 55218 Ingelheim
Tel. 06130-6674, Fax: 06230-6608
www.schloss-westerhaus.de
info@schloss-westerhaus.de
Besuchszeiten: Mo.-Fr. 9-18:30 Uhr, Sa. 10-16 Uhr, besondere Weinproben nach Vereinbarung

Inhaber Yvonne Gräfin von Schönburg-Glauchau
Johannes Graf von Schönburg-Glauchau
Rebfläche .... 15 Hektar

Das im Jahr 1900 von Heinrich Opel, einem der Söhne Adam Opels, gekaufte Weingut wird heute in vierter Generation von Yvonne Gräfin von Schönburg-Glauchau und ihrem Ehemann Johannes Graf von Schönburg-Glauchau geführt. 13 Hektar Weinberge befinden sich direkt unterhalb des Schlosses in der arrondierten Einzellage Oberingelheimer Schloss Westerhaus (in Alleinbesitz), wo die Reben auf Muschelkalkböden wachsen. Zwei Hektar mit Spätburgunder sind im Ingelheimer Sonnenhang zugepachtet. Zwei Drittel der Weinberge nehmen weiße, ein Drittel rote Rebsorten ein. Neben Riesling liegt der Schwerpunkt auf Grauburgunder und Weißburgunder. Bei den roten Sorten dominiert Spätburgunder, mit dem Jahrgang 2003 kam der neu angepflanzte Frühburgunder in Ertrag. In den letzten Jahren wurden die alten Holzfässer zum Teil durch Edelstahl ersetzt.

Die 2006er Weißweine fielen jahrgangsbedingt schwächer aus, die 2005er Rotweine gefielen wie gewohnt. Die letztjährige Kollektion war ein wenig verhalten, der Riesling Saphir aber überzeugte. Die Saphir-Linie wurde nun zur Ortslinie „Ingelheimer", on Top wurde das Große Gewächs eingeführt, ein Wein, der mehr Fülle bietet, aber die Frische und Feinheit der bisher erzeugten „Saphir"-Weine verloren hat. Die Rotweine überzeugen, der Rest der Kollektion ist sehr gleichmäßig.

Weinbewertung

85 . . . 2008 Riesling Ingelheimer
frisch, würzig, klare Frucht; klar, füllig, kraftvoll, reife Frucht **12,50 €**
(bis 2007: „Saphir"); 2002: 88; 2003: 87; 2005: 86; 2006: 84; 2007: 86.

87 . . . 2008 Riesling „GG" Schloss Westerhaus
würzig, eindringlich, reife Frucht, etwas Zitrus; frisch, klar, zupackend, feine süße Frucht und Biss **18,- €**

85 . . . 2007 Spätburgunder „Grand Prix" trocken
würzig, eindringlich, dezent rauchige Noten, rote Früchte; frisch, klar, zupackend, feine Frucht und Biss **15,- €**
2001: 87; 2002: 87; 2003: 89; 2004: 88; 2005: 87.

86 . . . 2007 Frühburgunder Auslese trocken
würzig, eindringlich, gute Konzentration; füllig und schmeichelnd, viel reife Frucht, Substanz, Tannine **15,- €**

81 2008 Riesling trocken **5,90 €**
82 2008 Weißburgunder trocken **5,90 €**
81 2008 Grauburgunder trocken **5,90 €**
83 2008 Chardonnay & Weißburgunder trocken **5,90 €**
81 2008 Spätburgunder Blanc de Noir trocken **7,- €**
84 2008 Weißburgunder Ingelheimer **10,50 €**
84 2008 Grauburgunder Ingelheimer **10,50 €**
81 2008 Riesling „feinherb" **6,50 €**

★

Michael **Wiesler**
Weingut

Baden

Krozinger Straße 26, 79219 Staufen
Tel. 07633-6905, Fax: 07633-6917
www.weingut-wiesler.de
kontakt@weingut-wiesler.de
Besuchszeiten: Mo.-Fr. 15-18:30 Uhr, Sa. 9-13:30 Uhr
Weinproben (bis 60 Personen)
Straußwirtschaft

Inhaber .... Michael Wiesler
Rebfläche .... 6,9 Hektar

Karl Alfred Wiesler gründete 1927 das Weingut, das 1971 von den Söhnen Bernhard und Klaus Wiesler übernommen wurde. Michel

Wiesler, der Sohn von Bernhard und Enkel des Gründers, übernahm 1990 den Betrieb, den er zusammen mit Ehefrau Kristina führt. 1994 modernisierten sie den Betrieb und richteten einen Verkaufsraum, 2003 eröffneten sie dann die Straußwirtschaft. Die Weinberge liegen überwiegend in Hang- und Steillagen, alle im Staufener Schlossberg, wo die Reben auf Kalkverwitterungsböden wachsen. Ein Teil der Weinberge wurde bereits in den fünfziger Jahren gepflanzt. Der Schwerpunkt liegt auf den Burgundersorten. Dazu gibt es Gutedel, aber auch Silvaner, Gewürztraminer und Riesling.

Weinbewertung

85 . . . 2008 Weißburgunder trocken „Edition Wiesler" Staufener Schlossberg
gute Konzentration, feine Würze und Frucht; füllig, harmonisch, kraftvoll, reife Frucht und gute Struktur
7,90 €

85 . . . 2007 Spätburgunder trocken „Edition Wiesler" Staufener Schlossberg
rauchige Noten, reintönige Frucht, etwas rote Früchte, herrlich eindringlich; füllig, harmonisch, Vanille, gute Konzentration, jugendlich **14,50 €**

80 2008 Gutedel trocken **5,50 €**
81 2008 Gutedel trocken „Edition Wiesler" Staufener Schlossberg **6,90 €**
81 2008 Weißburgunder trocken **6,90 €**
81 2008 Grauburgunder trocken **6,90 €**
82 2008 Blanc de Noir trocken Staufener Schlossberg **6,90 €**
83 2008 Riesling trocken „Edition Wiesler" Staufener Schlossberg **7,90 €**
83 2007 Weißburgunder trocken Staufener Schlossberg **6,90 €**
82 2007 Gutedel trocken „Edition Wiesler" Staufener Schlossberg **6,90 €**
81 2008 Riesling „Edition Wiesler" **7,90 €**
81 2007 Spätburgunder trocken **7,60 €**

★★

Wilhelmshof

Weingut

Pfalz

Queichstraße 1, 76833 Siebeldingen
***Tel.** 06345-919147, **Fax**: 06345-919148*
www.wilhelmshof.de
mail@wilhelmshof.de
***Besuchszeiten**: Mo.-Fr. 8-12 + 13-18 Uhr, Sa. 9-17 Uhr*
Kellerführung nach Voranmeldung Sa. 10 Uhr

Inhaber .... Familie Roth
Rebfläche .... 16 Hektar

1975 haben die beiden Diplom-Önologen Christa und Herbert Roth den Wilhelmshof übernommen. Christa Roths Vater, Wilhelm Jung, hatte 1949 mit der Flaschenweinvermarktung begonnen. Christa und Wilhelm Roth strukturierten die Weinberge um, konzentrierten sich ganz auf Riesling, Weißburgunder, Spätburgunder und Grauburgunder. Und sie begannen Sekte zu erzeugen, mit denen sie sich bald auch außerhalb der Region einen Namen machten. Sekte werden nur brut oder extra brut angeboten. 2005 sind ihre Tochter Barbara und deren Ehemann Thorsten Ochocki in den Betrieb eingestiegen.

Vor zwei Jahren überzeugten die Sekte wie gewohnt, die Weißweine mussten dem Jahrgang Tribut zollen. Auch im vergangenen Jahr favorisierten wir klar Sekte und Spätburgunder gegenüber den Weißweinen. Diese zeigen sich nun mit dem Jahrgang 2008 klar verbessert, allen voran der Weißburgunder von alten Reben. Noch spannender aber sind einmal mehr die Sekte, allen voran die Cuvée Patina aus dem Jahrgang 2001, die mehr als sieben Jahre auf der Hefe reifte.

Weinbewertung

87 . . . 2007 Riesling Sekt Extra Brut Siebeldinger Königsgarten

frisch, rauchig, klar, fruchtbetont; klar, frisch, zupackend, herrlich geradlinig und präzise **11,- €**

86 . . . 2007 Riesling Sekt Brut Siebeldinger Königsgarten
frisch, direkt, reintönige Frucht; klar, frisch, geradlinig, feine süße Frucht und Biss **11,- €**

87 . . . 2007 Weißburgunder Sekt Brut Siebeldinger Königsgarten
feine rauchige Noten, etwas weiße Früchte, ganz dezent Brioche; gute Fülle und Harmonie, elegant, klar und lang **12,- €**

85 . . . 2007 Blanc de Noirs Sekt Brut Siebeldinger Königsgarten
rauchige Noten, reife Frucht, eindringlich; gute Fülle, Substanz, reife süße Frucht **14,50 €**

86 . . . 2007 Spätburgunder Rosé Sekt Brut Siebeldinger Königsgarten
frisch, fruchtbetont, viel reife Frucht, etwas rote Früchte; klar, frisch, harmonisch, feine süße Frucht **12,- €**

89 . . . 2001 Pinot „B" Sekt Brut „Patina"
eindringlich rauchige Noten, etwas Brioche, dezente Reifenoten; gute Fülle und Harmonie, viel Substanz, Finesse, lang und nachhaltig **44,- €**

85 . . . 2008 Riesling Spätlese trocken Siebeldinger im Sonnenschein
gute Konzentration, reife Frucht, etwas Limone, herrlich eindringlich; füllig, harmonisch, reife süße Frucht **9,- €**

87 . . . 2008 Weißburgunder Spätlese trocken „Alte Reben" Siebeldinger im Sonnenschein
gute Konzentration, feine Würze und Frucht, herrlich eindringlich; füllig, harmonisch, viel reife Frucht, gute Substanz und Länge **14,- €**

85 . . . 2007 Spätburgunder Spätlese trocken Siebeldinger im Sonnenschein
rauchige Noten, etwas rote Früchte, klar; zupackend, klar, gute Harmonie und reife Frucht **19,- €/0,5l**

---

82 2008 Riesling Kabinett trocken Frankweiler Kalkgrube **6,- €**
82 2008 Grauburgunder Kabinett trocken Siebeldinger Im Sonnenschein **6,- €**
83 2008 Grauburgunder Spätlese trocken Siebeldinger Im Sonnenschein **9,- €**
84 2008 Weißburgunder Spätlese trocken Siebeldinger Im Sonnenschein **9,- €**

★

Wilhelmy

Weingut

Nahe

Untere Grabenstraße 29, 55450 Langenlonsheim
Tel. 06704-1550, Fax: 06704-1502
ralf-wilhelmy@web.de
Besuchszeiten: Mo.-Sa. 8-18 Uhr nach Vereinbarung

Inhaber .... Ralf Wilhelmy
Rebfläche .... 6,8 Hektar

Ralf Wilhelmy hat das Weingut 1998 von seinem Vater übernommen. Seine Weinberge liegen in Langenlonsheim, Guldental und Laubenheim. Wichtigste weiße Rebsorten sind Riesling, Kerner, Müller-Thurgau, Silvaner, Weißburgunder und Chardonnay. Wichtigste rote Sorten sind Spätburgunder, Dornfelder und Portugieser, dazu gibt es ein klein wenig Dunkelfelder und Merlot. Das Gros der Weine wird halbtrocken oder süß ausgebaut.

Die letzten beiden Kollektionen waren recht gleichmäßig, aber ohne Spitzen. Fast identisch ist die neue Kollektion, bietet gleichmäßig Qualität, einige Weine zeigen schöne Ansätze, in der Spitze aber sollte doch mehr möglich sein.

Weinbewertung

79 2008 Riesling trocken **4,- €/1.**
79 2008 Rivaner trocken **3,90 €**
83 2008 Weißburgunder Spätlese trocken Laubenheimer Krone **4,80 €**
80 2008 Weißburgunder & Chardonnay Spätlese

halbtrocken Guldentaler Schlosskapelle **5,- €**

81 2008 Kerner Spätlese halbtrocken Langenlonsheimer Steinchen **4,50 €**

82 2008 Chardonnay Spätlese Guldentaler Hipperich **5,- €**

82 2008 Kerner Auslese Langenlonsheimer Steinchen **6,90 €**

83 2007 Frühburgunder Auslese trocken Guldentaler Hipperich 9,40 €

82 2006 „Wilhelmy Cuvée" Rotwein trocken Barrique Langenlonsheimer Steinchen **10,90 €**

★☆

Wilker

Weingut

Pfalz

Hauptstraße 30, 76889 Pleisweiler-Oberhofen
***Tel.** 06343-2202, **Fax**: 06343-4379*
www.wilker.de, info@wilker.de
***Besuchszeiten**: Mo.-Sa. 9-18 Uhr*
Gutsausschank und Flammkuchenabende (nach Anmeldung), Gästehaus mit Weinstube

Inhaber .... Heinz und Jürgen Wilker
Rebfläche .... 18 Hektar

Heinz und Helga Wilker haben 1965 erstmals Weine selbst vermarktet. Heinz Wilker hat seither den ehemaligen landwirtschaftlichen Gemischtbetrieb ganz auf Wein ausgerichtet. Aus den Maisfeldern wurden Weinberge und aus dem Kuhstall der Weinkeller. Seit 1990 arbeitet Sohn Jürgen, der unter anderem Praktika in Oregon, Australien und Südafrika gemacht hat, im Betrieb mit und ist für den Keller verantwortlich. Rote Sorten nehmen 45 Prozent der Weinberge ein. Die wichtigsten roten Sorten sind Dornfelder und Trollinger, dann Spätburgunder und Portugieser. In den letzten Jahren wurden Acolon, Cabernet Cubin, Cabernet Dorsa, Cabernet Sauvignon und Frühburgunder gepflanzt. Das Weingut Wilker ist einer der ganz wenigen Betriebe in der Pfalz, der Trollinger anbaut, eine Rebsorte, die früher häufiger in den Weinbergen zwischen Wissembourg und Bad Bergzabern zu finden war. Wichtigste Weißweinsorte ist Riesling, gefolgt von Weißburgunder, Müller-Thurgau, Grauburgunder und Silvaner. Die Jahresproduktion von etwa 150.000 Flaschen wird fast ganz an Privatkunden verkauft.

Seit einem Jahrzehnt kennen wir die Wilkerschen Weine. Immer wieder sind die Kollektionen durch das gleichmäßige, gute Niveau aller Weine gekennzeichnet. Spitzen findet man regelmäßig im holzausgebauten roten Segment, beim Spätburgunder, aber auch beim Dornfelder.

Die 2006er Kollektion war jahrgangsbedingt verhaltener, und auch 2007 zeigten sich die Weine von gleichmäßiger Qualität, ohne aber in der Spitze an frühere Jahrgänge anknüpfen zu können. Die neue Kollektion gefällt uns da deutlich besser, bieten sehr gleichmäßige Qualität auf gutem Niveau und zwei barriqueausgebaute Spitzen im roten Segment.

Weinbewertung

86 . . . 2007 „Cuvée 5" Rotwein trocken Barrique
rauchige Noten, etwas rote Früchte, eindringlich; füllig, harmonisch, viel reife Frucht, gute Substanz und Länge **13,- €**

86 . . . 2007 Spätburgunder Spätlese trocken Barrique
viel reife Frucht, rote Früchte, feine Würze; füllig, harmonisch, viel reife Frucht und Substanz **15,- €**

83 2008 Silvaner trocken **4,- €**

79 2008 Riesling trocken **4,20 €/1l**

82 2008 Riesling Kabinett trocken **5,20 €**

81 2008 Grauburgunder Spätlese trocken **7,50 €**
82 2008 Scheurebe Kabinett **3,90 €**
82 2008 Spätburgunder Rosé trocken **4,70 €**
82 2008 Frühburgunder trocken **7,50 €**
82 2007 Spätburgunder trocken Holzfass **8,50 €**
83 2007 Dornfelder trocken Holzfass **7,- €**

★★★

Willems-Willems

Weingut

Mosel

Mühlenstraße 13, 54320 Konz-Oberemmel
Tel. 06501-15816, Fax: 06501-150387
www.weingut-willems.de
info@weingut-willems.de
Besuchszeiten: nach Vereinbarung

Inhaber .... Carolin Hofmann
Rebfläche .... 4 Hektar

Maria Willems, geborene Willems (daher der Name Willems-Willems für das Weingut) hat das Weingut 1971 übernommen, inzwischen ist Tochter Carolin, verheiratete Hofmann, für den Betrieb zuständig. Ihre praktischen Erfahrungen sammelte sie in Australien und Südafrika, sowie beim Deutzerhof an der Ahr. 70 Prozent der Rebfläche nimmt Riesling ein. Hinzu kommen Spätburgunder, Dornfelder, Müller-Thurgau und Weißburgunder. Die Weinberge liegen überwiegend in Oberemmel, ein Rieslingweinberg in Niedermennig. Die Rotweine werden maischevergoren und teils im Barrique ausgebaut. Der „Fusion II" genannte Riesling ist ein Gemeinschaftsprojekt von Carolin und Jürgen Hofmann und vereint Trauben von der Saar und aus Rheinhessen.

Im schwierigen Jahrgang 2006 gelang ein erfreulicher „Fusion II", während es den anderen Weinen an Brillanz mangelte. 2007 war dann wieder überzeugender, wenngleich der Riesling aus dem Altenberg noch so unfertig wirkte, dass er kaum zu beurteilen war. Die 2008er sind ein deutlicher Schritt in die richtige Richtung: Die Weine sind zugänglich, mineralisch und frisch.

Weinbewertung

86 . . . 2007 Sekt trocken
klare Frucht, duftig, leichte Hefenoten; würzig, rassig, eher niedrig dosiert, Schmelz **12,- €**

87 . . . 2008 Riesling Herrenberg trocken
duftig, gehackte Kräuter, etwas Mirabelle; reife Säure, feine Frucht, Potenzial **13,40 €**

87 . . . 2008 Riesling „Saar meets Rheinhessen Fusion II"
völlig verschlossen, leichte Hefenoten; feste Struktur, feine Frucht, Substanz **12,- €**
2002: 85; 2003: 85; 2004: 87; 2005: 87; 2006: 86; 2007: 86.

86 . . . 2008 Riesling Altenberg „feinherb"
verhalten, leichte Hefenoten; straff, würzig, gut balanciert, aber noch unzugänglich **13,40 €**

85 . . . 2008 Riesling Spätlese Oberemmeler Altenberg
duftig, klar, getrockneter Apfel; feine Frucht, würzig, sehr süffig **9,80 €**
2002: 88; 2003: 87; 2004: 87; 2005: 85; 2006: 85; 2007: 87.

88 . . . 2008 Riesling Auslese Oberemmeler Altenberg
reife Frucht, etwas Cassis, Steinobst, Melone; würzig, saftig, sehr süffig **13,- €**

87 . . . 2007 Spätburgunder trocken „Barrique"
sehr klar, feine, kühle Frucht; fest, viel Frucht, saftig, balanciert, Biss **16,- €**
2001: 86; 2002: 87; 2003: 86; 2004: 84; 2005: 84; 2006: 85.

84 2008 Riesling „Schiefer" trocken **8,50 €**
81 2008 Riesling Classic **6,20 €**
84 2008 Riesling „feinherb Auf der Mauer" **7,50 €**

★☆

Rolf **Willy**
Privatkellerei Weinbau

Württemberg

Brackenheimer Straße 20, 74226 Nordheim
Tel. 07133-95010, Fax: 07133-950119
www.rolf-willy.de
info@rolf-willy.de
Besuchszeiten: Mo.-Fr. 8-12+13-18:30 Uhr, Sa. 8-14 Uhr oder nach Vereinbarung

Inhaber ... Rolf Willy, Jürgen Willy, Günter Willy
Rebfläche .... 95 Hektar

Seit 1950 ist der Betrieb in Nordheim ansässig, hat sich von einer Küferei hin zum Weingut entwickelt, das neben dem Ertrag der eigenen Weinberge auch die Trauben einer Erzeugergemeinschaft verarbeitet. Wichtigste rote Rebsorten sind Trollinger, Lemberger und Schwarzriesling, dazu Spätburgunder und Samtrot, wichtigste weiße Rebsorte ist Riesling.

Vor zwei Jahren war die Kollektion stark, vor allem die konzentrierten, fülligen Barriqueweine machten viel Freude. In vergangenen Jahr gefiel die Holznote nicht immer. Die Kollektion bot kraftvolle Weine, weiß wie rot. In der neuen Kollektion haben die Rotweine knapp die Nase vorne, allen voran der barriqueausgebaute Lemberger aus dem Jahrgang 2007.

Weinbewertung

85 . . . 2007 Lemberger mit Cabernet Mitos trocken Barrique Nordheimer Heuchelberg
gute Konzentration, Gewürze, viel reife Frucht; füllig, harmonisch, reife Frucht, Schokolade, gute Substanz **10,47 €**

87 . . . 2006 Lemberger trocken Barrique Nordheimer Sonntagsberg
gute Konzentration, Gewürze, viel reife Frucht, etwas Toast und Schokolade; füllig, stoffig, kraftvoll, reife Frucht und Substanz **15,47 €**

83 2007 Lemberger Weißherbst Sekt brut Nordheimer Sonntagsberg **10,12 €**
81 2008 Riesling „S" trocken **7,38 €**
83 2008 Riesling „SL" **7,62 €**
82 2008 Lemberger „S" trocken Nordheimer Heuchelberg **7,38 €**
81 2008 „Intensivo" Rotwein trocken Nordheimer Heuchelberg **7,62 €**
82 2007 Lemberger trocken Holzfass Nordheimer Sonntagsberg **6,19 €**
83 2008 Lemberger mit Merlot Nordheimer Heuchelberg **8,09 €**

★

Wind-Rabold
Wein- und Sektgut

Pfalz

Gaisbergstraße 9, 76835 Burrweiler
Tel. 06345-3692, Fax: 06345-5226
www.wind-rabold.de
wind-rabold@t-online.de
Besuchszeiten: nach Vereinbarung Mo.-Fr. 9-18 Uhr, Sa. 9-17 Uhr

Inhaber .... Rita und Josef Rabold
Rebfläche .... 10,5 Hektar

Zwei Drittel der Weinberge von Rita und Josef Rabold nehmen weiße Sorten ein, vor allem Riesling, aber auch Müller-Thurgau, Weißburgunder, Grauburgunder, Silvaner, Chardonnay, Sauvignon Blanc, Muskateller und Gewürztraminer. An roten Sorten gibt es Sankt Laurent, Dornfelder, Spätburgunder und Regent. Etwa die Hälfte der Produktion wird über die Flasche vermarktet, fast ausschließlich an Privatkunden. Die Weinberge liegen vor allem in

Burrweiler, aber auch in Hainfeld, Flemlingen, Böchingen und Arzheim.

Vor zwei Jahren gefielen in einer gleichmäßigen Kollektion uns vor allem die Sekte gut. Eine ebenso homogene Kollektion präsentierte das Weingut im vergangenen Jahr, wieder überzeugte der süße St. Laurent Sekt, aber auch die trockene Riesling Spätlese aus dem Altenforst machte viel Freude. Diese gefällt uns auch 2008 wieder besonders gut, ebenso die Sekte von Riesling und Chardonnay.

Weinbewertung

85 . . . 2007 Riesling Spätlese trocken Burrweiler Altenforst

reintönige Frucht, feine Würze, gute Konzentration; klar, füllig, harmonisch, reife süße Frucht **5,50 €**

84 2007 Riesling Sekt brut **7,60 €**

83 2007 Chardonnay Sekt brut **8,50 €**

77 2008 Riesling trocken Burrweiler Altenforst **3,40 €/1l**

79 2008 Chardonnay trocken Hainfelder Kapelle **4,30 €**

80 2008 Weißburgunder Kabinett trocken Arzheimer Seligmacher **4,- €**

81 2008 Riesling Kabinett trocken Burrweiler Schäwer **4,- €**

79 2008 Silvaner Kabinett trocken Burrweiler Bischofskreuz **3,50 €/1l**

79 2008 Muskateller trocken Flemlinger Zechpeter **4,30 €**

76 2008 Riesling halbtrocken **3,20 €/1l**

78 2008 St. Laurent Rosé trocken **3,70 €/1l**

82 2008 Spätburgunder Blanc de Noir trocken Burrweiler Bischofskreuz **4,30 €**

★★★

Winter

Weingut

Rheinhessen

Hauptstraße 17, 67596 Dittelsheim-Hessloch
Tel. 06244-7446, Fax: 06244-57046
www.weingut-winter.de
info@weingut-winter.de
Besuchszeiten: Mo.-Sa. 8-18 Uhr

Inhaber .... Edmund Winter
Rebfläche .... 19,5 Hektar

Das Weingut Winter liegt im südlichen Rheinhessen, in Dittelsheim am Fuße des Kloppbergs, der höchsten Erhebung des Wonnegaus. Das Familienweingut wird heute von Edmund und Hiltrud Winter geführt. Unterstützt werden sie dabei von Sohn Stefan, der im Juli 2003 seine Ausbildung abgeschlossen hat. Ihre Weinberge liegen in Dittelsheim in den Lagen Geyersberg, Leckerberg, Pfaffenmütze und Mönchhube. Sie wollen im Anbau zukünftig vor allem auf Riesling und die Burgundersorten setzen. Die Weine werden teils im Edelstahl, teils im Holzfass ausgebaut.

Im schwierigen Jahrgang 2006 hatte sich Stefan Winter gut behauptet, alle Weine waren klar und frisch, der Riesling aus dem Leckerberg zeigte Charakter. Die letztjährige Kollektion brachte Stefan Winter einen weiteren Schritt voran. Die Gutsweine waren reintönig und frisch, die Ortsweine zeigten Fülle und Frucht, die Lagenweine besaßen Kraft, Saft und Struktur – und edelsüß beherrschte er auch. Sehr stimmig präsentiert sich nun auch der Jahrgang 2008 mit reintönigen, fruchtbetonten Basisweinen, fülligen, saftigen Ortsweinen und den Rieslingen aus Leckerberg und Geyersberg als „Große Gewächse": Überzeugende Vorstellung.

Weinbewertung

85 . . . 2008 Silvaner trocken
würzig, frisch, klare Frucht; klar, füllig, harmonisch, reife Frucht **5,20 €**

85 . . . 2008 Grauburgunder trocken
klar, fruchtbetont, viel reife Frucht; füllig, harmonisch, viel reife Frucht und Substanz **5,20 €**

85 . . . 2008 Riesling trocken
frisch, fruchtbetont, herrlich reintönig; frisch, zupackend, reintönige Frucht **5,90 €**

88 . . . 2008 Silvaner trocken Dittelsheimer
gute Konzentration, klare reife Frucht, herrlich eindringlich, weiße und gelbe Früchte; füllig, harmonisch, wunderschön reintönige Frucht, gute Substanz und Länge **13,- €**

87 . . . 2008 Weißburgunder trocken Dittelsheimer
klar, eindringlich, viel reife Frucht, weiße Früchte; gute Fülle und Harmonie, feine süße Frucht, reintönig und lang **7,90 €**

87 . . . 2008 Chardonnay trocken Dittelsheimer
gute Konzentration, herrlich eindringlich, würzig, dominant; füllig, harmonisch, viel reife Frucht, saftig und klar **13,- €**
2005: 85; 2006: 84; 2007: 86.

88 . . . 2008 Riesling trocken „Kalkstein" Dittelsheimer
klar, konzentriert, herrlich reintönige Frucht; füllig, harmonisch, klare reife Frucht, feine Frische, gute Substanz und Länge **9,50 €**
2004: 85; 2005: 86; 2006: 86; 2007: 88.

89 . . . 2008 Riesling trocken Leckerberg
gute Konzentration, reife Frucht, etwas gelbe Früchte, wunderschön klar und eindringlich; füllig, kraftvoll, viel reife Frucht, Substanz, gute Länge **15,- €**
2003: 87; 2004: 89; 2005: 88; 2006: 88; 2007: 89.

90 . . . 2008 Riesling trocken Geyersberg
gute Konzentration, feine rauchige Noten, reintönige reife Frucht, herrlich eindringlich; füllig, harmonisch, feine süße Frucht, gute Substanz und Länge **15,- €**
2003: 89; 2004: 89; 2007: 90.

★☆

Hans Winter
Weingut

Baden

Weingasse 2, 69126 Heidelberg-Rohrbach
***Tel.** 06221-336717, **Fax**: 06221-395235*
www.weingut-hanswinter.de
info@weingut-hanswinter.de
***Besuchszeiten**: Mo.-Fr. ab 17 Uhr, Sa. 9-13 Uhr oder nach Vereinbarung*

Inhaber . . . . Hans Winter
Kellermeister . . . . Hans Christian Winter
Rebfläche . . . . 5,5 Hektar

Das Weingut Winter liegt mitten im alten Ortskern des Heidelberger Stadtteils Rohrbach, wo die Familie schon seit Jahrhunderten Weinbau betreibt. Die Weinberge von Hans Winter liegen in den Heidelberger Lagen Burg und Herrenberg. Weiße Sorten dominieren im Anbau, vor allem Riesling, die Burgundersorten gewinnen immer mehr an Bedeutung. Knapp ein Viertel der Weinberge nehmen rote Sorten ein. Neben Spätburgunder und Portugieser gibt es Dornfelder und Regent. Alle Rotweine werden maischevergoren. Für den Weinausbau ist Hans Winters Sohn Hans Christian Winter verantwortlich.

Die 2006er Weißweine waren frisch und klar, vor allem die Rieslinge. Auch der füllige Barrique-Spätburgunder mit dezenter Specknote konnte sich sehen lassen. Die letztjährige Kollektion gefiel uns nochmals besser: Die beiden trockenen Riesling Spätlesen besaßen Kraft und Struktur, die roten Barriqueweine waren gekonnt vinifiziert. Auch die neue Kollektion überzeugt: Die Weißweine sind frisch und fruchtbetont, die Riesling-Spätlesen besitzen gute Struktur und Kraft wie auch die barriqueausgebauten Rotweine.

Weinbewertung

86 . . . 2008 Riesling Spätlese trocken „V" Heidelberger Herrenberg
würzig, eindringlich, klare Frucht, dezent Zitrus; füllig, stoffig, kraftvoll, gute Substanz und Biss **9,50 €**

86 . . . 2008 Riesling Spätlese trocken „JG" Heidelberger Herrenberg
würzig, klar, dezent mineralische Noten; klar, frisch, gute Struktur, feine mineralische Noten **8,50 €**

85 . . . 2008 Riesling Spätlese Heidelberger Herrenberg
frisch, klar, fruchtbetont, feine Würze, dezent Limone; klar, füllig, harmonisch, reife süße Frucht, Biss **8,50 €**

86 . . . 2007 Spätburgunder trocken Barrique Heidelberger Herrenberg
rauchige Noten, viel reife Frucht, etwas Herzkirschen, herrlich eindringlich; füllig, harmonisch, reife Frucht, gute Struktur, Frische, dezente Bitternote **18,- €**
2003: 87; 2004: 86; 2005: 86; 2006: 87.

86 . . . 2007 Dornfelder trocken Barrique Heidelberger Herrenberg
rauchige Noten, viel reife Frucht, rote Früchte, etwas Sauerkirschen, Herzkirschen; kraftvoll, reife Frucht, gute Struktur, Tannine, dezent Vanille **11,- €**

82 2008 Riesling Kabinett trocken Heidelberger Herrenberg **5,90 €**
84 2008 Weißburgunder Kabinett trocken Heidelberger Herrenberg **5,90 €**
83 2008 Chardonnay Kabinett trocken Heidelberger Burg **5,90 €**
84 2008 Grauburgunder Kabinett trocken Heidelberger Burg **5,90 €**
84 2008 Spätburgunder Blanc de Noir Kabinett trocken Heidelberger Herrenberg **6,50 €**
82 2007 Spätburgunder trocken Heidelberger Herrenberg **7,- €**
84 2007 Spätburgunder „S" trocken Heidelberger Herrenberg **11,- €**

★★☆

Winterling

Sekt- und Weingut

Pfalz

Im Brühl 15, 67150 Niederkirchen
Tel. 06326-8952, Fax: 06326-980436
www.winterling-sekt.de
info@winterling-sekt.de
Besuchszeiten: Mo.-Fr. 9-12 + 14-18 Uhr, Sa. 9-16 Uhr
Picknick im Garten (Samstage im Juli + August), Austern-Sektprobe (Samstage an Adventstagen)

Inhaber .... Anne und Martin Winterling
Rebfläche .... 10 Hektar

Das Sekt- und Weingut Winterling ist ein Familienbetrieb in Niederkirchen in der Pfalz. 1984 von Anne und Martin Winterling als Hobby begonnen, hat es sich heute zu einem beachtlichen Gut entwickelt. Wein spielt nur eine Nebenrolle, das Hauptaugenmerk liegt auf Sekt. Neben verschiedenen Riesling-Lagensekten bietet man Pinot und Chardonnay Sekt an. Die Weißweine werden in der Regel durchgegoren ausgebaut. Das Weingut befindet sich in der (zertifizierten) Umstellung auf ökologischen Weinbau. Der älteste Sohn Stefan arbeitet als Betriebsleiter eines Weinguts auf Mallorca, der zweite Sohn Sebastian ist nach Abschluss seines Geisenheim-Studiums im Betrieb tätig, Tochter Susanne studiert derzeit Internationale Weinwirtschaft.

Die 2006er Kollektion gefiel uns gut, die Sekte wurden immer interessanter. Dies bestätigte sich auch im vergangenen Jahr, vor allem die Cuvée „La Coulée d'Or" zeigte Klasse. Aber auch sonst überzeugte die Kollektion voll und ganz: Die Rieslinge waren kraftvoll und klar, der Sauvignon Blanc hatte Charakter, die Beerenauslese viel Substanz. Und auch mit der neuen Kollektion geht es wieder einen Schritt voran, die Sekte sind gekonnt vinifiziert, das „Geliebte Gretchen" besitzt Klasse, auch Riesling und Spätburgunder haben nochmals zugelegt: Weiter im Aufwind, im Auge behalten!

Weinbewertung

85 . . . 2007 Pinot Crémant Brut
Spätburgunder; gute Konzentration, reife Frucht, weiße und gelbe Früchte; füllig, harmonisch, reife süße Frucht, gute Substanz und Frische **9,90 €**

85 . . . 2007 Blanc de Blancs Crémant Brut
Chardonnay; frisch, fruchtbetont, weiße Früchte; klar, frisch, feine Frucht, gute Harmonie und Biss **9,80 €**

85 . . . 2007 Riesling Crémant Brut Ruppertsberger Reiterpfad
frisch, fruchtbetont, etwas Zitrus und Limone; klar, frisch, zupackend, jugendlich **9,90 €**

88 . . . 2004 „Geliebtes Gretchen" Blanc de Noir Sekt Brut
Spätburgunder und Schwarzriesling, im Barrique vergoren; dezent rauchige Noten, Brotkruste, reife Frucht, gute Konzentration; füllig, harmonisch, feine Frucht, gute Substanz und Länge **18,50 €**

86 . . . 2008 Riesling Spätlese trocken Ruppertsberger Linsenbusch
würzig, eindringlich, gute Konzentration; füllig, harmonisch, viel reife Frucht und Substanz **6,80 €**

86 . . . 2007 „Alter Garten" Rotwein trocken
gute Konzentration, reife Frucht, rote und dunkle Früchte; füllig, harmonisch, reife Frucht, gute Substanz **6,50 €**

88 . . . 2007 „Vom schwarzen Sand" Spätburgunder Spätlese trocken
ein Jahr Barriqueausbau; rauchige Noten, reintönige Frucht, eindringlich und klar; füllig, harmonisch, elegant, reintönig, gute Struktur und Frische **13,- €**

84 2007 „Sommerling" Crémant Brut **7,20 €**
84 2007 Pinot Rosé Crémant Brut **9,80 €**
83 2008 Sauvignon Blanc trocken **7,80 €**
84 2008 „East Side" Riesling trocken **5,50 €**
84 2008 Spätburgunder & Schwarzriesling Rosé trocken **4,90 €**

★★★★

Hans Wirsching
Weingut

Franken

Ludwigstraße 16, 97346 Iphofen
Tel. 09323-87330, Fax: 09323-873390
www.wirsching.de
info@wirsching.de
Besuchszeiten: täglich 8-18 Uhr, Sonn- und Feiertage 10-12:30 Uhr
„Zur Iphöfer Kammer" (Marktplatz 24)

Inhaber . . . . Dr. Heinrich Wirsching
Betriebsleiter . . . . Dr. Uwe Matheus
Kellermeister . . . . Werner Probst
Rebfläche . . . . 75 Hektar

Das Weingut Wirsching gehört heute zu den größten Betrieben in Franken. Es verfügt über beträchtlichen Weinbergbesitz in den Iphöfer Renommierlagen Julius-Echter-Berg, Kronsberg und Kalb, wo die Böden aus Gipskeuper mit Einlagen von Schilfsandstein bestehen. Wichtigste Rebsorte ist der Silvaner mit einem Anteil von 40 Prozent. Es folgen Riesling, Müller-Thurgau, Scheurebe, Weißburgunder, Dornfelder und Spätburgunder.

Die 2006er waren jahrgangsbedingt etwas schwächer, es fehlte ihnen die Nachhaltigkeit der vorherigen Jahre. Am besten gefielen die Großen Gewächse, vor allem der Silvaner aus dem Julius-Echter-Berg. Die letztjährige Kollektion überzeugte mit frischen, reintönigen Kabinettweinen, fülligen, eindringlichen Großen Gewächsen, einem sehr gekonnt vinifizierten Spätburgunder und einer edelsüßen Spitze. Genauso stark ist nun die neue Kollektion, bietet wieder reintönige, frische Kabinettweine, kraftvolle Spätlesen und Große Gewächse mit Substanz und Fülle. Wobei uns in diesem Jahr die Silvaner ein klein wenig mehr begeistert haben als die Rieslinge, sie gehören zum Besten, was in Deutschland 2008 aus dieser Rebsorte erzeugt wurde. Aber auch die faszinierende, eigenständige Burgundercuvée „TriTerra" ist Spitze. Klasse Kollektion!

Weinbewertung

85 . . . 2008 Weißburgunder Kabinett trocken Iphöfer Kronsberg
frisch, würzig, reintönig; harmonisch, klar, reife Frucht, etwas weiße Früchte **8,80 €**

85 . . . 2008 Riesling Kabinett trocken Iphöfer Julius-Echter-Berg
frisch, würzig, klare reife Frucht; klar, frisch, zupackend, geradlinig **9,80 €**

86 . . . 2008 Scheurebe Spätlese trocken Iphöfer Kronsberg
feiner Duft, gute Konzentration, etwas Cassis; harmonisch, klar, viel reife Frucht **11,50 €**
2002: 87; 2003: 88; 2004: 88; 2005: 86; 2006: 84; 2007: 86.

87 . . . 2008 Silvaner Spätlese trocken „S" Iphöfer Julius-Echter-Berg
gute Konzentration, viel reife Frucht, reintönig, Birnen; weich, füllig, kraftvoll, klare reife Frucht **14,80 €**
2002: 89; 2003: 90; 2004: 89; 2005: 88; 2006: 85; 2007: 85.

87 . . . 2008 Riesling Spätlese trocken „S" Iphöfer Julius-Echter-Berg
gute Konzentration, viel reife Frucht, herrlich eindringlich und reintönig; füllig, harmonisch, reife Frucht, gute Substanz und Länge **14,80 €**
2002: 90; 2003: 89; 2004: 90; 2005: 86; 2007: 88.

89 . . . 2006 „TriTerra" Burgundercuvée Iphöfer
Weißburgunder, Grauburgunder und Chardonnay; viel Konzentration, reife Frucht, gelbe Früchte, dezent Vanille im Hintergrund; füllig, stoffig, viel reife Frucht, viel Substanz, Länge **18,50 €**

90 . . . 2008 Silvaner „GG" Iphöfer Kronsberg
viel Konzentration, herrlich viel Frucht, Würze, eindringlich; füllig, harmonisch, viel reife Frucht, gute Substanz und Länge **17,- €**
2004: 89; 2005: 88; 2006: 87; 2007: 89.

90 . . . 2005 Silvaner „GG" Iphöfer Julius-Echter-Berg
viel Duft und Würze, gute Konzentration, klare reife Frucht; füllig, harmonisch, viel reife Frucht, gute Länge (kein aktueller Jahrgang)

89 . . . 2007 Silvaner „GG" Iphöfer Julius-Echter-Berg
gute Konzentration, feine Würze und Frucht, herrlich eindringlich und dominant; füllig, stoffig, kraftvoll, reintönige Frucht, gute Substanz und Länge (kein aktueller Jahrgang)

91 . . . 2008 Silvaner „GG" Iphöfer Julius-Echter-Berg
würzig, konzentriert, eindringlich, viel reife Frucht, Birnen, faszinierend reintönig; füllig, kraftvoll, viel reife Frucht und Substanz, gute Struktur und Länge **19,50 €**
2002: 89; 2004: 90; 2005: 90; 2006: 89; 2007: 89.

89 . . . 2008 Riesling „GG" Iphöfer Kronsberg
würzig und eindringlich, viel reife Frucht; füllig, saftig, viel reife Frucht, gute Substanz und Länge **17,- €**
2004: 89; 2005: 89; 2006: 88; 2007: 88.

89 . . . 2008 Riesling „GG" Iphöfer Julius-Echter-Berg
gute Konzentration, viel reife Frucht, feine Würze, ganz dezent Marzipan und Orangen, herrlich eindringlich und klar; füllig, kraftvoll, viel reife Frucht, Substanz und Länge **19,50 €**
2002: 90; 2004: 91; 2005: 89; 2006: 88; 2007: 89.

86 . . . 2008 Gewürztraminer Spätlese Iphöfer Kalb
konzentriert, reife Frucht, feine Würze, reintönig; füllig, harmonisch, reife Frucht, gute Länge **14,80 €**

88 . . . 1979 Silvaner Auslese Iphöfer Julius-Echter-Berg
viel reife Frucht, feine Reifenoten, faszinierend reintönig; füllig, harmonisch, elegant, feine Frische, wunderschön klar. lebendig (kein aktueller Jahrgang)

(89) . . . 2008 Rieslaner Beerenauslese Iphöfer Julius-Echter-Berg
viel Konzentration, Frische, Würze, klare Frucht; süß, konzentriert, dick, herrlich reintönig und elegant

89 . . . 2006 Spätburgunder trocken „S" Iphöfer
rauchige Noten, herrlich reintönige Frucht, feiner dezenter Toast, konzentriert; füllig, harmonisch, elegant, kraftvoll, wunderschön reintönig, lang **22,- €**
2004: 88; 2005: 86.

---

83 2008 Silvaner Kabinett trocken Iphöfer Julius-Echter-Berg **8,80 €**

★

Collegium Wirtemberg
Weingärtner Rotenberg & Uhlbach

Württemberg

Württembergstraße 230, 70327 Stuttgart
Tel. 0711-337610, Fax: 0711-331015
www.collegium-wirtemberg.de
info@collegium-wirtemberg.de
Besuchszeiten: Mo.-Fr. 9-12+13-18 Uhr, Sa. 9-16 Uhr

Betriebsleiter, Kellermeister ..... Martin Kurrle
..... Thomas Eckard
Mitglieder 140
Rebfläche ..... 120 Hektar

Die Rotenberger Genossenschaft wurde 1936 gegründet. Bei der Fusion mit der Uhlbacher Genossenschaft hat man den Namen in Collegium Wirtemberg umbenannt. Im Anbau überwiegen rote Sorten wie Trollinger, Lemberger, Spätburgunder, Heroldrebe, Dornfelder, St. Laurent und Frühburgunder. Wichtigste weiße Rebsorte ist Riesling. Dazu gibt es vor allem Kerner, Müller-Thurgau, Silvaner, Grauburgunder und Traminer.

Die letztjährige Kollektion, die erste unter dem Namen Collegium Wirtemberg, präsentierte sich gleichmäßig, weiß wie rot. Dieses Jahr gefällt uns der Spätburgunder „Reserve" gut, auch wenn sonst der Holzeinsatz bei den Weinen nicht immer überzeugt. Die Weißweine sind ein wenig verhalten.

Weinbewertung

85 ... 2007 Spätburgunder trocken „Reserve
gute Konzentration, feine Würze und Frucht, rote Früchte; weich, füllig, harmonisch, Vanille **17,- €**

79 2008 Rivaner trocken (Edition Wirtemberg) **5,80 €**
81 2008 Grauburgunder trocken (Edition Wirtemberg) **7,40 €**
80 2008 Riesling trocken „Sand" Uhlbacher Götzenberg **5,80 €**
83 2008 Riesling „KATHARINA" trocken **11,- €**
82 2007 Chardonnay trocken **17,- €**
82 2008 Riesling Auslese Uhlbacher Götzenberg **13,- €/0,5l**
81 2007 Trollinger „WILHELM" trocken **7,- €**
81 2008 Saint Laurent trocken (Edition Wirtemberg) **8,50 €**
81 2007 Merlot trocken (Edition Wirtemberg) **9,80 €**
81 2006 Lemberger trocken **17,- €**
83 2007 Syrah „Reserve" trocken **22,- €**

★★★★★

Wittmann
Weingut

Rheinhessen

Mainzer Straße 19, 67593 Westhofen
Tel. 06244-905036, Fax: 06244-5578
www.wittmannweingut.com
info@wittmannweingut.com
Besuchszeiten: nach Vereinbarung

Inhaber ..... Günter und Philipp Wittmann
Rebfläche ..... 25 Hektar

Günter und Elisabeth Wittmann begannen Mitte der achtziger Jahre mit der Umstellung auf ökologische Bewirtschaftung und sind seit 1990 Mitglied bei Naturland. Sohn Philipp führt diesen Weg konsequent fort. Alle trockenen Weine werden als Qualitätswein vermarktet, nur die süßen Weine sind mit Prädikatsangabe versehen. Die Weine werden teils mit den eigenen Hefen, teils mit Reinzuchthefen vergoren, recht lange auf der Hefe ausgebaut und nur einmal vor der Abfüllung filtriert. Das Gros der Weine wird trocken ausgebaut. Drei Große Gewächse erzeugte Philipp Wittmann bisher und zwar von den Westhofener Lagen Aulerde, Kirchspiel und Morstein. Seit 2007 kommt als viertes Großes Gewächs der Wein aus dem Brunnenhäuschen hinzu. Diese bilden die Spitze der Pyramide. Danach kommt der Westhofener Riesling und schließlich der Gutsriesling. Die Spitzenweine der anderen weißen Sorten werden in der Reihe „S" vermarktet. Neben Chardonnay und Weißburgunder gibt es seit 2001 auch einen Silvaner „S". Süße und edelsüße Rieslinge bis hin zur Trockenbeerenauslese ergänzen regelmäßig das Programm.

Der Morstein führte 2006 eine starke Kollektion ins Feld: An der Spitze die Großen Gewächse, in der „S"-Klasse gefiel uns der Weißburgunder besonders gut. Die Gutsweine waren wunderschön frisch und klar und mit der Trockenbeerenauslese war Philipp Wittmann auch edelsüß Spitze. Auch die 2007er Kollektion begeisterte: Die Gutsweine waren herrlich reintönig und frisch, die S-Klasse besaß Substanz und Kraft – ganz toll Weißburgunder, Grauburgunder und Chardonnay – und die Großen Gewächse zeigten viel Struktur, Mineralität und Länge. Unser Favorit war einmal mehr der Morstein.

Nach dieser faszinierenden Kollektion im vergangenen Jahr war eigentlich nicht zu erwarten, dass Philipp Wittmann diese mit dem Jahrgang 2008 nochmals würde steigern können. Zumal für uns am spannendsten die Wittmannschen Kollektionen immer in „ungeraden" Jahren waren: 2003 (unser Weingut des Jahres!), 2005, 2007. Aber solche Zahlenspielereien sind eben unsinnig. Denn siehe da: Die 2008er Kollektion ist grandios! Tolle Gutsweine, tolle Ortsweine – und was für großartige Große Gewächse! Der Morstein hat es uns wieder einmal besonders angetan, eine Vertikalverkostung zeigte wie faszinierend dieser Wein über die Jahre ist. Brunnenhäuschen ist gewaltig, aber auch gewaltig verschlossen, ganz faszinierend präsentieren sich auch Kirchspiel und Aulerde. Und der Weißburgunder „S" braucht Luft – dann kommt er ebenso gewaltig wie die Rieslinge.

Großartige Kollektion, unsere Auszeichnung für die beste Weißweinkollektion geht schon wieder einmal nach Westhofen. Gratulation!

Weinbewertung

88 . . . 2008 Silvaner trocken
reintönige Frucht, weiße Früchte, Birnen, feine Frische; füllig, harmonisch, feine Frische und Frucht, sehr reintönig **7,50 €**
2005: 87; 2006: 85; 2007: 87.

87 . . . 2008 Riesling trocken
feine Frische, fruchtbetont, wunderschön reintönig; klar, frisch, zupackend, feine Frucht und Biss **8,70 €**
1999: 85; 2000: 84; 2001: 86; 2002: 88; 2003: 89; 2004: 86; 2005: 87; 2006: 86; 2007: 86.

87 . . . 2008 Weißer Burgunder trocken
frisch, fruchtbetont, weiße Früchte, wunderschön reintönig; klar, harmonisch, reife Frucht, feine Länge **8,70 €**
1999: 84; 2000: 86; 2001: 86; 2002: 87; 2003: 89; 2004: 88; 2005: 88; 2006: 87; 2007: 87.

89 . . . 2008 Silvaner trocken Westhofener
gute Konzentration, viel reife Frucht, reife weiße und gelbe Früchte; füllig, harmonisch, viel reife süße Frucht, gute Substanz und Länge **14,50 €**

89 . . . 2008 Riesling trocken „S" Westhofener
frisch, eindringlich, reintönige reife Frucht; reintönige Frucht, gute Fülle und Frische, harmonisch und lang **14,50 €**
1999: 87; 2000: 87; 2001: 89; 2002: 89; 2003: 90; 2004: 88; 2005: 89; 2006: 88; 2007: 88.

92 . . . 2008 Weißer Burgunder trocken „S"
anfangs konzentriert aber verschlossen, dann viel reife Frucht, herrlich eindringlich, jugendlich und zurückhaltend, reintönige Frucht; kraftvoll, stoffig, viel

Substanz und reife Frucht, gute Struktur, enorm jugendlich und nachhaltig **23,50 €**
1999: **86**; 2001: **90**; 2002: **91**; 2003: **90**; 2004: **91**; 2005: **89**; 2006: **90**; 2007: **92**.

93 . . . 2008 AULERDE Riesling „GG"
viel Konzentration, faszinierend viel Frucht, viel Würze, dominant und klar; füllig, stoffig, herrlich viel Frucht und Substanz, enorm lang und nachhaltig **23,50 €**
2000: **88**; 2001: **90**; 2002: **89**; 2003: **92**; 2004: **92**; 2005: **93**; 2006: **92**; 2007: **92**.

93 . . . 2008 KIRCHSPIEL Riesling „GG"
viel Konzentration, faszinierend viel Frucht, etwas gelbe Früchte, Zitrus und Orangen; füllig, stoffig, herrlich viel Frucht und Substanz, jugendlich, nachhaltig **29,50 €**
2000: **89**; 2002: **92**; 2003: **92**; 2004: **92**; 2005: **93**; 2006: **91**; 2007: **92**.

94 . . . 2008 BRUNNENHÄUSCHEN Riesling „GG"
faszinierend viel Frucht, konzentriert, herrlich eindringlich, dominant, jugendlich; viel Frucht und Substanz, enorm stoffig und kraftvoll, verschlossen, enorm jugendlich, braucht Zeit, Potenzial **29,50 €**
2007 (1. Jg.): **92**.

95 . . . 2008 MORSTEIN Riesling „GG"
faszinierend viel Frucht, etwas gelbe Früchte und Pfirsiche, ein klein wenig Grapefruit im Hintergrund, herrlich eindringlich und konzentriert; stoffig, dominant, faszinierend viel Kraft, Mineralität, gute Struktur, faszinierend nachhaltig **31,- €**
2000: **90**; 2001: **93**; 2002: **94**; 2003: **94**; 2004: **94**; 2005: **94**; 2006: **93**; 2007: **93**.

92 . . . 2008 Riesling Auslese Morstein
feine Würze, klare Frucht, etwas Zitrusfrüchte, gelbe Früchte, herrlich eindringlich; füllig, stoffig, dick, viel Substanz, Säure, Länge und Nachhall **29,50 €/0,5l**

89 . . . 1959 Silvaner Auslese Westhofener Kirchspiel
(Weingut Wittmann-Immel); würzig, frisch, etwas Heudezent Kamille im Hintergrund, wunderschön reintönig; harmonisch, reintönig, gute Struktur, Frische, ganz dezente Süße, wunderschön puristisch und klar, lebendig (kein aktueller Jahrgang)

★★★★

Familie Wöhrle

Weingut Stadt Lahr

Baden

Weinbergstraße 3, 77933 Lahr
Tel. 07821-25332, Fax: 07821-39398
www.weingut-stadt-lahr.de
info@weingut-stadt-lahr.de
Besuchszeiten: Mo.-Fr. 17-19 Uhr, Sa. 9-13 Uhr

Inhaber .... Familie Wöhrle
Rebfläche .... 13 Hektar

Das Weingut der Familie Wöhrle ist ein Familienbetrieb, der 1979 aus dem traditionsreichen Weingut der Stadt Lahr und dem Weinbaubetrieb Wöhrle entstanden ist. 1988 haben Hans und Monika Wöhrle ein Drittel der Rebfläche auf ökologische Bewirtschaftung umgestellt, seit 1990 wird die gesamte Fläche ökologisch bewirtschaftet. 1997 wurde das zuvor gepachtete Gut von Hans und Monika Wöhrle gekauft und anschließend saniert. Seit dem Jahr 2002 ist Sohn Markus im Betrieb tätig. Die Reben stehen alle am Lahrer Schutterlindenberg. Da der Schutterlindenberg aber mit der Einführung des Deutschen Weingesetzes zur Großlage „befördert" wurde, nutzt man seit dem Jahrgang 2004 anstelle der Bezeichnung Schutterlindenberg nun den Lagennamen Lahrer Kronenbühl. Im Anbau dominieren die Burgundersorten und Riesling, bereits seit 1990 gibt es auch Chardonnay. Zuletzt wurden pilzresistente Sorten wie Johanniter und Bronner gepflanzt. Rote Sorten nehmen inzwischen 30 Prozent der Rebfläche ein. Alle Weine werden grundsätzlich durchgegoren.

Seit einem Jahrzehnt empfehlen wir die Weine der Wöhrles, schon damals waren wir begeistert von der Stilistik, die Reintönigkeit und Frucht in den Vordergrund stellt. Jahr für Jahr sind die Kollektionen höchst zuverlässig, in den jüngsten Jahrgängen hat man in der Spitze weiter zugelegt, die eingeführten Großen Gewächse präsentieren sich komplex und nachhaltig.

2006 war stark: Die Kabinettweine präsentierten sich herrlich klar und frisch, bei den Spätlesen kam Fülle und Saftigkeit zur Frische hinzu. Der herausragende Wein der Kollektion war aber wie im Jahr zuvor der Grauburgunder, das Große Gewächs aus dem Kronenbühl. Genauso stark war die 2007er Kollektion, wieder mit wunderschön reintönigen, frischen Kabinettweinen und wunderschön harmonischen Spätlesen – begeisternd der Weißburgunder, aber auch der Riesling überraschte angenehm. An der Spitze standen die zwei faszinierenden Großen Gewächse, die zu den Jahrgangsbesten in Deutschland zählten. Genauso stark ist nun die 2008er Kollektion, an der Spitze wieder die Großen Gewächse, wobei uns in diesem Jahr der Weißburgunder noch ein klein wenig mehr beeindruckt als der Grauburgunder. Die Kabinettweine sind reintönig und frisch, der barriqueausgebaute Chardonnay besitzt gute Substanz und Harmonie – und das neu eingeführte Spätburgunder-Große Gewächs zeigt, dass künftig auch beim Rotwein mit den Wöhrles zu rechnen ist. Starke Kollektion!

Weinbewertung

85 . . . 2008 Riesling Kabinett trocken
frisch, fruchtbetont, etwas Limone; klar, frisch, harmonisch, feine Frucht und Biss **7,50 €**
2000: **86**; 2002: **84**; 2004: **85**; 2005: **86**; 2006: **85**; 2007: **86**.

85 . . . 2008 Auxerrois Kabinett trocken
klar, zurückhaltend, dezent würzige Noten; frisch, harmonisch, feine süße Frucht und Biss **7,50 €**
1999: **85**; 2002: **86**; 2003: **85**; 2004: **85**; 2005: **85**; 2006: **87**; 2007: **86**.

86 . . . 2008 Weißburgunder Kabinett trocken
reife Frucht, weiße Früchte, wunderschön reintönig; harmonisch, elegant, reintönige Frucht **7,50 €**
1999: **87**; 2000: **85**; 2001: **87**; 2002: **86**; 2003: **83**; 2004: **86**; 2005: **86**; 2006: **86**; 2007: **86**.

85 . . . 2008 Grauburgunder Kabinett trocken
würzig, eindringlich, klare Frucht; füllig, harmonisch, reintönige süße Frucht **7,50 €**
1999: **87**; 2000: **86**; 2001: **87**; 2003: **85**; 2004: **86**; 2005: **85**; 2006: **87**; 2007: **86**.

89 . . . 2008 Weißburgunder Spätlese trocken Lahrer Kronenbühl
herrlich reintönige Frucht, wunderschön frisch, weiße Früchte, eindringlich; harmonisch, füllig, reintönige reife Frucht, Ute Substanz und feine Länge **10,20 €**
1999: **89**; 2002: **88**; 2003: **85**; 2004: **89**; 2005: **88**; 2006: **88**; 2007: **89**.

89 . . . 2008 Grauburgunder Spätlese trocken Lahrer Kronenbühl
wunderschön reintönige Frucht, gute Konzentration, gelbe Früchte, herrlich eindringlich; harmonisch, elegant, gute Fülle, reintönige reife Frucht, feine Länge **10,50 €**
1999: **90**; 2000: **89**; 2001: **88**; 2003: **85**; 2004: **89**; 2005: **89**; 2006: **88**; 2007: **87**.

90 . . . 2007 Chardonnay Spätlese trocken Barrique Lahrer Kronenbühl
gute Konzentration, viel reife Frucht, dezent Gewürze, Vanille, gelbe Früchte; Fülle, Saft, Substanz, Kraft, feine Vanille, gute Struktur, reife Frucht, wunderschön harmonisch und lang **14,- €**
1998: **90**; 1999: **88**; 2000: **88**; 2001: **88**; 2002: **85**; 2003: **88**; 2004: **88**; 2005: **88**.

90 . . . 2008 Grauburgunder „GG" Lahrer Kronenbühl
gute Konzentration, reife Frucht, ganz dezenter Toast, herrlich eindringlich; kraftvoll, stoffig, reife Frucht, gute Struktur und Substanz, jugendlich **16,- €**
2005 (1. Jg.): **91**; 2006: **91**; 2007: **91**.

91 . . . 2008 Weißburgunder „GG" Lahrer Kronenbühl

würzig, konzentriert, herrlich viel Frucht, weiße Früchte, wunderschön reintönig und eindringlich; füllig, stoffig, kraftvoll, viel Substanz, reife Frucht, jugendlich, nachhaltig **16,- €**

2007 (1. Jg.): **90**.

87 . . . 2007 Pinot „Hannah" Beerenauslese Lahrer Kronenbühl

klar, konzentriert, viel reife Frucht; füllig, dick, harmonisch, gute Substanz, viel reife süße Frucht und Biss **21,- €/0,375l**

87 . . . 2007 Spätburgunder trocken „Selection Carl"

würzig, eindringlich, klarer Toast, reife Frucht; füllig, harmonisch, reife Frucht, gute Substanz und Vanille **17,- €**

2003 (1. Jg.): **87**; 2004: **88**; 2006: **86**;

90 . . . 2007 Spätburgunder „GG" Lahrer Kronenbühl

viel Konzentration, reife Frucht, Schokolade, herrlich eindringlich und dominant; füllig, stoffig, dominant, viel Schokolade, Substanz **20,- €**

83 2007 Spätburgunder trocken „bestes Fass" Lahrer Kronenbühl **10,50 €**

Wöhrle ★

Weingut

Pfalz

Leininger Ring 64, 67278 Bockenheim
Tel. 06359-4215, Fax: 06359-949367
www.weingut-woehrle.de
info@weingut-woehrle.de
Besuchszeiten: Sa. 9-15 Uhr oder nach Vereinbarung

Inhaber .... Andreas Wöhrle
Rebfläche .... 11 Hektar

Der im 18. Jahrhundert errichtete Hof ist seit 1844 im Besitz der Familie. Andreas Wöhrle trat nach dem Abschluss seines Studiums 1999 in den Betrieb ein, schon vorher war er für den Weinausbau verantwortlich. Bereits seit 1980 erfolgt die Bewirtschaftung nach ökologischen Richtlinien, das Weingut ist Gründungsmitglied bei Ecovin. Riesling und Spätburgunder sind die Hauptrebsorten, hinzu kommen Weißburgunder, Grauburgunder, Gewürztraminer und Portugieser, aber auch Dornfelder und Regent. Alle Rotweine werden im Holzfass ausgebaut.

Vor zwei Jahren hatten die Rotweine knapp die Nase vorne. Die letztjährige Kollektion war sehr gleichmäßig, ohne aber in der Spitze die Vorjahre zu erreichen. Der neue Jahrgang gefällt uns da besser, bietet sehr gleichmäßige, gute Qualität.

Weinbewertung

85 . . . 2008 Riesling Spätlese trocken Bockenheimer Goldgrube

gute Konzentration, herrlich viel Frucht, gelbe Früchte; füllig, kraftvoll, reife Frucht, Substanz **6,50 €**

85 . . . 2008 Riesling Spätlese „feinherb" „Alte Reben" Bockenheimer Vogelsang

gute Konzentration, feine Würze und Frucht, herrlich eindringlich; füllig, harmonisch, reife süße Frucht, Substanz und Biss **6,50 €**

85 . . . 2007 Spätburgunder Spätlese trocken Bockenheimer Vogelsang

viel Konzentration, etwas Gewürze, klare Frucht; klar, harmonisch, feine süße Frucht, Vanille **9,80 €**

79 2008 Riesling Kabinett trocken Bockenheimer Vogelsang **5,10 €**
80 2008 Riesling Kabinett trocken „von der Mauer" Bockenheimer Vogelsang **5,50 €**
79 2008 Grauburgunder Kabinett trocken Bockenheimer Schlossberg **5,60 €**
80 2008 Weißburgunder Kabinett trocken Bockenheimer Vogelsang **4,90 €**
82 2008 Weißburgunder Spätlese „feinherb" Bockenheimer Vogelsang **6,50 €**
83 2008 Gewürztraminer Spätlese Bockenhei-

mer Vogelsang **7,50 €**

80 2007 Spätburgunder trocken Bockenheimer Vogelsang **6,80 €**

83 2007 Cuvée „Oekonomierat Konrad Ruprecht" Rotwein trocken **6,90 €**

80 2007 Merlot trocken Bockenheimer Vogelsang **6,90 €**

J.L. Wolf

★★

Weingut

Pfalz

Weinstraße 1, 67157 Wachenheim
Tel. 06322-9897952, Fax: 06322-981564
www.jlwolf.dde
jlwolf@drloosen.de
Besuchszeiten: nach Vereinbarung

Inhaber .... Ernst F. Loosen
Rebfläche .... 11 Hektar

Das 1756 gegründete Weingut wurde 1996 von Ernst Loosen vom Weingut Dr. Loosen in Bernkastel übernommen. Die Weinberge liegen in Forst (Pechstein, Ungeheuer, Jesuitengarten) und Wachenheim (Goldbächel, Gerümpel und die Monopollage Belz). Neben Riesling gibt es etwas Grauburgunder, Weißburgunder und Spätburgunder.

Weinbewertung

87 . . . 2008 Grauburgunder trocken „Alte Reben"
gute Konzentration, reife Frucht, würzig; weich, füllig, harmonisch, reife süße Frucht **10,60 €**

85 . . . 2008 Riesling Spätlese trocken Wachenheimer Belz
gute Konzentration, feine Würze, reintönige Frucht, eindringlich; füllig, harmonisch, reife süße Frucht, süffig **9,50 €**

87 . . . 2008 Riesling Spätlese trocken Forster Pechstein
gute Konzentration, viel Würze, reife Frucht, eindringlich; füllig, stoffig, reife Frucht und Substanz **12,50 €**

88 . . . 2008 Riesling Spätlese trocken Forster Ungeheuer
gute Konzentration, feine Würze und Frucht, herrlich eindringlich; füllig, kraftvoll, viel reife Frucht, Substanz **13,- €**

89 . . . 2008 Riesling Spätlese trocken Forster Jesuitengarten
gute Konzentration, feine Würze und Frucht, herrlich eindringlich und dominant; füllig, kraftvoll, viel reife Frucht, Substanz und Länge **13,50 €**

---

82 2008 Riesling trocken Wachenheimer **6,50 €**

80 2008 Riesling trocken Forster **6,50 €**

82 2008 Weißburgunder trocken **6,90 €**

84 2008 Grauburgunder trocken **6,90 €**

Kirchengut Wolf

★

Weingut

Mosel

Berenbruchstraße 4, 56841 Traben-Trarbach-Wolf
Tel. 06541-6394, Fax: 06541-6395
www.kirchengut-wolf.de
info@kirchengut-wolf.de
Besuchszeiten: immer nach Vereinbarung

Inhaber .... Markus Boor
Rebfläche .... 4,5 Hektar

Markus und Ulrike Boor bewirtschaften die Lagen des ehemaligen Kirchenguts, das eine Geschichte bis ins 15. Jahrhundert vorweisen kann, seit 2001. Paradelage ist die Wolfer Goldgrube, aber Reben wachsen auch in den Wolfer Lagen Klosterberg und Schatzgarten sowie im Trabener Würzgarten. Inzwischen wurde der

Betrieb auf biologischen Anbau umgestellt und ist Mitglied bei Ecovin. Außer Riesling haben die Boors auch Rivaner und Weißburgunder sowie Merlot, Dornfelder und Spätburgunder im Anbau. Typisch für den Betrieb ist der Weinausbau im traditionellen Holzfass – was zu saftigen, würzigen, in sich ruhenden Weinen führt,

Das Debüt war ein Erfolg, die Weine des Jahrgangs 2007 zeigten sich saftig und würzig. Auch die 2008er können voll überzeugen, schon der Riesling Classic macht viel Spaß.

Weinbewertung

86 . . . Riesling Sekt brut
frisch, duftig, Kräuter, Hefe; elegant, würzig, erfreulich niedrig dosiert **8,50 €**

85 . . . 2008 Weißburgunder trocken
klare Frucht, sehr frisch; saftig, würzig, sortentypisch, gute Balance **6,- €**

85 . . . 2008 Riesling Kabinett trocken Wolfer Goldgrube
jugendliche Frucht, etwas Kräuter; saftig, würzig, gute Balance, Biss **6,- €**

86 . . . 2008 Riesling Spätlese trocken Wolfer Goldgrube
duftig, Kräuter, etwas Zitrus, Steinobst; saftig, viel Würze, animierend **7,50 €**

86 . . . 2008 Riesling Spätlese „feinherb" Wolfer Goldgrube Nr. 15
eher verhalten, leichte Hefenote; stoffig, würzig, Substanz, braucht noch Zeit **7,50 €**

86 . . . 2008 Riesling Spätlese „feinherb" Wolfer Goldgrube Nr. 16
duftig, jugendliche Frucht, Spur Stachelbeere; saftig, würzig, Schmelz **7,50 €**

82 2008 Riesling Hochgewächs trocken **5,50 €**
84 2008 Riesling Classic **5,50 €**
81 2008 Riesling halbtrocken **4,90 €/1l**
83 2008 Riesling Hochgewächs halbtrocken **5,50 €**

Herzog von
Württemberg ★★★
Weingut

Württemberg

Schloss Monrepos, 71634 Ludwigsburg
Tel. *07141-22106-0,* ***Fax:*** *07141-22106-260*
www.weingut-wuerttemberg.de
weingut@hofkammer.de
Besuchszeiten: *Mo.-Fr. 9-18 Uhr, Sa. 10-16 Uhr*
Schlosshotel Monrepos mit Restaurant
Gutsschenke, Golfplatz, Seeschloss Monrepos

Inhaber .... Herzog von Württemberg
Betriebsleiter & Kellermeister ... Christian Lintz
Marketing/Administration .... Claudia Krügele
Rebfläche .... 40 Hektar

Weinbau lässt sich im Hause Württemberg bis ins 13. Jahrhundert zurückverfolgen, die Hofkammerkellerei wurde 1677 gegründet, bis Ende des 19. Jahrhunderts wurden Weinberge in besten Württemberger Lagen erworben: Mönchberg (1671), Käsberg (1713), Steinbachhof (1757), Eilfingerberg (1872). Heute ist das Weingut mit 40 Hektar Weinbergen das größte private Weingut in Württemberg. Die Weinberge verteilen sich auf 8 Lagen: Maulbronner Eilfingerberg (14,6 Hektar mit Schilfsandsteinverwitterungsboden auf Gipskeuper), Mundelsheimer Käsberg (Muschelkalk), Untertürkheimer Mönchberg (mit Steinen durchsetzte Gipskeuperböden), Stettener Brotwasser (2,8 Hektar in Alleinbesitz mit Schilfsandsteinboden), Hohenhaslacher Kirchberg, Asperger Berg und Gundelsbacher Steinbachhof und Wachtkopf. Weiße Rebsorten wachsen auf 23 Hektar: Riesling vor allem, aber auch Silvaner, Traminer und Weißburgunder. An roten Sorten werden Trollinger, Lemberger, Spätburgunder und Zweigelt angebaut, inzwischen wurden auch internationale Sorten wie Merlot, Cabernet

Sauvignon und Sauvignon Blanc angelegt. Die Kellerei liegt im Park von Schloss Monrepos in Ludwigsburg. Seit April 2008 ist Christian Lintz neuer Betriebsleiter und Kellermeister.

Vor zwei Jahren überzeugte die Kollektion weiß wie rot, an der Spitze die rote Cuvée „Dux". Dieser Cuvée wurde mit dem Jahrgang 2006 eine „Ducissa" zur Seite gestellt und diese beiden roten Cuvées waren zusammen mit dem barriqueausgebauten Merlot unsere Favoriten in der letztjährigen Kollektion, die ihre eindeutigen Stärken im roten Segment aufwies. Die neue Kollektion ist ein klarer Schritt voran: Das weiße Segment zeigt sich klar verbessert mit fruchtbetonten, reintönigen Basisweinen und einem eindringlichen Riesling aus dem Eilfingerberg an der Spitze, die Rotweine überzeugen wie gewohnt.

Weinbewertung

85 . . . 2008 Silvaner trocken „Schloss Monrepos"
frisch, fruchtbetont, herrlich reintönig; harmonisch, reintönig, feine süße Frucht **6,50 €**

85 . . . 2008 Riesling Kabinett trocken Stettener Brotwasser
frisch, fruchtbetont, etwas Limone; klar, frisch, elegant, feine süße Frucht **8,20 €**

86 . . . 2008 Riesling Kabinett trocken Maulbronner Eilfingerberg
klar, würzig, herrlich eindringlich; füllig, klar, viel reife Frucht, feine Süße **8,20 €**

86 . . . 2008 „ATTEMPTO" Weißwein trocken
frisch, würzig, fruchtbetont; füllig, harmonisch, viel reife Frucht und Substanz **10,- €**

87 . . . 2008 „GWB Grau-Weiß-Barrique" trocken
viel Konzentration, reife Frucht, gelbe Früchte, etwas Vanille; weich, füllig, harmonisch, viel reife Frucht und Substanz **15,- €**

88 . . . 2008 Riesling Spätlese trocken Maulbronner Eilfingerberg
gute Konzentration, feine Würze, jugendliche Frucht, eindringlich, etwas Zitrus und Orangen; füllig, stoffig, konzentriert, viel reife Frucht, gute Substanz und Länge **15,- €**

85 . . . 2007 Lemberger trocken Maulbronner Eilfingerberg
würzig, feine Frische, reintönige Frucht; frisch, zupackend, wunderschön reintönig **9,50 €**

86 . . . 2007 Merlot trocken Untertürkheimer Mönchberg
gute Konzentration, Gewürze, reife Frucht; füllig, kraftvoll, reife Frucht, viel Substanz, etwas Schokolade **18,- €**

87 . . . 2007 Lemberger trocken Maulbronner Eilfingerberg (Wappenflasche)
frisch, würzig, etwas Herzkirschen, klare reife Frucht; kraftvoll, direkt, reintönige Frucht, jugendliche Tannine **23,- €**

---

84 2008 Riesling trocken „Schloss Monrepos" 5,70 €

84 2007 Pinot Noir trocken „Schloss Monrepos" 9,50 €

★

Rugard **Zahn**
Weingut

Mittelrhein

Blücherstraße 242, 55422 Bacharach-Steeg
Tel. 06743-1267, Fax: 06743-3157
www.weingut-zahn.com
weingut.rugardzahn@web.de
Besuchszeiten: ganzjährig geöffnet, nach Vereinbarung
Probierstube mit 45 Sitzplätzen,
Weinproben mit Weingutsbesichtigung

Inhaber .... Walter Zahn
Rebfläche .... 2,7 Hektar

Die Weinberge von Walter Zahn liegen allesamt in Steillagen in Bacharach und

Steeg. Wichtigste Rebsorte ist Riesling mit einem Anteil von 70 Prozent. Hinzu kommen Müller-Thurgau und Portugieser. Seit dem Jahrgang 2004 klassifiziert Walter Zahn seine Weine betriebsintern mit ein bis drei Sternen.

2006 war von gleichmäßiger Qualität, 2007 war der Riesling „vom Grauen Schiefer" der herausragende Wein der Kollektion. Ein solches Highlight fehlt 2008 in der etwas zu verhaltenen Kollektion.

Weinbewertung

80 2008 Rivaner* trocken Bacharacher Wolfshöhle **3,90 €**

78 2008 Riesling** trocken Bacharacher Wolfshöhle **4,50 €**

78 2008 Riesling** halbtrocken Bacharacher Wolfshöhle **4,50 €**

80 2008 Riesling** Bacharacher Wolfshöhle **4,50 €**

Zahn ★

Thüringer Weingut

Saale-Unstrut

Weinbergstraße 16, 99518 Kaatschen-Weichau
Tel. *034466-20358*, **Fax:** *034466-20358*
www.weingut-zahn.de
info@weingut-zahn.de
Besuchszeiten: *April bis Okt. Öffungszeiten wie Weinstube, Nov. bis März: Di.-So. 13-18 Uhr oder nach Vereinbarung*
Weinstube, April bis Okt. Di.-Do. 13-19 Uhr, Fr./Sa. 11-21 Uhr, So./Feiertage 11-19 Uhr

Inhaber .... Hartmut Zahn
Kellermeister .... André Zahn
Rebfläche .... 10 Hektar

1989 pflanzte Hartmut Zahn die ersten Reben, 1998 begann er mit der Selbstvermarktung. Hartmut Zahn kümmert sich heute um den Außenbetrieb, Sohn André ist für den Keller verantwortlich, Tochter Elvira für die Weinstube. Die Weinberge liegen hauptsächlich im Kaatschener Dachsberg, ein Hektar im Pfortenser Köppelberg ist zugepachtet. Wichtigste Rebsorten sind Müller-Thurgau, Kerner, Bacchus, Gutedel, Weißburgunder, Grauburgunder und Silvaner. An roten Sorten gibt es Zweigelt und Acolon, Spätburgunder soll im kommenden Jahr gepflanzt werden. Die Rotweine werden in kleinen oder großen Eichenholzfässern ausgebaut.

Weinbewertung

85 . . . 2008 Riesling trocken Kaatschener Dachsberg
frisch, würzig, klare Frucht, etwas Limone; reintönig, feine Frische, zupackend, feine Frucht **7,50 €**

86 . . . 2008 Grauburgunder Spätlese trocken Kaatschener Dachsberg
gute Konzentration, viel reife Frucht, gelbe Früchte, herrlich eindringlich; füllig, kraftvoll, reife klare Frucht, gute Substanz und Länge **9,50 €**

82 2008 Gutedel trocken Kaatschener Dachsberg **5,80 €**

82 2008 Silvaner trocken **6,50 €**

83 2008 Weißburgunder Spätlese trocken Kaatschener Dachsberg **8,40 €**

84 2008 Kerner Spätlese („feinherb") Kaatschener Dachsberg **8,40 €**

84 2008 Blauer Zweigelt Weißherbst („feinherb") Kaatschener Dachsberg **7,70 €**

83 2007 Blauer Zweigelt trocken Kaatschener Dachsberg **8,90 €**

84 2006 Acolon Auslese trocken Barrique Kaatschener Dachsberg **22,50 €**

★

Zaiß
Weingut

Württemberg

Feldbergweg 9, 75428 Schützingen
Tel. 07043-920660, Fax: 07043-920662
www.weingut-zaiss.de
info@weingut-zaiss.de
Besuchszeiten: Mo.-Sa. 9-18 Uhr, am besten nach Vereinbarung
Ferienwohnungen

Inhaber .... Wilhelm Zaiß
Rebfläche .... 13 Hektar

Seit dem 17. Jahrhundert betreibt die Familie Weinbau, aber erst 1982 begann man mit der Selbstvermarktung. An weißen Rebsorten baut Wilhelm Zaiß Riesling, Silvaner, Müller-Thurgau und Weißburgunder an. Wichtigste rote Sorten sind Trollinger, Lemberger, Schwarzriesling und Spätburgunder.

Eine tolle rote Cuvée, Vinitor genannt, führte vor zwei Jahren die Kollektion an. Ein solches Highlight fehlte in der gleichmäßigen letztjährigen Kollektion. In der aktuellen Kollektion nun übernimmt der Frühburgunder diese Rolle, führt eine wunderschön homogene Kollektion an.

Weinbewertung

86 . . . 2007 Frühburgunder trocken Schützinger Heiligenberg
würzig, eindringlich, klare reife Frucht; füllig, harmonisch, viel reife süße Frucht, etwas Schokolade, feine Frische, gute Länge **15,- €**

80 2008 Silvaner trocken Schützinger Heiligenberg **5,20 €**
83 2008 Riesling trocken Heiligenberg **8,10 €**
83 2008 Weißburgunder trocken Schützinger Heiligenberg **9,10 €**
82 2008 Riesling „40+" Schützinger Heiligenberg **8,10 €**
80 2008 Rivaner edelsüß **25,- €/0,5l**
80 2008 Schillerwein **4,20 €/1l**
82 2008 Rosé Schützinger Heiligenberg **5,40 €**
81 2008 Trollinger trocken Schützinger Heiligenberg **5,30 €**
83 2007 Spätburgunder trocken **5,- €**
80 2008 Trollinger mit Lemberger Schützinger Heiligenberg **4,20 €/1l**

★

Manfred Zaiß
Weingut

Württemberg

Erwin-Hageloh-Straße 57, 70376 Stuttgart-Bad Cannstatt
Tel. 0711-5595959, Fax: 0711-5497262
Besuchszeiten: Fr. 15-19 Uhr, Sa. 9-13 Uhr und nach Vereinbarung

Inhaber .... Manfred Zaiß
Rebfläche .... 7 Hektar

Weinbau wird seit über 400 Jahren in der Familie betrieben, aber erst seit kurzem vermarktet Manfred Zaiß selbst Wein. Er besitzt 7 Hektar Weinberge auf Muschelkalk- und Keuperböden in Bad Cannstatt und Umgebung, überwiegend in terrassierten Steillagen. Seine Trauben liefert er an eine Kellerei, einen Riesling und einen Trollinger aber baut er selbst aus, ein im Barrique ausgebauter Lemberger wird folgen.

Weinbewertung

86 . . . 2007 Riesling Spätlese trocken**
frisch, fruchtbetont, herrlich reintönig; klar, füllig, harmonisch, viel Substanz, reife Frucht **7,50 €**

83 2007 Trollinger trocken Zuckerle **5,- €**

★★

Zalwander

Weingut

Baden

Hauptstraße 50, 79331 Köndringen
Tel. 07641-9649103
www.zalwander.de
weingut@zalwander.de
Besuchszeiten: nach Vereinbarung

Inhaber .... Elmar Lehmann, Odin Bauer
Rebfläche .... 1,3 Hektar

2002 haben sich Elmar Lehmann und Odin Bauer zusammengetan und das Weingut Zalwander gegründet. „Zu zweit" bedeutet das alemannische Zalwander. Ihre Weinberge liegen im Breisgau zwischen den Gemeinden Mundingen und Köndringen, wo die Reben auf Muschelkalk und Lösslehm wachsen. Hauptrebsorte ist Spätburgunder, der „EEE" stammt von mehr als 30 Jahre alten Reben in der Steillage Erdenhard. 2003 wurden Lemberger und Grauburgunder gepflanzt. Die Weine werden in burgundischen Stückfässern ausgebaut und ohne Filtration abgefüllt.

Beim guten Debüt vor zwei Jahren hatten vor allem die beiden stoffigen Spätburgunder „EEE" aus den Jahrgängen 2003 und 2004 beeindruckt. Eine vergleichbar starke Kollektion folgte im vergangenen Jahr nach, die Weine besaßen Kraft, Struktur und Charakter. Vergleichbar ist auch die neue Kollektion, der „EEE" aus dem Jahrgang 2004 zeigt immer noch Kraft und Frische, der Grauburgunder ist sehr gekonnt vinifiziert.

Weinbewertung

86 ... 2008 Grauburgunder
gute Konzentration, klare reife Frucht, dezent Vanille, herrlich eindringlich; füllig, kraftvoll, reife Frucht und Substanz **15,- €**

85 ... 2007 Lemberger
würzig, klar, fruchtbetont, jugendlich; frisch, harmonisch, reife Frucht, gute Struktur **15,- €**

86 ... 2004 Spätburgunder „EEE"
rauchige Noten, gute Konzentration, reintönige Frucht, herrlich eindringlich; füllig, harmonisch, viel reife Frucht und Substanz **15,- €**

82 2006 Spätburgunder **12,- €**
83 2007 Spätburgunder **15,- €**

★

Otmar Zang

Weingut

Franken

Zum Katzenkopf 2, 97334 Sommerach
Tel. 09381-9278, Fax: 09381-9280
www.weingut-zang.de
info@weingut-zang.de
Besuchszeiten: Mo.-Sa. 8-12 + 13-18 Uhr, So. 9-12 Uhr
Ferienwohnung (4 Sterne)
„Jazz & Wein" im Mai

Inhaber .... Otmar Zang
Rebfläche .... 10 Hektar

Die Weinberge von Otmar Zang befinden sich in den Lagen Sommeracher Katzenkopf, Volkacher Ratsherr und Obervolkacher bzw. Rimbacher Landsknecht, wo Otmar Zang, nach eigenem Bekunden, der älteste Weinberg Frankens gehört. Die Reben wachsen vorwiegend auf Muschelkalk, teils auch auf Lösslehm und Lettenkeuper. Wichtigste Rebsorte ist Silvaner, gefolgt von Müller-Thurgau, Riesling, Bacchus, Weißburgunder und Scheurebe. An roten Sorten baut Otmar Zang Spätburgunder, Domina und Dornfelder an.

In der guten letztjährigen Kollektion mit reintönigen, wenn auch etwas schlanken Weinen gefiel uns der Alte Satz aus dem Rimbacher Landsknecht am besten, einem 1835 gepflanzten Weinberg, in dem unter anderem Riesling, Silvaner, Elbling, Muskateller und Traminer stehen. Dieser gefällt uns auch 2008 wieder sehr gut, sticht zusammen mit der trockenen Silvaner Spätlese und der Rieslaner Beerenauslese hervor aus einer guten, überzeugenden Kollektion.

Weinbewertung

86 . . . 2008 „Alter Satz" trocken Rimbacher Landsknecht
würzig, eindringlich, faszinierend viel Frucht, gute Konzentration; weich, füllig, harmonisch, viel reife Frucht und Substanz **7,80 €**

85 . . . 2008 Silvaner Spätlese trocken Sommeracher Katzenkopf
gute Konzentration, klare reife Frucht; füllig, harmonisch, reife süße Frucht, reintönig **8,20 €**

87 . . . 2008 Rieslaner Beerenauslese Sommeracher Katzenkopf
würzig, eindringlich, gute Konzentration; weich, schmeichelnd, viel reife Frucht, Substanz **35,- €/0,5l**

82 2008 „Casanova-Secco" Rotling Perlwein **6,50 €**
80 2008 Rivaner trocken „vom Muschelkalk" **5,50 €**
82 2008 Silvaner Kabinett trocken Sommeracher Katzenkopf **6,20 €**
81 2008 Scheurebe Kabinett trocken Sommeracher Katzenkopf **6,50 €**
83 2008 Weißburgunder Spätlese trocken Sommeracher Katzenkopf **8,80 €**
83 2008 Rieslaner Auslese Sommeracher Katzenkopf **20,- €/0,5l**
80 2007 Domina trocken Sommeracher Katzenkopf **12,- €**

★★★★★

Zehnthof

Weingut Luckert

Franken

Kettengasse 3, 97320 Sulzfeld
Tel. 09321-6536, Fax: 09321-5077
www.weingut-zehnthof.de
luckert@weingut-zehnthof.de
Besuchszeiten: Mo.-Sa. 8-12 + 13-18 Uhr

Inhaber .... Familie Luckert
Rebfläche .... 14 Hektar

1962 füllte Theo Luckert seinen ersten Jahrgang auf Flaschen und begann mit der Selbstvermarktung. 1970 erwarb er den ehemaligen Zehnthof aus dem Jahr 1558, der Sitz und Namensgeber des Weingutes ist. Heute bewirtschaften Ulrich und Wolfgang Luckert mit ihren Familien die ausschließlich in Sulzfeld in den Lagen Maustal und Cyriakusberg liegenden Weinberge. Wichtigste Rebsorte beim Zehnthof ist Silvaner (mit bis zu 60 Jahre alten Reben). Es folgen Weißburgunder, Müller-Thurgau, Riesling, Kerner, sowie etwas Traminer, Rieslaner, Spätburgunder und Domina. Bereits seit 1986 gibt es Chardonnay. In den neunziger Jahren neu gepflanzt wurden Frühburgunder und Merlot, Sauvignon Blanc wurde erstmals 2003 geerntet. Die Weine werden spontanvergoren, oft mit Maischestandzeiten auch bei Weißweinen. Das Gros der Weine wird durchgegoren ausgebaut. Ulrich und Wolfgang Luckert wollen verstärkt große Holzfässer für Vergärung und Ausbau der Weine nutzen. Ihr Hauptaugenmerk gilt allerdings der weinbaulichen Arbeit. So nutzen sie seit Jahren ausschließlich die Kordon-Erziehung, reduzieren weiter stark die Erträge.

Die Weinwelt ist in Bewegung geraten, warum also nicht auch Franken? Muss es immer nur Silvaner und Riesling sein? Diese überzeugen ja auch bei den Luckerts, Chardonnay, Weißburgunder und Sauvignon Blanc aber mindestens ebenso. Und ähnlich ist das Bild bei den Rotweinen: Der Spätburgunder gefällt uns auch sehr gut, aber wenn Merlot oder Cabernet Sauvignon noch spannender sind?

Großartig war die Kollektion vor zwei Jahren. Schon der Müller-Thurgau machte viel Spaß, die Drei-Sterne-Weißweine waren Spitze in Franken. Gleiches galt für die Rotweine, die sich alle herrlich kraftvoll und konzentriert präsentierten. Unsere Favoriten: „Grand Noir" und Cabernet Sauvignon. Auch 2005 gefielen beide wieder besonders gut, wobei wir nicht wissen, ob wir dies gut finden sollen: Cabernet Sauvignon in Franken? Und auch in der starken 2006er Weißweinkollektion hatten wir einen Wein am höchsten bewertet, der uns ein wenig Unbehagen bereitete: Sauvignon Blanc in Franken?

Genauso stark wie die 2006er Kollektion präsentierte sich die 2007er Kollektion, zumindest der weiße Teil. Die 2006er Rotweine waren zwar auch stark, aber kamen nicht ganz an ihre Vorgänger heran. Wen wundert's im Jahrgang 2006. Am besten gefiel uns einmal mehr der Cabernet Sauvignon.

Wer trockene, reintönige, leichte Weißweine liebt, der ist mit den Kabinettweinen der Luckerts bestens bedient: Trinkfreude pur! Da lassen sich Leute zum Müller-Thurgau bekehren, die sonst beim Namen schon die Nase rümpfen. Mehr Substanz boten 2007 die 3-Sterne-Weine: Riesling und Silvaner waren klasse, noch besser gefielen uns Chardonnay und die Cuvée „Unter der Mauer", knapper Favorit aber war dann doch der Weißburgunder. Unsere Auszeichnung Weingut des Jahres für die beste weiße Kollektion in Deutschland ging im vergangenen Jahr voller Überzeugung nach Sulzfeld.

Die neue Kollektion überzeugt natürlich auch, so kennt man das bei den Luckerts. Die Weißweine sind frisch und klar, die Neuen im Mittelsegment – Gelbkalk und Steinriegel – bereiten, trotz der Namen, viel Freude, in der Spitze hat uns einmal mehr der Weißburgunder besonders gefallen, aber auch Riesling, Silvaner, Unter der Mauer.... Und die roten sind ganz stark im Jahrgang 2007, Cabernet Sauvignon und Grand Noir, aber auch Merlot, Spätburgunder, Frühburgunder und die „Jungfrau Nunn": Prächtige Weine!

Weinbewertung

85 . . . 2008 Müller-Thurgau trocken Sulzfelder Cyriakusberg
frisch, fruchtbetont, ganz dezente Muskatnote, Zitrus; frisch, klar, direkt **5,- €**
2001: **86**; 2002: **85**; 2003: **87**; 2004: **86**; 2005: **87**; 2006: **84**; 2007: **87**.

88 . . . 2008 Silvaner Kabinett trocken „alte Reben" Sulzfelder Maustal
gute Konzentration, reife Frucht, Birnen, weiße Früchte; feine Frische, reintönige Frucht, geradlinig, Birnen, Biss **10,- €**
2000: **84**; 2002: **87**; 2003: **87**; 2004: **87**; 2005: **86**; 2006: **86**; 2007: **88**.

86 . . . 2008 Blauer Silvaner Kabinett trocken Sulzfelder Maustal
fruchtbetont, Birnen, weiße Früchte, wunderschön klar; frisch, direkt feine Frucht und Biss **8,- €**
2004: **87**; 2005: **86**; 2006: **86**; 2007: **86**.

86 . . . 2008 Silvaner Kabinett trocken Sulzfelder Cyriakusberg
reintönige Frucht, Birnen, weiße Früchte; feine Frische, reintönige Frucht, Biss **8,- €**
1999: **85**; 2001: **87**; 2002: **85**; 2003: **86**; 2004: **86**; 2005: **84**; 2006: **85**; 2007: **87**.

86 . . . 2008 Riesling Kabinett trocken Sulzfelder Cyriakusberg
fruchtbetont, frisch, reintönig; klar, frisch, zupackend, feine Frucht und Biss **9,- €**
2001: 85; 2002: 87; 2003: 88; 2004: 88; 2005: 86; 2006: 85.; 2007: 87

86 . . . 2008 Weißburgunder Kabinett trocken Sulzfelder Cyriakusberg
reintönige Frucht, weiße Früchte, feine Frische; klar, frisch, zupackend, feine Frucht und Biss **8,50 €**
2003: 89; 2004: 87; 2005: 87; 2006: 87; 2007: 87.

87 . . . 2008 Chardonnay Kabinett trocken Sulzfelder Cyriakusberg
frisch, fruchtbetont, weiße und gelbe Früchte; klar, frisch, zupackend, reintönige Frucht, Säure und Biss **9,- €**
2004: 87; 2005: 87; 2006: 88; 2007: 88.

87 . . . 2008 Sauvignon Blanc Kabinett trocken Sulzfelder Cyriakusberg
feine Frische, wunderschön reintönige Frucht; klar, frisch, zupackend, feine Frucht und Biss **9,- €**
2004: 87; 2005: 87; 2006: 88; 2007: 89.

87 . . . 2008 Gelber Muskateller trocken Sulzfelder Maustal
wunderschöne reintönig, feine Muskatnote und Frische; klar, frisch, herrlich geradlinig, feiner Biss **10,- €**

87 . . . 2008 Weißburgunder Spätlese trocken „Terrassen" Sulzfelder Cyriakusberg
reintönige reife Frucht, weiße Früchte; gute Fülle und Harmonie, reife Frucht, Frische **13,- €**
2007: 89.

89 . . . 2008 Silvaner Spätlese trocken „Gelbkalk"
klar, fruchtbetont, gute Konzentration, Birnen, weiße Früchte; füllig, harmonisch, reintönige reife Frucht, gute Länge **13,- €**

89 . . . 2008 Riesling Spätlese trocken „Steinriegel"
frisch, fruchtbetont, gute Konzentration, reintönige Frucht; klar, kraftvoll, zupackend, reintönige Frucht, feine Mineralität und Biss **13,- €**

90 . . . 2008 Silvaner* Spätlese trocken**
gute Konzentration, herrlich viel Frucht, weiße und gelbe Früchte, Birnen; füllig, üppig, viel reife Frucht, viel Substanz und Länge **28,- €**
2002: 90; 2003: 90; 2004: 90; 2005: 89; 2006: 89; 2007: 90.

87 . . . 2008 Chardonnay* Spätlese trocken**
reife Frucht, feiner Duft, konzentriert; füllig, harmonisch, weiße und gelbe Früchte, Substanz **20,- €**
bis 2002 Spätlese trocken; 1999: 85; 2001: 88; 2002: 90; 2003: 89; 2004: 88; 2005: 90; 2006: 90; 2007: 91.

91 . . . 2008 Weißer Burgunder* Spätlese trocken**
konzentriert, herrlich eindringlich, faszinierend viel Frucht, reintönig, dominant; füllig, kraftvoll, viel reife Frucht, gute Substanz und Struktur, Länge **26,- €**
bis 2002 Spätlese trocken; 2001: 88; 2002: 90; 2003: 90; 2004: 90; 2005: 89; 2006: 90; 2007: 92.

90 . . . 2008 Riesling* Spätlese trocken**
gute Konzentration, herrlich viel Frucht, etwas gelbe Früchte, Pfirsiche; füllig, kraftvoll, viel reife Frucht, gute Substanz und Länge **28,- €**
bis 2002 Spätlese trocken; 1998: 85; 1999: 84; 2001: 86; 2002: 89; 2003: 90; 2004: 89; 2005: 89; 2006: 88; 2007: 90.

90 . . . 2008 „Unter der Mauer"* Weißwein Spätlese trocken**
konzentriert, klar, herrlich eindringlich, weiße und gelbe Früchte; füllig, stoffig, viel reife Frucht, Substanz und Länge **28,- €**
2004: 90; 2005: 90; 2006: 89; 2007: 91.

85 . . . 2007 Domina trocken Sulzfelder Maustal
frisch, würzig, wunderschön reintönig; klar, direkt, feine Frucht und Biss, jugendliche Bitternote **8,- €**

86 . . . 2007 Spätburgunder trocken Sulzfelder Maustal
fruchtbetont, reintönig, feine Würze; ; klar, harmonisch, gute Fülle und Frucht, Struktur **12,- €**
2004: 86; 2005: 87; 2006: 85.

89 . . . 2007 „Jungfrau Nunn"***
gute Konzentration, viel reife Frucht, herrlich eindringlich, rote und dunkle Früchte, etwas Preiselbeeren; gute Fülle, Struktur, Substanz und Kraft, feine Mineralität **22,- €**
2006: 87.

89 . . . 2007 Frühburgunder***
gute Konzentration, reintönige Frucht, etwas dunkle Früchte, Kirschen; füllig, kraftvoll, viel reife Frucht, Substanz, Frische, jugendlich **29,- €**
2001: 89; 2002: 90; 2003: 89; 2004: 89; 2005: 89; 2006: 88.

90 . . . 2007 Spätburgunder***
feine rauchige Noten, reife Frucht, etwas rote Früchte, ganz dezent Johannisbeeren; füllig, kraftvoll, reife Frucht, gute Struktur und Länge **30,- €**
2001: 88; 2002: 89; 2003: 89; 2004: 88; 2005: 88; 2006: 87.

89 . . . 2007 Merlot***
gute Konzentration, rauchige Noten, klare reife Frucht, etwas rote Früchte, Preiselbeeren; kraftvoll, füllig, zupackend, jugendliche Frucht, Tannine, gute Struktur **29,- €**
2001: 88; 2002: (89) ; 2003: 89; 2004: 88; 2005: 89; 2006: 87.

91 . . . 2007 Grand Noir***
konzentriert, herrlich eindringlich, feine mineralische Noten, reife Frucht, ganz dezent Preiselbeeren; kraftvoll, stoffig, viel Zug, Konzentration, jugendlich, enorm nachhaltig **34,- €**
2002 (1. Jg.): 92; 2003: 89; 2004: 90; 2005: 91; 2006: 88.

91 . . . 2007 Cabernet Sauvignon***
gute Konzentration, viel reife Frucht, rote und dunkle Früchte, etwas Preiselbeeren, Cassis; kraftvoll, stoffig, gute Konzentration, viel reife Frucht, gute Struktur und jugendliche Tannine **50,- €**
2004 (1. Jg.): 91; 2005: 92; 2006: 90.

★★

Zehntkeller

Weingut

Franken

Bahnhofstraße 12, 97346 Iphofen
***Tel.** 09323-844-0, **Fax**: 09323-844-123*
www.zehntkeller.de
zehntkeller@romantikhotels.com
***Besuchszeiten**: nach Vereinbarung*
Hotel

Inhaber . . . . Frank Erhard
Rebfläche . . . . 25 Hektar

Der Zehntkeller verarbeitet neben den eigenen Trauben auch die Ernte von einigen befreundeten Winzern. Die wichtigsten Rebsorten sind Silvaner und Müller-Thurgau, gefolgt von Bacchus, Dornfelder, Riesling und Spätburgunder. Die besten Rotweine werden dreizehn Monate im Barrique ausgebaut.

Vor zwei Jahren vermochte die Kollektion zu überzeugen, weiß wie rot. Eine vergleichbare, sehr gleichmäßige Kollektion folgte im vergangenen Jahr nach mit einem gewohnt starken Riesling aus dem Julius-Echter-Berg und kraftvollen, eindringlichen Rotweinen des Jahrgangs 2006, die Frank Erhard in diesem Jahr erneut eingeschickt hat. Noch besser aber gefallen uns die weißen 2008er Spätlesen, die viel Substanz und Struktur besitzen. Eine konsistente Kollektion auf hohem Niveau!

Weinbewertung

85 . . . 2007 Riesling Sekt extra brut
frisch, fruchtbetont, herrlich reintönig; klar, frisch, geradlinig, zupackend **12,50 €**

85 . . . 2007 Chardonnay Sekt brut
reife Frucht, feine Würze, Frische; weich, füllig, harmonisch, fruchtbetont **15,- €**

85 . . . 2008 Sauvignon Blanc trocken Iphöfer Kronsberg
frisch, fruchtbetont, jugendlich, wunderschön klar; frisch, klar, reife Frucht, gute Struktur, Länge **8,- €**

87 . . . 2008 Chardonnay Spätlese trocken Iphöfer Kalb
gute Konzentration, reintönige reife Frucht, dezent Ananas im Hintergrund, herrlich eindringlich; füllig, harmonisch, reife Frucht, gute Substanz, Frische **9,- €**

86 . . . 2008 Riesling Spätlese trocken Iphöfer Julius-Echter-Berg
würzig, klare reife Frucht, herrlich eindringlich; füllig, kraftvoll, reife Frucht, Struktur **9,- €**
2004: 87; 2005: 87; 2006: 87; 2007: 87.

87 . . . 2008 Silvaner Spätlese trocken „SZ" Iphöfer Julius-Echter-Berg
gute Konzentration, reintönige reife Frucht, Birnen, herrlich eindringlich; weich, füllig, harmonisch, reife

Frucht, Substanz und Struktur **10,- €**

85 . . . 2006 Saint Laurent trocken Barrique Iphöfer Kronsberg

rauchige Noten, reife Frucht, etwas Kräuter, reintönig; füllig, kraftvoll, reife Frucht, Vanille, Tannine **14,- €**

86 . . . 2006 Merlot trocken Barrique Iphöfer Kronsberg

rauchig, feine Würze, reife Frucht, rote Früchte; füllig, harmonisch, reife Frucht, gute Struktur und Biss, dezent Vanille **16,- €**

86 . . . 2006 Cabernet Sauvignon trocken Barrique Iphöfer Kronsberg

rauchige Noten, dezent Gewürze und Cassis, dunkle Früchte, eindringlich; füllig, kraftvoll, klare reife Frucht, rauchige Noten, gute Struktur **19,- €**

---

82 2008 Weißburgunder trocken **4,80 €**

83 2008 Silvaner Kabinett trocken Iphöfer Julius-Echter-Berg **7,- €**

83 2008 Grauburgunder Kabinett trocken Iphöfer Kronsberg **7,70 €**

★

Zeller Abtsberg

Winzer

Baden

Schulstraße 5, 77654 Offenburg

Tel. 0781-91918-30, Fax: 0781-91918-40

www.zeller-abtsberg.de

info@zeller-abtsberg.de

Besuchszeiten: Mo.-Fr. 8-12:30 + 14-18 Uhr, Sa. 9-13 Uhr

Weinproben (bis 120 Personen)

Geschäftsführer .... Jochen Basler
Kellermeister .... Christian Idelhauser
Mitglieder 283
Rebfläche .... 76 Hektar

Bereits im 13. Jahrhundert wurden die Orte „Weyerbach" und „Celle" urkundlich erwähnt, seit 1820 trägt der Ort – heute Stadtteil von Offenburg – den Namen Zell-Weierbach. Wichtigste Rebsorte bei der 1923 gegründeten Genossenschaft von Zell-Weierbach ist der Spätburgunder, der knapp die Hälfte der Rebfläche einnimmt. Es folgen Müller-Thurgau, Riesling und Grauburgunder. Dazu gibt es etwas Gewürztraminer, Muskateller, Scheurebe, Weißburgunder und Chardonnay, inzwischen auch Regent, Cabernet Mitos und Cabernet Dorsa. Die Rotweine werden von Kellermeister Christian Idelhauser maischevergoren und anschließend in Holzfässern (teils auch im Barrique) ausgebaut. Die Spitzenweine aus stark mengenreduzierten Anlagen werden in der Linie „SL" vermarktet.

Im schwierigen Jahrgang 2006 hatten die Zeller Abtsberg Winzer eine gelungene Kollektion, vor allem die Weißweine – Jahrgang 2006! – machten Freude. Die letztjährige Kollektion war sehr gleichmäßig, reichte in der Spitze aber nicht an vorausgegangene Jahre heran. Da gefällt uns der neue Jahrgang besser, allen voran die Barriqueweine und der Weißburgunder „SL".

Weinbewertung

85 . . . 2007 Weißburgunder „SL" trocken Zeller Abtsberg

gute Konzentration, klare reife Frucht; weich, füllig, viel reife süße Frucht **10,50 €**

85 . . . 2007 Chardonnay Spätlese trocken Barrique Zeller Abtsberg

gute Konzentration, reife Frucht, Vanille; füllig, stoffig, reife Frucht, Substanz, Vanille **11,90 €**

86 . . . 2007 Spätburgunder Spätlese trocken Barrique Zeller Abtsberg

gute Konzentration, feine rauchige Noten, herrlich eindringliche Frucht; füllig, kraftvoll, reife Frucht, gute Struktur, Vanille, Tannine **13,50 €**

86 . . . 2007 Spätburgunder Weißherbst Eiswein Zeller Abtsberg
würzig, dominant, etwas Zitrus, Orangenschalen; konzentriert, dick, dominant, viel Stoff **22,- €/0,375l**

---

81 2008 Weißburgunder trocken Zeller Abtsberg **5,70 €**
81 2008 Chardonnay Spätlese trocken Zeller Abtsberg **9,- €**
83 2008 Sauvignon Blanc trocken Zeller Abtsberg **9,- €**
82 2008 Riesling Spätlese trocken Zeller Abtsberg **10,50 €**
83 2008 Scheurebe Spätlese Zeller Abtsberg **7,90 €**
82 2008 Gewürztraminer Spätlese Zeller Abtsberg **9,- €**
81 2006 Spätburgunder Spätlese trocken „Zeller Rother" Zeller Abtsberg **9,- €**
80 2006 Spätburgunder Spätlese Zeller Abtsberg **9,- €**

★★☆

Zelt
Weingut

Pfalz

Binsenstraße 2, 67229 Laumersheim
***Tel.** 06328-3281, **Fax:** 06328-1233*
www.weingutzelt.de
info@weingutzelt.de
***Besuchszeiten:** Mo.-Fr. 10-12 + 14-18 Uhr, Sa. 10-16 Uhr oder nach Vereinbarung*

Inhaber .... Ernst und Mario Zelt
Rebfläche .... 12 Hektar

Die Familie betreibt seit vier Generationen Weinbau, bis Mitte der neunziger Jahre war das Gut ein landwirtschaftlicher Gemischtbetrieb, der seinen Wein größtenteils an Kellereien verkaufte. Als Mario Zelt sich entschied das Weingut fortzuführen konzentrierte man sich ganz auf Wein. Mario Zelt hat in Geisenheim Önologie studiert und Praktika in Frankreich, Österreich und Südafrika gemacht. Alte Weinberge wurden gerodet und neue, auch internationale Rebsorten gepflanzt. Die Weinberge von Ernst und Mario Zelt liegen vor allem in den Laumersheimer Lagen Kirschgarten (Kalkmergel) und Mandelberg (mit kalkgeprägten Lehmböden), im Großkarlbacher Burgweg (Löss-Lehmschicht über Kalkgestein) und im Bissersheimer Goldberg (Lehm und Kalk). Jeweils zur Hälfte werden rote und weiße Rebsorten angebaut. Wichtigste weiße Rebsorte ist Riesling, gefolgt von Weißburgunder, Chardonnay und Sauvignon Blanc. Wichtigste rote Rebsorte ist der Spätburgunder, es folgen St. Laurent und Merlot. Die Weißweine werden nach individueller Maischestandzeit temperaturgekühlt vergoren und mehrere Monate auf der Feinhefe ausgebaut. Die Rotweine kommen nach der Maischegärung in neue oder gebrauchte Barriques.

Vor zwei Jahren gefiel mit der Cuvée Trilogie ein Rotwein am besten, aber Ernst und Mario Zelt hatten auch überzeugende 2006er Weißweine. In der letztjährigen Kollektion ragten die Rotweine aus dem Jahrgang 2005 hervor, die Weißweine präsentierten sich zuverlässig auf gutem Niveau. Schon im vergangenen Jahr haben wir das Weingut als Aufsteiger gekennzeichnet – und es geht weiter voran. Die neue Kollektion besticht durch ihr hohes Gesamtniveau, leichte Vorteile liegen einmal mehr im roten Segment, in dem vor allem der Spätburgunder aus dem Burgweg begeistert, aber auch der Frühburgunder und die Cuvée Trilogie.

Weinbewertung

85 . . . 2008 Weißburgunder Spätlese trocken Laumersheimer Kirschgarten
gute Konzentration, klare reife Frucht, weiße Früchte; füllig, harmonisch, reife süße Frucht **7,50 €**

85 . . . 2008 Muskateller trocken Dirmsteiner Mandelpfad
fruchtbetont, klar, herrlich eindringlich; frisch, klar, zupackend, feine Frucht und Biss **7,50 €**

87 . . . 2007 Frühburgunder Spätlese trocken
herrlich reintönige Frucht, feine rauchige Noten, herrlich eindringlich; füllig, harmonisch, reife Frucht, Vanille **9,50 €**

85 . . . 2007 Spätburgunder trocken
frisch, fruchtbetont, wunderschön reintönig; klar, harmonisch, elegant **8,- €**

88 . . . 2006 Spätburgunder Spätlese trocken Großkarlbacher Burgweg
gute Konzentration, feiner Toast, rauchige Noten, herrlich eindringlich; füllig, harmonisch, reife Frucht, gute Substanz und Länge **16,- €**

87 . . . 2006 Cuvée „Trilogie" Rotwein trocken
gute Konzentration, etwas Cassis, dezenter Toast, herrlich eindringlich; füllig, harmonisch, kraftvoll, reife Frucht, gute Substanz, etwas Vanille, Länge **16,- €**

82 2008 Riesling Kabinett trocken **5,20 €**
82 2008 Riesling Spätlese trocken „Alte Reben" **8,50 €**
83 2008 Riesling Spätlese trocken Bissersheimer Goldberg **8,50 €**
84 2008 Grauburgunder Spätlese trocken Laumersheimer Mandelberg **7,50 €**
84 2008 Chardonnay Spätlese trocken Laumersheimer Kirschgarten **7,50 €**
84 2007 Cabernet Sauvignon trocken **8,- €**

★

Ewald Zenzen

Weingut

Mosel

Bahnhofstraße 7, 56829 Pommern
***Tel.** 02672-2520, **Fax**: 02672-910566*
www.weingut-zenzen.de
info@weingut-zenzen.de
***Besuchszeiten**: nach Vereinbarung*
Probierstube bis 50 Personen, Gästezimmer

Inhaber .... Otmar Zenzen
Rebfläche .... 3,8 Hektar

Vater Otmar und Sohn Frank Zenzen, deren Familie bereits seit 1636 im Weinbau an der Mosel tätig ist, bauen außer Riesling (80 Prozent) nur noch Weiß- und Spätburgunder an. Im Durchschnitt werden 70 Hektoliter pro Hektar geerntet. Die Weine sind in jedem Jahrgang saftig und würzig: Klassische Terrassenmosel-Weine, die zu einem Schnäppchenpreis zu haben sind.

Die 2007er wirkten klar und fruchtig, die 2008er zeigen sich rassig, frisch und würzig – beginnend beim saftig-würzigen Hochgewächs. Überzeugend: Die herrlich saftige Auslese aus dem Jahrgang 2007, die viel Substanz zeigt.

Weinbewertung

85 . . . 2008 Riesling Hochgewächs Pommerner Sonnenuhr
eindringliche Frucht, Kräuter, Apfel; saftig, würzig, Biss **4,50 €**

89 . . . 2007 Riesling Auslese Pommerner Zeisel
feine Frucht, Pfirsich, Kräuter; kraftvoll, viel Würze, beinah opulente Frucht, herrlich saftig und geradlinig **7,- €**

82 2008 Riesling trocken Pommerner Sonnenuhr **4,10 €**

84 2008 Riesling Hochgewächs trocken Pommerner Rosenberg **4,50 €**

83 2008 Riesling „feinherb" Pommerner Sonnenuhr **4,10 €**

83 2008 Riesling Pommerner Rosenberg **4,10 €**

★★

Oliver Zeter
Weingut

Pfalz

Enggasse 20, 67435 Neustadt
Tel. 0172-7755815
sauvignon@t-online.de
Besuchszeiten: nach Vereinbarung

Inhaber .... Oliver Zeter
Rebfläche .... 2 Hektar

Oliver Zeter absolvierte eine Winzerlehre beim Weingut Dr. Deinhard und dann eine Ausbildung zum Weinbautechniker in Weinsberg. Es folgten jeweils einjährige Auslandsaufenthalte in Italien und Südafrika. Für die Weinagentur Zeter war er zunächst in Hamburg, ist inzwischen aber wieder am Stammsitz in Neustadt tätig. Er hat verschiedene Parzellen mit Sauvignon Blanc (6 verschiedene Klone) und Viognier bepflanzt. Nach ersten Versuchen 2005 und 2006 brachte er 2007 seine ersten eigenen Weine auf den Markt.

Beim guten Debüt mit den Erstlingsweinen im vergangenen Jahr hatte uns der Viognier noch ein klein wenig besser gefallen als der Sauvignon Blanc. Sehr gleichmäßig ist nun die neue Kollektion, bietet eigenständige und interessante Weine, die ein wenig an „Neue Welt" erinnern (Südafrika) – unsere leichte Präferenz gilt dem Fumé. Im Auge behalten!

Weinbewertung

85 . . . 2008 Sauvignon Blanc trocken
konzentriert, feine Würze, reintönige Frucht; füllig, harmonisch, reife Frucht, Substanz, Frische **9,80 €**
2007: 86.

87 . . . 2008 Sauvignon Blanc „Fumé" trocken
klar, konzentriert, herrlich eindringlich, reife Frucht; füllig, stoffig, viel reife Frucht und Substanz **13,80 €**

86 . . . 2008 Chardonnay trocken
gute Konzentration, reife Frucht, dezent Vanille, cremige Noten; füllig, harmonisch, reife Frucht, gute Substanz und Frische **13,80 €**

85 . . . 2008 Viognier trocken
viel reife Frucht, reintönig, ganz dezent Aprikosen; füllig, frisch, klare Frucht, gute Harmonie **13,80 €**
2007: 87.

85 . . . 2007 Likörwein „MB" Muscat Bleu
würzig, eindringliche Muskatnote, dominant; viel Stoff, Süße, Substanz, feine Frische **9,80 €/0,375l**

86 . . . 2007 „Z"
65 % Cabernet Sauvignon, 25 % Cabernet Franc und 10 % Syrah, zwölf Monate Barriqueausbau, Portweintyp; feine Würze, reife Frucht, rote und dunkle Früchte, dezent Cassis; kraftvoll, klar, feine Frische, gute Struktur, jugendliche Tannine

★

August Ziegler
Weingut

Pfalz

Bahnhofstraße 5, 67487 Maikammer
Tel. 06321-9578-0, Fax: 06321-957878
www.august-ziegler.de
info@august-ziegler.de
Besuchszeiten: Mo.-Fr. 8-18 Uhr, Sa. 9-15 Uhr, So. 10-12 Uhr nach Vereinbarung
Weinproben (während der Besuchszeiten)
Ferienwohnung

Inhaber .... Harald und Uwe Ziegler
Rebfläche .... 17 Hektar

Das Weingut August Ziegler wird heute in achter Generation von Harald und Uwe Ziegler geführt. Uwe Ziegler ist für Weinbau und Keller verantwortlich, Harald Ziegler für den Vertrieb. Ihre Weinberge verteilen sich auf verschiedene Pfälzer Gemarkungen. Die wichtigsten Lagen sind Gimmeldinger Biengarten und Mandelgarten, Alsterweiler Kapellenberg und Maikammer Kirchenstück. Wichtigste Rebsorte ist Riesling, gefolgt von Spätburgunder, Dornfelder, St. Laurent, Weißburgunder, Gewürztraminer, Grauburgunder und Scheurebe. Aber auch weiße Sorten wie Rieslaner, Chardonnay und Sauvignon Blanc oder rote Sorten wie Cabernet Cubin, Shiraz, Merlot und Cabernet Franc bauen die beiden Brüder an. Der Ausbau der Weine erfolgt teils im Edelstahl, teils im Holz.

Nach guten Kollektionen mit immer starken Barriqueweinen folgten schwächere 2006er, auch 2007 blieb hinter früheren Jahren zurück. Die aktuelle Kollektion wird angeführt von der faszinierenden Riesling Trockenbeerenauslese, im trockenen Segment kann vor allem der barriqueausgebaute Merlot überzeugen.

Weinbewertung

91 . . . 2008 Riesling Trockenbeerenauslese Maikammer Heiligenberg

viel Konzentration, Litschi, etwas Marzipan, süße Zitrusfrüchte; süß, schmeichelnd, konzentriert, herrlich viel Frucht und Stoff **31,- €**

86 . . . 2007 Merlot trocken Barrique Gimmeldinger Schlössel

rauchige Noten, Gewürze und Toast, herrlich viel Frucht; füllig, kraftvoll, reife Frucht, gute Substanz, jugendliche Bitternoten **25,- €**

79 2008 Riesling Kabinett trocken Gimmeldinger Biengarten **6,- €**

80 2008 Weißburgunder Kabinett trocken Kirrweiler Römerberg **6,80 €**

81 2008 Grauburgunder Kabinett trocken Maikammer Mandelhöhe **6,- €**

79 2008 Chardonnay Kabinett trocken Maikammer Mandelhöhe **6,50 €**

81 2008 Sauvignon Blanc Kabinett trocken Maikammer Heiligenberg **7,- €**

81 2008 Gewürztraminer Kabinett trocken Maikammer Mandelhöhe **7,- €**

82 2007 Riesling Spätlese trocken Alsterweiler Kapellenberg **8,50 €**

83 2007 Chardonnay trocken Barrique Maikammer Kirchenstück **13,- €**

81 2008 Scheurebe Kabinett Gimmeldinger Meerspinne **6,50 €**

80 2007 Dornfelder trocken Gimmeldinger Meerspinne **5,80 €**

★★★★☆

Zilliken

Weingut Forstmeister Geltz

Mosel

Heckingstraße. 20, 54439 Saarburg
Tel. 06581-2456, Fax: 06581-6763
www.zilliken-vdp.de
info@zilliken-vdp.de
Besuchszeiten: nach Vereinbarung

Inhaber .... Hans-Joachim Zilliken
Rebfläche .... 11 Hektar

Bereits seit mehr als 260 Jahren befindet sich das Weingut in Familienbesitz. Der königlich-preußische Forstmeister Ferdinand Geltz führte den Betrieb Anfang des 20. Jahrhunderts in die Spitze der Region. Hans-Joachim Zilliken und seine Tochter Dorothee bauen in den Weinbergen ausschließlich Riesling an. Wichtigste Lage ist der Saarburger Rausch, wo die Familie Zilliken acht Hektar Reben besitzt. Hinzu kommt etwas Besitz im Ockfener Bockstein und in zwei anderen Saarburger Lagen. Der gesamte Ausbau der Weine erfolgt im Holzfass. Die Weine sind Saarrieslinge im besten Sinne: Duftig, zart, ungeheuer alterungsfähig und selbst bei Hochprädikaten wie den Trockenbeerenauslesen beinah filigran.

2006 war erstaunlich: In einem äußerst schwierigen Jahr gelangen hier sehr klare, würzige, mineralische Weine. Auch 2007 leistete sich Zilliken nicht die geringste Schwäche. 2008 hat faszinierend frische, rassige Kabinettweine mit wenig Alkohol sowie bemerkenswerte Spätlesen hervorgebracht. Der Eiswein ist von strahlender Präzision, die 1993er Auslese fasziniert.

Weinbewertung

86 . . . 2008 Riesling Kabinett „feinherb" Saarburger Rausch
sehr jugendlich, zarte Frucht; würzig, feste Struktur, sehr ausgewogen, reife Säure **9,80 €**

87 . . . 2008 Riesling Kabinett Ockfener Bockstein
zunächst verhalten, später duftig, sehr feine Frucht; feinstes Süße-Säure-Spiel, animierend **9,80 €**

88 . . . 2008 Riesling Kabinett Saarburger Rausch
sehr klar, duftig, Stachelbeeren; sehr feine Frucht, rassig, pikante Säure, animierend **9,80 €**
1998: **85**; 1999: **86**; 2000: **86**; 2001: **86**; 2002: **86**; 2003: **88**; 2004: **87**; 2005: **86**; 2006: **87**; 2007: **87**.

88 . . . 2008 Riesling Spätlese Saarburger Rausch
zarte Frucht, leichte Kräuternote, Würze; straff, rassig, filigran, zurückhaltende Süße, animierend **16,50 €**
1999: **90**; 2000: **np**; 2001: **87**; 2002: **89**; 2003: **89**; 2004: **88**; 2005: **87**; 2006: **88**; 2007: **88**.

92 . . . 2008 Riesling Spätlese Saarburger Rausch
reife Frucht, Mirabellen, etwas Aprikose, Kräuter; würzig, feingliedrig, Substanz (Versteigerungswein)

93 . . . 2008 Riesling Eiswein Saarburger Rausch
absolut reintönig, eindringliche Frucht, leichte Kräuternote; straff, saftig, feine Säure, viel Substanz, langer Nachhall

82 2008 Riesling trocken **7,50 €**
83 2008 Riesling Kabinett trocken Saarburger Rausch **9,80 €**
84 2008 Riesling „Butterfly" **8,- €**
83 2008 Riesling **7,50 €**

Ältere Weine, neu verkostet:
87 1985 Riesling Kabinett Saarburger Rausch
88 1992 Riesling Spätlese Saarburger Rausch
90 1993 Riesling Auslese Saarburger Rausch
91 1983 Riesling Auslese Ockfener Bockstein
92 2007 Riesling Auslese Saarburger Rausch
91 1989 Riesling Auslese Lange Goldkapsel Saarburger Rausch
93 1961 Riesling Feinste Auslese Saarburger Rausch
94 2005 Riesling Auslese Goldkapsel Saarburger Rausch
94 2005 Riesling Beerenauslese Saarburger Rausch
94 1983 Riesling Eiswein Saarburger Rausch

★☆

Walter Zimmer
Weingut

Württemberg

Frauenländerstraße 85, 71394 Kernen-Stetten
***Tel.** 07151-910068, **Fax**: 07151-910067*
www.zimmer-weingut.de
info@zimmer-weingut.de
***Besuchszeiten**: Mo.-Fr. 11-14+17-19 Uhr, Sa. 8-15 Uhr, sowie zu Öffnungszeiten des Weingutsausschanks (5 x im Jahr geöffnet, siehe Homepage))*

Inhaber . . . . Walter und Susanne Zimmer
Rebfläche . . . . 6 Hektar

Walter Zimmer baut 20 Rebsorten an. Die wichtigsten sind Trollinger und Riesling, mit deutlichem Abstand folgt Lemberger. Seine Weinberge liegen in Stetten, Strümpfelbach und umliegenden Gemeinden. Die

Moste werden kühl vergoren, alle Rotweine durchlaufen die malolaktische Gärung.

Der Drei-Sterne-Riesling aus dem Pulvermächer überzeugte auch im schwierigen Jahrgang 2006 mit viel Kraft und Frucht, aber auch die anderen Weißweine von Walter Zimmer machten Freude. In der letztjährigen, sehr gleichmäßigen Kollektion war erneut der Drei-Sterne-Riesling unser Favorit und auch 2008 gefällt er uns wieder besonders gut. Aber auch der Rest der Kollektion überzeugt, die barriqueausgebauten Rotweine erscheinen uns ein klein wenig zu oxidativ.

Weinbewertung

86 . . . 2008 Riesling* trocken Stettener Pulvermächer**
gute Konzentration, viel reife Frucht, feine Würze, mineralische Noten, etwas Orangen; füllig, kraftvoll, klare reife Frucht, zupackend, jugendlich, nachhaltig
8,- €
2005: 87; 2006: 87; 2007: 87.

85 . . . 2008 Grauburgunder Spätlese trocken Stettener Pulvermächer
würzig, eindringlich, reife Frucht; füllig, kraftvoll, reife Frucht, Biss **7,80 €**

85 . . . 2007 Gewürztraminer Spätlese Stettener Pulvermächer
herrlich eindringlich, reintönig, Rosen; frisch, direkt, reife süße Frucht und Biss **7,80 €**

82 2008 Weißburgunder trocken **5,40 €**
82 2008 Riesling Kabinett trocken Stettener Pulvermächer **5,40 €**
82 2008 „Julius" Weißwein **4,90 €**
82 2008 Chardonnay Kabinett trocken **6,20 €**
81 2008 Acolon trocken **5,40 €**
82 2008 Spätburgunder Kabinett trocken **5,40 €**
80 2007 Samtrot Kabinett trocken **5,60 €**
83 2006 Cabernet Dorio trocken Barrique **17,- €**
83 2005 Zweigelt trocken Barrique **14,40 €**

★★★☆

Zimmerle
Weingut

Württemberg

Kirchstraße 14, 71404 Korb
***Tel.** 07151-33893, **Fax**: 07151-37422*
www.zimmerle-weingut.de
info@weingut-zimmerle.de
***Besuchszeiten**: Mo.-Fr. 17-18:30 Uhr, Sa. 9-14 Uhr*

Inhaber .... Friedrich Zimmerle
Rebfläche .... 11 Hektar

Die Weinbautradition der aus Südtirol stammenden Familie lässt sich bis ins Jahr 1647 zurückverfolgen. 1979 hat Friedrich Zimmerle die Genossenschaft verlassen und mit der Selbstvermarktung begonnen. Seine Weinberge liegen in Korb, Kleinheppach, Großheppach, Hanweiler und Breunigsweiler. Vielfältige Bodentypen – Bunter Mergel, verschiedene Keuperarten, Muschelkalk – und unterschiedliche Höhenlagen bieten die Möglichkeit jede Rebsorte an ihrem optimalen Standort anzubauen. Friedrich Zimmerle baut zu 70 Prozent Rotweinsorten und zu 30 Prozent Weißweinsorten an. Neben den Burgundersorten gibt es Zweigelt, Lemberger, Merlot und Cabernet Sauvignon, dazu die weißen Sorten Riesling, Sauvignon Blanc, Chardonnay, Grauburgunder und Kerner. Die Weißweine werden kalt vergoren; die Rotweine nach Saftabzug maischevergoren, ausgesuchte Weine kommen 14 bis 24 Monate ins Barrique. Für seine Barriqueweine nutzt er überwiegend französische, aber auch schwäbische Eiche. Zu den Basisweinen wurde mit dem Jahrgang 2001 die „Astrum"-Serie eingeführt in der die Weine nach eigener Einschätzung mit ein bis drei Sternen klassifiziert werden. An der Spitze des Sortiments stehen die im Barrique ausgebauten Rotweine. Friedrich Zimmerle betreibt auch zwei Edelbranntwein-Brennereien.

Unter den Weißweinen des Jahrgangs 2006 gefiel einmal mehr der Sauvignon Blanc besonders gut. Die starke Rotweinriege wurde vor zwei Jahren angeführt von der Cuvée Triologie. Auch die letztjährige Kollektion präsentierte sich geschlossen auf hohem Niveau. Zwar reichten die 2006er Rotweine jahrgangsbedingt nicht ganz an ihre Vorgänger heran, dafür aber sprang nochmals ein 2005er in die Bresche, die neue Cuvée „Age Viriliter Time Deum". Eine starke Kollektion präsentiert Friedrich Zimmerle in diesem Jahr. Die 2008er Rotweine sind fruchtbetont und klar, die Weißweine besitzen Substanz und Kraft. Einmal mehr haben zwei Barriqueweine uns besonders gut gefallen, der Merlot und die neue weiße Cuvée Triologie aus Chardonnay, Sauvignon Blanc und Kerner: Eine tolle Vorstellung!

Weinbewertung

85 . . . 2008 Grauburgunder „ASTRUM"***
feine Würze, reife Frucht, etwas gelbe Früchte; weich, füllig, harmonisch, reife süße Frucht **9,90 €**

87 . . . 2008 Riesling „ASTRUM"***
konzentriert, würzig, klare reife Frucht, herrlich eindringlich; füllig, harmonisch, viel reife Frucht, Substanz und Frische **14,20 €**
2001: 84; 2002: 85; 2003: 89; 2004: 86; 2005: 87; 2007: 87.

89 . . . 2007 Cuvée „TRIOLOGIE" Weiß
Chardonnay, Sauvignon Blanc und Kerner; **16,90 €**

86 . . . 2008 „EGOIST" Lemberger Merlot
frisch, fruchtbetont, jugendlich, herrlich eindringlich; klar, füllig, kraftvoll, reife Frucht **7,90 €**

86 . . . 2008 Spätburgunder „ASTRUM"**
frisch, fruchtbetont, viel reife Frucht; fruchtbetont, reintönige Frucht, gute Harmonie, etwas Vanille **8,20 €**

86 . . . 2008 Cuvée „TRIO ASTRUM"**
Merlot, Zweigelt, Lemberger; gute Konzentration, viel reife Frucht, herrlich eindringlich und klar; füllig, harmonisch, kraftvoll, reife Frucht und gute Struktur **8,60 €**

89 . . . 2006 Merlot Barrique
gute Konzentration, herrlich viel Frucht, reintönig, eindringlich, Füllig, kraftvoll, viel reife Frucht, gute Substanz und Länge **23,50 €**

87 . . . 2006 Spätburgunder „R" Barrique
feine Würze und Duft, etwas rote Früchte; gute Fülle und Harmonie, reife Frucht, rote Früchte **25,50 €**

---

84 2008 „ESSENZIELL" Rosé **5,20 €**
83 2008 „ESSENZIELL" Rot **5,40 €**

★

R. Zimmerlin

Weingut

Baden

Kirchweg 2, 79268 Bötzingen
Tel. 07663-1299, Fax: 07663-3510
www.weingut-zimmerlin.com
info@weingut-zimmerlin.com
Besuchszeiten: Mo.-Fr. 8-12 + 14-18 Uhr, Sa. 10-12 Uhr

Inhaber .... Sarah Zimmerlin
Kellermeisterin .... Bettina Schumann
Rebfläche .... 25 Hektar

Heinrich und Maria Zimmerlin waren noch Nebenerwerbswinzer, die nächste Generation aber, Rudolf und Olga Zimmerlin, gründeten 1955 das Weingut. Ihr Sohn Dietmar erweiterte den Betrieb, kaufte auch Trauben von befreundeten Winzern zu und eröffnete 1980 in Freiburg eine Weinstube. Nach seinem Tod führte seine Ehefrau Claudia den Betrieb weiter. Neben dem Ertrag der 4 Hektar eigenen Weinberge werden in der „Erzeugergemeinschaft Badische Winzerzunft e.V." insgesamt 25 Hektar vermarktet. Vor allem die Burgundersorten werden angebaut, dazu Müller-Thurgau, Silvaner, Chardonnay, Gewürztraminer und Scheurebe.

Weinbewertung

85 . . . 2007 Spätburgunder Spätlese trocken Eichstetter Herrenberg
rauchige Noten herrlich reintönige Frucht, feine Frische; klar, frisch, elegant, feine Frucht **9,80 €**

81 „Z'ecco" Rosé
77 2008 „Camerino" Weißwein trocken **5,10 €/1l**
83 2008 Weißburgunder Kabinett trocken Bötzinger Eckberg **5,90 €**
82 2008 Grauburgunder Kabinett trocken Eichstetter Herrenbuck **6,10 €**
81 2008 Chardonnay Spätlese trocken Bötzinger Lasenberg **7,80 €**
83 2007 Grauburgunder Spätlese trocken „Z'election" Bötzinger Eckberg **12,- €**

★★

Klaus Zimmerling
Weingut

Sachsen

Bergweg 27, 01326 Dresden-Pillnitz
Tel. 0351-2618752, Fax: 0351-2618752
www.weingut-zimmerling.de
info@weingut-zimmerling.de
Besuchszeiten: nach Vereinbarung
Gutsausschank (Wochenende)

Inhaber .... Klaus Zimmerling
Rebfläche .... 4 Hektar

Klaus Zimmerling hatte bereits zu DDR-Zeiten als Winzer begonnen. Sein Gut liegt mitten in den Weinbergen bei Pillnitz, 2008 wurde der neue Keller fertiggestellt. Seine Weinberge liegen alle beim Weingut in der Lage Pillnitzer Königlicher Weinberg, die er erstmals 2008 auch auf Etiketten setzt, zuvor wurden alle Weine als Sächsischer Landwein verkauft. Die Reben wachsen auf verwittertem Gneis und Granit. Vor der Wende baute Klaus Zimmerling nur Müller-Thurgau, Bacchus und Kerner an, seither richtete er seine Weinberge neu aus. Riesling ist seine wichtigste Rebsorte, gefolgt von Grau- und Weißburgunder, Gewürztraminer und Roter Traminer, Kerner und Müller-Thurgau. Die Weine werden überwiegend trocken ausgebaut.

Weinbewertung

86 . . . 2008 Müller-Thurgau trocken
gute Konzentration, reife Frucht, Aprikosen; füllig, stoffig, viel reife Frucht **10,- €**

88 . . . 2007 Weißburgunder „R"
gute Konzentration, viel reife Frucht, feine Würze; füllig, stoffig, kraftvoll, viel reife Frucht und Substanz, feiner Nachhall **11,- €/0,5l**

87 . . . 2008 Grauburgunder trocken Pillnitzer Königlicher Weinberg
würzig, klar, gute Konzentration; kraftvoll, klare reife Frucht, gute Substanz und Länge **10,- €/0,5l**

87 . . . 2008 Spätburgunder „Illusion" Blanc de Noir
reife klare Frucht, feine Frische, dezent rote Früchte; gute Fülle und Substanz, viel reife Frucht, Kraft, gute Struktur **11,- €/0,5l**

86 . . . 2008 Riesling trocken Pillnitzer Königlicher Weinberg
würzig, klar, konzentriert; kraftvoll, klar, stoffig, zupackend, jugendlich **13,- €/0,5l**

88 . . . 2008 Riesling „R" trocken Pillnitzer Königlicher Weinberg
viel Konzentration, herrlich viel Frucht, klar, würzig, jugendlich; füllig, kraftvoll, stoffig, viel Substanz und Nachhall **15,- €/0,5l**

86 . . . 2007 Riesling „R" trocken
fruchtbetont, frisch, klar, feine Würze; füllig, kraftvoll,

reife Frucht, herrlich geradlinig **15,- €/0,5l**

86 . . . 2006 Kerner „R" trocken

konzentriert, reintönig, viel reife Frucht; füllig, stoffig, kraftvoll, klare Frucht, gute Struktur **11,- €/0,5l**

88 . . . 2008 Kerner „R" trocken Pillnitzer Königlicher Weinberg

reintönige Frucht, dezent Aprikosen, herrlich eindringlich; kraftvoll, füllig, enorm stoffig, reife süße Frucht und Biss **11,- €/0,5l**

86 . . . 2008 Traminer Pillnitzer Königlicher Weinberg

frisch, fruchtbetont, wunderschön reintönig; Fülle, Substanz, reife Frucht, gute Struktur und Biss, ganz feine Bitternote **12,- €/0,5l**

87 . . . 2008 Gewürztraminer Pillnitzer Königlicher Weinberg

Gewürze, reife Frucht, dezent Rosen, reintönig; klar, kraftvoll, reife Frucht, gute Struktur, Frische, jugendliche Bitternote **13,- €/0,5l**

90 . . . 2005 Riesling „BA"

gute Konzentration, Litschi, viel reife Frucht, herrlich eindringlich; füllig und schmeichelnd, herrlich viel Frucht, reintönig, Substanz und Frische, nachhaltig, ganz feine Bitternote, jugendlich **36,- €/0,375l**

91 . . . 2003 Traminer Eiswein

konzentriert, etwas Gewürze, Orangen, Orangenschalen; gute Fülle und Substanz, reife Frucht, wunderschön reintönig und lang **60,- €/0,375l**

★☆

Zimmermann

Weingut

Baden

Auf dem Schliengener Berg, 79418 Schliengen

***Tel.** 07635-665, **Fax**: 07635-463*

www.zimmermann-wein.de

info@zimmermann-wein.de

***Besuchszeiten**: Mo.-Fr. 9-12 + 14-18 Uhr, Sa. 10-12 Uhr*

Inhaber .... Karl-Ernst Zimmermann

Rebfläche .... 9 Hektar

Das Weingut Zimmermann besteht seit 1985 und wird geführt von Karl-Ernst und Martina Zimmermann. Die Weinberge liegen in Schliengen, Bad Bellingen, Liel, Mauchen und Niedereggenen, alle in der Lage Sonnenstück. Angebaut werden Gutedel, Spätburgunder, Weißburgunder, Grauburgunder, Chardonnay, Riesling, Regent, Muskateller und Müller-Thurgau.

In den letzten Jahren beeindruckten regelmäßig die kraftvollen Rotweine. Ein identisches Bild ergab sich im vergangenen Jahr: Überzeugende Rotweine im schwierigen Jahrgang 2006, ordentliche, aber doch einfache Weißweine aus 2007. Die 2008er Weißweine gefallen uns klar besser: Es geht in die richtige Richtung! Unsere Favoriten aber sind einmal mehr die drei kraftvollen barriqueausgebauten Rotweine.

Weinbewertung

87 . . . 2007 Pinot Noir trocken Barrique

gute Konzentration, feiner Toast, herrlich reintönige Frucht; harmonisch, zupackend, reintönige Frucht, feine Frische **13,50 €**

2004: **86**; 2005: **85**; 2006: **86**.

86 . . . 2007 Spätburgunder trocken Barrique

gute Konzentration, viel reife Frucht, feine rauchige Noten, herrlich eindringlich; füllig, kraftvoll, klare Frucht, gute Struktur und Frische **18,50 €**

2001: **86**; 2002: **87**; 2003: **87**; 2004: **86**; 2005: **86**; 2006: **85**.

87 . . . 2007 „Cuvée AZ" Rotwein trocken Barrique

gute Konzentration, viel reife Frucht, rote und dunkle Früchte; füllig, kraftvoll, reife Frucht, gute Struktur und Substanz **23,50 €**

2003: **87**; 2005: **87**; 2006: **85**.

---

84 2007 Cuvée Sekt brut **9,- €**

82 2008 Gutedel trocken Bad Bellinger Sonnenstück **4,90 €**

81 2008 Roter Gutedel trocken Schliengener Sonnenstück **4,90 €**

80 2008 Blanc de Noir trocken Schliengener Sonnenstück **6,90 €**
81 2008 Weißburgunder trocken Schliengener Sonnenstück **6,90 €**
82 2008 Chardonnay trocken Mauchener Sonnenstück **6,90 €**
84 2008 Sauvignon Blanc trocken Schliengener Sonnenstück **9,40 €**
83 2008 Muskateller Schliengener Sonnenstück **7,20 €**
80 2007 Spätburgunder trocken Schliengener Sonnenstück **6,90 €**

★★☆

Emil Zimmermann

Weingut

Pfalz

Grabenstraße 5, 67157 Wachenheim
Tel. 06322-2384, Fax: 06322-65160
weingut-juergen-zimmermann@t-online.de
Besuchszeiten: Mo.-Fr. 9-18 Uhr, Sa. 9-17 Uhr

Inhaber .... Jürgen Zimmermann
Rebfläche .... 10 Hektar

Emil Zimmermann, der Vater des heutigen Inhabers, hat sich in den fünfziger Jahren ganz auf Weinbau spezialisiert. Seit 1990 ist Sohn Jürgen im Betrieb, 1996 hat er ihn übernommen. Die Weinberge liegen alle rings um Wachenheim, in den Lagen Fuchsmantel, Gerümpel, Königswingert. Luginsland und Schlossberg. Riesling ist die wichtigste Rebsorte, nimmt zwei Drittel seiner Weinberge ein. Hinzu kommen Weißburgunder, Grauburgunder und Chardonnay, aber auch Scheurebe, Silvaner, Sauvignon Blanc, Müller-Thurgau und Gewürztraminer. Der Rotweinanteil – Spätburgunder, Portugieser, Merlot und Cabernet Sauvignon – liegt bei 10 Prozent. Die Weine werden teils im Edelstahl, teils im Holz ausgebaut. 80 Prozent der Weine werden trocken ausgebaut.

Sehr gut gefielen uns die Weine, die Jürgen Zimmermann im höchst problematischen Jahrgang 2006 auf die Flasche gebracht hatte. Die Basisweine waren klar und saftig, der Sauvignon Blanc wunderschön reintönig, die trockenen Rieslinge gefielen wie gewohnt, wobei vor zwei Jahren die Spätlese aus dem Wachenheimer Gerümpel unser Favorit war. Auch die letztjährige Kollektion präsentierte sich geschlossen, vor allem die trockene Spätlese aus dem Schlossberg gefiel, ebenso die edelsüßen Weine. Deutlich stärker noch sind die 2008er Weine von Jürgen Zimmermann. Die trockenen Rieslinge sind wunderschön reintönig und kraftvoll, die edelsüßen Weine sind stoffig und dominant: Eine durch und durch stimmige, hochwertige Kollektion!

Weinbewertung

85 . . . 2008 Riesling Kabinett trocken Wachenheimer Königswingert
gute Konzentration, feine Würze, reintönige Frucht; füllig, harmonisch, feine Frische, reife süße Frucht **6,30 €**

85 . . . 2008 Riesling Kabinett trocken Wachenheimer Luginsland
frisch, fruchtbetont, etwas Aprikosen, feine Würze; füllig, klare reife Frucht, harmonisch und lang **6,50 €**

86 . . . 2008 Riesling Spätlese trocken Wachenheimer Königswingert
viel Konzentration, herrlich viel Frucht, feine Würze; füllig, harmonisch, reife süße Frucht **8,50 €**

87 . . . 2008 Riesling Spätlese trocken im Schenkenböhl
gute Konzentration, feine Würze, reintönige Frucht; füllig, kraftvoll, reife Frucht, gute Substanz und Länge **8,50 €**

88 . . . 2008 Riesling Spätlese trocken Wachen-

heimer Fuchsmantel
gute Konzentration, reife Frucht, dezent mineralische Noten, gelbe Früchte; füllig, stoffig, harmonisch, viel Substanz und reife Frucht **8,90 €**

87 . . . 2008 Riesling Spätlese trocken Wachenheimer Gerümpel
viel Konzentration, herrlich viel Frucht, klar und eindringlich; füllig, kraftvoll, viel reife Frucht, Substanz **9,50 €**

87 . . . 2008 Riesling Auslese Wachenheimer Fuchsmantel
würzig, eindringlich, klare Frucht; füllig, harmonisch viel reife süße Frucht und Substanz **15,- €**

89 . . . 2008 Rieslaner Beerenauslese
viel Konzentration, herrlich viel Frucht, dominant; süß, konzentriert, dick, herrlich viel Stoff und Substanz **20,- €/0,375l**

---

81 2008 Riesling Kabinett trocken **4,80 €/1l**
84 2008 Weißburgunder Kabinett trocken **6,20 €**
84 2008 Riesling Spätlese Wachenheimer Schlossberg **8,80 €**
84 2008 Gewürztraminer Spätlese **8,50 €**

Zipf
★★

Weingut

Württemberg

Vorhofer Straße 4, 74245 Löwenstein
Tel. 07130-6165, Fax: 07130-9725
www.zipf.com
weingut@zipf.com
Besuchszeiten: Mo.-Fr. 13-18:30 Uhr, Sa. 9-16 Uhr, So. 9-12 Uhr
Probierstube (bis 15 Personen)

Inhaber .... Jürgen Zipf
Rebfläche .... 12 Hektar

Weinbau betreibt die Familie Zipf in Löwenstein schon seit über 100 Jahren, das Weingut wurde jedoch erst 1964 von Hermann Zipf gegründet, von Reinhold Zipf dann bis 2004 geführt, als Sohn Jürgen, gelernter Weinbautechniker, den Betrieb übernommen hat. Jürgen Zipf baut zu knapp 60 Prozent rote Sorten an. Neben Lemberger, Schwarzriesling und Trollinger vor allem Spätburgunder und Acolon. Bei den weißen Sorten dominiert Riesling, dazu gibt es etwas Kerner, Scheurebe, Silvaner und Gewürztraminer. Seine Weinberge liegen in Löwenstein, im Wohlfahrtsberg, der einzigen Lage, die das Weingesetz für Löwenstein vorsieht, auch wenn der Boden alles andere als einheitlich ist, findet man doch teils Mergelschichten, teils Sandsteinbänke über dem Keupergestein. Die Weine bleiben recht lange auf der Feinhefe und durchlaufen fast alle den biologischen Säureabbau – auch Riesling. Die Weine werden überwiegend trocken oder halbtrocken ausgebaut. Jürgen Zipf klassifiziert sie betriebsintern mit bis zu vier Sternen, als Mitglied der Winzervereinigung „Junges Schwaben" bietet er als Spitzenwein einen gleichnamigen Wein, wobei er anders als seine Kollegen dabei auf eine barrqiueausgebaute rote Cuvée setzt. Mit dem Barriqueausbau begann man schon 1991 beim Weingut Zipf.

Als wir 1999 erstmals das Weingut in Mondo vorstellten, bescheinigten wir ihm eine gute gleichmäßige Qualität – darauf könne man aufbauen, lautete unser Fazit damals. Genau das tat Jürgen Zipf. Bestechend zuverlässig sind seine Basisweine, sein Trollinger „Steillage" gehört Jahr für Jahr zu den interessantesten Trollingern Württembergs und beweist, dass Trollinger mehr sein kann als nur einfach und belanglos. In der Spitze legte er in den letzten Jahren stetig zu, nicht nur mit der

Cuvée „Junges Schwaben“, auch mit Riesling und barriqueausgebautem Lemberger.

Vor zwei Jahren gefiel uns die Kollektion gut, allen voran die kraftvolle rote Cuvée Junges Schwaben. Die letztjährige Kollektion überzeugte voll und ganz, gefiel uns in der Spitze nochmals besser: Mit Riesling und Lemberger gehörte Jürgen Zipf zu den Jahrgangsbesten in Württemberg. Und auch der neue Jahrgang ist Jürgen Zipf gut gelungen, die Weißweine sind frisch und klar. Noch besser aber gefallen uns die 2007er Rotweine, ob Lemberger, Spätburgunder oder Cuvée „Junges Schwaben“: Im Auge behalten!

Weinbewertung

85 . . . 2008 Weißer Riesling** trocken Löwensteiner Wohlfahrtsberg**
würzig, eindringlich, klare Frucht; füllig, harmonisch, klare reife Frucht **9,90 €**

85 . . . 2007 Lemberger* „Steillage“ trocken Holzfass**
rauchige Noten, reintönige Frucht, rote Früchte; harmonisch, reintönige Frucht, gute Struktur und Tannine **9,80 €**

88 . . . 2007 Lemberger** trocken Barrique**
gute Konzentration, Gewürze und Toast, klare reife Frucht, rote Früchte; füllig, kraftvoll, gute Struktur, jugendliche Tannine und Biss **16,- €**
2006: 89.

87 . . . 2007 Blauer Spätburgunder** trocken Barrique**
würzig, eindringliche Frucht, rote Früchte; füllig, harmonisch, kraftvoll, reife Frucht und gute Struktur **16,- €**

88 . . . 2006 Cuvée „Junges Schwaben“ Rotwein trocken
viel Konzentration, Gewürze, viel reife Frucht, herrlich eindringlich; füllig, kraftvoll, stoffig, konzentriert, viel Substanz und Tannine, jugendlich **20,- €**
2003: 88; 2004: 88.

83 2008 Grüner Silvaner** trocken **6,25 €**
82 2008 Grauburgunder** trocken **6,50 €**
82 2008 Riesling** trocken Löwensteiner Wohlfahrtsberg **5,25 €**
83 2008 Gewürztraminer*** trocken Löwensteiner Wohlfahrtsberg **8,- €**
83 2008 Weißweincuvée** „SK“ **6,50 €**
83 2007 Blauer Zweigelt*** trocken Holzfass Löwensteiner Wohlfahrtsberg **7,50 €**
84 2007 Cabernet Dorsa*** trocken **9,80 €**

★★

Julius Zotz
Weingut

Baden

Staufener Straße 3, 79423 Heitersheim
Tel. 07634-1059, Fax: 07634-4758
weingut.zotz@t-online.de
Besuchszeiten: Mo.-Fr. 8-12 + 13-17:30 Uhr, Sa. 9-12 Uhr

Inhaber .... Julius und Martin Zotz
Rebfläche .... 9 Hektar
Erzeugergemeinschaft .... 50 Hektar

1845 erwarb Karl Zotz den östlichen Teil des Malteserschlosses in Heitersheim und baute ein Weingut auf. Dieses wird heute in vierter und fünfter Generation von Julius und Martin Zotz geführt. Sie setzen auf die typischen Markgräfler Rebsorten wie Gutedel, Müller-Thurgau, Silvaner, die Burgundersorten, Nobling und Gewürztraminer. Das Weinprogramm teilt sich in eine Basislinie, die Serie „Exclusiv-Auswahl“ für die jeweils besten Fässer, sowie die „Selektions“-Weine von ertragsreduzierten, alten Weinbergen, die nach den Richtlinien des kontrolliert umweltschonenden Weinbaus bearbeitet werden.

Vor zwei Jahren war die Kollektion konsistent, wurde angeführt von zwei gekonnt vinifizierten Barriqueweinen. Die letztjährige Kollektion gefiel uns noch besser, vor allem die kraftvollen Weißweine der „JZ"-Selektion, aber auch Spätburgunder und Weißburgunder Beerenauslese. Die Basisweine waren von guter, gleichmäßiger Qualität. Aus dem Jahrgang 2008 gab es keine Selektionsweine zu verkosten. Die vorgestellte Kollektion präsentiert sich sehr gleichmäßig auf gutem Niveau, bietet fruchtbetonte, reintönige Weißweine.

Weinbewertung

85 . . . Pinot Blanc Sekt brut Heitersheimer Maltesergarten
würzig, frisch, fruchtbetont, klar; füllig, harmonisch, feine süße Frucht **9,20 €**

85 . . . 2007 Chardonnay Kabinett trocken Heitersheimer Maltesergarten
gute Konzentration, feine Würze und Frucht, Frische; gute Fülle und Harmonie, feine Frische, reintönige Frucht **6,90 €**

81 2008 Gutedel Kabinett trocken Heitersheimer Maltesergarten **4,80 €**

83 2008 „Chasslie" Gutedel „sur lie" trocken Heitersheimer Maltesergarten **6,90 €**

83 2008 Grauburgunder Kabinett trocken Heitersheimer Maltesergarten **6,- €**

81 2008 Pinot Noir blanc de noirs trocken Heitersheimer Maltesergarten **5,20 €**

81 2008 Silvaner Kabinett „feinherb" Ballrechten-Dottinger Castellberg **4,80 €**

81 2008 Spätburgunder Rosé trocken Heitersheimer Maltesergarten **5,20 €**

81 2007 Spätburgunder trocken Heitersheimer Maltesergarten **5,60 €**

Anhang

Schnäppchen

In diesem Einkaufsführer sind Weine mit besonders gutem Preis-Leistungs-Verhältnis dadurch gekennzeichnet, dass die Preise dieser Weine farbig hervorgehoben sind. In diesem Verzeichnis sind alle diese Weine noch einmal getrennt nach Anbaugebieten aufgelistet. Darunter finden sich sowohl preiswerte Literweine mit überzeugender Qualität, als auch eine Reihe von Spitzenweinen, die gerade auch im internationalen Vergleich – fast – konkurrenzlos günstig sind. Zu jedem Wein wird die Bewertung, die der Wein erhalten hat, sowie der Preis aufgeführt (z.B. 86 / 4,50 €). Ist weiter nichts angegeben, handelt es sich um Preise für 0,75-Liter-Flaschen.

Baden

Weingut **Bercher**
2008 Spätburgunder Blanc de Noirs Kabinett trocken
Burkheimer Feuerberg .... 88/8,50 €
2008 Weißburgunder Kabinett trocken
Burkheimer Feuerberg .... 93/18,- €
2008 Weißburgunder „GG"
Burkheimer Feuerberg .... 88/8,50 €
Weingut **Hagenbucher**
2008 Weißburgunder** trocken .... 87/6,70 €
Weingut **Pix**
2008 Weißburgunder trocken .... 87/7,- €
Weingut **Seeger**
2008 Grauburgunder trocken .... 86/6,- €
2008 Grauburgunder Kabinett trocken 88/7,80 €
2008 Grauburgunder „AS" trocken ..... 90/11,50 €

Franken

Weingut Michael **Blendel**
2008 Silvaner Kabinett trocken
Escherndorfer Lump .... 84/5,10 €/1l
2008 Riesling Spätlese trocken
Escherndorfer Lump .... 88/7,50 €
Weingut **Brügel**
2008 Silvaner Kabinett trocken
Greuther Bastel .... 86/6,- €
Weingut Clemens **Fröhlich**
2008 Müller-Thurgau Kabinett........... 85/4,60 €
2008 Silvaner Spätlese trocken
Escherndorfer Lump .... 88/7,50 €
2008 Silvaner Spätlese trocken „Beste Beere"
Escherndorfer Lump .... 89/9,80 €
2008 Riesling Spätlese trocken
Escherndorfer Lump .... 89/7,50 €
Weingut Clemens **Fröhlich**
2008 Muskateller Kabinett
Untereisenheimer Sonnenberg .... 86/6,- €
Weingut **Rumpel & Schömig**
2008 „Schnelzer Secco" .... 85/5,- €
2008 Silvaner trocken .... 85/4,- €
2008 Müller-Thurgau .... 84/3,50 €
Weingut Horst **Sauer**
2008 Müller-Thurgau trocken
Frank & Frei .... 86/5,50 €
2008 Silvaner Kabinett trocken
Escherndorfer Fürstenberg .... 87/6,80 €
2008 Silvaner Kabinett trocken
Escherndorfer Lump .... 88/7,70 €
2008 Silvaner Spätlese trocken
Escherndorfer Lump .... 89/9,90 €
2008 Riesling Spätlese trocken
Escherndorfer Lump .... 88/7,50 €
Weingut Egon **Schäffer**
2008 Müller-Thurgau trocken .... 83/4,- €/1l
2008 Müller-Thurgau trocken
Escherndorfer Fürstenberg .... 84/4,80 €/1l
Weingut **Scheuring**
2008 Grauburgunder Spätlese trocken
Retzstadter Benediktusberg .... 86/6,- €
Winzerhof **Stahl**
2008 Müller-Thurgau Hasennest
„Damaszener Stahl" .... 87/7,- €
2008 Silvaner
„Damaszener Stahl" .... 86/6,- €

Weingut **Zehnthof**

2008 Müller-Thurgau trocken

Sulzfelder Cyriakusberg .... 85/5,- €

Mittelrhein

Weingut **Didinger**

2008 Riesling Kabinett trocken

Bopparder Hamm Fässerlay .... 85/4,80 €

Weingut **Weingart**

2008 Riesling Kabinett trocken

Spay .... 86/6,- €

Mosel

Weingut **Becker-Steinheuer**

2008 Riesling trocken „Die Steinmauer"

Zeltinger Schlossberg .... 88/7,50 €

2008 Riesling Spätlese

Veldenzer Carlsberg .... 88/7,50 €

2008 Riesling Spätlese

Brauneberger Juffer .... 88/7,50 €

Weingut Josef **Bernard-Kieren**

2008 Riesling Kabinett „M"

Graach Himmelreich .... 86/5,50 €

Weingut Erben von **Beulwitz**

2008 Riesling Großes Gewächs

Kaseler Nies'chen .... 91/15,- €

2008 Riesling Kabinett

Kaseler Nies'chen .... 87/6,50 €

2008 Riesling Spätlese „Alte Reben"

Kaseler Nies'chen .... 89/9,50 €

Weingut **Granns-Fassisn**

2008 Riesling trocken

„Mineralschiefer" .... 86/5,40 €

Weingut Willi **Haag**

2008 Riesling Kabinett

Brauneberger Juffer .... 87/6,70 €

2008 Riesling Kabinett

Brauneberger Juffer-Sonnenuhr .... 88/7,50 €

2008 Riesling Spätlese

Brauneberger Juffer-Sonnenuhr .... 89/9,- €

Weingut Joh. **Haart**

2008 Riesling Kabinett Nr. 7

Piesporter Goldtröpfchen .... 87/6,50 €

Weingut Reinhold **Haart**

2008 Riesling"GG" trocken

Ohligsberg .... 92/18,- €

2008 Riesling Spätlese

Piesporter Goldtröpfchen .... 92/16,40 €

2008 Riesling Auslese

Piesporter Goldtröpfchen .... 94/24,90 €

Weingut Kurt **Hain**

2008 Riesling Spätlese Nr. 13

Piesporter Goldtröpfchen .... 89/10,- €

Weingut Freiherr von **Heddesdorff**

2008 Riesling Spätlese

Winninger Röttgen .... 88/9,30 €

Weinhof **Herrenberg**

2008 Riesling „Stier"

Schodener Herrrenberg .... 91/12,90 €

Weingut **Jakoby-Mathy**

2008 Riesling Spätlese

Kinheimer Rosenberg .... 87/7,- €

Weingut **Kanzlerhof**

2008 Riesling Kabinett

Pölicher Held .... 86/5,- €

2008 Riesling Spätlese

Mehringer Blattenberg .... 88/7,50 €

2004 Riesling Spätlese Goldkapsel

Pölicher Held .... 89/8,50 €

Weingut Rüdiger **Kröber**

2008 Riesling Spätlese trocken

Winninger Röttgen .... 89/9,30 €

2008 Riesling Spätlese

Winninger Röttgen .... 88/8,30 €

Weingut **Laurentiushof**

2008 Riesling Spätlese „feinherb"

Bremmer Calmont .... 87/7,- €

Weingut Schloss **Lieser**

2008 Riesling Kabinett

Brauneberger Juffer .... 90/9,50 €

Weingut **Loersch-Eifel**

2008 Riesling Kabinett

Piesporter Goldtröpfchen .... 86/6,- €

Weingut Carl **Loewen**

2008 Riesling trocken
„Varidor" .... 87/6,80 €
2008 Riesling Kabinett
Leiwener Klostergarten .... 88/6,70 €

Weingut Meulenhof
2008 Riesling Spätlese „Alte Reben"
Erdener Treppchen .... 89/8,50 €

Weingut Ingo **Norwig**
2008 Riesling Spätlese halbtrocken
Burgener Hasenläufer .... 87/5,- €
2008 Kerner Spätlese
Burgener Hasenläufer .... 85/4,- €
2008 Riesling Auslese
Brauneberger Juffer .... 90/10,- €

Weingut Walter **Rauen**
2008 Riesling Hochgewächs trocken .. 84/4,50 **€/1l**
2008 Weißburgunder trocken .... 86/4,80 €
2008 Riesling Spätlese trocken „Alte Reben"
Thörnischer Ritsch .... 87/5,90 €
2008 Riesling Kabinett
Detzemer Würzgerten .... 86/4,80 €
2008 Riesling Spätlese „Alte Reben"
Detzemer Maximiner Klosterlay .... 87/5,90 €

Weingut **Reh**
2008 Riesling trocken
„Schieferterrassen" .... 86/5,50 €
2008 Riesling Spätlese trocken
Mehringer Blattenberg .... 88/7,- €
2008 Riesling Spätlese „feinherb" „Alte Reben"
Mehringer Blattenberg .... 89/8,- €
2008 Riesling Spätlese
Mehringer Zellerberg .... 88/7,- €
2008 Riesling Auslese „Zenit"
Mehringer Blattenberg .... 90/12,- €

Weingut **Reuscher-Haart**
2008 Riesling Spätlese Nr. 10
Piesporter Goldtröpfchen .... 88/7,20 €
2008 Riesling Spätlese Nr. 12
Piesporter Goldtröpfchen .... 87/7,- €

Weingut **Rosenhof**
2008 Riesling Spätlese „feinherb" .... 86/5,60 €

Weingut **Steffens-Keß**
2008 Riesling Spätlese trocken
Reiler Burglay .... 89/9,90 €

Weingut Christian **Steinmetz**
2008 Riesling Auslese
Brauneberger Juffer .... 90/9,50 €

Weingut Günther **Steinmetz**
2008 Riesling Spätlese**
Brauneberger Juffer .... 88/8,- €

Weingut **Weiser-Künstler**
2008 Riesling Kabinett
Enkircher Ellergrub .... 89/9,- €
2008 Riesling Spätlese
Enkircher Ellergrub .... 91/15,- €

Weingut **Studert-Prüm**
2008 Riesling Kabinett
Wehlener Sonnenuhr .... 87/6,90 €
2008 Riesling Spätlese
Wehlener Sonnenuhr .... 89/7,90 €

Weingut **Weins-Prüm**
2008 Riesling Spätlese
Erdener Prälat .... 90/10,- €

Weingut Ewald **Zenzen**
2008 Riesling Hochgewächs
Pommerner Sonnenuhr .... 85/4,50 €
2007 Riesling Auslese
Pommerner Zeisel .... 89/7,- €

Pfalz

Weingut Friedrich **Becker**
2008 Silvaner trocken .... 84/5,- **€/1l**

Christmann Wein
2007 Riesling Spätlese trocken
Kindenheimer Grafenstück .... 84/3,90 €

Dr. **Deinhard** Weingut von Winning
2007 Riesling Spätlese trocken
Forster Ungeheuer .... 89/10,- €

Weingut **Dietrich**
2008 Sauvignon Blanc trocken
Großkarlbacher Osterberg .... 84/4,- €

Weingut **Fader** – Kastanienhof
2008 Gewürztraminer Spätlese .... 86/5,80 €

Weingut Alfons **Hormuth**
2008 Silvaner trocken

„Expression" .... 85/4,70 €
2008 Huxelrebe Spätlese
St. Martiner Baron .... 85/4,50 €
Weingut **Jesuitenhof**
2008 Riesling Spätlese trocken
Dirmsteiner Jesuitenhofgarten .... 88/7,20 €
Weingut Bernhard **Koch**
2008 Riesling Spätlese trocken „Muschelkalk"
Hainfelder Letten .... 85/5,- €
Weingut **Petri**
2008 Riesling Spätlese trocken
Herxheim Honigsack .... 87/6,30 €
2008 Riesling Spätlese trocken
Kallstadter Saumagen .... 88/7,30 €
Weingut **Scholler**
2008 Riesling Spätlese trocken
Birkweiler Mandelberg .... 86/5,60 €
Weingut **Schumacher**
2008 Riesling trocken .... 85/6,- €/1l
Weingut Heinrich **Spindler**
2008 Riesling Kabinett trocken
Deidesheimer Herrgottsacker .... 86/6,- €

Rheingau

Weingut Karl-Joh. **Molitor**
2008 Riesling „feinherb"
Hattenheimer Wisselbrunnen .... 86/4,50 €
2008 Riesling Kabinett „feinherb"
Hattenheimer Schützenhaus .... 84/3,90 €
Weingut **Querbach**
2008 Riesling Classic...................... 87/6,05 €
2008 Riesling Edition...................... 88/7,35 €
2008 Riesling Hallgarten.................. 89/8,40 €
Weingut Ernst-Peter **Schilling**
2008 Riesling „feinherb" ....84/3,20 €/1l

Rheinhessen

Weingut **Becker-Landgraf**
2008 Grauburgunder trocken .... 86/5,40 €
Geil's Sekt- und Weingut
2008 Chardonnay trocken .... 87/6,70 €

Weingut Heinrich **Groh**
2008 Riesling Spätlese trocken
Bechtheimer Rosengarten .... 86/5,50 €
Weingut **Klieber**
2008 Riesling Spätlese trocken
Gundersheimer Höllenbrand .... 85/4,90 €
Weingut **Meiser**
2008 Chardonnay Spätlese trocken .... 86/6,- €
Weingut **Michel-Pfannebecker**
2008 Riesling Spätlese trocken
Westhofener Steingrube .... 87/6,20 €
Weingut **Riffel**
2008 Silvaner trocken .... 84/4,- €
Weingut **Wagner-Stempel**
2008 Silvaner trocken .... 87/6,30 €
Weingut Eckhard **Weitzel**
2008 Weißburgunder Spätlese trocken
Ingelheimer .... 86/5,80 €

Württemberg

Weingut Gerhard **Aldinger**
2008 Trollinger** trocken
Fellbacher Lämmler .... 87/6,90 €
Weingut **Dautel**
2008 Weißburgunder** trocken
Bönnigheimer Sonnenberg .... 88/7,90 €
2008 Weißburgunder*** trocken
Bönnigheimer Sonnenberg .... 90/11,80 €

Bestenlisten

Die folgende Zusammenstellung soll denjenigen, die sich für spezielle Rebsorten oder einen speziellen Weintyp interessieren, die Orientierung erleichtern. Wir haben bewusst darauf verzichtet, die Gruppen an den gesetzlichen Prädikats-Bezeichnungen wie Spätlese oder Auslese festzumachen, weil diese Bezeichnungen keine Weintypen repräsentieren, und die Weine, die diese Bezeichnungen tragen, selten miteinander vergleichbar sind. So findet man beispielsweise in einer Verkostung von süßen Riesling-„Spätlesen" immer seltener Wein, die dem klassischen Typ einer Spätlese entsprechen. Die meisten Rieslinge in solchen Verkostungen sind abgestufte Auslesen, gar Beerenauslesen, andere wieder mit einem Anteil Eiswein „aufgemotzt". Gleiches gilt auch für trockene Weine. Ist denn eine Kategorie „Kabinett" sinnvoll, wenn dort Weine mit 14,5% Alkohol vertreten sind (jawohl, das gibt es!)? Da im deutschen Weingesetz nur Mindestgrenzen, aber keine Höchstgrenzen für den potentiellen Alkoholgehalt der Weine der einzelnen Prädikate festgesetzt sind, eignen sich diese Prädikate nicht als Weintypen. Noch weniger geeignet sind natürlich nicht gesetzlich geregelte Bezeichnungen, wie beispielsweise „feinherb", die jeder Winzer nach Belieben aufs Etikett setzen kann. Wir unterscheiden folglich nur zwischen trockenen (gesetzlich trocken, also bis maximal 9 Gramm Restzucker je Liter) und süßen Weinen. Weine aus zurückliegenden Jahrgängen, die nicht mehr im Verkauf sind, werden nicht mehr in der Bestenliste aufgeführt. Desgleichen Weine, die schon in früheren Ausgaben vorgestellt wurden. Wir unterscheiden im Folgenden:

Trockene Weißweine

Riesling
Weißburgunder
Grauburgunder
Chardonnay
Silvaner
sonstige weiße Rebsorten / Cuvées

Süße / edelsüße Weine

Riesling
sonstige edelsüße Weine

Rotweine

Spätburgunder
Cuvées
Lemberger
sonstige rote Rebsorten

Sekte

Riesling

Obwohl der Jahrgang nicht gerade berauschend war, gemessen am Jahrgangsdurchschnitt, gibt es in der Spitze nicht weniger faszinierende Rieslinge als in den Vorjahren. Wir verbuchen sogar – in der Spitze wohlgemerkt – einen kleinen Pluspunkt für 2008 gegenüber 2007: Die Weine sind nachhaltiger.

Rheinhessen ist einmal mehr stark vertreten, mit Philipp Wittmann, Klaus Peter Keller und Daniel Wagner (Weingut Wagner-Stempel), aber auch Battenfeld-Spanier, Kühling-Gillot. Die Nahe ist ganz oben mit dabei, mit den Name, die man schon aus den vergangenen Jahren kennt, mit Helmut Dönnhoff und Werner Schönleber, Tim Fröhlich zeigt sich weiter verbessert. Die Pfalz präsentiert sich wie schon in den Vorjahren sehr geschlossen, fast mit den gleichen Namen: Koehler-Rupprecht, Knipser, Bassermann-Jordan, Buhl, Christmann, Rebholz und Kuhn, hinzu kommt Deinhard. Auch das Rheingau ist wieder ganz stark vertreten, wieder mit Kühn, Leitz, Breuer, Weil, Schloss Johannisberg, Spreitzer und Becker. Die Mosel wird angeführt von Clemens Busch, Haart, Erben von Beulwitz, Clüsserath-Weiler und Loewen, Seeger vertritt Baden, Adelmann, Aldinger, Dautel und Schnaitmann Württemberg, auch Franken ist stark wie nie vertreten mit Fürst und Horst Sauer. Und und und...

95 Punkte

Weingut **Wittmann** Rheinhessen	2008 Morstein Westhofen Riesling „GG“

94 Punkte

Weingut Hermann **Dönnhoff** Nahe	2008 Hermannshöhle Riesling „GG“
Weingut **Emrich-Schönleber** Nahe	2008 Halenberg Riesling „GG“
Weingut Klaus **Keller** Rheinhessen	2008 „G-Max“ Riesling trocken
Weingut Klaus **Keller** Rheinhessen	2008 Morstein Westhofen Riesling „GG“
Weingut **Koehler-Ruprecht** Pfalz	2008 Kallstadter Saumagen Riesling Auslese trocken „R“
Weingut Peter Jakob **Kühn** Rheingau	2007 „Schlehdorn“ Riesling trocken
Weingut Johannes **Leitz** Rheingau	2008 Rüdesheimer Berg Schlossberg Riesling trocken „Alte Reben“

Weingut **Wittmann** Rheinhessen	2008 Brunnenhäuschen Westhofen Riesling „GG“

93 Punkte

Weingut Georg **Breuer** Rheingau	2008 Berg Schlossberg Rüdesheim Riesling
Weingut Klaus **Keller** Rheinhessen	2008 Hubacker Dalsheim Riesling „GG“
Weingut Klaus **Keller** Rheinhessen	2008 „Abteserde“ Riesling „GG“
Weingut Peter Jakob **Kühn** Rheingau	2007 Doosberg Riesling trocken
Weingut Johannes **Leitz** Rheingau	2008 Rüdesheimer Berg Rottland Riesling trocken „Alte Reben“ Goldkapsel
Weingut **Wittmann** Rheinhessen	2008 Aulerde Westhofen Riesling „GG“
Weingut **Wittmann** Rheinhessen	2008 Kirchspiel Westhofen Riesling „GG“
Weingut Robert **Weil** Rheingau	2008 Kiedrich Gräfenberg Riesling trocken Erstes Gewächs

92 Punkte

Weingut Clemens **Busch** Mosel	2008 „Rothenpfad“ Marienburg Pünderich Riesling „GG“
Weingut Clemens **Busch** Mosel	2008 „Falkenlay“ Marienburg Pünderich Riesling „GG“
Weingut Reichsrat von **Buhl** Pfalz	2008 Kirchenstück Forst Riesling „GG“
Weingut Reichsrat von **Buhl** Pfalz	2008 Reiterpfad Ruppertsberg Riesling „GG“
Weingut **Christmann** Pfalz	2008 Idig Königsbach Riesling „GG“
Dr. **Deinhard** Weingut von Winning Pfalz	2008 Langenmorgen Deidesheim Riesling „GG“
Weingut Hermann **Dönnhoff** Nahe	2008 Dellchen Riesling „GG“
Weingut **Emrich-Schönleber** Nahe	2008 Frühlingsplätzchen Riesling „GG“
Weingut Rudolf **Fürst**	2008 Centgrafenberg „R“

Franken	Riesling „GG“
Weingut Reinhold **Haart**	2008 Ohligsberg Wintrich
Mosel	Riesling „GG“
Weingut Schloss **Johannisberg**	2008 Schloss Johannisberger Riesling
Rheingau	Riesling Erstes Gewächs
Weingut Klaus **Keller**	2008 Kirchspiel Westhofen
Rheinhessen	Riesling „GG“
Weingut Klaus **Keller**	2008 Abtserde
Rheinhessen	Riesling „GG“
Weingut **Knipser**	2008 „Steinbuckel“ Mandelberg Laumersheim
Pfalz	Riesling „GG“
Weingut Peter Jakob **Kühn**	2007 St. Nikolaus
Rheingau	Riesling trocken
Weingut **Schäfer-Fröhlich**	2008 Felseneck Bockenau
Nahe	Riesling „GG“
Weingut **Schäfer-Fröhlich**	2008 Halenberg Monzingen
Nahe	Riesling „GG“
Weingut **Wagner-Stempel**	2008 Heerkretz
Rheinhessen	Riesling „GG“

91 Punkte

Weingut Graf **Adelmann**	2007 Süßmund Kleinbottwar
Württemberg	Riesling „GG“ „Das Lied von der Erde“
Weingut Gerhard **Aldinger**	2008 Lämmler Fellbach
Württemberg	Riesling „GG“
Weingut **Bassermann-Jordan**	2008 Kirchenstück Forst
Pfalz	Riesling „GG“
Weingut **Battenfeld-Spanier**	2008 Frauenstück Nieder-Flörsheim
Rheinhessen	Riesling „GG“
Weingut Erben von **Beulwitz**	2008 Kaseler Nies'chen
Mosel	Riesling Großes Gewächs
Weingut Georg **Breuer**	2008 Nonnenberg Rauenthal
Rheingau	Riesling
Weingut Reichsrat von **Buhl**	2008 Ungeheuer Forst
Pfalz	Riesling „GG“
Weingut Reichsrat von **Buhl**	2008 Pechstein Forst
Pfalz	Riesling „GG“
Weingut Reichsrat von **Buhl**	2008 Jesuitengarten Forst
Pfalz	Riesling „GG“
Weingut Reichsrat von **Buhl**	2008 Paradiesgarten Forst
Pfalz	Riesling „GG“

Weingut **Christmann** Pfalz	2008 Mandelgarten Gimmeldingen Riesling „GG“
Weingut **Christmann** Pfalz	2008 Langenmorgen Deidesheim Riesling „GG“
Weingut **Clüsserath-Weiler** Mosel	2008 Trittenheimer Apotheke „Alte Reben“ Riesling trocken
Weingut **Dautel** Württemberg	2008 Sonnenberg Bönnigheim Riesling „GG“
Dr. **Deinhard** Weingut von Winning Pfalz	2008 Jesuitengarten Forst „von Winning“ Riesling „GG“
Dr. **Deinhard** Weingut von Winning Pfalz	2008 Kieselberg Deidesheim Riesling „GG“
Weingut Reinhold **Haart** Mosel	2008 Goldtröpchen Piesport Riesling „GG“
Weingut **Koehler-Ruprecht** Pfalz	2008 Kallstadter Saumagen Riesling Spätlese trocken „R“
Weingut **Kühling-Gillot** Rheinhessen	2008 Pettenthal Nierstein Riesling „GG“
Weingut **Kühling-Gillot** Rheinhessen	2008 Oelberg Nierstein Riesling „GG“
Weingut Johannes **Leitz** Rheingau	2008 Rüdesheimer Berg Rottland Riesling trocken „Alte Reben“
Weingut Carl **Loewen** Mosel	2008 Maximin Herrenberg „1896 Alte Reben“ Riesling trocken
Weingut Oekonomierat **Rebholz** Pfalz	2008 Kastanienbusch Riesling „GG“
Weingut Oekonomierat **Rebholz** Pfalz	2008 Im Sonnenschein Riesling „GG“
Weingut Rainer **Schnaitmann** Württemberg	2008 Götzenberg Ulbach Riesling „GG“
Weingut Horst **Sauer** Franken	2008 Lump Escherndorf Riesling „GG“
Weingut Thomas **Seeger** Baden	2008 „Oberklamm“ Riesling trocken
Weingut Josef **Spreitzer** Rheingau	2008 Oestricher Lenchen „Rosengarten“ Riesling Erstes Gewächs
Weingut **Wagner-Stempel** Rheinhessen	2008 Höllberg Riesling „GG“

90 Punkte

Weingut **Bassermann-Jordan** Pfalz	2008 Pechstein Forst Riesling „GG“
Weingut **Bassermann-Jordan** Pfalz	2008 Jesuitengarten Forst Riesling „GG“
Weingut **Bassermann-Jordan** Pfalz	2008 Hohenmorgen Deidesheim Riesling „GG“
Weingut **Battenfeld-Spanier** Rheinhessen	2008 Kirchenstück Hohensülzen Riesling „GG“
Weinbau J.B. **Becker** Rheingau	2007 Wallufer Walkenberg „Alte Reben“ Riesling Spätlese trocken
Weingut Georg **Breuer** Rheingau	2008 Berg Rottland Rüdesheim Riesling
Weingut Clemens **Busch** Mosel	2008 Marienburg Pünderich Riesling „GG“
Weingut **Christmann** Pfalz	2008 Ölberg Königsbach Riesling trocken
Dr. **Deinhard** Weingut von Winning Pfalz	2008 Ungeheuer Forst „von Winning“ Riesling trocken
Dr. **Deinhard** Weingut von Winning Pfalz	2008 Reiterpfad Ruppertsberg „von Winning“ Riesling trocken
Dr. **Deinhard** Weingut von Winning Pfalz	2008 Kalkofen Deidesheim Riesling „GG“
Weingut Hermann **Dönnhoff** Nahe	2008 Felsenberg Riesling trocken
Weingut Frieder **Dreißigacker** Rheinhessen	2008 Geyersberg Riesling trocken
Weingut **Emrich-Schönleber** Nahe	2008 Halenberg Riesling trocken
Weingut Michael **Fröhlich** Franken	2008 Lump Escherndorf Riesling „GG“
Weingut **Gunderloch** Rheinhessen	2008 Pettenthal Nierstein Riesling „GG“
Weingut Destillerie **Gutzler** Rheinhessen	2008 Liebfrauenstift Kirchenstück Worms Riesling „GG“
Weingut Karl **Haidle** Württemberg	2008 Stettener Pulvermächer Riesling „GG“
Weingut Dr. **Heger** Baden	2008 Winklerberg Ihringen Riesling*** „GG“
Weingut Klaus **Keller** Rheinhessen	2008 Westhofener Riesling trocken

Weingut **Knipser** Pfalz	2008 „HIM" Mandelpfad Dirmstein Riesling „GG"
Weingut **Kruger-Rumpf** Nahe	2008 Münsterer Pittersberg Riesling „GG"
Weingut **Kühling-Gillot** Rheinhessen	2008 Sackträger Oppenheim Riesling „GG"
Weingut **Kühling-Gillot** Rheinhessen	2008 Rothenberg Nackenheim Riesling „GG"
Weingut Peter Jakob **Kühn** Rheingau	2008 „Quarzit" Riesling trocken
Weingut Peter Jakob **Kühn** Rheingau	2008 „Landgeflecht" Riesling trocken
Weingut Franz **Künstler** Rheingau	2008 Hochheimer Hölle Riesling Erstes Gewächs
Weingut Franz **Künstler** Rheingau	2008 Hochheimer Kirchenstück Riesling Erstes Gewächs
Weingut Philipp **Kuhn** Pfalz	2008 Kirschgarten Riesling „GG"
Weingut Andreas **Laible** Baden	2008 Plauelrain Durbach Riesling „GG"
Weingut Andreas **Laible** Baden	2008 Plauelrain Durbach Riesling „Achat"
Weingut Freiherr **Langwerth von Simmern** Rheingau	2008 Hattenheimer Mannberg Riesling Erstes Gewächs
Weingut Freiherr **Langwerth von Simmern** Rheingau	2008 Hattenheimer Wisselbrunnen Riesling Erstes Gewächs
Weingut Johannes **Leitz** Rheingau	2008 Rüdesheimer Berg Roseneck Riesling trocken
Weingut Fürst **Löwenstein** Franken	2008 „Coronilla" Kallmuth Homburg Riesling „GG"
Weingut **Melsheimer** Mosel	2008 „Kellerchen" Reiler Mullay-Hofberg Riesling Spätlese trocken
Weingut Georg **Mosbacher** Pfalz	2008 Pechstein Forst Riesling „GG"
Weingut **Müller-Catoir** Pfalz	2008 „Breumel in den Mauern" Riesling „GG"
Weingut Oekonomierat **Rebholz** Pfalz	2008 „Ganz Horn" Im Sonnenschein Riesling „GG"
Weingut Horst **Sauer** Franken	2008 Lump Escherndorf Riesling Spätlese trocken „T 39"
Weingut Rainer **Sauer** Franken	2008 Lump Escherndorf „L" Riesling Spätlese trocken

Weingut **Schäfer-Fröhlich** Nahe	2008 Felsenberg Schlossböckelheim Riesling „GG“
Weingut **Schäfer-Fröhlich** Nahe	2008 Kupfergrube Schlossböckelheim Riesling „GG“
Weingut Adolf **Schembs** Rheinhessen	2008 Liebfrauenstift Kirchenstück Worms Riesling trocken
Weingut Rainer **Schnaitmann** Württemberg	2008 Lämmler Fellbach Riesling „GG“
Weingut **Schmitt's Kinder** Franken	2008 Pfülben Randersacker Riesling „GG“
Weingut **Siegrist** Pfalz	2008 Sonnenschein Riesling „GG“
Weingut **Siener** Pfalz	2008 Birkweiler Kastanienbusch Riesling trocken „Schiefer“
Weingut Josef **Spreitzer** Rheingau	2008 Hattenheimer Wisselbrunnen Riesling Erstes Gewächs
Weingut Robert **Weil** Rheingau	2008 Kiedrich Gräfenberg Riesling trocken
Weingut **Winter** Rheinhessen	2008 Geyersberg Dittelsheim Riesling trocken
Weingut **Zehnthof** Franken	2008 Riesling*** Spätlese trocken

Weißburgunder

Wie schon 2007 hat sich Weißburgunder auch 2008 sehr gut behauptet, wieder in vielen deutschen Anbaugebieten – und wieder in vielen Ausbauvarianten: Ohne Holz, mit etwas Holz, mit viel Holz. Bei manchen Winzern ist ein Trend dahingehend zu erkennen, weniger neues Holz einzusetzen.

Baden dominiert, wenn auch nicht so eindeutig wie schon in früheren Jahren: Bercher, Michel, Keller, Seeger, Heger, Salwey, Wöhrle – bekannte Namen. Die Pfalz ist von Jahr zu Jahr stärker vertreten mit Bergdolt, Rebholz, Becker, Bernhart, Knipser, Münzberg, Müller-Catoir und Meßmer, Wittmann und Keller stehen für Rheinhessen, Molitor vertritt die Mosel. Franken hat wie schon in den vergangenen Jahren einige faszinierende Weißburgunder aufzuweisen, so von Fürst, Zehnthof, Störrlein und Juliusspital, Dautel und Aldinger vertreten Württemberg.

93 Punkte

Weingut **Bercher** Baden	2008 Feuerberg Burkheim Weißburgunder „GG“

92 Punkte

Weingut **Wittmann** Rheinhessen	2008 „S“ Weißburgunder trocken

91 Punkte

Weingut **Bergdolt** St. Lamprecht Pfalz	2008 Mandelberg Kirrweiler Weißburgunder „GG“
Weingut Rudolf **Fürst** Franken	2007 Centgrafenberg „R“ Weißburgunder
Weingut Dr. **Heger** Baden	2008 Winklerberg Ihringen Weißburgunder*** „GG“
Weingut Dr. **Heger** Baden	2008 Schlossberg Achkarren Weißburgunder*** „GG“
Weingut Franz **Keller** Baden	2008 Weißburgunder Selection
Weingut Franz **Keller** Baden	2008 Weißburgunder Selection „S“

Weingut **Michel** Baden	2008 Achkarrer Schlossberg Weißburgunder Spätlese*** trocken
Weingut Markus **Molitor** Mosel	2008 Wehlener Klosterberg Pinot Blanc***
Weingut Oekonomierat **Rebholz** Pfalz	2008 Im Sonnenschein Weißburgunder „GG“
Weingut Thomas **Seeger** Baden	2008 „S“ Weißburgunder trocken
Weingut Familie **Wöhrle** Baden	2008 Lahrer Kronenbühl Weißburgunder „GG“
Weingut **Zehnthof** Franken	2008 Weißburgunder*** Spätlese trocken

90 Punkte

Weingut Friedrich **Becker** Pfalz	2007 Weißburgunder Tafelwein
Wein- und Sektgut **Bernhart** Pfalz	2008 „Raedling“ Weißburgunder „GG“
Weingut **Dautel** Württemberg	2008 Sonnenberg Bönnigheim Weißburgunder*** trocken
Weingut Dr. **Heger** Baden	2008 Winklerberg Ihringen Weißburgunder Spätlese trocken
Weingut **Juliusspital** Würzburg Franken	2008 Volkacher Karthäuser Weißburgunder „GG“
Weingut **Knipser** Pfalz	2007 „KG“ Weißburgunder Auslese trocken
Weingut **Salwey** Baden	2008 Kirchberg Weißburgunder „GG“

89 Punkte

Weingut Gerhard **Aldinger** Württemberg	2008 Untertürkheimger Gips Weißburgunder*** trocken
Weingut **Bercher** Baden	2008 Sasbacher Limburg Weißburgunder Spätlese trocken
Weingut **Bergdolt** St. Lamprecht Pfalz	2008 „Lössriedel“ Weißburgunder Spätlese trocken
Weingut **Bergdolt** St. Lamprecht Pfalz	2008 St. Lamprecht Weißburgunder Spätlese trocken

Weingut Rudolf **Fürst** Franken	2007 Centgrafenberg Weißburgunder
Weingut Franz **Keller** Baden	2008 Oberbergener Pulverbuck Weißburgunder Spätlese Classic
Weingut **Keller** Rheinhessen	2008 Weißburgunder trocken „S"
Weingut **Knab** Baden	2008 Endinger Engelsberg *** Weißburgunder Spätlese trocken
Weingut Herbert **Meßmer** Pfalz	2008 „Im Goldenen Jost" Weißburgunder „GG"
Weingut **Michel** Baden	2008 Achkarrer Schlossberg Weißburgunder Spätlese trocken
Weingut **Münzberg** Pfalz	2008 „Schlangenpfiff" Weißburgunder „GG"
Weingut **Müller-Catoir** Pfalz	2008 Herrenletten Weißburgunder trocken
Weingut J. **Störrlein & Krenig** Franken	2008 Sonnenstuhl Randersacker Weißburgunder „GG"
Weingut Familie **Wöhrle** Baden	2008 Lahrer Kronenbühl Weißburgunder Spätlese trocken

Grauburgunder

Wenige Spitzen – und alles wie gehabt fest in badischer Hand. Heger ist famos, Bercher, Michel, Salwey, Seeger, auch Wöhrle. Dazu Burg Ravensburg. Als Nicht-Badener haben nur Knipser und Ruck den Sprung unter die Besten geschafft. Allerdings ist auch innerhalb Badens die Varianz der Stile sehr groß, reicht von Weinen ohne Holzausbau bis hin zu Grauburgunder à la Burgund.

92 Punkte

Weingut Dr. **Heger** Baden	2008 Schlossberg Achkarren Grauburgunder*** „GG" Barrique

91 Punkte

Weingut **Bercher** Baden	2008 Feuerberg Burkheim Grauburgunder „GG"
Weingut **Michel** Baden	2008 Achkarrer Schlossberg Grauburgunder Spätlese*** trocken
Weingut **Salwey** Baden	2008 Kirchberg Grauburgunder „GG"
Weingut Thomas **Seeger** Baden	2008 „S" Grauburgunder trocken

90 Punkte

Weingut Dr. **Heger** Baden	2008 Winklerberg Ihringen Grauburgunder*** „GG"
Weingut **Michel** Baden	2008 Achkarrer Schlossberg Grauburgunder Spätlese trocken
Weingut Burg **Ravensburg** Baden	2008 Löchle Burg Ravensburg Grauburgunder „GG"
Weingut Thomas **Seeger** Baden	2008 „AS" Grauburgunder trocken
Weingut Familie **Wöhrle** Baden	2008 Lahrer Kronenbühl Grauburgunder „GG"

89 Punkte

Weingut **Bercher** Baden	2008 Schlossgarten Burkheim Grauburgunder „GG“
Weingut **Bercher** Baden	2008 Feuerberg Burkheim Grauburgunder Spätlese trocken
Weingut Dr. **Heger** Baden	2008 Winklerberg Ihringen Grauburgunder Spätlese trocken
Weingut **Knipser** Pfalz	2008 Grauburgunder Spätlese trocken
Weingut Johann **Ruck** Franken	2008 Grauburgunder trocken „alte Reben“ Rödelseer Schwanleite
Weingut Familie **Wöhrle** Baden	2008 Lahrer Kronenbühl Grauburgunder Spätlese trocken

Chardonnay

Noch nie gefiel er uns so gut wie in diesem Jahr. Ja, es gibt schönen Chardonnay in Deutschland. In allen Varianten hat er uns gefallen: Ohne Holz, mit Holz, mit viel Holz. Wobei wir in der Spitze schon die Weine mit „viel" Holz am höchsten bewerteten, denn wenn ein Chardonnay „viel Wein" ist, dann verträgt er eben auch „viel Holz".

Baden räumt ab, das war nicht anders zu erwarten: Keller und Huber an vorderster Front, dazu Bercher, Heger, Schlumberger und Wöhrle, alles altbekannte Namen, dazu ein neuer: Höfflin. Die Pfalz muss sich geschlagen geben, auch wenn der Wein von Hansjörg Rebholz uns begeistert hat, auch Becker, Meßmer, Pfleger, Bergdolt und Siegrist sind stark. Dazu Dautel aus Württemberg und Fürst aus Franken. Das war's.

94 Punkte

Weingut Franz **Keller** Baden	2008 Chardonnay Selection „A"

93 Punkte

Weingut Bernhard **Huber** Baden	2007 Chardonnay trocken Hecklinger Schlossberg

92 Punkte

Weingut Oekonomierat **Rebholz** Pfalz	2008 „R" Chardonnay Spätlese trocken

90 Punkte

Weingut Friedrich **Becker** Pfalz	2007 Chardonnay Tafelwein
Weingut **Bercher** Baden	2008 Chardonnay Spätlese trocken „SE"
Weingut **Dautel** Württemberg	2008 Chardonnay „S"
Weingut Dr. **Heger** Baden	2008 Chardonnay Spätlese*** Barrique Winklerberg Ihringen
Weingut Bernhard **Huber** Baden	2007 Chardonnay trocken

Weingut Herbert **Meßmer** Pfalz	2008 Chardonnay trocken Barrique
Privat-Weingut H. **Schlumberger** Baden	2007 Chardonnay trocken
Weingut Familie **Wöhrle** Baden	2007 Chardonnay Spätlese trocken Barrique Lahrer Kronenbühl

89 Punkte

Weingut **Bergdolt** St. Lamprecht Pfalz	2008 Chardonnay Spätlese trocken
Weingut Rudolf **Fürst** Franken	2007 Chardonnay Karthäuser
Biologisches Weingut **Höfflin** Baden	2008 Chardonnay trocken „Prestige"
Weingut Jakob **Pfleger** Pfalz	2007 Chardonnay Edition Curator
Weingut **Siegrist** Pfalz	2007 Chardonnay*** Spätlese trocken Barrique

Silvaner

Starke Silvaner-Vorstellung im Silvaner-Jahr: Noch nie konnten wir so viele Silvaner in diese Liste aufnehmen wie mit dem Jahrgang 2008. Was einmal daran liegt, dass 2008 in Franken ein recht gutes Jahr war; zum anderen aber scheint man auch unser Flehen nach weniger Restsüße, weniger Alkohol und weniger Botrytis in Franken gehört zu haben.

Rainer Sauer ist wieder ganz stark, Horst Sauer auch, Wirsching und das Juliusspital, Michael Fröhlich und Ludwig Knoll, Schmitt's Kinder und die Luckerts vom Zehnthof, Glaser-Himmelstoß, Clemens Fröhlich, Rudolf May, Johann Ruck, Gerhard Roth, Armin Störrlein: Starke fränkische Phalanx.

Aber auch außerhalb Frankens gibt es noch Winzer, die den Silvaner achten und schätzen – und vorzügliche Weine erzeugen. Joachim Heger in Ihringen zum Beispiel, oder Philipp Wittmann und Daniel Wagner in Rheinhessen.

91 Punkte

Weingut **Juliusspital** Würzburg Franken	2008 Lump Escherndorf Silvaner „GG“
Weingut Horst **Sauer** Franken	2008 Lump Escherndorf Silvaner „GG“
Weingut Rainer **Sauer** Franken	2008 Lump Escherndorf „L“ Silvaner Spätlese trocken
Weingut Hans **Wirsching** Franken	2008 Julius-Echter-Berg Iphofen Silvaner „GG“

90 Punkte

Weingut **Bürgerspital** zum Heiligen Geist Franken	2008 Stein Würzburg Silvaner „GG“
Weingut Michael **Fröhlich** Franken	2008 Lump Escherndorf Silvaner „GG“
Weingut Dr. **Heger** Baden	2008 Schlossberg Achkarren Silvaner*** „GG“
Weingut **Juliusspital** Würzburg Franken	2008 Julius-Echter-Berg Iphofen Silvaner „GG“
Weingut **Juliusspital** Würzburg Franken	2008 Stein Würzburg Silvaner „GG“
Weingut Ludwig **Knoll** Franken	2008 VINZ alte Reben Silvaner trocken

Weingut Horst **Sauer** Franken	2008 „Sehnsucht" Silvaner trocken
Weingut **Schmitt's Kinder** Franken	2008 Pfülben Randersacker Silvaner „GG"
Weingut Hans **Wirsching** Franken	2008 Kronsberg Iphofen Silvaner „GG"
Weingut **Zehnthof** Franken	2008 Silvaner*** Spätlese trocken

89 Punkte

Weingut Clemens **Fröhlich** Franken	2008 Escherndorfer Lump „Beste Beere" Silvaner Spätlese trocken
Weingut **Glaser-Himmelstoss** Franken	2008 Dettelbacher Berg-Rondell Silvaner Spätlese trocken
Weingut Dr. **Heger** Baden	2008 Winklerberg Ihringen Silvaner*** „GG"
Weingut Rudolf **May** Franken	2008 „RECIS" Retzstadter Langenberg Silvaner Spätlese trocken
Weingut **Roth** Franken	2008 Wiesenbronner Heller Berg Silvaner Spätlese „G" trocken
Weingut Johann **Ruck** Franken	2008 Julius-Echter-Berg Iphofen Silvaner „GG"
Weingut Horst **Sauer** Franken	2008 Lump Escherndorf Silvaner Spätlese trocken
Weingut Rainer **Sauer** Franken	2008 Lump Escherndorf (Beton-Ei) Silvaner Spätlese trocken
Weingut J. **Störrlein & Krenig** Franken	2008 Pfülben Silvaner Spätlese trocken
Weingut **Wagner-Stempel** Rheinhessen	2008 Siefersheimer Silvaner trocken
Weingut **Wittmann** Rheinhessen	2008 Westhofener Silvaner trocken
Weingut **Zehnthof** Franken	2008 „Gelbkalk" Silvaner Spätlese trocken

Sonstige weiße Rebsorten und Cuvées

Auch in diesem Jahr wieder eine kurze Liste: Zweimal Sauvignon Blanc (Württemberg!) ein Auxerrois, dazu drei Burgundercuvées, und zwei etwas weniger alltägliche Cuvées aus Riesling und Silvaner (Unter der Mauer) respektive aus Chardonnay, Sauvignon Blanc und Kerner (Triologie). Rote Cuvées scheinen einfach beliebter zu sein.

90 Punkte

Weingut Gerhard **Aldinger** Württemberg	2008 Sauvignon Blanc*** trocken
Weingut Oekonomierat **Rebholz** Pfalz	2008 „R" „PiNO" Spätlese trocken
Weingut **Zehnthof** Franken	2008 „Unter der Mauer" Spätlese trocken

89 Punkte

Weingut Rainer **Schnaitmann** Württemberg	2008 Sauvignon Blanc*** trocken
Weingut Thomas **Seeger** Baden	2008 Auxerrois trocken „AS"
Weingut Thomas **Seeger** Baden	2008 Cuvée „Georg" trocken
Weingut Hans **Wirsching** Franken	2008 „TriTerra" Burgundercuvée Iphöfer
Weingut **Zimmerle** Württemberg	2007 „TRIOLOGIE" (Chardonnay, Sauvignon Blanc, Kerner)

Süße / edelsüße Rieslinge

2008 war in ganz Deutschland kein wirklich gutes Jahr für edelsüße Weine. Dafür ist die Liste noch relativ lang, man darf sich aber nicht darüber hinwegtäuschen lassen, dass viele der Weine nur in homöopathischen Mengen zur Verfügung stehen.

Der Rheingau ist wieder gut vertreten, mit den Namen, die man kennt: Kühn und Weil, dazu Schloss Johannisberg und Schloss Schönborn. Auch an der Mosel gab es einige faszinierende edelsüße Weine, von Knebel, Schloss Lieser, Melsheimer und Busch, dazu von Schubert, von Beulwitz, Haart, Hermann, Molitor, Herrenberg, Sankt Urbans-Hof und Kroeber, Karthäuserhof, Schaefer, Rosch und Zilliken. Und in Franken gibt es ja immer den Horst Sauer.

98 Punkte

Weingut Reinhold & Beate **Knebel** Mosel	2008 Riesling Trockenbeerenauslese Winninger Röttgen
Weingut Robert **Weil** Rheingau	2008 Riesling Trockenbeerenauslese Kiedrich Gräfenberg

97 Punkte

Weingut Schloss **Lieser** Mosel	2008 Riesling Trockenbeerenauslese Lieserer Niederberg-Helden
Weingut Robert **Weil** Rheingau	2008 Riesling Beerenauslese Goldkapsel Kiedrich Gräfenberg

96 Punkte

Weingut Peter Jakob **Kühn** Rheingau	2008 Riesling Beerenauslese Oestrich Lenchen
Weingut Peter Jakob **Kühn** Rheingau	2008 Riesling Trockenbeerenauslese Oestrich Lenchen
Weingut **Melsheimer** Mosel	2008 Riesling Eiswein Reiler Mullay-Hofberg
Weingut Robert **Weil** Rheingau	2008 Riesling Trockenbeerenauslese Kiedrich Turmberg

95 Punkte

Weingut Clemens **Busch**	2008 Riesling Beerenauslese
Mosel	Marienburg Pünderich
Weingut Schloss **Johannisberg**	2008 Riesling Eiswein
Rheingau	Schloss Johannisberger
Weingut Reinhold & Beate **Knebel**	2008 Riesling Eiswein
Mosel	Winninger Röttgen
Weingut Schloss **Lieser**	2008 Riesling Auslese Goldkapsel Verst.
Mosel	Brauneberger Juffer-Sonnenuhr
Weingut Horst **Sauer**	2008 Riesling Trockenbeerenauslese
Franken	Escherndorfer Lump
C. von **Schubert'sche** Gutsverwaltung	2008 Riesling Eiswein
Mosel	Maximin Grünhäuser Herrenberg
Weingut Robert **Weil**	2008 Riesling Auslese Goldkapsel
Rheingau	Kiedrich Gräfenberg
Weingut Robert **Weil**	2008 Riesling Eiswein
Rheingau	Kiedrich Gräfenberg

94 Punkte

Weingut Erben von **Beulwitz**	2008 Riesling Eiswein
Mosel	Kaseler Nies'chen
Weingut Clemens **Busch**	2008 Riesling Auslese Goldkapsel
Mosel	Marienburg Pünderich
Weingut Reinhold **Haart**	2008 Riesling Auslese
Mosel	Piesporter Goldtröpchen
Weingut Dr. **Hermann**	2008 Riesling Eiswein
Mosel	Erdener Treppchen
Weingut Schloss **Johannisberg**	2008 Riesling Beerenauslese
Rheingau	Schloss Johannisberger
Weingut Rüdiger **Kröber**	2008 Riesling Eiswein
Mosel	Winninger Domgarten
Weingut Peter Jakob **Kühn**	2008 Riesling Auslese
Rheingau	Mittelheim St. Nikolaus
Weingut Markus **Molitor**	2008 Riesling Auslese***
Mosel	Zeltinger Sonnenuhr
Weingut **Sankt Urbans-Hof**	2008 Riesling Beerenauslese
Mosel	Leiwener Laurentiuslay
Weingut Horst **Sauer**	2008 Riesling Eiswein
Franken	Escherndorfer Lump

Domänenweingut Schloss **Schönborn** Rheingau	2008 Riesling Beerenauslese Hattenheimer Pfaffenberg
Weingut Robert **Weil** Rheingau	2008 Riesling Auslese Kiedrich Gräfenberg

93 Punkte

Weingut Clemens **Busch** Mosel	2008 Riesling Spätlese „Fahrlay" Marienburg Pünderich
Weinhof **Herrenberg** Mosel	2008 Riesling Beerenauslese Schodener Herrenberg
Weingut **Karthäuserhof** Mosel	2008 Riesling Eiswein „Nr. 51" Eitelsbacher Karthäuserhofberg
Weingut Peter Jakob **Kühn** Rheingau	2008 Riesling Auslese Oestrich Lenchen
Weingut Schloss **Lieser** Mosel	2008 Riesling Auslese Goldkapsel Brauneberger Juffer-Sonnenuhr
Weingut Schloss **Lieser** Mosel	2008 Riesling Auslese Goldkapsel Lieserer Niederberg-Helden
Weingut Josef **Rosch** Mosel	2008 Riesling Eiswein Leiwener Klostergarten
Weingut Willi **Schaefer** Mosel	2008 Riesling Auslese (Versteigerung) Graacher Domprobst
Weingut Forstmeister Geltz – **Zilliken** Mosel	2008 Riesling Eiswein Saarburger Rausch
Weingut Horst **Sauer** Franken	2008 Riesling Beerenauslese Escherndorfer Lump
Domänenweingut Schloss **Schönborn** Rheingau	2008 Riesling Beerenauslese Erbacher Marcobrunn
Weingut Robert **Weil** Rheingau	2008 Riesling Beerenauslese Kiedrich Turmberg

Edelsüße Weine: Sonstige Rebsorten

Nichts Neues, und die Liste ist nochmals kürzer geworden: Zweimal Horst Sauer und Silvaner, einmal Klaus Peter Keller mit Rieslaner.

94 Punkte

Weingut Horst **Sauer** Franken	2008 Silvaner Trockenbeerenauslese Escherndorfer Lump

92 Punkte

Weingut **Keller** Rheinhessen	2008 Rieslaner Trockenbeerenauslese Monsheimer Silberberg
Weingut Horst **Sauer** Franken	2008 Silvaner Eiswein Escherndorfer Lump

Spätburgunder

Es macht Freude zu sehen, wie es vorangeht mit Spätburgunder in Deutschland. Und 2007 war wahrhaftig kein großer Jahrgang. Aber die Winzer, die lernen eben Jahr ständig dazu.

Natürlich sind da die Großmeister, die man ja Jahr für Jahr ganz vorne erwarten kann und muss. Paul Fürst und Fritz Keller, Bernhard Huber, Thomas Seeger und Gerhard Stodden. Aber doch auch „neue" Namen, zumindest Namen, die wir noch nie ganz so weit oben hatten: Thomas Siegrist oder Thomas Rinker (Weingut Knab), auch Ulrich Bernhart (Schlumberger) hat einen brillanten Pinot Noir. Dazu wie schon in früheren Jahren Klaus-Peter Keller, Joachim Heeger und die Berchers, Adeneuer und Meyer-Näkel, Josef Michel und die beiden Waßmers, Friedrich Becker und Philipp Kuhn, Markus Molitor und Konrad Schlör – und viele weitere mit hervorragenden Pinots, aus vielen verschiedenen deutschen Anbaugebieten.

Die Dichte in Baden ist hoch, gemessen an der Rebfläche an der Ahr aber noch viel höher. Franken und Württemberg spielen ganz oben mit, die Pfalz und Rheinhessen auch das Rheingau, die Mosel eben durch Molitor. Wir freuen uns auf die kommenden Jahrgänge!

94 Punkte

Weingut Rudolf **Fürst** Franken	2007 Centgrafenberg „Hunsrück" Spätburgunder „GG"
Weingut Franz **Keller** Baden	2007 Selection „A" Spätburgunder
Weingut **Siegrist** Pfalz	2005 Pinot Noir**** trocken

93 Punkte

Weingut Bernhard **Huber** Baden	2007 Schlossberg Hecklingen Spätburgunder „R" trocken
Weingut Bernhard **Huber** Baden	2007 Wildenstein Spätburgunder „R" trocken
Weingut **Keller** Rheinhessen	2007 Bürgel Dalsheim Spätburgunder „GG"
Weingut **Knab** Baden	2007 Endinger Engelsberg „A IX"*** Spätburgunder trocken

Privat-Weingut H. **Schlumberger** Baden	2007 Altenberg Pinot Noir „GG"
Weingut Thomas **Seeger** Baden	2007 Spätburgunder „RR"
Weingut Jean **Stodden** Ahr	2007 Recher Herrenberg Spätburgunder „GG"

92 Punkte

Weingut J.J. **Adeneuer** Ahr	2006 „R" Spätburgunder
Weingut Friedrich **Becker** Pfalz	2007 „Herrschaftswingert SL" Spätburgunder
Weingut Friedrich **Becker** Pfalz	2007 Pinot Noir Tafelwein
Weingut **Bercher** Baden	2007 Feuerberg Burkheim Spätburgunder „GG"
Weingut Rudolf **Fürst** Franken	2007 Centgrafenberg „R" Spätburgunder „GG"
Weingut Dr. **Heger** Baden	2007 Schlossberg Achkarren Spätburgunder*** „GG"
Weingut Franz **Keller** Baden	2007 Spätburgunder Selection „S"
Weingut Philipp **Kuhn** Pfalz	2007 Steinbuckel Pinot Noir „GG"
Weingut Philipp **Kuhn** Pfalz	2007 Kirschgarten Pinot Noir „GG"
Weingut **Meyer-Näkel** Ahr	2007 Walporzheimer Kräuterberg Spätburgunder „GG"
Weingut **Michel** Baden	2007 Achkarrer Schlossberg Spätburgunder trocken Barrique
Weingut Markus **Molitor** Mosel	2007 Graacher Himmelreich Spätburgunder***
Weingut Konrad **Schlör** Baden	2007 First Pinot Noir
Weingut Jean **Stodden** Ahr	2007 Recher Herrenberg „Alte Reben" Spätburgunder
Weingut Fritz **Waßmer** Baden	2007 „XXL" Spätburgunder trocken
Weingut Martin **Waßmer** Baden	2007 „SW" Spätburgunder trocken

91 Punkte

Weingut J.J. **Adeneuer** Ahr	2007 Gärkammer Walporzheim Spätburgunder „GG"
Weingut Gerhard **Aldinger** Württemberg	2007 Gips Untertürkheim Spätburgunder „GG"
Weingut **Burggarten** Ahr	2007 „R" Heimersheimer Burggarten Spätburgunder trocken
Wein- und Sektgut **Bernhardt** Pfalz	2007 „Raedling" Spätburgunder „GG"
Weingut **Dautel** Württemberg	2007 Spätburgunder****
Weingut Karl **Haidle** Württemberg	2007 Burghalde Schnait Spätburgunder „GG"
Weingut Dr. **Heger** Baden	2007 Winklerberg Ihringen Spätburgunder*** „GG"
Weingut Bernhard **Huber** Baden	2007 Sommerhalde Bombach Spätburgunder „R" trocken
Weingut **Meyer-Näkel** Ahr	2007 „SR" Spätburgunder
Weingut **Michel** Baden	2007 Ihringer Winklerberg Spätburgunder trocken Barrique
Weingut Jakob **Pfleger** Pfalz	2007 Pinot Noir R**** Edition Curator
Weingut **Salwey** Baden	2007 Kirchberg Spätburgunder „GG"
Weingut Konrad **Schlör** Baden	2007 Reicholzheimer First Spätburgunder „R"
Weingut Rainer **Schnaitmann** Württemberg	2007 „Simonroth R" Spätburgunder trocken
Weingut **Schumacher** Pfalz	2007 „Garten RR" Herxheimer Himmelreich Spätburgunder Spätlese trocken
Weingut Jean **Stodden** Ahr	2007 Neuenahrer Sonnenberg Spätburgunder „GG"
Weingut Martin **Waßmer** Baden	2007 „GC" Pinot Noir trocken

90 Punkte

Weingut J.J. **Adeneuer** Württemberg	2007 Rosenthal Ahrweiler Spätburgunder „GG“
Weingut Friedrich **Becker** Pfalz	2007 „Kammerberg“ Spätburgunder „GG“
Weingut Friedrich **Becker** Pfalz	2007 „Res“ Spätburgunder
Weingut Friedrich **Becker** Pfalz	2007 „Herrschaftswingert“ Spätburgunder
Weingut **Dautermann** Rheinhessen	2006 „KD SELECT****“ Pinot Noir trocken
Geil's Sekt- und Weingut Rheinhessen	2006 Dalsheim Bürgel Spätburgunder trocken
Weingut Rudolf **Fürst** Franken	2007 Klingenberger Spätburgunder
Weingut Destillerie **Gutzler** Rheinhessen	2007 Morstein Westhofen Spätburgunder „GG“
Weingut **Hermann** Baden	2007 „Cantus Avis“ Spätburgunder trocken
Weingut Bernhard **Huber** Baden	2007 Malterdingen Bienenberg Spätburgunder „R“ trocken
Weingut Bernhard **Huber** Baden	2007 „Alte Reben“ Spätburgunder trocken
Weingut Franz **Keller** Baden	2007 „Frank Anton“ Spätburgunder Auslese Bassgeige
Weingut **Keller** Rheinhessen	2007 „FR“ Spätburgunder trocken
Weingut **Keller** Rheinhessen	2007 „S“ Spätburgunder trocken
Weingut August **Kesseler** Rheingau	2007 Assmannshäuser Höllenberg Spätburgunder trocken
Weingut **Kopp** Baden	2006 „R“ Spätburgunder trocken
Weingut Franz **Künstler** Rheingau	2007 Hochheimer Reichestal Spätburgunder Erstes Gewächs
Weingut Philipp **Kuhn** Pfalz	2007 „vom Kalksteinfels“ Spätburgunder trocken
Weingut **Meyer-Näkel** Ahr	2007 Dernauer Pfarrwingert Spätburgunder „GG“

Bestenlisten

Weingut **Meyer-Näkel** Ahr	2007 Neuenahrer Sonnenberg Spätburgunder „GG“
Weingut Markus **Molitor** Mosel	2007 Brauneberger Klostergarten Spätburgunder***
Weingut Jakob **Pfleger** Pfalz	2007 Pinot Noir Edition Curator
Weingut **Plag** Baden	2007 „Excellance“ Pinot Noir trocken
Weingut **Salwey** Baden	2007 Eichberg Spätburgunder „GG“
Weingut **Schumacher** Pfalz	2007 „Garten“ Herxheimer Himmelreich Spätburgunder Spätlese trocken
Weingut **Schumacher** Pfalz	2007 „Garten R“ Herxheimer Himmelreich Spätburgunder Spätlese trocken
Weingut Thomas **Seeger** Baden	2007 Spätburgunder „R“
Weingut **Siegrist** Pfalz	2006 Sonnenschein Spätburgunder „GG“
Weingut Jean **Stodden** Ahr	2007 Ahrweiler Rosenthal Spätburgunder „GG“
Weingut Jean **Stodden** Ahr	2007 Mayschosser Mönchberg Spätburgunder
Weingut Dr. **Wehrheim** Pfalz	2006 Kastanienbusch Spätburgunder „GG“
Weingut Familie **Wöhrle** Baden	2007 Lahrer Kronenbühl Spätburgunder „GG“
Weingut **Zehnthof** Franken	2007 Spätburgunder***

Rote Cuvées

Wieder einmal ist Württemberg am häufigsten vertreten in dieser Liste – 18 zu 11 für Württemberg! – und wie schon in den beiden vorausgegangenen Jahren steht der Granat von Albrecht Schwegler ganz oben. Roland Pfleger mit seiner Bordeauxcuvée (aus dem Jahrgang 2006!) folgt dichtauf, ebenso die Luckerts, ebenfalls mit einer Bordeauxcuvée. Cabernet Sauvignon und Merlot tragen zu vielen Cuvées bei, in Württemberg auch der Zweigelt, hin und wieder auch die so genannten Weinsberger Neuzüchtungen. Die Ergenisse werden Jahr für Jahr überzeugender, die Vielfalt besticht.

92 Punkte

Weingut Albrecht **Schwegler** Württemberg	2006 Granat

91 Punkte

Weingut Jakob **Pfleger** Pfalz	2006 Claret Edition Curator Cuvée Goldberg
Weingut **Zehnthof** Franken	2007 Grand Noir***

90 Punkte

Weingut Gerhard **Aldinger** Württemberg	2007 Cuvée C***
Weingut Friedrich **Becker** Pfalz	2005 „Die verbotenen Früchte" Cabernet + Merlot
Weingut **Bercher** Baden	2007 Limberg VII
Weingut **Dautel** Württemberg	2007 Kreation rot „S"
Weingut Jürgen **Ellwanger** Württemberg	2006 Nicodemus HADES
Weingut Karl **Haidle** Württemberg	2007 Ypsilon
Weingut **Kusterer** Württemberg	2006 Melac*** Esslinger Schenkenberg
Weingut Rainer **Schnaitmann**	2007 Simonroth MC

Württemberg	
Weingut **Schneider** Pfalz	2006 Tailor
Weingut Albrecht **Schwegler** Württemberg	2006 Saphir
Weingut Thomas **Seeger** Baden	2007 „Naan"

89 Punkte

Weingut Gerhard **Aldinger** Württemberg	2007 Cuvée V***
Weingut Friedrich **Becker** Pfalz	2004 „Die verbotenen Früchte" Cabernet + Merlot
Weingut **Beurer** Württemberg	2006 Secundus
Weingut **Birkert** Württemberg	2007 CM trocken Barrique Adolzfurter Schneckenhof
Weingut **Heid** Württemberg	2007 M trocken*** Fellbacher Goldberg
Weingut G.A. **Heinrich** Württemberg	2006 G.A.
Weingut G.A. **Heinrich** Württemberg	2006 Wollendieb
Weingut **Hermann** Baden	2007 Syrah & Cabernet Sauvignon trocken „Cantus Avis"
Weingut **Klumpp** Baden	2007 Cuvée M trocken*** Eichholz
Weingut **Leiss** Württemberg	2006 Nobilis
Weingut **Plag** Baden	2007 Cuvée Rouge trocken Excellance
Weinbau Martin **Schwarz** Sachsen	2006 Spätburgunder + Portugieser
Weinmanufaktur **Untertürkheim** Württemberg	2006 Mönch Berthold*** trocken Barrique
Weingut **Wachtstetter** Württemberg	2007 Cuvée Ernst Combé
Staatsweingut **Weinsberg** Württemberg	2006 Traum 2006
Weingut **Zehnthof** Franken	2007 Jungfrau Nunn***

Lemberger

Immerhin zehn Weine in dieser Liste, wie gehabt Württemberg, dazu Thomas Seeger von der Badischen Bergstraße. Auch die Württemberger Namen hat man hier alle schon gesehen in den letzten Jahren, ob Wachtstetter oder Haidle, Weinsberg oder Dautel, Aldinger oder Untertürkheim, aber halt, ein Name ist neu: Das Weingut Fürst Hohenlohe-Öhringen.

90 Punkte

Weingut Jürgen **Ellwanger** Württemberg	2006 Lemberger trocken HADES
Weingut Karl **Haidle** Württemberg	2007 Lemberger trocken Barrique
Weingut Thomas **Seeger** Baden	2007 Lemberger „R"
Weingut **Wachtstetter** Württemberg	2006 Lemberger trocken „Junges Schwaben"
Staatsweingut **Weinsberg** Württemberg	2007 Lemberger trocken HADES

89 Punkte

Weingut Gerhard **Aldinger** Württemberg	2007 Fellbacher Lämmler Lemberger „GG"
Weingut **Dautel** Württemberg	2007 Lemberger****
Weingut Fürst **Hohenlohe-Öhringen** Württemberg	2006 Verrenberger Verrenberg Lemberger trocken HADES
Weingut Thomas **Seeger** Baden	2007 Lemberger „S"
Weinmanufaktur **Untertürkheim** Württemberg	2006 Lemberger*** trocken Barrique

Sonstige rote Rebsorten

Da freuen wir uns aber den Namen einer quasi einheimischen Rebsorte ganz oben zu finden, und vor Cabernet Sauvignon und Merlot. Frühburgunder hat uns viel Freude bereitet in diesem Jahr, nicht nur der Wein von Paul Fürst, auch die Ahr ist gleich mehrfach vertreten, die Pfalz durch Schumacher und Kuhn, Franken noch einmal durch den Zehnthof. Hinzu kommen zwei starke Schwarzriesling (Seeger und Schlör), vier Zweigelt (Ellwanger, Dautel, Haidle und Gussek) und jeweils ein Portugieser (Schneider) und St. Laurent (Kuhn). Dazu aber auch die internationalen Stars Cabernet Sauvignon (Zehnthof, Martin Waßmer, Kuhn), Syrah (Fritz Waßmer) und viele Merlot (Pfleger, Klopfer, Neipperg, Aldinger, Groh, Kuhn, Zehnthof, Zimmerle). Schöne Vielfalt.

92 Punkte

Weingut Rudolf **Fürst** Franken	2007 Centgrafenberg „R" Frühburgunder

91 Punkte

Weingut Jakob **Pfleger** Pfalz	2007 Cuvée Laurea Edition Curator (Merlot)
Weingut **Zehnthof** Franken	2007 Cabernet Sauvignon***

90 Punkte

Weingut Jürgen **Ellwanger** Württemberg	2006 Zweigeltrebe trocken HADES
Weingut **Kreuzberg** Ahr	2007 Frühburgunder „GG" Dernauer Hardtberg
Weingut Wolfgang **Klopfer** Württemberg	2007 Merlot trocken Barrique
Weingut Philipp **Kuhn** Pfalz	2007 St. Laurent trocken
Weingut **Meyer-Näkel** Ahr	2007 Frühburgunder „GG" Dernauer Pfarrwingert
Weingut des Grafen **Neipperg** Württemberg	2007 „S.E." Merlot trocken

Weingut Konrad **Schlör** Baden	2007 Schwarzriesling „R" Reicholzheimer First
Weingut **Schumacher** Pfalz	2007 Frühburgunder Spätlese trocken Herxheimer Himmelreich
Weingut Thomas **Seeger** Baden	2007 Schwarzriesling „R"
Weingut Fritz **Waßmer** Baden	2007 Syrah trocken
Weingut Martin **Waßmer** Baden	2007 Cabernet Sauvignon trocken

89 Punkte

Weingut Gerhard **Aldinger** Württemberg	2007 Merlot***
Weingut **Dautel** Württemberg	2007 Zweigelt „S"
Weingut Heinrich **Groh** Rheinhessen	2007 Merlot trocken „Edition Haus Groh"
Winzerhof **Gussek** Saale-Unstrut	2006 Zweigelt Auslese trocken Barrique Kaatschener Dachsberg
Weingut Karl **Haidle** Württemberg	2007 Zweigelt trocken Barrique
Weingut Peter **Kriechel** Ahr	2008 Frühburgunder trocken „Jubilus" (Goldkapsel)
Weingut Philipp **Kuhn** Pfalz	2007 Frühburgunder trocken
Weingut Philipp **Kuhn** Pfalz	2007 Merlot trocken
Weingut Philipp **Kuhn** Pfalz	2007 Cabernet Sauvignon trocken
Weingut **Schneider** Pfalz	2007 „Einzelstück" (Portugieser)
Weingut Jean **Stodden** Ahr	2007 Frühburgunder trocken Recher Herrenberg
Weingut **Zehnthof** Franken	2007 Frühburgunder***
Weingut **Zehnthof** Franken	2007 Merlot***
Weingut **Zimmerle** Württemberg	2006 Merlot Barrique

Sekte

Nichts Neues im deutschen Sektland: Volker Raumland präsentiert wieder die faszinierendste Sekt-Kollektion – und wird immer besser. Der Wilhelmshof bringt einen wunderschön gereiften „Patina"-Sekt, Barth versteht sich auf Riesling, Buhl auf Weißburgunder ohne Dosage: Dahinter – nicht mehr in dieser Liste – eine schöne Vielfalt.

91 Punkte

Weingut **Raumland** Rheinhessen	2004 „IV. Triumvirat Grande Cuvée" brut
Weingut **Raumland** Rheinhessen	2005 „V. Triumvirat Grande Cuvée" brut

90 Punkte

Weingut Reichsrat von **Buhl** Pfalz	2007 Weißburgunder Dosage Zéro
Weingut **Raumland** Rheinhessen	1997 Blanc de Blancs Prestige brut

89 Punkte

Wein- und Sektgut **Barth** Rheingau	Riesling „Primus" brut Hattenheimer Hassel
Weingut **Wilhelmshof** Pfalz	2001 Pinot „B" Brut „Patina"

Rebsorten

Dieses Verzeichnis enthält nur solche Rebsorten, die uns in den letzten Jahren reinsortig oder in Cuvées „auf die Zunge" gekommen sind. Darüber hinaus gibt es noch etwa 50 weitere Rebsorten, die früher ab und an in Deutschland zu finden waren, oft Neuzüchtungen, die im Versuchsanbau zu finden waren, dann aber züchterisch nicht weiter verfolgt wurden.

Rebsorte	weiße Rebsorten
Rebsorte	rote Rebsorten

Acolon ... gelegentlich als „Cabernet Acolon" bezeichnet. Weinsberger Neuzüchtung aus Lemberger und Dornfelder. Eine der neuen Sorten, die Rotweine im „Cabernettyp" erbringen sollen. Findet recht schnelle Verbreitung (knapp 500 Hektar), insbesondere in Württemberg, aber auch in Rheinhessen und der Pfalz, vereinzelt auch in Franken zu finden. Reinsortige Weine erinnern im Bouquet deutlich an rote Johannisbeeren. Hat (bisher) noch keine denkwürdigen Weine erbracht, ab und an einige gute barriqueausgebaute Weine, meist aus Württemberg. Wird häufig für Cuvées genutzt.

Albalonga ... in den fünfziger Jahren in Würzburg als Kreuzung aus Rieslaner und Silvaner gezüchtet. Kaum verbreitet, findet man sie am ehesten noch in Franken (z.B. Staatlicher Hofkeller, Göbel, Trockene Schmitts) oder Rheinhessen (z.B. Göhring). Kann ganz exzellente edelsüße Weine ergeben, die ein wenig an Rieslaner erinnern, auch trocken ausgebaut findet man Anklänge an Grapefruit, wie beim Rieslaner.

André ... in den sechziger Jahren in der ehemaligen Tschechoslowakei aus Blaufränkisch und Sankt Laurent gekreuzt. Einige wenige Hektar im Anbau in Sachsen und Saale-Unstrut (Pawis, Kloster Pforta), häufiger in Mähren zu finden. Die wenigen von uns bisher verkosteten Weine wiesen – bei feiner Frucht – eine deutliche Säure auf.

Auxerrois ... Rebsorte aus der Burgunderfamilie, die bis vor wenigen Jahren vor allem im Kraichgau und an der Badischen Bergstraße (Seeger), sowie in der Südpfalz (heute auch immer häufiger im Norden der Pfalz, Schumacher) anzutreffen war, in geringerem Umfang auch an der Obermosel. Bereits seit den siebziger Jahren auch in Franken bei Schloss Sommerhausen zu finden (immer wieder bemerkenswert der Sekt!). Außerhalb Deutschlands vor allem im Elsass verbreitet, wo sie früher oft einfach als „Pinot Blanc" bezeichnet wurde, heute immer häufiger als „Pinot Blanc Auxerrois". Auch in Luxemburg von Bedeutung. Findet sich heute vereinzelt in fast allen deutschen Anbaugebieten – mit steigender Beliebtheit, so in Rheinhessen (Gutzler, Hedesheimer Hof, Brenner, Manz, Gröhl), an der Nahe (Crusius) oder in Württemberg (Hirth), auch im Breisgau (Wöhrle, Huber, Frey), am Kaiserstuhl (Knab, Fischer, Höfflin) und am Bodensee (Aufricht). Bei reifen Trauben ergeben sich recht stoffige Weine mit ausgeprägtem Bouquet und kräftiger Frucht (meist markanter als beim verwandten → Weißburgunder), aber niedriger Säure.

Bacchus ... in den sechziger Jahren am Geilweilerhof durch Kreuzung von (Silvaner x Riesling) mit Müller-Thurgau entstanden hat Bacchus in kurzer Zeit in fast allen deutschen Weinbaugebieten Einzug gehalten. Größere Anbauflächen gibt es in Rheinhessen und der Pfalz, aber nur in Franken hat Bacchus ein eigenständiges Profil entwickelt mit interessanten Weinen. In Franken erfreut sich Bacchus bei Neuanlagen weiter großer Beliebtheit, während der Anbau in den anderen Anbaugebieten rückläufig ist. Bacchus profitiert sehr von kühler, langsamer Vergärung, die ausgeprägte Aromen zu Tage bringt, manchmal Anklänge an Johannisbeeren. Wird auch in Franken selten trocken ausgebaut, oft halbtrocken, gelegentlich edelsüß bis hin zur Trockenbeerenauslese.

Baron ... pilzresistente Neuzüchtung aus Freiburg, gelegentlich in Cuvées zu finden.

Blauburger ... österreichische Neuzüchtung aus Portugieser und Blaufränkisch. In Österreich auf etwa 1000 Hektar im Anbau, in Deutschland einige wenige Hektar im Versuchsanbau, vor allem in Franken (z.B. bei Schloss Sommerhausen, Hofmann). Ergibt recht füllige Weine bei zurückhaltender Frucht.

Blauer Frühburgunder ... siehe → Frühburgunder.

Blauer Limberger ... ampelografisch korrekte Bezeichnung des → Lemberger.

Blauer Portugieser ... siehe → Portugieser.

Blauer Spätburgunder ... siehe → Spätburgunder.

Blauer Zweigelt ... siehe → Zweigelt.

Blauer Silvaner ... Mutation des Grünen Silvaners, die sich von diesem lediglich durch die Rotfärbung der Beeren unterscheidet. Sehr selten zu finden (etwa 20 ha), vor allem in Franken z.B. bei Schloss Sommerhausen (die Rebschule Steinmann betreut die Rebsorte seit 1964), Zehnthof und Horst Sauer in Franken oder bei der Hahnmühle an der Nahe. Im Geschmack nicht vom Grünen → Silvaner zu unterscheiden, durch Maischestandzeiten ist eine leicht rötliche Färbung des Weines möglich. Erfreut sich derzeit steigender Beliebtheit.

Blaufränkisch ... in Österreich übliche Bezeichnung für → Lemberger, gelegentlich auch in Deutschland (außerhalb Württembergs) auf dem Etikett zu finden, z.B. in Franken (Roth, Bürgerspital), in der Pfalz (Immengarten Hof) oder auch in Baden (Dütsch).

Bronner ... pilzresistente Neuzüchtung aus Freiburg, gekreuzt aus Merzling und Rondo. Etwa drei Hektar im Versuchsanbau, vor allem in Baden, auch in Franken, oft in Cuvées mit anderen pilzresistenten Rebsorten zu finden („Bacat“), gelegentlich auch sortenrein anzutreffen.

Cabernet Blanc ... pilzresistente Neuzüchtung aus der Schweiz, gekreuzt aus Cabernet Sauvignon und einer Hybridsorte. Inzwischen auch sortenrein in Deutschland zu finden (z.B. beim Schlossgut Hohenbeilstein oder bei Rummel). Nicht zu verwechseln mit einer in Australien zu findenden Mutation des Cabernet Sauvignon mit hellen Beeren, die den Namen Shalistin erhalten hat.

Cabernet Cantor ... pilzresistente Neuzüchtung aus Freiburg, trotz des Namens keine Cabernet-Kreuzung.

Cabernet Carbon ... pilzresistente Neuzüchtung aus Freiburg, vereinzelt in Baden zu finden.

Cabernet Carol ... pilzresistente Neuzüchtung aus Freiburg (aus Cabernet Sauvignon und Solaris), ergibt farbintensive Weine mit Kraft und Tanninen.

Cabernet Cortis ... pilzresistente Neuzüchtung aus Freiburg (ebenfalls aus Cabernet Sauvignon und Solaris), bisher gelegentlich in Cuvées verwendet, reinsortig bei Becker (Malsch).

Cabernet Cubin ... Weinsberger Neuzüchtung aus Lemberger und Cabernet Sauvignon, die – obwohl erst seit 1998 im Versuchsanbau – derzeit rasche Verbreitung findet. Stellt hohe Anforderungen an die Lage und ergibt kraftvolle Rotweine. Bisher überwiegend für Cuvées verwendet, oft mit überzeugenden Ergebnissen (z.B. Cuvée Ernst Combé von Wachtstetter, Cuvée Nobilis von Gerhard Leiss), aber auch reinsortig sehr interessant, wie z.B. bei Stallmann-Hiestand in Rheinhessen, Schäfer-Heinrich und Medinger in Württemberg oder Immengarten Hof in der Pfalz.

Cabernet Dorio ... Weinsberger Neuzüchtung aus Dornfelder und Cabernet Sauvignon, die deutliche Cabernet Sauvignon-Noten hervorbringt mit intensivem Duft, der manchmal an Cassis erinnert. Bisher selten reinsortig zu finden, da meist in Cuvées verwendet. Hat (bisher) reinsortig noch keine denkwürdigen Weine erbracht.

Cabernet Dorsa ... wie der Cabernet Dorio eine Weinsberger Neuzüchtung aus Dornfelder und Cabernet Sauvignon. Im Bouquet Anklänge an rote Beeren (Johannisbeeren), ergibt fruchtbetonte, meist unkomplizierte Weine mit intensivem Bouquet. Sehr beliebt auch in Cuvées. Interessante Weine vor allem in Rheinhessen, in Cuvées (Manz), aber auch reinsortig (Stallmann-Hiestand, Brenner, Kreichgauer). In der Pfalz als Cuvéebestandteil beim Weingut Pfeffingen, reinsortig beim Weingut Fitz-Ritter.

Cabernet Franc ... gelegentlich findet man diese Rebsorte in Deutschland, die ihre Hauptverbreitungsgebiete in Frankreich hat, an der Loire (Bourgeuil, Chinon, Saumur) und in Bordeaux (wo sie meist als komplementäre Sorte zu → Cabernet Sauvignon und → Merlot in Cuvées genutzt wird). In Deutschland vor allem in der Pfalz, z.B. bei Knipser, Minges, als Bestandteil im Bordeaux-Blend Claret bei Pfleger, im Steinsatz von Schneider, reinsortig bei Matthias Gaul, außerhalb der Pfalz im Simonroth C bei Schnaitmann in Württemberg, immer öfter auch in Rheinhessen und in Baden.

Cabernet Mitos ... Weinsberger Neuzüchtung aus Lemberger und Cabernet Sauvignon, die Weine im Cabernettyp erbringen soll. Bisher meist in Cuvées verwendet, überzeugend bei Egon Schmitt. Reinsortig erste interessante Weine, z.B. bei Willy in Württemberg.

Cabernet Sauvignon ... Einer der Stars der internationalen Weinszene, der von Bordeaux bis Kalifornien in fast allen Weinbauregionen der Welt zu finden ist. In Deutschland erst seit wenigen Jahren im Anbau, vor allem in Baden, der Pfalz (Knipser, Minges) und Rheinhessen, aber auch in Württemberg (Aldinger) oder an der Ahr

(Kreuzberg). Ganz stark auch bei Luckert (Franken). Zunehmend bessere Ergebnisse. Braucht eine lange Vegetationsperiode, weshalb er in manchen Jahren nicht ganz ausreift. Zeigt dann Anklänge an grüne Paprika. Reifer Cabernet weist hingegen deutliche Cassisaromen auf. Gelegentlich wird er nach Bordeaux-Vorbild in Cuvées mit → Merlot und/oder → Cabernet Franc genutzt.

Cabertin . . . Schweizer Neuzüchtung aus Pinot Noir, pilzresistent, bei einigen ökologisch arbeitenden Betrieben im Anbau (z.B. beim Weingut Rummel).

Carmina . . . wie Domina eine Kreuzung aus Portugieser und Spätburgunder. Zuletzt noch beim Fürstlich Castell'schen Domänenamt in Cuvées verwendet, inzwischen gerodet.

Chardonel . . . Neuzüchtung aus Geneva (New York) aus Seyval Blanc und Chardonnay, pilzresistent; bei einigen biologisch arbeitenden Winzern für Cuvées verwendet.

Chardonnay . . . die vielleicht international renommierteste Weißweinsorte hat weltweite Verbreitung gefunden. In den letzten Jahren hat ihr Anbau in Deutschland stark zugenommen (sie wurde erst in den neunziger Jahren für deutsche Anbaugebiete zugelassen). Vor allem in Baden, der Pfalz und in Rheinhessen hat sie starke Zuwachsraten zu verzeichnen, aber auch in allen anderen deutschen Weinbaugebieten ist sie immer häufiger anzutreffen. Man mag stehen zu der Sorte wie man will, anerkennen muss man, dass sie sehr gute Weine ergeben kann. Auch in Deutschland. Jahr für Jahr gibt es mehr bemerkenswerte deutsche Chardonnay, vom Kaiserstuhl und aus der Pfalz vor allem, auch in Franken (Fürst, Zehnthof) und Rheinhessen (Wittmann) mit oder ohne Barriqueausbau. Über 1.100 Hektar sind in Deutschland mittlerweile mit Chardonnay bestockt.

Chasselas . . . französische Bezeichnung für → Gutedel, gelegentlich auch auf deutschen Etiketten zu finden (Schlossgut Ebringen).

Chenin Blanc . . . die wichtigste Rebsorte an der Loire, aber auch in Südafrika, erbringt bei maßvollen Erträgen sowohl trockene wie edelsüße Spitzenweine. In Deutschland im Versuchsanbau bei Stigler in Ihringen, reinsortig und als Cuvée mit Sauvignon Blanc.

Clevner . . . Mutation des Spätburgunders, die seit dem Mittelalter in Württemberg bekannt ist (insbesondere in der Gegend um Heilbronn). Wird neuerdings immer öfter auch als Frühburgunder bezeichnet. Im Geschmack jedoch weniger markant als der Frühburgunder (von der Ahr oder von Fürst aus Bürgstadt), was sicherlich mit an den Böden liegt. Der Württemberger Clevner ähnelt mehr dem Spätburgunder. Interessant bei Adelmann. Bitte beachten: In der Ortenau wird der → Rote Traminer auch als Clevner bezeichnet.

Dakapo . . . in den siebziger Jahren in Geisenheim aus Deckrot und Portugieser gekreuzt. Wird (bisher) meist als Deckrotwein verwendet, ist gelegentlich aber auch sortenrein zu finden, z.B. bei Rothweiler an der Hessischen Bergstraße. In Cuvées z.B. bei Frick im Markgräflerland.

Deckrot . . . in Freiburg aus Grauburgunder und Färbertraube gekreuzt. Wird ausschließlich zur Farbaufbesserung anderer Rotweine verwendet (und ist sicherlich für manch dunklen badischen Spätburgunder verantwortlich).

Domina . . . in den zwanziger Jahren am Geilweilerhof aus Portugieser und Spätburgunder gezüchtet. Erfreut sich steigender Beliebtheit in verschiedenen deutschen Anbaugebieten. Das Gros der derzeit gut 400 Hektar findet man in Franken. Von dort kommen auch die bisher interessantesten Weine, sowohl reinsortig (Zehnthof, Markert), als auch in Cuvées, oft mit Spätburgunder (Fürst, Ruck, Störrlein). Außerhalb Frankens immer häufiger zu finden, ohne jedoch bisher so überzeugende Weine wie in Franken zu erbringen.

Dornfelder . . . bereits in den fünfziger Jahren entstandene Weinsberger Kreuzung aus Helfensteiner und Heroldrebe, hat ihre Eltern an Beliebtheit weit hinter sich gelassen und ist der Fläche nach die Nummer 2 unter den roten Rebsorten (über 8.000 Hektar im Anbau). Auch wenn „Connaisseurs" die Nase rümpfen – Dornfelder kann sehr interessante Weine erbringen, vor allem auch barriqueausgebaut. Allerdings führt die Beliebtheit der Rebsorte dazu, dass immer höhere Hektarerträge erzeugt werden – was bei Dornfelder leicht möglich ist – und die Weine immer früher abgefüllt werden.

Dunkelfelder . . . einst auf Grund seiner dunklen Farbe als Deckrotwein genutzt, findet man ihn in letzter Zeit immer häufiger auch reinsortig (etwa 360 Hektar). Vor allem in der Pfalz und in Rheinhessen (z.B. bei Gallé) zeigt er, dass er, gerade auch barriqueausgebaut, gute Ergebnisse bringen kann. Interessant auch in Cuvées, z.B. bei Karst (Cadu) oder Zimmermann (Cuvée AZ).

Ehrenfelser . . . in den zwanziger Jahren in Geisenheim aus Riesling und Silvaner gezüchtet. Stark rückläufig im Anbau (noch 100 Hektar), am ehesten noch an der Hessischen Bergstraße. Ergibt fruchtbetonte Weine mit feiner Säure, eignet sich gut für edelsüße Weine.

Elbling . . . auch: **Weißer Elbling**. In früheren Jahrhunderten weit verbreitet, findet man Elbling heute vor allem an der Obermosel und in Sachsen. Die Weine sind recht neutral im Geschmack, niedrig im Alkohol und oft säurebetont. Wird häufig zu Sekt verarbeitet. (Anmerkung: Warum nicht lancieren als „deutsche Antwort auf Prosecco"!)

Faberrebe . . . in den zwanziger Jahren in Alzey aus Weißburgunder und Müller-Thurgau gezüchtet. Sie ergibt interessante Weine mit dezentem Muskatbouquet. Recht häufig in den Weinbergen in Rheinhessen und der Pfalz zu finden, seltener als Rebsortenbezeichnung auf Etiketten. Meist süß oder edelsüß zu finden, selten einmal trocken ausgebaut. Im Anbau stark rückläufig, die Rebfläche hat sich in den vergangenen fünf Jahren halbiert, aber immer noch mehr als 600 Hektar sind mit Faberrebe bestockt. In Franken bei Simon.

Färbertraube . . . wird fast ausschließlich als Deckrotwein verwendet.

Findling . . . Mutation des Müller-Thurgau. Kann faszinierende edelsüße Weine ergeben, jedoch selten zu finden, am ehesten an der Mosel (Schmitt-Rodermund, Hermes), beim Espenhof in Rheinhessen.

Freisamer ... 1916 in Freiburg aus Silvaner und Grauburgunder gezüchtet. Heute fast nur in Südbaden – insbesondere im Markgräflerland – zu finden, auch als Sekt. Als Cuvée-Bestandteil im „Malterer" von Bernhard Huber.

Frühburgunder ... auch: **Blauer Frühburgunder**, gelegentlich auch als Pinot Madeleine oder Pinot Noir Précoce bezeichnet. Mutation des Blauen Spätburgunders, reift deutlich vor dem → Spätburgunder aus, daher der Name. Führte lange Jahre nur ein Außenseiterdasein (nur noch 15 Hektar in den sechziger Jahren), war am ehesten noch am Untermain, in der Gegend von Ingelheim, bei Heilbronn und an der Ahr zu finden. Erfreut sich derzeit aber steigender Beliebtheit (250 Hektar), eigentlich in allen deutschen Anbaugebieten. Frühburgunder ergibt sehr eigenständige Weine – mit Wiedererkennungswert. Jahr für Jahr interessantere Weine von der Ahr (Adeneuer, Brogsitter, Burggarten, Kreuzberg, Kriechel, Meyer-Näkel, Riske, Sermann-Kreuzberg, Stodden), ganz faszinierend in Franken der „R" von Fürst, dazu Zehnthof, Walter, Höfling, Knapp. Im Rheingau immer häufiger zu finden (Löwenstein, Domäne Assmannshausen, König). Erste interessante Weine auch in Rheinhessen (Keth, Karlheinz Keller, Weitzel, Werner, Schloss Westerhaus, Burgunderhof, Gehring, Hedesheimer Hof, Mett), in der Pfalz (Kuhn, Neiss, Schumacher, Wilker, Klein, Bruno Leiner, Müller-Ruprecht, Wageck-Pfaffmann), an der Nahe (Schweinhardt, Crusius) und in Württemberg (Ellwanger, Schnaitmann), wo er in der Gegend von Heilbronn seit langem als → Clevner bekannt ist. Am Kaiserstuhl beim Weingut Fischer im Anbau, am Bodensee bei Aufricht, bei Fritz Waßmer, an der Hessischen Bergstraße bei Edling, an der Mosel beim Römerhof.

Frühroter Malvasier ... in Österreich noch weit verbreitet, wird sie heute in Deutschland fast gar nicht mehr angebaut. Noch einige wenige Hektar im Anbau in Rheinhessen.

Gänsfüsser ... diese vor 500 Jahren berühmteste Rebsorte der Pfalz ist auf Grund ihrer Ertragsschwäche nach und nach aus den Weinbergen verschwunden. Heute wird sie wieder betreut vom Staatsweingut mit Johannitergut in Mußbach.

Garanoir ... anfangs Granoir genannt. Eine im Weinbauinstitut Changin am Genfer See entstandene Kreuzung aus Gamay Noir und Reichensteiner. Wird in Deutschland ausschließlich bei Kuhnle in Strümpfelbach im Remstal angebaut.

Gelber Muskateller ... seit dem Mittelalter in Deutschland bekannt, am häufigsten am Kaiserstuhl zu finden (Heger, Genossenschaft Oberbergen), in der Ortenau (Schloss Ortenberg, Laible), auch an der Nahe (Korrell), in der Pfalz (Müller-Catoir, Rebholz, Brenneis-Koch, Schaefer, Rolf Pfaffmann), in Württemberg (Neipperg, Supp, Kistenmacher-Hengerer), Rheinhessen (Schales) und Franken (Michael Fröhlich, Heinz Braun). Von trocken bis edelsüß in vielen Spielarten zu finden.

Gelber Orleans ... alte Rebsorte, die wegen ihrer späten Reife nicht mehr angebaut wurde. Früher (in gemischt stehenden Weinbergen) oft am Rande des Weinbergs angepflanzt, um potentielle Diebe mit den unreifen Trauben abzuschrecken. Bei Knipser in der Pfalz zu finden, auch bei Breuer im Rheingau.

Gewürztraminer . . . in fast allen deutschen Anbaugebieten als Spezialität zu finden, außerhalb Deutschlands vor allem im Elsass, in Südtirol (vom Ort Tramin rührt der Name her) und in Osteuropa. Das Bouquet erinnert häufig an Rosen. Gewürztraminer eignet sich auch sehr gut für edelsüße Weine. Sowohl für trockene als auch für edelsüße Weine wird das Potenzial der Rebsorte in Deutschland – anders im Elsass und in Südtirol – zu wenig genutzt. Nur wenige Erzeuger bringen Jahr für Jahr sehr gute Gewürztraminer auf die Flasche (z.B. Glaser-Himmelstoß, Laible, Pix).

Goldriesling . . . Elsässer Züchtung aus Riesling und einer französischen Tafeltraube. In Deutschland vor allem in Sachsen und Saale-Unstrut zu finden. Ergibt recht neutrale Weine.

Grauer Burgunder . . . auch: Grauburgunder, Ruländer, international als Pinot Gris bezeichnet (Pinot Grigio in Italien). Eine der wenigen Weißweinsorten in Deutschland, die im Anbau zulegt (4.400 Hektar). Als Ruländer (meist süß ausgebaut) nicht mehr gefragt, hat die Namensänderung – zusammen mit der Stiländerung – einen gewaltigen Boom ausgelöst. Das Gros der Spitzenweine kommt derzeit vom Kaiserstuhl, aber auch in der Pfalz, in Rheinhessen, im Markgräflerland, in Franken und an der Nahe findet man immer häufiger Spitzenweine.

Grüner Veltliner . . . neben Riesling die bekannteste Rebsorte in Österreich. In Deutschland in Rheinhessen im Versuchsanbau, auch im Rheingau beim Weingut Koegler, in Franken beim Weingut Land-Art.

Grüner Silvaner... siehe → Silvaner.

Gutedel . . . auch: **Weißer Gutedel**. Die Hauptrebsorte im badischen Markgräflerland, sonst aber kaum noch in Deutschland zu finden (ein wenig an Saale und Unstrut). Ergibt jung zu trinkende Weine mit verhaltenen Aromen. Durch kühle, langsame Vergärung gibt es neuerdings etwas ausdrucksstärkere Weine. In den letzten Jahren häufig auch edelsüß zu finden. Verbreitet in der Schweiz, wo er Fendant oder Chasselas genannt wird. In geringem Umfang auch noch im Elsass zu finden.

Hecker... pilzresistente Neuzüchtung, bei einigen badischen Winzern im Versuchsanbau.

Hegel . . . Weinsberger Kreuzung aus Heroldrebe und Helfensteiner. Ergibt leichte unkomplizierte Rotweine. Bei einigen Betrieben in Württemberg, vor allem im Remstal im Versuchsanbau, auch in Baden.

Helfensteiner... in den dreißiger Jahren in Weinsberg aus Frühburgunder und Trollinger gezüchtet. Ergibt leichte Rotweine und ist heute nur noch selten zu finden.

Helios . . . pilzresistente Neuzüchtung aus Freiburg, die man gelegentlich vor allem bei ökologisch wirtschaftenden Betrieben findet, z.B. bei Stutz.

Heroldrebe... Kreuzung aus Portugieser und Lemberger, im Anbau rückläufig. Ergibt leichte, fruchtbetonte Weine mit deutlicher Säure. Vor allem in der Pfalz und in Württemberg noch zu finden. Am interessantesten als „Rosé".

Heunisch ... Weißer Heunisch. Alte Rebsorte, bis ins 19. Jahrhundert in Mitteleuropa weit verbreitet (in Frankreich als Gouais Blanc bekannt), heute noch Restbestände in Osteuropa. Wurde vom Weingut Georg Breuer wieder neu angepflanzt.

Hibernal ... pilzresistente Weißweinzüchtung (Kreuzung aus Seibel 7053 und Riesling), kaum verbreitet. Die von mir bisher verkosteten wenigen Weine zeigten sowohl im Bouquet als auch im Mund deutliche Anklänge an Johannisbeeren (ähnlich wie manchmal bei Scheurebe).

Hölder ... in den fünfziger Jahren in Weinsberg aus Riesling und Grauburgunder gezüchtet. War in den achtziger Jahren häufiger bei einigen Württemberger, Badischen und Pfälzer Weingütern (im Versuchsanbau) zu finden, heute aber bedeutungslos; reinsortig bei der Winzervereinigung Freyburg.

Huxelrebe ... in den zwanziger Jahren in Alzey aus Gutedel und der französischen Tafeltraube Courtillier Musqué gezüchtet und benannt nach dem Winzer Fritz Huxel aus Westhofen, der sie durch seine Anbauversuche bekannt gemacht hat. Hat sich als Spezialität vor allem in Rheinhessen etabliert, wo sie meist für edelsüße Weine genutzt wird. Häufiger auch in der Pfalz zu finden, aber auch in anderen deutschen Anbaugebieten gelegentlich anzutreffen, z.B. bei Brennfleck (Franken), Rothenbach (Rheingau) oder Rainer Schlumberger (Baden).

Irsay Oliver ... ungarische Züchtung aus den dreißiger Jahren. Einige Anpflanzungen in Sachsen und Saale-Unstrut.

Johanniter ... pilzresistente Neuzüchtung aus Freiburg, die man gelegentlich vor allem bei ökologisch wirtschaftenden Betrieben findet. Ergibt Weine mit kräftiger Säure und erinnert im Bouquet etwas an Johannisbeeren und Holunder. Meist in Cuvées verwendet. Reinsortig z.B. bei Engelhof, Knab, Benz oder Staatsweingut Freiburg, auch beim Schlossgut Hohenbeilstein.

Juwel ... Weinsberger Neuzüchtung aus Kerner und Silvaner, die auf knapp 50 Hektar im Versuchsanbau zu finden ist, vor allem in Württemberg. Selten reinsortig zu finden.

Kanzler ... in den zwanziger Jahren in Alzey aus Müller-Thurgau und Silvaner gekreuzte Züchtung, findet man heute am ehesten in Rheinhessen (z.B. beim Weingut Schales). Kanzler ergibt körperreiche Weine und eignet sich besonders gut für edelsüße Weine.

Kerner ... aus Trollinger und Riesling gekreuzte Traube, war bis in die neunziger Jahre hinein sehr beliebt in allen deutschen Regionen. Heute ist sie überall im Anbau rückläufig, wobei immer noch 3.800 Hektar Weinberge in Deutschland mit Kerner bepflanzt sind. Dabei ergibt sie interessante (auch edelsüße) Weine, vor allem in Franken und im Remstal. Auch barriqueausgebaut immer wieder interessante Ergebnisse.

Kernling ... Mutation des → Kerner mit rötlicher Beerenhaut. In verschiedenen

Anbaugebieten gelegentlich zu finden, z.B. beim Thüringer Weingut Bad Sulza.

Klingelberger ... in der Ortenau übliche Bezeichnung für den → Riesling.

Lagrein ... wichtige Rebsorte in Südtirol, die gerbstoffreiche Weine ergibt. Versuchsweise schon länger bei einigen deutschen Weingütern zu finden, inzwischen auch reinsortige Weine (z.B. Karlheinz Keller, Egon Schmitt, Bergdolt Reif & Nett).

Lemberger . . . auch: **Blaufränkisch**, Blauer Limberger. Die im Burgenland als Blaufränkisch bekannte Rebsorte ist vor allem in Württemberg und im nördlichen Baden (Kraichgau, Badische Bergstraße, z.B. Seeger, Hummel, Burg Ravensburg) von Bedeutung, wo sie recht körperreiche, dichte Rotweine ergibt. Vereinzelt inzwischen auch in anderen deutschen Anbaugebieten zu finden, so in der Pfalz (Knipser, Kuhn), in Rheinhessen (Knobloch), am Kaiserstuhl (Fischer) und in Franken (Roth). Die größten Anbauflächen liegen in Ungarn, Österreich, Slowenien und Tschechien. Auch als Cuvéepartner interessant, wie viele Winzer im Burgenland unter Beweis stellen (dort oft Cuvées mit Zweigelt oder Cabernet Sauvignon). Auch in Württemberg gibt es einige wenige Cuvées, z.B. den Ypsilon von Haidle (Lemberger mit Zweigelt und Acolon). Gelegentlich auch als edelsüßer Weißherbst zu finden.

Léon Millot . . . pilzresistente Züchtung von 1911 aus Colmar. Gilt als Hybride und darf nur als Tafelwein vermarktet werden, z.B. bei Stutz.

Maréchal Foch ... wie Léon Millet eine pilzresistente Züchtung von 1911 aus Colmar. Gilt als Hybride und darf nur als Tafelwein vermarktet werden.

Mariensteiner ... Würzburger Neuzüchtung aus Silvaner und Rieslaner, ist heute nur noch ganz selten in Franken oder Rheinhessen zu finden.

Merlot ... ist derzeit überall auf der Welt sehr beliebt. Auch in Deutschland bauen viele Winzer inzwischen Merlot an, vor allem in der Pfalz und in Rheinhessen. 430 Hektar inzwischen, in allen deutschen Anbaugebieten immer öfter zu finden. Sehr beliebt derzeit im Remstal, wo erste sehr überzeugende Weine entstanden sind (z.B. bei Aldinger, Klopfer, Schnaitmann, Zimmerle). Immer überzeugend auch beim Zehnthof (Franken), bei Groh (Rheinhessen), relativ neu als Spitzencuvée von Graf Neipperg (S.E.). Wird sicherlich in den nächsten Jahren noch stark zulegen. International oft nach Vorbild von Bordeaux in Cuvées mit → Cabernet Sauvignon und/oder → Cabernet Franc genutzt (in Deutschland z.B. die Cuvée X von Knipser).

Merzling . . . Merzling ist eine pilzresistente Weißweinzüchtung (aus dem Jahr 1960) aus Freiburg, die vereinzelt in Baden, aber auch in der Pfalz, in Franken und in Rheinhessen zu finden ist.

Monarch . . . pilzresistente Neuzüchtung aus Freiburg (aus Solaris und Dornfelder).

Morio Muskat ... einst wegen ihrer Muskatnoten beliebte Neuzüchtung aus Silvaner und Weißburgunder (nach ihrem Züchter Peter Morio benannt) hat in den letzten Jahren stark im Anbau abgenommen. Die Weine zeichnen sich durch ihr ausgeprägtes Muskatbouquet aus. Heute gibt es noch 600 Hektar, vor allem in Rheinhessen (Huff), Pfalz, Franken (Baldauf) und an der Mosel.

Müllerrebe ... siehe → Schwarzriesling

Müller-Thurgau ... immer öfter auch: Rivaner. Lange Jahre die am meisten verbreitete Rebsorte in Deutschland, ist Müller-Thurgau seit einigen Jahren stark rückläufig. Mit 13.800 Hektar liegt sie immer noch an Nummer 2 in der Rebsortenstatistik. In vielen Regionen wird sie heute auch in Cuvées verwendet oder als „Rivaner" bezeichnet. Nur in Franken pflegt man „den Müller" als regionale Sorte und von dort kommen auch die interessantesten Weine. Je nach Bodentyp fallen die Weine sehr unterschiedlich aus, gelegentlich weisen sie eine dezente Muskatnote im Bouquet auf, manchmal erinnern sie auch ein wenig an Aprikosen. Auch für edelsüße Weine gut geeignet.

Muscaris ... pilzresistente Neuzüchtung aus Freiburg, gekreuzt aus Solaris und Muskateller, mit deutlicher Muskatnote.

Muskateller ... siehe → Gelber Muskateller.

Muskat-Lemberger ... neuer Name: → Wildmuskat. Faszinierende Lemberger-Variante mit deutlicher Muskatnote, nur beim Amalienhof in Württemberg zu finden. Erbringt hohe Mostgewichte (regelmäßig im Auslesebereich) und erscheint mir trocken ausgebaut (auch im Barrique) besonders interessant.

Muskat Ottonel ... wegen der Schwierigkeiten im Anbau spielt Muskat-Ottonel nur eine Außenseiterrolle und hat nicht die Bedeutung des → Gelben Muskatellers. Am ehesten findet man ihn im Markgräflerland (z.B. Lämmlin-Schindler), selten einmal am Kaiserstuhl, an der Nahe, in Rheinhessen oder in der Pfalz.

Muskatsylvaner ... früher vor allem in der Steiermark genutzter Name für → Sauvignon Blanc, gelegentlich auch auf deutschen Etiketten zu finden, z.B. bei Schloss Sommerhausen.

Muskattrollinger ... eine Spielart des → Trollinger. Zeichnet sich – wie der Name sagt – durch eine ausgeprägte Muskatnote aus; gleichzeitig erinnert die Frucht an Trollinger (oft deutliche Kirschnote). Er wird derzeit wieder häufiger in Württemberg angebaut und ergibt meist leichte, säurebetonte Rotweine, auch als Sekt interessant, zeigt gelegentlich aber auch Kraft und Statur, z.B. bei Adelmann, Kistenmacher-Hengerer.

Nebbiolo ... Rotweinsorte aus Piemont, bisher nur einzelne Reben im Versuchsanbau in Deutschland, z.B. in der Pfalz (beim Weingut Brenneis-Koch) und in Baden.

Neronet ... tschechische Neuzüchtung, vor allem in Tschechien zu finden, gelegentlich in Deutschland (z.B. Welker-Emmerich).

Nobling ... Freiburger Neuzüchtung aus Silvaner und Gutedel, ist außerhalb des Markgräflerlandes kaum zu finden. Dort ist Nobling weit verbreitet. Nobling ergibt meist recht neutrale Weine (Ausnahme z.B. bei Frick, teils mit burgunderartiger Fülle) und wird auch zur Sektbereitung genutzt. Immer überzeugend: Der Sekt von Dörflinger, auch bei Frick.

Optima ... Diese Neuzüchtung wird wegen ihrer frühen Reife oft für Federweißer genutzt. Als Wein findet man sie meist süß oder edelsüß ausgebaut, z.B. bei Karlheinz Schneider an der Nahe oder Bunzelt in Franken.

Orion ... Neuzüchtung vom Geilweilerhof, gekreuzt in den sechziger Jahren aus Optima und Villard Blanc, pilzresistent.

Ortega ... einst in allen deutschen Anbaugebieten beliebt, findet man sie heute immer seltener, meist edelsüß ausgebaut. Dabei gibt es in Deutschland noch 650 Hektar Weinberge mit Ortega. Weist oft deutliche Zitrusfruchtnoten (Grapefruit, auch Orangenschalen) auf. Kann exzellente edelsüße Weine ergeben, mit Säure und Spiel. Vor allem in Rheinhessen (z.B. Scherner-Kleinhanss, Bischel, Sommer, Wagner), in der Pfalz (Frey, Hagenbuch), an der Mosel (Bauer) und in Franken (Baldauf, Clemens Fröhlich).

Palas ... eine der sechs Weinsberger Rotweinzüchtungen, die 1999 der Öffentlichkeit vorgestellt wurden, weniger erfolgreich als die anderen. Diese Kreuzung aus Trollinger und der Rubintraube (Mutation des Schwarzrieslings) ergibt farbintensive Rotweine.

Perle ... die in den zwanziger Jahren aus Gewürztraminer und Müller-Thurgau gekreuzte Rebsorte konnte sich nach anfänglichen Anbauerfolgen in verschiedenen Regionen (insbesondere Franken) nicht durchsetzen und ist heute nur noch selten zu finden (etwa 40 Hektar), vor allem in Rheinhessen und Franken.

Petit Verdot ... rote Sorte aus Bordeaux, die dort nur eine untergeordnete Rolle in Cuvées spielt. Geringe Anpflanzungen versuchsweise in Deutschland.

Phoenix ... pilzresistente Neuzüchtung vom Geilweilerhof (Kreuzung aus Bacchus und Seyve Villard 12-375), die Weißweine mit dezentem Muskataroma ergibt.

Pinotin ... Schweizer Neuzüchtung aus Pinot Noir, pilzresistent, gelegentlich auch sortenrein zu finden (z.B. Weingut Rummel, Thüringer Weingut Bad Sulza), mit interessanten Ergebnissen.

Pinot Blanc ... internationale Bezeichnung für → Weißer Burgunder, inzwischen hin und wieder auf deutschen Etiketten zu finden (schon lange bei Koehler-Ruprecht).

Pinot Grigio ... italienische Bezeichnung für → Grauer Burgunder, einige Male auch auf deutschen Etiketten zu finden.

Pinot Gris ... internationale Bezeichnung für → Grauer Burgunder, ab und an auf deutschen Etiketten zu finden (z.B. bei Koehler-Ruprecht).

Pinot Madeleine ... in Frankreich übliche Bezeichnung für → Frühburgunder, heute gelegentlich auf deutschen Etiketten zu finden.

Pinot Meunier ... internationale Bezeichnung für → Schwarzriesling, heute immer öfter auch auf deutschen Etiketten zu finden.

Pinot Noir ... internationale Bezeichnung für → Spätburgunder, heute immer öfter auch auf deutschen Etiketten zu finden.

Pinot Noir Précoce ... gelegentlich benutzte Bezeichnung für → Frühburgunder.

Portugieser ... auch: **Blauer Portugieser**. Lange Jahre war Portugieser im Anbau rückläufig, weil er zu farbschwache Rotweine ergibt. Mit dem allgemeinen Rotweinboom steigt auch wieder die Anbaufläche von Portugieser (4.550 Hektar). Vor allem in Rheinhessen und der Pfalz ist er verbreitet, aber auch in anderen deutschen Weinbauregionen ist er zu finden. Einige Winzer zeigen, dass bei Ertragsbeschränkung sehr interessante Rotweine möglich sind. Recht wenig genutzt wird noch das Potential der Rebsorte für Rosés. Auch barriqueausgebaute Portugieser können recht interessant sein (z.B. bei Keth, Gallé in Rheinhessen, Schneider in der Pfalz). Außer in Deutschland ist Portugieser insbesondere im Donauraum verbreitet, vor allem in Ungarn, Kroatien, Slowenien und Österreich.

Primera ... pilzresistente Rebsorte aus Geisenheim, die einen recht neutralen Wein ergibt.

Prinzipal ... pilzresistente Neuzüchtung, bisher ganz selten anzutreffen (am ehesten in Rheinhessen). Die wenigen von uns bisher verkosteten Weine fielen durch – eher unangenehme – blumig-duftige Noten im Bouquet auf.

Prior ... pilzresistente Neuzüchtung aus Freiburg, bei einigen Ökoweingütern im Anbau, ist uns bisher aber noch nicht reinsortig begegnet.

Regent ... Pilzresistente Sorte, die sich in allen Anbaugebieten steigender Beliebtheit erfreut, nicht nur bei Ökowinzern, über 2.000 Hektar inzwischen. Liegt heute bei Neuanpflanzungen an erster Stelle, noch vor Dornfelder. Vom Geilweilerhof aus Diana (Geilweilerhof-Züchtung aus Silvaner und Müller-Thurgau) und Chambourcin gekreuzt. Einigen wenigen sehr guten Weinen (meist barriqueausgebaut), die ich in den letzten Jahren probieren konnte, z.B. Heid, Schlossgut Hohenbeilstein, Siglinger und Jürgen Ellwanger in Württemberg, Fippinger-Wick in der Pfalz, Kühn, Walter und Felshof in Franken, WG Auggen und Winter in Baden, stehen viele allzu einfache, manchmal aufdringlich duftige Weine gegenüber.

Regner ... in den zwanziger Jahren in Alzey gezüchtet. Ergibt weiche etwas säurearme Weine mit ganz leichter Muskatnote. Der Großteil der heute weniger als 100 Hektar steht in Rheinhessen. Recht selten reinsortig zu finden (z.B. bei Georg Jung).

Reichensteiner ... Geisenheimer Neuzüchtung aus den dreißiger Jahren. Gut 100 Hektar noch im Anbau (Tendenz weiter abnehmend), vor allem in Rheinhessen, aber auch an der Mosel.

Rieslaner ... die in den zwanziger Jahren in Würzburg aus Silvaner und Riesling gekreuzte Sorte hat sich als Spezialität in Franken etabliert, vor allem für süße und edelsüße Weine. Auch in der Pfalz (z.B. bei Pfeffingen, Müller-Catoir, Schaefer) und in Rheinhessen (z.B. bei Klaus Keller) erfreut sie sich zunehmender Beliebtheit und gehört so zu den ganz wenigen Weißweinsorten, deren Anbaufläche derzeit in Deutschland zunimmt. Auch trocken manchmal sehr gut, interessanter aber edelsüß, wo Rieslaner große Weine erbringen kann.

Riesling . . . auch: **Weißer Riesling**, **Klingelberger** (in der Ortenau). Riesling ist seit einigen Jahren die meistangebaute Rebsorte in Deutschland. Grund hierfür ist der starke Rückgang bei der bisherigen Nummer Eins, dem Müller-Thurgau. Denn Riesling selbst ist im Anbau leicht rückläufig. Riesling kann von trocken bis edelsüß exzellente Weine ergeben. Außerhalb Deutschlands gibt es nennenswerten Rieslinganbau im Elsass, in Österreich, in Norditalien (Riesling Renano, nicht zu verwechseln mit Riesling Italico, dem Welschriesling), in Neuseeland und Australien.

Rivaner . . . siehe → Müller-Thurgau.

Rondo . . . pilzresistente Neuzüchtung, in den sechziger Jahren in der ehemaligen Tschechoslowakei aus St. Laurent und Zarya Severa (eine asiatische Rebe) gezüchtet. Wird heute in Geisenheim betreut und vor allem in Rheinhessen (Schönhals) bei einer Reihe von Winzern angebaut.

Rosenmuskateller . . . in Italien: Moscato Rosa. Vor allem in Südtirol gelegentlich anzutreffende Sorte. In Rheinhessen beim Weingut Jean Buscher.

Rotberger . . . in den zwanziger Jahren in Geisenheim aus Trollinger und Riesling gezüchtet, ist er vor allem an der Hessischen Bergstraße, im Rheingau und an der Ahr zu finden. Er ergibt recht hellrote Weine (Rosés), ähnlich dem Trollinger, und wird auch als Sekt ausgebaut. Reinsortig z.B. bei Schlossgut Schmitt (Rheinhessen) oder Birkert (Württemberg).

Roter Elbling . . . nach dem deutschen Weingesetz als Weißwein klassifiziert, obwohl eher als Rosé anzusehen. Der Unterschied zum Weißen → Elbling liegt in der Verfärbung der Beeren. Die Mostgewichte sind ein klein wenig höher, die Säure ist ein klein wenig niedriger. Der Rote Elbling ist eine Spezialität der Obermosel.

Roter Gutedel . . . Mutation des Weißen → Gutedel, die in der deutschen Sortenliste als Weißwein geführt wird. Der Wein gleicht dem Weißen Gutedel, bei geringfügig niedrigerer Säure.

Roter Muskateller . . . Mutation des → Gelben Muskatellers, mit dunkleren Beeren. Recht selten anzutreffen.

Roter Riesling . . . Variante des Weißen → Riesling, dessen Beeren sich rotviolett verfärben. Bis ins 19. Jahrhundert in Deutschland im gemischten Anbau anzutreffen, seit 1996 von der Forschungsanstalt Geisenheim wieder betreut (z.B. bei Corvers-Kauter).

Roter Traminer . . . auch Clevner (Ortenau). Spielart des → Gewürztraminers, die vor allem in der Ortenau und in der Steiermark zu finden ist. Immer interessant sind die Weine von Andreas Laible.

Rubinet . . . tschechische Neuzüchtung, vor allem in Tschechien zu finden, gelegentlich in Deutschland (in Cuvées).

Ruländer . . . früher übliche Bezeichnung für → Grauer Burgunder, noch heute gelegentlich auf Etiketten zu finden, vor allem für restsüße Weine.

Saint Laurent . . . siehe → Sankt Laurent.

Samtrot . . . wohl eine Mutation aus dem

→ Schwarzriesling, der vor allem in der Gegend um Heilbronn, aber auch im Remstal anzutreffen ist. Im Geschmack deutliche Verwandtschaft mit Spätburgunder und Schwarzriesling. Starke Weine z.B. von Wachtstetter, Zimmerle, Hohenbeilstein, Schnaitmann, Aldinger, Dautel, Kistenmacher-Hengerer, Weingärtner Bad Cannstatt oder Sonnenhof.

Sangiovese ... wichtigste rote Sorte in der Toskana. Wird versuchsweise auch in Deutschland angebaut, reinsortig bei Philipp Kuhn.

Sankt Laurent ... auch: **Saint Laurent**. Eine ursprünglich fast ausschließlich in der Südpfalz anzutreffende Sorte (ganz stark bei Bernhart, Jülg, Heiner Sauer), die inzwischen auch im Norden der Pfalz (Knipser, Kuhn, Castel Peter, Corbet, Eymann, Pfleger) und in Rheinhessen (Keth, Gutzler, Schembs, Steitz, Erbeldinger, Espenhof, Wagner-Stempel, Weedenbornhof, Dirk Wendel, Peth-Wetz, Hedesheimer Hof), immer häufiger anzutreffen ist. Kleine Flächen auch in anderen deutschen Anbaugebieten, z.B. Kraichgau (Klumpp, Ihle), Franken (Kühn), Württemberg (Heid, Weingut der Stadt Stuttgart), Nahe (Montigny, Closheim), Hessische Bergstraße (Rothweiler, Bergsträsser Winzer), Markgräflerland (Winzerkeller Ehrenkirchen) oder Kaiserstuhl (Fischer). Sie ergibt eigenständige Rotweine mit guter Substanz und eindringlicher Frucht, teils mit fleischigen Noten. In Zukunft sicherlich interessant auch für Cuvées (wie schon lange im Philipp L von Lergenmüller, inzwischen im Black Print von Schneider, als Juniorpartner auch im Steinsatz von Schneider). Im Burgenland weit verbreitet, auch in einigen osteuropäischen Ländern im Anbau.

Saphira ... pilzresistente Weißweinneuzüchtung aus Geisenheim, die man bei einigen rheinhessischen Winzern (z.B. Schönhals) im Anbau findet. Aus Arnsburger (Kreuzung aus zwei Rieslingklonen) und Seyve Villard (Klon 1-72) gekreuzt. Im Bouquet sind die Weine eigenwillig blumig, im Mund dann recht neutral.

Sauvignon Blanc ... Rebsorte von der Loire und aus Bordeaux, die weltweit verbreitet ist. In Deutschland seit 1830 beim Weingut Graf Wolff Metternich in Durbach angebaut. Heute immer häufiger in Deutschland zu finden (336 Hektar), insbesondere in Baden (Ortenau, Kaiserstuhl, Bodensee), der Pfalz und in Rheinhessen; auch im Remstal erfreut sie sich steigender Beliebtheit (wo sie – angeblich – schon früher unter ihrem auch in der Steiermark verwendeten Namen Muskat-Sylvaner angebaut wurde). Überzeugender Wein von Schloss Ortenberg, auch von Johner, Knipser, Luckert; ganz faszinierend bei Schnaitmann, Aldinger, Beurer. Leider allzu häufig bisher entweder recht neutrale oder aber blumige und süße (restsüße) Weine.

Sauvignon Gris... Spielart des Sauvignon Blanc, z.B. bei Knipser, Schloss Ortenberg.

Scheurebe... auch als Sämling 88 (in Österreich) bezeichnet. Zeichnet sich oft durch ihr Bouquet von schwarzen Johannisbeeren, auch Holunder und etwas Grapefruit aus. Für alle Weintypen geeignet, von trocken (Franken!, z.B. bei Ruck, Wirsching, Felshof, Knoll, aber auch bei Laible in der Ortenau, bei Schlumberger im Markgräflerland) bis edelsüß (Keller, Laible). Ganz brillant oft als Eiswein (z.B. bei Pfeffingen). In ganz Deutschland verbreitet, mit nur noch 1.700 Hektar.

Schönburger ... vor allem in Rheinhessen gelegentlich anzutreffende Sorte, die im Bouquet ganz dezent an Muskat oder Traminer erinnert. Sie wurde in den dreißiger Jahren in Geisenheim gezüchtet.

Schwarzriesling ... seltener auch: Müllerrebe. Der „Pinot Meunier" der Champagne wird in Deutschland vor allem in Württemberg, im Kraichgau (z.B. bei Hummel) und an der Badischen Bergstraße (Seeger) angebaut, auf insgesamt 2.400 Hektar. Auch in der Pfalz, in Rheinhessen und in Franken ist er immer häufiger zu finden. Schwarzriesling eignet sich auch sehr gut zur Sektherstellung.

Septimer ... in den zwanziger Jahren in Alzey aus Gewürztraminer und Müller-Thurgau gekreuzt. Heute kaum noch zu finden.

Shiraz ... siehe → Syrah.

Siegerrebe ... vor allem in Rheinhessen verbreitete Rebsorte, die ganz exzellente edelsüße Weine ergeben kann, z.B. bei Neef-Emmich oder Knobloch in Rheinhessen, an der Nahe bei Schmitt-Peitz. Recht würzig im Bouquet.

Silcher ... in den fünfziger Jahren in Weinsberg aus Kerner und Silvaner gezüchtet, vereinzelt in Württemberg und Baden zu finden (Versuchsanbau).

Silvaner ... auch: **Grüner Silvaner** oder **Sylvaner**. Silvaner, früher auch als „Franken" oder „Österreicher" bezeichnet, verdrängte im 19. Jahrhundert den dominierenden Elbling aus den Weinbergen und war bis in die sechziger Jahre des 20. Jahrhunderts die wichtigste Rebsorte in Deutschland. In allen deutschen Anbaugebieten zu finden, mit Schwerpunkten in Rheinhessen („RS-Rheinhessen-Silvaner"), Franken, Pfalz und am Kaiserstuhl. Je nach Boden sehr unterschiedlich im Geschmack, ergibt Silvaner sehr gute Tischweine und teils brillante edelsüße Weine (Franken, vor allem bei Horst Sauer, auch Schloss Schönborn, immer öfter auch in Rheinhessen). Außerhalb Deutschlands findet man Silvaner z.B. im Elsass, in der Schweiz, in Österreich, in Südtirol (Eisacktal), sowie in den meisten osteuropäischen Weinbauländern.

Sirius ... Neuzüchtung vom Geilweilerhof, pilzresistent.

Solaris ... Neuzüchtung aus Freiburg, pilzresistent. Auch als Tafeltraube geeignet, zeichnet sich durch frühe Reife und hohe Mostgewichte aus. Bei einigen badischen Winzern im Anbau, reinsortig z.B. bei Schindler oder Engelhof.

Souvignier Gris ... Pilzresistente Neuzüchtung aus Freiburg, gekreuzt aus Cabernet Sauvignon und Bronner.

Spätburgunder ... auch: **Blauer Spätburgunder**, **Pinot Noir**, Blauburgunder. Die meistangebaute deutsche Rotweinsorte (knapp 12.000 Hektar). Ist in Baden und an der Ahr die Nummer 1 und in allen deutschen Anbaugebieten zu finden. Sehr bekannt ist der Spätburgunder aus Assmannshausen im Rheingau. Auch die Spätburgunder in der Pfalz bringen Jahr für Jahr überzeugende Ergebnisse, ebenso in Württemberg und in Franken (z.B. bei Fürst). Viele Spitzenweine kommen derzeit aus Baden. Noch zu wenig genutzt wird in Deutschland das Potential von

Pinot Noir (eine der drei für die Erzeugung von Champagner genutzten Rebsorten) für Sekt. Sehr beliebt in Deutschland derzeit als Blanc de Noir, das heißt weißgekeltert (was vielleicht daran liegt, dass man allzu viele Weinfreunde unter der Bezeichnung Weißherbst mit Abfallprodukten malträtiert hat).

Staufer . . . pilzresistente Neuzüchtung, bei einigen ökologisch arbeitenden Betrieben im Anbau.

Sylvaner . . . in letzter Zeit häufiger anzutreffende Schreibweise für → Silvaner.

Syrah . . . gelegentlich auch: Shiraz. Rhone-Sorte, die schon lange in Übersee für Furore sorgt und in den letzten Jahren versuchsweise auch bei deutschen Winzern zu finden ist (vor allem in der Pfalz, z.B. bei Knipser – mit immer überzeugenden Weinen, bei Stortz-Nicolaus, Brenneis-Koch, Neiss, Stachel). Wird inzwischen auch in Württemberg (z.B. Jürgen Ellwanger, Bernhard Ellwanger, Schnaitmann, Wachtstetter), Rheinhessen (z.B. Kühling-Gillot) oder Baden (z.B. Fritz Waßmer, Hermann, Ihle) angebaut.

Tauberschwarz . . . alte Rotweinsorte, die nur noch in einigen wenigen Weinbergen im Taubertal (z.B. bei Hofmann in Röttingen, wo man auch erstmals Tauberschwarz im Barrique ausgebaut hat, oder bei Engelhardt) zu finden ist. Sie ergibt leichte, recht helle Rotweine mit feinem Duft.

Tempranillo . . . die bekannte spanische Rotweinsorte findet sich in der Pfalz im Versuchsanbau. Reinsortiger Tempranillo z.B. beim Weingut Jürgen Leiner in der Südpfalz.

Trollinger . . . in Südtirol als Vernatsch (oder Schiava) in mehreren Spielarten bekannt, spielt Trollinger in Deutschland nur in Württemberg eine wichtige Rolle, wo er die meistangebaute Rebsorte ist. Ganz selten einmal in der Südpfalz anzutreffen. Manche Erzeuger versuchen heute weichere, sanftere Weine zu erzeugen (durch malolaktische Gärung). Ich persönlich sehe das Potenzial von Trollinger vor allem darin „internationale Roséweine" zu erzeugen, d.h. nicht die traditionellen Trollinger Weißherbste, sondern frucht- und farbintensivere Rosés, die mit typischem, feinen Kirschenduft bezaubern. Interessant auch als Sekt.

Urban . . . alte Rebsorte, die wohl aus Süddeutschland oder Südtirol stammt, verwandt mit dem → Trollinger. Früher weit verbreitet, meist im Mischsatz angebaut. Reinsortig beim Weingut Adelmann.

Weißer Burgunder auch **Weißburgunder**, international als Pinot Blanc bezeichnet. Derzeit die weiße „In-Sorte" in Deutschland mit den stärksten Zuwachsraten von allen Weißweinsorten. In allen Anbaugebieten im Vormarsch mit zunehmend interessanteren Weinen, auch barriqueausgebaut, aus vielen Anbauregionen. Die meisten Topweine kommen derzeit vom Kaiserstuhl, aber auch sonst in Baden sehr gute Ergebnisse, wie z.B. im Markgräflerland. Immer besser werden auch Weißburgunder aus der Südpfalz und aus Franken. Außerhalb Deutschlands vor allem im Elsass und in Norditalien (Südtirol, Trentino, Friaul, Franciacorta) zu finden, aber auch in Österreich und den meisten osteuropäischen Anbaugebieten.

Weißer Gutedel . . . siehe → Gutedel.

Weißer Riesling ... siehe → Riesling.

Wildmuskat ... von Gerhard Strecker (Weingut Amalienhof, Württemberg) nach Aussaat von 200.000 Lemberger-Kernen über Jahre hinweg selektioniert. Der erste Wein kam 1991 in den Verkauf, unter dem Namen → Muskat-Lemberger. Da dieser Name vom Bundessortenamt abgelehnt wurde, kommt der Wein seit 2003 als Wildmuskat auf den Markt. Hohe Mostgewichte und Extrakte sind typisch für den Wildmuskat, ebenso die deutliche, namensgebende Muskatnote. Der Amaliehof bietet Jahr für Jahr sehr interessante Weine an, trocken wie restsüß. Unser Favorit: Barriqueausgebauter Wildmuskat!

Würzer ... in den dreißiger Jahren in Alzey aus Gewürztraminer und Müller-Thurgau gekreuzt. Vor allem in Rheinhessen noch zu finden, mit feinem Bouquet, das manchmal etwas an Muskat, ein anderes Mal wieder mehr an Traminer erinnert. Gutes Potential für edelsüße Weine. In Franken beim Weingut Schmitt's Kinder in Randersacker, auch an der Nahe (Haas, Sitzius) zu finden.

Zähringer ... Freiburger Kreuzung aus Traminer und Riesling. Hat sich nicht durchgesetzt und ist heute so gut wie gar nicht mehr zu finden.

Zweigelt ... auch: **Zweigeltrebe**, **Blauer Zweigelt**. In den zwanziger Jahren in Klosterneuburg in Österreich aus Blaufränkisch und Sankt Laurent gekreuzt. Erfolgreichste Neuzüchtung in Österreich, wo sie vor allem im Burgenland angebaut wird. Immer häufiger auch in Ungarn zu finden. In Deutschland vor allem bei einzelnen Winzern in Württemberg (insbesondere im Remstal) im Anbau, wo sie sowohl reinsortig als auch in Cuvées sehr interessante Weine ergibt (z.B. bei Haidle, Jürgen Ellwanger oder Zimmerle). Auch im Anbaugebiet Saale-Unstrut zu finden mit immer besser werdenden Weinen, z.B. bei Gussek.

Eichelmann / Faßbender

Baden

Weingüter und Weine

Baden ist bekannt für Gastronomie und Wein. Die Autoren stellen die badischen Weinregionen vor, erklären, was das Besondere der jeweiligen Region ist und präsentieren die besten Weinerzeuger und geben Tipps, wo man gut Essen gehen kann. Dazu erfährt man Nützliches über Spargel und Käse, Kaffeeröster, Metzger und Brenner und vieles mehr.

Eichelmann / Fassbender: Baden. Weingüter und Weine

224 Seiten, broschiert,
vierfarbig,
durchgängig bebildert
Format 12 x 21 cm
ISBN: 978-3-938839-21-8
19,90 €

C

D

H

Häder (Stetten)
Weingut H. **Bader**
Weingut **Beurer**
Weingut **Heid**
Hahn (Bacharach)
Weingut Toni **Jost**
Hahnen (Weisenheim)
Weingut **Langenwalter**
Hahnenschrittchen (Burg)
Weingut **Steffens-Keß**
Halde (Weisenheim)
Weingut **Langenwalter**
Halenberg (Monzingen)
Weingut **Alt**
Weingut **Emrich-Schönleber**
Weingut **Schäfer-Fröhlich**
Weingut **Schauß** & Sohn
Weingut Udo **Weber**
Hamm (Winningen)
Weingut **Fries**
Weingut Reinhold und Beate **Knebel**
Weingut Richard **Richter**
Hardtberg (Dernau)
Weingut H.J. **Kreuzberg**
Weingut **Sermann-Kreuzberg**
Harstell (Großostheim)
Weingut Harald **Gunther**
Harzberg (Großbottwar)
Weingut Markus **Bruker**
Haselstaude (Kippenheim)
Weingut Lothar **Schwörer**
Haselstein (Winnenden)
Weingut **Siegloch-Klöpfer**
Hasen (Eschbach)
Weingut **Ackermann**
Hasenberg (Johannisberg)
Weingut G.H. von **Mumm**
Hasenberg (Königschaffhausen)
Winzergenossenschaft **Königschaffhausen**
Hasenbiss (Osthofen)
Weingut **Ahnenhof**
Hasenläufer (Burgen)
Weingut Ingo **Norwig**
Hasenlauf (Bermersheim)
Geil's Sekt- und Weingut
Weingut **Neef-Emmich**
Weingut Andreas u. Heinfried **Peth**
Weingut **Peth-Wetz**
Hasennestle (Tauberzell)
Ökologischer Weinbau **Krämer**
Winzerhof **Stahl**
Hasensprung (Bechtheim)
Brenner'sches Weingut
Weingut Frieder **Dreißigacker**
Weingut Kurt **Erbeldinger** & Sohn
Weingut Helmut **Geil**
Cisterzienser Weingut **Michel**
Hasensprung (Winkel)
Weinhof **Goldatzel**
Weingut Prinz von **Hessen**
Weingut **Hirschmann**
Weingut Johannes **Ohlig**
Weingüter Geheimrat J. **Wegeler**
Hassel (Hattenheim)
Wein- und Sektgut **Barth**
Weingut **Egert**
Weingut Stefan **Gerhard**
Weingut Georg-**Müller**-Stiftung
Heerkretz (Neu-Bamberg)
Weingut **Steitz**
Heerkretz (Siefersheim)
Weingut **Sommer**
Weingut **Wagner-Stempel**
Heiligenbaum (Nierstein)
Weingut **Schätzel**
Weingut Heinrich **Seebrich**
Heiligenberg (Hattenheim)
Weingut Georg-**Müller**-Stiftung
Heiligenberg (Maikammer)
Weingut **Dengler-Seyler**
Weingut **Hollerith**
Weingut Hubert **Müller**
Weingut M. **Schädler**
Weingut Erich **Stachel**
Weingut August **Ziegler**
Heiligenberg (Schützingen)
Weingut **Zaiß**
Heiligenkirche (Bockenheim)
Weingut Ludi **Neiss**
Heiligkreuz (Bechtheim)
Brenner'sches Weingut
Weingut Frieder **Dreißigacker**
Weingut Kurt **Erbeldinger** & Sohn
Weingut **Groebe** am Bergkloster
Weingut **Scultetus-Brüssel**
Weingut **Weedenbornhof**
Held (Bissersheim)
Wein- und Sektgut **Wendel**
Held (Pölich)
Weingut Klaus **Berweiler-Merges**
Weingut **Kanzlerhof**
Weingut Walter **Rauen**
Heller Berg (Wiesenbronn)
Weingut **Roth**
Hendelberg (Hallgarten)
Weingut **Prinz**
Henkenberg (Oberrotweil)
Weingut Freiherr von **Gleichenstein**
Weingut Thomas **Landerer**
Hermannsberg (Niederhausen)
Gutsverwaltung **Niederhausen-Schlossböckelheim**
Hermannshöhle (Niederhausen)
Weingut Hermann **Dönnhoff**
Weingut **Mathern**
Gutsverwaltung **Niederhausen-Schlossböckelheim**
Weingut Jakob **Schneider**
Heroldsberg (Hammelburg)
Weingut **Ruppert**

Verzeichnis der Lagen

L

Verzeichnis der Lagen

Verzeichnis der Orte

Verzeichnis der Orte

Verzeichnis der Orte

Verzeichnis der Orte

Verzeichnis der Orte

Verzeichnis der Orte

Verzeichnis der Orte